読んでおきたい📖
「世界の名著」案内

日外アソシエーツ

Catalog of World Masterpieces Appeared in Annotated Bibliography

Compiled by
Nichigai Associates, Inc.

©2014 by Nichigai Associates, Inc.
Printed in Japan

本書はディジタルデータでご利用いただくことができます。詳細はお問い合わせください。

●編集担当●小川 修司
装 丁：赤田 麻衣子

刊行にあたって

　人類史の長きにわたって、風化に耐え、各分野において優れていると認められた著作群を"名著・古典"と呼ぶ。
　そして「世界名著大事典」「世界がわかる理系の名著」のように、それら"名著、古典"を紹介、解説する解題書誌が多く出版されており、各分野について書かれた図書の道しるべとして用いられている。
　本書は、世界の名著・古典について解題した書誌338点の掲載作品14,847点をまとめた目録である。各作品が掲載されている近刊書も可能な限り調査し、その書誌情報をあわせて収録した。本書をめくることによって、ある作家の作品が、どの解題書誌に掲載され、どの本で読めるのかという情報を一覧することが出来る。巻末には作品名索引を付し、検索の便を図った。
　本書の姉妹編には、高校の国語教科書に掲載された作品を対象とした「読んでおきたい名著案内 教科書掲載作品 13000」、小・中学校の国語教科書に掲載された作品を対象とした「読んでおきたい名著案内 教科書掲載作品 小・中学校編」、小・中・高校の音楽教科書に採りあげられた楽曲を対象とした「歌い継がれる名曲案内 音楽教科書掲載作品 10000」がある。併せてお使いいただき、少しでも多くの図書館関係者や教育関係者のお役に立てば幸いである。

2014年7月

日外アソシエーツ

目　次

凡　例 …………………………………………………… (6)

読んでおきたい「世界の名著」案内 ………………………… 1

作品名索引 ………………………………………… 703

解題書誌一覧 ……………………………………… 893

凡　例

1. 本書の内容

　　各種出版されている名著解題書誌に掲載された日本を除いた世界の名著・古典を著者ごとに記載した目録である。

2. 収録対象

　　5．解題書誌一覧に示した解題書誌338点に解題のある世界の古典・名著14,847点を収録した。

3. 記載事項・排列など

　(1) 作者名
　・作品の著者、編者など8,289名を見出しとし、共著者の場合は2名まではそれぞれ各人ごとに見出しを立て、それを越える場合は1人を代表として見出しを立てるにとどめた。翻訳作品は原著者名のみ見出しをたてた。
　・排列は作者名の読みの五十音順とした。
　・作者不詳の古典・仏典・民話・物語や、日本で編集されたために編者名が日本人となっているアンソロジーは便宜上作者不明とし本文の最後にまとめて収録した。
　(2) 作品番号・作品名
　・作品名の冒頭には索引用の作品番号を付した。
　・同一作者名の下では、作品名の読みの五十音順に排列した。
　(3) 図書データ
　・作品が収録されている図書を可能な限り調査し、比較的入手しやすいと思われる最近の図書の書名、巻次、著編者名、出版者、出版年、頁数、大きさ、シリーズ名、価格、ISBN、NDCを記載した。

（4）解題書誌データ

・作品が掲載されている解題書誌の書名を記載した。それぞれの解題書誌の詳しいデータについては、解題書誌一覧に示した。

（例）

アインシュタイン

00050　「ヒトはなぜ戦争をするのか？」

『ヒトはなぜ戦争をするのか？―アインシュタインとフロイトの往復書簡』アルバート・アインシュタイン，ジグムント・フロイト著　養老孟司解説　浅見昇吾編訳　横浜　花嵐社　2000　119p　20cm　2000円　Ⓘ978-4-86000-154-4　Ⓝ914.6

☆「科学を読む愉しみ」,「科学技術をどう読むか」,「自然科学の名著100選　下」,「西洋をきづいた書物」,「世界を変えた書物」,「世界の古典名著」,「世界の名著」,「世界の名著早わかり事典」,「世界名著大事典」,「20世紀を震撼させた100冊」

4. 作品名索引

　　本書収録作品名を五十音順に排列し、著編者名を（　）で補記した。本文における所在は作品番号で示した。

5. 解題書誌一覧

　　本書収録解題書誌を五十音順に排列し、書名、著編者名、出版者名、刊行年月、ISBNを示した。

読んでおきたい「世界の名著」案内

【ア】

アイアコッカ, リー
00001　「アイアコッカ」
『アイアコッカ―わが闘魂の経営』　リー・アイアコッカ著　徳岡孝夫訳　新潮社　1990　540p　15cm（新潮文庫）　640円
Ⓘ4-10-232001-6
☆「伝記・自叙伝の名著」

アイアランド
00002　「熱帯地の植民」
☆「世界名著大事典」

アイク
00003　「ヴァイマル共和国」
『ワイマル共和国史　1　1917～1922』　エーリッヒ・アイク著　救仁郷繁訳　ぺりかん社　1983　403,7p　20cm　1800円　Ⓝ234.072
☆「世界名著大事典」

00004　「ビスマルク」
☆「世界名著大事典」

アイクシュテット
00005　「人種学および人種史」
☆「世界名著大事典」

アイゲン, M.
00006　「自然と遊戯―偶然を支配する自然法則」
『自然と遊戯―偶然を支配する自然法則』　M.アイゲン,R.ヴィンクラー著　寺本英ほか訳　東京化学同人　1981　367,5p　20cm〈文献：p337～348〉　2200円　Ⓝ404
☆「科学技術をどう読むか」,「教養のためのブックガイド」

アイケンベリー, G.J.
00007　「国家」
『国家』　J.A.ホール,G.J.アイケンベリー著　星野智,斎藤俊明訳　京都　昭和堂　1996　209,5p　20cm〈参考文献：p193～204〉　2369円　Ⓘ4-8122-9602-1　Ⓝ311
☆「学問がわかる500冊」

アイザックソン, ウォルター
00008　「スティーブ・ジョブズ」
『スティーブ・ジョブズ　1』　ウォルター・アイザックソン著　井口耕二訳　ペーパーバック版　講談社　2012　486p　18cm　1000円
Ⓘ978-4-06-218073-3

☆「3行でわかる名作&ヒット本250」

愛新覚羅 烏拉熙春　あいしんかくら・うろうきしゅん
00009　「最後の公爵 愛新覚羅恒煦」
☆「歴史家の一冊」

愛新覚羅 溥儀　あいしんかくら・ふぎ
00010　「わが前半生」
☆「世界名著大事典 補遺（Extra）」

00011　「わが半生」
『わが半生―「満州国」皇帝の自伝　上』　愛新覚羅溥儀著　小野忍ほか訳　筑摩書房　1992　534p　15cm（ちくま文庫）　980円
Ⓘ4-480-02662-2　Ⓝ289.2
☆「東アジア論」

愛新覚羅 溥傑　あいしんかくら・ふけつ
00012　「溥傑自伝」
『溥傑自伝―「満州国」皇弟を生きて』　愛新覚羅溥傑著　丸山昇監訳　金若静訳　改訂新版　河出書房新社　2011　373p　19cm　3000円
Ⓘ978-4-309-22550-0
☆「歴史家の一冊」

アイスキュロス
00013　「アガメムノン」
『アガメムノン』　アイスキュロス著　呉茂一訳　岩波書店　1951　155p　15cm（岩波文庫）　Ⓝ991
☆「一冊で世界の名著100冊を読む」,「学術辞典叢書 第13巻」,「世界名著解題選 第1巻」

00014　「慈む者」
『ギリシア悲劇全集　第1-3巻』　呉茂一等編　京都　人文書院　1960　3冊　20cm　Ⓝ991
☆「世界名著解題選 第1巻」

00015　「オレステイア」
『ギリシア悲劇全集　第1-3巻』　呉茂一等編　京都　人文書院　1960　3冊　20cm　Ⓝ991
☆「学術辞典叢書 第13巻」,「教養のためのブックガイド」,「世界文学あらすじ大事典 1（あ・きよう）」,「世界文学鑑賞辞典 第2」,「世界名著大事典」,「ポケット世界名作事典」

00016　「供養する者」
『ギリシア悲劇全集　第1-3巻』　呉茂一等編　京都　人文書院　1960　3冊　20cm　Ⓝ991
☆「学術辞典叢書 第13巻」,「世界名著解題選 第1巻」

00017　「縛られたプロメテウス」
『世界文学全集　〔第2期〕第1巻　古典篇　ギリシヤ叙事詩悲劇篇』　河出書房編　河出書房　1952　383p　図版　19cm　Ⓝ908
☆「世界の名作100を読む」,「世界文学あらすじ大事典 2（きよえ・ちえ）」,「世界文学鑑賞辞典 第

アイスラ

2)」,「世界名著大事典」,「日本の古典・世界の古典」,「文学・名著300選の解説 '88年度版」

00018 「救いを求める女たち」
☆「世界文学あらすじ大事典 2 (きよえ・ちえ)」,「世界名著大事典」

00019 「テーバイ攻めの七将」
『テーバイ攻めの七将』 アイスキュロス著 高津春繁訳 岩波書店 1973 92p 15cm (岩波文庫) 50円 Ⓝ991
☆「世界文学あらすじ大事典 3 (ちか・ふろ)」,「世界名著大事典」

00020 「ペルシア人」
『ギリシア悲劇全集 2 $\Lambda\iota o\chi\upsilon\lambda o\sigma$』 松平千秋ほか編 岩波書店 1991 365p 22cm 4500円 ①4-00-091602-5 Ⓝ991
☆「教養のためのブックガイド」,「世界文学あらすじ大事典 4 (ふん・われ)」,「世界名著大事典」

00021 「恵む者」
☆「学術辞典叢書 第13巻」

アイスラー, リーアン

00022 「聖杯と剣」
『聖杯と剣―われらの歴史、われらの未来』 リーアン・アイスラー著 野島秀勝訳 法政大学出版局 1991 445,20p 19cm (叢書・ウニベルシタス 329) 3605円 ①4-588-00329-1
☆「平和を考えるための100冊+α」

アイスラー, ルドルフ

00023 「哲学辞典」
☆「世界名著大事典」

アイゼンク, ハンス

00024 「人格の次元」
☆「世界の心理学50の名著」

00025 「神経症はなおせる」
☆「ブックガイド心理学」

00026 「心理学における科学と偏見」
『心理学における科学と偏見』 H.J.アイゼンク著 小見山栄一等訳編 誠信書房 1961 273p 19cm Ⓝ140.1
☆「教育学の世界名著100選」

00027 「精神分析に別れを告げよう」
☆「「本の定番」ブックガイド」

00028 「知能は測れるのか」
『知能は測れるのか―IQ討論』 H.J.アイゼンク,L.ケイミン著 斎藤和明他訳 筑摩書房 1985 350,16p 20cm〈巻末: 参考文献〉 2400円 Ⓝ141.1
☆「科学技術をどう読むか」

00029 「マインドウォッチング」
『マインドウオッチング―人間行動学』 ハンス・アイゼンク,マイケル・アイゼンク著 田村浩訳 新潮社 1986 292p 20cm (新潮選書) 1100円 ①4-10-600319-8 Ⓝ141.7
☆「学問がわかる500冊」,「教養のためのブックガイド」

アイゼンク, マイケル

00030 「マインドウォッチング」
『マインドウオッチング―人間行動学』 ハンス・アイゼンク,マイケル・アイゼンク著 田村浩訳 新潮社 1986 292p 20cm (新潮選書) 1100円 ①4-10-600319-8 Ⓝ141.7
☆「学問がわかる500冊」,「教養のためのブックガイド」

アイト

00031 「生ける諸力」
☆「世界名著大事典」

アイネンケル

00032 「英語史」
☆「世界名著大事典」

アイヒェンドルフ, ヨーゼフ・フォン

00033 「詩集」
☆「世界名著大事典」

00034 「大理石像」
『大理石像』 Eichendorff[著] 伊藤保編 第3版 大学書林 1948 72p 19cm
☆「知っておきたいドイツ文学」,「世界の幻想文学」,「名作あらすじ事典 西洋文学編」

00035 「楽しき放浪児」
『のんき坊物語』 アイヘンドルフ[著] 關泰祐編註 大學書林 1935 125p 20cm
☆「世界文学鑑賞辞典 第3」

00036 「のらくら者の生涯より」
『のらくら者の生活より』 アイヘンドルフ著 大久保幸次訳 春陽堂 1923 397p 肖像 17cm Ⓝ943
☆「現代世界の名作」,「世界の小説大百科」,「世界名著大事典」,「ドイツ文学」,「ポケット世界名作事典」

アイヒホルン

00037 「ドイツ国家・法制史」
☆「世界名著大事典」

アイヒンガー

00038 「より大きな希望」
『より大きな希望』 イルゼ・アイヒンガー著 矢島昂訳 月刊ペン社 1981 212p 20cm (妖精文庫 29) 1500円 Ⓝ943

アイブル=アイベスフェルト

00039 「環礁の王国」
『環礁の王国』 アイブル=アイベスフェルト[著] 八杉龍一,八杉貞雄訳 思索社 1973 231,18p 図18枚 22cm〈巻末：参考文献〉 2700円 Ⓝ482.259
☆「世界の海洋文学」

アイリッシュ,ウィリアム

00040 「幻の女」
☆「世界の推理小説・総解説」

アイリンガム,マージョリイ

00041 「判事への花束」
『判事への花束』 マージョリイ・アリンガム著 鈴木幸夫訳 早川書房 1956 255p 19cm (世界探偵小説全集) Ⓝ933
☆「世界の推理小説・総解説」

アイルズ,F.

00042 「殺意」
『殺意』 アイルズ著 中村能三訳 中央公論社 1962 285p 18cm(世界推理小説名作選) Ⓝ933
☆「イギリス文学」,「世界の推理小説・総解説」,「世界名著大事典」

アイロンズ

00043 「倫理の心理学」
☆「近代欧米名著解題 第1巻」

アインシュタイン,アルバート

00044 「一般相対性理論の基礎」
☆「西洋をきずいた書物」,「世界を変えた書物」

00045 「運動物体の電気力学」
☆「自然科学の名著100選 下」

00046 「相対性理論」
『相対性理論』 アインシュタイン著 内山龍雄訳・解説 岩波書店 2002 187p 15cm(岩波文庫)〈第28刷〉 500円 ④4-00-339341-4
☆「近代名著解題選集 2」,「古典・名著の読み方」,「世界を変えた100冊の本」,「世界を変えた本」,「世界がわかる理系の名著」,「世界名著解題選 第2巻」,「ブックガイド 文庫で読む科学」

00047 「特殊相対性理論」
☆「20世紀を震撼させた100冊」

00048 「晩年に想う」
☆「科学技術をどう読むか」,「世界の名著」,「世界の名著早わかり事典」

00049 「ヒトはなぜ戦争をするのか？」
『ヒトはなぜ戦争をするのか？―アインシュタインとフロイトの往復書簡』 アルバート・アインシュタイン,ジグムント・フロイト著 養老孟司解説 浅見昇吾訳 横浜 花風社 2000 119p 19cm 1400円 ④4-907725-21-3
☆「科学を読む愉しみ」,「世界の古典名著」

00050 「物理学はいかに創られたか」
『物理学はいかに創られたか―初期の観念から相対性理論及び量子論への思想の発展 上,下巻』 アインシュタイン,インフェルト共著 石原純訳 7版 岩波書店 1950 2冊 図版 18cm(岩波新書) Ⓝ420.2
☆「科学の10冊」,「現代人のための名著」,「自然科学の名著」,「世界名著大事典」,「大学新入生に薦める101冊の本」,「ブックガイド 文庫で読む科学」,「「本の定番」ブックガイド」

00051 「わが世界観」
『わが世界観』 アインシュタイン著 石井友幸,稲葉通男共訳 白揚社 1947 311p 18cm Ⓝ404
☆「世界名著大事典」

アインシュタイン,アルフレート

00052 「音楽史」
☆「世界名著大事典」

00053 「グルック」
☆「世界名著大事典」

00054 「シューベルト―音楽的肖像」
『シューベルト―音楽的肖像』 アルフレート・アインシュタイン著 浅井真男訳 新装版 白水社 1996 471,84p 21cm 6800円 ④4-560-03726-4
☆「伝記・自叙伝の名著」

00055 「モーツァルト―その人と作品」
『モーツァルト―その人間と作品』 アルフレート・アインシュタイン著 浅井真男訳 新装復刊 白水社 1997 655,51p 22cm〈肖像あり 索引あり〉 8000円 ④4-560-03732-9 Ⓝ762.346
☆「伝記・自叙伝の名著」

00056 「ロマン派時代の音楽」
☆「世界名著大事典」

アインハルト

00057 「カール大帝伝」
『世界文学大系 第66 中世文学集 第2』 筑摩書房 1966 454p 図版 23cm Ⓝ908
☆「世界名著大事典」

アーヴィン,セント・ジョン・グリア

00058 「混宗結婚」
『雑婚』 セント・ジョン・アーヴィン著 山田

アウインク　　　　　　　　　　　　　　　　　00059〜00074

松太郎訳　大阪　蘭城社　1924　414p　19cm　Ⓝ932
☆「世界名著大事典」

00059　「ジェーン・クレッグ」
『新興文学全集　第11-13巻』　平凡社　1928　3冊　19cm　Ⓝ908
☆「世界名著大事典」

アーヴィング, ジョン

00060　「オウエンのために祈りを」
『オウエンのために祈りを　上巻』　ジョン・アーヴィング［著］　中野圭二訳　新潮社　2006　573p　16cm（新潮文庫）　857円
Ⓘ4-10-227310-7　Ⓝ933.7
☆「世界の小説大百科」

00061　「ガープの世界」
『ガープの世界』　ジョン・アーヴィング著　筒井正明訳　新潮社　1988　2冊　15cm（新潮文庫）　560円,600円　Ⓘ4-10-227301-8　Ⓝ933
☆「アメリカ文学」,「知っておきたいアメリカ文学」,「新潮文庫20世紀の100冊」,「世界の名作文学案内」,「たのしく読めるアメリカ文学」,「百年の誤読 海外文学篇」,「名作あらすじ事典 西洋文学編」

アーヴィング, ワシントン

00062　「スケッチ・ブック」
『スケッチ・ブック』　ワシントン・アーヴィング著　吉田甲子太郎訳　33刷改版　新潮社　2000　245p　16cm（新潮文庫）　400円
Ⓘ4-10-203901-5　Ⓝ933.6
☆「アメリカ文学」,「世界の名著」,「世界文学鑑賞辞典 第1」,「世界文学の名作と主人公」,「世界名著大事典」,「ポケット世界名作事典」

00063　「スリーピー・ホローの伝説」
『ねむり穴』　アービング原作　大石克己文　石垣好晴絵　日本書房　1961　203p 図版　19cm（学年別世界児童文学全集　2・3年）
☆「英米文学の名作を知る本」,「世界文学あらすじ大事典 2（きよえ‐ちえ）」

00064　「リップ・ヴァン・ウィンクル」
『リップ・ヴァン・ウィンクル』　ワシントン・アーヴィング作　アーサー・ラッカム絵　高橋康也,高橋迪訳　新書館　1981　73p　25cm　2200円　Ⓝ933
☆「英米文学の名作を知る本」,「世界文学あらすじ大事典 4（ふん‐われ）」,「たのしく読めるアメリカ文学」,「名作の研究事典」

アヴェナリウス

00065　「純粋経験の批判」
☆「世界名著大事典」

アウエルバッハ, エーリッヒ

00066　「ミメーシス─ヨーロッパ文学における現実描写」
『ミメーシス─ヨーロッパ文学における現実描写　上』　エーリッヒ・アウエルバッハ著　篠田一士,川村二郎訳　筑摩書房　1994　430p　15cm（ちくま学芸文庫）　1200円
Ⓘ4-480-08113-5
☆「必読書150」

アウエンブルッガー

00067　「潜在性胸腔疾患を知る胸部打診の新発見」
☆「世界名著大事典」

アヴォガドロ

00068　「可秤物質の物理学」
『原子論・分子論の原典　3』　化学史学会編　学会出版センター　1993　226p　21cm　4500円　Ⓘ4-7622-6730-9　Ⓝ431.11
☆「世界を変えた書物」

00069　「分子量の決定法」
☆「世界名著大事典」

アウグスティヌス

00070　「音楽論」
『アウグスティヌス著作集　第3巻　初期哲学論集　3』　泉治典,原正幸訳　教文館　1989　630,22p　22cm　4900円　Ⓘ4-7642-3003-8　Ⓝ132.1
☆「世界名著大事典」

00071　「神の国」
『神の国　下』　アウグスティヌス著　泉治典ほか訳　教文館　2014　681,64p　21cm（キリスト教古典叢書）　6200円
Ⓘ978-4-7642-1808-6
☆「教養のためのブックガイド」,「現代政治学の名著」,「社会科学の名著」,「宗教哲学名著解説」,「西洋をきずいた書物」,「世界名著解題選 第2巻」,「世界名著大事典」,「哲学の名著」,「哲学名著解題」（協同出版）,「哲学名著解題」（春秋社）,「はじめて学ぶ政治学」

00072　「キリストの恩寵と原罪」
☆「世界名著大事典」

00073　「三位一体論」
『三位一体論』　アウグスティヌス著　中沢宣夫訳　東京大学出版会　1975　540,13p　20cm　3600円　Ⓝ132.17
☆「世界名著大事典」

00074　「信仰・希望・愛」
『アウグスティヌス著作集　第4巻　神学論集』　赤木善光訳　教文館　1979　405,22p　22cm　〈参考文献：p405〉　3000円　Ⓝ132.17
☆「世界名著大事典」

00075　「善の本性」
『アウグスティヌス著作集　第7巻　マニ教駁論集』　岡野昌雄訳　教文館　1979　319,26p　22cm　3000円　Ⓝ132.17
☆「世界名著大事典」

00076　「ソリロキア」
☆「世界名著大事典」

アウグストゥス

00077　「アウグストゥス功業録」
『ローマ皇帝伝　上』　スエトニウス著　国原吉之助訳　岩波書店　1986　339p　15cm（岩波文庫）〈付：参考文献〉　550円　Ⓝ232.8
☆「世界名著大事典」

アウソニウス

00078　「詩集」
☆「世界名著大事典」

アヴディエフ

00079　「古代東洋史」
☆「世界名著大事典」

アウレン

00080　「勝利者キリスト」
『勝利者キリスト―贖罪思想の主要な三類型の歴史的研究』　グスターフ・アウレン著　佐藤敏夫,内海革訳　教文館　1982　201p　20cm　2000円　Ⓝ191.2
☆「世界名著大事典」

アウンジャーヴィル

00081　「愛書の書」
☆「世界名著大事典」

阿英　あえい

00082　「死せる阿Q時代」
☆「世界名著大事典　補遺（Extra）」

00083　「小説閒談」
☆「世界名著大事典　補遺（Extra）」

00084　「晩清小説史」
『晩清小説史』　阿英著　飯塚朗,中野美代子訳　平凡社　1979　423,16p　18cm（東洋文庫349）〈阿英編著目録：p409〜420〉　1400円　Ⓝ923
☆「世界名著大事典　補遺（Extra）」

00085　「晩清文学叢鈔」
☆「世界名著大事典　補遺（Extra）」

アーカー, デービッド・A.

00086　「ブランド・エクイティ戦略」
『ブランド・エクイティ戦略―競争優位をつくりだす名前, シンボル, スローガン』　デービッド・A.アーカー著　陶山計介,中田善啓,尾崎久仁博,小林哲訳　ダイヤモンド社　1994　404p　19cm　3800円　Ⓘ4-478-50114-9
☆「あらすじで読む世界のビジネス名著」

アガシ

00087　「氷河の研究」
☆「西洋をきずいた書物」

アカデミー・フランセーズ

00088　「アカデミーの辞典」
☆「世界名著大事典」

00089　「エジプト誌」
☆「世界名著大事典」

アガンベン

00090　「ホモ・サケル」
『ホモ・サケル―主権権力と剝き出しの生』　ジョルジョ・アガンベン著　高桑和巳訳　以文社　2003　283p　21cm　3500円
Ⓘ4-7531-0227-0
☆「グローバル政治理論」,「名著から探るグローバル化時代の市民像」

アクィナス, トマス

00091　「アヴェロイス派に反対する知性統一論」
☆「哲学名著解題」

00092　「ギリシャ人の謬説反駁」
☆「哲学名著解題」

00093　「君主統治論」
『君主の統治について―謹んでキプロス王に捧げる』　トマス・アクィナス著　柴田平三郎訳　岩波書店　2009　238,5p　15cm（岩波文庫33-621-2）〈索引あり〉　660円
Ⓘ978-4-00-336212-9　Ⓝ132.2
☆「社会科学の名著」,「世界名著大事典」

00094　「護教大全」
☆「世界名著大事典」,「哲学名著解題」（協同出版）,「哲学名著解題」（春秋社）

00095　「サラセン人, ギリシャ人, アルメニア人に対する信仰の理由について」
☆「哲学名著解題」

00096　「神学大全」
『神学大全　1』　トマス・アクィナス著　山田晶訳　中央公論新社　2014　411p　18cm（中公クラシックス）　1950円　Ⓘ978-4-12-160148-3
☆「教育の名著80選解題」,「教養のためのブックガイド」,「思想史の巨人たち」,「社会科学の名著」,「宗教哲学名著解説」,「西洋をきずいた書物」,「世界を変えた100冊の本」,「世界の古典名著」,「世界名著早わかり事典」,「世界名著解題選　第2巻」,「世界名著大事典」,「超解「哲学名著」事

典」、「哲学の世界」、「哲学の名著」、「哲学名著解題」（協同出版）、「哲学名著解題」（春秋社）

00097 「真理論」
『真理論』 トマス・アクィナス著 花井一典訳 哲学書房 1990 277p 19cm（中世哲学叢書2） 3605円 ①4-88679-038-0
☆「世界名著大事典」、「ハイデガー本45」

00098 「ボエチウスの三位一体論」
☆「哲学名著解題」

00099 「有と本質」
『在るものと本質について』 トマス・アクィナス著 稲垣良典訳註 知泉書館 2012 29, 99p 23cm〈索引あり〉 3000円 ①978-4-86285-130-7 Ⓝ132.2
☆「世界名著大事典」、「哲学名著解題」（協同出版）、「哲学名著解題」（春秋社）

アクサーコフ

00100 「家族の記録」
『家族の記録』 アクサーコフ著 黒田辰男訳 岩波書店 1951 359p 図版 15cm（岩波文庫） Ⓝ983
☆「世界文学鑑賞辞典 第4」、「世界名著大事典」

アクスライン, バージニア・M.

00101 「開かれた小さな扉 ある自閉児をめぐる愛の記録」
『開かれた小さな扉―ある自閉児をめぐる愛の記録』 バージニア・M.アクスライン著 岡本浜江訳 新装版 日本エディタースクール出版部 2008 323p 19cm 2000円 ①978-4-88888-379-5 Ⓝ936
☆「読書入門」

アグノン, シュムエル・ヨセフ

00102 「海の真中にて」
☆「世界の小説大百科」

アグリエッタ, M.

00103 「資本主義のレギュラシオン理論―政治経済学の革新」
『資本主義のレギュラシオン理論―政治経済学の革新』 ミシェル・アグリエッタ著 若森章孝, 山田鋭夫, 大田一広, 海老塚明訳 増補新版 大村書店 2000 495p 21cm 4500円 ①4-7563-2023-6
☆「経済学名著106選」

アグリコラ

00104 「デ・レ・メタリカ」
『デ・レ・メタリカ―近世技術の集大成―全訳とその研究』 アグリコラ著 三枝博音訳著 山崎俊雄編 岩崎学術出版社 1968 680p

図版 27cm 7000円 Ⓝ560.1
☆「自然科学の名著」、「自然科学の名著100選 上」、「西洋をきずいた書物」、「世界を変えた書物」、「世界名著大事典」

アクロイド, ピーター

00105 「オスカー・ワイルドの遺言」
『オスカー・ワイルドの遺言』 ピーター・アクロイド著 三国宜宏訳 晶文社 1990 370p 19cm 2500円 ①4-7949-2297-3
☆「たのしく読めるイギリス文学」

00106 「魔の聖堂」
☆「世界の小説大百科」

アコスタ

00107 「新大陸自然文化史」
『新大陸自然文化史 上』 アコスタ著 岩波書店 1991 513p 21cm（大航海時代叢書 第1期 3）〈第4次発行（第1次発行：66.1.12）〉 5800円 ①4-00-008503-4
☆「世界の旅行記101」

00108 「西インド自然・道徳史」
☆「世界名著大事典」

アーザード

00109 「アクバルの宮廷」
☆「世界名著大事典」

アサド

00110 「世俗の形成」
『世俗の形成―キリスト教、イスラム、近代』 タラル・アサド著 中村圭志訳 みすず書房 2006 348p 21cm 6200円 ①4-622-07190-8
☆「文化人類学」

アザドフスキー

00111 「ロシア昔話・伝承者別選集」
『少年少女世界文学全集 30（ロシア編1）』 伊藤貴麿等編 講談社 1962 406p 23cm
☆「世界名著大事典」

アサーフィエフ

00112 「ロシアの音楽」
☆「世界名著大事典」

アザール

00113 「フランス文学史」
☆「世界名著大事典」

アサンガ

00114 「摂大乗論」
『摂大乗論―漢訳四本対照』 アサンガ（無著）原著 佐々木月樵編著 日本仏書刊行会 1959 52,112p 33cm〈付：西蔵訳摂大乗論

アジェンデ, イサベル

00115 「愛、そして影について」
☆「世界の小説大百科」

00116 「精霊たちの家」
☆「世界の小説大百科」

アシモフ, アイザック

00117 「アシモフ自伝」
『アシモフ自伝 1 思い出はなおも若く―1920-1954』 山高昭訳 早川書房 1983 2冊 20cm 各2300円 Ⓝ289.3
☆「伝記・自叙伝の名著」

00118 「アシモフの宇宙三部作」
☆「世界のSF文学・総解説」

00119 「暗黒星雲のかなたに」
『暗黒星雲のかなたに』 アイザック・アシモフ著 川口正吉訳 角川書店 1967 398p 図版 15cm（角川文庫） 190円 Ⓝ933
☆「世界のSF文学・総解説」

00120 「宇宙気流」
『宇宙気流』 アイザック・アシモフ著 平井イサク訳 早川書房 1977 340p 16cm（ハヤカワ文庫 SF） 370円 Ⓝ933
☆「世界のSF文学・総解説」

00121 「宇宙の小石」
『宇宙の小石』 アイザック・アシモフ著 高橋豊訳 早川書房 1984 354p 16cm（ハヤカワ文庫 SF） 420円 ①4-15-010577-4 Ⓝ933
☆「世界のSF文学・総解説」

00122 「永遠の終り」
『永遠の終り』 アイザック・アシモフ著 深町眞理子訳 早川書房 1977 339p 16cm（ハヤカワ文庫 SF） 380円 Ⓝ933
☆「世界のSF文学・総解説」

00123 「神々自身」
『神々自身』 アイザック・アシモフ著 小尾芙佐訳 早川書房 1986 432p 15cm（ハヤカワ文庫SF） 540円 ①4-15-010665-7
☆「世界のSF文学・総解説」

00124 「銀河帝国の興亡」
『銀河帝国の興亡 第1』 アイザック・アシモフ著 厚木淳訳 東京創元新社 1968 351p 図版 15cm（創元推理文庫） 190円 Ⓝ933
☆「世界のSF文学・総解説」

00125 「鋼鉄都市」
『鋼鉄都市』 アイザック・アシモフ著 福島正実訳 早川書房 1979 358p 16cm（ハヤカワ文庫 SF） 400円 Ⓝ933
☆「世界のSF文学・総解説」

00126 「聖者の行進」
『聖者の行進』 アイザック・アシモフ著 池央耿訳 東京創元社 1979 379p 15cm（創元推理文庫） 400円 Ⓝ933
☆「ブックガイド 文庫で読む科学」

00127 「生命と非生命のあいだ」
『生命と非生命のあいだ』 アイザック・アシモフ著 山高昭訳 早川書房 1978 428p 16cm（ハヤカワ文庫 NF）〈アシモフの科学エッセイ 4〉 500円 Ⓝ404.9
☆「学問がわかる500冊 v.2」

00128 「夜来たる」
『夜来たる―長編版』 アイザック・アシモフ, ロバート・シルヴァーバーグ著 小野田和子訳 東京創元社 1998 558p 15cm（創元SF文庫） 920円 ①4-488-60409-9 Ⓝ933.7
☆「ブックガイド "宇宙"を読む」

00129 「わたしはロボット」
☆「世界のSF文学・総解説」,「世界の小説大百科」

アジャーエフ

00130 「モスクワを遠くはなれて」
『モスクワを遠くはなれて 第1巻』 ヴァ・アジャーエフ著 黒田辰男, 鹿島保夫共訳 創芸社 1951 278p 19cm Ⓝ983
☆「世界文学鑑賞辞典 第4」,「世界名著大事典」

アシャール

00131 「お月様のジャン」
『現代世界戯曲選集 第1 フランス篇』 鈴木力衛訳 白水社 1953 420p 図版 19cm Ⓝ908.2
☆「世界文学鑑賞辞典 第2」

アシュヴァゴーシャ

00132 「ヴァジラスーチー」
☆「世界名著大事典」

00133 「サウンダラナンダ」
☆「世界名著大事典」

00134 「ブッダチャリタ」
『ブッダ・チャリタ―仏陀への讃歌』 アシヴァゴーシャ著 杉浦義朗訳 富山桂書房 1986 429p 20cm〈参考文献: p426〜427〉 3000円 Ⓝ182.8
☆「世界名著大事典」,「東洋の名著」

アシュトン

00135 「産業革命」
『産業革命』 T.S.アシュトン著 中川敬一郎訳 岩波書店 1992 205,5p 15cm（岩波文庫）

〈第17刷（第1刷：1973年）〉　410円
①4-00-341441-1　Ⓝ332.33
☆「世界名著大事典」

アシュリー

00136　「イギリス経済史および経済学史序説」
『イギリス経済史講義』　アシュリー著　アレン増補　矢口孝次郎訳　有斐閣　1958　311,38p　19cm〈付録：研究者への手引 1-38p〉Ⓝ332.33
☆「世界名著大事典」

00137　「イギリスの経済組織」
『イギリスの経済組織』　アッシュレー著　徳増栄太郎訳　改訳版　森山書店　1953　274p　19cm　Ⓝ332.33
☆「世界名著大事典」

00138　「経営経済学」
☆「世界名著大事典」

アージリス,クリス

00139　「組織学習」
☆「究極のビジネス書50選」

アスエラ

00140　「成り上がり者」
☆「世界名著大事典」

アスカム

00141　「教師論」
☆「西洋をきずいた書物」

アストゥリアス

00142　「グァテマラ伝説集」
『ラテンアメリカ五人集』　ホセ・エミリオ・パチェーコ,マリオ・バルガス=リョサ,カルロス・フエンテス,オクタビオ・パス,ミゲル・アンヘル・アストゥリアス著　安藤哲行,鈴木恵子,鼓直,野谷文昭,牛島信明訳　集英社　2011　270p　16cm（集英社文庫　ハ17-1）571円　①978-4-08-760625-6　Ⓝ963
☆「世界の幻想文学」

00143　「大統領閣下」
『集英社ギャラリー「世界の文学」』　19　ラテンアメリカ　集英社　1990　1338p　22cm　4300円　①4-08-129019-9　Ⓝ908
☆「世界文学あらすじ大事典 2（きよえ・ちえ）」

アストン,ウィリアム・ジョージ

00144　「日本文学史」
『日本文学史』　W.G.アストン著　川村ハツエ訳　七月堂　1985　368p　20cm（かりん百番4）〈参考文献：p354〉　2000円　Ⓝ910.2
☆「世界名著大事典」

アストン,フランシス

00145　「同位元素」
☆「西洋をきずいた書物」

アスビョルンセン

00146　「ノルウェー民話集」
『ノルウェーの昔話』　アスビョルンセン,モー編　大塚勇三訳　エーリク・ヴェーレンショルほか画　福音館書店　2003　397p　22cm　1600円　①4-8340-0828-2　Ⓝ388.3894
☆「世界名著大事典」

アズララ

00147　「ギネー発見征服誌」
『大航海時代叢書　第2　西アフリカ航海の記録』　岩波書店　1967　642p　図版　地図　22cm〈監修者：会田由等〉　2500円　Ⓝ298.08
☆「世界の旅行記101」

アタナシオス

00148　「神の言の受肉」
『中世思想原典集成　2　盛期ギリシア教父』　上智大学中世思想研究所編訳・監修　平凡社　1992　687p　22cm　5800円　①4-582-73412-X　Ⓝ132.08
☆「世界名著大事典」

アダム,カール

00149　「カトリシズムの本質」
『カトリシズムの本質』　カール・アダム著　霜山德爾訳　3版　吾妻書房　1951　296p　19cm　Ⓝ198.2
☆「世界名著大事典」

アダムズ

00150　「アメリカ合衆国史」
☆「世界名著大事典」

アダムズ,ウォルター

00151　「アメリカの産業構造」
『アメリカの産業構造』　ウォルター・アダムズ編　金田重喜監訳　青木書店　1984　559p　20cm〈原著第6版の翻訳〉　3800円　①4-250-84025-5　Ⓝ602.53
☆「現代ビジネス書・経済書総解説」

アダムズ,ジェーン

00152　「ハル・ハウスの二十年」
『ハル・ハウスの20年』　ジェーン・アダムズ著　市川房枝記念会・縫田ゼミナール訳　市川房枝記念会出版部　1996　350p　21cm〈年譜：p348〜350〉　①4-9900117-9-1　Ⓝ369.7
☆「アメリカを変えた本」

アダムズ, ジョン
00153 「アメリカ合衆国諸憲法の擁護」
☆「世界名著大事典」

アダムス, スコット
00154 「ディルバートの法則」
『ディルバートの法則』 スコット・アダムス著 山崎理仁訳 デーブ・スペクター解説 アスキー 1997 475p 19×19cm（MAC POWER BOOKS） 2000円
①4-7561-1089-4
☆「世界で最も重要なビジネス書」

アダムズ, ダグラス
00155 「銀河ヒッチハイク・ガイド」
『銀河ヒッチハイク・ガイド』 ダグラス・アダムス著 安原和見訳 河出書房新社 2005 302p 15cm（河出文庫） 650円
①4-309-46255-3
☆「世界の小説大百科」

00156 「ダーク・ジェントリーの全体論的探偵社」
☆「世界の小説大百科」

アダムス, ブルークス
00157 「社会革新の理」
☆「近代欧米名著解題 第7巻」

アダムズ, ヘンリー
00158 「ヘンリー・アダムズの教育」
『ヘンリー・アダムズの教育』 ヘンリー・アダムズ著 刈田元司訳 八潮出版社 1971 537p 18cm（アメリカの文学） 980円
Ⓝ930.28
☆「書き出し「世界文学全集」」,「自伝の名著101」,「世界名著大事典」,「たのしく読めるアメリカ文学」,「伝記・自叙伝の名著」

アダムス, リチャード
00159 「ウォーターシップ・ダウンのうさぎたち」
『ウォーターシップ・ダウンのうさぎたち 上』 リチャード・アダムス著 神宮輝夫訳 評論社 1975 405p 19cm 800円 Ⓝ933
☆「一冊で不朽の名作100冊を読む」(友人社),「一冊で不朽の名作100冊を読む」(友人社),「世界少年少女文学 ファンタジー編」

アダン・ド・ラ・アル
00160 「葉蔭の劇」
☆「世界文学鑑賞辞典 第2」,「世界名著大事典」

00161 「ロバンとマリオンの劇」
☆「世界文学鑑賞辞典 第2」

アチェベ, チヌア
00162 「神の矢」
☆「世界の小説大百科」

00163 「崩れゆく絆―アフリカの悲劇的叙事詩」
『崩れゆく絆』 アチェベ著 粟飯原文子訳 光文社 2013 361p 16cm（光文社古典新訳文庫 KAア1-1）〈文献あり 年譜あり〉 1120円
①978-4-334-75282-8 Ⓝ933.7
☆「世界の小説大百科」

アーチャー, ウィリアム
00164 「仮面か顔か」
☆「世界名著大事典」

00165 「劇作法」
☆「世界名著大事典」

アーチャー, ジェフリー
00166 「大統領に知らせますか?」
『大統領に知らせますか?』 ジェフリー・アーチャー著 永井淳訳 新版 新潮社 1987 373p 15cm（新潮文庫） 480円
①4-10-216110-4 Ⓝ933
☆「世界の冒険小説・総解説」

00167 「百万ドルをとり返せ!」
『百万ドルをとり返せ!』 ジェフリー・アーチャー著 永井淳訳 改版 新潮社 2011 430p 15cm（新潮文庫） 705円
①978-4-10-216101-2
☆「世界の推理小説・総解説」

アチャーガ, ベルナルド
00168 「オババコアック」
☆「世界の小説大百科」

アッカー, キャシー
00169 「血みどろ臓物ハイスクール」
☆「世界の小説大百科」

アッカーマン
00170 「日本の天然資源」
☆「世界名著大事典」

アッシャー
00171 「機械発明史」
『機械発明史』 アボット・ペイザン・アッシャー著 富成喜馬平訳 岩波書店 1940 590p 23cm Ⓝ502
☆「世界名著大事典」

アッシュ
00172 「社会心理学」
☆「世界名著大事典」

アッタール

00173 「神秘主義聖者列伝」
『イスラーム神秘主義聖者列伝』 ファリード・ウッディーン・ムハンマド・アッタール著　藤井守男訳　国書刊行会　1998　392p　20cm　3900円　①4-336-04079-6　Ⓝ167.2
☆「世界の奇書」,「東洋の奇書55冊」

00174 「鳥の言葉」
『鳥の言葉―ペルシア神秘主義比喩物語詩』　アッタール著　黒柳恒男訳　平凡社　2012　315p　18cm（東洋文庫）　3000円
①978-4-582-80821-6
☆「世界名著大事典」

アッテルボム

00175 「幸福の島」
☆「世界名著大事典」

アッハ

00176 「概念形成について」
☆「世界名著大事典」

アッピア

00177 「音楽と舞台装置」
☆「世界名著大事典」

アッピアノス

00178 「ローマ史」
☆「世界名著大事典」

アップダイク,ジョン

00179 「死にいたる病」
『死にいたる病』　セーレン・キルケゴール著　桝田啓三郎訳　筑摩書房　1996　430p　15cm（ちくま学芸文庫）　1250円
①4-480-08258-1
☆「一冊で哲学の名著を読む」,「50歳からの名著入門」,「古典・名著の読み方」,「世界の古典名著」,「世界の哲学思想」,「世界の名著」,「世界の名著早わかり事典」,「世界名著解題選 第5巻」,「世界名著大事典」,「超解『哲学名著』事典」,「哲学の世界」,「哲学の名著」(毎日新聞社),「哲学の名著」(学陽書房),「哲学名著解題」,「ハイデガー本45」,「必読書150」,「文学・名著300選の解説'88年度版」

00180 「走れウサギ」
『走れウサギ』　ジョン・アップダイク著　宮本陽吉訳　白水社　1984　2冊　18cm（白水Uブックス　64,65）　680円,780円
①4-560-07064-4　Ⓝ933
☆「アメリカ文学」,「英米文学の名作を知る本」,「知っておきたいアメリカ文学」,「世界の小説大百科」,「世界文学あらすじ大事典3（ちか‐ふろ）」,「世界文学の名作と主人公」,「たのしく読めるアメリカ文学」,「百年の誤読 海外文学篇」,「名作あらすじ事典 西洋文学編」

00181 「プアハウスフェア」
☆「世界文学あらすじ大事典3（ちか‐ふろ）」

アップフィールド

00182 「名探偵ナポレオン」
『名探偵ナポレオン』　アーサー・アップフィールド著　中川竜一訳　東京創元社　1958　254p　19cm（Crime club）　Ⓝ933
☆「世界の推理小説・総解説」

アップル,M.W.

00183 「学校幻想とカリキュラム」
『学校幻想とカリキュラム』　マイケル・W.アップル著　門倉正美,宮崎充保,植村高久訳　日本エディタースクール出版部　1986　382p　19cm（アクト叢書）　2800円
①4-88888-115-4
☆「教育名著の愉しみ」

アッヘンヴァル

00184 「ヨーロッパ諸国国家学綱要」
☆「世界名著大事典」

アディ

00185 「血と金」
☆「世界名著大事典」

アディガ,アラヴィンド

00186 「グローバリズム出づる処の殺人者より」
☆「世界の小説大百科」

アディーチェ,チママンダ・ンゴズィ

00187 「なにかが首のまわりに」
☆「21世紀の世界文学30冊を読む」

アテナイオス

00188 「ディプノソフィスタイ」
☆「世界名著大事典」

アテナゴラス

00189 「護教論」
☆「世界名著大事典」

アトウッド,マーガレット

00190 「浮かびあがる」
『浮かびあがる』　マーガレット・アトウッド著　大島かおり訳　新水社　1993　284p　19cm（ウイメンズブックス　14）　2200円
①4-915165-55-8
☆「世界の小説大百科」

00191 「侍女の物語」
『侍女の物語』　マーガレット・アトウッド著

斎藤英治訳　早川書房　2001　573p　16cm
（ハヤカワepi文庫）　1100円　Ⓘ4-15-120011-8
☆「世界のSF文学・総解説」，「世界の小説大百科」，
「たのしく読めるアメリカ文学」，「百年の誤読 海外文学篇」

00192　「またの名をグレイス」
『またの名をグレイス　上』　マーガレット・アトウッド著　佐藤アヤ子訳　岩波書店　2008　323p　19cm　2800円　Ⓘ978-4-00-024805-1
☆「世界の小説大百科」

アードマン

00193　「オイル・クラッシュ」
『オイルクラッシュ』　ポール・アードマン著　池央耿訳　新潮社　1979　463p　15cm（新潮文庫）　480円　Ⓝ933
☆「世界の冒険小説・総解説」

アドラー, アルフレート

00194　「子どもの劣等感」
『子どもの劣等感―問題児の分析と教育』　アドラー著　高橋堆治訳　誠信書房　1962　307p　19cm　Ⓝ371.45
☆「教育学の世界名著100選」

00195　「社会のなぞ」
☆「世界名著大事典」

00196　「人間知の心理学」
『人間知の心理学―アドラー・セレクション』　アルフレッド・アドラー著　岸見一郎訳　アルテ, 星雲社〔発売〕　2008　189p　19cm　1800円　Ⓘ978-4-434-12034-3
☆「世界の心理学50の名著」

アドラー, グイド

00197　「音楽史提要」
☆「世界名著大事典」

アドラー, マックス

00198　「カントとマルクス主義」
☆「世界名著大事典」

00199　「思想家としてのマルクス」
『思想家としてのマルクス』　マックス・アドラー著　山田秀男訳　日本評論社　1928　283p　19cm　Ⓝ363.3
☆「世界名著大事典」

00200　「マルクス主義の国家観」
☆「学術辞典叢書 第11巻」，「世界名著解題選 第3巻」，「世界名著大事典」

00201　「マルクス主義の諸問題」
☆「世界名著大事典」

アドラツキー

00202　「レーニン史的唯物論体系」
『レーニン史的唯物論体系』　アドラツキイ編　直井武夫訳　ナウカ社　1935　584p　19cm　Ⓝ363
☆「世界名著大事典」

アトリー, A.

00203　「時の旅人」
『時の旅人』　アリソン・アトリー作　松野正子訳　新版　岩波書店　2000　452p　19cm（岩波少年文庫）　840円　Ⓘ4-00-114531-6
☆「世界少年少女文学 ファンタジー編」

アードリック, ルイーズ

00204　「ラヴ・メディシン」
『ラブ・メディシン』　ルイーズ・アードリック著　望月佳重子訳　筑摩書房　1990　416p　20cm　2680円　Ⓘ4-480-83104-5　Ⓝ933
☆「世界の小説大百科」，「たのしく読めるアメリカ文学」

アドルノ, T.W.

00205　「啓蒙の弁証法」
『啓蒙の弁証法―哲学的断想』　ホルクハイマー, アドルノ著　徳永恂訳　岩波書店　2007　549p　15cm（岩波文庫）　1200円　Ⓘ978-4-00-336921-0
☆「学問がわかる500冊」，「世界の古典名著」，「20世紀を震撼させた100冊」，「はじめて学ぶ政治学」，「必読書150」，「ポピュラー文化」

00206　「否定弁証法」
『否定弁証法』　テオドール・W.アドルノ著　木田元, 徳永恂, 渡辺祐邦, 三島憲一, 須田朗, 宮武昭訳　作品社　1996　531p　21cm　4800円　Ⓘ4-87893-255-4
☆「現代哲学の名著」，「超解「哲学名著」事典」，「哲学の世界」，「ハイデガー本45」

アナクレオン

00207　「詩集」
『ぎりしあの詩人たち』　呉茂一著　筑摩書房　1956　309p 図版　19cm（鑑賞世界名詩選）　Ⓝ991
☆「世界名著大事典」

アナンド, ムルク・ラジ

00208　「クリー」
『苦力』　マルク・ラジ・アナンド著　中村保男訳　新潮社　1957　250p　20cm　Ⓝ933
☆「世界名著大事典」

00209　「不可触民バクハの一日」
☆「世界の小説大百科」

アヌイ

アヌイ

00210　「アンチゴーヌ」
☆「世界文学鑑賞辞典 第2」、「世界文学の名作と主人公」、「世界名著大事典」、「フランス文学」、「ポケット世界名作事典」

00211　「城への招待」
『城への招待』 ジャン・アヌイ著　鈴木力衛訳　新潮社　1956　190p 図版　19cm Ⓝ952
☆「世界名著大事典」

00212　「泥棒たちの舞踏会」
『泥棒たちの舞踏会』 ジャン・アヌイ作　鈴木力衛訳　白水社　1955　133p 図版　19cm（現代海外戯曲　第6）Ⓝ952
☆「世界文学鑑賞辞典 第2」、「世界名著大事典」

00213　「ロメオとジャネット」
『ロメオとジャネット』 ジャン・アヌイ著　鬼頭哲人訳　新潮社　1954　157p　20cm（現代フランス戯曲叢書）Ⓝ952
☆「世界名著大事典」

アヌルッダ

00214　「アビダンマ教義綱要」
☆「世界名著大事典」

アノトー

00215　「リシュリューの歴史」
☆「世界名著大事典」

アーノルド

00216　「エトナ山上のエンペドクレス」
『エトナ山上のエンペドクレスその他―マシュー・アーノルド詩集』 マシュー・アーノルド著　西原洋子訳　国文社　1983　144p　20cm〈著者の肖像あり　参考文献：p143～144〉　1600円 Ⓝ931
☆「世界名著大事典」

00217　「学者ジプシー」
☆「世界名著大事典」

00218　「教養と無秩序」
『教養と無秩序』 マシュー・アーノルド著　多田英次訳　改版　岩波書店　1965　291p　15cm（岩波文庫）〈17刷〉Ⓝ304
☆「世界の名著早わかり事典」、「世界文学鑑賞辞典 第1」、「世界名著大事典」

00219　「批評論集」
『アーノルド批評論集』 Matthew Arnold著　荒牧鉄雄, 森田正実訳　大学書林　1987　260p　19cm〈背・表紙の書名：Essays in criticism〉　2200円
☆「世界名著大事典」

アーノルド, トマス・W.

00220　「イスラムの遺産」
☆「世界名著大事典」

アーバスノット, J.

00221　「ジョン・ブルの歴史」
『ジョン・ブル物語―裁判は底なしの奈落』 J. アーバスノット著　岩崎泰男訳　京都　あぽろん社　1978　26,235p　19cm〈標題紙に初版本（1712年版）の表示あり〉　2000円 Ⓝ933
☆「世界名著大事典」

00222　「マルティヌス・スクリブレルス回顧録」
☆「世界の小説大百科」

アバディーン, パトリシア

00223　「サクセストレンド」
☆「経済経営95冊」

アパデュライ

00224　「さまよえる近代」
『さまよえる近代―グローバル化の文化研究』 アルジュン・アパデュライ著　門田健一訳　平凡社　2004　425p　19cm　3800円　①4-582-45227-2
☆「文化人類学」

アビラの聖女テレサ

00225　「霊魂の城―神の住い」
『霊魂の城―神の住い』 アビラの聖女テレサ著　高橋テレサ訳　長崎　聖母の騎士社　1992　428p　15cm（聖母文庫）〈監修：鈴木宣明〉　800円　①4-88216-089-7 Ⓝ198.2
☆「世界のスピリチュアル50の名著」、「世界名著大事典」

アファナーシェフ, A.

00226　「アファナーシェフ童話集」
『世界童話大系　第5巻　ロシア篇　1』 中村白葉訳　名著普及会　1989　759p　20cm〈世界童話大系刊行会大正13年刊の複製〉　①4-89551-338-6 Ⓝ908.3
☆「名作の研究事典」

アフタリオン

00227　「貨幣・物価・為替論」
『貨幣・物価・為替論』 アルベエル・アフタリヨン著　松岡孝児訳　3版　有斐閣　1950　372p　22cm Ⓝ337
☆「世界名著大事典」

00228　「周期的過剰生産恐慌論」
☆「世界名著大事典」

アブドゥッラー
00229 「アブドゥッラー物語」
『アブドゥッラー物語』 アブドゥッラー著 中原道子訳 平凡社 1980 310p 18cm〔東洋文庫 392〕〈底本と参考文献：p306～310〉 1600円 Ⓝ929.42
☆「アジアの比較文化」,「自伝の名著101」

アフラ, ジャービル・イブン
00230 「アルマゲストの訂正」
☆「世界名著大事典」

アブラハム, ラルフ
00231 「カオスはこうして発見された」
☆「ブックガイド〈数学〉を読む」

アブラハム・イブン・ダウド
00232 「崇高なる信仰」
☆「世界名著大事典」

アフリカヌス, レオ
00233 「アフリカ誌」
☆「アジアの比較文化」

アブール・ハサン・アリー
00234 「こがねの牧場」
☆「世界名著大事典」

アブル・ファズル
00235 「アーイーネ・アクバリー」
☆「世界名著大事典」

00236 「アクバル・ナーメ」
☆「世界名著大事典」

アブル・ファラジュ
00237 「歌の書」
☆「世界名著大事典 補遺(Extra)」

アプレイウス, ルキウス
00238 「黄金のろば」
『黄金のろば 上巻』 アプレイウス作 呉茂一, 国原吉之助訳 岩波書店 1956 213p 15cm〔岩波文庫〕 Ⓝ992
☆「教養のためのブックガイド」,「世界の幻想文学」,「世界の小説大百科」,「世界の名作50選」,「世界文学あらすじ大事典 1(あーきよう)」,「世界文学鑑賞辞典 第2」,「世界名著大事典」,「ポケット世界名作事典」

アベ・プレヴォー
00239 「マノン・レスコー」
『マノン・レスコー』 アベ・プレヴォ作 河盛好蔵訳 第81刷改版 岩波書店 2007 290p 15cm〔岩波文庫〕〈肖像あり〉 560円 ①4-00-325191-1 Ⓝ953.6

☆「あらすじで味わう外国文学」,「あらすじで読む世界文学105」,「一冊で世界の名著100冊を読む」,「英仏文学戦記」,「絵で読むあらすじ世界の名著」,「面白いほどよくわかる世界の文学」,「知っておきたいフランス文学」,「図説 5分でわかる世界の名作」,「世界の名作」,「世界の名作100を読む」,「世界の名作文学案内」,「世界の名著」,「世界文学あらすじ大事典 4(ふん・われ)」,「世界文学鑑賞辞典 第2」,「世界文学の名作と主人公」,「世界文学必勝法」,「世界名作事典」,「世界名作文学館」,「世界名著大事典」,「世界・名著のあらすじ」,「千年紀のベスト100作品を選ぶ」,「日本の古典・世界の古典」,「フランス文学」,「文学・名著300選の解説 '88年度版」,「ポケット世界名作事典」,「名作あらすじ事典 西洋文学編」,「名小説ストーリイ集 世界篇」,「要約 世界文学全集 2」

アベラール
00240 「アベラールとエロイーズの書簡」
☆「教養のためのブックガイド」,「世界の奇書」,「世界の哲学思想」,「世界名著大事典」,「ポケット世界名作事典」

00241 「肯定と否定」
☆「世界名著大事典」

00242 「わたしの不幸の物語」
☆「世界名著大事典」

アーベル
00243 「鍵盤楽器の巨匠たち」
☆「世界名著大事典」

アベル
00244 「アンナ・ソフィー・ヘドヴィー」
☆「世界名著大事典」

アーベル, ヴィルヘルム
00245 「中世末期における廃村」
『農業恐慌と景気循環—中世中期以来の中欧農業及び人口扶養経済の歴史』 W.アーベル著 寺尾誠訳 未来社 1986 404p 22cm〈昭和47年刊の復刊〉 3800円 Ⓝ612.3
☆「世界名著大事典」

アーベル, N.H.
00246 「アーベル/ガロア 楕円関数論」
『楕円関数論』 アーベル, ガロア著 高瀬正仁訳 朝倉書店 1998 358p 22cm〔数学史叢書 足立恒雄, 杉浦光夫, 長岡亮介編〕 7000円 ①4-254-11459-1 Ⓝ413.57
☆「ブックガイド 文庫で読む科学」

00247 「アーベル全集」
☆「世界名著大事典」

アーベルト
00248 「モーツァルト」
☆「世界名著大事典」

アボット

00249 「二次元の世界」
『二次元の世界―平面の国の不思議な物語』 E.A.アボット著　高木茂男訳　講談社　1977　189p　18cm（ブルーバックス）　420円　Ⓝ933
☆「世界のSF文学・総解説」

アポリネール

00250 「アルコール」
☆「世界名著大事典」

00251 「異端教祖株式会社」
『異端教祖株式会社』　ギヨーム・アポリネール著　窪田般弥訳　白水社　1989　238p　18cm（白水Uブックス　85）　880円　①4-560-07085-7
☆「世界文学鑑賞辞典 第2」,「世界名著大事典」

00252 「一万一千本の鞭」
『一万一千本の鞭』　ギヨーム・アポリネール著　須賀慣訳　富士見書房　1983　251p　15cm（富士見ロマン文庫）　380円　Ⓝ953
☆「世界の奇書」

00253 「カリグラム」
☆「世界名著大事典」

00254 「キュービスムの画家たち」
☆「世界名著大事典」

00255 「腐ってゆく魔術師」
『腐ってゆく魔術師』　G.アポリネール著　窪田般弥訳　青銅社　1978　122p　22cm〈画：アンドレ・ドラン〉　Ⓝ953
☆「世界の幻想文学」

アポロドロス

00256 「アルゴナウティカ」
☆「世界の海洋文学」,「世界名著大事典」

00257 「ギリシア神話」
『ギリシア神話』　アポロドーロスほか著　高津春繁,高津久美子編訳　講談社　2010　269p　19cm（21世紀版少年少女世界文学館　1）　1400円　①978-4-06-283551-0
☆「少年少女のための文学案内 2」,「世界の古典名著」,「世界の名著早わかり事典」,「世界名著大事典」,「名作の研究事典」

アポロニウス

00258 「円錐曲線論」
『円錐曲線論』　アポッロニオス著　ポール・ヴェル・エック仏訳　竹下貞雄和訳　岡山大学教育出版　2009　349p　27cm　3800円　①978-4-88730-880-0　Ⓝ414.4
☆「世界名著大事典」

00259 「卓越せる数学者の全集」
☆「世界を変えた書物」

アマード, ジョルジェ

00260 「奇跡の家」
☆「世界の小説大百科」

00261 「丁字と肉桂のガブリエラ」
☆「世界の小説大百科」

00262 「老練なる船乗りたち」
『老練なる船乗りたち―バイーアの波止場の二つの物語』　J.アマード著　高橋都彦訳　旺文社　1978　408p　16cm（旺文社文庫）〈年譜：p403～406〉　460円　Ⓝ969
☆「世界の海洋文学」

アミエル

00263 「アミエルの日記」
『アミエルの日記　1』　アミエル著　河野与一訳　改訳　岩波書店　1972　411p　肖像　15cm（岩波文庫）　200円　Ⓝ955
☆「世界の哲学思想」,「世界の名著」,「世界文学鑑賞辞典 第2」,「世界名著大事典」

アーミティッジ, W.H.G.

00264 「テクノクラートの勃興」
『テクノクラートの勃興』　W.H.G.アーミティッジ著　赤木昭夫訳　筑摩書房　1972　434,129,15p　20cm　Ⓝ502
☆「科学技術をどう読むか」

アミール・アリー

00265 「イスラムの精神」
☆「世界名著大事典」

00266 「サラセン小史」
☆「世界名著大事典」

アミン, S.

00267 「世界的規模における資本蓄積」
『世界的規模における資本蓄積　第3分冊　中心＝周辺経済関係編』　サミール・アミン著　原田金一郎訳　柘植書房　1981　326p　21cm〈著者の肖像あり〉　2800円　Ⓝ338.92
☆「経済学名著106選」

アームストロング

00268 「思想の過渡時代」
☆「近代欧米名著解題 第3巻」

アームストロング, シャーロット

00269 「毒薬の小壜」
『毒薬の小壜』　シャーロット・アームストロング著　小笠原豊樹訳　早川書房　1977　301p　16cm（ハヤカワ・ミステリ文庫）　340円　Ⓝ933
☆「世界の推理小説・総解説」

アームストロング, リチャード

00270 「海に育つ」
『海に育つ―キャム・レントンの航海記録』 R.アームストロング作 林克己訳 M.レスツィンスキー絵 岩波書店 1957 323p 図版 18cm(岩波少年文庫 147)
☆「世界の海洋文学」,「名作の研究事典」

アームストロング, ルイ

00271 「サッチモ―ニューオルリーンズの青春」
『サッチモ―ニュー・オルリーンズの青春』 ルイ・アームストロング著 鈴木道子訳 音楽之友社 1970 262p 図版 20cm 480円 Ⓝ764.7
☆「伝記・自叙伝の名著」

アムンゼン, ロアルド

00272 「南極」
『南極点』 ローアル・アムンセン著 中田修訳 朝日新聞社 1994 630p 15cm(朝日文庫) 950円 ①4-02-261020-4 Ⓝ297.909
☆「世界名著大事典」

00273 「北西航路」
☆「世界名著大事典」

00274 「ユア号航海記」
『ユア号航海記―北極西廻り航路を求めて』 ロアルド・アムンゼン著 長もも子訳 中央公論新社 2002 410p 16cm(中公文庫)〈「探検家アムンゼンのユア号航海記」(フジ出版社 1982年刊)の改題 折り込1枚〉 1143円
①4-12-203996-7 Ⓝ297.8091
☆「世界の海洋文学」,「世界の旅行記101」

アーメス

00275 「アーメス=パピルス」
☆「自然科学の名著」

アメリカ海軍戦史部

00276 「米国海軍作戦年誌」
☆「日本海軍の本・総解説」

アメリカ合衆国議会特別調査

00277 「遺伝子工学の現状と未来」
☆「科学技術をどう読むか」

アメリカ航空宇宙局

00278 「アポロ11号任務記録(月着陸交信記録)」
☆「世界を変えた書物」

アメリカ自由人権協会

00279 「生徒の権利」
『生徒の権利―学校生活の自由と権利のためのハンドブック』 アメリカ自由人権協会著 THE RIGHTS OF STUDENTS和訳会訳 青木宏治,川口彰義監訳 教育史料出版会 1990 230p 21×14cm 1751円
①4-87652-191-3
☆「学問がわかる500冊」

アメリカ精神医学会

00280 「DSM-Ⅳ」
☆「精神医学の名著50」

アメリカ地理学協会

00281 「極地研究の諸問題」
☆「世界名著大事典」

00282 「森林資源の世界地理」
☆「世界名著大事典」

00283 「石油の世界地理」
☆「世界名著大事典」

アモソフ

00284 「未来からの手記」
『未来からの手記』 ニコライ・アモソフ著 飯田規和訳 早川書房 1973 423p 20cm (Hayakawa novels) 1200円 Ⓝ983
☆「世界のSF文学・総解説」

アモン, アルフレッド

00285 「国民厚生学原論」
☆「学術辞典叢書 第11巻」,「世界名著解題選 第1巻」

00286 「理論経済学の対象と基礎概念」
『理論経済学の対象と基礎概念 対象編』 アルフレッド・アモン著 山口忠夫訳 再版 有斐閣 1950 312p 22cm Ⓝ331
☆「世界名著大事典」

アヤラ

00287 「戦争の権利義務と軍律」
☆「世界名著大事典」

アヤーラ, ペレス・デ

00288 「ベラルーミーとアポローニオ」
☆「世界名著大事典」

アユイ

00289 「結晶の構造に関する理論」
☆「自然科学の名著」,「世界名著大事典」

アラゴン, ルイ

00290 「アニセまたはパノラマ」
『アニセまたはパノラマ』 ルイ・アラゴン著 小島輝正訳 〔新装版〕 白水社 1993 269p 19cm 2400円 ①4-560-04314-0
☆「世界の幻想文学」

アラニユ

00291 「エルザの眼」
☆「世界名著大事典」

00292 「現実世界」
『現実世界 第3』 アラゴン著 関義訳 新潮社 1956 176p 18cm〈連作「現実世界」の中「二階馬車の重客たち」だけを翻訳〉Ⓝ953
☆「世界名著大事典」

00293 「断腸詩集」
『断腸詩集』 アラゴン著 橋本一明訳 新潮社 1957 337p 20cm Ⓝ951
☆「世界名著大事典」

00294 「バーゼルの鐘」
☆「世界の小説大百科」

00295 「フランスのディアナ」
☆「世界名著大事典」

00296 「レ・コミュニスト」
『レ・コミュニスト 第1』 アラゴン著 小場瀬卓三,安東次男,小島輝正共訳 京都 三一書房 1957 301p 19cm〈奥付にはアラゴン刊行委員会訳とあり 6冊本〉Ⓝ953
☆「現代世界の名作」,「世界の名著」,「世界文学鑑賞辞典 第2」,「世界名著大事典」,「ポケット世界名作事典」,「名小説ストーリイ集 世界篇」

アラニユ

00297 「トルディ」
☆「世界名著大事典」

アラバール

00298 「鰯の埋葬」
☆「世界の幻想文学」

アラルコン, ダニエル

00299 「蠟燭に照らされた戦争」
☆「21世紀の世界文学30冊を読む」

アラルコン, ペトロ・アントニオ・デ

00300 「三角帽子」
『三角帽子―他二篇』 アラルコン作 会田由訳 岩波書店 1955 250p 15cm（岩波文庫）Ⓝ963
☆「現代世界の名作」,「世界の名著」,「世界文学あらすじ大事典 2（きよえ‐ちえ）」,「世界文学鑑賞辞典 第2」,「世界名著大事典」,「ポケット世界名作事典」

アラルコン, ルイス・デ

00301 「疑わしい真実」
『疑わしき真実』 フアン・ルイス・デ・アラルコン著 岩根圀和訳注 大学書林 1988 259p 19cm 3500円
☆「世界文学鑑賞辞典 第2」,「世界名著大事典」,「日本の古典・世界の古典」

アラン

00302 「芸術大系」
☆「世界名著大事典」

00303 「芸術論集」
『芸術論集』 アラン著 桑原武夫訳 6版 岩波書店 1949 602p 図版 19cm Ⓝ704
☆「世界名著解題選 第6巻」

00304 「幸福論」
『幸福論』 アラン著 村井章子訳 日経BP社, 日経BPマーケティング〔発売〕 2014 595p 18cm 1800円 Ⓘ978-4-8222-5018-8
☆「いまこそ読みたい哲学の名著」,「大人のための世界の名著50」,「学問がわかる500冊」,「世界の古典名著」,「世界の哲学思想」,「世界の名著早わかり事典」,「世界名著案内 7」,「超解「哲学名著」事典」

00305 「語録」
☆「世界名著大事典」

00306 「精神と情熱に関する八十一章」
『精神と情熱に関する八十一章』 アラン著 小林秀雄訳 角川書店 1958 246p 16cm（角川文庫）Ⓝ135.9
☆「哲学の名著」

アラン, マルセル

00307 「ファントマ」
『ファントマ』 P.スーヴェストル&M.アラン著 佐々木善郎訳 早川書房 1976 360p 16cm（ハヤカワ文庫）380円 Ⓝ953
☆「世界の小説大百科」

アラン=フルニエ

00308 「グラン・モーヌ」
『モーヌの大将』 アラン=フルニエ著 榊原直文訳注 大学書林 1999 207p 18cm（Bibliotheque Daigakusyorin）〈他言語標題：Le Grand Meaulnes〉1700円 Ⓘ4-475-02100-6
☆「一冊で世界の名著100冊を読む」,「英仏文学戦記」,「面白いほどよくわかる世界の文学」,「現代世界の名作」,「知っておきたいフランス文学」,「世界文学あらすじ大事典 2（きよえ‐ちえ）」,「世界文学鑑賞辞典 第2」,「世界名著大事典」,「入門名作の世界」,「ベストセラー世界の文学・20世紀 1」,「ポケット世界名作事典」,「名作あらすじ事典 西洋文学編」

アーリ, J.

00309 「観光のまなざし」
『観光のまなざし―現代社会におけるレジャーと旅行』 ジョン・アーリ著 加太宏邦訳 法政大学出版局 1995 289p25p 19cm（りぶらりあ選書）2987円 Ⓘ4-588-02161-3

☆「ポピュラー文化」

アリー・イブン・ユーヌス
00310 「ハケマイト表」
☆「世界名著大事典」

アリエス, フィリップ
00311 「〈子供〉の誕生」
『〈子供〉の誕生―アンシァン・レジーム期の子供と家族生活』 フィリップ・アリエス［著］ 杉山光信, 杉山恵美子訳 みすず書房 1980 395,29p 22cm 4800円 Ⓝ367.6
☆「学問がわかる500冊」,「教育本44」,「教育名著の愉しみ」,「近代家族とジェンダー」

00312 「死と歴史―西欧中世から現代へ」
『死と歴史―西欧中世から現代へ』 フィリップ・アリエス著 伊藤晃, 成瀬駒男共訳 新装版 みすず書房 2006 285,9p 19cm 3500円 Ⓘ4-622-07193-2
☆「学問がわかる500冊」

00313 「図説 死の文化史」
『図説 死の文化史―ひとは死をどのように生きたか』 フィリップ・アリエス著 福井憲彦訳 日本エディタースクール出版部 1990 423p 21cm 4800円 Ⓘ4-88888-162-6
☆「学問がわかる500冊 v.2」

00314 「日曜歴史家」
『日曜歴史家』 フィリップ・アリエス著 成瀬駒男訳 みすず書房 1985 277p 20cm 2000円 Ⓘ4-622-00271-X Ⓝ289.3
☆「自伝の名著101」

アリエリー, ダン
00315 「予想どおりに不合理」
『予想どおりに不合理―行動経済学が明かす「あなたがそれを選ぶわけ」』 ダン・アリエリー著 熊谷淳子訳 早川書房 2013 486p 15cm（ハヤカワ・ノンフィクション文庫）〈原書改訂版〉 900円 Ⓘ978-4-15-050391-8
☆「勝利と成功の法則」

アリオスト, ルドヴィコ
00316 「狂えるオルランド」
『狂えるオルランド』 ルドヴィコ・アリオスト著 脇功訳 名古屋 名古屋大学出版会 2001 2冊セット 21cm 12000円 Ⓘ4-8158-0407-9
☆「教養のためのブックガイド」,「世界の幻想文学」,「世界文学あらすじ大事典2（きよえ―ちえ）」,「世界文学鑑賞辞典第2」,「世界名著大事典」,「日本の古典・世界の古典」,「ポケット世界名作事典」

アリグザンダー, ロイド
00317 「タランと角の王」

『タランと角の王』 ロイド・アリグザンダー作 神宮輝夫訳 評論社 1972 266p 21cm（児童図書館・文学の部屋 プリデイン物語 1）
☆「世界少年少女文学 ファンタジー編」

アリゲール
00318 「ゾーヤ」
☆「世界名著大事典」

アリストクセノス
00319 「音楽基礎論」
☆「世界名著大事典」

アリストテレス
00320 「アテナイ人の国制」
『アテナイ人の国制』 アリストテレス［著］ 村川堅太郎訳 岩波書店 1980 334,20p 15cm（岩波文庫） 550円 Ⓝ131.4
☆「世界名著大事典」

00321 「エウデモス倫理学」
『アリストテレス全集 14 大道徳学・エウデモス倫理学・徳と悪徳について』 山本光雄編 茂手木元蔵訳 岩波書店 1988 415,23p 22cm〈監修：出隆 第3刷（第1刷：1968年）〉 3500円 Ⓘ4-00-091294-1 Ⓝ131.4
☆「教養のためのブックガイド」

00322 「オルガノン」
☆「学術辞典叢書 第12巻」,「世界名著解題選 第1巻」,「世界名著大事典」,「哲学名著解題」（協同出版）,「哲学名著解題」（春秋社）

00323 「気象学」
☆「世界名著大事典」

00324 「形而上学」
『形而上学 上』 アリストテレス著 出隆訳 岩波書店 2003 391,28p 15cm（岩波文庫）〈第48刷〉 760円 Ⓘ4-00-336043-5
☆「一冊で哲学の名著を読む」,「学術辞典叢書 第12巻」,「学問がわかる500冊」,「思想史の巨人たち」,「宗教哲学名著解説」,「世界の古典名著」,「世界の哲学思想」,「世界の名著早わかり事典」,「世界名著解題選 第1巻」,「世界名著大事典」,「哲学の世界」,「哲学の名著」（毎日新聞社）,「哲学の名著」（学陽書房）,「哲学名著解題」（協同出版）,「哲学名著解題」（春秋社）,「なおかつお厚いのがお好き？」,「ハイデガー本45」,「文庫1冊で読める 哲学の名著」

00325 「詩学」
『詩学』 アリストテレス著 松浦嘉一訳 岩波書店 1949 266p 15cm（岩波文庫） Ⓝ901.1
☆「学術辞典叢書 第13巻」,「世界文学あらすじ大事典2（きよえ―ちえ）」,「世界名著解題選 第2巻」,「世界名著解題 第6巻」,「世界名著大事典」,「哲学の世界」,「哲学名著解題」（協同出版）,「哲学

00326 「自然学」
☆「自然科学の名著」、「自然科学の名著100選 上」、「世界名著大事典」、「哲学名著解題」(協同出版)、「哲学名著解題」(春秋社)

00327 「政治学」
『政治学』 アリストテレス著　田中美知太郎、北嶋美雪、尼ヶ崎徳一、松居正俊、津村寛二訳　中央公論新社　2009　351p　18cm（中公クラシックス）　1800円　①978-4-12-160113-1
☆「学術辞典叢書 第11巻」、「近代名著解題選集 2」、「現代政治学の名著」、「古典・名著の読み方」、「社会科学の名著」、「世界の古典名著」、「世界名著解題選 第2巻」、「世界名著解題」、「哲学名著解題」、「はじめて学ぶ政治学」、「名著から探るグローバル化時代の市民像」

00328 「全集」
☆「西洋をきずいた書物」、「世界を変えた書物」、「世界を変えた100冊の本」

00329 「天体論」
☆「世界名著大事典」

00330 「動物誌」
『動物誌 上』 アリストテレス著　島崎三郎訳　岩波書店　1988　427p　21cm（アリストテレス全集　7）〈第3刷（第1刷：68.6.10)〉　3500円　①4-00-091287-9
☆「自然科学の名著」、「世界名著大事典」

00331 「動物発生論」
☆「自然科学の名著100選 上」、「世界名著大事典」

00332 「動物部分論」
☆「世界名著大事典」

00333 「ニコマコス倫理学」
『ニコマコス倫理学 下』 アリストテレス[著]　高田三郎訳　岩波書店　2012　334,39p　19cm（ワイド版岩波文庫　347）〈索引あり　文献あり〉　1400円　①978-4-00-007347-9　Ⓝ131.4
☆「教養のためのブックガイド」、「社会科学の名著」、「政治哲学」、「西洋哲学の10冊」、「世界の哲学50の名著」、「世界名著案内 1」、「世界名著大事典」、「超解「哲学名著」事典」、「哲学の世界」、「哲学の名著」、「哲学名著解題」(協同出版)、「哲学名著解題」(春秋社)、「入門 哲学の名著」、「はじめて学ぶ法哲学・法思想」、「文学・名著300選の解説 '88年度版」

00334 「倫理学」
☆「学術辞典叢書 第13巻」、「世界名著解題選 第3巻」

00335 「霊魂論」
☆「世界名著大事典」、「哲学名著解題」(協同出版)、「哲学名著解題」(春秋社)、「ブックガイド "心の科学"を読む」

アリストファネス

00336 「アカルナイの人々」
『アカルナイの人々』 アリストファネース著　村川堅太郎訳　岩波書店　1951　204p　15cm(岩波文庫)　Ⓝ991
☆「世界文学あらすじ大事典 1(あ - きよう)」、「世界文学鑑賞辞典 第2」、「世界名著大事典」

00337 「アリストフアネス喜劇」
☆「世界名著解題選 第1巻」

00338 「女の議会」
☆「学術辞典叢書 第13巻」、「世界文学あらすじ大事典 1(あ - きよう)」、「世界文学鑑賞辞典 第2」、「世界名著大事典」

00339 「女の平和」
☆「世界の奇書」、「世界の名作100を読む」、「世界文学あらすじ大事典 1(あ - きよう)」、「世界文学鑑賞辞典 第2」、「世界文学の名作と主人公」、「世界文学必勝法」、「世界名著大事典」、「日本・世界名作「愛の会話」100章」、「世界の古典・世界の古典」、「文学・名著300選の解説 '88年度版」、「ポケット世界名作事典」

00340 「女の祭り」
『女だけの祭』 アリストパネース[著]　呉茂一訳　岩波書店　1975　155p　15cm(岩波文庫)〈参考文献：p.155〉　200円　Ⓝ991
☆「世界文学あらすじ大事典 1(あ - きよう)」、「世界名著大事典」

00341 「蛙」
☆「学術辞典叢書 第13巻」、「近代名著解題選集 2」、「世界文学あらすじ大事典 1(あ - きよう)」、「世界名著大事典」

00342 「騎士」
☆「世界文学あらすじ大事典 1(あ - きよう)」、「世界名著大事典」

00343 「雲」
☆「学術辞典叢書 第13巻」、「世界文学あらすじ大事典 2(きよえ - ちえ)」、「世界文学鑑賞辞典 第2」、「日本の古典・世界の古典」

00344 「鳥」
☆「世界文学あらすじ大事典 3(ちか - ふろ)」、「世界名著大事典」

00345 「蜂」
☆「世界文学あらすじ大事典 3(ちか - ふろ)」、「世界文学鑑賞辞典 第2」、「世界名著大事典」

00346 「福の神」
☆「近代名著解題選集 3」、「古典の事典」、「世界文学あらすじ大事典 3(ちか - ふろ)」

00347 「プルトス」
☆「世界名著大事典」

00348 「平和」
☆「世界文学あらすじ大事典 4(ふん - われ)」、「世

界名著大事典」

アリソン
00349 「決定の本質」
『決定の本質―キューバ・ミサイル危機の分析』グレアム・T.アリソン著　宮里政玄訳　中央公論社　1977　404p　22cm　2500円　Ⓝ319.5338
☆「名著に学ぶ国際関係論」

アリマン
00350 「アフリカの先史」
☆「世界名著大事典」

アーリヤデーヴァ
00351 「百論」
☆「世界名著大事典」

00352 「四百論」
☆「世界名著大事典」

アルヴァクス, M.
00353 「集合的記憶」
『集合的記憶』M.アルヴァックス著　小関藤一郎訳　京都　行路社　1989　264p　20cm　2500円　Ⓝ361.4
☆「自己・他者・関係」

アルヴァーロ
00354 「アスプロモンテの人々」
☆「世界名著大事典」

アルカイオス
00355 「詩集」
☆「世界名著大事典」

アル・カーシミ, スルタン・M.
00356 「「アラブ海賊」という神話」
☆「世界の海洋文学」

アルキフロン
00357 「書簡」
☆「世界名著大事典」

アルキメデス
00358 「円の測定」
☆「世界名著大事典」

00359 「家畜問題」
☆「世界名著大事典」

00360 「球と円柱」
☆「世界名著大事典」

00361 「コノイドとスフェロイド」
☆「世界名著大事典」

00362 「四辺形、円の求積法」
☆「世界を変えた書物」

00363 「砂の計算者」
☆「世界名著大事典」

00364 「全集」
☆「西洋をきずいた書物」,「世界を変えた書物」

00365 「反射光学」
☆「世界名著大事典」

00366 「浮体論」
☆「自然科学の名著」,「世界名著大事典」

00367 「平面のつりあいについて」
☆「自然科学の名著」,「自然科学の名著100選 上」,「世界名著大事典」

00368 「放射物の求積」
☆「世界名著大事典」

00369 「方法」
☆「世界名著大事典」

00370 「らせん」
☆「世界名著大事典」

アルキロコス
00371 「詩集」
☆「世界名著大事典」

アルクイン
00372 「魂の本質について」
☆「世界名著大事典 補遺(Extra)」

アルクマン
00373 「詩集」
☆「世界名著大事典」

アルゲダス, ホセ・マリア
00374 「深い川」
☆「世界の小説大百科」

アルサン, エマニエル
00375 「エマニエル夫人」
☆「映画になった名著」

アルシニエガス
00376 「ラテン・アメリカの国家」
☆「世界名著大事典」

アルジャー, ホレイショー
00377 「ぼろ着のディック」
『ぼろ着のディック』ホレイショ・アルジャー著　畔柳和代訳　渡辺利雄解説　松柏社　2006　234p　19cm（アメリカ古典大衆小説コレクション　3）　2300円　Ⓘ4-7754-0032-0
☆「書き出し「世界文学全集」」,「世界の成功哲学50の名著エッセンスを解く」,「たのしく読めるアメリカ文学」

アルスライ, カテリーナ

00378 「イルカの夏」
☆「世界の海洋文学」

アルセーニエフ

00379 「デルスー・ウザーラ」
『デルスー・ウザーラ 上』 ウスジーミル・アルセーニエフ著 長谷川四郎訳 河出書房新社 1995 331p 15cm（河出文庫） 760円 Ⓘ4-309-46138-7
☆「アジアの比較文化」,「世界の旅行記101」

アルチュセール, ルイ

00380 「イデオロギーと国家のイデオロギー装置」
『再生産について―イデオロギーと国家のイデオロギー諸装置 上』 ルイ・アルチュセール著 西川長夫, 伊吹浩一, 大中一彌, 今野晃, 山家歩訳 平凡社 2010 336p 16cm（平凡社ライブラリー 711）〈並列シリーズ名：Heibonsha Library〉 1500円 Ⓘ978-4-582-76711-7 Ⓝ331.81
☆「文化の社会学」

00381 「資本論を読む」
『資本論を読む 中』 ルイ・アルチュセール著 今村仁司訳 筑摩書房 1997 291p 15cm（ちくま学芸文庫） 1030円 Ⓘ4-480-08302-2
☆「本の定番」ブックガイド」

00382 「マルクスのために」
『マルクスのために』 ルイ・アルチュセール著 河野健二, 田村俶, 西川長夫訳 平凡社 1994 529p 16cm（平凡社ライブラリー 61）〈『甦るマルクス』改題書〉 1600円 Ⓘ4-582-76061-9
☆「必読書150」

00383 「未来は長く続く」
『未来は長く続く―アルチュセール自伝』 ルイ・アルチュセール著 宮林寛訳 河出書房新社 2002 517p 19cm 4300円 Ⓘ4-309-24266-9
☆「思想家の自伝を読む」

00384 「甦るマルクス」
『甦るマルクス』 ルイ・アルチュセール著 河野健二, 田村俶訳 京都 人文書院 1968 2冊 19cm（人文選書） 各400円 Ⓝ116.81
☆「哲学の世界」

アルツィバーシェフ

00385 「最後の一線」
『最後の一線 上巻』 アルツィバーシェフ著 米川正夫訳 新潮社 1936 450p 17cm（新潮文庫 第176編） Ⓝ983

☆「世界文学鑑賞辞典 第4」,「世界名著大事典」

00386 「サーニン」
『サーニン 上,下巻』 アルツィバーシェフ著 昇曙夢訳 河出書房 1953 2冊 図版 15cm（市民文庫 第1013） Ⓝ983
☆「近代名著解題選集 1」,「現代世界の名作」,「世界の名作」,「世界の名著」,「世界文学あらすじ大事典 2（きよえ‐ちえ）」,「世界文学鑑賞辞典 第4」,「世界名著大事典」,「ポケット世界名作辞典」,「名小説ストーリイ集 世界篇」

アルツィホフスキー

00387 「考古学綱領」
☆「世界名著大事典」

アルティガス, M.

00388 「ローマのガリレオ」
『ローマのガリレオ―天才の栄光と破滅』 ウィリアム・R.シーア, マリアーノ・アルティガス著 浜林正夫, 柴田知薫子訳 大月書店 2005 271,20p 19cm 2800円 Ⓘ4-272-44032-2
☆「サイエンス・ブックレヴュー」

アルトー, アントナン

00389 「演劇とその分身」
『演劇とその分身』 アントナン・アルトー著 安堂信也訳 白水社 1996 247p 19cm（アントナン・アルトー著作集 1） 2500円 Ⓘ4-560-04604-2
☆「必読書150」

アルトゥジウス, ヨハンネス

00390 「政治学体系」
☆「学術辞典叢書 第11巻」,「西洋をきずいた書物」,「世界名著解題選 第2巻」,「世界名著大事典」

アルトハイム

00391 「古代世界の衰退」
☆「世界名著大事典」

00392 「ローマ史」
☆「世界名著大事典」

00393 「ローマ宗教史」
☆「世界名著大事典」

アルニム

00394 「エジプトのイサベラ」
☆「世界の幻想文学」,「世界文学あらすじ大事典 1（あ‐きよう）」

00395 「ゲーテとある子供との往復書簡」
☆「世界名著大事典」

00396 「伯爵夫人ドローレスの貧困,富裕,罪過,贖罪」
☆「世界名著大事典」

アールネ
　00397　「昔話比較研究入門」
　　『昔話の比較研究』　A.アールネ著　関敬吾訳
　　岩崎美術社　1969　120p　19cm（民俗民芸双
　　書 40）　680円　Ⓝ388
　　☆「世界名著大事典」

　00398　「昔話類型一覧」
　　☆「世界名著大事典」

アルノー
　00399　「論理学」
　　☆「世界名著大事典」

アルノー, ジョルジュ
　00400　「恐怖の報酬」
　　☆「映画になった名著」

アルノビウス
　00401　「異教徒反駁論」
　　☆「世界名著大事典」

アル＝ハゼン
　00402　「光学宝典」
　　☆「自然科学の名著」,「世界を変えた書物」,「世界
　　名著大事典」

アル・バッターニー
　00403　「星学」
　　☆「世界名著大事典」

アルバート, ブルース
　00404　「細胞の分子生物学」
　　☆「学問がわかる500冊 v.2」

アルバレス・キンテーロ兄弟
　00405　「カイン家の娘たち」
　　☆「世界名著大事典」

アルファン
　00406　「民族と文明」
　　☆「世界名著大事典」

アルフィエーリ
　00407　「ふうてん者の悪だくみ」
　　☆「世界名著大事典」

アルブヴァクス
　00408　「記憶の社会的わく」
　　☆「世界名著大事典」

　00409　「社会形態学」
　　☆「世界名著大事典」

　00410　「労働者階級と生活水準」
　　☆「世界名著大事典」

アルフェン
　00411　「幼年詩集」
　　☆「世界名著大事典」

アルブーゾフ
　00412　「イルクーツク物語」
　　『イルクーツク物語』　アルブーゾフ作　泉三太
　　郎, 川上洸訳　未来社　1962　157p 図版
　　19cm（てすぴす叢書　第53）　Ⓝ982
　　☆「世界文学鑑賞辞典 第4」

アルフレッド
　00413　「勤労学校の理論と実際」
　　☆「近代欧米名著解題 第7巻」

アルフレッド・ジュニア
　00414　「ピカソ―芸術の五〇年」
　　☆「伝記・自叙伝の名著」

アル・フワーリズミー
　00415　「復元と対比」
　　☆「自然科学の名著」,「世界名著大事典」

アルベルティ
　00416　「絵画論」
　　『絵画論』　レオン・バッティスタ・アルベル
　　ティ著　三輪福松訳　改訂新版　中央公論美
　　術出版　2011　130p　20×15cm　2500円
　　Ⓘ978-4-8055-0675-2
　　☆「世界名著大事典」

　00417　「家庭論」
　　☆「世界名著大事典」

　00418　「建築十書」
　　☆「西洋をきずいた書物」,「世界を変えた書物」

アルベルトゥス・マグヌス
　00419　「植物について」
　　☆「世界名著大事典」

　00420　「動物について」
　　☆「西洋をきずいた書物」,「世界名著大事典」

アルベローニ, フランチェスコ
　00421　「他人をほめる人、けなす人」
　　☆「超売れ筋ビジネス書101冊」

アルボス
　00422　「フランス・アルプスの牧畜生活」
　　☆「世界名著大事典」

アルムクヴィスト
　00423　「野ばらの書」
　　☆「世界名著大事典」

アルメスト, フェリペ・フェルナンデス
00424 「ミレニアム」
☆「歴史家の一冊」

アールヤバタ
00425 「アールヤバティーヤ」
『科学の名著 1 インド天文学・数学集』 矢野道雄責任編集 朝日出版社 1980 517p 20cm 4800円 Ⓝ408
☆「世界名著大事典」

アルラン
00426 「秩序」
『秩序 上巻』 マルセル・アルラン著 佐野一男訳 新潮社 1952 265p 19cm Ⓝ953
☆「世界文学鑑賞辞典 第2」, 「世界名著大事典」

アルレー, カトリーヌ
00427 「剣に生き, 剣に斃れ」
☆「世界の冒険小説・総解説」

00428 「わらの女」
『わらの女』 カトリーヌ・アルレー著 安堂信也訳 東京創元社 2006 316p 15cm(創元推理文庫) 800円 ①4-488-14027-0
☆「世界の推理小説・総解説」

アル・ワーキディー
00429 「聖戦志」
☆「世界名著大事典」

アルンハイム, ルドルフ
00430 「芸術としての映画」
『芸術としての映画』 ルドルフ・アルンハイム[著] 志賀信夫訳 みすず書房 1992 225, 5p 20cm〈第2刷(第1刷:1960年)〉 2884円 ①4-622-04246-0 Ⓝ778.01
☆「世界名著大事典」

00431 「建築形態のダイナミクス」
『建築形態のダイナミクス 下』 R.アルンハイム著 乾正雄訳 鹿島出版会 1980 202p 19cm(SD選書 161) 1200円 Ⓝ520
☆「科学技術をどう読むか」

アレヴィ, エリ
00432 「19世紀イギリス国民史」
☆「世界名著大事典」

00433 「哲学的急進主義の成長」
☆「世界名著大事典」

アレキサンデル
00434 「形而上学の問題及び形而上学的説明の意義」
☆「近代欧米名著解題 第2巻」

アレグザンダー, キャロライン
00435 「エンデュアランス号―シャクルトン南極探検の全記録」
『エンデュアランス号―シャクルトン南極探検の全記録』 キャロライン・アレグザンダー著 フランク・ハーレー写真 畔上司訳 ソニー・マガジンズ 2002 356p 21cm 3600円 ①4-7897-1921-9
☆「新・山の本おすすめ50選」

アレクザンダー, クリストファー
00436 「都市はツリーではない」
☆「建築の書物/都市の書物」

アレクサンダー, サミュエル
00437 「空間, 時間および神性」
☆「世界名著大事典」

アレクサンドロス(アフロディシアスの)
00438 「形而上学注釈」
☆「世界名著大事典」

アレクサンドロフ, ゲオルギー
00439 「西欧哲学史」
☆「世界名著大事典」

アレクサンドロフ, P.S.
00440 「位相幾何学」
『位相幾何学 第2』 P.アレクサンドロフ著 三瓶与右衛門, 千葉克裕訳 共立出版 1958 249p 19cm(共立全書) Ⓝ414.8
☆「世界名著大事典」

アレグリア, シロ
00441 「広く無縁の世界」
☆「世界の小説大百科」

アレティーノ
00442 「宮廷対話論」
☆「世界名著大事典」

アレナス, レイナルド
00443 「めくるめく世界」
『めくるめく世界』 レイナルド・アレナス著 鼓直, 杉山晃訳 国書刊行会 1989 329p 20cm(Contemporary writers) 2000円 Ⓝ963
☆「百年の誤読 海外文学篇」

アレニウス, スヴァンテ
00444 「宇宙の生成」
☆「世界名著大事典」

00445 「史的に見たる科学的宇宙観の変遷」
☆「世界名著大事典」

00446 「水中に溶解した物質の解離について」
　☆「自然科学の名著」,「自然科学の名著100選 下」,「世界名著大事典」

アレマン
00447 「わる者グスマン・デ・アルファラーチェの生涯」
　☆「世界名著大事典」

アレン,ジェームズ
00448 「「原因」と「結果」の法則」
　『「原因」と「結果」の法則—ベーシック版』 ジェームズ・アレン著　坂本貢一訳　サンマーク出版　2005　95p　18cm　1000円　①4-7631-9633-2 Ⓝ159
　☆「お金と富の哲学世界の名著50」,「世界の自己啓発50の名著」,「超売れ筋ビジネス書101冊」

アレン,デボラ
00449 「アメリカをみくだすな」
　☆「経済経営95冊」

アレン,ハーヴェイ
00450 「アントニー・アドヴァース」
　☆「世界名著大事典」

アーレン,マイケル
00451 「緑の帽子」
　☆「世界の小説大百科」

アレン,ロバート
00452 「お金持ちになれる1分間の魔法」
　『お金持ちになれる1分間の魔法—ワン・ミニッツ・ミリオネア』 マーク・ヴィクター・ハンセン,ロバート・アレン著　楡井浩一訳　徳間書店　2003　415p　21cm　1600円　①4-19-861659-0
　☆「お金と富の哲学世界の名著50」

00453 「ロバート・アレンの実践！ 億万長者入門」
　『ロバート・アレンの実践！ 億万長者入門—生涯続く「無限の富」を得る方法』 ロバート・G.アレン著　今泉敦子訳　神田昌典監修　フォレスト出版　2002　349p　21cm　1800円　①4-89451-125-8
　☆「お金と富の哲学世界の名著50」

アレン,F.L.
00454 「オンリー・イエスタデイ」
　『オンリー・イエスタデイ—1920年代・アメリカ』 F.L.アレン著　藤久ミネ訳　筑摩書房　1993　494,11p　15cm（ちくま文庫）　980円　①4-480-02718-1 Ⓝ253.07
　☆「大人のための世界の名著50」

00455 「数理経済学」
　☆「世界名著大事典」

00456 「20世紀アメリカ社会史」
　☆「世界名著大事典」

アレン,G.
00457 「生理学的美学」
　☆「世界名著大事典」

アレン,J.W.
00458 「16世紀政治思想史」
　☆「世界名著大事典」

アレン,R.D.G.
00459 「家計費」
　☆「世界名著大事典」

アレンカール
00460 「グアラニー」
　☆「世界名著大事典」

アーレント,ハンナ
00461 「精神の生活」
　『精神の生活　下（第2部）　意志』 ハンナ・アーレント著　佐藤和夫訳　岩波書店　1995　376p　22cm　6400円　①4-00-002983-5 Ⓝ104
　☆「ハイデガー本45」

00462 「全体主義の起原」
　『全体主義の起原　1　反ユダヤ主義』 ハナ・アーレント著　大久保和郎訳　みすず書房　1981　227,18p　21cm（新装版）　2200円　①4-622-02018-1 Ⓝ311.8
　☆「現代政治学の名著」,「超解「哲学名著」事典」,「ナショナリズム論の名著50」,「20世紀を震撼させた100冊」,「日本人として読んでおきたい保守の名著」,「必読書150」

00463 「人間の条件」
　『人間の条件』 ハンナ・アレント著　志水速雄訳　筑摩書房　1994　549p　15cm（ちくま学芸文庫）　1500円　①4-480-08156-9
　☆「現代政治学を読む」,「現代政治学の名著」,「政治・権力・公共性」,「世界の哲学50の名著」,「はじめて学ぶ政治学」

00464 「暴力について」
　『暴力について—共和国の危機』 ハンナ・アーレント著　山田正行訳　みすず書房　2000　261p　19cm（みすずライブラリー）　3000円　①4-622-05060-9
　☆「平和を考えるための100冊+α」

アロー,ケネス
00465 「一般均衡分析」
　『一般均衡分析』 アロー,ハーン著　福岡正夫,

川又邦雄訳　岩波書店　1976　496p　22cm〈参考文献：p.471-480〉　4000円　Ⓝ331.39
☆「経済学88物語」

00466　「社会的選択と個人的評価」
『社会的選択と個人的評価』　ケネス・J.アロー著　長名寛明訳　第三版　勁草書房　2013　181p　21cm〈原書第3版〉　3200円　Ⓘ978-4-326-50373-5
☆「経済学88物語」，「経済学名著106選」，「現代経済学の名著」

アロン，レーモン

00467　「戦争を考える」
『戦争を考える—クラウゼヴィッツと現代の戦略』　レイモン・アロン著　佐藤毅夫, 中村五雄訳　政治広報センター　1978　530p　22cm〈参考文献：p513～530〉　3200円　Ⓝ393
☆「学問がわかる500冊」

00468　「レーモン・アロン回想録」
『レーモン・アロン回想録　1　政治の誘惑』　レーモン・アロン著　三保元訳　みすず書房　1999　425p　21cm　6600円
Ⓘ4-622-03803-X
☆「自伝の名著101」

アロンソン，エリオット

00469　「ザ・ソーシャル・アニマル」
『ザ・ソーシャル・アニマル—人と世界を読み解く社会心理学への招待』　エリオット・アロンソン著　岡隆訳　サイエンス社　2014　500p　21cm〈原書第11版〉　3800円
Ⓘ978-4-7819-1336-0
☆「学問がわかる500冊」

安　宇植　あん・うしく

00470　「増補　アリラン峠の旅人たち」
☆「学問がわかる500冊 v.2」

安　炳茂　あん・びょんむ

00471　「ガリラヤのイエス—イエスの民衆運動」
☆「東アジア人文書100」

安　輝濬　あん・ふいじゅん

00472　「韓国美術の歴史—先史時代から朝鮮時代まで」
☆「東アジア人文書100」

アンウィン

00473　「16,17世紀の工業組織」
☆「世界名著大事典」

00474　「出版業についての真実」
☆「世界名著大事典」

アンゲルス・ジレジウス

00475　「聖なる魂のよろこび」
☆「世界名著大事典」

アンジェイエフスキ

00476　「灰とダイヤモンド」
『灰とダイヤモンド　上』　アンジェイエフスキ作　川上洸訳　岩波書店　1998　302p　15cm〈岩波文庫〉　560円　Ⓘ4-00-327781-3
☆「一冊で世界の名著100冊を読む」，「映画になった名著」，「世界の小説大百科」，「世界文学あらすじ大事典 3（ちか‐ふろ）」

アンジェロウ，マヤ

00477　「歌え，飛べない鳥たちよ—マヤ・アンジェロウ自伝」
☆「世界の小説大百科」

アンシュッツ，ゲアハルト

00478　「ドイツ国法教科書」
☆「世界名著大事典」

アンスティ

00479　「インドの経済発展」
☆「世界名著大事典」

アンセルムス

00480　「クール・デウス・ホモ」
『クール・デウス・ホモ—神は何故に人間となりたまひしか』　アンセルムス著　長沢信寿訳　岩波書店　1948　303p　15cm〈岩波文庫〉　Ⓝ132.225
☆「世界名著大事典」，「哲学名著解題」

00481　「プロスロギオン」
『プロスロギオン』　聖アンセルムス著　長沢信寿訳　岩波書店　1942　210p　15cm〈岩波文庫　2940-2941〉　Ⓝ132,132.22
☆「世界の哲学思想」，「世界名著大事典」，「哲学名著解題」

00482　「モノロギオン」
☆「世界名著大事典」，「哲学名著解題」

アンソニー，ピアズ

00483　「魔法の国ザンス」
『カメレオンの呪文—魔法の国ザンス1』　ピアズ・アンソニイ著　山田順子訳　早川書房　1981　458p　16cm〈ハヤカワ文庫　FT〉　540円　Ⓝ933
☆「世界のSF文学・総解説」

アンゾフ，イゴール

00484　「企業戦略論」
『企業戦略論』　H.I.アンゾフ著　広田寿亮訳　産業能率短期大学出版部　1969　282,12p

アンソン, アール

00485 「契約法原理」
☆「世界名著大事典」

アンソン, ジョージ

00486 「世界一周旅行」
☆「世界名著大事典」

アンダースン, ポール

00487 「タイム・パトロール」
『タイム・パトロール』 ポール・アンダースン著 深町真理子,稲葉明雄訳 早川書房 1977 292p 16cm(ハヤカワ文庫 SF) 330円 Ⓝ933
☆「世界のSF文学・総解説」

00488 「地球人のお荷物」
『地球人のお荷物―ホーカ・シリーズ』 ポール・アンダースン,ゴードン・R.ディクスン著 稲葉明雄,伊藤典夫訳 早川書房 2006 382p 15cm(ハヤカワ文庫SF) 720円 ①4-15-011576-1
☆「世界のSF文学・総解説」

00489 「天翔ける十字軍」
『天翔ける十字軍』 ポール・アンダースン著 豊田有恒訳 早川書房 1980 257p 16cm(ハヤカワ文庫 SF) 320円 Ⓝ933
☆「世界のSF文学・総解説」

00490 「脳波」
『脳波』 ポール・アンダースン著 林克己訳 早川書房 1978 299p 16cm(ハヤカワ文庫SF) 340円 Ⓝ933
☆「世界のSF文学・総解説」

アンダスン, マックスウェル

00491 「スコットランド女王メアリー」
☆「世界名著大事典」

00492 「冬も春近きころ」
☆「世界文学鑑賞辞典 第1」,「世界名著大事典」

アンダーソン, ウイリアム.R.

00493 「北極潜航」
『北極潜航―潜水艦ノーチラス,極点にあり』 W.アンダーソン著 今井幸彦訳 光文社 1959 227p 図版 20cm Ⓝ297.8
☆「世界の海洋文学」

アンダーソン, ジェシカ

00494 「司令官」
☆「世界の小説大百科」

アンダーソン, シャーウッド

00495 「黒い笑い」
『黒い笑い』 シャーウッド・アンダーソン著 斎藤光訳 八潮出版社 1964 252p 18cm(アメリカの文学) Ⓝ933
☆「世界文学あらすじ大事典 2(きよえ・ちえ)」,「世界文学鑑賞辞典 第1」,「世界名著大事典」

00496 「卵」
☆「日本・世界名作「愛の会話」100章」

00497 「卵の勝利」
『卵の勝利』 シャーウッド・アンダスン著 吉田甲太郎訳 新潮社 1924 142p 18cm(海外文学新選 第15編) Ⓝ933
☆「世界名著大事典」

00498 「プア・ホワイト」
☆「世界名著大事典」

00499 「ワインズバーグ・オハイオ」
『ワインズバーグ・オハイオ』 シャーウッド・アンダソン著 小島信夫,浜本武雄訳 講談社 1997 356p 15cm(講談社文芸文庫) 950円 ①4-06-197573-0
☆「あらすじで読む世界文学105」,「英米文学の名作を知る本」,「世界文学あらすじ大事典 4(ふん・われ)」,「世界文学鑑賞辞典 第1」,「世界名著大事典」,「たのしく読めるアメリカ文学」,「百年の誤読 海外文学篇」

アンダーソン, ベネディクト

00500 「想像の共同体」
『想像の共同体―ナショナリズムの起源と流行』 ベネディクト・アンダーソン著 白石さや,白石隆訳 [増補版] NTT出版 1997 348,10p 19cm(ネットワークの社会科学シリーズ) 2300円 ①4-87188-516-X
☆「学問がわかる500冊」,「学問がわかる500冊 v.2」,「現代アジア論の名著」,「社会学の名著30」,「新・現代歴史学の名著」,「政治・権力・公共性」,「ナショナリズム論の名著50」,「必読書150」,「文化人類学の名著50」,「名著から探るグローバル化時代の市民像」

アンダーソン, ロバート

00501 「成功はゴミ箱の中に」
☆「超売れ筋ビジネス書101冊」

アンダーソン, J.G.

00502 「黄土地帯」
『黄土地帯―先史中国の自然科学とその文化 完訳』 J.G.アンダーソン著 松崎寿和訳 新版 六興出版 1987 375,8p 20cm〈初版:学生社1970年刊〉 3500円 ①4-8453-8074-9 Ⓝ222.002
☆「世界名著大事典」

アンダーソン,J.R.L.

00503 「高い山はるかな海」
『高い山はるかな海―探検家ティルマンの生涯』 J.R.L.アンダーソン著 水野勉訳 山と渓谷社 1982 422p 22cm〈ティルマンの肖像あり〉 3800円 ⓘ4-635-34801-6 Ⓝ289.3
☆「世界の海洋文学」

アンダーソン,N.

00504 「ホーボー」
『ホーボー―ホームレスの人たちの社会学 下』 ネルス・アンダーソン著 広田康生訳 田無ハーベスト社 2000 236p 22cm〈シカゴ都市社会学古典シリーズ no.3 奥田道大,吉原直樹監修〉 2800円 ⓘ4-938551-51-9 Ⓝ368.2
☆「世界名著大事典」,「都市的世界」

アンダーヒル

00505 「進化ノ限界」
☆「近代欧米名著解題 第1巻」

アンダヒル

00506 「神秘主義の本質」
☆「世界名著大事典」

アンツィロッティ

00507 「国際法講義序論」
☆「世界名著大事典」

アンツェングルーバー

00508 「偽誓農夫」
☆「世界文学鑑賞辞典 第3」,「世界名著大事典」

00509 「キルヒフェルトの牧師」
☆「世界文学鑑賞辞典 第3」

00510 「十字を書く人々」
☆「世界名著大事典」

00511 「第4戒」
☆「世界名著大事典」

アンデルセン,ハンス・クリスチャン

00512 「アンデルセン童話集」
『アンデルセン童話集 上』 アンデルセン著 ハリー・クラーク絵 荒俣宏訳 文藝春秋 2012 334p 15cm(文春文庫) 619円 ⓘ978-4-16-781204-1
☆「少年少女のための文学案内 2」,「西洋をきずいた書物」,「世界文学あらすじ大事典 1(あ～きよう)」,「世界文学鑑賞辞典 第3」,「ポケット世界名作事典」,「名作の研究事典」

00513 「絵のない絵本」
☆「面白いほどよくわかる世界の文学」,「現代世界の名作」,「世界の名著」,「世界文学鑑賞辞典 第3」,「世界名作事典」,「世界名著大事典」,「世界・名著のあらすじ」

00514 「即興詩人」
☆「世界名作事典」,「文学・名著300選の解説 '88年度版」

00515 「人魚姫」
『人魚姫』 ハンス・クリスチャン・アンデルセン原作 清川あさみ絵 金原瑞人訳 鈴木理策写真 リトルモア 2007 96p 19×27cm 2000円 ⓘ978-4-89815-212-6
☆「世界の名作文学案内」,「入門名作の世界」,「名作へのパスポート」

00516 「雪の女王」
『雪の女王―新訳 アンデルセン名作選』 アンデルセン作 木村由利子訳 POO絵 KADOKAWA 2014 165p 18cm(角川つばさ文庫 Eあ1-1) 560円
ⓘ978-4-04-631372-0 Ⓝ949.73
☆「世界の幻想文学」

00517 「わが生涯の物語」
『アンデルセン自伝―わたしのちいさな物語』 ハンス・クリスチャン・アンデルセン著 イブ・スパング・オルセン絵 乾侑美子訳 あすなろ書房 1996 43p 28×22cm 1800円 ⓘ4-7515-1446-6
☆「自伝の名著101」,「世界名著大事典」,「伝記・自叙伝の名著」

アントゥーネス,アントニオ・ロボ

00518 「ファド・アレクサンドリノ」
☆「世界の小説大百科」

アントーニ

00519 「歴史主義から社会学へ」
『歴史主義から社会学へ』 カルロ・アントーニ著 讃井鉄男訳 未来社 1970 304p 19cm〈2刷(初版:1959)〉 650円 Ⓝ201.1
☆「世界名著大事典」

アンドリッチ,イヴォ

00520 「ドリナの橋」
『ドリーナの橋』 イボ・アンドリッチ著 田中一生訳注 大学書林 1985 174p 19cm〈背の書名:Na Drini cuprija〉 3600円 Ⓝ989.2
☆「世界の小説大百科」,「世界文学あらすじ大事典 3(ちかーふろ)」,「世界名著大事典」

00521 「呪われた中庭」
『呪われた中庭』 イヴォ・アンドリッチ著 栗原成郎訳 恒文社 1983 329p 20cm〈著者の肖像あり〉 1800円 ⓘ4-7704-0532-4 Ⓝ989.23
☆「ポケット世界名作事典」

00522 「ボスニア物語」
☆「世界の小説大百科」

アンドリュー,C.
00523 「シークレット・サーヴィス イギリス情報コミュニティの形成」
 ☆「名著で学ぶインテリジェンス」

00524 「ミトローヒン文書」
 ☆「名著で学ぶインテリジェンス」

アンドルーズ,ジョン・B.
00525 「労働法原理」
 『労働法原理 上巻』 コモンズ,アンドリュウス共著 池田直視,吉原節夫共訳 京都 ミネルヴァ書房 1959 407p 19cm(社会科学選書 第18) Ⓝ366.1
 ☆「世界名著大事典」

アンドレアエ
00526 「キリスト教共和国」
 ☆「世界名著大事典」

アンドレアス
00527 「戦争中毒—アメリカが軍国主義を抜け出せない本当の理由」
 『戦争中毒—アメリカが軍国主義を脱け出せない本当の理由』 ジョエル・アンドレアス著 きくちゆみ監訳 グローバルピースキャンペーン有志訳 合同出版 2002 66p 26cm 1300円 Ⓘ4-7726-0299-2
 ☆「世界史読書案内」

アンドレアス,S.
00528 「神経言語プログラミング」
 ☆「世界の自己啓発50の名著」

アンドレーエ,ヨーハン・ヴァレンティン
00529 「化学の結婚」
 『化学の結婚—付・薔薇十字基本文書』 ヨハン・V.アンドレーエ著 種村季弘訳・解説 普及版 紀伊國屋書店 2002 348p 19cm 2700円 Ⓘ4-314-00931-4
 ☆「世界の奇書」

アンドレーエフ,レオニード
00530 「赤い笑い」
 ☆「現代世界の名作」,「世界文学鑑賞辞典 第4」

00531 「霧の中」
 ☆「ロシア文学」

00532 「七死刑囚物語」
 『七死刑囚物語』 アンドレーエフ著 小平武訳 河出書房新社 1975 221p 20cm 950円 Ⓝ983
 ☆「世界文学あらすじ大事典 2(きよえ・ちえ)」,「世界文学鑑賞辞典 第4」,「世界名著大事典」,「ロシア文学」

00533 「深淵」
 『深淵―他』 アンドレーエフ著 昇曙夢訳 創元社 1952 201p 図版 15cm(創元文庫 B第15) Ⓝ983
 ☆「ロシア文学」

00534 「殴られるあいつ」
 ☆「近代名著解題選集 1」,「世界文学鑑賞辞典 第4」

00535 「ワシーリイ・フィヴェーイスキイの一生」
 ☆「世界文学鑑賞辞典 第4」

アンドレス
00536 「大洪水」
 ☆「世界名著大事典」

00537 「われらはユートピア」
 ☆「世界名著大事典」

アンドレード
00538 「ラザフォード—二〇世紀の錬金術師」
 『ラザフォード―20世紀の錬金術師』 エドワード・N.C.アンドレード著 三輪光雄訳 河出書房 1967 276p 図版 19cm(現代の科学 6) Ⓝ429
 ☆「伝記・自叙伝の名著」

アントワーヌ
00539 「自由劇場の思い出」
 ☆「世界名著大事典」

アンナムバッタ
00540 「タルカサングラハ」
 ☆「世界名著大事典」

アンバルツーミヤン
00541 「理論天体物理学」
 ☆「世界名著大事典」

アンビス
00542 「ジンギスカン」
 『ジンギスカン―征服者の生涯』 ルイ・アンビス著 吉田順一,安斎和雄共訳 白水社 1974 166,1p 18cm(文庫クセジュ) 450円 Ⓝ289.2
 ☆「伝記・自叙伝の名著」

アンブラー,エリック
00543 「あるスパイへの墓碑銘」
 『あるスパイへの墓碑銘』 エリック・アンブラー著 木島始訳 新潮社 1962 389p 15cm(新潮文庫) Ⓝ933
 ☆「世界の推理小説・総解説」

00544 「ディミトリオスの棺」
 ☆「世界の推理小説・総解説」

アンブロス　　　　　　　　　　　　　　　　　　　　　00545〜00571

00545　「真昼の翳」
『真昼の翳』　エリック・アンブラー著　宇野利泰訳　早川書房　1963　289p　19cm（世界ミステリシリーズ）　Ⓝ933
☆「世界の冒険小説・総解説」

アンブロス

00546　「音楽史」
☆「世界名著大事典」

00547　「音楽と詩の限界」
『音楽と詩の限界』　A.W.アンブロース著　辻荘一訳　音楽之友社　1952　162p　15cm（音楽文庫　第36）　Ⓝ761.17
☆「世界名著大事典」

アンヘリノ, カット

00548　「オランダ領東インドの政策と行政」
☆「世界名著大事典」

アンペール

00549　「電気力学的現象の数学的理論」
☆「世界名著大事典」

00550　「二種の電流の相互作用」
☆「世界を変えた書物」

アンマニーティ, ニコロ

00551　「ぼくは怖くない」
『ぼくは怖くない』　ニコロ・アンマニーティ著　荒瀬ゆみこ訳　早川書房　2002　313p　16cm（ハヤカワepi文庫）　760円　①4-15-120024-X
☆「世界の小説大百科」

アンマン

00552　「春と園」
☆「世界名著大事典」

アンラール

00553　「服装」
☆「世界名著大事典」

アンワリー

00554　「ホラーサンの涙」
☆「世界名著大事典」

【イ】

容閎　い・こう
00555　「西学東漸記」
☆「アジアの比較文化」, 「自伝の名著101」

李　泰鎮　い・てじん
00556　「韓国社会史研究―農業技術の発達と社会変動」
☆「東アジア人文書100」

イ　ヨンスク

00557　「「国語」という思想」
☆「ナショナリズム論の名著50」

イヴァシュキェヴィッチ

00558　「尼僧ヨアンナ」
『尼僧ヨアンナ』　イヴァシュキェヴィッチ作　関口時正訳　岩波書店　1997　274p　15cm（岩波文庫）　570円　①4-00-327771-6　Ⓝ989.83
☆「面白いほどよくわかる世界の文学」,「世界文学あらすじ大事典　3（ちか‐ふろ）」

イヴァーノフ

00559　「装甲列車14‐69」
☆「世界文学鑑賞辞典　第4」,「世界名著大事典」

イェイツ, ウィリアム・B.

00560　「アシーン漂流記」
☆「世界名著大事典」

00561　「イエイツ詩集」
『イエイツ詩集』　尾島庄太郎訳　北星堂書店　1958　342p　図版　20cm　Ⓝ931
☆「世界文学鑑賞辞典　第1」

00562　「王のしきい」
☆「世界名著大事典」

00563　「キャスリーン・ニ・フーリハイ」
☆「世界名著大事典」

00564　「キャスリーン伯爵夫人」
☆「世界名著大事典」

00565　「心願の国」
☆「世界文学鑑賞辞典　第1」

00566　「塔」
☆「たのしく読めるイギリス文学」

00567　「俳優女王」
☆「世界名著大事典」

00568　「幻の海」
☆「世界名著大事典」

00569　「無の国」
☆「世界名著大事典」

00570　「群れをなす妖精たち」
☆「世界の幻想文学」

00571　「錬金術の薔薇」
☆「世界の幻想文学」

イェイツ, フランセス・A.

00572 「記憶術」
『記憶術』 フランセス・A.イエイツ著　青木信義,井出新,篠崎実,野崎睦美訳　玉泉八州男監訳　水声社　1993　519p　21cm　6180円
Ⓘ4-89176-252-7
☆「建築の書物/都市の書物」

イェイツ, ブロック

00573 「エンツォ・フェラーリ—F1の帝王と呼ばれた男。」
『エンツォ・フェラーリ』 ブロック・イェイツ著　桜井淑敏訳　集英社　2004　495p　15cm〈集英社文庫〉　876円　Ⓘ4-08-760476-4
☆「伝記・自叙伝の名著」

イェーガー, ウェルナー

00574 「アリストテレス」
☆「世界名著大事典」

00575 「パイデイア」
☆「世界名著大事典」

イエズス会

00576 「イエズス会学事規定」
☆「教育学の世界名著100選」

イェスペルセン, オットー

00577 「音声学教科書」
☆「世界名著大事典」

00578 「音声学の根本問題」
☆「世界名著大事典」

00579 「近代英語文法」
☆「世界名著大事典」

00580 「言語」
☆「世界名著大事典」

00581 「分析的構文論」
☆「世界名著大事典」

00582 「文法の原理」
『文法の原理　下』 イェスペルセン著　安藤貞雄訳　岩波書店　2006　333,30p　15cm〈岩波文庫〉　860円　Ⓘ4-00-336575-5
☆「世界名著大事典」

イェッペセン, クヌート

00583 「対位法」
『対位法』 クヌート・イエッペセン著　柴田南雄,皆川達夫訳　東京創元社　1955　295p　27cm〈作曲理論叢書〉　Ⓝ761.6
☆「世界名著大事典」

イェニッケ, マルティン

00584 「成功した環境政策」
『成功した環境政策—エコロジー的成長の条件』 マルティン・イェニッケ, ヘルムート・ヴァイトナー編　長尾伸一, 長岡延孝監訳　有斐閣　1998　267p　19cm　2600円
Ⓘ4-641-16023-6
☆「学問がわかる500冊 v.2」

イエヒト

00585 「社会科学辞典」
☆「世界名著大事典」

イェリネク, エルフリーデ

00586 「ピアニスト」
『ピアニスト』 エルフリーデ・イェリネク著　中込啓子訳　諏訪　鳥影社・ロゴス企画部　2002　418p　20cm〈他言語標題：Die Klavierspielerin〉　1980円　Ⓘ4-88629-635-1　Ⓝ943.7
☆「世界の小説大百科」,「ドイツ文学」

イェリネク, ゲオルグ

00587 「一般国家学」
『一般国家学』 ゲオルグ・イェリネク著　第3版　芦部信喜〔等〕訳　学陽書房　1974　763p　肖像　22cm　9000円　Ⓝ313.1
☆「社会科学の名著」,「世界名著大事典」,「はじめて学ぶ法哲学・法思想」,「私の古典」

00588 「公権体系論」
☆「世界名著大事典」

00589 「人権宣言論」
☆「世界名著大事典」

00590 「法,不法および刑罰の社会倫理的意義」
☆「世界名著大事典」

イェーリング

00591 「権利のための闘争」
『権利のための闘争』 イェーリング著　日沖憲郎訳　一穂社　2005　116p　21cm〈名著/古典籍文庫〉〈岩波文庫復刻版　岩波書店昭和36年刊(第29刷)を原本としたオンデマンド版〉　2300円　Ⓘ4-86181-141-4　Ⓝ321.1
☆「学問がわかる500冊」,「古典・名著の読み方」,「社会科学の名著」,「政治哲学」,「世界の古典名著」,「世界の名著早わかり事典」,「世界名著大事典」,「はじめて学ぶ法哲学・法思想」,「文学・名著300選の解説 '88年度版」

00592 「占有意志論」
☆「世界名著大事典」

00593 「法における目的」
『法における目的　1』 ルドルフ・フォン・イェーリング著　山口廸彦訳　〔安城〕　山口廸彦　1976　321p　19cm〈限定版〉　非売品　Ⓝ321.1

イエルス　　　　　　　　　　　　　　　　　　　　　00594〜00613

☆「学術辞典叢書 第11巻」、「社会科学の名著」、「世界名著解題選 第3巻」、「世界名著大事典」、「私の古典」

00594　「ローマ法の精神」
『ローマ法の精神　第1巻 第1』　イェーリング著　原田慶吉訳編　有斐閣　1950　272p　19cm　Ⓝ322.315
☆「社会科学の名著」、「世界の古典名著」、「世界名著大事典」

イェルス
00595　「ローマ法」
☆「世界名著大事典」

イェルムスレウ
00596　「一般文法の原理」
『一般文法の原理』　イエルムスレウ著　小林英夫訳　三省堂　1958　330p　22cm　Ⓝ801.5
☆「世界名著大事典」

00597　「言語理論の基礎づけの大要」
☆「世界名著大事典」

イェンゼン, アドルフ
00598　「ハイヌウェレ」
☆「東洋の奇書55冊」

00599　「文字」
☆「世界名著大事典」

イェンゼン, ヴィルヘルム
00600　「グラディーヴァ」
☆「世界の幻想文学」

イェンセン, J.V.
00601　「長い旅」
『世界の始め—科学小説』　ヨハンネス・ヴィ・エンセン著　光成信男訳　聚芳閣　1924　255p　17cm　Ⓝ949
☆「世界名著大事典」

イカサ, ホルヘ
00602　「ワシプンゴ」
『ワシプンゴ』　ホルヘ・イカサ著　伊藤武好訳　朝日新聞社　1974　286p　20cm　800円　Ⓝ963
☆「世界文学あらすじ大事典 4（ふん・われ）」

イーガン, ジェニファー
00603　「ならずものがやってくる」
『ならずものがやってくる』　ジェニファー・イーガン著　谷崎由依訳　早川書房　2012　440p　19cm　2400円　Ⓘ978-4-15-209323-3
☆「世界の小説大百科」

郁茹　いく・じょ
00604　「はるかなる愛（遙遠的愛）」
☆「中国の名著」

イグナティウス・デ・ロヨラ
00605　「心霊修業」
☆「西洋をきずいた書物」、「世界名著大事典」

イグナティエフ, マイケル
00606　「民族はなぜ殺し合うのか」
『民族はなぜ殺し合うのか—新ナショナリズム6つの旅』　マイケル・イグナティエフ著　幸田敦子訳　河出書房新社　1996　362p　19cm　3800円　Ⓘ4-309-20258-6
☆「歴史家の一冊」

イクバール
00607　「アスラーレ・フディー」
☆「世界名著大事典」

00608　「イスラムにおける宗教思想の再建」
☆「世界名著大事典」

00609　「バーング・イー・ダラー」
☆「世界名著大事典」

イーグルトン, テリー
00610　「ゲートキーパー」
『ゲートキーパー—イーグルトン半生を語る』　テリー・イーグルトン著　滝沢正彦, 滝沢みち子訳　大月書店　2004　216p　19cm　2400円　Ⓘ4-272-43063-7
☆「思想家の自伝を読む」

イシグロ, カズオ
00611　「遠い山なみの光」
『遠い山なみの光』　カズオ・イシグロ著　小野寺健訳　早川書房　2001　275p　16cm（ハヤカワepi文庫）〈「女たちの遠い夏」（筑摩書房 1994年刊）の改題〉　660円　Ⓘ4-15-120010-X　Ⓝ933.7
☆「世界の小説大百科」

00612　「日の名残り」
『日の名残り』　カズオ・イシグロ著　土屋政雄訳　早川書房　2001　365p　15cm（ハヤカワepi文庫）　720円　Ⓘ4-15-120003-7
☆「知っておきたいイギリス文学」、「世界の小説大百科」、「たのしく読めるイギリス文学」、「百年の誤読 海外文学篇」、「名作あらすじ事典 西洋文学編」

00613　「わたしを離さないで」
『わたしを離さないで』　カズオ・イシグロ著　土屋政雄訳　早川書房　2008　450p　15cm（ハヤカワepi文庫）　800円　Ⓘ978-4-15-120051-9
☆「英仏文学戦記」

イシトヴァーン, チェルカ

00614 「深海の放浪者」
☆「世界の海洋文学」

イシャウッド, クリストファー

00615 「F6登攀」
☆「世界名著大事典」

00616 「ノリス氏の処世術」
☆「世界の小説大百科」

00617 「ベルリンよさらば」
『ベルリンよ,さらば―救いなき人々』 C.イシャウッド著 中野好夫訳 角川書店 1960 324p 15cm〈角川文庫〉 Ⓝ933
☆「イギリス文学」,「世界の小説大百科」,「世界文学鑑賞辞典 第1巻」,「世界文学の名作と主人公」,「世界名著大事典」

イスカンデル

00618 「チェゲムのサンドロおじさん」
『チェゲムのサンドロおじさん』 ファジリ・イスカンデル著 浦雅春,安岡治子訳 国書刊行会 2002 441p 21cm 2800円
①4-336-03957-7
☆「ロシア文学」

イストラティ

00619 「キラ・キラリーナ」
☆「世界名著大事典」

イズベスチヤ紙

00620 「太平洋漂流四十九日」
☆「世界の海洋文学」

頤蔵主　いぞうしゅ

00621 「古尊宿語録」
『古尊宿語録―山口県快友寺所蔵明代南蔵本』 野尻佳美編 宗教典籍研究会 1989 142p 25cm〈複製〉 非売品 Ⓝ188.84
☆「教養のためのブックガイド」

イソクラテス

00622 「パネギリコス」
☆「世界名著大事典 補遺(Extra)」

イソップ

00623 「イソップ寓話集」
『イソップ寓話集』 イソップ[著] 中務哲郎訳 岩波書店 2002 372,39p 19cm〈ワイド版 岩波文庫〉 1400円 ①4-00-007211-0 Ⓝ991.3
☆「学術辞典叢書 第13巻」,「世界の書物」,「世界の名作100を読む」,「世界の名著」,「世界文学あらすじ大事典1(あーきよう)」,「世界文学鑑賞辞典 第2巻」,「世界文学の名作と主人公」,「世界名著解題選 第1巻」,「世界名著大事典」,「日本の古典・世界の古典」,「文学・名著

300選の解説 '88年度版」,「ポケット世界名作事典」,「名作の研究事典」

00624 「伝記と寓話」
☆「西洋をきずいた書物」

一然　いちねん

00625 「三国遺事」
『三国遺事―完訳』 一然著 金思燁訳 六興出版 1980 450,28p 22cm 7500円 Ⓝ221.035
☆「世界名著大事典」

イッテン, J.

00626 「色彩の芸術」
『色彩の芸術―色彩の主観的経験と客観的原理』 ヨハネス・イッテン著 大智浩,手塚又四郎訳 改訂新版 美術出版社 1974 159p(おもに図) 31×31cm〈原著1973年新版による〉 18000円 Ⓝ757.4
☆「世界名著大事典 補遺(Extra)」

イーデン

00627 「貧民の状態,イギリス労働者階級の歴史」
☆「西洋をきずいた書物」

イートウェル, J.

00628 「現代経済学」
『現代経済学』 ジョーン・ロビンソン,ジョン・イートウェル著 宇沢弘文訳 岩波書店 1976 451p 22cm 2200円 Ⓝ331
☆「経済学名著106選」,「現代ビジネス書・経済書総解説」

イネス, ハモンド

00629 「蒼い氷壁」
☆「世界の冒険小説・総解説」

00630 「キャプテン・クック最後の航海」
『キャプテン・クック最後の航海』 ハモンド・イネス著 池央耿訳 東京創元社 1986 282p 15cm〈創元推理文庫〉 400円
①4-488-22501-2
☆「世界の海洋文学」

00631 「キャンベル渓谷の激闘」
☆「世界の冒険小説・総解説」

00632 「銀塊の海」
『銀塊の海』 ハモンド・イネス著 皆藤幸蔵訳 早川書房 1971 218p 19cm〈ハヤカワ・ノヴェルズ〉 450円 Ⓝ933
☆「世界の海洋文学」

00633 「黒い海流」
『黒い海流』 ハモンド・イネス著 池央耿訳 早川書房 1988 509p 15cm〈ハヤカワ文庫

イネス　　　　　　　　　　　　　　　　　　　　　　　　　　00634〜00650

NV）　620円　①4-15-040521-2
☆「世界の海洋文学」

00634　「孤独なスキーヤー」
☆「世界の冒険小説・総解説」

00635　「報復の海」
『報復の海』　ハモンド・イネス著　竹内泰之訳　徳間書店　1987　506p　15cm〈徳間文庫〉580円　①4-19-598365-7
☆「世界の海洋文学」

イネス, マイクル

00636　「海から来た男」
『海から来た男』　イネス著　吉田健一訳　筑摩書房　1978　269p　19cm〈世界ロマン文庫12〉〈新装版〉　880円　Ⓝ933
☆「世界の冒険小説・総解説」

00637　「ハムレット復讐せよ」
『ハムレット復讐せよ』　マルクス・イネス著　滝口達也訳　国書刊行会　1997　418p　20cm〈世界探偵小説全集　16〉　2500円　①4-336-03846-5　Ⓝ933.7
☆「世界の推理小説・総解説」

惟白　いはく

00638　「大蔵経綱目指要録」
☆「世界名著大事典」

イバーニェス, ブラスコ

00639　「血と砂」
『血と砂』　ブラスコ・イバーニェス作　永田寛定訳　岩波書店　1992　469p　15cm〈岩波文庫〉〈第7刷（第1刷：1939年）〉　720円　①4-00-327242-0　Ⓝ963
☆「現代世界の名作」,「世界文学鑑賞辞典 第2」,「世界名著大事典」,「ポケット世界名作事典」

イビュコス

00640　「詩集」
☆「世界名著大事典」

イプセン, ヘンリック

00641　「あたしたち死んだ者が目覚めたとき」
『イプセン戯曲選集―現代劇全作品』　イプセン著　毛利三彌訳　東海大学出版会　1997　858p　22cm〈他言語標題：Henrik Ibsen nutidsdramaer〉　6000円　①4-486-01400-6　Ⓝ949.62
☆「世界文学あらすじ大事典 1（あ‐きよう）」,「世界名著大事典」

00642　「海の夫人」
☆「近代名著解題選集 2」,「世界文学あらすじ大事典 1（あ‐きよう）」

00643　「皇帝とガラリヤ人」
☆「近代名著解題選集 2」

00644　「社会の柱」
☆「世界文学あらすじ大事典 2（きよえ‐ちえ）」

00645　「人民の敵」
『人民の敵』　イプセン著　太田三次郎訳　政教社　1911　231p　23cm　Ⓝ949.6
☆「近代名著解題選集 2」,「世界文学あらすじ大事典 4（ふん‐われ）」,「世界文学鑑賞辞典 第3」,「世界名著解題選 第2巻」,「世界名著大事典」,「ポケット世界名作事典」

00646　「小さいエヨルフ」
☆「近代名著解題選集 2」,「世界名著大事典」

00647　「棟梁ソルネス」
『建築師ソルネス』　イプセン著　金子白夢訳　京文社　1922　237p　19cm　Ⓝ949
☆「世界文学あらすじ大事典 3（ちか‐ふろ）」,「世界名著大事典」

00648　「人形の家」
『人形の家』　イプセン著　原千代海訳　岩波書店　1996　198p　15cm〈岩波文庫〉〈著者の肖像あり〉　410円　①4-00-327501-2　Ⓝ949.62
☆「あらすじで味わう外国文学」,「あらすじで読む世界の名著 no.3」,「あらすじで読む世界文学105」,「面白いほどよくわかるあらすじで読む世界の名作」,「面白いほどよくわかる世界の文学」,「学術辞典叢書 第12巻」,「近代名著解題選集 1」,「近代名著解題選集 2」,「世界の書物」,「世界の名作」,「世界の名作100を読む」,「世界の名著」,「世界文学あらすじ大事典 3（ちか‐ふろ）」,「世界文学鑑賞辞典 第3」,「世界文学の名作と主人公」,「世界文学必勝法」,「世界名作事典」,「世界名作文学館」,「世界名著解題選集 第3巻」,「世界名著大事典」,「2時間でわかる世界の名著」,「日本・世界名作『愛の会話』100章」,「日本文学現代名作事典」,「入門名作の世界」,「文学・名著300選の解説 '88年度版」,「ポケット世界名作事典」,「名作あらすじ事典 西洋文学編」,「名小説ストーリー集 世界篇」,「読んでおきたい世界の名著」

00649　「野鴨」
『野鴨』　イプセン［原著］　笹部博司著　メジャーリーグ　2008　202p　15cm〈笹部博司の演劇コレクション　イプセン編 1　笹部博司著〉〈発売：星雲社〉　524円　①978-4-434-12287-3　Ⓝ912.6
☆「近代名著解題選集 2」,「世界文学あらすじ大事典 3（ちか‐ふろ）」,「世界文学鑑賞辞典 第3」,「世界名著解題選 第3巻」,「世界名著大事典」,「ポケット世界名作事典」

00650　「ブランド」
『ブランド』　ヘンリック・イプセン作　半田良平編　赤城正蔵　1914　96p　15cm〈アカギ叢書　第86篇〉〈肖像あり〉　Ⓝ949.62
☆「学術辞典叢書 第13巻」,「近代名著解題選集 2」,「世界文学あらすじ大事典 3（ちか‐ふろ）」,「世

界名著解題選 第3巻」,「世界名著大事典」

00651　「ヘッダ・ガブラー」
『ヘッダ・ガブラー』　イプセン著　菅原卓,原千代海共訳　創元社　1953　142p 図版　15cm（創元文庫　Bと第65）　Ⓝ949.6
☆「近代名著解題選集 2」,「現代世界の名作」,「西洋をきずいた書物」,「世界文学大事典 4（ふね‐われ）」,「世界文学鑑賞辞典 第3」,「世界名著解題選 第3巻」,「世界名著大事典」

00652　「ペール・ギュント」
『ペール・ギュント』　ヘンリック・イプセン作　毛利三彌訳　論創社　2006　131p　20×13cm（論創ファンタジー・コレクション　6）　1500円　Ⓘ4-8460-0448-1
☆「世界文学あらすじ大事典 4（ふね‐われ）」,「世界名著大事典」

00653　「幽霊」
『幽霊』　イプセン著　森鷗外訳　オンデマンド版　ゆまに書房　2004　128p 19cm（昭和初期世界名作翻訳全集　20）〈原本：春陽堂昭和7年刊〉　2800円　Ⓘ4-8433-1090-5　Ⓝ949.62
☆「学術辞典叢書 第13巻」,「近代名著解題選集 2」,「世界文学あらすじ大事典 4（ふね‐われ）」,「世界文学鑑賞辞典 第3」,「世界名著解題選 第3巻」,「世界名著大事典」

00654　「ヨーン・ガブリエル・ボルクマン」
☆「世界名著大事典」

00655　「ロスメルスホルム」
『ロスメルスホルム』　イプセン［原著］　笹部博司　メジャーリーグ　2008　166p　15cm（笹部博司の演劇コレクション　イプセン編 3　笹部博司著）〈発売：星雲社〉　476円　Ⓘ978-4-434-12529-4　Ⓝ912.6
☆「近代名著解題選集 2」,「世界文学あらすじ大事典 4（ふね‐われ）」

イブヌル・ムカッファ

00656　「小アダブ」
☆「世界名著大事典 補遺（Extra）」

00657　「大アダブ」
☆「世界名著大事典 補遺（Extra）」

イブラヒム，アブデュルレシト

00658　「イスラーム世界と日本におけるイスラームの普及」
☆「アジアの比較文化」

イブン・アッティクタカー

00659　「アルファフリー」
☆「教養のためのブックガイド」,「歴史学の名著30」

イブン・ガビロル

00660　「生命の泉」

☆「世界名著大事典」

イブン・シーナー

00661　「アラーイー知識書」
☆「世界名著大事典」

00662　「医学典範」
『科学の名著　8　イブン・スィーナー』　伊東俊太郎責任編集　朝日出版社　1981　374p　20cm〈イブン・スィーナーの肖像あり〉　4800円　Ⓝ408
☆「自然科学の名著」,「西洋をきずいた書物」,「世界名著大事典」

00663　「治療書」
☆「世界名著大事典」

イブン・ジュバイル

00664　「旅路での出来事に関する情報の覚書」
☆「世界の旅行記101」

00665　「旅行記」
『旅行記』　イブン・ジュバイル著　藤本勝次,池田修監訳　吹田　関西大学東西学術研究所　1992　377p　22cm（関西大学東西学術研究所訳注シリーズ　6）〈発行所：関西大学出版部　折り込図1枚〉　6500円　Ⓘ4-87354-140-9　Ⓝ292.809
☆「アジアの比較文化」

イブン・トゥファイル

00666　「ヤクザーンの子ハイー」
☆「東洋の名著」

イブン・ハズム

00667　「諸宗教と宗派の書」
☆「世界名著大事典 補遺（Extra）」

00668　「鳩の首飾」
☆「世界名著大事典 補遺（Extra）」

イブン・バットゥータ

00669　「エリュトゥラー海案内記」
☆「世界の海洋文学」,「世界の旅行記101」

00670　「大旅行記」
☆「アジアの比較文化」,「世界の旅行記101」,「世界名著大事典」,「地図とあらすじで読む歴史の名著」,「東洋の名著」,「歴史家の一冊」

イブン・ハルドゥーン

00671　「歴史序説」
『歴史序説　1』　イブン＝ハルドゥーン著　森本公誠訳　岩波書店　2001　514p　15cm（岩波文庫）　900円　Ⓘ4-00-334811-7　Ⓝ201.1
☆「アジアの比較文化」,「教養のためのブックガイド」,「宗教学の名著30」,「世界名著大事典」,「地図とあらすじで読む歴史の名著」,「歴史学の名著30」,「歴史家の一冊」

イフンフア　　　　　　　　　　　　　　　　　　　　　00672～00697

イブン・ファドーラン
00672　「ヴォルガ・ブルガール旅行記」
☆「アジアの比較文化」

イブン・フルダーズベー
00673　「諸道路および諸地方の書」
☆「世界名著大事典 補遺(Extra)」

イブン・ルシュド
00674　「医学汎論」
☆「西洋をきずいた書物」,「世界名著大事典」

00675　「形而上学綱要」
☆「世界名著大事典」

イヨネスコ,E.
00676　「椅子」
☆「世界名著大事典 補遺(Extra)」

00677　「渇きと飢え」
☆「世界名著大事典 補遺(Extra)」

00678　「虐殺ゲーム」
☆「世界名著大事典 補遺(Extra)」

00679　「犀」
☆「世界文学あらすじ大事典 2(きよえ‐ちえ)」,「世界文学鑑賞辞典 第2」,「世界文学の名作と主人公」,「世界名著大事典 補遺(Extra)」,「フランス文学」

00680　「授業」
☆「世界名著大事典 補遺(Extra)」

00681　「禿の女歌手」
☆「世界名著大事典 補遺(Extra)」

00682　「瀕死の王」
☆「世界名著大事典 補遺(Extra)」

00683　「マクベット」
☆「世界名著大事典 補遺(Extra)」

00684　「無給の殺し屋」
☆「世界名著大事典 補遺(Extra)」

イリー
00685　「財産と契約」
☆「世界名著大事典」

イリガライ,L.
00686　「ひとつではない女の性」
『ひとつではない女の性』　リュース・イリガライ著　棚沢直子他訳　勁草書房　1987　306p　20cm　2700円　Ⓘ4-326-65075-3　Ⓝ143.5
☆「フェミニズムの名著50」,「倫理学」

イリッチ,イヴァン
00687　「生きる思想」
『生きる思想―反＝教育/技術/生命』　イバン・イリイチ著　桜井直文監訳　新版　藤原書店　1999　370p　19cm　2900円　Ⓘ4-89434-131-X
☆「教育本44」

00688　「エネルギーと公正」
『エネルギーと公正』　イヴァン・イリッチ著　大久保直幹訳　晶文社　1979　185p　20cm　〈参考文献：p69～75〉　1200円　Ⓝ680.4
☆「平和を考えるための100冊+α」

00689　「ジェンダー」
『ジェンダー――女と男の世界』　イヴァン・イリイチ[著]　玉野井芳郎訳　岩波書店　2005　429p　20cm(岩波モダンクラシックス)　3600円　Ⓘ4-00-027135-0　Ⓝ367.2
☆「20世紀を震撼させた100冊」

00690　「シャドウ・ワーク」
『シャドウ・ワーク―生活のあり方を問う』　イヴァン・イリイチ[著]　玉野井芳郎, 栗原彬訳　岩波書店　2005　297p　20cm(岩波モダンクラシックス)〈文献あり〉　2800円　Ⓘ4-00-027134-2　Ⓝ361.5
☆「近代家族とジェンダー」

00691　「脱「開発」の時代―現代社会を解読するキイワード辞典」
☆「学問がわかる500冊 v.2」

00692　「脱学校の社会」
『脱学校の社会』　イヴァン・イリッチ著　東洋, 小沢周三訳　東京創元社　1977　232p　19cm(現代社会科学叢書)　850円　Ⓝ372.53
☆「学問がわかる500冊」,「身体・セクシュアリティ・スポーツ」,「社会学の名著30」

イリフ
00693　「黄金の子牛」
☆「世界文学鑑賞辞典 第4」,「世界名著大事典」

00694　「十二の椅子」
『十二の椅子』　イリヤ・イリフ, エウゲニー・ペトロフ著　江川卓訳　筑摩書房　1977　366p　19cm(世界ユーモア文庫 2)〈新装版〉　880円　Ⓝ983
☆「世界文学鑑賞辞典 第4」,「世界名著大事典」

イリン,ミハイル
00695　「書物の歴史」
『書物の歴史』　イリン著　玉城肇訳　創元社　1953　116p　15cm(創元文庫 D 第71)　Ⓝ020.2
☆「世界名著大事典」

00696　「大コンベヤー」
☆「世界名著大事典」

00697　「灯火の歴史」

『灯火の歴史—机の上の太陽』 ミハイル・イリン著　原光雄訳　国土社　1991　125p　20cm（科学入門名著全集　6）　1500円
①4-337-20706-6
☆「世界名著大事典」

00698　「人間の歴史」
『人間の歴史』 イリーン，セガール作　袋一平訳　岩波書店　1986　3冊　18cm（岩波少年文庫）　各600円　①4-00-113077-7
☆「世界文学鑑賞辞典 第4」，「世界名著大事典」，「名作の研究事典」

イリングチース

00699　「理性と天啓」
『理性と天啓』 ゼ・アル・イリングウオース著　宍倉保訳　普光社　1911　279p　23cm（聖公会神学叢書　第8巻）Ⓝ190
☆「近代欧米名著解題 第1巻」

イルチス

00700　「メンデル伝」
『メンデル伝』 フーゴー・イルチス著　長島礼訳　東京創元社　1960　323p 図版　19cm　Ⓝ289.3
☆「伝記・自叙伝の名著」

殷　海光　いん・かいこう

00701　「中国文化の展望」
☆「東アジア人文書100」

尹　糸淳　いん・しじゅん

00702　「韓国儒学思想論」
☆「東アジア人文書100」

インガソル

00703　「神に関する演説」
☆「西洋をきずいた書物」

イング

00704　「イギリス」
☆「世界名著大事典」

イングラム，ジョン・ケルズ

00705　「経済学史」
『経済学史』 イングラム著　スコット補　米山勝美訳　早稲田大学出版部　1925　477p　23cm　Ⓝ331.23
☆「学術辞典叢書 第11巻」，「世界名著解題選 第1巻」

インケルズ

00706　「ソヴェトの世論」
☆「世界名著大事典」

隠元　いんげん

00707　「黄檗隠元禅師雲濤集」
☆「世界名著大事典 補遺（Extra）」

00708　「黄檗禅師扶桑語録」
☆「世界名著大事典 補遺（Extra）」

00709　「普照国師広録」
☆「世界名著大事典 補遺（Extra）」

インジ

00710　「バス・ストップ」
☆「世界文学鑑賞辞典 第1」

允祉　いんし

00711　「律暦淵源」
☆「アジアの比較文化」

インファンテ，ギリェルモ・カブレラ

00712　「三頭の寂しい虎」
☆「世界の小説大百科」

インフェルト，L.

00713　「ガロアの生涯」
『ガロアの生涯—神々の愛でし人』 レオポルト・インフェルト著　市井三郎訳　新装版　日本評論社　2008　403p　19cm　1800円
①978-4-535-78620-2
☆「教育を考えるためにこの48冊」，「数学ブックガイド100」

00714　「物理学はいかに創られたか」
『物理学はいかに創られたか—初期の観念から相対性理論及び量子論への思想の発展　上,下巻』 アインシュタイン，インフェルト共著　石原純訳　7版　岩波書店　1950　2冊 図版　18cm（岩波新書）Ⓝ420.2
☆「科学の10冊」，「現代人のための名著」，「自然科学の名著」，「世界名著大事典」，「大学新入生に薦める101冊の本」，「ブックガイド 文庫で読む科学」，「『本の定番』ブックガイド」

インペル

00715　「プルコヴォ子午線」
☆「世界名著大事典」

インマーマン，カール

00716　「エピゴーネン」
☆「世界文学鑑賞辞典 第3」

00717　「オーベルホーフ」
☆「世界名著大事典」

00718　「ミュンヒハウゼン」
☆「世界名著大事典」

【ウ】

于 奕正 う・えきせい
00719 「帝京景物略」
☆「世界名著大事典」

ヴァイエルシュトラース
00720 「関数論論文集」
☆「世界名著大事典」

ヴァイエルマン
00721 「科学的私経済学の原理と体系」
☆「世界名著大事典」

ヴァイス
00722 「馭者のからだの影」
☆「ドイツ文学」

00723 「原始キリスト教」
☆「世界名著大事典」

ヴァイスゲルバー
00724 「ドイツ語の力について」
☆「世界名著大事典」

ヴァイスバハ
00725 「印象主義」
☆「世界名著大事典」

00726 「レンブラント」
☆「世界名著大事典」

ヴァイスマン
00727 「進化論講義」
☆「世界名著大事典」

00728 「生殖質」
☆「世界名著大事典」

ヴァイツ
00729 「ドイツ憲法史」
☆「世界名著大事典」

ヴァイツゼッカー
00730 「物理学的世界像」
☆「世界名著大事典」

ヴァイツゼッカー, リヒャルト・フォン
00731 「荒れ野の40年 ヴァイツゼッカー大統領演説全文―1985年5月8日」
☆「世界史読書案内」,「大学新入生に薦める101冊の本」

ヴァイデンライヒ
00732 「さる,巨人,人」
☆「世界名著大事典」

ヴァイトナー, ヘルムート
00733 「成功した環境政策」
『成功した環境政策―エコロジー的成長の条件』 マルティン・イェニッケ,ヘルムート・ヴァイトナー編 長尾伸一,長岡延孝監訳 有斐閣 1998 267p 19cm 2600円
①4-641-16023-6
☆「学問がわかる500冊 v.2」

ヴァイトリング
00734 「調和と自由の保障」
☆「世界名著大事典」

00735 「貧しい罪人の福音書」
☆「世界名著大事典」

ヴァイナー
00736 「国際貿易と経済発展」
『国際貿易と経済発展』 ヤコブ・ヴァイナー著 相原光訳 巌松堂出版 1959 165p 19cm (現代経済学選書) Ⓝ678.01
☆「世界名著大事典」

00737 「国際貿易理論の研究」
☆「世界名著大事典」

ヴァイベル
00738 「熱帯アフリカの原料生産地域」
☆「世界名著大事典」

00739 「農業地理学の諸問題」
『農業地理学の諸問題』 レオ・ヴァイベル著 伊藤兆司訳 古今書院 1942 358p 肖像 19cm Ⓝ612,612.9
☆「世界名著大事典」

ヴァヴィロフ
00740 「アイザック・ニュートン」
☆「伝記・自叙伝の名著」

ヴァカン, ロイック
00741 「リフレクシヴ・ソシオロジーへの招待」
『リフレクシヴ・ソシオロジーへの招待―ブルデュー、社会学を語る』 ピエール・ブルデュー, ロイック・J.D.ヴァカン［著］ 水島和則訳 藤原書店 2007 418p 22cm (Bourdieu library)〈著作目録あり 文献あり〉 4600円 ①978-4-89434-557-7 Ⓝ361.235
☆「社会学の名著30」

ヴァーゲマン
00742 「世界経済の構造と景気変動」
☆「世界名著大事典」

00743 「統計の道化鏡」
　☆「世界名著大事典」

ヴァザーリ
00744 「イタリア美術家列伝」
　☆「世界名著大事典」

ヴァシリエフ
00745 「ビザンティン帝国史」
　☆「世界名著大事典」

ヴァーゾフ, イワン
00746 「軛の下で」
　☆「世界の小説大百科」,「世界文学あらすじ大事典 2（きよえ-ちえ）」,「世界名著大事典」

ヴァッケルナーゲル
00747 「古代インド語文法」
　☆「世界名著大事典」

00748 「文論講義」
　☆「世界名著大事典」

ヴァッケンローダー
00749 「芸術を愛する1修道僧の心情の吐露」
　☆「世界名著大事典」

ヴァッスムー, ハルビヨルグ
00750 「めくら窓の家」
　☆「世界の小説大百科」

ヴァッセルマン
00751 「アンデルガスト3部作」
　☆「世界名著大事典」

00752 「クリスティアン・ヴァーンシャッフェ」
　☆「世界文学鑑賞辞典 第3」,「世界名著大事典」

00753 「若きレナーテ・フックスの物語」
　☆「世界名著大事典」

ヴァッテル
00754 「国際法論」
　☆「世界名著大事典」

ヴァッハ
00755 「ドイツ民事訴訟法提要」
　☆「世界名著大事典」

ヴァーツヤーヤナ
00756 「カーマスートラ」
　☆「性の世界的名著から十七篇」,「世界の奇書」,「世界名著大事典」,「東洋の奇書55冊」

00757 「ニヤーヤ・バーシュヤ」
　☆「世界名著大事典」

ヴァッルヴァル
00758 「クラル」
　☆「世界名著大事典」

ヴァニエ, ジャン
00759 「暴力とゆるし」
　『暴力とゆるし』 ジャン・ヴァニエ著　原田葉子訳　女子パウロ会　2005　95p　19cm　1000円　④4-7896-0591-4
　☆「倫理良書を読む」

ヴァラジネ, ヤコポ・ダ
00760 「黄金伝説」
　☆「世界の幻想文学」,「世界名著大事典」

ヴァラス
00761 「ドビュッシーとその時代」
　☆「世界名著大事典」

ヴァラッパ
00762 「アヌパーシヤ」
　☆「世界名著大事典」

ヴァラーハミヒラ
00763 「パンチェシッダーンチカー」
　☆「世界名著大事典」

00764 「ブリハト・サンヒター」
　☆「世界名著大事典」

ヴァーリイ
00765 「残像」
　『残像』 ジョン・ヴァーリイ著　冬川亘, 大野万紀訳　早川書房　1995　499p　16cm〈ハヤカワ文庫　SF〉〈3刷（1刷：1980年）〉　700円　①4-15-010379-8　Ⓝ933
　☆「世界のSF文学・総解説」

00766 「へび使い座ホットライン」
　☆「世界のSF文学・総解説」

ヴァリスコ
00767 「汝自らを知れ」
　☆「近代欧米名著解題 第9巻」

ヴァリニャーノ, アレッサンドロ
00768 「日本巡察記」
　『日本巡察記』 ヴァリニャーノ著　松田毅一他訳　平凡社　1973　365p　図　肖像　18cm（東洋文庫　229）　Ⓝ198.21
　☆「アジアの比較文化」,「世界の旅行記101」

ヴァールー, ペール
00769 「刑事マルティン・ベック 笑う警官」
　☆「世界の推理小説・総解説」

ヴァルガ, E.
00770 「世界経済恐慌史」
『世界経済恐慌史―1848～1935』 エー・ヴァルガ監修 永住道雄訳 有明書房 1999 206, 551,7p 22cm〈「世界恐慌経済史 第1巻 第1部」(慶応書房昭和12年刊)と「世界恐慌経済史 第1巻 第2部」(慶応書房昭和13年刊)の複製合本〉 20000円 ①4-87044-108-X Ⓝ337.99
☆「経済学名著106選」

00771 「第2次世界大戦後の帝国主義の経済と政治の基本的諸問題」
☆「世界名著大事典」

ヴァルザー, マルティン
00772 「逃走する馬」
☆「ドイツ文学」

00773 「ハーフタイム」
☆「世界の小説大百科」

ヴァルジャヴェク
00774 「世界史」
☆「世界名著大事典」

ヴァルツェル
00775 「ゲーテ死後のドイツ文学」
☆「世界名著大事典」

00776 「ドイツ文学史」
☆「世界名著解題選 第6巻」,「世界名著大事典」

00777 「ドイツ・ロマン主義」
☆「世界名著大事典」

ヴァルデ
00778 「印欧語比較辞典」
☆「世界名著大事典」

00779 「ケルト族とイタリック族との最古の言語的関係について」
☆「世界名著大事典」

00780 「ラテン語語源辞典」
☆「世界名著大事典」

ヴァルデ, ミュラー
00781 「レオナルド・ダ・ヴィンチ」
☆「世界名著大事典」

ヴァルテル, ジェラール
00782 「ネロ」
『ネロ』 ジェラール・ヴァルテル著 山崎庸一郎訳 みすず書房 1979 317,16p 20cm〈新装版〉 2000円 Ⓝ289.3
☆「伝記・自叙伝の名著」

ヴァルト
00783 「逐次解析」
☆「世界名著大事典」

00784 「統計的判定関数論」
☆「世界名著大事典」

ヴァルトゼーミュラー
00785 「世界地理入門」
☆「世界名著大事典」

ヴァルトブルク
00786 「言語学の問題と方法」
『言語学の問題と方法』 ヴァルター・フォン・ヴァルトブルク著 島岡茂訳 ゆまに書房 1998 240p 22cm(世界言語学名著選集 第7巻)〈紀伊国屋書店1973年刊の複製 索引あり〉 7000円 ①4-89714-413-2 Ⓝ801
☆「世界名著大事典」

00787 「ロマン語圏の成立」
☆「世界名著大事典」

ヴァルトマン
00788 「ティツィアーノ」
☆「世界名著大事典」

ヴァルトリウス
00789 「軍事論」
☆「西洋をきずいた書物」,「世界を変えた書物」

ヴァルブ
00790 「私的経営ならびに公的経営における成果計算」
☆「世界名著大事典」

ヴァールミーキ
00791 「ラーマーヤナ」
『ラーマーヤナ 1』 ヴァールミーキ著 岩本裕訳 平凡社 1980 350p 18cm(東洋文庫 376) 1500円 Ⓝ929.88
☆「少年少女のための文学案内 2」,「図解世界の名著がわかる本」,「世界文学あらすじ大事典 4(ふんーわれ)」,「世界文学の名作と主人公」,「世界名著大事典」,「地図とあらすじで読む歴史の名著」,「東洋の奇書55冊」,「東洋の名著」

ヴァレリー
00792 「ヴァリエテ」
『ヴァリエテ 第2』 ヴァレリー著 鈴木信太郎,佐藤正彰編 京都 人文書院 1966 522p 23cm〈訳者:佐藤正彰等 限定版〉 2300円 Ⓝ954
☆「世界名著大事典」,「私の古典」

00793 「海辺の墓地」
☆「現代世界の名作」,「世界の名著」

00794 「芸術論」
☆「世界名著解題選 第6巻」

00795 「精神の危機」
『精神の危機―他十五篇』 ポール・ヴァレリー著　恒川邦夫訳　岩波書店　2010　518p　15cm（岩波文庫　32-560-5）　1020円
①978-4-00-325605-3　Ⓝ954.7
☆「必読書150」

00796 「テスト氏との一夜」
☆「世界文学鑑賞辞典 第2」,「世界名著大事典」

00797 「ドガ・ダンス・デッサン」
☆「世界名著大事典」

00798 「魅惑」
☆「世界文学鑑賞辞典 第2」,「世界名著大事典」

00799 「レオナルド・ダ・ヴィンチ論考」
☆「世界名著大事典」

00800 「若きパルク」
☆「世界文学鑑賞辞典 第2」,「世界名著大事典」,「ポケット世界名作事典」

00801 「わがファウスト」
☆「世界名著大事典」

ヴァレロ, エレナ
00802 「ナパニュマ」
『ナパニュマ―アマゾン原住民と暮らした女』エレナ・ヴァレロ著　竹下孝哉, 金丸美南子訳　早川書房　1984　2冊　19cm　各780円
Ⓝ389.613
☆「学問がわかる500冊 v.2」

ウァロ
00803 「農業論」
☆「世界名著大事典」

00804 「ラテン語論」
☆「世界名著大事典」

ヴァン・ヴェイク
00805 「古代教会スラヴ語史」
☆「世界名著大事典」

00806 「バルト語およびスラヴ語におけるアクセントおよびイントネーションの体系」
☆「世界名著大事典」

ヴァン・ヴォークト
00807 「イシャーの武器店シリーズ」
☆「世界のSF文学・総解説」

00808 「宇宙船ビーグル号」
☆「世界のSF文学・総解説」

00809 「終点大宇宙」
☆「世界のSF文学・総解説」

00810 「スラン」
☆「世界のSF文学・総解説」

00811 「非Aの世界」
☆「世界のSF文学・総解説」

ヴァン・ジェネブ
00812 「民俗学」
☆「世界名著大事典」

ヴァンス, ジャック
00813 「竜を駆る種族」
『竜を駆る種族』 ジャック・ヴァンス著　浅倉久志訳　早川書房　2006　239p　15cm（ハヤカワ文庫SF）　660円　①4-15-011590-7
☆「世界のSF文学・総解説」

ヴァンダー
00814 「ドイツ俚諺辞典」
☆「世界名著大事典」

ヴァン・ダイン, S.S.
00815 「カナリア殺人事件」
☆「世界名著大事典」

00816 「グリーン家殺人事件」
☆「世界の推理小説・総解説」,「世界名著大事典」

00817 「僧正殺人事件」
☆「世界の推理小説・総解説」,「世界名著大事典」

00818 「ベンソン殺人事件」
☆「世界名著大事典」

ヴァンダーリント
00819 「貨幣万能」
『貨幣万能』 ヴァンダーリント著　浜林正夫, 四元忠博訳　東京大学出版会　1977　244p　19cm（初期イギリス経済学古典選集　7）〈叢書の監修：アダム・スミスの会〉　2000円
Ⓝ331.314
☆「世界名著大事典」

ヴァンディエ
00820 「エジプト」
☆「世界名著大事典」

00821 「エジプト考古学提要」
☆「世界名著大事典」

ヴァン＝デ＝ヴェルデ
00822 「完全なる結婚」
☆「性の世界的名著から十七篇」,「百年の誤読」

ヴァン・デル・ポスト
00823 「風のような物語」
☆「たのしく読めるイギリス文学」

ヴァン・デン・ベルク, J.H.
00824 「病床の心理学」
☆「学問がわかる500冊」

ヴァンドリエス
00825 「言語」
☆「世界名著大事典」

ヴァンバ
00826 「ジャン・ブルラスカの日記」
☆「少年少女のための文学案内 2」

ヴァンブルー
00827 「逆もどり」
☆「世界名著大事典」

ヴァーンベーリ
00828 「ペルシャ放浪記」
☆「世界の旅行記101」

ヴァン・ホーセン
00829 「書誌」
☆「世界名著大事典」

ヴァン・ルーン
00830 「世界文明史物語」
☆「名作の研究事典」

ヴィーアカー
00831 「近世私法史」
☆「世界名著大事典」

ウィアセーマ, F.
00832 「ナンバーワン企業の法則」
『ナンバーワン企業の法則—勝者が選んだポジショニング』 マイケル・トレーシー, フレッド・ウィアセーマ著　大原進訳　日本経済新聞社　2003　337p　15cm(日経ビジネス人文庫)　695円　①4-532-19184-X　Ⓝ335.253
☆「世界で最も重要なビジネス書」

ヴィアン, ボリス
00833 「うたかたの日々」
『うたかたの日々』 ボリス・ヴィアン著　野崎歓訳　光文社　2011　388p　15cm(光文社古典新訳文庫)　914円　①978-4-334-75220-0
☆「世界の小説大百科」、「百年の誤読 海外文学篇」、「名作あらすじ事典 西洋文学編」

00834 「日々の泡」
☆「知っておきたいフランス文学」、「世界のSF文学・総解説」、「世界の幻想文学」、「世界文学あらすじ大事典 3 (ちか・ふろ)」

ヴィヴァンテ
00835 「商法論」
☆「世界名著大事典」

ヴィヴェーカーナンダ
00836 「演説集」
☆「世界名著大事典」

00837 「わが師」
『わが師—スワミ・ヴィヴェーカーナンダ講演集』 スワミ・ヴィヴェーカーナンダ述　日本ヴェーダーンタ協会訳　逗子　日本ヴェーダーンタ協会　1983　246p　19cm〈著者の肖像あり〉①4-931148-12-3　Ⓝ126.9
☆「世界名著大事典」、「東洋の名著」

ヴィーヴェス
00838 「学問論」
☆「教育学の世界名著100選」

ヴィエート
00839 「解析技法入門」
☆「西洋をきずいた書物」

00840 「解析的方法への入門」
☆「世界名著大事典」

ヴィカーズ, ロイ
00841 「迷宮課事件簿」
『迷宮課事件簿 1』 ロイ・ヴィカーズ著　吉田誠一, 村上啓夫訳　早川書房　1977　365p　16cm(ハヤカワ・ミステリ文庫)　390円　Ⓝ933
☆「世界の推理小説・総解説」

ウィギン
00842 「サニーブルック農園のレベッカ」
☆「世界名著大事典」

ウィークス, J.
00843 「セクシュアリティ」
『セクシュアリティ』 ジェフリー・ウィークス著　河出書房新社　1996　237,5p　19cm　2900円　①4-309-24180-8
☆「身体・セクシュアリティ・スポーツ」

ヴィクセル
00844 「価値, 資本および地代」
☆「世界名著大事典」

00845 「国民経済学講義」
☆「世界名著大事典」

00846 「利子と物価」
☆「経済学88物語」、「世界名著大事典」

ヴィグフースソン
00847 「アイスランド語・英語辞典」
☆「世界名著大事典」

ウィクリフ
00848 「神の支配について」
☆「世界名著大事典」

ヴィーコ
00849 「新しい学」
『新しい学 3』 ジャンバッティスタ・ヴィーコ著　上村忠男訳　法政大学出版局　2008　317p　19cm（叢書・ウニベルシタス）　3500円　①978-4-588-00879-5
☆「教養のためのブックガイド」,「世界を変えた100冊の本」

00850 「ヴィーコ自叙伝」
『ヴィーコ自叙伝』 ジャンバッティスタ・ヴィーコ著　西本晃二訳　みすず書房　1991　221p　19cm　2781円　①4-622-03049-7
☆「自伝の名著101」

00851 「新科学原理」
☆「西洋をきずいた書物」,「世界名著大事典」,「哲学名著解題」

ヴィゴツキー
00852 「思考と言語」
『思考と言語―新訳版』 ヴィゴツキー著　柴田義松訳　新読書社　2001　471p　22cm　3800円　①4-7880-4110-3　Ⓝ140.1
☆「教育学の世界名著100選」,「教育本44」

ヴィーザー
00853 「経済的価値の起源とその主要法則」
☆「世界名著大事典」

00854 「自然価値論」
☆「世界名著大事典」

00855 「社会経済の理論」
☆「世界名著大事典」

00856 「勢力の法則」
☆「世界名著大事典」

ヴィジオズ
00857 「訴訟研究」
☆「世界名著大事典」

ヴィジニャーナビクシュ
00858 「サーンキヤ・プラヴァチャナ・バーシュヤ」
☆「世界名著大事典」

ヴィシネーフスキー
00859 「楽天的悲劇」
☆「世界名著大事典」

00860 「忘れられぬ1919年」
☆「世界名著大事典」

ヴィシュヴァナータ
00861 「バーシャーパリッチェーダ」
☆「世界名著大事典」

ヴィシュヌ・シャルマー
00862 「パンチャ・タントラ」
☆「世界名著大事典」,「東洋の名著」

ヴイシンスキー
00863 「ソヴェト国家法」
☆「世界名著大事典」

00864 「ソヴェト法における法廷証拠理論」
☆「世界名著大事典」

ウィース
00865 「スイスのロビンソン」
『スイスのロビンソン 上』 ヨハン・ダヴィッド・ウイース作　ヨハン・ルードルフ・ウィース訂補　宇多五郎訳　岩波書店　1950　324p　15cm（岩波文庫）　Ⓝ943
☆「世界文学あらすじ大事典 2（きよえ・ちえ）」,「世界名著大事典」,「名作の研究事典」

ウィスウェル, エラ・R.
00866 「須恵村の女たち」
『須恵村の女たち―暮しの民俗誌』 ロバート・J.スミス, エラ・ルーリィ・ウィスウェル著　河村望, 斎藤尚文訳　御茶の水書房　1987　557p　21cm　3800円　①4-275-00770-0
☆「文化人類学」

ヴィスコチル
00867 「飛ぶ夢」
☆「世界の幻想文学」

ウィスター, オーエン
00868 「ヴァージニアン」
『ヴァージニアン』 オーエン・ウィスター著　平石貴樹訳・解説　松柏社　2007　762p　19cm（アメリカ古典大衆小説コレクション 4）　4500円　①978-4-7754-0033-3
☆「世界文学あらすじ大事典 1（あ・きょう）」

ヴィスピアニスキ
00869 「婚礼」
☆「世界名著大事典」

ウィスラー
00870 「アメリカ・インディアン」
☆「世界名著大事典」

00871 「人類と文化」
『人類と文化』 クラーク・ウィスラー著　赤堀英三訳　古今書院　1931　354,6p　23cm　Ⓝ469

ウィーゼ, レオポールド・フオン

00872 「一般社会学」
☆「学術辞典叢書 第11巻」,「世界名著解題選 第1巻」,「世界名著大事典」

00873 「ドイツ悲劇論」
☆「世界名著大事典」

ヴィゼヴァ

00874 「モーツァルト」
☆「世界名著大事典」

ヴィーゼル

00875 「夜/夜明け/昼」
☆「世界文学あらすじ大事典 4（ふん‐われ）」

ヴィゾッキ

00876 「地理学における時流」
☆「世界名著大事典」

ウィーダ

00877 「フランダースの犬」
『フランダースの犬』 ウィーダ原作　楠田匡介著　鶴書房　252p　20cm（少年少女世界名作全集　25　山本和夫, 石森延男編）〈絵：中山正美〉 Ⓝ933.6
☆「あらすじで出会う世界と日本の名作55」,「一冊で不朽の名作100冊を読む」（友人社）,「一冊で不朽の名作100冊を読む」（友人社）,「英米児童文学のベストセラー40」,「少年少女のための文学案内 1」,「世界少年少女文学 リアリズム編」,「世界のメルヘン30」,「世界文学の名作と主人公」,「世界名著大事典」,「ポケット世界名作事典」,「名作の研究事典」,「名作へのパスポート」

ヴィダール, ゴア

00878 「マイラ」
☆「世界の小説大百科」

ヴィダル・ド・ラ・ブラーシュ

00879 「人文地理学原理」
☆「人文科学の名著」,「世界名著大事典」

00880 「世界地誌」
☆「世界名著大事典」

ウイックスティード

00881 「政治経済学の常識」
☆「世界名著大事典」

ヴィッソヴァ

00882 「古典古代学大事典」
☆「世界名著大事典」

ウィッチャリー

00883 「率直な男」
☆「世界名著大事典」

ウィットコウワー, ルドルフ

00884 「ヒューマニズム建築の源流」
『ヒューマニズム建築の源流』 ルドルフ・ウィットコウワー著　中森義宗訳　彰国社　1971　310p（図共）　19cm　1300円 Ⓝ523.6
☆「建築の書物/都市の書物」

ウィットフォーゲル, K.A.

00885 「市民社会史」
『市民社会史』 ヴィットフォーゲル著　新島繁訳　叢文閣　1936　755p　23cm Ⓝ362.06
☆「世界名著解題選 第4巻」,「世界名著大事典」

00886 「中国の経済と社会」
☆「世界名著大事典」

00887 「東洋的社会の理論」
『東洋的社会の理論』 ウィットフォーゲル著　森谷克己, 平野義太郎訳編　原書房　1976　322,54,13p　22cm（ユーラシア叢書　17）〈昭和14年刊の複製〉　3600円 Ⓝ332.2
☆「経済学名著106選」

00888 「東洋的専制主義」
『東洋的専制主義――全体主義権力の比較研究』 ウィットフォーゲル著　アジア経済研究所訳　論争社　1961　675p　22cm〈訳者：井上照丸〉 Ⓝ313.6
☆「世界名著大事典」

00889 「遼代中国社会史」
☆「世界名著大事典」

ウィットモア, ジョン

00890 「はじめのコーチング」
『はじめのコーチング――本物の「やる気」を引き出すコミュニケーションスキル』 ジョン・ウィットモア著　清川幸美訳　ソフトバンクパブリッシング　2003　285p　19cm〈原書第3版〉　1600円 ①4-7973-2305-1
☆「世界の成功哲学50の名著エッセンスを解く」

ヴィットリーニ

00891 「シチリアでの会話」
『シチリアでの会話』 ヴィットリーニ作　鷲平京子訳　岩波書店　2005　433p　15cm（岩波文庫）　800円 ①4-00-327151-3
☆「世界の小説大百科」,「世界名著大事典」

ヴィテロ

00892 「遠近法」
☆「世界名著大事典」

ウィード

00893 「踊るはつかねずみ」

☆「世界名著大事典」

ヴィトゥコフスキー, ニコラ

00894 「舌を出したアインシュタイン」
『舌を出したアインシュタイン―ひとり歩きした科学の神話』 スヴェン・オルトリ, ニコラ・ヴィトゥコフスキー共著　深川洋一訳　丸善　1999　185p　19cm　1900円
①4-621-04653-5
☆「科学を読む愉しみ」

ヴィトキエヴィチ, スタニスワフ・イグナツィ

00895 「非充足」
☆「世界の小説大百科」

ウィトゲンシュタイン, ルートヴィヒ

00896 「色彩について」
『色彩について』 ルードウィヒ・ウィトゲンシュタイン著　中村昇, 瀬嶋貞徳訳　新書館　1997　237p　19cm　1800円
①4-403-23052-0
☆「いまこそ読みたい哲学の名著」

00897 「哲学探究」
『哲学探究』 ルートヴィヒ・ヴィトゲンシュタイン著　丘沢静也訳　岩波書店　2013　467p　19cm　3300円　①978-4-00-024041-3
☆「自己・他者・関係」,「世界を変えた100冊の本」,「世界の古典名著」,「世界の哲学50の名著」,「超解「哲学名著」事典」,「哲学名著解題」,「入門哲学の名著」,「必読書150」

00898 「論理哲学論考」
『論理哲学論考』 ルートウィヒ・ウィトゲンシュタイン, 中平浩司訳　筑摩書房　2005　230p　15cm（ちくま学芸文庫）　840円
①4-480-08920-9
☆「一冊で哲学の名著を読む」,「学問がわかる500冊」,「現代科学論の名著」,「現代哲学の名著」,「古典・名著の読み方」,「思想史の巨人たち」,「世界の名著早わかり事典」,「世界名著大事典」,「哲学の世界」,「世界名著解題」,「なおかつお厚いのがお好き？」,「20世紀を震撼させた100冊」,「ハイデガー本45」,「ブックガイド"心の科学"を読む」,「文学・名著300選の解説 '88年度版」,「文庫1冊で読める 哲学の名著」

ヴィドラー, アンソニー

00899 「不気味な建築」
『不気味な建築』 アンソニー・ヴィドラー著　大島哲蔵, 道家洋訳　鹿島出版会　1998　295p　19cm　3400円　①4-306-04376-2
☆「建築の書物/都市の書物」

ウィトルウィウス

00900 「建築について」

☆「自然科学の名著」,「自然科学の名著100選 上」,「西洋をきずいた書物」,「世界を変えた書物」,「世界名著大事典」

ウィーナー, ノーバート

00901 「サイバネティックス」
『サイバネティックス―動物と機械における制御と通信』 ウィーナー著　池原止戈夫, 彌永昌吉, 室賀三郎, 戸田巌訳　岩波書店　2011　418p　15cm（岩波文庫）〈原書第2版〉　1080円　①978-4-00-339481-6
☆「古典・名著の読み方」,「自然科学の名著100選 下」,「世界を変えた100冊の本」,「世界の古典名著」,「世界の名著早わかり事典」,「世界名著大事典」,「20世紀を震撼させた100冊」,「物理ブックガイド100」

00902 「サイバネティックスはいかにして生れたか」
☆「現代人のための名著」,「数学ブックガイド100」

00903 「神童から俗人へ―わが幼時と青春」
『神童から俗人へ―わが幼時と青春』 ノーバート・ウィーナー著　鎮目恭夫訳　新装版　みすず書房　2002　321,2p　19cm　2900円
①4-622-05104-4　Ⓝ289.3
☆「自伝の名著101」

00904 「人間機械論」
『人間機械論―人間の人間的な利用』 ノーバート・ウィーナー著　鎮目恭夫, 池原止戈夫訳　第2版, 新装版　みすず書房　2007　206p　19cm　3000円　①978-4-622-07318-5
☆「科学技術をどう読むか」,「教育を考えるためにこの48冊」,「世界名著大事典」

ヴィニー

00905 「運命」
☆「世界名著大事典」

00906 「軍隊生活の服従と偉大」
☆「世界文学鑑賞辞典 第2」,「世界名著大事典」,「ポケット世界名作事典」

00907 「古今詩集」
☆「世界名著大事典」

00908 「ステロ」
『ステロ』 ヴィニー著　平岡昇訳　岩波書店　1952　236p　15cm（岩波文庫）　Ⓝ953
☆「世界文学あらすじ大事典 2（きよえ・ちえ）」

00909 「チャタートン」
☆「世界文学鑑賞辞典 第2」,「世界名著大事典」

00910 「牧人の家」
☆「世界文学鑑賞辞典 第2」

ウィニコット, D.W.

00911 「遊ぶことと現実」

『遊ぶことと現実』 D.W.ウィニコット著 橋本雅雄訳 岩崎学術出版社 1979 267p 22cm(現代精神分析双書 第2期 第4巻)〈文献：p215〜219〉 3500円 Ⓝ371.45
☆「精神医学の名著50」、「精神分析の名著」

ウィノカー, ジャック

00912 「SOSタイタニック」
『SOSタイタニック』 ウィノカー編 佐藤亮一訳 改訂新版 旺文社 1985 558p 16cm (旺文社文庫) 600円 ①4-01-064286-6 Ⓝ936
☆「世界の海洋文学」

ヴィノグラードフ

00913 「文学への道――文学論教程」
☆「世界名著解題選 第6巻」

ヴィノグラドフ

00914 「イギリスの隷農制」
☆「世界名著大事典」

00915 「荘園の発達」
☆「世界名著大事典」

00916 「中世ヨーロッパにおけるローマ法」
☆「世界名著大事典」

00917 「法における常識」
☆「世界名著大事典」

00918 「歴史法学概論」
☆「世界名著大事典」

00919 「ロシア語」
☆「世界名著大事典」

ヴィノグラードフ,I.M.

00920 「整数論入門」
☆「数学ブックガイド100」

ウィーバー,D.H.

00921 「マスコミが世論を決める」
『マスコミが世論を決める――大統領選挙とメディアの議題設定機能』 デービッド・H.ウィーバー、ドリス・A グレーバー、マックスウェル・E.マコームズ、カイム・H.エーヤル著 竹下俊郎訳 勁草書房 1988 246,15p 21cm 2900円 ①4-326-60059-4
☆「メディア・情報・消費社会」

ウイバーリー

00922 「小鼠ニューヨークを侵略」
『小鼠ニューヨークを侵略』 レナード・ウイバーリー著 清水政二訳 東京創元社 1976 254p 15cm (創元推理文庫) 240円 Ⓝ433
☆「世界のSF文学・総解説」

ヴィーヘルト

00923 「イェローミンの子ら」
☆「世界名著大事典」

00924 「くろんぼのペーター」
☆「名作の研究事典」

00925 「単純な生活」
☆「世界文学鑑賞辞典 第3」、「世界名著大事典」、「ポケット世界名作事典」

ヴィヤーサ仙

00926 「マハーバーラタ」
☆「図解世界の名著がわかる本」、「世界の奇書」、「世界文学あらすじ大事典 4(ふん‐われ)」、「世界名著大事典」、「地図とあらすじで読む歴史の名著」、「東洋の奇書55冊」、「東洋の名著」

ヴィヨン

00927 「形見の歌」
☆「世界名著大事典」、「日本の古典・世界の古典」

00928 「遺言書」
☆「世界文学鑑賞辞典 第2」、「世界名著大事典」、「ポケット世界名作事典」

ウィーラー, キース

00929 「最後の救難信号」
『最後の救難信号』 キース・ウィーラー著 中山俊訳 パシフィカ 1979 311p 19cm(海洋冒険小説シリーズ 16)〈発売：プレジデント社〉 1200円 Ⓝ933
☆「世界の海洋文学」

ヴィラルドゥアン

00930 「コンスタンティノーブル征服」
☆「世界の旅行記101」、「世界名著大事典」

ヴィーラント

00931 「アーガトン物語」
☆「世界文学鑑賞辞典 第3」、「世界名著大事典」

00932 「商法」
☆「世界名著大事典」

ウィリー

00933 「アメリカ考古学の方法と理論」
☆「世界名著大事典」

ウィリアムズ

00934 「方法と発見」
☆「世界名著大事典」

ウィリアムズ,ウィリアム・カーロス

00935 「赤い手押し車」
☆「たのしく読めるアメリカ文学」

ウィリアムズ, ウェルズ
00936 「中国総論」
『中国総論―抄訳』 ウェルス・ウキルリアム著 農商務省訳 農商務省 1887 75p 23cm〈農商工公報号外〉 Ⓝ292.2
☆「世界名著大事典」

ウィリアムズ, エリック
00937 「コロンブスからカストロまで」
『コロンブスからカストロまで―カリブ海域史、1492-1969 1』 エリック・ウィリアムズ著 川北稔訳 岩波書店 2000 364p 19cm（岩波モダンクラシックス） 3400円
Ⓘ4-00-026538-5
☆「現代歴史学の名著」

ウィリアムズ, ジョン
00938 「マーカム家の海の物語」
☆「世界の海洋文学」

ウィリアムズ, チャールズ
00939 「スコーピオン暗礁」
『スコーピオン暗礁』 チャールズ・ウィリアムズ著 鎌田三平訳 東京創元社 1987 272p 15cm（創元推理文庫） 380円
Ⓘ4-488-23201-9
☆「世界の海洋文学」, 「世界の冒険小説・総解説」

00940 「多次元」
☆「世界文学あらすじ大事典 2（きよえ-ちえ）」

00941 「土曜を逃げろ」
『土曜を逃げろ』 チャールズ・ウィリアムズ著 青木日出夫訳 文芸春秋 1984 203p 16cm（文春文庫） 260円 Ⓘ4-16-727525-2 Ⓝ933
☆「世界の冒険小説・総解説」

00942 「万霊節の夜」
☆「世界の幻想文学」, 「世界文学あらすじ大事典 3（ちか-ふろ）」

ウィリアムズ, テネシー
00943 「ガラスの動物園」
『ガラスの動物園』 テネシー・ウィリアムズ著 小田島雄志訳 改版 新潮社 2011 191p 15cm（新潮文庫） 476円
Ⓘ978-4-10-210907-6
☆「世界の名作100を読む」, 「世界文学あらすじ大事典 1（あ-きよう）」, 「世界文学鑑賞辞典 第1」, 「たのしく読めるアメリカ文学」, 「百年の誤読 海外文学篇」, 「文学・名著300選の解説 '88年度版」

00944 「テネシー・ウィリアムズ回想録」
『テネシー・ウィリアムズ回想録』 テネシー・ウィリアムズ著 鳴海四郎訳 新装復刊 白水社 1999 453,11p 19cm 3800円

Ⓘ4-560-04673-5
☆「自伝の名著101」

00945 「やけたトタン屋根の上の猫」
『やけたトタン屋根の上の猫』 テネシー・ウィリアムズ著 田島博訳 新潮社 1959 304p 16cm（新潮文庫） Ⓝ932
☆「世界文学あらすじ大事典 4（ふん-われ）」, 「世界文学鑑賞辞典 第1」

00946 「欲望という名の電車」
『欲望という名の電車』 テネシー・ウィリアムズ著 小田島雄志訳 改版 新潮社 2012 234p 15cm（新潮文庫） 520円
Ⓘ978-4-10-210906-9
☆「アメリカ文学」, 「あらすじで味わう外国文学」, 「あらすじで読む世界文学105」, 「英米文学の名作を知る本」, 「知っておきたいアメリカ文学」, 「世界文学あらすじ大事典 4（ふん-われ）」, 「世界文学鑑賞辞典 第1」, 「世界文学の名作と主人公」, 「世界名作文学館」, 「世界名著大事典」, 「たのしく読めるアメリカ文学」, 「読書入門」, 「日本・世界名作「愛の会話」100章」, 「ポケット世界名作事典」, 「名作あらすじ事典 西洋文学編」

ウィリアムズ, ピーター
00947 「七三一部隊の生物兵器とアメリカ」
『七三一部隊の生物兵器とアメリカ―バイオテロの系譜』 ピーター・ウィリアムズ, デヴィド・ウォーレス著 西里扶甬子訳 京都 かもがわ出版 2003 326p 21cm 3200円
Ⓘ4-87699-765-9
☆「サイエンス・ブックレヴュー」

ウィリアムズ, レイモンド
00948 「キイワード辞典」
『キイワード辞典』 レイモンド・ウィリアムズ著 岡崎康一訳 晶文社 1980 417p 20cm〈参考文献：p412～413〉 2500円 Ⓝ833
☆「必読書150」

00949 「文化と社会」
『文化と社会―1780-1950』 レイモンド・ウィリアムズ著 若松繁信, 長谷川光昭訳 京都 ミネルヴァ書房 2008 289,7p 21cm（ミネルヴァ・アーカイブズ） 6000円
Ⓘ978-4-623-05214-1
☆「文化の社会学」

ウィリアムズ, ロザリンド・H.
00950 「夢の消費革命」
『夢の消費革命―パリ万博と大衆消費の興隆』 ロザリンド・H.ウィリアムズ著 吉田典子, 田村真理訳 工作舎 1996 413p 21cm 4944円 Ⓘ4-87502-262-X
☆「ポピュラー文化」

ウイリアムスン

00951　「航時軍団」
『航時軍団』　ジャック・ウィリアムスン著　野田昌宏訳　早川書房　1979　224p　16cm（ハヤカワ文庫　SF）　280円　Ⓝ933
☆「世界のSF文学・総解説」

00952　「ヒューマノイド」
『ヒューマノイド』　ジャック・ウィリアムスン著　川口正吉訳　早川書房　1965　286p　19cm（ハヤカワ・SF・シリーズ）　Ⓝ933
☆「世界のSF文学・総解説」

ウィリアムスン, ヘンリー

00953　「かわうそタルカ」
『かわうそタルカ』　ヘンリー・ウィリアムスン著　海保真夫訳　文藝春秋　1996　304p　19cm　1900円　Ⓘ4-16-316620-3
☆「世界の小説大百科」

ウィリアムスン, J.

00954　「広告の記号論」
『広告の記号論―記号生成過程とイデオロギー』　ジュディス・ウィリアムスン著　山崎カヲル, 三神弘子訳　柘植書房　1985　2冊　19cm（Culture critique books）　2000円,2300円　Ⓝ674.1
☆「メディア・情報・消費社会」

ウイリアムソン, マリアン

00955　「愛への帰還」
『愛への帰還―光への道「奇跡の学習コース」』　マリアン・ウイリアムソン著　大内博訳　太陽出版　1998　317p　22cm　2600円　Ⓘ4-88469-162-8　Ⓝ147
☆「世界の自己啓発50の名著」

ヴィリエ, ジェラール・ド・

00956　「SAS/イスタンブール潜水艦消失」
☆「世界の推理小説・総解説」

00957　「プリンス・マルコ・シリーズ」
☆「世界の冒険小説・総解説」

ヴィリオン

00958　「日本聖人鮮血遺書」
☆「世界名著大事典」

ウィリス, ジーン

00959　「ふたりはともだち」
『ふたりはともだち―リリーとローナ』　ジーン・ウィリス文　島田香訳　スーザン・バーレイ絵　ほるぷ出版　1994　87p　22cm（くれよん文庫）　1200円　Ⓘ4-593-59130-9
☆「英米児童文学のベストセラー40」

ウィリス, ポール

00960　「ハマータウンの野郎ども」
『ハマータウンの野郎ども』　ポール・E.ウィリス著　熊沢誠, 山田潤訳　筑摩書房　1996　478p　15cm（ちくま学芸文庫）　1450円　Ⓘ4-480-08296-4
☆「学問がわかる500冊」,「教育本44」,「現代社会学の名著」,「社会学の名著30」,「都市的世界」

ウイル, J.B.

00961　「ウイル船長回想録」
『ウイル船長回想録』　ジョン・バクスター・ウイル著　杉野目康子訳　札幌　北海道新聞社　1989　249p　19cm（道新選書　15）　1030円　Ⓘ4-89363-934-X
☆「世界の海洋文学」

ヴィルケン

00962　「アレクサンドロス大王」
☆「世界名著大事典」

00963　「ギリシア史」
☆「世界名著大事典」

ウィルコックス

00964　「服装における流行」
☆「世界名著大事典」

ウィルスキー

00965　「1つの世界」
☆「世界名著大事典」

ウイルソン, アンガス

00966　「愛すべき時代おくれ」
☆「世界名著大事典　補遺(Extra)」

00967　「アングロ・サクソンの姿勢」
☆「世界名著大事典　補遺(Extra)」

00968　「エリオット婦人の中年」
☆「世界名著大事典　補遺(Extra)」

00969　「遅い目ざめ」
☆「世界名著大事典　補遺(Extra)」

00970　「動物園の老人たち」
☆「世界名著大事典　補遺(Extra)」

00971　「毒にんじんとその後」
☆「世界名著大事典　補遺(Extra)」

00972　「魔法のように」
☆「世界名著大事典　補遺(Extra)」

00973　「笑いごとではない」
☆「世界の小説大百科」,「世界名著大事典　補遺(Extra)」

00974　「悪い仲間」
☆「世界名著大事典　補遺(Extra)」,「たのしく読め

るイギリス文学」

ウィルソン, イアン
00975 「シェイクスピア伝」
『シェイクスピアの謎を解く』 イアン・ウィルソン著　安西徹雄訳　河出書房新社　2000　665,16p　22cm〈年譜あり〉　5800円
Ⓘ4-309-20342-6　Ⓝ932.5
☆「伝記・自叙伝の名著」

ウィルソン, ウッドロウ
00976 「新しい自由」
☆「世界名著大事典」

00977 「現代政治学要論」
☆「世界名著大事典」

00978 「14カ条」
☆「西洋をきずいた書物」

00979 「連邦議会制論」
☆「世界名著大事典」

ウィルソン, エドマンド
00980 「アクセルの城」
『アクセルの城』 エドマンド・ウィルソン著　土岐恒二訳　筑摩書房　2000　472p　15cm（ちくま学芸文庫）〈文献あり〉　1300円
Ⓘ4-480-08528-9　Ⓝ902.06
☆「世界名著大事典」

00981 「デイジーを想う」
☆「世界の小説大百科」

ウィルソン, エドマンド・ビーチャー
00982 「細胞」
『細胞　上』 ウィルソン著　篠遠喜人訳　内田老鶴圃　1939　430p　肖像　25cm　Ⓝ463
☆「世界名著大事典」

ウィルソン, エドワード・オズボーン
00983 「生命の多様性」
『生命の多様性　上』 エドワード・O.ウィルソン著　大貫昌子, 牧野俊一訳　岩波書店　2004　358p　15cm（岩波現代文庫）　1200円
Ⓘ4-00-600131-2
☆「教養のためのブックガイド」

00984 「生命の未来」
☆「教養のためのブックガイド」

00985 「知の挑戦」
☆「教養のためのブックガイド」

00986 「人間の本性について」
『人間の本性について』 エドワード・O.ウィルソン著　岸由二訳　筑摩書房　1997　410p　15cm（ちくま学芸文庫）　1500円
Ⓘ4-480-08335-9　Ⓝ361.3

ウィルソン, オーガスト
00987 「垣根」
☆「たのしく読めるアメリカ文学」

ウィルソン, コリン
00988 「アウトサイダー」
『アウトサイダー　上』 コリン・ウィルソン著　中村保男訳　中央公論新社　2012　278p　15cm（中公文庫）　781円
Ⓘ978-4-12-205738-8
☆「世界の古典名著」

00989 「賢者の石」
☆「世界のSF文学・総解説」,「世界の幻想文学」

00990 「発端への旅」
『発端への旅―コリン・ウィルソン自伝』 コリン・ウィルソン著　飛鳥茂雄訳　中央公論新社　2005　493p　16cm（中公文庫）　1238円
Ⓘ4-12-204478-2　Ⓝ934.7
☆「思想家の自伝を読む」,「伝記・自叙伝の名著」

00991 「ラスプーチン」
『ラスプーチン』 コリン・ウィルスン著　大滝啓裕訳　サンリオ　1981　334p　15cm（サンリオSF文庫）〈文献目録：p320～322〉　420円　Ⓝ289.3
☆「伝記・自叙伝の名著」

ウィルソン, ロバート・A.
00992 「イルミネータス！」
☆「世界の幻想文学」

ウィルソン, B.R.
00993 「現代宗教の変容」
『現代宗教の変容』 ブライアン・ウィルソン著　井門富二夫, 中野毅訳　ヨルダン社　1979　231p　20cm　1800円　Ⓝ161.3
☆「文化の社会学」

ウィルソン, L.
00994 「タリ家の阿房宮」
☆「たのしく読めるアメリカ文学」

ヴィルタ
00995 「孤独」
『孤独　上』 ニコライ・ヴィルタ著　鹿島保夫訳　青木書店　1953　190p　15cm（青木文庫第101）　Ⓝ983
☆「世界の小説大百科」,「世界文学鑑賞辞典　第4」,「世界名著大事典」

ヴィルターネン
00996 「ストリンドベルイ」
☆「伝記・自叙伝の名著」

ヴィルドラック, シャルル

00997　「商船テナシチー」
　☆「現代世界の名作」,「世界文学鑑賞辞典 第2」,「世界名著大事典」

00998　「ライオンのめがね」
　『ライオンのめがね』　ヴィルドラック作　小沢正文　夏目尚吾絵　チャイルド本社　1999　46p　26×27cm〈スーパーワイド絵本　チャイルド世界名作館　9〉〈下位シリーズの責任表示：西本鶏介責任編集〉　952円　①4-8054-2228-9
　☆「世界名著大事典」,「名作の研究事典」

ウィルバー, ケン

00999　「万物の理論」
　『万物の理論―ビジネス・政治・科学からスピリチュアリティまで』　ケン・ウィルバー著　岡野守也訳　トランスビュー　2002　317p　19cm　2800円　①4-901510-08-8
　☆「世界のスピリチュアル50の名著」

ウィルバーフォース

01000　「奴隷貿易廃止について」
　☆「西洋をきずいた書物」

ウイルヘルム, ケイト

01001　「クルーイストン実験」
　『クルーイストン実験』　ケイト・ウイルヘルム著　友枝康子訳　サンリオ　1980　368p　15cm〈サンリオSF文庫〉　460円　⑰933
　☆「世界のSF文学・総解説」

ウィルヘルム, ハンス

01002　「ずーっとずっとだいすきだよ」
　『ずーっとずっとだいすきだよ』　ハンス・ウィルヘルムえとぶん　久山太市やく　評論社　1988　1冊　19×23cm〈児童図書館・絵本の部屋〉　980円　①4-566-00276-4
　☆「ブックガイド"心の科学"を読む」

ヴィルマンス

01003　「ドイツ文法」
　☆「世界名著大事典」

ウィロビー, チャールズ

01004　「マッカーサー戦記」
　『マッカーサー戦記』　チャールズ・A.ウィロビー著　大井篤訳　朝日ソノラマ　1988　2冊　15cm〈新戦史シリーズ　3,4〉　各540円　①4-257-17203-7　⑰210.75
　☆「日本陸軍の本・総解説」

ウィロビー, W.F.

01005　「行政の原理」
　☆「世界名著大事典」

ウィロビー, W.W.

01006　「政治的権威の倫理的基礎」
　☆「世界名著大事典」

ヴィーン

01007　「実験物理学双書」
　☆「世界名著大事典」

ヴィンクラー, R.

01008　「自然と遊戯―偶然を支配する自然法則」
　『自然と遊戯―偶然を支配する自然法則』　M.アイゲン,R.ヴィンクラー著　寺本英ほか訳　東京化学同人　1981　367,5p　20cm〈文献：p337～348〉　2200円　⑰404
　☆「科学技術をどう読むか」,「教養のためのブックガイド」

ヴィンケルマン

01009　「ヴィンケルマンの芸術思想」
　☆「世界名著解題選 第6巻」

01010　「ギリシア美術模倣論」
　☆「世界名著大事典」

01011　「古代美術史」
　『古代美術史』　ヨハン・ヨアヒム・ヴィンケルマン著　中山典夫訳　中央公論美術出版　2001　427p　26cm　33000円　①4-8055-0390-4
　☆「西洋をきずいた書物」,「世界名著大事典」

ウィンスタンリー

01012　「自由の法」
　☆「世界名著解題選 第4巻」,「世界名著大事典」

01013　「正義の新法」
　☆「世界名著大事典」

ウィンズロウ, ドン

01014　「犬の力」
　『犬の力 上』　ドン・ウィンズロウ著　東江一紀訳　角川書店,角川グループパブリッシング〔発売〕　2009　574p　15cm〈角川文庫〉　952円　①978-4-04-282304-9
　☆「3行でわかる名作&ヒット本250」

ウィンターソン, ジャネット

01015　「恋をする躯」
　☆「世界の小説大百科」

01016　「さくらんぼの性は」
　『さくらんぼの性は』　ジャネット・ウィンターソン著　岸本佐知子訳　白水社　1997　221p　18cm〈白水Uブックス　海外小説の誘惑〉

ウィンダム, ジョン

01017 「海竜めざむる」
『海竜めざむる』 ジョン・ウインダム著 星新一訳 長新太画 福音館書店 2009 396p 18cm(ボクラノSF 01) 1800円 ①978-4-8340-2423-4 Ⓝ933.7
☆「世界のSF文学・総解説」

01018 「かっこう」
☆「世界の小説大百科」

01019 「さなぎ」
『さなぎ』 ジョン・ウインダム著 峰岸久訳 早川書房 1978 324p 16cm(ハヤカワ文庫SF) 360円 Ⓝ933
☆「世界のSF文学・総解説」

01020 「トリフィド時代」
『トリフィド時代―食人植物の恐怖』 ジョン・ウィンダム著 井上勇訳 東京創元社 1963 414p 15cm(創元SF文庫) 740円 ①4-488-61001-3 Ⓝ933.7
☆「世界のSF文学・総解説」,「世界の小説大百科」

ヴィンチェル

01021 「リファレンス・ブックス案内」
☆「世界名著大事典」

ヴィンテルニッツ

01022 「インド文献史」
『インド文献史 第3巻 仏教文献』 ヴィンテルニッツ著 中野義照訳 高野町(和歌山県) 日本印度学会 1978 562,74p 22cm Ⓝ129.08
☆「世界名著大事典」,「東洋の名著」

ヴィンテルハルテル

01023 「チトー伝」
☆「伝記・自叙伝の名著」

ヴィンデルバント

01024 「意志の自由について」
☆「世界名著大事典」

01025 「近世哲学史」
『近世哲学史 上巻』 ヴィンデルバント著 村岡典嗣,村岡哲訳 角川書店 1953 328p 15cm(角川文庫) Ⓝ133.02
☆「世界名著大事典」,「哲学名著解題」

01026 「十九世紀の独逸思想界に於ける哲学」
『十九世紀の独逸哲学』 ヴィンデルバント著 吹田順助訳註 朋文堂書店 1934 251,9p 22cm(独逸語論説文庫 第1) Ⓝ134
☆「近代欧米名著解題 第6巻」

01027 「聖なるもの」
☆「宗教哲学名著解説」

01028 「哲学概論」
『哲学概論 第1部』 ヴィンデルバント著 速水敬二,高桑純夫,山本光雄訳 岩波書店 1955 265p 15cm(岩波文庫) Ⓝ134.842
☆「人文科学の名著」,「世界名著大事典」,「哲学名著解題」

01029 「哲学史教程」
☆「人文科学の名著」,「世界名著大事典」,「哲学名著解題」

01030 「プレルーディエン」
『序曲 Bd.1』 Wilhelm Windelband著 山岡直道訳 南山堂書店 1928 165p 18cm〈独文併記〉 Ⓝ847
☆「学術辞典叢書 第12巻」,「世界名著解題選 第3巻」,「世界名著大事典」,「哲学名著解題」

01031 「歴史哲学」
☆「学術辞典叢書 第13巻」,「世界名著解題選 第3巻」,「哲学名著解題」

01032 「歴史と自然科学」
☆「世界名著大事典」,「哲学の名著」

ヴィントシャイト

01033 「パンデクテン教科書」
☆「世界名著大事典」

ウィンパー

01034 「アルプス登攀記」
『アルプス登攀記』 エドワード・ウィンパー著 H.E.G.ティンダル編 新島義昭訳 講談社 1998 552p 15cm(講談社学術文庫) 1400円 ①4-06-159329-3 Ⓝ293.45
☆「世界の書物」,「世界名著大事典」,「山の名著30選」

ウヴァーロフ

01035 「ロシア考古学」
☆「世界名著大事典」

ウェイクフィールド

01036 「イギリスとアメリカ」
『イギリスとアメリカ―資本主義と近世植民地 第1』 E.G.ウェイクフィールド著 中野正訳 日本評論社 1948 190p 15cm(世界古典文庫 第6) Ⓝ333.9
☆「社会科学の名著」,「世界名著大事典」

ウェイゴール

01037 「アレキサンダー大王」
☆「伝記・自叙伝の名著」

ウェイト
01038　「ナチズムの先駆」
☆「世界名著大事典」

ヴェイユ, シモーヌ
01039　「神を待ちのぞむ」
『神を待ちのぞむ』　シモーヌ・ヴェイユ著　田辺保, 杉山毅訳　〔新装版〕　勁草書房　1987　283p　19cm　2400円　①4-326-15064-5
☆「世界のスピリチュアル50の名著」,「世界名著大事典 補遺(Extra)」

01040　「抑圧と自由」
☆「教育を考えるためにこの48冊」,「哲学の世界」

01041　「労働の条件」
☆「思想史の巨人たち」

ウェイン
01042　「急いで下りろ」
『急いで下りろ』　ジョン・ウェイン著　北山克彦訳　晶文社　1971　391p　20cm　960円　Ⓝ933
☆「世界名著大事典」,「たのしく読めるイギリス文学」

ヴェクスラー, ジュディス
01043　「形・モデル・構造―現代科学にひそむ美意識と直観」
『形・モデル・構造―現代科学にひそむ美意識と直観』　ジュディス・ヴェクスラー編　金子務監訳　白揚社　1986　291p　19cm　2800円　①4-8269-0027-9
☆「科学技術をどう読むか」

ウェゲナー, アルフレッド
01044　「大陸と海洋の起源」
『大陸と海洋の起源―大陸移動説　上』　ヴェーゲナー著　都城秋穂, 紫藤文子訳　岩波書店　1981　244p　15cm〈岩波文庫〉　350円　Ⓝ455
☆「自然科学の名著」,「自然科学の名著100選 下」,「世界がわかる理系の名著」,「世界名著大事典」,「ブックガイド 文庫で読む科学」,「物理ブックガイド100」

ウェゲナー夫人
01045　「ウェゲナーの生涯」
『ウェゲナーの生涯―北極探険に賭けた地球科学者』　エルゼ・ウェゲナー編　竹内均訳　東京図書　1976　312p　19cm〈アルフレッド・ウェゲナーの日記　標題紙および奥付にはエルゼ・ウェゲナー著とあり〉　1300円　Ⓝ289.3
☆「伝記・自叙伝の名著」

ウェザム
01046　「社会と遺伝」

☆「近代欧米名著解題 第7巻」

ヴェサリウス
01047　「人体の構造」
☆「西洋をきずいた書物」,「世界名著大事典」

01048　「人体の構造についての七つの本」
☆「自然科学の名著」,「自然科学の名著100選 上」

ウェスカー, A.
01049　「大麦入りのチキンスープ」
☆「世界名著大事典 補遺(Extra)」

01050　「彼ら自身の黄金の都市」
☆「世界名著大事典 補遺(Extra)」

01051　「四季」
☆「世界名著大事典 補遺(Extra)」

01052　「調理場」
☆「世界名著大事典 補遺(Extra)」

01053　「友達」
☆「世界名著大事典 補遺(Extra)」

01054　「根っこ」
☆「世界名著大事典 補遺(Extra)」

01055　「ぼくはエルサレムのことを話しているのだ」
☆「世界名著大事典 補遺(Extra)」

01056　「みんなチップスつき」
☆「世界文学あらすじ大事典 4(ふん‐われ)」

ウェスターマーク
01057　「婚姻小史」
☆「世界名著大事典」

01058　「人類婚姻史」
『人類婚姻史』　E.A.ウェスターマーク著　江守五夫訳　社会思想社　1970　337p　22cm　1600円　Ⓝ367.4
☆「世界名著大事典」

01059　「道徳観念の起原と発達」
☆「世界名著大事典」

ヴェスディク, シモン
01060　「ブラスバンドが演奏した公園」
☆「世界の小説大百科」

ヴェステルゴード
01061　「統計学史への寄与」
☆「世界名著大事典」

ヴェステルンハーゲン
01062　「ヴァーグナー」
☆「世界名著大事典」

ウェスト
01063 「土地への資本投下に関する試論」
☆「世界名著大事典」

ウェスト, エリオット
01064 「殺しのデュエット」
『殺しのデュエット』 エリオット・ウェスト著 石田善彦訳 河出書房新社 1988 331p 15cm(河出文庫) 580円 ①4-309-46044-5
☆「世界の推理小説・総解説」

ウェスト, ナイジェル
01065 「MI5 イギリス保安部の活動1909-1945年」
☆「名著で学ぶインテリジェンス」

ウェスト, ナサニエル
01066 「孤独な娘」
『孤独な娘』 ナサニエル・ウェスト作 丸谷才一訳 岩波書店 2013 189p 15cm(岩波文庫) 540円 ①978-4-00-323391-7
☆「世界の小説大百科」,「世界文学あらすじ大事典 2 (きよえ・ちえ)」,「たのしく読めるアメリカ文学」

ウェスト, レベッカ
01067 「考える葦」
☆「世界の小説大百科」

01068 「兵士の帰還」
☆「世界の小説大百科」

ウェストラップ
01069 「パーセル」
☆「世界名著大事典」

ウェストール, ロバート
01070 「"機関銃要塞"の少年たち」
『"機関銃要塞"の少年たち』 ロバート・ウェストール作 越智道雄訳 評論社 1980 302p 21cm(児童図書館 文学の部屋) 1300円
☆「世界少年少女文学 リアリズム編」

ウェストン, ウォルター
01071 「極東の遊歩場」
『極東の遊歩場』 ウォルター・ウェストン著 岡村精一訳 山と渓谷社 1984 335p 22cm〈新装版 著者の肖像あり 付(地図1枚)〉 3200円 ①4-635-31806-0 ⓝ291.5
☆「日本の山の名著・総解説」,「山の名著 明治・大正・昭和戦前編」

01072 「日本アルプス―登山と探検」
『日本アルプス―登山と探検』 ウォルター・ウェストン著 岡村精一訳 平凡社 1995 381p 15cm(平凡社ライブラリー 94) 1400円 ①4-582-76094-5

☆「世界名著大事典」,「日本の山の名著・総解説」,「山の名著 明治・大正・昭和戦前編」

ヴェスプッチ
01073 「新世界」
☆「世界の旅行記101」,「世界名著大事典」

ウェスレー, ジョン
01074 「キリスト者の完全」
『キリスト者の完全』 ジョン・ウェスレー, ジョン・フレッチャー著 竿代忠一, 蔦田真実訳 第2版第6刷 日本ウェスレー出版協会 1990 174p 19cm〈発売:イムマヌエル綜合伝道団出版局〉 2200円 ⓝ198.74
☆「世界名著大事典」

01075 「日記」
『標準ウェスレイ日記 1』 ジョン・ウェスレイ著 山口徳夫訳 イムマヌエル綜合伝道団 1984 309,391p 22cm〈伝道社刊の再刊 発売:新教出版社 著者の肖像あり 付(図4枚 袋入)〉 ⓝ198.72
☆「世界名著大事典」

ヴェーソース, タリエイ
01076 「鳥」
☆「世界の小説大百科」

ヴェチェリオ
01077 「各国古代および現代衣装」
☆「世界名著大事典」

ヴェーツォルト
01078 「デューラーとその時代」
☆「世界名著大事典」

ヴェッキオ
01079 「法哲学講義」
☆「世界名著大事典」

ウエッヂウッド, ジュリア
01080 「道徳的理想」
☆「近代欧米名著解題 第4巻」

ウェッセル
01081 「靴下なしの恋」
☆「世界名著大事典」

ウェッブ, シドニー
01082 「イギリス地方政治論」
☆「世界名著大事典」

01083 「産業民主主義」
☆「学術辞典叢書 第14巻」,「世界の名著」,「世界名著解題選 第2巻」,「世界名著大事典」

01084 「ソヴェト共産主義」

01085 「大英社会主義国の構成」
☆「世界名著大事典」

01086 「労働組合運動史」
『労働組合運動の歴史』 シドニー・ウェッブ, ビアトリス・ウェッブ著 荒畑寒村監訳 飯田鼎, 高橋洸訳 日本労働協会 1973 2冊 22cm 各2500円 Ⓝ366.9
☆「学術辞典叢書 第11巻」,「経済学名著106選」,「社会科学の名著」,「世界名著解題選 第3巻」,「世界名著解題選 第4巻」,「世界名著大事典」,「歴史の名著」

ウェッブ, チャールズ

01087 「卒業」
☆「映画になった名著」,「世界の小説大百科」

ウェッブ, ビアトリス

01088 「イギリス地方政治論」
☆「世界名著大事典」

01089 「英国協同組合運動」
☆「学術辞典叢書 第14巻」,「世界名著解題選 第1巻」

01090 「産業民主主義」
☆「学術辞典叢書 第14巻」,「世界の名著」,「世界名著解題選 第2巻」,「世界名著大事典」

01091 「ソヴェト共産主義」
☆「世界名著大事典」

01092 「大英社会主義国の構成」
☆「世界名著大事典」

01093 「労働組合運動史」
『労働組合運動の歴史』 シドニー・ウェッブ, ビアトリス・ウェッブ著 荒畑寒村監訳 飯田鼎, 高橋洸訳 日本労働協会 1973 2冊 22cm 各2500円 Ⓝ366.9
☆「学術辞典叢書 第11巻」,「経済学名著106選」,「社会科学の名著」,「世界名著解題選 第3巻」,「世界名著解題選 第4巻」,「世界名著大事典」,「歴史の名著」

ヴェデキント, フランク

01094 「春」
☆「世界名作事典」

01095 「地霊」
☆「近代名著解題選集 1」,「世界文学あらすじ大事典 3(ちか-ふろ)」,「世界名作事典」

01096 「春のめざめ」
『春のめざめ―子どもたちの悲劇』 フランク・ヴェデキント著 酒寄進一訳 長崎出版 2009 173p 19cm 1600円 Ⓘ978-4-86095-312-5
☆「学術辞典叢書 第13巻」,「現代世界の名作」,「知っておきたいドイツ文学」,「世界の名作」,「世界文学あらすじ大事典 3(ちか-ふろ)」,「世界文学鑑賞辞典 第3」,「世界文学の名作と主人公」,「世界名作事典」,「世界名著解題選 第3巻」,「世界名著大事典」,「ドイツ文学」,「ポケット世界名作事典」,「名小説ストーリイ集 世界篇」

01097 「パンドラの箱」
☆「世界のメルヘン30」,「世界文学あらすじ大事典 3(ちか-ふろ)」,「世界名著大事典」

ヴェネジクトフ

01098 「国家的・社会主義的所有」
☆「世界名著大事典」

ヴェーバー

01099 「リーマン全集」
☆「世界名著大事典」

ヴェーバー, アルフレート

01100 「工業立地論」
『工業立地論』 アルフレート・ヴェーバー著 日本産業構造研究所訳 大明堂 1966 293p 22cm〈監修者: 江沢譲爾〉 900円 Ⓝ502.9
☆「世界名著大事典」

ウェーバー, マックス

01101 「インド教と仏教」
☆「世界名著大事典」

01102 「音楽社会学」
『音楽社会学』 マックス・ウェーバー著 安藤英治, 池宮英才, 角倉一朗訳 創文社 1967 324,68p 22cm 1500円 Ⓝ761.1
☆「世界名著解題選 第6巻」,「世界名著大事典」

01103 「学説論文集」
☆「学術辞典叢書 第14巻」,「世界名著解題選 第1巻」

01104 「経済史」
☆「世界名著大事典」

01105 「経済と社会」
☆「学術辞典叢書 第11巻」,「究極のビジネス書50選」,「教養のためのブックガイド」,「世界で最も重要なビジネス書」,「世界名著解題選 第1巻」,「世界名著大事典」

01106 「古代における農業事情」
☆「世界名著大事典」

01107 「古代文化没落の社会的諸原因」
☆「世界名著大事典」

01108 「古代ユダヤ教」
『古代ユダヤ教』 マックス・ウェーバー著 内田芳明訳 みすず書房 1985 666p 22cm〈新装版〉 6500円 Ⓘ4-622-01766-0 Ⓝ199
☆「歴史家の読書案内」

01109 「国家および文化社会学の諸理論」
☆「世界名著大事典」

01110　「支配の社会学」
『支配の社会学』　マックス・ウェーバー著　世良晃志郎訳　創文社　1960　2冊　22cm（経済と社会　第2部 第9章1節—7節）　700円　Ⓝ311
☆「現代資本主義の名著」,「古典・名著の読み方」,「政治・権力・公共性」,「世界の古典名著」,「はじめて学ぶ政治学」

01111　「社会科学と社会政策にかかわる認識の「客観性」」
『社会科学と社会政策にかかわる認識の「客観性」』　マックス・ヴェーバー著　富永祐治, 立野保男訳　折原浩補訳　岩波書店　2002　350,12p　15cm（岩波文庫）〈第6刷〉　700円　①4-00-342092-6
☆「社会科学の名著」,「社会学的思考」,「世界名著大事典」

01112　「社会学の基礎概念」
☆「自己・他者・関係」

01113　「宗教社会学論文集」
☆「学術辞典叢書 第14巻」,「世界名著解題選 第2巻」

01114　「儒教と道教」
☆「世界名著大事典」

01115　「職業としての学問」
『職業としての学問―危機に立つ現代に「働く意味」はあるのか 現代訳』　マックス・ウェーバー著　三浦展訳　プレジデント社　2009　151p　19cm〈文献あり 年表あり〉　1143円　①978-4-8334-1915-4　Ⓝ002
☆「教養のためのブックガイド」,「思想史の巨人たち」,「世界の名著早わかり事典」,「世界名著大事典」,「名著による教育原理」,「わたしの古典」

01116　「職業としての政治」
『職業としての政治』　マックス・ヴェーバー著　脇圭平訳　岩波書店　2010　121p　19cm（ワイド版岩波文庫）　900円　①978-4-00-007325-7
☆「学問がわかる500冊」,「現代政治学を読む」,「現代政治学の名著」,「政治哲学」,「世界名著大事典」

01117　「新秩序ドイツにおける議会と政府」
☆「世界名著大事典」

01118　「政治論集」
☆「歴史の名著」

01119　「世界諸宗教の経済倫理」
☆「世界名著大事典」

01120　「プロテスタンティズムの倫理と資本主義の精神」
『プロテスタンティズムの倫理と資本主義の精神』　マックス・ウェーバー著　中山元訳　日経BP社, 日経BP出版センター〔発売〕　2010　531p　19cm（日経BPクラシックス）　2400円　①978-4-8222-4791-1
☆「いまこそ読みたい哲学の名著」,「お金と富の哲学世界の名著50」,「大人のための世界の名著50」,「学問がわかる500冊」,「教養のためのブックガイド」,「経済学88物語」,「経済学名著106選」,「現代人のための名著」,「古典・名著の読み方」,「社会科学の古典」,「社会科学の名著」,「社会学の名著30」,「社会思想の名著」,「社会の構造と変動」,「宗教学の名著30」,「人文科学の名著」,「図解世界の名著がわかる本」,「世界を変えた経済学の名著」,「世界を変えた10冊の本」,「世界史読書案内」,「世界の古典名著」,「世界の名著30」,「世界名著解題選 第4巻」,「世界名著大事典」,「超解「哲学名著」事典」,「哲学の世界」,「哲学の名著」,「20世紀を震撼させた100冊」,「はじめて学ぶ法哲学・法思想」,「必読書150」,「文学・名著300選の解説 '88年度版」,「倫理学」,「歴史学の名著30」,「私の古典」

01121　「文化社会学としての文化史」
☆「世界名著大事典」

01122　「ローマ農業史」
☆「世界名著大事典」

ウェブスター, ジョン

01123　「白魔」
☆「世界文学あらすじ大事典 2（きよえ・ちえ）」,「たのしく読めるイギリス文学」

01124　「モルフィ公爵夫人」
『モルフィ公爵夫人』　ウェブスター著　関本まや子編註　篠崎書林　1961　324p　19cm（Shinozaki English Classics）〈標題紙にはThe tragedy of the duchess of Malfiとあり　Bibliography：305-309p〉　Ⓝ837.5
☆「世界文学あらすじ大事典 4（ふん・われ）」,「世界名著大事典」

ウェブスター, ジーン

01125　「あしながおじさん」
『あしながおじさん』　ジーン・ウェブスター作　中村凪子訳　ユンケル絵　KADOKAWA　2013　218p　18cm（角川つばさ文庫）　620円　①978-4-04-631362-1
☆「あらすじで出会う世界と日本の名作55」,「一冊で不朽の名作100冊を読む」（友人社）,「一冊で不朽の名作100冊を読む」（友人社）,「英米児童文学のベストセラー40」,「英米文学の名作を知る本」,「面白いほどよくわかるあらすじで読む世界の名作」,「世界少年少女文学 リアリズム編」,「世界の名作100を読む」,「世界のメルヘン30」,「世界文学の名作と主人公」,「世界名作事典」,「世界名著大事典」,「文学・名著300選の解説 '88年度版」,「名作の研究事典」

ウェブスター, ノア

01126　「アメリカ英語辞典」

☆「西洋をきずいた書物」

ウェブスター，ハットン
01127 「未開の秘密結社」
☆「文化人類学の名著50」

ヴェフリン
01128 「ルネサンスとバロック」
☆「世界名著大事典」

ヴェブレン，ソースティン
01129 「営利企業の理論」
☆「世界名著大事典」

01130 「企業の理論」
『企業の理論』 ヴェブレン著 稲森佳夫訳 南北書院 1931 398p 19cm Ⓝ335
☆「経済学88物語」，「現代経済学の名著」，「世界の古典名著」

01131 「技術者と価格体制」
『技術者と価格体制』 ヴェブレン著 小原敬士訳 未来社 1962 174p 19cm（社会科学ゼミナール 29）Ⓝ332.53
☆「世界名著大事典」

01132 「製作本能と産業技術の状態」
☆「世界名著大事典」

01133 「ドイツ帝国と産業革命」
☆「世界名著大事典」

01134 「不在所有者制」
☆「世界名著大事典」

01135 「有閑階級の理論」
『有閑階級の理論―制度の進化に関する経済学的研究』 ソースティン・ヴェブレン著 高哲男訳 筑摩書房 1998 460p 15cm（ちくま学芸文庫） 1300円 ①4-480-08416-9
☆「大人のための世界の名著50」，「学問がわかる500冊」，「経済学の名著30」，「経済学88物語」，「経済学名著106選」，「社会科学の古典」，「社会科学の名著」，「世界名著大事典」，「20世紀を震撼させた100冊」，「名著による教育原理」，「メディア・情報・消費社会」

ヴェーラー，リービッヒ
01136 「安息香酸の基についての研究」
☆「自然科学の名著」

ヴェリイ
01137 「サンタクロース殺人事件」
☆「世界の推理小説・総解説」

ヴェリコフスキー
01138 「衝突する宇宙」
『衝突する宇宙』 イマヌエル・ヴェリコフスキー著 鈴木敬信訳 新装版 法政大学出版局 2014 481,46p 19cm 3600円 ①978-4-588-35007-8
☆「世界の奇書」

ヴェリョ
01139 「ヴァスコ・ダ・ガマのインド航海記」
☆「世界の旅行記101」

ヴェルアラン
01140 「触手ある都会」
☆「世界文学鑑賞辞典 第2」，「世界名著大事典」

ヴェルガ
01141 「カヴァレリーア・ルスティカーナ」
☆「世界文学あらすじ大事典1（あ‐きょう）」

01142 「マストロ・ドン・ジェスアルド」
☆「世界名著大事典」

01143 「マラヴォリア家の人たち」
☆「世界の小説大百科」，「世界名著大事典」

ウェルギリウス
01144 「アエネーイス」
『アエネーイス』 ウェルギリウス著 杉本正俊訳 新評論 2013 469p 21cm 5500円 ①978-4-7948-0955-1
☆「あらすじで読む世界文学105」，「教養のためのブックガイド」，「世界を変えた100冊の本」，「世界の名著」，「世界文学あらすじ大事典1（あ‐きょう）」，「世界文学鑑賞辞典 第2」，「世界名著大事典」，「日本の古典・世界の古典」，「ポケット世界名作事典」

01145 「著作」
☆「西洋をきずいた書物」

01146 「田園詩」
☆「世界名著大事典」

01147 「農耕詩」
☆「世界名著大事典」

ヴェルゲラン
01148 「創造,人間および救世主」
☆「世界名著大事典」

ヴェルコール
01149 「海の沈黙」
☆「現代世界の名作」，「知っておきたいフランス文学」，「世界文学鑑賞辞典 第2」，「世界名著大事典」，「ベストセラー世界の文学・20世紀1」，「名小説ストーリィ集 世界篇」

01150 「人獣裁判」
『人獣裁判』 ヴェルコール著 小林正訳 白水社 1953 299p 図版 19cm Ⓝ953
☆「世界のSF文学・総解説」

ウェルシュ, アーヴィン

01151 「トレインスポッティング」
『トレインスポッティング』 アーヴィン・ウェルシュ著 池田真紀子訳 角川書店 1998 498p 15cm〈角川文庫〉 920円
Ⓘ4-04-278501-8
☆「読書入門」

ウェールズ, ニム

01152 「アリランの歌」
『アリランの歌—ある朝鮮人革命家の生涯』 ニム・ウェールズ, キムサン著 松平いを子訳 岩波書店 1995 434p 15cm〈岩波文庫〉 720円 Ⓘ4-00-334431-6
☆「東アジア論」

ウェルズ, H.G.

01153 「ウィリアム・クリソルドの世界」
☆「世界名著事典」

01154 「宇宙戦争」
『宇宙戦争』 ウェルズ原作 五十公野清一著 鶴書房 254p 20cm〈少年少女世界名作全集 30 山本和夫, 石森延男編〉〈絵：田代三善〉 Ⓝ933.7
☆「書き出し「世界文学全集」」,「世界のSF文学・総解説」,「世界の小説大百科」,「世界文学あらすじ大事典1(あ‐きょう)」,「世界名著大事典」

01155 「壁の中の扉」
☆「世界の幻想文学」

01156 「近代ユートピア」
☆「学術辞典叢書 第11巻」,「近代名著解題選集 2」,「世界名著解題選 第2巻」

01157 「月世界最初の人間」
☆「世界のSF文学・総解説」

01158 「生命の科学」
『生命の科学 第13巻』 ハーバート・ジョージ・ウェルズ等著 小野俊一訳 再版 平凡社 1948 265p 図版 18cm Ⓝ466.1
☆「世界名著大事典」

01159 「世界史概観」
☆「世界の古典名著」,「世界名著大事典」

01160 「世界はこうなる」
☆「世界のSF文学・総解説」

01161 「世界文化史大系」
『世界文化史大系 上巻』 ウェルズ〔著〕 北川三郎譯 特製版 再版 世界文化史刊行會 1934 1冊 22cm〈大阪 近代文藝社〔發売〕〉 Ⓝ209
☆「世界名著大事典」,「名作の研究事典」

01162 「タイム・マシン」
☆「イギリス文学」,「面白いほどよくわかる世界の文学」,「世界のSF文学・総解説」,「世界の小説大百科」,「世界の書物」,「世界文学あらすじ大事典2(きよえ‐ちえ)」,「世界文学鑑賞辞典第1」,「世界名著大事典」,「千年紀のベスト100作品を選ぶ」,「たのしく読めるイギリス文学」,「20世紀を震撼させた100冊」

01163 「透明人間」
『透明人間』 ウェルズ作 段木ちひろ訳 ポプラ社 2007 198p 18cm〈ポプラポケット文庫 424-1〉 570円 Ⓘ978-4-591-09905-6 Ⓝ933.7
☆「世界のSF文学・総解説」,「世界文学あらすじ大事典3(ちか‐ふろ)」

01164 「トーノ・バンゲイ」
『トーノ・バンゲイ 上』 ウェルズ作 中西信太郎訳 岩波書店 1995 354p 15cm〈岩波文庫〉〈第3刷(第1刷：1953年)〉 670円 Ⓘ4-00-322764-6 Ⓝ933
☆「世界文学あらすじ大事典3(ちか‐ふろ)」,「世界文学鑑賞辞典第1」,「世界名著大事典」,「ポケット世界名作事典」

01165 「モロー博士の島」
『モロー博士の島』 H.G.ウェルズ著 中村融訳 〔完訳版〕 東京創元社 1996 238p 15cm〈創元SF文庫〉 430円 Ⓘ4-488-60707-1
☆「世界の小説大百科」

01166 「恋愛とルイシャム氏」
☆「世界名著大事典」

ウェルチ, ジャック

01167 「ウィニング 勝利の経営」
『ウィニング 勝利の経営』 ジャック・ウェルチ, スージー・ウェルチ著 斎藤聖美訳 日本経済新聞社 2005 437p 19cm 2000円 Ⓘ4-532-31240-X
☆「1日30分 達人と読むビジネス名著」

01168 「ジャック・ウェルチ わが経営」
☆「世界の成功哲学50の名著エッセンスを解く」,「超売れ筋ビジネス書101冊」

ウェルチ, スージー

01169 「ウィニング 勝利の経営」
『ウィニング 勝利の経営』 ジャック・ウェルチ, スージー・ウェルチ著 斎藤聖美訳 日本経済新聞社 2005 437p 19cm 2000円 Ⓘ4-532-31240-X
☆「1日30分 達人と読むビジネス名著」

ヴェルツェル

01170 「目的行為論をめぐって」
☆「世界名著大事典」

ウエルティ

01171 「黄金の林檎」

『黄金の林檎』 ユードラ・ウェルティ著 杉山直人訳 晶文社 1990 440p 19cm 2900円 Ⓘ4-7949-2295-7
☆「世界文学あらすじ大事典1(あ‐きょう)」,「たのしく読めるアメリカ文学」

01172 「デルタの結婚式」
『デルタの結婚式』 ユードラ・ウェルティ著 川上芳信訳 岡倉書房 1950 311p 19cm Ⓝ933
☆「世界文学あらすじ大事典3(ちか‐ふろ)」

ウェルティ, ユードラ

01173 「マッケルヴァ家の娘」
☆「世界の小説大百科」

ヴェルトハイマー

01174 「ゲシュタルト説3論」
☆「世界名著大事典」

01175 「生産的思考」
☆「教育学の世界名著100選」,「世界名著大事典」

ウェルドン

01176 「女友だち」
☆「たのしく読めるイギリス文学」

ヴェルナー

01177 「岩脈生成新論」
☆「世界名著大事典」

01178 「精神の発達」
☆「世界名著大事典」

01179 「無機化学の新見解」
☆「世界名著大事典」

ヴェルナー, カール

01180 「現代の音楽」
『現代の音楽』 カール・ヴェルナー著 入野義郎訳 音楽之友社 1955 419p 19cm Ⓝ762.3
☆「世界名著大事典」

01181 「シューマン」
☆「世界名著大事典」

ヴェルナドスキー

01182 「ロシア史」
『ロシア史 上,下巻』 ヴェルナドスキー著 坂本是忠,香山陽坪共訳 東和社 1953 2冊 図版 22cm Ⓝ238
☆「人文科学の名著」,「世界名著大事典」

01183 「ロシア政治外交史」
『ロシア政治外交史』 ヴェルナドスキー著 金生喜造訳 古今書院 1943 425p 22cm〈附録:ロシアに於ける人口増加 国王君主等年代〉 Ⓝ312.3,312.38

☆「世界名著大事典」

ヴェルヌ, ジュール

01184 「アドリア海の復讐」
『アドリア海の復讐 上』 ジュール・ヴェルヌ著 金子博訳 集英社 1993 364p 15cm (集英社文庫 ジュール・ヴェルヌ・コレクション) 780円 Ⓘ4-08-760219-2
☆「世界の海洋文学」

01185 「海底二万里」
『海底二万里 上』 ジュール・ヴェルヌ著 村松潔訳 新潮社 2012 471p 15cm(新潮文庫) 630円 Ⓘ978-4-10-204402-5
☆「少年少女のための文学案内1」,「世界のSF文学・総解説」,「世界の海洋文学」,「世界の名作文学案内」,「世界文学あらすじ大事典1(あ‐きょう)」,「世界文学の名作と主人公」,「世界名著大事典」,「2時間でわかる世界の名著」

01186 「グラント船長の子供たち」
『グラント船長の子供たち 上』 ジュール・ヴェルヌ著 大久保和郎訳 ブッキング 2004 364p 19cm 2500円 Ⓘ4-8354-4112-5
☆「世界の海洋文学」

01187 「月世界へ行く」
『月世界へ行く』 ジュール・ヴェルヌ著 江口清訳 新版 東京創元社 2005 317p 15cm(創元SF文庫) 680円 Ⓘ4-488-60607-5 Ⓝ953.6
☆「世界のSF文学・総解説」

01188 「月世界旅行」
『月世界旅行―詳注版』 ジュール・ヴェルヌ著 W.J.ミラー注 高山宏訳 筑摩書房 1999 575p 15cm(ちくま文庫) 1200円 Ⓘ4-480-03497-8
☆「少年少女のための文学案内1」,「世界の名作50選」

01189 「氷のスフィンクス」
『氷のスフィンクス』 ジュール・ヴェルヌ著 古田幸男訳 集英社 1994 541p 15cm(集英社文庫 ジュール・ヴェルヌ・コレクション) 880円 Ⓘ4-08-760230-3
☆「世界の海洋文学」,「世界の幻想文学」

01190 「十五少年漂流記」
『十五少年漂流記』 ヴェルヌ著 石川湧訳 角川書店,角川グループパブリッシング〔発売〕 2010 271p 15cm(角川文庫)〈88版(初版1958年)〉 400円 Ⓘ978-4-04-202201-5
☆「あらすじで出会う世界と日本の名著55」,「あらすじで読む世界の名著 no.3」,「3行でわかる名作&ヒット本250」,「少年少女のための文学案内1」,「世界文学の名作と主人公」,「世界名作事典」,「ポケット世界名作事典」,「名作の研究事典」

01191　「少年船長の冒険」
　『少年船長の冒険』　ジュール・ヴェルヌ著　土居寛之,荒川浩充訳　角川書店　1981　326p　15cm（角川文庫）　380円　Ⓝ953
　☆「世界の海洋文学」

01192　「神秘の島」
　『神秘の島　第1部』　ジュール・ヴェルヌ著　大友徳明訳　偕成社　2004　394p　19cm（偕成社文庫）　700円　Ⓘ4-03-651320-6
　☆「世界文学あらすじ大事典 2（きよえ・ちえ）」

01193　「地底旅行」
　『地底旅行』　ジュール・ヴェルヌ著　高野優訳　光文社　2013　545p　15cm（光文社古典新訳文庫）　1314円　Ⓘ978-4-334-75277-4
　☆「世界のSF文学・総解説」,「世界の小説大百科」

01194　「チャンセラー号の筏」
　『チャンセラー号の筏』　ジュール・ヴェルヌ著　榊原晃三訳　改訂新版　集英社　2009　286p　15cm（集英社文庫）　600円　Ⓘ978-4-08-760571-6
　☆「世界の海洋文学」

01195　「八十日間世界一周」
　『八十日間世界一周　上』　ジュール・ヴェルヌ著　高野優訳　光文社　2009　322p　15cm（光文社古典新訳文庫）　686円　Ⓘ978-4-334-75182-1
　☆「一冊で不朽の名作100冊を読む」（友人社）,「一冊で不朽の名作100冊を読む」（友人社）,「3行でわかる名作＆ヒット本250」,「知っておきたいフランス文学」,「世界少年少女文学　ファンタジー編」,「世界の小説大百科」,「世界の名作おさらい」,「世界の名作を読む」,「世界文学あらすじ大事典 3（ちか・ふろ）」,「世界名著大事典」,「世界・名著のあらすじ」,「名作あらすじ事典　西洋文学編」

01196　「洋上都市」
　『洋上都市』　ジュール・ヴェルヌ著　山崎剛太郎,江口清訳　パシフィカ　1979　272p　19cm（海と空の大ロマン）〈発売：プレジデント社〉　1100円　Ⓝ953
　☆「世界の海洋文学」

ヴェルハウゼン

01197　「イスラエル史序説」
　☆「世界名著大事典」

01198　「原始イスラムにおける宗教的・政治的反対派」
　☆「世界名著大事典」

ヴェルフェル

01199　「上と下との間」
　☆「世界名著大事典」

01200　「ヴェルディ」
　☆「世界名著大事典」

01201　「鏡人」
　☆「世界文学鑑賞辞典 第3」

01202　「殺されたものに罪がある」
　☆「世界名著大事典」

01203　「世界の友」
　☆「世界名著大事典」

01204　「バルバラ」
　☆「世界名著大事典」

01205　「ベルナデットの歌」
　『ベルナデットの歌』　ヴェルフェル著　片山敏彦,田内静三訳　エンデルレ書店　1950　2冊　19cm　Ⓝ943
　☆「世界名著大事典」

01206　「モーセ山の四十日」
　『モーセ山の四十日　前編』　フランツ・ヴェルフェル著　福田幸夫訳　近代文芸社　1993　396p　22cm　2000円　Ⓘ4-7733-1893-7　Ⓝ943
　☆「世界文学あらすじ大事典 4（ふん・われ）」

ヴェルフリン,ハインリッヒ

01207　「イタリア古典期美術」
　☆「世界名著大事典」

01208　「イタリアとドイツの形式感情」
　☆「世界名著大事典」

01209　「美術史の基礎概念―近世美術に於ける様式発展の問題」
　『美術史の基礎概念―近世美術における様式発展の問題』　ハインリヒ・ヴェルフリン著　海津忠雄訳　慶應義塾大学出版会　2000　429,19p　21cm　11000円　Ⓘ4-7664-0816-0
　☆「学術辞典叢書 第13巻」,「建築の書物/都市の書物」,「人文科学の名著」,「世界名著解題選 第3巻」,「世界名著解題選 第6巻」,「世界名著大事典」

ウエルベック,ミシェル

01210　「素粒子」
　『素粒子』　ミシェル・ウエルベック著　野崎歓訳　筑摩書房　2006　443p　15cm（ちくま文庫）　1200円　Ⓘ4-480-42177-1
　☆「英仏文学戦記」,「世界の小説大百科」

ヴェルヘルスト,ティエリ

01211　「文化・開発・NGO」
　『文化・開発・NGO―ルーツなくしては人も花も生きられない』　ティエリ・ヴェルヘルスト著　片岡幸彦監訳　新評論　1994　282p　22cm〈参考図書目録：p278〜280〉　3399円　Ⓘ4-7948-0202-1　Ⓝ333.8
　☆「歴史家の一冊」

ヴェルマン
01212 「世界美術史」
☆「世界名著大事典」

ヴェルレーヌ
01213 「ヴェルレーヌ詩集」
『ヴェルレーヌ詩集』 ポール・ヴェルレーヌ著　野村喜和夫訳編　思潮社　1995　158p　19cm（海外詩文庫）　1200円
①4-7837-2505-5
☆「わたしの古典 続」

01214 「叡智」
『叡智』 ヴェルレーヌ著　河上徹太郎訳　新潮社　1959　194p　16cm（新潮文庫）Ⓝ951
☆「現代世界の名作」,「世界の名作100を読む」,「世界文学鑑賞辞典 第2」,「世界名著大事典」,「文学・名著300選の解説 '88年度版」,「ポケット世界名作事典」

01215 「ことばなき恋歌」
☆「世界名著大事典」

01216 「サチュルニアン詩集」
☆「世界名著大事典」

01217 「艶なるうたげ」
☆「世界名著大事典」

01218 「のろわれた詩人たち」
☆「世界名著大事典」

ヴェレサーエフ
01219 「医者の記録」
『医者の記録』 V・ヴェレサーエフ著　袋一平訳　岡倉書房　1941　398p　19cm　Ⓝ985,985.9
☆「世界文学鑑賞辞典 第4」

ヴェロン
01220 「美学」
☆「世界名著大事典」

ウェンガー
01221 「状況に埋め込まれた学習」
『状況に埋め込まれた学習―正統的周辺参加』 ジーン・レイヴ,エティエンヌ・ウェンガー著　佐伯胖訳　産業図書　1993　203p　19cm　2472円　①4-7828-0084-3
☆「文化人類学」

ヴェンカー
01222 「ドイツ言語図巻」
☆「世界名著大事典」

ヴェンクシュテルン
01223 「大日本書誌」
☆「世界名著大事典」

ヴェンチューリ, ロバート
01224 「建築の多様性と対立性」
☆「建築・都市ブックガイド21世紀」

01225 「ラスベガス」
☆「建築の書物/都市の書物」

ヴェント
01226 「技術と文化」
『技術と文化』 ウルリヒ・ヴェント著　三枝博音,吉沢忠雄共訳　河出書房　1939　424p　20cm　Ⓝ502
☆「世界名著大事典」

ヴェントゥーリ
01227 「イタリア美術史」
☆「世界名著大事典」

ヴェントゥーリ
01228 「啓蒙のユートピアと改革」
☆「現代歴史学の名著」

01229 「美術批評史」
『美術批評史』 リオネロ・ヴェントゥーリ著　辻茂訳　第2版　みすず書房　1971　323,48p　22cm　2200円　Ⓝ701.2
☆「世界名著大事典」

ヴェントリス
01230 「ミュケナイ文書ギリシア方言論」
☆「世界名著大事典」

ウォー, イヴリン
01231 「一握の塵」
『一握の塵』 イーヴリン・ウォー著　奥山康治監訳　彩流社　1996　358p　19cm　2884円
①4-88202-419-5
☆「世界文学あらすじ大事典 1（あ‐きよう）」

01232 「回想のブライズヘッド」
『回想のブライズヘッド 下』 イーヴリン・ウォー作　小野寺健訳　岩波書店　2009　387p　15cm（岩波文庫）　760円
①978-4-00-322773-2
☆「英仏文学戦記」

01233 「衰亡記」
☆「世界名著大事典」

01234 「大転落の物語」
☆「世界の小説大百科」,「世界文学あらすじ大事典 2（きよえ‐ちえ）」

01235 「ピンフォールドの試練」
☆「世界の幻想文学」,「世界文学あらすじ大事典 3（ちか‐ふろ）」

01236 「ブライズヘッドふたたび」
『ブライズヘッドふたたび』 イーヴリン・

ウォー著　吉田健一訳　ブッキング　2006
472p　19cm　2800円　④-8354-4268-7
☆「知っておきたいイギリス文学」、「世界の小説大百科」、「世界文学あらすじ大事典 3（ちか - ふろ）」、「世界文学鑑賞辞典 第1」、「世界名著大事典」、「たのしく読めるイギリス文学」、「名作あらすじ事典 西洋文学編」

ウォー, ヒラリー

01237 「失踪当時の服装は」
『失踪当時の服装は』　ヒラリー・ウォー著　山本恭子訳　東京創元社　1960　344p　15cm（創元推理文庫）　Ⓝ933
☆「世界の推理小説・総解説」

ヴォーヴナルグ

01238 「省察と箴言」
『省察と箴言』　ヴォーヴナルグ著　内藤濯訳　創元社　1948　282p　18cm（創元選書）　Ⓝ159.8
☆「世界名著大事典」

01239 「人間精神認識序説」
☆「世界名著大事典」

ウォーカー, アーネスト

01240 「イギリス音楽史」
☆「世界名著大事典」

ウォーカー, アリス

01241 「カラーパープル」
『カラーパープル』　アリス・ウォーカー著　柳沢由実子訳　集英社　1986　362p　15cm（集英社文庫）　480円　④-08-760117-X　Ⓝ933
☆「あらすじで読む世界文学105」、「英米文学の名作を知る本」、「知っておきたいアメリカ文学」、「世界の小説大百科」、「世界の名作文学案内」、「世界文学の名作と主人公」、「たのしく読めるアメリカ文学」、「名作あらすじ事典 西洋文学編」

ウォーカー, スティーヴン

01242 「カウントダウン・ヒロシマ」
『カウントダウン・ヒロシマ』　スティーヴン・ウォーカー著　横山啓明訳　早川書房　2005　438p　19cm　1800円　④-15-208654-8
☆「大学新入生に薦める101冊の本」

ウォーカー, レノア・E.

01243 「バタードウーマン―虐待される妻たち」
『バタードウーマン―虐待される妻たち』　レノア・E.ウォーカー著　斎藤学監訳　穂積由利子訳　金剛出版　1997　250p　19cm　2884円　④-7724-0533-X
☆「フェミニズムの名著50」

ウォーカー, J.

01244 「ハテ・なぜだろうの物理学」
『ハテ・なぜだろうの物理学　1』　J.ウォーカー著　戸田盛和, 田中裕共訳　培風館　1979　122p　19cm　780円　Ⓝ420.49
☆「物理ブックガイド100」

ウォーカー, N.M.

01245 「アジズ号とわたし」
『アジズ号とわたし―大西洋単独横断記』　ニコレット・ミルンズ・ウォーカー著　岡本浜江訳　日本リーダーズダイジェスト社　1972　227p 図 肖像　19cm（ペガサスカスタム）　700円　Ⓝ935.9
☆「世界の海洋文学」

ウォーカー, W.H.

01246 「化学工学の原理」
☆「自然科学の名著」、「自然科学の名著100選 下」、「世界名著大事典」

ウォギュエ

01247 「ロシアの小説」
☆「世界名著大事典」

ウォーク, ハーマン

01248 「ケイン号の叛乱」
『ケイン号の叛乱』　ハーマン・ウォーク著　新庄哲夫訳　フジ出版社　1984　621p　20cm〈新装版〉　3300円　④-89226-014-2　Ⓝ933
☆「世界の海洋文学」、「世界文学鑑賞辞典 第1」

ヴォーゲル, エズラ・F.

01249 「カム・バック」
☆「経済経営95冊」

01250 「ジャパン アズ ナンバーワン」
☆「教養のためのブックガイド」、「現代ビジネス書・経済書総解説」

01251 「日本の新中間階級」
☆「日本の社会と文化」

ウォシュバーン, W.W.

01252 「進歩主義教育とはなにか」
☆「世界名著大事典」

ヴォージュラ

01253 「フランス語論評」
☆「世界名著大事典」

ヴォズネセンスキー

01254 「大祖国戦争におけるソ連邦戦時経済」
☆「世界名著大事典」

ウオーターハウス, キース
01255 「嘘つきビリー」
☆「世界の小説大百科」

ウォーターマン, ロバート
01256 「エクセレント・カンパニー」
『エクセレント・カンパニー』 トム・ピーターズ, ロバート・ウォータマン著 大前研一訳 英治出版 2003 555p 19cm〈『エクセレント・カンパニー──超優良企業の条件』改題書〉 2200円 ①4-901234-33-1
☆「究極のビジネス書50選」、「勝利と成功の法則」、「世界で最も重要なビジネス書」、「戦略の名著！最強43冊のエッセンス」、「超売れ筋ビジネス書101冊」

ウォッシュバーン, スタンレー
01257 「乃木」
『乃木』 スタンレー・ウォッシュバーン著 目黒眞鳥訳 千駄ケ谷町 (東京府) 文興院 1924 140p 肖像 19cm Ⓝ289.1
☆「現代人のための名著」、「日本陸軍の本・総解説」

ウォッツ
01258 「イギリス讃美歌」
☆「西洋をきずいた書物」

ヴォツバーミン
01259 「宗教の本質」
☆「宗教哲学名著解説」

01260 「組織神学」
☆「世界名著大事典」

ウォディントン, C.H.
01261 「エチカル・アニマル──危機を超える生命の倫理」
☆「科学技術をどう読むか」

ウォード, キングスレイ
01262 「ビジネスマンの父より息子への30通の手紙」
『ビジネスマンの父より息子への30通の手紙』 G.キングスレイ・ウォード著 城山三郎訳 改版 新潮社 2010 334p 15cm (新潮文庫) 590円 ①978-4-10-242801-6
☆「百年の誤読」

ウォード, レスター・フランク
01263 「動的社会学」
☆「学術辞典叢書第11巻」、「世界名著解題選 第3巻」、「世界名著解題選 第4巻」、「世界名著大事典」

ウォード, A.
01264 「食品百科事典」

☆「世界名著大事典」

ウォード, A.W.
01265 「ケンブリジ・イギリス外交史」
☆「世界名著大事典」

01266 「ケンブリジ・イギリス文学史」
☆「世界名著大事典」

01267 「ケンブリジ近代史」
☆「世界名著大事典」

ヴォドビヤノフ
01268 「北極飛行」
☆「世界名著大事典」

ウォートン, イーディス
01269 「イーサン・フローム」
『イーサン・フローム』 イーディス・ウォートン著 宮本陽吉, 小沢円, 貝瀬知花訳 荒地出版社 1995 221p 19cm 1800円 ①4-7521-0093-2
☆「英米文学の名作を知る本」、「世界の小説大百科」、「世界文学あらすじ大事典1 (あ‐きょう)」、「世界文学鑑賞辞典 第1」、「世界名著大事典」

01270 「エイジ・オブ・イノセンス」
『エイジ・オブ・イノセンス──汚れなき情事』 イーディス・ウォートン著 大社淑子訳 新潮社 1993 481p 15cm (新潮文庫) 560円 ①4-10-241301-4
☆「知っておきたいアメリカ文学」、「ベストセラー世界の文学・20世紀1」、「名作あらすじ事典 西洋文学編」

01271 「歓楽の家」
『歓楽の家』 イーディス・ウォートン著 佐々木みよ子, 山口ヨシ子訳 荒地出版社 1995 348p 19cm (アメリカ女性作家 名作ギャラリー) 2800円 ①4-7521-0094-0
☆「世界の小説大百科」、「世界文学あらすじ大事典1 (あ‐きょう)」

01272 「無垢の時代」
『無垢の時代』 イーディス・ウォートン著 佐藤宏子訳 荒地出版社 1995 284p 19cm 2200円 ①4-7521-0091-6
☆「書き出し「世界文学全集」」、「世界の小説大百科」、「世界文学あらすじ大事典4 (ふん‐われ)」、「世界文学鑑賞辞典 第1」、「たのしく読めるアメリカ文学」

ウォーナー, アラン
01273 「モーヴァン」
☆「世界の小説大百科」

ウォーナー, シルヴィア・タウンゼント
01274 「革命の夏」

☆「世界の小説大百科」

01275 「妖精たちの王国」
『妖精たちの王国』 シルヴィア・タウンゼンド・ウォーナー著 八十島薫訳 月刊ペン社 1979 290p 20cm(妖精文庫 20) 2000円 Ⓝ933
☆「世界の幻想文学」

ウォーナー,ペギー

01276 「特殊潜航艇戦史」
『特殊潜航艇戦史』 ペギー・ウォーナー,妹尾作太男著 妹尾作太男訳 徳間書店 1990 382p 15cm(徳間文庫) 540円 Ⓘ4-19-599143-9
☆「今だから知っておきたい戦争の本70」

ウォーナー,マリーナ

01277 「インディゴ」
☆「世界の小説大百科」

ウォーナー,ラングドン

01278 「不滅の日本芸術」
『不滅の日本芸術』 ラングドン・ウォーナァ著 寿岳文章訳 朝日新聞社 1954 280p 図版12枚 21cm Ⓝ702.1
☆「世界名著大事典 補遺(Extra)」

ウォーナー,C.D.

01279 「金メッキ時代」
『金メッキ時代 下』 マーク・トウェイン,C.D.ウォーナー共著 錦織裕之,柿沼孝子訳 彩流社 2002 395p 19cm(マーク・トウェインコレクション 19・B) 3000円 Ⓘ4-88202-542-6
☆「世界文学あらすじ大事典 2(きよえ・ちえ)」,「世界名著大事典」

ウォーナー,W.L.

01280 「アメリカ人の生活構造」
☆「世界名著大事典」

01281 「黒色の文明」
☆「世界名著大事典」

01282 「ヤンキー・シティ・シリーズ」
☆「世界名著大事典」

ヴォネガット,カート

01283 「スローターハウス5」
☆「アメリカ文学」,「世界のSF文学・総解説」,「世界の小説大百科」,「たのしく読めるアメリカ文学」,「百年の誤読 海外文学篇」

01284 「タイタンの妖女」
☆「世界のSF文学・総解説」

01285 「猫のゆりかご」

☆「世界のSF文学・総解説」,「世界の小説大百科」,「世界の名作文学案内」

01286 「母なる夜」
『母なる夜』 カート・ヴォネガット,Jr.著 飛田茂雄訳 早川書房 1987 304p 15cm(ハヤカワ文庫SF) 440円 Ⓘ4-15-010700-9
☆「作家の訳した世界の文学」

01287 「プレイヤー・ピアノ」
『プレイヤー・ピアノ』 ジュニア・ヴォネガット,カート著 浅倉久志訳 早川書房 2005 603p 15cm(ハヤカワ文庫SF) 940円 Ⓘ4-15-011501-X
☆「世界のSF文学・総解説」

ヴォーバン

01288 「王国10分の1税案」
☆「世界名著大事典」

ウォーホル

01289 「ウォーホル―ポッピズム」
☆「伝記・自叙伝の名著」

ウォーラー

01290 「学校集団」
『学校集団―その構造と指導の生態』 ウィラード・ウォーラー著 石山脩平,橋爪貞雄訳 明治図書出版 1957 573p 22cm Ⓝ371.3
☆「名著による教育原理」

ウォラー

01291 「ケンブリジ・イギリス文学史」
☆「世界名著大事典」

ウォラー,ロバート・ジェームズ

01292 「マディソン郡の橋」
『マディソン郡の橋』 ロバート・ジェームズ・ウォラー著 講談社インターナショナル 1999 178p 19cm(講談社ルビー・ブックス)〈本文:英文〉 1080円 Ⓘ4-7700-2624-2
☆「百年の誤読」

ウォラギネ,ヤコブス・デ

01293 「聖人伝集」
☆「西洋をきずいた書物」

ウォーラス

01294 「政治における人間性」
『政治における人間性』 グレーアム・ウォーラス著 石上良平,川口浩共訳 創文社 1958 265p 22cm(名著翻訳叢書) Ⓝ311
☆「現代政治学の名著」,「社会科学の古典」,「世界名著大事典」

ウォラス, グレアム

01295 「大社会」
☆「世界名著大事典」

01296 「プレースの一生」
☆「世界名著大事典」

01297 「われらの社会的遺産」
☆「世界名著大事典」

ウォーラーステイン, I.

01298 「近代世界システム」
☆「学問がわかる500冊」,「学問がわかる500冊 v.2」,「経済学名著106選」,「新・現代歴史学の名著」,「必読書150」

01299 「史的システムとしての資本主義」
『史的システムとしての資本主義』 I.ウォーラーステイン著 川北稔訳 新版 岩波書店 1997 242p 20cm 2400円
Ⓘ4-00-023322-X Ⓝ332.06
☆「グローバル政治理論」,「社会の構造と変動」

01300 「資本主義世界経済」
『資本主義世界経済 2 階級・エスニシティの不平等, 国際政治』 I.ウォーラーステイン著 日南田静真監訳 名古屋 名古屋大学出版会 1987 195,5p 22cm 2500円
Ⓘ4-930689-71-6 Ⓝ332.06
☆「名著に学ぶ国際関係論」

01301 「人種・国民・階級」
『人種・国民・階級─「民族」という曖昧なアイデンティティ』 エティエンヌ・バリバール, イマニュエル・ウォーラーステイン著 若森章孝, 岡田光正, 須田文明, 奥西達也訳 唯学書房, アジール・プロダクション〔発売〕 2014 384,7p 21cm 4500円 Ⓘ978-4-902225-87-7
☆「ナショナリズム論の名著50」

ヴォラール

01302 「セザンヌ」
『セザンヌ』 ヴォラァル著 成田重郎訳 東京堂 1941 282p 19cm Ⓝ723.5
☆「世界名著大事典」

01303 「ドガ」
☆「世界名著大事典」

ヴォリンゲル, ヴィルヘルム

01304 「エジプト美術」
☆「世界名著大事典」

01305 「ゴシックの形式問題」
☆「学術辞典叢書 第13巻」,「世界名著解題選 第1巻」,「世界名著大事典」

01306 「抽象と感情移入─様式心理学への一つの寄与」
『抽象と感情移入』 ヴォリンゲル著 草薙正夫訳 岩波書店 1953 199p 図版 15cm（岩波文庫） Ⓝ701.2
☆「建築の書物/都市の書物」,「人文科学の名著」,「世界名著大事典」

ヴォールヴィル

01307 「ガリレイとコペルニクス説のための彼の戦い」
☆「世界名著大事典」

ウォルケンス, ヤン

01308 「ウフストヘーストへの帰還」
☆「世界の小説大百科」

ウォルシュ

01309 「脱獄と誘拐と」
『脱獄と誘拐と』 トマス・ウォルシュ著 向後英一訳 東京創元新社 1965 250p 15cm（創元推理文庫） Ⓝ933
☆「世界の冒険小説・総解説」

01310 「マンハッタンの悪夢」
『マンハッタンの悪夢』 トマス・ウォルシュ著 村上啓夫訳 東京創元社 1959 177p 18cm（世界推理小説全集 第61）Ⓝ933
☆「世界の推理小説・総解説」

ウォルシュ, ニール・ドナルド

01311 「神との対話」
『神との対話─365日の言葉』 ニール・ドナルド・ウォルシュ著 吉田利子訳 サンマーク出版 2006 396p 15cm（サンマーク文庫） 629円 Ⓘ4-7631-8422-9
☆「世界のスピリチュアル50の名著」

ヴォルタ

01312 「異種の電導体の単なる接触によって起こる電気について」
☆「西洋をきずいた書物」,「世界を変えた書物」

ウォルツ, ケネス

01313 「国際政治の理論」
『国際政治の理論』 ケネス・ニール・ウォルツ著 河野勝, 岡垣知子訳 勁草書房 2010 328p 21cm（ポリティカル・サイエンス・クラシックス 3）3800円
Ⓘ978-4-326-30160-7
☆「グローバル政治理論」

ウォルツァー, M.

01314 「解釈としての社会批判」
『解釈としての社会批判─暮らしに根ざした批判の流儀』 マイケル・ウォルツァー著 大川正彦, 川本隆史訳 風行社, 開文化出版〔発売〕

1996　168,8p　19cm　2200円
Ⓘ4-938662-17-5
☆「政治・権力・公共性」

01315　「正義と非正戦」
☆「はじめて学ぶ政治学」

01316　「正義の領分」
『正義の領分―多元性と平等の擁護』　マイケル・ウォルツァー著　山口晃訳　而立書房　1999　552p,3p　19cm　3000円
Ⓘ4-88059-255-2
☆「政治・権力・公共性」,「倫理学」

01317　「正しい戦争と不正な戦争」
『正しい戦争と不正な戦争』　マイケル・ウォルツァー著　萩原能久監訳　風行社　2008　605,16p　22cm　4000円
Ⓘ978-4-938662-44-8　Ⓝ391.1
☆「政治哲学」,「平和を考えるための100冊+α」

ヴォルテール

01318　「ヴォルテール自叙伝」
『ヴォルテール自叙伝』　福鎌忠恕訳　元々社　1954　194p 図版　18cm（民族教養新書）
Ⓝ135.41
☆「伝記・自叙伝の名著」

01319　「カンディード」
『カンディード―他五篇』　ヴォルテール作　植田祐次訳　岩波書店　2005　552p　15cm（岩波文庫）　940円　Ⓘ4-00-325181-4　Ⓝ953.6
☆「知っておきたいフランス文学」,「西洋をきずいた書物」,「世界を変えた100冊の本」,「世界の奇書」,「世界の小説大百科」,「世界の名著」,「世界文学あらすじ大事典1（あ・きょう）」,「世界文学鑑賞辞典 第2」,「世界名著大事典」,「日本の古典・世界の古典」,「ポケット世界名作事典」,「名作あらすじ事典 西洋文学編」

01320　「ザイール」
☆「世界文学あらすじ大事典2（きよえ・ちえ）」,「世界文学鑑賞辞典 第2」,「世界名著大事典」

01321　「ザディーグまたは運命」
☆「世界文学あらすじ大事典2（きよえ・ちえ）」,「世界名著大事典」

01322　「諸民族の習俗と精神に関する試論」
☆「西洋をきずいた書物」,「世界名著大事典」

01323　「哲学辞典」
『哲学辞典』　ヴォルテール著　高橋安光訳　法政大学出版局　1988　605p　21cm　9800円
Ⓘ4-588-15009-X
☆「社会科学の名著」,「世界の古典名著」,「世界の哲学思想」,「世界名著大事典」,「哲学名著解題」

01324　「哲学小辞典」
☆「世界名著解題選 第5巻」

01325　「哲学書簡」
『哲学書簡』　ヴォルテール著　林達夫訳　改版　岩波書店　1980　302p　15cm（岩波文庫）　450円　Ⓝ135.3
☆「世界の名著早わかり事典」,「世界名著大事典」,「哲学名著解題」

01326　「人間論」
☆「世界名著大事典」

01327　「ミクロメガス」
『ミクロメガス』　ヴォルテール著　川口顕弘訳　国書刊行会　1988　271p　23cm（バベルの図書館　7）〈編纂・序文：J.L.ボルヘス〉　2400円　Ⓝ953
☆「世界のSF文学・総解説」,「世界の幻想文学」

01328　「無知な哲学者」
☆「哲学名著解題」

01329　「ルイ14世時代」
☆「世界名著大事典」

01330　「歴史哲学」
『歴史哲学―「諸国民の風俗と精神について」序論』　ヴォルテール著　安斎和雄訳　法政大学出版局　1989　330,14p　21cm　6489円
Ⓘ4-588-15012-X
☆「世界名著大事典」,「哲学名著解題」

ウォルド，ヘルマン

01331　「需要分析」
『需要分析―計量経済学的研究』　ヘルマン・ウォルド，ラッシュ・ユレイン共著　森田優三監訳　春秋社　1961　473p　22cm　Ⓝ331.56
☆「世界名著大事典」

ウォルトン，アイザック

01332　「釣魚大全―瞑想する人のレクリエーション」
『釣魚大全―完訳　1』　アイザック・ウォルトン著　飯田操訳　平凡社　1997　410p　16cm（平凡社ライブラリー　180）　1200円　Ⓘ4-582-76180-1　Ⓝ787.15
☆「世界の名著早わかり事典」,「世界文学あらすじ大事典3（ちか・ふろ）」,「世界名著大事典」

ウォルトン，サム

01333　「私のウォルマート商法」
『私のウォルマート商法―すべて小さく考えよ』　サム・ウォルトン著　渥美俊一，桜井多恵子監訳　講談社　2002　411p　15cm（講談社プラスアルファ文庫）　940円　Ⓘ4-06-256677-X
☆「世界の成功哲学50の名著エッセンスを解く」

ウォルパート，ルイス

01334　「科学者の熱い心」

『科学者の熱い心——その知られざる素顔』 ルイス・ウォルパート,アリソン・リチャーズ著　青木薫,近藤修訳　講談社　1999　460p　18cm〈ブルーバックス〉〈肖像あり〉　1400円　Ⓟ4-06-257274-5　Ⓝ402.8
☆「教養のためのブックガイド」

01335　「Passionate Minds」
『科学者の熱い心——その知られざる素顔』 ルイス・ウォルパート,アリソン・リチャーズ著　青木薫,近藤修訳　講談社　1999　460p　18cm〈ブルーバックス〉〈肖像あり〉　1400円　Ⓟ4-06-257274-5　Ⓝ402.8
☆「教養のためのブックガイド」

ヴォルフ, カスパル

01336　「発生論」
☆「世界名著大事典」

ヴォルフ, クリスタ

01337　「カッサンドラ」
『カッサンドラ』 クリスタ・ヴォルフ著　中込啓子訳　恒文社　1997　259p　19cm（クリスタ・ヴォルフ選集　3）　3200円　Ⓟ4-7704-0923-0
☆「ドイツ文学」

01338　「クリスタ・Tの追想」
☆「世界の小説大百科」

01339　「幼年期の構図」
☆「世界の小説大百科」

ヴォルフ, クリスチャン

01340　「神,世界および人間の霊魂,ならびにいっさいの事物一般についての合理的考察」
☆「世界名著大事典」

01341　「ギリシア法思想」
☆「世界名著大事典」

01342　「自然法論」
☆「世界名著大事典」

01343　「ドイツ精神史上の大法思想家」
☆「世界名著大事典」

01344　「人間の悟性能力に関する理性的思想」
☆「学術辞典叢書　第12巻」,「世界名著解題選　第3巻」,「世界名著大事典」

ヴォルフ, フリードリヒ

01345　「国境のふたり」
『国境のふたり』 ヴォルフ作　小宮曠三訳　岩波書店　1955　421p　19cm（現代の文学）　Ⓝ943
☆「世界文学鑑賞辞典　第3」

01346　「マムロック教授」
☆「世界文学鑑賞辞典　第3」

ヴォルフ, フリードリヒ・アウグスト

01347　「ホメロス序論」
☆「西洋をきずいた書物」

ウォルフ, E.

01348　「光学の原理」
『光学の原理　2　干渉および回折』 マックス・ボルン,エミル・ウォルフ著　草川徹,横田英嗣訳　東海大学出版会　1975　738p　22cm〈原著第5版を翻訳したもの〉　2800円　Ⓝ425
☆「物理ブックガイド100」

ヴォルフラム・フォン・エッシェンバッハ

01349　「パルチヴァール」
☆「世界文学あらすじ大事典　3（ちか‐ふろ）」,「世界文学鑑賞辞典　第3」,「世界名著大事典」,「ドイツ文学」

ウォルフレン, K.v.

01350　「日本/権力構造の謎」
『日本/権力構造の謎　上』 カレル・ヴァン・ウォルフレン著　篠原勝訳　早川書房　1994　500p　16cm（ハヤカワ文庫　NF）〈付（8p）〉　740円　Ⓟ4-15-050177-7　Ⓝ302.1
☆「日本の社会と文化」

01351　「人間を幸福にしない日本というシステム」
『人間を幸福にしない日本というシステム』 カレル・ヴァン・ウォルフレン著　鈴木主税訳　新訳決定版　新潮社　2000　380p　15cm（新潮OH！文庫）　771円　Ⓟ4-10-290008-X
☆「大学新入生に薦める101冊の本」

ウォルポール, ホレス

01352　「オトラント城」
『オトラントの城』 ホレス・ウォルポール著　井出弘之訳　国書刊行会　1983　164p　22cm（ゴシック叢書　27）〈原著第2版の翻訳〉　1800円　Ⓝ933
☆「イギリス文学」,「書き出し「世界文学全集」」,「西洋をきずいた書物」,「世界の奇書」,「世界の幻想文学」,「世界の小説大百科」,「世界文学あらすじ大事典　1（あ‐きよう）」,「世界文学鑑賞辞典　第1」,「世界名著大事典」,「たのしく読めるイギリス文学」

01353　「ラント夫人」
☆「世界の幻想文学」

ヴォルムス

01354　「有機体と社会」
☆「世界名著大事典」

ウォレス, アルフレッド

01355 「人類, 自然, 摂理についての展望」
☆「世界名著大事典」

01356 「ダーウィニズム」
『ダーウィニズム―自然淘汰説の解説とその適用例』 アルフレッド・ラッセル・ウォレス著 長澤純夫, 大曾根静香訳 新思索社 2008 503,39p 22cm〈折り込1枚〉 4500円 Ⓘ978-4-7835-0246-3 Ⓝ467.5
☆「世界名著大事典」

01357 「変種の多様性に対する種の傾向, 自然選択による変種と種の永続性」
☆「西洋をきずいた書物」

01358 「マレー諸島」
『マレー諸島―オランウータンと極楽鳥の土地 上』 アルフレッド・R.ウォレス著 新妻昭夫訳 筑摩書房 1993 572p 15cm〈ちくま学芸文庫〉 1600円 Ⓘ4-480-08091-0
☆「アジアの比較文化」,「世界名著大事典」

ウォーレス, エドガー

01359 「正義の四人」
☆「世界の推理小説・総解説」

ウォレス, ジェームズ

01360 「ビル・ゲイツ」
『ビル・ゲイツ―巨大ソフトウェア帝国を築いた男』 ジェームズ・ウォレス, ジム・エリクソン著 SE編集部訳 増補改訂版 翔泳社 1995 615p 19cm 2400円 Ⓘ4-88135-207-5
☆「お金と富の哲学世界の名著50」

ウォーレス, デイヴィッド・フォスター

01361 「果てしない戯れ」
☆「世界の小説大百科」

ウォーレス, デヴィド

01362 「七三一部隊の生物兵器とアメリカ」
『七三一部隊の生物兵器とアメリカ―バイオテロの系譜』 ピーター・ウィリアムズ, デヴィド・ウォーレス著 西里扶甬子訳 京都 かもがわ出版 2003 326p 21cm 3200円 Ⓘ4-87699-765-9
☆「サイエンス・ブックレヴュー」

ウォレス, ヘンリー・A.

01363 「6,000万の雇用」
☆「世界名著大事典」

ウォレス, ルー

01364 「ベン・ハー」
『ベン・ハー―キリストの物語』 ルー・ウォレス著 辻本庸子, 武田貴甫訳 亀井俊介解説 松柏社 2003 593p 19cm〈アメリカ古典大衆小説コレクション 1〉 3000円 Ⓘ4-7754-0024-X
☆「映画になった名著」,「世界の小説大百科」,「世界文学あらすじ大事典 4 (ふん‐われ)」,「世界文学鑑賞辞典 第1」

ウォレン

01365 「すべて王の臣」
『すべて王の臣』 ロバート・ペン・ウォーレン[著] 鈴木重吉訳 新装版 白水社 2007 542p 20cm〈著作目録あり〉 2800円 Ⓘ978-4-560-02762-2 Ⓝ933.7
☆「世界文学あらすじ大事典 2 (きよえ‐ちえ)」

ウォレン, リック

01366 「人生を導く5つの目的」
『人生を導く5つの目的―自分らしく生きるための40章』 リック・ウォレン著 尾山清仁訳 パーパス・ドリブン・ジャパン 2009 443p 21cm 2500円 Ⓘ978-4-902680-00-3
☆「世界のスピリチュアル50の名著」

ヴォロンコーワ

01367 「町からきた少女」
☆「少年少女のための文学案内 2」,「世界名著大事典」,「名作の研究事典」

ヴォーン

01368 「カラヤン―帝王の光と影」
『カラヤン―帝王の光と影』 ロジャー・ヴォーン著 堀内静子訳 時事通信社 1987 382p 19cm 2500円 Ⓘ4-7887-8731-8
☆「伝記・自叙伝の名著」

ヴォンドラーク

01369 「スラヴ語比較文法」
☆「世界名著大事典」

ウグレシィチ, ドゥブラヴカ

01370 「無条件降伏博物館」
☆「世界の小説大百科」

ウシンスキー, K.D.

01371 「教育の対象としての人間」
☆「教育学の世界名著100選」,「世界名著大事典 補遺 (Extra)」

01372 「子供の世界」
☆「世界名著大事典 補遺 (Extra)」

01373 「母語」
☆「世界名著大事典 補遺 (Extra)」

ウスペンスキイ

01374 「土の力」
☆「世界文学鑑賞辞典 第4」

ウスマヌ

01375 「土地の力」
☆「世界名著大事典」

ウスマヌ, サンベーヌ

01376 「神の森の木々」
☆「世界の小説大百科」

ウーゼー

01377 「古代服装史」
☆「世界名著大事典」

ウダヤナ

01378 「アートマ・タットヴァ・ヴィヴェーカ」
☆「世界名著大事典」

01379 「ニヤーヤの花束」
☆「世界名著大事典」

尉繚 うつ・りょう

01380 「尉繚子」
☆「中国の古典名著」

ウッズ, スチュアート

01381 「風に乗って」
『風に乗って』 スチュアート・ウッズ著 真野明裕訳 早川書房 1987 338p 19cm（Hayakawa Novels） 1600円 ①4-15-207598-8
☆「世界の海洋文学」

01382 「警察署長」
『警察署長』 スチュアート・ウッズ著 真野明裕訳 早川書房 1987 2冊 16cm（ハヤカワ文庫 NV） 460,480円 ①4-15-040437-2 Ⓝ131
☆「世界の推理小説・総解説」

ウッド

01383 「タイ国史」
『タイ国史』 W.A.R.ウッド著 郡司喜一訳 富山房 1941 351p 図版 肖像 地図 19cm Ⓝ223,223.7
☆「世界名著大事典」

ウッドハウス, エドワード・J.

01384 「政策形成の過程」
『政策形成の過程―民主主義と公共性』 チャールズ・E.リンドブロム, エドワード・J.ウッドハウス著 薮野祐三, 案浦明子訳 東京大学出版会 2004 248,5p 21cm〈原書第3版〉 3000円 ①4-13-032208-7
☆「はじめて学ぶ政治学」

ウッドハウス, ペラム・グレンヴィル

01385 「サンキュー、ジーヴス」
☆「世界の小説大百科」

01386 「よしきた、ジーヴス」
『よしきた、ジーヴス』 P.G.ウッドハウス著 森村たまき訳 国書刊行会 2005 368p 19cm（ウッドハウス・コレクション P.G.ウッドハウス著）〈シリーズ責任表示：P.G.ウッドハウス著〉 2200円 ①4-336-04676-X Ⓝ933.7
☆「知っておきたいイギリス文学」, 「名作あらすじ事典 西洋文学編」

ウッドベリー, D.O.

01387 「パロマーの巨人望遠鏡」
☆「世界名著大事典」

ウティッツ

01388 「一般芸術学基礎論」
☆「世界名著解題選 第6巻」, 「世界名著大事典」

ウナムーノ

01389 「霧」
☆「世界名著大事典」

01390 「生の悲劇的感情」
『生の悲劇的感情―人間と国家とに於ける』 ミゲル・デ・ウナムノ著 花野富蔵訳 青年書房 1942 458,18p 19cm Ⓝ136
☆「世界の哲学思想」, 「世界名著大事典」

ヴヌーコフ, N.

01391 「孤島の冒険」
『孤島の冒険』 ニコラーイ・ヴヌーコフ作 島原落穂訳 ジマイロフ画 童心社 1988 331p 19cm 1300円 ①4-494-02025-7
☆「世界の海洋文学」

ウマースヴァーティ

01392 「タットヴァールターディガマ・スートラ」
☆「世界名著大事典」

ウラジミルツォフ

01393 「チンギス・ハン伝」
『チンギス・ハン伝』 ウラヂミルツオフ著 小林高四郎訳 日本公論社 1936 216p 図版 地図 22cm〈Prince D.S.Mirskyの英訳より重訳〉 Ⓝ222.6
☆「世界名著大事典」

01394 「蒙古社会制度史」
『蒙古社会制度史』 ウラヂミルツォフ著 外務省調査部訳 原書房 1980 444,40,15p 22cm（ユーラシア叢書 33）〈解題：小林高四郎 生活社昭和16年刊の複製〉 4700円 Ⓝ362.226
☆「人文科学の名著」

ウーリー,C.L.
01395 「ウル発掘」
　☆「世界名著大事典 補遺(Extra)」

01396 「ミュメル人」
　☆「世界名著大事典 補遺(Extra)」

ウリツカヤ
01397 「ソーネチカ」
　『ソーネチカ』 リュドミラ・ウリツカヤ著 沼野恭子訳 新潮社 2002 142p 19cm(新潮クレスト・ブックス) 1600円
　Ⓘ4-10-590033-1
　☆「ロシア文学」

ウルシュプルング
01398 「カトリック教会音楽史」
　☆「世界名著大事典」

ウールステッター,R.
01399 「パールハーバー トップは情報洪水の中でいかに決断すべきか」
　☆「名著で学ぶインテリジェンス」

ウルストンクラフト
01400 「女性の権利の擁護」
　『女性の権利の擁護 上』 メアリ・ウルストンクラフト著 藤井武夫訳 清水書院 1975 223p 19cm 1000円 Ⓝ367.8
　☆「教養のためのブックガイド」、「西洋をきずいた書物」、「世界を変えた100冊の本」、「世界名著大事典」、「世界名著大事典 補遺(Extra)」、「フェミニズムの名著50」

ウルバン
01401 「価値論(其の性質と法則)」
　☆「近代欧米名著解題 第6巻」

ヴルフ
01402 「造形芸術の原理の研究」
　☆「世界名著大事典」

ウルフ,ヴァージニア
01403 「オーランドー」
　『オーランドー──ある伝記』 ヴァージニア・ウルフ著 川本静子訳 みすず書房 2000 293p 15cm(ヴァージニア・ウルフコレクション) 2800円 Ⓘ4-622-04568-7
　☆「世界の奇書」、「世界の幻想文学」、「世界の小説大百科」、「世界文学あらすじ大事典1(あ‐きよう)」

01404 「歳月」
　『歳月』 ヴァージニア・ウルフ著 大澤實訳 文遊社 2013 575p 19cm 3300円
　Ⓘ978-4-89257-101-5
　☆「世界文学あらすじ大事典2(きよえ‐ちえ)」、「世界名著大事典」

01405 「自分だけの部屋」
　『自分だけの部屋』 ヴァージニア・ウルフ著 川本静子訳 新装版 みすず書房 2013 220p 19cm 2600円 Ⓘ978-4-622-07773-2
　☆「フェミニズムの名著50」

01406 「ダロウェイ夫人」
　『ダロウェイ夫人』 バージニア・ウルフ著 土屋政雄訳 光文社 2010 377p 15cm(光文社古典新訳文庫) 724円
　Ⓘ978-4-334-75205-7
　☆「イギリス文学」、「英仏文学戦記」、「『こころ』は本当に名作か」、「世界の小説大百科」、「世界文学あらすじ大事典2(きよえ‐ちえ)」、「世界文学鑑賞辞典 第1」、「世界文学の名作と主人公」、「世界名著大事典」、「たのしく読めるイギリス文学」

01407 「灯台へ」
　『灯台へ』 ヴァージニア・ウルフ作 御興哲也訳 岩波書店 2004 413p 15cm(岩波文庫)〈年譜あり〉 860円 Ⓘ4-00-322911-8 Ⓝ933.7
　☆「あらすじで読む世界文学105」、「イギリス文学」、「英米文学の名作を知る本」、「書き出し 世界文学全集」、「知っておきたいイギリス文学」、「世界の小説大百科」、「世界文学あらすじ大事典3(ちか‐ふろ)」、「世界文学鑑賞辞典 第1」、「世界名著大事典」、「百年の誤読 海外文学篇」、「ポケット世界名作事典」、「名作あらすじ事典 西洋文学編」、「名小説ストーリィ集 世界篇」

01408 「波」
　『波』 ヴァージニア・ウルフ著 川本静子訳 みすず書房 1999 288p 19cm(ヴァージニア・ウルフコレクション) 2800円
　Ⓘ4-622-04505-2
　☆「現代世界の名作」、「世界の小説大百科」、「世界文学あらすじ大事典3(ちか‐ふろ)」、「世界文学鑑賞辞典 第1」、「世界名作事典」、「世界名著大事典」

01409 「幕間」
　☆「世界文学あらすじ大事典4(ふん‐われ)」

ウルフ,トバイアス
01410 「兵舎泥棒」
　『兵舎泥棒』 トバイアス・ウルフ著 迫光訳 彩流社 1990 139p 19cm(現代アメリカ文学叢書 3) 1500円 Ⓘ4-88202-183-8
　☆「たのしく読めるアメリカ文学」

ウルフ,トマス
01411 「蜘蛛の巣と岩」
　☆「世界文学あらすじ大事典2(きよえ‐ちえ)」、「世界名著大事典」

01412 「天使よ故郷を見よ」

『天使よ故郷を見よ　上巻』　トマス・ウルフ著　大沢衛訳　新潮社　1955　470p　16cm（新潮文庫）　Ⓝ933
☆「アメリカ文学」，「書き出し「世界文学全集」」，「現代世界の名作」，「世界の小説大百科」，「世界文学あらすじ大事典 3（ちか‐ふろ）」，「世界文学鑑賞辞典 第1」，「世界文学の名作と主人公」，「世界名著大事典」，「たのしく読めるアメリカ文学」，「私（わたし）の世界文学案内」

01413　「汝再び故郷に帰れず」
『汝再び故郷に帰れず』　トマス・ウルフ著　鈴木幸夫訳　荒地出版社　1968　530p　20cm（ニュー・アメリカン・ノヴェルズ）　980円　Ⓝ933
☆「世界文学あらすじ大事典 3（ちか‐ふろ）」，「世界文学鑑賞辞典 第1」

ウルフ，トム

01414　「虚栄の篝火」
『虚栄の篝火　上』　トム・ウルフ著　中野圭二訳　文藝春秋　1991　470p　19cm　2200円　①4-16-312470-5
☆「世界の小説大百科」

01415　「クール・クールLSD交感テスト」
『クール・クールLSD交感テスト』　トム・ウルフ著　飯田隆昭訳　太陽社　1971　444p　20cm（太陽選書）　Ⓝ933
☆「世界の幻想文学」，「世界の小説大百科」

01416　「ザ・ライト・スタッフ」
『ザ・ライト・スタッフ－七人の宇宙飛行士』　トム・ウルフ著　中野圭二，加藤弘和訳　中央公論社　1983　535p　16cm（中公文庫）　580円　①4-12-201071-3　Ⓝ933
☆「たのしく読めるアメリカ文学」

01417　「バウハウスからマイホームまで」
『バウハウスからマイホームまで』　トム・ウルフ著　諸岡敏行訳　晶文社　1983　204p　18cm（晶文社セレクション）　1200円　Ⓝ523.06
☆「学問がわかる500冊 v.2」

ウルフ，A.

01418　「近代における科学，技術，哲学の歴史」
☆「世界名著大事典」

ウルマン，J.D.

01419　「言語理論とオートマトン」
『言語理論とオートマトン』　J.E.ホップクロフト，J.D.ウルマン共著　訳者代表：野崎昭弘，木村泉　サイエンス社　1971　285p　22cm（サイエンス・ライブラリ 情報電算機　6）〈文献：p.276-282〉　2000円　Ⓝ535.54
☆「数学ブックガイド100」

ウールリッチ，コーネル

01420　「黒衣の花嫁」
『黒衣の花嫁』　コーネル・ウールリッチ著　稲葉明雄訳　早川書房　1994　323p　16cm（ハヤカワ・ミステリ文庫）〈7刷（1刷：1983年）〉560円　Ⓝ933
☆「世界の推理小説・総解説」

ウルリヒス

01421　「ギリシア・ローマ彫刻遺品」
☆「世界名著大事典」

ヴレーデ

01422　「ドイツ言語図巻」
☆「世界名著大事典」

ヴレーデ，ウィリアム

01423　「パウロ」
☆「世界名著大事典」

ヴーレルス

01424　「フランスにおける重農主義運動」
☆「世界名著大事典」

ウンガー

01425　「オーストリア普通私法大系」
☆「世界名著大事典」

ウンガレッティ

01426　「難船者のよろこび」
☆「世界名著大事典」

雲棲袾宏　うんせいしゅこう

01427　「禅関策進」
☆「世界名著大事典」

ウンセット

01428　「イェンニー」
☆「世界名著大事典」

01429　「オラーヴ・オードゥンソン」
☆「世界名著大事典」

01430　「クリスティン・ラヴランスダッテル」
☆「世界の小説大百科」，「世界の名著」，「世界文学あらすじ大事典 2（きよえ‐ちえ）」，「世界名著大事典」，「ポケット世界名作事典」

ウンゼルト，A.

01431　「現代天文学」
☆「物理ブックガイド100」

01432　「恒星大気の物理学」
☆「世界名著大事典」

ウンターマン，アラン

01433　「ユダヤ人－その信仰と生活」

『ユダヤ人―その信仰と生活』 アラン・ウンターマン著 石川耕一郎,市川裕訳 筑摩書房 1983 372p 20cm 2700円 Ⓝ199
☆「学問がわかる500冊」

ヴント, ヴィルヘルム

01434 「諸国民とその哲学」
『諸国民とその哲学』 ヴィルヘルム・ヴント著 房内幸成訳 大智書房 1943 255p 図版 19cm Ⓝ130
☆「世界名著大事典」

01435 「心理学」
☆「近代欧米名著解題 第3巻」

01436 「心理学原論」
☆「学術辞典叢書 第13巻」,「世界名著解題選 第2巻」

01437 「生理学的心理学綱要」
☆「近代名著解題選集 2」,「世界名著大事典」

01438 「哲学体系」
☆「学術辞典叢書 第12巻」,「世界名著解題選 第3巻」

01439 「人間と動物の心についての講義」
☆「世界名著大事典」

01440 「民族心理学」
『民族心理学―人類発達の心理史』 ウィルヘルム・ヴント著 比屋根安定訳 誠信書房 1959 438p 図版 22cm Ⓝ143.9
☆「学術辞典叢書 第11巻」,「近代名著解題選集 2」,「人文科学の名著」,「心理学の名著12選」,「世界名著解題選 第3巻」,「世界名著解題選 第6巻」,「世界名著大事典」

01441 「倫理学」
☆「世界名著大事典」

01442 「論理学」
☆「世界名著大事典」

【エ】

慧 琳　え・りん

01443 「一切経音義」
『一切経音義 巻第1至第100』 慧琳著 〔京城〕 京城帝国大学法文学部 1931 25冊 32cm〈高麗版ノ後摺　和装〉Ⓝ183
☆「世界名著大事典」

エアース, レニー

01444 「赤ちゃんはプロフェッショナル」
☆「世界の冒険小説・総解説」

衛 聚賢　えい・しゅうけん

01445 「中国考古学史」

☆「世界名著大事典」

エイケン, ジョーン

01446 「ナンタケット島の夜鳥」
☆「世界の海洋文学」

英国議会　えいこくぎかい

01447 「英国議会議事録」
☆「西洋をきずいた書物」

英国国教会　えいこくこっきょうかい

01448 「英国国教会祈禱書」
☆「西洋をきずいた書物」

エイジー

01449 「家族の中の死」
☆「たのしく読めるアメリカ文学」

エイゼンシュテイン, セルゲイ

01450 「映画の弁証法」
『映画の弁証法』 エイゼンシュテイン著 佐々木能理男編 角川書店 1989 263p 15cm（角川文庫）〈第7刷（第1刷：53.9.30）〉 510円 Ⓘ4-04-310901-6
☆「教育を考えるためにこの48冊」,「世界名著解題選 第6巻」

01451 「エイゼンシテイン文集」
☆「世界名著大事典」

01452 「エイゼンシュテイン―自伝のための回想録」
『エイゼンシュテイン全集　1　第1部 人生におけるわが芸術　第1巻 自伝のための回想録』 訳：エイゼンシュテイン全集刊行委員会 キネマ旬報社 1973 358p 肖像 22cm〈『セルゲイ・エイゼンシュテイン六巻著作集』（モスクワ,「芸術」出版社,1964-71年刊）を底本とし,再構成したもの〉 1700円 Ⓝ778.08
☆「伝記・自叙伝の名著」

01453 「戦艦ポチョムキン」
☆「世界の海洋文学」

エイソス, アンソニー

01454 「ジャパニーズ・マネジメント」
『ジャパニーズ・マネジメント』 パスカル,エイソス著 深田祐介訳 講談社 1983 308p 15cm（講談社文庫）440円 Ⓘ4-06-183035-X Ⓝ335.21
☆「究極のビジネス書50選」,「現代ビジネス書・経済書総解説」,「世界で最も重要なビジネス書」

エイブラハムズ, ロジャー・D.

01455 「民俗学の政治性」
☆「学問がわかる500冊 v.2」

エイミス, キングズリー

01456　「意地悪じいさんたち」
☆「世界の小説大百科」

01457　「ラッキー・ジム」
『ラッキー・ジム』　キングズレー・エイミス著　福田陸太郎訳　三笠書房　1958　275p 図版　20cm　Ⓝ933
☆「世界の小説大百科」、「世界文学あらすじ大事典4（ふん‐われ）」、「世界名著大事典」、「たのしく読めるイギリス文学」

エイミス, マーティン

01458　「マネー――自殺ノート」
☆「世界の小説大百科」

01459　「ロンドン・フィールズ」
☆「世界の小説大百科」

エイメ

01460　「第二の顔」
☆「世界の幻想文学」

エイヤー, A.J.

01461　「言語・真理・論理」
『言語・真理・論理』　A.J.エイヤー著　吉田夏彦訳　岩波書店　1955　249p　19cm（岩波現代叢書）　Ⓝ116
☆「世界の哲学50の名著」、「世界名著大事典」、「哲学の世界」、「入門 哲学の名著」

エイル

01462　「ヨーロッパ文明」
☆「世界名著大事典」

エイレナイオス

01463　「異端駁論」
☆「世界名著大事典」

英廉　えいれん

01464　「日下旧聞考」
☆「世界名著大事典」

エインズワース

01465　「ロンドン塔」
『ロンドン塔』　エインズワース著　石田幸太郎訳　旺文社　1967　446p　16cm（旺文社文庫）〈付：倫敦塔（夏目漱石著）縮訳版〉　230円　Ⓝ933
☆「世界文学あらすじ大事典4（ふん‐われ）」

エヴァンス

01466　「環境考古学入門」
『環境考古学入門』　ジョン・G.エヴァンス著　加藤晋平訳　雄山閣出版　1982　198p　22cm〈文献目録：p185〉　1500円

Ⓘ4-639-00126-6　Ⓝ202.5
☆「学問がわかる500冊 v.2」

01467　「クノッソスのミノス宮殿」
☆「世界名著大事典」

01468　「古代の石器」
☆「世界名著大事典」

エヴァンス, ジョン

01469　「灰色の栄光」
『灰色の栄光』　ジョン・エヴァンス著　石田善彦訳　河出書房新社　1988　371p　15cm（河出文庫）　500円　Ⓘ4-309-46056-9
☆「世界の推理小説・総解説」

エヴァンズ＝プリチャード

01470　「アザンデ人の世界」
『アザンデ人の世界―妖術・託宣・呪術』　E.E.エヴァンズ＝プリチャード著　向井元子訳　みすず書房　2001　630,29p 図版16枚　22cm　12000円　Ⓘ4-622-03841-2　Ⓝ382.429
☆「文化人類学」

01471　「ヌアー族」
『ヌアー族―ナイル系一民族の生業形態と政治制度の調査記録』　エヴァンズ＝プリチャード著　向井元子訳　岩波書店　1978　432,15p　19cm〈参考文献：p428〜430〉　2100円　Ⓝ389.44
☆「世界名著大事典」、「文化人類学の名著50」

01472　「ヌアー族の宗教」
『ヌアー族の宗教』　エヴァンズ＝プリチャード著　向井元子訳　岩波書店　1982　545,14p　19cm〈参考文献：p540〜542〉　3200円　Ⓝ389.429
☆「学問がわかる500冊 v.2」

エーヴェルス

01473　「アルラウネ」
☆「世界の幻想文学」

01474　「吸血鬼」
『吸血鬼』　H.H.エーヴェルス著　前川道介訳　創土社　1976　775p　19cm　3800円　Ⓝ943
☆「世界の幻想文学」

01475　「プラーグの大学生」
☆「世界の幻想文学」

エーヴェルラン

01476　「われらはすべてを生き抜く」
☆「世界名著大事典」

エーヴェンスムー

01477　「イギリスへ渡る人々」
☆「世界名著大事典」

エウセビオス

01478 「教会史」
『教会史 1』 エウセビオス著 秦剛平訳 山本書店 1986 295p 19cm 4200円
☆「世界名著大事典」

エウリピデス

01479 「アウリスのイピゲネイア」
『タウリケのイピゲネイア―ギリシア悲劇』 エウリピデス著 呉茂一訳 岩波書店 1953 130p 15cm(岩波文庫) Ⓝ991
☆「世界の名著」,「世界文学あらすじ大事典 1(あ - きょう)」,「世界文学あらすじ大事典 2(きよえ - ちえ)」,「世界文学鑑賞辞典 第2」,「世界名著大事典」,「ポケット世界名作事典」

01480 「アルケスティス」
☆「世界文学あらすじ大事典 1(あ - きょう)」,「世界文学鑑賞辞典 第2」,「世界名著大事典」

01481 「アンドロマケ」
☆「世界文学あらすじ大事典 1(あ - きょう)」,「世界文学鑑賞辞典 第2」,「世界名著大事典」

01482 「イオン」
☆「世界文学あらすじ大事典 1(あ - きょう)」,「世界名著大事典」

01483 「エレクトラ」
☆「一冊で世界の名著100冊を読む」,「世界文学あらすじ大事典 1(あ - きょう)」,「世界名著大事典」

01484 「オレステス」
『オレステス』 エウリピデス作 山形治江訳 れんが書房新社 2006 130p 19cm 1300円 Ⓘ4-8462-0313-1
☆「世界文学鑑賞辞典 第2」,「世界名著大事典」

01485 「キュクロプス」
☆「学術辞典叢書 第13巻」,「世界文学あらすじ大事典 1(あ - きょう)」,「世界名著解題選 第1巻」,「世界名著大事典」

01486 「狂えるヘラクレス」
☆「世界文学鑑賞辞典 第2」,「世界名著大事典」

01487 「救いを求める女たち」
☆「世界文学あらすじ大事典 2(きよえ - ちえ)」,「世界名著大事典」

01488 「トロイアの女」
☆「世界の名作100を読む」,「世界文学あらすじ大事典 3(ちか - ふろ)」,「世界文学鑑賞辞典 第2」,「文学・名著300選の解説 '88年度版」

01489 「バッコスの信女」
☆「教養のためのブックガイド」,「世界文学あらすじ大事典 3(ちか - ふろ)」,「世界文学鑑賞辞典 第2」,「世界名著大事典」

01490 「ヒッポリュトス」
『ヒッポリュトス―パイドラーの恋』 エウリーピデース著 松平千秋訳 岩波書店 1959 123p 15cm(岩波文庫) Ⓝ991
☆「学術辞典叢書 第13巻」,「世界文学あらすじ大事典 3(ちか - ふろ)」,「世界文学鑑賞辞典 第2」,「世界名著解題選 第1巻」,「世界名著大事典」,「日本の古典・世界の古典」

01491 「フェニキアの女たち」
☆「世界名著大事典」

01492 「ヘカベ」
☆「世界文学鑑賞辞典 第2」,「世界名著大事典」

01493 「ヘラクレス」
☆「世界文学あらすじ大事典 4(ふん - われ)」

01494 「ヘラクレスの後裔」
☆「世界文学あらすじ大事典 4(ふん - われ)」,「世界名著大事典」

01495 「ヘレネ」
☆「世界文学あらすじ大事典 4(ふん - われ)」,「世界名著大事典」

01496 「ポイニッサイ」
☆「世界文学あらすじ大事典 4(ふん - われ)」

01497 「メデイア」
『メデイア』 エウリピデス作 山形治江訳 れんが書房新社 2005 109p 20cm 1200円 Ⓘ4-8462-0298-4 Ⓝ991.2
☆「学術辞典叢書 第13巻」,「教養のためのブックガイド」,「近代文学解題選集 2」,「世界文学あらすじ大事典 4(ふん - われ)」,「世界文学鑑賞辞典 第2」,「世界文学の名作と主人公」,「世界名著解題選 第1巻」,「世界名著大事典」

01498 「レソス」
☆「世界名著大事典」

エヴンソン, ブライアン

01499 「遁走状態」
『遁走状態』 ブライアン・エヴンソン著 柴田元幸訳 新潮社 2014 349p 19cm(新潮クレスト・ブックス) 2100円 Ⓘ978-4-10-590108-0
☆「21世紀の世界文学30冊を読む」

慧苑 えおん

01500 「続華厳経略疏刊定記」
☆「世界名著大事典」

慧遠 えおん

01501 「沙門不敬王者論」
☆「世界名著大事典」

01502 「大乗義章」
☆「世界名著大事典」

エガ

01503 「セヴィリアの名花」
☆「近代名著解題選集 2」

懐海 えかい

01504 「百丈清規」
☆「世界名著大事典」

慧海 えかい

01505 「頓悟要門」
『頓悟要門』 慧海撰 宇井伯寿訳 岩波書店 1938 154p 15cm（岩波文庫） 500円 ①4-00-333321-7 Ⓝ188.84
☆「世界名著大事典」、「東洋の名著」

エガートン

01506 「愛国」
☆「近代欧米名著解題 第7巻」

懐感 えかん

01507 「群疑論」
☆「世界名著大事典」

エクイアーノ, オラウーダ

01508 「興味深い物語」
☆「世界の小説大百科」

エクスタイン, アレクサンダー

01509 「中国の経済革命」
『中国の経済革命』 A.エクスタイン著 石川滋監訳 東京大学出版会 1980 439,10p 21cm 3200円 Ⓝ332.22
☆「現代ビジネス書・経済書総解説」

エクスナー, F.M.

01510 「気象力学」
『気象力学』 エックスナー著 佐藤隆夫訳 岩波ブックセンター（製作） 1998 338p 27cm Ⓝ451.1
☆「世界名著大事典 補遺(Extra)」

エーコ, ウンベルト

01511 「薔薇の名前」
『薔薇の名前 上』 ウンベルト・エーコ著 河島英昭訳 東京創元社 1990 413p 19cm 2000円 ①4-488-01351-1
☆「あらすじで味わう外国文学」、「面白いほどよくわかる世界の文学」、「3行でわかる名作&ヒット本250」、「世界史読書案内」、「世界の小説大百科」、「世界の推理小説・総解説」、「世界名作文学館」、「二十世紀を震撼させた本」、「20世紀を騒がせた100冊」、「百年の誤読 海外文学篇」、「本の定番ブックガイド」

01512 「フーコーの振り子」
『フーコーの振り子 上』 ウンベルト・エーコ著 藤村昌昭訳 文藝春秋 1999 566p 15cm（文春文庫） 771円 ①4-16-725445-X
☆「世界の小説大百科」

慧皎 えこう

01513 「高僧伝」
☆「世界名著大事典 補遺(Extra)」、「中国の古典名著」

エジソン, トーマス・アルバ

01514 「ダイナモ発電機・特許説明書・特許番号No.297、584」
☆「世界を変えた書物」

01515 「日記と評言」
☆「世界名著大事典」

エジャートン

01516 「イギリス植民政策小史」
☆「世界名著大事典」

エスキベル, ラウラ

01517 「赤い薔薇ソースの伝説」
☆「世界の小説大百科」

エスキラス

01518 「オレステス三段曲」
☆「近代名著解題選集 2」

エスキロス

01519 「魔術師」
☆「世界の幻想文学」

エスケメリング, J.

01520 「カリブの海賊」
『カリブの海賊』 ジョン・エスケメリング著 石島晴夫編訳 誠文堂新光社 1983 235p 20cm 2000円 ①4-416-88308-0 Ⓝ209.5
☆「世界の海洋文学」

エスコフィエ

01521 「調理指南」
☆「世界名著大事典」

エズダマル, エミネ・ゼヴキ

01522 「人生は隊商宿」
☆「世界の小説大百科」

エスデイル

01523 「書誌学の手引き」
☆「世界名著大事典」

エステス, クラリッサ・ピンコラ

01524 「狼と駈ける女たち」
『狼と駈ける女たち―「野性の女」元型の神話と物語』 クラリッサ・ピンコラ・エステス著

エステルハージ・ペーテル
01525 「天空の和声」
☆「世界の小説大百科」

エストライヒ
01526 「弾力的統一学校―生活・生産学校」
『弾力的統一学校』 エストライヒ著 中野光［ほか］訳 明治図書出版 1980 173p 22cm（世界教育学選集 95）〈明治図書創業60年記念出版 著者の肖像あり〉 2800円 Ⓝ371.234
☆「教育学の世界名著100選」

エスピナス
01527 「技術の起原」
☆「世界名著大事典」

01528 「動物社会」
☆「世界名著大事典」

エスピネル
01529 「従士マルコス・デ・オブレゴンの生涯」
☆「世界名著大事典」

エスマン
01530 「フランス憲法および比較憲法綱要」
☆「社会科学の名著」,「世界名著大事典」

エセーニン,S.A.
01531 「イノニヤ」
☆「世界名著大事典 補遺(Extra)」

01532 「招魂祭」
☆「世界名著大事典 補遺(Extra)」

01533 「酔いどれのモスクワ」
☆「世界名著大事典 補遺(Extra)」

01534 「ヨルダンの鳩」
☆「世界名著大事典 補遺(Extra)」

エチェガライ
01535 「恐ろしき媒」
『恐ろしき媒』 ホセ・エチェガライ著 永田寛定訳 岩波書店 1928 193p 16cm（岩波文庫 225-226） Ⓝ962
☆「現代世界の名作」,「世界文学鑑賞辞典 第2」,「世界名著大事典」

エッカー,ハーブ
01536 「ミリオネア・マインド 大金持ちになれる人」
『ミリオネア・マインド 大金持ちになれる人―お金を引き寄せる「富裕の法則」』 ハーブ・エッカー著 本田健訳 三笠書房 2009 235p 15cm（知的生きかた文庫） 571円 Ⓘ978-4-8379-7764-3
☆「お金と富の哲学世界の名著50」

エッカーマン
01537 「ゲーテとの対話」
『ゲーテとの対話 上』 エッカーマン著 山下肇訳 岩波書店 1968 390p 図版 15cm（岩波文庫） 200円 Ⓝ940.28
☆「50歳からの名著入門」,「世界文学鑑賞辞典 第3」,「世界名著大事典」,「読書入門」

エックハルト,マイスター
01538 「神の慰めの書」
『神の慰めの書』 マイスター・エックハルト著 相原信作訳 講談社 1985 350p 15cm（講談社学術文庫） 840円 Ⓘ4-06-158690-4 Ⓝ132.2
☆「世界名著大事典」,「哲学名著解題」

01539 「3部書」
☆「世界名著大事典」

エックマン,J.P.
01540 「カオスの出現と消滅―1次元単峰写像を中心として」
☆「ブックガイド〈数学〉を読む」

エッゲルト
01541 「球面天文学」
☆「世界名著大事典」

01542 「光学」
☆「世界名著大事典」

01543 「図形の分割」
☆「世界名著大事典」

01544 「日本振興策」
☆「農政経済の名著 明治大正編」

01545 「補助論」
☆「世界名著大事典」

エッジェル
01546 「建築史」
☆「世界名著大事典」

エッジワース,フランシス・イシドロ
01547 「数学的心理学」
☆「世界名著大事典」

01548 「政治経済学論文集」
☆「世界名著大事典」

エッジワース,マライア
01549 「ラックレント城」

エティエン　　　　　　　　　　　　　　　　　　　　01550～01572

『ラックレント城』　マライア・エッジワース著　大嶋磨起,大嶋浩訳　開文社出版　2001　432p　19cm　4500円　①4-87571-961-2
☆「世界の小説大百科」,「世界名著大事典」

エティエンヌ

01550　「辞典あるいはラテン語宝典」
☆「西洋をきずいた書物」

01551　「ラテン語・フランス語辞典」
☆「西洋をきずいた書物」

エディスン

01552　「邪龍ウロボロス」
『邪龍ウロボロス　上』　E.R.エディスン著　山崎淳訳　月刊ペン社　1979　231p　20cm（妖精文庫）　1500円　Ⓝ933
☆「世界のSF文学・総解説」,「世界の幻想文学」

エディントン

01553　「恒星内部構造論」
☆「自然科学の名著」,「世界名著大事典」

01554　「物理的世界の本質」
☆「世界名著大事典」

01555　「膨張する宇宙」
☆「世界名著大事典」

エーデルマン, マーレー

01556　「政治の象徴作用」
『政治の象徴作用』　マーレー・エーデルマン著　法貴良一訳　八王子　中央大学出版部　1998　330,14p　19cm（中央大学現代政治学双書）　3000円　①4-8057-1212-0
☆「名著から探るグローバル化時代の市民像」

エーデルマン, G.M.

01557　「脳から心へ―心の進化の生物学」
『脳から心へ―心の進化の生物学』　G・M.エーデルマン著　金子隆芳訳　新曜社　1995　1冊　19cm　3914円　①4-7885-0519-3
☆「学問がわかる500冊 v.2」

エーデン, フレデリック・ファン

01558　「小さなヨハネス」
☆「世界の小説大百科」

01559　「ヨハネス少年」
☆「世界名著大事典」

エドガー, ブレイク

01560　「5万年前に人類に何が起きたか？」
『5万年前に人類に何が起きたか？―意識のビッグバン』　リチャード・G.クライン, ブレイク・エドガー著　鈴木淑美訳　新書館　2004　318p　20cm〈文献あり〉　2000円　①4-403-23100-4　Ⓝ469.2
☆「教養のためのブックガイド」

エドモン

01561　「フランス言語図巻」
☆「世界名著大事典」

エドワーズ, ジョナサン

01562　「自由意志論」
☆「世界名著大事典」

01563　「図書館の回想」
☆「世界名著大事典」

慧能　えのう

01564　「六祖壇経」
☆「教養のためのブックガイド」,「世界名著大事典」

エバハート

01565　「暗い階段」
『暗い階段』　M.G.エバハート著　妹尾韶夫訳　六興出版部　1958　253p　19cm（六興推理小説選書　第113）　Ⓝ933
☆「世界の推理小説・総解説」

エバンス, ジョン

01566　「パートン将校物語」
☆「世界の海洋文学」

エピカルモス

01567　「喜劇集」
☆「世界名著大事典」

エピクテトス

01568　「語録」
☆「学術辞典叢書 第12巻」,「世界名著解題選 第1巻」,「世界名著大事典」

01569　「要録」
☆「世界のスピリチュアル50の名著」

エピクロス

01570　「エピクロス―教説と手紙」
『エピクロス―教説と手紙』　エピクロス著　C. Bailey編　出隆, 岩崎允胤訳　岩波書店　1959　203,12p　15cm（岩波文庫）　Ⓝ131.61
☆「世界の哲学50の名著」,「世界名著大事典」,「哲学の世界」,「哲学名著解題」

エービング, クラフト

01571　「性慾異常」
☆「性の世界的名著から十七篇」

エビングハウス

01572　「記憶について」
『記憶について―実験心理学への貢献』　ヘルマン・エビングハウス著　宇津木保訳　望月衛

閣　誠信書房　1978　144p　22cm〈参考文献：p141〉　2000円　Ⓝ141.3
☆「世界名著大事典」

エフィンジャー
01573　「重力が衰えるとき」
『重力が衰えるとき』　ジョージ・アレック・エフィンジャー著　浅倉久志訳　早川書房　1989　435p　15cm（ハヤカワ文庫SF）　600円　①4-15-010836-6
☆「世界のSF文学・総解説」

エプスタン
01574　「エトナ山上映画を思う」
☆「世界名著大事典」

エフトゥシェンコ,E.A.
01575　「アンガラ水力発電所」
☆「世界名著大事典 補遺（Extra）」

01576　「カザン大学」
☆「世界名著大事典 補遺（Extra）」

01577　「ジマー駅」
☆「世界名著大事典 補遺（Extra）」

01578　「スターリンの後継者」
☆「世界名著大事典 補遺（Extra）」

01579　「バービー・ヤール」
☆「世界名著大事典 補遺（Extra）」

01580　「早すぎる自叙伝」
『早すぎる自叙伝』　エフトゥシェンコ著　工藤幸雄訳　新潮社　1963　166p　20cm　Ⓝ981
☆「世界名著大事典 補遺（Extra）」

01581　「ぼくをコミュニストとみなせ！」
☆「世界名著大事典 補遺（Extra）」

エーブナー・エッシェンバハ
01582　「村と城の物語」
☆「世界名著大事典」

01583　「村の子」
☆「世界文学鑑賞辞典 第3」，「世界名著大事典」

エフレーモフ
01584　「アレクサンドロスの王冠」
『アレクサンドロスの王冠　上』　イワン・エフレーモフ著　飯田規和訳　東京創元社　1979　409p　15cm（創元推理文庫）　400円　Ⓝ983

01585　「アンドロメダ星雲」
☆「世界のSF文学・総解説」

エベール，アンヌ
01586　「最初の庭」
☆「世界の小説大百科」

エマソン，ラルフ・ウォルドー
01587　「アメリカの学者」
『アメリカの学者―他3篇』　R.W.エマソン著　高木八尺，斎藤光訳　新月社　1947　142p　18cm（英米名著叢書）　Ⓝ934
☆「世界名著大事典」

01588　「運命」
☆「世界の哲学50の名著」

01589　「エマソン論文集」
『エマスン論文集』　原一郎訳註　筑紫書房　1948　166p　18cm（Helix Library）　Ⓝ934
☆「世界の古典名著」，「世界文学鑑賞辞典 第1」，「世界名著大事典」，「私の古典」

01590　「自己信頼」
『自己信頼―新訳 世界的名著に学ぶ人生成功の極意』　ラルフ・ウォルドー・エマソン著　伊東奈美子訳　海と月社　2009　107p　19cm〈文献あり〉　1200円　①978-4-903212-10-4　Ⓝ159
☆「大人のための世界の名著50」，「世界の自己啓発50の名著」

01591　「自然論」
『自然論―附・エマソン詩集』　エマソン著　中村詳一訳　越山堂　1920　149p　肖像　15cm（世界名著文庫　第10編）　Ⓝ133
☆「世界名著大事典」，「たのしく読めるアメリカ文学」，「ポケット世界名作事典」

01592　「代表的人物」
☆「世界の名著」，「世界名著大事典」

01593　「能率」
☆「世界名著大事典」

01594　「マレイシア」
☆「世界名著大事典」

エマーソン,R.M.
01595　「方法としてのフィールドノート」
『方法としてのフィールドノート―現地取材から物語作成まで』　ロバート・エマーソン，レイチェル・フレッツ，リンダ・ショウ著　佐藤郁哉，好井裕明，山田富秋訳　新曜社　1998　501,26p　19cm　3800円　①4-7885-0655-6
☆「社会学的思考」

エマニュエル
01596　「オルフェの墓」
☆「世界名著大事典」

エミネスク
01597　「詩集」
☆「世界名著大事典」

エーメ

01598「おにごっこ物語」
『おにごっこ物語』 マルセル・エーメ作 鈴木力衛訳 〔改版〕 岩波書店 1988 318p 18cm（岩波少年文庫 2048）〈14刷（第1刷：56.10.15)〉 550円 Ⓘ4-00-112048-8
☆「世界名著大事典」

エメッカ, クラウス

01599「マシンの園―人工生命叙説」
『マシンの園―人工生命叙説』 クラウス・エメッカ著 佐倉統, 神成淳司, 高木和夫, 山本貴光訳 産業図書 1998 273p 19cm 2800円 Ⓘ4-7828-0118-1
☆「科学を読む愉しみ」

エメリゴン

01600「保険および冒険貸借論」
☆「世界名著大事典」

エモット, ビル

01601「来たるべき黄金時代」
☆「経済経営95冊」

エモン

01602「白き処女地」
『白き処女地』 ルイ・エモン著 山内義雄訳 角川書店 1963 208p 15cm（角川文庫） Ⓝ953
☆「世界文学鑑賞辞典 第2」

01603「マリア・シャプドレーヌ」
☆「世界名著大事典」

エラスムス

01604「学習方法論」
☆「教育学の世界名著100選」

01605「キリスト教君主教育」
☆「世界名著大事典」

01606「自由意志論」
☆「世界名著大事典」

01607「対話集」
☆「西洋をきずいた書物」

01608「痴愚神礼賛」
『痴愚神礼讃―ラテン語原典訳』 エラスムス著 沓掛良彦訳 中央公論新社 2014 366p 16cm（中公文庫 エ5-1）〈文献あり〉 857円 Ⓘ978-4-12-205876-7 Ⓝ992.4
☆「古典・名著の読み方」,「西洋をきずいた書物」,「世界を変えた100冊の本」,「世界の古典名著」,「世界の名著早わかり事典」,「世界文学あらすじ大事典 3（ちか‐ふろ）」,「世界文学鑑賞辞典 第2」,「世界名著大事典」,「哲学の世界」,「21世紀の教育基本書」

エリアス, ノルベルト

01609「スポーツと文明化」
『スポーツと文明化―興奮の探求』 ノルベルト・エリアス, エリック・ダニング著 大平章訳 新装版 法政大学出版局 2010 468,7p 19cm（叢書・ウニベルシタス） 5300円 Ⓘ978-4-588-09931-1
☆「身体・セクシュアリティ・スポーツ」

01610「文明化の過程」
『文明化の過程 上 ヨーロッパ上流階層の風俗の変遷』 ノルベルト・エリアス著 赤井慧爾, 中村元保, 吉田正勝訳 改装版 法政大学出版局 2010 426,8p 19cm（叢書・ウニベルシタス） 4800円 Ⓘ978-4-588-09926-7
☆「学問がわかる500冊 v.2」,「社会学の名著30」

エリアーデ, ミルチア

01611「宗教学概論」
☆「宗教学の名著30」

01612「世界宗教史」
『世界宗教史 1』 ミルチア・エリアーデ著 中村恭子訳 筑摩書房 2000 301,73p 15cm（ちくま学芸文庫） 1300円 Ⓘ4-480-08561-0 Ⓝ162
☆「学問がわかる500冊」

01613「ホーニヒベルガー博士の秘密」
『ホーニヒベルガー博士の秘密』 ミルチャ・エリアーデ著 直野敦, 住谷春也共訳 福武書店 1990 193p 15cm（福武文庫） 380円 Ⓘ4-8288-3167-3
☆「世界文学あらすじ大事典 4（ふん‐われ）」

01614「ムントゥリュサ通りにて」
☆「世界の幻想文学」

エリウゲナ

01615「自然の区分について」
☆「世界名著大事典」

エリオ, E.

01616「ベートーベンの生涯」
☆「世界名著大事典 補遺（Extra）」

エリオット, ジョージ

01617「アダム・ビード」
『アダム・ビード』 G.エリオット著 阿波保喬訳 開文社出版 1979 542p 20cm〈著者の肖像あり 参考文献：p540～542〉 2500円 Ⓝ933
☆「世界の小説大百科」,「世界名著解題選 第1巻」,「世界名著大事典」

01618「サイラス・マーナ」
☆「イギリス文学」,「英米文学の名作を知る本」,

「面白いほどよくわかる世界の文学」、「近代名著
解題選集 1」、「現代世界の名作」、「世界の小説大
百科」、「世界の名作」、「世界の名著」、「世界
文学あらすじ大事典 2（きよえ‐ちえ）」、「世界文学
鑑賞辞典 第1」、「世界文学の名作と主人公」、「世
界名作事典」、「世界名著大事典」、「名小説ストー
リィ集 世界篇」

01619 「政治における合理主義に対する反抗」
☆「世界名著大事典」

01620 「聖林」
☆「世界名著大事典」

01621 「ダニエル・デロンダ」
『ダニエル・デロンダ 1』 ジョージ・エリ
オット著 淀川郁子訳 京都 松籟社 1993
435p 19cm 3500円 ①4-87984-127-7
☆「世界文学あらすじ大事典 2（きよえ‐ちえ）」

01622 「批評の機能」
☆「世界名著大事典」

01623 「フロス河の水車場」
『フロス河の水車場』 ジョージ・エリオット著
アンディ・ホプキンス、ジョック・ポター再話
坂元忠明注釈 南雲堂 1994 48p 20cm
（SIMPLY名作シリーズ 17）〈別冊（12p
18cm）：解説・注釈書〉 1080円
①4-523-81031-1
☆「英米文学の名作を知る本」、「世界の小説大百科」、
「世界文学鑑賞辞典 3（ちか‐ふろ）」、「世
界文学鑑賞辞典 第1」、「世界名著大事典」

01624 「ミドルマーチ」
『ミドルマーチ―地方生活の一研究 上』
ジョージ・エリオット［著］ 藤井千子訳
［横浜］ オフィス・ユー（印刷） 2003
596p 21cm〈年譜あり〉Ⓝ933.6
☆「あらすじで読む世界文学105」、「書き出し『世界
文学全集』」、「教養のためのブックガイド」、「知っ
ておきたいイギリス文学」、「世界の小説大百科」、
「世界文学あらすじ大事典 4（ふん‐われ）」、「世
界名著大事典」、「たのしく読めるイギリス文学」、
「ポケット世界名作事典」、「名作あらすじ事典 西
洋文学編」

01625 「ロモラ」
☆「世界文学あらすじ大事典 4（ふん‐われ）」

エリオット, ジョン

01626 「インディアン語訳聖書」
☆「西洋をきずいた書物」

エリオット, トーマス

01627 「為政者論」
☆「教育学の世界名著100選」、「西洋をきずいた書物」

エリオット, T.S.

01628 「荒地」

『荒地』 T.S.エリオット作 岩崎宗治訳 岩波
書店 2010 323p 15cm（岩波文庫 32-
258-2）〈文献あり〉 840円
①978-4-00-322582-0 Ⓝ931.7
☆「あらすじで読む世界文学105」、「イギリス文学」、
「世界の名著」、「世界の「名著」50」、「世界文学
鑑賞辞典 第1」、「世界名著大事典」、「世界名著大事
典」、「たのしく読めるイギリス文学」、「20世紀
を震撼させた100冊」、「必読書150」、「ポケット
世界名作事典」

01629 「異神を追いて」
☆「世界名著大事典」

01630 「カクテル・パーティ」
『カクテル・パーティー』 T.S.エリオット著
福田恒存訳 創元社 1952 175p 図版
15cm（創元文庫 B 第51）Ⓝ932
☆「英米文学の名作を知る本」、「現代世界の名作」、
「世界文学あらすじ大事典 1（あ‐きょう）」、「世界
文学鑑賞辞典 第1」、「世界名著大事典」、「ポケッ
ト世界名作事典」、「名小説ストーリィ集 世界篇」

01631 「寺院の殺人」
『寺院の殺人』 T.S.エリオット著 高橋康也訳
〈リキエスタ〉の会 2001 77p 21cm〈東京
トランスアート市谷分室〔発売〕〉 1000円
①4-88752-142-1 Ⓝ932.7
☆「世界文学あらすじ大事典 2（きよえ‐ちえ）」、
「世界文学鑑賞辞典 第1」

01632 「詩の効用と批評の効用」
☆「世界名著大事典」

01633 「灰の水曜日」
☆「世界名著大事典」

01634 「4つの4重奏」
☆「世界名著大事典」

エリクソン, ジム

01635 「ビル・ゲイツ」
『ビル・ゲイツ―巨大ソフトウェア帝国を築いた
男』 ジェームズ・ウォレス, ジム・エリクソン
著 SE編集部訳 増補改訂版 翔泳社 1995
615p 19cm 2400円 ①4-88135-207-5
☆「お金と富の哲学世界の名著50」

エリクソン, スティーヴ

01636 「エクスタシーの湖」
『エクスタシーの湖』 スティーヴ・エリクソン
著 越川芳明訳 筑摩書房 2009 381p
19cm 2800円 ①978-4-480-83202-3
☆「アメリカ文学」

01637 「ゼロヴィル」
☆「21世紀の世界文学30冊を読む」

エリクソン, ミルトン

01638「ミルトン・エリクソンの心理療法セミナー」
『ミルトン・エリクソンの心理療法セミナー』ミルトン・エリクソン述 ジェフリー・K.ゼイク編 宮田敬一訳 星和書店 1984 520p 22cm〈監訳：成瀬悟策〉 6800円 Ⓝ493.72
☆「精神医学の名著50」

01639「私の声はあなたとともに──ミルトン・エリクソンのいやしのストーリー」
☆「世界の心理学50の名著」

エリクソン, E.H.

01640「玩具と理性」
『玩具と理性──経験の儀式化の諸段階』エリク・H.エリクソン著 近藤邦夫訳 新装版 みすず書房 2000 212,4p 19cm 2600円 ①4-622-04988-0
☆「現代社会学の名著」

01641「ガンジーの真理」
☆「世界名著大事典 補遺(Extra)」

01642「自我同一性」
『自我同一性──アイデンティティとライフ・サイクル』エリク・H.エリクソン著 小此木啓吾訳編 誠信書房 1973 294p 22cm（人間科学叢書 4）〈参考文献：p.237-245〉 2000円 Ⓝ141.93
☆「教育学の世界名著100選」,「自己・他者・関係」,「世界名著大事典 補遺(Extra)」

01643「青年ルター」
『青年ルター 1』E.H.エリクソン著 西平直訳 みすず書房 2002 192,18p 20cm 2500円 ①4-622-03972-9 Ⓝ198.3234
☆「現代歴史学の名著」,「世界の心理学50の名著」,「世界名著大事典 補遺(Extra)」

01644「幼児期と社会」
『幼児期と社会 1』E.H.エリクソン著 仁科弥生訳 みすず書房 1977 359,4p 20cm〈原著第2版の翻訳〉 2000円 Ⓝ371.45
☆「教育本441」,「宗教学の名著30」,「精神医学の名著50」,「精神分析の名著」,「世界名著大事典 補遺(Extra)」,「ブックガイド心理学」,「名著による教育原理」

01645「ライフサイクル その完結」
☆「学問がわかる500冊」

エリス

01646「英語の古発音について」
☆「世界名著大事典」

エリス, アルバート

01647「論理療法──自己説得のサイコセラピィ」
☆「世界の心理学50の名著」

エリス, ハヴエロック

01648「男と女」
『男と女』ハヴエロック・エリス著 鷲尾浩訳 冬夏社 1922 323p 20cm Ⓝ367.6
☆「世界名著大事典」

01649「羞恥心の道化」
☆「性の世界的名著から十七篇」

01650「性的倒錯」
☆「世界名著大事典」

01651「性の心理学研究」
☆「世界名著大事典」

エリス, ブレット・イーストン

01652「アメリカン・サイコ」
『アメリカン・サイコ 上』ブレット・イーストン・エリス著 小川高義訳 角川書店 1995 332p 15cm（角川文庫） 600円 ①4-04-267301-5
☆「世界の小説大百科」,「百年の誤読 海外文学篇」

エリスン, ハーラン

01653「世界の中心で愛を叫んだけもの」
『世界の中心で愛を叫んだけもの』ハーラン・エリスン著 浅倉久志,伊藤典夫訳 早川書房 1979 428p 16cm（ハヤカワ文庫 SF） 460円 Ⓝ933
☆「世界のSF文学・総解説」

エリスン, ラルフ

01654「見えない人間」
『見えない人間 1』ラルフ・エリスン著 松本昇訳 南雲堂フェニックス 2004 409p 19cm 3800円 ①4-88896-335-5
☆「アメリカ文学」,「あらすじで読む世界文学105」,「知っておきたいアメリカ文学」,「世界の小説大百科」,「世界文学あらすじ事典 4(ふん‐われ)」,「世界文学の名作と主人公」,「たのしく読めるアメリカ文学」,「名作あらすじ事典 西洋文学編」

エーリヒ

01655「旧世界考古学の相対編年」
☆「世界名著大事典」

エリボン, ディディエ

01656「デュメジルとの対話──言語・神話・叙事詩」
『デュメジルとの対話──言語・神話・叙事詩』ジョルジュ・デュメジル,ディディエ・エリボン著 松村一男訳 平凡社 1993 270p 19cm 2800円 ①4-582-44402-4
☆「学問がわかる500冊」

01657「ミシェル・フーコー伝」
『ミシェル・フーコー伝』ディディエ・エリボン著　田村俶訳　新潮社　1991　469,16p　19cm　3500円　Ⓘ4-10-524101-X
☆「伝記・自叙伝の名著」

エリュアール,ポール

01658「愛・詩」
☆「世界名著大事典」

01659「義務と不安」
☆「世界名著大事典」

01660「詩と真実42年」
☆「世界名著大事典」

01661「ドイツ人のあいびきの地で」
☆「世界名著大事典」

慧立　えりゅう

01662「大唐大慈恩寺三蔵法師伝」
☆「世界名著大事典」

エリン,スタンリイ

01663「特別料理」
『特別料理』スタンリイ・エリン著　田中融二訳　早川書房　2006　293p　19cm（異色作家短篇集 11）　2000円　Ⓘ4-15-208741-2
☆「世界の推理小説・総解説」

01664「バレンタインの遺産」
『バレンタインの遺産』スタンリイ・エリン著　田中融二訳　早川書房　1980　384p　16cm（ハヤカワ・ミステリ文庫）〈著作リスト：p384〉　460円　Ⓝ933
☆「世界の冒険小説・総解説」

エルヴィユー

01665「炬火おくり」
『炬火おくり』エルヴィユウ著　岸田国士訳　春陽堂　1925　175p　18cm（フランス文学の叢書 劇の部 第4編）　Ⓝ952
☆「世界文学鑑賞辞典 第2」,「世界名著大事典」

エルヴェシウス

01666「精神論」
☆「世界名著大事典」,「哲学名著解題」

01667「人間論」
『人間論』エルヴェシウス著　根岸国孝訳　明治図書出版　1966　206p 図版　22cm（世界教育学選集）〈監修者：梅根悟,勝田守一〉　650円　Ⓝ135.9
☆「世界名著解題選 第5巻」,「世界名著大事典」,「21世紀の教育基本書」

エルウッド

01668「心理学的様相における社会学」
☆「世界名著大事典」

エルカン,アラン

01669「モラヴィア自伝」
『モラヴィア自伝』アルベルト・モラヴィア,アラン・エルカン著　大久保昭男訳　河出書房新社　1992　418,7p　19cm　3900円　Ⓘ4-309-24129-8
☆「伝記・自叙伝の名著」

エルショーフ,P.P.

01670「せむしの小馬」
『せむしの小馬』エルショーフ作　網野菊訳　改版　岩波書店　1995　233p　18cm（岩波少年文庫）〈第13刷（第1刷：1957年）〉　600円　Ⓘ4-00-111017-2
☆「世界文学の名作と主人公」,「世界名著大事典」,「名作の研究事典」

エルスター

01671「貨幣言論」
☆「世界名著大事典」

エルステッド

01672「電気の磁針への接近効果に関する実験」
☆「西洋をきずいた書物」

エルスホット,ヴィレム

01673「9990個のチーズ」
『9990個のチーズ』ヴィレム・エルスホット著　金原瑞人,谷垣暁美訳　ウェッジ　2003　177p　19cm　1200円　Ⓘ4-900594-64-4
☆「世界の小説大百科」

エルゾーグ

01674「アンナプルナ」
☆「世界名著大事典」

エルツ

01675「右手の優越―宗教的両極性の研究」
『右手の優越―宗教的両極性の研究』ロベール・エルツ著　吉田禎吾,内藤莞爾,板橋作美訳　筑摩書房　2001　247,22p　15cm（ちくま学芸文庫）　950円　Ⓘ4-480-08638-2
☆「文化人類学の名著50」

エルツォーグ

01676「処女峰アンナプルナ」
『処女峰アンナプルナ―最初の8000m峰登頂』モーリス・エルゾーグ著　近藤等訳　山と溪谷社　2012　377p　15cm（ヤマケイ文庫）〈標題紙の副タイトル（誤植）：最初の8000メートル登頂〉　1000円　Ⓘ978-4-635-04743-2　Ⓝ292.58

☆「現代人のための名著」,「山の名著30選」

エルツバハー
01677 「無政府主義」
☆「世界名著大事典」

エルテル
01678 「リトゥルギー」
☆「世界名著大事典」

エルトマン,ポール
01679 「民法典注釈」
☆「世界名著大事典」

エルトマン,J.E.
01680 「近世哲学史」
☆「世界名著大事典」

01681 「論理学」
☆「世界名著大事典」

エルドレッド,ゲイリー・W.
01682 「不動産投資のすすめ」
☆「お金と富の哲学世界の名著50」

エルトン,C.
01683 「動物共同体の類型」
☆「世界名著大事典 補遺(Extra)」

01684 「動物生態学」
☆「世界名著大事典 補遺(Extra)」

01685 「動物生態学と進化」
☆「世界名著大事典 補遺(Extra)」

エルナンデス,ハビエル
01686 「バルミー地中海沿岸の都市」
『バルミー地中海沿岸の都市 紀元前4世紀から現代までの変遷史』 ハビエル・エルナンデス,ピラール・コメス著 ジョルディ・バロン ガイラスト 川添登,木村尚三郎監訳 東京書籍 1991 61p 31cm(図説都市の歴史 1) 1800円 ①4-487-76181-6 Ⓝ361.78
☆「世界史読書案内」

エルナンデス,ホセ
01687 「マルティン・フィエロ」
『マルティン・フィエロ─パンパスの吟遊ガウチョ』 ホセ・エルナンデス作 大林文彦,玉井礼一郎訳 たまいらぼ 1981 235p 20cm 1500円 Ⓝ961
☆「世界の小説大百科」,「世界文学あらすじ大事典4(ふん‐われ)」

エルプ
01688 「新音楽の本質について」
☆「世界名著大事典」

エルマティンガー
01689 「文学作品論」
☆「世界名著大事典」

エルマン
01690 「エジプト人の文学」
☆「世界名著大事典」

01691 「エジプトの宗教」
☆「世界名著大事典」

01692 「古代のエジプトとエジプト人の生活」
☆「世界名著大事典」

01693 「ナイルの世界」
☆「世界名著大事典」

エルマンスキー
01694 「科学的経営組織とテイラー・システム」
☆「世界名著大事典」

エールリッヒ,オイゲン
01695 「自由な法発見と自由法学」
☆「世界名著大事典」

01696 「法社会学の基礎理論」
『法社会学の基礎理論 第1分冊』 エールリッヒ著 川島武宜等訳 有斐閣 1955 218p 19cm(法社会学叢書) Ⓝ321.4
☆「社会科学の名著」,「世界の古典名著」,「世界名著大事典」

01697 「法律的論理」
『法律的論理』 E.エールリッヒ著 河上倫逸,M.フーブリヒト共訳 みすず書房 1987 325,7p 22cm 3600円 ①4-622-01772-5 Ⓝ321
☆「21世紀の必読書100選」

エールリヒ
01698 「梅毒実験科学療法」
☆「西洋をきずいた書物」

エルロイ,ジェイムズ
01699 「ブラック・ダリア」
『ブラック・ダリア』 ジェイムズ・エルロイ著 吉野美恵子訳 文藝春秋 1994 577p 15cm(文春文庫) 690円 ①4-16-725404-2
☆「世界の小説大百科」,「世界の推理小説・総解説」

01700 「ホワイト・ジャズ」
『ホワイト・ジャズ』 ジェイムズ・エルロイ著 佐々田雅子訳 文藝春秋 2014 679p 15cm(文春文庫) 1170円 ①978-4-16-790132-5
☆「百年の誤読 海外文学篇」

エルンスト
- 01701 「慈善週間、または七大元素」
  - ☆「世界の幻想文学」
- 01702 「浄福の島」
  - ☆「世界名著大事典」
- 01703 「東方の王女」
  - ☆「世界名著大事典」

エレディア
- 01704 「戦勝牌」
  - ☆「世界名著大事典」

エーレボー
- 01705 「農業経営学汎論」
  - 『農業経営学汎論―農業者・政治家・官吏・学生のための教科書』 フリートリッヒ・エーレボー著　工藤元訳　公論社　1961　2冊　22cm〈原著：第6版の翻訳 普及版〉Ⓝ611.7
  - ☆「世界名著大事典」

エーレンシュレーガー
- 01706 「アラジン」
  - ☆「世界名著大事典」
- 01707 「北欧詩集」
  - ☆「世界名著大事典」

エーレンフェルス
- 01708 「形態性について」
  - ☆「世界名著大事典」

エレンブルグ, イリヤ
- 01709 「嵐」
  - 『嵐　上巻』 エレンブルグ著　西尾章二, 松田作人共訳　河出書房　1953　415p　図版　19cm（ソヴェト文学全集　第12）Ⓝ983
  - ☆「世界文学鑑賞辞典　第4」,「世界名著大事典」
- 01710 「息もつかずに」
  - ☆「世界名著大事典」
- 01711 「エレンブルグ―わが回想」
  - 『わが回想―人間・歳月・生活　第1巻』 イリヤ・エレンブルグ著　木村浩訳　改訂新装版　朝日新聞社　1968　534p　図版　20cm　Ⓝ980.28
  - ☆「伝記・自叙伝の名著」
- 01712 「作家の仕事」
  - 『作家の仕事』 エレンブルグ著　鹿島保夫訳　未来社　1961　145p　図版　19cm　Ⓝ904
  - ☆「世界名著大事典」
- 01713 「第九の波」
  - 『第九の波　上』 エレンブルグ作　泉三太郎訳　岩波書店　1955　508p　19cm（現代の文学）Ⓝ983
  - ☆「世界文学鑑賞辞典　第4」,「世界名著大事典」
- 01714 「第二の日」
  - 『第二の日』 エレンブルグ著　中村融訳　新潮社　1955　416p　16cm（新潮文庫）Ⓝ983
  - ☆「世界文学鑑賞辞典　第4」,「世界名著大事典」
- 01715 「トラストD・E」
  - ☆「世界のSF文学・総解説」,「世界の名著」,「世界名著大事典」
- 01716 「パリ陥落」
  - 『パリ陥落　上』 イリヤー・エレンブールグ著　高橋啓吉訳　新日本出版社　1986　305p　20cm　1900円　①4-406-01444-6　Ⓝ983
  - ☆「世界文学鑑賞辞典　第4」,「世界名著大事典」
- 01717 「フリオ・フレニトの奇妙な遍歴」
  - 『フリオ・フレニトの遍歴』 イリヤ・エレンブルグ著　工藤精一郎訳　集英社　1969　236p　図版　20cm（現代の世界文学）　560円　Ⓝ983
  - ☆「世界文学あらすじ大事典3（ちか‐ふろ）」,「世界文学鑑賞辞典　第4」,「世界文学の名作と主人公」,「ロシア文学」
- 01718 「雪どけ」
  - 『雪どけ　第1部』 エレンブルグ著　米川正夫訳　角川書店　1957　260p　15cm（角川文庫）Ⓝ983
  - ☆「世界文学鑑賞辞典　第4」,「世界名著大事典」,「ポケット世界名作事典」,「名小説ストーリイ集　世界篇」

エーレンベルク
- 01719 「全商法綱要」
  - ☆「世界名著大事典」
- 01720 「保険法」
  - ☆「世界名著大事典」

エーレンベルグ
- 01721 「フッガー家の時代」
  - ☆「世界名著大事典」

エーレンライヒ
- 01722 「南アメリカ原住民の神話と伝説」
  - ☆「世界名著大事典」

エロイーズ
- 01723 「アベラールとエロイーズの書簡」
  - ☆「教養のためのブックガイド」,「世界の奇書」,「世界の哲学思想」,「世界名著大事典」,「ポケット世界名作事典」

エロシェンコ, ワシリー
- 01724 「夜明け前の歌」
  - 『夜明け前の歌―エロシェンコ創作集』 秋田雨雀編　叢文閣　1921　316p　19cm　Ⓝ981
  - ☆「世界名著大事典」

エロフェーエフ,B.
01725 「酔いどれ列車、モスクワ発―ペトゥシキ行」
☆「世界の小説大百科」,「ロシア文学」

エーワル
01726 「漁夫」
☆「世界名著大事典」

袁 宏道　えん・こうどう
01727 「袁中郎集」
☆「世界名著大事典」

袁 采　えん・さい
01728 「袁氏世範」
『袁氏世範』袁采著　西田太一郎訳　大阪　創元社　1941　209p　19cm（創元支那叢書）Ⓝ159
☆「世界名著大事典」

袁 枢　えん・すう
01729 「通鑑紀事本末」
☆「世界名著大事典」,「中国の古典名著」

袁 枚　えん・ばい
01730 「子不語」
『子不語 5』袁枚［著］　手代木公助訳　平凡社　2010　379p　18cm（東洋文庫　795）3000円　Ⓘ978-4-582-80795-0　Ⓝ923.6
☆「世界名著大事典」

01731 「随園食単」
『随園食単』袁枚著　青木正児訳註　岩波書店　1980　299p　15cm（岩波文庫）400円　Ⓝ596.12
☆「世界の名著早わかり事典」,「世界名著大事典」

エンクィスト, ペール・オーロフ
01732 「ブランシュとマリーの木」
☆「世界の小説大百科」

エンクルマ, K.
01733 「アフリカは統一しなければならない」
☆「世界名著大事典 補遺（Extra）」

01734 「新植民地主義」
『新植民地主義』クワメ・エンクルマ著　家正治, 松井芳郎共訳　理論社　1971　304p　19cm（エンクルマ選集）800円　Ⓝ332.4
☆「世界名著大事典 補遺（Extra）」

エンゲル, C.L.E.
01735 「ベルギー労働者家族の生活費」
『ベルギー労働者家族の生活費』エンゲル著　森戸辰男訳　第一出版　1968　267p　22cm（統計学古典選集 復刻版　第5巻　大原社会問題研究所編）〈シリーズ責任表示：大原社会問題研究所編〉1000円　Ⓝ365.4
☆「経済学名著106選」,「世界名著大事典」

エンゲルス, フリードリヒ
01736 「イギリスにおける労働者階級の状態」
『イギリスにおける労働者階級の状態　上』エンゲルス著　浜林正夫訳　新日本出版社　2000　274p　21cm（科学的社会主義の古典選書）1700円　Ⓘ4-406-02739-4　Ⓝ361.85
☆「学術辞典叢書 第14巻」,「経済学名著106選」,「世界名著解題選 第1巻」,「世界名著大事典」,「都市的世界」

01737 「インド論」
☆「歴史の名著 外国人篇」

01738 「エルフルト綱領草案の批判」
☆「世界名著解題選 第4巻」

01739 「オイゲン・デューリング氏の科学の変革」
☆「科学的社会主義の古典案内」,「社会科学の名著」

01740 「往復書簡」
『往復書簡 第2』マルクス, エンゲルス共著　岡崎次郎訳　黄土社　1949　472p　22cm〈1852-1855年末までの手紙〉Ⓝ363.3
☆「世界名著大事典」

01741 「革命と反革命」
『革命と反革命』エンゲルス著　村田陽一訳　国民文庫社　1953　195p　15cm（国民文庫 第5）Ⓝ234.063
☆「学術辞典叢書 第14巻」,「世界名著解題選 第4巻」,「世界名著大事典」

01742 「家族・私有財産・国家の起源」
『家族・私有財産・国家の起源』エンゲルス著　土屋保男訳　新日本出版社　1999　324p　21cm（科学的社会主義の古典選書）1800円　Ⓘ4-406-02668-1
☆「科学的社会主義の古典案内」,「学術辞典叢書 第11巻」,「教養のためのブックガイド」,「近代名著解題選集 2」,「経済学名著106選」,「社会科学の古典」,「社会科学の名著」,「世界名著解題選 第1巻」,「世界名著解題選 第4巻」,「世界名著大事典」,「フェミニズムの名著50」,「歴史の名著 外国人篇」

01743 「共産党宣言」
『共産党宣言』マルクス, エンゲルス［著］　村田陽一訳　大月書店　2009　102p　21cm（マルクス・フォー・ビギナー　1）〈解説：浜林正夫　並列シリーズ名：Marx for beginners　年譜あり〉1200円　Ⓘ978-4-272-00531-4　Ⓝ309.5
☆「科学的社会主義の古典案内」,「学術辞典叢書 第11巻」,「革命思想の名著」,「学問がわかる500

冊」、「教養のためのブックガイド」、「近代名著解題選集2」、「経済学名著106選」、「現代政治学の名著」、「古典・名著の読み方」、「社会科学の名著」、「社会学の名著30」、「図解世界の名著がわかる本」、「政治哲学」、「西洋をきずいた書物」、「世界を変えた100冊の本」、「世界の古典名著」、「世界の名著早わかり事典」、「世界名著解題選 第4巻」、「世界名著大事典」、「哲学名著解題」、「歴史の名著 外国人篇」、「私の古典」

01744 「空想から科学へ」
『空想から科学へ』エンゲルス[著] 寺沢恒信,村田陽一訳 大月書店 2009 121p 21cm(マルクス・フォー・ビギナー 2)〈解説:浜林正夫 並列シリーズ名:Marx for beginners 年譜あり〉 1200円
①978-4-272-00532-1 Ⓝ309.3
☆「科学的社会主義の古典案内」、「学術辞典叢書 第11巻」、「経済学名著106選」、「古典・名著の読み方」、「世界の古典名著」、「世界の哲学思想」、「世界の名著早わかり事典」、「世界名著解題選 第1巻」、「世界名著解題選 第4巻」、「世界名著大事典」

01745 「原始キリスト教の歴史によせて」
☆「世界名著解題選 第5巻」、「世界名著大事典」

01746 「国民経済学批判大綱」
☆「世界名著大事典」

01747 「猿の人間への進化における労働の役割」
☆「科学的社会主義の古典案内」、「世界名著解題選 第5巻」

01748 「自然弁証法」
『自然の弁証法─新メガ版』フリードリヒ・エンゲルス著 秋間実,渋谷一夫訳 新日本出版社 1999 2冊(別巻とも) 22cm 9000円
①4-406-02687-8 Ⓝ401.6
☆「自然科学の名著」、「自然科学の名著100選 中」、「世界名著解題選 第5巻」、「世界名著大事典」、「哲学の名著」、「哲学名著解題」、「ブックガイド 文庫で読む科学」

01749 「住宅問題について」
『住宅問題』エンゲルス著 加田哲二訳 一穂社 2005 219p 21cm(名著/古典籍文庫)〈岩波文庫復刻版 岩波書店昭和4年刊を原本としたオンデマンド版〉 3500円
①4-86181-150-3 Ⓝ365.3
☆「学術辞典叢書 第14巻」、「経済学名著106選」、「世界名著解題選 第4巻」、「世界名著大事典」

01750 「神聖家族」
☆「学術辞典叢書 第11巻」、「近代名著解題選集2」、「世界名著解題選 第2巻」、「世界名著解題選 第5巻」、「世界名著大事典」、「哲学名著解題」

01751 「中国論」
☆「歴史の名著 外国人篇」

01752 「ドイツ・イデオロギー」

『ドイツ・イデオロギー─手稿復元・新編輯版』カール・マルクス,フリードリヒ・エンゲルス著 廣松渉編訳 新装版 河出書房新社 2006 2冊(セット) 27×18cm 15000円
①4-309-70608-8
☆「科学的社会主義の古典案内」、「教養のためのブックガイド」、「古典・名著の読み方」、「社会科学の名著」、「社会思想の名著」、「世界の古典名著」、「世界名著解題選 第4巻」、「世界名著解題選 第5巻」、「世界名著大事典」、「哲学の世界」、「哲学の名著」、「哲学名著解題」(協同出版)、「哲学名著解題」(春秋社)、「入門 哲学の名著」、「文化の社会学」

01753 「ドイツ農民戦争」
『ドイツ農民戦争』エンゲルス著 伊藤新一訳 国民文庫社 1953 182p 15cm(国民文庫) Ⓝ234.052
☆「学術辞典叢書 第14巻」、「世界名著解題選 第4巻」、「世界名著大事典」、「歴史の名著」、「歴史の名著 外国人篇」

01754 「反デューリング論」
☆「学術辞典叢書 第14巻」、「世界名著解題選 第3巻」、「世界名著解題選 第5巻」、「世界名著大事典」、「哲学の世界」、「哲学の名著」、「哲学名著解題」

01755 「フォイエルバッハ論」
『フォイエルバッハ論』エンゲルス,マルクス著 佐野文夫訳 一穂社 2004 109,1p 21cm(名著/古典籍文庫)〈岩波文庫復刻版 岩波書店昭和8年刊(第6刷)を原本としたオンデマンド版 発売:紀伊國屋書店〉 1900円
①4-86181-042-6 Ⓝ134.5
☆「学術辞典叢書 第14巻」、「学問がわかる500冊」、「世界名著案内 1」、「世界名著解題選 第3巻」、「世界名著解題選 第5巻」、「世界名著大事典」、「哲学の世界」、「哲学名著解題」

01756 「『フランスにおける階級闘争』1895年版への序文」
☆「科学的社会主義の古典案内」

01757 「マルクス主義と教育」
☆「世界名著解題選 第5巻」

01758 「唯物史観に関する書簡」
☆「世界名著大事典」

01759 「ルードウィッヒ・フォイエルバッハとドイツ古典哲学の終結」
☆「科学的社会主義の古典案内」、「学術辞典叢書 第14巻」、「世界名著解題選 第3巻」

圜悟克勤 えんごこくごん
01760 「碧巌録」
☆「世界名著大事典」、「禅の名著を読む」、「中国の古典名著」、「東洋の名著」、「日本の古典名著」

延寿　えんじゅ
01761　「宗鏡録」
☆「世界名著大事典」

エンゼル
01762　「心理学」
☆「近代欧米名著解題 第3巻」

エンツェンスベルガー,H.M.
01763　「狼の弁護」
☆「世界名著大事典 補遺(Extra)」

01764　「国の言葉」
☆「世界名著大事典 補遺(Extra)」

01765　「スペインの短い夏」
『スペインの短い夏』 H.M.エンツェンスベルガー著　野村修訳　晶文社　1973　328p　20cm(晶文選書) Ⓝ943
☆「世界名著大事典 補遺(Extra)」

01766　「政治と犯罪」
『政治と犯罪―国家犯罪をめぐる八つの試論』エンツェンスベルガー著　野村修訳　晶文社　1966　457p　20cm　1200円　Ⓝ369.12
☆「世界名著大事典 補遺(Extra)」

01767　「タイタニック沈没」
『タイタニック沈没』 H.M.エンツェンスベルガー著　野村修訳　晶文社　1983　218p　18cm(晶文社セレクション)　1500円　Ⓝ941
☆「世界の海洋文学」

01768　「霊廟」
『霊廟―進歩の歴史からの37篇のバラード』 H.M.エンツェンスベルガー著　野村修訳　晶文社　1983　215,10p　19cm(晶文社セレクション)　1500円　Ⓝ941
☆「世界名著大事典 補遺(Extra)」

エンデ,ミヒャエル
01769　「はてしない物語」
『はてしない物語 上』 ミヒャエル・エンデ作　上田真而子,佐藤真理子訳　岩波書店　2000　329p　18cm(岩波少年文庫)　720円　①4-00-114501-4
☆「世界少年少女文学 ファンタジー編」,「世界の幻想文学」

01770　「モモ」
『モモ』 ミヒャエル・エンデ作　大島かおり訳　岩波書店　2005　409p　18cm(岩波少年文庫)　800円　①4-00-114127-2
☆「あらすじで味わう外国文学」,「あらすじで出会う世界と日本の名作55」,「あらすじで読む世界文学105」,「一冊で不朽の名作100冊を読む」(友人社),「一冊で不朽の名作100冊を読む」(友人社),「面白いほどよくわかる世界の文学」,「3行でわかる名作&ヒット本250」,「知っておきたいドイツ文学」,「世界の幻想文学」,「世界の名作文学案内」,「世界名作文学館」,「大学新入生に薦める101冊の本」,「百年の誤読 海外文学篇」,「名作あらすじ事典 西洋文学編」

エンドア
01771　「アレクサンドル・デュマ―パリの王様」
☆「伝記・自叙伝の名著」

01772　「サド―悪魔の聖者」
☆「伝記・自叙伝の名著」

01773　「パリの狼男」
『パリの狼男』 ガイ・エンドア著　伊東守男訳　早川書房　1965　316p　19cm(世界ミステリシリーズ)　360円　Ⓝ933
☆「世界の幻想文学」

エンネクツェルス
01774　「民族教科書」
☆「世界名著大事典」

エンネン
01775　「ヨーロッパ都市の初期の歴史」
☆「世界名著大事典」

エンプソン
01776　「あいまいの7つの型」
☆「世界名著大事典」

エンブリー
01777　「須恵村」
☆「世界名著大事典」

エンペイリコス
01778　「ピュロン主義哲学の概要」
『ピュロン主義哲学の概要』 セクストス・エンペイリコス著　金山弥平,金山万里子訳　京都　京都大学学術出版会　1998　457,25p　19cm(西洋古典叢書)　3800円　①4-87698-108-6
☆「世界を変えた100冊の本」,「世界名著大事典」

エンライト,アン
01779　「ギャザリング」
☆「世界の小説大百科」

エンロー
01780　「バナナ、ビーチと基地」
☆「グローバル政治理論」

【オ】

オイケン, ルドルフ
01781 「意識と行為に於ける精神生活の統一」
  ☆「近代名著解題選集 2」
01782 「宗教と人生」
  ☆「近代欧米名著解題 第6巻」
01783 「宗教の真諦」
  ☆「宗教哲学名著解説」
01784 「新人生観の綱領」
  ☆「近代欧米名著解題 第4巻」
01785 「精神生活の哲学概論」
  ☆「学術辞典叢書 第12巻」,「世界名著解題選 第2巻」
01786 「精神生活の統一」
  ☆「世界名著大事典」
01787 「大思想家の人生観」
  『大思想家の人生観』 ルドルフ・オイケン著 安倍能成訳 岩波書店 1927 769,30p 23cm Ⓝ113
  ☆「世界名著大事典」

オイケン, W.
01788 「国民経済学の基礎」
  『国民経済学の基礎』 W.オイケン著 大泉行雄訳 勁草書房 1958 378p 22cm Ⓝ331
  ☆「世界名著大事典」

オイラー
01789 「代数学入門」
  ☆「世界名著大事典」
01790 「無限解析入門」
  ☆「西洋をきずいた書物」,「世界を変えた書物」

王 安石 おう・あんせき
01791 「臨川先生文集」
  ☆「世界名著大事典」

王 柯 おう・か
01792 「東トルキスタン共和国研究」
  『東トルキスタン共和国研究―中国のイスラムと民族問題』 王柯著 東京大学出版会 1995 289,10p 21cm 7622円 ①4-13-026113-4
  ☆「歴史家の一冊」

王 概 おう・がい
01793 「芥子園画伝」
  『芥子園画伝』 王概等編 上海 共ศ書局 16冊 20cm〈帙入 和装〉Ⓝ724,724.2
  ☆「世界名著大事典」,「中国の古典名著」

王 家誠 おう・かせい
01794 「呉昌碩伝」
  『呉昌碩伝』 王家誠著 村上幸造訳 二玄社 1990 426p 19cm 2800円 ①4-544-01058-6
  ☆「伝記・自叙伝の名著」

汪 暉 おう・き
01795 「現代中国思想の興起」
  ☆「東アジア人文書100」
01796 「思想空間としての現代中国」
  『思想空間としての現代中国』 汪暉著 村田雄二郎,砂山幸雄,小野寺史郎訳 岩波書店 2006 326p 19cm 3600円 ①4-00-023424-2
  ☆「東アジア論」

王 欽若 おう・きんじゃく
01797 「冊府元亀」
  ☆「アジアの比較文化」,「世界名著大事典」

王 原祁 おう・げんき
01798 「雨窓漫筆」
  ☆「世界名著大事典 補遺(Extra)」
01799 「佩文斎書画譜」
  ☆「世界名著大事典 補遺(Extra)」

王 国維 おう・こくい
01800 「観堂集林」
  ☆「世界名著大事典」
01801 「静庵文集」
  ☆「世界名著大事典」
01802 「人間詞話」
  ☆「世界名著大事典」,「中国の名著」
01803 「流沙墜簡」
  ☆「世界名著大事典」

王 三聘 おう・さんへい
01804 「古今事物考」
  ☆「世界名著大事典」

王 実甫 おう・じつほ
01805 「西廂記」
  『西廂記―擬定本 歌訳』 王実甫撰 塩谷温訳編 天理 養徳社 1958 3冊(附共) 23cm〈限定版 手稿本の複製 帙入 和装〉Ⓝ922
  ☆「あらすじでわかる中国古典〈超〉入門」,「学術辞典叢書 第15巻」,「近代名著解題選集 2」,「世界名著解題選 第2巻」,「世界名著大事典」,「中国の古典名著」,「中国の名著」,「東洋の名著」

王 士禎 おう・してい
01806 「漁洋詩話」

オウ

☆「世界名著大事典」

王　充　おう・しゅう
01807　「論衡」
『論衡―漢代の異端的思想』王充著　大滝一雄訳　平凡社　1965　232p　18cm（東洋文庫）350円　Ⓝ128.7
☆「学術辞典叢書 第15巻」,「近代名著解題選集 2」,「世界名著解題選 第3巻」,「世界名著大事典」,「中国の古典名著」,「中国の名著」

王　秀楚　おう・しゅうそ
01808　「揚州十日記」
☆「世界名著大事典」,「中国の古典名著」

応　劭　おう・しょう
01809　「風俗通義」
『風俗通義』応劭著　鍾惺評　名古屋　美濃屋伊六〔ほか〕　2冊　26cm〈共同刊行：美濃屋文次郎　和装〉Ⓝ380
☆「世界名著大事典」

王　世貞　おう・せいてい
01810　「芸苑卮言」
☆「世界名著大事典」

汪　大淵　おう・だいえん
01811　「島夷志略」
☆「世界名著大事典」

汪　中　おう・ちゅう
01812　「述学」
☆「世界名著大事典」

王　重陽　おう・ちょうよう
01813　「立教十五論」
☆「世界名著大事典」

王　通　おう・つう
01814　「中説」
☆「世界名著大事典」

王　韜　おう・とう
01815　「眉珠庵憶語」
☆「中国の名著」

王　徳威　おう・とくい
01816　「世紀を超える風采と文才―現代小説家20人」
☆「東アジア人文書100」

王　弼　おう・ひつ
01817　「周易注」
☆「世界名著大事典」

王　符　おう・ふ
01818　「潜夫論」
☆「世界名著大事典」,「中国の古典名著」

王　夫之　おう・ふうし
01819　「思問録」
☆「世界名著大事典」

01820　「読通鑑論」
☆「世界名著大事典」

王　鳴盛　おう・めいせい
01821　「十七史商榷」
☆「世界名著大事典」

王　銘銘　おう・めいめい
01822　「村落から見た文化と権力」
☆「東アジア人文書100」

王　陽明♪　おう・ようめい
01823　「伝習録」
『伝習録』王陽明著　溝口雄三訳　中央公論新社　2005　450p　18cm（中公クラシックス）1650円　Ⓘ4-12-160082-7
☆「学術辞典叢書 第15巻」,「教養のためのブックガイド」,「近代名著解題選集 2」,「世界の名著早わかり事典」,「世界名著解題選 第3巻」,「世界名著大事典」,「中国古典名著のすべてがわかる本」,「中国の古典名著」,「中国の名著」,「東洋の名著」

王　力　おう・りき
01824　「中国語法理論」
☆「世界名著大事典」

王　竜渓　おう・りゅうけい
01825　「竜渓語録」
☆「世界名著大事典」

オーヴァーストン
01826　「鋳貨および紙幣論考」
☆「世界名著大事典」

オウィディウス
01827　「アモレス（恋愛歌）」
☆「世界文学鑑賞辞典 第2」

01828　「恋の技法」
『恋の技法』オウィディウス著　樋口勝彦訳　平凡社　1995　192p　16cm（平凡社ライブラリー）　880円　Ⓘ4-582-76097-X
☆「世界の奇書」,「世界文学あらすじ大事典 2（きよえ・ちを）」,「世界名著大事典」

01829　「祭暦」
『祭暦』オウィディウス著　高橋宏幸訳　国文社　1994　420p　21cm（叢書アレクサンドリア図書館　1）　5665円　Ⓘ4-7720-0395-9

☆「世界名著大事典」
01830 「変身物語」
『変身物語 上』 オウィディウス［著］ 中村善也訳 岩波書店 2009 366p 19cm（ワイド版岩波文庫 313） 1300円
①978-4-00-007313-4 Ⓝ992.1
☆「書き出し「世界文学全集」」、「教養のためのブックガイド」、「世界の奇書」、「世界文学あらすじ大事典4（ふん‐われ）」、「世界文学鑑賞辞典 第2」、「世界名著大事典」

オーウィン夫妻
01831 「開放耕地」
☆「世界名著大事典」

オーウェル，ジョージ
01832 「カタロニア讃歌」
『カタロニア讃歌』 ジョージ・オーウェル著 都築忠七訳 岩波書店 2013 358p 15cm（岩波文庫）〈第14刷（第1刷1992年）〉 900円
①4-00-322623-2
☆「イギリス文学」

01833 「1984年」
『1984年』 ジョージ・オーウェル著 新庄哲夫訳 早川書房 1975 303p 20cm （Hayakawa novels） 1500円 Ⓝ933
☆「イギリス文学」、「面白いほどよくわかる世界の文学」、「教養のためのブックガイド」、「現代人のための名著」、「世界を変えた100冊の本」、「世界のSF文学・総解説」、「世界の小説大百科」、「世界文学あらすじ大事典2（きよえ‐ちえ）」、「世界名著大事典」、「大学新入生に薦める101冊の本」、「二十世紀を騒がせた本」、「20世紀を震撼させた100冊」、「21世紀の必読書100選」、「百年の誤読 海外文学篇」、「ポケット世界名作事典」、「名作英米小説の読み方・楽しみ方」、「名小説ストーリイ集 世界篇」

01834 「象を撃つ」
『象を撃つ―オーウェル評論集1』 ジョージ・オーウェル著 川端康雄編 井上摩耶子ほか訳 平凡社 1995 318p 16cm（平凡社ライブラリー 96） 1200円 ①4-582-76096-1 Ⓝ934
☆「教育を考えるためにこの48冊」

01835 「動物農場」
『動物農場―付「G.オーウェルをめぐって」開高健』 ジョージ・オーウェル著 開高健訳 筑摩書房 2013 276p 15cm（ちくま文庫） 780円 ①978-4-480-43103-5
☆「あらすじで読む世界の名著 no.1」、「イギリス文学」、「英米文学の名作を知る本」、「知っておきたいイギリス文学」、「世界の小説大百科」、「世界の名作文学案内」、「世界文学鑑賞辞典 第1」、「世界の文学の名作と主人公」、「世界名著大事典」、「たのしく読めるイギリス文学」、「名作あらすじ事典 西洋文学編」

01836 「右であれ左であれ、わが祖国」
『右であれ左であれ、わが祖国』 G.オーウェル著 鶴見俊輔編訳 平凡社 1971 302p 20cm 700円 Ⓝ934
☆「歴史家の一冊」

オーウェン，ロバート
01837 「自叙伝」
『自叙伝 上』 ロバアト・オウエン著 本位田祥男, 五島茂共訳 日本評論社 1949 245p 15cm（世界古典文庫 第1）〈上, 五島茂訳〉 Ⓝ289.3
☆「世界名著大事典」、「21世紀の教育基本書」

01838 「新社会観」
『新社会観』 ロバアト・オウエン著 楊井克巳訳 岩波書店 1954 172p 15cm（岩波文庫） Ⓝ363.2
☆「学術辞典叢書 第11巻」、「教育学の世界名著100選」、「社会科学の古典」、「社会科学の名著」、「人文科学の名著」、「西洋をきずいた書物」、「世界の古典名著」、「世界名著解題選 第2巻」、「世界名著解題選 第5巻」、「世界名著大事典」

01839 「新道徳世界の書」
☆「学術辞典叢書 第11巻」、「世界名著解題選 第2巻」、「世界名著解題選 第4巻」、「世界名著大事典」

01840 「性格形成論」
『性格形成論――社会についての新見解』 ロバート・オーエン著 斎藤新治訳 明治図書出版 1974 198p 肖像 22cm（世界教育学選集 78）〈監修：梅根悟, 勝田守一 明治図書創業60年記念出版〉 1100円 Ⓝ363.2
☆「教育本44」

01841 「貧乏に関する報告」
☆「世界名著大事典」

01842 「ラナーク州への報告」
『ラナーク州への報告』 オーエン著 永井義雄, 鈴木幹久訳 未来社 1970 126p 19cm（社会科学ゼミナール 48） 380円 Ⓝ363.23
☆「経済学名著106選」、「世界名著大事典」

黄檗 おうばく
01843 「伝心法要」
☆「世界名著大事典」、「東洋の名著」

欧陽 修 おうよう・しゅう
01844 「欧陽文忠公集」
☆「世界名著大事典」

01845 「六一詩話」
☆「世界名著大事典」

欧陽 詢 おうよう・じゅん
01846 「芸分類聚」
☆「世界名著大事典 補遺（Extra）」

王立協会 おうりつきょうかい
01847 「王立協会会報」
☆「西洋をきずいた書物」

オーエン,W.
01848 「詩集」
☆「世界名著大事典 補遺（Extra）」

大プリニウス
01849 「博物誌」
☆「自然科学の名著」,「西洋をきずいた書物」,「世界を変えた書物」,「世界がわかる理系の名著」,「世界の奇書」,「世界名著大事典」

オーカット
01850 「完全な書物の探求」
☆「世界名著大事典」

オークス,M.A.
01851 「絶え間なき交信の時代」
『絶え間なき交信の時代—ケータイ文化の誕生』 ジェームズ・E.カッツ,マーク・A.オークス編 立川敬二監修 富田英典監訳 NTT出版 2003 529p 21cm 4200円 ①4-7571-0088-4
☆「メディア・情報・消費社会」

オグデン
01852 「意味の意味」
『意味の意味』 オグデン,リチャーズ共著 石橋幸太郎訳 ぺりかん社 1967 471p 図版 20cm（叢書名著の復興 5） 1600円 Ⓝ801.4
☆「世界名著大事典」

オグバーン
01853 「社会変動」
☆「世界名著大事典」

オーグルヴィ
01854 「土地所有権論」
☆「世界名著大事典」

オークレー,A.
01855 「家事の社会学」
『家事の社会学』 アン・オークレー著 佐藤和枝,渡辺潤訳 京都 松籟社 1980 284,6p 19cm 1900円 Ⓝ367.3
☆「フェミニズムの名著50」

01856 「主婦の誕生」
『主婦の誕生』 アン・オークレー著 岡島茅花訳 三省堂 1986 234p 19cm 1800円

①4-385-34978-9
☆「近代家族とジェンダー」

オクレリー,コナー
01857 「無一文の億万長者」
『無一文の億万長者』 コナー・オクレリー著 山形浩生,守岡桜訳 ダイヤモンド社 2009 419p 19cm 2000円 ①978-4-478-00561-3
☆「お金と富の哲学世界の名著50」

オケイシー
01858 「ジュノーと孔雀」
☆「世界文学鑑賞辞典 第1」,「たのしく読めるイギリス文学」

オーケン
01859 「自然哲学教科書」
☆「世界名著大事典」

オコナー,フラナリー
01860 「賢い血」
『賢い血』 フラナリー・オコナー著 須山静夫訳 筑摩書房 1999 254p 15cm（ちくま文庫） 620円 ①4-480-03476-5
☆「知っておきたいアメリカ文学」,「世界の小説大百科」,「世界文学あらすじ大事典 1（あ‐きよう）」,「名作あらすじ事典 西洋文学編」,「名作はこのように始まる 2」

01861 「啓示」
☆「日本・世界名作「愛の会話」100章」

01862 「すべて上昇するものは一点に集まる」
☆「世界の小説大百科」

01863 「烈しく攻むる者はこれを奪う」
『烈しく攻むる者はこれを奪う』 フラナリー・オコナー著 佐伯彰一訳 文遊社 2013 296p 19cm 2800円 ①978-4-89257-075-9
☆「世界文学あらすじ大事典 3（ちか‐ふろ）」,「たのしく読めるアメリカ文学」

オコネル,ニコラス
01864 「ビヨンド・リスク—世界のクライマー17人が語る冒険の思想」
『ビヨンド・リスク—世界のクライマー17人が語る冒険の思想』 ニコラス・オコネル著 手塚勲訳 山と渓谷社 1996 494p 21cm 3090円 ①4-635-17808-0
☆「新・山の本おすすめ50選」

オサドチイ,ミハイロ
01865 「豪雨」
☆「世界の小説大百科」

オサリヴァン
01866 「憑かれた死」

『憑かれた死』 J.B.オサリヴァン著　田中小実昌訳　早川書房　1957　257p　19cm（世界探偵小説全集）　Ⓝ933
☆「世界の推理小説・総解説」

オザンファン
01867　「近代絵画」
『近代絵画』　A.オザンファン,E.ジャンヌレ著　吉川逸治訳　鹿島研究所出版会　1968　202p（図版共）　19cm（SD選書）　630円　Ⓝ723.016
☆「世界名著大事典」

オシア
01868　「ポアンカレ予想を解いた数学者」
『ポアンカレ予想を解いた数学者』　ドナル・オシア　糸川洋訳　日経BP社,日経BP出版センター〔発売〕　2007　405p　19cm　2400円　①978-4-8222-8322-3
☆「大学新入生に薦める101冊の本」

オージエ
01869　「ポワリエ氏の婿」
☆「世界名著大事典」

オジェシュコーヴァ
01870　「ニエーメン川のほとり」
☆「世界名著大事典」

オズ,アモス
01871　「愛と暗闇の物語」
☆「世界の小説大百科」

01872　「ブラックボックス」
☆「世界の小説大百科」

オズグッド
01873　「アメリカ土着民の言語の構造」
☆「世界名著大事典」

オースター,ポール
01874　「写字室の中の旅」
☆「21世紀の世界文学30冊を読む」

01875　「ムーンパレス」
『ムーン・パレス』　ポール・オースター著　柴田元幸訳　新潮社　2010　532p　15cm（新潮文庫）　819円　①978-4-10-245104-5
☆「アメリカ文学」,「世界の小説大百科」

01876　「幽霊たち」
『幽霊たち』　ポール・オースター著　柴田元幸訳　改版　新潮社　2013　156p　15cm（新潮文庫）　430円　①978-4-10-245101-4
☆「あらすじで読む世界文学105」,「知っておきたいアメリカ文学」,「たのしく読めるアメリカ文学」,「名作あらすじ事典 西洋文学編」,「名作はこのように始まる 1」

オースチン・フリーマン,R.
01877　「歌う白骨」
『歌う白骨』　オースチン・フリーマン著　大久保康雄訳　嶋中書店　2004　372p　15cm（嶋中文庫　グレート・ミステリーズ　6）　629円　①4-86156-315-1　Ⓝ933.7
☆「世界の推理小説・総解説」

オースティン,ジェイン
01878　「エマ」
『エマ』　ジェーン・オースティン作　パーカー敬子訳　近代文藝社　2012　475p　19cm　2500円　①978-4-7733-7815-3
☆「英米文学の名作を知る本」,「『こころ』は本当に名作か」,「知っておきたいイギリス文学」,「世界の小説大百科」,「世界文学大事典 1（あ - きよう）」,「世界名著大事典」,「名作あらすじ事典 西洋文学編」,「名作英米小説の読み方・楽しみ方」

01879　「高慢と偏見」
『高慢と偏見　上』　ジェイン・オースティン著　小尾芙佐訳　光文社　2011　359p　15cm（光文社古典新訳文庫）　914円　①978-4-334-75240-8
☆「あらすじで味わう外国文学」,「あらすじで読む世界文学105」,「イギリス文学」,「一冊で世界の名著100冊を読む」,「英仏文学戦記」,「英米文学の名作を知る本」,「面白いほどよくわかる世界の文学」,「書き出し「世界文学全集」」,「教養のためのブックガイド」,「現代世界の名作」,「『こころ』は本当に名作か」,「3行でわかる名作&ヒット本250」,「世界の小説大百科」,「世界の名作50選」,「世界の名作100を読む」,「世界文学あらすじ大事典 2（きよえ〜ちえ）」,「世界文学鑑賞辞典 第1」,「世界文学の名作と主人公」,「世界文学必勝法」,「世界名作文学館」,「世界名著大事典」,「世界・名著のあらすじ」,「たのしく読めるイギリス文学」,「入門名作の世界」,「文学・名著300選の解説 '88年度版」,「ポケット世界名作事典」,「名作はこのように始まる 2」,「私（わたし）の世界文学案内」

01880　「知性と感性」
☆「世界の小説大百科」

01881　「説きふせられて」
『説きふせられて』　ジェーン・オースティン作　富田彬訳　改版　岩波書店　1998　409p　15cm（岩波文庫）　660円　①4-00-322223-7
☆「世界文学あらすじ大事典 3（ちか - ふろ）」,「世界名著大事典」

01882　「ノーサンガーアベイ」
☆「世界文学あらすじ大事典 3（ちか - ふろ）」

01883　「分別と多感」
『分別と多感』　ジェーン・オースティン著　中

野康司訳　筑摩書房　2007　535p　15cm（ちくま文庫）　1500円　①978-4-480-42304-7　Ⓝ933.6
　☆「英米文学の名作を知る本」，「世界文学あらすじ大事典 4（ふん‐われ）」，「世界文学鑑賞辞典 第1」，「世界名著大事典」

01884　「マンスフィールド・パーク」
『マンスフィールド・パーク』　ジェイン・オースティン著　中野康司訳　筑摩書房　2010　745p　15cm（ちくま文庫）　1400円　①978-4-480-42770-0
　☆「英米文学の名作を知る本」，「世界の小説大百科」，「世界文学あらすじ大事典 4（ふん‐われ）」

オースティン, ジョン

01885　「法学限界論」
　☆「世界名著大事典」

01886　「理論法律学」
　☆「社会科学の名著」

オースティン, J.L.

01887　「言語と行為」
『言語と行為』　J.L.オースティン著　坂本百大訳　大修館書店　1989　383p　20cm〈7版（初版：1978年）〉　1854円　①4-469-21072-2　Ⓝ801.01
　☆「現代哲学の名著」，「自己・他者・関係」

オストヴァルト

01888　「偉大なる人物」
　☆「世界名著大事典」

01889　「一般化学の基礎」
　☆「世界名著大事典」

01890　「エネルギー」
『エネルギー』　オストヴルト著　山県春次訳　岩波書店　1956　231p　15cm（岩波文庫）　Ⓝ423.5
　☆「世界名著大事典」

01891　「オストヴァルト精密科学古典双書」
　☆「世界名著大事典」

01892　「科学的唯物論の克服」
　☆「世界名著大事典」

01893　「化学の学校」
『化学の学校』　マノロフほか著　早川光雄訳　東京図書　1987　332p　19cm〈新装版〉　1300円　①4-489-00196-7　Ⓝ430.4
　☆「世界の名著早わかり事典」，「世界名著大事典」

01894　「触媒について」
　☆「自然科学の名著」

オストロゴルスキー

01895　「民主政治と政党組織」

　☆「世界名著大事典」

オストロゴルスキー, ゲオルク

01896　「ビザンティン国家史」
　☆「世界名著大事典」

01897　「ビザンティン封建制史考」
　☆「世界名著大事典」

オストローフスキイ, アレクサンドル

01898　「森林」
　☆「世界文学鑑賞辞典 第4」，「世界名著大事典」

01899　「雷雨」
　☆「現代世界の名作」，「世界文学鑑賞辞典 第4」，「世界文学の名作と主人公」，「世界名著大事典」，「ポケット世界名作事典」，「ロシア文学」

オストローフスキイ, ニコライ

01900　「嵐の中に生まれいずるもの」
　☆「世界名著大事典」

01901　「鋼鉄はいかに鍛えられたか」
『鋼鉄はいかに鍛えられたか』　オストローフスキイ著　中村融訳　新潮社　1958　2冊　15cm（新潮文庫）　Ⓝ983
　☆「現代世界の名作」，「世界文学鑑賞辞典 第4」，「世界名著大事典」，「ポケット世界名作事典」

オズボーン, ジョン

01902　「怒りをこめてふりかえれ」
『怒りをこめてふりかえれ』　ジョン・オズボーン著　青木範夫訳　原書房　1959　220p 図版　19cm　Ⓝ932
　☆「世界文学あらすじ大事典 1（あ‐きょう）」，「世界名著大事典」，「たのしく読めるイギリス文学」

オーズボーン, ドッド

01903　「七つの海の狼」
『七つの海の狼　上』　ドッド・オーズボーン著　矢吹寿訳　思索社　1950　245p　19cm　Ⓝ934
　☆「世界の海洋文学」

オズボーン, H.F.

01904　「ギリシア人よりダーウィンまで」
　☆「世界名著大事典」

01905　「生命の起原と進化」
『生命の起原と進化』　オズボーン著　内田亨，宮下義信訳　岩波書店　1931　1冊 肖像　23cm　Ⓝ466
　☆「自然科学の名著」，「世界名著大事典」

オスラー

01906　「心の静けさ」
　☆「世界名著大事典」

オスワルド

01907　「西洋印刷文化史」
　『西洋印刷文化史』　オスワルド著　玉城肇訳　再版　鮎書房　1943　481p　22cm　Ⓝ749
　☆「世界名著大事典」

オセーエワ

01908　「ワショークと仲間たち」
　『ワショークと仲間たち　上』　オセーエワ作　袋一平訳　岩波書店　1975　224p　18cm（岩波少年文庫）　Ⓝ983
　☆「名作の研究事典」

オーゼル

01909　「近代の黎明」
　☆「世界名著大事典」

01910　「資本主義の端緒」
　☆「世界名著大事典」

オーツ

01911　「かれら」
　『かれら』　ジョイス・キャロル・オーツ著　大橋吉之輔,真野明裕訳　角川書店　1973　2冊　20cm（海外純文学シリーズ　7-8）　各1400円　Ⓝ933
　☆「世界の小説大百科」,「世界文学の名作と主人公」,「たのしく読めるアメリカ文学」

オーツ, ジョイス・キャロル

01912　「フォックスファイア」
　『フォックスファイア』　ジョイス・キャロル・オーツ著　井伊順彦訳　DHC　2002　433p　19cm　1800円　Ⓘ4-88724-285-9
　☆「知っておきたいアメリカ文学」,「名作あらすじ事典　西洋文学編」

オッカム, ウィリアム・オブ

01913　「教皇権8問」
　☆「世界名著大事典」

01914　「古論理学書黄金注解」
　☆「世界名著大事典」

オッセンドウスキー

01915　「獣・人・神」
　☆「世界の奇書」

オッツィ, バロネス

01916　「紅はこべ」
　『紅はこべ』　オークシイ著　中田耕治訳　河出書房新社　1989　359p　15cm（河出文庫）　620円　Ⓘ4-309-46064-X　Ⓝ933
　☆「世界名作事典」,「世界名著大事典」

オットー

01917　「古代文化史」
　☆「世界名著大事典」

01918　「聖なるもの」
　『聖なるもの』　オットー著　久松英二訳　岩波書店　2010　465,8p　15cm（岩波文庫）　1140円　Ⓘ978-4-00-338111-3
　☆「学問がわかる500冊」,「宗教哲学名著解説」,「人文科学の名著」,「世界名著大事典」

オット, フーゴ

01919　「マルティン・ハイデガー—伝記への途上で」
　『マルティン・ハイデガー—伝記への途上で』　フーゴ・オット著　北川東子,藤沢賢一郎,忽那敬三訳　未来社　1995　1冊　19cm（ポイエーシス叢書　29）　5974円　Ⓘ4-624-93229-3
　☆「ハイデガー本45」

オットー, W.

01920　「考古学提要」
　☆「世界名著大事典」

オッフェ, C.

01921　「後期資本制社会システム」
　『後期資本制社会システム—資本制的民主制の諸制度』　クラウス・オッフェ著　寿福真美編訳　法政大学出版局　1988　336,7p　19cm（叢書・ウニベルシタス　230）　2900円　Ⓘ4-588-00230-9
　☆「社会の構造と変動」

オッペンハイマー, フランツ

01922　「一般社会学」
　☆「学術辞典叢書　第11巻」,「世界名著解題選　第1巻」

01923　「国家論」
　『国家論』　フランツ・オッペンハイマー著　広島定吉訳　改造図書出版販売　1977　217p　15cm（改造文庫覆刻版　第1期）〈発売：大和書房（東京）〉　Ⓘ313.1
　☆「学術辞典叢書　第11巻」,「社会科学の名著」,「世界名著解題選　第1巻」,「世界名著大事典」

01924　「社会学体系」
　☆「世界名著大事典」

オッペンハイム

01925　「国際法」
　『国際法』　オッペンハイム著　広井大三訳　東松山　進明堂　1999　499p　21cm　Ⓝ329
　☆「世界名著大事典」

オッポルツァー

01926　「日月食宝典」

オデッツ, クリフォード
01927　「ゴールデン・ボーイ」
　☆「世界文学あらすじ大事典 2（きよえ‐ちえ）」

01928　「醒めて歌え」
　☆「世界文学鑑賞辞典 第1」,「世界名著大事典」

オーデブレヒト
01929　「形式と精神」
　☆「世界名著大事典」

オーデブレヒト, ルドルフ
01930　「美的価値論の基礎付け」
　☆「学術辞典叢書 第13巻」,「世界名著解題選 第3巻」,「世界名著大事典」

オデル, S.
01931　「青いイルカの島」
　『青いイルカの島』　スコット・オデル作　藤原英司訳　小泉澄夫絵　理論社　2004　306p　19cm（理論社名作の森）　1600円
　①4-652-00524-5
　☆「英米児童文学のベストセラー40」

オーデン
01932　「F6登攀」
　☆「世界名著大事典」

オーデン, W.H.
01933　「オーデン詩集」
　『オーデン詩集』　W.H.オーデン著　中桐雅夫訳　福間健二編　小沢書店　1993　227p　20cm（双書・20世紀の詩人　7）　1400円
　☆「世界文学鑑賞辞典 第1」

01934　「1939年9月1日」
　☆「たのしく読めるイギリス文学」

01935　「不安の時代」
　『不安の時代—バロック風田園詩』　W.H.オーデン著　大橋勇ほか訳　国文社　1993　262p　20cm　2678円　①4-7720-0389-4　Ⓝ931
　☆「世界名著大事典」

オトウェイ, トマス
01936　「救われたヴェニス」
　☆「世界文学あらすじ大事典 2（きよえ‐ちえ）」,「世界名著大事典」

オドノヒュウ, ジョン
01937　「アナム・カラ—ケルトの知恵—価値の研究」
　『アナム・カラ—ケルトの知恵』　ジョン・オドノヒュウ著　池央耿訳　角川書店　2000　196p　19cm（角川21世紀叢書）　1500円
　①4-04-791355-3
　☆「世界のスピリチュアル50の名著」

オトマン
01938　「フランコ・ガリア」
　☆「世界名著大事典」

オトレンバ
01939　「一般商業および交通地理学」
　☆「世界名著大事典」

01940　「一般農業および工業地理学」
　☆「世界名著大事典」

オニオンズ
01941　「ローウムの狂気」
　☆「世界の幻想文学」

オニール, ジェラード
01942　「スペース・コロニー2081」
　『スペース・コロニー2081』　ジェラード・K.オニール著　小尾信弥訳　京都　PHP研究所　1981　385p　20cm　2200円　Ⓝ538.9
　☆「科学技術をどう読むか」

オニール, ユージン
01943　「アンナ・クリスティ」
　『アンナ・クリスティ』　オニール著　石田英二訳　岩波書店　1951　161p　15cm（岩波文庫）　Ⓝ932
　☆「世界文学あらすじ大事典 1（あ‐きよう）」

01944　「偉大な神ブラウン」
　☆「世界名著大事典」

01945　「カーディフさして東へ」
　☆「世界の海洋文学」

01946　「奇妙な幕間狂言」
　『奇妙な幕間狂言』　オニール著　井上宗次, 石田英二共訳　3版　岩波書店　1949　334p　15cm（岩波文庫）〈初版：昭和10年〉　Ⓝ932
　☆「現代世界の名作」,「世界文学あらすじ大事典 1（あ‐きよう）」,「世界文学鑑賞辞典 第1」,「世界名作事典」,「世界名著大事典」

01947　「皇帝ジョーンズ」
　☆「世界文学あらすじ大事典 2（きよえ‐ちえ）」,「世界名著大事典」

01948　「ダイナモ」
　『ダイナモ』　ユージン・オニイル著　志賀勝訳　新生堂　1931　151p　20cm　Ⓝ932
　☆「世界名著大事典」

01949　「地平線のかなた」
　☆「英米文学の名作を知る本」,「世界の名著」,「世界名著大事典」

01950　「楡の木陰の欲望」

『楡の木陰の欲望—改訳』 オニール作 井上宗次訳 岩波書店 1974 157p（図共） 15cm（岩波文庫）〈初版の書名：楡の木蔭の慾情〉 140円 Ⓝ932
☆「アメリカ文学」,「あらすじで味わう外国文学」,「世界文学あらすじ大事典 3（ちか‐ふろ）」,「世界文学鑑賞辞典 第1」,「世界文学の名作と主人公」,「世界名作事典」,「世界名著大事典」,「たのしく読めるアメリカ文学」,「ポケット世界名作事典」

01951 「喪服の似合うエレクトラ」
『喪服の似合うエレクトラ』 オニール著 清野暢一郎訳 岩波書店 1952 245p 15cm（岩波文庫） Ⓝ932
☆「知っておきたいアメリカ文学」,「世界文学あらすじ大事典 4（ふん‐われ）」,「世界名著大事典」,「名作あらすじ事典 西洋文学編」

01952 「夜への長い旅路」
『夜への長い旅路』 ユージン・オニール作 清野暢一郎訳 白水社 1956 184p 図版 19cm（現代海外戯曲） Ⓝ932
☆「たのしく読めるアメリカ文学」

オネゲル

01953 「わたしは作曲家である」
『わたしは作曲家である』 アルチュール・オネゲル著 吉田秀和訳 新装版 音楽之友社 1999 191p 19cm（もういちど読みたい） 1600円 Ⓘ4-276-21390-8 Ⓝ760.4
☆「世界名著大事典」

オネッティ, フアン・カルロス

01954 「造船所」
☆「世界の小説大百科」

01955 「はかない人生」
『はかない人生』 オネッティ著 鼓直訳 集英社 1995 461p 15cm（集英社文庫） 800円 Ⓘ4-08-760243-5
☆「世界文学あらすじ大事典 3（ちか‐ふろ）」

オーノワ夫人

01956 「童話集」
☆「世界名著大事典」

オパーリン

01957 「生命の起源」
『生命の起源』 オパーリン著 東大ソヴェト医学研究会訳 岩崎学術出版社 1968 117p 図版 26cm 280円 Ⓝ466.1
☆「自然科学の名著」,「自然科学の名著100選 下」,「世界の名著早わかり事典」,「世界名著大事典」,「物理ブックガイド100」

オブライアン, パトリック

01958 「ジャック・オブリー・シリーズ」

『闘う帆船ソフィー』 パトリック・オブライアン著 高橋泰邦訳 パシフィカ 1979 333p 19cm（海洋冒険小説シリーズ 9）〈発売：プレジデント社〉 1200円 Ⓝ933
☆「世界の海洋文学」

オブライエン, エドナ

01959 「カントリー・ガール」
『カントリー・ガール』 エドナ・オブライエン著 大久保康雄訳 集英社 1977 313p 16cm（集英社文庫） 260円 Ⓝ933
☆「世界の小説大百科」,「たのしく読めるイギリス文学」

01960 「みどりの瞳」
『みどりの瞳』 エドナ・オブライエン著 生島治郎訳 集英社 1977 393p 16cm（集英社文庫） 320円 Ⓝ933
☆「世界の小説大百科」

オブライエン, ティム

01961 「カチアートを追跡して」
『カチアートを追跡して』 ティム・オブライエン著 生井英考訳 新潮社 1997 549p 15cm（新潮文庫） 720円 Ⓘ4-10-204211-3
☆「たのしく読めるアメリカ文学」

01962 「本当の戦争の話をしよう」
『本当の戦争の話をしよう』 ティム・オブライエン著 村上春樹訳 文藝春秋 1998 395p 15cm（文春文庫） 571円 Ⓘ4-16-730979-3
☆「アメリカ文学」,「世界の小説大百科」

オブライエン, パトリック・カール

01963 「帝国主義と工業化 1415〜1974」
『帝国主義と工業化1415〜1974―イギリスとヨーロッパからの視点』 パトリック・オブライエン著 秋田茂,玉木俊明訳 京都 ミネルヴァ書房 2000 230,39p 22cm（Minerva西洋史ライブラリー 39） 3600円 Ⓘ4-623-03220-5 Ⓝ332.3
☆「新・現代歴史学の名著」

オブライエン, フィッツ＝ジェイムズ

01964 「失われた部屋」
『失われた部屋』 フィッツ＝ジェイムズ・オブライエン著 大滝啓裕訳 サンリオ 1979 305p 15cm（サンリオSF文庫） 380円 Ⓝ933
☆「世界のSF文学・総解説」

01965 「ダイヤモンドのレンズ」
☆「世界の幻想文学」

オブライエン, フラン

01966 「スウィム・トゥー・バーズにて」

☆「世界の小説大百科」

01967 「第三の警官」
『第三の警官』 フラン・オブライエン著　大澤正佳訳　白水社　2013　354p　18cm（白水uブックス　188―海外小説永遠の本棚）〈筑摩書房1973年刊の再刊〉　1600円
①978-4-560-07188-5 Ⓝ933.7
☆「世界の幻想文学」,「世界の小説大百科」,「たのしく読めるイギリス文学」

オーフラハティー, リーアム
01968 「男の敵」
☆「映画になった名著」

オーブリー
01969 「民法提要」
☆「世界名著大事典」

オーブリー, ジョン
01970 「名士小伝」
『名士小伝』 オーブリー著　橋口稔,小池銈訳　富山房　1979　28,283,17p　18cm（富山房百科文庫　26）　750円　Ⓝ283.3
☆「世界文学あらすじ大事典 4（ふん・われ）」

オベーセーカラ
01971 「メドゥーサの髪」
『メドゥーサの髪―エクスタシーと文化の創造』ガナナート・オベーセーカラ著　渋谷利雄訳　言叢社　1988　350,29p　19cm　2500円
☆「学問がわかる500冊 v.2」

オーベール・ド・ラ・リュ
01972 「人と島」
☆「世界名著大事典」

O・ヘンリー
01973 「O・ヘンリ短編集」
☆「あらすじで読む世界の名著 no.3」,「読書入門」,「要約 世界文学全集 1」

01974 「警官と讃美歌」
『ちくま文学の森　8　怠けものの話』 安野光雅,森毅,井上ひさし,池内紀編　筑摩書房　2011　504p　15cm　1100円
①978-4-480-42738-0 Ⓝ908
☆「世界名著大事典 補遺（Extra）」

01975 「賢者の贈り物」
『アメリカン・マスターピース　古典篇』 ナサニエル・ホーソーン他著　柴田元幸編訳　スイッチ・パブリッシング　2013　262p　20cm（SWITCH LIBRARY　柴田元幸翻訳叢書）〈他言語標題：AMERICAN MASTERPIECES〉　2100円
①978-4-88418-433-9 Ⓝ933.68

☆「あらすじで味わう外国文学」,「英米文学の名作を知る本」,「図説 5分でわかる世界の名作」,「世界のメルヘン30」,「世界文学鑑賞辞典 第1」,「世界名著大事典 補遺（Extra）」,「日本・世界名作「愛の会話」100章」,「ポケット世界名作事典」

01976 「最後の一葉」
『命』 シュトルム,オー・ヘンリ,ヴァッサーマン著　関泰祐,小沼丹,山崎恒裕訳　ポプラ社　2010　134p　19cm（百年文庫　21）　750円
①978-4-591-11903-7 Ⓝ908.3
☆「アメリカ文学」,「英米文学の名作を知る本」,「図説 5分でわかる世界の名作」,「世界の名作おさらい」,「世界の名作文学案内」,「世界文学の名作と主人公」,「世界名著大事典 補遺（Extra）」,「百年の誤読 海外文学篇」,「名作の研究事典」

01977 「二十年後」
『賢者の贈り物』 O.ヘンリー作　飯島淳秀訳　そらめ絵　新装版　講談社　2009　189p　18cm（講談社青い鳥文庫　149-2）〈並列シリーズ名：Aoitori bunko〉　580円
①978-4-06-285121-3 Ⓝ933.7
☆「世界名著大事典 補遺（Extra）」

01978 「ハーグレイヴズの一人二役」
『オー・ヘンリー傑作選』 大津栄一郎訳　岩波書店　1991　260p　19cm（ワイド版岩波文庫）　900円　①4-00-007088-6 Ⓝ933
☆「アメリカ文学」

01979 「よみがえった改心」
『ロマンティック・ストーリーズ』 赤木かん子編　ポプラ社　2001　173p　20cm（Little selections あなたのための小さな物語　3）　1300円　①4-591-06759-9,4-591-99375-2
☆「アメリカ文学」

オーマン, スージー
01980 「女性とお金」
☆「お金と富の哲学世界の名著50」

オーム
01981 「数学的に取扱ったガルヴァーニ電池」
☆「西洋をきずいた書物」,「世界を変えた書物」,「世界名著大事典」

オームス, ヘルマン
01982 「徳川イデオロギー」
『徳川イデオロギー』 ヘルマン・オームス著　黒住真,清水正之,豊沢一,頼住光子共訳　ぺりかん社　1990　394,19,16p　21cm　5800円
①4-8315-0496-3
☆「日本思想史」

オームステッド
01983 「綿花王国」
☆「世界名著大事典」

オーラール
01984 「フランス革命政治史」
☆「世界名著大事典」

オランダ商館長
01985 「オランダ風説書」
☆「世界名著大事典」

01986 「出島商館日記」
☆「世界名著大事典」

オーリウ
01987 「行政法および公法概要」
☆「世界名著大事典」

01988 「憲法概要」
☆「世界名著大事典」

01989 「公法原理」
☆「世界名著大事典」

オリヴァー=スミス, アンソニー
01990 「災害の人類学」
『災害の人類学―カタストロフィと文化』 スザンナ・M.ホフマン, アンソニー・オリヴァー=スミス編著　若林佳史訳　明石書店　2006　327p　21cm　3600円　Ⓘ4-7503-2422-1
☆「環境と社会」

オリヴィエ, ローレンス
01991 「一俳優の告白」
『一俳優の告白―ローレンス・オリヴィエ自伝』 ローレンス・オリヴィエ著　小田島雄志訳　文藝春秋　1986　342p　19cm　2500円　Ⓘ4-16-340450-3
☆「自伝の名著101」

オリオール, V.
01992 「日録」
☆「世界名著大事典 補遺（Extra）」

オリゲネス
01993 「原理論」
☆「世界名著大事典」

オリーン, B.G.
01994 「貿易理論―地際および国際貿易」
『貿易理論―域際および国際貿易』 B.ウリーン著　木村保重訳　京都　晃洋書房　1980　485p　22cm（追録：所得分配に及ぼす外国貿易の効果 E.ヘクシャー著）　3500円　Ⓝ333.6
☆「経済学名著106選」,「世界の古典名著」,「世界名著大事典」

オルグレン, ネルソン
01995 「黄金の腕」
☆「世界の小説大百科」

オールコック
01996 「大君の都」
『大君の都―幕末日本滞在記　上』 オールコック著　山口光朔訳　岩波書店　1962　420p　図版　15cm（岩波文庫）　Ⓝ210.58
☆「アジアの比較文化」,「外国人による日本論の名著」,「世界名著大事典」

オールコット, ルイーザ・メイ
01997 「4人姉妹」
☆「世界名著大事典」

01998 「リトル・メン」
☆「世界名著大事典」

01999 「若草物語」
『若草物語　上』 ルイザ・メイ・オルコット作　海都洋子訳　岩波書店　2013　258p　18cm（岩波少年文庫　218）　700円　Ⓘ978-4-00-114218-1　Ⓝ933.6
☆「あらすじで出会う世界と日本の名作55」,「あらすじで読む世界の名著 no.3」,「一冊で不朽の名作100冊を読む」(友人社),「一冊で不朽の名作100冊を読む」(友人社),「英米児童文学のベストセラー40」,「英米文学の名作を知る本」,「面白いほどよくわかるあらすじで読む世界の名作」,「書き出し「世界文学全集」」,「聴いてあじわう世界の名著 第3巻」,「近代名著解題選集 3」,「3行でわかる名作&ヒット本250」,「知っておきたいアメリカ文学」,「少年少女のための文学案内 1」,「図説 5分でわかる世界の名作」,「世界少年少女文学 リアリズム編」,「世界の小説大百科」,「世界のメルヘン30」,「世界文学あらすじ大事典 4（ふんーわ れ）」,「世界文学鑑賞辞典 第1」,「世界文学の名作と主人公」,「たのしく読めるアメリカ文学」,「ポケット世界名作事典」,「名作あらすじ事典 西洋文学編」,「名作の研究事典」

オルソン
02000 「応用音響学」
『応用音響学』 オルソン, マッサ著　清宮博訳　訂正版　コロナ社　1954　403p　22cm　Ⓝ424.9
☆「世界名著大事典」

オルソン, マンサー
02001 「集合行為論」
『集合行為論―公共財と集団理論』 マンサー・オルソン著　依田博, 森脇俊雅訳　新装版　京都　ミネルヴァ書房　1996　231,4p　21cm（MINERVA人文・社会科学叢書）　3605円　Ⓘ4-623-02670-1
☆「社会の構造と変動」

オルソン, M.G.
02002 「力学」
☆「物理ブックガイド100」

オルツィ, バロネス
02003 「隅の老人事件簿」
『隅の老人―完全版』 バロネス・オルツィ著 平山雄一訳 作品社 2014 604p 22cm〈文献あり〉 6800円 ①978-4-86182-469-2 Ⓝ933.7
☆「世界の推理小説・総解説」

オールディス, ブライアン
02004 「隠生代」
☆「世界のSF文学・総解説」

02005 「解放されたフランケンシュタイン」
『解放されたフランケンシュタイン』 ブライアン・W.オールディス著 藤井かよ訳 早川書房 1982 182p 20cm(海外SFノヴェルズ) 1000円 Ⓝ933
☆「たのしく読めるイギリス文学」

02006 「子供の消えた惑星」
☆「世界のSF文学・総解説」

02007 「地球の長い午後」
『地球の長い午後』 ブライアン・W.オールディス著 伊藤典夫訳 早川書房 1977 335p 16cm(ハヤカワ文庫 SF)〈370円〉 Ⓝ933
☆「世界のSF文学・総解説」

オールディントン
02008 「ある英雄の死」
☆「世界名著大事典」

オルテガ
02009 「現代の課題」
『現代の課題』 ホセ・オルテガ・イ・ガセット著 池島重信訳 法政大学出版局 1968 241p 20cm 750円 Ⓝ136
☆「世界名著大事典」

02010 「大衆の反逆」
『大衆の反逆』 オルテガ著 寺田和夫訳 中央公論新社 2002 263p 18cm(中公クラシックス) 1200円 ④4-12-160024-X
☆「社会科学の古典」,「社会学の名著30」,「世界の古典名著」,「世界の名著早わかり事典」,「世界名著大事典」,「哲学の世界」,「二十世紀を騒がせた本」,「20世紀を震撼させた100冊」

02011 「歴史的危機の本質」
☆「世界名著大事典」

オルテリウス
02012 「世界地図帳」
☆「自然科学の名著」,「西洋をきずいた書物」

オルデンベルク
02013 「ウパニシャッドの教えと仏教の初め」
☆「世界名著大事典」

02014 「仏陀」
『仏陀―その生涯、教理、教団』 ヘルマン・オルデンベルク著 木村泰賢,景山哲雄訳 書肆心水 2011 379p 22cm 6500円 ①978-4-902854-86-2 Ⓝ182.8
☆「世界名著大事典」

オルトリ, スヴェン
02015 「舌を出したアインシュタイン」
『舌を出したアインシュタイン―ひとり歩きした科学の神話』 スヴェン・オルトリ,ニコラ・ヴィトゥコフスキー共著 深川洋一訳 丸善 1999 185p 19cm 1900円 ④4-621-04653-5
☆「科学を読む愉しみ」

オルドリッチ, R.J.
02016 「日・米・英「諜報機関」の太平洋戦争」
『日・米・英「諜報機関」の太平洋戦争―初めて明らかになった極東支配をめぐる「秘密工作活動」』 リチャード・オルドリッチ著 会田弘継訳 光文社 2003 417p 19cm 2300円 ④4-334-97408-2
☆「名著で学ぶインテリジェンス」

オールビー, E.
02017 「ヴァージニア・ウルフなんかこわくない」
☆「アメリカ文学」,「世界の名作100を読む」,「世界文学あらすじ大事典1(あ・きょう)」,「世界文学の名作と主人公」,「世界名著大事典 補遺(Extra)」,「たのしく読めるアメリカ文学」,「文学・名著300選の解説 '88年度版」

02018 「海の風景」
☆「世界名著大事典 補遺(Extra)」

02019 「デリケート・バランス」
☆「世界名著大事典 補遺(Extra)」

02020 「動物園物語」
☆「世界名著大事典 補遺(Extra)」

オルフォード
02021 「経営管理の諸原理」
☆「世界名著大事典」

オルブライト
02022 「石器時代からキリスト教まで」
『石器時代からキリスト教まで―唯一神教とその歴史的過程』 W.F.オールブライト著 小野寺幸也訳 木田献一監修 日本キリスト教団出版局 2013 445p 22cm(聖書学古典叢書)〈年表あり 索引あり〉 6000円 ①978-4-8184-0826-5 Ⓝ193.02
☆「世界名著大事典」

オルブラフト
02023 「山賊ニコラ・シュハイ」
☆「世界名著大事典」

オールポート,G.W.
02024 「社会心理学」
☆「世界名著大事典」

02025 「人格心理学」
『パーソナリティ―心理学的解釈』 G.W.オールポート著　詫摩武俊ほか訳　新曜社　1982　488,4p　22cm　5800円　Ⓝ141.93
☆「学問がわかる500冊」、「教育学の世界名著100選」、「世界名著大事典」、「ブックガイド心理学」

02026 「制度的行動」
☆「世界名著大事典」

02027 「デマの心理学」
『デマの心理学』 G.W.オルポート,L.ポストマン[著]　南博訳　岩波書店　2008　268,13p　20cm（岩波モダンクラシックス）〈文献あり〉　3200円　Ⓘ978-4-00-027157-8　Ⓝ361.45
☆「世界名著大事典」

02028 「偏見の心理」
☆「世界名著大事典」

オールマン,J.
02029 「創造の政治学」
『創造の政治学』 ジョー・オールマン著　内山秀夫等訳　而立書房　1976　384p　20cm　1800円　Ⓝ211
☆「現代政治学を読む」

オルムステッド
02030 「ペルシア帝国史」
☆「世界名著大事典」

02031 「マケドニアの征服にいたるパレスティナとシリアの歴史」
☆「世界名著大事典」

オルリク
02032 「ヴァイキング文化」
☆「世界名著大事典」

オレージ
02033 「ナショナル・ギルド」
☆「世界名著大事典」

オレーシャ
02034 「羨望」
『羨望』 オレーシャ著　木村浩訳　集英社　1977　206p　16cm（集英社文庫）　200円　Ⓝ983
☆「世界名著大事典」、「ロシア文学」

オーロビンド
02035 「聖なる生活」
☆「世界名著大事典」、「世界名著大事典 補遺（Extra）」、「東洋の名著」

オング,W.J.
02036 「声の文化と文字の文化」
『声の文化と文字の文化』 ウォルター・J.オング著　桜井直文,林正寛,糟谷啓介訳　藤原書店　1991　405p　19cm　4200円
Ⓘ4-938661-36-5
☆「学問がわかる500冊」、「メディア・情報・消費社会」

オンケン
02037 「世界史大系」
☆「世界名著大事典」

02038 「ラッサール」
☆「世界名著大事典」

オンダーチェ,マイケル
02039 「イギリス人の患者」
『イギリス人の患者』 マイケル・オンダーチェ著　土屋政雄訳　新潮社　1999　392p　15cm（新潮文庫）　667円　Ⓘ4-10-219111-9
☆「世界の小説大百科」、「百年の誤読 海外文学篇」

【カ】

夏 衍　か・えん
02040 「ファッショ・バクテリア」
☆「世界名著大事典」

賈 誼　か・ぎ
02041 「過秦論」
☆「世界名著大事典」

02042 「新書」
☆「中国の古典名著」

賀 敬之　が・けいし
02043 「白毛女」
☆「世界名作事典」、「世界名著大事典」、「中国の名著」

何 国宗　か・こくしゅう
02044 「暦象考成」
☆「世界名著大事典」

賈 思勰　か・しきょう
02045 「斉民要術」
『斉民要術―現存する最古の料理書』 田中静一,小島麗逸,太田泰弘編訳　雄山閣出版　1997

カ　　　　　　　　　　　　　　　　　　02046〜02064

340p　21cm　4800円　①4-639-01470-8
☆「自然科学の名著100選 上」,「世界名著大事典」,「中国の古典名著」

夏 志清　か・しせい
02046　「中国現代小説史」
☆「東アジア人文書100」

カー, ジョン・ディクスン
02047　「皇帝のかぎ煙草入れ」
『皇帝のかぎ煙草入れ』　ジョン・ディクスン・カー著　駒月雅子訳　東京創元社　2012　318p　15cm（創元推理文庫）　740円　①978-4-488-11832-7
☆「世界の推理小説・総解説」

02048　「ブレーグ・コートの殺人」
『ブレーグ・コートの殺人』　カーター・ディクスン著　仁賀克雄訳　早川書房　1977　306p　16cm（ハヤカワ・ミステリ文庫）　350円　Ⓝ933
☆「世界の推理小説・総解説」

02049　「ユダの窓」
『ユダの窓』　カーター・ディクスン著　砧一郎訳　早川書房　1978　396p　16cm（ハヤカワ・ミステリ文庫）　440円　Ⓝ933
☆「世界の推理小説・総解説」

何 炳棣　か・へいてい
02050　「黄土と中国農業の起源」
☆「東アジア人文書100」

カー, E.H.
02051　「新しい社会」
『新しい社会』　E.H.カー著　清水幾太郎訳　第16刷改版　岩波書店　1963　176p　18cm（岩波新書）　631円　①4-00-411073-4　Ⓝ311
☆「社会科学の古典」

02052　「一国社会主義」
『一国社会主義―ソヴェト・ロシア史』　E.H.カー著　南塚信吾訳　新装版　みすず書房　1999　2冊（セット）　21cm　15000円　①4-622-03832-3
☆「現代歴史学の名著」

02053　「カール・マルクス」
『カール・マルクス―その生涯と思想の形成』　E.H.カー著　石上良平訳　新版　未來社　1998　453,10p　20cm　3800円　①4-624-11166-4　Ⓝ331.6
☆「「本の定番」ブックガイド」

02054　「危機の二十年」
『危機の二十年―理想と現実』　E.H.カー著　原彬久訳　岩波書店　2011　544,4p　15cm（岩波文庫）　1100円　①978-4-00-340221-4

Ⓝ319.02
☆「学問がわかる500冊」,「グローバル政治理論」,「現代政治学を読む」,「世界名著大事典」,「名著に学ぶ国際関係論」

02055　「ソビエト・ロシア史」
☆「歴史の名著」

02056　「ドストエフスキー」
『ドストエフスキー』　E.H.カー著　松村達雄訳　筑摩書房　1968　311p　19cm（筑摩叢書 106）　650円　Ⓝ980.28
☆「伝記・自叙伝の名著」

02057　「ナショナリズムとそれ以後」
☆「ナショナリズム論の名著50」

02058　「平和の条件」
『平和の条件―安全保障問題の理論と実際』　エドワード・ハレット・カー著　高橋甫訳　建民社　1954　354p 図版　22cm　Ⓝ319
☆「世界名著大事典」

02059　「ボリシェヴィキ革命」
『ボリシェヴィキ革命―ソヴェト・ロシア史』　E.H.カー著　原田三郎,田中菊次,服部文男,宇高基輔共訳　新装版　みすず書房　1999　3冊（セット）　21cm　25000円　①4-622-03831-5
☆「現代歴史学の名著」,「世界名著大事典」

02060　「歴史とは何か」
『歴史とは何か』　E.H.カー著　清水幾太郎訳　岩波書店　2003　252p　18cm（岩波新書〈第68刷〉）　780円　①4-00-413001-8
☆「学問がわかる500冊 v.2」,「教養のためのブックガイド」,「「本の定番」ブックガイド」,「歴史家の一冊」

カー, H.W.
02061　「宗教及倫理学に於ける思想的背景の変化」
☆「宗教哲学名著解説」

02062　「ニューゲイトの花嫁」
『ニューゲイトの花嫁』　ジョン・ディクスン・カー著　工藤政司訳　早川書房　1983　416p　16cm（ハヤカワ・ミステリ文庫）　500円　Ⓝ933
☆「世界の冒険小説・総解説」

艾 思奇　がい・しき
02063　「大衆哲学」
☆「世界名著大事典」

艾 青　がい・せい
02064　「大堰河」
☆「世界名著大事典」

ガイウス

02065「法学提要」
『法学提要』 ガイウス著 船田享二訳 新版 有斐閣 1967 383p 19cm 1000円 Ⓝ322.315
☆「世界名著大事典 補遺(Extra)」

02066「ローマ法大全」
☆「世界名著大事典 補遺(Extra)」

ガイガー, ヴィルヘルム

02067「パーリ,文学と言語」
☆「世界名著大事典」

ガイガー, テオドール

02068「社会態の諸相」
☆「世界名著大事典」

02069「社会における知識階級の課題と地位」
☆「世界名著大事典」

02070「大衆とその行動」
☆「世界名著大事典」

ガイガー, H.

02071「物理学双書」
☆「世界名著大事典」

ガイガー, M.

02072「美学への道」
☆「世界名著大事典」

ガイザー

02073「瀕死の戦闘機隊」
『瀕死の戦闘機隊』 ゲルト・ガイザー著 松谷健二訳 早川書房 1979 284p 16cm (ハヤカワ文庫 NV) 340円 Ⓝ943
☆「世界の冒険小説・総解説」

カイザー, G.

02074「歴史学の構成と課題」
☆「世界名著大事典」

カイザー, W.

02075「言語芸術論」
☆「世界名著大事典」

カイゼル, ゲオルク

02076「朝から夜中まで」
☆「現代世界の名作」,「世界文学鑑賞辞典 第3」,「世界名著大事典」

02077「カレーの市民」
『カレーの市民―附・表現派解説』 ゲオルク・カイゼル著 新関良三訳 新潮社 1921 188,24p 16cm Ⓝ942
☆「近代名著解題選集 1」,「近代名著解題選集 2」,「世界名著解題選 第1巻」,「世界名著大事典」

02078「平行」
『平行――一九二三年の世相劇』 ゲオルク・カイザア著 久保栄訳 岩波書店 1934 130p 16cm (岩波文庫 997) Ⓝ942
☆「世界文学鑑賞辞典 第3」

カイゼルリング

02079「1哲学者の旅日記」
☆「世界名著大事典」

ガイダール

02080「チムール少年隊」
☆「世界文学鑑賞辞典 第4」,「世界名著大事典」,「名作の研究事典」

02081「ボリスの冒険」
☆「少年少女のための文学案内 2」

ガイテ, カルメン・マルティン

02082「後ろの部屋」
☆「世界の小説大百科」

カイパー

02083「18世紀日蘭交渉史」
☆「世界名著大事典」

カイム

02084「ナザレのイエスの歴史」
☆「世界名著大事典」

カイヨワ, ロジェ

02085「遊びと人間」
『遊びと人間』 ロジェ・カイヨワ著 多田道太郎,塚崎幹夫訳 講談社 1990 389p 15cm (講談社学術文庫) 1000円 ①4-06-158920-2
☆「文化の社会学」

02086「聖なるものの社会学」
『聖なるものの社会学』 ロジェ・カイヨワ著 内藤莞爾訳 筑摩書房 2000 275p 15cm (ちくま学芸文庫) 950円 Ⓝ361.04
☆「必読書150」

ガイリンガー

02087「ハイドン」
☆「世界名著大事典」

02088「ブラームス―生涯と作品」
『ブラームス―生涯と芸術』 カール・ガイリンガー著 山根銀二訳 改訂版 芸術現代社 1997 456,5p 19cm (芸術現代選書) 3000円 ①4-87463-137-1
☆「世界名著大事典」,「伝記・自叙伝の名著」

カイル

02089「氷原の檻」

ガーヴ, アンドリュウ

02090 「諜報作戦/D13峰登頂」
☆「世界の冒険小説・総解説」

02091 「ヒルダよ眠れ」
『ヒルダよ眠れ』 アンドリュウ・ガーヴ著 宇佐川晶子訳 早川書房 2008 373p 15cm（ハヤカワ・ミステリ文庫） 800円
①978-4-15-073354-4
☆「世界の推理小説・総解説」

02092 「メグストン計画」
『メグストン計画』 アンドリュウ・ガーヴ著 福島正実訳 早川書房 1958 186p 19cm（世界探偵小説全集）Ⓝ933
☆「世界の推理小説・総解説」

カーヴァー

02093 「アメリカ合衆国における現在の経済革命」
☆「世界名著大事典」

カーヴァ, トマス・ニクソン

02094 「分配論」
『分配論』 トマス・ニクソン・カアバア著 大山千代雄訳 岩波書店 1925 386p 20cm Ⓝ331
☆「学術辞典叢書 第11巻」,「世界名著解題選 第3巻」

カーヴァー, レイモンド

02095 「大聖堂」
『大聖堂』 レイモンド・カーヴァー著 村上春樹訳 中央公論新社 2007 431p 18cm（村上春樹翻訳ライブラリー） 1300円
①978-4-12-403502-5
☆「あらすじで味わう外国文学」,「世界の小説大百科」,「世界名作文学館」,「たのしく読めるアメリカ文学」

02096 「ぼくが電話をかけている場所」
『ぼくが電話をかけている場所』 レイモンド・カーヴァー著 講談社 1989 215p 15cm（Kodansha English library）〈書名は背・表紙による 標題紙等の書名：Where I'm calling from 共同刊行：講談社インターナショナル〉 520円 ①4-06-186045-3
☆「知っておきたいアメリカ文学」,「百年の誤読 海外文学篇」,「名作あらすじ事典 西洋文学編」

カヴァリエリ

02097 「不可分量の幾何学」
☆「世界名著大事典」

カヴァーリ＝スフォルツァ, フランチェスコ

02098 「わたしは誰、どこから来たの—進化にみるヒトの「違い」の物語」
☆「学問がわかる500冊 v.2」

カヴァーリ＝スフォルツァ, ルーカ

02099 「わたしは誰、どこから来たの—進化にみるヒトの「違い」の物語」
☆「学問がわかる500冊 v.2」

カヴァルカセレ

02100 「イタリア絵画史」
☆「世界名著大事典」

02101 「ティツィアーノ」
☆「世界名著大事典」

カヴェーリン

02102 「師匠たちと弟子たち」
『師匠たちと弟子たち』 ヴェニアミン・カヴェーリン著 沼野充義訳 月刊ペン社 1981 251p 20cm（妖精文庫 26） 1500円 Ⓝ983
☆「世界の幻想文学」

ガウス

02103 「誤差を最小にする観測の組み合わせの理論」
☆「世界名著大事典」

02104 「整数論研究」
☆「西洋をきずいた書物」,「世界を変えた書物」,「世界名著大事典」

02105 「天体運動論」
☆「世界名著大事典」

カーウース, カイ

02106 「カーブース書」
☆「世界名著大事典」

ガウダパーダ

02107 「マーンズーキヤ頌」
☆「世界名著大事典」

ガウタマ

02108 「ニヤーヤ・スートラ」
☆「世界名著大事典」

カウツキー, カール

02109 「エルフルト綱領解説」
『エルフルト綱領解説』 カール・カウツキー著 三輪寿壮訳 改造図書出版販売 1977 295p 15cm（改造文庫覆刻版 第1期）〈発売：大和書房（東京）〉 Ⓝ363.44

02110 「キリスト教の起源」
『キリスト教の起源—歴史的研究』 カール・カ

ウツキー著　栗原佑訳　法政大学出版局　1975　516p　20cm（叢書・ウニベルシタス）　3000円　Ⓝ190.2
☆「学術辞典叢書 第14巻」,「世界名著解題選 第1巻」,「世界名著解題選 第5巻」,「世界名著大事典」

02111　「自然と社会とに於ける増殖と進化」
☆「学術辞典叢書 第14巻」,「世界名著解題選 第2巻」

02112　「社会革命論」
『社会革命論』　カウツキー著　松本信夫訳　白揚社　1928　407p　19cm　Ⓝ363.44
☆「学術辞典叢書 第14巻」,「世界名著大事典」

02113　「テロリズムと共産主義」
『テロリズムと共産主義』　L.トロツキー著　根岸隆夫訳　現代思潮社　1975　243p　20cm　1400円　Ⓝ363.5
☆「学術辞典叢書 第14巻」

02114　「トマス・モアとそのユートピア」
☆「世界名著解題選 第4巻」,「世界名著大事典」

02115　「農業社会化論」
☆「学術辞典叢書 第11巻」,「世界名著解題選 第3巻」

02116　「農業問題」
『農業問題—近代的農業の諸傾向の概観と社会民主党の農業政策　第1冊』　カール・カウツキー著　山崎春成,崎山耕作訳　国民文庫社　1955　377p　15cm（国民文庫）　Ⓝ611
☆「学術辞典叢書 第14巻」,「経済学名著106選」,「世界名著解題選 第3巻」,「世界名著解題選 第4巻」,「世界名著大事典」

02117　「フランス革命時代における階級対立」
『フランス革命時代における階級対立』　カール・カウッキー著　堀江英一,山口和男訳　岩波書店　1954　142p　15cm（岩波文庫）　Ⓝ235.061
☆「世界名著大事典」

02118　「プロレタリアートの独裁」
☆「世界名著大事典」

02119　「ベルンシュタインと社会民主党の綱領」
☆「世界名著大事典」

02120　「唯物史観」
『唯物史観　第1巻 第1書—第3書　自然と社会』　カール・カウツキー著　佐多忠隆訳　日本評論社　1931　3冊　24cm　Ⓝ363
☆「世界名著大事典」

02121　「倫理と唯物史観」
『倫理と唯物史観』　カール・カウツキー著　堺利彦訳　改造図書出版販売　1977　176p　15cm（改造文庫覆刻版　第1期）〈発売：大和書房（東京）〉　Ⓝ150.2
☆「世界名著解題選 第3巻」,「世界名著解題選 第5巻」,「世界名著大事典」,「哲学の名著」

02122　「論理と唯物的歴史観」
☆「学術辞典叢書 第11巻」

カウティルヤ

02123　「カウティルヤ実利論」
☆「世界名著大事典」,「中国の名著」,「東洋の名著」

ガウブ

02124　「民事訴訟法注釈」
☆「世界名著大事典」

カウフマン

02125　「キリスト教考古学提要」
☆「世界名著大事典」

カウフマン, エミール

02126　「ルドゥーからル・コルビュジエまで—自律的建築の起源と展開」
『ルドゥーからル・コルビュジエまで—自律的建築の起源と展開』　エミール・カウフマン著　白井秀和訳　中央公論美術出版　1992　172p　21cm　3300円　Ⓘ4-8055-0256-8
☆「建築の書物/都市の書物」

カウリー

02127　「エグザイル帰還」
☆「世界名著大事典」

カウンツ

02128　「学校は新しい社会秩序を築くか」
☆「世界名著解題選 第5巻」

02129　「教育原理」
☆「世界名著大事典」

カエサル

02130　「ガリア戦記」
『ガリア戦記—新訳　上』　ユリウス・カエサル著　中倉玄喜翻訳・解説　普及版　PHP研究所　2013　285p　18cm〈2008年刊を加筆修正し、上・下巻に分冊〉　950円　Ⓘ978-4-569-81225-0　Ⓝ230.3
☆「あらすじで読む世界の名著 no.1」,「古典・名著の読み方」,「世界の古典名著」,「世界の名著早わかり事典」,「世界の旅行記101」,「世界名著大事典」,「地図とあらすじで読む歴史の名著」,「名著で読む世界史」,「歴史学の名著30」

02131　「内乱記」
『内乱記』　ユリウス・カエサル著　国原吉之助訳　講談社　1996　304p　15cm（講談社学術文庫）　900円　Ⓘ4-06-159234-3
☆「世界名著大事典」

カエサルピヌス

02132　「植物学」

☆「西洋をきずいた書物」

カエターニ
02133 「イスラム年代記」
☆「世界名著大事典」

ガガーリン
02134 「地球は青かった」
『地球は青かった』 ガガーリン［著］ 岸田純之助訳 あかね書房 1987 249p 22cm〈少年少女20世紀の記録〉〈肖像あり〉
☆「名作の研究事典」

郝 懿行 かく・いこう
02135 「麗書堂筆録」
『中国古典文学大系 56巻 記録文学集』 松枝茂夫編 平凡社 1969 492p 23cm 1400円 Ⓝ928
☆「中国の古典名著」

郭 若虚 かく・じゃくきょ
02136 「図画見聞志」
☆「世界名著大事典」

郭 守敬 かく・しゅけい
02137 「授時暦経」
☆「自然科学の名著」,「自然科学の名著100選 上」,「世界名著大事典」

郭 象 かく・しょう
02138 「荘子注」
☆「世界名著大事典」

カーク, ジョン・G.
02139 「アメリカ・ナウ」
☆「現代政治学を読む」

敦崇 かく・そう
02140 「燕京歳時記」
『燕京歳時記—北京年中行事記』 敦崇著 小野勝年訳 平凡社 1967 255p 18cm（東洋文庫） 400円 Ⓝ385.8
☆「世界名著大事典」,「中国の古典名著」

郭 璞 かく・ぼく
02141 「爾雅」
☆「世界名著大事典」

02142 「穆天子伝」
☆「東洋の奇書55冊」

郭 沫若 かく・まつじゃく
02143 「郭沫若自伝」
☆「東洋の名著」

02144 「屈原」
『屈原』 郭沫若作 須田禎一訳 岩波書店 1956 191p 15cm（岩波文庫） Ⓝ922
☆「世界名作事典」,「世界名著大事典」,「中国の名著」,「ポケット世界名作事典」

02145 「十批判書」
☆「世界名著大事典」

02146 「創造十年」
☆「世界名著大事典」

02147 「中国古代社会研究」
『中国古代社会研究』 郭沫若著 上海 新新書店 361p 19cm Ⓝ362,362.22
☆「世界名著大事典」

02148 「卜辞通纂」
『卜辞通纂』 郭沫若著 文求堂書店 1933 4冊（攷釈,索引共） 27cm〈和装〉 Ⓝ821
☆「世界名著大事典」

02149 「女神」
『女神―全訳』 郭沫若著 藤田梨那訳 明徳出版社 2011 258p 19cm 1900円
Ⓘ978-4-89619-790-7 Ⓝ921.7
☆「世界名著大事典」

02150 「両周金文辞大系図録攷釈」
☆「世界名著大事典」

郭 茂倩 かく・もせい
02151 「楽府詩集」
☆「世界名著大事典」,「中国の古典名著」

廓庵師遠 かくあんしおん
02152 「十牛図」
☆「禅の名著を読む」

覚岸 かくがん
02153 「釈氏稽古略」
☆「世界名著大事典」

覚訓 かくくん
02154 「海東高僧伝」
☆「世界名著大事典 補遺（Extra）」

カザケーヴィチ
02155 「オーデルの春」
『オーデルの春 上巻』 エ・ゲ・カザケーヴィチ著 泉三太郎訳 ダヴィッド社 1954 301p 19cm（ダヴィッド選書 第4） Ⓝ983
☆「世界名著大事典」

カザック
02156 「流れの背後の市」
『流れの背後の市 上巻』 ヘルマン・カザック著 原田義人訳 新潮社 1954 254p 20cm（現代ドイツ文学叢書） Ⓝ943
☆「世界の幻想文学」,「世界文学あらすじ大事典 3（ちか‐ふろ）」,「世界文学鑑賞辞典 第3」

ガザニガ, M.S.
02157　「認知神経科学」
　☆「精神医学の名著50」

カザノヴァ
02158　「カザノヴァ回想録」
　☆「自伝の名著101」,「世界の奇書」,「世界文学あらすじ大事典1（あ‐きよう）」,「世界文学鑑賞辞典 第2」,「世界名著大事典」,「千年紀のベスト100作品を選ぶ」

カザミアン
02159　「イギリス文学史」
　☆「世界名著大事典」

ガザーリー
02160　「幸福の錬金術」
　☆「世界のスピリチュアル50の名著」,「世界名著大事典」

02161　「哲学者の不条理」
　☆「世界名著大事典」

カザンザキス
02162　「その男ゾルバ」
　『その男ゾルバ』　カザンザキス著　秋山健訳　恒文社　1971　387p　肖像　20cm　700円　Ⓝ991
　☆「教養のためのブックガイド」,「世界の小説大百科」,「世界文学あらすじ大事典2（きよえ‐ちえ）」

カザンザキス, ニコス
02163　「キリスト、最期のこころみ」
　☆「世界の小説大百科」

カーシフィー
02164　「殉教者の園」
　☆「世界名著大事典」

カーシム, ムハンマド
02165　「フィリシュタの書」
　☆「世界名著大事典」

迦葉摩騰　かしょうまとう
02166　「四十二章経」
　☆「世界名著大事典」

カジョリ, フロリアン
02167　「初等数学史」
　『初等数学史　上　古代中世』　フロリアン・カジョリ著　小倉金之助補訳　共立出版　1978　191p　19cm（共立全書）〈第5刷（第1刷：昭和45年）著者の肖像あり〉　1400円　Ⓝ410.2
　☆「数学ブックガイド100」,「世界名著大事典」

02168　「物理学史」
　☆「世界名著大事典」

カシン
02169　「大岩壁の五十年」
　『大岩壁の五十年』　リカルド・カシン著　水野勉訳　白水社　1983　278p　図版12枚　20cm〈著者の肖像あり〉　1900円　Ⓝ290.9
　☆「山の名著30選」

カース
02170　「18世紀の管弦楽」
　☆「世界名著大事典」

02171　「ベートーヴェンからベルリオーズまでの管弦楽」
　☆「世界名著大事典」

ガース
02172　「性格と社会構造」
　『性格と社会構造―社会制度の心理学』　H.H.ガース, C.W.ミルズ著　古城利明, 杉森創吉訳　復刻版　青木書店　2005　510,7p　20cm（現代社会学大系　第15巻　日高六郎, 岩井弘融, 中野卓, 浜島朗, 田中清助, 北川隆吉編）　7500円　Ⓘ4-250-20514-2　Ⓝ361.4
　☆「世界名著大事典」

カーズ, ラス
02173　「セント・ヘレナの日記」
　☆「世界名著大事典」

カズウィーニー
02174　「宇宙誌」
　☆「世界名著大事典」

ガスカール, P.
02175　「獣たち」
　☆「世界名著大事典　補遺（Extra）」

02176　「死者の時」
　☆「世界名著大事典　補遺（Extra）」

ガスター
02177　「テスピス」
　☆「世界名著大事典」

カスタネダ, カルロス
02178　「呪師に成る―イクストランへの旅」
　『呪師に成る―イクストランへの旅』　カルロス・カスタネダ著　真崎義博訳　二見書房　1974　366p　20cm　1200円　Ⓝ389.56
　☆「世界のスピリチュアル50の名著」

カスティリオーネ
02179　「廷臣論」
　☆「西洋をきずいた書物」,「世界名著大事典」

カスティリョ, ディアス・デル

02180「メキシコ征服記」
『メキシコ征服記 1』 ベルナール・ディーアス・デル・カスティーリョ著 小林一宏訳 岩波書店 1986 439p 22cm〈大航海時代叢書エクストラ・シリーズ 3〉 4500円
①4-00-008618-9 Ⓝ256
☆「世界の小説大百科」,「世界名著大事典」

カーステイン

02181「古典バレー」
☆「世界名著大事典」

カステル, M.

02182「都市問題」
『都市問題―科学的理論と分析』 マニュエル・カステル著 山田操訳 恒星社厚生閣 1984 463p 22cm〈文献：p425〜458〉 5800円
①4-7699-0524-6 Ⓝ361.78
☆「都市的世界」

カステロ・ブランコ

02183「破滅の恋」
『破滅の恋―ある家族の記憶』 カミーロ・カステーロ・ブランコ著 小川尚克訳 彩流社 2011 295p 20cm〈ポルトガル文学叢書 16〉 2200円 ①978-4-7791-1680-3 Ⓝ969.3
☆「世界名著大事典」

カストロー

02184「心理学・論理学相互の立脚地論」
☆「近代欧米名著解題 第8巻」

ガスリー, ウディ

02185「ウディ・ガスリー自伝―ギターをとって弦をはれ」
『ギターをとって弦をはれ』 ウディ・ガスリー著 中村稔, 吉田廸子訳 晶文社 1975 354p 20cm 1600円 Ⓝ767.8
☆「教養のためのブックガイド」,「伝記・自叙伝の名著」

カゾット

02186「悪魔の恋」
『悪魔の恋』 ジャック・カゾット著 渡辺一夫, 平岡昇訳 国書刊行会 1990 167p 23cm〈バベルの図書館 19〉 1800円 Ⓝ953
☆「世界の幻想文学」

カーゾン, ジョージ

02187「ペルシアとその問題」
☆「アジアの比較文化」

カーソン, レイチェル

02188「海辺」
『海辺―生命のふるさと』 レイチェル・カーソン著 上遠恵子訳 平凡社 2000 386p 15cm〈平凡社ライブラリー〉 1500円
①4-582-76339-1
☆「世界の海洋文学」

02189「沈黙の春」
『沈黙の春』 レイチェル・カーソン著 青樹築一訳 改版 新潮社 2005 394p 15cm〈新潮文庫〉〈63刷（初版1974年）〉 629円
①4-10-207401-5
☆「アメリカを変えた本」,「大人のための世界の名著50」,「科学の10冊」,「学問がわかる500冊 v.2」,「教養のためのブックガイド」,「新潮文庫20世紀の100冊」,「世界を変えた10冊の本」,「世界がわかる理系の名著」,「世界の古典名著」,「大学新入生に薦める101冊の本」,「二十世紀を騒がせた本」,「20世紀を震撼させた100冊」,「倫理良書を読む」

02190「われらをめぐる海」
『われらをめぐる海』 レイチェル・カースン著 日下実男訳 早川書房 1977 284p 16cm〈ハヤカワ文庫 NF〉 330円 Ⓝ452
☆「世界の海洋文学」

カーター, アンジェラ

02191「魔法の玩具店」
『魔法の玩具店』 アンジェラ・カーター著 植松みどり訳 河出書房新社 1988 286p 19cm 1600円 ①4-309-20107-5
☆「イギリス文学」,「たのしく読めるイギリス文学」

02192「夜ごとのサーカス」
『夜ごとのサーカス』 アンジェラ・カーター著 加藤光也訳 国書刊行会 2000 502p 20cm(Contemporary writers)〈他言語標題：Nights at the circus〉 3200円
①4-336-03584-9 Ⓝ933.7
☆「世界の小説大百科」

ガダー, スタンリー

02193「教養のための数学の旅」
☆「ブックガイド〈数学〉を読む」

カーター, ハワード

02194「ツタンカメンの墓」
☆「世界名著大事典 補遺(Extra)」

カーター, フォレスト

02195「リトル・トリー」
『リトル・トリー』 フォレスト・カーター著 和田穹男訳 普及版 めるくまーる 2001 250p 19cm 1000円 ①4-8397-0109-1
☆「読書入門」

カーター, T.F.

02196「中国印刷術の発明」

☆「世界名著大事典」

カターエフ, ワレンチ

02197 「孤帆は白む」
『孤帆は白む 前編』 ヴレンチン・カターエフ著 米川正夫訳 七星書院 1946 320p 20cm (現代ソ聯文学選 11) Ⓝ983
☆「世界文学鑑賞辞典 第4」,「世界名著大事典」

02198 「時よ進め」
☆「世界名著大事典」

02199 「連隊の子」
☆「少年少女のための文学案内 2」,「世界名著大事典」,「名作の研究事典」

ガダマー, ハンス=ゲオルク

02200 「真理と方法」
『真理と方法 1 哲学的解釈学の要綱』 ハンス=ゲオルク・ガダマー著 轡田收, 麻生建, 三島憲一, 北川東子, 我田広之, 大石紀一郎訳 法政大学出版局 2012 289,3p 19cm (叢書・ウニベルシタス) 3800円 ①978-4-588-09965-6
☆「世界の古典名著」,「ハイデガー本45」

ガタリ, フェリックス

02201 「アンチ・オイディプス」
『アンチ・オイディプス―資本主義と分裂症 上』 ジル・ドゥルーズ, フェリックス・ガタリ著 宇野邦一訳 河出書房新社 2006 409p 15cm (河出文庫) 1200円 ④4-309-46280-4
☆「学問がわかる500冊」,「超解「哲学名著」事典」,「なおかつお厚いのがお好き?」,「20世紀を震撼させた100冊」,「必読書150」,「倫理学」

02202 「千のプラトー」
『千のプラトー 下 資本主義と分裂症』 ジル・ドゥルーズ, フェリックス・ガタリ著 宇野邦一, 小沢秋広, 田中敏彦, 豊崎光一, 宮林寛, 守中高明訳 河出書房新社 2010 393,9p 15cm (河出文庫) 1200円 ①978-4-309-46345-2
☆「政治・権力・公共性」

02203 「分裂分析的地図作成法」
『分裂分析的地図作成法』 フェリックス・ガタリ著 宇波彰, 吉沢順訳 紀伊國屋書店 1998 450p 21cm 4500円 ④4-314-00814-8
☆「精神医学の名著50」

カダレ, イスマイル

02204 「砕かれた四月」
☆「世界の小説大百科」

02205 「春の花、春の霜」
☆「世界の小説大百科」

カーチス, J.

02206 「代議士の誕生」
『代議士の誕生―日本保守党の選挙運動』 ジェラルド・カーチス著 山岡清二訳 サイマル出版会 1971 246p 19cm (日本双書) Ⓝ314.86
☆「現代政治学を読む」

葛 洪　かつ・こう

02207 「神仙伝」
『神仙伝』 福井康順著 明徳出版社 1983 293p 20cm (中国古典新書) 2000円 Ⓝ166.1
☆「中国の古典名著」

02208 「抱朴子」
『抱朴子 外篇2』 葛洪著 本田済訳注 平凡社 1990 261p 18cm (東洋文庫 526) 2575円 ①4-582-80526-4
☆「世界名著大事典」,「中国の古典名著」,「東洋の奇書55冊」,「東洋の名著」

カーツェンボゲン

02209 「機械製造工業組織論」
☆「世界名著大事典」

ガッサンディ

02210 「エピクロス哲学集成」
☆「世界名著大事典」

カッシウス

02211 「ローマ史」
☆「世界名著大事典」

合衆国戦略爆撃調査団　がっしゅうこくせんりゃくばくげきちょうさだん

02212 「広島、長崎に対する原子爆弾の効果」
☆「世界を変えた書物」

合衆国大統領調査委員会　がっしゅうこくだいとうりょうちょうさいいんかい

02213 「スペース・シャトル・チャレンジャー号の事故に関する大統領調査委員会報告」
☆「世界を変えた書物」

カッシーラー, E.

02214 「近世哲学と科学における認識問題」
☆「世界名著大事典」

02215 「実体概念と機能概念」
☆「世界名著大事典」

02216 「自由と形式」

02217 「シンボル形式の哲学」
『シンボル形式の哲学 第1巻 言語』 カッシーラー著 生松敬三, 木田元訳 岩波書店

1989　486p　15cm（岩波文庫）　700円
①4-00-336731-6　Ⓝ134.8
☆「世界の古典名著」，「世界名著大事典」，「哲学の名著」，「ハイデガー本45」

02218　「哲学と精密科学」
『哲学と精密科学』　エルンスト・カッシーラー著　大庭健訳　紀伊国屋書店　1978　237p　20cm　2300円　Ⓝ134.834
☆「科学技術をどう読むか」

カッスラー，クライブ

02219　「海中密輸ルートを探れ」
『海中密輸ルートを探れ』　クライブ・カッスラー著　中山善之訳　新潮社　1983　370p　15cm（新潮文庫）　440円　①4-10-217005-7　Ⓝ933
☆「世界の海洋文学」

02220　「古代ローマ船の航跡をたどれ」
『古代ローマ船の航跡をたどれ』　クライブ・カッスラー著　中山善之訳　新潮社　1988　2冊　15cm（新潮文庫）　各520円
①4-10-217011-1　Ⓝ933
☆「世界の海洋文学」

02221　「スターバック号を奪回せよ」
『スターバック号を奪回せよ』　クライブ・カッスラー著　中山善之訳　新潮社　1985　350p　15cm（新潮文庫）　440円　①4-10-217008-1　Ⓝ933
☆「世界の海洋文学」

02222　「タイタニックを引き揚げろ」
『タイタニックを引き揚げろ』　クライブ・カッスラー著　中山善之訳　新潮社　1981　520p　15cm（新潮文庫）　560円　①4-10-217002-2　Ⓝ933
☆「世界の海洋文学」，「世界の冒険小説・総解説」

02223　「大統領誘拐の謎を追え」
『大統領誘拐の謎を追え』　クライブ・カッスラー著　中山善之訳　新潮社　1984　2冊　15cm（新潮文庫）　480円,400円
①4-10-217006-5　Ⓝ933
☆「世界の海洋文学」

02224　「氷山を狙え」
『氷山を狙え』　クライブ・カッスラー著　中山善之訳　新潮社　1982　403p　15cm（新潮文庫）　480円　①4-10-217004-9　Ⓝ933
☆「世界の海洋文学」

02225　「マンハッタン特急を探せ」
『マンハッタン特急を探せ』　クライブ・カッスラー著　中山善之訳　新潮社　1982　572p　15cm（新潮文庫）　560円　①4-10-217003-0　Ⓝ933

☆「世界の海洋文学」，「世界の推理小説・総解説」，「世界の冒険小説・総解説」

カッセル，グスタフ

02226　「貨幣および外国為替論」
☆「経済学88物語」，「世界名著大事典」

02227　「社会経済学原理」
☆「世界名著大事典」

02228　「理論的社会経済学」
☆「学術辞典叢書 第11巻」，「世界名著解題選 第3巻」

カッソーラ，カルロ

02229　「ブーベの恋人」
☆「世界の小説大百科」

ガッダ，カルロ・エミリオ

02230　「メカニカ」
☆「世界名著大事典」

カッチーニ

02231　「新音楽」
☆「西洋をきずいた書物」

ガッツ

02232　「音楽美学の主要方向」
☆「世界名著大事典」

カッツ，ヴィクター・J．

02233　「カッツ 数学の歴史」
『カッツ 数学の歴史』　ヴィクター・J.カッツ著　上野健爾，三浦伸夫監訳　中根美知代，高橋秀裕，林知宏，大谷卓史，佐藤賢一，東慎一郎，中沢聡訳　共立出版　2005　995p　26cm〈原書第2版〉　19000円　①4-320-01765-X
☆「ブックガイド〈数学〉を読む」

カッツ，ウィリアム

02234　「恐怖の誕生パーティー」
『恐怖の誕生パーティ』　ウィリアム・カッツ著　小菅正夫訳　新潮社　1985　404p　15cm（新潮文庫）　480円　①4-10-221901-3　Ⓝ933
☆「世界の推理小説・総解説」

カッツ，ダヴィッド

02235　「動物と人間」
『動物と人間―比較心理学的研究』　ダヴィッド・カッツ著　山田坂仁訳　三笠書房　1940　269p　22cm　Ⓝ143
☆「世界名著大事典」

カッツ，E．

02236　「パーソナル・インフルエンス」
『パーソナル・インフルエンス―オピニオン・リーダーと人びとの意思決定』　E.カッツ,P.

F.ラザースフェルド共著　竹内郁郎訳　培風館　1965　405p　22cm〈文献目録：282-394p〉Ⓝ361.5
☆「現代政治学を読む」,「世界名著大事典」,「メディア・情報・消費社会」

02237　「メディア・イベント」
『メディア・イベント―歴史をつくるメディア・セレモニー』　ダニエル・ダヤーン, エリユ・カッツ著　浅見克彦訳　青弓社　1996　419p　19cm　4120円　①4-7872-3115-4
☆「メディア・情報・消費社会」

カッツ, J.E.

02238　「絶え間なき交信の時代」
『絶え間なき交信の時代―ケータイ文化の誕生』　ジェームズ・E.カッツ, マーク・A.オークス編　立川敬二監修　富田英典監訳　NTT出版　2003　529p　21cm　4200円
①4-7571-0088-4
☆「メディア・情報・消費社会」

カットナー

02239　「ボロゴーブはミムジイ」
☆「世界のSF文学・総解説」

カッドワース

02240　「宇宙の真正な知的体系」
☆「哲学名著解題」

カップ, エルンスト

02241　「技術者哲学要綱」
☆「世界名著大事典」

カップ, カール・ウイリアム

02242　「私的企業と社会的費用」
『私的企業と社会的費用―現代資本主義における公害の問題』　K.W.カップ著　篠原泰三訳　岩波書店　1959　321,11p　22cm　Ⓝ331
☆「現代資本主義の名著」,「21世紀の必読書100選」

02243　「社会的費用論」
☆「世界の古典名著」

カップ, タイ

02244　「野球王タイ・カップ自伝」
☆「自伝の名著101」

カーティ

02245　「アメリカ思想の発達」
☆「世界名著大事典」

カーティス, G.L.

02246　「日本の政治をどう見るか」
『日本の政治をどう見るか』　ジェラルド・L.カーティス著　木村千旗訳　日本放送出版協会　1995　272p　16cm（NHKライブラリー　2）　950円　①4-14-084002-1　Ⓝ312.1
☆「学問がわかる500冊」

カーティス, W.J.R.

02247　「近代建築の系譜」
『近代建築の系譜―1900年以後　上巻』　ウィリアム・J.R.カーティス著　五島朋子, 沢村明, 末広香織共訳　鹿島出版会　1990　350p　21cm（SDライブラリー　3）　4738円
①4-306-06103-5
☆「建築・都市ブックガイド21世紀」

カーディナー

02248　「言語行動と言語の理論」
☆「世界名著大事典」

02249　「個人とその社会」
☆「世界名著大事典」

ガーディナー, サミュエル・ローソン

02250　「大内乱史」
『大内乱史　1　ガーディナーのピューリタン革命史』　サミュエル・ローソン・ガーディナー著　小野雄一訳　創英社/三省堂書店　2011　625,24p　21cm　2400円
①978-4-88142-514-5
☆「世界名著大事典」

カーティヤーヤニープトラ

02251　「発智論」
☆「世界名著大事典」

カトー

02252　「農業論」
☆「世界名著大事典」

カード, オースン・スコット

02253　「エンダーのゲーム」
『エンダーのゲーム　上』　オースン・スコット・カード著　田中一江訳　新訳版　早川書房　2013　301p　15cm（ハヤカワ文庫SF）　760円　①978-4-15-011927-0
☆「世界のSF文学・総解説」

カトー, マックス

02254　「マーフィーの戦い」
『マーフィーの戦い』　マックス・カトー著　佐和誠訳　早川書房　1978　390p　16cm（ハヤカワ文庫　NV）　420円　Ⓝ933
☆「世界の冒険小説・総解説」

カードウェル, D.S.L.

02255　「技術・科学・歴史―転回期における技術の諸原理」
☆「科学技術をどう読むか」

カトゥルス

02256 「詩集」
☆「教養のためのブックガイド」,「世界名著大事典」

ガドギル

02257 「近世におけるインドの産業発達」
☆「世界名著大事典」

ガードナー, アール・スタンレー

02258 「おせっかいな潮」
『おせっかいな潮』 E.S.ガードナー著　尾坂力訳　早川書房　1961　236p　19cm（世界ミステリ・シリーズ）Ⓝ933
☆「世界の海洋文学」

02259 「奇妙な花嫁」
『奇妙な花嫁』 ガードナー著　宇野利泰訳　新潮社　1958　343p　15cm（新潮文庫）Ⓝ933
☆「世界の推理小説・総解説」

ガードナー, ジョン

02260 「裏切りのノストラダムス」
『裏切りのノストラダムス』 ジョン・ガードナー著　後藤安彦訳　東京創元社　1981　537p　15cm（創元推理文庫）〈作品リスト: p536～537〉　550円　Ⓝ933
☆「世界の推理小説・総解説」

02261 「人狼を追え」
『人狼を追え』 ジョン・ガードナー著　村社伸訳　早川書房　1979　299p　16cm（ハヤカワ文庫　NV）　340円　Ⓝ933
☆「世界の冒険小説・総解説」

02262 「陽光との対話」
☆「たのしく読めるアメリカ文学」

ガードナー, ハワード

02263 「心の構成」
☆「世界の心理学50の名著」

ガードナー, マーティン

02264 「奇妙な論理」
☆「教養のためのブックガイド」

02265 「自然界における左と右」
『自然界における左と右』 マーティン・ガードナー著　坪井忠二ほか訳　紀伊國屋書店　1992　500p　22cm〈文献案内: p467～471〉　3500円　Ⓘ4-314-00576-9　Ⓝ404
☆「教養のためのブックガイド」,「物理ブックガイド100」

02266 「メイトリックス博士の驚異の数秘術」
『メイトリックス博士の驚異の数秘術』 マーティン・ガードナー著　一松信訳　復刊　紀伊國屋書店　2012　181p　19cm　2200円

Ⓘ978-4-314-01079-5
☆「数学ブックガイド100」

02267 「Aha！ Gotcha」
☆「数学ブックガイド100」

ガードナー, リチャード・N.

02268 「国際通貨体制成立史」
『国際通貨体制成立史―英米の抗争と協力　上巻』 リチャード・N.ガードナー著　新版　村野孝,加瀬正一訳　東洋経済新報社　1973　320p　22cm　2200円　Ⓝ338.97
☆「現代ビジネス書・経済書総解説」

カートライト

02269 「グループ・ダイナミクス」
『グループ・ダイナミクス　第1』 カートライト,ザンダー著　三隅二不二,佐々木薫訳編　第2版　誠信書房　1969　407p　22cm　2200円　Ⓝ361.4
☆「世界名著大事典」,「ブックガイド心理学」

カトライン

02270 「法,自然法および実定法」
☆「世界名著大事典」

カトリック教会

02271 「禁書目録」
☆「西洋をきずいた書物」

カドワース, R.

02272 「宇宙の真の知的体系」
☆「世界名著大事典　補遺(Extra)」

02273 「道徳律不滅論」
☆「世界名著大事典　補遺(Extra)」

ガーナー

02274 「政治学と政府」
☆「世界名著大事典」

ガーナー, アラン

02275 「ふくろう模様の皿」
☆「世界少年少女文学　ファンタジー編」

02276 「ブリジンガメンの魔法の宝石」
『ブリジンガメンの魔法の宝石』 アラン・ガーナー作　芦川長三郎訳　寺島龍一絵　評論社　1969　291p　21cm（評論社の児童図書館・文学の部屋）　1800円　Ⓘ4-566-01081-3
☆「世界の幻想文学」

カナー, L.

02277 「早期幼児自閉症」
☆「精神医学の名著50」

カナファーニー
02278　「ハイファに戻って」
☆「あらすじで味わう外国文学」、「世界名作文学館」

カーニー
02279　「ワイルド・ギース」
『ワイルド・ギース―戦争屋たち』　ダニエル・カーニー著　村社伸訳　サンケイ出版　1978　366p　19cm　1300円　Ⓝ933
☆「世界の冒険小説・総解説」

ガーニー
02280　「ヒッタイト人」
☆「世界名著大事典」

カニグズバーグ,E.L.
02281　「クローディアの秘密」
『クローディアの秘密』　E.L.カニグズバーグ作　松永ふみ子訳　新版　岩波書店　2000　242p　18cm（岩波少年文庫）　680円　Ⓘ4-00-114050-0
☆「あらすじで出会う世界と日本の名作55」、「一冊で不朽の名作100冊を読む」(友人社)、「一冊で不朽の名作100冊を読む」(友人社)、「英米児童文学のベストセラー40」、「世界少年少女文学 リアリズム編」

カニッツァ,G.
02282　「視覚の文法―ゲシュタルト知覚論」
☆「学問がわかる500冊」

カニッツァーロ
02283　「化学理論講義」
☆「世界名著大事典」

カーニハン,B.W.
02284　「プログラム書法」
『プログラム書法』　Brian W.Kernighan,P.J.Plauger著　木村泉訳　第2版　共立出版　1982　236p　21cm〈参考書目：p222〉　2400円　Ⓘ4-320-02085-5　Ⓝ007.64
☆「物理ブックガイド100」

カニャ
02285　「ローマ考古学提要」
☆「世界名著大事典」

カニュド
02286　「イメージの工場」
☆「世界名著大事典」

カニンガム
02287　「イギリス商工業発達史」
☆「世界名著大事典」

カニンガム,マイケル
02288　「めぐりあう時間たち―三人のダロウェイ夫人」
『めぐりあう時間たち―三人のダロウェイ夫人』　マイケル・カニンガム著　高橋和久訳　集英社　2003　285p　19cm　1800円　Ⓘ4-08-773379-3
☆「世界の小説大百科」

カニンガム,ローレンス・A.
02289　「バフェットからの手紙」
『バフェットからの手紙―世界一の投資家が見たこれから伸びる会社、滅びる会社』　ローレンス・A.カニンガム著　長尾慎太郎監修　藤原康史訳　パンローリング　2014　587p　19cm（ウィザードブックシリーズ）〈原書第3版〉　2300円　Ⓘ978-4-7759-7185-7
☆「お金と富の哲学世界の名著50」

カニング,V.
02290　「QE2を盗め」
『QE2を盗め』　ヴィクター・カニング著　亀井文二訳　早川書房　1986　396p　16cm（ハヤカワ文庫　NV）　500円　Ⓘ4-15-040418-6　Ⓝ933
☆「世界の海洋文学」

カニングトン夫妻
02291　「イギリス服装史ハンドブック」
☆「世界名著大事典」

カーネギー,アンドリュー
02292　「カーネギー自伝」
『カーネギー自伝』　アンドリュー・カーネギー著　坂西志保訳　中央公論新社　2002　372p　15cm（中公文庫BIBLIO）　895円　Ⓘ4-12-203984-3
☆「自己啓発の名著30」、「自伝の名著101」、「世界の成功哲学50の名著エッセンスを解く」、「大学新入生に薦める101冊の本」、「伝記・自叙伝の名著」

02293　「富の福音」
『富の福音』　アンドリュー・カーネギー著　田中孝顕監訳　きこ書房　2011　219p　19cm　1500円　Ⓘ978-4-87771-274-7
☆「お金と富の哲学世界の名著50」、「20世紀を震撼させた100冊」

カーネギー,デール
02294　「人を動かす」
『人を動かす』　デール・カーネギー著　山口博訳　特装版　大阪　創元社　2007　346p　19cm　3600円　Ⓘ978-4-422-10045-6
☆「究極のビジネス書50選」、「3行でわかる名作&ヒット本250」、「自己啓発の名著30」、「勝利と成功の

法則」、「世界で最も重要なビジネス書」、「世界の自己啓発50の名著」、「戦略の名著！ 最強43冊のエッセンス」、「マンガでわかるビジネス名著」

カネッテイ
02295　「眩暈」
『眩暈』　エリアス・カネッティ著　池内紀訳　新装版　法政大学出版局　2004　510p　19cm　4500円　①4-588-12016-6
☆「世界の幻想文学」、「世界の小説大百科」、「世界の長編文学」、「世界文学あらすじ大事典 4（ふん‐われ）」、「ドイツ文学」

ガーネット
02296　「狐になった人妻」
☆「世界文学あらすじ大事典 1（あ‐きよう）」

02297　「きつねになった令夫人」
☆「世界名著大事典」

02298　「ふくろ小路一番地」
『ふくろ小路一番地』　イーヴ・ガーネット作　石井桃子訳　岩波書店　2009　333p　19cm（岩波少年文庫）　720円　①978-4-00-114159-7
☆「名作の研究事典」

ガネット
02299　「エルマーのぼうけん」
『エルマーのぼうけん』　ルース・スタイルス・ガネットさく　ルース・クリスマン・ガネットえ　わたなべしげおやく　ポケット版　福音館書店　1997　116p　18cm　619円　①4-8340-1441-X
☆「一冊で不朽の名作100冊を読む」(友人社)、「一冊で不朽の名作100冊を読む」(友人社)、「英米児童文学のベストセラー40」、「世界少年少女文学ファンタジー編」、「名作の研究事典」

カーネマン, ダニエル
02300　「ファスト＆スロー」
『ファスト＆スロー――あなたの意思はどのように決まるか？　上』　ダニエル・カーネマン著　村井章子訳　早川書房　2014　446p　15cm（ハヤカワ・ノンフィクション文庫）　840円　①978-4-15-050410-6
☆「世界の哲学50の名著」

カノン
02301　「ドレーパー星表」
☆「世界名著大事典」

ガーバー, マイケル・E.
02302　「はじめの一歩を踏み出そう」
『はじめの一歩を踏み出そう―成功する人たちの起業術』　マイケル・E.ガーバー著　原田喜浩訳　世界文化社　2003　247p　19cm　1400円　①4-418-03601-6

☆「お金と富の哲学世界の名著50」

ガーバー, ロビン
02303　「エレノア・ルーズベルト流リーダーシップ術」
☆「世界の成功哲学50の名著エッセンスを解く」

カーハート, T.E.
02304　「パリ左岸のピアノ工房」
『パリ左岸のピアノ工房』　T.E.カーハート著　村松潔訳　新潮社　2001　318p　20cm（Crest books）　2000円　①4-10-590027-7　Ⓝ763.2
☆「読書入門」

カバニス, P.J.G.
02305　「人間の自然学と道徳の関係」
☆「世界名著大事典 補遺 (Extra)」

カバリー
02306　「教育史」
☆「世界名著大事典」

カピタン
02307　「フランス民法講義」
☆「世界名著大事典」

02308　「労働法講義」
☆「世界名著大事典」

カピッツァ, P.
02309　「科学・人間・組織」
☆「物理ブックガイド100」

カビール
02310　「賛歌」
☆「世界名著大事典」

カプアーナ
02311　「ジャチンタ」
☆「世界名著大事典」

ガーフィールド, ブライアン
02312　「反撃」
『反撃』　ブライアン・ガーフィールド著　丸本聡明訳　早川書房　1984　315p　20cm（Hayakawa novels）　1500円　Ⓝ933
☆「世界の冒険小説・総解説」

02313　「ホップスコッチ」
『ホップスコッチ』　ブライアン・ガーフィールド著　佐和誠訳　早川書房　1981　369p　16cm（ハヤカワ文庫　NV）　440円　Ⓝ933
☆「世界の推理小説・総解説」、「世界の冒険小説・総解説」

ガーフィンケル, ハロルド

02314 「エスノメソドロジー」
『エスノメソドロジー――社会学的思考の解体』 ハロルド・ガーフィンケルほか著 山田富秋, 好井裕明, 山崎敬一編訳 せりか書房 1987 328p 19cm 2500円
☆「自己・他者・関係」,「社会学の名著30」

カフカ, フランツ

02315 「アメリカ」
『アメリカ』 フランツ・カフカ著 中井正文訳 角川書店 1989 436p 15cm(角川文庫) 〈第11刷(第1刷:72.1.30)〉 690円
①4-04-208305-6
☆「世界の小説大百科」,「世界文学鑑賞辞典 第3」,「世界名著大事典」

02316 「田舎医者」
『田舎医者――カフカ自撰小品集2』 フランツ・カフカ著 吉田仙太郎訳 高科書店 1993 184p 24cm〈付(7p)〉 2500円 Ⓝ943
☆「作家の訳した世界の文学」

02317 「城」
『城――カフカ・コレクション』 フランツ・カフカ著 池内紀訳 白水社 2006 460p 18cm(白水uブックス) 1400円
①4-560-07155-1
☆「お厚いのがお好き?」,「教養のためのブックガイド」,「クライマックス名作案内 1」,「現代世界の名作」,「50歳からの名著入門」,「世界の小説大百科」,「世界の名著」,「世界文学あらすじ大事典 2 (きよえ・ちえ)」,「世界文学鑑賞辞典 第3」,「世界名著大事典」

02318 「審判」
『審判』 フランツ・カフカ著 池内紀訳 白水社 2006 345p 18cm(白水Uブックス 154――カフカ・コレクション)〈下位シリーズの責任表示:フランツ・カフカ著 下位シリーズの責任表示:池内紀訳〉 1200円
①4-560-07154-3 Ⓝ943.7
☆「大人のための世界の名著50」,「教養のためのブックガイド」,「世界を変えた100冊の本」,「世界の小説大百科」,「世界の書物」,「世界文学あらすじ大事典 2 (きよえ・ちえ)」,「世界文学鑑賞辞典 第3」,「世界名著大事典」,「必読書150」,「ベストセラー世界の文学・20世紀 1」,「ポケット世界名作事典」,「要約 世界文学全集 1」

02319 「断食芸人」
『断食芸人――カフカ・コレクション』 フランツ・カフカ著 池内紀訳 白水社 2006 232p 18cm(白水uブックス) 1000円
①4-560-07157-8
☆「世界の名作を読む」

02320 「短編集」
☆「世界名著大事典」

02321 「日記」
☆「教養のためのブックガイド」

02322 「判決」
☆「世界名著案内 2」

02323 「変身」
『変身』 フランツ・カフカ著 高橋義孝訳 改版 新潮社 2011 137p 15cm(新潮文庫)〈108刷(初版1952年)〉 324円
①978-4-10-207101-4
☆「あらすじで味わう外国文学」,「あらすじで読む世界の名著 no.2」,「あらすじで読む世界文学105」,「一冊で世界の名著100冊を読む」,「面白いほどよくわかるあらすじで読む世界の名作」,「面白いほどよくわかる世界の文学」,「書き出し「世界文学全集」」,「3行でわかる名作&ヒット本250」,「知っておきたいドイツ文学」,「図説 5分でわかる世界の名作」,「世界のSF文学・総解説」,「世界の幻想文学」,「世界の名作50選」,「世界の名作おさらい」,「世界の名作を読む」,「世界の名作100を読む」,「世界の名作文学案内」,「世界の名作文学が2時間で分かる本」,「世界文学鑑賞辞典 第3」,「世界文学の名作と主人公」,「世界文学必勝法」,「世界名作文学館」,「世界名著大事典」,「千年紀のベスト100作品を選ぶ」,「ドイツ文学」,「2時間でわかる世界の名著」,「20世紀を震撼させた100冊」,「入門名作の世界」,「百年の誤読 海外文学篇」,「文学・名著300選の解説 '88年度版」,「ポケット世界名作 西洋文学編」,「名作の読解法」,「名作はこのように始まる 1」,「名小説ストーリイ集 世界篇」,「ヨーロッパを語る13の書物」,「読んでおきたい世界の名著」,「私(わたし)の世界文学案内」

ガフキー

02324 「コッホ全集」
☆「世界名著大事典」

カフタン

02325 「キリスト教の本質」
☆「世界名著大事典」

カプラ, フリッチョフ

02326 「タオ自然学」
『タオ自然学――現代物理学の先端から「東洋の世紀」がはじまる』 フリッチョフ・カプラ著 吉福伸逸ほか訳 改訂版 工作舎 1990 377p 21cm〈参考文献:p356～367〉 2266円 ①4-87502-108-9 Ⓝ420
☆「世界の古典名著」,「世界のスピリチュアル50の名著」,「ブックガイド"宇宙"を読む」

カプラン, エイブラハム

02327 「権力と社会」
『権力と社会――政治研究の枠組』 ハロルド・D.ラスウェル, エイブラハム・カプラン著 堀江

湛,加藤秀治郎,永山богの之訳　芦書房　2013　343p　21cm　3000円　①978-4-7556-1257-2
☆「世界名著大事典」

カプラン, ジャン・マリー

02328　「誘惑者」

『誘惑者　上巻』　ジャン・マリー・カプラン著　堀口大学訳　京都　人文書院　1954　247p　19cm　Ⓝ953
☆「名小説ストーリイ集 世界篇」

カプラン, バリー・J.

02329　「黒い蘭」

『黒い蘭』　ニコラス・メイヤー, バリー・J.カプラン著　川口暁訳　パシフィカ　1979　325p　19cm〈発売：プレジデント社〉　1200円　Ⓝ933
☆「世界の冒険小説・総解説」

カプラン, R.S.

02330　「ABCマネジメント革命」

『ABCマネジメント革命─米国企業を再生させたコスト管理手法』　ロビン・クーパーほか著　KPMGピート・マーウィック, KPMGセンチュリー監査法人訳　日本経済新聞社　1995　363p　22cm　3800円　①4-532-13090-5　Ⓝ336.85
☆「あらすじで読む世界のビジネス名著」

カベ

02331　「イカリア旅行記」
☆「世界名著大事典」

カーペンター

02332　「文明」
☆「世界名著大事典」

カボー

02333　「日常倫理学」
☆「近代欧米名著解題 第4巻」

カポーティ, トルーマン

02334　「カメレオンのための音楽」

『カメレオンのための音楽』　トルーマン・カポーティ著　野坂昭如訳　早川書房　2002　424p　15cm(ハヤカワepi文庫)　860円　①4-15-120019-3
☆「作家の訳した世界の文学」

02335　「草の竪琴」

『草の竪琴』　カポーティ著　大沢薫訳　新潮社　1993　193p　15cm(新潮文庫)　400円　①4-10-209504-7　Ⓝ933
☆「世界文学鑑賞辞典 第1」,「世界名著大事典 補遺(Extra)」

02336　「ティファニーで朝食を」

『ティファニーで朝食を』　トルーマン・カポーティ著　村上春樹訳　新潮社　2008　282p　15cm(新潮文庫)　552円　①978-4-10-209508-9
☆「アメリカ文学」,「あらすじで味わう外国文学」,「英米文学の名作を知る本」,「3行でわかる名作&ヒット本250」,「世界の小説大百科」,「世界の名作文学案内」,「世界文学の名作と主人公」,「世界名作文学館」,「世界名著大事典 補遺(Extra)」,「2時間でわかる世界の名著」,「日本・世界名作「愛の会話」100章」

02337　「遠い声 遠い部屋」

『遠い声 遠い部屋』　トルーマン・カポーティ著　河野一郎訳　改版　新潮社　2014　327p　15cm(新潮文庫)　590円　①978-4-10-209502-7
☆「面白いほどよくわかる世界の文学」,「世界の幻想文学」,「世界名著大事典 補遺(Extra)」,「たのしく読めるアメリカ文学」,「百年の誤読 海外文学篇」,「要約 世界文学全集 1」

02338　「ミリアム」

『ミリアム』　Truman Capote[著]　斎藤正一註解　学生社　74p　19cm(直読直解アトム英文双書　76)〈他言語標題：Miriam〉
☆「世界の幻想文学」,「世界名著大事典 補遺(Extra)」

02339　「冷血」

『冷血』　トルーマン・カポーティ著　佐々田雅子訳　新潮社　2006　623p　15cm(新潮文庫)　895円　①4-10-209506-3
☆「アメリカ文学」,「映画になった名著」,「知っておきたいアメリカ文学」,「世界の小説大百科」,「世界名著大事典 補遺(Extra)」,「名作あらすじ事典 西洋文学編」

カボリオ, エミール

02340　「ルコック探偵」

『ルコック探偵』　E.ガボリオ著　松村喜雄訳　旺文社　1979　440p　16cm(旺文社文庫)　480円　Ⓝ953
☆「世界の推理小説・総解説」,「世界文学あらすじ大事典 4(ふん‐われ)」

02341　「ルルージュ事件」

『ルルージュ事件』　エミール・ガボリオ著　太田浩一訳　国書刊行会　2008　431p　20cm　2500円　①978-4-336-04756-4　Ⓝ953.6
☆「世界名著大事典」

カーマイケル, S.

02342　「チャールズ・ハミルトン」
☆「世界名著大事典 補遺(Extra)」

02343　「ブラックパワー」
☆「世界名著大事典 補遺(Extra)」

カミュ, アルベール

02344　「アメリカ・南米紀行」
『アメリカ・南米紀行』　アルベール・カミュ著　高畠正明訳　新潮社　1979　159p　20cm　1100円　Ⓝ955
☆「世界の海洋文学」

02345　「異邦人」
『異邦人』　カミュ著　窪田啓作訳　新潮社　2011　143p　15cm（新潮文庫）〈124刷（初版1963年）〉　400円　Ⓘ978-4-10-211401-8
☆「あらすじで味わう外国文学」,「あらすじで読む世界の名著 no.2」,「あらすじで読む世界文学105」,「一冊で世界の名著100冊を読む」,「面白いほどよくわかる世界の文学」,「新潮文庫20世紀の100冊」,「世界の小説大百科」,「世界の名著50選」,「世界の名作100を読む」,「世界の名作文学案内」,「世界の名作文学が2時間で分かる本」,「世界文学あらすじ大事典1（あ-きよう）」,「世界文学鑑賞辞典 第2」,「世界文学の名作と主人公」,「世界文学必勝法」,「世界名作事典」,「世界名作文学館」,「世界名著案内 2」,「世界名著大事典」,「2時間でわかる世界の名著」,「20世紀を震撼させた100冊」,「日本・世界名作「愛の会話」100章」,「日本文学現代名作事典」,「入門近代の世界」,「百年の誤読 海外文学篇」,「フランス文学」,「文学・名著300選の解説 '88年度版」,「ベストセラー世界の文学・20世紀 1」,「ポケット世界名作事典」,「名作の読解法」,「名作はこのように始まる 2」,「名小説ストーリイ集 世界篇」,「ヨーロッパを語る13の書物」

02346　「カリギュラ」
☆「世界名著大事典」

02347　「シーシュポスの神話」
『シーシュポスの神話』　カミュ［著］　清水徹訳　60刷改版　新潮社　2006　257p　16cm（新潮文庫）　514円　Ⓘ4-10-211402-5　Ⓝ953.7
☆「一冊で人生論の名著を読む」,「世界名著大事典」,「大学新入生に薦める101冊の本」

02348　「正義の人々」
『正義の人々』　アルベール・カミュ著　加藤道夫,白井健三郎共訳　新潮社　1953　129p　19cm（現代フランス戯曲叢書）　Ⓝ952
☆「世界文学鑑賞辞典 第2」

02349　「追放と王国」
☆「世界文学あらすじ大事典3（ちか-ふろ）」

02350　「転落」
『転落』　アルベエル・カミュ著　佐藤朔訳　新潮社　1957　137p　19cm　Ⓝ953
☆「世界文学あらすじ大事典3（ちか-ふろ）」

02351　「反抗的人間」
『反抗的人間』　アルベエル・カミュ著　佐藤朔,白井浩司訳　新潮社　1956　269p　19cm　Ⓝ954

☆「世界の小説大百科」,「世界名著大事典」

02352　「ペスト」
『ペスト』　カミュ著　宮崎嶺雄訳　改版　新潮社　2004　476p　15cm（新潮文庫）　743円　Ⓘ4-10-211403-3
☆「英仏文学戦記」,「面白いほどよくわかるあらすじで読む世界の名作」,「現代世界の名作」,「3行でわかる名作&ヒット本250」,「知っておきたいフランス文学」,「世界の小説大百科」,「世界の名著」,「世界文学あらすじ大事典 4（ふん-われ）」,「世界文学鑑賞辞典 第2」,「世界文学のすじ書き」,「世界名作事典」,「世界名著案内 4」,「世界名著大事典」,「ポケット世界名作事典」,「名作あらすじ事典 西洋文学編」,「名小説ストーリイ集 世界篇」,「要約 世界文学全集 1」

カーミル, M.

02353　「昇る太陽」
☆「外国人による日本論の名著」

カミングス, E.E.

02354　「巨大な部屋」
『巨大な部屋』　E.E.カミングス著　飯田隆昭訳　思潮社　1963　320p　20cm（現代の芸術双書 2）　Ⓝ933
☆「世界の小説大百科」,「世界名著大事典 補遺（Extra）」

02355　「チューリップと煙突」
☆「世界名著大事典 補遺（Extra）」

カミンスキー

02356　「虹の彼方の殺人」
『虹の彼方の殺人』　ステュアート・カミンスキー著　和田誠訳　文芸春秋　1995　315p　16cm（文春文庫）　500円　Ⓘ4-16-725412-3　Ⓝ933
☆「世界の推理小説・総解説」

カーム

02357　「統語論」
☆「世界名著大事典」

02358　「品詞と語形論」
☆「世界名著大事典」

カムデン

02359　「ブリタニア」
☆「西洋をきずいた書物」

カメニツェル

02360　「社会主義工業企業の組織と計画」
☆「世界名著大事典」

カメラリウス

02361　「植物の性に関する書簡」
☆「西洋をきずいた書物」,「世界名著大事典」

カメロン
02362「アフリカ横断記」
☆「世界名著大事典」

ガモフ, ジョージ
02363「ガモフ全集」
☆「ブックガイド 文庫で読む科学」,「物理ブックガイド100」

02364「太陽の誕生と死」
『太陽の誕生と死』 ジョージ・ガモフ著　白井俊明訳　白揚社　1950　304p 図版6枚　19cm　Ⓝ444
☆「世界名著大事典」

02365「不思議の国のトムキンス」
『不思議の国のトムキンス』 G.ガモフ著　伏見康治,山崎純平共訳　白揚社　1950　142p　19cm　Ⓝ421
☆「科学の10冊」,「世界名著大事典」

カモンイス
02366「ウズ・ルジアダス」
『ウズ・ルジアダス—ルースス の民のうた』 ルイス・デ・カモンイス著　池上岑夫訳　白水社　2000　412p　21cm　6800円　Ⓘ4-560-04708-1
☆「世界の小説大百科」,「世界文学あらすじ大事典1（あ・きよう）」,「世界名著大事典」

カーライル, トマス
02367「衣服哲学」
『衣服哲学』 カーライル著　石田憲次訳　岩波書店　1994　410p　15cm〈岩波文庫〉〈第4刷（第1刷：1946年）〉　720円　Ⓘ4-00-336681-6　Ⓝ934
☆「学術辞典叢書 第12巻」,「近代名著解題選集 2」,「世界文学あらすじ大事典1（あ・きよう）」,「世界文学鑑賞辞典 第1」,「世界名著解題 第2巻」,「世界名著大事典」,「哲学名著解題」

02368「英雄崇拝論」
『英雄崇拝論』 カーライル著　老田三郎訳　岩波書店　1949　434p　15cm〈岩波文庫〉　Ⓝ934
☆「近代名著解題選集 2」,「世界名著解題選 第1巻」,「世界名著大事典」

02369「過去と現在」
『過去と現在』 トマス・カーライル著　谷崎隆昭編訳　京都　山口書店　1984　457p　22cm〈書名は奥付による 標題紙等の書名：Past and present 本文は英語　参考文献抄：p455～457〉　3000円　Ⓘ4-8411-0090-3　304
☆「世界名著大事典」

02370「クロムウェル」
『カーライル全集 第9 オリヴア・クロムウエル 第三』 柳田泉訳　春秋社　1927　575p　20cm　Ⓝ938
☆「世界名著大事典」

02371「フランス革命史」
『フランス革命史 第1-〔第6〕』 カーライル著　柳田泉訳　春秋社　1947　6冊 肖像 19cm　Ⓝ235,235.06
☆「近代名著解題選集 2」,「人文科学の名著」,「西洋をきずいた書物」,「世界の古典名著」,「世界名著解題選 第3巻」,「世界名著大事典」

02372「フリードリヒ大王伝」
☆「世界名著大事典」

カーライル兄弟
02373「西洋中世政治思想史」
☆「世界名著大事典」

ガラクティオン
02374「車が淵」
☆「世界の幻想文学」

カラジャーレ
02375「失われた手紙」
☆「世界名著大事典」

カラムジン
02376「哀れなリーザ」
『あわれなリーザ』 カラムジン作　酒見一義訳　[出版地不明]　酒見一義　2005　43p　17cm〈東京 丸善出版サービスセンター（製作）　肖像あり〉　500円　Ⓘ4-89630-170-6　Ⓝ983
☆「世界文学鑑賞辞典 第4」,「世界名著大事典」

02377「ロシア帝国史」
☆「世界名著大事典」

カラン, ジム
02378「冒険の達人—クリス・ボニントンの登山と人生」
『冒険の達人—クリス・ボニントンの登山と人生』 ジム・カラン著　倉知敬訳　茗溪堂　2003　325p　22cm〈文献あり〉　2800円　Ⓘ4-943905-24-2　Ⓝ786.1
☆「新・山の本おすすめ50選」

ガーランド
02379「中央街道」
☆「世界文学鑑賞辞典 第1」

ガリ, ロマン
02380「自由の大地—天国の根」
☆「世界の小説大百科」

02381「夜明けの約束」
☆「世界の小説大百科」

ガリアニ
02382 「穀物取引に関する対話」
☆「世界名著大事典」

ガリェーゴス
02383 「ドニャ・バルバラ」
☆「世界名著大事典」

カリエール
02384 「外交談判法」
☆「教養のためのブックガイド」

カーリダーサ
02385 「シャクンタラー姫」
『シャクンタラー姫』 カーリダーサ著 河口慧海訳 日高彪校訂 慧文社 2009 203p 21cm（河口慧海著作選集 4） 4700円
①978-4-86330-037-8
☆「学術辞典叢書 第15巻」,「近代名著解題選集 1」,「近代名著解題選集 2」,「世界の名著」,「世界文学あらすじ大事典 2（きよえ‐ちえ）」,「世界文学必勝法」,「世界名作事典」,「世界名著解題選 第2巻」,「世界名著大事典」,「東洋の名著」,「日本の古典・世界の古典」

02386 「メーガ・ドゥータ」
☆「世界名著大事典」

02387 「リトゥ・サンハーラ」
☆「世界名著大事典」

カリマコス
02388 「詩集」
☆「世界名著大事典」

ガリレイ, ガリレオ
02389 「数学的説論と論証」
☆「西洋をきずいた書物」

02390 「星界の報告」
『星界の報告』 ガリレオ・ガリレイ著 山田慶児,谷泰訳 岩波書店 1976 173p 図 15cm（岩波文庫） 200円 Ⓝ440.2
☆「西洋をきずいた書物」,「世界を変えた書物」,「世界がわかる理系の名著」

02391 「天文対話」
『天文対話 上』 ガリレオ・ガリレイ著 青木靖三訳 岩波書店 1993 439p 15cm（岩波文庫）〈第21刷（第1刷：59.8.25）〉 720円
①4-00-339061-X
☆「学術辞典叢書 第12巻」,「教育を考えるためにこの48冊」,「教養のためのブックガイド」,「古典・名著の読み方」,「自然科学の名著」,「自然科学の名著 上」,「西洋をきずいた書物」,「世界を変えた書物」,「世界を変えた100冊の本」,「世界の名著早わかり事典」,「世界名著解題選 第3巻」,「世界名著大事典」,「ブックガイド 文庫で読む科学」

カーリン, ベン
02392 「たった二人の大西洋」
☆「世界の海洋文学」

カリントン
02393 「耳らっぱ」
☆「世界の幻想文学」

カール, シャピロ
02394 「「ネットワーク経済」の法則」
『「ネットワーク経済」の法則―アトム型産業からビット型産業へ…変革期を生き抜く72の指針』 カール・シャピロ,ハル・R.バリアン共著 千本倖生監訳 宮本喜一訳 IDGジャパン 1999 567p 20cm 2850円
①4-87280-377-9 Ⓝ007.35
☆「戦略の名著！ 最強43冊のエッセンス」

ガルヴァーニ
02395 「筋肉運動による電気の力」
☆「西洋をきずいた書物」,「世界を変えた書物」

カルヴァリョ, エルクラーノ・デ
02396 「司祭エウリコ」
☆「世界名著大事典」

カルヴァン
02397 「教会改革の必要について」
☆「教育の名著80選解題」

02398 「キリスト教綱要」
『キリスト教綱要 第1篇・第2篇』 ジャン・カルヴァン著 渡辺信夫訳 改訳版 新教出版社 2007 583p 22cm 4500円
①978-4-400-30108-0 Ⓝ191
☆「現代政治学の名著」,「図解世界の名著がわかる本」,「西洋をきずいた書物」,「世界を変えた100冊の本」,「世界の古典名著」,「世界の名著早わかり事典」,「世界名著大事典」,「哲学の世界」

02399 「ジュネーヴ学院規程」
☆「教育の名著80選解題」

カルヴィーノ, イタロ
02400 「木のぼり男爵」
『木のぼり男爵』 イタロ・カルヴィーノ著 米川良夫訳 白水社 1995 311p 18cm（白水Uブックス） 1200円 ①4-560-07111-X
☆「世界の名作文学案内」

02401 「くもの巣の小道―パルチザンあるいは落伍者たちをめぐる寓話」
『くもの巣の小道―パルチザンあるいは落伍者たちをめぐる寓話』 イタロ・カルヴィーノ著

米川良夫訳　筑摩書房　2006　279p　15cm
（ちくま文庫）　780円　Ⓘ4-480-42292-7
☆「世界の小説大百科」

02402　「コスミコミケ」
☆「世界のSF文学・総解説」

02403　「冬の夜ひとりの旅人が」
『冬の夜ひとりの旅人が』　イタロ・カルヴィーノ著　脇功訳　筑摩書房　1995　376p　15cm（ちくま文庫）　840円　Ⓘ4-480-03087-5　Ⓝ973
☆「世界の小説大百科」、「百年の誤読 海外文学篇」

02404　「まっぷたつの子爵」
『まっぷたつの子爵』　イタロ・カルヴィーノ著　河島英昭訳　晶文社　1997　189p　19cm（ベスト版 文学のおくりもの）　1600円　Ⓘ4-7949-1243-9
☆「一冊で世界の名著100冊を読む」、「面白いほどよくわかる世界の文学」、「世界の幻想文学」

02405　「マルコヴァルドさんの四季」
『マルコヴァルドさんの四季』　イタロ・カルヴィーノ作　関口英子訳　岩波書店　2009　282p　18cm（岩波少年文庫　158）　680円　Ⓘ978-4-00-114158-0　Ⓝ973
☆「一冊で不朽の名作100冊を読む」（友人社）、「一冊で不朽の名作100冊を読む」（友人社）

02406　「見えない都市」
『見えない都市』　イタロ・カルヴィーノ著　米川良夫訳　河出書房新社　2003　240p　15cm（河出文庫）　850円　Ⓘ4-309-46229-4
☆「建築の書物/都市の書物」、「世界のSF文学・総解説」、「世界の小説大百科」

02407　「柔かい月」
『柔かい月』　I・カルヴィーノ著　脇功訳　河出書房新社　2003　229p　15cm（河出文庫）　850円　Ⓘ4-309-46232-4　Ⓝ973
☆「世界のSF文学・総解説」

02408　「われわれの祖先」
☆「世界文学あらすじ大事典 4（ふん・われ）」

カールグレン

02409　「グラマタ・セリカ」
☆「世界名著大事典」

02410　「中国音韻学研究」
☆「世界名著大事典」

ガルシア＝マルケス, ガブリエル

02411　「ある遭難者の物語」
『ある遭難者の物語』　ガブリエル・ガルシア＝マルケス著　堀内研二訳　水声社　1992　139p　20cm〈風の薔薇1982年刊の新装版〉　1545円　Ⓘ4-89176-273-X　Ⓝ963

☆「世界の海洋文学」

02412　「コレラの時代の愛」
『コレラの時代の愛』　ガブリエル・ガルシア＝マルケス著　木村榮一訳　新潮社　2006　526p　20cm〈他言語標題：El amor en los tiempos del cólera〉　3000円　Ⓘ4-10-509014-3　Ⓝ963
☆「世界の小説大百科」

02413　「百年の孤独」
『百年の孤独』　ガブリエル・ガルシア＝マルケス著　鼓直訳　新潮社　2006　492p　20cm〈他言語標題：Cien años de soledad〉　2800円　Ⓘ4-10-509011-9　Ⓝ963
☆「あらすじで味わう外国文学」、「あらすじで読む世界文学105」、「一冊で世界の名著100冊を読む」、「面白いほどよくわかる世界の文学」、「50歳からの名著入門」、「世界のSF文学・総解説」、「世界の幻想文学」、「世界の小説大百科」、「世界の長編文学」、「世界の名作50選」、「世界の名作文学案内」、「世界文学必勝法」、「世界名作文学館」、「千年紀のベスト100作品を選ぶ」、「読書入門」、「なおかつお厚いのがお好き？」、「20世紀を震撼させた100冊」、「必読書150」、「百年の誤読 海外文学篇」、「ポケット世界名作事典」、「名作はこのように始まる 1」

02414　「ママ・グランデの葬儀」
『ママ・グランデの葬儀』　ガルシア・マルケス［著］　桑名一博［ほか］訳　集英社　1982　250p　16cm（集英社文庫）　320円　Ⓝ963
☆「世界文学あらすじ大事典 4（ふん・われ）」

02415　「予告された殺人の記録」
『予告された殺人の記録』　G.ガルシア・マルケス［著］　野谷文昭訳　新潮社　1997　158p　16cm（新潮文庫）　400円　Ⓘ4-10-205211-9　Ⓝ963
☆「世界文学の名作と主人公」

ガルシーア・ロルカ, フェデリコ

02416　「ジプシー歌集」
『ジプシー歌集』　フェデリコ・ガルシーア・ロルカ著　会田由訳　平凡社　1994　147p　16cm（平凡社ライブラリー）　660円　Ⓘ4-582-76040-6　Ⓝ961
☆「世界名著大事典」

02417　「血の婚礼」
『血の婚礼―他二篇 三大悲劇集』　ガルシーア・ロルカ作　牛島信明訳　岩波書店　1992　362p　15cm（岩波文庫）　570円　Ⓘ4-00-327301-X　Ⓝ962
☆「面白いほどよくわかる世界の文学」、「世界文学あらすじ大事典 3（ちか・ふろ）」、「百年の誤読 海外文学篇」

02418　「ベルナルダ・アルバの家」

『ベルナルダ・アルバの家』 ガルシア・ロルカ作 山田肇訳 未来社 1956 108p 図版 19cm（てすぴす叢書 第42） Ⓝ962
☆「あらすじで読む世界文学105」、「世界名著大事典」

ガルシン, フセヴォロド・ミハイロヴィチ

02419 「紅い花」
『紅い花―他四篇』 ガルシン作 神西清訳 改版 岩波書店 2006 144,6p 15cm（岩波文庫）〈年譜あり〉 460円 Ⓘ4-00-326211-5 Ⓝ983
☆「現代世界の名作」、「知っておきたいロシア文学」、「世界文学鑑賞辞典 第4」、「世界文学の名作と主人公」、「世界名作事典」、「世界名著大事典」、「ポケット世界名作事典」、「名作あらすじ事典 西洋文学編」、「名小説ストーリイ集 世界篇」、「ロシア文学」

02420 「アッタレア・プリンケプス」
☆「世界文学鑑賞辞典 第4」

02421 「カエルの旅行家」
☆「名作の研究事典」

02422 「信号」
『信号』 ガルシン作 中村融訳 弘文堂書房 1948 213p 15cm（世界文庫 87） Ⓝ983
☆「日本・世界名作「愛の会話」100章」

02423 「ナジェージダ・ニコラーエヴナ」
☆「世界文学鑑賞辞典 第4」

02424 「四日間」
☆「世界文学鑑賞辞典 第4」、「世界名著大事典」

カルステン

02425 「宗教の発端」
☆「世界名著大事典」

02426 「鉄冶金学教程」
☆「世界名著大事典」

ガルソン

02427 「刑法注釈書」
☆「世界名著大事典」

カールソン, ヤン

02428 「真実の瞬間」
『真実の瞬間―SASのサービス戦略はなぜ成功したか』 ヤン・カールソン著 堤猶二訳 ダイヤモンド社 1990 208p 19cm 1300円 Ⓘ4-478-33024-7
☆「世界で最も重要なビジネス書」

カールソン, リチャード

02429 「小さいことにくよくよするな」
『小さいことにくよくよするな！―しょせん、すべては小さなこと』 リチャード・カールソン著 小沢瑞穂訳 サンマーク出版 2000 251p 15cm（サンマーク文庫）〈発売：サンマーク〉 600円 Ⓘ4-7631-8082-7 Ⓝ159
☆「世界の自己啓発50の名著」、「超売れ筋ビジネス書101冊」

カルダーノ

02430 「カルダーノ自伝」
『カルダーノ自伝―ルネサンス万能人の生涯』 ジェローラモ・カルダーノ著 清瀬卓、沢井繁男訳 平凡社 1995 370p 15cm（平凡社ライブラリー） 1400円 Ⓘ4-582-76093-7
☆「自伝の名著101」、「数学ブックガイド100」

02431 「代数規則についての大技術」
☆「自然科学の名著」、「世界を変えた書物」、「世界名著大事典」

カルタン

02432 「リーマン空間の幾何学についての講義」
☆「世界名著大事典」

カルティニ

02433 「暗黒を越えて光明へ」
☆「世界名著大事典」

カルテラック

02434 「アルタミラ洞窟」
☆「世界名著大事典」

カルデロン・デ・ラ・バルカ

02435 「おのが名誉の医師」
☆「世界名著大事典」

02436 「サラメアの村長」
『サラメアの村長』 カルデロン・デ・ラ・バルカ［著］ 岩根圀和訳注 大学書林 1982 233p 19cm〈他言語標題：El alacalde de Zalamea〉
☆「近代名著解題選集 2」、「人文科学の名著」、「世界文学あらすじ大事典 2 (きよえ‐ちえ)」、「世界文学鑑賞辞典 第2」、「世界名著解題選 第2巻」、「世界名著大事典」、「日本の古典・世界の古典」

02437 「人生は夢」
『人生は夢』 カルデロン・デ・ラ・バルカ［著］ 岩根圀和訳注 大学書林 1985 216p 19cm〈他言語標題：La vida es sueno〉
☆「世界文学あらすじ大事典 2 (きよえ‐ちえ)」、「世界文学鑑賞辞典 第2」、「世界名著大事典」、「ポケット世界名作事典」

カルドア

02438 「マネタリズムの罪過」
☆「経済学88物語」

カルドゥッチ

02439 「擬古詩集」

☆「世界名著大事典」

ガルトゥング, ヨハン

02440 「構造的暴力と平和」
『構造的暴力と平和』 ヨハン・ガルトゥング著 高柳先男,塩屋保,酒井由美子訳　八王子市　中央大学出版部　1991　232p　19cm（中央大学現代政治学双書　12）　2472円
Ⓘ4-8057-1211-2
☆「平和を考えるための100冊+α」

ガルドス, ベニート・ペレス

02441 「思いやり」
☆「世界の小説大百科」

カルドーゾ, フェルナンド・エンリケ

02442 「ラテンアメリカにおける従属と発展」
『ラテンアメリカにおける従属と発展—グローバリゼーションの歴史社会学』 フェルナンド・エンリケ・カルドーゾ, エンソ・ファレット著　鈴木茂,受田宏之,宮地隆廣訳　府中（東京都）　東京外国語大学出版会　2012　348p　20cm〈索引あり〉　2800円
Ⓘ978-4-904575-19-2　Ⓝ332.55
☆「平和を考えるための100冊+α」

カルドーゾ, B.N.

02443 「司法過程の性質」
『司法過程の性質』 B.N.カドーゾ著　守屋善輝訳　中央大学出版部　1966　185p　19cm（日本比較法研究所叢書　3）　500円　Ⓝ321.1
☆「アメリカを変えた本」,「世界名著大事典」

02444 「法の発展」
☆「世界名著大事典」

ガールドニ

02445 「エゲルの星々」
☆「世界の小説大百科」,「世界名著大事典」

カルナップ

02446 「意味と必然性」
『意味と必然性—意味論と様相論理学の研究』 ルドルフ・カルナップ著　永井成男他訳　復刊版　紀伊國屋書店　1999　335p　22cm　3400円　Ⓘ4-314-00844-X　Ⓝ116
☆「世界名著大事典」,「哲学の名著」

02447 「意味論入門」
☆「世界名著大事典」

02448 「言語の論理的シンタックス」
☆「世界名著大事典」,「哲学の名著」

02449 「世界の論理的構築」
☆「世界名著大事典」,「哲学名著解題」

02450 「哲学の偽問題」

☆「世界名著大事典」

カルノ

02451 「火の動力およびこの動力を発生させるのに適した機関についての考察」
☆「自然科学の名著」,「西洋をきずいた書物」,「世界を変えた書物」,「世界名著大事典」

ガルバ, マルティ・ジュアン・ダ

02452 「ティラン・ロ・ブラン」
☆「世界の小説大百科」

カルハナ

02453 「ラージャ・タランギニー」
☆「世界名著大事典」

ガルピン

02454 「農村共同体の社会的解剖」
☆「世界名著大事典」

カルプ

02455 「華南の農村生活」
☆「世界名著大事典」

カールフェルト

02456 「フリドリーンの歌」
☆「世界名著大事典」

ガルブレイス, J.K.

02457 「新しい産業国家」
『新しい産業国家』 ジョン・K.ガルブレイス著　斎藤精一郎訳　講談社　1984　2冊　15cm（講談社文庫）　各460円　Ⓘ4-06-183201-8　Ⓝ335.253
☆「経済学88物語」,「現代経済学の名著」,「社会思想の名著」,「世界の古典名著」,「世界名著大事典補遺(Extra)」

02458 「アメリカの資本主義」
『アメリカの資本主義』 ジョン・ケネス・ガルブレイス著　藤瀬五郎訳　改定新版　時事通信社　1970　258p　19cm　1000円　Ⓝ333.951
☆「現代資本主義の名著」,「世界名著大事典」

02459 「大恐慌」
『大恐慌—1929年は再びくるか!? 新訳』 ジョン・K.ガルブレイス著　牧野昇監訳　徳間書店　1988　306p　20cm　1500円　Ⓘ4-19-513616-4　Ⓝ337.99
☆「経済学名著106選」

02460 「不確実性の時代」
『不確実性の時代』 ジョン・K.ガルブレイス著　斎藤精一郎訳　講談社　2009　498p　15cm（講談社学術文庫）　1400円　Ⓘ978-4-06-291945-6

☆「現代ビジネス書・経済書総解説」,「古典・名著の読み方」,「世界の古典名著」

02461 「満足の文化」
『満足の文化』 ジョン・ケネス・ガルブレイス著　中村達也訳　新潮社　1993　230p　19cm　1900円　①4-10-526401-X
☆「学問がわかる500冊」

02462 「ゆたかな社会」
『ゆたかな社会―決定版』 ガルブレイス［著］鈴木哲太郎訳　岩波書店　2006　430p　15cm（岩波現代文庫　社会）　1300円　①4-00-603137-8　Ⓝ331
☆「アメリカを変えた本」,「経済学の名著30」,「経済学88物語」,「経済学名著106選」,「現代人のための名著」,「世界を変えた経済学の名著」,「メディア・情報・消費社会」

カルフーン

02463 「政治論」
『政治論』 カルフーン著　中谷義和訳・解説　未來社　1977　185p　肖像　19cm（社会科学ゼミナール　61）　850円　Ⓝ311
☆「世界名著大事典」

ガルベ

02464 「サーンキヤ哲学」
☆「世界名著大事典」

カルペンティエール, アレホ

02465 「失われた足跡」
『失われた足跡』 カルペンティエル作　牛島信明訳　岩波書店　2014　467p　15cm（岩波文庫　32-798-1）〈集英社文庫 1994年刊の修訂〉　1020円　①978-4-00-327981-6　Ⓝ963
☆「一冊で世界の名著100冊を読む」,「面白いほどよくわかる世界の文学」,「世界の幻想文学」,「世界の小説大百科」,「世界の名作文学案内」,「世界文学あらすじ大事典1（あ‐きよう）」,「私（わたし）の世界文学案内」

02466 「この世の王国」
『この世の王国』 アレホ・カルペンティエル著　木村栄一, 平田渡訳　水声社　1992　165p　19cm（叢書　アンデスの風）　1545円　①4-89176-269-1
☆「世界の小説大百科」

02467 「時との戦い」
『時との戦い』 A.カルペンティエール著　鼓直訳　国書刊行会　1977　129p　20cm（ラテンアメリカ文学叢書　2）　1800円　Ⓝ963
☆「世界のSF文学・総解説」

02468 「バロック協奏曲」
『バロック協奏曲』 アレッホ・カルペンティエール著　鼓直訳　サンリオ　1979　142p　15cm（サンリオSF文庫）　280円　Ⓝ963
☆「世界の幻想文学」

カルボ, ジョー

02469 「怠け者が金持ちになる方法」
☆「お金と富の哲学世界の名著50」

ガルボリ

02470 「平和」
☆「世界名著大事典」

カールマルシュ

02471 「技術の歴史」
☆「世界名著大事典」

カルマン

02472 「帝国主義の倫理」
☆「近代欧米名著解題 第2巻」

カルマン, V.

02473 「飛行の理論」
『飛行の理論』 フォン・カルマン著　谷一郎訳　岩波書店　1956　221p　図版　18cm　Ⓝ538.1
☆「物理ブックガイド100」

カルメット

02474 「ジャンヌ・ダルク」
『ジャンヌ・ダルク』 ジョゼフ・カルメット著　川俣晃自訳　岩波書店　1951　198p　図版　18×11cm（岩波新書　第62）　Ⓝ289.3
☆「伝記・自叙伝の名著」

02475 「封建社会」
☆「世界名著大事典」

カルヤーナ・マルラ

02476 「アナンガランガ」
『カーマスートラーインド古代性典集』 原三正編　人間の科学社　1991　303p　26cm　3700円　Ⓝ367.9
☆「世界名著大事典 補遺（Extra）」

ガレアーノ, エドゥアルド

02477 「火の記憶」
☆「世界の小説大百科」

カレオ, デビッド

02478 「アメリカ経済は何故こうなったか」
『アメリカ経済は何故こうなったか』 デビッド・P.カレオ著　山岡清二訳　日本放送出版協会　1983　261p　20cm　2000円　①4-14-008323-9　Ⓝ332.53
☆「現代ビジネス書・経済書総解説」

カレツキ, M.

02479 「経済変動の理論」

ガレット, アルメイダ

02480 「修道士ルイス・デ・ソーザ」
☆「世界名著大事典」

カレッド, レシャード

02481 「知ってほしいアフガニスタン」
『知ってほしいアフガニスタン―戦禍はなぜ止まないか』 レシャード・カレッド編著 高文研 2009 216p 19cm 1600円 ①978-4-87498-430-7
☆「平和を考えるための100冊+α」

ガレッキー
『経済変動の理論―資本主義経済における循環的及び長期的変動の研究』 M.カレツキー著 宮崎義一, 伊東光晴共訳 新評論 1958 254p 図版 22cm Ⓝ331
☆「経済学88物語」,「経済学名著106選」,「世界名著大事典」

ガレノス

02482 「ガレノス全集」
☆「自然科学の名著」,「西洋をきずいた書物」

02483 「自然の能力について」
☆「世界名著大事典」

カレフ

02484 「その子を殺すな」
『その子を殺すな』 ノエル・カレフ著 宮崎嶺雄訳 東京創元社 1961 286p 15cm（創元推理文庫） Ⓝ953
☆「世界の推理小説・総解説」

カレル

02485 「人間, この未知なるもの」
☆「世界名著大事典」

カレン

02486 「実地医学要綱」
☆「世界名著大事典」

ガロー

02487 「刑法綱要」
☆「世界名著大事典」

ガロ, カーマイン

02488 「スティーブ・ジョブズ驚異のプレゼン」
『スティーブ・ジョブズ驚異のプレゼン―人々を惹きつける18の法則』 カーマイン・ガロ著 井口耕二訳 ［東京］ 日経BP社 2010 405p 19cm〈解説: 外村仁 文献あり 発売: 日経BPマーケティング〉 1800円 ①978-4-8222-4816-1 Ⓝ336.49
☆「3行でわかる名作&ヒット本250」

ガロア, E.

02489 「アーベル/ガロア 楕円関数論」
『楕円関数論』 アーベル, ガロア著 高瀬正仁訳 朝倉書店 1998 358p 22cm〈数学史叢書 足立恒雄, 杉浦光夫, 長岡亮介編〉 7000円 ①4-254-11459-1 Ⓝ413.57
☆「ブックガイド 文庫で読む科学」

02490 「友人シュヴァリエ宛の遺書」
☆「自然科学の名著100選 中」,「世界名著大事典」

カロザース

02491 「高重合物に関するカロザースの論文集」
☆「自然科学の名著」,「世界名著大事典」

カロッサ, ハンス

02492 「医師ギオン」
『医師ギオン』 ハンス・カロッサ著 石川錬次訳 角川書店 1952 230p 15cm（角川文庫 第546） Ⓝ943
☆「世界文学鑑賞辞典 第3」,「世界名著大事典」

02493 「美しき惑いの年」
『美しき惑いの年』 カロッサ作 手塚富雄訳 改版 岩波書店 2012 459p 15cm（岩波文庫） 1020円 ①978-4-00-324363-3
☆「現代日本の名作」,「世界文学鑑賞辞典 第3」,「世界文学の名作と主人公」,「世界名著大事典」,「ドイツ文学」,「ポケット世界名作事典」

02494 「狂った世界」
☆「世界名著大事典」

02495 「詩集」
☆「世界名著大事典」

02496 「指導と信従」
『指導と信従』 ハンス・カロッサ著 国松孝二訳 岩波書店 2012 255p 15cm（岩波文庫） 660円 ①978-4-00-324366-4
☆「世界名著大事典」,「入門名作の世界」

02497 「少年の変転」
☆「世界名著大事典」

02498 「青春変転」
『青春変転』 ハンス・カロッサ著 石川錬次訳 ダヴィッド社 1955 188p 18cm Ⓝ943
☆「世界文学鑑賞辞典 第3」

02499 「成年の秘密」
『成年の秘密』 カロッサ著 高橋義孝訳 新潮社 1951 218p 15cm（新潮文庫 第188） Ⓝ943
☆「世界文学鑑賞辞典 第3」,「世界名著大事典」

02500 「ドクトル・ビュルガーの運命」
☆「知っておきたいドイツ文学」,「世界文学鑑賞辞

典 第3」,「世界名著大事典」,「名作あらすじ事典 西洋文学編」

02501 「幼年時代」
『幼年時代』 ハンス・カロッサ作 斎藤栄治訳 改版 岩波書店 2012 233p 15cm(岩波文庫) 600円 ①978-4-00-324365-7
☆「世界文学鑑賞辞典 第3」,「世界名著大事典」

02502 「ルーマニア日記」
『ルーマニア日記』 ハンス・カロッサ作 星野慎一編注 第三書房 1962 43p 19cm
☆「世界の名著」,「世界文学あらすじ大事典 4(ふん・われ)」,「世界名著大事典」,「ポケット世界名作事典」,「名小説ストーリイ集 世界篇」

02503 「若き医師の日」
☆「世界名著大事典」

ガロッド

02504 「カルメル山の石器時代」
☆「世界名著大事典」

ガロディ

02505 「自由」
☆「世界名著大事典」

ガロファロー

02506 「刑事学」
☆「世界名著大事典」

ガロワ

02507 「人文地理学原理」
☆「人文科学の名著」,「世界名著大事典」

02508 「世界地誌」
☆「世界名著大事典」

カロン

02509 「日本大王国志」
『日本大王国志』 フランソア・カロン原著 幸田成友訳著 平凡社 1967 312p 18cm(東洋文庫) 450円 Ⓝ291.099
☆「世界名著大事典」

ガワー

02510 「現代会社法原論」
☆「世界名著大事典」

ガワー, ジョン

02511 「叫ぶものの声」
☆「世界名著大事典」

ガワイン, シャクティ

02512 「理想の自分になれる法」
『理想の自分になれる法—CVという奇跡』 シャクティ・ガワイン著 宮崎伸治訳 廣済堂出版 1999 205p 19cm 1333円

①4-331-50686-X
☆「世界の自己啓発50の名著」

カワサキ, ガイ

02513 「完全網羅 起業成功マニュアル」
『完全網羅 起業成功マニュアル』 ガイ・カワサキ著 三木俊哉訳 海と月社 2009 318p 19cm 1800円 ①978-4-903212-12-8
☆「お金と富の哲学世界の名著50」

カワード, ノエル

02514 「渦巻」
☆「世界名著大事典」

02515 「キャヴァルケード」
☆「世界名著大事典」

02516 「焼棒杭に火がついて(私生活)」
☆「世界文学あらすじ大事典 4(ふん・われ)」

02517 「生活の設計」
☆「たのしく読めるイギリス文学」

カーン

02518 「雇用と成長」
『雇用と成長』 R.カーン著 浅野栄一, 袴田兆彦共訳 日本経済評論社 1983 299p 22cm(ポスト・ケインジアン叢書 7)〈著者の肖像あり〉 4500円 Ⓝ331
☆「経済学88物語」

韓嬰 かん・えい

02519 「韓詩外伝」
☆「世界名著大事典」

桓寛 かん・かん

02520 「塩鉄論」
『塩鉄論—漢代の経済論争』 桓寛著 佐藤武敏訳注 平凡社 1970 303p 18cm(東洋文庫 167) Ⓝ331.22
☆「世界名著解題選 第1巻」,「世界名著大事典」,「中国の古典名著」

顔元 がん・げん

02521 「四存編」
☆「世界名著大事典」

顔之推 がん・しすい

02522 「顔氏家訓」
『顔氏家訓』 顔之推著 久米旺生ほか編訳 徳間書店 1990 230p 20cm 2000円 ①4-19-244224-8 Ⓝ125.2
☆「世界名著大事典」,「中国古典名著のすべてがわかる本」,「中国の古典名著」

管仲 かん・ちゅう

02523 「管子」

韓非 かん・ぴ

02524 「韓非子」
☆「あらすじでわかる中国古典「超」入門」、「学術辞典叢書 第12巻」、「教養のためのブックガイド」、「近代名著解題選集 2」、「図解世界の名著がわかる本」、「世界の名著早わかり事典」、「世界名著解題選 第1巻」、「世界名著大事典」、「中国古典がよくわかる本」、「中国古典のすべてがわかる本」、「中国の古典名著」、「中国の名著」、「東洋の名著」、「『論語』から『孫子』まで一気にわかる中国古典超入門」

干宝 かん・ぽう

02525 「捜神記」
『捜神記』 干宝著 竹田晃訳 平凡社 2000 614p 16cm(平凡社ライブラリー) 1600円 ①4-582-76322-7
☆「学術辞典叢書 第15巻」、「近代名著解題選集 2」、「世界名著解題選 第2巻」、「世界名著大事典」、「中国の古典名著」

韓邦慶 かん・ほうけい

02526 「海上花列伝」
☆「世界名著大事典」、「中国の古典名著」、「中国の名著」

韓愈 かん・ゆ

02527 「韓昌黎集」
☆「学術辞典叢書 第15巻」、「世界名著解題選 第1巻」、「世界名著大事典」

02528 「原道」
☆「世界名著大事典」

カーン,D.

02529 「暗号戦争 日本暗号はいかに解読されたか」
☆「名著で学ぶインテリジェンス」

ガンゲーシャ

02530 「タットヴァチンターマニ」
☆「世界名著大事典」

ガンサー,ジョン

02531 「回想のルーズベルト」
『回想のルーズベルト 上』 ジョン・ガンサー著 清水俊二訳 六興出版社 1950 399p 19cm Ⓝ289.3
☆「伝記・自叙伝の名著」

02532 「ガンサーの内幕」
『ガンサーの内幕』 ジョン・ガンサー著 河合伸訳 みすず書房 1963 225p 図版 18cm (みすず・ぶっくす) Ⓝ289.3
☆「世界名著大事典 補遺(Extra)」

02533 「死よ驕るなかれ」
『死よ驕るなかれ』 ジョン・ガンサー著 中野好夫, 矢川徳光共訳 岩波書店 1950 298p 図版 18×11cm(岩波新書 第40) Ⓝ935
☆「世界名著大事典 補遺(Extra)」

02534 「ソヴェトの内幕」
『ソヴェトの内幕』 ジョン・ガンサー著 湯浅義正訳 増訂新版 みすず書房 1963 464p 地図 21cm Ⓝ238.07
☆「現代人のための名著」

02535 「ヨーロッパの内幕」
☆「世界名著大事典 補遺(Extra)」

寒山 かんざん

02536 「寒山詩」
☆「東洋の名著」

ガンジー

02537 「ガンジー自伝」
『ガンジー自伝』 マハトマ・ガンジー著 蝋山芳郎訳 改版 中央公論新社 2004 512p 15cm(中公文庫BIBLIO20世紀) 1381円 ①4-12-204330-1
☆「現代人のための名著」、「自伝の名著101」、「世界の書物」、「世界のスピリチュアル50の名著」、「世界名著大事典」、「大学新入生に薦める101冊の本」、「伝記・自叙伝の名著」、「20世紀を震撼させた100冊」、「必読書150」

02538 「真の独立への道」
『真の独立への道―ヒンド・スワラージ』 M.K.ガーンディー著 田中敏雄訳 岩波書店 2009 177p 15cm(岩波文庫) 560円 ①4-00-332612-1
☆「平和を考えるための100冊+α」

02539 「ヒンドゥ・スワラージ」
☆「現代アジア論の名著」、「世界名著大事典」

02540 「倫理宗教」
☆「世界名著大事典」

ガンス,H.J.

02541 「都市の村人たち」
『都市の村人たち―イタリア系アメリカ人の階級文化と都市再開発』 ハーバート・J.ガンズ著 松本康訳 西東京 ハーベスト社 2006 370,22p 21cm(ネオ・シカゴ都市社会学シリーズ 1 松本康,奥田道大監修)〈文献あり〉 3600円 ①4-938551-84-5 Ⓝ361.78
☆「都市的世界」

ガーンズバック

02542 「ラルフ124C41+」

『ラルフ124C41+』 ヒューゴー・ガーンズバック著 川村哲郎訳 早川書房 1995 198p 19cm（ハヤカワ・SF・シリーズ）〈2版（初版：1966年）〉 1000円 ①4-15-207942-8 Ⓝ933
☆「世界のSF文学・総解説」

ガンスホーフ

02543 「封建制度とはなにか」
☆「世界名著大事典」

カンター, ロザベス・モス

02544 「ザ・チェンジ・マスターズ」
『ザ・チェンジ・マスターズ——21世紀への企業変革者たち』 ロザベス・モス・カンター著 長谷川慶太郎監訳 二見書房 1984 357p 20cm 1600円 ①4-576-84025-8 Ⓓ335.253
☆「究極のビジネス書50選」,「世界で最も重要なビジネス書」

邯鄲 淳　かんたん・じゅん

02545 「笑林」
☆「中国の古典名著」

カンティロン

02546 「商業試論」
『商業試論』 リチャード・カンティロン著 津田内匠訳 名古屋 名古屋大学出版会 1992 275,3p 19cm 3605円 ①4-8158-0179-7
☆「近代名著解題選集 2」,「経済学88物語」,「社会科学の名著」,「世界名著大事典」

カンディンスキー

02547 「芸術における精神的なもの（抽象芸術論）」
☆「世界名著大事典」,「20世紀を震撼させた100冊」

02548 「点、線、面」
☆「世界名著大事典」

カンデル

02549 「比較教育」
☆「世界名著大事典」

カント, イマヌエル

02550 「一般歴史考」
☆「世界名著大事典」

02551 「永遠平和のために」
『永遠平和のために』 イマヌエル・カント著 池内紀訳, 集英社〔発売〕 綜合社 2007 114p 18×13cm 1300円 ①978-4-7777-1010-2
☆「学問がわかる500冊」,「教養のためのブックガイド」,「現代政治学の名著」,「政治哲学」,「世界名著大事典」,「哲学名著解題」,「平和を考えるための100冊+α」,「倫理良書を読む」

02552 「可感界並に可想界の形式と原理とについて」
☆「哲学名著解題」

02553 「活力測定考」
☆「哲学名著解題」

02554 「教育学」
☆「教育の名著80選解題」,「人間学の名著を読む」

02555 「形而上学的認識の第一原理新釈」
☆「哲学名著解題」

02556 「啓蒙とはなにか」
☆「世界名著大事典」

02557 「自然科学の形而上学的原理」
☆「自然科学の名著」,「世界名著大事典」,「哲学名著解題」

02558 「自然地理学」
☆「世界名著大事典」

02559 「実践理性批判」
『実践理性批判 1』 カント著 中山元訳 光文社 2013 362p 16cm（光文社古典新訳文庫 KBカ1-10） 1105円 ①978-4-334-75269-9 Ⓝ134.2
☆「学術辞典叢書 第12巻」,「教養のためのブックガイド」,「近代哲学の名著」,「近代名著解題選集 2」,「思想史の巨人たち」,「世界名著解題選 第2巻」,「世界名著解題選 第5巻」,「世界名著大事典」,「哲学の世界」,「哲学の名著」,「哲学名著解題」（協同出版）,「哲学名著解題」（春秋社）,「倫理学」

02560 「宗教哲学」
☆「宗教哲学名著解説」

02561 「純粋理性批判」
『純粋理性批判 上』 イマヌエル・カント著 石川文康訳 筑摩書房 2014 373p 20cm 3600円 ①978-4-480-84741-6 Ⓝ134.2
☆「一冊で哲学の名著を読む」,「学術辞典叢書 第12巻」,「教養のためのブックガイド」,「近代哲学の名著」,「近代名著解題選集 2」,「古典・名著の読み方」,「図解世界の名著がわかる本」,「西洋をきずいた書物」,「西洋哲学の10冊」,「世界を変えた100冊の本」,「世界の古典名著」,「世界の哲学50の名著」,「世界の名著」,「世界の名著早わかり事典」,「世界名著案内 1」,「世界名著解題選 第2巻」,「世界名著解題選 第5巻」,「世界名著大事典」,「超解『哲学名著』事典」,「哲学の世界」,「哲学の名著」（毎日新聞社）,「哲学の名著」（学陽書房）,「哲学名著解題」（協同出版）,「哲学名著解題」（春秋社）,「なおかつお厚いのがお好き？」,「入門 哲学の名著」,「ハイデガー本45」,「はじめて学ぶ法哲学・法思想」,「必読書150」,「ブックガイド"心の科学"を読む」,「文学・名著300選の解説 '88年度版」,「文庫1冊で読める 哲学の名著」

02562 「視霊者の夢.形而上学の夢で説明せられたる」

カント   02563〜02584

☆「哲学名著解題」

02563 「人倫の形而上学の基礎づけ」
　☆「入門 哲学の名著」

02564 「人倫の形而上学・法論」
　☆「世界の古典名著」

02565 「単なる理性の限界内における宗教」
　☆「学術辞典叢書 第13巻」,「宗教学の名著30」,「世界名著解題選 第2巻」,「世界名著大事典」,「哲学名著解題」(協同出版),「哲学名著解題」(春秋社)

02566 「天界の一般自然史と理論」
　☆「自然科学の名著」,「世界名著大事典」,「哲学名著解題」

02567 「道徳形而上学原論」
　『道徳形而上学原論』 カント著　篠田英雄訳　改版　岩波書店　2002　189,6p　15cm(岩波文庫)〈第59刷〉 500円　Ⓘ4-00-336251-9
　☆「教養のためのブックガイド」,「社会科学の名著」,「人文科学の名著」,「世界名著大事典」,「哲学の名著」,「哲学名著解題」(協同出版),「哲学名著解題」(春秋社)

02568 「人間学」
　『人間学』 カント著　坂田徳男訳　岩波書店　1952　373p　15cm(岩波文庫)　Ⓝ134.2
　☆「教育の名著80選解題」,「世界の哲学思想」

02569 「判断力批判」
　『判断力批判』 カント著　大西克礼訳　一穂社　2005　305,203,50p　21cm(名著/古典籍文庫)〈岩波文庫復刻版　岩波書店1940年刊を原本としたオンデマンド版〉 7800円　Ⓘ4-86181-119-8　Ⓝ134.2
　☆「学術辞典叢書 第12巻」,「近代哲学の名著」,「近代名著解題選集 2」,「世界名著解題選 第3巻」,「世界名著解題選 第6巻」,「哲学の世界」,「哲学の名著」,「哲学名著解題」(協同出版),「哲学名著解題」(春秋社)

02570 「美と崇高との感情についての観察」
　☆「世界名著大事典」

02571 「プロレゴメナ」
　『プロレゴメナ』 カント著　篠田英雄訳　岩波書店　2008　295,22p　15cm(岩波文庫)〈第17刷〉 760円　Ⓘ4-00-336263-2
　☆「学術辞典叢書 第13巻」,「世界名著解題選 第3巻」,「世界名著大事典」,「哲学の名著」,「哲学名著解題」

02572 「法律学の形而上学的原理」
　☆「学術辞典叢書 第11巻」,「世界名著解題選 第3巻」

カンドー,S.

02573 「永遠の傑作」
　『永遠の傑作』 S.カンドウ著　東峰書房　1955　253p 図版　19cm　Ⓝ049.1

☆「世界名著大事典 補遺(Extra)」

02574 「思想の旅」
　『思想の旅』 S.カンドウ著　三省堂出版　1956　244p 図版　17cm(三省堂百科シリーズ　第15)　Ⓝ113
　☆「世界名著大事典 補遺(Extra)」

ガントナー

02575 「人間像の運命」
　『人間像の運命―ロマネスクの様式化から現代の抽象にいたる』 ヨーゼフ・ガントナー著　中村二柄訳　京都　至成堂書店　1965　310,23p　22cm　1800円　Ⓝ704
　☆「世界名著大事典」

02576 「レオナルドの幻想」
　『レオナルドの幻想―大洪水と世界の没落をめぐる―ある芸術的理念の歴史』 ヨーゼフ・ガントナー著　藤田赤二,新井慎一訳　美術出版社　1992　373p 図版18枚　27cm〈レオナルド・ダ・ヴィンチの肖像あり　文献目録:p322〜326〉 5800円　Ⓘ4-568-20143-8　Ⓝ702.37
　☆「世界名著大事典」

カントール

02577 「集合に関する諸論文」
　☆「自然科学の名著100選 中」

02578 「数学史講義」
　『数学史講義　上,下巻』 カヂヨリ著　一戸直蔵訳　大鐙閣　1918　2冊　23cm〈上巻の出版者:現代之科学社〉 Ⓝ410
　☆「世界名著大事典」

02579 「すべての実なる代数的数の一性質について」
　☆「自然科学の名著」

02580 「超限集合論」
　『超限集合論』 G.カントル著　功力金二郎,村田全訳・解説　共立出版　1979　192p　22cm(現代数学の系譜　8)〈著者の肖像あり　数学者簡略年表:p186〜187〉 2500円　Ⓝ413.9
　☆「自然科学の名著」,「世界名著大事典」

02581 「直線上の無限点集合について」
　☆「自然科学の名著」

カントロヴィッチ,L.V.

02582 「生産組織と生産計画の数学的方法」
　☆「経済学名著106選」

カントロヴィッツ,ヘルマン

02583 「法の定義」
　☆「世界名著大事典」

02584 「法律学と社会学」
　☆「学術辞典叢書 第11巻」,「世界名著解題選 第3

巻」,「世界名著大事典」

02585 「法律学のための戦い」
☆「社会科学の名著」,「世界名著大事典」

カーンバーグ, O.F.

02586 「境界状態と病理的自己愛」
☆「精神医学の名著50」,「精神分析の名著」

カンパネラ

02587 「太陽の都」
『太陽の都』カンパネラ著 島谷俊三訳 町田町(東京府) 玉川学園出版部 1932 107p 19cm(玉川叢書 第19篇) Ⓝ132
☆「学術辞典叢書 第11巻」,「近代名著解題選集 2」,「世界のSF文学・総解説」,「世界の哲学思想」,「世界名著解題選 第2巻」,「世界名著解題選 第4巻」,「世界名著大事典」,「日本の古典・世界の古典」

02588 「普遍哲学」
☆「世界名著大事典」

02589 「物の知覚と魔術」
☆「世界名著大事典」

【キ】

紀 昀 き・いん

02590 「閲微草堂筆記」
☆「世界名著大事典」,「中国の古典名著」

02591 「四庫全書」
☆「世界名著大事典」

紀 君祥 き・くんしょう

02592 「趙氏孤児」
☆「世界名著大事典」

魏 源 ぎ・げん

02593 「海国図志」
☆「アジアの比較文化」,「世界名著大事典」

02594 「聖武記」
『聖武記』魏源著 興亜院政務部訳 生活社 1943 802p 22cm Ⓝ222.06
☆「世界名著大事典」

魏 秀仁 ぎ・しゅうじん

02595 「花月痕」
☆「世界名著大事典」

帰 有光 き・ゆうこう

02596 「震川先生集」
☆「世界名著大事典」

ギアツ, クリフォード

02597 「ヌガラ」
『ヌガラ—19世紀バリの劇場国家』 クリフォード・ギアツ著 小泉潤二訳 みすず書房 2010 279,47p 21cm 6300円
Ⓘ978-4-622-03481-0
☆「現代アジア論の名著」,「文化人類学」,「文化人類学の名著50」

02598 「文化の解釈」
☆「文化の社会学」

02599 「文化の読み方/書き方」
☆「人文科学の名著」

キイス, ダニエル

02600 「アルジャーノンに花束を」
☆「世界のSF文学・総解説」,「世界の名作文学案内」,「2時間でわかる世界の名著」,「百年の誤読 海外文学篇」

キヴィ

02601 「7人兄弟」
☆「世界名著大事典」

窺 基 き・き

02602 「因明入正理論疏」
☆「世界名著大事典」

02603 「大乗法苑義林章」
☆「世界名著大事典」

鞠 清遠 きく・せいえん

02604 「唐代経済史」
☆「世界名著大事典」

ギーグ, C.

02605 「白い嵐」
『白い嵐—アルバトロス号最後の航海』 チャック・ギーグ著 岡山徹訳 ソニー・マガジンズ 1996 290,70p 19cm 1400円
Ⓘ4-7897-1103-X
☆「世界の海洋文学」

キケロ, マーカス・トゥリウス

02606 「アカデミカ」
☆「世界名著大事典」,「哲学名著解題」

02607 「運命について」
☆「世界名著大事典」,「哲学名著解題」

02608 「キケロ哲学論集」
『哲學論集 1』ポオル・ヴァレリイ[著] 佐藤正彰[ほか]譯 筑摩書房 1951 342,4p 20cm(ポオル・ヴァレリイ全集 8 ポオル・ヴァレリイ[著])
☆「学術辞典叢書 第13巻」,「世界名著解題選 第1巻」

02609 「義務について」
☆「政治哲学」,「世界の哲学50の名著」,「世界名著大事典」,「哲学名著解題」

02610 「国家論」
☆「社会科学の名著」,「世界名著大事典」,「哲学名著解題」

02611 「書簡」
☆「世界名著大事典」

02612 「神性について」
☆「世界名著大事典」,「哲学名著解題」

02613 「善悪の限界について(善悪の窮極,至上善,悪について)」
☆「世界名著大事典」,「哲学名著解題」,「倫理学」

02614 「全集」
☆「西洋をきずいた書物」

02615 「占筮について」
☆「哲学名著解題」

02616 「大カトー」
☆「世界名著大事典」

02617 「トゥスクラヌム双談」
☆「世界名著大事典」,「哲学名著解題」

02618 「法律論」
☆「哲学名著解題」

02619 「ホルテンシウス」
☆「哲学名著解題」

02620 「友情論」
☆「教養のためのブックガイド」,「世界の哲学思想」,「哲学名著解題」

02621 「雄弁家について」
☆「世界名著大事典」

02622 「ラエリウス」
☆「世界の名著」,「世界名著大事典」,「ポケット世界名作事典」

02623 「老年について」
『老年について』 キケロー著 中務哲郎訳 岩波書店 2005 131,16p 19cm(ワイド版岩波文庫) 900円 ⓘ4-00-007251-X
☆「哲学名著解題」

02624 「ロスキウス弁護論」
☆「世界名著大事典」

キサラ,ロバート

02625 「現代宗教と社会倫理—天理教と立正佼成会の福祉活動を中心に」
『現代宗教と社会倫理—天理教と立正佼成会の福祉活動を中心に』 ロバート・キサラ著 青弓社 1992 179p 19cm 2472円
☆「学問がわかる500冊」

キージー,ケン

02626 「カッコーの巣の上で」
『カッコーの巣の上で』 ケン・キージー著 岩元巌訳 白水社 2014 515p 18cm(白水uブックス) 2000円 ⓘ978-4-560-07192-2
☆「映画になった名著」,「世界の小説大百科」,「たのしく読めるアメリカ文学」,「百年の誤読 海外文学篇」

02627 「時には偉大な観念を」
☆「世界の小説大百科」

キシュ,ダニロ

02628 「庭、灰」
☆「世界の小説大百科」

義浄 ぎじょう

02629 「大唐西域求法高僧伝」
『大唐西域求法高僧伝』 義浄著 足立喜六訳註 岩波書店 1942 254,14p 地図 22cm Ⓝ180,180.28
☆「世界名著大事典」

02630 「南海寄帰内法伝」
『南海寄帰内法伝 巻第4』 義浄著 古典保存会 1943 4丁 31cm〈和装〉 Ⓝ186
☆「アジアの比較文化」,「世界の旅行記101」,「世界名著大事典」

キース

02631 「人類進化の新学説」
☆「世界名著大事典」

キースラー,H.J.

02632 「無限小解析の基礎」
☆「数学ブックガイド100」

ギーゼキング

02633 「現代ピアノ演奏会」
☆「世界名著大事典」

ギーゼブレヒト

02634 「ドイツ皇帝時代史」
☆「世界名著大事典」

キセリョフ

02635 「南シベリア古代史」
☆「世界名著大事典」

ギゾー

02636 「フランス文明史」
☆「世界名著大事典」

02637 「ヨーロッパの代議政治起原史」
☆「世界名著大事典」

02638 「ヨーロッパ文明史」

『ヨーロッパ文明史―ローマ帝国の崩壊よりフランス革命にいたる』 フランソワ・ギゾー著　安士正夫訳　新装版　みすず書房　2006　326p　19cm〈原書第6版〉　3200円
①4-622-07239-4
☆「人文科学の名著」,「世界の古典名著」,「世界名著大事典」

吉蔵　きちぞう

02639　「三論玄義」
☆「世界名著大事典」,「東洋の名著」

02640　「大乗玄論」
☆「世界名著大事典」

02641　「中観論疏」
☆「世界名著大事典」

キーツ

02642　「イザベラ」
☆「世界名著大事典」

02643　「エンディミオン」
『エンディミオン―物語詩』 ジョン・キーツ著　西山清訳　鳳書房　2003　271p　19cm　3200円　①4-900304-89-1
☆「現代世界の名作」,「世界文学あらすじ大事典1（あ-きよう）」,「世界名著大事典」,「たのしく読めるイギリス文学」,「ポケット世界名作事典」

02644　「キーツ詩集」
『キーツ詩集―対訳』 キーツ［著］宮崎雄行編　岩波書店　2005　225p　15cm（岩波文庫 イギリス詩人選 10）　600円
①4-00-322652-6　Ⓝ931.6
☆「世界文学鑑賞辞典 第1」

02645　「聖アグネス祭前夜」
『聖アグネス祭前夜―ほか』 John Keats［著］伊木和子注釈　研究社出版　1983　106p　18cm（研究社小英文叢書　281）〈他言語標題：The eve of St.Agnes〉　①4-327-01281-5
☆「近代名著解題選集2」,「世界名著大事典」

02646　「ハイペリオン」
☆「世界名著大事典」

02647　「レイミア」
☆「世界文学あらすじ大事典4（ふん-われ）」,「世界名著大事典」

ギッシング, ジョージ

02648　「三文文士」
『三文文士』 ジョージ・ギッシング著　土井治訳　秀文インターナショナル　1988　563p　21cm（ギッシング選集　第1巻）　3800円
①4-87963-391-7
☆「世界の小説大百科」,「世界文学あらすじ大事典2（きよえ-ちえ）」

02649　「ヘンリ・ライクロフトの私記」
『ヘンリ・ライクロフトの私記』 ギッシング作　平井正穂訳　第2刷　岩波書店　2001　300p　19cm（ワイド版岩波文庫）　1200円
①4-00-007059-2
☆「現代世界の名作」,「自己啓発の名著30」,「世界の名著」,「世界文学あらすじ大事典4（ふん-われ）」,「世界文学鑑賞辞典 第1」,「世界名著大事典」,「要約 世界文学全集1」

キッシンジャー, ヘンリー

02650　「外交」
☆「学問がわかる500冊」,「名著に学ぶ国際関係論」

キッセ, ジョン・I.

02651　「社会問題の構築」
『社会問題の構築―ラベリング理論をこえて』 ジョン・I.キッセ, マルコム・B.スペクター著　村上直之, 中河伸俊, 鮎川潤, 森俊太訳　マルジュ社　1990　289,17p　21cm　4635円
☆「社会学的思考」

キッテル, C.

02652　「キッテル熱物理学」
☆「物理ブックガイド100」

キッド, トマス

02653　「スペインの悲劇」
『スペインの悲劇』 トマス・キッド作　斎藤国治訳　斎藤国治　中央公論事業出版（制作）　1968　211p　19cm　500円　Ⓝ932
☆「世界文学あらすじ大事典2（きよえ-ちえ）」,「世界名著大事典」

キッド, ベンジャミン

02654　「社会進化論」
『社会進化論』 ベンジャミン・キッド著　佐野学訳　而立社　1925　456p　22cm（社会科学大系　第2期第2）　Ⓝ361
☆「学術辞典叢書 第11巻」,「世界名著解題選 第2巻」,「世界名著大事典」

ギッファト

02655　「近世宗教観念の起源」
☆「近代欧米名著解題 第8巻」

キップリング, ラディヤード

02656　「獣の痕跡」
☆「世界の幻想文学」

02657　「ジャングル・ブック」
『ジャングル・ブック』 ラドヤード・キップリング作　岡田好惠訳　きよしげのぶゆき絵　講談社　2001　357p　18cm（講談社青い鳥文庫）　720円　①4-06-148571-7
☆「あらすじで出会う世界と日本の名作55」,「一冊

で不朽の名作100冊を読む」(友人社)，「一冊で不朽の名作100冊を読む」(友人社)，「少年少女のための文学案内1」，「世界少年少女文学 ファンタジー編」，「世界の名作文学案内」，「世界文学あらすじ大事典2(きよえ‐ちえ)」，「世界文学鑑賞辞典 第1」，「世界文学の名作と主人公」，「世界名作事典」，「世界名著大事典」，「たのしく読めるイギリス文学」，「ポケット世界名作事典」，「名作の研究事典」

02658 「少年キム」
『キム―印度の放浪児』 ラディヤード・キップリング著 宮西豊逸訳 三笠書房 1952 269p 図版 19cm Ⓝ933
☆「イギリス文学」，「英仏文学戦記」，「世界の小説大百科」，「世界文学あらすじ大事典2(きよえ‐ちえ)」，「世界名著大事典」

02659 「なぜなぜ物語」
☆「世界名著大事典」

02660 「ブラッシュウッド・ボーイ」
☆「世界文学あらすじ大事典3(ちか‐ふろ)」

02661 「ゆうかんな船長」
☆「世界文学あらすじ大事典4(ふん‐われ)」

ギーディオン, ジークフリート

02662 「永遠の現在」
『永遠の現在―美術の起源』 S.ギーディオン著 江上波夫, 木村重信訳 東京大学出版会 1968 592p (おもに図版) 26cm〈引用文献：556-564p〉 4800円 Ⓝ702.02
☆「世界名著大事典 補遺(Extra)」

02663 「機械化の文化史」
『機械化の文化史―ものいわぬものの歴史』 S・ギーディオン著 GK研究所, 栄久庵祥二訳 鹿島出版会 1977 700,23p 22cm 9800円 Ⓝ502
☆「世界名著大事典 補遺(Extra)」

02664 「空間 時間 建築」
『空間・時間・建築 2』 S.Giedion著 太田實訳 新版 第2版 丸善 2000 p504-1037,2p 22cm 6600円 ①4-621-04830-9 Ⓝ523
☆「建築の書物/都市の書物」，「世界名著大事典 補遺(Extra)」

02665 「新建築の10年」
☆「世界名著大事典 補遺(Extra)」

キーティング

02666 「マハーラージャ殺し」
☆「世界の推理小説・総解説」

ギディングズ

02667 「社会学原理」
☆「学術辞典叢書 第11巻」，「世界名著解題選 第2巻」，「世界名著大事典」

02668 「人間社会の理論の研究」
☆「世界名著大事典」

ギデンズ, アンソニー

02669 「近代とはいかなる時代か？」
『近代とはいかなる時代か？―モダニティの帰結』 アンソニー・ギデンズ著 松尾精文, 小幡正敏訳 而立書房 1993 254p 19cm 2575円 ①4-88059-181-5
☆「社会学の名著30」，「社会の構造と変動」

02670 「社会学の新しい方法規準」
『社会学の新しい方法規準―理解社会学の共感的批判』 アンソニー・ギデンズ著 松尾精文, 藤井達也, 小幡正敏訳 第2版 而立書房 2000 293,9p 19cm 2500円 ①4-88059-270-6
☆「社会学的思考」

02671 「親密性の変容」
『親密性の変容―近代社会におけるセクシュアリティ, 愛情, エロティシズム』 アンソニー・ギデンズ著 松尾精文, 松川昭子訳 而立書房 1995 302p 19cm 2575円 ①4-88059-208-0
☆「学問がわかる500冊」

キーナン

02672 「うぬぼれる脳」
『うぬぼれる脳―「鏡のなかの顔」と自己意識』 ジュリアン・ポール・キーナン, ジュニア・ギャラップ, ゴードン, ディーン・フォーク著 山下篤子訳 日本放送出版協会 2006 331p 19cm(NHKブックス) 1260円 ①4-14-091054-2
☆「大学新入生に薦める101冊の本」

ギニエ, A.

02673 「物質の構造」
☆「物理ブックガイド100」

キニーリー, トマス

02674 「シンドラーズ・リスト―1200人のユダヤ人を救ったドイツ人」
☆「世界の小説大百科」

キビー, アレクシス

02675 「七人兄弟」
『七人兄弟』 アレクシス・キヴィ著 森本ヤス子訳 起山房 1942 453p 19cm Ⓝ994
☆「少年少女のための文学案内2」

ギブ

02676 「イスラムにおける近代的潮流」
☆「世界名著大事典」

キーファー
02677 「ローマ文化史」
　☆「世界の奇書」

ギブズ
02678 「統計力学の原理」
　☆「世界名著大事典」

ギブスン, ウィリアム
02679 「ニューロマンサー」
　『ニューロマンサー』　ウィリアム・ギブスン著　黒丸尚訳　早川書房　1986　451p　15cm（ハヤカワ文庫SF）　560円　Ⓝ4-15-010672-X
　☆「建築の書物/都市の書物」,「世界のSF文学・総解説」,「世界の小説大百科」,「たのしく読めるアメリカ文学」,「百年の誤読 海外文学篇」

ギブソン
02680 「自由に関する問題」
　☆「近代欧米名著解題 第1巻」
02681 「神人同契」
　☆「近代欧米名著解題 第6巻」

ギブソン, ボイス
02682 「ルードルフ・オイケン氏人生哲学」
　☆「近代欧米名著解題 第3巻」

ギブソン, J.J.
02683 「生態学的視覚論─ヒトの知覚世界を探る」
　☆「ブックガイド"心の科学"を読む」

キプリアヌス
02684 「カトリック教会の一致」
　☆「世界名著大事典」

ギブリン, レス
02685 「人の心をつかむ」
　☆「世界の成功哲学50の名著エッセンスを解く」

キーブル
02686 「クリスティアン・イヤー」
　☆「世界名著大事典」

ギボン, エドワード
02687 「ギボン自伝」
　『ギボン自伝』　エドワード・ギボン著　中野好之訳　筑摩書房　1999　446p　15cm（ちくま学芸文庫）　1350円　Ⓝ4-480-08503-3
　☆「自己啓発の名著30」,「自伝の名著101」,「伝記・自叙伝の名著」

02688 「ローマ帝国衰亡史」
　『ローマ帝国衰亡史 1 五賢帝時代とローマ帝国衰亡の兆し』　エドワード・ギボン著　中野好夫訳　筑摩書房　1995　496p　15cm（ちくま学芸文庫）　1300円　Ⓝ4-480-08261-1
　☆「学術辞典叢書 第12巻」,「古典・名著の読み方」,「西洋をきずいた書物」,「世界を変えた100冊の本」,「世界の古典名著」,「世界の名著早わかり事典」,「世界名著解題選 第3巻」,「世界名著大事典」,「千年紀のベスト100作品を選ぶ」,「地図とあらすじで読む歴史の名著」,「歴史学の名著30」,「歴史家の一冊」

ギボンズ, ステラ
02689 「寒く, 心地よき農場」
　☆「世界の小説大百科」

ギボンズ, デイブ
02690 「Watchmen」
　『Watchmen』　アラン・ムーア, デイブ・ギボンズ著　石川裕人, 秋友克也, 沖恭一郎, 海法紀光訳　小学館集英社プロダクション　2009　412p　26cm（ShoPro books　DC comics）〈本文は日本語　カラーリスト：John Higgins〉　3400円　Ⓝ978-4-7968-7057-3　Ⓝ726.1
　☆「世界の小説大百科」

ギボンズ, M.
02691 「現代社会と知の創造─モード論とは何か」
　『現代社会と知の創造─モード論とは何か』　マイケル・ギボンズ編著　小林信一監訳　丸善　1997　293p　18cm（丸善ライブラリー）　740円　Ⓝ4-621-05241-1
　☆「学問がわかる500冊 v.2」

金 日坤　きむ・いるごん
02692 「韓国経済入門」
　『韓国経済入門』　金日坤著　沈晩燮訳　東洋経済新報社　1979　260p　22cm　2500円　Ⓝ332.21
　☆「現代ビジネス書・経済書総解説」

金 禹昌　きむ・うちゃん
02693 「風景と心─東洋の絵画と理想郷に対する瞑想」
　☆「東アジア人文書100」

金 史良　きむ・さりゃん
02694 「光の中に」
　『光の中に─金史良作品集』　金史良著　講談社　1999　320p　15cm（講談社文芸文庫）　1050円　Ⓝ4-06-197660-5
　☆「現代文学鑑賞辞典」,「世界の名作文学案内」

キム・サン
02695 「アリランの歌」

金 芝河　きむ・じは
02696　「長い暗闇の彼方に」
『アリランの歌―ある朝鮮人革命家の生涯』 ニム・ウェールズ, キムサン著　松平いを子訳　岩波書店　1995　434p　15cm（岩波文庫）720円　①4-00-334431-6
☆「東アジア論」

金 芝河　きむ・じは
02696　「長い暗闇の彼方に」
☆「東アジア論」

金 素雲　きむ・そうん
02697　「天の涯に生くるとも」
『天の涯に生くるとも』　金素雲著　上垣外憲一, 崔博光訳　講談社　1989　337p　15cm（講談社学術文庫）　860円　①4-06-158903-2
☆「外国人による日本論の名著」

金 達寿　きむ・たるす
02698　「玄界灘」
☆「現代文学鑑賞辞典」, 「日本の小説101」

金 鶴泳　きむ・はぎょん
02699　「凍える口」
『凍える口―金鶴泳作品集』　金鶴泳著　クレイン　2004　717p　20cm〈付属資料：20p：月報　年譜あり　著作目録あり〉　3300円　①4-906681-22-0　Ⓝ913.6
☆「現代文学鑑賞辞典」

金 烈圭　きむ・よるぎゅ
02700　「韓国人の神話」
☆「東アジア人文書100」

金 容雲　きむ・よんうん
02701　「韓国数学史―数学の窓から見た韓国人の思想と文化」
『韓国数学史』　金容雲, 金容局共著　槙書店　1978　314p　22cm（数学選書）　3300円　Ⓝ410.221
☆「東アジア人文書100」

キムリッカ
02702　「新版 現代政治理論」
『新版 現代政治理論』　W.キムリッカ著　千葉眞, 岡崎晴輝訳　日本経済評論社　2005　620, 95p　21cm〈原書第2版〉　4500円　①4-8188-1770-8
☆「はじめて学ぶ法哲学・法思想」

02703　「多文化時代の市民権」
『多文化時代の市民権―マイノリティの権利と自由主義』　ウィル・キムリッカ著　角田猛之, 石山文彦, 山崎康仕監訳　京都　晃洋書房　1998　405p　21cm　5300円　①4-7710-1062-5
☆「政治哲学」, 「はじめて学ぶ政治学」, 「倫理学」

ギメ, E.E.
02704　「東京日光散策」
☆「外国人による日本論の名著」

キャヴェンディッシュ
02705　「空気に関する実験」
☆「世界を変えた書物」

キャグニー, ジェームズ
02706　「ジェームズ・キャグニー自伝」
☆「伝記・自叙伝の名著」

キャザー, ウィラ
02707　「おお開拓者よ！」
『おお開拓者よ！』　Willa Cather著　上藤礼子, 宮澤是編註　旺史社教科書部　1991　83p　21cm〈他言語標題：O pioneers！〉　①4-87119-527-9
☆「世界文学あらすじ大事典1（あ-きよう）」, 「世界文学鑑賞辞典 第1」, 「世界名著大事典」

02708　「巌上の影」
☆「世界文学鑑賞辞典 第1」

02709　「教授の家」
『教授の家』　ウィラ・キャザー著　安藤正瑛訳　英宝社　1974　206p 図 肖像　19cm　1200円　Ⓝ933
☆「世界の小説大百科」, 「世界文学あらすじ大事典1（あ-きよう）」

02710　「死を迎える大司教」
☆「世界文学あらすじ大事典2（きよえ-ちえ）」

02711　「僧上に死来たる」
☆「世界文学鑑賞辞典 第1」

02712　「迷える夫人」
『迷える夫人』　ウィラ・キャザー著　桝田隆宏訳　大阪　大阪教育図書　1998　193p　19cm　1800円　①4-271-11440-5　Ⓝ933.7
☆「世界文学あらすじ大事典4（ふん-われ）」

02713　「ルーシー・ゲイハート」
☆「現代世界の名作」, 「世界名著大事典」

02714　「私のアントニーア」
『私のアントニーア―わが夢と安らぎの大地』　ウイラ・キャザー著　磯貝瑤子訳　一粒社　1987　361p　19cm　1400円　Ⓝ933
☆「アメリカ文学」, 「英米文学の名作を知る本」, 「世界文学あらすじ大事典4（ふん-われ）」, 「世界の名作と主人公」, 「世界名著大事典」, 「たのしく読めるアメリカ文学」

ギャスケル, エリザベス
02715　「北と南」
☆「世界の小説大百科」

02716 「クランフォード」
☆「世界の小説大百科」,「世界文学あらすじ大事典 2 (きよえ‐ちえ)」,「世界文学鑑賞辞典 第1」,「世界名著大事典」,「たのしく読めるイギリス文学」

02717 「シルヴィアの恋人たち」
『シルヴィアの恋人たち』 エリザベス・ギャスケル著 大野龍浩訳 彩流社 1997 737p 21cm 6000円 ①4-88202-523-X
☆「世界名著大事典」

02718 「妻と娘」
☆「世界名著大事典」

02719 「メアリ・バートン」
『メアリ・バートン―マンチェスター物語』 エリザベス・ギャスケル著 松原恭子,林芳子訳 彩流社 1998 477p 21cm 4500円 ①4-88202-518-3
☆「世界文学あらすじ大事典 4(ふん‐われ)」,「世界名著大事典」

キャスティ,J.L.

02720 「ケンブリッジ・クインテット」
『ケンブリッジ・クインテット』 ジョン・L.キャスティ著 藤原正彦,藤原美子訳 新潮社 1998 214p 19cm 1900円
①4-10-590005-6
☆「科学を読む愉しみ」

キャッシュ

02721 「南部の精神」
☆「アメリカを変えた本」

キャッスル,ジョン

02722 「0‐8滑走路」
『0-8滑走路』 アーサー・ヘイリー&ジョン・キャッスル著 清水政二訳 早川書房 1973 207p 16cm(ハヤカワNV文庫) 220円 Ⓝ933
☆「世界の冒険小説・総解説」

ギャディス,ウィリアム・トマス

02723 「認知」
☆「世界の小説大百科」

キャドバリー,デボラ

02724 「メス化する自然」
☆「学問がわかる500冊 v.2」

キャトリン

02725 「政治原理の研究」
☆「世界名著大事典」

キャナン,エドウィン

02726 「生産と分配の理論の歴史」
☆「世界名著大事典」

02727 「富」
『富』 エドウィン・キャナン著 伊藤真雄訳 京都 弘文堂書房 1919 508p 19cm Ⓝ331
☆「学術辞典叢書 第14巻」,「世界名著解題選 第3巻」

キャノン

02728 「からだの知恵」
『からだの知恵―この不思議なはたらき』 W.B.キャノン著 舘鄰,舘澄江訳 講談社 1981 354p 15cm(講談社学術文庫) 780円 ①4-06-158320-4 Ⓝ491.3
☆「大人のための世界の名著50」,「世界名著大事典」

キャパレル,ステファニー

02729 「史上最強のリーダー シャクルトン」
『史上最強のリーダー シャクルトン―絶望の淵に立ってもあきらめない』 マーゴ・モレル,ステファニー・キャパレル著 高遠裕子訳 PHP研究所 2001 309p 19cm 1500円
①4-569-61760-3
☆「世界の成功哲学50の名著エッセンスを解く」

キャプラン,ロバート・S.

02730 「キャプランとノートンの戦略バランスト・スコアカード」
『キャプランとノートンの戦略バランスト・スコアカード』 ロバート・S.キャプラン,デビッド・P.ノートン著 桜井通晴監訳 東洋経済新報社 2001 494p 21cm 3400円
①4-492-55432-7
☆「あらすじで読む世界のビジネス名著」

キャブレラ

02731 「詩集」
☆「世界名著大事典」

キャメロン

02732 「呪われた極北の島」
『呪われた極北の島』 イアン・キャメロン著 倉本護訳 評論社 1975 282p 20cm 980円 Ⓝ933
☆「世界の冒険小説・総解説」

キャラハン,S.

02733 「大西洋漂流七六日」
☆「世界の海洋文学」

ギャリコ,ポール

02734 「さすらいのジェニー」
『さすらいのジェニー』 ポール・ギャリコ著 矢川澄子訳 大和書房 1983 357p 20cm 2200円
☆「世界少年少女文学 ファンタジー編」,「世界の幻想文学」

02735　「ジェニイ」
『ジェニイ』　ポール・ギャリコ著　古沢安二郎訳　新潮社　1972　295p　20cm　900円　Ⓝ933
☆「世界の幻想文学」

02736　「ポセイドン・アドベンチャー」
『ポセイドン・アドベンチャー』　ポール・ギャリコ著　古沢安二郎訳　早川書房　1977　546p　16cm（ハヤカワ文庫　NV）　580円　Ⓝ933
☆「世界の海洋文学」，「世界の冒険小説・総解説」

キャリコット

02737　「地球の洞察」
『地球の洞察―多文化時代の環境哲学』　J.ベアード・キャリコット著　山内友三郎，村上弥生監訳　小林陽之助，澤田軍治郎，松本圭子，渡辺俊太郎訳　みすず書房　2009　516,47p　19cm（エコロジーの思想）　6600円　Ⓘ978-4-622-08165-4
☆「政治哲学」

キャリスン, ブライアン

02738　「オイル・タンカー炎上す」
『オイル・タンカー炎上す』　ブライアン・キャリスン著　後藤安彦訳　早川書房　1991　417p　15cm（ハヤカワ文庫NV）　600円　Ⓘ4-15-040615-4
☆「世界の海洋文学」

02739　「ゲリラ海戦」
『ゲリラ海戦』　ブライアン・キャリスン著　尾坂力訳　早川書房　1978　249p　16cm（ハヤカワ文庫　NV）　300円　Ⓝ933
☆「世界の海洋文学」，「世界の冒険小説・総解説」

02740　「無頼船長トラップ」
『無頼船長トラップ』　ブライアン・キャリスン著　三木鮎郎訳　早川書房　1982　280p　16cm（ハヤカワ文庫　NV）　360円　Ⓝ933
☆「世界の海洋文学」

02741　「無頼船長の密謀船」
『無頼船長の密謀船』　ブライアン・キャリスン著　三木鮎郎，伏見威蕃訳　早川書房　1988　264p　15cm（ハヤカワ文庫NV）　400円　Ⓘ4-15-040510-7
☆「世界の海洋文学」

02742　「暴走貨物船オーライガ号」
『暴走貨物船オーライガ号』　ブライアン・キャリスン著　伏見威蕃訳　早川書房　1990　349p　15cm（ハヤカワ文庫NV）　520円　Ⓘ4-15-040566-2
☆「世界の海洋文学」

ギャルポ, ペマ

02743　「チベット入門」
『チベット入門』　ペマ・ギャルポ著　改訂新版　日中出版　1998　252p　19cm（チベット選書）　2500円　Ⓘ4-8175-1234-2
☆「21世紀の必読書100選」

ギャレット, ランドル

02744　「魔術師が多すぎる」
『魔術師が多すぎる』　ランドル・ギャレット著　皆藤幸蔵訳　早川書房　1977　347p　16cm（ハヤカワ・ミステリ文庫）　390円　Ⓝ933
☆「世界のSF文学・総解説」

ギャロウェイ, ジャニス

02745　「生きる秘訣は」
☆「世界の小説大百科」

キャロル, ルイス

02746　「鏡の国のアリス」
『鏡の国のアリス』　ルイス・キャロル著　ヤン・シュヴァンクマイエル画　久美里美訳　新装版　国書刊行会　2011　120p　31×22cm　2600円　Ⓘ978-4-336-05347-3
☆「世界の小説大百科」，「世界文学あらすじ大事典1（あ〜きよう）」，「世界名著大事典」，「世界・名著のあらすじ」

02747　「スナーク狩り」
『スナーク狩り』　ルイス・キャロル著　ヘンリー・ホリデイ絵　高橋康也訳　河合祥一郎編　新書館　2007　158p　22×16cm　1600円　Ⓘ978-4-403-03036-9
☆「世界の幻想文学」

02748　「不思議の国のアリス」
『不思議の国のアリス―ウィズアートワークバイ草間彌生』　ルイス・キャロル作　草間彌生画　楠本君恵訳　グラフィック社　2013　186p　23×19cm　2500円　Ⓘ978-4-7661-2454-5
☆「あらすじで出会う世界と日本の名作55」，「あらすじで読む世界の名著 no.3」，「一冊で不朽の名作100冊を読む」（友人社），「一冊で不朽の名作100冊を読む」（友人社），「英米児童文学のベストセラー40」，「英米文学の名作を知る本」，「面白いほどよくわかる世界の文学」，「書き出し 世界文学全集」，「聴いてあじわう世界の名著 第1巻」，「教養のためのブックガイド」，「知っておきたいイギリス文学」，「少年少女のための文学案内1」，「図説 5分でわかる世界の名作」，「西洋をきずいた書物」，「世界少年少女文学 ファンタジー編」，「世界のSF文学・総解説」，「世界の幻想文学」，「世界の小説大百科」，「世界の書物」，「世界の名作おさらい」，「世界の名作文学案内」，「世界のメルヘン30」，「世界文学あらすじ大事典 3（ちか〜ふろ）」，「世界文学鑑賞辞典 第1」，「世界文学の名作と主人公」，「世界名作事典」，「世界名著大事

典 補遺（Extra）」,「千年紀のベスト100作品を選ぶ」,「たのしく読めるイギリス文学」,「2時間でわかる世界の名著」,「必読書150」,「ポケット世界名作案内」,「名作あらすじ事典 西洋文学編」,「名作の研究事典」,「私を変えたこの一冊」

キャントリル
02749「自我関係の心理学」
☆「世界名著大事典」

キャントリル,H.
02750「火星からの侵入」
『火星からの侵入—パニックの社会心理学』 H.キャントリル著 斎藤耕二,菊池章夫訳 川島書店 1985 251p 20cm〈第5刷（第1刷：昭和46年）〉 1800円 ①4-7610-0208-5 Ⓝ361.44
☆「世界名著大事典」,「メディア・情報・消費社会」

02751「社会運動の心理学」
『社会運動の心理学』 H.キャントリル著 南博,石川弘義,滝沢正樹訳 岩波書店 1959 393p 19cm（岩波現代叢書） Ⓝ361.5
☆「世界名著大事典」

キャンベル,ジョーゼフ
02752「神話の力」
『神話の力』 ジョーゼフ・キャンベル,ビル・モイヤーズ著 飛田茂雄訳 早川書房 2010 495p 15cm（ハヤカワ・ノンフィクション文庫） 1000円 ①978-4-15-050368-0
☆「世界の自己啓発50の名著」,「読書入門」

キャンベル,ジョン・W.
02753「影が行く」
『影が行く』 ジョン・W.キャンベル著 矢野徹,川村哲郎訳 早川書房 1995 306p 19cm（ハヤカワ・SF・シリーズ）〈2版（初版：1967年）〉 1200円 ①4-15-207943-6 Ⓝ933
☆「世界のSF文学・総解説」

02754「月は地獄だ」
☆「世界のSF文学・総解説」

キャンベル,A.E.
02755「アメリカ成年期に達す」
☆「現代政治学を読む」

キャンベル,J.
02756「文法的人間」
『文法の人間—Information,entropy,language, and life』 J.キャンベル著 中島健訳 青土社 1984 435,26p 20cm 2600円 Ⓝ007.1
☆「科学技術をどう読むか」

ギャンペル,J.
02757「中世の産業革命」
『中世の産業革命』 J.ギャンペル著 坂本賢三訳 岩波書店 1978 296,14p 19cm 1600円 Ⓝ230.4
☆「科学技術をどう読むか」

キャンベル,J.B.
02758「ジャーゲン」
『ジャーゲン』 ジェームズ・ブランチ・キャベル著 寺沢芳隆訳 六興出版社 1952 401p 19cm Ⓝ933
☆「世界文学あらすじ大事典 2（きよえ・ちえ）」,「世界文学鑑賞辞典 第1」,「世界名著大事典」

02759「夢想の秘密」
☆「世界の幻想文学」,「世界文学あらすじ大事典 4（ふん・われ）」

ギュイヨー,ジャン=マリー
02760「義務と制裁なき道徳」
『義務も制裁もなき道徳』 ギュイヨー著 長谷川進訳 岩波書店 1954 290p 15cm（岩波文庫）Ⓝ150.1
☆「学術辞典叢書 第12巻」,「近代名著解題選集 2」,「世界名著解題選 第1巻」,「世界名著大事典」,「倫理学」

02761「教育と遺伝」
『教育と遺伝—社会学的研究』 ギュヨオ著 西宮藤朝訳 東京堂書店 1924 420p 18cm Ⓝ371
☆「世界名著大事典」

02762「社会学上より見たる芸術」
『社会学上より見たる芸術 第2部 上』 ギュイヨー著 大西克礼,小方庸正共訳 5版 岩波書店 1949 251p 15cm（岩波文庫）Ⓝ701
☆「世界名著解題選 第6巻」,「世界名著大事典」

キュヴィエ
02763「動物界」
☆「世界名著大事典」

02764「動物分類学」
☆「西洋をきずいた書物」

02765「比較解剖学講義」
☆「自然科学の名著」,「世界名著大事典」

キュヴィリエ
02766「社会学入門」
☆「世界名著大事典」

キュシュ
02767「労働法講義」
☆「世界名著大事典」

キュステンマッハー, ヴェルナー・ティキ

02768　「すべては「単純に！」でうまくいく」
『すべては「単純に！」でうまくいく』　ローター・J.ザイヴァート, ヴェルナー・ティキ・キュステンマッハー著　小川捷子訳　飛鳥新社　2003　223p　21cm　1600円
①4-87031-544-0
☆「マンガでわかるビジネス名著」

キューナー

02769　「詳解ギリシャ語文法」
☆「世界名著大事典」

02770　「ラテン語文法詳解」
☆「世界名著大事典」

キューブラー＝ロス, E.

02771　「死ぬ瞬間」
☆「身体・セクシュアリティ・スポーツ」

02772　「人生は廻る輪のように」
☆「大学新入生に薦める101冊の本」

キュリー, エーヴ

02773　「キュリー夫人伝」
『キュリー夫人伝』　エーヴ・キュリー著　河野万里子訳　新装版　白水社　2014　542p　19cm　2600円　①978-4-560-08389-5
☆「現代人のための名著」,「世界名著大事典」,「伝記・自叙伝の名著」

キュリー, ピエール

02774　「研究論文集」
☆「西洋をきずいた書物」

02775　「ピッチブレントの中に含まれている新種の放射性物質について」
☆「世界を変えた書物」

キュリー, マリー

02776　「パリ理科大学に提出した学位論文」
☆「西洋をきずいた書物」

02777　「ピッチブレントの中に含まれている新種の放射性物質について」
☆「世界を変えた書物」

02778　「放射性物質の研究」
☆「自然科学の名著」,「自然科学の名著100選 下」,「世界を変えた書物」,「世界名著大事典」

ギュルヴィッチ

02779　「時間観念の発生」
☆「近代名著解題選集 2」

02780　「社会学の現代的課題」
☆「世界名著大事典」

02781　「社会法の観念」

☆「世界名著大事典」

02782　「法社会学」
☆「世界名著大事典」

キュルシュナー

02783　「ドイツ国民文学双書」
☆「世界名著大事典」

キュルペ

02784　「哲学概論」
☆「世界名著大事典」

キュレル

02785　「新しき偶像」
『新しき偶像』　ドゥ・キュレル著　吉江喬松訳　オンデマンド版　ゆまに書房　2004　98p　19cm（昭和初期世界名作翻訳全集　25）〈原本：春陽堂昭和7年刊〉　2800円
①4-8433-1095-6　Ⓝ953.6
☆「世界文学鑑賞辞典 第2」,「世界名著大事典」

ギュンテルト

02786　「アーリヤ世界王と救主」
☆「世界名著大事典」

許筠　きょ・いん

02787　「洪吉童伝」
☆「世界名著大事典」

魚玄機　ぎょ・げんき

02788　「唐女郎魚玄機詩」
☆「世界名著大事典 補遺（Extra）」

許慎　きょ・しん

02789　「説文解字」
☆「世界名著大事典」,「中国の古典名著」,「中国の名著」

許仲琳　きょ・ちゅうりん

02790　「封神演義」
『封神演義　中　仙人大戦の巻』　許仲琳著　渡辺仙州編訳　佐竹美保絵　偕成社　1998　305p　19cm　1600円　①4-03-744360-0
☆「あらすじでわかる中国古典「超」入門」,「世界名著大事典」

ギヨ, ルネ

02791　「397ばんめの白いぞう」
『397ばんめの白いぞう』　ルネ・ギヨ作　那須辰造訳　池田竜雄絵　偕成社　1965　176p　図版　23cm（世界の子どもの本　1）
☆「名作の研究事典」

02792　「象の王子サマ」
☆「世界名著大事典」

龔 自珍 きょう・じちん
02793 「定盦文集」
☆「世界名著大事典」

キヨサキ, ロバート
02794 「金持ち父さんのキャッシュフロー・クワドラント」
『金持ち父さんのキャッシュフロー・クワドラント─経済的自由があなたのものになる』 ロバート・キヨサキ著 白根美保子訳 改訂版 筑摩書房 2013 334p 21cm 1900円 ①978-4-480-86425-3
☆「お金と富の哲学世界の名著50」,「超売れ筋ビジネス書101冊」

02795 「金持ち父さん 貧乏父さん」
☆「世界の成功哲学50の名著エッセンスを解く」,「超売れ筋ビジネス書101冊」,「百年の誤読」,「マンガでわかるビジネス名著」

ギョーム, アルフレッド
02796 「イスラムの遺産」
☆「世界名著大事典」

ギヨーム・ド・ロリス
02797 「薔薇物語」
☆「世界文学あらすじ大事典3(ちか‐ふろ)」,「世界文学鑑賞辞典 第2」,「世界名著大事典」,「日本の古典・世界の古典」

ギラルデス
02798 「ドン・セグンド・ソンブラ」
『ドン・セグンド・ソンブラ』 Ricardo Guiraldes著 興村禎吉訳 [ブエノス・アイレス] ドン・セグンド・ソンブラ刊行委員会 1974 342p 23cm
☆「世界名著大事典」

キーラン
02799 「エルセ」
☆「世界名著大事典」

ギラン, クリスチャン
02800 「大海原の小さな家族」
『大海原の小さな家族』 フランス・ギラン,クリスチャン・ギラン著 岡村孝一訳 早川書房 1979 275p 16cm(ハヤカワ文庫 NF) 320円 Ⓝ955.9
☆「世界の海洋文学」

ギラン, フランス
02801 「大海原の小さな家族」
『大海原の小さな家族』 フランス・ギラン,クリスチャン・ギラン著 岡村孝一訳 早川書房 1979 275p 16cm(ハヤカワ文庫 NF) 320円 Ⓝ955.9
☆「世界の海洋文学」

ギリガン, C.
02802 「もうひとつの声」
『もうひとつの声─男女の道徳観のちがいと女性のアイデンティティ』 キャロル・ギリガン著 岩男寿美子監訳 川島書店 1986 311p 19cm 2500円 ①4-7610-0330-8
☆「近代家族とジェンダー」,「フェミニズムの名著50」

キール
02803 「アンベードカル」
☆「伝記・自叙伝の名著」

吉 煕星 きる・ひすん
02804 「知訥の禅思想」
☆「東アジア人文書100」

ギールケ
02805 「商法および航海法」
☆「世界名著大事典」

02806 「ドイツ私法」
☆「世界名著大事典」

02807 「ドイツ団体法論」
☆「社会科学の名著」,「西洋をきずいた書物」,「世界の古典名著」,「世界名著大事典」

02808 「ヨハネス・アルトゥジウスと自然法的国家理論の発展」
☆「世界名著大事典」

キルケゴール, セーレン
02809 「愛のわざ」
☆「世界名著大事典」

02810 「アイロニーの概念」
☆「世界名著大事典」

02811 「あれか、これか」
☆「お厚いのがお好き?」,「西洋をきずいた書物」,「世界を変えた100冊の本」,「世界の名著」,「世界名著大事典」,「哲学名著解題」,「入門 哲学の名著」

02812 「おそれとおののき」
☆「世界の哲学50の名著」,「世界名著大事典」,「哲学名著解題」,「倫理学」

02813 「キリスト教の修練」
『キリスト教の修練』 S.キルケゴール[著] 井上良雄訳 新教出版社 2004 354p 19cm 3500円 ①4-400-42129-5 Ⓝ139.3
☆「世界名著大事典」

02814 「キルケゴール著作集6」
☆「学問がわかる500冊」

02815 「現代の批判」

キルシュマ

『現代の批判』 キルケゴール著 桝田啓三郎訳 岩波書店 1981 221p 15cm（岩波文庫） 350円 Ⓝ139
☆「哲学の世界」

02816 「人生行路の諸段階」
☆「世界名著大事典」，「哲学名著解題」

02817 「哲学的断片」
☆「教養のためのブックガイド」，「世界名著大事典」，「哲学の名著」，「哲学名著解題」

02818 「反復―実験心理学の試み」
『反復』 キルケゴール著 桝田啓三郎改訳 岩波書店 1983 333p 15cm（岩波文庫） 450円 Ⓝ139
☆「世界名著大事典」，「哲学名著解題」

02819 「不安の概念」
『不安の概念』 セーレン・キルケゴール［著］ 村上恭一訳注 大学書林 1985 213p 19cm〈他言語標題：Begrebet Angest〉
☆「思想史の巨人たち」，「世界名著大事典」，「哲学名著解題」

ギルシュマン

02820 「起原よりイスラム時代までのイラン」
☆「世界名著大事典」

ギルダー, ジョージ

02821 「信念と腕力」
『信念と腕力―限界を打破する企業家の精神』 ジョージ・ギルダー著 小島直記訳 新潮社 1986 383p 20cm 1800円 ①4-10-519001-6 Ⓝ335.13
☆「経済経営95冊」

ギルバート, ウィリアム

02822 「磁石について」
『科学の名著 7 ギルバート』 三田博雄責任編集 朝日出版社 1981 322p 20cm〈ウィリアム・ギルバートの肖像あり〉 4800円 Ⓝ408
☆「自然科学の名著」，「西洋をきずいた書物」，「世界を変えた書物」，「世界名著大事典」

ギルバート, ウィリアム・S.

02823 「ミカド」
☆「世界文学あらすじ大事典 4（ふん－われ）」

ギルバート, ダニエル

02824 「幸せはいつもちょっと先にある」
『幸せはいつもちょっと先にある―期待と妄想の心理学』 ダニエル・ギルバート著 熊谷淳子訳 早川書房 2007 320p 19cm 1600円 ①978-4-15-208798-0
☆「世界の心理学50の名著」

ギルバート, フェリクス

02825 「美学史」
☆「世界名著大事典」

ギルバート, マイケル

02826 「金融街にもぐら一匹」
『金融街にもぐら一匹』 マイケル・ギルバート著 山田順子訳 文芸春秋 1984 356p 16cm（文春文庫） 440円 ①4-16-727526-0 Ⓝ933
☆「世界の冒険小説・総解説」

02827 「ひらけ胡麻」
☆「世界の推理小説・総解説」

キルパトリック

02828 「教育哲学」
『教育哲学 第1』 キルパトリック著 村山貞雄, 柘植明子, 市村尚久訳 明治図書出版 1969 372p 図版 22cm（世界教育学選集 第47）〈監修者：梅根悟, 勝田守一〉 1500円 Ⓝ371.1
☆「名著解題」

02829 「教授法原論」
☆「世界名著大事典」

02830 「プロジェクト法」
『プロジェクト法』 ウイリアム・H.キルパトリック著 市村尚久訳 明玄書房 1967 114p 図版 21cm〈付：キルパトリック教育理論におけるプロジェクト法の位置（市村尚久）〉 500円 Ⓝ375.12
☆「教育学の世界名著100選」

02831 「文化の変革と教育」
『文化の変革と教育』 ウイリアム・H.キルパトリック著 西本三十二訳 牧書房 1949 252p 図版 19cm Ⓝ370.4
☆「世界名著大事典」

キルヒナー

02832 「図書事典」
☆「世界名著大事典」

キルヒホフ

02833 「太陽スペクトルおよび化学元素のスペクトルについての研究」
☆「西洋をきずいた書物」，「世界名著大事典」

キルヒマン

02834 「実在論的美学」
☆「世界名著大事典」

02835 「法学無価値論」
☆「社会科学の名著」，「世界名著大事典」

キルヒャー
　02836　「支那図説」
　　☆「世界の奇書」

ギルピン
　02837　「世界システムの政治経済学」
　　『世界システムの政治経済学―国際関係の新段階』　ロバート・G.ギルピン,Jr.著　大蔵省世界システム研究会訳　東洋経済新報社　1990　450p　21cm　5700円　Ⓘ4-492-44107-7
　　☆「名著に学ぶ国際関係論」

ギルフォード,J.P.
　02838　「精神測定法」
　　『精神測定法』　J.P.ギルホード著　秋重義治監訳　培風館　1959　751p　22cm〈付（681-751p）：参考文献,数表〉　Ⓝ142.2
　　☆「教育学の世界名著100選」,「世界名著大事典 補遺(Extra)」

ギルブレス
　02839　「動作研究」
　　☆「世界名著大事典」

ギルマン
　02840　「黄色の壁紙」
　　『黄色の壁紙』　Charlotte Perkins Gilman［著］　横田和憲編注　松柏社　1999　84p　21cm　1500円　Ⓘ4-88198-455-1
　　☆「たのしく読めるアメリカ文学」

ギルモア,J.H.
　02841　「経験経済」
　　『経験経済―エクスペリエンス・エコノミー』　B.J.パイン2,J.H.ギルモア著　電通「経験経済」研究会訳　流通科学大学出版　2000　317p　21cm　1770円　Ⓘ4-947746-02-5
　　☆「世界で最も重要なビジネス書」

ギルロイ,P.
　02842　「ブラック・アトランティック」
　　『ブラック・アトランティック―近代性と二重意識』　ポール・ギルロイ著　上野俊哉,毛利嘉孝,鈴木慎一郎訳　調布　月曜社　2006　460,76p　19cm　3200円　Ⓘ4-901477-26-9
　　☆「グローバル政治理論」,「ナショナリズム論の名著50」

キルン
　02843　「歴史学入門」
　　☆「世界名著大事典」

ギレン
　02844　「アルンタ」
　　☆「世界名著大事典」

　02845　「中央オーストラリアの北部諸種族」
　　☆「世界名著大事典」

金 允植　きん・いんしょく
　02846　「韓国近代文芸批評史研究」
　　☆「東アジア人文書100」

金 九　きん・きゅう
　02847　「白凡逸志」
　　☆「東アジア人文書100」

金 元龍　きん・げんりゅう
　02848　「韓国美術の歴史―先史時代から朝鮮時代まで」
　　☆「東アジア人文書100」

キーン,サム
　02849　「敵の顔」
　　『敵の顔―憎悪と戦争の心理学』　サム・キーン著　佐藤卓己,佐藤八寿子訳　柏書房　1994　221p　21cm（パルマケイア叢書　2）　4800円　Ⓘ4-7601-1119-0
　　☆「平和を考えるための100冊+α」

金 東春　きん・とうしゅん
　02850　「戦争と社会―われわれにとって韓国戦争は何だったのか？」
　　☆「東アジア人文書100」

金 斗鐘　きん・としょう
　02851　「韓国医学史」
　　☆「東アジア人文書100」

金 万重　きん・ばんじゅう
　02852　「九雲夢」
　　☆「世界名著大事典」

金 福栄　きん・ふくえい
　02853　「眼と精神―韓国現代美術理論」
　　☆「東アジア人文書100」

金 富軾　きん・ふしょく
　02854　「三国史記」
　　『三国史記　4　列伝』　金富軾著　井上秀雄,鄭早苗訳注　平凡社　1988　265p　18cm（東洋文庫　492）　2100円　Ⓘ4-582-80492-6
　　☆「世界名著大事典」

金 容国　きん・ようこく
　02855　「韓国数学史―数学の窓から見た韓国人の思想と文化」
　　『韓国数学史』　金容雲,金容局共著　槙書店　1978　314p　22cm（数学選書）　3300円　Ⓝ410.221
　　☆「東アジア人文書100」

キンク
02856 「雪崩襲来」
☆「世界名著大事典」

キング
02857 「イギリス商人」
☆「世界名著大事典」

02858 「イングランドの現状」
☆「世界名著大事典」

キング,スティーヴン
02859 「IT」
『IT 1』 スティーヴン・キング著 小尾芙佐訳 文藝春秋 1994 484p 15cm(文春文庫) 650円 ⓘ4-16-714807-2

02860 「シャイニング」
『シャイニング 上』 スティーヴン・キング著 深町眞理子訳 新装版 文藝春秋 2008 421p 15cm(文春文庫) 848円 ⓘ978-4-16-770563-3
☆「アメリカ文学」,「映画になった名著」,「世界の小説大百科」,「たのしく読めるアメリカ文学」,「百年の誤読 海外文学篇」

02861 「小説作法」
☆「読書入門」

02862 「スタンド・バイ・ミー」
『スタンド・バイ・ミー──恐怖の四季 秋冬編』 スティーヴン・キング著 山田順子訳 新潮社 1987 434p 15cm(新潮文庫) 560円 ⓘ4-10-219305-7
☆「英米児童文学のベストセラー40」,「知っておきたいアメリカ文学」,「新潮文庫20世紀の100冊」,「名作あらすじ事典 西洋文学編」

02863 「タリスマン」
『タリスマン』 スティーヴン・キング,ピーター・ストラウブ著 矢野浩三郎訳 新潮社 1987 2冊 15cm(新潮文庫) 各640円 ⓘ4-10-219308-1 Ⓝ933
☆「世界のSF文学・総解説」

02864 「ミザリー」
『ミザリー』 スティーヴン・キング著 矢野浩三郎訳 新装版 文藝春秋 2008 530p 15cm(文春文庫) 952円 ⓘ978-4-16-770565-7
☆「アメリカ文学」

キング,M.L.
02865 「良心のトランペット」
『良心のトランペット』 マーチン・ルーサー・キング著 中島和子訳 新装版 みすず書房 2000 117p 19cm 2300円 ⓘ4-622-04940-6

☆「20世紀を震撼させた100冊」

キング,S.
02866 「アジアのドラマ」
☆「経済学88物語」,「現代ビジネス書・経済書総解説」,「世界の古典名著」

キングストン
02867 「チャイナタウンの女武者」
『チャイナタウンの女武者』 マキシーン・ホン・キングストン著 藤本和子訳 晶文社 1978 273p 20cm 1500円 Ⓝ289.3
☆「たのしく読めるアメリカ文学」

キングズリー,シドニー
02868 「デッド・エンド」
☆「世界文学鑑賞辞典 第1」

キングスレイ,チャールズ
02869 「オルトン・ロック」
☆「学術辞典叢書 第11巻」,「世界名著解題選 第1巻」,「世界名著大事典」

02870 「ハイペシア」
『ハイペシア 上,下』 キングスレー著 村山勇三訳 春秋社 1936 2冊 18cm(春秋文庫 第3部 第94,95) Ⓝ933
☆「世界文学あらすじ大事典 3(ちか-ふろ)」

02871 「水の子」
『水の子──陸の子のためのおとぎばなし』 キングスレイ作 阿部知二訳 改訂版 岩波書店 1995 355p 18cm(岩波少年文庫)〈第16刷(第1刷:1952年)〉 700円 ⓘ4-00-112086-0
☆「一冊で不朽の名作100冊を読む」(友人社),「一冊で不朽の名作100冊を読む」(友人社),「少年少女のための文学案内 1」,「世界少年少女文学 ファンタジー編」,「世界の小説大百科」,「世界のメルヘン30」,「世界文学あらすじ大事典 4(ふん-わ)」,「世界名著大事典」,「名作の研究事典」

キングソルヴァー,バーバラ
02872 「ポイズンウッド・バイブル」
☆「世界の小説大百科」

キングドン-ウォード,F.
02873 「ツアンポー峡谷の謎」
☆「新・山の本おすすめ50選」

キンケイド,ジャメイカ
02874 「アニー・ジョン」
『アニー・ジョン』 ジャメイカ・キンケイド著 風呂本惇子訳 學藝書林 1993 205p 19cm 1860円 ⓘ4-905640-92-X
☆「知っておきたいアメリカ文学」,「世界の小説大百科」

02875 「ルーシー」
『ルーシー』 ジャメイカ・キンケイド著　風呂本惇子訳　學藝書林　1993　197p　19cm　1860円　①4-905640-98-9
☆「世界の名作文学案内」

キンスキー
02876 「絵による音楽史」
☆「世界名著大事典」

ギンズバーグ, アレン
02877 「吠える」
『ギンズバーグ詩集』 諏訪優訳編　増補改訂版　思潮社　1991　263p　21cm〈新装版 著者の肖像あり〉　2800円　①4-7837-2421-0　Ⓝ931
☆「アメリカ文学」, 「たのしく読めるアメリカ文学」

ギンズバーグ, モリス
02878 「社会心理学」
『社会心理学』 ギンスバーク著　小面孝作訳　刀江書院　1937　254p　18cm　Ⓝ361
☆「世界名著大事典」

ギンズブルク, カルロ
02879 「チーズとうじ虫」
『チーズとうじ虫—16世紀の一粉挽屋の世界像』 カルロ・ギンズブルク著　杉山光信訳　新装版　みすず書房　1995　314p　19cm　3399円　①4-622-01196-4
☆「新・現代歴史学の名著」

キンゼイ, アルフレッド
02880 「人間女性における性行動」
『人間女性における性行動』 アルフレッド・C.キンゼイ等共著　朝山新一等共訳　コスモポリタン社　1955　2冊　19cm　Ⓝ491.35
☆「身体・セクシュアリティ・スポーツ」,「性の世界的名著から十七篇」,「世界名著大事典」

02881 「人間における男性の性行為」
『人間における男性の性行為　上巻』 アルフレッド・C.キンゼイ等著　永井潜,安藤画一共訳　コスモポリタン社　1950　582p 図版　22cm　Ⓝ491.35
☆「身体・セクシュアリティ・スポーツ」,「性の世界の名著から十七篇」,「世界名著大事典」

キンセラ, W.P.
02882 「シューレス・ジョー」
☆「たのしく読めるアメリカ文学」

キンティリアヌス
02883 「雄弁術教程」
☆「世界名著大事典」

キンデルマン
02884 「現代の文学的相貌」
☆「世界名著大事典」

キンドルバーガー, チャールズ・P.
02885 「国際短期資本移動論」
☆「世界名著大事典」

02886 「大不況下の世界 一九二九‐一九三九」
☆「現代ビジネス書・経済書総解説」

02887 「ドル不足」
『ドル不足』 キンドゥルバーガー著　北川一雄訳　有斐閣　1955　338p 図版　22cm　Ⓝ333.9
☆「世界名著大事典」

02888 「パワー・アンド・マネー」
『パワー・アンド・マネー—権力の国際政治経済の構造』 チャールズ・P.キンドルバーガー著　益戸欽也訳　産業能率大学出版部　1984　350p　20cm〈文献解題：p321〜333〉　3000円　Ⓝ333
☆「学問がわかる500冊」

キンボール
02889 「建築史」
☆「世界名著大事典」

キンボール, G.E.
02890 「オペレーションズ・リサーチの方法」
☆「世界名著大事典」

【ク】

瞿 秋白　く・しゅうはく
02891 「魯迅雑感選集」
『魯迅雑感選集』 瞿秋白編　金子二郎訳　ハト書房　1953　415p　19cm　Ⓝ924
☆「世界名著大事典」

瞿 同祖　く・どうそ
02892 「中国の法律と中国社会」
☆「東アジア人文書100」

瞿 佑　く・ゆう
02893 「剪灯新話」
『剪灯新話』 瞿佑著　飯塚朗訳　平凡社　1965　289p　18cm（東洋文庫）　Ⓝ923
☆「学術辞典叢書 第15巻」,「近代名著解題選集 2」,「世界名著解題選 第2巻」,「世界名著大事典」,「中国の古典名著」,「東洋の奇書55冊」,「ポケット世界名作事典」

グアルディーニ, ロマーノ

02894 「芸術作品の本質」
☆「世界名著大事典」

02895 「リルケの人間存在に対する解釈」
☆「世界名著大事典」

グイッチャルディーニ

02896 「イタリア史」
『イタリア史 3 第5・6・7巻』 フランチェスコ・グイッチャルディーニ著 末吉孝州訳 太陽出版 2002 402,13p 21cm 6000円 ①4-88469-257-8
☆「西洋をきずいた書物」、「世界名著大事典」

02897 「フィレンチェ史」
☆「世界名著大事典」

クィネル, A.J.

02898 「スナップ・ショット」
☆「世界の冒険小説・総解説」

02899 「血の絆」
☆「世界の海洋文学」

クイーン, エラリー

02900 「エジプト十字架の謎」
『エジプト十字架の謎』 エラリー・クイーン著 井上勇訳 新版 東京創元社 2009 503p 15cm（創元推理文庫） 880円 ①978-4-488-10434-4
☆「世界の推理小説・総解説」

02901 「Xの悲劇」
『Xの悲劇』 エラリー・クイーン著 越前敏弥訳 角川書店、角川グループパブリッシング〔発売〕 2009 445p 15cm（角川文庫） 705円 ①978-4-04-250715-4
☆「世界名著大事典」

02902 「神の灯」
『神の灯』 エラリー・クイーン著 大久保康雄訳 嶋中書店 2004 364p 15cm（嶋中文庫 グレート・ミステリーズ 5） 629円 ①4-86156-314-3
☆「世界の推理小説・総解説」

02903 「災厄の町」
『災厄の町』 エラリ・クイーン著 妹尾韶夫訳 新樹社 1950 316p 19cm（ぶらっく選書） ⓃＮ133
☆「アメリカ文学」、「世界の推理小説・総解説」

02904 「Yの悲劇」
『Yの悲劇』 エラリー・クイーン〔著〕 越前敏弥訳 角川書店 2010 429p 15cm（角川文庫 16459）〔発売：角川グループパブリッシング〕 705円 ①978-4-04-250716-1 Ⓝ933.7

☆「世界の推理小説・総解説」、「世界名著大事典」、「2時間でわかる世界の名著」、「百年の誤読 海外文学篇」

クイン, S.

02905 「道」
☆「世界の幻想文学」

クインティリアヌス

02906 「弁論家の教育」
『弁論家の教育 3』 クインティリアヌス［著］ 森谷宇一、戸高和弘、吉田俊一郎訳 京都 京都大学学術出版会 2013 333,16p 20cm（西洋古典叢書 L022 内山勝利、大戸千之、中務哲郎、南川高志、中畑正志、高橋宏幸編集委員）〈付属資料：8p：月報 97 布装 索引あり〉 3500円 ①978-4-87698-250-9 Ⓝ371
☆「教育学の世界名著100選」

クーヴァー, ロバート

02907 「プリックソングズとデスカンツ」
☆「世界の小説大百科」

02908 「ユニヴァーサル野球協会」
『ユニヴァーサル野球協会』 ロバート・クーヴァー著 越川芳明訳 白水社 2014 373p 18cm（白水uブックス） 1600円 ①978-4-560-07189-2
☆「アメリカ文学」

クヴィリン

02909 「中世史研究入門」
☆「世界名著大事典」

グヴォヴァツキ

02910 「人形」
☆「世界名著大事典」

クエンティン, パトリック

02911 「二人の妻を持つ男」
『二人の妻をもつ男』 パトリック・クェンティン著 大久保康雄訳 東京創元社 1996 396p 15cm（創元推理文庫）〈30版（初版：1960年）〉 680円 ①4-488-14701-1 Ⓝ933.7
☆「世界の推理小説・総解説」

グギ・ワ・ジオンゴ

02912 「マティガリ」
☆「世界の小説大百科」

クーグラー

02913 「美術史提要」
☆「世界名著大事典」

クザーヌス, ニコラウス

02914 「著作」

☆「西洋をきずいた書物」

02915 「無知の知について」
『知ある無知』 ニコラウス・クザーヌス著 岩崎允胤,大出哲訳 創文社 1966 298,38p 22cm〈文献：294-296p〉 1800円 Ⓝ191
☆「近代哲学の名著」,「世界名著大事典」,「哲学の名著」,「哲学名著解題」

クーザン

02916 「近世哲学史講義」
☆「世界名著大事典」

02917 「17世紀におけるフランスの社会」
☆「世界名著大事典」

クザン

02918 「真,美,善について」
☆「哲学名著解題」

クシェーメーンドラ

02919 「サマヤ・マートリカー」
☆「東洋の奇書55冊」

グース,アリー・デ

02920 「企業生命力」
『企業生命力』 アリー・デ・グース著 堀出一郎訳 日経BP社,日経BP出版センター〔発売〕 2002 308p 19cm〈『リビングカンパニー』改訳・改題書〉 2000円 ⓘ4-8222-4275-7
☆「世界で最も重要なビジネス書」

グスタフ

02921 「政治と法道徳」
☆「近代欧米名著解題 第1巻」

クストー,ジャック・イブ

02922 「大いなる海の覇者」
『大いなる海の覇者—海の哺乳類かクジラが演する愛と性と闘争』 ジャック=イブ・クスト,フィリップ・ディオレ共著 森珠樹訳 主婦と生活社 1973 398p(図共) 19cm〈クストー・海洋探検シリーズ no.3〉 850円 Ⓝ489.6
☆「世界の海洋文学」

02923 「クストー海の百科」
☆「世界名著大事典 補遺(Extra)」

02924 「世界の海底に挑む」
『世界の海底に挑む』 クストー著 日下実男訳 朝日新聞社 1966 422p 19cm 680円 Ⓝ452
☆「世界名著大事典 補遺(Extra)」

02925 「沈黙の世界」
☆「世界の海洋文学」,「世界名著大事典 補遺(Extra)」

クズネツォフ

02926 「アインシュタイン」
☆「伝記・自叙伝の名著」

クズネッツ,S.S.

02927 「近代経済成立の分析」
☆「世界名著大事典 補遺(Extra)」

02928 「経済成長—六つの講義」
『経済成長—六つの講議』 サイモン・クズネッツ著 長谷部亮一訳 巌松堂出版 1961 155p 19cm〈現代経済学選書〉 Ⓝ331
☆「世界名著大事典 補遺(Extra)」

02929 「所得と貯蓄における高所得層の分け前」
☆「経済学名著106選」

02930 「戦後の経済成長」
『戦後の経済成長』 サイモン・クズネッツ著 山田雄三,長谷部亮一訳 岩波書店 1966 164p 19cm 400円 Ⓝ332
☆「世界名著大事典 補遺(Extra)」

クースマケル

02931 「中世音楽論集」
☆「世界名著大事典」

グスマン

02932 「東方伝道史」
『東方伝道史 上,下巻』 ルイス・デ・グスマン著 新井トシ訳 丹波市町(奈良県) 天理時報社 1944 2冊 23cm Ⓝ190.22
☆「世界の旅行記101」,「世界名著大事典」

クセノフォン

02933 「アナバシス」
『アナバシス—敵中横断6000キロ』 クセノポン著 松平千秋訳 岩波書店 1993 423,15p 15cm〈岩波文庫〉 720円 ⓘ4-00-336032-X
☆「世界の旅行記101」,「世界名著大事典」

02934 「キュロスの教育」
☆「世界名著大事典」

02935 「ソクラテスの思い出」
☆「世界名著大事典」

02936 「ヘレニカ」
『ヘレニカ』 クセノポン著 富田章夫訳 砺波となみ印刷出版 1998 312,36p 22cm〈折り込1枚,索引あり〉 4000円 Ⓝ991.3
☆「世界名著大事典」

クセノポル

02937 「歴史理論」
☆「世界名著大事典」

グーチ

02938 「イギリス政治思想」
☆「世界名著大事典」

02939 「近代ヨーロッパ史」
☆「世界名著大事典」

02940 「ケンブリジ・イギリス外交史」
☆「世界名著大事典」

02941 「19世紀の歴史と歴史家」
☆「世界名著大事典」

02942 「大戦以前」
☆「世界名著大事典」

02943 「ドイツとフランス革命」
『ドイツとフランス革命』 G.P.グーチ著 柴田明徳訳 三省堂 1943 356p 19cm〈ドイツ史大系〉Ⓝ234.057
☆「世界名著大事典」

02944 「フリードリヒ大王」
☆「世界名著大事典」

クチンスキ

02945 「資本主義下の労働者状態史」
☆「世界名著大事典」

02946 「ドイツ帝国主義史研究」
☆「世界名著大事典」

屈原 くつ・げん

02947 「楚辞」
☆「あらすじでわかる中国古典「超」入門」、「学術辞典叢書 第15巻」、「世界名著解題選 第2巻」、「世界名著大事典 補遺(Extra)」、「中国の古典名著」、「中国の名著」、「東洋の名著」、「ポケット世界名作事典」

クック

02948 「教育の地域社会的背景」
☆「世界名著大事典」

クック, ケネス

02949 「漂流五十日」
☆「世界の海洋文学」

クック, ジェームズ

02950 「太平洋航海記」
『太平洋航海記』 キャプテン・クック著 荒正人訳 社会思想社 1971 301p 図 肖像 地図 15cm〈現代教養文庫〉Ⓝ298
☆「世界の海洋文学」、「世界の旅行記101」

02951 「南極および世界周航記」
☆「西洋をきずいた書物」、「世界名著大事典」

クック, ロビン

02952 「コーマ―昏睡」
『コーマ―昏睡』 ロビン・クック著 林克己訳 早川書房 1983 441p 16cm(ハヤカワ文庫NV) 520円 Ⓝ933
☆「世界の推理小説・総解説」

クック, A.B.

02953 「ゼウス」
☆「世界名著大事典」

クッシング, H.

02954 「ウィリアム・オスラー卿の生涯」
☆「世界名著大事典 補遺(Extra)」

クッツェー, ジョン・マックスウェル

02955 「石の女」
☆「世界の小説大百科」

02956 「夷狄を待ちながら」
☆「世界の小説大百科」

02957 「ダスクランド」
☆「世界の小説大百科」

02958 「恥辱」
☆「世界の小説大百科」、「百年の誤読 海外文学篇」

02959 「マイケル・K」
☆「世界の小説大百科」

02960 「悪い年の日記」
☆「21世紀の世界文学30冊を読む」

グッドチャイルド, P.

02961 「オッペンハイマー」
『ヒロシマを壊滅させた男オッペンハイマー』 ピーター・グッドチャイルド著 池沢夏樹訳 白水社 1995 294p 20cm〈新装版〉2800円 ①4-560-02887-7 〈289.3
☆「物理ブックガイド100」

グッドナウ

02962 「政治と行政」
☆「世界名著大事典」

グッドマン, ロジャー

02963 「帰国子女」
『帰国子女―新しい特権層の出現』 ロジャー・グッドマン著 長島信弘, 清水郷美訳 岩波書店 1992 232,22p 19cm 2000円 ①4-00-002734-4
☆「学問がわかる500冊」

グットマン, A.

02964 「スポーツと現代アメリカ」
『スポーツと現代アメリカ』 アレン・グートマン著 清水哲男訳 ティビーエス・ブリタニカ 1981 269p 19cm(Books'80) 1100円 Ⓝ780.253

☆「身体・セクシュアリティ・スポーツ」

グーツ・ムーツ
02965 「青年の体操」
☆「世界名著大事典」

グティエレス,ペドロ・フアン
02966 「ダーティー・ハバナ・トリロジー」
☆「世界の小説大百科」

クーテュラー
02967 「数学の原理」
☆「世界名著大事典」

グーデリアン,H.
02968 「戦車に注目せよ」
☆「世界名著大事典 補遺(Extra)」

グーテンベルク
02969 「経営経済学原理」
『経営経済学原理 第3巻 財務論』 エーリッヒ・グーテンベルク著 溝口一雄,森昭夫,小野二郎訳 千倉書房 1977 495p 22cm 5000円 Ⓝ335
☆「世界名著大事典」

クトゥブ,サイイド
02970 「イスラーム原理主義の「道しるべ」」
『イスラーム原理主義の「道しるべ」—発禁"アルカイダの教本"全訳+解説』 サイイド・クトゥブ著 岡島稔,座喜純訳・解説 第三書館 2008 293p 19cm 1800円
Ⓘ978-4-8074-0815-3
☆「世界を変えた10冊の本」

グナイスト
02971 「現代イギリス憲法および行政法」
☆「世界名著大事典」

02972 「法治国家論」
☆「世界名著大事典」

クナップ,ゲオルク
02973 「貨幣国定学説」
『貨幣国定学説』 クナップ著 宮田喜代蔵訳 有明書房 1988 434,15p 22cm〈岩波書店大正11年刊の複製〉 18000円
Ⓘ4-87044-091-1 Ⓝ337.1
☆「学術辞典叢書 第11巻」,「世界名著解題選 第1巻」,「世界名著大事典」

02974 「プロセインの古い諸地方における農民解放と農業労働者の起原」
☆「世界名著大事典」

グナーディヤ
02975 「ブリハト・カター」

☆「世界名著大事典」

クニース,カール・グスタフ・アドルフ
02976 「貨幣と信用」
☆「学術辞典叢書 第14巻」,「世界名著解題選 第1巻」,「世界名著大事典」

02977 「歴史的見地より観たる国民経済学」
☆「学術辞典叢書 第11巻」,「世界名著解題選 第3巻」,「世界名著大事典」

クヌース
02978 「コンピュータの数学」
☆「ブックガイド〈数学〉を読む」

クノー,レイモン
02979 「イカロスの飛行」
『イカロスの飛行』 レーモン・クノー著 石川清子訳 水声社 2012 203p 19cm(レーモン・クノー・コレクション 13) 2000円
Ⓘ978-4-89176-873-7
☆「世界の幻想文学」

02980 「地下鉄のザジ」
『地下鉄のザジ』 レーモン・クノー著 久保昭博訳 水声社 2011 231p 19cm(レーモン・クノー・コレクション 10) 2200円
Ⓘ978-4-89176-870-6
☆「面白いほどよくわかる世界の文学」,「世界文学あらすじ大事典 3(ちか‐ふろ)」,「世界名著大事典 補遺(Extra)」,「ポケット世界名作事典」

02981 「はまむぎ」
『はまむぎ』 レーモン・クノー著 久保昭博訳 水声社 2012 371p 19cm(レーモン・クノー・コレクション 1) 3200円
Ⓘ978-4-89176-861-4
☆「世界の幻想文学」,「世界名著大事典 補遺(Extra)」

02982 「文体練習」
☆「世界の小説大百科」

02983 「わが友ピエロ」
『わが友ピエロ』 レーモン・クノー著 菅野昭正訳 水声社 2012 267p 19cm(レーモン・クノー・コレクション 5) 2500円
Ⓘ978-4-89176-865-2
☆「世界名著大事典 補遺(Extra)」

クーノー,H.
02984 「一般経済史」
☆「世界名著大事典」

02985 「マルクスの歴史,社会および国家理論」
☆「世界名著大事典」

クーパー,ウィリアム
02986 「課題」
『ウィリアム・クーパー詩集—『課題』と短編

詩』 林瑛二訳 慶応義塾大学法学研究会
1992 418p 22cm〈慶応義塾大学法学研究会
叢書 別冊10〉〈発売：慶応通信 著者の肖像
あり〉 5459円 Ⓘ4-7664-0494-7 Ⓝ931
☆「世界名著大事典」

クーパー, エドマンド

02987　「アンドロイド」
『アンドロイド』 エドマンド・クーパー著 小
笠原豊樹訳 早川書房 1960 239p 19cm
〈ハヤカワ・ファンタジィ〉 Ⓝ933
☆「世界のSF文学・総解説」

クーパー, ジェイムズ・フェニモア

02988　「開拓者」
☆「世界文学あらすじ大事典1（あ‐きよう）」

02989　「革脚絆物語」
☆「世界名著大事典」

02990　「大草原」
☆「たのしく読めるアメリカ文学」

02991　「モヒカン族の最後」
『モヒカン族の最後』 ジェイムズ・フェニモ
ア・クーパー原作 戸井十月文 中村銀右絵
井上ひさし,里中満智子,椎名誠,神宮輝夫,山
中恒編 講談社 1999 274p 19cm〈痛快
世界の冒険文学 22〉 1500円
Ⓘ4-06-268022-X
☆「アメリカ文学」,「英米文学の名作を知る本」,
「世界少年少女文学 リアリズム編」,「世界の小説
大百科」,「世界文学あらすじ大事典4（ふん‐わ
れ）」,「世界文学鑑賞辞典 第1」,「世界文学の名
作と主人公」,「名作の研究事典」

クーパー, バリー

02992　「フランス音楽」
☆「世界名著大事典」

クーパー, R.

02993　「ABCマネジメント革命」
『ABCマネジメント革命―米国企業を再生させ
たコスト管理手法』 ロビン・クーパーほか著
KPMGピート・マーウィック,KPMGセン
チュリー監査法人訳 日本経済新聞社 1995
363p 22cm 3800円 Ⓘ4-532-13090-5
Ⓝ336.85
☆「あらすじで読む世界のビジネス名著」

クーパー, S.

02994　「光の六つのしるし」
『光の六つのしるし』 スーザン・クーパー著
浅羽莢子訳 評論社 2006 358p 20cm
〈Fantasy classics 闇の戦い 1〉〈1981年刊
の改訳新版〉 1800円 Ⓘ4-566-01502-5
Ⓝ933.7

☆「世界少年少女文学 ファンタジー編」

クービン

02995　「裏面」
『裏面―ある幻想的な物語』 アルフレート・ク
ービーン［著］ 吉村博次,土肥美夫訳 河出書
房新社 1971 289p 図 20cm〈モダン・ク
ラシックス〉 890円 Ⓝ943
☆「世界の幻想文学」

グプタ, スネトラ

02996　「雨のメモワール」
☆「世界の小説大百科」

クープマンス

02997　「生産および配分の活動分析」
☆「世界名著大事典」

クプリーン

02998　「決闘」
☆「世界文学鑑賞辞典 第4」,「世界名著大事典」

02999　「生活の河」
☆「世界文学鑑賞辞典 第4」

03000　「ヤーマ」
『ヤーマ―魔窟 上』 クープリン著 昇曙夢訳
創元社 1952 243p 図版 15cm〈創元文庫
B 第26〉 Ⓝ983
☆「世界文学鑑賞辞典 第4」,「世界名著大事典」

クーベラス

03001　「静かな力」
☆「世界名著大事典」

クペールス, ルイス

03002　「エリーネ・フェーレ」
☆「世界の小説大百科」

クーベルタン, P.de

03003　「イギリスの教育」
☆「世界名著大事典 補遺（Extra）」

03004　「オリンピック回想録」
☆「世界名著大事典 補遺（Extra）」

鳩摩羅什　くまらじゅう

03005　「坐禅三昧経」
☆「世界名著大事典」

クマーリラ

03006　「シローカ・ヴァールティカ」
☆「世界名著大事典」

クームズ, チャールズ・A.

03007　「国際通貨外交の内幕」
『国際通貨外交の内幕』 チャールズ・A.クーム

ズ著　荒木信義訳　日本経済新聞社　1977　273p　20cm　2000円　Ⓝ338.97
☆「現代ビジネス書・経済書総解説」

グムチジャン, フィリップ
03008　「都市 この小さな惑星の」
☆「建築・都市ブックガイド21紀」

クムブロヴィッツ
03009　「社会学的国家観」
☆「学術辞典叢書 第14巻」

クライス
03010　「近世哲学上の美的自律性」
☆「世界名著大事典」

03011　「美術史の対象」
☆「世界名著大事典」

クライスト, ハインリッヒ・フォン
03012　「アンフィトリオン」
『アンフィトリオン―喜劇』　クライスト著　手塚富雄訳　創元社　1952　140p 図版　15cm（創元文庫　B 第23）Ⓝ942
☆「世界名著大事典」

03013　「公子ホムブルク」
☆「世界文学あらすじ大事典 2（きよえ・ちえ）」,「世界文学鑑賞辞典 第3」

03014　「こわれがめ」
『こわれがめ―付・異曲』　ハインリッヒ・v・クライスト[著]　山下純照訳　みすず書房　2013　193,3p　20cm（大人の本棚）〈文献あり〉　2800円　Ⓘ978-4-622-08505-8　Ⓝ942.6
☆「学術辞典叢書 第13巻」,「現代世界の名作」,「知っておきたいドイツ文学」,「世界文学鑑賞辞典 第3」,「世界文学の名作と主人公」,「世界名著解題選 第1巻」,「世界名著大事典」,「ドイツ文学」,「ポケット世界名作事典」,「名作あらすじ事典 西洋文学編」

03015　「チリの地震」
『チリの地震―クライスト短篇集』　ハインリヒ・フォン・クライスト著　種村季弘訳　新装版　河出書房新社　2011　238p　15cm（河出文庫）　800円　Ⓘ978-4-309-46358-2
☆「知っておきたいドイツ文学」,「名作あらすじ事典 西洋文学編」

03016　「ハイルブロンの少女ケートヒェン」
『ハイルブロンの少女ケートヒェン』　クライスト著　手塚富雄訳　4版　岩波書店　1950　161p　15cm（岩波文庫）Ⓝ942
☆「世界文学鑑賞辞典 第3」,「世界名著大事典」

03017　「ペンテジレア」
『ペンテジレーア』　ハインリッヒ・フォン・クライスト著　吹田順助訳　岩波書店　1926　330p　19cm（独逸文学叢書　第8編）Ⓝ942
☆「学術辞典叢書 第13巻」,「世界文学鑑賞辞典 第3」,「世界名著解題選 第3巻」,「世界名著大事典」

03018　「ミヒャエル・コールハース」
『ミヒャエル・コールハース』　クライスト著　芦田弘夫訳　京都　世界文学社　1949　201p　19cm（世界文学叢書　第61）Ⓝ943
☆「世界の小説大百科」,「世界文学鑑賞辞典 第3」,「世界名著大事典」,「ドイツ文学」

03019　「ロカルノの女乞食」
☆「世界の幻想文学」

クライゼナハ
03020　「新戯曲史」
☆「世界名著大事典」

クライトン, M.
03021　「アンドロメダ病原体」
『アンドロメダ病原体』　マイクル・クライトン著　浅倉久志訳　新装版　早川書房　2012　460p　15cm（ハヤカワ文庫NV）　1000円　Ⓘ978-4-15-041254-8
☆「世界のSF文学・総解説」

クライフ
03022　「失われた黄金都市」
『失われた黄金都市』　マイクル・クライトン著　平井イサク訳　早川書房　1990　487p　15cm（ハヤカワ文庫NV）　640円　Ⓘ4-15-040587-5
☆「世界の冒険小説・総解説」

03023　「レーウェンフック―微生物を追う人々」
☆「伝記・自叙伝の名著」

クライブ
03024　「逃亡飛行」
『逃亡飛行』　ジョン・クライヴ著　中山善之訳　文芸春秋　1981　302p　16cm（文春文庫）　360円　Ⓝ933
☆「世界の冒険小説・総解説」

クライフ, ポール・ド
03025　「微生物の狩人」
☆「教養のためのブックガイド」

クライン
03026　「中等学校における数学教育に関する講義」
☆「世界名著大事典」

クライン, フェリックス
03027　「最近の幾何学研究に対する比較的考察」
☆「世界名著大事典」

クライン

03028 「19世紀における数学の発展についての講義」
☆「世界名著大事典」

03029 「高い立場から見た初等数学」
☆「世界名著大事典」

クライン, ヤン

03030 「MHCが語る人類の起源」
☆「学問がわかる500冊 v.2」

クライン, リチャード・G.

03031 「5万年前に人類に何が起きたか？」
『5万年前に人類に何が起きたか？―意識のビッグバン』 リチャード・G.クライン, ブレイク・エドガー著　鈴木淑美訳　新書館　2004　318p　20cm〈文献あり〉　2000円
①4-403-23100-4　Ⓝ469.2
☆「教養のためのブックガイド」

クライン, L.R.

03032 「計量経済学」
『計量経済学』 L.R.クライン著　宮沢光一, 中村貢訳　岩波書店　1958　410p　19cm〈岩波現代叢書〉Ⓝ331.39
☆「経済学88物語」

03033 「計量経済学教科書」
☆「世界名著大事典」

03034 「ケインズ革命」
『ケインズ革命』 L.R.クライン著　篠原三代平, 宮沢健一訳　新版　有斐閣　1965　265p　22cm Ⓝ331.39
☆「経済学名著106選」,「世界名著大事典」

クライン, M.

03035 「児童の精神分析」
☆「精神分析の名著」

03036 「羨望と感謝」
『羨望と感謝』 メラニー・クライン著　小此木啓吾, 岩崎徹也編訳　誠信書房　1996　227p　21cm（メラニー・クライン著作集　5）2884円　①4-414-43105-0
☆「精神医学の名著50」,「精神分析の名著」,「世界の心理学50の名著」

クラインバーグ

03037 「社会心理学」
☆「世界名著大事典」

クラヴィウス

03038 「実用算術提要」
☆「世界名著大事典」

クラウヴェル

03039 「標題音楽の歴史」
☆「世界名著大事典」

クラウザー

03040 「古代学・キリスト教学百科事典」
☆「世界名著大事典」

クラウザー, J.G.

03041 「科学の社会的関係」
☆「世界名著大事典」

クラウジウス

03042 「熱学の法則」
☆「世界を変えた書物」,「世界名著大事典」

クラウス, アルフレート

03043 「躁うつ病と対人行動」
『躁うつ病と対人行動―実存分析と役割分析』 アルフレート・クラウス著　岡本進訳　みすず書房　2001　298,18p　21cm　5000円
①4-622-02234-6
☆「精神医学の名著50」

クラウス, ニコール

03044 「ヒストリー・オブ・ラヴ」
☆「世界の小説大百科」

クラウス, ヒューホ

03045 「ベルギーの悲しみ」
☆「世界の小説大百科」

クラウス, ロザリンド

03046 「オリジナリティと反復」
『オリジナリティと反復―ロザリンド・クラウス美術評論集』 ロザリンド・E.クラウス著　小西信之訳　リブロポート　1994　269p　24×19cm　5974円　①4-8457-0886-8
☆「建築の書物/都市の書物」

クラウス, ローレンス・M.

03047 「コスモス・オデッセイ」
☆「教養のためのブックガイド」

クラウゼヴィッツ

03048 「戦争論」
『戦争論　上』 クラウゼヴィッツ著　篠田英雄訳　岩波書店　2003　369p　15cm〈岩波文庫〉〈第49刷〉　700円　①4-00-341151-X
☆「学問がわかる500冊」,「現代政治学の名著」,「図解世界の名著がわかる本」,「西洋をきずいた書物」,「世界を変えた100冊の本」,「世界で最も重要なビジネス書」,「世界の古典名著」,「世界の書物」,「世界の名著早わかり事典」,「世界名著案内 6」,「世界名著大事典」,「戦略の名著！最強

43冊のエッセンス」,「戦略論の名著」,「哲学名著解題」,「ナショナリズム」,「名著で読む世界史」,「名著に学ぶ国際関係論」

クラウディウス
03049 「ヴァンツベックの使者」
☆「世界名著大事典」

グラウト
03050 「新西洋音楽史」
『新西洋音楽史 下』ドナルド・ジェイ・グラウト,クロード・V.パリスカ著 戸口幸策,津上英輔,寺西基之共訳 音楽之友社 2001 446p 23cm 4600円 ⓘ4-276-11214-1 Ⓝ762.3
☆「必読書150」

クラーエ,B.
03051 「社会的状況とパーソナリティ」
『社会的状況とパーソナリティ』バーバラ・クラーエ著 堀毛一也編訳 京都 北大路書房 1996 367p 21cm 3914円
ⓘ4-7628-2055-5
☆「学問がわかる500冊」

クラカウアー,S.
03052 「カリガリからヒトラーへ」
『カリガリからヒトラーへ―ドイツ映画1918-1933における集団心理の構造分析』ジークフリード・クラカウアー著 丸尾定訳 新装版 みすず書房 2008 346,14,15p 19cm〈第2刷〉 4200円 ⓘ4-622-01562-5
☆「世界名著大事典」,「ポピュラー文化」

クラカワー,ジョン
03053 「空へ―エヴェレストの悲劇はなぜ起きたか」
『空へ―悪夢のエヴェレスト1996年5月10日』ジョン・クラカワー著 海津正彦訳 山と溪谷社 2013 509p 15cm(ヤマケイ文庫) 1300円 ⓘ978-4-635-04751-7 Ⓝ292.58
☆「新・山の本おすすめ50選」

クラーク
03054 「アメリカ製造工業史」
☆「世界名著大事典」

03055 「オランダ領東インド史」
☆「世界名著大事典」

03056 「書物愛護史」
☆「世界名著大事典」

03057 「ルイス,クラーク両大尉指揮下の太平洋への探検の歴史」
☆「アメリカを変えた本」,「西洋をきずいた書物」

クラーク,アーサー・C.
03058 「イルカの島」
『イルカの島』アーサー・C.クラーク著 小野田和子訳 東京創元社 1994 229p 15cm(創元SF文庫) 400円 ⓘ4-488-61103-6
☆「世界の海洋文学」

03059 「宇宙のランデヴー」
『宇宙のランデヴー』アーサー・C.クラーク著 南山宏訳 改訳決定版 早川書房 2014 382p 15cm(ハヤカワ文庫SF) 880円 ⓘ978-4-15-011943-0
☆「世界のSF文学・総解説」

03060 「海底牧場」
『海底牧場』アーサー・C.クラーク著 高橋泰邦訳 早川書房 2006 366p 15cm(ハヤカワ文庫SF) 800円 ⓘ4-15-011580-X
☆「世界のSF文学・総解説」,「世界の海洋文学」

03061 「火星の砂」
『火星の砂』アーサー・C.クラーク著 平井イサク訳 早川書房 1978 294p 16cm(ハヤカワ文庫 SF) 340円 Ⓝ933
☆「世界のSF文学・総解説」

03062 「渇きの海」
『渇きの海』アーサー・C.クラーク著 深町真理子訳 早川書房 2005 431p 15cm(ハヤカワ文庫SF) 860円 ⓘ4-15-011524-9
☆「世界のSF文学・総解説」

03063 「グランド・バンクスの幻影」
『グランド・バンクスの幻影』アーサー・C.クラーク著 山高昭訳 早川書房 1997 319p 15cm(ハヤカワ文庫SF) 640円
ⓘ4-15-011208-8
☆「世界の海洋文学」

03064 「地球帝国」
『地球帝国』アーサー・C.クラーク著 山高昭訳 早川書房 1985 388p 16cm(ハヤカワ文庫 SF) 500円 ⓘ4-15-010603-7 Ⓝ933
☆「世界のSF文学・総解説」

03065 「都市と星」
『都市と星』アーサー・C.クラーク著 酒井昭伸訳 新訳版 早川書房 2009 478p 15cm(ハヤカワ文庫SF) 940円
ⓘ978-4-15-011724-5
☆「世界のSF文学・総解説」

03066 「二〇〇一年宇宙の旅」
☆「映画になった名著」,「世界のSF文学・総解説」,「世界の小説大百科」

03067 「幼年期の終り」
『幼年期の終り』アーサー・C.クラーク著 講談社インターナショナル 2000 265p

18cm（講談社ルビー・ブックス）〈本文：英文〉 1380円 Ⓘ4-7700-2711-7
☆「世界のSF文学・総解説」,「たのしく読めるイギリス文学」

03068 「楽園の泉」
『楽園の泉』 アーサー・C.クラーク著 山高昭訳 早川書房 2006 415p 15cm（ハヤカワ文庫SF） 860円 Ⓘ4-15-011546-X
☆「世界のSF文学・総解説」

クラーク, グラハム

03069 「先史時代のヨーロッパ」
☆「世界名著大事典」

03070 「中石器時代—新石器文化の揺籃期」
『中石器時代—新石器文化の揺籃期』 グレイアム・クラーク著 小淵忠秋訳 増田精一監訳 雄山閣出版 1989 153p 21cm 2000円 Ⓘ4-639-00860-0
☆「学問がわかる500冊 v.2」

クラーク, ケネス

03071 「芸術と文明」
『芸術と文明』 ケネス・クラーク著 河野徹訳 新装版 法政大学出版局 2003 582p 19cm（叢書・ウニベルシタス） 6000円 Ⓘ4-588-09904-3
☆「必読書150」

クラーク, ジョン・ベーツ

03072 「経済学の精髄」
☆「近代欧米名著解題 第4巻」

03073 「富の哲学」
☆「世界名著大事典」

03074 「富の分配」
『富の分配』 クラーク[著] 田中敏弘, 本郷亮訳 日本経済評論社 2007 493p 22cm（近代経済学古典選集 第2期 13）〈肖像あり 文献あり〉 9800円 Ⓘ978-4-8188-1944-3 Ⓝ331.76
☆「世界名著大事典」

03075 「分配論」
『分配論』 ジョン・クラーク著 林要訳 岩波書店 1924 578p 22cm Ⓝ331.6
☆「学術辞典叢書 第11巻」,「近代名著解題選集 2」,「世界名著解題選 第3巻」

クラーク, デヴィッド

03076 「考古学と社会」
☆「世界名著大事典」

クラーク, トニー

03077 「「水」戦争の世紀」
『「水」戦争の世紀』 モード・バーロウ, ト

ニー・クラーク著 鈴木主税訳 集英社 2003 252p 18cm（集英社新書） 760円 Ⓘ4-08-720218-6
☆「平和を考えるための100冊+α」

クラーク, メアリー・ヒギンズ

03078 「誰かが見ている」
『誰かが見ている』 メアリ・H.クラーク著 中野圭二訳 新潮社 1979 328p 15cm（新潮文庫） 360円 Ⓝ933
☆「世界の推理小説・総解説」

クラーク, ユージニ

03079 「海と太陽とサメ」
『海と太陽とサメ』 ユージニ・クラーク著 餌取章男訳 河出書房新社 1972 257p 肖像 20cm 780円 Ⓝ487.5
☆「世界の海洋文学」

クラーク, C.G.

03080 「経済進歩の諸条件」
『経済進歩の諸条件』 コーリン・クラーク著 大川一司等訳篇 勁草書房 1968 2冊 22cm 各1200円 Ⓝ332
☆「経済学名著106選」,「世界名著大事典」

クラーク, G.

03081 「オクスフォード・イギリス史」
☆「世界名著大事典」

クラーク, J.M.

03082 「間接費の経済学」
☆「世界名著大事典」

クラーク, W.H.

03083 「シティーと世界経済」
☆「現代ビジネス書・経済書総解説」

クラークソン

03084 「奴隷制および人身, 特にアフリカ人貿易に関する論文」
☆「西洋をきずいた書物」

クラーゲス

03085 「魂の対立物としての精神」
☆「世界名著大事典」

グラシアン, バルタサル

03086 「バルタサル・グラシアンの成功の哲学」
『バルタサル・グラシアンの成功の哲学—人生を磨く永遠の知恵』 バルタサル・グラシアン著 クリストファー・モーラー編 鈴木主税訳 ダイヤモンド社 1994 198p 20cm 1400円 Ⓘ4-478-70082-6 Ⓝ159

☆「世界の成功哲学50の名著エッセンスを解く」

クラシェンニニコフ
03087 「カムチャッカ誌」
☆「世界名著大事典」

クラシーニスキ
03088 「非神曲」
☆「世界名著大事典」

グラス, ギュンター
03089 「犬の年」
『犬の年 上』 ギュンター・グラス著 中野孝次訳 集英社 1969 291p 20cm (現代の世界文学) 590円 Ⓝ943
☆「世界の小説大百科」,「世界名著大事典 補遺 (Extra)」

03090 「蝸牛日誌」
☆「世界名著大事典 補遺 (Extra)」

03091 「局部麻酔」
☆「世界名著大事典 補遺 (Extra)」

03092 「賤民の暴動げいこ」
☆「世界名著大事典 補遺 (Extra)」

03093 「玉ねぎの皮をむきながら」
『玉ねぎの皮をむきながら』 ギュンター・グラス著 依岡隆児訳 集英社 2008 463p 19cm 2500円 ①978-4-08-773459-1
☆「大学新入生に薦める101冊の本」

03094 「猫と鼠」
『猫と鼠』 ギュンター・グラス著 高本研一訳 集英社 1977 189p 16cm (集英社文庫) 180円 Ⓝ943
☆「世界の小説大百科」,「世界文学あらすじ大事典 3 (ちか‐ふろ)」,「世界名著大事典 補遺 (Extra)」,「私(わたし)の世界文学案内」

03095 「ブリキの太鼓」
『ブリキの太鼓』 ギュンター・グラス著 池内紀訳 河出書房新社 2010 619,9p 19cm (池澤夏樹=個人編集世界文学全集2 12) 3000円 ①978-4-309-70964-2
☆「あらすじで読む世界文学105」,「一冊で世界の名著100冊を読む」,「面白いほどよくわかる世界の文学」,「知っておきたいドイツ文学」,「世界の小説大百科」,「世界の名作50選」,「世界の名作文学案内」,「世界文学あらすじ大事典 3 (ちか‐ふろ)」,「世界文学のすじ書き」,「世界文学の名作と主人公」,「世界名著大事典 補遺 (Extra)」,「ドイツ文学」,「百年の誤読 海外文学篇」,「ポケット世界名作事典」,「名作あらすじ事典 西洋文学編」

グラス, デイヴィッド
03096 「イギリスにおける社会的移動」
☆「世界名著大事典」

グラスゴー
03097 「不毛の大地」
☆「世界文学あらすじ大事典 3 (ちか‐ふろ)」,「世界文学鑑賞辞典 第1」,「たのしく読めるアメリカ文学」

クラストル
03098 「国家に抗する社会」
『国家に抗する社会―政治人類学研究』 ピエール・クラストル著 渡辺公三訳 書肆風の薔薇, 白馬書房 [発売] 1989 328p 21cm (叢書 言語の政治 2) 3605円 ①4-89176-206-3
☆「学問がわかる500冊 v.2」

クラズナー, スティーヴン
03099 「International Regimes」
☆「学問がわかる500冊」

クラスナホルカイ・ラースロー
03100 「抵抗の憂鬱」
☆「世界の小説大百科」

グラーゼナップ
03101 「ヴァーグナー伝」
☆「世界名著大事典」

グラソン
03102 「裁判所構成, 管轄および民事訴訟の理論的・応用的概論」
☆「世界名著大事典」

03103 「フランス法制史」
☆「世界名著大事典」

グラック, J.
03104 「アルゴルの城にて」
『アルゴオルの城』 ジュリアン・グラック著 青柳瑞穂訳 現代出版社 1970 207p 20cm (20世紀の文学 7) 600円 Ⓝ953
☆「世界の幻想文学」,「世界名著大事典 補遺 (Extra)」

03105 「大いなる自由」
『大いなる自由』 ジュリアン・グラック著 天沢退二郎訳 改訳新版 思潮社 1987 168p 21cm 2000円 ①4-7837-2804-6
☆「世界名著大事典 補遺 (Extra)」

03106 「漁夫王」
☆「世界名著大事典 補遺 (Extra)」

03107 「シルトの岸辺」
『シルトの岸辺』 ジュリアン・グラック作 安藤元雄訳 岩波書店 2014 539p 15cm (岩波文庫) 1140円 ①978-4-00-375129-9
☆「世界の小説大百科」,「世界文学あらすじ大事典 2 (きよえ‐ちえ)」,「世界名著大事典 補遺 (Extra)」

03108 「ルイ・ポアリエ」

☆「世界名著大事典 補遺（Extra）」

クラックホーン, クライド

03109　「自然, 社会, 文化の中のパーソナリティ」
☆「世界名著大事典」

03110　「ナヴァホの子供」
☆「世界名著大事典」

03111　「人間のための鏡」
『人間のための鏡―文化人類学入門』 クライド・クラックホーン著　光延明洋訳　サイマル出版会　1971　272p　19cm（サイマル双書）Ⓝ389
☆「世界名著大事典」,「文化人類学の名著50」

クラッセ

03112　「日本教会史」
☆「世界名著大事典」

クラッチフィールド

03113　「社会心理学の理論と問題」
☆「世界名著大事典」

グラッドウェル, マルコム

03114　「第1感―「最初の2秒」の「なんとなく」が正しい」
『第1感―「最初の2秒」の「なんとなく」が正しい』 マルコム・グラッドウェル著　沢田博, 阿部尚美訳　光文社　2006　263p　19cm　1500円　①4-334-96188-6
☆「世界の心理学50の名著」

クラップ

03115　「アメリカにおける英語」
☆「世界名著大事典」

クラップ, C.L.

03116　「連邦下院議員」
☆「現代政治学を読む」

クラッペ

03117　「民間伝承学」
☆「世界名著大事典」

グラッペ

03118　「ドン・フアンとファウスト」
☆「世界名著大事典」

03119　「ナポレオン」
☆「世界文学鑑賞辞典 第3」,「世界名著大事典」

クラッペ, ハー

03120　「近代国家観」
☆「学術辞典叢書 第11巻」,「世界名著解題選 第1巻」,「世界名著大事典」

03121　「現代の国家理念」
☆「社会科学の名著」

グラティアヌス

03122　「グラティアヌス法令集」
☆「世界名著大事典」

グラトコフ

03123　「自由の民」
『自由の民　上巻』 グラトコフ著　井上満訳　河出書房　1953　304p 図版　19cm（ソヴェト文学全集　第9）Ⓝ983
☆「世界文学鑑賞辞典 第4」,「世界名著大事典」

03124　「セメント」
『セメント　前篇』 グラトコフ著　大間知篤三訳　オンデマンド版　ゆまに書房　2006　255p　19cm（昭和初期世界名作翻訳全集　98）　4300円　①4-8433-1882-5
☆「世界文学鑑賞辞典 第4」,「世界名著大事典」,「ポケット世界名作事典」

03125　「幼年時代の物語」
☆「世界名著大事典」

クラドック, P.

03126　「汝の敵を知れ 合同情報委員会は世界をどう見たか」
☆「名著で学ぶインテリジェンス」

クラドニ

03127　「音響学」
☆「西洋をきずいた書物」

03128　「音響理論についての新発見」
☆「西洋をきずいた書物」

03129　「パラスによって発見された鉄塊および類似の物体の起原ならびにそれに関連した自然現象について」
☆「世界名著大事典」

グラートマン

03130　「南ドイツ」
☆「世界名著大事典」

グラネ

03131　「中国古代の祭礼と歌謡」
☆「世界名著大事典」

03132　「中国文明論」
☆「世界名著大事典」

グラバー（エディ）

03133　「科学と健康」
☆「西洋をきずいた書物」

クラバム

03134 「イギリス経済小史」
☆「世界名著大事典」

03135 「近代イギリス経済史」
☆「世界名著大事典」

03136 「フランスおよびドイツの経済発展」
☆「世界名著大事典」

グラハム

03137 「コンピュータの数学」
☆「ブックガイド〈数学〉を読む」

クラパンザーノ

03138 「精霊と結婚した男」
『精霊と結婚した男―モロッコ人トゥハーミの肖像』 ヴィンセント・クラパンザーノ著 大塚和夫,渡部重行訳 紀伊國屋書店 1991 338p 19cm（文化人類学叢書） 2800円 Ⓘ4-314-00562-9
☆「文化人類学」

グラーフ

03139 「地理学の概念について」
☆「世界名著大事典」

グラフ

03140 「古高ドイツ語の語彙」
☆「世界名著大事典」

クラフト・エービング

03141 「性的精神病質」
『近代日本のセクシュアリティ 2』 斎藤光編 ゆまに書房 2006 482,10p 22cm〈1-6のサブタイトル:〈性〉をめぐる言説の変遷 複製〉 19000円
Ⓘ4-8433-2144-3,4-8433-2142-7 Ⓝ367.9
☆「世界名著大事典」

グラーブマン

03142 「スコラ方法史」
☆「世界名著大事典」

クラベル

03143 「23分間の奇跡」
『23分間の奇跡』 ジェームズ・クラベル著 青島幸男訳 集英社 1988 180p 15cm（集英社文庫） 280円 Ⓘ4-08-749357-1
☆「世界史読書案内」

グラムシ,アントニオ

03144 「グラムシの生涯」
☆「世界名著大事典 補遺(Extra)」

03145 「獄中ノート」
☆「政治・権力・公共性」,「世界の古典名著」

03146 「新君主論」
『現代の君主』 アントニオ・グラムシ著 石堂清倫,前野良編訳 青木書店 1964 310,44p 16cm（青木文庫） Ⓝ363.5
☆「革命思想の名著」,「現代人のための名著」,「世界の名著」,「必読書150」,「歴史の名著 外国人篇」

03147 「ベネデット・クローチェの哲学と史的唯物論」
☆「哲学の世界」

クラーメル

03148 「魔女への鉄槌」
☆「世界の奇書」

グラモン

03149 「音声学概論」
☆「世界名著大事典」

03150 「フランス語の韻文」
☆「世界名著大事典」

クラリン

03151 「裁判所長夫人」
☆「世界名著大事典」

03152 「ラ・レヘンタ」
『ラ・レヘンタ』 クラリン著 東谷頴人訳 白水社 1988 798p 21cm 10000円
Ⓘ4-560-04261-6
☆「あらすじで読む世界文学105」,「世界の小説大百科」

グラレアヌス

03153 「ドデカコルドン」
☆「世界名著大事典」

クラレンドン

03154 「イギリス内乱史」
☆「世界名著大事典」

クラン,プラ

03155 「サーム・コック」
☆「世界名著大事典」

クランシー,トム

03156 「レッド・オクトーバーを追え」
『レッド・オクトーバーを追え』 トム・クランシー著 井坂清訳 文芸春秋 1985 2冊 16cm（文春文庫） 各500円 Ⓘ4-16-727551-1 Ⓝ933
☆「映画になった名著」,「世界の推理小説・総解説」

グラント

03157 「天体力学史」
☆「世界名著大事典」

グラント, ジョン

03158 「死亡表に関する自然的および政治的諸観察」
『死亡表に関する自然的および政治的諸観察』 グラント著 久留間鮫造訳 栗田出版会 1972 217p 図 22cm〈統計学古典選集 復刻版 第1巻 大原社会問題研究所編〉〈校閲：高野岩三郎〉 1500円 Ⓝ358.013
☆「西洋をきずいた書物」

クーラント, R.

03159 「数学とは何か」
『数学とは何か―考え方と方法への初等的接近』 R.クーラント,H.ロビンズ共著 I.スチュアート改訂 森口繁一監訳 原書第2版 岩波書店 2001 599p 22cm〈文献あり〉 5800円 ①4-00-005523-2 Ⓝ410
☆「数学ブックガイド100」

クーリー

03160 「社会組織論」
『社会組織』 チヤールス・エッチ・クーリー著 井上吉次郎訳 ロゴス社 1922 106p 19cm〈ロゴス叢書 第3編〉 Ⓝ361
☆「世界名著大事典」

03161 「人性と社会組織」
☆「近代欧米名著解題 第1巻」

グリアソン

03162 「インド言語調査」
☆「世界名著大事典」

クリアリー, ジョン

03163 「高く危険な道」
『高く危険な道』 ジョン・クリアリー著 沢川進訳 角川書店 1983 487p 15cm〈角川文庫〉 540円 Ⓝ933
☆「世界の冒険小説・総解説」

03164 「法王の身代金」
『法王の身代金』 ジョン・クリアリー著 篠原慎訳 角川書店 1979 443p 15cm〈角川文庫〉 490円 Ⓝ933
☆「世界の推理小説・総解説」

クリアリー, ベバリイ

03165 「がんばれヘンリーくん」
『がんばれヘンリーくん』 ベバリイ・クリアリー作 松岡享子訳 ルイス・ダーリング絵 改訂新版 学習研究社 2007 227p 19cm 1200円 ①978-4-05-202661-4
☆「一冊で不朽の名作100冊を読む」(友人社)，「一冊で不朽の名作100冊を読む」(友人社)，「世界少年少女文学 リアリズム編」

クーリエ

03166 「パンフレット」
☆「世界名著大事典」

グリオール

03167 「水の神」
『水の神―ドゴン族の神話的世界』 マルセル・グリオール著 坂井信三,竹沢尚一郎訳 せりか書房 1997 326p 21cm 3500円 ①4-7967-0205-9
☆「学問がわかる500冊 v.2」，「世界の奇書」，「東洋の奇書55冊」

クリーク, エルンスト

03168 「教育の哲学」
☆「教育学の世界名著100選」，「世界名著大事典」

クリコーフスキー, オフシャニ

03169 「19世紀ロシア文学史」
☆「世界名著大事典」

グリゴローヴィチ

03170 「不幸なアントン」
『不幸なアントン』 グリゴローヴィチ著 丸山政男訳 弘文堂 1949 198p 15cm〈世界文庫 第100〉 Ⓝ983
☆「世界文学鑑賞辞典 第4」，「世界名著大事典」

クリザンダー

03171 「ヘンデル」
☆「世界名著大事典」

クリシュナ, イシュヴァラ

03172 「サーンキヤ頌」
☆「世界名著大事典」

クリシュナムルティ, J.

03173 「子供たちとの対話―考えてごらん」
☆「世界のスピリチュアル50の名著」

クリスティ, アガサ

03174 「アクロイド殺し」
『アクロイド殺し』 アガサ・クリスティー著 田村隆一訳 早川書房 1953 353p 16cm〈ハヤカワ・ミステリ文庫〉 380円 Ⓝ933
☆「世界の小説大百科」，「世界の推理小説・総解説」，「世界名著大事典」，「たのしく読めるイギリス文学」，「百年の誤読 海外文学篇」

03175 「オリエント急行の殺人」
『オリエント急行の殺人』 アガサ・クリスティ著 長沼弘毅訳 新版 東京創元社 2003 359p 15cm〈創元推理文庫〉 620円 ①4-488-10539-4
☆「英米文学の名作を知る本」

03176 「スタイルズ荘の怪事件」
『スタイルズ荘の怪事件』 アガサ・クリスティ著　真野明裕訳　新潮社　1995　312p　15cm（新潮文庫）　480円　ⓘ4-10-213519-7
☆「世界名著大事典」，「ベストセラー世界の文学・20世紀 1」

03177 「そして誰もいなくなった」
『そして誰もいなくなった』 アガサ・クリスティ著　福田逸訳　新水社　2000　185p　19cm　1800円　ⓘ4-88385-016-1
☆「イギリス文学」，「世界の推理小説・総解説」，「2時間でわかる世界の名著」

03178 「予告殺人」
☆「世界の推理小説・総解説」

クリスティアンゼン
03179 「芸術哲学」
☆「世界名著大事典」

クリステヴァ, J.
03180 「恐怖の権力」
『恐怖の権力―〈アブジェクシオン〉試論』 ジュリア・クリステヴァ著　枝川昌雄訳　法政大学出版局　1984　410p　20cm（叢書・ウニベルシタス）　3000円　Ⓝ901
☆「フェミニズムの名著50」

クリステンセン, クレイトン
03181 「イノベーションのジレンマ」
『イノベーションのジレンマ―技術革新が巨大企業を滅ぼすとき』 クレイトン・クリステンセン著　玉田俊平太監修　伊豆原弓訳　増補改訂版　翔泳社　2001　327p　20cm　2000円　ⓘ4-7981-0023-4　Ⓝ336.1
☆「あらすじで読む世界のビジネス名著」，「1日30分 達人と読むビジネス名著」，「世界で最も重要なビジネス書」

03182 「イノベーションへの解」
『イノベーションへの解―利益ある成長に向けて』 クレイトン・クリステンセン, マイケル・レイナー著　玉田俊平太監修　櫻井祐子訳　[東京]　翔泳社　2003　373p　20cm〈文献あり〉　2000円　ⓘ4-7981-0493-0　Ⓝ336.17
☆「あらすじで読む世界のビジネス名著」

クリストフ, アゴタ
03183 「悪童日記」
『悪童日記』 アゴタ・クリストフ著　堀茂樹訳　早川書房　2001　301p　15cm（ハヤカワepi文庫）　620円　ⓘ4-15-120002-9
☆「世界文学の名作と主人公」，「読書入門」，「百年の誤読 海外文学篇」

クリースビー
03184 「アイスランド語・英語辞典」
☆「世界名著大事典」

クリスピン, エドマンド
03185 「消えた玩具屋」
『消えた玩具屋』 エドマンド・クリスピン著　大久保康雄訳　早川書房　1978　301p　16cm（ハヤカワ・ミステリ文庫）　340円　Ⓝ933
☆「世界の推理小説・総解説」

グリーゼ
03186 「冬」
『冬』 フリードリッヒ・グリーゼ著　秋山六郎兵衛訳　白水社　1940　427p　肖像　19cm　Ⓝ943
☆「世界名著大事典」

クリソストムス, J.
03187 「聖体礼儀」
☆「世界名著大事典 補遺（Extra）」

クリック
03188 「核酸の分子的構造」
☆「自然科学の名著100選 下」，「世界を変えた書物」

グリック, ジェイムズ
03189 「カオス」
『カオス―新しい科学をつくる』 ジェイムズ・グリック著　大貫昌子訳　新潮社　1991　536p　15cm（新潮文庫）　720円　ⓘ4-10-236101-4
☆「21世紀の必読書100選」，「ブックガイド〈数学〉を読む」，「ブックガイド 文庫で読む科学」

クリック, バーナード
03190 「現代政治学入門」
『現代政治学入門』 バーナード・クリック著　添谷育志, 金田耕一訳　講談社　2003　192p　15cm（講談社学術文庫）　880円　ⓘ4-06-159604-7
☆「学問がわかる500冊」

03191 「シティズンシップ教育論」
『シティズンシップ教育論―政治哲学と市民』 バーナード・クリック著　関口正司監訳　大河原伸夫, 岡崎晴輝, 施光恒, 竹島博之, 大賀哲訳　法政大学出版局　2011　317p　19cm（サピエンティア）　3200円　ⓘ978-4-588-60320-4
☆「平和を考えるための100冊+α」

03192 「政治の弁証」
『政治の弁証』 B.クリック著　前田康博訳　岩波書店　1969　226p　19cm　500円　Ⓝ311
☆「世界の古典名著」

クリック, フランシス

03193 「DNAに魂はあるか」
『DNAに魂はあるか―驚異の仮説』 フランシス・クリック著 中原英臣訳 講談社 1995 374p 20cm 2800円 ④4-06-154214-1 Ⓝ141.5
☆「教養のためのブックガイド」

グリッグ, D.

03194 「第三世界の食料問題」
『第三世界の食料問題』 ディビッド・グリッグ著 山本正三, 村山祐司訳 新版 農林統計協会 1994 315p 21cm〈文献:p282～315〉 3200円 ④4-541-01858-6 Ⓝ611.38
☆「学問がわかる500冊 v.2」

クリック, F.H.

03195 「デオキシリボ核酸の構造」
☆「20世紀を震撼させた100冊」

クーリッジ, S.

03196 「ケティー物語」
『ケティー物語 家庭の巻』 クーリッヂ作 松原至大編 [梁川剛一][挿絵] 冨山房 1949 325p 19cm Ⓝ933.6
☆「名作の研究事典」

クーリッシャー

03197 「中世および近世一般経済史」
☆「世界名著大事典」

03198 「ロシア経済史」
☆「世界名著大事典」

クリーバー

03199 「氷の上の魂」
『氷の上の魂』 エルドリッジ・クリーヴァー著 武藤一羊訳 合同出版 1969 276p 19cm 580円 Ⓝ316.853
☆「革命思想の名著」

クリハラ

03200 「フィリピン経済における労働問題」
☆「世界名著大事典」

クリフ

03201 「ローザ・ルクセンブルク」
『ローザ・ルクセンブルク』 トニー・クリフ著 浜田泰三訳 現代思潮社 1968 166p 18cm〈新装版〉 350円 Ⓝ289.3
☆「伝記・自叙伝の名著」

グリフィス, ジョン

03202 「アジャンター石窟寺院の絵画」
☆「世界名著大事典」

グリフィス, W.E.

03203 「皇国」
☆「外国人による日本論の名著」

グリフィン, ドナルド・R.

03204 「動物に心があるか―心的体験の進化的連続性」
☆「ブックガイド "心の科学"を読む」

クリフォード, J.

03205 「文化を書く」
『文化を書く』 ジェイムズ・クリフォード, ジョージ・マーカス編 春日直樹, 足羽與志子, 橋本和也, 多和田裕司, 西川麦子, 和邇悦子訳 紀伊國屋書店 2009 546p 19cm〈文化人類学叢書〉 5800円 ①978-4-314-00586-9
☆「文化人類学」

03206 「文化の窮状」
『文化の窮状―二十世紀の民族誌, 文学, 芸術』 ジェイムズ・クリフォード著 太田好信, 慶田勝彦, 清水展, 浜本満, 古谷嘉章ほか訳 京都人文書院 2003 601p 21cm〈叢書・文化研究〉 4500円 ④4-409-03068-X
☆「文化の社会学」

クリプキ, ソール

03207 「名指しと必然性」
『名指しと必然性―様相の形而上学と心身問題』 ソール・A.クリプキ著 八木沢敬, 野家啓一訳 産業図書 1985 283p 20cm 2200円 Ⓝ116
☆「世界の哲学50の名著」, 「20世紀を震撼させた100冊」

グリーペ

03208 「忘れ川をこえた子どもたち」
『忘れ川をこえた子どもたち』 マリア・グリーペ 大久保貞子訳 冨山房 1979 215p 22cm 1380円
☆「世界少年少女文学 ファンタジー編」

グリボエードフ

03209 「知恵の悲しみ」
☆「世界文学鑑賞辞典 第4」, 「世界名著大事典」, 「ポケット世界名作事典」

03210 「智慧の悲しみ」
『智慧の悲しみ』 グリボイエドフ作 小川亮作訳 岩波書店 1954 184p 15cm〈岩波文庫〉 Ⓝ982
☆「現代世界の名作」, 「名小説ストーリィ集 世界篇」

クリーマ, イヴァン

03211 「闇を待って, 光を待って」
☆「世界の小説大百科」

グリマルディ

03212　「光, 色, およびにじに関する物理・数理学」
　☆「世界名著大事典」

グリム兄弟

03213　「いばら姫」
　『完訳グリム童話集　1』　グリム兄弟［著］　池田香代子訳　講談社　2008　539p　16cm（講談社文芸文庫）　1700円　Ⓘ978-4-06-290028-7　Ⓝ943.6
　☆「世界名著大事典 補遺（Extra）」

03214　「オオカミと七匹の子ヤギ」
　『グリム童話集　上』　グリム［著］　佐々木田鶴子訳　出久根育絵　岩波書店　2007　341p　18cm（岩波少年文庫　147）　720円
　Ⓘ978-4-00-114147-4　Ⓝ943.6
　☆「世界名著大事典 補遺（Extra）」

03215　「蛙の王様」
　☆「あらすじで読む世界文学105」

03216　「グリム童話集」
　『グリム童話集　1』　グリム兄弟編　相良守峯訳　茂田井武絵　岩波書店　2002　256p　21cm　1900円　Ⓘ4-00-110990-5
　☆「現代世界の名作」,「少年少女のための文学案内2」,「世界の名著」,「世界文学鑑賞辞典 第3」,「世界名著大事典」,「ポケット世界名作事典」,「名作の研究事典」

03217　「白雪姫」
　☆「知っておきたいドイツ文学」,「世界名作事典」,「世界名著大事典 補遺（Extra）」,「名作あらすじ事典 西洋文学編」

03218　「ドイツ語史」
　☆「世界名著大事典」

03219　「ドイツ語辞典」
　☆「世界名著大事典」

03220　「ドイツ神話学」
　☆「世界名著大事典」

03221　「ドイツ文法」
　☆「西洋をきずいた書物」,「世界名著大事典」

03222　「ドイツ法律古事典」
　☆「世界名著大事典」

03223　「土地なき民」
　『土地なき民　第4巻』　ハンス・グリム［著］　星野愼一訳　鱒書房　1941　506p　19cm
　☆「世界名著大事典」

03224　「ブレーメンの音楽隊」
　☆「世界の名作文学案内」

03225　「ミケランジェロの生涯」
　☆「世界名著大事典」

クリャンガ

03226　「少年時代の思い出」
　☆「世界名著大事典」

クリユエツク

03227　「エディポス・コンプレックス」
　☆「性の世界的名著から十七篇」

クリュチェフスキー

03228　「ロシア史講義」
　☆「人文科学の名著」,「世界名著大事典」

グリューン, R.

03229　「コロンブス航海記一四九二年」
　☆「世界の海洋文学」

グリュンヴェーデル

03230　「インドの仏教美術」
　☆「世界名著大事典」

03231　「古クチャ」
　☆「世界名著大事典」

クリール

03232　「中国の誕生」
　☆「世界名著大事典」

グリルパルツァー, フランツ

03233　「ウィーンの辻音楽師」
　『ウィーンの辻音楽師』　グリルパルツァー作　福田宏年訳　岩波書店　1979　171p　15cm（岩波文庫）　200円　Ⓝ943
　☆「世界文学鑑賞辞典 第3」,「世界名著大事典」

03234　「海の波・恋の波」
　☆「世界文学鑑賞辞典 第3」,「世界名著大事典」

03235　「金羊毛皮」
　『金羊皮―三部劇詩』　グリルパルツェル著　相良守峯訳　岩波書店　1926　443,10p　20cm（独逸文学叢書　第1編）　Ⓝ942
　☆「現代世界の名作」,「世界文学鑑賞辞典 第3」,「世界名著大事典」

03236　「ザッフォ」
　☆「学術辞典叢書 第13巻」,「世界文学あらすじ大事典2（きよえ‐ちえ）」,「世界文学鑑賞辞典 第3」,「世界名著解題選 第2巻」,「世界名著大事典」,「ポケット世界名作事典」

03237　「祖妣」
　『祖妣―五幕悲劇』　グリルパルツエル作　岡本修助訳　岩波書店　1929　95p　16cm（岩波文庫　524）　Ⓝ942
　☆「世界文学鑑賞辞典 第3」,「世界名著大事典」

03238　「夢の人生」
　☆「世界名著大事典」

クリロヴィチ

03239 「印欧語研究」
☆「世界名著大事典」

グリーン

03240 「当百知恵袋」
☆「世界名著大事典」

グリン

03241 「南の風」
『南からの風』 エリマル・グリン著 岡田嘉子訳 恒文社 1995 290p 19cm 1900円 ④4-7704-0824-2 Ⓝ983
☆「世界文学鑑賞辞典 第4」,「世界名著大事典」

グリーン,アレクサンドル

03242 「輝く世界」
『輝く世界』 アレクサンドル・グリーン著 沼野充義訳 沖積舎 1993 334p 19cm 3500円 ④4-8060-3020-1
☆「世界の幻想文学」

グリーン,アンナ・キャサリン

03243 「リーヴェンワース事件」
『世界推理小説大系 第6 グリーン,ウッド』 東都書房 1963 270p 図版 23cm Ⓝ908.3
☆「世界の推理小説・総解説」

グリーン,グレアム

03244 「ある種の人生」
☆「自伝の名著101」

03245 「おとなしいアメリカ人」
『おとなしいアメリカ人―グレアム・グリーン・セレクション』 グレアム・グリーン,田中西二郎訳 早川書房 2004 367p 16cm (ハヤカワepi文庫) 760円 ④4-15-120028-2
☆「世界の小説大百科」

03246 「恐怖省」
☆「世界文学あらすじ大事典1(あ‐きよう)」

03247 「グレアム・グリーン語る」
『グレアム・グリーン語る』 グレアム・グリーン,マリ=フランソワーズ・アラン著 三輪秀彦訳 早川書房 1983 306p 20cm〈グレアム・グリーンの肖像あり 年譜・作品リスト:p293~302〉 1600円 Ⓝ930.28
☆「伝記・自叙伝の名著」

03248 「権力と栄光」
『権力と栄光―グレアム・グリーン・セレクション』 グレアム・グリーン著 斎藤数衛訳 早川書房 2004 461p 15cm(ハヤカワepi文庫) 900円 ④4-15-120029-0
☆「世界の小説大百科」,「世界の名著」,「世界文学あらすじ大事典2(きよえ‐ちえ)」,「世界名著大事典」,「入門名作の世界」,「ベストセラー世界の文学・20世紀1」

03249 「事件の核心」
『事件の核心』 グレアム・グリーン著 小田島雄志訳 早川書房 2005 537p 15cm(ハヤカワepi文庫 グレアム・グリーン・セレクション) 1000円 ④4-15-120033-9
☆「世界文学鑑賞辞典 第1」,「世界文学必勝法」,「世界名著大事典」,「たのしく読めるイギリス文学」,「名小説ストーリイ集 世界篇」

03250 「情事の終り」
『情事の終り』 グレアム・グリーン著 上岡伸雄訳 新潮社 2014 382p 15cm(新潮文庫) 670円 ④978-4-10-211004-1
☆「イギリス文学」,「現代世界の名作」,「知っておきたいイギリス文学」,「世界の小説大百科」,「世界文学鑑賞辞典 第1」,「名作あらすじ事典 西洋文学編」

03251 「第三の男」
☆「イギリス文学」,「映画になった名著」,「英米文学の名作を知る本」,「世界文学鑑賞辞典 第1」,「世界文学の名作と主人公」,「日本・世界名作「愛の会話」100章」

03252 「ハバナの男」
☆「世界の推理小説・総解説」

03253 「ブライトン・ロック」
『ブライトン・ロック』 グレアム・グリーン著 丸谷才一訳 早川書房 2006 495p 15cm (ハヤカワepi文庫 グレアム・グリーン・セレクション) 1000円 ④4-15-120032-0
☆「世界の小説大百科」,「ポケット世界名作事典」

03254 「名誉領事」
『名誉領事』 グレアム・グリーン著 小田島雄志訳 早川書房 1974 287p 20cm (Hayakawa novels) 1300円 Ⓝ933
☆「世界の小説大百科」

03255 「燃えつきた人間」
『燃えつきた人間』 グレアム・グリーン著 田中西二郎訳 早川書房 1961 242p 20cm Ⓝ933
☆「世界文学あらすじ大事典 4(ふん‐われ)」

グリーン,ジュリアン

03256 「アドリエンヌ・ムジュラ」
『アドリエンヌ・ムジュラ』 ジュリアン・グリーン著 新庄嘉章訳 京都 人文書院 1979 321p 20cm(ジュリアン・グリーン全集 1) 2800円 Ⓝ953
☆「世界名著大事典」

03257 「地上の旅人」
☆「世界の幻想文学」

03258 「閉された庸」
『閉された庸』 ジュリアン・グリーン著 新庄嘉章訳 角川書店 1955 2冊 15cm（角川文庫） Ⓝ953
☆「現代世界の名作」，「世界文学あらすじ大事典 3（ちか‐ふろ）」

03259 「幻を追う人」
『幻を追う人』 ジュリアン・グリーン著 福永武彦訳 京都 人文書院 1981 240p 20cm（ジュリアン・グリーン全集 9） 2800円 Ⓝ953
☆「世界名著大事典」

03260 「真夜中」
『真夜中』 ジュリアン・グリーン著 中島昭和訳 京都 人文書院 1982 282p 20cm（ジュリアン・グリーン全集 10） 2800円 Ⓝ953
☆「世界文学鑑賞辞典 第2」

03261 「レヴィアタン」
『レヴィアタン』 ジュリアン・グリーン著 工藤進訳 京都 人文書院 1982 290p 20cm（ジュリアン・グリーン全集 8） 3200円 Ⓝ953
☆「世界文学あらすじ大事典 4（ふん‐われ）」

グリーン, ジョン・リチャード

03262 「イギリス国民小史」
『イギリス国民の歴史―古代イングランドから百年戦争まで』 J.R.グリーン著 和田勇一訳 篠崎書林 1985 355,10p 22cm 5000円 Ⓝ233
☆「世界名著大事典」

グリーン, トマス・ヒル

03263 「政治的義務の諸原理」
☆「社会科学の名著」，「世界名著大事典」

03264 「倫理学序説」
☆「学術辞典叢書 第12巻」，「近代名著解題選集 2」，「世界名著解題選 第3巻」，「世界名著大事典」，「哲学名著解題」

グリーン, ハーバート

03265 「ワイルダー一家の失踪」
☆「世界の推理小説・総解説」

グリーン, ブライアン

03266 「エレガントな宇宙」
☆「教養のためのブックガイド」

グリーン, ヘンリー

03267 「生きること」
☆「世界の小説大百科」

03268 「盲目」
☆「世界の小説大百科」

03269 「ラヴィング」
☆「世界の小説大百科」

グリーン, ポール

03270 「エイブラハムの胸に」
☆「世界文学鑑賞辞典 第1」

グリーン, ロバート

03271 「修道士ベーコンと修道士バンゲイ」
☆「世界名著大事典」

グリン, A.

03272 「賃上げと資本主義の危機」
『賃上げと資本主義の危機』 アンドリュー・グリン, ボブ・サトクリフ著 平井規之訳 ダイヤモンド社 1975 292p 19cm（ダイヤモンド現代選書） 1600円 332.33
☆「現代ビジネス書・経済書総解説」

クーリング

03273 「中国百科事典」
☆「世界名著大事典」

クリンク, アミール

03274 「大航海」
『大航海―南極から北極へ660日間ヨットひとり旅』 アミール・クリンク著 小高利根子訳 文藝春秋 1995 287p 19cm 2200円 ①4-16-350310-2
☆「世界の海洋文学」

グリンツ

03275 「ドイツ語の内面形式」
☆「世界名著大事典」

グリーンバーグ, クレメント

03276 「グリーンバーグ批評選集」
『グリーンバーグ批評選集』 クレメント・グリーンバーグ著 藤枝晃雄編訳 勁草書房 2005 232,6p 19cm 2800円 ①4-326-85185-6
☆「建築・都市ブックガイド21世紀」

グリーンフェルド, L.

03277 「ナショナリズム」
☆「ナショナリズム論の名著50」

グリンメルスハウゼン

03278 「阿呆物語」
『阿呆物語 中』 グリンメルスハウゼン作 望月市恵訳 岩波書店 1954 261p 15cm（岩波文庫） Ⓝ943
☆「面白いほどよくわかる世界の文学」，「知っておきたいドイツ文学」，「世界の小説大百科」，「世界

文学あらすじ大事典 1（あ‐きよう）」,「世界文学鑑賞辞典 第3」,「世界文学の名作と主人公」,「世界名著大事典」,「ドイツ文学」,「日本の古典・世界の古典」,「ポケット世界名作事典」

グルー
03279 「植物解剖学」
☆「世界名著大事典」

グルー, ピエール
03280 「トンキン・デルタの農民」
『トンキン・デルタの農民—人文地理学的研究』 ピエール・グルー著　村野勉訳　丸善プラネット, 丸善出版〔発売〕　2014　589p　26cm〈付属資料：地図〉　16000円　①978-4-86345-189-6
☆「世界名著大事典」

グル, H.
03281 「どこにいたのだ, アダム」
☆「世界名著大事典 補遺(Extra)」

グルー, J.C.
03282 「日記」
☆「外国人による日本論の名著」

クルイモフ
03283 「油そう船デルベント」
☆「世界名著大事典」

クルイロフ
03284 「寓話」
『寓話』　クルイロフ著　峯俊夫訳　国文社　1988　317p　20cm　2800円　Ⓝ987
☆「世界文学鑑賞辞典 第4」,「世界名著大事典」

クルイロフ, イヴァン
03285 「クルイローフ童話集」
☆「名作の研究事典」

クルーグマン, ポール
03286 「クルーグマンの良い経済学悪い経済学」
『クルーグマンの良い経済学悪い経済学』　ポール・クルーグマン著　山岡洋一訳　日本経済新聞社　1997　256p　20cm　1751円　①4-532-14562-7　Ⓝ333.6
☆「学問がわかる500冊」

クルーゲ
03287 「ドイツ語語源辞典」
☆「世界名著大事典」

クルジェネク
03288 「12音技法に基づく対位法の研究」
☆「世界名著大事典」

グルジェフ, G.I.
03289 「注目すべき人々との出会い」
『注目すべき人々との出会い』　G.I.グルジェフ著　星川淳訳　めるくまーる社　1981　405p　19cm〈監修：棚橋一晃　著者の肖像あり〉　1700円　Ⓝ289.3
☆「世界のスピリチュアル50の名著」

03290 「ベルゼバブの孫への話」
『ベルゼバブの孫への話—人生の生に対する客観的かつ公平無私なる批判』　G.I.グルジェフ著　浅井雅志訳　平河出版社　1990　787p　22cm〈著者の肖像あり　参考文献：p756〜759〉　7500円　①4-89203-182-8　Ⓝ929.9
☆「世界を変えた100冊の本」

クールズ
03291 「ファロスの王国」
『ファロスの王国—古代ギリシアの性の政治学 2』　エヴァ・C.クールズ著　中務哲郎, 久保田忠利, 下田立行訳　岩波書店　1989　222,30p　21cm　3000円　①4-00-002014-5
☆「新・現代歴史学の名著」

クルスカ学会
03292 「クルスカ・アカデミー辞典」
☆「西洋をきずいた書物」

クルーゼ
03293 「文化史大系」
☆「世界名著大事典」

グルセ
03294 「アジア遊牧民族史」
『アジア遊牧民族史 上』　ルネ・グルセ著　後藤富男訳　原書房　1979　453p　22cm〈ユーラシア叢書　27〉〈解題：山田信夫　山一書房昭和19年刊の複製〉　3800円　Ⓝ220
☆「人文科学の名著」,「世界名著大事典」

クルーゼンシテルン
03295 「世界周航記」
☆「世界名著大事典」

クールター
03296 「南部史」
☆「世界名著大事典」

クルップ
03297 「アルフレッド＝クルップ書簡集」
☆「自然科学の名著」,「世界名著大事典」

クルティウス, E.
03298 「ギリシア古典期美術」
☆「世界名著大事典」

03299 「ギリシア史」
☆「世界名著大事典」

クルティウス,E.R.

03300 「新しいヨーロッパにおけるフランス精神」
☆「世界名著大事典」

03301 「フランス文化論」
『フランス文化論』 エルンスト・ローベルト・クゥルツィウス著 大野俊一訳 みすず書房 1977 325p 20cm 2300円 Ⓝ361.6
☆「世界名著大事典」

03302 「ヨーロッパ文学とラテン中世」
☆「世界名著大事典」

グルート

03303 「オペラ小史」
☆「世界名著大事典」

グルード

03304 「消された科学史」
『消された科学史』 オリヴァー・サックス,スティーヴン・ジェイ・グールド,ダニエル・J.ケヴレス,R.C.ルーウォンティン,ジョナサン・ミラー著 渡辺政隆,大木奈保子訳 みすず書房 1997 211p 19cm (みすずライブラリー) 2200円 ①4-622-05013-7
☆「科学を読む愉しみ」

クルト,エルンスト

03305 「ロマン派の和声」
☆「世界名著大事典」

グールド,スティーヴン・J.

03306 「パンダの親指―進化論再考」
『パンダの親指―進化論再考 上』 スティーヴン・ジェイ・グールド著 桜町翠軒訳 早川書房 1996 287p 15cm (ハヤカワ文庫NF) 580円 ①4-15-050206-4
☆「科学技術をどう読むか」

03307 「フルハウス―生命の全容」
☆「科学を読む愉しみ」

03308 「ワンダフル・ライフ―バージェス頁岩と生物進化の物語」
『ワンダフル・ライフ―バージェス頁岩と生物進化の物語』 スティーヴン・ジェイ・グールド著 渡辺政隆訳 早川書房 2000 602p 15cm (ハヤカワ文庫NF) 940円 ①4-15-050236-6
☆「学問がわかる500冊 v.2」,「教養のためのブックガイド」

グールド,マイケル

03309 「企業レベル戦略」
☆「究極のビジネス書50選」

クルト,ユリウス

03310 「写楽」
『写楽』 ユリウス・クルト著 定村忠士,蒲生順二郎訳 アダチ版画研究所,アートデイズ〔発売〕 1994 262p 21cm 3500円 ①4-900708-02-X
☆「世界名著大事典」

03311 「春信」
☆「世界名著大事典」

グールド,ロバート

03312 「北極圏ヨットの旅」
『北極圏ヨットの旅―大西洋一周帆走記』 ロバート・グールド著 山村宜宏訳 心交社 1992 291p 19cm (世界紀行冒険選書 16) 1339円 ①4-88302-062-2
☆「世界の海洋文学」

グールドナー,A.W.

03313 「社会学の再生を求めて」
『社会学の再生を求めて』 A.W.グールドナー著 岡田直之ほか共訳 新曜社 1978 714,14p 20cm 4500円 Ⓝ361.1
☆「社会学的思考」

クールノー,オーギュスタン

03314 「富の理論の数学的原理に関する研究」
『富の理論の数学的原理に関する研究』 クールノー著 中山伊知郎訳 日本経済評論社 2004 167p 21cm (近代経済学古典選集 2) 〈1986年刊(第2刷)を原本としたオンデマンド版〉 3500円 ①4-8188-1625-6 Ⓝ331.73
☆「学術辞典叢書 第11巻」,「経済学88物語」,「世界名著解題選 第3巻」,「世界名著大事典」

グルーバー,フランク

03315 「コルト銃の謎」
☆「世界の推理小説・総解説」

クループスカヤ

03316 「国民教育と民主主義」
『国民教育と民主主義』 クループスカヤ著 勝田昌二訳 岩波書店 1954 151p 15cm (岩波文庫) Ⓝ372.3
☆「教育学の世界名著100選」,「教育本44」,「教育名著の愉しみ」,「世界名著解題選 第5巻」,「世界名著大事典」,「21世紀の教育基本書」

03317 「レーニンの思い出」
『レーニンの思い出 上巻』 クループスカヤ著 内海周平訳 〔新装版〕 青木書店 1990

203p　19cm　1339円　①4-250-90024-X
☆「世界名著大事典」

グルーベ
03318　「中国文学史」
☆「世界名著大事典」

クルマン
03319　「キリストと時」
『キリストと時―原始キリスト教の時間観及び歴史観』　O.クルマン著　前田護郎訳　岩波書店　1954　293p　19cm（岩波現代叢書）　Ⓝ191
☆「世界名著大事典」

グールモン
03320　「文学的散歩」
☆「世界名著大事典」

03321　「リュクサンブールの一夜」
☆「世界文学あらすじ大事典 4（ふん‐われ）」

クルレジャ, ミロスラフ
03322　「フィリップ・ラティノヴィチの帰還」
☆「世界の小説大百科」

03323　「理性の果て」
☆「世界の小説大百科」

グルントヴィ
03324　「デンマーク民謡集」
☆「世界名著大事典」

クレー, パウル
03325　「クレーの絵本」
『クレーの絵本―どっちが主役？』　クレー画　結城昌子構成・文　小学館　1997　1冊　27cm（小学館あーとぶっく 9）　1480円　①4-09-727119-9
☆「読書入門」

03326　「クレーの日記」
『クレーの日記』　パウル・クレー著　W.ケルステン編　高橋文子訳　新版　みすず書房　2009　503,57p　23×15cm　8500円　①978-4-622-07434-2
☆「教養のためのブックガイド」,「世界名著大事典補遺（Extra）」,「伝記・自叙伝の名著」

03327　「造形思考」
『造形思考』　パウル・クレー著　土方定一, 菊盛英夫, 坂崎乙郎共訳　新潮社　1973　2冊　22cm　12000円　Ⓝ720.1
☆「世界名著大事典 補遺（Extra）」

クレア, H.
03328　「ヴェノナ アメリカにおけるソ連スパイ工作の解読」
『ヴェノナ―解読されたソ連の暗号とスパイ活動』　ジョン・アール・ヘインズ, ハーヴェイ・クレア著　中西輝政監訳　山添博史, 佐々木太郎, 金自成訳　PHP研究所　2010　573p　22cm〈索引あり〉　3200円　①978-4-569-70489-0　Ⓝ391.653
☆「名著で学ぶインテリジェンス」

グレアム, ケネス
03329　「たのしい川べ」
『たのしい川べ』　ケネス・グレアム作　石井桃子訳　新装版　岩波書店　2003　410p　20cm（岩波世界児童文学集）　①4-00-115704-7　Ⓝ933.7
☆「あらすじで出会う世界と日本の名作55」,「一冊で不朽の名作100冊を読む」（友人社）,「一冊で不朽の名作100冊を読む」（友人社）,「英米児童文学のベストセラー40」,「世界少年少女文学 ファンタジー編」,「世界文学あらすじ大事典 2（きよえ‐ちえ）」,「世界名著大事典」,「たのしく読めるイギリス文学」,「名作の研究事典」

グレアム, ベンジャミン
03330　「賢明なる投資家」
☆「お金と富の哲学世界の名著50」

グレアム, ロビン・リー
03331　「ダブ号の冒険」
『ダブ号の冒険』　ロビン・リー・グレアム著　田中融二訳　小学館　1995　283p　19cm（地球人ライブラリー）　1500円　①4-09-251016-0
☆「世界の海洋文学」

グレイ, アラスター
03332　「ラナーク―四巻からなる伝記」
『ラナーク―四巻からなる伝記』　アラスター・グレイ著　森慎一郎訳　国書刊行会　2007　714p　20cm　3500円　①978-4-336-04939-1　Ⓝ933.7
☆「世界の小説大百科」

グレイ, エイサ
03333　「ダーウィニアナ」
☆「世界名著大事典」

グレイ, コリン
03334　「現代の戦略」
☆「戦略論の名著」

グレイ, ジョン
03335　「グローバリズムという妄想」
『グローバリズムという妄想』　ジョン・グレイ著　石塚雅彦訳　日本経済新聞社　1999　324p　19cm　2000円　①4-532-14756-5

☆「学問がわかる500冊」

03336 「人間幸福論」
☆「世界名著大事典」

03337 「ベスト・パートナーになるために」
『ベスト・パートナーになるために―男は火星から、女は金星からやってきた』 ジョン・グレイ著 大島渚訳 新装版 三笠書房 2013 238p 19cm 1200円 ①978-4-8379-5743-0
☆「世界の自己啓発50の名著」

グレイ, トマス

03338 「墓畔の哀歌」
『墓畔の哀歌』 グレイ作 福原麟太郎訳 岩波書店 1958 203p 15cm(岩波文庫)〈肖像あり〉 500円 ①4-00-322101-X Ⓝ931.6
☆「世界文学鑑賞辞典 第1」, 「世界名著大事典」

クレイグ

03339 「劇芸術論」
☆「世界名著大事典」

03340 「前進する演劇」
☆「世界名著大事典」

グレイザー, ネイサン

03341 「人種のるつぼを越えて」
『人種のるつぼを越えて―多民族社会アメリカ』 ネイサン・グレイザー, ダニエル・P.モイニハン著 阿部斉, 飯野正子共訳 南雲堂 1986 440p 20cm 3500円 Ⓝ316.853
☆「ナショナリズム論の名著50」, 「文化人類学の名著50」

グレイザー, B.G.

03342 「「死のアウェアネス理論」と看護」
『「死のアウェアネス理論」と看護―死の認識と終末期ケア』 Barrey G.Glaser,Anselm L.Strauss著 木下康仁訳 医学書院 1988 314p 21cm〈参考文献:p310〉 2700円 ①4-260-34777-2 Ⓝ490.14
☆「身体・セクシュアリティ・スポーツ」

03343 「データ対話型理論の発見」
『データ対話型理論の発見―調査からいかに理論をうみだすか』 バーニー・G.グレイザー, アンセルム・L.ストラウス著 後藤隆, 大出春江, 水野節夫訳 新曜社 1996 376,7p 21cm 4326円 ①4-7885-0549-5
☆「社会学的思考」

クレイシ, ハニフ

03344 「郊外のブッダ」
☆「世界の小説大百科」

クレイソン, ジョージ・S.

03345 「バビロンの大富豪」
『バビロンの大富豪―「繁栄と富と幸福」はいかにして築かれるのか』 ジョージ・S.クレイソン著 大島豊訳 グスコー出版 2008 252p 19cm 1500円 ①978-4-901423-12-0
☆「世界の成功哲学50の名著エッセンスを解く」

クレイン

03346 「橋」
『橋―ハートクレイン詩集 長詩』 ハート・クレイン著 河本静夫訳 倉吉 河本静夫 2002 124p 19cm〈肖像あり〉 Ⓝ931.7
☆「世界文学あらすじ大事典3(ちか・ふろ)」

クレイン, スティーヴン

03347 「オープン・ボート」
『オープン・ボート他2編 註解』 S.クレイン[著] 原田敬一編註 清水書院 93p 19cm (英米名作選集 24)〈他言語標題:The open boat〉
☆「世界の海洋文学」

03348 「赤色武功章」
『赤い武功章』 クレイン著 繁尾久訳 旺文社 1977 222p 16cm(旺文社文庫) 240円 Ⓝ933
☆「英米文学の名作を知る本」, 「世界文学あらすじ大事典1(あ・きよう)」, 「世界文学鑑賞辞典 第1」, 「たのしく読めるアメリカ文学」

03349 「マギー・街の女」
『マギー・街の女』 S.クレイン作 大坪精治訳 大阪教育図書 1985 206p 19cm 980円 Ⓝ933
☆「世界文学あらすじ大事典4(ふん・われ)」, 「世界文学鑑賞辞典 第1」

クレイン, H.

03350 「航海」
☆「たのしく読めるアメリカ文学」

クレヴクール

03351 「アメリカの農夫の手紙」
☆「世界名著大事典」

グレーヴズ, ロバート

03352 「アラビアのロレンス」
『アラビアのロレンス』 ロバート・グレーヴズ著 小野忍訳 平凡社 2000 414p 15cm(平凡社ライブラリー) 1300円 ①4-582-76334-0
☆「映画になった名著」, 「伝記・自叙伝の名著」

03353 「この私、クラウディウス」
『この私、クラウディウス』 ロバート・グレー

ウズ著　多田智満子,赤井敏夫訳　みすず書房　2001　458p　19cm　3800円
①4-622-04806-X
☆「世界文学あらすじ大事典2（きよえ‐ちえ）」

グレゴリウス
03354　「フランク史」
☆「世界名著大事典」

グレゴリオス
03355　「エウノミオス反駁論」
☆「世界名著大事典」

グレゴリー夫人
03356　「うわさの広まり」
☆「世界名著大事典」

03357　「月の出」
☆「世界文学鑑賞辞典 第1」

03358　「ハイアシンス・ハルヴィ」
☆「世界名著大事典」

03359　「牢獄の門」
☆「世界名著大事典」

グレゴリー・マンキュー,N.
03360　「マクロ経済学」
『マクロ経済学　1（入門篇）』　N.グレゴリー・マンキュー著　足立英之,地主敏樹,中谷武,柳川隆訳　第3版　東洋経済新報社　2011　472p　22cm〈索引あり〉　3800円
①978-4-492-31409-8　Ⓝ331
☆「学問がわかる500冊」、「経済学88物語」

グレゴロヴィウス
03361　「中世ローマ市史」
☆「世界名著大事典」

クレショフ
03362　「映画演出法の基礎」
☆「世界名著大事典」

クレチアン・ド・トロワ
03363　「イヴァンあるいは獅子の騎士」
☆「世界文学あらすじ大事典1（あ‐きよう）」、「世界名著大事典」

03364　「エレックとエニード」
☆「世界文学あらすじ大事典1（あ‐きよう）」

03365　「クリジェス」
☆「世界文学あらすじ大事典2（きよえ‐ちえ）」

クレッシー
03366　「中国の地理的基礎」
☆「世界名著大事典」

クレッチ
03367　「社会心理学の理論と問題」
☆「世界名著大事典」

クレッチマー
03368　「楽堂案内」
☆「世界名著大事典」

クレッチマー,エルンスト
03369　「医学的心理学」
『医学的心理学　第1』　クレッチマー著　西丸四方,高橋義夫訳　みすず書房　1955　167p　19cm（現代科学叢書）　Ⓝ142
☆「世界名著大事典」

03370　「体格と性格」
『体格と性格―体質の問題および気質の学説によせる研究』　エルンスト・クレッチメル著　相場均訳　文光堂　1960　471p　27cm〈付録：Literatur423-464p〉　Ⓝ141.97
☆「教育学の世界名著100選」、「ブックガイド心理学」

クレッチマー,P.
03371　「ギリシア語史序考」
☆「世界名著大事典」

クレッツァー
03372　「ティンペ親方」
☆「世界名著大事典」

グレーバー
03373　「ロマン語文献学綱要」
☆「世界名著大事典」

グレーバー,デヴィッド
03374　「価値の人類学理論に向けて」
☆「文化人類学」

クレビヨン・ペール
03375　「ラダミストとゼノビー」
☆「世界文学あらすじ大事典4（ふん‐われ）」

グレーフ
03376　「社会学入門」
☆「世界名著大事典」

グレーフェ,マイヤー
03377　「印象派」
☆「世界名著大事典」

03378　「近代美術史の展開」
☆「世界名著大事典」

クレフェルト
03379　「戦争の変遷」
『戦争の変遷』　マーチン・ファン・クレフェル

ト, 石津朋之監訳　原書房　2011　417p
19cm　2800円　Ⓘ978-4-562-04730-7
☆「戦略論の名著」

クレープス
03380　「インドとセイロン」
☆「世界名著大事典」

03381　「人文地理学」
☆「世界名著大事典」

03382　「ドイツ地誌」
☆「世界名著大事典」

03383　「東部アルプスと今日のオーストリア」
☆「世界名著大事典」

03384　「比較地誌学」
☆「世界名著大事典」

グレーブス, アール・G.
03385　「差別を超える成功哲学」
☆「世界の成功哲学50の名著エッセンスを解く」

クレベア, アルタミラ・イ
03386　「スペイン史概説」
☆「世界名著大事典」

クレペリン
03387　「精神医学概論」
☆「世界名著大事典」

クレーマー
03388　「非キリスト教世界におけるキリスト教の使信」
☆「世界名著大事典」

クレミュー
03389　「不安と再建」
『不安と再建』　バンヂャマン・クレミウ著　増田篤夫訳　小山書店　1951　275p　19cm　Ⓝ950.2
☆「世界名著大事典」

クレメンス
03390　「コリント人への手紙」
☆「世界名著大事典」

03391　「雑録」
☆「世界名著大事典」

クレメンズ, クララ
03392　「わが父マーク・トウェーン」
『わが父マーク・トウェーン』　クララ・クレメンス著　大久保忠利訳　太平洋出版社　1950　354p 図版　19cm　Ⓝ289.3
☆「伝記・自叙伝の名著」

クレメント, ハル
03393　「重力の使命」
『重力の使命』　ハル・クレメント著　浅倉久志訳　早川書房　1985　322p　16cm（ハヤカワ文庫　SF）　420円　Ⓘ4-15-010602-9　Ⓝ933
☆「世界のSF文学・総解説」

クレメント・ストーン, W.
03394　「心構えが奇跡を生む」
『心構えが奇跡を生む』　ナポレオン・ヒル, W. クレメント・ストーン共著　田中孝顕訳　新版　きこ書房　2012　317p　17cm　1100円　Ⓘ978-4-87771-295-2
☆「世界の成功哲学50の名著エッセンスを解く」

クレランド
03395　「ファニー・ヒル」
☆「世界の小説大百科」,「千年紀のベスト100作品を選ぶ」

クレール
03396　「考えてみると」
☆「世界名著大事典」

グレンフェル
03397　「ラブラドールの医師」
☆「世界名著大事典」

クロー
03398　「イタリア絵画史」
☆「世界名著大事典」

03399　「ティツィアーノ」
☆「世界名著大事典」

クロー, ジェームス・F.
03400　「遺伝学概説」
☆「学問がわかる500冊 v.2」

クロイシンハ
03401　「現代英語便覧」
☆「世界名著大事典」

クロウ, マイケル・J.
03402　「地球外生命論争 一七五〇─一九〇〇─カントからロウエルまでの世界の複数性をめぐる思想大全」
☆「ブックガイド"宇宙"を読む」

グロウスミス, ウィードン
03403　「無名なるイギリス人の日記」
☆「世界の小説大百科」

グロウスミス, ジョージ
03404　「無名なるイギリス人の日記」
☆「世界の小説大百科」

クロウリー

03405　「魔術―その理論と実践」
『魔術―理論と実践』　アレイスター・クロウリー著　島弘之,植松靖夫,江口之隆訳　新装版　国書刊行会　1997　575p　21cm　5700円　Ⓘ4-336-04043-5
☆「世界の奇書」

クロージング

03406　「ローマのコロナートゥス制」
☆「世界名著大事典」

グロース

03407　「遊戯論」
☆「世界名著大事典」

グロス

03408　「商人ギルド」
☆「世界名著大事典」

クロス, ヤーン

03409　「マルテンス教授の旅立ち」
☆「世界の小説大百科」

クロスマン

03410　「新フェビアン論集」
☆「世界名著大事典」,「哲学の名著」

グロスマン

03411　「資本の蓄積ならびに崩壊の理論」
☆「世界名著大事典」

クロスランド

03412　「福祉国家の将来」
『福祉国家の将来』　C.A.R.クロスランド著　関嘉彦講述　経済同友会研究部会編　鹿島研究所出版会　1964　68p　18cm　Ⓝ363
☆「現代人のための名著」

クロソフスキー

03413　「肉の影」
『肉の影』　ピエール・クロソウスキー著　小島俊明訳　桃源社　1967　259p　図版　20cm（世界異端の文学　6）　550円　Ⓝ953
☆「世界の幻想文学」

グロタンディーク, アレクサンドル

03414　「収穫と蒔いた種と」
☆「ブックガイド〈数学〉を読む」

クローチェ, ベネデット

03415　「思想および行為としての歴史」
☆「世界名著大事典」

03416　「史的唯物論とマルクスの経済学」
☆「学術辞典叢書　第14巻」,「世界名著解題選　第2巻」

03417　「19世紀ヨーロッパ史」
☆「世界名著大事典」,「歴史の名著」

03418　「精神の学としての哲学」
☆「世界名著大事典」,「哲学名著解題」

03419　「美学」
『美学』　ベネデット・クローチェ著　長谷川誠也,大槻憲二訳　ゆまに書房　1998　488p　22cm（世界言語学名著選集　第1巻）〈春秋社1930年刊の複製〉　15000円　Ⓘ4-89714-407-8　Ⓝ701.1
☆「学術辞典叢書　第12巻」,「世界名著解題選　第3巻」,「世界名著解題選　第6巻」,「世界名著大事典」

03420　「ヘーゲル哲学における生けるものと死せるもの」
☆「世界名著大事典」

03421　「ヘーゲル哲学論」
☆「近代欧米名著解題　第8巻」

03422　「歴史の理論と歴史」
『歴史の理論と歴史』　クロオチェ著　羽仁五郎訳　岩波書店　1952　378p　15cm（岩波文庫）　Ⓝ201
☆「世界の哲学思想」,「世界名著大事典」,「歴史の名著　外国人篇」,「私の古典」

クロック, レイ

03423　「成功はゴミ箱の中に」
☆「超売れ筋ビジネス書101冊」

グロッセ

03424　「インド音楽史」
☆「世界名著大事典」

03425　「芸術の始原」
☆「世界名著解題選　第6巻」,「世界名著大事典」

グロッツ

03426　「一般史」
☆「世界名著大事典」

03427　「エーゲ文明」
☆「世界名著大事典」

03428　「ギリシア史」
☆「世界名著大事典」

03429　「古代ギリシアにおける労働」
☆「世界名著大事典」

クロップシュトック

03430　「メシアス」
☆「世界名著大事典」

グロティウス, フーゴー

03431　「キリスト教の真理性」
☆「世界名著大事典」

03432 「キリスト贖罪論」
☆「学術辞典叢書 第14巻」,「世界名著解題選 第1巻」

03433 「自由海論」
☆「世界名著大事典」

03434 「戦争と平和の法」
『戦争と平和の法―フーゴー・グロティウスにおける戦争、平和、正義』 大沼保昭編 補正版 東信堂 1995 604,72p 21cm 12360円 ⓘ4-88713-208-5
☆「学術辞典叢書 第11巻」,「古典・名著の読み方」,「社会科学の名著」,「図解世界の名著がわかる本」,「西洋をきずいた書物」,「世界の古典名著」,「世界の名著早わかり事典」,「世界名著解題選 第3巻」,「世界名著大事典」

クローデル, ポール

03435 「朝日の中の黒い鳥」
『朝日の中の黒い鳥』 ポール・クローデル著 内藤高訳 講談社 1988 245p 15cm(講談社学術文庫) 640円 ⓘ4-06-158850-8 Ⓝ291.09
☆「外国人による日本論の名著」

03436 「オランダ絵画序論」
☆「世界名著大事典」

03437 「火刑台上のジャンヌ・ダルク」
☆「世界名著大事典」

03438 「クリストファ・コロンブスの書」
☆「世界文学鑑賞辞典 第2」

03439 「5大頌歌」
☆「世界名著大事典」

03440 「繻子の靴」
『繻子の靴 下』 ポール・クローデル作 渡辺守章訳 岩波書店 2005 524p 15cm(岩波文庫) 940円 ⓘ4-00-375042-X
☆「世界文学鑑賞辞典 第2」,「世界名著大事典」,「ポケット世界名作事典」

03441 「樹木」
☆「世界名著大事典」

03442 「マリアへのお告げ」
『マリアへのお告げ』 ポール・クローデル著 木村太郎訳 京都 ヴェリタス書院 1960 181p 19cm(現代カトリック文芸叢書 第3) Ⓝ952
☆「世界文学鑑賞辞典 第2」,「世界名著大事典」

グロート

03443 「ギリシア史」
☆「西洋をきずいた書物」,「世界名著大事典」

クローナー

03444 「カントからヘーゲルまで」
☆「世界名著大事典」

クロナッサー

03445 「意味論概説」
☆「世界名著大事典」

クローニン, A.J.

03446 「王国の鍵」
☆「世界名著大事典 補遺(Extra)」

03447 「城砦」
『城砦』 クローニン著 竹内道之助訳 三笠書房 1971 394p 肖像 20cm(クローニン選集) 700円 Ⓝ933
☆「イギリス文学」,「世界文学の名作と主人公」,「世界名著大事典 補遺(Extra)」

03448 「スペインの庭師」
『スペインの庭師』 A.J.クローニン著 竹内道之助訳 集英社 1977 256p 16cm(集英社文庫) 240円 Ⓝ933
☆「世界名著大事典 補遺(Extra)」

03449 「地の果てまで」
☆「名小説ストーリイ集 世界篇」

03450 「帽子屋の城」
『帽子屋の城 下巻』 クローニン著 竹内道之助訳 新潮社 1958 288p 16cm(新潮文庫) Ⓝ933
☆「世界名著大事典 補遺(Extra)」

03451 「星はみている」
☆「世界名著大事典 補遺(Extra)」

03452 「ユダの樹」
☆「世界名著大事典 補遺(Extra)」

クロネッカー

03453 「数の概念について」
☆「世界名著大事典」

クローバー

03454 「イシ―北米最後の野生インディアン」
『イシ―北米最後の野生インディアン』 シオドーラ・クローバー[著] 行方昭夫訳 岩波書店 2003 385p 15cm(岩波現代文庫 社会) 1100円 ⓘ4-00-603085-1 Ⓝ382.53
☆「学問がわかる500冊 v.2」

03455 「人類学」
☆「人文科学の名著」,「世界名著大事典」

03456 「文化の性質」
☆「世界名著大事典」

グロピウス

03457 「国際建築」
『国際建築』 ヴァルター・グロピウス著 貞包博幸訳 中央公論美術出版 1991 128p 24

×19cm（バウハウス叢書　1）　5500円
　Ⓘ4-8055-0221-5
　☆「世界名著大事典」

クロフォード
03458　「プラハの妖術師」
　『プラハの妖術師』　F.M.クロフォード著　木内信敬訳　国書刊行会　1979　453p　22cm（ゴシック叢書　11）　3400円　Ⓝ933
　☆「世界の幻想文学」

クロフツ, F.W.
03459　「クロイドン発12時30分」
　『クロイドン発12時30分』　クロフツ著　定松正訳　春陽堂書店　1979　273p　16cm（春陽堂少年少女文庫　推理名作シリーズ）　360円
　☆「世界の推理小説・総解説」

03460　「樽」
　『樽』　F・W・クロフツ著　霜島義明訳　東京創元社　2013　445p　15cm（創元推理文庫　Mク3-1）〈1981年刊の新訳〉　940円
　Ⓘ978-4-488-10633-1　Ⓝ933.7
　☆「世界の推理小説・総解説」,「世界名著大事典」

03461　「フレンチ警部最大の事件」
　『フレンチ警部最大の事件』　F.W.クロフツ著　長谷川修二訳　東京創元社　1959　331p　18cm（創元推理文庫）　Ⓝ933
　☆「世界名著大事典」

クロポトキン
03462　「ある革命家の手記」
　☆「自伝の名著101」,「世界名著大事典」

03463　「近代科学と無政府主義」
　☆「世界名著大事典」

03464　「青年に訴える」
　☆「世界名著大事典」

03465　「相互扶助論」
　『相互扶助論』　ピョートル・クロポトキン著　大杉栄訳　増補修訂版　同時代社　2012　336p　19cm　3000円　Ⓘ978-4-88683-723-3
　☆「学術辞典叢書　第11巻」,「近代名著解題選集 2」,「世界名著解題選　第2巻」,「世界名著解題選　第4巻」,「世界名著大事典」

03466　「田園・工場・仕事場」
　『田園・工場・仕事場』　クロポトキン著　中山啓訳述　新潮社　1925　208p　19cm（社会哲学新学説大系　第4巻）　Ⓝ363
　☆「学術辞典叢書　第11巻」,「近代名著解題選集 2」,「世界名著大事典」

03467　「フランス革命史」
　『フランス革命史　上』　クロポトキン著　淡徳三郎訳　青木書店　1952　209p　15cm（青木文庫　第36）　Ⓝ235.061
　☆「世界の古典名著」

03468　「ロシア文学の理想と現実」
　『ロシア文学の理想と現実　下巻』　クロポトキン著　伊藤整, 瀬沼茂樹共訳　創元社　1953　215p　図版　15cm（創元文庫　B　第70）　Ⓝ980.2
　☆「世界名著解題選　第6巻」,「世界名著大事典」

クローム
03469　「ヒンドゥー・ジャワ史」
　☆「世界名著大事典」

グロモワ
03470　「自己との決闘」
　☆「世界のSF文学・総解説」

クロワ, ロベール・ド・ラ
03471　「海洋奇譚集」
　『海洋奇譚集』　ロベール・ド・ラ・クロワ著　竹内廸也訳　光文社　2004　289p　15cm（知恵の森文庫）　743円　Ⓘ4-334-78310-4
　☆「世界の海洋文学」

クロワゼ兄弟
03472　「ギリシア文学史」
　☆「世界名著大事典」

クーロン
03473　「電気と磁気についての研究」
　☆「世界を変えた書物」

クローン
03474　「民俗学方法論」
　『民俗学方法論』　クローン著　関敬吾訳　岩波書店　1951　227p　15cm（岩波文庫）　Ⓝ381
　☆「世界名著大事典」

クロンビー
03475　「中世および近代初期の科学」
　☆「世界名著大事典」

クワイン
03476　「数学的論理学」
　☆「世界名著大事典」

03477　「論理学の方法」
　☆「哲学名著解題」

クーン, ギルバート
03478　「現象と美」
　☆「世界名著大事典」

03479　「美学史」
　☆「世界名著大事典」

クーン, トーマス

03480 「科学革命の構造」
『科学革命の構造』 トーマス・クーン[著] 中山茂訳 みすず書房 1971 277p 19cm 950円 Ⓝ402
☆「大人のための世界の名著50」,「科学技術をどう読むか」,「現代科学論の名著」,「世界を変えた100冊の本」,「世界の哲学50の名著」,「大学新入生に薦める101冊の本」,「20世紀を震撼させた100冊」,「21世紀の必読書100選」,「ブックガイド 文庫で読む科学」,「文化の社会学」

グンケル

03481 「新約聖書の宗教史的理解」
☆「世界名著大事典」

クンデラ, ミラン

03482 「存在の耐えられない軽さ」
『存在の耐えられない軽さ』 ミラン・クンデラ著 西永良成訳 池澤夏樹編 河出書房新社 2008 386,4p 19cm(池澤夏樹=個人編集 世界文学全集1 03) 2400円
①978-4-309-70943-7
☆「面白いほどよくわかる世界の文学」,「クライマックス名作案内 2」,「50歳からの名著入門」,「世界の小説大百科」,「世界の名作文学案内」,「世界文学の名作と主人公」,「世界文学必勝法」,「百年の誤読 海外文学篇」

03483 「微笑を誘う愛の物語」
『微笑を誘う愛の物語』 ミラン・クンデラ著 千野栄一, 沼野充義, 西永良成訳 集英社 1992 299p 19cm 1900円
①4-08-773151-0
☆「読書入門」

03484 「笑いと忘却の書」
『笑いと忘却の書』 ミラン・クンデラ著 西永良成訳 集英社 2013 383p 16cm(集英社文庫 ク11-4)〈1992年刊の改訂決定訳〉 900円 ①978-4-08-760677-5 Ⓝ989.53
『笑いと忘却の書』 ミラン・クンデラ著 西永良成訳 集英社 1992 326p 20cm 1900円 ①4-08-773146-4 Ⓝ989.5
☆「教養のためのブックガイド」,「世界の小説大百科」

グンドルフ

03485 「ゲーテ」
☆「世界名著解題選 第6巻」,「世界名著大事典」

03486 「シェークスピアとドイツ精神」
☆「世界名著大事典」

グンナルソン

03487 「ボルグの人々の物語」
☆「世界名著大事典」

グンプロヴィチ

03488 「社会学原理」
☆「学術辞典叢書 第11巻」,「世界名著解題選 第2巻」

03489 「社会学的国家観」
☆「世界名著解題選 第2巻」,「世界名著大事典」

03490 「種族闘争論」
☆「学術辞典叢書 第14巻」,「世界名著解題選 第2巻」,「世界名著大事典」

03491 「種族と国家」
☆「社会科学の名著」,「世界名著大事典」

グンメルス

03492 「経済組織としてのローマの大農地経営」
☆「世界名著大事典」

【ケ】

ケア

03493 「叙事詩とロマンス」
☆「世界名著大事典」

ケアリー

03494 「ローマ史」
☆「世界名著大事典」

ケアリー, ピーター

03495 「オスカーとルシンダ」
☆「世界の小説大百科」

ケアリー, ヘンリー・チャールズ

03496 「社会科学原理」
☆「学術辞典叢書 第14巻」,「世界名著解題選 第2巻」,「世界名著大事典」

ケアンズ, ジョン・イリオット

03497 「経済学の性質と論理的方法」
☆「学術辞典叢書 第14巻」,「世界名著解題選 第1巻」,「世界名著大事典」

03498 「経済学要綱」
☆「近代名著解題選集 2」

ケイ

03499 「政治, 政党, 圧力団体」
☆「世界名著大事典」

ゲイ

03500 「ワイマール文化」
『ワイマール文化』 ピーター・ゲイ著 亀嶋庸一訳 みすず書房 1999 1冊 19cm(みすずライブラリー) 2600円 ①4-622-05037-4

ケイ

☆「新・現代歴史学の名著」

ケイ,エレン
03501 「児童の世紀」
『児童の世紀』 エレン・ケイ著 原田実訳 久山社 1995 472,9p 20cm〈日本〈子どもの権利〉叢書 2〉〈大同館書店大正11年刊の複製 著者の肖像あり〉①4-906563-16-3 Ⓝ369.4
☆「教育学の世界名著100選」、「教育の名著80選解題」、「教育本44」、「教育名著の愉しみ」、「世界名著大事典」、「21世紀の教育基本書」、「名著解題」

03502 「戦争、平和及び将来」
☆「学術辞典叢書 第11巻」、「世界名著解題選 第2巻」

03503 「恋愛と結婚」
『恋愛と結婚』 エレン・ケイ著 小野寺信,小野寺百合子訳 〔改訂版〕 新評論 1997 428p 19cm 3800円 ①4-7948-0351-6
☆「世界の古典名著」、「世界の哲学思想」、「世界名著大事典」

嵆 含 けい・がん
03504 「南方草木状」
『中国食経叢書―中国古今食物料理資料集成』 篠田統,田中静一編著 書籍文物流通会 1972 2冊 27cm〈限定版〉 各15000円 Ⓝ383.8
☆「世界名著大事典」

嵆 康 けい・こう
03505 「嵆中散集」
☆「世界名著大事典」、「中国の名著」

景 徐 けい・じょ
03506 「鹿苑日録」
☆「世界名著大事典」

ゲイ,ジョン
03507 「乞食オペラ」
『乞食オペラ』 ジョン・ゲイ著 海保真夫訳 法政大学出版局 1993 187p 19cm 2266円 ①4-588-49011-7
☆「世界文学あらすじ大事典 2 (きよえ‐ちえ)」、「世界名著大事典」、「たのしく読めるイギリス文学」

桂 万栄 けい・ばんえい
03508 「棠陰比事」
『棠陰比事』 桂万栄編 駒田信二訳 岩波書店 1985 306p 15cm〈岩波文庫〉 500円 Ⓝ322.22
☆「作品と作者」、「世界名著大事典」

計 有功 けい・ゆうこう
03509 「唐詩紀事」
☆「中国の古典名著」

ケイジン,アルフレッド
03510 「ニューヨークのユダヤ人たち」
☆「自伝の名著101」

契嵩 けいすう
03511 「鐔津文集」
☆「世界名著大事典」

03512 「輔教編」
☆「世界名著大事典」

契沖 けいちゅう
03513 「和字正濫抄」
☆「世界名著大事典」

ゲイツ,ビル
03514 「思考スピードの経営」
『思考スピードの経営―デジタル経営教本』 ビル・ゲイツ著 大原進訳 日本経済新聞社 2000 658p 15cm〈日経ビジネス人文庫〉 952円 ①4-532-19005-3
☆「戦略の名著！ 最強43冊のエッセンス」、「超売れ筋ビジネス書101冊」

ケイディン
03515 「悪魔の分け前」
『悪魔の分け前』 マーティン・ケイディン著 平井イサク訳 早川書房 1979 502p 16cm〈ハヤカワ文庫 NV〉 560円 Ⓝ933
☆「世界の冒険小説・総解説」

ケイミン,L.
03516 「知能は測れるのか」
『知能は測れるのか―IQ討論』 H.J.アイゼンク,L.ケイミン著 斎藤和明他訳 筑摩書房 1985 350,16p 20cm〈巻末：参考文献〉 2400円 Ⓝ141.1
☆「科学技術をどう読むか」

ケイリー
03517 「航空術論」
☆「西洋をきずいた書物」

ケイロース,エッサ・デ
03518 「アマーロ神父の罪」
『アマーロ神父の罪』 エッサ・デ・ケイロース著 浜崎いとこ訳 彩流社 2004 484p 19cm〈ポルトガル文学叢書〉 2800円 ①4-88202-889-1
☆「世界の小説大百科」、「世界文学あらすじ大事典 1 (あ‐きょう)」

03519 「従兄バジーリオ」
☆「世界名著大事典」

ケイン, ジェームズ・M.

03520 「郵便配達は二度ベルを鳴らす」
『郵便配達は二度ベルを鳴らす』 ジェイムズ・M.ケイン著　池田真紀子訳　光文社　2014　243p　15cm（光文社古典新訳文庫）　880円　①978-4-334-75295-8
☆「世界の小説大百科」、「世界の推理小説・総解説」、「世界文学あらすじ大事典 4（ふん‐われ）」

ケイン, ハル

03521 「飢餓の世紀」
『飢餓の世紀―食糧不足と人口爆発が世界を襲う』　レスター・R.ブラウン, ハル・ケイン著　小島慶三訳　ダイヤモンド社　1995　256p　19cm　2000円　①4-478-87042-X
☆「学問がわかる500冊 v.2」

ケインズ, ジョン・メイナード

03522 「確率論」
『確率論』　ケインズ著　佐藤隆三訳　東洋経済新報社　2010　548p　21cm（ケインズ全集 8）　12000円　①978-4-492-81148-1
☆「世界名著大事典」

03523 「貨幣改革論」
☆「学術辞典叢書 第11巻」、「経済学88物語」、「世界名著解題選 第1巻」、「世界名著大事典」

03524 「貨幣論」
『貨幣論　第3分冊　価格水準の動態』　ケインズ著　鬼頭仁三郎訳　同文館　1953　167p　21cm　Ⓝ337.1
☆「経済学88物語」、「経済学名著106選」、「世界名著大事典」

03525 「雇用、利子および貨幣の一般理論」
『雇用、利子および貨幣の一般理論　上』　ケインズ著　間宮陽介訳　岩波書店　2012　403p　19cm（ワイド版岩波文庫）　1500円　①978-4-00-007353-0
☆「学問がわかる500冊」、「経済学の名著」、「経済学の名著30」、「経済学88物語」、「経済学名著106選」、「現代経済学の名著」、「古典・名著の読み方」、「社会科学の古典」、「社会科学の名著」、「図解世界の名著がわかる本」、「西洋をきずいた書物」、「世界を変えた経済学の名著」、「世界を変えた10冊の本」、「世界を変えた100冊の本」、「世界で最も重要なビジネス書」、「世界の古典名著」、「世界の名著」、「世界の名著早わかり事典」、「世界名著解題選 第4巻」、「世界名著大事典」、「20世紀を震撼させた100冊」

03526 「若き日の信条」
☆「経済学の名著30」

ゲヴァーニッツ, シュルツェ

03527 「大工業論」
『大工業論―経済的進歩と社会の進歩―木綿工業の範囲に於ける研究』　シュルツェーゲーファーニッツ著　山崎覚次郎訳　有斐閣　1928　508p 図版　23cm〈附録：木綿工業に於ける機械の発明並に其の普及（馬場敬次編　319-508p）〉　Ⓝ502.33
☆「学術辞典叢書 第14巻」、「世界名著解題選 第2巻」

ゲオルギウ

03528 「二十五時」
『二十五時』　ゲオルギウ著　河盛好蔵訳　角川書店　1967　542p　15cm（角川文庫）　240円　Ⓝ979.1
☆「現代世界の名作」、「世界文学鑑賞辞典 第2」、「名小説ストーリイ集 世界篇」

ゲオルゲ, シュテファン

03529 「新しい国」
『ゲオルゲ全詩集』　富岡近雄訳・注・評伝　郁文堂　1994　622p　23cm〈著者の肖像あり　評伝のための主要参考文献：p601～602　付：書誌〉　13390円　①4-261-07198-3　Ⓝ941
☆「世界名著大事典」

03530 「心の四季」
『魂の四季』　シュテファン・ゲオルゲ著　西田英樹訳　東洋出版　1993　172p　22cm〈著者の肖像あり〉　3500円　①4-8096-7131-3　Ⓝ941
☆「世界文学鑑賞辞典 第3」、「世界名著大事典」

03531 「頌歌, 巡礼, アルガバール」
『ゲオルゲ全詩集』　富岡近雄訳・注・評伝　郁文堂　1994　622p　23cm〈著者の肖像あり　評伝のための主要参考文献：p601～602　付：書誌〉　13390円　①4-261-07198-3　Ⓝ941
☆「世界名著大事典」

03532 「生の絨氈」
『生の絨毯―前奏・夢と死の歌』　シュテファン・ゲオルゲ著　ゲオルゲ研究会訳　東洋出版　1993　206p　22cm〈監修：野村琢一　著者の肖像あり〉　3500円　①4-8096-7132-1　Ⓝ941
☆「世界文学鑑賞辞典 第3」、「世界名著大事典」

03533 「第七の年輪」
『ゲオルゲ全詩集』　富岡近雄訳・注・評伝　郁文堂　1994　622p　23cm〈著者の肖像あり　評伝のための主要参考文献：p601～602　付：書誌〉　13390円　①4-261-07198-3　Ⓝ941
☆「世界名著大事典」、「ポケット世界名作事典」

03534 「牧人歌と賛歌」
『ゲオルゲ全詩集』　富岡近雄訳・注・評伝　郁文堂　1994　622p　23cm〈著者の肖像あり　評伝のための主要参考文献：p601～602　付：書誌〉　13390円　①4-261-07198-3　Ⓝ941
☆「世界名著大事典」

ケカリツ

03535 「盟約の星」
『ゲオルゲ全詩集』 富岡近雄訳・注・評伝　郁文堂　1994　622p　23cm〈著者の肖像あり　評伝のための主要参考文献：p601〜602 付：書誌〉　13390円　Ⓘ4-261-07198-3　Ⓝ941
☆「世界名著大事典」

ケカリツ

03536 「シェークスピアの発音」
☆「世界名著大事典」

ケクレ

03537 「炭素化合物の構造と変質および炭素の化学的本性」
☆「自然科学の名著」、「自然科学の名著100選 中」

03538 「有機化学教科書」
☆「世界名著大事典」

ケージ,J.

03539 「サイレンス」
『サイレンス』 ジョン・ケージ著　柿沼敏江訳　水声社　1996　456p　21cm　4120円　Ⓘ4-89176-339-6
☆「世界名著大事典 補遺(Extra)」、「20世紀を震撼させた100冊」

03540 「ジョン・ケージ」
☆「必読書150」

ケーシャヴァミシュラ

03541 「タルカバーシャー」
☆「世界名著大事典」

ケスター

03542 「会計の理論と実際」
☆「世界名著大事典」

ケステン

03543 「異国の神々」
『異国の神々』 ケステン著　小松太郎訳　角川書店　1958　310p　15cm(角川文庫)　Ⓝ943
☆「世界文学鑑賞辞典 第3」

03544 「ヨーゼフは自由を求める」
☆「世界名著大事典」

ゲスト

03545 「アフリカ」
『アフリカ苦悩する大陸』 ロバート・ゲスト著　伊藤真訳　東洋経済新報社　2008　323,17p　20cm　2200円　Ⓘ978-4-492-21177-9　Ⓝ302.4
☆「大学新入生に薦める101冊の本」

ケストナー, エーリヒ

03546 「エーミールと探偵たち」
『エーミールと探偵たち』 エーリヒ・ケストナー作　池田香代子訳　岩波書店　2000　230p　18cm(岩波少年文庫)　640円　Ⓘ4-00-114018-7
☆「一冊で不朽の名作100冊を読む」(友人社)、「一冊で不朽の名作100冊を読む」(友人社)、「知っておきたいドイツ文学」、「世界の名作文学案内」、「世界文学鑑賞辞典 第3」、「世界文学の名作と主人公」、「世界名著大事典」、「ポケット世界名作事典」、「名作あらすじ事典 西洋文学編」、「名作の研究事典」

03547 「消え失せた密画」
『消え失せた密画』 エーリッヒ・ケストナー著　小松太郎訳　白水社　1954　283p 図版 19cm　Ⓝ943
☆「世界の冒険小説・総解説」

03548 「叙情的家庭薬局」
☆「世界名著大事典」

03549 「点子ちゃんとアントン」
『点子ちゃんとアントン』 エーリヒ・ケストナー作　池田香代子訳　岩波書店　2000　204p　19cm(岩波少年文庫)　640円　Ⓘ4-00-114060-8
☆「世界文学あらすじ大事典 3(ちか-ふろ)」

03550 「飛ぶ教室」
『飛ぶ教室―新訳』 エーリヒ・ケストナー作　那須田淳, 木本栄訳　patty絵　アスキー・メディアワークス　2012　253p　18cm(角川つばさ文庫　Eけ1-1)〈発売：角川グループパブリッシング〉　600円　Ⓘ978-4-04-631199-3　Ⓝ943.7
☆「あらすじで出会う世界と日本の名作55」、「あらすじで読む世界の名著 no.3」、「少年少女のための文学案内 2」

03551 「ファービアン」
『ファービアン―あるモラリストの物語』 エーリッヒ・ケストナー著　小松太郎訳　筑摩書房　1990　352p　15cm(ちくま文庫)　640円　Ⓘ4-480-02458-1
☆「世界文学鑑賞辞典 第3」、「ドイツ文学」

03552 「ふたりのロッテ」
『ふたりのロッテ』 エーリヒ・ケストナー作　池田香代子訳　岩波書店　2006　225p　18cm(岩波少年文庫)　640円　Ⓘ4-00-114138-8
☆「一冊で不朽の名作100冊を読む」(友人社)、「一冊で不朽の名作100冊を読む」(友人社)、「世界少年少女文学 リアリズム編」、「世界文学鑑賞辞典 第3」、「世界名著大事典」

ケストラー, アーサー

03553 「還元主義を超えて」
『還元主義を超えて―アルプバッハ・シンポジウム'68』 アーサー・ケストラー,J.R.スミ

シーズ編　池田善昭監訳　工作舎　1984　561p　20cm　3800円　Ⓝ461.1
☆「科学技術をどう読むか」

03554　「コペルニクス―人とその体系」
『コペルニクス―人とその体系』　アーサー・ケストラー著　有賀寿訳　すぐ書房　1977　257p　18cm　1400円　Ⓝ289.3
☆「伝記・自叙伝の名著」

03555　「ホロン革命」
『ホロン革命』　アーサー・ケストラー著　田中三彦,吉岡佳子訳　工作舎　1983　493p　20cm〈参考文献：p473〜491〉　2800円　Ⓝ133.5
☆「世界の古典名著」

03556　「真昼の暗黒」
『真昼の暗黒』　アーサー・ケストラー作　中島賢二訳　岩波書店　2009　429p　15cm（岩波文庫）　900円　Ⓘ978-4-00-372021-9
☆「映画になった名著」,「現代世界の名作」,「世界文学あらすじ大事典 4（ふん‐われ）」,「名小説ストーリィ集 世界篇」

03557　「ヨハネス・ケプラー」
『ヨハネス・ケプラー―近代宇宙観の夜明け』　アーサー・ケストラー著　小尾信彌,木村博訳　筑摩書房　2008　421p　15cm（ちくま学芸文庫）　1500円　Ⓘ978-4-480-09155-0
☆「伝記・自叙伝の名著」

ケストリン

03558　「美学」
☆「世界名著大事典」

ゲスナー,コンラート

03559　「動物誌」
☆「自然科学の名著」,「西洋をきずいた書物」,「世界名著大事典」

03560　「万有文庫」
☆「西洋をきずいた書物」

ゲゼル,A.

03561　「乳幼児と現代文化」
☆「世界名著大事典 補遺（Extra）」

03562　「乳幼児の心理学」
『乳幼児の心理学―出生より5歳まで』　アーノルド・ゲゼル著　山下俊郎訳　家政教育社　1994　637p　図版13枚　22cm〈第20刷（第1刷：1966年）　著者の肖像あり　参考文献：p576〜589〉　5562円　Ⓘ4-7606-0076-0　Ⓝ376.11
☆「世界名著大事典 補遺（Extra）」

ケタム

03563　「医学論集」
☆「西洋をきずいた書物」

ケチュケ

03564　「中世一般経済史」
☆「世界名著大事典」

03565　「ドイツ経済史概要」
☆「世界名著大事典」

ゲツェ

03566　「ゲルマン語学」
☆「世界名著大事典」

ケッセル

03567　「昼顔」
『昼顔』　ケッセル著　桜井成夫訳　角川書店　1954　228p　15cm（角川文庫）　Ⓝ953
☆「世界文学賞辞典 第2」,「世界文学の名作と主人公」,「日本・世界名作「愛の会話」100章」,「フランス文学」

ケッセル,ジョゼフ

03568　「影の軍隊」
☆「映画になった名著」

03569　「幸福のあとにくるもの」
☆「現代世界の名作」

ゲッツ

03570　「プロピュレエン世界史」
☆「世界名著大事典」

ゲッティ,ジョン・ポール

03571　「大富豪の生き方」
☆「世界の成功哲学50の名著エッセンスを解く」

ケッペン

03572　「気候学提要」
☆「世界名著大事典」

03573　「気候の地理学的体系」
☆「世界名著大事典」

ケッペン,ヴォルフガング

03574　「温室」
☆「世界の小説大百科」

03575　「ローマに死す」
☆「世界の小説大百科」

ゲーテ,ヨハン・ヴォルフガング・フォン

03576　「イタリア紀行」
『イタリア紀行 上』　ゲーテ著　相良守峯訳　第62刷改版　岩波書店　2007　339p　15cm（岩波文庫）〈肖像あり〉　660円　Ⓘ4-00-324059-6　Ⓝ945.6

03577 「ヴィルヘルム・マイスター」
『ヴィルヘルム・マイスター　上巻』ゲーテ著　林久男訳　岩波書店　1926　583,6p　19cm（独逸文学叢書　第4編）Ⓝ943
☆「学術辞典叢書 第13巻」、「世界の小説大百科」、「世界の名作50選」、「世界文学あらすじ大事典 1（あ‐きよう）」、「世界文学鑑賞辞典 第3」、「世界名著解題選 第3巻」、「世界名著大事典」、「ポケット世界名作事典」

03578 「エグモント」
『エグモント』ゲエテ著　小池秋草訳　南江堂書店　1915　1冊　肖像　19cm（独逸古典文学傑作集　第2巻）Ⓝ942
☆「世界文学あらすじ大事典 1（あ‐きよう）」、「世界文学鑑賞辞典 第3」

03579 「往復書簡」
☆「世界名著大事典」

03580 「教育州」
☆「教育の名著80選解題」

03581 「芸術論集」
☆「世界名著解題選 第6巻」、「世界名著大事典」

03582 「ゲッツ・フォン・ベルリヒンゲン」
☆「世界文学鑑賞辞典 第3」、「世界名著大事典」

03583 「ゲーテの教育思想」
☆「世界名著解題選 第5巻」

03584 「色彩論」
『色彩論』ヨーハン・ヴォルフガング・フォン・ゲーテ著　高橋義人、前田富士男、南大路振一、嶋田洋一郎、中島芳郎訳　完訳版　工作舎　1999　3冊（セット）　21cm　25000円　①4-87502-320-0
☆「世界名著大事典」

03585 「詩集」
『詩集』ゲーテ［著］　三浦吉兵衛譯　大東出版社　1942　6,664p　19cm（ゲーテ全集 第1巻 ゲーテ［著］）Ⓝ941.6
☆「世界名著大事典」

03586 「自然科学論集」
☆「世界名著大事典」

03587 「詩と真実」
『詩と真実　第4部』ゲーテ著　山崎章甫訳　岩波書店　1997　234p　15cm（岩波文庫）　560円　①4-00-324072-3　Ⓝ943.6
☆「自伝の名著101」、「世界文学鑑賞辞典 第3」、「世界名著大事典」

03588 「植物変態の研究」
☆「世界名著大事典」

03589 「親和力」
『親和力』ゲーテ著　柴田翔訳　講談社　1997　474p　15cm（講談社文芸文庫）　1500円　①4-06-197593-5
☆「教養のためのブックガイド」、「知っておきたいドイツ文学」、「世界の小説大百科」、「世界文学あらすじ大事典 2（きよえ‐ちえ）」、「世界文学鑑賞辞典 第3」、「世界名著大事典」

03590 「タウリス島のイフィゲーニェ」
☆「世界文学鑑賞辞典 第3」、「世界名著大事典」

03591 「タッソー」
『タッソー』Wolfgang von Goethe［著］　伊藤武雄譯註　郁文堂書店　1927　317,25p　18cm（獨和對譯叢書　第23編）〈他言語標題：Torquato Tasso〉
☆「世界文学鑑賞辞典 第3」、「世界名著大事典」

03592 「俳優諸則」
☆「世界名著大事典」

03593 「比較解剖学序論」
☆「世界名著大事典」

03594 「ファウスト」
『ファウスト』ヨハン・ヴォルフガング・フォン・ゲーテ作　ハリー・クラーク絵　荒俣宏訳　愛蔵版　新書館　2011　533p　19cm　3800円　①978-4-403-27005-5
☆「「あらすじ」だけで人生の意味が全部わかる世界の古典13」、「あらすじで読む世界の名著 no.2」、「あらすじで読む世界文学105」、「一冊で世界の名著100冊を読む」、「大人のための世界の名著50」、「面白いほどよくわかる世界の文学」、「書き出し『世界文学全集』」、「学術辞典叢書 第12巻」、「教養のためのブックガイド」、「近代名著解題選集 1」、「近代名著解題選集 2」、「現代世界の名作」、「古典・名著の読み方」、「3行でわかる名作&ヒット本250」、「知っておきたいドイツ文学」、「図説 5分でわかる世界の名作」、「西洋をきずいた書物」、「世界の幻想文学」、「世界の書物」、「世界の長編文学」、「世界の名作」、「世界の名作おさらい」、「世界の名作文学案内」、「世界の名作文学が2時間で分かる本」、「世界の名著」、「世界の「名著」50」、「世界文学あらすじ大事典 3（ちかー‐ふろ）」、「世界文学鑑賞辞典 第3」、「世界文学のすじ書き」、「世界文学の名作と主人公」、「世界名作事典」、「世界名著解題選 第3巻」、「世界名著大事典」、「千年紀のベスト100作品を選ぶ」、「ドイツ文学」、「なおかつお厚いのがお好き？」、「日本文学現代名作事典」、「入門名作の世界」、「必読書3冊」、「ポケット世界名作事典」、「名作あらすじ事典 西洋文学編」、「名作の研究事典」、「要約 世界文学全集 2」、「私の古典」

03595 「ヘルマンとドロテーア」
『ヘルマンとドロテーア』ゲーテ作　佐藤通次訳　岩波書店　2000　192p　15cm（岩波文庫）　460円　①4-00-324055-3
☆「世界名著大事典」

03596 「若きウェルテルの悩み」
『若きウェルテルの悩み』 ゲーテ作 竹山道雄訳 改版 岩波書店 2002 213p 15cm（岩波文庫）〈第75刷〉 460円 ①4-00-324051-0
☆「あらすじで味わう外国文学」,「あらすじで味わう名作文学」,「あらすじで読む世界の名作 no.1」,「一冊で世界の名著100冊を読む」,「絵で読むあらすじ世界の名著」,「面白いほどよくわかるあらすじで読む世界の名作」,「学術辞典叢書 第13巻」,「近代名著解題選集 2」,「『こころ』は本当に名作か」,「3行でわかる名作&ヒット本250」,「知っておきたいドイツ文学」,「図説 5分でわかる世界の名作」,「世界の小説大百科」,「世界の名作」,「世界の名作おさらい」,「世界の名作100を読む」,「世界の名作文学案内」,「世界の名著」,「世界文学あらすじ大事典 4（ふんーわれ）」,「世界文学鑑賞辞典 第3」,「世界文学の名作と主人公」,「世界文学必勝法」,「世界名作事典」,「世界名作文学館」,「世界名著解題選 第3巻」,「世界名著事典」,「世界・名著のあらすじ」,「大作家"ろくでなし"列伝」,「ドイツ文学」,「2時間でわかる世界の名著」,「日本の古典・世界の古典」,「日本文学現代名作事典」,「文学・名著300選の解説 '88年度版」,「ポケット世界名作事典」,「名作あらすじ事典 西洋文学編」,「名作はこのように始まる 1」,「名小説ストーリイ集 世界篇」,「要約 世界文学全集 2」,「読んでおきたい世界の名著」

ゲデス, パトリック
03597 「インド科学の父 ボース」
☆「サイエンス・ブックレヴュー」

ゲーデル, クルト
03598 「不完全性定理」
『不完全性定理』 ゲーデル[著] 林晋, 八杉満利子訳・解説 岩波書店 2006 309p 15cm（岩波文庫）〈文献あり〉 700円 ①4-00-339441-0 Ⓝ410.9
☆「20世紀を震撼させた100冊」,「ブックガイド 文庫で読む科学」

ケテル, クロード
03599 「梅毒の歴史」
『梅毒の歴史』 クロード・ケテル著 寺田光徳訳 藤原書店 1996 472p 21cm 5974円 ①4-89434-045-3
☆「歴史家の一冊」

ゲード
03600 「集産主義と社会主義」
☆「世界名著大事典」

ケドゥーリ, E.
03601 「ナショナリズム」
☆「ナショナリズム論の名著50」

ケトレー, アドルフ
03602 「人間計測学」
☆「世界名著大事典」

03603 「人間について」
『人間に就いて 上巻』 ケトレー著 平貞蔵, 山村喬共訳 3版 岩波書店 1948 301p 表 15cm（岩波文庫） Ⓝ360
☆「世界名著大事典」

ケナン
03604 「アメリカ外交50年」
『アメリカ外交50年』 ジョージ・F.ケナン著 近藤晋一, 飯田藤次, 有賀貞訳 岩波書店 2000 294p 15cm（岩波現代文庫） 1100円 ①4-00-600030-8
☆「世界名著大事典」,「名著に学ぶ国際関係論」

03605 「第一次大戦と革命」
☆「世界の古典名著」

ケニー
03606 「刑法概論」
☆「世界名著大事典」

ケーニヒ
03607 「現代の社会学」
☆「世界名著大事典」

ケニヤッタ, J.
03608 「ケニヤ山のふもと」
『ケニヤ山のふもと』 ジョモ・ケニヤッタ著 野間寛二郎訳 理論社 1962 300p 図版 19cm（新しい人間双書） Ⓝ302.4
☆「世界名著大事典 補遺（Extra）」

ケネー, F.
03609 「経済表」
『経済表』 ケネー[著] 平田清明, 井上泰夫訳 [改版] 岩波書店 2013 312p 15cm（岩波文庫 34-102-1） 840円 ①978-4-00-341021-9 Ⓝ331.35
☆「学術辞典叢書 第11巻」,「近代名著解題選集 2」,「経済学の名著」,「経済学88物語」,「経済学名著106選」,「古典・名著の読み方」,「社会科学の古典」,「社会科学の名著」,「世界の古典名著」,「世界の名著早わかり事典」,「世界名著解題選 第1巻」,「世界名著解題選 第4巻」,「世界名著大事典」,「文学・名著300選の解説 '88年度版」

03610 「自然権」
☆「世界名著大事典」

03611 「人間論」
☆「世界名著大事典」

03612 「フィジオクラシー」
☆「世界名著大事典」

ケネディ, ポール

03613　「大国の興亡」
『大国の興亡―1500年から2000年までの経済の変遷と軍事闘争 決定版 上巻』 ポール・ケネディ著　鈴木主税訳　草思社　1993　452p　20cm　2800円　①4-7942-0491-4　Ⓝ209.5
☆「名著に学ぶ国際関係論」

03614　「21世紀の難問に備えて」
『21世紀の難問に備えて　上巻』 ポール・ケネディ著　鈴木主税訳　草思社　1993　278p　19cm　1900円　①4-7942-0493-0
☆「学問がわかる500冊」

ケネディ, A.L.

03615　「踊れるダンスを探して」
☆「世界の小説大百科」

ゲーノ

03616　「40歳の男の日記」
☆「世界名著大事典」

ゲバラ

03617　「ゲバラ日記」
『ゲバラ日記―新訳』 チェ・ゲバラ著　平岡緑訳　中央公論新社　2007　366p　16cm（中公文庫）　857円　①978-4-12-204940-6　Ⓝ289.3
☆「20世紀を震撼させた100冊」

03618　「ゲリラ戦争」
『ゲリラ戦争―キューバ革命軍の戦略・戦術 新訳』 チェ・ゲバラ著　甲斐美都里訳　中央公論新社　2008　197p　16cm（中公文庫）　705円　①978-4-12-205097-6　Ⓝ391.3
☆「革命思想の名著」

ゲバーラ, ペレス・デ

03619　「びっこの悪魔」
☆「世界名著大事典」

ケヒン

03620　「アジアにおける主要国の政治」
☆「世界名著大事典」

03621　「インドネシアの民族主義と革命」
☆「世界名著大事典」

ゲープハルト

03622　「ドイツ史綱要」
☆「世界名著大事典」

ケプラー, ヨハネス

03623　「屈折光学」
☆「世界を変えた書物」

03624　「新天文学」
『新天文学―楕円軌道の発見』 ヨハネス・ケプラー著　岸本良彦訳　工作舎　2013　684p　21cm　10000円　①978-4-87502-453-8
☆「学術辞典叢書 第12巻」,「自然科学の名著」,「自然科学の名著100選 上」,「西洋をきずいた書物」,「世界名著解題選 第2巻」,「世界名著大事典」

03625　「世界の調和」
☆「世界を変えた100冊の本」,「世界名著大事典」

03626　「天文学の光学的部分を扱うウィテローへの追加」
☆「世界を変えた書物」

03627　「夢」
☆「世界のSF文学・総解説」

03628　「ルドルフ表」
☆「世界名著大事典」

ケペシュ

03629　「視覚言語」
『視覚言語―絵画・写真・広告デザインへの手引』 G.ケペッシュ著　編集部訳　グラフィック社　1973　201p（おもに図）　30cm　2500円　Ⓝ701
☆「世界名著大事典」

ケベード

03630　「放浪児の手本にして, 悪党のかがみなる, ドン・パブロスと呼ばれる世渡りの名手の生涯」
☆「世界名著大事典」

ケーベル

03631　「小品集」
☆「世界名著大事典」

ゲーベル

03632　「金属貴化秘法大全」
☆「自然科学の名著」,「自然科学の名著100選 上」

ケペル, ジル

03633　「宗教の復讐」
『宗教の復讐』 ジル・ケペル著　中島ひかる訳　晶文社　1992　370p　19cm　3600円　①4-7949-6094-8
☆「学問がわかる500冊」,「平和を考えるための100冊+α」

ケミライネン, A.

03634　「ナショナリズム」
☆「ナショナリズム論の名著50」

ゲメル, デイヴィッド

03635　「伝説」
☆「世界の小説大百科」

ケメルマン
03636 「金曜日ラビは寝坊した」
☆「世界の推理小説・総解説」

ケーラー
03637 「ゲシタルト心理学」
☆「心理学の名著12選」

03638 「実用服装学」
☆「世界名著大事典」

03639 「心理学における力学観」
☆「世界名著大事典」

03640 「物理的ゲシュタルト」
☆「世界名著大事典」

03641 「類人猿の知恵試験」
『類人猿の知恵試験』 ケーラー著 宮孝一訳 岩波書店 1962 328p 19cm Ⓝ143.8
☆「教育学の世界名著100選」,「人文科学の名著」,「ブックガイド心理学」

ケラー, エブリン・フォックス
03642 「動く遺伝子」
☆「教養のためのブックガイド」

ケラー, ゴットフリート
03643 「ゼルトヴィラの人々」
☆「世界名著大事典」

03644 「7つの伝説」
☆「世界名著大事典」

03645 「緑のハインリッヒ」
『緑のハインリヒ 第4』 ケラー著 伊藤武雄訳 2版 岩波書店 1949 366p 15cm(岩波文庫) Ⓝ943
☆「現代世界の名作」,「世界の小説大百科」,「世界の名著」,「世界文学あらすじ大事典 4(ふん‐われ)」,「世界文学鑑賞辞典 第3」,「世界文学の名作と主人公」,「世界名作事典」,「世界名著大事典」,「ドイツ文学」,「ポケット世界名作事典」,「名小説ストーリイ集 世界篇」

03646 「村のロメオとユリア」
『村のロメオとユリア』 ケラー作 草間平作訳 岩波書店 1953 118p 15cm(岩波文庫) Ⓝ943
☆「知っておきたいドイツ文学」,「世界文学鑑賞辞典 第3」,「名作あらすじ事典 西洋文学編」

ケラー, ヘレン
03647 「わたしの生涯」
『わたしの生涯』 ヘレン・ケラー著 岩橋武夫訳 角川書店 1966 464p 15cm(角川文庫) 200円 Ⓝ289.3
☆「大人のための世界の名著50」,「自伝の名著101」,「世界名著大事典 補遺(Extra)」

ケラー, E.F.
03648 「ジェンダーと科学」
『ジェンダーと科学—プラトン、ベーコンからマクリントックへ』 エヴリン・フォックス・ケラー著 幾島幸子, 川島慶子訳 工作舎 1993 317p 19cm 2678円 Ⓘ4-87502-210-7
☆「近代家族とジェンダー」

ケーラス
03649 「人格論」
☆「近代欧米名著解題 第6巻」

03650 「仏陀の福音」
『仏陀の福音』 ポール・ケーラス著 鈴木大拙訳 佐藤茂信 1894 352p 22cm Ⓝ180
☆「世界名著大事典」

ゲラン
03651 「サントール」
☆「世界名著大事典」

ケリー
03652 「服装の歴史」
☆「世界名著大事典」

ケリー, ジーン
03653 「フランク・シナトラ—ヒズ・ウェイ」
☆「伝記・自叙伝の名著」

ゲーリッケ
03654 「真空に関する(いわゆる)マグデブルクの新実験」
☆「自然科学の名著」,「世界を変えた書物」,「世界名著大事典」

ゲーリンクス
03655 「真の形而上学」
☆「世界名著大事典」

03656 「倫理学」
☆「哲学名著解題」

ケルアック, ジャック
03657 「地下街の人びと」
『地下街の人びと』 ジャック・ケルアック著 真崎義博訳 新潮社 1997 195p 15cm(新潮文庫) 438円 Ⓘ4-10-207611-5
☆「世界の幻想文学」

03658 「路上」
『オン・ザ・ロード』 J.ケルアック著 青山南訳 河出書房新社 2010 524p 15cm(河出文庫 ケ1-3)〈並列シリーズ名：kawade bunko〉 950円 Ⓘ978-4-309-46334-6 Ⓝ933.7
☆「知っておきたいアメリカ文学」,「世界の小説大

ケルウイン

百科」,「世界文学鑑賞辞典 第1」,「たのしく読めるアメリカ文学」,「百年の誤読 海外文学篇」,「名作あらすじ事典 西洋文学編」

ケルヴィン

03659 「分子力学および光の波動論に関するバルティモア講演集」
☆「世界名著大事典」

ケルゲン, ハンス

03660 「社会主義と国家」
『社会主義と国家──マルクス主義政治理論の一研究』 ハンス・ケルゼン著 第2版 長尾竜一訳 木鐸社 1976 232p 20cm（ケルゼン選集 6） 1500円 Ⓝ363.1
☆「学術辞典叢書 第11巻」,「世界名著解題選 第2巻」

ケルシェンシュタイナー

03661 「公民教育の概念」
『公民教育の概念──道徳教育への指針』 G.ケルシェンシュタイナー著 玉井成光訳 早稲田大学出版部 1981 199p 19cm 1500円 Ⓝ371.5
☆「名著解題」

03662 「陶冶論」
☆「教育の名著80選解題」,「世界名著大事典」

03663 「労作学校の概念」
『労作学校の概念』 ケルシェンシュタイナー著 東岸克好訳 町田 玉川大学出版部 1965 257p 図版 22cm（世界教育宝典） Ⓝ371.5
☆「教育学の世界名著100選」,「教育の名著80選解題」,「世界名著解題選 第5巻」,「21世紀の教育基本書」

ケルスス

03664 「医学論」
☆「世界名著大事典」

ゲルステンベルク

03665 「理想的風景画」
☆「世界名著大事典」

ケルゼン, ハンス

03666 「一般国家学」
『一般国家学』 ケルゼン著 清宮四郎訳 改版 岩波書店 1971 620,11p 22cm 2400円 Ⓝ313.1
☆「社会科学の名著」,「世界名著大事典」

03667 「国際関係における法と平和」
☆「世界名著大事典」

03668 「国法学の主要問題」
☆「世界名著大事典」

03669 「自然法論と法実証主義」

『自然法論と法実証主義』 ハンス・ケルゼン著 黒田覚,長尾竜一訳 木鐸社 1974 193p 20cm（ケルゼン選集） 800円 Ⓝ321.1
☆「世界の古典名著」

03670 「社会学的国家概念と法律的国家概念」
☆「学術辞典叢書 第11巻」,「世界名著解題選 第2巻」,「世界名著大事典」

03671 「主権と国際法」
☆「私の古典」

03672 「主権問題と国際法理論」
☆「世界名著大事典」

03673 「純粋法学」
『純粋法学』 ハンス・ケルゼン著 長尾龍一訳 第二版 岩波書店 2014 349,29p 21cm 5800円 ①978-4-00-025950-7
☆「世界名著大事典」

03674 「デモクラシーの本質と価値」
『デモクラシーの本質と価値』 ハンス・ケルゼン著 西島芳二訳 岩波書店 2002 157p 15cm（岩波文庫） 500円 ①4-00-340161-1
☆「現代人のための名著」,「現代政治学を読む」,「世界名著大事典」

03675 「法と国家の一般理論」
『法と国家の一般理論』 ハンス・ケルゼン著 尾吹善人訳 木鐸社 1991 563p 21cm 8240円 ①4-8332-2158-6
☆「憲法本41」,「はじめて学ぶ法哲学・法思想」

ケルソス

03676 「真なる言葉」
☆「世界名著大事典」

ゲルダート

03677 「イギリス法入門」
☆「世界名著大事典」

ゲルツェン, アレクサンドル

03678 「過去と思索」
『過去と思索 3』 アレクサンドル・ゲルツェン著 金子幸彦,長縄光男訳 筑摩書房 1999 605,30p 21cm 9800円 ①4-480-83638-1
☆「自伝の名著101」,「世界文学鑑賞辞典 第4」

03679 「自然研究についての手紙」
☆「世界名著大事典」

03680 「誰の罪か？」
『誰の罪か？』 ア・イ・ゲルツェン著 上脇進訳 改造社 1949 392p 19cm Ⓝ983
☆「世界文学鑑賞辞典 第4」,「世界名著大事典」

03681 「ロシアにおける革命思想の発達について」
☆「社会科学の名著」,「世界名著大事典」

ケルテース, イムレ
　03682 「運命ではなく」
　　☆「世界の小説大百科」

ケルナー
　03683 「英語統語法の史的概観」
　　☆「世界名著大事典」

　03684 「詩集」
　　☆「世界名著大事典」

ゲルナー, E.
　03685 「ネーションとナショナリズム」
　　☆「ナショナリズム論の名著50」

ケルナー, T.W.
　03686 「フーリエ解析大全 演習編」
　　☆「ブックガイド〈数学〉を読む」

ゲルファント, イ・エム
　03687 「変分法」
　　☆「数学ブックガイド100」

ゲルベルト
　03688 「教会音楽論集」
　　☆「世界名著大事典」

ケルマン, ジェイムズ
　03689 「遅い、遅すぎる」
　　☆「世界の小説大百科」

　03690 「少年キーロン・スミス」
　　☆「世界の小説大百科」

　03691 「バスの車掌ハインズ」
　　☆「世界の小説大百科」

ケールマン, ダニエル
　03692 「世界の測量—ガウスとフンボルトの物語」
　　☆「世界の小説大百科」

ゲルマン, マレイ
　03693 「クォークとジャガー」
　　『クォークとジャガー—たゆみなく進化する複雑系』 マレイ・ゲルマン著　野本陽代訳　草思社　1997　451,7p　19cm　2600円　④4-7942-0774-3
　　☆「科学を読む愉しみ」

ケルラー
　03694 「社会の進化」
　　☆「近代欧米名著解題 第8巻」

ゲルリツ
　03695 「ヒンデンブルク伝」
　　☆「世界名著大事典」

ケールロイター
　03696 「植物の性に関する2,3の実験と観察の予報」
　　☆「世界名著大事典」

ゲルロフ
　03697 「財政学全書」
　　☆「世界名著大事典」

ケルン
　03698 「世界史」
　　☆「世界名著大事典」

ケルン, H.
　03699 「仏教大綱」
　　『仏教大綱』 ケルン著　立花俊道訳　東亜堂書房　1914　420,25p　肖像　23cm　Ⓝ190
　　☆「世界名著大事典」

ケレーニイ, カール
　03700 「エレウシスの密儀」
　　☆「世界名著大事典 補遺(Extra)」

　03701 「ギリシアの神話」
　　『ギリシアの神話　神々の時代』 カール・ケレーニイ著　植田兼義訳　中央公論社　1995　370p　16cm（中公文庫）〈第11版（初版：1985年）〉　680円　①4-12-201208-2　Ⓝ164.31
　　☆「学問がわかる500冊」,「世界名著大事典 補遺(Extra)」

　03702 「古代宗教」
　　☆「世界名著大事典 補遺(Extra)」

　03703 「宗教史に照らしてみたギリシア・オリエント心説」
　　☆「世界名著大事典 補遺(Extra)」

ゲーレン, ラインハルト
　03704 「ゲーレン自伝—諜報・工作」
　　☆「伝記・自叙伝の名著」,「名著で学ぶインテリジェンス」

ケロール, ジャン
　03705 「海の物語」
　　『海の物語』 ジャン・ケロール著　篠田知和基訳　出帆社　1975　285p　20cm　1300円　Ⓝ953
　　☆「世界の海洋文学」

阮逸　げん・いつ
　03706 「李衛公問対」
　　☆「中国の古典名著」

厳羽　げん・う
　03707 「滄浪詩話」
　　☆「世界名著大事典」

阮元　げん・げん
03708 「経籍籑詁」
☆「世界名著大事典」

元稹　げん・じん
03709 「鶯鶯伝」
☆「世界名著大事典」，「中国の古典名著」

03710 「元氏長慶集」
☆「世界名著大事典」

阮籍　げん・せき
03711 「大人先生伝」
☆「世界名著大事典」

阮大鋮　げん・たいせい
03712 「燕子箋」
☆「世界名著大事典」

03713 「春灯謎」
☆「世界名著大事典」

厳復　げん・ふく
03714 「原富」
☆「世界名著大事典 補遺(Extra)」

03715 「天演論」
☆「教養のためのブックガイド」，「世界名著大事典 補遺(Extra)」，「中国の古典名著」

03716 「法意」
☆「世界名著大事典 補遺(Extra)」

玄覚　げんかく
03717 「証道歌」
☆「世界名著大事典」

玄珠　げんじゅ
03718 「中国神話研究ABC」
☆「世界名著大事典」

玄奘　げんじょう
03719 「成唯識論」
☆「世界名著大事典」

03720 「大唐西域記」
『大唐西域記 3』 玄奘著　水谷真成訳注　平凡社　1999　493p　18cm(東洋文庫)　3200円　①4-582-80657-0
☆「アジアの比較文化」，「世界の旅行記101」，「世界名著大事典」，「地図とあらすじで読む歴史の名著」，「中国の古典名著」，「東洋の名著」

ケンズリ
03721 「アメリカ教育の目標」
☆「世界名著解題選 第5巻」

ゲンティリス
03722 「戦争の法」

☆「世界名著大事典」

ケント
03723 「歴史の記述」
☆「世界名著大事典」

ケント,アレクザンダー
03724 「海の勇士—ボライソー・シリーズ」
☆「世界の海洋文学」，「世界の冒険小説・総解説」

03725 「大西洋、謎の艦影」
『大西洋、謎の艦影』 ダグラス・リーマン著　高永洋子訳　早川書房　1984　534p　16cm（ハヤカワ文庫　NV）　600円　Ⓝ933
☆「世界の冒険小説・総解説」

ケント,J.
03726 「アメリカ法注解」
☆「世界名著大事典」

ケント,S.
03727 「アメリカの世界政策のための戦略インテリジェンス」
☆「名著で学ぶインテリジェンス」

ケンプ
03728 「わんぱくタイクの大あれ三学期」
『わんぱくタイクの大あれ三学期』 ジーン・ケンプ作　松本亭子訳　キャロライン・ダイナン絵　評論社　1981　178p　21cm(児童図書館・文学の部屋)　1200円
☆「一冊で不朽の名作100冊を読む」(友人社)，「一冊で不朽の名作100冊を読む」(友人社)，「世界少年少女文学 リアリズム編」

ケンプ,マージェリー
03729 「マージェリー・ケンプの書」
『マージェリー・ケンプの書—イギリス最古の自伝』 マージェリー・ケンプ[著]　石井美樹子，久木田直江訳　慶應義塾大学出版会　2009　471,12p　20cm〈文献あり 年譜あり 索引あり〉　9500円　①978-4-7664-1568-1　Ⓝ198.2233
☆「世界のスピリチュアル50の名著」

ケンペル
03730 「江戸参府旅行日記」
『江戸参府旅行日記』 ケンペル著　斎藤信訳　平凡社　1977　371,12p　18cm(東洋文庫 303)　1000円　Ⓝ291.099
☆「世界の旅行記101」，「日本名著辞典」

03731 「日本誌」
『日本誌—日本の歴史と紀行　第1分冊』 エンゲルベルト・ケンペル著　今井正編訳　改訂・増補 新版　霞ケ関出版社　2001　181p

21cm（古典叢書　1）〈肖像あり〉　4000円
①4-7603-0246-8,4-7603-0253-0　Ⓝ291.09
☆「アジアの比較文化」,「世界名著大事典」

ケンリック,トニー

03732　「スカイジャック」
『スカイジャック』　トニー・ケンリック著　上田公子訳　改版　角川書店　1998　378p　15cm（角川文庫）　780円　①4-04-253101-6
☆「世界の推理小説・総解説」

03733　「バーニーよ銃をとれ」
『バーニーよ銃をとれ』　トニー・ケンリック著　上田公子訳　角川書店　1982　314p　15cm（角川文庫）　380円　Ⓝ933
☆「世界の冒険小説・総解説」

乾隆帝　けんりゅうてい

03734　「四庫全書総目」
☆「世界名著大事典」

03735　「大清一統志」
☆「世界名著大事典」

03736　「唐宋詩醇」
☆「世界名著大事典」

【コ】

コー

03737　「社会的宗教教育論」
☆「世界名著大事典」

胡鞍鋼　こ・あんこう

03738　「中国政治経済史論　一九四九―一九七六」
☆「東アジア人文書100」

呉偉業　ご・いぎょう

03739　「梅村家蔵藁」
☆「世界名著大事典」

顧炎武　こ・えんぶ

03740　「音楽五書」
☆「世界名著大事典」

03741　「亭林文集」
☆「世界名著大事典」

03742　「天下郡国利病書」
☆「世界名著大事典」

03743　「日知録」
☆「世界名著大事典」,「中国の古典名著」

古華　こ・か

03744　「芙蓉鎮」
☆「中国の古典名著」

呉起　ご・き

03745　「呉子」
☆「世界名著大事典」,「中国古典名著のすべてがわかる本」,「中国の古典名著」

呉其濬　ご・きしゅん

03746　「植物名実図考」
☆「中国の古典名著」

呉兢　ご・きょう

03747　「貞観政要」
☆「図解世界の名著がわかる本」,「中国古典がよくわかる本」,「中国古典名著のすべてがわかる本」,「中国の古典名著」

呉均　ご・きん

03748　「陽羨鵝籠」
☆「東洋の奇書55冊」

呉敬梓　ご・けいし

03749　「儒林外史」
『儒林外史　上巻』　呉敬梓著　岡本隆三訳　開成館　1944　706p　図版　19cm　Ⓝ923
☆「あらすじでわかる中国古典〈超〉入門」,「世界名著大事典」,「中国の古典名著」,「中国の名著」,「東洋の名著」

顧頡剛　こ・けつごう

03750　「ある歴史家の生い立ち―古史弁自序」
『ある歴史家の生い立ち―古史弁自序』　顧頡剛著　平岡武夫訳　岩波書店　1987　234p　15cm（岩波文庫）　400円　①4-00-334421-9　Ⓝ289.2
☆「自伝の名著101」

03751　「古史弁」
☆「世界名著大事典」

胡厚宣　こ・こうせん

03752　「甲骨学商史論叢」
☆「世界名著大事典」

胡五峯　こ・ごほう

03753　「胡子知言」
☆「世界名著大事典」

呉自牧　ご・じぼく

03754　「夢梁録」
☆「世界名著大事典」

胡縄　こ・じょう

03755　「アヘン戦争から五・四運動まで」
☆「東アジア人文書100」

読んでおきたい「世界の名著」案内

呉　承恩　ご・しょうおん
03756　「西遊記」
『西遊記』　呉承恩原作　小沢章友文　山田章博絵　新装版　講談社　2013　269p　18cm（講談社青い鳥文庫）　650円
①978-4-06-285347-7
☆「あらすじで出会う世界と日本の名作55」、「あらすじでわかる中国古典「超」入門」、「面白いほどよくわかる世界の文学」、「学術辞典叢書 第15巻」、「教養のためのブックガイド」、「少年少女のための文学案内 2」、「世界の奇書」、「世界の小説大百科」、「世界の長編文学」、「世界の名作100を読む」、「世界の名著」、「世界文学あらすじ大事典 2（きよえーちえ）」、「世界名作事典」、「世界名著解題選 第2巻」、「世界名著大事典」、「世界・名著のあらすじ」、「中国の古典名著」、「東洋の奇書55冊」、「東洋の名著」、「日本の古典・世界の古典」、「文学・名著300選の解説 '88年度版」、「ポケット世界名作事典」、「名作の研究事典」

呉　乗権　ご・じょうけん
03757　「古文観止」
☆「教養のためのブックガイド」

コー, ジョナサン
03758　「べらぼうなペテン！」
☆「世界の小説大百科」

顧　祖禹　こ・そう
03759　「読史方輿紀要」
☆「世界名著大事典」

呉　大職　ご・だいしょく
03760　「古文観止」
☆「教養のためのブックガイド」

呉　濁流　ご・だくりゅう
03761　「アジアの孤児」
『アジアの孤児』　呉濁流著　新人物往来社　1973　326p　20cm　980円　Ⓝ913.6
☆「東アジア論」

呉　稚暉　ご・ちき
03762　「呉稚暉学術論著」
☆「世界名著大事典」

呉　柱錫　ご・ちゅうしゃく
03763　「古画鑑賞の楽しさ」
☆「東アジア人文書100」

胡　適　こ・てき
03764　「胡適文存」
☆「世界名著大事典」

03765　「中国哲学史大綱」
☆「世界名著大事典」

03766　「白話文学史」
☆「世界名著大事典」

03767　「文学改良芻議」
☆「世界名著大事典」

胡　万春　こ・ばんしゅん
03768　「新しい人間像」
☆「世界名著大事典 補遺(Extra)」

03769　「肉親」
☆「世界名著大事典 補遺(Extra)」

胡　樸安　こ・ぼくあん
03770　「中華全国風俗志」
☆「世界名著大事典」

顧　野王　こ・やおう
03771　「玉篇」
『玉篇　第27巻』　顧野王著　〔出版者不詳〕　45丁　37cm〈題箋には原本玉篇残巻とあり 和装〉Ⓝ823
☆「世界名著大事典」

呉　沃堯　ご・よくぎょう
03772　「二十年目睹の怪現状」
☆「世界名著大事典」

顧　禄　こ・ろく
03773　「清嘉録」
『清嘉録―蘇州年中行事記』　顧禄著　中村喬訳注　平凡社　1988　308,16p　18cm（東洋文庫　491）　2600円　①4-582-80491-8
☆「世界名著大事典」

ゴア, アル
03774　「不都合な真実」
『不都合な真実―地球温暖化の危機　eco入門編』　アル・ゴア著　枝廣淳子訳　ランダムハウス講談社　2007　208p　21cm〈他言語標題：An inconvenient truth〉　1200円
①978-4-270-00226-1　Ⓝ519
☆「世界史読書案内」、「大学新入生に薦める101冊の本」

ゴアズ, ジョー
03775　「ハメット」
『ハメット』　ジョー・ゴアズ著　稲葉明雄訳　早川書房　2009　479p　15cm（ハヤカワ・ミステリ文庫）　940円　①978-4-15-178351-7
☆「世界の推理小説・総解説」

コーアン, マルセル
03776　「世界の言語」
『世界の言語』　アントゥアヌ・メイエ, マルセル・コーアン監修　石浜純太郎等訳　泉井久

コイ, レー・タニュ
03777 「ヴェトナムの歴史と文化」
☆「世界名著大事典」

之助編　朝日新聞社　1954　1237p　地図　27cm〈ジヤック・ヴァンドリエス等執筆〉　Ⓝ801.09
☆「世界名著大事典」

ゴイティソロ, フアン
03778 「アイデンティティーの証明」
☆「世界の小説大百科」

コイング
03779 「法哲学綱要」
☆「世界名著大事典」

孔 云亭　こう・うんてい
03780 「桃花扇」
☆「学術辞典叢書 第15巻」,「世界名著解題選 第3巻」,「中国の古典名著」,「東洋の名著」

孔 穎達　こう・えいたつ
03781 「五経正義」
☆「世界名著大事典」

侯 外廬　こう・がいろ
03782 「中国古代社会史論」
『中国古代社会史論』　侯外廬著　太田幸男,岡田功,飯尾秀幸訳　名著刊行会　1997　476p　21cm　8755円　Ⓘ4-8390-0301-7
☆「世界名著大事典」

皇 侃　こう・かん
03783 「論語義疏」
☆「世界名著大事典」

高 啓　こう・けい
03784 「田家行」
☆「世界名著大事典 補遺(Extra)」

黄 堅　こう・けん
03785 「古文真宝」
『古文真宝―画入訳解　後集』　黄堅編　大館熙注　大阪　北村宋助〔ほか〕　1884　2冊(巻上52,巻下61丁)　13cm〈共同刊行：北村孝治郎　和装〉Ⓝ921
☆「世界名著大事典」,「中国の古典名著」

寇 謙之　こう・けんし
03786 「雲中科誡」
☆「世界名著大事典」

黄 谷柳　こう・こくりゅう
03787 「蝦球物語」
『蝦球物語　下』　黄谷柳著　島田政雄,実藤恵秀訳　青木書店　1956　273p　16cm(青木文庫)　Ⓝ923
☆「名小説ストーリイ集 世界篇」

洪 自誠　こう・じせい
03788 「菜根譚」
『菜根譚―現代語抄訳』　洪自誠著　岬龍一郎編訳　PHP研究所　2010　229p　19cm〈他言語標題：SaiKonTan〉　1200円
Ⓘ978-4-569-77769-6　Ⓝ159
☆「自己啓発の名著30」,「世界名著大事典」,「中国古典がよくわかる本」,「中国古典名著のすべてがわかる本」,「中国の古典名著」,「東洋の名著」

洪 秀全　こう・しゅうぜん
03789 「原道醒世訓」
☆「世界名著大事典」

黄 遵憲　こう・じゅんけん
03790 「人境廬詩草」
☆「世界名著大事典」

03791 「日本国志」
☆「アジアの比較文化」

03792 「日本雑事詩」
『日本雑事詩』　黄遵憲著　実藤恵秀,豊田穣訳　平凡社　1968　322p　18cm(東洋文庫)　450円　Ⓝ291.099
☆「アジアの比較文化」,「外国人による日本論の名著」

黄 春明　こう・しゅんめい
03793 「さよなら再見(ツァイチェン)」
☆「東アジア論」

洪 昇　こう・しょう
03794 「長生殿」
『長生殿―玄宗・楊貴妃の恋愛譚』　洪昇著　岩城秀夫訳　平凡社　2004　469p　18cm(東洋文庫)　3200円　Ⓘ4-582-80731-3
☆「学術辞典叢書 第15巻」,「世界名著解題選 第2巻」,「世界名著大事典」,「中国の古典名著」

高 承　こう・しょう
03795 「事物紀原」
☆「世界名著大事典」

孔 尚任　こう・しょうにん
03796 「桃花扇」
☆「世界名著大事典」

黄 仁宇　こう・じんう
03797 「万暦十五年」
☆「東アジア人文書100」

洪 仁玕　こう・じんかん
03798 「資政新編」

☆「世界名著大事典」

高 青邱 こう・せいきゅう
03799 「高青邱集」
☆「学術辞典叢書 第15巻」,「世界名著解題選 第1巻」

黄 宗羲 こう・そうぎ
03800 「宋元学案」
☆「世界名著大事典」

03801 「明夷待訪録」
『明夷待訪録─中国近代思想の萌芽』 黄宗羲著 西田太一郎訳 平凡社 1964 191p 18cm (東洋文庫) Ⓝ311.22
☆「世界名著解題」,「世界の名著早わかり事典」,「世界名著大事典」,「中国の古典名著」,「中国の名著」,「東洋の名著」

高 則誠 こう・そくせい
03802 「琵琶記」
☆「学術辞典叢書 第15巻」,「近代名著解題選集 2」,「世界名著解題選 第3巻」,「世界名著大事典」,「中国の古典名著」,「中国の名著」

洪 大容 こう・だいよう
03803 「乙丙燕行録」
☆「アジアの比較文化」

黄 庭堅 こう・ていけん
03804 「山谷詩内集注」
☆「世界名著大事典 補遺(Extra)」

洪 楩 こう・べん
03805 「雨窓欹枕集」
☆「世界名著大事典」

03806 「清平山堂話本」
☆「世界名著大事典」

洪 邁 こう・まい
03807 「夷堅志」
☆「世界名著大事典」

高 名凱 こう・めいがい
03808 「漢語語法論」
☆「世界名著大事典」

康 有為 こう・ゆうい
03809 「大同書」
☆「教養のためのブックガイド」,「世界名著大事典」,「中国の古典名著」,「東洋の名著」

江 有誥 こう・ゆうこう
03810 「江氏音学十書」
☆「世界名著大事典」

コヴァレフスカヤ
03811 「ラエフスキー家の姉妹」

☆「世界名著大事典」

コヴァレフスキー
03812 「ヨーロッパの経済的発展」
☆「世界名著大事典」

コヴィー, スティーブン・R.
03813 「7つの習慣」
『7つの習慣─動画でわかる7つの習慣特別CD・ROM付属』 スティーブン・R.コヴィー著 ジェームス・スキナー,川西茂訳 キングベアー出版 2013 181,11p 19cm〈付属資料：CD・ROM1〉 2000円 Ⓘ978-4-86394-021-5
☆「3行でわかる名作&ヒット本250」,「勝利と成功の法則」,「世界の自己啓発50の名著」,「世界の成功哲学50の名著エッセンスを解く」,「超売れ筋ビジネス書101冊」,「マンガでわかるビジネス名著」

康熙帝 こうきてい
03814 「数理精蘊」
☆「世界名著大事典」

03815 「全唐詩」
☆「世界名著大事典」,「中国の古典名著」

03816 「佩文韻府」
☆「世界名著大事典」

孔子 こうし
03817 「孝経」
☆「学術辞典叢書 第15巻」,「近代名著解題選集 2」,「世界名著解題選 第1巻」,「世界名著大事典」,「中国の古典名著」,「『論語』から『孫子』まで一気にわかる中国古典超入門」

03818 「詩経」
☆「学術辞典叢書 第15巻」,「教養のためのブックガイド」,「近代名著解題選集 2」,「人文科学の名著」,「世界名著解題選 第2巻」,「世界名著大事典」,「中国の古典名著」,「中国の名著」,「東洋の名著」,「ポケット世界名作事典」,「『論語』から『孫子』まで一気にわかる中国古典超入門」

03819 「論語」
『論語 1』 孔子著 貝塚茂樹訳 中央公論新社 2002 283p 18cm(中公クラシックス) 1350円 Ⓘ4-12-160043-6
☆「あらすじでわかる中国古典「超」入門」,「いまこそ読みたい哲学の名著」,「大人のための世界の名著50」,「学術辞典叢書 第12巻」,「教育の名著80選解題」,「教養のためのブックガイド」,「近代名著解題選集 2」,「現代政治学の名著」,「50歳からの名著入門」,「古典・名著の読み方」,「人文科学の名著」,「図解世界の名著がわかる本」,「世界を変えた100冊の本」,「世界の書物」,「世界の哲学50の名著」,「世界の哲学思想」,「世界の名著」,「世界の「名著」50」,「世界の名著早わかり事典」,「世界名作事典」,「世界名著案内 1」,「世界名著解題選 第3巻」,「世界名著大事典」,「中国古典がよくわかる本」,「中国古典名著のすべてが

公孫 龍 こうそん・りゅう
03820 「公孫龍子」
☆「世界名著大事典」,「中国の古典名著」

皇甫 謐 こうほ・ひつ
03821 「高士伝」
『高士伝』 皇甫謐著 東博明訳 東方文化研究協会 1995 243p 21cm 1600円 Ⓝ282.2
☆「世界名著大事典」

公羊高 こうようこう
03822 「春秋公羊伝」
☆「学術辞典叢書 第15巻」,「世界名著解題選 第2巻」,「世界名著大事典」,「中国の古典名著」

紅蘭 性徳 こうらん・せいとく
03823 「飲水集」
☆「世界名著大事典 補遺(Extra)」

コエーリョ, パウロ
03824 「悪魔とプリン嬢」
『悪魔とプリン嬢』 パウロ・コエーリョ[著] 旦敬介訳 角川書店 2004 244p 15cm(角川文庫) 514円 Ⓘ4-04-275006-0 Ⓝ969.3
☆「世界の小説大百科」

03825 「アルケミスト」
『アルケミスト』 パウロ・コエーリョ著 講談社インターナショナル 2005 216p 15cm (講談社英語文庫) 780円 Ⓘ4-7700-4019-9
☆「世界の自己啓発50の名著」,「世界文学の名作と主人公」

03826 「ベロニカは死ぬことにした」
『ベロニカは死ぬことにした』 パウロ・コエーリョ[著] 江口研一訳 角川書店 2003 260p 15cm(角川文庫) 552円 Ⓘ4-04-275005-2 Ⓝ969.3
☆「世界の小説大百科」

コーエン
03827 「ビザンティン古銭概説」
☆「世界名著大事典」

コーエン, アルベール
03828 「選ばれた女」
☆「世界の小説大百科」

コーエン, エイブナー
03829 「二次元的人間」
『二次元的人間―複合社会における権力と象徴の人類学』 エイブナー・コーエン著 山川偉他, 辰巳浅嗣訳 京都 法律文化社 1976 251,23p 20cm 1900円 Ⓝ361.4
☆「文化人類学の名著50」

コーエン, ギュスターヴ
03830 「中世フランス演劇」
☆「世界名著大事典」

コーエン, ジリアン
03831 「日常記憶の心理学」
『日常記憶の心理学』 G.コーエン著 川口潤ほか訳 サイエンス社 1992 278p 22cm (Cognitive science & information processing 11) 3296円 Ⓘ4-7819-0641-9 Ⓝ141.34
☆「学問がわかる500冊」

コーエン, セオドア
03832 「日本占領革命」
『日本占領革命―GHQからの証言』 セオドア・コーエン著 大前正臣訳 ティビーエス・ブリタニカ 1984 2冊 20cm 各2400円 Ⓝ210.76
☆「日本経済本38」

コーエン, ヘルマン
03833 「カントの経験理説」
☆「学術辞典叢書 第13巻」,「世界名著解題選 第1巻」,「世界名著大事典」,「哲学名著解題」

03834 「カントの美学論」
☆「世界名著大事典」

03835 「純粋感情の美学」
『純粋感情の美学』 ヘルマン・コーヘン著 村上寛逸訳 第一書房 1939 915p 23cm(ヘルマン・コーヘン哲学の体系 第三巻) Ⓝ134
☆「世界名著大事典」

03836 「純粋認識の論理学」
『純粋意志の倫理学』 ヘルマン・コーヘン著 村上寛逸訳 第一書房 1933 920p 23cm Ⓝ134
☆「学術辞典叢書 第12巻」,「世界名著解題選 第2巻」,「世界名著大事典」,「哲学名著解題」

コーエン, ポール・A.
03837 「知の帝国主義」
『知の帝国主義―オリエンタリズムと中国像』 ポール・A.コーエン著 佐藤慎一訳 平凡社 1988 332p 21cm(テオリア叢書) 4200円 Ⓘ4-582-74408-7
☆「現代アジア論の名著」

コーエン, A.K.
03838 「逸脱と統制」
『逸脱と統制』 アルバート・K.コーエン著 宮

沢洋子訳　至誠堂　1968　213p　21cm（現代社会学入門 7）〈参考文献：194-196p〉730円　Ⓝ361.5
☆「名著による教育原理」

コーエン,J.S.
03839　「DNAの一世紀」
☆「科学技術をどう読むか」

コーエン,M.R.
03840　「理性と自然」
☆「世界名著大事典 補遺(Extra)」

ゴーガルテン,フリードリヒ
03841　「国家倫理」
☆「世界名著大事典」

03842　「われ三一の神を信ず」
『我は三一の神を信ず——信仰と歴史に關する一つの研究』　フリードリヒ・ゴーガルテン著　坂田徳男譯　新教出版社　2010　422,45p　22cm〈解説：佐藤優　長崎書店1936年刊の複製〉　8000円　①978-4-400-34028-7　Ⓝ191.9
☆「世界名著大事典」

コーガン
03843　「プロレタリア文学論」
『プロレタリア文学論』　コーガン著　昇曙夢訳　白揚社　1930　250p　16cm（「マルクス主義の旗の下に」文庫　第7）Ⓝ980.2
☆「世界名著解題選 第6巻」

ゴーガン
03844　「ノア・ノア」
『ノア・ノア—タヒチ紀行』　ポール・ゴーガン著　前川堅市訳　改版　岩波書店　1960　118p 図版　15cm（岩波文庫）Ⓝ955
☆「世界名著大事典」

コーク
03845　「イギリス法提要」
☆「社会科学の名著」,「西洋をきずいた書物」,「世界の古典名著」,「世界名著大事典」

国際法律家協会委員会　こくさいほうりつかきょうかいいいんかい
03846　「国際法からみた「従軍慰安婦」問題」
☆「学問がわかる500冊」

国際連合　こくさいれんごう
03847　「子どもの権利条約」
☆「教育本44」

コクターネク
03848　「シュペングラー」
『シュペングラー——ドイツ精神の光と闇』　アントン・ミルコ・コクターネク[著]　南原実,加藤泰義訳　新潮社　1972　373p　20cm　1600円　Ⓝ134.92
☆「伝記・自叙伝の名著」

コクトー,ジャン
03849　「大胯びらき」
『大胯びらき』　ジャン・コクトー著　渋沢龍彦訳　河出書房新社　2003　273p　15cm（河出文庫）780円　①4-309-46228-6
☆「作家の訳した世界の文学」

03850　「恐るべき親たち」
『恐るべき親たち—シナリオ』　ジャン・コクトー[著]　梅田晴夫訳　京都　世界文學社　1949　49p　21cm
☆「世界文学鑑賞辞典 第2」

03851　「恐るべき子供たち」
☆「一冊で世界の名著100冊を読む」,「現代世界の名作」,「3行でわかる名作&ヒット本250」,「知っておきたいフランス文学」,「世界の小説大百科」,「世界の名作100を読む」,「世界の名作文学案内」,「世界文学あらすじ大事典 1（あ - きよう）」,「世界文学鑑賞辞典 第2」,「世界文学の名作と主人公」,「世界名著大事典」,「百年の誤読 海外文学篇」,「フランス文学」,「文学・名著300選の解説 '88年度版」,「ポケット世界名作事典」,「名作あらすじ事典 西洋文学編」

03852　「オルフェ」
『オルフェ』　ジャン・コクトー著　堀口大学訳　青銅社　1976　111p　22cm　1400円　Ⓝ952
☆「世界の幻想文学」

03853　「地獄の機械」
☆「世界文学あらすじ大事典 2（きよえ - ちえ）」,「世界名著大事典」

03854　「詩集」
☆「世界名著大事典」

03855　「バッキュス」
☆「世界名著大事典」

03856　「山師トマ」
『山師トマ』　ジャン・コクトー著　河盛好蔵訳　角川書店　1955　114p　15cm（角川文庫）Ⓝ953
☆「世界文学鑑賞辞典 第2」,「世界名著大事典」

コクラン
03857　「俳優芸術」
『俳優芸術』　コンスタン・コクラン著　中川竜一,菊池豊子共訳　早川書房　1953　128p　19cm　Ⓝ771.6
☆「世界名著大事典」

コクラン,W.
03858　「格子振動」

『格子振動』 W.Cochran著 小林正一,福地充訳 丸善 1975 183p 22cm(固体物性シリーズ 3) 2000円 Ⓝ428.4
☆「物理ブックガイド100」

穀梁 赤 こくりょう・せき
03859 「春秋穀梁伝」
☆「中国の古典名著」

ゴゲル
03860 「イエスとキリスト教の起源」
☆「世界名著大事典」

胡広 ここう
03861 「性理大全」
☆「世界名著大事典」,「日本の古典名著」

ゴーゴリ,ニコライ・ヴァシーリエヴィチ
03862 「アラベスキ」
☆「世界名著大事典」

03863 「イヴァン・イヴァーノヴィチとイヴァン・ニキフォロヴィチがけんかをした話」
☆「世界名著大事典」

03864 「ヴィイ」
☆「世界の幻想文学」

03865 「外套」
『外套』 ニコライ・ワシーリェヴィチ・ゴーゴリ著 児島宏子訳 ユーリー・ノルシュテイン原案・跋 フランチェスカ・ヤールブソヴァ絵 未知谷 2009 158p 20×14cm 2500円 Ⓘ978-4-89642-263-4
☆「あらすじで味わう外国文学」,「面白いほどよくわかるあらすじで読む世界の名作」,「面白いほどよくわかる世界の文学」,「知っておきたいロシア文学」,「世界の名作文学案内」,「世界文学あらすじ大事典 1(あ・きよう)」,「世界文学鑑賞辞典 第4」,「世界名作文学館」,「世界名著大事典」,「世界・名著のあらすじ」,「入門名作の世界」,「必読書150」,「ポケット世界名作事典」,「名作あらすじ事典 西洋文学編」,「ロシア文学」

03866 「狂人日記」
『狂人日記』 ゴーゴリ作 横田瑞穂訳 岩波書店 1983 232p 15cm(岩波文庫)〈著者の肖像あり〉 300円 Ⓝ983
☆「知っておきたいロシア文学」,「世界名著大事典」

03867 「検察官」
『検察官』 ゴーゴリ作 米川正夫訳 改版 岩波書店 2002 177p 15cm(岩波文庫) 500円 Ⓘ4-00-326052-X
☆「あらすじで読む世界の名著 no.2」,「あらすじで読む世界文学105」,「一冊で世界の名著100冊を読む」,「学術辞典叢書 第13巻」,「近代名著解題選集 2」,「現代世界の名作」,「知っておきたいロシア文学」,「世界の名作」,「世界文学あらすじ大事典 2(きよえ・ちえ)」,「世界文学の名作と主人公」,「世界文学必勝法」,「世界名作事典」,「世界名著解題選 第1巻」,「世界名著大事典」,「名作あらすじ事典 西洋文学編」,「ロシア文学」

03868 「作者のざんげ」
☆「世界名著大事典」

03869 「ジカーニカ近郷夜話」
☆「世界名著大事典」

03870 「死せる魂」
『死せる魂 下』 ゴーゴリ作 平井肇,横田瑞穂訳 改訳 岩波書店 1977 254p 15cm(岩波文庫) 300円 Ⓝ983
☆「一冊で世界の名著100冊を読む」,「近代名著解題選集 2」,「現代世界の名作」,「知っておきたいロシア文学」,「図説 5分でわかる世界の名作」,「世界の小説大百科」,「世界の名作おさらい」,「世界の名作100を読む」,「世界の名著」,「世界文学あらすじ大事典 2(きよえ・ちえ)」,「世界文学鑑賞辞典 第4」,「世界文学の名作と主人公」,「世界名著解題選 第2巻」,「世界名著大事典」,「文学・名著300選の解説 '88年度版」,「ポケット世界名作事典」,「名小説ストーリイ集 世界篇」,「要約 世界文学全集 2」,「ロシア文学」

03871 「肖像画」
『肖像画』 ゴーゴリ著 二葉亭四迷訳 有明書房 1947 121p 19cm Ⓝ983
☆「知っておきたいロシア文学」,「世界文学鑑賞辞典 第4」,「世界名著大事典」

03872 「タラス・ブーリバ」
☆「世界文学あらすじ大事典 2(きよえ・ちえ)」,「世界文学鑑賞辞典 第4」,「世界名作事典」,「世界名著大事典」

03873 「ネフスキー通り」
☆「世界名著大事典」

03874 「鼻」
『鼻』 ニコライ・ゴーゴリ著 イリーナ・ザトゥロフスカヤ切り絵 工藤正廣訳 未知谷 2013 71p 19cm 1600円 Ⓘ978-4-89642-418-8
☆「面白いほどよくわかるあらすじで読む世界の名作」,「知っておきたいロシア文学」,「世界の小説大百科」,「世界文学必勝法」,「世界名著大事典」,「千年紀のベスト100作品を選ぶ」,「名作あらすじ事典 西洋文学編」,「名作の研究事典」,「ロシア文学」

03875 「ミールゴロド」
☆「世界名著大事典」

コーザー
03876 「フリードリヒ大王伝」
☆「世界名著大事典」

コーザー, L.A.

03877 「社会闘争の機能」
『社会闘争の機能』 ルイス・A.コーザー著 新睦人訳 新曜社 1978 261p 20cm 1600円 ⓝ361.4
☆「自己・他者・関係」

コーシー

03878 「解析教程」
☆「自然科学の名著」, 「世界名著大事典」

コージブスキー

03879 「科学と正気」
☆「世界名著大事典」

コシャーカー

03880 「ヨーロッパとローマ法」
☆「世界名著大事典」

ゴーシュ, アミタヴ

03881 「シャドウ・ラインズ—語られなかったインド」
☆「世界の小説大百科」

ゴショール, スマントラ

03882 「地球市場時代の企業戦略」
『地球市場時代の企業戦略—トランスナショナル・マネジメントの構築』 クリストファー・A.バートレット, スマントラ・ゴシャール著 吉原英樹監訳 日本経済新聞社 1990 350p 19cm 2000円 ①4-532-08979-4
☆「究極のビジネス書50選」, 「世界で最も重要なビジネス書」

ゴース, ズルフィカール

03883 「自分の三つの鏡」
☆「世界の小説大百科」

コース, ロナルド・H.

03884 「企業・市場・法」
『企業・市場・法』 ロナルド・H.コース著 宮沢健一, 後藤晃, 藤垣芳文訳 東洋経済新報社 1992 254,4p 21cm 3900円 ①4-492-31202-1
☆「学問がわかる500冊」, 「経済学88物語」

ゴス, F.

03885 「海賊の世界史」
『海賊の世界史 上』 フィリップ・ゴス著 朝比奈一郎訳 中央公論新社 2010 273p 15cm(中公文庫) 743円 ①978-4-12-205358-3
☆「世界の海洋文学」

コストフ, スピロ

03886 「建築全史—背景と意味」
『建築全史—背景と意味』 スピロ・コストフ著 鈴木博之監訳 住まいの図書館出版局, 星雲社〔発売〕 1990 1390p 21cm 23000円 ①4-7952-2672-5
☆「建築の書物/都市の書物」

コスマッチ, ツィリル

03887 「ある春の日」
☆「世界の小説大百科」

コスマン, アルフレト

03888 「悲しみの匂い」
☆「世界の小説大百科」

コスミンスキー, E.A.

03889 「イギリス封建地代の展開」
『イギリス封建地代の展開』 コスミンスキー著 秦玄竜訳 改訂版 未来社 1960 186p 19cm(社会科学ゼミナール 第6) ⓝ332.3
☆「歴史の名著 外国人篇」

03890 「13世紀イングランド農業史研究」
☆「世界名著大事典」

ゴズリング

03891 「銃撃の森」
☆「世界の冒険小説・総解説」

ゴズリング, ポーラ

03892 「逃げるアヒル」
『逃げるアヒル』 ポーラ・ゴズリング著 山本俊子訳 早川書房 1990 353p 19cm(ハヤカワ・ミステリ文庫) 520円 ①4-15-077702-0
☆「世界の推理小説・総解説」, 「世界の冒険小説・総解説」

コズロフ

03893 「蒙古, アムド, 死都カラホト」
☆「世界名著大事典」

ゴダード, デイル

03894 「パフォーマンスロック・クライミング」
『パフォーマンスロック・クライミング』 デイル・ゴダード, ウド・ノイマン著 森尾直康訳 山と渓谷社 1999 199p 21cm 1800円 ①4-635-16807-7 ⓝ786.16
☆「新・山の本おすすめ50選」

コータブ

03895 「イギリス詩史」
☆「世界名著大事典」

コーチェトフ
03896 「ジュルビン一家」
☆「世界名著大事典」

コーツィ
03897 「恥辱」
☆「世界の名作文学案内」

コツェブー, アウグスト・フォン
03898 「人間嫌いと後悔」
☆「知っておきたいドイツ文学」

コッカ
03899 「歴史と啓蒙」
『歴史と啓蒙』 ユルゲン・コッカ 肥前栄一,杉原達訳 未来社 1994 310,4p 19cm 3605円 ①4-624-11152-4
☆「新・現代歴史学の名著」

コックス, リチャード
03900 「日記」
『日本関係海外史料〔3〕イギリス商館長日記 原文編之上〔元和元年5月〜元和2年11月〕』 東京大学史料編纂所編〔東京大学〕 1978 377p 22cm 4000円 Ⓝ210.08
☆「世界名著大事典」

コックス, ロバート
03901 「世界秩序へのアプローチ」
☆「グローバル政治理論」

コックス夫人
03902 「シンデレラ」
☆「世界名著大事典」,「世界名著大事典 補遺(Extra)」

コッコ
03903 「羽根をなくした妖精」
『羽根をなくした妖精』 ユリヨ・コッコ著 渡部翠訳 晶文社 2003 240p 19cm(必読系!ヤングアダルト) 1800円 ①4-7949-1832-1
☆「世界の幻想文学」

コーツコーカ
03904 「ラティラハスヤ」
☆「世界の奇書」,「東洋の奇書55冊」

ゴッシェン
03905 「外国為替の理論」
『外国為替の理論』 ゴッシェン著 町田義一郎訳 日本評論社 1968 122p 22cm(慶応義塾経済学会経済学研究叢書 第8)〈解説(金原賢之助)〉 650円 Ⓝ337.7
☆「世界名著大事典」

コッシナ
03906 「ドイツの先史」
☆「世界名著大事典」

ゴッセン
03907 「人間の交換の法則」
☆「世界名著大事典」

コッター, ジョン・P.
03908 「企業変革力」
『企業変革力』 ジョン・P.コッター著 梅津祐良訳 日経BP社,日経BP出版センター〔発売〕 2002 309p 19cm〈21世紀の経営リーダーシップ〉改訳・改題書〉 2000円 ①4-8222-4274-9
☆「あらすじで読む世界のビジネス名著」,「戦略の名著! 最強43冊のエッセンス」

03909 「幸之助論」
『幸之助論―「経営の神様」松下幸之助の物語』 ジョン・P.コッター著 金井壽宏監訳 高橋啓訳 ダイヤモンド社 2008 290p 19cm 1800円 ①978-4-478-00312-1
☆「戦略の名著! 最強43冊のエッセンス」

03910 「21世紀の経営リーダーシップ」
『21世紀の経営リーダーシップ―グローバル企業の生き残り戦略』 ジョン・P.コッター著 梅津祐良訳 日経BP社,日経BP出版センター〔発売〕 1997 294p 19cm 1700円 ①4-8222-4082-7
☆「世界で最も重要なビジネス書」

03911 「リーダーシップ論」
☆「超売れ筋ビジネス書101冊」

コッター, フレッド
03912 「コラージュ・シティ」
『コラージュ・シティ』 コーリン・ロウ,フレッド・コッター著 渡辺真理訳 新装版 鹿島出版会 2009 286p 19cm(SD選書) 2200円 ①978-4-306-05251-2
☆「建築・都市ブックガイド21世紀」

コッチ, リチャード
03913 「人生を変える80対20の法則」
『人生を変える80対20の法則』 リチャード・コッチ著 仁平和夫,高遠裕子訳 新版 阪急コミュニケーションズ 2011 397p 19cm 1600円 ①978-4-484-11109-4
☆「世界の自己啓発50の名著」

ゴッツィ
03914 「不用な回想録」
☆「世界名著大事典」

コッツウィンクル, ウィリアム

03915 「ナイト・ブック」

03916 「バドティーズ大先生のラブ・コーラス」
『バドティーズ大先生のラブ・コーラス』 ウイリアム・コッツウィンクル著 寺地五一訳 サンリオ 1980 209p 15cm（サンリオSF文庫） 360円 Ⓝ933
☆「世界の小説大百科」

03917 「ミッドナイト・イグザミナー」
☆「世界の小説大百科」

ゴッデン, ルーマー

03918 「人形の家」
☆「一冊で不朽の名作100冊を読む」（友人社）,「一冊で不朽の名作100冊を読む」（友人社）,「英米児童文学のベストセラー40」,「3行でわかる名作＆ヒット本250」,「世界少年少女文学 ファンタジー編」

ゴットシャルク

03919 「歴史の理解」
☆「世界名著大事典」

ゴットフリート・フォン・シュトラースブルク

03920 「トリスタンとイゾルデ」
『トリスタンとイゾルデ』 ゴットフリート・フォン・シュトラースブルク著 石川敬三訳 郁文堂 1976 390p 図 22cm 4000円 Ⓝ941
☆「教養のためのブックガイド」,「世界文学あらすじ大事典3（ちかーふろ）」,「世界文学鑑賞辞典 第2」,「世界文学鑑賞辞典 第3」,「世界名著大事典」,「ドイツ文学」,「日本の古典・世界の古典」,「ポケット世界名作事典」

ゴットヘルフ

03921 「黒い蜘蛛」
『黒い蜘蛛』 ゴットヘルフ作 山崎章甫訳 岩波書店 1995 185p 15cm（岩波文庫）〈著者の肖像あり〉 460円 ①4-00-324641-1 Ⓝ943
☆「世界の幻想文学」,「世界名著大事典」

03922 「下男ウーリ」
『ウーリ物語―スイスのある農夫が幸福になる話』 ゴットヘルフ著 田中泰三訳 郁文堂 1970 536p 図 20cm 1200円 Ⓝ943
☆「世界名著大事典」

ゴットマン, ジョン・M.

03923 「愛する二人別れる二人―結婚生活を成功させる七つの原則」
『愛する二人別れる二人―結婚生活を成功させる七つの原則』 ジョン・M.ゴットマン, ナン・シルバー著 松浦秀明訳 第三文明社 2000 294p 19cm 1500円 ①4-476-03230-3
☆「世界の心理学50の名著」

ゴットル・オットリーリエンフェルト

03924 「経済と科学」
☆「世界名著大事典」

コッパース, ヴィルヘルム

03925 「民族と文化」
『民族と文化 上』 ヴィルヘルム・シュミット, ヴィルヘルム・コッパース著 大野俊一訳 河出書房新社 1970 497p 図版 23cm 2500円 Ⓝ389
☆「人文科学の名著」,「世界名著大事典」

コップ

03926 「化学史」
☆「世界名著大事典」

ゴフマン, アーヴィング

03927 「行為と演技」
『行為と演技―日常生活における自己呈示』 E.ゴフマン著 石黒毅訳 誠信書房 1974 350,4p 19cm 2500円 Ⓝ361.5
☆「現代社会学の名著」,「自己・他者・関係」,「社会学の名著30」

コッホ

03928 「英語の歴史文法」
☆「世界名著大事典」

ゴッホ

03929 「ゴッホの手紙」
『ゴッホの手紙―絵と魂の日記』 ゴッホ[著] H・アンナ・スー編 千足伸行監訳 冨田章, 藤島美菜訳 西村書店東京出版編集部 2012 319p 27cm〈文献あり 索引あり〉 3800円 ①978-4-89013-678-0 Ⓝ723.359
☆「50歳からの名著入門」,「世界の名著」

03930 「書簡集」
☆「世界名著大事典」

コッホ, ロベルト

03931 「結核の病原学」
☆「西洋をきずいた書物」

03932 「細菌に関する研究」
☆「西洋をきずいた書物」

03933 「創傷伝染病の病原学に関する研究」
☆「西洋をきずいた書物」

03934 「炭疽病の原因」
☆「自然科学の名著」,「世界名著大事典」

コッローディ

03935 「ピノキオの冒険」
『ピノキオの冒険』 カルロ・コッローディ原作 ロベルト・インノチェンティ絵 金原瑞人訳 新装版 西村書店 2013 142p 30×22cm 2800円 ⓘ978-4-89013-941-5
☆「あらすじで出会う世界と日本の名作55」,「一冊で不朽の名作100冊を読む」(友人社),「一冊で不朽の名作100冊を読む」(友人社),「少年少女のための文学案内 2」,「世界少年少女文学 ファンタジー編」,「世界の名作文学案内」,「世界のメルヘン30」,「世界文学あらすじ大事典 3(ちか‐ふろ)」,「世界文学の名作と主人公」,「世界名作事典」,「世界名著大事典」,「ポケット世界名作事典」,「名作の研究事典」

ゴティエ

03936 「合意による道徳」
『合意による道徳』 デイヴィド・ゴティエ著 小林公訳 木鐸社 1999 442p 21cm 5000円 ⓘ4-8332-2281-7 Ⓝ150
☆「倫理学」

ゴーティエ,テオフィル

03937 「ある夜のクレオパトラ」
☆「世界の幻想文学」

03938 「クラリモンド」
☆「作家の訳した世界の文学」

03939 「コーヒー沸かし」
☆「世界の幻想文学」

03940 「七宝と浮石彫」
☆「世界名著大事典」

03941 「モーパン嬢」
『モーパン嬢 下』 テオフィル・ゴーチエ作 井村実名子訳 岩波書店 2006 330,13p 15cm(岩波文庫) 760円 ⓘ4-00-325746-4
☆「世界文学あらすじ大事典 4(ふん‐われ)」,「世界文学鑑賞辞典 第2」,「世界名作事典」,「世界名著大事典」

03942 「ヨーロッパの美術・1855年」
☆「世界名著大事典」

ゴーディマ,ナディン

03943 「ジュライの一族」
☆「世界の小説大百科」

03944 「戦死の抱擁」
☆「たのしく読めるイギリス文学」

03945 「バーガーの娘」
『バーガーの娘 1』 ナディン・ゴーディマ著 福島富士男訳 みすず書房 1996 363p 19cm 3090円 ⓘ4-622-04600-8
☆「世界の小説大百科」,「世界の名作文学案内」

ゴドウィン,ウィリアム

03946 「ケイレブ・ウィリアムズ」
『ケイレブ・ウィリアムズ』 ウィリアム・ゴドウィン著 岡照雄訳 国書刊行会 1982 265p 22cm(ゴシック叢書 18) 2500円 Ⓝ933
☆「世界の幻想文学」,「世界の小説大百科」,「世界文学あらすじ大事典 2(きよえ‐ちえ)」

03947 「政治的正義」
☆「学術辞典叢書 第11巻」,「社会科学の名著」,「西洋をきずいた書物」,「世界を変えた100冊の本」,「世界名著解題選 第2巻」,「世界名著解題選 第4巻」,「世界名著大事典」

ゴトシャルク

03948 「ラルース美食事典」
☆「世界名著大事典」

コトラー,フィリップ

03949 「コトラーの戦略的マーケティング」
『コトラーの戦略的マーケティング―いかに市場を創造し、攻略し、支配するか』 フィリップ・コトラー著 木村達也訳 ダイヤモンド社 2000 370p 19cm 2200円 ⓘ4-478-50176-9
☆「戦略の名著! 最強43冊のエッセンス」

03950 「コトラーのマーケティング・コンセプト」
『コトラーのマーケティング・コンセプト』 フィリップ・コトラー著 恩藏直人監訳 大川修二訳 東洋経済新報社 2003 254p 22cm 2200円 ⓘ4-492-55476-9 Ⓝ675
☆「超売れ筋ビジネス書101冊」

03951 「コトラーのマーケティング・マネジメント」
『コトラーのマーケティング・マネジメント 基本編』 フィリップ・コトラー著 恩藏直人監修 月谷真紀訳 ピアソン・エデュケーション 2002 428p 24cm 3700円 ⓘ4-89471-658-5 Ⓝ675
☆「あらすじで読む世界のビジネス名著」,「究極のビジネス書50選」,「世界で最も重要なビジネス書」

ゴドリエ

03952 「観念と物質」
『観念と物質―思考・経済・社会』 モーリス・ゴドリエ著 山内昶訳 法政大学出版会 1986 311,20p 20cm(叢書・ウニベルシタス)〈巻末:参考文献〉 2800円 Ⓝ389
☆「文化人類学」

03953 「人類学の地平と針路」
『人類学の地平と針路』 モーリス・ゴドリエ著 山内昶訳 紀伊国屋書店 1976 382p

20cm　2500円　Ⓝ389
☆「文化人類学の名著50」

ゴードン
03954　「大会社における経営指導」
☆「世界名著大事典」

ゴードン, ジョアンヌ
03955　「スターバックス再生物語」
『スターバックス再生物語―つながりを育む経営』　ハワード・シュルツ, ジョアンヌ・ゴードン著　月沢李歌子訳　徳間書店　2011　423p　19cm　1700円　①978-4-19-863150-5
☆「1日30分 達人と読むビジネス名著」

ゴードン, ベアテ・シロタ
03956　「1945年のクリスマス日本国憲法に「男女平等」を書いた女性の自伝」
☆「学問がわかる500冊」

コナント
03957　「ハーヴァード実験科学事例史双書」
☆「世界名著大事典」

コノリー
03958　「プルーラリズム」
『プルーラリズム』　ウィリアム・E.コノリー著　杉田敦, 鵜飼健史, 乙部延剛, 五野井郁夫訳　岩波書店　2008　289p　21cm　3300円　①978-4-00-024646-0
☆「グローバル政治理論」

コーバー
03959　「地球の構造」
☆「世界名著大事典」

コバード
03960　「不幸な魂」
☆「世界の幻想文学」

ゴビノー
03961　「人種不平等論」
☆「西洋をきずいた書物」,「世界名著大事典」

03962　「プレーヤード」
☆「世界名著大事典」

コープ
03963　「最適者の起原」
☆「世界名著大事典」

03964　「生物進化の主要因」
☆「世界名著大事典」

コフィー
03965　「マンハッタン魔の北壁」
『マンハッタン魔の北壁』　ディーン・R.クーン

ツ著　沢川進訳　角川書店　1993　365p　15cm（角川ホラー文庫）　600円　①4-04-246103-4　Ⓝ933
☆「世界の冒険小説・総解説」

コフカ
03966　「ゲシュタルト心理学の原理」
『ゲシュタルト心理学の原理』　クルト・コフカ著　鈴木正弥監訳　福村出版　1998　849p　21cm　19000円　①4-571-21023-X
☆「世界名著大事典」

03967　「ゲシュタルト心理学への寄与」
☆「世界名著大事典」

03968　「心理的発達の基礎」
☆「世界名著大事典」

コフート, H.
03969　「自己の修復」
『自己の修復』　ハインツ・コフート著　本城秀次, 笠原嘉監訳　本城美恵, 山内正共訳　みすず書房　1995　252,30p　21cm　6695円　①4-622-04102-2
☆「精神医学の名著50」,「精神分析の名著」

コープランド, トム
03970　「企業価値評価」
☆「あらすじで読む世界のビジネス名著」,「世界で最も重要なビジネス書」

03971　「決定版 リアル・オプション」
『決定版 リアル・オプション―戦略フレキシビリティと経営意思決定』　トム・コープランド, ウラジミール・アンティカロフ著　栃本克之監訳　東洋経済新報社　2002　366p　21cm　3800円　①4-492-60107-4
☆「あらすじで読む世界のビジネス名著」

コヘイン, ロバート・O.
03972　「覇権後の国際政治経済学」
『覇権後の国際政治経済学』　ロバート・コヘイン著　石黒馨, 小林誠訳　京都　晃洋書房　1998　348p　21cm　4500円　①4-7710-1003-X
☆「名著に学ぶ国際関係論」

03973　「Power and Interdependence」
『パワーと相互依存』　ロバート・O・コヘイン, ジョセフ・S・ナイ著　滝田賢治監訳訳　京都　ミネルヴァ書房　2012　480p　22cm〈索引あり〉　4800円　①978-4-623-06102-0　Ⓝ319
☆「学問がわかる500冊」

コベット
03974　「農村騎行」
☆「西洋をきずいた書物」,「世界名著大事典」

コペルニクス
　03975　「天球の回転について」
　　☆「古典・名著の読み方」,「自然科学の名著」,「自然科学の名著100選　上」,「西洋をきずいた書物」,「世界を変えた書物」,「世界を変えた100冊の本」,「世界を変えた本」,「世界名著大事典」

コボ
　03976　「新世界史」
　　☆「世界名著大事典」

コポー
　03977　「ヴィユ・コロンビエ座の思い出」
　　☆「世界名著大事典」

コマジャー
　03978　「原典アメリカ史」
　　☆「人文科学の名著」

コーマン, エイヴリー
　03979　「クレイマー・クレイマー」
　　☆「映画になった名著」

コーミア, R.
　03980　「チョコレート・ウォー」
　　『チョコレート・ウォー』　ロバード・コーミア著　北沢和彦訳　扶桑社　1994　309p　15cm（扶桑社ミステリー）　520円　①4-594-01402-X
　　☆「世界少年少女文学　リアリズム編」

コミーヌ
　03981　「回想録」
　　☆「世界名著大事典」

コム・アカデミー文学芸術研究所
　03982　「マルクス＝エンゲルス芸術論」
　　『マルクス＝エンゲルス芸術論』　コム・アカデミー文学芸術研究所編　外村史郎訳　真理社　1952　162p　19cm　Ⓝ704
　　☆「世界名著解題選 第6巻」

コメス, ピラール
　03983　「パルミー地中海沿岸の都市」
　　『パルミー地中海沿岸の都市 紀元前4世紀から現代までの変遷史』　ハビエル・エルナンデス, ピラール・コメス著　ジョルディ・バロンガイラスト　川添登, 木村尚三郎監訳　東京書籍　1991　61p　31cm（図説都市の歴史　1）　1800円　①4-487-76181-6　Ⓝ361.78
　　☆「世界史読書案内」

コメニウス, J.A.
　03984　「語学入門」
　　☆「世界名著大事典」

　03985　「世界図絵」
　　☆「西洋をきずいた書物」,「世界名著大事典」

　03986　「大教授学」
　　☆「学術辞典叢書 第12巻」,「教育を考えるためにこの48冊」,「教育学の世界名著100選」,「教育の名著80選解題」,「教育本44」,「教育名著の愉しみ」,「近代名著解題選集 2」,「人文科学の名著」,「世界名著解題選 第2巻」,「世界名著大事典」,「21世紀の教育基本書」

コモンズ, ジョン・ロジャーズ
　03987　「アメリカ合衆国労働史」
　　☆「世界名著大事典」

　03988　「資本主義の法律的基礎」
　　☆「社会科学の名著」,「世界名著大事典」

　03989　「集団行動の経済学」
　　『集団行動の経済学』　J.R.コモンズ著　春日井薫, 春日井敬訳　文雅堂書店　1958　472p　図版　22cm（現代経済学名著選集　第4　明治大学経済学研究会編）〈付録(335-426p)：会社経営体による経済政府 他2篇〉Ⓝ331.39
　　☆「経済学88物語」

　03990　「制度経済学」
　　『制度経済学』　J.R.Commons著　趙秋巌訳　台北　台湾銀行　1971　2冊　22cm（経済学名著翻訳叢書　第65種）Ⓝ331.39
　　☆「世界名著大事典」

　03991　「労働法原理」
　　『労働法原理　上巻』　コモンズ, アンドリュウス共著　池田直視, 吉原節夫共訳　京都　ミネルヴァ書房　1959　407p　19cm（社会科学選書　第18）Ⓝ366.1
　　☆「世界名著大事典」

コーラー
　03992　「法哲学教科書」
　　☆「世界名著大事典」

　03993　「法哲学と普遍法史」
　　☆「世界名著大事典」

コラン
　03994　「フランス民法講義」
　　☆「世界名著大事典」

コリア
　03995　「モンキー・ワイフ」
　　『モンキー・ワイフ―或いはチンパンジーとの結婚』　ジョン・コリア著　海野厚志訳　講談社　1977　337p　20cm　1300円　Ⓝ933
　　☆「世界の幻想文学」

コリアー, ロバート
　03996　「可能性を開く」

☆「世界の成功哲学50の名著エッセンスを解く」

ゴーリキー,マクシム

03997 「アルタモーノフ家の事業」
☆「世界の小説大百科」,「世界文学あらすじ大事典1(あ‐きよう)」,「世界文学鑑賞辞典 第4」

03998 「イゼルギリばあさん」
『世界文学全集 40 ゴーリキー』 五木寛之[ほか]編集 学習研究社 1979 482p 20cm〈ゴーリキーの肖像あり〉 Ⓝ908
☆「世界名著大事典」

03999 「イタリア物語」
『集英社ギャラリー「世界の文学」 15 ロシア 3』 集英社 1990 1260p 22cm 4300円 Ⓘ4-08-129015-6 Ⓝ908
☆「世界名著大事典」

04000 「海燕の歌」
☆「世界文学鑑賞辞典 第4」,「世界名著大事典」

04001 「エゴール・ブルイチョーフと他の人々」
☆「世界名著大事典」

04002 「オクーロフ町」
☆「世界名著大事典」

04003 「クリム・サムギンの生涯」
『クリム・サムギンの生涯 第1部』 ゴーリキイ著 黒田辰男訳 新評論社 1956 282p 図版 18cm Ⓝ983
☆「世界文学鑑賞辞典 第4」,「世界名著大事典」

04004 「鷹の歌」
『世界文学全集 40 ゴーリキー』 五木寛之[ほか]編集 学習研究社 1979 482p 20cm〈ゴーリキーの肖像あり〉 Ⓝ908
☆「世界文学鑑賞辞典 第4」,「世界名著大事典」

04005 「チェルカッシ」
☆「近代名著解題選集 2」,「世界文学鑑賞辞典 第4」,「世界名著解題選 第2巻」,「世界名著大事典」

04006 「追想」
☆「世界名著大事典」

04007 「敵」
☆「世界文学鑑賞辞典 第4」,「世界名著大事典」

04008 「ドスチガーエフと他の人々」
☆「世界名著大事典」

04009 「どん底」
『どん底』 ゴーリキー著 小山内薫訳 オンデマンド版 ゆまに書房 2004 142p 19cm (昭和初期世界名作翻訳全集 16)〈原本:春陽堂昭和10年刊 肖像あり〉 2800円 Ⓘ4-8433-1086-7 Ⓝ982
☆「あらすじで味わう外国文学」,「あらすじで読む世界の名著 no.2」,「あらすじで読む世界文学105」,「一冊で世界の名著100冊を読む」,「面白いほどよくわかる世界の文学」,「学術辞典叢書 第13巻」,「近代名著解題選集 1」,「現代世界の名作」,「知っておきたいロシア文学」,「図説 5分でわかる世界の名作」,「世界の名作おさらい」,「世界の名作100を読む」,「世界の名著」,「世界文学あらすじ大事典 3(ちか‐ふろ)」,「世界文学鑑賞辞典 第4」,「世界文学の名作と主人公」,「世界名作大事典」,「世界・名著のあらすじ」,「日本・世界名作「愛の会話」100章」,「入門名作の世界」,「百年の誤読 海外文学篇」,「文学・名著300選の解説 '88年度版」,「ポケット世界名作事典」,「ロシア文学」

04010 「26人と1人の娘」
『世界文学全集 40 ゴーリキー』 五木寛之[ほか]編集 学習研究社 1979 482p 20cm〈ゴーリキーの肖像あり〉 Ⓝ908
☆「世界名著大事典」

04011 「人間の誕生」
☆「世界名著大事典」

04012 「初恋について」
☆「世界名著大事典」

04013 「母」
☆「世界の小説大百科」,「世界文学あらすじ大事典 3(ちか‐ふろ)」,「世界文学鑑賞辞典 第4」,「世界名著大事典」,「ポケット世界名作事典」,「名小説ストーリイ集 世界篇」

04014 「人々の中で」
☆「世界文学鑑賞辞典 第4」,「世界名著大事典」

04015 「フォマ・ゴルジェーエフ」
☆「世界文学あらすじ大事典 3(ちか‐ふろ)」,「世界名著大事典」

04016 「文学について」
☆「世界名著大事典」

04017 「文学論」
『文学論』 ゴリキイ著 ロシア問題研究所訳編 ナウカ社 1935 303p 19cm Ⓝ984
☆「世界名著解題選 第6巻」

04018 「マトヴェイ・コジェミャーキンの生涯」
☆「世界名著大事典」

04019 「無用者の一生」
☆「世界名著大事典」

04020 「野蛮人」
☆「世界名著大事典」

04021 「幼年時代」
☆「世界文学鑑賞辞典 第4」,「世界名著大事典」,「名作の研究事典」

04022 「私の大学」
『私の大学』 ゴーリキイ著 蔵原惟人訳 春陽堂 1932 216p 17cm(世界名作文庫 第

312)　Ⓝ983
　　☆「世界文学鑑賞辞典 第4」,「世界名著大事典」

コリニョン
04023　「パルテノン」
　　☆「世界名著大事典」

コリングウッド
04024　「歴史の観念」
　　☆「現代歴史学の名著」,「世界名著大事典」

コリンズ, ウィルキー
04025　「月長石」
　　『月長石　上』　ウイルキー・コリンズ著　中村能三訳　東京創元新社　1962　390p　15cm（創元推理文庫）　Ⓝ933
　　☆「イギリス文学」,「世界の推理小説・総解説」,「世界文学あらすじ大事典 2（きよえ・ちえ）」,「世界文学鑑賞辞典 第1」,「世界名著大事典」,「たのしく読めるイギリス文学」

04026　「ノー・ネーム」
　　☆「世界文学あらすじ大事典 3（ちか・ふろ）」

04027　「白衣の女」
　　『白衣の女　上』　ウィルキー・コリンズ作　中島賢二訳　岩波書店　1996　343p　15cm（岩波文庫）　670円　Ⓘ4-00-322841-3　Ⓝ933
　　☆「世界の幻想文学」,「世界の小説大百科」,「世界文学あらすじ大事典 3（ちか・ふろ）」,「世界名著大事典」

コリンズ, ジェームズ・C.
04028　「ビジョナリーカンパニー」
　　『ビジョナリーカンパニー——時代を超える生存の原則』　ジェームズ・C.コリンズ, ジェリー・I.ポラス著　山岡洋一訳　日経BP出版センター　1995　469p　20cm〈参考文献：p441〜469〉　2000円　Ⓘ4-8227-4031-5　Ⓝ335.253
　　☆「あらすじで読む世界のビジネス名著」,「勝利と成功の法則」,「世界で最も重要なビジネス書」,「戦略の名著！ 最強43冊のエッセンス」

04029　「ビジョナリー・カンパニー 2」
　　☆「世界の成功哲学50の名著エッセンスを解く」,「戦略の名著！ 最強43冊のエッセンス」,「超売れ筋ビジネス書101冊」

コリンズ, ラリー
04030　「第五の騎手」
　　『第五の騎手』　ドミニク・ラピエール, ラリー・コリンズ著　三輪秀彦訳　早川書房　1983　2冊　16cm（ハヤカワ文庫 NV）　各400円　Ⓝ953
　　☆「世界の冒険小説・総解説」

コリンズ, ランドル
04031　「脱常識の社会学」
　　『脱常識の社会学——社会の読み方入門』　ランドル・コリンズ［著］　井上俊, 磯部卓三訳　第2版　岩波書店　2013　306,15p　15cm（岩波現代文庫　学術　284）〈文献あり〉　1240円　Ⓘ978-4-00-600284-8　Ⓝ361
　　☆「社会学的思考」,「社会学の名著30」

コリンズ, ワーウィック
04032　「チャレンジ」
　　『チャレンジ　上』　ウォリック・コリンズ著　野本征史訳　角川書店　1991　362p　15cm（角川文庫　1—至高の銀杯）　560円　Ⓘ4-04-264901-7
　　☆「世界の海洋文学」

04033　「ニューワールド」
　　『ニューワールド　上』　ウォリック・コリンズ著　野本征史訳　角川書店　1992　356p　15cm（角川文庫　2—至高の銀杯）　560円　Ⓘ4-04-264903-3
　　☆「世界の海洋文学」

コリンズ, M.A.
04034　「ウォーターワールド」
　　『ウォーターワールド』　マックス・アラン・コリンズ著　酒井昭伸訳　徳間書店　1995　436p　16cm（徳間文庫）　680円　Ⓘ4-19-890354-9　Ⓝ933.7
　　☆「世界の海洋文学」

コリンナ
04035　「詩集」
　　☆「世界名著大事典」

ゴール
04036　「クムビ」
　　☆「世界のSF文学・総解説」

コール, ジョージ・ダグラス・ハワード
04037　「イギリス労働運動史」
　　『イギリス労働運動史　第1』　G.D.H.コール著　林健太郎等訳　岩波書店　1952　240p　19cm（岩波現代叢書）　Ⓝ366.6
　　☆「世界名著大事典」

04038　「社会主義思想の歴史」
　　☆「世界名著大事典」

04039　「社会理論」
　　『社会理論』　コール著　上司義信訳　東京泰文社　1930　199p　20cm　Ⓝ361
　　☆「学術辞典叢書 第11巻」,「社会科学の古典」,「世界名著解題選 第2巻」

04040　「百万長者の死」

コル

『百万長者の死』 G.D.H.コール,M.コール著 石一郎訳 東京創元社 1959 400p 15cm（創元推理文庫） Ⓝ933
☆「世界の推理小説・総解説」

コール,M.

04041 「百万長者の死」
『百万長者の死』 G.D.H.コール,M.コール著 石一郎訳 東京創元社 1959 400p 15cm（創元推理文庫） Ⓝ933
☆「世界の推理小説・総解説」

コール,S.M.

04042 「東アフリカの先史」
☆「世界名著大事典」

ゴルヴィツァー,ハインツ

04043 「黄禍論とは何か」
『黄禍論とは何か──その不安の正体』 ハインツ・ゴルヴィツァー著 瀬野文教訳 中央公論新社 2010 317p 15cm（中公文庫）〈『黄禍論とは何か』改訳・改題書〉 952円
①978-4-12-205319-9
☆「世界の幻想文学」、「世界文学鑑賞辞典 第2」、「21世紀の必読書100選」、「ポケット世界名作事典」

コルサコフ,リムスキー

04044 「わが音楽の生涯」
『わが音楽の生涯──リムスキー・コルサコフ自伝』 リムスキー・コルサコフ著 服部竜太郎訳 音楽之友社 1952 190p 図版 15cm（音楽文庫 第55） Ⓝ762.8
☆「世界名著大事典」

ゴールズワージー,ジョン

04045 「銀の筐」
☆「学術辞典叢書 第13巻」、「世界名著解題選 第1巻」

04046 「人生の小春日和」
『人生の小春日和』 ジョン・ゴールズワージー著 富永和子訳 小学館 2005 157p 20cm 1143円 ④4-09-356691-7
☆「一冊で人生論の名著を読む」

04047 「争闘」
☆「世界文学あらすじ大事典 2（きよえ - ちえ）」

04048 「逃亡」
☆「世界名著大事典」

04049 「フォーサイト家物語」
『フォーサイト家物語 第2巻』 ゴールズワージー著 臼田昭,石田英二,井上宗次訳 角川書店 1962 496p 15cm（角川文庫） Ⓝ933
☆「イギリス文学」、「現代世界の名作」、「世界の小説大百科」、「世界の名著」、「世界文学あらすじ大事典 3（ちかー・ふろ）」、「世界文学鑑賞辞典 第1」、「世界文学の名作と主人公」、「世界名作事典」、「世界名著解題選 第3巻」、「世界名著大事典」、「たのしく読めるイギリス文学」、「ポケット世界名作事典」、「名小説ストーリイ集 世界篇」

04050 「林檎の樹」
『林檎の樹』 ゴールズワージー著 渡辺万里訳 新潮社 1953 130p 16cm（新潮文庫 第554） Ⓝ933
☆「英米文学の名作を知る本」、「絵で読むあらすじ世界の名著」

04051 「吾等がために踊れ」
『吾等がために踊れ─他八篇』 ゴールズワージ作 竜口直太郎訳 岩波書店 1937 250p 16cm（岩波文庫 1462-1463） Ⓝ933
☆「日本・世界名作「愛の会話」100章」

コールダー

04052 「科学のプロフィール」
『科学のプロフィール』 R.コールダー著 白井俊明,木下秀夫訳 岩波書店 1954 347p 19cm（岩波現代叢書） Ⓝ404
☆「現代人のための名著」

コルタサル

04053 「石蹴り遊び」
『石蹴り遊び 上』 コルタサル著 土岐恒二訳 集英社 1995 429p 15cm（集英社文庫） 740円 ①4-08-760241-9
☆「一冊で世界の名著100冊を読む」、「面白いほどよくわかる世界の文学」

04054 「続いている公園」
☆「世界の幻想文学」

04055 「遊戯の終り」
『遊戯の終り』 フリオ・コルタサル著 木村栄一訳 国書刊行会 1990 209p 20cm〈新装版〉 2200円 ①4-336-02659-9 Ⓝ963
☆「世界文学あらすじ大事典 4（ふん - われ）」

ゴルツ

04056 「ドイツ農業史」
☆「世界名著大事典」

コルディエ

04057 「シナ書誌」
☆「世界名著大事典」

04058 「中国国際関係史」
☆「世界名著大事典」

04059 「日本書誌」
☆「世界名著大事典」

ゴールディング,ウィリアム

04060 「後継者たち」
『後継者たち』 ウィリアム・ゴールディング著

小川和夫訳　中央公論社　1983　178p
20cm〈年譜：p176〜178〉　880円
①4-12-001248-4　Ⓝ933
☆「世界の小説大百科」,「世界文学あらすじ大事典 2（きよえ‐ちえ）」

04061　「自由な顚落」
『自由な顚落』　ウィリアム・ゴールディング著　小川和夫訳　中央公論社　1983　223p
20cm〈年譜：p221〜223〉　980円
①4-12-001247-6　Ⓝ933
☆「世界文学あらすじ大事典 2（きよえ‐ちえ）」

04062　「蠅の王」
『蠅の王』　ウィリアム・ゴールディング著　平井正穂訳　改版　新潮社　2010　442p　15cm（新潮文庫）　705円
①978-4-10-214601-9
☆「あらすじで読む世界文学105」,「一冊で世界の名著100冊を読む」,「英仏文学戦記」,「英米文学の名作を知る本」,「面白いほどよくわかる世界の文学」,「知っておきたいイギリス文学」,「世界のSF文学・総解説」,「世界の小説大百科」,「世界の名作文学案内」,「世界文学あらすじ大事典 3（ちか‐ふろ）」,「世界文学必勝法」,「たのしく読めるイギリス文学」,「ポケット世界名作事典」,「名作あらすじ事典 西洋文学編」

コルテス
04063　「天体と航海術に関する主要な論説」
☆「西洋をきずいた書物」,「世界を変えた書物」

ゴルデル, ヨースタイン
04064　「ソフィーの世界」
『ソフィーの世界―哲学者からの不思議な手紙 上』　ヨースタイン・ゴルデル著　須田朗監修　池田香代子訳　新装版　NHK出版　2011　362p　19cm　1000円　①978-4-14-081478-9
☆「世界文学の名作と主人公」,「百年の誤読 海外文学篇」

ゴールデン, アーサー
04065　「さゆり」
『さゆり　上』　アーサー・ゴールデン著　小川高義訳　文藝春秋　2004　359p　15cm（文春文庫）　695円　①4-16-766184-5
☆「世界の小説大百科」

ゴールデンワイザー
04066　「原始文明」
☆「世界名著大事典」

ゴールド
04067　「金のないユダヤ人」
『金のないユダヤ人』　マイケル・ゴールド著　坂本肇訳　三友社出版　1992　245p　19cm（20世紀民衆の世界文学　9）　2300円

☆「世界名著大事典」

コールドウェル, アースキン
04068　「神の小さな土地」
☆「アメリカ文学」,「世界文学鑑賞辞典 第1」,「世界文学の名作と主人公」,「世界名著大事典」

04069　「高地の家」
☆「世界の小説大百科」

04070　「タバコ・ロード」
『タバコ・ロード』　コールドウェル著　竜口直太郎訳　新潮社　1988　257p　15cm（新潮文庫）〈32刷（初刷：昭和32年）〉　320円
①4-10-210303-1　Ⓝ933
☆「英米文学の名作を知る本」,「現代世界の名作」,「世界文学あらすじ大事典 2（きよえ‐ちえ）」,「世界文学鑑賞辞典 第1」,「世界名作事典」,「世界名著大事典」,「たのしく読めるアメリカ文学」,「日本・世界名作「愛の会話」100章」,「ポケット世界名作事典」,「名作の読解法」,「名小説ストーリイ集 世界篇」

ゴルトシャイト
04071　「国家, 公共家計および社会」
☆「世界名著大事典」

ゴールドシュタイン, クルト
04072　「人間―その精神病理学的考察」
『人間―その精神病理学的考察』　ゴールドシュタイン著　西谷三四郎訳　新版　誠信書房　1968　224,24p　19cm　700円　Ⓝ493.7
☆「ブックガイド "心の科学" を読む」

ゴールトシュミット
04073　「行政刑法」
☆「世界名著大事典」

04074　「商法教科書」
☆「世界名著大事典」

04075　「法律状態としての訴訟」
☆「世界名著大事典」

ゴールドスタイン
04076　「古典力学」
『古典力学　下』　ゴールドスタイン, ポール, サーフコ著　矢野忠, 江沢康生, 渕崎員弘共訳　京都　吉岡書店　2009　p467-852　21cm（物理学叢書　105）〈文献あり　索引あり〉　4200円　①978-4-8427-0350-3　Ⓝ423
☆「ブックガイド〈数学〉を読む」

ゴールドスミス
04077　「ウェイクフィールドの牧師」
『ウェイクフィールドの牧師―むだばなし』　ゴールドスミス作　小野寺健訳　岩波書店　2012　352p　15cm（岩波文庫）　840円

①978-4-00-322131-0
☆「英米文学の名作を知る本」、「近代名著解題選集2」、「人文科学の名著」、「世界の小説大百科」、「世界文学鑑賞辞典 第1」、「世界名著解題選 第1巻」、「世界名著大事典」、「日本の古典・世界の古典」

04078 「お人よし」
『お人好し』 O.ゴールドスミス作 竹之内明子訳 大阪 日本教育研究センター 1994 158p 19cm〈著者の肖像あり〉 2000円 ①4-89026-089-7 Ⓝ932
☆「世界名著大事典」

04079 「寒村行」
『寒村行』 ゴールドスミス著 久保天随、天野淡翠(淡水)訳 鍾美堂 1903 12,77,15p 17cm(外国語研究叢書 第6篇) Ⓝ837.7
☆「世界名著大事典」

04080 「旅人行」
☆「世界名著大事典」

ゴルドーニ

04081 「演劇集」
☆「世界名著大事典」

04082 「宿屋の女主人」
『宿屋のおんな主人』 カルロ・ゴルドーニ著 野上素一訳 岩波書店 1951 168p 15cm (岩波文庫) Ⓝ972
☆「世界文学あらすじ大事典 4(ふん・われ)」、「世界文学鑑賞辞典 第2」

ゴールドマン

04083 「運命との会合」
☆「世界名著大事典」

04084 「ジョン・レノン伝説」
『ジョン・レノン伝説 上』 アルバート・ゴールドマン著 仙名紀訳 朝日新聞社 1992 525p 19cm 3250円 ①4-02-256371-0
☆「伝記・自叙伝の名著」

ゴールドマン,ウィリアム

04085 「マラソン・マン」
『マラソン・マン』 ウィリアム・ゴールドマン著 沢川進訳 早川書房 2005 422p 15cm(ハヤカワ文庫NV) 840円 ①4-15-041085-2
☆「世界の冒険小説・総解説」

ゴルドマン,ルシアン

04086 「人間の科学と哲学」
『人間の科学と哲学』 L.ゴルドマン著 清水幾太郎、川俣晃自訳 岩波書店 1959 188p 18cm(岩波新書) Ⓝ301
☆「「本の定番」ブックガイド」

ゴールドラット,エリヤフ

04087 「ザ・ゴール」
『ザ・ゴール——企業の究極の目的とは何か』 エリヤフ・ゴールドラット著 三本木亮訳 稲垣公夫解説 ダイヤモンド社 2001 552p 19cm 1600円 ①4-478-42040-8
☆「教養のためのブックガイド」、「世界で最も重要なビジネス書」、「超売れ筋ビジネス書101冊」、「マンガでわかるビジネス名著」

04088 「チェンジ・ザ・ルール」
☆「超売れ筋ビジネス書101冊」

ゴールトン,フランシス

04089 「自然的遺伝」
☆「世界名著大事典」

04090 「指紋」
☆「西洋をきずいた書物」

04091 「天才と遺伝」
『天才と遺伝 上,下巻』 ゴールトン著 甘粕石介訳 岩波書店 1935 2冊 16cm(岩波文庫 1146-1149) Ⓝ141
☆「心理学の名著12選」、「世界名著大事典」

04092 「ユージェニックス」
☆「近代欧米名著解題 第3巻」

コルドン,K.

04093 「潮風にふかれて」
『潮風にふかれて——ジルケはじめての航海』 クラウス・コルドン作 ユッタ・バウアー絵 いそざき康彦訳 さ・え・ら書房 1989 199p 21cm 1236円 ①4-378-00727-4
☆「世界の海洋文学」

コルネイチューク

04094 「戦線」
☆「世界名著大事典」

04095 「プラトン・クレチェット」
☆「世界文学鑑賞辞典 第4」、「世界名著大事典」

コルネイユ,ピエール

04096 「嘘つき男」
『嘘つき男』 コルネイユ作 岩瀬孝訳 岩波書店 1958 124p 15cm(岩波文庫) Ⓝ952
☆「世界文学あらすじ大事典 1(あ・きょう)」、「世界名著大事典」

04097 「オラース」
☆「世界文学あらすじ大事典 1(あ・きょう)」、「世界文学鑑賞辞典 第2」

04098 「シンナ」
☆「世界文学あらすじ大事典 2(きよえ・ちえ)」、「世界文学鑑賞辞典 第2」、「世界名著大事典」

コルネイユ

04099　「ポリウクト」
『ポリウクト』　コルネイユ作　木村太郎訳　岩波書店　1928　100p　16cm〈岩波文庫 335〉　Ⓝ952
☆「世界文学あらすじ大事典 4（ふん‐われ）」，「世界文学鑑賞辞典 第2」，「世界名著大事典」

04100　「ル・シッド」
『ル・シッド』　ピエール・コルネイユ著　鈴木暁訳注　大学書林　2008　164p　19cm〈本文：日仏両文〉　2300円　①978-4-475-02266-8
☆「あらすじで読む世界文学105」，「学術辞典叢書 第13巻」，「近代名著解題選集 2」，「知っておきたいフランス文学」，「世界文学あらすじ大事典 4（ふん‐われ）」，「世界文学鑑賞辞典 第2」，「世界文学の名作と主人公」，「世界名著解題選 第2巻」，「世界名著大事典」，「日本の古典・世界の古典」，「フランス文学」，「ポケット世界名作事典」，「名作あらすじ事典 西洋文学編」

コルネマン

04101　「地中海領域の世界史」
☆「世界名著大事典」

04102　「ローマ史」
☆「世界名著大事典」

コールハース, レム

04103　「錯乱のニューヨーク」
『錯乱のニューヨーク』　レム・コールハース著　鈴木圭介訳　筑摩書房　1999　556p　15cm（ちくま学芸文庫）　1500円　①4-480-08526-2
☆「建築の書物/都市の書物」，「必読書150」

ゴルバートフ

04104　「降伏なき民」
『降伏なき民―タラス家の人々』　ボリース・ゴルバートフ著　黒田辰男訳　青木書店　1952　229p　15cm〈青木文庫　第63〉　Ⓝ983
☆「世界文学鑑賞辞典 第4」，「世界名著大事典」

コルフ

04105　「ゲーテ時代の精神」
『ゲーテ時代の精神　第1巻』　ヘルマン・アウグスト・コルフ著　永松譲一訳　桜井書店　1944　496p　22cm　Ⓝ940,940.2
☆「世界名著大事典」

コルベンハイヤー

04106　「神を愛す」
『神を愛す』　コルベンハイヤー著　手塚富雄訳　筑摩書房　1953　324p　19cm　Ⓝ943
☆「世界文学鑑賞辞典 第3」

04107　「パラケルスス」
☆「世界名著大事典」

コールマイ

04108　「社会主義世界市場」
『社会主義世界市場―発生，特徴および社会主義建設にたいする意義』　グンター・コールマイ著　松井清，吉信粛共訳　日本評論新社　1957　349p　21cm　Ⓝ333.6
☆「世界名著大事典」

コルマン

04109　「法律行為的国家行為の体系」
☆「世界名著大事典」

ゴールマン, ダニエル

04110　「ビジネスEQ」
『ビジネスEQ―感情コンピテンスを仕事に生かす』　ダニエル・ゴールマン著　梅津祐良訳　東洋経済新報社　2000　510p　19cm　2200円　①4-492-55390-8
☆「世界の心理学50の名著」

04111　「EQ―こころの知能指数」
『EQ―こころの知能指数』　ダニエル・ゴールマン著　土屋京子訳　講談社　1998　455p　15cm（講談社プラスアルファ文庫）　980円　①4-06-256292-8
☆「世界の自己啓発50の名著」

コルム

04112　「国家経費の国民経済的理論」
☆「世界名著大事典」

コルメラ

04113　「農業論」
☆「世界名著大事典」

コルモゴロフ

04114　「確率論の基礎概念」
『確率論の基礎概念』　コルモゴロフ著　根本伸司訳　東京図書　1991　118p　22cm〈新装版　文献：p113～114〉　2000円　①4-489-00372-2　Ⓝ417.1
☆「世界名著大事典」

04115　「函数解析の基礎」
☆「数学ブックガイド100」

コールラウシュ

04116　「実験物理学教科書」
☆「世界名著大事典」

コールリッジ

04117　「クブラ・カーン」
☆「世界名著大事典」

04118　「クリスタベル」
『クリスタベル』　S.T.Coleridge［著］　齋藤勇

注釈　増注新版　研究社出版　1967　71p　18cm（研究社小英文叢書　14）〈他言語標題：Christabel〉
☆「現代世界の名作」,「世界名著大事典」

04119　「シェークスピア論」
☆「世界名著大事典」

04120　「抒情民謡集」
☆「西洋をきずいた書物」,「世界の名著」,「世界文学鑑賞辞典　第1」,「世界名著大事典」,「たのしく読めるイギリス文学」,「日本の古典・世界の古典」,「ポケット世界名作事典」

04121　「文学的自伝」
☆「世界名著大事典」

04122　「老水夫行」
『老水夫の歌―詩形リズム注解』　コウルリッジ著　石井白村注釈　篠崎書林　1970　245p　22cm　1500円　Ⓝ931
☆「近代名著解題選集 2」,「世界の海洋文学」,「世界の幻想文学」,「世界文学あらすじ大事典 4（ふな・われ）」,「世界文学鑑賞辞典　第1」,「世界名著解題選　第3巻」,「世界名著大事典」,「たのしく読めるイギリス文学」

コルレス

04123　「スピノザの生涯と精神」
☆「伝記・自叙伝の名著」

コレ,P.

04124　「カオスの出現と消滅―1次元単峰写像を中心として」
☆「ブックガイド〈数学〉を読む」

コレット

04125　「クローディーヌの家」
☆「世界の小説大百科」

コレット,シドニー・ガブリエル

04126　「青い麦」
『青い麦』　シドニー=ガブリエル・コレット著　河野万里子訳　光文社　2010　244p　15cm（光文社古典新訳文庫）　619円　①978-4-334-75219-4
☆「世界文学鑑賞辞典　第2」,「世界文学の名作と主人公」,「日本・世界名作「愛の会話」100章」,「百年の誤読 海外文学篇」,「フランス文学」,「ポケット世界名作事典」,「私を変えたこの一冊」

04127　「唖者の陣営から」
☆「世界名著大事典」

04128　「クロディーヌ」
☆「名作あらすじ事典 西洋文学編」

04129　「シェリ」
『シェリ』　コレット著　工藤庸子訳　左右社　2010　230p　19cm（声に出して読む翻訳コレクション）　1429円　①978-4-903500-43-0
☆「知っておきたいフランス文学」,「世界文学あらすじ大事典 2（きよえ・ちえ）」,「世界名著大事典」,「名作あらすじ事典 西洋文学編」

04130　「牝猫」
『牝猫』　コレット作　工藤庸子訳　岩波書店　1989　200p　15cm（岩波文庫）〈第2刷（第1刷：88.12.16）〉　360円　④-00-325851-7
☆「世界文学鑑賞辞典　第2」

コレドール,J.M.

04131　「カザルスとの対話」
『カザルスとの対話』　ホセ・マリア・コレドール編　佐藤良雄訳　〔新装版〕　白水社　1988　325p　19cm　2600円　①4-560-03681-0
☆「教育を考えるためにこの48冊」

コーレン

04132　「現代の民俗学」
☆「世界名著大事典」

コーレンブランデル

04133　「植民史」
☆「世界名著大事典」

ゴローニン

04134　「日本幽囚記」
『日本幽囚記』　ゴロヴニン著　井上満訳　岩波書店　1960　3冊　15cm（岩波文庫）　Ⓝ291.099
☆「世界文学鑑賞辞典　第4」,「世界名著大事典」,「日本名著辞典」

コロミーナ,ビアトリス

04135　「マスメディアとしての近代建築―アドルフ・ロースとル・コルビュジェ」
『マスメディアとしての近代建築―アドルフ・ロースとル・コルビュジエ』　ビアトリス・コロミーナ著　松畑強訳　鹿島出版会　1996　237p　19cm　3090円　①4-306-04344-4
☆「学問がわかる500冊 v.2」,「建築の書物/都市の書物」

コロレンコ,ヴラジーミル・ガラクチオーノヴィチ

04136　「ことばなしに」
☆「世界名著大事典」

04137　「マカールの夢」
『マカールの夢』　В.Г.Короленко［著］　染谷茂訳注　大学書林　1963　153p　18cm
☆「現代世界の名作」,「知っておきたいロシア文学」,「世界文学鑑賞辞典　第4」,「世界名著大事典」

04138　「盲音楽師」

『盲音楽師』 コロレンコ作 中村融訳 岩波書店 1954 213p 15cm(岩波文庫) Ⓝ983
☆「世界文学鑑賞辞典 第4」,「世界名著大事典」

04139 「森はざわめく」
☆「世界名著大事典」

04140 「わが同時代人の歴史」
『わが同時代人の歴史 第3巻・第4巻』 ヴラジーミル・ガラクチオーノヴィチ・コロレンコ著 斎藤徹訳 文芸社 2006 589p 19cm 2400円 Ⓘ4-286-02138-6
☆「世界名著大事典」

04141 「悪い仲間」
『悪い仲間―附・マカルの夢』 ウラヂミル・コロレンコ著 布施延雄訳 越山堂 1920 194p 肖像 16cm(世界名著文庫 第12編) Ⓝ983
☆「世界文学鑑賞辞典 第4」

コロンタイ

04142 「新婦人論」
『新婦人論』 ア・コロンタイ著 大竹博吉訳 ナウカ社 1946 253p 15cm Ⓝ367
☆「世界名著大事典」

コロンナ

04143 「ポリュフィルス狂恋夢」
☆「世界を変えた書物」

04144 「リーメ」
『リーメ―抄 ミケランジェロ・ブォナローティ詩集』 ミケランジェロ・ブォナローティ著 鷹觜達衛訳 圓子哲雄編 八戸 朔社 2001 262p 21cm(朔叢書 第10集) 2000円 Ⓝ971
☆「世界名著大事典」

コロンブス

04145 「航海誌」
☆「大人のための世界の名著50」,「世界の海洋文学」,「世界の旅行記101」

04146 「新発見諸島についての報告」
☆「西洋をきずいた書物」

コワレフスキー,M.M.

04147 「ヨーロッパ経済発展史」
☆「世界名著大事典 補遺(Extra)」

ゴーン,カルロス

04148 「カルロス・ゴーン 経営を語る」
☆「超売れ筋ビジネス書101冊」

04149 「ルネッサンス 再生への挑戦」
『ルネッサンス―再生への挑戦』 カルロス・ゴーン著 中川治子訳 ダイヤモンド社 2001 270p 20cm〈肖像あり〉 1840円 Ⓘ4-478-32100-0 Ⓝ289.3
☆「超売れ筋ビジネス書101冊」

コーン,H.

04150 「東洋の民族運動の歴史」
☆「世界名著大事典」

04151 「ナショナリズムの思想」
☆「ナショナリズム論の名著50」

コーン,J.

04152 「一般美学」
☆「世界名著大事典」

ゴンヴィツキ

04153 「ぼくはだれだ」
『ぼくはだれだ』 タデウシュ・コンヴィツキ著 内田莉莎子,小原雅俊訳 晶文社 1975 296p 20cm(文学のおくりもの 13) 1300円 Ⓝ989.8
☆「世界の幻想文学」

コーン・ヴィーナー,エルンスト

04154 「造形芸術における様式発展史」
☆「世界名著大事典」

コンウェイ

04155 「カラコラム・ヒマラヤの登山と探検」
☆「世界名著大事典」

コーンウェル,バーナード

04156 「殺意の海へ」
『殺意の海へ』 バーナード・コーンウェル著 泉川紘雄訳 早川書房 1993 547p 16cm (ハヤカワ文庫 NV) 720円
Ⓘ4-15-040705-3 Ⓝ933
☆「世界の海洋文学」

コンウェル,ラッセル

04157 「ダイヤモンドを探せ」
『ダイヤモンドを探せ』 ラッセル・コンウェル[著] 岸本紀子訳 ディスカヴァー・トゥエンティワン 2003 107p 20cm 1200円
Ⓘ4-88759-276-0 Ⓝ159
☆「世界の成功哲学50の名著エッセンスを解く」

コング,C.G.

04158 「心理学類型」
☆「世界名著大事典 補遺(Extra)」

コングリーヴ

04159 「恋はひとつ」
☆「世界名著大事典」

04160 「喪に服す花嫁」

☆「世界名著大事典」

04161　「世の習い」
『世の習い』　コングリーヴ作　笹山隆訳　岩波書店　2005　246p　15cm（岩波文庫）　660円　①4-00-322921-5
☆「世界文学あらすじ大事典 4（ふん‐われ）」、「世界名著大事典」

ゴンクール兄弟

04162　「ゴンクールの日記」
『ゴンクールの日記　下』　ゴンクール［著］　斎藤一郎編訳　岩波書店　2010　555,56p　15cm（岩波文庫　32-595-3）〈索引あり〉　1200円　①978-4-00-325953-5　Ⓝ955.6
☆「世界文学鑑賞辞典 第2」、「世界名著大事典」

04163　「ジェルミニー・ラセルトゥー」
『ヂェルミニイ・ラセルトゥウ』　ゴンクウル兄弟著　大西克和訳　岩波書店　1950　315p　図版　15cm（岩波文庫）　Ⓝ953
☆「近代名著解題選集 1」、「近代名著解題選集 2」、「現代世界の名作」、「世界文学あらすじ大事典 2（きよえ‐ちえ）」、「世界文学鑑賞辞典 第2」、「世界名著大事典」、「ポケット世界名作事典」

04164　「ルネ・モープラン」
☆「世界文学あらすじ大事典 4（ふん‐われ）」、「世界名著大事典」

コンシェンス

04165　「フランドルの獅子」
☆「世界名著大事典」

コンシデラン

04166　「社会主義の原理」
☆「世界名著大事典」

04167　「社会の運命」
☆「世界名著大事典」

コンシャンス, ヘンドリック

04168　「フランデレンの獅子」
☆「世界の小説大百科」

コンスタン, バンジャマン

04169　「アドルフ」
『アドルフ』　バンジャマン・コンスタン著　中村佳子訳　光文社　2014　211p　15cm（光文社古典新訳文庫）　880円　①978-4-334-75287-3
☆「一冊で世界の名著100冊を読む」、「現代世界の名作」、「知っておきたいフランス文学」、「世界文学あらすじ大事典 1（あ‐きよう）」、「世界文学鑑賞辞典 第2」、「世界文学の名作と主人公」、「世界名著大事典」、「フランス文学」、「ポケット世界名作事典」、「名作あらすじ事典 西洋文学編」、「名作の読解法」、「名小説ストーリイ集 世界篇」

「要約 世界文学全集 2」

04170　「政治的反動」
☆「世界名著大事典」

04171　「征服の精神」
☆「世界名著大事典」

ゴンチャローフ, イヴァン・アレクサンドロヴィチ

04172　「オブローモフ」
☆「近代名著解題選集 1」、「近代名著解題選集 2」、「現代世界の名作」、「『こころ』は本当に名作か」、「知っておきたいロシア文学」、「世界の小説大百科」、「世界の名著」、「世界文学あらすじ大事典 1（あ‐きよう）」、「世界文学鑑賞辞典 第4」、「世界文学の名作と主人公」、「世界名著解題選 第1巻」、「世界名著大事典」、「日本・世界名作『愛の会話』100章」、「ポケット世界名作事典」、「名作あらすじ事典 西洋文学編」、「名小説ストーリイ集 世界篇」、「ロシア文学」

04173　「軍艦パラダ号」
『ゴンチャローフ日本渡航記』　イワン・アレクサンドロヴィチ・ゴンチャローフ［著］　高野明, 島田陽訳　講談社　2008　443p　15cm（講談社学術文庫）　1250円　①978-4-06-159867-6　Ⓝ985
☆「世界名著大事典」

04174　「断崖」
☆「世界文学鑑賞辞典 第4」、「世界名著大事典」

04175　「日本渡航記」
『日本渡航記―フレガート「パルラダ」号より』　ゴンチャロフ著　井上満訳　岩波書店　1959　404p　15cm（岩波文庫）　Ⓝ291.099
☆「外国人による日本論の名著」、「日本名著辞典」

04176　「平凡物語」
『平凡物語　下』　ゴンチャロフ著　井上満訳　創元社　1953　309p 図版　15cm（創元文庫 D 第59）　Ⓝ983
☆「世界文学鑑賞辞典 第4」、「世界名著大事典」

コンディヴィ

04177　「ミケランジェロの生涯」
☆「世界名著大事典」

コンディヤック

04178　「感覚論」
『感覚論』　コンディヤク著　加藤周一, 三宅徳共訳　創元社　1948　2冊　19cm（哲学叢書 第24,28）　Ⓝ135.5
☆「世界名著解題選 第5巻」、「世界名著大事典」、「哲学名著解題」

04179　「商業と統治」
☆「世界名著大事典」

04180 「人間認識起源論」
『人間認識起源論 下』 エチエンヌ・ボノ・ド・コンディヤック著 古茂田宏訳 岩波書店 1994 326p 15cm（岩波文庫） 620円 ⓘ4-00-336462-7
☆「近代哲学の名著」，「世界名著大事典」

コント,オーギュスト

04181 「産業者の教理問答」
『産業者の教理問答―他一篇』 サン＝シモン著 森博訳 岩波書店 2001 357p 15cm（岩波文庫） 760円 ⓘ4-00-342241-4 Ⓝ309.2
☆「学術辞典叢書 第11巻」，「近代名著解題選集 2」，「社会科学の名著」，「世界の古典の名著」，「世界の名著」，「世界の名著早わかり事典」，「世界名著解題選 第2巻」，「世界名著大事典」

04182 「実証主義要綱」
☆「宗教哲学名著解説」

04183 「実証政治学体系」
☆「学術辞典叢書 第11巻」，「世界名著解題選 第2巻」，「世界名著大事典」

04184 「実証的精神論」
『実証的精神論』 コント著 田辺寿利訳 改訂版 信濃書房 1948 293p 19cm（古典叢書） Ⓝ135.8
☆「世界名著大事典」，「哲学の世界」

04185 「実証哲学講義」
☆「学術辞典叢書 第11巻」，「近代名著解題選集 2」，「自然科学の名著」，「社会科学の名著」，「西洋をきずいた書物」，「世界を変えた100冊の本」，「世界の哲学思想」，「世界名著解題選 第2巻」，「世界名著解題選 第4巻」，「世界の名著」，「世界名著大事典」，「哲学名著解題」

04186 「社会再組織に必要な科学的作業のプラン」
☆「社会科学の古典」，「社会の構造と変動」，「世界名著大事典」

ゴンドーニ,カルロ

04187 「宿屋の女将」
☆「日本の古典・世界の古典」

コントノー

04188 「オリエント考古学提要」
☆「世界名著大事典」

コンドラチエフ,N.D.

04189 「景気変動の長波」
☆「経済学名著106選」

コンドラトフ,アレキサンドル・ミハイロヴ

04190 「海底考古学」
『海底考古学―古代文明の謎を探る』 A.M.コンドラトフ著 秋田義夫訳 白揚社 1979 294p 20cm 1800円 Ⓝ202.5
☆「世界の海洋文学」

コンドルセ

04191 「革命議会における教育計画」
『革命議会における教育計画』 コンドルセ著 渡辺誠訳 岩波書店 1949 147p 図版 15cm（岩波文庫 3794-3795） Ⓝ373,373.1
☆「教育を考えるためにこの48冊」，「教育学の世界名著100選」，「21世紀の教育基本書」

04192 「公教育の原理」
『公教育の原理』 コンドルセ著 松島鈞訳 明治図書出版 1962 236p 図版 22cm（世界教育学選集） Ⓝ371
☆「教育名著の愉しみ」，「名著解題」

04193 「人間精神進歩の歴史」
『人間精神進歩の歴史』 コンドルセ著 前川貞次郎訳 角川書店 1966 288p 図版 15cm（角川文庫） 130円 Ⓝ135.9
☆「自然科学の名著」，「社会科学の古典」，「西洋をきずいた書物」，「世界の古典名著」，「世界の哲学思想」，「世界名著大事典」，「哲学名著解題」，「名著による教育原理」

コンナー,W.

04194 「エスノナショナリズム」
☆「ナショナリズム論の名著50」

コンヌ,アラン

04195 「考える物質」
☆「ブックガイド〈数学〉を読む」

コンネル,R.W.

04196 「ジェンダーと権力」
『ジェンダーと権力―セクシュアリティの社会学』 ロバート・W.コンネル著 森重雄,菊地栄治,加藤隆雄,越智康詞訳 三交社 1993 436p 21cm 5150円 ⓘ4-87919-117-5
☆「近代家族とジェンダー」，「フェミニズムの名著50」

04197 「マスキュリニティーズ」
☆「近代家族とジェンダー」

コーンハウザー,W.

04198 「大衆社会の政治」
『大衆社会の政治』 ウィリアム・コーンハウザー著 辻村明訳 東京創元社 1961 286p 19cm（現代社会科学叢書）〈付：参考文献〉 Ⓝ361.4
☆「現代政治学を読む」

コンパーニ

04199 「白黒年代記」

『白黒年代記』　ディーノ・コムパーニ著　杉浦明平訳　日本評論社　1948　332p 図版　15cm（世界古典文庫　第32）Ⓝ237.04
☆「世界名著大事典」

コンバリウ, ジュール

04200　「音楽の法則と進化」
☆「世界名著解題選 第6巻」

コーンフォース

04201　「哲学の擁護」
『哲学の擁護―実証主義とプラグマティズムに対して』　M.コーンフォース著　花田圭介訳　岩波書店　1953　453p　19cm（岩波現代叢書）Ⓝ116.2
☆「世界名著大事典」

ゴンブリッチ, E.H.

04202　「芸術と幻影」
『芸術と幻影―絵画的表現の心理学的研究』　E.H.ゴンブリッチ著　瀬戸慶久訳　岩崎美術社　1979　531,94p　22cm（美術名著選書　22）9800円　Ⓝ701.4
☆「必読書150」

コーンブルース, C.M.

04203　「宇宙商人」
『宇宙商人』　フレデリック・ポール, C.M.コーンブルース著　加島祥造訳　早川書房　1984　276p　16cm（ハヤカワ文庫　SF）　340円　Ⓝ933
☆「世界のSF文学・総解説」

ゴンブロビッチ, W.

04204　「オペレッタ」
☆「世界名著大事典 補遺 (Extra)」

04205　「結婚」
『結婚―入門編』　ジョーン・ジョンストン著　中村啓子訳　ハーレクイン　1990　155p　17cm（シルエットデザイア　D352）〈発売：洋販〉　540円　Ⓘ4-8335-7481-0　Ⓝ933
☆「世界名著大事典 補遺 (Extra)」

04206　「コスモス」
☆「世界の幻想文学」,「世界名著大事典 補遺 (Extra)」

04207　「成長期の手記」
☆「世界名著大事典 補遺 (Extra)」

04208　「日記」
☆「世界名著大事典 補遺 (Extra)」

04209　「バカカイ」
☆「世界名著大事典 補遺 (Extra)」

04210　「フェルディドゥルケ」
☆「世界の小説大百科」,「世界名著大事典 補遺

(Extra)」,「必読書150」,「ポケット世界名作事典」

04211　「ポルノグラフィア」
☆「世界名著大事典 補遺 (Extra)」

ゴンベルク

04212　「商業経営学と個別経済学」
☆「世界名著大事典」

コンラッド, ジョウゼフ

04213　「海の想い出」
『海の想い出』　ジョウゼフ・コンラッド著　木宮直仁訳　平凡社　1995　373p　15cm（平凡社ライブラリー）　1200円　Ⓘ4-582-76128-3
☆「世界の海洋文学」

04214　「オルメイヤーの阿房宮」
『オルメイヤーの阿房宮』　ジョウゼフ・コンラッド［著］　田中勝彦訳　八月香　2003　181p　19cm（コンラッド作品選集　ジョウゼフ・コンラッド著）〈シリーズ責任表示：ジョウゼフ・コンラッド著〉　1500円　Ⓘ4-939058-04-2　Ⓝ933.7
☆「世界文学あらすじ大事典 1（あ・きょう）」,「世界名著大事典」

04215　「西欧人の眼に」
『西欧人の眼に　下』　コンラッド作　中島賢二訳　岩波書店　1999　339p　15cm（岩波文庫）　600円　Ⓘ4-00-322485-X　Ⓝ933.7
☆「世界文学あらすじ大事典 2（きよえ・ちえ）」

04216　「青春」
『青春―他一篇』　コンラッド著　宮西豊逸訳　角川書店　1965　194p　15cm（角川文庫）Ⓝ933
☆「世界の海洋文学」

04217　「台風」
☆「世界名著大事典」,「ポケット世界名作事典」

04218　「ナーシサス号の黒人」
☆「世界文学あらすじ大事典 3（ちか・ふろ）」,「世界文学鑑賞辞典 第1」

04219　「ノストローモ」
☆「イギリス文学」,「世界の小説大百科」,「世界文学あらすじ大事典 3（ちか・ふろ）」,「世界文学の名作と主人公」,「世界名著大事典」,「名作英米小説の読み方・楽しみ方」

04220　「密偵」
『密偵』　コンラッド作　土岐恒二訳　岩波書店　2005　475p　15cm（岩波文庫）〈第3刷〉　860円　Ⓘ4-00-322482-5
☆「世界の小説大百科」,「世界文学あらすじ大事典 4（ふん・われ）」

04221　「闇の奥」
『闇の奥』　ジョウゼフ・コンラッド著　黒原敏行

訳　光文社　2009　231p　15cm（光文社古典新訳文庫）　590円　①978-4-334-75191-3
☆「あらすじで読む世界文学105」,「イギリス文学」,「教養のためのブックガイド」,「知っておきたいイギリス文学」,「世界の小説大百科」,「世界文学あらすじ大事典 4（ふん‐われ）」,「名作あらすじ事典 西洋文学編」,「名作の読解法」

04222　「ロード・ジム」
『ロード・ジム』ジョゼフ・コンラッド著　柴田元幸訳　河出書房新社　2011　469,6p　19cm（池澤夏樹＝個人編集 世界文学全集303）　2600円　①978-4-309-70967-3
☆「英米文学の名作を知る本」,「書き出し「世界文学全集」」,「世界文学あらすじ大事典 4（ふん‐われ）」,「世界文学鑑賞辞典 第1」,「世界名著大事典」,「たのしく読めるイギリス文学」

コンラッド,P.

04223　「逸脱と医療化」
『逸脱と医療化—悪から病いへ』ピーター・コンラッド, ジョゼフ・W.シュナイダー著　進藤雄三, 杉田聡, 近藤正英訳　京都　ミネルヴァ書房　2003　587p　21cm（MINERVA社会学叢書）　7000円　①4-623-03810-6
☆「身体・セクシュアリティ・スポーツ」

コンラート

04224　「国家科学辞典」
☆「世界名著大事典」

コンラート,K.

04225　「分裂病のはじまり」
『分裂病のはじまり—妄想のゲシュタルト分析の試み』クラウス・コンラート著　山口直彦ほか訳　岩崎学術出版社　1994　424p　22cm〈文献・コンラート主要著作目録：p323～335〉　8240円　①4-7533-9401-8　Ⓝ493.76
☆「精神医学の名著50」

【サ】

左 丘明　さ・きゅうめい

04226　「国語」
☆「世界名著大事典 補遺（Extra）」,「中国の古典名著」,「中国の名著」

04227　「春秋左氏伝」
☆「学術辞典叢書 第15巻」,「教養のためのブックガイド」,「世界名著解題選 第2巻」,「世界名著大事典」,「中国の古典名著」,「中国の名著」,「東洋の名著」,「歴史学の名著30」,「『論語』から『孫子』まで一気にわかる中国古典超入門」

サアグン

04228　「ヌエバ・エスパーニャ全史」
☆「東洋の奇書55冊」

サアディア・ベン・ヨセフ

04229　「信仰と知識の書」
☆「世界名著大事典」

蔡 元定　さい・げんてい

04230　「律呂新書」
☆「世界名著大事典」,「中国の古典名著」

蔡 元培　さい・げんばい

04231　「中国倫理学史」
☆「世界名著大事典」

崔 述　さい・じゅつ

04232　「考信録」
☆「世界名著大事典」

蔡 邕　さい・よう

04233　「独断」
☆「世界名著大事典」

サイイド

04234　「主要な遺跡」
☆「世界名著大事典」

ザイヴァート, ローター・J.

04235　「すべては「単純に！」でうまくいく」
『すべては「単純に！」でうまくいく』ローター・J.ザイヴァート, ヴェルナー・ティキ・キュステンマッハー著　小川捷子訳　飛鳥新社　2003　223p　21cm　1600円　①4-87031-544-0
☆「マンガでわかるビジネス名著」

サイクス, パーシー

04236　「世界探検史」
『世界探検史 上』パーシー・サイクス著　長沢和俊, 上村盛雄訳　社会思想社　1974　329p　15cm（現代教養文庫）　360円　Ⓝ298
☆「世界の海洋文学」

ザイツェフ

04237　「静かな曙」
☆「世界文学鑑賞辞典 第4」,「世界名著大事典」

ザイデル

04238　「希望の子」
☆「世界名著大事典」

04239　「迷路」
☆「世界名著大事典」

サイデンステッカー,E.

04240 「東京下町山の手1867‐1923」
☆「外国人による日本論の名著」

サイード,エドワード・W.

04241 「オリエンタリズム」
『オリエンタリズム　上』　エドワード・W.サイード著　今沢紀子訳　平凡社　1993　456p　16cm（平凡社ライブラリー　11）　1600円
①4-582-76011-2
☆「学問がわかる500冊」、「学問がわかる500冊 v.2」、「教養のためのブックガイド」、「グローバル政治理論」、「新・現代歴史学の名著」、「大学新入生に薦める101冊の本」、「ナショナリズム論の名著50」、「20世紀を震撼させた100冊」、「必読書150」、「文化の社会学」、「平和を考えるための100冊+α」

04242 「遠い場所の記憶」
『遠い場所の記憶—自伝』　エドワード・W.サイード著　中野真紀子訳　みすず書房　2001　351p　22cm〈年譜あり〉　4300円
①4-622-03206-6　Ⓝ289.3
☆「教養のためのブックガイド」、「思想家の自伝を読む」

04243 「文化と帝国主義」
『文化と帝国主義　2』　エドワード・W.サイード著　大橋洋一訳　みすず書房　2001　271, 44p　21cm　4200円　①4-622-03204-X
☆「教養のためのブックガイド」

ザイトラー

04244 「一般文体論」
☆「世界名著大事典」

ザイトリツ

04245 「レオナルド・ダ・ヴィンチ」
☆「世界名著大事典」

ザイトリツ・クルツバハ

04246 「地理学」
☆「世界名著大事典」

ザイマン,J.

04247 「科学理論の本質」
『科学理論の本質』　J.ザイマン著　桜井邦朋、大江秀房訳　地人書館　1985　358p　20cm（地人選書　14）　2500円　Ⓝ401
☆「科学技術をどう読むか」

サイモン,H.

04248 「行政学」
☆「世界名著大事典」

04249 「行政行動論」
☆「世界名著大事典」

04250 「経営行動」
『経営行動—経営組織における意思決定過程の研究』　ハーバート・A.サイモン著　二村敏子、桑田耕太郎、高尾義明、西脇暢子、高柳美香訳　新版　ダイヤモンド社　2009　567p　19cm　5000円　①978-4-478-00913-0
☆「現代経済学の名著」、「世界を変えた経済学の名著」

04251 「人間行動のモデル」
『人間行動のモデル』　ハーバート・A.サイモン著　宮沢光一監訳　同文館出版　1970　520p　図版　22cm〈付：参考文献〉　3000円　Ⓝ301
☆「経済学88物語」

サイモン,N.

04252 「おかしな二人」
☆「たのしく読めるアメリカ文学」

サイモン,R.L.

04253 「ワイルド・ターキー」
☆「世界の推理小説・総解説」

サイモン,W.E.

04254 「アメリカの甦る日」
『アメリカの甦る日』　W.E.サイモン著　松尾弌之訳　世界日報社　1980　289p　20cm　1700円　Ⓝ364
☆「現代政治学を読む」

サイモンズ

04255 「ギリシア詩人研究」
☆「世界名著大事典」

サイモンズ,H.

04256 「自由社会のための経済政策」
☆「世界名著大事典」

サイモンズ,P.

04257 「動く植物—植物生理学入門」
『動く植物—植物生理学入門』　ポール・サイモンズ著　柴岡孝雄、西崎友一郎訳　八坂書房　1996　371p　21cm　3914円
①4-89694-676-6
☆「学問がわかる500冊 v.2」

ザイラー

04258 「ドイツ転来語に映じたドイツ文化の発達」
☆「世界名著大事典」

04259 「ドイツ俚諺学」
☆「世界名著大事典」

サヴァティエ

04260 「現代民法の経済的・社会的変質」
☆「世界名著大事典」

04261　「民事責任論」
　　☆「世界名著大事典」

サヴァティエ, ポール
04262　「日本植物目録」
　　☆「世界名著大事典」

サヴァリー
04263　「完全な商人」
　　☆「世界名著大事典」

サヴィニー
04264　「現代ローマ法体系」
　　『現代ローマ法体系　第1巻』　サヴィニー著　小橋一郎訳　成文堂　1993　380p　22cm　9270円　①4-7923-0220-X　Ⓝ322.32
　　☆「社会科学の名著」,「世界の古典名著」,「世界名著大事典」

04265　「占有法」
　　☆「世界名著大事典」

04266　「中世ローマ法史」
　　☆「世界名著大事典」

04267　「立法および法学に対する現代の使命」
　　☆「世界名著大事典」

サウジー
04268　「トマス・モア」
　　☆「世界名著大事典」

サウスオール, I.
04269　「燃えるアッシュ・ロード」
　　『燃えるアッシュ・ロード』　サウスオール作　小野章訳　偕成社　1980　305p　18cm（偕成社文庫）　430円
　　☆「世界少年少女文学 リアリズム編」

サウスホール
04270　「都市人類学」
　　☆「文化人類学の名著50」

サガン, フランソワーズ
04271　「悲しみよこんにちは」
　　☆「あらすじで味わう外国文学」,「一冊で世界の名著100冊を読む」,「面白いほどよくわかる世界の文学」,「世界の小説大百科」,「世界の名作50選」,「世界の名作100を読む」,「世界の名作文学案内」,「世界文学鑑賞辞典 第2」,「世界文学の名作と主人公」,「世界名作文学館」,「世界名著大事典 補遺(Extra)」,「2時間でわかる世界の名著」,「百年の誤読 海外文学篇」,「フランス文学」,「文学・名著300選の解説 '88年度版」,「ポケット世界名作事典」,「名作はこのように始まる 2」

サガン・セチェン
04272　「蒙古源流」

『蒙古源流』　［サガン］［著］　岡田英弘訳注　刀水書房　2004　371p　22cm　6000円　①4-88708-243-6　Ⓝ222.6
　　☆「世界名著大事典」

サクソ・グラマティクス
04273　「ゲスタ・ダノルム」
　　☆「世界名著大事典」

サケッティ
04274　「説話集」
　　☆「世界名著大事典」

サザーランド
04275　「ホワイト・カラーの犯罪」
　　『ホワイト・カラーの犯罪―独占資本と犯罪』　E.H.サザーランド著　平野竜一,井口浩二訳　岩波書店　1955　287p　19cm（時代の窓）　Ⓝ369.12
　　☆「世界名著大事典」

サージェント
04276　「合理的期待と計量経済学的実践」
　　☆「経済学名著106選」

サージャントソン
04277　「英語における外来語の歴史」
　　☆「世界名著大事典」

サズレン, ビクター
04278　「マナリング将校物語」
　　☆「世界の海洋文学」

サスーン
04279　「きつね狩猟者の回想録」
　　☆「世界名著大事典」

サーダウィ, ナワル・エル
04280　「0度の女―死刑囚フィルダス」
　　『0度の女―死刑囚フィルダス』　ナワル・エル・サーダウィ著　鳥居千代香訳　三一書房　1987　175p　20cm　1300円　Ⓝ929.76
　　☆「世界の小説大百科」

サダーナンダ
04281　「イヴの隠れた顔」
　　『イヴの隠れた顔―アラブ世界の女たち』　ナワル・エル・サーダウィ著　村上真弓訳　未来社　1994　373p　20cm〈新装　参考文献：p371～372〉　3914円　①4-624-11148-6　Ⓝ367.228
　　☆「フェミニズムの名著50」

04282　「ヴェーダーンタ・サーラ」
　　『ヴェーダーンタ・サーラ―原文対訳』　サダーナンダ著　中村元訳註　京都　平楽寺書店　1962　182p　25cm　Ⓝ129.72

サッカレイ, ウィリアム・マークピース

04283 「虚栄の市」
☆「イギリス文学」、「英米文学の名作を知る本」、「近代名著解題選集 2」、「現代世界の名作」、「世界の小説大百科」、「世界の名作」、「世界の名作50選」、「世界の名著」、「世界文学あらすじ大事典 2 (きよえ‐ちえ)」、「世界文学鑑賞辞典 第1巻」、「世界文学の名作と主人公」、「世界名作事典」、「世界名著解題選 第1巻」、「世界名著大事典」、「たのしく読めるイギリス文学」、「ポケット世界名作事典」、「名小説ストーリィ集 世界篇」

04284 「ニューカム家の人々」
☆「世界名著大事典」

04285 「バラと指輪」
『バラと指輪―世界のファンタジー』 ウィリアム・M.サッカレー著 畠中康男訳 京都 東洋文化社 1980 201p 19cm(メルヘン文庫) 450円 Ⓝ933
☆「世界名著大事典」、「名作の研究事典」

04286 「バリー・リンドン」
☆「世界文学あらすじ大事典 3 (ちか‐ふろ)」、「世界名著大事典」

04287 「ペンデニス」
☆「世界名著大事典」

04288 「ヘンリー・エズモンド」
『ヘンリ・エズモンド 上』 ウイリアム・メイクピース・サッカレー作 村上至孝訳 新月社 1948 268p 19cm(英米名著叢書) Ⓝ933
☆「世界文学あらすじ大事典 4 (ふん‐われ)」、「世界文学鑑賞辞典 第1巻」、「世界名著大事典」

サックス

04289 「消された科学史」
『消された科学史』 オリヴァー・サックス, スティーヴン・ジェイ・グールド, ダニエル・J.ケヴレス, R.C.ルーウォンティン, ジョナサン・ミラー著 渡辺政隆, 大木奈保子訳 みすず書房 1997 211p 19cm(みすずライブラリー) 2200円 ①4-622-05013-7
☆「科学を読む愉しみ」

ザックス, エミール

04290 「国民経済および国家経済における交通手段」
☆「世界名著大事典」

04291 「理論的国家経済論」
☆「世界名著大事典」

サックス, オリバー

04292 「妻を帽子とまちがえた男」
『妻を帽子とまちがえた男』 オリヴァー・サックス著 高見幸郎, 金沢泰子訳 早川書房 2009 435p 15cm(ハヤカワ・ノンフィクション文庫) 880円 ①978-4-15-050353-6
☆「世界の心理学50の名著」

ザックス, クルト

04293 「楽器の精神と生成」
『楽器の精神と生成』 クルト・ザックス著 郡司すみ訳 エイデル研究所 2000 439p 27cm 18200円 ①4-87168-302-8 Ⓝ763.02
☆「世界名著大事典」

04294 「楽器の歴史」
☆「世界名著大事典」

04295 「世界舞踊史」
『世界舞踊史』 クルト・ザックス著 小倉重夫訳 音楽之友社 1972 559p 肖像 22cm 2500円 Ⓝ766.9
☆「世界名著大事典」

04296 「東西古代世界における音楽の発生」
☆「世界名著大事典」

04297 「比較音楽学概要」
☆「世界名著大事典」

ザックス, ハンス

04298 「工匠歌集」
☆「世界名著大事典」

04299 「謝肉祭劇」
☆「世界名著大事典」

ザックス, ユリウス・フォン

04300 「植物学史」
☆「世界名著大事典」

サックレー

04301 「原子と諸力」
☆「現代科学論の名著」

サッセン, サスキア

04302 「グローバル・シティ」
『グローバル・シティ―ニューヨーク・ロンドン・東京から世界を読む』 サスキア・サッセン著 伊豫谷登士翁監訳 大井由紀, 高橋華生子訳 筑摩書房 2008 477p 21cm〈原書第二版〉 5500円 ①978-4-480-86718-6
☆「建築・都市ブックガイド21世紀」

ザッパー

04303 「経済および交通地理学」
☆「世界名著大事典」

ザッパー, アグネス

04304 「愛の一家」

『愛の一家―あるドイツの冬物語』 アグネス・ザッパー作 マルタ・ヴェルシュ画 遠山明子訳 福音館書店 2012 455p 17×13cm（福音館文庫） 850円 ⓘ978-4-8340-2703-7
☆「少年少女のための文学案内 2」,「世界名著大事典」,「ポケット世界名作事典」,「名作の研究事典」

サッフォー

04305 「詩集」

『サッフォー―詩と生涯』 サッフォー［詩］ 沓掛良彦著 水声社 2006 453p 22cm〈文献あり〉 6000円 ⓘ4-89176-604-2 Ⓝ991.1
☆「世界名著大事典」

サーディー

04306 「グリスターン」

『薔薇園―グリスターン イラン中世の教養物語』 サアディー著 蒲生礼一訳 平凡社 1964 412p 18cm（東洋文庫 12） Ⓝ929.9
☆「世界名著大事典」

サーティ,T.L.

04307 「グラフ理論とネットワーク」

『グラフ理論とネットワーク基礎と応用』 R.G.バサッカー,T.L.サーティ著 矢野健太郎,伊理正夫訳 培風館 1970 322p 22cm 1800円 Ⓝ414.8
☆「数学ブックガイド100」

サド,マルキ・ド

04308 「悪徳の栄え」

『悪徳の栄え 上』 マルキ・ド・サド著 渋沢龍彦訳 河出書房新社 1990 346p 15cm（河出文庫） 680円 ⓘ4-309-46077-1
☆「教養のためのブックガイド」,「知っておきたいフランス文学」,「世界の名作100を読む」,「世界文学の名作と主人公」,「必読書150」,「フランス文学」,「文学・名著300選の解説 '88年度版」,「名作あらすじ事典 西洋文学編」,「読んでおきたい世界の名著」

04309 「ソドムの百二十日」

『ソドムの百二十日』 マルキ・ド・サド著 佐藤晴夫訳 新版 青土社 2002 452p 21cm 3800円 ⓘ4-7917-5974-5
☆「世界の奇書」,「世界の小説大百科」

04310 「美徳の不幸」

『美徳の不幸』 マルキ・ド・サド著 渋沢龍彦訳 河出書房新社 1992 291p 15cm（河出文庫 マルキ・ド・サド選集） 680円 ⓘ4-309-46118-2
☆「面白いほどよくわかる世界の文学」,「世界の小説大百科」,「世界文学あらすじ大事典 2（きよえ‐ちえ）」,「世界名著大事典」

サトウ,アーネスト

04311 「一外交官の見た明治維新」

『一外交官の見た明治維新 上』 アーネスト・サトウ著 坂田精一訳 岩波書店 2002 290p 15cm（岩波文庫）〈第59刷〉 660円 ⓘ4-00-334251-8
☆「外国人による日本論の名著」,「世界名著大事典」

04312 「日本イエズス会刊行書志」

☆「世界名著大事典」,「日本名著辞典」

04313 「日本旅行日記」

『日本旅行日記 2』 アーネスト・メイスン・サトウ著 庄田元男訳 平凡社 1992 334p 18cm（東洋文庫 550） 2884円 ⓘ4-582-80550-7
☆「世界の旅行記101」

サドゥール

04314 「世界映画史」

『世界映画史』 ジョルジュ・サドゥール著 岡田真吉訳 白水社 1952 578p 図版26枚 19cm Ⓝ778.2
☆「世界名著大事典」

サトクリフ,A.

04315 「エピソード科学史」

☆「教養のためのブックガイド」

サトクリフ,A.P.D.

04316 「エピソード科学史」

☆「教養のためのブックガイド」

サトクリフ,ローズマリー

04317 「第九軍団のワシ」

『第九軍団のワシ』 ローズマリ・サトクリフ作 猪熊葉子訳 岩波書店 2007 459p 18cm 840円 ⓘ978-4-00-114579-3
☆「世界少年少女文学 リアリズム編」,「世界文学あらすじ大事典 2（きよえ‐ちえ）」

04318 「ともしびをかかげて」

『ともしびをかかげて 上』 ローズマリ・サトクリフ作 猪熊葉子訳 岩波書店 2008 269p 18cm（岩波少年文庫） 680円 ⓘ978-4-00-114581-6
☆「一冊で不朽の名作100冊を読む」（友人社）,「一冊で不朽の名作100冊を読む」（友人社）

サトクリフ,B.

04319 「賃上げと資本主義の危機」

『賃上げと資本主義の危機』 アンドリュー・グリン,ボブ・サトクリフ著 平井規之訳 ダイヤモンド社 1975 292p 19cm（ダイヤモンド現代選書） 1600円 Ⓝ332.33
☆「現代ビジネス書・経済書総解説」

ザドルノフ, ニコライ
04320　「北からきた黒船」
☆「世界の海洋文学」

サートン
04321　「科学史序論」
☆「世界名著大事典」

04322　「科学史と新ヒューマニズム」
『科学史と新ヒューマニズム』　サートン著　森島恒雄訳　岩波書店　1950　262p　19×11cm（岩波新書　第15）Ⓝ402
☆「世界名著大事典」

サナーイー
04323　「真理の園」
☆「世界名著大事典」

サニャク
04324　「民族と文明」
☆「世界名著大事典」

サニャク, フィリップ
04325　「近代フランス社会の形成」
☆「世界名著大事典」

04326　「フランス革命の民事立法」
☆「世界名著大事典」

サバ
04327　「詩集」
『ウンベルト・サバ詩集』　ウンベルト・サバ著　須賀敦子訳　みすず書房　1998　269p　20cm〈肖像あり〉　3000円　①4-622-04658-X　Ⓝ971
☆「世界名著大事典」

サバー
04328　「ブルドッグ・ドラモンド」
☆「世界の推理小説・総解説」

サーバー, ジェイムズ
04329　「13の時計」
☆「世界の小説大百科」

ザハヴィ, アヴィシャグ
04330　「生物進化とハンディキャップ原理—性選択と利他行動の謎を解く」
『生物進化とハンディキャップ原理—性選択と利他行動の謎を解く』　アモツ・ザハヴィ, アヴィシャグ・ザハヴィ著　大貫昌子訳　白揚社　2001　428p　19cm　3600円　①4-8269-0101-1
☆「ブックガイド "心の科学" を読む」

ザハヴィ, アモツ
04331　「生物進化とハンディキャップ原理—性選択と利他行動の謎を解く」
『生物進化とハンディキャップ原理—性選択と利他行動の謎を解く』　アモツ・ザハヴィ, アヴィシャグ・ザハヴィ著　大貫昌子訳　白揚社　2001　428p　19cm　3600円　①4-8269-0101-1
☆「ブックガイド "心の科学" を読む」

サバティエ
04332　「ビザンティン古銭概説」
☆「世界名著大事典」

サバティエ, A.
04333　「宗教哲学概論」
『宗教哲学概論』　ルイ・オウギュスト・サバティエ著　波多野精一, 村岡典嗣訳　内田老鶴圃　1907　401,7p　23cm　Ⓝ160
☆「世界名著大事典」

サバト
04334　「英雄たちと墓」
『英雄たちと墓』　サバト著　安藤哲行訳　集英社　1983　469p　20cm（ラテンアメリカの文学　7）〈編集：綜合社　著者の肖像あり〉　2000円　①4-08-126007-9　Ⓝ963
☆「世界文学あらすじ大事典 1（あ-きよう）」

04335　「トンネル」
☆「世界の幻想文学」

サハロフ, アンドレイ
04336　「サハロフ回想録」
『サハロフ回想録　上』　アンドレイ・サハロフ著　金光不二夫, 木村晃三訳　中央公論新社　2002　427p　16cm（中公文庫）　1190円　①4-12-203970-3　Ⓝ289.3
☆「伝記・自叙伝の名著」

04337　「進歩・平和共存および知的自由」
『進歩・平和共存および知的自由』　アンドレイ・サハロフ著　上甲太郎, 大塚寿一訳　みすず書房　1969　138p　20cm　450円　Ⓝ304
☆「21世紀の必読書100選」

サピア
04338　「言語」
『言語—ことばの研究序説』　エドワード・サピア著　安藤貞雄訳　岩波書店　1998　454p　15cm（岩波文庫）　760円　①4-00-336861-4
☆「世界名著大事典」,「文化人類学の名著50」

ザフランスキー
04339　「ハイデガー—ドイツの生んだ巨匠と

その時代」
『ハイデガー―ドイツの生んだ巨匠とその時代』
リュディガー・ザフランスキー著　山本尤訳
法政大学出版局　1996　664,32p　19cm（叢書・ウニベルシタス）　7004円
①4-588-00534-0
☆「ハイデガー本45」

ザーポトッキー
04340　「新戦士立ち上がらん」
☆「世界名著大事典」

サマーヴィル
04341　「アイルランドの駐在行政官」
☆「世界の小説大百科」

サマヴィル
04342　「ソヴェトの哲学」
☆「世界名著大事典」

04343　「平和の哲学」
☆「世界名著大事典」

サマン
04344　「王女の園にて」
☆「世界名著大事典」

ザミャーチン, エヴゲーニイ・イヴァーノヴィチ
04345　「島の人々」
☆「世界名著大事典 補遺(Extra)」

04346　「われら」
『われら』　ザミャーチン作　川端香男里訳　岩波書店　1992　371p　15cm（岩波文庫）670円　①4-00-326451-7
☆「一冊で世界の名著100冊を読む」,「面白いほどよくわかる世界の文学」,「知っておきたいロシア文学」,「世界のSF文学・総解説」,「世界の小説大百科」,「世界文学あらすじ大事典 4（ふん・われ）」,「世界名著大事典 補遺(Extra)」,「必読書150」,「ロシア文学」

サムエルソン, ポール・A.
04347　「経済学」
『経済学　上』　ポール・A.サムエルソン［著］　第9版　都留重人訳　岩波書店　1974　740p　22cm　2300円　Ⓝ331.39
☆「経済学88物語」,「経済学名著106選」,「現代経済学の名著」,「現代ビジネス書・経済書総解説」,「古典・名著の読み方」,「世界の古典名著」

04348　「経済分析の基礎」
『経済分析の基礎』　サミュエルソン著　佐藤隆三訳　増補版　勁草書房　1986　634p　21cm　6900円　①4-326-50006-9
☆「経済学の名著30」,「経済学88物語」,「世界名著大事典」

サムナー
04349　「習俗論」
☆「学術辞典叢書 第11巻」,「世界名著解題選 第2巻」

04350　「フォークウェイズ」
☆「世界名著大事典」

サーモン
04351　「円錐曲線解析幾何学」
☆「世界名著大事典」

サーモンド
04352　「不法行為法」
☆「世界名著大事典」

サラクルー
04353　「怒りの夜」
『怒りの夜』　サラクルー著　道井直次, 鎌田博夫共訳　未来社　1953　142p　図版　19cm（てすぴす叢書　第18）　Ⓝ952
☆「世界名著大事典」

04354　「神は知っていた」
☆「世界文学鑑賞辞典 第2」

04355　「地球は丸い」
☆「世界文学鑑賞辞典 第2」,「世界名著大事典」

サラマーゴ, ジョゼ
04356　「カイン」
☆「世界の小説大百科」

04357　「修道院回想録―バルタザルとブリムンダ」
☆「世界の小説大百科」

04358　「リカルド・レイスの死の年」
☆「世界の小説大百科」

04359　「リスボン攻防戦の歴史」
☆「世界の小説大百科」

ザーラン
04360　「ドイツ韻律学」
☆「世界名著大事典」

サリヴァン, H.S.
04361　「現代精神医学の概念」
『現代精神医学の概念』　H.S.サリヴァン著　中井久夫, 山口隆訳　みすず書房　1976　348p　22cm　3500円　Ⓝ493.7
☆「精神医学の名著50」

サーリフ, タイイブ
04362　「北へ遷りゆく時」
☆「世界の小説大百科」

ザリーン
04363 「国民経済学史」
『国民経済学史』 ザーリン著 髙島善哉訳 三省堂 1935 249,22p 24cm Ⓝ331
☆「世界名著大事典」

サーリング, R.J.
04364 「タイタニックに何かが」
『タイタニックに何かが 上』 ロバート・J.サーリング著 後藤安彦訳 早川書房 1992 308p 19cm (Hayakawa Novels) 1700円 ①4-15-207765-4
☆「世界の海洋文学」

04365 「大統領専用機行方を絶つ」
『大統領専用機行方を絶つ』 ロバート・J.サーリング著 高橋泰邦訳 早川書房 1979 421p 16cm (ハヤカワ文庫 NV) 460円 Ⓝ933
☆「世界の冒険小説・総解説」

サリンジャー, E.I.
04366 「ゾーイ」
☆「世界名著大事典 補遺 (Extra)」

サリンジャー, J.D.
04367 「エズメのために」
☆「世界名著大事典 補遺 (Extra)」

04368 「九短編」
☆「世界名著大事典 補遺 (Extra)」

04369 「フラニーとゾーイー」
『フラニーとゾーイー』 サリンジャー著 野崎孝訳 新潮社 1968 225p 20cm 480円 Ⓝ933
☆「クライマックス名作案内 2」、「新潮文庫20世紀の100冊」、「世界の小説大百科」、「世界文学あらすじ大事典 3 (ちか‐ふろ)」、「世界名著大事典 補遺 (Extra)」、「たのしく読めるアメリカ文学」

04370 「ライ麦畑でつかまえて」
『ライ麦畑でつかまえて』 サリンジャー[著] 野崎孝訳 白水社 1985 306p 20cm〈新装版〉 1600円 ①4-560-04237-3 Ⓝ933
☆「アメリカ文学」、「あらすじで味わう外国文学」、「あらすじで読む世界文学105」、「一冊で世界の名著100冊を読む」、「英米文学の名作を知る本」、「面白いほどよくわかる世界の文学」、「3行でわかる名作&ヒット本250」、「知っておきたいアメリカ文学」、「世界の小説大百科」、「世界の名作50選」、「世界の名作文学案内」、「世界文学のすじ書き」、「世界文学の名作と主人公」、「世界名作文学館」、「世界名著大事典 補遺 (Extra)」、「たのしく読めるアメリカ文学」、「読書入門」、「2時間でわかる世界の名著」、「百年の誤読 海外文学篇」、「ポケット世界名作事典」、「名作あらすじ事典 西洋文学編」、「名作英米小説の読み方・楽しみ方」、「名作はこのように始まる 2」

04371 「笑い男」
☆「世界名著大事典 補遺 (Extra)」

サーリンズ, マーシャル
04372 「石器時代の経済学」
『石器時代の経済学』 マーシャル・サーリンズ著 山内昶訳 新装版 法政大学出版局 2012 421,24p 19cm (叢書・ウニベルシタス) 4800円 ①978-4-588-09950-2
☆「学問がわかる500冊 v.2」、「文化人類学」、「文化人類学の名著50」

サルヴァトレリ
04373 「イタリア史概説」
☆「世界名著大事典」

サルヴィオリ
04374 「古代資本主義」
『古代資本主義―ローマ経済史に関する研究』 ヨゼフ・サルヴィオリ著 井上智勇, 大牟田章共訳 創文社 1965 378p 地図 22cm (名著翻訳叢書) Ⓝ332.328
☆「世界名著大事典」

サルガーリ, エミリオ
04375 「黒い海賊」
☆「少年少女のための文学案内 2」

04376 「サンドカン：モンプラチュムの虎」
☆「世界の小説大百科」

サルスティウス
04377 「カティリナ」
☆「世界名著大事典」

04378 「ユグルタ戦記」
☆「世界名著大事典」

ザルツマン
04379 「蟹の小本―不合理な児童教育法」
『蟹の小本―我子の悪徳 コンラード・キーフェル―我子の美徳 蟻の小本―教育者の教師』 ザルツマン著 田制佐重訳 文教書院 1925 450p 肖像 19cm (新訳世界教育名著叢書 第10巻) Ⓝ371
☆「教育学の世界名著100選」、「世界名著大事典」

ザルテン, フェリックス
04380 「白馬物語」
『白馬物語』 ザルテン著 秦一郎訳 東京堂 1943 421p 19cm Ⓝ943
☆「世界文学鑑賞辞典 第3」

04381 「バンビ」
『バンビ―森の、ある一生の物語』 フェーリク

ス・ザルテン作　上田真而子訳　岩波書店　2010　307p　18cm（岩波少年文庫）　760円　①978-4-00-114199-3
☆「一冊で不朽の名作100冊を読む」(友人社)，「一冊で不朽の名作100冊を読む」(友人社)，「世界少年少女文学 ファンタジー編」，「世界のメルヘン30」，「世界文学あらすじ大事典3（ちか - ふろ）」，「世界文学鑑賞辞典第3」，「世界文学の名作と主人公」，「世界名著大事典」，「ポケット世界名作事典」，「名作の研究事典」

サルトーリ,G.

04382　「現代政党学」
『現代政党学—政党システム論の分析枠組み』ジョヴァンニ・サルトーリ著　岡沢憲芙,川野秀之訳　普及版　早稲田大学出版部　2000　595,7p　19cm　3800円　①4-657-00829-3
☆「学問がわかる500冊」

サルトル,ジャン=ポール

04383　「悪魔と神」
☆「世界文学鑑賞辞典 第2」

04384　「嘔吐」
『嘔吐—新訳』　ジャン=ポール・サルトル著　鈴木道彦訳　京都　人文書院　2010　338p　19cm　1900円　①978-4-409-13031-5　Ⓝ953.7
☆「あらすじで味わう外国文学」，「あらすじで読む世界文学105」，「一冊で世界の名著100冊を読む」，「面白いほどよくわかる世界の文学」，「現代世界の名作」，「知っておきたいフランス文学」，「世界の小説大百科」，「世界の名作50選」，「世界文学あらすじ大事典1（あ - きよう）」，「世界文学鑑賞辞典 第2」，「世界文学の名作と主人公」，「世界名作文学館」，「世界名著案内1」，「世界名著案内2」，「世界名著案内4」，「世界名著大事典」，「2時間でわかる世界の名著」，「入門名作の世界」，「必読書150」，「百年の誤読」，「フランス文学」，「ベストセラー世界の文学・20世紀1」，「ポケット世界名作事典」，「名作あらすじ事典 西洋文学編」，「名小説ストーリイ集 世界篇」，「私の古典」

04385　「壁」
☆「世界文学必勝法」，「世界名著大事典」

04386　「汚れた手」
☆「世界文学鑑賞辞典 第2」，「世界名著大事典」

04387　「言葉」
☆「思想家の自伝を読む」

04388　「サルトル自伝—言葉」
☆「伝記・自叙伝の名著」

04389　「サルトルの世界観」
☆「世界名著解題選 第5巻」

04390　「自由への道」
『自由への道　6』　サルトル作　海老坂武,澤田直訳　岩波書店　2011　433p　15cm（岩波文庫　37-508-6）　940円　①978-4-00-375106-0　Ⓝ953.7
☆「世界の長編文学」，「世界の名著」，「世界文学鑑賞辞典 第2」，「世界名著大事典」，「名小説ストーリイ集 世界篇」

04391　「小説論—『ドス・パソスに即して』」など
☆「世界名著解題選 第6巻」

04392　「想像力の問題」
☆「世界名著大事典」

04393　「存在と無」
『存在と無—現象学的存在論の試み　3』　ジャン=ポール・サルトル著　松浪信三郎訳　筑摩書房　2008　587,14p　15cm（ちくま学芸文庫）　1800円　①978-4-480-09108-6
☆「一冊で哲学の名著を読む」，「お斎りのがお好き？」，「学問がわかる500冊」，「古典・名著の読み方」，「図解世界の名著がわかる本」，「世界を変えた100冊の本」，「世界の古典名著」，「世界の哲学50の名著」，「世界の名著」，「世界の名著早わかり事典」，「世界名著大事典」，「超解『哲学名著』事典」，「哲学の世界」，「哲学の名著（毎日新聞社）」，「哲学の名著（学陽書房）」，「世界の名著解題」，「20世紀を震撼させた100冊」，「入門 哲学の名著」，「ハイデガー本45」，「文学・名著300選の解説 '88年度版」，「文庫1冊で読める 哲学の名著」

04394　「蠅」
☆「世界文学あらすじ大事典3（ちか - ふろ）」

04395　「弁証法的理性批判」
☆「世界の古典名著」

04396　「唯物論と革命」
☆「世界名著大事典」

サルピ

04397　「トレント宗教会議史」
☆「西洋をきずいた書物」

サルマナザール

04398　「台湾誌」
『台湾誌』　参謀本部編纂課編　八尾新助　1895　201p　20cm　Ⓝ292.2
☆「世界の奇書」

サルミエント

04399　「ファクンド」
☆「世界の小説大百科」，「世界名著大事典」

サールンガデーヴァ

04400　「サンギート・ラトナーカラ」
☆「世界名著大事典」

サレジオ,F.

04401　「神愛論」
『神愛論』　聖フランシスコ・サレジオ著　岳野

サレユ

慶作訳　改訂版　中央出版社　1962　942p 図版　16cm　Ⓝ198.2
☆「世界名著大事典 補遺(Extra)」

04402　「信心生活入門」
☆「世界名著大事典 補遺(Extra)」

サレーユ

04403　「意志表示について」
☆「世界名著大事典」

04404　「ドイツ民法第1草案による債権総論試論」
☆「世界名著大事典」

サロー,レスター・C.

04405　「経済学」
☆「現代ビジネス書・経済書総解説」

04406　「資本主義の未来」
『資本主義の未来』　レスター・C.サロー著　山岡洋一,仁平和夫訳　ティビーエス・ブリタニカ　1997　467p　20cm　2200円　Ⓘ4-484-96112-1　Ⓝ332.06
☆「学問がわかる500冊」

04407　「ゼロ・サム社会」
『ゼロ・サム社会 解決編』　レスター・C.サロー著　金森久雄監訳　東洋経済新報社　1986　373p　19cm　1800円
Ⓘ4-492-31163-7
☆「経済学名著106選」,「現代経済学の名著」

04408　「大接戦」
『大接戦―日米欧どこが勝つか』　レスター・C.サロー著　土屋尚彦訳　講談社　1993　370p　15cm（講談社文庫）　540円　Ⓘ4-06-185475-5
☆「経済経営95冊」

サロイヤン,ウィリアム

04409　「人間喜劇」
『人間喜劇』　ウィリアム・サロイヤン著　小島信夫訳　晶文社　1997　350p　19cm（ベスト版 文学のおくりもの）　1800円
Ⓘ4-7949-1244-7
☆「世界文学あらすじ大事典 3（ちか‐ふろ）」,「世界文学鑑賞辞典 第1」,「世界名著大事典 補遺(Extra)」,「たのしく読めるアメリカ文学」,「百年の誤読 海外文学篇」

04410　「我が名はアラム」
☆「作家の訳した世界の文学」,「世界文学鑑賞辞典 第1」,「世界名著大事典 補遺(Extra)」

サロート,N.

04411　「トロピスム」
☆「世界名著大事典 補遺(Extra)」

04412　「プラネタリウム」
『プラネタリウム』　ナタリー・サロート著　菅野昭正訳　新潮社　1961　259p　20cm　Ⓝ953
☆「世界文学鑑賞辞典 第2」,「世界名著大事典 補遺(Extra)」

04413　「見知らぬ男の肖像」
『見知らぬ男の肖像』　ナタリー・サロート著　三輪秀彦訳　河出書房新社　1977　228p　19cm（河出海外小説選　13）〈新装版〉　1100円　Ⓝ953
☆「世界名著大事典 補遺(Extra)」

サローヤン,W.

04414　「君が人生の時」
『君が人生の時』　ウィリアム・サローヤン著　加藤道夫訳　中央公論社　1950　310p 図版　19cm　Ⓝ932
☆「現代世界の名作」,「世界文学鑑賞辞典 第1」,「世界名著大事典 補遺(Extra)」

04415　「ブランコに乗った勇敢な若者」
☆「世界名著大事典 補遺(Extra)」

04416　「わが心は高原に」
☆「世界名著大事典 補遺(Extra)」

サワー

04417　「景観の形態学」
☆「世界名著大事典」

04418　「農業の起源と伝播」
☆「世界名著大事典」

サン＝ヴィクトルのフーゴー

04419　「ディダスカリコン（学習論）」
☆「教育本44」

サンガー,マーガレット

04420　「結婚の幸福」
☆「世界名著大事典」

04421　「わたしの産児調節運動」
☆「世界名著大事典」

サンガセーナ

04422　「百喩経」
☆「世界名著大事典」

ザングウィル

04423　「ビッグ・ボウの殺人」
『ビッグ・ボウの殺人』　イズレイル・ザングウィル著　吉田誠一訳　早川書房　1980　210p　16cm（ハヤカワ・ミステリ文庫）　260円　Ⓝ933
☆「世界の推理小説・総解説」

サンゲーギャムツォ
04424　「ヴァイドゥールヤ・カルポ」
　☆「世界名著大事典」

サンゴール,L.S.
04425　「日陰の歌」
　☆「世界名著大事典 補遺（Extra）」

サン・シモン
04426　「回想録」
　☆「世界名著大事典」

04427　「寓言」
　☆「世界名著大事典」

04428　「産業」
　☆「世界名著大事典」

04429　「産業体制論」
　☆「世界名著大事典」

04430　「産業者の教理問答」
『産業者の教理問答―他一篇』　サン＝シモン著　森博訳　岩波書店　2001　357p　15cm（岩波文庫）　760円　①4-00-342241-4　Ⓝ309.2
　☆「学術辞典叢書 第11巻」,「近代名著解題選集 2」,「社会科学の名著」,「世界の古典名著」,「世界の名著」,「世界の名著早わかり事典」,「世界名著解題選 第2巻」,「世界名著大事典」

04431　「ジュネーヴ住民の手紙」
　☆「世界名著大事典」

04432　「新キリスト教」
　☆「学術辞典叢書 第11巻」,「近代名著解題選集 2」,「世界名著解題選 第2巻」,「世界名著大事典」

04433　「組織者」
　☆「世界名著解題選 第4巻」

04434　「同時代に対するジュネーブ住民の書簡」
　☆「社会科学の名著」

サン・ジュスト
04435　「共和制度論断片」
　☆「世界名著大事典」

サンソム
04436　「あどけない顔」
　☆「世界名著大事典」

サンソム,G.B.
04437　「西欧世界と日本」
『西欧世界と日本 上』　ジョージ・ベイリー・サンソム著　金井円ほか訳　筑摩書房　1995　356p　15cm（ちくま学芸文庫）　1200円　①4-480-08186-0　Ⓝ210.5
　☆「外国人による日本論の名著」

04438　「世界史における日本」
『世界史における日本』　G.B.サンソム著　大窪愿二訳　岩波書店　1951　158p　18cm（岩波新書 第80）　Ⓝ210.04
　☆「現代人のための名著」

サンソム夫人
04439　「東京暮し」
　☆「外国人による日本論の名著」

ザンダー
04440　「グループ・ダイナミクス」
『グループ・ダイナミックス 第1』　カートライト,ザンダー著　三隅二不二,佐々木薫訳編　第2版　誠信書房　1969　407p　22cm　2200円　Ⓝ361.4
　☆「世界名著大事典」,「ブックガイド心理学」

サンダース
04441　「本が死ぬところ暴力が生まれる」
『本が死ぬところ暴力が生まれる―電子メディア時代における人間性の崩壊』　バリー・サンダース著　杉本卓訳　新曜社　1998　318,39p　19cm　2850円　①4-7885-0652-1
　☆「教育本44」

サンダーズ,ローレンス
04442　「魔性の殺人」
『魔性の殺人』　ローレンス・サンダーズ著　中上守訳　早川書房　1982　2冊　16cm（ハヤカワ文庫　NV）　各620円　Ⓝ933
　☆「世界の推理小説・総解説」

サンダソン
04443　「農村共同体」
　☆「世界名著大事典」

サンタヤナ
04444　「懐疑主義と動物的信仰（哲学の一体系への序説）」
　☆「哲学名著解題」

04445　「最後の清教徒」
　☆「世界名著大事典」

04446　「制圧力と権力」
　☆「哲学の名著」

04447　「存在の世界」
　☆「世界名著大事典」

04448　「美意識」
　☆「世界名著大事典」

04449　「理性の生活」
　☆「世界名著大事典」,「哲学名著解題」

サンチェス

04450 「不可知なるがゆえに」
☆「西洋をきずいた書物」

サンデ

04451 「天正遣欧使節記」
『天正遣欧使節記』 デ・サンデ著 泉井久之助ほか共訳 雄松堂書店 1979 725,15p 23cm〈新異国叢書 5〉 3500円 Ⓝ290.9
☆「世界の旅行記101」

サンティーヴ

04452 「民俗学概説」
『民俗学概説』 ペー・サンティーヴ著 山口貞夫訳 創元社 1944 251p 19cm〈創元選書〉Ⓝ381
☆「世界名著大事典」

サンティレール, ジョフロア

04453 「解剖学原理」
☆「世界名著大事典」

サン=テグジュペリ, アントワーヌ・ド

04454 「城砦」
『城砦』 サン・テグジュペリ著 山崎庸一郎訳 みすず書房 1986 308,17p 19cm〈サン 8,3〉 3000円 ①4-622-00678-2
☆「世界文学あらすじ大事典 2（きよえ・ちえ）」,「世界文学鑑賞辞典 第2」

04455 「人間の土地」
『人間の土地』 サン=テグジュペリ著 堀口大學訳 改版 新潮社 1998 249p 16cm〈新潮文庫〉〈年譜あり〉 552円 ①4-10-212202-8 Ⓝ953.7
☆「教育を考えるためにこの48冊」,「世界文学あらすじ大事典 3（ちか・ふろ）」,「世界名著案内 7」,「世界名著大事典」,「要約 世界文学全集 1」

04456 「星の王子さま」
『星の王子さま—オリジナル版』 サン=テグジュペリ作 内藤濯訳 岩波書店 2000 133p 19cm 1000円 ①4-00-115676-8
☆「あらすじで味わう外国文学」,「あらすじで出会う世界と日本の名作55」,「一冊で世界の名著100冊を読む」,「一冊で不朽の名作100冊を読む（友人社）」,「一冊で不朽の名作100冊を読む（友人社）」,「面白いほどよくわかる世界の文学」,「世界少年少女文学 ファンタジー編」,「世界の幻想文学」,「世界の小説大百科」,「世界の名作50選」,「世界文学の名作と主人公」,「世界名作文学館」,「世界名著大事典」,「世界・名著のあらすじ」,「20世紀を震撼させた100冊」,「ブックガイド"宇宙"を読む」,「ベストセラー世界の文学・20世紀 1」,「ポケット世界名作事典」,「名作の研究事典」,「名作の読解法」

04457 「夜間飛行」
『夜間飛行』 サン=テグジュペリ著 堀口大學訳 改版 新潮社 2012 334p 15cm〈新潮文庫〉 552円 ①978-4-10-212201-3
☆「3行でわかる名作&ヒット本250」,「知っておきたいフランス文学」,「新潮文庫20世紀の100冊」,「世界の名作おさらい」,「世界の名作100を読む」,「世界の名作文学案内」,「世界文学あらすじ大事典 4（ふん・われ）」,「世界文学鑑賞辞典 第2」,「世界文学の名作と主人公」,「世界名著大事典」,「2時間でわかる世界の名著」,「百年の誤読 海外文学篇」,「フランス文学」,「文学・名著300選の解説 '88年度版」,「ポケット世界名作事典」,「名作あらすじ事典 西洋文学編」

サンテリア, アントニオ

04458 「未来派建築宣言」
☆「建築・都市ブックガイド21紀」

サンデル, コーラ

04459 「アルベルタとヤーコブ」
☆「世界の小説大百科」

サンデル, マイケル

04460 「完全な人間を目指さなくてもよい理由」
『完全な人間を目指さなくてもよい理由—遺伝子操作とエンハンスメントの倫理』 マイケル・J.サンデル著 林芳紀,伊吹友秀訳 京都ナカニシヤ出版 2010 194p 19cm 1800円 ①978-4-7795-0476-1
☆「倫理良書を読む」

04461 「これからの「正義」の話をしよう」
『これからの「正義」の話をしよう—いまを生き延びるための哲学』 マイケル・サンデル著 鬼澤忍訳 早川書房 2011 475p 15cm〈ハヤカワ・ノンフィクション文庫〉 900円 ①978-4-15-050376-5
☆「世界の哲学50の名著」

04462 「リベラリズムと正義の限界」
『リベラリズムと正義の限界』 マイケル・J.サンデル著 菊池理夫訳 勁草書房 2009 288p 21cm〈原著第二版, 『自由主義と正義の限界』 修正・改題書〉 4000円 ①978-4-326-10188-7
☆「政治哲学」

ザンデルス

04463 「ドイツ語辞典」
☆「世界名著大事典」

サンド, ジョルジュ

04464 「愛の妖精」
『愛の妖精』 ジョルジュ・サンド著 篠沢秀夫訳 中央公論新社 2005 255p 15cm〈中公

文庫）　838円　Ⓘ4-12-204543-6
☆「世界の名著」,「世界のメルヘン30」,「世界文学鑑賞辞典 第2」,「世界文学の名作と主人公」,「世界名作事典」,「フランス文学」,「名作へのパスポート」

04465　「アンディアナ」
『アンディアナ』　ジョルジュ・サンド著　松尾邦之助訳　コバルト社　1948　299p　18cm（コバルト叢書）Ⓝ953
☆「世界文学あらすじ大事典 1（あ‐きよう）」,「世界名著大事典」

04466　「コンシュエロ」
☆「世界文学あらすじ大事典 2（きよえ‐ちえ）」,「世界名著大事典」

04467　「捨て子フランソワ」
☆「世界名著大事典」

04468　「祖母の物語」
☆「世界名著大事典」

04469　「魔の沼」
『魔の沼―ほか』　ジョルジュ・サンド［著］持田明子訳　藤原書店　2005　228p　20cm（ジョルジュ・サンドセレクション　第6巻　ジョルジュ・サンド［著］　M.ペロー, 持田明子, 大野一道責任編集）　2200円
Ⓘ4-89434-431-9　Ⓝ953.6
☆「世界の小説大百科」,「世界文学鑑賞辞典 第2」,「世界名著大事典」,「ポケット世界名作事典」

04470　「ものをいうカシの木」
☆「名作の研究事典」

04471　「モープラ」
☆「世界名著大事典」

04472　「レリア」
☆「世界名著大事典」

サントス, ミゲルアンヘル

04473　「ヨハン・クライフ スペクタルがフットボールを変える」
☆「読書入門」

サンドバーグ

04474　「シカゴ詩集」
『シカゴ詩集』　サンドバーグ著　安藤一郎訳　岩波書店　1957　234p　図版　15cm（岩波文庫）Ⓝ931
☆「世界文学鑑賞辞典 第1」,「世界名著大事典」,「たのしく読めるアメリカ文学」

サント・ブーヴ

04475　「愛欲」
☆「世界文学鑑賞辞典 第2」

04476　「快楽」
☆「世界名著大事典」

04477　「月曜閑談」
『月曜閑談』　サント・ブーヴ著　土居寛之訳　富山房　1978　324p　18cm（富山房百科文庫）　750円　Ⓝ904
☆「世界の名著」,「世界名著大事典」

04478　「16世紀フランス詩概観」
☆「世界名著大事典」

04479　「文学的肖像」
☆「世界名著大事典」

04480　「ポール・ロワイヤール史」
☆「世界名著解題選 第6巻」,「世界名著大事典」

サンドラール

04481　「モラヴァジーヌの冒険」
『モラヴァジーヌの冒険』　ブレーズ・サンドラール著　伊東守男訳　復刻新版　河出書房新社　2012　300p　19cm（河出ルネサンス）　2800円　Ⓘ978-4-309-29593-0
☆「世界の幻想文学」

サンドラルス

04482　「詩集」
☆「世界名著大事典」

サントリオ

04483　「医学的秤の術」
☆「世界名著大事典」

サントロック, J.W.

04484　「成人発達とエイジング」
☆「学問がわかる500冊」

サンナザーロ

04485　「アルカディア」
☆「世界名著大事典」

賛寧　さんえい

04486　「宋高僧伝」
☆「世界名著大事典」,「世界名著大事典 補遺（Extra）」

サン・ピエール, シャルル

04487　「ヨーロッパ恒久平和案」
『永久平和論　1』　サン=ピエール著　本田裕志訳　京都　京都大学学術出版会　2013　603p　20cm（近代社会思想コレクション　10　大津真作, 奥田敬, 田中秀夫, 中山智香子, 八木紀一郎, 山脇直司編）　5200円
Ⓘ978-4-87698-296-7　Ⓝ319.8
☆「世界名著大事典」

サン=ピエール, ベルナルダン・ド

04488　「自然の研究」
☆「世界名著大事典」

04489　「ポールとヴィルジニー」

『ポールとヴィルジニー』　ジャック＝アンリ・ベルナルダン・ド・サン＝ピエール著　鈴木雅生訳　光文社　2014　267p　15cm（光文社古典新訳文庫）　900円　①978-4-334-75294-1
☆「近代名著解題選集 2」、「世界文学鑑賞辞典 第2巻」、「世界文学の名作と主人公」、「世界名著解題選 第3巻」、「世界名著大事典」、「日本の古典・世界の古典」、「フランス文学」、「ポケット世界名作事典」

サン・ピエール修道院
04490　「教父全集」
☆「世界名著大事典」

サン・フォワ
04491　「モーツァルト」
☆「世界名著大事典」

サンプソン,A.
04492　「企業国家ITT」
『企業国家ITT―巨大多国籍企業の生態』　アンソニー・サンプソン著　田中融二訳　サイマル出版会　1974　374p　19cm　1500円　Ⓝ335.2
☆「現代ビジネス書・経済書総解説」

04493　「セブンシスターズ」
☆「現代ビジネス書・経済書総解説」

【シ】

施　耐庵　　し・たいあん
04494　「水滸伝」
『水滸伝　1』　施耐庵著　駒田信二訳　筑摩書房　2005　459p　15cm（ちくま文庫）　950円　①4-480-42111-4
☆「あらすじで読む世界の名著 no.2」、「あらすじでわかる中国古典「超」入門」、「面白いほどよくわかる世界の文学」、「学術辞典叢書 第15巻」、「教養のためのブックガイド」、「近代名著解題選集 2」、「『こころ』は本当に名作か」、「3行でわかる名作＆ヒット本250」、「少年少女のための文学案内 2」、「人文科学の名著」、「世界の小説大百科」、「世界の書物」、「世界の長編文学」、「世界の名作50選」、「世界の名著」、「世界文学あらすじ大事典 2（きよえ〜ちえ）」、「世界文学のすじ書き」、「世界名作事典」、「世界名著解題選 第2巻」、「世界名著大事典」、「中国の古典名著」、「東洋の名著」、「日本の古典・世界の古典」、「ポケット世界名作事典」、「名作の研究事典」

施　廷鏞　　し・ていよう
04495　「叢書子目書名索引」
☆「世界名著大事典」

シーア,W.
04496　「ローマのガリレオ」
『ローマのガリレオ―天才の栄光と破滅』　ウィリアム・R.シーア、マリアーノ・アルティガス著　浜林正夫、柴田知薫子訳　大月書店　2005　271,20p　19cm　2800円　①4-272-44032-2
☆「サイエンス・ブックレヴュー」

ヂアスラン
04497　「道徳に於ける経験と思考力」
☆「近代欧米名著解題 第6巻」

シイオニア
04498　「経済学」
☆「学術辞典叢書 第14巻」

シイッソン
04499　「性格の要素」
☆「近代欧米名著解題 第7巻」

シヴァ,ヴァンダナ
04500　「アース・デモクラシー」
『アース・デモクラシー―地球と生命の多様性に根ざした民主主義』　ヴァンダナ・シヴァ著　山本規雄訳　明石書店　2007　357p　19cm　3000円　①978-4-7503-2581-1
☆「グローバル政治理論」、「平和を考えるための100冊＋α」

04501　「生きる歓び―イデオロギーとしての近代科学批判」
『生きる歓び―イデオロギーとしての近代科学批判』　ヴァンダナ・シヴァ著　熊崎実訳　築地書館　1994　268p　21cm　2987円　①4-8067-2348-7
☆「学問がわかる500冊 v.2」

04502　「エコフェミニズム」
☆「フェミニズムの名著50」

シヴァーディティヤ
04503　「サプタパダールティー」
☆「世界名著大事典」

シーヴェルツ
04504　「セランプ家」
☆「世界名著大事典」

シェーア
04505　「商業経営学」
☆「世界名著大事典」

シェアー
04506　「簿記と貸借対照表」
☆「世界名著大事典」

シェアード, ポール

04507 「メインバンク資本主義の危機」
『メインバンク資本主義の危機―ビッグバンで変わる日本型経営』 ポール・シェアード著 東洋経済新報社 1997 313,8p 19cm 1600円 ①4-492-39248-3
☆「日本経済本38」

シェーアバルト, パウル

04508 「永久機関」
『永久機関―シェーアバルトの世界』 パウル・シェーアバルト著 種村季弘訳 作品社 1994 261p 20cm〈附・ガラス建築 折り込図1枚〉 2500円 ①4-87893-211-2 Ⓝ943
☆「学問がわかる500冊 v.2」

04509 「ガラス建築」
☆「建築の書物/都市の書物」

シェイ, ロバート

04510 「イルミネータス!」
☆「世界の幻想文学」

シェイエス

04511 「第三身分とは何か」
☆「社会科学の古典」,「社会科学の名著」,「世界の古典名著」,「世界名著大事典」

ジェイキンズ, ジェフリー

04512 「電子帆船ジェットウィンド」
☆「世界の海洋文学」

シェイクスピア, ウィリアム

04513 「アテネのタイモン」
☆「世界文学あらすじ大事典 1(あ‐きよう)」,「世界名著大事典」

04514 「アントニーとクレオパトラ」
☆「世界文学あらすじ大事典 1(あ‐きよう)」,「世界名著大事典」

04515 「ヴィーナスとアドニス」
☆「世界名著大事典」

04516 「ウィンザーの陽気な女房たち」
『ウィンザーの陽気な女房たち』 シェイクスピア著 大山敏子訳 旺文社 1978 185p 16cm(旺文社文庫) 220円 Ⓝ932
☆「世界文学あらすじ大事典 1(あ‐きよう)」,「世界名著大事典」

04517 「ヴェニスの商人」
☆「あらすじで読む世界の名著 no.3」,「あらすじで読む世界文学105」,「イギリス文学」,「英米文学の名作を知る本」,「面白いほどよくわかる世界の文学」,「図説 5分でわかる世界の名作」,「世界の名著」,「世界文学あらすじ大事典 1(あ‐きよう)」,「世界文学鑑賞辞典 第1」,「世界文学の名作と主人公」,「世界名作事典」,「世界名著大事典」,「たのしく読めるイギリス文学」,「日本の古典・世界の古典」,「ポケット世界名作事典」

04518 「ヴェローナの二紳士」
☆「世界文学あらすじ大事典 1(あ‐きよう)」,「世界名著大事典」

04519 「お気に召すまま」
『お気に召すまま』 ウィリアム・シェイクスピア著 福田恒存訳 改版 新潮社 2004 194p 15cm(新潮文庫) 362円 ①4-10-202012-8
☆「英米文学の名作を知る本」,「世界文学あらすじ大事典 1(あ‐きよう)」,「世界名著大事典」

04520 「オセロー」
『オセロー』 シェイクスピア作 大場建治訳 研究社 2010 274p 19cm(研究社シェイクスピアコレクション 10) 2000円 ①978-4-327-18030-0
☆「イギリス文学」,「英米文学の名作を知る本」,「絵で読むあらすじ世界の名著」,「教養のためのブックガイド」,「世界の名作おさらい」,「世界文学あらすじ大事典 1(あ‐きよう)」,「世界文学鑑賞辞典 第1」,「世界文学の名作と主人公」,「世界名著大事典」,「たのしく読めるイギリス文学」,「ポケット世界名作事典」

04521 「終わりよければすべてよし」
☆「世界文学あらすじ大事典 1(あ‐きよう)」,「世界名著大事典」

04522 「から騒ぎ」
☆「世界文学あらすじ大事典 1(あ‐きよう)」,「世界名著大事典」

04523 「喜劇, 史劇, そして悲劇」
☆「西洋をきずいた書物」

04524 「恋の骨折り損」
☆「世界文学あらすじ大事典 2(きよえ‐ちえ)」,「世界名著大事典」

04525 「コリオレイナス」
☆「世界文学あらすじ大事典 2(きよえ‐ちえ)」,「世界名著大事典」

04526 「シェクスピア名作集」
☆「少年少女のための文学案内 1」

04527 「尺には尺」
☆「世界文学あらすじ大事典 2(きよえ‐ちえ)」,「世界名著大事典」

04528 「じゃじゃ馬ならし」
『じゃじゃ馬ならし』 シェイクスピア著 大山敏子編注 篠崎書林 1962 290p 図版 19cm(Shinozaki English Classics)〈付:Bibliography281-285p〉 Ⓝ932
☆「世界文学あらすじ大事典 2(きよえ‐ちえ)」,「世界名著大事典」

04529 「十二夜」
『十二夜』 シェークスピア著 日本放送協会編 NHKサービスセンター 1981 95p 21cm（NHKシェークスピア劇場）〈本文は英語〉 1300円 ①4-14-034040-1 Ⓝ932
☆「英米文学の名作を知る本」，「世界文学あらすじ大事典 2（きよえ‐ちえ）」，「世界名著大事典」，「たのしく読めるイギリス文学」

04530 「ジュリアス・シーザー」
『ジュリアス・シーザー』 シェークスピア著 安西徹雄訳 光文社 2007 228p 16cm（光文社古典新訳文庫）〈年譜あり〉 476円 ①978-4-334-75120-3 Ⓝ932.5
☆「あらすじで読む世界文学105」，「英米文学の名作を知る本」，「教養のためのブックガイド」，「世界文学あらすじ大事典 2（きよえ‐ちえ）」，「世界文学鑑賞辞典 第1」，「世界名作事典」，「世界名著大事典」

04531 「ジョン王」
☆「世界文学あらすじ大事典 2（きよえ‐ちえ）」，「世界名著大事典」

04532 「シンベリン」
☆「世界文学あらすじ大事典 2（きよえ‐ちえ）」，「世界名著大事典」

04533 「ソネット集」
『ソネット集』 シェークスピア作 高松雄一訳 岩波書店 1986 295p 15cm（岩波文庫） 450円
☆「教養のためのブックガイド」，「世界名著大事典」

04534 「タイタス・アンドロニカス」
☆「世界文学あらすじ大事典 2（きよえ‐ちえ）」

04535 「テンペスト」
『テンペスト』 ウィリアム・シェイクスピア作 エドマンド・デュラック絵 伊東杏里訳 新装版 新書館 1994 163p 26cm 2400円 ①4-403-03104-8
☆「英米文学の名作を知る本」，「教養のためのブックガイド」，「近代名著解題選集 2」，「世界の海洋文学」，「世界の幻想文学」，「世界文学あらすじ大事典 3（ちか‐ふろ）」，「世界文学鑑賞辞典 第1」，「世界名著大事典」，「たのしく読めるイギリス文学」

04536 「トロイラスとクレシダ」
☆「世界文学あらすじ大事典 3（ちか‐ふろ）」，「世界名著大事典」

04537 「ハムレット」
『新訳ハムレット』 ウィリアム・シェイクスピア著 河合祥一郎訳 角川書店 2003 234p 15cm（角川文庫） 476円 ①4-04-210614-5
☆「あらすじで味わう外国文学」，「あらすじで味わう名作文学」，「イギリス文学」，「一冊で世界の名作100冊を読む」，「英米文学の名作を知る本」，「大人のための世界の名著50」，「面白いほどよくわかるあらすじで読む世界の名作」，「面白いほどよ

くわかる世界の文学」，「学術辞典叢書 第12巻」，「教養のためのブックガイド」，「近代名著解題選集 1」，「近代名著解題選集 2」，「3行でわかる名作&ヒット本250」，「知っておきたいイギリス文学」，「図説 5分でわかる世界の名作」，「世界の書物」，「世界の名作」，「世界の名作おさらい」，「世界の名作100を読む」，「世界の名著」，「世界の名著 50」，「世界文学あらすじ大事典 3（ちか‐ふろ）」，「世界文学鑑賞辞典 第1」，「世界文学の名作と主人公」，「世界文学必勝法」，「世界名作事典」，「世界名作文学館」，「世界名著解題選 第3巻」，「世界名著大事典」，「千年紀のベスト100作品を選ぶ」，「たのしく読めるイギリス文学」，「2時間でわかる世界の名著」，「日本の古典・世界の古典」，「必読書150」，「文学・名著300選の解説 '88年度版」，「ポケット世界名作事典」，「名作あらすじ事典 西洋文学編」，「名小説ストーリイ集 世界篇」，「読んでおきたい世界の名著」

04538 「ファースト・フォリオ」
☆「世界を変えた100冊の本」

04539 「二人の貴公子」
『二人の貴公子』 ウィリアム・シェイクスピア, ジョン・フレッチャー著 河合祥一郎訳 白水社 2004 211p 19cm 2000円 ①4-560-03548-2
☆「世界文学あらすじ大事典 3（ちか‐ふろ）」

04540 「冬物語」
☆「世界文学あらすじ大事典 3（ちか‐ふろ）」，「世界名著大事典」

04541 「ペリクリーズ」
☆「世界文学あらすじ大事典 4（ふん‐われ）」，「世界名著大事典」

04542 「ヘンリー四世」
☆「イギリス文学」，「世界文学あらすじ大事典 4（ふん‐われ）」，「世界文学鑑賞辞典 第1」，「世界名著大事典」

04543 「ヘンリー五世」
☆「世界文学あらすじ大事典 4（ふん‐われ）」，「世界名著大事典」

04544 「ヘンリー六世」
☆「世界文学あらすじ大事典 4（ふん‐われ）」，「世界名著大事典」

04545 「ヘンリー八世」
☆「世界文学あらすじ大事典 4（ふん‐われ）」

04546 「マクベス」
『マクベス』 ウィリアム・シェイクスピア著 吉田秀生訳 京都 晃洋書房 2013 195p 19cm 1600円 ①978-4-7710-2467-0
☆「「あらすじ」だけで人生の意味が全部わかる世界の古典13」，「あらすじで読む世界の名著 no.2」，「イギリス文学」，「一冊で世界の名著100冊を読む」，「英米文学の名作を知る本」，「書き出し「世界文学全集」」，「学術辞典叢書 第13巻」，「聴いてあじわう世界の名著 第1巻」，「近代名著解題選集

2）」、「クライマックス名作案内 1」、「世界の幻想文学」、「世界の名作おさらい」、「世界文学あらすじ大事典 4（ふん‐われ）」、「世界文学鑑賞辞典 第1」、「世界の名作と主人公」、「世界名著解題選 第3巻」、「たのしく読めるイギリス文学」、「ポケット世界名作事典」、「名作への招待」、「要約 世界文学全集 2」

04547 「間違いの喜劇」
☆「世界文学あらすじ大事典 4（ふん‐われ）」

04548 「真夏の夜の夢」
『真夏の夜の夢―対訳傍註』 シェイクスピア著 沢村寅二郎訳 3版 研究社出版 1949 188p 図版 19cm Ⓝ932
☆「英米文学の名作を知る本」、「知っておきたいイギリス文学」、「世界の幻想文学」、「世界文学あらすじ大事典 3（ちか‐ふろ）」、「世界文学鑑賞辞典 第1」、「世界名著大事典」、「世界・名著のあらすじ」、「たのしく読めるイギリス文学」、「名作あらすじ事典 西洋文学編」

04549 「リア王」
☆「あらすじで読む世界の名著 no.1」、「イギリス文学」、「一冊で世界の名著100冊を読む」、「いまこそ読みたい哲学の名著」、「英米文学の名作を知る本」、「面白いほどよくわかるあらすじで読む世界の名作」、「教養のためのブックガイド」、「近代名著解題選集 2」、「50歳からの名著入門」、「知っておきたいイギリス文学」、「世界文学あらすじ大事典 4（ふん‐われ）」、「世界文学鑑賞辞典 第1」、「世界名著解題選 第3巻」、「世界名著大事典」、「たのしく読めるイギリス文学」、「ポケット世界名作事典」、「名作あらすじ事典 西洋文学編」、「わたしの古典」

04550 「リチャード二世」
『リチャード二世』 シェイクスピア著 福田恆存訳 新潮社 1986 225p 19cm（シェイクスピア全集 補） 1600円 ④4-10-680319-4
☆「世界文学あらすじ大事典 4（ふん‐われ）」、「世界名著大事典」

04551 「リチャード三世」
『リチャード三世―新訳』 シェイクスピア［著］ 河合祥一郎訳 角川書店 2007 241p 15cm（角川文庫）〈発売：角川グループパブリッシング〉 476円
①978-4-04-210617-3 Ⓝ932.5
☆「教養のためのブックガイド」、「世界文学あらすじ大事典 4（ふん‐われ）」、「世界名著大事典」

04552 「ロミオとジュリエット」
『ロミオとジュリエット』 ウィリアム・シェイクスピア原作 羽田伊吹漫画 小学館 2013 157p 21cm（小学館学習まんが 世界名作館 6） 950円 ①978-4-09-270306-3
☆「イギリス文学」、「一冊で世界の名著100冊を読む」、「英米文学の名作を知る本」、「面白いほどよくわかるあらすじで読む世界の名作」、「学術辞典叢書 第13巻」、「知っておきたいイギリス文学」、「世界の名作」、「世界のメルヘン30」、「世界文学あらすじ大事典 4（ふん‐われ）」、「世界文学鑑賞辞典 第1」、「世界の名作と主人公」、「世界名著解題選 第3巻」、「世界名著大事典」、「千年紀のベスト100作品を選ぶ」、「たのしく読めるイギリス文学」、「2時間でわかる世界の名著」、「日本・世界名作「愛の会話」100章」、「日本の古典・世界の古典」、「入門名作の世界」、「ポケット世界名作事典」、「名作あらすじ事典 西洋文学編」

シェイピン, スティーヴン

04553 「「科学革命」とは何だったのか」
『「科学革命」とは何だったのか―新しい歴史観の試み』 スティーヴン・シェイピン著 川田勝訳 白水社 1998 222,57p 19cm 2400円 ④4-560-02815-X
☆「科学を読む愉しみ」

シェイボン, マイケル

04554 「ユダヤ警官同盟」
『ユダヤ警官同盟 上』 マイケル・シェイボン著 黒原敏行訳 新潮社 2009 312p 15cm（新潮文庫） 590円
①978-4-10-203611-2
☆「21世紀の世界文学30冊を読む」

ジェイムズ, ヘンリー

04555 「アメリカ人」
☆「世界文学あらすじ大事典 1（あ‐きよう）」

04556 「ある婦人の肖像」
『ある婦人の肖像 上』 ヘンリー・ジェイムズ作 行方昭夫訳 岩波書店 1996 387p 15cm（岩波文庫）〈著者の肖像あり〉 670円
①4-00-323135-X Ⓝ933.6
☆「イギリス文学」、「英米文学の名作を知る本」、「知っておきたいアメリカ文学」、「世界の小説大百科」、「世界文学あらすじ大事典 1（あ‐きよう）」、「世界文学鑑賞辞典 第1」、「世界文学の名作と主人公」、「世界名著大事典」、「たのしく読めるアメリカ文学」、「名作あらすじ事典 西洋文学編」、「名作英米小説の読み方・楽しみ方」

04557 「金色の盃」
☆「面白いほどよくわかる世界の文学」、「世界文学あらすじ大事典 2（きよえ‐ちえ）」、「世界名著大事典」

04558 「使者たち」
『使者たち』 ヘンリー・ジェイムズ著 大島仁訳 改訳新版 八潮出版社 1984 484p 18cm（アメリカの文学 12） 1900円 Ⓝ933
☆「あらすじで読む世界文学105」、「世界文学あらすじ大事典 2（きよえ‐ちえ）」、「世界文学鑑賞辞典 第1」、「世界名著大事典」

04559 「聖なる泉」

☆「世界の幻想文学」,「世界文学あらすじ大事典 2（きよえ‐ちえ）」

04560 「大使たち」
『大使たち 上』 ヘンリー・ジェイムズ作 青木次生訳 岩波書店 2007 458p 15cm（岩波文庫） 940円 Ⓘ978-4-00-372511-5
☆「世界の小説大百科」

04561 「デイジー・ミラー」
『デイジー・ミラー』 ヘンリー・ジェイムズ［著］ 岩城久哲訳注 大学書林 1985 208p 19cm〈他言語標題：Daisy Miller〉
☆「イギリス文学」,「英米文学の名作を知る本」,「現代世界の名作」,「世界文学あらすじ大事典 3（ちか‐ふろ）」,「世界文学の名作と主人公」,「世界名著大事典」,「ポケット世界名作事典」

04562 「ねじの回転」
『ねじの回転』 ヘンリー・ジェイムズ著 土屋政雄訳 光文社 2012 272p 15cm（光文社古典新訳文庫） 914円 Ⓘ978-4-334-75255-2
☆「英米文学の名作を知る本」,「書き出し『世界文学全集』」,「知っておきたいアメリカ文学」,「世界の幻想文学」,「世界文学あらすじ大事典 3（ちか‐ふろ）」,「世界文学鑑賞辞典 第1巻」,「世界文学必勝法」,「世界名著大事典」,「世界・名著のあらすじ」,「たのしく読めるアメリカ文学」,「ポケット世界名作事典」,「名作あらすじ事典 西洋文学編」

04563 「鳩の翼」
『鳩の翼 下』 ヘンリー・ジェイムズ著 青木次生訳 講談社 1997 441p 15cm（講談社文芸文庫） 1400円 Ⓘ4-06-197589-7
☆「『こころ』は本当に名作か」,「世界の小説大百科」,「世界文学あらすじ大事典 3（ちか‐ふろ）」,「大作家"ろくでなし"列伝」

04564 「ポイントンの蒐集品」
☆「世界文学あらすじ大事典 4（ふん‐われ）」

04565 「ボストンの人々」
☆「世界文学あらすじ大事典 4（ふん‐われ）」

04566 「メイジーの知ったこと」
『メイジーの知ったこと』 H.ジェイムズ著 青木次生訳 京都 あぽろん社 1982 341p 21cm 3000円 Ⓘ4-87041-512-7 Ⓝ933
☆「世界の小説大百科」,「世界文学あらすじ大事典 4（ふん‐われ）」

04567 「ワシントン広場」
『ワシントン広場』 ヘンリー・ジェイムズ［著］ 古茂田淳三訳 京都 あぽろん社 1996 355p 20cm 3000円 Ⓘ4-87041-539-9 Ⓝ933.6
☆「世界文学あらすじ大事典 4（ふん‐われ）」

ジェイムス, ミュリエル

04568 「自己実現への道」

☆「世界の成功哲学50の名著エッセンスを解く」

ジェイムズ, M.R.

04569 「五つの壺」
☆「世界の幻想文学」

ジェイムズ, P.D.

04570 「黒い塔」
☆「世界の推理小説・総解説」

04571 「死の味」
☆「たのしく読めるイギリス文学」

04572 「皮膚の下の頭蓋骨」
☆「イギリス文学」

ジェイムソン, ストーム

04573 「一日の休暇」
☆「世界の小説大百科」

ジェイムソン, フレドリック

04574 「言語の牢獄」
『言語の牢獄―構造主義とロシア・フォルマリズム』 フレドリック・ジェイムソン著 川口喬一訳 新装版 法政大学出版局 2013 262,16p 19cm（叢書・ウニベルシタス） 2900円 Ⓘ978-4-588-09968-7
☆「必読書150」

04575 「時間の種子―ポストモダンと冷戦以後のユートピア」
『時間の種子―ポストモダンと冷戦以後のユートピア』 フレドリック・ジェイムソン著 松浦俊輔,小野木明恵訳 青土社 1998 257,9p 19cm 2400円 Ⓘ4-7917-5671-1
☆「建築の書物/都市の書物」

ジェインズ, ジュリアン

04576 「神々の沈黙」
『神々の沈黙―意識の誕生と文明の興亡』 ジュリアン・ジェインズ著 柴田裕之訳 紀伊國屋書店 2005 637p 19cm 3200円 Ⓘ4-314-00978-0
☆「ブックガイド〈数学〉を読む」

ジェヴォンズ, ウイリアム・スタンレイ

04577 「経済学純理」
『経済学純理』 ジュヴンス著 小泉信三訳 再版 同文館 1919 349p 23cm（内外経済学名著 第1冊） Ⓝ331.35
☆「学術辞典叢書 第11巻」,「世界名著解題選 第1巻」

04578 「経済学の理論」
『経済学の理論』 ジェヴォンズ著 小泉信三ほか訳 寺尾琢磨改訳 日本経済評論社 1981 278p 22cm（近代経済学古典選集 4） 5800円 Ⓝ331.71

☆「経済学88物語」,「経済学名著106選」

04579　「政治経済学の理論」
　☆「世界名著大事典」

シェクリイ

04580　「明日を越える旅」
　『明日を越える旅』　ロバート・シェクリイ著　宇野利泰訳　早川書房　1983　283p　16cm（ハヤカワ文庫　SF）　360円　Ⓝ933
　☆「世界のSF文学・総解説」

04581　「人間の手がまだ触れない」
　『人間の手がまだ触れない』　ロバート・シェクリイ著　稲葉明雄ほか訳　早川書房　2007　349p　15cm（ハヤカワ文庫SF）　800円　Ⓘ978-4-15-011597-5
　☆「世界のSF文学・総解説」

ジェーコブズ

04582　「アメリカ映画の興隆」
　☆「世界名著大事典」

ジェコブス, ジェーン

04583　「アメリカ大都市の死と生」
　☆「建築の書物/都市の書物」

ジェサップ, リチャード

04584　「摩天楼の身代金」
　『摩天楼の身代金』　リチャード・ジェサップ著　平尾圭吾訳　文芸春秋　1983　425p　16cm（文春文庫）　480円　Ⓘ4-16-727507-4　Ⓝ933
　☆「世界の推理小説・総解説」,「世界の冒険小説・総解説」

ジェーズ

04585　「行政法の一般原理」
　☆「世界名著大事典」

04586　「財政学教程」
　☆「世界名著大事典」

シェストフ

04587　「虚無よりの創造—チェホフ論」
　『虚無よりの創造—他二篇』　レオ・シェストフ著　河上徹太郎訳　角川書店　1952　164p　15cm（角川文庫　第548）　Ⓝ138
　☆「世界名著解題選　第6巻」

04588　「ドストイェフスキィとニーチェ・悲劇の哲学」
　☆「哲学名著解題」

04589　「悲劇の哲学」
　『悲劇の哲学』　シェストフ著　近田友一訳　現代思潮社　1996　261p　20cm（古典文庫18）〈第9刷（第1刷：1968年）　年譜：p244～245〉　2472円　Ⓘ4-329-00320-1　Ⓝ980.268

☆「世界の哲学思想」,「世界名著大事典」

シェッツィング, フランク

04590　「深海のYrr」
　☆「世界の小説大百科」

シェッフェル

04591　「エッケハルト」
　『エッケハルト　上巻』　ヨーゼフ・ヴィクトル・フォン・シェッフェル作　大畑末吉訳　富士出版　1946　304p 図版　21cm　Ⓝ943
　☆「世界名著大事典」

シェッフラー

04592　「ゴシックの精神」
　☆「世界名著大事典」

ジェニー

04593　「実定私法における解釈の方法と法源」
　☆「学術辞典叢書　第14巻」,「世界名著大事典」

04594　「実定私法における科学と技術」
　☆「世界名著大事典」

シェニエ

04595　「詩集」
　☆「世界名著大事典」

シェーニツ

04596　「科学的私経済学の原理と体系」
　☆「世界名著大事典」

ジェニーン, ハロルド・シドニー

04597　「プロフェッショナルマネジャー」
　『プロフェッショナルマネジャー—58四半期連続増益の男』　ハロルド・シドニー・ジェニーン, アルヴィン・モスコー共著　田中融二訳　柳井正解説　プレジデント社　2004　339p　19cm　1333円　Ⓘ4-8334-5002-X
　☆「世界で最も重要なビジネス書」,「超売れ筋ビジネス書101冊」

ジェニングズ

04598　「議会」
　☆「世界名著大事典」

04599　「法および憲法」
　☆「世界名著大事典」

ジェネップ, アルノルド・ヴァン

04600　「通過儀礼」
　『通過儀礼』　アルノルド・ヴァン・ジェネップ著　秋山さと子, 弥永信美訳　思索社　1977　212,126p　20cm〈巻末：ヴァン・ジェネップ著作目録〉　2000円　Ⓝ386
　☆「学問がわかる500冊」

シェパード, ジム
04601 「わかっていただけますよね」
☆「21世紀の世界文学30冊を読む」

シェパード, S.
04602 「埋められた子供」
『埋められた子供―サム・シェパード戯曲集』 サム・シェパード著　安井武訳　新水社　1986　308p　19cm（英米秀作戯曲シリーズ2）　2200円　①4-915165-07-8
☆「たのしく読めるアメリカ文学」

シェーファー
04603 「企業論」
☆「世界名著大事典」

シェーファー, ジャック
04604 「シェーン」
『シェーン』 ジャック・シェーファー著　清水俊二訳　早川書房　1953　132p 図版　19cm（Hayakawa pocket mystery books　第506）　Ⓝ933
☆「日本・世界名作「愛の会話」100章」

シェーファー, P.
04605 「エクウス」
☆「たのしく読めるイギリス文学」

シェーファー, R.マリー
04606 「世界の調律―サウンドスケープとはなにか」
『世界の調律―サウンドスケープとはなにか』 R.マリー・シェーファー著　鳥越けい子, 小川博司, 庄野泰子, 田中直子, 若尾裕訳　平凡社　2006　569p　16cm（平凡社ライブラリー）　1900円　①4-582-76575-0
☆「建築の書物/都市の書物」

ジェファーズ, スーザン
04607 「とにかく、やってみよう！」
『とにかく、やってみよう！―不安をたしかな「自信」に変える奇跡の方法』 スーザン・ジェファーズ著　佐藤綾子訳　大和書房　1999　252p　19cm　1600円　①4-479-78059-9
☆「世界の自己啓発50の名著」

ジェファソン, トマス
04608 「アメリカ独立宣言」
『世界の名著　33　フランクリン, ジェファソン, マディソン他, トクヴィル』　中央公論社　1970　560p 図 肖像　18cm　Ⓝ080
☆「西洋をきずいた書物」

シェフケ
04609 「音楽美学史概説」
☆「世界名著大事典」

シェフチェンコ
04610 「コブザーリ」
☆「世界文学鑑賞辞典 第4」

シェフレ, アルバート
04611 「租税政策の根本原則」
☆「世界名著大事典」

シェフレ, フリードリヒ
04612 「社会体の構造と生活」
☆「学術辞典叢書 第14巻」,「世界名著解題選 第2巻」,「世界名著大事典」

ジェームズ
04613 「地理学概論」
☆「世界名著大事典」

ジェームズ, ウィリアム
04614 「根本経験論」
☆「哲学名著解題」

04615 「宗教的経験の諸相」
『宗教的経験の諸相　上』 W.ジェイムズ著　桝田啓三郎訳　岩波書店　1969　395p　15cm（岩波文庫）　200円　Ⓝ161.5
☆「学問がわかる500冊」,「近代名著解題選集 2」,「宗教学の名著30」,「人文科学の名著」,「世界のスピリチュアル50の名著」,「世界名著大事典」,「哲学名著解題」

04616 「信ずる意思」
☆「世界名著大事典」

04617 「心理学」
『心理学　上, 下巻』 ウイリアム・ジェームズ著　今田恵訳　岩波書店　1950　2冊　15cm（岩波文庫）　Ⓝ140.1
☆「学術辞典叢書 第13巻」,「学問がわかる500冊」,「教育学の世界名著100選」,「人文科学の名著」,「世界名著解題選 第2巻」,「世界名著大事典」

04618 「心理学原理」
☆「近代名著解題選集 2」,「心理学の名著12選」,「哲学名著解題」

04619 「心理学の根本問題」
☆「世界の心理学50の名著」

04620 「真理の意味．プラグマティズム続篇」
☆「近代欧米名著解題 第5巻」,「哲学名著解題」

04621 「多元的宇宙」
☆「哲学名著解題」

04622 「哲学の根本問題」
☆「哲学名著解題」

04623 「プラグマティズム」
『プラグマティズム』 W.ジェイムズ著 桝田啓三郎訳 岩波書店 1994 236,4p 15cm（岩波文庫）〈第35刷（第1刷：57.5.25）〉 520円 Ⓘ4-00-336401-5
☆「学術辞典叢書 第12巻」，「教養のためのブックガイド」，「近代欧米名著解題 第3巻」，「近代名著解題選集 2」，「古典・名著の読み方」，「世界を変えた100冊の本」，「世界の古典名著」，「世界の哲学50の名著」，「世界の哲学思想」，「世界の名著早わかり事典」，「世界名著解題選 第3巻」，「世界名著解題選 第5巻」，「世界名著大事典」，「哲学の世界」，「哲学の名著」，「哲学名著解題（協同出版）」，「哲学名著解題」（春秋社），「なおかつお厚いのがお好き？」

ジェームス1世

04624 「悪魔学」
☆「世界の奇書」

04625 「自由王政の真の法」
☆「世界名著大事典」

ジェームソン

04626 「社会運動としてみたアメリカ革命」
☆「世界名著大事典」

シェーラー

04627 「ドイツ語史研究」
☆「世界名著大事典」

04628 「ドイツ文学史」
『ドイツ文学史 第2巻』 ヴイルヘルム・シェーラー著 高橋義孝訳 創元社 1949 333p 19cm（創元選書 172）Ⓝ940.2
☆「世界名著解題選 第6巻」，「世界名著大事典」

シェーラー, マックス

04629 「宇宙における人間の地位」
『宇宙における人間の地位』 マックス・シェーラー著 亀井裕,山本達訳 白水社 2012 239p 19cm（白水iクラシックス） 2700円 Ⓘ978-4-560-09605-5
☆「世界の古典名著」，「人間学の名著を読む」，「ハイデガー本45」

04630 「価値の転倒」
☆「倫理学」

04631 「宗教と哲学」
☆「宗教哲学名著解説」

04632 「知識の諸形態と社会」
☆「世界名著大事典」

04633 「哲学的世界観」
『哲学的世界観』 マックス・シェーラー著 寺島実仁訳 創元社 1942 245p 18cm（哲学叢書）Ⓝ134,134.94

☆「世界名著大事典」

04634 「倫理学における形式主義と実質的価値倫理学」
☆「学術辞典叢書 第13巻」，「人文科学の名著」，「世界名著解題選 第3巻」，「世界名著大事典」，「哲学の名著」

シェリー, パーシー

04635 「回教徒のむほん」
☆「世界名著大事典」

04636 「感じやすい植物」
☆「世界名著大事典」

04637 「鎖を解かれたプロメテウス」
『鎖を解かれたプロメテウス』 シェリー作 石川重俊訳 改版 岩波書店 2003 339p 15cm（岩波文庫）〈肖像あり〉 660円 Ⓘ4-00-322301-2 Ⓝ931.6
☆「世界文学あらすじ大事典 2（きよえ‐ちえ）」，「世界名著大事典」

04638 「シェリー詩集」
『シェリー詩集―対訳』 シェリー［著］ アルヴィ宮本なほ子編 岩波書店 2013 355p 15cm（岩波文庫 32-230-2―イギリス詩人選 9）〈英語併記 文献あり〉 840円 Ⓘ978-4-00-322302-4 Ⓝ931.6
☆「世界の名著」，「世界文学鑑賞辞典 第1」

04639 「詩の擁護」
☆「世界名著大事典」

04640 「世俗の凱旋」
☆「世界名著大事典」

04641 「チェンチ家」
『チェンチ家―詩劇』 パーシ・ビッシュ・シェリ著 小倉武雄訳 一橋書房 1955 241p 図版 19cm Ⓝ932
☆「世界文学あらすじ大事典 2（きよえ‐ちえ）」，「世界名著大事典」

04642 「西風に寄せるオード」
☆「現代世界の名作」，「たのしく読めるイギリス文学」

シェリー, メアリー

04643 「フランケンシュタイン」
『フランケンシュタイン』 メアリー・シェリー著 小林章夫訳 光文社 2010 423p 15cm（光文社古典新訳文庫） 781円 Ⓘ978-4-334-75216-3
☆「イギリス文学」，「書き出し「世界文学全集」」，「知っておきたいイギリス文学」，「世界のSF文学・総解説」，「世界の幻想文学」，「世界の小説大百科」，「世界文学あらすじ大事典 3（ちかー・ふろ）」，「世界文学鑑賞辞典 第1」，「世界名著大事典」，「たのしく読めるイギリス文学」

シェリダン, R.B.

04644「悪口学校」
『悪口学校』 シェリダン作　菅泰男訳　岩波書店　2000　194p　15cm（岩波文庫）　460円　①4-00-322601-1
☆「世界文学あらすじ大事典 4（ふん・われ）」,「世界名著大事典」

04645「恋敵」
☆「世界名著大事典」

シェリフ

04646「自我関係の心理学」
☆「世界名著大事典」

シェリフ夫妻

04647「社会心理学概論」
☆「世界名著大事典」

シェリング, フリードリヒ・ヴィルヘルム・ヨゼフ・フォン

04648「学問論」
『学問論』 シェリング著　勝田守一訳　岩波書店　1957　225p　15cm（岩波文庫）　Ⓝ134.33
☆「世界名著大事典」

04649「芸術哲学」
『芸術哲学』 シェリング著　大西昇訳　再版　霞書房　1948　225p　18cm　Ⓝ701.1
☆「学術辞典叢書 第13巻」,「世界名著解題選 第1巻」,「世界名著解題選 第6巻」,「世界名著大事典」

04650「自然哲学試論」
☆「世界名著大事典」

04651「神話と啓示との哲学」
☆「哲学名著解題」

04652「神話の哲学」
☆「教養のためのブックガイド」,「世界名著大事典」

04653「先験的観念論の体系」
『先験的観念論の体系』 シェリング著　赤松元通訳　再版　蒼樹社　1949　494p　22cm　Ⓝ134.33
☆「世界名著大事典」,「哲学名著解題」（協同出版）,「哲学名著解題」（春秋社）

04654「大学における研究の方法に関する講義」
☆「哲学名著解題」

04655「人間的自由の本質」
『人間的自由の本質』 シェリング著　西谷啓治訳　岩波書店　2002　202,4p　15cm（岩波文庫）　560円　①4-00-336312-4
☆「学術辞典叢書 第12巻」,「近代哲学の名著」,「思想史の巨人たち」,「世界の古典名著」,「世界名著解題選 第3巻」,「世界名著大事典」,「哲学の世界」,「哲学の名著」,「哲学名著解題」（協同出版）,「哲学名著解題」（春秋社）,「ハイデガー本45」

04656「ブルーノ」
『ブルーノ』 シェリング著　服部英次郎, 井上庄七訳　岩波書店　1955　209p　15cm（岩波文庫）　Ⓝ134.33
☆「世界名著大事典」

04657「ミュンヘン講義」
☆「哲学名著解題」

04658「私の哲学体系の叙述」
☆「学術辞典叢書 第13巻」,「世界名著解題選 第3巻」,「世界名著大事典」,「哲学名著解題」（協同出版）,「哲学名著解題」（春秋社）

シェリング, A.

04659「音楽における象徴」
☆「世界名著大事典」

04660「譜例による音楽史」
☆「世界名著大事典」

シェリントン

04661「神経系の総積作用」
☆「西洋をきずいた書物」

シェール

04662「物理学双書」
☆「世界名著大事典」

ジェルジュ, コンラード

04663「ケースワーカー」
☆「世界の小説大百科」

シェルスキー

04664「産業社会における学校と教育」
☆「名著による教育原理」

シェルドン

04665「管理の原理」
☆「世界名著大事典」

04666「人体の変異」
☆「世界名著大事典」

ジェルピ, E.

04667「生涯教育」
『生涯教育—抑圧と解放の弁証法』 エットーレ・ジェルピ著　前平泰志訳　東京創元社　1983　281p　19cm（現代社会科学叢書）　1500円　Ⓝ379
☆「教育名著の愉しみ」

ジェルボー, アラン

04668「たった一人の海」
☆「世界の海洋文学」

シェーレ
04669　「空気と火に関する化学的研究」
☆「世界を変えた書物」

シエレー
04670　「アドネイス」
☆「近代名著解題選集 2」

シェーレル
04671　「知識形態と社会」
☆「哲学名著解題」

シェーロフ
04672　「黒海北岸地方における古典世界」
☆「世界名著大事典」

04673　「スキート・サルマート考古学の諸問題」
☆「世界名著大事典」

ジェローム
04674　「ボートの三人男」
『ボートの三人男』 ジェローム・K.ジェローム著　丸谷才一訳　改版　中央公論新社　2010　321p　15cm（中公文庫）　762円
①978-4-12-205301-4
☆「世界文学あらすじ大事典 4（ふん - われ）」、「たのしく読めるイギリス文学」

ジェロムスキ
04675　「灰」
☆「世界名著大事典」

シェンキェヴィチ, ヘンリク
04676　「クォ ヴァディス」
『クォ・ヴァディス 1』 藍真理人著　シェンキェヴィチ原作　復刻版　女子パウロ会　2013　201p　18cm　600円
①978-4-7896-0733-9　Ⓝ726.1
☆「一冊で世界の名著100冊を読む」、「学術辞典叢書 第13巻」、「近代名著解題選集 1」、「近代名著解題選集 2」、「現代世界の名作」、「『こころ』は本当に名作か」、「世界の小説大百科」、「世界の長編文学」、「世界の名作」、「世界の名著」、「世界文学あらすじ大事典 4（きよえ - ちえ）」、「世界文学鑑賞辞典 第3」、「世界文学の名作と主人公」、「世界名作事典」、「世界名著解題選 第1巻」、「世界名著大事典」、「入門名作の世界」、「ポケット世界名作事典」

04677　「火と剣によりて」
☆「世界名著大事典」

ジェンキンズ
04678　「暴風海域」
『暴風海域』 ジェフリイ・ジェンキンズ著　白石佑光訳　早川書房　1977　213p　19cm（ハヤカワ・ノヴェルズ）　780円　Ⓝ933
☆「世界の冒険小説・総解説」

04679　「幽霊潜水艦」
『幽霊潜水艦』 ジェフリイ・ジェンキンズ著　工藤政司訳　早川書房　1978　230p　19cm（ハヤカワ・ノヴェルズ）　830円　Ⓝ933
☆「世界の冒険小説・総解説」

シェンク, デイヴィッド
04680　「ハイテク過食症」
『ハイテク過食症――インターネット・エイジの奇妙な生態』 デイヴィッド・シェンク著　倉骨彰訳　早川書房　1998　318p　19cm　2200円　①4-15-208177-5
☆「科学を読む愉しみ」

ジェンクス, チャールズ
04681　「ポスト・モダニズムの建築言語」
☆「建築の書物/都市の書物」

ジェンティーレ
04682　「純粋行動としての精神の概論」
☆「哲学名著解題」

04683　「精神の一般理論」
☆「世界名著大事典」

04684　「ヘーゲル弁証法の改革」
☆「世界名著大事典」

ジェンナー
04685　「牛痘接種による発疹の原因と効果」
☆「西洋をきずいた書物」、「世界名著大事典」

シェーンブルーク
04686　「経営経済学の認識対象」
☆「世界名著大事典」

04687　「個別経営学における方法問題」
☆「世界名著大事典」

シェーンベルク
04688　「新12音符」
☆「西洋をきずいた書物」

ジオノ
04689　「丘」
『丘』 ジャン・ジオノ作　山本省訳　岩波書店　2012　250p　15cm（岩波文庫）　600円
①978-4-00-375125-1
☆「世界名著大事典」

シオラン, エミール
04690　「絶望のきわみで」
☆「世界の小説大百科」

シオン
04691 「モンスーン・アジア」
☆「世界名著大事典」

ジオンゴ, グギ・ワ
04692 「川をはさみて」
☆「世界の小説大百科」

シーガル, J.P.
04693 「一九七〇年代の学生の政治参加」
☆「現代政治学を読む」

ジーク
04694 「トカラ語文法」
☆「世界名著大事典」

竺 法護 じく・ほうご
04695 「盂蘭盆経」
☆「世界の奇書」,「世界名著大事典」,「東洋の奇書55冊」

ジクヴァルト
04696 「論理学」
☆「世界名著大事典」

シクスー, H.
04697 「メデューサの笑い」
『メデューサの笑い』 エレーヌ・シクスー著 松本伊瑳子, 国領苑子, 藤倉恵子編訳 紀伊國屋書店 1993 374p 19cm 3200円 ①4-314-00595-5
☆「フェミニズムの名著50」

シーグフリード, A.
04698 「アメリカ成年期に達す」
☆「現代政治学を読む」

04699 「西欧の精神」
『西欧の精神』 A.シーグフリード著 福永英二訳 角川書店 1961 224p 15cm (角川文庫) Ⓝ201
☆「現代人のための名著」

ジグラー, ジグ
04700 「ジグ・ジグラーの自分を動かす力」
『ジグ・ジグラーの自分を動かす力―不可能を可能にする必勝哲学』 ジグ・ジグラー著 我妻栄良訳 騎虎書房 1992 272p 19cm 1500円 ①4-88693-244-4
☆「世界の成功哲学50の名著エッセンスを解く」

04701 「ジグ・ジグラーの積極思考の力」
『ジグ・ジグラーの積極思考の力―豊かな人生を創る必勝哲学』 ジグ・ジグラー著 我妻栄良訳 騎虎書房 1991 320p 19cm 1500円 ①4-88693-239-8
☆「世界の成功哲学50の名著エッセンスを解く」

シーグレーブ, スターリング
04702 「宋王朝」
☆「教養のためのブックガイド」

シクロフスキー, ヴィクトル
04703 「ロシア・フォルマリズム論集」
『ロシア・フォルマリズム論集―詩的言語の分析』 新谷敬三郎, 磯谷孝編訳 現代思潮社 1971 431p 20cm (ロシア群書 6) 1600円 Ⓝ980.2
☆「必読書150」

ジーゲリスト
04704 「大医学者」
☆「世界名著大事典」

シゲルス
04705 「理性的魂について」
☆「世界名著大事典」

シゲーレ
04706 「党派の非行性」
☆「世界名著大事典」

子思 しし
04707 「子思子」
☆「世界名著大事典」

04708 「中庸」
☆「学術辞典叢書 第15巻」,「近代名著解題選集2」,「世界名著解題選 第2巻」,「世界名著大事典」,「中国古典名著のすべてがわかる本」,「中国の古典名著」

シジウィック, ヘンリー
04709 「哲学の範囲及其関係」
☆「近代欧米名著解題 第1巻」

04710 「倫理学の方法」
☆「近代名著解題選集2」,「世界名著解題選 第3巻」,「世界名著大事典」

ジジェク, スラヴォイ
04711 「イデオロギーの崇高な対象」
『イデオロギーの崇高な対象』 スラヴォイ・ジジェク著 鈴木晶訳 河出書房新社 2000 353p 19cm 3200円 ①4-309-24233-2
☆「必読書150」

04712 「終焉の時代に生きる」
『終焉の時代に生きる』 スラヴォイ・ジジェク著 山本耕一訳 国文社 2012 572p 19cm 5200円 ①978-4-7720-0536-4
☆「世界の哲学50の名著」

04713 「統計的中数値論」

『統計的中数値論』 フランツ・ジイジエーク著 岡崎文規訳 有斐閣 1926 501,6p 23cm Ⓝ418
☆「世界名著大事典」

04714 「厄介なる主体」
『厄介なる主体 2 政治的存在論の空虚な中心』 スラヴォイ・ジジェク著 鈴木俊弘, 増田久美子訳 青土社 2007 346,10p 19cm 2400円 Ⓘ978-4-7917-6322-1
☆「倫理学」

シスモンディ, S.d.

04715 「イタリアにおける自由の歴史」
☆「世界名著大事典」

04716 「経済学新原理」
『経済学新原理』 シスモンヂ著 菅間正朔訳 日本評論社 1949 2冊 15cm（世界古典文庫）Ⓝ331.329
☆「学術辞典叢書 第11巻」,「経済学88物語」,「経済学名著106選」,「社会科学の名著」,「世界の古典名著」,「世界名著解題選 第1巻」,「世界名著大事典」

04717 「社会科学研究」
☆「世界名著大事典」

04718 「商業的富」
☆「世界名著大事典」

シゾワ

04719 「ウラノワー世紀のバレリーナ」
☆「伝記・自叙伝の名著」

ジーター, K.W.

04720 「悪魔の機械」
☆「世界のSF文学・総解説」

シチェドリン, サルトゥコフ

04721 「ある町の歴史」
☆「世界文学鑑賞辞典 第4」,「世界名著大事典」

04722 「おとなのための童話」
☆「世界名著大事典」

04723 「県の記録」
☆「世界名著大事典」

04724 「ゴロヴリョフ家の人々」
☆「世界文学鑑賞辞典 第4」,「世界名著大事典」,「ポケット世界名作事典」

04725 「僻地の旧習」
『僻地の旧習 第2』 シチェドリン著 西尾章二訳 日本評論社 1949 350p 15cm（世界古典文庫 第56）Ⓝ983
☆「世界文学鑑賞辞典 第4」,「世界名著大事典」

シチェルバツコイ

04726 「大乗仏教概論」
『大乗仏教概論—仏教の涅槃の概念』 シチェルバトスコイ著 金岡秀友訳 理想社 1957 175p 22cm Ⓝ181.1
☆「世界名著大事典」

04727 「仏教哲学概論」
『仏教哲学概論』 ツェルバツキイ著 市川白弦訳註 第一書房 1935 174p 23cm Ⓝ181
☆「世界名著大事典」

ジッド, アンドレ

04728 「新しい糧」
☆「世界名著大事典」

04729 「アンドレ・ワルテルの手記」
『アンドレ・ワルテルの手記・詩』 アンドレ・ジイド著 三好達治訳 新潮社 1952 228p 16cm（新潮文庫 第377）Ⓝ953
☆「作家の訳した世界の文学」,「世界文学鑑賞辞典 第2」

04730 「コンゴ紀行」
☆「世界名著大事典」

04731 「狭き門」
『狭き門』 ジッド[著] 山内義雄訳 改版 新潮社 2013 280p 16cm（新潮文庫 シー2-3）〈年譜あり〉 490円 Ⓘ978-4-10-204503-9 Ⓝ953.7
☆「あらすじで味わう外国文学」,「あらすじで読む世界の名著 no.2」,「あらすじで読む世界文学105」,「一冊で世界の名著100冊を読む」,「面白いほどよくわかるあらすじで読む世界の名作」,「現代世界の名作」,「知っておきたいフランス文学」,「世界の小説大百科」,「世界の名作」,「世界の名作50選」,「世界の名作100を読む」,「世界の名作文学案内」,「世界文学鑑賞辞典 第2」,「世界文学の名作と主人公」,「世界名作事典」,「世界名作文学館」,「世界名著大事典」,「2時間でわかる世界の名著」,「日本・世界名作「愛の会話」100章」,「日本文学現代名作事典」,「入門名作の世界」,「百年の誤読 海外文学篇」,「フランス文学」,「文学・名著300選の解説 '88年度版」,「ポケット世界名作事典」,「名作あらすじ事典 西洋文学編」,「名作の読解法」,「名小説ストーリィ集 世界篇」,「読んでおきたい世界の名著」

04732 「ソヴェト紀行」
『ソヴェト紀行』 シモーヌ・テリー著 谷長茂, 関義共訳 青木書店 1953 309p 19cm（青木文庫 第113）Ⓝ955.9
☆「世界の旅行記101」,「世界名著大事典」

04733 「地の糧」
☆「世界の小説大百科」,「世界名著大事典」

04734 「田園交響楽」
『田園交響楽』 ジッド[著] 神西清訳 88刷

改版　新潮社　2005　140p　16cm〈新潮文庫〉〈年譜あり〉　324円　ⓘ4-10-204504-X　Ⓝ953.7
☆「面白いほどよくわかる世界の文学」、「世界文学鑑賞辞典 第2」、「世界名著大事典」、「ベストセラー世界の文学・20世紀 1」、「名作への招待」

04735　「ドストエーフスキー」
『ドストエーフスキー』　ボロスデイン著　黒田辰男訳　新潮社　1925　262p　肖像　19cm（文豪評伝叢書　第1）Ⓝ980
☆「世界名著解題選 第6巻」、「世界名著大事典」

04736　「贋金つくり」
『贋金つかい』　アンドレ・ジッド著　山内義雄訳　新潮社　1969　531p　15cm〈新潮文庫〉220円　Ⓝ953
☆「現代世界の名作」、「世界の小説大百科」、「世界文学あらすじ大事典 3（ちかーふろ）」、「世界文学鑑賞辞典 第2」、「世界名著大事典」、「ポケット世界名作事典」、「要約 世界文学全集 1」

04737　「日記」
☆「世界名著大事典」

04738　「根こそぎにされた人々」
☆「現代世界の名作」

04739　「背徳者」
『背徳者』　アンドレ・ジイド作　川口篤訳　改訳　岩波書店　1971　208p　15cm〈岩波文庫〉〈22刷（初版：昭和11年）〉　100円　Ⓝ953
☆「世界の小説大百科」、「世界文学鑑賞辞典 第2」、「世界名作事典」、「世界名著案内 4」、「世界名著大事典」

04740　「パリュード」
☆「世界名著大事典」

04741　「1粒の麦もし死なずば」
☆「自伝の名著101」、「世界名著大事典」

04742　「プレテクスト」
☆「世界名著大事典」

04743　「法王庁の抜け穴」
☆「世界文学あらすじ大事典 4（ふん－われ）」、「世界文学鑑賞辞典 第2」、「世界名著大事典」

04744　「ユリアンの旅」
『ユリアンの旅』　アンドレ・ジイド著　山内義雄、伊吹武彦訳　青銅社　1976　142p　22cm　Ⓝ953
☆「世界の幻想文学」

ジッド, シャルル

04745　「経済学説史」
☆「世界名著大事典」

04746　「消費組合論」
『消費組合論』　シヤール・ジード著　広瀬円一郎訳　清水書店　1926　346p　22cm　Ⓝ335.4

☆「学術辞典叢書 第14巻」、「世界名著解題選 第2巻」

実録庁　じつろくちょう
04747　「李朝実録」
☆「世界名著大事典」

シティズンシップ諮問委員会
04748　「クリック・レポート」
☆「はじめて学ぶ政治学」

シデナム
04749　「痛風に関する研究」
☆「西洋をきずいた書物」

04750　「臨床観察」
☆「世界名著大事典」

ジドー
04751　「自然民族の芸術と宗教」
☆「世界名著大事典」

シトーウィック, リチャード・E.
04752　「共感覚者の驚くべき日常─形を味わう人、色を聴く人」
『共感覚者の驚くべき日常─形を味わう人、色を聴く人』　リチャード・E.シトーウィック著　山下篤子訳　草思社　2002　334p　19cm　1900円　ⓘ4-7942-1127-9
☆「ブックガイド"心の科学"を読む」

シドニー, アルジャール
04753　「政府論」
☆「世界名著大事典」

シドニー, フィリップ
04754　「アーケイディア」
『アーケイディア』　フィリップ・シドニー著　礒部初枝、小塩トシ子、川井万里子、土岐知子、根岸愛子共訳　福岡　九州大学出版会　1999　554p　21cm　9400円　ⓘ4-87378-573-1
☆「世界の小説大百科」、「世界文学鑑賞辞典 第1」、「世界名著大事典」

04755　「アストロフェルとステラ」
『アストロフェルとステラ』　フィリップ・シドニー著　大塚定徳他共訳　篠崎書林　1979　295p　20cm〈付：サーティン・ソネッツ〉　2500円　Ⓝ931
☆「世界名著大事典」

04756　「詩の弁護」
『詩の弁護』　フィリップ・シドニー著　富原芳彰訳注　研究社出版　1968　163p　21cm（英米文芸論双書　1）〈英文併記〉　250円　Ⓝ901.1
☆「教養のためのブックガイド」、「世界名著大事典」

シートン
04757 「シートン動物記」
☆「あらすじで出会う世界と日本の名作55」,「一冊で不朽の名作100冊を読む」(友人社),「一冊で不朽の名作100冊を読む」(友人社),「世界名作事典」,「世界名著大事典」,「名作の研究事典」

シートン夫人
04758 「シートン―燃えさかる火のそばで」
☆「伝記・自叙伝の名著」

シートン=ワトソン,H.
04759 「国民と国家」
☆「学問がわかる500冊」,「ナショナリズム論の名著50」

ジーニ
04760 「国民進化の人口学的要因」
☆「世界名著大事典」

シーニオア
04761 「政治経済学概論」
☆「世界名著大事典」

シニャク
04762 「ドラクロワより新印象主義まで」
☆「世界名著大事典」

ジニャーネシヴァラ
04763 「ジニャーネシヴァリー」
☆「世界名著大事典」

シニャフスキー
04764 「リェビーモフ」
☆「世界の幻想文学」

シネター,マーシャ
04765 「ワクワクする仕事をしていれば、自然とお金はやってくる」
『ワクワクする仕事をしていれば、自然とお金はやってくる』 マーシャ・シネター著 ヴォイス編 ヴォイス 2001 253p 18cm (Voice新書) 880円 ①4-89976-013-2 Ⓝ159
☆「お金と富の哲学世界の名著50」

ジーバー
04766 「経営経済学の対象と考案方法」
☆「世界名著大事典」

司馬 光 しば・こう
04767 「温公家範」
☆「世界名著大事典」

04768 「資治通鑑」
『資治通鑑―和刻本山名本 1』 司馬光奉勅編 山名善譲点 汲古書院 1973 583p 25cm 〈鳳文館明治年刊の複製〉 Ⓝ222.01
☆「学術辞典叢書 第15巻」,「世界名著解題選 第2巻」,「世界名著大事典」,「中国の古典名著」

司馬 穣苴 しば・じょうしょ
04769 「司馬法」
☆「中国の古典名著」

司馬 遷 しば・せん
04770 「史記」
『史記 1 覇者の条件』 司馬遷著 市川宏,杉本達夫訳 徳間書店 2005 481p 15cm (徳間文庫) 1143円 ①4-19-892337-X
☆「あらすじでわかる中国古典「超」入門」,「学術辞典叢書 第15巻」,「教養のためのブックガイド」,「近代名著解題選集 2」,「古典・名著の読み方」,「人文科学の名著」,「図解世界の名著がわかる本」,「世界の書物」,「世界の名著」,「世界の「名著」50」,「世界の名著早わかり事典」,「世界文学必勝法」,「世界名作事典」,「世界名著解題選 第2巻」,「世界名著大事典」,「地図とあらすじで読む歴史の名著」,「中国古典名著のすべてがわかる本」,「中国の古典名著」,「東洋の名著」,「文学・名著300選の解説 '88年度版」,「ポケット世界名作事典」,「歴史学の名著30」,「私の古典」,「わたしの古典」

志盤 しばん
04771 「仏祖統紀」
☆「世界名著大事典」

シーヒィ,ゲイル
04772 「パッセージ―人生の危機」
『パッセージ―人生の危機』 ゲール・シーヒィ著 深沢道子訳 プレジデント社 1978 2冊 20cm (プレジデントブックス) 各1200円 Ⓝ361.4
☆「世界の心理学50の名著」

ジーフェキング
04773 「経済史」
☆「世界名著大事典」

ジーフェルス
04774 「音声学概論」
☆「世界名著大事典」

04775 「古英語文法」
☆「世界名著大事典」

ジープス
04776 「ドイツ標準語」
☆「世界名著大事典」

シフトン,エリック
04777 「ナンダ・デヴィ」
☆「世界名著大事典」

04778 「未踏の山河」

『未踏の山河―シプトン自叙伝』　エリック・シプトン著　大賀二郎,倉知敬訳　茗渓堂　1972　417p　図　肖像　地図2枚（袋入り）　21cm　1900円　Ⓝ786.1
☆「山の名著30選」

ジブラン,カリール

04779　「預言者」
『預言者』　カリール・ジブラン著　船井幸雄監訳・解説　成甲書房　2009　156p　19cm　1400円　Ⓘ978-4-88086-251-4
☆「世界のスピリチュアル50の名著」

シブリー・ヌーマーニー

04780　「予言者伝」
☆「世界名著大事典」

ジーベル

04781　「ヴィルヘルム1世によるドイツ帝国の建設」
☆「世界名著大事典」

04782　「革命時代史」
☆「世界名著大事典」

04783　「リカードとマルクス」
☆「世界名著大事典」

シーボーム

04784　「イギリス村落共同体」
☆「世界名著大事典」

04785　「オクスフォードの改革者たち」
☆「世界名著大事典」

シーボルト

04786　「江戸参府紀行」
『江戸参府紀行』　ジーボルト著　斎藤信訳　平凡社　1967　347p　図版　地図　18cm（東洋文庫）　500円　Ⓝ291.099
☆「世界の旅行記101」

04787　「最後の日本紀行」
☆「世界名著大事典」

04788　「日本」
『日本　第6巻』　フィリップ・フランツ・フォン・シーボルト著　加藤九祚ほか訳　雄松堂書店　1979　482p　23cm〈副書名：日本とその隣国、保護国―蝦夷・南千島列島・樺太・朝鮮・琉球諸島―の記録集,日本とヨーロッパの文章および自己の観察による〉　5200円　Ⓝ291.09
☆「アジアの比較文化」,「世界名著大事典」,「日本名著辞典」

04789　「日本植物誌」
☆「世界名著大事典」

04790　「日本動物誌」
☆「世界名著大事典」

ジーボルト,H.v.

04791　「考古説略」
『考古説略』　ヘンリー・ホン・シーボルト著　ヘンリー・ホン・シーボルト　1879　32,17丁　図版　23cm〈和装〉　Ⓝ209
☆「世界名著大事典」

シマック

04792　「中継ステーション」
『中継ステーション』　クリフォード・D.シマック著　船戸牧子訳　早川書房　1977　295p　16cm（ハヤカワ文庫　SF）　340円　Ⓝ933
☆「世界のSF文学・総解説」

04793　「都市」
『都市―地域計画の基礎―システム手法の導入』　J.B.マクローリン著　片桐達夫訳　鹿島研究所出版会　1973　331p　21cm〈参考文献：p.320-331〉　Ⓝ519.8
☆「世界のSF文学・総解説」

シミアン

04794　「経済学における実証的方法」
☆「世界名著大事典」

04795　「フランスにおける炭鉱労働者の賃金」
☆「世界名著大事典」

シム

04796　「書物」
☆「世界名著大事典」

シムズ,ウィリアム・ギルモア

04797　「イェマシー族」
『イェマシー族の最後』　ウィリアム・ギルモア・シムズ著　中村正広訳　京都　山口書店　1995　524p　20cm〈参考文献：p516～517〉　5000円　Ⓘ4-8411-0855-6　Ⓝ933
☆「世界文学あらすじ大事典1（あ‐きよう）」

シムノン,ジョルジュ

04798　「男の首」
『男の首』　ジョルジュ・シムノン著　木村庄三郎訳　旺文社　1977　207p　16cm（旺文社文庫）　240円　Ⓝ953
☆「世界の推理小説・総解説」,「ポケット世界名作事典」

04799　「怪盗レトン」
『怪盗レトン』　ジョルジュ・シムノン著　木村庄三郎訳　旺文社　1978　216p　16cm（旺文社文庫）　240円　Ⓝ953
☆「ベストセラー世界の文学・20世紀1」

04800 「黄色い犬」
『黄色い犬』 ジョルジュ・シムノン著　中島昭和訳　角川書店　1963　202p　15cm（角川文庫）　Ⓝ953
☆「世界の推理小説・総解説」

04801 「雪は汚れていた」
『雪は汚れていた』 ジョルジュ・シムノン著　三輪秀彦訳　早川書房　1977　323p　16cm（ハヤカワ文庫　NV）　370円　Ⓝ953
☆「世界の推理小説・総解説」

ジーメンス

04802 「回想録」
☆「自然科学の名著」，「世界名著大事典」

シモニデス

04803 「詩集」
☆「世界名著大事典」

シーモノフ

04804 「戦友」
☆「世界名著大事典」

04805 「友と敵」
☆「世界名著大事典」

04806 「昼となく夜となく」
『昼となく夜となく　上巻』 シーモノフ著　小野俊一訳　角川書店　1953　283p　図版　15cm（角川文庫　第584）　Ⓝ983
☆「世界文学鑑賞辞典　第4」，「世界名著大事典」，「ポケット世界名作事典」

04807 「プラハのくり並み木の下で」
☆「世界名著大事典」

04808 「ユーゴスラヴィアの手帖」
『ユーゴスラヴィアの手帖』 コンスタンチン・シーモノフ作　黒田辰男訳　時事通信社　1946　195p　図版　18cm　Ⓝ983
☆「世界文学鑑賞辞典　第4」

04809 「ロシアの人々」
☆「世界文学鑑賞辞典　第4」，「世界名著大事典」

シモン,C.

04810 「風」
☆「世界名著大事典　補遺（Extra）」

04811 「フランドルへの道」
『フランドルへの道』 クロード・シモン［著］　平岡篤頼訳　新装復刊　白水社　2004　303p　20cm　2800円　Ⓘ4-560-04789-8　Ⓝ953.7
☆「世界文学の名作と主人公」，「世界名著大事典　補遺（Extra）」，「千年紀のベスト100作品を選ぶ」，「フランス文学」

04812 「ペテン師」
☆「世界名著大事典　補遺（Extra）」

04813 「ル・パラス」
☆「世界名著大事典　補遺（Extra）」

シモンズ,ジュリアン

04814 「犯罪の進行」
『犯罪の進行』 ジュリアン・シモンズ著　小笠原豊樹訳　早川書房　1961　238p　19cm（世界ミステリシリーズ）　Ⓝ933
☆「世界の推理小説・総解説」

シモンズ,A.W.

04815 「昼と夜」
☆「世界名著大事典　補遺（Extra）」

04816 「ロンドン夜景」
☆「世界文学鑑賞辞典　第1」，「世界名著大事典　補遺（Extra）」

シャー,イドリース

04817 「スーフィーの道」
☆「世界のスピリチュアル50の名著」

謝　赫　しゃ・かく

04818 「古画品録」
☆「世界名著大事典」，「東洋の名著」

謝　啓昆　しゃ・けいこん

04819 「小学考」
☆「世界名著大事典」

謝　清高　しゃ・せいこう

04820 「海録」
☆「世界名著大事典」

謝　肇淛　しゃ・ちょうせつ

04821 「五雑組」
☆「アジアの比較文化」，「世界名著大事典」

謝　冰心　しゃ・ひょうしん

04822 「幼い読者へ」
☆「世界名著大事典」

04823 「タオ・チーの夏休み日記」
☆「名作の研究事典」

謝　枋得　しゃ・ほうとく

04824 「文章規範」
☆「世界名著大事典」，「中国の古典名著」

謝　霊運　しゃ・れいうん

04825 「謝康楽集」
☆「世界名著大事典」

ジャーイシー

04826 「パドマーヴァット」
☆「世界名著大事典」

シャイデマン
04827 「1社会民主党員の覚え書」
☆「世界名著大事典」

シャイマー, R.H.
04828 「密殺の氷海」
『密殺の氷海』 R.H.シャイマー著 竹内佳子訳 角川書店 1985 332p 15cm〈角川文庫〉 460円 ①4-04-259801-3 Ⓝ933
☆「世界の海洋文学」

ジャイミニ
04829 「ミーマーンサー・スートラ」
☆「世界名著大事典」

ジャイルズ
04830 「中国文学史」
☆「世界名著大事典」

シャイン, エドガー・H.
04831 「組織文化とリーダーシップ」
『組織文化とリーダーシップ』 エドガー・H.シャイン著 梅津祐良, 横山哲夫訳 白桃書房 2012 497p 21cm〈原書第4版〉 4000円 ①978-4-561-23561-3
☆「究極のビジネス書50選」

シャヴァンヌ
04832 「西突厥伝彙纂」
☆「世界名著大事典」

シャーウィン, M.
04833 「破滅への道程—原爆と第二次世界大戦」
『破滅への道程—原爆と第二次世界大戦』 マーティン・J.シャーウィン著 加藤幹雄訳 ティビーエス・ブリタニカ 1978 478p 20cm 2700円 Ⓝ209.6
☆「科学技術をどう読むか」

シャーウッド
04834 「ローズヴェルトとホプキンス」
☆「世界名著大事典」

シャウプ
04835 「国民所得分析の原理」
『国民所得分析の原理』 カール・S.シャウプ著 永田清, 高橋長太郎共訳 有斐閣 1950 528p 図版 表 22cm Ⓝ331.8
☆「世界名著大事典」

シャウペ
04836 「地中海領域ロマン系諸民族の商業史」
☆「世界名著大事典」

シャギニャン
04837 「中央水力発電所」
☆「世界名著大事典」

ジャクスン, シャーリイ
04838 「山荘綺談」
☆「世界の幻想文学」

ジャクソン, バージル
04839 「黒い海の怒り」
『黒い海の怒り—原子力潜水タンカー遭難』 バージル・ジャクソン著 高橋泰邦訳 朝日新聞社 1980 285p 20cm 1500円 Ⓝ933
☆「世界の海洋文学」

ジャクソン, ホルブリック
04840 「書物狂の解剖」
☆「世界名著大事典」

シャクルトン
04841 「南」
☆「世界名著大事典」

04842 「ヨーロッパ」
☆「世界名著大事典」

ジャコブ
04843 「中央実験室」
☆「世界名著大事典」

シャーシャ, レオナルド
04844 「人それぞれに」
☆「世界の小説大百科」

04845 「ローマに散る」
☆「映画になった名著」

シャスラー
04846 「批判的美学史」
☆「世界名著大事典」

ジャタール
04847 「インド経済論」
☆「世界名著大事典」

シャツキー
04848 「生活教育論」
『生活教育論』 シャツキー著 森重義彰訳 明治図書出版 1973 210p 肖像 22cm〈世界教育学選集 75〉 Ⓝ371.5
☆「教育学の世界名著100選」

ジャッキエ, ニコラ
04849 「鬼神論」
☆「世界の奇書」

ジャッケンドフ, レイ

04850「心のパターン―言語の認知科学入門」
『心のパターン―言語の認知科学入門』 レイ・ジャッケンドフ著 水光雅則訳 岩波書店 2004 298p 21cm 3400円
①4-00-005386-8
☆「ブックガイド"心の科学"を読む」

ジャッド

04851「心理学概論」
☆「近代欧米名著解題 第4巻」

ジャドソン, H.F.

04852「科学と創造―科学者はどう考えるか」
『科学と創造―科学者はどう考えるか』 H.F.ジャドソン著 江沢洋監訳 培風館 1983 211p 22×28cm〈訳:曽田蕭子, 中村新男 参考書:p205〉 4800円 ①4-563-02026-5 Ⓝ401
☆「物理ブックガイド100」

04853「分子生物学の夜明け―生命の秘密に挑んだ人たち」
☆「科学技術をどう読むか」,「物理ブックガイド100」

シャトーブリアン

04854「アタラ」
『アタラ・ルネ』 シャトーブリヤン著 田辺貞之助訳 新潮社 1952 181p 図版 16cm (新潮文庫 第371) Ⓝ953
☆「現代世界の名作」,「世界の名著」,「世界文学あらすじ大事典1(あ・きよう)」,「世界文学鑑賞辞典 第2」,「世界文学の名作と主人公」,「フランス文学」,「ポケット世界名作事典」

04855「キリスト教精髄」
『キリスト教精髄 第2 キリスト教詩学』 シャトーブリアン著 田辺貞之助訳 創元社 1950 355p 19cm (哲学叢書 第52) Ⓝ190
☆「世界名著大事典」

04856「死後の回想録」
☆「世界名著大事典」

04857「ルネ」
『ルネ』 シャトーブリアン著 湟野ゆり子訳注 大学書林 1999 143p 18cm (Bibliotheque Daigakusyorin)〈他言語標題:René〉 1500円 ①4-475-02099-9
☆「世界の名著」,「世界文学鑑賞辞典 第2」,「フランス文学」,「ポケット世界名作事典」

シャトリアン

04858「降霊師ハンスヴァインライト」
☆「世界の幻想文学」

ジャネ

04859「政治学史」
☆「世界名著大事典」

ジャネ, ピエール

04860「強迫現象と精神衰弱」
☆「世界名著大事典」

04861「心理的自動性」
☆「世界名著大事典」

ジャノヴィツ

04862「世論とコミュニケーション読本」
☆「世界名著大事典」

シャノン, C.E.

04863「通信の数学的理論」
『通信の数学的理論』 クロード・E.シャノン, ワレン・ウィーバー, 植松友彦訳 筑摩書房 2009 231p 15cm (ちくま学芸文庫) 1200円 ①978-4-480-09222-9
☆「世界名著大事典 補遺(Extra)」

シャハト

04864「わが76年の生涯」
☆「世界名著大事典」

シャハリヤール

04865「インドの驚異」
☆「世界の奇書」,「東洋の奇書55冊」

ジャーヒズ

04866「けちんぼうの書」
☆「世界名著大事典 補遺(Extra)」

04867「修辞と説明の書」
☆「世界名著大事典 補遺(Extra)」

04868「動物の書」
☆「世界名著大事典 補遺(Extra)」

シャープ

04869「大統領令嬢を誘拐せよ」
『大統領令嬢を誘拐せよ』 マリリン・シャープ著 広瀬順弘訳 角川書店 1981 300p 20cm (海外ベストセラー・シリーズ) 1300円 Ⓝ933
☆「世界の冒険小説・総解説」

シャフツベリ伯

04870「徳についての研究」
☆「世界名著大事典」

04871「人間, 生活様式, 意見および時代の特徴」
☆「学術辞典叢書 第13巻」,「世界名著解題選 第3巻」,「世界名著大事典」

04872 「モラリストたち」
☆「世界名著大事典」

シャフヌール, シャーハン
04873 「歌なしの退却」
☆「世界の小説大百科」

シャーフハウゼン
04874 「デュッセルタールの洞窟から発掘された人類の遺物」
☆「西洋をきずいた書物」

シャブリー
04875 「星団」
☆「世界名著大事典」

ジャプリゾ
04876 「新車の中の女」
『新車の中の女』 セバスチアン・ジャプリゾ著 望月芳郎訳 東京創元社 1968 309p 15cm（創元推理文庫） 560円 ①4-488-14203-6 Ⓝ953.7
☆「世界の推理小説・総解説」

シャボ
04877 「ローマ考古学提要」
☆「世界名著大事典」

シャーマ, ロビン
04878 「3週間続ければ一生が変わる」
『3週間続ければ一生が変わる―あなたを変える101の英知』 ロビン・シャーマ著 北澤和彦訳 ポケット版 海竜社 2009 282p 18cm 857円 ①978-4-7593-1096-2 Ⓝ159
☆「超売れ筋ビジネス書101冊」

シャーマン
04879 「革新の政治経済学」
『革新の政治経済学―マルクス主義・人間主義的観点からみた資本主義と社会主義』 ハワード・シャーマン著 宮崎犀一,高須賀義博訳 新評論 1974 626p 22cm〈参考文献：p.586-604〉 3500円 Ⓝ331.34
☆「世界の古典名著」

ジャーミー
04880 「春の園」
☆「世界名著大事典」

シャミッソー, アーデルベルト・フォン
04881 「影をなくした男」
『影をなくした男』 シャミッソー作 池内紀訳 岩波書店 2002 153p 15cm（岩波文庫）〈第32刷〉 400円 ①4-00-324171-1
☆「知っておきたいドイツ文学」,「世界の幻想文学」,「世界文学あらすじ大事典1（あ‐きょう）」,「世界文学鑑賞辞典 第3」,「世界文学の名作と主人公」,「世界名著大事典」,「ドイツ文学」,「ポケット世界名作事典」,「名作あらすじ事典 西洋文学編」,「名作の研究事典」,「ヨーロッパを語る13の書物」,「要約 世界文学全集 2」

ジャム, フランシス
04882 「明けの鐘から夕べの鐘まで」
『フランシス・ジャム詩集』 フランシス・ジャム［著］ 手塚伸一訳 岩波書店 2012 411,10p 15cm（岩波文庫 32-557-2） 940円 ①978-4-00-325572-8 Ⓝ951.7
☆「世界名著大事典」

04883 「うさぎ物語」
『三人の乙女たち―フランシス・ジャム散文選』 フランシス・ジャム著 手塚伸一訳 青土社 2000 614p 20cm 5800円 ①4-7917-5796-3 Ⓝ953.7
☆「世界名著大事典」

04884 「生の勝利」
☆「世界名著大事典」

シャモワゾー, パトリック
04885 「テキサコ」
『テキサコ 上』 パトリック・シャモワゾー著 星埜守之訳 平凡社 1997 315p 19cm（新しい「世界文学」シリーズ） 2400円 ①4-582-30229-7
☆「知っておきたいフランス文学」,「名作あらすじ事典 西洋文学編」

ジャヤンタ
04886 「ニヤーヤ・マンジャリー」
☆「世界名著大事典」

ジャリ, アルフレッド
04887 「超男性」
『超男性』 アルフレッド・ジャリ著 渋沢龍彦訳 白水社 1989 210p 18cm（白水Uブックス 77） 880円 ①4-560-07077-6
☆「世界の幻想文学」

04888 「ユビュ王」
☆「世界名著大事典」

シャリエール, H.
04889 「パピヨン」
『パピヨン 上』 アンリ・シャリエール著 平井啓之訳 河出書房新社 1988 333p 15cm（河出文庫） 600円 ①4-309-46049-6
☆「映画になった名著」

ジャルー
04890 「書物の精髄」

☆「世界名著大事典」

シャルガフ, E.
04891 「ヘラクレイトスの火―自然科学者の回想的文明批判」
『ヘラクレイトスの火―自然科学者の回想的文明批判』 E.シャルガフ著 村上陽一郎訳 岩波書店 1990 363,21p 16cm（同時代ライブラリー 39) 1050円 ①4-00-260039-4
☆「科学技術をどう読むか」,「教養のためのブックガイド」

ジャルダン, アンドレ
04892 「トクヴィル伝」
『トクヴィル伝』 アンドレ・ジャルダン著 大津真作訳 晶文社 1994 674,35p 21cm 8900円 ①4-7949-6174-X
☆「歴史家の一冊」

シャルダン, ジャン
04893 「ペルシア旅行記」
☆「アジアの比較文化」

シャルチエ, ロジェ
04894 「フランス革命の文化的起源」
『フランス革命の文化的起源』 ロジェ・シャルチエ著 松浦義弘訳 岩波書店 1999 383,7p 20cm（岩波モダンクラシックス） 3600円 ①4-00-026416-8 Ⓝ235.06
☆「学問がわかる500冊 v.2」

シャルドンヌ
04895 「祝婚歌」
『祝婚歌 下巻』 シャルドンヌ著 山口年臣訳 角川書店 1954 214p 15cm（角川文庫） Ⓝ953
☆「世界文学鑑賞辞典 第2」

シャルモン
04896 「自然法の再生」
『自然法の再生』 シャルモン著 大沢章訳 岩波書店 1927 317p 20cm（法律思想叢書 第1) Ⓝ321.1
☆「世界名著大事典」

シャロン
04897 「知恵について」
☆「世界名著大事典」

シャーン, B.
04898 「ある絵の伝記」
『ある絵の伝記』 ベン・シャーン著 佐藤明訳 美術出版 1979 195p 21cm（美術選書） 1700円 Ⓝ704
☆「世界名著大事典 補遺（Extra)」

シャンカラ
04899 「ウパデーシャ・サーハスリー」
『ウパデーシャ・サーハスリー―真実の自己の探求』 シャンカラ著 前田専学訳 岩波書店 1988 301p 15cm（岩波文庫） 500円 ①4-00-332641-5
☆「世界名著大事典」

04900 「ブラフマ・スートラ注解」
☆「世界名著大事典」

シャンカラスヴァーミン
04901 「因明入正理論」
☆「世界名著大事典」

シャンカラミシュラ
04902 「ウパスカーラ」
☆「世界名著大事典」

シャンゲ, N.
04903 「死ぬことを考えた黒い女たちのために」
『死ぬことを考えた黒い女たちのために』 ヌトザケ・シャンゲ著 藤本和子訳 朝日新聞社 1982 161p 20cm（女たちの同時代 北米黒人女性作家選 3) 1400円 Ⓝ931
☆「たのしく読めるアメリカ文学」

シャンジュー, ジャン＝ピエール
04904 「考える物質」
☆「ブックガイド〈数学〉を読む」

ジャンセン, M.B.
04905 「坂本龍馬と明治維新」
『坂本龍馬と明治維新』 マリアス・B.ジャンセン著 平尾道雄,浜田亀吉訳 新装版 時事通信出版局,時事通信社〔発売〕 2009 480p 19cm 2200円 ①978-4-7887-0980-5
☆「外国人による日本論の名著」

04906 「日本人と孫逸仙」
☆「世界名著大事典」

シャンソン
04907 「懲役船」
『懲役船』 アンドレ・シャンソン著 大久保和郎訳 大日本雄弁会講談社 1957 275p 19cm Ⓝ953
☆「世界名著大事典」

シャーンタラクシタ
04908 「タットヴァサングラハ」
☆「世界名著大事典」

シャンツ
04909 「ローマ文学史」

『ローマ文学史』 ヂェイ・ワイト・ダッフ著 岩崎良三訳補 青木書店 1942 283p 図版6枚 23cm Ⓝ992
☆「世界名著大事典」

シャーンティデーヴァ
04910 「悟りへの道」
『悟りへの道』 シャーンティデーヴ著 金倉円照訳 京都 平楽寺店 1958 248p 19cm (サーラ叢書 第9) Ⓝ183.95
☆「世界名著大事典」

シャンド
04911 「性格の基礎」
☆「近代欧米名著解題 第9巻」

ジャン・ド・パリ
04912 「王権と教皇権に関する論考」
☆「世界名著大事典」

ジャン・ド・マン
04913 「薔薇物語」
☆「世界文学あらすじ大事典 3 (ちか - ふろ)」, 「世界文学鑑賞辞典 第2」, 「世界名著大事典」, 「日本の古典・世界の古典」

シャーンドル・マーライ
04914 「灼熱」
☆「世界の小説大百科」

ジャンヌレ
04915 「近代絵画」
『近代絵画』 A.オザンファン,E.ジャンヌレ著 吉川逸治訳 鹿島研究所出版会 1968 202p (図版共) 19cm (SD選書) 630円 Ⓝ723.016
☆「世界名著大事典」

シャンピオン
04916 「ヴィヨン,その生涯と時代」
☆「世界名著大事典」

シャンポリオン
04917 「エジプト・ヌビア記録」
☆「世界名著大事典」

朱 彝尊 しゅ・いそん
04918 「経義考」
☆「世界名著大事典」

シュー,ウージェーヌ
04919 「さまよえるユダヤ人」
『さまよえるユダヤ人 上巻』 ウージェーヌ・シュー著 小林龍雄訳 角川書店 1989 363p 15cm (角川文庫)〈再版 (第1刷：51.11.15)〉 570円 ①4-04-245701-0

☆「世界文学あらすじ大事典 2 (きよえ - ちえ)」

朱 琰 しゅ・えん
04920 「陶説」
☆「中国の古典名著」

朱 景玄 しゅ・けいげん
04921 「唐朝名画録」
☆「世界名著大事典」

朱 光潜 しゅ・こうせん
04922 「詩論」
☆「東アジア人文書100」

朱 載堉 しゅ・さいい
04923 「楽律全書」
☆「世界名著大事典」

朱 自清 しゅ・じせい
04924 「毀滅」
☆「世界名著大事典」

朱 舜水 しゅ・しゅんすい
04925 「舜水遺書」
☆「世界名著大事典 補遺 (Extra)」

朱 駿声 しゅ・しゅんせい
04926 「説文通訓定声」
☆「世界名著大事典」

朱 世傑 しゅ・せいけつ
04927 「算学啓蒙」
☆「アジアの比較文化」, 「世界名著大事典」

シュー,フランシス
04928 「クラン・カースト・クラブ」
☆「文化人類学の名著50」

04929 「パリの秘密」
☆「世界の幻想文学」, 「世界文学あらすじ大事典 3 (ちか - ふろ)」

シュアレス
04930 「3人」
☆「世界名著大事典」

04931 「ドビュッシー」
☆「世界名著大事典」

ジューヴ
04932 「血の汗」
☆「世界名著大事典」

周 婉窈 しゅう・えんよう
04933 「図説 台湾の歴史」
『図説 台湾の歴史』 周婉窈著 濱島敦俊監訳 石川豪,中西美貴,中村平訳 増補版 平凡社

周 去非　しゅう・きょひ
04934　「嶺外代答」
☆「世界名著大事典」

周 作人　しゅう・さくじん
04935　「中国新文学の源流」
☆「世界名著大事典」

04936　「日本管窺」
☆「外国人による日本論の名著」

周 達観　しゅう・たつかん
04937　「真臘風土記」
『真臘風土記―アンコール期のカンボジア』　周達観著　和田久徳訳注　平凡社　1989　256p　18cm〈東洋文庫　507〉　2266円
①4-582-80507-8
☆「アジアの比較文化」,「世界名著大事典」

周 徳清　しゅう・とくせい
04938　「中原音韻」
☆「世界名著大事典」

周 弼　しゅう・ひつ
04939　「三体詩」
☆「中国の古典名著」

周 密　しゅう・みつ
04940　「絶妙好詞」
☆「世界名著大事典」

04941　「武林旧事」
☆「世界名著大事典」

周 立波　しゅう・りっぱ
04942　「暴風驟雨」
☆「中国の名著」

周 濂渓　しゅう・れんけい
04943　「太極図説」
☆「世界名著大事典」

04944　「通書」
☆「世界名著大事典」

シュヴァイツァー, アルベルト
04945　「イエス伝研究史」
『イエス伝研究史　上』　アルベルト・シュヴァイツァー著　遠藤彰，森田雄三郎訳　新装復刊　白水社　2002　405p　20cm〈肖像あり〉
①4-560-02437-5,4-560-02436-7　Ⓝ192.8
☆「世界名著大事典」

04946　「ゲーテ」
☆「世界名著大事典」

04947　「バッハ」
『バッハ　上』　シュヴァイツァー［著］　浅井真男，内垣啓一，杉山好訳　新装復刊　白水社　2009　427p　20cm　5000円
①978-4-560-08004-7　Ⓝ762.34
☆「世界名著大事典」,「わたしの古典」

04948　「文化哲学」
☆「世界名著大事典」,「哲学の名著」

04949　「水と原生林のはざまで」
『水と原生林のはざまで』　シュヴァイツェル著　野村実訳　岩波書店　1957　187p　図版　15cm〈岩波文庫〉　Ⓝ945
☆「20世紀を震撼させた100冊」,「名作の研究事典」

04950　「わが生活と思想より」
『わが生活と思想より』　アルベルト・シュヴァイツァー著　竹山道雄訳　白水社　2011　292p　18cm〈白水uブックス〉　1500円
①978-4-560-72121-6
☆「現代人のための名著」,「自伝の名著101」,「世界の名著」,「世界名著大事典」,「伝記・自叙伝の名著」,「文学・名著300選の解説 '88年度版」

シュヴァインフルト
04951　「アフリカの心臓部にて」
☆「世界名著大事典」

シュヴァリエ, ルイ
04952　「労働階級と危険な階級」
『労働階級と危険な階級―19世紀前半のパリ』　ルイ・シュヴァリエ著　喜安朗，木下賢一，相良匡俊訳　みすず書房　1993　475,22p　21cm　6695円　①4-622-03487-5
☆「学問がわかる500冊 v.2」

シューヴァル, マイ
04953　「刑事マルティン・ベック 笑う警官」
☆「世界の推理小説・総解説」

シュヴァルツ, L.
04954　「位相と関数解析」
☆「ブックガイド〈数学〉を読む」

シュヴィーツァー
04955　「ギリシア文法」
☆「世界名著大事典」

シュヴェーグラー
04956　「哲学史」
☆「世界名著大事典」

シュウエル, アンナ
04957　「黒馬物語」
『黒馬物語』　シュウエル原作　足沢良子訳・文

シュウオツ

新装版 ぎょうせい 1995 178p 21cm〈少年少女世界名作全集 6〉 1300円
④4-324-04333-7
☆「一冊で不朽の名作100冊を読む」(友人社),「一冊で不朽の名作100冊を読む」(友人社),「少年少女のための文学案内 1」,「世界少年少女文学 リアリズム編」,「世界文学の名作と主人公」,「世界名著大事典」,「名作の研究事典」

シュウオップ
04958 「少年十字軍」
☆「世界の幻想文学」

シュウォルツ
04959 「中国の近代化と知識人」
『中国の近代化と知識人―厳復と西洋』 B.I.シュウォルツ著 平野健一郎訳 東京大学出版会 1978 294,6p 22cm〈参考文献：p282～287〉 2800円 Ⓝ311.22
☆「現代アジア論の名著」

宗暁 しゅうぎょう
04960 「楽邦文類」
☆「世界名著大事典」

衆賢 しゅうけん
04961 「順正理論」
☆「世界名著大事典」

周公旦 しゅうこうたん
04962 「周髀算経」
☆「世界名著大事典」

04963 「周礼」
☆「世界名著大事典」,「中国の古典名著」

ジュヴネル
04964 「権力論」
☆「世界名著大事典」

ジュエット
04965 「とんがり樅の木の国」
☆「たのしく読めるアメリカ文学」

シュクヴォレツキー, ヨゼフ
04966 「人間の魂の技師」
☆「世界の小説大百科」

シュクマン, ヘレン
04967 「奇跡のコース」
☆「世界のスピリチュアル50の名著」

ジュグラール
04968 「商業恐慌論」
☆「世界名著大事典」

朱子 しゅし
04969 「近思録」
『近思録』 朱子,呂東萊編 秋月胤継訳註 岩波書店 1942 379p 15cm〈岩波文庫〉 Ⓝ125.4
☆「学術辞典叢書 第15巻」,「教育の名著80選解題」,「教養のためのブックガイド」,「世界の名著早わかり事典」,「世界名著解題選 第1巻」,「世界名著大事典」,「中国古典名著のすべてがわかる本」,「中国の古典名著」

04970 「資治通鑑綱目」
☆「世界名著大事典」,「中国の古典名著」

04971 「四書集註」
☆「東洋の名著」

04972 「四書章句集注」
☆「教養のためのブックガイド」,「世界名著大事典」

04973 「朱子語類」
☆「中国の古典名著」,「中国の名著」

04974 「朱子文集」
☆「中国の古典名著」

04975 「小学」
☆「学術辞典叢書 第15巻」,「教育の名著80選解題」,「世界名著解題選 第2巻」,「中国の古典名著」

04976 「宋名臣言行録」
☆「中国古典名著のすべてがわかる本」,「中国の古典名著」

04977 「大学・中庸章句」
☆「人文科学の名著」

ジュース
04978 「地球の相貌」
☆「自然科学の名著」,「世界名著大事典」

ジュースキント, パトリック
04979 「香水―ある人殺しの物語」
『香水―ある人殺しの物語』 パトリック・ジュースキント著 池内紀訳 文藝春秋 2003 351p 15cm〈文春文庫〉 733円
④4-16-766138-1
☆「世界の小説大百科」

ジュースミルヒ
04980 「神の秩序」
『神の秩序』 ズュースミルヒ著 高野岩三郎,森戸辰男訳 第一出版 1969 390p 図版 22cm〈統計学古典選集 復刻版 第3巻 大原社会問題研究所編〉 1600円 Ⓝ334.1
☆「世界名著大事典」

ジュセル, デビッド
04981 「脳の性差―男と女の本当の違い」
☆「世界の心理学50の名著」

シュタイガー

04982　「詩学の基礎概念」
　☆「世界名著大事典」

04983　「詩人の構想力としての時間」
　☆「世界名著大事典」

04984　「19世紀ドイツ名作集」
　☆「世界名著大事典」

シュタイナー, ゲロルフ

04985　「鼻歩動物」
　『鼻行類―新しく発見された哺乳類の構造と生活』　ハラルト・シュテュンプケ, ゲロルフ・シュタイナー著　日高敏隆, 羽田節子訳　思索社　1987　118p　22cm　1600円
　①4-7835-0145-9　Ⓝ944
　☆「世界の幻想文学」

シュタイナー, ルドルフ

04986　「幾何学図形の相互依存性の組織的展開」
　☆「世界名著大事典」

04987　「教育の根底を支える精神的心意的な諸力」
　『教育の根底を支える精神的心意的な諸力―オックスフォード講演』　ルドルフ・シュタイナー著　新田義之訳　人智学出版社　1981　271p　20cm　2300円　Ⓝ371
　☆「教育本44」,「教育名著の愉しみ」

04988　「シュタイナー自伝―わが人生の歩み」
　『シュタイナー自伝　上　1861 - 1894』　ルドルフ・シュタイナー著　西川隆範訳　アルテ, 星雲社〔発売〕　2008　190p　19cm　2000円　①978-4-434-12322-1
　☆「伝記・自叙伝の名著」

04989　「神智学」
　『神智学』　ルドルフ・シュタイナー著　高橋巌訳　筑摩書房　2000　262p　15cm（ちくま学芸文庫）〈原書第九版〉　1000円
　①4-480-08571-8
　☆「教育学の世界名著100選」,「20世紀を震撼させた100冊」

04990　「人間理解からの教育」
　『人間理解からの教育』　ルドルフ・シュタイナー著　西川隆範訳　筑摩書房　2013　277p　15cm（ちくま学芸文庫）　1200円
　①978-4-480-09531-2
　☆「名著解題」

シュタイン, ローレンツ・フォン

04991　「行政学提要」
　☆「世界名著大事典」

04992　「国家科学体系」
　☆「世界名著大事典」

04993　「財政学教科書」
　☆「世界名著大事典」

04994　「裁判官の私知」
　☆「世界名著大事典」

04995　「一七八九年から現代にいたるフランス社会運動史」
　☆「学術辞典叢書 第14巻」,「社会科学の古典」,「社会科学の名著」,「世界名著解題選 第3巻」,「世界名著大事典」

04996　「哲学の光に照らしてみた社会問題」
　☆「世界名著大事典」

シュタインメツ

04997　「戦争の社会学」
　☆「世界名著大事典」

シュタウディンガー

04998　「民法典注釈」
　☆「世界名著大事典」

シュタムハンマー

04999　「社会主義および共産主義文献目録」
　☆「世界名著大事典」

シュタムラー

05000　「経済と法」
　☆「学術辞典叢書 第11巻」,「世界名著解題選 第1巻」,「世界名著大事典」

05001　「ドイツ文献学提要」
　☆「世界名著大事典」

05002　「法哲学教科書」
　☆「世界名著大事典」

シュタール, ゲオルク

05003　「医学真正論」
　☆「世界名著大事典」

シュタール, フリードリヒ

05004　「君主政原理」
　☆「世界名著大事典」

シュチピョルスキー, アーンジェイ

05005　「美しきザイデンマン夫人」
　☆「世界の小説大百科」

シュツキング

05006　「国家発展の新目的」
　☆「近代欧米名著解題 第9巻」

シュッツ, A.

05007　「ドン・キホーテと現実の問題」

☆「自己・他者・関係」

シュティフター,アーダルベルト

05008 「ヴィティコー」
『ヴィティコー――薔薇と剣の物語 3』 アーダルベルト・シュティフター著 谷口泰訳 書肆風の薔薇,水声社〔発売〕 1992 383p 21cm 5150円 ④4-89176-246-2
☆「世界名著大事典」

05009 「男やもめ」
『男やもめ―他一篇』 シュティフター著 加藤一郎訳 岩波書店 1952 212p 図版 15cm (岩波文庫) Ⓝ943
☆「世界文学鑑賞辞典 第3」

05010 「さまざまの石」
☆「世界名著大事典」

05011 「水晶」
『水晶―他三篇 石さまざま』 シュティフター作 手塚富雄,藤村宏訳 岩波書店 1993 315p 15cm(岩波文庫) 570円
④4-00-324223-8 Ⓝ943
☆「知っておきたいドイツ文学」、「世界の名著」、「世界文学鑑賞辞典 第3」、「日本・世界名作「愛の会話」100章」、「名作の研究事典」、「要約 世界文学全集 2」

05012 「晩夏」
『晩夏 下』 アーダルベルト・シュティフター著 藤村宏訳 筑摩書房 2004 492p 15cm(ちくま文庫) 1300円
④4-480-03945-7
☆「現代世界の名作」、「世界の小説大百科」、「世界の名著」、「世界文学鑑賞辞典 第3」、「世界名著大事典」、「ドイツ文学」、「ポケット世界名作事典」

05013 「ブリギッタ」
☆「世界名著大事典」

05014 「森の小道」
☆「世界名著大事典」

シュティルナー,マックス

05015 「唯一者とその所有」
『唯一者とその所有 上』 シュティルナー著 片岡啓治訳 現代思潮新社 2013 213p 20cm(古典文庫 6) 2800円
①978-4-329-02066-6 Ⓝ134.5
☆「学術辞典叢書 第11巻」、「近代哲学の名著」、「近代名著解題選集 2」、「社会科学の名著」、「世界の古典名著」、「世界の名著早わかり事典」、「世界名著解題選 第3巻」、「世界名著解題選 第5巻」、「世界名著大事典」、「哲学の世界」

シュティレ

05016 「比較構造論の根本問題」
☆「自然科学の名著」、「世界名著大事典」

シュテーリン

05017 「ギリシア文学史」
☆「世界名著大事典」

05018 「ロシア史」
☆「世界名著大事典」

シュテール

05019 「聖人屋敷」
☆「世界名著大事典」

シュテルネック,イナマ

05020 「ドイツ経済史」
☆「世界名著大事典」

シュテルンベルク

05021 「帝国主義論」
☆「世界名著大事典」

シュテンプケ,ハラルト

05022 「鼻行類」
☆「学問がわかる500冊 v.2」

シュート,ネヴィル

05023 「アリスのような町」
『アリスのような町』 ネヴィル・シュート著 小積光男訳 日本図書刊行会,近代文芸社〔発売〕 2000 488p 19cm 2000円
④4-8231-0511-7
☆「世界の小説大百科」

05024 「失われた虹とバラと」
☆「世界の冒険小説・総解説」

05025 「渚にて」
『渚にて一人類最後の日』 ネヴィル・シュート著 佐藤龍雄訳 東京創元社 2009 472p 15cm(創元SF文庫) 1000円
①978-4-488-61603-8
☆「世界のSF文学・総解説」、「世界の海洋文学」、「たのしく読めるイギリス文学」

シュトゥーダー

05026 「氷と雪を越えて」
☆「世界名著大事典」

シュトゥッキ

05027 「ヒルティ伝」
『ヒルティ伝』 アルフレート・シュトゥッキ著 国松孝二,伊藤利男訳 新装復刊 白水社 2008 250p 19cm 4300円
①978-4-560-02468-3
☆「伝記・自叙伝の名著」

シュトゥツ

05028 「中世的・ゲルマン的教会法の要素としての私有教会」

シュトゥンブ
05029 「音響心理学」
☆「世界名著大事典」

シュトライト
05030 「キリシタン関係書誌」
☆「世界名著大事典」

シュトライトベルク
05031 「印欧語学史」
☆「世界名著大事典」

05032 「ゲルマン共通基語文法」
☆「世界名著大事典」

シュトラウス, ダーフィト
05033 「イエス伝」
『イエスの生涯 1』 D.F.シュトラウス著 岩波哲男訳 教文館 1996 710,20p 22cm(近代キリスト教思想双書)〈著者の肖像あり〉 8755円 ①4-7642-7154-0 ⑪192.8
☆「西洋をきずいた書物」,「世界名著解題選 第5巻」,「世界名著大事典」

05034 「旧信仰と新信仰」
☆「世界名著大事典」

シュトラウス, ボート
05035 「青年」
☆「世界の小説大百科」

シュトラウス, E.
05036 「いのちの十字路」
『いのちの十字路―他一篇』 シュトラウス著 相良守峯,大和邦太郎共訳 岩波書店 1952 392p 15cm(岩波文庫) Ⓝ943
☆「世界文学鑑賞辞典 第3」,「世界名著大事典」

05037 「友人ハイン」
☆「世界名著大事典」

シュードラカ
05038 「ムリッチャ・カティカー」
☆「世界名著大事典」,「東洋の名著」

シュトラスブルガー
05039 「植物学教科書」
☆「世界名著大事典」

シュトラッツ
05040 「婦人服およびその自然的発達」
☆「世界名著大事典」

シュトリヒ, フリッツ
05041 「ゲーテと世界文学」
☆「世界名著大事典」

05042 「ドイツ古典主義とロマン主義」
☆「学術辞典叢書 第13巻」,「世界名著解題選 第3巻」,「世界名著解題選 第6巻」,「世界名著大事典」

シュトルム, テオドール
05043 「三色すみれ」
☆「世界文学鑑賞辞典 第3」,「世界名著大事典」,「ポケット世界名作事典」

05044 「詩集」
☆「世界名著大事典」

05045 「聖ユルゲンにて」
『聖ユルゲンにて―他一篇』 シュトルム著 関泰祐訳 角川書店 1959 116p 15cm(角川文庫) Ⓝ943
☆「世界名著大事典」

05046 「大学時代」
『大学時代』 シュトルム著 橋本清之助訳註 郁文堂書店 1948 251p 17cm Ⓝ943
☆「世界名著大事典」

05047 「溺死」
☆「世界文学鑑賞辞典 第3」,「世界名著大事典」

05048 「人形つかいのポーレ」
『人形つかいのポーレ』 テオドール・シュトルム作 中山知子訳 岩崎書店 1991 182p 19cm(世界の少女名作 7) 1100円 ①4-265-04807-2
☆「世界文学鑑賞辞典 第3」,「名作の研究事典」

05049 「白馬の騎者」
『白馬の騎者』 シュトルム著 関泰祐訳 角川書店 1951 171p 15cm(角川文庫 第149) Ⓝ943
☆「世界の幻想文学」,「世界の名著」,「世界文学鑑賞辞典 第3」,「世界名著大事典」

05050 「みずうみ」
『みずうみ』 テードーア・シュトルム作 中込忠三,佐藤正樹編 同学社 1988 154p 19cm(同学社対訳シリーズ) 1200円
☆「あらすじで味わう外国文学」,「現代世界の名作」,「知っておきたいドイツ文学」,「世界文学あらすじ大事典 4(ふん‐われ)」,「世界文学鑑賞辞典 第3」,「世界文学の名作と主人公」,「世界名作事典」,「世界名著大事典」,「ドイツ文学」,「日本・世界名作「愛の会話」100章」,「日本文学現代名作事典」,「名作あらすじ事典 西洋文学編」,「名作への招待」

05051 「林檎みのる頃」
『林檎みのる頃』 テオドル・シュトルム著 立原道造訳 2版 山本書店 1936 61p 14cm(山本文庫 54) Ⓝ943
☆「作家の訳した世界の文学」

シュトローブル
05052　「刺絡」
☆「世界の幻想文学」

シュナイダー
05053　「書誌学提要」
☆「世界名著大事典」

シュナイダー, J.W.
05054　「逸脱と医療化」
『逸脱と医療化―悪から病いへ』　ピーター・コンラッド, ジョセフ・W. シュナイダー著　進藤雄三, 杉田聡, 近藤正英訳　京都　ミネルヴァ書房　2003　587p　21cm（MINERVA社会学叢書）　7000円　①4-623-03810-6
☆「身体・セクシュアリティ・スポーツ」

シュナイダー, K.
05055　「宗教精神病理学入門」
『宗教精神病理学入門』　クルト・シュナイデル著　懸田克躬, 保谷真純訳　みすず書房　1954　122p　22cm　Ⓝ493.7
☆「精神医学の名著50」

シュナーベル
05056　「19世紀インド史」
☆「世界名著大事典」

シュニッツラー, アルトゥール
05057　「アナトール」
『アナトール』　シュニッツラー著　角信雄訳　新潮社　1953　174p　16cm（新潮文庫　第553）Ⓝ942
☆「学術辞典叢書 第13巻」,「世界文学鑑賞辞典 第3」,「世界名著解題選 第1巻」,「世界名著大事典」

05058　「女の一生（テレーゼ）」
『女の一生（テレーゼ）』　シュニッツラー著　高橋健二訳　新潮社　1953　354p　16cm（新潮文庫　第467）Ⓝ943
☆「世界文学鑑賞辞典 第3」,「世界名著大事典」

05059　「ベルンハルディ教授」
☆「世界名著大事典」

05060　「緑のおうむ」
☆「世界文学鑑賞辞典 第3」,「世界名著大事典」

05061　「みれん」
☆「世界名作事典」

05062　「盲のジェロニモとその兄」
☆「知っておきたいドイツ文学」

05063　「夢がたり」
『夢がたり―シュニッツラー作品集』　アルトゥール・シュニッツラー著　尾崎宏次訳　早川書房　1999　285p　15cm（ハヤカワ文庫NV）　600円　①4-15-040918-8
☆「面白いほどよくわかる世界の文学」

05064　「輪舞」
『輪舞』　シュニッツラー作　中村政雄訳　岩波書店　1954　128p　15cm（岩波文庫）Ⓝ942
☆「世界文学あらすじ大事典 4（ふん‐われ）」,「世界名著大事典」

05065　「恋愛三昧」
☆「学術辞典叢書 第13巻」,「現代世界の名作」,「世界の名作」,「世界の名著」,「世界文学鑑賞辞典 第3」,「世界文学の名作と主人公」,「世界名著解題選 第3巻」,「世界名著大事典」,「ドイツ文学」,「ポケット世界名作事典」

ジュネ, ジャン
05066　「泥棒日記」
『泥棒日記』　ジャン・ジュネ［著］　朝吹三吉訳　改訂版　新潮社　1990　426p　20cm（新潮・現代世界の文学）　2200円　①4-10-522801-3　Ⓝ953
☆「世界の名作100を読む」,「世界の名作文学案内」,「世界文学あらすじ大事典 3（ちか‐ふろ）」,「世界文学の名作と主人公」,「世界名著大事典」,「必読書150」,「百年の誤読 海外文学篇」,「フランス文学」,「文学・名著300選の解説 '88年度版」,「ポケット世界名作事典」

05067　「花のノートルダム」
『花のノートルダム』　ジャン・ジュネ著　中条省平訳　光文社　2010　524p　15cm（光文社古典新訳文庫）　933円　①978-4-334-75214-9
☆「面白いほどよくわかる世界の文学」

05068　「薔薇の奇跡」
☆「面白いほどよくわかる世界の文学」

シュパン, オトマル
05069　「社会学」
☆「学術辞典叢書 第11巻」,「世界名著解題選 第2巻」

05070　「社会学体系」
☆「世界名著大事典」

05071　「真正国家」
☆「世界名著大事典」

シュパンゲンベルク
05072　「封建制国家から等族制国家へ」
☆「世界名著大事典」

シュピース
05073　「侏儒ペーター」
☆「世界の幻想文学」

シュピッタ
05074　「バッハ」
☆「世界名著大事典」

シュピッツァー
05075　「文体研究」
☆「世界名著大事典」

シュピッテラー
05076　「オリュンピアの春」
☆「世界名著大事典」

05077　「プロメートイスとエピメートイス」
☆「世界名著大事典」

シュピリ, ヨハンナ
05078　「アルプスの少女ハイジ」
『アルプスの少女ハイジ』　ヨハンナ・シュピリ作　万里アンナ文　うっけ絵　角川書店, 角川グループパブリッシング〔発売〕　2012　191p　18cm（角川つばさ文庫）　580円　①978-4-04-631268-6
☆「あらすじで出会う世界と日本の名作55」,「一冊で不朽の名作100冊を読む」（友人社）,「一冊で不朽の名作100冊を読む」（友人社）,「知っておきたいドイツ文学」,「少年少女のための文学案内 2」,「世界少年少女文学 リアリズム編」,「世界の名作文学案内」,「世界のメルヘン30」,「世界文学鑑賞辞典 第3」,「世界文学の名作と主人公」,「世界名作事典」,「世界名著大事典」,「ポケット世界名作事典」,「名作あらすじ事典 西洋文学編」,「名作の研究事典」,「名作へのパスポート」

シュプラー
05079　「イスラム初期のイラン」
☆「世界名著大事典」

シュプランガー, エドゥアルト
05080　「ゲーテの世界観」
『ゲーテの世界観』　エードゥアルト・シュプランガー著　中川良夫訳　不二書房　1943　279p 図版　19cm　Ⓝ940,940.28
☆「世界名著大事典」

05081　「青年の心理」
『青年の心理』　シュプランガー著　土井竹治訳　五月書房　1973　491p 肖像　22cm　Ⓝ371.47
☆「教育学の世界名著100選」

05082　「生の形式」
☆「世界名著大事典」

05083　「ドイツ教育史―就学義務制への歩み」
『ドイツ教育史―就学義務制への歩み』　シュプランガー著　長尾十三二監訳　明治図書出版　1977　171p 肖像　22cm（海外名著選　73）　2000円　Ⓝ372.34
☆「教育学の世界名著100選」

05084　「文化と教育」
『文化と教育―教論論文集』　シュプランガー著　村井実, 長井和雄共訳　2版　玉川大学出版部　1957　369p 図版　22cm（世界教育宝典）　Ⓝ370.4
☆「教育の名著80選解題」

05085　「文化病理学」
☆「世界名著大事典」

シューブリング
05086　「ジャイナ教の教理」
☆「世界名著大事典」

シュプレンゲル, ヤコブ
05087　「魔女への鉄槌」
☆「世界の奇書」

シュペーナー
05088　「敬虔なる願望」
☆「教育の名著80選解題」

シュペーマン
05089　「胚発生と誘導」
☆「世界名著大事典」

シュペーマン, ロベルト
05090　「原子力時代の驕り―「後は野となれ山となれ」でメルトダウン」
『原子力時代の驕り―「後は野となれ山となれ」でメルトダウン』　ローベルト・シュペーマン著　山脇直司, 辻麻衣子訳　知泉書館　2012　124p　19cm　2200円　①978-4-86285-143-7
☆「倫理良書を読む」

シュペルヴィエル, ジュール
05091　「引力」
☆「世界名著大事典」

05092　「沖の少女」
『沖の少女―シュペルヴィエル幻想短編集』　ジュール・シュペルヴィエル著　三野博司訳　社会思想社　1990　211p　15cm（現代教養文庫）　480円　①4-390-11335-6
☆「作家の訳した世界の文学」,「世界の海洋文学」,「世界の幻想文学」,「世界名著大事典」

05093　「火山を運ぶ男」
『火山を運ぶ男』　ジュール・シュペルヴィエル著　嶋岡晨訳　月刊ペン社　1980　188p　20cm（妖精文庫　24）　1300円　Ⓝ953
☆「世界の幻想文学」

シューベルト, ピット
05094　「生と死の分岐点―山の遭難に学ぶ安全と危険」
『生と死の分岐点―山の遭難に学ぶ安全と危険』　ピット・シューベルト著　黒沢孝夫訳　改訂版　山と渓谷社　1999　302p　21cm　2600円　①4-635-17809-9

☆「新・山の本おすすめ50選」

シュペングラー
05095 「西洋の没落」
『西洋の没落―世界史の形態学の素描　第1巻　形態と現実と』　オスヴァルト・シュペングラー著　村松正俊訳　普及版　五月書房　2007　393p　21cm　3800円
①978-4-7727-0457-1
☆「古典・名著の読み方」,「西洋をきずいた書物」,「世界の古典名著」,「世界の名著早わかり事典」,「世界名著大事典」,「20世紀を震撼させた100冊」,「ハイデガー本45」,「名著で読む世界史」

シュポルスキー, E.
05096 「原子物理学」
☆「物理ブックガイド100」

シューマッハー, E.F.
05097 「スモール・イズ・ビューティフル」
『スモール・イズ・ビューティフル―人間中心の経済学』　E.F.シューマッハー著　小島慶三,酒井懋訳　講談社　1986　408p　15cm（講談社学術文庫）〈著者の肖像あり　年譜：p401～408〉　980円　①4-06-158730-7　Ⓝ330.4
☆「世界で最も重要なビジネス書」

シュマルゾー
05098 「芸術学の基礎概念」
『芸術学の基礎概念―古代から中世への過渡期に即した批判的論究ならびに体系的連関における叙述』　アウグスト・シュマルゾー著　井面信行訳　中央公論美術出版　2003　416p　26×20cm　28000円　①4-8055-0440-4
☆「世界名著大事典」

05099 「中世芸術の構成原理」
☆「世界名著大事典」

05100 「マサッチオ研究」
☆「世界名著大事典」

シューマーレンバハ
05101 「回想の自由経済」
『回想の自由経済』　エ・シューマーレンバッハ著　土岐政蔵,斉藤隆夫共訳　森山書店　1960　155p　22cm〈原著第3版の翻訳〉　Ⓝ331
☆「世界名著大事典」

05102 「原価計算と価格政策」
☆「世界名著大事典」

05103 「コンテンラーメン」
『コンテンラーメン―標準会計組織』　エ・シューマーレンバッハ著　土岐政蔵訳述　森山書店　1953　2冊（附録共）　22cm〈附録：勘定組織図解及勘定表 15×22cm〉　Ⓝ679.4

☆「世界名著大事典」

05104 「動的貸借対照表論」
☆「世界名著大事典」

05105 「プレティアーレ・レンクング」
☆「世界名著大事典」

シューマン, フレデリック
05106 「国際政治」
☆「学問がわかる500冊」,「世界名著大事典」

05107 「ソヴェトの政治」
☆「世界名著大事典」

05108 「大戦前夜のヨーロッパ」
☆「世界名著大事典」

シューマン, ロベルト
05109 「音楽と音楽家」
『音楽と音楽家』　シューマン著　吉田秀和訳　岩波書店　1958　213p 図版　15cm（岩波文庫）　Ⓝ760.4
☆「世界名著大事典」

シュミット
05110 「ギリシア文学史」
☆「世界名著大事典」

シュミット, ヴィルヘルム
05111 「神観の起原」
☆「世界名著大事典」

05112 「世界の語族と言語圏」
☆「世界名著大事典」

05113 「文化史的民族学方法提要」
☆「世界名著大事典」

05114 「民族と文化」
『民族と文化　上』　ヴィルヘルム・シュミット, ヴィルヘルム・コッパース著　大野俊一訳　河出書房新社　1970　497p 図版　23cm　2500円　Ⓝ389
☆「人文科学の名著」,「世界名著大事典」,「文化人類学の名著50」

シュミット, オットー
05115 「地球起原論4講」
☆「世界名著大事典」

シュミット, カール
05116 「一般国家学」
☆「世界名著大事典」

05117 「現代議会主義の精神史的地位」
『現代議会主義の精神史的地位』　カール・シュミット著　稲葉素之訳　新装版　みすず書房　2013　121,4p　19cm　2800円
①978-4-622-07772-5

☆「世界名著大事典」

05118 「憲法学」
☆「社会科学の名著」,「世界名著大事典」

05119 「憲法理論」
☆「憲法本41」,「世界の古典名著」

05120 「政治神学」
『政治神学』 C.シュミット著 田中浩,原田武雄訳 未来社 1971 208p 19cm 580円 Ⓝ311
☆「必読書150」

05121 「政治的なものの概念」
『政治的なものの概念』 C.シュミット著 田中浩,原田武雄訳 未来社 1970 128p 19cm 380円 Ⓝ311
☆「グローバル政治理論」,「政治・権力・公共性」,「世界名著大事典」,「はじめて学ぶ政治学」

05122 「独裁」
『独裁—近代主権論の起源からプロレタリア階級闘争まで』 カール・シュミット著 田中浩,原田武雄訳 未来社 1991 346,5p 19cm 2884円 Ⓘ4-624-30070-X
☆「世界名著大事典」

シュミット,ハインツ

05123 「ロンメル将軍—砂漠のキツネ」
☆「伝記・自叙伝の名著」

シュミット,フリッツ

05124 「有機観貸借対照表」
☆「世界名著大事典」

シュミット,ヨハネス

05125 「印欧諸語言間の近親関係」
☆「世界名著大事典」

シュミット,H.

05126 「相対性理論講義」
☆「物理ブックガイド100」

シュミットボン

05127 「河畔の人々」
『河畔の人々』 シュミットボン著 川崎芳隆訳 弘文堂書房 1940 208p 18cm(世界文庫〔第12〕) Ⓝ943
☆「世界名著大事典」

05128 「街の子」
『街の子』 シュミットボン作 森鷗外訳 岩波書店 1956 113p 15cm(岩波文庫) Ⓝ942
☆「世界文学鑑賞辞典 第3」

シュモラー,グスタフ・フオン

05129 「国民経済学原論」

『国民経済学原論 第1-9冊』 グスターフ・シュモラー著 山田伊三郎訳補 富山房 1914 9冊 22cm Ⓝ331
☆「学術辞典叢書 第11巻」,「学術辞典叢書 第14巻」,「世界名著解題選 第1巻」,「世界名著大事典」

05130 「国民経済,国民経済学およびその方法」
☆「世界名著大事典」

05131 「重商主義とその歴史的意義」
『重商主義とその歴史的意義』 シュモラー著 正木一夫訳 未来社 1971 104p 19cm(社会科学ゼミナール) 380円 Ⓝ331.314
☆「学術辞典叢書 第14巻」,「世界名著解題選 第2巻」,「世界名著大事典」

05132 「人口および道徳統計の結果について」
☆「世界名著大事典」

05133 「プロイセンの国政史,行政史および経済史の研究」
☆「世界名著大事典」

05134 「法および国民経済の根本問題」
☆「経済学88物語」,「経済学名著106選」,「世界名著大事典」

シューラー,エミール

05135 「ユダヤ民族の歴史」
『イエス・キリスト時代のユダヤ民族史 1』 E.シューラー著 小河陽訳 教文館 2012 399p 22cm 8900円 Ⓘ978-4-7642-7351-1 Ⓝ227.9
☆「世界名著大事典」

ジュライ,ミランダ

05136 「いちばんここに似合う人」
『いちばんここに似合う人』 ミランダ・ジュライ著 岸本佐知子訳 新潮社 2010 282p 19cm(新潮クレスト・ブックス) 1900円 Ⓘ978-4-10-590085-4
☆「21世紀の世界文学30冊を読む」

シュライエルマッヘル,フリードリヒ

05137 「教育学講義」
『教育学講義』 フリードリッヒ・シュライエルマッハー著 長井和雄訳 町田 玉川大学出版部 1999 462p 21cm(西洋の教育思想 10) 9000円 Ⓘ4-472-00401-1
☆「教育学の世界名著100選」,「教育の名著80選解題」

05138 「教育学著作集」
☆「世界名著大事典」

05139 「キリスト教信仰」
☆「世界名著大事典」,「哲学名著解題」

05140 「宗教論」
『宗教論』 シュライエルマッヘル著 佐野勝

シユライオ

也, 石井次郎共訳　岩波書店　1949　252p　15cm（岩波文庫）　Ⓝ134.35
　☆「学術辞典叢書 第12巻」,「教育の名著80選解題」,「近代名著解題選集 2」,「宗教学の名著30」,「宗教哲学名著解説」,「世界名著解題選 第2巻」,「世界名著大事典」,「哲学の世界」,「哲学名著解題」（協同出版）,「哲学名著解題」（春秋社）

05141　「独白録」
　☆「世界の哲学思想」,「世界名著大事典」,「哲学名著解題」

05142　「美学講義」
　☆「世界名著大事典」

シユライオック

05143　「近代医学発達史」
　『近代医学発達史』 R.H.シュライオック著　大城功訳　大阪　創元社　1951　583p 図版　22cm　Ⓝ490.2
　☆「世界名著大事典」

シユライデン

05144　「植物発生論」
　☆「自然科学の名著100選 中」,「西洋をきずいた書物」,「世界名著大事典」

シユライヒャー

05145　「印欧語比較文法提要」
　☆「世界名著大事典」

シユラーギントヴァイト兄弟

05146　「インドおよび高地アジア学術踏査報告」
　☆「世界名著大事典」

シユラーダー

05147　「アッシリア・バビロニアの楔形文字」
　☆「世界名著大事典」

05148　「印欧古代学百科事典」
　☆「世界名著大事典」

05149　「言語の比較と先史」
　☆「世界名著大事典」

シユラーフ

05150　「エルツェ親方」
　☆「世界名著大事典」

シユラム

05151　「マス・コミュニケーションの過程と効果」
　☆「世界名著大事典」

ジユラン, ジョゼフ・M.

05152　「品質計画」
　☆「究極のビジネス書50選」

シユリー

05153　「王国経済覚書」
　☆「世界名著大事典 補遺（Extra）」

ジユリー

05154　「不安定な時間」
　『不安定な時間』 ミシェル・ジュリ著　鈴木晶訳　サンリオ　1980　346p　15cm（サンリオSF文庫）　460円　Ⓝ953
　☆「世界のSF文学・総解説」

ジユリアン

05155　「ガリアの歴史」
　☆「世界名著大事典」

05156　「フランス史学史」
　☆「世界名著大事典」

シユリック

05157　「一般認識論」
　☆「世界名著大事典」

シユーリヒ

05158　「モーツァルト」
　☆「世界名著大事典」

シユリーマン, ハインリヒ

05159　「イリオス」
　☆「世界名著大事典」

05160　「古代への情熱」
　『古代への情熱―シュリーマン自伝』 シュリーマン[著]　関楠生訳　35刷改版　新潮社　2004　181p　16cm（新潮文庫）　362円　Ⓘ4-10-207901-7　Ⓝ289.3
　☆「学問がわかる500冊 v.2」,「教育を考えるためにこの48冊」,「現代人のための名著」,「世界史読書案内」,「世界の名作文学案内」,「地図とあらすじで読む歴史の名著」

05161　「自叙伝」
　☆「世界名著大事典」

05162　「シュリーマン自伝―古代への情熱」
　☆「伝記・自叙伝の名著」

05163　「トロイの考古学者」
　☆「西洋をきずいた書物」

シユリューター

05164　「人文地理学の目標」
　☆「世界名著大事典」

シユリンク, ベルンハルト

05165　「朗読者」
　『朗読者』 ベルンハルト・シュリンク著　松永美穂訳　新潮社　2003　258p　15cm（新潮文庫）　514円　Ⓘ4-10-200711-3

ジュール

05166 「電磁気の熱効果について」
☆「世界を変えた書物」

ジュルジャーニー, アル

05167 「フワーリズム・シャーの宝」
☆「世界名著大事典」

シュルツ

05168 「シベリア地誌」
☆「世界名著大事典」

シュルツ, ハインリヒ

05169 「年齢階級と男子結社」
☆「人文科学の名著」

シュルツ, ハワード

05170 「スターバックス再生物語」
『スターバックス再生物語―つながりを育む経営』 ハワード・シュルツ, ジョアンヌ・ゴードン著 月沢李歌子訳 徳間書店 2011 423p 19cm 1700円 Ⓘ978-4-19-863150-5
☆「1日30分 達人と読むビジネス名著」

05171 「スターバックス成功物語」
『スターバックス成功物語』 ハワード・シュルツ, ドリー・ジョーンズ・ヤング著 小幡照雄, 大川修二訳 日経BP社, 日経BP出版センター〔発売〕 1998 462p 19cm 1800円 Ⓘ4-8222-4113-0
☆「お金と富の哲学世界の名著50」

シュルツ, フリッツ

05172 「ローマ法学史」
☆「世界名著大事典」

05173 「ローマ法の原理」
『ローマ法の原理』 フリッツ・シュルツ著 真田芳憲, 森光訳 八王子 中央大学出版部 2003 324p 21cm（日本比較法研究所翻訳叢書） 4100円 Ⓘ4-8057-0352-0
☆「世界名著大事典」

シュルツ, ブルーノ

05174 「大鰐通り」
☆「世界の小説大百科」

シュルツ, ヘンリー

05175 「需要の理論と測定」
☆「世界名著大事典」

シュルツ, B.

05176 「クレプシドラ・サナトリウム」
☆「世界名著大事典 補遺（Extra）」

05177 「肉桂色の店」
☆「世界の幻想文学」,「世界名著大事典 補遺（Extra）」

シュルツ, D.

05178 「健康な人格―人間の可能性と七つのモデル」
☆「学問がわかる500冊」

シュルツェ

05179 「ラテン固有名詞史」
☆「世界名著大事典」

シュールハンマー

05180 「ザヴィエル伝」
☆「世界名著大事典」

シュルビーク

05181 「ドイツ統一史」
☆「世界名著大事典」

05182 「ドイツ・ヒューマニズムから現代までの精神と歴史」
☆「世界名著大事典」

05183 「メッテルニヒ」
☆「世界名著大事典」

シュレーゲル, アウグスト・ヴィルヘルム

05184 「劇芸術と劇文学についての講義」
☆「世界名著大事典」

シュレーゲル, フリードリヒ

05185 「インド人の言語と英知について」
☆「世界名著大事典」

05186 「ルツィンデ」
☆「世界名著大事典」,「日本の古典・世界の古典」

シュレジンガー

05187 「アメリカ生活史」
☆「世界名著大事典」

シュレジンガー, アーサー

05188 「ジャクソン時代」
☆「世界名著大事典」

シュレジンガー, ルドルフ

05189 「ソヴェト法理論」
『ソヴェト法理論―その社会的背景と発展 上巻』 ルドルフ・シュレジンガー著 長谷川正安訳 みすず書房 1951 249p 図版 19cm Ⓝ322.98
☆「世界名著大事典」

シュレーツァー
05190　「統計学の理論ならびに政治学一般の研究についての理念」
☆「世界名著大事典」

シュレーディンガー
05191　「自然とギリシア人」
☆「世界名著大事典」

05192　「生命とは何か」
『生命とは何か―物理的にみた生細胞』　シュレーディンガー著　岡小天, 鎮目恭夫訳　岩波書店　2008　215p　15cm（岩波文庫）600円　①978-4-00-339461-8
☆「学問がわかる500冊 v.2」,「現代科学論の名著」,「世界名著大事典」,「21世紀の必読書100選」,「ブックガイド"心の科学"を読む」,「ブックガイド 文庫で読む科学」,「物理ブックガイド100」

05193　「波動力学についての四講」
☆「世界を変えた書物」

シュレーバー, D.P.
05194　「シュレーバー回想録」
『シュレーバー回想録―ある神経病者の手記』　ダーニエール・パウル・シュレーバー著　尾川浩, 金関猛訳　石澤誠一解題　平凡社　2002　689p　16cm（平凡社ライブラリー）2000円　①4-582-76451-7
☆「精神医学の名著50」,「世界の小説大百科」

シュレーブス
05195　「教育の哲学的基礎」
☆「近代欧米名著解題 第9巻」

シュレンマー, O.
05196　「人間と芸術形態」
☆「世界名著大事典 補遺（Extra）」

シュローダー, リチャード
05197　「シックスシグマ・ブレイクスルー戦略」
『シックスシグマ・ブレイクスルー戦略―高収益を生む経営品質をいかに築くか』　マイケル・ハリー, リチャード・シュローダー著　ダイヤモンド・シックスシグマ研究会監訳　伊藤沢訳　ダイヤモンド社　2000　320p　21cm　2800円　①4-478-37299-3
☆「世界で最も重要なビジネス書」

ジュワイニー
05198　「世界征服者の歴史」
☆「世界名著大事典」

シュワーブ
05199　「服装の歴史」
☆「世界名著大事典」

シュワルツ, ダビッド・J.
05200　「大きく考えることの魔術」
『大きく考えることの魔術―あなたには無限の可能性がある』　ダビッド・J.シュワルツ著　桑名一央訳　実務教育出版　2004　236p　19cm　1400円　①4-7889-0718-6
☆「世界の成功哲学50の名著エッセンスを解く」

シュワルツ, トニー
05201　「成功と幸せのための4つのエネルギー管理術」
『成功と幸せのための4つのエネルギー管理術―メンタル・タフネス』　ジム・レーヤー, トニー・シュワルツ著　青島淑子訳　阪急コミュニケーションズ　2004　321p　19cm　1700円　①4-484-04120-0
☆「世界の成功哲学50の名著エッセンスを解く」

シュワルツ, バリー
05202　「なぜ選ぶたびに後悔するのか」
『なぜ選ぶたびに後悔するのか―オプション過剰時代の賢い選択術』　バリー・シュワルツ著　瑞穂のりこ訳　新装版　武田ランダムハウスジャパン　2012　282p　19cm　1400円　①978-4-270-00708-2
☆「世界の心理学50の名著」

シュワルツ, ピーター
05203　「シナリオ・プランニングの技法」
『シナリオ・プランニングの技法』　ピーター・シュワルツ著　垰本一雄, 池田啓宏訳　東洋経済新報社　2000　272p　21cm　2600円　①4-492-53088-6
☆「世界で最も重要なビジネス書」

シュワルツェンバーガー
05204　「国際権力政治」
☆「世界名著大事典」

シュワン
05205　「動物と植物の構造および成長の一致に関する顕微鏡的研究」
☆「自然科学の名著」,「西洋をきずいた書物」,「世界名著大事典」,「世界名著大事典 補遺（Extra）」

荀悦　じゅん・えつ
05206　「申鑒」
☆「世界名著大事典」,「中国の古典名著」

荀子　じゅんし
05207　「荀子」
『荀子』　荀子ほか著　澤田多喜男, 小野四平訳　中央公論新社　2001　280p　18cm（中公クラ

シックス）　1200円　Ⓘ4-12-160005-3
Ⓝ124.17
☆「あらすじでわかる中国古典「超」入門」,「学術辞典叢書 第12巻」,「教養のためのブックガイド」,「近代名著解題選集 2」,「世界名著解題選 第2巻」,「世界名著大事典」,「中国古典名著のすべてがわかる本」,「中国の古典名著」,「『論語』から『孫子』まで一気にわかる中国古典超入門」

春秋館　しゅんじゅうかん

05208　「李朝実録」
☆「世界名著大事典」

シュンペーター,J.A.

05209　「景気循環—資本主義過程の理論的・歴史的・統計的分析」
『景気循環論—資本主義過程の理論的・歴史的・統計的分析　1』　シュムペーター[著]　吉田昇三監修　金融経済研究所訳　オンデマンド版　有斐閣　2001　12,328p　22cm〈原本：昭和33年刊〉　6400円　Ⓘ4-641-90107-4　Ⓝ331.72
☆「経済学名著106選」,「世界名著大事典」

05210　「経済学説および方法の諸段階」
☆「世界名著大事典」

05211　「経済発展の理論」
『経済発展の理論—企業者利潤・資本・信用・利子および景気の回転に関する一研究　上』　J.A.シュムペーター著　塩野谷祐一,中山伊知郎,東畑精一訳　岩波書店　1993　362p　15cm〈岩波文庫〉〈第10刷（第1刷：77.9.16)〉　620円　Ⓘ4-00-341471-3
☆「学術辞典叢書 第11巻」,「学問がわかる500冊」,「経済学の名著30」,「経済学88物語」,「経済学名著106選」,「現代経済学の名著」,「古典・名著の読み方」,「世界を変えた経済学の名著」,「世界で最も重要なビジネス書」,「世界の古典の名著」,「世界名著解題選 第1巻」,「世界名著大事典」,「私の古典」

05212　「経済分析の歴史」
『経済分析の歴史　上』　ヨゼフ・A.シュンペーター著　東畑精一,福岡正夫訳　岩波書店　2005　684p　21cm　18000円　Ⓘ4-00-022747-5
☆「世界名著大事典」

05213　「資本主義・社会主義・民主主義」
☆「経済学の名著」,「経済学88物語」,「経済学名著106選」,「現代資本主義の名著」,「政治哲学」,「世界の古典の名著」,「世界名著大事典」,「20世紀を震撼させた100冊」,「はじめて学ぶ政治学」

05214　「租税国家の危機」
☆「世界名著大事典」

05215　「帝国主義の社会学」
☆「世界名著大事典」

05216　「理論経済学の本質と主要内容」
☆「経済学88物語」,「社会科学の古典」,「社会科学の名著」,「世界名著大事典」

徐 渭　じょ・い

05217　「四声猿」
☆「世界名著大事典」,「中国の名著」

徐 幹　じょ・かん

05218　「中論」
☆「世界名著大事典」

徐 光啓　じょ・こうけい

05219　「農政全書」
☆「自然科学の名著100選 上」,「世界名著大事典」,「中国の古典名著」

徐 宏祖　じょ・こうそ

05220　「徐霞客遊記」
☆「世界名著大事典」

徐 昌治　じょ・しょうじ

05221　「明朝破邪集」
☆「アジアの比較文化」

徐 畈　じょ・しん

05222　「殺狗記」
☆「世界名著大事典」

徐 特立　じょ・とくりつ

05223　「国家公徳論」
☆「世界名著大事典 補遺（Extra)」

徐 復観　じょ・ふくかん

05224　「中国の芸術精神」
☆「東アジア人文書100」

徐 陵　じょ・りょう

05225　「玉台新詠」
☆「世界名著大事典」,「中国の古典名著」

ショー,G.B.

05226　「イプセン主義の精髄」
☆「世界名著大事典」

05227　「ウォーレン夫人の職業」
『ウォーレン夫人の職業』　バァナード、シヨオ[作]　伊藤野枝子編　青年學藝社　1914　92p　16cm〈世界學藝エッセンスシリーズ 30〉〈発売：福岡書店〉　Ⓝ932.7
☆「近代名著解題選集 1」,「近代名著解題選集 2」,「世界名著解題選 第1巻」,「世界名著大事典」

05228　「英雄崇拝」
☆「世界名著大事典」

05229　「カンディダ」

『カンディダ』　バーナード・ショウ［著］　河竹繁俊訳　早稲田大学出版部　1913　192p　19cm　Ⓝ932
☆「世界文学あらすじ大事典 1（あ‐きよう）」、「世界名著大事典」

05230　「シーザーとクレオパトラ」
『シーザーとクレオパトラ』　ショー著　楠山正雄訳　オンデマンド版　ゆまに書房　2004　180p　19cm（昭和初期世界名作翻訳全集　2）〈原本：春陽堂昭和7年刊〉　2800円
Ⓘ4-8433-1072-7,4-8433-1070-0　Ⓝ932.7
☆「世界文学あらすじ大事典 2（きよえ‐ちえ）」、「世界名著大事典」

05231　「傷心の家」
『傷心の家─イギリスの主題をロシア風に扱った幻想劇』　バーナード・ショー著　飯島小平訳　新書館　1989　216p　19cm　2200円
Ⓘ4-403-24033-X
☆「世界文学あらすじ大事典 2（きよえ‐ちえ）」

05232　「聖女ジョウン」
☆「世界文学あらすじ大事典 2（きよえ‐ちえ）」

05233　「聖ジョン」
☆「現代世界の名作」、「世界名著大事典」、「名小説ストーリイ集　世界篇」

05234　「ピグマリオン」
『ピグマリオン』　バーナード・ショー訳　小田島恒志訳　光文社　2013　297p　15cm（光文社古典新訳文庫）　920円
Ⓘ978-4-334-75281-1
☆「イギリス文学」、「英米文学の名作を知る本」、「世界文学の名作3（ちか‐ふろ）」、「世界文学の名作と主人公」、「たのしく読めるイギリス文学」

05235　「人と超人」
『人と超人』　バーナド・ショー著　市川又彦訳　改版　岩波書店　1958　305p　図版　15cm（岩波文庫）　Ⓝ932
☆「学術辞典叢書 第13巻」、「世界の名著」、「世界文学あらすじ大事典3（ちか‐ふろ）」、「世界文学鑑賞辞典 第1」、「世界名著解題選 第3巻」、「世界名著大事典」、「ポケット世界名作事典」

05236　「フェビアン社会主義論集」
☆「世界名著大事典」、「哲学の名著」

05237　「武器と人」
☆「世界文学鑑賞辞典 第1」

05238　「メトセラ時代に帰れ」
☆「世界の幻想文学」、「世界文学あらすじ大事典4（ふん‐われ）」、「世界名著大事典」

05239　「若き獅子たち」
『若き獅子たち　上』　アーウィン・ショー著　鈴木重吉,A.クラウザー訳　筑摩書房　1992　535p　15cm（ちくま文庫）　1100円
Ⓘ4-480-02615-0
☆「世界名著大事典」

ジョアッキム
05240　「真理の本質」
☆「近代欧米名著解題 第3巻」

ジョイス,ジェイムズ
05241　「さまよえる人たち」
『さまよえる人たち─戯曲・三幕』　ジェイムズ・ジョイス著　近藤耕人訳　彩流社　1991　204p　19cm　2000円　Ⓘ4-88202-194-3
☆「世界文学あらすじ大事典 2（きよえ‐ちえ）」

05242　「ダブリンの市民」
『ダブリンの市民』　ジョイス作　結城英雄訳　岩波書店　2004　454,5p　15cm（岩波文庫）　760円　Ⓘ4-00-322551-1
☆「英仏文学戦記」、「教養のためのブックガイド」

05243　「フィネガンズ・ウェイク」
『フィネガンズ・ウェイク　パート2と3』　ジェイムズ・ジョイス［著］　浜田龍夫訳　高知 Abiko Literary Press　2012　490p　21cm　2700円　Ⓘ978-4-900763-13-5　Ⓝ933.7
☆「世界の奇書」、「世界の小説大百科」、「世界名著大事典」

05244　「ユリシーズ」
『ユリシーズ』　ジョイス作　バラエティ・アートワークス企画・漫画　イースト・プレス　2009　382p　15cm（まんがで読破）　876円
Ⓘ978-4-7816-0084-0
☆「あらすじで味わう外国文学」、「イギリス文学」、「一冊で世界の名著100冊を読む」、「面白いほどよくわかる世界の文学」、「書き出し「世界文学全集」」、「教養のためのブックガイド」、「現代世界の名作」、「知っておきたいイギリス文学」、「世界の小説大百科」、「世界の書物」、「世界の長編文学」、「世界の名作50選」、「世界の名作100を読む」、「世界の名作文学案内」、「世界の名著」、「世界の「名著」50」、「世界文学あらすじ大事典 4（ふん‐われ）」、「世界の文学の名作と主人公」、「世界名作事典」、「世界名著案内 2」、「世界名著大事典」、「千年紀のベスト100作品を選ぶ」、「たのしく読めるイギリス文学」、「なおかつお厚いのがお好き？」、「20世紀を震撼させた100冊」、「日本文学現代名作事典」、「入門名作の世界」、「必読書150」、「百年の誤読 海外文学篇」、「文学・名著300選の解説 '88年度版」、「ベストセラー世界の文学・20世紀 1」、「ポケット世界名作事典」、「世界あらすじ事典 西洋文学編」、「名作英米小説の読み方・楽しみ方」、「名小説ストーリイ集 世界篇」

05245　「若い芸術家の肖像」
『若い芸術家の肖像』　ジョイス作　大澤正佳訳

岩波書店　2007　499p　15cm（岩波文庫）
900円　①978-4-00-322552-3
☆「あらすじで読む世界文学105」,「英米文学の名作を知る本」,「世界の小説大百科」,「世界文学あらすじ大事典 4（ふん‐われ）」,「世界文学鑑賞辞典 第1」,「世界文学必勝法」,「世界名著大事典」,「ヨーロッパを語る13の書物」

鍾 嶸　しょう・えい
05246　「詩品」
☆「世界名著大事典」

商 鞅　しょう・おう
05247　「商君書」
☆「世界名著大事典」,「中国の古典名著」

章 学誠　しょう・がくせい
05248　「文史通義」
☆「世界名著大事典」,「中国の古典名著」

蕭 吉　しょう・きつ
05249　「五行大義」
☆「世界名著大事典」

蕭 軍　しょう・ぐん
05250　「8月の農村」
☆「世界名著大事典」

蔣 光慈　しょう・こうじ
05251　「田野の風」
☆「世界名著大事典 補遺（Extra）」

05252　「リサの哀怨」
☆「世界名著大事典 補遺（Extra）」

鐘 惺　しょう・せい
05253　「隠秀軒集」
☆「世界名著大事典」

章 培恒　しょう・ばいこう
05254　「中国文学史新著」
☆「東アジア人文書100」

章 炳麟　しょう・へいりん
05255　「五無論」
☆「世界名著大事典」

05256　「排満平議」
☆「世界名著大事典」

尚 秉和　しょう・へいわ
05257　「歴代社会風俗事物考」
☆「世界名著大事典」

邵 雍　しょう・よう
05258　「観物内篇」
☆「世界名著大事典」

蔣 良騏　しょう・りょうき
05259　「東華録」
☆「世界名著大事典」

ショウ,C.R.
05260　「ジャック・ローラー」
『ジャック・ローラー──ある非行少年自身の物語』　クリフォード・R.ショウ著　玉井真理子,池田寛訳　東洋館出版社　1998　348p　21cm　3300円　①4-491-01480-9
☆「都市的世界」

ジョヴァンニ,ジョゼ
05261　「穴」
☆「英米児童文学のベストセラー40」,「世界の冒険小説・総解説」

05262　「生き残った者の掟」
『生き残った者の掟』　ジョゼ・ジョバンニ著　岡村孝一訳　2版　早川書房　1995　317p　20cm（Hayakawa novels）　2200円
①4-15-207128-1　Ⓝ953
☆「世界の冒険小説・総解説」

05263　「犬橇」
『犬橇』　ジョゼ・ジョバンニ著　佐宗鈴夫訳　早川書房　1987　254p　15cm（ハヤカワ文庫NV）　380円　①4-15-040470-4
☆「世界の冒険小説・総解説」

05264　「冒険者たち」
☆「映画になった名著」

ショウォールター,E.
05265　「女性自身の文学」
☆「フェミニズムの名著50」

章士剣　しょうしけん
05266　「柳文指要」
☆「世界名著大事典 補遺（Extra）」

笑笑生　しょうしょうせい
05267　「金瓶梅」
『金瓶梅 下』　笑笑生著　土屋英明編訳　徳間書店　2007　648p　15cm（徳間文庫）〈『金瓶梅詞話─淫の世界』加筆訂正・改題書〉
952円　①978-4-19-892649-6
☆「あらすじでわかる中国古典「超」入門」,「面白いほどよくわかる世界の文学」,「世界の長編文学」,「世界名著大事典」,「中国の古典名著」,「中国の名著」,「東洋の奇書55冊」,「日本の古典・世界の古典」,「ポケット世界名作事典」

ショーヴネ
05268　「球面および実地天文学教本」
☆「世界名著大事典」

昭明太子　しょうめいたいし
05269　「文選」
☆「学術辞典叢書 第15巻」，「世界名著解題選 第3巻」，「世界名著大事典」，「中国の古典名著」

諸葛 亮　しょかつ・りょう
05270　「諸葛孔明の兵法」
☆「中国の古典名著」

05271　「諸葛亮集」
☆「戦略の名著！ 最強43冊のエッセンス」

ジョージ
05272　「進歩と貧困」
『進歩と貧困』　ヘンリー・ジョージ著　山嵜義三郎訳　日本経済評論社　1991　435p　21cm　6695円　①4-8188-0477-0
☆「世界名著大事典」

ジョージ, スーザン
05273　「なぜ世界の半分が飢えるのか」
『なぜ世界の半分が飢えるのか―食糧危機の構造』　スーザン・ジョージ著　小南祐一郎，谷口真里子訳　朝日新聞社　1984　346p　19cm（朝日選書　257）　1300円
①4-02-259357-1　Ⓝ611.38
☆「平和を考えるための100冊＋α」

ジョージ, ヘンリー
05274　「文明と貧窮」
☆「学術辞典叢書 第14巻」，「世界名著解題選 第3巻」

ジョージェスク - レーゲン
05275　「経済学の神話」
『経済学の神話―エネルギー，資源，環境に関する真実』　ニコラス・ジョージェスク・レーゲン著　小出厚之助ほか編訳　東洋経済新報社　1981　285,15p　20cm　2300円　Ⓝ334.7
☆「経済学88物語」

ショースキー, カール・E.
05276　「世紀末ウィーン」
『世紀末ウィーン―政治と文化』　カール・E.ショースキー著　安井琢磨訳　岩波書店　1983　466,13p　23cm　6200円　Ⓝ234.6
☆「学問がわかる500冊 v.2」

ジョーゼフ
05277　「虚無の孔」
『虚無の孔』　M.K.ジョーゼフ著　黒丸尚訳　早川書房　1979　193p　20cm（海外SFノヴェルズ）　850円　Ⓝ933
☆「世界のSF文学・総解説」

ジョセフソン
05278　「エジソンの生涯」
『エジソンの生涯』　マシュウ・ジョセフソン著　矢野徹，白石佑光，須山静夫訳　新潮社　1962　408p（図版共）　20cm　Ⓝ289.3
☆「伝記・自叙伝の名著」

ジョセフソン
05279　「アメリカの大資本家たち」
☆「世界名著大事典」

ショーター, E.
05280　「近代家族の形成」
『近代家族の形成』　エドワード・ショーター著　田中俊宏，岩橋誠一，見崎恵子，作道潤訳　京都昭和堂　1987　299,76p　21cm　3800円
☆「近代家族とジェンダー」

ショット
05281　「インド洋と太平洋の地理」
☆「世界名著大事典」

ショパン, ケイト
05282　「目覚め」
『目覚め』　ケイト・ショパン著　宮北恵子, 吉岡恵子訳　南雲堂　1999　293p　19cm　2800円　①4-523-29256-6
☆「知っておきたいアメリカ文学」，「世界の小説大百科」，「たのしく読めるアメリカ文学」

ショーペンハウアー, アルトゥール
05283　「意志と表象としての世界」
『意志と表象としての世界　3』　ショーペンハウアー著　西尾幹二訳　中央公論新社　2004　308p　18cm（中公クラシックス）　1400円
①4-12-160071-1
☆「一冊で哲学の名著を読む」，「大人のための世界の名著50」，「学術辞典叢書 第12巻」，「教養のためのブックガイド」，「近代名著解題集 2」，「西洋をきずいた書物」，「世界を変えた100冊の本」，「世界の哲学50の名著」，「世界の哲学思想」，「世界の名著早わかり事典」，「世界名著解題選 第1巻」，「世界名著大事典」，「超解『哲学名著』事典」，「哲学の世界」，「哲学の名著」，「哲学名著解題」（協同出版），「哲学名著解題」（春秋社），「なおかつお厚いのがお好き？」，「入門 哲学の名著」，「文庫1冊で読める 哲学の名著」

05284　「女について/倫理について」
☆「世界の古典名著」

05285　「幸福論」
『幸福について―人生論』　ショーペンハウェル著　橋本文夫訳　新潮社　1958　284p　16cm（新潮文庫）　Ⓝ134.57
☆「世界名著案内 7」，「わたしの古典 続」

05286 「充足理由律の4つの根拠について」
☆「世界名著大事典」,「哲学名著解題」

05287 「ショーペンハウアー全集」
『ショーペンハウアー全集』 ショーペンハウアー著 生松敬三,金森誠也,斎藤忍随,笹谷満,山崎庸佑ほか訳 新装復刊 白水社 2004 15冊(セット) 19cm 66000円
①4-560-02558-4
☆「教養のためのブックガイド」

05288 「読書について」
『読書について―他二篇』 ショウペンハウエル著 斎藤忍随訳 岩波書店 2013 158p 19cm(ワイド版岩波文庫 362)〈岩波文庫1983年刊の再刊〉 1000円
①978-4-00-007362-2 Ⓝ134.6
☆「教養のためのブックガイド」,「自己啓発の名著30」

05289 「付録と補遺」
☆「世界名著大事典」,「哲学名著解題」

ジョミニ,アントワーヌ・アンリ

05290 「戦争概論」
『戦争概論』 アントワーヌ・アンリ・ジョミニ著 佐藤徳太郎訳 中央公論新社 2001 290p 15cm(中公文庫 BIBLIO20世紀) 800円 ①4-12-203955-X
☆「戦略の名著! 最強43冊のエッセンス」

ジョリ,アラン

05291 「ムハマド・ユヌス自伝」
『ムハマド・ユヌス自伝―貧困なき世界をめざす銀行家』 ムハマド・ユヌス,アラン・ジョリ著 猪熊弘子訳 早川書房 1998 358p 19cm 2000円 ①4-15-208189-9
☆「お金と富の哲学世界の名著50」,「50歳からの名著入門」,「戦略の名著! 最強43冊のエッセンス」,「大学新入生に薦める101冊の本」

ショーリアク

05292 「大外科術」
☆「西洋をきずいた書物」,「世界名著大事典」

ショリエ,ニコラ

05293 「アロイシア・シガエアの対話」
☆「世界の奇書」

ジョリオ・キュリー,イレーヌ

05294 「新しい型の放射能」
☆「自然科学の名著100選 下」

ジョリオ・キュリー,フレデリック

05295 「新しい型の放射能」
☆「自然科学の名著100選 下」

ジョルジュ

05296 「田園」
☆「世界名著大事典」

05297 「都市」
☆「世界名著大事典」

ショレー

05298 「経済および社会地理」
☆「世界名著大事典」

ジョレス

05299 「フランス革命史」
☆「人文科学の名著」,「世界名著大事典」

ショーレム

05300 「ユダヤ神秘主義―その主潮流」
『ユダヤ神秘主義―その主潮流』 ゲルショム・ショーレム著 山下肇,石丸昭二,井ノ川清,西脇征嘉訳 新装版 法政大学出版局 2014 490,134p 19cm(叢書・ウニベルシタス) 7300円 ①978-4-588-09984-7
☆「宗教学の名著30」

ショーロホフ,ミハイル

05301 「彼らは祖国のためにたたかった」
☆「世界名著大事典」

05302 「仔馬」
☆「世界の名作文学案内」

05303 「静かなるドン」
『静かなるドン―全訳 第1』 ショーロホフ著 樹下節,江川卓訳 角川書店 1955 314p 15cm(角川文庫) Ⓝ983
☆「あらすじで味わう外国文学」,「現代世界の名作」,「3行でわかる名作&ヒット本250」,「世界の長編文学」,「世界の名作」,「世界の名作100を読む」,「世界の名著」,「世界文学あらすじ大事典 2(きよえ・ちえ)」,「世界文学鑑賞辞典 第4」,「世界文学の名作と主人公」,「世界名作事典」,「世界名作文学館」,「世界名著大事典」,「日本文学現代名作事典」,「入門名作の世界」,「文学・名著300選の解説 '88年度版」,「ポケット世界名作事典」,「名小説ストーリイ集 世界篇」,「読んでおきたい世界の名著」,「ロシア文学」

05304 「新体詩抄」
☆「日本文学現代名作事典」

05305 「ドン物語」
☆「世界名著大事典」

05306 「人間の運命」
☆「世界文学鑑賞辞典 第4」

05307 「開かれた処女地」
『開かれた処女地 第二部 上巻』 ショーロホフ著 米川正夫訳 角川書店 1961 316p 15cm(角川文庫) Ⓝ983

ショワシ

☆「世界文学鑑賞辞典 第4」,「世界名著大事典」,「名小説ストーリイ集 世界篇」

ショワジー

05308　「建築史」
『建築史　下巻』　オーギュスト・ショワジー〔著〕　桐敷真次郎訳　中央公論美術出版　2008　944p　27cm　60000円
Ⓘ978-4-8055-0562-5　Ⓝ520.2
☆「世界名著大事典」

ジョワンヴィル

05309　「聖王ルイ伝」
☆「世界名著大事典」

ショーン, ドナルド

05310　「組織学習」
☆「究極のビジネス書50選」

ジョン・エルキントン

05311　「世界のバイテク最前線はいま―遺伝子工場の内幕」
☆「科学技術をどう読むか」

ジョンキンズ, J.

05312　「吼える氷海」
『吼える氷海』　ジェフリイ・ジェンキンズ著　伊藤哲訳　早川書房　1985　427p　16cm（ハヤカワ文庫　NV）　540円　Ⓘ4-15-040388-0　Ⓝ933
☆「世界の海洋文学」

ジョング, エリカ

05313　「飛ぶのが怖い」
『飛ぶのが怖い』　エリカ・ジョング著　柳瀬尚紀訳　河出書房新社　2005　550p　15cm（河出文庫）　1200円　Ⓘ4-309-46250-2　Ⓝ933.7
☆「世界の小説大百科」

ジョングウォード, ドロシー

05314　「自己実現への道」
☆「世界の成功哲学50の名著エッセンスを解く」

ジョーンズ

05315　「アメリカ合衆国のトラスト問題」
☆「世界名著大事典」

ジョーンズ, ジェイムズ

05316　「地上より永遠に」
『地上より永遠に　1』　ジェイムズ・ジョーンズ著　新庄哲夫訳　角川書店　1987　410p　15cm（角川文庫）　540円　Ⓘ4-04-241702-7　Ⓝ933
☆「映画になった名著」

ジョーンズ, ダニエル

05317　「英語音声学概論」
☆「世界名著大事典」

05318　「音素」
☆「世界名著大事典」

05319　「ヒンズー語について」
☆「西洋をきずいた書物」

ジョーンズ, デイヴィッド

05320　「括弧に入れて」
☆「世界の小説大百科」

ジョーンズ, リチャード

05321　「富の分配および課税の諸源泉に関する1論」
☆「世界名著大事典」

ジョーンズ, D.F.

05322　「コロサス」
☆「世界のSF文学・総解説」

ジョーンズ, T.

05323　「信じられない航海」
『信じられない航海』　トリスタン・ジョーンズ著　宮本保夫訳　舵社,天然社〔発売〕　1989　379p　21cm　2000円　Ⓘ4-8072-1104-8
☆「世界の海洋文学」

ジョンストン, ビクター・S.

05324　「人はなぜ感じるのか？」
『人はなぜ感じるのか？』　ビクター・S.ジョンストン著　長谷川真理子訳　日経BP社,日経BP出版センター〔発売〕　2001　302p　19cm　1600円　Ⓘ4-8222-4203-X
☆「教養のためのブックガイド」

ジョンストン, レジナルド・F.

05325　「紫禁城の黄昏」
『紫禁城の黄昏―新訳』　レジナルド・F.ジョンストン著　岩倉光輝訳　朝霞　本の風景社　2007　366p　21cm　1600円　Ⓘ4-939154-04-1　Ⓝ222.07
☆「世界の旅行記101」

ジョンストン, ローリー

05326　「創造するコンピュータAI（人工知能）入門」
☆「科学技術をどう読むか」

ジョンソン

05327　「はかなき願望」
☆「世界名著大事典」

ジョンソン, サミュエル

05328 「イギリス詩人伝」
『イギリス詩人伝』 サミュエル・ジョンソン著 原田範行,圓月勝博,武田将明,仙葉豊,小林章夫,渡邊孔二,吉野由利訳 筑摩書房 2009 544,12p 21cm 6800円 ⓘ978-4-480-83646-5
☆「世界名著大事典」

05329 「英語辞典」
☆「西洋をきずいた書物」,「世界を変えた100冊の本」,「世界名著大事典」

05330 「ラセラス王子物語」
『ラセラス王子物語』 ジョンソン著 坂本栄吉(大風)訳 内外出版協会 1909 96p 20cm〈附録:ラセラス伝について〉 Ⓝ930
☆「世界文学あらすじ大事典 4 (ふん‐われ)」,「世界名著大事典」

ジョンソン, スペンサー

05331 「1分間マネジャー」
『1分間マネジャー——人を動かす共感の哲学 英和対照』 K.ブランチャード,S.ジョンソン著 小林薫訳 ダイヤモンド社 1983 239p 20cm 1600円 Ⓝ336
☆「世界で最も重要なビジネス書」,「世界の成功哲学50の名著エッセンスを解く」

05332 「チーズはどこへ消えた?」
『チーズはどこへ消えた?』 スペンサー・ジョンソン著 門田美鈴訳 扶桑社 2000 94p 19cm 838円 ⓘ4-594-03019-X
☆「世界の成功哲学50の名著エッセンスを解く」,「超売れ筋ビジネス書101冊」,「百年の誤読」

ジョンソン, チャルマーズ

05333 「アメリカ帝国への報復」
『アメリカ帝国への報復』 チャルマーズ・ジョンソン著 鈴木主税訳 集英社 2000 333p 20cm〈文献あり〉 2400円 ⓘ4-08-773328-9 Ⓝ319.5302
☆「大学新入生に薦める101冊の本」

05334 「帝国アメリカと日本」
『帝国アメリカと日本——武力依存の構造』 チャルマーズ・ジョンソン著 屋代通子訳 集英社 2004 173p 18cm(集英社新書) 660円 ⓘ4-08-720252-6
☆「平和を考えるための100冊+α」

ジョンソン, デニス

05335 「煙の樹」
『煙の樹』 デニス・ジョンソン著 藤井光訳 白水社 2010 658p 19cm(エクス・リブリス) 3800円 ⓘ978-4-560-09007-7
☆「21世紀の世界文学30冊を読む」

ジョンソン, ノーマン

05336 「イギリスの民間社会福祉活動 その歴史と現状」
☆「学問がわかる500冊」

ジョンソン, フィリップ

05337 「インターナショナル・スタイル」
『インターナショナル・スタイル』 ヘンリー・ラッセル・ヒッチコック,フィリップ・ジョンソン著 武沢秀一訳 鹿島出版会 1978 232p 19cm(SD選書 139) 980円 Ⓝ523.9
☆「建築の書物/都市の書物」

ジョンソン, ベン

05338 「ヴォルポーネ」
☆「英米文学の名作を知る本」,「世界文学あらすじ大事典 1 (あ‐きよう)」,「世界名著大事典」,「たのしく読めるイギリス文学」

05339 「浮かれ縁日」
☆「世界文学あらすじ大事典 1 (あ‐きよう)」

05340 「癖者ぞろい」
☆「世界文学あらすじ大事典 2 (きよえ‐ちえ)」

05341 「シジェーナス」
☆「世界名著大事典」

05342 「十人十色」
☆「世界名著大事典」

05343 「みんな癖がなおり」
☆「世界名著大事典」

05344 「もの言わぬ女」
☆「世界文学あらすじ大事典 4 (ふん‐われ)」

05345 「錬金術師」
『錬金術師』 ベン・ジョンソン著 大場建治訳 南雲堂 1975 322p 図 19cm(エリザベス朝戯曲名作選) 3800円 Ⓝ932
☆「世界文学あらすじ大事典 4 (ふん‐われ)」,「世界名著大事典」

ジョンソン, ポール

05346 「キリスト教の二〇〇〇年」
『キリスト教の二〇〇〇年 上』 ポール・ジョンソン著 別宮貞徳訳 共同通信社 1999 403p 22cm 3800円 ⓘ4-7641-0418-0 Ⓝ192
☆「21世紀の必読書100選」

ジョンソン, B.S.

05347 「老人ホーム——一夜のコメディー」
☆「世界の小説大百科」

ジョンソン, C.

05348 「イギリス海賊史」

『イギリス海賊史』 チャールズ・ジョンソン著 朝比奈一郎訳 リブロポート 1983 2冊 20cm 各1800円 ①4-8457-0102-2 Ⓝ233.06
☆「世界の海洋文学」

ジョンソン, J.

05349 「数学が驚異的によくわかる」
『数学が驚異的によくわかる—マックスカレッド博士の解析学入門』 ハワード・スワン, ジョン・ジョンソン著 山崎直美訳 白揚社 1982 218p 24cm 2500円 ①4-8269-0017-1 Ⓝ413
☆「数学ブックガイド100」

ションヌーベー

05350 「仏教史」
☆「世界名著大事典」

シラー

05351 「中低ドイツ語辞典」
☆「世界名著大事典」

シラー, フリードリッヒ・フォン

05352 「ヴァレンシュタイン」
『ヴァレンシュタイン』 シラー作 浜川祥枝訳 岩波書店 2003 533p 15cm(岩波文庫) 800円 ①4-00-324109-6
☆「あらすじで読む世界文学105」,「知っておきたいドイツ文学」,「世界の名著」,「世界文学あらすじ大事典1(あ‐きよう)」,「世界文学鑑賞辞典 第3」,「世界名著大事典」,「ポケット世界名作事典」,「名作あらすじ事典 西洋文学編」

05353 「ヴィルヘルム・テル」
『ヴィルヘルム・テル』 シラー作 桜井政隆, 桜井国隆訳 改版 岩波書店 1957 218p 15cm(岩波文庫) Ⓝ942
☆「一冊で世界の本100冊を読む」,「学術辞典叢書 第13巻」,「近代名著解題選集1」,「近代名著解題選集2」,「現代世界の名作」,「知っておきたいドイツ文学」,「世界の名作」,「世界文学あらすじ大事典1(あ‐きよう)」,「世界文学鑑賞辞典 第3」,「世界名著解題選 第3巻」,「世界名著大事典」,「入門名作の世界」,「名作あらすじ事典 西洋文学編」,「名小説ストーリィ集 世界篇」

05354 「往復書簡」
☆「世界名著大事典」

05355 「オルレアンの少女」
☆「世界文学鑑賞辞典 第3」,「世界名著大事典」,「名作の研究事典」

05356 「群盗」
『群盗』 シラー作 久保栄訳 岩波書店 1992 221p 15cm(岩波文庫)〈第23刷(第1刷:58.5.5)〉 460円 ①4-00-324101-0
☆「面白いほどよくわかる世界の文学」,「学術辞典叢書 第13巻」,「近代名著解題選集2」,「知っておきたいドイツ文学」,「世界の名作100を読む」,「世界文学鑑賞辞典 第3」,「世界文学の名作と主人公」,「世界名作事典」,「世界名著解題選 第1巻」,「世界名著大事典」,「ドイツ文学」,「日本の古典・世界の古典」,「文学・名著300選の解説 '88年度版」,「ポケット世界名作事典」

05357 「原理を設想と見るの説」
☆「近代欧米名著解題 第1巻」

05358 「詩集」
☆「世界名著大事典」

05359 「招霊妖術師」
☆「世界の幻想文学」

05360 「人本主義」
☆「近代欧米名著解題 第2巻」,「哲学名著解題」

05361 「崇高について」
☆「世界名著大事典」

05362 「スフィンクスの謎」
☆「哲学名著解題」

05363 「世界史とはなにか, またなんのためにこれを学ぶか」
☆「世界名著大事典」

05364 「素朴文学と情感文学について」
『素朴文学と情感文学について—他二篇』 シラー著 高橋健二訳 岩波書店 1955 188p 15cm(岩波文庫) Ⓝ701.1
☆「世界名著解題選 第6巻」,「世界名著大事典」

05365 「たくらみと恋」
☆「世界文学鑑賞辞典 第3」,「世界名著大事典」

05366 「ドン・カルロス」
『ドン・カルロス—西班牙太子』 シラー著 山下秩光訳 桜門出版社 1949 672p 図版 19cm Ⓝ942
☆「世界文学あらすじ大事典3(ちか‐ふろ)」,「世界文学鑑賞辞典 第3」,「世界名著大事典」

05367 「人間の美的教育について」
『人間の美的教育について』 フリードリヒ・フォン・シラー著 小栗孝則訳 新装版 法政大学出版局 2011 187p 19cm(叢書・ウニベルシタス) 2500円 ①978-4-588-09934-2
☆「学術辞典叢書 第13巻」,「教育の名著80選解題」,「世界名著解題選 第3巻」,「世界名著解題選 第5巻」,「世界名著大事典」,「哲学名著解題」

05368 「犯罪者」
☆「わたしの古典」

05369 「ヒューマニズム研究」
☆「世界名著大事典」

05370 「フィエスコの反乱」
☆「世界文学鑑賞辞典 第3」

05371 「文芸学の発展と批判」
『文芸学の発展と批判』 フランツ・シルレル著 熊沢復六訳 清和書店 1936 454p 20cm Ⓝ901
☆「世界名著解題選 第6巻」

05372 「マリア・シュトゥアルト」
☆「世界名著大事典」

05373 「メッシナの花嫁」
☆「世界文学鑑賞辞典 第3」,「世界名著大事典」

05374 「優美と品位について」
☆「世界名著大事典」,「哲学名著解題」

シラス

05375 「アトムの子ら」
『アトムの子ら』 ウィルマー・H.シラス著 小笠原豊樹訳 早川書房 1981 298p 16cm（ハヤカワ文庫 SF） 360円 Ⓝ933
☆「世界のSF文学・総解説」

シラノ・ド・ベルジュラック

05376 「日月両世界旅記」
『日月両世界旅記』 シラノ・ド・ベルジュラック作 赤木昭三訳 岩波書店 2005 476p 15cm（岩波文庫）〈肖像あり〉 900円 Ⓘ4-00-325061-3 Ⓝ953.5
☆「世界のSF文学・総解説」,「世界文学あらすじ大事典 2（きよえ・ちえ）」

ジラヒ

05377 「瀕死の春」
『瀕死の春』 ラヨシュ・ジラヒ著 高橋健二訳 新潮社 1951 192p 16cm（新潮文庫 第288） Ⓝ994
☆「世界文学鑑賞辞典 第3」

ジラール,R.

05378 「暴力と聖なるもの」
『暴力と聖なるもの』 ルネ・ジラール著 古田幸男訳 新装版 法政大学出版局 2012 605,5p 19cm（叢書・ウニベルシタス） 6000円 Ⓘ978-4-588-09962-5
☆「宗教学の名著30」

05379 「欲望の現象学」
『欲望の現象学―ロマンティークの虚像とロマネスクの真実』 ルネ・ジラール著 古田幸男訳 新装版 法政大学出版局 2010 358,2p 19cm（叢書・ウニベルシタス） 4000円 Ⓘ978-4-588-09928-1
☆「自己・他者・関係」

シランペー,F.E.

05380 「人生と太陽」
☆「世界名著大事典 補遺（Extra）」

05381 「人生の美と苦悩」
☆「世界名著大事典 補遺（Extra）」

05382 「聖貧」
☆「世界名著大事典 補遺（Extra）」

05383 「夏の夜の人々」
☆「世界名著大事典 補遺（Extra）」

05384 「若くして逝く」
☆「世界名著大事典」,「世界名著大事典 補遺（Extra）」

シーリー

05385 「イギリス膨張史論」
☆「西洋をきずいた書物」,「世界名著大事典」

ジリエロン

05386 「フランス言語図巻」
☆「世界名著大事典」

シリトー,アラン

05387 「屑屋の娘」
『屑屋の娘』 アラン・シリトー著 河野一郎,橋口稔訳 集英社 1977 239p 16cm（集英社文庫） 220円 Ⓝ933
☆「私（わたし）の世界文学案内」

05388 「長距離走者の孤独」
『長距離走者の孤独』 アラン・シリトー著 丸谷才一,河野一郎訳 集英社 1977 230p 16cm（集英社文庫） 220円 Ⓝ933
☆「あらすじで味わう外国文学」,「あらすじで読む世界文学105」,「イギリス文学」,「知っておきたいイギリス文学」,「世界の名作文学案内」,「世界文学の名作と主人公」,「世界文学必勝法」,「世界名作文学館」,「たのしく読めるイギリス文学」,「日本・世界名作「愛の会話」100章」,「百年の誤読 海外文学篇」,「ポケット世界名作事典」,「名作あらすじ事典 西洋文学編」

シール,コリン

05389 「青いひれ」
『青いひれ』 コリン・シール作 犬飼和雄訳 ぬぷん児童図書出版 1981 299p 22cm（心の児童文学館シリーズ 2 第1巻） Ⓘ4-88975-121-1 Ⓝ933.7
☆「世界の海洋文学」

シルヴァーバーグ

05390 「禁じられた惑星」
『禁じられた惑星』 ロバート・シルヴァーバーグ著 中村保男訳 第8版 東京創元社 1998 350p 15cm（創元SF文庫） 620円 Ⓘ4-488-64902-5
☆「世界のSF文学・総解説」

05391 「時の仮面」
『時の仮面』 ロバート・シルヴァーバーグ著

浅倉久志訳　早川書房　1980　336p　16cm（ハヤカワ文庫　SF）　400円　Ⓝ933
☆「世界のSF文学・総解説」

05392　「夜の翼」
『夜の翼』　ロバート・シルヴァーバーグ著　佐藤高子訳　早川書房　1977　303p　16cm（ハヤカワ文庫　SF）　350円　Ⓝ933
☆「世界のSF文学・総解説」

シルコウ, レスリー

05393　「儀式」
『儀式』　レスリー・M.シルコウ著　荒このみ訳　講談社　1998　429p　15cm（講談社文芸文庫）　1300円　Ⓘ4-06-197601-X
☆「知っておきたいアメリカ文学」,「世界の小説大百科」,「たのしく読めるアメリカ文学」,「名作あらすじ事典　西洋文学編」

シールズ, キャロル

05394　「ストーン・ダイアリー」
☆「世界の小説大百科」

シルズ, E.A.

05395　「行為の総合理論をめざして」
『行為の総合理論をめざして』　T.パーソンズ, E.A.シルス編著　永井道雄, 作田啓一, 橋本真共訳　日本評論新社　1960　445p　21cm　Ⓝ361
☆「社会学的思考」,「世界名著大事典」

ジルソン

05396　「中世哲学史」
『中世哲学史』　エティエンヌ・ジルソン著　渡辺秀訳　エンデルレ書店　1959　432p　19cm　Ⓝ132
☆「学問がわかる500冊」,「世界名著大事典」,「哲学名著解題」

ジレジウス, アンゲルス

05397　「さすらいの天使」
☆「世界名著大事典」

シロコゴロフ

05398　「北方トゥングースの社会構成」
☆「世界名著大事典」

ジロドゥー

05399　「アンフィトリオン38」
☆「世界文学あらすじ大事典 1（あ‐きよう）」,「世界名著大事典」

05400　「オンディーヌ」
☆「世界の幻想文学」,「世界文学鑑賞辞典 第2」

05401　「ジークフリート」
『ジークフリート』　ジャン・ジロドゥ著　岩瀬孝訳　角川書店　1962　322p　15cm（角川文庫）　Ⓝ952
☆「世界の名作100を読む」,「世界文学鑑賞辞典 第2」,「世界文学の名作と主人公」,「フランス文学」,「文学・名著300選の解説 '88年度版」

05402　「シャイヨの狂女」
☆「世界文学あらすじ大事典 2（きよえ‐ちえ）」,「世界名著大事典」

05403　「シュザンヌと太平洋」
☆「現代世界の名作」,「世界名著大事典」

05404　「情熱漢シモン」
☆「世界名著大事典」

05405　「トロヤ戦争は起こらないだろう」
☆「世界名著大事典」,「ポケット世界名作事典」

シローネ

05406　「フォンタマーラ」
『フォンタマーラ』　I.シローネ著　奥野拓哉訳　岩波書店　1952　233p　19cm（岩波現代叢書）　Ⓝ973
☆「世界名著大事典」

05407　「葡萄酒とパン」
『葡萄酒とパン』　イニャツィオ・シローネ著　斎藤ゆかり訳　白水社　2000　393p　19cm（現代イタリア小説クラシックス）　2500円　Ⓘ4-560-04690-5
☆「世界の名作50選」,「世界文学あらすじ大事典 3（ちか‐ふろ）」

申　維翰　しん・いかん

05408　「海游録」
『海游録——朝鮮通信使の日本紀行』　申維翰著　姜在彦訳注　平凡社　1974　339p（図共）地図　18cm（東洋文庫　252）　850円　Ⓝ291.099
☆「アジアの比較文化」,「世界の旅行記101」

沈　括　しん・かつ

05409　「夢渓筆談」
☆「中国の古典名著」

辛　棄疾　しん・きしつ

05410　「稼軒長短句」
☆「世界名著大事典」

沈　既済　しん・きせい

05411　「枕中記」
☆「中国の古典名著」

秦　九韶　しん・きゅうしょう

05412　「数書九章」
☆「世界名著大事典」

シン, サイモン

05413 「フェルマーの最終定理」
『フェルマーの最終定理』 サイモン・シン著 青木薫訳 新潮社 2006 495p 15cm（新潮文庫） 781円 Ⓘ4-10-215971-1
☆「大学新入生に薦める101冊の本」、「ブックガイド 文庫で読む科学」

沈 従文　しん・じゅうぶん

05414 「中国古代服飾研究」
☆「東アジア人文書100」

05415 「辺城」
『辺城』 沈従文作 松枝茂夫訳 復刻版 本の友社 2002 380p 20cm（大陸文学叢書 7）〈原本：改造社昭和13年刊〉
Ⓘ4-89439-389-1 Ⓝ923.7
☆「世界文学あらすじ大事典 4（ふん‐われ）」、「世界名著大事典」

申 叔舟　しん・しゅくしゅう

05416 「海東諸国紀」
『海東諸国紀―朝鮮人の見た中世の日本と琉球』 申叔舟著 田中健夫訳注 岩波書店 2010 440,13p 15cm（岩波文庫） 940円
Ⓘ4-00-334581-9
☆「世界の旅行記101」、「世界名著大事典」、「日本名著辞典」

秦 兆陽　しん・ちょうよう

05417 「ツバメの大旅行」
☆「少年少女のための文学案内 2」、「世界名著大事典」、「名作の研究事典」

沈 徳潜　しん・とくせん

05418 「古詩源」
『古詩源 上』 内田泉之助著 集英社 1997 408p 21cm（漢詩選 4） 4800円
Ⓘ4-08-156104-4
☆「中国の古典名著」

05419 「唐宋八家文読本」
『唐宋八家文読本―増評 巻1-9』 沈徳潜撰 頼山陽評 甲府 温故堂 1878 447p 22cm Ⓝ921
☆「学術辞典叢書 第15巻」、「世界名著解題選 第3巻」、「世界名著大事典」、「中国の古典名著」

沈 復　しん・ふく

05420 「浮生六記」
『浮生六記―浮生夢のごとし』 沈復作 松枝茂夫訳 岩波書店 1981 270p 15cm（岩波文庫） 350円 Ⓝ923.7
☆「世界名著大事典」、「中国の古典名著」、「中国の名著」

シン, フローレンス・スコヴェル

05421 「人生を開く心の法則」
『人生を開く心の法則』 フローレンス・スコヴェル・シン著 尾崎清一訳 たま出版 1995 205p 19cm 1200円
Ⓘ4-88481-412-6
☆「世界の自己啓発50の名著」

05422 「成功への秘密の扉」
☆「世界の成功哲学50の名著エッセンスを解く」

ジンガー

05423 「ヘミングウェイ伝―死の猟人」
☆「伝記・自叙伝の名著」

シンガー, アイザック・バシェヴィス

05424 「荘園」
☆「世界の小説大百科」

05425 「ルブリンの魔術師」
☆「世界の小説大百科」

シンガー, カート

05426 「マタ・ハリ」
☆「伝記・自叙伝の名著」

シンガー, チャールズ

05427 「技術史」
☆「世界名著大事典」

05428 「生物学史」
☆「世界名著大事典」

05429 「魔法から科学へ」
『魔法から科学へ』 チャールズ・シンガー著 山田坂仁訳 北隆館 1951 434p 図版7枚 22cm〈附録：中世の科学・哲学・社会（山田坂仁）〉 Ⓝ402
☆「世界名著大事典」

シンガー, ピーター

05430 「あなたが救える命」
『あなたが救える命―世界の貧困を終わらせるために今すぐできること』 ピーター・シンガー著 児玉聡,石川涼子訳 勁草書房 2014 258p 19cm 2500円 Ⓘ978-4-326-15430-2
☆「世界の哲学50の名著」

05431 「動物の解放」
『動物の解放』 ピーター・シンガー著 戸田清訳 改訂版 京都 人文書院 2011 402p 21cm 4400円 Ⓘ978-4-409-03078-3
☆「政治哲学」

05432 「動物の権利」
『動物の権利』 キャス・R.サンスティン,マーサ・C.ヌスバウム編 安部圭介,山本龍彦,大林啓吾監訳 尚学社 2013 427p 21cm

4000円 ①978-4-86031-095-0
☆「科学技術をどう読むか」

シンガー,I.B.

05433 「よろこびの日」
『よろこびの日―ワルシャワの少年時代』 アイザック・バシェビス・シンガー作　工藤幸雄訳　岩波書店　1990　321p　18cm〈岩波少年文庫　2100〉　620円 ①4-00-112100-X
☆「たのしく読めるアメリカ文学」

震鈞　しんきん

05434 「天咫偶聞」
☆「世界名著大事典」

シング,ジョン・ミリントン

05435 「海に騎り入る者」
『海へ騎りゆく人々―他二篇』 シング著　山本修二訳　岩波書店　1952　130p　15cm〈岩波文庫〉　Ⓝ932
☆「学術辞典叢書 第13巻」,「近代名著解題選集 1」,「近代名著解題選集 2」,「現代世界の名作」,「世界の海洋文学」,「世界文学鑑賞辞典 第1巻」,「世界名著解題選 第1巻」,「ポケット世界名作事典」

05436 「聖者の泉」
☆「世界名著大事典」

05437 「谷間の陰」
☆「世界名著大事典」

05438 「西の国の伊達男」
☆「世界の名著」,「世界文学あらすじ大事典 3（ちか・ふろ）」,「世界文学鑑賞辞典 第1巻」,「世界名著大事典」,「たのしく読めるイギリス文学」

シンクレア,アプトン

05439 「ジミー・ヒギンズ」
☆「世界名著大事典」

05440 「ジャングル」
『ジャングル』 アプトン・シンクレア著　大井浩二訳・解説　松柏社　2009　559p　20cm〈アメリカ古典大衆小説コレクション　5　亀井俊介,巽孝之監修〉　3500円 ①978-4-7754-0034-0 Ⓝ933.7
☆「アメリカを変えた本」,「世界の小説大百科」,「世界の名著」,「世界文学あらすじ大事典 2（きよえ・ちえ）」,「世界文学鑑賞辞典 第1巻」,「世界名著大事典」,「ポケット世界名作事典」

05441 「拝金芸術」
☆「世界名著解題選 第6巻」

05442 「ボストン　上,下」
『ボストン　上,下』 シンクレア著　前田河広一郎,長野兼一郎訳　改造社　1929　2冊　19cm　Ⓝ933
☆「世界名著大事典」

05443 「ラニー・バッドの巡礼」
『ラニー・バッドの巡礼　上巻』 アプトン・シンクレア著　並河亮訳　リスナー社　1948　353p　19cm〈ラニー・バッドシリーズ　第3部〉　Ⓝ933
☆「現代世界の名作」

シンクレア,メイ

05444 「ハリエット・フリーンの生と死」
☆「世界の小説大百科」

ジーンズ

05445 「宇宙進化論と恒星力学の諸問題」
☆「世界名著大事典」

05446 「神秘の宇宙」
『神秘の宇宙―新物理学の宇宙像』 ジーンズ著　薮内清訳　恒星社　1937　200p　19cm　Ⓝ440
☆「世界名著大事典」

ジンツハイマー

05447 「労働協約論」
☆「世界名著大事典」

05448 「労働法原理」
『労働法原理』 ジンツハイマー著　楢崎二郎,蓼沼謙一訳　東京大学出版会　1955　369p　22cm　Ⓝ366.1
☆「世界名著大事典」

シントラア

05449 「ベートーヴェンの生涯」
『ベートーヴェンの生涯』 シントラア著　柿沼太郎訳　角川書店　1954　264p　15cm〈角川文庫〉　Ⓝ762.4
☆「伝記・自叙伝の名著」

ジンバルドー,P.G.

05450 「現代心理学」
☆「学問がわかる500冊」

シンプソン

05451 「進化のテンポと形式」
☆「世界名著大事典」

シンプソン,J.

05452 「ヴァイキングの世界」
『ヴァイキングの世界』 ジャクリーヌ・シンプソン著　早野勝巳訳　東京書籍　1982　306p　図版12枚　20cm〈参考文献：p286～289〉　2200円　Ⓝ238.9
☆「世界の海洋文学」

ジンマーマン,C.

05453 「都市・農村社会学原理」

ジンマーマン, E.W.

05454 「資源サイエンス」
『資源サイエンス―人間・自然・文化の複合』 ジンマーマン著 ハンカー編 石光亨訳 三嶺書房 1985 324p 20cm〈参考文献：p308〜309〉 2500円 Ⓘ4-914906-32-5 Ⓝ334.7
☆「環境と社会」

05455 「世界の資源と産業」
『世界の資源と産業』 E.W.ジンマーマン著 後藤誉之助、小島慶三、黒沢俊一訳 時事通信社 1954 1082p 図版16枚 27cm Ⓝ602.9
☆「世界名著大事典」

ジンメル, ゲオルク

05456 「貨幣の哲学」
『貨幣の哲学』 ジンメル著 居安正訳 新訳版 白水社 1999 589,3p 21cm 9000円 Ⓘ4-560-02420-0
☆「社会科学の古典」、「社会の構造と変動」、「世界名著大事典」、「哲学名著解題」

05457 「カントとゲーテ」
☆「世界名著大事典」

05458 「近代文化の葛藤」
『ジンメル著作集 6 哲学の根本問題 現代文化の葛藤』 ジンメル［著］ 生松敬三訳 新装復刊 白水社 2004 280p 20cm Ⓘ4-560-02551-7,4-560-02545-2 Ⓝ134.9
☆「世界名著大事典」

05459 「ゲーテ」
☆「世界名著大事典」

05460 「社会学」
『社会学―社会化の諸形式についての研究 上』 ゲオルク・ジンメル著 居安正訳 白水社 1994 417p 21cm 4900円 Ⓘ4-560-01976-2
☆「学術辞典叢書 第11巻」、「自己・他者・関係」、「社会学的思考」、「社会の名著30」、「世界名著解題選 第2巻」、「世界名著大事典」

05461 「社会学の根本問題」
『社会学の根本問題』 ジンメル著 清水幾太郎訳 岩波書店 1979 143p 15cm（岩波文庫） 200円 Ⓝ361
☆「学術辞典叢書 第11巻」、「自己・他者・関係」、「世界名著解題選 第2巻」、「世界名著大事典」

05462 「社会的分化論」
『社会的分化論―社会学的・心理学的研究』 ジンメル著 石川晃弘、鈴木春男訳 中央公論新社 2011 258p 18cm（中公クラシックス） 1600円 Ⓘ978-4-12-160123-0
☆「世界名著大事典」

05463 「ショーペンハウアーとニーチェ」
『ショーペンハウアーとニーチェ』 ゲオルク・ジンメル著 吉村博次訳 新装復刊 白水社 2001 314p 19cm 3600円 Ⓘ4-560-02429-4
☆「世界名著大事典」

05464 「人生観―形而上学に関する四章」
☆「哲学の名著」

05465 「生の哲学」
☆「世界の古典名著」、「世界の哲学思想」、「世界名著大事典」、「哲学名著解題」

05466 「哲学の根本問題」
☆「世界名著大事典」

05467 「道徳科学序説」
☆「世界名著大事典」

05468 「文化哲学」
『ジンメル著作集 7 文化の哲学』 ジンメル［著］ 円子修平、大久保健治訳 新装復刊 白水社 2004 336p 20cm Ⓘ4-560-02552-5,4-560-02545-2 Ⓝ134.9
☆「世界名著大事典」

05469 「流行」
☆「ポピュラー文化」

05470 「歴史哲学の諸問題」
『ジンメル著作集 1 歴史哲学の諸問題』 ジンメル［著］ 生松敬三、亀尾利夫訳 新装復刊 白水社 2004 270p 20cm〈肖像あり〉 Ⓘ4-560-02546-0,4-560-02545-2 Ⓝ134.9
☆「世界名著大事典」、「哲学名著解題」

05471 「レンブラント」
『レンブラント―芸術哲学的試論』 G.ジンメル著 高橋義孝訳 岩波書店 1974 245,2p 肖像 22cm 1900円 Ⓝ723.5
☆「世界名著大事典」

ジンメル, ヨハネス・マリオ

05472 「白い国籍のスパイ」
『白い国籍のスパイ 上 闇の部』 ヨハネス・マリオ・ジンメル著 中西和雄訳 祥伝社 1996 545p 15cm（ノン・ポシェット） 880円 Ⓘ4-396-32529-0
☆「世界の推理小説・総解説」、「世界の冒険小説・総解説」

【ス】

スアレス

05473 「形而上学論議」

スイタス

☆「世界名著大事典」

05474 「法と立法者たる神」
☆「世界名著大事典」

スイダス

05475 「辞典」
☆「世界名著大事典」

鄒容　すう・よう

05476 「革命軍」
☆「世界名著大事典」

スヴァドコフスキイ

05477 「マルクス=レーニン主義的教育学の方法論的基礎」
☆「世界名著解題選 第5巻」

スヴァートマーラーマ・ヨーギーンドラ

05478 「ハタヨーガ・プラディーピカー」
☆「世界名著大事典」

スヴァンメルダム

05479 「自然の書」
☆「世界名著大事典」

スウィージー, ポール・M.

05480 「資本主義発展の理論」
『資本主義発展の理論』　スウィージー著　都留重人訳　新版　新評論　1967　492p　22cm　1200円　Ⓝ333.9
☆「経済学88物語」, 「経済学名著106選」, 「世界名著大事典」

05481 「社会主義」
『社会主義』　P.M.スウィージー著　野々村一雄訳　岩波書店　1951　374p　19cm（岩波現代叢書）Ⓝ363
☆「世界名著大事典」

05482 「独占資本」
☆「現代ビジネス書・経済書総解説」

スウィート

05483 「英語音の歴史」
☆「世界名著大事典」

05484 「音声学初歩」
☆「世界名著大事典」

05485 「音声学便覧」
☆「世界名著大事典」

05486 「新英文法」
『新英文法—序説』　ヘンリー・スウィート著　半田一吉訳　南雲堂　1980　281p　22cm（英文法研究法シリーズ 1）2500円　Ⓝ835
☆「世界名著大事典」

スウィフト, グレアム

05487 「ウォーターランド」
『ウォーターランド』　グレアム・スウィフト著　真野泰訳　新潮社　2002　525p　19cm（新潮クレスト・ブックス）2600円
Ⓘ4-10-590029-3
☆「知っておきたいイギリス文学」, 「世界の小説大百科」, 「名作あらすじ事典 西洋文学編」

スウィフト, ジョナサン

05488 「桶物語」
『桶物語』　スウィフト著　深町弘三訳　岩波書店　1953　189p　15cm（岩波文庫）Ⓝ933
☆「世界文学あらすじ大事典 1（あ - きよう）」, 「世界名著大事典」

05489 「ガリバー旅行記」
『ガリバー旅行記』　ジョナサン・スウィフト著　山田蘭訳　角川書店, 角川グループパブリッシング〔発売〕2011　461p　15cm（角川文庫）629円　Ⓘ978-4-04-298218-0
☆「あらすじで味わう外国文学」, 「あらすじで出会う世界と日本の名作55」, 「あらすじで読む世界の名著 no.3」, 「あらすじで読む世界文学105」, 「イギリス文学」, 「一冊で世界の名著100冊を読む」, 「一冊で不朽の名作100冊を読む」（友人社）, 「一冊で不朽の名作100冊を読む」（友人社）, 「英米文学の名作を知る本」, 「面白いほどよくわかる世界の文学」, 「書き出し「世界文学全集」」, 「学術辞典叢書 第12巻」, 「『こころ』は本当に名作か」, 「3行でわかる名作&ヒット本250」, 「知っておきたいイギリス文学」, 「少年少女のための文学案内 1」, 「図ística 5分でわかる世界の名作」, 「西洋をきずいた書物」, 「世界少年少女文学 ファンタジー編」, 「世界のSF文学・総解説」, 「世界の幻想文学」, 「世界の小説大百科」, 「世界の書物」, 「世界の名作」, 「世界の名作50選」, 「世界の名作おさらい」, 「世界の名作100を読む」, 「世界の名作文学案内」, 「世界の名著」, 「世界の「名著」50」, 「世界文学あらすじ大事典 1（あ - きよう）」, 「世界文学鑑賞辞典 第1」, 「世界文学の名作と主人公」, 「世界文学必勝法」, 「世界名作事典」, 「世界名著解題選 第1巻」, 「世界名著大事典」, 「千年紀のベスト100作品を選ぶ」, 「たのしく読めるイギリス文学」, 「2時間でわかる世界の名著」, 「21世紀の教育基本書」, 「日本の古典・世界の古典」, 「入門名作の世界」, 「必読書150」, 「文学・名著300選の解説 '88年度版」, 「ポケット世界名作事典」, 「名作あらすじ事典 西洋文学編」, 「名作の研究事典」, 「名小説ストーリイ集 世界篇」, 「ヨーロッパを語る13の書物」, 「要約 世界文学全集 2」

05490 「淑女の化粧室」
☆「世界の奇書」

05491 「書物の戦争」
☆「世界名著大事典」

スウィンジウッド, A.

05492 「大衆文化の神話」
『大衆文化の神話』 アラン・スウィングウッド著　稲増龍夫訳　東京創元社　1982　223p　19cm〈現代社会科学叢書〉　1200円　Ⓝ361.5
☆「ポピュラー文化」

スウィンソン

05493 「コヒマ」
『コヒマ』 アーサー・スウィンソン著　長尾睦也訳　早川書房　1977　362p　15cm〈ハヤカワ文庫　NF〉　430円　Ⓝ393.2
☆「日本陸軍の本・総解説」

スウィンバーン

05494 「カリドンにおけるアタランタ」
☆「世界名著大事典」

05495 「詩と民謡」
☆「世界名著大事典」

05496 「スウィンバーン詩集」
☆「世界文学鑑賞辞典 第1」

ズヴェーヴォ, イタロ

05497 「ゼーノの苦悶」
☆「あらすじで読む世界文学105」、「世界の小説大百科」、「世界文学あらすじ大事典 2(きよえ・ちえ)」、「世界名著大事典」、「ベストセラー世界の文学・20世紀 1」、「ポケット世界名作辞典」

スーヴェストル, ピエール

05498 「ファントマ」
『ファントマ』 P.スーヴェストル&M.アラン著　佐々木善郎訳　早川書房　1976　360p　16cm〈ハヤカワ文庫〉　380円　Ⓝ953
☆「世界の小説大百科」

スウェッテナム

05499 「イギリス領マラヤ」
☆「世界名著大事典」

スウェーデンボリ

05500 「天国と地獄」
『天界と地獄』 スエデンボルグ著　笹岡康男訳　文理書院　1980　370p　22cm〈著者の肖像あり〉　3500円　Ⓝ198.95
☆「世界のスピリチュアル50の名著」、「世界名著大事典」

05501 「まことのキリスト教」
☆「世界名著大事典」

スヴェドベリ

05502 「分子の実在」
☆「世界名著大事典」

スウェンソン, ヨーン

05503 「ノンニの冒険」
☆「少年少女のための文学案内 2」、「名作の研究事典」

スウォヴァツキ

05504 「スイスにて」
☆「世界名著大事典」

スエトニウス

05505 「12皇帝伝」
☆「世界名著大事典」

ズオン・トゥー・フオン

05506 「虚構の楽園」
☆「世界の小説大百科」

スカデュト

05507 「ボブ・ディラン」
『ボブ・ディラン』 アンソニー・スカデュト著　小林宏明訳　二見書房　1973　424,22p　肖像　19cm〈背の書名：Bob Dylan〉　1200円　Ⓝ767.8
☆「伝記・自叙伝の名著」

ズーカフ, ゲーリー

05508 「魂との対話—宇宙のしくみ人生のしくみ」
『魂との対話—宇宙のしくみ・魂のしくみ』 ゲーリー・ズーカフ著　坂本貢一訳　サンマーク出版　2003　279p　19cm　1800円　①4-7631-9451-8
☆「世界のスピリチュアル50の名著」

スカラピノ, R.

05509 「現代日本の政党と政治」
『現代日本の政党と政治』 ロバート・A.スカラピノ, 升味準之輔著　岩波書店　1962　195p　18cm〈岩波新書〉　Ⓝ312.1
☆「現代政治学を読む」

スカーリー, ヴィンセント

05510 「アメリカの建築とアーバニズム」
『アメリカの建築とアーバニズム　上』 V.スカーリー著　香山寿夫訳　鹿島研究所出版会　1973　219,23p　19cm〈SD選書〉　980円　Ⓝ520.253
☆「建築の書物/都市の書物」

スカリゲル

05511 「編年誌改良新論」
☆「西洋をきずいた書物」

スカロン

05512 「芝居物語」
☆「世界名著大事典」

スキート

05513 「英語語源学の原理」
☆「世界名著大事典」

スキナー, ジェームス・J.

05514 「7つの習慣」
『7つの習慣―動画でわかる7つの習慣特別CD‐ROM付属』 スティーブン・R.コヴィー著 ジェームス・スキナー, 川西茂訳 キングベアー出版 2013 181,11p 19cm〈付属資料：CD‐ROM1〉 2000円 Ⓘ978-4-86394-021-5
☆「3行でわかる名作&ヒット本350」, 「勝利と成功の法則」, 「世界の自己啓発50の名著」, 「世界の成功哲学50の名著エッセンスを解く」, 「超売れ筋ビジネス書101冊」, 「マンガでわかるビジネス名著」

スキナー, B.F.

05515 「ウォールデン・トゥー」
☆「世界名著大事典 補遺(Extra)」, 「ブックガイド 心理学」

05516 「行動主義について」
☆「世界名著大事典 補遺(Extra)」

05517 「自由への挑戦」
☆「世界を変えた100冊の本」, 「世界の心理学50の名著」

05518 「心理学的ユートピア」
『心理学的ユートピア』 B.F.スキナー著 宇津木保, うつきただし訳 誠信書房 1969 345p 図版 19cm 850円 Ⓝ363.2
☆「教育学の世界名著100選」

05519 「有機体の行動」
☆「世界名著大事典 補遺(Extra)」

スキュデリー

05520 「アルタメーヌ」
☆「世界名著大事典」

05521 「クレリ」
☆「世界名著大事典」

スコーシア

05522 「タワリング・インフェルノ」
☆「世界の冒険小説・総解説」

スコット, ウォルター

05523 「アイヴァンホー」
『アイヴァンホー 上』 スコット作 菊池武一訳 岩波書店 2002 405p 15cm(岩波文庫) 760円 Ⓘ4-00-322191-5
☆「英仏文学戦記」, 「英米文学の名作を知る本」, 「学術辞典叢書 第13巻」, 「近代名著解題選 2」, 「現代世界の名作」, 「世界の小説大百科」, 「世界文学あらすじ大事典 1(あ‐きょう)」, 「世界文学鑑賞辞典 第1」, 「世界文学の名作と主人公」, 「世界名作事典」, 「世界名著解題選 第1巻」, 「世界名著大事典」, 「たのしく読めるイギリス文学」, 「ポケット世界名作事典」, 「名作の研究事典」

05524 「ウェーヴァリー」
☆「西洋をきずいた書物」, 「世界名著大事典」

05525 「ケニルワースの城」
☆「世界文学あらすじ大事典 2(きよえ‐ちえ)」

05526 「好古家」
☆「世界名著大事典」

05527 「湖上の美人」
『湖上の美人』 ウォルター・スコット著 佐藤猛郎訳 市川 あるば書房 2002 223p 21cm 2800円 Ⓘ4-9901321-0-6 Ⓝ931.6
☆「学術辞典叢書 第13巻」, 「近代名著解題選 1」, 「世界の名作」, 「世界文学あらすじ大事典 2(きよえ‐ちえ)」, 「世界文学鑑賞辞典 第1」, 「世界名作事典」, 「世界名著解題選 第1巻」, 「世界名著大事典」, 「名小説ストーリイ集 世界篇」

05528 「最後の吟遊詩人の歌」
『最後の吟遊詩人の歌―作品研究』 ウォルター・スコット原著 佐藤猛郎著訳 評論社 1983 415p 20cm〈原著者の肖像あり ウォルター・スコット略年譜, スコットランド史略年表：p409～412〉 3500円 Ⓘ4-566-05604-X Ⓝ931
☆「世界名著大事典」

05529 「ミドロジアンの心臓」
『ミドロジアンの心臓―ディーンズ姉妹の生涯 下』 スコット作 玉木次郎訳 岩波書店 1957 293p 15cm(岩波文庫) Ⓝ933
☆「世界文学あらすじ大事典 4(ふん‐われ)」, 「世界名著大事典」

05530 「ラマムアの花嫁」
☆「世界名著大事典」

05531 「ロブ・ロイ」
☆「世界の小説大百科」, 「世界名著大事典」

スコット, ジャスティン

05532 「シップキラー」
『シップキラー』 ジャスティン・スコット著 山本光伸訳 角川書店 1989 2冊 15cm (角川文庫) 各460円 Ⓘ4-04-262003-5 Ⓝ933
☆「世界の海洋文学」

05533 「ノルマンディー号を愛した男」
『ノルマンディー号を愛した男 上』 ジャスティン・スコット著 水野谷とおる訳 角川書店 1991 425p 15cm(角川文庫) 640円 Ⓘ4-04-262008-6
☆「世界の海洋文学」

スコット, J.M.

05534 「人魚とビスケット」
☆「世界の冒険小説・総解説」

スコット, J.W.

05535 「ジェンダーと歴史学」
『ジェンダーと歴史学』 ジョーン・W.スコット著 荻野美穂訳 増補新版 平凡社 2004 535p 16cm(平凡社ライブラリー)〈原書改訂版〉 1900円 Ⓘ4-582-76516-5
☆「近代家族とジェンダー」,「フェミニズムの名著50」

スコット, R.F.

05536 「スコット最後の探検」
☆「世界名著大事典 補遺(Extra)」

スコット・ペック, M.

05537 「愛と心理療法」
☆「世界の自己啓発50の名著」

スコトゥス, ドゥンス

05538 「オクスフォード書」
☆「宗教哲学名著解説」,「世界名著大事典」

スコフェニル

05539 「アンチ・チャンス—生命、偶然か必然か」
☆「科学技術をどう読むか」

ズーゼミール

05540 「アレクサンドリア時代のギリシア文学史」
☆「世界名著大事典」

スタイナー, ジョージ

05541 「G・スタイナー自伝」
☆「思想家の自伝を読む」

05542 「マルティン・ハイデガー」
『マルティン・ハイデガー』 ジョージ・スタイナー著 生松敬三訳 岩波書店 2000 309p 15cm(岩波現代文庫)〈『ハイデガー』改題書〉 1100円 Ⓘ4-00-600027-8
☆「ハイデガー本45」

スタイロン, ウィリアム

05543 「ソフィーの選択」
『ソフィーの選択 上巻』 ウィリアム・スタイロン著 大浦暁生訳 新潮社 1991 457p 15cm(新潮文庫) 600円 Ⓘ4-10-236001-8 Ⓝ933
☆「アメリカ文学」,「あらすじで味わう外国文学」,「映画になった名著」,「世界名作文学館」,「たのしく読めるアメリカ文学」

05544 「見える暗闇—狂気についての回想」
『見える暗闇—狂気についての回想』 ウィリアム・スタイロン著 大浦暁生訳 新潮社 1992 134p 20cm 1500円 Ⓘ4-10-516403-1
☆「世界の心理学50の名著」

05545 「闇の中に横たわりて」
『闇の中に横たわりて』 ウィリアム・スタイロン著 須山静夫訳 新装復刊 白水社 2001 511p 19cm 2900円 Ⓘ4-560-04736-7
☆「アメリカ文学」,「世界文学あらすじ大事典4(ふん・われ)」,「世界文学の名作と主人公」

スタイン

05546 「極奥アジア」
☆「世界名著大事典」

05547 「セリンディア」
☆「世界名著大事典」

05548 「中央アジア踏査記」
『中央アジア踏査記』 オーレル・スタイン著 沢崎順之助訳 白水社 2004 320p 19cm(西域探検紀行選集) 4000円 Ⓘ4-560-03148-7
☆「世界の旅行記101」

05549 「古ホータン」
☆「世界名著大事典」

スタイン, ガートルード

05550 「アメリカ人の形成」
☆「世界の小説大百科」,「世界名著大事典 補遺(Extra)」

05551 「アリス・B・トクラスの自伝」
『アリス・B・トクラスの自伝—わたしがパリで会った天才たち』 ガートルード・スタイン著 金関寿夫訳 筑摩書房 1981 389p 19cm(筑摩叢書 272)〈著者の肖像あり〉 1500円 Ⓝ933
☆「自伝の名著101」,「世界の小説大百科」,「世界名著大事典 補遺(Extra)」

05552 「三人の女」
『三人の女』 ガートルード・スタイン著 落石八月月訳 マガジンハウス 1990 261p 21cm 1600円 Ⓘ4-8387-0201-9
☆「作家の訳した世界の文学」,「世界文学鑑賞辞典 第1」,「世界名著大事典 補遺(Extra)」,「たのしく読めるアメリカ文学」

スタインベック, ジョン

05553 「赤い小馬」
『赤い小馬』 スタインベック著 西川正身訳 改版 新潮社 1983 156p 16cm(新潮文庫)〈45刷(1刷:1955年)〉 Ⓘ4-10-210107-1

Ⓝ933
　☆「あらすじで読む世界の名著 no.3」,「ポケット世界名作事典」,「名作の研究事典」

05554　「怒りの葡萄」
　『怒りの葡萄　上巻』スタインベック著　石一郎訳　角川書店　1956　220p　15cm（角川文庫）Ⓝ933
　☆「アメリカ文学」,「あらすじで味わう外国文学」,「あらすじで読む世界の名著 no.1」,「あらすじで読む世界文学105」,「一冊で世界の名著100冊を読む」,「英米文学の名作を知る本」,「面白いほどよくわかる世界の文学」,「教養のためのブックガイド」,「現代世界の名作」,「3行でわかる名作＆ヒット本250」,「知っておきたいアメリカ文学」,「新潮文庫20世紀の100冊」,「世界の小説大百科」,「世界の名作100を読む」,「世界の名作文学案内」,「世界の名作文学が2時間で分かる本」,「世界の名著」,「世界文学あらすじ大事典 1（あ‐きょう）」,「世界文学鑑賞辞典 第1」,「世界文学のすじ書き」,「世界文学の名作と主人公」,「世界名作文学館」,「世界名著大事典」,「たのしく読めるアメリカ文学」,「2時間でわかる世界の名著」,「日本・世界名作「愛の会話」100章」,「入門名作の世界」,「百年の誤読 海外文学篇」,「文学・名著300選の解説'88年度版」,「ポケット世界名作事典」,「名作あらすじ事典 西洋文学編」,「名作英米小説の読み方・楽しみ方」,「名小説ストーリイ集 世界篇」,「読んでおきたい世界の名著」,「私の古典」

05555　「疑わしき戦い」
　☆「世界文学あらすじ大事典 1（あ‐きょう）」

05556　「エデンの東」
　『エデンの東　3』ジョン・スタインベック著　土屋政雄訳　新訳版　早川書房　2008　319p　15cm（ハヤカワepi文庫）　800円　①978-4-15-120047-2
　☆「英米文学の名作を知る本」,「3行でわかる名作＆ヒット本250」,「世界文学あらすじ大事典 1（あ‐きょう）」,「世界文学鑑賞辞典 第1」

05557　「缶詰工場街」
　☆「世界名著大事典」

05558　「気まぐれバス」
　『気まぐれバス』スタインベック著　大門一男訳　新潮社　1965　357p　15cm（新潮文庫）Ⓝ933
　☆「世界名著大事典」

05559　「コルテスの海」
　『コルテスの海』ジョン・スタインベック著　吉村則子,西田美緒子訳　工作舎　1992　393p　19cm（プラネタリー・クラシックス）　2575円　①4-87502-209-3
　☆「世界の海洋文学」

05560　「真珠」
　『真珠』スタインベック著　大門一男訳　角川書店　1957　102p　15cm（角川文庫）Ⓝ933

　☆「世界名著大事典」

05561　「ハツカネズミと人間」
　『ハツカネズミと人間』ジョン・スタインベック著　大浦暁生訳　新潮社　1994　156p　15cm（新潮文庫）　280円　①4-10-210108-X
　☆「世界の小説大百科」,「世界文学あらすじ大事典 3（ちか‐ふろ）」,「世界文学鑑賞辞典 第1」,「世界名作事典」,「世界名著大事典」,「ベストセラー世界の文学・20世紀 1」,「ポケット世界名作事典」

05562　「鼻」
　☆「世界名作事典」

05563　「蛇」
　☆「世界の幻想文学」

スタインメッツ
05564　「交流現象の理論と計算」
　☆「自然科学の名著」,「自然科学の名著100選 下」,「世界名著大事典」

スタウト
05565　「誤謬論」
　☆「近代欧米名著解題 第1巻」

05566　「心理学原論」
　☆「近代欧米名著解題 第2巻」

05567　「毒蛇」
　『毒蛇』レックス・スタウト著　佐倉潤吾訳　早川書房　1978　337p　16cm（ハヤカワ・ミステリ文庫）　380円　Ⓝ933
　☆「世界の推理小説・総解説」

スタウファー,E.
05568　「新約聖書神学」
　『新約聖書神学』E.シュタウファー著　村上伸訳　日本基督教団出版部　1964　590p　19cm　Ⓝ193.5
　☆「世界名著大事典」

スタウファー,S.E.
05569　「アメリカの兵士」
　☆「世界名著大事典」

スターク,リチャード
05570　「悪党パーカー・シリーズ」
　☆「世界の冒険小説・総解説」

05571　「悪党パーカー/人狩り」
　☆「世界の推理小説・総解説」

スタージョン
05572　「一角獣・多角獣」
　『一角獣・多角獣』シオドア・スタージョン著　小笠原豊樹訳　早川書房　2005　301p　19cm（異色作家短篇集　3）　2000円　①4-15-208681-5

☆「世界のSF文学・総解説」

05573 「人間以上」
『人間以上』 シオドア・スタージョン著　矢野徹訳　早川書房　1978　380p　16cm（ハヤカワ文庫　SF）　400円　Ⓝ933
☆「世界のSF文学・総解説」

05574 「夢みる宝石」
『夢みる宝石』 シオドア・スタージョン著　永井淳訳　早川書房　2006　312p　15cm（ハヤカワ文庫SF）　720円　①4-15-011548-6
☆「世界のSF文学・総解説」

スタッケンバーグ
05575 「社会学」
☆「世界名著大事典」

スタート
05576 「美術ト人格」
☆「近代欧米名著解題　第1巻」

スタート,ヘンリー
05577 「人格的唯心論」
☆「近代欧米名著解題　第1巻」

スタートヴァント
05578 「ヒッタイト語比較文法」
☆「世界名著大事典」

スタニスラーフスキー
05579 「芸術におけるわが生涯」
☆「世界名著大事典」

05580 「俳優修業」
☆「世界名著大事典」

スタニスロー, ジョゼフ
05581 「市場対国家」
『市場対国家―世界を作り変える歴史的攻防　上』 ダニエル・ヤーギン, ジョゼフ・スタニスロー著　山岡洋一訳　日本経済新聞社　2001　467p　15cm（日経ビジネス人文庫）　857円　①4-532-19094-0
☆「学問がわかる500冊」

スタフスキー
05582 「疾走」
☆「世界名著大事典」

スターペル
05583 「オランダ領東インド史」
☆「世界名著大事典」

スターホーク
05584 「聖魔女術―スパイラル・ダンス」
『聖魔女術―スパイラル・ダンス』 スターホーク著　鏡リュウジ, 北川達夫共訳　国書刊行会　1994　434,15p　19cm（魔女たちの世紀　第1巻）　3400円　①4-336-03661-6
☆「世界のスピリチュアル50の名著」

スターリン, I.V.
05585 「十月革命への道」
『十月革命への道』 スターリン著　佐伯嶺三訳　民主評論社　1946　311p　18cm　Ⓝ238.07
☆「世界名著解題選　第4巻」

05586 「ソヴェト憲法草案について」
☆「世界名著解題選　第4巻」

05587 「ソヴェト連邦における社会主義の経済的諸問題」
☆「世界名著大事典」

05588 「弁証法的唯物論と史的唯物論」
『弁証法的唯物論と史的唯物論―他二篇』 スターリン著　石堂清倫訳　国民文庫社　1953　221p　15cm（国民文庫　第205）　Ⓝ363.31
☆「世界名著解題選　第5巻」, 「世界名著大事典」, 「哲学の世界」, 「哲学の名著」, 「哲学名著解題」

05589 「マルクス主義と言語学の諸問題」
☆「世界名著大事典」, 「哲学の名著」

05590 「マルクス主義と民族問題」
『マルクス主義と民族問題―他十篇』 スターリン著　平沢三郎等訳　国民文庫社　1953　234p　15cm（国民文庫　第203）　Ⓝ316.8
☆「社会科学の名著」, 「世界の古典名著」, 「世界名著大事典」, 「ナショナリズム論の名著50」

05591 「民族政策論」
☆「世界名著解題選　第4巻」

05592 「民族問題とレーニン主義」
『民族問題とレーニン主義―他十篇』 スターリン著　スターリン全集刊行会訳　国民文庫社　1954　161p　15cm（国民文庫）　Ⓝ316.8
☆「世界名著大事典」

05593 「無政府主義か社会主義か」
『無政府主義か社会主義か』 スターリン著　片山サトシ訳編　暁明社　1950　125p　19cm　Ⓝ363.8
☆「世界名著大事典」, 「哲学名著解題」

05594 「レーニン主義の基礎」
『レーニン主義の基礎』 スターリン著　秋山憲夫訳　人民社　1946　130p　18cm　Ⓝ363,363.5
☆「世界名著解題選　第4巻」, 「世界名著大事典」

05595 「レーニン主義の諸問題に寄せて」
☆「世界名著大事典」

スターリング, ブルース
05596 「スキズマトリックス/蟬の女王」
☆「世界のSF文学・総解説」

スタール夫人
05597 「コリンナ」
☆「知っておきたいフランス文学」,「世界文学鑑賞辞典 第2」,「世界名著大事典」,「名作あらすじ事典 西洋文学編」

05598 「ドイツ論」
『ドイツ論 1 ドイツ外観』 スタール夫人著 梶谷温子,中村加津,大竹仁子訳 諏訪 鳥影社 2000 228p 20cm〈肖像あり〉 2200円
①4-88629-477-4 Ⓝ954.6
☆「世界名著大事典」

05599 「フランス革命に関する考察」
☆「世界名著大事典」

05600 「文学論」
☆「世界名著大事典」

スターン, ロレンス
05601 「センチメンタル・ジャーニー」
『センチメンタル・ジャーニー』 スターン著 松村達雄訳 岩波書店 1952 214p 15cm（岩波文庫） Ⓝ933
☆「世界の小説大百科」,「世界文学あらすじ大事典 2(きよえ・ちえ)」,「世界文学鑑賞辞典 第1」,「世界名著大事典」

05602 「そびえたつ地獄」
『そびえたつ地獄』 リチャード・M.スターン著 井坂清訳 早川書房 1979 397p 16cm（ハヤカワ文庫 NV） 460円 Ⓝ933
☆「世界の冒険小説・総解説」

05603 「トリストラム・シャンディ」
『トリストラム・シャンディ』 スターン［著］ 朱牟田夏雄注釈 研究社出版 1978 124p 18cm（研究社小英文叢書 264）〈他言語標題：Tristram Shandy〉
☆「あらすじで読む世界文学105」,「イギリス文学」,「英米文学の名作を知る本」,「書き出し「世界文学全集」」,「教養のためのブックガイド」,「知っておきたいイギリス文学」,「世界の奇書」,「世界の幻想文学」,「世界の小説大百科」,「世界の長編文学」,「世界の名作50選」,「世界文学あらすじ大事典 3（ちかーふろ）」,「世界名著大事典」,「たのしく読めるイギリス文学」,「日本の古典・世界の古典」,「必読書150」,「名作あらすじ事典 西洋文学編」,「名作英米小説の読み方・楽しみ方」

スタンジェール
05604 「混沌からの秩序」
『混沌からの秩序』 イリヤ・プリゴジン,イザベル・スタンジェール著 伏見康治,伏見譲訳 松枝秀明訳 みすず書房 2009 407,35p 19cm〈第15刷（第1刷1987年）〉 4200円
①978-4-622-01693-9
☆「20世紀を震撼させた100冊」

スタンダール
05605 「赤と黒」
☆「あらすじで味わう外国文学」,「あらすじで味わう名作文学」,「あらすじで読む世界の名著 no.2」,「あらすじで読む世界文学105」,「一冊で読む名著100冊を読む」,「英仏文学戦記」,「絵で読むあらすじ世界の名著」,「大人のための世界の名著50」,「面白いほどよくわかるあらすじで読む世界の名作」,「面白いほどよくわかる世界の文学」,「聴いてあじわう世界の名著 第2巻」,「教養のためのブックガイド」,「現代世界の名作」,「3行でわかる名作&ヒット本250」,「知っておきたいフランス文学」,「図説 5分でわかる世界の名作」,「世界の小説大百科」,「世界の名作」,「世界の名作50選」,「世界の名作おさらい」,「世界の名作100を読む」,「世界の名作文学案内」,「世界の名作文学が2時間で分かる本」,「世界の名著」,「世界文学あらすじ大事典 1（あーきよう）」,「世界文学鑑賞辞典 第2」,「世界文学のすじ書き」,「世界文学の名作と主人公」,「世界名作事典」,「世界名作文学館」,「世界名著大事典」,「千年紀のベスト100作品を選ぶ」,「大作家"ろくでなし"列伝」,「2時間でわかる世界の名著」,「日本・世界名作「愛の会話」100章」,「日本文学現代名作事典」,「入門名作の世界」,「フランス文学」,「文学・名著300選の解説 '88年度版」,「ポケット世界名作事典」,「名作あらすじ事典 西洋文学編」,「名作へのパスポート」,「名小説ストーリイ集 世界篇」,「要約世界文学全集 2」,「読んでおきたい世界の名著」

05606 「ある旅行者の手記」
『ある旅行者の手記 1』 スタンダール著 山辺雅彦訳 新評論 1983 435p 22cm〈著者の肖像あり〉 4800円 Ⓝ955
☆「世界の旅行記101」

05607 「アンリ・ブリュラールの生涯」
『アンリ・ブリュラールの生涯 上』 スタンダール作 桑原武夫,生島遼一訳 岩波書店 1974 311p 肖像 15cm（岩波文庫） 210円 Ⓝ953
☆「自伝の名著101」,「世界名著大事典」,「伝記・自叙伝の名著」

05608 「イタリア絵画史」
『イタリア絵画史 第1巻』 スタンダール著 富永惣一,吉川逸治訳 河出書房 1943 386p 図版10枚 22cm Ⓝ723,723.7
☆「世界名著大事典」

05609 「イタリア年代記」
☆「世界文学鑑賞辞典 第2」

05610 「エゴティスムの回想」
☆「世界名著大事典」

05611 「バルザックとスタンダールとの芸術論争」
☆「世界名著解題選 第6巻」

05612 「パルムの僧院」
『パルムの僧院 上』 スタンダール作 生島遼一訳 改版 岩波書店 2003 371p 15cm（岩波文庫）〈第47刷〉 560円 ①4-00-325265-9
☆「現代世界の名作」、「知っておきたいフランス文学」、「図説 5分でわかる世界の名作」、「世界の小説大百科」、「世界文学あらすじ大事典 3（ちかーふろ）」、「世界文学鑑賞辞典 第2」、「世界文学の名作と主人公」、「世界名著大事典」、「必読書150」、「フランス文学」、「ポケット世界名作事典」、「名作あらすじ事典 西洋文学編」、「私（わたし）の世界文学案内」

05613 「ラシーヌとシェークスピア」
☆「世界名著大事典」

05614 「リュシアン・ルーヴェン」
☆「世界文学あらすじ大事典 4（ふん・われ）」、「世界文学鑑賞辞典 第2」

05615 「恋愛論」
『恋愛論』 スタンダール［著］ 大岡昇平訳 51刷改版 新潮社 2005 618p 16cm（新潮文庫） 781円 ①4-10-200805-5 ⓝ954.6
☆「世界の古典名著」、「世界の書物」、「世界文学鑑賞辞典 第2」、「世界名著大事典」

スタンプ, ケネス

05616 「奴隷制度」
☆「世界名著大事典」

スタンプ, L.D.

05617 「イギリス諸島」
☆「世界名著大事典」

05618 「イギリスの土地」
☆「世界名著大事典」

スタンリー

05619 「暗黒大陸」
☆「現代人のための名著」、「世界の旅行記101」、「世界名著大事典」

スタンリー, トマス・J.

05620 「となりの億万長者」
『となりの億万長者—成功を生む7つの法則』 トマス・J.スタンリー, ウィリアム・D.ダンコ著 斎藤聖美訳 新版 早川書房 2013 346p 18cm 1200円 ①978-4-15-209392-9
☆「お金と富の哲学世界の名著50」

05621 「なぜ、この人たちは金持ちになったのか」
『なぜ、この人たちは金持ちになったのか』 トマス・J.スタンリー著 広瀬順弘訳 日本経済新聞出版社 2008 464p 15cm（日経ビジネス人文庫） 838円 ①978-4-532-19458-1
☆「世界の成功哲学50の名著エッセンスを解く」

ズーチ

05622 「フェキアーレの法と裁判」
☆「世界名著大事典」

スチェバーノフ

05623 「旅順港」
☆「世界名著大事典」

スチーブンスン

05624 「デタントの成立と変容」
『デタントの成立と変容—現代米ソ関係の政治力学』 リチャード・W.スチーブンスン著 滝田賢治訳 八王子 中央大学出版部 1989 303,34p 19cm（中央大学現代政治学双書 10） 2987円 ①4-8057-1209-0
☆「名著に学ぶ国際関係論」

スチュアート, イアン

05625 「自然の中に隠された数字」
☆「科学を読む愉しみ」

スチュアート, ジェームズ

05626 「経済の原理」
☆「経済学の名著30」、「経済学88物語」

05627 「政治経済学原理」
☆「世界の古典名著」、「世界名著大事典」

スチュワート, ジョージ・R.

05628 「大地は永遠に」
『大地は永遠に』 ジョージ・R.スチュワート著 中村能三訳 早川書房 1968 430p 19cm（ハヤカワ・SF・シリーズ） 450円 ⓝ933
☆「世界のSF文学・総解説」

スチュワート, トマス・A.

05629 「知識構築企業」
『知識構築企業』 トマス・A.スチュワート著 大川修二訳 徳岡晃一郎監訳 野中郁次郎解説 ランダムハウス講談社 2004 420p 19cm 2200円 ①4-270-00010-4
☆「世界で最も重要なビジネス書」

スチュワート, G.ベネット, III

05630 「EVA（経済付加価値）創造の経営」
『EVA創造の経営』 G.ベネット・スチュワート,3著 日興リサーチセンター, 河田剛, 長掛良介, 須藤亜里訳 東洋経済新報社 1998 442p 21cm 4600円 ①4-492-52089-9
☆「あらすじで読む世界のビジネス名著」

スチュワート, J.A.
- 05631 「プラトンの神話」
  - ☆「世界名著大事典」

ズッカーマン, H.
- 05632 「科学エリート―ノーベル賞受賞者の社会学的考察」
  - ☆「科学技術をどう読むか」

スティーヴン
- 05633 「イギリスの功利主義者たち」
  - ☆「世界名著大事典」
- 05634 「18世紀イギリス思想史」
  - ☆「世界名著大事典」
- 05635 「自由, 平等, 友愛」
  - ☆「世界名著大事典」
- 05636 「ヨーロッパの遊歩場」
  - ☆「世界名著大事典」

スティーヴン, レズリー
- 05637 「イギリス国民伝記辞典」
  - ☆「西洋をきずいた書物」

スティーヴンズ, ジェイムズ
- 05638 「小人たちの黄金」
  - 『小人たちの黄金』 ジェイムズ・スティーヴンズ著　横山貞子訳　晶文社　1983　278p　20cm　1300円　Ⓝ933
  - ☆「世界文学あらすじ大事典 2（きよえーちえ）」
- 05639 「掃除婦の娘」
  - ☆「世界の小説大百科」

スティーヴンズ, W.
- 05640 「日曜日の朝」
  - ☆「たのしく読めるアメリカ文学」

スティーヴンソン
- 05641 「会計学原理」
  - ☆「世界名著大事典」
- 05642 「南部史」
  - ☆「世界名著大事典」

スティーヴンソン, ロバート・ルイス
- 05643 「キャトリオナ」
  - ☆「世界名著大事典」
- 05644 「黒い矢」
  - ☆「世界文学あらすじ大事典 2（きよえ - ちえ）」
- 05645 「ジーキル博士とハイド氏」
  - 『ジーキル博士とハイド氏』 ロバート・ルイ・スティーヴンソン原作　アーノルド・エル・ヒックス画　旺文社編訳　旺文社　1951　47p　21cm（世界名作絵物語 日本語版　no.4）

- 05646 「少年詩園」
  - ☆「世界名著大事典」
- 05647 「新アラビアン・ナイト」
  - ☆「世界名著大事典」
- 05648 「宝島」
  - 『宝島』 スティーヴンソン著　佐々木直次郎, 稲沢秀夫訳　改版　新潮社　2013　403p　15cm（新潮文庫）　590円
  - ①978-4-10-200302-2
  - ☆「あらすじで出会う世界と日本の名作55」, 「あらすじで読む世界の名著 no.3」, 「イギリス文学」, 「一冊で不朽の名作100冊を読む」（友人社）, 「一冊で不朽の名作100冊を読む」（友人社）, 「英米文学の名作を知る本」, 「書き出し「世界文学全集」」, 「聴いてあじわう世界の名著 第2巻」, 「少年少女のための文学案内 1」, 「世界少年少女文学全集 リアリズム編」, 「世界の海洋文学」, 「世界の小説大百科」, 「世界の書物」, 「世界の名作おさらい」, 「世界の名作文学案内」, 「世界の名著」, 「世界文学あらすじ大事典 2（きよえ - ちえ）」, 「世界文学鑑賞辞典 第1」, 「世界文学のすじ書き」, 「世界文学の名作と主人公」, 「世界名作事典」, 「世界名著大事典」, 「2時間でわかる世界の名著」, 「ポケット世界名作事典」, 「名作の研究事典」
- 05649 「旅は驢馬をつれて」
  - ☆「世界文学あらすじ大事典 2（きよえ - ちえ）」
- 05650 「南海千一夜物語」
  - 『南海千一夜物語』 スティヴンソン著　中村徳三郎訳　岩波書店　1950　196p　15cm（岩波文庫）　Ⓝ933
  - ☆「世界の海洋文学」
- 05651 「ハーミストン村のウィーア」
  - ☆「世界名著大事典」
- 05652 「バラントレーの若殿」
  - 『バラントレーの若殿』 スティーヴンスン著　海保眞夫訳　岩波書店　1996　438p　15cm（岩波文庫）　699円　①4-00-322429-9
  - ☆「世界文学あらすじ大事典 3（ちか - ふろ）」
- 05653 「誘拐されて」
  - ☆「世界文学あらすじ大事典 4（ふん - われ）」, 「世

界名著大事典」

05654 「若い人たちのために」
『若い人たちのために』 R.L.スティヴンソン著 橋口稔訳 社会思想社 1965 248p 図版 16cm（現代教養文庫） Ⓝ934
☆「世界の古典名著」

スティグラー

05655 「産業組織論」
『産業組織論』 G.J.スティグラー著 神谷伝造, 余語将尊訳 東洋経済新報社 1975 412p 22cm 3800円 Ⓝ331
☆「経済学88物語」

スティグリッツ

05656 「世界に格差をバラ撒いたグローバリズムを正す」
『世界に格差をバラ撒いたグローバリズムを正す』 ジョセフ・E.スティグリッツ著 楡井浩一訳 徳間書店 2006 414p 19cm 1800円 ①4-19-862254-X
☆「大学新入生に薦める101冊の本」

05657 「ミクロ経済学」
『スティグリッツミクロ経済学』 ジョセフ・E.スティグリッツ著 藪下史郎ほか訳 第2版 東洋経済新報社 2000 777p 23cm 4400円 ①4-492-31258-7 Ⓝ331
☆「経済学88物語」

スティール, ピーター

05658 「エリック・シプトン―山岳探検家・波瀾の生涯」
『エリック・シプトン―山岳探検家波瀾の生涯』 ピーター・スティール著 倉知敬訳 山と渓谷社 2000 389,8p 21cm 2800円 ①4-635-34014-7
☆「新・山の本おすすめ50選」

スティール, R.

05659 「現代史の目撃者」
『現代史の目撃者―リップマンとアメリカの世紀 上』 ロナルド・スティール著 浅野輔訳 ティビーエス・ブリタニカ 1982 402p 20cm〈ウォルター・リップマンの肖像あり 付：年譜〉 2100円 Ⓝ289.3
☆「現代政治学を読む」

ステヴィン

05660 「少数論」
☆「西洋をきずいた書物」,「世界名著大事典」

05661 「つり合いの原理」
☆「世界を変えた書物」

ステシコロス

05662 「詩集」
☆「世界名著大事典」

ステッド, クリスティーナ

05663 「子供たちを愛した男」
☆「世界の小説大百科」

ステノ

05664 「固体について」
☆「自然科学の名著」,「西洋をきずいた書物」,「世界名著大事典」

ステファンズ

05665 「都市の恥」
☆「アメリカを変えた本」

ステファンソン

05666 「恵みある北極」
☆「世界名著大事典」

ステープルドン

05667 「オッド・ジョン」
『オッド・ジョン』 オラフ・ステープルドン著 矢野徹訳 早川書房 1977 330p 16cm（ハヤカワ文庫 SF） 360円 Ⓝ933
☆「世界のSF文学・総解説」

05668 「最後と最初の人間」
☆「世界のSF文学・総解説」

05669 「シリウス」
☆「世界のSF文学・総解説」

05670 「スターメーカー」
☆「世界のSF文学・総解説」

ステーマン

05671 「マネキン人形殺人事件」
☆「世界の推理小説・総解説」

ステュアート, デュガルド

05672 「人心哲学要綱」
☆「哲学名著解題」

ズーデルマン, ヘルマン

05673 「故郷」
『故郷―マグダ』 ズーデルマン原作 島村抱月訳補 12版 金尾文淵堂 1914 188p 17cm Ⓝ942
☆「近代名著解題選集 1」,「近代名著解題選集 2」,「世界名著解題選 第1巻」,「世界名著大事典」

05674 「猫橋」
『猫橋』 ズーデルマン著 生田春月訳 創元社 1952 348p 図版 15cm（創元文庫 B 第50） Ⓝ943
☆「世界名著大事典」

05675　「名誉」
☆「世界名著大事典」

05676　「憂愁夫人」
『憂愁夫人』　ズーデルマン著　相良守峯訳　ゆまに書房　2008　330p　15cm（昭和初期世界名作翻訳全集　199）〈春陽堂昭和7年刊の複製肖像あり〉　4600円　①978-4-8433-2747-0　Ⓝ943.6
☆「近代名著解題選集2」、「現代世界の名作」、「世界の名作」、「世界文学あらすじ大事典3（ちか〜ふろ）」、「世界文学鑑賞辞典 第3巻」、「世界名著解題選 第3巻」、「世界名著大事典」、「ポケット世界名作事典」、「名小説ストーリイ集 世界篇」

05677　「リタウェン物語」
☆「世界名著大事典」

ステルン

05678　「意味と意味変化」
☆「世界名著大事典」

ストー, キャサリン

05679　「マリアンヌの夢」
『マリアンヌの夢』　キャサリン・ストー著　猪熊葉子訳　岩波書店　2001　341p　19cm（岩波少年文庫）　720円　①4-00-114095-0
☆「一冊で不朽の名作100冊を読む」（友人社）、「一冊で不朽の名作100冊を読む」（友人社）、「世界少年少女文学 リアリズム編」、「世界の幻想文学」

ストウ, ハリエット・ビーチャー

05680　「アンクル・トムの小屋」
『アンクル・トムの小屋』　ストウ著　丸谷才一訳　河出書房新社　1993　364p　15cm（世界文学の玉手箱　11）　1000円　①4-309-46561-7　Ⓝ933
☆「アメリカを変えた本」、「アメリカ文学」、「あらすじで読む世界の名著 no.2」、「一冊で不朽の名作100冊を読む」（友人社）、「一冊で不朽の名作100冊を読む」（友人社）、「英米文学の名作を知る本」、「面白いほどよくわかるあらすじで読む世界の名作」、「現代世界の名作」、「知っておきたいアメリカ文学」、「少年少女のための文学案内1」、「西洋をきずいた書物」、「世界を変えた本」、「世界少年少女文学 リアリズム編」、「世界の小説大百科」、「世界の書物」、「世界の名作」、「世界文学あらすじ大事典1（あ〜きよう）」、「世界文学鑑賞辞典 第1」、「世界文学の名作と主人公」、「世界名作事典」、「たのしく読めるアメリカ文学」、「ポケット世界名作事典」、「名作あらすじ事典 西洋文学編」、「名作の研究事典」、「名小説ストーリイ集 世界篇」

ストゥーチカ

05681　「ソヴェト民法教程」
☆「世界名著大事典」

05682　「法と国家の革命的役割」
☆「世界名著大事典」

ストエルリング

05683　「倫理学の根本問題」
☆「近代欧米名著解題 第3巻」

ストーカー, ブラム

05684　「吸血鬼ドラキュラ」
『吸血鬼ドラキュラ』　ブラム・ストーカー著　田内志文訳　KADOKAWA　2014　668p　15cm（角川文庫）　840円　①978-4-04-101442-4
☆「イギリス文学」、「書き出し「世界文学全集」」、「世界の幻想文学」、「世界の小説大百科」、「世界文学あらすじ大事典1（あ〜きよう）」、「たのしく読めるイギリス文学」

ストッパード, トム

05685　「ローゼンクランツとギルデンスターンは死んだ」
☆「たのしく読めるイギリス文学」

ストッフェル

05686　「英語研究」
☆「世界名著大事典」

ストーブス

05687　「結婚愛」
『結婚愛』　ストーブス著　青山節子訳　鶏鳴出版　1976　180p　19cm（鶏鳴双書　15）　760円　Ⓝ367.6
☆「世界名著大事典」

ストベウス, イオアンエス

05688　「詞華集」
☆「世界名著大事典」

ストラウス, A.L.

05689　「「死のアウェアネス理論」と看護」
『「死のアウェアネス理論」と看護―死の認識と終末期ケア』　Barrey G.Glaser, Anselm L. Strauss著　木下康仁訳　医学書院　1988　314p　21cm〈参考文献: p310〉　2700円　①4-260-34777-2　Ⓝ490.14
☆「身体・セクシュアリティ・スポーツ」

05690　「データ対話型理論の発見」
『データ対話型理論の発見―調査からいかに理論をうみだすか』　バーニー・G.グレイザー, アンセルム・L.ストラウス著　後藤隆, 大出春江, 水野節夫訳　新曜社　1996　376,7p　21cm　4326円　①4-7885-0549-5
☆「社会学的思考」

ストラウブ

05691　「タリスマン」

『タリスマン』 スティーヴン・キング, ピーター・ストラウブ著　矢野浩三郎訳　新潮社　1987　2冊　15cm（新潮文庫）　各640円
①4-10-219308-1　Ⓝ933
☆「世界のSF文学・総解説」

ストラスマン
05692　「低速中性子によるウランの核分裂」
☆「世界を変えた書物」

ストラパローラ
05693　「13夜話」
☆「世界名著大事典」

ストラホフスキー
05694　「スラヴ研究便覧」
☆「世界名著大事典」

ストラボン
05695　「地理学」
☆「自然科学の名著」,「世界名著大事典」

ストラング,G.
05696　「線形代数とその応用」
☆「数学ブックガイド100」

ストーリー
05697　「アメリカ合衆国憲法注釈」
☆「世界名著大事典」
05698　「衡平法注釈」
☆「世界名著大事典」
05699　「法律抵触論」
☆「世界名著大事典」

ストリンガー,クリス
05700　「出アフリカ記 人類の起源」
☆「教養のためのブックガイド」

ストリンドベリ, ヨハン・アウグスト
05701　「赤い部屋」
☆「世界の小説大百科」,「世界名著大事典」
05702　「大きな石ぶるい」
☆「名作の研究事典」
05703　「絆」
☆「世界文学あらすじ大事典1（あ‐きょう）」
05704　「債鬼」
『債鬼―外四篇』 ストリンドベルグ著　森鷗外訳　オンデマンド版　ゆまに書房　2004　267p　19cm（昭和初期世界名作翻訳全集21）〈原本：春陽堂昭和7年刊〉　3200円
①4-8433-1091-3　Ⓝ949.82
☆「近代名著解題選集1」
05705　「死の舞踏」

『死の舞踏』 ストリンドベルク著　山本有三訳　洛陽堂　1916　338p　19cm　Ⓝ949
☆「学術辞典叢書 第13巻」,「世界の名著」,「世界文学あらすじ大事典2（きよえーちえ）」,「世界文学鑑賞辞典 第3」,「世界名著解題選 第2巻」,「世界名著大事典」

05706　「島の農民」
☆「世界文学鑑賞辞典 第3」
05707　「女中の子」
☆「世界名著大事典」
05708　「大海のほとり」
☆「世界の小説大百科」
05709　「ダマスクスへ」
☆「世界文学鑑賞辞典 第3」,「世界名著大事典」
05710　「痴人の告白」
『痴人の告白 上, 下巻』 ストリンドベリ著　三井光弥訳　新潮社　1935　2冊　17cm（新潮文庫 第129,130編）　Ⓝ949
☆「現代世界の名作」,「世界名著大事典」,「ポケット世界名作事典」
05711　「父」
『父』 ストリンドベリ著　小宮豊隆訳　岩波書店　1950　116p　15cm（岩波文庫）　Ⓝ949.8
☆「近代名著解題選集2」,「世界文学あらすじ大事典3（ちか‐ふろ）」,「世界文学鑑賞辞典 第3」,「世界名著解題選 第2巻」,「世界名著大事典」,「名小説ストーリイ集 世界篇」
05712　「罪また罪」
☆「世界文学あらすじ大事典3（ちか‐ふろ）」
05713　「ヘムス島の人々」
☆「世界の小説大百科」
05714　「幽霊ソナタ」
☆「世界名著大事典」
05715　「令嬢ジュリー」
☆「世界文学あらすじ大事典4（ふん‐われ）」,「世界文学鑑賞辞典 第3」,「世界文学の名作と主人公」,「世界名著大事典」,「ポケット世界名作事典」

ストルガツキー兄弟
05716　「神様はつらい」
☆「世界のSF文学・総解説」
05717　「収容所惑星」
『収容所惑星』 アルカジイ・ストルガツキー, ボリス・ストルガツキー著　深見弾訳　早川書房　1986　540p　15cm（ハヤカワ文庫SF）　660円　①4-15-010679-7
☆「世界のSF文学・総解説」
05718　「ストーカー」
『ストーカー』 アルカジイ・ストルガツキー, ボリス・ストルガツキー著　深見弾訳　早川

書房　1983　280p　16cm〈ハヤカワ文庫SF〉　360円　Ⓝ253
☆「世界のSF文学・総解説」

ストールマン, ロバート

05719　「孤児」
『孤児—野獣の書1』　ロバート・ストールマン著　宇佐川晶子訳　早川書房　1983　316p　16cm〈ハヤカワ文庫　SF〉　380円　Ⓝ933
☆「世界の小説大百科」

ストルム

05720　「英語文献学」
☆「世界名著大事典」

ストレイチー, ジョン

05721　「現代の資本主義」
『現代の資本主義』　ジョン・ストレイチー著　関嘉彦, 三宅正也共訳　東洋経済新報社　1958　389p　19cm　Ⓝ333.9
☆「現代資本主義の名著」,「世界名著大事典」

05722　「帝国主義の終末」
『帝国主義の終末』　ジョン・ストレイチー著　関嘉彦等訳　東洋経済新報社　1962　475p　19cm　Ⓝ333.9
☆「経済学名著106選」

ストレイチー, リットン

05723　「ヴィクトリア女王」
『ヴィクトリア女王』　リットン・ストレイチイ著　小川和夫訳　富山房　1981　340p　18cm〈富山房百科文庫〉〈ヴィクトリア女王の肖像あり〉　980円　①4-572-00132-4　Ⓝ289.3
☆「世界文学あらすじ大事典 1 (あ-きよう)」,「世界名著大事典」,「伝記・自叙伝の名著」

05724　「ヴィクトリア朝の著名人たち」
☆「世界名著大事典」,「たのしく読めるイギリス文学」

ストレトフィールド

05725　「バレエ・シューズ」
『バレエ・シューズ』　ノエル・ストレトフィールド著　中村妙子訳　すぐ書房　1986　406p　19cm　1300円
☆「一冊で不朽の名作100冊を読む」(友人ански),「一冊で不朽の名作100冊を読む」(友人社)

ストレンジ, スーザン

05726　「国際政治経済学入門」
『国際政治経済学入門—国家と市場』　スーザン・ストレンジ著　西川潤, 佐藤元彦訳　東洋経済新報社　1994　358,21p　21cm　4000円　①4-492-44165-4
☆「名著に学ぶ国際関係論」

05727　「国家と市場」

☆「学問がわかる500冊」

ストロング

05728　「心身関係論」
☆「近代欧米名著解題 第2巻」

ストーン

05729　「法の領域と機能」
☆「世界名著大事典」

ストーン, アーヴィング

05730　「ジャック・ロンドン—馬に乗った水夫」
☆「伝記・自叙伝の名著」

ストーン, ダグラス

05731　「言いにくいことをうまく伝える会話術」
『言いにくいことをうまく伝える会話術』　ダグラス・ストーン, ブルース・パットン, シーラ・ヒーン著　松本剛史訳　草思社　1999　333p　19cm　1600円　①4-7942-0931-2
☆「世界の心理学50の名著」

ズナニエツキ, F.

05732　「文化科学」
☆「世界名著大事典」

05733　「ヨーロッパとアメリカにおけるポーランド農民」
『生活史の社会学—ヨーロッパとアメリカにおけるポーランド農民』　W.I.トーマス, F.ズナニエツキ著　桜井厚訳　御茶の水書房　1983　265p　22cm　3200円　Ⓝ361.6
☆「社会学的思考」,「世界名著大事典」

スノー, エドガー

05734　「中国の赤い星」
『中国の赤い星　上』　エドガー・スノー著　松岡洋子訳　筑摩書房　1995　409p　15cm〈ちくま学芸文庫〉　1400円　①4-480-08192-5
☆「世界名著大事典」,「歴史の名著 外国人篇」

05735　「中国もう一つの世界」
☆「現代人のための名著」

スノー, C.P.

05736　「二つの文化と科学革命」
『二つの文化と科学革命』　チャールズ・P.スノー著　松井巻之助訳　みすず書房　2011　194,4p　19cm〈始まりの本〉　2800円　①978-4-622-08342-9
☆「ブックガイド 文庫で読む科学」,「倫理良書を読む」

スノー, H.J.

05737「千島列島黎明記」
『千島列島黎明記』 H.J.スノー著 馬場脩,大久保義昭訳 講談社 1980 363p 15cm（講談社学術文庫） 780円 Ⓝ291.19
☆「世界の海洋文学」

スノリ・ストゥルルソン

05738「新エッダ」
☆「世界名著大事典」

05739「ヘイムスクリングラ」
『ヘイムスクリングラ—北欧王朝史 4』 スノッリ・ストゥルルソン著 谷口幸男訳 北欧文化通信社 2010 430p 19cm（1000点世界文学大系 北欧篇3-4）〈シリーズの編集・制作者：プレスポート 年表あり 索引あり〉1500円 Ⓘ978-4-938409-07-4 Ⓝ949.53
☆「西洋をきずいた書物」,「世界名著大事典」

スハウテン

05740「シャム王国紀事」
☆「世界名著大事典」

スパーク, ミュリエル

05741「死を忘れるな」
『死を忘れるな』 ミュリエル・スパーク著 永川玲二訳 白水社 1990 307p 20cm〈著者の肖像あり〉 2300円 Ⓘ4-560-04270-5 Ⓝ933
☆「イギリス文学」,「世界文学あらすじ大事典2（きよえ・ちえ）」,「たのしく読めるイギリス文学」

05742「独身者」
『独身者』 ミュリエル・スパーク著 工藤昭雄訳 新潮社 1962 302p 20cm Ⓝ933
☆「世界文学あらすじ大事典3（ちか・ふろ）」

05743「ミス・ブロウディの青春」
『ミス・ブロウディの青春』 ミュリエル・スパーク著 岡照雄訳 筑摩書房 1973 236p 20cm Ⓝ933
☆「世界の小説大百科」

ズーバン

05744「自然地理学概論」
☆「世界名著大事典」

スピア, E.G.

05745「からすが池の魔女」
『からすが池の魔女』 エリザベス・ジョージ・スピア作 掛川恭子訳 岩波書店 2009 332p 21cm 2300円 Ⓘ4-00-110655-8
☆「一冊で不朽の名作100冊を読む」(友人社),「一冊で不朽の名作100冊を読む」(友人社),「世界少年少女文学 リアリズム編」

スピアマン

05746「人間の能力」
☆「世界名著大事典」

スピヴァク, G.C.

05747「サバルタンは語ることができるか」
☆「グローバル政治理論」,「大学新入生に薦める101冊の本」

05748「文化としての他者」
☆「フェミニズムの名著50」

05749「ポストコロニアル理性批判」
『ポストコロニアル理性批判—消え去りゆく現在の歴史のために』 ガーヤットリー・チャクラヴォルティ・スピヴァク著 上村忠男,本橋哲也訳 調布 月曜社 2003 619p 21cm 5500円 Ⓘ4-901477-06-4
☆「ナショナリズム論の名著50」

スピヴァック

05750「多変数解析学」
☆「数学ブックガイド100」

スピーク

05751「ナイルの水源を求めて」
☆「世界名著大事典」

スピーゲルマン, ジェームズ

05752「核の栄光と挫折—巨大科学の支配者たち」
『核の栄光と挫折—巨大科学の支配者たち』 ピーター・プリングル, ジェームズ・スピーゲルマン著 浦田誠親監訳 時事通信社 1982 596,40p 20cm〈巻末：参考文献〉 3000円 Ⓝ539
☆「科学技術をどう読むか」

スピナ, アルフォンスス・デ

05753「信仰の砦」
☆「世界の奇書」

スピノザ, バールーフ・デ

05754「エチカ」
『エチカ—倫理学 上』 スピノザ[著] 畠中尚志訳 岩波書店 2006 295p 19cm（ワイド版岩波文庫） 1200円 Ⓘ4-00-007278-1 Ⓝ135.2
☆「学術辞典叢書 第13巻」,「学問がわかる500冊」,「近代哲学の名著」,「近代名著解題選集2」,「宗教哲学名著解説」,「世界を変えた100冊の本」,「世界の古典名著」,「世界の哲学50の名著」,「世界の哲学思想」,「世界の名著早わかり事典」,「世界名著解題選 第3巻」,「世界名著解題選 第5巻」,「世界名著大事典」,「超解「哲学名著」事典」,「哲学の世界」,「哲学の名著」,「哲学名著解題」(協同出版),「哲学名著解題」(春秋社),「必読書150」

05755 「神・人間及びその幸福に関する短論文」
☆「哲学名著解題」

05756 「国家論」
『国家論』 スピノザ著　畠中尚志訳　岩波書店　2004　213p　15cm（岩波文庫）　600円
⓪4-00-336156-3
☆「世界名著大事典」,「哲学名著解題」

05757 「神学・政治論」
『神学・政治論　上』 スピノザ著　吉田量彦訳　光文社　2014　454p　15cm（光文社古典新訳文庫）　1300円　⓪978-4-334-75289-7
☆「学術辞典叢書 第11巻」,「社会科学の名著」,「西洋をきずいた書物」,「世界名著大事典」,「哲学名著解題」

05758 「政治論」
☆「学術辞典叢書 第11巻」,「世界名著解題選 第2巻」

05759 「知性改善論」
『知性改善論』 スピノザ著　畠中尚志訳　岩波書店　1995　120p　15cm（岩波文庫）〈第39刷（第21刷改訳：1968年）〉　360円
⓪4-00-336153-9　Ⓝ135.2
☆「世界名著大事典」,「哲学の世界」,「哲学名著解題」（協同出版）,「哲学名著解題」（春秋社）

05760 「デカルトの哲学原理.附録,形而上学的思想」
☆「哲学名著解題」

スピュレル

05761 「愛国心の生物学的研究」
☆「近代欧米名著解題 第7巻」

スピレイン,ミッキー

05762 「裁くのは俺だ」
『裁くのは俺だ』 ミッキー・スピレイン著　中田耕治訳　早川書房　1953　216p　19cm（Hayakawa pocket mystery books）〈（世界探偵小説全集 第105）〉　Ⓝ933
☆「世界の推理小説・総解説」

ヅーフ

05763 「ヅーフ日本回想録」
☆「世界名著大事典」,「日本名著辞典」

スプロット

05764 「社会心理学」
『社会心理学』 スプロット著　横飛信昭,小口信吉訳　理想社　1966　354p　22cm　1200円　Ⓝ361.5
☆「世界名著大事典」

スペクター

05765 「社会問題の構築」

『社会問題の構築—ラベリング理論をこえて』 ジョン・I.キッセ,マルコム・B.スペクター著　村上直之,中河伸俊,鮎川潤,森俊太訳　マルジュ社　1990　289,17p　21cm　4635円
☆「社会学的思考」

スペクター,B.

05766 「ハーバードで教える人材戦略」
『ハーバードで教える人材戦略—ハーバード・ビジネススクールテキスト』 M.ビアー,B.スペクター,P.R.ローレンス,D.Q.ミルズ,R.E.ウォルトン著　梅津祐良,水谷栄二訳　日本生産性本部　1990　331p　19cm　2500円
⓪4-8201-1463-8
☆「あらすじで読む世界のビジネス名著」

スペース,デヴィッド

05767 「ミース再考—その今日的意味」
『ミース再考—その今日的意味』 ケネス・フランプトンほか著　澤村明,EAT訳　鹿島出版会　2006　221p　19cm（SD選書）　2000円
⓪4-306-05242-7
☆「学問がわかる500冊 v.2」

スベルドルップ,H.U.

05768 「海洋」
☆「世界名著大事典 補遺（Extra）」

スペロ

05769 「国際経済関係論」
『国際経済関係論』 ジョーン・E.スペロ著　小林陽太郎,首藤信彦訳　東洋経済新報社　1988　399,5p　21cm　3800円　⓪4-492-44083-6
☆「名著に学ぶ国際関係論」

スペンサー

05770 「アルンタ」
☆「世界名著大事典」

05771 「中央オーストラリアの北部諸種族」
☆「世界名著大事典」

スペンサー,エドマンド

05772 「アイルランドの現状についての短見」
☆「世界名著大事典」

05773 「仙女王」
『仙女王』 エドマンド・スペンサー作　外山定男訳　成美堂　1990　987p　22cm〈著者の肖像あり〉　13000円　⓪4-7919-6617-1　Ⓝ931
☆「近代名著解題選集 2」,「世界文学鑑賞辞典 第1」,「世界名著解題選 第2巻」,「日本の古典・世界の古典」

05774 「羊飼の暦」
『羊飼の暦』 スペンサー［著］　熊本大学スペンサー研究会訳　文理　1974　271p　22cm

〈監修・校訂：和田勇一〉　1600円　Ⓝ931
☆「世界名著大事典」

05775　「妖精の女王」
『妖精の女王　4』　エドマンド・スペンサー著　和田勇一, 福田昇八訳　筑摩書房　2005　477p　15cm（ちくま文庫）　1400円
①4-480-42074-6
☆「世界文学あらすじ大事典 4（ふん - われ）」,「世界名著大事典」,「たのしく読めるイギリス文学」

スペンサー, シグネ・M.

05776　「コンピテンシー・マネジメントの展開」
『コンピテンシー・マネジメントの展開』　ライル・M.スペンサー, シグネ・M.スペンサー著　梅津祐良, 成田攻, 横山哲夫訳　生産性出版　2011　456p　21cm　6000円
①978-4-8201-1981-4
☆「あらすじで読む世界のビジネス名著」

スペンサー, ハーバート

05777　「科学の分類」
☆「学術辞典叢書 第14巻」,「世界名著解題選 第1巻」

05778　「教育論」
『教育論』　ハーバート・スペンサー著　市橋善之助訳　三笠書房　1941　251p　19cm
Ⓝ371
☆「教育学の世界名著100選」,「教育の名著80選解題」,「世界名著大事典」

05779　「社会学原理」
☆「学術辞典叢書 第11巻」,「世界名著解題選 第2巻」,「世界名著解題選 第4巻」,「世界名著大事典」

05780　「社会静学」
☆「社会科学の名著」,「世界名著大事典」

05781　「生物学原理」
☆「世界名著大事典」

05782　「綜合哲学体系」
☆「哲学名著解題」

05783　「第一原理」
☆「学術辞典叢書 第12巻」,「近代名著解題選集 2」,「世界を変えた100冊の本」,「世界名著解題選 第2巻」,「世界名著大事典」,「哲学の名著」

05784　「知育・徳育・体育論」
『知育・徳育・体育論』　スペンサー著　三笠乙彦訳　明治図書出版　1969　252p　図版　22cm（世界教育学選集　50）〈監修者：梅根悟, 勝田守一〉　1000円　Ⓝ371.6
☆「21世紀の教育基本書」,「名著解題」

05785　「人間対国家」
☆「社会科学の名著」,「世界名著大事典」

05786　「倫理学原理」
☆「世界名著大事典」

スペンサー, ライル・M.

05787　「コンピテンシー・マネジメントの展開」
『コンピテンシー・マネジメントの展開』　ライル・M.スペンサー, シグネ・M.スペンサー著　梅津祐良, 成田攻, 横山哲夫訳　生産性出版　2011　456p　21cm　6000円
①978-4-8201-1981-4
☆「あらすじで読む世界のビジネス名著」

スペンス

05788　「真の人権」
☆「世界名著大事典」

スペンダー

05789　「グレート・ブリテン」
☆「世界名著大事典」

05790　「スペンダー詩集」
『世界詩人全集　第19』　新潮社　1969　303p　図版　19cm　500円　Ⓝ908.1
☆「世界文学鑑賞辞典 第1」

05791　「世界の中の世界」
『世界の中の世界―自伝 第1部』　スティーヴン・スペンダー著　高城楢秀, 小松原茂雄, 橋口稔共訳　南雲堂　1959　225p　図版　19cm
Ⓝ930.28
☆「世界名著大事典」

05792　「破壊的要素」
『破壊的要素―現代作家と信条の研究』　スティーヴン・スペンダー著　大貫三郎, 岡鈴雄訳　荒地出版社　1956　235p　19cm　Ⓝ930.4
☆「世界名著大事典」

スペンダー, D.

05793　「ことばは男が支配する」
☆「フェミニズムの名著50」

スヘンデル

05794　「ヨハンナ・マリア号」
☆「世界名著大事典」

スーポー

05795　「磁場」
☆「世界名著大事典」

05796　「流れのままに」
『流れのままに』　スーポー著　片山正樹訳　白水社　1975　230p　肖像　20cm　1100円
Ⓝ953
☆「世界の幻想文学」

スポティスウッド

05797　「映画の文法」
『映画の文法―映画技巧の分析』 レイモンド・スポティスウッド著 佐々木能理男訳 映画評論社 1936 357p 19cm Ⓝ778
☆「世界名著大事典」

スポールストラ, ジョン

05798　「エスキモーが氷を買うとき」
『エスキモーが氷を買うとき―奇跡のマーケティング』 ジョン・スポールストラ著 宮本喜一訳 きこ書房 2002 290p 19cm 1600円 ①4-87771-080-9
☆「マンガでわかるビジネス名著」

スポールディング

05799　「新合理主義」
☆「世界名著大事典」

スマイス

05800　「永生不滅の近代的信念」
☆「近代欧米名著解題 第5巻」

スマイス, ヘンリー

05801　「合衆国政府助成 (1940 - 1945) のもとに行われた原子力の軍事目的利用開発の概要」
☆「世界を変えた書物」

05802　「軍事目的のための原子力」
☆「世界名著大事典」

05803　「原子エネルギーの軍事目的利用方法開発の概説」
☆「西洋をきずいた書物」

スマイス, F.S.

05804　「キャンプ・シックス」
『キャンプ・シックス』 F.S.スマイス著 伊藤洋平訳 朋文堂 1959 322p 図版 20cm Ⓝ292.58
☆「世界名著大事典」、「山の名著30選」

スマイルズ, サミュエル

05805　「自助論」
『自助論』 サミュエル・スマイルズ著 竹内均訳 三笠書房 2013 270p 18cm 1100円 ①978-4-8379-5744-7
☆「英仏文学戦記」、「自己啓発の名著30」、「西洋をきずいた書物」、「世界の自己啓発50の名著」

スマリヤン, R.M.

05806　「タオは笑っている」
『タオは笑っている』 レイモンド・M.スマリヤン著 桜内篤子訳 工作舎 1991 309p 22cm (Planetary classics)〈新装版〉 2060円 ①4-87502-185-2 Ⓝ124.2
☆「ブックガイド〈数学〉を読む」

スマントラ, ゴシャール

05807　「個を活かす企業」
☆「戦略の名著！ 最強43冊のエッセンス」

スミス

05808　「天然資源の保全」
☆「世界名著大事典」

スミス, アダム

05809　「グラズゴー講義」
☆「世界名著大事典」

05810　「国富論」
『国富論 1』 アダム・スミス著 大河内一男監訳 中央公論新社 2010 449p 18cm (中公クラシックス) 2000円 ①978-4-12-160114-8
☆「お厚いのがお好き？」、「お金と富の哲学世界の名著50」、「学問がわかる500冊」、「究極のビジネス書50選」、「近代名著解題選集 2」、「経済学の名著」、「経済学の名著30」、「経済学88物語」、「経済学名著106選」、「現代政治学の名著」、「古典・名著の読み方」、「社会科学の古典」、「社会科学の名著」、「図解世界の名著がわかる本」、「西洋をきずいた書物」、「世界を変えた経済学の名著」、「世界を変えた100冊の本」、「世界を変えた本」、「世界で最も重要なビジネス書」、「世界の古典名著」、「世界の書物」、「世界の哲学思想」、「世界の名著」、「世界の「名著」50」、「世界の名著早わかり事典」、「世界名著解題選 第1巻」、「世界名著解題選 第4巻」、「世界名著大事典」、「はじめて学ぶ法哲学・法思想」、「文学・名著300選の解説 '88年度版」、「私の古典」

05811　「道徳感情論」
『道徳感情論』 アダム・スミス著 村井章子, 北川知子訳 日経BP社, 日経BPマーケティング〔発売〕 2014 754p 20×12cm (日経BPクラシックス) 3200円 ①978-4-8222-5000-3
☆「近代哲学の名著」、「経済学の名著30」、「経済学88物語」、「経済学名著106選」、「世界を変えた経済学の名著」、「世界名著大事典」、「超解「哲学名著」事典」、「哲学名著解題」

スミス, アリ

05812　「ゼア・バット・フォア・ザ」
☆「世界の小説大百科」

スミス, ウィリアム

05813　「イギリス地質図」
☆「世界名著大事典」

05814　「イングランド, ウェールズおよびスコットランドの一部の地質図」
☆「西洋をきずいた書物」

スミス, コードウェイナー

05815 「鼠と竜のゲーム」
『鼠と竜のゲーム―人類補完機構1』 コードウェイナー・スミス著 伊藤典夫,浅倉久志訳 早川書房 1982 310p 16cm（ハヤカワ文庫SF） 380円 Ⓝ933
☆「世界のSF文学・総解説」

05816 「ノーストリリア」
『ノーストリリア―人類補完機構』 コードウェイナー・スミス著 浅倉久志訳 新装版 早川書房 2009 511p 15cm（ハヤカワ文庫SF） 980円 Ⓘ978-4-15-011726-9
☆「世界のSF文学・総解説」

スミス, ゴールド

05817 「性と生命」
☆「性の世界的名著から十七篇」

スミス, ジョセフ

05818 「モルモンの書」
『モルモン経』 ジョセフ・スミス（二代目）英訳 末日聖徒イエス・キリスト教会 1976 949p 図 19cm Ⓝ198.949
☆「アメリカを変えた本」,「世界名著大事典」

スミス, ジョン

05819 「ヴァージニア通史」
『大航海時代叢書 第2期 18 イギリスの航海と植民 2』 岩波書店 1985 623,32p 22cm 6700円 Ⓘ4-00-008538-7 Ⓝ290.9
☆「西洋をきずいた書物」,「世界名著大事典」

スミス, ジョン・メイナード

05820 「進化遺伝学」
『進化遺伝学』 ジョン・メイナード・スミス著 巌佐庸,原田祐子訳 産業図書 1995 378p 21cm 5562円 Ⓘ4-7828-1513-1
☆「学問がわかる500冊 v.2」

スミス, ゼイディー

05821 「ホワイト・ティース」
☆「世界の小説大百科」

スミス, トーマス

05822 「イギリス国家論」
☆「世界名著大事典」

スミス, トム・ロブ

05823 「チャイルド44」
『チャイルド44 上』 トム・ロブ・スミス著 田口俊樹訳 新潮社 2008 394p 15cm（新潮文庫） 705円 Ⓘ978-4-10-216931-5
☆「3行でわかる名作＆ヒット本250」

スミス, マーティン・クルーズ

05824 「ゴーリキー・パーク」
『ゴーリキー・パーク 上』 マーティン・クルーズ・スミス著 中野圭二訳 早川書房 2008 378p 15cm（ハヤカワ文庫NV） 840円 Ⓘ978-4-15-041182-4
☆「世界の推理小説・総解説」

スミス, ロバート・J.

05825 「須恵村の女たち」
『須恵村の女たち―暮しの民俗誌』 ロバート・J.スミス,エラ・ルーリィ・ウィスウェル著 河村望,斎藤尚文訳 御茶の水書房 1987 557p 21cm 3800円 Ⓘ4-275-00770-0
☆「文化人類学」

スミス, A.D.

05826 「ネーションのエスニックな諸起源」
☆「ナショナリズム論の名著50」

スミス, C.U.M.

05827 「生命観の歴史」
☆「科学技術をどう読むか」

スミス, D.E.

05828 「数学史」
『数学史』 デヴィド・オイゲン・スミス著 今野武雄訳 紀元社 1944 589,25p 22cm Ⓝ410,410.2
☆「世界名著大事典」

スミス, E.E.

05829 「スカイラーク・シリーズ」
『宇宙のスカイラーク』 エドワード・E.スミス著 川口正吉訳 早川書房 1966 254p 19cm（ハヤカワ・SF・シリーズ） 280円 Ⓝ933
☆「世界のSF文学・総解説」

05830 「レンズマン・シリーズ」
『銀河パトロール隊』 E.E.スミス著 小隅黎訳 東京創元社 2002 411p 15cm（創元SF文庫 レンズマン・シリーズ 1） 840円 Ⓘ4-488-60316-5 Ⓝ933.7
☆「世界のSF文学・総解説」

スミス, H.

05831 「中国の村落生活」
☆「世界名著大事典」

スミス, V.

05832 「インドおよびセイロンの美術史」
☆「世界名著大事典」

05833 「オクスフォード・インド史」

スルタンベコフ, B.F.

05856「ミールサイド・スルタンガリエフ—論文・演説・資料」
☆「歴史家の一冊」

スレッサー

05857「グレイ・フラノの屍衣」
『グレイ・フラノの屍衣』 ヘンリイ・スレッサー著 森郁夫訳 早川書房 1978 298p 16cm(ハヤカワ・ミステリ文庫) 340円 Ⓝ933
☆「世界の推理小説・総解説」

スレプツォフ

05858「困難な時代」
『困難な時代』 スレプツオフ著 和久利誓一訳 岩波書店 1953 345p 15cm(岩波文庫) Ⓝ983
☆「世界名著大事典」

スローカム, J.

05859「スプレー号世界周航記」
『スプレー号世界周航記』 ジョシュア・スローカム著 中央公論新社 2003 335p 15cm (中公文庫BIBLIO) 952円 Ⓘ4-12-204226-7
☆「世界の海洋文学」

ズロービン

05860「ステパン・ラージン」
『ステパン・ラージン 上巻』 C.ズロービン著 岩上順一訳 河出書房 1952 454p 図版 19cm(ソヴェト文学全集 第15) Ⓝ983
☆「世界名著大事典」

スローン, アルフレッド・P.,Jr.

05861「GMとともに」
『GMとともに—新訳』 アルフレッド・P.スローン,Jr.著 有賀裕子訳 ダイヤモンド社 2003 525p 22cm 5000円 Ⓘ4-478-34022-6 Ⓝ537.09
☆「究極のビジネス書50選」, 「世界で最も重要なビジネス書」, 「世界名著大事典 補遺(Extra)」

ズワガーマン, ヨースト

05862「ギミック!」
☆「世界の小説大百科」

スワン, J.

05863「数学が驚異的によくわかる」
『数学が驚異的によくわかる—マックスカレッド博士の解析学入門』 ハワード・スワン, ジョン・ジョンソン著 山崎直美訳 白揚社 1982 218p 24cm 2500円 Ⓘ4-8269-0017-1 Ⓝ413
☆「数学ブックガイド100」

【セ】

セー, J.B.

05864「近代資本主義の起原」
☆「世界名著大事典」

05865「経済学」
☆「学術辞典叢書 第11巻」, 「経済学名著106選」, 「世界名著解題選 第1巻」

05866「経済学概論」
☆「経済学88物語」

05867「政治経済学概論」
☆「世界名著大事典」

05868「中世フランスにおける農民階級と荘園制度」
☆「世界名著大事典」

05869「フランス経済史」
☆「世界名著大事典」

05870「フランス社会経済史要」
☆「世界名著大事典」

05871「ブルターニュの農民諸階級」
☆「世界名著大事典」

05872「マルサス氏への書簡」
☆「世界名著大事典」

セアイユ

05873「レオナルド・ダ・ヴィンチ」
☆「世界名著大事典」

セイ

05874「ベルグソン哲学の倫理的内容」
☆「近代欧米名著解題 第8巻」

西 周生 せい・しゅうせい

05875「醒世姻縁伝」
☆「世界名著大事典」

斉 白石 せい・はくせき

05876「斉白石自伝」
☆「伝記・自叙伝の名著」

セイフーリナ

05877「ヴィリネーヤ」
☆「世界名著大事典」

セイヤー

05878「ベートーヴェンの生涯」
『ベートーヴェンの生涯 上』 セイヤー原著 エリオット・フォーブズ校訂 大築邦雄訳 音楽之友社 1971 692p 23cm 3000円

Ⓝ762.4
☆「世界名著大事典」

セイヤー, ロバート・E.

05879 「毎日を気分よく過ごすために」
『毎日を気分よく過ごすために』 ロバート・E.セイヤー著　本明寛監訳　三田出版会　1997　323p　19cm　1600円　Ⓘ4-89583-188-4
☆「世界の心理学50の名著」

セイヤーズ, ドロシー・L.

05880 「殺人は広告する」
『殺人は広告する』 ドロシー・L.セイヤーズ著　浅羽莢子訳　東京創元社　1997　506p　15cm〈創元推理文庫〉　820円　Ⓘ4-488-18309-3
☆「世界の小説大百科」

05881 「ナイン・テイラーズ」
『ナイン・テイラーズ』 ドロシー・L.セイヤーズ著　門野集訳　集英社　1999　503p　16cm〈集英社文庫　乱歩が選ぶ黄金時代ミステリーbest 10　10〉　819円　Ⓘ4-08-748838-1　Ⓝ933.7
☆「イギリス文学」,「世界の小説大百科」,「世界の推理小説・総解説」

世友　せいゆう

05882 「異部宗輪論」
☆「世界名著大事典」

セヴィニェ夫人

05883 「書簡集」
☆「世界名著大事典」

セヴィーリャのイシドール

05884 「語源研究」
☆「西洋をきずいた書物」

セヴェリン, ティム

05885 「シンドバッドの海へ」
『シンドバッドの海へ』 ティム・セヴェリン著　横尾堅二訳　筑摩書房　1986　356p　20cm　2700円　Ⓘ4-480-85326-X　Ⓝ292.09
☆「世界の海洋文学」

05886 「ブレンダン航海記」
『ブレンダン航海記』 ティム・セヴェリン著　水口志計夫訳　サンリオ　1979　350p 図版　12枚　20cm　1800円　Ⓝ935.9
☆「世界の海洋文学」

ゼヴェリング

05887 「自叙伝」
☆「世界名著大事典」

ゼーガース, アンナ

05888 「死者はいつまでも若い」
『死者はいつまでも若い　上』 アンナ・ゼーガース著　北通文等訳　白水社　1953　359p 図版　19cm　Ⓝ943
☆「世界文学鑑賞辞典 第3」,「世界名著大事典」,「ドイツ文学」,「ポケット世界名作事典」

05889 「聖バルバラの漁民一揆」
☆「世界の海洋文学」

05890 「第七の十字架」
『第七の十字架　上』 アンナ・ゼーガース著　山下肇,新村浩共訳　再版　筑摩書房　1952　208p 図版　19cm　Ⓝ943
☆「世界名著大事典」,「名小説ストーリイ集 世界篇」

05891 「トランジット」
☆「世界の小説大百科」

セガン

05892 「障害児の治療と教育」
『障害児の治療と教育―精神薄弱とその生理学的治療』 エドワード・セガン著　薬師川虹一訳　ミネルヴァ書房　1973　255p　22cm〈監修：末川博〉　1200円　Ⓝ378.6
☆「教育学の世界名著100選」

セーガン, カール

05893 「コスモス」
☆「ブックガイド"宇宙"を読む」

05894 「コンタクト」
『コンタクト』 カール・セーガン著　池央耿,高見浩訳　新潮社　1989　2冊　16cm〈新潮文庫〉　各440円　Ⓘ4-10-229401-5　Ⓝ933
☆「世界のSF文学・総解説」,「世界の小説大百科」

05895 「サイエンス・アドベンチャー」
☆「科学技術をどう読むか」,「ブックガイド"宇宙"を読む」

05896 「はるかな記憶―人間に刻まれた進化の歩み」
『はるかな記憶―人間に刻まれた進化の歩み　上』 カール・セーガン,アン・ドルーヤン著　柏原精一,佐々木敏裕,三浦賢一訳　朝日新聞社　1997　347p　15cm〈朝日文庫〉　720円　Ⓘ4-02-261205-3
☆「教養のためのブックガイド」,「ブックガイド"宇宙"を読む」

05897 「百億の星と千億の生命」
『百億の星と千億の生命』 カール・セーガン著　滋賀陽子,松田良一訳　新潮社　2008　411p　15cm〈新潮文庫〉　667円　Ⓘ978-4-10-229405-5
☆「大学新入生に薦める101冊の本」

セシン

05898 「惑星へ」
『惑星へ 上』 カール・セーガン著 森暁雄監訳 朝日新聞社 1998 278p 15cm（朝日文庫） 700円 Ⓘ4-02-261228-2 Ⓝ440.4
☆「科学を読む愉しみ」，「ブックガイド"宇宙"を読む」

関 漢卿　せき・かんけい
05899 「竇娥冤」
☆「世界名著大事典」，「中国の古典名著」

石 玉崑　せき・ぎょくこん
05900 「三俠五義」
☆「あらすじでわかる中国古典「超」入門」，「世界名著大事典」，「中国の古典名著」，「中国の名著」

石 申　せき・しん
05901 「石氏星経」
☆「自然科学の名著」

石頭希遷　せきとうきせん
05902 「参同契」
☆「世界名著大事典」

セギュール夫人
05903 「学問のあるロバの話」
☆「名作の研究事典」

05904 「ろば物語」
☆「世界名著大事典」

ゼーク
05905 「古代世界没落史」
☆「世界名著大事典」

ゼークト
05906 「モルトケ」
『モルトケ』 ゼークト著 斎藤栄治訳 岩波書店 1943 256p 地図 21cm（軍事文化叢書） Ⓝ289.3
☆「伝記・自叙伝の名著」

セクル,R.
05907 「相対性理論講義」
☆「物理ブックガイド100」

セグレー,クラウディオ・G.
05908 「原子と爆弾とエスキモーキス」
『原子と爆弾とエスキモーキス—父と息子の回想記』 クラウディオ・G.セグレー著 野島秀勝訳 法政大学出版局 1998 398p 19cm（叢書・ウニベルシタス） 4000円 Ⓘ4-588-00597-9
☆「科学を読む愉しみ」

セグレ,E.
05909 「X線からクォークまで」
『X線からクォークまで—20世紀の物理学者たち』 エミリオ・セグレ著 久保亮五，矢崎裕二訳 限定復刊 みすず書房 2009 459p 21cm 7800円 Ⓘ4-622-02466-7
☆「物理ブックガイド100」

05910 「エンリコ・フェルミ伝—原子の火を点じた人」
『エンリコ・フェルミ伝—原子の火を点じた人』 エミリオ・セグレ著 久保亮五，久保千鶴子訳 みすず書房 1976 379p 図 肖像 20cm 2500円 Ⓝ289.3
☆「物理ブックガイド100」

セザンヌ,ポール
05911 「セザンヌの手紙」
☆「教養のためのブックガイド」，「世界の小説大百科」

セジウィック,E.K.
05912 「男同士の絆」
『男同士の絆—イギリス文学とホモソーシャルな欲望』 イヴ・K.セジウィック著 上原早苗,亀沢美由紀訳 名古屋 名古屋大学出版会 2001 362,17p 21cm 3800円 Ⓘ4-8158-0400-1
☆「近代家族とジェンダー」，「フェミニズムの名著50」

セシル
05913 「法廷外裁判」
『法廷外裁判』 ヘンリイ・セシル著 吉田誠一訳 早川書房 1978 283p 16cm（ハヤカワ・ミステリ文庫） 340円 Ⓝ933
☆「世界の推理小説・総解説」

世親　せしん
05914 「倶舎論」
☆「世界名著大事典」，「日本の古典名著」

05915 「止観門論頌」
☆「世界名著大事典」

05916 「浄土往生論」
☆「世界名著大事典」

05917 「大乗成業論」
☆「世界名著大事典」

05918 「仏性論」
☆「学術辞典叢書 第15巻」，「世界名著解題選 第3巻」，「世界名著大事典」

05919 「唯識二十論」
☆「世界名著大事典」

05920 「唯識三十頌」
☆「世界名著大事典」

ゼーダーブローム, ナータン

05921　「神信仰の生成─宗教の発端に関する研究」
　　『神信仰の生成─宗教の発端に関する研究』
　　ゼェデルブローム著　三枝義夫訳　岩波書店
　　1942　2冊　16cm（岩波文庫 3001-3007）
　　Ⓝ163
　　☆「人文科学の名著」,「世界名著大事典」

05922　「宗教史概論」
　　☆「世界名著大事典」

セーチェノフ

05923　「思考の原理」
　　☆「世界名著大事典」

05924　「脳の反射」
　　☆「世界名著大事典」

ゼッケンドルフ

05925　「ドイツ領邦国家論」
　　☆「世界名著大事典」

雪竇重顕　せっちょうじゅうけん

05926　「碧巌録」
　　☆「世界名著大事典」,「禅の名著を読む」,「中国の古典名著」,「東洋の名著」,「日本の古典名著」

セットフォード, ウィリアム

05927　「奇跡のコース」
　　☆「世界のスピリチュアル50の名著」

セットロウ, R.

05928　「客船グラッシー応答なし」
　　☆「世界の海洋文学」

セデス

05929　「インドシナ, インドネシアにおけるインド化した諸国」
　　☆「世界名著大事典」

セート, ヴィクラム

05930　「ふさわしい男性」
　　☆「世界の小説大百科」

ゼードルマイヤー, ハンス

05931　「現代芸術の革命」
　　☆「世界名著大事典」

05932　「中心の喪失─危機に立つ近代芸術」
　　『中心の喪失─危機に立つ近代芸術』　ハンス・ゼードルマイヤー著　石川公一, 阿部公正訳　美術出版社　1965　391p 図版24枚　22cm
　　Ⓝ702.3
　　☆「建築の書物/都市の書物」

セナンクール

05933　「オーベルマン」
　　『オーベルマン』　セナンクール著　市原豊太訳　岩波書店　1959　2冊　15cm（岩波文庫）
　　Ⓝ953
　　☆「世界文学鑑賞辞典 第2」,「世界名著大事典」,「ポケット世界名作事典」

セーニョボス

05934　「現代ヨーロッパ政治史」
　　☆「世界名著大事典」

05935　「1848年の革命と第2帝政」
　　☆「世界名著大事典」

05936　「帝政の崩壊と第3共和政の樹立」
　　☆「世界名著大事典」

05937　「フランス国民の真実史」
　　☆「世界名著大事典」

05938　「歴史学研究入門」
　　☆「世界名著大事典」

セネカ, ルキウス・アンナェウス

05939　「アポコロキュントシス」
　　☆「世界名著大事典」

05940　「オクタヴィア」
　　☆「学術辞典叢書 第13巻」,「世界名著解題選 第1巻」

05941　「幸福な人生について」
　　☆「世界名著案内 7」

05942　「自然の諸問題」
　　☆「世界名著大事典」

05943　「人生の短さについて」
　　『人生の短さについて』　セネカ著　浦谷計子訳　PHPエディターズ・グループ, PHP研究所［発売］　2009　175p　19cm　1300円
　　Ⓘ978-4-569-70618-4
　　☆「自己啓発の名著30」

05944　「対話篇（哲学的論文）」
　　☆「哲学名著解題」

05945　「哲学論集」
　　☆「学術辞典叢書 第13巻」,「世界名著解題選 第3巻」

05946　「道徳論集」
　　『道徳論集』　セネカ［著］　茂手木元蔵訳　東海大学出版会　1989　916p　22cm　20600円
　　Ⓘ4-486-01080-9　Ⓝ131.5
　　☆「世界名著大事典」

05947　「倫理書簡集」
　　『倫理書簡集 2』　セネカ著　大芝芳弘訳　岩波書店　2006　438,18p　21cm（セネカ哲学全集　6）　7000円　Ⓘ4-00-092636-5
　　☆「哲学名著解題」,「倫理学」

セネット,R.
05948　「公共性の喪失」
　『公共性の喪失』　リチャード・セネット著　北山克彦,高階悟訳　晶文社　1991　497,8p　21cm　5800円　①4-7949-6061-1
　☆「政治・権力・公共性」

05949　「無秩序の活用」
　『無秩序の活用―都市コミュニティの理論』　リチャード・セネット著　今田高俊訳　中央公論社　1975　204p　20cm　1000円　Ⓝ361.48
　☆「都市的世界」

ゼーバルト,W.G.
05950　「アウステルリッツ」
　『アウステルリッツ』　W・G・ゼーバルト著　鈴木仁子訳　改訳　白水社　2012　298p　20cm（ゼーバルト・コレクション）　2600円　①978-4-560-02734-9　Ⓝ943.7
　☆「世界の小説大百科」

ゼーベルク
05951　「教理史要」
　☆「世界名著大事典」

05952　「キリスト教教義学」
　☆「世界名著大事典」

セーマー
05953　「ナイチンゲール」
　☆「伝記・自叙伝の名著」

ゼーマン,ルドミラ
05954　「ギルガメシュ王ものがたり」
　『ギルガメシュ王ものがたり』　ルドミラ・ゼーマン文・絵　松野正子訳　岩波書店　1993　1冊　27×30cm（大型絵本）　1800円　①4-00-110617-5
　☆「読書入門」

セミョーノフ
05955　「飢え」
　☆「世界文学鑑賞辞典 第4」

05956　「工場細胞」
　☆「世界文学鑑賞辞典 第4」

セムラー,リカルド
05957　「セムラーイズム」
　『セムラーイズム―全員参加の経営革命』　リカルド・セムラー著　岡本豊訳　ソフトバンククリエイティブ　2006　555p　15cm（SB文庫）　850円　①4-7973-3637-4
　☆「究極のビジネス書50選」,「世界で最も重要なビジネス書」

セモニデス
05958　「詩集」
　☆「世界名著大事典」

セラ
05959　「鉱山なき国々に金銀を豊富ならしめうる諸原因に関する短論」
　☆「世界名著大事典」

セラ,カミロ・ホセ
05960　「パスクアル・ドゥアルテの家族」
　『パスクアル・ドゥアルテの家族』　カミロ・ホセ・セラ著　有本紀明訳　講談社　1989　233p　19cm　1500円　①4-06-204434-X
　☆「世界文学あらすじ大事典 3（ちか‐ふろ）」,「世界名著大事典」

05961　「蜂の巣」
　『蜂の巣』　カミロ・ホセ・セラ著　会田由,野々山真輝帆訳　白水社　1989　401p　19cm　2400円　①4-560-04246-2
　☆「世界の小説大百科」,「世界文学あらすじ大事典 3（ちか‐ふろ）」

05962　「ラ・アルカリアへの旅」
　☆「世界の小説大百科」

ゼラズニイ,ロジャー
05963　「伝道の書に捧げる薔薇」
　☆「世界のSF文学・総解説」

05964　「光の王」
　『光の王』　ロジャー・ゼラズニイ著　深町真理子訳　早川書房　2005　527p　15cm（ハヤカワ文庫SF）　940円　①4-15-011512-5
　☆「世界のSF文学・総解説」

05965　「わが名はコンラッド」
　☆「世界のSF文学・総解説」

セラフィモーヴィチ
05966　「曠野の町」
　☆「世界名著大事典」

05967　「鉄の流れ」
　『鉄の流れ』　セラフィモーヴィチ作　西本昭治訳　光陽出版社　1999　373p　19cm　1000円　①4-87662-243-4
　☆「世界文学鑑賞辞典 第4」,「世界名著大事典」

セリエ
05968　「現代社会とストレス」
　『現代社会とストレス』　ハンス・セリエ著　杉靖三郎,田多井吉之介,藤井尚治,竹宮隆訳　法政大学出版局　1988　422,44p　19cm（叢書・ウニベルシタス　243）　3800円　①4-588-00243-0

☆「ブックガイド心理学」

セリグマン, エドウィン・ロバート

05969 「社会科学百科事典」
☆「世界名著大事典」

05970 「所得税論」
☆「学術辞典叢書 第14巻」,「世界名著解題選 第2巻」

05971 「租税転嫁論」
『租税転嫁論 第2部 租税転嫁理論』 エドウィン・R.A.セリグマン著 井手文雄訳 実業之日本社 1951 274p 22cm Ⓝ345
☆「学術辞典叢書 第14巻」,「世界名著解題選 第2巻」,「世界名著大事典」

05972 「歴史之経済的説明」
☆「近代欧米名著解題 第1巻」

セリグマン, マーティン

05973 「オプティミストはなぜ成功するか」
『オプティミストはなぜ成功するか―ポジティブ心理学の父が教える楽観主義の身につけ方』 マーティン・セリグマン著 山村宜子訳 パンローリング 2013 381p 19cm（フェニックスシリーズ）〈『オプティミストはなぜ成功するか』新装改訂版〉 1300円
①978-4-7759-4110-2
☆「世界の自己啓発50の名著」

05974 「世界でひとつだけの幸せ」
『世界でひとつだけの幸せ―ポジティブ心理学が教えてくれる満ち足りた人生』 マーティン・セリグマン著 小林裕子訳 アスペクト 2004 365p 19cm 1900円
①4-7572-1044-2
☆「世界の心理学50の名著」

セーリス

05975 「セーリス日本渡航記」
☆「世界の旅行記101」

セリーヌ, ルイ＝フェルディナン

05976 「夜の果てへの旅」
『夜の果てへの旅 上』 セリーヌ著 生田耕作訳 中央公論新社 2003 381p 16cm（中公文庫）〈『夜の果ての旅』(1978年刊)の改版〉 838円 ④4-12-204304-2 Ⓝ953.7
☆「英仏文学戦記」,「面白いほどよくわかる世界の文学」,「教養のためのブックガイド」,「知っておきたいフランス文学」,「世界の小説大百科」,「世界文学あらすじ大百科 4（ふん・われ）」,「世界文学の名作と主人公」,「世界名著案内 4」,「世界名著大事典 補遺(Extra)」,「必読書150」,「百年の誤読 海外文学篇」,「フランス文学」,「ベストセラー世界の文学・20世紀 1」,「ポケット世界名作事典」,「名作あらすじ事典 西洋文学編」

セリモヴィチ, メシャ

05977 「托鉢僧と死」
☆「世界の小説大百科」

セルヴェトゥス

05978 「キリスト教復興論」
☆「西洋をきずいた書物」

セルヴォン, サム

05979 「孤独なロンドン市民」
☆「世界の小説大百科」

セルカス, ハビエル

05980 「サラミスの兵士たち」
☆「世界の小説大百科」

セルカンビ

05981 「説話集」
☆「世界名著大事典」

セルジュ, ヴィクトール

05982 「トゥラエフ暗殺事件」
☆「世界の小説大百科」

セルデン

05983 「閉鎖海論」
☆「世界名著大事典」

セルトー, ミシェル・ド

05984 「日常的実践のポイエティーク」
『日常的実践のポイエティーク』 ミシェル・ド・セルトー著 山田登世子訳 国文社 1987 452p 19cm（ポリロゴス叢書） 3900円
☆「建築の書物/都市の書物」,「文化の社会学」

ゼルハイム

05985 「個別経済学の方法論と体系論」
☆「世界名著大事典」

セルバンテス, ミゲル・デ

05986 「ドン・キホーテ」
『ドン・キホーテ 前篇1』 セルバンテス作 牛島信明訳 岩波書店 2010 431p 19cm（ワイド版） 1500円 ①978-4-00-007329-5
☆「あらすじで味わう外国文学」,「あらすじで味わう名作文学」,「あらすじで出会う世界と日本の名作55」,「あらすじで読む世界の名著 no.1」,「あらすじで読む世界文学105」,「一冊で世界の名著100冊を読む」,「面白いほどよくわかる世界の文学」,「書き出し「世界文学全集」」,「学術辞典叢書 第12巻」,「聴いてあじわう世界の名著 第3巻」,「教養のためのブックガイド」,「近代名著解題選集 1」,「近代名著解題選集 2」,「クライマックス名作案内 1」,「『こころ』は本当に名作か」,「50歳からの名著入門」,「古典・名著の読み方」,「3行でわかる名作&ヒット本250」,「少年少女のた

めの文学案内 2」、「西洋をきずいた書物」、「世界を変えた100冊の本」、「世界の幻想文学」、「世界の小説大百科」、「世界の書物」、「世界の長編文学」、「世界の名作」、「世界の名作50選」、「世界の名作おさらい」、「世界の名作を読む」、「世界の名作100を読む」、「世界の名著」、「世界の「名著」50」、「世界文学あらすじ大事典 3（ちかーふろ）」、「世界文学鑑賞辞典 第2」、「世界文学のすじ書き」、「世界文学の名作と主人公」、「世界文学必勝法」、「世界名作事典」、「世界名著解題選 第3巻」、「世界名著大事典」、「千年紀のベスト100作品を選ぶ」、「なおかつお厚いのがお好き？」、「日本の古典・世界の古典」、「必読書150」、「文学・名著300選の解説 '88年度版」、「ポケット世界名作事典」、「名作の研究事典」、「名小説ストーリィ集 世界篇」、「要約 世界文学全集 2」、「私（わたし）の世界文学案内」

05987 「ペルシーレスとシヒスムンダの苦難」
『ペルシーレス 上』 セルバンテス著 荻内勝之訳 筑摩書房 1994 341p 15cm（ちくま文庫） 780円 ①4-480-02900-1 Ⓝ963
☆「世界の幻想文学」、「世界の小説大百科」

05988 「模範小説集」
『模範小説集』 ミゲル・デ・セルバンテス著 牛島信明訳 国書刊行会 1993 550p 21cm（スペイン中世・黄金世紀文学選集 5） 5800円 ①4-336-03556-3
☆「世界文学あらすじ大事典 4（ふん‐われ）」、「世界名著大事典」

セルビー, ヒューバート, Jr.
05989 「夢へのレクイエム」
☆「世界の小説大百科」

セルベト
05990 「三位一体説の誤り」
☆「世界名著大事典」

セレディ
05991 「すてきなおじさん」
☆「名作の研究事典」

セレブリャコフ
05992 「マルクスの生涯」
☆「伝記・自叙伝の名著」

セロー, ポール
05993 「中国鉄道大旅行」
『中国鉄道大旅行』 ポール・セロー著 中野恵津子訳 文藝春秋 1994 473p 19cm 2800円 ①4-16-348770-0
☆「中国の古典名著」

セン, アマルティア
05994 「グローバリゼーションと人間の安全保障」
『グローバリゼーションと人間の安全保障』 アマルティア・セン著 山脇直司解題 加藤幹雄訳 日本経団連出版 2009 160p 19cm 1800円 ①978-4-8185-2840-6
☆「倫理良書を読む」

05995 「合理的な愚か者」
『合理的な愚か者―経済学=倫理学的探究』 アマルティア・セン著 大庭健,川本隆史訳 勁草書房 1989 295,10p 20cm 2890円 ①4-326-15217-6 Ⓝ331.15
☆「学問がわかる500冊」

05996 「不平等の再検討」
『不平等の再検討―潜在能力と自由』 アマルティア・セン［著］ 池本幸生,野上裕生,佐藤仁訳 岩波書店 1999 263,63p 20cm〈文献あり〉 2600円 ①4-00-002878-2 Ⓝ331.39
☆「経済学の名著30」、「はじめて学ぶ法哲学・法思想」

銭 謙益 せん・けんえき
05997 「初学集」
☆「世界名著大事典」

銭 鍾書 せん・しょうしょ
05998 「宋詩選注」
『宋詩選注 1』 銭鍾書著 宋代詩文研究会訳注 平凡社 2004 386p 18cm（東洋文庫） 2900円 ①4-582-80722-4 Ⓝ921.5
☆「教養のためのブックガイド」

05999 「談芸録」
☆「東アジア人文書100」

全 祖望 ぜん・そぼう
06000 「宋元学案」
☆「世界名著大事典」

銭 大昕 せん・たいきん
06001 「二十二史攷異」
☆「世界名著大事典」

翦 伯賛 せん・はくさん
06002 「中国史綱要」
☆「東アジア人文書100」

銭 宝琮 せん・ほうそう
06003 「中国数学史」
☆「ブックガイド〈数学〉を読む」

銭 穆 せん・ぼく
06004 「中国歴代政治の得失」
☆「東アジア人文書100」

センゲ, ピーター・M.
06005 「最強組織の法則」
『最強組織の法則―新時代のチームワークとは

何か」 ピーター・M.センゲ著 守部信之ほか訳 徳間書店 1995 404p 20cm 2000円 ①4-19-860309-X Ⓝ336.3
☆「あらすじで読む世界のビジネス名著」、「究極のビジネス書50選」、「世界で最も重要なビジネス書」、「戦略の名著！最強43冊のエッセンス」、「超売れ筋ビジネス書101冊」

善導　ぜんどう
06006　「観経四帖疏」
☆「世界名著大事典」

セント・デニス,R.
06007　「未完の生涯」
☆「世界名著大事典 補遺(Extra)」

ゼンバー
06008　「美術様式論」
☆「世界名著大事典」

センプル
06009　「地中海地域の地理」
☆「世界名著大事典」

06010　「地理的環境の諸影響」
☆「世界名著大事典」

ゼンメルヴァイス
06011　「産褥熱の原因、概念および予防」
☆「西洋をきずいた書物」

06012　「流行性産褥熱の病原学的考察」
☆「西洋をきずいた書物」

【ソ】

蘇 淵雷　そ・えんらい
06013　「仏教と中国の伝統文化」
☆「東アジア人文書100」

蘇 敬　そ・けい
06014　「新脩本草」
☆「世界名著大事典」

蘇 軾　そ・しょく
06015　「蘇東坡念奴嬌（赤壁懐古）」
☆「中国の名著」

06016　「東坡集」
『東坡集』　蘇軾著　汲古書院　1991　438p　27cm(古典研究会叢書　漢籍之部　第16巻)〈解題：竺沙雅章　内閣文庫・宮内庁書陵部蔵の複製　出版：古典研究会〉　12360円　Ⓝ921.5
☆「世界名著大事典」

祖 沖之　そ・ちゅうし
06017　「隋志」
☆「世界名著大事典 補遺(Extra)」

06018　「綴術」
☆「世界名著大事典 補遺(Extra)」

蘇 秉琦　そ・へいき
06019　「新・中国文明起源の探求」
☆「東アジア人文書100」

ゾイゼ
06020　「永遠なる英知の書」
☆「世界名著大事典」

宋 応星　そう・おうせい
06021　「天工開物」
『天工開物』　宋応星撰　藪内清訳注　平凡社　1969　379p　18cm(東洋文庫　130)　600円　Ⓝ502.22
☆「アジアの比較文化」、「自然科学の名著」、「自然科学の名著100選 上」、「世界の書物」、「世界名著大事典」、「中国の古典名著」

宋 希璟　そう・きけい
06022　「老松常日本行録」
☆「アジアの比較文化」

06023　「老松堂日本行録」
☆「世界名著大事典 補遺(Extra)」

曹 禺　そう・ぐう
06024　「北京人」
☆「中国の名著」

06025　「雷雨」
『雷雨—中国語中級講読テキスト　第4幕』　曹禺著　余煥睿,村上嘉英編　白帝社　1991　54p　21cm　1300円　①4-89174-161-9
☆「世界名著大事典」、「東洋の名著」

巣 元方　そう・げんほう
06026　「諸病源候論」
☆「中国の古典名著」

曽 国藩　そう・こくはん
06027　「曽文正公家書」
☆「世界名著大事典」

臧 克家　ぞう・こっか
06028　「烙印」
☆「世界名著大事典」

曹 植　そう・しょく
06029　「曹子建築」
☆「世界名著大事典」

曹 雪芹　そう・せっきん
06030　「紅楼夢」
☆「あらすじでわかる中国古典『超』入門」,「面白いほどよくわかる世界の文学」,「学術辞典叢書 第15巻」,「教養のためのブックガイド」,「近代名著解題選集 2」,「世界の小説大百科」,「世界の長編文学」,「世界の名著50選」,「世界の名作100を読む」,「世界の名著」,「世界文学あらすじ大事典 2(きよえ‐ちえ)」,「世界名作事典」,「世界名著解題選集 第1巻」,「世界名著大事典」,「世界・名著のあらすじ」,「中国の古典名著」,「中国の名著」,「東洋の名著」,「日本の古典・世界の古典」,「文学・名著300選の解説 '88年度版」,「ポケット世界名作事典」,「名小説ストーリイ集 世界篇」

曽 先之　そう・せんし
06031　「十八史略」
『十八史略—完訳 別巻 原文 索引』 曽先之選　森下修一訳　近藤出版社　1983　371, 70p　22cm〈原文は複製〉　6000円　Ⓝ222.01
☆「世界名著大事典」,「中国古典がよくわかる本」,「中国古典名著のすべてがわかる本」,「中国の古典名著」

曹 丕　そう・ひ
06032　「典論」
☆「世界名著大事典」

臧 懋循　ぞう・ぼうじゅん
06033　「元曲集」
☆「世界名著大事典」

曽 樸　そう・ぼく
06034　「孽海花」
☆「世界名著大事典」,「中国の古典名著」

宗 懍　そう・りん
06035　「荊楚歳時記」
『荊楚歳時記』 宗懍撰　守屋美都雄訳注　布目潮渢,中村裕一補訂　平凡社　1978　303p　18cm(東洋文庫　324)　1100円　Ⓝ385.8
☆「世界名著大事典」,「中国の古典名著」

ソーヴィー
06036　「権力と世論」
☆「世界名著大事典」

宗杲　そうこう
06037　「大慧語録」
☆「世界名著大事典」

僧璨　そうさん
06038　「信心銘」
☆「世界名著大事典」

曽子　そうし
06039　「曽子」
☆「世界名著大事典」

荘子　そうし
06040　「荘子」
『荘子 雑篇』 荘子[著]　福永光司,興膳宏訳　筑摩書房　2013　619p　15cm(ちくま学芸文庫　ソ4-3)〈底本：世界古典文学全集 17 (2004年刊)　索引あり〉　1800円
Ⓘ978-4-480-09542-8　Ⓝ124.25
☆「あらすじでわかる中国古典『超』入門」,「学術辞典叢書 第12巻」,「教育の名著80選解題」,「教養のためのブックガイド」,「近代名著解題選集 2」,「50歳からの名著入門」,「人文科学の名著」,「世界のスピリチュアル50の名著」,「世界の名著早わかり事典」,「世界名著案内」,「世界名著解題選 第2巻」,「世界名著大事典」,「中国古典名著のすべてがわかる本」,「中国の古典名著」,「中国の名著」,「東洋の名著」,「『論語』から『孫子』まで一気にわかる中国古典超入門」

僧肇　そうじょう
06041　「肇論」
☆「世界名著大事典」,「東洋の名著」

宗密　そうみつ
06042　「原人論」
『原人論—科註』 宗密述　岸上恢嶺注　岸上恢嶺　1878　41丁　26cm〈和装〉　Ⓝ188.1
☆「世界名著大事典」,「東洋の名著」

06043　「禅源諸詮集都序」
『禅源諸詮集都序—附・中華伝心地禅門師資承襲図』 宗密著　宇井伯寿訳註　岩波書店　1939　307p　16cm(岩波文庫　1888-1890)　Ⓝ188.8
☆「世界名著大事典」

僧祐　そうゆう
06044　「弘明集」
☆「世界名著大事典」

06045　「出三蔵記集」
☆「世界名著大事典」

ソーカル, アラン
06046　「『知』の欺瞞」
☆「教養のためのブックガイド」

ソクラテス
06047　「教会史」
☆「世界名著大事典」

ソコロフ
06048　「ロシア民俗学」
☆「世界名著大事典」

ソシュール, オラス・ベネディクト・ド
06049　「アルプス旅行記」

ソシュール, ニコラス・テオドール・ド

06050 「植物の化学的研究」
☆「世界名著大事典」

ソシュール, フェルディナン・ド

06051 「一般言語学講義」
『一般言語学講義』 フェルディナン・ド・ソシュール著　小林英夫訳　改版　岩波書店　1972　495p　22cm　1600円　Ⓝ801
☆「お厚いのがお好き？」、「世界名著大事典」、「超解「哲学名著」事典」、「20世紀を震撼させた100冊」、「必読書150」

06052 「印欧語母音原始組織考」
☆「世界名著大事典」

ソーセー, シャントピー・ド・ラ

06053 「宗教史大系」
『宗教史大系　第1巻』　シャントピー・ド・ラ・ソーセイ著　ベルトレット, レーマン共編　篠田一人訳　新教出版社　1945　292p　21cm　Ⓝ160.2
☆「世界名著大事典」

ソゾメノス

06054 「教会史」
☆「世界名著大事典」

ソープ

06055 「中国の土壌地理学」
☆「世界名著大事典」

ソフォクレス

06056 「アイアス」
☆「世界文学あらすじ大事典 1（あ‐きよう）」、「世界名著大事典」

06057 「アンティゴネ」
☆「学術辞典叢書 第13巻」、「教養のためのブックガイド」、「近代名著解題選集 2」、「世界文学あらすじ大事典 1（あ‐きよう）」、「世界文学鑑賞辞典 第2」、「世界名著解題選 第2巻」、「世界名著大事典」、「日本の古典・世界の古典」

06058 「エレクトラ」
『エレクトラ』　ソフォクレス作　山形治江訳　劇書房, 構想社〔発売〕　2003　109p　19cm（劇書房ベストプレイシリーズ）　1600円　①4-87574-603-2
☆「世界文学鑑賞辞典 第2」、「世界名著大事典」

06059 「オイディプス王」
『オイディプス王』　ソフォクレス著　山形治江訳　劇書房, 構想社〔発売〕　2004　117p　19cm（劇書房ベストプレイシリーズ）　1600円　①4-87574-604-0
☆「あらすじで読む世界文学105」、「一冊で世界の名著100冊を読む」、「学術辞典叢書 第13巻」、「教養のためのブックガイド」、「近代名著解題選集 2」、「クライマックス名作案内 1」、「50歳からの名著入門」、「世界史読書案内」、「世界の名作100を読む」、「世界の名著」、「世界の「名著」50」、「世界文学あらすじ大事典 1（あ‐きよう）」、「世界文学鑑賞辞典 第2」、「世界文学の名作と主人公」、「世界文学必勝法」、「世界名著解題選 第2巻」、「世界名著大事典」、「世界・名著のあらすじ」、「日本の古典・世界の古典」、「必読書150」、「文学・名著300選の解説 '88年度版」、「ポケット世界名作案内」

06060 「コロノスのオイディプス」
☆「学術辞典叢書 第13巻」、「教養のためのブックガイド」、「世界の名著」、「世界文学あらすじ大事典 2（きよえ‐ちえ）」、「世界名著解題選 第2巻」、「世界名著大事典」

06061 「トラキスの女たち」
☆「世界文学あらすじ大事典 3（ちか‐ふろ）」、「世界文学鑑賞辞典 第2」、「世界名著大事典」

06062 「ピロクテテス」
☆「世界文学あらすじ大事典 3（ちか‐ふろ）」、「世界文学鑑賞辞典 第2」

06063 「フィロクテテス」
☆「世界名著大事典」

ソブール

06064 「フランス革命」
『フランス革命—1789-1799　上』　アルベール・ソブール著　小場瀬卓三, 渡辺淳共訳　岩波書店　1953　234p　地図　18cm（岩波新書　第140）　Ⓝ235.061
☆「世界名著大事典」

ソフローノフ

06065 「モスクワ気質」
☆「世界文学鑑賞辞典 第4」

ソフロン

06066 「擬曲」
☆「世界名著大事典」

ソベル, デーヴァ

06067 「ガリレオの娘 科学と信仰と愛についての父への手紙」
☆「サイエンス・ブックレヴュー」

ソーベル, ロバート

06068 「ウォール街の内幕」
『ウォール街の内幕—物語ニューヨーク証券市場』　ロバート・ソーベル著　原信, 新垣進英訳　有斐閣　1984　319,13p　20cm（有斐閣選書R　23）〈巻末：参考文献〉　1800円　①4-641-02396-4　Ⓝ338.15
☆「現代ビジネス書・経済書総解説」

ゾーボー, H.W.

06069 「ゴールド・コーストとスラム」
『ゴールド・コーストとスラム』 ハーベイ・W.ゾーボー著　吉原直樹ほか訳　田無　ハーベスト社　1997　318p　22cm（シカゴ都市社会学古典シリーズ　no.2　奥田道大, 吉原直樹監修）　3500円　①4-938551-38-1　Ⓝ361.78
☆「都市的世界」

ソーマデーヴァ

06070 「カター・サリット・サーガラ」
『カター・サリット・サーガラ―インド古典説話集　第1』　ソーマ・デーヴァ著　岩本裕訳　岩波書店　1954　206p　15cm（岩波文庫）　Ⓝ929.8
☆「世界名著大事典」

06071 「屍鬼二十五話」
『屍鬼二十五話―インド伝奇集』　ソーマデーヴァ著　上村勝彦訳　平凡社　1978　316p　18cm（東洋文庫　323）　1000円　Ⓝ929.89
☆「世界の奇書」, 「東洋の奇書55冊」

ソーマーナンダ

06072 「シヴァ・ドリシティ」
☆「世界名著大事典」

ソミット, A.

06073 「アメリカ政治学」
☆「現代政治学を読む」

ゾーム

06074 「教会法」
☆「世界名著大事典」

06075 「フランク法とローマ法」
『フランク法とローマ法―ドイツ法史への序論』　ゾーム著　久保正幡, 世良晃志郎共訳　岩波書店　1952　202p　19cm　Ⓝ322.316
☆「世界名著大事典」

06076 「ローマ私法提要」
☆「世界名著大事典」

ソモサ, ホセ・カルロス

06077 「13番目の女」
☆「世界の小説大百科」

ゾラ, エミール

06078 「テレーズ・ラカン」
☆「世界の小説大百科」

06079 「メダンの夜話」
☆「世界名著大事典」

ソリエ

06080 「日本教会史」
☆「世界名著大事典」

ソリーリャ

06081 「ドン・フアン・テノーリオ」
『ドン・フワン・テノーリオ』　ホセ・ソリーリャ作　高橋正武訳　改訳　岩波書店　1974　212p　15cm（岩波文庫）〈ホセ・ソリーリャ年譜：p.209-212〉　140円　Ⓝ962
☆「世界文学あらすじ大事典 3（ちか-ふろ）」, 「世界名著大事典」

ソル

06082 「人文地理学の基礎」
☆「世界名著大事典」

ゾルガー

06083 「美学講義」
☆「世界名著大事典」

ソルジェニーツィン, アレクサンドル・イサーエヴィチ

06084 「イワン・デニーソヴィチの一日」
『イワン・デニーソヴィチの一日』　ソルジェニーツィン[著]　木村浩訳　57刷改版　新潮社　2005　278p　16cm（新潮文庫）　438円　①4-10-213201-5　Ⓝ983
☆「あらすじで味わう外国文学」, 「面白いほどよくわかる世界の文学」, 「知っておきたいロシア文学」, 「世界史読書案内」, 「世界の小説大百科」, 「世界の名作100を読む」, 「世界の名作文学案内」, 「世界の名著」, 「世界文学あらすじ大事典 1（あ-きよう）」, 「世界文学の名作と主人公」, 「世界文学必勝法」, 「世界名作文学館」, 「世界名著大事典　補遺（Extra）」, 「二十世紀を騒がせた本」, 「20世紀を震撼させた100冊」, 「文学・名著300選の解説 '88年度版」, 「名作あらすじ事典 西洋文学編」, 「名作の読解法」, 「ロシア文学」

06085 「ガン病棟」
☆「一冊で世界の名著100冊を読む」, 「知っておきたいロシア文学」, 「世界の小説大百科」, 「世界文学の名作と主人公」, 「世界名著大事典　補遺（Extra）」, 「ロシア文学」

06086 「収容所群島」
『収容所群島　3』　A)・ソルジェニーツィン, 木村浩訳　ブッキング　2006　482,31p　19cm　3500円　①4-8354-4250-4
☆「世界の名作50選」, 「世界名著大事典　補遺（Extra）」, 「百年の誤読 海外文学篇」, 「ポケット世界名作事典」

06087 「1914年8月」
☆「世界名著大事典　補遺（Extra）」

06088 「第一圏にて」
☆「世界名著大事典　補遺（Extra）」

06089 「チューリヒのレーニン」
『チューリヒのレーニン』　ソルジェニーツィン

著　江川卓訳　新潮社　1977　266p　20cm　1900円　Ⓝ983
　☆「世界名著大事典 補遺(Extra)」

06090　「マトリョーナの家」
　☆「世界名著大事典 補遺(Extra)」,「私(わたし)の世界文学案内」

06091　「煉獄のなかで」
『煉獄のなかで』　ソルジェニーツィン著　木村浩,松永緑弥訳　タイムライフインターナショナル　1969　2冊　22cm(タイムライフブックス)　680-720円　Ⓝ983
　☆「世界の小説大百科」,「世界名著大事典 補遺(Extra)」

ソルジャン, アントン

06092　「港」
　☆「世界の小説大百科」,「世界名著大事典」

ソールズベリー, ジョン・オブ

06093　「ポリクラティクス」
　☆「世界名著大事典」

ソレツキ, R.S.

06094　「シャニダール洞窟の謎」
『シャニダール洞窟の謎』　ラルフ S.ソレッキ著　香原志勢,松井倫子共訳　蒼樹書房　1977　282p　20cm〈参考文献：p.275～282〉　1800円　Ⓝ469.2
　☆「科学技術をどう読むか」

ソレル, シャルル

06095　「フランシオン」
　☆「世界名著大事典」

ソレル, ジョルジュ

06096　「暴力論」
『暴力論　下』　ジョルジュ・ソレル著　今村仁司,塚原史訳　岩波書店　2007　312,2p　15cm(岩波文庫)　760円
　①978-4-00-341382-1
　☆「学術辞典叢書 第11巻」,「社会科学の古典」,「社会科学の名著」,「世界の古典名著」,「世界名著解題選 第5巻」,「世界名著大事典」,「哲学の名著」

06097　「マルキシズムの解消」
　☆「学術辞典叢書 第14巻」

ソレル, A.

06098　「ヨーロッパとフランス革命」
　☆「世界名著大事典」

ソレルス, P.

06099　「奇妙な孤独」
　☆「世界名著大事典 補遺(Extra)」

06100　「公園」
『公園』　フィリップ・ソレルス著　岩崎力訳　新潮社　1966　215p　20cm　500円　Ⓝ953
　☆「世界の幻想文学」,「世界名著大事典 補遺(Extra)」

06101　「挑戦」
『挑戦』　ソレルス[著]　岩崎力編　第三書房　1966　50p　19cm(Collection ecrivains d'aujourd'hui)〈他言語標題：Le defi〉
　☆「世界名著大事典 補遺(Extra)」

06102　「ドラマ」
『ドラマ―小説』　フィリップ・ソレルス著　岩崎力訳　新潮社　1967　187p　20cm　500円　Ⓝ953
　☆「世界名著大事典 補遺(Extra)」

06103　「ロジック」
　☆「世界名著大事典 補遺(Extra)」

ソレンセン, チャールズ・E.

06104　「フォード―その栄光と悲劇」
『フォード―その栄光と悲劇』　チャールズ・E.ソレンセン著　高橋達男訳　産業能率短期大学出版部　1968　412p　19cm　480円　Ⓝ539.067
　☆「伝記・自叙伝の名著」

ソ連邦科学アカデミヤ

06105　「世界史」
　☆「世界名著大事典」

ソ連邦科学アカデミヤ世界経済・世界政治研究所

06106　「世界経済恐慌史」
　☆「世界名著大事典」

ソ連邦科学院経済学研究所

06107　「政治経済学教科書」
　☆「世界名著大事典」

ソ連邦教育科学アカデミヤ

06108　「教育学」
　☆「世界名著大事典」

06109　「教授学」
　☆「世界名著大事典」

ソロー, ヘンリー・デイヴィッド

06110　「ウォールデン―森の生活」
『ウォールデン―森で生きる』　ヘンリー・D.ソロー著　酒本雅之訳　筑摩書房　2000　541p　15cm(ちくま学芸文庫)　1300円
　①4-480-08547-5
　☆「アメリカ文学」,「大人のための世界の名著50」,「面白いほどよくわかる世界の文学」,「書き出し世界文学全集」,「50歳からの読書入門」,「知っておきたいアメリカ文学」,「世界の古典名著」,「世界の自己啓発50の名著」,「世界の小説大百科」,

「世界の名作文学案内」,「世界の名著」,「世界の名著早わかり事典」,「世界文学あらすじ大事典 1 (あ‐きょう)」,「世界文学鑑賞辞典 第1」,「世界文学の名作と主人公」,「世界文学の名著大事典」,「たのしく読めるアメリカ文学」,「ポケット世界名作事典」,「名作あらすじ事典 西洋文学編」,「要約世界文学全集 2」,「私の古典」

06111 「コッド岬」
☆「世界の海洋文学」

06112 「市民の反抗」
☆「アメリカを変えた本」,「世界を変えた100冊の本」,「世界を変えた本」,「世界名著大事典」,「平和を考えるための100冊+α」

ソロー, ロバート・M.

06113 「成長理論」
『成長理論』 ロバート・M.ソロー著 福岡正夫訳 岩波書店 2000 266p 21cm(原書第2版) 3400円 Ⓘ4-00-023619-9
☆「経済学88物語」

ソロヴィヨフ

06114 「自然に於ける美・芸術の一般的意義」
『自然に於ける美・芸術の一般的意義—他一篇』 ソロヴィヨフ著 高村理智夫訳 改版 岩波書店 1940 124p 16cm(岩波文庫 442) Ⓝ701
☆「世界の哲学思想」

06115 「神人論」
☆「世界名著大事典」

06116 「善の弁明」
☆「世界名著大事典」

06117 「3つの対話」
☆「世界名著大事典」

ソーロキン

06118 「社会的・文化的動学」
☆「世界名著大事典」

06119 「社会の移動性」
☆「世界名著大事典」

06120 「社会・文化・パーソナリティ」
☆「世界名著大事典」

06121 「都市・農村社会学原理」
☆「世界名著大事典」

ソローキン

06122 「ロマン」
『ロマン 1』 ウラジーミル・ソローキン著 望月哲男訳 国書刊行会 1998 417p 19cm (文学の冒険) 2500円 Ⓘ4-336-03958-5
☆「ロシア文学」

ソログープ, フョードル・クジミーチ

06123 「かくれんぼ」
☆「名作の研究事典」

06124 「影絵」
☆「世界名著大事典」

06125 「小悪魔」
『小悪魔』 フョードル・ソログープ著 齋藤紘一訳 文芸社 2005 402p 20cm 1800円 Ⓘ4-286-00639-5 Ⓝ983
☆「世界の幻想文学」,「世界名著大事典」,「ロシア文学」

06126 「死の勝利」
☆「世界文学鑑賞辞典 第4」

06127 「白い母」
☆「世界名著大事典」

06128 「毒の園」
『毒の園―他』 ソログープ著 昇曙夢訳 創元社 1952 151p 図版 15cm(創元文庫 B第18) Ⓝ983
☆「知っておきたいロシア文学」,「世界文学鑑賞辞典 第4」,「名作あらすじ事典 西洋文学編」

ソロン

06129 「詩集」
☆「世界名著大事典」

孫歌 そん・か

06130 「アジアを語ることのジレンマ」
『アジアを語ることのジレンマ―知の共同空間を求めて』 孫歌著 岩波書店 2002 256p 19cm 2600円 Ⓘ4-00-022008-X
☆「東アジア論」

孫思邈 そん・しはく

06131 「千金方」
☆「世界名著大事典」,「中国の古典名著」

成俔 そん・ひょん

06132 「楽学軌範」
☆「世界名著大事典」

孫臏 そん・ぴん

06133 「孫臏兵法」
☆「中国の古典名著」

孫武 そん・ぶ

06134 「孫子」
☆「お厚いのがお好き?」,「究極のビジネス書50選」,「教養のためのブックガイド」,「現代政治学の名著」,「50歳からの名著入門」,「図解世界の名著がわかる本」,「世界史読書案内」,「世界で最も重要なビジネス書」,「世界の成功哲学50の名著エッセンスを解く」,「世界名著案内 6」,「世界名著解題選 第2巻」,「世界名著大事典」,「戦略の名著!

最強43冊のエッセンス」,「戦略論の名著」,「中国古典がよくわかる本」,「中国古典名著のすべてがわかる本」,「中国の古典名著」,「『論語』から『孫子』まで一気にわかる中国古典超入門」

孫文　そん・ぶん

06135　「三民主義」
『三民主義　上』　孫文著　安藤彦太郎訳　岩波書店　1957　245p　図版　15cm（岩波文庫）Ⓝ311.22
☆「現代アジア論の名著」,「現代政治学の名著」,「社会科学の古典」,「図解世界の名著がわかる本」,「世界の名著」,「世界の名著早わかり事典」,「世界名著大事典」,「中国の名著」,「東洋の名著」,「20世紀を震撼させた100冊」

ソーンダイク,E.L.

06136　「学習の心理学」
☆「教育学の世界名著100選」

06137　「教育心理学」
『教育心理学』　ソーンダイク著　安藤文郎,田原博愛訳　培風館　1932　488p　23cm　Ⓝ371
☆「世界名著大事典　補遺(Extra)」

06138　「知能の測定」
☆「世界名著大事典　補遺(Extra)」

06139　「動物の知能」
☆「世界名著大事典　補遺(Extra)」

ソーンダイク,L.

06140　「呪術と実験科学の歴史」
☆「世界名著大事典」

ソンタグ,スーザン

06141　「反解釈」
『反解釈』　スーザン・ソンタグ著　髙橋康也,出淵博,由良君美,海老根宏,河村錠一郎,喜志哲雄訳　筑摩書房　1996　501p　15cm（ちくま学芸文庫）　1500円　①4-480-08252-2
☆「必読書150」

ソーンダーズ,ジョージ

06142　「説得の国で」
☆「21世紀の世界文学30冊を読む」

ソーントン

06143　「紙券信用論」
『紙券信用論』　ソーントン著　渡辺佐平,杉本俊朗共訳　実業之日本社　1948　357p　22cm　Ⓝ337.4
☆「世界名著大事典」

ゾンネンフェルス

06144　「行政,商業および財政学の諸原理」
☆「世界名著大事典」

ソーンバーグ,ニュートン

06145　「カッターとボーン」
☆「世界の小説大百科」

ゾンバルト,ヴェルナー

06146　「技術の馴致」
☆「世界名著大事典」

06147　「近代資本主義」
☆「学術辞典叢書　第11巻」,「経済学名著106選」,「社会科学の名著」,「人文科学の名著」,「世界名著解題選　第1巻」,「世界名著大事典」

06148　「社会主義と社会運動」
☆「世界名著大事典」

06149　「プロレタリア社会主義」
☆「学術辞典叢書　第11巻」,「世界名著解題選　第3巻」

06150　「3つの経済学」
☆「世界名著大事典」

06151　「ユダヤ人と経済生活」
『ユダヤ人と経済生活』　ヴェルナー・ゾンバルト著　安藤勉訳　荒地出版社　1994　636p　19cm　6800円　①4-7521-0084-3
☆「経済学の名著30」

【タ】

戴季陶　たい・きとう

06152　「日本論」
『日本論』　戴季陶著　市川宏訳　社会思想社　1983　252p　15cm（現代教養文庫　1076）〈解説：竹内好〉　440円　Ⓝ302.1
☆「外国人による日本論の名著」

戴震　たい・しん

06153　「戴氏遺書」
☆「世界名著大事典　補遺(Extra)」

06154　「孟子字義疏証」
『孟子字義疏証』　戴震著　安田二郎訳　丹波市町（奈良県山辺郡）　養徳社　1948　264p　19cm　Ⓝ123.84
☆「世界名著大事典」,「世界名著大事典　補遺(Extra)」

戴晴　たい・せい

06155　「三峡ダム―建設の是非をめぐっての論争」
『三峡ダム―建設の是非をめぐっての論争』　戴晴編　鷲見一夫,胡啓婷訳　築地書館　1996　447p　21cm　4944円　①4-8067-1049-0
☆「学問がわかる500冊 v.2」

戴 聖 たい・せい
06156 「礼記」
☆「学術辞典叢書 第15巻」,「世界名著解題選 第3巻」,「世界名著大事典」,「中国の古典名著」,「『論語』から『孫子』まで一気にわかる中国古典超入門」

戴 徳 たい・とく
06157 「礼記」
☆「学術辞典叢書 第15巻」,「世界名著解題選 第3巻」,「世界名著大事典」,「中国の古典名著」,「『論語』から『孫子』まで一気にわかる中国古典超入門」

ダイアー, ウエイン
06158 「自分の中に奇跡を起こす!」
『自分の中に奇跡を起こす!―いかにして自信と富を得るか』 ウエイン・W.ダイアー著 渡部昇一訳 三笠書房 1997 269p 15cm(知的生きかた文庫) 500円 ①4-8379-0864-0
☆「世界の自己啓発50の名著」

ダイアモンド, ジャレド
06159 「銃、病原菌、鉄」
☆「教養のためのブックガイド」,「大学新入生に薦める101冊の本」

06160 「セックスはなぜ楽しいか」
『セックスはなぜ楽しいか』 ジャレド・ダイアモンド著 長谷川寿一訳 草思社 1999 242p 19cm(サイエンス・マスターズ 12) 1600円 ①4-7942-0876-6
☆「科学を読む愉しみ」

06161 「人間はどこまでチンパンジーか?」
『人間はどこまでチンパンジーか?―人類進化の栄光と翳り』 ジャレド・ダイアモンド著 長谷川真理子訳 新曜社 1993 541,49p 19cm 4944円 ①4-7885-0461-8
☆「教養のためのブックガイド」

ダイイ
06162 「精神論」
☆「世界名著大事典」

諦観 たいかん
06163 「天台四教儀」
『天台四教儀―昭和校訂』 諦観録 関口真大校訂 山喜房仏書林 1956 1冊 22cm〈巻首に天台四教儀科文を附す 一名「四教儀」 附:天台四教儀解説,天台大師御撰述概説,天台四教儀参考図表集,天台四教儀字書〉 Ⓝ188.41
☆「世界名著大事典」,「東洋の名著」

ダイシー, A.V.
06164 「憲法序説」
『憲法序説』 A.V.ダイシー著 伊藤正己,田島裕共訳 学陽書房 1983 546p 22cm(社会科学古典選書)〈関連年表:p520～531〉 6800円 ①4-313-45003-3 Ⓝ323.33
☆「学問がわかる500冊」,「世界の名著早わかり事典」,「世界名著大事典」

06165 「法と世論」
☆「社会科学の名著」,「世界の古典名著」,「世界名著大事典」

ダイスマン
06166 「東方からの光」
☆「世界名著大事典」

06167 「パウロ」
☆「世界名著大事典」

タイソン
06168 「オランウータン、猿と類人猿と人に比較したピグミーの解剖学的構造」
☆「西洋をきずいた書物」

ダイソン, フリーマン・J.
06169 「多様化世界」
☆「教養のためのブックガイド」

ダイソン, J.
06170 「コロンブス」
『コロンブス―黄金と神と栄光を求めて』 ジョン・ダイソン著 ピーター・クリストファー写真 青木康征訳 河出書房新社 1992 227p 32×24cm 6800円 ①4-309-22229-3
☆「世界の海洋文学」

耐得翁 たいとくおう
06171 「都城紀勝」
☆「世界名著大事典」

タイラー, アン
06172 「ここがホームシックレストラン」
『ここがホームシック・レストラン』 アン・タイラー著 中野恵津子訳 文藝春秋 1998 477p 16cm(文春文庫) 752円 ①4-16-721853-4 Ⓝ933.7
☆「たのしく読めるアメリカ文学」

タイラー, エドワード・B.
06173 「原始文化」
『原始文化―神話・哲学・宗教・言語・芸能・風習に関する研究』 E.B.タイラー著 比屋根安定訳 誠信書房 1962 268p 22cm Ⓝ389
☆「人文科学の名著」,「世界名著大事典」,「文化人類学の名著50」

タイルリンク
06174 「静かな星座」
☆「世界名著大事典」

タイーロフ
06175　「演出家の覚え書」
☆「世界名著大事典」

タイン,R.
06176　「沈黙の戦艦」
『沈黙の戦艦』　J.F.ロートン, ロバート・タイン著　有沢善樹ほか訳　扶桑社　1993　219p　16cm（扶桑社ミステリー）　500円
①4-594-01146-2　Ⓝ933
☆「世界の海洋文学」

ダヴィ
06177　「氏族から帝国へ」
☆「世界名著大事典」

06178　「誓約論」
☆「世界名著大事典」

ダーウィ,E.
06179　「植物の園」
☆「世界の奇書」

ダヴィドゾーン
06180　「フィレンチェ史」
☆「世界名著大事典」

ダーウィン,チャールズ
06181　「家畜, 栽培植物の変異」
☆「世界名著大事典」

06182　「種の起源」
『種の起源　上』　チャールズ・ダーウィン著　渡辺政隆訳　光文社　2009　423p　15cm（光文社古典新訳文庫）　838円
①978-4-334-75190-6
☆「大人のための世界の名著50」,「学術辞典叢書 第12巻」,「学問がわかる500冊 v.2」,「教養のためのブックガイド」,「近代名著解題選集 2」,「古典・名著の読み方」,「自然科学の名著」,「自然科学の名著100選 中」,「図解世界の名著がわかる本」,「西洋をきずいた書物」,「世界を変えた10冊の本」,「世界を変えた書物」,「世界を変えた100冊の本」,「世界を変えた本」,「世界がわかる理系の名著」,「世界の名著」,「世界の名著早わかり事典」,「世紀名著解題選 第2巻」,「世界名著大事典」,「20世紀を震撼させた100冊」,「ブックガイド 文庫で読む科学」,「文学・名著300選の解説 '88年度版」

06183　「ズーノミア」
☆「世界名著大事典」

06184　「ダーウィン自伝」
『ダーウィン自伝』　チャールズ・ダーウィン著　八杉龍一, 江上生子訳　筑摩書房　2000　376, 6p　15cm（ちくま学芸文庫）　1200円
①4-480-08558-0
☆「自伝の名著101」,「伝記・自叙伝の名著」

06185　「人間及び動物の表情」
『人間及び動物の表情　第2巻』　ダーウィン著　村上啓夫訳　改造社　1949　470p　19cm（改造選書）　Ⓝ481.78
☆「学術辞典叢書 第13巻」,「世界名著解題選 第3巻」,「世界名著大事典」

06186　「人間の進化と性淘汰」
☆「教養のためのブックガイド」

06187　「人間の由来と雌雄選択」
☆「世界名著大事典」

06188　「ビーグル号航海記」
『ビーグル号航海記　上』　チャールズ・ダーウィン著　島地威雄訳　岩波書店　1959　287p　図版　地図　15cm（岩波文庫）　Ⓝ402.9
☆「世界の海洋文学」,「世界の書物」,「世界の旅行記101」,「世界文学あらすじ大事典 3（ちか・ふろ）」,「世界名著大事典」,「ブックガイド 文庫で読む科学」

06189　「変種の多様性に対する種の傾向, 自然選択による変種と種の永続性」
☆「西洋をきずいた書物」

ダーウィン,フランシス
06190　「ダーウィンの生涯と書簡」
☆「世界名著大事典」

ダ・ヴィンチ,レオナルド
06191　「科学について」
☆「世界名著大事典」

06192　「大西洋法典」
☆「自然科学の名著」

06193　「レオナルド・ダ・ヴィンチの手記」
☆「大人のための世界の名著50」,「教育を考えるためにこの48冊」,「自然科学の名著100選 上」,「世界の名著早わかり事典」,「必読書150」

ダヴェンポート
06194　「服装の書」
『服装の書　1』　ミリア・ダヴンポート著　岩崎雅美ほか訳　大阪　関西衣生活研究会　1993　503,11,10p　29cm〈日本語版監修: 元井能〉　45000円　Ⓝ383.1
☆「世界名著大事典」

タウシッグ
06195　「アメリカ合衆国関税史」
☆「世界名著大事典」

タウスター
06196　「ソヴェト連邦における政治権力」
☆「世界名著大事典」

ダウスン
06197 「ダウスン詩集」
☆「世界文学鑑賞辞典 第1」

ダウテンダイ
06198 「アジア短編集」
☆「世界名著大事典」

06199 「獣人」
☆「世界名著大事典」

06200 「翼のはえた地球」
☆「世界名著大事典」

タウト, ブルーノ
06201 「欧米の現代建築」
☆「世界名著大事典」

06202 「ニッポン―ヨーロッパ人の眼で見た」
『ニッポン―ヨーロッパ人の眼で観た』 ブルーノ・タウト著 篠田英雄訳 春秋社 2008 182p 21cm 2000円 ①978-4-393-42454-4
☆「建築の書物/都市の書物」

06203 「日本建築の基礎」
☆「近代日本の百冊を選ぶ」

06204 「日本の家屋と生活」
『日本の家屋と生活』 ブルーノ・タウト著 篠田英雄訳 春秋社 2008 364p 19cm 2600円 ①978-4-393-42455-1
☆「外国人による日本論の名著」

06205 「日本美の再発見」
『日本美の再発見』 ブルーノ・タウト著 篠田英雄訳 増補改訳版 岩波書店 1962 182p 18cm(岩波新書) Ⓝ521
☆「現代人のための名著」,「世界名著大事典」,「日本文化論の名著入門」

06206 「日本文化私観」
『日本文化私観―ヨーロッパ人の眼で見た』 ブルーノ・タウト著 森儁郎訳 講談社 1992 344p 15cm(講談社学術文庫) 960円 ①4-06-159048-0 Ⓝ702.1
☆「必読書150」

ダヴナント
06207 「イギリスの歳入および貿易」
☆「世界名著大事典」

タウラー
06208 「説教集」
☆「世界名著大事典」

タウンゼンド, チャールズ
06209 「テロリズム」
『テロリズム』 チャールズ・タウンゼンド〔著〕 宮坂直史訳・解説 岩波書店 2003 191,17p 19cm(1冊でわかる)〈文献あり〉 1400円 ①4-00-026864-3 Ⓝ316.4
☆「平和を考えるための100冊+α」

タウンゼント, ロバート
06210 「組織に活を入れろ」
『組織に活を入れろ』 R.タウンゼンド著 高橋豊訳 ダイヤモンド社 1970 255p 19cm 550円 Ⓝ335.9
☆「究極のビジネス書50選」

タウンゼンド, J.R.
06211 「アーノルドのはげしい夏」
☆「一冊で不朽の名作100冊を読む」(友人社),「一冊で不朽の名作100冊を読む」(友人社),「世界少年少女文学 リアリズム編」

06212 「ハルシオン島のひみつ」
『ハルシオン島のひみつ』 ジョン・ロウ・タウンゼンド著 斉藤健一訳 福武書店 1987 325p 19cm 1400円 ①4-8288-1295-4
☆「世界の海洋文学」

タキトゥス
06213 「ゲルマーニア」
『ゲルマーニア』 タキトゥス著 泉井久之助訳注 改訳 岩波書店 1979 259,12p 15cm(岩波文庫) 300円 Ⓝ230.2
☆「古典・名著の読み方」,「世界の古典名著」,「世界の名著早わかり事典」,「世界名著大事典」,「地図とあらすじで読む歴史の名著」,「名著で読む世界史」

06214 「年代記」
『年代記 上 ティベリウス帝からネロ帝へ』 タキトゥス著 国原吉之助訳 岩波書店 2006 447p 15cm(岩波文庫) 1000円 ①4-00-334082-5
☆「西洋をきずいた書物」,「世界を変えた100冊の本」,「世界名著大事典」

06215 「歴史」
☆「西洋をきずいた書物」,「世界名著大事典」

タギロフ, I.R.
06216 「ミールサイド・スルタンガリエフ―論文・演説・資料」
☆「歴史家の一冊」

ターキントン, ブース
06217 「アリス・アダムズ」
『孤独のアリス』 ブース・ターキントン著 高橋正雄訳 三笠書房 1957 249p 19cm Ⓝ933
☆「世界文学あらすじ大事典 2(きよえ-ちえ)」,「世界文学鑑賞辞典 第1」

タクトシス, コスタス
06218 「三度目の結婚」
☆「世界の小説大百科」

ダグラス, フレデリック
06219 「数奇なる奴隷の半生」
『数奇なる奴隷の半生―フレデリック・ダグラス自伝』 フレデリック・ダグラス著 岡田誠一訳 法政大学出版局 1993 195p 19cm（りぶらりあ選書） 1957円 ⓘ4-588-02149-4
☆「自伝の名著101」

ダグラス, ポール・H.
06220 「賃金の理論」
『賃金の理論 上巻』 ポール・H.ダグラス著 辻村江太郎, 続幸子訳 日本労働研究機構 2000 384p 21cm 5000円 ⓘ4-538-42007-7
☆「世界名著大事典」

ダグラス, メアリー
06221 「汚穢と禁忌」
『汚穢と禁忌』 メアリ・ダグラス著 塚本利明訳 筑摩書房 2009 431,7p 15cm（ちくま学芸文庫） 1500円 ⓘ978-4-480-09186-4
☆「文化人類学」, 「文化人類学の名著50」

06222 「象徴としての身体」
『象徴としての身体―コスモロジーの探究』 メアリー・ダグラス著 江河徹ほか訳 紀伊国屋書店 1983 320p 20cm（文化人類学叢書）〈参考文献：p310～317〉 2800円 ⓝ389
☆「身体・セクシュアリティ・スポーツ」

ダグラス・ラミス, C.
06223 「要石：沖縄と憲法9条」
☆「平和を考えるための100冊+α」

ダグーレ
06224 「司厨小百科」
☆「世界名著大事典」

ターケル, スタッズ
06225 「仕事！」
『仕事！』 スタッズ・ターケル著 中山容他訳 晶文社 1983 705p 23cm 3800円 ⓝ366.9
☆「現代ビジネス書・経済書総解説」

ダゲール, ルイ
06226 「ダゲレオタイプ写真術と透視画の方法の歴史と解説」
『完訳ダゲレオタイプ教本―銀板写真の歴史と操作法』 L.J.M.ダゲール［著］ 中崎昌雄解説・訳 朝日ソノラマ 1998 162p 21cm（クラシックカメラ選書 10） 1800円 ⓘ4-257-12020-7 ⓝ742.5
☆「西洋をきずいた書物」, 「世界を変えた書物」

ダーゲルマン
06227 「死刑囚」
☆「世界名著大事典」

タゴール, ラビンドラナート
06228 「園丁」
☆「世界名著大事典」

06229 「家庭と世界」
☆「世界の小説大百科」

06230 「ギーターンジャリ」
☆「現代世界の名作」, 「世界の名作100を読む」, 「世界の名著」, 「世界名作事典」, 「世界名著大事典」, 「文学・名著300選の解説 '88年度版」, 「ポケット世界名作事典」

06231 「自叙伝」
☆「世界名著大事典」

06232 「人格」
☆「世界名著大事典」

06233 「新月」
☆「世界名著大事典」

06234 「生の実現」
『生の実現』 ラビンドラナート・タゴール著 花田鉄太郎訳 日本書房 1935 227p 肖像 19cm ⓝ929
☆「近代名著解題選集 2」, 「世界名著解題選 第2巻」, 「世界名著大事典」

06235 「創造的統一」
☆「世界の名著早わかり事典」, 「世界名著大事典」

06236 「タゴール詩集」
☆「世界文学鑑賞辞典 第1」

06237 「ナショナリズム」
☆「外国人による日本論の名著」

06238 「人間の宗教」
『人間の宗教』 ラビンドラナート・タゴール著 森本達雄訳 第三文明社 1996 281p 18cm（レグルス文庫） 800円 ⓘ4-476-01222-1
☆「世界名著大事典」, 「東洋の名著」

06239 「郵便局」
『郵便局―戯曲』 タゴール著 小林進訳 小林進 1915 88p 16cm ⓝ929
☆「世界名著大事典」, 「名作の研究事典」

タージャン
06240 「Notes on Introductory Combinatorics」

☆「ブックガイド〈数学〉を読む」

ダジャンクール, セルー
06241 「4世紀から16世紀にいたる美術史」
☆「世界名著大事典」

ダース, トゥルシー
06242 「ラーム・チャリト・マーナス」
☆「世界名著大事典」,「東洋の名著」

タスカ, ピーター
06243 「二〇世紀の崩壊 日本の再生」
☆「経済経営95冊」

06244 「日本は甦るか」
『日本は甦るか』 ピーター・タスカ著 講談社 1994 278p 19cm 1600円
Ⓘ4-06-207109-6
☆「経済経営95冊」

ダスグプタ
06245 「インド哲学史」
☆「世界名著大事典」,「東洋の名著」

ダスマン, R.F.
06246 「野性動物と共存するために」
☆「科学技術をどう読むか」

タッカー
06247 「商業提要」
☆「世界名著大事典」

タッカー, ウィルソン
06248 「超能力エージェント」
『超能力エージェント』 ウイルスン・タッカー著 矢野徹訳 早川書房 1961 234p 19cm〈ハヤカワ・ファンタジイ〉Ⓝ933
☆「世界のSF文学・総解説」

タッカー, パトリシア
06249 「性の署名」
『性の署名―問い直される男と女の意味』 ジョン・マネー, パトリシア・タッカー著 朝山新一[ほか]訳 京都 人文書院 1979 308p 19cm〈参考資料：p306～308〉 1500円
Ⓝ141.9
☆「近代家族とジェンダー」

タックマン, G.
06250 「ニュース社会学」
☆「メディア・情報・消費社会」

タッソー
06251 「アミンタ」
☆「世界名著大事典」

06252 「解放されたイェルサレム」

☆「教養のためのブックガイド」,「世界文学あらすじ大事典1(あ‐きよう)」,「世界文学鑑賞辞典 第2」,「世界名著大事典」,「ポケット世界名作事典」

ダット
06253 「インド経済史」
☆「世界名著大事典」

06254 「世界政治論」
☆「世界名著大事典」

06255 「ファシズムと社会革命」
☆「世界名著大事典」

ダット, パーム
06256 「ファシズム論」
『ファシズム論』 R.パーム・ダット著 岡田丈夫訳 理論社 1953 422p 19cm Ⓝ363.9
☆「世界名著解題選 第4巻」

タットマン, コンラッド
06257 「日本人はどのように森をつくってきたのか」
『日本人はどのように森をつくってきたのか』 コンラッド・タットマン著 熊崎実訳 築地書館 1998 200,11p 21cm 2900円
Ⓘ4-8067-2240-5
☆「学問がわかる500冊 v.2」

ダッドリー
06258 「海洋地図」
☆「西洋をきずいた書物」

タティアノス
06259 「ディアテッサロン」
☆「世界名著大事典」

タート, ドナ
06260 「シークレット・ヒストリー」
☆「世界の小説大百科」

ターナー, ヴィクター・W.
06261 「儀礼の過程」
『儀礼の過程』 ヴィクター・W.ターナー著 冨倉光雄訳 新装版 新思索社 1996 314p 19cm 3000円 Ⓘ4-7835-1181-0
☆「文化人類学の名著50」

ターナー, シリル
06262 「復讐者の悲劇」
☆「世界文学あらすじ大事典3(ちか‐ふろ)」,「世界名著大事典」

ターナー, フレデリック
06263 「アメリカ史におけるフロンティアの重要性」

『アメリカ古典文庫 9 フレデリック・J.ターナー』 研究社出版 1975 306p 20cm 1900円 Ⓝ253
☆「アメリカを変えた本」,「西洋をきずいた書物」,「世界名著大事典」,「歴史の名著」

ターナー,B.S.

06264 「身体と文化」
『身体と文化—身体社会学試論』 ブライアン・S.ターナー著 小口信吉,藤田弘人,泉田渡,小口孝司訳 文化書房博文社 1999 296p 21cm 3800円 Ⓘ4-8301-0836-3
☆「身体・セクシュアリティ・スポーツ」

ダニエリソン

06265 「改革後のわが社会経済の概要」
☆「世界名著大事典」

ダニエル

06266 「考古学100年史」
☆「世界名著大事典」

ダニエルソン,ベンクト

06267 「帆船バウンティ号の反乱」
『帆船バウンティ号の反乱』 ベンクト・ダニエルソン著 山崎昂一訳 朝日新聞社 1982 334p 20cm 1800円 Ⓝ949.8
☆「世界の海洋文学」

ダニガン,ジェイムズ・F.

06268 「戦争のテクノロジー」
『戦争のテクノロジー』 ジェイムズ・F.ダニガン著 小川敏訳 河出書房新社 1984 438,11p 22cm〈情報ソースと推薦文献: p427~430〉 3800円 Ⓝ391.3
☆「科学技術をどう読むか」

ダニレーフスキー

06269 「近代技術史」
☆「世界名著大事典」

06270 「ロシアの技術」
☆「世界名著大事典」

ダニング,エリック

06271 「スポーツと文明化」
『スポーツと文明化—興奮の探求』 ノルベルト・エリアス,エリック・ダニング著 大平章訳 新装版 法政大学出版局 2010 468,7p 19cm(叢書・ウニベルシタス) 5300円 Ⓘ978-4-588-09931-1
☆「身体・セクシュアリティ・スポーツ」

ダニングトン

06272 「ガウスの生涯」
『ガウスの生涯—科学の王者』 G.ウォルド・ダニングトン著 銀林浩,小島穀男,田中勇訳〔新装版〕 東京図書 1992 361p 19cm 2000円 Ⓘ4-489-00384-6
☆「伝記・自叙伝の名著」

ダヌンツィオ,ガブリエーレ

06273 「快楽」
『快楽』 ガブリエーレ・ダヌンツィオ著 脇功訳 京都 松籟社 2007 381p 20cm(薔薇小説 1) 2800円 Ⓘ978-4-87984-254-1 Ⓝ973
☆「世界名著大事典」

06274 「死の勝利」
『死の勝利—薔薇小説 3』 ガブリエーレ・ダヌンツィオ著 脇功訳 京都 松籟社 2010 405p 19cm 3200円 Ⓘ978-4-87984-287-9
☆「学術辞典叢書 第13巻」,「近代名著解題選集 1」,「近代名著解題選集 2」,「現代世界の名作」,「世界の名作」,「世界の名著」,「世界文学あらすじ大事典 2(きよえ〜ちえ)」,「世界文学鑑賞辞典 第2」,「世界文学の名作と主人公」,「世界名著解題選 第2巻」,「世界名著大事典」,「ポケット世界名作事典」,「名小説ストーリイ集 世界篇」

06275 「ヨリオの娘」
☆「世界名著大事典」

ターネンハウス,J.

06276 「アメリカ政治学」
☆「現代政治学を読む」

タバリー

06277 「使徒王侯年代記」
☆「世界名著大事典」

ダビ,E.

06278 「北ホテル」
☆「現代世界の名作」,「世界文学鑑賞辞典 第2」,「世界名著大事典 補遺(Extra)」

06279 「プチ・ルイ」
☆「世界名著大事典 補遺(Extra)」

ダビディーン,デイヴィッド

06280 「消失」
☆「世界の小説大百科」

ターヒューン,A.P.

06281 「名犬ラッド」
『名犬ラッド』 ターヒューン原作 田中佳子文 芝美千世え 日本書房 1984 258p 19cm (小学文庫) 380円 Ⓘ4-8200-0220-1
☆「一冊で不朽の名作100冊を読む」(友人社),「一冊で不朽の名作100冊を読む」(友人社),「世界少年少女文学 リアリズム編」,「世界名作事典」,「世界名著大事典」,「名作の研究事典」

ダービン

06282 「民主社会主義の政治理論」
『民主社会主義の政治理論―社会政策に関する試論』 E.F.M.ダービン著　社会思想研究会訳　社会思想研究会出版部　1957　367p　19cm（社会思想選書）Ⓝ363.4
☆「世界名著大事典」

タフターウィー

06283 「パリ滞在記」
☆「アジアの比較文化」

タフツ

06284 「倫理学」
☆「近代欧米名著解題 第4巻」，「世界名著大事典」

タブッキ, アントニオ

06285 「供述によるとペレイラは」
☆「世界の小説大百科」，「世界文学の名作と主人公」

タフティ, E.R.

06286 「規模とデモクラシー」
『規模とデモクラシー』 ロバート・A.ダール，エドワード・R.タフティ著　内山秀夫訳　慶応通信　1979　243,9p　19cm　1700円 Ⓝ311.8
☆「現代政治学を読む」

タフーリ, マンフレッド

06287 「近代建築」
『近代建築 1』 マンフレッド・タフーリ，フランチェスコ・ダル・コ著　片木篤訳　本の友社　2002　307p　27×24cm（図説世界建築史 第15巻）　12000円 ①4-89439-409-X
☆「建築・都市ブックガイド21世紀」

06288 「建築神話の崩壊―資本主義社会の発展と計画の思想」
『建築神話の崩壊―資本主義社会の発展と計画の思想』 マンフレッド・タフーリ著　藤井博巳，峰尾雅彦共訳　彰国社　1981　225p　22cm　2500円 Ⓝ523.05
☆「建築の書物/都市の書物」

ダマシオ, アントニオ・R.

06289 「無意識の脳 自己意識の脳」
☆「教養のためのブックガイド」

タミール, Y.

06290 「リベラル・ナショナリズム」
☆「ナショナリズム論の名著50」

タムソン

06291 「分配論」
☆「社会科学の名著」

ダムレット

06292 「フランス文法試論」
☆「世界名著大事典」

ダーモーダラグプタ

06293 「クッタニー・マタ」
☆「世界の奇書」，「東洋の奇書55冊」

ダヤーン, D.

06294 「メディア・イベント」
『メディア・イベント―歴史をつくるメディア・セレモニー』 ダニエル・ダヤーン，エリユ・カッツ著　浅見克彦訳　青弓社　1996　419p　19cm　4120円 ①4-7872-3115-4
☆「メディア・情報・消費社会」

ダライ・ラマ十四世

06295 「ダライ・ラマ こころの育て方」
『ダライ・ラマ こころの育て方』 ダライ・ラマ14世，ハワード・C.カトラー著　今井幹晴訳　求龍堂　2000　341p　19cm　2200円 ①4-7630-0013-6
☆「世界の自己啓発50の名著」

ダラ・コスタ

06296 「家事労働に賃金を」
『家事労働に賃金を―フェミニズムの新たな展望』 マリアローザ・ダラ・コスタ著　伊田久美子訳　インパクト出版会，イザラ書房〔発売〕　1986　261p　19cm　2000円
☆「フェミニズムの名著50」

ターラナータ

06297 「仏教史」
☆「世界名著大事典」

ダランベール

06298 「百科全書」
『百科全書―序論および代表項目』 ディドロ，ダランベール編　桑原武夫訳編　岩波書店　1995　413,4p　15cm（岩波文庫）　720円 ①4-00-336241-1
☆「自然科学の名著100選 上」，「西洋をきずいた書物」，「世界を変えた100冊の本」，「世界の書物」，「世界の哲学思想」，「世界名著解題選 第5巻」，「世界名著大事典」，「哲学名著解題」，「必読書150」

06299 「力学要論」
☆「西洋をきずいた書物」，「世界を変えた書物」，「世界名著大事典」

ダリーオ

06300 「生命と希望の歌」
☆「世界名著大事典」

タル

06301「新馬耕農法」
☆「西洋をきずいた書物」

ダール, フレデリック

06302「甦る旋律」
『甦える旋律』 フレデリック・ダール著 長島良三訳 文芸春秋 1980 206p 16cm(文春文庫) 220円 Ⓝ953
☆「世界の推理小説・総解説」

ダール, ロアルド

06303「あなたに似た人」
『あなたに似た人 1』 ロアルド・ダール著 田口俊樹訳 新訳版 早川書房 2013 308p 15cm(ハヤカワ・ミステリ文庫) 760円 Ⓘ978-4-15-071259-4
☆「世界の推理小説・総解説」

06304「チョコレート工場の秘密」
『チョコレート工場の秘密―フィルム・ブック〈簡約版〉』 ロアルド・ダール作 柳瀬尚紀訳 評論社 2005 1冊(ページ付なし) 26×31cm 1600円 Ⓘ4-566-01363-4 Ⓝ726.6
☆「あらすじで出会う世界と日本の名作55」,「一冊で不朽の名作100冊を読む」(友人社),「一冊で不朽の名作100冊を読む」(友人社),「世界少年少女文学 ファンタジー編」

06305「飛行士たちの話」
『飛行士たちの話』 ロアルド・ダール著 永井淳訳 早川書房 1981 260p 16cm(ハヤカワ・ミステリ文庫) 320円 Ⓝ933
☆「たのしく読めるイギリス文学」

06306「マチルダは小さな大天才」
『マチルダは小さな大天才』 ロアルド・ダール著 クェンティン・ブレイク絵 宮下嶺夫訳 評論社 2005 353p 18cm(ロアルド・ダールコレクション 16) 1400円 Ⓘ4-566-01425-8
☆「英米児童文学のベストセラー40」

ダール, ロバート・A.

06307「規模とデモクラシー」
『規模とデモクラシー』 ロバート・A.ダール, エドワード・R.タフティ著 内山秀夫訳 慶応通信 1979 243,9p 19cm 1700円 Ⓝ311.8
☆「現代政治学を読む」

06308「ポリアーキー」
『ポリアーキー』 ロバート・A.ダール著 高畠通敏,前田脩訳 三一書房 1981 313p 20cm 2300円 Ⓝ311
☆「現代政治学の名著」

ダル・コ, フランチェスコ

06309「近代建築」
『近代建築 1』 マンフレッド・タフーリ, フランチェスコ・ダル・コ著 片木篤訳 本の友社 2002 307p 27×24cm(図説世界建築史 第15巻) 12000円 Ⓘ4-89439-409-X
☆「建築・都市ブックガイド21世紀」

タルスキー, A.

06310「形式化された言語における真理概念」
☆「世界名著大事典 補遺(Extra)」,「哲学の名著」

タルタリア

06311「一般数量論」
☆「世界名著大事典」

06312「新科学」
☆「西洋をきずいた書物」,「世界を変えた書物」

タルド, ガブリエル

06313「刑罰哲学」
☆「世界名著大事典」

06314「社会法則」
『社会法則』 ガブリエル・タルド著 小林珍雄訳 創元社 1943 207p 19cm(哲学叢書) Ⓝ361
☆「学術辞典叢書 第11巻」,「社会科学の古典」,「世界名著解題選 第2巻」,「世界名著大事典」

06315「世論と群集」
『世論と群集』 ガブリエル・タルド著 稲葉三千男訳 新装版 未来社 1989 268p 19cm 1800円 Ⓘ4-624-40034-8
☆「世界名著大事典」,「メディア・情報・消費社会」

06316「模倣の法則」
『模倣の法則』 ガブリエル・タルド著 池田祥英,村澤真保呂訳 河出書房新社 2007 547,8p 19cm 5800円 Ⓘ978-4-309-24424-2
☆「学術辞典叢書 第14巻」,「近代名著解題選集 2」,「世界名著解題選 第3巻」,「世界名著大事典」,「哲学名著解題」

タルボット

06317「自然の鉛筆」
☆「西洋をきずいた書物」,「世界名著大事典」

ダルマキールティ

06318「正理一滴論」
☆「世界名著大事典」

06319「プラマーナ・ヴァールッティカ」
☆「世界名著大事典」

ダルマパーラ

06320「成唯識論」
☆「世界名著大事典 補遺(Extra)」

06321　「大乗広百論釈論」
☆「世界名著大事典 補遺（Extra）」

ダールマン
06322　「政治学」
☆「世界名著大事典」

ダルメステトル
06323　「ことばの生命」
☆「世界名著大事典」

タルール, シャシ
06324　「偉大なインドの物語」
☆「世界の小説大百科」

タルレ
06325　「大陸封鎖とイタリア王国」
☆「世界名著大事典」

06326　「帝国主義時代のヨーロッパ」
☆「世界名著大事典」

06327　「ナポレオン」
☆「世界名著大事典」

ダレ, シャルル
06328　「朝鮮事情」
『朝鮮事情』　ダレ著　金容権訳　平凡社　1979　350p　18cm（東洋文庫　367）　1500円　Ⓝ221.05
☆「アジアの比較文化」

ダレッツォ, グイド
06329　「ミクロロゴス」
☆「世界名著大事典 補遺（Extra）」

タレブ, ナシーム・ニコラス
06330　「ブラック・スワン」
『ブラック・スワン―不確実性とリスクの本質　上』　ナシーム・ニコラス・タレブ著　望月衛訳　ダイヤモンド社　2009　298p　19cm　1800円　①978-4-478-00125-7
☆「世界の哲学50の名著」

タレル
06331　「商法要論」
☆「世界名著大事典」

ダレル, ロレンス
06332　「アフロディテの反乱」
☆「世界名著大事典 補遺（Extra）」

06333　「アレキサンドリア・カルテット」
☆「知っておきたいイギリス文学」,「世界の幻想文学」,「世界の名著」,「世界文学あらすじ大事典 1（あ - きよう）」,「世界名著大事典 補遺（Extra）」,「たのしく読めるイギリス文学」,「ポケット世界名作事典」,「名作あらすじ事典 西洋文学編」

06334　「暗国王ムッシュー」
☆「世界名著大事典 補遺（Extra）」

06335　「クレア」
『クレア』　ロレンス・ダレル著　高松雄一訳　改訂版　河出書房新社　1976　325p　20cm（河出海外小説選　4）　1200円　Ⓝ933
☆「世界名著大事典 補遺（Extra）」

06336　「黒い本」
『黒い本』　ロレンス・ダレル著　河野一郎訳　改版　中央公論新社　2007　346p　15cm（中公文庫）　800円　①978-4-12-204862-1
☆「世界名著大事典 補遺（Extra）」

06337　「ジュスチーヌ」
☆「世界名著大事典 補遺（Extra）」

06338　「トゥンク」
『トゥンク』　ロレンス・ダレル著　富士川義之訳　筑摩書房　1973　380p　20cm　Ⓝ933
☆「世界名著大事典 補遺（Extra）」

06339　「ヌンクアム」
☆「世界名著大事典 補遺（Extra）」

06340　「バルタザール」
『バルタザール』　ロレンス・ダレル著　高松雄一訳　改訂版　河出書房新社　1976　307p　19cm（河出海外小説選　2）　1200円　Ⓝ933
☆「世界名著大事典 補遺（Extra）」

06341　「マウントオリーブ」
☆「世界名著大事典 補遺（Extra）」

タロック, ゴードン
06342　「公共選択の理論」
『公共選択の理論―合意の経済論理』　J.M.ブキャナン, G.タロック著　宇田川璋仁監訳　東洋経済新報社　1979　395p　22cm〈訳：米原淳七郎ほか〉　5400円　Ⓝ331
☆「世界を変えた経済学の名著」

ダワー, ジョン・W.
06343　「敗北を抱きしめて」
『敗北を抱きしめて　上　第二次大戦後の日本人』　ジョン・ダワー著　三浦陽一, 高杉忠明訳　増補版　岩波書店　2004　379p　21cm　2600円　①4-00-024420-5
☆「新・現代歴史学の名著」,「大学新入生に薦める101冊の本」

06344　「容赦なき戦争」
☆「教養のためのブックガイド」

ターン
06345　「アレクサンドロス大王」
☆「世界名著大事典」

タン

06346　「ヘレニズム文明」
『ヘレニズム文明』　ウィリアム・ウッドソープ・ターン著　角田有智子,中井義明訳　思索社　1987　405p　21cm　3800円
ⓘ4-7835-1127-6
☆「世界名著大事典」

ダン

06347　「唄とソネット」
☆「たのしく読めるイギリス文学」

06348　「世界の解剖」
☆「世界名著大事典」

06349　「霊魂の進歩」
☆「世界名著大事典」

タン, エイミ

06350　「ジョイ・ラック・クラブ」
『ジョイ・ラック・クラブ』　エイミ・タン著　小沢瑞穂訳　ソニー・マガジンズ　2005　389p　15cm（ヴィレッジブックス）　790円
ⓘ4-7897-2528-6
☆「知っておきたいアメリカ文学」,「たのしく読めるアメリカ文学」,「名作あらすじ事典 西洋文学編」

譚 其驤　たん・きじょう

06351　「簡明中国歴史地図集」
☆「東アジア人文書100」

段 玉裁　だん・ぎょくさい

06352　「六書音均表」
☆「世界名著大事典」

譚 元春　たん・げんしゅん

06353　「譚友夏合集」
☆「世界名著大事典」

譚 嗣同　たん・しどう

06354　「仁学」
『仁学―清末の社会変革論』　譚嗣同著　西順蔵,坂元ひろ子訳注　岩波書店　1989　275p　15cm（岩波文庫）　520円　ⓘ4-00-332321-1
☆「世界名著大事典」,「中国の古典名著」

段 成式　だん・せいしき

06355　「酉陽雑俎」
『酉陽雑俎　1』　段成式撰　今村与志雄訳注　平凡社　1980　311p　18cm（東洋文庫 382）　1600円　ⓝ924.43
☆「世界名著大事典」,「中国の古典名著」

ダンガレムバ, ツィツィ

06356　「神経症という状態」
☆「世界の小説大百科」

ダンカン, イサドラ

06357　「わが生涯」
『わが生涯』　イサドラ・ダンカン著　小倉重夫,阿部千律子訳　富山房　1975　397p 図 肖像　19cm　1500円　ⓝ766.6
☆「自伝の名著101」,「世界名著大事典」

ダンコ, ウィリアム・D.

06358　「となりの億万長者」
『となりの億万長者―成功を生む7つの法則』　トマス・J.スタンリー,ウィリアム・D.ダンコ著　斎藤聖美訳　新版　早川書房　2013　346p　18cm　1200円　ⓘ978-4-15-209392-9
☆「お金と富の哲学世界の名著50」

ダンコース, エレーヌ・カレール

06359　「民族の栄光」
『民族の栄光―ソビエト帝国の終焉　上』　エレーヌ・カレール・ダンコース著　山辺雅彦訳　藤原書店　1991　222p　19cm　1800円
ⓘ4-938661-25-X
☆「歴史家の一冊」

譚峭　たんしょう

06360　「化書」
☆「世界名著大事典」

ターンストローム, ヤーン

06361　「クリスマス・オラトリオ」
☆「世界の小説大百科」

ダンセイニ

06362　「アラビア人の天幕」
☆「世界名著大事典」

06363　「アルギミニーズ王と無名戦士」
☆「世界名著大事典」

06364　「イフ」
☆「世界名著大事典」

06365　「二壜のソース」
☆「世界の推理小説・総解説」

06366　「ペガーナの神々」
『ペガーナの神々』　ロード・ダンセイニ著　荒俣宏訳　早川書房　1979　211p　16cm（ハヤカワ文庫　FT）　240円　ⓝ933
☆「世界の幻想文学」

06367　「山の神々」
☆「世界の幻想文学」

06368　「妖精のやからに近き者」
☆「世界の幻想文学」

ダンチェンコ, ネミロヴィチ

06369　「モスクヴァ芸術座の回想」

☆「世界名著大事典」

ダンテ・アリギエーリ

06370　「饗宴」
『饗宴　上,下巻』　ダンテ著　中山昌樹訳　新生堂　1925　2冊　Ⓝ971
☆「学術辞典叢書 第13巻」,「世界名著解題選 第1巻」

06371　「神曲」
『神曲―完全版』　ダンテ著　平川祐弘訳　ギュスターヴ・ドレ画　河出書房新社　2010　661p　23cm　5800円　Ⓘ978-4-309-20549-6　Ⓝ971
☆「あらすじで読む世界の名著 no.2」,「あらすじで読む世界文学105」,「一冊で世界の名著100冊を読む」,「面白いほどよくわかる世界の文学」,「書き出し 世界文学全集」,「学術辞典叢書 第12巻」,「教養のためのブックガイド」,「近代名著解題選集 1」,「近代名著解題選集 2」,「古典・名著の読み方」,「3行でわかる名作&ヒット本250」,「西洋をきずいた書物」,「世界を変えた100冊の本」,「世界の幻想文学」,「世界の書物」,「世界の長編文学」,「世界の名作おさらい」,「世界の名作100を読む」,「世界の名著」,「世界の「名著」50」,「世界の名著早わかり事典」,「世界文学あらすじ大事典 2（きよえ―ちえ）」,「世界文学鑑賞辞典 第2」,「世界文学の名作と主人公」,「世界名作事典」,「世界名著解題選集 第2巻」,「千年紀のベスト100作品を選ぶ」,「なおかつお厚いのがお好き？」,「日本の古典・世界の古典」,「必読書150」,「文学・名著300選の解説 '88年度版」,「ポケット世界名作事典」

06372　「新生」
『新生』　ダンテ著　平川祐弘訳　河出書房新社　2012　229p　20cm　2000円　Ⓘ978-4-309-20592-2　Ⓝ971
☆「学術辞典叢書 第13巻」,「世界文学あらすじ大事典 2（きよえ―ちえ）」,「世界文学鑑賞辞典 第2」,「世界名著解題選 第2巻」,「世界名著大事典」,「日本の古典・世界の古典」

06373　「俗語論―詩論として」
☆「世界名著解題選 第6巻」,「世界名著大事典」

06374　「帝政論」
☆「学術辞典叢書 第11巻」,「世界名著解題選 第3巻」,「世界名著大事典」

ダンディ

06375　「作曲法講義」
『作曲法講義　第2』　ヴァンサン・ダンディ著　池内友次郎訳　教育出版　1955　2冊　26cm　Ⓝ761.8
☆「世界名著大事典」

ダンディン

06376　「カービヤーダルシャ」
☆「世界名著大事典 補遺（Extra）」

06377　「十王子物語」
『十王子物語』　ダンディン著　田中於莬弥,指田清剛訳　平凡社　1966　243p　18cm（東洋文庫）　350円　Ⓝ929.89
☆「世界名著大事典 補遺（Extra）」

06378　「ダシャ・クマーラ・チャリタ」
☆「世界名著大事典 補遺（Extra）」

06379　「美文体の鑑」
☆「世界名著大事典 補遺（Extra）」

ダンテス, アラン

06380　「フォークロアの理論」
☆「学問がわかる500冊 v.2」

ダンドゥリチ

06381　「オスマン」
☆「世界名著大事典」

ダントレーヴ

06382　「自然法」
☆「世界名著大事典」

ダンニング

06383　「政治学説史」
『政治学説史』　ダンニング著　古賀鶴松訳　人文閣　1942　2冊　22cm　Ⓝ311,311.23
☆「世界名著大事典」

タンヌリー

06384　「科学論集」
☆「世界名著大事典」

ダンネマン

06385　「自然科学史」
☆「世界名著大事典」

湛然　たんねん

06386　「十不二門」
☆「世界名著大事典」

ダンネンバウアー

06387　「中世世界の基礎」
☆「世界名著大事典」

ダンバー, ロビン

06388　「ことばの起源」
『ことばの起源―猿の毛づくろい、人のゴシップ』　ロビン・ダンバー著　松浦俊輔,服部清美訳　青土社　1998　292,28p　20cm〈索引あり〉　2800円　Ⓘ4-7917-5668-1　Ⓝ802
☆「教養のためのブックガイド」

ダンハム

06389　「現代の神話」
『現代の神話―正しいものの考え方　上』　B.ダ

タンピア

ンハム著　泉誠一訳　岩波書店　1954　222p　18cm（岩波新書）Ⓝ304
☆「私の古典」

ダンピア, ウィリアム

06390　「世界新周航記」
『最新世界周航記　上』　ダンピア［著］［メースフィールド］［編］　平野敬一訳　岩波書店　2007　459p　15cm（岩波文庫）　940円
①978-4-00-334861-1　Ⓝ290.9
☆「世界名著大事典」

ダンピアー, ウィリアム・セシル

06391　「科学史」
『科学思想発達史』　ウィリアム・セシル・ダンピア・ホエザム著　藤井繁一訳　大日本文明協会事務所　1915　466p　22cm（大日本文明協会刊行書　第3期）Ⓝ402
☆「世界名著大事典」

ターンブル

06392　「ブリンジ・ヌガク」
☆「文化人類学」

ダンモア

06393　「逃亡空路」
『逃亡空路』　スペンサー・ダンモア著　工藤政司訳　早川書房　1984　338p　16cm（ハヤカワ文庫　NV）　400円　④4-15-040364-3　Ⓝ143
☆「世界の冒険小説・総解説」

06394　「フランチェスカ・ダ・リミニ」
☆「近代名著解題選集 2」,「世界名著解題選 第3巻」

【チ】

チアン, ユン

06395　「ワイルド・スワン」
『ワイルド・スワン　上』　ユン・チアン［著］　土屋京子訳　講談社　2007　340p　15cm（講談社文庫）〈1998年刊の改訂新版〉　781円
①978-4-06-275660-0　Ⓝ289.2
☆「世界の小説大百科」,「大学新入生に薦める101冊の本」,「中国の古典名著」

チーヴァー

06396　「ワップショット家の人びと」
『ワップショット家の人びと』　ジョン・チーヴァー著　菊池光訳　角川書店　1972　285p　20cm（海外純文学シリーズ　5）Ⓝ933
☆「世界文学あらすじ大事典 4（ふん・われ）」

崔 章集　ちぇ・じゃんじぷ

06397　「韓国の労働運動と国家」
☆「東アジア人文書100」

チェイキン, アンドルー

06398　「人類, 月に立つ」
『人類, 月に立つ　上』　アンドルー・チェイキン著　亀井よし子訳　日本放送出版協会　1999　443p　19cm　2300円
①4-14-080444-0
☆「ブックガイド"宇宙"を読む」

チェイス, ハドリー

06399　「世界をおれのポケットに」
『世界をおれのポケットに』　ハドリー・チェイス著　小笠原豊樹訳　東京創元社　1965　334p　15cm（創元推理文庫）　620円
①4-488-13308-8　Ⓝ933.7
☆「世界の冒険小説・総解説」

06400　「ミス・ブランディッシの蘭」
☆「世界の推理小説・総解説」

チェザルピーノ

06401　「植物について」
☆「自然科学の名著」,「世界名著大事典」

チェスタトン, ギルバード・ケイス

06402　「アシジの聖フランチェスコ」
☆「世界のスピリチュアル50の名著」

06403　「アメリカ史」
☆「名著で読む世界史」

06404　「自叙伝」
☆「自伝の名著101」

06405　「新ナポレオン奇譚」
☆「世界の幻想文学」,「世界文学あらすじ大事典 2（きよえ・ちえ）」

06406　「正統とは何か」
『正統とは何か』　ギルバート・キース・チェスタトン著　安西徹雄訳　新装版　春秋社　2009　305p　19cm　2500円
①978-4-393-41610-5
☆「日本人として読んでおきたい保守の名著」

06407　「ブラウン神父シリーズ」
『ブラウン神父の童心』　G.K.チエスタトン著　福田恒存, 中村保男訳　東京創元社　1959　355p　15cm（創元推理文庫）Ⓝ933
☆「世界の推理小説・総解説」,「世界名著大事典」,「必読書150」,「百年の誤読 海外文学篇」

06408　「木曜の男」
☆「世界のSF文学・総解説」,「世界の幻想文学」,「世界の推理小説・総解説」,「世界文学あらすじ大事典 4（ふん・われ）」,「たのしく読めるイギリ

チェスナット

06409 「魔法使いの女」
『魔法使いの女』 チャールズ・ウォッデル・チェスナット著 市川紀男訳 文芸社 2002 208p 19cm 1500円 ①4-8355-4050-6
☆「世界文学あらすじ大事典 4（ふん‐われ）」

チェッリーニ

06410 「チェッリーニ自伝」
『チェッリーニ自伝—フィレンツェ彫金師一代記 上』 ベンヴェヌート・チェッリーニ著 古賀弘人訳 岩波書店 2001 445p 15cm（岩波文庫） 800円 ①4-00-327111-4
☆「自伝の名著101」、「世界文学あらすじ大事典 2（きよえ‐ちえ）」

チェーピン

06411 「社会学的調査における実験計画」
☆「世界名著大事典」

チェーホフ、アントン・パーヴロヴィチ

06412 「イオーヌイチ」
☆「大作家"ろくでなし"列伝」

06413 「犬を連れた奥さん」
『犬を連れた奥さん—外九篇』 アントン・チェーホフ著 神西清訳 ゆまに書房 2007 210p 19cm〈昭和初期世界名作翻訳全集106〉〈春陽堂昭和8年刊を原本としたオンデマンド版 肖像あり〉 4300円 ①978-4-8433-2230-7 Ⓝ983
☆「知っておきたいロシア文学」、「世界の名作を読む」、「世界文学鑑賞辞典 第4」、「世界文学必勝法」、「世界名著大事典」、「名作あらすじ事典 西洋文学編」

06414 「かき」
☆「ロシア文学」

06415 「かもめ」
『かもめ』 アントン・パーヴロヴィチ・チェーホフ著 沼野充義訳 集英社 2012 175p 15cm（集英社文庫） 400円 ①978-4-08-760651-5
☆「面白いほどよくわかるあらすじで読む世界の名作」、「知っておきたいロシア文学」、「世界文学あらすじ大事典 1（あ‐きよう）」、「世界文学鑑賞辞典 第4」、「世界名著大事典」、「ポケット世界名作事典」、「名作あらすじ事典 西洋文学編」、「ロシア文学」

06416 「可愛い女」
『可愛い女』 アントン・P・チェーホフ作 児島宏子訳 ナターリヤ・デミードヴァ絵 未知谷 2006 63p 21cm（チェーホフ・コレクション） 2000円 ①4-89642-146-9

☆「世界の名作を読む」、「世界文学鑑賞辞典 第4」、「世界文学必勝法」、「世界名著大事典」

06417 「熊」
『熊—他二篇』 チェーホフ著 米川正夫訳 角川書店 1955 92p 15cm（角川文庫） Ⓝ982
☆「世界文学鑑賞辞典 第4」、「世界名著大事典」、「ロシア文学」

06418 「結婚申し込み」
☆「世界文学鑑賞辞典 第4」、「ロシア文学」

06419 「決闘」
☆「「あらすじ」だけで人生の意味が全部わかる世界の古典13」、「現代世界の名作」、「世界文学鑑賞辞典 第4」、「世界名著大事典」、「ポケット世界名作事典」

06420 「恋について」
『恋について』 アントン・P・チェーホフ作 イリーナ・ザトゥロフスカヤ絵 中村喜和訳 未知谷 2009 49p 21cm 2000円 ①978-4-89642-251-1
☆「知っておきたいロシア文学」

06421 「広野」
☆「世界文学鑑賞辞典 第4」

06422 「黒衣の僧」
☆「近代名著解題選集 2」、「世界の幻想文学」、「私（わたし）の世界文学案内」

06423 「小役人の死」
☆「ロシア文学」

06424 「桜の園」
『桜の園』 チェーホフ作 小野理子訳 岩波書店 2009 173p 19cm（ワイド版岩波文庫） 900円 ①978-4-00-007307-3
☆「あらすじで味わう外国文学」、「あらすじで読む世界の名著 no.1」、「あらすじで読む世界文学105」、「一冊で世界の名著100冊を読む」、「面白いほどよくわかるあらすじで読む世界の名作」、「面白いほどよくわかる世界の文学」、「学術辞典叢書 第13巻」、「現代世界の名作」、「知っておきたいロシア文学」、「新潮文庫20世紀の100冊」、「図説 5分でわかる世界の名作」、「世界の名作」、「世界の名作おさらい」、「世界の名作100を読む」、「世界の名著」、「世界文学あらすじ大事典 2（きよえ‐ちえ）」、「世界文学鑑賞辞典 第4」、「世界文学の名作と主人公」、「世界文学必勝法」、「世界名作事典」、「世界名作文学館」、「世界名著解題選 第2巻」、「世界名著大事典」、「2時間でわかる世界の名著」、「日本文学現代名作事典」、「必読書150」、「文学・古典名著300選の解説 '88年度版」、「ポケット世界名作事典」、「名作あらすじ事典 西洋文学編」、「名作への招待」、「読んでおきたい世界の名著」、「ロシア文学」

06425 「サハリン島」
『サハリン島』 チェーホフ著 原卓也訳 中央公論新社 2009 422p 18cm 1200円

☆「世界名著大事典」

06426 「三人姉妹」
『三人姉妹』 チェーホフ作 神西清訳 石内徹編 睦沢町（千葉県） 神西清研究会 2008 415p 22cm〈神西清翻訳原稿 複製 4 神西清訳〉 非売品 Ⓝ982
☆「一冊で世界の名著100冊を読む」,「知っておきたいロシア文学」,「新潮文庫20世紀の100冊」,「図説 5分でわかる世界の名作」,「世界の名作文学案内」,「世界文学あらすじ大事典 2（きよえ - ちえ）」,「世界文学鑑賞辞典 第4」,「世界名作事典」,「世界名著大事典」,「入門名作の世界」,「百年の誤読 海外文学篇」,「名小説ストーリイ集 世界篇」,「ロシア文学」

06427 「シベリアの旅」
☆「世界名著大事典」

06428 「すぐり」
『すぐり』 アントン・P.チェーホフ作 イリーナ・ザトゥロフスカヤ絵 児島宏子訳 未知谷 2006 57p 21cm（チェーホフ・コレクション） 2000円 ①4-89642-160-4
☆「知っておきたいロシア文学」

06429 「退屈な話」
☆「現代世界の名作」,「世界文学鑑賞辞典 第4」,「世界名著大事典」,「要約 世界文学全集 1」

06430 「谷間」
『谷間』 チェーホフ［著］ 阿部軍治訳注 大学書林 1982 172p 19cm〈他言語標題：Bobpare〉
☆「世界文学鑑賞辞典 第4」,「世界名著大事典」

06431 「タバコの害について」
☆「ロシア文学」

06432 「たわむれ」
『たわむれ』 アントン・P.チェーホフ作 ユーリー・リブハーベル絵 児島宏子訳 未知谷 2006 55p 21cm（チェーホフ・コレクション） 2000円 ①4-89642-149-3
☆「ロシア文学」

06433 「中2階のある家」
☆「世界名著大事典」

06434 「ねむい」
☆「ロシア文学」

06435 「箱に入った男」
『箱に入った男』 アントン・P.チェーホフ作 イリーナ・ザトゥロフスカヤ絵 中村喜和訳 未知谷 2008 61p 21cm 2000円 ①978-4-89642-237-5
☆「知っておきたいロシア文学」

06436 「猟場の悲劇」
☆「世界名著大事典」

06437 「六号病室」
☆「近代名著解題選集 2」,「世界文学鑑賞辞典 第4」,「世界名著解題選 第3巻」,「世界名著大事典」,「名作の読解法」

06438 「ワーニカ」
『ワーニカ』 アントン・チェーホフ作 イリーナ・ザトゥロフスカヤ絵 児島宏子訳 未知谷 2012 61p 16×22cm（チェーホフ・コレクション） 2000円 ①978-4-89642-366-2
☆「世界の名作を読む」

06439 「ワーニャ伯父さん」
『ワーニャ伯父さん』 チェーホフ作 神西清訳 石内徹編 睦沢町（千葉県） 神西清研究会 2007 347p 22cm〈神西清翻訳原稿 複製 2 神西清訳〉〈年譜あり〉 非売品 Ⓝ982
☆「近代名著解題選集 1」,「知っておきたいロシア文学」,「世界文学あらすじ大事典 4（ふん - われ）」,「世界文学鑑賞辞典 第4」,「世界名著大事典」,「千年紀のベスト100作品を選ぶ」,「日本・世界名作愛の会話」100章」,「ポケット世界名作事典」,「ロシア文学」

チェリー＝ガラード

06440 「世界最悪の旅」
☆「世界の旅行記101」

チェリーニ

06441 「自叙伝」
☆「世界名著大事典」,「伝記・自叙伝の名著」

チェルヌイシェフスキイ

06442 「現実に対する芸術の美学的関係」
☆「世界名著解題選 第6巻」,「世界名著大事典」

06443 「哲学の人間学的原理」
☆「世界名著大事典」

06444 「何をなすべきか？」
☆「世界文学鑑賞辞典 第4」,「世界名著大事典」,「ポケット世界名作事典」

06445 「ミル《政治経済学原理》への評解」
☆「世界名著大事典」

06446 「ロシア文学のゴーゴリ時代概観」
☆「世界名著大事典」

チェレン

06447 「生活形態としての国家」
『生活形態としての国家』 ルドルフ・チェレーン著 阿部市五郎訳 叢文閣 1936 300p 23cm Ⓝ313.1
☆「世界名著大事典」

チェーン

06448 「化学療法剤としてのペニシリン」

チェンニーニ

06449 「絵画論」
☆「世界名著大事典」

チェンバース, ロバート

06450 「第三世界の農村開発」
『第三世界の農村開発―貧困の解決 私たちにできること』 ロバート・チェンバース著 明石書店 1995 432p 19cm 3492円 Ⓘ4-7503-0755-6
☆「平和を考えるための100冊+α」

チェンバーズ, E.

06451 「百科事典」
☆「西洋をきずいた書物」

チェンバーズ, E.K.

06452 「エリザベス朝演劇」
☆「世界名著大事典」

06453 「シェークスピア」
☆「世界名著大事典」

06454 「中世の演劇」
☆「世界名著大事典」

チェンバーズ, R.

06455 「創造の自然史の痕跡」
☆「世界名著大事典」

チェンバリン

06456 「独占的競争の理論」
『独占的競争の理論―価値論の新しい方向』 E.H.チェンバリン著 青山秀夫訳 至誠堂 1966 527p 22cm〈Bibliography：420-486p〉 2800円 Ⓝ331.52
☆「世界名著大事典」

チェンバレン, バジル・ホール

06457 「日本口語便覧」
☆「世界名著大事典」

06458 「日本事物誌」
『日本事物誌 第1』 チェンバレン著 高梨健吉訳 平凡社 1969 362p 図版 18cm（東洋文庫 131） 500円 Ⓝ291.099
☆「アジアの比較文化」、「外国人による日本論の名著」、「教養のためのブックガイド」

06459 「琉球語文典・辞典のための試論」
☆「世界名著大事典」

チオンピ

06460 「感情論理」
『感情論理』 ルック・チオンピ著 松本雅彦、井上有史、菅原圭悟訳 学樹書院 1994 471,34p 22×14cm 5150円 Ⓘ4-906502-00-8
☆「精神医学の名著50」

智顗 ちぎ

06461 「法華玄義」
☆「世界名著大事典」

06462 「法華文句」
☆「世界名著大事典」

06463 「摩訶止観」
☆「世界名著大事典」

チクセントミハイ, ミハイ

06464 「創造性―フローと発見・発明の心理学」
☆「世界の心理学50の名著」

06465 「楽しみの社会学」
☆「身体・セクシュアリティ・スポーツ」

06466 「フロー体験 喜びの現象学」
『フロー体験 喜びの現象学』 M.チクセントミハイ著 今村浩明訳 京都 世界思想社 1996 360,3p 19cm（SEKAISHISO SEMINAR） 2500円 Ⓘ4-7907-0614-1
☆「世界の自己啓発50の名著」

智儼 ちごん

06467 「華厳経内章門等雑孔目章」
☆「世界名著大事典」

チサルシュ

06468 「シラーからニーチェへ」
☆「世界名著大事典」

06469 「精神科学としての文学史」
☆「世界名著大事典」

智昇 ちしょう

06470 「開元釈教録」
☆「世界名著大事典」

チチェスター, フランシス

06471 「嵐と凪と太陽」
『嵐と凪と太陽―ジプシー・モス号三万マイルの記録』 フランシス・チチェスター著 沼沢洽治訳 新潮社 1970 301p 図版12枚 20cm（人と自然シリーズ） 900円 Ⓝ935.9
☆「世界の海洋文学」

06472 「ロマンチック・チャレンジ」
☆「世界の海洋文学」

チッコッティ

06473 「古代奴隷制度衰亡論」
☆「世界名著大事典」

チーホノフ
06474 「キーロフわれらとともに」
☆「世界名著大事典」

チミリャーゼフ
06475 「科学と民主主義」
☆「世界名著大事典」

06476 「ダーウィンとその学説」
☆「世界名著大事典」

チャイコフスキー, ピョートル
06477 「一音楽家の思い出」
『一音楽家の思い出』 チャイコフスキー著 渡辺護訳 音楽之友社 1952 209p 15cm（音楽文庫 第60） Ⓝ762.8
☆「自伝の名著101」,「伝記・自叙伝の名著」

チャイティン, グレゴリー・J.
06478 「数学の限界」
『数学の限界』 グレゴリー・チャイティン著 黒川利明訳 エスアイビー・アクセス, 星雲社〔発売〕 2001 158p 19cm 3000円 ⓘ4-434-01118-9
☆「ブックガイド 文庫で読む科学」

06479 「セクシーな数学」
『セクシーな数学——ゲーデルから芸術・科学まで』 グレゴリー・J.チャイティン著 黒川利明訳 岩波書店 2003 226p 19cm 2500円 ⓘ4-00-006272-7
☆「ブックガイド 文庫で読む科学」

06480 「知の限界」
『知の限界』 G.J.チャイティン著 黒川利明訳 府中（東京都） エスアイビー・アクセス 2001 141p 20cm〈東京 星雲社〔発売〕〉 2800円 ⓘ4-434-01238-X Ⓝ410.9
☆「ブックガイド 文庫で読む科学」

06481 「Meta Math！」
『メタマス！——オメガをめぐる数学の冒険』 グレゴリー・チャイティン著 黒川利明訳 白揚社 2007 292p 19cm〈文献あり〉 2800円 ⓘ978-4-8269-0138-3 Ⓝ410.1
☆「ブックガイド 文庫で読む科学」

チャイルド, グレッグ
06482 「クライミング・フリー」
『クライミング・フリー——伝説を創る驚異の女性アスリート』 リン・ヒル, グレッグ・チャイルド著 小西敦子訳 光文社 2006 379p 15cm（光文社文庫） 667円 ⓘ4-334-76176-3
☆「新・山の本おすすめ50選」

チャイルド, ジョサイア
06483 「貿易新論」

☆「世界名著大事典」

チャイルド, V.G.
06484 「考古学の方法」
『考古学の方法』 ヴィア・ゴードン・チャイルド著 近藤義郎訳 〔新装版〕 河出書房新社 1994 214,7p 19cm 2800円 ⓘ4-309-22258-7
☆「学問がわかる500冊 v.2」

06485 「最古のアジア史への新しい照明」
☆「世界名著大事典」

06486 「人間が人間をつくる」
☆「世界名著大事典」

06487 「文明の起源」
『文明の起源 上』 G.チャイルド著 ねず・まさし訳 岩波書店 1951 171p 18×11cm（岩波新書 第66） Ⓝ202.5
☆「教育を考えるためにこの48冊」,「現代歴史学の名著」,「世界名著大事典」

06488 「歴史のあけぼの」
☆「世界名著大事典」

趙曄 ちゃお・いえ
06489 「呉越春秋」
☆「中国の古典名著」

チャコフスキー
06490 「こちらはもう朝だ」
『こちらはもう朝だ』 チヤコフスキー著 泉三太郎訳 彰考書院 1952 412p 19cm Ⓝ983
☆「世界名著大事典」

チャステイン, トマス
06491 「パンドラの匣」
『パンドラの匣』 トマス・チャステイン著 後藤安彦訳 早川書房 1990 415p 15cm（ハヤカワ・ミステリ文庫 カウフマン警視シリーズ） 560円 ⓘ4-15-077901-5
☆「世界の推理小説・総解説」

チャダーエフ
06492 「哲学書簡」
☆「世界名著大事典」

チャタジー, P.
06493 「ナショナリストの思想と植民地世界」
☆「ナショナリズム論の名著50」

チャータリス
06494 「聖者ニューヨークに現わる」
『聖者ニューヨークに現わる』 レスリィ・チャータリス著 中桐雅夫訳 早川書房 1957 197p 19cm（世界探偵小説全集）

チャーチ
06495 「管理の科学」
☆「世界名著大事典」

チャーチマン
06496 「オペレーションズ・リサーチ序説」
☆「世界名著大事典」

チャーチル, ウィンストン
06497 「世界の危機」
☆「世界名著大事典」

06498 「1940年8月20日, 下院における演説」
☆「西洋をきずいた書物」

06499 「第二次世界大戦」
『第二次世界大戦 1』 ウィンストン・S.チャーチル著 佐藤亮一訳 新装版 河出書房新社 2001 373p 15cm (河出文庫) 900円 ⓘ4-309-46213-8
☆「イギリス文学」,「古典・名著の読み方」,「世界の古典名著」,「世界名著大事典」,「歴史学の名著30」

06500 「わが半生」
『わが半生』 ウインストン・チャーチル著 中村祐吉訳 大阪 保育社 1950 510p 図版 地図 19cm Ⓝ289.3
☆「自伝の名著101」,「伝記・自叙伝の名著」

チャーチワード
06501 「ムー大陸の子孫たち」
『ムー大陸の子孫たち―超古代文明崩壊の謎』 ジェームズ・チャーチワード著 小泉源太郎訳 青樹社 1997 277p 18cm (Big books) 〈大陸書房1991年刊の改訂〉 933円 ⓘ4-7913-1034-9 Ⓝ209.32
☆「世界の奇書」

チャップマン
06502 「教育原理」
☆「世界名著大事典」

チャップマン, G.
06503 「東行きだよーお!」
☆「世界文学あらすじ大事典 3 (ちか・ふろ)」

06504 「みんな愚か者」
『みんな愚か者―喜劇』 ジョージ・チャップマン作 川井万里子訳 成美堂 1993 202p 20cm 〈主要参考文献: p199〜202〉 2500円 ⓘ4-7919-6629-5 Ⓝ932
☆「世界文学あらすじ大事典 4 (ふん・われ)」

Ⓝ933
☆「世界の推理小説・総解説」

チャップリン, チャールズ
06505 「チャップリン自伝」
『チャップリン自伝―若き日々』 チャップリン[著] 中野好夫訳 37刷改版 新潮社 2005 390p 16cm (新潮文庫) 667円 ⓘ4-10-218501-1 Ⓝ778.233
☆「自伝の名著101」,「大学新入生に薦める101冊の本」,「伝記・自叙伝の名著」,「読書入門」

チャテルジー, B.C.
06506 「歓喜の僧院」
☆「世界名著大事典 補遺 (Extra)」

06507 「クリシュナ伝」
☆「世界名著大事典 補遺 (Extra)」

チャドウィック
06508 「ミュケナイ文書ギリシア方言論」
☆「世界名著大事典」

チャドウィック
06509 「イギリスの労働者の衛生状態に関する調査について救貧法委員会から内務大臣宛報告書」
☆「西洋をきずいた書物」

チャドウィック, ジェームス
06510 「中性子の発見と研究」
『中性子の発見と研究』 エンリコ・フェルミ, ジェームス・チャドウィック著 木村一治, 玉木英彦訳 大日本出版 1950 324p 図版 22cm Ⓝ429.6
☆「自然科学の名著」

チャトウィン, ブルース
06511 「ソングライン」
『ソングライン』 ブルース・チャトウィン著 北田絵里子訳 石川直樹解説 英治出版 2009 497p 21cm 2800円 ⓘ978-4-86276-048-7
☆「イギリス文学」

06512 「ブラックヒルで」
☆「世界の小説大百科」

チャプマン
06513 「式部官」
☆「世界名著大事典」

チャペック, カレル
06514 「山椒魚戦争」
☆「世界のSF文学・総解説」,「世界の小説大百科」,「世界名著大事典」

06515 「人造人間」
『人造人間―ヨゼフ・チャペックエッセイ集』

ヨゼフ・チャペック著　飯島周編訳　平凡社　2000　187p　19cm　1300円
①4-582-82945-7
☆「世界名著大事典」

06516　「長い長いお医者さんの話」
『長い長いお医者さんの話』カレル・チャペック作　中野好夫訳　新版　岩波書店　2000　360p　18cm〈岩波少年文庫〉720円
①4-00-114002-0
☆「世界名著大事典」

06517　「流れ星」
『流れ星』カレル・チャペック著　田才益夫訳　青土社　2008　234p　19cm　1600円
①978-4-7917-6404-4
☆「世界文学あらすじ大事典 3（ちか - ふろ）」

06518　「虫の生活」
『虫の生活—昆虫喜劇』チャペック兄弟著　北村喜八訳　原始社　1925　142p　20cm　Ⓝ989
☆「現代世界の名作」，「世界の小説大百科」，「世界の名著」，「世界文学鑑賞辞典 第3」，「世界名著大事典」

06519　「郵便屋さんの話」
『郵便屋さんの話』カレル・チャペック作　関沢明子訳　藤本将画　神戸　フェリシモ　2008　60p　22cm（チャペック童話絵本シリーズ　チャペック［作］）1333円
①978-4-89432-425-1　Ⓝ989.53
☆「名作の研究事典」

06520　「ロボット」
『ロボット』カレル・チャペック作　千野栄一訳　第9刷　岩波書店　2000　207p　15cm（岩波文庫）500円　①4-00-327742-2
☆「面白いほどよくわかる世界の文学」，「世界のSF文学・総解説」，「世界文学あらすじ大事典 4（ふん - われ）」，「百年の誤読　海外文学篇」

チャペック, ヨゼフ

06521　「虫の生活」
『虫の生活—昆虫喜劇』チャペック兄弟著　北村喜八訳　原始社　1925　142p　20cm　Ⓝ989
☆「現代世界の名作」，「世界の小説大百科」，「世界の名著」，「世界文学鑑賞辞典 第3」，「世界名著大事典」

チャマー, A.M.

06522　「囚人のジレンマ」
☆「社会学的思考」

チャヤーノフ, A.V.

06523　「小農経済の原理」
『小農経済の原理』チャーヤノフ原著　磯辺秀俊, 杉野忠夫共訳　増訂版　大明堂　1957　390p　22cm〈訳書の初版は昭和2年刊〉Ⓝ611

☆「経済学名著106選」，「世界名著大事典」

チャラカ

06524　「チャラカ本集」
『チャラカ本集—総論篇　インド伝承医学』[Priya Vrat Sharma]［編・訳］日本アーユルヴェーダ学会『チャラカ本集』翻訳プロジェクト訳　大阪　せせらぎ出版　2011　676p　27cm〈他言語標題：Caraka's Compendium　梵英文併記　文献あり　索引あり〉27619円　①978-4-88416-204-7　Ⓝ498.3
☆「世界名著大事典」

チャルジー, B.C.

06525　「城主の娘」
☆「世界名著大事典 補遺(Extra)」

06526　「チャトーパーダーエ」
☆「世界名著大事典 補遺(Extra)」

チャールズワース

06527　「ローマ帝国の交易路と商業」
☆「世界名著大事典」

チャルディーニ, ロバート・B.

06528　「影響力の武器—なぜ、人は動かされるのか」
『影響力の武器—なぜ、人は動かされるのか』ロバート・B.チャルディーニ著　社会行動研究会訳　第三版　誠信書房　2014　476p　19cm　2700円　①978-4-414-30422-0
☆「世界の心理学50の名著」

張 師勛　ちゃん・さふん

06529　「増補 韓国音楽史」
☆「東アジア人文書100」

張 潔　ちゃん・じぇ

06530　「鉛の翼」
☆「世界の小説大百科」

張 賢亮　ちゃん・しえんりやん

06531　「男の半分は女」
☆「世界の小説大百科」

チャンドラー, アルフレッド・D., Jr.

06532　「経営戦略と組織」
『組織は戦略に従う』アルフレッド・D.チャンドラー, Jr.著　有賀裕子訳　ダイヤモンド社　2004　558p　22cm　5000円
①4-478-34023-4　Ⓝ336.7
☆「究極のビジネス書50選」，「世界で最も重要なビジネス書」，「戦略の名著！最強43冊のエッセンス」

チャンドラー, レイモンド

06533　「大いなる眠り」

『大いなる眠り』 レイモンド・チャンドラー著 村上春樹訳 早川書房 2014 386p 15cm（ハヤカワ・ミステリ文庫） 960円
Ⓘ978-4-15-070464-3
☆「世界の小説大百科」，「世界の推理小説・総解説」，「たのしく読めるアメリカ文学」

06534 「さらば愛しき女よ」
『さらば愛しき女よ』 レイモンド・チャンドラー著 講談社インターナショナル 2000 290p 19cm（ルビー・ブックス）〈本文：英文〉 1480円 Ⓘ4-7700-2722-2
☆「百年の誤読 海外文学篇」

06535 「長いお別れ」
『長いお別れ』 レイモンド・チャンドラー著 清水俊二訳 早川書房 1958 370p 19cm （Hayakawa pocket mystery books no.260 —世界探偵小説全集） 1400円
Ⓘ4-15-000260-6 Ⓝ933.7
☆「アメリカ文学」，「知っておきたいアメリカ文学」，「世界の小説大百科」，「世界の推理小説・総解説」，「世界の名作文学案内」，「大作家"ろくでなし"列伝」，「2時間でわかる世界の名著」，「名作あらすじ事典 西洋文学編」

チャンドラセカール
06536 「恒星構造論序説」
☆「世界名著大事典」

チャンドラマティ
06537 「勝宗十句義論」
☆「世界名著大事典」

チャンピー, ジェームズ
06538 「リエンジニアリング革命」
☆「究極のビジネス書50選」，「世界で最も重要なビジネス書」

チュ, チン・ニン
06539 「悪の成功学―アジア流お金と人生の法則」
☆「世界の成功哲学50の名著エッセンスを解く」

中宗 ちゅうそう
06540 「新増東国輿地勝覧」
☆「世界名著大事典」

チュジョイ
06541 「舞踏百科事典」
☆「世界名著大事典」

チュツオーラ, エイモス
06542 「やし酒飲み」
『やし酒飲み』 エイモス・チュツオーラ作 土屋哲訳 岩波書店 2012 235p 15cm（岩波文庫） 600円 Ⓘ978-4-00-328011-9

☆「世界の幻想文学」，「世界の名作文学案内」，「世界文学あらすじ大事典4（ふん‐われ）」

チュミ, ベルナール
06543 「建築と断絶」
『建築と断絶』 ベルナール・チュミ著 山形浩生訳 鹿島出版会 1996 254p 19cm 2987円 Ⓘ4-306-04342-8
☆「建築の書物/都市の書物」

チュルタイオス
06544 「詩集」
☆「世界名著大事典」

趙 東一 ちょ・どんいる
06545 「韓国文学通史」
☆「東アジア人文書100」

張 維特 ちょう・いとく
06546 「殷周青銅器通論」
☆「世界名著大事典」

趙 蔭棠 ちょう・いんとう
06547 「等韻源流」
☆「世界名著大事典」

趙 園 ちょう・えん
06548 「明末清初の士大夫研究」
☆「東アジア人文書100」

張 横渠 ちょう・おうきょ
06549 「正蒙」
☆「世界名著大事典」

張 競生 ちょう・きょうせい
06550 「中国性史」
『中国性史』 張競生編 中山素輔編 紫書房 1951 253p 19cm（世界艶笑文庫 第7集） Ⓝ491.35
☆「性の世界的名著から十七篇」

張 玉書 ちょう・ぎょくしょ
06551 「康煕字典」
☆「世界名著大事典」

張 彦遠 ちょう・げんえん
06552 「歴代名画記」
『歴代名画記 2 巻6-巻10』 張彦遠撰 長広敏雄訳注 平凡社 1977 339,14p 18cm （東洋文庫 311） 1100円 Ⓝ722.3
☆「世界名著大事典」，「中国の古典名著」

趙 元任 ちょう・げんにん
06553 「現代呉語の研究」
☆「世界名著大事典」

06554 「国語字典」

☆「中国の名著」
06555　「湖北方言調査報告」
☆「世界名著大事典」

張　灝　ちょう・こう
06556　「幽暗意識と民主の伝統」
☆「東アジア人文書100」

張　光直　ちょう・こうちょく
06557　「中国の青銅時代」
☆「東アジア人文書100」

張　鷟　ちょう・さく
06558　「遊仙窟」
☆「学術辞典叢書 第15巻」、「世界名著解題選 第3巻」、「世界名著大事典」、「中国の古典名著」

張之洞　ちょう・しどう
06559　「勧学篇」
『勧学篇 上，下』 張之洞著　京都　田中文求堂　1898　2冊　15cm〈本文は中国語　和装〉Ⓝ188.5
☆「世界名著大事典」

06560　「書目答問」
☆「世界名著大事典」

趙　樹理　ちょう・じゅり
06561　「三里湾」
『三里湾』 趙樹理著　岡崎俊夫訳　新潮社　1957　213p　20cm　Ⓝ923
☆「中国の名著」

06562　「李家荘の変遷」
『李家荘の変遷』 趙樹理著　三好一，島田政雄訳　新日本出版社　1966　260p　19cm〈世界革命文学選 27　日本共産党中央委員会文化部世界革命文学選編集委員会編〉〈シリーズ責任表示：日本共産党中央委員会文化部世界革命文学選編集委員会編〉 320円　Ⓝ923
☆「現代世界の名作」、「世界の名著」、「世界名著大事典」、「東洋の名著」、「ポケット世界名作事典」、「名小説ストーリイ集 世界篇」

張　照　ちょう・しょう
06563　「大清会典」
☆「世界名著大事典 補遺（Extra）」

06564　「得天居士集」
☆「世界名著大事典 補遺（Extra）」

趙　汝适　ちょう・じょかつ
06565　「諸蕃志」
☆「世界名著大事典」

趙　廷來　ちょう・じょんね
06566　「太白山脈」

☆「世界の小説大百科」

張　仁淑　ちょう・じんしゅく
06567　「凍れる河を超えて」
『凍れる河を超えて―北朝鮮亡命者の手記　上』 張仁淑著　辺真一，李聖男訳　講談社　2003　282p　15cm〈講談社文庫〉 514円
Ⓘ4-06-273703-5
☆「21世紀の必読書100選」

趙　崇祚　ちょう・すうそ
06568　「花間集」
『花間集―晩唐・五代の詞のアンソロジー』 趙崇祚編　青山宏訳注　平凡社　2011　413p　18cm〈東洋文庫〉 3200円
Ⓘ978-4-582-80812-4
☆「世界名著大事典」、「中国の古典名著」、「中国の名著」

張　燮　ちょう・そう
06569　「東西洋考」
☆「アジアの比較文化」、「世界名著大事典」

張　岱　ちょう・たい
06570　「陶庵夢憶」
『陶庵夢憶』 張岱著　松枝茂夫訳　岩波書店　2002　382p　19cm〈ワイド版岩波文庫〉 1300円　Ⓘ4-00-007212-9　Ⓝ924.5
☆「世界名著大事典」、「中国の古典名著」

張　仲景　ちょう・ちゅうけい
06571　「傷寒論」
『傷寒論―明趙開美本』 張仲景著　北里研究所附属東洋医学総合研究所医史文献研究室編　燎原書店　1988　468p　22cm〈国立公文書館内閣文庫蔵「仲景全書 第1-4冊」（万暦27年刊）の複製〉 Ⓘ4-89748-076-0　Ⓝ490.9
☆「自然科学の名著100選 上」、「世界名著大事典」、「中国の古典名著」

張　潮　ちょう・ちょう
06572　「虞初新志」
☆「世界名著大事典」

張　廷玉　ちょう・ていぎょく
06573　「明史 外国伝」
☆「アジアの比較文化」

張　天翼　ちょう・てんよく
06574　「宝のひょうたん」
☆「世界名著大事典」、「名作の研究事典」

張　伯端　ちょう・はくたん
06575　「悟真篇」
☆「世界名著大事典」

張 仏泉 ちょう・ぶつせん
06576 「自由と人権」
☆「東アジア人文書100」

趙 翼 ちょう・よく
06577 「陔余叢考」
☆「世界名著大事典」

06578 「二十二史箚記」
☆「世界名著大事典」

澄観 ちょうかん
06579 「新約華厳経」
☆「世界名著大事典 補遺(Extra)」

06580 「大方広華厳経疏」
☆「世界名著大事典 補遺(Extra)」

チョーサー, ジェフリー
06581 「カンタベリー物語」
『カンタベリー物語』 チョーサー作 笹本長敬訳 英宝社 2002 677p 23cm 7000円 ⓘ4-269-82003-9 Ⓝ931.4
☆「あらすじで読む世界文学105」,「イギリス文学」,「一冊で世界の名著100冊を読む」,「面白いほどよくわかる世界の文学」,「書き出し『世界文学全集』」,「学術辞典叢書 第12巻」,「教養のためのブックガイド」,「近代名著解題選集 2」,「知っておきたいイギリス文学」,「世界の書物」,「世界の名作50選」,「世界の名作100を読む」,「世界文学あらすじ大事典 1 (あ・きょう)」,「世界文学鑑賞辞典 第1」,「世界文学の名作と主人公」,「世界名著解題選 第1巻」,「世界名著大事典」,「世界・名著のあらすじ」,「たのしく読めるイギリス文学」,「日本の古典・世界の古典」,「文学・名著300選の解説 '88年度版」,「ポケット世界名作事典」,「名作あらすじ事典 西洋文学編」,「名小説ストーリイ集 世界篇」

チョドロウ, N.J.
06582 「母親業の再生産」
『母親業の再生産―性差別の心理・社会的基盤』 ナンシー・チョドロウ著 大塚光子, 大内菅子 共訳 新曜社 1996 376,7p 20cm〈第2刷 (第1刷: 1981年)〉 3399円 ⓘ4-7885-0132-5 Ⓝ361.63
☆「近代家族とジェンダー」,「フェミニズムの名著50」

チョプラ, ディーパック
06583 「人生に奇跡をもたらす7つの法則」
『人生に奇跡をもたらす7つの法則』 ディーパック・チョプラ著 岡野守也訳 PHP研究所 2000 157p 20cm 1300円 ⓘ4-569-61066-8
☆「世界の自己啓発50の名著」

チョムスキー, ノーム
06584 「英語の音声様式」
☆「世界名著大事典 補遺(Extra)」

06585 「言語理論の理論的構造」
『統辞構造論―付『言語理論の論理構造』序論』 チョムスキー著 福井直樹, 辻子美保子訳 岩波書店 2014 433p 15cm (岩波文庫 33-695-1)〈文献あり 索引あり〉 1140円 ⓘ978-4-00-336951-7 Ⓝ801.5
☆「世界名著大事典 補遺(Extra)」

06586 「現代世界で起こったこと」
『現代世界で起こったこと―ノーム・チョムスキーとの対話 1989・1999』 ノーム・チョムスキー著 ピーター・R.ミッチェル, ジョン・ショフェル編 田中美佳子訳 日経BP社, 日経BP出版センター〔発売〕 2008 676p 21cm 2800円 ⓘ978-4-8222-8353-7
☆「世界の哲学50の名著」

06587 「生成文法の企て」
『生成文法の企て』 ノーム・チョムスキー著 福井直樹, 辻子美保子訳 岩波書店 2011 406,48p 15cm (岩波現代文庫) 1480円 ⓘ978-4-00-600253-4
☆「大学新入生に薦める101冊の本」,「ブックガイド"心の科学"を読む」

06588 「デカルト派言語学」
『デカルト派言語学―合理主義思想の歴史の一章』 ノーム・チョムスキー著 川本茂雄訳 みすず書房 2002 160p 21cm 3200円 ⓘ4-622-01974-4
☆「世界名著大事典 補遺(Extra)」

06589 「文法の構造」
☆「世界を変えた100冊の本」,「世界名著大事典 補遺(Extra)」

06590 「文法理論の諸相」
『文法理論の諸相』 ノーム・チョムスキー著 安井稔訳 研究社出版 1970 335p 22cm〈参考文献: p.281-290〉 1400円 Ⓝ801.5
☆「世界名著大事典 補遺(Extra)」,「20世紀を震撼させた100冊」,「ブックガイド"心の科学"を読む」

チョーリー
06591 「アーノルド海上保険法および海損法」
☆「世界名著大事典」

全 相運 ちょん・さんうん
06592 「韓国科学史」
『韓国科学史―技術的伝統の再照明』 全相運著 許東粲訳 宮島一彦, 武田時昌校訂 日本評論社 2005 497p 21cm 12000円 ⓘ4-535-58446-X
☆「東アジア人文書100」

チルダース, アースキン
06593 「砂洲の謎」
『砂洲の謎』 チルダーズ著 斎藤和明訳 筑摩書房 1978 375p 19cm(世界ロマン文庫15)〈新装版〉 880円 Ⓝ933
☆「世界の海洋文学」, 「世界の小説大百科」

陳 寅恪　ちん・いんかく
06594 「寒柳堂集」
☆「東アジア人文書100」

06595 「隋唐制度淵源略論稿」
☆「世界名著大事典」

陳 侃　ちん・かん
06596 「使琉球録」
『使琉球録』 陳侃著 原田禹雄訳注 宜野湾 榕樹社 1995 283,5p 22cm〈嘉靖刻本影印を含む 発売：緑林堂書店〉 6900円
①4-947667-24-9 Ⓝ219.9
☆「アジアの比較文化」

陳 球　ちん・きゅう
06597 「燕山外史」
『燕山外史』 陳球著 大郷穆訓點 長野亀七 1878 2冊 19cm〈和装〉 Ⓝ923
☆「世界名著大事典」

陳 旭麓　ちん・きょくろく
06598 「近代中国社会の新陳代謝」
☆「東アジア人文書100」

陳 鴻　ちん・こう
06599 「長恨伝」
☆「世界名著大事典」

陳 師文　ちん・しぶん
06600 「和剤局方」
☆「世界名著大事典」

陳 寿　ちん・じゅ
06601 「魏志倭人伝」
☆「世界名著大事典」, 「中国の古典名著」

06602 「三国志」
『三国志―正史 8 呉書 3』 陳寿著 小南一郎訳 筑摩書房 1993 328,91p 15cm（ちくま学芸文庫）〈注：裴松之〉 1500円
①4-480-08089-9 Ⓝ222.043
☆「世界名著大事典」, 「地図とあらすじで読む歴史の名著」, 「中国古典がよくわかる本」, 「中国古典名著のすべてがわかる本」, 「中国の古典名著」

陳 忱　ちん・しん
06603 「水滸後伝」
『水滸後伝』 陳忱著 寺尾善雄訳 秀英書房 2006 305p 19cm 2000円
①4-87957-144-X
☆「世界名著大事典」

陳 子昂　ちん・すごう
06604 「陳伯玉文集」
☆「世界名著大事典 補遺(Extra)」

陳 天華　ちん・てんか
06605 「警世鐘」
☆「世界名著大事典 補遺(Extra)」

06606 「絶命書」
☆「世界名著大事典 補遺(Extra)」

06607 「猛回頭」
☆「世界名著大事典 補遺(Extra)」

陳 独秀　ちん・どくしゅう
06608 「独秀文存」
☆「世界名著大事典」

06609 「文学革命論」
☆「世界名著大事典」

陳 彭年　ちん・ほうねん
06610 「広韻」
☆「世界名著大事典」

陳 夢家　ちん・むか
06611 「殷虚卜辞綜述」
☆「世界名著大事典」

陳 夢雷　ちん・むらい
06612 「古今図書集成」
☆「世界名著大事典」

陳 来　ちん・らい
06613 「東亜儒学九論」
☆「東アジア人文書100」

陳 澧　ちん・れい
06614 「切韻考」
☆「世界名著大事典」

チンマー
06615 「技術の哲学」
☆「世界名著大事典」

【ツ】

ツァイジンク
06616 「人体比例新論」
☆「世界名著大事典」

ツァウネルト
06617 「世界文学の民話」
☆「世界名著大事典」

ツァルリーノ
06618 「和声組織論」
☆「西洋をきずいた書物」

ツイスト,リン
06619 「ソウル・オブ・マネー」
☆「お金と富の哲学世界の名著50」

ツィプキン,レオニード
06620 「バーデン・バーデンの夏」
☆「世界の小説大百科」

ツィラー
06621 「教育的教授論の基礎」
☆「教育学の世界名著100選」

ツィンナー
06622 「天文学史」
☆「世界名著大事典」

ツィンメルマン,R.
06623 「形式学としての一般美学」
☆「世界名著大事典」

06624 「美学史」
☆「世界名著大事典」

ツィンメルマン,W.
06625 「植民政策」
☆「世界名著大事典」

06626 「ドイツ大農民戦争」
☆「世界名著大事典」

ツヴァイク,アルノルト
06627 「グリーシャ軍曹をめぐる争い」
☆「世界の小説大百科」,「世界名著大事典」

ツヴァイク,シュテファン
06628 「アモック」
『アモック』 Stefan Zweig[著] 野島正城編註 南江堂 1955 105p 19cm（Moderne Dichtung für den Schulgebrauch　Nr.10)
☆「世界の小説大百科」,「世界文学鑑賞辞典 第3」

06629 「エラスムスの勝利と悲劇」
『エラスムスの勝利と悲劇』 ツヴァイク[著] 内垣啓一,藤本淳雄,猿田悳訳 みすず書房 1998 328p 20cm（ツヴァイク伝記文学コレクション　6　ツヴァイク[著]）2200円 ①4-622-04666-0 Ⓝ132.9
☆「世界名著大事典」,「伝記・自叙伝の名著」

06630 「女の二十四時間」
『女の二十四時間—ツヴァイク短篇選』 シュテファン・ツヴァイク著　辻瑆,大久保和郎共訳　池内紀解説　みすず書房　2012　245p　19cm（大人の本棚）　2800円
①978-4-622-08501-0
☆「世界文学鑑賞辞典 第3」

06631 「昨日の世界」
『昨日の世界　1』 シュテファン・ツヴァイク著　原田義人訳　みすず書房　1999　350,3p　19cm（みすずライブラリー）　2500円
①4-622-05034-X
☆「自伝の名著101」

06632 「鎖」
☆「世界名著大事典」

06633 「三人の巨匠—バルザック、ディケンズ、ドストイェフスキイ」
『ツヴァイク全集　8　三人の巨匠』 みすず書房 1974　390p 図 肖像　18cm　1200円 Ⓝ948
☆「世界名著解題選第6巻」,「世界名著大事典」,「百年の誤読 海外文学篇」

06634 「ジョゼフ・フーシェ」
『ジョゼフ・フーシェ—ある政治的人間の肖像』 シュテファン・ツヴァイク[著] 山下肇訳　潮出版社　1971　340p　15cm（潮文庫）〈豪華特装限定版　解説：山下肇〉Ⓝ289.3
☆「大人のための世界の名著50」,「学問がわかる500冊」,「現代人のための名著」,「世界文学鑑賞辞典 第3」,「世界名著大事典」,「伝記・自叙伝の名著」,「要約 世界文学全集 1」

06635 「バルザック」
『バルザック』 シュテファン・ツヴァイク著　水野亮訳　早川書房　1980　606p　20cm〈バルザックの肖像あり　バルザックの生涯と作品・文献：p567～594〉2400円 Ⓝ950.28
☆「伝記・自叙伝の名著」

06636 「マゼラン」
『マゼラン』 ツヴァイク著　高橋禎二,藤井智瑛訳　角川書店　1958　293p　15cm（角川文庫）Ⓝ289.3
☆「世界の海洋文学」,「伝記・自叙伝の名著」

06637 「マリア・シュトゥアルト」
『メリー・スチュアート』 ツヴァイク著　古見日嘉訳　みすず書房　1998　524p　20cm（ツヴァイク伝記文学コレクション　5　ツヴァイク著）〈肖像あり〉2800円 ①4-622-04665-2 Ⓝ289.3
☆「世界名著大事典」

06638 「マリー・アントワネット」
『マリー・アントワネット　上』 シュテファン・ツヴァイク著　中野京子訳　角川書店,角

川グループパブリッシング〔発売〕 2007 362p 15cm(角川文庫) 590円 ①978-4-04-208207-1
☆「現代世界の名作」,「世界文学鑑賞辞典 第3」,「世界名著大事典」,「ポケット世界名作事典」

ツヴィイチ

06639 「バルカン半島」
☆「世界名著大事典」

ツヴィングリ

06640 「キリスト教信仰の解明」
☆「教育の名著80選題」

06641 「青年の教育について」
☆「教育の名著80選題」

06642 「まことの宗教といつわりの宗教についての注解」
☆「西洋をきずいた書物」

ツェイトリン

06643 「文芸学の方法」
☆「世界名著解題選 第6巻」

ツェトキン,C.

06644 「婦人労働者と現代の婦人問題」
☆「世界名著大事典 補遺(Extra)」

06645 「レーニンの思い出」
☆「世界名著大事典 補遺(Extra)」

ツェラー

06646 「ギリシア人の哲学」
☆「世界名著大事典」

ツェラーン,P.

06647 「息のめぐらし」
☆「世界名著大事典 補遺(Extra)」

06648 「ケシと記憶」
☆「世界名著大事典 補遺(Extra)」

06649 「誰のものでもないバラ」
☆「世界名著大事典 補遺(Extra)」

06650 「ツェラン詩集」
☆「必読書150」

ツエンケル

06651 「社会倫理学」
☆「近代欧米名著解題 第3巻」

ツェンスキー,セルゲーエフ

06652 「セヴァストーポリの激戦」
☆「世界名著大事典」

ツォンカパ

06653 「秘密道次第論」

『秘密道次第大論 上 無上瑜伽タントラ概説』ツォンカパ著 北村太道,ツルティム・ケサン共訳 京都 永田文昌堂 2012 359p 22cm(チベット密教資料翻訳シリーズ No.4)〈索引あり〉 6300円 ①978-4-8162-1834-7 Ⓝ180.9
☆「世界名著大事典」

06654 「菩提道次第論」
『悟りへの階梯—チベット仏教の原典『菩提道次第論』』ツォンカパ著 ツルティム・ケサン,藤仲孝司訳 京都 UNIO 2005 415p 21cm〈発売：星雲社〉 2800円 ①4-7952-8890-9 Ⓝ180.9
☆「世界名著大事典」

ツッカリニ

06655 「日本植物誌」
☆「世界名著大事典」

ツックマイヤー

06656 「悪魔の将軍」
☆「世界文学鑑賞辞典 第3」,「世界名著大事典」

06657 「ケーペニクの大尉」
☆「世界文学鑑賞辞典 第3」

06658 「楽しいぶどう山」
☆「世界文学鑑賞辞典 第3」,「世界名著大事典」

ツルゲーネフ,イヴァン・セルゲーヴィチ

06659 「曠野のリア王」
☆「世界の小説大百科」

06660 「貴族の巣」
☆「知っておきたいロシア文学」,「世界文学あらすじ大事典 1(あ‐きよう)」,「世界文学鑑賞辞典 第4」,「世界名著大事典」,「名作あらすじ事典 西洋文学編」

06661 「煙」
『煙』ツルゲーネフ著 原久一郎訳 近代文庫 1955 301p 15cm(近代文庫) Ⓝ983
☆「近代名著解題選集 1」,「近代名著解題選集 2」,「世界文学あらすじ大事典 2(きよえ‐ちえ)」,「世界文学鑑賞辞典 第4」,「世界名著解題選 第1巻」,「世界名著大事典」

06662 「散文詩」
『散文詩』トゥルゲーネフ著 神西清訳 改訳再版 斎藤書店 1949 261p 16cm Ⓝ981
☆「世界文学鑑賞辞典 第4」,「世界名著大事典」

06663 「処女地」
『処女地』ツルゲーネフ著 湯浅芳子訳 岩波書店 1974 484p 15cm(岩波文庫) 350円 Ⓝ983
☆「世界文学あらすじ大事典 2(きよえ‐ちえ)」,「世界文学鑑賞辞典 第4」,「世界名著大事典」

06664 「その前夜」
☆「世界名著大事典」

06665 「父と子」
『父と子』 ツルゲーネフ著 工藤精一郎訳 改版 新潮社 2014 425p 15cm(新潮文庫) 630円 ⓘ978-4-10-201806-4
☆「あらすじで味わう外国文学」,「一冊で世界の名著100冊を読む」,「面白いほどよくわかるあらすじで読む世界の名作」,「面白いほどよくわかる世界の文学」,「学術辞典叢書 第13巻」,「教養のためのブックガイド」,「近代名著解題選集 2」,「現代世界の名作」,「知っておきたいロシア文学」,「図説 5分でわかる世界の小説大百科」,「世界の名作」,「世界の名作おさらい」,「世界の名作100を読む」,「世界の名作文学案内」,「世界文学あらすじ大事典 3(ちか - ふろ)」,「世界文学鑑賞辞典 第4」,「世界文学のすじ書き」,「世界文学の名作と主人公」,「世界名作事典」,「世界名著解題選 第2巻」,「世界名著大事典」,「入門名作の世界」,「文学・名著300選の解説 '88年度版」,「ポケット世界名作事典」,「名小説ストーリイ集 世界篇」,「要約 世界文学全集 2」,「ロシア文学」

06666 「初恋」
『初恋』 ツルゲーネフ著 佐々木彰訳 講談社 1976 125p 15cm(講談社文庫) 140円 Ⓝ983
☆「あらすじで読む世界の名著 no.1」,「絵で読むあらすじ世界の名著」,「3行でわかる名作&ヒット本250」,「知っておきたいロシア文学」,「世界の名作50選」,「世界の名作おさらい」,「世界文学鑑賞辞典 第4」,「世界名著大事典」,「名作への招待」,「ロシア文学」

06667 「ハムレットとドン・キホーテ」
☆「世界名著大事典」

06668 「春の水」
☆「世界の小説大百科」,「世界名著大事典」

06669 「ファウスト」
☆「世界名著大事典」

06670 「文学的回想」
☆「世界名著大事典」

06671 「夢(まぼろし)」
『初恋・まぼろし』 イワン・ツルゲーネフ著 原久一郎訳 創芸社 1951 237p 図版 19cm(世界名作選 第21) Ⓝ983
☆「世界の幻想文学」

06672 「ムムー」
☆「世界名著大事典」

06673 「村のひと月」
☆「世界文学あらすじ大事典 4(ふん - われ)」,「世界名著大事典」

06674 「ルージン」
☆「近代名著解題選集 2」,「世界文学鑑賞辞典 第4」,「世界文学の名作と主人公」,「世界名著解題選 第3巻」,「世界名著大事典」,「ポケット世界名作事典」,「ロシア文学」

ツンタス
06675 「ミュケナイ時代」
☆「世界名著大事典」

【テ】

テーア
06676 「合理的農業の原理」
『合理的農業の原理 下巻』 アルブレヒト・テーア著 相川哲夫訳 農山漁村文化協会 2008 562p 21cm 11429円 ⓘ978-4-540-07207-9
☆「自然科学の名著」,「自然科学の名著100選 中」,「世界名著大事典」

デアシス,L.
06677 「南方特別留学生 トウキョウ日記」
☆「外国人による日本論の名著」

デ・アミーチス,エドモンド
06678 「クオレ」
『クオレ』 エドモンド・デ・アミーチス著 矢崎源九郎訳 講談社 2011 381p 19cm(21世紀版少年少女世界文学館 22) 1400円 ⓘ978-4-06-283572-5
☆「あらすじで出会う世界と日本の名作55」,「あらすじで読む世界の名著 no.3」,「現代世界の名作」,「少年少女のための文学案内 2」,「新潮文庫20世紀の100冊」,「世界少年少女文学 リアリズム編」,「世界の名著」,「世界のメルヘン30」,「世界文学あらすじ大事典 2(きよえ-ちえ)」,「世界文学の名作と主人公」,「世界名作事典」,「世界名著大事典」,「ポケット世界名作事典」,「名作の研究事典」,「わたしの古典 続」

デアンドリア,ウィリアム・L.
06679 「ホッグ連続殺人」
『ホッグ連続殺人』 ウィリアム・L.デアンドリア著 真崎義博訳 早川書房 2005 361p 15cm(ハヤカワ・ミステリ文庫) 780円 ⓘ4-15-073961-7
☆「世界の推理小説・総解説」

程 伊川 てい・いせん
06680 「易伝」
☆「世界名著大事典」

鄭 義 てい・ぎ
06681 「神樹」
『神樹』 鄭義著 藤井省三訳 朝日新聞社

テイ

1999　595p　19cm　3800円
①4-02-257428-3
☆「名作はこのように始まる 1」

丁 毅　てい・き
06682　「白毛女」
☆「世界名作事典」,「世界名著大事典」,「中国の名著」

鄭 玄　てい・げん
06683　「易注」
☆「世界名著大事典 補遺(Extra)」

06684　「春秋鍼膏肓」
☆「世界名著大事典 補遺(Extra)」

06685　「鄭註尚書」
☆「世界名著大事典 補遺(Extra)」

06686　「鄭註論語」
☆「世界名著大事典 補遺(Extra)」

06687　「駁五経異議」
☆「世界名著大事典 補遺(Extra)」

鄭 光祖　てい・こうそ
06688　「倩女離魂」
☆「世界名著大事典」

鄭 若曽　てい・じゃくそう
06689　「籌海図編」
☆「世界名著大事典」

鄭 舜功　てい・しゅんこう
06690　「日本一鑑」
『日本一鑑』　鄭舜功撰　三ケ尻浩校訂　〔出版者不詳〕　556p 図版　22cm〈謄写版〉
Ⓝ291,291.099
☆「世界名著大事典」

鄭 樵　てい・しょう
06691　「通志」
☆「世界名著大事典」

テイ, ジョセフィン
06692　「時の娘」
『時の娘』　ジョセフィン・テイ著　小泉喜美子訳　早川書房　1977　290p　16cm（ハヤカワ・ミステリ文庫）　330円　Ⓝ933
☆「世界の推理小説・総解説」

鄭 振鐸　てい・しんたく
06693　「挿図本中国文学史」
☆「世界名著大事典」

程 大位　てい・だいい
06694　「算法統宗」
☆「世界名著大事典」

丁 度　てい・ど
06695　「集韻」
☆「世界名著大事典」

鄭 念　てい・ねん
06696　「上海の長い夜」
『上海の長い夜　上』　鄭念著　篠原成子,吉本晋一郎訳　朝日新聞社　1997　448p　15cm（朝日文庫）〈原書房1988年刊の改訂〉　840円
①4-02-261212-6　Ⓝ222.077
☆「中国の古典名著」

鄭 麟趾　てい・りんし
06697　「高麗史」
『高麗史　第1-3』　鄭麟趾奉敕修　国書刊行会　1908　3冊　23cm（国書刊行会刊行書）
Ⓝ221.04
☆「世界名著大事典」

丁 玲　てい・れい
06698　「霞村にいたとき」
☆「世界名著大事典」

06699　「莎菲女士の日記」
☆「世界名著大事典」

06700　「太陽は桑乾河を照す」
『太陽は桑乾河を照す　下巻』　丁玲著　坂井徳三訳　ハト書房　1951　467p　19cm　Ⓝ923
☆「現代世界の名作」,「世界の名著」,「世界名著大事典」,「東洋の名著」,「ポケット世界名作事典」,「名小説ストーリイ集 世界篇」

ディアス, ジュノ
06701　「オスカー・ワオの短く凄まじい人生」
『オスカー・ワオの短く凄まじい人生』　ジュノ・ディアス著　都甲幸治, 久保尚美訳　新潮社　2011　414p　19cm（新潮クレスト・ブックス）　2400円　①978-4-10-590089-2
☆「世界の小説大百科」,「21世紀の世界文学30冊を読む」

06702　「プラの信条」
☆「21世紀の世界文学30冊を読む」

ディーヴァー, ジェフリー
06703　「ボーン・コレクター」
『ボーン・コレクター　上』　ジェフリー・ディーヴァー著　池田真紀子訳　文藝春秋　2003　373p　15cm（文春文庫）　667円
①4-16-766134-9
☆「百年の誤読 海外文学篇」

デイヴィス, ピート
06704　「四千万人を殺したインフルエンザ」
『四千万人を殺したインフルエンザ―スペイン風邪の正体を追って』　ピート・デイヴィス著

高橋健次訳　文藝春秋　1999　382p　19cm
2095円　Ⓘ4-16-355790-3
☆「科学を読む愉しみ」

デイヴィス, マイク
06705　「要塞都市LA」
『要塞都市LA』　マイク・デイヴィス著　村山敏勝, 日比野啓訳　増補新版　青土社　2008
448,21p　19cm　3400円
Ⓘ978-4-7917-6434-1
☆「建築・都市ブックガイド21世紀」

デイヴィス, リディア
06706　「嫌なこといろいろ」
☆「21世紀の世界文学30冊を読む」

06707　「話の終わり」
『話の終わり』　リディア・デイヴィス著　岸本佐知子訳　作品社　2010　273p　19cm
1900円　Ⓘ978-4-86182-305-3
☆「世界の小説大百科」

デイヴィス, ロバートソン
06708　「五番目の男」
☆「世界の小説大百科」

テイエリー
06709　「ノルマンのイギリス征服史」
☆「世界名著大事典」

ティエール
06710　「執政政治と帝政の歴史」
☆「世界名著大事典」

06711　「フランス革命史」
☆「世界名著大事典」

ディオゲネス・ラエルティオス
06712　「哲学者列伝」
☆「世界名著大事典」

ディオスコリデス
06713　「薬物誌」
☆「西洋をきずいた書物」,「世界の奇書」,「世界名著大事典」

ディオニュシオス
06714　「宇宙論」
☆「世界名著大事典」

06715　「ローマ古事誌」
☆「世界名著大事典」

ディオファントス
06716　「算数論」
☆「世界名著大事典」

ディオレ, フィリップ
06717　「大いなる海の覇者」
『大いなる海の覇者―海の哺乳類カクジラが演ずる愛と性と闘争』　ジャック=イブ・クスト, フィリップ・ディオレ共著　森珠樹訳　主婦と生活社　1973　398p(図共)　19cm(クストー・海洋探検シリーズ　no.3)　850円
Ⓝ489.6
☆「世界の海洋文学」

ディ・キャンプ
06718　「闇よ落ちるなかれ」
☆「世界のSF文学・総解説」

ディキンソン
06719　「宗教(批評と予想)」
☆「近代欧米名著解題　第6巻」

06720　「地理学の形成」
☆「世界名著大事典」

06721　「ドイツ」
☆「世界名著大事典」

ディキンソン, エミリー
06722　「エミリー・ディキンソン一行目集」
☆「書き出し「世界文学全集」」

06723　「ディキンスン詩集」
『ディキンスン詩集』　エミリー・ディキンスン著　新倉俊一訳・編　思潮社　1993　160p　19cm(海外詩文庫　2)　1200円
Ⓘ4-7837-2501-2
☆「世界文学鑑賞辞典　第1」,「世界名著大事典　補遺(Extra)」

06724　「私が死のために立ちどまれなかったから」
☆「たのしく読めるアメリカ文学」

ディキンソン, H.W.
06725　「蒸気機関発達史」
☆「世界名著大事典」

ディキンソン, R.E.
06726　「都市地域と地方計画」
☆「世界名著大事典」

ティーク
06727　「金髪のエックベルト」
『金髪のエックベルト』　ティーク著　田中泰三訳　弘文堂書店　1940　182p　18cm(世界文庫　第35)　Ⓝ943,943.8
☆「世界の幻想文学」

06728　「長靴をはいた牡猫」
☆「世界の幻想文学」,「世界文学鑑賞辞典　第3」,「世界名著大事典」,「日本の古典・世界の古典」

06729　「フランツ・シュテルンバルトのさらい」
☆「世界名著大事典」

ディクシー
06730　「監査」
☆「世界名著大事典」

ディクソン
06731　「管理と労働者」
☆「世界名著大事典」

ディグナーガ
06732　「因明正理門論」
☆「世界名著大事典」

06733　「観所縁論」
☆「世界名著大事典」

06734　「掌中論」
☆「世界名著大事典」

ディケンズ,チャールズ
06735　「エドウィン・ドルードの謎」
『エドウィン・ドルードの謎』　チャールズ・ディケンズ著　小池滋訳　白水社　2014　479p　18cm（白水uブックス）　1700円　①978-4-560-07191-5
☆「世界文学あらすじ大事典1（あ‐きよう）」

06736　「大いなる遺産」
『大いなる遺産　上』　ディケンズ著　山西英一訳　改版　新潮社　2013　517p　15cm（新潮文庫）　710円　①978-4-10-203001-1
☆「一冊で世界の名著100冊を読む」、「英米文学の名作を知る本」、「面白いほどよくわかるあらすじで読む世界の名作」、「教養のためのブックガイド」、「知っておきたいイギリス文学」、「世界の小説大百科」、「世界文学あらすじ大事典1（あ‐きよう）」、「世界名著大事典」、「名作あらすじ事典　西洋文学編」

06737　「オリバー・ツイスト」
『オリバー・ツイスト』　チャールズ・ディケンズ著　松澤喜好監修　IBCパブリッシング　2010　151p　19cm（IBCオーディオブックス）〈付属資料：CD2, 本文：英文〉　1800円　①978-4-7946-0029-5
☆「英米文学の名作を知る本」、「世界の小説大百科」、「世界の名作おさらい」、「世界文学あらすじ大事典1（あ‐きよう）」、「世界文学鑑賞辞典　第1」、「世界名著大事典」、「ポケット世界名作事典」

06738　「クリスマス・キャロル」
『クリスマス・キャロル』　チャールズ・ディケンズ作　ロベルト・インノチェンティ絵　もきかずこ訳　新装版　西村書店　2013　150p　31×22cm　2800円　①978-4-89013-944-6

☆「あらすじで出会う世界と日本の名作55」、「あらすじで読む世界の名著no.3」、「一冊で不朽の名作100冊を読む」（友人社）、「一冊で不朽の名作100冊を読む」（友人社）、「3行でわかる名作＆ヒット本250」、「少年少女のための文学案内1」、「世界少年少女文学　ファンタジー編」、「世界の名作おさらい」、「世界の名作文学案内」、「世界のメルヘン30」、「世界文学あらすじ大事典2（きよえ‐ちえ）」、「世界文学鑑賞辞典　第1」、「世界文学の名作と主人公」、「世界名作事典」、「世界名著大事典」、「たのしく読めるイギリス文学」、「2時間でわかる世界の名著」、「ポケット世界名作事典」、「名作の研究事典」

06739　「荒涼館」
『荒涼館―新訳　上巻』　チャールズ・ディケンズ作　田辺洋子訳　京都　あぽろん社　2007　595p　22cm　5000円　①978-4-87041-559-1　Ⓝ933.6
☆「「こころ」は本当に名作か」、「世界の小説大百科」、「世界文学あらすじ大事典2（きよえ‐ちえ）」、「名作はこのように始まる1」

06740　「骨董屋」
『骨董屋―新訳』　チャールズ・ディケンズ作　田辺洋子訳　京都　あぽろん社　2008　738p　22cm　7000円　①978-4-87041-562-1　Ⓝ933.6
☆「世界文学あらすじ大事典2（きよえ‐ちえ）」、「世界名著大事典」、「大作家"ろくでなし"列伝」

06741　「寂しい屋敷」
☆「世界名著大事典」

06742　「小さなドリット」
☆「世界名著大事典」

06743　「つらい世の中」
☆「世界名著大事典」

06744　「デイヴィッド・コパフィールド」
『デイヴィッド・コパフィールド　1』　チャールズ・ディケンズ著　中野好夫訳　改版　新潮社　2006　494p　19cm（新潮文庫）　629円　①4-10-203010-7
☆「あらすじで味わう外国文学」、「あらすじで読む世界文学105」、「イギリス文学」、「英仏文学戦記」、「英米文学の名作を知る本」、「面白いほどよくわかる世界の文学」、「書き出し「世界文学全集」」、「近代名著解題選集2」、「現代世界の名作」、「3行でわかる名作＆ヒット本250」、「世界の小説大百科」、「世界の書物」、「世界の長編文学」、「世界の名作50選」、「世界の名著」、「世界文学あらすじ大事典3（ちか‐ふろ）」、「世界文学鑑賞辞典　第1」、「世界の名作と主人公」、「世界名作文学館」、「世界名著解題選　第3巻」、「世界名著大事典」、「たのしく読めるイギリス文学」、「ポケット世界名作事典」、「名作英米小説の読み方・楽しみ方」

06745　「ドンビー父子」
『ドンビー父子　上』　チャールズ・ディケンズ著　田辺洋子訳　こびあん書房　2000　550p

22cm　6000円　Ⓘ4-87558-240-4　Ⓝ933.6
☆「世界文学あらすじ大事典 3（ちか‐ふろ）」,「世界名著大事典」

06746 「ニコラス・ニクルビー」
『ニコラス・ニクルビー　上』　チャールズ・ディケンズ作　田辺洋子訳　こびあん書房　2001　518p　22cm　5000円
Ⓘ4-87558-243-9　Ⓝ933.6
☆「世界文学あらすじ大事典 3（ちか‐ふろ）」,「世界名著大事典」

06747 「二都物語」
『二都物語』　チャールズ・ディケンズ著　加賀山卓朗訳　新潮社　2014　666p　15cm（新潮文庫）　890円　Ⓘ978-4-10-203014-1
☆「あらすじで味わう名作文学」,「イギリス文学」,「英米文学の名作を知る本」,「学術辞典叢書 第13巻」,「教養のためのブックガイド」,「3行でわかる名作＆ヒット本250」,「図説 5分でわかる世界の名作」,「世界の名作」,「世界の名作100を読む」,「世界文学あらすじ大事典 3（ちか‐ふろ）」,「世界文学鑑賞辞典 第1」,「世界文学の名作と主人公」,「世界名作書き」,「世界名作解題第3巻」,「世界名著大事典」,「世界・名著のあらすじ」,「入門名作の世界」,「文学・名著300選の解説 '88年度版」,「ポケット世界名作事典」,「名小説ストーリィ集 世界篇」

06748 「ハード・タイムズ」
『ハード・タイムズ―新訳』　チャールズ・ディケンズ作　田辺洋子訳　京都　あぽろん社　2009　372p　22cm　4000円
Ⓘ978-4-87041-564-5　Ⓝ933.6
☆「教養のためのブックガイド」,「世界文学あらすじ大事典 3（ちか‐ふろ）」

06749 「バーナビー・ラッジ」
☆「世界の推理小説・総解説」,「世界文学あらすじ大事典 3（ちか‐ふろ）」

06750 「ピクウィック・ペーパーズ」
『ピクウィック・ペーパーズ―新訳　上巻』　チャールズ・ディケンズ作　田辺洋子訳　京都　あぽろん社　2002　492p　22cm〈年譜あり〉　5000円　Ⓘ4-87041-546-1　Ⓝ933.6
☆「世界文学あらすじ大事典 3（ちか‐ふろ）」,「世界名著大事典」

06751 「マーティン・チャズルウィット」
『マーティン・チャズルウィット―新訳　下巻』　チャールズ・ディケンズ作　田辺洋子訳　京都　あぽろん社　2005　566p　22cm　5250円　Ⓘ4-87041-553-4　Ⓝ933.6
☆「世界文学あらすじ大事典 4（ふん‐われ）」

06752 「リトル・ドリット」
『リトル・ドリット―新訳　上巻　貧』　チャールズ・ディケンズ作　田辺洋子訳　京都　あぽろん社　2004　533p　22cm　5000円

Ⓘ978-4-87041-550-8,4-87041-550-X　Ⓝ933.6
☆「世界文学あらすじ大事典 4（ふん‐われ）」

06753 「我らが共通の友」
『我らが共通の友　下』　チャールズ・ディケンズ著　間二郎訳　筑摩書房　1997　488p　15cm（ちくま文庫）　1200円
Ⓘ4-480-03218-5
☆「世界文学あらすじ大事典 4（ふん‐われ）」

ディーコン, テレンス・W.

06754 「ヒトはいかにして人となったか―言語と脳の共進化」
『ヒトはいかにして人となったか―言語と脳の共進化』　テレンス・W.ディーコン著　金子隆芳訳　新曜社　1999　561p　19cm　5300円　Ⓘ4-7885-0671-8
☆「ブックガイド "心の科学" を読む」

ティース

06755 「レオナルド・ダ・ヴィンチ」
☆「世界名著大事典」

ディーズ, ボーエン・C.

06756 「占領軍の科学技術基礎づくり」
『占領軍の科学技術基礎づくり―占領下日本1945〜1952』　ボーエン・C.ディーズ著　笹本征男訳　河出書房新社　2003　382p　21cm　3900円　Ⓘ4-309-90524-2
☆「サイエンス・ブックレヴュー」

ディースターヴェーク

06757 「教職教養指針」
☆「教育学の世界名著100選」

ディズレーリ

06758 「シビル,2つの国民」
☆「西洋をきずいた書物」

ディーゼル

06759 「蒸気機関および今日の内燃機関に代るべき合理的な熱機関の理論および構造」
☆「自然科学の名著」,「世界名著大事典」

ディーチェル, ハインリッヒ

06760 「価値論の意義とマルクス分配論の基本的誤謬」
☆「学術辞典叢書 第14巻」

06761 「理論社会経済学」
☆「学術辞典叢書 第14巻」

ティチング

06762 「日本図説」
☆「世界名著大事典」

ディーツ

06763「考古学への招待」
『考古学への招待』 ジェイムズ・ディーツ著 関俊彦訳 第2版 雄山閣出版 1994 158p 21cm〈著者の肖像あり 参考文献：p149～151〉 2200円 ①4-639-00712-4 Ⓝ202.5
☆「学問がわかる500冊 v.2」

ティーツェ

06764「美術史方法論」
☆「世界名著大事典」

ディッキー，ジェイムズ

06765「わが心の河」
☆「映画になった名著」，「世界の冒険小説・総解説」

ディッキンソン

06766「善の意義」
☆「近代欧米名著解題 第5巻」

ディック，フィリップ・K．

06767「アルベマス」
『アルベマス』 フィリップ・K.ディック著 大瀧啓裕訳 東京創元社 1995 456p 15cm（創元SF文庫） 730円 ①4-488-69613-9
☆「世界のSF文学・総解説」

06768「アンドロイドは電気羊の夢を見るか？」
『アンドロイドは電気羊の夢を見るか？』 フィリップ・K.ディック著 浅倉久志訳 早川書房 1977 294p 16cm（ハヤカワ文庫 SF） 330円 Ⓝ933
☆「映画になった名著」，「世界のSF文学・総解説」，「世界の小説大百科」

06769「ヴァリス」
『ヴァリス』 フィリップ・K.ディック著 山形浩生訳 新訳版 早川書房 2014 430p 15cm（ハヤカワ文庫SF） 940円 ①978-4-15-011959-1
☆「世界のSF文学・総解説」，「たのしく読めるアメリカ文学」，「百年の誤読 海外文学篇」

06770「宇宙の眼」
『宇宙の眼』 フィリップ・K.ディック著 中田耕治訳 早川書房 1959 264p 19cm（ハヤカワ・ファンタジイ） Ⓝ933
☆「世界のSF文学・総解説」

06771「火星のタイム・スリップ」
『火星のタイム・スリップ』 フィリップ・K.ディック著 小尾芙佐訳 早川書房 1980 343p 16cm（ハヤカワ文庫 SF） 420円 Ⓝ933
☆「世界のSF文学・総解説」

06772「逆まわりの世界」
『逆まわりの世界』 フィリップ・K.ディック著 小尾芙佐訳 早川書房 1983 303p 16cm（ハヤカワ文庫 SF） 380円 Ⓝ933
☆「世界のSF文学・総解説」

06773「聖なる侵入」
『聖なる侵入』 フィリップ・K.ディック著 大滝啓裕訳 東京創元社 1990 444p 15cm（創元推理文庫） 650円 ①4-488-69607-4
☆「世界のSF文学・総解説」

06774「高い城の男」
『高い城の男』 フィリップ・K.ディック著 浅倉久志訳 早川書房 1984 399p 16cm（ハヤカワ文庫 SF） 480円 Ⓝ933
☆「世界のSF文学・総解説」

06775「ティモシー・アーチャーの転生」
『ティモシー・アーチャーの転生』 フィリップ・K.ディック著 大瀧啓裕訳 東京創元社 1997 394p 15cm（創元SF文庫） 721円 ①4-488-69614-7
☆「世界のSF文学・総解説」

06776「パーマー・エルドリッチの三つの聖痕」
『パーマー・エルドリッチの三つの聖痕』 フィリップ・K.ディック著 浅倉久志訳 早川書房 1984 351p 16cm（ハヤカワ文庫 SF） 420円 ①4-15-010590-1 Ⓝ933
☆「世界のSF文学・総解説」

06777「ユービック」
『ユービック』 フィリップ・K.ディック著 浅倉久志訳 早川書房 1978 324p 16cm（ハヤカワ文庫 SF） 360円 Ⓝ933
☆「世界のSF文学・総解説」

ディーツゲン，ヨゼフ

06778「社会主義者の認識論の領域への侵入」
☆「学術辞典叢書 第12巻」，「世界名著解題 第2巻」，「世界名著大事典」

06779「哲学の果実」
☆「世界名著大事典」

06780「人間の頭脳活動の本質」
『人間の頭脳活動の本質―他一篇』 ディーツゲン著 小松摂郎訳 岩波書店 1952 206p 15cm（岩波文庫） Ⓝ116.46
☆「世界名著解題選 第5巻」，「世界名著大事典」

ディッシュ，トマス・M．

06781「334」
『334』 トマス・M.ディッシュ著 増田まもる訳 サンリオ 1979 490p 15cm（サンリオSF文庫） 560円 Ⓝ933
☆「世界のSF文学・総解説」

ディッシュ, トーマス・M.

06782 「人類皆殺し」
『人類皆殺し—ジェノサイド』 トーマス・M.ディッシュ著 深町真理子訳 早川書房 1968 206p 19cm (ハヤカワ・SF・シリーズ) 270円 Ⓝ933
☆「世界のSF文学・総解説」

ディディオン, ジョーン

06783 「デモクラシー」
☆「世界の小説大百科」

06784 「マライア」
☆「世界の小説大百科」

ディートリッヒ

06785 「ハワード・ヒューズ」
『ハワード・ヒューズ—謎の大富豪』 ノア・ディートリッヒ, ボブ・トーマス著 広瀬順弘訳 角川書店 1977 434p 15cm (角川文庫) 420円 Ⓝ289.3
☆「伝記・自叙伝の名著」

ディートリッヒ, マレーネ

06786 「ディートリッヒ自伝」
☆「世界の小説大百科」,「伝記・自叙伝の名著」

ディドロ, ドニ

06787 「アンシクロペディー」
☆「自然科学の名著」

06788 「運命論者ジャックとその主人」
『運命論者ジャックとその主人』 ドニ・ディドロ著 王寺賢太, 田口卓臣訳 白水社 2006 361p 19cm 3400円 ①4-560-02758-7
☆「知っておきたいフランス文学」,「世界の小説大百科」

06789 「演劇論」
☆「世界名著解題選 第6巻」

06790 「懐疑論者の散歩」
☆「哲学の名著」

06791 「劇文学論」
☆「世界名著大事典」

06792 「自然の解釈に関する思索」
『自然の解釈に関する思索』 ディドロ著 小場瀬卓三訳 再版 創元社 1949 281p 19cm (哲学叢書) Ⓝ135.44
☆「世界名著解題選 第5巻」,「世界名著大事典」,「哲学の名著」

06793 「ダランベールの夢」
『ダランベールの夢—他四篇』 ディドロ著 新村猛訳 岩波書店 1958 218p 15cm (岩波文庫) Ⓝ135.44
☆「世界の幻想文学」,「世界名著大事典」,「哲学の名著」

06794 「哲学断想」
☆「世界の古典名著」,「世界の名著早わかり事典」,「哲学の名著」,「哲学名著解題」

06795 「俳優に関する逆説」
☆「世界名著大事典」

06796 「百科全書」
『百科全書—序論および代表項目』 ディドロ, ダランベール編 桑原武夫訳編 岩波書店 1995 413,4p 15cm (岩波文庫) 720円 ①4-00-336241-1
☆「自然科学の名著100選 上」,「西洋をきずいた書物」,「世界を変えた100冊の本」,「世界の書物」,「世界の哲学思想」,「世界名著解題選 第5巻」,「世界名著大事典」,「哲学名著解題」,「必読書150」

06797 「不謹慎な宝石」
☆「世界の奇書」

06798 「盲人に関する手紙」
☆「哲学の名著」

06799 「ラモーの甥」
『ラモーの甥』 ディドロ作 本田喜代治, 平岡昇訳 改版 岩波書店 1992 224p 15cm (岩波文庫)〈第18刷(第1刷：1940年)〉 520円 ①4-00-336243-8 Ⓝ953
☆「社会科学の名著」,「世界の小説大百科」,「世界文学あらすじ大事典 4(ふん-われ)」,「世界文学鑑賞辞典 第2」,「世界文学の名作と主人公」,「世界名著大事典」,「フランス文学」

デイトン, レン

06800 「ベルリンの葬送」
『ベルリンの葬送』 レン・デイトン著 稲葉明雄訳 早川書房 1978 447p 16cm (ハヤカワ文庫 NV) 480円 Ⓝ933
☆「世界の推理小説・総解説」

ディナースタイン, D.

06801 「性幻想と不安」
『性幻想と不安』 ドロシー・ディナースタイン著 岸田秀, 寺沢みづほ訳 河出書房新社 1984 333p 20cm〈参考文献：p330〜333〉 2600円 ①4-309-20069-9 Ⓝ141.9
☆「フェミニズムの名著50」

ディネセン, イサク (ブリクセン, カレン)

06802 「アフリカの日々」
☆「世界の小説大百科」

06803 「七つのゴシック物語」
☆「世界文学あらすじ大事典 3(ちか-ふろ)」

デイビス, マイルス

06804 「完本マイルス・デイビス自叙伝」
☆「伝記・自叙伝の名著」

スミス,W.C.
05834 「現代史におけるイスラム」
☆「世界名著大事典」

スミス,W.R.
05835 「セム族の宗教」
『セム族の宗教 上巻』 W.R.スミス著 永橋卓介訳 岬書房 1969 242p 22cm 1600円 Ⓝ160.228
☆「世界名著大事典」

スミルノフ
05836 「メンデレーエフ伝」
『メンデレーエフ伝―元素周期表はいかにして生まれたか』 ゲルマン・スミルノフ著 木下高一郎訳 講談社 1976 284p 18cm(ブルーバックス) 540円 Ⓝ289.3
☆「伝記・自叙伝の名著」

スメドレー,アグネス
05837 「偉大なる道」
『偉大なる道―朱徳の生涯とその時代 上』 アグネス・スメドレー著 阿部知二訳 岩波書店 1977 388p 15cm(岩波文庫) 400円 Ⓝ289.2
☆「世界名著大事典」

05838 「女ひとり大地を行く」
☆「世界名著大事典」

05839 「中国の歌ごえ」
☆「世界名著大事典」

スメール,S.
05840 「力学系入門」
☆「数学ブックガイド100」

スメルサー
05841 「経済と社会」
『経済と社会 第1』 T.パーソンズ,N.J.スメルサー著 富永健一訳 岩波書店 1958 293p 19cm(岩波現代叢書) Ⓝ331
☆「世界名著大事典」

05842 「集合行動の理論」
『集合行動の理論』 ニイル・J.スメルサー著 会田彰,木原孝訳 誠信書房 1973 529,16p 22cm 3800円 Ⓝ361.5
☆「社会の構造と変動」

スモール,アルビオン・ウッドベリ
05843 「一般社会学」
☆「学術辞典叢書 第11巻」,「世界名著解題選 第1巻」,「世界名著大事典」

05844 「社会学の起源」
☆「学術辞典叢書 第14巻」,「世界名著解題選 第2巻」,「世界名著大事典」

スモレット,トバイアス・ジョージ
05845 「ハンフリー・クリンカー」
『ハンフリー・クリンカー』 T.スモレット作 長谷安生訳 茨木 長谷安生 1972 2冊 21cm 600円,1200円 Ⓝ933
☆「世界の小説大百科」,「世界文学あらすじ大事典 3(ちか‐ふろ)」,「世界名著大事典」

05846 「ペレグリン・ピクル」
☆「世界の小説大百科」

05847 「ロデリック・ランダムの冒険」
『ロデリック・ランダムの冒険』 トバイアス・スモレット作 伊藤弘之,加茂淳一,竹下裕俊,田畑智司,堀正広,村田和穂,村田倫子共訳 荒竹出版 1999 505p 21cm 5800円 ①4-87043-147-5
☆「世界文学あらすじ大事典 4(ふん‐われ)」,「世界文学鑑賞辞典 第1」,「世界名著大事典」

ズュースキント,パトリック
05848 「鳩」
☆「世界の小説大百科」

スラウエルホフ,J.J.
05849 「禁じられた王国」
☆「世界の小説大百科」

スラッファ,ピエロ
05850 「競争的条件のもとにおける収益法則」
☆「経済学名著106選」

05851 「商品による商品の生産」
『商品による商品の生産―経済理論批判序説』 ピエロ・スラッファ著 菱山泉,山下博訳 有斐閣 1978 158,5p 19cm〈昭和37年刊の復刊〉 1300円 Ⓝ331.39
☆「学問がわかる500冊」,「経済学の名著」,「経済学88物語」,「世界の古典名著」

スーリオー
05852 「諸芸術の照応」
☆「世界名著大事典」

05853 「ロマンティスムの歴史」
☆「世界名著大事典」

スールダース
05854 「スールサーガル」
☆「世界名著大事典」

ズルタン
05855 「国家収入」
☆「世界名著大事典」

ディープゲン
06805 「医学史」
☆「世界名著大事典」

ティプトリー・ジュニア, ジェイムズ
06806 「たったひとつの冴えたやりかた」
☆「世界のSF文学・総解説」

ティブルス
06807 「詩集」
☆「世界名著大事典」

ディー=ベッカー, ギャヴィン
06808 「暴力から逃れるための15章」
『暴力から逃れるための15章』 ギャヴィン・ディー=ベッカー著 武者圭子訳 新潮社 1999 318p 20cm 1800円 ①4-10-538201-2 Ⓝ368.6
☆「世界の心理学50の名著」

ディベリウス, M.
06809 「福音書の様式史」
☆「世界名著大事典」

ディベリウス, W.
06810 「イギリス」
☆「世界名著大事典」

ティボーデ, アルベール
06811 「小説考」
☆「世界名著解題選 第6巻」,「世界名著大事典」

06812 「批評の生理学」
☆「世界名著大事典」,「世界名著大事典 補遺(Extra)」

06813 「フランスの生の30年」
☆「世界名著大事典」

06814 「フランス文学史」
『フランス文学史 下』 アルベール・ティボーデ著 鈴木信太郎等訳 ダヴィッド社 1954 384,123p 22cm Ⓝ950.2
☆「世界名著大事典」,「世界名著大事典 補遺(Extra)」

06815 「フロベール論」
☆「世界名著大事典 補遺(Extra)」

06816 「マラルメの詩」
☆「世界名著大事典 補遺(Extra)」

ディーボルド, ジョン
06817 「アメリカ知価革命」
『アメリカ知価革命―大変化に遅れる組織への警告』 ジョン・ディーボルド著 堺屋太一訳 光文社 1986 421p 19cm 1500円 ①4-334-96023-5
☆「経営経営95冊」

ディミトロフ, ゲオルギ
06818 「反ファシズム統一戦線」
『反ファシズム統一戦線』 ディミトロフ著 坂井信義, 村田陽一訳 大月書店 1967 268p 15cm(国民文庫) 240円 Ⓝ363.5
☆「科学的社会主義の古典案内」,「世界名著大事典」,「歴史の名著 外国人篇」

ティム, ウーヴェ
06819 「カレーソーセージをめぐるレーナの物語」
☆「世界の小説大百科」

ディームベルガー, クルト
06820 「K2 嵐の夏」
☆「新・山の本おすすめ50選」

ティモシー・ガルウェイ, W.
06821 「新インナーゲーム」
☆「世界の成功哲学50の名著エッセンスを解く」

ディモーナ
06822 「核パニックの五日間」
『核パニックの五日間』 ジョセフ・ディモーナ著 菊池光訳 〔新装版〕 東京創元社 1991 320p 15cm(創元推理文庫)〈第5刷(第1刷:79.5.18)〉 500円 ①4-488-19601-2
☆「世界の冒険小説・総解説」

ティモンズ, ジェフリー・A.
06823 「ベンチャー創造の理論と戦略」
『ベンチャー創造の理論と戦略―起業機会探索から資金調達までの実践的方法論』 ジェフリー・A.ティモンズ著 千本倖生, 金井信次訳 ダイヤモンド社 1997 651p 22cm 8034円 ①4-478-37203-9 Ⓝ335
☆「あらすじで読む世界のビジネス名著」

テイヤール・ド・シャルダン
06824 「現象としての人間」
☆「世界の自己啓発50の名著」,「世界名著大事典 補遺(Extra)」,「哲学の世界」

ディヤング, M.
06825 「コウノトリと六人の子どもたち」
☆「一冊で不朽の名作100冊を読む」(友人社),「一冊で不朽の名作100冊を読む」(友人社),「世界少年少女文学 リアリズム編」,「名作の研究事典」

テイラー
06826 「アメリカ合衆国における農村生活」
☆「世界名著大事典」

06827 「科学小史」
☆「世界名著大事典」

06828 「中世精神」
☆「世界名著大事典」

テイラー, エリザベス
06829 「非難」
☆「世界の小説大百科」

テイラー, チャールズ
06830 「マルチカルチュラリズム」
『マルチカルチュラリズム』 チャールズ・テイラー, ユルゲン・ハーバーマスほか著 エイミー・ガットマン編 佐々木毅, 辻康夫, 向山恭一訳 岩波書店 2007 240,3p 19cm（岩波モダンクラシックス） 3000円
①978-4-00-027147-9
☆「政治・権力・公共性」,「歴史家の一冊」

テイラー, フレデリック・W.
06831 「科学的管理法」
☆「アメリカを変えた本」,「学術辞典叢書 第14巻」,「究極のビジネス書50選」,「経済学名著106選」,「自然科学の名著」,「自然科学の名著100選 下」,「西洋をきずいた書物」,「世界で最も重要なビジネス書」,「世界名著解題選 第1巻」,「世界名著大事典」,「戦略の名著！ 最強43冊のエッセンス」

06832 「工場管理論」
☆「世界名著大事典」

テイラー, A.J.P.
06833 「第二次世界大戦の起源」
☆「現代歴史学の名著」

テイラー, T.G.
06834 「環境と国家」
☆「世界名著大事典」

ティラク
06835 「バガヴァッド・ギーターの奥意」
☆「世界名著大事典」

ディラック
06836 「量子力学原理」
☆「自然科学の名著」,「自然科学の名著100選 下」,「世界名著大事典」

ディラード
06837 「ティンカー・クリークのほとりで」
『ティンカー・クリークのほとりで』 アニー・ディラード著 金坂留美子, くぼたのぞみ訳 めるくまーる 1991 443p 19cm（シリーズ 精神とランドスケープ） 2400円
☆「たのしく読めるアメリカ文学」

デイリー, M.
06838 「女性・エコロジー」

☆「フェミニズムの名著50」

ティーリケ
06839 「ニヒリズム」
『ニヒリズム─成立・本質・克服』 ティーリケ著 志波一富訳 筑摩書房 1954 233p 18cm Ⓝ113.7
☆「世界名著大事典」

ティリッヒ, パウル
06840 「現代の宗教的状況」
☆「世界名著大事典」

06841 「プロテスタント時代」
☆「世界名著大事典」

06842 「歴史の解釈」
☆「世界名著大事典」

ディール
06843 「ギリシア叙情詩集」
☆「世界名著大事典」

06844 「社会主義, 共産主義および無政府主義」
☆「世界名著大事典」

ディール, シャルル
06845 「ビザンティン史の重要諸問題」
☆「世界名著大事典」

06846 「ビザンティン美術概説」
☆「世界名著大事典」

デイ・ルイス, C.
06847 「オタバリの少年探偵たち」
『オタバリの少年探偵たち』 セシル・デイ＝ルイス作 脇明子訳 岩波書店 2008 262p 18cm（岩波少年文庫 155） 680円
①978-4-00-114155-9 Ⓝ933.7
☆「一冊で不朽の名作100冊を読む」(友人社),「一冊で不朽の名作100冊を読む」(友人社),「世界少年少女文学 リアリズム編」

06848 「詩集」
☆「世界名著大事典 補遺（Extra）」

06849 「詩的イメージ」
☆「世界名著大事典 補遺（Extra）」

06850 「章の終り」
☆「世界名著大事典 補遺（Extra）」

06851 「ニコラス・ブレーク」
☆「世界名著大事典 補遺（Extra）」

ディルクセン
06852 「モスクヴァ, 東京, ロンドン」
☆「世界名著大事典」

ティルケ

06853　「衣裳裁断と衣服形成」
☆「世界名著大事典」

ディールス, ヘルマン

06854　「古代技術」
『古代技術』　ディールス著　平田寛訳　創元社　1943　311,54p 図版　19cm（創元科学叢書）Ⓝ502.3
☆「世界名著大事典」

06855　「ソクラテス以前の哲学者の断片集」
☆「世界名著大事典」

ディールス, P.

06856　「古代教会スラヴ語文法」
☆「世界名著大事典」

ティルソ・デ・モリーナ

06857　「女性の分別」
☆「世界名著大事典」

06858　「緑色ズボンのドン・ヒル」
☆「世界名著大事典」

ディルタイ, ウィルヘルム

06859　「記述的・分析的心理学についての理念」
☆「世界名著大事典」

06860　「教育史・教育学概論」
『教育史・教育学概論』　ディルタイ著　白根孝之訳　理想社出版部　1937　302p　23cm　Ⓝ371
☆「21世紀の教育基本書」

06861　「詩と体験」
『詩と体験』　ウイルヘルム・ディルタイ著　佐久間政一訳　モナス　1933　554p 肖像　23cm　Ⓝ901
☆「世界名著解題選 第6巻」

06862　「十五世紀および十六世紀における人間の理解と分析」
☆「人文科学の名著」

06863　「精神科学概論」
☆「学術辞典叢書 第12巻」,「世界名著解題選 第2巻」

06864　「精神科学序説」
『精神科学序説──社会と歴史の研究にたいする一つの基礎づけの試み　下巻』　ディルタイ著　山本英一, 上田武訳　以文社　1981　313,5p　22cm　3000円　Ⓝ134.9
☆「世界の古典名著」,「世界の名著早わかり事典」,「世界名著大事典」,「哲学の名著」

06865　「世界観の諸類型と形而上学的諸体系におけるその形式」
☆「哲学名著解題」

06866　「世界観学」
『世界観学』　ヴィルヘルム・ディルタイ著　久野昭監訳　以文社　1989　220,6p　19cm　1751円
☆「世界名著大事典」,「哲学名著解題」

06867　「体験と詩作」
☆「世界名著大事典」

06868　「哲学の本質」
『哲学の本質─改訳』　ウィルヘルム・ディルタイ著　勝部謙造訳　大村書店　1935　234p　20cm　Ⓝ134
☆「学術辞典叢書 第13巻」,「世界名著解題選 第3巻」

06869　「ドイツ精神史研究」
☆「世界名著大事典」

06870　「ドイツの文学と音楽」
『ドイツの文学と音楽　上巻』　ディルタイ著　山西英一訳　河出書房　1944　328p　19cm　Ⓝ944
☆「世界名著大事典」

06871　「普遍妥当的教育学の可能性について」
☆「世界名著大事典」

06872　「歴史的世界の構造」
☆「世界名著大事典」,「哲学名著解題」

ティルピツ

06873　「政治的文書」
☆「世界名著大事典」

ティーレ

06874　「宗教史綱要」
☆「世界名著大事典」

ディレーニー, サミュエル・R.

06875　「時は準宝石の螺旋のように」
☆「世界のSF文学・総解説」

06876　「ノヴァ」
☆「世界のSF文学・総解説」

06877　「バベル－17」
☆「世界のSF文学・総解説」

ディロン, エイリス

06878　「苦いグラス」
☆「世界の小説大百科」

ディン, リン

06879　「偽の家」
☆「21世紀の世界文学30冊を読む」

ティンダル, ウィリアム

06880　「英訳新約聖書」

☆「西洋をきずいた書物」

ティンダル, ジョン
06881 「アルプスの氷河」
☆「世界名著大事典」

ティントナー
06882 「計量経済学」
☆「世界名著大事典」

ティンバーゲン, ヤン
06883 「新しい経済」
☆「世界名著大事典 補遺(Extra)」,「「本の定番」ブックガイド」

06884 「景気循環理論の統計的検証」
☆「経済学名著106選」,「世界名著大事典」,「世界名著大事典 補遺(Extra)」

06885 「経済政策の理論」
☆「世界名著大事典 補遺(Extra)」

06886 「経済発展計画論」
☆「世界名著大事典 補遺(Extra)」

ティンメルマンス, フェリックス
06887 「農民賛歌」
☆「世界名著大事典」

06888 「パリタァ」
☆「世界の小説大百科」

06889 「ピーター・ブリューヘル」
☆「世界名著大事典」

デーヴィ
06890 「化学哲学要論 第一巻」
☆「世界を変えた書物」

06891 「電流の化学作用」
☆「自然科学の名著」,「世界名著大事典」

デーヴィス, ジョン
06892 「航海者要訣」
☆「世界名著大事典」

デヴィス, ハンター
06893 「ビートルズ」
『ビートルズ』 ハンター・デヴィス著 小笠原豊樹, 中田耕治訳 増補版 草思社 1987 398p 21cm 3200円 ⓘ4-7942-0288-1
☆「伝記・自叙伝の名著」

デーヴィス, K.
06894 「アイゼンハウア」
『アイゼンハウアー――民主主義の兵士』 K.デーヴィス著 土屋明訳 読売新聞社 1952 220p 19cm Ⓝ289.3
☆「伝記・自叙伝の名著」

デーヴィス, W.M.
06895 「さんご礁問題」
☆「世界名著大事典」

06896 「自然地理学入門」
『自然地理学』 デーヴィス著 小川英男訳 古今書院 1933 413p 図版19枚 地図 23cm Ⓝ450.1
☆「世界名著大事典」

06897 「地形の説明的記載」
☆「世界名著大事典」

デーヴィッド
06898 「アメリカ経済史」
☆「世界名著大事典」

デヴィッドソン, ポール
06899 「貨幣的経済理論」
☆「経済学88物語」

06900 「ケインズ経済学の再生」
☆「学問がわかる500冊」

テエヌ
06901 「芸術の哲学」
☆「学術辞典叢書 第13巻」

テオグニス
06902 「エレゲイア」
☆「世界名著大事典」

テオクリトス
06903 「詩集」
☆「世界名著大事典」

テオドレトス
06904 「教会史」
☆「世界名著大事典」

テオフラストス
06905 「植物原因論」
☆「世界名著大事典」

06906 「植物誌」
☆「世界名著大事典」

テオプラストス
06907 「人さまざま」
『人さまざま』 テオプラストス著 吉田正通訳 一穂社 2005 109p 21cm(名著/古典籍文庫)〈岩波文庫復刻版 岩波書店刊を原本としたオンデマンド版〉 2300円 ⓘ4-86181-108-2 Ⓝ131.4
☆「世界名著大事典」

デカルト, ルネ
06908 「幾何学」

『幾何学』 ルネ・デカルト著 原亨吉訳 筑摩書房 2013 225p 15cm（ちくま学芸文庫） 1100円 ⓘ978-4-480-09565-7
☆「自然科学の名著」,「世界名著大事典」

06909 「省察」
『省察』 ルネ・デカルト著 山田弘明訳 筑摩書房 2006 306p 15cm（ちくま学芸文庫） 1000円 ⓘ4-480-08965-9
☆「教養のためのブックガイド」,「近代哲学の名著」,「世界の哲学50の名著」,「世界名著大事典」,「哲学の世界」,「哲学名著解題」（協同出版）,「哲学名著解題」（春秋社）,「入門 哲学の名著」,「ハイデガー本45」

06910 「情念論」
『情念論』 デカルト著 谷川多佳子訳 岩波書店 2008 265,7p 15cm（岩波文庫） 660円 ⓘ978-4-00-336135-1
☆「世界名著大事典」

06911 「精神指導の規則」
『精神指導の規則』 デカルト著 野田又夫訳 改訳 岩波書店 1974 165p 15cm（岩波文庫） 140円 Ⓝ135.1
☆「世界名著大事典」

06912 「哲学の原理」
『哲学の原理』 デカルト著 桝田啓三郎訳 角川書店 1969 286p 15cm（角川文庫）〈参考文献：278-279p〉 Ⓝ135.1
☆「世界名著大事典」

06913 「方法序説」
『方法序説』 ルネ・デカルト著 小場瀬卓三訳 新版 角川学芸出版,角川グループパブリッシング［発売］ 2011 170p 15cm（角川ソフィア文庫） 552円 ⓘ978-4-04-408603-9
☆「一冊で哲学の名著を読む」,「いまこそ読みたい哲学の名著」,「大人のための世界の名著50」,「学術辞典叢書 第12巻」,「学問がわかる500冊」,「教育を考えるためにこの48冊」,「教養のためのブックガイド」,「近代哲学の名著」,「近代名著解題選集 2」,「50歳からの名著入門」,「古典・名著の読み方」,「自然科学の名著」,「自然科学の名著100選 上」,「思想史の巨人たち」,「図解世界の名著がわかる本」,「西洋をきずいた書物」,「西洋哲学の10冊」,「世界を変えた書物」,「世界を変えた100冊の本」,「世界の古典名著」,「世界の書物」,「世界の哲学思想」,「世界の名著早わかり事典」,「世界名著解題選 第3巻」,「世界名著解題選 第5巻」,「世界名著大事典」,「超解「哲学名著」事典」,「哲学の世界」,「哲学の名著」（毎日新聞社）,「哲学の名著」（学陽書房）,「哲学名著解題」,「なおかつお厚いのがお好き？」,「必読書150」,「ブックガイド "心の科学" を読む」,「文学・名著300選の解説 '88年度版」,「文庫1冊で読める 哲学の名著」

デクスター, コリン
06914 「ウッドストック行最終バス」
『ウッドストック行最終バス』 コリン・デクスター著 大庭忠男訳 早川書房 1988 359p 15cm（ハヤカワ・ミステリ文庫） 480円 ⓘ4-15-077551-6
☆「世界の推理小説・総解説」

テグネル
06915 「フリティヨフ物語」
☆「世界名著大事典」

デ・グレージア
06916 「公衆と共和国」
☆「世界名著大事典」

06917 「政治社会」
☆「世界名著大事典」

デーゲンコルブ
06918 「民事訴訟論」
☆「世界名著大事典」

デサイ, アニタ
06919 「インドの光と影」
☆「世界の小説大百科」

デサイ, キラン
06920 「喪失の響き」
☆「世界の小説大百科」

デサニ, G.V.
06921 「H・ハッターのすべて」
☆「世界の小説大百科」

デザミー
06922 「共同社会の法典」
☆「世界名著大事典」

デザルグ
06923 「円錐曲線論」
☆「世界名著大事典」

デ・サンクティス
06924 「イタリア文学史」
『イタリア文学史 1 中世』 デ・サンクティス著 池田廉,米山喜晟共訳 現代思潮社 1970 419p 肖像 22cm〈年譜：p.407-419〉 2100円 Ⓝ970.2
☆「世界名著大事典」

テスラ, ニコラ
06925 「テスラ自伝」
『テスラ自伝―わが発明と生涯』 ニコラ・テスラ著 新戸雅章監訳 新装改訳版 藤沢テスラ研究所 2009 172p 21cm 1800円

Ⓝ289.3
☆「サイエンス・ブックレヴュー」

デスラー, I.M.
06926 「日米経済紛争の解明」
☆「現代ビジネス書・経済書総解説」

06927 「日米繊維紛争」
☆「現代ビジネス書・経済書総解説」

デッカー, トマス
06928 「オールド・フォーチュネイタス」
『オールド・フォーチュネイタス』 トマス・デッカー著 小野正和訳 早稲田大学出版部 1988 205p 19cm(エリザベス朝喜劇10選 3) 1400円 Ⓘ4-657-88519-7
☆「世界文学あらすじ大事典1(あ‐きよう)」

06929 「くつ屋の休日」
☆「世界名著大事典」

06930 「殉教の処女」
☆「世界名著大事典」

06931 「貞淑な娼婦」
『貞淑な娼婦 第2部』 トマス・デッカー著 岡崎涼子訳 大井邦雄監修 早稲田大学出版部 1998 207p 19cm(エリザベス朝喜劇10選 第2期 5) 2500円 Ⓘ4-657-98631-7
☆「世界文学あらすじ大事典3(ちか‐ふろ)」, 「世界名著大事典」

デッサウ
06932 「ローマ帝政時代史」
☆「世界名著大事典」

デッサウアー
06933 「技術の哲学」
☆「世界名著大事典」

デッソワール
06934 「美学と一般芸術学」
☆「世界名著大事典」

デッラヴァッレ, ピエトロ
06935 「ペルシアからの手紙」
☆「アジアの比較文化」

デーデキント
06936 「数とは何か、何であるべきか」
☆「自然科学の名著」, 「自然科学の名著100選 下」, 「世界名著大事典」

06937 「数について—連続性と数の本質」
『数について—連続性と数の本質』 デーデキント著 河野伊三郎訳 岩波書店 1961 163p 15cm(岩波文庫) Ⓝ413.9
☆「ブックガイド 文庫で読む科学」

06938 「リーマン全集」
☆「世界名著大事典」

06939 「連続と無理数」
☆「世界名著大事典」

テテンス
06940 「人間の本性とその発展についての哲学的考察」
☆「世界名著大事典」

テナー, エドワード
06941 「逆襲するテクノロジー」
『逆襲するテクノロジー——なぜ科学技術は人間を裏切るのか』 エドワード・テナー著 山口剛,粥川準二訳 早川書房 1999 403p 19cm 2800円 Ⓘ4-15-208216-X
☆「科学を読む愉しみ」

デーナー, R.H.
06942 「帆船航海記」
『帆船航海記』 リチャード・H.デーナー著 千葉宗雄監訳 海文堂出版 1977 336p 図 20cm 2000円 Ⓝ933
☆「世界の海洋文学」

デニー
06943 「ミューズのおどろき」
☆「世界名著大事典」

テニエ, ジャン
06944 「磁石の本性とその効果の価値について」
☆「世界を変えた書物」

デニス, フェリックス
06945 「金持ちになる方法」
☆「お金と富の哲学世界の名著50」

テニスン, アルフレッド
06946 「イノック・アーデン」
『イノック・アーデン』 アルフレッド・ロード・テニスン著 道下匡子訳 愛育社 2011 95p 22×14cm 1600円 Ⓘ978-4-7500-0400-6
☆「学術辞典叢書 第13巻」, 「世界の名著」, 「世界名作事典」, 「世界名著解題選 第1巻」, 「世界名著大事典」, 「ポケット世界名作事典」, 「名作の研究事典」, 「名小説ストーリイ集 世界篇」

06947 「イン・メモリアム」
☆「現代世界の名作」, 「世界文学鑑賞辞典 第1」, 「世界名著大事典」, 「たのしく読めるイギリス文学」

06948 「国王歌集」
☆「世界名著大事典」

テーヌ,イポリット

06949 「イギリス文学史」
『英国文学史―古典主義時代』 イポリット・テーヌ 手塚リリ子,手塚喬介訳 白水社 1998 483,316p 22cm 13000円 ①4-560-04661-1 Ⓝ930.26
☆「世界名著大事典」

06950 「近代フランスの起原」
『近代フランスの起源―旧制時代 上巻』 イポリット・テーヌ著 岡田真吉訳 角川書店 1963 326p 15cm(角川文庫) Ⓝ235.061
☆「世界名著大事典」

06951 「芸術哲学」
☆「世界の哲学思想」,「世界の名著」,「世界名著解題選 第6巻」,「世界名著大事典」

06952 「知性論」
☆「世界名著大事典」

デネット

06953 「ローズヴェルトと日露戦争」
☆「世界名著大事典」

デネット,ダニエル・C.

06954 「解明される意識」
『解明される意識』 ダニエル・C.デネット著 山口泰司訳 青土社 1998 597,41p 19cm 3800円 ①4-7917-5596-0
☆「ブックガイド"心の科学"を読む」

デバイ

06955 「有極性分子」
『有極性分子』 デバイ著 中村輝太郎,佐藤弘一訳 講談社 1976 235p 肖像 22cm 1900円 Ⓝ429.2
☆「世界名著大事典」

デヒーオ

06956 「ドイツ美術史」
☆「世界名著大事典」

デービス,J.

06957 「南部連合の興亡」
☆「世界名著大事典 補遺(Extra)」

デファン夫人

06958 「書簡集」
☆「世界名著大事典」

デ・フェリータ,フランク

06959 「カリブの悪夢」
☆「世界の海洋文学」

デフォー,ダニエル

06960 「イギリス経済概観」
☆「世界名著大事典」

06961 「ヴィール嬢の幽霊」
☆「世界の幻想文学」

06962 「ペスト」
『ペスト』 ダニエル・デフォー著 平井正穂訳 改版 中央公論新社 2009 453p 15cm(中公文庫) 1143円 ①978-4-12-205184-3
☆「世界文学あらすじ大事典 4(ふん‐われ)」

06963 「モル・フランダーズ」
『モル・フランダーズ 上』 デフォー作 伊沢竜雄訳 岩波書店 1968 278p 15cm(岩波文庫) 150円 Ⓝ933
☆「世界の小説大百科」,「世界文学あらすじ大事典 4(ふん‐われ)」

06964 「ロクサーナ」
『ロクサーナ』 ダニエル・デフォー著 宮崎孝一訳 槐書房 1980 358p 23cm〈発売:池田書店 著者の肖像あり〉 3000円 Ⓝ933
☆「世界文学あらすじ大事典 4(ふん‐われ)」

06965 「ロビンソン・クルーソー」
『ロビンソン・クルーソー』 ダニエル・デフォー著 新版 IBCパブリッシング 2013 127p 18cm(ラダーシリーズ)〈本文:英文〉 900円 ①978-4-7946-0231-2
☆「あらすじで味わう外国文学」,「あらすじで出会う世界と日本の名作55」,「あらすじで読む世界文学105」,「一冊で不朽の名作100冊を読む」(友人社),「一冊で不朽の名作100冊を読む」(友人社),「英米文学の名作を知る本」,「大人のための世界の名著50」,「面白いほどよくわかる世界の文学」,「学術辞典叢書 第13巻」,「古典の事典」,「知っておきたいイギリス文学」,「少年少女のための文学案内 1」,「図説 5分でわかる世界の名作」,「西洋をきずいた書物」,「世界少年少女文学 リアリズム編」,「世界の海洋文学」,「世界の小説大百科」,「世界の書物」,「世界の名作」,「世界の名作50選」,「世界の名作おさらい」,「世界の名作を読む」,「世界の名作100を読む」,「世界の名作文学案内」,「世界文学あらすじ大事典 4(ふん‐われ)」,「世界文学鑑賞辞典 第1」,「世界文学の名作と主人公」,「世界文学必勝法」,「世界名作事典」,「世界名作文学館」,「世界名著解題選 第3巻」,「世界名著大事典」,「世界・名著のあらすじ」,「千年紀のベスト100作品を選ぶ」,「たのしく読めるイギリス文学」,「2時間でわかる世界の名著」,「21世紀の教育基本書」,「日本の古典・世界の古典」,「文学・名著300選の解説 '88年度版」,「ポケット世界名作事典」,「名作あらすじ事典 西洋文学編」,「名作の研究事典」,「名小説ストーリィ集 世界篇」,「要約 世界文学全集 2」

デーブリン

06966 「ベルリン・アレクサンダー広場」
☆「世界の小説大百科」,「世界文学鑑賞辞典 第3」,「世界名著大事典」,「ドイツ文学」

デプレオー, ポワロー
06967 「詩法」
☆「世界名著大事典」

デボノ, エドワード
06968 「水平思考の学習―創造性のテキスト・ブック」
『水平思考の学習―創造性のためのテキスト・ブック』 エドワード・デボノ著 箱崎総一, 青井寛訳 講談社 1971 397p 20cm 840円 Ⓝ141.5
☆「世界の心理学50の名著」

デボーリン
06969 「弁証法的唯物論の哲学」
☆「世界名著解題選 第5巻」,「世界名著大事典」

06970 「弁証法と自然科学」
『弁証法と自然科学 上,下巻』 デボーリン著 笹川正孝訳 白揚社 1930 2冊 23cm Ⓝ116
☆「世界名著大事典」

デミング, W.エドワーズ
06971 「危機からの脱出」
☆「究極のビジネス書50選」

デーメル
06972 「美しい野蛮な世界」
☆「世界名著大事典」

06973 「女と世界」
☆「世界名著大事典」

06974 「けれども愛は」
☆「世界名著大事典」

06975 「2人」
☆「世界名著大事典」

デモステネス
06976 「反フィリッポス演説」
☆「世界名著大事典」

テュー, ブライアン
06977 「新・国際金融入門」
『新・国際金融入門』 ブライアン・テュー著 片山貞雄, 木村滋訳 東洋経済新報社 1979 277,5p 21cm〈参考文献:p269〜272〉 2900円 Ⓝ338.9
☆「現代ビジネス書・経済書総解説」

デュアメル, ジョルジュ
06978 「サラヴァンの生活と冒険」
『サラヴァンの生活と冒険 第2 二人の男』 ジョルジュ・デュアメル作 木村太郎訳 白水社 1943 266p 19cm Ⓝ953

☆「世界文学鑑賞辞典 第2」,「世界文学の名作と主人公」,「世界名著大事典」,「フランス文学」

06979 「殉教者の生涯」
☆「世界名著大事典」

06980 「パスキエ家年代記」
☆「現代世界の名作」,「世界文学鑑賞辞典 第2」,「世界名著大事典」,「ポケット世界名作事典」

06981 「文明」
☆「世界名著大事典」

デュアルド
06982 「中華帝国誌」
☆「アジアの比較文化」,「世界名著大事典」

デューイ, ジョン
06983 「いかに我々は思考するか」
☆「哲学名著解題」

06984 「確実性の探求」
『確実性の探求』 ジョン・デューイ,G.H.ミード著 河村望訳 人間の科学社 1996 337p 19cm〈デューイ=ミード著作集 5〉 2575円 Ⓘ4-8226-0147-1
☆「世界名著大事典」,「哲学名著解題」

06985 「学校と社会」
『学校と社会』 デューイ著 宮原誠一訳 岩波書店 2003 190p 15cm〈岩波文庫〉〈原書改訂版, 第61刷〉 500円 Ⓘ4-00-336522-4
☆「学問がわかる500冊」,「教育を考えるためにこの48冊」,「教育本44」,「教育名著の愉しみ」,「世界名著大事典」,「21世紀の教育基本書」,「名著解題」,「名著による教育原理」

06986 「経験と自然」
☆「世界名著大事典」

06987 「経験としての芸術」
『経験としての芸術』 ジョン・デューイ著 栗田修訳 京都 晃洋書房 2010 446p 21cm 5200円 Ⓘ978-4-7710-2168-6
☆「世界名著大事典」,「哲学名著解題」

06988 「公衆とその諸問題」
『公衆とその諸問題』 ジョン・デューイ著 植木豊訳 西東京 ハーベスト社 2010 231p 22cm〈文献あり 索引あり〉 2900円 Ⓘ978-4-86339-021-8 Ⓝ311.7
☆「世界名著大事典」

06989 「実験論理学」
☆「哲学名著解題」

06990 「創造的知性」
☆「世界名著大事典」

06991 「だれでもの信仰」
☆「世界名著大事典」

06992 「哲学の改造」
☆「学問がわかる500冊」、「哲学の世界」、「哲学名著解題」、「人間学の名著を読む」

06993 「哲学の再建」
☆「世界名著大事典」

06994 「ドイツ哲学と政治」
『ドイツ哲学と政治―ナチズムの思想的淵源』 ジョン・デューイ著　足立幸男訳　木鐸社　1977　186p　20cm　1300円　Ⓝ134
☆「世界名著大事典」

06995 「人間性と行為」
☆「社会科学の古典」、「社会思想の名著」、「世界名著大事典」、「哲学名著解題」

06996 「民主主義と教育」
☆「学術辞典叢書 第12巻」、「教育学の世界名著100選」、「教育の名著80選解題」、「近代欧米名著解題 第8巻」、「古典・名著の読み方」、「世界の古典名著」、「世界の名著」、「世界の名著早わかり事典」、「世界名著解題選 第3巻」、「世界名著解題選 第5巻」、「世界名著大事典」、「超解「哲学名著」事典」

06997 「倫理学」
☆「近代欧米名著解題 第4巻」、「世界名著大事典」

06998 「論理学研究」
☆「世界名著大事典」

06999 「論理学 探究の理論」
☆「世界の古典名著」、「世界名著大事典」、「哲学の名著」、「哲学名著解題」

デュウェー
07000 「教育としての倫理学的原理」
☆「近代欧米名著解題 第6巻」

デュヴェルジェ
07001 「政党社会学」
『政党社会学―現代政党の組織と活動』 モーリス・デュベルジェ著　岡野加穂留訳　潮出版社　1970　459p　18cm　800円　Ⓝ315.01
☆「はじめて学ぶ政治学」

07002 「政党論」
☆「世界名著大事典」

デュエム
07003 「物理学理論」
☆「世界名著大事典」

07004 「レオナルド・ダ・ヴィンチ研究」
☆「世界名著大事典」

デューガン、ジェームズ
07005 「海中探検家」
『海中探検家―J.Y.クストー物語』 ジェームス・デューガン著　杉浦滋訳　築地書館　1972　233p　図　肖像　18cm〈クストーの水中活動と関連事項の略年表・参考図書目録：p.202-225〉　580円　Ⓝ289.3
☆「世界の海洋文学」

デュギー
07006 「公法変遷論」
☆「世界名著大事典」

07007 「私法変遷論」
☆「世界名著大事典」

07008 「法と国家」
『法と国家』 レオン・デュギー著　堀真琴訳　岩波書店　1935　279p　16cm（岩波文庫 1213-1214）　Ⓝ321
☆「世界名著大事典」

デュギー、レオン
07009 「憲法論」
☆「学術辞典叢書 第11巻」、「社会科学の名著」、「世界名著解題選 第1巻」、「世界名著大事典」

デューゼンベリー
07010 「所得、貯蓄、消費者行為の理論」
☆「世界名著大事典」

デューターマン、P.T.
07011 「メイポート沖の待ち伏せ」
☆「世界の海洋文学」

デュードニー、A.K.
07012 「眠れぬ夜のグーゴル」
☆「科学を読む愉しみ」

デュナン、J.H.
07013 「ソルフェリノの思い出」
☆「西洋をきずいた書物」、「世界名著大事典 補遺（Extra）」

テューネン、ヨハン・ハイリンヒ・フォン
07014 「孤立国」
『孤立国』 チューネン著　近藤康男、熊代幸雄訳　日本経済評論社　1989　669p　21cm（近代経済学古典選集 1）　8755円　ⓘ4-8188-0343-X
☆「学術辞典叢書 第11巻」、「経済学名著106選」、「世界名著解題選 第1巻」、「世界名著大事典」

デューブ、P.D.
07015 「命の船」
☆「世界の海洋文学」

デュプラー
07016 「倫理学の心理学的及社会学的基礎」
☆「近代欧米名著解題 第2巻」

デュ・ベレー
07017 「哀惜」

☆「世界名著大事典」

07018　「フランス語の擁護と顕揚」
☆「世界名著大事典」

デュ・ボア＝レーモン
07019　「自然認識の限界について」
☆「自然科学の名著」，「世界名著大事典」

デュ・ボス
07020　「アプロクシマシオン」
☆「世界名著大事典」

デュボス
07021　「詩と絵画に関する批評的考察」
☆「世界名著大事典」

デュボワ，テオドール
07022　「和声学」
『和声学　実施編』　テオドール・デュボワ著　平尾貴四男訳　矢代秋雄校訂・増補　音楽之友社　1978　128p　27cm　2200円　Ⓝ761.5
☆「世界名著大事典」

デュボワ，E.
07023　「アロール島人」
☆「世界名著大事典」

07024　「直立猿人」
☆「世界名著大事典」

デュボワ，P.
07025　「聖地回復論」
☆「世界名著大事典」

デュポン・ソメール
07026　「アラム人」
☆「世界名著大事典」

デュマ・フィス
07027　「椿姫」
☆「絵で読むあらすじ世界の名著」，「学術辞典叢書第13巻」，「近代名著解題選集 1」，「近代名著解題選集 2」，「現代世界の名作」，「3行でわかる名作＆ヒット本250」，「世界の名作」，「世界の名作100を読む」，「世界文学あらすじ大事典 3（ちか－ふろ）」，「世界文学鑑賞辞典 第2」，「世界文学の名作と主人公」，「世界名作事典」，「世界名著解題選 第2巻」，「世界名著大事典」，「世界・名著のあらすじ」，「日本・世界名作「愛の会話」100章」，「フランス文学」，「文学・名著300選の解説 '88年度版」，「ポケット世界名作事典」，「名小説ストーリィ集 世界篇」，「読んでおきたい世界の名著」

デュマ・ペール
07028　「赤い館の騎士」
☆「世界文学あらすじ大事典 1（あ－きょう）」

07029　「アントニー」
☆「世界名著大事典」

07030　「王妃の首飾り」
☆「世界文学あらすじ大事典 1（あ－きょう）」

07031　「三銃士」
『三銃士　上』　アレクサンドル・デュマ著　竹村猛訳　角川書店，角川グループパブリッシング〔発売〕　2009　357p　15cm（角川文庫）514円　Ⓘ978-4-04-202012-7
☆「あらすじで出会う世界と日本の名作55」，「あらすじで読む世界の名著 no.2」，「面白いほどよくわかる世界の文学」，「聴いてあじわう世界の名著 第3巻」，「知っておきたいフランス文学」，「図説 5分でわかる世界の名作」，「世界少年少女文学 リアリズム編」，「世界の小説大百科」，「世界の名作文学案内」，「世界文学あらすじ大事典 2（きよえ－ちえ）」，「世界文学鑑賞辞典 第2」，「世界名著大事典」，「2時間でわかる世界の名著」，「ポケット世界名作事典」，「名作あらすじ事典 西洋文学編」，「名作の研究事典」

07032　「二十年後」
☆「世界文学あらすじ大事典 3（ちか－ふろ）」

07033　「ブラジュロンヌ子爵」
☆「世界文学あらすじ大事典 3（ちか－ふろ）」

07034　「ヘンリー3世」
☆「世界名著大事典」

07035　「モンテ・クリスト伯」
『モンテ・クリスト伯　1』　アレクサンドル・デュマ著　山内義雄訳　岩波書店　2013　421p　15cm（ワイド版岩波文庫）　1400円　Ⓘ978-4-00-007363-9
☆「あらすじで味わう名作文学」，「あらすじで読む世界の名著 no.3」，「現代世界の名作」，「『こころ』は本当に名作か」，「3行でわかる名作＆ヒット本250」，「世界の小説大百科」，「世界の書物」，「世界の名作」，「世界の名作おさらい」，「世界の名著」，「世界文学あらすじ大事典 4（ふん－われ）」，「世界文学鑑賞辞典 第2」，「世界文学の名作と主人公」，「世界名作事典」，「世界名著大事典」，「2時間でわかる世界の名著」，「入門名作の世界」，「フランス文学」，「ポケット世界名作事典」，「名作へのパスポート」，「名小説ストーリィ集 世界篇」

デュメジル，ジョルジュ
07036　「デュメジルとの対話―言語・神話・叙事詩」
『デュメジルとの対話―言語・神話・叙事詩』　ジョルジュ・デュメジル，ディディエ・エリボン著　松村一男訳　平凡社　1993　270p　19cm　2800円　Ⓘ4-582-44402-4
☆「学問がわかる500冊」

デュ・モーリア，ダフネ
07037　「燃える海」

☆「世界の海洋文学」

07038 「レベッカ」
『レベッカ 上』 ダフネ・デュ・モーリア著 茅野美ど里訳 新潮社 2008 439p 15cm（新潮文庫） 667円 ①978-4-10-200203-2
☆「世界名著大事典 補遺(Extra)」

デュモン

07039 「個人主義論考」
『個人主義論考―近代イデオロギーについての人類学的展望』 ルイ・デュモン著 渡辺公三, 浅野房一訳 言叢社 1993 473,27p 19cm 4300円 ①4-905913-46-2
☆「学問がわかる500冊 v.2」

07040 「社会人類学の二つの理論」
『社会人類学の二つの理論』 ルイ・デュモン著 渡辺公三訳 弘文堂 1977 188,2p 22cm （人類学ゼミナール 1）〈叢書の監修：石川栄吉, 大林太良, 米山俊直〉 2000円 Ⓝ389
☆「文化人類学の名著50」

デューラー, A.

07041 「計量法」
☆「西洋をきずいた書物」,「世界を変えた書物」

07042 「デューラー遺稿集」
☆「世界名著大事典」

07043 「ヨハネ黙示録」
☆「ヨーロッパを語る13の書物」

デュラス, マルグリット

07044 「愛人 ラマン」
☆「一冊で世界の名著100冊を読む」,「英仏文学戦記」,「クライマックス名作案内 2」,「世界の小説大百科」,「世界の名作50選」,「世界の名作文学案内」,「名作はこのように始まる 1」

07045 「アガタ」
☆「世界の幻想文学」

07046 「かくも長き不在」
『かくも長き不在』 マルグリット・デュラス, ジェラール・ジャルロ著 阪上脩訳 筑摩書房 1993 204p 15cm（ちくま文庫） 500円 ①4-480-02736-X Ⓝ952
☆「世界名著大事典 補遺(Extra)」

07047 「ジブラルタルの水夫」
『ジブラルタルの水夫』 マルグリット・デュラス著 三輪秀彦訳 早川書房 1967 263p 19cm（ハヤカワ・ノヴェルズ） 390円 Ⓝ953
☆「世界の海洋文学」,「世界名著大事典 補遺(Extra)」

07048 「太平洋の防波堤」
『太平洋の防波堤』 マルグリット・デュラス著 田中倫郎訳 河出書房新社 1992 333p 15cm（河出文庫） 680円 ①4-309-46100-X
☆「世界名著大事典 補遺(Extra)」

07049 「辻公園」
☆「世界名著大事典 補遺(Extra)」

07050 「ヒロシマ, 私の恋人」
☆「世界名著大事典 補遺(Extra)」

07051 「ラホールの副領事」
『ラホールの副領事』 デュラス著 三輪秀彦訳 集英社 1978 214p 16cm（集英社文庫） 200円 Ⓝ953
☆「世界の小説大百科」,「私(わたし)の世界文学案内」

デューリング

07052 「哲学教程」
☆「世界名著大事典」

デュルケム, エミール

07053 「教育と社会学」
『教育と社会学』 デュルケム著 田辺寿利訳 石泉社 1954 334p 19cm Ⓝ371
☆「教育学の世界名著100選」,「教育本44」,「教育名著の愉しみ」,「世界名著大事典」,「21世紀の教育基本書」,「名著による教育原理」

07054 「自殺論」
『自殺論 上』 デュルケム著 飛沢謙一訳 京都 関書院 1961 200p 19cm Ⓝ369.16
☆「学問がわかる500冊」,「社会学の名著30」,「社会の構造と変動」,「世界の名著」,「世界の名著早わかり事典」,「世界名著大事典」

07055 「社会学的方法の規準」
『社会学的方法の規準』 デュルケム著 宮島喬訳 岩波書店 1978 302,8p 15cm（岩波文庫） 300円 Ⓝ361.16
☆「学術辞典叢書 第11巻」,「社会学的思考」,「世界名著解題選 第2巻」,「世界名著大事典」,「哲学名著解題」

07056 「社会学と哲学」
『社会学と哲学』 エミル・デュルケーム著 佐々木交賢訳 恒星社厚生閣 1985 152p 20cm 1800円 ①4-7699-0541-6 Ⓝ361
☆「世界名著大事典」

07057 「社会分業論」
『社会分業論』 E.デュルケーム著 田原音和訳 復刻版 青木書店 2005 467,24p 19cm （現代社会学大系 第2巻） 7500円 ①4-250-20506-1
☆「学術辞典叢書 第14巻」,「社会科学の古典」,「社会の構造と変動」,「世界名著解題選 第2巻」,「世界名著大事典」

07058 「宗教生活の原初形態」
『宗教生活の原初形態 上』 エミル・デュルケ

ム著　古野清人訳　岩波書店　2001　430p
15cm（岩波文庫）　800円　Ⓘ4-00-342141-8
☆「学問がわかる500冊」,「宗教学の名著30」,「人文科学の名著」,「世界の古典名著」,「世界名著大事典」,「文化人類学の名著50」,「文化の社会学」

テュルゴー, アンヌ・ロベール・ジャック

07059　「富の形成と分配とに関する考察」
☆「学術辞典叢書 第11巻」,「世界名著解題選 第3巻」,「世界名著大事典」

07060　「人間精神の継続的進歩の哲学的概観」
☆「世界名著大事典」

デュルフェ, オノレ

07061　「アストレ」
☆「世界文学鑑賞辞典 第2」,「世界名著大事典」

デュレ

07062　「印象派の画家たち」
☆「世界名著大事典」

07063　「マネとその作品の歴史」
☆「世界名著大事典」

デュレンマット, フリードリッヒ

07064　「ある遊星の横顔」
☆「世界名著大事典 補遺（Extra）」

07065　「貴婦人故郷へ帰る」
☆「知っておきたいドイツ文学」,「世界名著大事典 補遺（Extra）」,「名作あらすじ事典 西洋文学編」

07066　「故障」
☆「世界名著大事典 補遺（Extra）」

07067　「そは録されてあり」
☆「世界名著大事典 補遺（Extra）」

07068　「手を貸す人々」
☆「世界名著大事典 補遺（Extra）」

07069　「物理学者たち」
☆「世界名著大事典 補遺（Extra）」

07070　「ミシシッピ氏の結婚」
☆「世界名著大事典 補遺（Extra）」

07071　「ロムルス大帝」
☆「世界名著大事典 補遺（Extra）」

デュレンマット, フリードリヒ

07072　「トリックスターの起源」
☆「文化人類学の名著50」

07073　「判事と死刑執行人」
☆「世界の小説大百科」

テーラー

07074　「聖なる生活の規則と実行」
☆「西洋をきずいた書物」,「世界名著大事典」

デ・ラウレティス, T.

07075　「愛の実践」
☆「フェミニズムの名著50」

デラコルタ

07076　「ディーバ」
『ディーバ』　デラコルタ著　飯島宏訳　新潮社　1983　218p　15cm（新潮文庫）　280円　Ⓘ4-10-220301-X　Ⓝ953
☆「日本・世界名作「愛の会話」100章」

デ・ラ・メア, ウォルター

07077　「回帰」
☆「書き出し「世界文学全集」」

07078　「さる王子の冒険」
☆「世界名著大事典」,「名作の研究事典」

07079　「死者の誘い」
☆「世界文学あらすじ大事典 2（きよえ‐ちえ）」

07080　「シートンのおばさん」
☆「世界の幻想文学」

07081　「童謡集」
☆「世界名著大事典」

07082　「謎」
☆「世界の幻想文学」

デランティ, ジェラード

07083　「グローバル時代のシティズンシップ」
『グローバル時代のシティズンシップ―新しい社会理論の地平』　ジェラード・デランティ著　佐藤康行訳　日本経済評論社　2004　344p　19cm　3000円　Ⓘ4-8188-1592-6
☆「平和を考えるための100冊+α」

デリ

07084　「自然主義, 理想主義, 表現主義」
☆「世界名著大事典」

デリダ, ジャック

07085　「幾何学の起源」
『幾何学の起源』　エドムント・フッサール, ジャック・デリダ著　田島節夫, 矢島忠夫, 鈴木修一訳　新版　青土社　2003　320p　20cm　2600円　Ⓘ4-7917-6034-4　Ⓝ134.95
☆「数学ブックガイド100」

07086　「グラマトロジーについて」
☆「学問がわかる500冊」,「政治・権力・公共性」,「超解「哲学名著」事典」,「20世紀を震撼させた100冊」,「必読書150」

07087　「根源の彼方に」
『根源の彼方に―グラマトロジーについて』　ジャック・デリダ著　足立和浩訳　現代思潮社　1990　2冊　20cm〈第9刷〉（第1刷：1972

年）〉Ⓝ801.01
☆「教養のためのブックガイド」

07088 「精神について―ハイデッガーと問い」
『精神について―ハイデッガーと問い』 ジャック・デリダ著 港道隆訳 新版 平凡社 2010 281p 15cm（平凡社ライブラリー） 1400円 ①978-4-582-76713-1
☆「ハイデガー本45」

07089 「法の力」
『法の力』 ジャック・デリダ著 堅田研一訳 新装版 法政大学出版局 2011 220,6p 19cm（叢書・ウニベルシタス） 2800円 ①978-4-588-09939-7
☆「現代哲学の名著」,「政治哲学」

デリッチ

07090 「バベルと聖書」
☆「世界名著大事典」

デリーベス, ミゲル

07091 「異端者」
☆「世界の小説大百科」

デリュック

07092 「フォトジェニー」
☆「世界名著大事典」

デリーロ, ドン

07093 「アンダーワールド」
『アンダーワールド 上』 ドン・デリーロ著 上岡伸雄,高吉一郎訳 新潮社 2002 621p 19cm 3200円 ①4-10-541801-7
☆「世界の小説大百科」

07094 「墜ちてゆく男」
『墜ちてゆく男』 ドン・デリーロ著 上岡伸雄訳 新潮社 2009 335p 19cm 2400円 ①978-4-10-541805-2
☆「アメリカ文学」,「21世紀の世界文学30冊を読む」

07095 「ポイント・オメガ」
☆「21世紀の世界文学30冊を読む」

テール

07096 「商法」
☆「世界名著大事典」

デール

07097 「贖罪論」
『贖罪論』 ダブリュー・アール・デール著 エ・ビ・ハッチンソン訳 日本聖公会出版社 1899 548p 19cm〈巻頭の書名：主耶蘇基督贖罪論〉 Ⓝ190
☆「世界名著大事典」

デル, マイケル

07098 「デルの革命」
『デルの革命―「ダイレクト」戦略で産業を変える』 マイケル・デル,キャサリン・フレッドマン著 国領二郎監訳 吉川明希訳 日本経済新聞社 2000 364p 15cm（日経ビジネス人文庫） 800円 ①4-532-19011-8
☆「世界の成功哲学50の名著エッセンスを解く」

デルガー

07099 「ビザンティン財政制度史考」
☆「世界名著大事典」

テルトゥリアヌス

07100 「護教論」
☆「世界名著大事典」

デルフィ, CH.

07101 「なにが女性の主要な敵なのか」
『なにが女性の主要な敵なのか―ラディカル・唯物論的分析』 クリスティーヌ・デルフィ著 井上たか子,加藤康子,杉藤雅子訳 勁草書房 1996 329,13p 21cm 5356円 ①4-326-60107-8
☆「フェミニズムの名著50」

デルプフェルト

07102 「トロヤとイリオン」
☆「世界名著大事典」

デルブリュック

07103 「印欧語比較文法概要」
☆「世界名著大事典」

デルマンゲム

07104 「マホメット伝」
『マホメット伝』 エミル・デルマンゲム著 古野清人訳 白水社 1940 446p 20cm Ⓝ167.2
☆「伝記・自叙伝の名著」

デルンブルク

07105 「パンデクテン教科書」
☆「世界名著大事典」

テレイ

07106 「無償の征服者」
『無償の征服者』 リオネル・テレイ著 横川文雄,大森久雄訳 二見書房 1974 338p 20cm（海外山岳名著シリーズ） 950円 Ⓝ290.9
☆「山の名著30選」

テレジオ

07107 「事物の本性について」

テレーズ
07108 「ある魂の履歴」
☆「世界名著大事典 補遺（Extra）」

07109 「小さき花」
☆「世界名著大事典 補遺（Extra）」

デレッダ, グラツィア
07110 「悪の道」
☆「世界名著大事典」

07111 「風にそよぐ葦」
☆「世界名著大事典」

07112 「常春藤」
☆「現代世界の名作」

テレンティウス
07113 「アンドリア」
☆「学術辞典叢書 第13巻」,「世界名著解題選 第1巻」

07114 「アンドロスの女」
☆「世界文学鑑賞辞典 第2」,「世界名著大事典」

07115 「エウヌークース」
☆「学術辞典叢書 第13巻」,「世界名著解題選 第1巻」

07116 「おのれを責めるもの」
☆「世界名著大事典」

07117 「兄弟」
☆「世界名著大事典」

07118 「去勢奴隷」
☆「世界名著大事典」

07119 「フォルミオ」
☆「世界名著大事典」

07120 「ヘキュラ」
☆「世界名著大事典」

テレンバッハ, H.
07121 「味と雰囲気」
『味と雰囲気』 フーベルトゥス・テレンバッハ著　宮本忠雄, 上田宣子訳　みすず書房　2007　211,10p　19cm　2800円　①4-622-02318-0
☆「精神医学の名著50」

デローニー, トマス
07122 「トマス逸話集」
☆「世界の小説大百科」

テン
07123 「ウイリアム・テン短編集」
☆「世界のSF文学・総解説」

田 漢　でん・かん
07124 「関漢卿」

☆「世界名著大事典 補遺（Extra）」

デンカー, ヘンリー
07125 「復讐法廷」
『復讐法廷』 ヘンリー・デンカー著　中野圭二訳　早川書房　2009　437p　15cm（ハヤカワ・ミステリ文庫）　900円
①978-4-15-178401-9
☆「世界の推理小説・総解説」

テンドゥリー
07126 「近代経営経済学の本質と任務」
☆「世界名著大事典」

テンニース, フェルディナンド
07127 「共同社会と利益社会」
『共同社会と利益社会』 テンニース著　井森陸平訳　巌松堂書店　1927　391p　23cm
Ⓝ361
☆「学術辞典叢書 第11巻」,「社会科学の名著」,「世界名著解題選 第1巻」

07128 「ゲマインシャフトとゲゼルシャフト」
☆「大人のための世界の名著50」,「社会科学の古典」,「社会の構造と変動」,「世界の古典名著」,「世界の名著早わかり事典」,「世界名著大事典」,「世界名著大事典 補遺（Extra）」

07129 「世論の批判」
☆「学術辞典叢書 第14巻」,「世界名著解題選 第3巻」

デンプシー, ジャック
07130 「ジャック・デンプシー自伝―拳聖デンプシーの生涯」
☆「伝記・自叙伝の名著」

テンプル
07131 「キリスト教と社会秩序」
☆「世界名著大事典」

07132 「政府の起原と本質」
☆「世界名著大事典」

【ト】

杜 維明　と・いめい
07133 「人間性と自我の修養」
☆「東アジア人文書100」

杜 光庭　と・こうてい
07134 「道徳真経広聖義」
☆「世界名著大事典」

杜 台卿　と・たいき
07135 「玉燭宝典」

ト　　　　　　　　　　　　　　　　　　　　　　　　07136～07155

☆「世界名著大事典」

杜甫　と・ほ

07136　「四松」
☆「中国の名著」

07137　「春望」
☆「日本の古典・世界の古典」

07138　「杜工部集」
☆「学術辞典叢書 第15巻」，「世界名著解題選 第3巻」，「世界名著大事典」

杜牧　と・ぼく

07139　「樊川文集」
☆「世界名著大事典」

杜佑　と・ゆう

07140　「通典」
☆「世界名著大事典」，「中国の古典名著」

ドーア，ロナルド・P.

07141　「イギリスの工場・日本の工場」
『イギリスの工場・日本の工場―労使関係の比較社会学 上』　ロナルド・P.ドーア著　山之内靖，永易浩一訳　筑摩書房　1993　495p　15cm（ちくま学芸文庫）　1400円
Ⓘ4-480-08059-7
☆「日本経済本38」

07142　「学歴社会 新しい文明病」
☆「学問がわかる500冊」

07143　「都市の日本人」
☆「外国人による日本論の名著」，「日本の社会と文化」

07144　「日本型資本主義なくしてなんの日本か」
『日本型資本主義なくしてなんの日本か』　深田祐介，ロナルド・ドーア著　光文社　1993　219p　18cm（カッパ・ホームス）　1000円
Ⓘ4-334-05205-3　Ⓝ335.21
☆「経済経営95冊」

ドイッセン

07145　「一般哲学史」
☆「世界名著大事典」

ドイッチャー，I.

07146　「スターリン伝」
☆「世界名著大事典 補遺(Extra)」，「伝記・自叙伝の名著」

07147　「追放された予言者」
『追放された予言者―トロツキー：1929-1940』　アイザック・ドイッチャー著　山西英一［ほか］訳　新評論　1992　632p　22cm〈トロツキー伝3部作の第3巻 新潮社の復刊　トロツキーの肖像あり〉Ⓘ4-7948-0124-0　Ⓝ289.3

☆「世界名著大事典 補遺(Extra)」

07148　「武装せる予言者」
『武装せる予言者―トロツキー：1879-1921』　アイザック・ドイッチャー著　田中西二郎［ほか］訳　新評論　1992　623p　22cm〈トロツキー伝3部作の第1巻 新潮社刊の復刊〉
Ⓘ4-7948-0124-1　Ⓝ289.3
☆「世界名著大事典 補遺(Extra)」

07149　「レーニン伝」
☆「世界名著大事典 補遺(Extra)」

トイフェル

07150　「ローマ文学史」
☆「世界名著大事典」

トイブナー

07151　「ギリシア・ローマ著作家双書」
☆「世界名著大事典」

ドイル，アーサー・コナン

07152　「赤毛連盟」
『赤毛連盟』　アーサー・コナン・ドイル作　亀山龍樹訳　佐竹美保イラスト　図書館版　ポプラ社　2012　252p　18cm（名探偵ホームズ 1）　1100円　Ⓘ978-4-591-12775-9
☆「世界の名作文学案内」

07153　「ジェ・ハバカク・ジェフスンの遺書」
『ドイル傑作集　2　海洋奇談編』　コナン・ドイル［著］　延原謙訳　46刷改版　新潮社　2007　221p　16cm（新潮文庫）　400円
Ⓘ978-4-10-213412-2　Ⓝ933.7
☆「世界の海洋文学」

07154　「シャーロック・ホームズ」
『シャーロック・ホームズ―くちびるのねじれた男 他』　コナン・ドイル著　内田庶訳　岩崎書店　2000　202p　21cm（世界の名探偵 2）　1300円　Ⓘ4-265-06732-8
☆「少年少女のための文学案内 1」，「ポケット世界名作事典」

07155　「シャーロック・ホームズの冒険」
『シャーロック・ホームズの冒険』　アーサー・コナン・ドイル著　リチャード・ランセリン・グリーン注・解説　小林司，東山あかね訳　河出書房新社　2014　732p　15cm（河出文庫 シャーロック・ホームズ全集　3）　950円
Ⓘ978-4-309-46613-2
☆「イギリス文学」，「一冊で不朽の名作100冊を読む」(友人社)，「一冊で不朽の名作100冊を読む」(友人社)，「知っておきたいイギリス文学」，「世界の小説大百科」，「世界の書物」，「世界の推理小説・総解説」，「世界文学鑑賞辞典 第1」，「世界名著大事典」，「名作あらすじ事典 西洋文学編」，「名作の研究事典」

07156　「白衣の騎士団」
『白衣の騎士団　上』　コナン・ドイル著　笹野史隆訳　新装版　原書房　2002　300p　19cm　1500円　Ⓘ4-562-03506-4
☆「世界文学あらすじ大事典 3（ちか‐ふろ）」

07157　「バスカヴィル家の犬」
『バスカヴィル家の犬―シャーロック・ホームズ全集　5』　アーサー・コナン・ドイル著　小林司,東山あかね訳　河出書房新社　2014　459p　15cm（河出文庫）　800円　Ⓘ978-4-309-46615-6
☆「英米文学の名作を知る本」,「面白いほどよくわかる世界の文学」,「書き出し『世界文学全集』」,「世界の小説大百科」,「世界の推理小説・総解説」,「世界文学鑑賞辞典 第1」,「世界名著大事典」

07158　「緋色の研究」
『緋色の研究』　アーサー・コナン・ドイル著　駒月雅子訳　角川書店,角川グループパブリッシング〈発売〉　2012　201p　15cm（角川文庫）　476円　Ⓘ978-4-04-298221-0
☆「世界文学あらすじ大事典 3（ちか‐ふろ）」,「世界名著大事典」,「世界・名著のあらすじ」,「たのしく読めるイギリス文学」

07159　「四つの署名」
『四つの署名』　コナン・ドイル［著］　駒月雅子訳　角川書店　2013　219p　15cm（角川文庫　ト16-4）〈発売：角川グループホールディングス〉　476円　Ⓘ978-4-04-100535-4　Ⓝ933.7
☆「世界文学あらすじ大事典 4（ふん‐われ）」

07160　「ロスト・ワールド」
『ロスト・ワールド』　コナン・ドイル著　久米穣訳　竹本泉絵　岩崎書店　2003　146p　21cm（冒険ファンタジー名作選　1）　1500円　Ⓘ4-265-95121-X
☆「世界のSF文学・総解説」

07161　「わが思い出と冒険」
『わが思い出と冒険―コナン・ドイル自伝』　コナン・ドイル著　延原謙訳　新潮社　1994　415p　15cm（新潮文庫）〈6刷（1刷：昭和40年）〉　640円　Ⓘ4-10-213414-X　Ⓝ933
☆「自伝の名著101」

トインビー,アーノルド

07162　「イギリス産業革命史」
『イギリス産業革命史』　アーノルド・トインビー著　原田三郎訳　創元社　1953　240p　15cm（創元文庫　E 第9）　Ⓝ332.33
☆「学術辞典叢書 第11巻」,「経済学名著106選」,「人文科学の名著」,「世界名著解題選 第2巻」,「世界名著大事典」

07163　「試練に立つ文明」
『試練に立つ文明』　アーノルド・J.トインビー著　深瀬基寛訳　社会思想社　1966　366p　15cm（現代教養文庫）　Ⓝ204
☆「社会科学の古典」,「世界名著大事典」,「哲学の名著」

07164　「世界と西欧」
『世界と西欧』　アーノルド・J.トインビー著　吉田健一訳　山本新解説　社会思想研究会出版部　1959　164p　16cm（現代教養文庫）　Ⓝ204
☆「現代人のための名著」,「世界名著大事典」

07165　「歴史の研究」
『歴史の研究―縮刷版』　アーノルド・J.トインビー著　D.C.ソマーヴェル編　蠟山政道,阿部行蔵,長谷川松治訳　増補改訂版　社会思想研究会出版部　1956　983p 図版 表　22cm　Ⓝ209
☆「古典・名著の読み方」,「社会科学の名著」,「図解世界の名著がわかる本」,「西洋につらぬく書物」,「世界の古典名著」,「世界名著大事典」,「地図とあらすじで読む歴史の名著」,「哲学の名著」,「名著に学ぶ国際関係論」,「歴史学の名著30」,「歴史の名著」

陶 淵明　とう・えんめい

07166　「帰去来辞」
☆「世界名著大事典」,「中国の名著」

07167　「陶淵明詩集」
☆「人文科学の名著」

07168　「陶淵明集」
『陶淵明集』　陶淵明［著］　幸田露伴,漆山又四郎訳註　一穂社　2004　205p　21cm（名著/古典籍文庫）〈岩波文庫復刻版　岩波書店昭和1982年刊（第16刷）を原本としたオンデマンド版　発売：紀伊國屋書店〉　2900円　Ⓘ4-86181-027-2　Ⓝ921.4
☆「学術辞典叢書 第15巻」,「世界名著解題選 第3巻」

07169　「桃花源記」
☆「世界名著大事典」

07170　「陶靖節集」
☆「世界名著大事典」

董 解元　とう・かいげん

07171　「董西廂」
☆「世界名著大事典」

董 其昌　とう・きしょう

07172　「画禅室随筆」
『画禅室随筆―中国絵画の世界 新訳』　董其昌著　福本雅一他訳　日貿出版社　1984　195p　27cm〈参考文献目録：p188～189〉　4900円　Ⓘ4-8170-3065-8　Ⓝ722.25
☆「世界名著大事典」

陶 希聖　とう・きせい
07173　「唐代経済史」
☆「世界名著大事典」

唐 君毅　とう・くんき
07174　「中華民族の花果飄零を説く」
☆「東アジア人文書100」

唐 甄　とう・けん
07175　「潜書」
☆「世界名著大事典」

湯 顕祖　とう・けんそ
07176　「牡丹亭還魂記」
☆「学術辞典叢書 第15巻」、「世界名著解題選 第3巻」、「世界名著大事典」、「中国の古典名著」、「東洋の名著」

陶 行知　とう・こうち
07177　「陶行知教育論文選輯」
☆「世界名著大事典」

07178　「民族解放の教育」
『民族解放の教育』陶行知著　斎藤秋男訳　明治図書出版　1961　217p 図版　22cm（世界教育学選集 第15）Ⓝ371
☆「教育名著の愉しみ」、「名著解題」

董 作賓　とう・さくひん
07179　「殷歴譜」
☆「世界名著大事典」

唐 慎微　とう・しんび
07180　「証類本草」
☆「中国の古典名著」

董 仲舒　とう・ちゅうじょ
07181　「春秋繁露」
☆「世界名著大事典」

鄧 椿　とう・ちん
07182　「画継」
☆「世界名著大事典」

董 同龢　とう・どうか
07183　「上古音表稿」
☆「世界名著大事典」

湯 用彤　とう・ようとう
07184　「魏晋玄学論稿」
☆「東アジア人文書100」

陶 立璠　とう・りつふぁん
07185　「中国民俗学概論」
☆「学問がわかる500冊 v.2」

トヴァルドーフスキイ
07186　「遠きかなた」
☆「世界文学鑑賞辞典 第4」

07187　「ワシーリイ・チョールキン」
☆「世界文学鑑賞辞典 第4」、「世界名著大事典」

トゥアン, イー・フー
07188　「空間の経験―身体から都市へ」
『空間の経験―身体から都市へ』イーフー・トゥアン著　山本浩訳　筑摩書房　1993　424p　15cm（ちくま学芸文庫）　1300円
Ⓘ4-480-08103-8
☆「学問がわかる500冊 v.2」、「建築の書物/都市の書物」

07189　「トポフィリア」
『トポフィリア―人間と環境』イーフー・トゥアン著　小野有五,阿部一訳　筑摩書房　2008　509p　15cm（ちくま学芸文庫）　1500円　Ⓘ978-4-480-09141-3
☆「学問がわかる500冊 v.2」

トウェイン, マーク
07190　「赤毛布外遊記」
『赤毛布外遊記 上』マーク・トウェイン作　濱田政二郎訳　復刻版　本の友社　1998　304p　20cm（名作翻訳選集 英米篇　山下武監修）〈原本：新月社昭和24年刊〉
Ⓘ4-89439-156-2　Ⓝ935.6
☆「世界の旅行記101」、「世界名著大事典」

07191　「アーサー王宮廷のヤンキー」
『アーサー王宮廷のヤンキー―トウェイン完訳コレクション』マーク・トウェイン著　大久保博訳　改訂版　角川書店,角川グループパブリッシング〔発売〕　2009　573p　15cm（角川文庫）　895円　Ⓘ978-4-04-214208-9
☆「世界のSF文学・総解説」、「世界文学あらすじ大事典 1（あ・きょう）」

07192　「王子と乞食」
『王子と乞食』マーク・トウェイン著　大久保博訳　角川書店　2003　526p　19cm　2600円　Ⓘ4-04-791446-0
☆「英米文学の名作を知る本」、「『こころ』は本当に名作か」、「少年少女のための文学案内 1」、「世界の名作文学案内」、「世界文学あらすじ大事典 1（あ・きょう）」、「世界名作事典」、「世界名著大事典」

07193　「金メッキ時代」
『金メッキ時代 下』マーク・トウェイン,C.D.ウォーナー共著　錦織裕之,柿沼孝子訳　彩流社　2002　395p　19cm（マーク・トウェインコレクション　19-B）　3000円
Ⓘ4-88202-542-6
☆「世界文学あらすじ大事典 2（きよえ・ちえ）」、「世界名著大事典」

07194「西部放浪記」
『西部放浪記 上』 マーク・トウェイン著 吉田映子,木内徹訳 彩流社 1998 310p 19cm(マーク・トウェインコレクション 11‐A) 2500円 ①4-88202-531-0
☆「世界文学あらすじ大事典2(きよえ‐ちえ)」

07195「トム・ソーヤーの冒険」
『トム・ソーヤーの冒険』 マーク・トウェイン著 柴田元幸訳 新潮社 2012 397p 15cm(新潮文庫) 590円
①978-4-10-210611-2
☆「あらすじで出会う世界と日本の名作55」,「あらすじで読む世界の名著 no.3」,「一冊で不朽の名作100冊を読む」(友人社),「一冊で不朽の名作100冊を読む」(友人社),「英米児童文学のベストセラー40」,「英米文学の名作を知る本」,「面白いほどよくわかるあらすじで読む世界の名作」,「書き出し「世界文学全集」」,「少年少女のための文学案内1」,「図説 5分でわかる世界の名作」,「世界少年少女文学 リアリズム編」,「世界の名作100を読む」,「世界文学あらすじ大事典3(ちか‐ふろ)」,「世界文学鑑賞辞典 第1」,「世界文学の名作と主人公」,「世界名著大事典」,「たのしく読めるアメリカ文学」,「文学・名著300選の解説'88年度版」,「ポケット世界名作事典」,「名作の研究事典」

07196「ハックルベリー・フィンの冒険」
『ハックルベリー・フィンの冒険 上』 マーク・トウェイン著 土屋京子訳 光文社 2014 420p 15cm(光文社古典新訳文庫) 1200円 ①978-4-334-75292-7
☆「アメリカ文学」,「あらすじで味わう外国文学」,「あらすじで読む世界文学105」,「英米文学の名作を知る本」,「面白いほどよくわかる世界の文学」,「書き出し「世界文学全集」」,「教養のためのブックガイド」,「現代世界の名作」,「『こころ』は本当に名作か」,「知っておきたいアメリカ文学」,「世界の小説大百科」,「世界の書物」,「世界の名作50選」,「世界の名作おさらい」,「世界の名作を読む」,「世界の名作文学案内」,「世界の名著」,「世界文学あらすじ大事典3(ちか‐ふろ)」,「世界文学鑑賞辞典 第1」,「世界文学のすじ書き」,「世界文学の名作と主人公」,「世界文学必勝法」,「世界名作文学館」,「世界名著大事典」,「世界・名著のあらすじ」,「たのしく読めるアメリカ文学」,「2時間でわかる世界の名著」,「入門世界の文学」,「ポケット世界名作事典」,「名作あらすじ事典 西洋文学編」,「名作英米小説の読み方・楽しみ方」,「名小説ストーリイ集 世界篇」,「要約 世界文学全集 1」

07197「跳ね蛙」
☆「世界名著大事典」

07198「不思議な少年」
『不思議な少年』 マーク・トウェイン作 中野好夫訳 改版 岩波書店 1999 251p 15cm(岩波文庫) 560円 ①4-00-323111-2
☆「世界の幻想文学」

07199「マーク・トウェイン自伝」
『マーク・トウェイン自伝 上』 マーク・トウェイン著 勝浦吉雄訳 筑摩書房 1989 405p 15cm(ちくま文庫) 720円
①4-480-02363-1
☆「自伝の名著101」

07200「ミシシッピの生活」
『ミシシッピの生活 下』 マーク・トウェイン著 吉田映子訳 彩流社 1995 325p 19cm(マーク・トウェインコレクション 2―B) 2500円 ①4-88202-327-X
☆「世界文学あらすじ大事典4(ふん‐われ)」,「世界名著大事典」

ドウォーキン,ロナルド

07201「権利論」
『権利論』 ロナルド・ドゥウォーキン著 木下毅,小林公,野坂泰司訳 増補版 木鐸社 2003 357p 21cm 4000円
①4-8332-2326-0
☆「はじめて学ぶ法哲学・法思想」

07202「自由の法」
『自由の法―米国憲法の道徳的解釈』 ロナルド・ドゥオーキン著 石山文彦訳 木鐸社 1999 522p 22cm 6000円
①4-8332-2280-9 Ⓝ323.53
☆「憲法本41」

07203「平等とは何か」
『平等とは何か』 ロナルド・ドゥウォーキン著 小林公[ほか]訳 木鐸社 2002 634p 22cm 6500円 ①4-8332-2327-9 Ⓝ311.1
☆「はじめて学ぶ政治学」

07204「法の帝国」
『法の帝国』 ロナルド・ドゥウォーキン著 小林公訳 未来社 1995 641p 19cm 6695円 ①4-624-30084-X
☆「はじめて学ぶ法哲学・法思想」

ドウォーキン,A.

07205「インターコース」
『インターコース―性的行為の政治学』 アンドレア・ドウォーキン著 寺沢みづほ訳 新版 青土社 1998 337,13p 19cm 2400円
①4-7917-5625-8
☆「フェミニズムの名著50」

ドヴォルジャック

07206「イタリア・ルネサンスの美術史」
☆「世界名著大事典」

07207「精神史としての美術史」
『精神史としての美術史―ヨーロッパ芸術精神の発展に関する研究』 マクス・ドヴォル

シャック著　中村茂夫訳　岩崎美術社　1986　305p 図版21枚　22cm（美術名著選書　3）〈9刷（1刷：1966年）著者の肖像あり〉　4635円　①4-7534-1003-X　Ⓝ702.3
☆「世界名著大事典」

ドゥーカ, マロ

07208 「黄鉄鉱―見かけ倒しのもの」
☆「世界の小説大百科」

ドゥカス, H.

07209 「アインシュタイン―創造と反骨の人」
『アインシュタイン―創造と反骨の人』　バネシュ・ホフマン, ヘレン・ドゥカス著　鎮目恭夫, 林一訳　河出書房新社　1991　237,4p　19cm　2200円　①4-309-22194-7
☆「物理ブックガイド100」

トゥカーラーム

07210 「詩集」
☆「世界名著大事典」

トゥガン‐バラノフスキー, M.I.

07211 「英国恐慌史論」
☆「学術辞典叢書 第14巻」,「経済学名著106選」,「世界名著解題選 第1巻」,「世界名著大事典」

07212 「マルクス主義の理論的基礎」
☆「学術辞典叢書 第14巻」,「世界名著解題選 第3巻」

07213 「ロシアの工場」
☆「世界名著大事典」

トゥキディデス

07214 「戦史」
☆「教養のためのブックガイド」,「現代政治学の名著」,「古典・名著の読み方」,「西洋をきずいた書物」,「世界を変えた100冊の本」,「世界の古典名著」,「世界の名著」,「世界名著大事典」,「地図とあらすじで読む歴史の名著」,「名著で読む世界史」,「歴史学の名著30」

道原　どうげん

07215 「景徳伝灯録」
☆「世界名著大事典」

トゥーゲントハット

07216 「論理哲学入門」
『論理哲学入門』　エルンスト・トゥーゲントハット, ウルズラ・ヴォルフ著　鈴木崇夫, 石川求訳　人間　晢書房, 理想社〔発売〕　1993　273p　19cm　2800円　①4-915922-22-1
☆「学問がわかる500冊」

洞山　とうざん

07217 「五位顕訣」
☆「世界名著大事典」

トゥーシー, ナーシル・ウッディーン

07218 「ナーシルの倫理」
☆「世界名著大事典」

道綽　どうしゃく

07219 「安楽集」
☆「世界名著大事典」

ドゥジンツェフ

07220 「パンのみによるにあらず」
『パンのみによるにあらず』　V. ドゥヂーンツェフ著　山村房次, 久野公訳　大日本雄弁会講談社　1957　454p　19cm　Ⓝ983
☆「世界文学鑑賞辞典 第4」,「世界名著大事典」

ドゥーセ

07221 「スミルノ博士の日記」
『小酒井不木探偵小説全集　第6巻　翻訳集1』　小酒井不木〔訳〕　オンデマンド版　本の友社　2004　478p　20cm〈原本：1992年刊（復刻版）〉　①4-89439-450-2　Ⓝ913.6
☆「世界の推理小説・総解説」

道世　どうせい

07222 「法苑珠林」
『法苑珠林』　道世編　松岡了巌校　法苑珠林出版所　1886　15冊（100巻）　24cm〈和装〉　Ⓝ180
☆「世界名著大事典」

道宣　どうせん

07223 「広弘明集」
☆「世界名著大事典」

07224 「続高僧伝」
☆「世界名著大事典」,「世界名著大事典 補遺（Extra）」

07225 「大唐内典録」
☆「世界名著大事典」

トゥータン

07226 「古代経済」
☆「世界名著大事典」

トゥック

07227 「通貨原理の研究」
『通貨原理の研究』　トマス・トゥック著　玉野井芳郎訳　日本評論社　1947　222p　15cm　（世界古典文庫　5）　Ⓝ337,337.1
☆「世界名著大事典」

07228 「物価史」
『物価史　第6巻』　トーマス・トゥック, ウィリアム・ニューマーチ著　藤塚知義訳　東洋経済新報社　1992　254p　21cm　5500円　①4-492-81077-3

トゥッチ
07229 「チベットの絵巻軸」
☆「世界名著大事典」

ドゥードニー
07230 「数学遊戯」
☆「世界名著大事典」

ドゥーブ
07231 「世論と宣伝」
☆「世界名著大事典」

トゥファイル
07232 「目覚めたものの子の生きている者」
☆「東洋の奇書55冊」

東方朔 とうほう・さく
07233 「神異経」
☆「近代名著解題選集 2」

ドゥボール, ギー
07234 「スペクタクルの社会」
『スペクタクルの社会』 ギー・ドゥボール著 木下誠訳 筑摩書房 2003 282p 15cm（ちくま学芸文庫） 1200円 ①4-480-08735-4
☆「建築・都市ブックガイド21世紀」,「必読書150」,「メディア・情報・消費社会」

ドゥランジュ
07235 「ラマルク伝―忘れられた進化論の先駆者」
『ラマルク伝―忘れられた進化論の先駆者』 イヴ・ドゥランジュ著 ベカエール直美訳 平凡社 1989 255p 19cm（平凡社 自然叢書13） 2680円 ①4-582-54613-7
☆「伝記・自叙伝の名著」

ドヴリアン
07236 「ドイツ劇術史」
☆「世界名著大事典」

トゥリエ
07237 「フランス民法説義」
☆「世界名著大事典」

トゥリシェン（図理琛）
07238 「異域録」
☆「アジアの比較文化」

トゥール, ジョン・ケネディ
07239 「愚か者同盟」
☆「世界の小説大百科」

ドゥルーズ, ジル
07240 「アンチ・オイディプス」
『アンチ・オイディプス―資本主義と分裂症 上』 ジル・ドゥルーズ, フェリックス・ガタリ著 宇野邦一訳 河出書房新社 2006 409p 15cm（河出文庫） 1200円 ①4-309-46280-4
☆「学問がわかる500冊」,「超解「哲学名著」事典」,「なおかつお厚いのがお好き？」,「20世紀を震撼させた100冊」,「必読書150」,「倫理学」

07241 「差異と反復」
『差異と反復 上』 ジル・ドゥルーズ著 財津理訳 河出書房新社 2007 504p 15cm（河出文庫） 1300円 ①978-4-309-46296-7
☆「学問がわかる500冊」,「現代哲学の名著」

07242 「千のプラトー」
『千のプラトー 下 資本主義と分裂症』 ジル・ドゥルーズ, フェリックス・ガタリ著 宇野邦一, 小沢秋広, 田中敏彦, 豊崎光一, 宮林寛, 守中高明訳 河出書房新社 2010 393,9p 15cm（河出文庫） 1200円 ①978-4-309-46345-2
☆「政治・権力・公共性」

07243 「襞―ライプニッツとバロック」
『襞―ライプニッツとバロック』 ジル・ドゥルーズ著 宇野邦一訳 河出書房新社 1998 248p 21cm 3000円 ①4-309-24209-X
☆「建築の書物/都市の書物」

トゥルナイゼン
07244 「古アイルランド語提要」
☆「世界名著大事典」

トゥルニエ, ミシェル
07245 「フライデーあるいは太平洋の冥界」
☆「世界の海洋文学」

トゥルンヴァルト
07246 「人類社会」
☆「世界名著大事典」

07247 「民俗学教科書」
☆「世界名著大事典」

トゥルンパ, チョギャム
07248 「タントラへの道―精神の物質主義を断ち切って」
『タントラへの道―精神の物質主義を断ち切って』 チョギャム・トゥルンパ・リンポチェ著 風砂子・デ・アンジェリス訳 めるくまーる社 1981 325p 19cm 1600円 ⓝ168
☆「世界のスピリチュアル50の名著」

トゥレーヌ, A.
07249 「声とまなざし」

『声とまなざし―社会運動と社会学』　アラン・トゥレーヌ著　梶田孝道訳　新装版　新泉社　2011　370,4p　21cm　3800円　①978-4-7877-1021-5
☆「社会の構造と変動」

07250　「ポスト社会主義」
☆「社会の構造と変動」

トゥロー, スコット

07251　「推定無罪」
『推定無罪　上』　スコット・トゥロー著　上田公子訳　文藝春秋　2012　376p　15cm（文春文庫）　743円　①978-4-16-781208-9
☆「世界の推理小説・総解説」

ドゥンカー, パトリシア

07252　「幻覚を起こさせるフーコー」
☆「世界の小説大百科」

トゥンジョク, メテ

07253　「トルコと日本の近代化」
『トルコと日本の近代化―外国人の役割』　A.メテ・トゥンジョク著　サイマル出版会　1996　238p　19cm　1957円　①4-377-11099-3
☆「歴史家の一冊」

トゥンベリー

07254　「江戸参府随行記」
☆「世界の旅行記101」

07255　「欧亜旅行記」
☆「世界名著大事典」

07256　「ツンベルグ日本紀行」
『ツンベルグ日本紀行』　ツンベルグ［著］　山田珠樹訳註　山田［ジャク］校訂　雄松堂出版　2005　503p　23cm〈異国叢書　第10巻〉〈異国叢書〉昭和41年刊（改訂復刻版）を原本としたオンデマンド版　肖像あり）　13000円　①4-8419-3021-3,4-8419-3010-8　Ⓝ291.09
☆「アジアの比較文化」,「日本名著辞典」

07257　「日本植物誌」
☆「世界名著大事典」

トエスカ

07258　「イタリア美術史」
☆「世界名著大事典」

ドカーニュ

07259　「計算図表学」
☆「世界名著大事典」

ド・カンドル

07260　「栽培植物の起原」
『栽培植物の起原　中』　ドウ・カンドル著　加茂儀一訳　岩波書店　1958　313p　15cm（岩波文庫）　Ⓝ615
☆「世界名著大事典」

ドキアディス, アポストロス

07261　「ペトロス伯父と「ゴールドバッハの予想」」
☆「世界の小説大百科」

ドーキンス, リチャード

07262　「ブラインド・ウォッチメイカー」
『ブラインド・ウォッチメイカー―自然淘汰は偶然か？　上』　リチャード・ドーキンス著　中嶋康裕ほか訳　早川書房　1993　280p　20cm〈監修：日高敏隆〉　1900円　①4-15-207811-1　Ⓝ467.5
☆「教養のためのブックガイド」

07263　「利己的な遺伝子」
『利己的な遺伝子』　リチャード・ドーキンス著　日高敏隆,岸由二,羽田節子,垂水雄二訳　増補新装版　紀伊國屋書店　2006　24,558p　19cm〈原書第三版〉　2800円　①4-314-01003-7
☆「学問がわかる500冊 v.2」,「教養のためのブックガイド」,「50歳からの名著入門」,「20世紀を震撼させた100冊」

ド・クインシー

07264　「阿片のみの告白」
☆「世界の幻想文学」,「世界文学あらすじ大事典 1（あ―きよう）」,「世界文学鑑賞辞典 第1」,「世界名著大事典」

トクヴィル, アレクシス・ド

07265　「アメリカの民主政治」
☆「アメリカを変えた本」,「教養のためのブックガイド」,「現代人のための名著」,「現代政治学の名著」,「古典・名著の読み方」,「社会科学の古典」,「政治・権力・公共性」,「世界を変えた経済学の名著」,「世界の古典名著」,「世界の名著」,「世界名著大事典」,「世界名著大事典 補遺(Extra)」,「日本人として読んでおきたい保守の名著」,「はじめて学ぶ法哲学・法思想」,「名著から探るグローバル化時代の市民像」,「歴史の名著」

07266　「アンシャン・レジームと革命」
『アンシャン・レジームと革命』　A.de トクヴィル［著］　井伊玄太郎訳　講談社　1997　596p　15cm（講談社学術文庫）　1400円　①4-06-159265-3　Ⓝ235.06
☆「世界名著大事典」

ドクトロウ, E.L.

07267　「ダニエル書」
☆「世界の小説大百科」

07268　「ラグタイム」

☆「世界の小説大百科」

ドクロリー

07269　「ドクロリー・メソッド」
『ドクロリー・メソッド』　ドクロリー著　斎藤佐和訳　明治図書出版　1977　257p　肖像　22cm〈世界教育学選集　85〉〈叢書の監修：梅根悟, 勝田守一〉　2600円　Ⓝ371
☆「教育学の世界名著100選」,「21世紀の教育基本書」

ド・ゴール, シャルル

07270　「希望の回想」
☆「世界名著大事典 補遺（Extra）」

07271　「職業軍の建設を！」
☆「世界名著大事典 補遺（Extra）」,「戦略の名著！最強43冊のエッセンス」

07272　「大戦回顧録」
☆「世界名著大事典 補遺（Extra）」

07273　「剣の刃」
☆「世界名著大事典 補遺（Extra）」

ドストエーフスカヤ

07274　「夫ドストエーフスキーの回想」
☆「世界名著大事典」

ドストエフスキー, フョードル・ミハイロヴィチ

07275　「悪霊」
『悪霊　別巻　「スタヴローギンの告白」異稿』　ドストエフスキー著　亀山郁夫訳　光文社　2012　363p　16cm（光文社古典新訳文庫　K-Aト-1-14）〈年譜あり　文献あり〉　895円　Ⓘ978-4-334-75245-3
☆「「あらすじ」だけで人生の意味が全部わかる世界の古典13」,「一冊で世界の名著100冊を読む」,「知っておきたいロシア文学」,「世界の小説大百科」,「世界文学あらすじ大事典1（あ-きよう）」,「世界文学鑑賞辞典 第4」,「世界名著大事典」,「千年紀のベスト100作品を選ぶ」,「必読書150」,「ポケット世界名作事典」,「要約 世界文学全集 2」,「ロシア文学」,「私の古典」,「わたしの古典」

07276　「永遠の良人」
『永遠の良人』　ドストエフスキー著　米川正夫訳　新潮社　1955　280p　16cm（新潮文庫）　Ⓝ983
☆「世界名著大事典」

07277　「伯父様の夢」
『ドストエフスキー全集　3　ステパンチコヴォ村とその住人　伯父様の夢』　工藤精一郎, 工藤幸雄訳　新潮社　1979　388p　20cm〈決定版 著者の肖像あり〉　1500円　Ⓝ988
☆「世界名著大事典」

07278　「カラマーゾフの兄弟」
『カラマーゾフの兄弟　1』　フョードル・ミハイロヴィチ・ドストエフスキー著　亀山郁夫訳　光文社　2006　443p　15cm（光文社古典新訳文庫）　724円　Ⓘ4-334-75106-7
☆「あらすじで味わう外国文学」,「一冊で世界の名著100冊を読む」,「面白いほどよくわかる世界の文学」,「書き出し「世界文学全集」」,「教養のためのブックガイド」,「近代名著解題選集 2」,「クライマックス名作案内 1」,「現代世界の名作」,「50歳からの名著入門」,「3行でわかる世界の名作&ヒット本250」,「知っておきたいロシア文学」,「図説5分でわかる世界の名作」,「世界の書物」,「世界の長編文学」,「世界の名作おさらい」,「世界の名著」,「世界文学あらすじ大事典1（あ-きよう）」,「世界文学鑑賞辞典 第4」,「世界文学の名作と主人公」,「世界名作文学館」,「世界名著解題選 第1巻」,「世界名著大事典」,「世界・名著のあらすじ」,「ポケット世界名作事典」,「名作あらすじ事典 西洋文学編」,「ロシア文学」

07279　「作家の日記」
『作家の日記　2　1876年1月・6月』　ドストエフスキー著　小沼文彦訳　筑摩書房　2009　542p　15cm（ちくま学芸文庫）　1600円　Ⓘ978-4-480-08382-1
☆「世界名著大事典」

07280　「虐げられし人々」
『虐げられし人々　前篇』　ドストエフスキ著　昇曙夢訳　ゆまに書房　2008　291p　19cm（昭和初期世界名作翻訳全集　173）〈春陽堂昭和10年刊（第3版）の複製〉　4600円　Ⓘ978-4-8433-2721-0　Ⓝ983
☆「世界の小説大百科」,「世界文学鑑賞辞典 第4」,「世界名著大事典」

07281　「死の家の記録」
『死の家の記録』　フョードル・ミハイロヴィチ・ドストエフスキー著　望月哲男訳　光文社　2013　741p　15cm（光文社古典新訳文庫）　1505円　Ⓘ978-4-334-75265-1
☆「いまこそ読みたい哲学の名著」,「世界文学鑑賞辞典 第4」,「世界名著大事典」,「要約 世界文学全集 2」

07282　「ステパンチコヴォ村とその住人」
『ドストエフスキー全集　3　ステパンチコヴォ村とその住人　伯父様の夢』　工藤精一郎, 工藤幸雄訳　新潮社　1979　388p　20cm〈決定版 著者の肖像あり〉　1500円　Ⓝ988
☆「世界名著大事典」

07283　「大審問官―カラマーゾフの兄弟」
『カラマーゾフの兄弟　1』　ドストエフスキー著　亀山郁夫訳　光文社　2006　443p　16cm（光文社古典新訳文庫）　724円　Ⓘ4-334-75106-7　Ⓝ983
☆「私の古典」

07284 「地下室の手記」
『地下室の手記』 ドストエフスキー原作　バラエティ・アートワークス企画・漫画　イースト・プレス　2011　181p　15cm（まんがで読破）　552円　①978-4-7816-0668-2
☆「教養のためのブックガイド」、「知っておきたいロシア文学」、「世界の小説大百科」、「世界文学あらすじ大事典3（ちか‐ふろ）」、「世界名著大事典」、「ロシア文学」

07285 「罪と罰」
『罪と罰　上』　ドストエフスキー著　工藤精一郎訳　改版　新潮社　2010　585p　15cm（新潮文庫）〈59刷（初版1987年）〉　743円
①978-4-10-201021-1
☆「あらすじで味わう外国文学」、「あらすじで味わう名作文学」、「あらすじで読む世界の名著no.1」、「あらすじで読む世界文学105」、「一冊で世界の名著100冊を読む」、「絵で読むあらすじ世界の名著」、「お厚いのがお好き？」、「大人のための世界の名著50」、「面白いほどよくわかるあらすじで読む世界の名作」、「面白いほどよくわかる世界の文学」、「学術辞典叢書　第12巻」、「教養のためのブックガイド」、「近代名著解題選集1」、「近代名著解題選集2」、「クライマックス名作案内2」、「現代世界の名作」、「3行でわかる名作&ヒット本250」、「知っておきたいロシア文学」、「図説5分でわかる世界の名作」、「世界の小説大百科」、「世界の名作」、「世界の名作50選」、「世界の名作おさらい」、「世界の名作を読む」、「世界の名作100を読む」、「世界の名作文学案内」、「世界の名作文学が2時間で分かる本」、「世界の名著」、「世界の「名著」50」、「世界文学あらすじ大事典3（ちか‐ふろ）」、「世界文学鑑賞辞典第4」、「世界文学のすじ書き」、「世界文学の名作と主人公」、「世界文学必勝法」、「世界名作事典」、「世界名作文学館」、「世界名著解題選　第2巻」、「世界名著大事典」、「2時間でわかる世界の名著」、「日本・世界名作「愛の会話」100章」、「日本文学現代名作事典」、「入門名作の世界」、「文学・名著300選の解説'88年度版」、「ポケット世界名作事典」、「名作あらすじ事典　西洋文学編」、「名作はこのように始まる1」、「名小説ストーリィ集　世界篇」、「ヨーロッパを語る13の書物」、「読んでおきたい世界の名著」、「ロシア文学」、「私の古典」、「私（わたし）の世界文学案内」

07286 「賭博者」
『賭博者』　ドストエフスキー［著］　原卓也訳　31刷改版　新潮社　2005　317p　16cm（新潮文庫）　476円　①4-10-201008-4　⑩983
☆「世界文学あらすじ大事典3（ちか‐ふろ）」、「名作の読解法」

07287 「ネートチカ・ネズヴァーノヴァ」
『ドストエフスキー全集　2　白夜／ネートチカ・ネズワーノワ他』　工藤精一郎ほか訳　新潮社　1979　431p　20cm〈決定版　著者の肖像あり〉　1500円　⑩988
☆「世界名著大事典」

07288 「白痴」
『白痴　3』　フョードル・ドストエフスキー著　望月哲男訳　河出書房新社　2010　435p　15cm（河出文庫）　940円
①978-4-309-46340-7
☆「面白いほどよくわかるあらすじで読む世界の名作」、「古典・名著の読み方」、「世界の小説大百科」、「世界文学あらすじ大事典3（ちか‐ふろ）」、「世界文学鑑賞辞典第4」、「世界名著大事典」、「大作家"ろくでなし"列伝」、「名作あらすじ事典　西洋文学編」、「ロシア文学」

07289 「白夜」
『白夜』　ドストエフスキー著　小沼文彦訳　角川書店　1958　110p　15cm（角川文庫）　⑩983
☆「世界名著大事典」

07290 「分身」
『分身―あるいはわが小ロシアの夕べ』　アントーニイ・ポゴレーリスキイ著　栗原成郎訳　横浜　群像社　2013　241p　17cm（ロシア名作ライブラリー）　1000円
①978-4-903619-38-5
☆「世界の幻想文学」、「世界名著大事典」

07291 「ボボーク」
『ロシア怪談集』　沼野充義編　河出書房新社　1990　431,4p　15cm（河出文庫）　780円　①4-309-46071-2　⑩983
☆「世界の幻想文学」

07292 「貧しき人びと」
『貧しき人びと』　ドストエフスキー著　木村浩訳　新潮社　2013　295p　15cm（新潮文庫）　490円　①978-4-10-201006-8
☆「知っておきたいロシア文学」、「世界文学あらすじ大事典4（ふん‐われ）」、「世界文学鑑賞辞典第4」、「世界名著大事典」、「ポケット世界名作事典」、「名作あらすじ事典　西洋文学編」

07293 「未成年」
『未成年　上巻』　ドストエフスキー［著］　工藤精一郎訳　19刷改版　新潮社　2008　632p　16cm（新潮文庫）　781円
①978-4-10-201015-0　⑩983
☆「知っておきたいロシア文学」、「世界文学鑑賞辞典第4」、「世界名著大事典」、「ロシア文学」

ドス・パソス

07294 「3人の兵卒」
☆「世界名著大事典」

07295 「マンハッタン乗換駅」
☆「世界文学あらすじ大事典4（ふん‐われ）」、「世界名著大事典」、「たのしく読めるアメリカ文学」

07296 「U.S.A.」

『U.S.A. 1』 ジョン・ドス・パソス作　渡辺利雄, 平野信行, 島田太郎訳　岩波書店　1977　402p　15cm（岩波文庫）　400円　Ⓝ933
☆「アメリカ文学」, 「英米文学の名作を知る本」, 「現代世界の名作」, 「世界の小説大百科」, 「世界の名著」, 「世界文学あらすじ大事典 4（ふんーわれ）」, 「世界文学鑑賞辞典 第1」, 「世界文学の名作と主人公」, 「世界名著大事典」, 「ポケット世界名作事典」, 「名小説ストーリイ集 世界篇」

ドーソン, アブラハム・コンスタンティン・ムラジャ

07297　「蒙古史」
『蒙古史 上巻』 ドーソン著　田中萃一郎訳補　岩波書店　1936　331p　15cm（岩波文庫）　Ⓝ222.6
☆「人文科学の名著」, 「世界名著大事典」

ドーソン, クリストファー

07298　「神々の時代」
☆「世界名著大事典」

07299　「宗教と近代国家」
『宗教と近代国家』 ドーソン著　深瀬基寛訳　清水弘文堂書房　1969　276p　19cm〈弘文堂書房昭和21年刊の複製〉　680円　Ⓝ313.16
☆「世界名著大事典」

07300　「進歩と宗教」
『進歩と宗教―歴史的探求』 クリストファ・ドーソン著　刈田元司訳　学苑社　1952　267p　19cm（人文科学叢書 第2）　Ⓝ161.3
☆「世界の哲学思想」, 「世界名著大事典」

07301　「政治のかなたに」
☆「世界名著大事典」

07302　「中世文化論」
☆「世界名著大事典」

07303　「ヨーロッパの形成」
『ヨーロッパの形成―ヨーロッパ統一史叙説』 クリストファー・ドーソン著　野口啓祐, 草深武, 熊倉庸介訳　創文社　1988　348p　21cm（名著翻訳叢書）　5500円　④4-423-49215-6
☆「世界名著大事典」, 「名著で読む世界史」

ドッジ, ジム

07304　「ストーン・ジャンクション」
☆「世界の小説大百科」

ドッジ, メリー・メイプス

07305　「銀のスケート」
『銀のスケート―ハンス・ブリンカーの物語』 メアリー・メイプス・ドッジ作　石井桃子訳〔改版〕　岩波書店　1988　406p　18cm（岩波少年文庫　2005）〈『ハンス・ブリンカー』改題書〉　618円　④4-00-112005-4

☆「少年少女のための文学案内 1」, 「世界名著大事典」, 「名作の研究事典」

ドッド

07306　「使徒的宣教とその発展」
☆「世界名著大事典」

07307　「社会の諸次元」
☆「世界名著大事典」

トッド, エマニュエル

07308　「移民の運命」
『移民の運命―同化か隔離か』 エマニュエル・トッド, 石崎晴己, 東松秀雄訳　藤原書店　1999　611p　21cm　5800円　①4-89434-154-9
☆「21世紀の必読書100選」

ドッブ, モーリス・H.

07309　「価値と分配の諸理論」
『価値と分配の理論』 モーリス・ドッブ著　岸本重陳訳　新評論　1976　398p　22cm　2500円　Ⓝ331.23
☆「世界の古典名著」

07310　「資本主義発展の研究」
『資本主義発展の研究 第1』 M.ドッブ著　京大近代史研究会訳　岩波書店　1954　322p　19cm（岩波現代叢書）　Ⓝ333.9
☆「経済学名著106選」, 「世界名著大事典」

07311　「政治経済学と資本主義」
『政治経済学と資本主義』 M.ドッブ著　岡稔訳　岩波書店　1952　386p　19cm（岩波現代叢書）Ⓝ331.34
☆「経済学88物語」, 「世界名著大事典」

07312　「ソヴェト経済史」
『ソヴェト経済史―1917年以後のソヴェト経済の発展 上』 モーリス・ドッブ著　野々村一雄訳　第6版　日本評論社　1974　278p　22cm　2500円　Ⓝ332.38
☆「世界名著大事典」

トッホ

07313　「旋律学」
『旋律学』 エルンスト・トッホ著　武川寛海訳　共益商社書店　1939　113p　23cm　Ⓝ761
☆「世界名著大事典」

ドーデ, アルフォンス

07314　「アッシジのフランチェスコ」
☆「世界名著大事典」

07315　「月曜物語」
『月曜物語』 ドーデ著　桜田佐訳　改版　岩波書店　1959　300p　15cm（岩波文庫）　Ⓝ953
☆「世界文学鑑賞辞典 第2」, 「世界名著大事典」

トテイ

07316 「最後の授業」
『最後の授業』 アルフォンス・ドーデ作 南本史訳 ポプラ社 2007 166p 18cm(ポプラポケット文庫) 570円 ①978-4-591-09852-3
☆「世界名作事典」,「名作の研究事典」,「名作へのパスポート」

07317 「サッフォー」
☆「学術辞典叢書 第13巻」,「世界の名作」,「世界文学あらすじ大事典 2(きよえ‐ちえ)」,「世界名著解題選 第2巻」,「世界名著大事典」,「名小説ストーリイ集 世界篇」

07318 「ジャック」
☆「世界名著大事典」

07319 「タルタラン・ド・タラスコンの冒険」
☆「世界文学あらすじ大事典 2(きよえ‐ちえ)」,「世界文学鑑賞辞典 第2」,「世界名著大事典」

07320 「ナバブ」
『ナバブ 上』 アルフォンス・ドーデ〔著〕 河合亨訳 復刻版 本の友社 2003 348p 20cm(アルフォンス・ドーデ選集 5 アルフォンス・ドーデ〔著〕)〈シリーズ責任表示:アルフォンス・ドーデ〔著〕 原本:世界文学社昭和24年刊〉 ①4-89439-434-0 Ⓝ958.68
☆「世界名著大事典」

07321 「パリの30年」
☆「世界名著大事典」

07322 「風車小屋だより」
『風車小屋だより』 ドーデー著 桜田佐訳 改訂版 岩波書店 1958 226p 15cm(岩波文庫) Ⓝ953
☆「現代世界の名作」,「少年少女のための文学案内 1」,「世界の名著」,「世界文学鑑賞辞典 第2」,「世界文学の名作と主人公」,「世界名著大事典」,「フランス文学」,「ポケット世界名作事典」

07323 「プティ・ショーズ」
『プチ・ショーズ』 ドーデ著 八木さわ子訳 角川書店 1958 337p 15cm(角川文庫) Ⓝ953
☆「世界文学鑑賞辞典 第2」

ドーティ

07324 「アラビア砂漠の旅」
☆「世界名著大事典」

トディ,ヤコポーネ・ダ

07325 「賛歌」
☆「世界名著大事典」

ドナトゥス

07326 「ラテン文法」
『ラテン文法』 サン・スルピス会諸師著 3訂版 中央出版社 1984 208p 22cm〈監修:ジャック・ツルデル〉 1500円 ①4-8056-9100-X Ⓝ892
☆「世界名著大事典」

トーニー

07327 「獲得的社会」
☆「世界名著大事典」

07328 「宗教と資本主義の興隆」
『宗教と資本主義の興隆―歴史的研究 下巻』 トーニー著 出口勇蔵,越智武臣訳 岩波書店 1959 320p 15cm(岩波文庫) Ⓝ332
☆「社会科学の古典」,「世界名著解題選 第5巻」,「世界名著大事典」,「歴史の名著」

07329 「16世紀における農業問題」
☆「世界名著大事典」

ドニケル,P.

07330 「臨床精神薬理学」
『臨床精神薬理学』 ジャン・ドレ,ピエール・ドニケル著 秋元波留夫,栗原雅直訳 紀伊国屋書店 1965 514p 22cm〈付録:日本における向精神薬の一覧表 参考文献:457-500p〉 Ⓝ493.7
☆「精神医学の名著50」

ドノソ,ホセ

07331 「夜のみだらな鳥」
『夜のみだらな鳥』 ドノソ著 鼓直訳 集英社 1984 463p 20cm(ラテンアメリカの文学 11)〈編集:綜合社 著者の肖像あり 著作年譜:p463〉 2000円 ①4-08-126011-7 Ⓝ963
☆「面白いほどよくわかる世界の文学」,「世界の幻想文学」,「私(わたし)の世界文学案内」

ド・バロア,N.

07332 「バレーへの招待」
☆「世界名著大事典 補遺(Extra)」

ドビー,E.H.G.

07333 「東南アジア」
『東南アジア』 E.H.G.ドビー著 小堀巌訳 古今書院 1961 425p 22cm Ⓝ292.3
☆「世界名著大事典」

ドビドゥール

07334 「ヨーロッパ外交史」
☆「世界名著大事典」

ドービニェ

07335 「悲愴歌」
☆「世界名著大事典」

ドービニャク

07336 「演劇作法」

トビーン, コルム
07337 「巨匠」
☆「世界の小説大百科」

トービン, J.
07338 「マクロ経済学の再検討」
『マクロ経済学の再検討―国債累積と合理的期待』 ジェイムス・トービン著　浜田宏一, 藪下史郎訳　日本経済新聞社　1981　176p　20cm　1400円　Ⓝ331
☆「経済学88物語」,「経済学名著106選」

ド・フォントネー
07339 「カシオペアのΨ」
☆「世界のSF文学・総解説」,「世界の幻想文学」

ドブジャンスキー
07340 「遺伝学と種の起源」
☆「世界名著大事典」

ドープシュ
07341 「カロリング朝時代の経済発展」
☆「世界名著大事典」

07342 「世界史における自然経済と貨幣経済」
☆「世界名著大事典」

07343 「ドイツ皇帝時代における支配と農民」
☆「世界名著大事典」

07344 「ヨーロッパ文化発展の経済的・社会的基礎」
☆「世界名著大事典」

ドブスン
07345 「死のバルト海」
『死のバルト海―グストロフ号の撃沈』　C.ドブスンほか著　間庭恭人訳　早川書房　1981　255p　20cm（Hayakawa nonfiction）　1300円　Ⓝ936
☆「世界の海洋文学」

トプセル
07346 「四足獣の歴史」
☆「世界の奇書」

ドブソン, アンドリュー
07347 「緑の政治思想」
『緑の政治思想―エコロジズムと社会変革の理論』 アンドリュー・ドブソン著　松野弘監訳　栗栖聡, 池田寛二, 丸山正次訳　京都　ミネルヴァ書房　2001　351p　21cm（シリーズ環境・エコロジー・人間　4）　4000円　①4-623-03322-8
☆「はじめて学ぶ政治学」

☆「世界名著大事典」

ドブソン, J.
07348 「英語の発音」
☆「世界名著大事典」

ドーフマン
07349 「アメリカ文明における経済精神」
☆「世界名著大事典」

07350 「線型計画法と経済分析」
☆「世界名著大事典」

トフラー, アルビン
07351 「第三の波」
『第三の波　3』　アルビン・トフラー原作　小沢さとる, 七瀬カイ翻案・画　中央公論社　1989　239p　19cm（中公コミックス）　910円　①4-12-001783-4
☆「究極のビジネス書50選」,「世界で最も重要なビジネス書」

ドフライン
07352 「動物の体制と生活」
☆「世界名著大事典」

ド・フリース
07353 「細胞内パンゲン説」
☆「世界名著大事典」

07354 「突然変異説」
『生物突然変異説』　フーゴー・ド・フリース著　相馬春雄訳　白揚社　1933　781p　19cm　Ⓝ467
☆「学術辞典叢書　第12巻」,「近代名著解題選集 2」,「自然科学の名著」,「世界名著解題選　第3巻」,「世界名著大事典」

ドブリュー
07355 「価値の理論」
『価値の理論―経済均衡の公理的分析』　ジェラール・ドブリュー著　丸山徹訳　東洋経済新報社　1977　227p　22cm〈参考文献：p. 173〜180〉　2900円　Ⓝ331.52
☆「経済学88物語」

ド・ブロイ
07356 「波と運動」
☆「西洋をきずいた書物」,「世界を変えた書物」

07357 「物質と光」
『物質と光』　ドゥ・ブロイ著　河野与一訳　岩波書店　1972　329,12p　15cm（岩波文庫）　150円　Ⓝ420.1
☆「世界名著大事典」

07358 「量子論研究」
☆「世界を変えた書物」

ドブロリューボフ

07359　「オブローモフ主義とは何か」
『オブローモフ主義とは何か？』　ドブロリューボフ著　金子幸彦訳　岩波書店　1975　198p　15cm（岩波文庫）　140円　Ⓝ984
☆「世界名著解題選 第6巻」

07360　「今日という日はいつ来るか？」
『オブローモフ主義とは何か？』　ドブロリューボフ著　金子幸彦訳　岩波書店　1975　198p　15cm（岩波文庫）　140円　Ⓝ984
☆「世界名著解題選 第6巻」

07361　「闇の王国」
『闇の王国の中の一条の光』　H.A.ドブロリューボフ著　横田三郎訳　にんげん社　1983　231p　20cm　1800円　Ⓝ984
☆「世界文学鑑賞辞典 第4」,「世界名著大事典」

ドベラーレ

07362　「宗教のダイナミックス―世俗化の宗教社会学」
『宗教のダイナミックス―世俗化の宗教社会学』　カーレル・ドベラーレ著　ヤン・スィンゲド、石井祁士訳　ヨルダン社　1992　268,75p　20cm　2500円　①4-8428-0128-X Ⓝ161.3
☆「学問がわかる500冊」

トペリウス

07363　「童話集」
☆「世界名著大事典」

07364　「星のひとみ」
『星のひとみ』　サカリアス・トペリウス作　万沢まき訳　新装版　岩波書店　2003　221p　20cm（岩波世界児童文学集）　①4-00-115714-4 Ⓝ949.83
☆「名作の研究事典」

ドベル

07365　「レーヴェンフークと彼の《小動物》」
☆「世界名著大事典」

ド・ベルニエール, ルイ

07366　「コレリ大尉のマンドリン」
☆「世界の小説大百科」

ド・ボトン, アラン

07367　「小説 恋愛をめぐる24の省察」
『小説 恋愛をめぐる24の省察』　アラン・ド・ボトン著　畔柳和代訳　白水社　1998　287p　19cm　2200円　①4-560-04648-4
☆「世界の小説大百科」

07368　「プルーストによる人生改善法」
『プルーストによる人生改善法』　アラン・ド・ボトン著　畔柳和代訳　白水社　1999　252p　19cm　2000円　①4-560-04664-6
☆「世界の自己啓発50の名著」

トーポリー

07369　「赤の広場」
『赤の広場―ブレジネフ最後の賭け』　E.トーポリ,F.ニェズナンスキイ著　原卓也訳　中央公論社　1983　318p　20cm　1300円　Ⓝ983
☆「世界の推理小説・総解説」

トポル, ヤーヒム

07370　「シティー・シスター・シルヴァー」
☆「世界の小説大百科」,「日本の古典」,「私の古典」

ドーマー

07371　「経済成長の理論」
☆「世界名著大事典」

トーマ, ルードウィヒ

07372　「悪童物語」
『悪童物語』　ルートヴィヒ・トーマ作　宮崎昌弘訳　国分寺　多摩枯梗堂　2009　119p　15cm　非売品　Ⓝ943.7
☆「少年少女のための文学案内 2」,「世界文学鑑賞辞典 第3」,「世界名著大事典」,「名作の研究事典」

トマジウス

07373　「自然法および国際法の基礎」
☆「世界名著大事典」

トマス, キース

07374　「人間と自然界」
『人間と自然界―近代イギリスにおける自然観の変遷』　キース・トマス著　山内昶訳　法政大学出版局　1989　470,139p　19cm（叢書・ウニベルシタス　272）　3914円　①4-588-00272-4
☆「学問がわかる500冊 v.2」

トーマス, クレイグ

07375　「ファイアフォックス」
『ファイアフォックス』　クレイグ・トーマス著　広瀬順弘訳　早川書房　1986　415p　15cm（ハヤカワ文庫NV）　540円　①4-15-040428-3
☆「世界の冒険小説・総解説」

トマス, ゴードン

07376　「エノラ・ゲイ」
『エノラ・ゲイ―ドキュメント・原爆投下』　ゴードン・トマス,マックス・モーガン=ウィッツ著　松田銑訳　ティビーエス・ブリタニカ　1980　477p　20cm〈参考文献：p472～477〉　2000円　Ⓝ936
☆「日本陸軍の本・総解説」

トマス, ディラン

07377 「絶望の航海」
『絶望の航海』 ゴードン・トマス,M.モーガン＝ウィッツ著　木下秀夫訳　早川書房　1980　429p　16cm（ハヤカワ文庫　NF）　560円　Ⓝ936
☆「世界の海洋文学」

トマス, ディラン

07378 「果樹園」
『ディラン・トマス全詩集』　ディラン・トマス著　松田幸雄訳　青土社　2005　443p　20cm〈肖像あり　年譜あり〉　3600円　Ⓘ4-7917-6212-6　Ⓝ931.7
☆「世界の幻想文学」

07379 「ファーン・ヒル」
『ディラン・トマス全詩集』　ディラン・トマス著　松田幸雄訳　青土社　2005　443p　20cm〈肖像あり　年譜あり〉　3600円　Ⓘ4-7917-6212-6　Ⓝ931.7
☆「たのしく読めるイギリス文学」

トマス, ボブ

07380 「ウォルト・ディズニー—創造と冒険の生涯」
『ウォルト・ディズニー—創造と冒険の生涯』　ボブ・トマス著　玉置悦子,能登路雅子訳　完全復刻版　講談社　2010　384p　21cm　3000円　Ⓘ978-4-06-216332-3
☆「伝記・自叙伝の名著」

07381 「ハワード・ヒューズ」
『ハワード・ヒューズ—謎の大富豪』　ノア・ディートリッヒ,ボブ・トーマス著　広瀬順弘訳　角川書店　1977　434p　15cm（角川文庫）　420円　Ⓝ289.3
☆「伝記・自叙伝の名著」

トマス, ルイス

07382 「人間というこわれやすい種」
☆「教養のためのブックガイド」

トーマス, ローウェル

07383 「海の鷲」
☆「世界の海洋文学」

トーマス, B.P.

07384 「リンカーン伝」
☆「伝記・自叙伝の名著」

トマス, W.I.

07385 「ヨーロッパとアメリカにおけるポーランド農民」
『生活史の社会学—ヨーロッパとアメリカにおけるポーランド農民』　W.I.トーマス,F.ズナニエツキ著　桜井厚訳　御茶の水書房　1983　265p　22cm　3200円　Ⓝ361.76
☆「社会学的思考」,「世界名著大事典」

トマス, W.L.

07386 「地表面を変革する人間の役割」
☆「世界名著大事典」

トマス・ア・ケンピス

07387 「キリストにならいて」
☆「教育の名著80選解題」,「自己啓発の名著30」,「西洋をきずいた書物」,「世界の名著」,「世界名著大事典」,「哲学の世界」

トマセロ, マイケル

07388 「心とことばの起源を探る」
『心とことばの起源を探る—文化と認知』　マイケル・トマセロ著　大堀壽夫,中澤恒子,西村義樹,本多啓訳　勁草書房　2006　306,38p　19cm（シリーズ認知と文化　4）　3400円　Ⓘ4-326-19940-7
☆「ブックガイド"心の科学"を読む」

ドーマル

07389 「類推の山」
『類推の山』　ルネ・ドーマル著　巌谷国士訳　河出書房新社　1996　243p　15cm（河出文庫）　700円　Ⓘ4-309-46156-5
☆「世界の幻想文学」

ド・マルトンヌ, E.

07390 「自然地理学概論」
☆「世界名著大事典　補遺（Extra）」

ドマンジョン

07391 「人文地理学の諸問題」
『人文地理学の諸問題—小牧実繁先生古稀記念論文集』　小牧実繁先生古稀記念事業委員会編　大明堂　1968　523p図版　26cm　3800円　Ⓝ290.4
☆「世界名著大事典」

07392 「フランス」
☆「世界名著大事典」

07393 「ベルギー, オランダおよびルクセンブルク」
☆「世界名著大事典」

ドミンゲス, ジョー

07394 「お金か, それとも人生か」
☆「お金と富の哲学世界の名著50」

トム, ルネ

07395 「形態と構造—カタストロフの理論」
『形態と構造—カタストロフの理論』　ルネ・ト

ム，E.C.ジーマン著　宇敷重広, 佐和隆光著・訳　みすず書房　1995　231,49p　20cm〈新装〉　3090円　①4-622-01624-9　Ⓝ415.7
☆「数学ブックガイド100」

トムセン, ヴィルヘルム

07396　「言語学史」
『言語学史』　ヴィルヘルム・トムセン著　泉井久之助, 高谷信一訳　ゆまに書房　1998　200p　22cm（世界言語学名著選集　第2巻）〈弘文堂1937年刊の複製　索引あり〉　6000円　①4-89714-408-6　Ⓝ801.02
☆「世界名著大事典」

トムセン, クリスチャン

07397　「北ヨーロッパ古物案内記」
『北方異教時代の古物の諸時期―『北方古代学入門』前編』　クリスティアン・J.トムセン［著］　星野達雄訳　藤沢　レスキス企画　2003　43p　26cm（レスキス・フィロソフィーク　15）Ⓝ238.9
☆「世界名著大事典」

トムソン

07398　「中世社会経済史」
☆「世界名著大事典」

07399　「歴史記述の歴史」
☆「世界名著大事典」

トムソン, ジェイムズ

07400　「四季」
☆「世界名著大事典」

07401　「タンクリッドとシギスマンダ」
☆「世界名著大事典」

07402　「懶惰の城」
☆「世界名著大事典」

トムソン, ジョージ

07403　「ギリシア古代社会研究」
☆「世界名著大事典」

トムソン, ベンシャミン

07404　「熱源に関する研究」
☆「世界を変えた書物」

トムソン, J.A.

07405　「科学概論」
『科学概論』　トムソン著　内山賢次訳　アテネ書院　1924　312p　20cm　Ⓝ401
☆「世界名著大事典」

トムソン, J.J.

07406　「陰極線」
☆「西洋をきずいた書物」

07407　「気体中の電気伝導」
☆「自然科学の名著100選　下」,「西洋をきずいた書物」,「世界を変えた書物」,「世界名著大事典」

07408　「レントゲン線により生じたイオンのもつ電荷について」
☆「西洋をきずいた書物」

トムソン, J.M.

07409　「フランス革命」
☆「世界名著大事典」

07410　「ロベスピエール」
☆「世界名著大事典」

トムソン, T.

07411　「化学史」
☆「世界名著大事典」

ドムチョクドンロプ

07412　「徳王自伝」
『徳王自伝―モンゴル再興の夢と挫折』　ドムチョクドンロプ著　森久男訳　岩波書店　1994　520p　19cm　3800円　①4-00-001514-1
☆「歴史家の一冊」

ドモラン

07413　「新教育」
『新教育―ロッシュの学校』　ドモラン著　原聡介訳　明治図書出版　1978　264p　22cm（世界教育学選集　88）〈明治図書創業60年記念出版　著者の肖像あり〉　2900円　Ⓝ376.3
☆「教育学の世界名著100選」,「世界名著大事典」

トラー

07414　「どっこい, おいらは生きている」
『どつこいおいらは生きてゐる！』　エルンスト・トラア著　瀬木達訳　改造社　1930　216p　16cm（改造文庫　第2部　第161篇）Ⓝ942
☆「世界文学鑑賞辞典　第3」,「世界名著大事典」

07415　「ヒンケマン」
☆「世界名著大事典」

07416　「ボイラーの火を消せ」
☆「世界名著大事典」

ドライアー

07417　「星雲, 星団の新総目録」
☆「世界名著大事典」

ドライサー, セオドア

07418　「アメリカの悲劇」
『アメリカの悲劇』　シオドア・ドライザー著　大久保康雄訳　新潮社　1978　2冊　15cm

（新潮文庫）　各480円　Ⓝ933
☆「アメリカ文学」,「あらすじで読む世界文学105」,「英米文学の名作を知る本」,「現代世界の名作」,「世界の名作」,「世界の名著」,「世界文学あらすじ事典1（あ‐きよう）」,「世界文学鑑賞辞典第1」,「世界文学の名作と主人公」,「世界名作事典」,「世界名著大事典」,「ポケット世界名作事典」,「名小説ストーリイ集 世界篇」

07419　「ジェニー・ゲルハート」
『ジェニー・ゲルハート　上巻』ドライサー著　高垣松雄訳　新潮社　1954　265p　16cm（新潮文庫）Ⓝ933
☆「世界文学あらすじ大事典 2（きよえ‐ちえ）」,「世界名著大事典」

07420　「シスター・キャリー」
『シスター・キャリー　上』ドライサー作　村山淳彦訳　岩波書店　2010　484p　15cm（岩波文庫）〈第2刷（第1刷1997年）〉　1080円　④4-00-323211-9
☆「書き出し「世界文学全集」」,「教養のためのブックガイド」,「知っておきたいアメリカ文学」,「世界の小説大百科」,「世界文学あらすじ大事典 2（きよえ‐ちえ）」,「世界文学鑑賞辞典第1」,「世界名著大事典」,「たのしく読めるアメリカ文学」,「名作あらすじ事典 西洋文学編」

07421　「天才」
☆「世界名著大事典」

07422　「堡塁」
☆「世界名著大事典」

トライチュケ,H.v

07423　「19世紀ドイツ史」
☆「西洋をきずいた書物」,「世界の古典名著」,「世界名著大事典」

07424　「政治学」
☆「社会科学の名著」,「世界名著大事典」

ドライデン,ジョン

07425　「グラナダの征服」
☆「世界名著大事典」,「日本の古典・世界の古典」

07426　「劇詩論」
『劇詩論』ジョン・ドライデン著　小津次郎訳注　研究社出版　1973　175p　21cm（英米文芸論双書 2）600円　Ⓝ932
☆「世界名著大事典」

07427　「現代式結婚」
☆「世界名著大事典」

07428　「恋ぞすべて」
『恋ぞすべて―世界を失いて悔いなし』ジョン・ドライデン作　竹之内明子訳　大阪　日本教育研究センター　1986　240p　19cm　2000円　④4-89026-014-5

☆「世界文学あらすじ大事典 2（きよえ‐ちえ）」,「世界名著大事典」

トラヴァース,P.L.

07429　「風にのってきたメアリー・ポピンズ」
『風にのってきたメアリー・ポピンズ』P.L.トラヴァース作　林容吉訳　新装版　岩波書店　2003　297p　20cm（岩波世界児童文学集）①4-00-115707-1,4-00-204174-3　Ⓝ933.7
☆「あらすじで出会う世界と日本の名作55」,「一冊で不朽の名作100冊を読む」（友人社）,「一冊で不朽の名作100冊を読む」（友人社）,「英米児童文学のベストセラー40」,「世界少年少女文学 ファンタジー編」,「世界文学の名作と主人公」,「名作の研究事典」

トラウトマン

07430　「バルト・スラヴ語辞典」
☆「世界名著大事典」

トラクス,ディオニュシオス

07431　「ギリシア文法」
☆「世界名著大事典」

ドラグノーフ

07432　「現代中国語文法の研究」
☆「世界名著大事典」

ドラクリッチ,スラヴェンカ

07433　「わたしがそこにいないかのように」
☆「世界の小説大百科」

トラークル

07434　「詩集」
☆「世界名著大事典」

07435　「夢の中のセバスティアン」
☆「世界名著大事典」

ドラクロワ

07436　「芸術論」
『芸術論』ドラクロア著　植村鷹千代訳　創元社　1952　191p 図版　15cm（創元文庫 C第6）Ⓝ701
☆「世界名著解題選 第6巻」,「世界名著大事典」

07437　「日記」
☆「世界名著大事典」

トラシー,デスチュット・ド

07438　「イデオロギー論」
☆「世界名著大事典」

ドラッカー,ピーター・F.

07439　「新しい社会」
☆「現代資本主義の名著」,「世界名著大事典」

07440　「イノベーションと企業家精神」

『イノベーションと企業家精神』 P.F.ドラッカー著 上田惇生訳 ダイヤモンド社 2007 324p 19cm〈ドラッカー名著集 5〉 2000円 ①978-4-478-00064-9
☆「お金と富の哲学世界の名著50」、「戦略の名著！最強43冊のエッセンス」

07441　「経営の適格者」
『経営の適格者』 ドラッカー著 日本事務能率協会編訳 日本経営出版社 1966 262p 18cm〈解説者：小林薫〉 380円 Ⓝ335

07442　「現代の経営」
『現代の経営 上』 ピーター・F.ドラッカー著 上田惇生訳 ダイヤモンド社 2006 268p 19cm〈ドラッカー名著集 2〉 1800円 ①4-478-30700-8
☆「あらすじで読む世界のビジネス名著」、「究極のビジネス書50選」、「経済学名著106選」、「世界で最も重要なビジネス書」

07443　「断絶の時代」
『断絶の時代』 P.F.ドラッカー著 上田惇生訳 ダイヤモンド社 2007 402p 19cm〈ドラッカー名著集 7〉 2400円 ①978-4-478-00057-1
☆「究極のビジネス書50選」、「経済学の名著30」、「世界を変えた経済学の名著」、「世界で最も重要なビジネス書」

07444　「ネクスト・ソサエティ」
『ネクスト・ソサエティ―歴史が見たことのない未来がはじまる』 P.F.ドラッカー著 上田惇生訳 ダイヤモンド社 2002 276p 19cm 2200円 ①4-478-19045-3
☆「超売れ筋ビジネス書101冊」

07445　「プロフェッショナルの条件」
『プロフェッショナルの条件―いかに成果をあげ、成長するか』 ピーター・F.ドラッカー著 上田惇生編訳 ダイヤモンド社 2000 266p 19cm 1800円 ①4-478-30059-3
☆「1日30分 達人と読むビジネス名著」、「3行でわかる名作&ヒット本250」、「超売れ筋ビジネス書101冊」

07446　「変貌する産業社会」
『変貌する産業社会』 ピーター・F.ドラッカー著 現代経営研究会訳 ダイヤモンド社 1959 315p 19cm Ⓝ335

07447　「傍観者の時代」
『傍観者の時代』 P.F.ドラッカー著 上田惇生訳 ダイヤモンド社 2008 384p 20cm〈ドラッカー名著集 12 P.F.ドラッカー著〉 2000円 ①978-4-478-00300-8 Ⓝ289.3
☆「大学新入生に薦める101冊の本」

07448　「ポスト資本主義社会」
『ポスト資本主義社会』 P.F.ドラッカー著 上田惇生訳 ダイヤモンド社 2007 284p 19cm〈ドラッカー名著集 8〉 2000円 ①978-4-478-00210-0
☆「経済経営95冊」

07449　「マネジメント」
『マネジメント―務め、責任、実践 1』 ピーター・ドラッカー著 有賀裕子訳 ［東京］ 日経BP社 2008 421p 20cm（Nikkei BP classics）〈肖像あり 発売：日経BP出版センター〉 2400円 ①978-4-8222-4657-0 Ⓝ336
☆「1日30分 達人と読むビジネス名著」、「3行でわかる名作&ヒット本250」

07450　「未来への決断」
『未来への決断―大転換期のサバイバル・マニュアル』 P.F.ドラッカー著 上田惇生ほか訳 ダイヤモンド社 1995 391p 20cm 2500円 ①4-478-37164-4 Ⓝ304
☆「「本の定番」ブックガイド」

ドラックマン

07451　「詩集」
☆「世界名著大事典」

トラハテンベルグ

07452　「現代の信用および信用組織」
☆「世界名著大事典」

ドラブル, マーガレット

07453　「輝かしい道」
☆「世界の小説大百科」

07454　「碾臼」
『碾臼』 マーガレット・ドラブル著 小野寺健訳 河出書房新社 1979 255p 20cm〈河出海外小説選 23〉 1300円 Ⓝ933
☆「英米文学の名作を知る本」、「知っておきたいイギリス文学」、「たのしく読めるイギリス文学」、「名作あらすじ事典 西洋文学編」

ドラポルト

07455　「アジアの近東」
☆「世界名著大事典」

ドランジェ

07456　「バイエルンにおける農民階級の発展」
☆「世界名著大事典」

トーランド

07457　「神秘的でないキリスト教」
☆「教育の名著80選解題」、「世界名著大事典」

トランプ, ドナルド

07458　「トランプ自伝」
『トランプ自伝―不動産王にビジネスを学ぶ』

ドナルド・J.トランプ, トニー・シュウォーツ著　相原真理子訳　筑摩書房　2008　446p　15cm (ちくま文庫)　840円
①978-4-480-42379-5
☆「お金と富の哲学世界の名著50」

ドランブル
07459　「十進メートル法の基本」
☆「西洋をきずいた書物」

トランボ
07460　「ジョニーは戦場へ行った」
☆「日本・世界名作「愛の会話」100章」

ドリヴェ, ファーブル
07461　「哲学的人類史」
☆「世界の奇書」

ドリオトン
07462　「エジプト」
☆「世界名著大事典」

トリオレ
07463　「チェーホフ」
☆「伝記・自叙伝の名著」

トリゴー
07464　「西儒耳目資」
☆「世界名著大事典」

07465　「日本キリスト教迫害史」
☆「世界名著大事典」

ドリーシュ
07466　「個人性問題」
☆「近代欧米名著解題 第8巻」

07467　「生物の哲学」
☆「世界名著大事典」

トリチェリ
07468　「学術的講義」
☆「世界を変えた書物」

07469　「幾何学著作集」
☆「世界名著大事典」

07470　「水銀の実験」
☆「西洋をきずいた書物」

トリッガー
07471　「歴史科学としての考古学」
『歴史科学としての考古学』　ブルース・G.トリッガー著　菊池徹夫, 岸上伸啓訳　雄山閣出版　1991　172p　21cm　2500円
①4-639-01027-3
☆「学問がわかる500冊 v.2」

トリッシーノ
07472　「ソフォニスバ」
☆「世界名著大事典」

トリフィン, R.
07473　「金とドルの危機」
☆「現代資本主義の名著」

トリーフォノフ
07474　「その時、その所」
『その時、その所』　トリーフォノフ著　江川卓, 吉岡ゆき訳　群像社　1987　471p　20cm (現代ロシア文学　8)〈著者の肖像あり〉
2500円　①4-905821-18-5　Ⓝ983
☆「ロシア文学」

ド・リベラ, アラン
07475　「中世哲学史」
☆「学問がわかる500冊」

ドリュオン
07476　「みどりのゆび」
『みどりのゆび』　モーリス・ドリュオン作　ジャクリーヌ・デュエーム絵　安東次男訳　愛蔵版　岩波書店　2009　204p　19×16cm　2600円　①978-4-00-115631-7
☆「名作の研究事典」

トルー, アントニー
07477　「ムーンレーカー号の反乱」
『ムーンレーカー号の反乱』　アントニイ・トルー著　尾坂力訳　早川書房　1976　247p　21cm (ハヤカワ・ノヴェルズ)　850円　Ⓝ933
☆「世界の海洋文学」,「世界の冒険小説・総解説」

トール, エックハルト
07478　「さとりをひらくと人生はシンプルで楽になる」
『さとりをひらくと人生はシンプルで楽になる』　エックハルト・トール著　飯田史彦監修　あさりみちこ訳　徳間書店　2002　305p　19cm　1800円　①4-19-861532-2
☆「世界のスピリチュアル50の名著」

ドールヴィイ, バルベー
07479　「魔性の女たち」
☆「世界の幻想文学」

07480　「レ・ディアボリック」
☆「世界名著大事典」

トールキン, J.R.R.
07481　「シルマリリオン」
☆「世界の幻想文学」

07482　「ホビットの冒険」

『ホビットの冒険』 ジョン・ロナルド・ロウエル・トールキン作 瀬田貞二訳 岩波書店 1993 525p 19cm〈岩波 世界児童文学集 6〉 1800円 ④4-00-115706-3

☆「一冊で不朽の名作100冊を読む」(友人社)，「一冊で不朽の名作100冊を読む」(友人社)，「英米児童文学のベストセラー40」，「世界少年少女文学 ファンタジー編」，「世界の小説大百科」

07483 「指輪物語」

『指輪物語 1(第1部) 旅の仲間 上1』 J.R.R.トールキン著 瀬田貞二，田中明子訳 新版 評論社 1992 252p 15cm〈評論社文庫〉 650円 ④4-566-02362-1 Ⓝ933

☆「イギリス文学」，「知っておきたいイギリス文学」，「世界のSF文学・総解説」，「世界の小説大百科」，「世界の名著文学案内」，「世界文学あらすじ大事典4(ふーん-われ)」，「世界文学のすじ書き」，「世界文学の名作と主人公」，「たのしく読めるイギリス文学」，「2時間でわかる世界の名著」，「名作あらすじ事典 西洋文学編」

ドルーシュ

07484 「ヨーロッパの歴史―欧州共通教科書」

『ヨーロッパの歴史―欧州共通教科書』 フレデリック・ドルーシュ総合編集 木村尚三郎監修 花上克己訳 第2版 東京書籍 1998 413p 29cm〈執筆：ジャック・アルドベールほか〉 7000円 ④4-487-76170-0 Ⓝ230

☆「世界史読書案内」

ドルジュレス

07485 「木の十字架」

☆「世界文学鑑賞辞典 第2」，「世界名著大事典」

ドールス，E.

07486 「バロック論」

『バロック論』 エウヘーニオ・ドールス著 神吉敬三訳 〔新装版〕 美術出版社 1991 248p 21cm 3400円 ④4-568-20138-1

☆「世界名著大事典 補遺(Extra)」

トルスタヤ

07487 「金色の玄関に」

『金色の玄関に』 タチヤーナ・トルスタヤ著 沼野充義，沼野恭子訳 白水社 1995 291p 19cm 2400円 ④4-560-04335-3

☆「ロシア文学」

トルストイ，レフ・ニコラエヴィチ

07488 「アンナ・カレーニナ」

『アンナ・カレーニナ 上』 トルストイ著 木村浩訳 改版 新潮社 2012 580p 15cm(新潮文庫) 750円 ④978-4-10-206001-8

☆「あらすじで味わう外国文学」，「あらすじで読む世界の名著 no.1」，「一冊で世界の名著100冊を読む」，「面白いほどよくわかる世界の文学」，「書き出し「世界文学全集」」，「聴いてあじわう世界の名著 第2巻」，「近代名著解題選集 2」，「クライマックス名作案内 2」，「現代世界の名作」，「3行でわかる名作&ヒット本250」，「知っておきたいロシア文学」，「図説 5分でわかる世界の名作」，「世界の小説大百科」，「世界の名作」，「世界の名作おさらい」，「世界の名著」，「世界文学あらすじ大事典 1(あ‐きょう)」，「世界文学鑑賞辞典 第4」，「世界文学の名作と主人公」，「世界文学必勝法」，「世界名作事典」，「世界名作文学館」，「世界名著解題選 第1巻」，「世界名著大事典」，「世界・名著のあらすじ」，「千年前のベスト100作品を選ぶ」，「日本・世界名作「愛の会話」100章」，「日本文学現代名作事典」，「ポケット世界名作事典」，「名作あらすじ事典 西洋文学編」，「名作への招待」，「名作はこのように始まる 2」，「名小説ストーリイ集 世界篇」，「要約 世界文学全集 1」，「ロシア文学」，「わたしの古典」

07489 「生ける屍」

『生ける屍』 トルストイ作 米川正夫譯 岩波書店 2006 98p 16cm(岩波文庫創刊書目復刻)〈原本：岩波書店昭和2年刊〉 ④4-00-355015-3 Ⓝ982

☆「世界文学鑑賞辞典 第4」，「世界名著大事典」

07490 「イワン・イリイチの死」

☆「知っておきたいロシア文学」，「世界の小説大百科」，「世界文学あらすじ大事典 1(あ‐きょう)」，「世界文学鑑賞辞典 第4」，「世界名著大事典」，「名作あらすじ事典 西洋文学編」，「ロシア文学」

07491 「イワンのばか」

『イワンのばか』 レフ・ニコラーエヴィチ・トルストイ作 金子幸彦訳 新版 岩波書店 2000 322p 18cm(岩波少年文庫) 720円 ④4-00-114529-4

☆「あらすじで読む世界の名著 no.3」，「少年少女のための文学案内 2」，「世界少年少女文学 ファンタジー編」，「世界の名作文学案内」，「世界文学の名作と主人公」，「世界名著大事典」，「名作の研究事典」

07492 「クロイツェル・ソナタ」

☆「『こころ』は本当に名作か」，「世界の小説大百科」，「世界文学あらすじ大事典 2(きよえ‐ちえ)」，「世界文学鑑賞辞典 第4」，「世界名著大事典」，「ポケット世界名作事典」，「要約 世界文学全集 1」，「ロシア文学」

07493 「芸術とはなにか」

『芸術とはなにか』 トルストイ著 河野与一訳 改版 岩波書店 1958 282p 15cm(岩波文庫) Ⓝ704

☆「世界名著解題選 第6巻」，「世界名著大事典」

07494 「結婚の幸福」

『結婚の幸福』 トルストイ著 米川正夫訳 岩波書店 1958 173p 15cm(岩波文庫) Ⓝ983

07495 「コーカサスの捕虜」
『コーカサスの捕虜』 トルストイ[著] 清水良雄訳注 評論社 1973 70,34p 19cm(世界名作シリーズ 19)〈他言語標題：A prisoner in the Caucasus 付属資料：1枚：実力テスト〉
☆「世界名著大事典」

07496 「国民教育論」
『国民教育論』 トルストイ著 昇曙夢訳 玉川大学出版部 1958 316p 図版 22cm(世界教育宝典) Ⓝ370.4
☆「教育学の世界名著100選」,「教育の名著80選解題」,「名著解題」

07497 「コサック」
『コサック―1852年のコーカサス物語』 レフ・ニコラエヴィチ・トルストイ著 乗松亨平訳 光文社 2012 377p 15cm(光文社古典新訳文庫) 876円 Ⓘ978-4-334-75247-7
☆「世界文学あらすじ大事典 2(きよえ‐ちえ)」,「世界文学鑑賞辞典 第4」,「世界名著大事典」

07498 「ざんげ」
『懺悔』 トルストイ作 北御門二郎訳 青銅社 1965 135p 19cm 260円 Ⓝ984
☆「世界名著大事典」

07499 「シェイクスピア及び戯曲について」
☆「世界名著解題選 第6巻」

07500 「シェークスピア論」
☆「世界名著大事典」

07501 「主人と下男」
『主人と下男』 トルストイ著 中村白葉訳 第三書房 1948 240p 19cm Ⓝ983
☆「世界名著大事典」

07502 「少年時代」
『少年時代』 レフ・ニコラエヴィッチ・トルストイ著 北御門二郎訳 講談社 2009 158p 18cm 1200円 Ⓘ978-4-06-214988-4
☆「自伝の名著101」,「世界文学あらすじ大事典 4(ふん‐われ)」,「世界文学鑑賞辞典 第4」,「世界名著大事典」

07503 「人生論」
『人生論』 トルストイ著 米川和夫訳 新版 角川書店 2004 297p 15cm(角川文庫) 400円 Ⓘ4-04-208926-7
☆「世界の古典名著」,「世界の哲学思想」,「世界の名著」,「世界の名著早わかり事典」,「世界名著案内 7」,「世界名著大事典」

07504 「青年時代」
『青年時代』 レフ・ニコラエヴィッチ・トルストイ著 北御門二郎訳 講談社 2009 273p 18cm 1200円 Ⓘ978-4-06-214989-1
☆「自伝の名著101」,「世界文学あらすじ大事典 4(ふん‐われ)」,「世界文学鑑賞辞典 第4」,「世界名著大事典」

07505 「セヴァストーポリ物語」
『セヴァストーポリ物語』 トルストイ著 米川正夫訳 思索社 1949 249p 19cm(思索選書 第98) Ⓝ983
☆「世界文学鑑賞辞典 第4」,「世界名著大事典」

07506 「セルギー神父」
『トルストイ後期短篇集』 中村白葉訳 福武書店 1991 307p 15cm(福武文庫) 600円 Ⓘ4-8288-3210-6 Ⓝ983
☆「世界名著大事典」

07507 「戦争と平和」
『戦争と平和 1』 トルストイ作 藤沼貴訳 岩波書店 2014 503,5p 19cm(ワイド版岩波文庫) 1600円 Ⓘ978-4-00-007376-9
☆「「あらすじ」だけで人生の意味が全部わかる世界の古典13」,「あらすじで味わう外国文学」,「あらすじで味わう名作文学」,「あらすじで読む世界の名著no.2」,「あらすじで読む世界文学105」,「一冊で世界の名著100冊を読む」,「大人のための世界の名著50」,「面白いほどよくわかる世界の文学」,「学術辞典叢書 第12巻」,「学問がわかる500冊」,「教養のためのブックガイド」,「近代名著解題選集 2」,「現代世界の名作」,「古典・名著の読み方」,「3行でわかる名作&ヒット本250」,「知っておきたいロシア文学」,「図説 5分でわかる世界の名作」,「世界を変えた100冊の本」,「世界の小説大百科」,「世界の書物」,「世界の長編文学」,「世界の名作50選」,「世界の名作おさらい」,「世界の名作100を読む」,「世界の名作文学案内」,「世界の名著」,「世界文学あらすじ大事典 2(きよえ‐ちえ)」,「世界文学鑑賞辞典 第4」,「世界文学のすじ書き」,「世界文学の名作と主人公」,「世界名作事典」,「世界名作文学館」,「世界名著解題選 第2巻」,「世界名著大事典」,「2時間でわかる世界の名著」,「入門名作の世界」,「文学・名著300選の解説 '88年度版」,「ポケット世界名作事典」,「名作あらすじ事典 西洋文学編」,「要約 世界文学全集 2」,「読んでおきたい世界の名著」,「ロシア文学」,「私(わたし)の世界文学案内」

07508 「人はなんで生きるか」
『人はなんで生きるか―トルストイ民話集 他四篇』 トルストイ著 中村白葉訳 改版 岩波書店 1965 189p 15cm(岩波文庫)〈30刷〉 Ⓝ983
☆「一冊で人生論の名著を読む」,「世界名著大事典」

07509 「復活」
『復活 上』 トルストイ作 藤沼貴訳 岩波書店 2014 475p 15cm(岩波文庫) 1020円 Ⓘ978-4-00-357005-0
☆「学術辞典叢書 第13巻」,「教養のためのブックガイド」,「近代名著解題選集 1」,「近代名著解題選

トルストイ

集 2」,「知っておきたいロシア文学」,「世界の名作」,「世界の名作おさらい」,「世界の名作文学が2時間で分かる本」,「世界文学あらすじ大事典 3 (ちか‐ふろ)」,「学術辞典叢書 第12巻」,「世界文学鑑賞辞典 第4」,「世界文学の名作と主人公」,「世界名作事典」,「世界名著解題選 第3巻」,「世界名著大事典」,「ポケット世界名作事典」,「ロシア文学」

07510 「闇の力」
『闇の力』 レフ・トルストイ著 宇野喜代之介訳 慧文社 2008 181p 21cm 4700円 ①978-4-86330-007-1
☆「学術辞典叢書 第12巻」,「世界文学あらすじ大事典 4 (ふん‐われ)」,「世界文学鑑賞辞典 第4」,「世界名著解題選 第3巻」,「世界名著大事典」

07511 「幼年時代」
『幼年時代』 トルストイ作 藤沼貴訳 岩波書店 2014 208p 15cm (岩波文庫)〈第16刷(第1刷1968年)〉 600円 ④4-00-326178-X
☆「知っておきたいロシア文学」,「自伝の名著101」,「世界文学あらすじ大事典 4 (ふん‐われ)」,「世界文学鑑賞辞典 第4」,「世界名著大事典」

07512 「ルツェルン」
『トルストイ選集 第2巻』 筑摩書房 1967 389p 図版 19cm 480円 ⓃN988
☆「世界名著大事典」

07513 「わが信仰の帰結」
『トルストイ全集 第14巻 宗教論 第1』 河出書房新社 1962 398p 図版 21cm ⓃN988
☆「世界名著大事典」

トルストイ,A.K.

07514 「カリオストロ」
『怪奇小説傑作集 5 (ドイツ・ロシア編)』 H.H.エーヴェルス他著 原卓也,植田敏郎訳 新版 東京創元社 2006 444p 15cm (創元推理文庫) 880円 ④4-488-50110-9 ⓃN908.3
☆「世界の幻想文学」

07515 「苦悩の中を行く」
『苦悩の中を行く 上巻 姉と妹』 アレクセイ・トルストイ著 原久一郎訳 三笠書房 1952 297p ⓃN983
☆「世界文学鑑賞辞典 第4」,「世界文学の名作と主人公」,「世界名著大事典」,「ロシア文学」

07516 「皇帝フョードル・ヨアーノヴィチ」
☆「世界名著大事典」,「ポケット世界名作事典」

07517 「白銀公爵」
『白銀公爵 下巻』 アレクセイ・トルストイ著 中村融訳 共和出版社 1950 326p 図版 19cm ⓃN983
☆「世界文学あらすじ大事典 2 (きよえ‐ちえ)」,「世界文学鑑賞辞典 第4」,「世界名著大事典」

07518 「パン」

『パン』 アレクセイ・トルストイ著 上脇進,樹下節共訳 三一書房 1951 339p 19cm ⓃN983
☆「世界名著大事典」

07519 「魅入られた男」
☆「世界の幻想文学」

トルストイ,A.N.

07520 「びっこの公爵」
『ロシア・ソビエト文学全集 第28 トルストイ・ファジェーエフ・レオーノフ』 平凡社 1965 364p 図版 19cm ⓃN988
☆「世界名著大事典」

07521 「ピョートル1世」
☆「世界文学鑑賞辞典 第4」,「世界名著大事典」

トルストーフ,S.P.

07522 「古代ホレズム文化の跡を尋ねて」
☆「世界名著大事典」

ドルト,F.

07523 「症例ドミニク」
『少年ドミニクの場合――ある精神分析医の面接ノート』 F.ドルト著 小此木啓吾,中野久夫訳 平凡社 1975 302p 19cm 1500円 ⓃN146
☆「精神分析の名著」

ドールトン

07524 「ビザンティンの美術と考古学」
☆「世界名著大事典」

ドルトン

07525 「ジャニスーブルースに死す」
『ジャニスブルースに死す』 デイヴィッド・ドルトン著 田川律,板倉まり訳 晶文社 1973 254p 図20枚 22cm〈付:ソノシート1枚〉 ⓃN767.8
☆「伝記・自叙伝の名著」

ドルトン,ジョン

07526 「化学哲学の新体系」
☆「自然科学の名著」,「自然科学の名著100選 中」,「西洋をきずいた書物」,「世界を変えた書物」,「世界名著大事典」

ドルバック

07527 「自然の体系」
『自然の体系 1』 ドルバック著 高橋安光,鶴野陵訳 法政大学出版局 1999 322p 22cm 6000円 ④4-588-15033-2 ⓃN135.3
☆「社会科学の名著」,「西洋をきずいた書物」,「世界名著解題選 第5巻」,「世界名著大事典」

07528 「社会の体系」
☆「世界名著大事典」

トルベツコイ

07529 「音韻論綱要」
☆「世界名著大事典」

トールマン

07530 「新行動主義心理学」
☆「教育学の世界名著100選」

07531 「動物と人間における目的行動」
『新行動主義心理学―動物と人間における目的的行動』 E.C.トールマン著 富田達彦訳 清水弘文堂 1977 440p 22cm 4500円 Ⓝ140.18
☆「世界名著大事典」

トルーマン

07532 「政治過程論」
☆「世界名著大事典」

ドールマン

07533 「アストロポリティーク」
☆「戦略論の名著」

ドルム

07534 「バビロニア・アッシリアの宗教」
☆「世界名著大事典」

ドルーヤン, アン

07535 「はるかな記憶―人間に刻まれた進化の歩み」
『はるかな記憶―人間に刻まれた進化の歩み 上』 カール・セーガン, アン・ドルーヤン著 柏原精一, 佐々木敏裕, 三浦賢一訳 朝日新聞社 1997 347p 15cm (朝日文庫) 720円 ①4-02-261205-3
☆「教養のためのブックガイド」,「ブックガイド "宇宙" を読む」

ドレ, J.

07536 「臨床精神薬理学」
『臨床精神薬理学』 ジャン・ドレ, ピエール・ドニケル, 栗原雅彦訳 紀伊国屋書店 1965 514p 22cm〈付録:日本における向精神薬の一覧表 参考文献:457-500p〉 Ⓝ493.7
☆「精神医学の名著50」

ドレアン

07537 「労働運動史」
☆「世界名著大事典」

ドレイデン

07538 「レーニンと芸術」
『レーニンと芸術』 ドレイデン編 蔵原惟人等訳 社会書房 1947 196p 19cm Ⓝ701.1
☆「世界名著解題選 第6巻」

トレイファス, ヒューバート・L.

07539 「コンピュータには何ができないか―哲学的人工知能批判」
『コンピュータには何ができないか―哲学的人工知能批判』 ヒューバート・L.ドレイファス著 黒崎政男, 村若修訳 産業図書 1992 610p 20cm 3966円 ①4-7828-0069-X Ⓝ007.1
☆「ブックガイド "心の科学" を読む」

07540 「ミシェル・フーコー」
『ミシェル・フーコー―構造主義と解釈学を越えて』 ヒューバート・L.ドレイファス, ポール・ラビノウ著 井上克人, 北尻祥晃, 高田珠樹, 山形頼洋, 山田徹郎, 山本幾生, 鷲田清一訳 筑摩書房 1996 380p 21cm 4635円 ①4-480-84242-X
☆「歴史家の一冊」

トレヴェニアン

07541 「アイガー・サンクション」
『アイガー・サンクション』 トレヴェニアン著 上田克之訳 河出書房新社 1985 425p 15cm (河出文庫) 680円 ①4-309-46014-3 Ⓝ933
☆「世界の冒険小説・総解説」

07542 「シブミ」
『シブミ 上』 トレヴェニアン著 菊池光訳 早川書房 2011 359p 15cm (ハヤカワ文庫NV) 840円 ①978-4-15-041234-0
☆「世界の冒険小説・総解説」

07543 「夢果つる街」
『夢果つる街』 トレヴェニアン著 北村太郎訳 角川書店 1988 514p 15cm (角川文庫) 620円 ①4-04-245002-4
☆「世界の推理小説・総解説」

トレヴェリヤン

07544 「イギリス史」
☆「世界名著大事典」

07545 「イギリス社会史」
☆「人文科学の名著」,「世界名著大事典」

07546 「19世紀イギリス史」
☆「世界名著大事典」

07547 「スチュアート朝時代のイギリス」
☆「世界名著大事典」

ドレウス, A.

07548 「キリスト神話」
『キリスト神話』 A.ドレウス著 原田瓊生訳 岩波書店 1951 294p 19cm (岩波現代叢書) Ⓝ192.8
☆「近代欧米名著解題 第7巻」,「世界名著大事典」

トレガスキス
07549 「ガダルカナル日記」
☆「日本陸軍の本・総解説」

ドレーク, フランシス
07550 「パナマ地峡遠征記」
☆「世界の旅行記101」

ドレーク, D.
07551 「批判的実在論」
☆「世界名著大事典」

トレーシー, ブライアン
07552 「自己を築く」
『自己を築く―心を支配する7つの法則で、これだけあなたは変わる!』 ブライアン・トレーシー著 田中孝顕訳 騎虎書房 1997 271p 19cm 1100円 ①4-88693-338-6
☆「世界の成功哲学50の名著エッセンスを解く」

トレーシー, M.
07553 「ナンバーワン企業の法則」
『ナンバーワン企業の法則―勝者が選んだポジショニング』 マイケル・トレーシー, フレッド・ウィアセーマ著 大原進訳 日本経済新聞社 2003 337p 15cm〈日経ビジネス人文庫〉 695円 ①4-532-19184-X Ⓝ335.253
☆「世界で最も重要なビジネス書」

トレーズ
07554 「共産主義者とカトリック教徒」
☆「世界名著大事典」

07555 「人民の子」
『人民の子』 モリス・トレーズ著 北原道彦訳 改訂新版 大月書店 1978 255p 19cm 1500円 Ⓝ363.5
☆「世界名著大事典」

トレチヤコーフ
07556 「ソヴェト連邦領域における始原共同体的構成と太古の諸国家」
☆「世界名著大事典」

トレチヤコーフ, セルゲイ
07557 「ほえろ, シナ!」
『吼えろ支那』 トレチヤコフ著 大隈俊雄訳 ゆまに書房 2008 82p 19cm〈昭和初期世界名作翻訳全集 191〉〈春陽堂昭和7年刊の複製〉 3900円 ①978-4-8433-2739-5 Ⓝ982
☆「世界名著大事典」

トレッセル, ロバート
07558 「とんまの里」
『とんまの里』 ロバート・トレッセル著 村木淳訳 多摩書房 1971 589p 肖像 19cm 1200円 Ⓝ933
☆「世界の小説大百科」

トレニョーフ
07559 「リュボーヴィ・ヤロヴァーヤ」
☆「世界名著大事典」

ドレーパー
07560 「宗教と科学の闘争史」
『宗教と科学の闘争史』 ジョン・W.ドレイパー著 平田寛訳 社会思想社 1968 333p 22cm 980円 Ⓝ402
☆「世界名著大事典」

トレーバー, E.
07561 「飛べ! フェニックス」
☆「世界の冒険小説・総解説」

トレフィル, ジェームス
07562 「人間がサルやコンピュータと違うホントの理由」
『人間がサルやコンピュータと違うホントの理由―脳・意識・知能の正体に科学が迫る』 ジェームス・トレフィル著 家泰弘訳 日本経済新聞社 1999 355p 21cm 2000円 ①4-532-14723-9
☆「科学を読む愉しみ」

トレルチ
07563 「キリスト教会および集団の社会理論」
☆「西洋をきずいた書物」, 「世界名著大事典」

07564 「宗教及宗教学の本質」
『宗教哲学及宗教学の本質』 エルンスト・トレルチ著 菅円吉訳 大村書店 1926 284p 19cm Ⓝ161
☆「宗教哲学名著解説」

07565 「二十世紀初に於ける宗教哲学の現況」
☆「近代欧米名著解題 第3巻」

07566 「ルター, プロテスタンティズムおよび近代世界」
☆「教育の名著80選解題」

07567 「歴史主義とその諸問題」
☆「世界名著大事典」, 「哲学名著解題」, 「歴史の名著」

ドーレン
07568 「イタリア経済史」
☆「世界名著大事典」

トレンズ
07569 「富の生産についての1論」
☆「世界名著大事典」

トロアイヤ
07570 「蜘蛛」
☆「世界文学鑑賞辞典 第2」

ドロイゼン
07571 「史学綱要」
『史学綱要』 ドロイゼン著 樺俊雄訳 刀江書院 1937 231p 23cm ⓃÄ201
☆「世界名著大事典」

07572 「プロイセン政治史」
☆「世界名著大事典」

07573 「ヘレニズム史」
☆「世界名著大事典」

ドロステ＝ヒュルスホフ，アネッテ・フォン
07574 「荒野風物詩」
☆「世界名著大事典」

07575 「ユダヤ人のブナの木」
『ユダヤ人のブナの木』 ドロステ＝ヒュルスホフ著 番匠谷英一訳 岩波書店 1953 103p 図版 15cm（岩波文庫） Ⓝ943
☆「知っておきたいドイツ文学」，「世界文学鑑賞辞典 第3」，「世界名著大事典」

トロツキー
07576 「裏切られた革命」
『裏切られた革命』 トロツキー著 藤井一行訳 岩波書店 1992 407p 15cm（岩波文庫） 670円 Ⓘ4-00-341271-0 Ⓝ312.38
☆「世界名著大事典」

07577 「永続革命論」
『永続革命論』 レフ・トロツキー著 森田成也訳 光文社 2008 504p 15cm（光文社古典新訳文庫） 838円 Ⓘ978-4-334-75155-5
☆「古典・名著の読み方」，「世界の古典名著」，「世界名著大事典」，「20世紀を震撼させた100冊」

07578 「一九〇五年―総括と展望」
『一九〇五年革命・結果と展望』 トロツキー［著］ 対馬忠行，榊原彰治訳 現代思潮新社 2008 206p 20cm〈現代思潮社1967年刊のオンデマンド版〉 2300円 Ⓘ978-4-329-02036-9 Ⓝ309.3
☆「革命思想の名著」

07579 「テロリズムと共産主義」
☆「学術辞典叢書 第14巻」

07580 「文学と革命」
『文学と革命』 トロツキー著 内村剛介訳 現代思潮社 1975 2冊 20cm 各1600円 Ⓝ980.2
☆「世界名著大事典」

07581 「ロシア革命史」

『ロシア革命史 5』 トロツキー著 藤井一行訳 岩波書店 2001 500,71p 15cm（岩波文庫） 960円 Ⓘ4-00-341278-8
☆「世界の名著」，「世界の名著早わかり事典」，「世界名著大事典」，「歴史学の名著30」

07582 「わが生涯」
☆「自伝の名著101」，「伝記・自叙伝の名著」

トロプケ
07583 「初等数学史」
☆「世界名著大事典」

トロブリッチ
07584 「スエデンボルグ伝」
『スヴェーデンボリ―その生涯と教え』 ジョージ・トロブリッジ著 鈴木泰之訳 スヴェーデンボリ出版 2011 293p 19cm 2000円 Ⓘ978-4-9905656-1-9 Ⓝ198.952
☆「伝記・自叙伝の名著」

ド・ロルム
07585 「イギリス憲法論」
☆「世界名著大事典」

トロロープ，アンソニー
07586 「アリングトンの小さな家」
☆「世界名著大事典」

07587 「救貧院長」
『慈善院長』 アンソニー・トロロープ［著］ 木下善貞訳 開文社出版 2010 279p 20cm 1800円 Ⓘ978-4-87571-056-1 Ⓝ933.6
☆「世界名著大事典」

07588 「最後のバーセット年代記」
☆「世界の小説大百科」

07589 「バーチェスター塔」
『バーチェスターの塔』 アンソニー・トロロープ［著］ 木下善貞訳 開文社出版 2011 678p 20cm 2800円 Ⓘ978-4-87571-059-2 Ⓝ933.6
☆「世界文学鑑賞辞典 第1」

07590 「フィニアス・フィン」
☆「世界の小説大百科」

トロワ，クレティアン・ド
07591 「ランスロ」
☆「世界名著大事典」

トロンペナールス，フォウンズ
07592 「文化の波に乗って」
『異文化の波―グローバル社会：多様性の理解』 フォンス・トロンペナールス，チャールズ・ハムデン＝ターナー著 須貝栄訳 白桃書房 2001 450p 20cm 2500円

①4-561-12142-0 Ⓝ336
☆「究極のビジネス書50選」

ドンズロ, J.

07593 「家族に介入する社会」
『家族に介入する社会—近代家族と国家の管理装置』 ジャック・ドンズロ著 宇波彰訳 新曜社 1991 302,11p 19cm 2987円
①4-7885-0402-2
☆「近代家族とジェンダー」

ドンヌディウ・ド・ヴァーブル

07594 「国際刑法の近代的原則」
☆「世界名著大事典」

トンプスン, スティーヴン・L.

07595 「A‐10奪還チーム出動せよ」
『A-10奪還チーム出動せよ』 スティーヴン・L.トンプスン著 高見浩訳 早川書房 2009 489p 16cm (ハヤカワ文庫 NV1202)〈新潮社1982年刊の新装版〉 940円
①978-4-15-041202-9 Ⓝ933.7
☆「世界の冒険小説・総解説」

トンプソン, ウィリアム

07596 「富の分配に関する研究」
☆「世界名著大事典」

トンプソン, スティス

07597 「北アメリカ・インディアンの説話」
☆「世界名著大事典」

07598 「民間文芸モチーフの索引」
☆「世界名著大事典」

07599 「民話」
☆「世界名著大事典」

トンプソン, ハンター・S.

07600 「ラスベガス・71」
☆「世界の小説大百科」

トンプソン, J.E.S.

07601 「マヤ文明の興亡」
☆「世界名著大事典」

トンミ・サンボータ

07602 「チベット文法論・30頌と性入」
☆「世界名著大事典」

曇鸞 どんらん

07603 「浄土往生論註」
☆「世界名著大事典」

07604 「浄土論註」
☆「東洋の名著」

【ナ】

ナイ, ジョセフ・S., Jr.

07605 「国際紛争」
『国際紛争—理論と歴史』 ジョセフ・S.ナイ, ジュニア, デイヴィッド・A.ウェルチ著 田中明彦, 村田晃嗣訳 有斐閣 2013 446p 21cm〈原書第9版〉 2800円
①978-4-641-14905-2
☆「名著に学ぶ国際関係論」

07606 「Power and Interdependence」
『パワーと相互依存』 ロバート・O・コヘイン, ジョセフ・S・ナイ著 滝田賢治監訳訳 京都ミネルヴァ書房 2012 480p 22cm〈索引あり〉 4800円 ①978-4-623-06102-0 Ⓝ319
☆「学問がわかる500冊」

ナイチンゲール

07607 「英国陸軍の保健,能率,病院管理に及ぼす問題に関する覚書」
☆「西洋をきずいた書物」

ナイト, エリック

07608 「名犬ラッシー」
『名犬ラッシー』 エリク・ナイト原作 平田昭吾著 ブティック社 2006 45p 17×18cm (よい子とママのアニメ絵本 54—せかいめいさくシリーズ) 381円 ①4-8347-7054-0
Ⓝ726.6
☆「一冊で不朽の名作100冊を読む」(友人社),「一冊で不朽の名作100冊を読む」(友人社)

ナイト, フランク

07609 「危険・不確実性および利潤」
『危険・不確実性および利潤』 F.H.ナイト著 奥隅栄喜訳 文雅堂書店 1959 463p 図版 22cm (現代経済学名著選集 第6 明治大学経済学研究会編) Ⓝ331.64
☆「経済学の名著30」,「経済学88物語」,「世界名著大事典」

ナイハルト, ジョン・G.

07610 「ブラック・エルクは語る」
『ブラック・エルクは語る』 ジョン・G.ナイハルト著 宮下嶺夫訳 阿部珠理監修 めるくまーる 2001 312p 19cm 1800円
①4-8397-0108-3
☆「世界のスピリチュアル50の名著」

ナイポール, V.S.

07611 「ある放浪者の半生」

『ある放浪者の半生』 V.S.ナイポール著　斎藤兆史訳　岩波書店　2002　290p　20cm　2500円　①4-00-022010-1　Ⓝ933.7
☆「英仏文学戦記」

07612「魔法の種」
『魔法の種』 V.S.ナイポール著　斎藤兆史訳　岩波書店　2007　338p　19cm　2900円　①978-4-00-024803-7
☆「英仏文学戦記」

ナヴァール, マルグリート・ド
07613「エプタメロン」
『エプタメロン』 マルグリット・ド・ナヴァール著　名取誠一訳　国文社　1988　600p　20cm（アウロラ叢書）〈著者の肖像あり　略年譜：p574〜580〉　5500円　Ⓝ953
☆「世界文学鑑賞辞典 第2」,「世界名著大事典」,「日本の古典・世界の古典」

ナウク
07614「ギリシア悲劇作家断片集」
☆「世界名著大事典」

ナウマン, ネリー
07615「山の神」
『山の神』 ネリー・ナウマン著　野村伸一訳　言叢社　1994　464p　21cm　7950円　①4-905913-50-0
☆「学問がわかる500冊 v.2」

ナウマン, ハンス
07616「ドイツ民俗学綱要」
☆「世界名著大事典」

ナウマン, フリードリヒ
07617「中部ヨーロッパ論」
☆「世界名著大事典」

ナーゲル, E.
07618「数学から超数学へ—ゲーデルの証明」
『ゲーデルは何を証明したか—数学から超数学へ』 E.ナーゲル, J.R.ニューマン著　林一訳　白揚社　1999　170p　19cm〈「数学から超数学へ」(1968年刊)の改訂新装版〉　2200円　①4-8269-0087-2　Ⓝ410.9
☆「ブックガイド 文庫で読む科学」

ナージ, アマール
07619「トウガラシの文化誌」
『トウガラシの文化誌』 アマール・ナージ著　林真理, 奥田祐子, 山本紀夫訳　晶文社　1997　311,10p　21cm　2800円　①4-7949-6331-9
☆「学問がわかる500冊 v.2」

ナジ, モホイ
07620「絵画, 写真, 映画」
☆「世界名著大事典」

07621「材料より建築へ」
☆「世界名著大事典」

ナーシル・アル・ディーン・アル・トゥースィー
07622「扇形図の書」
☆「世界名著大事典」

ナスミス
07623「自叙伝」
☆「自然科学の名著」,「世界名著大事典」

ナセル, G.A.al
07624「革命の哲学」
『革命の哲学』 ナセル著　西野照太郎訳　角川書店　1971　282p　15cm（角川文庫）Ⓝ316.842
☆「世界名著大事典 補遺(Extra)」,「伝記・自叙伝の名著」

ナッシュ
07625「ハーヴァード実験科学事例史双書」
☆「世界名著大事典」

ナッシュ, トマス
07626「不運な旅人」
『不運な旅人』 トマス・ナッシュ著　小野協一訳　現代思潮社　1970　212p　図版　19cm（古典文庫　40）　650円　Ⓝ933
☆「世界の小説大百科」,「世界文学あらすじ大事典 3(ちか - ふろ)」,「世界名著大事典」

ナッシュ, ロデリック・F.
07627「自然の権利—環境倫理の文明史」
『自然の権利—環境倫理の文明史』 ロデリック・フレイザー・ナッシュ著　松野弘訳　京都　ミネルヴァ書房　2011　333,29p　21cm　4000円　①978-4-623-05905-8
☆「学問がわかる500冊 v.2」

ナッソー, ウィリアム, Sr.
07628「経済学」
☆「世界名著解題選 第1巻」

ナット・ハン, ティク
07629「マインドフルの奇跡—今ここにほほえむ」
『マインドフルの奇跡—今ここにほほえむ』 ティク・ナット・ハン著　ウェッブ・オブ・ライフ訳　杜神社　1995　182p　19cm〈監訳：仙田典子　著者の肖像あり〉　1900円

①4-915906-20-5 Ⓝ188.84
　　☆「世界のスピリチュアル50の名著」

ナデル
　07630　「黒人帝国」
　　☆「世界名著大事典」

　07631　「社会人類学の基礎」
　　☆「世界名著大事典」

ナドヴィー, サイイド・スライマーン
　07632　「予言者伝」
　　☆「世界名著大事典」

ナードラー
　07633　「ドイツ諸種族と風土との文学史」
　　☆「世界名著大事典」

　07634　「ドイツ民族の文学史―ドイツ諸種族及び諸風土の作品と作物」
　　☆「世界名著解題選 第6巻」

ナトルプ, パウル
　07635　「国民的文化と人格的文化」
　　☆「近代欧米名著解題 第8巻」

　07636　「社会的教育学」
　　『社会的教育学』 P.ナトルプ著　篠原陽二訳　町田　玉川大学出版部　1983　385p　22cm（西洋の教育思想　17）〈著者の肖像あり　ナトルプ略年譜：p382～385〉　4200円　Ⓝ371
　　☆「教育学の世界名著100選」、「教育の名著80解題」、「世界名著解題選 第5巻」、「世界名著大事典」、「21世紀の教育基本書」、「名著による教育原理」

　07637　「社会理想主義」
　　『社会理想主義』 ナトルプ著　篠原陽二訳　明治図書出版　1962　294p　図版　22cm（世界教育学選集　第21）Ⓝ371
　　☆「世界名著大事典」

　07638　「精密科学の論理的基礎」
　　☆「世界名著大事典」、「哲学名著解題」

　07639　「普遍的心理学―批判的方法による」
　　☆「学術辞典叢書 第13巻」、「世界名著解題選 第1巻」、「哲学名著解題」

　07640　「プラトンのイデア説」
　　☆「世界名著大事典」

ナナス, バート
　07641　「リーダーシップの王道」
　　『リーダーシップの王道』 ウォーレン・ベニス, バート・ナナス著　小島直記訳　新潮社　1987　216p　19cm　1300円
　　①4-10-519601-2
　　☆「究極のビジネス書50選」、「世界で最も重要なビジネス書」

ナハティガル
　07642　「スラヴ諸語」
　　☆「世界名著大事典」

ナヒムソン
　07643　「国家経済学」
　　☆「世界名著大事典」

　07644　「大戦前後の世界経済」
　　☆「学術辞典叢書 第14巻」

ナボコフ, ウラジーミル
　07645　「青白い炎」
　　『青白い炎』 ナボコフ作　富士川義之訳　岩波書店　2014　584p　15cm（岩波文庫）1200円　①978-4-00-323411-2
　　☆「世界の小説大百科」、「世界文学あらすじ大事典 1（あーきよう）」、「世界名著大事典 補遺(Extra)」

　07646　「アーダ」
　　『アーダ』 ウラジーミル・ナボコフ著　斎藤数衛訳　早川書房　1977　2冊　20cm（ハヤカワ・リテラチャー　5,6）各1800円　Ⓝ933
　　☆「世界のSF文学・総解説」、「世界の小説大百科」、「世界名著大事典 補遺(Extra)」

　07647　「絶望」
　　『絶望』 ウラジーミル・ナボコフ著　貝澤哉訳　光文社　2013　389p　15cm（光文社古典新訳文庫）1040円　①978-4-334-75279-8
　　☆「世界名著大事典 補遺(Extra)」

　07648　「セバスチャン・ナイトの真実の生涯」
　　『セバスチャン・ナイトの真実の生涯』 ウラジミル・ナボコフ著　富士川義之訳　講談社　1999　328p　15cm（講談社文芸文庫）1200円　①4-06-197671-0
　　☆「世界文学あらすじ大事典 2（きよえ・ちえ）」、「世界名著大事典 補遺(Extra)」

　07649　「賜物」
　　『賜物』 ウラジーミル・ナボコフ著　沼野充義訳　河出書房新社　2010　612,10p　19cm（池澤夏樹＝個人編集 世界文学全集2　10）2600円　①978-4-309-70962-8
　　☆「世界名著大事典 補遺(Extra)」、「ロシア文学」

　07650　「断頭台への招待」
　　『世界の文学　8　ナボコフ』 集英社　1977　396p　肖像　20cm　1300円　Ⓝ908
　　☆「世界の幻想文学」

　07651　「ナボコフ自伝―記憶よ、語れ」
　　『ナボコフ自伝―記憶よ、語れ』 ウラジーミル・ナボコフ著　大津栄一郎訳　晶文社　1979　264p　20cm　1500円　Ⓝ930.28
　　☆「自伝の名著101」

07652 「マーシェンカ」
『マーシェンカ』 ウラジミール・ナボコフ著 大浦暁生訳 新潮社 1972 201p 20cm 750円 Ⓝ983
☆「世界名著大事典 補遺(Extra)」

07653 「ヨーロッパ文学講義」
『ヨーロッパ文学講義』 ウラジーミル・ナボコフ著 野島秀勝訳 ティビーエス・ブリタニカ 1993 493p 19cm〈新装版〉 3200円 ①4-484-92129-4 Ⓝ902.05
☆「必読書150」

07654 「ロリータ」
『ロリータ』 ウラジーミル・ナボコフ著 若島正訳 新潮社 2006 623p 15cm(新潮文庫) 857円 ①4-10-210502-6
☆「アメリカ文学」、「一冊で世界の名著100冊を読む」、「英米文学の名作を知る本」、「面白いほどよくわかる世界の文学」、「知っておきたいアメリカ文学」、「世界の小説大百科」、「世界の名作50選」、「世界文学あらすじ大事典 4(ふん‐われ)」、「世界文学必勝法」、「世界名著大事典 補遺(Extra)」、「千年紀のベスト100作品を選ぶ」、「たのしく読めるアメリカ文学」、「百年の誤読 海外文学篇」、「ポケット世界名作事典」、「名作あらすじ事典 西洋文学編」、「名作英米小説の読み方・楽しみ方」、「要約 世界文学全集 1」

ナホッド

07655 「17世紀におけるオランダ東インド会社と日本との関係」
☆「世界名著大事典」

ナーラーヤナ

07656 「ヒトーパデーシャ」
『ヒトーパデーシャ―処世の教え』 ナーラーヤナ著 金倉円照、北川秀則訳 岩波書店 1968 310p 15cm(岩波文庫) 150円 Ⓝ929.89
☆「世界名著大事典」

ナラヤン,R.K.

07657 「ガイド」
『ガイド』 R.K.ナラヤン著 森本素世子訳 日本アジア文学協会,めこん〔発売〕 1995 381p 19cm 2266円
☆「世界の小説大百科」、「世界文学あらすじ大事典 1(あ‐きよう)」

07658 「マルグディに来た虎」
『集英社ギャラリー「世界の文学」 20 中国・アジア・アフリカ』 集英社 1991 1435p 22cm 4300円 ①4-08-129020-2 Ⓝ908
☆「世界の名作文学案内」

ナルスジャック,T.

07659 「悪魔のような女」
『悪魔のような女』 ボアロー,ナルスジャック著 北村太郎訳 早川書房 1996 250p 15cm(ハヤカワ・ミステリ文庫) 520円 ①4-15-071703-6
☆「世界の推理小説・総解説」

07660 「贋作展覧会」
☆「世界の推理小説・総解説」

ナンセン,フリチョフ

07661 「極北」
『極北―フラム号北極漂流記』 フリッチョフ・ナンセン著 加納一郎訳 中央公論新社 2002 211p 16cm(中公文庫)〈折り込1枚〉 686円 ①4-12-203995-9 Ⓝ297.8091
☆「西洋をきずいた書物」、「世界名著大事典」

07662 「夜と氷のうちで」
☆「世界名著大事典」

【ニ】

ニイル,A.S.

07663 「自由の子供」
☆「世界名著大事典」

07664 「問題の教師」
『問題の教師』 ニイル著 霜田静志訳 刀江書院 1933 356p 21cm Ⓝ374
☆「教育学の世界名著100選」、「21世紀の教育基本書」、「名著解題」

07665 「問題の子ども」
『問題の子ども』 ニイル[著] 堀真一郎訳 名古屋 黎明書房 2009 243p 21cm(ニイル選集 新版 1 ニイル[著]) 2400円 ①978-4-654-00471-3 Ⓝ371.42
☆「世界名著大事典」、「名著解題」

ニーヴン,ラリイ

07666 「神の目の小さな塵」
『神の目の小さな塵 下』 ラリー・ニーヴン,ジェリー・パーネル著 池央耿訳 東京創元社 1978 508p 15cm(創元推理文庫) 400円 Ⓝ933
☆「世界のSF文学・総解説」

07667 「リングワールド」
『リングワールド』 ラリイ・ニーヴン著 小隅黎訳 早川書房 1985 536p 16cm(ハヤカワ文庫 SF) 660円 ①4-15-010616-9 Ⓝ933
☆「世界のSF文学・総解説」

ニエヴォ

07668 「イタリア人の告白」

☆「世界名著大事典」

ニェズナンスキー
07669「赤の広場」
『赤の広場―ブレジネフ最後の賭け』 E.トーポリ,F.ニェズナンスキイ著 原卓也訳 中央公論社 1983 318p 20cm 1300円 Ⓝ983
☆「世界の推理小説・総解説」

ニクソン,リチャード
07670「指導者とは」
『指導者とは』 リチャード・ニクソン著 徳岡孝夫訳 文藝春秋 2013 473p 15cm（文春学藝ライブラリー） 1660円
Ⓘ978-4-16-813009-0
☆「21世紀の必読書100選」

ニグレン,A.S.
07671「アガペーとエロス」
☆「世界名著大事典 補遺（Extra）」

ニコマコス
07672「算術入門」
☆「世界名著大事典」

ニコライ
07673「戦争の生物学」
☆「世界名著大事典」

ニコラーエヴァ
07674「収穫」
☆「世界文学鑑賞辞典 第4」,「世界名著大事典」

ニコリス,G.
07675「散逸構造」
『散逸構造―自己秩序形成の物理学的基礎』 G.ニコリス,I.プリゴジーヌ著 小畠陽之助,相沢洋二訳 岩波書店 1980 468p 22cm〈文献：p451～464〉 6000円 Ⓝ007.1
☆「数学ブックガイド100」

ニコル
07676「イギリス演劇史」
☆「世界名著大事典」

07677「劇場発達史」
☆「世界名著大事典」

07678「論理学」
☆「世界名著大事典」

ニコルソン,ハロルド
07679「外交」
『外交』 H.ニコルソン著 斎藤真,深谷満雄訳 東京大学出版会 1968 268p 19cm（UP選書）〈参考文献：262-263p〉 450円 Ⓝ319

☆「学問がわかる500冊」,「現代人のための名著」,「名著に学ぶ国際関係論」

ニザーミー・ガンジャヴィー
07680「5部作」
☆「世界名著大事典」

07681「七王妃物語」
『七王妃物語』 ニザーミー著 黒柳恒男訳 平凡社 1971 304p 図 肖像 18cm（東洋文庫 191） Ⓝ929.9
☆「世界の奇書」,「東洋の奇書55冊」

07682「ホスローとシーリーン」
『ホスローとシーリーン』 ニザーミー著 岡田恵美子訳 平凡社 1977 373p 図 18cm（東洋文庫 310） 1200円 Ⓝ929.9
☆「世界文学あらすじ大事典 4（ふん‐われ）」,「世界名著大事典 補遺（Extra）」

07683「4講話」
☆「世界名著大事典」

07684「ライラとマジュヌーン」
『ライラとマジュヌーン』 ニザーミー著 岡田恵美子訳 平凡社 1981 207p 18cm（東洋文庫 394）〈参考文献：p206～207〉 1200円 Ⓝ929.9
☆「世界文学あらすじ大事典 4（ふん‐われ）」,「世界名著大事典 補遺（Extra）」

ニザームル・ムルク
07685「政治書」
☆「世界名著大事典」

ニザン,P.
07686「アデン・アラビア」
☆「世界名著大事典 補遺（Extra）」

07687「アントアーヌ・ブロアイエ」
☆「世界名著大事典 補遺（Extra）」

07688「陰謀」
『陰謀―天皇奠都と日本純血統人の使命』 ベリー西村著 明窓出版 2014 259p 19cm 1300円 Ⓘ978-4-89634-341-0
☆「世界名著大事典 補遺（Extra）」

07689「トロイの馬」
『トロイの馬』 J.C.ポロック著 沢川進訳 早川書房 1988 528p 15cm（ハヤカワ文庫 NV） 640円 Ⓘ4-15-040480-1
☆「世界名著大事典 補遺（Extra）」

07690「番犬たち」
☆「世界名著大事典 補遺（Extra）」

ニストレムハミルトン
07691「エレン・ケイ―生命の使徒」
『世界の人間像 第22』 角川書店編集部編 角

川書店　1966　386p 図版　19cm　450円
Ⓝ280.8
☆「伝記・自叙伝の名著」

ニストロム

07692　「流行の経済学」
☆「世界名著大事典」

ニスベット,R.A.

07693　「社会学的発想の系譜」
『社会学的発想の系譜』　ロバート・A.ニスベット原著　中久郎監訳　京都　アカデミア出版会　1975　2冊　22cm　各2000円　Ⓝ361.2
☆「社会学的思考」

ニーゼル

07694　「カルヴィンの神学」
『カルヴィンの神学』　ウィルヘルム・ニーゼル著　山永武雄,宮本武之助訳　基督教思想叢書刊行会　1940　373,6p　19cm　Ⓝ191
☆「世界名著大事典」

ニーダム,J.

07695　「中国の科学と文明」
『中国の科学と文明　第8巻　機械工学　上』　ジョゼフ・ニーダム著　中岡哲郎ほか訳　新版　思索社　1991　448p　23cm〈監修：東畑精一,藪内清〉　9800円　①4-7835-0197-1　Ⓝ402.22
☆「新・現代歴史学の名著」,「世界名著大事典」

07696　「東と西の学者と工匠―中国科学技術史講演集」
『東と西の学者と工匠―中国科学技術史講演集　上』　ジョゼフ・ニーダム著　山田慶児訳　河出書房新社　1974　354,14p 図　22cm〈巻末：中国年表,文献目録〉　3500円　Ⓝ402.22
☆「科学技術をどう読むか」

ニーダム,R.

07697　「構造と感情」
『構造と感情』　R.ニーダム著　三上曉子訳　弘文堂　1977　200,8p　22cm（人類学ゼミナール　4）〈叢書の監修：石川栄吉,大林太良,米山敏直〉　2000円　Ⓝ389
☆「文化人類学の名著50」

ニーチェ,フリードリヒ

07698　「音楽の精神からの悲劇の誕生」
『悲劇の誕生』　ニイチェ著　野中正夫,浅井真男共訳　筑摩書房　1950　250p 図版　19cm　Ⓝ134.922
☆「世界名著大事典」

07699　「偶像の黄昏」
☆「教養のためのブックガイド」

07700　「この人を見よ」
『この人を見よ』　ニーチェ著　手塚富雄訳　岩波書店　2003　214p　15cm（岩波文庫）〈第48刷〉　560円　①4-00-336396-5
☆「世界名著大事典」

07701　「詩集」
☆「世界名著大事典」

07702　「曙光」
☆「世界名著大事典」

07703　「生に対する歴史の利と害」
☆「世界名著大事典」,「哲学名著解題」

07704　「善悪の彼岸」
『善悪の彼岸』　フリードリヒ・ニーチェ著　中山元訳　光文社　2009　529p　15cm（光文社古典新訳文庫）　952円　①978-4-334-75180-7
☆「学問がわかる500冊」,「世界の哲学50の名著」,「世界名著大事典」,「哲学名著解題」,「ヨーロッパを語る13の書物」

07705　「力への意志」
『権力への意志　上巻』　Friedrich Wilhelm Nietzsche著　原佑訳　角川書店　1952　358p　15cm（角川文庫　第310）　Ⓝ134.922
☆「世界名著解題選 第5巻」,「世界名著大事典」,「哲学の世界」,「哲学の名著」,「哲学名著解題」（協同出版）,「哲学名著解題」（春秋社）

07706　「ツァラトゥストラはかく語りき」
『ツァラトゥストラはかく語りき　下巻』　ニーチェ著　佐藤通次訳　角川書店　1952　737p　15cm（角川文庫　第82）〈附録：主要想念に関する覚え書,完結期に関聯する草稿,続篇の構想〉　Ⓝ134.922
☆「一冊で世界の名著100冊を読む」,「一冊で哲学の名著を読む」,「お厚いのがお好き？」,「大人のための世界の名著50」,「学術辞典叢書 第12巻」,「教養のためのブックガイド」,「近代名著解題選集2」,「クライマックス名作案内 1」,「現代世界の名作」,「50歳からの名著入門」,「古典・名著の読み方」,「思想界の巨人たち」,「知っておきたいドイツ文学」,「図解世界の名著がわかる本」,「西洋をきずいた書物」,「西洋哲学の10冊」,「世界を変えた100冊の本」,「世界の古典名著」,「世界の書物」,「世界の哲学思想」,「世界の名著」（中央公論社）,「世界の名著」（毎日新聞社）,「世界の「名著」50」,「世界の名著早わかり事典」,「世界文学あらすじ大事典 3（ちかーふろ）」,「世界文学鑑賞辞典 第3」,「世界名著案内 1」,「世界名著解題選第2巻」,「世界名著大事典」,「世界・名著のあらすじ」,「千年紀のベスト100作品を選ぶ」,「超解「哲学名著」事典」,「哲学の世界」,「哲学の名著」（毎日新聞社）,「哲学の名著」（学陽書房）,「哲学名著解題」（協同出版）,「哲学名著解題」（春秋社）,「読書入門」,「20世紀を震撼させた100冊」,「人間学の名著を読む」,「ハイデガー本45」,「文学・名著300選の解説 '88年度版」,「文庫1冊で読

める 哲学の名著」,「ポケット世界名作事典」,「名作あらすじ事典 西洋文学編」

07707 「道徳の系譜」
『道徳の系譜』 ニーチェ著 木場深定訳 改版 岩波書店 2003 216p 15cm(岩波文庫)〈第59刷〉 560円 Ⓘ4-00-336394-9
☆「宗教学の名著30」,「世界名著大事典」,「哲学名著解題」,「入門 哲学の名著」,「必読書150」,「倫理学」

07708 「人間的な, あまりに人間的なもの」
『ニーチェ全集 5 人間的、あまりに人間的 1』 吉沢伝三郎編 池尾健一訳 筑摩書房 1994 522,18p 15cm(ちくま学芸文庫) 1300円 Ⓘ4-480-08075-9 Ⓝ134.9
☆「世界名著大事典」,「哲学名著解題」(協同出版),「哲学名著解題」(春秋社)

07709 「反時代的考察」
『反時代的考察』 ニーチェ著 氷上英広訳 新潮社 1954 436p 16cm(新潮文庫) Ⓝ134.922
☆「世界名著大事典」

07710 「悲劇の誕生」
『悲劇の誕生』 ニーチェ著 西尾幹二訳 中央公論新社 2004 273p 18cm(中公クラシックス) 1350円 Ⓘ4-12-160062-2
☆「あらすじで読む世界文学105」,「学術辞典叢書 第13巻」,「教養のためのブックガイド」,「近代名著解題選集 2」,「世界名著解題選 第3巻」,「哲学名著解題」,「伝記・自叙伝の名著」

07711 「悦ばしき知識」
☆「教養のためのブックガイド」,「世界名著大事典」

07712 「若き人々への言葉」
『若き人々への言葉』 ニーチェ著 原田義人訳 角川書店,角川グループパブリッシング〔発売〕 2011 271p 15cm(角川ソフィア文庫)〈63版(初版1954年)〉 476円 Ⓘ978-4-04-301515-3
☆「世界の古典名著」

ニッカーソン, ウィリアム

07713 「空き時間の不動産投資で1000ドルを300万ドルにする方法」
☆「お金と富の哲学世界の名著50」

ニックリッシュ

07714 「経営経済」
☆「世界名著大事典」

07715 「向上の道! 組織」
☆「世界名著大事典」

ニッティ, フランチェスコ

07716 「平和なきヨーロッパ」

☆「学術辞典叢書 第14巻」,「世界名著解題選 第3巻」

ニッペルダイ

07717 「労働法講義」
☆「世界名著大事典」

ニーデル, ヨハネ

07718 「蟻塚」
☆「世界の奇書」

ニーデルレ

07719 「スラヴ古代研究提要」
☆「世界名著大事典」

ニーバー, ラインホールド

07720 「キリスト教と権力政治」
☆「世界名著大事典」

07721 「道徳的人間と非道徳的社会」
『道徳的人間と非道徳的社会』 ニーバー著 大木英夫訳 白水社 1998 299p 20cm(イデー選書) 2600円 Ⓘ4-560-02403-0 Ⓝ311.15
☆「グローバル政治理論」,「世界名著大事典」,「哲学の世界」,「哲学の名著」,「日本人として読んでおきたい保守の名著」

07722 「人間の本性と運命」
☆「世界名著大事典」

07723 「光の子と闇の子」
『光の子と闇の子——デモクラシーの批判と擁護』 ラインホールド・ニーバー著 武田清子訳 上尾 聖学院大学出版会 1994 210p 19cm 2200円 Ⓘ4-915832-03-1
☆「世界名著解題選 第5巻」,「世界名著大事典」

ニーバー, リチャード

07724 「アメリカ型キリスト教の社会的起源」
『アメリカ型キリスト教の社会的起源』 H.リチャード・ニーバー著 柴田史子訳 ヨルダン社 1984 300,9p 20cm 3200円 Ⓝ192.53
☆「宗教学の名著30」

07725 「キリストと文化」
『キリストと文化』 H.リチャード・ニーバー著 赤城泰訳 日本基督教団出版局 1967 450p 図版 19cm 1000円 Ⓝ191.9
☆「世界名著大事典」

ニーブール

07726 「ローマ史」
☆「西洋をきずいた書物」,「世界の古典名著」,「世界名著大事典」

ニーベル, フレッチャー

07727 「五月の七日間」

☆「映画になった名著」

ニューカム
07728　「社会心理学」
『社会心理学―人間の相互作用の研究』セオドア M.ニューカム, ラルフ H.ターナー, フィリップ E.コンヴァース著　古畑和孝訳　岩波書店　1973　661p　22cm　3500円　Ⓝ361.5
☆「世界名著大事典」

ニューグレン
07729　「エロスとアガペ」
☆「世界名著大事典」

ニュートン, アイザック
07730　「一般算術」
☆「世界名著大事典」

07731　「光学」
『光学』ニュートン著　島尾永康訳　岩波書店　1983　406p　15cm（岩波文庫）〈著者の肖像あり〉　600円　Ⓝ425
☆「西洋をきずいた書物」,「世界を変えた書物」,「世界名著大事典」

07732　「プリンキピア」
『プリンキピア―自然哲学の数学的原理』アイザック・ニュートン著　中野猿人訳・注　講談社　1977　898p　肖像　22cm　6800円　Ⓝ423
☆「学術辞典叢書 第12巻」,「近代名著解題選集 2」,「古典・名著の読み方」,「自然科学の名著」,「自然科学の名著100選 上」,「図解世界の名著がわかる本」,「西洋をきずいた書物」,「世界を変えた書物」,「世界を変えた100冊の本」,「世界を変えた本」,「世界がわかる理系の名著」,「世界の名著」,「世界の名著早わかり事典」,「世界名著解題選 第2巻」,「世界名著大事典」,「哲学の世界」,「物理ブックガイド100」,「文学・名著300選の解説 '88年度版」

ニュートン, マイケル
07733　「死後の世界が教える「人生はなんのためにあるのか」」
『死後の世界が教える「人生はなんのためにあるのか」―退行催眠による「生」と「生」の間に起こること』マイケル・ニュートン著　澤西康史訳　パンローリング　2013　413p　21cm（フェニックスシリーズ）〈死後の世界が教える「人生は何のためにあるのか」改訂・改題書〉　2000円　①978-4-7759-4113-3
☆「世界のスピリチュアル50の名著」

ニューマーチ
07734　「チャイコフスキー」
☆「世界名著大事典」

ニューマン
07735　「39カ条の一部に関する私見」
☆「西洋をきずいた書物」

07736　「承認の原理」
☆「世界名著大事典」

07737　「大学の理念」
『大学の理念』ニューマン著　増野正衛訳　弘文堂　1949　186p　図版　19cm　Ⓝ377
☆「世界名著大事典」

07738　「わが生涯の弁明」
☆「世界名著大事典」

ニューマン, デビッド
07739　「俺たちに明日はない」
☆「映画になった名著」

ニューマン, J.R.
07740　「数学から超数学へ―ゲーデルの証明」
『ゲーデルは何を証明したか―数学から超数学へ』E.ナーゲル, J.R.ニューマン著　林一訳　白揚社　1999　170p　19cm〈「数学から超数学へ」（1968年刊）の改訂新装版〉　2200円　①4-8269-0087-2　Ⓝ410.9
☆「ブックガイド 文庫で読む科学」

ニーラカンタ・シャーストリ
07741　「南インド史」
☆「世界名著大事典」

ニール, J.E.
07742　「エリザベス1世」
☆「世界名著大事典」

ニルソン
07743　「ギリシア祭礼研究」
☆「世界名著大事典」

07744　「北方スカンディナヴィアの初期住民」
☆「世界名著大事典」

07745　「ミノア・ミュケナイ宗教とそのギリシア宗教における残存」
☆「世界名著大事典」

ニン, アナイス
07746　「ヴィーナスのためいき/ヴィーナスの戯れ」
☆「世界の小説大百科」

ニンモー, D.
07747　「近代選挙を演出する影の選挙参謀」
『影の選挙参謀―近代選挙を演出する』ダン・ニンモー著　大前正臣訳　政治広報センター　1971　336p　19cm　2000円　Ⓝ314.86

☆「現代政治学を読む」

【ヌ】

ヌクドネル
07748 「ヴェーダ神話」
☆「世界名著大事典」

ヌシノフ
07749 「文学の本質」
☆「世界名著解題選 第6巻」

ヌスバウマー, ハインツ
07750 「ホメイニー―おいたちとイラン革命」
『ホメイニー―おいたちとイラン革命』 H.ヌスバウマー著 アジア現代史研究所訳 社会思想社 1981 245p 20cm 1600円 Ⓝ289.2
☆「伝記・自叙伝の名著」

ヌスバウム, マーサ
07751 「感情と法」
『感情と法―現代アメリカ社会の政治的リベラリズム』 マーサ・ヌスバウム著 河野哲也監訳 慶應義塾大学出版会 2010 456,99p 21cm 4800円 Ⓘ978-4-7664-1719-7
☆「政治哲学」

ヌーランド
07752 「医学をきずいた人びと」
『医学をきずいた人びと―名医の伝記と近代医学の歴史 下』 シャーウィン・B.ヌーランド著 曽田能宗訳 河出書房新社 1991 325,34p 19cm 3600円 Ⓘ4-309-20162-8
☆「伝記・自叙伝の名著」

ヌルクセ, ラグナー
07753 「国際資本移動論」
『国際資本移動論』 ラグナー・ヌルクセ著 増井光蔵, 傍島省三共訳 日本評論社 1938 237p 23cm Ⓝ338.92
☆「世界名著大事典」

07754 「低開発諸国の資本形成の諸問題」
☆「世界名著大事典」

ヌレーエフ, R.
07755 「自叙伝」
『自叙伝』 G.K.チェスタトン著 吉田健一訳 新装版 春秋社 1999 439p 19cm 3000円 Ⓘ4-393-41606-6
☆「世界名著大事典 補遺(Extra)」

【ネ】

ネアン, T.
07756 「英国の解体」
☆「ナショナリズム論の名著50」

ネイスビッツ, ジョン
07757 「サクセストレンド」
☆「経済経営95冊」

07758 「ニューメガトレンド」
『ニューメガトレンド』 ネイスビッツ, ネイスビッツ・グループ著 竹村健一訳 三笠書房 1986 259p 19cm 1200円 Ⓘ4-8379-5429-4 Ⓝ304
☆「経済経営95冊」

07759 「メガトレンド」
『メガトレンド』 ジョン・ネイスビッツ著 竹村健一訳 三笠書房 1984 259p 15cm(知的生きかた文庫) 400円 Ⓘ4-8379-0007-0 Ⓝ304
☆「世界で最も重要なビジネス書」

ネイハム, ルシアン
07760 「シャドー81」
『シャドー81』 ルシアン・ネイハム著 中野圭二訳 早川書房 2008 501p 15cm(ハヤカワ文庫NV) 1000円 Ⓘ978-4-15-041180-0
☆「世界の推理小説・総解説」, 「世界の冒険小説・総解説」

ネイピア
07761 「驚くべき対数法則の記述」
☆「自然科学の名著」, 「西洋をきずいた書物」, 「世界を変えた書物」, 「世界名著大事典」

07762 「小さな棒による計算術」
☆「世界を変えた書物」

ネイピア, ジョン
07763 「世界の霊長類」
『世界の霊長類』 ジョン・R.ネイピア, プルー・H.ネイピア著 伊沢紘生訳 どうぶつ社 1987 319p 21cm(自然誌選書) 3800円 Ⓘ4-88622-238-2
☆「学問がわかる500冊 v.2」

ネイピア, プルー
07764 「世界の霊長類」
『世界の霊長類』 ジョン・R.ネイピア, プルー・H.ネイピア著 伊沢紘生訳 どうぶつ社 1987 319p 21cm(自然誌選書)

ネイルバフ, バリー

07765 「ゲーム理論で勝つ経営」
『ゲーム理論で勝つ経営―競争と協調のコーペティション戦略』 アダム・ブランデンバーガー, バリー・ネイルバフ著　嶋津祐一, 東田啓作訳　日本経済新聞社　2003　466p　15cm（日経ビジネス人文庫）〈『コーペティション経営』改題書〉　905円　①4-532-19206-4
☆「あらすじで読む世界のビジネス名著」, 「世界で最も重要なビジネス書」

ネヴィンズ

07766 「歴史への招待」
☆「世界名著大事典」

ネヴェーロフ

07767 「タシケント―パンの町」
☆「世界名著大事典」

ネクセ, アナセン

07768 「勝利者ペレ」
『ペレ』 マーティン・アナセン・ネクセ著　服部まこと訳　ヴィ・シー・エー, キネマ旬報社〔発売〕　1989　219p　21cm　1700円
☆「世界文学あらすじ大事典 4（ふん‐われ）」, 「世界名著大事典」

ネクラーソフ

07769 「だれがロシアに住みよいか」
『だれにロシアは住みよいか』 ネクラーソフ著　大原恒一訳　邑書林　1996　338p　20cm　3000円　①4-89709-169-1　Ⓝ981
☆「世界文学鑑賞辞典 第4」, 「世界名著大事典」

07770 「デカブリストの妻」
『デカブリストの妻』 ネクラーソフ著　谷耕平訳　岩波書店　1950　222p　15cm（岩波文庫）　Ⓝ981
☆「世界文学鑑賞辞典 第4」

07771 「ロシアの女たち」
『ロシアの女性たち』 ネクラーソフ著　大原恒一訳　邑書林　1997　350p　20cm　3000円　①4-89709-227-2　Ⓝ981
☆「世界名著大事典」

ネグリ, アダ

07772 「運命」
☆「世界名著大事典」

ネグリ, アントニオ

07773 「〈帝国〉」
『帝国―グローバル化の世界秩序とマルチチュードの可能性』 アントニオ・ネグリ, マイケル・ハート著　水嶋一憲［ほか］訳　以文社　2003　579p　22cm　5600円　①4-7531-0224-6　Ⓝ311.4
☆「グローバル政治理論」, 「建築・都市ブックガイド21世紀」, 「政治・権力・公共性」, 「超解「哲学名著」事典」

07774 「マルチチュード」
『マルチチュード―"帝国"時代の戦争と民主主義　上』 アントニオ・ネグリ, マイケル・ハート著　幾島幸子訳　水嶋一憲, 市田良彦監修　日本放送出版協会　2005　335p　19cm（NHKブックス）　1260円　①4-14-091041-0
☆「政治・権力・公共性」, 「大学新入生に薦める101冊の本」

ネグロポンテ, ニコラス

07775 「ビーイング・デジタル」
『ビーイング・デジタル―ビットの時代』 ニコラス・ネグロポンテ著　西和彦監訳・解説　福岡洋一訳　新装版　アスキー　2001　343p　21×14cm　1800円　①4-7561-3965-5
☆「世界で最も重要なビジネス書」

ネーゲリ

07776 「機械論的生理学的進化学説」
☆「世界名著大事典」

07777 「博物学の種の成立と概念」
☆「世界名著大事典」

ネーゲル, T.

07778 「税と正義」
☆「政治哲学」

ネズビット, イーディス

07779 「砂の妖精」
『砂の妖精』 イーディス・ネズビット作　八木田宜子訳　ハロルド・ロバート・ミラー絵〔新訂版〕　講談社　1996　374p　18cm（講談社 青い鳥文庫）　740円　①4-06-148451-6
☆「英米児童文学のベストセラー40」, 「世界少年少女文学 ファンタジー編」, 「たのしく読めるイギリス文学」, 「名作の研究事典」

07780 「宝さがしの子どもたち」
☆「一冊で不朽の名作100冊を読む」（友人社）, 「一冊で不朽の名作100冊を読む」（友人社）, 「世界少年少女文学 リアリズム編」

ネッケル, J.

07781 「フランス財政論」
☆「世界名著大事典 補遺（Extra）」

ネットラウ

07782 「無政府主義史」

ネフ

☆「世界名著大事典」

ネフ

07783 「交響曲と組曲の歴史」
☆「世界名著大事典」

ネフザーウィー

07784 「匂いの園」
『匂える園』 マホメッド・エル・ネフザウィ著 立木鷹志訳 青弓社 1994 246p 20cm 2678円 ①4-7872-3095-6 Ⓝ367.9
☆「世界の奇書」,「東洋の奇書55冊」

ネポス

07785 「名将伝」
☆「世界名著大事典」

ネーミア

07786 「外交上の序曲」
☆「世界名著大事典」

ネミロフスキー, イレーヌ

07787 「フランス組曲」
☆「世界の小説大百科」

ネムツォヴァー

07788 「おばあさん」
『おばあさん』 ニェムツォヴァー作 栗栖継訳 岩波書店 1971 482p 肖像 15cm（岩波文庫） 250円 Ⓝ989.5
☆「世界名著大事典」

ネモラリウス, ヨルダヌス・デ

07789 「重さについて」
☆「世界を変えた書物」

ネーリング

07790 「印欧古代学百科事典」
☆「世界名著大事典」

ネルー

07791 「インドの発見」
『インドの発見 上』 J.ネルー著 辻直四郎等訳 岩波書店 1953 394p 図版 表 地図 21cm Ⓝ225
☆「世界名著大事典」,「東洋の名著」

07792 「自叙伝」
☆「自伝の名著101」,「世界名著大事典」,「伝記・自叙伝の名著」

07793 「父が子に語る世界歴史」
『父が子に語る世界歴史 1 文明の誕生と起伏』 ジャワーハルラール・ネルー著 大山聡訳 みすず書房 2002 240p 19cm 2200円 ①4-622-08011-7
☆「世界名著大事典」,「地図とあらすじで読む歴史の名著」,「名作の研究事典」

ネルヴァル, ジェラール・ド

07794 「オーレリア」
『オーレリア―夢と生』 ジェラール・ド・ネルヴァル著 篠田知和基訳 〔新装版〕 思潮社 1991 80p 21cm 1800円 ①4-7837-2825-9
☆「一冊で世界の名著100冊を読む」,「世界の幻想文学」,「世界名著大事典」

07795 「十月の夜」
『ネルヴァル全集 5 土地の精霊』 ネルヴァル著 筑摩書房 1997 667p 22cm 10000円 ①4-480-77025-9 Ⓝ958.68
☆「作家の訳した世界の文学」

07796 「シルヴィ」
『シルヴィ』 ジェラール・ド・ネルヴァル著 坂口哲啓訳注 大学書林 2003 163p 18cm（大学書林語学文庫）〈本文：日仏両文〉 1500円 ①4-475-02106-5
☆「世界文学の名作と主人公」,「フランス文学」,「ポケット世界名作事典」

07797 「パンドラ」
☆「世界の幻想文学」

07798 「火の娘たち」
『火の娘たち』 ジェラール・ド・ネルヴァル著 中村真一郎, 入沢康夫訳 筑摩書房 2003 527p 15cm（ちくま文庫） 1300円 ①4-480-03851-5
☆「英仏文学戦記」,「世界文学あらすじ大事典 3（ちか・ふろ）」,「世界文学鑑賞辞典 第2」,「世界名著大事典」

ネルダ

07799 「マラー・ストラナ物語」
☆「世界名著大事典」

ネルーダ, P.

07800 「大いなる歌」
『大いなる歌―詩集 第1』 P.ネルーダ著 根岸良一訳 国文社 1956 93p 16cm（ピポー叢書）〈限定版〉 Ⓝ961
☆「世界名著大事典 補遺(Extra)」

07801 「黒い島の記録」
☆「世界名著大事典 補遺(Extra)」

07802 「地上の住い」
☆「世界名著大事典 補遺(Extra)」

07803 「二十の愛の詩と一つの絶望の歌」
☆「世界名著大事典 補遺(Extra)」

ネルデケ

07804 「コーランの歴史」
☆「世界名著大事典」

念常　ねんじょう
07805　「仏祖歴代通載」
　☆「世界名著大事典」

【ノ】

ノアイユ夫人
07806　「永遠の力」
　☆「世界名著大事典」

ノイゲバウアー
07807　「ギリシア以前の数学」
　☆「世界名著大事典」

ノイス
07808　「エヴェレスト その人間的記録」
　『エヴェレスト―その人間的記録』　ウイルフリッド・ノイス著　浦松佐美太郎訳　文芸春秋社　1956　390p 図版12枚　20cm　Ⓝ292.58
　☆「山の名著30選」

ノイズ
07809　「深夜特急」
　☆「世界の幻想文学」

ノイマン, ウド
07810　「パフォーマンスロック・クライミング」
　『パフォーマンスロック・クライミング』　デイル・ゴダード, ウド・ノイマン著　森尾直康訳　山と渓谷社　1999　199p 21cm　1800円　Ⓘ4-635-16807-7　Ⓝ786.16
　☆「新・山の本おすすめ50選」

ノイマン, エーリッヒ
07811　「芸術と創造的無意識」
　『芸術と創造的無意識』　エーリッヒ・ノイマン著　氏原寛, 野村美紀子訳　大阪　創元社　1984　186p 19cm（ユング心理学選書 6）　1600円　Ⓘ4-422-11016-0　Ⓝ146
　☆「世界名著大事典」

ノイマン, シグマンド
07812　「大衆国家と独裁」
　『大衆国家と独裁―恒久の革命』　シグマンド・ノイマン著　岩永健吉郎, 岡義達, 高木誠訳　新装版　みすず書房　1998　295p 19cm　3500円　Ⓘ4-622-04931-7
　☆「古典・名著の読み方」,「世界の古典名著」,「世界名著大事典」

ノイマン, フランツ
07813　「ビヒモス」
　『ビヒモス―ナチズムの構造と実際』　フランツ・ノイマン著　岡本友孝, 小野英祐, 加藤栄一訳　みすず書房　1963　500p 22cm　Ⓝ311.9
　☆「世界名著大事典」

ノイラート
07814　「社会科学の基礎」
　☆「世界名著大事典」

ノヴァティアヌス
07815　「三位一体論」
　☆「世界名著大事典」

ノヴァーリス
07816　「青い花」
　『青い花』　ノヴァーリス作　青山隆夫訳　岩波書店　1989　380p 15cm（岩波文庫）　570円　Ⓘ4-00-324121-5
　☆「あらすじで読む世界の名著 no.3」,「あらすじで読む世界文学105」,「面白いほどよくわかる世界の文学」,「現代世界の名作」,「知っておきたいドイツ文学」,「世界の小説大百科」,「世界の名著」,「世界文学あらすじ大事典 1（あーきよう）」,「世界文学鑑賞辞典 第3」,「世界文学の名作と主人公」,「世界名著大事典」,「ドイツ文学」,「ポケット世界名作事典」,「名作あらすじ事典 西洋文学編」,「名小説ストーリィ集 世界篇」

07817　「キリスト教界またはヨーロッパ」
　『ノヴァーリス作品集　3』　ノヴァーリス著　今泉文子訳　筑摩書房　2007　424p 15cm（ちくま文庫）　1300円　Ⓘ978-4-480-42124-1　Ⓝ948.68
　☆「世界名著大事典」

07818　「ザイスの弟子たち」
　『幻想小説神髄』　東雅夫編　ノヴァーリス, ホフマン ほか著　筑摩書房　2012　623p 15cm（ちくま文庫　ひ21-3―世界幻想文学大全）　1300円　Ⓘ978-4-480-43013-7　Ⓝ908.3
　☆「世界の幻想文学」,「世界名著大事典」

07819　「断章」
　『断章　上, 中』　ノヴァーリス著　小牧健夫, 渡辺格司訳　岩波書店　1941　2冊 15cm（岩波文庫　第2625-2629）　Ⓝ944
　☆「世界名著大事典」

07820　「夜の讃歌」
　『夜の讃歌―他三篇』　ノヴァーリス作　笹沢美明訳　岩波書店　1959　98p 15cm（岩波文庫）　Ⓝ941
　☆「世界文学鑑賞辞典 第3」,「世界名著大事典」

ノヴィコフ・プリボイ
07821 「つしま」
☆「世界名著大事典」

ノヴェール
07822 「舞踏とバレーについての手紙」
☆「世界名著大事典」

ノエル=ノイマン,E.
07823 「沈黙の螺旋理論」
『沈黙の螺旋理論―世論形成過程の社会心理学』 E.ノエル=ノイマン著　池田謙一,安野智子訳　改訂復刻版　京都　北大路書房　2013　328p　21cm　4700円　Ⓘ978-4-7628-2795-2
☆「メディア・情報・消費社会」

ノサック
07824 「弟」
『世界の文学　20　ノサック』集英社　1977　414p 肖像　20cm　1300円　Ⓝ908
☆「一冊で世界の名作100冊を読む」、「ポケット世界名作事典」

07825 「影の法廷」
『新しい世界の文学　第5　影の法廷・ドロテーア』 H.E.ノサック著　川村二郎,松浦憲作訳　白水社　1963　296p　20cm　Ⓝ908.3
☆「ドイツ文学」

07826 「盗まれたメロディー」
『新しい世界の文学　69　盗まれたメロディー』 ハンス・エーリヒ・ノサック著　中野孝次訳　白水社　1974　286p 肖像　20cm　1200円　Ⓝ908.3
☆「世界の幻想文学」

ノージック,R.
07827 「アナーキー・国家・ユートピア」
『アナーキー・国家・ユートピア―国家の正当性とその限界』 ロバート・ノージック著　嶋津格訳　木鐸社　1992　564,22p　20cm　Ⓘ4-8332-2170-5　Ⓝ311
☆「憲法本41」、「政治・権力・公共性」、「政治哲学」

ノース
07828 「貿易論」
☆「世界名著大事典」

ノストラダムス
07829 「サンチュリー」
☆「世界名著大事典 補遺(Extra)」

07830 「諸世紀」
『ノストラダムス大予言原典―諸世紀』 ミカエル・ノストラダムス著　ヘンリー・C.ロバーツ編纂　大乗和子訳　たま出版　1975　318p

肖像　22cm〈監修：内田秀男〉　2400円　Ⓝ147.4
☆「世界の奇書」

ノースロップ
07831 「東と西の会合」
☆「世界名著大事典」

ノーソフ,N.N.
07832 「ヴィーチャと学校友だち」
『ビーチャと学校友だち』 ニコラーイ・ノーソフ作　田中泰子訳　小林与志高　学習研究社　1976　327p　19cm〈学研小学生文庫 高学年向 5〉　Ⓝ983
☆「一冊で不朽の名作100冊を読む」(友人社)、「一冊で不朽の名作100冊を読む」(友人社)、「教育を考えるためにこの48冊」、「世界少年少女文学 リアリズム編」、「世界名著大事典」、「名作の研究事典」

ノックス
07833 「軍事革命とRMAの戦略史」
『軍事革命とRMAの戦略史―軍事革命の史的変遷1300～2050年』 マクレガー・ノックス,ウィリアムソン・マーレー編著　今村伸哉訳　芙蓉書房出版　2004　318p　21cm　3700円　Ⓘ4-8295-0343-2
☆「戦略論の名著」

ノックス,ジョン
07834 「女性の奇怪な統治に反対するトランペットの第一声」
☆「西洋をきずいた書物」

07835 「スコットランド宗教改革史」
☆「世界名著大事典」

ノックス,ロナルド・A.
07836 「陸橋殺人事件」
『陸橋殺人事件』 ロナルド・A.ノックス,宇野利泰訳　9版　東京創元社　2011　279p　15cm〈創元推理文庫〉　840円　Ⓘ978-4-488-17201-5
☆「世界の推理小説・総解説」

ノックス,G.W.
07837 「日本宗教の発達」
☆「近代欧米名著解題 第4巻」

ノックス=ジョンストン,R.
07838 「スハイリ号の孤独な冒険」
『スハイリ号の孤独な冒険』 R.ノックス=ジョンストン著　高橋泰邦訳　草思社　1970　314,10p 図版　20cm　780円　Ⓝ935.9
☆「世界の海洋文学」

ノッテボーム

07839 「ベートーヴェニアーナ」
『ベートーヴェニアーナ―創作記録と手記の考証』 グスターフ・ノッテボーム著 武川寛海訳 音楽之友社 1951 251p 22cm Ⓝ762.4
☆「世界名著大事典」

ノディエ

07840 「トリルビー アーガイルの小妖精」
『フランス幻想文学傑作選 1 非合理世界への出発』 窪田般弥, 滝田文彦編 白水社 1982 319p 20cm 2200円 Ⓝ953
☆「世界の幻想文学」

ノディエ, C.

07841 「ジャン・スボガール」
☆「世界名著大事典 補遺(Extra)」

07842 「パン屑の仙女」
☆「世界名著大事典 補遺(Extra)」

ノディングズ

07843 「ケアリング」
『ケアリング―倫理と道徳の教育 女性の観点から』 ネル・ノディングズ著 立川善康, 林泰成, 清水重樹, 宮崎宏志, 新茂之訳 京都 晃洋書房 1997 328p 21cm 4000円
①4-7710-0948-1
☆「教育本44」

ノーテボーム, セース

07844 「万霊祭」
☆「世界の小説大百科」

ノート

07845 「イスラエル史」
『イスラエル史』 M.ノート著 樋口進訳 日本基督教団出版局 1983 690p 22cm〈著者の肖像あり 参考文献：p651～656〉 8600円 Ⓝ228.5
☆「世界名著大事典」

07846 「モーセ5書の伝承史」
☆「世界名著大事典」

ノードホフ, チャールズ

07847 「バウンティ号の反乱」
☆「世界の海洋文学」

ノートン

07848 「床下の小人たち」
『床下の小人たち』 メアリー・ノートン作 林容吉訳 新装版 岩波書店 2003 296p 20cm(岩波世界児童文学集)
①4-00-115708-X Ⓝ933.7
☆「一冊で不朽の名作100冊を読む」(友人社)、「一冊で不朽の名作100冊を読む」(友人社)、「英米児童文学のベストセラー40」、「世界少年少女文学 ファンタジー編」、「世界の幻想文学」、「世界文学の名作と主人公」

ノートン, アメリー

07849 「畏れ慄いて」
☆「世界の小説大百科」

ノートン, デビット・P.

07850 「キャプランとノートンの戦略バランスト・スコアカード」
『キャプランとノートンの戦略バランスト・スコアカード』 ロバート・S.キャプラン, デビッド・P.ノートン著 桜井通晴監訳 東洋経済新報社 2001 494p 21cm 3400円
①4-492-55432-7
☆「あらすじで読む世界のビジネス名著」

ノーマン, ライリス

07851 「海がよぶ」
『海がよぶ』 ライリス・ノーマン作 飯島和子訳 エドウィーナ・ベル画 篠崎書林 1980 103p 22cm 850円
☆「世界の海洋文学」

ノーマン, E.H.

07852 「クリオの顔」
『クリオの顔―歴史随想集』 E.H.ノーマン著 大窪愿二編訳 岩波書店 2005 219pp 15cm(岩波文庫) 600円 ①4-00-334371-9
☆「世界史読書案内」

07853 「日本における近代国家の成立」
『日本における近代国家の成立』 ハーバート・E.ノーマン著 大窪愿二訳 再版 時事通信社販売部 1948 320p 四版 22cm Ⓝ210.6
☆「学術辞典叢書 第14巻」、「社会科学の古典」、「世界名著解題選 第2巻」、「世界名著大事典」

07854 「忘れられた思想家 安藤昌益のこと」
『ハーバート・ノーマン全集 第3巻』 大窪愿二編訳 岩波書店 1989 463,17p 20cm〈第4刷(第1刷：1977年)〉 3200円
①4-00-090009-9 Ⓝ210.6
☆「日本思想史」、「歴史の名著 外国人篇」

ノーマン, M.

07855 「おやすみ, 母さん」
『おやすみ、母さん』 マーシャ・ノーマン作 酒井洋子訳 新装 劇書房 2001 93p 20cm(劇書房best play series)〈東京 構想社〔発売〕〉 1571円 ①4-87574-593-1 Ⓝ932.7
☆「たのしく読めるアメリカ文学」

ノラ

07856　「記憶の場」
『記憶の場―フランス国民意識の文化=社会史 第3巻』 ピエール・ノラ編　谷川稔監訳　岩波書店　2003　474,15p　22cm〈年表あり　年表あり〉　6600円　Ⓘ4-00-022521-9　Ⓝ235.004
☆「新・現代歴史学の名著」

ノリス

07857　「オクトパス」
☆「世界名著大事典」

07858　「マクティーグ―死の谷」
『死の谷―マクティーグ　上』 ノリス著　石田英二,井上宗次訳　岩波書店　1957　304p 図版　15cm〈岩波文庫〉　Ⓝ933
☆「世界文学鑑賞辞典 第1」,「世界名著大事典」,「たのしく読めるアメリカ文学」

ノール

07859　「美的現実」
☆「世界名著大事典」

ノールズ

07860　「イギリス海外帝国の経済発展」
☆「世界名著大事典」

07861　「19世紀イギリスの工業および商業革命」
☆「世界名著大事典」

ノルデン

07862　「古典古代の文学的散文」
☆「世界名著大事典」

ノルデンシェルド

07863　「北東航路」
☆「世界名著大事典」

ノルデンショルド

07864　「生物学史」
☆「世界名著大事典」

ノルデンファルク

07865　「ゴッホ」
☆「世界名著大事典」

ノルトジーク

07866　「組織論原理」
☆「世界名著大事典」

ノルベルグ=シュルツ,クリスチャン

07867　「実存・空間・建築」
『実存・空間・建築』 ノルベルグ=シュルツ著　加藤邦男訳　鹿島研究所出版会　1973　236,12,3p　19cm(SD選書　78)　780円　Ⓝ520.4

☆「建築の書物/都市の書物」

07868　「西洋の建築」
『西洋の建築―空間と意味の歴史』 クリスチャン・ノルベルグ=シュルツ著　前川道郎訳　本の友社　1998　249p　26×23cm　12000円　Ⓘ4-89439-141-4
☆「建築・都市ブックガイド21世紀」

ノーレットランダーシュ

07869　「ユーザーイリュージョン」
『ユーザーイリュージョン―意識という幻想』 トール・ノーレットランダーシュ著　柴田裕之訳　紀伊國屋書店　2002　566p　19cm　4200円　Ⓘ4-314-00924-1
☆「大学新入生に薦める101冊の本」

ノワレ

07870　「道具とその人類の発展史に対する意義」
☆「世界名著大事典」

ノンノス

07871　「ディオニュシアカ」
☆「世界名著大事典」

【ハ】

馬 歓　ば・かん

07872　「瀛涯勝覧」
『瀛涯勝覧―鄭和西征見聞録』 馬歓著　小川博訳注　吉川弘文館　1969　300p 地図　19cm〈底本は『瀛涯勝覧校注』(馮承鈞校注　北京　中華書局　1955)〉　1300円　Ⓝ292.309
☆「アジアの比較文化」,「世界名著大事典」

馬 建忠　ば・けんちゅう

07873　「馬氏文通」
☆「世界名著大事典」

馬 端臨　ば・たんりん

07874　「文献通考」
☆「世界名著大事典」,「中国の古典名著」

馬 致遠　ば・ちえん

07875　「漢宮秋」
☆「学術辞典叢書 第15巻」,「世界名著解題選 第1巻」,「世界名著大事典」,「中国の古典名著」,「中国の名著」

韓 雲史　は・ぬんさ

07876　「玄界灘は知っている」
☆「教養のためのブックガイド」

ハー, マイケル
07877 「ディスパッチズ―ヴェトナム特電」
☆「世界の小説大百科」

バー, マリアマ
07878 「かくも長き手紙」
『かくも長き手紙』 マリアマ・バー著 中島弘二訳 講談社 1981 198p 20cm 1100円 Ⓝ953
☆「世界の小説大百科」

パアカー
07879 「歴史的知識の哲学」
☆「近代欧米名著解題 第8巻」

裴 頠　はい・ぎ
07880 「崇有論」
☆「世界名著大事典」

裴 文中　はい・ぶんちゅう
07881 「中国石器時代の文化」
☆「世界名著大事典」

梅 文鼎　ばい・ぶんてい
07882 「暦算全書」
☆「世界名著大事典」

バイアット, アントニア・スーザン
07883 「子どもの本」
☆「世界の小説大百科」

07884 「庭の中の処女」
☆「世界の小説大百科」

07885 「抱擁」
☆「知っておきたいイギリス文学」,「名作あらすじ事典 西洋文学編」

バイイ, シャルル
07886 「一般言語学とフランス言語学」
『一般言語学とフランス言語学』 シャルル・バイイ著 小林英夫訳 岩波書店 1970 467p 22cm 2200円 Ⓝ801
☆「世界名著大事典」

07887 「フランス文体論詳説」
☆「世界名著大事典」

バイエ, レイモン
07888 「美学の方法」
☆「世界名著大事典」

ハイエク, F.A.v.
07889 「価格と生産」
『価格と生産』 エフ・アー・ハイエク著 豊崎稔訳 高陽書院 1941 192p 19cm Ⓝ336
☆「経済学88物語」,「世界名著大事典」,「20世紀を震撼させた100冊」

07890 「科学による反革命」
『科学による反革命』 ハイエク著 渡辺幹雄訳 春秋社 2011 332,8p 21cm〈ハイエク全集 第2期 3〉 4600円 ⓘ978-4-393-62193-6
☆「経済学の名著30」

07891 「市場・知識・自由」
『市場・知識・自由―自由主義の経済思想』 F.A.ハイエク著 田中真晴,田中秀夫編訳 京都 ミネルヴァ書房 1986 290,8p 19cm 2300円 ⓘ4-623-01672-2
☆「学問がわかる500冊」,「現代経済学の名著」

07892 「資本の純粋理論」
『資本の純粋理論』 ハイエク著 一谷藤一郎訳 実業之日本社 1944 428p 図版 22cm〈経済学振興会監修〉 Ⓝ331.35
☆「世界名著大事典」

07893 「集産主義経済計画論」
☆「世界名著大事典」

07894 「自由の条件」
『自由の条件 3』 ハイエク[著] 気賀健三,古賀勝次郎訳 春秋社 2007 277,21p 22cm〈ハイエク全集 新版 第1期 第7巻 ハイエク[著] 西山千明,矢島鈞次監修〉〈「3」のサブタイトル:福祉国家における自由〉 4200円 ⓘ978-4-393-62177-6 Ⓝ331.72
☆「グローバル政治理論」,「経済学の名著30」,「経済学88物語」,「世界を変えた経済学の名著」,「はじめて学ぶ法哲学・法思想」

07895 「法・立法・自由」
『法と立法と自由 1』 ハイエク[著] 矢島鈞次,水吉俊彦訳 春秋社 2007 251p 22cm〈ハイエク全集 新版 第1期 第8巻 ハイエク[著] 西山千明,矢島鈞次監修〉〈「1」のサブタイトル:ルールと秩序〉 4000円 ⓘ978-4-393-62178-3 Ⓝ321
☆「はじめて学ぶ法哲学・法思想」

07896 「隷従への道」
『隷従への道―全体主義と自由』 フリードリヒ・A.ハイエク著 一谷藤一郎,一谷映理子訳 改版 東京創元社 1993 322p 19cm 2369円 ⓘ4-488-01303-1 Ⓝ331
☆「経済学名著106選」,「現代人のための名著」,「現代政治学の名著」,「世界を変えた100冊の本」,「日本人として読んでおきたい保守の名著」,「「本の定番」ブックガイド」,「「名著」の解読学」

ハイエルマンス
07897 「第7戒」
☆「世界名著大事典」

07898 「天佑丸」
☆「世界名著大事典」

ハイエルリ

07899 「ユダヤ街」
☆「世界名著大事典」

ハイエルリ

07900 「スイスの民俗衣装」
☆「世界名著大事典」

パイク

07901 「音声学」
☆「世界名著大事典」

パイク, B.

07902 「近代文学と都市」
『近代文学と都市』 バートン・パイク著 松村昌家訳 研究社出版 1987 232p 19cm 2000円 ⓘ4-327-48095-9
☆「都市的世界」

バイコフ, ニコライ・A.

07903 「偉大なる王」
『偉大なる王』 ニコライ・A.バイコフ著 今村竜夫訳 中央公論社 1989 306p 16cm(中公文庫) 480円 ⓘ4-12-201622-3 Ⓝ983
☆「世界文学あらすじ大事典 1(あ－きょう)」

バイコフ, A.M.

07904 「ソヴェト経済制度の発展」
☆「世界名著大事典」

ハイステル

07905 「外科学」
☆「自然科学の名著」,「世界名著大事典」

ハイスミス, パトリシア

07906 「太陽がいっぱい」
☆「世界の推理小説・総解説」

ハイゼ

07907 「片意地娘」
『片意地娘』 ハイゼ著 関楠生訳註 郁文堂出版 1953 71p 18cm(独和対訳叢書 第16)〈独文併記〉 Ⓝ847.7
☆「世界文学鑑賞辞典 第3」

07908 「楽園にて」
☆「世界名著大事典」

07909 「ララビアータ」
『ララビアータ』 ハイゼ著 藤本直秀訳註 大学書林 1957 89p 図版 18cm(大学書林語学文庫)〈独文併記〉 Ⓝ847.7
☆「現代世界の名作」,「世界名著大事典」

07910 「忘られぬ言葉」
『忘られぬ言葉』 パウル・ハイゼ作 淵田一雄譯 岩波書店 1936 108p 17cm(岩波文庫 567) Ⓝ943

☆「世界文学鑑賞辞典 第3」

ハイゼンベルク, ヴェルナー

07911 「ハイゼンベルク回想録―部分と全体」
☆「伝記・自叙伝の名著」

07912 「部分と全体―私の生涯の偉大な出会いと対話」
『部分と全体―私の生涯の偉大な出会いと対話』 W.K.ハイゼンベルク著 山崎和夫訳 新装版 みすず書房 1999 403p 19cm 4500円 ⓘ4-622-04971-6
☆「科学技術をどう読むか」,「大学新入生に薦める101冊の本」,「物理ブックガイド100」

07913 「量子力学の物理的基礎」
☆「世界名著大事典」,「20世紀を震撼させた100冊」

ハイデッガー, マルティン

07914 「カントと形而上学の問題」
『カントと形而上学の問題』 ハイデッガー著 門脇卓爾, ハルトムート・ブフナー訳 創文社 2003 310,18p 21cm(ハイデッガー全集 第3巻) 5500円 ⓘ4-423-19642-5
☆「世界名著大事典」,「哲学名著解題」,「ハイデガー本45」

07915 「形而上学とはなにか」
『形而上学とは何ぞや』 マルティン・ハイデガー著 湯浅誠之助訳 理想社出版部 1930 41p 22cm Ⓝ134
☆「世界名著大事典」,「哲学名著解題」(協同出版),「哲学名著解題」(春秋社)

07916 「形而上学入門」
『形而上学入門―1919‒44 講義』 ハイデガー著 岩田靖夫, ハルトムート・ブフナー訳 創文社 2000 263,20p 21cm(ハイデガー全集 全40巻) 5200円 ⓘ4-423-19633-6
☆「ハイデガー本45」

07917 「芸術作品のはじまり」
『芸術作品の根源』 マルティン・ハイデッガー著 関口浩訳 平凡社 2008 268p 15cm(平凡社ライブラリー) 1300円 ⓘ978-4-582-76645-5
☆「建築の書物/都市の書物」,「ハイデガー本45」

07918 「根拠の本質について」
『ハイデッガー選集 〔第7〕 形而上学とは何か 根拠の本質』 大江精志郎, 斎藤信治訳 理想社 1952 130p 22cm Ⓝ134.944
☆「哲学名著解題」(協同出版),「哲学名著解題」(春秋社)

07919 「シェリング講義」
『シェリング講義』 マルティン・ハイデガー著 木田元, 迫田健一訳 新書館 1999 397p

21cm　4200円　ⓘ4-403-12008-3
☆「ハイデガー本45」

07920　「存在と時間」
『存在と時間 4』　ハイデガー著　熊野純彦訳　岩波書店　2013　465,50p　15cm（岩波文庫）1200円　ⓘ978-4-00-336517-5
☆「一冊で哲学の名著を読む」，「お厚いのがお好き?」，「学術辞典叢書 第13巻」，「学問がわかる500冊」，「教養のためのブックガイド」，「現代哲学の名著」，「古典・名著の読み方」，「図解世界の哲学の名著がわかる本」，「西洋哲学の10冊」，「世界の古典名著」，「世界の哲学50の名著」，「世界の哲学思想」，「世界の名著」，「世界の名著早わかり事典」，「世界名著案内 1」，「世界名著解題選 第2巻」，「世界名著大事典」，「超解「哲学名著」事典」，「哲学の世界」，「哲学の名著」（毎日新聞社），「哲学の名著」(学陽書房)，「哲学名著解題」(協同出版)，「哲学名著解題」(春秋社)，「二十世紀を騒がせた本」，「20世紀を震撼させた100冊」，「人間学の名著を読む」，「ハイデガー本45」，「必読書150」，「文学・名著300冊の解説 '88年度版」，「文庫1冊で読める 哲学の名著」

07921　「ドイツ大学の自己主張」
☆「世界名著大事典」

07922　「ナトルプ報告」
☆「ハイデガー本45」

07923　「ニーチェ—美と永遠回帰/ヨーロッパのニヒリズム」
『ニーチェ 1』　マルティン・ハイデガー著　薗田宗人訳　新装復刊　白水社　2007　501p　19cm　5000円　ⓘ978-4-560-02461-4
☆「ハイデガー本45」

07924　「「ヒューマニズム」について」
『「ヒューマニズム」について―パリのジャン・ボーフレに宛てた書簡』　マルティン・ハイデッガー著　渡邊二郎訳　筑摩書房　1997　398p　15cm（ちくま学芸文庫）　1200円　ⓘ4-480-08352-9
☆「思想史の巨人たち」，「ハイデガー本45」

07925　「ヘルデルリーンの詩の解釈」
☆「世界名著大事典」

07926　「森の道」
☆「世界名著大事典」，「哲学の名著」

ハイデン, ドロレス

07927　「家事大革命―アメリカの住宅、近隣、都市におけるフェミニスト・デザインの歴史」
『家事大革命―アメリカの住宅、近隣、都市におけるフェミニスト・デザインの歴史』　ドロレス・ハイデン著　野口美智子他訳　勁草書房　1985　453,23p　22cm〈著者の肖像あり〉　5400円　ⓘ4-326-60041-1　Ⓝ590

☆「建築の書物/都市の書物」

07928　「場所の力」
『場所の力―パブリック・ヒストリーとしての都市景観』　ドロレス・ハイデン著　後藤春彦，篠田裕見，佐藤俊郎訳　京都　学芸出版社　2002　319p　21cm　3300円　ⓘ4-7615-3102-9
☆「環境と社会」

ハイト

07929　「中世における東邦貿易史」
☆「世界名著大事典」

ハイネ

07930　「古代美術の考古学」
☆「世界名著大事典」

ハイネ, ハインリッヒ

07931　「アッタ・トロル―夏の夜の夢」
『アッタ・トロル―夏の夜の夢』　ハイネ作　井上正蔵訳　岩波書店　1955　236p 図版　15cm（岩波文庫）　Ⓝ941
☆「世界文学鑑賞辞典 第3」，「世界名著大事典」

07932　「歌の本」
『歌の本 上』　ハイネ著　井上正蔵訳　改訳　岩波書店　1973　258p 図　15cm（岩波文庫）　210円　Ⓝ941
☆「現代世界の名作」，「知っておきたいドイツ文学」，「世界の名著」，「世界文学鑑賞辞典 第3」，「世界名著大事典」，「ポケット世界名作事典」，「名作あらすじ事典 西洋文学編」

07933　「小歌集」
☆「近代名著解題選集 2」

07934　「新詩集」
☆「世界名著大事典」

07935　「ドイツの宗教と哲学の歴史」
『ドイツの宗教と哲学の歴史』　ハインリッヒ・ハイネ著　高安国世訳　京都　アテナ書院　1949　261p　19cm　Ⓝ134
☆「世界名著大事典」

07936　「ドイツ冬物語」
『筑摩世界文学大系 26　ドイツ・ロマン派集』　筑摩書房　1974　455p 肖像　23cm　2000円　Ⓝ908
☆「世界文学鑑賞辞典 第3」，「世界名著大事典」

07937　「ハルツ紀行」
『ハルツ紀行』　ハイネ著　内藤好文訳　白水社　1949　173p　19cm　Ⓝ945
☆「世界文学鑑賞辞典 第3」，「世界名著大事典」

07938　「ロマンツェーロ」
『ロマンツェーロ 下』　ハイネ作　井汲越次

ハイネマン

訳　岩波書店　1951　275p　15cm（岩波文庫）　600円　①4-00-324189-4　Ⓝ941.6
☆「世界の名作100を読む」，「世界文学鑑賞辞典　第3」，「世界名著大事典」，「文学・名著300選の解説 '88年度版」

07939　「ロマン派」
☆「世界名著大事典」

ハイネマン

07940　「ゲーテ伝」
『ゲーテ伝　第3』　ハイネマン著　大野俊一訳　岩波書店　1958　304p 図版　15cm（岩波文庫）Ⓝ940.28
☆「伝記・自叙伝の名著」

ハイベルク

07941　「古代科学」
『古代科学』　ハイベルク著　平田寛訳　創元社　1940　218p　19cm（創元科学叢書　第2）Ⓝ402
☆「世界名著大事典」

ハイヘルハイム

07942　「古代経済史」
☆「世界名著大事典」

ハイマー, S.H.

07943　「多国籍企業論」
『多国籍企業論』　スティーブン・ハイマー著　宮崎義一編訳　岩波書店　1979　422,26p　19cm（巻末：著作リスト）　2000円　Ⓝ335
☆「現代ビジネス書・経済書総解説」

ハイマン

07944　「コミュニズム, ファシズム, デモクラシー」
☆「世界名著大事典」

07945　「自由と秩序」
『自由と秩序―第二次大戦の教訓』　エドゥアード・ハイマン著　福里次作訳　中央公論社　1953　438p　19cm　Ⓝ363
☆「世界名著大事典」

ハイム, A.

07946　「スイスの地質」
☆「世界名著大事典 補遺（Extra）」

ハイム, K.

07947　「福音的信仰と現代の思考」
☆「世界名著大事典」

ハイムズ, チェスター

07948　「暑い日暑い夜」
☆「世界の小説大百科」

ハイヤーム, オマル

07949　「ルバイヤート」
『ルバイヤート―中世ペルシア四行詩集　無伴奏混声合唱のための』　オマル・ハイヤーム詩　竹友藻風訳詩　信長貴富作曲　音楽之友社　2011　38p　29cm　1400円
①978-4-276-54485-7　Ⓝ767.08
☆「世界の名著」，「世界文学必勝法」，「世界名著大事典」，「世界名著大事典 補遺（Extra）」，「東洋の名著」，「日本の古典・世界の古典」，「必読書150」，「ブックガイド 文庫で読む科学」，「ポケット世界名作事典」

ハイラー

07950　「祈り」
☆「世界名著大事典」

07951　「カトリシズムの本質」
☆「世界名著大事典」

ハイランド, M.J.

07952　「ここから下ろして！」
☆「世界の小説大百科」

ハイリー

07953　「アフリカの調査」
☆「世界名著大事典」

07954　「イギリス領アフリカにおける原住民行政」
☆「世界名著大事典」

パイル, ロバート

07955　「ロビン・フッドのゆかいな冒険」
『ロビン・フッドのゆかいな冒険　1』　ハワード・パイル作　村山知義, 村山亜土訳　新版　岩波書店　2002　264p　18cm（岩波少年文庫）　680円　①4-00-114557-X
☆「一冊で不朽の名作100冊を読む」（友人社），「一冊で不朽の名作100冊を読む」（友人社），「少年少女のための文学案内 1」，「世界少年少女文学 ファンタジー編」，「世界文学あらすじ大事典 4（ふん‐われ）」，「世界文学の名作と主人公」，「世界名作事典」，「名作の研究事典」

ハイルブローナー, ロバート・L.

07956　「経済学」
☆「現代ビジネス書・経済書総解説」

バイロン, G.

07957　「海賊」
『海賊』　バイロン著　太田三郎訳　岩波書店　1952　187p　15cm（岩波文庫）　Ⓝ931
☆「世界の海洋文学」，「世界名著大事典」

07958　「邪宗徒」
☆「世界名著大事典」

07959　「審判の幻影」
　☆「世界名著大事典」

07960　「チャイルド・ハロルドの遍歴」
　☆「西洋をきずいた書物」,「世界の名著」,「世界文学鑑賞辞典 第1」,「世界名著大事典」,「たのしく読めるイギリス文学」,「ポケット世界名作事典」

07961　「ドン・ジュアン」
　『ドン・ジュアン 下』バイロン著　小川和夫訳　富山房　1993　554p　22cm〈著者の肖像あり〉　5500円　①4-572-00851-5　Ⓝ931
　☆「現代世界の名作」,「世界文学あらすじ大事典 3 (ちか‐ふろ)」,「世界名著大事典」,「千年紀のベスト100作品を選ぶ」,「名小説ストーリイ集 世界篇」

07962　「2人のフォスカリ」
　☆「世界名著大事典」

07963　「マンフレッド」
　『マンフレッド』バイロン作　小川和夫訳　岩波書店　1960　121p　15cm（岩波文庫）Ⓝ932
　☆「世界文学あらすじ大事典 4 (ふん‐われ)」

07964　「ワーナー」
　☆「世界名著大事典」

ハイン

07965　「15世紀印刷書総目録」
　☆「世界名著大事典」

ハイン, クリストフ

07966　「龍の血を浴びて」
　『龍の血を浴びて』クリストフ・ハイン著　藤本淳雄訳　同学社　1990　238p　19cm（新しいドイツの文学シリーズ 5）　1360円　①4-8102-0205-4
　☆「ドイツ文学」

パイン, B.J., Ⅱ

07967　「経験経済」
　『経験経済―エクスペリエンス・エコノミー』B.J.パイン2,J.H.ギルモア著　電通「経験経済」研究会訳　流通科学大学出版　2000　317p　21cm　1770円　①4-947746-02-5
　☆「世界で最も重要なビジネス書」

ハインズ, バリー

07968　「ケス―鷹と少年」
　☆「世界の小説大百科」

パインズ, M.

07969　「循環的な反射」
　☆「精神医学の名著50」

ハインド, ノエル

07970　「サンドラー迷路」
　『サンドラー迷路』ノエル・ハインド著　中野圭二訳　文芸春秋　1983　476p　16cm（文春文庫）　500円　①4-16-727516-3　Ⓝ933
　☆「世界の推理小説・総解説」,「世界の冒険小説・総解説」

ハインドマン

07971　「イギリスにおける社会主義の歴史的基礎」
　☆「世界名著大事典」

ハインライン, ロバート・A.

07972　「愛に時間を」
　『愛に時間を 3』ロバート・A.ハインライン著　矢野徹訳　早川書房　1984　381p　16cm（ハヤカワ文庫　SF）　460円　①4-15-010583-9　Ⓝ933
　☆「世界のSF文学・総解説」

07973　「異星の客」
　☆「世界のSF文学・総解説」,「世界の小説大百科」

07974　「宇宙の孤児」
　『宇宙の孤児』ロバート・A.ハインライン著　矢野徹訳　早川書房　1978　250p　15cm（ハヤカワ文庫　SF）　280円　Ⓝ933
　☆「世界のSF文学・総解説」

07975　「宇宙の戦士」
　『宇宙の戦士』ロバート・A.ハインライン著　矢野徹訳　早川書房　1967　334p　19cm（ハヤカワ・SF・シリーズ）　390円　Ⓝ933
　☆「世界のSF文学・総解説」

07976　「地球の脅威」
　『地球の脅威』ロバート・A・ハインライン著　福島正実他訳　早川書房　1965　271p　19cm（ハヤカワ・SF・シリーズ）　330円　Ⓝ933
　☆「世界のSF文学・総解説」

07977　「地球の緑の丘」
　『地球の緑の丘』ロバート・A.ハインライン著　矢野徹訳　早川書房　1986　409p　16cm（ハヤカワ文庫　SF　未来史　2）　520円　①4-15-010673-8　Ⓝ933
　☆「世界のSF文学・総解説」

07978　「月を売った男」
　『月を売った男』ロバート・A.ハインライン著　井上一夫訳　東京創元新社　1964　337p　15cm（創元推理文庫）　Ⓝ933
　☆「世界のSF文学・総解説」

07979　「月は無慈悲な夜の女王」
　『月は無慈悲な夜の女王』ロバート・A.ハイン

ライン著　矢野徹訳　早川書房　2010　686p　15cm〈ハヤカワ文庫SF〉　1200円
①978-4-15-011748-1
☆「世界のSF文学・総解説」

07980　「動乱二一〇〇」
☆「世界のSF文学・総解説」

07981　「夏への扉」
『夏への扉』　ロバート・A.ハインライン著　福島正実訳　早川書房　2010　383p　16cm〈ハヤカワ文庫　SF1742〉〈1979年刊の新装版〉　740円　①978-4-15-011742-9　Ⓝ933.7
☆「世界のSF文学・総解説」,「2時間でわかる世界の名著」

07982　「未来史シリーズ」
☆「世界のSF文学・総解説」

07983　「メトセラの子ら」
☆「世界のSF文学・総解説」

バウアー

07984　「歴史学研究入門」
☆「世界名著大事典」

パウア, アイリーン

07985　「中世に生きる人々」
『中世に生きる人々』　アイリーン・パウア著　三好洋子訳　東京大学出版会　1969　290p　図版　19cm〈UP選書〉　450円　Ⓝ230.4
☆「現代歴史学の名著」

バウアー, オットー

07986　「民族問題と社会民主党」
☆「学術辞典叢書第14巻」,「世界名著解題選第3巻」

バウアー, パウル

07987　「ヒマラヤにおけるたたかい」
☆「世界名著大事典」

バウアー, ブルーノ

07988　「共観福音書記者の福音説話批判」
☆「西洋をきずいた書物」,「世界名著大事典」

バウアー, マービン

07989　「マッキンゼー経営の本質」
『マッキンゼー経営の本質―意思と仕組み』　マービン・バウワー著　平野正雄監訳　村井章子訳　ダイヤモンド社　2004　249p　19cm　2200円　①4-478-37461-9
☆「世界で最も重要なビジネス書」

パーヴァヴィヴェーカ

07990　「大乗掌珍論」
☆「世界名著大事典」

バウアプーティー

07991　「マーラティー・マーダヴァ」
☆「世界名著大事典」,「東洋の名著」

バウアー=レヒナー

07992　「グスタフ・マーラーの思い出」
『グスタフ・マーラーの思い出』　ナターリエ・バウアー=レヒナー著　ヘルベルト・キリアーン編　高野茂訳　音楽之友社　1989　486p　20cm　2800円　①4-276-22583-3　Ⓝ762.346
☆「伝記・自叙伝の名著」

ハーヴィー, G.E.

07993　「ビルマ史」
『ビルマ史』　G.E.ハーヴェイ著　東亜研究所訳　原書房　1976　607,56p　22cm〈ユーラシア叢書　16〉〈昭和19年刊の複製〉　4800円　Ⓝ223.8
☆「世界名著大事典」

ハーヴィガースト

07994　「誰が教育を支配するか」
『誰が教育を支配するか―教育と社会階層』　W.L.ウォーナー,R.J.ハーヴィガースト,M.B.レーブ原著　清水義弘,新堀通也,森孝子共訳　同学社　1956　255p　22cm　Ⓝ371.3
☆「名著による教育原理」

パヴィチ, ミロラド

07995　「ハザール事典」
『ハザール事典―夢の狩人たちの物語 男性版』　ミロラド・パヴィチ著　工藤幸雄訳　東京創元社　1993　377,3p　19cm　2500円　①4-488-01359-7
☆「世界の小説大百科」

ハーウィット, マーティン

07996　「拒絶された原爆展」
『拒絶された原爆展―歴史のなかの「エノラ・ゲイ」』　マーティン・ハーウィット著　山岡清二監訳　渡会和子,原純夫訳　みすず書房　1997　599p　19cm　3800円　①4-622-04106-5
☆「サイエンス・ブックレヴュー」

バヴィヤ

07997　「タルカジヴァーラー」
☆「世界名著大事典」

ハウインク, R.

07998　「おかしなデータブック」
『おかしなデータ・ブック』　R.ハウインク著　金子務訳　朝日出版社　1978　244p　19cm〈エピステーメー叢書〉　800円　Ⓝ404.9

☆「数学ブックガイド100」

ハーヴェイ, ウィリアム

07999 「血液循環の原理」
『血液循環の原理』 ハアヴエイ著 暉峻義等訳 倉敷 倉敷労働科学研究所 1936 184p 図版 20cm〈倉敷労働科学研究所創立第15周年記念出版〉 Ⓝ491.324
☆「自然科学の名著」,「自然科学の名著100選 上」,「西洋をきずいた書物」,「世界を変えた本」,「世界名著大事典」

08000 「動物発生論」
☆「世界名著大事典」

ハーヴェイ, デヴィッド

08001 「都市と社会的不平等」
『都市と社会的不平等』 ダヴィド・ハーヴェイ著 竹内啓一,松本正美訳 日本ブリタニカ 1980 438p 19cm(ブリタニカ叢書)〈Bibliography：p419～433〉 2300円 Ⓝ361.76
☆「学問がわかる500冊 v.2」,「政治哲学」,「都市的世界」

08002 「ポストモダニティの条件」
『ポストモダニティの条件』 デヴィッド・ハーヴェイ著 吉原直樹監訳 青木書店 1999 477,25p 21cm(社会学の思想 3) 6700円 ①4-250-99034-6
☆「建築・都市ブックガイド21世紀」

ハーヴェイ, W.F.

08003 「五本指の怪物」
☆「世界の幻想文学」

パヴェーゼ, チェーザレ

08004 「故郷」
☆「世界の小説大百科」

08005 「月とかがり火」
『月とかがり火』 チェーザレ・パヴェーゼ著 米川良夫訳 〔新装版〕 白水社 1992 281p 19cm 2400円 ①4-560-04307-8
☆「世界の小説大百科」,「世界文学あらすじ大事典 3(ちかーふろ)」,「ポケット世界名作事典」

ハヴェル

08006 「インド美術の理想」
☆「世界名著大事典」

パウエル, アンソニー

08007 「時の音楽」
☆「世界の小説大百科」

パウエル, パジェット

08008 「ティピカル」
☆「世界の小説大百科」

ハウエルズ

08009 「サイラス・レイファムの出世」
☆「世界文学鑑賞辞典 第1」,「たのしく読めるアメリカ文学」

パウサニアス

08010 「ギリシア案内記」
『ギリシア案内記 上』 パウサニアス著 馬場恵二訳 岩波書店 2006 324,19p 15cm (岩波文庫) 760円 ①4-00-334601-7
☆「世界の旅行記101」,「世界名著大事典」

ハウスヘル

08011 「近代経済史」
☆「世界名著大事典」

ハウスホーファー

08012 「太平洋地政学」
『太平洋地政学』 ハウスホーファー著 太平洋協会編訳 岩波書店 1942 589p 地図 22cm Ⓝ312.9
☆「世界の奇書」,「世界名著大事典」

ハウスホールド

08013 「影の監視者」
『影の監視者』 ハウスホールド著 小津次郎訳 筑摩書房 1978 298p 19cm(世界ロマン文庫 14)〈新装版〉 880円 Ⓝ933
☆「世界の冒険小説・総解説」

ハウスマン

08014 「シュロップシァの若者」
☆「世界名著大事典」

ハウゼンシュタイン

08015 「芸術と社会」
☆「世界名著大事典」

08016 「芸術と唯物史観」
『芸術と唯物史観』 ハウゼンシュタイン著 阪本勝訳 同人社書店 1928 308p 23cm Ⓝ701
☆「世界名著解題選 第6巻」

バウヒヌス

08017 「絵入植物の世界」
☆「西洋をきずいた書物」

バウフ

08018 「批判的倫理学に於ける幸福及び人格」
☆「近代欧米名著解題 第8巻」

ハウフ, ヴィルヘルム

08019 「隊商」

ハウフ

『隊商―キャラバン』 ハウフ作 高橋健二訳 岩波書店 1995 244p 18cm(岩波少年文庫)〈第7刷(第1刷:1977年)〉 650円
ⓘ4-00-112081-X
☆「世界文学鑑賞辞典 第3」,「名作の研究事典」

08020 「ハウフ童話集」
『冷たい心臓―ハウフ童話集』 ヴィルヘルム・ハウフ作 乾侑美子訳 T.ヴェーバーほか画 福音館書店 2001 669p 21cm(福音館古典童話シリーズ 38) 2500円
ⓘ4-8340-1780-X
☆「少年少女のための文学案内 2」

08021 「幽霊船の話」
『魔法物語』 ヴィルヘルム・ハウフ著 種村季弘訳 河出書房新社 1993 233p 20cm 1600円 ⓘ4-309-20222-5 Ⓝ943
☆「世界の幻想文学」

バウフ, ブルーノー

08022 「倫理学」
☆「近代欧米名著解題 第3巻」

ハウプト

08023 「ミンネザングの春」
☆「世界名著大事典」

ハウプトマン, ゲルハルト

08024 「海狸の外套」
『世界文学全集 第3期 第16 ハウプトマン, シュニッツラー』 河出書房新社 1958 383p 図版 23cm Ⓝ908
☆「世界文学あらすじ大事典 1(あ‐きよう)」,「世界文学鑑賞辞典 第3」,「世界名著大事典」

08025 「キリスト狂エマーヌエル・クヴィント」
『基督狂』 ゲルハルト・ハウプトマン著 橋本忠夫訳 白水社 1941 2冊 19cm Ⓝ943
☆「世界名著大事典」

08026 「寂しい人々」
『寂しき人々』 ハウプトマン著 森鷗外訳 創芸社 1953 171p 19cm(近代文庫 第103) Ⓝ942
☆「現代世界の名作」,「世界の名著」,「世界文学鑑賞辞典 第3」,「世界名著大事典」

08027 「情熱の書」
『情熱の書 上』 ハウプトマン著 川崎芳隆訳 万里閣新社 1957 267p 19cm Ⓝ943
☆「世界名著大事典」

08028 「織工」
『織工』 ハウプトマン作 久保栄訳 岩波書店 1954 131p 15cm(岩波文庫) Ⓝ942
☆「学術辞典叢書 第13巻」,「知っておきたいドイツ文学」,「世界文学あらすじ大事典 1(あ‐きよう)」,「世界文学鑑賞辞典 第3」,「世界名著解題選 第2巻」,「世界名著大事典」

08029 「ゾアーナの異教徒」
『世界文学全集 第3期 第16 ハウプトマン, シュニッツラー』 河出書房新社 1958 383p 図版 23cm Ⓝ908
☆「世界名著大事典」

08030 「沈鐘」
『沈鐘』 ハウプトマン著 楠山正雄訳 オンデマンド版 ゆまに書房 2004 140p 19cm(昭和初期世界名作翻訳全集 12)〈原本:春陽堂昭和7年刊〉 2800円 ⓘ4-8433-1082-4 Ⓝ942.6
☆「学術辞典叢書 第12巻」,「近代名著解題選集 1」,「近代名著解題選集 2」,「世界の幻想文学」,「世界の名作」,「世界文学あらすじ大事典 3(ちか‐ふろ)」,「世界文学鑑賞辞典 第3」,「世界名作事典」,「世界名著解題選 第2巻」,「世界名著大事典」,「ポケット世界名作事典」

08031 「ハンネレの昇天」
『世界童話大系 第21巻 童話劇篇 3』 楠山正雄,小山内薫訳 名著普及会 1989 696p 20cm〈世界童話大系刊行会大正15年刊の複製〉 ⓘ4-89551-354-8 Ⓝ908.3
☆「世界名著大事典」,「名作の研究事典」

08032 「日の出前」
『日の出前』 ゲルハルト・ハウプトマン作 山本有三編 赤城正蔵 1914 108p 15cm(アカギ叢書 第53編) Ⓝ942.6
☆「学術辞典叢書 第13巻」,「近代名著解題選集 2」,「世界文学鑑賞辞典 第3」,「世界文学の名作と主人公」,「世界名著解題選 第3巻」,「世界名著大事典」,「ドイツ文学」

バウマン

08033 「草原の子ら」
☆「名作の研究事典」

バウマン, ジークムント

08034 「近代とホロコースト」
『近代とホロコースト』 ジークムント・バウマン著 森田典正訳 大月書店 2006 296,20p 19cm 3700円 ⓘ4-272-43069-6
☆「平和を考えるための100冊+α」

08035 「リキッド・モダニティ」
『リキッド・モダニティ―液状化する社会』 ジークムント・バウマン著 森田典正訳 大月書店 2001 279,4p 19cm 3800円 ⓘ4-272-43057-2
☆「社会の構造と変動」

バウム, ヴィッキー

08036 「グランド・ホテル」
☆「世界文学あらすじ大事典 2（きよえ‐ちえ）」

バウムガルテン

08037 「形而上学」
☆「近代哲学の名著」

08038 「美学」
『美学』 バウムガルテン著 松尾大訳 町田 玉川大学出版部 1987 548p 22cm（近代美学双書）〈文献：p543～545〉 8500円
Ⓘ4-472-07831-7 Ⓝ701.1
☆「世界名著解題選 第6巻」，「世界名著大事典」

パウリ

08039 「相対性理論」
『相対性理論 上』 W.パウリ著 内山龍雄訳 筑摩書房 2007 344p 15cm（ちくま学芸文庫） 1300円 Ⓘ978-4-480-09119-2
☆「世界名著大事典」

パウリー

08040 「古典古代学大事典」
☆「世界名著大事典」

パウル, ジャン

08041 「ヴーツ先生のたのしい生涯」
☆「世界文学鑑賞辞典 第3」

08042 「気球乗りジャノッツオ」
『気球乗りジャノッツオ』 J.パウル著 古見日嘉訳 現代思潮社 1967 170p 19cm（古典文庫） 400円 Ⓝ943
☆「世界の幻想文学」

08043 「巨人」
『巨人』 ジャン・パウル著 古見日嘉訳 新装版 国書刊行会 1997 781p 26cm 8800円 Ⓘ4-336-03966-6
☆「世界の幻想文学」，「世界名著大事典」

08044 「ヘスペルスあるいは四十五の犬の郵便日」
☆「世界名著大事典」，「ドイツ文学」

08045 「部屋住み時代」
☆「世界名著大事典」

パウル, ヘルマン

08046 「ゲルマン文献学綱要」
☆「世界名著大事典」

08047 「言語史の原理」
☆「世界名著大事典」

08048 「中高ドイツ語文法」
☆「世界名著大事典」

08049 「ドイツ文法」
☆「世界名著大事典」

パウレンコ

08050 「幸福」
☆「世界文学鑑賞辞典 第4」，「世界名著大事典」

パウンド, エズラ

08051 「キャントーズ」
☆「世界名著大事典」

08052 「詩篇」
☆「たのしく読めるアメリカ文学」

08053 「パウンド詩集」
『パウンド詩集』 エズラ・パウンド著 城戸朱理訳編 思潮社 1998 160p 19cm（海外詩文庫） 1165円 Ⓘ4-7837-2510-1
☆「世界文学鑑賞辞典 第1」

パウンド, ロスコー

08054 「コモン・ローの精神」
☆「社会科学の名著」，「世界名著大事典」

08055 「法と道徳」
『法と道徳』 パウンド著 高柳賢三,岩田新共訳 岩波書店 1929 232p 19cm Ⓝ321
☆「学術辞典叢書 第14巻」，「世界名著解題選 第3巻」，「世界名著大事典」

08056 「法律史観」
『法律史観』 パウンド著 高柳賢三訳 岩波書店 1931 349p 20cm Ⓝ321.2
☆「世界名著大事典」

バーカー

08057 「ギリシア政治思想」
☆「世界名著大事典」

08058 「政府に関する省察」
☆「世界名著大事典」

バーカー, パット

08059 「再生」
☆「世界の小説大百科」

バーガー, ピーター

08060 「現実の社会的構成」
『現実の社会的構成―知識社会学論考』 ピーター・L.バーガー,トーマス・ルックマン著 山口節郎訳 新曜社 2003 321,7p 19cm〈『日常世界の構成』新版・改題書〉 2900円 Ⓘ4-7885-0839-7
☆「社会学の名著30」，「文化の社会学」

08061 「社会学への招待」
『社会学への招待』 ピーター・L.バーガー著 水野節夫,村山研一訳 普及版 新思索社

2007　286p　19cm　2000円
①978-4-7835-1199-1
☆「社会学の名著30」

08062　「聖なる天蓋」
『聖なる天蓋―神聖世界の社会学』ピーター・L.バーガー著　薗田稔訳　新曜社　1979　294,9p　20cm　2200円　Ⓝ161.3
☆「学問がわかる500冊」

パーカー, ロバート・B.

08063　「約束の地」
『約束の地』ロバート・B.パーカー著　菊池光訳　早川書房　1987　291p　15cm（ハヤカワ・ミステリ文庫）　420円　①4-15-075653-8　Ⓝ933
☆「世界の推理小説・総解説」

ハーカー, A.

08064　「火成岩の博物誌」
☆「世界名著大事典 補遺(Extra)」

パーカースト

08065　「ドルトン案の教育」
☆「教育学の世界名著100選」

ハガード, ウィリアム

08066　「殺し屋テレマン」
『殺し屋テレマン』ウイリアム・ハガード著　杉浦安訳　東京創元新社　1963　310p　15cm（創元推理文庫）　Ⓝ933
☆「世界の冒険小説・総解説」

ハガード, ヘンリー・ライダー

08067　「ソロモン王の洞窟」
『ソロモン王の洞窟』ヘンリー・ライダー・ハガード原作　横田順弥文　茂利勝彦絵　講談社　1998　345p　19cm（痛快 世界の冒険文学 10）　1500円　①4-06-268010-6
☆「世界の小説大百科」,「世界文学あらすじ大事典 2（きよえ・ちえ）」

08068　「洞窟の女王」
『洞くつの女王』ハガード著　佐々木道子訳　春陽堂書店　1979　292p　16cm（春陽堂少年少女文庫 世界の名作・日本の名作）　400円
☆「世界のSF文学・総解説」,「世界の幻想文学」,「世界文学あらすじ大事典 3（ちか・ふろ）」

ハーカーニー

08069　「両イラクの贈り物」
☆「世界名著大事典」

バカン, ジョン

08070　「三十九階段」
『三十九階段』ジョン・バカン著　小西宏訳　東京創元社　1959　171p　15cm（創元推理文庫）　Ⓝ933
☆「世界の推理小説・総解説」,「世界の冒険小説・総解説」,「世界文学あらすじ大事典 2（きよえ・ちえ）」

08071　「傷心の河」
☆「世界の冒険小説・総解説」

巴金　はきん

08072　「家」
『家　上』巴金作　飯塚朗訳　岩波書店　1956　315p 図版　15cm（岩波文庫）　Ⓝ923
☆「世界名著大事典」,「中国の古典名著」,「東洋の名著」,「ポケット世界名作事典」

08073　「寒夜」
『寒夜』巴金作　村岡圭子訳　札幌　北書房　1982　352p　19cm　1500円　Ⓝ923.7
☆「現代世界の名作」,「世界文学あらすじ大事典 2（きよえ・ちえ）」,「世界名著大事典」

08074　「すばらしい墜落」
☆「21世紀の世界文学30冊を読む」

パーキン, ダン

08075　「海の狐ドルトンの物語」
☆「世界の海洋文学」

パーキンズ

08076　「メソポタミアの比較考古学」
☆「世界名著大事典」

パーキンソン, C.N.

08077　「海軍将校リチャード・デランシー物語りシリーズ」
☆「世界の海洋文学」

08078　「パーキンソンの法則」
『パーキンソンの法則―and other studies in administration selections』C.Northcote Parkinson[著]　羽田三郎注釈　研究社出版　1965　112p　18cm（研究社小英文叢書 212）〈他言語標題：Parkinson's Law〉
☆「究極のビジネス書50選」,「世界で最も重要なビジネス書」

バーク, エドマンド

08079　「現代の不満の原因に関する考察」
☆「世界名著大事典」

08080　「自然社会の擁護」
☆「世界名著大事典」

08081　「崇高と美の観念の起原」
『崇高と美の観念の起原』エドマンド・バーク著　中野好之訳　みすず書房　1999　220p　19cm（みすずライブラリー）　2200円
①4-622-05041-2

☆「世界名著大事典」

08082 「著作と演説集」
☆「私の古典」

08083 「フランス革命の省察」
『フランス革命の省察』 エドマンド・バーク著 半沢孝麿訳 新装版 みすず書房 1997 417p 19cm 3500円 ⓘ4-622-04918-X
☆「教養のためのブックガイド」,「現代政治学の名著」,「社会科学の古典」,「社会科学の名著」,「西洋をきずいた書物」,「世界を変えた100冊の本」,「世界の名著」,「世界名著大事典」,「日本人として読んでおきたい保守の名著」,「はじめて学ぶ政治学」,「「名著」の解読学」

白 居易 はく・きょい

08084 「長恨歌」
☆「世界の名作100を読む」,「世界名作事典」,「世界名著大事典」,「文学・名著300選の解説 '88年度版」

08085 「売炭翁」
☆「日本の古典・世界の古典」

08086 「白氏文集」
『白氏文集―金沢文庫本 4』 白居易著 大東急記念文庫 1984 254,29p 37cm〈監修・解説:川瀬一馬 大東急記念文庫蔵の複製〉 24000円 Ⓝ921.4
☆「学術辞典叢書 第15巻」,「世界名著解題 第3巻」,「世界名著大事典」,「中国の古典名著」

朴 景利 ぱく・きょんり

08087 「土地」
『土地 第6巻』 朴景利著 金正出監修 金容権訳 講談社ビーシー,講談社〔発売〕 2012 299p 19cm 1800円 ⓘ978-4-06-216955-4
☆「世界の小説大百科」

莫 言 ぱく・げん

08088 「赤い高粱」
☆「百年の誤読 海外文学篇」

白 行簡 はく・こうかん

08089 「李娃伝」
☆「学術辞典叢書 第15巻」,「近代名著解題選집 3」,「世界名著解題選 第3巻」,「世界名著大事典」

朴 趾源 ぱく・じうぉん

08090 「熱河日記」
『熱河日記―朝鮮知識人の中国紀行 2』 朴趾源著 今村与志雄訳 平凡社 1978 356p 18cm〈東洋文庫 328〉 1200円 Ⓝ292.209
☆「アジアの比較文化」,「世界の旅行記101」

08091 「両班伝」
☆「世界名著大事典」

朴 熙秉 ぱく・ひびょん

08092 「運化と近代」
☆「東アジア人文書100」

パーク,マンゴ

08093 「アフリカ内陸旅行記」
☆「西洋をきずいた書物」,「世界名著大事典」

朴 明林 ぱく・みゅんりむ

08094 「韓国戦争の勃発と起源」
☆「東アジア人文書100」

莫 友芝 ぱく・ゆうし

08095 「邵亭知見伝本書目」
☆「世界名著大事典」

パーク,J.

08096 「コネクションズ―意外性の技術史10話」
☆「科学技術をどう読むか」

パーク,P.

08097 「歴史学と社会理論」
『歴史学と社会理論』 ピーター・バーク著 佐藤公彦訳 第二版 慶應義塾大学出版会 2009 432p 21cm 5800円 ⓘ978-4-7664-1634-3
☆「社会学的思考」

パーク,R.E.

08098 「社会学の科学への序説」
☆「世界名著大事典」

08099 「都市」
☆「都市的世界」

伯益 はくえき

08100 「山海経」
☆「あらすじでわかる中国古典「超」入門」,「近代名著解題選集 2」,「世界の奇書」,「世界名著大事典」,「中国の古典名著」,「東洋の奇書55冊」

ハクスタブル,エイダ・ルイーズ

08101 「未完の建築家フランク・ロイド・ライト」
『未完の建築家フランク・ロイド・ライト』 エイダ・ルイーズ・ハクスタブル著 三輪直美訳 TOTO出版 2007 357p 20cm〈文献あり〉 2000円 ⓘ978-4-88706-281-8 Ⓝ523.53
☆「建築・都市ブックガイド21世紀」

ハクスリー

08102 「進化」
☆「世界名著大事典」

バーグソン
- 08103 「ソヴェトの国民所得と生産物」
  - ☆「世界名著大事典」

バクーニン
- 08104 「神と国家」
  - 『神と国家』 バクーニン著　本荘可宗訳　改造図書出版販売　1977　125p　15cm〈改造文庫覆刻版　第1期〉〈発売：大和書房(東京)〉
  - Ⓝ363.8
  - ☆「革命思想の名著」、「古典・名著の読み方」、「世界の古典名著」、「世界名著解題 第5巻」、「世界名著大事典」、「哲学の世界」、「哲学の名著」
- 08105 「連合主義、社会主義、反神学主義」
  - ☆「世界名著大事典」

白樸　はくぼく
- 08106 「梧桐雨」
  - ☆「世界名著大事典」

パークマン
- 08107 「カリフォルニアとオレゴン道」
  - ☆「西洋をきずいた書物」

バークリー、アントニイ
- 08108 「試行錯誤」
  - 『試行錯誤』 アントニイ・バークリー著　鮎川信夫訳　10版　東京創元社　2012　523p　15cm〈創元推理文庫〉　1200円
  - Ⓘ978-4-488-12304-8
  - ☆「世界の推理小説・総解説」

バークリー、ジョージ
- 08109 「視覚の新理論」
  - ☆「近代名著解題選集 2」、「世界名著大事典」、「哲学名著解題」
- 08110 「人間知識原理論」
  - 『人間知識の原理』 ジョージ・バークレ著　福鎌忠恕訳　彰考書院　1949　386p　19cm
  - Ⓝ133.32
  - ☆「学術辞典叢書 第12巻」、「近代哲学の名著」、「西洋をきずいた書物」、「世界を変えた100冊の本」、「世界名著解題選 第2巻」、「世界名著解題選 第5巻」、「世界名著大事典」、「哲学の名著」、「哲学名著解題」
- 08111 「ハイラスとフィロテウスとの三つの対話」
  - ☆「哲学名著解題」

バグリイ、デズモンド
- 08112 「ゴールデン・キール」
  - ☆「世界の海洋文学」、「世界の冒険小説・総解説」
- 08113 「サハラの翼」
  - 『サハラの翼』 デズモンド・バグリイ著　矢野徹訳　早川書房　1989　554p　15cm〈ハヤカワ文庫NV〉　680円　Ⓘ4-15-040534-4
  - ☆「世界の冒険小説・総解説」
- 08114 「高い砦」
  - 『高い砦』 デズモンド・バグリイ著　矢野徹訳　早川書房　2006　531p　16cm〈ハヤカワ文庫NV〉　940円　Ⓘ4-15-041103-4　Ⓝ933.7
  - ☆「世界の冒険小説・総解説」
- 08115 「南海の迷路」
  - 『南海の迷路』 デズモンド・バグリイ著　井坂清訳　早川書房　1986　445p　16cm〈ハヤカワ文庫　NV〉　560円　Ⓘ4-15-040425-9　Ⓝ933
  - ☆「世界の海洋文学」
- 08116 「バハマ・クライシス」
  - 『バハマ・クライシス』 デズモンド・バグリイ著　井坂清訳　早川書房　1990　394p　15cm〈ハヤカワ文庫NV〉　540円
  - Ⓘ4-15-040594-8
  - ☆「世界の海洋文学」

ハーグリーヴス, J.
- 08117 「スポーツ・権力・文化」
  - 『スポーツ・権力・文化―英国民衆スポーツの歴史社会学』 ジョーン・ハーグリーヴス著　佐伯聡夫、阿部生雄共訳　不昧堂出版　1993　343p　21cm　4000円　Ⓘ4-8293-0267-4
  - Ⓝ780.233
  - ☆「身体・セクシュアリティ・スポーツ」

ハクルイト
- 08118 「愛国」
  - ☆「近代欧米名著解題 第7巻」

ハクルート
- 08119 「イギリス国民の主要な航海、旅行、貿易、発見」
  - ☆「西洋をきずいた書物」

バークレイ
- 08120 「真正なるキリスト教神学の弁明」
  - ☆「世界名著大事典」

ハーゲスハイマー
- 08121 「ジャワ岬」
  - ☆「世界名著大事典」
- 08122 「夜会服」
  - ☆「世界文学鑑賞辞典 第1」

ハケット
- 08123 「ウォーホル―ポッピズム」
  - ☆「伝記・自叙伝の名著」

ハーケン, ヘルマン
08124 「自然の造形と社会の秩序」
『自然の造形と社会の秩序』 Hermann Haken 著 高木隆司訳 東海大学出版会 1985 252,13p 19cm 2500円 Ⓝ460
☆「科学技術をどう読むか」

バーコフ, ガーレット
08125 「現代代数学概論」
『現代代数学概論』 ガーレット・バーコフ, ソンダース・マクレーン共著 奥川光太郎, 辻吉雄共訳 改訂3版 白水社 1967 583p 22cm〈文献：567-569p〉 2300円 Ⓝ412.6
☆「数学ブックガイド100」

バコール, ローレン
08126 「私一人」
『私一人』 ローレン・バコール著 山田宏一訳 文芸春秋 1984 575,22p 20cm〈著者の肖像あり〉 2500円 Ⓝ778.253
☆「自伝の名著101」

バサッカー, R.G.
08127 「グラフ理論とネットワーク」
『グラフ理論とネットワーク基礎と応用』 R.G.バサッカー, T.L.サーティ著 矢野健太郎, 伊理正夫訳 培風館 1970 322p 22cm 1800円 Ⓝ414.8
☆「数学ブックガイド100」

バザール
08128 「サン・シモンの教義解説」
☆「世界名著大事典」

バザン
08129 「オベルレ家の人々」
☆「世界名著大事典」

ハーシー
08130 「アダノの鐘」
『アダノの鐘』 ジョン・ハーシー著 杉木喬訳 東西出版社 1949 424p 19cm Ⓝ933
☆「世界文学鑑賞辞典 第1」,「世界名著大事典」

パーシー
08131 「廃墟の愛」
『廃墟の愛』 ウォーカー・パーシー著 板橋好枝訳 講談社 1976 2冊 20cm 各1200円 Ⓝ933
☆「たのしく読めるアメリカ文学」

パシー
08132 「ヨーロッパ主要言語の比較小音声学」
☆「世界名著大事典」

ハーシー, ジョージ
08133 「古典建築の失われた意味」
『古典建築の失われた意味』 G.ハーシー著 白井秀和訳 鹿島出版会 1993 232p 19cm (SD選書 221) 1854円 ①4-306-05221-4
☆「建築の書物/都市の書物」

ハーシー, ロバート・L.
08134 「数学力 これだけできれば人生リッチ！」
『数学力、これだけできれば人生リッチ！』 ロバート・L.ハーシー著 仁平和夫訳 プレジデント社 2002 220p 19cm 1100円 ①4-8334-1736-7 Ⓝ331.19
☆「ブックガイド〈数学〉を読む」

ハシェク
08135 「兵士シュヴェイクの冒険」
『兵士シュヴェイクの冒険 1』 ハシェク作 栗栖継訳 岩波書店 1996 419p 15cm（岩波文庫）〈第10刷（第1刷：1972年） 著者の肖像あり〉 720円 ①4-00-327731-7 Ⓝ989.53
☆「世界の小説大百科」,「世界の書物」,「世界文学あらすじ大事典 4（ふん - われ）」,「世界文学の名作と主人公」,「世界名著大事典」,「ポケット世界名作事典」

パジェス
08136 「日本キリシタン宗門史」
☆「世界名著大事典」

バージェス, アントニー
08137 「エンダビー氏の内側」
☆「世界の小説大百科」

08138 「時計じかけのオレンジ」
☆「知っておきたいイギリス文学」,「世界のSF文学・総解説」,「世界の幻想文学」,「世界の小説大百科」,「たのしく読めるイギリス文学」,「名作あらすじ事典 西洋文学編」

バージェス, ジョン・W.
08139 「政治学と比較憲法」
☆「世界名著大事典」

バージェス, E.W.
08140 「家族」
☆「世界名著大事典」

08141 「社会学の科学への序説」
☆「世界名著大事典」

バジェホ, フェルナンド
08142 「暗殺者の女」
☆「教養のためのブックガイド」,「世界の小説大百科」

ハーシェル
08143　「太陽と太陽系の固有運動について」
　☆「西洋をきずいた書物」

08144　「天界の構造について」
　☆「自然科学の名著」，「世界名著大事典」

08145　「物体を照明し，加熱するスペクトルの各色の作用の研究」
　☆「世界を変えた書物」

08146　「放射熱，赤外線に関する3論文」
　☆「西洋をきずいた書物」

パーシグ，ロバート・M.
08147　「禅とオートバイ修理技術—価値の探究」
　『禅とオートバイ修理技術　上』　ロバート・M.パーシグ著　五十嵐美克訳　早川書房　2008　362p　15cm（ハヤカワ文庫NF）　760円　⓵978-4-15-050332-1
　☆「世界のスピリチュアル50の名著」

バジード王
08148　「マンナン・ヤザウィン」
　☆「世界名著大事典」

パーシー・ナン
08149　「科学的方法の目的と功果」
　☆「近代欧米名著解題 第4巻」

バジーニ，ジュリアン
08150　「エゴ・トリック」
　☆「世界の哲学50の名著」

パシネッティ，L.
08151　「経済成長と所得分配」
　『経済成長と所得分配』　L.パシネッティ著　宮崎耕一訳　岩波書店　1985　209p　21cm　3000円　⓵4-00-000576-6　Ⓝ331.85
　☆「学問がわかる500冊」

08152　「構造変化と経済成長」
　『構造変化と経済成長—諸国民の富の動学に関する理論的エッセイ』　ルイジ・L.パシネッティ著　大塚勇一郎，渡会勝義訳　日本評論社　1983　340p　22cm　4800円　Ⓝ331
　☆「経済学88物語」

バージャー，ジョン
08153　「イメージ—視覚とメディア」
　『イメージ—視覚とメディア』　ジョン・バージャー著　伊藤俊治訳　筑摩書房　2013　314p　15cm（ちくま学芸文庫）　1300円　⓵978-4-480-09503-9
　☆「教養のためのブックガイド」，「必読書150」

08154　「G.」
　『G.』　ジョン・バージャー著　栗原行雄訳　新潮社　1975　337p　20cm　1500円　Ⓝ933
　☆「世界の小説大百科」

バージャー，V.D.
08155　「力学」
　☆「物理ブックガイド100」

ハーシュ，M.W.
08156　「力学系入門」
　☆「数学ブックガイド100」

パシュカーニス
08157　「法の一般理論とマルクス主義」
　『法の一般理論とマルクス主義』　パシュカーニス著　稲子恒夫訳　日本評論新社　1958　264p　21cm（原典法学叢書）　Ⓝ321
　☆「世界の古典名著」，「世界名著大事典」

ハーシュフェルド，バート
08158　「男と女」
　☆「日本・世界名作『愛の会話』100章」

ハーシュマン，A.O.
08159　「離脱・発言・忠誠」
　『離脱・発言・忠誠—企業・組織・国家における衰退への反応』　A.O.ハーシュマン著　矢野修一訳　京都　ミネルヴァ書房　2005　212,8p　21cm（MINERVA人文・社会科学叢書）　3500円　⓵4-623-04374-6
　☆「社会の構造と変動」

バシュラール，ガストン
08160　「新しい科学的精神」
　『新しい科学的精神』　ガストン・バシュラール著　関根克彦訳　筑摩書房　2002　352p　15cm（ちくま学芸文庫）　1200円　⓵4-480-08676-5　Ⓝ401
　☆「ブックガイド 文庫で読む科学」

08161　「科学的精神の形成」
　『科学的精神の形成—対象認識の精神分析のために』　ガストン・バシュラール著　及川馥訳　平凡社　2012　542p　15cm（平凡社ライブラリー）　2000円　⓵978-4-582-76760-5
　☆「世界名著大事典 補遺（Extra）」

08162　「空間の詩学」
　『空間の詩学』　ガストン・バシュラール著　岩村行雄訳　筑摩書房　2002　444p　15cm（ちくま学芸文庫）　1600円　⓵4-480-08724-9
　☆「教養のためのブックガイド」，「建築の書物/都市の書物」，「世界名著大事典 補遺（Extra）」

08163　「否定の哲学」

『否定の哲学』 バシュラール著　中村雄二郎, 遠山博雄訳　白水社　1998　254p　20cm（イデー選書）　2400円　Ⓘ4-560-02402-2　Ⓝ401
☆「現代科学論の名著」,「世界名著大事典 補遺（Extra）」

08164　「火の精神分析」
『火の精神分析』 ガストン・バシュラール著　前田耕作訳　改訳版　せりか書房　1999　257p　cm　2500円　Ⓘ4-7967-0218-0
☆「世界名著大事典 補遺（Extra）」

08165　「蠟燭の焔」
☆「ブックガイド 文庫で読む科学」

バジョット, ウォルター

08166　「イギリス憲政論」
『イギリス憲政論』 バジョット著　小松春雄訳　原書第二版　中央公論新社　2011　435p　18cm（中公クラシックス）　2000円　Ⓘ978-4-12-160128-5
☆「西洋をきずいた書物」,「世界の古典名著」

08167　「イギリスの国家構造」
『イギリスの国家構造』 J.ハーヴェイ, K.フッド著　北西允訳　合同出版社　1960　336p　19cm　312.33
☆「社会科学の古典」,「世界名著大事典」

08168　「自然科学と政治学」
『自然科学と政治学』 ウオルター・バジョット著　大道安次郎訳　岩崎書店　1948　302p　22cm　Ⓝ311
☆「世界名著大事典」

08169　「ロンバード街」
『ロンバード街—金融市場の解説』 ウォルター・バジョット著　久保恵美子訳　日経BP社, 日経BPマーケティング〔発売〕　2011　396p　20×12cm（日経BPクラシックス）〈原書第3版〉　2400円　Ⓘ978-4-8222-4830-7
☆「学術辞典叢書 第14巻」,「世界名著解題選 第3巻」,「世界名著大事典」

バジョーフ

08170　「石の花」
『石の花』 バジョーフ作　佐野朝子訳　岩波書店　1995　276p　18cm（岩波少年文庫）〈第4刷（第1刷：1981年）〉　650円　Ⓘ4-00-113111-0
☆「世界文学あらすじ大事典 1（あ〜きよう）」,「世界文学鑑賞辞典 第4」,「ポケット世界名作事典」,「名作の研究事典」

08171　「くじゃく石の小箱」
☆「世界名著大事典」

バシリコス, バシリス

08172　「Z」
☆「世界の小説大百科」

パーシリンナ, アルト

08173　「行こう！ 野ウサギ」
☆「世界の小説大百科」

バシレイオス

08174　「聖霊論」
☆「世界名著大事典」

ハース

08175　「演奏慣習の歴史」
☆「世界名著大事典」

パース

08176　「偶然, 愛, 論理」
☆「世界名著大事典」

08177　「線型結合代数」
☆「世界名著大事典」

08178　「哲学の諸原理」
☆「哲学名著解題」

パス, オクタビオ

08179　「孤独の迷宮」
☆「世界の小説大百科」

バース, ジョン

08180　「キマイラ」
『キマイラ』 ジョン・バース著　国重純二訳　新潮社　1980　265p　20cm（新潮・現代世界の文学）　1600円　Ⓝ933
☆「百年の誤読 海外文学篇」

08181　「旅路の果て」
『旅路の果て』 ジョン・バース著　志村正雄訳　白水社　1984　317p　18cm（白水Uブックス 62）　930円　Ⓘ4-560-07062-8　Ⓝ933
☆「アメリカ文学」,「知っておきたいアメリカ文学」,「世界文学大事典あらすじ 2（きよえ・ちえ）」,「世界文学の名作と主人公」

08182　「嘆願書」
☆「世界の幻想文学」

08183　「ビックリハウスの迷子」
☆「世界の幻想文学」

08184　「やぎ少年ジャイルズ」
『やぎ少年ジャイルズ　1』 ジョン・バース著　渋谷雄三郎, 上村宗平訳　国書刊行会　1992　422p　22cm〈新装版〉　3100円　Ⓘ4-336-03397-8　Ⓝ933
☆「世界の幻想文学」,「世界の小説大百科」

08185　「酔いどれ草の仲買人」

☆「世界文学あらすじ大事典 4（ふん—われ）」、「たのしく読めるアメリカ文学」

バス, ディック
08186　「七つの最高峰」
『七つの最高峰』　ディック・バス, フランク・ウェルズ, リック・リッジウエイ, 三浦恵美里訳　文藝春秋　1995　540p　19cm　2600円　Ⓘ4-16-315740-9
☆「新・山の本おすすめ50選」

バースカラ
08187　「シッダーンタシロマニ」
☆「世界名著大事典」

バースカラ, ラウガークシ
08188　「アルタサングラハ」
☆「世界名著大事典」

パスカル, ブレーズ
08189　「液体の平衡及び空気の質量の測定についての論述」
☆「世界を変えた書物」

08190　「科学論文集」
『科学論文集』　パスカル著　松浪信三郎訳　岩波書店　1953　203p 図版　15cm（岩波文庫）Ⓝ404
☆「世界名著大事典」、「哲学名著解題」

08191　「小品集」
☆「哲学名著解題」

08192　「真空に関する新実験」
☆「自然科学の名著」、「自然科学の名著100選 上」

08193　「パンセ」
『パンセ』　パスカル著　田辺保訳　教文館　2013　682,103p　21cm（キリスト教古典叢書）　5200円　Ⓘ978-4-7642-1806-2
☆「あらすじで読む世界文学105」、「いまこそ読みたい哲学の名著」、「お厚いのがお好き？」、「大人のための世界の名著50」、「学術辞典叢書 第13巻」、「教養のためのブックガイド」、「近代名著解題選集 2」、「古典・名著の読み方」、「思想史の巨人たち」、「図解世界の名著がわかる本」、「西洋をきずいた書物」、「世界を変えた100冊の本」、「世界の古典名著」、「世界の書物」、「超解 世界の哲学50の名著」、「世界の哲学思想」、「世界の名著」、「世界の「名著」50」、「世界の名著早わかり事典」、「世界文学鑑賞辞典 第2」、「世界名作事典」、「世界名著解題事典 第2巻」、「世界名著大事典」、「超解「哲学名著」事典」、「哲学の世界」、「哲学の名著」（毎日新聞社）、「哲学の名著」（学陽書房）、「哲学名著解題」（協同出版）、「哲学名著解題」（春秋社）、「日本文学現代名作事典」、「必読書150」、「文学・名著300選の解説'88年度版」、「ポケット世界名作事典」

08194　「プロヴァンシアル（田舎の友への手紙）」
☆「西洋をきずいた書物」、「世界名著大事典」、「哲学名著解題」

パスカル, リチャード
08195　「逆説のマネジメント」
『逆説のマネジメント—自己再生のパラダイムを求めて』　リチャード・T.パスカル著　崎谷哲夫訳　ダイヤモンド社　1991　398p　19cm　2800円　Ⓘ4-478-37063-X
☆「究極のビジネス書50選」

08196　「ジャパニーズ・マネジメント」
『ジャパニーズ・マネジメント』　パスカル, エイソス著　深田祐介訳　講談社　1983　308p　15cm（講談社文庫）　440円　Ⓘ4-06-183035-X　Ⓝ335.21
☆「究極のビジネス書50選」、「現代ビジネス書・経済書総解説」、「世界で最も重要なビジネス書」

パスカル, G.
08197　「教育者アラン」
『教育者アラン』　ジョルジュ・パスカル著　橋田和道訳　吉夏社　2000　254p　19cm　2600円　Ⓘ4-907758-03-0
☆「教育本44」

ハスキンズ, チャールズ・ホーマー
08198　「十二世紀ルネサンス」
『十二世紀ルネサンス』　チャールズ・H.ハスキンズ著　別宮貞徳, 朝倉文市訳　新装　みすず書房　1997　346,51p　20cm〈索引あり〉　3200円　Ⓘ4-622-04917-1　Ⓝ230.4
☆「21世紀の必読書100選」

バスケイス＝フィゲロウァ
08199　「自由への逃亡」
『自由への逃亡』　A.バスケイス＝フィゲロウァ著　岡村孝一訳　早川書房　1978　198p　16cm（ハヤカワ文庫　NV）　240円　Ⓝ963
☆「世界の冒険小説・総解説」

ハスケル
08200　「バレー・鑑賞のための手引き」
☆「世界名著大事典」

ハースコヴィツ
08201　「人類とその業績」
☆「世界名著大事典」

08202　「文化変容」
☆「世界名著大事典」

パスコフ, ヴィクトル
08203　「ゲオルグ・ヘイニッヒに捧げるバ

ラッド」
☆「世界の小説大百科」

パスコリ
08204 「ミリーチェ」
☆「世界名著大事典」

バスタブル
08205 「国際貿易理論」
☆「世界名著大事典」

08206 「財政学」
☆「世界名著大事典」

バスティア
08207 「経済的調和」
☆「世界名著大事典」

パステルナーク, ボリス・レオニードヴィチ
08208 「ドクトル・ジバゴ」
『ドクトル・ジバゴ』 ボリス・パステルナーク著 江川卓訳 新潮社 1989 2冊 15cm（新潮文庫） 600円,640円 ①4-10-228401-X Ⓝ983
☆「あらすじで味わう外国文学」,「一冊で世界の名著100冊を読む」,「映画になった名著」,「3行でわかる名作&ヒット本250」,「知っておきたいロシア文学」,「世界の小説大百科」,「世界の長編文学」,「世界の名作100を読む」,「世界の名作文学案内」,「世界文学あらすじ大事典 3（ちか‐ふろ）」,「世界文学鑑賞辞典 第4」,「世界文学のあらすじ書き」,「世界文学の名作と主人公」,「世界名著大事典」,「文学・名著300選の解説 '88年度版」,「ポケット世界名作事典」,「名作あらすじ事典 西洋文学編」,「ロシア文学」

08209 「リューヴェルスの少女時代」
☆「知っておきたいロシア文学」

ハストヴェット, シリ
08210 「私が愛したもの」
☆「世界の小説大百科」

パストゥール
08211 「自然発生説の検討」
『自然発生説の検討』 パストゥール著 山口清三郎訳 岩波書店 1970 234p 15cm（岩波文庫） 100円 Ⓝ466.1
☆「自然科学の名著100選 中」,「西洋をきずいた書物」,「世界名著大事典」

08212 「大気中に存在する有機微粒子に関する報告」
☆「西洋をきずいた書物」

08213 「天然有機物質の不均等分子に関する研究」
☆「西洋をきずいた書物」

08214 「病原菌による疾病,特に家禽コレラと俗称される病気について」
☆「自然科学の名著」,「西洋をきずいた書物」

08215 「腐敗に関する研究」
☆「西洋をきずいた書物」

ハーストン
08216 「彼らの目は神を見ていた」
『彼らの目は神を見ていた』 ゾラ・ニール・ハーストン著 松本昇訳 新宿書房 1995 285p 19cm（ハーストン作品集 1） 2400円 ①4-88008-207-4
☆「世界の小説大百科」,「たのしく読めるアメリカ文学」

パスモア, J.
08217 「自然に対する人間の責任」
『自然に対する人間の責任』 J.パスモア著 間瀬啓允訳 岩波書店 1998 349p 20cm（「特装版」岩波現代選書） 2800円 ①4-00-026244-0 Ⓝ361.7
☆「学問がわかる500冊 v.2」

パスロン, ジャン・クロード
08218 「再生産」
『再生産―教育・社会・文化』 ピエール・ブルデュー, ジャン・クロード・パスロン著 宮島喬訳 藤原書店 1991 300p 21cm（ブルデューライブラリー） 3800円 ①4-938661-24-1
☆「学問がわかる500冊」,「教育本44」

ハーセ, ヘラ
08219 「永遠の他人」
☆「世界の小説大百科」

バゼドー
08220 「初学書」
☆「世界名著大事典」

バゼドウ
08221 「人間の友および有産者諸君に対する提言」
☆「教育学の世界名著100選」

パーセル
08222 「東南アジアの華僑」
『東南アジアの華僑』 游仲勲著 アジア経済研究所 1970 153p 18cm（アジアを見る眼 37） 350円 Ⓝ334.5
☆「世界名著大事典」

バーセルミ, ドナルド
08223 「帰れ、カリガリ博士」
☆「アメリカ文学」,「世界の幻想文学」

08224　「死父」
『死父』　ドナルド・バーセルミ著　柳瀬尚紀訳　集英社　1978　294p　19cm（現代の世界文学）　1200円　Ⓝ933
☆「世界の小説大百科」，「百年の誤読 海外文学篇」

08225　「雪白姫」
『雪白姫』　ドナルド・バーセルミ著　柳瀬尚紀訳　白水社　1995　238p　18cm（白水Uブックス）　980円　Ⓘ4-560-07112-8
☆「たのしく読めるアメリカ文学」

バーセルミ,F.

08226　「二回目の結婚」
☆「たのしく読めるアメリカ文学」

ハーゼンクレーファー

08227　「アンティゴネ」
☆「世界名著大事典」

08228　「息子」
☆「世界名著大事典」

バー＝ゾウハー,マイケル

08229　「パンドラ抹殺文書」
『パンドラ抹殺文書』　マイケル・バー＝ゾウハー著　広瀬順弘訳　早川書房　2006　383p　15cm（ハヤカワ文庫NV）　840円　Ⓘ4-15-041112-3
☆「世界の推理小説・総解説」，「世界の冒険小説・総解説」

パゾリーニ,ピエル・パオロ

08230　「生命ある若者」
☆「世界の小説大百科」

パーソンズ,タルコット

08231　「核家族と子どもの社会化」
『核家族と子どもの社会化　下』　T.パーソンズ,R.F.ベールズ著　橋爪貞雄等共訳　名古屋黎明書房　1971　340,15p　22cm　2000円　Ⓝ367.3
☆「教育学の世界名著100選」，「名著による教育原理」

08232　「経済と社会」
『経済と社会　第1』　T.パーソンズ,N.J.スメルサー著　富永健一訳　岩波書店　1958　293p　19cm（岩波現代叢書）　Ⓝ331
☆「世界名著大事典」

08233　「行為の総合理論をめざして」
『行為の総合理論をめざして』　T.パーソンズ,E.A.シルス編著　永井道雄,作田啓一,橋本真共訳　日本評論新社　1960　445p　21cm　Ⓝ361
☆「社会学的思考」，「世界名著大事典」

08234　「社会体系論」
『社会体系論』　T.パーソンズ著　佐藤勉訳　青木書店　1974　573,24p　20cm（現代社会学大系　第14巻）　8000円　Ⓘ4-250-74017-X　Ⓝ361
☆「社会の構造と変動」，「世界名著大事典」

08235　「社会的行為の構造」
『社会的行為の構造　第5分冊　M・ウェーバー論 2』　タルコット・パーソンズ著　稲上毅ほか共訳　木鐸社　1989　216,47p　20cm　1800円　Ⓘ4-8332-2142-X　Ⓝ361
☆「社会の構造と変動」，「世界名著大事典」

バタイユ,ジョルジュ

08236　「エロティシズム」
『エロティシズム』　ジョルジュ・バタイユ著　酒井健訳　筑摩書房　2004　493p　15cm（ちくま学芸文庫）　1500円　Ⓘ4-480-08799-0
☆「世界名著大事典 補遺(Extra)」，「20世紀を震撼させた100冊」，「必読書150」

08237　「眼球譚」
『眼球譚』　ジョルジュ・バタイユ著　生田耕作訳　河出書房新社　2003　170p　15cm（河出文庫）　600円　Ⓘ4-309-46227-8
☆「教養のためのブックガイド」，「世界の幻想文学」，「世界名著大事典 補遺(Extra)」

08238　「死者」
『死者』　ジョルジュ・バタイユ著　アンドレ・マッソン挿絵　生田耕作訳　神戸　奢霸都館　1985　1冊（頁付なし）　19×27cm　3000円　Ⓝ953
☆「世界名著案内 4」

08239　「C神父」
『C神父』　ジョルジュ・バタイユ著　若林真訳　二見書房　1971　269p　20cm（ジョルジュ・バタイユ著作集）〈『蠱惑の夜』（講談社昭和32年）の改題改訳〉　1000円　Ⓝ953
☆「世界の小説大百科」，「世界文学あらすじ大事典 2（きよた‐ちえ）」

08240　「宗教の理論」
『宗教の理論』　ジョルジュ・バタイユ著　湯浅博雄訳　筑摩書房　2002　258p　15cm（ちくま学芸文庫）　1100円　Ⓘ4-480-08697-8
☆「現代哲学の名著」

08241　「呪われた部分」
『呪われた部分』　ジョルジュ・バタイユ著　生田耕作訳　二見書房　1973　298p　20cm（ジョルジュ・バタイユ著作集）　1400円　Ⓝ330.4
☆「宗教学の名著30」

08242　「文学と悪」
『文学と悪』　ジョルジュ・バタイユ著　山本功訳　筑摩書房　1998　345p　15cm（ちくま学

芸文庫）　1200円　①4-480-08415-0
☆「世界名著大事典 補遺（Extra）」

08243　「無神学大全」
☆「世界名著大事典 補遺（Extra）」

08244　「ラスコーまたは芸術の誕生」
☆「世界名著大事典 補遺（Extra）」

バタイユ,ミシェル

08245　「クリスマス・ツリー」
『クリスマス・ツリー―ピアノ組曲』 リスト［作曲］ 北野健次編　新装　音楽之友社　2008　46p　31cm　1400円
①978-4-276-43471-4　Ⓝ763.2
☆「日本・世界名作『愛の会話』100章」

パターソン,キャサリン

08246　「ガラスの家族」
『ガラスの家族』 キャサリン・パターソン著 岡本浜江訳　偕成社　1989　271p　19cm（偕成社文庫　3167）　520円　①4-03-651670-1
☆「世界少年少女文学 リアリズム編」

08247　「テラビシアにかける橋」
☆「英米児童文学のベストセラー40」

バターフィールド,H.

08248　「キリスト教と歴史」
☆「歴史の名著」

08249　「近代科学の誕生」
『近代科学の歩み』 バーガー著　篠田義明,山本達雄編　朝日出版社　1971　101p　19cm〈他言語標題：Advances of modern science〉
1000円　①4-255-15289-6
☆「科学技術をどう読むか」「現代人のための名著」「世界名著大事典」

バダンテール,E.

08250　「母性という神話」
『母性という神話』 エリザベート・バダンテール著　鈴木晶訳　筑摩書房　1998　518p　15cm（ちくま学芸文庫）　1400円
①4-480-08410-X
☆「近代家族とジェンダー」「フェミニズムの名著50」

ハチェク

08251　「ドイツ・プロイセン行政法教科書」
☆「世界名著大事典」

パチオーリ

08252　「算術,幾何,比および比例全書」
☆「世界名著大事典」

ハチソン,フランシス

08253　「道徳哲学体系」
☆「世界名著大事典」

08254　「美と徳の観念の起原」
『美と徳の観念の起原』 F.ハチスン著　山田英彦訳　町田　玉川大学出版部　1983　289p　22cm（近代美学双書）〈著者の肖像あり　ハチスンの著作・参考文献：p283～286〉　4200円
Ⓝ150
☆「世界名著大事典」

バチュラー,J.

08255　「アイヌ英和辞典」
☆「世界名著大事典 補遺（Extra）」

08256　「アイヌ人とその説話」
『アイヌ人とその説話』 ジョン・バチェラー著　札幌　富貴堂書房　1925　462p 図版　20cm
Ⓝ382.11
☆「世界名著大事典 補遺（Extra）」

08257　「アイヌ炉辺物語」
☆「世界名著大事典 補遺（Extra）」

ハーツ,ルイス

08258　「アメリカにおける自由主義の伝統」
『アメリカ自由主義の伝統―独立革命以来のアメリカ政治思想の一解釈』 ルイス・ハーツ著　有賀貞訳　講談社　1994　465p　15cm（講談社学術文庫）　1100円　①4-06-159158-4
Ⓝ253
☆「世界名著大事典」

ハーツ,F.

08259　「歴史と政治における国民性」
☆「ナショナリズム論の名著50」

ハーツォーク,A.

08260　「オルカ」
『オルカ』 アーサー・ハーツォーク著　山本光伸訳　ベストセラーズ　1977　280p　19cm
（ワニの本　海外ベストセラーブックス）
900円　Ⓝ933
☆「世界の海洋文学」

ハッカー

08261　「アメリカ資本主義の勝利」
☆「世界名著大事典」

08262　「資本主義の勝利」
『資本主義の勝利―19世紀の終りまでのアメリカにおけるもろもろの力の展開　上』 L.M.ハッカー著　中屋健一,三浦進共訳　東京大学出版会　1953　268p　22cm　Ⓝ333.953
☆「人文科学の名著」

パッカー, デュエン

08263 「クリエイティング・マネー」
『クリエイティング・マネー——光の存在オリンとダベンが語る豊かさへの道』 サネヤ・ロウマン, デュエン・パッカー著　高木悠鼓訳　入間　マホロバアート　1995　387p　20cm　2700円　①4-944035-04-7　Ⓝ147
☆「お金と富の哲学世界の名著50」

パッカード, デービッド

08264 「HPウェイ」
『HPウェイ——偉大なる経営者が遺した経営理念と行動規範』 デービッド・パッカード著　依田卓巳訳　増補版　海と月社　2011　271p　19cm　1800円　①978-4-903212-27-2
☆「世界で最も重要なビジネス書」

バッキュリデス

08265 「詩集」
☆「世界名著大事典」

バック, デヴィッド

08266 「自動的に大金持ちになる方法」
『自動的に大金持ちになる方法——オートマチック・ミリオネア』 デヴィッド・バック著　山内あゆ子訳　白夜書房　2004　237p　21cm　1524円　①4-89367-955-4
☆「お金と富の哲学世界の名著50」

バック, パール

08267 「大地」
『大地　4』 パール・バック作　小野寺健訳　岩波書店　1997　410p　15cm（岩波文庫）700円　①4-00-323204-6　Ⓝ933.7
☆「アメリカ文学」,「あらすじで味わう外国文学」,「英米文学の名作を知る本」,「現代世界の名作」,「古典・名著の読み方」,「世界史読書案内」,「世界の名作100を読む」,「世界の名作文学案内」,「世界の名作文学が2時間で分かる本」,「世界の名著」,「世界文学あらすじ大事典 2（きよえ〜ちえ）」,「世界文学鑑賞辞典 第1」,「世界文学の名作と主人公」,「世界名作事典」,「世界名作文学館」,「世界名著大事典」,「入門名作の世界」,「百年の誤読 海外文学篇」,「文学・名著300選の解説 '88年度版」,「ポケット世界名作事典」,「名小説ストーリイ集世界篇」,「読んでおきたい名作の名著」

08268 「ドラゴン・シード」
『ドラゴン・シード——大地とともに生きた家族の物語　上』 パール・バック著　川戸トキ子訳　原書房　1995　271p　19cm　1800円　①4-562-02708-8
☆「世界文学あらすじ大事典 3（ちか〜ふろ）」

08269 「分裂せる家」
『分裂せる家——長篇小説』 パアル・バック著　新居格訳　第一書房　1936　417p　19cm　Ⓝ933
☆「世界名著大事典」

08270 「息子たち」
☆「世界名著大事典」

バック, リチャード

08271 「かもめのジョナサン」
『かもめのジョナサン』 リチャード・バック［著］　五木寛之創訳　完成版　新潮社　2014　170p　20cm　1300円　①978-4-10-505805-0　Ⓝ933.7
☆「英米文学の名作を知る本」,「世界のスピリチュアル50の名著」,「世界の名作文学が2時間で分かる本」,「世界文学の名作と主人公」,「百年の誤読」

バック, リチャード・モーリス

08272 「宇宙意識」
『宇宙意識』 リチャード・モーリス・バック著　尾本憲昭訳　ナチュラルスピリット　2004　166p　19cm　2100円　①4-931449-36-0
☆「世界のスピリチュアル50の名著」

バック, ロッシング

08273 「中国の土地利用」
☆「世界名著大事典」

ハックスタウゼン

08274 「ロシアの国内状態、民族生活、特に土地制度に関する研究」
☆「学術辞典叢書 第14巻」

ハックスリー, オルダス

08275 「ガザに盲いて」
『ガザに盲いて　上巻』 ハックスレー著　本多顕彰訳　新潮社　1958　326p　15cm（新潮文庫）　Ⓝ933
☆「現代世界の名作」,「世界の小説大百科」,「世界文学鑑賞辞典 第1」,「世界名著大事典」

08276 「クラックストン家の人々」
『クラックストン家の人々——対訳』 Aldous Huxley［著］　上田勤訳注　南雲堂　1978　79p　19cm（南雲堂—学生文庫　36）〈他言語標題：The Claxtons〉
☆「作家の訳した世界の文学」

08277 「クローム・イエロー」
『クローム・イエロー』 A.ハックスレイ著　上田勤訳註　金星堂　1955　209p　19cm（金星堂現代作家対訳双書）〈英文併収〉Ⓝ837.7
☆「世界の小説大百科」,「世界文学あらすじ大事典 2（きよえ〜ちえ）」,「世界名著大事典」

08278 「さるど本質」
『猿と本質』 オルダス・ハックスレー著　前田

則三訳　早川書房　1951　275p　19cm
Ⓝ933
☆「世界名著大事典」

08279　「すばらしい新世界」
『すばらしい新世界』　オルダス・ハクスリー著　黒原敏行訳　光文社　2013　433p　15cm（光文社古典新訳文庫）　1048円
Ⓘ978-4-334-75272-9
☆「教養のためのブックガイド」,「世界のSF文学・総解説」,「世界の小説大百科」,「世界文学あらすじ大事典 2（きよえ‐ちえ）」,「世界文学鑑賞辞典 第1」,「世界名著大事典」,「21世紀の必読書100選」,「ベストセラー世界の文学・20世紀 1」

08280　「知覚の扉」
『知覚の扉』　オルダス・ハクスリー著　河村錠一郎訳　平凡社　1995　178p　15cm（平凡社ライブラリー）　760円　Ⓘ4-582-76115-1
☆「世界のスピリチュアル50の名著」

08281　「道化踊り」
『道化芝居』　オルダス・ハックスレイ著　村岡達二訳　ゆまに書房　2006　415p　19cm（昭和初期世界名作翻訳全集　83）〈春陽堂昭和9年刊を原本としたオンデマンド版　肖像あり〉　4900円　Ⓘ4-8433-1867-1　Ⓝ933.7
☆「世界名著大事典」

08282　「目的と手段」
『目的と手段―対訳ハックスリー』　オールダス・ハクスリー著　本間信義訳　［札幌］［本間信義］　382p　22cm〈他言語標題：Ends and means　英文併記〉　Ⓝ304
☆「世界名著大事典」

08283　「恋愛対位法」
『恋愛対位法　下巻』　ハックスリー著　朱牟田夏雄訳　河出書房　1955　338p　図版　15cm（河出文庫）　Ⓝ933
☆「イギリス文学」,「世界文学あらすじ大事典 4（ふん‐われ）」,「世界文学鑑賞辞典 第1」,「世界文学の名作と主人公」,「世界名著大事典」,「たのしく読めるイギリス文学」,「ポケット世界名作事典」,「名小説ストーリイ集 世界篇」

ハックスリー, トマス・ヘンリー

08284　「科学と教養」
☆「教育学の世界名著100選」,「世界名著大事典」

08285　「自然における人間の位置」
『自然界に於ける人間の位置』　ハクスレイ著　平林初之輔訳　春秋社　1922　270p　20cm　Ⓝ469
☆「自然科学の名著」,「自然科学の名著100選 中」,「世界名著大事典」

08286　「進化と倫理」
『進化と倫理―トマス・ハクスリーの進化思想』　ジェームズ・パラディス, ジョージ・C.ウィリアムズ著　小林伝司, 小川真里子, 吉岡英二訳　産業図書　1995　306p　19cm　3090円
Ⓘ4-7828-0093-2
☆「教養のためのブックガイド」,「世界名著大事典」

08287　「進化論と倫理学」
☆「近代欧米名著解題 第2巻」

バックル

08288　「イギリス文明史」
☆「世界名著大事典」

バッケリ

08289　「ポー川の水車小屋」
☆「世界名著大事典」

バッサーニ, ジョルジョ

08290　「フィンツィ・コンティーニ家の庭」
☆「世界の小説大百科」

パッサルゲ, S.

08291　「世界の景観地帯」
☆「世界名著大事典」

08292　「比較景観学」
☆「世界名著大事典」

パッサルゲ, W.

08293　「現代における美術史の哲学」
☆「世界名著大事典」

バッシュ

08294　「カント美学研究」
☆「世界名著大事典」

ハッシンガー

08295　「人文地理学」
☆「世界名著大事典」

ハッセルト

08296　「交通地理学」
☆「世界名著大事典」

ハッタ

08297　「経済選集」
☆「世界名著大事典」

ハッチンズ

08298　「偉大なる会話」
『偉大なる会話』　R.M.ハッチンス著　田中久子訳　岩波書店　1956　215p　図版　19cm〈附録：グレート・ブックスを十年間にどう読むか 200-210p〉　Ⓝ371
☆「世界名著大事典」

ハッチンソン
08299 「ラバノテーション」
☆「世界名著大事典」

バッデリー
08300 「ロシア, 蒙古, 中国」
☆「世界名著大事典」

バッテン, シモン・ネルスン
08301 「文明の新基礎」
☆「学術辞典叢書 第14巻」,「世界名著解題選 第3巻」

バットラー
08302 「国際的精神」
☆「近代欧米名著解題 第8巻」

ハットン
08303 「地球の理論」
☆「自然科学の名著」,「自然科学の名著100選 中」,「西洋をきずいた書物」,「世界名著大事典」

バッハ, アンナ・マグダレーナ
08304 「夫セバスティアン・バッハの回想」
☆「伝記・自叙伝の名著」

バッハオーフェン, ヨハン・ヤーコプ
08305 「母権論」
『母権論』 バッハオーフェン著 富野敬照訳 白揚社 1938 241p 肖像 19cm Ⓝ362
☆「西洋をきずいた書物」,「世界名著大事典」,「世界名著大事典 補遺 (Extra)」,「21世紀の必読書100選」

ハーツバーグ, フレデリック
08306 「仕事への動機付け」
☆「究極のビジネス書50選」

バッハマン
08307 「マリーナ」
『マリーナ』 インゲボルグ・バッハマン著 神品芳夫, 神品友子訳 晶文社 1973 304p 19cm (女のロマネスク 1) 980円 Ⓝ943
☆「ドイツ文学」

ハッブル
08308 「銀河の世界」
『銀河の世界』 ハッブル著 戎崎俊一訳 岩波書店 1999 312p 15cm (岩波文庫) 700円 ⓘ4-00-339411-9 Ⓝ443.6
☆「大人のための世界の名著50」,「自然科学の名著」,「自然科学の名著100選 下」,「世界がわかる理系の名著」,「世界名著大事典」

パッペンハイム
08309 「海商法提要」
☆「世界名著大事典」

パッポス
08310 「幾何学集成」
☆「世界名著大事典」

ハーツホーン
08311 「地理学本質論」
☆「世界名著大事典」

バティ
08312 「仮面と香炉」
☆「世界名著大事典」

パーディ
08313 「マルコムの遍歴」
☆「世界文学あらすじ大事典 4 (ふん・われ)」

ハーディ, アダム
08314 「海の風雲児―FOXシリーズ」
『ナーシサス号を奪還せよ』 アダム・ハーディ著 高橋泰邦, 高永徳子訳 三崎書房 1978 240p 18cm (Misaki books 海の風雲児Foxシリーズ 1) 580円 Ⓝ933
☆「世界の海洋文学」,「世界の冒険小説・総解説」

ハーディ, トマス
08315 「帰郷」
『帰郷』 トマス・ハーディ著 小林清一, 浅野万里子訳 千城 1991 618p 19cm 2450円 Ⓝ933
☆「世界文学あらすじ大事典 1 (あ・きょう)」,「世界文学鑑賞辞典 第1」,「世界名作事典」,「世界名著大事典」

08316 「キャスターブリッジの市長」
『カスターブリッジの市長』 トマス・ハーディ著 上田和夫訳 潮出版社 2002 501p 19cm (潮文学ライブラリー) 1905円 ⓘ4-267-01658-5
☆「英米文学の名作を知る本」,「世界文学あらすじ大事典 1 (あ・きょう)」,「世界名著大事典」

08317 「グリープ家のバアバラの話」
☆「作家の訳した世界の文学」

08318 「狂おしき群をはなれて」
『狂おしき群をはなれて』 トマス・ハーディ著 滝山季乃, 橘智子訳 千城 1987 622p 19cm 1800円 Ⓝ933
☆「世界の小説大百科」,「世界文学あらすじ大事典 2 (きよえ・ちえ)」

08319 「ダーバヴィル家のテス」
『テス 上巻』 トマス・ハーディ作 田中晏男訳 京都 京都修学社 2005 454p 15cm 〈京都 英伝社 [発売]〉 1200円 ⓘ4-900833-30-4 Ⓝ933.6
☆「あらすじで味わう外国文学」,「あらすじで読む

世界文学105』、『イギリス文学』、『一冊で世界の名著100冊を読む』、『英仏文学戦記』、『書き出し「世界文学全集」』、『学術辞典叢書 第12巻』、『近代名著解題選集 1』、『現代世界の名作』、『知っておきたいイギリス文学』、『世界の小説大百科』、『世界の名作』、『世界の名作50選』、『世界の名作100を読む』、『世界の名著』、『世界文学あらすじ大事典 3(ちか‐ふろ)』、『世界文学鑑賞辞典 第1』、『世界文学のすじ書き』、『世界文学の名作と主人公』、『世界文学必勝法』、『世界名作事典』、『世界名作文学館』、『世界名著解題選集 第2巻』、『世界名著大事典』、『たのしく読めるイギリス文学』、『日本・世界名作「愛の会話」100章』、『入門名作の世界』、『文学・名著300選の解説 '88年度版』、『ポケット世界名作事典』、『名作あらすじ事典 西洋文学編』、『名作英米小説の読み方・楽しみ方』、『名小説ストーリイ集 世界篇』」

08320 「日陰者ジュード」
『日陰者ジュード 上』 トマス・ハーディ著 川本静子訳 中央公論新社 2007 346p 15cm(中公文庫) 1143円
①978-4-12-204843-0
☆「世界の小説大百科」、「世界文学あらすじ大事典 3(ちか‐ふろ)」、「世界文学鑑賞辞典 第1」、「世界名著大事典」

08321 「森に住む人たち」
『森に住む人たち』 トマス・ハーディ作 滝山季乃訳 千城 1981 518p 19cm 1500円
Ⓝ933
☆「世界文学あらすじ大事典 4(ふん‐われ)」

08322 「緑樹の陰で」
『緑樹の陰で―もしくはメルストックの聖歌隊―オランダ派の田園風景画』 トマス・ハーディ著 藤井繁訳 千城 1980 280p 19cm 1300円 Ⓝ933
☆「世界文学あらすじ大事典 4(ふん‐われ)」

ハーディ, ロナルド

08323 「ジャラナスの顔」
『ジャラナスの顔』 ロナルド・ハーディ著 尾坂力訳 早川書房 1978 214p 19cm(ハヤカワ・ノヴェルズ) 800円 Ⓝ933
☆「世界の冒険小説・総解説」

パティンキン

08324 「貨幣・利子および価格」
『貨幣・利子および価格―貨幣理論と価値理論の統合』 D.パティンキン著 再版 貞木展生訳 勁草書房 1971 694p 22cm 4000円 Ⓝ337.1
☆「経済学88物語」

バーデン, マックス・フォン

08325 「回想と記録」
☆「世界名著大事典」

ハート

08326 「てんやわんや部落の福ちゃん・ポーカー平の追われ者」
☆「世界文学鑑賞辞典 第1」

ハドー

08327 「オクスフォード音楽史」
☆「世界名著大事典」

バート

08328 「近代科学の形而上学的基礎」
『近代科学の形而上学的基礎―コペルニクスからニュートンへ』 エドウィン・アーサー・バート, 市場泰男訳 平凡社 1988 305p 21cm(クリテリオン叢書) 4500円
①4-582-52305-6
☆「世界名著大事典」

バード

08329 「リトル・アメリカ」
☆「世界名著大事典」

バード, イザベラ

08330 「朝鮮紀行」
『朝鮮紀行―英国婦人の見た李朝末期』 イザベラ・L.バード著 時岡敬子訳 講談社 1998 583p 15cm(講談社学術文庫) 1500円
①4-06-159340-4
☆「アジアの比較文化」

08331 「日本奥地紀行」
『日本奥地紀行』 イザベラ・バード著 高梨健吉訳 平凡社 2000 529p 17cm(平凡社ライブラリー) 1500円 ①4-582-76329-4
☆「外国人による日本論の名著」、「教養のためのブックガイド」、「世界の旅行記101」

ハート, フランセス・ノイズ

08332 「ベラミ裁判」
『ベラミ裁判』 フランセス・N.ハート著 延原謙訳 日本出版協同 1953 349p 18cm Ⓝ933
☆「世界の推理小説・総解説」、「世界名著大事典」

ハート, マイケル

08333 「〈帝国〉」
『帝国―グローバル化の世界秩序とマルチチュードの可能性』 アントニオ・ネグリ, マイケル・ハート著 水嶋一憲[ほか]訳 以文社 2003 579p 22cm 5600円
①4-7531-0224-6 Ⓝ311.4
☆「グローバル政治理論」、「建築・都市ブックガイド21世紀」、「政治・権力・公共性」、「超解「哲学名著」事典」

08334 「マルチチュード」

『マルチチュード―"帝国"時代の戦争と民主主義 上』 アントニオ・ネグリ,マイケル・ハート著 幾島幸子訳 水嶋一憲,市田良彦監修 日本放送出版協会 2005 335p 19cm (NHKブックス) 1260円 ⓘ4-14-091041-0
☆「政治・権力・公共性」,「大学新入生に薦める101冊の本」

ハート,H.L.A.

08335 「法の概念」
『法の概念』 H.L.A.ハート著 矢崎光圀監訳 みすず書房 1976 312,14p 22cm〈巻末：本書に対する批判的著作,邦語参考文献〉 3000円 Ⓝ321
☆「はじめて学ぶ法哲学・法思想」

パトゥー

08336 「芸術論」
☆「世界名著大事典」

パドヴァのマルシウス

08337 「平和の擁護者」
☆「学術辞典叢書 第11巻」,「世界名著解題選 第3巻」,「世界名著大事典」

パトゥリ,フェリックス

08338 「驚異のデザイナー―植物の織りなす不思議な世界」
『驚異のデザイナー―植物の織りなす不思議な世界』 フェリックス・パトゥリ著 土田光義訳 白揚社 1980 294p 20cm 2000円 Ⓝ471
☆「科学技術をどう読むか」

バードソル,R.L.

08339 「ミニヤコンカ初登頂―ヒマラヤの東・横断山脈の最高峰」
☆「新・山の本おすすめ50選」

ハドソン,W.H.

08340 「はるかな国 とおい昔」
『はるかな国とおい昔』 ハドソン著 寿岳しづ訳 改訳 岩波書店 1992 442,13p 15cm (岩波文庫)〈第24刷(第1刷：1937年) 著者の肖像あり〉 720円 ⓘ4-00-322412-4 Ⓝ934
☆「世界文学あらすじ大事典 3 (ちか・ふろ)」

08341 「緑の館」
『緑の館―熱帯林のロマンス』 ハドソン作 柏倉俊三訳 岩波書店 1972 409p 15cm (岩波文庫編)〈付 (p.399-409)：ハドソン年譜(津田正夫編)〉 200円 Ⓝ933
☆「現代世界の名作」,「世界文学あらすじ大事典 4 (ふん・われ)」,「世界文学鑑賞辞典 第1」,「世界名作事典」,「世界名著大事典」

08342 「ラ・プラタの博物学者」
『ラ・プラタの博物学者』 ハドソン著 岩田良吉訳 改訳 岩波書店 1975 401p 15cm (岩波文庫) 400円 Ⓝ480.49
☆「世界名著大事典」

パトナム,ロバート・D.

08343 「孤独なボウリング」
『孤独なボウリング―米国コミュニティの崩壊と再生』 ロバート・D.パットナム著 柴内康文訳 柏書房 2006 689p 21cm 6800円 ⓘ4-7601-2903-0
☆「社会学の名著30」

パトナム,F.W.

08344 「多重人格性障害」
『多重人格性障害―その診断と治療』 フランク・W.パトナム著 安克昌,中井久夫訳 岩崎学術出版社 2000 489p 22×16cm 8000円 ⓘ4-7533-0012-9
☆「精神医学の名著50」

バドニッツ,ジュディ

08345 「素敵で大きいアメリカの赤ちゃん」
☆「21世紀の世界文学30冊を読む」

ハトフィールド

08346 「会計」
☆「世界名著大事典」

バトラー,サミュエル(詩人)

08347 「ヒューディブラス」
☆「世界名著大事典」

バトラー,サミュエル(小説家)

08348 「エレホン」
『エレホン―倒錯したユートピア』 サミュエル・バトラー著 石原文雄訳 音羽書房 1979 327p 20cm 1800円 Ⓝ933
☆「世界のSF文学・総解説」,「世界の小説大百科」,「世界文学あらすじ大事典 1 (あ・きよう)」,「世界文学鑑賞辞典 第1」,「世界名著大事典」,「たのしく読めるイギリス文学」

08349 「エレホン再訪」
☆「世界名著大事典」

08350 「万人の道」
『万人の道』 サミュエル・バトラー著 北川悌二訳 旺文社 1977 2冊 16cm (旺文社文庫) 460,300円 Ⓝ933
☆「世界の小説大百科」,「世界文学あらすじ大事典 3 (ちか・ふろ)」,「世界文学鑑賞辞典 第1」,「世界名著大事典」

バトラー,ジュディス

08351 「ジェンダー・トラブル」

『ジェンダー・トラブル―フェミニズムとアイデンティティの攪乱』 ジュディス・バトラー著　竹村和子訳　青土社　1999　296,4p　19cm　2800円　④4-7917-5703-3
☆「身体・セクシュアリティ・スポーツ」,「政治哲学」,「はじめて学ぶ法哲学・法思想」,「フェミニズムの名著50」

08352　「触発する言葉」
『触発する言葉―言語・権力・行為体』 ジュディス・バトラー著　竹村和子訳　岩波書店　2004　295,3p　19cm　3500円　④4-00-023392-0
☆「グローバル政治理論」

08353　「欲望の主体」
☆「倫理学」

バトラー,ジョセフ
08354　「自然宗教と啓示宗教の類比」
☆「西洋をきずいた書物」,「世界名著大事典」

ハートランド
08355　「ペルセウス伝説」
☆「世界名著大事典」

08356　「昔話の科学」
☆「世界名著大事典」

ハートリー
08357　「ポドロ島」
『ポドロ島』 レズリー・ポールズ・ハートリー著　今本渉訳　河出書房新社　2008　317p　19cm（KAWADE MYSTERY）　2200円　①978-4-309-80109-4
☆「世界の幻想文学」

パートリジ
08358　「俗語の今昔」
☆「世界名著大事典」

パトリックライト,J.
08359　「晴れた日にはGMが見える」
『晴れた日にはGMが見える―世界最大企業の内幕』 J.パトリック・ライト著　風間禎三郎訳　新潮社　1986　454p　15cm（新潮文庫）　560円　④4-10-222801-2
☆「現代ビジネス書・経済書総解説」

ハートリブ
08360　「マカリア王国記」
☆「世界名著大事典」

ハドレー
08361　「公徳の標準」
☆「近代欧米名著解題 第4巻」

ハートレー,L.P.
08362　「恋」
☆「世界の小説大百科」

バートレット,クリストファー・A.
08363　「個を活かす企業」
☆「戦略の名著！ 最強43冊のエッセンス」

08364　「地球市場時代の企業戦略」
『地球市場時代の企業戦略―トランスナショナル・マネジメントの構築』 クリストファー・A.バートレット,スマントラ・ゴシャール著　吉原英樹監訳　日本経済新聞社　1990　350p　19cm　2000円　④4-532-08979-4
☆「究極のビジネス書50選」,「世界で最も重要なビジネス書」

バートン,G.A.
08365　「世界の諸宗教」
☆「世界名著大事典」

バートン,R.F.
08366　「中央アフリカの湖水地帯」
☆「世界名著大事典 補遺(Extra)」

08367　「ブラジル高原地帯の探検」
☆「世界名著大事典 補遺(Extra)」

08368　「メジナ・メッカ巡礼記」
☆「世界名著大事典 補遺(Extra)」

バートン,V.L.
08369　「ちいさいおうち」
『ちいさいおうち』 バージニア・リー・バートン文・絵　石井桃子訳　岩波書店　1981　1冊　21cm（岩波の子どもの本）　430円
☆「名作の研究事典」

ハナ
08370　「Dr.レイ」
『Dr.レイ』 バリー・ハナ著　藤本和子訳　集英社　1991　219p　20cm　1200円　④4-08-773133-2　Ⓝ933
☆「たのしく読めるアメリカ文学」

パナーエフ
08371　「文学的回想」
『文学的回想 第2部』 パナーエフ著　井上満訳　岩波書店　1953　357p　15cm（岩波文庫）　700円　④4-00-326022-8　Ⓝ980.26
☆「世界文学鑑賞辞典 第4」,「世界名著大事典」

バーナード,チェスター
08372　「経営者の役割」
『経営者の役割』 C.I.バーナード著　山本安次郎,田杉競,飯野春樹訳　新訳　ダイヤモンド

バーナード夫妻

08373 「アメリカ社会学の起源」
☆「世界名著大事典」

バーナム,J.

08374 「経営者革命」
『経営者革命』 ジェームズ・バーナム著 武山泰雄訳 東洋経済新報社 1965 317p 22cm Ⓝ333.9
☆「経済学名著106選」,「現代資本主義の名著」,「世界名著大事典」

バーナム,P.T.

08375 「稼ぐ技術」
☆「お金と富の哲学世界の名著50」

バナール

08376 「科学の社会的機能」
『科学の社会的機能』 J.D.バナール著 坂田昌一ほか共訳 勁草書房 1981 468,11p 22cm 6400円 Ⓝ404
☆「世界名著大事典」

08377 「生命の物理学的基礎」
☆「世界名著大事典」

08378 「歴史における科学」
『歴史における科学』 バナール著 鎮目恭夫,長野敬訳 改訂版 みすず書房 1956 767,45p 図版 22cm Ⓝ402
☆「自然科学の名著100選 下」,「世界名著大事典」,「物理ブックガイド100」

バーニー

08379 「音楽通史」
☆「世界名著大事典」

バーニー,ファニー

08380 「エヴリーナ」
☆「世界の小説大百科」

08381 「カミラ」
☆「世界の小説大百科」

バーニニ

08382 「バーニニ文典」
☆「世界名著大事典」

パニョル

08383 「トパーズ」
『トパーズ』 パニョル著 永戸俊雄訳 雄鶏社 1949 288p 19cm Ⓝ952

☆「世界文学鑑賞辞典 第2」,「世界名著大事典」

08384 「マリウス」
『マリウス』 マルセル・パニョル著 永戸俊雄訳 酣灯社 1951 259p 18×11cm (学生文庫) 〈マルセイユ劇三部作〉 Ⓝ952
☆「世界名著大事典」

パニョル, マルセル

08385 「泉のマノン」
☆「世界の小説大百科」

バーニンガム, ジョン

08386 「ピクニック」
☆「英米文学の名作を知る本」

バーネット, ジョン

08387 「初期ギリシア哲学」
『初期ギリシア哲学』 ジョン・バーネット著 西川亮訳 以文社 1975 536p 肖像 22cm 4800円 Ⓝ131.1
☆「世界名著大事典」

08388 「プラトン主義」
☆「世界名著大事典」

バーネット, F.H.

08389 「小公子」
『小公子』 バーネット原作 松本恵子著 鶴書房 234p 20cm (少年少女世界名作全集 11 山本和夫,石森延男編) 〈絵:鈴木義治〉 Ⓝ933.7
☆「一冊で不朽の名作100冊を読む」(友人社),「一冊で不朽の名作100冊を読む」(友人社),「英米文学の名作を知る本」,「少年少女のための文学案内1」,「世界のメルヘン30」,「世界文学鑑賞辞典 第1」,「世界文学の名作と主人公」,「世界名作事典」,「世界名著大事典」,「たのしく読めるアメリカ文学」,「日本近代文学名著事典」,「ポケット世界名作事典」,「名作の研究事典」,「明治の名著 2」

08390 「小公女」
『小公女』 バーネット原作 おのちゅうこう著 鶴書房 234p 20cm (少年少女世界名作全集 32 山本和夫,石森延男編) 〈絵:花房英樹〉 Ⓝ933.7
☆「あらすじで出会う世界と日本の名作55」,「あらすじで読む世界の名著 no.3」,「現代世界の名作」,「世界文学あらすじ大事典 2 (きよえ‐ちえ)」,「世界文学鑑賞辞典 第1」

08391 「秘密の花園」
『秘密の花園 3 魔法の力』 フランセス・エリザ・ホジソン・バーネット作 谷口由美子訳 藤田香絵 講談社 2013 187p 18cm (講談社青い鳥文庫) 620円
①978-4-06-285351-4
☆「あらすじで出会う世界と日本の名作55」,「一冊

で不朽の名作100冊を読む」(友人社)，「一冊で不朽の名作100冊を読む」(友人社)，「英米児童文学のベストセラー40」，「世界少年少女文学 リアリズム編」，「世界のメルヘン30」，「世界文学あらすじ大事典 3 (ちか - ふろ)」，「世界名著大事典」

ハーネマン

08392　「合理的治療の方法」
☆「西洋をきずいた書物」

パーネル, ジェリー

08393　「神の目の小さな塵」
『神の目の小さな塵 下』 ラリー・ニーヴン，ジェリー・パーネル著　池央耿訳　東京創元社　1978　508p　15cm (創元推理文庫)　400円　Ⓝ933
☆「世界のSF文学・総解説」

パノーヴァ

08394　「明るい岸」
『明るい岸』 ヴエーラ・パノーワ著　中島学自訳　世界文化社　1953　413p　19cm　Ⓝ983
☆「世界名著大事典」

08395　「四季」
『四季 下』 ヴェーラ・パノーヴァ著　工藤精一郎訳　大日本雄弁会講談社　1956　199p　18cm (ミリオン・ブックス)　Ⓝ983
☆「世界名著大事典」

08396　「道づれ」
『道づれ』 パノーヴァ作　井上満訳　岩波書店　1955　252p　19cm (現代の文学)　Ⓝ983
☆「世界文学鑑賞辞典 第4」，「世界名著大事典」

パノフスキー, エルヴィン

08397　「〈象徴(シンボル)形式〉としての遠近法」
『〈象徴(シンボル)形式〉としての遠近法』 エルヴィン・パノフスキー著　木田元監訳　川戸れい子, 上村清雄訳　筑摩書房　2009　235p　15cm (ちくま学芸文庫　ハ19-4)〈著作目録あり〉　1000円　Ⓘ978-4-480-09168-0　Ⓝ725.2
☆「建築の書物/都市の書物」

08398　「視覚芸術の意味」
『視覚芸術の意味』 アーウィン・パノフスキー著　中森義宗他訳　岩崎美術社　1971　443, 22p 図20枚 肖像　22cm (美術名著選書　18)　3800円　Ⓝ704
☆「世界名著大事典」

バーノン, レイモンド

08399　「多国籍企業の新展開」
『多国籍企業の新展開―追いつめられる国家主権』 レイモンド・バーノン著　霍見芳浩訳

ダイヤモンド社　1973　404p　20cm　Ⓝ335
☆「経済学名著106選」，「現代ビジネス書・経済書総解説」

ハーバー

08400　「五つの講演」
☆「自然科学の名著」，「世界名著大事典」

ハーパー, ロバート・A.

08401　「論理療法―自己説得のサイコセラピイ」
☆「世界の心理学50の名著」

バーバ, H.K.

08402　「ネーションの語り」
☆「ナショナリズム論の名著50」

ババエフスキー

08403　「金の星の騎士」
『金の星の騎士 続編』 ババエフスキー著　岩上順一訳　京都 三一書房　1952　363p　19cm　Ⓝ983
☆「世界文学鑑賞辞典 第4」，「世界名著大事典」，「名小説ストーリイ集 世界篇」

ハーバーク, チャド

08404　「フィールディング」
☆「世界の小説大百科」

ハーバート

08405　「デューン・シリーズ」
『デューン砂の惑星 1』 フランク・ハーバート著　矢野徹訳　早川書房　1972　285p 図　16cm (ハヤカワSF文庫)　250円　Ⓝ933
☆「世界のSF文学・総解説」

08406　「ドサディ実験星」
『ドサディ実験星』 フランク・ハーバート著　岡部宏之訳　東京創元社　1979　442p　15cm (創元推理文庫)　440円　Ⓝ933
☆「世界のSF文学・総解説」

08407　「21世紀潜水艦」
『21世紀潜水艦』 フランク・ハーバート著　高橋泰邦訳　早川書房　1958　244p　19cm (ハヤカワ・ファンタジイ)　Ⓝ933
☆「世界の冒険小説・総解説」

パパーニン

08408　「流氷上の生活」
☆「世界名著大事典」

ハーバーマス, ユルゲン

08409　「イデオロギーとしての技術と科学」
『イデオロギーとしての技術と科学』 ユルゲン・ハーバーマス著　長谷川宏訳　紀伊国屋

書店　1977　178p　20cm　1200円　Ⓝ304
☆「文化の社会学」

08410　「近代の哲学的ディスクルス」
『近代の哲学的ディスクルス　1』　ユルゲン・ハーバマス著　三島憲一ほか訳　岩波書店　1999　372p　20cm〈岩波モダンクラシックス〉　3400円　①4-00-026401-X　Ⓝ133
☆「学問がわかる500冊」

08411　「後期資本主義における正統化の諸問題」
『晩期資本主義における正統化の諸問題』　J.ハーバマス著　細谷貞雄訳　岩波書店　1979　260p　19cm〈岩波現代選書　29〉　1200円　Ⓝ362.06
☆「現代政治学の名著」,「世界の古典名著」

08412　「公共性の構造転換」
『公共性の構造転換―市民社会の一カテゴリーについての探究』　ユルゲン・ハーバマス著　細谷貞雄,山田正行訳　第2版　未来社　1994　339,18p　21cm　3914円　①4-624-01123-6
☆「学問がわかる500冊」,「現代社会学の名著」,「社会学の名著30」,「政治・権力・公共性」,「はじめて学ぶ政治学」

08413　「コミュニケーション的行為の理論」
『コミュニケイション的行為の理論　上』　ユルゲン・ハーバーマス著　河上倫逸ほか訳　未来社　1985　371p　22cm　4800円　Ⓝ361.1
☆「自己・他者・関係」,「超解「哲学名著」事典」,「20世紀を震撼させた100冊」

08414　「事実性と妥当性」
『事実性と妥当性―法と民主的法治国家の討議理論にかんする研究　下』　ユルゲン・ハーバーマス著　河上倫逸,耳野健二訳　未来社　2003　356,24p　21cm　3800円　①4-624-01163-5
☆「グローバル政治理論」

08415　「真理について」
☆「西洋をきずいた書物」

ハーバラー

08416　「景気と不景気」
☆「世界名著大事典」

08417　「国際貿易論」
『国際貿易論　上,下巻』　ハーバラー著　松井清,岡倉伯士共訳　有斐閣　1937　2冊　23cm〈上巻 第1部 貿易理論　下巻 第2部 貿易政策〉Ⓝ678.01
☆「世界名著大事典」

パピーニ

08418　「キリスト伝」
☆「世界名著大事典」

パピーニ,ジョヴァンニ

08419　「キリストの生涯」
☆「世界の小説大百科」

ハーフィズ

08420　「詩集」
☆「世界名著大事典」

ハーフィズ・アブルー

08421　「歴史の精華」
☆「世界名著大事典」

パーフィット

08422　「理由と人格」
『理由と人格―非人格性の倫理へ』　デレク・パーフィット著　森村進訳　勁草書房　2012　750,20p　21cm　10000円　①978-4-326-10120-7
☆「倫理学」

バフチン,M.

08423　「ドストエフスキーの詩学」
『ドストエフスキーの詩学』　ミハイル・バフチン著　望月哲男,鈴木淳一訳　筑摩書房　1995　590,12p　15cm〈ちくま学芸文庫〉　1500円　①4-480-08190-9
☆「宗教学の名著30」,「必読書150」

08424　「フランソワ・ラブレーの作品と中世・ルネサンスの民衆文化」
☆「20世紀を震撼させた100冊」,「ポピュラー文化」

ハフトマン

08425　「20世紀の絵画」
☆「世界名著大事典」

バーブル

08426　「バーブル・ナーマ」
☆「世界文学必勝法」

パブロフ,イワン

08427　「主要消化腺の動きについての講義」
☆「西洋をきずいた書物」

08428　「大脳半球の働きについて―条件反射学」
☆「教育学の世界名著100選」,「自然科学の名著」,「自然科学の名著100選　下」,「人文科学の名著」,「心理学の名著12選」,「世界がわかる理系の名著」,「世界の心理学50の名著」,「世界名著大事典」,「わたしの古典」

バベッジ,チャールズ

08429　「機械および製造業経済論」
☆「世界名著大事典」

バーベリ

08430　「オデッサ物語」
『オデッサ物語』 イサーク・バーベリ著　中村唯史訳　群像社　1995　205p　17cm（群像社ライブラリー　1）　1854円　Ⓘ4-905821-40-1
☆「世界名著大事典」

08431　「騎兵隊」
☆「世界名著大事典」,「ポケット世界名作事典」,「ロシア文学」

バーボン

08432　「貿易論」
☆「世界名著大事典」

パーマー, ハロルド・E.

08433　「英語の口語文法」
☆「世界名著大事典」

08434　「善の性質」
☆「近代欧米名著解題 第1巻」

08435　「倫理学分野論」
☆「近代欧米名著解題 第9巻」

ハマー, マイケル

08436　「リエンジニアリング革命」
☆「究極のビジネス書50選」,「世界で最も重要なビジネス書」

ハマーショルド, ダグ

08437　「道しるべ」
『道しるべ』 ダグ・ハマーショルド著　鵜飼信成訳　新装版　みすず書房　1999　202p　13cm　2300円　Ⓘ4-622-04937-6
☆「世界のスピリチュアル50の名著」

ハマトン, P.G.

08438　「知的生活」
『知的生活』 P.G.ハマトン著　渡部昇一, 下谷和幸訳　講談社　1991　560p　15cm（講談社学術文庫）　1400円　Ⓘ4-06-158985-7
☆「自己啓発の名著30」

ハーマン, J.G.

08439　「ソクラテスの回想」
☆「世界名著大事典」

08440　「美学」
☆「世界名著大事典」

08441　「文学者の十字軍行」
☆「世界名著大事典」

ハーマン, J.L.

08442　「心的外傷と回復」
『心的外傷と回復』 ジュディス・L.ハーマン著　中井久夫訳　みすず書房　1999　417,13p　21cm〈原書改訂版〉　6800円　Ⓘ4-622-04113-8
☆「精神医学の名著50」

ハーマン, M.

08443　「平和と戦争におけるインテリジェンス・パワー」
☆「名著で学ぶインテリジェンス」

ハミルトン, イアン

08444　「サリンジャーをつかまえて」
『サリンジャーをつかまえて』 イアン・ハミルトン著　海保真夫訳　文藝春秋　1998　356p　15cm（文春文庫）　562円　Ⓘ4-16-713620-1
☆「伝記・自叙伝の名著」

ハミルトン, ヴァージニア

08445　「偉大なるM.C.」
『偉大なるM.C.』 ヴァジニア・ハミルトン作　橋本и夫訳　〔新装版〕　岩波書店　1993　305p　19cm（世界の青春ノベルズ）〈第2刷（第1刷：80.3.17）〉　1700円　Ⓘ4-00-115603-2
☆「世界少年少女文学 リアリズム編」

ハミルトン, ウィリアム

08446　「形而上学・論理学講義」
☆「世界名著大事典」

08447　「知覚の哲学」
☆「哲学名著解題」

08448　「無制約者の哲学（論文）」
☆「哲学名著解題」

ハミルトン, ウィリアム・ローワン

08449　「四元法講義」
☆「西洋をきずいた書物」,「世界名著大事典」

ハミルトン, エドモンド

08450　「スターキング」
『スター・キング』 エドモンド・ハミルトン著　井上一夫訳　東京創元新社　1969　315p　15cm（創元推理文庫）　170円　Ⓝ933
☆「世界のSF文学・総解説」

08451　「時果つるところ」
『世界SF全集 第11巻 ハミルトン.ラインスター』　早川書房　1969　428p　20cm　750円　Ⓝ908.3
☆「世界のSF文学・総解説」

08452　「フェッセンデンの宇宙」
『フェッセンデンの宇宙』 エドモンド・ハミルトン著　中村融編訳　河出書房新社　2012　457p　15cm（河出文庫）　950円　Ⓘ978-4-309-46378-0
☆「世界のSF文学・総解説」

ハミルトン, デイヴィッド

08453　「学校教育の理論に向けて」
『学校教育の理論に向けて―クラス・カリキュラム・一斉教授の思想と歴史』　デイヴィッド・ハミルトン著　安川哲夫訳　横浜　世織書房　1998　267p　22cm　3000円
①4-906388-70-1　Ⓝ372.3
☆「教育本44」

ハミルトン, ドナルド

08454　「殺しの標的」
『殺しの標的』　ドナルド・ハミルトン著　鎌田三平訳　東京創元社　1987　266p　15cm（創元推理文庫）　360円　①4-488-25001-7
☆「世界の冒険小説・総解説」

08455　「部隊シリーズ」
『誘拐部隊』　ドナルド・ハミルトン著　田中小実昌訳　早川書房　1964　190p　19cm（世界ミステリシリーズ）　Ⓝ933
☆「世界の冒険小説・総解説」

ハミルトン, A.

08456　「ザ・フェデラリスト」
『ザ・フェデラリスト』　アレグザンダ・ハミルトン, ジョン・ジェイ, ジェイムズ・マディソン著　斎藤真, 武則忠見訳　新装版　福村出版　1998　481,9p　21cm　16000円
①4-571-40015-2
☆「現代政治学の名著」,「憲法本41」,「社会科学の名著」,「西洋をきずいた書物」,「世界名著大事典」,「はじめて学ぶ政治学」,「歴史家の一冊」

咸　錫憲　はむ・そくほん

08457　「意味から見た韓国歴史」
☆「東アジア人文書100」

パムク, オルハン

08458　「雪」
☆「世界の小説大百科」

ハムスン, クヌート

08459　「飢え」
『飢え』　ハムスン著　宮原晃一郎訳　角川書店　1956　238p　15cm（角川文庫）　Ⓝ949.6
☆「現代世界の名作」,「世界の小説大百科」,「世界文学鑑賞辞典 第3」,「世界名著大事典」,「ポケット世界名作事典」

08460　「土の恵み」
『土の恵み　上巻』　クヌウト・ハムスン著　宮原晃一郎訳　三笠書房　1939　402p　19cm　Ⓝ949
☆「世界の小説大百科」,「世界の名著」,「世界文学あらすじ大事典 3（ちか‐ふろ）」,「世界名著大事典」

08461　「牧神」
☆「世界名著大事典」

ハムスン, マリー

08462　「小さな牛追い」
『小さい牛追い』　マリー・ハムズン作　石井桃子訳　新版　岩波書店　2005　283p　18cm（岩波少年文庫　134）　680円
①4-00-114134-5　Ⓝ949.63
☆「名作の研究事典」

ハムドゥッラー・ムスタウフィー

08463　「選史」
☆「世界名著大事典」

バームレー

08464　「犯罪者に関する人類学及び社会学原理」
☆「近代欧米名著解題 第5巻」

ハメット, ダシール

08465　「赤い収穫」
『赤い収穫』　ダシール・ハメット著　小鷹信光訳　早川書房　1989　330p　16cm（ハヤカワ・ミステリ文庫）　460円　①4-15-077302-5　Ⓝ933
☆「アメリカ文学」,「世界文学鑑賞辞典 第1」

08466　「ガラスの鍵」
『ガラスの鍵』　ダシール・ハメット著　池田真紀子訳　光文社　2010　453p　15cm（光文社古典新訳文庫）　838円　①978-4-334-75210-1
☆「世界文学あらすじ大事典 1（あ‐きょう）」

08467　「マルタの鷹」
『マルタの鷹』　ダシール・ハメット著　小鷹信光訳　改訳決定版　早川書房　2012　380p　15cm（ハヤカワ・ミステリ文庫）　740円
①978-4-15-077307-6
☆「世界の推理小説・総解説」,「世界文学あらすじ大事典 4（ふん‐われ）」,「世界文学鑑賞辞典 第1」,「百年の誤読 海外文学篇」

ハーメル

08468　「バッハ」
☆「世界名著大事典」

ハメル

08469　「清代名人伝略」
☆「世界名著大事典」

ハメル, ゲーリー

08470　「コア・コンピタンス経営」
『コア・コンピタンス経営―未来への競争戦略』　ゲイリー・ハメル, C.K.プラハラード著　一条和生訳　日本経済新聞社　2001　477p

15cm（日経ビジネス人文庫）　800円
①4-532-19031-2
☆「あらすじで読む世界のビジネス名著」,「究極のビジネス書50選」,「世界で最も重要なビジネス書」,「戦略の名著！ 最強43冊のエッセンス」

ハメル, ヘンドリック

08471　「朝鮮幽囚記」
『朝鮮幽囚記』　ヘンドリック・ハメル著　生田滋訳　平凡社　1969　252p　18cm（東洋文庫132）　400円　Ⓝ292.109
☆「アジアの比較文化」,「世界の旅行記101」

ハモンド夫妻

08472　「近代産業の興隆」
☆「世界名著大事典」

08473　「農村労働者」
☆「世界名著大事典」

ハヤカワ, サミュエル・I.

08474　「思考と行動における言語」
『思考と行動における言語』　S.I.ハヤカワ著　大久保忠利訳　岩波書店　1985　355,10p　19cm　2000円　①4-00-000977-X　Ⓝ801
☆「教育学の世界名著100選」

ハラー, アルブレヒト・フォン

08475　「アルペン」
☆「世界名著大事典」

08476　「人体生理学要綱」
☆「自然科学の名著」,「世界名著大事典」

08477　「スイス詩小論」
☆「西洋をきずいた書物」

ハラー, カール

08478　「国家科学の復興」
☆「世界名著大事典」

ハラー, ハイリンヒ

08479　「白い蜘蛛」
『白い蜘蛛―アイガーの北壁』　ハインリヒ・ハラー著　横川文雄訳　白水社　1960　276p　図版　21cm　Ⓝ293.45
☆「山の名著30選」

ハラー, ヨハンネス

08480　「ドイツ史の諸時期」
☆「世界名著大事典」

バラ, L.

08481　「快楽論」
☆「世界名著大事典 補遺（Extra）」

08482　「自由意思論」
☆「世界名著大事典 補遺（Extra）」

08483　「弁証証法論議」
☆「世界名著大事典 補遺（Extra）」

ハラウェイ, D.

08484　「猿と女とサイボーグ」
『猿と女とサイボーグ―自然の再発明』　ダナ・ハラウェイ著　高橋さきの訳　青土社　2000　523,35p　19cm　3600円　①4-7917-5824-2
☆「フェミニズムの名著50」

パラクルー

08485　「近代ドイツの起原」
☆「世界名著大事典」

パラケルスス

08486　「医学・化学・外科学全書」
☆「西洋をきずいた書物」

08487　「パラミルム前編」
☆「自然科学の名著」

バラージュ, ベーラ

08488　「視覚的人間―映画のドラマツルギー」
『視覚的人間―映画のドラマツルギー』　ベラ・バラージュ著　佐々木基一, 高村宏訳　岩波書店　1986　212p　15cm（岩波文庫）　400円
☆「世界名著大事典」,「必読書150」

パラッツェスキ

08489　「マテラッシ姉妹」
☆「世界名著大事典」

パラーディオ

08490　「建築四書」
☆「西洋をきずいた書物」,「世界を変えた書物」

バラード, J.G.

08491　「クラッシュ」
☆「世界の小説大百科」

08492　「結晶世界」
☆「世界のSF文学・総解説」

08493　「残虐行為展覧会」
『残虐行為展覧会』　J.G.バラード著　法水金太郎訳　工作舎　1980　280p　21cm〈著者の肖像あり〉　1800円　Ⓝ933
☆「世界のSF文学・総解説」,「世界の幻想文学」

08494　「沈んだ世界」
『沈んだ世界』　J.G.バラード著　峰岸久訳　東京創元新社　1968　260p　15cm（創元推理文庫）　150円　Ⓝ933
☆「世界のSF文学・総解説」

08495　「時の声」
☆「世界のSF文学・総解説」

08496　「ハイ・ライズ」
　☆「世界のSF文学・総解説」

08497　「夢幻会社」
　『夢幻会社』 J.G.バラード著　増田まもる訳　東京創元社　1993　320p　15cm（創元SF文庫）　530円　①4-488-62910-5
　☆「たのしく読めるイギリス文学」

08498　「燃える世界」
　☆「世界のSF文学・総解説」

パラドル, プレヴォ

08499　「フランス・モラリスト研究」
　『フランス・モラリスト研究』 M.プレヴォ・パラドール著　関根秀雄訳　育生社　1948　202p　19cm　Ⓝ950.28
　☆「世界名著大事典」

バラン, クロード

08500　「斜めにのびる建築」
　『斜めにのびる建築』 クロード・パラン著　戸田穣訳　青土社　2008　108p　21cm　1800円　①978-4-7917-6440-2
　☆「建築・都市ブックガイド21世紀」

バラン, ポール・A.

08501　「独占資本」
　☆「現代ビジネス書・経済書総解説」

バランタイン

08502　「さんご島の三少年」
　☆「名作の研究事典」

ハーリー

08503　「ムサッダス」
　☆「世界名著大事典」

バーリ

08504　「近代株式会社と私有財産」
　『近代株式会社と私有財産』 A.A.バーリー, G.C.ミーンズ著　北島忠男訳　文雅堂書店　1958　506p　図版　22cm（現代経済学名著選集　第5　明治大学経済学研究会編）　Ⓝ335.4
　☆「経済学の名著30」,「経済学88物語」,「経済学名著106選」,「世界名著大事典」

バリ, ジェームス・マチュ

08505　「あっぱれクライトン」
　『あっぱれクライトン』 J.M.バリー著　福田恒存, 鳴海四郎共訳　河出書房　1953　142p　図版　15cm（市民文庫　第1905）　Ⓝ932
　☆「世界名著大事典」

08506　「12ポンドの目つき」
　☆「世界名著大事典」

08507　「妻は知る」
　『妻は知る―喜劇』 ヂエイ・エム・バリ著　沢村寅二郎訳　研究社　1926　179,160p　肖像　20cm　Ⓝ932
　☆「世界文学あらすじ大事典3（ちか-ふろ）」

08508　「ねえ, ブルータス」
　☆「世界名著大事典」

08509　「ピーター・パン」
　『ピーター・パン』 バリ作　斑目三保訳　ポプラ社　2005　178p　18cm（ポプラポケット文庫　406-1）　570円　①4-591-08845-6　Ⓝ933.6
　☆「あらすじで出会う世界と日本の名作55」,「英米児童文学のベストセラー40」,「少年少女のための文学案内1」,「世界の幻想文学」,「世界の名作文学案内」,「世界のメルヘン30」,「世界文学あらすじ大事典3（ちか-ふろ）」,「世界文学鑑賞辞典第1」,「世界名作事典」,「世界名著大事典」,「たのしく読めるイギリス文学」,「ポケット世界名作事典」,「名作の研究事典」

08510　「ピーター・パンとウェンディ」
　『ピーター・パンとウェンディ』 ジェームズ・マシュー・バリ作　高杉一郎訳　CLAMP絵　講談社　2010　349p　18cm（講談社青い鳥文庫）〈『ピーター・パン』修整・改題書〉　760円　①978-4-06-285181-7
　☆「一冊で不朽の名作100冊を読む」（友人社）,「一冊で不朽の名作100冊を読む」（友人社）,「世界少年少女文学　ファンタジー編」,「世界文学の名作と主人公」

08511　「屋敷町」
　☆「世界名著大事典」

ハリー, マイケル

08512　「シックスシグマ・ブレイクスルー戦略」
　『シックスシグマ・ブレイクスルー戦略―高収益を生む経営品質をいかに築くか』 マイケル・ハリー, リチャード・シュローダー著　ダイヤモンド・シックスシグマ研究会監訳　伊藤沢訳　ダイヤモンド社　2000　320p　21cm　2800円　①4-478-37299-3
　☆「世界で最も重要なビジネス書」

バリアン, ハル・R.

08513　「「ネットワーク経済」の法則」
　『「ネットワーク経済」の法則―アトム型産業からビット型産業へ…変革期を生き抜く72の指針』 カール・シャピロ, ハル R.バリアン共著　千本倖生監訳　宮本喜一訳　IDGジャパン　1999　567p　20cm　2850円　①4-87280-377-9　Ⓝ007.35
　☆「戦略の名著！最強43冊のエッセンス」

ハリヴァルマン
08514 「成実論」
☆「世界名著大事典」

バーリェ・インクラン
08515 「春,夏,秋,冬の曲」
☆「世界名著大事典」

パリス
08516 「中世フランス文学」
『中世フランス文学』 V.L.ソーニエ著 神沢栄三,高田勇共訳 白水社 1990 154,32p 18cm(文庫クセジュ 711) 880円 ①4-560-05711-7
☆「世界名著大事典」

ハリス, サム
08517 「自由意志」
☆「世界の哲学50の名著」

ハリス, ジョエル・チャンドラー
08518 「リーマスじいやの物語」
『リーマスじいやの物語―アメリカ黒人民話集』 J.C.ハリス編 河田智雄訳 講談社 1983 217p 15cm(講談社文庫) 300円 ①4-06-183020-1 Ⓝ933
☆「世界文学あらすじ大事典 4(ふん‐われ)」

ハリス, ジョセフ
08519 「貨幣論」
☆「世界名著大事典」

ハリス, ジョン
08520 「学術事典」
☆「西洋をきずいた書物」

08521 「すべての科学と学芸に関する万有百科事典」
☆「西洋をきずいた書物」

ハリス, ゼリグ
08522 「構造言語学の方法」
☆「世界名著大事典」

ハリス, タウンゼント
08523 「日記」
☆「世界名著大事典」

ハリス, トマス
08524 「ハンニバル」
『ハンニバル 上』 トマス・ハリス著 高見浩訳 新潮社 2000 368p 15cm(新潮文庫) 705円 ①4-10-216703-X
☆「世界文学の名作と主人公」

08525 「羊たちの沈黙」
『羊たちの沈黙 上』 トマス・ハリス著 高見浩訳 新潮社 2012 333p 15cm(新潮文庫) 590円 ①978-4-10-216708-3
☆「世界の推理小説・総解説」,「百年の誤読 海外文学篇」

08526 「ブラックサンデー」
『ブラックサンデー』 トマス・ハリス著 宇野利泰訳 新潮社 2007 548p 15cm(新潮文庫) 819円 ①978-4-10-216701-4
☆「世界の推理小説・総解説」,「世界の冒険小説・総解説」

ハリス, トーマス・A.
08527 「幸福になる関係、壊れてゆく関係」
『幸福になる関係、壊れてゆく関係―最良の人間関係をつくる心理学 交流分析より』 トーマス・A.ハリス著 宮崎伸治訳 同文書院〔発売〕 2000 285p 20cm(Mental health series) 1500円 ①4-8103-7702-4 Ⓝ146.8
☆「世界の心理学50の名著」

ハリス, フランク
08528 「わが生と愛」
『人間の文学 第3 わが生と愛 第1』 フランク・ハリス著 大久保康雄訳 河出書房新社 1965 342p 19cm Ⓝ908.3
☆「世界の奇書」

ハリス, マービン
08529 「アメリカ・ナウ」
『アメリカ・ナウ―なぜ、何もかもうまくいかないか』 マービン・ハリス著 大前正臣訳 サイマル出版会 1982 256p 19cm〈著者の肖像あり〉 1300円 Ⓝ302.53
☆「現代政治学を読む」

ハリス, J.C.
08530 「ウサギどんキツネどん」
『ウサギどんキツネどん―黒んぼじいやのした話』 ジョーエル・チャンドラー・ハリス著 やつなみ・なおのり譯 京都 世界文学社 1949 257p 19cm〈挿繪: 山六郎〉 Ⓝ933.6
☆「名作の研究事典」

パリスカ
08531 「新西洋音楽史」
『新西洋音楽史 下』 ドナルド・ジェイ・グラウト,クロード・V.パリスカ著 戸口幸策,津上英輔,寺西基之共訳 音楽之友社 2001 446p 23cm 4600円 ①4-276-11214-1 Ⓝ762.3
☆「必読書150」

ハリスン, ハリイ

08532 「宇宙兵ブルース」
『宇宙兵ブルース』 ハリイ・ハリスン著 浅倉久志訳 早川書房 1977 274p 16cm（ハヤカワ文庫SF） 330円 Ⓝ933
☆「世界のSF文学・総解説」

08533 「死の世界」
『死の世界 第1』 ハリー・ハリスン著 中村保男訳 東京創元新社 1967 264p 15cm（創元推理文庫） 160円 Ⓝ933
☆「世界のSF文学・総解説」

08534 「人間がいっぱい」
『人間がいっぱい』 ハリイ・ハリスン著 浅倉久志訳 早川書房 1986 342p 15cm（ハヤカワ文庫SF） 440円 ①4-15-010652-5
☆「世界のSF文学・総解説」

ハリソン, ジェーン・E.

08535 「ギリシア宗教研究序説」
☆「世界名著大事典」

08536 「古代芸術と祭式」
『古代芸術と祭式』 ジェーン・E.ハリソン著 佐々木理訳 筑摩書房 1997 239p 15cm（ちくま学芸文庫） 950円 ①4-480-08375-8
☆「世界名著解題選 第6巻」、「世界名著大事典」

ハリソン, ジョン

08537 「経度発見のための諸手続きに関する記述」
☆「西洋をきずいた書物」

バリッコ, アレッサンドロ

08538 「海の上のピアニスト」
『海の上のピアニスト』 アレッサンドロ・バリッコ著 草皆伸子訳 白水社 2007 153p 18cm（白水uブックス 海外小説の誘惑） 950円 ①978-4-560-07170-0
☆「世界文学の名作と主人公」、「百年の誤読 海外編」

08539 「絹」
『絹』 アレッサンドロ・バリッコ著 鈴木昭裕訳 白水社 2007 169p 18cm（白水uブックス 海外小説の誘惑） 950円 ①978-4-560-07169-4
☆「世界の小説大百科」

ハリディ

08540 「死の配当」
『死の配当』 ブレット・ハリディ著 丸本聰明訳 早川書房 1961 193p 19cm（世界ミステリシリーズ） Ⓝ933
☆「世界の推理小説・総解説」

パリーニ

08541 「日々」
☆「世界名著大事典」

ハリバドラ

08542 「六派哲学集」
☆「世界名著大事典」

バリバール, エティエンヌ

08543 「人種・国民・階級」
『人種・国民・階級──「民族」という曖昧なアイデンティティ』 エティエンヌ・バリバール, イマニュエル・ウォーラーステイン著 若森章孝, 岡田光正, 須田文明, 奥西達也訳 唯学書房, アジール・プロダクション〔発売〕 2014 384,7p 21cm 4500円 ①978-4-902225-87-7
☆「ナショナリズム論の名著50」

08544 「ヨーロッパ市民とは誰か」
『ヨーロッパ市民とは誰か──境界・国家・民衆』 エティエンヌ・バリバール著 松葉祥一, 亀井大輔訳 平凡社 2007 455p 19cm 4600円 ①978-4-582-70272-9
☆「グローバル政治理論」

ハリファックス

08545 「日和見主義者の性格」
『日和見主義者とは何か』 ハリファックス著 山崎時彦, 山口孝道訳 未来社 1986 182p 20cm〈ハリファックス著作一覧：p178～179〉 1800円 Ⓝ311.233
☆「西洋をきずいた書物」、「世界名著大事典」

バーリン, アイザイア

08546 「自由論」
『自由論』 アイザイア・バーリン著 小川晃一, 小池銈, 福田歓一, 生松敬三共訳 新装版 みすず書房 2000 522,7p 21cm 4500円 ①4-622-04974-0
☆「グローバル政治理論」、「はじめて学ぶ政治学」

08547 「父と子」
『父と子──トゥルゲーネフと自由主義者の苦境』 アイザイア・バーリン著 小池銈訳 みすず書房 1977 112p 図 20cm 1200円 Ⓝ980.28
☆「歴史学の名著30」、「歴史家の一冊」

08548 「二つの自由概念」
☆「政治・権力・公共性」、「はじめて学ぶ法哲学・法思想」

バリンジャー, ビル

08549 「消された時間」
『消された時間』 ビル・S.バリンジャー著 仁賀克雄訳 早川書房 1978 239p 16cm（ハ

バリント,M.

08550　「一次愛と精神分析技法」
『一次愛と精神分析技法』 マイケル・バリント著　森茂起,枡矢和子,中井久夫共訳　みすず書房　1999　368,25p　21cm　7000円
ⓘ4-622-04111-1
☆「精神医学の名著50」

08551　「基底欠損」
☆「精神分析の名著」

ハリントン

08552　「オシアナ共和国」
☆「世界名著大事典」

パリントン

08553　「アメリカ思想の主潮流」
☆「世界名著大事典」

ハル

08554　「ピーターの法則」
『ピーターの法則—創造的無能のすすめ』 ローレンス・J.ピーター,レイモンド・ハル著　渡辺伸也訳　ダイヤモンド社　2003　222p　19cm　1400円　ⓘ4-478-76085-3
☆「世界で最も重要なビジネス書」

バール

08555　「自然主義の克服」
☆「世界名著大事典」

バル

08556　「数学遊戯と随筆」
☆「世界名著大事典」

パール

08557　「人口の自然誌」
☆「世界名著大事典」

ハル,エデュアルト・フォン

08558　「無意識の哲学」
☆「学術辞典叢書 第12巻」,「世界名著解題選 第3巻」,「世界名著大事典」

ハル,クラーク

08559　「行動の基本」
『行動の基本』 C.L.ハル著　河合伊六訳　京都ナカニシヤ出版　1980　146p　22cm〈文献：p127〜132〉　2200円　Ⓝ141.7
☆「ブックガイド心理学」

08560　「行動の原理」
『行動の原理』 C.L.ハル著　能見義博,岡本栄一訳　誠信書房　1960　380p　22cm　Ⓝ140.18

☆「教育学の世界名著100選」,「心理学の名著12選」,「世界名著大事典」

ハル,リチャード

08561　「伯母殺人事件」
『伯母殺人事件』 ハル著　中村能三訳　中央公論社　1963　224p　18cm（世界推理小説名作選）Ⓝ933
☆「世界の推理小説・総解説」

ハル,A.イーグルフィールド

08562　「近代和声学の説明と応用」
『近代和声学の説明と応用』 A.イーグルフィールド・ハル著　小松清訳　大阪　創元社　1940　245p　26cm（創元社作曲理論叢書〔第2〕）Ⓝ761
☆「世界名著大事典」

パール,R.

08563　「国際関係における犯罪」
☆「世界名著大事典 補遺(Extra)」

08564　「ベーダ時代ヒンズー法制史」
☆「世界名著大事典 補遺(Extra)」

バルガス=リョサ,マリオ

08565　「子犬たち」
☆「世界の幻想文学」,「世界の名作文学案内」

08566　「世界終末戦争」
☆「世界の小説大百科」

08567　「チボの狂宴」
☆「世界の小説大百科」

08568　「都会と犬ども」
☆「現代世界の名作」,「世界の小説大百科」

08569　「緑の家」
『緑の家 上』 バルガス=リョサ作　木村榮一訳　岩波書店　2010　351p　15cm（岩波文庫）840円　ⓘ978-4-00-327961-8
☆「一冊で世界の名著100冊を読む」,「面白いほどよくわかる世界の文学」

ハルガルテン

08570　「1914年前の帝国主義」
☆「世界名著大事典」

パルグレーヴ

08571　「ゴールデン・トレジャリー」
『ゴールデン・トレジャリー』 Palgrave著　大山敏子編　篠崎書林　1990　161p　19cm〈書名は奥付による　標題紙等の書名：Golden treasury 第2刷（初版：昭和31年）〉
☆「世界名著大事典」

08572　「政治経済学辞典」
☆「世界名著大事典」

ハルコーフ
08573「赤いネクタイ」
☆「世界名著大事典」

バルザック, オノレ・ド
08574「あら皮」
『あら皮―欲望の哲学』 バルザック著 小倉孝誠訳・解説 藤原書店 2000 436p 19cm（バルザック「人間喜劇」セレクション 第10巻） 3200円 Ⓘ4-89434-170-0
☆「世界文学あらすじ大事典1（あ‐きよう）」、「名作はこのように始まる1」

08575「従妹ベット」
『従妹ベット―好色一代記 上』 バルザック著 山田登世子訳 藤原書店 20cm（バルザック「人間喜劇」セレクション 第11巻 鹿島茂,山田登世子,大矢タカヤス責任編集） 3200円 Ⓘ4-89434-241-3 Ⓝ953.6
☆「『こころ』は本当に名作か」、「知っておきたいフランス文学」、「世界の書物」、「世界の名作」、「世界文学あらすじ大事典1（あ‐きよう）」、「世界文学鑑賞辞典 第2」、「世界名著大事典」、「入門名作の世界」、「ポケット世界名作事典」、「名作あらすじ事典 西洋文学編」、「名小説ストーリィ集 世界篇」

08576「田舎医者」
『田舎医者』 バルザック著 和田伝訳 北斗書院 1948 374p 19cm Ⓝ953
☆「世界文学あらすじ大事典1（あ‐きよう）」、「世界名著大事典」

08577「ウジェニー・グランデ」
『ウジェニー・グランデ』 バルザック作 水野亮訳 岩波書店 1953 325p 15cm（岩波文庫） Ⓝ953
☆「近代名著解題選集1」、「世界の小説大百科」、「世界の名著」、「世界文学あらすじ大事典1（あ‐きよう）」、「世界文学鑑賞辞典 第2」、「世界名著大事典」

08578「幻滅」
『幻滅―メディア戦記 下』 バルザック著 野崎歓,青木真紀子訳・解説 藤原書店 2000 952p 20cm（バルザック「人間喜劇」セレクション 第5巻） 3200円 Ⓘ4-89434-197-2
☆「世界の小説大百科」、「世界文学あらすじ大事典2（きよえ‐ちえ）」、「世界文学鑑賞辞典 第2」、「千年紀のベスト100作品を選ぶ」

08579「ゴリオ爺さん」
☆「あらすじで味わう外国文学」、「あらすじで読む世界の名著 no.2」、「あらすじで読む世界文学105」、「一冊で世界の名著100冊を読む」、「英仏文学戦記」、「面白いほどよくわかるあらすじで読む世界の名作」、「面白いほどよくわかる世界の文学」、「教養のためのブックガイド」、「3行で名作＆ヒット本250」、「知っておきたいフランス文学」、「図説 5分でわかる世界の名作」、「世界の小説大百科」、「世界の名作おさらい」、「世界文学あらすじ大事典2（きよえ‐ちえ）」、「世界文学鑑賞辞典 第2」、「世界文学の名作と主人公」、「世界文学必勝法」、「世界名作文学館」、「世界名著大事典」、「世界・名著のあらすじ」、「フランス文学」、「ポケット世界名作事典」、「名作あらすじ事典 西洋文学編」、「要約 世界文学全集2」

08580「サラージヌ」
☆「世界の幻想文学」

08581「従兄ポンス」
『従兄ポンス―収集家の悲劇』 オルド・ド・バルザック著 柏木隆雄訳・解説 藤原書店 1999 496p 19cm（バルザック「人間喜劇」セレクション 第13巻） 3200円 Ⓘ4-89434-146-8
☆「世界文学あらすじ大事典1（あ‐きよう）」、「世界文学鑑賞辞典 第2」、「世界名著大事典」、「私（わたし）の世界文学案内」

08582「書簡集」
☆「世界名著大事典」

08583「知られざる傑作」
『知られざる傑作―他』 バルザック［著］ 私市保彦,芳川泰久,澤710肇,片桐祐,奥田恭士,佐野栄一訳 水声社 2010 330p 20cm（バルザック芸術/狂気小説選集 1（絵画と狂気篇））〈シリーズの責任編集者：私市保彦,加藤尚宏,芳川泰久〉 3000円
Ⓘ978-4-89176-791-4 Ⓝ953.6
☆「世界名著大事典」

08584「セザール・ビロトーの栄枯物語」
☆「世界文学あらすじ大事典2（きよえ‐ちえ）」

08585「絶対の探求」
『絶対の探求―他』 バルザック［著］ 私市保彦訳 水声社 2010 387p 20cm（バルザック芸術/狂気小説選集 4（科学と狂気篇））〈シリーズの責任編集者：私市保彦,加藤尚宏,芳川泰久〉 3500円 Ⓘ978-4-89176-794-5 Ⓝ953.6
☆「大人のための世界の名著50」、「世界文学鑑賞辞典 第2」

08586「セラフィタ」
『セラフィタ』 オノレ・ド・バルザック著 沢崎浩平訳 国書刊行会 1995 261p 20cm〈新装〉 2400円 Ⓘ4-336-03745-0 Ⓝ953
☆「世界の幻想文学」

08587「谷間の百合」
『谷間の百合』 バルザック［著］ 石井晴一訳 32刷改版 新潮社 2005 580p 16cm（新潮文庫）〈年譜あり〉 743円 Ⓘ4-10-200501-3 Ⓝ953.6
☆「現代世界の名作」、「世界の名作50選」、「世界の

名作100を読む」、「世界の名作文学案内」、「世界文学鑑賞辞典 第2」、「世界文学のすじ書き」、「世界文学の名作と主人公」、「世界名作事典」、「世界名著大事典」、「大作家"ろくでなし"列伝」、「2時間でわかる世界の名著」、「日本・世界名作『愛の会話』100章」、「フランス文学」、「文学・名著300選の解説 '88年度版」、「ポケット世界名作事典」、「要約 世界文学全集 2」

08588 「人間喜劇」
『人間喜劇』 ウィリアム・サロイヤン著 小島信夫訳 晶文社 1997 350p 19cm（ベスト版 文学のおくりもの） 1800円
①4-7949-1244-7
☆「世界名著大事典」

08589 「バルザックとスタンダールとの芸術論争」
☆「世界名著解題選 第6巻」

08590 「ふくろう党」
☆「世界文学あらすじ大事典 3（ちか - ふろ）」

08591 「二つの夢」
☆「世界の幻想文学」

08592 「みみずく党」
☆「世界名著大事典」

08593 「妖魔伝」
☆「世界の幻想文学」

バルジャベル

08594 「不滅の孤島」
『不滅の孤島』 ルネ・バルジャベル著 荒川浩充訳 早川書房 1976 210p 19cm（ハヤカワ・ノヴェルズ） 780円 Ⓝ953
☆「世界のSF文学・総解説」

パールズ, フリッツ

08595 「ゲシュタルト療法」
『ゲシュタルト療法―その理論と実際』 フレデリック・S.パールズ著 日髙正宏, 井上文彦, 倉戸由紀子訳 倉戸ヨシヤ監訳 京都 ナカニシヤ出版 1990 251,3p 21cm 2500円
①4-88848-120-2
☆「世界の心理学50の名著」

バルタン

08596 「国際私法原理」
☆「世界名著大事典」

バルッツィ, アルノ

08597 「もうひとつ別の生き方」
『もうひとつ別の生き方』 アルノ・バルッツィ著 池上哲司, 伊藤徹, 平石隆敏訳 入間 哲書房, 理想社〔発売〕 1993 199p 19cm 2000円 ①4-915922-21-9
☆「学問がわかる500冊」

バルト, ロラン

08598 「明るい部屋―写真についての覚書」
『明るい部屋―写真についての覚書』 ロラン・バルト著 花輪光訳 新装版 みすず書房 1997 152,5p 19cm 2600円
①4-622-04905-8
☆「必読書150」

08599 「エッフェル塔」
『エッフェル塔』 ロラン・バルト著 宗左近, 諸田和治訳 伊藤俊治図版監修 筑摩書房 1997 220p 15cm（ちくま学芸文庫） 880円 ①4-480-08347-2
☆「学問がわかる500冊 v.2」

08600 「記号学の原理」
☆「世界名著大事典 補遺（Extra）」

08601 「教育学及教授学原理」
☆「近代欧米名著解題 第4巻」

08602 「教会教義学」
『教会教義学』 カール・バルト著 H.ゴルヴィツァー編 鈴木正久訳 日本基督教団出版部 1961 320p 19cm Ⓝ191.8
☆「世界名著大事典」

08603 「クレド」
☆「哲学の名著」

08604 「現代社会の神話」
『現代社会の神話―1957』 ロラン・バルト著 下沢和義訳 みすず書房 2005 409p 21cm（ロラン・バルト著作集 3） 5200円
①4-622-08113-X
☆「ポピュラー文化」

08605 「社会学としての歴史哲学」
☆「世界名著大事典」

08606 「神話作用」
『神話作用』 ロラン・バルト著 篠沢秀夫訳 現代思潮社 1976 230p 20cm〈新装版〉 1200円 Ⓝ954
☆「学問がわかる500冊」、「現代社会学の名著」、「世界名著大事典 補遺（Extra）」

08607 「テクストの快楽」
『テクストの快楽』 ロラン・バルト著 沢崎浩平訳 みすず書房 1977 160p 20cm 1400円 Ⓝ954
☆「教養のためのブックガイド」

08608 「表徴の帝国」
『表徴の帝国』 ロラン・バルト著 宗左近訳 筑摩書房 1996 232p 15cm（ちくま学芸文庫） 1000円 ①4-480-08307-3
☆「外国人による日本論の名著」、「建築の書物/都市の書物」

08609　「福音主義神学入門」
『福音主義神学入門』　カール・バルト著　加藤常昭訳　復刊　新教出版社　2003　173p　21cm〈新教セミナーブック〉　2200円　Ⓘ4-400-30678-X
☆「世界の名著」

08610　「モードの体系」
『モードの体系―その言語表現による記号学的分析』　ロラン・バルト著　佐藤信夫訳　みすず書房　1972　428,20p　20cm　3000円　Ⓝ593
☆「世界名著大事典　補遺(Extra)」,「20世紀を震撼させた100冊」

08611　「零度のエクリチュール」
『零度のエクリチュール』　ロラン・バルト著　石川美子訳　新版　みすず書房　2008　155p　19cm　2400円　Ⓘ978-4-622-07380-2
☆「世界名著大事典　補遺(Extra)」

08612　「ロマ書」
☆「世界の名著早わかり事典」,「世界名著大事典」

08613　「ロマ書講解」
『ロマ書講解』　H.A.アイアンサイド著　いのちのことば社　1959　164p　19cm　Ⓝ193.711
☆「世界名著解題選　第5巻」,「哲学の世界」

バルト,F.

08614　「エスニック集団と境界」
☆「ナショナリズム論の名著50」

バルド・バサン,エミリア

08615　「ウリョーアの館」
☆「世界の小説大百科」

ハルトマン,ニコライ

08616　「可能性と現実性」
『可能性と現実性』　ニコライ・ハルトマン著　高橋敬視訳　京都　山口書店　1943　683p　22cm　Ⓝ134,134.83
☆「哲学名著解題」

08617　「実在的世界の構造：副題　一般的範疇論綱要」
『実在的世界の構造――一般的範疇論綱要』　ニコライ・ハルトマン著　高橋敬視訳　京都　京都印書館　1945　768p　22cm　Ⓝ134,134.83
☆「哲学名著解題」

08618　「精神的存在の問題」
『歴史哲学基礎論―精神的存在の問題』　ハルトマン著　高橋敬視訳　京都　晃文社　1948　250p　22cm　Ⓝ201,201.1
☆「世界名著大事典」,「哲学名著解題」

08619　「存在論の基礎づけ」
『存在論の基礎附け』　ニコライ・ハルトマン著　高橋敬視訳　京都　山口書店　1942　433p　22cm　Ⓝ134,134.83
☆「哲学名著解題」(協同出版),「哲学名著解題」(春秋社)

08620　「道徳的意識の現象学」
『倫理学　第1部　道徳現象論』　ニコライ・ハルトマン著　長屋喜一等訳　三省堂　1933　489p　23cm　Ⓝ150
☆「世界名著大事典」

08621　「認識形而上学綱要」
☆「世界名著大事典」,「哲学名著解題」

08622　「美学」
『美学』　ニコライ・ハルトマン著　福田敬訳　作品社　2001　611p　21cm　5800円　Ⓘ4-87893-361-5
☆「世界名著大事典」

08623　「倫理学」
『倫理学　第1部　道徳現象論』　ニコライ・ハルトマン著　長屋喜一等訳　三省堂　1933　489p　23cm　Ⓝ150
☆「世界名著大事典」

08624　「論理学」
☆「哲学名著解題」

ハルトマン,ハインツ

08625　「自我心理学と適応の問題」
『自我の適応―自我心理学と適応の問題』　ハインツ・ハルトマン著　霜田静志,篠崎忠男訳　誠信書房　1967　213,25p　図版　19cm　600円　Ⓝ146
☆「精神分析の名著」

ハルトマン・フォン・アウエ

08626　「哀れなハインリヒ」
『哀れなハインリヒ』　ハルトマン・フォン・アウエ著　戸沢明訳　佐藤牧夫ほか共著　大学書林　1985　224p　22cm〈辞書,文法書,その他の紹介：p194～197〉　4000円　Ⓝ840.7
☆「世界文学あらすじ大事典1(あ‐きよう)」,「世界文学鑑賞辞典　第3」,「世界文学の名作と主人公」,「世界名著大事典」,「ドイツ文学」,「日本の古典・世界の古典」,「ポケット世界名作事典」

08627　「グレゴーリウス」
『グレゴーリウス―ドイツ中世宮廷叙事詩』　ハルトマン・フォン・アウエ著　上智大学外国語学部ドイツ語学科4・3年訳　〔上智大学外国語学部ドイツ語学科〕　1977　2冊　18cm〈監修：伊藤保〉　Ⓝ941
☆「世界名著大事典」

バルトリド

08628　「蒙古侵寇時代までのトルキスタン」

☆「世界名著大事典」
08629 「ヨーロッパおよびロシアにおける東洋研究史」
☆「世界名著大事典」

バルトリハリ
08630 「シャタカ」
☆「東洋の名著」

バルトル, ウラジーミル
08631 「アラムート」
☆「世界の小説大百科」

バルトロメ
08632 「古代イラン語辞典」
☆「世界名著大事典」

ハルナック, アドルフ・フォン
08633 「教理史教本」
☆「世界名著大事典」

08634 「キリスト教の本質」
『キリスト教の本質』 アドルフ・フォン・ハルナック著　深井智朗訳　春秋社　2014　378p　19cm　4000円 ①978-4-393-32357-1
☆「教育の名著80選解題」,「宗教哲学名著解説」,「西洋をきずいた書物」,「世界名著大事典」

08635 「初代3世紀におけるキリスト教の伝道弘布の歴史」
☆「世界名著大事典」

ハルバースタム, D.
08636 「ベスト&ブライテスト」
『ベスト&ブライテスト　上　栄光と興奮に憑かれて』 デイヴィッド・ハルバースタム著　浅野輔訳　二玄社　2009　335p　19cm（Nigensha Simultaneous World Issues）1700円 ①978-4-544-05306-7
☆「現代ビジネス書・経済書総解説」

ハルバン
08637 「ウラニウムの核分裂における中性子の放出」
☆「西洋をきずいた書物」

バルビュス, アンリ
08638 「クラルテ」
『クラルテ』 アンリ・バルビュス著　田辺貞之助訳　岩波書店　1960　426p　15cm（岩波文庫）Ⓝ953
☆「近代名著解題選集1」,「現代世界の名作」,「ポケット世界名作事典」

08639 「地獄」
『地獄』 アンリ・バルビュス著　秋山晴夫訳　二見書房　1968　329p　20cm（コレクション・アモール）580円 Ⓝ953
☆「世界の小説大百科」,「世界文学鑑賞辞典 第2」,「世界文学の名作と主人公」,「フランス文学」

08640 「砲火」
『砲火　上巻』 アンリ・バルビュス作　田辺貞之助訳　岩波書店　1956　242p　15cm（岩波文庫）Ⓝ953
☆「世界の小説大百科」,「世界文学あらすじ大事典4（ふん－われ）」,「世界文学鑑賞辞典 第2」,「世界名著大事典」

バルフオア
08641 「衰頽論」
☆「近代欧米名著解題 第6巻」

ハルベ
08642 「青春」
『青春』 マックス・ハルベ著　番匠谷英一訳　角川書店　1956　114p　15cm（角川文庫）Ⓝ942
☆「世界文学鑑賞辞典 第3」,「世界名著大事典」

バルベリ, ミュリエル
08643 「優雅なハリネズミ」
☆「世界の小説大百科」

バルボ
08644 「イタリア史概説」
☆「世界名著大事典」

パルマ
08645 「ペル古譚集」
☆「世界名著大事典」

ハルムス
08646 「実験物理学双書」
☆「世界名著大事典」

パルメン, コニー
08647 「天使の法則」
☆「世界の小説大百科」

パルメン, E.H.
08648 「大気環流系の構造とその物理学的解釈」
☆「世界名著大事典 補遺（Extra）」

ハルモス, P.R.
08649 「素朴集合論」
☆「数学ブックガイド100」,「世界の小説大百科」

パレー
08650 「パレー全集」
☆「自然科学の名著」,「世界名著大事典」

ハレー, エドモンド

08651 「彗星天文学概説」
☆「西洋をきずいた書物」

ハーレー, フランク

08652 「エンデュアランス号―シャクルトン南極探検の全記録」
『エンデュアランス号―シャクルトン南極探検の全記録』 キャロライン・アレグザンダー著 フランク・ハーレー写真 畔上司訳 ソニー・マガジンズ 2002 356p 21cm 3600円 ①4-7897-1921-9
☆「新・山の本おすすめ50選」

ハレー, ルイス・J.

08653 「歴史としての冷戦」
『歴史としての冷戦―超大国時代の史的構造』 ルイス・J.ハレー著 太田博訳 サイマル出版会 1970 326p 19cm(サイマル双書) 〈参考文献：p.324-326〉 850円 Ⓝ209.6
☆「名著に学ぶ国際関係論」

バレス, モーリス

08654 「グレコ」
『グレコ―トレドの秘密』 モーリス・バレス著 吉川一義訳 筑摩書房 1996 199,4p 21cm 3500円 ①4-480-87272-8
☆「世界名著大事典」

08655 「国民的精力物語」
☆「世界名著大事典」

08656 「コレット・ボードーシュ」
☆「世界文学鑑賞辞典第2」

08657 「自我礼賛」
☆「世界文学鑑賞辞典第2」,「世界名著大事典」

バレット, M.

08658 「今日の女性抑圧」
☆「フェミニズムの名著50」

パレート, V.

08659 「一般社会学提要」
『一般社会学提要』 ヴィルフレド・パレート著 姫岡勤訳 板倉達文校訂 名古屋 名古屋大学出版会 1996 385,21p 21cm 8240円 ①4-8158-0269-6
☆「学術辞典叢書 第11巻」,「社会の構造と変動」,「世界を変えた100冊の本」,「世界名著大事典」

08660 「社会学概説」
☆「経済学の名著」,「世界名著解題選 第1巻」

08661 「政治経済学講義」
『政治経済学講義』 リチャード・ジョーンズ著 大野精三郎訳 日本評論社 1951 267p 図版 22cm Ⓝ331.329
☆「世界名著大事典」

08662 「政治経済学提要」
☆「世界名著大事典」

パレプ, クリシュナ・G.

08663 「企業分析入門」
『企業分析入門』 クリシュナ・G.パレプ, ポール・M.ヒーリー, ビクター・L.バーナード著 斎藤静樹監訳 筒井知彦, 川本淳, 八重倉孝, 亀坂安紀子訳 第2版 東京大学出版会 2001 624p 21cm(原書第2版) 4800円 ①4-13-042112-3
☆「あらすじで読む世界のビジネス名著」

ハレーブン, T.K.

08664 「家族時間と産業時間」
『家族時間と産業時間』 タマラ・K.ハレーブン著 正岡寛司監訳 新装版 早稲田大学出版部 2001 552,33p 21cm 6500円 ①4-657-01520-6
☆「社会学的思考」

バレーラ

08665 「ペピータ・ヒメネス」
☆「世界の小説大百科」,「世界文学あらすじ大事典 4(ふん‐われ)」,「世界名著大事典」

ハレル, A.

08666 「地域主義と国際秩序」
『地域主義と国際秩序』 ルイーズ・フォーセット, アンドリュー・ハレル編 菅英輝, 栗栖薫子監訳 福岡 九州大学出版会 1999 366p 21cm 3800円 ①4-87378-587-1
☆「学問がわかる500冊」

パーレン

08667 「恒星統計学教科書」
☆「世界名著大事典」

バロ

08668 「メソポタミア考古学」
☆「世界名著大事典」

バロー, ジャン=ルイ

08669 「明日への贈物」
『明日への贈物―ジャン=ルイ・バロー自伝』 ジャン=ルイ・バロー著 石沢秀二訳 新潮社 1975 375p 図 肖像 20cm 2000円 Ⓝ772.5
☆「自伝の名著101」,「伝記・自叙伝の名著」

バロー, ジョン・D.

08670 「宇宙のたくらみ」
『宇宙のたくらみ』 J.D.バロー著 菅谷暁訳 みすず書房 2003 336,36p 21cm 6000円

バーロ, V.

08671 「最高の金融帝国」
『最高の金融帝国―アメリカ独占資本の構造と機能』 V.バーロ著 浅尾孝訳 合同出版社 1958 390,44p 19cm〈付録(1-44p): デュポン, メロン, ロックフェラー各家の持株 他14篇, 参考文献〉 Ⓝ332.53
☆「経済学名著106選」、「世界名著大事典」

ハーロウ, ハリー

08672 「愛の性質」
☆「世界の心理学50の名著」

バーロウ, モード

08673 「「水」戦争の世紀」
『「水」戦争の世紀』 モード・バーロウ, トニー・クラーク著 鈴木主税訳 集英社 2003 252p 18cm(集英社新書) 760円 ①4-08-720218-6
☆「平和を考えるための100冊+α」

バロウ, J.D.

08674 「宇宙に法則はあるのか」
☆「教養のためのブックガイド」

バロウズ, ウィリアム

08675 「裸のランチ」
☆「世界の小説大百科」、「たのしく読めるアメリカ文学」

バローズ, エドガー・ライス

08676 「火星シリーズ」
☆「世界のSF文学・総解説」

08677 「金星シリーズ」
☆「世界のSF文学・総解説」

08678 「時間に忘れられた国」
☆「世界のSF文学・総解説」

08679 「ターザン」
『ターザン』 エドガー・ライス・バローズ著 厚木淳訳 東京創元社 1999 398p 15cm(創元SF文庫) 680円 ①4-488-60143-X
☆「世界の小説大百科」

08680 「地底世界シリーズ」
☆「世界のSF文学・総解説」

08681 「月シリーズ」
☆「世界のSF文学・総解説」

ハーロック

08682 「児童の発達心理学」
『児童の発達心理学 上』 E.B.ハーロック著 小林芳郎, 相田貞夫, 加賀秀夫訳 誠信書房 1971 432p 22cm 2800円 Ⓝ371.45
☆「教育学の世界名著100選」

パロッティーノ

08683 「エトルリア学」
『エトルリア学』 マッシモ・パロッティーノ著 小川熙訳 同成社 2014 380p 21cm 9300円 ①978-4-88621-672-4
☆「世界名著大事典」

ハロッド, R.F.

08684 「景気循環論」
『景気循環論』 ハロッド著 宮崎義一訳 中央公論新社 2011 183p 18cm(中公クラシックス) 1450円 ①978-4-12-160129-2
☆「世界名著大事典」

08685 「国際経済学」
☆「世界名著大事典」

08686 「社会科学とは何か」
『社会科学とは何か』 R.ハロッド著 清水幾太郎訳 岩波書店 1975 213p 18cm(岩波新書) 230円 Ⓝ300
☆「学問がわかる500冊」、「経済学88物語」

08687 「動態経済学序説」
『動態経済学序説』 R.F.ハロッド著 高橋長太郎, 鈴木諒一共訳 有斐閣 1953 228p 19cm Ⓝ331.39
☆「経済学88物語」、「経済学名著106選」、「現代経済学の名著」、「世界の古典名著」、「世界名著大事典」

バローネ

08688 「政治経済学原理」
☆「世界名著大事典」

バローハ

08689 「知恵の木」
『知恵の木』 ピオ・バローハ著 前田明美訳 水声社 2009 331p 19cm 3500円 ①978-4-89176-725-9
☆「世界名著大事典」

バロワ

08690 「聖書考古学提要」
☆「世界名著大事典」

バロン=コーエン, サイモン

08691 「自閉症とマインド・ブラインドネス」
『自閉症とマインド・ブラインドネス』 サイモン・バロン=コーエン著 長野敬, 長畑正道, 今野義孝訳 青土社 2002 257,21p 19cm 2600円 ①4-7917-5968-0

☆「ブックガイド "心の科学" を読む」

バロンデス, サミュエル・H.
08692 「心の病気と分子生物学—生物学的精神医学の新展開」
『心の病気と分子生物学—生物学的精神医学の新展開』 サミュエル・H.バロンデス著 石浦章一, 丸山敬訳 日経サイエンス社, 日本経済新聞社〔発売〕 1994 186p 26×22cm 6000円 Ⓘ4-532-52034-7
☆「学問がわかる500冊 v.2」

パワー, アイリーン
08693 「15世紀におけるイギリス貿易の研究」
☆「世界名著大事典」

08694 「中世の人々」
☆「世界名著大事典」

ハワース
08695 「蒙古史」
☆「世界名著大事典」

パワーズ
08696 「アジアの芸能」
☆「世界名著大事典」

パワーズ
08697 「書誌学的記述の原理」
☆「世界名著大事典」

パワーズ, ティム
08698 「幻影の航海」
『幻影の航海』 ティム・パワーズ著 中村融訳 早川書房 1991 526p 15cm（ハヤカワ文庫 FT） 680円 Ⓘ4-15-020154-4
☆「世界の海洋文学」

ハワード, エベネザー
08699 「明日」
☆「世界名著大事典 補遺（Extra）」

08700 「明日の田園都市」
『明日の田園都市』 E.ハワード著 長素連訳 鹿島研究所出版会 1968 276p 19cm（SD選書）〈参考文献：261-264p〉 680円 Ⓝ318.88
☆「建築の書物/都市の書物」, 「西洋をきずいた書物」, 「世界名著大事典 補遺（Extra）」

ハワード, ジョン
08701 「イングランドおよびウェールズにおける刑務所の状態」
☆「西洋をきずいた書物」, 「世界名著大事典」

ハワード, ロバート・E.
08702 「征服王コナン」
『征服王コナン』 ロバート・E.ハワード著 団精二訳 早川書房 1995 352p 16cm（ハヤカワ文庫 SF 英雄コナン・シリーズ）〈14刷（1刷：1970年）〉 680円 Ⓘ4-15-010002-0 Ⓝ933
☆「世界のSF文学・総解説」, 「世界の幻想文学」

ハーン
08703 「低速中性子によるウランの核分裂」
☆「世界を変えた書物」

08704 「ヒッタイト語比較文法」
☆「世界名著大事典」

ハン
08705 「気候学読本」
☆「自然科学の名著」, 「世界名著大事典」

08706 「勤労学校の理論と実際」
☆「近代欧米名著解題 第7巻」

バーン
08707 「民俗学概論」
『民俗学概論—英国民俗学協会公刊』 バーン編著 岡正雄訳 岡書院 1930 502p 図版 23cm Ⓝ381
☆「世界名著大事典」

ハーン, アルバート
08708 「銀行信用の国民経済的理論」
『銀行信用の国民経済的理論』 アルバート・ハーン著 大北文次郎訳 実業之日本社 1943 290p 22cm Ⓝ338
☆「世界名著大事典」

バーン, エリック
08709 「人生ゲーム入門—人間関係の心理学」
『人生ゲーム入門—人間関係の心理学』 エリック・バーン著 南博訳 新装版 河出書房新社 2000 305p 20cm 2800円 Ⓘ4-309-24225-1 Ⓝ361.4
☆「世界の心理学50の名著」

班固　はん・こ
08710 「漢書」
『漢書 1 帝紀』 班固著 小竹武夫訳 筑摩書房 2012 473p 15cm（ちくま学芸文庫）〈第4刷（第1刷1997年）〉 1500円 Ⓘ978-4-480-08401-9
☆「世界名著大事典」, 「地図とあらすじで読む歴史の名著」, 「中国の古典名著」, 「歴史学の名著30」

08711 「漢書芸文志」
『漢書芸文志』 鈴木由次郎著 明徳出版社

1968　312p　20cm（中国古典新書）　850円　Ⓝ025.22
☆「中国の古典名著」

08712　「白虎通義」
☆「世界名著大事典」

范 成大　はん・せいだい

08713　「呉船録」
☆「中国の古典名著」

樊 騰鳳　はん・とうほう

08714　「五方元音」
☆「世界名著大事典」

ハン, ハンス

08715　「果てしない深みへ」
☆「世界の海洋文学」

ハーン, フランク

08716　「一般均衡分析」
『一般均衡分析』　アロー，ハーン著　福岡正夫，川又邦雄訳　岩波書店　1976　496p　22cm〈参考文献：p.471-480〉　4000円　Ⓝ331.39
☆「経済学88物語」

范 文瀾　はん・ぶんらん

08717　「中国近代史」
『中国近代史』　范文瀾著　横松宗，小袋正也訳　福岡　中国書店　1999　562p　21cm〈原書九版〉　3800円　Ⓘ4-924779-47-4
☆「世界名著大事典」

韓 洪九　はん・ほんぐ

08718　「韓国現代史」
☆「東アジア論」

范 曄　はん・よう

08719　「後漢書」
『後漢書　1』　范曄撰　汲古書院　1971　515p　25cm（和刻本正史）〈長沢規矩也蔵本の複製縮刷版〉　4000円　Ⓝ222.0428
☆「世界名著大事典」，「中国の古典名著」

バーン, ロンダ

08720　「ザ・シークレット」
『ザ・シークレット』　ロンダ・バーン著　山川紘矢，山川亜希子，佐野美代子訳　角川書店, 角川グループパブリッシング〔発売〕　2007　318p　19cm　1800円　Ⓘ978-4-04-791557-2
☆「お金と富の哲学世界の名著50」

バーン, R.

08721　「マキャベリ的知性と心の理論の進化論」
☆「教養のためのブックガイド」

バンヴィル, ジョン

08722　「海に帰る日」
☆「世界の小説大百科」

バンヴニスト

08723　「印欧共通基語名詞形成の起源」
☆「世界名著大事典」

ハンカー

08724　「資源サイエンス」
『資源サイエンス―人間・自然・文化の複合』　ジンマーマン著　ハンカー編　石光亨訳　三嶺書房　1985　324p　20cm〈参考文献：p308〜309〉　2500円　Ⓘ4-914906-32-5　Ⓝ334.7
☆「環境と社会」

バング

08725　「祖国なき人々」
☆「世界名著大事典」

08726　「道ばた」
☆「世界名著大事典」

バンクス, イアン

08727　「カラスの道路」
☆「世界の小説大百科」

08728　「蜂工場」
『蜂工場』　イアン・バンクス著　野村芳夫訳　集英社　1988　263p　15cm（集英社文庫）　420円　Ⓘ4-08-760141-2
☆「世界の小説大百科」

バングボーン

08729　「オブザーバーの鏡」
『オブザーバーの鏡』　エドガー・バングボーン著　中村保男訳　創元新社　1967　360p　15cm（創元推理文庫）　170円　Ⓝ933
☆「世界のSF文学・総解説」

パンクラートヴァ

08730　「ソ連邦史」
☆「人文科学の名著」

バンクロフト

08731　「アメリカ合衆国史」
☆「世界名著大事典」

パンゲ, M.

08732　「自死の日本史」
『自死の日本史』　モーリス・パンゲ著　竹内信夫訳　講談社　2011　690p　15cm（講談社学術文庫）　1900円　Ⓘ978-4-06-292054-4
☆「外国人による日本論の名著」

パンシェルル

08733　「ヴィヴァルディ」
『ヴィヴァルディ─生涯と作品』　マルク・パンシェルル著　早川正昭, 桂誠共訳　音楽之友社　1970　333p 図版　22cm〈参考文献：p.310-311〉　850円　Ⓝ762.7
☆「世界名著大事典」

パンシン

08734　「成長の儀式」
『成長の儀式』　アレクセイ・パンシン著　深町眞理子訳　早川書房　1978　386p 16cm（ハヤカワ文庫　SF）　420円　Ⓝ933
☆「世界のSF文学・総解説」

バーンズ

08735　「社会思想史」
☆「世界名著大事典」

バーンズ, ジェームズ・マグレガー

08736　「リーダーシップ」
『リーダーシップ─開発マネジメントを変革する』　Watts S.Humphrey,James W.Over著　小坂恭一監訳　構造計画研究所, 共立出版〔発売〕　2012　260p 21cm　3600円　Ⓘ978-4-320-09761-2
☆「究極のビジネス書50選」

バーンズ, ジューナ

08737　「夜の森」
『夜の森』　デューナ・バーンズ著　野島秀勝訳　国書刊行会　1983　185p 22cm（ゴシック叢書　23）　2000円　Ⓝ933
☆「世界の小説大百科」

バーンズ, ジュリアン

08738　「10½章で書かれた世界の歴史」
☆「たのしく読めるイギリス文学」

08739　「フロベールの鸚鵡」
『フロベールの鸚鵡』　ジュリアン・バーンズ著　斎藤昌三訳　白水社　1993　294p 18cm（白水Uブックス　102─海外小説の誘惑）　980円　Ⓘ4-560-07102-0
☆「イギリス文学」,「世界の小説大百科」

バーンズ, デビッド・D.

08740　「いやな気分よ、さようなら」
『いやな気分よ、さようなら─自分で学ぶ「抑うつ」克服法』　デビッド・D.バーンズ著　野村総一郎[ほか]訳　増補改訂第2版　星和書店　2004　44,440,328p 19cm〈文献あり〉　3680円　Ⓘ4-7911-0206-1 Ⓝ493.764
☆「世界の自己啓発50の名著」,「世界の心理学50の名著」

バーンズ, ロバート

08741　「シャンターのタム」
☆「世界名著大事典」

08742　「主としてスコットランド方言による詩集」
☆「西洋をきずいた書物」

08743　「バーンズ詩集」
『バーンズ詩集』　中村為治訳　12版　岩波書店　1948　229p 15cm（岩波文庫）　Ⓝ931
☆「世界文学鑑賞辞典　第1」

バーンズ, A.

08744　「タイポグラフィー」
☆「世界名著大事典　補遺（Extra）」

バーンスタイン, ピーター

08745　「リスク　神々への反逆」
☆「あらすじで読む世界のビジネス名著」,「超売れ筋ビジネス書101冊」

ハンズベリ, L.

08746　「日なたの干しぶどう」
☆「たのしく読めるアメリカ文学」

ハンスリック

08747　「音楽美論」
『音楽美論』　ハンスリック著　田村寛貞訳　一穂社　2005　230p 21cm（名著/古典籍文庫）〈岩波文庫復刻版　岩波書店1941年刊（第3刷）を原本としたオンデマンド版　著作目録あり〉　3600円　Ⓘ4-86181-121-X Ⓝ761.1
☆「世界名著大事典」

バンゼ

08748　「地理学事典」
☆「世界名著大事典」

ハンセン, ヘニー・ハラルド

08749　「月の運行表」
☆「世界名著大事典」

08750　「服装の歴史」
『服装の歴史』　ヘニー・ハラルド・ハンセン編　原口理恵, 近藤等訳　座右宝刊行会　1957　179p（図版104p共）　25cm　Ⓝ383.1
☆「世界名著大事典」

ハンセン, マーク・ヴィクター

08751　「お金持ちになれる1分間の魔法」
『お金持ちになれる1分間の魔法─ワン・ミニッツ・ミリオネア』　マーク・ヴィクター・ハンセン, ロバート・アレン著　楡井浩一訳　徳間書店　2003　415p 21cm　1600円　Ⓘ4-19-861659-0

ハンセン, ロバート

08752 「憂鬱の解剖」
☆「西洋をきずいた書物」,「世界文学あらすじ大事典 4（ふん‐われ）」,「世界名著大事典」

ハンセン, A.H.

08753 「経済政策と完全雇用」
☆「世界名著大事典」

08754 「財政政策と景気循環」
『財政政策と景気循環』 アルヴィン・エッチ・ハンセン著 都留重人訳 日本評論社 1950 465p 22cm Ⓝ331.39
☆「経済学88物語」,「経済学名著106選」,「世界名著大事典」

ハンソン

08755 「科学的発見のパターン」
『科学的発見のパターン』 N.R.ハンソン著 村上陽一郎訳 講談社 1986 417p 15cm（講談社学術文庫） 980円 ①4-06-158744-7
☆「現代科学論の名著」

バンダ, J.

08756 「聖職者の背任」
☆「西洋をきずいた書物」,「世界名著大事典」

08757 「ベルフェゴール」
☆「世界名著大事典」

パンタレオーニ

08758 「純粋経済学原理」
☆「世界名著大事典」

ハンチントン, サミュエル

08759 「アジアの脈動」
☆「世界名著大事典」

08760 「気候因子」
☆「世界名著大事典」

08761 「気候と文明」
『気候と文明』 ハンチントン著 間崎万里訳 岩波書店 1938 422p 16cm（岩波文庫） Ⓝ290.1
☆「自然科学の名著」,「世界名著大事典」

08762 「文明の衝突」
☆「学問がわかる500冊」,「ナショナリズム論の名著50」,「名著に学ぶ国際関係論」

パンツィーニ

08763 「ディオゲネスの提灯」
☆「世界名著大事典」

ハンディ, チャールズ

08764 「ビジネスマン価値逆転の時代」
『ビジネスマン価値逆転の時代―組織とライフスタイル創り直せ』 チャールズ・ハンディ著 平野勇夫訳 ティビーエス・ブリタニカ 1994 317p 19cm 1800円 ①4-484-94107-4
☆「究極のビジネス書50選」,「世界で最も重要なビジネス書」

バンデューラ

08765 「社会的学習理論」
『社会的学習理論―人間理解と教育の基礎』 A.バンデュラ著 原野広太郎監訳 オンデマンド版 金子書房 2012 249,26p 21cm〈印刷・製本：デジタルパブリッシングサービス 文献あり 索引あり〉 8000円 ①978-4-7608-8017-1 Ⓝ141.33
☆「教育学の世界名著100選」,「ブックガイド心理学」

ハンデル, M.

08766 「戦争、戦略とインテリジェンス」
☆「名著で学ぶインテリジェンス」

パンテレーエフ, エル

08767 「金時計」
『金時計』 パンテレイエフ作 槇本楠郎訳 樂浪書院 1933 219p 20cm〈外箱入〉
☆「少年少女のための文学案内 2」,「世界名著大事典」,「名作の研究事典」

バンデロ

08768 「説話集」
☆「世界名著大事典」

ハント

08769 「エヴェレスト登頂記」
『エヴェレスト登頂記』 ジェームス・アルマン著 丹部節雄訳 ベースボール・マガジン社 1976 481p 図26枚 21cm（山岳名著選集） 2500円 Ⓝ292.58
☆「世界名著大事典」

ハントケ, ペーター

08770 「ある作家の午後」
☆「世界の小説大百科」

08771 「カスパー」
『カスパー』 ペーター・ハントケ著 龍田八百訳 劇書房 1984 117p 20cm〈発売：構想社〉 1400円 Ⓝ942
☆「世界名著大事典 補遺（Extra）」

08772 「観客罵倒」
☆「世界名著大事典 補遺（Extra）」

ハントリン

08773 「スズメバチ」
☆「世界名著大事典 補遺(Extra)」

08774 「内面世界の外面世界の内面世界」
☆「世界名著大事典 補遺(Extra)」

08775 「長い別れへの短い手紙」
☆「世界名著大事典 補遺(Extra)」

08776 「左ききの女」
『左ききの女』 ペーター・ハントケ原著 池田香代子訳 同学社 1990 164p 19cm(『新しいドイツの文学』シリーズ 4) 1030円 Ⓘ4-8102-0203-8 Ⓝ943
☆「世界の小説大百科」

08777 「ペナルティキックの際のゴールキーパーの不安」
☆「世界名著大事典 補遺(Extra)」、「ドイツ文学」

08778 「ボーデン湖の騎行」
☆「世界名著大事典 補遺(Extra)」

ハンドリン

08779 「アメリカ移民史」
☆「世界名著大事典」

バンナーマン

08780 「ちびくろ・サンボ」
☆「名作の研究事典」

ハンバーグ

08781 「洪秀全の幻想」
『洪秀全の幻想』 ハンバーグ著 青木富太郎訳 生活社 1941 156p 図版 19cm(中国文学叢書) Ⓝ222.066
☆「世界名著大事典」

バンハム, レイナー

08782 「第一機械時代の理論とデザイン」
『第一機械時代の理論とデザイン』 レイナー・バンハム著 石原達二,増成隆士訳 鹿島出版会 1976 501,10p 22cm〈校閲：原広司 参考文献表：p.490-495〉 4800円 Ⓝ520.17
☆「学問がわかる500冊 v.2」、「建築の書物/都市の書物」、「必読書250」

パンフォーロフ

08783 「ブルスキ」
☆「世界名著大事典」

ハンフリー, ニコラス

08784 「喪失と獲得」
☆「教養のためのブックガイド」

バンヤン, ジョン

08785 「悪太郎の一生」
『悪太郎の一生』 ジョン・バンヤン著 高村新一訳 新教出版社 1955 176p 図版 19cm Ⓝ933
☆「世界文学あらすじ大事典1(あ‐きょう)」、「世界名著大事典」

08786 「罪人のかしらに恩寵あふる」
☆「世界名著大事典」

08787 「聖なる戦い」
☆「世界名著大事典」

08788 「天路歴程」
『天路歴程—全訳』 ジョウン・バンヤン著 益本重雄訳 太陽堂書店 507p 肖像 19cm Ⓝ933
☆「あらすじで読む世界文学105」、「イギリス文学」、「英米文学の名作を知る本」、「学術辞典叢書 第12巻」、「近代名著解題選集 2」、「西洋をきずいた書物」、「世界を変えた100冊の本」、「世界の幻想文学」、「世界の書物」、「世界の名著」、「世界文学あらすじ大事典 3(ちか‐ふろ)」、「世界文学鑑賞辞典 第1」、「世界文学の名作と主人公」、「世界名著解題選 第3巻」、「世界名著大事典」、「たのしく読めるイギリス文学」、「日本の古典・世界の古典」、「ポケット世界名作事典」、「名小説ストーリイ集 世界篇」

バン・ローン, H.W.

08789 「芸術」
☆「世界名著大事典 補遺(Extra)」

08790 「ジェファソン」
☆「世界名著大事典 補遺(Extra)」

08791 「人類物語」
『人類物語—simplified English for side reading』 Hendric Van Loon[著] ジェイ・ダブルユ・ローリングス編 英語教授研究所 1939 71,3p 19cm〈発売：開拓社〉
☆「世界名著大事典 補遺(Extra)」

08792 「聖書物語」
『聖書物語』 バン・ルーン著 百々佑利子訳 ポプラ社 2006 242p 18cm(ポプラポケット文庫) 570円 Ⓘ4-591-09491-X
☆「世界名作事典」、「世界名著大事典 補遺(Extra)」、「名作の研究事典」

08793 「バン・ローンの地理学」
☆「世界名著大事典 補遺(Extra)」

08794 「レンブラント」
☆「世界名著大事典 補遺(Extra)」

【ヒ】

費 孝通 ひ・こうつう

08795 「郷土中国」

『郷土中国』 費孝通著 鶴間和幸ほか訳 学習院大学東洋文化研究所編 学習院大学東洋文化研究所 2001 78p 26cm(調査研究報告no.49) Ⓝ361.76
☆「東アジア人文書100」

08796　「中国の農民生活」
☆「世界名著大事典」

費 長房　ひ・ちょうぼう

08797　「歴代三宝紀」
☆「世界名著大事典」

ビアー,M.

08798　「ハーバードで教える人材戦略」
『ハーバードで教える人材戦略―ハーバード・ビジネススクールテキスト』 M.ビアー,B.スペクター,P.R.ローレンス,D.Q.ミルズ,R.E.ウォルトン著 梅津祐良,水谷栄二訳 日本生産性本部 1990 331p 19cm 2500円 Ⓘ4-8201-1463-8
☆「あらすじで読む世界のビジネス名著」

ピアジェ,ジャン

08799　「教育学と心理学」
『教育学と心理学』 ピアジェ[著] 竹内良知,吉田和夫訳 明治図書出版 1975 172p 22cm(海外名著選 42) 2100円 Ⓝ371.4
☆「教育名著の愉しみ」

08800　「教育の未来」
『教育の未来』 ジャン・ピアジェ著 秋枝茂夫訳 法政大学出版局 1982 151p 20cm 1300円 Ⓝ370.4
☆「教育本44」

08801　「構造主義」
『構造主義』 ジャン・ピアジェ著 滝沢武久,佐々木明共訳 白水社 1970 146p 18cm(文庫クセジュ)〈巻末：参考文献〉 280円 Ⓝ116.9
☆「心理学の名著12選」

08802　「思考の心理学」
『思考の心理学―発達心理学の6研究』 ジャン・ピアジェ著 滝沢武久訳 新装 みすず書房 1999 209p 20cm 2600円 Ⓘ4-622-04969-4 Ⓝ371.45
☆「科学技術をどう読むか」

08803　「児童道徳判断の発達」
☆「名著による教育原理」

08804　「児童の言語と思考」
☆「世界名著大事典」

08805　「児童の自己中心性」
☆「世界の心理学50の名著」

08806　「知能の心理学」
『知能の心理学』 ジャン・ピアジェ著 波多野完治,滝沢武久訳 新装版 みすず書房 1998 334p 19cm 3200円 Ⓘ4-622-04958-9
☆「ブックガイド心理学」

08807　「量の発達心理学」
『量の発達心理学』 J.ピアジェ,B.インヘルダー著 滝沢武久,銀林浩訳 〔新装版〕 国土社 1992 433p 21cm 4000円 Ⓘ4-337-65802-5
☆「教育学の世界名著100選」,「21世紀の教育基本書」

ビアス,アンブローズ

08808　「アウル・クリーク橋の一事件」
☆「世界の幻想文学」

08809　「悪魔の辞典」
『悪魔の辞典』 アンブローズ・ビアス[著] 乾幹雄訳註 大学書林 1985 158p 18cm〈他言語標題：The devil's dictionary〉
☆「一冊で人生論の名著を読む」,「世界名著大事典 補遺(Extra)」

08810　「生のさなかにも」
『生のさなかにも』 アンブロース・ビアス著 中村能三訳 東京創元社 1987 346p 15cm(創元推理文庫) 480円 Ⓘ4-488-54501-7
☆「世界文学あらすじ大事典 2(きよえ・ちえ)」,「世界文学鑑賞辞典 第1」,「世界名著大事典 補遺(Extra)」

08811　「冷笑家用語集」
☆「世界名著大事典 補遺(Extra)」

ピアス,フィリパ

08812　「トムは真夜中の庭で」
『トムは真夜中の庭で』 フィリパ・ピアス作 高杉一郎訳 新装版 岩波書店 2003 357p 20cm(岩波世界児童文学集) Ⓘ4-00-115725-X Ⓝ933.7
☆「あらすじで出会う世界と日本の名作55」,「一冊で不朽の名作100冊を読む」(友人社),「一冊で不朽の名作100冊を読む」(友人社),「英米児童文学のベストセラー40」,「世界少年少女文学 ファンタジー編」,「世界のメルヘン30」,「世界文学あらすじ大事典 3(ちかーふろ)」,「たのしく読めるイギリス文学」

ピーアスン

08813　「科学の入門、科学概論」
☆「哲学の名著」

ピアソン,カール

08814　「科学の文法」
『科学の文法』 カール・ピアスン著 安藤次郎訳 増訂第2版 坂戸 安藤次郎 1982

ピアソン, キャロル・S.
08815 「内なるヒーロー」
☆「世界の自己啓発50の名著」

ピアソン委員会
08816 「開発と援助の構想」
『開発と援助の構想—ピアソン委員会報告』 大来佐武郎監訳 日本経済新聞社 1969 314p 22cm〈国際復興開発銀行総裁に提出された国際開発委員会（議長：L.B.ピアソン）の報告書の全訳〉 1300円 Ⓝ333.8
☆「現代ビジネス書・経済書総解説」

ピアード, チャールズ・A.
08817 「アメリカ合衆国憲法の経済的解釈」
☆「アメリカを変えた本」,「世界名著大事典」

08818 「アメリカ合衆国史」
『アメリカ合衆国史』 チャールズ・ビアード, メアリ・ビアード, ウイリアム・ビアード著 松本重治, 岸村金次郎, 本間長世訳 新版 岩波書店 1964 563p 22cm〈付：参考書目〉 Ⓝ253
☆「人文科学の名著」

08819 「アメリカ精神の歴史」
『アメリカ精神の歴史』 C.A.ビアード, M.R.ビアード著 高木八尺, 松本重治訳 岩波書店 1954 333p 19cm（岩波現代叢書） Ⓝ253
☆「世界名著大事典」

08820 「アメリカ文明の興隆」
☆「世界名著大事典」,「歴史の名著」

08821 「ザ・リパブリック」
☆「私の古典」

08822 「政治の経済的基礎」
『政治の経済的基礎』 チャールズ・ビアード著 清水幾太郎訳 白日書院 1949 164p 19cm Ⓝ311
☆「世界名著大事典」

ビアード, メアリー
08823 「アメリカ合衆国史」
『アメリカ合衆国史』 チャールズ・ビアード, メアリ・ビアード, ウイリアム・ビアード著 松本重治, 岸村金次郎, 本間長世訳 新版 岩波書店 1964 563p 22cm〈付：参考書目〉 Ⓝ253
☆「人文科学の名著」

08824 「アメリカ精神の歴史」
『アメリカ精神の歴史』 C.A.ビアード, M.R.ビアード著 高木八尺, 松本重治訳 岩波書店 1954 333p 19cm（岩波現代叢書） Ⓝ253
☆「世界名著大事典」

ピアリー
08825 「北極」
☆「世界名著大事典」

ビーアン, ブレンダン
08826 「感化院の少年」
☆「世界の小説大百科」

ビアンキ
08827 「小ネズミのピーク」
☆「名作の研究事典」

08828 「森の新聞」
☆「世界名著大事典」

ピィポデイ
08829 「社会問題入門」
☆「近代欧米名著解題 第7巻」

ビーヴァー
08830 「イギリス諸島」
☆「世界名著大事典」

ヒエロニムス
08831 「著名者列伝」
☆「世界名著大事典」

ピエロン
08832 「実験心理学」
☆「世界名著大事典」

ビオイ=カサーレス, A.
08833 「ドン・イシドロ・パロディ」
☆「世界文学の名作と主人公」

08834 「モレルの発明」
『モレルの発明』 アドルフォ・ビオイ=カサーレス著 清水徹, 牛島信明訳 第2版, 新装版 水声社 2008 197p 19cm 1500円 ①978-4-89176-696-2
☆「世界の幻想文学」,「世界文学あらすじ大事典 4（ふんーわれ）」

ビオレ・ル・デュク, E.E.
08835 「建築講話」
『建築講話 第1巻』 E.E.ヴィオレ=ル=デュック著 飯田喜四郎訳 中央公論美術出版 2004 421p 26cm 28000円 ①4-8055-0499-4
☆「世界名著大事典 補遺(Extra)」

08836 「フランス建築辞典」
☆「世界名著大事典 補遺(Extra)」

ビオン

08837「精神分析の方法」
『精神分析の方法 1 セブン・サーヴァンツ』 ウィルフレッド・ルプレヒト・ビオン著 福本修訳 法政大学出版局 2008 313p 19cm〈りぶらりあ選書〉〈第2刷〉 3800円 ⓘ978-4-588-02199-2
☆「精神医学の名著50」

ビオン,W.

08838「再考」
『再考―精神病の精神分析論』 ウィルフレッド・R.ビオン著 松木邦裕監訳 中川慎一郎訳 金剛出版 2007 197p 22cm〈他言語標題：Second thoughts 文献あり〉 3400円 ⓘ978-4-7724-0974-2 Ⓝ493.76
☆「精神分析の名著」

08839「セヴン・サーヴァンツ」
☆「精神分析の名著」

ビガーズ

08840「チャーリー・チャンの活躍」
『チャーリー・チャンの活躍』 E.D.ビガーズ著 佐倉潤吾訳 東京創元新社 1963 394p 15cm〈創元推理文庫〉 Ⓝ933
☆「世界の推理小説・総解説」,「世界名著大事典」

ピガニオル

08841「ローマ史」
☆「世界名著大事典」

ピガフェッタ

08842「最初の世界一周航海記」
☆「世界の旅行記101」,「世界名著大事典」

08843「スペイン人によるモルッカ諸島への航海」
☆「西洋をきずいた書物」

ピカリング

08844「ドレーパー星表」
☆「世界名著大事典」

ピカール

08845「ギリシア考古学提要・彫刻編」
☆「世界名著大事典」

ビガンデー

08846「ビルマの仏伝」
☆「世界名著大事典」

ヒギンズ,ジャック

08847「脱出航路」
『脱出航路』 ジャック・ヒギンズ著 佐和誠訳 早川書房 1982 416p 16cm（ハヤカワ文庫NV） 500円 Ⓝ933
☆「世界の海洋文学」,「世界の冒険小説・総解説」

08848「非情の日」
『非情の日』 ジャック・ヒギンズ著 村社伸訳 早川書房 1984 276p 16cm（ハヤカワ文庫NV） 340円 ⓘ4-15-040362-7 Ⓝ933
☆「世界の冒険小説・総解説」

08849「闇の航路」
『闇の航路』 ジャック・ヒギンズ著 竹内泰之訳 西武タイム 1986 226p 19cm（Best sea adventures） 950円 ⓘ4-8275-1241-8 Ⓝ933
☆「世界の海洋文学」

08850「鷲は舞い降りた」
『鷲は舞い降りた』 ジャック・ヒギンズ著 菊池光訳 早川書房 1997 574p 15cm（ハヤカワ文庫NV） 920円 ⓘ4-15-040834-3
☆「世界の推理小説・総解説」,「世界の冒険小説・総解説」

ピグー

08851「厚生経済学」
『厚生経済学 第1分冊』 ピグウ著 気賀健三等訳 東洋経済新報社 1953 180p 図版 22cm〈永田清監修〉 Ⓝ331.39
☆「経済学88物語」,「経済学名著106選」,「社会科学の古典」,「社会科学の名著」,「世界の古典名著」,「世界名著大事典」

08852「失業の理念」
☆「世界名著大事典」

08853「社会主義対資本主義」
『社会主義対資本主義』 A.C.ピグウ著 北野熊喜男訳 東洋経済新報社 1952 171p 19cm Ⓝ331.39
☆「世界名著大事典」

ピーク,マーヴィン

08854「ゴーメンガースト」
『ゴーメンガースト』 マーヴィン・ピーク著 浅羽莢子訳 東京創元社 1987 679p 15cm（創元推理文庫 ゴーメンガースト3部作 2） 780円 ⓘ4-488-53402-3
☆「世界のSF文学・総解説」,「世界の小説大百科」

08855「タイタス・アローン」
『タイタス・アローン』 マーヴィン・ピーク著 浅羽莢子訳 東京創元社 1988 389p 15cm（創元推理文庫 3―ゴーメンガースト三部作） 530円 ⓘ4-488-53403-1
☆「世界のSF文学・総解説」

08856「タイタス・グローン」
『タイタス・グローン』 マーヴィン・ピーク著 浅羽莢子訳 東京創元社 1985 657p

ピクスリ

15cm（創元推理文庫　ゴーメンガースト三部作　1）　750円　Ⓝ933
☆「世界のSF文学・総解説」、「世界の小説大百科」、「たのしく読めるイギリス文学」

ピクスリー

08857　「監査人の義務と責任」
☆「世界名著大事典」

ビーグル

08858　「農村社会体系」
☆「世界名著大事典」

ビーグル，ピーター・S.

08859　「心地よく秘密めいたところ」
『心地よく秘密めいたところ』　ピーター・S.ビーグル著　山崎淳訳　東京創元社　1988　434p　15cm（創元推理文庫）　630円　①4-488-54801-6　Ⓝ933
☆「世界の幻想文学」

08860　「最後のユニコーン」
『最後のユニコーン―完全版』　ピーター・S.ビーグル著　金原瑞人訳　学習研究社　2009　397p　20cm〈著作目録あり〉　2000円　①978-4-05-403774-8　Ⓝ933.7
☆「世界のSF文学・総解説」

ピケット，R.M.

08861　「一九七〇年代の学生の政治参加」
☆「現代政治学を読む」

ビーゲル，ポール

08862　「小さな船長と七つの塔」
『小さな船長と七つの塔』　P.ビーゲル作　上野瞭訳　C.ホランダー画　あかね書房　1980　225p　21cm（あかね世界の児童文学）　980円
☆「世界の海洋文学」

08863　「小さな船長の大ぼうけん」
『小さな船長の大ぼうけん』　P.ビーゲル作　上野瞭訳　C.ホランダー画　あかね書房　1979　225p　21cm（あかね世界の児童文学）　980円
☆「世界の海洋文学」

ビゴー，ジョルジュ

08864　「日本素描集」
☆「アジアの比較文化」

ピーコック

08865　「夢魔の僧院」
☆「世界文学あらすじ大事典 4（ふん・われ）」

ピーコック，ウイリアム・E.

08866　「戦争の原則」
☆「経営経営95冊」

ピゴット

08867　「先史時代のインド」
☆「世界名著大事典」

ピコ・デラ・ミランドラ

08868　「人間の尊厳について」
『人間の尊厳について』　ジョヴァンニ・ピコ・デッラ・ミランドラ著　大出哲ほか訳　国文社　1985　356p　20cm（アウロラ叢書）〈文献：338〜356〉　4500円　Ⓝ132.3
☆「教養のためのブックガイド」、「世界名著大事典」

08869　「有と一」
☆「世界名著大事典」

ピーサレフ

08870　「生活のための闘い」
『生活のための闘い―「罪と罰」について』　ピーサレフ著　金子幸彦訳　岩波書店　1952　128p　15cm（岩波文庫）　Ⓝ983
☆「世界文学鑑賞辞典 第4」、「世界名著解題選 第6巻」

ピシェル

08871　「プラークリット語文法」
☆「世界名著大事典」

ビシャ

08872　「生と死の生理学的研究」
☆「自然科学の名著」、「世界名著大事典」

08873　「組織学」
☆「世界名著大事典」

ビショップ，エリック・ド

08874　「カイミロア」
『カイミロア』　E.ビショップ著　苅田澄訳　法政大学出版局　1953　322p　図版　19cm　Ⓝ298
☆「世界の海洋文学」

ピション

08875　「フランス文法試論」
☆「世界名著大事典」

ヒス

08876　「人体の形」
☆「世界名著大事典」

ヒース，エドワード

08877　「ヨットとわが人生」
☆「世界の海洋文学」

ヒース，T.L.

08878　「ギリシア数学史」
☆「ブックガイド〈数学〉を読む」

08879　「ギリシア数学摘要」
☆「世界名著大事典」

08880　「ユークリッド」
☆「世界名著大事典」

ビスカイノ
08881　「金銀島探検報告」
☆「世界名著大事典」

ビーストン
08882　「マイナスの夜光珠」
☆「世界の推理小説・総解説」

ビスマルク
08883　「回想録」
☆「世界名著大事典」

ビーゼ
08884　「自然感情の発展」
☆「世界名著大事典」

ビセット, J.
08885　「セイル・ホー！」
『セイル・ホー！—若き日の帆船生活』　ジェームズ・G.P.ビセット著　佐野修,大杉勇共訳　5版　成山堂書店　1996　338p　19cm　2200円　Ⓘ4-425-95164-6
☆「世界の海洋文学」

ピーセムスキー
08886　「千の魂」
☆「世界文学鑑賞辞典 第4」,「世界名著大事典」

ピーターズ, トム
08887　「エクセレント・カンパニー」
『エクセレント・カンパニー』　トム・ピーターズ,ロバート・ウォータマン著　大前研一訳　英治出版　2003　555p　19cm〈『エクセレント・カンパニー——超優良企業の条件』改題書〉　2200円　Ⓘ4-901234-33-1
☆「究極のビジネス書50選」,「勝利と成功の法則」,「世界で最も重要なビジネス書」,「戦略の名著！最強43冊のエッセンス」,「超売れ筋ビジネス書101冊」

08888　「自由奔放のマネジメント」
『自由奔放のマネジメント　上　ファッションの時代』　トム・ピーターズ著　小木曽昭元訳　ダイヤモンド社　1994　592p　20cm〈監訳：大前研一〉　2400円　Ⓘ4-478-33038-7　Ⓝ336
☆「究極のビジネス書50選」

ピダル, メネンデス
08889　「スペイン語の起原」
☆「世界名著大事典」

ピーター, ローレンス・J.
08890　「ピーターの法則」
『ピーターの法則—創造的無能のすすめ』　ローレンス・J.ピーター, レイモンド・ハル著　渡辺伸也訳　ダイヤモンド社　2003　222p　19cm　1400円　Ⓘ4-478-76085-3
☆「世界で最も重要なビジネス書」

ピック
08891　「労働法綱要」
☆「世界名著大事典」

ヒック, ジョン
08892　「宗教の哲学」
『宗教の哲学』　ジョン・H.ヒック著　間瀬啓允,稲垣久和訳　勁草書房　1994　311,4p　19cm　3090円　Ⓘ4-326-15288-5
☆「学問がわかる500冊」

ビック, E.
08893　「精神分析訓練における乳児観察に関する覚え書き」
☆「精神医学の名著50」

ヒックス, エスター
08894　「運命が好転する実践スピリチュアル・トレーニング」
『運命が好転する実践スピリチュアル・トレーニング』　エスター・ヒックス, ジェリー・ヒックス著　草間岳洋訳　PHP研究所　2007　300p　19cm　1700円　Ⓘ978-4-569-65918-3
☆「お金と富の哲学世界の名著50」

ヒックス, ジェリー
08895　「運命が好転する実践スピリチュアル・トレーニング」
『運命が好転する実践スピリチュアル・トレーニング』　エスター・ヒックス, ジェリー・ヒックス著　草間岳洋訳　PHP研究所　2007　300p　19cm　1700円　Ⓘ978-4-569-65918-3
☆「お金と富の哲学世界の名著50」

ヒックス, J.R.
08896　「価値と資本」
『価値と資本—経済理論の若干の基本原理に関する研究　上』　J.R.ヒックス著　安井琢磨,熊谷尚夫訳　岩波書店　1995　332p　15cm〈岩波文庫〉　620円　Ⓘ4-00-341461-6　Ⓝ331.74
☆「学問がわかる500冊」,「経済学88物語」,「経済学名著106選」,「現代経済学の名著」,「社会科学の名著」,「世界名著大事典」

08897　「景気循環論への1寄与」
☆「世界名著大事典」

ヒツケル

ヒツケル

08898　「経済史の理論」
『経済史の理論』 J.R.ヒックス著　新保博, 渡辺文夫訳　講談社　1995　320p　15cm（講談社学術文庫）　940円　Ⓘ4-06-159207-6
☆「経済学88物語」，「世界を変えた経済学の名著」

ビッケル

08899　「ボーローグ―飢餓への挑戦」
☆「伝記・自叙伝の名著」

ビッシング

08900　「エジプト美術史」
☆「世界名著大事典」

ヒッチコック, ヘンリー＝ラッセル

08901　「インターナショナル・スタイル」
『インターナショナル・スタイル』 ヘンリー・ラッセル・ヒッチコック, フィリップ・ジョンソン著　武沢秀一訳　鹿島出版会　1978　232p　19cm（SD選書　139）　980円　Ⓝ523.9
☆「建築の書物/都市の書物」

ピッツ, デニス

08902　「マンハッタン・クライシス」
『マンハッタン・クライシス』 デニス・ピッツ著　清水正二訳　立風書房　1977　278p　20cm　1200円　Ⓝ933
☆「世界の海洋文学」

ヒッティ

08903　「アラブの歴史」
『アラブの歴史　下』 フィリップ・K.ヒッティ著　岩永博訳　講談社　1983　805p　15cm（講談社学術文庫）〈年表：p793～801〉　1600円　Ⓘ4-06-158592-4　Ⓝ228
☆「世界名著大事典」

ピット＝リヴァーズ

08904　「シエラの人びと」
『シエラの人びと―スペイン・アンダルシア民俗誌』 J.A.ピット＝リバーズ著　野村雅一訳　弘文堂　1980　290,6p　22cm（人類学ゼミナール　15）　3200円　Ⓝ389.3
☆「文化人類学の名著50」

ヒッポナクス

08905　「詩集」
☆「世界名著大事典」

ヒッポリュトス

08906　「全異端反駁論」
☆「世界名著大事典」

ビーティー

08907　「愛している」
『愛している』 アン・ビーティ著　青山南訳　早川書房　1991　325p　19cm（Novels for Her）　1900円　Ⓘ4-15-207719-0
☆「たのしく読めるアメリカ文学」

ピーティ

08908　「山地地理学」
『山地地理学』 R.ピティ著　奥田彧, 上野福男共訳　農林協会　1955　278p　21cm　Ⓝ290.1
☆「世界名著大事典」

ピーティー, マーク

08909　「植民地 帝国50年の光芒」
☆「東アジア論」

ビード

08910　「イギリス国民の教会史」
☆「世界名著大事典」

ヒトラー, アドルフ

08911　「わが闘争」
『わが闘争―完訳　上』 アドルフ・ヒトラー著　平野一郎, 将積茂訳　改版　角川書店　2001　506p　15cm（角川文庫）〈肖像あり〉　800円　Ⓘ4-04-322401-X　Ⓝ311.8
☆「現代人のための名著」，「西洋をきずいた書物」，「世界を変えた本」，「世界名著大事典」，「二十世紀を騒がせた本」，「20世紀を震撼させた100冊」

ピトリー

08912　「考古学の方法と目的」
☆「世界名著大事典」

ヒートン

08913　「ヨーロッパ経済史」
☆「世界名著大事典」

ビネー

08914　「新しい児童観」
『新しい児童観』 アルフレッド・ビネー著　波多野完治訳　明治図書出版社　1961　262p　図版　22cm（世界教育学選集　第20）　Ⓝ371.45
☆「教育学の世界名著100選」

08915　「推理の心理学」
☆「近代欧米名著解題 第3巻」

08916　「知能の実験的研究」
☆「世界名著大事典」

ピネル

08917　「哲学的病理学」
☆「世界名著大事典」

ピネロ

08918　「タンカレイ氏の後妻」
☆「世界名著大事典」

08919 「霹靂」
☆「世界名著大事典」

費莫 文康　ひばく・ぶんこう
08920 「児女英雄伝」
☆「中国の名著」

ビービ, ウイリアム
08921 「深海探検家」
☆「世界の海洋文学」

ピープス, サミュエル
08922 「サミュエル・ピープスの日記」
『サミュエル・ピープスの日記　第10巻　1669年』　サミュエル・ピープス著　海保眞夫訳　国文社　2012　322p　21cm　4200円　①978-4-7720-0187-8
☆「世界文学あらすじ大事典2(きよえ‐ちえ)」, 「世界名著大事典」

ビーベス, L.
08923 「学問論」
☆「世界名著大事典 補遺(Extra)」

ビーベス, V.
08924 「15世紀レメンサ農民史」
☆「世界名著大事典 補遺(Extra)」

08925 「スペイン・アメリカ社会経済史」
☆「世界名著大事典 補遺(Extra)」

08926 「スペイン経済史提要」
☆「世界名著大事典 補遺(Extra)」

ビベロ
08927 「日本見聞録」
☆「世界名著大事典」

ヒポクラテス
08928 「空気と水と場所」
☆「世界名著大事典」

08929 「箴言」
☆「世界名著大事典」

08930 「ヒポクラテス全集」
『ヒポクラテス全集　第1巻』　ヒポクラテス[著]　大槻真一郎編集・翻訳責任　新訂　エンタプライズ　1997　1010p　24cm〈他言語標題：Corpus Hippocraticum〉Ⓝ490.231
☆「古典・名著の読み方」, 「自然科学の名著」, 「自然科学の名著100選 上」, 「西洋をきずいた書物」, 「世界を変えた100冊の本」

08931 「古い医術について」
『古い医術について―他8篇』　ヒポクラテス著　小川政恭訳　岩波書店　1963　211p 図版　15cm(岩波文庫)　Ⓝ490.4

☆「大人のための世界の名著50」, 「科学技術をどう読むか」

08932 「流行病」
☆「世界名著大事典」

ビーマーチャールヤ
08933 「ニヤーヤコーシャ」
☆「世界名著大事典」

ピム, バーバラ
08934 「秋の四重奏」
☆「世界の小説大百科」

08935 「よくできた女」
『よくできた女』　バーバラ・ピム, 芦津かおり訳　みすず書房　2010　353p　19cm　3000円　①978-4-622-07561-5
☆「世界の小説大百科」

ヒメーネス
08936 「プラテーロとわたし」
『プラテーロとわたし』　ファン・ラモン・ヒメネス作　長新太絵　伊藤武好, 伊藤百合子訳　新装版　理論社　2011　309p　19cm　1600円　①978-4-652-07981-2
☆「世界の小説大百科」, 「世界文学あらすじ大事典3(ちか‐ふろ)」, 「世界名著大事典」

ビュアリー
08937 「ギリシア史」
☆「世界名著大事典」

08938 「ケンブリジ古代史」
☆「世界名著大事典」

08939 「思想の自由の歴史」
『思想の自由の歴史』　J.B.ビュアリ著　森島恒雄訳　岩波書店　1993　210p　18cm(岩波新書　61)〈第25刷(第1刷：51.4.5)〉　580円　①4-00-412001-2
☆「世界名著大事典」

08940 「進歩の理念」
☆「世界名著大事典」

ヒューエル
08941 「帰納科学史」
☆「世界名著大事典」

ヒューグリ
08942 「簿記体系と簿記組織」
☆「世界名著大事典」

ヒューゲル
08943 「宗教哲学論集」
☆「世界名著大事典」

ピュージン,A.C.
08944　「ゴッシク建築実例集」
　☆「西洋をきずいた書物」

ピュージン,A.W.N.
08945　「コントラスト」
　☆「西洋をきずいた書物」

ヒューズ,スチュアート
08946　「意識と社会」
　『意識と社会—ヨーロッパ社会思想1890 -1930』　スチュアート・ヒューズ著　生松敬三，荒川幾男訳　新装版　みすず書房　1999　293,12p　21cm　4400円　Ⓘ4-622-04964-3
　☆「学問がわかる500冊 v.2」，「社会学的思考」

ヒューズ,テッド
08947　「カマス」
　☆「たのしく読めるイギリス文学」

ヒューズ,トーマス
08948　「イスラム辞典」
　☆「世界名著大事典」

ヒューズ,トマス
08949　「トム・ブラウンの学校生活」
　『トム・ブラウンの学校生活　上』　トマス・ヒューズ著　前川俊一訳　岩波書店　1952　272p　15cm（岩波文庫）　Ⓝ933
　☆「世界少年少女文学 リアリズム編」，「世界文学あらすじ大事典 3（ちか‐ふろ）」，「世界名著大事典」

ヒューズ,トム
08950　「大西洋ブルーリボン史話」
　『大西洋ブルーリボン史話』　トム・ヒューズ著　出光宏訳　至誠堂　1976　318p（図31枚共）　23cm　1800円　Ⓝ683.2
　☆「世界の海洋文学」

ヒューズ,リチャード
08951　「大あらし」
　『大あらし』　リチャード・ヒューズ著　北山克彦訳　晶文社　1975　232p　20cm（文学のおくりもの 9）　980円　Ⓝ333
　☆「世界の海洋文学」

08952　「ジャマイカの烈風」
　『ジャマイカの烈風』　リチャード・ヒューズ著　小野寺健訳　晶文社　2003　254p　19cm（必読系！ヤングアダルト）　1900円　Ⓘ4-7949-1834-8
　☆「世界の冒険小説・総解説」，「世界文学あらすじ大事典 2（きよえ‐ちえ）」

ヒューズ,E.R.
08953　「西洋文化の中国侵略」
　☆「世界名著大事典」

ヒューストン
08954　「ヨーロッパの社会地理」
　☆「世界名著大事典」

ヒュック
08955　「労働法講義」
　☆「世界名著大事典」

ビュッケン
08956　「音楽学提要」
　☆「世界名著大事典」

08957　「音楽作品における精神と形態」
　☆「世界名著大事典」

08958　「ロココと古典派の音楽」
　☆「世界名著大事典」

ビュッティカー,ウルス
08959　「ルイス・カーン 光と空間」
　☆「学問がわかる500冊 v.2」

ビュデ
08960　「ギリシア語考」
　☆「西洋をきずいた書物」

ビュトール,ミシェル
08961　「階段」
　☆「世界名著大事典 補遺（Extra）」

08962　「心変わり」
　『心変わり』　ミシェル・ビュトール作　清水徹訳　岩波書店　2012　482p　15cm（岩波文庫）〈第3刷（第1刷2005年）〉　1000円　Ⓘ4-00-375061-6
　☆「知っておきたいフランス文学」，「世界の名著」，「世界文学鑑賞辞典 第2」，「世界文学の名作と主人公」，「世界名著大事典 補遺（Extra）」，「フランス文学」，「ポケット世界名作事典」，「名作あらすじ事典 西洋文学編」

08963　「時間割」
　『時間割』　ミシェル・ビュトール著　清水徹訳　河出書房新社　2006　511p　15cm（河出文庫）　1200円　Ⓘ4-309-46284-7
　☆「世界文学あらすじ大事典 2（きよえ‐ちえ）」，「世界名著大事典 補遺（Extra）」，「百年の誤読 海外文学篇」

08964　「土地の精霊」
　☆「世界名著大事典 補遺（Extra）」

ビューヒナー
08965　「ヴォイツェック」

☆「世界文学あらすじ大事典1(あ‐きょう)」,「世界文学の名作と主人公」,「ドイツ文学」

ビュヒナー, ゲオルク

08966 「ダントンの死」
『ダントンの死―他2篇』 ビューヒネル著 井汲越次訳 日本評論社 1949 273p 図版 15cm(世界古典文庫 第107) Ⓝ942
☆「知っておきたいドイツ文学」,「世界文学鑑賞辞典 第3」,「世界名著大事典」,「名作あらすじ事典 西洋文学編」

ビュヒナー, ルートヴィヒ

08967 「力と物質」
☆「近代名著解題選集2」,「自然科学の名著」,「西洋をきずいた書物」

ビューヒャー, カール

08968 「国民経済の成立」
『国民経済の成立』 カール・ビュッヒァー著 権田保之助訳 増補改訂 第一出版 1946 532p 図版 21cm Ⓝ331.33
☆「学術辞典叢書 第11巻」,「世界名著解題選 第1巻」,「世界名著大事典」

08969 「労働とリズム」
『労働とリズム』 カール・ビュヒャー著 高山洋吉訳 第一出版 1944 536p 図版 22cm Ⓝ767
☆「世界名著解題選 第6巻」,「世界名著大事典」

ビュフォン

08970 「自然の諸時代」
☆「世界名著大事典」

08971 「博物誌」
☆「自然科学の名著」,「西洋をきずいた書物」,「世界名著大事典」

08972 「文体論」
☆「世界名著大事典」

ヒュプシュマン

08973 「アルメニア語文法」
☆「世界名著大事典」

ヒューブナー

08974 「ドイツ私法綱要」
☆「世界名著大事典」

ヒューブナー, ソロモン・S.

08975 「生命保険経済学」
『生命保険経済学』 ソロモン・S.ヒューブナー著 小林惟司訳 慶応通信 1962 264p 図版 22cm〈原著第3版の翻訳〉 Ⓝ339.4
☆「世界名著大事典」

ヒューブナー, ファーガス

08976 「二輪馬車の秘密」
『二輪馬車の秘密』 ファーガス・ヒューム著 江藤淳,足立康訳 新潮社 1964 350p 16cm(新潮文庫) Ⓝ933
☆「世界の推理小説・総解説」,「世界名著大事典」

ヒューブナー, ローランド

08977 「郵政省の改革」
☆「西洋をきずいた書物」

08978 「郵便料金特別委員会第3次報告書」
☆「西洋をきずいた書物」

ヒューム, デイヴィッド

08979 「イギリス史」
☆「世界名著大事典」

08980 「経済論集」
『経済論集』 デイヴィッド・ヒューム著 田中敏弘訳 東京大学出版会 1967 332p 19cm(初期イギリス経済学古典選集 第8)〈監修者:アダム・スミスの会〉 780円 Ⓝ331.31
☆「経済学の名著30」

08981 「自然宗教に関する対話」
『自然宗教に関する対話―ヒューム宗教論集2』 デイヴィット・ヒューム著 福鎌忠恕,斎藤繁雄訳 法政大学出版局 1975 189p 20cm(叢書・ウニベルシタス) 1400円 Ⓝ161.6
☆「教養のためのブックガイド」,「世界名著大事典」,「入門 哲学の名著」

08982 「宗教の自然史」
『宗教の自然史―ヒューム宗教論集 1』 デイヴィッド・ヒューム[著] 福鎌忠恕,斎藤繁雄訳 新装版 法政大学出版局 2011 136p 20cm(叢書・ウニベルシタス 32) 2200円 ①978-4-588-09932-8 Ⓝ161
☆「宗教学の名著30」,「世界名著大事典」

08983 「省察集」
☆「世界名著大事典」

08984 「人性論」
『人性論』 ヒューム著 土岐邦夫,小西嘉四郎訳 中央公論新社 2010 260p 18cm(中公クラシックス) 1550円 ①978-4-12-160119-3
☆「学術辞典叢書 第12巻」,「近代哲学の名著」,「近代名著解題選集2」,「思想史の巨人たち」,「西洋をきずいた書物」,「世界を変えた経済学の名著」,「世界を変えた100冊の本」,「世界の古典名著」,「世界の哲学思想」,「世界名著解題選 第5巻」,「世界名著大事典」,「超解「哲学名著」事典」,「哲学の世界」,「哲学名著解題」(協同出版),「哲学名著解題」(春秋社)

08985 「政治論集」

『政治論集』　デイヴィッド・ヒューム著　田中秀夫訳　京都　京都大学学術出版会　2010　412p　19cm（近代社会思想コレクション04）　3700円　①978-4-87698-962-1
☆「世界名著大事典」

08986　「道徳政治文芸論集」
☆「はじめて学ぶ政治学」

08987　「道徳の原理に関する研究」
☆「哲学の名著」

08988　「人間知性研究」
『人間知性研究—付・人間本性論摘要』　デイヴィッド・ヒューム著　斎藤繁雄,一ノ瀬正樹訳　新装版　法政大学出版局　2011　285,7p　21cm　4800円　①978-4-588-12129-6
☆「世界の哲学50の名著」,「世界名著大事典」,「哲学の名著」,「哲学名著解題」,「入門 哲学の名著」

ビューラー

08989　「ドイツ史」
☆「世界名著大事典」

ビューラー, カール

08990　「言語理論」
『言語理論—言語の叙述機能　下巻』　カール・ビューラー著　脇阪豊ほか共訳　クロノス　1985　262p　22cm　4300円　①4-906119-09-3　Ⓝ801
☆「世界名著大事典」

ビューラー, シャルロッテ

08991　「青年の精神生活」
『青年の精神生活』　シャルロッテ・ビューラー著　原田茂訳　協同出版　1969　304p　22cm〈文献：289-301p〉　1300円　Ⓝ371.47
☆「教育学の世界名著100選」

ビュルガー, ゴットフリート・アウグスト

08992　「ほらふき男爵の冒険」
『ほらふき男爵の冒険』　ビュルガー編　新井皓士訳　岩波書店　2008　260p　15cm（岩波文庫）〈第28刷〉　600円　①4-00-324421-4
☆「少年少女のための文学案内3」,「世界少年少女文学 ファンタジー編」,「世界文学あらすじ大事典4（ふん〜われ）」,「世界文学鑑賞辞典 第3」,「世界名著大事典」,「ドイツ文学」,「ポケット世界名作事典」,「名作の研究事典」

ビュルガー, K.

08993　「景観概念」
☆「世界名著大事典」

ビューロー

08994　「ドイツ帝国の政策」
『ドイツ帝国の政策』　ビューロウ著　柳春生訳　三省堂　1944　362p　19cm（ドイツ史大系）　Ⓝ234.065
☆「世界名著大事典」

ビョルンソン, ビョルンスチェルネ

08995　「アルネ」
『アルネ』　ビョルンソン作　小林英夫訳　岩波書店　1975　191p　15cm（岩波文庫）　140円　Ⓝ949.6
☆「学術辞典叢書 第13巻」,「近代名著解題選集1」,「近代名著解題選集2」,「現代世界の名作」,「世界文学あらすじ大事典1（あ〜きよう）」,「世界文学鑑賞辞典 第3」,「世界名著解題選 第1巻」,「世界名著大事典」,「ポケット世界名作事典」

08996　「人力以上」
☆「世界文学あらすじ大事典2（きよえ〜ちえ）」,「世界名著大事典」

08997　「日向丘の少女」
『日向丘の少女—シュンネーヴェ・ソルバッケン』　ビョルンソン著　山室静訳　角川書店　1954　190p（附共）　15cm（角川文庫）　Ⓝ949.6
☆「少年少女のための文学案内2」,「世界文学あらすじ大事典3（ちか〜ふろ）」,「世界名著大事典」,「名作の研究事典」

ビラス, ホセ・ネイラ

08998　「ある田舎の子の思い出」
☆「世界の小説大百科」

ビラ＝マタス, エンリーケ

08999　「バートルビーと仲間たち」
☆「世界の小説大百科」

ヒラリー, エドモンド

09000　「極限に挑む」
☆「世界名著大事典 補遺（Extra）」,「ブックガイド"宇宙"を読む」

ヒラリウス

09001　「三位一体論」
☆「世界名著大事典」

ビラン, メーヌ・ド

09002　「思考能力に及ぼす習慣の影響」
☆「世界名著大事典」

09003　「習慣の思惟能力に及ぼす影響」
☆「哲学の名著」

ピランデルロ, ルイジ

09004　「（あなたがそう思うならば）そのとおり」
☆「世界文学あらすじ大事典1（あ〜きよう）」

09005 「生きていたパスカル」
『生きていたパスカル』　ルイージ・ピランデッロ著　米川良夫訳　福武書店　1987　441p　15cm（福武文庫　海外文学シリーズ）　700円　Ⓘ4-8288-3065-0
☆「世界文学あらすじ大事典1（あ‐きよう）」、「世界文学鑑賞辞典　第2」、「世界名著大事典」

09006 「作者を探す六人の登場人物」
☆「現代世界の名作」、「世界の名著」、「世界文学あらすじ大事典2（きよえ‐ちえ）」、「世界文学鑑賞辞典　第2」、「世界文学の名作と主人公」、「世界名著大事典」、「ポケット世界名作事典」

09007 「ひとりは誰でもなく、また十万人」
☆「世界の小説大百科」

09008 「老人と若者」
☆「世界文学あらすじ大事典4（ふん‐われ）」

ヒーリ, W.

09009 「少年非行」
『少年非行』　ヒーリー著　樋口幸吉訳　みすず書房　1956　241p　19cm（現代科学叢書）〈共著：オーガスタ・F.ブロンナー〉　Ⓝ369.13
☆「教育を考えるためにこの48冊」

ピリニャーク, B.A.

09010 「消されない月の話」
『消されない月の話』　ピリニヤーク著　米川正夫訳　オンデマンド版　ゆまに書房　2007　119p　19cm（昭和初期世界名作翻訳全集　112）　3900円　Ⓘ978-4-8433-2236-9
☆「世界名著大事典　補遺（Extra）」

09011 「日本の太陽の根元」
☆「世界名著大事典　補遺（Extra）」

09012 「裸の年」
『裸の年』　ボリス・ピリニャーク著　富士辰馬訳　新潮社　1926　328p　18cm（社会小説叢書　3）　Ⓝ983
☆「世界文学あらすじ大事典3（ちか‐ふろ）」、「世界文学鑑賞辞典　第4」、「世界名著大事典　補遺（Extra）」

09013 「マホガニー」
☆「世界名著大事典　補遺（Extra）」

ピリング

09014 「ルターの国家観」
☆「世界名著大事典」

ピール

09015 「法律抵触論」
☆「世界名著大事典」

ヒル, クリストファー

09016 「イギリス革命」

『イギリス革命―1640年』　クリストファ・ヒル編　田村秀夫訳　創文社　1956　183p　19cm　Ⓝ233.053
☆「世界名著大事典」

09017 「レーニンとロシア革命」
☆「世界名著大事典」

ヒル, ナポレオン

09018 「心構えが奇跡を生む」
『心構えが奇跡を生む』　ナポレオン・ヒル, W.クレメント・ストーン共著　田中孝顕訳　新版　きこ書房　2012　317p　17cm　1100円　Ⓘ978-4-87771-295-2
☆「世界の成功哲学50の名著エッセンスを解く」

09019 「思考は現実化する」
『思考は現実化する　上』　ナポレオン・ヒル著　田中孝顕訳　きこ書房　2014　364p　15cm　750円　Ⓘ978-4-87771-316-4
☆「世界の成功哲学50の名著エッセンスを解く」

09020 「成功へのマスターキー」
『成功へのマスターキー』　ナポレオン・ヒル著　青島淑子訳　ソフトバンクパブリッシング　2005　267p　19cm（フォーエバー選書）　1600円　Ⓘ4-7973-2930-0　Ⓝ159
☆「お金と富の哲学世界の名著50」

ピール, ノーマン・ヴィンセント

09021 「積極的考え方の力」
『積極的考え方の力―新訳：成功と幸福を手にする17の原則』　ノーマン・V・ピール著　月沢李歌子訳　ダイヤモンド社　2012　252p　20cm　1600円　Ⓘ978-4-478-02272-6　Ⓝ159
☆「世界の自己啓発50の名著」

ヒル, ポーター

09022 「艦長アダム・ホーン・シリーズ」
☆「世界の海洋文学」

ヒル, リン

09023 「クライミング・フリー」
『クライミング・フリー―伝説を創る驚異の女性アスリート』　リン・ヒル, グレッグ・チャイルド著　小西敦子訳　光文社　2006　379p　15cm（光文社文庫）　667円　Ⓘ4-334-76176-3
☆「新・山の本おすすめ50選」

ヒルシュフェルト

09024 「性科学」
☆「世界名著大事典」

09025 「戦争と性」
『戦争と性』　マグヌス・ヒルシュフェルト著　高山洋吉訳　明月堂書店　2014　301p　20cm〈河出書房 1956年刊の復刻版〉　2300円

ビールショウスキイ

09026　「ゲーテ―その生涯と作品」
☆「世界名著解題選 第6巻」

ピルスビュリー

09027　「推理の心理」
☆「近代欧米名著解題 第6巻」

ピルツァー, ポール・ゼイン

09028　「神はあなたが金持ちになることを望む」
☆「お金と富の哲学世界の名著50」

ヒルティ, カール

09029　「幸福論」
『幸福論』　カール・ヒルティ著　斎藤栄治編・訳　氷上英廣, 前田護郎, 杉山好訳　新装版　白水社　2008　283p　21×16cm　3000円
①978-4-560-02469-0
☆「世界の古典名著」,「世界名著案内 7」,「世界名著大事典」

09030　「読書と演説」
『読書と演説』　ヒルティ著　秋山英夫訳　角川書店　1970　210p　15cm（角川文庫）
Ⓝ019.1
☆「世界名著大事典」

09031　「眠られぬ夜のために」
『眠られぬ夜のために』　カール・ヒルティ著　小池辰雄編・訳　登張正実, 小塩節訳　新装版　白水社　2008　315p　21×16cm　3000円
①978-4-560-02470-6
☆「一冊で人生論の名著を読む」,「世界の名著早わかり事典」,「世界名著大事典」

ヒルデガルト

09032　「自然学」
☆「世界名著大事典」

ヒルデブラント, アドルフ・フォン

09033　「造形芸術における形式の問題」
☆「世界名著大事典」

ヒルデブラント, ブルーノ

09034　「現代および将来の国民経済学」
☆「学術辞典叢書 第14巻」,「世界名著解題選 第1巻」,「世界名著大事典」

09035　「自然経済, 貨幣経済および信用経済」
☆「世界名著大事典」

ヒルデブラント, ベーツ・ニコラス

09036　「カメラ・オブスキューラ」
☆「世界の小説大百科」,「世界名著大事典」

ヒルト, F.

09037　「中国古代史」
☆「世界名著大事典」

ヒルト, H.

09038　「印欧語文法」
☆「世界名著大事典」

09039　「印欧語民族」
☆「世界名著大事典」

09040　「芸術生理学の課題」
☆「世界名著大事典」

ヒルトン, コンラッド

09041　「ビー・マイ・ゲスト」
☆「お金と富の哲学世界の名著50」

ヒルトン, ジェームズ

09042　「失われた地平線」
『失われた地平線』　ジェイムズ・ヒルトン著　池央耿訳　河出書房新社　2011　267p　15cm（河出文庫）　700円
①978-4-309-46361-2
☆「現代世界の名作」,「世界のSF文学・総解説」,「世界の幻想文学」,「世界文学あらすじ大事典 1（あ‐きょう）」,「世界名著大事典 補遺（Extra）」

09043　「学校殺人事件」
☆「世界の推理小説・総解説」

09044　「チップス先生, さようなら」
『チップス先生さようなら』　ジェイムズ・ヒルトン著　松澤喜好監修　IBCパブリッシング　2009　159p　19cm（IBCオーディオブックス）〈付属資料：CD1, 本文：英文〉　1600円
①978-4-7946-0005-9
☆「英米文学の名作を知る本」,「世界文学あらすじ大事典 3（ちか‐ふろ）」,「世界名著大事典 補遺（Extra）」

ビールーニー

09045　「いにしえより残りしものの跡」
☆「世界名著大事典 補遺（Extra）」

09046　「インド誌」
☆「アジアの比較文化」,「世界名著大事典 補遺（Extra）」

09047　「マスウード宝典」
☆「世界名著大事典 補遺（Extra）」

ヒルファーディング, ルドルフ

09048　「金融資本論」
『金融資本論―全訳　下巻』　ヒルファーディング著　林要訳　世界評論社　1948　415p　19cm　Ⓝ338

ヒルベルト, D.

09049 「幾何学基礎論」
『幾何学基礎論』 ヒルベルト著　中村幸四郎訳　清水弘文堂書房　1969　254p　19cm　700円　Ⓝ414.1
☆「自然科学の名著」,「自然科学の名著100選 下」,「世界名著大事典」,「ブックガイド 文庫で読む科学」

09050 「数学基礎論」
☆「世界名著大事典」

09051 「数学の問題」
『数学の問題』 ヒルベルト著　一松信訳・解説　共立出版　1969　141p 図版　22cm (現代数学の系譜　4)　950円　Ⓝ410.1
☆「世界名著大事典」

ヒルマン, ジェイムズ

09052 「魂のコード」
『魂のコード―心のとびらをひらく』 ジェイムズ・ヒルマン著　鏡リュウジ訳　河出書房新社　1998　368,20p　19cm　2400円
①4-309-24207-3
☆「世界の自己啓発50の名著」

ヒルン

09053 「芸術の起原」
☆「世界名著大事典」

ヒレブラント

09054 「ヴェーダ神話」
☆「世界名著大事典」

ビレラ, G.

09055 「イエズス会士日本通信」
『イエズス会士日本通信―耶蘇会士日本通信 豊後・下篇』 イエズス会編　村上直次郎訳　柳谷武夫編輯　雄松堂書店　1978　2冊　23cm (新異国叢書　1〜2)　各3500円
Ⓝ198.21
☆「世界名著大事典 補遺 (Extra)」

ピレンヌ, アンリ

09056 「資本主義発達の社会史的諸段階」
☆「世界名著大事典」

09057 「世界史潮」
☆「世界名著大事典」

09058 「中世都市」
『中世都市―社会経済史的試論』 アンリ・ピレンヌ著　佐々木克巳訳　創文社　1970　312,11p　20cm　800円　Ⓝ332.3
☆「世界名著大事典」

09059 「中世ヨーロッパ社会経済史」
☆「世界名著大事典」

09060 「ベルギー史」
☆「世界の古典名著」,「世界名著大事典」,「歴史の名著」

09061 「ヨーロッパ世界の誕生」
『ヨーロッパ世界の誕生―マホメットとシャルルマーニュ』 アンリ・ピレンヌ著　中村宏, 佐々木克巳共訳　創文社　1960　415,21p 地図　22cm (名著翻訳叢書)　Ⓝ230.3
☆「学問がわかる500冊 v.2」,「現代歴史学の名著」,「世界名著大事典」

ピンカー, スティーブン

09062 「人間の本性を考える―心は「空白の石版」か」
『人間の本性を考える―心は「空白の石版」か 上』 スティーブン・ピンカー著　山下篤子訳　日本放送出版協会　2004　261,40p　19cm (NHKブックス)　1120円　①4-14-091010-0
☆「教養のためのブックガイド」,「世界の心理学50の名著」

ピンケヴィッチ

09063 「教育学」
☆「世界名著解題選 第5巻」

ヒンシウス

09064 「カトリックおよびプロテスタントの教会法」
☆「世界名著大事典」

ヒンズリー, H.

09065 「第二次世界大戦におけるイギリスのインテリジェンス」
☆「名著で学ぶインテリジェンス」

ビンスワンガー, L.

09066 「観念奔逸」
☆「世界名著大事典 補遺 (Extra)」

09067 「精神分裂」
☆「世界名著大事典 補遺 (Extra)」

09068 「人間的現存在の根本形式と認識」
☆「世界名著大事典 補遺 (Extra)」

09069 「フロイトへの道―精神分析から現存在分析へ」
☆「学問がわかる500冊」

ピンター, ハロルド

09070 「管理人」

ヒンダロス

☆「たのしく読めるイギリス文学」

ピンダロス

09071 「競技祝勝歌集」
☆「教養のためのブックガイド」,「世界名著大事典」

ピンチョン, トマス

09072 「LAヴァイス」
『LAヴァイス』 トマス・ピンチョン著 栩木玲子, 佐藤良明訳 新潮社 2012 542p 19cm 3600円 ①978-4-10-537211-8
☆「21世紀の世界文学30冊を読む」

09073 「エントロピー」
☆「世界の幻想文学」

09074 「逆光」
『逆光 上』 トマス・ピンチョン著 木原善彦訳 新潮社 2010 862p 19cm（トマス・ピンチョン全小説） 4400円
①978-4-10-537204-0
☆「世界の小説大百科」

09075 「競売ナンバー49の叫び」
『競売ナンバー49の叫び』 トマス・ピンチョン著 佐藤良明訳 新潮社 2011 301p 19cm 2800円 ①978-4-10-537209-5
☆「知っておきたいアメリカ文学」,「世界の小説大百科」,「名作あらすじ事典 西洋文学編」

09076 「重力の虹」
『重力の虹 2』 トマス・ピンチョン著 越川芳明, 植野達郎, 佐伯泰樹, 幡山秀明訳 国書刊行会 1993 509p 19cm（文学の冒険） 2900円 ①4-336-03058-8
☆「アメリカ文学」,「世界の小説大百科」,「百年の誤読 海外文学篇」

09077 「V.」
『V. 上』 トマス・ピンチョン著 小山太一, 佐藤良明訳 新潮社 2011 382p 19cm 3000円 ①978-4-10-537207-1
☆「世界のSF文学・総解説」,「世界の幻想文学」,「世界の小説大百科」,「世界文学あらすじ大事典 1（あ～きよう）」,「たのしく読めるアメリカ文学」

ヒンツェ

09078 「封建制の本質と分布」
☆「世界名著大事典」

09079 「身分制議会の起源と発展」
『身分制議会の起源と発展』 O.ヒンツェ著 成瀬治訳 創文社 1975 186p 20cm（歴史学叢書） 1200円 ⓃD314.53
☆「現代歴史学の名著」

ピンディング

09080 「規範とその違反」
☆「世界名著大事典」

ヒンデミット

09081 「作曲の手引き」
☆「世界名著大事典」

【フ】

巫鴻 ふ・こう

09082 「儀礼における美術」
☆「東アジア人文書100」

傅山 ふ・さん

09083 「霜紅龕集」
☆「世界名著大事典」

プー, スントン

09084 「プラ・アパイマーニー」
☆「世界名著大事典」

ファイアストーン

09085 「性の弁証法」
『性の弁証法——女性解放革命の場合』 S.ファイアストーン著 林弘子訳 評論社 1972 305p 20cm 900円 Ⓝ367.8
☆「フェミニズムの名著50」

ファイズ

09086 「真珠湾への道」
☆「世界名著大事典」

ファイスト

09087 「ゴート語比較辞典」
☆「世界名著大事典」

ファイナー

09088 「近代政府の理論と実践」
☆「世界名著大事典」

ファイネ

09089 「教会法史」
☆「世界名著大事典」

ファイヒンガー

09090 「かのようにの哲学」
☆「世界名著大事典」

09091 「カント純粋理性批判解説」
☆「世界名著大事典」

ファイヤアーベント

09092 「方法への挑戦」
『方法への挑戦——科学的創造と知のアナーキズム』 ポール・K.ファイヤアーベント著 村上陽一郎, 渡辺博共訳 新曜社 2006 438,13p

ファイヨル
09093 「経営および一般の管理」
☆「世界名著大事典」

ファインマン, リチャード・P.
09094 「ご冗談でしょう、ファインマンさん」
『ご冗談でしょう、ファインマンさん　上』リチャードP.ファインマン著　大貫昌子訳　岩波書店　2000　343p　15cm（岩波現代文庫）1100円　Ⓘ4-00-603005-3
☆「科学技術をどう読むか」,「大学新入生に薦める101冊の本」,「伝記・自叙伝の名著」,「ブックガイド"宇宙"を読む」,「ブックガイド 文庫で読む科学」

09095 「困ります、ファインマンさん」
『困ります、ファインマンさん』リチャード・P.ファインマン著　大貫昌子訳　岩波書店　1988　319p　19cm　1800円　Ⓘ4-00-005368-X
☆「ブックガイド 文庫で読む科学」

09096 「光と物質のふしぎな理論―私の量子電磁力学」
『光と物質のふしぎな理論―私の量子電磁力学』リチャード・P.ファインマン著　釜江常好,大貫昌子訳　岩波書店　2007　221p　15cm（岩波現代文庫）　1000円　Ⓘ978-4-00-600177-3
☆「ブックガイド"宇宙"を読む」

09097 「ファインマン物理学」
『ファインマン物理学　4　電磁波と物性』ファインマン,レイトン,サンズ著　戸田盛和訳　増補版　岩波書店　2002　365p　26cm　3600円　Ⓘ4-00-006833-4　Ⓝ420
☆「教養のためのブックガイド」,「数学ブックガイド100」,「ブックガイド 文庫で読む科学」,「物理ブックガイド100」

09098 「物理法則はいかにして発見されたか」
『物理法則はいかにして発見されたか』R.P.ファインマン著　江沢洋訳　岩波書店　2001　329,7p　15cm（岩波現代文庫 学術）　1100円　Ⓘ4-00-600048-0　Ⓝ420.4
☆「ブックガイド 文庫で読む科学」,「物理ブックガイド100」

09099 「Six Easy Pieces」
☆「教養のためのブックガイド」

ファーウェル
09100 「スタンレー―岩をくだく男」
☆「伝記・自叙伝の名著」

ファウラー
09101 「近代英語用法辞典」
☆「西洋をきずいた書物」,「世界名著大事典」

ファウルズ, ジョン
09102 「コレクター」
『コレクター』ジョン・ファウルズ著　小笠原豊樹訳　白水社　1984　2冊　18cm（白水Uブックス　60,61）　各730円　Ⓘ4-560-07060-1　Ⓝ933
☆「イギリス文学」,「知っておきたいイギリス文学」,「たのしく読めるイギリス文学」

09103 「フランス軍中尉の女」
『フランス軍中尉の女』ジョン・ファウルズ著　沢村灌訳　サンリオ　1982　417p　20cm　1600円　Ⓝ933
☆「世界の小説大百科」

ファーガスン
09104 「101便着艦せよ」
『101便着艦せよ』オースチン・ファーガスン著　井坂清訳　文芸春秋　1982　301p　16cm（文春文庫）　360円　Ⓝ933
☆「世界の冒険小説・総解説」

ファーガソン
09105 「市民社会史論」
☆「社会科学の古典」,「世界名著大事典」

ファキヌー, エウゲニア
09106 「アストラデニ」
☆「世界の小説大百科」

ファークツ
09107 「軍国主義の歴史」
『軍国主義の歴史　3　軍部と政治』アルフレート・ファークツ著　天野真宏訳　福村出版　1974　244p　20cm　1500円　Ⓝ390.1
☆「世界名著大事典」

ファゲ
09108 「19世紀文学研究」
☆「世界名著大事典」

ファジェーエフ
09109 「ウデゲ族の最後の者」
☆「世界名著大事典」

09110 「壊滅」
『壊滅』アレクサンドル・ファデーエフ著　蔵原惟人訳　岩波書店　1960　278p 図版　15cm（岩波文庫）　Ⓝ983
☆「現代世界の名作」,「世界文学鑑賞辞典 第4」,「世界名著大事典」

09111 「若き親衛隊」

ファション　　　　　　　　　　　　　　　　　　　　　　　　　　　　　　09112〜09128

『若き親衛隊　上巻』　ファジェーエフ著　黒田辰男訳　三笠書房　1952　290p　19cm　Ⓝ983
☆「世界の名著」，「世界文学鑑賞辞典 第4」，「世界名著大事典」，「名作の研究事典」

ファージョン, エリナー

09112 「町かどのジム」

『町かどのジム』　エリノア・ファージョン文　エドワード・アーディゾーニ絵　松岡享子訳　長崎　童話館出版　2001　171p　21cm（子どもの文学・青い海シリーズ）　1400円　①4-88750-024-6
☆「世界の海洋文学」

09113 「ムギと王さま」

『ムギと王さま』　エリナー・ファージョン作　石井桃子訳　新装版　岩波書店　2003　547p　20cm（岩波世界児童文学集）　①4-00-115710-1　Ⓝ933.7
☆「世界名著大事典」，「名作の研究事典」

ファース, レイモンド

09114 「価値と組織化」

『価値と組織化―社会人類学序説』　R.ファース著　正岡寛司監訳　藤見純子ほか訳　早稲田大学出版部　1978　311,7p　21cm　2500円　Ⓝ389
☆「文化人類学」

09115 「原始ポリネシア経済」
☆「世界名著大事典」

09116 「われらティコピア人」
☆「世界名著大事典」

ブーアスティン, D.J.

09117 「幻影（イメジ）の時代」
☆「メディア・情報・消費社会」

ファスト, ハワード

09118 「スパルタカス」
☆「映画になった名著」

ファスマー

09119 「ロシア語語源辞典」
☆「世界名著大事典」

ファーニヴァル

09120 「オランダ領東インド」
☆「世界名著大事典」

09121 「植民政策とその実践」
☆「世界名著大事典」

ファノン, フランツ

09122 「黒い皮膚・白い仮面」

『黒い皮膚・白い仮面』　フランツ・ファノン著　海老坂武，加藤晴久訳　みすず書房　1998　323p　19cm（みすずライブラリー）　3400円　①4-622-05028-5
☆「精神医学の名著50」，「ナショナリズム論の名著50」，「20世紀を震撼させた100冊」，「必読書150」

09123 「地に呪われたる者」

『地に呪われたる者』　フランツ・ファノン著　鈴木道彦，浦野衣子訳　みすず書房　1996　344p　19cm（みすずライブラリー）　2987円　①4-622-05004-8
☆「革命思想の名著」，「グローバル政治理論」，「平和を考えるための100冊+α」

ファーブル, ジャン・アンリ

09124 「ファーブル昆虫記」

『ファーブル昆虫記―完訳　第9巻上』　ジャン＝アンリ・ファーブル著　奥本大三郎訳　集英社　2014　427p　22cm〈付属資料：4p：月報 第17号　文献あり〉　2800円　①978-4-08-131017-3　Ⓝ486
☆「あらすじで出会う世界と日本の名作55」，「大人のための世界の名著50」，「学術辞典叢書 第12巻」，「自然科学の名著」，「自然科学の名著100選 下」，「世界がわかる理系の名著」，「世界の書物」，「世界の名著早わかり事典」，「世界名作事典」，「世界名著解題選 第1巻」，「世界名著大事典」，「入門名作の世界」，「ブックガイド 文庫で読む科学」，「文学・名著300選の解説 '88年度版」，「「本の定番」ブックガイド」，「名作の研究事典」

ファーマー

09125 「アラビア音楽史」
☆「世界名著大事典」

ファーマー, フィリップ・ホセ

09126 「恋人たち」

『恋人たち』　フィリップ・ホセ・ファーマー著　伊藤典夫訳　早川書房　1980　280p　16cm（ハヤカワ文庫　SF）　340円　Ⓝ933
☆「世界のSF文学・総解説」

09127 「果しなき河よ我を誘え」

『果しなき河よ我を誘え』　フィリップ・ホセ・ファーマー著　岡部宏之訳　早川書房　1978　307p　16cm（ハヤカワ文庫　SF　リバーワールド　1）　340円　Ⓝ933
☆「世界のSF文学・総解説」

ファム, カク・ホエ

09128 「ベトナムのラスト・エンペラー」

『ベトナムのラスト・エンペラー』　ファム・カク・ホエ著　白石昌也訳　平凡社　1995　473p　20cm（20世紀メモリアル）　3200円　①4-582-37333-X　Ⓝ223.1
☆「歴史家の一冊」

ファヨール, アンリ

09129「産業ならびに一般の管理」
『産業ならびに一般の管理』 アンリ・ファイヨール著　山本安次郎訳　ダイヤモンド社　1985　255p　20cm〈文献：p251～255〉2900円　Ⓝ336
☆「究極のビジネス書50選」,「世界で最も重要なビジネス書」

ファラデー, マイケル

09130「電気の実験的研究」
☆「自然科学の名著」,「自然科学の名著100選 中」,「西洋をきずいた書物」,「世界を変えた書物」,「世界名著大事典」

09131「ロウソクの科学」
『ロウソクの科学』 マイケル・ファラデー著　三石巌訳　改版　角川書店,角川グループパブリッシング〔発売〕　2012　206p　15cm（角川文庫）　514円　Ⓘ978-4-04-100284-1
☆「教育を考えるためにこの48冊」,「古典・名著の読み方」,「世界の名著早わかり事典」,「世界名著大事典」,「ブックガイド 文庫で読む科学」

ファーラービー

09132「音楽大全」
☆「世界名著大事典」

09133「知性と知的対象について」
☆「世界名著大事典」

ファリアス

09134「ハイデガーとナチズム」
『ハイデガーとナチズム』 ヴィクトル・ファリアス著　山本尤訳　名古屋　名古屋大学出版会　1990　380,6p　21cm　4429円　Ⓘ4-8158-0142-8
☆「ハイデガー本45」

ファリス

09135「社会解体」
☆「世界名著大事典」

ファリントン

09136「ギリシア人の科学」
☆「世界名著大事典」

ファルグ

09137「詩編」
☆「世界名著大事典」

09138「タンクレード」
☆「世界名著大事典」

ファルクベルゲ

09139「夜のパン」
☆「世界名著大事典」

ファルケ

09140「文化諸民族の服装」
☆「世界名著大事典」

ファレット, エンソ

09141「ラテンアメリカにおける従属と発展」
『ラテンアメリカにおける従属と発展―グローバリゼーションの歴史社会学』 フェルナンド・エンリケ・カルドーゾ, エンソ・ファレット著　鈴木茂,受田宏之,宮地隆廣訳　府中（東京都）　東京外国語大学出版会　2012　348p　20cm〈索引あり〉　2800円　Ⓘ978-4-904575-19-2　Ⓝ332.55
☆「平和を考えるための100冊＋α」

ファレル

09142「若いロニガン」
『若いロニガン』 ジェームス・ファーレル著　石川信夫訳　三笠書房　1955　214p　19cm　Ⓝ933
☆「世界文学鑑賞辞典 第1」,「世界名著大事典」

ファレル, ジェイムズ・G.

09143「シンガポール・グリップ」
☆「教養のためのブックガイド」,「世界の小説大百科」

09144「セポイの反乱」
☆「世界の小説大百科」

ファレンタイン

09145「新旧東インド誌」
☆「世界名著大事典」

ファレンティン

09146「ドイツ3月革命の歴史」
☆「世界名著大事典」

ファーレンハイト

09147「温度についての実験」
☆「西洋をきずいた書物」,「世界を変えた書物」

黄 晳暎　ふぁん・そぎょん

09148「客人（ソンニム）」
☆「東アジア論」

潘 佩珠　ふぁん・ぼいちゃう

09149「ヴェトナム亡国史 他」
☆「歴史学の名著30」

09150「獄中記」
☆「世界名著大事典」

09151「天乎帝乎」
☆「世界名著大事典」

ファン・グリク

09152「琴道」

ファンスヘ　　　　　　　　　　　　　　　　　　　　　　　　　　09153〜09174

☆「世界名著大事典」

ファン・スヘルテマ
09153　「静けさとたたかい」
☆「世界名著大事典」

ファンテ,ダン
09154　「安酒の小瓶 ロサンゼルスを走るタクシードライバーの話」
☆「21世紀の世界文学30冊を読む」

ファン・デル・ヴェルデン
09155　「現代代数学」
☆「世界名著大事典」、「物理ブックガイド100」

ファント・ホフ
09156　「溶液と気体のあいだの類推における浸透圧の役割」
☆「世界名著大事典」

09157　「立体化学」
☆「世界名著大事典」

ファン・バール
09158　「互酬性と女性の地位」
『互酬性と女性の地位』　J.ファン・バール著　田中真砂子,中川敏訳　弘文堂　1980　172,5p　22cm〈人類学ゼミナール　13〉〈付：供犠と贈与の現象学〉　2000円　Ⓝ389.04
☆「文化人類学の名著50」

ファン・ヘネップ
09159　「通過儀礼」
『通過儀礼』　ファン・ヘネップ著　綾部恒雄,綾部裕子訳　岩波書店　2012　355,17p　15cm（岩波文庫）　940円　Ⓘ978-4-00-342191-8
☆「学問がわかる500冊 v.2」、「文化人類学の名著50」

ファン・ヘルモント
09160　「医学の興隆」
☆「自然科学の名著100選 上」、「西洋をきずいた書物」

フィアカント,アルフレッド
09161　「社会学」
☆「学術辞典叢書 第11巻」、「世界名著解題選 第2巻」、「世界名著大事典」

フィアリング,ケネス
09162　「大時計」
『大時計』　ケネス・フィアリング著　長谷川修二訳　早川書房　1988　252p　15cm（ハヤカワ・ミステリ文庫）　380円　Ⓘ4-15-076801-3
☆「世界の推理小説・総解説」

フーイェ
09163　「観念力の進化主義」

☆「世界名著大事典」

09164　「国民教育論」
☆「世界名著大事典」

フィエトル
09165　「音声学要論」
☆「世界名著大事典」

09166　「ドイツ語発音辞典」
☆「世界名著大事典」

フィギス
09167　「近代国家における教会」
☆「世界名著大事典」

09168　「君主神権説」
☆「世界名著大事典」

プイグ,マヌエル
09169　「蜘蛛女のキス」
『蜘蛛女のキス』　マヌエル・プイグ著　野谷文昭訳　集英社　2011　461p　15cm（集英社文庫）　876円　Ⓘ978-4-08-760623-2
☆「面白いほどよくわかる世界の文学」、「世界の小説大百科」、「世界文学の名作と主人公」

フィゲロウア
09170　「アシャンティ」
『アシャンティ』　A.V.フィゲロア著　村社伸訳　ヘラルド・エンタープライズ　1979　288p　19cm（ヘラルド映画文庫）　980円　Ⓝ963
☆「世界の冒険小説・総解説」

フィシュキン
09171　「人々の声が響き合うとき」
『人々の声が響き合うとき―熟議空間と民主主義』　ジェイムズ・S.フィシュキン著　曽根泰教監修　岩木貴子訳　早川書房　2011　358p　19cm　2600円　Ⓘ978-4-15-209203-8
☆「政治哲学」

フィス,クレビヨン
09172　「ソファー」
『ソファー』　クレビヨン著　伊吹武彦訳　京都世界文学社　1949　249p　18cm　Ⓝ953
☆「世界の奇書」

フィスク
09173　「宇宙哲学大系」
☆「世界名著大事典」

フィスク,J.
09174　「テレビジョンカルチャー」
『テレビジョンカルチャー―ポピュラー文化の政治学』　ジョン・フィスク著　伊藤守,藤田真文,常木瑛生,吉岡至,小林直毅,高橋徹訳

松戸　梓出版社　1996　513,26p　21cm　4120円　①4-87262-204-9
☆「ポピュラー文化」

フィッシャー
09175　「中東における社会的諸勢力」
☆「世界名著大事典」

フィッシャー, アーヴィング
09176　「価値と価格の理論の数学的研究」
『価値と価格の理論の数学的研究』　フィッシャー著　久武雅夫訳　日本経済評論社　1981　181p　22cm〈近代経済学古典選集11〉〈フィッシャーの主な著書：p178〉3800円　Ⓝ331.77
☆「世界名著大事典」

09177　「貨幣の購買力」
『貨幣の購買力』　アーヴィング・フィッシャー著　金原賢之助,高城仙次郎共訳　改造社　1936　465p　23cm　Ⓝ337.1
☆「経済学88物語」,「世界名著大事典」

09178　「指数の作成」
☆「世界名著大事典」

09179　「物価指数作成論」
☆「学術辞典叢書 第14巻」,「世界名著解題選 第3巻」

09180　「利子歩合論」
☆「学術辞典叢書 第11巻」,「世界名著解題選 第3巻」

フィッシャー, クノー
09181　「近世哲学史」
☆「世界名著大事典」

09182　「ディオティーマ」
☆「世界名著大事典」

フィッシャー, フリードリヒ
09183　「美学─又は美の科学」
☆「世界名著解題選 第6巻」,「世界名著大事典」

フィッシャー, マイケル・M.J.
09184　「文化批判としての人類学」
『文化批判としての人類学─人間科学における実験的試み』　ジョージ・E.マーカス,マイケル・M.J.フィッシャー著　永渕康之訳　紀伊國屋書店　1989　366p　19cm〈文化人類学叢書〉2900円　①4-314-00515-7
☆「文化人類学」

フィッシャー, ルイス
09185　「レーニン伝」
☆「伝記・自叙伝の名著」

フィッシャー, ロジャー
09186　「ジョルジュ大公妃」
☆「世界名著大事典」

09187　「ハーバード流交渉術」
『ハーバード流交渉術─必ず「望む結果」を引き出せる！』　ロジャー・フィッシャー,ウィリアム・ユーリー著　岩瀬大輔訳　三笠書房　2011　253p　19cm　1300円　①978-4-8379-5732-4
☆「世界で最も重要なビジネス書」

フィッシャー, ロナルド
09188　「研究者のための統計的方法」
『研究者のための統計的方法』　Ronald Aylmer Fisher著　遠藤健児,鍋谷清治訳　POD版　森北出版　2013　326p　21cm〈原著第十三版〉4800円　①978-4-627-09089-7
☆「自然科学の名著」,「自然科学の名著100選 下」,「世界名著大事典」

09189　「自然淘汰の遺伝学説」
☆「世界名著大事典」

09190　「実験計画法」
『実験計画法』　Ronald Aylmer Fisher著　遠藤健児,鍋谷清治訳　POD版　森北出版　2013　266p　21cm〈原書第八版〉4200円　①978-4-627-09019-4
☆「世界名著大事典」

フィッシュ
09191　「シュロック・ホームズの冒険」
『シュロック・ホームズの冒険』　ロバート・L.フィッシュ著　深町真理子他訳　早川書房　1977　262p　16cm〈ハヤカワ・ミステリ文庫〉300円　Ⓝ933
☆「世界の推理小説・総解説」

フィッツサイモンズ
09192　「フィッシャーを殺せ」
『フィッシャーを殺せ』　クリストファ・フィッツサイモンズ著　真野明裕訳　文芸春秋　1981　366p　16cm〈文春文庫〉420円　Ⓝ933
☆「世界の冒険小説・総解説」

フィッツジェラルド, エドワード
09193　「ルバイヤート」
☆「世界文学鑑賞辞典 第1」

フィッツジェラルド, フランシス・スコット
09194　「グレート・ギャツビー」
『グレート・ギャツビー』　スコット・フィッツジェラルド著　村上春樹訳　中央公論新社　2006　356p　18cm〈村上春樹翻訳ライブラリー〉820円　①4-12-403504-7
☆「アメリカ文学」,「あらすじで味わう外国文学」,「あらすじで読む世界文学105」,「英米文学の名作

を知る本」,「面白いほどよくわかる世界の文学」,「書き出し「世界文学全集」」,「3行でわかる名作＆ヒット本250」,「知っておきたいアメリカ文学」,「図説 5分でわかる世界の名作」,「世界の小説大百科」,「世界の名作おさらい」,「世界の名作文学案内」,「世界文学あらすじ大事典 2（きよえーち ぇ）」,「世界文学鑑賞辞典 第1」,「世界文学の名作と主人公」,「世界文学必勝法」,「世界名作文学館」,「世界名著大事典」,「たのしく読めるアメリカ文学」,「2時間でわかる世界の名著」,「日本・世界名作「愛の会話」100章」,「百年の誤読 海外文学篇」,「ベストセラー世界の文学・20世紀 1」,「ポケット世界名作事典」,「名作あらすじ事典 西洋文学編」,「名作英米小説の読み方・楽しみ方」,「要約 世界文学全集 1」,「私を変えたこの一冊」

09195 「バビロン再訪」
『バビロン再訪―フィッツジェラルド短篇集』 F.スコット・フィッツジェラルド著 沼沢洽治訳 集英社 1990 265p 15cm（集英社文庫） 420円 ①4-08-760195-1
☆「大作家"ろくでなし"列伝」

09196 「夜はやさし」
『夜はやさし』 F.スコット・フィッツジェラルド著 森慎一郎訳 作品社 2014 595p 19cm 4200円 ⑨978-4-86182-480-7
☆「世界の小説大百科」,「世界文学あらすじ大事典 4（ふん‐われ）」

09197 「ラスト・タイクーン」
『ラスト・タイクーン』 フィッツジェラルド［著］ 大貫三郎訳 角川書店 1977 291p 15cm（角川文庫） 300円 Ⓝ933
☆「世界文学あらすじ大事典 4（ふん‐われ）」

フィードラー

09198 「芸術論集」
☆「世界名著大事典」

フィニ, レオノール

09199 「夢先案内猫」
『夢先案内猫』 レオノール・フィニ著 北嶋広敏訳 工作舎 1980 136p 21cm 1200円 Ⓝ953
☆「世界の幻想文学」

フィニイ, ジャック

09200 「愛の手紙」

09201 「クイーン・メリー号襲撃」
『クイーン・メリー号襲撃』 ジャック・フィニイ著 伊藤哲訳 早川書房 1967 278p 19cm（世界ミステリシリーズ） 340円 Ⓝ933
☆「世界の海洋文学」,「世界の冒険小説・総解説」

09202 「ゲイルズバーグの春を愛す」
『ゲイルズバーグの春を愛す』 ジャック・フィニイ著 福島正実訳 早川書房 1980 282p 16cm（ハヤカワ文庫 FT） 340円 Ⓝ933
☆「世界のSF文学・総解説」

09203 「五人対賭博場」
『五人対賭博場』 ジャック・フィニイ著 伊東守男訳 早川書房 1977 277p 16cm（ハヤカワ・ミステリ文庫） 300円 Ⓝ933
☆「世界の冒険小説・総解説」

09204 「盗まれた街」
『盗まれた街』 ジャック・フィニイ著 福島正実訳 早川書房 2007 382p 16cm（ハヤカワ文庫 SF）〈1979年刊の新装版 著作目録あり〉 667円 ①978-4-15-011636-1 Ⓝ933.7
☆「世界のSF文学・総解説」

09205 「ふりだしに戻る」
『ふりだしに戻る 上』 ジャック・フィニイ著 福島正実訳 角川書店 1991 348p 15cm（角川文庫） 560円 ①4-04-273501-0
☆「世界のSF文学・総解説」

09206 「レベル3」
『レベル3』 ジャック・フィニイ著 福島正実訳 早川書房 2006 260p 19cm（異色作家短篇集 13） 2000円 ①4-15-208758-7
☆「世界のSF文学・総解説」

フィニイ, チャールズ・G.

09207 「ラーオ博士のサーカス」
『ラーオ博士のサーカス』 チャールズ・G.フィニイ著 中西秀男訳 創樹社 1976 190p 20cm（創樹ファンタジー 1） 1000円 Ⓝ933
☆「世界のSF文学・総解説」

フィヒテ, ヨハン・コットリープ

09208 「自然法の基礎」
☆「世界名著大事典」

09209 「全知識学の基礎」
『全知識学の基礎 上巻』 フィヒテ著 木村素衞訳 岩波書店 1950 152p 15cm（岩波文庫） Ⓝ134.32
☆「近代哲学の名著」,「西洋をきずいた書物」,「世界の古典名著」,「世界名著大事典」,「哲学の世界」,「哲学の名著」,「哲学名著解題」,「哲学名著解題」（春秋社）

09210 「1804年の知識学」
☆「哲学名著解題」

09211 「知識学」
☆「学術辞典叢書 第12巻」,「近代名著解題選集 2」,「世界名著解題選 第2巻」

09212 「知識学への第一序論・第二序論」
☆「哲学の名著」

09213 「知識学の原理より見たる自然法原論」
☆「学術辞典叢書 第11巻」,「世界名著解題選 第2巻」

フイヒテ

09214 「知識学の叙述」
『知識学の叙述―1801年』 フィヒテ著　金子栄一訳　創文社　1967　208p　22cm　1200円
Ⓝ134.32
☆「哲学名著解題」

09215 「ドイツ国民に告ぐ」
『ドイツ国民に告ぐ』 フィヒテ著　小野浩訳　角川書店　1953　286p　15cm（角川文庫　第538）Ⓝ134.32
☆「学術辞典叢書 第11巻」,「教育の名著80選解題」,「世界の哲学思想」,「世界名著解題選 第3巻」,「世界名著解題選 第5巻」,「世界名著大事典」,「哲学名著解題」,「ナショナリズム論の名著50」

09216 「人間の使命」
『人間の使命』 フィヒテ著　宮崎洋三訳　岩波書店　1950　252p　15cm（岩波文庫）
Ⓝ134.32
☆「世界名著大事典」

09217 「人間の本分」
☆「学術辞典叢書 第13巻」,「世界名著解題選 第3巻」,「哲学名著解題」

09218 「封鎖商業国家論」
『封鎖商業国家論』 フィヒテ著　出口勇蔵訳　日本評論社　1949　242p　15cm（世界古典文庫）Ⓝ331.33
☆「学術辞典叢書 第14巻」,「社会科学の名著」,「世界名著解題選 第3巻」,「世界名著大事典」

09219 「フランス革命論」
『フランス革命論―革命の合法性をめぐる哲学的考察』 ヨーハン・ゴットリープ・フィヒテ著　桝田啓三郎訳　法政大学出版局　1987　391p　19cm（叢書・ウニベルシタス）3500円　Ⓘ4-588-00226-0
☆「世界名著大事典」

09220 「無神論者の非難に対して訴える」
☆「世界名著大事典」

フィーフット

09221 「イギリス法とその背景」
☆「世界名著大事典」

フィボナッチ

09222 「算盤の書」
☆「自然科学の名著」

プイヨン, フェルナン

09223 「粗い石」
『粗い石―ル・トロネ修道院工事監督の日記』 フェルナン・プイヨン著　荒木亨訳　再版　立川　形文社　2002　318p　20cm　3000円
Ⓝ953.7
☆「建築の書物/都市の書物」

フィリオザ

09224 「古典インド」
☆「世界名著大事典」

フィリッピ

09225 「カラコラム探検記」
☆「世界名著大事典」

フィリップ, シャルル＝ルイ

09226 「三人の死刑囚」
☆「日本・世界名作「愛の会話」100章」

09227 「小さな町にて」
☆「世界文学鑑賞辞典 第2」,「世界名著大事典」

09228 「母と子」
『母と子』 シャルル・ルイ・フィリップ著　山内義雄訳　白水社　1935　315p　19cm
Ⓝ953
☆「世界名著大事典」

09229 「ビュビュ・ド・モンパルナス」
『ビュビュ・ド・モンパルナス』 フィリップ著　堀口大学訳　新潮社　1954　165p　16cm（新潮文庫）Ⓝ953
☆「現代世界の名作」,「世界文学鑑賞辞典 第2」,「世界文学の名作と主人公」,「世界名著大事典」,「フランス文学」

09230 「木馬」
☆「名作の研究事典」

フィリップス

09231 「アメリカ考古学の方法と理論」
☆「世界名著大事典」

フィリップス, ジェイン・アン

09232 「ファースト・レーンズ」
『ファスト・レーンズ』 ジェイン・アン・フィリップス著　篠目清美訳　白水社　1989　213p　20cm（新しいアメリカの小説）1600円　Ⓘ4-560-04459-7　Ⓝ933
☆「たのしく読めるアメリカ文学」

09233 「古い南部の生活と労働」
☆「世界名著大事典」

フィリップス, ドナルド・T.

09234 「部下と現場に出よ、生死を共にせよ」
『部下と現場に出よ、生死を共にせよ―リンカーン 逆境のリーダーシップ』 ドナルド・T.フィリップス著　鈴村靖爾訳　ダイヤモンド社　1992　222p　19cm　1800円
Ⓘ4-478-36020-0
☆「世界の成功哲学50の名著エッセンスを解く」

フィリップソン

09235 「ギリシアの景観」

☆「世界名著大事典」

09236 「地中海地域」
　　☆「世界名著大事典」

フィリッポヴィッチ

09237 「経済原論」
『経済原論』　フィリッポヴィッチ著　気賀勘重訳　再版　同文館　1912　923,23p　22cm　Ⓝ331
☆「学術辞典叢書 第11巻」,「世界名著解題選 第1巻」

09238 「経済政策」
『経済政策　上, 中』　フィリッポヴィッチ著　気賀勘重訳　同文館　1906　2冊(304,291p)　23cm(世界経済叢書　第12,13巻)　Ⓝ330
☆「世界名著大事典」

フィーリング

09239 「イギリス史」
　　☆「世界名著大事典」

フイルシュフイールド

09240 「性科学」
　　☆「性の世界的名著から十七篇」

フィールディング, ヘンリー

09241 「アミーリア」
☆「世界文学あらすじ大事典 1(あ‐きよう)」,「世界名著大事典」

09242 「ジョウゼフ・アンドルーズ」
『ジョウゼフ・アンドルーズ　下』　ヘンリー・フィールディング作　朱牟田夏雄訳　岩波書店　2009　353p　15cm(岩波文庫)　760円　Ⓘ978-4-00-322116-7
☆「世界の小説大百科」,「世界文学あらすじ大事典 2(きよえ‐ちえ)」,「世界名著大事典」

09243 「大盗ジョナサン・ワイルド伝」
☆「世界文学あらすじ大事典 2(きよえ‐ちえ)」

09244 「トム・ジョーンズ」
☆「あらすじで読む世界文学105」,「イギリス文学」,「英米文学の名作を知る本」,「書き出し 世界文学全集」,「知っておきたいイギリス文学」,「世界の小説大百科」,「世界の名作50選」,「世界文学あらすじ大事典 3(ちか‐ふろ)」,「世界文学鑑賞辞典 第1」,「世界文学の名作と主人公」,「世界名著大事典」,「千年紀のベスト100作品を選ぶ」,「たのしく読めるイギリス文学」,「日本の古典・世界の古典」,「ポケット世界名作事典」,「名作あらすじ事典 西洋文学編」

09245 「リスボン渡航記」
『リスボン渡航記』　ヘンリー・フィールディング著　鳥居塚正訳　ニューカレントインターナショナル　1990　319p　22cm　4000円　Ⓘ4-89029-181-4　Ⓝ935

☆「世界の海洋文学」

フィールド, ノーマ

09246 「天皇の逝く国で」
『天皇の逝く国で』　ノーマ・フィールド著　大島かおり訳　増補版　みすず書房　2011　384p　19cm(始まりの本)　3600円　Ⓘ978-4-622-08343-6
☆「学問がわかる500冊」,「21世紀の必読書100選」,「日本の社会と文化」,「東アジア人文書100」

フィルヒョー

09247 「細胞病理学」
『細胞病理学―生理的及び病理的組織学を基礎とする』　ウィルヒョー著　吉田富三訳　南山堂　1979　503p　22cm〈1957年刊の複製　著者の肖像あり〉　4500円　Ⓝ491.6
☆「自然科学の名著」,「西洋をきずいた書物」,「世界名著大事典」

フィルポッツ, イーデン

09248 「赤毛のレドメイン家」
『赤毛のレドメイン家―乱歩が選ぶ黄金時代ミステリーBEST10　1』　イーデン・フィルポッツ著　安藤由紀子訳　集英社　1999　451p　15cm(集英社文庫)　781円　Ⓘ4-08-748829-2
☆「世界の推理小説・総解説」,「世界名著大事典」

09249 「闇からの声」
『闇からの声』　イーデン・フィルポッツ著　橋本福夫訳　第30版　東京創元社　2013　328p　15cm(創元推理文庫)　980円　Ⓘ978-4-488-11102-1
☆「世界の推理小説・総解説」,「世界名著大事典」

フィルマー, ロバート

09250 「族父権論」
☆「学術辞典叢書 第11巻」,「世界名著解題選 第2巻」,「世界名著大事典」

フィルモア, チャールズ

09251 「豊かさ」
☆「お金と富の哲学世界の名著50」

フィロン

09252 「モーセの律法書の寓意的解釈」
☆「世界を変えた100冊の本」

フィンガー

09253 「勇敢な仲間」
☆「名作の研究事典」

フィンガレット

09254 「論語は問いかける」
『論語は問いかける―孔子との対話』　H.フィンガレット著　山本和人訳　平凡社　1989

206p　19cm　2000円
☆「宗教学の名著30」

フィンケルシュタイン
09255　「音楽はどう思想を表現するか」
『音楽はどう思想を表現するか』　フィンケルシュタイン著　田村一郎訳　京都　三一書房　1956　248p　18cm（三一新書）　Ⓝ760.4
☆「世界名著大事典」

フィンスター
09256　「ライプニッツ―その思想と生涯」
☆「科学を読む愉しみ」

フィンドリー, ティモシー
09257　「戦争」
『戦争』　ティモシー・フィンドリー著　宮澤淳一訳　彩流社　2002　292p　20cm（カナダの文学　4）　2500円　①4-88202-504-3　Ⓝ933.7
☆「世界の小説大百科」

馮 応京　ふう・おうけい
09258　「月令広義」
☆「世界名著大事典」

馮 家昇　ふう・かしょう
09259　「遼代中国社会史」
☆「世界名著大事典」

馮 夢竜　ふう・むりゅう
09260　「警世通言」
☆「世界名著大事典」

09261　「古今小説」
☆「世界名著大事典」

09262　「三言二拍」
☆「中国の古典名著」

09263　「笑府」
『笑府―中国笑話集　下』　馮夢竜撰　松枝茂夫全訳　岩波書店　1983　264p　15cm（岩波文庫）　400円　Ⓝ927
☆「世界名著大事典」,「中国の古典名著」

09264　「醒世恒言」
『醒世恒言』　馮夢竜編　ゆまに書房　1985　4冊　22cm（白話小説三言二拍　3）〈国立公文書館内閣文庫所蔵の複製〉　各12000円　Ⓝ923.5
☆「世界名著大事典」

09265　「平妖伝」
☆「世界名著大事典」,「中国の古典名著」

馮 友蘭　ふう・ゆうらん
09266　「新理学」
☆「世界名著大事典」

09267　「中国哲学史」
『中国哲学史　成立篇』　馮友蘭著　柿村峻, 吾妻重二共訳　富山房　1995　595,18p　22cm〈付：中国哲学史略年表〉　9800円
①4-572-00902-3　Ⓝ122
☆「世界名著大事典」

09268　「中国哲学略史」
☆「東アジア人文書100」

ブーヴィエ
09269　「ロスチャイルド―ヨーロッパ金融界の謎の王国」
『ロスチャイルド―ヨーロッパ金融界の謎の王国』　ジャン・ブーヴィエ著　井上隆一郎訳　河出書房新社　1969　335p　20cm（世界の企業家　2）　Ⓝ335.28
☆「伝記・自叙伝の名著」

ブーヴェ
09270　「康熙帝伝」
『康熙帝伝』　ブーヴェ著　後藤末雄訳　矢沢利彦校注　平凡社　1970　246p　18cm（東洋文庫　155）　400円　Ⓝ289.2
☆「世界名著大事典」

プゥトルゥ, エチェンヌ・エミィル
09271　「哲学史研究」
☆「世界名著解題選　第3巻」

ブーヴレス
09272　「哲学の自食症候群」
『哲学の自食症候群』　ジャック・ブーヴレス著　大平具彦訳　法政大学出版局　1991　262p　19cm（叢書・ウニベルシタス　334）　2884円
①4-588-00334-8
☆「学問がわかる500冊」

ブゥロワゾォ
09273　「ロベスピエール」
『ロベスピエール』　マルク・ブゥロワゾォ著　遅塚忠躬訳　白水社　1958　155p　18cm（文庫クセジュ）〈付：参考文献 1-4p〉　Ⓝ235.061
☆「伝記・自叙伝の名著」

フェアホルト
09274　「イギリスにおける服装」
☆「世界名著大事典」

フェイ, シドニー・B.
09275　「世界大戦の起原」
☆「世界名著大事典」

フェイ, ポール・B.
09276　「ケネディ」

『ケネディ』　ポール・B.フェイ著　大原寿人訳　角川書店　1967　320p　図版　15cm（角川文庫）　180円　Ⓝ289.3
☆「伝記・自叙伝の名著」

フェイバー, ミッシェル
09277　「アンダー・ザ・スキン」
『アンダー・ザ・スキン』　ミッシェル・フェイバー著　林啓恵訳　アーティストハウス, 角川書店〔発売〕　2001　373p　19cm（BOOK PLUS）　1000円　Ⓘ4-04-897318-5
☆「世界の小説大百科」

フェイファー, ブルース・ブルックス
09278　「フランク・ロイド・ライト　建築家への手紙」
☆「学問がわかる500冊 v.2」

フェインバーグ, G.
09279　「免疫学の要点」
『免疫学の要点』　G.フェインバーグ,M.A.ジャクソン共著　橋本信也ほか訳　培風館　1985　118p　22cm〈監修：宮本昭正〉　2000円　Ⓘ4-563-03841-5　Ⓝ491.8
☆「学問がわかる500冊 v.2」

フェーヴル, リュシアン
09280　「大地と人類の進化」
『大地と人類の進化―歴史への地理学的序論　下巻』　フェーヴル著　田辺裕訳　岩波書店　1972　314,19p　15cm（岩波文庫）〈参考文献目録：p.281-306〉　150円　Ⓝ290.1
☆「世界名著大事典」

09281　「歴史のための闘い」
『歴史のための闘い』　リュシアン・フェーヴル著　長谷川輝夫訳　平凡社　1995　224p　16×11cm（平凡社ライブラリー）　900円　Ⓘ4-582-76101-1
☆「学問がわかる500冊 v.2」

フェザーストン, M.
09282　「消費文化とポストモダニズム」
『消費文化とポストモダニズム　上巻』　マイク・フェザーストン著　川崎賢一, 小川葉子編著訳　池田緑訳　恒星社厚生閣　2003　171p　21cm　2500円　Ⓘ4-7699-0986-1
☆「メディア・情報・消費社会」

フェージン
09283　「異常な夏」
『異常な夏　第1』　フェージン著　小沢政雄訳　京都　三一書房　1952　175p　19cm　Ⓝ983
☆「世界文学鑑賞辞典 第4」, 「世界名著大事典」

09284　「兄弟」
☆「世界名著大事典」

09285　「最初のよろこび」
『最初のよろこび』　コンスタンチン・フェージン著　堀内弘子訳　京都　三一書房　1951　377p　図版　19cm　Ⓝ983
☆「世界文学鑑賞辞典 第4」, 「世界名著大事典」

フェスカ
09286　「日本地産論」
『日本地産論　食用作物篇』　フェスカ著　桜井武雄訳編　日本評論社　1944　487p　図版　地図　19cm（明治文化叢書）　Ⓝ615
☆「農政経済の名著 明治大正編」

09287　「日本農業及北海道殖民論」
『日本農業及北海道殖民論』　マックス・フェスカ著　中根重一訳　外務省　1888　142p　地図　25cm　Ⓝ610
☆「農政経済の名著 明治大正編」

フェスティンガー
09288　「認知的不調和の理論」
☆「ブックガイド心理学」

フェダマン, L.
09289　「レスビアンの歴史」
『レスビアンの歴史』　リリアン・フェダマン著　富岡明美, 原美奈子訳　筑摩書房　1996　393,61p　21cm　4841円　Ⓘ4-480-85733-8
☆「フェミニズムの名著50」

フェヌロン
09290　「アカデミーへの手紙」
☆「世界名著大事典」

09291　「女子教育論」
『女子教育論』　フェヌロン著　志村鏡一郎訳　明治図書出版　1960　181p　図版　22cm（世界教育学選集　第11）〈明治図書創業50年記念出版〉　Ⓝ376.9
☆「近代名著解題選集 2」, 「世界名著大事典」

09292　「テレマックの冒険」
『テレマックの冒険　上』　フェヌロン著　朝倉剛訳　現代思潮社　1969　307p　図版　地図　19cm（古典文庫　26）　650円　Ⓝ953
☆「世界文学あらすじ大事典 3（ちか・ふろ）」, 「世界文学鑑賞辞典 第2」, 「世界名著大事典」, 「日本の古典・世界の古典」

フェノリナウ, P.F.
09293　「タイタニック―果てなき命の夢」
☆「世界の海洋文学」

フェノロサ, E.F.
09294　「東亜美術史綱」

『東亜美術史綱　下』　フェノロサ著　有賀長雄訳註　創元社　1947　443p　図版　19cm（日本文化名著選）　Ⓝ702.2
☆「外国人による日本論の名著」，「世界名著大事典」

フェヒナー,E.
09295　「法哲学」
☆「世界名著大事典」

フェヒナー,G.T.
09296　「実験美学について」
☆「世界名著大事典」

09297　「精神物理学原論」
☆「世界名著大事典」

09298　「美学入門」
☆「世界名著解題選 第6巻」,「世界名著大事典」

09299　「物理学的および哲学的原子論」
☆「世界名著大事典」

フェラー,W.
09300　「確率論とその応用」
☆「数学ブックガイド100」

フェランテ,エレナ
09301　「悩ましの愛」
☆「世界の小説大百科」

フェリ
09302　「犯罪社会学」
『犯罪社会学　上』　エンリコ・フエルリ著　山田吉彦訳　而立社　1923　486p　23cm（社会科学大系　第1期 第8）　Ⓝ326
☆「世界名著大事典」

フェリエール
09303　「活動学校」
『活動学校』　アドルフ・フェリエール著　古沢常雄,小林亜子訳　明治図書出版　1989　291p　21cm（世界新教育運動選書　29）　4200円　①4-18-043903-4
☆「教育学の世界名著100選」

09304　「フリーメーソン黒書」
☆「世界の奇書」

フェルヴォルン
09305　「因果的および条件的世界観」
☆「世界名著大事典」

フェルヴォルン,マックス
09306　「一般生理学」
☆「世界名著大事典」

フェルス
09307　「大地の形成者としての経済人」
☆「世界名著大事典」

フェルステル
09308　「青年徳育論」
☆「近代欧米名著解題 第6巻」

フェルド
09309　「鳥になった少年」
『鳥になった少年―カルリ社会における音・神話・象徴』　スティーブン・フェルド著　山口修,山田陽一,卜田隆嗣,藤田隆則訳　平凡社　1988　362p　21cm（テオリア叢書）　4300円　①4-582-74410-9
☆「文化人類学」

フェルドウスィー
09310　「シャー・ナーメ」
『王書―古代ペルシャの神話・伝説』　フェルドウスィー作　岡田恵美子訳　岩波書店　2012　381p　15cm（岩波文庫）〈第3刷（第1刷1999年）〉　900円　①4-00-327861-5
☆「世界の奇書」,「世界文学あらすじ大事典 1 （あ - きよう）」,「世界名著大事典」,「東洋の奇書55冊」,「東洋の名著」

フェルドシュタイン,M.
09311　「戦後アメリカ経済論」
『戦後アメリカ経済論―変貌と再生への途　下』　M.フェルドスタイン編　宮崎勇監訳　東洋経済新報社　1985　401,40p　22cm〈巻末：参考文献〉　6100円　①4-492-44056-9　Ⓝ332.53
☆「現代ビジネス書・経済書総解説」

フェルドロス
09312　「国際法社会の構造」
☆「世界名著大事典」

フェルネル
09313　「医学の自然科学性について」
☆「西洋をきずいた書物」

フェルミ,エンリコ
09314　「核の反応と生成物の効率増大法」
☆「西洋をきずいた書物」

09315　「素粒子」
『素粒子』　E.フェルミ著　村田良夫訳　東京図書　1969　213p　図版　19cm（科学技術選書）　650円　Ⓝ421.36
☆「世界名著大事典」

09316　「中性子の発見と研究」
『中性子の発見と研究』　エンリコ・フェルミ, ジェームス・チャドウィック著　木村一治,玉木英彦訳　大日本出版　1950　324p　図版　22cm　Ⓝ429.6
☆「自然科学の名著」

フェルミ, ローラ

09317「フェルミの生涯」
『フェルミの生涯―家族の中の原子』 ラウラ・フェルミ著 崎川範行訳 法政大学出版局 1977 388p 図 肖像 19cm(教養選書)〈新装版〉 1500円 Ⓝ289.3
☆「伝記・自叙伝の名著」

09318「ムッソリーニ」
『ムッソリーニ』 ローラ・フェルミ著 柴田敏夫訳 紀伊国屋書店 1967 454p 図版 20cm(20世紀の大政治家 4)〈参考文献: 437-444p〉 750円 Ⓝ289.3
☆「伝記・自叙伝の名著」

フェルメイレン

09319「さまよえるユダヤ人」
☆「世界名著大事典」

フェルリ, エンリコ

09320「社会主義と実証科学」
☆「学術辞典叢書 第11巻」、「世界名著解題選 第2巻」

フェレラー

09321「音楽学入門」
☆「世界名著大事典」

09322「パレストリーナ」
☆「世界名著大事典」

フェレル, F.

09323「近代学校」
『近代学校―その起源と理想』 フランシスコ・フェレル著 遠藤斌訳 創樹社 1980 210p 20cm(創樹選書 7) 1600円 Ⓝ371.5
☆「21世紀の教育基本書」

フェレンツ

09324「エペペ」
『エペペ』 カリンティ・フェレンツ著 池田雅之訳 第2版 恒文社 1987 333p 20cm〈著者の肖像あり〉 1500円 ⓘ4-7704-0318-6 Ⓝ993.7
☆「世界の幻想文学」

フェレンツィ, S.

09325「臨床日記」
『臨床日記』 シャーンドル・フェレンツィ著 森茂起訳 みすず書房 2000 323p 21cm 5200円 ⓘ4-622-04117-0
☆「精神医学の名著50」

フェン

09326「ホー・チ・ミン」
☆「伝記・自叙伝の名著」

フエンテス, カルロス

09327「アウラ」
☆「世界の幻想文学」

09328「アルテミオ・クルスの死」
『アルテミオ・クルスの死』 カルロス・フェンテス著 木村栄一訳 新潮社 1985 379p 20cm(新潮・現代世界の文学) 1800円 ⓘ4-10-518501-2 Ⓝ963
☆「世界の小説大百科」、「世界文学あらすじ大事典 1(あ・きよう)」

09329「脱皮」
『脱皮』 フエンテス著 内田吉彦訳 集英社 1984 449p 20cm(ラテンアメリカの文学 14)〈編集:綜合社 著者の肖像あり 著作譜: p449〉 2000円 ⓘ4-08-126014-1 Ⓝ963
☆「一冊で世界の名著100冊を読む」

フェンネマン

09330「アメリカ合衆国西部地形誌」
☆「世界名著大事典」

フォア, ジョナサン・サフラン

09331「エブリシング・イズ・イルミネイテッド」
☆「世界の小説大百科」

フォアレンダー, カール

09332「カントとマルクス」
『カントとマルクス 上、下巻』 フォアレンダー著 井原紀訳 岩波書店 1937 2冊 16cm(岩波文庫 1580-1581) Ⓝ134
☆「世界名著解題選 第5巻」、「世界名著大事典」

09333「哲学史」
☆「人文科学の名著」、「世界名著大事典」

09334「マキアヴェリよりレーニンまで「近世国家社会学説史」」
☆「学術辞典叢書 第14巻」、「世界名著解題選 第3巻」、「世界名著大事典」

フォイ, ジョージ

09335「疑惑の海」
『疑惑の海』 ジョージ・フォイ著 諸井修造訳 扶桑社 1992 642p 15cm(扶桑社ミステリー) 1200円 ⓘ4-594-00866-6
☆「世界の海洋文学」

09336「沈黙の海」
『沈黙の海』 ジョージ・フォイ著 松浦雅之訳 扶桑社 1991 495p 15cm(扶桑社ミステリー) 680円 ⓘ4-594-00765-1
☆「世界の海洋文学」

フォイエルバッハ, ルードヴィヒ

09337 「キリスト教の本質」
『キリスト教の本質』 フォイエルバッハ著 桑田悟郎訳 改造図書出版販売 1977 497p 15cm（改造文庫覆刻版 第1期）〈発売：大和書房（東京）〉Ⓝ191
☆「いまこそ読みたい哲学の名著」,「学術辞典叢書 第14巻」,「世界の古典名著」,「世界の哲学思想」,「世界名著解題選 第1巻」,「世界名著解題選 第5巻」,「世界名著大事典」,「哲学の世界」,「哲学の名著」,「哲学名著解題（協同出版）」,「哲学名著解題（春秋社）」,「人間学の名著を読む」

09338 「近世哲学史」
『近世哲学史 上巻』 フォイエルバッハ著 真下信一訳 河出書房 1955 217p 図版 15cm（河出文庫）Ⓝ133.02
☆「世界名著大事典」

09339 「宗教の本質」
『宗教の本質 上』 フォイエルバッハ著 暉峻凌三訳 創元社 1953 284p 図版 15cm（創元文庫 D 第55）Ⓝ191
☆「宗教哲学名著解説」,「世界名著大事典」

09340 「将来哲学の根本問題」
『将来の哲学の根本命題—他二編』 フォイエルバッハ著 松村一人,和田楽訳 岩波書店 1967 192p 15cm（岩波文庫） 100円 Ⓝ134.633
☆「学術辞典叢書 第13巻」,「近代哲学の名著」,「世界名著解題選 第2巻」,「世界名著解題選 第5巻」,「世界名著大事典」,「哲学名著解題」

09341 「ドイツ現行普通刑法綱要」
☆「世界名著大事典」

09342 「ヘーゲル哲学の批判」
『ヘーゲル哲学の批判—他一篇』 フォイエルバッハ著 佐野文夫訳 岩波書店 1950 137p 15cm（岩波文庫）Ⓝ134.4
☆「世界名著解題選 第5巻」,「世界名著大事典」

09343 「唯心論と唯物論」
『唯心論と唯物論』 フォイエルバッハ著 船山信一訳 改訳 岩波書店 1977 292,5p 15cm（岩波文庫） 300円 Ⓝ134.633
☆「世界名著大事典」

フォイヒトヴァンガー

09344 「ゴヤ—スペインの戦慄」
『ゴヤ』 リオン・フォイヒトヴァンガー著 坂崎乙郎訳 美術出版社 1970 349p 図版 22cm 1300円 Ⓝ723.6
☆「伝記・自叙伝の名著」

09345 「ユダヤ人ジュース」
☆「世界名著大事典」

フォガッツアーロ, アントニオ

09346 「聖者」
『聖者』 アントニオ・フオガツアロ著 小野村林蔵,吹田由三訳 警醒社書店 1912 620p 肖像 22cm Ⓝ973
☆「世界文学あらすじ大事典2（きよえ-ちえ）」

09347 「マロンブラ」
☆「世界名著大事典」

フォーキン, M.

09348 「あるバレーマスターの思い出」
☆「世界名著大事典 補遺（Extra）」

フォーク

09349 「顕れてきた地球村の法」
『顕れてきた地球村の法—ポスト・ウェストファリアへの視点』 リチャード・フォーク著 川崎孝子監訳 長谷敏夫訳 東信堂 2008 276p 21cm 3600円 Ⓘ978-4-88713-826-1
☆「グローバル政治理論」

フォークス, セバスティアン

09350 「よみがえる鳥の歌」
『よみがえる鳥の歌 上』 セバスティアン・フォークス著 松本みどり訳 扶桑社 2002 396p 15cm（扶桑社セレクト） 848円 Ⓘ4-594-03616-3
☆「世界の小説大百科」

フォークト

09351 「盲信と科学」
☆「世界名著大事典」

フォークナー, ウィリアム

09352 「アブサロム、アブサロム」
☆「アメリカ文学」,「書き出し」,「世界の小説大百科」,「世界文学あらすじ大事典1（あ-きよう）」,「世界文学鑑賞辞典 第1」,「世界文学必勝法」,「千年紀のベスト100作品を選ぶ」,「たのしく読めるアメリカ文学」,「必読書150」,「名作はこのように始まる 1」

09353 「行け、モーセ」
☆「世界文学あらすじ大事典1（あ-きよう）」

09354 「エミリーへの薔薇」
☆「世界の幻想文学」

09355 「寓話」
『寓話 上』 フォークナー作 阿部知二訳 第4刷 岩波書店 2001 348p 15cm（岩波文庫） 660円 Ⓘ4-00-323231-3
☆「世界文学あらすじ大事典2（きよえ-ちえ）」

09356 「サートリス」
『サートリス』 ウィリアム・フォークナー［著］ 林信行訳 白水社 2004 352p

20cm　2900円　①4-560-04788-X　Ⓝ933.7
☆『世界文学あらすじ大事典 2（きよえ‐ちえ）』

09357　「サンクチュアリ」
『サンクチュアリ』フォークナー著　加島祥造訳　新潮社　2002　426p　15cm（新潮文庫）590円　①4-10-210202-7
☆『教養のためのブックガイド』,『現代世界の名作』,『世界の名作50選』,『世界文学あらすじ大事典 2（きよえ‐ちえ）』,『世界文学鑑賞辞典 第1』,『世界名著大事典』,『ポケット世界名作事典』,『名作の読解法』

09358　「死の床に横たわりて」
『死の床に横たわりて』ウィリアム・フォークナー著　佐伯彰一訳　講談社　2000　304p　15cm（講談社文芸文庫）　1400円　①4-06-198241-9
☆『世界文学あらすじ大事典 2（きよえ‐ちえ）』,『世界文学鑑賞辞典 第1』

09359　「征服されざる人々」
『征服されざる人々』William Faulkner著　中島時哉,斎藤久編注　朝日出版社　1969　151p　19cm〈他言語標題：The Unvanquished〉　1068円　①4-255-15092-3
☆『世界文学あらすじ大事典 2（きよえ‐ちえ）』

09360　「八月の光」
『八月の光』フォークナー著　加島祥造訳　新潮社　1967　535p　16cm（新潮文庫）200円　Ⓝ933
☆『あらすじで読む世界文学105』,『英米文学の名作を知る本』,『クライマックス名作案内 1』,『知っておきたいアメリカ文学』,『新潮文庫20世紀の100冊』,『世界の名作100を読む』,『世界文学あらすじ大事典 3（ちか‐ふろ）』,『世界文学鑑賞辞典 第1』,『世界名著大事典 補遺（Extra）』,『入門名作の世界』,『百年の誤読 海外文学篇』,『文学・名著300選の解説 '88年度版』,『名作あらすじ事典 西洋文学編』,『名作英米小説の読み方・楽しみ方』,『要約 世界文学全集 1』

09361　「響きと怒り」
『響きと怒り 上』フォークナー作　平石貴樹,新納卓也訳　岩波書店　2007　391p　15cm（岩波文庫）　800円　①978-4-00-323234-7
☆『アメリカ文学』,『あらすじで味わう外国文学』,『一冊で世界の名著100冊を読む』,『面白いほどよくわかる世界の文学』,『知っておきたいアメリカ文学』,『世界の名作文学案内』,『世界の名著』,『世界文学あらすじ大事典 3（ちか‐ふろ）』,『世界文学鑑賞辞典 第1』,『世界文学の名作と主人公』,『世界名著案内 2』,『たのしく読めるアメリカ文学』,『ポケット世界名作事典』,『名作あらすじ事典 西洋文学編』,『名小説ストーリィ集 世界篇』,『私（わたし）の世界文学案内』

09362　「兵士の給料」
☆『世界名著大事典』

09363　「墓地への侵入者」
☆『世界文学あらすじ大事典 4（ふん‐われ）』,『世界名著大事典』

09364　「町」
☆『世界文学あらすじ大事典 4（ふん‐われ）』

09365　「村」
☆『世界文学あらすじ大事典 4（ふん‐われ）』

09366　「館」
☆『世界文学あらすじ大事典 4（ふん‐われ）』

09367　「野性の棕櫚」
☆『世界の書物』,『世界文学あらすじ大事典 4（ふん‐われ）』,『世界名著大事典』

09368　「野性の情熱」
『野性の情熱』フォークナー著　大久保康雄訳　日比谷出版社　1950　414p 図版　19cm　Ⓝ933
☆『名小説ストーリィ集 世界篇』

フォークナー, ハロルド・U.

09369　「アメリカ経済史」
『アメリカ経済史 下』ハロルド・U.フォークナー著　小原敬士訳　至誠堂　1969　478-1064p　22cm〈参考文献：945-1016p〉　2800円　Ⓝ332.53
☆『世界名著大事典』

フォークナー, C.

09370　「神経言語プログラミング」
☆『世界の自己啓発50の名著』

フォーゲルヴァイデ, ヴァルター・フォン・デル

09371　「詩集」
☆『世界名著大事典』

フォーコネ

09372　「責任論」
☆『世界名著大事典』

フォーサイス, ピーター

09373　「イエス・キリストの人格と位置」
☆『世界名著大事典』

フォーサイス, フレデリック

09374　「悪魔の選択」
『悪魔の選択』フレデリック・フォーサイス著　篠原慎訳　角川書店　1982　2冊　15cm（角川文庫）　各460円　Ⓝ933
☆『世界の冒険小説・総解説』

09375　「オデッサ・ファイル」
『オデッサ・ファイル』フレデリック・フォーサイス著　篠原慎訳　角川書店　1980　458p

15cm（角川文庫）　490円　Ⓝ933
☆「世界の推理小説・総解説」

09376　「ジャッカルの日」
『ジャッカルの日』　フレデリック・フォーサイス著　篠原慎訳　角川書店　1979　540p　15cm（角川文庫）　540円　Ⓝ933
☆「映画になった名著」,「世界の推理小説・総解説」,「世界の冒険小説・総解説」

09377　「戦争の犬たち」
『戦争の犬たち』　フレデリック・フォーサイス著　篠原慎訳　角川書店　1981　2冊　15cm（角川文庫）　各380円　Ⓝ933
☆「世界の冒険小説・総解説」

09378　「帝王」
『帝王』　フレデリック・フォーサイス著　篠原慎訳　角川書店　1984　391p　15cm（角川文庫）　460円　①4-04-253708-1　Ⓝ933
☆「世界の海洋文学」,「日本・世界名作「愛の会話」100章」

フォーシェ

09379　「農業地理学」
☆「世界名著大事典」

フォジャ＝ド＝サンフォン

09380　「モンゴルフィエ兄弟の気球体験記」
☆「西洋をきずいた書物」,「世界を変えた書物」

フォシャール

09381　「歯科外科医」
☆「西洋をきずいた書物」

フォシーユ

09382　「国際公法論」
☆「世界名著大事典」

フォション, アンリ

09383　「形の生命」
『形の生命』　アンリ・フォション著　杉本秀太郎訳　改訳　平凡社　2009　280p　図版12枚　16cm（平凡社ライブラリー　663）〈初版：岩波書店1969年刊　並列シリーズ名：Heibonsha library　索引あり〉　1500円　①978-4-582-76663-9　Ⓝ701.1
☆「世界名著大事典」,「必読書150」

09384　「近代絵画史」
☆「世界名著大事典」

09385　「西洋美術」
☆「世界名著大事典」

09386　「ロマネスク彫刻家の芸術」
☆「世界名著大事典」

フォスコロ, ウーゴ

09387　「墓」
☆「世界名著大事典」

09388　「ヤコポ・オルティスの最後の手紙」
☆「世界名著大事典」

フォスター, ウィリアム・Z.

09389　「黒人の歴史—アメリカ史のなかのニグロ人民」
☆「歴史の名著　外国人篇」

フォースター, エドワード・モーガン

09390　「インドへの道」
『インドへの道』　エドワード・モーガン・フォースター著　瀬尾裕訳　筑摩書房　1994　549p　15cm（ちくま文庫）　1100円　①4-480-02852-8
☆「イギリス文学」,「英米文学の名作を知る本」,「現代世界の名作」,「知っておきたいイギリス文学」,「世界の小説大百科」,「世界文学あらすじ大事典 1（あ‐きょう）」,「世界文学鑑賞辞典 第1」,「世界文学の名作と主人公」,「世界名著大事典」,「たのしく読めるイギリス文学」,「ポケット世界名作事典」,「名作あらすじ事典 西洋文学編」,「名作英米小説の読み方・楽しみ方」

09391　「天使も踏むを恐れるところ」
☆「世界文学あらすじ大事典 3（ちか‐ふろ）」

09392　「眺めのいい部屋」
『眺めのいい部屋』　エドワード・モーガン・フォースター著　西崎憲, 中島朋子訳　筑摩書房　2001　380p　15cm（ちくま文庫）　1000円　①4-480-03676-8
☆「世界の小説大百科」,「世界文学あらすじ大事典 3（ちか‐ふろ）」

09393　「果てしなき旅」
『果てしなき旅　上』　E.M.フォースター作　高橋和久訳　岩波書店　2006　276p　15cm（岩波文庫）〈2刷〉　660円　①4-00-322831-6
☆「世界文学あらすじ大事典 3（ちか‐ふろ）」

09394　「ハワーズ・エンド」
『ハワーズ・エンド』　E.M.フォースター著　吉田健一訳　河出書房新社　2008　499,6p　19cm（池澤夏樹＝個人編集 世界文学全集1-07）　2600円　①978-4-309-70947-5
☆「イギリス文学」,「英仏文学戦記」,「『こころ』は本当に名作か」,「世界の小説大百科」,「世界文学あらすじ大事典 3（ちか‐ふろ）」

フォスター, リチャード

09395　「イノベーション—限界突破の経営戦略」
『イノベーション—限界突破の経営戦略』　リチャード・フォスター著　大前研一訳　ティ

ビーエス・ブリタニカ　1987　306p　20cm　1500円　ⓘ4-484-87119-X　Ⓝ336.1
　☆「科学技術をどう読むか」

フォスター,M.
09396　「生理学史講義」
　☆「世界名著大事典」

フォスラー
09397　「創造と発達としての言語」
　☆「世界名著大事典」

フォーセット,L.
09398　「地域主義と国際秩序」
　『地域主義と国際秩序』　ルイーズ・フォーセット,アンドリュー・ハレル編　菅英輝,栗栖薫子監訳　福岡　九州大学出版会　1999　366p　21cm　3800円　ⓘ4-87378-587-1
　☆「学問がわかる500冊」

フォーチュン
09399　「江戸と北京」
　『江戸と北京―英国園芸学者の極東紀行』　ロバート・フォーチュン著　三宅馨訳　広川書店　1969　365p 図版　19cm　1200円　Ⓝ291.099
　☆「世界の旅行記101」

フォックス
09400　「殉教者伝」
　☆「西洋をきずいた書物」,「世界名著大事典」

フォックス,ジョージ
09401　「日記」
　☆「世界名著大事典」

フォックス,P.R.
09402　「アメリカ生活史」
　☆「世界名著大事典」

フォーティー,エイドリアン
09403　「言葉と建築」
　『言葉と建築―語彙体系としてのモダニズム』　エイドリアン・フォーティー［著］　坂牛卓,邊見浩久監訳　鹿島出版会　2006　499,42p　23cm〈文献あり〉　5500円　ⓘ4-306-04462-9　Ⓝ520.4
　☆「建築・都市ブックガイド21世紀」

09404　「欲望のオブジェ―デザインと社会―一七五〇‐一九八〇」
　『欲望のオブジェ―デザインと社会 1750‐1980』　アドリアン・フォーティー著　高島平吾訳　鹿島出版会　1992　334p　21cm　5047円　ⓘ4-306-09325-5
　☆「建築の書物/都市の書物」

フォーティズ
09405　「タレンシ族の氏族組織の動態」
　☆「世界名著大事典」

フォーテス
09406　「西アフリカの宗教における「エディプス」と「ヨブ」」
　☆「文化人類学の名著50」

フォーテスキュー
09407　「イギリス法礼賛論」
　☆「世界名著大事典」

フォード
09408　「居住,経済,社会」
　☆「世界名著大事典」

フォード,ジョン
09409　「あわれ彼女は娼婦」
　☆「世界文学あらすじ大事典1(あ‐きよう)」

フォート,チャールズ
09410　「見よ！」
　☆「世界の奇書」

フォード,ヘンリー
09411　「ヘンリーフォード自叙伝」
　『ヘンリーフォード自叙伝』　加藤三郎訳　杉並町(東京府)　編理堂　1927　474,218p 図版　19cm〈附録：産業界の奇蹟―自動車王物語(アラン・エル・ベンソン著)〉　Ⓝ289.3
　☆「究極のビジネス書50選」

09412　「ヘンリー・フォード著作集」
　『ヘンリー・フォード著作集―20世紀の巨人事業家　上巻』　ヘンリー・フォード著　豊土栄訳　創英社　2000　896p　20cm〈共同刊行：三省堂書店〉　ⓘ4-88142-464-5　Ⓝ335.13
　☆「戦略の名著！最強43冊のエッセンス」

09413　「私の人生と事業」
　☆「世界で最も重要なビジネス書」,「世界の成功哲学50の名著エッセンスを解く」,「世界名著大事典」

09414　「藁のハンドル(フォード自伝)」
　☆「20世紀を震撼させた100冊」

フォード,マドックス・フォード
09415　「かくも悲しい話を…―情熱と受難の物語」
　『かくも悲しい話を…―情熱と受難の物語』　フォード・マドックス・フォード著　武藤浩史訳　彩流社　1998　263p　19cm　2000円　ⓘ4-88202-525-6
　☆「世界の小説大百科」

フォーナー
09416 「アメリカ合衆国労働運動史」
☆「世界名著大事典」

ブオナロッティ
09417 「バブーフのいわゆる平等のための陰謀」
☆「世界名著大事典」

フォーネス, M.I.
09418 「フェフと友だち」
☆「たのしく読めるアメリカ文学」

フォーブズ, コリン
09419 「アバランチ・エクスプレス」
『アバランチ・エクスプレス』 コリン・フォーブズ著 田村義進訳 早川書房 1983 382p 16cm(ハヤカワ文庫 NV) 460円 Ⓝ933
☆「世界の冒険小説・総解説」

09420 「オイル・タンカー強奪!」
『オイル・タンカー強奪!』 コリン・フォーブズ著 中野圭二訳 〔新装版〕 東京創元社 1991 355p 15cm(創元推理文庫)〈第3刷(第1刷:81.3.20), 『黄金猿の年』改題書〉 550円 Ⓘ4-488-20201-2
☆「世界の海洋文学」

09421 「黄金猿の年」
『黄金猿の年』 コリン・フォーブズ著 中野圭二訳 東京創元社 1981 355p 15cm(創元推理文庫) 400円 Ⓝ933
☆「世界の冒険小説・総解説」

フォーヘル
09422 「マトゥラーの彫刻」
☆「世界名著大事典」

フォミーン
09423 「函数解析の基礎」
☆「数学ブックガイド100」

フォーミン, エス・ヴェ
09424 「変分法」
☆「数学ブックガイド100」

フォール
09425 「セザンヌ」
☆「世界名著大事典」

09426 「美術史」
『美術史 2 中世美術』 エリー・フォール著 小池寿子,星埜守之訳 国書刊行会 2010 433,15p 22cm〈索引あり〉 6800円 Ⓘ978-4-336-04462-4 Ⓝ702
☆「世界名著大事典」

09427 「フランスのバラード」
☆「世界名著大事典」

フォルケルト, ヨハネス
09428 「確実性の根源」
☆「近代欧米名著解題 第4巻」

09429 「経験と思惟」
☆「学術辞典叢書 第12巻」,「世界名著解題選 第1巻」

09430 「美学体系」
☆「世界名著大事典」

09431 「悲劇美の美学」
『悲劇美の美学』 ヨハンネス・フォルケルト著 金田廉訳 大村書店 1925 792,25p 22cm Ⓝ701
☆「学術辞典叢書 第13巻」,「世界名著解題選 第3巻」

フォルスター
09432 「世界周遊航海における自然地誌的観察」
☆「世界名著大事典」

フォルヌレ
09433 「幻灯だよ! 摩訶不思議」
☆「世界の幻想文学」

フォレスター, セシル・スコット
09434 「アフリカの女王」
『アフリカの女王』 セシル・スコット・フォレスター著 佐和誠訳 早川書房 1979 306p 16cm(ハヤカワ文庫 NV) 360円 Ⓝ933
☆「映画になった名著」,「世界の冒険小説・総解説」

09435 「海の男―ホーンブロワー・シリーズ」
☆「世界の海洋文学」,「世界の冒険小説・総解説」,「世界文学あらすじ大事典 1(あ‐きよう)」

09436 「駆逐艦キーリング」
『駆逐艦キーリング』 セシル・スコット・フォレスター著 三木鮎郎訳 早川書房 1980 339p 16cm(ハヤカワ文庫 NV) 380円 Ⓝ933
☆「世界の海洋文学」,「世界の冒険小説・総解説」

09437 「巡洋艦アルテミス」
『巡洋艦アルテミス』 C.S.フォレスター著 高橋泰邦訳 西武タイム 1985 227p 19cm (Best sea adventures) 950円 Ⓘ4-8275-1232-9 Ⓝ933
☆「世界の海洋文学」

09438 「たった一人の海戦」
☆「世界の海洋文学」

09439 「ナポレオンの密書」
『ナポレオンの密書』 セシル・スコット・フォレスター著 高橋泰邦,菊池光訳 早川書房

フォレスト

2007　444p　16cm（ハヤカワ文庫　NV—海の男/ホーンブロワー・シリーズ　別巻）860円　Ⓘ978-4-15-041139-8　Ⓝ933.7
☆「世界の海洋文学」

フォレスト, アンソニー

09440「ジャスティス艦長物語」
『ジャスティス艦長物語　1　ミッシングスパイ　上』アンソニー・フォレスト作　出光宏訳　至誠堂　1987　276p　19cm　980円　Ⓘ4-7953-0000-3　Ⓝ933
☆「世界の海洋文学」

フォレット, ケン

09441「トリプル」
『トリプル』ケン・フォレット著　一ノ瀬直二訳　集英社　1982　524p　16cm（集英社文庫）　580円　Ⓝ933
☆「世界の冒険小説・総解説」

09442「針の眼」
『針の眼』ケン・フォレット著　戸田裕之訳　東京創元社　2009　488p　16cm（創元推理文庫）　1300円　Ⓘ978-4-488-12903-3
☆「世界の推理小説・総解説」,「世界の冒険小説・総解説」

フォレット, メアリー・パーカー

09443「新しい国家」
『新しい国家―民主的政治の解決としての集団組織論』メアリー・パーカー・フォレット著　榎本世彦, 高沢十四久, 上田鷲訳　三戸公監訳　文眞堂　1993　393p　21cm　3605円　Ⓘ4-8309-4125-1
☆「世界名著大事典」

09444「組織行動の原理」
『組織行動の原理―動態的管理』メアリ・P.フォレット著　米田清貴, 三戸公訳　新装版　未来社　1997　439,6p　21cm　4800円　Ⓘ4-624-32153-7
☆「究極のビジネス書50選」,「世界で最も重要なビジネス書」,「世界名著大事典」

フォレンホーフェン

09445「オランダ領東インドの慣習法」
☆「世界名著大事典」

フォワード, スーザン

09446「ブラックメール―他人に心をあやつられない方法」
『ブラックメール―他人に心をあやつられない方法』スーザン・フォワード著　亀井よし子訳　日本放送出版協会　1998　389p　19cm　1800円　Ⓘ4-14-080374-6
☆「世界の心理学50の名著」

フォワード, ロバート・L.

09447「竜の卵」
『竜の卵』ロバート・L.フォワード著　山高昭訳　早川書房　1982　404p　16cm（ハヤカワ文庫　SF）　480円　Ⓝ933
☆「世界のSF文学・総解説」,「ブックガイド 文庫で読む科学」

フォンヴィジン

09448「親がかり」
『親がかり』フォンヴィジン著　除村ヤエ訳　日本評論社　1949　184p　図版　15cm（世界古典文庫　第84）　Ⓝ982
☆「世界文学鑑賞辞典　第4」

09449「ぼっちゃん」
☆「世界名著大事典」

フォンダーヌ

09450「美学偽論」
☆「世界名著大事典」

フォンターネ

09451「嵐の前」
『嵐の前――一八一二年から一三年への冬の物語　3』テーオドール・フォンターネ著　澁谷壽一訳　［札幌］〔澁谷壽一〕　499p　21cm　〈ノルデン第38号別冊〉　Ⓝ943.6
☆「世界名著大事典」

09452「エフィ・ブリースト」
『罪なき罪』テーオドール・フォンターネ著　加藤一郎訳　岩波書店　1941　2冊　16cm（岩波文庫　2787-2791）　Ⓝ943
☆「世界の小説大百科」,「世界文学鑑賞辞典　第3」,「世界名著大事典」,「ドイツ文学」

09453「不貞の女」
☆「世界名著大事典」

09454「迷い, もつれ」
☆「世界名著大事典」

09455「迷路」
『迷路』フォンターネ著　伊藤武雄訳　6版　岩波書店　1948　276p　15cm（岩波文庫）　Ⓝ943
☆「世界文学鑑賞辞典　第3」

フォンターネ, テーオドア

09456「シュテヒリン湖」
☆「世界の小説大百科」

フォンデル

09457「ルシフェル」
☆「世界名著大事典」

フォンテーン,M.
09458 「マーゴ・フォンテーン」
☆「世界名著大事典 補遺(Extra)」

フォントネル
09459 「宇宙の多様性についての対話」
『世界の複数性についての対話』 ベルナール・ル・ボヴィエ・ド・フォントネル著　赤木昭三訳　工作舎　1992　226p　20cm　1957円　Ⓘ4-87502-208-5　Ⓝ440.3
☆「世界名著大事典」

09460 「古代人・近代人論」
☆「世界名著大事典」

09461 「神託史」
☆「世界名著大事典」

フォン・ノイマン,ジョン
09462 「ゲームの理論と経済行動」
☆「経済学88物語」、「世界名著大事典」

09463 「量子力学の数学的基礎」
『量子力学の数学的基礎』 J.V.ノイマン著　井上健,広重徹,恒藤敏彦共訳　みすず書房　1957　358p　22cm　Ⓝ421.3
☆「世界名著大事典」

フーカー,J.D.
09464 「ヒマラヤの旅」
☆「世界名著大事典」

ブカナン
09465 「スコットランド人の統治権について」
☆「世界名著大事典」

ブーガンヴィル
09466 「世界周航記」
『世界周航記』 ブーガンヴィル著　山本淳一訳　岩波書店　1990　439,9p　21cm（17・18世紀大旅行記叢書　2）　4500円　Ⓘ4-00-008802-5
☆「世界の旅行記101」、「世界名著大事典」

ブキャナン
09467 「インドにおける資本制企業の発達」
☆「世界名著大事典」

ブキャナン,J.M.
09468 「赤字財政の政治経済学」
『赤字財政の政治経済学―ケインズの政治的遺産』 J.M.ブキャナン,R.E.ワグナー著　深沢実,菊池威訳　文真堂　1979　215,8p　22cm　2400円　Ⓝ333
☆「経済学名著106選」

09469 「公共選択の理論」
『公共選択の理論―合意の経済論理』 J.M.ブキャナン,G.タロック著　宇田川璋仁監訳　東洋経済新報社　1979　395p　22cm〈訳：米原淳七郎ほか〉　5400円　Ⓝ331
☆「世界を変えた経済学の名著」

09470 「自由の限界」
☆「経済学88物語」

ブクチン,マレイ
09471 「エコロジーと社会」
『エコロジーと社会』 マレイ・ブクチン著　藤堂麻理子,戸田清,萩原なつ子訳　白水社　1996　295,9p　19cm　2900円　Ⓘ4-560-04059-1
☆「学問がわかる500冊 v.2」

フクミツ,ミノル
09472 「阿波丸事件」
『阿波丸事件―太平洋戦争秘話』 フクミツミノル著　読売新聞社　1973　214p　図　肖像　20cm　680円　Ⓝ915.9
☆「世界の海洋文学」

フクヤマ,フランシス
09473 「歴史の終わり」
『歴史の終わり　上　歴史の「終点」に立つ最後の人間』 フランシス・フクヤマ,渡部昇一訳　新装版　三笠書房　2005　332p　19cm　2000円　Ⓘ4-8379-5656-4
☆「学問がわかる500冊」、「経済経営95冊」

ブーグレ
09474 「カースト制度に関する試論」
☆「世界名著大事典」

09475 「平等思想」
☆「世界名著大事典」

09476 「連帯主義」
☆「世界名著大事典」

ブーケ
09477 「インドネシアの経済」
☆「世界名著大事典」

フーケ,フリードリヒ
09478 「ウンディーネ」
『ウンディーネ』 M.フーケー作　アーサー・ラッカム絵　岸田理生訳　新装版　新書館　1995　147p　26cm（新書館の海外名作絵本シリーズ）　1900円　Ⓘ4-403-03107-2
☆「世界の幻想文学」、「世界文学あらすじ大事典 1（あ・きょう）」、「世界文学鑑賞辞典 第3」、「世界名著大事典」、「世界名著大事典 補遺(Extra)」、「ドイツ文学」

フゲーニン

09479 「鉄煩鋳造編」
☆「世界名著大事典」

フコー

09480 「地球の日運動のわかりやすい種々の徴候について」
☆「西洋をきずいた書物」

フーゴー, グスタフ

09481 「実定法の哲学としての自然法」
☆「世界名著大事典」

フーコー, ミシェル

09482 「監獄の誕生―監視と処罰」
『監獄の誕生―監視と処罰』 ミシェル・フーコー著 田村俶訳 新潮社 1977 318,27p 図12枚 20cm 3800円 ⓃЗ26.4
☆「学問がわかる500冊」、「教育名著の愉しみ」、「現代社会学の名著」、「建築の書物/都市の書物」、「社会学の名著30」、「政治・権力・公共性」、「政治哲学」、「大学新入生に薦める101冊の本」、「超解「哲学名著」事典」、「はじめて学ぶ政治学」、「歴史学の名著30」

09483 「言葉と物」
『言葉と物―人文科学の考古学』 ミシェル・フーコー［著］ 渡辺一民, 佐々木明訳 新潮社 1974 413,61p 図 20cm 4000円 Ⓝ204
☆「学問がわかる500冊」、「教養のためのブックガイド」、「現代歴史学の名著」、「世界の哲学50の名著」、「なおかつお厚いのがお好き？」、「20世紀を震撼させた100冊」、「必読書150」

09484 「思考集成」
☆「倫理学」

09485 「自己のテクノロジー」
『自己のテクノロジー―フーコー・セミナーの記録』 ミシェル・フーコーほか著 田村俶, 雲和子訳 岩波書店 2004 278p 15cm（岩波現代文庫） 1100円 ①4-00-600116-9
☆「教育本44」

09486 「死に対する権利と生に対する権力」
☆「文化の社会学」

09487 「生政治の誕生」
『生政治の誕生―コレージュ・ド・フランス講義 一九七八・七九年度』 ミシェル・フーコー著 慎改康之訳 筑摩書房 2008 414,7p 21cm（ミシェル・フーコー講義集成 8） 5500円 ①978-4-480-79048-4
☆「グローバル政治理論」

09488 「性の歴史」
☆「学問がわかる500冊」

09489 「知の考古学」
『知の考古学』 ミシェル・フーコー著 慎改康之訳 河出書房新社 2012 427,8p 15cm（河出文庫） 1300円 ①978-4-309-46377-3
☆「古典・名著の読み方」、「図解世界の名著がわかる本」、「世界の古典名著」

ブコウスキー, チャールズ

09490 「くそったれ！ 少年時代」
『くそったれ！ 少年時代』 チャールズ・ブコウスキー著 中川五郎訳 河出書房新社 1999 435p 15cm（河出文庫） 1200円 ①4-309-46191-3
☆「世界文学の名作と主人公」

09491 「詩人と女たち」
『詩人と女たち』 チャールズ・ブコウスキー著 中川五郎訳 河出書房新社 1996 534p 15cm（河出文庫） 1200円 ①4-309-46160-3
☆「アメリカ文学」

プコフツアー

09492 「バロック時代の音楽」
☆「世界名著大事典」

フサイン, ターハー

09493 「わがエジプト」
☆「世界名著大事典 補遺(Extra)」

フーシェ

09494 「インド仏教図像学試論」
☆「世界名著大事典」

09495 「ガンダーラのギリシア的仏教美術」
☆「世界名著大事典」

09496 「サンチーの遺跡」
☆「世界名著大事典」

09497 「仏教美術の起原」
☆「世界名著大事典」

フーシェ, J.

09498 「回想録」
☆「世界名著大事典 補遺(Extra)」

ブーシェ・ドゥ・クレーヴクール・ドゥ・ベルト

09499 「古代ケルト人と古代人」
☆「西洋をきずいた書物」

プシカリ, エルンスト

09500 「百夫長の旅」
☆「世界名作事典」

プーシキン, アレクサンドル・セルゲーヴィチ

09501 「アリオン」

☆「世界名著大事典」

09502　「石の客」
☆「世界名著大事典」

09503　「エヴゲーニイ・オネーギン」
『エヴゲーニイ・オネーギン』 アレクサンドル・プーシキン著　木村彰一訳　講談社　1998　417p　16cm（講談社文芸文庫）〈年譜あり　文献あり〉　1300円　④4-06-197610-9　Ⓝ981
☆「一冊で世界の名著100冊を読む」，「面白いほどよくわかる世界の文学」，「学術辞典叢書　第13巻」，「近代名著解題選集 2」，「現代世界の名作」，「知っておきたいロシア文学」，「世界の小説大百科」，「世界の名作」，「世界の名著」，「世界文学あらすじ大事典 1（あ‐きよう）」，「世界文学鑑賞辞典　第4」，「世界文学の名作と主人公」，「世界名著解題選　第1巻」，「世界名著大事典」，「入門名作の世界」，「ポケット世界名作事典」，「名作あらすじ事典　西洋文学編」，「名小説ストーリイ集　世界篇」，「ロシア文学」

09504　「コーカサスの捕虜」
☆「世界名著大事典」

09505　「ゴリューヒノ村の歴史」
☆「世界名著大事典」

09506　「コロムナの小さな家」
☆「世界名著大事典」

09507　「サルタン王物語」
☆「世界名著大事典」

09508　「ジプシー」
☆「世界文学鑑賞辞典　第4」，「世界名著大事典」

09509　「シベリアへ」
☆「世界名著大事典」

09510　「自由」
☆「世界名著大事典」

09511　「スペードの女王」
『スペードの女王―他一篇』 プーシキン著　中村白葉訳　角川書店　1953　162p　15cm（角川文庫　第376）Ⓝ983
☆「知っておきたいロシア文学」，「世界の名作おさらい」，「世界の名作文学案内」，「世界文学鑑賞辞典　第4」，「世界名著大事典」，「世界・名著のあらすじ」，「ポケット世界名作事典」，「名作あらすじ事典　西洋文学編」，「要約 世界文学全集 2」，「ロシア文学」

09512　「青銅の騎士」
『青銅の騎士』 アレクサンドル・セルゲーヴィチ・プーシキン著　郡伸哉訳　群像社　2002　189p　17cm（ロシア名作ライブラリー 3）　1000円　④4-905821-23-1
☆「世界の幻想文学」，「世界文学あらすじ大事典 2（きよえ‐ちえ）」，「世界文学鑑賞辞典　第4」，「世界名著大事典」

09513　「大尉の娘」
『大尉の娘』 アレクサンドル・セルゲーヴィチ・プーシキン著　川端香男里訳・解説　未知谷　2013　255p　19cm　2500円　①978-4-89642-423-2
☆「「あらすじ」だけで人生の意味が全部わかる世界の古典13」，「知っておきたいロシア文学」，「世界の名作100を読む」，「世界文学あらすじ大事典 2（きよえ‐ちえ）」，「世界文学鑑賞辞典　第4」，「世界名著大事典」，「文学・名著300選の解説 '88年度版」，「名作の研究事典」

09514　「チャダーエフに」
☆「世界名著大事典」

09515　「ツァールスコエ・セローの思い出」
☆「世界名著大事典」

09516　「盗賊の兄弟」
☆「世界名著大事典」

09517　「ドゥブロフスキー」
☆「世界名著大事典」

09518　「農村」
☆「世界名著大事典」

09519　「バフチサライの噴水」
☆「世界名著大事典」

09520　「ピョートル1世史」
☆「世界名著大事典」

09521　「ピョートル大帝の黒奴」
☆「世界名著大事典」

09522　「プガチョーフ反乱史」
☆「世界名著大事典」

09523　「プーシキン詩集」
『プーシキン詩集』 金子幸彦訳　岩波書店　2008　218p　15cm（岩波文庫）〈第26刷〉　600円　①4-00-326044-9
☆「世界文学鑑賞辞典　第4」

09524　「ベールキン物語」
『ベールキン物語』 プーシキン著　小沢政雄訳註　大学書林　1955　128p図版　18cm（大学書林語学文庫）〈露文併記〉　Ⓝ887.7
☆「世界文学鑑賞辞典　第4」，「世界名著大事典」

09525　「ボリス・ゴドゥノフ」
『ボリス・ゴドゥノフ』 プーシキン作　佐々木彰訳　岩波書店　2012　136p　15cm（岩波文庫）〈第7刷（第1刷1957年）〉　420円　①4-00-326045-7
☆「世界文学あらすじ大事典 4（ふん‐われ）」，「世界文学鑑賞辞典　第4」，「世界名著大事典」，「わたしの古典」

09526　「ポルタヴァ」
☆「世界名著大事典」

フシタニ

09527 「モーツァルトとサリエーリ」
☆「世界名著大事典」

09528 「ルスラーンとリュドミーラ」
☆「世界文学あらすじ大事典4(ふん・われ)」,「世界文学鑑賞辞典 第4」,「世界名著大事典」

フジタニ,T.

09529 「壮麗なる君主制」
☆「ナショナリズム論の名著50」

プシュヴァラ,エーリッヒ

09530 「カトリック神学の宗教哲学」
☆「世界名著大事典」

09531 「存在の類比」
☆「世界名著大事典」

ブース,チャールズ

09532 「暗黒のイギリスとその出口」
☆「西洋をきずいた書物」

09533 「ロンドンの民衆の生活と労働」
☆「世界名著大事典」

09534 「ロンドンの労働と生活の新調査」
☆「世界名著大事典」

ブズルグ・イブン・シャフリヤール

09535 「インドの不思議」
『インドの不思議』 ブズルク・イブン・シャフリヤール編 藤本勝次,福原信義訳注 吹田 関西大学出版広報部 1978 170p 22cm (関西大学東西学術研究所訳注シリーズ 2) 2000円 Ⓝ292.509
☆「世界の旅行記101」

プーゾ,マリオ

09536 「ゴッドファーザー」
☆「映画になった名著」,「世界の小説大百科」

ブーゾルト

09537 「ギリシア国家学」
☆「世界名著大事典」

09538 「ギリシア史」
☆「世界名著大事典」

フチーク

09539 「絞首台からのレポート」
『絞首台からのレポート』 ユリウス・フチーク著 栗栖継訳 岩波書店 1977 350p 肖像 15cm (岩波文庫)〈フチーク年譜:p.307~332〉 400円 Ⓝ989.5
☆「世界名著大事典」

プチャー

09540 「ギリシア精神の様相」
『ギリシア精神の様相』 プチャー著 田中秀央等訳 岩波書店 1952 301p 15cm (岩波文庫) Ⓝ991
☆「世界名著大事典」

フツイマ,ダグラス・J.

09541 「進化生物学」
『進化生物学』 ダグラス・J.フツイマ著 岸由二ほか訳 蒼樹書房 1991 612p 26cm 15450円
☆「学問がわかる500冊 v.2」

フッカー

09542 「教会政治の法について」
☆「西洋をきずいた書物」,「世界名著大事典」

フック

09543 「ミクログラフィア」
『ミクログラフィア―微小世界図説:図版集』 ロバート・フック原著 永田英治,板倉聖宣訳 仮説社 1985 83p 37cm ①4-7735-0058-1 Ⓝ460.7
☆「西洋をきずいた書物」,「世界を変えた書物」,「世界名著大事典」

フックス,エドゥアルト

09544 「風俗の歴史」
『風俗の歴史―カラー版 第1-3』 フックス著 安田徳太郎訳 光文社 1966 3冊 19cm 各580円 Ⓝ384.7
☆「世界名著大事典」

09545 「未来の劇場」
☆「世界名著大事典」

フックス,ヨハン・ヨーゼフ

09546 「パルナッスへの道」
『古典対位法』 ヨハン・ヨゼフ・フックス著 坂本良隆訳 音楽之友社 1950 113p 22cm Ⓝ761.6
☆「西洋をきずいた書物」,「世界名著大事典」

フックス,レオンハルト

09547 「植物誌の注釈」
☆「西洋をきずいた書物」

フックス,B.

09548 「私は女ではないのか」
☆「フェミニズムの名著50」

フッサール,エドムント

09549 「イデーン」
『イデーン―純粋現象学と現象学的哲学のための諸構想 3 現象学と,諸学問の基礎』 エトムント・フッサール[著] 渡辺二郎,千田義光共訳 みすず書房 2010 194,4p 22cm

09550 「幾何学の起源」
『幾何学の起源』 エドモント・フッサール, ジャック・デリダ著 田島節夫, 矢島忠夫, 鈴木修一訳 新版 青土社 2003 320p 20cm 2600円 ①4-7917-6034-4 Ⓝ134.95
☆「数学ブックガイド100」

〈索引あり〉 4600円 ①978-4-622-01920-6 Ⓝ134.95
☆「学術辞典叢書 第12巻」,「現代哲学の名著」,「世界の古典名著」,「世界の名著早わかり事典」,「世界名著解題選 第2巻」,「世界名著大事典」,「超解『哲学名著』事典」,「哲学の名著」(毎日新聞社),「哲学の名著」(学陽書房),「哲学名著解題」(協同出版),「哲学名著解題」(春秋社),「なおかつお厚いのがお好き？」

09551 「厳密な学としての哲学」
『厳密な学としての哲学』 E.フッサール著 佐竹哲雄訳 岩波書店 1969 153p 19cm 300円 Ⓝ134.942
☆「思想史の巨人たち」,「哲学の世界」,「哲学名著解題」

09552 「デカルト的省察」
『デカルト的省察』 フッサール著 浜渦辰二訳 岩波書店 2001 375,15p 15cm（岩波文庫） 760円 ①4-00-336433-3 Ⓝ134.95
☆「哲学名著解題」(協同出版),「哲学名著解題」(春秋社)

09553 「ヨーロッパ諸学の危機と超越論的現象学」
『ヨーロッパ諸学の危機と超越論的現象学』 エドモント・フッサール著 細谷恒夫, 木田元訳 中央公論社 1995 553p 15cm（中公文庫） 1200円 ①4-12-202339-4
☆「哲学名著解題」,「20世紀を震撼させた100冊」,「ヨーロッパを語る13の書物」

09554 「ヨーロッパの危機」
☆「ヨーロッパを語る13の書物」

09555 「論理学研究」
『論理学研究 第1』 E.フッサール著 立松弘孝訳 みすず書房 1968 341p 22cm〈原著第2版の翻訳〉 1200円 Ⓝ116
☆「学術辞典叢書 第13巻」,「世界名著解題選 第3巻」,「世界名著大事典」,「哲学名著解題」(協同出版),「哲学名著解題」(春秋社),「ハイデガー本45」

ブッシュ

09556 「アヴェナリウス及び其単純経験の立脚地」
☆「近代欧米名著解題 第3巻」

ブッシュ, ウィルヘルム

09557 「エドワルトの夢」

『エドワルトの夢』 ウィルヘルム・ブッシュ著 矢川澄子訳 月刊ペン社 1979 185p 20cm（妖精文庫 21） 1200円 Ⓝ943
☆「世界の幻想文学」

ブッシュ, クリストファ

09558 「完全殺人事件」
『完全殺人事件』 クリストファ・ブッシュ著 中村能三訳 第44版 東京創元社 1998 366p 15cm（創元推理文庫） 640円 ①4-488-11201-3
☆「世界の推理小説・総解説」,「世界名著大事典」

ブッシュネル

09559 「代償的犠牲」
☆「世界名著大事典」

ブッセ

09560 「イエス」
『イエス』 ヴィルヘルム・ブッセ 林達夫訳 岩波書店 1932 136p 16cm（岩波文庫 845） Ⓝ192
☆「世界名著大事典」

フッセル

09561 「数の概念について」
☆「哲学名著解題」

09562 「算術の哲学」
☆「哲学名著解題」

09563 「内的時間意識現象学講義」
☆「哲学名著解題」

ブッセル

09564 「倫理学ノ将来―精神乎遠離乎」
☆「近代欧米名著解題 第1巻」

ブッダゴーサ

09565 「清浄道論」
『清浄道論 上』 仏陀瞿沙著 石黒弥致訳註 東洋文庫 1936 641p 27cm（東洋文庫叢刊 第4） Ⓝ181
☆「世界名著大事典」

ブッツァーティ

09566 「偉大なる幻影」
『偉大なる幻影』 ディーノ・ブッツァーティ著 脇功, 松谷健二訳 早川書房 1968 195p 19cm（ハヤカワ・SF・シリーズ） 260円 Ⓝ933
☆「世界のSF文学・総解説」

09567 「タタール人の砂漠」
『タタール人の砂漠』 ブッツァーティ作 脇功訳 岩波書店 2013 353p 15cm（岩波文庫） 840円 ①978-4-00-327191-9

☆「世界の幻想文学」、「世界の小説大百科」、「世界文学あらすじ大事典 2（きよえ‐ちえ）」

フッテン,U.von
09568 「愚者の手紙」
☆「世界名著大事典 補遺（Extra）」

フットレル,ジャック
09569 「思考機械」
『思考機械』 ジャック・フットレル著　押川曠訳　早川書房　1977　336p　16cm（ハヤカワ・ミステリ文庫）　380円　Ⓝ933
☆「世界の推理小説・総解説」

フッフ
09570 「王たちと王冠」
☆「世界名著大事典」

ブッヘンベルガー
09571 「農業事情および農業政策」
☆「世界名著大事典」

ブトゥリム,ゾフィア・T.
09572 「ソーシャルワークとは何か―その本質と機能」
『ソーシャルワークとは何か―その本質と機能』ゾフィア・T.ブトゥリム著　川田誉音訳　川島書店　1986　213,14p　22cm　2200円
①4-7610-0331-6　Ⓝ369.1
☆「学問がわかる500冊」

プドフキン
09573 「プドフキン文集」
☆「世界名著大事典」

ブートルー
09574 「自然法則の偶然性」
『自然法則の偶然性』 エミール・ブートルー著　野田又夫訳　創元社　1945　336p　19cm（哲学叢書）　Ⓝ135.9
☆「世界名著大事典」

09575 「哲学史研究」
☆「学術辞典叢書 第13巻」

プトレマイオス
09576 「アルマゲスト」
『アルマゲスト』 プトレマイオス著　薮内清訳　恒星社厚生閣　1993　610p　21cm　15450円
①4-7699-0754-0
☆「自然科学の名著」、「自然科学の名著100選 上」、「西洋をきずいた書物」、「世界名著大事典」

09577 「地理学案内」
☆「世界名著大事典」

フートン
09578 「さるからの進化」
☆「世界名著大事典」

ブトン
09579 「仏教史」
☆「世界名著大事典」

ブードン,R.
09580 「機会の不平等」
『機会の不平等―産業社会における教育と社会移動』 レイモン・ブードン著　杉本一郎ほか訳　新曜社　1983　297p　22cm〈参考文献：p285～291〉　3500円　Ⓝ361.8
☆「社会学的思考」

ブーニアティアン
09581 「経済恐慌論」
☆「世界名著大事典」

ブーニン,イワン・アレクセーエヴィチ
09582 「暗い並木道」
『暗い並木道―イワン・ブーニン短編集』 イワン・アレクセーエヴィチ・ブーニン著　原卓也訳　国際言語文化振興財団,サンマーク〔発売〕　1998　387p　19cm　2500円
①4-7631-9210-8
☆「知っておきたいロシア文学」、「名作あらすじ事典 西洋文学編」、「ロシア文学」

09583 「サンフランシスコから来た紳士」
☆「世界名著大事典」

09584 「生活の盃」
『生活の盃』 イヴァーン・ブウニン著　原久一郎訳　新潮社　1923　267p　肖像　18cm（現代露西亜文芸叢書　第1編）　Ⓝ983
☆「世界文学鑑賞辞典 第4」

09585 「村」
☆「世界文学あらすじ大事典 4（ふん‐われ）」、「世界名著大事典」

ブノア,ピエール
09586 「アトランティード」
『世界大衆小説全集　第1期　第6巻　アトランティード　エッフェル塔の潜水夫』 大仏次郎等編　P.ブノア,カミ著　永井順,吉村正一郎訳　生活百科刊行会　1955　398p　20cm　Ⓝ908.3
☆「世界の幻想文学」

ブノワ（サント・モールの）
09587 「トロヤ物語」
☆「世界名著大事典」

フーバー

09588 「経済行政法」
☆「世界名著大事典」

ブーバー, マルティン

09589 「対話」
『我と汝・対話』 マルティン・ブーバー著 田口義弘訳 新装版 みすず書房 2014 283p 19cm 3200円 ⓘ978-4-622-07854-8
☆「世界名著大事典」

09590 「ユートピアの途」
『ユートピアの途』 M.ブーバー著 長谷川進訳 理想社 1972 262p 19cm 850円 Ⓝ363.3
☆「世界名著大事典」

09591 「我と汝」
『我と汝・対話』 マルティン・ブーバー著 田口義弘訳 新装版 みすず書房 2014 283p 19cm 3200円 ⓘ978-4-622-07854-8
☆「思想史の巨人たち」,「宗教学の名著30」,「世界を変えた100冊の本」,「哲学の世界」,「哲学名著解題」

ブハーリン

09592 「共産主義のABC」
『共産主義のABC 上,下』 ブハーリン,プレオブラヂェンスキー共著 マルキシズム研究所訳 イスクラ閣 1929 2冊 19-20cm〈下は早川二郎訳〉 Ⓝ363
☆「学術辞典叢書 第14巻」

09593 「岐路に立つ自然科学」
『岐路に立つ自然科学』 唯物論研究会編 大畑書店 1934 420p 19cm〈第二回国際科学史及び技術学史会議における報告論文「弁証法的唯物論の立場よりの理論と実践(N.T.ブハーリン)」他10篇を集録〉 Ⓝ404
☆「世界名著大事典」

09594 「金利生活者の経済学」
『金利生活者の経済学—オーストリア学派の価値論並に利潤論』 ブハーリン著 小林良正訳 白揚社 1936 341p 19cm Ⓝ331
☆「学術辞典叢書 第14巻」

09595 「史的唯物論」
『史的唯物論—マルクス主義社会学の通俗教科書』 エヌ・ブハリン著 直井武夫訳 17版 同人社 1930 531p 21cm Ⓝ363.31
☆「学術辞典叢書 第14巻」,「世界名著解題選 第2巻」,「世界名著大事典」

09596 「世界経済と帝国主義」
『世界経済と帝国主義』 N.Bucharin著 野村武一訳 希望閣 1930 270p 19cm Ⓝ333.9
☆「学術辞典叢書 第14巻」,「経済学名著106選」,「世界名著解題選 第2巻」

09597 「帝国主義と資本の蓄積」
『帝国主義と資本の蓄積』 ブハーリン著 佐山清訳 希望閣 1930 242p 19cm Ⓝ332
☆「学術辞典叢書 第14巻」,「世界名著大事典」

09598 「哲学の論理学と範疇論」
☆「学術辞典叢書 第13巻」,「世界名著解題選 第3巻」

09599 「転形期の経済学」
☆「学術辞典叢書 第14巻」,「世界名著解題選 第3巻」,「世界名著大事典」

09600 「唯物史観」
『唯物史観—史的唯物論の理論其の他 改訳版』 ブハーリン著 広島定吉訳 白揚社 1930 590p 16cm(「マルクス主義の旗の下に」文庫 5) Ⓝ363
☆「世界名著解題選 第5巻」

フーフ, R.

09601 「2代目ルドルフ・ウルスロイの思い出」
☆「世界名著大事典」

09602 「ミハエル・ウンガー」
☆「世界名著大事典」

09603 「ルードルフ・ウルスロイの回想」
☆「世界文学鑑賞辞典 第3」

09604 「恋愛詩集」
☆「世界名著大事典」

09605 「ローマの防衛」
☆「世界名著大事典」

09606 「ロマン派」
『ロマン派』 ジャン・クレイ著 高階秀爾監訳 中央公論社 1990 319p 34×29cm 16000円 ⓘ4-12-001938-1
☆「世界名著大事典」

フーフェランド

09607 「診療経験」
☆「世界名著大事典」

プーフェンドルフ, サムエル・フォン

09608 「自然法及国際法論」
☆「学術辞典叢書 第11巻」,「世界名著解題選 第2巻」,「世界名著大事典」

プフタ

09609 「慣習法論」
☆「世界名著大事典」

ブフナー

09610 「酵母細胞なきアルコール発酵」
☆「自然科学の名著」

ブーフハイム, ロータル=ギュンター

09611 「Uボート」

『Uボート 上』 ロータル＝ギュンター・ブーフハイム著 松谷健二訳 早川書房 1991 431p 16cm(ハヤカワ文庫 NV) 600円
Ⓘ4-15-040616-2 Ⓝ933
☆「世界の冒険小説・総解説」

プフライデラー, オットー

09612「宗教哲学史」
『宗教哲学史』 オットー・プフライデラー著 伊達保美訳 早稲田大学出版部 1928 861p 22cm Ⓝ161
☆「学術辞典叢書 第13巻」,「世界名著解題選 第2巻」

フーベル

09613「民法講義」
☆「世界名著大事典」

ブーベンノフ

09614「白樺」
『白樺』 ミハイール・ブーベンノフ著 井上満訳 京都 三一書房 1951 369p 19cm Ⓝ983
☆「世界文学鑑賞辞典 第4」,「世界名著大事典」

フュステル・ド・クーランジュ

09615「古代都市」
☆「社会科学の古典」,「世界名著大事典」

09616「古代フランス政治制度史」
☆「人文科学の名著」,「世界名著大事典」

フューター

09617「近代史学史」
☆「世界名著大事典」

フュルティエール

09618「町人物語」
『町人物語 上』 フュルチェール著 増永清明訳 大阪 創元社 1949 250p 19cm Ⓝ953
☆「世界名著大事典」

フュロン

09619「一般先史学提要」
☆「世界名著大事典」

フラー, バックミンスター

09620「宇宙船地球号操縦マニュアル」
『宇宙船地球号操縦マニュアル』 バックミンスター・フラー著 芹沢高志訳 筑摩書房 2000 210p 15cm(ちくま学芸文庫) 900円 Ⓘ4-480-08586-6
☆「世界の古典名著」,「必読書150」

09621「宇宙船「地球」号—フラー人類の行方を語る」

☆「建築の書物/都市の書物」

09622「バックミンスター・フラーの宇宙学校」
『バックミンスター・フラーの宇宙学校』 R・バックミンスター・フラー著 金坂留美子訳 めるくまーる 1987 279p 19cm 1800円
☆「学問がわかる500冊 v.2」

フラー, ロバート・C.

09623「オルタナティヴ メディスン」
☆「学問がわかる500冊」

フライ, ダゴベルト

09624「芸術学の基本問題」
☆「世界名著大事典」

09625「ゴシックとルネサンス」
☆「世界名著大事典」

09626「比較美術学の基礎づけ」
☆「世界名著大事典」

フライ, ノースロップ

09627「批評の解剖」
『批評の解剖』 ノースロップ・フライ著 海老根宏,中村健二,出淵博,山内久明訳 新装版 法政大学出版局 2013 529,34p 19cm(叢書・ウニベルシタス) 6000円
Ⓘ978-4-588-09971-7
☆「必読書150」

ブライ, ロバート

09628「鉄のハンス」
☆「世界の自己啓発50の名著」

ブライ, A.

09629「心理療法とは何か—九人の心理療法家にきく」
『心理療法とは何か—九人の心理療法家にきく』 アデレイド・ブライ編 空井健三,市間洋子訳 新曜社 1984 267p 20cm 1800円
Ⓝ146.8
☆「学問がわかる500冊」

ブライアリー

09630「国際法」
『国際法—平時国際法入門』 J.L.ブライアリー著 一又正雄訳 有斐閣 1955 295p 19cm Ⓝ329.1
☆「世界名著大事典」

ブライアント

09631「大草原」
☆「たのしく読めるアメリカ文学」

フライシャワー
09632　「オナシス―七つの海の挑戦者」
☆「伝記・自叙伝の名著」

フライシュマン, ジョエル・T.
09633　「財団」
☆「お金と富の哲学世界の名著50」

フライジング
09634　「年代記または二つの国の歴史」
☆「世界の古典名著」

プライス, ジョン・ランドルフ
09635　「豊かさの法則」
『豊かさの法則―40日で、富とお金を引き寄せる』　ジョン・ランドルフ・プライス著　住友進訳　講談社　2009　157p　19cm　1200円　Ⓘ978-4-06-215682-0
☆「お金と富の哲学世界の名著50」

プライス, リチャード
09636　「アメリカ共和国論」
☆「世界名著大事典」

09637　「近代民主政治」
『近代民主政治　第1-4巻』　プライス著　松山武訳　岩波書店　1950　4冊　15cm（岩波文庫）〈第1巻 10版、第2巻 6版、第3,4巻 5版〉Ⓝ313.8
☆「社会科学の古典」,「世界名著解題選 第4巻」,「世界名著大事典」

09638　「市民的自由の本質について」
☆「世界名著大事典」

09639　「神聖ローマ帝国」
☆「世界名著大事典」

09640　「われらの祖国愛について」
☆「世界名著大事典」

プライス, A.G
09641　「熱帯における白人移住者」
☆「世界名著大事典」

プライス, R.H.
09642　「俳句」
『俳句』　R.H.プライス著　村松友次,三石庸子共訳　永田書房　2004　571p　19cm　3333円　Ⓘ4-8161-0697-9　Ⓝ911.3
☆「外国人による日本論の名著」

フライターク, グスタフ
09643　「借りと貸し」
☆「世界文学鑑賞辞典 第3」,「世界名著大事典」

09644　「戯曲の技巧」
『戯曲の技巧　下巻』　フライターク著　島村民蔵訳　岩波書店　1949　203p　15cm（岩波文庫）　Ⓝ901.2
☆「学術辞典叢書 第13巻」,「世界名著解題選 第1巻」,「世界名著解題選 第6巻」,「世界名著大事典」

09645　「新聞記者」
『新聞記者』　Gustav Freytag〔原著〕　新關良三著　研究社　1944　183p　18cm（研究社獨逸文化小叢書　23）〈他言語標題：Die Journalisten〉
☆「世界名著大事典」

09646　「ドイツの過去の面影」
☆「世界名著大事典」

プライデラー
09647　「宗教哲学」
☆「世界名著大事典」

フライナー
09648　「ドイツ行政法綱要」
☆「世界名著大事典」

フライヤー
09649　「ヨーロッパ世界史」
☆「世界名著大事典」

フライヤー, ハンス
09650　「現実科学としての社会学」
『現実科学としての社会学』　ハンス・フライヤー著　福武直訳　日光書院　1944　381p　22cm　Ⓝ361
☆「世界名著大事典」

フライリヒラート
09651　「現代政治社会詩集」
☆「世界名著大事典」

ブラウ, P.M.
09652　「交換と権力」
『交換と権力―社会過程の弁証法社会学』　ピーター・M.ブラウ著　間場寿一ほか共訳　新曜社　1996　318,13p　22cm〈第7刷（第1刷：1974年）〉　4326円　Ⓘ4-7885-0022-1　Ⓝ361.3
☆「自己・他者・関係」

ブラウコップ
09653　「音楽社会学」
☆「世界名著大事典」

プラウトゥス
09654　「アンフィトルオ」
☆「学術辞典叢書 第13巻」,「世界文学あらすじ大事典1（あ‐きよう）」,「世界名著解題選 第1巻」,「世界名著大事典」

09655　「いばり屋の軍人さん」

☆「世界名著大事典」

09656 「黄金の壺」
☆「世界文学あらすじ大事典1(あ‐きよう)」,「世界名著大事典」,「ポケット世界名作事典」

09657 「三文三百代言」
☆「世界名著大事典」

09658 「トリヌムムス」
☆「学術辞典叢書 第13巻」,「世界名著解題選 第1巻」

09659 「縄」
☆「世界名著大事典」

09660 「2人のバッキス」
☆「世界名著大事典」

09661 「2人のメナイクムス」
☆「世界名著大事典」

09662 「ほら吹き兵士」
☆「世界文学あらすじ大事典4(ふん‐われ)」

09663 「捕虜」
☆「世界文学あらすじ大事典4(ふん‐われ)」,「世界文学鑑賞辞典 第2」,「世界名著大事典」

09664 「幽霊」
☆「世界名著大事典」

ブラウニング, ロバート

09665 「男と女」
『男と女―ロバート・ブラウニング詩集』 ロバート・ブラウニング[著] 大庭千尋訳 国文社 1988 570p 20cm〈新装版 著者の肖像あり ブラウニング年譜:p559〜561〉 3500円 Ⓝ931
☆「世界名著大事典」

09666 「鈴とざくろ」
☆「世界名著大事典」

09667 「登場人物」
☆「世界名著大事典」

09668 「指輪と本」
『指環と書物―悲劇詩 〔第1〕 第1-5巻』 ブラウニング著 小田切米作訳 法政大学出版局 1957 293p 図版 22cm Ⓝ931
☆「現代世界の名作」,「世界文学あらすじ大事典4(ふん‐われ)」,「世界文学鑑賞辞典 第1」,「世界名著大事典」

ブラウネ

09669 「古高ドイツ語文法」
☆「世界名著大事典」

ブラウン

09670 「自然地理学概論」
☆「世界名著大事典」

09671 「図書館管理綱要」

☆「世界名著大事典」

ブラウン, ジェラルド・A.

09672 「ハロウハウス十一番地」
☆「世界の冒険小説・総解説」

ブラウン, ジャネット・ウォルシュ

09673 「入門 地球環境政治」
『入門 地球環境政治』 ガレス・ポーター, ジャネット・ウェルシュ・ブラウン著 細田衛士監訳 村上朝子, 児矢野マリ, 城山英明, 西久保裕彦訳 有斐閣 1998 292p 21cm 2600円 ①4-641-04966-1
☆「学問がわかる500冊 v.2」

ブラウン, ジョー・デイヴィッド

09674 「ペーパームーン」
『ペーパームーン』 ジョー・デイヴィッド・ブラウン著 佐和誠訳 早川書房 1977 439p 16cm(ハヤカワ文庫 NV) 500円 Ⓝ933
☆「日本・世界名作「愛の会話」100章」

ブラウン, ジョン

09675 「医学原論」
☆「世界名著大事典」

ブラウン, ダン

09676 「ロスト・シンボル」
☆「3行でわかる名作&ヒット本250」

ブラウン, チャールズ・ブロックデン

09677 「エドガー・ハントリー―夢遊病者の回想録」
『エドガー・ハントリー』 C.B.ブラウン著 八木敏雄訳 国書刊行会 1979 299p 22cm (ゴシック叢書 10) 2800円 Ⓝ933
☆「書き出し「世界文学全集」」,「世界の幻想文学」

ブラウン, ディー

09678 「わが魂を聖地に埋めよ」
『わが魂を聖地に埋めよ 上』 ディー・ブラウン著 鈴木主税訳 草思社 2013 390p 15cm(草思社文庫) 1000円 ①978-4-7942-1951-0
☆「21世紀の必読書100選」

ブラウン, トマス

09679 「医師の宗教」
☆「西洋をきずいた書物」

09680 「壺葬論」
☆「世界文学あらすじ大事典2(きよえ‐ちえ)」

ブラウン, フレドリック

09681 「宇宙をぼくの手の上に」

☆「世界のSF文学・総解説」

09682 「火星人ゴー・ホーム」
『火星人ゴー・ホーム』 フレドリック・ブラウン著 森郁夫訳 早川書房 1958 190p 19cm（ハヤカワ・ファンタジイ） Ⓝ933
☆「世界のSF文学・総解説」

09683 「交換殺人」
『交換殺人』 フレドリック・ブラウン著 小西宏訳 東京創元新社 1963 212p 15cm（創元推理文庫） Ⓝ933
☆「世界の推理小説・総解説」

09684 「発狂した宇宙」
『発狂した宇宙』 フレドリック・ブラウン著 稲葉明雄訳 早川書房 1977 300p 16cm（ハヤカワ文庫 SF） 340円 Ⓝ933
☆「世界のSF文学・総解説」

ブラウン, レスター・R.
09685 「飢餓の世紀」
『飢餓の世紀―食糧不足と人口爆発が世界を襲う』 レスター・R.ブラウン, ハル・ケイン著 小島慶三訳 ダイヤモンド社 1995 256p 19cm 2000円 ①4-478-87042-X
☆「学問がわかる500冊 v.2」

ブラウン, レベッカ
09686 「体の贈り物」
『体の贈り物』 レベッカ・ブラウン著 柴田元幸訳 新潮社 2004 228p 15cm（新潮文庫） 514円 ①4-10-214931-7
☆「世界文学の名作と主人公」

ブラウン, ロバート
09687 「植物の花粉に含まれる粒子の顕微鏡観察についての小論、および有機体,無機体一般における活性分子の存在について」
☆「西洋をきずいた書物」

ブラウン, C.B.
09688 「ウィーランド」
☆「世界文学あらすじ大事典 1 (あ - きよう)」,「世界名著大事典」,「たのしく読めるアメリカ文学」

ブラウン, E.G.
09689 「ペルシア文学史」
☆「世界名著大事典」

ブラウン, E.W.
09690 「太陰運動表」
☆「自然科学の名著」,「世界名著大事典」

ブラウン, M.B.
09691 「帝国主義の経済学」

☆「世界の古典名著」

ブラウン, S.R.
09692 「口語体日本語」
☆「世界名著大事典 補遺(Extra)」

フラウンホーファー
09693 「種々のガラスの屈折力と色拡散の測定」
☆「西洋をきずいた書物」

ブラウンミラー, S.
09694 「レイプ・踏みにじられた意思」
『レイプ・踏みにじられた意思』 スーザン・ブラウンミラー著 幾島幸子訳 勁草書房 2000 376p 19cm 3800円 ①4-326-65230-6
☆「近代家族とジェンダー」

ブラーエ
09695 「新興天文学の観測器械」
☆「世界名著大事典」

フラカストロ
09696 「伝染病論」
☆「世界名著大事典」

フラカン
09697 「新発見地」
☆「西洋をきずいた書物」

ブラクトン
09698 「イギリスの法と慣習」
☆「西洋をきずいた書物」,「世界名著大事典」

プラクネット
09699 「コモン・ロー略史」
☆「世界名著大事典」

プラシャスタパーダ
09700 「句義法綱要」
☆「世界名著大事典」

ブラーシュ
09701 「人と山」
☆「世界名著大事典」

ブラース
09702 「アッティカの雄弁術」
☆「世界名著大事典」

プラス, シルヴィア
09703 「エアリアル」
『エアリアル』 シルヴィア・プラス著 徳永暢三訳 構造社 1971 172p（肖像共） 19cm 950円 Ⓝ931

☆「たのしく読めるアメリカ文学」

09704 「ベル・ジャー」
『ベル・ジャー』 シルヴィア・プラス著 青柳祐美子訳 河出書房新社 2004 347p 19cm(Modern & Classicシリーズ) 1700円
①4-309-20401-5
☆「知っておきたいアメリカ文学」、「世界の小説大百科」、「たのしく読めるアメリカ文学」、「名作あらすじ事典 西洋文学編」

プラース,D.W.

09705 「日本人の生き方」
『日本人の生き方—現代における成熟のドラマ』 D.W.プラース著 井上俊,杉野目康子訳 岩波書店 1985 346p 22cm 3400円
①4-00-001169-3 ⑩361.42
☆「日本の社会と文化」

ブラスコ・イバーニェス

09706 「蘆と泥」
☆「世界名著大事典」

ブラッカー,C.

09707 「あずさ弓」
『あずさ弓—日本におけるシャーマン的行為 下』 カーメン・ブラッカー著 秋山さと子訳 岩波書店 1995 238p 15cm(同時代ライブラリー) 1000円 ①4-00-260229-X
☆「外国人による日本論の名著」

ブラック

09708 「マグネシア・アルバ,生石灰およびその他のアルカリ物質についての実験」
☆「世界名著大事典」

ブラック,C.V.

09709 「カリブ海の海賊たち」
『カリブ海の海賊たち』 クリントン・V.ブラック著 増田義郎訳 新潮社 1990 227p 19cm(新潮選書) 1200円 ①4-10-600386-4
☆「世界の海洋文学」

ブラック,D.

09710 「中国の化石人類」
☆「世界名著大事典」

ブラック,J.R.

09711 「ヤング・ジャパン」
『ヤング・ジャパン 第1』 J.R.ブラック著 ねず・まさし,小池晴子訳 平凡社 1970 278p 図版 18cm(東洋文庫 156) 400円 ⑩210.59
☆「世界名著大事典 補遺(Extra)」

ブラッグ,W.H.

09712 「音の世界」
『音の世界』 W.H.ブラッグ著 栗原嘉名芽訳訂 創元社 1951 152p 19cm(創元科学叢書 第41) ⑩424
☆「世界名著大事典 補遺(Extra)」

09713 「物とは何か」
『物とは何か』 ブラック著 三宅泰雄,西山健児訳 創元社 1942 186p 図版16枚 肖像 19cm(創元科学叢書 第18) ⑩420
☆「世界名著大事典 補遺(Extra)」

ブラックウッド

09714 「犬のキャンプ」
☆「世界の幻想文学」

ブラックヴッド

09715 「ケンタウロス」
『ケンタウロス』 アルジャナン・ブラックウッド著 八十島薫訳 月刊ペン社 1976 410p 20cm(妖精文庫 5) 1600円 ⑩933
☆「世界の幻想文学」

ブラックストン

09716 「イギリス法釈義」
☆「社会科学の名著」、「西洋をきずいた書物」、「世界の古典名著」、「世界名著大事典」

ブラッグ父子

09717 「X線と結晶構造」
☆「自然科学の名著100選 下」、「西洋をきずいた書物」

ブラッケット

09718 「原子力の軍事的・政治的結果」
☆「世界名著大事典」

ブラッティ,ウイリアム・ピーター

09719 「エクソシスト」
☆「世界の幻想文学」

プラット

09720 「ラテン・アメリカ」
☆「世界名著大事典」

プラット

09721 「宗教心理学」
☆「近代欧米名著解題 第4巻」

ブラッドベリ,マルカム

09722 「超哲学者マンソンジュ氏」
『超哲学者マンソンジュ氏』 マルカム・ブラッドベリ著 柴田元幸訳 平凡社 2002 226p 16cm(平凡社ライブラリー) 1000円
①4-582-76431-2
☆「たのしく読めるイギリス文学」

ブラッドベリ, レイ

09723　「刺青の男」
『刺青の男』 レイ・ブラッドベリ著　小笠原豊樹訳　新装版　早川書房　2013　434p　15cm（ハヤカワ文庫SF）　1040円
①978-4-15-011897-6
☆「世界のSF文学・総解説」

09724　「華氏四五一度」
『華氏451度』 レイ・ブラッドベリ著　伊藤典夫訳　新訳版　早川書房　2014　299p　16cm（ハヤカワ文庫SF）　860円
①978-4-15-011955-3　Ⓝ933.7
☆「アメリカ文学」,「教養のためのブックガイド」,「世界のSF文学・総解説」,「百年の誤読 海外文学篇」

09725　「火星年代記」
『火星年代記』 レイ・ブラッドベリ著　小笠原豊樹訳　新版　早川書房　2010　414p　15cm（ハヤカワ文庫SF）　940円
①978-4-15-011764-1
☆「世界のSF文学・総解説」,「2時間でわかる世界の名著」

09726　「10月はたそがれの国」
☆「世界のSF文学・総解説」

09727　「たんぽぽのお酒」
『たんぽぽのお酒』 レイ・ブラッドベリ著　北山克彦訳　晶文社　1997　405p　19cm（ベスト版文学のおくりもの）　1800円
①4-7949-1241-2
☆「たのしく読めるアメリカ文学」

09728　「何かが道をやってくる」
『何かが道をやってくる』 レイ・ブラッドベリー著　大久保康雄訳　東京創元新社　1964　350p　15cm（創元推理文庫）　Ⓝ933
☆「世界のSF文学・総解説」

09729　「万華鏡」
『万華鏡―ブラッドベリ自選傑作短編集』 レイ・ブラッドベリ著　川本三郎訳　〔新装版〕　サンリオ　1986　609p　15cm（サンリオSF文庫）　680円　①4-387-86165-7
☆「世界の幻想文学」

ブラッドリ

09730　「現象と実在」
☆「学術辞典叢書 第13巻」,「世界名著解題選 第1巻」,「世界名著大事典」,「哲学名著解題」

ブラッドリー

09731　「シェークスピアの悲劇」
☆「世界名著大事典」

ブラッドン

09732　「ウインブルドン」
☆「世界の冒険小説・総解説」

ブラティアヌ

09733　「ビザンティン社会経済史研究」
☆「世界名著大事典」

プラーテン, A.G.v

09734　「ヴェネツィアの14行詩」
☆「世界名著大事典」

09735　「ロマン的エーディプス」
☆「世界名著大事典」

プラトーノフ, アンドレイ・プラトーノヴィチ

09736　「エピファーニの水門」
☆「世界名著大事典 補遺（Extra）」

09737　「帰還」
☆「世界の小説大百科」,「世界名著大事典 補遺（Extra）」

09738　「疑惑をいだいたマカール」
☆「世界名著大事典 補遺（Extra）」

09739　「ジャン」
☆「世界名著大事典 補遺（Extra）」,「ロシア文学」

09740　「土台穴」
『土台穴』 アンドレイ・プラトーノフ著　亀山郁夫訳　国書刊行会　1997　254p　19cm（文学の冒険シリーズ）　2300円　①4-336-03954-2
☆「知っておきたいロシア文学」,「世界名著大事典 補遺（Extra）」

09741　「秘められた人間」
☆「世界名著大事典 補遺（Extra）」

09742　「フロー」
☆「世界名著大事典 補遺（Extra）」

フラートン

09743　「通貨調節論」
『通貨調節論』 フラートン著　阿野季房訳　改造社　1948　350p　19cm（改造選書）　Ⓝ337.3
☆「世界名著大事典」

プラトン

09744　「饗宴」
『饗宴』 プラトン著　中澤務訳　光文社　2013　295p　15cm（光文社古典新訳文庫）　933円　①978-4-334-75276-7
☆「一冊で人生論の名著を読む」,「いまこそ読みたい哲学の名著」,「お厚いのがお好き？」,「教育の名著80選解題」,「教養のためのブックガイド」,「50歳からの名著入門」,「西洋哲学の10冊」,「世

プラトン

界の名著」，「世界名著大事典」，「哲学の世界」，
「哲学名著解題」(協同出版)，「哲学名著解題」(春
秋社)，「必読書150」，「ポケット世界名作事典」

09745 「クリトン」
『クリトン』 Platon[著] 淺井眞男編 第4版
大学書林 1948 34p 18cm
☆「学術辞典叢書 第13巻」，「学問がわかる500冊」，
「世界名著解題選 第3巻」，「哲学の世界」，「哲学
名著解題」

09746 「国家」
『国家 上』 プラトン著 藤沢令夫訳 岩波書
店 2003 456p 15cm(岩波文庫)〈第42刷〉
800円 ⓘ4-00-336017-6
☆「学術辞典叢書 第11巻」，「学問がわかる500冊」，
「教育の名著80選解題」，「教育名著の愉しみ」，
「教養のためのブックガイド」，「近代名著解題選
集2」，「現代政治学の名著」，「古典・名著の読み
方」，「社会科学の名著」，「図解世界の名著がわ
かる本」，「世界を変えた100冊の本」，「世界の古
典名著」，「世界の哲学50の名著」，「世界の哲学
思想」，「世界文学あらすじ大事典2 (きよえーち
え)」，「世界名著解題選 第3巻」，「世界名著大事
典」，「哲学の世界」，「哲学の名著」，「哲学名著解
題」(協同出版)，「哲学名著解題」(春秋社)，「入
門 哲学の名著」

09747 「ゴルギアス」
『ゴルギアス』 プラトン著 加来彰俊訳 第44
刷改版 岩波書店 2007 368p 15cm(岩波
文庫) 760円 ⓘ4-00-336012-5 Ⓝ131.3
☆「現代政治学の名著」，「哲学名著解題」

09748 「書翰第七」
『世界の名著 7 プラトン 2』 田中美知太郎
責任編集 中央公論社 1978 506p 18cm
(中公バックス)〈プラトンの肖像あり〉
980円 Ⓝ080
☆「哲学名著解題」

09749 「政治家」
☆「社会科学の名著」，「哲学名著解題」

09750 「ソクラテスの弁明」
『ソクラテスの弁明』 プラトン著 納富信留訳
光文社 2012 216p 15cm(光文社古典新訳
文庫) 895円 ⓘ978-4-334-75256-9
☆「一冊で哲学の名著を読む」，「大人のための世界
の名著50」，「学術辞典叢書 第13巻」，「学問がわ
かる500冊」，「教養のためのブックガイド」，「古
典・名著の読み方」，「思想史の巨人たち」，「世
界の古典名著」，「世界の書物」，「世界の「名著」
50」，「世界の名著早わかり事典」，「世界名著解
題選 第3巻」，「世界名著大事典」，「超解「哲学名
著」事典」，「哲学の世界」，「哲学の名著」(毎日新
聞社)，「哲学の名著」(学陽書房)，「哲学名著解
題」(協同出版)，「哲学名著解題」(春秋社)，「文
学・名著300選の解説'88年度版」，「文庫1冊で読
める 哲学の名著」

09751 「ソピステス」
☆「世界名著大事典」，「哲学名著解題」，「ハイデ
ガー本45」

09752 「著作」
☆「西洋をきずいた書物」

09753 「テアイテトス」
『テアイテトス―知識について』 プラトン著
渡辺邦夫訳 筑摩書房 2004 334p 15cm
(ちくま学芸文庫) 1300円 ⓘ4-480-08818-0
☆「世界名著大事典」，「哲学名著解題」(協同出版)，
「哲学名著解題」(春秋社)

09754 「ティマイオス」
☆「世界名著大事典」，「哲学名著解題」(協同出版)，
「哲学名著解題」(春秋社)

09755 「パイドロス」
『パイドロス』 プラトン著 藤沢令夫訳 岩波
書店 2003 210p 15cm(岩波文庫)〈第48
刷〉 560円 ⓘ4-00-336015-X
☆「教育の名著80選解題」，「教養のためのブックガ
イド」，「哲学名著解題」

09756 「パイドン」
『パイドン―魂の不死について』 プラトン著
岩田靖夫訳 岩波書店 2003 213p 15cm
(岩波文庫)〈第6刷〉 560円 ⓘ4-00-336022-2
☆「学術辞典叢書 第12巻」，「宗教哲学名著解説」，
「世界名著解題選 第3巻」，「世界名著大事典」，「哲
学名著解題」(協同出版)，「哲学名著解題」(春秋
社)

09757 「パルメニデス」
『パルメニデス』 プラトン著 前田鷹衛訳 河
出書房 1938 163p 肖像 16cm(名著研究
文庫 B 3) Ⓝ131
☆「世界名著大事典」，「哲学名著解題」(協同出版)，
「哲学名著解題」(春秋社)

09758 「ピレーボス」
☆「哲学名著解題」

09759 「プラトンの美学思想」
☆「世界名著解題選 第6巻」

09760 「プロタゴラス」
『プロタゴラス―あるソフィストとの対話』 プ
ラトン著 中澤務訳 光文社 2010 242p
15cm(光文社古典新訳文庫) 686円
ⓘ978-4-334-75221-7
☆「学術辞典叢書 第13巻」，「世界名著解題選 第3
巻」，「哲学名著解題」

09761 「法律」
『法律 上』 プラトン著 森進一，池田美恵，加
来彰俊訳 岩波書店 1993 490p 15cm(岩
波文庫) 770円 ⓘ4-00-336020-6
☆「社会科学の名著」，「世界名著大事典」，「哲学名
著解題」(協同出版)，「哲学名著解題」(春秋社)

09762 「メノン」
『メノン―徳について』 プラトン著　渡辺邦夫訳　光文社　2012　286p　15cm（光文社古典新訳文庫）　781円　①978-4-334-75244-6
☆「教育本44」,「教養のためのブックガイド」,「哲学名著解題」

09763 「リュシス」
☆「教育の名著80選解題」

フラートン, A.
09764 「エバラード・シリーズ」
☆「世界の海洋文学」

ブラナー
09765 「テレパシスト」
☆「世界のSF文学・総解説」

プラニオル
09766 「フランス民法概論」
☆「世界名著大事典」

09767 「フランス民法の実際」
☆「世界名著大事典」

ブラニガン, A.
09768 「科学的発見の現象学」
『科学的発見の現象学』 A.ブラニガン著　村上陽一郎,大谷隆昶訳　紀伊國屋書店　2008　446p　19cm〈第4刷〉　4200円
①978-4-314-00430-5
☆「科学技術をどう読むか」

プラーニッ
09769 「ドイツ中世都市論」
☆「世界名著大事典」

プラノ・カルピニ
09770 「モンゴル旅行記」
☆「世界の旅行記101」

ブラハー
09771 「ヴァイマル共和国の解体」
☆「世界名著大事典」

プラバーカラ
09772 「ブリハティー」
☆「世界名著大事典」

プラハラード, C.K.
09773 「コア・コンピタンス経営」
『コア・コンピタンス経営―未来への競争戦略』 ゲイリー・ハメル,C.K.プラハラード著　一条和生訳　日本経済新聞社　2001　477p　15cm（日経ビジネス人文庫）　800円
①4-532-19031-2
☆「あらすじで読む世界のビジネス名著」,「究極のビジネス書50選」,「世界で最も重要なビジネス書」,「戦略の名著！ 最強43冊のエッセンス」

フラバル, ボフミル
09774 「厳重に監視された列車」
☆「世界の小説大百科」

ブラフマーグプタ
09775 「ブラーフマ・スプフタ・シッダーンタ」
☆「世界名著大事典」

ブラマ
09776 「マックス・カラドス」
☆「世界の推理小説・総解説」

ブラムウェル, アンナ
09777 「エコロジー」
『エコロジー―起源とその展開』 アンナ・ブラムウェル著　森脇靖子,大槻有紀子訳　金子務監訳　河出書房新社　1992　400,58,13p　19cm　3800円　①4-309-24138-7
☆「環境と社会」

09778 「エコロジー起源とその展開」
☆「学問がわかる500冊 v.2」,「21世紀の必読書100選」

フラムスティード
09779 「恒星表」
☆「世界名著大事典」

フラメル, ニコラ
09780 「象形寓意図の書」
☆「世界の奇書」

ブラメルド
09781 「来るべき時代の教育」
☆「教育学の世界名著100選」

ブラーユ
09782 「点字法による言葉,音譜の書き方」
☆「西洋をきずいた書物」

ブラン
09783 「フランス革命史」
☆「世界名著大事典」

ブラン, ルイ
09784 「労働の組織」
☆「学術辞典叢書 第11巻」,「近代名著解題選集 2」,「世界名著解題選 第3巻」,「世界名著大事典」

フランカステル, P.
09785 「絵画と社会」
『絵画と社会』 ピエール・フランカステル著　大島清次訳　岩崎美術社　1968　221p　図版

フランク

09786「近代科学とその哲学」
☆「世界名著大事典」

ブランク

09787「物理学的認識への道」
☆「世界名著大事典」

ブランク

09788「正規スペクトルのエネルギー分散則の理論」
☆「西洋をきずいた書物」,「世界を変えた書物」

フランク,アンネ

09789「アンネの日記」
『アンネの日記』 アンネ・フランク著 深町真理子訳 増補新訂版 文藝春秋 2003 597p 15cm(文春文庫) 838円 ⓘ4-16-765133-5
☆「一冊で不朽の名作100冊を読む」(友人社)、「一冊で不朽の名作100冊を読む」(友人社)、「3行でわかる名作&ヒット本250」、「世界を変えた10冊の本」、「世界少年少女文学 リアリズム編」、「世界の名作100を読む」、「世界の名作文学案内」、「世界名著大事典 補遺(Extra)」、「二十世紀を騒がせた本」、「20世紀を震撼させた100冊」、「百年の誤読」、「文学・名著300選の解説 '88年度版」、「ポケット世界名作事典」

フランク,ユリア

09790「真昼の女」
☆「世界の小説大百科」

フランク,A.G.

09791「世界資本主義と低開発」
『世界資本主義と低開発—収奪の《中枢—衛星》構造』 アンドレ・G.フランク著 大崎正治他訳 柘植書房 1976 342p 21cm〈アンドレ・G.フランクの著作に対する批判文献目録:p.331-342〉 2300円 Ⓝ332.6
☆「経済学名著106選」

09792「世界資本主義とラテンアメリカ」
『世界資本主義とラテンアメリカ—ルンペン・ブルジョワジーとルンペン的発展』 アンドレ・G.フランク著 西川潤訳 岩波書店 1978 191,6p 19cm〈巻末:参考文献〉 1100円 Ⓝ332.55
☆「現代ビジネス書・経済書総解説」

フランク,J.

09793「裁かれる裁判所」
『裁かれる裁判所』 ジェローム・フランク著 古賀正義訳 弘文堂 1970 2冊 19cm 各880円 Ⓝ327
☆「世界名著大事典 補遺(Extra)」

09794「法と現代精神」
『法と現代精神』 ジェローム・フランク著 棚瀬孝雄,棚瀬一代訳 弘文堂 1974 363,6p 19cm 1500円 Ⓝ321
☆「世界名著大事典 補遺(Extra)」、「はじめて学ぶ法哲学・法思想」

フランク,T.

09795「古代ローマ経済事情調査」
☆「世界名著大事典」

09796「ローマ経済史」
☆「世界名著大事典」

フランクファート,ハリー

09797「ウンコな議論」
『ウンコな議論』 ハリー・G.フランクファート著 山形浩生訳・解説 筑摩書房 2006 107p 19cm 1300円 ⓘ4-480-84720-5
☆「世界の哲学50の名著」

フランクフォート

09798「王権と神々」
☆「世界名著大事典」

フランクリン,ベンジャミン

09799「電気に関する実験と観察」
☆「西洋をきずいた書物」,「世界を変えた書物」

09800「富に至る道」
『フランクリン自伝』 フランクリン著 松本慎一,西川正身訳 岩波書店 2003 315p 15cm(岩波文庫)〈第63刷〉 600円 ⓘ4-00-323011-6
☆「世界の成功哲学50の名著エッセンスを解く」

09801「奴隷制から解放へ」
☆「世界名著大事典」

09802「フランクリン自伝」
『フランクリン自伝』 フランクリン著 渡辺利雄訳 中央公論新社 2004 382p 18cm(中公クラシックス) 1550円 ⓘ4-12-160073-8
☆「大人のための世界の名著50」、「書き出し「世界文学全集」」、「教育を考えるためにこの48冊」、「50歳からの名著入門」、「自己啓発の名著30」、「自然科学の名著100選 上」、「知っておきたいアメリカ文学」、「自伝の名著101」、「世界の自己啓発50の名著」、「世界の名著」、「世界の名著100選」、「大学新入生に薦める101冊の本」、「たのしく読めるアメリカ文学」、「伝記・自叙伝の名著」、「21世紀の教育基本書」、「ポケット世界名作事典」、「名作あらすじ事典 西洋文学編」、「「名著」の解読学」、「要約 世界文学全集 2」

09803　「貧しいリチャードの暦」
『プーア・リチャードの暦』　ベンジャミン・フランクリン著　真島一男監訳　ぎょうせい　1996　134p　20cm　1000円
Ⓘ4-324-04868-1　Ⓝ159
☆「世界名著大事典」

09804　「若き商人への忠告」
『若き商人への手紙』　ベンジャミン・フランクリン著　ハイブロー武蔵訳・解説　総合法令出版　2004　93p　19cm〈他言語標題：Advice to a young tradesman〉　1000円
Ⓘ4-89346-829-4　Ⓝ159.4
☆「世界名著大事典」

フランクル, ヴィクトール・E.

09805　「意味への意志」
『意味への意志』　ヴィクトール・E.フランクル著　山田邦男監訳　春秋社　2002　234p　20cm　1900円　Ⓘ4-393-36420-1　Ⓝ146.8
☆「世界の心理学50の名著」

09806　「芸術学体系」
☆「世界名著大事典」

09807　「死と愛—実存分析入門」
『死と愛—実存分析入門』　ヴィクトール・E.フランクル著　霜山徳爾訳　みすず書房　1985　280p　20cm〈新装版〉　1600円
Ⓘ4-622-00602-2　Ⓝ146.8
☆「哲学の世界」

09808　「夜と霧」
『夜と霧』　ヴィクトール・E.フランクル著　池田香代子訳　新版　みすず書房　2002　169p　19cm　1500円　Ⓘ4-622-03970-2
☆「大人のための世界の名著50」,「50歳からの名著入門」,「自己啓発の名著30」,「世界史読書案内」,「世界の自己啓発50の名著」,「大学新入生に薦める101冊の本」,「読書入門」,「20世紀を震撼させた100冊」,「ブックガイド"心の科学"を読む」,「ブックガイド心理学」

フランクル, パウル

09809　「建築造形原理の展開」
『建築造形原理の展開』　パウル・フランクル著　ジェームズ・F.オゴールマン編　香山寿夫監訳・編　鹿島出版会　1979　363p　22cm　3800円　Ⓝ523
☆「建築の書物/都市の書物」

フランケ

09810　「生ける神の足跡」
☆「世界名著大事典」

09811　「子どもたちを真の敬神とキリスト者にふさわしい賢明にまで導くための教授要義」

☆「教育学の世界名著100選」

09812　「ルターの文語概要」
☆「世界名著大事典」

フランケ, ヘルバルト・W.

09813　「思考の網」
『思考の網』　ヘルベルト・W.フランケ著　松谷健二訳　早川書房　1965　166p　19cm（ハヤカワ・SF・シリーズ）　Ⓝ943
☆「世界のSF文学・総解説」

プランケット, ジェイムズ

09814　「信じる人、不具の人」
☆「世界の小説大百科」

フランケル

09815　「低開発社会への経済的衝撃」
『低開発社会への経済的衝撃』　S.H.フランケル著　石井一郎訳　一橋書房　1965　302p　図版　22cm〈監修者：板垣与一〉　Ⓝ333.8
☆「世界名著大事典」

ブランケンブルク, W.

09816　「自然な自明性の喪失」
☆「精神医学の名著50」

フランコット

09817　「古代ギリシアの工業」
☆「世界名著大事典」

プランシー

09818　「地獄の辞典」
『地獄の辞典』　コラン・ド・プランシー著　床鍋剛彦訳　講談社　1997　517p　16cm（講談社+α文庫）　1200円　Ⓘ4-06-256231-6　Ⓝ147.033
☆「世界の奇書」

フランシェ

09819　「日本植物目録」
☆「世界名著大事典」

プランシェ

09820　「服装百科全書」
☆「世界名著大事典」

フランシス

09821　「ジューニアス書簡」
☆「世界名著大事典」

フランシス, ディック

09822　「興奮」
『興奮』　ディック・フランシス著　菊池光訳　早川書房　1967　264p　19cm（世界ミステリーシリーズ）　330円　Ⓝ933

フランシユ　　09823〜09843

☆「世界の冒険小説・総解説」

09823　「飛越」
『飛越』 ディック・フランシス著　菊池光訳　早川書房　1976　312p　16cm（ハヤカワ・ミステリ文庫）　330円　Ⓝ933
☆「世界の冒険小説・総解説」

09824　「本命」
『本命』 ディック・フランシス著　菊池光訳　早川書房　1968　254p　19cm（世界ミステリシリーズ）　330円　Ⓝ933
☆「世界の推理小説・総解説」

ブランシュヴィク

09825　「パスカル」
☆「世界名著大事典」

ブランショ, モーリス

09826　「アミナダブ」
『アミナダブ』 モーリス・ブランショ原著　清水徹訳　書肆心水　2008　331p　22cm　4200円　①978-4-902854-51-0　Ⓝ953.7
☆「世界の幻想文学」、「世界名著案内 4」

09827　「窮極の言葉」
☆「世界名著案内 4」

09828　「謎の男トマ」
☆「世界名著案内 4」

09829　「火の部分」
☆「世界名著大事典」

09830　「文学空間」
『文学空間』 モーリス・ブランショ著　粟津則雄, 出口裕弘訳　現代思潮社　1976　421p　22cm〈新装版〉　2500円　Ⓝ901
☆「教養のためのブックガイド」、「必読書150」

ブランス

09831　「社会防衛と刑法の変遷」
☆「世界名著大事典」

フランス, アナトール

09832　「赤い百合」
『赤い百合』 フランス著　石川淳訳　オンデマンド版　ゆまに書房　2007　338p　19cm（昭和初期世界名作翻訳全集　102）　4600円
①978-4-8433-2226-0
☆「世界名作事典」、「世界名著大事典」

09833　「神々は渇く」
『神々は渇く』 アナトール・フランス著　水野成夫訳　新装復刊　白水社　2000　381p　20cm（アナトール・フランス小説集 2　アナトール・フランス著）　2800円
①4-560-04882-7,4-560-04893-3　Ⓝ953.6
☆「現代世界の名作」、「知っておきたいフランス文学」、「世界文学あらすじ大事典 1（あ‐きよう）」、「世界文学鑑賞辞典 第2」、「世界文学の名作と主人公」、「世界名作事典」、「世界名著大事典」、「百年の誤読 海外文学篇」、「フランス文学」、「名作あらすじ事典 西洋文学編」、「要約 世界文学全集 1」

09834　「クランクビーユ」
『クランクビーユ―短篇集』 アナトール・フランス著　山内義雄ほか訳　新装復刊　白水社　2000　244p　20cm（アナトール・フランス小説集 9　アナトール・フランス著）　2400円
①4-560-04889-4,4-560-04893-2　Ⓝ953.6
☆「近代名著解題選集 1」

09835　「現代史」
☆「世界名著大事典」

09836　「ジャンヌ・ダルクの生涯」
☆「世界名著大事典」

09837　「シルヴェストル・ボナールの罪」
『シルヴェストル・ボナールの罪』 アナトール・フランス作　伊吹武彦訳　岩波書店　2012　300p　15cm（岩波文庫）〈第7刷（第一刷1975年）〉　720円　①978-4-00-325434-9
☆「世界文学あらすじ大事典 2（きよえ‐ちえ）」、「世界文学鑑賞辞典 第2」、「世界名著大事典」

09838　「タイス」
『タイス』 アナトル・フランス著　水野和一訳　警醒社　1915　403p　20cm　Ⓝ953
☆「学術辞典叢書 第13巻」、「近代名著解題選集 2」、「世界の名作」、「世界の名著」、「世界文学鑑賞辞典 第2」、「世界名作事典」、「世界名著解題選集 第2巻」、「世界名著大事典」、「ポケット世界名作事典」、「名小説ストーリイ集 世界篇」

09839　「天使の反逆」
『天使の反逆』 アナトル・フランス著　森丘次郎訳　春陽堂　1934　377p 肖像　17cm（世界名作文庫　第145）　Ⓝ953
☆「世界の幻想文学」、「世界文学あらすじ大事典 3（ちか‐ふろ）」

09840　「鳥料理レーヌ・ペドーク亭」
☆「世界の幻想文学」、「世界文学あらすじ大事典 3（ちか‐ふろ）」、「世界名著大事典」

09841　「野あそび」
☆「名作の研究事典」

09842　「文学生活」
『文学生活』 アナトル・フランス著　朝倉季雄, 権守操一訳　白水社　1937　304,4p 肖像　20cm　Ⓝ954
☆「世界名著大事典」

09843　「ペンギンの島」
『ペンギンの島』 アナトル・フランス著　水野成夫訳　白水社　1937　460p　19cm　Ⓝ953

09844　「わが友の書」
『わが友の書』　アナトール・フランス著　宮本正清訳　東和出版社　1943　296p　19cm　Ⓝ953
☆「世界文学鑑賞辞典 第2」

フランゼン, ジョナサン

09845　「コレクションズ」
☆「世界の小説大百科」

09846　「フリーダム」
☆「世界の小説大百科」

フランソワ・ド・サール

09847　「信心生活の入門」
☆「世界名著大事典」

ブランソン, リチャード

09848　「ヴァージン」
『ヴァージン―僕は世界を変えていく』　リチャード・ブランソン著　植山周一郎訳　増補版　ティビーエス・ブリタニカ　2003　648p　19cm　1800円　①4-484-03102-7
☆「お金と富の哲学世界の名著50」

プランタ

09849　「オスク・ウンブリア語方言文法」
☆「世界名著大事典」

ブランチ

09850　「バートン夫妻伝―双頭の鷲」
☆「伝記・自叙伝の名著」

フランチェスコ（アッシジの）

09851　「小さき花」
☆「教育の名著80選解題」

09852　「被創造物の歌」
☆「世界名著大事典」

ブランチャード, ケネス

09853　「1分間マネジャー」
『1分間マネジャー―人を動かす共感の哲学 英和対照』　K.ブランチャード,S.ジョンソン著　小林薫訳　ダイヤモンド社　1983　239p　20cm　1600円　Ⓝ336
☆「世界で最も重要なビジネス書」,「世界の成功哲学50の名著エッセンスを解く」

フランツ, ヴィルヘルム

09854　「シェークスピアの言語」
☆「世界名著大事典」

フランツ, ギュンター

09855　「ドイツ農民戦争」
『ドイツ農民戦争』　ギュンター・フランツ著　寺尾誠,中村賢二郎,前間良爾,田中真造訳　未来社　1989　518p　21cm　7210円　①4-624-11114-1
☆「世界名著大事典」

ブランデス, ゲオルク

09856　「ゲーテ研究」
☆「世界名著解題選 第6巻」

09857　「十九世紀文学の主潮」
『十九世紀文学の主潮 上巻』　ブランデス著　吹田順助訳　内田老鶴圃　1915　604,18p　22cm　Ⓝ902
☆「学術辞典叢書 第12巻」,「世界の名著」,「世界名著解題選 第2巻」,「世界名著解題選 第6巻」,「世界名著大事典」

09858　「ロシア印象記」
☆「世界名著大事典」

ブランデン

09859　「大戦余韻」
☆「世界名著大事典」

ブランデン, ナサニエル

09860　「自己評価の心理学」
☆「世界の心理学50の名著」

ブランデンバーガー, アダム

09861　「ゲーム理論で勝つ経営」
『ゲーム理論で勝つ経営―競争と協調のコーペティション戦略』　アダム・ブランデンバーガー, バリー・ネイルバフ著　嶋津祐一,東田啓作訳　日本経済新聞社　2003　466p　15cm（日経ビジネス人文庫）〈コーペティション経営〉改題書）　905円　①4-532-19206-4
☆「あらすじで読む世界のビジネス名著」,「世界で最も重要なビジネス書」

ブランデンブルク

09862　「帝国建設」
☆「世界名著大事典」

ブラント

09863　「阿呆船」
『阿呆船 上』　ゼバスティアン・ブラント著　尾崎盛景訳　新装版　現代思潮新社　2010　254p　19cm（古典文庫）　3200円　①978-4-329-02059-8
☆「西洋をきずいた書物」

ブランド, クリスチアナ

09864　「ジェゼベルの死」
『ジェゼベルの死』　クリスチアナ・ブランド著　恩地三保子訳　早川書房　1979　295p

16cm（ハヤカワ・ミステリ文庫）　340円　Ⓝ933
☆「世界の推理小説・総解説」

ブラント委員会
09865　「南と北」
『南と北—生存のための戦略　ブラント委員会報告』　森治樹監訳　日本経済新聞社　1980　374p　20cm　2500円　Ⓝ333.6
☆「現代ビジネス書・経済書総解説」

ブラントーム
09866　「艶婦伝」
『艶婦伝　上巻』　ブラントーム著　小西茂也訳　新潮社　1958　405p　16cm（新潮文庫）　Ⓝ953
☆「世界の奇書」，「世界名著大事典」

ブラントル, カール・フォン
09867　「西洋論理学史」
☆「世界名著大事典」

ブラントル, ルートヴィヒ
09868　「航空流体力学」
『航空流体力学』　プラントル, ティーチェンス著　松川昌蔵, 糸川英夫, 新羅一郎共訳　第7版　理工学出版　1944　200,254p　図　26cm　Ⓝ538.1
☆「自然科学の名著」

フランプトン, ケネス
09869　「現代建築史」
『現代建築史』　ケネス・フランプトン著　中村敏男訳　青土社　2003　659,31p　21cm　7600円　Ⓘ4-7917-6014-X
☆「建築・都市ブックガイド21世紀」

09870　「批判的地域主義に向けて—抵抗の建築に関する六つの考察」
☆「建築の書物/都市の書物」

09871　「ミース再考—その今日的意味」
『ミース再考—その今日的意味』　ケネス・フランプトンほか著　澤村明, EAT訳　鹿島出版会　2006　221p　19cm（SD選書）　2000円　Ⓘ4-306-05242-7
☆「学問がわかる500冊 v.2」

09872　「モダン・アーキテクチュア」
☆「必読書100」

フーリエ, シャルル
09873　「産業的及び社会的新世界」
☆「学術辞典叢書 第11巻」，「近代名著解題選集 2」，「世界名著解題選 第2巻」，「世界名著大事典」

09874　「四運動の理論」

『四運動の理論　上』　シャルル・フーリエ著　巌谷国士訳　新装版　現代思潮新社　2002　335p　19cm（古典文庫）　2800円　Ⓘ4-329-00419-4
☆「学術辞典叢書 第11巻」，「近代名著解題選集 2」，「社会科学の名著」，「世界の古典名著」，「世界名著解題選 第2巻」，「世界名著解題選 第4巻」，「世界名著大事典」

09875　「調和社会の教育」
☆「教育本44」

09876　「普遍的統一の理論」
☆「世界名著解題選 第5巻」，「世界名著大事典」

フーリエ, ジョゼフ
09877　「熱の解析的理論」
『熱の解析的理論』　ジョゼフ・フーリエ著　ガストン・ダルブー編　竹下貞雄訳　岡山大学教育出版　2005　344p　27cm〈肖像あり〉　3800円　Ⓘ4-88730-633-4　Ⓝ426
☆「自然科学の名著」，「世界を変えた書物」，「世界名著大事典」

ブリオン
09878　「シューマンとロマン主義の魂」
☆「世界名著大事典」

ブリクセン, K.
09879　「アフリカより」
☆「世界名著大事典 補遺（Extra）」

09880　「七つのゴシック小説」
☆「世界名著大事典 補遺（Extra）」

ブリクモン, ジャン
09881　「「知」の欺瞞」
☆「教養のためのブックガイド」

ブリケ
09882　「フランス北部海岸とその地形発達」
☆「世界名著大事典」

プリゴジーヌ, I.
09883　「散逸構造」
『散逸構造—自己秩序形成の物理学的基礎』　G. ニコリス, I.プリゴジーヌ著　小畠陽之助, 相沢洋二訳　岩波書店　1980　468p　22cm〈文献：p451〜464〉　6000円　Ⓝ007.1
☆「数学ブックガイド100」

プリゴジン
09884　「混沌からの秩序」
『混沌からの秩序』　イリヤ・プリゴジン, イザベル・スタンジェール著　伏見康治, 伏見譲, 松枝秀明訳　みすず書房　2009　407,35p　19cm〈第15刷（第1刷1987年）〉　4200円

①978-4-622-01693-9
☆「20世紀を震撼させた100冊」

ブリジマン
09885 「現代物理学の論理」
『現代物理学の論理』 P.W.ブリッヂマン著 今田恵訳 新月社 1950 202p 22cm Ⓝ420
☆「世界名著大事典」

フリス, ウタ
09886 「自閉症の謎を解き明かす」
『自閉症の謎を解き明かす』 ウタ・フリス著 冨田真紀, 清水康夫, 鈴木玲子訳 新訂版 東京書籍 2009 446p 19cm〈原書第2版〉 2500円 ①978-4-487-79919-0
☆「ブックガイド "心の科学" を読む」

フリス, クリストファー
09887 「分裂病の認知神経心理学」
『分裂病の認知神経心理学』 クリストファー・D.フリス著 丹羽真一, 菅野正浩監訳 医学書院 1995 198p 21cm〈訳:伊藤光宏ほか 参考文献:p175～190〉 5665円 ①4-260-11798-X Ⓝ493.76
☆「ブックガイド "心の科学" を読む」

フリス, S.
09888 「サウンドの力」
『サウンドの力―若者・余暇・ロックの政治学』 サイモン・フリス著 細川周平, 竹田賢一訳 晶文社 1991 331,28p 21cm 3900円 ①4-7949-6026-3
☆「ポピュラー文化」

プリスキアヌス
09889 「文法大全」
☆「世界名著大事典」

プリースト
09890 「ドリーム・マシン」
『ドリーム・マシン』 クリストファー・プリースト著 中村保男訳 東京創元社 1979 394p 15cm〈創元推理文庫〉 400円 Ⓝ933
☆「世界のSF文学・総解説」

プリーストリー
09891 「種々の空気についての実験と観察」
☆「西洋をきずいた書物」,「世界名著大事典」

09892 「政府の第1原理に関する省察」
☆「世界名著大事典」

09893 「電気学の歴史と現状 (付、独創的な実験)」
☆「世界を変えた書物」

09894 「物質と精神」
☆「世界名著大事典」

09895 「フロギストンなしの空気、および大気の構成について」
☆「自然科学の名著100選 上」

09896 「唯物論の自由討議」
☆「世界名著大事典」

プリーストリー, J.B.
09897 「友だち座」
☆「世界文学鑑賞辞典 第1」,「世界名著大事典」

ブリストル, クロード・M.
09898 「信念の魔術」
『信念の魔術―新訳 人生を思いどおりに生きる思考の原則』 C・M・ブリストル著 大原武夫訳 ダイヤモンド社 2013 234p 20cm 1600円 ①978-4-478-02548-2 Ⓝ159
☆「世界の成功哲学50の名著エッセンスを解く」

ブリセ・エチェニケ, アルフレード
09899 「フリウスの世界」
☆「世界の小説大百科」

ブリゼンディン, ルーアン
09900 「女性の脳」
☆「世界の心理学50の名著」

ブリソー
09901 「私法史提要」
☆「世界名著大事典」

ブリソ
09902 「所有の窃盗」
☆「世界名著大事典」

ブリダヌス
09903 「自然学書注解」
☆「世界名著大事典」

フリーダン, ベティ
09904 「新しい女性の創造」
『新しい女性の創造』 ベティ・フリーダン, 三浦冨美子訳 改訂版 大和書房 2004 318p 19cm 2500円 ①4-479-88033-X
☆「近代家族とジェンダー」,「世界を変えた100冊の本」,「フェミニズムの名著50」

09905 「老いの泉」
『老いの泉 上』 ベティ・フリーダン著 山本博子, 寺沢恵美子訳 新潟 西村書店 1995 356p 21cm 2500円 ①4-89013-541-3
☆「学問がわかる500冊」

フリーチェ, V.M.
09906 「欧洲文学発達史」

『欧洲文学発達史』 フリーチエ著 外村史郎訳 改造社 1937 362p 16cm（改造文庫 第1部 第72篇） Ⓝ902
☆「世界名著解題選 第6巻」

09907 「芸術社会学」
『芸術社会学』 フリーチェ著 昇曙夢訳 創元社 1952 234p 図版 15cm（創元文庫 E 第4） Ⓝ701.3
☆「世界名著解題選 第6巻」,「世界名著大事典」

プリチャード
09908 「人類の医学史的研究」
☆「西洋をきずいた書物」

ブリッグス
09909 「古代クメル帝国」
☆「世界名著大事典」

ブリッグズ, エイザ
09910 「イングランド社会史」
『イングランド社会史』 エイザ・ブリッグズ著 今井宏,中野春夫,中野香織訳 筑摩書房 2004 512,33p 21cm 6800円
①4-480-85758-3
☆「新・現代歴史学の名著」

ブリッジェズ
09911 「美の遺言」
☆「世界名著大事典」

ブリッジズ, ウィリアム
09912 「トランジション―人生の転機」
『トランジション―人生の転機を活かすために』 ウィリアム・ブリッジズ著 倉光修,小林哲郎訳 パンローリング 2014 278p 19cm（フェニックスシリーズ 18）〈原書第2版,『トランジション―人生の転機』新装・改訂・改題書〉 1300円 ①978-4-7759-4122-5
☆「世界の自己啓発50の名著」

フリッシュ, オットー・ロベルト
09913 「中性子衝撃下における重核分裂の物理学的証明」
☆「西洋をきずいた書物」

09914 「中性子によるウラニウム分裂」
☆「西洋をきずいた書物」

フリッシュ, カール・フォン
09915 「みつばちの生活」
☆「世界名著大事典」

ブリッシュ, ジェイムズ
09916 「悪魔の星」
『悪魔の星』 ジェイムズ・ブリッシュ著 井上一夫訳 20版 東京創元社 2013 302p 15cm（創元SF文庫） 980円
①978-4-488-62201-5
☆「世界のSF文学・総解説」

09917 「宇宙都市シリーズ」
☆「世界のSF文学・総解説」

フリッシュ, マックス
09918 「アンドラ」
☆「世界名著大事典 補遺（Extra）」

09919 「シュティラー」
☆「世界名著大事典 補遺（Extra）」

09920 「そらまた歌っている」
☆「世界名著大事典 補遺（Extra）」

09921 「日記」
☆「世界名著大事典 補遺（Extra）」

09922 「万里の長城」
☆「世界名著大事典 補遺（Extra）」

09923 「ビーダーマンと放火犯人」
☆「世界名著大事典 補遺（Extra）」

09924 「ぼくはシュティラーではない」
☆「世界の小説大百科」

09925 「ホモ・ファーベル」
☆「世界の小説大百科」,「世界名著大事典 補遺（Extra）」

09926 「モンタウク」
☆「世界名著大事典 補遺（Extra）」

09927 「わが名はガンテンバイン」
☆「世界文学の名作と主人公」,「世界名著大事典 補遺（Extra）」,「ドイツ文学」

フリッシュ, ラグナル
09928 「限界効用の新測定法」
☆「世界名著大事典」

ブリッチャード, ジェームズ
09929 「古代近東の文献」
☆「世界名著大事典」

ブリテン, ヴェラ
09930 「青春の証し」
☆「世界の小説大百科」

フリードマン
09931 「熱放射論講義」
☆「自然科学の名著」,「自然科学の名著100選 下」,「世界名著大事典」

09932 「熱力学講義」
☆「世界名著大事典」

フリードマン, ジョン

09933「市民・政府・NGO」
『市民・政府・NGO―「力の剥奪」からエンパワーメントへ』 ジョン・フリードマン著 斉藤千宏,雨森孝悦監訳 新評論 1995 314p 22cm〈参考文献一覧・日本語文献紹介：p290～308〉 3500円 ①4-7948-0247-1 Ⓝ333.5
☆「平和を考えるための100冊+α」

フリードマン, トーマス

09934「フラット化する世界」
『フラット化する世界―経済の大転換と人間の未来 上』 トーマス・フリードマン,伏見威蕃訳 普及版 日本経済新聞出版社 2010 316p 19cm 1200円 ①978-4-532-31633-4
☆「1日30分 達人と読むビジネス名著」,「お金と富の哲学世界の名著50」

フリードマン, ミルトン

09935「貨幣の安定をめざして」
『貨幣の安定をめざして』 M.フリードマン著 三宅武雄訳 ダイヤモンド社 1963 185p 19cm Ⓝ337.5
☆「経済学88物語」,「経済学名著106選」

09936「産業的機械主義の人間的諸問題」
☆「世界名著大事典」

09937「実証的経済学の方法と展開」
『実証的経済学の方法と展開』 M.フリードリン著 佐藤隆三,長谷川啓之訳 富士書房 1977 347p 22cm 3000円 Ⓝ331
☆「経済学88物語」

09938「資本主義と自由」
『資本主義と自由』 ミルトン・フリードマン著 村井章子訳 日経BP社,日経BP出版センター〔発売〕 2008 380p 19cm（日経BPクラシックス） 2400円 ①978-4-8222-4641-9
☆「お金と富の哲学世界の名著50」,「経済学の名著30」,「経済学88物語」,「現代ビジネス書・経済書総解説」,「世界を変えた10冊の本」

09939「消費関数の理論」
☆「世界名著大事典」

09940「選択の自由」
『選択の自由―自立社会への挑戦』 ミルトン・フリードマン,ローズ・フリードマン著 西山千明訳 新装版 日本経済新聞出版社 2012 516p 20×18cm 2400円 ①978-4-532-35528-9
☆「現代経済学の名著」

フリードマン, モーリス

09941「中国の宗族と社会」
『中国の宗族と社会』 モーリス・フリードマン著 田村克己,瀬川昌久訳 弘文堂 1995 295p 21cm（KOBUNDO RENAISSANCE） 5974円 ①4-335-05112-3
☆「文化人類学の名著50」

09942「法理論」
☆「世界名著大事典」

フリードマン, L.

09943「アメリカのインテリジェンスとソ連の戦略的脅威」
☆「名著で学ぶインテリジェンス」

フリードリヒ

09944「経済地理学」
☆「世界名著大事典」

フリードリヒ, カール

09945「立憲政治と民主主義」
☆「世界名著大事典」

フリードリヒ, J.

09946「ヒッタイト語辞典」
☆「世界名著大事典」

フリードリヒ2世

09947「政治遺訓」
☆「世界名著大事典」

09948「反マキアヴェリ論」
☆「世界名著大事典」

フリードレンダー, マックス

09949「ネーデルラント絵画史」
『ネーデルラント絵画史―ヴァン・エイクからブリューゲルまで』 マックス・フリートレンダー著 斎藤稔,元木幸一共訳 岩崎美術社 1983 330p 図版26枚 22cm（美術名著選書24）〈参考文献：p323～330〉 5200円 Ⓝ723.359
☆「世界名著大事典」

フリードレンダー, L.H.

09950「ローマ風俗史」
☆「世界名著大事典」

プリニウス, C.S.G.

09951「書簡集」
☆「世界名著大事典 補遺（Extra）」

フリーバーグ

09952「スクリーン上の絵画美」
☆「世界名著大事典」

プリボイ, ノヴィコフ

09953「ツシマ」

『ツシマ 上 バルチック艦隊遠征』 アレクセイ・シルイッチ・ノビコフ・プリボイ著 上脇進訳 原書房 2009 414p 19cm 1900円 ①978-4-562-04539-6
☆「世界文学鑑賞辞典 第4」

フリーマン, リチャード・オースチン

09954 「ソーンダイク博士の事件簿」
『ソーンダイク博士の事件簿』 オースチン・フリーマン著 大久保康雄訳 東京創元社 1977 362p 15cm（創元推理文庫） 320円 Ⓝ933
☆「世界の推理小説・総解説」

フリーマントル, ブライアン

09955 「別れを告げに来た男」
『別れを告げに来た男』 フリーマントル著 中村能三訳 新潮社 1979 234p 15cm（新潮文庫） 280円 Ⓝ933
☆「世界の推理小説・総解説」

ブリヤ＝サヴァラン

09956 「美味礼讃」
『美味礼讃 上』 ブリア・サヴァラン著 関根秀雄, 戸部松実訳 岩波書店 2005 285p 19cm（ワイド版岩波文庫） 1200円 ①4-00-007258-7 Ⓝ596
☆「世界の名著早わかり事典」,「世界名著大事典」

プリュドム, シュリー

09957 「詩章」
☆「世界名著大事典」

ブリューニング, H.

09958 「ハインリヒ・ブリューニング回想記。1918〜34年」
☆「世界名著大事典 補遺（Extra）」

ブリューヌ

09959 「人文地理学」
『人文地理学』 ジャン・ブリュンヌ著 松尾俊郎抄訳 古今書院 1929 531p 23cm Ⓝ290
☆「世界名著大事典」

ブリュネ

09960 「愛書家必携」
☆「世界名著大事典」

ブリュノ

09961 「思想と言語」
☆「世界名著大事典」

09962 「フランス語史」
☆「世界名著大事典」

ブリュンティエール

09963 「フランス演劇の諸時期」
☆「世界名著大事典」

ブリュンティエール, フェルディナン

09964 「自然主義小説」
☆「世界名著大事典」

09965 「フランス文学史提要」
☆「学術辞典叢書 第13巻」,「世界名著解題選 第3巻」,「世界名著解題選 第6巻」

09966 「フランス文学の批判的研究」
☆「世界名著大事典」

09967 「文芸部門の進化」
☆「世界名著大事典」

フリョーディング

09968 「ギターと手風琴」
☆「世界名著大事典」

ブリーリー, リチャード

09969 「コーポレート・ファイナンス」
『コーポレート・ファイナンス 上』 リチャード・A.ブリーリー, スチュワート・C.マイヤーズ, フランクリン・アレン著 藤井眞理子, 國枝繁樹監訳 第10版 日経BP社, 日経BPマーケティング〔発売〕 2014 879p 21cm〈原書第10版〉 6000円 ①978-4-8222-4860-4
☆「あらすじで読む世界のビジネス名著」

ブリン

09970 「スタータイド・ライジング」
『スタータイド・ライジング』 デイヴィッド・ブリン著 酒井昭伸訳 早川書房 1985 2冊 16cm（ハヤカワ文庫 SF） 各500円 ①4-15-010636-3 Ⓝ933
☆「世界のSF文学・総解説」

ブリンガー, H.

09971 「チューリヒ史」
☆「世界名著大事典 補遺（Extra）」

ブリンク

09972 「チョーサーの言語と韻律法」
☆「世界名著大事典」

ブリンク, アンドレ

09973 「白く渇いた季節」
☆「世界の小説大百科」

ブリンクマン

09974 「巨匠の晩年作」
☆「世界名著大事典」

09975 「経済社会史」

『社会経済史』 ブリンクマン著 渡辺国広訳 慶応通信 1978 225p 22cm 2900円 Ⓝ332
☆「世界名著大事典」

09976 「諸国民の精神」
☆「学術辞典叢書 第11巻」,「世界名著大事典」

ブリンクマン, T.

09977 「農業経営経済学」
『農業経営経済学』 ブリンクマン著 大槻正男訳 訂8版 地球出版 1949 332p 22cm Ⓝ611
☆「世界名著大事典」

プリングル, ピーター

09978 「核の栄光と挫折―巨大科学の支配者たち」
『核の栄光と挫折―巨大科学の支配者たち』 ピーター・プリングル, ジェームズ・スピーゲルマン著 浦田誠親監訳 時事通信社 1982 596,40p 20cm〈巻末：参考文献〉 3000円 Ⓝ539
☆「科学技術をどう読むか」

プリンス, モルトン

09979 「副意識現象」
☆「近代欧米名著解題 第6巻」

プリンツホルン, H.

09980 「精神病者の描画」
☆「精神医学の名著50」

フリント

09981 「フランスおよびベルギー, スイスにおける歴史哲学史」
☆「世界名著大事典」

ブリントン

09982 「革命の10年」
☆「世界名著大事典」

フール

09983 「夏の陽の罪人たち」
☆「世界名著大事典」

ブルー

09984 「倫理学と道徳学」
☆「近代欧米名著解題 第3巻」

プール

09985 「ギリシア人の絵画と素描」
☆「世界名著大事典」

09986 「コッホ全集」
☆「世界名著大事典」

ブール, ジョージ

09987 「論理と確率の数学理論が基づく思考諸法則の研究」
☆「世界名著大事典」

09988 「論理の数学的分析」
『論理の数学的分析―演繹的推論の計算に関する試論』 G.ブール著 西脇与作訳 公論社 1977 191p 20cm〈論理学古典選集 1〉〈監修：末松剛博 文献：p.190〜191〉 1800円 Ⓝ410.1
☆「世界名著大事典」

ブール, ピエール

09989 「猿の惑星」
『猿の惑星』 ピエール・ブール著 高橋啓訳 早川書房 2000 287p 15cm〈ハヤカワ文庫SF〉 620円 ①4-15-011300-9
☆「映画になった名著」,「世界のSF文学・総解説」,「日本・世界名作「愛の会話」100章」

ブル, ヘドリー

09990 「国際社会論」
『国際社会論―アナーキカル・ソサイエティ』 ヘドリー・ブル著 臼杵英一訳 岩波書店 2000 404p 21cm〈原書第2版〉 4300円 ①4-00-022807-2
☆「学問がわかる500冊」,「グローバル政治理論」,「平和を考えるための100冊+α」

ブール, ヘルマン

09991 「八千メートルの上と下」
☆「山の名著30選」

プルー, E.アニー

09992 「シッピング・ニュース」
☆「世界の小説大百科」

ブルイユ

09993 「アルタミラ洞窟」
☆「世界名著大事典」

ブルガーコフ, ミハイル・アファナーシエヴィチ

09994 「悪魔物語」
『悪魔物語』 ミハイル・ブルガーコフ著 水野忠夫訳 集英社 1971 238p 肖像 20cm〈現代の世界文学〉 580円 Ⓝ983
☆「世界名著大事典 補遺(Extra)」,「ロシア文学」

09995 「犬の心臓」
『犬の心臓』 ミハイル・A.ブルガーコフ著 水野忠夫訳 復刻新版 河出書房新社 2012 223p 19cm〈KAWADEルネサンス〉 2200円 ①978-4-309-20587-8
☆「世界のSF文学・総解説」,「世界名著大事典 補

遺(Extra)」,「ロシア文学」

09996 「運命の卵」
☆「世界名著大事典 補遺(Extra)」,「ロシア文学」

09997 「巨匠とマルガリータ」
『巨匠とマルガリータ』 ミハイル・アファナーシエヴィチ・ブルガーコフ著　中田恭訳　郁朋社　2006　475p　21cm　2500円
①4-87302-355-6
☆「面白いほどよくわかる世界の文学」,「知っておきたいロシア文学」,「世界の幻想文学」,「世界の小説大百科」,「世界の名作文学案内」,「世界文学のすじ書き」,「世界文学の名作と主人公」,「名作あらすじ事典 西洋文学編」,「ロシア文学」

09998 「自衛軍」
☆「世界名著大事典 補遺(Extra)」

ブルガーニ

09999 「ヴィースとラーミーン」
☆「世界名著大事典」

ブルクハルト,ヤコブ

10000 「イタリア・ルネサンスの文化」
『イタリア・ルネサンスの文化』 ヤーコプ・ブルクハルト著　新井靖一訳　筑摩書房　2007　680,17p　21cm　7000円
①978-4-480-86117-7
☆「大人のための世界の名著50」,「学術辞典叢書 第13巻」,「人文科学の名著」,「西洋をきずいた書物」,「世界の古典名著」,「世界の名著早わかり事典」,「世界名著解題選 第1巻」,「世界名著大事典」,「地図とあらすじで読む歴史の名著」,「歴史学の名著30」

10001 「イタリア・ルネサンス美術」
☆「世界名著大事典」

10002 「ギリシア文化史」
『ギリシア文化史　8』 ヤーコプ・ブルクハルト著　新井靖一訳　筑摩書房　1999　591,34p　15cm(ちくま学芸文庫)　1500円
①4-480-08458-4
☆「世界名著大事典」

10003 「コンスタンティヌス大帝時代史」
☆「世界名著大事典」

10004 「世界史的考察」
『世界史的考察』 ヤーコプ・ブルクハルト著　新井靖一訳　筑摩書房　2009　489,11p　15cm(ちくま学芸文庫)　1500円
①978-4-480-09226-7
☆「世界名著大事典」,「歴史の名著」

10005 「チチェローネ」
『チチェローネ—イタリア美術作品享受の案内　絵画篇』 ヤーコプ・ブルクハルト[著]　瀧内槇雄訳　中央公論美術出版　2011　455p　図版12枚　26cm〈索引あり〉　33000円
①978-4-8055-0627-1　Ⓝ702.37
☆「世界名著大事典」

10006 「ブルクハルト文化史講演集」
『ブルクハルト文化史講演集』 ヤーコプ・ブルクハルト著　新井靖一訳　筑摩書房　2000　446p　21cm　6200円　①4-480-86114-9
☆「必読書150」

10007 「ルーベンスの回想」
『ルーベンスの回想』 ブルクハルト著　浅井真男訳　角川書店　1950　306p　図版5枚　19cm　Ⓝ723.5
☆「世界名著大事典」

ブルークマン

10008 「印欧語比較文法概要」
☆「世界名著大事典」

フルケ

10009 「ゲルマン語の子音推移」
☆「世界名著大事典」

ブールジェ,ポール

10010 「近代心理論集」
『近代心理論集　1』 ブールジェ著　平岡昇訳　弘文堂書房　1940　206p　17cm(世界文庫 第31)　Ⓝ950
☆「世界名著大事典」

10011 「宿駅」
『宿駅』 ブールジェ作　内藤濯,田辺貞之助訳　岩波書店　1954　2冊　15cm(岩波文庫)　Ⓝ953
☆「世界名著大事典」

10012 「弟子」
『弟子　上』 ブールジェ著　内藤濯訳　岩波書店　1952　208p　15cm(岩波文庫)　Ⓝ953
☆「現代世界の名作」,「世界の名著」,「世界文学あらすじ大事典 3(ちか-ふろ)」,「世界文学鑑賞辞典 第2」,「世界名著大事典」

プルジェヴァリスキー

10013 「キャフタから黄河源流へ」
☆「世界名著大事典」

10014 「ザイサンからハミを経てチベットおよび黄河上流へ」
☆「世界名著大事典」

10015 「蒙古とタングート人の国」
☆「世界名著大事典」

10016 「ロブ・ノール紀行」
☆「世界名著大事典」

ブールジョア, レオン

10017 「連帯論」
☆「学術辞典叢書 第11巻」,「世界名著解題選 第3巻」

ブルース

10018 「基督教道徳の社会的方面」
☆「近代欧米名著解題 第3巻」

ブルス, ウォジミエルシ

10019 「社会主義経済の機能モデル」
『社会主義経済の機能モデル』 W.ブルス著 鶴岡重成訳 合同出版 1971 344p 20cm 2000円 Ⓝ331
☆「世界の古典名著」

10020 「社会主義における政治と経済」
『社会主義における政治と経済』 W.ブルス著 佐藤経明訳 岩波書店 1978 275p 19cm (岩波現代選書 22) 1300円 Ⓝ331
☆「現代ビジネス書・経済書総解説」

ブルース, ジョン

10021 「空中衝突」
『空中衝突』 ジョン・ブルース著 浅倉久志訳 新潮社 1980 623p 15cm (新潮文庫) 520円 Ⓝ933
☆「世界の冒険小説・総解説」

プルス, ボレスワフ

10022 「ファラオ」
☆「世界の小説大百科」

ブルスィヒ, トーマス

10023 「太陽通り ゾンネンアレー」
☆「知っておきたいドイツ文学」,「名作あらすじ事典 西洋文学編」

プルースト, マルセル

10024 「失われた時を求めて」
『失われた時を求めて 1 スワン家のほうへ1』 プルースト作 吉川一義訳 岩波書店 2010 463,4p 15cm(岩波文庫) 900円
①978-4-00-375109-1
☆「あらすじで読む世界文学105」,「一冊で世界の名著100冊を読む」,「英仏文学戦記」,「お厚いのがお好き?」,「面白いほどよくわかる世界の文学」,「教養のためのブックガイド」,「現代世界の名作」,「『こころ』は本当に名作か」,「古典・名著の読み方」,「知っておきたいフランス文学」,「図説 5分でわかる世界の名作」,「世界の小説大百科」,「世界の書物」,「世界の長編文学」,「世界の名作50選」,「世界の名作100を読む」,「世界の「名著」50」,「世界文学あらすじ大事典 1 (あ・きよう)」,「世界文学鑑賞辞典 第2」,「世界文学のすじ書き」,「世界文学の名作と主人公」,「世界名著案内 2」,「世界名著案内 4」,「世界名著大事典」,「千年紀のベスト100作品を選ぶ」,「二十世紀を騒がせた本」,「20世紀を震撼させた100冊」,「必読書150」,「百年の誤読 海外文学篇」,「フランス文学」,「文学・名著300選の解説 '88年度版」,「ベストセラー世界の文学・20世紀 1」,「ポケット世界名作事典」,「名作あらすじ事典 西洋文学編」,「名作はこのように始まる 1」,「名小説ストーリイ集 世界篇」,「要約 世界文学全集 1」

10025 「マネの思い出」
☆「世界名著大事典」

フルダ

10026 「女奴隷」
☆「近代名著解題選集 2」

プルタルコス

10027 「イシスとオシリス」
☆「世界の奇書」

10028 「プルターク英雄伝」
☆「学術辞典叢書 第13巻」,「古典・名著の読み方」,「図解世界の名著がわかる本」,「西洋をきずいた書物」,「世界を変えた100冊の本」,「世界の古典名著」,「世界の名著」,「世界の名著早わかり事典」,「世界文学あらすじ大事典 3(ちか・ふろ)」,「世界文学鑑賞辞典 第2」,「世界名作事典」,「世界名著解題選 第1巻」,「世界名著大事典」,「世界・名著のあらすじ」,「地図とあらすじで読む歴史の名著」,「伝記・自叙伝の名著」

10029 「倫理論集」
☆「世界名著大事典」

プルチ

10030 「モルガンテ」
☆「世界名著大事典」

プルチブラム, K.

10031 「波動力学形成史―シュレーディンガーの書簡と小伝」
☆「物理ブックガイド100」

ブルック, H.

10032 「思春期やせ症の謎」
☆「精神医学の名著50」

ブルック, P.

10033 「なんにもない空間」
☆「世界名著大事典 補遺(Extra)」

ブルックス, ヴァン・ウィック

10034 「花開くニューイングランド」
☆「世界名著大事典」

ブルックス, ポール

10035 「カーソン―生命の棲家」
『生命の棲家』 ポール・ブルックス著 上遠恵

子訳　新潮社　1974　327,15p（図共）　20cm
〈付：参考文献、レイチェ・カーソン作品目録〉　1800円　Ⓝ930.28
☆「伝記・自叙伝の名著」

ブルックナー, アニータ

10036　「秋のホテル」
『秋のホテル』　アニータ・ブルックナー著　小野寺健解説　講談社　1996　219p　19cm（講談社ワールドブックス）〈本文：英文〉
1200円　①4-06-261416-2
☆「たのしく読めるイギリス文学」

ブルックナー, カルル

10037　「メキシコの嵐」
☆「名作の研究事典」

ブルットン, M.

10038　「表面の物理」
☆「物理ブックガイド100」

ブルデュー, ピエール

10039　「芸術の規則」
☆「歴史家の一冊」

10040　「再生産」
『再生産―教育・社会・文化』　ピエール・ブルデュー、ジャン・クロード・パスロン著　宮島喬訳　藤原書店　1991　300p　21cm（ブルデューライブラリー）　3800円
①4-938661-24-1
☆「学問がわかる500冊」,「教育本44」

10041　「実践感覚」
『実践感覚 1』　ピエール・ブルデュ著　今村仁司,港道隆訳　新装版　みすず書房　2012　281p　19cm〈第3刷（新装版第1刷2001年)〉
3300円　①978-4-622-04995-1
☆「社会学的思考」,「文化人類学」

10042　「ディスタンクシオン」
『ディスタンクシオン―社会的判断力批判　1』　ピエール・ブルデュー著　石井洋二郎訳　藤原書店　1990　501p　22cm（Bourdieu library）　6000円　①4-938661-05-5　Ⓝ361.5
☆「古典・名著の読み方」,「社会学の名著30」,「文化の社会学」

10043　「ハイデガーの政治的存在論」
『ハイデガーの政治的存在論』　ピエール・ブルデュー著　桑田礼彰訳　藤原書店　2000　206p　19cm（ブルデュー・ライブラリー）　2800円　①4-89434-161-1
☆「学問がわかる500冊」

10044　「リフレクシヴ・ソシオロジーへの招待」
『リフレクシヴ・ソシオロジーへの招待―ブルデュー、社会学を語る』　ピエール・ブルデュー, ロイック・J.D.ヴァカン［著］　水島和則訳　藤原書店　2007　418p　22cm（Bourdieu library）〈著作目録あり　文献あり〉　4600円　①978-4-89434-557-7　Ⓝ361.235
☆「社会学の名著30」

フルトヴェングラー

10045　「ギリシア彫刻の諸傑作」
☆「世界名著大事典」

10046　「ギリシア・ローマ彫刻遺品」
☆「世界名著大事典」

ブルートゥス, ユニウス

10047　「暴君に対する抗弁」
『僭主に対するウィンディキアエ―神、公共的国家、人民全体それぞれの権利の回復を僭主に抗して請求する』　ステファヌス・ユニウス・ブルトゥス著　城戸由紀子訳　東信堂　1998　362p　22cm　3600円
①4-88713-300-6　Ⓝ311.7
☆「学術辞典叢書　第11巻」,「世界名著大事典」

ブルトマン, ルドルフ・カール

10048　「イエス」
『イエス』　ブルトマン著　佐治良三,福富啓泰共訳　長崎書店　1933　279p　23cm　Ⓝ192
☆「世界名著大事典」

10049　「共観福音書伝承史」
『共観福音書伝承史』　R.ブルトマン著　加山宏路訳　新教出版社　1987　297p　21cm（ブルトマン著作集　2）　6300円
☆「世界名著大事典」

10050　「新約聖書と神話論」
『新約聖書と神話論』　ルドルフ・ブルトマン著　山岡喜久男訳註　増訂版　新教出版社　1956　168,18p　図版　21cm（聖書学叢書　第2）
Ⓝ193.5
☆「世界名著大事典」,「哲学の世界」

フルトン

10051　「水雷戦と海中爆破」
☆「西洋をきずいた書物」,「世界を変えた書物」

プルードン

10052　「経済的諸矛盾の体系」
☆「世界の古典名著」,「世界名著大事典」

10053　「財産とは何か」
☆「学術辞典叢書　第11巻」,「近代名著解題選集 2」,「社会科学の古典」,「社会科学の名著」,「世界名著大事典」

10054　「19世紀における革命の一般的理念」

☆「世界名著大事典」

10055　「連合主義論」
☆「世界名著大事典」

10056　「労働者階級の政治的能力について」
☆「世界名著大事典」

ブルトン, アンドレ

10057　「狂気の愛」
『狂気の愛』　アンドレ・ブルトン著　海老坂武訳　光文社　2008　300p　15cm（光文社古典新訳文庫）　571円　Ⓘ978-4-334-75151-7
☆「世界名著案内 4」

10058　「詩集」
☆「世界名著大事典」

10059　「磁場」
☆「世界名著大事典」

10060　「シュルレアリスム宣言・溶ける魚」
『シュルレアリスム宣言・溶ける魚』　アンドレ・ブルトン著　巌谷国士訳　岩波書店　1992　286p　15cm（岩波文庫）　570円　Ⓘ4-00-325901-7　Ⓝ701.2
☆「世界名著大事典」,「20世紀を震撼させた100冊」,「必読書150」

10061　「通底器」
『通底器』　アンドレ・ブルトン著　足立和浩訳　現代思潮社　1978　291p　20cm　2000円　Ⓝ954
☆「世界名著案内 4」

10062　「ナジャ」
『ナジャ』　アンドレ・ブルトン著　巌谷国士訳　岩波書店　2003　345p　15cm（岩波文庫）　700円　Ⓘ4-00-325902-5
☆「英仏文学戦記」,「面白いほどよくわかる世界の文学」,「知っておきたいフランス文学」,「世界の幻想文学」,「世界の小説大百科」,「世界文学あらすじ大事典 3（ちか - ふろ）」,「世界文学鑑賞辞典 第2」,「世界名著案内 4」,「世界名著大事典」,「百年の誤読 海外文学篇」,「名作あらすじ事典 西洋文学編」

10063　「秘法17番」
☆「世界の小説大百科」,「世界名著案内 4」

ブルトンヌ, レチフ・ド・ラ

10064　「ニコラ氏」
☆「世界名著大事典」

10065　「南半球の発見」
☆「世界文学あらすじ大事典 4（ふん - われ）」

10066　「ルソーのからっぽの墓」
☆「世界の幻想文学」

ブルーナー, J.S.

10067　「教育の過程」
☆「学問がわかる500冊」,「教育学の世界名著100選」,「教育名著の愉しみ」,「世界名著大事典 補遺（Extra）」,「名著解題」,「名著による教育原理」

10068　「教授理論の建設」
『教授理論の建設』　J.S.ブルーナー著　田浦武雄,水越敏行訳　改訳版　名古屋　黎明書房　1983　234,3p　22cm〈新装版〉　2800円　Ⓘ4-654-00664-8　Ⓝ371
☆「教育本44」,「世界名著大事典 補遺（Extra）」

10069　「思考の研究」
『思考の研究』　ブルーナー著　岸本弘等訳　明治図書　1969　424p　22cm　2000円　Ⓝ141.5
☆「世界名著大事典 補遺（Extra）」

10070　「認識能力の成長」
『認識能力の成長―認識研究センターの協同研究　上』　J.S.ブルーナー等著　岡本夏木等訳　明治図書出版　1968　245p 図版　22cm　1100円　Ⓝ371.4
☆「世界名著大事典 補遺（Extra）」

ブルーノ, ジョルダーノ

10071　「英雄的狂気」
『英雄的狂気』　加藤守通訳　東信堂　2006　317p　21cm（ジョルダーノ・ブルーノ著作集 7）　3600円　Ⓘ4-88713-691-9
☆「教養のためのブックガイド」

10072　「原因, 原理および一者」
☆「世界名著大事典」,「哲学の名著」

10073　「無限宇宙と諸世界について」
☆「世界名著大事典」

ブールハーヴェ

10074　「医学論」
☆「自然科学の名著」,「世界名著大事典」

ブルバキ, ニコラ

10075　「数学原論」
『数学原論』　ブルバキ著　東京図書　1984　17冊　22cm　1100～3800円　Ⓘ4-489-00101-0　Ⓝ410.8
☆「世界名著大事典」

10076　「ブルバキ数学史」
☆「ブックガイド 文庫で読む科学」

ブルフィンチ, トマス

10077　「ギリシア・ローマ神話」
『ギリシア・ローマ神話―完訳　上』　トマス・ブルフィンチ［著］　大久保博訳　増補改訂版　角川書店　2004　458p　15cm（角川文庫）

フルフロニ

〈文献あり〉　629円　①4-04-224304-5　Ⓝ164.31
☆「世界名作事典」

10078　「伝説の時代」
『伝説の時代』　トマス・ブルフィンチ著　野上弥生子訳　尚文堂　1913　723p　22cm　Ⓝ162
☆「現代人のための名著」,「世界名著大事典」

フルフローニエ

10079　「アチェー人」
☆「世界名著大事典」

ブルベイカー, R.

10080　「ナショナリズムの再構成」
☆「ナショナリズム論の名著50」

ブルーマー, H.G.

10081　「シンボリック相互作用論」
『シンボリック相互作用論―パースペクティヴと方法』　ハーバート・ブルーマー著　後藤将之訳　勁草書房　1991　314,15p　21cm　3605円　①4-326-60073-X
☆「自己・他者・関係」

フールマノフ

10082　「チャパーエフ」
『チャパーエフ　上』　デ・ア・フールマノフ著　名越民樹訳　新日本出版社　1968　215p　19cm（世界革命文学選　日本共産党中央委員会文化部編）　260円　Ⓝ983
☆「世界文学鑑賞辞典 第4」,「世界名著大事典」

プルマン, フィリップ

10083　「黄金の羅針盤」
☆「英米児童文学のベストセラー40」

ブルーム, アラン

10084　「アメリカン・マインドの終焉」
『アメリカン・マインドの終焉―文化と教育の危機』　アラン・ブルーム著　菅野盾樹訳　みすず書房　1988　432,9p　21cm　2500円　①4-622-01861-2
☆「教育名著の愉しみ」,「大学新入生に薦める101冊の本」

ブルーム, ジュディ

10085　「カレンの日記」
『カレンの日記』　ジュディ=ブルーム作　長田敏子訳　偕成社　1977　278p　20cm　950円
☆「一冊で不朽の名作100冊を読む」（友人社）,「一冊で不朽の名作100冊を読む」（友人社）,「世界少年少女文学　リアリズム編」

ブルーム, リチャード

10086　「愉快な仲間」
☆「世界文学あらすじ大事典 4（ふん‐われ）」

ブルム, レオン

10087　「結婚について」
『結婚について』　レオン・ブルム著　福永英二, 新関岳雄訳　二見書房　1967　305p　19cm　450円　Ⓝ367.4
☆「性の世界的名著から十七篇」

ブルームフィールド

10088　「言語」
『言語』　ブルームフィールド著　三宅鴻, 日野資純訳　大修館書店　1962　871p　22cm　Ⓝ801
☆「世界名著大事典」

ブルーメ

10089　「プロテスタント教会音楽史」
☆「世界名著大事典」

10090　「歴史と現代における音楽」
☆「世界名著大事典」

ブルーメンバッハ

10091　「人類の自然変異について」
☆「西洋をきずいた書物」,「世界名著大事典」

10092　「生理学論」
☆「世界名著大事典」

フールロット

10093　「デュッセルタールの洞窟から発掘された人類の遺物」
☆「西洋をきずいた書物」

ブルワー＝リットン

10094　「ポンペイ最後の日」
『ポンペイ最後の日』　エドワード・ブルワー・リットン作　岡田好恵訳　河口峰子絵　講談社　2001　237p　18cm（講談社青い鳥文庫）　620円　①4-06-148556-3
☆「近代名著解題選集 1」,「世界文学あらすじ大事典 4（ふん‐われ）」,「世界文学鑑賞辞典 第1」,「世界名作事典」,「世界名著大事典」

ブルン

10095　「ギリシア美術家の歴史」
☆「世界名著大事典」

ブルンヴァン, H.J.

10096　「消えるヒッチハイカー」
『消えるヒッチハイカー――都市の想像力のアメリカ』　ジャン・ハロルド・ブルンヴァン著　大月隆寛, 菅谷裕子, 重信幸彦訳　新装版　新

ブルンシュヴィッヒ
10097 「真正蒸留法」
☆「西洋をきずいた書物」,「世界を変えた書物」

ブルンス
10098 「中世および現代における占有法」
☆「世界名著大事典」

ブルンチュリ,J.C.
10099 「一般国家学」
☆「社会科学の名著」,「世界名著大事典」

ブルンナー
10100 「古英語文法」
☆「世界名著大事典」

ブルンナー, エミール
10101 「キリスト教と文明」
『キリスト教と文明』 エーミル・ブルンネル著 熊沢義宣訳 新装復刊 白水社 2001 240p 19cm 3000円 ⓘ4-560-02430-8
☆「教育の名著80選解題」

10102 「神秘主義と言葉」
☆「世界名著大事典」

10103 「仲保者」
『仲保者—キリスト信仰の想起の為めに 第1巻 前提』 エミル・ブルンネル著 郡山幸男訳 春陽堂 1944 218p 肖像 22cm Ⓝ191
☆「世界名著大事典」

10104 「出会いとしての真理」
☆「世界名著大事典」

10105 「福音的神学の宗教哲学」
☆「宗教哲学名著解説」

ブルンナー, オットー
10106 「ラントとヘルシャフト」
☆「現代歴史学の名著」

ブルンナー, H.
10107 「ドイツ法制史」
☆「世界名著大事典」

ブレ
10108 「考古学提要」
☆「世界名著大事典」

ブレー
10109 「神と人間について必要にして役立つ知識を増すための随筆」

☆「西洋をきずいた書物」

ブレイ
10110 「労働の不当な取り扱いおよびその救済」
☆「世界名著大事典」

ブレイエ
10111 「ビザンティン世界」
☆「世界名著大事典」

ブレイク, ウィリアム
10112 「経験の歌」
☆「世界文学鑑賞辞典 第1」,「世界名著大事典」

10113 「天国と地獄の結婚」
『天国と地獄の結婚』 ウィリアム・ブレイク著 池下幹彦訳 近代文芸社 1992 88p 21cm 1500円 ⓘ4-7733-1441-9
☆「書き出し「世界文学全集」」,「世界の幻想文学」

10114 「ブレイク詩集」
『ブレイク詩集』 ブレイク[著] 寿岳文章訳 岩波書店 2013 319,115p 15cm(岩波文庫 32-217-3) 1020円 ⓘ978-4-00-322173-0 Ⓝ931.6
☆「世界の名著」,「必読書150」

10115 「無垢と経験の歌」
☆「たのしく読めるイギリス文学」

10116 「無心の歌」
☆「世界文学鑑賞辞典 第1」,「世界名著大事典」

10117 「無明の歌」
☆「日本の古典・世界の古典」

ブレイク, ニコラス
10118 「野獣死すべし」
『野獣死すべし』 ニコラス・ブレイク著 永井淳訳 早川書房 1995 309p 16cm(ハヤカワ・ミステリ文庫 HM)〈3刷(1刷:1976年)〉 560円 ⓘ4-15-071001-5 Ⓝ933
☆「世界の推理小説・総解説」,「世界名著大事典 補遺(Extra)」

ブレイクスリー, サンドラ
10119 「脳のなかの幽霊」
☆「世界の心理学50の名著」,「大学新入生に薦める101冊の本」,「ブックガイド "心の科学" を読む」

フレイザー, ジェームズ
10120 「オウィディウスの《祭暦》」
☆「世界名著大事典」

10121 「旧約聖書のフォークロア」
『旧約聖書のフォークロア』 J.G.フレーザー著 江河徹等訳 相模原 太陽社 1976 578, 77p 19cm(太陽選書) 4800円 Ⓝ193.02

☆「世界の奇書」

10122 「金枝篇」
『初版 金枝篇 上』 ジェイムズ・ジョージ・フレイザー著 吉川信訳 筑摩書房 2006 558p 15cm(ちくま学芸文庫) 1500円
①4-480-08737-0
☆「宗教学の名著30」,「人文科学の名著」,「西洋をきずいた書物」,「世界文学あらすじ大事典 2 (きよえ・ちえ)」,「世界名著大事典」,「20世紀を震撼させた100冊」,「文化人類学」,「文化人類学の名著50」

10123 「トーテミズムと外婚」
☆「世界名著大事典」

フレイザー夫人

10124 「日本における外交官の妻」
☆「外国人による日本論の名著」

ブレイズ, ウィリアム

10125 「キャクストンの伝記と印刷術」
☆「世界名著大事典」

10126 「書物の敵」
☆「世界名著大事典」

プレイナード

10127 「見失える前哨」
☆「世界名著大事典」

プレイヤー

10128 「ゲイリー・プレイヤー自伝―勝利者への条件」
☆「伝記・自叙伝の名著」

フレイレ, パウロ

10129 「被抑圧者の教育学」
『被抑圧者の教育学』 パウロ・フレイレ著 小沢有作ほか訳 亜紀書房 1979 324p 19cm (A.A.LA教育・文化叢書 4)〈文献紹介：p306～317〉 1500円 Ⓝ371.1
☆「教育本44」

ブレイロック, ジェイムズ・P.

10130 「リバイアサン」
『リバイアサン』 ジェイムズ・P.ブレイロック著 友枝康子訳 早川書房 1989 450p 15cm(ハヤカワ文庫FT) 600円
①4-15-020131-5
☆「世界のSF文学・総解説」

ブレイン, ジョン

10131 「年上の女」
『年上の女』 ジョン・ブレイン著 福田恆存訳 河出書房新社 1970 262p 図版 20cm(モダン・クラシックス)〈新装版〉 690円 Ⓝ933

☆「たのしく読めるイギリス文学」

ブレイン, ラッセル

10132 「経験の本性」
『経験の本性』 W.ラッセル・ブレイン著 山鳥重訳 みすず書房 1979 128p 20cm 1200円 Ⓝ141.2
☆「ブックガイド"心の科学"を読む」

プレヴィテ・オートン

10133 「ケンブリジ中世小史」
☆「世界名著大事典」

プレヴェール, ジャック

10134 「言葉」
☆「世界名著大事典 補遺(Extra)」

10135 「天井桟敷の人々」
『天井桟敷の人々』 ジャック・プレヴェール著 山田宏一訳 新書館 1981 226p 20cm 1300円 Ⓝ952
☆「世界名著大事典 補遺(Extra)」

10136 「パロール」
☆「世界名著大事典 補遺(Extra)」

10137 「物語」
☆「世界名著大事典 補遺(Extra)」

プレオブラシェンスキー

10138 「共産主義のABC」
『共産主義のABC 上,下』 ブハーリン, プレオブラヂエンスキー共著 マルキシズム研究所訳 イスクラ閣 1929 2冊 19-20cm〈下は早川二郎訳〉 Ⓝ363
☆「学術辞典叢書 第14巻」

ブレーカー, M.

10139 「根まわしかきまわしあとまわし」
『根まわしかきまわしあとまわし―日本の国際交渉態度の研究』 マイケル・ブレーカー著 池井優訳 サイマル出版会 1976 269p 図 19cm 1200円 Ⓝ319.1
☆「現代政治学を読む」

ブレーク, ロバート・R.

10140 「期待される管理者像」
『期待される管理者像―新・グリッド理論』 ロバート・R.ブレーク, アン・A.マッケーンス著 田中敏夫, 小見山澄子訳 全改訂版 産能大学出版部 1992 422p 19cm 3900円
①4-382-05147-9
☆「世界で最も重要なビジネス書」

フレクスナー

10141 「合衆国およびカナダにおける医学教育」

☆「アメリカを変えた本」

フレーゲ
10142 「算術の基礎」
☆「現代哲学の名著」,「世界名著大事典 補遺(Extra)」

ブレーゲル
10143 「再生産論」
『再生産論』 エー・ヤー・ブレーゲル著　永住道雄訳　叢文閣　1935　336p　22cm　Ⓝ331.4
☆「世界名著大事典」

プレスコット
10144 「ペルー征服」
『ペルー征服』 プレスコット著　石田外茂一,真木昌夫共訳　改造社　1941　2冊　15cm（改造文庫）　Ⓝ268
☆「世界名著大事典」

10145 「メキシコ征服」
☆「世界名著大事典」

ブレステッド
10146 「エジプト史」
☆「世界名著大事典」

10147 「古代エジプト記録」
☆「世界名著大事典」

ブレツィンカ
10148 「教育学から教育科学へ」
『教育学から教育科学へ―教育のメタ理論』 ウォルフガング・ブレツィンカ著　小笠原道雄監訳　町田　玉川大学出版部　1990　446p　22cm〈訳：高橋洸治ほか　参考文献目録：p396～427〉　8240円　Ⓘ4-472-07971-2　Ⓝ371
☆「教育学の世界名著100選」

フレッシフィールド
10149 「コーカサス探検記」
☆「世界名著大事典」

フレッチャー, ジョン
10150 「女の勝利」
☆「世界文学あらすじ大事典1（あ-きょう）」

10151 「二人の貴公子」
『二人の貴公子』 ウィリアム・シェイクスピア, ジョン・フレッチャー著　河合祥一郎訳　白水社　2004　211p　19cm　2000円　Ⓘ4-560-03548-2
☆「世界文学あらすじ大事典3（ちか-ふろ）」

フレッチャー, バニスター
10152 「比較建築史」
『建築史』 フレッチャア著　古宇田実,斎藤茂三郎訳　岩波書店　1919　720,62p 図版146枚　23cm　Ⓝ523
☆「世界名著大事典」

フレッチャー, リチャード
10153 「エル・シッド」
『エル・シッド―中世スペインの英雄』 リチャード・フレッチャー著　林邦夫訳　法政大学出版局　1997　380,15p　19cm（叢書・ウニベルシタス）　3800円　Ⓘ4-588-00558-8
☆「歴史家の一冊」

フレッチャー, J.S.
10154 「チャリングクロス事件」
『世界探偵小説全集　第10巻　チャリング・クロス事件』 平凡社訳編　平凡社　1930　402p　16cm　Ⓝ908
☆「世界の推理小説・総解説」

ブレットシュナイダー
10155 「東アジア中世史研究」
☆「世界名著大事典」

プレディウス
10156 「レンブラントの油絵」
☆「世界名著大事典」

フレデリクセン, マリアンネ
10157 「サイモンと樫の木」
☆「世界の小説大百科」

プレトリウス
10158 「音楽大全」
『音楽大全　2』 ミヒャエル・プレトリウス著　郡司すみ訳　エイデル研究所　2000　336p　27cm　12381円　Ⓘ4-87168-300-1　Ⓝ762.3
☆「世界名著大事典」

ブレナン, ジェラルド
10159 「スペインの迷宮」
☆「世界名著大事典」

フレネ, セレスタン
10160 「仕事の教育」
『仕事の教育』 セレスタン・フレネ著　宮ヶ谷徳三著・訳　明治図書出版　1986　271p　21cm（世界新教育運動選書）　3200円　Ⓘ4-18-042608-0
☆「教育名著の愉しみ」

10161 「手仕事を学校へ」
『手仕事を学校へ』 フレネ著　宮ヶ谷徳三訳　新装版　名古屋　黎明書房　2010　205p　19cm〈文献あり〉　2000円　Ⓘ978-4-654-01845-1　Ⓝ371.5
☆「21世紀の教育基本書」

10162 「フランスの現代学校」
『フランスの現代学校』 セレスタン・フレネ著 石川慶子,若狭蔵之助訳 明治図書出版 1979 240p 19cm(シリーズ・世界の教育改革 7)〈文献目録:p224〉 2200円 Ⓝ371.5
☆「教育本44」,「名著解題」

プレハーノフ,ゲオルク

10163 「階級社会の芸術」
『階級社会の芸術』 プレハーノフ著 蔵原惟人訳 三笠書房 1952 227p 16cm(三笠文庫 第130) Ⓝ701.3
☆「世界名著解題選 第6巻」

10164 「近代唯物論史」
『近代唯物論史――ドルバック・エルヴェシウス・マルクス』 プレハーノフ著 榎本謙輔訳 3版 同人社 1928 322p 17cm(社会思想叢書 第10編) Ⓝ363.3
☆「学術辞典叢書 第14巻」,「世界名著解題選 第1巻」,「世界名著大事典」

10165 「芸術と社会生活」
『芸術と社会生活―他1篇』 プレハーノフ著 蔵原惟人,江川卓訳 岩波書店 1965 262p 15cm(岩波文庫) Ⓝ701.3
☆「学術辞典叢書 第14巻」,「世界名著解題選 第1巻」,「世界名著大事典」

10166 「芸術論」
『芸術論』 プレハーノフ著 外村史郎訳註 橘書店 1932 107,18p 20cm(マルクス主義社会科学芸術文芸訳註叢書 第1編) Ⓝ701
☆「世界名著解題選 第6巻」,「世界名著大事典」

10167 「史的一元論」
『史的一元論 上』 プレハーノフ著 川内唯彦訳 改訳版 岩波書店 1963 298p 15cm(岩波文庫) Ⓝ116.46
☆「学術辞典叢書 第14巻」,「世界名著解題選 第2巻」,「世界名著解題選 第5巻」,「世界名著大事典」,「哲学の名著」,「哲学名著解題」

10168 「社会主義と政治闘争」
『社会主義と政治闘争』 プレハーノフ著 内村有三訳 大月書店 1973 135p 15cm(国民文庫) Ⓝ363.3
☆「世界名著大事典」

10169 「マルクス主義の鏡に映じたトルストイ」
☆「世界名著解題選 第6巻」

10170 「マルクス主義の根本問題」
『マルクス主義の根本問題』 ゲ・ヴェ・プレハーノフ著 鷲田小弥太訳 福村出版 1974 201,7p 20cm 1300円 Ⓝ363.3
☆「社会科学の名著」,「世界名著解題選 第5巻」,「世界名著大事典」

10171 「無政府主義と社会主義」
『無政府主義と社会主義』 プレカアノフ著 百瀬二郎訳 改造図書出版販売 1977 144p 15cm(改造文庫覆刻版 第1期)〈発売:大和書房(東京)〉 Ⓝ363.8
☆「学術辞典叢書 第11巻」,「世界名著大事典」

10172 「ロシア社会思想史」
☆「世界名著大事典」

プレビッシュ,R.

10173 「プレビッシュ報告」
☆「現代資本主義の名著」

ブレヒト,ベルトルト

10174 「ガリレイの生涯」
『ガリレイの生涯』 ベルトルト・ブレヒト作 岩淵達治訳 岩波書店 2013 309p 15cm(岩波文庫)〈第26刷(第1刷1979年)〉 780円 Ⓘ978-4-00-324392-3
☆「ヨーロッパを語る13の書物」

10175 「肝っ玉おっ母あとその子供たち」
☆「世界名著大事典」

10176 「三文オペラ」
『三文オペラ』 ベルトルト・ブレヒト著 酒寄進一訳 長崎出版 2007 174p 19cm 1600円 Ⓘ978-4-86095-224-2
☆「あらすじで読む世界文学105」,「一冊で世界の名著100冊を読む」,「面白いほどよくわかる世界の文学」,「現代世界の名作」,「知っておきたいドイツ文学」,「世界の名作100を読む」,「世界の名作文学案内」,「世界文学鑑賞辞典 第3」,「世界文学の名作と主人公」,「世界名著大事典」,「ドイツ文学」,「20世紀を震撼させた100冊」,「文学・名著300選の解説 '88年度版」,「ポケット世界名作事典」,「名作あらすじ事典 西洋文学編」

10177 「バール」
☆「世界文学あらすじ大事典 3(ちか-ふろ)」

フレーベル,フリードリッヒ

10178 「教育の弁明」
☆「教育の名著80選解題」

10179 「教育論文集」
☆「教育の名著80選解題」

10180 「人間の教育」
『人間の教育 上』 フレーベル著 荒井武訳 岩波書店 1964 335p 15cm(岩波文庫) Ⓝ371
☆「学術辞典叢書 第12巻」,「教育を考えるためにこの48冊」,「教育学の世界名著100選」,「教育の名著80選解題」,「教育科学の愉しみ」,「人文科学の名著」,「世界の古典名著」,「世界名著解題選 第3巻」,「世界名著解題選 第5巻」,「世界名著大

事典」,「21世紀の教育基本書」,「人間学の名著を読む」,「名著解題」

10181 「母の歌と愛撫の歌」
『母の歌と愛撫の歌』 フレョエベル著 プリュウフェル編 茅野蕭々訳 岩波書店 1934 194p 29cm Ⓝ941
☆「教育の名著80選解題」,「西洋をきずいた書物」

10182 「幼稚園教育学」
☆「教育の名著80選解題」

フレミング, アレクサンダー

10183 「アオカビ培養の抗菌作用」
☆「西洋をきずいた書物」

フレミング, イアン

10184 「カジノ・ロワイヤル」
『カジノ・ロワイヤル―秘密情報部〇〇七号』 イアン・フレミング著 井上一夫訳 東京創元新社 1963 224p 15cm (創元推理文庫) Ⓝ933
☆「世界の小説大百科」

10185 「ゴールドフィンガー」
『ゴールドフィンガー』 イアン・フレミング著 井上一夫訳 早川書房 1960 293p 19cm (世界ミステリシリーズ) Ⓝ933
☆「世界の冒険小説・総解説」

10186 「サンダーボール作戦」
『サンダーボール作戦』 イアン・フレミング著 井上一夫訳 早川書房 1962 268p 19cm (世界ミステリシリーズ) Ⓝ933
☆「世界の冒険小説・総解説」

10187 「ロシアから愛をこめて」
『ロシアから愛をこめて―秘密情報部007号』 イアン・フレミング著 井上一夫訳 東京創元新社 1964 338p 15cm (創元推理文庫) Ⓝ933
☆「世界の推理小説・総解説」

フレミング, ジョン

10188 「真空管によって電気振動を直流に変換することについて」
☆「西洋をきずいた書物」

10189 「電気50年」
☆「世界名著大事典」

10190 「無線電信電話の原理」
☆「自然科学の名著」,「世界名著大事典」

ブレーム

10191 「動物の生活」
☆「世界名著大事典」

フレーム, ジャネット

10192 「水の中の顔」
☆「世界の小説大百科」

プレーム・チャンド

10193 「ゴーダーン」
☆「世界名著大事典」

フレムリン, シーリア

10194 「夜明け前の時」
『夜明け前の時』 シーリア・フレムリン著 押田由起訳 東京創元社 1992 321p 15cm (創元推理文庫) 530円 ④4-488-27602-4
☆「世界の推理小説・総解説」

プレモン, アンリ

10195 「純粋詩」
☆「世界名著大事典」

10196 「フランスにおける宗教感情の文学的歴史」
☆「世界名著大事典」

プレラー

10197 「ギリシア神話」
☆「世界名著大事典」

ブレンターノ, クレメンス

10198 「けなげなカスペルと美しいアンネの物語」
☆「世界名著大事典」

10199 「ゴッケル物語」
『ゴッケル物語』 クレメンス・ブレンターノ著 矢川澄子訳 松戸 王国社 1995 155p 19cm 1500円 ④4-900456-37-3
☆「世界の幻想文学」,「世界文学鑑賞辞典 第3」,「ポケット世界名作事典」

ブレンターノ, フランツ

10200 「アリストテレスにおける存在者の多義性について」
☆「ハイデガー本45」

10201 「経験的立場からの心理学」
☆「学術辞典叢書 第12巻」,「世界名著解題選 第1巻」,「世界名著大事典」,「哲学名著解題」

ブレンターノ, ルーヨー

10202 「イギリス経済史」
☆「学術辞典叢書 第14巻」,「世界名著解題選 第1巻」,「世界名著大事典」

10203 「現代の労働組合」
☆「世界名著大事典」

10204 「ゴドヴィ」
☆「世界文学鑑賞辞典 第3」,「世界名著大事典」

10205 「歴史における経済人」
　☆「世界名著大事典」

プレンツドルフ
10206 「若きWのあらたな悩み」
　『若きWのあらたな悩み』　ウルリヒ・プレンツドルフ著　早崎守俊訳　白水社　1984　179p　18cm（白水Uブックス　55）　680円
　①4-560-07055-5　Ⓝ943
　☆「ドイツ文学」

フロイス, ルイス
10207 「日本史」
　『日本史　1　豊臣秀吉篇 1』　フロイス著　松田毅一, 川崎桃太訳　中央公論社　1981　397p　20cm〈普及版〉　1200円　Ⓝ210.48
　☆「アジアの比較文化」,「世界の旅行記101」,「世界名著大事典」,「千年の百冊」,「地図とあらすじで読む歴史の名著」,「日本歴史「古典籍」総覧」,「歴史の名著100」

10208 「ヨーロッパ文化と日本文化」
　『ヨーロッパ文化と日本文化』　ルイス・フロイス著　岡田章雄訳注　岩波書店　2012　199p　19cm（ワイド版岩波文庫）　1100円
　①978-4-00-007348-6
　☆「学問がわかる500冊 v.2」,「必読書150」

プロイスラー, オトフリート
10209 「小さい魔女」
　『小さい魔女』　オトフリート・プロイスラー著　ウィニー・ガイラー絵　アンシア・ベル英訳　講談社インターナショナル　2001　183p　15cm〈本文：英文〉　650円　①4-7700-2884-9
　☆「名作の研究事典」

フロイデンタール
10210 「現行刑法における責任と非難」
　☆「世界名著大事典」

フロイト, アンナ
10211 「自我と防衛機制」
　『自我と防衛機制』　アンナ・フロイト著　黒丸正四郎, 中野良平訳　岩崎学術出版社　1982　162p　22cm（アンナ・フロイト著作集　第2巻）〈監修：牧田清志, 黒丸正四郎　参考文献：p143～145〉　4000円　Ⓝ146.1
　☆「精神分析の名著」,「世界の心理学50の名著」

フロイド, エスタ
10212 「郷愁のモロッコ」
　☆「世界の小説大百科」

フロイト, ジークムント
10213 「快感原則の彼岸」
　☆「精神分析の名著」,「必読書150」

10214 「群集心理と自我の分析」
　☆「学術辞典叢書 第11巻」,「世界名著解題選 第1巻」,「世界名著大事典」

10215 「幻想の未来」
　☆「思想史の巨人たち」

10216 「自我論」
　☆「「本の定番」ブックガイド」,「名著による教育原理」

10217 「精神分析入門」
　『精神分析入門　上』　ジークムント・フロイト著　安田徳太郎, 安田一郎訳　新版　角川学芸出版, 角川グループパブリッシング〔発売〕　2012　324p　15cm（角川ソフィア文庫）　629円　①978-4-04-408604-6
　☆「お厚いのがお好き？」,「学術辞典叢書 第13巻」,「学問がわかる500冊」,「身体・セクシュアリティ・スポーツ」,「教育学の世界名著100選」,「教養のためのブックガイド」,「50歳からの名著入門」,「古典・名著の読み方」,「自然科学の名著」,「自然科学の名著100選 下」,「新潮文庫20世紀の100冊」,「人文科学の名著」,「心理学の名著12選」,「図解世界の名著がわかる本」,「精神医学の名著50」,「世界の古典名著」,「世界の名著早わかり事典」,「世界名著解題選 第2巻」,「世界名著大事典」,「超解「哲学名著」事典」,「哲学の世界」,「ブックガイド心理学」,「文学・名著300選の解説 '88年度版」

10218 「続精神分析入門」
　☆「世界名著大事典」

10219 「トーテムとタブー」
　『トーテムとタブー』　シグマンド・フロイド著　吉岡永美訳　啓明社　1928　300p　19cm　Ⓝ146
　☆「社会科学の古典」,「宗教学の名著30」,「世界名著大事典」

10220 「日常生活の精神病理学」
　☆「世界名著大事典」

10221 「ヒステリー研究」
　『ヒステリー研究　上』　ヨーゼフ・ブロイアー, ジークムント・フロイト著　金関猛訳　筑摩書房　2004　324p　15cm（ちくま学芸文庫）　1200円　①4-480-08832-6
　☆「世界名著大事典」

10222 「ヒトはなぜ戦争をするのか？」
　『ヒトはなぜ戦争をするのか？―アインシュタインとフロイトの往復書簡』　アルバート・アインシュタイン, ジグムント・フロイト著　養老孟司解説　浅見昇吾編訳　横浜　花風社　2000　119p　19cm　1400円
　①4-907725-21-3
　☆「科学を読む愉しみ」

10223 「文化への不満」

☆「社会思想の名著」

10224　「文化の中の居心地悪さ」
☆「精神分析の名著」

10225　「夢判断」
『夢判断　上』　フロイト著　高橋義孝訳　改版　新潮社　2005　530p　15cm（新潮文庫）　705円　①4-10-203803-5
☆「大人のための世界の名著50」，「教養のためのブックガイド」，「現代人のための名著」，「精神分析の名著」，「性の世界的名著から十七篇」，「西洋をきずいた書物」，「世界を変えた100冊の本」，「世界を変えた本」，「世界の書物」，「世界の心理学50の名著」，「世界文学あらすじ大事典 4（ふん・われ）」，「世界名著大事典」，「千年紀のベスト100作品を選ぶ」，「二十世紀を騒がせた本」，「20世紀を震撼させた100冊」

ブロイラー

10226　「精神医学教科書」
☆「世界名著大事典」

10227　「ヒステリー研究」
『ヒステリー研究　上』　ヨーゼフ・ブロイアー，ジークムント・フロイト著　金関猛訳　筑摩書房　2004　324p　15cm（ちくま学芸文庫）　1200円　①4-480-08832-6
☆「世界名著大事典」

ブローガー, P.J.

10228　「プログラム書法」
『プログラム書法』　Brian W.Kernighan,P.J.Plauger著　木村泉訳　第2版　共立出版　1982　236p　21cm〈参考書目：p222〉　2400円　①4-320-02085-5　Ⓝ007.64
☆「物理ブックガイド100」

ブローガン

10229　「現代フランスの発展」
☆「世界名著大事典」

ブローク, アレクサンドル

10230　「運命の歌」
『運命の歌』　アリェクサンドル・ブロオク著　黒田辰男訳　新潮社　1926　154p　肖像　18cm（海外文学新選　第34編）　Ⓝ982
☆「世界文学鑑賞辞典　第4」

10231　「十二」
『十二―詩集』　アレクサンドル・ブローク詩　川崎彰彦訳　粟津謙太郎絵　大阪　編集工房ノア　1981　79p　27cm　2500円　Ⓝ981
☆「世界文学鑑賞辞典　第4」，「世界名著大事典」

10232　「薔薇と十字架」
『薔薇と十字架』　アレクサンドル・ブローク著　小平武，鷲巣繁男訳　平凡社　1995　247p　16cm（平凡社ライブラリー）　1100円　①4-582-76124-0
☆「世界文学あらすじ大事典 3（ちか・ふろ）」

プロクター

10233　「この街のどこかに」
『この街のどこかで』　モーリス・プロクター著　森郁夫訳　早川書房　1957　254p　19cm（世界探偵小説全集）　Ⓝ933
☆「世界の推理小説・総解説」

プロクロス

10234　「摂理と運命とわれわれにできること」
☆「世界名著大事典」

プロコピオス

10235　「秘密史」
☆「世界名著大事典」

フロスト, R.L.

10236　「フロスト詩集」
☆「世界文学鑑賞辞典　第1」，「世界名著大事典　補遺（Extra）」

10237　「ボストンの北」
『ボストンの北―ロバート・フロスト詩集』　ロバート・フロスト著　藤本雅樹訳　国文社　1984　222p　20cm〈著者の肖像あり〉　2200円　Ⓝ931
☆「たのしく読めるアメリカ文学」

フロズニー

10238　「ヒッタイト語」
☆「世界名著大事典」

ブローダ, E.

10239　「ボルツマン―人間・物理学者・哲学者」
☆「物理ブックガイド100」

ブロツキー

10240　「大理石」
『大理石』　ヨシフ・ブロツキー著　沼野充義訳　白水社　1991　137p　19cm　1700円　①4-560-03356-0
☆「ロシア文学」

ブロック

10241　「スラヴ語音声学」
☆「世界名著大事典」

ブロック, ジャン・リシャール

10242　「演劇の運命」
『演劇の運命』　ジャン・リシャール・ブロック著　原千代海訳　未来社　1954　149p　19cm（てすぴす叢書　第23）　Ⓝ770.4

☆「世界名著大事典」

ブロック, トマス

10243 「超音速漂流」
『超音速漂流』 トマス・ブロック著 村上博基訳 文芸春秋 1984 461p 16cm（文春文庫） 500円 Ⓘ4-16-727521-X Ⓝ933
☆「世界の推理小説・総解説」、「世界の冒険小説・総解説」

10244 「盗まれた空母」
『盗まれた空母』 トマス・ブロック著 鎌田三平訳 文芸春秋 1985 389p 16cm（文春文庫） 440円 Ⓘ4-16-727522-8 Ⓝ933
☆「世界の冒険小説・総解説」

ブロック, フランチェスカ・リア

10245 「ウィーツィ・バット」
☆「英米児童文学のベストセラー40」

ブロック, マルク

10246 「フランス農業史の基本的性格」
『フランス農村史の基本性格』 マルク・ブロック著 河野健二,飯沼二郎訳 創文社 1959 343p 図版20枚 22cm（名著翻訳叢書） Ⓝ612.35
☆「世界名著大事典」、「歴史の名著」

10247 「封建社会」
『封建社会 1』 マルク・ブロック著 新村猛, 森岡敬一郎, 大高順雄, 神沢栄三共訳 みすず書房 2006 260,24p 21cm〈第14刷〉 3800円 Ⓘ4-622-01739-3
☆「現代歴史学の名著」、「世界名著大事典」

10248 「歴史のための弁明」
☆「教養のためのブックガイド」

ブロック, ローレンス

10249 「泥棒は選べない」
『泥棒は選べない』 ローレンス・ブロック著 田口俊樹訳 早川書房 1992 320p 15cm（ハヤカワ・ミステリ文庫） 520円 Ⓘ4-15-077453-6
☆「世界の推理小説・総解説」

ブロックハウス

10250 「会話辞典」
☆「西洋をきずいた書物」

ブロッケルマン

10251 「アラビア文学史」
☆「世界名著大事典」

10252 「イスラム諸民族および諸国家の歴史」
☆「世界名著大事典」

ブロッホ, エルンスト

10253 「未存在のオントロギーについて」
☆「思想史の巨人たち」

10254 「ユートピアの精神」
☆「世界の古典名著」

ブロッホ, ヘルマン

10255 「ウェルギリウスの死」
☆「世界の小説大百科」、「世界文学あらすじ大事典 1（あ‐きよ）」、「世界文学の名作と主人公」、「世界名著大事典」、「ドイツ文学」

10256 「罪なき人々」
『罪なき人々』 ヘルマン・ブロッホ著 浅井真男訳 河出書房新社 1970 288p 20cm（モダン・クラシックス） 890円 Ⓝ943
☆「世界の小説大百科」、「世界名著大事典」

10257 「夢遊の人々」
『夢遊の人々 下』 ヘルマン・ブロッホ著 菊盛英夫訳 筑摩書房 2004 669p 15cm（ちくま文庫） 1500円 Ⓘ4-480-42007-X
☆「世界文学あらすじ大事典 4（ふん‐われ）」、「世界文学鑑賞辞典 第3」、「ポケット世界名作事典」

ブローディガン, リチャード

10258 「アメリカの鱒釣り」
☆「世界の幻想文学」、「たのしく読めるアメリカ文学」、「百年の誤読 海外文学篇」

10259 「西瓜糖の日々」
『西瓜糖の日々』 リチャード・ブローティガン著 藤本和子訳 河出書房新社 2003 209p 15cm（河出文庫） 760円 Ⓘ4-309-46230-8
☆「世界のSF文学・総解説」、「世界の小説大百科」

10260 「鳥の神殿」
☆「世界の小説大百科」

プロティノス

10261 「エネアデス」
『エネアデス 1』 プロティノス著 田中美知太郎, 水地宗明, 田之頭安彦訳 中央公論新社 2007 313p 18×11cm（中公クラシックス） 1550円 Ⓘ978-4-12-160099-8
☆「思想史の巨人たち」、「宗教哲学名著解説」、「世界を変えた100冊の本」、「世界名著解題選 第1巻」、「世界名著大事典」、「哲学の名著」、「哲学名著解題」（協同出版）、「哲学名著解題」（春秋社）

10262 「善なるもの一なるもの」
『善なるもの一なるもの』 プロティノス著 田中美知太郎訳 岩波書店 1961 159p 15cm（岩波文庫） Ⓝ131.95
☆「哲学の世界」

ブローデル, フェルナン

10263「地中海」
『地中海 1』 フェルナン・ブローデル［著］ 浜名優美訳 普及版 藤原書店 2004 654p 22cm〈折り込1枚〉 3800円 ①4-89434-373-8 Ⓝ230
☆「学問がわかる500冊 v.2」、「世界を変えた経済学の名著」、「平和を考えるための100冊+α」、「歴史学の名著30」、「歴史家の一冊」

10264「フェリペ二世時代の地中海と地中海世界」
☆「現代歴史学の名著」

10265「文明の文法」
☆「歴史家の一冊」

10266「歴史入門」
『歴史入門』 フェルナン・ブローデル著 金塚貞文訳 中央公論新社 2009 193p 15cm（中公文庫） 800円 ①978-4-12-205231-4
☆「必読書150」

フロート

10267「中国宗教制度」
『中国宗教制度 第1巻』 デ・ホロート著 清水金二郎、荻野目博道共訳 京都 大雅堂 1946 324p 22cm Ⓝ160,160.2
☆「世界名著大事典」

ブロート

10268「ティコ・ブラーエの神への道」
☆「世界名著大事典」

ブロード

10269「カフカ」
『カフカ―その信仰と思想』 マックス・ブロート, フェリックス・ヴェルチュ著 岡田幸一, 川原栄峰共訳 パンセ書院 1954 221p 図版 19cm Ⓝ940.28
☆「伝記・自叙伝の名著」

フロベニウス, L.

10270「アフリカ文学史」
☆「世界名著大事典 補遺(Extra)」

フローベール, ギュスターヴ

10271「感情教育」
『感情教育 上』 フローベール作 生島遼一訳 岩波書店 2004 401p 15cm（岩波文庫） 860円 ①4-00-325383-3
☆「『こころ』は本当に名作か」、「知っておきたいフランス文学」、「世界の小説大百科」、「世界文学あらすじ大事典1（あ‐きよう）」、「世界文学鑑賞辞典 第2」、「世界名著大事典」、「ポケット世界名作事典」、「名作あらすじ事典 西洋文学編」

10272「サランボー」
『サラムボオ』 フロオベル著 生田長江訳 オンデマンド版 ゆまに書房 2004 412p 19cm（昭和初期世界名作翻訳全集 5）〈原本：春陽堂昭和7年刊〉 3800円 ①4-8433-1075-1 Ⓝ953.6
☆「世界文学あらすじ大事典 2（きよえ‐ちえ）」、「世界文学鑑賞辞典 第2」、「世界名著大事典」

10273「純な心」
『純な心』 ギュスターヴ・フローベール著 西村勇訳 東京図書出版, リフレ出版〔発売〕 2014 78p 19cm 1000円 ①978-4-86223-721-7
☆「世界の名作を読む」

10274「聖アントワーヌの誘惑」
『聖アントワヌの誘惑』 フローベール作 渡辺一夫訳 改版 岩波書店 1957 280,31p 15cm（岩波文庫） Ⓝ952
☆「世界の幻想文学」、「世界文学あらすじ大事典 2（きよえーちえ）」、「世界文学鑑賞辞典 第2」、「世界名著大事典」

10275「聖ジュリアン伝」
☆「世界の幻想文学」

10276「トロワ・コント」
☆「世界名著大事典」

10277「ブヴァールとペキュシェ」
『ブヴァールとペキュシェ 上』 フロベール著 鈴木健郎訳 岩波書店 1954 210p 地図 15cm（岩波文庫） Ⓝ953
☆「世界の小説大百科」、「世界文学あらすじ大事典3（ちか‐ふろ）」、「世界名著大事典」

10278「ボヴァリー夫人」
『ボヴァリー夫人―田舎の風俗』 フロベール著 村上菊一郎訳 新版 角川書店 1966 506p 15cm（角川文庫） 200円 Ⓝ953
☆「あらすじで味わう外国文学」、「あらすじで読む世界文学105」、「一冊で世界の名著100冊を読む」、「英仏文学戦記」、「面白いほどよくわかるあらすじで読む世界の名作」、「面白いほどよくわかる世界の文学」、「書き出し「世界文学全集」」、「学術辞典叢書 第13巻」、「教養のためのブックガイド」、「近代名著解題選集 1」、「近代名著解題選集 2」、「現代世界の名作」、「3行でわかる名作&ヒット本250」、「世界の小説大百科」、「世界の書物」、「世界の名作」、「世界の名作50選」、「世界の名作おさらい」、「世界の名作を読む」、「世界の名作100を読む」、「世界の名作文学案内」、「世界の名作・名著のあらすじ」、「世界文学あらすじ大事典 4（ふん‐われ）」、「世界文学鑑賞辞典 第2」、「世界文学のすじ書き」、「世界文学の名作と主人公」、「世界文学必勝法」、「世界名作事典」、「世界名著解題選集 第3巻」、「世界・名著のあらすじ」、「千年紀のベスト100作品を選ぶ」、「日本文学現代名作事典」、「入門名作の世界」、「必読書150」、「フラ

ンス文学」、「文学・名著300選の解説 '88年度版」、「ポケット世界名作事典」、「名小説ストーリィ集 世界篇」、「ヨーロッパを語る13の書物」、「要約世界文学全集 2」

プロペルティウス
10279 「詩集」
『ローマ恋愛詩人集』 中山恒夫編訳 国文社 1985 627,44p 20cm（アウロラ叢書） 5000円 Ⓝ992
☆「世界名著大事典」

フロマートカ,J.L.
10280 「なぜ私は生きているか」
『なぜ私は生きているか─J.L.フロマートカ自伝』 J.L.フロマートカ著 佐藤優訳・解説 新教出版社 1997 193p 19cm 1800円
①4-400-52029-3 Ⓝ191
☆「歴史家の一冊」

フロマンタン
10281 「オランダ・ベルギー絵画紀行」
『オランダ・ベルギー絵画紀行─昔日の巨匠たち 上』 フロマンタン著 高橋裕子訳 第4刷 岩波書店 1999 348p 15cm（岩波文庫） 760円 ①4-00-325792-8
☆「世界の旅行記101」

10282 「ドミニック」
『ドミニック』 フロマンタン著 安藤元雄訳 中央公論社 1980 302p 15cm（中公文庫） 400円 Ⓝ953
☆「世界文学あらすじ大事典 3（ちか～ふろ）」、「世界文学鑑賞辞典 第2」、「世界名著大事典」、「ポケット世界名作事典」

10283 「昔の巨匠たち」
『昔の巨匠たち─ベルギーとオランダの絵画』 ウジェーヌ・フロマンタン著 杉本秀太郎訳 白水社 1992 408,10p 21cm 3900円
①4-560-03929-1
☆「世界名著大事典」

ブロム
10284 「グローヴ音楽辞典」
☆「世界名著大事典」

フロム,エーリッヒ
10285 「愛するということ」
『愛するということ』 エーリッヒ・フロム著 鈴木晶訳 新訳版 紀伊国屋書店 1991 214p 20cm 1300円 ①4-314-00558-0 Ⓝ158
☆「一冊で人生論の名著を読む」

10286 「希望の革命」
『希望の革命─技術の人間化をめざして』 エーリッヒ・フロム著 作田啓一,佐野哲郎共訳 改訂版 紀伊國屋書店 2010 237p 19cm〈第17刷（第1刷、1970年）〉 2200円
①978-4-314-00065-9
☆「哲学の世界」

10287 「自由からの逃走」
『自由からの逃走』 エーリッヒ・フロム著 日高六郎訳 新版 東京創元新社 1966 337p 19cm（現代社会科学叢書）Ⓝ361.5
☆「大人のための世界の名著50」、「教育学の世界名著100選」、「現代資本主義の名著」、「現代人のための名著」、「古典・名著の読み方」、「社会科学の古典」、「政治・権力・公共性」、「政治哲学」、「世界の古典名著」、「世界の名著」、「世界の名著早わかり事典」、「世界名著大事典」、「超解「哲学名著」事典」、「ブックガイド心理学」、「名著から探るグローバル化時代の市民像」

10288 「正気の社会」
『正気の社会』 エーリッヒ・フロム著 加藤正明,佐瀬隆夫訳 社会思想研究会出版部 1958 408p 18cm（社会思想選書）Ⓝ361.5
☆「世界名著大事典」

ブロムフィールド
10289 「雨季来る」
『雨季来る 上巻』 ブロムフィールド著 大久保康雄訳 角川書店 1954 298p 15cm（角川文庫）Ⓝ933
☆「現代世界の名作」、「世界名著大事典」

フロム=ライヒマン,F.
10290 「積極的心理療法」
『積極的心理療法─その理論と技法』 フロム・ライヒマン著 阪本健二訳 誠信書房 1964 258p 22cm Ⓝ493.7
☆「精神医学の名著50」

フローリ
10291 「化学療法剤としてのペニシリン」
☆「西洋をきずいた書物」

フロリアン
10292 「寓話」
☆「世界名著大事典」

ブロワ,レオン
10293 「絶望した男」
☆「世界名著大事典」

フロワサール
10294 「年代記」
☆「世界名著大事典」

ブロン,G.
10295 「カリブ海の海賊史」

☆「世界の海洋文学」

ブロンジーニ

10296 「誘拐」

『誘拐』 ビル・ブロンジーニ著 高見浩訳 新潮社 1977 260p 15cm(新潮文庫) 260円 Ⓝ933

☆「世界の推理小説・総解説」

ブロンスキー

10297 「労働学校」

☆「世界名著解題選 第5巻」,「世界名著大事典」

ブロンテ, アン

10298 「アグネス・グレイ」

『アグネス・グレイ』 アン・ブロンテ著 田中晏男訳 京都 京都修学社 2001 374p 15cm(ブロンテ姉妹集 1 ブロンテ姉妹著) 1200円 4-88334-057-0 Ⓝ933.6

☆「世界文学あらすじ大事典 1(あ - きよう)」

10299 「ワイルドフェル・ホールの住人」

『ワイルドフェル・ホールの住人』 アン・ブロンテ著 山口弘恵訳 みすず書房 1996 727p 19cm(ブロンテ全集 9) 8961円 ④4-622-04629-6

☆「世界の小説百科」,「世界文学あらすじ大事典 4(ふん - われ)」,「世界名著大事典」

ブロンテ, エミリー

10300 「嵐が丘」

『嵐が丘 上』 エミリー・ブロンテ著 小野寺健訳 光文社 2010 346p 15cm(光文社古典新訳文庫) 667円 ①978-4-334-75199-9

☆「あらすじ」だけで人生の意味が全部わかる世界の古典13」,「あらすじで味わう外国文学」,「あらすじで読む世界の名著 no.1」,「あらすじで読む世界文学105」,「イギリス文学」,「一冊で世界の名著100冊を読む」,「英仏文学戦記」,「英米文学の名作を知る本」,「絵で読むあらすじ世界の名著」,「面白いほどよくわかるあらすじで読む世界の名作」,「面白いほどよくわかる世界の文学」,「書き出し「世界文学全集」」,「クライマックス名作案内 2」,「現代世界の名作」,「50歳からの名著入門」,「3行でわかる名作&ヒット本250」,「知っておきたいイギリス文学」,「図説 5分でわかる世界の名作」,「世界の小説百科」,「世界の書物」,「世界の名作」,「世界の名作50選」,「世界の名作おさらい」,「世界の名作100を読む」,「世界の名作文学案内」,「世界の名著」,「世界文学あらすじ大事典 1(あ - きよう)」,「世界文学鑑賞辞典 第1」,「世界文学のすじ書き」,「世界文学の名作と主人公」,「世界名作事典」,「世界名作文学館」,「世界名著大事典」,「たのしく読めるイギリス文学」,「2時間でわかる世界の名著」,「日本・世界名作「愛の会話」100章」,「入門名作の世界」,「日本文学現代名作事典」,「必読書150」,「文学・名著300選の解説 '88年度版」,「ポケット世界名作

事典」,「名作あらすじ事典 西洋文学編」,「名作へのパスポート」,「名作はこのように始まる 1」,「名小説ストーリイ集 世界篇」,「要約 世界文学全集 2」,「読んでおきたい世界の名著」

ブロンテ, シャーロット

10301 「ヴィレット」

『ヴィレット 上』 シャーロット・ブロンテ著 青山誠子訳 みすず書房 1995 418p 19cm(ブロンテ全集 5) 5459円 ①4-622-04625-3

☆「世界文学あらすじ大事典 1(あ - きよう)」,「世界名著大事典」

10302 「教授」

『教授』 シャーロット・ブロンテ著 海老根宏,武久文代,広田稔訳 みすず書房 1995 439p 19cm(ブロンテ全集 1) 5768円 ①4-622-04621-0

☆「世界文学あらすじ大事典 1(あ - きよう)」,「世界名著大事典」

10303 「ジェイン・エア」

『ジェイン・エア 下』 シャーロット・ブロンテ作 河島弘美訳 岩波書店 2013 511p 15cm(岩波文庫) 1080円 ①978-4-00-357003-6

☆「あらすじで味わう外国文学」,「あらすじで読む世界の名著 no.2」,「イギリス文学」,「英仏文学戦記」,「英米文学の名作を知る本」,「面白いほどよくわかるあらすじで読む世界の名作」,「面白いほどよくわかる世界の文学」,「書き出し「世界文学全集」」,「教養のためのブックガイド」,「現代世界の名作」,「『こころ』は名作か 本当にためになるか」,「3行でわかる名作&ヒット本250」,「知っておきたいイギリス文学」,「世界の小説百科」,「世界の名作」,「世界の名作おさらい」,「世界の名作を読む」,「世界の名作100を読む」,「世界の名作文学案内」,「世界の名著」,「世界文学あらすじ大事典 2(きよえ - ちえ)」,「世界文学鑑賞辞典 第1」,「世界文学のすじ書き」,「世界文学の名作と主人公」,「世界名作事典」,「世界名著大事典」,「世界・名著のあらすじ」,「たのしく読めるイギリス文学」,「2時間でわかる世界の名著」,「日本・世界名作「愛の会話」100章」,「入門名作の世界」,「文学・名著300選の解説 '88年度版」,「ポケット世界名作事典」,「名作あらすじ事典 西洋文学編」,「名作英米小説の読み方・楽しみ方」,「名小説ストーリイ集 世界篇」

10304 「シャーリー」

『シャーリー 上』 シャーロット・ブロンテ著 都留信夫訳 みすず書房 1996 449p 19cm(ブロンテ全集 3) 6180円 ①4-622-04623-7

☆「世界文学あらすじ大事典 2(きよえ - ちえ)」,「世界名著大事典」

フロンティヌス
- 10305 「ローマ市の給水」
  - ☆「世界名著大事典」

ブロンデル
- 10306 「建築学講義」
  - ☆「世界名著大事典」

ブロンデル, シャルル
- 10307 「集団心理学序説」
  - ☆「世界名著大事典」
- 10308 「病態意識」
  - ☆「世界名著大事典」

ブロンデル, M.
- 10309 「行為」
  - 『行為—生の批判と実践の学の試み』 モーリス・ブロンデル著 増永洋三訳 創文社 1990 669p 21cm 10300円
  - ①4-423-17071-X
  - ☆「世界名著大事典 補遺(Extra)」,「哲学の名著」
- 10310 「思惟」
  - ☆「世界名著大事典 補遺(Extra)」
- 10311 「存在と諸存在」
  - ☆「世界名著大事典 補遺(Extra)」

フワーンダミール
- 10312 「伝記の友」
  - ☆「世界名著大事典」

文康 ぶん・こう
- 10313 「児女英雄伝」
  - ☆「あらすじでわかる中国古典「超」入門」,「世界名著大事典」,「中国の古典名著」

フンペルト
- 10314 「官房学ビブリオグラフィー」
  - ☆「世界名著大事典」

フンボルト, アレクサンダー・フォン
- 10315 「コスモス」
  - ☆「自然科学の名著」,「西洋をきずいた書物」
- 10316 「自然の観察」
  - 『フンボルト自然の諸相—熱帯自然の絵画的記述』 アレクサンダー・フォン・フンボルト著 木村直司編訳 筑摩書房 2012 349p 15cm(ちくま学芸文庫 フ33-1—Math & science)〈年表あり 文献あり〉 1300円
  - ①978-4-480-09436-0 Ⓝ296.09
  - ☆「世界名著大事典」
- 10317 「南アメリカ旅行記」
  - 『新大陸赤道地方紀行 上』 アレクサンダー・フォン・フンボルト著 大野英二郎, 荒木善太訳 岩波書店 2001 526p 22cm(17・18世紀大旅行記叢書 第2期9 中川久定ほか編)〈シリーズ責任表示:中川久定〔ほか〕編 肖像あり 年譜あり〉 8400円
  - ①4-00-008849-1 Ⓝ296
  - ☆「世界名著大事典」

フンボルト, ヴィルヘルム・フォン
- 10318 「ジャワ島のカーヴィ語について」
  - ☆「世界名著大事典」
- 10319 「人間的言語構造の相違性とその人類の精神的発展に及ぼす影響について」
  - ☆「西洋をきずいた書物」
- 10320 「歴史家の課題について」
  - ☆「世界名著大事典」

【へ】

ベア, エドワード
- 10321 「ラスト・エンペラー」
  - ☆「映画になった名著」

ベーア, カール・エルンスト・フォン
- 10322 「動物発生学について」
  - ☆「西洋をきずいた書物」,「世界名著大事典」
- 10323 「哺乳類卵と人間の発生について」
  - ☆「西洋をきずいた書物」

ベア, グレッグ
- 10324 「ブラッド・ミュージック」
  - 『ブラッド・ミュージック』 グレッグ・ベア著 小川隆訳 早川書房 1987 419p 15cm(ハヤカワ文庫SF) 540円 ①4-15-010708-4
  - ☆「世界のSF文学・総解説」

ヘアー, シリル
- 10325 「法の悲劇」
  - 『法の悲劇』 シリル・ヘアー著 宇野利泰訳 早川書房 1978 468p 16cm(ハヤカワ・ミステリ文庫) 500円 Ⓝ933
  - ☆「世界の推理小説・総解説」

ベーア, マックス
- 10326 「イギリス社会主義史」
  - ☆「学術辞典叢書 第14巻」,「世界名著解題選 第1巻」,「世界名著解題選 第4巻」,「世界名著大事典」
- 10327 「社会主義通史」
  - 『社会主義通史—改訳 上,下』 ベーア著 西雅雄, 田畑三四郎共訳 新版 白揚社 1932 2冊 20cm Ⓝ363

ペアーズ
10328 「ロシア史」
☆「世界名著大事典」

ペアノ
10329 「数学の公式」
☆「世界名著大事典」

ベアリュ, マルセル
10330 「水蜘蛛」
『水蜘蛛』 マルセル・ベアリュ著 田中義広訳 白水社 1989 203p 18cm（白水Uブックス 86） 880円 ①4-560-07086-5
☆「世界の幻想文学」

ヘイ, ルイーズ
10331 「ライフ・ヒーリング」
『ライフ・ヒーリング』 ルイーズ・L.ヘイ著 中西珠佳江訳 〔新装版〕 たま出版 1993 342p 19cm 1400円 ①4-88481-321-9
☆「世界の自己啓発50の名著」

ヘイウッド
10332 「親切ずくで殺された女」
☆「世界名著大事典」

ヘイウッド, イライザ
10333 「過ぎたる愛」
☆「世界の小説大百科」

ヘイエルダール, トール
10334 「コン・ティキ号探検記」
『コン・ティキ号探検記』 トール・ヘイエルダール著 水口志計夫訳 河出書房新社 2013 389p 15cm（河出文庫） 850円 ①978-4-309-46385-8
☆「大人のための世界の名著50」、「現代人のための名著」、「世界の海洋文学」、「世界の旅行記101」、「世界名著大事典 補遺(Extra)」

ヘイエルマンス, ヘルマン
10335 「漁船天佑丸」
『漁船天佑丸』 ハイエルマンス著 久保栄訳 角川書店 1957 168p 15cm（角川文庫） Ⓝ949.3
☆「世界の海洋文学」

ベイカー, マーク・C.
10336 「言語のレシピ―多様性にひそむ普遍性をもとめて」
『言語のレシピ―多様性にひそむ普遍性をもとめて』 マーク・C.ベイカー著 郡司隆男訳 岩波書店 2010 404p 15cm（岩波現代文庫） 1420円 ①978-4-00-600247-3
☆「ブックガイド "心の科学" を読む」

ペイジ
10337 「古書殺人事件」
『古書殺人事件』 コルマ・ペイジ著 中桐雅夫訳 早川書房 1955 203p 19cm（世界探偵小説全集） Ⓝ933
☆「世界の推理小説・総解説」

ヘイズ
10338 「近代ナショナリズムの史的展開」
『近代民族主義史潮』 カアルトン・ヘイズ著 小林正之訳 刀江書院 1939 334p 図版 22cm Ⓝ311.6
☆「世界名著大事典」

10339 「近代ヨーロッパ政治文化史」
『近代世界史講話 上,下巻』 C.H.ヘイス,P.T.ムーン共著 高木健太郎訳 三邦出版社 1943 2冊 19cm Ⓝ209,209.5
☆「世界名著大事典」

ヘイズ, ダニエル
10340 「父と子」
『父と子』 デイヴィッド・ヘイズ,ダニエル・ヘイズ著 真野明裕訳 角川春樹事務所,飛鳥新社〔発売〕 1995 316p 19cm 1600円 ①4-87031-246-8
☆「世界の海洋文学」

ヘイズ, ディヴィッド
10341 「父と子」
『父と子』 デイヴィッド・ヘイズ,ダニエル・ヘイズ著 真野明裕訳 角川春樹事務所,飛鳥新社〔発売〕 1995 316p 19cm 1600円 ①4-87031-246-8
☆「世界の海洋文学」

ペイター
10342 「享楽主義者マリウス」
『享楽主義者マリウス』 ウォルター・ペイター著 工藤好美訳 南雲堂 1985 538p 22cm〈著者の肖像あり〉 9800円 Ⓝ933
☆「世界の小説大百科」、「世界の名著」、「世界文学あらすじ大事典 1(あ‐きよう)」、「世界文学鑑賞辞典 第1」、「世界名著大事典」、「たのしく読めるイギリス ルネサンス」

10343 「ルネサンス」
『ルネサンス―美術と詩の研究』 ウォルター・ペイター著 富士川義之訳 白水社 2004 254p 18cm（白水uブックス） 1200円 ①4-560-07369-4
☆「世界の名著」

ベイツ, ヘンリー・ウォルター
10344 「アマゾンの博物学者」
☆「世界名著大事典」

ベイツ, C.
10345 「国際秩序と正義」
☆「学問がわかる500冊」、「政治哲学」

ヘイデン
10346 「フィリピン」
☆「世界名著大事典」

ヘイデン, エティエンヌ・ヴァン
10347 「先祖の声」
☆「世界の小説大百科」

ヘイデンスタム
10348 「カロリネルナ」
『ノーベル賞文学全集 23 シュリィ・プリュドム、フレデリック・ミストラル、ジョズエ・カルドゥッチ、ラビンドラナート・タゴール、ヴェルネル・フォン・ヘイデンスタム、エリク・アクセル・カールフェルト』 主婦の友社 1971 432p 図 24cm〈後援：スウェーデン・アカデミー、ノーベル財団〉 Ⓝ908
☆「世界名著大事典」

10349 「巡礼と放浪の歳月」
『ノーベル賞文学全集 23 シュリィ・プリュドム、フレデリック・ミストラル、ジョズエ・カルドゥッチ、ラビンドラナート・タゴール、ヴェルネル・フォン・ヘイデンスタム、エリク・アクセル・カールフェルト』 主婦の友社 1971 432p 図 24cm〈後援：スウェーデン・アカデミー、ノーベル財団〉 Ⓝ908
☆「世界名著大事典」

ベイトソン, グレゴリー
10350 「精神と自然」
『精神と自然―生きた世界の認識論』 グレゴリー・ベイトソン著 佐藤良明訳 普及版, 改訂版 新思索社 2006 325p 19cm 2000円 Ⓘ4-7835-1195-0
☆「必読書150」

10351 「精神の生態学」
『精神の生態学』 グレゴリー・ベイトソン著 佐藤良明訳 改訂第2版 新思索社 2000 669,37p 21cm 6500円 Ⓘ4-7835-1175-6
☆「教養のためのブックガイド」、「自己・他者・関係」、「精神医学の名著50」、「文化人類学」

ベイトマン
10352 「女性の騒乱」
『秩序を乱す女たち?―政治理論とフェミニズム』 キャロル・ベイトマン著 山田竜作訳 法政大学出版局 2014 348p 19cm〈サピエンティア〉 3900円 Ⓘ978-4-588-60337-2
☆「はじめて学ぶ政治学」

ベイドン
10353 「ボーイ・スカウト」
☆「西洋をきずいた書物」

ペイトン, アラン
10354 「叫べ、愛する国よ」
☆「世界の小説大百科」

ベイドン, ウィリアム・E.
10355 「比較宗教学」
『比較宗教学』 ウィリアム・E.ベイドン著 阿部美哉訳 東京大学出版会 1993 282,12p 19cm 2884円 Ⓘ4-13-012400-5
☆「学問がわかる500冊」

ペイトン, K.M.
10356 「愛の旅だち」
☆「世界少年少女文学 リアリズム編」

ヘイベリ
10357 「大いなる怒り」
☆「世界名著大事典」

ヘイリー, アーサー
10358 「0・8滑走路」
『0-8滑走路』 アーサー・ヘイリー&ジョン・キャッスル著 清水政二訳 早川書房 1973 207p 16cm〈ハヤカワNV文庫〉 220円 Ⓝ933
☆「世界の冒険小説・総解説」

ヘイリー, アレックス
10359 「ルーツ」
『ルーツ 1』 アレックス・ヘイリー著 安岡章太郎,松田銑共訳 社会思想社 1978 388p 15cm〈現代教養文庫〉 440円 Ⓝ933
☆「世界文学の名作と主人公」

ベイリー, サミュエル
10360 「リカード価値論の批判」
『リカード価値論の批判』 サミュエル・ベイリー著 鈴木鴻一郎訳 日本評論社 1947 268p 15cm〈世界古典文庫 9〉 Ⓝ331,331.32
☆「世界名著大事典」

ベイリー, チャールズ
10361 「五月の七日間」
☆「映画になった名著」

ベイリー, バリントン・J.

10362「時間衝突」
『時間衝突』 バリントン・J.ベイリー著 大森望訳 東京創元社 1989 326p 15cm（創元推理文庫） 450円 Ⓘ4-488-69701-1
☆「世界のSF文学・総解説」

ベイリー, マラリン

10363「一一七日間 死の漂流」
☆「世界の海洋文学」

ベイリー, モーリス

10364「一一七日間 死の漂流」
☆「世界の海洋文学」

ベイリー, H.C.

10365「レジー・フォーチュン」
☆「世界の推理小説・総解説」

ベイリー, P.L.

10366「フェスタス」
☆「世界名著大事典」

ベイリス

10367「一般生理学原理」
☆「世界名著大事典」

ヘイワード, ウォルター・S.

10368「販売管理論」
☆「学術辞典叢書 第14巻」,「世界名著解題選 第3巻」

ベイン

10369「オルノーコ」
『オルノーコ・美しい浮気女』 アフラ・ベイン作 土井治訳 岩波書店 1988 269p 15cm（岩波文庫） 450円 Ⓘ4-00-322711-5 Ⓝ933
☆「世界の小説大百科」,「世界文学あらすじ大事典1（あ〜きょう）」,「世界名著大事典」,「たのしく読めるイギリス文学」

10370「情動と意志」
☆「世界名著大事典」,「哲学名著解題」

10371「精神学」
☆「哲学名著解題」

10372「道徳学」
☆「哲学名著解題」

ペイン, トーマス

10373「コモン・センス」
『コモン・センス―他三篇』 トーマス・ペイン著 小松春雄訳 岩波書店 1976 177p 15cm（岩波文庫） 200円
☆「アメリカを変えた本」,「古典・名著の読み方」,「社会科学の古典」,「世界を変えた100冊の本」,「世界を変えた本」,「世界名著大事典」

10374「人間の権利」
『人間の権利』 トマス・ペイン著 西川正身訳 岩波書店 1971 432p 肖像 15cm（岩波文庫） 200円 Ⓝ235.061
☆「社会科学の名著」,「世界の古典名著」

10375「農業上の正義」
☆「世界名著大事典」

10376「理性の時代」
『理性の時代』 トマス・ペイン著 渋谷一郎監訳 泰流社 1982 271,24p 20cm 3000円 Ⓘ4-88470-385-5 Ⓝ190.4
☆「世界名著大事典」

ペイン, ロバート

10377「人権論」
『人権論 第2篇』 トーマス・ペイン著 五十嵐豊作訳 実業之日本社 1948 241p 19cm（政治思想古典選書 第5巻） Ⓝ311.23
☆「西洋をきずいた書物」,「世界名著大事典」

10378「毛沢東」
『毛沢東』 ロバート・ペイン著 宇野輝雄訳 角川書店 1967 380p 図版 15cm（角川文庫） 200円 Ⓝ289.2
☆「伝記・自叙伝の名著」

ベイン, J.S.

10379「産業構造の国際比較」
☆「経済学名著106選」

ヘインズ, J.E.

10380「ヴェノナ アメリカにおけるソ連スパイ工作の解読」
『ヴェノナ―解読されたソ連の暗号とスパイ活動』 ジョン・アール・ヘインズ,ハーヴェイ・クレア著 中西輝政監訳 山添博史,佐々木太郎,金自成訳 PHP研究所 2010 573p 22cm〈索引あり〉 3200円 Ⓘ978-4-569-70489-0 Ⓝ391.653
☆「名著で学ぶインテリジェンス」

ベイントン

10381「ルター伝―我ここに立つ」
☆「伝記・自叙伝の名著」

ベヴァリッジ

10382「社会保障および関連サービス（ベヴァリッジ報告）」
☆「経済学名著106選」,「倫理学」

10383「自由社会における完全雇用」
『自由社会における完全雇用』 ウイリアム・H.ベヴァリッヂ著 井手生訳 日本大学経済科

学研究所　1953　2冊　22cm〈上巻は第5版昭和31年,下巻は第1版昭和28年発行〉Ⓝ331.46
☆「世界名著大事典」

ペヴスナー, ニコラス

10384 「モダン・デザインの展開―モリスからグロピウスまで」
『モダン・デザインの展開―モリスからグロピウスまで』ニコラス・ペヴスナー著　白石博三訳　みすず書房　2003　167,13p　21cm　4300円　Ⓘ4-622-01503-X
☆「建築の書物/都市の書物」,「必読書150」

ベエイスト

10385 「ジェームス・ディーン物語」
『ジェームス・ディーン物語』ウィリアム・ベエイスト著　加藤忠也訳　新鋭社　1957　272p　図版　19cm　Ⓝ778.23
☆「伝記・自叙伝の名著」

ベーカー

10386 「アルバート・ニヤンザ, ナイル河大盆地, ナイルの源流探検」
☆「西洋をきずいた書物」

10387 「紳士の友」
☆「世界名著大事典」

ペギー, シャルル

10388 「イヴ」
☆「世界名著大事典」

10389 「ジャンヌ・ダルクの愛徳の神秘」
☆「世界名著大事典」

10390 「われらの祖国」
☆「世界名著大事典」

白 楽晴　ぺく・なくちょん

10391 「揺れる分断体制」
☆「東アジア人文書100」

ヘクシャー

10392 「重商主義」
『経済思想発展史　第1,2』H.W.スピーゲル編　東洋経済新報社　1954　2冊　19cm　Ⓝ331.23
☆「世界名著大事典」

ヘクスト

10393 「だれがこまどりを殺したか」
『誰が駒鳥を殺したか?』イーデン・フィルポッツ著　小山内徹訳　東京創元社　1960　318p　15cm（創元推理文庫）Ⓝ933
☆「世界名著大事典」

ペークホルム

10394 「歴史的に見た英語」

☆「世界名著大事典」

ペクール

10395 「社会・政治経済学新論」
☆「世界名著大事典」

ベクレル

10396 「物質の新しい一特性」
☆「西洋をきずいた書物」,「世界を変えた書物」

ベケット, サミュエル

10397 「ああ華やかなりし頃よ」
☆「世界名著大事典 補遺（Extra）」

10398 「ゴドーを待ちながら」
『ゴドーを待ちながら』サミュエル・ベケット著　安堂信也,高橋康也訳　白水社　2013　227p　18cm（白水uブックス）　1200円　Ⓘ978-4-560-07183-0
☆「あらすじで読む世界文学105」,「英米文学の名作を知る本」,「面白いほどよくわかる世界の文学」,「知っておきたいイギリス文学」,「世界の名作100を読む」,「世界の名著」,「世界文学あらすじ大事典 2（きよえ‐ちえ）」,「世界文学鑑賞辞典 第2」,「世界文学の名作と主人公」,「世界名著大事典 補遺（Extra）」,「たのしく読めるイギリス文学」,「20世紀を震撼させた100冊」,「必読書150」,「百年の誤読 海外文学篇」,「フランス文学」,「文学・名著300選の解説 '88年度版」

10399 「芝居」
☆「世界名著大事典 補遺（Extra）」

10400 「勝負の終わり」
☆「世界名著大事典 補遺（Extra）」

10401 「名づけえぬもの」
『名づけえぬもの』サミュエル・ベケット著　安藤元雄訳　新装版　白水社　1995　269p　19cm　2600円　Ⓘ4-560-04348-5
☆「世界の幻想文学」,「世界名著大事典 補遺（Extra）」

10402 「マーフィ」
『マーフィ』サミュエル・ベケット著　川口喬一訳　白水社　1971　332p　20cm　1200円　Ⓝ953
☆「世界の小説大百科」,「世界名著大事典 補遺（Extra）」

10403 「マローンは死ぬ」
☆「世界の小説大百科」,「世界名著大事典 補遺（Extra）」

10404 「モロイ」
『モロイ』サミュエル・ベケット著　安堂信也訳　新装版　白水社　1995　286p　19cm　2600円　Ⓘ4-560-04346-9
☆「世界の小説大百科」,「世界名著大事典 補遺（Extra）」,「ポケット世界名作事典」

ヘーゲル, ゲオルク・ヴィルヘルム・フリードリヒ

10405「エンチクロペディ」
『論理学』 G.W.F.ヘーゲル著　長谷川宏訳　作品社　2002　446p　22cm（哲学の集大成・要綱　第1部）　4600円　①4-87893-461-1　Ⓝ134.4
☆「世界名著大事典」,「哲学名著解題」(協同出版),「哲学名著解題」(春秋社)

10406「自然法学方法論」
『自然法学—其の方法と体系』 ヘーゲル著　平野秩夫訳　勁草書房　1963　374p　20cm　Ⓝ321.1
☆「世界名著大事典」

10407「宗教哲学講義」
『宗教哲学講義』 ヘーゲル著　Walter Jaeschke編　山崎純訳　創文社　2001　488,14p　22cm　5500円　①4-423-17134-1 Ⓝ161.1
☆「宗教哲学名著解説」,「世界名著大事典」

10408「初期神学論文集」
『ヘーゲル初期神学論集　1』 ヘルマン・ノール編　久野昭,水野建雄訳　以文社　1973　286p　22cm　1700円　Ⓝ191
☆「哲学の世界」

10409「精神現象学」
『精神の現象学　上巻』 G.W.F.ヘーゲル著　金子武蔵訳　岩波書店　2002　730,8p　21cm〈原書第4版〉　8800円　①4-00-026805-8
☆「「あらすじ」だけで人生の意味が全部わかる世界の古典13」,「一冊で哲学の名著を読む」,「お厚いのがお好き？」,「学術辞典叢書 第13巻」,「学問がわかる500冊」,「教養のためのブックガイド」,「近代哲学の名著」,「古典・名著の読み方」,「世界を変えた100冊の本」,「世界の古典名著」,「世界の哲学思想」,「世界の名著早わかり事典」,「世界名著解題選 第2巻」,「世界名著大事典」,「超解「哲学名著」事典」,「哲学の世界」,「哲学の名著」(毎日新聞社),「哲学の名著」(学陽書房),「哲学名著解題」(春秋社),「哲学名著解題」(春秋社),「ハイデガー本45」,「必読書150」,「文庫1冊で読める 哲学の名著」,「わたしの古典」

10410「大論理学」
『大論理学　上巻の1』 ヘーゲル著　武市健人訳　岩波書店　2002　248,3p　22cm　3600円　①4-00-026800-7 Ⓝ134.4
☆「近代哲学の名著」,「近代名著解題選集 2」,「思想史の巨人たち」,「世界名著案内 1」,「世界名著解題選 第5巻」,「世界名著大事典」,「哲学名著解題」(協同出版),「哲学名著解題」(春秋社)

10411「哲学史講義」
☆「世界名著大事典」,「『本の定番』ブックガイド」

10412「哲学的諸科学集成概要」
☆「学術辞典叢書 第12巻」,「世界名著解題選 第3巻」,「哲学の名著」

10413「美学講義」
『美学講義　上巻』 G.W.F.ヘーゲル著　長谷川宏訳　作品社　1995　466p　22cm　6500円　①4-87893-229-5 Ⓝ134.4
☆「世界名著解題選 第6巻」,「世界名著大事典」

10414「法の哲学」
『法の哲学　1』 ヘーゲル著　藤野渉,赤沢正敏訳　中央公論新社　2001　404p　18cm（中公クラシックス）　1350円　①4-12-160018-5
☆「学術辞典叢書 第11巻」,「教養のためのブックガイド」,「近代名著解題選集 2」,「現代政治学の名著」,「古典・名著の読み方」,「社会科学の名著」,「図解世界の名著がわかる本」,「西洋をきずいた書物」,「世界の古典名著」,「世界の名著」,「世界名著解題選 第3巻」,「世界名著解題選 第5巻」,「世界名著大事典」,「哲学の世界」,「哲学名著解題」(協同出版),「哲学名著解題」(春秋社),「文学・名著300選の解説 '88年度版」,「私の古典」

10415「歴史哲学講義」
『歴史哲学講義　上』 ヘーゲル著　長谷川宏訳　岩波書店　2003　363p　19cm（ワイド版岩波文庫）　1300円　①4-00-007225-0 Ⓝ134.4
☆「教養のためのブックガイド」,「世界名著大事典」

10416「歴史における理性—世界史の哲学への序論」
『世界史の哲学　第1　歴史に於ける理性』 ヘーゲル著　岡田隆平訳　改造社　1942　338p　15cm（改造文庫）　Ⓝ134,201.1
☆「哲学の名著」

ベーコン, フランシス

10417「学問の進歩」
『学問の進歩』 ベーコン著　服部英次郎,多田英次訳　岩波書店　1974　396p　15cm（岩波文庫）　280円　Ⓝ133.22
☆「学術辞典叢書 第13巻」,「近代名著解題選集 2」,「世界名著解題選 第1巻」,「哲学の名著」,「哲学名著解題」

10418「ニュー・アトランティス」
☆「学術辞典叢書 第11巻」,「近代名著解題選集 2」,「自然科学の名著100選 上」,「世界のSF文学・総解説」,「世界文学あらすじ大事典 3（ちか・ふろ）」,「世界名著解題選 第2巻」,「世界名著解題選 第4巻」,「世界名著大事典」,「21世紀の教育基本書」

10419「ノーヴム・オルガヌム」
☆「学術辞典叢書 第12巻」,「教養のためのブックガイド」,「古典・名著の読み方」,「自然科学の名著」,「社会科学の名著」,「世界を変えた書物」,「世界を変えた100冊の本」,「世界の古典名著」,「世界の哲学思想」,「世界の名著早わかり事典」,「世界名著解題選 第3巻」,「世界名著解題選 第5巻」,「世界名著大事典」,「超解「哲学名著」事典」

典」,「哲学の世界」,「哲学名著解題」(協同出版),「哲学名著解題」(春秋社)

10420　「ベーコン随想集」
☆「自己啓発の名著30」,「世界名著大事典」

ベーコン, ロジャー

10421　「大著作」
☆「自然科学の名著」,「西洋をきずいた書物」,「世界を変えた書物」,「世界名著大事典」

ペシェル

10422　「地理学および民族学研究」
☆「世界名著大事典」

10423　「比較地理学の新しい課題」
☆「世界名著大事典」

ヘシオドス

10424　「仕事と日々」
『仕事と日』ヘーシオドス著　松平千秋訳　岩波書店　1986　200p　15cm（岩波文庫）　300円　Ⓝ991
☆「世界文学あらすじ大事典 2（きよえ・ちえ）」,「世界名著大事典」

10425　「神統記」
『神統記』ヘシオドス著　広川洋一訳　岩波書店　1984　200,13p　15cm（岩波文庫）　300円　Ⓝ991
☆「世界の奇書」,「世界名著大事典」

ベシクチ, イスマイル

10426　「クルディスタン＝多国間植民地」
『クルディスタン＝多国間植民地』イスマイル・ベシクチ著　中川喜与志, 高橋郁子編訳　柘植書房　1994　396p　21cm　4635円　①4-8068-0350-2
☆「歴史家の一冊」

ヘス

10427　「人類の聖史」
『ヘーゲル左派論叢　第2巻　行為の哲学』良知力, 廣松渉編　御茶の水書房　2006　395,9p　22cm　7600円　①4-275-00415-9　Ⓝ134.5
☆「世界名著大事典」

ベーズ, T.de

10428　「カルバン伝」
☆「世界名著大事典」,「世界名著大事典 補遺（Extra）」

10429　「神学論集」
☆「世界名著大事典 補遺（Extra）」

ベスター, アルフレッド

10430　「コンピュータ・コネクション」
『コンピュータ・コネクション』アルフレッド・ベスター著　野口幸夫訳　サンリオ　1980　362p　15cm（サンリオSF文庫）　460円　Ⓝ933
☆「世界のSF文学・総解説」

10431　「虎よ, 虎よ！」
『虎よ, 虎よ！』アルフレッド・ベスター著　中田耕治訳　早川書房　2008　446p　15cm（ハヤカワ文庫SF）　880円　①978-4-15-011634-7
☆「世界のSF文学・総解説」

10432　「分解された男」
『分解された男』アルフレッド・ベスター著　沼沢洽治訳　東京創元新社　1965　380p　15cm（創元推理文庫）　Ⓝ933
☆「世界のSF文学・総解説」

ペスタロッチ

10433　「隠者の夕暮れ」
『隠者の夕暮・シュタンツだより』ペスタロッチー著　長田新訳　改版　岩波書店　1993　204p　15cm（岩波文庫）〈著者の肖像あり〉　460円　①4-00-337031-7　Ⓝ371
☆「教育の名著80選解題」,「世界名著大事典」,「人間学の名著を読む」

10434　「基礎陶冶の理念について」
『隠者の夕暮・白鳥の歌・基礎陶冶の理念』J.ペスタロッチー著　東岸克好, 米山弘訳　町田玉川大学出版部　1989　359p　22cm（西洋の教育思想　7）〈著者の肖像あり〉　4200円　①4-472-00371-6　Ⓝ371
☆「教育の名著80選解題」

10435　「ゲルトルート児童教育法」
『ゲルトルート教育法・シュタンツ便り』J.H.ペスタロッチー著　前原寿, 石橋哲成訳　町田玉川大学出版部　1987　350p　22cm（西洋の教育思想　6）〈ペスタロッチーの肖像あり〉　4200円　①4-472-00361-9　Ⓝ371
☆「学術辞典叢書 第12巻」,「教育学の世界名著100選」,「教育の名著80選解題」,「教育名著の愉しみ」,「人文科学の名著」,「西洋をきずいた書物」,「世界の古典名著」,「世界の名著早わかり事典」,「世界名著解題選 第1巻」,「世界名著大事典」,「21世紀の教育基本書」,「名著解題」

10436　「シュタンツだより」
『隠者の夕暮・シュタンツだより』ペスタロッチー著　長田新訳　改版　岩波書店　1993　204p　15cm（岩波文庫）〈著者の肖像あり〉　460円　①4-00-337031-7　Ⓝ371
☆「教育の名著80選解題」

10437　「スイス週報」
『スイス週報』ペスタロッチー著　松田義哲訳　理想社　1968　237p　22cm　950円　Ⓝ370.4
☆「教育の名著80選解題」

ヘツカ

10438　「探究」
『ペスタロッチー全集　6』　長田新編　平凡社　1974　456p　22cm〈第2版（初版：昭和34年刊）〉　2700円　Ⓝ370.8
☆「教育の名著80選解題」

10439　「白鳥の歌」
『隠者の夕暮・白鳥の歌・基礎陶冶の理念』　J.ペスタロッチー著　東岸克好,米山弘訳　町田　玉川大学出版部　1989　359p　22cm（西洋の教育思想　7）〈著者の肖像あり〉　4200円　①4-472-00371-6　Ⓝ371
☆「教育の名著80選解題」

10440　「立法と嬰児殺し」
『ペスタロッチー全集　5』　長田新編　平凡社　1974　392p　22cm〈第2版（初版：昭和34年刊）〉　2700円　Ⓝ370.8
☆「名著による教育原理」

10441　「リーンハルトとゲルトルード」
『ペスタロッチー全集　2』　長田新編　平凡社　1974　610p　22cm〈第2版（初版：昭和34年刊）〉　2700円　Ⓝ370.8
☆「教育の名著80選解題」,「世界名著解題選　第5巻」,「世界名著大事典」

ベステリ

10442　「ルスカヤ・プラウダ」
☆「世界名著大事典」

ベズルチ

10443　「シレジアの歌」
☆「世界名著大事典」

ベーゼラー

10444　「ドイツ普通私法体系」
☆「世界名著大事典」

10445　「民衆法と法曹法」
☆「世界名著大事典」

ペソア, フェルナンド

10446　「不安の書」
☆「世界の小説大百科」

ベーダ

10447　「イギリス教会史」
『イギリス教会史』　ベーダ著　長友栄三郎訳　創文社　1965　475,47p　22cm　Ⓝ198.233
☆「西洋をきずいた書物」

ペーター, ウォルター

☆「学術辞典叢書　第13巻」,「世界名著解題選　第3巻」

10448　「ルネサンス史研究」
☆「世界名著大事典」,「ポケット世界名作事典」

ペーターゼン

10449　「イエナ・プラン」
☆「教育学の世界名著100選」

ペダーゼン

10450　「父子関係の心理学」
☆「学問がわかる500冊」

ヘダーヤト, サーデグ

10451　「盲目の梟」
『盲目の梟』　サーデク・ヘダーヤト著　中村公則訳　白水社　1983　260,4p　20cm（白水社世界の文学）〈著者の肖像あり〉　1500円　①4-560-04442-2　Ⓝ929.9
☆「世界の小説大百科」,「世界名著大事典」

ベツォルト

10452　「ドイツ宗教改革史」
☆「世界名著大事典」

ベッカー, ギティ・N.

10453　「ベッカー教授の経済学ではこう考える」
『ベッカー教授の経済学ではこう考える―教育・結婚から税金・通貨問題まで』　ゲーリー・S.ベッカー, ギティ・N.ベッカー著　鞍谷雅敏, 岡田滋行訳　東洋経済新報社　1998　341p　19cm　2400円　①4-492-31250-1
☆「学問がわかる500冊」

ベッカー, ゲーリー・S.

10454　「人的資本」
『人的資本―教育を中心とした理論的・経験的分析』　ゲーリー・S.ベッカー著　第2版　佐野陽子訳　東洋経済新報社　1976　299p　22cm　3300円　Ⓝ371.3
☆「現代経済学の名著」,「世界を変えた経済学の名著」

10455　「ベッカー教授の経済学ではこう考える」
『ベッカー教授の経済学ではこう考える―教育・結婚から税金・通貨問題まで』　ゲーリー・S.ベッカー, ギティ・N.ベッカー著　鞍谷雅敏, 岡田滋行訳　東洋経済新報社　1998　341p　19cm　2400円　①4-492-31250-1
☆「学問がわかる500冊」

ベッカー, ジャスパー

10456　「餓鬼―秘密にされた毛沢東中国の飢饉」
『餓鬼―秘密にされた毛沢東中国の飢饉　上』　ジャスパー・ベッカー著　川勝貴美訳　中央公論新社　2012　267p　15cm（中公文庫）　781円　①978-4-12-205594-0
☆「21世紀の必読書100選」

ベッカー, パウル

10457 「西洋音楽史」
『西洋音楽史』 パウル・ベッカー著　河上徹太郎訳　河出書房新社　2011　268p　15cm（河出文庫）　750円　①978-4-309-46365-0
☆「世界名著大事典」

10458 「ベートーヴェン」
『ベートーヴェン』 パウル・ベッカー著　大田黒元雄訳　音楽之友社　1970　490p　20cm　1000円　Ⓝ762.4
☆「世界名著大事典」

ベッカー, ユーレク

10459 「ほらふきヤーコブ」
『ほらふきヤーコブ』 ユーレク・ベッカー著　山根宏訳　同学社　1995　378p　19cm　2884円　①4-8102-0209-7
☆「世界の小説大百科」

ベッカー, C.L.

10460 「アメリカ独立宣言論」
☆「世界名著大事典」

ベッカー, H.S.

10461 「アウトサイダーズ」
『アウトサイダーズ—ラベリング理論とはなにか』 ハワード・S.ベッカー著　村上直之訳　〔新装版〕　新泉社　1993　289,2p　19cm　2575円　①4-7877-9319-5
☆「自己・他者・関係」

10462 「社会思想史」
☆「世界名著大事典」

10463 「論文の技法」
『論文の技法』 ハワード・S.ベッカー, パメラ・リチャーズ著　佐野敏行訳　講談社　1996　327p　15cm（講談社学術文庫）　940円　①4-06-159248-3
☆「社会学的思考」

ベッカデルリ

10464 「西洋古典好色文学入門」
☆「世界の奇書」

ベッカリーア, ジョヴァンニ・バティスタ

10465 「広く定義された電気学の主張に関する実験と観察、及びその解釈」
☆「世界を変えた書物」

ベッカリーア, チェーザレ

10466 「犯罪と刑罰」
『犯罪と刑罰』 チェーザレ・ベッカリーア著　小谷眞男訳　東京大学出版会　2011　211,4p　19cm　2200円　①978-4-13-033205-7
☆「社会科学の名著」、「西洋をきずいた書物」、「世界の古典名著」、「世界名著解題選 第5巻」、「はじめて学ぶ法哲学・法思想」

ヘック

10467 「概念構成と利益法学」
『利益法学』 ヘック著　津田利治訳　慶応義塾大学法学研究会　1985　666,31p　22cm（慶応義塾大学法学研究会叢書　43）〈発売：慶応通信〉　1200円　①4-7664-0319-3　Ⓝ321
☆「世界名著大事典」

10468 「法獲得の問題」
☆「はじめて学ぶ法哲学・法思想」

ベック

10469 「アテナイ人の国家財政」
☆「世界名著大事典」

ベック, ウルリッヒ

10470 「危険社会」
『危険社会—新しい近代への道』 ウルリヒ・ベック著　東廉, 伊藤美登里訳　法政大学出版局　1998　472,20p　19cm（叢書・ウニベルシタス）　4700円　①4-588-00609-6
☆「環境と社会」、「社会学の名著30」、「社会の構造と変動」、「平和を考えるための100冊+α」

10471 「世界リスク社会論—テロ、戦争、自然破壊」
『世界リスク社会論—テロ、戦争、自然破壊』 ウルリッヒ・ベック著　島村賢一訳　筑摩書房　2010　191p　15cm（ちくま学芸文庫）　950円　①978-4-480-09310-3
☆「倫理良書を読む」

ベック, ベアトリ

10472 「ガラスびんの中のお話」
『ガラスびんの中のお話』 ベアトリ・ベック著　川口恵子訳　早川書房　1980　283p　16cm（ハヤカワ文庫　FT）　340円　Ⓝ953
☆「世界の幻想文学」

ベック, ヘンリー・フランシス

10473 「鳥の群れ」
☆「世界文学鑑賞辞典 第2」、「世界名著大事典」

ベック, マーサ

10474 「あなただけの北極星を探して」
☆「世界の自己啓発50の名著」

ベック, ルードウィヒ

10475 「鉄の歴史」
『鉄の歴史　第2巻　第4分冊』 ルードウィヒ・ベック著　中沢護人訳　米子　たたら書房　1981　468p　22cm〈副書名：技術的・文化史

ベック, ロバート・ニュートン
10476 「豚の死なない日」
☆「英米児童文学のベストセラー40」

ベック, A.T.
10477 「認知療法：精神療法の新しい発展」
『認知療法―精神療法の新しい発展』 アーロン・T.ベック著 大野裕訳 岩崎学術出版社 1990 306p 22cm（認知療法シリーズ）〈参考文献：p277〜286〉 5150円 Ⓝ146.8
☆「精神医学の名著50」

ベックフォード
10478 「ヴァセック」
☆「世界の奇書」,「世界の幻想文学」,「世界の小説大百科」,「世界文学あらすじ大事典1（あ‐きょう）」,「世界文学鑑賞辞典 第1」,「たのしく読めるイギリス文学」

ベックマン, ヨハン
10479 「西洋事物起源」
☆「科学技術をどう読むか」,「世界の奇書」

10480 「テヒノロギー入門」
☆「自然科学の名著100選 中」

ヘツケル
10481 「永遠論」
☆「近代欧米名著解題 第9巻」

ベッケル
10482 「叙情小曲集」
☆「世界名著大事典」

10483 「緑色の瞳」
☆「世界の幻想文学」

ヘッケル, エルンスト・ハイリンヒ
10484 「一般形態学」
『生物の驚異的な形』 エルンスト・ヘッケル著 戸田裕之訳 小畠郁生日本語版監修 河出書房新社 2009 141p 28cm〈解説：オラフ・ブライトバッハ, イレネウス・アイブルーアイベスフェルト 年譜あり〉 2800円 Ⓘ978-4-309-25224-7 Ⓝ460
☆「世界名著大事典」

10485 「宇宙の謎」
『宇宙の謎』 ヘッケル著 内山賢次訳 春秋社 1929 359p 18cm（春秋文庫 第12巻）Ⓝ460
☆「学術辞典叢書第12巻」,「近代名著解題選集 2」,「世界名著解題選 第1巻」,「世界名著大事典」

10486 「自然創造史」
『自然創造史 上巻』 エルンスト・ヘッケル著 石井友幸訳 晴南社創立事務所 1944 384p 図版 22cm Ⓝ467
☆「自然科学の名著」,「世界名著大事典」

10487 「生命の不可思議」
『生命の不可思議 上,下巻』 ヘッケル著 後藤格次訳 岩波書店 1928 2冊 16cm（岩波文庫 245-249）Ⓝ460
☆「世界名著大事典」

10488 「人間発生史」
『人類の祖先』 ヘッケル著 小野秀雄訳 実業之世界社 1915 144p 18cm（新知識叢書 第12編）Ⓝ469
☆「世界名著大事典」

ヘッシェル, エイブラハム・ジョシュア
10489 「シャバット―安息日の現代的意味」
『シャバット―安息日の現代的意味』 A.J.ヘッシェル著 森泉弘次訳 教文館 2002 182p 19cm 1800円 Ⓘ4-7642-6014-X Ⓝ199
☆「世界のスピリチュアル50の名著」

ヘッセ
10490 「動物の体制と生活」
☆「世界名著大事典」

ヘッセ, ヘルマン
10491 「ガラス玉演戯」
『ガラス玉演戯』 ヘルマン・ヘッセ著 高橋健二訳 ブッキング 2004 501p 19cm 2800円 Ⓘ4-8354-4097-8
☆「世界の小説大百科」,「世界文学あらすじ大事典1（あ‐きょう）」,「世界文学鑑賞辞典 第3」,「世界名著大事典」

10492 「観察」
☆「世界名著大事典」

10493 「クヌルプ」
『クヌルプ』 ヘッセ[著] 高橋健二訳 改版 新潮社 2013 159p 16cm（新潮文庫 ヘ-1-5） 370円 Ⓘ978-4-10-200105-9 Ⓝ943.7
☆「世界文学鑑賞辞典 第3」,「世界名著大事典」

10494 「ゲルトルート」
『ゲルトルート』 ヘルマン・ヘッセ著 高橋健二訳 新潮社 1949 304p 19cm Ⓝ943
☆「世界名著大事典」

10495 「幸福論」
『幸福論』 ヘルマン・ヘッセ著 高橋健二訳 改版 新潮社 2004 252p 15cm（新潮文庫） 514円 Ⓘ4-10-200118-2
☆「一冊で人生論の名著を読む」

10496 「荒野のおおかみ」
『荒野のおおかみ』 ヘッセ著 高橋健二訳 新潮社 2005 349p 15cm（新潮文庫）

ヘッセ

514円 ①4-10-200113-1
☆「教養のためのブックガイド」,「世界の小説大百科」,「世界文学あらすじ大事典2(きよえ‐ちえ)」,「世界文学鑑賞辞典 第3」,「世界名著大事典」

10497 「詩集」
☆「世界名著大事典」

10498 「シッダールタ」
『シッダールタ』 ヘルマン・ヘッセ著 岡田朝雄訳 草思社 2006 209p 19cm 1300円
①4-7942-1469-3
☆「世界の小説大百科」,「世界のスピリチュアル50の名著」

10499 「車輪の下」
『車輪の下』 ヘルマン・ヘッセ著 高橋健二訳 新潮社 2011 246p 15cm(新潮文庫)〈129刷(初版1951年)〉 324円
①978-4-10-200103-5
☆「あらすじで味わう外国文学」,「あらすじで味わう名作文学」,「あらすじで読む世界の名著 no.1」,「あらすじで読む世界文学105」,「面白いほどよくわかるあらすじで読む世界の名作」,「面白いほどよくわかる世界の文学」,「3行でわかる名作&ヒット本250」,「知っておきたいドイツ文学」,「新潮文庫20世紀の100冊」,「図説 5分でわかる世界の名作」,「世界の名作50選」,「世界の名作100を読む」,「世界の名作文学案内」,「世界文学鑑賞辞典 第3」,「世界文学の名作と主人公」,「世界名作文学館」,「世界名著大事典」,「ドイツ文学」,「2時間でわかる世界の名著」,「入門名作の世界」,「百年の誤読 海外文学篇」,「文学・名著300選の解説'88年度版」,「ポケット世界名作事典」,「名作あらすじ事典 西洋文学編」,「名作の研究事典」,「名小説ストーリィ集 世界篇」,「要約 世界文学全集 1」,「読んでおきたい世界の名著」,「私を変えたこの一冊」

10500 「戦争と平和」
『戦争と平和—1914年以来の戦争及び政治に関する考察』 ヘルマン・ヘッセ著 芳賀檀訳 京都 人文書院 1953 177p 図版 19cm Ⓝ944
☆「世界名著大事典」

10501 「デミアン」
『デミアン』 ヘッセ[著] 高橋健二訳 101刷改版 新潮社 2007 254p 16cm(新潮文庫) 400円 ①978-4-10-200102-8 Ⓝ943.7
☆「あらすじで読む世界の名著 no.2」,「一冊で世界の名著100冊を読む」,「世界の幻想文学」,「世界文学鑑賞辞典 第3」,「世界名著大事典」,「ポケット世界名作事典」,「名作の読解法」

10502 「内面への道」
『内面への道—シッダールタ』 ヘルマン・ヘッセ著 高橋健二訳 新潮社 1959 150p 16cm(新潮文庫) Ⓝ943
☆「世界名著大事典」

10503 「ナルツィスとゴルトムント」
『知と愛』 ヘッセ著 高橋健二訳 65刷改版 新潮社 2004 495p 16cm(新潮文庫)〈著作目録あり 年譜あり〉 629円
①4-10-200110-7 Ⓝ943.7
☆「世界文学あらすじ大事典3(ちか‐ふろ)」,「世界文学鑑賞辞典 第3」,「世界名著大事典」

10504 「春の嵐」
『春の嵐』 ヘルマン・ヘッセ著 高橋健二訳 改版 新潮社 2013 295p 15cm(新潮文庫) 490円 ①978-4-10-200101-1
☆「名作への招待」

10505 「ペーター・カーメンツィント」
『ヘルマン・ヘッセ全集 第3巻 ペーター・カーメンツィント 物語集1(1900-1903)』 ヘルマン・ヘッセ[著] 日本ヘルマン・ヘッセ友の会・研究会編訳 京都 臨川書店 2006 384,3p 20cm 3200円
①4-653-03973-9,4-653-03970-4 Ⓝ948.78
☆「現代世界の名作」,「世界の名著」,「世界文学鑑賞辞典 第3」,「世界名作事典」,「世界名著大事典」,「ポケット世界名作事典」

10506 「メールヘン」
『ヘルマン・ヘッセ全集 第7』 三笠書房 1957 252p 図版 19cm Ⓝ948
☆「世界名著大事典」

10507 「若き人々へ」
『若き人々へ』 ヘルマン・ヘッセ著 高橋健二訳 京都 人文書院 1956 166p 図版 19cm Ⓝ944
☆「世界の古典名著」

ヘッセ,M.

10508 「科学・モデル・アナロジー」
『科学・モデル・アナロジー』 M.ヘッセ著 高田紀代志訳 培風館 1986 200p 19cm〈参考文献:p179~184〉 1900円
①4-563-02036-2 Ⓝ401
☆「科学技術をどう読むか」

ベッセマー

10509 「自叙伝」
☆「自然科学の名著」,「世界名著大事典」

ベッセル

10510 「恒星の固有運動の変化についての研究」
☆「世界名著大事典」

ベッソン

10511 「ジャック・ベッソン氏の機械と器具の劇場」
☆「世界を変えた書物」

ヘッド, ベッシー

10512 「力の問題」
☆「世界の小説大百科」, 「伝記・自叙伝の名著」

ヘットナー

10513 「地誌学原論」
『地理学―歴史・本質・方法』 アルフレート・ヘットナー著 平川一臣ほか訳 古今書院 2001 690p 20cm 9800円
Ⓘ4-7722-1412-7 Ⓝ290.1
☆「世界名著大事典」

10514 「地理学」
『地理学―歴史・本質・方法』 アルフレート・ヘットナー著 平川一臣, 守田優, 竹内常行, 磯崎優訳 古今書院 2001 690p 19cm 9800円 Ⓘ4-7722-1412-7
☆「世界名著大事典」

ペッパー, デイヴィッド

10515 「環境保護の原点を考える―科学とテクノロジーの検証」
『環境保護の原点を考える―科学とテクノロジーの検証』 デイヴィット・ペッパー著 柴田和子訳 青弓社 1994 333,15p 19cm 2884円 Ⓘ4-7872-3080-8
☆「学問がわかる500冊 v.2」

ベッヒャー

10516 「諸国家の興亡に関する政治論」
☆「世界名著大事典」

10517 「滅亡と勝利」
☆「世界名著大事典」

ヘッブ

10518 「行動の機構」
☆「心理学の名著12選」

ヘッベル, フリードリヒ

10519 「アグネス・ベルナウアー」
☆「世界文学鑑賞辞典 第3巻」, 「世界名著大事典」

10520 「ギューゲスと彼の指輪」
☆「世界文学鑑賞辞典 第3巻」, 「世界名著大事典」

10521 「ゲノヴェーヴァ」
『ゲノヴェーヴァ』 ヘッベル著 吹田順助訳 ゆまに書房 2008 236p 19cm(昭和初期世界名作翻訳全集 169)〈春陽堂昭和8年刊の複製 肖像あり〉 4300円 Ⓘ978-4-8433-2717-3 Ⓝ942.6
☆「世界文学鑑賞辞典 第3巻」, 「世界名著大事典」

10522 「短編集」
『ヘッベル短編集』 実吉捷郎訳 改版 岩波書店 1971 187p 15cm(岩波文庫) 100円 Ⓝ943
☆「世界名著大事典」

10523 「日記」
☆「世界名著大事典」

10524 「ニーベルンゲンの人々」
『関口存男著作集 翻訳・創作篇 9 ニーベルンゲン』 ヘッベル作 三修社 1994 365p 22cm〈生誕100周年記念 奥付の書名:関口存男生誕100周年記念著作集 複製 ヘッベルの肖像あり〉 Ⓘ4-384-00061-8 Ⓝ840.8
☆「世界名著大事典」

10525 「ヘロディアスとマリアムネ」
☆「世界名著大事典」

10526 「マリア・マクダレーナ」
☆「世界文学あらすじ大事典 4(ふん‐われ)」, 「世界文学鑑賞辞典 第3巻」, 「世界名著大事典」

10527 「ユーディット」
『ユーディット』 ヘッベル著 吹田順助訳 オンデマンド版 ゆまに書房 2007 124p 19cm(昭和初期世界名作翻訳全集 144) 3900円 Ⓘ978-4-8433-2268-0
☆「学術辞典叢書 第13巻」, 「現代世界の名作」, 「世界文学鑑賞辞典 第3巻」, 「世界名著解題 第3巻」, 「世界名著大事典」, 「ドイツ文学」

ペティ, ウィリアム

10528 「アイルランドの政治的解剖」
『アイアランドの政治的解剖』 ペティ著 松川七郎訳 岩波書店 1951 310p 15cm(岩波文庫) Ⓝ312.339
☆「世界名著大事典」

10529 「貨幣小論」
☆「世界名著大事典」

10530 「教育論」
☆「教育学の世界名著100選」

10531 「政治算術」
『政治算術』 ペティ著 大内兵衛, 松川七郎訳 岩波書店 1955 220,31p 図版 15cm(岩波文庫) Ⓝ331.315
☆「経済学88物語」, 「社会科学の名著」, 「世界名著大事典」

10532 「租税貢納論」
『租税貢納論―他一篇』 ペティ著 大内兵衛, 松川七郎共訳 岩波書店 1952 248p 図版 15cm(岩波文庫) Ⓝ345
☆「経済学名著106選」, 「世界名著大事典」

ペディエ

10533 「叙事詩伝説」
☆「世界名著大事典」

10534 「フランス文学史」

☆「世界名著大事典」

ヘディン, スヴェン

10535　「さまよえる湖」
『さまよえる湖』　スウェン・ヘディン著　関楠生訳　菊池英夫協力　新装版　白水社　2005　317p　19cm　2400円　①4-560-03045-6
☆「現代人のための名著」,「世界の旅行記101」,「世界名著大事典」

10536　「探検家としてのわが生涯」
『探検家としてのわが生涯』　スウェン・ヘディン著　山口四郎訳　新装復刊　白水社　1997　540p　20cm〈折り込1枚〉　4000円　①4-560-03027-8　Ⓝ292.09
☆「自伝の名著101」

10537　「中央アジア探検紀行全集」
『ヘディン中央アジア探検紀行全集　第1　アジアの砂漠を越えて　上』　横川文雄訳　白水社　1964　318p(図版共)　地図　20cm　Ⓝ292.28
☆「世界名著大事典」,「ブックガイド 文庫で読む科学」

10538　「中央アジアの入り口で」
☆「アジアの比較文化」

10539　「トランスヒマラヤ」
『スウェン・ヘディン探検記　4　トランスヒマラヤ　上』　スウェン・ヘディン著　青木秀男訳　白水社　1988　368p　20cm〈監修:深田久弥ほか　折り込図1枚〉　2400円　①4-560-03128-2　Ⓝ292.09
☆「世界名著大事典」

10540　「南チベット」
☆「世界名著大事典」

ベデカー

10541　「ラインの旅」
☆「西洋をきずいた書物」

ペテーフィ, S.

10542　「勇者ヤノシュ」
☆「世界名著大事典 補遺(Extra)」

ヘーデマン

10543　「19世紀における私法の発展」
☆「世界名著大事典」

10544　「ドイツ経済法要綱」
『独逸経済法綱要』　ヘーデマン著　篠塚春世訳　司法省調査部　1942　2冊　22cm〈司法資料 第275,281号〉　Ⓝ333.2
☆「世界名著大事典」

ペーデルセン, H.

10545　「ケルト語比較文法」

☆「世界名著大事典」

10546　「19世紀における言語学,方法と成果」
☆「世界名著大事典」

ペーデルセン, J.

10547　「イスラエル」
☆「世界名著大事典」

ベトガー, フランク

10548　「私はどうして販売外交に成功したか」
『私はどうして販売外交に成功したか』　フランク・ベトガー著　土屋健訳　ダイヤモンド社　1964　220p　18cm(Executive books)　Ⓝ673.3
☆「世界の成功哲学50の名著エッセンスを解く」

ベドーズ

10549　「死の戯れの書」
☆「世界名著大事典」

ベートソン

10550　「メンデルの遺伝原理」
『メンデル遺伝法則論』　ベートソン著　西村二郎訳　新潮社　1937　192p　18cm(新潮文庫 第245編)　Ⓝ467
☆「西洋をきずいた書物」,「世界名著大事典」

ベートマン・ホルヴェーク

10551　「世界大戦に関する考察」
☆「世界名著大事典」

ペトラルカ

10552　「アフリカ」
☆「世界名著大事典」

10553　「カンツォニエーレ」
『カンツォニエーレ―俗事詩片』　フランチェスコ・ペトラルカ著　池田廉訳　名古屋　名古屋大学出版会　1992　700,110p　21cm　12360円　①4-8158-0184-3
☆「教養のためのブックガイド」,「世界文学鑑賞辞典 第2」,「世界名著大事典」,「日本の古典・世界の古典」

ヘードリッヒ

10554　「ココ・シャネルの秘密」
『ココ・シャネルの秘密』　マルセル・ヘードリッヒ著　山中啓子訳　早川書房　1995　491p　15cm(ハヤカワ文庫NF)　760円　①4-15-050192-0
☆「伝記・自叙伝の名著」

ペドリーニ

10555　「律呂正義」
☆「世界名著大事典」

ペートリンク
10556　「サンスクリット語辞典」
　☆「世界名著大事典」

ペトルシェフスカヤ
10557　「時は夜」
　『時は夜』　ペトルシェフスカヤ著　吉岡ゆき訳　群像社　1994　174p　19cm（現代のロシア文学　第2期第9巻）　2266円　Ⓘ4-905821-89-4
　☆「ロシア文学」

ペトルス・ロンバルドゥス
10558　「命題集」
　☆「世界名著大事典」

ペトレーム
10559　「ソヴェト経済」
　☆「世界名著大事典」

ペトロニウス
10560　「狼男」
　☆「世界の幻想文学」

10561　「サテュリコン」
　『サテュリコン―古代ローマの諷刺小説』　ガイウス・ペトロニウス作　国原吉之助訳　岩波書店　1991　408p　15cm（岩波文庫）　670円　Ⓘ4-00-321221-5
　☆「世界の名作50選」,「世界文学あらすじ大事典 2（きよえ‐ちえ）」,「世界名著大事典」

ペトロフ
10562　「黄金の子牛」
　☆「世界文学鑑賞辞典 第4」,「世界名著大事典」

10563　「十二の椅子」
　『十二の椅子』　イリヤ・イリフ,エウゲニー・ペトロフ著　江川卓訳　筑摩書房　1977　366p　19cm（世界ユーモア文庫　2）〈新装版〉　880円　Ⓝ983
　☆「世界文学鑑賞辞典 第4」,「世界名著大事典」

ペートン
10564　「会計学原理」
　☆「世界名著大事典」

10565　「会社会計基準序説」
　☆「世界名著大事典」

ベナベンテ
10566　「作り上げた利害」
　『作り上げた利害―人形劇』　ベナベンテ著　永田寛定訳　岩波書店　1952　106p　15cm（岩波文庫）　Ⓝ962
　☆「世界文学鑑賞辞典 第2」,「世界名著大事典」

ベニス,ウォレン
10567　「リーダーシップの王道」
　『リーダーシップの王道』　ウォーレン・ベニス,バート・ナナス著　小島直記訳　新潮社　1987　216p　19cm　1300円　Ⓘ4-10-519601-4
　☆「究極のビジネス書50選」,「世界で最も重要なビジネス書」

10568　「リーダーになる」
　『リーダーになる』　ウォレン・ベニス著　伊東奈美子訳　増補改訂版　海と月社　2008　301p　19cm　1800円　Ⓘ978-4-903212-08-1
　☆「世界で最も重要なビジネス書」,「世界の成功哲学50の名著エッセンスを解く」

ベニョフスキー
10569　「ベニョフスキー航海記」
　☆「世界の旅行記101」

ベネイ
10570　「猫の王様」
　『アンソロジー・恐怖と幻想　第3巻』　月刊ペン社　1971　304p　20cm　630円　Ⓝ908.3
　☆「世界の幻想文学」

ベネヴォロ,レオナルド
10571　「図説 都市の世界史」
　『図説都市の世界史　1　古代』　レオナルド・ベネーヴォロ著　佐野敬彦,林寛治訳　相模書房　1983　251p　25×25cm　4500円　Ⓝ523
　☆「建築の書物/都市の書物」

ベネッケ
10572　「中高ドイツ語辞典」
　☆「世界名著大事典」

ベネット
10573　「進化の倫理的方面」
　☆「近代欧米名著解題 第5巻」

ベネット,アーノルド
10574　「ヒルダ・レスウェイズの青春」
　『ヒルダ・レスウェイズの青春』　アーノルド・ベネット著　小野寺健訳　国書刊行会　1989　439p　20cm（ヒロインの時代）　3400円　Ⓝ933
　☆「世界文学あらすじ大事典 3（ちか‐ふろ）」

10575　「二人の女の物語」
　☆「世界の小説大百科」

10576　「老妻物語」
　『老妻物語』　アーノルド・ベネット著　小山東一訳　岩波書店　1941　3冊　16cm（岩波文庫　2699-2708a）　Ⓝ933

☆「現代世界の名作」,「世界の小説大百科」,「世界文学あらすじ大事典 4(ふん‐われ)」,「世界文学鑑賞辞典 第1」,「世界名著大事典」,「たのしく読めるイギリス文学」

ベネット,A.
10577 「認知心理学への招待」
☆「学問がわかる500冊」

ベネット,H.H.
10578 「土壌保全」
☆「世界名著大事典」

ベネディクト,ルース
10579 「菊と刀」
『菊と刀―日本文化の型』 ルース・ベネディクト著 越智敏之,越智道雄訳 平凡社 2013 455p 15cm(平凡社ライブラリー) 1400円 ①978-4-582-76793-3
☆「外国人による日本論の名著」,「学問がわかる500冊 v.2」,「現代人のための名著」,「社会科学の古典」,「世界名著大事典」,「日本人とは何か」,「日本の社会と文化」,「日本文化論の名著入門」,「文学・名著300選の解説 '88年度版」,「文化人類学の名著50」,「名著から探るグローバル化時代の市民像」

10580 「文化の型」
『文化の型』 ルース・ベネディクト著 米山俊直訳 講談社 2008 402p 15cm(講談社学術文庫) 1200円 ①978-4-06-159881-2
☆「教育学の世界名著100選」,「世界名著大事典」,「文化人類学」,「文化人類学の名著50」

ベネディクトゥス
10581 「ベネディクトの戒律」
☆「世界名著大事典」

ベネリ
10582 「嘲笑の饗宴」
☆「世界名著大事典」

ベハーゲル
10583 「ドイツ語史」
☆「世界名著大事典」

10584 「ドイツ統語論」
☆「世界名著大事典」

ベヒテル
10585 「ドイツ経済史」
☆「世界名著大事典」

ペブスナー,N.
10586 「近代建築およびデザインの源泉」
☆「世界名著大事典 補遺(Extra)」

10587 「美術・建築・デザイン論考」
☆「世界名著大事典 補遺(Extra)」

10588 「ヨーロッパ建築史」
☆「世界名著大事典 補遺(Extra)」

ヘブディジ,D.
10589 「サブカルチャー」
『サブカルチャー―スタイルの意味するもの』 ディック・ヘブディジ著 山口淑子訳 未来社 1986 232,17p 20cm〈付:参考文献〉 1800円 Ⓝ361.5
☆「ポピュラー文化」

ヘフディング
10590 「近世哲学史」
『近世哲学史―改訂 上,下巻』 ヘフディング著 北昤吉訳 新潮社 1928 2冊 24cm Ⓝ133
☆「世界名著大事典」

10591 「哲学者キエルケゴール」
『哲学者としてのキエルケゴール』 ヘフディング著 鳥井博郎訳 第一書房 1935 213p 肖像 20cm Ⓝ134
☆「世界名著大事典」

ヘーベル
10592 「ラインの家庭の友の宝庫」
『ドイツ炉辺ばなし集―カレンダーゲシヒテン』 ヘーベル作 木下康光編訳 岩波書店 2007 260p 19cm(ワイド版岩波文庫) 1000円 ①978-4-00-007282-3 Ⓝ947
☆「世界名著大事典」

ベーベル,アウグスト
10593 「自叙伝」
『ベーベル自叙伝』 アウグスト・ベーベル著 波多野鼎訳 大鐙閣 1921 316p 19cm Ⓝ289.3
☆「学術辞典叢書 第14巻」,「世界名著解題選 第2巻」

10594 「婦人論」
『婦人論 上巻』 ベーベル著 草間平作訳 改訳 岩波書店 1971 408p 肖像 15cm(岩波文庫)〈26刷(初版:昭和3)〉 200円 Ⓝ367
☆「学術辞典叢書 第11巻」,「社会科学の古典」,「社会科学の名著」,「世界の古典名著」,「世界の哲学思想」,「世界の名著早わかり事典」,「世界名著解題選 第3巻」,「世界名著解題選 第4巻」,「世界名著大事典」,「フェミニズムの名著50」

ヘボン,ジェームズ・カーティス
10595 「和英語林集成」
☆「世界名著大事典」

ヘーマチャンドラ
10596 「ヨーガシャーストラ」
『世界聖典全集』 世界聖典全集刊行会編 改造

社　1929　30冊　23cm　Ⓝ160.8
☆「世界名著大事典」

ペマ・チョドロン

10597　「チベットの生きる魔法」
☆「世界のスピリチュアル50の名著」

ヘミングウェイ, アーネスト

10598　「アフリカの緑の丘」
『ヘミングウェイ全集　第3巻』　三笠書房　1974　562p　肖像　20cm〈新訳豪華決定版〉　1900円　Ⓝ938
☆「世界の旅行記101」

10599　「移動祝祭日」
☆「自伝の名著101」,「世界文学あらすじ大事典 1（あ‐きよう）」

10600　「キューバ沖のマリーン」
『ヘミングウェイ釣文学全集　下巻　海』　秋山嘉,谷阿休訳　朔風社編　朔風社　1993　299p　20cm〈新装版　著者の肖像あり〉　2060円　Ⓘ4-915511-06-5　Ⓝ938
☆「世界の海洋文学」

10601　「キリマンジャロの雪」
『キリマンジャロの雪』　ヘミングウェイ［著］竜口直太郎訳　改版　角川書店　1994　308p　15cm（角川文庫）〈20版（初版：昭和44年）〉　560円　Ⓘ4-04-213504-8　Ⓝ933
☆「一冊で人生論の名著を読む」,「世界名著大事典」

10602　「誰がために鐘は鳴る」
『誰がために鐘は鳴る　上』　アーネスト・ヘミングウェイ著　大久保康雄訳　改版　新潮社　2007　470p　15cm（新潮文庫）　743円　Ⓘ978-4-10-210006-6
☆「アメリカ文学」,「あらすじで味わう外国文学」,「あらすじで読む世界の名作 no.1」,「英米文学の名作を知る本」,「3行でわかる名作&ヒット本250」,「世界の小説大百科」,「世界の名作文学案内」,「世界の名著」,「世界文学あらすじ大事典 2（きよえ‐ちえ）」,「世界文学鑑賞辞典 第1」,「世界文学のすじ書き」,「世界文学の名作と主人公」,「世界名作事典」,「世界名作文学館」,「世界名著大事典」,「百年の誤読 海外文学篇」,「ポケット世界名作事典」,「名小説ストーリイ集 世界篇」

10603　「日はまた昇る」
『日はまた昇る』　アーネスト・ヘミングウェイ著　土屋政雄訳　新訳版　早川書房　2012　383p　15cm（ハヤカワepi文庫）　660円　Ⓘ978-4-15-120069-4
☆「英米文学の名作を知る本」,「面白いほどよくわかる世界の文学」,「新潮文庫20世紀の100冊」,「世界の小説大百科」,「世界文学あらすじ大事典 3（ちかーふろ）」,「世界文学鑑賞辞典」,「世界名著大事典」,「入門名作の世界」,「名作英米小説の読み方・楽しみ方」,「名作の読解法」

10604　「武器よさらば」
『武器よさらば　上』　アーネスト・ヘミングウェイ著　金原瑞人訳　光文社　2007　273p　15cm（光文社古典新訳文庫）　533円　Ⓘ978-4-334-75134-0
☆「アメリカ文学」,「あらすじで味わう名作文学」,「あらすじで読む世界の名作 no.2」,「あらすじで読む世界文学105」,「一冊で世界の名著100冊を読む」,「面白いほどよくわかるあらすじで読む世界の名作」,「現代世界の名作」,「知っておきたいアメリカ文学」,「図説 5分でわかる世界の名作」,「世界の小説大百科」,「世界の書物」,「世界の名作50選」,「世界の名作100を読む」,「世界の名作文学が2時間で分かる本」,「世界文学あらすじ大事典 3（ちか‐ふろ）」,「世界文学賞辞典 第1」,「世界文学の名作と主人公」,「世界名著大事典」,「たのしく読めるアメリカ文学」,「2時間でわかる世界の名著」,「文学・名著300選の解説 '88年度版」,「ポケット世界名作事典」,「名作あらすじ事典 西洋文学編」

10605　「密告」
『ヘミングウェイ短篇集』　ヘミングウェイ［著］　西崎憲編訳　筑摩書房　2010　285p　15cm（ちくま文庫　へ11-1）　880円　Ⓘ978-4-480-42684-0　Ⓝ933.7
☆「大作家"ろくでなし"列伝」

10606　「老人と海」
『老人と海』　アーネスト・ヘミングウェイ著　中山善之訳　札幌　柏艪舎，星雲社〔発売〕　2013　156p　19cm　1500円　Ⓘ978-4-434-17650-0
☆「あらすじで味わう外国文学」,「面白いほどよくわかるあらすじで読む世界の名作」,「3行でわかる名作&ヒット本250」,「知っておきたいアメリカ文学」,「世界の海洋文学」,「世界の小説大百科」,「世界の名作文学案内」,「世界文学あらすじ大事典 4（ふん‐われ）」,「世界文学賞辞典 第1」,「世界名作文学館」,「世界名著大事典」,「たのしく読めるアメリカ文学」,「2時間でわかる世界の名著」,「日本・世界名作「愛の会話」100章」,「ポケット世界名作事典」,「名作あらすじ事典 西洋文学編」,「名作の研究事典」,「名小説ストーリイ集 世界篇」,「要約 世界文学全集 1」

ベーム・バヴェルク

10607　「経済的財価値の基礎理論」
☆「世界名著大事典」

10608　「資本と利子」
☆「学術辞典叢書 第11巻」,「経済学の名著」,「社会科学の名著」,「世界名著解題選 第2巻」,「世界名著大事典」

10609　「マルクス体系の終焉」
☆「経済学名著106選」,「世界名著大事典」

ベーメ, ヤコブ

10610　「黎明」

『黎明』 ベーメ著 征矢野晃雄訳 大村書店 1921 449p 22cm（哲学名著叢書 第4編） Ⓝ132
☆「学術辞典叢書 第12巻」、「世界名著解題選 第3巻」、「世界名著大事典」、「哲学名著解題」

ヘモン，アレクサンドル

10611　「愛と困難」
『愛と障害』 アレクサンダル・ヘモン著 岩本正恵訳 白水社 2014 225p 20cm（エクス・リブリス） 2200円 ⓘ978-4-560-09031-2 Ⓝ933.7
☆「21世紀の世界文学30冊を読む」

10612　「ノーホエア・マン」
☆「教養のためのブックガイド」、「世界の小説大百科」

10613　「ラザルス計画」
☆「21世紀の世界文学30冊を読む」

ヘラー，ジョーゼフ

10614　「キャッチ＝22」
『キャッチ＝22』 ジョーゼフ・ヘラー著 飛田茂雄訳 早川書房 1977 2冊 16cm（ハヤカワ文庫 NV） 各430円 Ⓝ933
☆「面白いほどよくわかる世界の文学」、「世界の小説大百科」、「世界文学あらすじ大事典1（あ‐きよう）」、「たのしく読めるアメリカ文学」

ヘラー，ヘルマン

10615　「国家論」
『国家学』 ヘルマン・ヘラー著 安世舟訳 未来社 1971 490,15p 肖像 22cm 2500円 Ⓝ313
☆「世界名著大事典」

ベラー，R.N.

10616　「心の習慣」
『心の習慣―アメリカ個人主義のゆくえ』 ロバート・N.ベラー，リチャード・マドセン，ウィリアム・M.サリヴァン，アン・スウィドラー，スティーヴン・M.ティプトン著 島薗進，中村圭志訳 みすず書房 1991 401,19p 21cm 3914円 ⓘ4-622-03787-4
☆「学問がわかる500冊」、「政治・権力・公共性」

10617　「徳川時代の宗教」
☆「日本の社会と文化」

10618　「善い社会」
『善い社会―道徳的エコロジーの制度論』 ロバート・N.ベラー，リチャード・マドセン，ウィリアム・M.サリヴァン，アン・スウィドラー，スティーヴン・M.ティプトン著 中村圭志訳 みすず書房 2009 366,15p 21cm〈第2刷（第1刷2000年）〉 5800円 ⓘ978-4-622-03842-9

☆「政治・権力・公共性」

ヘラウアー

10619　「世界商業学の体系」
☆「世界名著大事典」

ヘラクレイトス

10620　「断片集」
『ソクラテス以前哲学者断片集 別冊』 内山勝利編 岩波書店 1998 394p 22cm 5000円 ⓘ4-00-092096-0 Ⓝ131.1
☆「世界の哲学50の名著」

ベラーズ

10621　「生産大学設立案」
☆「世界名著解題選 第5巻」

ペラダン

10622　「クレダンの竪琴」
☆「世界の幻想文学」

ベラーマン

10623　「シラー伝」
『シラー伝 上，下巻』 ベラーマン著 野島正城訳 富士出版 1947 2冊 22cm〈上巻ハ2版〉 Ⓝ940.28
☆「伝記・自叙伝の名著」

ベラミー，エドワード

10624　「顧みれば―二〇〇〇年から一八八七年を」
☆「アメリカを変えた本」、書き出し「世界文学全集」、「学術辞典叢書 第11巻」、「世界のSF文学・総解説」、「世界文学あらすじ大事典1（あ‐きよう）」、「世界名著解題選 第1巻」、「世界名著大事典」、「たのしく読めるアメリカ文学」

ベラルミーノ

10625　「俗界における教皇の至高権に関する論考」
☆「世界名著大事典」

ペラン

10626　「ロレーヌ地方の荘園制の研究」
☆「世界名著大事典」

ペラン，ジャン

10627　「原子」
『原子』 ジャン・ペラン著 玉虫文一訳 岩波書店 1978 358p 15cm（岩波文庫） 400円 Ⓝ429.3
☆「自然科学の名著」、「自然科学の名著100選 下」、「世界名著大事典」、「物理ブックガイド100」

ベリ

10628　「インド経済論」

ペーリ

10629 「キリスト教証験論」
☆「西洋をきずいた書物」

10630 「自然神学あるいは自然現象から集めた神の存在および諸属性の証拠」
☆「西洋をきずいた書物」

ペリ

10631 「現代哲学の諸傾向」
☆「哲学名著解題」

10632 「独立者の実在論的解説」
☆「哲学名著解題」

ペリー

10633 「ジェームズ伝」
☆「世界名著大事典」

10634 「数学の教授」
☆「世界名著大事典」

ベリー, アンドリュー

10635 「DNA」
『DNA 上 二重らせんの発見からヒトゲノム計画まで』 ジェームス・D.ワトソン, アンドリュー・ベリー著 青木薫訳 講談社 2005 323p 18cm(ブルーバックス) 1140円 ①4-06-257472-1
☆「大学新入生に薦める101冊の本」,「ブックガイド 文庫で読む科学」

ペリー, マシュー

10636 「ペリー艦隊日本遠征記」
☆「アジアの比較文化」,「世界の書物」,「世界の旅行記101」,「地図とあらすじで読む歴史の名著」,「日本海軍の本・総解説」,「日本名著辞典」

ペリー, T.

10637 「逃げる殺し屋」
『逃げる殺し屋』 トマス・ペリー著 二宮磬訳 文芸春秋 1984 392p 16cm(文春文庫) 460円 ①4-16-727527-9 Ⓝ933
☆「世界の冒険小説・総解説」

ペリアン, シャルロット

10638 「シャルロット・ペリアン自伝」
『シャルロット・ペリアン自伝』 シャルロット・ペリアン著 北代美和子訳 みすず書房 2009 445,9p 21cm 4800円 ①978-4-622-07444-1
☆「建築・都市ブックガイド21世紀」

ペリオ

10639 「中央アジアおよび極東におけるイランの影響」
☆「世界名著大事典」

10640 「チンギス・ハン遠征史」
☆「世界名著大事典」

10641 「敦煌石窟」
☆「世界名著大事典」

ヘリオドロス

10642 「アイティオピカ」
『エティオピア物語』 ヘリオドロス[著] 下田立行訳 国文社 2003 476p 22cm(叢書アレクサンドリア図書館 第12巻 岡道男,中務哲郎監修) 5800円 ①4-7720-0460-2 Ⓝ991.3
☆「世界名著大事典」

ヘリゲル, E.

10643 「弓と禅」
『弓と禅』 オイゲン・ヘリゲル著 稲富栄次郎,上田武訳 改版 福村出版 1981 165p 20cm〈著者の肖像あり〉 1300円 Ⓝ789.5
☆「外国人による日本論の名著」

ペリコ

10644 「獄中記」
『獄中記』 シルヴィオ・ペリコ著 石川湧訳 公文社 1950 321p 19cm Ⓝ974
☆「世界名著大事典」

ベリドール

10645 「水理建築術」
☆「自然科学の名著」

ベリーマン

10646 「スウェーデンヒエルム家」
☆「世界名著大事典」

ベリャーエフ

10647 「ドウェル教授の首」
☆「世界のSF文学・総解説」

10648 「無への跳躍」
☆「世界のSF文学・総解説」

ペリュショ

10649 「ゴッホの生涯」
『ゴッホの生涯』 アンリ・ペリュショ著 森有正, 今野一雄訳 紀伊国屋書店 1974 366p 図 肖像 20cm(第7刷(初版:1958年刊)) 文献・年表:p.347-366) 1800円 Ⓝ723.5
☆「世界名著大事典」,「伝記・自叙伝の名著」

ペリン, ノエル

10650 「鉄砲をすてた日本人―日本史に学ぶ軍縮」
『鉄砲をすてた日本人―日本史に学ぶ軍縮』 ノ

ヘリンク　　　　　　　　　　　　　　　　　　　　　　　　　10651〜10675

エル・ペリン著　川勝平太訳　紀伊国屋書店　1984　158p　20cm〈参考文献：p150〜158〉　1400円　Ⓝ319.8
☆「世界史読書案内」

ヘーリング

10651　「料理事典」
『ヘリング料理辞典―古典から現代まで』　リヒャルト・ヘリング著　翻訳：小野村正敏　三洋出版貿易　1975　1579p　19cm〈監修：近藤光明〉　9800円　Ⓝ596.3
☆「世界名著大事典」

ヘリング

10652　「デモクラシーの政治体制」
☆「世界名著大事典」

ペーリング

10653　「犯罪の理論」
☆「世界名著大事典」

ベリンスガウゼン

10654　「南極海における2度の探検」
☆「世界名著大事典」

ベリンスキー

10655　「ゴーゴリへの手紙」
☆「世界名著大事典」

10656　「1847年のロシア文学観」
☆「世界名著解題選 第6巻」、「世界名著大事典」

10657　「1846年のロシア文学観」
☆「世界名著解題選 第6巻」、「世界名著大事典」

10658　「文学的空想」
☆「世界名著大事典」

10659　「ベリンスキイの文学評論」
☆「世界文学鑑賞辞典 第4」

ペリンスキー

10660　「プーシキンの作品」
☆「世界名著大事典」

ベール

10661　「歴史・批判的辞典」
☆「西洋をきずいた書物」、「世界名著大事典」、「哲学名著解題」

ベル

10662　「人類の発展」
☆「世界名著大事典」

10663　「電話の研究」
☆「西洋をきずいた書物」、「世界を変えた書物」

ベル, ガートルード

10664　「シリア縦断紀行」

☆「歴史家の一冊」

ベル, ダニエル

10665　「イデオロギーの終焉」
『イデオロギーの終焉―1950年代における政治思想の涸渇について』　ダニエル・ベル著　岡田直之訳　東京創元新社　1969　312p　19cm〈現代社会科学叢書〉　650円　Ⓝ363.0253
☆「世界名著大事典 補遺(Extra)」

10666　「資本主義の文化的矛盾」
『資本主義の文化的矛盾 下』　ダニエル・ベル著　林雄二郎訳　講談社　1977　277p　15cm〈講談社学術文庫〉　360円　Ⓝ304
☆「現代社会学の名著」、「必読書150」

10667　「脱工業化社会の到来」
☆「経済学名著106選」、「社会の構造と変動」、「世界名著大事典 補遺(Extra)」

10668　「知識社会の衝撃」
『知識社会の衝撃』　ダニエル・ベル著　山崎正和, 林雄二郎ほか訳　ティビーエス・ブリタニカ　1995　348p　19cm　2000円　①4-484-95113-4
☆「「本の定番」ブックガイド」

ベル, ハインリッヒ

10669　「カタリーナ・ブルームの失われた名誉」
☆「世界文学の名作と主人公」、「世界名著大事典 補遺(Extra)」、「ドイツ文学」

10670　「汽車は遅れなかった」
『汽車は遅れなかった』　ハインリヒ・ベル著　桜井正寅訳　三笠書房　1975　203p　20cm〈第2刷（第1刷：1974年刊）〉　750円　Ⓝ943
☆「知っておきたいドイツ文学」、「世界名著大事典 補遺(Extra)」

10671　「9時半の撞球」
『新しい世界の文学　第23　九時半の玉突き』　ハインリヒ・ベル著　佐藤晃一訳　白水社　1965　320p 図版　20cm　Ⓝ908.3
☆「世界名著大事典 補遺(Extra)」

10672　「そして一言も言わなかった」
☆「世界名著大事典 補遺(Extra)」

10673　「旅人よ, もし至りならばスパ…」
☆「世界名著大事典 補遺(Extra)」

10674　「道化の意見」
☆「世界名著大事典 補遺(Extra)」

10675　「婦人のいる群像」
☆「世界名著大事典 補遺(Extra)」

ベル, ハインリヒ

10676　「カタリーナの失われた名誉―言論の暴力はいかなる結果を生むか」
☆「世界の小説大百科」

ベル, E.T.

10677　「数学をつくった人々」
☆「数学ブックガイド100」

ベールイ, アンドレイ

10678　「銀の鳩」
『銀の鳩』　ベールイ著　川端香男里訳　講談社　1977　342p　19cm　1200円　Ⓝ983
☆「世界の幻想文学」,「世界文学の名作と主人公」,「世界名著大事典 補遺(Extra)」,「ロシア文学」

10679　「骨壺」
☆「世界名著大事典 補遺(Extra)」

10680　「世紀の初め」
☆「世界名著大事典 補遺(Extra)」

10681　「灰」
☆「世界名著大事典 補遺(Extra)」

10682　「二つの革命の間で」
☆「世界名著大事典 補遺(Extra)」

10683　「二つの世紀の境に」
☆「世界名著大事典 補遺(Extra)」

10684　「ペテルブルグ」
『ペテルブルグ 下』　アンドレイ・ベールイ著　川端香男里訳　講談社　2000　317p　16cm（講談社文芸文庫）　1300円　Ⓘ4-06-197696-6　Ⓝ983
☆「知っておきたいロシア文学」,「世界文学あらすじ大事典 4(ふん‐われ)」,「世界名著大事典 補遺(Extra)」,「名作あらすじ事典 西洋文学編」,「ロシア文学」

10685　「モスクワ」
☆「世界名著大事典 補遺(Extra)」,「必読書150」

10686　「瑠璃色のなかの黄金」
☆「世界名著大事典 補遺(Extra)」

ベルイェングレン

10687　「アルフレッド・ノーベル伝」
☆「伝記・自叙伝の名著」

ペルヴィ

10688　「ロシアにおける労働者階級の状態」
☆「世界名著大事典」

ヘルヴィヒ

10689　「ドイツ民事訴訟法教科書」
☆「世界名著大事典」

ベルク

10690　「ギリシア叙情詩作家集」
☆「世界名著大事典」

ベルグ

10691　「ソヴェト連邦の自然」
☆「世界名著大事典」

ベルク, オギュスタン

10692　「風土の日本―自然と文化の通態」
『風土の日本―自然と文化の通態』　オギュスタン・ベルク著　篠田勝英訳　筑摩書房　1992　428p　15cm（ちくま学芸文庫）　1300円　Ⓘ4-480-08017-1
☆「学問がわかる500冊 v.2」

ベルクシュトレッサー

10693　「ドイツ政党史」
☆「世界名著大事典」

ベルグソン, アンリ

10694　「形而上学序説」
『形而上学序説』　アンリ・ベルグソン著　坂田徳男訳　みすず書房　1954　138p　19cm　Ⓝ135.7
☆「世界名著大事典」,「哲学名著解題」

10695　「形而上学入門」
☆「哲学の名著」

10696　「時間と自由意志」
『時間と自由意志―附・物質と記憶』　ベルグソン著　北昤吉訳　新潮社　1925　244p　19cm（社会哲学新学説大系 第3巻）　Ⓝ135
☆「学術辞典叢書 第13巻」,「現代哲学の名著」,「古典・名著の読み方」,「西洋哲学の10冊」,「世界の古典名著」,「世界の哲学思想」,「世界の名著早わかり事典」,「世界名著解題選 第1巻」,「世界名著大事典」,「哲学の名著」,「哲学名著解題(協同出版)」,「哲学名著解題」(春秋社)

10697　「思想と動くもの」
『思想と動くもの』　ベルグソン[著]　吉岡修一郎訳　第一書房　1938　356p　20cm
☆「世界名著大事典」

10698　「持続と同時性」
☆「世界名著大事典」

10699　「精神力」
『精神力』　ベルグソン著　小林太市郎訳　2版　大阪　全国書房　1946　255p　19cm　Ⓝ135,135.7
☆「世界名著大事典」

10700　「創造的進化」
『創造的進化 下』　ベルグソン著　真方敬道訳　岩波書店　1961　253p　15cm（岩波文庫）

Ⓝ135.7
☆「学術辞典叢書 第12巻」,「近代名著解題選集 2」,「世界の哲学50の名著」,「世界名著解題選 第2巻」,「世界名著大事典」,「超解「哲学名著」事典」,「哲学の世界」,「哲学名著解題」(協同出版),「哲学名著解題」(春秋社)

10701 「道徳と宗教の二源泉」
『道徳と宗教の二源泉』 ベルグソン著 中村雄二郎訳 白水社 1978 388p 19cm 1500円 Ⓝ135.7
☆「思想史の巨人たち」,「宗教哲学名著解説」,「世界の哲学名著解説」,「哲学の名著」,「哲学名著解題」(協同出版),「哲学名著解題」(春秋社),「私の古典」

10702 「物質と記憶」
『物質と記憶』 アンリ・ベルグソン著 田島節夫訳 新装復刊 白水社 1999 301,12p 19cm〈原書第七版〉 3000円 ①4-560-02418-9
☆「世界名著大事典」,「哲学の名著」,「哲学名著解題」(協同出版),「哲学名著解題」(春秋社)

10703 「笑い」
☆「一冊で哲学の名著を読む」,「学問がわかる500冊」,「世界名著大事典」,「哲学名著解題」

ヘルクナー
10704 「労働者問題」
☆「世界名著大事典」

ベルクボーム
10705 「法学と法哲学」
☆「世界名著大事典」

ベルゲマン
10706 「社会的教育学」
『社会的教育学』 パウル・ベルゲマン著 熊谷五郎訳 金港堂 1902 488p 23cm Ⓝ370
☆「世界名著解題選 第5巻」

ベルゲングリューン
10707 「シュペルトの旅籠」
☆「世界の幻想文学」

10708 「大暴君と審判」
☆「世界文学鑑賞辞典 第3」,「世界名著大事典」

10709 「天上も地上も」
☆「世界名著大事典」

10710 「ホフマン」
☆「伝記・自叙伝の名著」

ペルシウス
10711 「風刺詩」
☆「世界名著大事典」

ベルシェ
10712 「グリソストモのやや真剣な手紙」
☆「世界名著大事典」

ベルジャーエフ
10713 「現代における人間の運命」
☆「世界名著大事典」,「哲学の世界」

10714 「現代の終末」
☆「世界名著大事典」

10715 「歴史の意味」
『歴史の意味』 ニコライ・A.ベルジャーエフ著 氷上英広訳 白水社 1998 310p 19cm(イデー選書) 2600円 ①4-560-02404-9
☆「世界の哲学思想」,「世界名著大事典」

10716 「私と客体の世界」
☆「哲学の名著」

ベルジュ
10717 「魔術師の朝」
☆「世界の奇書」

ヘールズ
10718 「イングランド王国の福祉についての1論」
☆「世界名著大事典」

ベールズ
10719 「核家族と子どもの社会化」
『核家族と子どもの社会化 下』 T.パーソンズ,R.F.ベールズ著 橋爪貞雄等共訳 名古屋黎明書房 1971 340,15p 22cm 2000円 Ⓝ367.3
☆「教育学の世界名著100選」,「名著による教育原理」

ペルス, サン・ジョン
10720 「遠征」
『遠征』 サン=ジョン・ペルス著 福田陸太郎訳 昭森社 1957 67p 図版 19cm〈限定版〉 Ⓝ951
☆「世界名著大事典 補遺(Extra)」

10721 「風」
『風』 サン=ジョン・ペルス著 有田忠郎訳 書肆山田 2006 229p 23cm 3000円 ①4-87995-694-5 Ⓝ951.7
☆「世界名著大事典」,「世界名著大事典 補遺(Extra)」

10722 「賛歌」
☆「世界名著大事典 補遺(Extra)」

10723 「鳥」
『鳥』 サン=ジョン・ペルス著 有田忠郎訳 書肆山田 2008 88p 20cm 2000円 ①978-4-87995-742-9 Ⓝ951.7
☆「世界名著大事典 補遺(Extra)」

10724　「流滴」
☆「世界名著大事典 補遺(Extra)」

ヘールズ, スティーヴン

10725　「血液静力学あるいは動物の血液および血管を用いた水力学的・流体静力学的実験報告」
☆「西洋をきずいた書物」

10726　「植物静力学を含む静力学に関する小論」
☆「西洋をきずいた書物」

ベルセリウス

10727　「化学教科書」
『化学の教科書』　ベルセリウス著　田中豊助, 原田紀子共訳　内田老鶴圃　1989　342p　22cm〈古典化学シリーズ　8〉〈著者の肖像あり〉　6180円　①4-7536-3108-7　Ⓝ430
☆「世界名著大事典」

10728　「化学と鉱物学における吹管の使い方について」
☆「世界を変えた書物」

ヘルダー, ヨハン・ゴットフリート

10729　「歌謡における諸民族の声」
☆「世界名著大事典」

10730　「カリゴーネ」
☆「世界名著大事典」

10731　「言語起源論」
『言語起源論』　ヨハン・ゴットフリート・ヘルダー著　大阪大学ドイツ近代文学研究会訳　法政大学出版局　2002　257,5p　19cm〈叢書・ウニベルシタス〉　2800円　①4-588-00031-4
☆「西洋をきずいた書物」

10732　「人類史の哲学的考察」
☆「世界名著解題選 第6巻」,「世界名著大事典」

10733　「ドイツ文学断想」
☆「世界名著大事典」

10734　「ドイツ民俗芸文草紙」
☆「世界名著大事典」

ベルタランフィ, ルートヴィヒ・フォン

10735　「一般システム理論―その基礎・発展・応用」
『一般システム理論―その基礎・発展・応用』　L.フォン・ベルタランフィ著　長野敬, 太田邦昌訳　みすず書房　2011　288p　21cm　4500円　①978-4-622-02522-1
☆「世界の古典名著」,「ブックガイド "心の科学"を読む」

ヘルダーリン

10736　「イスター」
『ヘルダーリン全集　2(詩2(1800-1843))』　ヘルダーリン著　手塚富雄責任編集　手塚富雄, 浅井真男訳　新装版　河出書房新社　2007　428p　20cm　4800円　①978-4-309-70492-0　Ⓝ948.68
☆「ハイデガー本45」

10737　「エンペードクレス」
☆「世界文学鑑賞辞典 第3」,「世界名著大事典」

10738　「ゲルマニア」
☆「ハイデガー本45」

10739　「ヒュペーリオン」
『ヒュペーリオン―ギリシアの隠者』　フリードリヒ・ヘルダーリン著　青木誠之訳　筑摩書房　2010　387p　15cm(ちくま文庫)　1300円　①978-4-480-42721-2
☆「学術辞典叢書 第13巻」,「世界の小説大百科」,「世界の名作50選」,「世界の名著」,「世界文学あらすじ大事典 3(ちか‐ふろ)」,「世界文学鑑賞辞典 第3」,「世界文学の名作と主人公」,「世界名著解題選 第3巻」,「世界名著大事典」,「ドイツ文学」,「日本の古典・世界の古典」,「ポケット世界名作事典」

10740　「ヘルダーリン詩集」
『ヘルダーリン詩集』　ヘルダーリン著　川村二郎訳　岩波書店　2002　271p　15cm(岩波文庫)　600円　①4-00-324113-4
☆「必読書150」

ヘルツ

10741　「新構成による力学の諸原理」
☆「世界名著大事典」

10742　「電気力の伝搬に関する研究」
☆「西洋をきずいた書物」,「世界名著大事典」

10743　「非常に速い電気的振動について」
☆「世界を変えた書物」

ベルツ, トク

10744　「ベルツの日記」
『ベルツの日記　上』　トク・ベルツ編　菅沼竜太郎訳　岩波書店　1992　374p　15cm(岩波文庫)〈第5刷(第1刷：1979年)〉　670円　①4-00-334261-5　Ⓝ291.09
☆「外国人による日本論の名著」,「現代人のための名著」,「世界名著大事典」,「ブックガイド 文庫で読む科学」

ペルツァー

10745　「熱帯アジアにおける開拓者集落」
☆「世界名著大事典」

ヘルツル, テオドール

10746「ユダヤ人国家」
『ユダヤ人国家―ユダヤ人問題の現代的解決の試み』 テオドール・ヘルツル著　佐藤康彦訳　新装版　法政大学出版局　2011　198p　19cm（叢書・ウニベルシタス）　2500円
Ⓘ978-4-588-09946-5
☆「西洋をきずいた書物」

ヘルデル, ヨハン・ゴットフリード

10747「人類歴史哲学考」
『世界の名著　38　ヘルダー, ゲーテ』 登張正実責任編集　中央公論社　1979　538p　18cm（中公バックス）〈ヘルダーとゲーテの肖像あり〉　980円　Ⓝ080
☆「学術辞典叢書 第13巻」,「世界名著解題選 第2巻」

ベルトー, シモーヌ

10748「エディット・ピアフの生涯―愛の賛歌」
☆「伝記・自叙伝の名著」

10749「ボードレールの生涯」
☆「伝記・自叙伝の名著」

ベルト, ジュゼッペ

10750「空は赤い」
『空は赤い』 ジュゼッペ・ベルト著　野上素一訳　角川書店　1951　400p　19cm　Ⓝ973
☆「世界名著大事典」,「日本・世界名作「愛の会話」100章」

ベルトラム

10751「ドイツ的形姿」
☆「世界名著大事典」

10752「ニーチェ」
『ニーチェ―神話の試み』 エルンスト・ベルトラム著　浅井真男訳　筑摩書房　1941　686p　22cm　Ⓝ134,134.2
☆「世界名著大事典」

ベルトラン, アロイジウス

10753「夜のガスパール」
『夜のガスパール―レンブラント, カロー風の幻想曲 アロイジウス・ベルトラン散文詩集』 アロイジウス・ベルトラン著　及川茂訳　第2版（新装版）　水声社　1992　222p　22cm　4120円　Ⓘ4-89176-268-3　Ⓝ951
☆「世界名著大事典」

ベルトロ

10754「古代・中世化学の研究試論」
☆「世界名著大事典」

10755「有機化学合成」

☆「世界名著大事典」

10756「錬金術の起原」
『錬金術の起源』 ベルトゥロ著　田中豊助, 牧野文子共訳　改稿版　内田老鶴圃　1984　330,17p　22cm（古典化学シリーズ　1）　4800円　Ⓝ430.2
☆「世界名著大事典」

ベルナイス

10757「数学基礎論」
☆「世界名著大事典」

ベルナノス

10758「悪魔の陽の下に」
☆「世界の小説大百科」,「世界名著大事典」

10759「田舎司祭の日記」
『田舎司祭の日記』 ジョルジュ・ベルナノス著　渡辺一民訳　新装版　春秋社　1999　264p　19cm　1800円　Ⓘ4-393-41504-3
☆「世界文学あらすじ大事典 1（あ・きよう）」,「世界名著大事典」,「ポケット世界名作事典」

10760「偽善的信者たちの大きな恐れ」
☆「世界名著大事典」

ベルナール, エミル

10761「セザンヌの回想」
☆「世界名著大事典」

ベルナール, クロード

10762「神への愛」
『キリスト教神秘主義著作集　第2巻　ベルナール』 ベルナール［著］　金子晴勇訳　教文館　2005　418p　22cm　6000円
Ⓘ4-7642-3202-2　Ⓝ191
☆「世界名著大事典」,「世界名著大事典 補遺（Extra）」

10763「実験医学序説」
『実験医学序説』 クロード・ベルナール著　三浦岱栄訳　岩波書店　1970　395p　15cm（岩波文庫）　200円　Ⓝ490.1
☆「自然科学の名著」,「自然科学の名著100選 中」,「西洋をきずいた書物」,「世界名著大事典」

10764「書簡集」
☆「世界名著大事典 補遺（Extra）」

ベルナール, V.I.

10765「恩寵と自由意思」
☆「世界名著大事典 補遺（Extra）」

ベルナルドゥス

10766「謙遜と傲慢の階梯」
『謙遜と傲慢の段階について』 聖ベルナルド著　古川勲訳　あかし書房　1981　146p　18cm　900円　Ⓘ4-87013-785-2　Ⓝ198.24

ベルナルドスキー, V.I.

10767 「生物圏」
☆「世界名著大事典 補遺(Extra)」

10768 「地球科学」
『地球化学』 ヴェルナドスキー著 高橋純一訂訳 内田老鶴圃 1933 523p 肖像 23cm Ⓝ450
☆「世界名著大事典 補遺(Extra)」

ベルニエ

10769 「ムガル帝国誌」
『ムガル帝国誌 1』 ベルニエ著 関美奈子訳 岩波書店 2001 347p 15cm(岩波文庫) 760円 Ⓘ4-00-334821-4
☆「地図とあらすじで読む歴史の名著」

ベルヌーイ, ダニエル

10770 「流体力学」
☆「世界を変えた書物」,「世界名著大事典」

ベルヌーイ, ヤコブ

10771 「推測法」
☆「西洋をきずいた書物」,「世界を変えた書物」,「世界名著大事典」

ベルネ

10772 「フランスぎらいのメンツェル」
☆「世界名著大事典」

ベルネカー

10773 「スラヴ語語源辞典」
☆「世界名著大事典」

ベルネール, P.

10774 「フランス秘密情報機関 ファンビル部長の華麗な冒険」
『フランス秘密情報機関―ファンヴィル部長の華麗な冒険』 フィリップ・ベルネール著 杉辺利英訳 時事通信社 1984 314p 20cm 1600円 Ⓝ209.74
☆「名著で学ぶインテリジェンス」

ヘルパー

10775 「さし迫る南部の危機」
☆「世界名著大事典」

ヘルバルト, ヨハン・フリードリヒ

10776 「一般教育学」
『一般教育学』 ヘルバルト著 是常正美訳 町田 玉川大学出版部 1968 330p 図版 22cm(世界教育宝典) 1000円 Ⓝ371
☆「学術辞典叢書 第13巻」,「教育学の世界名著100選」,「教育の名著80選解題」,「教育名著の愉しみ」,「世界名著解題選 第1巻」,「世界名著解題選 第5巻」,「世界名著大事典」,「21世紀の教育基本書」,「名著解題」

10777 「教育学講義綱要」
☆「世界名著大事典」

10778 「心理学概論」
☆「世界名著大事典」

ヘルビヒ, R.

10779 「考古学提要」
☆「世界名著大事典」

ベルビン, メレディス

10780 「マネジメントチーム」
☆「究極のビジネス書50選」

ベルフェ

10781 「ギリシア史」
☆「世界名著大事典」

ヘルマス

10782 「ヘルマスの牧羊者」
『ヘルマスの牧者』 ヘルマス著 佐藤清太郎訳 中央出版社 1967 228p 16cm(中央ライブラリー) 380円 Ⓝ190.21
☆「世界名著大事典」

ベルマン

10783 「フレードマンの歌」
☆「世界名著大事典」

ベールマン

10784 「古代世界における社会問題と社会主義の歴史」
☆「世界名著大事典」

ヘルマン, ウィルヘルム

10785 「キリスト者の神との交わり」
☆「世界名著大事典」

ヘルマン, リリアン

10786 「未完の女」
『未完の女―リリアン・ヘルマン自伝』 リリアン・ヘルマン著 稲葉明雄, 本間千枝子訳 平凡社 1993 452p 16cm(平凡社ライブラリー 6) 1400円 Ⓘ4-582-76006-6
☆「自伝の名著101」

10787 「子狐たち」
『リリアン・ヘルマン戯曲集』 リリアン・ヘルマン著 小田島雄志訳 新潮社 1995 535p 22cm 6500円 Ⓘ4-10-530201-9 Ⓝ932
☆「たのしく読めるアメリカ文学」

ヘルムホルツ

10788　「音響感覚論」
☆「世界名著大事典」

10789　「科学論文集」
☆「世界名著大事典」

10790　「生理光学提要」
☆「世界名著大事典」

10791　「力の保存について」
☆「自然科学の名著」、「西洋をきずいた書物」、「世界を変えた書物」、「世界名著大事典」

ヘルムリーン

10792　「第1列」
『第一列』　ヘルムリーン作　山下肇訳　岩波書店　1955　222p　19cm〈現代の文学〉　Ⓝ945.9
☆「世界名著大事典」

ヘルモルト

10793　「世界史」
☆「世界名著大事典」

ベルリオーズ

10794　「ベルリオーズ回想録」
『ベルリオーズ回想録　2』　ベルリオーズ著　丹治恒次郎訳　白水社　1981　428p　20cm〈著者の肖像あり〉　3300円　Ⓝ762.35
☆「自伝の名著101」、「世界名著大事典」

ベルンシュタイン

10795　「社会主義の諸前提と社会民主党の任務」
『社会主義の諸前提と社会民主主義の任務』　エドゥアルト・ベルンシュタイン著　佐瀬昌盛訳　ダイヤモンド社　1974　440p　22cm〈現代思想　7　清水幾太郎責任編集〉　2800円　Ⓝ363.49
☆「学術辞典叢書　第11巻」、「近代名著解題選集 2」、「経済学名著106選」、「社会科学の古典」、「社会科学の名著」、「世界の古典名著」、「世界名著大事典」

ベルンハイム

10796　「歴史学入門」
☆「世界名著大事典」

10797　「歴史的方法と歴史哲学の教本」
☆「世界名著大事典」

ベルンハルト

10798　「消去」
『消去　上』　トーマス・ベルンハルト著　池田信雄訳　みすず書房　2004　224p　19cm　2800円　①4-622-04869-8
☆「世界の小説大百科」、「ドイツ文学」

ベルンハルト, トーマス

10799　「ヴィトゲンシュタインの甥―最後の古き佳きウィーンびと」
☆「世界の小説大百科」

10800　「修正」
☆「世界の小説大百科」

ヘルンレ

10801　「プロレタリア教育の根本問題」
『プロレタリア教育の根本問題』　ヘルンレ著　五十嵐顕訳　明治図書出版　1972　212p　肖像　22cm〈世界教育学選集　71〉〈監修：梅根悟、藤田守一〉　Ⓝ371.5
☆「世界名著解題選　第5巻」

ペレイラ

10802　「律呂正義」
☆「世界名著大事典」

ペレーヴィン, ヴィクトル

10803　「粘土の機関銃」
☆「世界の小説大百科」

ヘレス

10804　「ペルーおよびクスコ地方征服に関する真実の報告」
『大航海時代叢書　第2期 12』　岩波書店　1980　681,34p　22cm〈編集：生田滋ほか〉　6400円　Ⓝ290.5
☆「世界の旅行記101」

ペレス=ガルドス

10805　「フォルトゥナータとハシンタ」
☆「世界文学あらすじ大事典 3（ちか‐ふろ）」、「世界名著大事典」

ペレーダ

10806　「岩根をよじて」
☆「世界名著大事典」

ペレック, ジョルジュ

10807　「人生使用法」
『人生使用法』　ジョルジュ・ペレック著　酒詰治男訳　水声社　2010　731p　19cm　5000円　①978-4-89176-804-1
☆「知っておきたいフランス文学」、「世界の小説大百科」

10808　「Wあるいは子供の頃の思い出」
『Wあるいは子供の頃の思い出』　ジョルジュ・ペレック著　酒詰治男訳　水声社　2013　236p　19cm　2800円　①978-4-89176-995-6
☆「世界の小説大百科」

ベレルソン, ベルナルド

10809　「世論とコミュニケーション読本」
　☆「世界名著大事典」

10810　「内容分析」
　☆「世界名著大事典」

ヘーレン

10811　「ヨーロッパの国家制度とその植民地の歴史」
　☆「世界名著大事典」

ベーレン, ジュヌビエーブ

10812　「あなたにもある見えない力」
　☆「お金と富の哲学世界の名著50」

ベレンソン

10813　「美学と歴史」
　『美学と歴史』　バーナード・ベレンソン著　島本融訳　みすず書房　1975　292p　20cm　2300円　Ⓝ701.1
　☆「世界名著大事典」

10814　「ルネサンス・ヴェネツィア派の画家」
　☆「世界名著大事典」

10815　「ルネサンス・中部イタリア派の画家」
　☆「世界名著大事典」

10816　「ルネサンス・フィレンツェ派の画家」
　☆「世界名著大事典」

10817　「ルネサンス・北部イタリア派の画家」
　☆「世界名著大事典」

ベロー

10818　「経済史の諸問題」
　☆「世界名著大事典」

10819　「中世のドイツ国家」
　☆「世界名著大事典」

10820　「ドイツ史学史」
　☆「世界名著大事典」

10821　「ドイツ中世農業史」
　☆「世界名著大事典」,「歴史の名著 外国人篇」

ペロー, シャルル

10822　「古代人・近代人比較論」
　☆「世界名著大事典」

10823　「宗教改革の諸原因」
　☆「世界名著大事典」

10824　「童話集」
　☆「世界名著大事典」

10825　「長靴をはいた猫」
　『長靴をはいた猫』　シャルル・ペロー原作　矢吹公郎, 勝間田具治演出　徳間書店　1998　111p　26×22cm（徳間アニメ絵本　20）1500円　①4-19-860897-0
　☆「世界の幻想文学」

10826　「ペロー童話集」
　『ペロー童話集―付＝詩集ときは春』　シャルル・ペロー作　ハリー・クラーク絵　荒俣宏訳　新書館　2010　308p　19cm　3200円
　①978-4-403-27004-8
　☆「世界名作事典」,「名作の研究事典」

ベロー, ソール

10827　「雨の王ヘンダーソン」
　☆「世界名著大事典 補遺（Extra）」

10828　「オーギー・マーチの冒険」
　☆「世界文学あらすじ大事典 1（あ - きよう）」,「世界名著大事典 補遺（Extra）」,「ポケット世界名作事典」

10829　「犠牲者」
　☆「世界文学あらすじ大事典 1（あ - きよう）」,「世界名著大事典 補遺（Extra）」,「私（わたし）の世界文学案内」

10830　「この日をつかめ」
　☆「英米文学の名作を知る本」,「知っておきたいアメリカ文学」,「世界名著大事典 補遺（Extra）」,「名作あらすじ事典 西洋文学編」

10831　「サムラー氏の惑星」
　『サムラー氏の惑星』　ソール・ベロー著　橋本福夫訳　新潮社　1974　277p　20cm　1200円　Ⓝ933
　☆「世界名著大事典 補遺（Extra）」

10832　「宙ぶらりんの男」
　『宙ぶらりんの男』　ソール・ベロー著　野崎孝訳　講談社　1977　200p　20cm〈主要参考文献・ベロー主要作品解題・ベロー年譜：p.193〜200〉　890円　Ⓝ933
　☆「世界の小説大百科」,「世界名著大事典 補遺（Extra）」,「たのしく読めるアメリカ文学」

10833　「ハーツォグ」
　☆「アメリカ文学」,「あらすじで読む世界文学105」,「世界の小説大百科」,「世界文学の名作と主人公」,「世界名著大事典 補遺（Extra）」

ペロー, チャールズ

10834　「サンドリヨン」
　☆「世界名著大事典 補遺（Extra）」

ベロック

10835　「The Jews」
　☆「名著で読む世界史」

ヘロディアノス

10836　「アクセント全書」
　☆「世界名著大事典」

ヘロドトス

10837　「歴史」
『歴史　下』ヘロドトス著　松平千秋訳　岩波書店　2008　447,72p　19cm（ワイド版岩波文庫）　1600円　①978-4-00-007296-0
☆「大人のための世界の名著50」,「古典・名著の読み方」,「西洋をきずいた書物」,「世界を変えた100冊の本」,「世界の古典名著」,「世界の名著」,「世界の名著早わかり事典」,「世界の旅行記101」,「世界名著大事典」,「地図とあらすじで読む歴史の名著」,「名著で読む世界史」,「歴史学の名著30」

ベロホ

10838　「ギリシア史」
☆「世界名著大事典」

10839　「ギリシア・ローマ世界の人口」
☆「世界名著大事典」

ヘロン（アレクサンドリアの）

10840　「気体装置」
『古代人の発明―ヘロンの気体装置』ヘロン著　ウッドクロフト英訳編　平田寛訳　再版　創元社　1949　142p　22cm　Ⓝ420.2
☆「世界名著大事典」

10841　「照準儀」
☆「世界名著大事典」

10842　「測量術」
☆「世界名著大事典」

10843　「ヘロン著作集」
☆「自然科学の名著」

ヘロンダス

10844　「擬曲」
☆「世界名著大事典」

ベーン

10845　「流行」
☆「世界名著大事典」

ペン

10846　「モルグ,そのほかの詩」
☆「世界名著大事典」

ペン

10847　「苦難なければ栄冠なし」
☆「西洋をきずいた書物」,「世界名著大事典」

ペンク

10848　「地形分析」
『地形分析―物理地質学のひとつの章』ヴァルター・ペンク著　町田貞訳　古今書院　1972　401p　図　22cm　3000円　Ⓝ454
☆「世界名著大事典」

10849　「地表面の形態」
☆「世界名著大事典」

ベングトゾン

10850　「ギリシア史」
☆「世界名著大事典」

ペンサ

10851　「中世における保険契約」
☆「世界名著大事典」

ベンサム, ジェレミー

10852　「クレストマティア」
☆「教育学の世界名著100選」

10853　「経済学綱要」
☆「世界名著解題選　第4巻」

10854　「自己にそむく違反, 男色」
☆「倫理学」

10855　「政治経済学綱要」
☆「世界名著大事典」

10856　「政府論断章」
☆「世界名著大事典」

10857　「道徳および立法の諸原理序説」
『世界の名著　49　ベンサム,J.S.ミル』関嘉彦責任編集　中央公論社　1979　542p　18cm（中公バックス）〈ベンサムとJ.S.ミルの肖像あり〉　980円　Ⓝ080
☆「お厚いのがお好き？」,「学術辞典叢書　第11巻」,「近代名著解題選集 2」,「世界をきずいた書物」,「社会科学の名著」,「西洋をきずいた書物」,「世界の古典名著」,「世界の哲学50の名著」,「世界の名著早わかり事典」,「世界名著解題選　第3巻」,「世界名著大事典」,「超解「哲学名著」事典」,「哲学の名著」,「哲学名著解題」（協同出版）,「哲学名著解題」（春秋社）

10858　「立法論」
☆「世界名著大事典」

ベンスラマ, フェティ

10859　「物騒なフィクション」
『物騒なフィクション―起源の分有をめぐって』フェティ・ベンスラマ著　西谷修訳解説　筑摩書房　1994　128p　19cm　1900円　①4-480-83617-9
☆「歴史家の一冊」

ベンスン

10860　「顔」
☆「世界の幻想文学」

ヘンダーソン, ゼナ

10861　「果しなき旅路」
『果しなき旅路』ゼナ・ヘンダーソン著　深町

真理子訳　早川書房　1978　438p　16cm（ハヤカワ文庫　SF）　460円　Ⓝ933
☆「世界のSF文学・総解説」

ベンチリー, ピーター

10862　「アイランド」
『アイランド』　ピーター・ベンチリー著　小倉多加志訳　早川書房　1979　262p　20cm（Hayakawa novels）　1000円　Ⓝ933
☆「世界の海洋文学」,「世界の冒険小説・総解説」

10863　「海と少女」
『海と少女』　ピーター・ベンチリー著　井上一馬訳　晶文社　1985　336p　18cm（ヤング・アダルトY.A図書館）　1500円
☆「世界の海洋文学」

10864　「ジョーズ」
『ジョーズ』　ピーター・ベンチリー著　平尾圭吾訳　早川書房　1981　380p　16cm（ハヤカワ文庫　NV）　460円　Ⓝ933
☆「世界の冒険小説・総解説」

ベンツ

10865　「ドイツ・バロック」
☆「世界名著大事典」

10866　「ロマン派の童話文学」
☆「世界名著大事典」

ベンツ, カール

10867　「自動車と私」
『自動車と私―カール・ベンツ自伝』　カール・ベンツ著　藤川芳朗訳　草思社　2013　217p　15cm（草思社文庫）　700円
Ⓘ978-4-7942-2005-9
☆「サイエンス・ブックレヴュー」

ヘンツェン

10868　「文語と方言」
☆「世界名著大事典」

ベンディクセン

10869　「貨幣の本質」
☆「世界名著大事典」

ヘンデルリーン

10870　「叙情詩」
☆「世界名著大事典」

ベントリー

10871　「政治過程」
☆「世界名著大事典」

ベントリー, ジョン

10872　「ポルシェの生涯」
『ポルシェの生涯―その苦悩と栄光』　フェリー・ポルシェ, ジョン・ベントリー著　大沢茂, 斎藤太治男訳　南雲堂　1980　381p　図版16枚　20cm　2500円　Ⓝ289.3
☆「伝記・自叙伝の名著」

ベントリー, E.C.

10873　「トレント最後の事件」
『トレント最後の事件』　ベントリー著　大久保康雄訳　中央公論社　1962　239p　18cm（世界推理小説名作選）　Ⓝ933
☆「世界の推理小説・総解説」,「世界名著大事典」

ペンドルベリー

10874　「クレタ考古学序論」
☆「世界名著大事典」

ベンフォード, グレゴリイ

10875　「タイムスケープ」
『タイムスケープ』　グレゴリイ・ベンフォード著　山高昭訳　早川書房　1988　2冊　16cm（ハヤカワ文庫　SF）　各480円
Ⓘ4-15-010773-4　Ⓝ933
☆「世界のSF文学・総解説」

ヘンペル, エイミー

10876　「生きる理由」
☆「世界の小説大百科」

ペンボ

10877　「俗語論」
☆「世界名著大事典」

ヘンメレフト, クリスティン

10878　「マーゴットと天使」
☆「世界の小説大百科」

ベンヤミン, ヴァルター

10879　「教育としての遊び」
『教育としての遊び』　ヴァルター・ベンヤミン著　丘沢静也訳　晶文社　1981　202p　20cm　1300円　Ⓝ371.45
☆「教育名著の愉しみ」

10880　「一九〇〇年頃のベルリンの幼年時代」
『ベンヤミン・コレクション　3　記憶への旅』　ヴァルター・ベンヤミン著　浅井健二郎編訳　久保哲司訳　筑摩書房　1997　675p　15cm（ちくま学芸文庫）　1545円　Ⓘ4-480-08329-4
Ⓝ948.78
☆「教育本44」,「教養のためのブックガイド」

10881　「ドイツ悲劇の根源」
『ドイツ悲劇の根源　上』　ヴァルター・ベンヤミン著　浅井健二郎訳　筑摩書房　1999　378p　15cm（ちくま学芸文庫）　1200円
Ⓘ4-480-08493-2

☆「現代哲学の名著」

10882 「パサージュ論」
『パサージュ論 第5巻』 ヴァルター・ベンヤミン[著] 今村仁司ほか訳 岩波書店 2003 302,142p 15cm(岩波現代文庫 学術) 1300円 ①4-00-600105-3 Ⓝ944.7
☆「建築の書物/都市の書物」,「都市的世界」

10883 「複製技術時代の芸術」
『複製技術時代の芸術』 ヴァルター・ベンヤミン著 佐々木基一編・解説 晶文社 1999 187p 19cm(晶文社クラシックス) 1900円 ①4-7949-1266-8
☆「学問がわかる500冊」,「超解「哲学名著」事典」,「20世紀を震撼させた100冊」,「必読書150」,「文化の社会学」

10884 「暴力批判論」
『暴力批判論―他十篇』 ヴァルター・ベンヤミン著 野村修編訳 岩波書店 1994 308p 15cm(岩波文庫 ベンヤミンの仕事 1) 570円 ①4-00-324631-4 Ⓝ944
☆「学問がわかる500冊」

ヘンリー八世

10885 「7つの秘跡の主張」
☆「西洋をきずいた書物」

ペンローズ, ロジャー

10886 「心の影」
『心の影―意識をめぐる未知の科学を探る 1』 ロジャー・ペンローズ著 林一訳 みすず書房 2001 248p 22cm 3800円 ①4-622-04126-X Ⓝ007.13
☆「ブックガイド〈数学〉を読む」

【ホ】

ポー, エドガー・アラン

10887 「赤い死の仮面」
☆「世界名著大事典」

10888 「アッシャー家の崩壊」
『アッシャー家の崩壊―ポー短編集』 エドガー・アラン・ポー原作 平野信行監修 沢田京子訳 ニュートンプレス 1997 101p 24×17cm (Newton CLASSICS Illustrated 24) 1200円 ①4-315-51433-0
☆「アメリカ文学」,「あらすじで読む世界の名著 no.1」,「あらすじで読む世界文学105」,「一冊で世界の名著100冊を読む」,「英米文学の名作を知る本」,「面白いほどよくわかる世界の文学」,「学術辞典叢書 第13巻」,「聴いてあじわう世界の名著 第3巻」,「近代名著解題選集 1」,「世界の小説大百科」,「世界の名作」,「世界の名作文学案内」,「世界文学あらすじ大事典 1(あ‐きよう)」,「世界文学鑑賞辞典 第1」,「世界文学の名作と主人公」,「世界文学必勝法」,「世界名著解題 第1巻」,「世界名著大事典」,「たのしく読めるアメリカ文学」,「ポケット世界名作事典」

10889 「アモンティリャアドの酒樽」
☆「作家の訳した世界の文学」

10890 「ヴァルデマア氏病症の真相」
☆「世界の幻想文学」

10891 「ウィリアム・ウィルソン」
☆「要約 世界文学全集 2」

10892 「おとし穴と振り子」
☆「世界の小説大百科」

10893 「唐草怪談集」
☆「世界名著大事典」

10894 「鴉」
☆「世界名著大事典」

10895 「グロテスクとアラベスクの物語」
☆「書き出し「世界文学全集」」

10896 「黒猫」
『黒猫』 エドガー・アラン・ポー著 富士川義之訳 集英社 1992 280p 15cm(集英社文庫) 380円 ①4-08-752025-0
☆「アメリカ文学」,「あらすじで味わう外国文学」,「英米文学の名作を知る本」,「近代名著解題選集 2」,「現代世界の名著」,「図説 5分でわかる世界の名作」,「世界の名作文学案内」,「世界の名著」,「世界文学鑑賞辞典 第1」,「世界文学の名作と主人公」,「世界名作事典」,「世界名著大事典」,「世界・名著のあらすじ」,「日本文学現代名作事典」,「入門名作の世界」,「ポケット世界名作事典」,「名作の研究事典」,「名小説ストーリイ集 世界篇」

10897 「黄金虫」
☆「英米文学の名作を知る本」,「少年少女のための文学案内 1」,「世界の幻想文学」,「世界文学あらすじ大事典 2(きよえ‐ちえ)」,「世界名著大事典」,「ポケット世界名作事典」

10898 「ゴードン・ピムの物語」
☆「世界の海洋文学」,「世界の幻想文学」

10899 「死の原理」
☆「世界名著大事典」

10900 「ナンタケット島出身のアーサー・ゴードン・ピムの物語」
☆「世界文学あらすじ大事典 3(ちか‐ふろ)」

10901 「盗まれた手紙」
☆「世界文学鑑賞辞典 第1」,「世界名著大事典」,「必読書150」

10902 「ハンス・プファアルの冒険」
☆「世界のSF文学・総解説」

10903 「ペスト王」
☆「書き出し「世界文学全集」」

10904 「ポー物語集」
☆「世界の書物」

10905 「マージネーリア」
☆「世界名著大事典」

10906 「物語集」
☆「世界名著大事典」

10907 「モルグ街の殺人」
『モルグ街の殺人』 エドガー・アラン・ポー著 佐々木直次郎訳 フロンティアニセン 2005 181p 15cm（フロンティア文庫 19—風呂で読める文庫100選 19）〈ルーズリーフ〉 1000円 ①4-86197-019-9 Ⓝ933.6
☆「知っておきたいアメリカ文学」、「世界の推理小説・総解説」、「世界の名作おさらい」、「世界文学鑑賞辞典 第1」、「世界名著大事典」、「2時間でわかる世界の名著」、「名作あらすじ事典 西洋文学編」

10908 「ユーリカ」
☆「世界名著大事典」

10909 「リジイア」
☆「世界文学あらすじ大事典 4（ふん‐われ）」

10910 「われ発見せり（ユリイカ）—物的・霊的宇宙をめぐる試論」
☆「書き出し「世界文学全集」」

蒲 松齢　ほ・しょうれい

10911 「聊斎志異」
『聊斎志異』 蒲松齢原作　胡興智著　NHK出版　2012　127p　18cm（現代中国語版）〈中国語併記〉　950円　①978-4-14-035108-6
☆「あらすじでわかる中国古典「超」入門」、「面白いほどよくわかる世界の文学」、「学術辞典叢書 第15巻」、「世界の奇書」、「世界の名著」、「世界文学あらすじ大事典 4（ふん‐われ）」、「世界名著解題選 第3巻」、「世界名著大事典」、「中国の古典名著」、「中国の名著」、「東洋の奇書55冊」、「東洋の名著」、「日本の古典・世界の古典」、「ポケット世界名作事典」、「名作の研究事典」

ボーア

10912 「原子論と自然の記述」
☆「世界名著大事典」

10913 「スペクトルと原子構造の理論」
☆「自然科学の名著100選 下」

ボアギュベール

10914 「フランス詳論」
☆「世界名著大事典」

ボアズ

10915 「アメリカ・インディアン諸言語便覧」
☆「世界名著大事典」

10916 「人種, 言語, 文化」
☆「世界名著大事典」

10917 「未開人の心性」
☆「人文科学の名著」、「世界名著大事典」

ボアール, アウグスト

10918 「被抑圧者の演劇」
『被抑圧者の演劇』 アウグスト・ボアール著 里見実ほか訳　晶文社　1984　367p　20cm　2300円　Ⓝ770.4
☆「平和を考えるための100冊+α」

ボアロー, N.

10919 「詩法」
☆「世界名著大事典 補遺（Extra）」

10920 「書簡詩集」
☆「世界名著大事典 補遺（Extra）」

10921 「風刺詩集」
☆「世界名著大事典 補遺（Extra）」

10922 「ボアローの詩学」
☆「世界名著解題選 第6巻」

10923 「ロンギヌスの悲壮美論翻訳」
☆「世界名著大事典 補遺（Extra）」

ボアロー, P.

10924 「悪魔のような女」
『悪魔のような女』 ボアロー, ナルスジャック著　北村太郎訳　早川書房　1996　250p　15cm（ハヤカワ・ミステリ文庫）　520円　①4-15-071703-6
☆「世界の推理小説・総解説」

ポアンカレ, アンリ

10925 「科学者と詩人」
『科学者と詩人』 ポアンカレ著　平林初之輔訳　岩波書店　1928　218p　16cm（岩波文庫 290-291）　Ⓝ402
☆「世界名著大事典」、「ブックガイド〈数学〉を読む」

10926 「科学と仮説」
『科学と仮説』 ポアンカレ著　河野伊三郎訳　改版　岩波書店　1959　288p　15cm（岩波文庫）　Ⓝ401.6
☆「自然科学の名著」、「世界名著大事典」、「哲学の名著」、「哲学名著解題」

10927 「科学と方法」
『科学と方法』 ポアンカレ著　吉田洋一訳　改訳　岩波書店　1953　321p　15cm（岩波文庫）　Ⓝ401.6
☆「学術辞典叢書 第13巻」、「数学ブックガイド100」、「世界名著解題選 第1巻」、「世界名著大事典」、「哲

学の名著」,「文学・名著300選の解説 '88年度版」

10928 「科学の価値」
『科学の価値』 ポアンカレ著 田辺元訳 一穂社 2005 198,5p 21cm〈名著/古典籍文庫〉〈岩波文庫復刻版 岩波書店昭和2年刊(第3刷)を原本としたオンデマンド版〉 3300円 ①4-86181-115-5 Ⓝ401
☆「学術辞典叢書 第12巻」,「世界名著解題選 第1巻」,「世界名著大事典」,「哲学の名著」

10929 「天体力学の新方法」
☆「世界名著大事典」

10930 「晩年の思想」
☆「世界名著大事典」

ボイアルド

10931 「恋するオルランド」
☆「世界文学あらすじ大事典 2(きよえ・ちえ)」,「世界文学鑑賞辞典 第2」,「世界名著大事典」

ホイヴェルス, ヘルマン

10932 「人生の秋に」
『人生の秋に―ホイヴェルス随想選集』 ヘルマン・ホイヴェルス著 林幹雄編 新装版 春秋社 2008 260p 20×14cm 1800円 ①978-4-393-21617-0
☆「21世紀の必読書100選」

ボーイェル

10933 「大飢餓」
☆「世界名著大事典」

ボイエル, ヨハン

10934 「ヴァイキングの末裔」
☆「世界名著大事典」

10935 「うその力」
☆「世界名著大事典」

ホイジンガ, ヨハン

10936 「中世の秋」
『中世の秋 2』 ホイジンガ著 堀越孝一訳 中央公論新社 2001 450p 18cm〈中公クラシックス〉 1400円 ①4-12-160006-1
☆「学問がわかる500冊 v.2」,「現代人のための名著」,「現代歴史学の名著」,「世界の古典名著」,「世界の書物」,「世界の名著早わかり事典」,「世界名著大事典」,「20世紀を震撼させた100冊」,「歴史学の名著30」,「歴史の名著」

10937 「文化史の道」
☆「世界名著大事典」

10938 「ホモ・ルーデンス」
『ホモ・ルーデンス―人類文化と遊戯』 ヨハン・ホイジンガ著 高橋英夫訳 中央公論社 1971 384p 肖像 22cm〈普及版〉 1000円

Ⓝ209
☆「大人のための世界の名著50」,「50歳からの名著入門」,「宗教学の名著30」,「文化の社会学」

ボイス, クリス

10939 「キャッチワールド」
『キャッチワールド』 クリス・ボイス著 冬川亘訳 早川書房 1981 372p 16cm〈ハヤカワ文庫 SF〉 440円 Ⓝ933
☆「世界のSF文学・総解説」

ボイス, ヨハネス

10940 「理学訓蒙」
☆「世界名著大事典」

ボイス, C.V.

10941 「しゃぼん玉の科学」
☆「物理ブックガイド100」

ホイスラー

10942 「ドイツ韻律史」
☆「世界名著大事典」

10943 「ドイツ私法提要」
☆「世界名著大事典」

ボイセ

10944 「強者の権利」
☆「世界名著大事典」

ホイッテカー

10945 「エーテルと電気の理論の歴史」
☆「世界名著大事典」

10946 「西半球の概念」
☆「世界名著大事典」

ホイットニー, W.D.

10947 「言語の生と成長」
☆「世界名著大事典」

10948 「サンスクリット文典」
☆「世界名著大事典」

ホイットマン, ウォルト

10949 「草の葉」
『草の葉』 ウォルト・ホイットマン著 富山英俊訳 みすず書房 2013 261p 19cm〈大人の本棚〉 2800円 ①978-4-622-08506-5
☆「あらすじで読む世界文学105」,「書き出し「世界文学全集」」,「現代世界の名作」,「西洋をきずいた書物」,「世界の海洋文学」,「世界の名作100を読む」,「世界の名著」,「世界文学鑑賞辞典 第1」,「世界名作事典」,「世界名著大事典」,「文学・名著300選の解説 '88年度版」,「ポケット世界名作事典」,「名小説ストーリイ集 世界篇」

10950 「ぼく自身の歌」

☆「たのしく読めるアメリカ文学」

10951 「民主主義的展望—民主主義文学論」
『民主主義の展望』 ウォールト・ホイットマン著 佐渡谷重信訳 講談社 1992 216p 16cm（講談社学術文庫）〈著者の肖像あり〉 680円 ⓘ4-06-159024-3 Ⓝ309.1
☆「世界名著解題選 第6巻」,「世界名著大事典」

ホイト

10952 「マリリン—嘆きのヴィーナス」
☆「伝記・自叙伝の名著」

ホイト, E.P.

10953 「モルガン—巨大企業の影の支配者」
☆「伝記・自叙伝の名著」

ホイートリ, D.

10954 「黒魔団」
『黒魔団』 デニス・ホイートリ著 平井呈一訳 東京創元社 1959 465p 18cm（世界恐怖小説全集 第6）Ⓝ933
☆「世界の幻想文学」

ホイフェ

10955 「ライプニッツ—その思想と生涯」
☆「科学を読む愉しみ」

ホイヘンス, クリスティアン

10956 「光についての論考」
☆「世界を変えた書物」,「世界名著大事典」

10957 「振子時計」
☆「自然科学の名著」,「西洋をきずいた書物」,「世界を変えた書物」,「世界名著大事典」

ポイヤー, ジョー

10958 「トラリーの霧」
『トラリーの霧』 ジョー・ポイヤー著 井坂清訳 早川書房 1979 210p 19cm（ハヤカワ・ノヴェルズ） 840円 Ⓝ933
☆「世界の冒険小説・総解説」

ボイヤー, リック

10959 「ケープコッド危険水域」
☆「世界の海洋文学」

10960 「幻のペニー・フェリー」
『幻のペニー・フェリー』 リック・ボイヤー著 田口俊樹訳 早川書房 1993 472p 15cm（ハヤカワ・ミステリ文庫） 700円 ⓘ4-15-078553-8
☆「世界の海洋文学」

ホイーラー

10961 「インダス文明」
☆「世界名著大事典」

10962 「大ローマ帝国の膨張」
☆「世界名著大事典」

ホイーラー・ベネット

10963 「権力のネメシス」
☆「世界名著大事典」

ボイル

10964 「懐疑的化学者」
☆「自然科学の名著」,「自然科学の名著100選 上」,「西洋をきずいた書物」,「世界を変えた書物」,「世界名著大事典」

10965 「空気の弾力性に関する新実験」
☆「西洋をきずいた書物」,「世界を変えた書物」,「世界名著大事典」

ホイル, フレッド

10966 「暗黒星雲」
『暗黒星雲』 フレッド・ホイル著 鈴木敬信訳 法政大学出版局 1970 332p 19cm（コスモス・ブックス）〈新装版〉 550円 Ⓝ933
☆「世界のSF文学・総解説」

10967 「10月1日では遅すぎる」
『10月1日では遅すぎる』 フレッド・ホイル著 伊藤典夫訳 早川書房 1968 195p 19cm（ハヤカワ・SF・シリーズ） 270円 Ⓝ933
☆「世界のSF文学・総解説」

ボイル, T.コラゲッサン

10968 「世界の終わり」
☆「世界の小説大百科」

茅 盾　ぼう・じゅん

10969 「子夜」
『子夜 上』 茅盾作 小野忍, 高田昭二訳 岩波書店 1962 321p 15cm（岩波文庫） Ⓝ923
☆「世界名著大事典」,「ポケット世界名作事典」

10970 「蝕」
☆「世界名著大事典」

10971 「霜葉は二月の花よりも紅なり」
☆「現代世界の名作」,「世界名著大事典」,「中国の名著」,「ポケット世界名作事典」

10972 「腐蝕」
『腐蝕』 茅盾著 小野忍訳 岩波書店 1961 423p 15cm（岩波文庫） Ⓝ923
☆「世界名著大事典」

10973 「真夜中」
☆「東洋の名著」

牟 宗三　ぼう・そうさん

10974 「政道と治道」
☆「東アジア人文書100」

彭 大翼　ほう・たいよく
10975　「山堂肆考」
☆「世界名著大事典」

方 東美　ほう・とうび
10976　「中国哲学の精神とその発展」
☆「東アジア人文書100」

ホウ, ペーター
10977　「スミラの雪の感覚」
☆「世界の小説大百科」

ポウイス
10978　「ウェストン氏の美酒」
☆「世界名著大事典」

10979　「ウルフ・ソレント」
『ウルフ・ソレント　1』ジョン・クーパー・ポウイス著　鈴木聡訳　国書刊行会　2001　459p　21cm　3600円　④4-336-04381-7
☆「世界文学あらすじ大事典1(あ‐きよう)」

10980　「モーウィン」
☆「世界の幻想文学」

法雲　ほううん
10981　「翻訳名義集」
『翻訳名義集―支那撰述』法雲編　下間安海訂　京都　永田文昌堂　1881　7冊　19cm〈和装〉Ⓝ183
☆「世界名著大事典」

ポウエル
10982　「ボーイ・スカウト」
☆「西洋をきずいた書物」

ポーヴェル, ルイ
10983　「魔術師の朝」
☆「世界の奇書」

ホーヴェルモ
10984　「計量経済学の確率的接近法」
☆「世界名著大事典」

ボウエン, エリザベス
10985　「エヴァ・トラウト」
☆「世界の小説大百科」

10986　「北へ」
☆「世界の小説大百科」

10987　「パリの家」
『パリの家』エリザベス・ボウエン著　阿部知二, 阿部良雄訳　集英社　1977　408p　16cm（集英社文庫）320円　Ⓝ933
☆「世界文学あらすじ大事典3(ちか‐ふろ)」,「たのしく読めるイギリス文学」

10988　「日ざかり」
『日ざかり』エリザベス・ボウエン著　吉田健一訳　新潮社　1952　339p　20cm　Ⓝ933
☆「世界の小説大百科」,「世界文学あらすじ大事典3(ちか‐ふろ)」,「世界文学鑑賞辞典 第1」

抱甕老人　ほうおうろうじん
10989　「今古奇観」
『今古奇観―明代短編小説選集　5』抱甕老人編　駒田信二, 立間祥介訳　平凡社　1975　290p　18cm（東洋文庫　266）700円　Ⓝ923
☆「世界名著大事典」,「中国の古典名著」,「東洋の奇書55冊」,「ポケット世界名作事典」

ホウォートン
10990　「いなかの風習」
☆「世界名著大事典」

10991　「罪のない時代」
☆「世界名著大事典」

ボーヴォワール, シモーヌ・ド
10992　「老い」
『老い　上』シモーヌ・ド・ボーヴォワール著　朝吹三吉訳　新装版　京都　人文書院　2013　322p　19cm　2800円　①978-4-409-23054-1
☆「身体・セクシュアリティ・スポーツ」

10993　「第二の性」
『第二の性―決定版　1』ボーヴォワール著　『第二の性』を原文で読み直す会訳　新潮社　2001　557p　16cm（新潮文庫）819円　①4-10-212410-1　Ⓝ367.2
☆「近代家族とジェンダー」,「図解世界の名著がわかる本」,「性の世界的名著から十七篇」,「世界を変えた100冊の本」,「世界の古典名著」,「世界の哲学50の名著」,「世界の名作100を読む」,「世界名著大事典」,「哲学の世界」,「二十世紀を騒がせた本」,「20世紀を震撼させた100冊」,「はじめて学ぶ法哲学・法思想」,「フェミニズムの名著50」,「文学・名著300選の解説 '88年度版」

10994　「他人の血」
『他人の血』ボーヴォワール著　佐藤朔訳　新潮社　1956　374p　16cm（新潮文庫）Ⓝ953
☆「現代世界の名作」,「世界文学あらすじ大事典2(きよえ‐ちえ)」,「世界名著大事典」

10995　「人間について」
『人間について』ボーヴォワール[著]　青柳瑞穂訳　62刷改版　新潮社　2005　163p　16cm（新潮文庫）400円　①4-10-212401-2　Ⓝ114.5
☆「世界の古典名著」,「世界の名著早わかり事典」

10996　「招かれた女」
☆「世界文学鑑賞辞典 第2」,「世界文学の名作と主人公」,「フランス文学」,「名小説ストーリイ集

世界篇」

10997 「娘時代」
『娘時代―ある女の回想』 シモーヌ・ド・ボーヴォワール著　朝吹登水子訳　紀伊国屋書店　1961　342p 図版　20cm　Ⓝ950.28

10998 「レ・マンダラン」
『レ・マンダラン』 シモーヌ・ド・ボーヴォワール著　朝吹三吉訳　新潮社　1966　2冊　20cm　各800円　Ⓝ953
☆「世界の小説大百科」,「ポケット世界名作事典」

法顕　ほうけん
10999 「入竺求法旅行記」
☆「教育の名著80選解題」

11000 「仏国記」
☆「世界の旅行記101」,「世界名著大事典」

11001 「法顕伝」
☆「アジアの比較文化」

房 玄齢　ぼうげんれい
11002 「晋書天文志」
☆「中国の古典名著」

牟子　ぼうし
11003 「理惑論」
☆「世界名著大事典」

法順　ほうじゅん
11004 「華厳法界観門」
☆「世界名著大事典」

法蔵　ほうぞう
11005 「華厳一乗教分記」
☆「世界名著大事典」

11006 「華厳経金獅子章」
☆「世界名著大事典」,「東洋の名著」

11007 「探玄記」
☆「世界名著大事典」

ホウツマ
11008 「イスラム百科事典」
☆「世界名著大事典」

ポウツマ
11009 「後期近代英語の文法」
☆「世界名著大事典」

ホウブラーケン
11010 「ネーデルラント美術家列伝」
☆「世界名著大事典」

ホヴランド
11011 「マス・コミュニケーションの実験」
☆「世界名著大事典」

ボウリー, アーサー
11012 「家計費」
☆「世界名著大事典」

法琳　ほうりん
11013 「弁正論」
☆「世界名著大事典」

ボウルズ, ポール
11014 「蜘蛛の家」
『蜘蛛の家』 ポール・ボウルズ著　四方田犬彦訳　白水社　1995　503p 19cm（ポール・ボウルズ作品集　4）　3800円　Ⓘ4-560-04497-X
☆「アメリカ文学」

11015 「シェルタリング・スカイ」
☆「たのしく読めるアメリカ文学」

ボウルビー, R.
11016 「ちょっと見るだけ」
『ちょっと見るだけ―世紀末消費文化と文学テクスト』 レイチェル・ボウルビー著　高山宏訳　ありな書房　1989　214,14p　21cm　2575円
☆「ポピュラー文化」

ボエティウス
11017 「算術」
☆「世界を変えた書物」

11018 「哲学の慰め」
『哲学の慰め』 ボエティウス著　渡辺義雄訳　筑摩書房　1969　274p 図版　19cm（筑摩叢書）　620円　Ⓝ132.16
☆「教養のためのブックガイド」,「思想史の巨人たち」,「世界の自己啓発50の名著」,「世界の哲学思想」,「世界名著大事典」,「哲学の名著」,「哲学名著解題」（協同出版）,「哲学名著解題」（春秋社）

ポーエル, ベーデン
11019 「イギリス領インドの土地制度」
☆「世界名著大事典」

ホーエル, P.G.
11020 「初等統計学」
『初等統計学』 P.G.ホーエル著　浅井晃,村上正康共訳　第4版　培風館　1981　325p　21cm　1380円　Ⓝ417
☆「数学ブックガイド100」

ボーエン
11021 「火成岩の進化」
☆「自然科学の名著」,「世界名著大事典」

ホガース
11022 「文献と考古学」

ホカス

☆「世界名著大事典」

ホガース, W.

11023 「美の分析」
☆「世界名著大事典 補遺 (Extra)」

ホカート

11024 「王権」
☆「文化人類学の名著50」

ホガート, R.

11025 「読み書き能力の効用」
『読み書き能力の効用』 リチャード・ホガート著 香内三郎訳 〔新装版〕 晶文社 1986 311,6p 21cm (晶文社アルヒーフ) 2800円 ⓘ4-7949-2420-8
☆「ポピュラー文化」

ホーガン, ジェイムズ・P.

11026 「星を継ぐもの」
『星を継ぐもの』 ジェイムズ・P.ホーガン著 池央耿訳 東京創元社 1980 308p 15cm (創元推理文庫) 340円 Ⓝ933
☆「世界のSF文学・総解説」

ホーキング, スティーヴン・W.

11027 「ホーキング、宇宙を語る」
『ホーキング、宇宙を語る─ビッグバンからブラックホールまで』 スティーヴン・W.ホーキング著 林一訳 早川書房 1995 268p 15cm (ハヤカワ文庫NF) 540円 ⓘ4-15-050190-4
☆「20世紀を震撼させた100冊」

11028 「ホーキング、宇宙と人間を語る」
『ホーキング、宇宙と人間を語る』 スティーヴン・ホーキング, レナード・ムロディナウ著 佐藤勝彦訳 エクスナレッジ 2011 270p 19cm 1800円 ⓘ978-4-7678-1044-7
☆「50歳からの名著入門」

11029 「ホーキング、未来を語る」
『ホーキング、未来を語る』 スティーヴン・ホーキング著 佐藤勝彦訳 ソフトバンククリエイティブ 2006 286p 15cm (SB文庫) 750円 ⓘ4-7973-3634-X
☆「科学を読む愉しみ」,「教養のためのブックガイド」

ホーキンズ

11030 「音楽の理論と実践の歴史」
☆「世界名著大事典」

ホーキンズ, ジェラルド・S.

11031 「宇宙へのマインドステップ─ストーンヘンジからETまで」
『宇宙へのマインドステップ─ストーンヘンジ からETまで』 ジェラルド・S.ホーキンズ著 木原英逸, 鳥居祥二訳 白揚社 1988 542p 20cm 〈付:コンピュータ・プログラム〉 3200円 ⓘ4-8269-0032-5 Ⓝ440.2
☆「ブックガイド "宇宙" を読む」

ボクサー

11032 「日本におけるキリシタン世紀」
☆「世界名著大事典」

墨子　ぼくし

11033 「墨子」
☆「あらすじでわかる中国古典「超」入門」,「学術辞典叢書 第12巻」,「近代名著解題選集 2」,「世界名著解題選 第3巻」,「世界名著大事典」,「中国の古典名著」,「東洋の名著」,「『論語』から『孫子』まで一気にわかる中国古典超入門」

ホークス, ジョン

11034 「人食い」
『人食い』 ジョン・ホークス著 飛田茂雄訳 彩流社 1997 254p 19cm (ジョン・ホークス作品集　1) 2500円 ⓘ4-88202-451-9
☆「世界文学あらすじ大事典 3 (ちか‐ふろ)」

11035 「もうひとつの肌」
『もうひとつの肌』 ジョン・ホークス著 吉田誠一, 関桂子訳 国書刊行会 1983 248p 22cm (ゴシック叢書　28) 2300円 Ⓝ933
☆「世界の幻想文学」,「たのしく読めるアメリカ文学」

11036 「罠」
『罠─ライム・トゥイッグ』 ジョン・ホークス著 田中啓史訳 彩流社 1997 231p 19cm (ジョン・ホークス作品集　2) 2575円 ⓘ4-88202-439-X
☆「世界文学あらすじ大事典 4 (ふん‐われ)」

ホークス, フランシス・L.

11037 「日本遠征記」
☆「世界名著大事典」

ボグダーノフ

11038 「経験一元論」
☆「世界名著大事典」

ホグベン, L.

11039 「市民の科学」
☆「世界名著大事典」

11040 「百万人の数学」
『百万人の数学 上, 下』 ランスロット・ホグベン著 今野武雄, 山崎三郎共訳 19版 日本評論社 1948 2冊 20cm Ⓝ410
☆「世界名著大事典」

ボーグル, ジョン・C.
11041　「マネーと常識」
　『マネーと常識―投資信託で勝ち残る道』 ジョン・C.ボーグル著　林康史監訳　石川由美子訳　日経BP社, 日経BP出版センター〔発売〕　2007　258p　19cm　1600円
　①978-4-8222-4590-0
　☆「お金と富の哲学世界の名著50」

ポクロフスキー
11042　「帝国主義時代の国際関係」
　☆「世界名著大事典」

11043　「ロシア史」
　『ロシア史　2』 ポクロフスキー著　岡田宗司監訳　高田爾郎訳　勁草書房　1976　262p　19cm　1500円　Ⓝ238
　☆「世界名著大事典」

11044　「ロシア史要説」
　☆「人文科学の名著」

ボケ, アンリ
11045　「妖術使論」
　☆「世界の奇書」

ホーケン, ポール
11046　「自然資本の経済」
　『自然資本の経済―「成長の限界」を突破する新産業革命』 ポール・ホーケン, エイモリ・B.ロビンス, L.ハンター・ロビンス著　佐和隆光監訳　小幡すぎ子訳　日本経済新聞社　2001　597p　19cm　2500円　①4-532-14871-5
　☆「お金と富の哲学世界の名著50」,「世界で最も重要なビジネス書」

ポゴージン
11047　「貴族」
　☆「世界名著大事典」

11048　「銃を持った人」
　☆「世界名著大事典」

ポコルニー
11049　「印欧語比較辞典」
　☆「世界名著大事典」

ボザンケット, B.
11050　「美学史」
　☆「世界名著大事典」

ホジスキン, T.
11051　「労働擁護論」
　☆「経済学名著106選」,「世界の古典名著」,「世界名著大事典」

ホジスン, ウイリアム・H.
11052　「異次元を覗く家」
　☆「世界のSF文学・総解説」,「世界の小説大百科」

11053　「ナイトランド」
　『ナイトランド』 ウィリアム・ホープ・ホジスン著　荒俣宏訳　原書房　2002　550p　19cm　3200円　①4-562-03510-2
　☆「世界の幻想文学」

11054　「闇の中の声」
　☆「世界の海洋文学」

ホジソン
11055　「経験の形而上学」
　☆「哲学名著解題」

11056　「追考の哲学」
　☆「哲学名著解題」

ボシュエ
11057　「神と自らの認識」
　☆「哲学名著解題」

11058　「聖書政治学」
　☆「学術辞典叢書 第11巻」,「世界名著解題選 第2巻」,「世界名著大事典」

11059　「世界試論」
　☆「西洋をきずいた書物」,「世界名著大事典」

11060　「説教集」
　☆「世界名著大事典」

ホース
11061　「ボルネオの原住民」
　☆「世界名著大事典」

ホーズ
11062　「楽しいすさび」
　☆「世界名著大事典」

ボズウェル, ジェームズ
11063　「サミュエル・ジョンソン伝」
　『サミュエル・ジョンソン伝　1』 ジェームズ・ボズウェル著　中野好之訳　オンデマンド版　みすず書房　2011　28,573p　22cm　〈著作目録あり　年譜あり　原本：1981年刊〉　12000円　①978-4-622-06230-1　Ⓝ930.268
　☆「自己啓発の名著30」,「世界の書物」,「世界文学鑑賞辞典 第1」,「世界名著大事典」,「たのしく読めるイギリス文学」,「ポケット世界名作事典」

ボズウェル, J.
11064　「ジョンソン博士の言葉」
　☆「教養のためのブックガイド」

ホスキンス
11065　「ミドランド農民」

☆「世界名著大事典」

ボスコ, アンリ
11066 「ズボンをはいたロバ」
『ズボンをはいたロバ』 アンリ・ボスコ著 多田智満子訳 晶文社 1977 261p 20cm（文学のおくりもの 21） 1300円 Ⓝ953
☆「世界の幻想文学」

ボスコヴィッチ
11067 「自然現象における単一法則にかかわる自然哲学理論」
☆「西洋をきずいた書物」

ポスター, M.
11068 「情報様式論」
『情報様式論』 マーク・ポスター著 室井尚, 吉岡洋訳 岩波書店 2001 377,4p 15cm（岩波現代文庫） 1100円 Ⓘ4-00-603047-9
☆「メディア・情報・消費社会」

ポスタン
11069 「15世紀におけるイギリス貿易の研究」
☆「世界名著大事典」

11070 「賦役の年代記」
☆「世界名著大事典」

ポースト
11071 「アンクル・アブナー・シリーズ」
☆「世界の推理小説・総解説」

ポスト
11072 「民俗学的法学提要」
☆「世界名著大事典」

ポスト, R.V.d.
11073 「船長のオデュッセー」
☆「世界の海洋文学」

ポストゲート
11074 「十二人の評決」
『十二人の評決』 レイモンド・ポストゲート著 宇野輝雄訳 改訳版 早川書房 1999 284p 19cm（ハヤカワ・ミステリ） 1400円 Ⓘ4-15-001684-4
☆「世界の推理小説・総解説」

ポストマン, ニール
11075 「子どもはもういない」
『子どもはもういない』 ニール・ポストマン著 小柴一訳 改訳版 新樹社 2001 237p 19cm 2000円 Ⓘ4-7875-8512-6
☆「教育本241」

ポストマン, L.
11076 「デマの心理学」
『デマの心理学』 G.W.オルポート, L.ポストマン［著］ 南博訳 岩波書店 2008 268,13p 20cm（岩波モダンクラシックス）〈文献あり〉 3200円 Ⓘ978-4-00-027157-8 Ⓝ361.45
☆「世界名著大事典」

ボストン, L.M.
11077 「グリーン・ノウのお客さま」
『グリーン・ノウのお客さま』 ルーシー・M.ボストン作 ピーター・ボストン絵 亀井俊介訳 評論社 2008 266p 20cm（グリーン・ノウ物語 4）〈1968年刊の改訂新版〉 1500円 Ⓘ978-4-566-01264-6 Ⓝ933.7
☆「一冊で不朽の名作100冊を読む」（友人社），「一冊で不朽の名作100冊を読む」（友人社），「世界少年少女文学 ファンタジー編」

11078 「グリーン・ノウの子どもたち」
『グリーン・ノウの子どもたち』 ルーシー・M.ボストン作 ピーター・ボストン絵 亀井俊介訳 評論社 2008 269p 20cm（グリーン・ノウ物語 1）〈1972年刊の改訂新版〉 1500円 Ⓘ978-4-566-01261-5 Ⓝ933.7
☆「英米児童文学のベストセラー40」

ホスパース
11079 「芸術の意味と真実」
☆「世界名著大事典」

ホスロウ, ナーセル
11080 「5部作」
☆「世界名著大事典」

11081 「ナーセル・ホスローの旅行記」
☆「東洋の奇書55冊」

11082 「旅行記」
☆「アジアの比較文化」，「世界名著大事典」

ボーズンキット, B.
11083 「個性原理と価値原理」
☆「哲学名著解題」

11084 「個体の価値及遇命」
☆「近代欧米名著解題 第7巻」，「近代欧米名著解題 第8巻」

11085 「政治的国家理論」
☆「世界名著大事典 補遺（Extra）」

11086 「知識と実在」
☆「世界名著大事典 補遺（Extra）」，「哲学名著解題」

11087 「哲学的国家理論」
☆「社会科学の名著」，「世界名著大事典」

ポソシコーフ

11088 「富と貧困の書」
☆「世界名著大事典」

ホーソーン, ナサニエル

11089 「語り古された物語」
☆「書き出し 世界文学全集」

11090 「七破風の屋敷」
☆「世界の小説大百科」,「世界文学あらすじ大事典2（きよえ・ちえ）」,「世界文学鑑賞辞典 第1」,「世界名著大事典」

11091 「大理石の牧神像」
☆「世界文学あらすじ大事典2（きよえ・ちえ）」

11092 「天国鉄道」
☆「書き出し 世界文学全集」

11093 「トワイス・トールド・テールズ」
『トワイス・トールド・テールズ 下巻』 ナサニエル・ホーソーン著 井坂義雄ほか訳 桐原書店 1982 351p 19cm〈著者の肖像あり〉 2000円 Ⓝ933
☆「世界名作事典」,「世界名著大事典」

11094 「緋文字」
『緋文字』 ホーソーン著 小川高義訳 光文社 2013 460p 15cm（光文社古典新訳文庫） 1200円 Ⓘ978-4-334-75267-5
☆「アメリカ文学」,「あらすじで味わう外国文学」,「あらすじで読む世界の名著 no.2」,「あらすじで読む世界文学105」,「英米文学の名作を知る本」,「書き出し 世界文学全集」,「学術辞典叢書 第13巻」,「近代名著解題選集 2」,「現代世界の名作」,「知っておきたいアメリカ文学」,「世界の小説大百科」,「世界の名作」,「世界の名作100を読む」,「世界の名著」,「世界文学あらすじ大事典3（ちか・ふろ）」,「世界文学鑑賞辞典 第1」,「世界文学の名作と主人公」,「世界文学必勝法」,「世界名作事典」,「世界名著解題選 第2巻」,「世界名著大事典」,「たのしく読めるアメリカ文学」,「入門名作の世界」,「文学・名著300選の解説 '88年度版」,「ポケット世界名作事典」,「名作英米小説の読み方・楽しみ方」,「名作世界文学事典 西洋文学編」,「名小説ストーリイ集 世界篇」,「要約 世界文学全集 2」

11095 「ブライズデイル・ロマンス」
☆「世界文学あらすじ大事典3（ちか・ふろ）」

11096 「ラパチーニの娘」
☆「世界の幻想文学」

11097 「若いグッドマン・ブラウン」
☆「たのしく読めるアメリカ文学」

11098 「ワンダー・ブック」
『ワンダー・ブック』 ナサニエル・ホーソーン作 アーサー・ラッカム絵 野原とりこ訳 立風書房 1983 123p 24cm 1800円 Ⓝ933
☆「一冊で不朽の名作100冊を読む」(友人社),「一冊で不朽の名作100冊を読む」(友人社),「世界名著大事典」,「名作の研究事典」

ポーター, エレナ

11099 「少女ポリアンナ」
『少女ポリアンナ―新訳』 エレナ・ポーター［著］ 木村由利子訳 角川書店 2013 363p 15cm（角川文庫 ホ1-1）〈発売：角川グループパブリッシング〉 552円 Ⓘ978-4-04-100754-9 Ⓝ933.7
☆「あらすじで出会う世界と日本の名作55」,「英米児童文学のベストセラー40」,「世界のメルヘン30」

ポーター, ガレス

11100 「入門 地球環境政治」
『入門 地球環境政治』 ガレス・ポーター, ジャネット・ウェルシュ・ブラウン著 細田衛士監訳 村上朝子, 児矢野マリ, 城山英明, 西久保裕彦訳 有斐閣 1998 292p 21cm 2600円 Ⓘ4-641-04966-1
☆「学問がわかる500冊 v.2」

ポーター, キャサリン・アン

11101 「愚か者の船」
『愚か者の船』 キャサリン・A.ポーター著 小林田鶴子訳 京都 あぽろん社 1991 600p 22cm〈著者の肖像あり〉 6000円 Ⓘ4-87041-527-5 Ⓝ933
☆「世界文学あらすじ大事典1（あ・きよう）」,「世界名著大事典 補遺(Extra)」

11102 「斜塔」
☆「世界名著大事典 補遺(Extra)」

11103 「花咲くユダの木」
☆「アメリカ文学」,「世界文学鑑賞辞典 第1」,「世界文学の名作と主人公」,「世界名著大事典 補遺(Extra)」

11104 「幻の馬 幻の騎手」
☆「世界文学あらすじ大事典4（ふん・われ）」,「世界名著大事典 補遺(Extra)」,「たのしく読めるアメリカ文学」

ポーター, ジョイス

11105 「ドーヴァー4/切断」
☆「世界の推理小説・総解説」

ポター, ビアトリクス

11106 「ピーターラビットのおはなし」
『ピーターラビットのおはなし』 ビアトリクス・ポター作・絵 いしいももこ訳 新装版 福音館書店 2002 55p 15cm（ピーターラビットの絵本 1） 700円 Ⓘ4-8340-1855-5
☆「名作へのパスポート」

ポーター, マイケル・E.

11107「競争の戦略」
☆「あらすじで読む世界のビジネス名著」、「究極のビジネス書50選」、「勝利と成功の法則」、「世界で最も重要なビジネス書」、「戦略の名著！最強43冊のエッセンス」

11108「競争優位の戦略」
☆「あらすじで読む世界のビジネス名著」

11109「国の競争優位」
『国の競争優位 上』マイケル・E.ポーター著　土岐坤、中辻万治、小野寺武夫、戸成富美子訳　ダイヤモンド社　1992　592p　21cm　6500円　①4-478-37061-3
☆「究極のビジネス書50選」、「世界で最も重要なビジネス書」

ボーダン, ジャン

11110「悪魔憑きと妖術使いたち」
☆「世界の奇書」

11111「国家についての6つの書」
☆「西洋をきずいた書物」

11112「国家論」
☆「学術辞典叢書 第11巻」、「学術辞典叢書 第14巻」、「社会科学の名著」、「世界の古典名著」、「世界名著解題選 第1巻」、「世界名著大事典」

ポーチュガル, F.H.

11113「DNAの一世紀」
☆「科学技術をどう読むか」

ボチョフ

11114「詩集」
☆「世界名著大事典」

ボッカチオ

11115「デカメロン」
☆「あらすじで読む世界文学105」、「面白いほどよくわかる世界の文学」、「学術辞典叢書 第12巻」、「教養のためのブックガイド」、「近代名著解題選集1」、「古典・名著の読み方」、「世界の書物」、「世界の名作」、「世界の名作50選」、「世界の名作100を読む」、「世界の名著」、「世界文学あらすじ大事典 3（ちか-ふろ）」、「世界文学鑑賞辞典 第2」、「世界文学の名作と主人公」、「世界名作事典」、「世界名著解題選 第3巻」、「世界名著大事典」、「千年紀のベスト100作品を選ぶ」、「日本の古典・世界の古典」、「文学・名著300選の解説 '88年度版」、「ポケット世界名作事典」、「名小説ストーリイ集 世界篇」

ホッキング

11116「哲学の類型」
☆「世界名著大事典」

ボック, エドワード

11117「エドワード・ボック自伝」
☆「世界の成功哲学50の名著エッセンスを解く」

ホック, エドワード・D.

11118「ホックと13人の仲間たち」
☆「世界の推理小説・総解説」

ホッグ, ジェイムズ

11119「悪の誘惑」
『悪の誘惑』ジェイムズ・ホッグ著　高橋和久訳　新装版　国書刊行会　2012　286p　21cm　3200円　①978-4-336-05535-4
☆「世界の幻想文学」、「世界の小説大百科」

ホックシールド, アーリー

11120「管理される心」
☆「自己・他者・関係」、「社会学の名著30」

ホッケ, グスタフ・ルネ

11121「迷宮としての世界—マニエリスム美術」
『迷宮としての世界—マニエリスム美術 下』グスタフ・ルネ・ホッケ著　種村季弘、矢川澄子訳　岩波書店　2011　318,42p　15cm〈岩波文庫〉　940円　①978-4-00-335752-1
☆「建築の書物/都市の書物」

ポッゲ, トマス

11122「なぜ遠くの貧しい人への義務があるのか」
『なぜ遠くの貧しい人への義務があるのか—世界的貧困と人権』トマス・ポッゲ著　立岩真也監訳　生活書院　2010　423p　21cm〈訳：池田浩章ほか　文献あり〉　3000円　①978-4-903690-52-0　Ⓝ316.1
☆「グローバル政治理論」、「平和を考えるための100冊＋α」

ポッゲンドルフ

11123「精密科学史伝記文献事典」
☆「世界名著大事典」

ボッセルト

11124「古代シリア」
☆「世界名著大事典」

ボッチョーニ, V.

11125「未来派絵画と彫刻—造形的ダイナミズム」
☆「世界名著大事典 補遺（Extra）」

ホッテンロート

11126「西洋風俗図鑑」
☆「世界名著大事典」

ポットヒーテル

11127　「ヤン夫妻とその末子」
☆「世界名著大事典」

ポップ

11128　「ギリシア,ラテン,ペルシアおよびゲルマン諸語との比較におけるサンスクリット語の活用体系について」
☆「西洋をきずいた書物」

11129　「サンスクリット語,ゼンド語,ギリシア語,ラテン語,リトゥアニア語、ゲルマン語比較文法」
☆「世界名著大事典」

11130　「サンスクリット語動詞組織考」
☆「世界名著大事典」

ポップ

11131　「方言学」
☆「世界名著大事典」

ホップ,H.

11132　「位相幾何学」
『位相幾何学 第2』 P.アレクサンドロフ著 三瓶与右衛門,千葉克裕訳 共立出版 1958 249p 19cm(共立全書) Ⓝ414.8
☆「世界名著大事典」

ホッファー,ウイリアム

11133　「海難」
『海難―10時間59分の生と死のドラマ』 ウィリアム・ホッファー著 羽林泰訳 パシフィカ 1980 257p 20cm 1400円 Ⓝ936
☆「世界の海洋文学」

ホッファー,エリック

11134　「大衆運動」
『大衆運動』 エリック・ホッファー著 高根正昭訳 紀伊國屋書店 2012 194p 19cm〈第5刷(第1刷1961年)〉 2400円
Ⓘ978-4-314-00935-5
☆「世界の古典名著」,「世界の心理学50の名著」

ホップカーク,ピーター

11135　「東方に火をつけろ」
『東方に火をつけろ―レーニンの野望と大英帝国』 ピーター・ホップカーク著 京谷公雄訳 NTT出版 1995 258p 19cm 2500円
Ⓘ4-87188-414-5
☆「歴史家の一冊」

ホップクロフト,J.E.

11136　「言語理論とオートマトン」
『言語理論とオートマトン』 J.E.ホップクロフト,J.D.ウルマン共著 訳者代表:野崎昭弘,木村泉 サイエンス社 1971 285p 22cm(サイエンス・ライブラリ 情報電算機 6)〈文献:p.276-282〉 2000円 Ⓝ535.54
☆「数学ブックガイド100」

ホッブズ,トマス

11137　「市民論」
『市民論』 トマス・ホッブズ著 本田裕志訳 京都 京都大学学術出版会 2008 478p 20cm(近代社会思想コレクション 1) 3900円 Ⓘ978-4-87698-753-5 Ⓝ311
☆「世界名著大事典」,「はじめて学ぶ法哲学・法思想」

11138　「哲学綱要」
☆「哲学名著解題」

11139　「法学要綱」
☆「世界名著大事典」

11140　「リヴァイアサン」
『リヴァイアサン 1』 ホッブズ著 永井道雄,上田邦義訳 中央公論新社 2009 363p 18×11cm(中公クラシックス) 1800円
Ⓘ978-4-12-160107-0
☆「学術辞典叢書 第11巻」,「教養のためのブックガイド」,「現代政治学の名著」,「憲法本41」,「古典・名著の読み方」,「社会科学の古典」,「社会科学の名著」,「図解世界の名著がわかる本」,「西洋をきずいた書物」,「世界を変えた100冊の本」,「世界の古典名著」,「世界の哲学思想」,「世界の名著」,「世界の名著早わかり事典」,「世界名著解題選 第3巻」,「世界名著解題選 第5巻」,「世界名著大事典」,「超解『哲学名著事典』」,「哲学の世界」,「哲学の名著」,「哲学名著解題」(協同出版),「哲学名著解題」(春秋社),「入門 哲学の名著」,「はじめて学ぶ政治学」,「はじめて学ぶ法哲学・法思想」,「必読書150」,「文学・名著300選の解説 '88年度版」

ホブハウス,レオナード

11141　「形而上学的国家理論批判」
☆「社会科学の名著」

11142　「国家の形而上学的理論」
☆「学術辞典叢書 第11巻」,「世界名著解題選 第1巻」,「世界名著大事典」

11143　「社会進化と政治理論」
☆「世界名著大事典 補遺(Extra)」

11144　「社会発達論」
☆「世界名著大事典」

11145　「自由主義」
☆「世界名著大事典」

ホッペ

11146　「物理学史」
☆「世界名著大事典」

ボーデ
11147 「オランダ派フランドル派画家論」
☆「世界名著大事典」

ボーテ, ヘルマン
11148 「ティル・オイレンシュピーゲル」
☆「世界文学あらすじ大事典 3（ちか・ふろ）」,「世界文学鑑賞辞典 第3」,「世界名著大事典」,「ドイツ文学」,「日本の古典・世界の古典」

ボデル
11149 「聖ニコラ劇」
☆「世界文学鑑賞辞典 第2」,「世界名著大事典」

ボテロ, ジオヴァンニ
11150 「都市繁栄の原因」
☆「学術辞典叢書 第14巻」,「世界名著解題選 第3巻」

ボーデン, N.
11151 「帰ってきたキャリー」
『帰ってきたキャリー』 ニーナ・ボーデン作 松本亨子訳 評論社 1977 231p 21cm（児童図書館・文学の部屋） 1200円
☆「一冊で不朽の名作100冊を読む」(友人社),「一冊で不朽の名作100冊を読む」(友人社)

11152 「ペパーミント・ピッグのジョニー」
『ペパーミント・ピッグのジョニー』 ニーナ・ボーデン作 松本亨子訳 評論社 1978 220p 21cm（児童図書館・文学の部屋） 1200円
☆「世界少年少女文学 リアリズム編」

ポトツキ
11153 「サラゴサ写本」
☆「世界の幻想文学」

ホートリー
11154 「景気と信用」
☆「世界名著大事典」

ボードリヤール, ジャン
11155 「シミュラークルとシミュレーション」
『シミュラークルとシミュレーション』 ジャン・ボードリヤール著 竹原あき子訳 新装版 法政大学出版局 2008 220p 19cm（叢書・ウニベルシタス） 2800円 ①978-4-588-09911-3
☆「世界の哲学50の名著」

11156 「消費社会の神話と構造」
『消費社会の神話と構造』 ジャン・ボードリヤール著 今村仁司,塚原史訳 紀伊国屋書店 1995 325p 19cm（普及版 文献目録：p313〜315） 2000円 ①4-314-00700-1 Ⓝ331.7
☆「学問がわかる500冊」,「経済学の名著30」,「現代社会学の名著」,「社会学の名著30」,「メディア・情報・消費社会」

ボードレール, シャルル
11157 「悪の華」
『悪の華―1857年版』 シャルル・ボードレール著 平岡公彦訳 文芸社 2007 218p 19cm 1200円 ①978-4-286-02925-2
☆「あらすじで読む世界文学105」,「いまこそ読みたい哲学の名著」,「教養のためのブックガイド」,「現代世界の名作」,「知っておきたいフランス文学」,「世界の書物」,「世界の名作100を読む」,「世界の名著」,「世界文学鑑賞辞典 第2」,「世界名作事典」,「世界名著大事典」,「千年紀のベスト100作品を選ぶ」,「20世紀を震撼させた100冊」,「日本文学現代名作事典」,「入門名作の世界」,「必読書150」,「文学・名著300選の解説 '88年度版」,「ポケット世界名作事典」,「名作あらすじ事典 西洋文学編」

11158 「エドガー・アラン・ポオ―その生涯と作品」
☆「伝記・自叙伝の名著」

11159 「人工楽園」
『人工楽園』 ボードレール著 渡辺一夫訳 角川書店 1955 214p 15cm（角川文庫） Ⓝ954
☆「世界名著大事典」

11160 「パリの憂鬱」
☆「世界文学鑑賞辞典 第2」,「世界名著大事典」

11161 「美術論」
☆「世界名著大事典」

11162 「ロマン派芸術論」
☆「世界名著解題選 第6巻」,「世界名著大事典」

ボナー
11163 「アダム・スミス蔵書目録」
☆「世界名著大事典」

ボナー, J.T.
11164 「生物の大きさとかたち―サイズの生物学」
『生物の大きさとかたち―サイズの生物学』 トーマス・A.マクマホン, ジョン・タイラー・ボナー著 木村武二,八杉貞雄,小川多恵子訳 東京化学同人 2000 252p 25×23cm（SAライブラリー 6） 4800円 ①4-8079-1219-4
☆「ブックガイド"宇宙"を読む」

ホーナイ, カレン
11165 「心の葛藤」
☆「世界の心理学50の名著」

11166 「精神分析の新しい道」
☆「教育学の世界名著100選」

ボナヴェントゥーラ
11167 「神に行く精神の道」
☆「世界名著大事典」

11168 「夜警」
『夜警』 ボナヴェントゥーラ著 平井正訳 現代思潮社 1967 194p 19cm（古典文庫） 500円 Ⓝ943
☆「世界の幻想文学」

ボナッティ, W.
11169 「ボナッティ わが生涯の山々」
☆「新・山の本おすすめ50選」

11170 「わが山々へ」
『わが山々へ』 ワルテル・ボナッティ著 近藤等訳 白水社 1966 304p（図版共） 図版 21cm 950円 Ⓝ290.9
☆「山の名著30選」

ボナール
11171 「友情論」
『友情論』 アベル・ボナール著 大塚幸男訳 新装復刊 白水社 1997 225p 21cm〈肖像あり〉 2500円 ①4-560-01997-5 Ⓝ957
☆「世界の古典名著」

ボナルド
11172 「市民社会における政治的・宗教的権力の理論」
☆「世界名著大事典」

ホーナング
11173 「義賊ラッフルズ」
☆「世界の推理小説・総解説」

ボーニ
11174 「幸福の護符」
☆「世界名著大事典」

ボーニツ
11175 「アリストテレス索引」
☆「世界名著大事典」

ボニティウス
11176 「著作」
☆「西洋をきずいた書物」

ボニントン
11177 「現代の冒険」
『現代の冒険 下 海・空・洞窟・宇宙』 クリス・ボニントン著 田口二郎, 中村輝子訳 岩波書店 1988 282,19p 20cm 2800円 ①4-00-000601-0 Ⓝ290.9
☆「山の名著30選」

ボヌフォ
11178 「ランボー」
☆「伝記・自叙伝の名著」

ボネ
11179 「自然の観照」
☆「世界名著大事典」

ポノマリョフ
11180 「ソヴェト連邦共産党史」
『ソヴェト連邦共産党史 下巻』 ベ・エヌ・ポノマリョフ他編 追補第3版 早川徹訳 読売新聞社 1972 530-1000,36p 22cm〈巻末：参考文献〉 1200円 Ⓝ315.38
☆「世界名著解題選 第4巻」,「世界名著大事典」

ポパー, カール・R.
11181 「科学的発見の論理」
『科学的発見の論理 下』 カール・R.ポパー著 大内義一, 森博共訳 恒星社厚生閣 1972 269-597p 22cm〈参考文献：p.578-581〉 1700円 Ⓝ401.6
☆「世界を変えた100冊の本」,「世界の哲学50の名著」,「世界名著大事典 補遺（Extra）」

11182 「推測と反駁」
『推測と反駁―科学的知識の発展』 カール・ライムント・ポパー著 藤本隆志, 石垣壽郎, 森博訳 新装版 法政大学出版局 2009 775,16p 19cm（叢書・ウニベルシタス）〈原書第三版〉 8200円 ①978-4-588-09917-5
☆「現代科学論の名著」

11183 「探求の論理学」
☆「世界名著大事典 補遺（Extra）」,「哲学名著解題」

11184 「果てしなき探求」
『果てしなき探求―知的自伝 上』 カール・R.ポパー[著] 森博訳 岩波書店 2004 241p 15cm（岩波現代文庫 学術） 1000円 ①4-00-600117-7 Ⓝ133.5
☆「教養のためのブックガイド」,「大学新入生に薦める101冊の本」

11185 「開かれた社会とその敵」
『開かれた社会とその敵 第2部 予言の大潮―ヘーゲル, マルクスとその余波』 カール・R.ポパー著 小河原誠, 内田詔夫訳 未来社 1980 390,10p 21cm 3500円 Ⓝ104
☆「世界の古典名著」,「世界名著大事典 補遺（Extra）」,「20世紀を震撼させた100冊」,「日本人として読んでおきたい保守の名著」

11186 「歴史主義の貧困」
☆「世界名著大事典 補遺（Extra）」

ホーバン, ラッセル
11187 「親子ネズミの冒険」

『親子ネズミの冒険』 ラッセル・ホーバン作 乾侑美子訳 評論社 1978 302p 21cm（児童図書館・文学の部屋） 1600円
Ⓝ4-566-01189-5
☆「一冊で不朽の名作100冊を読む」(友人社)，「一冊で不朽の名作100冊を読む」(友人社)，「世界少年少女文学 ファンタジー編」

ホープ,アンソニー

11188 「ゼンダ城の虜」
『ゼンダ城の虜―あるイギリス紳士の生涯における三ケ月の物語』 アントニー・ホープ著 村上啓夫訳 日本出版協同 1953 211p 図版 19cm(サスペンス・ノベル選集 第1) Ⓝ933
☆「世界文学あらすじ大事典 2(きよえ‐ちえ)」，「世界名著大事典」

ポープ,ダドリ

11189 「ラミジ艦長物語」
☆「世界の海洋文学」

ポープ,A.

11190 「髪の掠奪」
『髪の掠奪―英雄滑稽詩』 アレクザンダー・ポープ作 岩崎泰男訳 京都 同志社大学出版部 1973 55p 22cm 1000円 Ⓝ931
☆「世界の奇書」，「世界文学あらすじ大事典 1(あ‐きよう)」，「世界名著大事典」

11191 「ダンシアッド」
☆「世界名著大事典」

11192 「人間論」
☆「世界文学鑑賞辞典 第1」，「世界名著大事典」，「たのしく読めるイギリス文学」

11193 「批評論」
『批評論』 アレグザンダー・ポープ著 矢本貞幹訳注 研究社出版 1967 69p 21cm(英米文芸論双書 3)〈英和対訳〉 230円 Ⓝ934
☆「世界名著大事典」

ホプキンズ,ジェリー

11194 「エルビス」
『エルビス』 ジェリー・ホプキンズ著 片岡義男訳 角川書店 1971 416p 肖像 19cm Ⓝ767.8
☆「伝記・自叙伝の名著」

ホプキンズ,トム

11195 「成功のための公式ガイドブック」
☆「世界の成功哲学50の名著エッセンスを解く」

ホプキンス,フレデリック

11196 「副養素の重要性に関する実験」
☆「西洋をきずいた書物」

ホプキンズ,G.M.

11197 「天翔る鷹」
☆「たのしく読めるイギリス文学」

11198 「ドイッチュラント号難破」
☆「世界名著大事典 補遺(Extra)」

ホープス

11199 「ゲルマン古代学事典」
☆「世界名著大事典」

ホフスタッター,ダグラス・R.

11200 「アメリカの政治的伝統」
☆「世界名著大事典」

11201 「ゲーデル、エッシャー、バッハ―あるいは不思議の環」
『ゲーデル、エッシャー、バッハ―あるいは不思議の環 20周年記念版』 ダグラス・R.ホフスタッター著 野崎昭弘, はやしはじめ, 柳瀬尚紀訳 白揚社 2005 763p 21cm 5800円 Ⓝ4-8269-0125-9
☆「科学技術をどう読むか」，「教養のためのブックガイド」，「大学新入生に薦める101冊の本」，「必読書150」，「ブックガイド 文庫で読む科学」

11202 「マインズ・アイ」
☆「ブックガイド "心の科学"を読む」

11203 「メタマジック・ゲーム」
☆「教養のためのブックガイド」

ホブズボーム,エリック

11204 「創られた伝統」
『創られた伝統』 エリック・ホブズボウム, テレンス・レンジャー編 前川啓治, 梶原景昭ほか訳 紀伊國屋書店 1992 488p 19cm(文化人類学叢書) 4900円 Ⓝ4-314-00572-6
☆「文化人類学の名著50」，「文化の社会学」

11205 「20世紀の歴史」
『20世紀の歴史―極端な時代 上巻』 エリック・ホブズボーム著 河合秀和訳 三省堂 1996 426,20p 22cm 4400円 Ⓝ4-385-35677-7 Ⓝ209.7
☆「歴史家の一冊」，「歴史家の読書案内」

11206 「ネーションとナショナリズム 一七八〇年以降」
☆「ナショナリズム論の名著50」

11207 「反抗の原初形態」
☆「現代歴史学の名著」

合信 ほぶそん

11208 「博物新編」
『博物新編―鼇頭』 合信著 小室誠一頭書 2版 柳絮書屋 1877 4冊(第1集上・下, 第2

集, 第3集)　19cm〈初版：明治9年8月刊　和装〉Ⓝ400
☆「世界名著大事典」

ホブソン, J.A.

11209　「近代資本主義の発展」
☆「世界名著大事典」

11210　「帝国主義論」
『帝国主義論』　ジェー・エー・ホブソン著　石沢新二訳　改造図書出版販売　1977　452p　15cm（改造文庫覆刻版　第1期）〈発売：大和書房（東京）〉Ⓝ333.9
☆「経済学名著106選」,「世界の古典名著」,「世界名著大事典」

ホブソン, R.L.

11211　「中国陶磁器」
☆「世界名著大事典」

ホブソン, S.G.

11212　「ナショナル・ギルド」
☆「世界名著大事典」

ホフマン

11213　「ラテン語語源辞典」
☆「世界名著大事典」

11214　「ラテン文法」
☆「世界名著大事典」

ホフマン, エルンスト・テオドール・アマデウス

11215　「悪魔の美酒」
☆「世界の幻想文学」,「世界名著大事典」

11216　「悪魔の霊液」
☆「世界文学あらすじ大事典 1（あ‐きょう）」,「世界文学鑑賞辞典 第3」

11217　「黄金の壺」
☆「面白いほどよくわかる世界の文学」,「現代世界の名作」,「世界の名作50選」,「世界文学あらすじ大事典 1（あ‐きょう）」,「世界文学鑑賞辞典 第3」,「世界文学の名作と主人公」,「世界名著大事典」,「ドイツ文学」,「名作の読解法」

11218　「牡猫ムルの人生観」
『牡猫ムルの人生観―新訳　上巻』　ホフマン著　石丸静雄訳　角川書店　1958　308p 図版 15cm（角川文庫）Ⓝ943
☆「世界の小説大百科」,「世界文学鑑賞辞典 第3」,「世界名著大事典」

11219　「クルミわりとネズミの王さま」
『クルミわりとネズミの王さま』　ホフマン作　上田真而子訳　岩波書店　2000　179p 18cm（岩波少年文庫）　640円
①4-00-114075-6

11220　「クルミ割り人形」
☆「名作の研究事典」

11221　「くるみ割り人形とねずみの王様」
☆「世界の幻想文学」,「世界名著大事典」

11222　「スキュデリー嬢」
『スキュデリー嬢』　ホフマン作　吉田六郎訳　岩波書店　1956　110p　15cm（岩波文庫）Ⓝ943
☆「世界文学鑑賞辞典 第3」

11223　「砂男」
『砂男』　ホフマン著　木暮亮訳　創芸社　1953　287p　16cm（近代文庫　第84）Ⓝ943
☆「知っておきたいドイツ文学」,「世界の幻想文学」,「名作あらすじ事典 西洋文学編」

11224　「ちびのツァッヘス」
☆「世界の幻想文学」

ホフマン, ゲアト

11225　「目の不自由な人の寓話」
☆「世界の小説大百科」

ホフマン, スザンナ・M.

11226　「災害の人類学」
『災害の人類学―カタストロフィと文化』　スザンナ・M.ホフマン, アンソニー・オリヴァー＝スミス編著　若林佳史訳　明石書店　2006　327p　21cm　3600円　①4-7503-2422-1
☆「環境と社会」

ホフマン, スタンレー

11227　「国境を超える義務」
『国境を超える義務―節度ある国際政治を求めて』　スタンリー・ホフマン著　最上敏樹訳　三省堂　1985　317p　19cm〈監修：寺沢一〉　2500円　①4-385-30797-0　Ⓝ319
☆「名著に学ぶ国際関係論」

11228　「スタンレー・ホフマン国際政治論集」
『スタンレー・ホフマン国際政治論集』　スタンレー・ホフマン著　中本義彦編訳　勁草書房　2011　469p　21cm　4700円
①978-4-326-30207-9
☆「平和を考えるための100冊＋α」

ホフマン, A.

11229　「商企業経済学」
☆「世界名著大事典」

ホフマン, B.

11230　「アインシュタイン―創造と反骨の人」
『アインシュタイン―創造と反骨の人』　バネシュ・ホフマン, ヘレン・ドゥカス著　鎮目恭夫, 林一訳　河出書房新社　1991　237,4p

19cm 2200円 ①4-309-22194-7
☆「物理ブックガイド100」

ホフマン, L.

11231 「システムと進化」
『システムと進化―家族療法の基礎理論』 リン・ホフマン著 亀口憲治訳 朝日出版社 1986 504p 22cm(思考の響応 2) 3800円 ①4-255-86001-7 Ⓝ493.72
☆「精神医学の名著50」

ホーフマンスタール, フーゴー・フォン

11232 「アンドレーアス」
☆「ドイツ文学」

11233 「影のない女」
☆「世界の幻想文学」

11234 「詩集」
☆「世界名著大事典」

11235 「ゾベイーデの結婚」
☆「世界名著大事典」

11236 「痴人と死」
☆「現代世界の名作」,「世界文学鑑賞辞典 第3」,「世界名著大事典」

11237 「チャンドス卿の手紙」
☆「あらすじで読む世界文学105」,「世界名著大事典」

11238 「ティツィアーンの死」
☆「世界名著大事典」

11239 「塔」
☆「ポケット世界名作事典」

11240 「バソンピエール元帥の体験」
『チャンドス卿の手紙―他十篇』 ホフマンスタール著 桧山哲彦訳 岩波書店 1991 320p 15cm(岩波文庫) 570円 ①4-00-324571-7 Ⓝ943
☆「知っておきたいドイツ文学」,「名作あらすじ事典 西洋文学編」

11241 「薔薇の騎士」
『ホーフマンスタール選集 4 戯曲』 河出書房新社 1973 477p 肖像 20cm 2800円 Ⓝ948
☆「世界文学あらすじ大事典 3(ちか‐ふろ)」

11242 「文芸論集」
☆「世界名著大事典」

ポポフ

11243 「鋼鉄と鋼滓」
『鋼鉄と鋼滓』 ポポフ著 吉原武安訳 河出書房 1953 347p 図版 19cm(ソヴェト文学全集) Ⓝ983
☆「世界文学鑑賞辞典 第4」,「世界名著大事典」

ボーマルシェ

11244 「気違いじみた一日」
☆「西洋をきずいた書物」

11245 「セビリアの理髪師」
☆「世界文学あらすじ大事典 2(きよえ‐ちえ)」,「世界文学鑑賞辞典 第2」,「世界名著大事典」

11246 「フィガロの結婚」
『フィガロの結婚』 ボーマルシェ原作 ダ・ポンテ台本 モーツァルト作曲 武石英夫訳 [東京] 民主音楽協会 82p 30cm(民音創立10周年記念ミュンヘン・オペラ公演対訳選書 1)〈他言語標題：Le nozze di Figaro イタリア語併記〉
☆「面白いほどよくわかるあらすじで読む世界の名作」,「知っておきたいフランス文学」,「世界文学あらすじ大事典 3(ちか‐ふろ)」,「世界文学鑑賞辞典 第2」,「世界文学の名作と主人公」,「世界名作事典」,「世界名著大事典」,「日本の古典・世界の古典」,「フランス文学」,「ポケット世界名作事典」,「名作あらすじ事典 西洋文学編」,「名小説ストーリイ集 世界篇」

ボーマン

11247 「新しい世界」
☆「世界名著大事典」

11248 「ギリシア的思惟との比較によるヘブライ的思惟」
☆「世界名著大事典」

11249 「社会科学との関連における地理学」
☆「人文科学の名著」,「世界名著大事典」

ホーマンズ

11250 「13世紀イングランド農民」
☆「世界名著大事典」

ホーマンズ, G.C.

11251 「ヒューマン・グループ」
☆「社会科学の古典」,「世界名著大事典」,「名著による教育原理」

ボミヤローフスキイ

11252 「小市民の幸福」
☆「世界文学鑑賞辞典 第4」

11253 「町人の幸福」
☆「世界名著大事典」

ホーム

11254 「人間史素描」
☆「世界名著大事典」

ボーム, デヴィド

11255 「全体性と内蔵秩序」
『全体性と内蔵秩序』 デヴィド・ボーム著 井上忠,伊藤笏康,佐野正博訳 新版 青土社

2005　368p　19cm　2800円
①4-7917-6218-5
☆「世界の哲学50の名著」

ホーム, ヘンリー
11256　「批評の原理」
☆「世界名著大事典」

ボーム, L.フランク
11257　「オズの魔法使い」
『オズの魔法使い―新訳』　ライマン・フランク・ボーム作　西田佳子訳　おのともえ絵　集英社　2013　222p　18cm（集英社みらい文庫　ほ-3-1）　640円　①978-4-08-321158-4　Ⓝ933.7
☆「あらすじで出会う世界と日本の名作55」,「一冊で不朽の名作100冊を読む」(友人社),「一冊で不朽の名作100冊を読む」(友人社),「英米児童文学のベストセラー40」,「英米文学の名作を知る本」,「書き出し「世界文学全集」」,「世界少年少女文学ファンタジー編」,「世界の名作文学案内」,「世界のメルヘン30」,「世界文学の名作と主人公」,「たのしく読めるアメリカ文学」,「名作の研究事典」

ホームズ, オリバー・ウェンデル, Jr.
11258　「コモン・ロー」
☆「社会科学の名著」,「世界名著大事典」

11259　「法の途」
☆「世界の古典名著」

ホームズ, オリバー・ウェンデル, Sr.
11260　「朝の食卓の独裁者」
☆「世界名著大事典」

11261　「産褥熱の伝染について」
☆「アメリカを変えた本」,「西洋をきずいた書物」

ホームズ, H.
11262　「ホームズ船長の冒険」
『ホームズ船長の冒険―開港前後のイギリス商社』　ヘンリー・ホームズ著　杉山伸也,ヘレン・J.ボールハチェット訳　横浜開港資料館編　横浜　有隣堂　1993　166p　18cm（有隣新書　48）　950円　①4-89660-114-9
☆「世界の海洋文学」

ホメロス
11263　「蛙鼠戦役」
☆「世界名著大事典」

11264　「イリアス」
『イリアス　上』　ホメロス作　松平千秋訳　岩波書店　2004　454p　19cm（ワイド版岩波文庫）　1400円　①4-00-007249-8
☆「一冊で世界の名著100冊を読む」,「大人のための世界の名著50」,「学術辞典叢書 第12巻」,「教養のためのブックガイド」,「近代名著解題選集 1」,「『こころ』は本当に名作か」,「古典・名著の読み方」,「世界を変えた100冊の本」,「世界の書物」,「世界の長編文学」,「世界の名作おさらい」,「世界の名著」,「世界文学あらすじ大事典 1（あーきよう）」,「世界文学鑑賞辞典 第2」,「世界文学の名作と主人公」,「世界名作事典」,「世界名著解題選 第1巻」,「地図とあらすじで読む歴史の名著」,「日本の古典・世界の古典」,「名作の研究事典」

11265　「オデュッセイア」
『オデュッセイア　下』　ホメロス著　松平千秋訳　岩波書店　2003　349,16p　15cm（岩波文庫）〈第11刷〉　660円　①4-00-321025-5
☆「あらすじで読む世界文学105」,「一冊で世界の名著100冊を読む」,「書き出し「世界文学全集」」,「学術辞典叢書 第13巻」,「教養のためのブックガイド」,「『こころ』は本当に名作か」,「世界を変えた100冊の本」,「世界の海洋文学」,「世界の書物」,「世界の長編文学」,「世界の名作おさらい」,「世界の名作100を読む」,「世界の名著」,「世界文学あらすじ大事典 1（あーきよう）」,「世界文学鑑賞辞典 第2」,「世界文学の名作と主人公」,「世界文学必読法」,「世界名著解題選 第1巻」,「世界名著大事典」,「地図とあらすじで読む歴史の名著」,「日本の古典・世界の古典」,「必読書150」,「文学・名著300選の解説 '88年度版」,「ポケット世界名作事典」,「要約 世界文学全集 2」

11266　「著作」
☆「西洋をきずいた書物」

11267　「ユリシーズの地獄下り」
☆「世界の幻想文学」

ボーモン
11268　「童話集」
☆「世界名著大事典」

11269　「美女と野獣」
☆「日本・世界名作「愛の会話」100章」

ボーモント, ウィリアム
11270　「胃液および消化生理学に関する実験と考察」
☆「アメリカを変えた本」

ボーモント, フランシス
11271　「ぴかぴかすりこぎ団の騎士」
『ぴかぴかすりこぎ団の騎士』　フランシス・ボーモント著　大井邦雄訳　早稲田大学出版部　1990　224,14p　19cm（エリザベス朝喜劇10選　5）　1442円　①4-657-90205-9
☆「世界文学あらすじ大事典 3（ちか・ふろ）」

ボーモント, C.
11272　「バレー名作選」
☆「世界名著大事典」

ボヤイ, J.
11273 「純粋数学入門」
☆「世界名著大事典 補遺(Extra)」

11274 「〈補遺〉空間の絶対科学」
☆「世界を変えた書物」

ポラス, ジェリー・I.
11275 「ビジョナリーカンパニー」
『ビジョナリーカンパニー──時代を超える生存の原則』 ジェームズ・C.コリンズ, ジェリー・I.ポラス 著　山岡洋一訳　日経BP出版センター　1995　469p　20cm〈参考文献：p441〜469〉　2000円　Ⓘ4-8227-4031-5 Ⓝ335.253
☆「あらすじで読む世界のビジネス名著」,「勝利と成功の法則」,「世界で最も重要なビジネス書」,「戦略の名著！最強43冊のエッセンス」

ホラティウス
11276 「歌章」
☆「教養のためのブックガイド」

11277 「閑話」
☆「世界名著大事典」

11278 「書簡」
☆「世界名著大事典」

11279 「叙情詩集」
☆「世界名著大事典」

11280 「詩論」
『詩論』　ホラティウス[著]　外山弥生訳注　研究社出版　1971　82p　21cm〈英米文芸論双書　別巻 2)〈他言語標題：The art of poetry〉
☆「世界文学鑑賞辞典 第2」,「世界名著大事典」

11281 「著作」
☆「西洋をきずいた書物」

ポラード
11282 「書誌学」
☆「世界名著大事典」

ボラーニョ, ロベルト
11283 「南北アメリカのナチ文学」
☆「21世紀の世界文学30冊を読む」

11284 「2666」
『2666』　ロベルト・ボラーニョ著　野谷文昭, 内田兆史, 久野量一訳　白水社　2012　868p　22cm　6600円　Ⓘ978-4-560-09261-3 Ⓝ963
☆「世界の小説大百科」

ポランニー, カール
11285 「大転換」
☆「グローバル政治理論」,「経済学の名著30」,「経済学名著106選」,「世界名著大事典 補遺(Extra)」,「必読書150」,「平和を考えるための100冊+α」

11286 「ダオメと奴隷貿易」
☆「世界名著大事典 補遺(Extra)」

11287 「人間の経済」
『人間の経済　1』　カール・ポランニー[著]　玉野井芳郎, 栗本慎一郎訳　岩波書店　2005　260p　20cm(岩波モダンクラシックス)〈1のサブタイトル：市場社会の虚構性〉　2800円　Ⓘ4-00-027136-9 Ⓝ332
☆「文化人類学の名著50」

ボーリ
11288 「フランスの中央高地とその地中海側周辺部との地形研究」
☆「世界名著大事典」

ポリアトウスカ, エレナ
11289 「ヘスサ、君に！」
☆「世界の小説大百科」

ポリツィアーノ, A.
11290 「騎馬試合」
☆「世界名著大事典」

11291 「論文100選」
☆「西洋をきずいた書物」

ホリデイ, ビリー
11292 「ビリー・ホリデイ自伝──奇妙な果実」
☆「伝記・自叙伝の名著」

ポリドリ, ジョン
11293 「吸血鬼」
☆「世界の幻想文学」

ポリフカ
11294 「グリム童話注解」
☆「世界名著大事典」

ポリヤ
11295 「Notes on Introductory Combinatorics」
☆「ブックガイド〈数学〉を読む」

ポリュデウケス
11296 「オノマスティコン」
☆「世界名著大事典」

ポリュビオス
11297 「歴史」
『歴史　4』　ポリュビオス[著]　城江良和訳　京都　京都大学学術出版会　2013　436,41p　20cm(西洋古典叢書　G077　内山勝利, 大戸千之, 中務哲郎, 南川高志, 中畑正志, 高橋宏幸編集委員)〈布装　付属資料：8p：月報99　索

引あり〉 4300円 ①978-4-87698-252-3 Ⓝ232.4
☆「世界名著大事典」

ボーリング
11298 「実験心理学史」
☆「世界名著大事典」

ボーリング
11299 「化学結合論」
『化学結合論』 ボーリング著　小泉正夫訳　改訂版　共立出版　1962　566p　22cm　Ⓝ431.2
☆「自然科学の名著100選 下」、「世界名著大事典」

ホリングハースト, アラン
11300 「スイミングプール・ライブラリー」
☆「世界の小説大百科」

11301 「ライン・オブ・ビューティ―愛と欲望の境界線」
☆「世界の小説大百科」

ボーリングブルック
11302 「愛国王の観念」
☆「世界名著大事典」

11303 「政党論」
☆「世界名著大事典」

ホール
11304 「東南アジア史」
☆「世界名著大事典」

11305 「ヨーロッパ諸国民への文明の影響」
『文明の欧羅巴諸国民えの影響』 チャールス・ホール著　松浦要訳　鬼怒書房　1948　241p　19cm（社会思想名著選集　第1）Ⓝ362
☆「世界名著大事典」

ホル
11306 「教会史論文集」
☆「世界名著大事典」

ボール
11307 「峰, 峠, 氷河」
☆「世界名著大事典」

ポール
11308 「フランス革命の哲学」
☆「世界名著大事典」

ホール, アダム
11309 「不死鳥を倒せ」
☆「世界の冒険小説・総解説」

ホール, エドワード・T.
11310 「沈黙のことば」

『沈黙のことば』 エドワード・T.ホール著　国弘正雄, 長井善見, 斎藤美津子訳　南雲堂　1966　252p　19cm　580円　Ⓝ361.6
☆「文化人類学の名著50」

ホール, ジェームズ・ノーマン
11311 「バウンティ号の反乱」
☆「世界の海洋文学」

ボール, ジョン
11312 「航空救難隊」
『航空救難隊』 ジョン・ボール著　村上博基訳　早川書房　1967　198p　19cm（世界ミステリシリーズ）　270円　Ⓝ933
☆「世界の冒険小説・総解説」

11313 「夜の熱気の中で」
『夜の熱気の中で』 ジョン・ボール著　菊池光訳　早川書房　1967　180p　19cm（世界ミステリシリーズ）　260円　Ⓝ933
☆「映画になった名著」、「世界の推理小説・総解説」

ポール, フレデリック
11314 「宇宙商人」
『宇宙商人』 フレデリック・ポール, C.M.コーンブルース著　加島祥造訳　早川書房　1984　276p　16cm（ハヤカワ文庫　SF）　340円　Ⓝ933
☆「世界のSF文学・総解説」

11315 「マン・プラス」
『マン・プラス』 フレデリック・ポール著　矢野徹訳　早川書房　1989　383p　15cm（ハヤカワ文庫SF）　540円　①4-15-010833-1
☆「世界のSF文学・総解説」

ホール, ベイジル
11316 「朝鮮・琉球航海記」
『朝鮮・琉球航海記―1816年アマースト使節団とともに』 ベイジル・ホール著　春名徹訳　岩波書店　1986　385p　15cm（岩波文庫）　550円
☆「世界の旅行記101」

ポール, マクマホン
11317 「東アジアの民族主義と共産主義」
☆「世界名著大事典」

ホール, ラドクリフ
11318 「さびしさの泉」
『さびしさの泉　上巻』 ラドクリフ・ホール著　大久保康雄訳　新潮社　1952　266p　19cm　Ⓝ933
☆「世界の小説大百科」

ホール,A.G.
11319 「ナンセン伝」
☆「伝記・自叙伝の名著」

ホール,G.S.
11320 「青年期」
☆「世界名著大事典」

ホール,H.E.
11321 「固体物理学」
『固体物理学入門 上』 フック,ホール原著 福山秀敏監訳 松浦民房,鈴村順三,黒田義浩共訳 丸善 2002 276,15p 21cm 3400円 ①4-621-04963-1 Ⓝ428.4
☆「物理ブックガイド100」

ホール,J.A.
11322 「国家」
☆「学問がわかる500冊」

ホルクハイマー,M.
11323 「啓蒙の弁証法」
『啓蒙の弁証法―哲学的断想』 ホルクハイマー,アドルノ著 徳永恂訳 岩波書店 2007 549p 15cm(岩波文庫) 1200円 ①978-4-00-336921-0
☆「学問がわかる500冊」,「世界の古典名著」,「20世紀を震撼させた100冊」,「はじめて学ぶ政治学」,「必読書150」,「ポピュラー文化」

11324 「権威主義的パーソナリティ」
☆「世界名著大事典」

ボルケナウ
11325 「近代世界観成立史」
『近代世界観成立史―封建的世界観から市民的世界観へ マニュファクチア時代の哲学史のための研究 上巻』 フランツ・ボルケナウ著 横川次郎,新島繁訳 叢文閣 1935 444p 23cm Ⓝ130
☆「世界名著解題選 第5巻」

11326 「封建的世界像から市民的世界像へ」
『封建的世界像から市民的世界像へ』 フランツ・ボルケナウ著 水田洋,花田圭介,矢崎光圀,栗本勤,竹内良知ほか共訳 みすず書房 2004 741,33p 21cm〈第10刷〉 10000円 ①4-622-01702-4
☆「世界名著大事典」

11327 「ヨーロッパの共産主義」
☆「世界名著大事典」

ポルシェ
11328 「ポルシェの生涯」
『ポルシェの生涯―その苦悩と栄光』 フェリー・ポルシェ,ジョン・ベントリー著 大沢茂,斎藤太治男訳 南雲堂 1980 381p 図版16枚 20cm 2500円 Ⓝ289.3
☆「伝記・自叙伝の名著」

ホルスティ
11329 「国際政治の理論」
☆「名著に学ぶ国際関係論」

ホールズワース
11330 「イギリス法史」
☆「世界名著大事典」

ポルタ
11331 「蒸溜法九書」
☆「世界を変えた書物」

ホルツ,A.
11332 「芸術,その本質と法則」
☆「世界名著大事典」

11333 「時代の書」
☆「世界名著大事典」

ボルツァノ,ベルンハルド
11334 「知識学」
☆「学術辞典叢書 第12巻」,「世界名著解題選 第2巻」,「世界名著大事典」

11335 「無限の逆説」
『無限の逆説』 ベルナルト・ボルツァーノ著 藤田伊吉訳 みすず書房 1978 203p 22cm 2200円 Ⓝ134.58
☆「世界を変えた書物」,「世界名著大事典」

ボルツマン
11336 「科学論集」
☆「世界名著大事典」

11337 「気体運動論講義」
☆「自然科学の名著」,「自然科学の名著100選 下」

11338 「気体論講義」
☆「世界名著大事典」

ボルテ
11339 「グリム童話注解」
☆「世界名著大事典」

11340 「ドイツ昔話辞典」
☆「世界名著大事典」

ボールディング,K.E.
11341 「経済学を越えて」
☆「経済学88物語」

11342 「地球社会はどこへ行く」
☆「科学技術をどう読むか」

ホルテル
11343 「5月」
☆「世界名著大事典」

ホールデーン
11344 「1生物学者の哲学」
☆「世界名著大事典」

11345 「生物学の哲学的基礎」
『生物学の哲学的基礎』 ホールデーン著 山県春次, 稲生晋吾訳 弘文堂書房 1941 169p 19cm Ⓝ460
☆「世界名著大事典」

ホルト, エドウィン
11346 「新実在論」
☆「近代欧米名著解題 第7巻」,「世界名著大事典」

ホルト, ジョン・コールドウェル
11347 「子どもその権利と責任」
☆「教育名著の愉しみ」

ボルドゥー
11348 「腺の位置とその作用とについての解剖学的研究」
☆「世界名著大事典」

ボールドウィン
11349 「哲学・心理学事典」
☆「世界名著大事典」

ボールドウィン, ジェイムズ
11350 「汽車はいつ出たのか」
☆「世界名著大事典 補遺(Extra)」

11351 「ジョヴァンニの部屋」
『ジョヴァンニの部屋』 ジェームズ・ボールドウィン［著］ 大橋吉之輔訳 白水社 1984 293p 18cm(白水Uブックス 57) 880円 Ⓘ4-560-07057-1 Ⓝ933
☆「知っておきたいアメリカ文学」,「世界の小説大百科」,「世界名著大事典 補遺(Extra)」

11352 「次は火だ」
☆「世界名著大事典 補遺(Extra)」

11353 「もう一つの国」
『もう一つの国』 ボールドウィン著 野崎孝訳 集英社 1977 628p 16cm(集英社文庫) 480円 Ⓝ933
☆「アメリカ文学」,「一冊で世界の名著100冊を読む」,「世界文学の名作と主人公」,「世界名著大事典 補遺(Extra)」,「ポケット世界名作事典」

11354 「山にのぼりて告げよ」
☆「英米文学の名作を知る本」,「世界の小説大百科」,「世界名著大事典 補遺(Extra)」,「たのしく読めるアメリカ文学」

ボールドウィン, ハンソン
11355 「海難」
☆「世界の海洋文学」

ホルトゥーゼン
11356 「すみかなき人間」
☆「世界名著大事典」

ボルトキェヴィチ
11357 「少数の法則」
☆「世界名著大事典」

11358 「マルクス体系における価値計算と価格計算」
☆「経済学の名著」,「経済学名著106選」,「世界名著大事典」

ポルトマン, アドルフ
11359 「人間はどこまで動物か」
『人間はどこまで動物か―新しい人間像のために』 アドルフ・ポルトマン著 高木正孝訳 岩波書店 1961 254p 18cm(岩波新書) Ⓝ469
☆「科学技術をどう読むか」,「世界名著大事典」

ホールドマン, ジョー
11360 「終りなき戦い」
『終りなき戦い』 ジョー・ホールドマン著 風見潤訳 早川書房 1985 366p 16cm(ハヤカワ文庫 SF) 460円 Ⓘ4-15-010634-7 Ⓝ933
☆「世界のSF文学・総解説」

ポルト・リシュ
11361 「恋の女」
☆「世界名著大事典」

ボルトン, ロバート
11362 「対人能力―自己を主張し、他人の言い分を聞き、対立を解消する方法」
☆「世界の心理学50の名著」

ホルニク
11363 「オーストリアは万邦無比」
☆「世界名著大事典」

ボルノウ, オットー・フリードリッヒ
11364 「教育的雰囲気」
☆「名著解題」

11365 「実存哲学と教育学」
『実存哲学と教育学』 ボルノー著 峰島旭雄訳 理想社 1966 336p 図版 19cm(実存主義叢書 14) 750円 Ⓝ371
☆「教育学の世界名著100選」

11366 「人間学的に見た教育学」

☆「教育の名著80選解題」
11367 「人間と空間」
『人間と空間』 オットー・フリードリッヒ・ボルノウ著 大塚恵一ほか訳 せりか書房 1978 324p 22cm 2800円 Ⓝ112.2
☆「建築・都市ブックガイド21世紀」

ボルピ, ホルヘ
11368 「クリングゾールを探して」
☆「世界の小説大百科」

ボルヒェルト, ヴォルフガング
11369 「戸口の外で」
☆「知っておきたいドイツ文学」,「世界名著大事典」

ボルヒリング
11370 「中低ドイツ語掌辞典」
☆「世界名著大事典」

ポルフュリオス
11371 「カテゴリー論入門」
☆「世界名著大事典」

ボルヘス, ホルヘ・ルイス
11372 「悪党列伝」
『悪党列伝』 ホルヘ・ルイス・ボルヘス著 中村健二訳 晶文社 1976 160p 20cm 980円 Ⓝ963
☆「歴史家の一冊」

11373 「アレフ」
☆「世界名著大事典 補遺(Extra)」

11374 「伝奇集」
『伝奇集』 ホルヘ・ルイス・ボルヘス著 鼓直訳 福武書店 1990 184p 20cm 1200円 ①4-8288-4012-5 Ⓝ963
☆「一冊で世界の名著100冊を読む」,「面白いほどよくわかる世界の文学」,「世界のSF文学・総解説」,「世界文学あらすじ大事典 3(ちか‐ふろ)」,「世界文学必勝法」,「世界名著大事典 補遺(Extra)」,「百年の誤読 海外文学篇」,「ポケット世界名作事典」

11375 「トレーン・ウクバル」
☆「世界の幻想文学」

11376 「ドン・イシドロ・パロディ」
☆「世界文学の名作と主人公」

11377 「南部」
☆「世界の名作文学案内」

11378 「フィクション」
☆「世界名著大事典 補遺(Extra)」

11379 「ブエノス・アイレスの熱狂」
☆「世界名著大事典 補遺(Extra)」

11380 「不死の人」
『不死の人』 ホルヘ・ルイス・ボルヘス著 土岐恒二訳 白水社 1996 257p 18cm(白水Uブックス 海外小説の誘惑) 980円 ①4-560-07114-4
☆「世界の幻想文学」,「世界名著大事典 補遺(Extra)」

11381 「ブロディの報告書」
☆「世界名著大事典 補遺(Extra)」

11382 「迷路」
☆「世界の小説大百科」

ホルベルグ, ルドヴィク
11383 「ニコラス・クリミウスの地下世界への旅」
☆「世界文学あらすじ大事典 3(ちか‐ふろ)」

11384 「ニールス・クリムの地下旅行」
☆「世界名著大事典」

11385 「山のイェッペ」
☆「世界名著大事典」

ホルムズ
11386 「太平洋暗号戦史」
☆「日本陸軍の本・総解説」

ボルン, M.
11387 「アインシュタインの相対性理論」
☆「物理ブックガイド100」

11388 「光学の原理」
『光学の原理 2 干渉および回折』 マックス・ボルン, エミル・ウォルフ著 草川徹, 横田英嗣訳 東海大学出版会 1975 738p 22cm 〈原著第5版を翻訳したもの〉 2800円 Ⓝ425
☆「物理ブックガイド100」

ポレヴォイ
11389 「真の人間の物語」
『真実の人間の物語 上』 ベ・ポレヴォーイ著 吉原武安訳 青銅社 1952 284p 図版 18cm(青銅選書 第7) Ⓝ983
☆「世界文学鑑賞辞典 第4」,「世界名著大事典」

ボレリ
11390 「動物の運動」
☆「自然科学の名著」,「世界名著大事典」

ボレル
11391 「シャンパヴェール悖徳物語」
☆「世界の幻想文学」

ポーロ, マルコ
11392 「東方見聞録」
『東方見聞録』 マルコ・ポーロ[著] 青木富太郎訳 文元社 2004 260p 19cm(教養ワイドコレクション)〈「現代教養文庫」1997年

刊(9刷)を原本としたOD版　発売：紀伊國屋書店〉　2800円　①4-86145-014-4　Ⓝ292.09
☆「西洋をきずいた書物」，「世界の書物」，「世界の旅行記101」，「世界文学あらすじ大事典 3(ちか～ふろ)」，「世界名著大事典」，「地図とあらすじで読む歴史の名著」，「伝記・自叙伝の名著」，「東洋の奇book55冊」，「文学・名著300選の解説 '88年度版」

ボロウスキー
11393　「カント」
☆「伝記・自叙伝の名著」

ポロック
11394　「イギリス法史」
☆「世界名著大事典」

11395　「契約原理」
☆「世界名著大事典」

11396　「不法行為法」
☆「世界名著大事典」

ボロフスキ, タデウシュ
11397　「皆さま, ガス室へどうぞ」
☆「世界の小説大百科」

ボワイエ
11398　「レギュラシオン理論」
『レギュラシオン理論―危機に挑む経済学』 ロベール・ボワイエ著　山田鋭夫訳・解説〔藤原書店〕　1990　276p　20cm〈レギュラシオン・ライブラリー〉〈新評論平成元年刊の新版　レギュラシオン理論略年表・文献：p262～273〉　2200円　①4-938661-10-1　Ⓝ331
☆「経済学88物語」

ホワイト
11399　「科学的配給管理論」
☆「学術辞典叢書 第14巻」

ホワイト, アンドリュー・ディクスン
11400　「科学と神学との闘争の歴史」
☆「世界名著大事典」

ホワイト, エドマンド
11401　「ある少年の物語」
『ある少年の物語』 エドマンド・ホワイト著　柿沼瑛子訳　早川書房　1990　281p　19cm (Hayakawa Novels)　1700円　①4-15-207697-6
☆「世界の小説大百科」，「たのしく読めるアメリカ文学」

ホワイト, エリク
11402　「ストラヴィンスキー」
『ストラヴィンスキー』 エリク・ホワイト著　柿沼太郎訳　音楽之友社　1955　159p　図版　15cm (音楽文庫)　Ⓝ762.3
☆「世界名著大事典」

ホワイト, ギルバート
11403　「セルボーンの博物誌」
『セルボーンの博物誌』 ギルバート・ホワイト著　新妻昭夫訳・解説　小学館　1997　281p　19cm (地球人ライブラリー)　1456円　①4-09-251033-0
☆「世界名著大事典」

ホワイト, パトリック
11404　「ヴォス」
『ヴォス―オーストラリアの探険家の物語　上』 パトリック・ホワイト著　越智道雄訳　改訂新版　サイマル出版会　279p　19cm　2100円　①4-377-21125-0
☆「世界の小説大百科」，「たのしく読めるイギリス文学」

11405　「生者と死者」
☆「世界の小説大百科」

11406　「人間の樹」
☆「世界の小説大百科」

ホワイト, ランスロット・L.
11407　「形の全自然学」
『形の全自然学』 ランスロット・ロウ・ホワイト編　斉藤栄一訳　工作舎　1985　391p　20cm〈形態学年譜・文献集・邦訳参考文献：p341～387〉　2800円　Ⓝ404
☆「科学技術をどう読むか」

ホワイト, リン
11408　「機械と神」
『機械と神―生態学的危機の歴史的根源』 リン・ホワイト著　青木靖三訳　みすず書房　1999　186p　19cm (みすずライブラリー)　1800円　①4-622-05049-8
☆「学問がわかる500冊 v.2」

ホワイト, C.L.
11409　「地理学」
☆「世界名著大事典」

ホワイト, E.B.
11410　「シャーロットのおくりもの」
☆「一冊で不朽の名作100冊を読む」(友人社)，「一冊で不朽の名作100冊を読む」(友人社)，「英米児童文学のベストセラー40」，「世界少年少女文学　ファンタジー編」

ホワイト, E.L.
11411　「小人の呪」
☆「世界の幻想文学」

ホワイト,L.D.
11412 「行政学入門」
☆「世界名著大事典」

ホワイト,T.H.
11413 「永遠の王」
☆「世界の小説大百科」,「世界文学あらすじ大事典1(あ―きよう)」

ホワイト,W.F.
11414 「ストリート・コーナー・ソサエティ」
☆「現代社会学の名著」,「都市的世界」

ホワイト,W.H.
11415 「組織のなかの人間」
☆「世界で最も重要なビジネス書」,「世界名著大事典」

ホワイトゥン,A.
11416 「マキャベリ的知性と心の理論の進化論」
☆「教養のためのブックガイド」

ホワイトヘッド,アルフレッド・ノース
11417 「科学と近代世界」
『科学と近代世界』 ホワイトヘッド著 上田泰治,村上至孝訳 京都 松籟社 1981 335,7p 20cm(ホワイトヘッド著作集 第6巻) 2500円 Ⓝ133.5
☆「現代科学論の名著」,「世界名著大事典」

11418 「過程と実在」
『過程と実在 1 コスモロジーへの試論』 アルフレッド・ノース・ホワイトヘッド著 平林康之訳 みすず書房 2007 318,9p 21cm 6000円 ①4-622-01760-1
☆「世界名著大事典」,「哲学の名著」,「哲学名著解題」(協同出版),「哲学名著解題」(春秋社),「21世紀の必読書100選」

11419 「観念の冒険」
『観念の冒険』 ホワイトヘッド著 山本誠作,菱木政晴共訳 京都 松籟社 1982 456,14p 20cm(ホワイトヘッド著作集 第12巻) 3000円 Ⓝ133.5
☆「世界の古典名著」,「世界の名著早わかり事典」,「哲学名著解題」

11420 「自然科学的知識の諸原理に関する一研究」
☆「哲学名著解題」

11421 「自然と生命」
『自然と生命』 ホワイトヘッド著 柘植秀臣,永野為武訳 三省堂 1939 120,6p 19cm 〈附:ホワイトヘッドの生物哲学に就て〉 Ⓝ133
☆「哲学名著解題」

11422 「自然の概念」
☆「哲学名著解題」

11423 「自由社会におけるリーダーシップ」
☆「世界名著大事典」

11424 「数学の原理」
☆「世界名著大事典」,「哲学の名著」,「哲学名著解題」

11425 「プリンキピア・マテマティカ」
☆「古典・名著の読み方」,「20世紀を震撼させた100冊」

11426 「理性の機能」
☆「哲学名著解題」

ホワース
11427 「地理学の形成」
☆「世界名著大事典」

ホーン
11428 「教育哲学」
☆「近代欧米名著解題 第2巻」

11429 「教育の心理学的原則」
☆「近代欧米名著解題 第4巻」

ボン
11430 「キム・イルソン」
『キム・イルソン―20世紀の生んだ偉大な指導者』 ベク・ボン著 キム・イルソン主席著作翻訳委員会訳 三省堂 1973 2冊 19cm 〈付録(32p 19cm):日本軍国主義の朝鮮侵略を理解するために(藤島宇内)〉 各650円 Ⓝ289.2
☆「伝記・自叙伝の名著」

ホングレイプ
11431 「インドネシア経済史概説」
☆「世界名著大事典」

ボンジュール
11432 「スイス小史」
☆「世界名著大事典」

ボンスレ
11433 「図形の射影的性質について」
☆「世界名著大事典」

ボンゼルス
11434 「人間の運命」
☆「世界名著大事典」

11435 「みつばちマーヤの冒険」
『みつばちマーヤの冒険』 ワルデマル・ボンゼルス原作 高橋健二訳 国土社 2004 200p 21cm(世界名作文学集) 1600円 ①4-337-21306-6

☆「一冊で不朽の名作100冊を読む」(友人社),「一冊で不朽の名作100冊を読む」(友人社),「世界少年少女文学 ファンタジー編」,「世界文学鑑賞辞典 第3」,「世界名作事典」,「世界名著大事典」,「ポケット世界名作事典」,「名作の研究事典」

ポンダー, キャサリン

11436 「心を開いて豊かになる」
☆「お金と富の哲学世界の名著50」

11437 「豊かさをもたらす大いなる法則」
☆「世界の成功哲学50の名著エッセンスを解く」

ボンテンペッリ

11438 「巡礼」
☆「世界の幻想文学」

11439 「2人の母親をもつ息子」
☆「世界名著大事典」

ボンド, マイケル

11440 「くまのパディントン」
『くまのパディントン』 マイケル・ボンド作 松岡享子訳 ペギー・フォートナム画 福音館書店 2002 217p 17cm(福音館文庫 パディントンの本 1) 600円
①4-8340-1802-4,4-8340-3069-5
☆「一冊で不朽の名作100冊を読む」(友人社),「一冊で不朽の名作100冊を読む」(友人社),「英米児童文学のベストセラー40」,「世界少年少女文学 ファンタジー編」

ポントピダン

11441 「幸福なペーア」
☆「世界名著大事典」

11442 「約束の国」
☆「世界名著大事典」

ポントリヤーギン

11443 「常微分方程式」
☆「数学ブックガイド100」

11444 「連続群論」
☆「数学ブックガイド100」

ボンネ

11445 「中東の国家と経済」
☆「世界名著大事典」

ボンバール, アラン

11446 「実験漂流記」
『実験漂流記』 アラン・ボンバール著 近藤等訳 白水社 1965 230p 図版 地図 21cm Ⓝ299
☆「世界の海洋文学」

ホーンビィ

11447 「ぼくのプレミア・ライフ」
☆「世界文学の名作と主人公」

ボンブラン

11448 「南アメリカ旅行記」
『新大陸赤道地方紀行 上』 アレクサンダー・フォン・フンボルト著 大野英二郎, 荒木善太訳 岩波書店 2001 526p 22cm(17・18世紀大旅行記叢書 第2期 9 中川久定ほか編)〈シリーズ責任表示: 中川久定〔ほか〕編 肖像あり 年譜あり〉 8400円
①4-00-008849-1 Ⓝ296
☆「世界名著大事典」

ボンヘッファー

11449 「追従」
☆「世界名著大事典」

ポンポナッツィ

11450 「霊魂不滅論」
☆「世界名著大事典」

【マ】

マアルーフ, アミン

11451 「アラブが見た十字軍」
『アラブが見た十字軍』 アミン・マアルーフ著 牟田口義郎, 新川雅子訳 改訳版 筑摩書房 2001 489p 15cm(ちくま学芸文庫) 1500円 ①4-480-08615-3
☆「ブックガイド 文庫で読む科学」

11452 「サマルカンド年代記」
『サマルカンド年代記―『ルバイヤート』秘本を求めて』 アミン・マアルーフ著 牟田口義郎訳 筑摩書房 2001 494p 15cm(ちくま学芸文庫) 1500円 ①4-480-08669-2
☆「ブックガイド 文庫で読む科学」

マイ, カール

11453 「砂漠への挑戦」
☆「ドイツ文学」

マイアー・グレーフェ

11454 「セザンヌとその周辺」
☆「世界名著大事典」

マイウーリ

11455 「ポンペイ」
☆「世界名著大事典」

マイエット
11456「日本農民の疲弊及其救治策」
☆「世界名著大事典」、「農政経済の名著 明治大正編」

11457「農業保険論」
『農業保険論』 パウル・マイエット著 渡辺醇之助,斎藤鉄太郎訳 松浦良春閣 喜多三郎 1890 480,83p 表17枚 22cm Ⓝ610
☆「世界名著大事典」

マイクルズ,アン
11458「儚い光」
☆「世界の小説大百科」

マイスナー,ハンス=オットー
11459「アラスカ戦線」
『アラスカ戦線』 ハンス=オットー・マイスナー著 松谷健二訳 早川書房 1970 280p 19cm(ハヤカワ・ノヴェルズ) 480円 Ⓝ943
☆「世界の冒険小説・総解説」

マイスナー,ブルーノ
11460「バビロニア・アッシリア」
☆「世界名著大事典」

マイゼンハイマー
11461「動物界における性」
☆「世界名著大事典」

マイゼンブーク
11462「ある理想主義者の回想録」
☆「世界名著大事典」

マイツェン
11463「諸民族の定住形態と農業制度」
☆「世界名著大事典」

マイトナー,リーゼ
11464「中性子によるウラニウム分裂」
☆「西洋をきずいた書物」

マイナー,E.
11465「西洋文学の日本発見」
☆「外国人による日本論の名著」

マイネケ
11466「ギリシア喜劇作家断片集」
☆「世界名著大事典」

マイネッケ,フリードリヒ
11467「近世史における国家理性の理念」
『近世史における国家理性の理念 上巻』 フリードリッヒ・マイネッケ著 菊盛英夫訳 近藤書店 1948 430p 22cm Ⓝ313.1
☆「人文科学の名著」、「世界の古典名著」

11468「国家理性の理念」
☆「世界名著大事典」

11469「世界市民主義と国民国家」
☆「世界名著大事典」、「歴史の名著」

11470「ドイツの悲劇」
『ドイツの悲劇—考察と回想』 フリードリッヒ・マイネッケ著 矢田俊隆訳 弘文堂 1951 178p 図版 19cm(アテネ新書 第37) Ⓝ234.074
☆「現代人のための名著」、「世界名著大事典」

11471「歴史主義の成立」
『歴史主義の成立 上,下巻』 フリードリッヒ・マイネッケ著 菊盛英夫訳 近藤書店 1944 2冊 21cm Ⓝ201.2
☆「世界の古典名著」、「世界名著大事典」、「哲学の名著」

マイノット
11472「モンキーズ」
『モンキーズ』 スーザン・マイノット著 森田義信訳 新潮社 1989 189p 19cm 1400円 ①4-10-521801-8
☆「たのしく読めるアメリカ文学」

マイノング,アレクシウス
11473「仮定論」
☆「学術辞典叢書 第12巻」、「世界名著解題選 第1巻」

11474「対象論」
☆「世界名著大事典」

マイモニデス
11475「迷える人々のための導き」
☆「西洋をきずいた書物」、「世界を変えた100冊の本」

マイモン
11476「超越論的哲学についての試論」
☆「近代哲学の名著」、「世界名著大事典」

11477「当惑者の指導」
☆「世界名著大事典」

マイヤー
11478「スペイン絵画史」
☆「世界名著大事典」

マイヤー,エドゥアルト
11479「アジアにおけるヘレニズムの盛衰」
☆「世界名著大事典」

11480「キリスト教の起源と発端」
☆「世界名著大事典」

11481「古代史」
☆「世界名著大事典」

11482「古代の経済発展」

☆「世界名著大事典」

11483　「歴史の理論および方法」
☆「世界名著大事典」

マイヤー, エルンスト
11484　「独裁者カエサルと元首ポンペイウス」
☆「世界名著大事典」

11485　「法規範と文化規範」
☆「世界名著大事典」

マイヤー, オットー
11486　「ドイツ行政法」
☆「世界名著大事典」

マイヤー, グスタフ
11487　「アルバニア語研究」
☆「世界名著大事典」

11488　「エンゲルス伝」
☆「世界名著大事典」

マイヤー, ゲオルク
11489　「社会生活における合法則性」
『社会生活における合法則性』　マイア著　高野岩三郎訳　栗田出版会　1971　322p　22cm（統計学古典選集 復刻版　第4巻 大原社会問題研究所編）　1800円　Ⓝ350.1

11490　「ドイツ国法教科書」
☆「世界名著大事典」

マイヤー, テオドール
11491　「中世ドイツ経済史」
☆「世界名著大事典」

マイヤー, フィリップ
11492　「錆つくアメリカ」
☆「世界の小説大百科」

マイヤー, レオポルド
11493　「倉庫業の経営経済学」
『倉庫業の経営経済学』　レオポルド・マイヤー著　向井梅次郎訳　宝文館　1931　621p　22cm　Ⓝ677.3
☆「世界名著大事典」

マイヤー, C.F.
11494　「詩集」
☆「世界名著大事典」

11495　「聖者」
『聖者』　マイエル作　伊藤武雄訳　岩波書店　1942　265p　15cm（岩波文庫）　600円　①978-4-00-324701-3　Ⓝ943.6
☆「知っておきたいドイツ文学」，「世界文学鑑賞辞典 第3」，「世界名著大事典」

11496　「僧の婚礼」
『僧の婚礼』　マイエル作　伊藤武雄訳　岩波書店　1936　148p　16cm（岩波文庫　1320）　Ⓝ943
☆「世界文学鑑賞辞典 第3」

11497　「フッテン最後の日々」
『フッテン最後の日々』　マイエル著　浅井真男訳　岩波書店　1941　217p　16cm（岩波文庫　2690-2691）　Ⓝ933
☆「世界文学鑑賞辞典 第3」，「世界名著大事典」

11498　「ユルク・イェーナッチュ」
☆「世界文学鑑賞辞典 第3」

マイヤー, E.W.
11499　「生物学的思考の危機と転回点」
☆「世界名著大事典」

マイヤー, J.R.v
11500　「無生物界の力についての考察」
☆「自然科学の名著100選 中」，「世界名著大事典」

マイヤー, M.E.
11501　「刑法論」
☆「世界名著大事典」

マイヤーズ, イザベル・ブリッグス
11502　「人間のタイプと適性」
『人間のタイプと適性―天賦の才 異なればこそ』　I.B.マイヤーズ著　大沢武志, 木原武一共訳　日本リクルートセンター出版部　1982　225p　22cm〈参考文献：p220〜222〉　2000円　①4-88991-012-3　Ⓝ141.93
☆「世界の心理学50の名著」

マイヤー＝フェルスター, ヴィルヘルム
11503　「アルト・ハイデルベルク」
『アルト・ハイデルベルク』　マイアー・フェルスター著　植田敏郎訳　旺文社　1966　194p　16cm（旺文社文庫）　120円　Ⓝ943
☆「知っておきたいドイツ文学」，「世界文学鑑賞辞典 第3」，「世界名著大事典」，「ポケット世界名作事典」，「名作あらすじ事典 西洋文学編」，「名作への招待」，「名小説ストーリイ集 世界篇」

マイヨール, ジャック
11504　「イルカと、海に還る日」
☆「世界の海洋文学」

マイリンク, グスタフ
11505　「ゴーレム」
『ゴーレム』　グスタフ・マイリンク著　今村孝訳　白水社　2014　429p　18cm（白水uブックス　190―海外小説永遠の本棚）〈新装版 河

出書房新社 1990年刊の再刊〉 1700円 ①978-4-560-07190-8 Ⓝ943.7
☆「世界の幻想文学」

マイール
11506 「統計学と社会学」
☆「世界名著大事典」

マインホルト, ヴィルヘルム
11507 「琥珀の魔女」
『琥珀の魔女』 ヴィルヘルム・マインホルト著 前川道介, 本岡五男訳 創土社 1984 283p 19cm 1800円 Ⓝ943
☆「世界の幻想文学」

マウ
11508 「ポンペイ」
☆「世界名著大事典」

マウラー
11509 「ドイツ都市制度史」
☆「世界名著大事典」

11510 「マルク, 荘園, 村落, 都市制度および公権力の歴史のための序論」
☆「世界名著大事典」

マウル, オットー
11511 「人文地理学」
『人文地理学』 オットー・マウル著 辻村太郎, 山崎禎一訳 古今書院 1935 186p 22cm Ⓝ290
☆「世界名著大事典」

11512 「政治地理学」
☆「世界名著大事典」

11513 「文化景観の地理学」
☆「世界名著大事典」

マガー, パット
11514 「怖るべき娘達」
☆「世界の推理小説・総解説」

マーカス, ジョージ・E.
11515 「文化を書く」
『文化を書く』 ジェイムズ・クリフォード, ジョージ・マーカス編 春日直樹, 足羽與志子, 橋本和也, 多和田裕司, 西川麦子, 和邇悦子訳 紀伊國屋書店 2009 546p 19cm（文化人類学叢書） 5800円 ①978-4-314-00586-9
☆「文化人類学」

11516 「文化批判としての人類学」
『文化批判としての人類学―人間科学における実験的試み』 ジョージ・E.マーカス, マイケル・M.J.フィッシャー著 永渕康之訳 紀伊國屋書店 1989 366p 19cm（文化人類学叢書） 2900円 ①4-314-00515-7
☆「文化人類学」

マカートニー, ジョージ
11517 「中国訪問使節日記」
『中国訪問使節日記』 マカートニー著 坂野正高訳注 平凡社 1975 350,8p 図 18cm（東洋文庫 277） 1000円 Ⓝ222.064
☆「アジアの比較文化」,「世界の旅行記101」

マカレンコ, A.S.
11518 「愛と規律の家庭教育」
『愛と規律の家庭教育』 マカレンコ著 南信四郎訳 青木書店 1989 233p 18cm〈新装版〉 1300円 ①4-250-88045-1 Ⓝ379.9
☆「世界名著大事典」

11519 「教育的叙事詩」
☆「世界文学鑑賞辞典 第4」

11520 「集団主義と教育学」
『集団主義と教育学』 ア・エス・マカレンコ著 矢川德光訳編 明治図書出版 1960 251p 図版 22cm（世界教育学選集 第3） Ⓝ371
☆「名著による教育原理」

11521 「塔の上の旗」
☆「教育学の世界名著100選」,「21世紀の教育基本書」

マカロック
11522 「政治経済学原理」
☆「世界名著大事典」

11523 「政治経済学の諸文献」
☆「世界名著大事典」

マキアヴェッリ, ニッコロ
11524 「君主論」
『君主論』 マキアヴェッリ［著］ 大岩誠訳 新版 角川学芸出版 2012 254p 15cm（[角川ソフィア文庫] [SP G-205-1]）〈発売：角川グループパブリッシング〉 629円 ①978-4-04-408609-1 Ⓝ311.237
☆「一冊で人生論の名著を読む」,「お厚いのがお好き？」,「大人のための世界の名著50」,「学術辞典叢書 第11巻」,「究極のビジネス書50選」,「教養のためのブックガイド」,「現代政治学の名著」,「50歳からの名著入門」,「古典・名著の読み方」,「自己啓発の名著30」,「社会科学の古典」,「社会科学の名著」,「社会思想の名著」,「図解世界の名著がわかる本」,「政治哲学」,「西洋をきずいた書物」,「世界を変えた100冊の本」,「世界を変えた本」,「世界史読書案内」,「世界で最も重要なビジネス書」,「世界の古典名著」,「世界の書物」,「世界の哲学50の名著」,「世界の名著」,「世界の名著早わかり事典」,「世界名著案内 6」,「世界名著解題選 第1巻」,「世界名著解題選 第5巻」,「世

界名著大事典」,「戦略論の名著」,「超解「哲学名著」事典」,「哲学の世界」,「哲学名著解題」,「はじめて学ぶ政治学」,「必読書150」,「文学・名著300選の解説 '88年度版」,「名著で読む世界史」

11525 「ディスコロシ」
☆「教養のためのブックガイド」

11526 「フィレンチェ史」
☆「世界名著大事典」

11527 「マンドラーゴラ」
『マンドラゴラ』 マキアヴェルリ著 大岩誠訳 岩波書店 1949 119p 15cm (岩波文庫) Ⓝ972
☆「世界文学あらすじ大事典 4 (ふん・われ)」,「世界名著大事典」

11528 「ローマ史論」
『ローマ史論 第1,2巻』 マキアヴェルリ著 大岩誠訳 岩波書店 1950 2冊 15cm (岩波文庫) Ⓝ232
☆「世界名著大事典」

マキナニー, ジェイ

11529 「ブライト・ライツ・ビッグ・シティ」
☆「たのしく読めるアメリカ文学」

マキャフリイ, アン

11530 「竜の戦士」
『竜の戦士』 アン・マキャフリイ著 船戸牧子訳 早川書房 1982 427p 16cm (ハヤカワ文庫 SF パーンの竜騎士 1) 500円 Ⓝ933
☆「世界のSF文学・総解説」

マキューアン, イアン

11531 「愛の続き」
『愛の続き』 イアン・マキューアン [著] 小山太一訳 新潮社 2005 385p 16cm (新潮文庫)〈平成12年刊の改訂〉 667円 ①4-10-215722-0 Ⓝ933.7
☆「知っておきたいイギリス文学」,「名作あらすじ事典 西洋文学編」

11532 「アムステルダム」
『アムステルダム』 イアン・マキューアン著 小山太一訳 新潮社 2005 211p 16cm (新潮文庫)〈平成11年刊の改訂〉 476円 ①4-10-215721-2 Ⓝ933.7
☆「百年の誤読 海外文学篇」

11533 「イノセント」
『イノセント』 イアン・マキューアン著 宮脇孝雄訳 早川書房 1994 376p 15cm (ハヤカワ文庫NV) 620円 ①4-15-040722-3
☆「たのしく読めるイギリス文学」

11534 「セメント・ガーデン」
『セメント・ガーデン』 イアン・マキューアン著 宮脇孝雄訳 早川書房 2000 183p 20cm (Hayakawa novels)〈他言語標題：The cement garden〉 2100円 ①4-15-208267-4 Ⓝ933.7
☆「世界の小説大百科」

マキリップ, パトリシア・A.

11535 「妖女サイベルの呼び声」
『妖女サイベルの呼び声』 パトリシア・A.マキリップ著 佐藤高子訳 早川書房 1979 308p 16cm (ハヤカワ文庫 FT) 340円 Ⓝ933
☆「世界の幻想文学」

マキルウェイン

11536 「高等法院としての議会とその優位性」
☆「世界名著大事典」

マクガハン, ジョン

11537 「女に囲まれて」
☆「世界の小説大百科」

マクコンネル

11538 「利他の義務」
☆「近代欧米名著解題 第5巻」

マクシモビチ, K.I.

11539 「アジア新植物記」
☆「世界名著大事典 補遺 (Extra)」

11540 「日本・満州の植物記」
☆「世界名著大事典 補遺 (Extra)」

マークソン, デイヴィッド

11541 「ウィトゲンシュタインの愛人」
☆「世界の小説大百科」

マクタガルト

11542 「宗教の教義」
☆「近代欧米名著解題 第4巻」

マクドゥーガル

11543 「ボルネオの原住民」
☆「世界名著大事典」

マクドゥガル, ウィリアム

11544 「異常心理学概論」
☆「世界名著大事典」

11545 「社会心理学概論」
『社会心理学概論』 ウィリアム・マクドーガル著 宮崎市八訳 アテネ書院 1925 527p 19cm Ⓝ361
☆「学術辞典叢書 第11巻」,「世界名著解題選 第2巻」

11546 「社会心理学入門」
☆「世界名著大事典」

マクドナルド

11547「身体と精神」
☆「近代欧米名著解題 第7巻」

マクドナルド

11548「お姫さまとゴブリンの物語」
『お姫さまとゴブリンの物語』 マクドナルド作 脇明子訳 改版 岩波書店 2003 369p 18cm(岩波少年文庫) 760円
Ⓘ4-00-114108-6 Ⓝ933.6
☆「英米児童文学のベストセラー40」

マクドナルド, アン=マリー

11549「ひざまづいて」
☆「世界の小説大百科」

マクドナルド, グレゴリー

11550「殺人方程式」
『殺人方程式』 グレゴリー・マクドナルド著 佐和誠訳 角川書店 1977 333p 20cm 1200円 Ⓝ933
☆「世界の推理小説・総解説」

11551「誘拐犯はセミプロ」
『誘拐犯はセミプロ』 グレゴリー・マクドナルド著 鎌田三平訳 文芸春秋 1984 343p 16cm(文春文庫) 400円 Ⓘ4-16-727510-4 Ⓝ933
☆「世界の冒険小説・総解説」

マクドナルド, ジェームズ・ラムゼイ

11552「議会と革命」
『議会と革命』 ラムゼー・マクドナルド著 小林輝次訳 白揚社 1929 147p 20cm Ⓝ314
☆「学術辞典叢書 第14巻」、「世界名著解題選 第1巻」

マクドナルド, ジョージ

11553「かるいかるい王女」
☆「世界の幻想文学」

11554「北風のうしろの国」
『北風のうしろの国』 ジョージ・マクドナルド著 中村妙子訳 早川書房 2005 488p 15cm(ハヤカワ文庫FT) 880円
Ⓘ4-15-020398-9
☆「一冊で不朽の名作100冊を読む」(友人社)、「一冊で不朽の名作100冊を読む」(友人社)、「世界少年少女文学 ファンタジー編」、「世界名著大事典」

11555「リリス」
『リリス』 ジョージ・マクドナルド著 荒俣宏訳 筑摩書房 1986 523p 15cm(ちくま文庫) 680円 Ⓘ4-480-02091-8
☆「世界の奇書」、「世界の幻想文学」、「世界文学あらすじ大事典 4(ふ〜われ)」、「たのしく読めるイギリス文学」

マクドナルド, ジョン・D.

11556「生き残った一人」
『生き残った一人』 ジョン・D.マクドナルド著 菊池光訳 早川書房 1968 358p 19cm(ハヤカワノヴェルズ) 520円 Ⓝ933
☆「世界の冒険小説・総解説」

11557「コンドミニマム」
☆「世界の冒険小説・総解説」

11558「夜の終り」
『夜の終り』 ジョン・D.マクドナルド著 吉田誠一訳 東京創元新社 1963 350p 15cm (創元推理文庫) Ⓝ933
☆「世界の推理小説・総解説」

マクドナルド, フィリップ

11559「鑢」
『鑢─名探偵ゲスリン登場』 フィリップ・マクドナルド著 吉田誠一訳 東京創元社 1983 366p 15cm(創元推理文庫) 430円 Ⓝ933
☆「世界の推理小説・総解説」

マクドナルド, フランク

11560「ユダヤ・コレクション」
『ユダヤ・コレクション』 フランク・マクドナルド著 中野圭二訳 新潮社 1980 2冊 15cm(新潮文庫) 各400円 Ⓝ933
☆「世界の冒険小説・総解説」

マクドナルド, ロス

11561「ウィチャリー家の女」
『ウィチャリー家の女』 ロス・マクドナルド著 小笠原豊樹訳 早川書房 1962 323p 19cm(世界ミステリシリーズ) Ⓝ933
☆「世界の推理小説・総解説」

11562「さむけ」
『さむけ』 ロス・マクドナルド著 小笠原豊樹訳 早川書房 1965 327p 19cm(世界ミステリシリーズ) Ⓝ933
☆「アメリカ文学」

マクドネル

11563「ゲイリー・プレイヤー自伝─勝利者への条件」
☆「伝記・自叙伝の名著」

マクナイト

11564「近代英語の成立」
☆「世界名著大事典」

マグヌス, アルベルトゥス

11565「金属と鉱物について」
☆「世界名著大事典」

11566 「鉱物学」
☆「西洋をきずいた書物」

マクファーソン
11567 「カーソン」
☆「世界名著大事典」

11568 「叫び声」
『叫び声』 ジェイムズ・マクファーソン著　浜本武雄,槙ひろこ訳　河出書房新社　1971　314p　20cm〈今日の海外小説〉　850円　Ⓝ933
☆「たのしく読めるアメリカ文学」

マクファーランド,A.S.
11569 「公共利益ロビー団体」
☆「現代政治学を読む」

マクベイン,エド
11570 「警官嫌い」
『警官嫌い』 エド・マクベイン著　松森正画　井上一夫訳　小池書院　2009　508p　19cm〈King series　漫画スーパーワイド 87分署シリーズ〉　667円　Ⓘ978-4-86225-477-1　Ⓝ726.1
☆「世界の推理小説・総解説」

マクマホン,T.A.
11571 「生物の大きさとかたち―サイズの生物学」
『生物の大きさとかたち―サイズの生物学』 トーマス・A.マクマホン,ジョン・タイラー・ボナー著　木村武二,八杉貞雄,小川多恵子訳　東京化学同人　2000　252p　25×23cm〈SAライブラリー　6〉　4800円　Ⓘ4-8079-1219-4
☆「ブックガイド"宇宙"を読む」

マクミラン
11572 「緑の海,白い氷」
☆「世界名著大事典」

マクラウド,フィオナ
11573 「屍衣を洗う女」
☆「世界の幻想文学」

マクラクラン,パトリシア
11574 「のっぽのサラ」
『のっぽのサラ』 パトリシア・マクラクラン作　金原瑞人訳　中村悦子絵　徳間書店　2003　148p　19cm〈1987年刊の改訂〉　1300円　Ⓘ4-19-861745-7　Ⓝ933.7
☆「英米児童文学のベストセラー40」

マクリージー
11575 「諸王朝の知識の旅」
☆「世界名著大事典 補遺(Extra)」

11576 「地誌と遺跡の叙述による警告と省察の書」
☆「世界名著大事典 補遺(Extra)」

11577 「ヒタト」
☆「世界名著大事典 補遺(Extra)」

マクリーン,アリステア
11578 「黄金のランデヴー」
『黄金のランデヴー』 アリステア・マクリーン著　伊藤哲訳　早川書房　1977　382p　16cm〈ハヤカワ文庫　NV〉　420円　Ⓝ933
☆「世界の冒険小説・総解説」

11579 「恐怖の関門」
『恐怖の関門』 アリステア・マクリーン著　伊藤哲訳　早川書房　1977　371p　16cm〈ハヤカワ文庫　NV〉　400円　Ⓝ933
☆「世界の冒険小説・総解説」

11580 「孤独の海」
『孤独の海』 アリステア・マクリーン著　高津幸枝ほか訳　早川書房　1992　311p　15cm〈ハヤカワ文庫NV〉　520円　Ⓘ4-15-040680-4
☆「世界の海洋文学」

11581 「女王陛下のユリシーズ号」
『女王陛下のユリシーズ号』 アリステア・マクリーン著　村上博基訳　早川書房　1967　305p　19cm〈ハヤカワ・ノヴェルズ〉　450円　Ⓝ933
☆「世界の海洋文学」,「世界の推理小説・総解説」,「世界の冒険小説・総解説」

11582 「ナヴァロンの要塞」
『ナヴァロンの要塞』 アリステア・マクリーン著　平井イサク訳　早川書房　1977　393p　16cm〈ハヤカワ文庫　NV〉　430円　Ⓝ933
☆「映画になった名著」,「世界の冒険小説・総解説」

マクリーン,アンドリュー
11583 「不動産投資のすすめ」
☆「お金と富の哲学世界の名著50」

マクリン,M.
11584 「フレンチ・コネクション」
☆「映画になった名著」

マクルーア,J.
11585 「英国人の血」
『英国人の血』 ジェイムズ・マクルーア著　斎藤数衛訳　早川書房　1982　326p　19cm〈世界ミステリシリーズ〉　950円　Ⓝ933
☆「世界の推理小説・総解説」

マクルーハン,マーシャル
11586 「グーテンベルクの銀河系」

『グーテンベルクの銀河系―活字人間の形成』 マーシャル・マクルーハン著　森常治訳　みすず書房　2009　486,24p　21cm〈第12刷（第1刷1986年）〉　7500円　Ⓘ978-4-622-01896-4
☆「必読書150」、「メディア・情報・消費社会」

11587　「人間拡張の原理」
『人間拡張の原理』　マーシャル・マクルーハン著　後藤和彦,高儀進訳　竹内書房　1967　468p　19cm　Ⓝ361.5
☆「世界の古典名著」

11588　「メディアはマッサージである」
『メディアはマッサージである』　マーシャル・マクルーハン,クエンティン・フィオーレ著　南博訳　新装版　河出書房新社　2010　181p　24×14cm　2200円　Ⓘ978-4-309-24533-1
☆「世界の哲学50の名著」

11589　「メディア論」
『メディア論―人間の拡張の諸相』　マーシャル・マクルーハン著　栗原裕,河本仲聖訳　みすず書房　1987　381,3p　21cm　4800円　Ⓘ4-622-01897-7
☆「社会学の名著30」、「20世紀を震撼させた100冊」、「メディア・情報・消費社会」

マクルンズ, コリン

11590　「完璧な初心者」
☆「世界の小説大百科」

マグレイン, シャロン・バーチュ

11591　「フクロウは本当に賢いか」
『フクロウは本当に賢いか』　シャロン・バーチュ・マグレイン著　山崎昶訳　三田出版会　1998　365p　19cm　1600円　Ⓘ4-89583-236-8
☆「ブックガイド 文庫で読む科学」

マグレガー, ダグラス

11592　「企業の人間的側面」
『企業の人間的側面―統合と自己統制による経営』　ダグラス・マグレガー著　高橋達男訳　新版　産業能率大学出版部　1988　285,10p　19cm〈39版（初版：昭和45年）〉　巻末：参考文献」　Ⓘ4-382-04016-7　Ⓝ336.3
☆「究極のビジネス書50選」、「世界で最も重要なビジネス書」

マグロー, フィリップ・C.

11593　「ライフストラテジー」
『ライフストラテジー―相手に圧倒的差をつける戦略的人生論』　フィリップ・マグロー著　渡部昇一監訳　きこ書房　2001　359p　21cm　1700円　Ⓘ4-87771-073-6
☆「世界の自己啓発50の名著」

マクロイ, ヘレン

11594　「暗い鏡の中に」
『暗い鏡の中に』　ヘレン・マクロイ著　駒月雅子訳　東京創元社　2011　300p　15cm〈創元推理文庫〉　900円　Ⓘ978-4-488-16807-0
☆「世界の推理小説・総解説」

マクロクリン, W.R.D.

11595　「南極海の死闘」
☆「世界の海洋文学」

マクロード

11596　「信用論」
☆「世界名著大事典」

マクローリン

11597　「流分論」
☆「世界名著大事典」

マケクニー

11598　「マグナ・カルタ」
☆「世界名著大事典」

マケロー

11599　「書誌学入門」
☆「世界名著大事典」

マコースキー

11600　「ミケランジェロ」
☆「世界名著大事典」

マコーマック

11601　「空虚な楽園」
『空虚な楽園―戦後日本の再検討』　ガバン・マコーマック著　松居弘道,松村博訳　みすず書房　1998　416,14p　19cm　3600円　Ⓘ4-622-03660-6
☆「大学新入生に薦める101冊の本」

マコーリー

11602　「イングランド史」
『英国史 革命の部 上,中,下』　マコーリー著　中村経一訳　旺世社　1948　3冊 図版 地図　19cm　Ⓝ233
☆「人文科学の名著」、「西洋をきずいた書物」、「世界名著大事典」、「名著で読む世界史」

11603　「古代ローマのうた」
☆「世界名著大事典」

マコーレイ, デビッド

11604　「カテドラル―最も美しい大聖堂のできあがるまで」
『カテドラル―最も美しい大聖堂のできあがるまで』　デビッド・マコーレイ作　飯田喜四郎訳　岩波書店　1988　89p　30×23cm〈第7刷

（第1刷：79.3.9）〉 1700円 Ⓘ4-00-110522-5
☆「世界史読書案内」

マーザー
11605 「ヒトラー伝」
☆「伝記・自叙伝の名著」

マザー・テレサ
11606 「マザー・テレサ語る」
『マザー・テレサ語る』 ルシンダ・ヴァーディ編 猪熊弘子訳 早川書房 1997 203p 19cm 1500円 Ⓘ4-15-208118-X
☆「世界のスピリチュアル50の名著」

マサリク
11607 「マサリクの講義録」
☆「大学新入生に薦める101冊の本」

11608 「ロシアの精神」
『ロシアとヨーロッパ─ロシアにおける精神潮流の研究 1』 T.G.マサリク著 石川達夫訳 横浜 成文社 2002 374p 22cm 4800円 Ⓘ4-915730-34-4 Ⓝ138
☆「世界名著大事典」

マシスン, リチャード
11609 「地球最後の男」
『地球最後の男』 リチャード・マシスン著 田中小実昌訳 早川書房 1977 259p 16cm（ハヤカワ文庫 NV） 300円 Ⓝ933
☆「世界のSF文学・総解説」

11610 「縮みゆく人間」
『縮みゆく人間』 リチャード・マシスン著 吉田誠一訳 早川書房 1977 294p 16cm（ハヤカワ文庫 NV） 330円 Ⓝ933
☆「世界のSF文学・総解説」

マシーセン, ピーター
11611 「遙かな海亀の島」
『遥かな海亀の島』 ピーター・マシーセン著 小川国夫,青山南訳 講談社 1980 590p 20cm 2000円 Ⓝ933
☆「世界の海洋文学」,「世界の冒険小説・総解説」

マシャード・デ・アシス
11612 「ドン・カズムーロ」
☆「世界の小説大百科」

11613 「ブラス・クーバスの死後の回想」
☆「世界の小説大百科」

マーシャル
11614 「サンチーの遺跡」
☆「世界名著大事典」

マーシャル, アルフレッド
11615 「貨幣, 信用, 及び商業」
☆「学術辞典叢書 第14巻」,「世界名著解題選 第1巻」,「世界名著大事典」

11616 「経済学原理」
『経済学原理』 マーシャル著 永沢越郎訳 第2版 岩波ブックサービスセンター（製作） 1991 4冊 22cm〈索引あり〉 Ⓝ331.74
☆「学術辞典叢書 第11巻」,「近代名著解題選集 2」,「経済学の名著」,「経済学88物語」,「経済学名著106選」,「古典・名著の読み方」,「社会科学の古典」,「社会科学の名著」,「世界を変えた経済学の名著」,「世界の古典名著」,「世界名著解題選 第1巻」,「世界名著大事典」

11617 「産業経営論」
☆「学術辞典叢書 第14巻」

11618 「産業経済論」
☆「学術辞典叢書 第14巻」,「世界名著解題選 第2巻」

11619 「産業と商業」
『産業と商業』 マーシャル著 永沢越郎訳 第2版 岩波ブックサービスセンター（製作） 1991 3冊 22cm〈索引あり〉 Ⓝ331.74
☆「経済学の名著30」

11620 「産業と貿易」
☆「世界名著大事典」

11621 「美的原理」
☆「世界名著大事典」

マーシュ
11622 「死の序曲」
『死の序曲』 ナイオ・マーシュ著 瀬沼茂樹訳 早川書房 1959 320p 19cm（世界探偵小説全集） Ⓝ933
☆「世界の推理小説・総解説」

マシューズ
11623 「戯曲の発達」
☆「世界名著大事典」

マシューズ, ハリー
11624 「シガレット」
☆「世界の小説大百科」

マジュムダール
11625 「インド民族の歴史と文化」
☆「世界名著大事典」

11626 「高等インド史概説」
☆「世界名著大事典」

マスウーディー, アル
11627 「黄金の牧場」
☆「世界の奇書」,「世界名著大事典 補遺（Extra）」,

「東洋の奇書55冊」

マスグレーヴ, R.A.

11628　「財政理論」
『財政理論―公共経済の研究　1』　マスグレイヴ著　木下和夫監修　大阪大学財政研究会訳　有斐閣　1961　304p　22cm〈肖像あり〉
①4-641-06199-8　Ⓝ341
☆「経済学名著106選」

マスターズ

11629　「スプーン・リヴァー詞華集」
☆「世界文学鑑賞辞典 第1」,「世界名著大事典」

マスディー

11630　「警告と改訂の書」
☆「世界名著大事典 補遺 (Extra)」

マースデン

11631　「スマトラ史」
☆「世界名著大事典」

マスペロ, アンリ

11632　「古代中国」
☆「世界名著大事典」

11633　「チャンパ史」
☆「世界名著大事典」

11634　「唐代の長安方言」
☆「世界名著大事典」

マズロー, アブラハム

11635　「可能性の心理学」
『可能性の心理学』　A.H.マスロー著　早坂泰次郎訳　川島書店　1971　228p　肖像　20cm〈Bibliography：p.224～225〉　880円　Ⓝ401
☆「世界名著大事典 補遺 (Extra)」

11636　「完全なる人間―魂のめざすもの」
『完全なる人間―魂のめざすもの』　アブラハム・H.マスロー著　上田吉一訳　第2版　誠信書房　1998　314p　19cm〈原書第2版〉　2500円　①4-414-30410-5
☆「教育学の世界名著100選」

11637　「動機と人格」
☆「世界名著大事典 補遺 (Extra)」

11638　「人間性の最高価値」
『人間性の最高価値』　A.H.マスロー著　上田吉一訳　誠信書房　1973　481,34p　肖像　22cm　4200円　Ⓝ141.93
☆「世界の心理学50の名著」,「ブックガイド心理学」

11639　「人間性の心理学」
☆「学問がわかる500冊」,「究極のビジネス書50選」,「世界で最も重要なビジネス書」,「世界の自己啓発50の名著」

マゾー兄弟

11640　「民事責任の理論と実際」
☆「世界名著大事典」

マゾッホ

11641　「毛皮を着たヴィーナス」
☆「世界の奇書」,「世界文学あらすじ大事典 2 (きよえ・ちえ)」

マゾン

11642　「ロシア語動詞の体の用法」
☆「世界名著大事典」

マソン・ウルセル

11643　「比較哲学」
☆「世界名著大事典」

マーダヴァ

11644　「全哲学綱要」
☆「世界名著大事典」

マダリアーガ

11645　「イギリス人, フランス人, スペイン人」
☆「世界名著大事典」

マチェリン, チャールズ

11646　「放浪者メルモス」
☆「書き出し「世界文学全集」」,「世界の幻想文学」,「世界の小説大百科」,「世界文学あらすじ大事典 4 (ふん・われ)」,「たのしく読めるイギリス文学」

マチャード

11647　「カスティリャの野」
☆「世界名著大事典」

マーチャント, キャロリン

11648　「ラディカルエコロジー――住みよい世界を求めて」
『ラディカルエコロジー――住みよい世界を求めて』　キャロリン・マーチャント著　川本隆史, 須藤自由児, 水谷広訳　産業図書　1994　392p　19cm　3708円　①4-7828-0088-6
☆「学問がわかる500冊 v.2」,「フェミニズムの名著50」

マーツア

11649　「理論芸術学概論」
『理論芸術学概論』　マーツア著　外村史郎訳　鉄塔書院　1931　239p　20cm　Ⓝ701
☆「世界名著解題選 第6巻」

マッカーシー, コーマック

11650　「すべての美しい馬」
『すべての美しい馬』　コーマック・マッカーシー著　黒原敏行訳　早川書房　2001　499p

15cm（ハヤカワepi文庫）　880円　①4-15-120004-5
☆「世界の小説大百科」

11651　「ノーカントリー」
☆「アメリカ文学」

11652　「ブラッド・メリディアン」
『ブラッド・メリディアン』　コーマック・マッカーシー著　黒原敏行訳　早川書房　2009　432p　20cm　2200円　①978-4-15-209093-5　Ⓝ933.7
☆「世界の小説大百科」

マッカーシー,J.

11653　「人工知能になぜ哲学が必要か―フレーム問題の発端と展開」
☆「ブックガイド 文庫で読む科学」

マッカラーズ,C.

11654　「悲しきカフェーの唄」
☆「世界名著大事典 補遺（Extra）」

11655　「結婚式のメンバー」
『結婚式のメンバー』　マッカラーズ著　渥美昭夫訳　中央公論社　1972　225p　20cm　580円　Ⓝ933
☆「アメリカ文学」,「世界文学あらすじ大事典 2（きよえ‐ちえ）」,「世界文学の名作と主人公」,「世界名著大事典 補遺（Extra）」,「たのしく読めるアメリカ文学」

11656　「心は孤独な猟人」
☆「世界文学あらすじ大事典 2（きよえ‐ちえ）」,「世界文学鑑賞辞典 第1」,「世界名著大事典 補遺（Extra）」

11657　「針のない時計」
『針のない時計』　マッカラーズ著　佐伯彰一,田辺五十鈴訳　講談社　1971　372p　肖像　20cm（Novels of today）　650円　Ⓝ933
☆「世界名著大事典 補遺（Extra）」

マッキー,アレクサンダー

11658　「コロンブス四大航海記」
『コロンブス四大航海記』　アレクサンダー・マッキー著　早川麻百合訳　心交社　1991　308p　19cm（世界紀行冒険選書　10）　1545円　①4-88302-024-X
☆「世界の海洋文学」

11659　「死の筏」
『死の筏―難破船をめぐる生と死の人間ドラマ』　アレグザンダー・マッキー著　湯沢章悟訳　佑学社　1977　238p　19cm　1200円　Ⓝ299
☆「世界の海洋文学」

マッキー,ロビン

11660　「出アフリカ記 人類の起源」
☆「教養のためのブックガイド」

マッキー,J.L.

11661　「倫理学」
☆「学問がわかる500冊」

マッキーヴァー,R.M.

11662　「近代国家論」
☆「世界名著大事典」

11663　「コミュニティ」
☆「世界名著大事典」

11664　「政府論」
『政府論　上巻』　R.M.マッキィヴァー著　秋永肇訳　勁草書房　1954　314p　図版　19cm　Ⓝ311
☆「世界名著大事典」

マッギヴァーン,ウイリアム・P.

11665　「緊急深夜版」
『緊急深夜版』　ウイリアム・P.マッギヴァーン著　井上一夫訳　早川書房　1981　275p　16cm（ハヤカワ・ミステリ文庫）　340円　Ⓝ933
☆「世界の推理小説・総解説」

マッキネス

11666　「ザルツブルク・コネクション」
☆「世界の冒険小説・総解説」

マッキノン,C.A.

11667　「セクシャル・ハラスメント・オブ・ワーキング・ウィメン」
『セクシャル・ハラスメント・オブ・ワーキング・ウィメン』　キャサリン・A.マッキノン著　村山淳彦監訳　志ırıgle昇ほか訳　こうち書房,桐書房〔発売〕　1999　359,71p　21cm　5000円　①4-87647-448-6
☆「近代家族とジェンダー」

11668　「フェミニズムと表現の自由」
『フェミニズムと表現の自由』　キャサリン・A.マッキノン著　奥田暁子,加藤春恵子,鈴木みどり,山崎美佳子訳　明石書店　1993　515p　19cm　5500円　①4-7503-0518-9
☆「フェミニズムの名著50」

マッキンゼー・アンド・カンパニー

11669　「企業価値評価」
☆「あらすじで読む世界のビジネス名著」,「世界で最も重要なビジネス書」

マッキンダー, ハーフォード・J.
11670「地理的枢軸史論」
☆「世界を変えた本」

マッキンタイア, ヴォンダ・N.
11671「夢の蛇」
『夢の蛇』 ヴォンダ・N.マッキンタイア著 友枝康子訳 早川書房 1988 470p 16cm（ハヤカワ文庫 SF） 600円 ①4-15-010780-7 Ⓝ933
☆「世界のSF文学・総解説」

マックスウェル
11672「電磁気学」
『マックスウェルの電磁気学』 ジェームズ・クラーク・マックスウェル著 井口和基訳 新潟 太陽書房 2012 178p 21cm 1800円 ①978-4-86420-065-3 Ⓝ427
☆「自然科学の名著」,「自然科学の名著100選 中」,「西洋をきずいた書物」,「世界を変えた書物」,「世界を変えた100冊の本」,「世界名著大事典」

マックレーン, ソンダース
11673「現代代数学概論」
『現代代数学概論』 ガーレット・バーコフ, ソンダース・マクレーン共著 奥川光太郎, 辻吉雄共訳 改訂3版 白水社 1967 583p 22cm〈文献: 567-569p〉 2300円 Ⓝ412.6
☆「数学ブックガイド100」

マックロスキー, ロバート
11674「ゆかいなホーマーくん」
『ゆかいなホーマーくん』 ロバート・マックロスキー作 石井桃子訳 新版 岩波書店 2000 219p 18cm（岩波少年文庫） 640円 ①4-00-114017-9
☆「一冊で不朽の名作100冊を読む」（友人社）,「一冊で不朽の名作100冊を読む」（友人社）

マッケーブ, パトリック
11675「ブッチャー・ボーイ」
☆「世界の小説大百科」

マッケン, アーサー
11676「大いなる来復」
☆「世界の幻想文学」

11677「白魔」
『白魔』 アーサー・マッケン著 南條竹則訳 光文社 2009 292p 15cm（光文社古典新訳文庫） 629円 ①978-4-334-75176-0
☆「世界の幻想文学」

11678「夢の丘」
『夢の丘』 アーサー・マッケン著 平井呈一訳 東京創元社 1984 290p 15cm（創元推理文庫）〈アーサー・マッケン主要著作リスト: p289～290〉 380円 Ⓝ933
☆「世界文学あらすじ大事典 4（ふん‐われ）」

マッケンジー, ヘンリー
11679「感情の人」
☆「世界の小説大百科」

マッケンジー, J.S.
11680「人本主義講話」
☆「近代欧米名著解題 第4巻」

マッケーンス, アン・A.
11681「期待される管理者像」
『期待される管理者像—新・グリッド理論』 ロバート・R.ブレーク, アン・A.マッケーンス著 田中敏夫, 小見山澄子訳 全面改訂版 産能大学出版部 1992 422p 19cm 3900円 ①4-382-05147-9
☆「世界で最も重要なビジネス書」

マッケンゼン
11682「ドイツ昔話辞典」
☆「世界名著大事典」

マッケンロート, G.
11683「社会的形式の領域における意味と表現」
☆「世界名著大事典 補遺(Extra)」

11684「人口論」
『人口論—人口論名著選集2』 マッケンロート著 石南国ほか訳 八王子 中央大学出版部 1985 611p 22cm〈監修: 南亮三郎〉 13000円 Ⓝ334.1
☆「世界名著大事典 補遺(Extra)」

マッコイ, ホレス
11685「彼らは廃馬を撃つ」
『彼らは廃馬を撃つ』 ホレス・マッコイ著 常盤新平訳 王国社 1988 174p 19cm 1200円 ①4-900456-12-8
☆「世界の小説大百科」,「世界文学あらすじ大事典 1（あ‐きょう）」

マッサ
11686「応用音響学」
『応用音響学』 オルソン, マッサ著 清宮博訳 訂正版 コロナ社 1954 403p 22cm Ⓝ424.9
☆「世界名著大事典」

マッシー
11687「自然利子率論」
☆「世界名著大事典」

マッシンジャー, フィリップ

11688 「殉教の処女」
☆「世界名著大事典」

11689 「新案旧償却法」
『古い借金を新しく返す方法』 フィリップ・マッシンジャー著 山田英教訳 早稲田大学出版部 1989 209p 19cm（エリザベス朝喜劇10選 10） 1442円 ⓘ4-657-89008-5
☆「世界文学あらすじ大事典 3（ちか - ふろ）」,「世界名著大事典」

11690 「フロレンス大公」
☆「世界名著大事典」

11691 「ローマの俳優」
☆「世界名著大事典」

マッツィーニ

11692 「人間義務論」
『人間義務論―他二篇』 マッツィーニ著 大類伸訳 岩波書店 1952 216p 15cm（岩波文庫） Ⓝ150.1
☆「世界名著大事典」

マッテゾン

11693 「完全なる楽長」
☆「世界名著大事典」

マット, ダニエル・C.

11694 「カバラの真髄」
☆「世界のスピリチュアル50の名著」

マッハ, エルンスト

11695 「感覚の分析」
『感覚の分析』 エルンスト・マッハ著 須藤吾之助,廣松渉訳 新装版 法政大学出版局 2013 355,10p 19cm（叢書・ウニベルシタス） 3900円 ⓘ978-4-588-09970-0
☆「世界名著大事典」

11696 「力学の発展―歴史的・批判的考察」
☆「自然科学の名著」,「自然科学の名著100選 下」,「世界を変えた書物」,「世界名著大事典」

マティエ

11697 「フランス革命」
『フランス大革命 上』 マチエ著 ねづまさし,市原豊太訳 岩波書店 1958 327p 図版 15cm（岩波文庫） Ⓝ235.061
☆「古典・名著の読み方」,「世界の古典名著」,「世界名著大事典」

マティス, アンリ

11698 「マティス 画家のノート」
☆「教養のためのブックガイド」

マーティン, K.

11699 「18世紀のフランス自由思想」
☆「世界名著大事典」

マーティン, P.S.

11700 「コロンブス以前のインディアン」
☆「世界名著大事典」

マーティン, W.A.P.

11701 「格物入門」
☆「世界名著大事典」

マテシス, パブロス

11702 「娘」
☆「世界の小説大百科」

マーテル, ヤン

11703 「パイの物語」
☆「世界の小説大百科」

マーデン, オリソン・スウェット

11704 「前進あるのみ」
☆「世界の成功哲学50の名著エッセンスを解く」

マードック, アイリス

11705 「網のなか」
☆「世界の小説大百科」,「世界名著大事典 補遺（Extra）」

11706 「鐘」
『鐘』 アイリス・マードック著 丸谷才一訳 集英社 1977 423p 16cm（集英社文庫） 360円 Ⓝ933
☆「知っておきたいイギリス文学」,「世界の小説大百科」,「世界文学あらすじ大事典 1（あ - きょう）」,「世界の必勝法」,「世界名著大事典 補遺（Extra）」,「たのしく読めるイギリス文学」,「名作あらすじ事典 西洋文学編」

11707 「言葉の子供」
☆「世界名著大事典 補遺（Extra）」

11708 「砂の城」
『砂の城』 アイリス・マードック著 栗原行雄訳 集英社 1978 425p 16cm（集英社文庫） 360円 Ⓝ933
☆「英米文学の名作を知る本」

11709 「善の至高性」
『善の至高性―プラトニズムの視点から』 アイリス・マードック著 菅豊彦,小林信行訳 福岡 九州大学出版会 1992 172,3p 19cm 2060円 ⓘ4-87378-304-6
☆「世界の哲学50の名著」

マードック, ウィリアム

11710 「ショパン伝」

マードック, ジョージ・P.

11711 「社会構造」
☆「世界名著大事典」,「文化人類学の名著50」

マドックス, ブレンダ

11712 「ダークレディと呼ばれて」
『ダークレディと呼ばれて―二重らせん発見とロザリンド・フランクリンの真実』 ブレンダ・マドックス著 福岡伸一監訳 鹿田昌美訳 京都 化学同人 2005 438p 19cm 2800円 ⓘ4-7598-1036-6
☆「サイエンス・ブックレヴュー」

マートン, R.K.

11713 「科学の社会学」
☆「文化の社会学」

11714 「社会理論と社会構造」
『社会理論と社会構造』 ロバート・K.マートン著 森東吾, 森好夫, 金沢実, 中島竜太郎共訳 みすず書房 2013 576,23p 21cm 8800円 ⓘ978-4-622-01705-9
☆「世界名著大事典」,「名著による教育原理」

11715 「大衆説得」
『大衆説得―マス・コミュニケイションの社会心理学』 ロバート・K.マートン著 柳井道夫訳 桜楓社 1970 331,2p 19cm〈コロンビア大学応用社会調査研究所出版 ポール・F.ラザースフェルド編 マジョリー・フィスク, アルバータ・カーチス協力〉 980円 Ⓝ361.5
☆「世界名著大事典」

11716 「予言の自己成就」
☆「自己・他者・関係」

マナット

11717 「ミュケナイ時代」
☆「世界名著大事典」

マニュエル, ロラン

11718 「音楽のたのしみ」
『音楽のたのしみ 1』 ロラン・マニュエル[著] 吉田秀和訳 白水社 2008 429p 18cm〈白水Uブックス 1094〉〈「1」のサブタイトル:音楽とは何だろう〉 1800円 ⓘ978-4-560-72094-3 Ⓝ760.4
☆「世界名著大事典」

マニング, フレデリック

11719 「われらは女神の僕」
☆「世界の小説大百科」

マヌエル

11720 「ルカノール伯爵」

『ルカノール伯爵』 ドン・フワン・マヌエル[著] 橋本一郎訳注 大学書林 1984 236p 19cm〈他言語標題:El conde Lucanor〉
☆「世界名著大事典」

マネー, J.

11721 「性の署名」
『性の署名―問い直される男と女の意味』 ジョン・マネー, パトリシア・タッカー著 朝山新一[ほか]訳 京都 人文書院 1979 308p 19cm〈参考資料:p306～308〉 1500円 Ⓝ141.5
☆「近代家族とジェンダー」

マーネイン, ジェラルド

11722 「奥地」
☆「世界の小説大百科」

マーネス

11723 「保険論」
☆「世界名著大事典」

マネトン

11724 「エジプト誌」
☆「世界名著大事典」

マーハ

11725 「5月」
☆「世界名著大事典」

マハチェク

11726 「地球の起伏」
☆「世界名著大事典」

11727 「中部ヨーロッパ地誌」
☆「世界名著大事典」

11728 「ロシア領トルキスタン地誌」
☆「世界名著大事典」

マハーナーマ

11729 「マハーヴァンサ」
☆「世界名著大事典」

マハフーズ, ナギーブ

11730 「手品師が皿を奪った」
☆「世界の名作文学案内」

11731 「ミラマール」
☆「世界の小説大百科」

マハン

11732 「海上権力史論」
『海上権力史論』 アルフレッド・セイヤー・マハン著 北村謙一訳 原書房 1982 330p 20cm 2200円 ⓘ4-562-01326-5 Ⓝ397.2
☆「アメリカを変えた本」,「世界を変えた本」,「世

界名著大事典」,「戦略論の名著」

マーヒー, マーガレット
11733　「めざめれば魔女」
『めざめれば魔女』 マーガレット・マーヒー作 清水真砂子訳　岩波書店　2013　382p　18cm（岩波少年文庫）　800円
①978-4-00-114609-7
☆「英米児童文学のベストセラー40」,「世界少年少女文学 リアリズム編」

マビヨン
11734　「古文書論」
☆「西洋をきずいた書物」

マーフィー, ジョセフ
11735　「眠りながら成功する」
『眠りながら成功する―自己暗示と潜在意識の活用』 ジョセフ・マーフィー著　大島淳一訳　産業能率短期大学出版部　1968　314p　19cm　480円　Ⓝ145.1
☆「世界の自己啓発50の名著」

マーフィ, レイモンド
11736　「社会的閉鎖の理論」
☆「社会の構造と変動」

マーフィー, ロバート・F.
11737　「ボディ・サイレント」
『ボディ・サイレント』 ロバート・F.マーフィー著　辻信一訳　平凡社　2006　430p　16cm（平凡社ライブラリー）　1500円
①4-582-76566-1
☆「身体・セクシュアリティ・スポーツ」

マーフィー, L.
11738　「税と正義」
☆「政治哲学」

マーフィ夫妻
11739　「実験社会心理学」
☆「世界名著大事典」

マフフーズ, ナギーブ
11740　「バイナル・カスライン」
『バイナル・カスライン　上』 ナギーブ・マフフーズ著　塙治夫訳　新装新版　河出書房新社　2006　420p　19cm　3200円
①4-309-20468-6
☆「世界名著大事典 補遺（Extra）」

11741　「ミダック通り」
☆「世界の小説大百科」

マブリー
11742　「立法について」

☆「世界名著大事典」

マホウスキ, J.
11743　「海賊の社会史」
☆「世界の海洋文学」

マホメット
11744　「コーラン」
☆「学術辞典叢書 第12巻」,「教養のためのブックガイド」,「近代名著解題集 2」,「世界を変えた10冊の本」,「世界を変えた100冊の本」,「世界史読書案内」,「世界の書物」,「世界の哲学思想」,「世界の名著」,「世界の「名著」50」,「世界の名著早わかり事典」,「世界名著解題選 第1巻」,「世界名著大事典」,「東洋の奇書55冊」,「東洋の名著」,「日本の古典・世界の古典」

ママリー
11745　「アルプス・コーカサス登攀記」
『アルプス・コーカサス登攀記』 アルバート・フレデリック・ママリー著　海津正彦訳　東京新聞出版局　2007　357p　21cm　2381円
①978-4-8083-0882-7
☆「世界名著大事典」,「山の名著30選」

マメット, D.
11746　「グレンギャリー・グレン・ロス」
☆「たのしく読めるアメリカ文学」

マヤコフスキー
11747　「一億五千万」
☆「世界文学鑑賞辞典 第4」

11748　「ウラジーミル・イリイチ・レーニン」
☆「世界文学鑑賞辞典 第4」,「世界名著大事典」

11749　「声をかぎりに」
☆「世界名著大事典」

11750　「これについて」
☆「ロシア文学」

11751　「すばらしい！」
☆「世界名著大事典」,「ポケット世界名作事典」

11752　「ズボンをはいた雲」
『ズボンをはいた雲』 ヴラジーミル・マヤコフスキー著　小笠原豊樹訳　土曜社　2014　91p　18cm（マヤコフスキー叢書）　952円
①978-4-907511-01-2　Ⓝ981
☆「世界文学鑑賞辞典 第4」,「世界名著大事典」

11753　「マヤコフスキー詩集」
☆「必読書150」

11754　「私のアメリカ発見」
『私のアメリカ発見』 ヴェ・ヴェ・マヤコフスキー著　鹿島保夫訳　和光社　1955　248p 図版　19cm（現代選書）　Ⓝ985
☆「世界の旅行記101」

マラー, J.P.
11755 「奴隷制の鎖」
☆「世界名著大事典 補遺(Extra)」

マーラー, M.
11756 「乳幼児の心理的誕生」
『乳幼児の心理的誕生―母子共生と個体化』 マーガレット・S.マーラー, フレッド・パイン, アニー・バーグマン 著　高橋雅士, 織田正美, 浜畑紀訳　名古屋　黎明書房　2001　351p　21cm(精神医学選書　第3巻)　6200円
Ⓘ4-654-00086-0
☆「精神分析の名著」

マラパルテ
11757 「崩壊」
☆「世界名著大事典」

マラマッド, バーナード
11758 「アシスタント」
『アシスタント』 バーナード・マラマッド著　酒本雅之訳　荒地出版社　1969　254p　20cm(ニュー・アメリカン・ノヴェルズ)　600円　Ⓝ933
☆「あらすじで読む世界文学105」,「英米文学の名作を知る本」,「知っておきたいアメリカ文学」,「たのしく読めるアメリカ文学」,「名作あらすじ事典　西洋文学編」

11759 「最初の七年間」
☆「日本・世界名作「愛の会話」100章」

11760 「修理屋」
☆「アメリカ文学」,「世界文学の名作と主人公」

11761 「レンブラントの帽子」
『レンブラントの帽子』 バーナード・マラマッド著　小島信夫, 浜本武雄, 井上謙治訳　武蔵野　夏葉社　2010　154p　20cm〈集英社1975年刊の抜粋, 復刊〉　1600円
Ⓘ978-4-904816-00-4　Ⓝ933.7
☆「作家の訳した世界の文学」

マラルメ, ステファヌ
11762 「詩集」
☆「世界名著大事典」

11763 「詩の危機―詩法」
☆「世界名著解題選　第6巻」

11764 「逍遙遊」
☆「世界名著大事典」

11765 「骰子一擲」
『骰子一擲』 ステファヌ・マラルメ著　秋山澄夫訳　改訂新装縮刷版　思潮社　1991　82p　23×15cm　1800円　Ⓘ4-7837-2817-8
☆「世界文学鑑賞辞典 第2」,「世界名著大事典」

11766 「半獣神の午後」
『半獣神の午後』 ステファヌ・マラルメ著　鈴木信太郎訳　江川書房　1933　32p　30cm　Ⓝ951
☆「現代世界の名作」,「世界文学鑑賞辞典 第2」,「ポケット世界名作事典」

マラン
11767 「バツアラ」
『バツアラ』 ルネ・マラン著　高瀬毅訳　改造社　1922　1冊　肖像　19cm　Ⓝ953
☆「世界文学あらすじ大事典 3(ちか-ふろ)」

マリー
11768 「ギリシア宗教発展の5段階」
☆「世界名著大事典」

11769 「ギリシア叙事詩の起源」
☆「世界名著大事典」

マリー, ヘンリー・A.
11770 「自然, 社会, 文化の中のパーソナリティ」
☆「世界名著大事典」

マリアス, ハビエル
11771 「すべての魂」
☆「世界の小説大百科」

マリアット, F.
11772 「人狼」
☆「世界の幻想文学」

11773 「ピーター・シンプル」
☆「世界文学あらすじ大事典 3(ちか-ふろ)」

マリアナ
11774 「王と王の教育」
☆「世界名著大事典」

マリヴォー, ピエール・カルレ・ド・シャンブラン・ド
11775 「愛と偶然の戯れ」
☆「知っておきたいフランス文学」,「世界文学鑑賞辞典 第2」,「世界名著大事典」,「日本の古典・世界の古典」,「ポケット世界名作事典」,「名作あらすじ事典　西洋文学編」

11776 「偽りの告白」
『偽りの告白』 マリヴォー作　鈴木力衛訳　岩波書店　1955　127p　15cm(岩波文庫)　Ⓝ952
☆「世界名著大事典」

11777 「成り上がり百姓」
☆「世界名著大事典」

11778 「マリアンヌの生涯」

☆「世界文学鑑賞辞典 第2」,「世界名著大事典」

マリオット, エドメ
11779「空気の性質」
☆「世界名著大事典」

マリオット・ジュニア, J.W.
11780「マリオット・ウェイサービス12の真実」
☆「世界の成功哲学50の名著エッセンスを解く」

マリタン
11781「岐路に立つ教育」
『岐路に立つ教育』 ジャック・マリタン著 荒木慎一郎訳 福岡 九州大学出版会 2005 167,3p 21cm（長崎純心大学学術叢書）2800円 ⓘ4-87378-862-5
☆「教育学の世界名著100選」

11782「形而上学序論」
☆「哲学の名著」

11783「芸術と詩における創造的直観」
☆「世界名著大事典」

11784「3人の改革者」
☆「世界名著大事典」

11785「宗教と文化」
『現代カトリック文芸叢書 第1,4-5,7,9-12』甲鳥書林 1942 8冊 19cm Ⓝ908
☆「世界名著大事典」

11786「充足的ヒューマニズム」
☆「世界名著大事典」

11787「人権と自然法」
『ジャック・マリタン著作集 第2 人権と自然法』 大塚市助訳 エンデルレ書店 1948 112p 22cm Ⓝ135.9
☆「世界名著大事典」

11788「認識の諸段階」
☆「哲学名著解題」

11789「ベルグソン哲学」
☆「世界名著大事典」

マリック, J.J.
11790「ギデオンと放火魔」
☆「世界の推理小説・総解説」

マリー・ド・フランス
11791「短詩」
☆「世界名著大事典」

マリネッティ
11792「ツァン・トゥム・トゥム」
☆「世界名著大事典」

11793「未来派宣言」
☆「西洋をきずいた書物」

マリーノ
11794「アドニス」
☆「世界名著大事典」,「日本の古典・世界の古典」

マリノフスキー, B.
11795「さんご礁菜園とその呪術」
☆「世界名著大事典」

11796「呪術・科学・宗教・神話」
☆「人文科学の名著」

11797「西太平洋の遠洋航海者」
☆「人文科学の名著」,「世界の書物」,「世界の名著早わかり事典」,「世界の旅行記101」,「世界名著大事典」,「文化人類学」,「文化人類学の名著50」

11798「文化の科学的理論」
☆「社会科学の古典」,「文化の社会学」

11799「文化変化の動態」
『文化変化の動態—アフリカにおける人種関係の研究』 マリノフスキー著 藤井正雄訳 理想社 1963 268p 22cm Ⓝ389.4
☆「世界名著大事典」

11800「マリノフスキー日記」
☆「学問がわかる500冊 v.2」

11801「未開社会における犯罪と慣習」
☆「世界名著大事典」

11802「未開人の心理と神話」
☆「世界名著大事典」

11803「未開人の性生活」
☆「世界名著大事典」

マリーン
11804「イギリス国家の癌についての1論」
☆「世界名著大事典」

マール
11805「13世紀フランスの宗教美術」
☆「世界名著大事典」

11806「12世紀のフランスの宗教美術」
☆「世界名著大事典」

11807「16世紀末,17世紀および18世紀の宗教美術」
☆「世界名著大事典」

11808「中世末期のフランスの宗教美術」
☆「世界名著大事典」

マルカリス, ペトロス
11809「真夜中のニュース」
☆「世界の小説大百科」

マルキウェイン
11810　「立憲主義」
☆「世界名著大事典」

マルキデス, コンスタンチノス
11811　「戦略の原理」
『戦略の原理―独創的なポジショニングが競争優位を生む』 コンスタンチノス・マルキデス著　有賀裕子訳　ダイヤモンド社　2000　317p　19cm　2400円　Ⓘ4-478-37311-6
☆「世界で最も重要なビジネス書」

マルクス, カール
11812　「インド論」
☆「歴史の名著 外国人篇」

11813　「往復書簡」
『往復書簡　第2』 マルクス, エンゲルス共著　岡崎次郎訳　黄土社　1949　472p　22cm〈1852-1855年末までの手紙〉Ⓝ363.3
☆「世界名著大事典」

11814　「革命と反革命」
『革命と反革命』 エンゲルス著　村田陽一訳　国民文庫社　1953　195p　15cm（国民文庫第5）Ⓝ234.063
☆「学術辞典叢書 第14巻」,「世界名著解題選 第4巻」,「世界名著大事典」

11815　「価値と価格と利潤」
『賃金・価格・利潤』 マルクス［著］　土屋保男訳　大月書店　2009　163p　21cm（マルクス・フォー・ビギナー　4）〈解説：金子ハルオ　並列シリーズ名：Marx for beginners　年譜あり〉 1200円　Ⓘ978-4-272-00534-5　Ⓝ331.6
☆「科学的社会主義の古典案内」,「学術辞典叢書 第14巻」,「経済学名著106選」,「世界名著解題選 第4巻」,「世界名著大事典」

11816　「共産党宣言」
『共産党宣言』 マルクス, エンゲルス［著］　村田陽一訳　大月書店　2009　102p　21cm（マルクス・フォー・ビギナー　1）〈解説：浜林正夫　並列シリーズ名：Marx for beginners　年譜あり〉 1200円　Ⓘ978-4-272-00531-4　Ⓝ309.3
☆「科学的社会主義の古典案内」,「学術辞典叢書 第11巻」,「革命思想の名著」,「学問がわかる500冊」,「教養のためのブックガイド」,「近代名著解題選集 2」,「経済学名著106選」,「現代政治学の名著」,「古典・名著の読み方」,「社会科学の名著30」,「社会学の名著」,「図解世界の名著がわかる本」,「政治哲学」,「西洋をきずいた書物」,「世界を変えた100冊の本」,「世界の古典名著」,「世界の名著早わかり事典」,「世界名著大事典」,「哲学名著解題」,「歴史の名著 外国人篇」,「私の古典」

11817　「行政学の諸問題」
☆「世界名著大事典」

11818　「経済学・哲学草稿」
『経済学・哲学草稿』 カール・マルクス著　長谷川宏訳　光文社　2010　295p　15cm（光文社古典新訳文庫）　648円　Ⓘ978-4-334-75206-4
☆「一冊で哲学の名著を読む」,「世界名著大事典」,「哲学の世界」,「哲学の名著」,「倫理学」

11819　「経済学批判」
『経済学批判』 マルクス著　武田隆夫等訳　岩波書店　1956　364,38p　15cm（岩波文庫）〈附録(254-357p)：カール・マルクス著「経済学批判」（フリートリヒ・エンゲルス）「経済学批判」についての手紙（カール・マルクス）経済学批判序説（カール・マルクス）「経済学批判」の準備ノートから―ノート第二冊　一八五八年（カール・マルクス）カウツキー版序文, 研究所版序文〉Ⓝ331.34
☆「科学的社会主義の古典案内」,「学術辞典叢書 第14巻」,「近代名著解題選集 2」,「社会学的思考」,「世界名著解題選 第1巻」,「世界名著解題選 第4巻」

11820　「経済学批判要綱」
☆「近代哲学の名著」

11821　「ケルン共産党訴訟事件の暴露」
☆「学術辞典叢書 第14巻」

11822　「国際労働者協会創立の辞」
☆「学術辞典叢書 第14巻」

11823　「ゴータ綱領批判」
『ゴータ綱領批判』 マルクス著　西雅雄訳　一穂社　2005　125p　21cm（名著/古典籍文庫）〈岩波文庫復刻版　岩波書店1950年刊（第2刷）を原本としたオンデマンド版〉 2300円　Ⓘ4-86181-143-0　Ⓝ309.4
☆「科学的社会主義の古典案内」,「学術辞典叢書 第14巻」,「世界名著解題選 第1巻」,「世界名著解題選 第4巻」,「世界名著大事典」

11824　「資本制生産に先行する諸形態」
『資本制生産に先行する諸形態』 カール・マルクス著　岡崎次郎訳　青木書店　1959　87p　16cm（青木文庫）Ⓝ331.34
☆「世界名著大事典」

11825　「資本論」
『資本論―経済学批判　第1巻 4』 カール・マルクス著　中山元訳　日経BP社, 日経BPマーケティング（発売）　2012　509p　20×12cm（日経BPクラシックス）　2000円　Ⓘ978-4-8222-4881-9
☆「「あらすじ」だけで人生の意味が全部わかる世界の古典13」,「科学的社会主義の古典案内」,「学術辞典叢書 第11巻」,「学問がわかる500冊」,「教養のためのブックガイド」,「近代名著解題選集 2」,

「経済学の名著」,「経済学の名著30」,「経済学88物語」,「経済学名著106選」,「古典・名著の読み方」,「思想史の巨人たち」,「社会科学の古典」,「社会科学の名著」,「図解世界の名著がわかる本」,「西洋をきずいた書物」,「世界を変えた10冊の本」,「世界を変えた本」,「世界で最も重要なビジネス書」,「世界の古典名著」,「世界の書物」,「世界の哲学思想」,「世界の本」,「世界の名著早わかり事典」,「世界名著解題選 第2巻」,「世界名著解題選 第4巻」,「世界名著大事典」,「超解「哲学名著」事典」,「哲学の名著」,「哲学名著解題」(協同出版),「哲学名著解題」(春秋社),「なおかつお洒いのがお好き？」,「二十世紀を騒がせた本」,「20世紀を震撼させた100冊」,「必読書150」,「文学・名著300選の解説 '88年度版」,「私の古典」,「わたしの古典」

11826 「剰余価値学説史」
『剰余価値学説史ー『資本論』第4巻』 カール・マルクス著 マルクス=エンゲルス全集刊行委員会訳 大月書店 1974 3冊 20cm 全5800円 Ⓝ331.34
☆「学術辞典叢書 第14巻」,「経済学名著106選」,「世界名著解題選 第2巻」,「世界名著解題選 第4巻」,「世界名著大事典」

11827 「神聖家族」
☆「学術辞典叢書 第11巻」,「近代名著解題選集 2」,「世界名著解題選 第2巻」,「世界名著解題選 第5巻」,「世界名著大事典」,「哲学名著解題」

11828 「政治経済学批判」
『政治経済学批判』 マルクス著 河上肇, 宮川実共訳 改造社 1931 356p 18cm Ⓝ331.34
☆「世界名著大事典」

11829 「政治経済学批判要綱〔草案〕」
☆「世界名著大事典」

11830 「中国論」
☆「歴史の名著 外国人篇」

11831 「賃労働と資本」
『賃労働と資本』 マルクス[著] 村田陽一訳 大月書店 2009 117p 21cm(マルクス・フォー・ビギナー 3)〈解説：金子ハルオ 並列シリーズ名：Marx for beginners 年譜あり〉 1200円 Ⓘ978-4-272-00533-8 Ⓝ331.6
☆「科学的社会主義の古典案内」,「学術辞典叢書 第14巻」,「世界名著解題選 第2巻」,「世界名著解題選 第4巻」,「世界名著大事典」

11832 「哲学の貧困」
『哲学の貧困』 マルクス著 木下半治, 浅野晃訳 一穂社 2005 306p 21cm(名著/古典籍文庫)〈岩波文庫復刻版 岩波書店昭和5年刊を原本としたオンデマンド版〉 5900円 Ⓘ4-86181-142-2 Ⓝ331.6
☆「学術辞典叢書 第14巻」,「世界名著解題選 第3巻」,「世界名著解題選 第4巻」,「世界名著大事典」,「哲学名著解題」(協同出版),「哲学名著解題」(春秋社)

11833 「デモクリトスとエピクロスとの自然哲学の差異」
☆「世界名著解題選 第5巻」,「世界名著大事典」,「哲学名著解題」

11834 「ドイツ・イデオロギー」
『ドイツ・イデオロギーー手稿復元・新編輯版』 カール・マルクス, フリードリヒ・エンゲルス著 廣松渉編訳 新装版 河出書房新社 2006 2冊(セット) 27×18cm 15000円 Ⓘ4-309-70608-8
☆「科学的社会主義の古典案内」,「教養のためのブックガイド」,「古典・名著の読み方」,「社会科学の名著」,「社会思想の名著」,「世界の古典名著」,「世界名著解題選 第4巻」,「世界名著解題選 第5巻」,「世界名著大事典」,「哲学の世界」,「哲学の名著」,「哲学名著解題」(協同出版),「哲学名著解題」(春秋社),「入門 哲学の名著」,「文化の社会学」

11835 「道徳的批判と批判的道徳」
☆「世界名著大事典」

11836 「反デューリング論」
☆「学術辞典叢書 第14巻」,「世界名著解題選 第3巻」,「世界名著解題選 第5巻」,「世界名著大事典」,「哲学の世界」,「哲学の名著」,「哲学名著解題」

11837 「フランスにおける階級闘争」
『フランスにおける階級闘争』 マルクス著 中原稔生訳 大月書店 1960 192,8p 15cm(国民文庫 第24) Ⓝ235.06
☆「世界名著解題選 第4巻」,「世界名著大事典」,「歴史の名著 外国人篇」

11838 「フランスの内乱」
『フランスの内乱』 マルクス著 木下半治訳 岩波書店 1995 334p 15cm(岩波文庫) 620円 Ⓘ4-00-341260-5
☆「世界名著案内 6」,「世界名著解題選 第4巻」,「世界名著大事典」

11839 「ヘーゲル法哲学批判序説」
『ヘーゲル法哲学批判序説』 カール・マルクス著 笹川儀三郎訳 京都 蘭書房 1948 41p 19cm Ⓝ321.1
☆「学術辞典叢書 第14巻」,「世界名著解題選 第5巻」,「世界名著大事典」

11840 「マルクス主義と教育」
☆「世界名著解題選 第5巻」

11841 「猶太人問題を論ず」
『猶太人問題を論ず』 マルクス著 久留間鮫造, 細川嘉六訳 一穂社 2004 101p 21cm(名著/古典籍文庫)〈岩波文庫復刻版 岩波書店昭和3年刊を原本としたオンデマンド版 発売：紀伊國屋書店〉 1800円

①4-86181-040-X Ⓝ316.88
☆「私の古典」

11842 「ユダヤ人問題に寄せて」
『新訳初期マルクス—ユダヤ人問題に寄せて/ヘーゲル法哲学批判—序説』 カール・マルクス著 的場昭弘訳・著 作品社 2013 486p 20cm〈年譜あり 索引あり〉 3800円
①978-4-86182-407-4 Ⓝ331.6
☆「世界名著解題選 第5巻」、「世界名著大事典」

11843 「ルイ・ボナパルトのブリュメール一八日」
『ルイ・ボナパルトのブリュメール一八日』 マルクス著 市橋秀泰訳 新日本出版社 2014 232,6p 21cm(科学的社会主義の古典選書) 1600円 ①978-4-406-05770-7
☆「学術辞典叢書 第14巻」、「学問がわかる500冊」、「世界名著解題選 第4巻」、「世界名著大事典」、「歴史の名著 外国人篇」

マルクス・アウレリウス

11844 「自省録」
☆「一冊で人生論の名著を読む」、「学術辞典叢書 第13巻」、「自己啓発の名著30」、「世界を変えた100冊の本」、「世界の古典名著」、「世界の自己啓発50の名著」、「世界の哲学思想」、「世界名著解題選 第2巻」、「世界名著大事典」、「哲学の世界」、「哲学名著解題」(協同出版)、「哲学名著解題」(春秋社)

マルクーゼ, H.

11845 「一次元的人間」
『一次元的人間—先進産業社会におけるイデオロギーの研究』 ヘルベルト・マルクーゼ著 生松敬三, 三沢謙一訳 河出書房新社 1980 286p 20cm(現代思想選 5)〈新装版〉 2000円 Ⓝ304
☆「政治・権力・公共性」、「世界名著大事典 補遺(Extra)」

11846 「エロス的文明」
☆「世界の古典名著」、「世界の名著早わかり事典」、「世界名著大事典 補遺(Extra)」

11847 「ユートピアの終焉」
『ユートピアの終焉』 ヘルベルト・マルクーゼ著 清水多吉訳 合同出版 1968 193p 19cm 500円 Ⓝ363.04
☆「革命思想の名著」

11848 「理性と革命」
☆「世界名著大事典 補遺(Extra)」、「哲学の世界」

マルケリヌス, アンミアヌス

11849 「31巻史」
☆「世界名著大事典」

マルコーニ

11850 〈仮特許説明書〉

☆「西洋をきずいた書物」

11851 「無線通信」
☆「世界を変えた書物」

マルコム, ノーマン

11852 「ウィトゲンシュタイン」
『ウィトゲンシュタイン—天才哲学者の思い出』 ノーマン・マルコム著 板坂元訳 平凡社 1998 216p 16cm(平凡社ライブラリー) 840円 ①4-582-76266-2 Ⓝ134.97
☆「伝記・自叙伝の名著」

マルコムX

11853 「マルコムX自伝」
『マルコムX自伝—完訳 上』 マルコムX著 濱本武雄訳 中央公論新社 2002 421p 16cm(中公文庫) 1143円 ①4-12-203997-5 Ⓝ289.3
☆「アメリカ文学」、「世界のスピリチュアル50の名著」、「たのしく読めるアメリカ文学」

マルサス, トマス・ロバート

11854 「経済学原理」
『経済学原理 上』 マルサス著 小林時三郎訳 岩波書店 1968 354p 15cm(岩波文庫) 200円 Ⓝ331.322
☆「経済学88物語」

11855 「穀物条令論」
☆「世界名著大事典」

11856 「人口論」
『人口論』 マルサス著 斉藤悦則訳 光文社 2011 307p 15cm(光文社古典新訳文庫) 895円 ①978-4-334-75231-6
☆「学術辞典叢書 第11巻」、「近代名著解題選集 2」、「経済学88物語」、「経済学名著106選」、「古典・名著の読み方」、「社会科学の古典」、「社会科学の名著」、「西洋をきずいた書物」、「世界を変えた経済学の名著」、「世界を変えた100冊の本」、「世界を変えた本」、「世界の古典名著」、「世界の書物」、「世界の名著」、「世界の名著早わかり事典」、「世界名著解題選 第2巻」、「世界名著解題選 第4巻」、「世界名著大事典」、「文学・名著300選の解説 '88年度版」

11857 「政治経済学原理」
☆「世界名著大事典」

11858 「地代の性質と発展」
☆「学術辞典叢書 第11巻」、「世界名著解題選 第2巻」

マルシャーク

11859 「森は生きている」
『森は生きている』 サムイル・マルシャーク作 湯浅芳子訳 新版 岩波書店 2000 233p 19cm(岩波少年文庫) 640円
①4-00-114072-1

☆「あらすじで出会う世界と日本の名作55」,「あらすじで読む世界の名著 no.3」,「一冊で不朽の名作100冊を読む」(友人社),「一冊で不朽の名作100冊を読む」(友人社),「知っておきたいロシア文学」,「少年少女のための文学案内 2」,「ロシア少年少女文学 ファンタジー編」,「世界の名作文学案内」,「世界のメルヘン30」,「世界文学賞鑑賞辞典 第4」,「世界文学の名作と主人公」,「世界名著大事典」,「ポケット世界名作事典」,「名作の研究事典」

マルセル

11860 「形而上学日記」
☆「世界名著大事典」

11861 「聖像破壊者」
☆「世界名著大事典」

11862 「存在と所有」
『存在と所有』 マルセル著 渡辺秀,広瀬京一郎共訳 改訂増補 理想社 1970 376p 19cm(実存主義叢書 11) 1200円 Ⓝ114.5
☆「哲学の世界」

11863 「存在の神秘」
『存在の神秘—序説』 マルセル著 峰島旭雄訳 理想社 1963 143p 19cm(実存主義・叢書 4) Ⓝ135.9
☆「哲学の名著」

11864 「人間 それ自らに背くもの」
☆「現代人のための名著」

マルタン, アンドレ

11865 「エッフェル塔」
『エッフェル塔』 ロラン・バルト著 宗左近,諸田和治訳 伊藤俊治図版監修 筑摩書房 1997 220p 15cm(ちくま学芸文庫) 880円 ④4-480-08347-2
☆「学問がわかる500冊 v.2」

マルタン, オリヴィエ

11866 「フランス法史」
☆「世界名著大事典」

マルタン・デュ・ガール, ロジェ

11867 「ジャン・バロワ」
☆「世界文学鑑賞辞典 第2」,「世界名著大事典」

11868 「チボー家の人々」
☆「あらすじで味わう外国文学」,「一冊で世界の名著100冊を読む」,「現代世界の名作」,「古典・名著の読み方」,「世界の書物」,「世界の長編文学」,「世界の名作100を読む」,「世界の名著」,「世界文学あらすじ大事典 3(ちか‐ふろ)」,「世界文学鑑賞辞典 第2」,「世界文学の名作と主人公」,「世界名作事典」,「世界名作文学館」,「世界名著大事典」,「日本文学現代名作事典」,「入門名作の世界」,「百年の誤読 海外文学篇」,「フランス文学」,「文学・名著300選の解説 '88年度版」,「ポケット世界名作事典」,「名作の研究事典」,「名小説ストーリイ集 世界篇」,「要約 世界文学全集 1」

11869 「灰色のノート」
☆「世界の名作文学案内」

マルチーニ, F.di G.

11870 「都市および軍事建築論」
☆「世界名著大事典 補遺(Extra)」

マルツ, マクスウェル

11871 「自分を動かす」
『自分を動かす—あなたを成功型人間に変える』 マクスウェル・マルツ著 小坂弘孝訳 知道出版 2008 228p 19cm 1500円 ①978-4-88664-182-3
☆「世界の自己啓発50の名著」

マルティ, A.M.

11872 「一般文法および言語哲学の基礎づけのための研究」
☆「世界名著大事典」

マルティ, J.

11873 「イスマエリーリョ」
☆「世界名著大事典 補遺(Extra)」

11874 「キューバ革命党の基礎」
☆「世界名著大事典 補遺(Extra)」

マルティアリス

11875 「エピグランマ集」
☆「世界名著大事典」

マルディキィアン

11876 「マルディキィアン自伝—わが日々は愉し」
☆「伝記・自叙伝の名著」

マルティネ

11877 「音変化の経済」
☆「世界名著大事典」

マルティネス, トマス・エロイ

11878 「サンタ・エビータ」
☆「世界の小説大百科」

マルティン, アルフレット・フォン

11879 「ルネサンスの社会学」
『ルネッサンス—その社会学的考察』 A.マルティン原著 山本新,野村純孝共訳 創文社 1954 212p 19cm(フォルミカ選書) Ⓝ230.51
☆「世界名著大事典」

マルティン, ルドルフ
11880 「人類学教科書」
☆「世界名著大事典」

マルティン=サントス, ルイス
11881 「沈黙の時間」
☆「世界の小説大百科」

マルテンス
11882 「現代ヨーロッパ国際法要論」
☆「世界名著大事典」

マルトゥレイ, ジュアノット
11883 「ティラン・ロ・ブラン」
☆「世界の小説大百科」

マルトンヌ
11884 「アルプス」
☆「世界名著大事典」

11885 「自然地理学」
☆「世界名著大事典」

11886 「中部ヨーロッパ」
☆「世界名著大事典」

11887 「フランス」
☆「世界名著大事典」

マルピーギ
11888 「マルピーギ全集」
☆「世界名著大事典」

マルーフ, デイヴィッド
11889 「異境」
☆「世界の小説大百科」

マールブランシュ
11890 「形而上学対話」
☆「哲学名著解題」

11891 「真理の探究」
☆「世界名著大事典」,「哲学名著解題」

マールブルク
11892 「貸借対照表における時価」
☆「世界名著大事典」

マルプルク
11893 「音楽鑑賞の手引き」
☆「世界名著大事典」

マールホルツ
11894 「文芸学と文芸史」
『文芸学と文芸史』 マールホルツ著　角田俊訳　改訂　桜井書店　1942　327,15p　19cm〈「文学史と文芸学」の改題〉Ⓝ901
☆「世界名著解題選 第6巻」

マルロー, アンドレ
11895 「アルテンブルグのくるみの木」
☆「世界名著大事典」

11896 「王道」
『王道』 アンドレ・マルロー著　渡辺淳訳　講談社　2000　275p　15cm（講談社文芸文庫）1200円 ①4-06-198209-5
☆「あらすじで読む世界文学105」,「知っておきたいフランス文学」,「世界名著案内 4」,「ポケット世界名作事典」,「名作あらすじ事典 西洋文学編」,「名小説ストーリィ集 世界篇」

11897 「希望」
☆「世界名著大事典」

11898 「芸術心理学」
☆「世界名著大事典」

11899 「征服者」
『征服者』 マルロオ著　小松清訳　新潮社　1952　300p　16cm（新潮文庫　第313）Ⓝ953
☆「世界の名作100を読む」,「世界文学鑑賞辞典 第2」,「世界名著案内 4」,「世界名著大事典」,「文学・名著300選の解説 '88年度版」

11900 「人間の条件」
☆「あらすじで味わう外国文学」,「一冊で世界の名著100冊を読む」,「現代世界の名作」,「世界の小説大百科」,「世界の名著」,「世界文学あらすじ大事典 3（ちか‐ふろ）」,「世界文学鑑賞辞典 第2」,「世界文学の名作と主人公」,「世界名著案内 4」,「世界名著大事典」,「入門名作の世界」,「フランス文学」,「ベストセラー世界の文学・20世紀 1」,「ポケット世界名作事典」

11901 「反回想録」
『反回想録』 アンドレ・マルロー著　竹本忠雄訳　新潮社　1977　2冊　20cm　全8000円　Ⓝ950.28
☆「自伝の名著101」

11902 「侮蔑の時代」
☆「世界名著大事典」

マーレ
11903 「イタリア絵画史」
☆「世界名著大事典」

マーレー
11904 「軍事革命とRMAの戦略史」
『軍事革命とRMAの戦略史―軍事革命の史的変遷1300～2050年』 マクレガー・ノックス, ウィリアムソン・マーレー編著　今村伸哉訳　芙蓉書房出版　2004　318p　21cm　3700円 ①4-8295-0343-2
☆「戦略論の名著」

マレー, アリソン

11905 「ノーマネー・ノーハネー——ジャカルタの女露店商と売春婦たち」
☆「学問がわかる500冊 v.2」

マレー, ジェイムズ

11906 「オクスフォード英語大辞典」
☆「世界の書物」

11907 「新英語辞典」
☆「西洋をきずいた書物」

マレー, ジョン

11908 「大陸旅行ハンドブック」
☆「西洋をきずいた書物」

マレー, H.A.

11909 「パーソナリティ」
☆「ブックガイド心理学」

マレット, R.R.

11910 「宗教の発端」
☆「世界名著大事典 補遺(Extra)」

11911 「心理学と民俗学」
☆「世界名著大事典 補遺(Extra)」

11912 「人類学」
☆「世界名著大事典 補遺(Extra)」

11913 「倫理学に於ける起原論と確実論」
☆「近代欧米名著解題 第1巻」

マレル, D.

11914 「一人だけの軍隊」
『一人だけの軍隊』 デイヴィッド・マレル著 沢川進訳 早川書房 1982 349p 16cm(ハヤカワ文庫 NV) 400円 Ⓝ933
☆「映画になった名著」,「世界の冒険小説・総解説」

マレルブ

11915 「詩集」
☆「世界名著大事典」

マロ

11916 「詩集」
☆「世界名著大事典」

マロー, エクトル・アンリ

11917 「家なき子」
『家なき子』 マロー原作 おのちゅうこう著 鶴書房 230p 20cm(少年少女世界名作全集 16 山本和夫, 石森延男編)〈絵：伊勢英子〉 Ⓝ953.6
☆「あらすじで出会う世界と日本の名作55」,「あらすじで読む世界の名著 no.3」,「一冊で不朽の名作100冊を読む」(友人社),「一冊で不朽の名作100冊を読む」(友人社),「聴いてあじわう世界の名著 第2巻」,「少年少女のための文学案内1」,「世界少年少女文学 リアリズム編」,「世界のメルヘン30」,「世界文学の名作と主人公」,「世界名著大事典」,「ポケット世界名作事典」,「名作の研究事典」

マーロウ, C.

11918 「エドワード二世」
☆「世界文学あらすじ大事典1(あ - きよう)」

11919 「タムバレイン大王」
☆「世界文学あらすじ大事典2(きよえ - ちえ)」,「世界名著大事典」

11920 「フォースタス博士」
『フォースタス博士』 マーロウ作 松尾相訳 岩波書店 1929 98p 16cm(岩波文庫 464) Ⓝ932
☆「あらすじで読む世界文学105」,「イギリス文学」,「世界の幻想文学」,「世界文学あらすじ大事典3(ちか - ふろ)」,「世界文学鑑賞辞典 第1」,「世界文学の名作と主人公」,「世界名著大事典」,「たのしく読めるイギリス文学」

11921 「マルタ島のユダヤ人」
☆「世界文学あらすじ大事典4(ふん - われ)」,「世界名著大事典」

マロリー

11922 「中国, ききんの国」
☆「世界名著大事典」

マロリー, トマス

11923 「アーサー王の死」
『アーサー王の死』 トマス・マロリー著 ウィリアム・キャクストン編 厨川文夫, 厨川圭子編訳 筑摩書房 1986 473p 15cm(ちくま文庫 中世文学集 1) 760円
①4-480-02075-6
☆「あらすじで読む世界文学105」,「英米文学の名作を知る本」,「知っておきたいイギリス文学」,「西洋をきずいた書物」,「世界文学あらすじ大事典1(あ - きよう)」,「世界文学鑑賞辞典 第1」,「世界名著大事典」,「たのしく読めるイギリス文学」

11924 「アーサー王物語」
『アーサー王物語 1』 トマス・マロリー著 井村君江訳 筑摩書房 2004 401p 22cm 〈挿絵：オーブリー・ビアズリー〉 2800円
①4-480-83197-5 Ⓝ933.4
☆「あらすじで出会う世界と日本の名作55」,「3行でわかる名作&ヒット本250」,「世界の名著」,「世界名作事典」,「日本の古典・世界の古典」,「名作の研究事典」

マロン, モニカ

11925 「パーヴェルの手紙」
☆「世界の小説大百科」

マン

11926 「精神の貴族」
☆「世界名著大事典」

マン, カーチャ

11927 「夫トーマス・マンの思い出」
『夫トーマス・マンの思い出』 カーチャ・マン著 山口知三訳 筑摩書房 1975 248p 図 20cm 1800円 Ⓝ940.28
☆「伝記・自叙伝の名著」

マン, トーマス

11928 「欺かれた女」
『欺かれた女』 トーマス・マン著 高橋義孝訳 新潮社 1958 125p 16cm(新潮文庫) Ⓝ943
☆「世界文学あらすじ大事典 1（あ‐きよう）」

11929 「ヴェニスに死す」
『ヴェニスに死す』 トオマス・マン作 実吉捷郎訳 改版 岩波書店 2000 167p 15cm（岩波文庫） 400円 ①4-00-324341-2
☆「あらすじで読む世界文学105」、「面白いほどよくわかるあらすじで読む世界の名作」、「教養のためのブックガイド」、「知っておきたいドイツ文学」、「新潮文庫20世紀の100冊」、「図説 5分でわかる世界の名作」、「世界の小説大百科」、「世界文学あらすじ大事典 1（あ‐きよう）」、「世界文学鑑賞辞典 第3」、「世界名著大事典」、「ベストセラー世界の文学・20世紀 1」、「名作あらすじ事典 西洋文学編」

11930 「巨匠の苦悩と偉大」
☆「世界名著大事典」

11931 「詐欺師フェーリクス・クルルの告白」
『詐欺師フェーリクス・クルルの告白 下』 トーマス・マン著 岸美光訳 光文社 2011 409p 15cm(光文社古典新訳文庫) 1048円 ①978-4-334-75237-8
☆「世界文学あらすじ大事典 2（きよえ‐ちえ）」、「世界名著大事典」

11932 「選ばれた人」
☆「世界名著大事典」

11933 「トニオ・クレーゲル」
『トニオ・クレーゲル』 トーマス・マン著 高橋義孝訳 新潮社 1956 89p 16cm(新潮文庫) Ⓝ943
☆「面白いほどよくわかる世界の文学」、「知っておきたいドイツ文学」、「新潮文庫20世紀の100冊」、「世界文学鑑賞辞典 第3」、「世界名著大事典」、「ドイツ文学」、「ポケット世界名作事典」、「名作あらすじ事典 西洋文学編」、「名小説ストーリイ集 世界篇」、「私（わたし）の世界文学案内」

11934 「トリスタン」
☆「世界名著大事典」

11935 「非政治的人間の考察」
『非政治的人間の考察 下』 トーマス・マン著 前田敬作, 山口知三訳 筑摩書房 1971 369, 18p 19cm(筑摩叢書) 950円 Ⓝ944
☆「世界名著大事典」

11936 「ファウスト博士」
『ファウスト博士 上』 トーマス・マン作 関泰祐, 関楠生訳 岩波書店 1974 304p 15cm（岩波文庫） 210円 Ⓝ943
☆「世界の小説大百科」、「世界文学あらすじ大事典 3（ちか‐ふろ）」、「世界文学鑑賞辞典 第3」、「世界名著大事典」、「ポケット世界名作事典」、「名小説ストーリイ集 世界篇」

11937 「ブッデンブローク家の人びと」
『ブッデンブローク家の人びと 上』 トーマス・マン作 望月市恵訳 岩波書店 2013 357p 15cm（岩波文庫）〈第34刷（第1刷1969年）〉 840円 ①978-4-00-324331-2
☆「現代世界の名作」、「世界の小説大百科」、「世界の名作」、「世界文学あらすじ大事典 3（ちか‐ふろ）」、「世界文学鑑賞辞典 第3」、「世界名著案内 2」、「世界名著大事典」

11938 「魔の山」
『魔の山 上巻』 トーマス・マン[著] 高橋義孝訳 40刷改版 新潮社 2005 710p 16cm(新潮文庫) 819円 ①4-10-202202-3 Ⓝ943.7
☆「あらすじで味わう外国文学」、「あらすじで読む世界の名著 no.2」、「一冊で世界の名著100冊を読む」、「教養のためのブックガイド」、「クライマックス名作案内 1」、「古典・名著の読み方」、「3行でわかる名作&ヒット本250」、「知っておきたいドイツ文学」、「世界の小説大百科」、「世界の書物」、「世界の長編文学」、「世界の名作50選」、「世界の名作100を読む」、「世界の名作文学案内」、「世界の名著」、「世界文学あらすじ大事典 4（ふん‐われ）」、「世界文学鑑賞辞典 第3」、「世界文学のすじ書き」、「世界文学の名作と主人公」、「世界文学必勝法」、「世界名作事典」、「世界名作文学館」、「世界名著大事典」、「千年紀のベスト100作品を選ぶ」、「ドイツ文学」、「2時間でわかる世界の名著」、「入門名作の世界」、「必読書150」、「百年の誤読 海外文学篇」、「文一・名著300選の解説 '88年度版」、「ポケット世界名作事典」、「要約 世界文学全集 1」

11939 「ヨゼフとその兄弟たち」
『ヨゼフとその兄弟たち 第2巻』 トーマス・マン著 新潮社 1958 284p 図版 20cm Ⓝ943
☆「教養のためのブックガイド」、「世界の小説大百科」、「世界文学鑑賞辞典 第3」、「世界名作事典」、「世界名著大事典」

マン, トーマス（経済学者）

11940 「外国貿易によるイギリスの財宝」
☆「学術辞典叢書 第14巻」、「経済学名著106選」、

「社会科学の名著」,「西洋をきずいた書物」,「世界名著大事典」

マン,ハインリヒ

11941 「アンリ4世」
☆「世界の小説大百科」,「世界名著大事典」

11942 「ウンラート教授 あるいは、一暴君の末路」
☆「知っておきたいドイツ文学」,「世界文学鑑賞辞典 第3」,「世界名著大事典」

11943 「臣下」
☆「ドイツ文学」

11944 「帝国」
☆「世界名著大事典」

マン,フリッツ・カール

11945 「租税政策の諸理想」
☆「世界名著大事典」

マン,ホレース

11946 「第七年報」
☆「アメリカを変えた本」,「教育学の世界名著100選」

マンケル,ヘニング

11947 「殺人者の顔」
☆「世界の小説大百科」

マンゴルド,O.

11948 「発生生理学への道」
☆「教養のためのブックガイド」

マンスフィールド

11949 「園遊会」
『園遊会』 キャサリン・マンスフィールド著 西原忠毅,小倉多加志編注 改装 南雲堂 2003 115p 21cm 1600円 ①4-523-03603-9
☆「イギリス文学」,「英米文学の名作を知る本」,「世界の名著」,「世界文学鑑賞辞典 第1」,「世界文学の名作と主人公」,「世界名著大事典」,「たのしく読めるイギリス文学」,「日本・世界名作「愛の会話」100章」,「ポケット世界名作事典」

11950 「幸福」
『幸福』 マンスフィールド著 黒沢茂訳 垂水書房 1960 289p 19cm Ⓝ933
☆「世界名著大事典」

11951 「マンスフィールド短編集」
『マンスフィールド短編集』 マンスフィールド〔著〕 安藤一郎訳 56刷改版 新潮社 2008 388p 16cm(新潮文庫) 552円 ①978-4-10-204801-6 Ⓝ933.7
☆「新潮文庫20世紀の100冊」

マンゾーニ

11952 「いいなづけ」
『いいなづけ―17世紀ミラーノの物語 下』 アレッサンドロ・マンゾーニ著 平川祐弘訳 河出書房新社 2006 457p 15cm(河出文庫) 1000円 ①4-309-46271-5
☆「面白いほどよくわかる世界の文学」,「教養のためのブックガイド」,「世界文学あらすじ大事典1(あ‐きょう)」,「世界文学鑑賞辞典 第2」,「世界文学の名作と主人公」,「世界文学必勝法」,「世界名著大事典」

11953 「カルマニョーラ伯爵」
☆「世界名著大事典」

11954 「聖歌」
☆「世界名著大事典」

マンソン

11955 「イエスの教え」
☆「世界名著大事典」

11956 「熱帯性疾患」
☆「西洋をきずいた書物」

マンツィウス

11957 「世界演劇史」
『世界演劇史 第1巻』 カール・マンツィウス著 飯塚友一郎訳 復刻版 本の友社 2000 328p 22cm〈原本:平凡社昭和5年刊〉 ①4-89439-310-7 Ⓝ772
☆「世界名著大事典」

マンディアルグ

11958 「海の百合」
☆「世界文学あらすじ大事典1(あ‐きょう)」

11959 「狼の太陽」
『狼の太陽―マンディアルグ短編集』 アンドレ・ピエール・ド・マンディアルグ著 生田耕作訳 白水社 1989 198p 18cm(白水Uブックス 82) 880円 ①4-560-07082-2
☆「世界の幻想文学」

11960 「ダイヤモンド」
☆「世界の幻想文学」

マンディス,ジェロルド

11961 「借金から抜け出し、そのまま二度とお金を借りず、豊かに生きる方法」
☆「お金と富の哲学世界の名著50」

マンデヴィル

11962 「東方旅行記」
☆「世界の奇書」

11963 「蜂の寓話」
『蜂の寓話―私悪すなわち公益 続』 バーナー

ド・マンデヴィル著　泉谷治訳　法政大学出版局　1993　431p　20cm（叢書・ウニベルシタス）　4944円　①4-588-00409-3　Ⓝ150.23
☆「学術辞典叢書 第14巻」,「社会科学の名著」,「世界名著解題選 第3巻」,「世界名著大事典」,「「名著」の解読学」

マンデラ, ネルソン

11964　「自由への長い道」
『自由への長い道――ネルソン・マンデラ自伝 上』　ネルソン・マンデラ著　東江一紀訳　日本放送出版協会　1996　431p　20cm　2500円　①4-14-080265-0　Ⓝ289.3
☆「世界の成功哲学50の名著エッセンスを解く」

マンデリシュターム

11965　「エジプトのスタンプ」
☆「世界の幻想文学」

マンデル, エルネスト

11966　「現代資本主義の抗争」
『現代資本主義の抗争』　エルネスト・マンデル著　石崎昭彦,鬼塚豊吉訳　東洋経済新報社　1972　224,8p　19cm　780円　Ⓝ332.06
☆「現代ビジネス書・経済書総解説」

マントゥー

11967　「18世紀における産業革命」
☆「世界名著大事典」

マンハイム, カール

11968　「イデオロギーとユートピア」
『イデオロギーとユートピア』　マンハイム著　鈴木二郎訳　未来社　2007　407,3p　21cm〈第10刷〉　4800円　①978-4-624-01017-1
☆「現代科学論の名著」,「社会科学の古典」,「社会科学の名著」,「世界の古典名著」,「世界の名著」,「世界名著大事典」,「哲学の世界」,「文化の社会学」

11969　「自由・権力・民主的計画」
『自由・権力・民主的計画』　カール・マンハイム著　池田秀男訳　復刊　未来社　2000　533p　21cm　5000円　①4-624-40036-4
☆「教育学の世界名著100選」,「名著による教育原理」

11970　「変革期における人間と社会」
『変革期における人間と社会――現代社会構造の研究』　カール・マンハイム著　福武直訳　みすず書房　2002　486,3p　21cm　6200円　①4-622-01704-0
☆「社会思想の名著」,「世界名著大事典」

11971　「保守主義的思考」
『保守主義的思考』　カール・マンハイム著　森博訳　筑摩書房　1997　227p　15cm（ちくま学芸文庫）　840円　①4-480-08374-X

Ⓝ361.234
☆「社会学の名著30」

マンフォード, ルイス

11972　「機械の神話」
『機械の神話――技術と人類の発達』　ルイス・マンフォード著　樋口清訳　第6版　河出書房新社　1990　435,25p　19cm　4400円　①4-309-24007-0
☆「科学技術をどう読むか」

11973　「技術と文明」
『技術と文明』　ルイス・マンフォード著　新版（ハービンガー版）生田勉訳　美術出版社　1972　591p　22cm　3400円　Ⓝ502.3
☆「世界名著大事典」

11974　「芸術と技術」
☆「建築・都市ブックガイド21世紀」

11975　「都市の文化」
『都市の文化』　マンフォード著　生田勉訳　鹿島研究所出版会　1974　491,80p 図29枚　22cm　4800円　Ⓝ361.48
☆「都市的世界」

11976　「歴史の都市 明日の都市」
☆「建築の書物/都市の書物」

マンロー

11977　「乞食娘」
☆「世界の小説大百科」

11978　「諸芸術の相互関係」
☆「世界名著大事典」

11979　「ヨーロッパの湖上住居」
☆「世界名著大事典」

マンロー, アリス

11980　「娘たちと女たちの生活」
☆「世界の小説大百科」

【ミ】

ミアーズ, ヘレン

11981　「アメリカの鏡・日本」
『アメリカの鏡・日本』　ヘレン・ミアーズ［著］　伊藤延司訳　抄訳版　角川書店　2005　328p　18cm（角川oneテーマ21　A-39）　781円　①4-04-710001-3　Ⓝ302.1
☆「21世紀の必読書100選」

ミーク

11982　「労働価値論研究」
☆「世界名著大事典」

ミシェル
11983　「美術史」
☆「世界名著大事典」

ミシュー
11984　「法人論」
☆「世界名著大事典」

ミシュスチン
11985　「世界貿易論」
☆「世界名著大事典」

ミシュレ
11986　「博物学の画廊」
☆「世界名著大事典」

11987　「フランス革命史」
『フランス革命史　上』ジュール・ミシュレ著　桑原武夫, 多田道太郎, 樋口謹一訳　中央公論新社　2006　473p　15cm（中公文庫）1333円　①4-12-204788-9
☆「西洋をきずいた書物」,「世界名著大事典」

11988　「フランス史」
『フランス史　1　中世　上』ミシュレ[著]　大野一道, 立川孝一監修　立川孝一, 真野倫平責任編集　藤原書店　2010　469p　20cm〈年表あり　索引あり〉　3800円
①978-4-89434-738-0　Ⓝ235
☆「世界名著大事典」

ミショー, H.
11989　「十字軍史」
☆「世界名著大事典」

11990　「試練―悪魔祓い」
☆「世界名著大事典　補遺(Extra)」

11991　「他処の場所で」
☆「世界の幻想文学」

11992　「私だったもの」
☆「世界名著大事典　補遺(Extra)」

ミース, マリア
11993　「エコフェミニズム」
☆「フェミニズムの名著50」

11994　「世界システムと女性」
『世界システムと女性』マリア・ミース, クラウディア・フォン・ヴェールホフ, ヴェロニカ・ベンホルト-トムゼン著　古田睦美, 善本裕子訳　藤原書店　1995　348p　21cm　4800円　①4-89434-010-0
☆「フェミニズムの名著50」

ミストリー, ロヒントン
11995　「微妙な調和」

☆「世界の小説大百科」

ミズン, スティーヴン
11996　「心の先史時代」
☆「教養のためのブックガイド」

ミーゼス
11997　「確率論とその応用」
☆「世界名著大事典」

11998　「貨幣および流通手段の理論」
☆「世界名著大事典」

11999　「共同経済」
☆「世界名著大事典」

12000　「人間行為論」
☆「世界名著大事典」

12001　「ヒューマン・アクション」
『ヒューマン・アクション―人間行為の経済学』ルートヴィヒ・フォン・ミーゼス著　村田稔雄訳　増補新版　春秋社　2008　1160p　23×17cm〈原書第四版〉　12000円
①978-4-393-62183-7
☆「経済学88物語」

ミチューリン
12002　「栄養雑種」
☆「自然科学の名著100選 下」

12003　「60年間の仕事の総計」
☆「世界名著大事典」

ミーチン
12004　「弁証法的唯物論」
☆「世界名著解題選 第5巻」,「世界名著大事典」

ミツカ
12005　「ドイツ言語図巻」
☆「世界名著大事典」

ミッキー, ドナルド
12006　「創造するコンピュータAI（人工知能）入門」
☆「科学技術をどう読むか」

ミツキェヴィチ
12007　「パン・タデウシ」
☆「世界名著大事典」,「ポケット世界名作事典」

ミックヴィツ
12008　「4世紀のローマ帝国における貨幣と経済」
☆「世界名著大事典」

ミツコラ
12009　「スラヴ祖語文法」

☆「世界名著大事典」

ミツタイス

12010　「中世盛期の国家」
☆「世界名著大事典」

12011　「ドイツ法制史」
☆「世界名著大事典」

12012　「封建法と国家権力」
☆「世界名著大事典」

12013　「歴史における法の理念」
☆「世界名著大事典」

12014　「ローマ帝国東部諸属州における帝国法と民間法」
☆「世界名著大事典」

ミッチェル

12015　「古代ギリシアの経済」
☆「世界名著大事典」

12016　「スパルタ」
☆「世界名著大事典」

ミッチェル,デイヴィッド

12017　「クラウド・アトラス」
☆「世界の小説大百科」

ミッチェル,マーガレット

12018　「風と共に去りぬ」
『風と共に去りぬ』　マーガレット・ミッチェル著　寺沢美紀リライト　IBCパブリッシング　2010　236p　18cm（ラダーシリーズ）〈他言語標題：Gone With the Wind　Level 3　並列シリーズ名：LADDER SERIES〉　1200円
①978-4-7946-0044-8
☆「アメリカ文学」、「あらすじで味わう外国文学」、「あらすじで読む世界の名著 no.1」、「あらすじで読む世界文学105」、「英米文学の名作を知る本」、「『こころ』は本当に名作か」、「3行でわかる名作&ヒット本250」、「知っておきたいアメリカ文学」、「新潮文庫20世紀の100冊」、「図説 5分でわかる世界の名作」、「世界の小説大百科」、「世界の書物」、「世界の名作」、「世界の名作100を読む」、「世界の名作文学案内」、「世界の名著」、「世界文学あらすじ大事典1（あ‐きよう）」、「世界文学鑑賞辞典第1」、「世界文学のすじ書き」、「世界文学の名作と主人公」、「世界名作事典」、「世界名作文学館」、「世界名著大事典」、「たのしく読めるアメリカ文学」、「二十世紀を騒がせた本」、「日本文学現代名作事典」、「入門名作の世界」、「百年の誤読」、「文学・名著300選の解説 '88年度版」、「ベストセラー世界の文学・20世紀1」、「ポケット世界名作事典」、「名作あらすじ事典 西洋文学編」、「名作への招待」、「名小説ストーリィ集 世界篇」、「読んでおきたい世界の名著」

ミッチェル,J.

12019　「精神分析と女の解放」
『精神分析と女の解放』　ジュリエット・ミッチェル著　上田昊訳　合同出版　1977　301p　20cm　1500円　Ⓝ146
☆「フェミニズムの名著50」

ミッチェル,W.C.

12020　「景気循環論」
☆「世界名著大事典」

ミットフォード,ナンシー

12021　「寒さの中での恋」
☆「世界の小説大百科」

ミットン,S.

12022　「現代天文百科」
『現代天文百科』　ジャクリーン・ミットン著　市場泰男訳　社会思想社　1983　224p　15cm（現代教養文庫　1090）　440円　Ⓝ440.33
☆「物理ブックガイド100」

ミード,ジェイムズ

12023　「国際経済政策の理論」
☆「世界名著大事典」

ミード,シェパード

12024　「X・Pで幸福を」
☆「世界のSF文学・総解説」

ミード,M.

12025　「サモアの思春期」
『サモアの思春期』　マーガレット・ミード著　畑中幸子,山本真鳥共訳　蒼樹書房　1976　249p　20cm　1600円　Ⓝ389.75
☆「教育学の世界名著100選」、「世界名著大事典」、「文化人類学」

12026　「精神・自我・社会」
☆「自己・他者・関係」、「世界名著大事典」、「哲学の名著」、「名著による教育原理」

12027　「男性と女性」
『男性と女性―移りゆく世界における両性の研究　上』　マーガレット・ミード著　田中寿美子,加藤秀俊訳　東京創元社　1961　309p　19cm（現代社会科学叢書）　Ⓝ389
☆「近代家族とジェンダー」、「社会科学の古典」、「フェミニズムの名著50」、「ブックガイド心理学」、「文化人類学の名著50」

12028　「3つの未開社会における性と気質」
☆「世界名著大事典」

ミドルトン, トマス

12029　「女よ女に心許すな」
☆「世界名著大事典」

12030　「チェインジリング」
『チェインジリング』　ミドルトン, ロウリー著　笹山隆編注　篠崎書林　1961　169p　19cm（Sinozaki English Classics）Ⓝ932
☆「世界文学あらすじ大事典 2（きよえ - ちえ）」,「世界名著大事典」

12031　「チープサイドの貞淑な乙女」
『チープサイドの貞淑な乙女』　トマス・ミドルトン著　小野正和訳　早稲田大学出版部　1989　196p　19cm（エリザベス朝喜劇10選 8）　1442円　①4-657-89807-8
☆「世界文学あらすじ大事典 3（ちか - ふろ）」

12032　「貞淑な娼婦」
『貞淑な娼婦　第2部』　トマス・デッカー著　岡崎涼子訳　大井邦雄監修　早稲田大学出版部　1998　207p　19cm（エリザベス朝喜劇10選　第2期 5）　2500円　①4-657-98631-7
☆「世界文学あらすじ大事典 3（ちか - ふろ）」,「世界名著大事典」

12033　「魔女」
☆「世界名著大事典」

12034　「幽霊船」
『幽霊船』　リチャード・ミドルトン著　南条竹則訳　国書刊行会　1997　259p　19cm（魔法の本棚）　2300円　①4-336-03807-3
☆「世界の幻想文学」

ミトローヒン, V.

12035　「ミトローヒン文書」
☆「名著で学ぶインテリジェンス」

ミニエ

12036　「フランス革命史」
☆「世界名著大事典」

ミーニュ

12037　「教父著作全集」
☆「世界名著大事典」

ミハイロフスキー, ニコライ

12038　「進歩とはなにか」
☆「世界名著大事典」

ミハイローフスキイ, ガーリン

12039　「チョーマの少年時代」
☆「世界文学鑑賞辞典 第4」

ミハエリス

12040　「美術考古学発見史」
☆「世界名著大事典」

ミハルコーフ

12041　「イリヤ・ゴロヴィーン」
☆「世界文学鑑賞辞典 第4」

ミヘルス

12042　「現代民主主義における政党の社会学」
『現代民主主義における政党の社会学—集団活動の寡頭制的傾向についての研究』　ロベルト・ミヘルス著　森博, 樋口晟子訳　木鐸社　1990　565,58p　22cm　7210円　Ⓝ315
☆「学術辞典叢書 第14巻」,「現代政治学の名著」,「世界の古典名著」,「世界名著解題選 第2巻」,「世界名著大事典」

ミムネルモス

12043　「ナンノ」
☆「世界名著大事典」

ミュアヘッド

12044　「国家の職責―グリーンの国家論」
☆「近代欧米名著解題 第9巻」

ミュッセ

12045　「喜劇と格言劇」
☆「世界名著大事典」

12046　「新詩集」
☆「世界名著大事典」

12047　「世紀児の告白」
『世紀児の告白　上』　ミュッセ著　小松清訳　岩波書店　1953　212p　15cm（岩波文庫）Ⓝ953
☆「世界文学鑑賞辞典 第2」,「世界名著大事典」

12048　「戯れに恋はすまじ」
『戯れに恋はすまじ』　ミュッセ作　進藤誠一訳　岩波書店　1995　109p　15cm（岩波文庫）　310円　①4-00-325361-2
☆「世界文学あらすじ大事典 2（きよえ - ちえ）」,「世界文学鑑賞辞典 第2」,「世界文学の名作と主人公」,「フランス文学」,「ポケット世界名作事典」

12049　「マリアンヌの気まぐれ」
☆「世界文学鑑賞辞典 第2」

12050　「ロレンザッチョ」
『ロレンザッチョ』　アルフレッド・ド・ミュッセ作　渡辺守章訳　朝日出版社　1993　225p　19cm　1800円　①4-255-93015-5
☆「世界文学鑑賞辞典 第2」

ミュラー

12051　「3角形について」
☆「世界名著大事典」

ミュラー

12052　「ドイツ帝国から共和国へ」

☆「世界名著大事典」

ミュラー, アダム
12053 「政治学綱要」
☆「世界名著大事典」

ミュラー, ハイナー
12054 「ハムレット・マシーン」
☆「ドイツ文学」

ミューラー, フランツ・H.
12055 「経営の社会理論」
☆「世界名著大事典」

ミュラー, フリッツ
12056 「ダーウィン賛同」
☆「世界名著大事典」

ミューラー, フリードリヒ・マックス
12057 「言語学講義」
☆「世界名著大事典」

12058 「宗教の起原と発達に関する講話」
☆「世界名著大事典」

12059 「東方聖書」
☆「世界名著大事典」

ミューラー, ヨハネス
12060 「人体生理学講義摘要」
☆「自然科学の名著」,「世界名著大事典」

ミュラー・フライエンフェルス, リチャード
12061 「芸術心理学」
☆「世界名著大事典」

ミュルダール, グンナー
12062 「アジアのドラマ」
☆「経済学88物語」,「現代ビジネス書・経済書総解説」,「世界の古典名著」

12063 「アメリカのディレンマ」
☆「アメリカを変えた本」,「世界名著大事典」

12064 「貨幣的均衡論」
☆「経済学88物語」,「世界名著大事典」

12065 「経済学説と政治的要素」
『経済学説と政治的要素』 ミュルダール著 山田雄三訳 日本評論社 1942 475p 21cm (経済学名著選集 第3輯) Ⓝ331.23
☆「学問がわかる500冊」,「経済学名著106選」,「世界名著大事典」

12066 「経済理論と低開発地域」
☆「現代経済学の名著」,「世界名著大事典」

12067 「福祉国家を越えて」
☆「現代資本主義の名著」,「現代人のための名著」

ミュレンホッフ
12068 「ドイツ考古学」
☆「世界名著大事典」

ミューロック
12069 「ジョン・ハリファックス」
☆「世界名著大事典」

ミュンスターバーグ
12070 「映画劇」
☆「世界名著大事典」

ミュンスターベルヒ
12071 「心理学と犯罪」
☆「近代欧米名著解題 第5巻」

ミュンステルベルク
12072 「中国美術史」
☆「世界名著大事典」

ミュンステルベルヒ
12073 「永却の生命」
☆「近代欧米名著解題 第3巻」

ミラー
12074 「社会における身分の区別に関する諸考察」
☆「世界名著大事典」

ミラー, アーサー
12075 「セールスマンの死」
『セールスマンの死―或る個人的な対話二幕と鎮魂祈禱』 アーサー・ミラー著 大村敦,菅原卓共訳 早川書房 1950 274p 図版 19cm Ⓝ932
☆「アメリカ文学」,「あらすじで味わう外国文学」,「あらすじで選ぶ世界文学105」,「英米文学の名作を知る本」,「大人のための世界の名著50」,「現代世界の名作」,「知っておきたいアメリカ文学」,「世界の名作100を読む」,「世界文学あらすじ大事典 2 (きよえ・ちえ)」,「世界文学鑑賞辞典 第1」,「世界文学の名作と主人公」,「世界名作文学館」,「世界名著大事典」,「たのしく読めるアメリカ文学」,「日本・世界名作「愛の会話」100章」,「文学・名著300選の解説 '88年度版」,「ポケット世界名作事典」,「名作あらすじ事典 西洋文学編」,「名小説ストーリィ集 世界篇」

ミラー, ウォルター, Jr.
12076 「黙示録三一七四年」
☆「世界のSF文学・総解説」

ミラー, ジョナサン
12077 「心理学の最前線―専門家11人との対話」
『心理学の最前線―専門家11人との対話』 ジョ

ナサン・ミラー編　橋本仁司監訳　京都　同朋舎出版　1988　375p　19cm　3500円　⓸4-8104-0653-9
☆「学問がわかる500冊」

ミラー, デイヴィッド

12078　「ナショナリティについて」
『ナショナリティについて』　デイヴィッド・ミラー著　富沢克,長谷川一年,施光恒,竹島博之訳　風行社　2007　361,23p　20cm〈文献あり〉　2800円　⓸978-4-938662-94-3　Ⓝ311.3
☆「政治哲学」,「ナショナリズム論の名著50」,「はじめて学ぶ政治学」

ミラー, デイヴィッド・L.

12079　「甦る神々―新しい多神論」
『甦る神々―新しい多神論』　デイヴィッド・L.ミラー著　桑原知子,高石恭子訳　春秋社　1991　261p　19cm　2100円　⓸4-393-36104-0
☆「学問がわかる500冊」

ミラー, ヘンリー

12080　「愛と笑いの夜」
『愛と笑いの夜』　ヘンリ・ミラー著　吉行淳之介訳　福武書店　1987　228p　15cm（福武文庫）　450円　⓸4-8288-3054-5
☆「作家の訳した世界の文学」

12081　「北回帰線」
『北回帰線』　ヘンリー・ミラー著　大久保康雄訳　改版　新潮社　2005　561p　15cm（新潮文庫）　743円　⓸4-10-209001-0
☆「面白いほどよくわかる世界の文学」,「教養のためのブックガイド」,「『こころ』は本当に名作か」,「世界の小説大百科」,「世界の名作文学が2時間で分かる本」,「世界文学のすじ書き」,「世界名著大事典 補遺(Extra)」,「たのしく読めるアメリカ文学」,「百年の誤読 海外文学篇」,「ポケット世界名作事典」,「名作の読解法」,「要約 世界文学全集 1」

12082　「暗い春」
『暗い春』　ヘンリー・ミラー著　吉田健一訳　福武書店　1986　282p　15cm（福武文庫）　600円　⓸4-8288-3036-7
☆「大作家"ろくでなし"列伝」

12083　「サクセス」
☆「世界名著大事典 補遺(Extra)」

12084　「セキサス」
☆「名小説ストーリィ集 世界篇」

12085　「ネクサス」
『ネクサス―薔薇色の十字架刑 3』　ヘンリー・ミラー著　田澤晴海訳　水声社　2010　459p　19cm（ヘンリー・ミラー・コレクション 8）　4500円　⓸978-4-89176-773-0
☆「世界名著大事典 補遺(Extra)」

12086　「薔薇色の十字架」
『薔薇色の十字架 第1部 セクサス 第1』　ヘンリー・ミラー著　大久保康雄訳　新潮社　1954　193p　20cm　Ⓝ933
☆「世界名著大事典 補遺(Extra)」

12087　「プレクサス」
『プレクサス―薔薇色の十字架刑 2』　ヘンリー・ミラー著　武舎るみ訳　水声社　2010　651p　19cm（ヘンリー・ミラー・コレクション 7）　5000円　⓸978-4-89176-772-3
☆「世界名著大事典 補遺(Extra)」

12088　「マルーシの巨像」
『マルーシの巨像』　ヘンリー・ミラー著　金沢智訳　水声社　2004　243p　19cm（ヘンリー・ミラー・コレクション 5）　2500円　⓸4-89176-513-5
☆「世界名著大事典 補遺(Extra)」

12089　「南回帰線」
『南回帰線』　ヘンリー・ミラー著　松田憲次郎訳　水声社　2004　388p　19cm（ヘンリー・ミラー・コレクション 2）　3800円　⓸4-89176-510-0
☆「アメリカ文学」,「あらすじで読む世界文学105」,「世界の名作100を読む」,「世界の名作文学案内」,「世界文学あらすじ大事典 4（ふん‐われ）」,「世界文学鑑賞辞典 第1」,「世界文学の名作と主人公」,「世界名作案内 2」,「世界名著大事典 補遺(Extra)」,「千年紀のベスト100作品を選ぶ」,「文学・名著300選の解説 '88年度版」

12090　「冷房装置の悪夢」
『冷房装置の悪夢』　ヘンリー・ミラー著　大久保康雄訳　新潮社　1954　292p　20cm　Ⓝ933
☆「世界名著大事典 補遺(Extra)」

ミラー, マーガレット

12091　「鉄の門」
『鉄の門』　マーガレット・ミラー著　青木久恵訳　早川書房　1977　299p　16cm（ハヤカワ・ミステリ文庫）　340円　Ⓝ933
☆「世界の推理小説・総解説」

ミラー, G.ウイリアム

12092　「アメリカの新経済戦略」
『アメリカの新経済戦略―No.1復活への構図』　G.ウィリアム・ミラー編著　小関譲,竹中平蔵訳　東洋経済新報社　1984　254p　19cm　1500円　⓸4-492-44059-3　Ⓝ332.53
☆「経済経営95冊」

ミラボー

12093　「小間使女の日記」

ミレハ

☆「世界文学鑑賞辞典 第2」

12094 「租税論」
☆「世界名著大事典」

12095 「人間の友」
☆「世界名著大事典」

12096 「農業哲学」
☆「世界名著大事典」

12097 「プロイセン王国論」
☆「世界名著大事典」

ミラ・レパ

12098 「十万歌」
☆「世界名著大事典 補遺(Extra)」

ミリカン

12099 「電子、陽子、光子、中性子および宇宙線」
☆「世界を変えた書物」

ミリュコーフ

12100 「ロシア文化史概説」
☆「世界名著大事典」

ミル, ジョン・スチュアート

12101 「イギリス領インド史」
☆「世界名著大事典」

12102 「教育」
☆「教育学の世界名著100選」

12103 「経済学原理」
『経済学原理 第3』 ジョン・スチュアート・ミル著 戸田正雄訳 改版 春秋社 1959 436p 図版 19cm ⓃN331.324
☆「経済学の名著30」、「経済学88物語」、「経済学名著106選」、「古典・名著の読み方」、「社会科学の名著」、「図解世界の名著がわかる本」、「世界の古典名著」、「世界名著解題選 第1巻」、「世界名著解題選 第4巻」

12104 「経済原論」
☆「学術辞典叢書 第11巻」、「近代名著解題選集 2」

12105 「功利主義論」
☆「学術辞典叢書 第11巻」、「教養のためのブックガイド」、「近代名著解題選集 2」、「古典・名著の読み方」、「世界名著解題選 第1巻」、「世界名著大事典」、「哲学の名著」、「哲学名著解題(協同出版)」、「哲学名著解題」(春秋社)、「入門 哲学の名著」、「文学・名著300選の解説 '88年度版」、「倫理学」

12106 「社会主義論」
☆「世界名著大事典」

12107 「宗教論」
☆「学術辞典叢書 第12巻」、「世界名著解題選 第2巻」

12108 「自由について」

『自由について』 ジョン・スチュアート・ミル[著] 永江良一訳 フロンティアニセン 2005 195p 15cm(フロンティア文庫 64—風呂で読める文庫100選 64)〈奥付の責任表示(誤植):J.S.ミリ ルーズリーフ〉1000円 Ⓘ4-86197-064-4 Ⓝ133.4
☆「社会科学の名著」、「世界の名著」

12109 「自由論」
『自由論』 ミル著 斉藤悦則訳 光文社 2012 301p 16cm(光文社古典新訳文庫 KBミ1-2)〈年譜あり〉 1048円
Ⓘ978-4-334-75250-7 Ⓝ133.4
☆「教養のためのブックガイド」

12110 「女性の解放」
☆「教養のためのブックガイド」、「世界の古典名著」、「フェミニズムの名著50」

12111 「女性の隷従」
☆「学術辞典叢書 第14巻」、「世界名著解題選 第3巻」、「世界名著大事典」

12112 「政治経済学原理」
☆「世界名著大事典」

12113 「政治経済学綱要」
☆「世界名著大事典」

12114 「精神現象の分析」
☆「世界名著大事典」

12115 「政府論」
☆「世界名著大事典」

12116 「代議制統治論」
☆「学問がわかる500冊」、「現代政治学の名著」、「社会科学の名著」、「世界名著大事典」、「はじめて学ぶ政治学」

12117 「ミル自伝」
『ミル自伝』 ジョン・スチュアート・ミル著 村井章子訳 みすず書房 2008 268p 19cm(大人の本棚) 2800円
Ⓘ978-4-622-08078-7
☆「教養のためのブックガイド」、「自伝の名著101」、「世界の哲学思想」、「世界の名著」、「世界名著大事典」、「伝記・自叙伝の名著」、「21世紀の教育基本書」、「ポケット世界名作事典」

12118 「論理学体系」
☆「学術辞典叢書 第12巻」、「世界名著解題選 第3巻」、「世界名著大事典」、「哲学名著解題」

ミルカウ

12119 「図書館学提要」
☆「世界名著大事典」

ミルグラム, スタンレー

12120 「服従の心理」
『服従の心理』 スタンレー・ミルグラム著 山

形浩生訳　河出書房新社　2012　357p
15cm（河出文庫）　1300円
①978-4-309-46369-8
☆「世界の心理学50の名著」

ミルズ, C.W.

12121　「社会学的想像力」
『社会学的想像力』ミルズ著　鈴木広訳　新装版　紀伊國屋書店　1995　324p　19cm　2800円　①4-314-00703-6
☆「社会学的思考」

12122　「状況化された行為と動機の語彙」
☆「自己・他者・関係」

12123　「性格と社会構造」
『性格と社会構造―社会制度の心理学』H.H.ガース, C.W.ミルズ著　古城利明, 杉森創吉訳　復刻版　青木書店　2005　510,7p　20cm（現代社会学大系　第15巻　日高六郎, 岩井弘融, 中野卓, 浜島朗, 田中清助, 北川隆吉編）7500円　①4-250-20514-2　Ⓝ361.4
☆「世界名著大事典」

12124　「パワー・エリート」
☆「政治・権力・公共性」,「世界の古典名著」,「世界名著大事典」,「名著による教育原理」

12125　「ホワイトカラー」
☆「社会科学の古典」,「世界名著大事典」

12126　「マルクス主義者たち」
『マルクス主義者たち』ライト・ミルズ著　陸井四郎他訳　青木書店　1971　475p　20cm　1800円　Ⓝ363.3
☆「現代人のための名著」

ミルトン, ジョン

12127　「アレオパジチカ」
☆「西洋をきずいた書物」

12128　「快活な人」
☆「世界名著大事典」

12129　「教育論」
『教育論』ジョン・ミルトン著　私市元宏, 黒田健二郎訳　未来社　1984　84p　19cm〈奥付の著者名（誤植）：私市元弘　年譜：p75～80〉　900円　Ⓝ371.233
☆「教育学の世界名著100選」,「近代名著解題選集 2」

12130　「言論の自由」
『言論の自由―アレオパヂティカ』ミルトン著　石田憲次等訳　岩波書店　1953　112p　15cm（岩波文庫）　Ⓝ313.19
☆「世界名著大事典」,「私の古典」

12131　「国王および司政官の在位条件について」
☆「世界名著大事典」

12132　「コーマス」
☆「世界文学あらすじ大事典 1（あ‐きよう）」,「世界名著大事典」

12133　「失楽園」
『失楽園　上』ミルトン作　平井正穂訳　岩波書店　2003　443p　15cm（岩波文庫）〈第40刷〉　760円　①4-00-322062-5
☆「あらすじで読む世界の名著 no.2」,「あらすじで読む世界文学105」,「イギリス文学」,「書き出し『世界文学全集』」,「学術辞典叢書 第12巻」,「教養のためのブックガイド」,「近代名著解題選集 1」,「近代名著解題選集 2」,「知っておきたいイギリス文学」,「世界の幻想文学」,「世界の長編文学」,「世界の名作」,「世界の名著」,「世界文学あらすじ大事典 2（きよえ‐ちえ）」,「世界文学鑑賞辞典 第1」,「世界文学の名作と主人公」,「世界名作事典」,「世界名著解題選 第2巻」,「世界名著大事典」,「たのしく読めるイギリス文学」,「日本の古典・世界の古典」,「ポケット世界名作事典」,「名作あらすじ事典 西洋文学編」,「名小説ストーリイ集 世界篇」

12134　「沈思の人」
☆「世界名著大事典」

12135　「闘士サムソン」
『闘士サムソン―劇詩』ジョン・ミルトン著　佐野弘子訳　思潮社　2011　172p　19cm〈文献丶〉　2200円　①978-4-7837-2894-8　Ⓝ931.5
☆「世界文学あらすじ大事典 4（ふん‐われ）」,「世界名著大事典」

12136　「復楽園」
『復楽園』ミルトン著　畔上賢造訳　改造社　1936　342p　肖像　19cm　Ⓝ931
☆「世界文学あらすじ大事典 4（ふん‐われ）」,「世界名著大事典」

ミルハウザー

12137　「エドウィン・マルハウス」
『エドウィン・マルハウス―あるアメリカ作家の生と死』スティーヴン・ミルハウザー著　岸本佐知子訳　白水社　2003　401p　19cm　2200円　①4-560-04768-5
☆「アメリカ文学」,「たのしく読めるアメリカ文学」

ミールフワーンド

12138　「清浄の園」
☆「世界名著大事典」

ミルマン, ダン

12139　「癒しの旅―ピースフル・ウォリアー」
『癒しの旅―ピースフル・ウォリアー』ダン・ミルマン著　上野圭一訳　徳間書店　1998　332p　19cm　1800円　①4-19-860853-9
☆「世界のスピリチュアル50の名著」

ミルン,A.A.
- 12140 「赤い館の秘密」
  - ☆「世界の推理小説・総解説」,「世界名著大事典」
- 12141 「クマのプーさん」
  - ☆「一冊で不朽の名作100冊を読む」(友人社),「一冊で不朽の名作100冊を読む」(友人社),「英米児童文学のベストセラー40」,「書き出し「世界文学全集」」,「世界少年少女文学 ファンタジー編」,「世界文学の名作と主人公」,「世界名著大事典」,「たのしく読めるイギリス文学」,「ポケット世界名作事典」,「名作の研究事典」,「名作へのパスポート」
- 12142 「ドーヴァー街道」
  - ☆「世界名著大事典」
- 12143 「ピムさん御通過」
  - ☆「世界名著大事典」

ミレット,K.
- 12144 「性の政治学」
  - 『性の政治学』 ケイト・ミレット著 藤枝澪子[ほか]共訳 ドメス出版 1985 632,39p 22cm〈著者の肖像あり 邦訳文献・作品一覧:p630～632 巻末:参考文献〉 4800円 Ⓝ367.2
  - ☆「近代家族とジェンダー」,「世界の古典名著」,「20世紀を震撼させた100冊」,「フェミニズムの名著50」

ミレル
- 12145 「ソヴェト連邦の考古学」
  - ☆「世界名著大事典」

ミロー,ベルナール
- 12146 「神風」
  - 『神風』 ベルナール・ミロー著 内藤一郎訳 早川書房 1972 363p(図共) 19cm(ハヤカワ・ノンフィクション) 780円 Ⓝ210.75
  - ☆「今だから知っておきたい戦争の本70」

閔 斗基 みん・どぅぎ
- 12147 「時間との競争—東アジア近現代史論集」
  - ☆「東アジア人文書100」

ミンコーフスキー
- 12148 「空間と時間」
  - ☆「西洋をきずいた書物」,「世界を変えた書物」

ミーンズ
- 12149 「近代株式会社と私有財産」
  - 『近代株式会社と私有財産』 A.A.バーリー,G.C.ミーンズ著 北島忠男訳 文雅堂書店 1958 506p 図版 22cm(現代経済学名著選集 第5 明治大学経済学研究会編) Ⓝ335.4
  - ☆「経済学の名著30」,「経済学88物語」,「経済学名著106選」,「世界名著大事典」

ミンスキー
- 12150 「投資と金融」
  - ☆「経済学88物語」

ミンツバーグ,ヘンリー
- 12151 「「戦略計画」創造的破壊の時代」
  - 『「戦略計画」創造的破壊の時代』 ヘンリー・ミンツバーグ著 中村元一監訳 黒田哲彦,崔大龍,小高照男訳 産能大学出版部 1997 476p 20cm 3800円 Ⓘ4-382-05406-0 Ⓝ336.1
  - ☆「究極のビジネス書50選」,「世界で最も重要なビジネス書」
- 12152 「戦略サファリ」
  - 『戦略サファリ—戦略マネジメント・コンプリートガイドブック』 ヘンリー・ミンツバーグ,ブルース・アルストランド,ジョセフ・ランペル著 齋藤嘉則監訳 東洋経済新報社 2013 488p 21cm〈原書第2版〉 4200円 Ⓘ978-4-492-53319-2
  - ☆「世界で最も重要なビジネス書」,「戦略の名著!最強43冊のエッセンス」
- 12153 「マネジャーの仕事」
  - 『マネジャーの仕事』 ヘンリー・ミンツバーグ著 奥村哲史,須貝栄訳 白桃書房 1993 327,7p 19cm 3300円 Ⓘ4-561-24218-X
  - ☆「究極のビジネス書50選」,「世界で最も重要なビジネス書」

ミント,バーバラ
- 12154 「考える技術・書く技術」
  - 『考える技術・書く技術—問題解決力を伸ばすピラミッド原則』 バーバラ・ミント著 グロービス・マネジメント・インスティテュート監訳 山崎康司訳 新版 ダイヤモンド社 1999 289p 21cm 2800円 Ⓘ4-478-49027-9
  - ☆「あらすじで読む世界のビジネス名著」

ミンハ,T.T.
- 12155 「女性・ネイティヴ・他者」
  - 『女性・ネイティヴ・他者—ポストコロニアリズムとフェミニズム』 トリン・T.ミンハ著 竹村和子訳 岩波書店 2011 254,22p 19cm(岩波人文書セレクション) 2800円 Ⓘ978-4-00-028514-8
  - ☆「フェミニズムの名著50」

【ム】

ムーア
- *12156*「シェークスピアの暗号書」
  - ☆「世界の奇書」
- *12157*「ユダヤ街」
  - ☆「世界名著大事典」

ムーア, アラン
- *12158*「Watchmen」
  - 『Watchmen』 アラン・ムーア, デイブ・ギボンズ著　石川裕人, 秋友克也, 沖恭一郎, 海法紀光訳　小学館集英社プロダクション　2009　412p　26cm（ShoPro books　DC comics）〈本文は日本語　カラーリスト：John Higgins〉　3400円　①978-4-7968-7057-3　Ⓝ726.1
  - ☆「世界の小説大百科」

ムア, ジョージ
- *12159*「エスター・ウォーターズ」
  - 『エスター・ウォーターズ』 ジョージ・ムア著　林木博美訳　英宝社　1999　593p　19cm　4800円　①4-269-82001-2
  - ☆「世界文学あらすじ大事典 1（あ‐きょう）」,「世界名著大事典」,「たのしく読めるイギリス文学」
- *12160*「青年の告白」
  - ☆「世界文学鑑賞辞典 第1」,「世界名著大事典」

ムーア, ジョージ・エドワード
- *12161*「宗教史」
  - ☆「世界名著大事典」
- *12162*「哲学研究」
  - ☆「世界名著大事典」
- *12163*「東西哲学についての論文集」
  - ☆「世界名著大事典」
- *12164*「倫理学原理」
  - ☆「世界名著大事典」

ムーア, トマス
- *12165*「失われた心 生かされる心」
  - ☆「世界の自己啓発50の名著」
- *12166*「ララ・ルク」
  - ☆「世界名著大事典」

ムーア, ローリー
- *12167*「あなたといた場所」
  - 『あなたといた場所』 ローリー・ムーア著　古屋美登里訳　新潮社　1995　286p　19cm　1900円　①4-10-530801-7
  - ☆「世界の小説大百科」
- *12168*「階段のところの門」
  - ☆「世界の小説大百科」

ムーア, C.L.
- *12169*「大宇宙の魔女」
  - ☆「世界のSF文学・総解説」

ムーア, C.W.
- *12170*「記憶に残る場所」
  - 『記憶に残る場所』 ドンリン・リンドン, チャールズ・W.ムーア共著　有岡孝訳　新装版　鹿島出版会　2009　279p　19cm（SD選書）　2400円　①978-4-306-05252-9
  - ☆「学問がわかる500冊 v.2」

ムーア, H.L.
- *12171*「総合経済学」
  - ☆「世界名著大事典」

ムーア, R.
- *12172*「フレンチ・コネクション」
  - ☆「映画になった名著」

ムーア, W.E.
- *12173*「産業関係と社会秩序」
  - ☆「世界名著大事典」

ムアコック, マイクル
- *12174*「永遠のチャンピオン」
  - 『永遠のチャンピオン』 マイクル・ムアコック著　井辻朱美訳　早川書房　1983　303p　16cm（ハヤカワ文庫　SF エレコーゼ・サーガ）　380円　Ⓝ933
  - ☆「世界のSF文学・総解説」
- *12175*「この人を見よ」
  - 『この人を見よ』 マイクル・ムアコック著　峯岸久訳　早川書房　1981　260p　16cm（ハヤカワ文庫　SF）　320円　Ⓝ933
  - ☆「世界のSF文学・総解説」

ムカジイ, バーラティ
- *12176*「世界を掌握する者」
  - ☆「世界の小説大百科」

ムカッファイ, イブヌ・ル
- *12177*「カリーラとディムナ」
  - ☆「世界名著大事典」

ムクンダラーム・チャクラヴァルティー
- *12178*「チャンディー・マンガル」
  - ☆「世界名著大事典」

ムケルジー
12179「インドの労働階級」
☆「世界名著大事典」

ムサートフ
12180「こぐま星座」
☆「世界文学鑑賞辞典 第4」

ムーシナク
12181「映画の誕生」
☆「世界名著大事典」

ムシュク
12182「兎の夏」
『兎の夏』 アドルフ・ムシュク著 宮下啓三訳 新潮社 1972 250p 20cm 950円 Ⓝ943
☆「ドイツ文学」

ムージル, ローベルト
12183「寄宿生テルレスの混乱」
『寄宿生テルレスの混乱』 ムージル著 丘沢静也訳 光文社 2008 347p 16cm（光文社古典新訳文庫） 705円 ①978-4-334-75165-4 Ⓝ943.7
☆「世界の小説大百科」

12184「特性のない男」
『特性のない男 6』 ムージル著 加藤二郎訳 京都 松籟社 1995 335p 19cm（ムージル著作集 第6巻） 3500円 ①4-87984-164-1
☆「面白いほどよくわかる世界の文学」,「教養のためのブックガイド」,「世界の幻想文学」,「世界の小説大百科」,「世界の長編文学」,「世界の名著」,「世界文学あらすじ大事典 3（ちか‐ふろ）」,「世界文学鑑賞辞典 第3」,「世界文学のすじ書き」,「世界文学の名作と主人公」,「世界名著大事典」,「ドイツ文学」,「20世紀を震撼させた100冊」,「必読書150」,「ポケット世界名作事典」

12185「若いテルレスの惑い」
☆「知っておきたいドイツ文学」

12186「和合」
☆「作家の訳した世界の文学」

ムーター
12187「フランス絵画の1世紀」
☆「世界名著大事典」

ムッソリーニ
12188「ファシズムの原理」
☆「世界名著大事典」

ムティス, アルバロ
12189「マクロル・エルガビエロの冒険と災難」
☆「世界の小説大百科」

ムーニエ
12190「実存主義序説」
☆「世界名著大事典」

ムハンマド・アサド
12191「メッカへの道」
☆「世界のスピリチュアル50の名著」

ムヒカ=ライネス
12192「ボマルツォ公の回想」
『ボマルツォ公の回想』 ムヒカ=ライネス著 土岐恒二, 安藤哲行訳 集英社 1984 619p 20cm（ラテンアメリカの文学 6）〈編集：綜合社 著者の肖像あり 著作年譜：p619〉 2300円 ①4-08-126006-0 Ⓝ963
☆「世界文学あらすじ大事典 4（ふん‐われ）」

ムフ, C.
12193「政治的なるものの再興」
『政治的なるものの再興』 シャンタル・ムフ著 千葉眞, 土井美徳, 田中智彦, 山田竜作訳 日本経済評論社 1998 327p 19cm 2800円 ①4-8188-0976-4
☆「政治哲学」

12194「ポスト・マルクス主義と政治」
『ポスト・マルクス主義と政治―根源的民主主義のために』 エルネスト・ラクラウ, シャンタル・ムフ著 山崎カヲル, 石澤武訳 復刻新版 大村書店 2000 315p 20cm 3000円 ①4-7563-2021-X Ⓝ309.3
☆「グローバル政治理論」,「政治・権力・公共性」

ムファーレレ, エゼキエル
12195「わが苦悩の町2番通り」
☆「世界の小説大百科」

ムラトーリ
12196「イタリア史料集成」
☆「西洋をきずいた書物」

12197「イタリア中世古事記」
☆「世界名著大事典」

ムリシュ, ハリー
12198「天国の発見」
☆「世界の小説大百科」

ムルタトゥリ
12199「マックス・ハーフェラール」
☆「世界の小説大百科」,「世界名著大事典」

ムーロ, パコ
12200「なぜ、エグゼクティブはゴルフをするのか？」
『なぜ、エグゼクティブはゴルフをするのか？

一読むだけで、仕事と人生の業績がupする ショートストーリー』 パコ・ムーロ著 坂東 智子訳 ゴマブックス 2009 206p 15cm （ゴマ文庫 G094） 667円
①978-4-7771-5101-1 Ⓝ159.4
☆「超売れ筋ビジネス書101冊」

ムンク

12201 「ことば」
☆「世界名著大事典」

12202 「ことばの剣をもって」
☆「世界名著大事典」

12203 「るつぼ」
☆「世界名著大事典」

【メ】

メイ,ロロ

12204 「カウンセリングの技術」
『カウンセリングの技術』 ロロ・メイ著 黒川昭訳 岩崎学術出版社 1966 271p 19cm（精神科学全書 6） 980円 Ⓝ149
☆「学問がわかる500冊」

メイ,G.O.

12205 「財務会計」
☆「世界名著大事典」

メイエ,アントゥアヌ

12206 「印欧語比較研究序説」
☆「世界名著大事典」

12207 「ギリシア語史概要」
☆「世界名著大事典」

12208 「史的言語学と一般言語学」
☆「世界名著大事典」

12209 「史的言語学における比較方法」
☆「世界名著大事典」

12210 「スラヴ祖語」
☆「世界名著大事典」

12211 「世界の言語」
『世界の言語』 アントゥアヌ・メイエ,マルセル・コーアン監修 石浜純太郎等訳 泉井久之助編 朝日新聞社 1954 1237p 地図 27cm〈ジヤック・ヴァンドリエス等執筆〉 Ⓝ801.09
☆「世界名著大事典」

メイエルソン

12212 「同一性と実在」

☆「哲学の名著」

メイエルホリド

12213 「演劇論」
☆「世界名著大事典」

名教中人 めいきょうちゅうじん

12214 「好逑伝」
☆「世界名著大事典」

メイスフィールド,ジョン

12215 「海の変化」
☆「世界の海洋文学」

12216 「忠臣」
☆「世界名著大事典」

12217 「ドーバー」
☆「世界名著大事典」

12218 「ナンの悲劇」
☆「世界名著大事典」

12219 「ニワトリ号一番のり」
☆「一冊で不朽の名作100冊を読む」(友人社),「一冊で不朽の名作100冊を読む」(友人社),「世界少年少女文学 リアリズム編」,「世界の海洋文学」

12220 「夜中出あるくものたち」
☆「世界の幻想文学」

メイスン,A.E.W.

12221 「矢の家」
☆「世界の推理小説・総解説」

メイソン,ボビー・アン

12222 「イン・カントリー」
☆「たのしく読めるアメリカ文学」

メイトランド,F.W.

12223 「イギリス憲法史」
『イングランド憲法史』 F.W.メイトランド著 小山貞夫訳 創文社 1981 724,83p 22cm（名著翻訳叢書） 10000円 Ⓝ322.33
☆「世界名著大事典」

12224 「イギリス法史」
☆「世界名著大事典」

12225 「衡平法論」
『エクイティ』 メイトランド著 トラスト60・エクイティ研究会訳 有斐閣 1991 313p 22cm（トラスト60研究叢書） 4120円
①4-641-04415-5 Ⓝ322.933
☆「世界名著大事典」

12226 「村落と城市」
☆「世界名著大事典」

12227 「ドゥームズデー・ブックとそのか

メイヤ

なた」
☆「世界名著大事典」

メイヤー, ニコラス

12228 「黒い蘭」
『黒い蘭』 ニコラス・メイヤー, バリー・J.カプラン著 川口暁訳 パシフィカ 1979 325p 19cm〈発売：プレジデント社〉 1200円 Ⓝ933
☆「世界の冒険小説・総解説」

12229 「シャーロック・ホームズ氏の素敵な冒険」
『シャーロック・ホームズ氏の素敵な冒険―ワトスン博士の未発表手記による』 ニコラス・メイヤー著 田中融二訳 扶桑社 1988 321p 15cm(扶桑社ミステリー) 480円 Ⓘ4-594-00278-1
☆「世界の推理小説・総解説」

メイヨー

12230 「自然学的医学の5論文」
☆「世界名著大事典」

メイヨー, エルトン

12231 「産業文明における人間問題」
『産業文明における人間問題―ホーソン実験とその展開』 エルトン・メイヨー著 村本栄一訳 新訳版 日本能率協会 1967 204p 22cm 820円 Ⓝ335.95
☆「世界で最も重要なビジネス書」,「世界名著大事典」

メイラー, ノーマン

12232 「アメリカの夢」
☆「世界名著大事典 補遺(Extra)」

12233 「鹿の園」
☆「世界名著大事典 補遺(Extra)」

12234 「白い黒人」
☆「世界の小説大百科」,「世界名著大事典 補遺(Extra)」

12235 「バーバリの岸辺」
☆「世界名著大事典 補遺(Extra)」

12236 「ぼく自身のための広告」
☆「世界名著大事典 補遺(Extra)」

12237 「夜の軍隊」
『夜の軍隊』 ノーマン・メイラー著 山西英一訳 早川書房 1970 451p 図版 20cm (ノーマン・メイラー選集) 1500円 Ⓝ933
☆「世界名著大事典 補遺(Extra)」,「20世紀を震撼させた100冊」

12238 「裸者と死者」
『裸者と死者 上巻』 ノーマン・メイラー著 山西英一訳 新潮社 1952 367p 16cm(新潮文庫 第303) Ⓝ933
☆「アメリカ文学」,「現代世界の名作」,「世界の名作100を読む」,「世界文学鑑賞辞典 第1」,「世界文学の名作と主人公」,「世界名著大事典」,「世界名著大事典 補遺(Extra)」,「たのしく読めるアメリカ文学」,「百年の誤読 海外文学篇」,「文学・名著300選の解説 '88年度版」,「ポケット世界名作事典」,「名小説ストーリイ集 世界篇」

メイリア, マーティン

12239 「ソヴィエトの悲劇」
『ソヴィエトの悲劇―ロシアにおける社会主義の歴史 1917〜1991 上巻』 マーティン・メイリア著 白須英子訳 草思社 1997 450p 19cm 3605円 Ⓘ4-7942-0748-4
☆「歴史家の一冊」

メイン, ウィリアム

12240 「砂」
☆「一冊で不朽の名作100冊を読む」(友人社),「一冊で不朽の名作100冊を読む」(友人社),「世界少年少女文学 リアリズム編」

メイン, ヘンリー・サムナー

12241 「ヒンドゥー法と慣例について」
☆「世界名著大事典」

メーゲンベルク, コンラート・フォン

12242 「自然の書」
☆「世界名著大事典」

メーザー

12243 「オスナブリュック史」
☆「世界名著大事典」

メシアン

12244 「わが音楽語法」
『わが音楽語法』 オリヴィエ・メシアン著 平尾貴四男訳 教育出版 1954 127p 26cm Ⓝ761.2
☆「世界名著大事典」

メース, フロイン

12245 「ジャワ史」
☆「世界名著大事典」

メーストル

12246 「王党派サヴォワ人の手紙」
☆「世界名著大事典」

12247 「憲法の発生原理に関する試論」
☆「世界名著大事典」

12248 「聖ペテルスブルグ夜話」
☆「世界名著大事典」

メスナー

12249 「ナンガ・パルバート単独行」
『ナンガ・パルバート単独行』 ラインホルト・メスナー著　横川文雄訳　山と溪谷社　2011　380p　15cm（ヤマケイ文庫）　1000円
①978-4-635-04729-6
☆「山の名著30選」

メスナール

12250 「16世紀における政治哲学の発達」
☆「世界名著大事典」

メスマー

12251 「動物磁気説」
☆「西洋をきずいた書物」

メーソン,L.W.

12252 「音楽指南」
『音楽指南』 エル・ダブリュー・メーソン著　内田弥一訳　文部省　1884　190p　22cm
Ⓝ760
☆「世界名著大事典 補遺（Extra）」

12253 「小学唱歌集」
☆「世界名著大事典 補遺（Extra）」

メゾンヌーヴ

12254 「社会心理」
『社会心理』 ジャン・メゾンヌーヴ著　内藤莞爾訳　白水社　1952　136p　18cm（文庫クセジュ　第47）　Ⓝ361.5
☆「世界名著大事典」

メタスタージオ

12255 「見捨てられたディドーネ」
☆「世界名著大事典」

メタル

12256 「ハンス・ケルゼン」
『ハンス・ケルゼン』 ルドルフ・アラダール・メタル著　井口大介,原秀男訳　成文堂　1971　155p　肖像　18cm　750円　Ⓝ289.3
☆「伝記・自叙伝の名著」

メダワー

12257 「進歩への希望―科学の擁護」
☆「科学技術をどう読むか」

メチニコフ

12258 「人性論」
『人性論』 エリー・メチニコフ著　中瀬古六郎譯述　大日本文明協會　1915　446p　23cm〈発売：文明書院〉
☆「世界名著大事典」

メッガー

12259 「主観的不法要素」
☆「世界名著大事典」

メツナー

12260 「英文法」
☆「世界名著大事典」

メディチ,ロレンツォ・デ

12261 「カンツォニエーレ」
☆「世界名著大事典」

メディンスキイ

12262 「階級闘争と教育」
☆「世界名著解題選 第5巻」

メーテルリンク

12263 「青い鳥」
『青い鳥』 モーリス・メーテルリンク作　江國香織訳　高野文子絵　新装版　講談社　2013　311p　18cm（講談社青い鳥文庫）　680円
①978-4-06-285382-8
☆「あらすじで出会う世界と日本の名作55」,「一冊で不朽の名作100冊を読む」(友人社),「一冊で不朽の名作100冊を読む」(友人社),「学術辞典叢書 第12巻」,「近代名著解題選集 2」,「現代世界の名作」,「少年少女のための文学案内 1」,「図説 5分でわかる世界の名作」,「世界少年少女文学 ファンタジー編」,「世界の名作100を読む」,「世界の名作文学案内」,「世界の名著」,「世界のメルヘン30」,「世界文学あらすじ大事典 1（あーきよう）」,「世界文学鑑賞辞典 第2」,「世界名作事典」,「世界名著解題選 第1巻」,「百年の誤読 海外文学篇」,「文学・名著300選の解説 '88年度版」,「ポケット世界名作事典」,「名作の研究事典」,「名小説ストーリイ集 世界篇」

12264 「タンタジールの死」
☆「近代名著解題選集 2」,「世界名著解題選 第2巻」

12265 「貧者の宝」
『貧者の宝』 マーテルリンク著　片山敏彦訳　新潮社　1952　225p　16cm（新潮文庫　第439）　Ⓝ954
☆「世界名著大事典」

12266 「ペレアスとメリザンド」
『ペレアスとメリザンド―対訳』 メーテルランク作　杉本秀太郎訳　岩波書店　1988　222p　15cm（岩波文庫）　500円　④4-00-325831-2
Ⓝ952
☆「世界の幻想文学」,「世界文学あらすじ大事典 4（ふん-われ）」,「世界文学鑑賞辞典 第2」,「世界名著大事典」

12267 「みつばちの生活」
☆「世界名著大事典」

12268 「モンナ・ワンナ」

☆「学術辞典叢書 第13巻」,「近代名著解題選集 1」,「近代名著解題選集 2」,「世界名著解題選 第3巻」

メドヴェージェフ

12269 「1917年のロシア革命」
『1917年のロシア革命』 ロイ・A.メドヴェージェフ著 石井規衛,沼野充義監訳 北川和美,横山陽子訳 現代思潮社 1998 227p 19cm 2500円 ①4-329-00403-8
☆「新・現代歴史学の名著」

メドウズ,ドネラ・H.

12270 「限界を超えて」
☆「「本の定番」ブックガイド」

メナンドロス

12271 「委託裁判」
☆「世界名著大事典」

12272 「切られ髪」
☆「世界名著大事典」

メーヌ・ド・ビラン

12273 「習慣論」
☆「哲学名著解題」

馬鳴 めみょう

12274 「大乗起信論」
『大乗起信論―漢和対照』 馬鳴造 如是観子訳 大山町(山形県) 聖徳会 1925 108p 19cm Ⓝ183
☆「学術辞典叢書 第12巻」,「近代名著解題選集 2」,「世界名著解題選 第2巻」,「世界名著大事典」,「東洋の名著」

メラー・ヴァン・デン・ブルック

12275 「第3帝国」
☆「世界名著大事典」

メラーシュ,H.E.L.

12276 「ビーグル号の艦長」
☆「世界の海洋文学」,「伝記・自叙伝の名著」

メランヒトン

12277 「神話綱要」
☆「世界名著大事典」

メリ,ヴェイヨ

12278 「マニラ・ロープ」
☆「世界の小説大百科」

メリアム,C.E.

12279 「政治学の新しい視座」
☆「現代政治学を読む」,「世界名著大事典」

12280 「政治権力」
☆「学問がわかる500冊」,「現代政治学の名著」,「世界の古典名著」,「世界名著大事典」

メリエ

12281 「遺書」
☆「世界名著大事典」

メーリケ,エードゥアルト

12282 「画家ノルテン」
『画家ノルテン 上巻』 メーリケ著 手塚富雄訳 筑摩書房 1948 401p 19cm Ⓝ943
☆「世界文学鑑賞辞典 第3」,「世界名著大事典」

12283 「詩集」
☆「世界名著大事典」

12284 「旅の日のモーツァルト」
『旅の日のモーツァルト』 メーリケ作 宮下健三訳 岩波書店 1974 159p 肖像 15cm (岩波文庫) 140円 Ⓝ943
☆「知っておきたいドイツ文学」,「世界文学鑑賞辞典 第3」,「世界文学の名作と主人公」,「世界名著大事典」,「ドイツ文学」,「名作あらすじ事典 西洋文学編」

メリット,エイブラム

12285 「イシュタルの船」
『イシュタルの船』 エイヴラム・メリット著 川口正吉訳 早川書房 1968 323p 19cm (ハヤカワ・SF・シリーズ) 360円 Ⓝ933
☆「世界のSF文学・総解説」

メリディス

12286 「我意の人」
☆「学術辞典叢書 第13巻」,「世界名著解題選 第1巻」

メリメ,プロスペル

12287 「イールのヴィーナス」
☆「世界の幻想文学」

12288 「カルメン」
『カルメン』 メリメ著 生田長江訳 ゆまに書房 2008 77p 19cm(昭和初期世界名作翻訳全集 167)〈春陽堂昭和7年刊の複製〉 3900円 ①978-4-8433-2715-9 Ⓝ953.6
☆「面白いほどよくわかるあらすじで読む世界の名作」,「近代名著解題選集 1」,「近代名著解題選集 2」,「現代世界の名作」,「知っておきたいフランス文学」,「世界の名作」,「世界の名作おさらい」,「世界の名作100を読む」,「世界の名作文学案内」,「世界の名著」,「世界文学あらすじ大事典 1(あ-きよう)」,「世界文学鑑賞辞典 第2」,「世界文学のすじ書き」,「世界文学の名作と主人公」,「世界名作事典」,「世界名著解題選 第1巻」,「世界名著大事典」,「2時間でわかる世界の名著」,「日本・世界名作『愛の会話』100章」,「フランス文学」,「文学・名著300選の解説 '88年度版」,「ポケット世界名作事典」,「名作あらすじ事典 西洋文学編」,「名小説ストーリイ集 世界篇」,「要約 世界文学

全集 2]

12289　「コロンバ」
『コロンバ』　メリメ著　杉捷夫訳　改訂版　岩波書店　1965　225p　15cm（岩波文庫）Ⓝ953
☆「世界文学あらすじ大事典 2（きよえ‐ちえ）」、「世界文学鑑賞辞典 第2」、「世界名著大事典」

12290　「シャルル9世在位年代記」
☆「世界名著大事典」

12291　「マテオ・ファルコーネ」
『マテオ・ファルコーネ―他五編』　メリメ著　秋山晴夫訳　角川書店　1960　110p　15cm（角川文庫）Ⓝ953
☆「少年少女のための文学案内 1」、「世界名作事典」、「名作の研究事典」

12292　「モザイク」
☆「世界文学鑑賞辞典 第2」、「世界名著大事典」

メーリング, フランツ

12293　「世界文学と無産階級」
☆「世界名著解題選 第6巻」

12294　「ドイツ史」
☆「世界名著大事典」

12295　「ドイツ社会文化史」
『ドイツ社会文化史』　フランツ・メーリング著　栗原佑訳　京都　大雅堂　1946　432p　19cm　Ⓝ234
☆「世界名著解題選 第4巻」

12296　「ドイツ社会民主主義の歴史」
☆「歴史の名著 外国人篇」

12297　「ドイツ社会民主党史」
☆「学術辞典叢書 第14巻」、「世界名著解題選 第3巻」、「世界名著解題選 第4巻」、「世界名著大事典」

12298　「美学的散歩」
☆「世界名著解題選 第6巻」、「世界名著大事典」

12299　「マルクス伝」
『マルクス伝 1』　フランツ・メーリング著　栗原佑訳　大月書店　1974　348p　15cm（国民文庫）　400円　Ⓝ289.3
☆「学術辞典叢書 第14巻」、「世界名著解題選 第3巻」、「世界名著大事典」

12300　「レッシング伝説」
『レッシング伝説 第1部』　フランツ・メーリング著　土方定一, 麻生種衛訳　木星社書院　1932　372p　20cm　Ⓝ134
☆「世界名著大事典」

メルヴィル, ハーマン

12301　「イスラエル・ポッター」
『イスラエル・ポッター―流浪五十年』　ハーマン・メルヴィル著　原光訳　八潮出版社　2000　252p　19cm（八潮版・アメリカの文学 24）　1800円　①4-89650-107-1　Ⓝ933.6
☆「世界文学あらすじ大事典 1（あ‐きよう）」

12302　「乙女たちの地獄」
『乙女たちの地獄―H.メルヴィル中短篇集 2』　ハーマン・メルヴィル著　杉浦銀策訳　国書刊行会　1983　293p　22cm（ゴシック叢書 25）　2600円　Ⓝ933
☆「世界の幻想文学」

12303　「オムー」
☆「世界文学あらすじ大事典 1（あ‐きよう）」

12304　「鐘楼」
☆「書き出し「世界文学全集」」

12305　「書写人バートルビー」
☆「世界の名作を読む」

12306　「白いジャケツ」
☆「世界文学あらすじ大事典 2（きよえ‐ちえ）」

12307　「信用詐欺師」
☆「世界文学あらすじ大事典 2（きよえ‐ちえ）」

12308　「タイピー」
『タイピー―南海の愛すべき食人族たち』　ハーマン・メルヴィル著　中山善之訳　札幌　柏艪舎, 星雲社〔発売〕　2012　309p　19cm（シリーズ世界の文豪）　1800円　①978-4-434-16058-5
☆「世界文学あらすじ大事典 2（きよえ‐ちえ）」、「世界名著大事典」

12309　「白鯨」
『白鯨　上巻』　メルヴィル［著］　田中西二郎訳　66刷改版　新潮社　2006　578p　16cm（新潮文庫）　743円　①4-10-203201-0　Ⓝ933.6
☆「アメリカ文学」、「あらすじで味わう外国文学」、「あらすじで読む世界の名著 no.3」、「あらすじで読む世界文学105」、「一冊で世界の名著100冊を読む」、「英米文学の名作を知る本」、「面白いほどよくわかるあらすじで読む世界の名作」、「面白いほどよくわかる世界の文学」、「書き出し「世界文学全集」」、「教養のためのブックガイド」、「クライマックス名作案内 1」、「現代世界の名作」、「『こころ』は本当に名作か」、「3行でわかる名作&ヒット本250」、「知っておきたいアメリカ文学」、「図説 5分でわかる世界の名作」、「世界の海洋文学」、「世界の小説大百科」、「世界の書物」、「世界の長編文学」、「世界の名作50選」、「世界の名作おさらい」、「世界の名作100を読む」、「世界の名作文学案内」、「世界の名著」、「世界の「名著」50」、「世界文学あらすじ大事典 3（ちか‐ふろ）」、「世界文学鑑賞辞典 第1」、「世界文学の名作と主人公」、「世界名作事典」、「世界名著文学館」、「世界名著大事典」、「千年紀のベスト100作品を選ぶ」、「たのしく読めるアメリカ文学」、「2時間でわかる世界の名著」、「必読書150」、「文学・名著300選の

解説 '88年度版」、「ポケット世界名作事典」、「名作あらすじ事典 西洋文学編」、「名作英米小説の読み方・楽しみ方」、「名作はこのように始まる2」、「名小説ストーリイ集 世界篇」

12310 「ピエール」
『ピエール』 ハーマン・メルヴィル著 坂下昇訳 新装版 国書刊行会 1999 399p 21cm 2800円 ①4-336-04191-1
☆「世界文学あらすじ大事典 3（ちか - ふろ）」

12311 「ビリー・バッド」
『ビリー・バッド』 ハーマン・メルヴィル著 飯野友幸訳 光文社 2012 215p 15cm（光文社古典新訳文庫） 876円
①978-4-334-75263-7
☆「世界文学あらすじ大事典 3（ちか - ふろ）」、「たのしく読めるアメリカ文学」

12312 「ベニート・セレーノ」
☆「世界文学あらすじ大事典 4（ふん - われ）」

12313 「マーディ」
☆「世界文学あらすじ大事典 4（ふん - われ）」

12314 「レッドバーン」
☆「世界文学あらすじ大事典 4（ふん - われ）」

メルカトール

12315 「世界の構造に関する宇宙形体誌的考察」
☆「西洋をきずいた書物」

メルシエ, ルイ・セバスチャン

12316 「2440年」
☆「世界名著大事典」

12317 「パリ絵図」
☆「世界名著大事典」

メルシェ・ド・ラ・リヴィエール, ポール・ピエール・ル

12318 「自然秩序」
☆「学術辞典叢書 第14巻」、「世界名著解題選 第2巻」

メルスマン

12319 「応用音楽美学」
☆「世界名著大事典」

12320 「音楽通論」
『音楽通論』 ハンス・メルスマン著 長広敏雄訳 東京音楽書院 1953 394p 19cm Ⓝ761
☆「世界名著大事典」

12321 「ロマン派以後の近代音楽」
☆「世界名著大事典」

メルセンヌ, M.

12322 「宇宙調和論」
☆「世界名著大事典 補遺（Extra）」

メルツァー, D.

12323 「心の性的状態」
☆「精神医学の名著50」

12324 「自閉症世界の探求」
☆「精神分析の名著」

メルッチ, A.

12325 「現在に生きる遊牧民（ノマド）」
☆「社会の構造と変動」

メルル, ロベール

12326 「イルカの日」
☆「世界の海洋文学」、「世界の小説大百科」

12327 「マレヴィル」
『マレヴィル』 ロベール・メルル著 三輪秀彦訳 早川書房 1978 494p 20cm（海外SFノヴェルズ） 1800円 Ⓝ953
☆「世界のSF文学・総解説」

メルロ＝ポンティ, M.

12328 「行動の構造」
☆「思想史の巨人たち」、「世界名著大事典」、「ハイデガー本45」

12329 「知覚の現象学」
『知覚の現象学』 モーリス・メルロ＝ポンティ著 中島盛夫訳 新装版 法政大学出版局 2009 862,19p 19cm（叢書・ウニベルシタス） 7800円 ①978-4-588-09916-8
☆「身体・セクシュアリティ・スポーツ」、「教養のためのブックガイド」、「現代哲学の名著」、「古典・名著の読み方」、「世界の古典名著」、「世界の名著早わかり事典」、「超解「哲学名著」事典」、「哲学の世界」、「哲学の名著」、「哲学名著解題」、「20世紀を震撼させた100冊」

12330 「眼と精神」
☆「いまこそ読みたい哲学の名著」、「学問がわかる500冊」

12331 「メルロ＝ポンティ・コレクション」
『メルロ＝ポンティ・コレクション』 モーリス・メルロ＝ポンティ著 中山元編訳 筑摩書房 1999 305p 15cm（ちくま学芸文庫） 950円 ①4-480-08468-1
☆「必読書150」

メーレ

12332 「シルヴァニール」
☆「世界名著大事典」

メレジコフスキー

12333 「神々の復活」
☆「世界の名著」、「世界文学鑑賞辞典 第4」、「ポケット世界名作事典」

- 12334 「キリストと反キリスト」
  - ☆「世界名著大事典」

- 12335 「トルストイとドストエフスキイ（その生涯と芸術）」
  - ☆「世界文学鑑賞辞典 第4」,「世界名著大事典」

- 12336 「背教者ユリアヌス」
  - 『背教者ユリアヌス―神々の死』 ドミートリイ・セルゲーエヴィチ・メレシコーフスキイ著 米川正夫訳 河出書房新社 1986 351p 19cm 2800円 ①4-309-20090-7
  - ☆「世界文学あらすじ大事典 3（ちか‐ふろ）」,「世界文学鑑賞辞典 第4」

- 12337 「反キリスト（ピョートルとアレクセイ）」
  - ☆「世界文学鑑賞辞典 第4」

- 12338 「レオナルド・ダ・ヴィンチ」
  - 『レオナルド・ダ・ヴィンチ―神々の復活 下』 ドミートリイ・セルゲーエヴィチ・メレシコーフスキイ著 米川正夫訳 河出書房新書 1987 374p 19cm 3200円 ①4-309-20092-3
  - ☆「世界文学あらすじ大事典 4（ふん‐われ）」

メレディス, ジョージ

- 12339 「痛ましい喜劇役者」
  - ☆「世界名著大事典」

- 12340 「エゴイスト」
  - 『エゴイスト 上』 メレディス作 朱牟田夏雄訳 岩波書店 1978 496p 15cm（岩波文庫） 500円 Ⓝ933
  - ☆「現代世界の名作」,「世界文学あらすじ大事典 1（あ‐きょう）」,「世界文学鑑賞辞典 第1」,「世界名著大事典」,「たのしく読めるイギリス文学」

- 12341 「喜劇論」
  - 『喜劇論』 ジョー・メレディス作 相良徳三訳 改訳 岩波書店 1953 105p 15cm（岩波文庫） Ⓝ901.2
  - ☆「世界名著解題選 第6巻」,「世界名著大事典」

- 12342 「シャグパットの毛ぞり」
  - ☆「世界名著大事典」

- 12343 「ビーチャムの閲歴」
  - ☆「世界名著大事典」

- 12344 「リチャード・フェヴェレルの試練」
  - 『リチャード・フェヴェレルの試練―父と子の物語』 ジョージ・メレディス著 菊池勝也訳 松柏社 1999 879p 21cm 4800円 ①4-88198-926-X
  - ☆「世界文学あらすじ大事典 4（ふん‐われ）」,「世界文学鑑賞辞典 第1」,「世界名著大事典」

- 12345 「ローダフレミング」
  - ☆「世界名著大事典」

メレロヴィチ

- 12346 「一般経営経済学」
  - ☆「世界名著大事典」

メレロヴィツ

- 12347 「原価および原価計算」
  - ☆「世界名著大事典」

メレンドルフ, ヴィラモヴィツ

- 12348 「ギリシア叙事詩作家伝承史」
  - ☆「世界名著大事典」

- 12349 「ギリシア人の国家と社会」
  - ☆「世界名著大事典」

- 12350 「ギリシア悲劇序説」
  - ☆「世界名著大事典」

メロイ, マイリー

- 12351 「どちらかを選ぶことはできない」
  - ☆「21世紀の世界文学30冊を読む」

メーン, H.J.S.

- 12352 「古代法」
  - 『古代法』 ヘンリー・サムナー・メイン著 安西文夫訳 〔復刻版〕 信山社出版, 大学図書〔発売〕 1990 285,12p 21cm（復刻叢書5―法律学篇） 20600円 ①4-88261-124-4
  - ☆「社会科学の古典」,「社会科学の名著」,「世界の古典名著」,「世界名著大事典補遺（Extra）」

- 12353 「東洋および西洋における村落共同体」
  - ☆「世界名著大事典」

- 12354 「民主政府論」
  - ☆「世界名著大事典」

メンガー, アントン

- 12355 「新国家論」
  - ☆「学術辞典叢書 第11巻」,「世界名著解題選 第2巻」,「世界名著大事典」

- 12356 「全労働収益権史論」
  - ☆「学術辞典叢書 第11巻」,「世界名著解題選 第2巻」,「世界名著大事典」

- 12357 「民法と無産階級」
  - ☆「学術辞典叢書 第14巻」,「社会科学の名著」,「世界名著解題選 第3巻」,「世界名著大事典」

メンガー, カール

- 12358 「一般理論経済学」
  - 『一般理論経済学 2』 カール・メンガー著 八木紀一郎ほか訳 みすず書房 1984 p285～558,14p 22cm〈遺稿による『経済学原理』第2版の翻訳〉 5000円 ①4-622-02044-0

メンケン

Ⓝ331.71
☆「経済学の名著30」

12359 「経済学の方法」
『経済学の方法』 メンガー著 福井孝治,吉田昇三訳 吉田昇三改訳 日本経済評論社 2004 402p 21cm(近代経済学古典選集 5)〈1986年刊を原本としたオンデマンド版〉 6500円 ①4-8188-1627-2 Ⓝ331.71
☆「経済学名著106選」

12360 「国民経済学原理」
『国民経済学原理』 メンガー著 安井琢磨,八木紀一郎訳 日本経済評論社 1999 274p 22cm(近代経済学古典選集 第2期 4)〈肖像あり〉 4900円 ①4-8188-1189-0 Ⓝ331.71
☆「学術辞典叢書 第11巻」,「経済学88物語」,「社会科学の古典」,「社会科学の名著」,「世界の古典名著」,「世界名著解題選 第1巻」,「世界名著大事典」

12361 「社会科学及び特に経済学の方法に関する研究」
☆「学術辞典叢書 第11巻」,「世界名著解題選 第2巻」,「世界名著大事典」

メンケン

12362 「偏見録」
☆「アメリカを変えた本」

メンシコフ,S.M.

12363 「アメリカ金融寡頭制の構造」
『アメリカ金融寡頭制の構造』 メンシコフ著 太田譲訳 京都 ミネルヴァ書房 1974 411,8p 22cm 2400円 Ⓝ332.53
☆「経済学名著106選」

メンデス・ピント,フェルナン

12364 「東洋遍歴記」
『東洋遍歴記 3』 メンデス・ピント著 岡村多希子訳 平凡社 1980 323p 18cm(東洋文庫 373) 1400円 Ⓝ292.09
☆「世界の旅行記101」,「世界名著大事典」

メンデル,ヨハン・グレゴル

12365 「遺伝の法則」
☆「学術辞典叢書 第12巻」,「近代名著解題選集 2」,「世界名著解題選 第1巻」

12366 「雑種植物の研究」
『雑種植物の研究』 メンデル著 岩槻邦男,須原準平訳 岩波書店 1999 125p 15cm(岩波文庫) 400円 ①4-00-339321-X Ⓝ467.1
☆「自然科学の名著」,「自然科学の名著100選 中」,「西洋をきずいた書物」,「世界を変えた書物」,「世界を変えた100冊の本」,「世界がわかる理系の名著」,「世界名著大事典」,「ブックガイド 文庫で読む科学」

メンデルスゾーン

12367 「フェードン」
☆「世界名著大事典」

メンデレーエフ

12368 「化学の原理」
☆「世界名著大事典」

12369 「諸元素の性質と原子量との関係について」
☆「自然科学の名著」

メンドーサ,エドゥアルド

12370 「軽喜劇」
☆「世界の小説大百科」

【モ】

モー

12371 「ノルウェー民話集」
『ノルウェーの昔話』 アスビョルンセン,モー編 大塚勇三訳 エーリク・ヴェーレンシオルほか画 福音館書店 2003 397p 22cm 1600円 ①4-8340-0828-2 Ⓝ388.3894
☆「世界名著大事典」

モア,アン

12372 「脳の性差―男と女の本当の違い」
☆「世界の心理学50の名著」

モア,トマス

12373 「ユートピア」
『ユートピア』 トマス・モア著 平井正穂訳 岩波書店 2003 210p 15cm(岩波文庫)〈第70刷〉 500円 ①4-00-322021-8
☆「あらすじで読む世界文学105」,「大人のための世界の名著50」,「学術辞典叢書 第11巻」,「近代名著解題選集 2」,「古典・名著の読み方」,「知っておきたいイギリス文学」,「社会科学の古典」,「社会科学の名著」,「図解世界の名著がわかる本」,「西洋をきずいた書物」,「世界のSF文学・総解説」,「世界の古典名著」,「世界の書物」,「世界の哲学思想」,「世界の名著」(中央公論社),「世界の名著」(毎日新聞社),「世界の名著早わかり事典」,「世界文学あらすじ大事典 4(ふん‐われ)」,「世界文学鑑賞辞典 第1」,「世界名作事典」,「世界名著案内 7」,「世界名著解題選 第3巻」,「世界名著解題選 第4巻」,「世界名著大事典」,「たのしく読めるイギリス文学」,「哲学の世界」,「哲学名著解題」,「21世紀の教育基本書」,「日本の古典・世界の古典」,「必読書150」,「文学・名著300選の解説 '88年度版」,「ポケット世界名作事典」,「名作あらすじ事典 西洋文学編」,「要約 世界文学全集 2」

モアランド

12374　「アクバル死没前後のインド」
☆「世界名著大事典」

12375　「アクバルよりアウランジーブへ」
☆「世界名著大事典」

モイーズ, パトリシア

12376　「沈んだ船員」
『沈んだ船員』　パトリシア・モイーズ著　皆河宗一訳　早川書房　1981　375p　16cm（ハヤカワ・ミステリ文庫）　440円　Ⓝ933
☆「世界の海洋文学」

12377　「死人はスキーをしない」
『死人はスキーをしない』　パトリシア・モイーズ著　小笠原豊樹訳　早川書房　1976　390p　16cm（ハヤカワ・ミステリ文庫）　420円　Ⓝ933
☆「世界の推理小説・総解説」

モイニハン, ダニエル

12378　「人種のるつぼを越えて」
『人種のるつぼを越えて—多民族社会アメリカ』　ネイサン・グレイザー, ダニエル・P.モイニハン著　阿部斉, 飯野正子共訳　南雲堂　1986　440p　20cm　3500円　Ⓝ316.853
☆「ナショナリズム論の名著50」,「文化人類学の名著50」

モイマン

12379　「実験教育学」
☆「近代欧米名著解題 第4巻」

12380　「実験教育学入門講義」
☆「教育学の世界名著100選」,「世界名著大事典」

12381　「知能と意志」
☆「近代欧米名著解題 第7巻」

12382　「美学体系」
☆「世界名著大事典」

モイヤーズ, ビル

12383　「神話の力」
『神話の力』　ジョーゼフ・キャンベル, ビル・モイヤーズ著　飛田茂雄訳　早川書房　2010　495p　15cm（ハヤカワ・ノンフィクション文庫）　1000円　①978-4-15-050368-0
☆「世界の自己啓発50の名著」,「読書入門」

孟 元老　もう・げんろう

12384　「東京夢華録」
『東京夢華録—宋代の都市と生活』　孟元老著　入矢義高, 梅原郁訳　平凡社　1996　359p　17cm（東洋文庫）　2987円　①4-582-80598-1
☆「世界名著大事典」,「中国の古典名著」,「中国の名著」

孟 浩然　もう・こうねん

12385　「孟浩然集」
☆「世界名著大事典 補遺（Extra）」

毛 晋　もう・しん

12386　「六十種曲」
☆「世界名著大事典」

毛 沢東　もう・たくとう

12387　「抗日遊撃戦争の戦略問題」
☆「戦略の名著！ 最強43冊のエッセンス」

12388　「持久戦論」
☆「世界名著案内 6」,「世界名著大事典」,「戦略の名著！ 最強43冊のエッセンス」

12389　「実践論」
☆「革命思想の名著」,「世界名著案内 1」,「世界名著大事典」,「中国の名著」,「哲学の世界」,「哲学の名著」

12390　「新民主主義論」
『新民主主義論』　毛沢東著　安藤彦太郎訳註　第9版　大学書林　1972　161p　18cm（大学書林叢書）　①4-475-02142-1
☆「社会科学の古典」,「世界の名著」,「世界の名著早わかり事典」,「世界名著大事典」,「東洋の名著」,「歴史の名著 外国人篇」

12391　「人民内部の矛盾の正しい処理の問題について」
☆「世界名著大事典」

12392　「人民民主主義独裁論」
☆「世界名著大事典」

12393　「中国革命戦争の戦略問題」
☆「戦略の名著！ 最強43冊のエッセンス」

12394　「中国革命と中国共産党」
『中国革命と中国共産党—他五篇』　毛沢東著　松村一人編　東方書店　1969　324p　17cm（毛沢東問題別選　7）　300円　Ⓝ312.22
☆「世界名著大事典」

12395　「党の活動態度をなおせ」
☆「世界名著大事典」

12396　「文芸講話」
『文芸講話』　毛沢東著　尾崎庄太郎訳　青木書店　1956　76p　16cm（青木文庫）　Ⓝ901
☆「世界名著大事典」

12397　「矛盾論」
『矛盾論』　毛沢東著　芝池靖夫訳註　江南書院　1956　97p　19cm（江南書院訳註双書　第8）　Ⓝ827.7
☆「革命思想の名著」,「世界名著大事典」,「哲学の世界」,「哲学の名著」,「文学・名著300選の解説

'88年度版」

12398 「毛沢東語録」
『毛沢東語録』 毛沢東著 竹内実訳 平凡社 1995 307p 15cm(平凡社ライブラリー) 1000円 ①4-582-76127-5
☆「図解世界の名著がわかる本」,「世界を変えた100冊の本」,「二十世紀を騒がせた本」,「20世紀を震撼させた100冊」

12399 「毛沢東選集」
☆「東アジア論」

12400 「遊撃戦論」
『遊撃戦論』 毛沢東著 藤田敬一,吉田富夫訳 中央公論新社 2001 173p 15cm(中公文庫) 629円 ①4-12-203851-0
☆「戦略論の名著」

12401 「連合政府論」
『連合政府論』 毛沢東著 中国研究所 1949 132p 19cm Ⓝ315.22
☆「世界名著大事典」

モーヴィアス

12402 「南アジアおよび東アジアにおける前期旧石器諸文化」
☆「世界名著大事典」

孟子 もうし

12403 「孟子」
『孟子』 孟子[原著] 貝塚茂樹訳 中央公論新社 2006 248p 18cm(中公クラシックス E13)〈年譜あり〉 1300円 ①4-12-160088-6 Ⓝ123.84
☆「あらすじでわかる中国古典「超」入門」,「学術辞典叢書 第12巻」,「教養のためのブックガイド」,「近代名著解題選集 2」,「古典・名著の読み方」,「世界の書物」,「世界の哲学思想」,「世界の名著早わかり事典」,「世界名著解題選 第3巻」,「世界名著大事典」,「中国古典名著のすべてがわかる本」,「中国の古典名著」,「東洋の名著」,「文学・名著300選の解説 '88年度版」,「『論語』から『孫子』まで一気にわかる中国古典超入門」

モウワット,ファーレイ

12404 「船になりたくなかった船」
『船になりたくなかった船』 ファーレイ・モウワット著 磯村愛子訳 文芸春秋 1983 284p 16cm(文春文庫) 340円 ①4-16-714802-1 Ⓝ933
☆「世界の海洋文学」

モーガン,エレイン

12405 「女の由来」
『女の由来—もう一つの人類進化論』 エレイン・モーガン著 望月弘子訳 どうぶつ社 1997 366p 20cm 2500円 ①4-88622-300-1 Ⓝ467.5
☆「学問がわかる500冊 v.2」

モーガン,ダン

12406 「巨大穀物商社」
『巨大穀物商社—アメリカ食糧戦略のかげに』 ダン・モーガン著 NHK食糧問題取材班監訳 日本放送出版協会 1980 566p 20cm〈訳:喜多迅鷹,喜多元子〉 2300円 Ⓝ611.4
☆「現代ビジネス書・経済書総解説」

モーガン,C.L.

12407 「創発的進化」
☆「世界名著大事典」

モーガン,T.H.

12408 「遺伝子説」
『遺伝子説』 モーガン著 松浦一,権藤安武,明峰俊夫訳 三省堂 1944 282p 22cm Ⓝ467,467.7
☆「自然科学の名著」,「自然科学の名著100選 下」,「世界名著大事典」

モーガン・ウィッツ,マックス

12409 「エノラ・ゲイ」
『エノラ・ゲイ—ドキュメント・原爆投下』 ゴードン・トマス,マックス・モーガン=ウィッツ著 松田銑訳 ティビーエス・ブリタニカ 1980 477p 20cm〈参考文献:p472~477〉 2000円 Ⓝ936
☆「日本陸軍の本・総解説」

12410 「絶望の航海」
『絶望の航海』 ゴードン・トマス,M.モーガン=ウィッツ著 木下秀夫訳 早川書房 1980 429p 16cm(ハヤカワ文庫 NF) 560円 Ⓝ936
☆「世界の海洋文学」

モークレール

12411 「フランス印象主義」
☆「世界名著大事典」

モーゲンソー,ハンス

12412 「国際政治—権力と平和」
『国際政治—権力と平和 中』 モーゲンソー[著] 原彬久監訳 岩波書店 2013 494p 15cm(岩波文庫 34-028-2)〈福村出版 1986年刊の再刊〉 1200円 ①978-4-00-340282-5 Ⓝ319
☆「学問がわかる500冊」,「グローバル政治理論」,「現代政治学の名著」,「世界名著大事典」,「平和を考えるための100冊+α」,「名著に学ぶ国際関係論」

モーザー

12413 「最新ヨーロッパ戦時および平時国際

法研究」
☆「世界名著大事典」

12414 「シュッツ」
☆「世界名著大事典」

12415 「ドイツ諸種族の音楽」
☆「世界名著大事典」

12416 「バイオリン演奏史」
☆「世界名著大事典」

モース, エドワード・S.

12417 「大森介墟古物編」
☆「世界名著大事典」

12418 「動物進化論」
☆「世界名著大事典」

12419 「日本その日その日」
『日本その日その日』 エドワード・シルヴェスター・モース著 石川欣一訳 講談社 2013 339p 15cm（講談社学術文庫） 960円 Ⓘ978-4-06-292178-7
☆「外国人による日本論の名著」,「教育を考えるためにこの48冊」,「現代人のための名著」

12420 「民族誌綱要」
☆「世界名著大事典」

モース, マルセル

12421 「社会学と人類学」
☆「世界名著大事典」

12422 「身体技法」
☆「教育本44」

12423 「贈与論」
『贈与論』 マルセル・モース著 吉田禎吾, 江川純一訳 筑摩書房 2009 305p 15cm（ちくま学芸文庫） 1200円 Ⓘ978-4-480-09199-4
☆「学問がわかる500冊 v.2」,「自己・他者・関係」,「社会科学の古典」,「文化人類学」,「文化人類学の名著50」

モース, H.B.

12424 「中華帝国国際関係史」
☆「世界名著大事典」

12425 「中国の商業と行政」
☆「世界名著大事典」

12426 「東インド会社年代記」
☆「世界名著大事典」

モース, L.A.

12427 「オールド・ディック」
☆「世界の推理小説・総解説」

モース, P.M.

12428 「オペレーションズ・リサーチの方法」
☆「世界名著大事典」

モスカ

12429 「政治学要綱」
☆「世界名著大事典」

モスコー, アルヴィン

12430 「プロフェッショナルマネジャー」
『プロフェッショナルマネジャー——58四半期連続増益の男』 ハロルド・シドニー・ジェニーン, アルヴィン・モスコー共著 田中融二訳 柳井正解説 プレジデント社 2004 339p 19cm 1333円 Ⓘ4-8334-5002-X
☆「世界で最も重要なビジネス書」,「超売れ筋ビジネス書101冊」

モスタート, ノエル

12431 「巨大タンカー」
『巨大タンカー』 ノエル・モスタート著 日下実男訳 早川書房 1983 515p 16cm（ハヤカワ文庫 NF） 620円 Ⓝ936
☆「世界の海洋文学」

モーズリ

12432 「元素の高周波スペクトル」
☆「西洋をきずいた書物」

モズレー

12433 「天皇ヒロヒト」
『天皇ヒロヒト』 レナード・モズレー著 高田市太郎訳 角川書店 1983 2冊 15cm（角川文庫） 各380円 Ⓝ288.41
☆「現代人のための名著」

モズレー, ニコラス

12434 「暗殺者のメロディー」
☆「映画になった名著」

モセ, F.

12435 「英語史概説」
☆「世界名著大事典」

モーツァルト

12436 「モーツァルトの手紙」
『モーツァルトの手紙—その生涯のロマン』 モーツァルト著 柴田治三郎編訳 岩波書店 1983 2冊 20cm（岩波クラシックス 40, 41） 1400円, 1300円 Ⓝ762.346
☆「世界の旅行記101」,「世界名著大事典」

モッセ, G.L.

12437 「大衆の国民化」
『大衆の国民化—ナチズムに至る政治シンボルと大衆文化』 ゲオルゲ・L.モッセ著 佐藤卓己, 佐藤八寿子訳 柏書房 1994 268p

21cm（パルマケイア叢書 1） 3800円
①4-7601-1026-7
☆「ナショナリズム論の名著50」

12438 「ナショナリズムとセクシュアリティ」
『ナショナリズムとセクシュアリティ―市民道徳とナチズム』 ジョージ・L.モッセ著 佐藤卓己,佐藤八寿子訳 柏書房 1996 278p 21cm（パルマケイア叢書） 3914円
①4-7601-1382-7
☆「身体・セクシュアリティ・スポーツ」

モデルスキー

12439 「世界システムの動態」
『世界システムの動態―世界政治の長期サイクル』 ジョージ・モデルスキー著 浦野起央,信夫隆司訳 京都 晃洋書房 1991 388,13p 21cm 4300円 ①4-7710-0510-9
☆「名著に学ぶ国際関係論」

モーニエ

12440 「社会集団論」
☆「世界名著大事典」

12441 「瀆神の人」
☆「世界名著大事典」

モネ, ジャン

12442 「ジャン・モネ 回想録」
☆「戦略の名著！ 最強43冊のエッセンス」

モノー, ジャック

12443 「偶然と必然」
『偶然と必然―現代生物学の思想的な問いかけ』 ジャック・モノー著 渡辺格,村上光彦訳 みすず書房 1972 236p 肖像 20cm Ⓝ460.4
☆「科学技術をどう読むか」,「学問がわかる500冊 v.2」,「20世紀を震撼させた100冊」

モーパッサン, ギイ・ド

12444 「脂球」
☆「近代名著解題選集 2」

12445 「オルラ」
☆「世界の幻想文学」

12446 「女の一生」
『女の一生』 モーパッサン作 バラエティ・アートワークス企画・漫画 イースト・プレス 2012 188p 15cm（まんがで読破） 552円 ①978-4-7816-0727-6
☆「あらすじで味わう外国文学」,「あらすじで読む世界の名著 no.1」,「一冊で世界の名著100冊を読む」,「面白いほどよくわかるあらすじで読む世界の名作」,「学術辞典叢書 第13巻」,「教養のためのブックガイド」,「近代名著解題選集 1」,「現代世界の名作」,「3行でわかる名作&ヒット本250」,「知っておきたいフランス文学」,「図説 5分でわかる世界の名作」,「世界の小説大百科」,「世界の書物」,「世界の名作」,「世界の名作おさらい」,「世界の名作100を読む」,「世界の名著」,「世界文学あらすじ大事典 第2」,「世界文学鑑賞辞典 第2」,「世界文学の名作と主人公」,「世界名作事典」,「世界名著解題選 第1巻」,「世界名著大事典」,「2時間でわかる世界の名著」,「日本・世界の名作「愛の会話」100章」,「入門名作の世界」,「フランス文学」,「文学・名著300選の解説 '88年度版」,「ポケット世界名作事典」,「名作あらすじ事典 西洋文学編」,「名作へのパスポート」,「名小説ストーリイ集 世界篇」,「要約 世界文学全集 1」,「読んでおきたい世界の名著」

12447 「首飾り」
『首飾り―他』 モーパッサン著 小泉清明訳註 第13版 大学書林 1993 123p 18cm (Bibliothèque Daigakusyorin)〈書名は奥付による 標題紙等の書名：La parure〉 1030円 ①4-475-02081-6
☆「世界の名作文学案内」,「名作の研究事典」

12448 「死のごとく強し」
『死のごとく強し』 モーパッサン著 鈴木力衛訳 河出書房 1956 339p 図版 15cm（河出文庫） Ⓝ953
☆「世界名著大事典」

12449 「脂肪の塊」
『脂肪の塊』 ギー・ド・モーパッサン著 調佳智雄訳注 大学書林 1988 201p 19cm 2600円
☆「面白いほどよくわかる世界の文学」,「教養のためのブックガイド」,「世界文学鑑賞辞典 第2」,「世界文学必勝法」,「世界名著大事典」,「名作の読解法」

12450 「ピエールとジャン」
『ピエールとジャン』 モーパッサン著 杉捷夫訳 改版 角川書店 1968 256p 15cm（角川文庫） Ⓝ953
☆「教養のためのブックガイド」,「3行でわかる名作&ヒット本250」,「世界の小説大百科」,「世界文学鑑賞辞典 第2」,「世界名作事典」,「世界名著大事典」

12451 「美貌の友」
『美貌の友―ベラミー 下巻』 モーパッサン著 平野威馬雄訳 泰山堂 1947 401p 19cm Ⓝ953
☆「近代名著解題選集 2」,「世界名著解題選 第3巻」

12452 「ベラミ」
『ベラミ』 ギー・ド・モーパッサン著 中村佳子訳 角川書店,角川グループパブリッシング〔発売〕 2013 493p 15cm（角川文庫） 705円 ①978-4-04-100753-2
☆「世界の小説大百科」,「世界文学あらすじ大事典 4（ふん‐われ）」,「世界文学鑑賞辞典 第2」,「世界名著大事典」

12453　「水の上」
『水の上』　モーパッサン著　木村庄三郎訳　角川書店　1956　144p　15cm（角川文庫）　Ⓝ955
☆「世界の海洋文学」，「世界文学鑑賞辞典 第2」

12454　「モントリオル」
『モントリオル』　モーパッサン作　杉捷夫訳　岩波書店　1957　2冊　15cm（岩波文庫）　Ⓝ953
☆「世界文学あらすじ大事典 4（ふん - われ）」

モフォロ, トマス

12455　「ズールー族のシャカ」
☆「世界の小説大百科」

モーベリ

12456　「移民たち」
☆「世界名著大事典」

モホイ, ナジ

12457　「動きのなかの視覚」
☆「世界名著大事典」

モーム, ウィリアム・サマセット

12458　「雨」
☆「世界文学鑑賞辞典 第1」，「日本・世界名作「愛の会話」100章」

12459　「お菓子と麦酒」
『お菓子と麦酒』　サマセット・モーム著　厨川圭子訳　角川書店，角川グループパブリッシング〔発売〕　2008　342p　15cm（角川文庫）〈『お菓子とビール』加筆修正・改題書〉　590円　Ⓘ978-4-04-297301-0
☆「世界文学あらすじ大事典 1（あ - きょう）」

12460　「お歴々」
☆「世界名著大事典」

12461　「かみそりの刃」
『かみそりの刃　上』　サマセット・モーム著　中野好夫訳　筑摩書房　1995　322p　15cm（ちくま文庫　モーム・コレクション）　750円　Ⓘ4-480-03004-2
☆「世界の小説大百科」，「世界のスピリチュアル50の名著」

12462　「劇場」
『劇場』　サマセット・モーム著　龍口直太郎訳　新潮社　2006　474p　15cm（新潮文庫）　667円　Ⓘ4-10-213022-5
☆「世界名作事典」，「世界名著大事典」

12463　「太平洋」
☆「世界の海洋文学」

12464　「月と六ペンス」
『月と六ペンス』　サマセット・モーム著　金原瑞人訳　新潮社　2014　378p　15cm（新潮文庫）　630円　Ⓘ978-4-10-213027-8
☆「あらすじで読む世界文学105」，「イギリス文学」，「英米文学の名作を知る本」，「面白いほどよくわかる世界の文学」，「新潮文庫20世紀の100冊」，「世界の名作文学が2時間で分かる本」，「世界の名著」，「世界文学あらすじ大事典 3（ちか - ふろ）」，「世界文学鑑賞辞典 第1」，「世界文学の名作と主人公」，「世界名著大事典」，「百年の誤読 海外文学篇」，「ポケット世界名作事典」，「名作の読解法」，「名小説ストーリイ集 世界篇」，「要約世界文学全集 1」，「読んでおきたい世界の名著」

12465　「読書案内」
☆「「本の定番」ブックガイド」

12466　「人間の絆」
『人間の絆　上巻』　モーム［著］　中野好夫訳　新潮社　2007　660p　16cm（新潮文庫）　819円　Ⓘ978-4-10-213025-4　Ⓝ933.7
☆「あらすじで味わう外国文学」，「イギリス文学」，「英米文学の名作を知る本」，「現代世界の名作」，「世界の小説大百科」，「世界の名作100を読む」，「世界文学あらすじ大事典 3（ちか - ふろ）」，「世界文学鑑賞辞典 第1」，「世界文学の名作と主人公」，「世界名作文学館」，「世界名著大事典」，「たのしく読めるイギリス文学」，「入門名作の世界」，「文学・名著300選の解説 '88年度版」，「ポケット名作事典」

12467　「ひとめぐり」
☆「英米文学の名作を知る本」，「世界名著大事典」

12468　「秘密諜報部員」
『秘密諜報部員』　サマセット・モーム著　竜口直太郎訳　東京創元社　1959　379p　15cm（創元推理文庫）　Ⓝ933
☆「世界の推理小説・総解説」

12469　「魔術師」
『魔術師』　サマセット・モーム著　田中西二郎訳　筑摩書房　1995　378p　15cm（ちくま文庫）　820円　Ⓘ4-480-03008-5
☆「世界の幻想文学」

12470　「ランベスのライザ」
☆「世界文学あらすじ大事典 4（ふん - われ）」

モムゼン

12471　「ローマ刑法」
☆「世界名著大事典」

12472　「ローマ国法」
☆「世界名著大事典」

12473　「ローマ史」
『ローマ史　上　共和政の成立と地中海諸民族の闘争』　テオドール・モムゼン著　杉山吉朗訳　文芸社　2012　567p　21cm　2200円　Ⓘ978-4-286-12723-1　Ⓝ232.4

☆「西洋をきずいた書物」,「世界名著大事典」

モラヴィア, アルベルト

12474 「軽蔑」
『軽蔑』 アルベルト・モラヴィア著 大久保昭男訳 至誠堂 1964 216p 19cm ⓃS973
☆「世界の小説大百科」,「私（わたし）の世界文学案内」

12475 「孤独な青年」
☆「映画になった名著」

12476 「侮辱」
☆「世界文学必勝法」

12477 「二人の女」
『二人の女』 アルベルト・モラヴィア著 大久保昭男訳 集英社 1978 334p 20cm 1200円 ⓃS973
☆「世界文学あらすじ大事典 3（ちか‐ふろ）」

12478 「不服従」
☆「世界の小説大百科」

12479 「無関心な人びと」
『無関心な人びと 下』 モラーヴィア作 河島英昭訳 岩波書店 1991 256p 15cm（岩波文庫） 520円 ①4-00-327132-7 ⓃS973
☆「一冊で世界の名著100冊を読む」,「面白いほどよくわかる世界の文学」,「世界の小説大百科」,「世界文学の名作と主人公」

12480 「モラヴィア自伝」
『モラヴィア自伝』 アルベルト・モラヴィア, アラン・エルカン著 大久保昭男訳 河出書房新社 1992 418,7p 19cm 3900円 ①4-309-24129-8
☆「伝記・自叙伝の名著」

12481 「ロボット」
『ロボット』 アルベルト・モラヴィア著 米川良夫訳 白水社 1975 296p 肖像 20cm（新しい世界の文学 74） 1200円 ⓃS973
☆「世界の幻想文学」

12482 「ローマの女」
『ローマの女』 アルベルト・モラヴィア著 清水三郎治訳 弘文堂 1966 406p 図版 19cm 580円 ⓃS973
☆「世界の名作50選」,「世界文学あらすじ大事典 4（ふん‐われ）」,「世界名著大事典」,「ポケット世界名作事典」

モラエス, W.

12483 「おヨネとコハル」
『おヨネとコハル』 ヴェンセスラウ・デ・モラエス著 岡村多希子訳 増補改訂版 彩流社 2004 244p 19cm（ポルトガル文学叢書） 2000円 ①4-88202-915-4

☆「外国人による日本論の名著」

モラス

12484 「ヴェニスの恋人たち」
☆「世界名著大事典」

12485 「君主政考」
☆「世界名著大事典」

12486 「知性の将来」
☆「世界名著大事典」

モラティン

12487 「娘たちの「はい」」
『娘たちの「はい」』 モラティン著 会田由訳 岩波書店 1953 146p 15cm（岩波文庫） ⓃS962
☆「世界文学鑑賞辞典 第2」,「世界名著大事典」

モラン

12488 「夜とざす」
☆「世界文学鑑賞辞典 第2」

12489 「夜ひらく」
☆「世界文学鑑賞辞典 第2」,「世界名著大事典」

モラン, エドガール

12490 「オルレアンのうわさ」
『オルレアンのうわさ—女性誘拐のうわさとその神話作用』 エドガール・モラン著 杉山光信訳 第2版新装版 みすず書房 1997 393p 19cm 3400円 ①4-622-04907-4
☆「現代社会学の名著」,「平和を考えるための100冊＋α」,「メディア・情報・消費社会」

12491 「スター」
『スター』 エドガール・モラン著 第3版 渡辺淳,山崎正巳訳 法政大学出版局 1976 242p 20cm（りぶらりあ選書） 1400円 ⓃS778.3
☆「ポピュラー文化」

モーリー

12492 「グラッドストン伝」
☆「世界名著大事典」

モーリア

12493 「ハジババの冒険」
☆「世界文学あらすじ大事典 3（ちか‐ふろ）」

モリアン, ラヴェソン

12494 「習慣論」
☆「世界名著大事典」

モリエール

12495 「いやいやながら医者にされ」
『いやいやながら医者にされ』 モリエール作 鈴木力衛訳 岩波書店 1962 109p 15cm

12496「女学者」
☆「近代名著解題選集 1」,「世界文学鑑賞辞典 第2」,「世界名著大事典」

12497「孤客」
『孤客―ミザントロオプ』 モリエール作 辰野隆訳 改版 岩波書店 1976 110p 15cm（岩波文庫） 100円 Ⓝ952
☆「名小説ストーリイ集 世界篇」

12498「才女気取り」
☆「世界文学あらすじ大事典 2（きよえ - ちえ）」,「世界文学鑑賞辞典 第2」,「世界名著大事典」

12499「守銭奴」
☆「世界の名作100を読む」,「世界文学あらすじ大事典 2（きよえ - ちえ）」,「世界文学鑑賞辞典 第2」,「世界名著大事典」,「日本の古典・世界の古典」,「文学・名著300選の解説 '88年度版」,「ポケット世界名作事典」

12500「タルチュフ」
☆「一冊で世界の名著100冊を読む」,「学術辞典叢書 第13巻」,「教養のためのブックガイド」,「近代名著解題選集 2」,「知っておきたいフランス文学」,「世界文学あらすじ大事典 2（きよえ - ちえ）」,「世界文学鑑賞辞典 第2」,「世界文学の名作と主人公」,「世界文学必勝法」,「世界名作事典」,「世界名著解題選 第2巻」,「世界名著大事典」,「フランス文学」,「ポケット世界名作事典」,「名作あらすじ事典 西洋文学編」

12501「町人貴族」
☆「教養のためのブックガイド」,「世界文学あらすじ大事典 3（ちか - ふろ）」,「世界文学鑑賞辞典 第2」

12502「亭主学校」
☆「世界文学あらすじ大事典 3（ちか - ふろ）」

12503「ドン・ジュアン」
☆「世界の名作」,「世界文学あらすじ大事典 3（ちか - ふろ）」,「世界文学鑑賞辞典 第2」

12504「女房学校」
☆「世界文学あらすじ大事典 3（ちか - ふろ）」,「世界文学鑑賞辞典 第2」,「世界名著大事典」

12505「人間ぎらい」
『人間ぎらい』 モリエール著 内藤濯訳 新潮社 1952 108p 16cm（新潮文庫 第332）Ⓝ952
☆「あらすじで読む世界文学105」,「面白いほどよくわかる世界の文学」,「学術辞典叢書 第12巻」,「知っておきたいフランス文学」,「図説 5分でわかる世界の名作」,「世界の名著」,「世界文学あらすじ大事典 3（ちか - ふろ）」,「世界文学鑑賞辞典 第2」,「世界文学の名作と主人公」,「世界名著解題選 第3巻」,「世界名著大事典」,「千年紀のベスト100作品を選ぶ」,「日本の古典・世界の古典」,「入門名作の世界」,「フランス文学」,「ポケット世界名作事典」,「名作あらすじ事典 西洋文学編」

12506「病は気から」
☆「世界文学あらすじ大事典 4（ふん - われ）」,「世界名著大事典」

モリス, ウィリアム

12507「記号, 言語と行動」
☆「世界名著大事典」

12508「この世の彼方の森」
☆「世界の幻想文学」

12509「ジョン・ボールの夢」
『ジョン・ボールの夢』 ウィリアム・モリス著 横山千晶訳 晶文社 2000 218p 19cm（ウィリアム・モリス・コレクション） 1800円 Ⓘ4-7949-1694-9
☆「世界名著大事典」

12510「装飾美術」
☆「西洋をきずいた書物」,「世界名著大事典」

12511「地上楽園」
『地上楽園』 ヰリアム・モリス著 矢口達訳 国際文献刊行会 1926 773p 19cm（世界奇書異聞類聚 第10巻）Ⓝ931
☆「世界文学鑑賞辞典 第1」,「世界名著大事典」

12512「パターンデザインのためのヒント」
☆「西洋をきずいた書物」

12513「不思議なみずうみの島々」
『不思議なみずうみの島々 上』 ウィリアム・モリス著 斎藤兆史訳 晶文社 2002 277p 19cm（ウィリアム・モリス・コレクション） 2400円 Ⓘ4-7949-1696-5
☆「世界文学あらすじ大事典 3（ちか - ふろ）」

12514「無何有郷見聞記」
☆「学術辞典叢書 第11巻」,「近代名著解題選集 2」,「現代世界の名作」,「社会科学の名著」,「世界名著解題選 第3巻」,「世界名著大事典」

12515「ユートピアだより」
『ユートピアだより』 ウィリアム・モリス作 川端康雄訳 岩波書店 2013 485p 15cm（岩波文庫） 1140円 Ⓘ978-4-00-359031-7
☆「世界の小説大百科」,「世界文学あらすじ大事典 4（ふん - われ）」,「たのしく読めるイギリス文学」,「必読書150」

モリス, シャルル

12516「ゴーガン」
『ゴーガン』 シャルル・モリス著 成田重郎訳 東京堂 1941 395p 19cm Ⓝ723
☆「世界名著大事典」

モーリス＝鈴木, テッサ

12517 「辺境から眺める」
『辺境から眺める―アイヌが経験する近代』 テッサ・モーリス＝鈴木著　大川正彦訳　みすず書房　2013　262,34p　19cm〈第7刷（第1刷2000年）〉　3000円　①978-4-622-03089-8
☆「平和を考えるための100冊+α」

モリスン, アーサー

12518 「マーチン・ヒューイット」
☆「世界の推理小説・総解説」

モリスン, トニ

12519 「青い目がほしい」
☆「世界の小説大百科」

12520 「ジャズ」
『ジャズ―トニ・モリスン・セレクション』 トニ・モリスン著　大社淑子訳　早川書房　2010　333p　15cm（ハヤカワepi文庫）　860円　①978-4-15-120059-5
☆「百年の誤読 海外文学篇」

12521 「ソロモンの歌」
『ソロモンの歌』 トニ・モリスン著　金田眞澄訳　早川書房　2009　645p　16cm（ハヤカワepi文庫　epi 54―トニ・モリスン・セレクション）〈下位シリーズの並列シリーズ名：The selected works of Toni Morrison　年譜あり〉　1100円　①978-4-15-120054-0　⑩933.7
☆「世界の小説大百科」

12522 「ビラヴド」
『ビラヴド―トニ・モリスン・セレクション』 トニ・モリスン著　吉田廸子訳　早川書房　2009　569p　15cm（ハヤカワepi文庫）　1100円　①978-4-15-120057-1
☆「アメリカ文学」，「知っておきたいアメリカ文学」，「世界の小説大百科」，「たのしく読めるアメリカ文学」，「名作あらすじ事典 西洋文学編」

モリソン, フィリップ

12523 「パワーズ オブ テン―宇宙・人間・素粒子をめぐる大きさの旅」
☆「科学の10冊」，「ブックガイド "宇宙" を読む」

モーリツ

12524 「死にいたるまで善良であれ」
☆「世界名著大事典」

モーリッツ, カール・フィリップ

12525 「アントン・ライザー」
『アントン・ライザー―心理小説』 カール・フィリップ・モーリッツ原著　大澤峯雄訳　同学社　2000　414p　22cm　5000円　①4-8102-0129-5　⑩943.6

☆「世界の小説大百科」

モリーナ

12526 「インカの伝説と儀礼」
☆「東洋の奇書55冊」

モリーナ, ティルソー・デ

12527 「セビリアの色事師と石の客人」
☆「世界文学鑑賞辞典 第2」，「世界名著大事典」

モーリヤック, クロード

12528 「晩餐会」
☆「世界文学あらすじ大事典 3（ちか・ふろ）」

モーリヤック, フランソワ

12529 「愛の砂漠」
☆「世界文学鑑賞辞典 第2」，「世界名作事典」，「世界名著大事典」，「世界名著大事典 補遺（Extra）」

12530 「黒い手帳」
☆「世界名著大事典 補遺（Extra）」

12531 「黒い天使」
☆「世界文学鑑賞辞典 第2」

12532 「癩者への接吻」
☆「世界文学鑑賞辞典 第2」，「世界名著大事典」，「世界名著大事典 補遺（Extra）」

12533 「十八番目はチボー先生」
☆「名作の研究事典」

12534 「小説家とその作中人物」
☆「世界名著大事典」

12535 「テレーズ・デスケイルゥ」
『テレーズ・デスケイルゥ』 モーリヤック［著］　杉捷夫訳　改版　新潮社　1972　172p　16cm（新潮文庫）
☆「あらすじで味わう外国文学」，「あらすじで読む世界文学105」，「一冊で世界の名著100冊を読む」，「現代世界の名作」，「世界文学あらすじ大事典 3（ちか・ふろ）」，「世界文学の名作と主人公」，「世界名作事典」，「世界名作文学館」，「世界名著大事典」，「世界名著大事典 補遺（Extra）」，「入門名作の世界」，「フランス文学」，「ポケット世界名作事典」，「名作の読解法」，「要約 世界文学全集 1」

12536 「パリサイ女」
『パリサイ女』 モーリヤック著　柳宗玄訳　新潮社　1953　288p　16cm（新潮文庫　第518）　⑩953
☆「世界名著大事典」，「世界名著大事典 補遺（Extra）」

12537 「フォレ」
☆「世界名著大事典 補遺（Extra）」

12538 「ブロック・ノート」
☆「世界名著大事典 補遺（Extra）」

12539 「蝮のからみあい」
☆「世界の小説大百科」，「世界の名作100を読む」，

「世界名著大事典」,「文学・名著300選の解説 '88年度版」

モール
12540 「国家科学の歴史と文献」
☆「世界名著大事典」

12541 「ハマースミスのうじ虫」
『ハマースミスのうじ虫』 ウィリアム・モール著 霜島義明訳 東京創元社 2006 333p 15cm（創元推理文庫） 780円
①4-488-16102-2
☆「世界の推理小説・総解説」

モルー
12542 「バルトーク」
『バルトーク』 セルジュ・モルー著 柴田南雄訳 ダヴィッド社 1968 269p 図版 22cm 760円 Ⓝ762.9
☆「世界名著大事典」

モルガ
12543 「フィリピン紀事」
☆「世界名著大事典」

モルガーニ
12544 「解剖によって追求された疾患の発生部位とその原因」
☆「自然科学の名著」,「西洋をきずいた書物」

12545 「疾病の位置と原因について」
☆「世界名著大事典」

モルガン,ルイス・ヘンリー
12546 「考古学の研究法」
☆「世界名著大事典」

12547 「古代社会」
『古代社会』 モルガン著 荒畑寒村訳 彰考書院 1948 607p 21cm Ⓝ362.03
☆「学術辞典叢書 第14巻」,「社会科学の古典」,「社会科学の名著」,「人文科学の名著」,「世界名著解題選 第1巻」,「世界名著解題選 第4巻」,「世界名著大事典」,「文化人類学」,「文化人類学の名著50」

12548 「進化と道徳」
☆「近代欧米名著解題 第2巻」

12549 「人間のしるし」
☆「名小説ストーリイ集 世界篇」

モルガン,C.
12550 「羅針盤のない旅行者」
『羅針盤のない旅行者』 モルガン作 石川湧訳 岩波書店 1955 258p 19cm（現代の文学） Ⓝ953
☆「現代世界の名作」

モルゲンシュテルン
12551 「ゲームの理論と経済行動」
☆「経済学88物語」,「世界名著大事典」

モルティエ
12552 「先史時代」
☆「世界名著大事典」

モルトケ
12553 「軍事著作集」
☆「戦略の名著！ 最強43冊のエッセンス」

モルナール,フェレンツ
12554 「パール街の少年たち」
☆「一冊で不朽の名作100冊を読む」（友人社）,「一冊で不朽の名作100冊を読む」（友人社）,「少年少女のための文学案内 2」,「世界少年少女文学 リアリズム編」,「世界名著大事典」,「名作の研究事典」

12555 「リリオム」
☆「現代世界の名作」,「世界文学あらすじ大事典 4（ふん‐われ）」,「世界文学鑑賞辞典 第3」,「世界名著大事典」,「ポケット世界名作事典」

モルネ
12556 「フランス革命の知的起原」
☆「世界名著大事典」

モレ
12557 「氏族から帝国へ」
☆「世界名著大事典」

モレアス
12558 「スタンス」
☆「世界名著大事典」

モレスコット
12559 「物質の循環」
☆「世界名著大事典」

モレッティ
12560 「神の声」
☆「世界名著大事典」

モレノ,J.L.
12561 「サイコドラマ」
『サイコドラマ—集団精神療法とアクションメソッドの原点』 ジェイコブ・レヴィ・モレノ著 増野肇監訳 白揚社 2006 304p 21cm 4500円 ①4-8269-7139-7
☆「精神医学の名著50」

12562 「だれが残るか」
☆「世界名著大事典」

モレリ
12563 「イタリア絵画の批評的研究」

モレリ

☆「世界名著大事典」
12564 「歴史大辞典」
☆「西洋をきずいた書物」

モレリー
12565 「自然の法典」
☆「世界名著大事典」

モレル
12566 「民事訴訟要論」
☆「世界名著大事典」

モレル, マーゴ
12567 「史上最強のリーダー シャクルトン」
『史上最強のリーダー シャクルトン―絶望の淵に立ってもあきらめない』 マーゴ・モレル, ステファニー・キャパレル著 高遠裕子訳 PHP研究所 2001 309p 19cm 1500円 ①4-569-61760-3
☆「世界の成功哲学50の名著エッセンスを解く」

モロー・ネラートン
12568 「コローの生涯と作品」
☆「世界名著大事典」

モーロワ, アンドレ
12569 「愛の風土」
☆「世界文学鑑賞辞典 第2」

12570 「アリエル」
☆「世界名著大事典」

12571 「アレクサンダー・フレミングの生涯」
☆「伝記・自叙伝の名著」

12572 「イギリス史」
☆「世界名著大事典」

12573 「ヴィクトール・ユゴーの生涯」
『ヴィクトール・ユゴーの生涯』 アンドレ・モーロワ著 辻昶, 横山正二訳 新潮社 1969 617p 20cm 1500円 Ⓝ950.28
☆「伝記・自叙伝の名著」

12574 「オランピオ」
☆「世界名著大事典」

12575 「結婚・友情・幸福」
☆「世界の古典名著」

12576 「ジョルジュ・サンド」
☆「伝記・自叙伝の名著」

12577 「人生をよりよく生きる技術」
『人生をよりよく生きる技術』 アンドレ・モーロワ著 中山真彦訳 講談社 1990 287p 15cm(講談社学術文庫) 800円 ①4-06-158936-9
☆「自己啓発の名著30」

12578 「魂の重さ」
☆「世界の幻想文学」

12579 「デブの国とノッポの国」
☆「名作の研究事典」

12580 「伝記の諸様相」
☆「世界名著大事典」

12581 「フランス敗れたり」
『フランス敗れたり』 アンドレ・モーロワ著 高野弥一郎訳 ウェッジ 2005 228p 19cm 1800円 ①4-900594-83-0
☆「現代人のための名著」

12582 「プルースト伝」
☆「伝記・自叙伝の名著」

12583 「ベルナール・ケネー」
☆「世界名著大事典」

モンガイト
12584 「ソヴェト連邦領域における始原共同体的構成と太古の諸国家」
☆「世界名著大事典」

文観 もんかん
12585 「理趣経秘註」
☆「世界名著大事典 補遺(Extra)」

モンクレティアン
12586 「政治経済学概説」
☆「世界名著大事典」

モンゴメリ, ルーシー・モード
12587 「赤毛のアン」
『赤毛のアン』 ルーシー・モード・モンゴメリ原作 村岡花子編訳 村岡恵理編著 柚希きひろ絵 横山洋子監修 学研教育出版, 学研マーケティング〔発売〕 2014 153p 21×15cm(10歳までに読みたい世界名作) 880円 ①978-4-05-204010-8
☆「あらすじで出会う世界と日本の名作55」,「一冊で不朽の名作100冊を読む」(友人社),「一冊で不朽の名作100冊を読む」(友人社),「英米児童文学のベストセラー40」,「面白いほどよくわかるあらすじで読む世界の名作」,「書き出し「世界文学全集」」,「3行でわかる名作&ヒット本250」,「知っておきたいアメリカ文学」,「少年少女のための文学案内 1」,「世界少年少女文学 リアリズム編」,「世界のメルヘン30」,「世界名著大事典 補遺(Extra)」,「世界・名著のあらすじ」,「ポケット世界名作事典」,「名作あらすじ事典 西洋文学編」,「名作の研究事典」,「名作へのパスポート」

12588 「アンの青春」
☆「世界名著大事典 補遺(Extra)」

モンサラット, ニコラス

12589　「海の勇者たち」
『海の勇者たち 3』 ニコラス・モンサラット著　鎌田三平訳　徳間書店　1992　504p　15cm〈徳間文庫〉　640円　①4-19-599453-5
☆「世界の海洋文学」

12590　「非情の海」
『非情の海 上』 ニコラス・モンサラット作　吉田健一訳　至誠堂　1992　318p　19cm　1400円　①4-7953-0072-0
☆「世界の海洋文学」,「世界の冒険小説・総解説」

モンジュ

12591　「画法幾何学」
☆「自然科学の名著」,「自然科学の名著100選 中」,「世界名著大事典」

モンタギュー

12592　「認識の方法」
☆「世界名著大事典」

モンタニェ

12593　「ラルース美食事典」
☆「世界名著大事典」

モンタヌス

12594　「日本誌」
☆「世界名著大事典」

モンタルバン, M.V.

12595　「楽園を求めた男」
『楽園を求めた男―私立探偵カルバイヨ』 M.バスケス・モンタルバン著　田部武光訳　第2版　東京創元社　2002　331p　15cm〈創元推理文庫〉　740円　①4-488-22201-3
☆「世界の小説大百科」

モンタン, イブ

12596　「イブ・モンタン自伝―頭にいっぱい太陽を」
『頭にいっぱい太陽を』 イヴ・モンタン著　渡辺淳訳　講談社　1982　278p　19cm〈著者の肖像あり〉　980円　①4-06-200253-1　Ⓝ767.8
☆「伝記・自叙伝の名著」

モンティ

12597　「ラ・バスヴィリアーナ」
☆「世界名著大事典」

モンテスキュー, シャルル・ルイ・ド

12598　「ペルシア人の手紙」
『ペルシア人の手紙 下』 モンテスキュー作　大岩誠訳　岩波書店　1951　226p　15cm〈岩波文庫〉　560円　①4-00-340057-7　Ⓝ953.6

☆「世界文学あらすじ大事典 4（ふん‐われ）」,「世界文学鑑賞辞典 第2」,「世界名著大事典」,「ポケット世界名作事典」

12599　「法の精神」
『法の精神 下』 モンテスキュー著　野田良之,稲本洋之助,上原行雄,田中治男,三辺博之,横田地弘訳　岩波書店　1989　505,28p　15cm〈岩波文庫〉　720円　①4-00-340053-4
☆「お厚いのがお好き？」,「学術辞典叢書 第11巻」,「教養のためのブックガイド」,「現代政治学の名著」,「古典・名著の読み方」,「社会科学の古典」,「社会科学の名著」,「図解世界の名著がわかる本」,「政治・権力・公共性」,「西洋をきずいた書物」,「世界の古典名著」,「世界の書物」,「世界の哲学思想」,「世界の名著」,「世界の名著早わかり事典」,「世界名著解題選 第3巻」,「世界名著解題選 第5巻」,「世界名著大事典」,「超解「哲学名著」事典」,「哲学の世界」,「21世紀の教育基本書」,「はじめて学ぶ政治学」,「はじめて学ぶ法哲学・法思想」,「文学・名著300選の解説 '88年度版」

モンテッソーリ

12600　「人間の形成について」
『人間の形成について』 マリア・モンテッソーリ著　坂本堯訳　エンデルレ書店　1970　111p　22cm〈監修：日本モンテッソーリ協会〉　520円　Ⓝ371
☆「名著解題」

12601　「モンテッソーリ・メソッド」
『モンテッソーリ・メソッド』 モンテッソーリ著　阿部真美子,白川蓉子訳　明治図書出版　1974　324p　肖像　22cm〈世界教育学選集 77〉〈監修：梅根悟,勝田守一 明治図書創業60年記念出版〉　1900円　Ⓝ376.1
☆「教育学の世界名著100選」,「教育名著の愉しみ」,「21世紀の教育基本書」,「名著による教育原理」

モンテーニュ, ミシェル・ド

12602　「エセー」
『エセー 5』 ミシェル・ド・モンテーニュ著　宮下志朗訳　白水社　2013　383p　19cm　2400円　①978-4-560-02578-9
☆「あらすじで読む世界文学105」,「大人のための世界の名著50」,「教育学の世界名著100選」,「教養のためのブックガイド」,「知っておきたいフランス文学」,「西洋をきずいた書物」,「世界を変えた100冊の本」,「世界の古典名著」,「世界の書物」,「世界の哲学50の名著」,「世界の哲学思想」,「世界の名著」,「世界の名著早わかり事典」,「世界文学鑑賞辞典 第2」,「世界名著大事典」,「千年紀のベスト100作品を選ぶ」,「超解「哲学名著」事典」,「哲学の世界」,「哲学名著解題」(協同出版),「哲学名著解題」(春秋社),「21世紀の教育基本書」,「はじめて学ぶ政治学」,「文学・名著300選の解説 '88年度版」,「ポケット世界名作事典」,「名作あらすじ事典 西洋文学編」,「ヨーロッパを語る13

モンテリウ

12603　「旅日記」
☆「世界の旅行記101」

12604　「論集」
☆「学術辞典叢書 第12巻」

12605　「論文集」
☆「世界名著解題選 第3巻」

モンテリウス

12606　「オリエントおよびヨーロッパにおける遠古の文化期」
☆「世界名著大事典」

モンテルラン

12607　「サンチャゴの聖騎士団長」
☆「世界名著大事典」

12608　「死せる王妃」
☆「世界名著大事典」

12609　「闘牛士」
『闘牛士』　アンリ・ド・モンテルラン著　堀口大学訳　新潮社　1994　322p　15cm（新潮文庫）〈10刷（1刷：昭和6年）〉　640円　①4-10-250101-0　Ⓝ953
☆「世界文学鑑賞辞典 第2」,「世界名著大事典」

12610　「ポール・ロワヤル」
☆「世界名著大事典」

12611　「無益な奉公」
☆「世界名著大事典」

12612　「若き娘たち」
『若き娘たち』　アンリ・ドゥ・モンテルラン著　新庄嘉章訳　新潮社　1939　353p　肖像　19cm　Ⓝ953
☆「現代世界の名作」,「世界文学鑑賞辞典 第2」,「世界文学の名作と主人公」,「世界名著大事典」,「フランス文学」,「ポケット世界名作事典」,「名小説ストーリィ集 世界篇」

モント

12613　「詩集」
☆「世界名著大事典」

モントゴメリー

12614　「モントゴメリーの監査論」
『モントゴメリーの監査論』　モントゴメリー原著　Vincent M.O'Reillyほか著　中央監査法人訳　第2版　中央経済社　1998　1181p　23cm　20000円　①4-502-15813-5　Ⓝ336.97
☆「世界名著大事典」

モンドリアン

12615　「造形芸術と純粋造形芸術」
☆「世界名著大事典」

モンフォコン

12616　「ギリシア古文書学」
☆「西洋をきずいた書物」

モンリュク

12617　「回想録」
☆「世界名著大事典」

モンロー

12618　「教育史教程」
☆「世界名著大事典」

12619　「教育百科事典」
☆「世界名著大事典」

【ヤ】

ヤカブ,I.

12620　「精神医学における絵画表現」
☆「精神医学の名著50」

ヤーキズ

12621　「チンパンジー」
☆「世界名著大事典」

ヤーギン, ダニエル

12622　「市場対国家」
『市場対国家—世界を作り変える歴史的攻防 上』　ダニエル・ヤーギン, ジョゼフ・スタニスロー著　山岡洋一訳　日本経済新聞社　2001　467p　15cm（日経ビジネス人文庫）　857円　①4-532-19094-0
☆「学問がわかる500冊」

ヤコービ

12623　「神的事物とその啓示」
☆「世界名著大事典」

12624　「スピノザの学説」
☆「世界名著大事典」

12625　「だ円関数論の新しい基礎」
☆「世界名著大事典」

ヤーコビー, アルノルド

12626　「キャプテン・コンティキ」
☆「世界の海洋文学」

ヤコブセン, イェンス・ペーター

12627　「ここにバラあらば」
☆「世界文学鑑賞辞典 第3」

12628　「ニールス・リーネ」
☆「現代世界の名作」,「世界名著」,「世界名著大事典」,「ポケット世界名作事典」

12629　「マリー・グルッベ夫人」
☆「世界文学鑑賞辞典 第3」,「名小説ストーリィ集 世界篇」

ヤコブソン,R.O.

12630　「音楽分析序説」
☆「世界名著大事典 補遺(Extra)」

12631　「言語学と詩学」
☆「世界名著大事典 補遺(Extra)」

12632　「幼児の言語,失語症および一般音韻法則」
☆「世界名著大事典 補遺(Extra)」

ヤシエンスキ

12633　「パリを焼く」
☆「世界名著大事典」

ヤスパース

12634　「一般精神病理学」
☆「世界名著大事典」

12635　「啓示に面しての哲学的信仰」
『啓示に面しての哲学的信仰』　カール・ヤスパース著　重田英世訳　創文社　1986　596,39p　22cm　8500円　Ⓝ134.9
☆「哲学名著解題」

12636　「現代の精神的状況」
『現代の精神的状況』　ヤスパース著　飯島宗享訳　河出書房　1955　264p　15cm(河出文庫)　Ⓝ134.95
☆「社会科学の古典」,「世界名著大事典」,「哲学名著解題」

12637　「実存哲学」
☆「思想史の巨人たち」

12638　「真理について」
『真理について　5』　カール・ヤスパース[著]　小倉志祥,松田幸子訳　第2版　松戸　理想社　2003　432,11p　19cm(ヤスパース選集　35　カール・ヤスパース[著])〈シリーズ責任表示：カール・ヤスパース[著]〉　4500円　①4-650-00135-8　Ⓝ134.9
☆「世界名著大事典」,「哲学名著解題」

12639　「世界観の心理学」
『世界観の心理学』　カール・ヤスパース著　重田英世訳　創文社　1997　633,31p　21cm　12000円　①4-423-17101-5
☆「哲学名著解題」,「ハイデガー本45」

12640　「戦争の罪を問う」
『戦争の罪を問う』　カール・ヤスパース著　橋本文夫訳　平凡社　1998　232p　15cm(平凡社ライブラリー)　800円　①4-582-76256-5
☆「倫理良書を読む」

12641　「哲学」
『哲学』　ヤスパース著　小倉志祥,林田新二,渡辺二郎訳　中央公論新社　2011　513p　18cm(中公クラシックス)　2100円　①978-4-12-160124-7
☆「世界名著大事典」,「哲学の名著」,「哲学名著解題」(協同出版),「哲学名著解題」(春秋社)

12642　「哲学的思考の小さな学校」
☆「人間学の名著を読む」

12643　「哲学入門」
『哲学入門』　ヤスパース[著]　草薙正夫訳　63刷改版　新潮社　2005　272p　16cm(新潮文庫)〈年譜あり〉　438円　①4-10-203601-6　Ⓝ134.9
☆「宗教学の名著30」

12644　「ニーチェ」
☆「世界名著大事典」

12645　「理性と実存」
『理性と実存』　ヤスパース著　草薙正夫訳　新潮社　1955　217p　15cm(新潮文庫)　Ⓝ134.95
☆「古典・名著の読み方」,「世界の古典名著」,「世界の哲学思想」,「世界の名著早わかり事典」,「世界名著大事典」,「哲学の世界」

12646　「歴史の根源と目標」
☆「世界名著大事典」

ヤセンスキー

12647　「人間は皮膚を変える」
☆「世界文学鑑賞辞典 第4」,「世界名著大事典」

12648　「無関心な人々の共謀」
『無関心な人々の共謀』　ヤセンスキー著　江川卓,工藤幸雄訳　河出書房新社　1974　275p　20cm(エトランジェの文学)　1200円　Ⓝ983
☆「世界文学鑑賞辞典 第4」,「世界名著大事典」

ヤハマン

12649　「カント」
☆「伝記・自叙伝の名著」

ヤーベルク

12650　「イタリアおよび南スイス言語・民俗図巻」
☆「世界名著大事典」

ヤマシタ, カレン・テイ

12651　「サークルKサイクルズ」
☆「21世紀の世界文学30冊を読む」

ヤーン, ハンス・ヘニー

12652　「鉛の夜」
『鉛の夜』　ハンス・ヘニー・ヤーン著　佐久間

ヤング

穆訳　現代思潮社　1969　162p 図版　20cm　550円　Ⓝ943
☆「世界の幻想文学」

12653　「木造船」
☆「世界の海洋文学」

12654　「ラグナとニルス」
☆「世界の海洋文学」

ヤング, アーサー

12655　「イングランド, ウェールズの南部諸州をめぐる6週間の旅」
☆「西洋をきずいた書物」

12656　「フランス紀行」
『フランス紀行—1787,1788&1789』アーサー・ヤング著　宮崎洋訳　法政大学出版局　1983　405,24p　20cm（叢書・ウニベルシタス）〈年表・参考年表：p397〜402 付：主な参考文献〉　3000円　Ⓝ235.05
☆「世界の旅行記101」,「世界名著大事典」

ヤング, エドワード

12657　「夜想」
☆「世界名著大事典」

ヤング, キンボール

12658　「社会心理学ハンドブック」
☆「世界名著大事典」

ヤング, トーマス

12659　「自然哲学及び機械技術に関する講義」
☆「世界を変えた書物」,「世界名著大事典」

12660　「光と色の理論について」
☆「西洋をきずいた書物」,「世界を変えた書物」

ヤング, ドリー・ジョーンズ

12661　「スターバックス成功物語」
『スターバックス成功物語』ハワード・シュルツ, ドリー・ジョーンズ・ヤング著　小幡照雄, 大川修二訳　日経BP社, 日経BP出版センター〔発売〕　1998　462p　19cm　1800円　①4-8222-4113-0
☆「お金と富の哲学世界の名著50」

ヤング, ロバート・E.

12662　「ジョナサンと宇宙くじら」
☆「世界のSF文学・総解説」

ヤング, M.

12663　「メリトクラシーの法則」
『メリトクラシーの法則』マイクル・ヤング著　伊藤慎一訳　至誠堂　1965　221p　18cm（至誠堂新書）　250円　Ⓝ368.4
☆「教育を考えるためにこの48冊」

ヤングハズバンド

12664　「大陸の奥地」
☆「世界名著大事典」

ヤンセン

12665　「アウグスティヌス」
☆「世界名著大事典」

ヤンソン, トーヴェ

12666　「少女ソフィアの夏」
☆「世界の小説大百科」

12667　「たのしいムーミン一家」
『たのしいムーミン一家』トーベ・ヤンソン作・絵　山室静訳　新装版　講談社　2014　284p　18cm（講談社青い鳥文庫）　680円　①978-4-06-285420-7
☆「あらすじで出会う世界と日本の名作55」,「名作の研究事典」

12668　「ムーミン谷の彗星」
『ムーミン谷の彗星』トーベ・ヤンソン作・絵　下村隆一訳　新装版　講談社　2014　249p　18cm（講談社青い鳥文庫）　650円　①978-4-06-285405-4
☆「一冊で不朽の名作100冊を読む」（友人社）,「一冊で不朽の名作100冊を読む」（友人社）,「世界少年少女文学 ファンタジー編」

12669　「ムーミンパパ海へ行く」
☆「世界の海洋文学」

ヤンツ, D.

12670　「てんかん」
☆「精神医学の名著50」

ヤンツァーリク, W.

12671　「精神医学の構造力動的基礎」
『精神医学の構造力動的基礎』ヴェルナー・ヤンツァーリク著　岩井一正ほか共訳　学樹書院　1996　326p　22cm〈文献：p305〜312〉　6695円　①4-906502-06-7　Ⓝ493.71
☆「精神医学の名著50」

【ユ】

喩　守真　ゆ・しゅしん
12672　「唐詩三百首詳析」
☆「教養のためのブックガイド」

俞　正燮　ゆ・せいしょう
12673　「癸巳類稿」
☆「世界名著大事典」

柳 東植　ゆ・どんしく

12674　「韓国のキリスト教」
『韓国のキリスト教』　柳東植著　東京大学出版会　1987　211,4p　19cm（東洋叢書 5）　2400円　①4-13-013035-8
☆「学問がわかる500冊」

12675　「風流道と韓国の宗教思想」
☆「東アジア人文書100」

兪 平伯　ゆ・へいはく

12676　「紅楼夢弁」
☆「世界名著大事典 補遺（Extra）」

12677　「雑拌伯」
☆「世界名著大事典 補遺（Extra）」

12678　「冬夜」
☆「世界名著大事典 補遺（Extra）」

12679　「読詞偶得」
☆「世界名著大事典 補遺（Extra）」

ユイスマンス

12680　「彼方」
☆「世界の幻想文学」，「世界の小説大百科」，「世界文学あらすじ大事典 1（あ‐きよう）」，「世界名著大事典」

12681　「さかしま」
☆「世界の小説大百科」，「世界文学あらすじ大事典 2（きよえ‐ちえ）」，「世界文学鑑賞辞典 第2」，「世界名著大事典」

12682　「腐爛の華」
『腐爛の華——スヒーダムの聖女リドヴィナ』　ユイスマンス著　田辺貞之助訳　薔薇十字社　1972　293p　22cm　1700円　Ⓝ953
☆「世界の幻想文学」

游 芸　ゆう・げい

12683　「天経或問」
☆「アジアの比較文化」，「世界名著大事典」

ユウェナリス

12684　「風刺詩」
☆「世界名著大事典」

宥快　ゆうかい

12685　「宝鏡鈔」
『宝鏡鈔』　宥快著　立体社　1976　16丁　26cm（立川流聖教類纂）〈明暦2年刊本の複製　付：宝鏡鈔開題（村岡空）箱入 限定版　和装〉　6000円　Ⓝ188.53
☆「世界名著大事典 補遺（Extra）」

ユヴラン

12686　「商法史」
『商法史』　ポール・ユヴラン著　小町谷操三訳　有斐閣　1930　161,51p　23cm　Ⓝ325
☆「世界名著大事典」

ユクスキュル

12687　「生物から見た世界」
『生物から見た世界』　ユクスキュル，クリサート著　日高敏隆，羽田節子訳　岩波書店　2005　166p　15cm（岩波文庫）　660円　①4-00-339431-3
☆「科学技術をどう読むか」，「世界がわかる理系の名著」

ユークリッド

12688　「原論」
☆「古典・名著の読み方」，「自然科学の名著」，「自然科学の名著100選 上」，「西洋をきずいた書物」，「世界を変えた書物」，「世界を変えた100冊の本」，「世界名著大事典」

ユゴー，ヴィクトル

12689　「海に働く人々」
☆「世界の海洋文学」，「世界文学あらすじ大事典 1（あ‐きよう）」

12690　「エルナニ」
『エルナニ』　ユゴー作　稲垣直樹訳　岩波書店　2009　308p　15cm（岩波文庫）　660円　①978-4-00-325326-7
☆「近代名著解題選集 2」，「世界文学鑑賞辞典 第2」，「世界名著解題選 第1巻」，「世界名著大事典」

12691　「戯曲『クロンクウェル』の序文」
☆「世界名著解題選 第6巻」

12692　「クロンウェル」
☆「世界名著大事典」

12693　「諸世紀の伝説」
☆「世界文学鑑賞辞典 第2」，「世界名著大事典」

12694　「静観詩集」
☆「世界名著大事典」

12695　「東方の歌」
☆「世界名著大事典」

12696　「ノートル・ダム・ド・パリ」
『ノートル・ダム・ド・パリ　上』　ユゴー作　辻昶，松下和則共訳　岩波書店　1956　313p　図版　地図　15cm（岩波文庫）　Ⓝ953
☆「現代世界の名作」，「世界の小説大百科」，「世界文学あらすじ大事典 3（ちか‐ふろ）」，「世界名作事典」，「世界文学鑑賞辞典 第2」，「世界名著大事典」

12697　「光と影」
☆「世界名著大事典」

12698　「氷島奇談」
☆「世界の幻想文学」

読んでおきたい「世界の名著」案内

12699 「ライン河」
☆「世界の旅行記101」

12700 「レ・ミゼラブル」
『レ・ミゼラブル 上』 ヴィクトル・ユゴー著 永山篤一訳 角川書店,角川グループパブリッシング〔発売〕 2012 430p 15cm（角川文庫） 743円 ⓘ978-4-04-100574-3
☆「あらすじで味わう外国文学」,「あらすじで味わう名作文学」,「あらすじで出会う世界と日本の名作55」,「あらすじで読む世界の名著 no.1」,「あらすじで読む世界文学105」,「一冊で世界の名著100冊を読む」,「面白いほどよくわかるあらすじで読む世界の名作」,「面白いほどよくわかる世界の文学」,「学術辞典叢書 第13巻」,「聴いてあじわう世界の名著 第1巻」,「教養のためのブックガイド」,「近代名著解題選集 1」,「近代名著解題選集 2」,「現代世界の名著」,「「こころ」は本当に名作か」,「古典・名著の読み方」,「3行でわかる名作&ヒット本250」,「知っておきたいフランス文学」,「少年少女のための文学案内 1」,「図説 5分でわかる世界の名作」,「世界少年少女文学 リアリズム編」,「世界の小説大百科」,「世界の書物」,「世界の長編文学」,「世界の名作」,「世界の名作50選」,「世界の名作おさらい」,「世界の名作100を読む」,「世界の名作文学案内」,「世界の名作文学が2時間で分かる本」,「世界の名著」,「世界文学あらすじ大事典 4（ふん〜われ）」,「世界文学鑑賞辞典 第2」,「世界文学のすじ書き」,「世界文学の名作と主人公」,「世界名作事典」,「世界名作文学館」,「世界名著解題選集 第3巻」,「世界名著大事典」,「千年紀のベスト100作品を選ぶ」,「2時間でわかる世界の名著」,「日本文学現代名作事典」,「入門名作の世界」,「フランス文学」,「文学・名著300選の解説 '88年度版」,「ポケット世界名作事典」,「名作あらすじ事典 西洋文学編」,「名作の研究事典」,「名作へのパスポート」,「名小説ストーリィ集 世編篇」,「読んでおきたい世界の名著」

ユージェニデス, ジェフリー

12701 「ヘビトンボの季節に自殺した五人姉妹」
☆「世界の小説大百科」

12702 「マリッジ・プロット」
☆「世界の小説大百科」

ユスティ, カール

12703 「ペラスケスとその世紀」
☆「世界名著大事典」

12704 「ミケランジェロ」
☆「世界名著大事典」

ユスティ, ヨハン・ハインリヒ・ゴットロープ

12705 「国家経済論」
☆「世界名著大事典」

12706 「財政制度の体系」
☆「世界名著大事典」

ユスティニアヌス

12707 「法学提要」
☆「西洋をきずいた書物」

12708 「ローマ法大全」
☆「図解世界の名著がわかる本」,「世界の古典名著」

ユスティノス

12709 「護教論」
☆「世界名著大事典」

12710 「トリュフォンとの対話」
☆「世界名著大事典」

ユート

12711 「イタリアおよび南スイス言語・民俗図巻」
☆「世界名著大事典」

ユヌス, ムハマド

12712 「ムハマド・ユヌス自伝」
『ムハマド・ユヌス自伝―貧困なき世界をめざす銀行家』 ムハマド・ユヌス,アラン・ジョリ著 猪熊弘子訳 早川書房 1998 358p 19cm 2000円 ⓘ4-15-208189-9
☆「お金と富の哲学世界の名著50」,「50歳からの名著入門」,「戦略の名著！最強43冊のエッセンス」,「大学新入生に薦める101冊の本」

ユネスコ

12713 「世界教育レポート二〇〇〇―教育権」
☆「教育本44」

ユーベルヴェーク

12714 「哲学史綱要」
☆「世界名著大事典」

ユリアヌス

12715 「キリスト教駁論」
☆「世界名著大事典」

ユーリヒャー

12716 「イエスのたとえ話」
☆「世界名著大事典」

ユール, ヘンリー

12717 「統計理論序説」
☆「世界名著大事典」

12718 「東西交渉史」
『東西交渉史―支那及び支那への道』 ヘンリ・ユール著 アンリ・コルディエ補 鈴木俊訳・編 原書房 1975 384,4,13p 地図 22cm（ユーラシア叢書 7）〈帝国書院昭和19年刊の複製 解題：榎一雄〉 3800円 ⓝ220

☆「世界名著大事典」

ユルスナール

12719 「黒の過程」
『黒の過程』 マルグリット・ユルスナール著 岩崎力訳 新装版 白水社 2008 428p 19cm 4200円 ⓘ978-4-560-09220-0
☆「世界の幻想文学」

12720 「ハドリアヌス帝の回想」
『ハドリアヌス帝の回想』 マルグリット・ユルスナール著 多田智満子著 新装版 白水社 2008 379p 19cm 3200円 ⓘ978-4-560-09219-4
☆「世界の小説大百科」, 「世界文学あらすじ大事典3（ちか‐ふろ）」

ユルリチ

12721 「交響楽」
☆「世界名著大事典」

12722 「室内楽」
☆「世界名著大事典」

ユレ

12723 「文学の進展についてのアンケート」
☆「世界名著大事典」

ユンガー, エルンスト

12724 「鋼鉄の嵐の中で」
☆「ドイツ文学」

12725 「大理石の断崖の上で」
『大理石の断崖の上で』 ユンガー作 相良守峯訳 岩波書店 1955 178p 18cm（現代の文学） Ⓝ943
☆「世界文学鑑賞辞典 第3」, 「世界名著大事典」

12726 「ヘリオーポリス」
☆「世界文学あらすじ大事典4（ふん‐われ）」, 「世界名著大事典」

ユング, カール

12727 「ヴィジョン・セミナー」
☆「精神医学の名著50」

12728 「元型論―無意識の構造」
☆「世界の心理学50の名著」

12729 「現代人のたましい」
☆「心理学の名著12選」

12730 「植物鑑定学入門」
☆「世界名著大事典」

12731 「心理学的タイプ」
☆「世界を変えた100冊の本」

12732 「心理学と錬金術」
☆「世界の古典名著」, 「世界の名著早わかり事典」

12733 「早発性痴呆の心理―ひとつの試み」
☆「世界名著大事典 補遺（Extra）」

12734 「人間と象徴」
☆「なおかつお厚いのがお好き？」

12735 「人間のタイプ」
☆「ブックガイド心理学」

12736 「分析心理学」
☆「科学技術をどう読むか」, 「教育学の世界名著100選」

12737 「変容の象徴―精神分裂病の前駆症状」
『変容の象徴―精神分裂病の前駆症状』 カール・グスタフ・ユング著 野村美紀子訳 筑摩書房 1985 696,41p 22cm〈解説：秋山さと子〉 5000円 Ⓝ146.1
☆「世界文学あらすじ大事典4（ふん‐われ）」, 「必読書150」

12738 「ユング自伝」
☆「自伝の名著101」, 「世界のスピリチュアル50の名著」, 「伝記・自叙伝の名著」

12739 「リビドーの変遷とシンボル」
☆「世界名著大事典 補遺（Extra）」

ユングラス

12740 「カトリック教理神学概説」
『カトリック教理神学概説』 ユングラス著 大泉孝訳 日本天主公教出版社 1941 450p 22cm Ⓝ198.2
☆「世界名著大事典」

ユンゲル, エルンスト

12741 「硝子の蜂」
☆「世界の小説大百科」

12742 「鋼鉄のあらし」
☆「世界の小説大百科」

【ヨ】

余 英時　よ・えいじ

12743 「中国近世の宗教倫理と商人精神」
『中国近世の宗教倫理と商人精神』 余英時著 森紀子訳 平凡社 1991 312p 19cm 3200円 ⓘ4-582-48204-X
☆「現代アジア論の名著」

12744 「歴史と思想」
☆「東アジア人文書100」

余 懐　よ・かい

12745 「板橋雑記」
『板橋雑記―唐土名妓伝』 余懐著 桑孝寛句読

ヨ

　山崎蘭斎訳　太平書屋　1997　151p　21cm
　（太平文庫　39）〈複製〉　5000円　Ⓝ384.9
　☆「世界名著大事典」，「中国の古典名著」

余 冠英　よ・かんえい
　12746　「漢魏六朝詩選」
　☆「教養のためのブックガイド」

ヨアンネス・ダマスケヌス
　12747　「説教」
　☆「世界名著大事典」

　12748　「認識の泉」
　☆「世界名著大事典」

葉 栄鐘　よう・えいしょう
　12749　「日本占領下の台湾の政治社会運動史」
　☆「東アジア人文書100」

楊 益言　よう・えきげん
　12750　「紅岩」
　『紅岩』　羅広斌, 楊益言著　三好一訳　講談社
　1978　2冊　20cm　各1200円　Ⓝ923
　☆「ポケット世界名作事典」

楊 輝　よう・き
　12751　「楊輝算法」
　☆「世界名著大事典」

楊 炯　よう・けい
　12752　「楊盈川集」
　☆「世界名著大事典 補遺 (Extra)」

楊 衒之　よう・げんし
　12753　「洛陽伽藍記」
　『洛陽伽藍記』　楊衒之著　入矢義高訳注　平凡
　社　1990　263p　18cm（東洋文庫　517）
　2163円　①4-582-80517-5
　☆「世界名著大事典」，「中国の古典名著」

容 庚　よう・こう
　12754　「殷周青銅器通論」
　☆「世界名著大事典」

楊 国枢　よう・こくすう
　12755　「中国人の性格—総合科学的検討」
　☆「東アジア人文書100」

姚 最　よう・さい
　12756　「続画品」
　☆「世界名著大事典」

姚 際恒　よう・さいこう
　12757　「古今偽書考」
　☆「世界名著大事典」

楊 守敬　よう・しゅけい
　12758　「水経注疏」
　☆「アジアの比較文化」

葉 紹鈞　よう・しょうきん
　12759　「かがし」
　☆「名作の研究事典」

　12760　「倪煥之」
　☆「世界名著大事典」，「中国の名著」

　12761　「十三経索引」
　『十三経索引』　葉紹鈞編　上海　開明書店
　1718p　20cm　Ⓝ123

楊 宗稷　よう・そうしょく
　12762　「琴学叢書」
　☆「世界名著大事典」

姚 鼐　よう・だい
　12763　「古文辞類纂」
　☆「世界名著大事典」

葉 徳輝　よう・とくき
　12764　「書林清話」
　☆「世界名著大事典」

楊 炳南　よう・へいなん
　12765　「海録」
　☆「世界名著大事典」

楊 雄　よう・ゆう
　12766　「太玄経」
　☆「世界名著大事典」

　12767　「方言」
　☆「世界名著大事典」

楊 聊陞　よう・りゅうへい
　12768　「国語字典」
　☆「中国の名著」

雍正帝　ようせいてい
　12769　「聖諭広訓」
　☆「世界名著大事典」

ヨガナンダ, パラマハンサ
　12770　「あるヨギの自叙伝」
　『あるヨギの自叙伝』　パラマハンサ・ヨガナン
　ダ著　S.R.F.日本会員訳　森北出版　1983
　524p　22cm〈『ヨガ行者の一生』（関書院新社
　昭和35年刊）の改題　著者の肖像あり〉
　2800円　①4-627-99931-3　Ⓝ126.6
　☆「世界のスピリチュアル50の名著」

ヨセフス
　12771「自伝」
　　『自伝』 フラウィウス・ヨセフス著　秦剛平訳
　　山本書店　1978　170p　19cm　1400円
　　Ⓝ289.3
　　☆「自伝の名著101」

　12772「ユダヤ古代誌」
　　『ユダヤ古代誌　6』 フラウィウス・ヨセフス
　　著　秦剛平訳　筑摩書房　2000　381,70p
　　15cm（ちくま学芸文庫）　1400円
　　①4-480-08530-X　Ⓝ227.9
　　☆「世界名著大事典」

　12773「ユダヤ戦争史」
　　☆「世界名著大事典」

ヨハンセン
　12774「精密遺伝学原理」
　　☆「世界名著大事典」

ヨハンゼン
　12775「鉄の歴史」
　　☆「世界名著大事典」

ヨルゲンセン
　12776「アッシジの聖フランチェスコ」
　　☆「世界名著大事典」

　12777「選詩集」
　　☆「世界名著大事典」

　12778「わが生涯の伝説」
　　☆「世界名著大事典」

ヨルダン
　12779「物理学と生命の秘密」
　　☆「世界名著大事典」

ヨルト, マレー
　12780「海洋の深さ」
　　☆「自然科学の名著」

ヨーン
　12781「統計学史」
　　☆「世界名著大事典」

ヨンソン, ルーネル
　12782「小さなバイキング」
　　『小さなバイキング』 ルーネル・ヨンソン作
　　大塚勇三訳　学習研究社　1967　252p
　　21cm（少年少女・新しい世界の文学　1）
　　Ⓝ949.83
　　☆「世界の海洋文学」

ヨーンゾン, U.
　12783「記念の日々」
　　☆「世界の小説大百科」,「世界名著大事典 補遺（Extra）」

　12784「3冊目のアヒム伝」
　　☆「世界名著大事典 補遺（Extra）」

　12785「ヤーコプについての推測」
　　☆「世界文学の名作と主人公」,「世界名著大事典 補遺（Extra）」,「ドイツ文学」

【ラ】

羅　貫中　ら・かんちゅう
　12786「三国志演義」
　　『三国志演義　1』 羅貫中著　立間祥介訳　改
　　訂新版　徳間書店　2006　713p　15cm（徳間
　　文庫）　1029円　①4-19-892446-5
　　☆「あらすじで味わう名作文学」,「あらすじで読む
　　世界の名著 no.2」,「あらすじでわかる中国古典
　　「超」入門」,「お厚いのがお好き？」,「大人のた
　　めの世界の名著50」,「面白いほどよくわかる世界
　　の文学」,「学術辞典叢書 第15巻」,「教養のため
　　のブックガイド」,「近代名著解題選集 2」,「少年
　　少女のための文学案内 2」,「世界の小説大百科」,
　　「世界の書物」,「世界の長編文学」,「世界の名作
　　100を読む」,「世界文学あらすじ大事典 2（きよ
　　えーちえ）」,「世界文学のすじ書き」,「世界名著
　　解題選 第2巻」,「世界名著大事典」,「中国の古典
　　名著」,「東洋の名著」,「日本の古典・世界の古
　　典」,「文学・名著300選の解説 '88年度版」,「ポ
　　ケット世界名作事典」,「名作の研究事典」,「読ん
　　でおきたい世界の名著」

羅　広斌　ら・こうひん
　12787「紅岩」
　　『紅岩』 羅広斌,楊益言著　三好一訳　講談社
　　1978　2冊　20cm　各1200円　Ⓝ923
　　☆「ポケット世界名作事典」

羅　香林　ら・こうりん
　12788「香港と中西文化の交流」
　　☆「東アジア人文書100」

羅　常培　ら・じょうばい
　12789「唐五代西北方音」
　　☆「世界名著大事典」

羅　振玉　ら・しんぎょく
　12790「殷虚書契考釈」
　　☆「世界名著大事典」

　12791「流沙墜簡」
　　☆「世界名著大事典」

羅　清　ら・せい
　12792「羅祖五部経巻」

ラ

☆「世界名著大事典」

羅 稲香 ら・とうこう
12793 「水車」
☆「世界の名作文学案内」

羅 燁 ら・よう
12794 「酔翁談録」
☆「世界名著大事典」

羅 漾明 ら・ようめい
12795 「中国生活誌 黄土高原の衣食住」
☆「中国の古典名著」

ライアル, ギャビン
12796 「深夜プラス1」
『深夜プラス1』 ギャビン・ライアル著 講談社インターナショナル 2002 306p 19cm (講談社ルビー・ブックス) 1580円
①4-7700-2422-3
☆「世界の推理小説・総解説」、「世界の冒険小説・総解説」

12797 「ちがった空」
『ちがった空』 ギャビン・ライアル著 松谷健二訳 早川書房 1967 301p 19cm (世界ミステリシリーズ) 360円 Ⓝ933
☆「世界の冒険小説・総解説」

12798 「もっとも危険なゲーム」
『もっとも危険なゲーム』 ギャビン・ライアル著 菊池光訳 早川書房 1966 237p 19cm (世界ミステリシリーズ) 300円 Ⓝ933
☆「世界の冒険小説・総解説」

ライアン, C.
12799 「カウント・ダウン96」
『カウント・ダウン96 上』 チャールズ・ライアン著 吉野壮児訳 角川書店 1990 352p 15cm (角川文庫) 560円 ①4-04-263901-1 Ⓝ933
☆「世界の海洋文学」

ライアン, D.
12800 「監視社会」
『監視社会』 デイヴィッド・ライアン著 河村一郎訳 青土社 2002 309p 19cm 2400円 ①4-7917-6008-5
☆「都市的世界」

ライエ, カマラ
12801 「アフリカの子―少年時代の自伝的回想」
☆「世界の小説大百科」

ライエル, チャールズ
12802 「地質学原理」
☆「学術辞典叢書 第12巻」、「近代名著解題選集 2」、「自然科学の名著」、「自然科学の名著100選 中」、「世界がわかる理系の名著」、「世界名著解題選 第2巻」、「世界名著大事典」

ライエル, トマス
12803 「一英国人の見たる日本及日本人」
『一英国人の見たる日本及日本人』 トマス・ライエル著 野口啓祐訳 創元社 1950 349p 図版 19cm Ⓝ361.6
☆「日本人とは何か」

ライエン
12804 「世界文学の民話」
☆「世界名著大事典」

12805 「ドイツ英雄伝説」
☆「世界名著大事典」

12806 「昔話」
☆「世界名著大事典」

12807 「昔話の世界」
☆「世界名著大事典」

ライクヘルド, フレデリック・F.
12808 「顧客ロイヤルティのマネジメント」
『顧客ロイヤルティのマネジメント―価値創造の成長サイクルを実現する』 フレデリック・F.ライクヘルド著 伊藤良二監訳 山下浩昭訳 ダイヤモンド社 1998 430p 21cm 3200円 ①4-478-50155-6
☆「あらすじで読む世界のビジネス名著」

ライケス
12809 「グロスタージャーナル」
☆「西洋をきずいた書物」

ライシャワー, E.O.
12810 「アメリカと日本」
☆「世界名著大事典 補遺(Extra)」

12811 「ザ・ジャパニーズ」
『ザ・ジャパニーズ―日本人』 エドウィン・O.ライシャワー著 国弘正雄訳 文芸春秋 1979 437p 20cm 1600円 Ⓝ302.1
☆「外国人による日本論の名著」

12812 「入唐求法巡礼記」
☆「世界名著大事典 補遺(Extra)」

12813 「日本―過去と現在」
☆「現代人のための名著」

12814 「日本―国のあゆみ」
『日本―国のあゆみ』 エドウィン・O.ライシャワー著 鈴木重吉訳 時事通信社 1971

389,11p　19cm　1500円　Ⓝ210.1
☆「世界名著大事典 補遺(Extra)」

ライシュ,R.
12815　「ザ・ワーク・オブ・ネーションズ」
『ザ・ワーク・オブ・ネーションズ―21世紀資本主義のイメージ』　ロバート・B.ライシュ著　中谷巌訳　ダイヤモンド社　1991　445p　19cm　2200円　Ⓘ4-478-21018-7
☆「ナショナリズム論の名著50」

ライス
12816　「地図学概論」
☆「世界名著大事典」

ライス,アン
12817　「夜明けのヴァンパイア」
☆「世界の小説大百科」

ライス,クレイグ
12818　「スイート・ホーム殺人事件」
『スイート・ホーム殺人事件』　クレイグ・ライス著　羽田詩津子訳　新訳版　早川書房　2009　474p　15cm〈ハヤカワ・ミステリ文庫〉　900円　Ⓘ978-4-15-071559-5
☆「世界の推理小説・総解説」

ライス,ピーター
12819　「ピーター・ライス自伝―あるエンジニアの夢みたこと」
『ピーター・ライス自伝―あるエンジニアの夢みたこと』　ピーター・ライス著　岡部憲明監訳　太田佳代子,瀧口範子訳　鹿島出版会　1997　219,16p　21cm　3914円　Ⓘ4-306-04349-5
☆「学問がわかる500冊 v.2」

ライース,ムハンマド
12820　「外人課長が見たニッポン株式会社」
『外人課長が見たニッポン株式会社』　ムハンマド・ライース著　PHP研究所　1989　198p　15cm〈PHP文庫〉〈外人課長のニッポン企業論〉改題書　420円　Ⓘ4-569-56223-X
☆「現代を読む」

ライス,E.
12821　「街の風景」
『街の風景』　エルマー・ライス作　杉木喬訳　健文社　1936　308p　19cm　Ⓝ932
☆「世界文学鑑賞辞典 第1」,「世界名著大事典」

ライダー,サミュエル
12822　「ライオンは眠れない」
☆「超売れ筋ビジネス書101冊」

ライデン
12823　「大ベルリン」
☆「世界名著大事典」

ライト
12824　「英語方言文法」
☆「世界名著大事典」

ライト
12825　「形成途上の地理学」
☆「世界名著大事典」

12826　「航海術の確かな誤りについて」
☆「西洋をきずいた書物」

ライト,ウィルバー
12827　「ライト兄弟の実験」
☆「西洋をきずいた書物」,「世界を変えた書物」

ライト,オーヴィル
12828　「ライト兄弟の実験」
☆「西洋をきずいた書物」,「世界を変えた書物」

ライト,ダヴィッド・マッカード
12829　「資本主義」
『資本主義』　ダヴィッド・マッカード・ライト著　田口芳弘訳　みすず書房　1958　325p　19cm〈現代科学叢書　A 第10〉　Ⓝ333.9
☆「世界名著大事典」

ライト,フランク・ロイド
12830　「自伝―ある芸術の形成」
『自伝―ある芸術の展開』　フランク・ロイド・ライト著　樋口清訳　中央公論美術出版　2000　427p　26cm〈肖像あり〉　18000円　Ⓘ4-8055-0365-3　Ⓝ523.53
☆「建築の書物/都市の書物」

ライト,リチャード
12831　「アメリカの息子」
☆「アメリカ文学」,「面白いほどよくわかる世界の文学」,「知っておきたいアメリカ文学」,「世界の小説大百科」,「世界の名著」,「世界文学あらすじ大事典 1(あ‐きよう)」,「世界文学の名作と主人公」,「たのしく読めるアメリカ文学」,「名作あらすじ事典 西洋文学編」

12832　「黒ん坊」
☆「世界文学鑑賞辞典 第1」

12833　「土地っ子」
☆「世界文学鑑賞辞典 第1」

ライト,Q.
12834　「戦争の研究」
☆「世界名著大事典」

ライト,S.ファウラー
12835　「時を克えて」
　☆「世界のSF文学・総解説」

ライトソン,パトリシア
12836　「ぼくはレース場の持ち主だ！」
　☆「世界少年少女文学 リアリズム編」

ライトナー
12837　「企業の私経済学」
　☆「世界名著大事典」

ライトマン,アラン
12838　「宇宙と踊る」
　☆「科学を読む愉しみ」

ライバー
12839　「バケツ一杯の空気」
　『バケツ一杯の空気』 フリッツ・ライバー著 山下諭一ほか訳　サンリオ　1980　363p　15cm(サンリオSF文庫)　460円　Ⓝ933
　☆「世界のSF文学・総解説」

12840　「放浪惑星」
　☆「世界のSF文学・総解説」

ライヒテントリット
12841　「音楽の形式」
　☆「世界名著大事典」

12842　「音楽の歴史と思想」
　『音楽の歴史と思想』 フーゴー・ライヒテントリット著　服部幸三訳　音楽之友社　1959　341p 図版　22cm　Ⓝ762.3
　☆「世界名著大事典」

ライプニッツ
12843　「極大と極小に関する新しい方法」
　☆「自然科学の名著100選 上」,「西洋をきずいた書物」,「世界を変えた書物」

12844　「計算機械についての論述」
　☆「世界を変えた書物」

12845　「形而上学叙説」
　『形而上学叙説』 ライプニッツ著　河野与一訳　岩波書店　1950　452p　15cm(岩波文庫)　Ⓝ134.1
　☆「学術辞典叢書 第13巻」,「近代哲学の名著」,「世界名著解題選 第1巻」,「世界名著大事典」,「哲学名著解題」(協同出版),「哲学名著解題」(春秋社)

12846　「結合法論」
　☆「世界名著大事典」

12847　「自然そのものについて」
　☆「哲学名著解題」

12848　「実体の本性並に交通についての新説 物の根本的起源」
　☆「哲学名著解題」

12849　「第一哲学の改善と実体概念」
　☆「哲学名著解題」

12850　「単子論」
　『単子論』 ライプニッツ著　河野与一訳　岩波書店　1951　364p　15cm(岩波文庫)　Ⓝ134.1
　☆「学術辞典叢書 第12巻」,「学問がわかる500冊」,「近代名著解題選集 2」,「西洋をきずいた書物」,「世界の哲学思想」,「世界の名著早わかり事典」,「世界名著解題選 第2巻」,「世界名著大事典」,「超解「哲学名著」事典」,「哲学の世界」,「哲学の名著」,「哲学名著解題」(協同出版),「哲学名著解題」(春秋社),「ハイデガー本45」

12851　「著作集」
　☆「世界を変えた100冊の本」

12852　「人間知性新論」
　『人間知性新論』 ライプニッツ著　米山優訳　みすず書房　2002　626,16p　21cm　7000円　Ⓘ4-622-01773-3
　☆「一冊で哲学の名著を読む」,「近代哲学の名著」,「世界名著大事典」,「哲学名著解題」(協同出版),「哲学名著解題」(春秋社),「文庫1冊で読める 哲学の名著」

12853　「弁神論」
　☆「宗教哲学名著解説」,「西洋をきずいた書物」,「世界の哲学50の名著」,「世界名著大事典」,「哲学名著解題」,「倫理学」

12854　「ライプニッツ・アルノー往復書簡」
　☆「哲学名著解題」

ライヘンバハ
12855　「科学哲学の形成」
　☆「哲学の世界」

12856　「記号論理学概論」
　☆「世界名著大事典」

ライボヴィツ
12857　「シェーンベルクとその楽派」
　☆「世界名著大事典」

ライマー
12858　「現代ピアノ演奏会」
　☆「世界名著大事典」

ライマー,E.
12859　「学校は死んでいる」
　『学校は死んでいる』 エヴァレット・ライマー著　松居弘道訳　晶文社　1985　271p　19cm(晶文社セレクション)　1200円　Ⓝ376
　☆「教育名著の愉しみ」

ライマン
12860 「ドイツ古典文学史批判」
☆「世界名著解題選 第6巻」

ライマン,B.S.
12861 「北海道地質総論」
☆「世界名著大事典 補遺(Extra)」

ライムバハ
12862 「ソヴェト連邦」
☆「世界名著大事典」

ライル
12863 「生命力について」
☆「世界名著大事典」

ライル,G.
12864 「心という概念」
☆「世界名著大事典 補遺(Extra)」

ライン
12865 「教育学概説」
☆「教育学の世界名著100選」

羅隠　らいん
12866 「両同書」
☆「世界名著大事典」

ラインゴールド
12867 「バベッジ―思考のための道具」
☆「伝記・自叙伝の名著」

ラインシュ
12868 「極東に於ける思潮及び政変」
☆「近代欧米名著解題 第7巻」

12869 「世界政策」
☆「近代欧米名著解題 第5巻」

ラインハート, メアリー・ロバーツ
12870 「螺旋階段」
☆「世界の推理小説・総解説」

ラヴアリイ
12871 「原潜919浮上」
☆「世界の冒険小説・総解説」

ラヴィス
12872 「一般史」
☆「世界名著大事典」

12873 「フランス史」
☆「世界名著大事典」

ラヴィニャク
12874 「音楽百科事典」
☆「世界名著大事典」

ラヴェッソン
12875 「習慣論」
『習慣論』　ラヴェッソン著　野田又夫訳　岩波書店　1950　136p　15cm（岩波文庫）〈附：ラヴェッソンの生涯と著作（アンリ・ベルグソン）〉Ⓝ135.9
☆「哲学名著解題」

ラヴェット
12876 「自叙伝」
☆「世界名著大事典」

12877 「チャーティズム」
☆「教育学の世界名著100選」

ラヴォアジェ
12878 「化学要論」
☆「自然科学の名著」, 「自然科学の名著100選 中」, 「西洋をきずいた書物」, 「世界を変えた書物」, 「世界名著大事典」

12879 「フランス大革命と教育」
☆「世界名著解題選 第5巻」

ラヴォワ
12880 「フランス音楽」
☆「世界名著大事典」

ラヴクラフト,H.P.
12881 「狂気の山脈にて」
☆「世界の小説大百科」, 「たのしく読めるアメリカ文学」

12882 「ダニッチの怪」
☆「世界の幻想文学」

12883 「ラヴクラフト傑作集」
☆「世界のSF文学・総解説」

ラウシェンブッシュ
12884 「社会的福音の神学」
☆「世界名著大事典」

ラヴジョイ
12885 「存在の大いなる連鎖」
『存在の大いなる連鎖』　アーサー・O.ラヴジョイ著　内藤健二訳　筑摩書房　2013　643,9p　15cm（ちくま学芸文庫）　1700円
①978-4-480-09536-7
☆「科学技術をどう読むか」, 「宗教学の名著30」

ラヴゼイ, ピーター
12886 「偽のデュー警部」
『偽のデュー警部』　ピーター・ラヴゼイ著　中村保男訳　早川書房　1983　442p　16cm（ハヤカワ・ミステリ文庫）　520円　Ⓝ933
☆「世界の推理小説・総解説」

ラウデン
12887「バンダースナッチ作戦」
『バンダースナッチ作戦』 デズモンド・ラウデン著 向後英一訳 早川書房 1978 357p 16cm〈ハヤカワ文庫 NV〉 400円 Ⓝ933
☆「世界の冒険小説・総解説」

ラウテンザハ
12888「地誌学」
☆「世界名著大事典」

ラウニ
12889「レントゲン線における干渉現象」
☆「西洋をきずいた書物」

ラウファー
12890「シナ・イラン考」
☆「世界名著大事典」

ラウベ
12891「エセックス伯爵」
☆「世界名著大事典」

ラウリー, マルカム
12892「火山の下」
『火山の下』 マルカム・ラウリー著 斎藤兆史監訳 渡辺暁, 山崎暁子共訳 白水社 2010 506p 19cm〈エクス・リブリス・クラシックス〉 3000円 Ⓘ978-4-560-09901-8
☆「英仏文学戦記」,「世界の小説大百科」,「世界文学あらすじ大事典 1(あ・きよう)」,「たのしく読めるイギリス文学」

12893「月の狂人」
☆「世界の幻想文学」

ラウレス
12894「キリシタン文庫」
☆「世界名著大事典」

ラヴレス
12895「ホイッグ主義の犠牲者たち」
☆「西洋をきずいた書物」

ラウレニョーフ
12896「アメリカの声」
☆「世界文学鑑賞辞典 第4」

12897「女狙撃兵マリュートカ」
☆「世界文学鑑賞辞典 第4」

ラヴロック
12898「地球生命圏―ガイアの科学」
『地球生命圏―ガイアの科学』 ジム・ラヴロック著 スワミ・プレム・プラブッダ訳 工作舎 1985 296p 20cm〈参考文献:p292～296〉 2400円 Ⓝ460.4

☆「世界の古典名著」,「20世紀を震撼させた100冊」

ラヴロフ
12899「歴史的書簡」
☆「世界名著大事典」

ラエネク
12900「間接聴診法」
☆「西洋をきずいた書物」

ラエルティオス, ディオゲネス
12901「ギリシア哲学者列伝」
☆「ブックガイド〈数学〉を読む」

ラカン, J.
12902「エクリ」
『エクリ 1』 ジャック・ラカン著 宮本忠雄等訳 弘文堂 1972 474,7p 肖像 22cm 2800円 Ⓝ146
☆「自己・他者・関係」,「精神分析の名著」,「20世紀を震撼させた100冊」

12903「サントーム」
☆「精神分析の名著」

12904「精神分析の四基本概念」
『精神分析の四基本概念』 ジャック・ラカン著 ジャック=アラン・ミレール編 小出浩之ほか訳 岩波書店 2000 384p 22cm 5000円 Ⓘ4-00-023621-0 Ⓝ146.1
☆「精神医学の名著50」,「必読書150」

12905「精神分析の倫理」
『精神分析の倫理 上』 ジャック・ラカン著 ジャック=アラン・ミレール編 小出浩之ほか訳 岩波書店 2002 252p 22cm 5000円 Ⓘ4-00-023629-6 Ⓝ146.1
☆「倫理学」

駱 玉明 らく・ぎょくめい
12906「中国文学史新著」
☆「東アジア人文書100」

駱 賓基 らく・ひんき
12907「北望園の春」
『北望園の春―他五篇 小説』 駱賓基著 小野忍, 飯塚朗訳 岩波書店 1955 214p 18cm〈岩波新書〉 Ⓝ923
☆「世界名著大事典」

ラグクリシュナン
12908「インド哲学」
☆「世界名著大事典」,「東洋の名著」

ラクスネス
12909「極北の秘教」
『極北の秘教』 ハルドール・ラクスネス著 渡

辺洋美訳　工作舎　1979　320p　21cm〈付：年譜〉　1442円　Ⓝ949.5
☆「世界の幻想文学」

12910　「サルカ・ヴァルカ」
☆「世界名著大事典」

12911　「独立の民」
☆「世界の小説大百科」，「世界名著大事典」

ラクタンティウス

12912　「神の教え」
☆「世界名著大事典」

ラクチュール

12913　「ド・ゴール」
☆「伝記・自叙伝の名著」

駱賓王　らくひんおう

12914　「帝京編」
☆「世界名著大事典 補遺(Extra)」

12915　「駱丞集」
☆「世界名著大事典 補遺(Extra)」

12916　「駱臨海集」
☆「世界名著大事典 補遺(Extra)」

ラクラウ, E.

12917　「ポスト・マルクス主義と政治」
『ポスト・マルクス主義と政治―根源的民主主義のために』　エルネスト・ラクラウ，シャンタル・ムフ著　山崎カヲル，石澤武訳　復刻新版　大村書店　2000　315p　20cm　3000円　Ⓘ4-7563-2021-X　Ⓝ309.1
☆「グローバル政治理論」，「政治・権力・公共性」

ラグラン

12918　「英雄」
☆「世界名著大事典」

ラグランジュ

12919　「解析力学」
☆「自然科学の名著」，「世界名著大事典」

ラクルテル

12920　「シルベルマン」
☆「世界名著大事典」

12921　「反逆児」
『反逆児―シルベルマン』　ラクルテル著　青柳瑞穂訳　新潮社　1957　196p　15cm（新潮文庫）　Ⓝ953
☆「世界文学鑑賞辞典 第2」

12922　「レ・オー・ポン」
☆「世界名著大事典」

ラクロ, ピエール=アンブロワーズ=フラ

ンソワ・ショデロ・ド

12923　「危険な関係」
☆「一冊で世界の名著100冊を読む」，「教養のためのブックガイド」，「『こころ』は本当に名作か」，「知っておきたいフランス文学」，「世界の小説大百科」，「世界文学あらすじ大事典 1（あ‐きよう）」，「世界文学鑑賞辞典 第2」，「世界文学の名作と主人公」，「世界名著大事典」，「世界・名著のあらすじ」，「日本の古典・世界の古典」，「フランス文学」，「ポケット世界名作事典」，「名作あらすじ事典 西洋文学編」，「名小説ストーリイ集 世界篇」

ラーゲルクヴィスト

12924　「バラバ」
『バラバ』　ラーゲルクヴィスト作　尾崎義訳　岩波書店　2010　185p　15cm（岩波文庫）〈第15刷（第1刷1974年）〉　540円　Ⓘ4-00-327571-3
☆「世界の幻想文学」，「世界の小説大百科」，「世界文学あらすじ大事典 3（ちか‐ふろ）」，「世界名著大事典」，「名小説ストーリイ集 世界篇」

ラーゲルレーヴ, セルマ

12925　「イェスタ・ベルリング物語」
☆「世界の幻想文学」，「世界の小説大百科」，「世界文学あらすじ大事典 2（きよえ‐ちえ）」，「世界名著大事典」

12926　「エルサレム」
『エルサレム　第2部』　ラーゲルレーヴ著　石賀修訳　岩波書店　1952　478p　15cm（岩波文庫）〈附録：神の平和〉　Ⓝ949.8
☆「世界文学鑑賞辞典 第3」，「世界名著大事典」

12927　「地主屋敷の物語」
☆「世界の名articulate」，「世界文学鑑賞辞典 第3」，「世界名著大事典」

12928　「ニルスのふしぎな旅」
『ニルスのふしぎな旅』　セルマ・ラーゲルレーヴ原作　市川能里漫画　小学館　2013　158p　23×16cm（小学館学習まんが 世界名作館 10）　950円　Ⓘ978-4-09-270310-0
☆「一冊で不朽の名作100冊を読む」(友人社)，「一冊で不朽の名作100冊を読む」(友人社)，「少年少女のための文学案内 2」，「世界少年少女文学ファンタジー編」，「世界文学あらすじ大事典 3（ちか‐ふろ）」，「世界文学の名作と主人公」，「世界名著大事典」，「百年の誤読 海外文学篇」，「ポケット世界名作事典」，「名作の研究事典」，「名作へのパスポート」

12929　「沼の家の娘」
☆「現代世界の名作」

12930　「幻の馬車」
☆「名小説ストーリイ集 世界篇」

ラ・ゴルス
12931 「第2帝政史」
☆「世界名著大事典」

ラザースフェルド,P.F.
12932 「パーソナル・インフルエンス」
『パーソナル・インフルエンス―オピニオン・リーダーと人びとの意思決定』 E.カッツ,P.F.ラザースフェルド共著 竹内郁郎訳 培風館 1965 405p 22cm〈文献目録：282-394p〉Ⓝ361.5
☆「現代政治学を読む」、「世界名著大事典」、「メディア・情報・消費社会」

12933 「民衆の選択」
☆「世界名著大事典」

ラザフォード
12934 「軽い原子とα粒子の衝突」
☆「西洋をきずいた書物」、「世界を変えた書物」

12935 「放射性変換」
☆「世界を変えた書物」

ラ・サール
12936 「キリスト教学習指導要領」
☆「教育学の世界名著100選」

ラージー
12937 「医学大系」
☆「世界名著大事典 補遺(Extra)」

ラジエル,イーサン・M.
12938 「マッキンゼー式世界最強の仕事術」
☆「超売れ筋ビジネス書101冊」

ラジーシチェフ
12939 「ペテルブルグからモスクワへの旅」
☆「世界文学鑑賞辞典 第4」、「世界名著大事典」

ラシード・ウッ・ディーン・ファズル・ウッラー
12940 「総合史」
☆「世界名著大事典」

ラシーヌ,ジャン
12941 「アタリー」
☆「世界名著大事典」

12942 「アンドロマック」
『アンドロマク』 ジャン・ラシーヌ著 内藤濯訳 岩波書店 1951 159p 15cm（岩波文庫）Ⓝ952
☆「英仏文学戦記」、「学術辞典叢書 第13巻」、「近代名著解題選集 2」、「世界文学あらすじ大事典 1（あ‐きよう）」、「世界文学鑑賞辞典 第2」、「世界文学の名作と主人公」、「世界名著解題選 第1巻」、「世界名著大事典」、「日本の古典・世界の古典」、「フランス文学」

12943 「イフィジェニー」
☆「世界文学鑑賞辞典 第2」

12944 「エステル」
☆「世界名著大事典」

12945 「訴訟狂」
☆「世界文学あらすじ大事典 2（きよえ‐ちえ）」、「世界名著大事典」

12946 「バジャゼ」
☆「世界文学鑑賞辞典 第2」

12947 「フェードル」
『フェードル―ラシーヌより』 ラシーヌ[原作] 笹部博司著 メジャーリーグ 2008 114p 15cm（笹部博司の演劇コレクション フランス古典劇編 1 笹部博司著）〈発売：星雲社〉 400円 ①978-4-434-12286-6 Ⓝ912.6
☆「あらすじで読む世界文学105」、「一冊で世界の名著100冊を読む」、「英仏文学戦記」、「知っておきたいフランス文学」、「世界の名著」、「世界文学あらすじ大事典 3（ちか‐ふろ）」、「世界文学鑑賞辞典 第2」、「世界文学の名作と主人公」、「世界名著大事典」、「フランス文学」、「ポケット世界名作事典」、「名作あらすじ事典 西洋文学編」

12948 「ブリタニキュス」
『ブリタニキュス』 ジャン・ラシーヌ著 安堂信也訳 新潮社 1957 137p 18cm Ⓝ952
☆「世界文学あらすじ大事典 3（ちか‐ふろ）」、「世界文学鑑賞辞典 第2」、「世界名著大事典」、「日本の古典・世界の古典」

12949 「ベレニス」
☆「世界文学あらすじ大事典 4（ふん‐われ）」、「世界文学鑑賞辞典 第2」、「世界名著大事典」

12950 「ミトリダート」
☆「世界文学あらすじ大事典 4（ふん‐われ）」、「世界文学鑑賞辞典 第2」、「世界名作事典」

ラシネ
12951 「服装の歴史」
☆「世界名著大事典」

ラージャシェーカラ
12952 「六派哲学集」
☆「世界名著大事典」

ラ・シャロッテ
12953 「国民教育論、あるいは青少年のための学習計画」
☆「教育学の世界名著100選」

ラシュダル
12954 「道徳哲学上の議論としての善悪論」
☆「近代欧米名著解題 第5巻」

ラシュディー, サルマン

12955　「悪魔の詩」
『悪魔の詩　下』　サルマン・ラシュディ著　五十嵐一訳　プロモーションズ・ジャンニ, 新泉社〔発売〕　1990　337p　19cm　2060円
☆「世界の小説大百科」,「二十世紀を騒がせた本」,「20世紀を震撼させた100冊」

12956　「ジャガーの微笑」
☆「歴史家の一冊」

12957　「恥」
☆「世界の小説大百科」

12958　「真夜中の子供たち」
『真夜中の子供たち』　サルマン・ラシュディ著　寺門泰彦訳　早川書房　1989　2冊　20cm（Hayakawa novels）　各1800円
①4-15-207650-X　Ⓝ933
☆「イギリス文学」,「知っておきたいイギリス文学」,「世界の小説大百科」,「たのしく読めるイギリス文学」,「必読書150」,「百年の誤読 海外文学篇」,「名作あらすじ事典 西洋文学編」

ラシュリエ

12959　「帰納の基礎について」
☆「哲学名著解題」

ラスヴィッツ

12960　「原子論の歴史」
☆「世界名著大事典」

12961　「両惑星物語」
☆「世界のSF文学・総解説」

ラスウェル

12962　「権力と社会」
『権力と社会—政治研究の枠組』　ハロルド・D.ラスウェル, エイブラハム・カプラン著　堀江湛, 加藤秀治郎, 永山博之訳　芦書房　2013　343p　21cm　3000円　①978-4-7556-1257-2
☆「世界名著大事典」

12963　「権力と人間」
☆「現代政治学の名著」,「社会科学の古典」

12964　「政治」
☆「世界名著大事典」

12965　「政治行動の分析」
☆「世界名著大事典」

12966　「精神病理学と政治学」
☆「世界名著大事典」

ラス・カサス

12967　「インディアスの破壊についての簡潔な報告」
☆「世界史読書案内」,「地図とあらすじで読む歴史の名著」,「平和を考えるための100冊+α」

ラスキ, H.

12968　「アメリカのデモクラシー」
☆「世界名著大事典」

12969　「危機に立つデモクラシー」
『危機に立つデモクラシー』　ハロルド・ラスキ著　竹内雄訳　福村書店　1946　113p　21cm〈附録：デモクラシーと官吏（フエリックス・フランクフルター）〉Ⓝ311, 311.8
☆「世界名著大事典」

12970　「近代国家における自由」
☆「世界の名著」,「世界名著大事典」

12971　「現代革命の考察」
『現代革命の考察』　ハロルド・ラスキ著　笠原美子訳　みすず書房　1969　522p　19cm　900円　Ⓝ311
☆「世界名著大事典」

12972　「国家」
☆「世界の古典名著」,「世界名著大事典」

12973　「信仰, 理性, 文明」
☆「世界名著大事典」,「わたしの古典」

12974　「政治学大綱」
☆「社会科学の古典」,「社会科学の名著」,「世界名著大事典」

12975　「政治学入門」
『政治学入門』　ハロルド・ラスキ著　植田清次訳　創元社　1954　157p 図版　15cm（創元文庫）　Ⓝ311
☆「現代政治学を読む」

12976　「ヨーロッパ自由主義の興隆」
☆「世界名著大事典」

ラスキン, ジョン

12977　「ヴェニスの石」
☆「世界名著大事典」

12978　「ウォルター・リップマン」
『ウォルター・リップマン—正義と報道の自由のために』　ジョン・ラスキン著　鈴木忠雄訳　新装普及版　人間の科学社　1996　566p　19cm　2800円　①4-8226-0142-0
☆「現代政治学を読む」

12979　「黄金の川の王さま」
『黄金の川の王さま』　ジョン・ラスキン著　富山太佳夫, 富山芳子編　青土社　1999　222p　19cm（妖精文庫　2）　1600円
①4-7917-5742-4
☆「世界少年少女文学 ファンタジー編」,「世界文学あらすじ大事典 1（あ - きよう）」,「世界名著大事典」,「名作の研究事典」

12980　「近代画家論」

ラスク

『近代画家論 第1巻』 ラスキン著 沢村寅二郎,石井正雄訳 弘文堂書房 1940 168p 18cm（世界文庫 〔第20〕） Ⓝ723
☆「学術辞典叢書 第12巻」,「近代名著解題選集 2」,「西洋をきずいた書物」,「世界文学鑑賞辞典 第1巻」,「世界名著解題選 第1巻」,「世界名著大事典」

12981 「芸術経済論」
『芸術経済論―永遠の歓び』 ジョン・ラスキン著 宇井丑之助,宇井邦夫訳 巖松堂出版 1998 152p 19cm 2500円
①4-87356-908-7
☆「世界名著大事典」

12982 「建築の7灯」
☆「世界名著大事典」

12983 「この最後の者にも」
☆「学術辞典叢書 第11巻」,「社会科学の名著」,「世界名著解題選 第1巻」,「世界名著大事典」,「倫理学」

12984 「胡麻と百合」
『胡麻と百合』 ジョン・ラスキン,M.プルースト著 吉田城訳 筑摩書房 1990 255p 21cm 3300円 ①4-480-83601-2
☆「世界の名著」,「世界名著大事典」

12985 「ムネラ・プルウェリス」
『ムネラ・プルウェリス―政治経済要義論』 ジョン・ラスキン著 木村正身訳 京都 関書院 1958 333,27p 図版 22cm Ⓝ331
☆「世界名著大事典」

ラスク,エミイル

12986 「哲学の論理学と範疇論」
☆「学術辞典叢書 第13巻」,「世界名著解題選 第3巻」

12987 「判断論」
『判断論』 エミール・ラスク著 久保虎賀寿訳 岩波書店 1929 308,12p 23cm Ⓝ134
☆「世界名著大事典」

12988 「法哲学」
☆「世界名著大事典」

ラスク,ラスムス

12989 「アイスランド語ないし古スカンジナビア語入門」
☆「西洋をきずいた書物」

12990 「古代ノルド語またはアイスランド語の起原の研究」
☆「世界名著大事典」

ラスプーチン

12991 「生きよ、そして記憶せよ」
『生きよ、そして記憶せよ』 ラスプーチン著 原卓也,安岡治子訳 講談社 1980 326p 20cm 1500円 Ⓝ983
☆「一冊で世界の名著100冊を読む」

12992 「マリヤのための金」
『マリヤのための金』 ラスプーチン著 安岡治子訳 群像社 1984 438p 20cm（現代のロシア文学 5）〈著者の肖像あり〉 2300円 Ⓝ983
☆「ロシア文学」

ラスペ

12993 「ほら男爵冒険譚」
☆「世界の幻想文学」

ラスムッセン

12994 「北極アメリカを横ぎって」
☆「世界名著大事典」

ラズルスキー

12995 「個性の研究に就て」
☆「近代欧米名著解題 第8巻」

ラスレット,ピーター

12996 「われら失いし世界」
『われら失いし世界―近代イギリス社会史』 ピーター・ラスレット著 川北稔,指昭博,山本正訳 三嶺書房 1986 430p 20×16cm 3900円 ①4-914906-43-0
☆「学問がわかる500冊 v.2」

ラセット,ブルース

12997 「パクス・デモクラティア」
『パクス・デモクラティア―冷戦後世界への原理』 ブルース・ラセット著 鴨武彦訳 東京大学出版会 1996 244,38p 19cm 3090円
①4-13-030106-3
☆「学問がわかる500冊」

ラセール

12998 「フランス・ロマン主義」
☆「世界名著大事典」

ラーセン,ネラ

12999 「流砂」
☆「世界の小説大百科」

ラーソン,スティーグ

13000 「ミレニアム」
『ミレニアム 3,上 眠れる女と狂卓の騎士』 スティーグ・ラーソン著 ヘレンハルメ美穂,岩澤雅利訳 早川書房 2011 583p 15cm（ハヤカワ・ミステリ文庫） 900円
①978-4-15-179255-7
☆「クライマックス名作案内 1」

ラーダークリシュナン

13001 「哲学史」
☆「世界名著大事典」

13002 「東の宗教と西の思想」
☆「世界名著大事典」

ラツィス

13003 「新しい岸へ」
☆「世界名著大事典」

ラッカー, ルーディ

13004 「ソフトウェア」
『ソフトウェア』 ルーディ・ラッカー著 黒丸尚訳 早川書房 1989 296p 15cm (ハヤカワ文庫SF) 440円 ①4-15-010840-4
☆「世界のSF文学・総解説」

ラッカー, ルドルフ

13005 「かくれた世界―幾何学・4次元・相対性」
『かくれた世界―幾何学・4次元・相対性』 ルドルフ・v.B.ラッカー著 金子務訳 白揚社 1981 253p 20cm 2000円 ①4-8269-0011-2 Ⓝ415.2
☆「科学技術をどう読むか」

ラックス, P.

13006 「解析学概論」
『解析学概論―応用と数値計算とともに』 P.ラックス他著 中神恵子ほか共訳 京都現代数学社 1982 2冊 22cm〈監修:竹之内脩〉 2900円, 3200円 ①4-7687-0116-7 Ⓝ413
☆「数学ブックガイド100」

ラッサール

13007 「既得権の体系」
☆「世界名著大事典」

13008 「公開答状」
☆「学術辞典叢書 第11巻」,「近代名著解題選集 2」,「世界名著大事典」

13009 「労働者綱領」
☆「学術辞典叢書 第11巻」,「近代名著解題選集 2」,「経済学名著106選」,「社会科学の古典」,「社会科学の名著」,「世界の古典名著」,「世界名著解題選 第3巻」,「世界名著解題選 第4巻」,「世界名著大事典」

ラッシュ

13010 「中低ドイツ語掌辞典」
☆「世界名著大事典」

ラツシュドール

13011 「神の人格態と人の人格態」
☆「近代欧米名著解題 第1巻」

ラッセル, バートランド

13012 「宇宙のウイリーズ」
☆「世界のSF文学・総解説」

13013 「外界に関する我々の知識―哲学における科学的方法を適用する場としての」
☆「哲学名著解題」

13014 「外部世界の認識」
☆「哲学の名著」

13015 「科学的視野」
☆「世界名著解題選 第5巻」

13016 「科学の眼」
☆「世界名著大事典」

13017 「教育と社会体制」
『教育と社会体制』 バートランド・ラッセル著 鈴木祥蔵訳 明治図書出版 1960 208p 図版 21cm (世界教育学選集 第8) Ⓝ371
☆「教育学の世界名著100選」

13018 「教育論」
☆「世界名著大事典」

13019 「権力」
『権力―その歴史と心理』 バートランド・ラッセル著 東宮隆訳 〔新装版〕 みすず書房 1992 342,8p 19cm 3090円 ①4-622-03355-0
☆「社会科学の古典」,「世界名著大事典」

13020 「幸福論」
☆「西洋哲学の10冊」,「世界の古典名著」,「世界の哲学50の名著」,「大学新入生に薦める101冊の本」

13021 「心の分析」
☆「哲学名著解題」

13022 「社会改造の原理」
☆「学術辞典叢書 第11巻」,「近代名著解題選集 2」,「世界名著解題選 第2巻」,「世界名著大事典」

13023 「自由への道」
『自由への道―全訳』 ラッセル著 板橋卓一等訳 日本評論社出版部 1920 297p 20cm Ⓝ311
☆「学術辞典叢書 第11巻」,「近代名著解題選集 2」,「世界名著解題選 第2巻」

13024 「数学の原理」
☆「世界名著大事典」,「哲学の名著」,「哲学名著解題」

13025 「数理哲学序説」
『数理哲学序説』 ラッセル著 平野智治訳 岩波書店 1954 276p 15cm (岩波文庫) Ⓝ410.11
☆「世界の古典名著」,「世界名著大事典」,「哲学の世界」

13026 「精神の分析」

☆「世界名著大事典」

13027 「西洋哲学史」
『西洋哲学史―古代より現代に至る政治的・社会的諸条件との関連における哲学史　第1』　バートランド・ラッセル著　市井三郎訳　みすず書房　1970　296p　21cm　1000円　Ⓝ130.2
☆「人文科学の名著」,「世界名著大事典」

13028 「哲学概説」
☆「世界名著大事典」

13029 「哲学入門」
『哲学入門』　バートランド・ラッセル著　高村夏輝訳　筑摩書房　2005　284p　15cm（ちくま学芸文庫）　1000円　①4-480-08904-7
☆「世界の名著早わかり事典」

13030 「哲学の諸問題」
『哲学の諸問題』　バートランド・ラッセル著　新井慶訳　育生社　1946　248p　18cm　Ⓝ133.54
☆「世界の名著」,「哲学名著解題」

13031 「哲学論集」
☆「近代欧米名著解題　第6巻」

13032 「天文学」
『天文学』　ヘンリイ・ノリス・ラッセル等著　鈴木敬信訳　岩波書店　1932　968,27p　23cm　Ⓝ440
☆「世界名著大事典」

13033 「物質の分析」
☆「世界名著大事典」

13034 「プリンキピア・マテマティカ」
☆「古典・名著の読み方」,「20世紀を震撼させた100冊」

ラッセル, C.A.

13035 「OU科学史」
『OU科学史―科学と信仰―コペルニクスからダーウィンまで　1　宇宙の秩序』　C.A.ラッセル編　渡辺正雄監訳　大阪　創元社　1983　355p　22cm　2800円　①4-422-40011-8　Ⓝ402
☆「科学技術をどう読むか」

ラッツェル

13036 「人類地理学」
『人類地理学』　フリードリッヒ・ラッツェル［著］　由比濱省吾訳　古今書院　2006　399,604p　27cm〈文献あり〉　26000円　①4-7722-8040-5　Ⓝ290.1
☆「自然科学の名著」,「人文科学の名著」,「世界名著大事典」

13037 「政治地理学」
☆「世界名著大事典」

ラッツェンホーファー, グスタフ

13038 「社会学的認識」
☆「学術辞典叢書　第11巻」,「世界名著解題選　第2巻」,「世界名著大事典」

13039 「政治の本質と目的」
☆「世界名著大事典」

ラッド

13040 「行為哲学」
☆「近代欧米名著解題　第1巻」

ラッフルズ

13041 「ジャワ誌」
☆「アジアの比較文化」,「世界名著大事典」

ラディゲ, レイモン

13042 「ドルジェル伯の舞踏会」
『ドルジェル伯の舞踏会』　ラディゲ［著］　生島遼一訳　54刷改版　新潮社　2007　227p　16cm（新潮文庫）　400円　①978-4-10-209401-3　Ⓝ953.7
☆「あらすじで味わう外国文学」,「現代世界の名作」,「『こころ』は本当に名作か」,「世界の名作100を読む」,「世界文学あらすじ大事典　3（ちか - ふろ）」,「世界文学鑑賞辞典　第2」,「世界名著大事典」,「文学・名著300選の解説　'88年度版」,「ポケット世界名作事典」

13043 「肉体の悪魔」
『肉体の悪魔』　レーモン・ラディゲ著　中条省平訳　光文社　2008　230p　15cm（光文社古典新訳文庫）　476円　①978-4-334-75148-7
☆「一冊で世界の名著100冊を読む」,「面白いほどよくわかる世界の文学」,「世界の小説大百科」,「世界文学鑑賞辞典　第2」,「世界文学の名作と主人公」,「世界・名著のあらすじ」,「日本・世界名作　愛の会話」100章」,「フランス文学」,「要約　世界文学全集　1」

ラティーニ

13044 「小宝典」
☆「世界名著大事典」

ラティマー

13045 「モルグの女」
☆「世界の推理小説・総解説」

ラティモア夫妻

13046 「中国」
☆「世界名著大事典」

13047 「中国の内陸アジア辺境」
☆「世界名著大事典」

ラーテナウ
13048　「新しい社会」
　☆「世界名著大事典」

ラトゥーシュ
13049　「西欧経済の起原」
　☆「世界名著大事典」

ラトゥール
13050　「虚構の近代」
　☆「文化人類学」

ラトゥレット
13051　「キリスト教発展史」
　☆「世界名著大事典」

ラドクリフ, アン
13052　「イタリアの惨劇」
　☆「世界の幻想文学」,「世界文学あらすじ大事典 1 (あ‐きよう)」

13053　「森のロマンス」
　☆「世界文学あらすじ大事典 4 (ふん‐われ)」

13054　「ユードルフォの謎」
　『ユードルフォの謎　1』　アン・ラドクリフ著　惣谷美智子, 堀田知子訳著　大阪　大阪教育図書　1998　206p　20cm　2000円
　Ⓘ4-271-11660-2　Ⓝ933.6
　☆「世界の小説大百科」,「世界文学あらすじ大事典 4 (ふん‐われ)」,「世界文学鑑賞辞典 第1」,「世界名著大事典」

ラドクリフ＝ブラウン
13055　「アンダマン島人」
　☆「世界名著大事典」

13056　「未開社会における構造と機能」
　『未開社会における構造と機能』　ラドクリフ＝ブラウン著　青柳まちこ訳　新版　新泉社　2002　326,14p　20cm〈文献あり　著作目録あり〉　3200円　Ⓘ4-7877-0204-1　Ⓝ389
　☆「世界名著大事典」,「文化人類学の名著50」

ラトケ
13057　「言語教授法一般序説」
　☆「教育学の世界名著100選」

ラードナー, ヤング
13058　「メジャー・リーグのうぬぼれルーキー」
　『メジャー・リーグのうぬぼれルーキー』　リング・ラードナー著　加島祥造訳　筑摩書房　2003　263p　15cm（ちくま文庫）　880円
　Ⓘ4-480-03806-X
　☆「世界文学あらすじ大事典 4 (ふん‐われ)」

ラードナー, D.
13059　「鉄道経済」
　☆「世界名著大事典」

ラートブルフ, グスタフ
13060　「刑法体系に対する意義より見た行為概念」
　☆「世界名著大事典」

13061　「フォイエルバハ伝」
　☆「伝記・自叙伝の名著」

13062　「法学入門」
　☆「世界名著大事典」

13063　「法哲学」
　☆「社会科学の古典」,「社会科学の名著」,「世界の古典名著」,「世界名著大事典」,「はじめて学ぶ法哲学・法思想」

13064　「ラートブルフ自叙伝—心の旅路」
　☆「伝記・自叙伝の名著」

ラドモーズ・ブラウン
13065　「両極の博物学者」
　☆「世界名著大事典」

ラドラム, ロバート
13066　「暗殺者」
　『暗殺者』　ロバート・ラドラム著　山本光伸訳　新潮社　1983　2冊　15cm（新潮文庫）　各480円　Ⓘ4-10-220401-6　Ⓝ933
　☆「世界の推理小説・総解説」,「世界の冒険小説・総解説」

ラードル
13067　「生物学説史」
　☆「世界名著大事典」

ラトレッジ, ジョン
13068　「アメリカをみくだすな」
　☆「経済経営95冊」

ラーナー
13069　「統制の経済学」
　☆「世界名著大事典」

ラパポート, A.
13070　「囚人のジレンマ」
　☆「社会学的思考」

ラハマン
13071　「ミンネザングの春」
　☆「世界名著大事典」

13072　「ルクレティウスの物の本質についての注釈」
　☆「西洋をきずいた書物」

ラバルト, ラクー

13073　「政治という虚構―ハイデガー、芸術そして政治」
『政治という虚構―ハイデガー芸術そして政治』　フィリップ・ラクー・ラバルト著　浅利誠、大谷尚文訳　藤原書店　1992　423p　19cm　4200円　①4-938661-47-0
☆「ハイデガー本45」

ラーバント

13074　「ドイツ国国法」
☆「世界名著大事典」

ラピエール, ドミニク

13075　「第五の騎手」
『第五の騎手』　ドミニク・ラピエール, ラリー・コリンズ著　三輪秀彦訳　早川書房　1983　2冊　16cm（ハヤカワ文庫　NV）　各400円　Ⓝ953
☆「世界の冒険小説・総解説」

ラビット

13076　「米と社会政策」
☆「農政経済の名著 明治大正編」

ラビノー

13077　「PCRの誕生」
☆「文化人類学」

ラビノウ, P.

13078　「ミシェル・フーコー」
『ミシェル・フーコー―構造主義と解釈学を越えて』　ヒューバート・L.ドレイファス, ポール・ラビノウ著　井上克人, 北尻祥晃, 高田珠樹, 山形頼洋, 山田徹郎, 山本幾生, 鷲田清一訳　筑摩書房　1996　380p　21cm　4635円　①4-480-84242-X
☆「歴史家の一冊」

ラヒリ, ジュンパ

13079　「その名にちなんで」
『その名にちなんで』　ジュンパ・ラヒリ著　小川高義訳　新潮社　2007　468p　15cm（新潮文庫）　705円　①978-4-10-214212-7
☆「世界の小説大百科」

13080　「停電の夜に」
『停電の夜に』　ジュンパ・ラヒリ著　講談社インターナショナル　2007　317p　15cm（講談社英語文庫）〈本文：英文〉　780円　①978-4-7700-4081-7
☆「アメリカ文学」,「読書入門」

ラ・ファイエット夫人

13081　「クレーヴの奥方」
☆「英仏文学戦記」,「知っておきたいフランス文学」,「世界の小説大百科」,「世界名作事典」,「世界文学あらすじ大事典2（きよえ‐ちえ）」,「世界文学鑑賞辞典 第2」,「世界文学の名作と主人公」,「世界文学必読法」,「世界名著大事典」,「日本の古典・世界の古典」,「フランス文学」,「ポケット世界名作事典」,「名作あらすじ事典 西洋文学編」,「名小説ストーリイ集 世界篇」

ラーファター

13082　「観相学断章」
☆「世界の奇書」

ラファティ, R.A.

13083　「九百人のお祖母さん」
☆「世界のSF文学・総解説」

ラファルグ

13084　「財産進化論」
『財産進化論』　ポール・ラファルグ著　荒畑勝三訳　改造図書出版販売　1977　177p　15cm（改造文庫覆刻版　第1期）〈発売：大和書房（東京）〉　Ⓝ362
☆「世界名著解題選 第4巻」,「世界名著大事典」

ラフィット

13085　「実証的倫理学」
☆「近代欧米名著解題 第5巻」

ラフェリエール

13086　「行政裁判論」
☆「世界名著大事典」

ラフォルグ

13087　「哀唱」
☆「世界名著大事典」

13088　「最後の詩」
☆「世界名著大事典」

13089　「伝説的教訓劇」
☆「世界名著大事典」

ラフォレ, カルメン

13090　「ナダ」
☆「世界の小説大百科」

ラフォレート

13091　「ナーダ」
☆「世界名著大事典」

ラ・フォンテーヌ

13092　「寓話」
☆「面白いほどよくわかる世界の文学」,「知っておきたいフランス文学」,「世界文学あらすじ大事典2（きよえ‐ちえ）」,「世界文学鑑賞辞典 第2」,「世界名著大事典」,「千年紀のベスト100作品を選ぶ」,「日本の古典・世界の古典」,「ポケット世

「世界名作事典」,「名作あらすじ事典 西洋文学編」,
「名作の研究事典」,「ヨーロッパを語る13の書物」

ラプソン
13093 「ケンブリジ・インド史」
☆「世界名著大事典」

ラプラス
13094 「確率の解析的理論」
☆「自然科学の名著100選 中」,「世界名著大事典」

13095 「天体力学」
☆「自然科学の名著」,「西洋をきずいた書物」,「世界を変えた書物」,「世界名著大事典」

ラプランシュ,J.
13096 「精神分析における生と死」
☆「精神分析の名著」

ラブリオラ,アントニオ
13097 「共産党宣言に寄せて」
☆「世界名著大事典」

13098 「社会主義と哲学」
☆「学術辞典叢書 第14巻」,「世界名著解題選 第2巻」,「世界名著大事典」

13099 「唯物史観」
☆「学術辞典叢書 第14巻」,「世界名著解題選 第3巻」,「世界名著大事典」

ラ・ブリュイエール
13100 「性格論」
☆「世界文学鑑賞辞典 第2」

13101 「人さまざま」
☆「世界名著大事典」,「ポケット世界名作事典」

ラブレー
13102 「ガルガンチュアとパンタグリュエルの物語」
☆「「あらすじ」だけで人生の意味が全部わかる世界の古典13」,「あらすじで読む世界文学105」,「英仏文学戦記」,「面白いほどよくわかる世界の文学」,「教養のためのブックガイド」,「「こころ」は本当に名作か」,「知っておきたいフランス文学」,「世界を変えた100冊の本」,「世界の奇書」,「世界の幻想文学」,「世界の小説大百科」,「世界の書物」,「世界の長編文学」,「世界の名著」,「世界文学あらすじ大事典 1(あ・きよう)」,「世界文学鑑賞辞典 第2」,「世界文学の名作と主人公」,「世界名作事典」,「世界名著大事典」,「21世紀の教育基本書」,「日本の古典・世界の古典」,「必読書150」,「フランス文学」,「ポケット世界名作事典」,「名作あらすじ事典 西洋文学編」,「名作の研究事典」

ラブロック,クリストファー
13103 「サービスマーケティング原理」
☆「あらすじで読む世界のビジネス名著」

ラーベ
13104 「飢えたる牧師」
☆「世界名著大事典」

13105 「雀横丁年代記」
『雀横丁年代記』 ラーベ著 伊藤武雄訳 岩波書店 1952 270p 15cm(岩波文庫) Ⓝ943
☆「世界文学鑑賞辞典 第3」,「世界名著大事典」

ラベル
13106 「法律抵触論」
☆「世界名著大事典」

ラペルーズ
13107 「ラペルーズ世界周航記」
『ラペルーズ世界周航記―日本近海編』 ラペルーズ著 小林忠雄編訳 白水社 1988 272,16p 23cm〈折り込図2枚〉 4500円 ①4-560-03010-3 Ⓝ292.09
☆「世界の海洋文学」,「世界の旅行記101」

ラ・ボエシ
13108 「自発的隷属論」
☆「世界名著大事典」

ラボック
13109 「先史時代」
☆「世界名著大事典」

ラーマクリシュナ
13110 「語録」
☆「世界名著大事典」

ラマチャンドラン,V.S.
13111 「脳のなかの幽霊」
☆「世界の心理学50の名著」,「大学新入生に薦める101冊の本」,「ブックガイド"心の科学"を読む」

ラマツィニ
13112 「工業家の疾病」
☆「西洋をきずいた書物」

ラーマーヌジャ
13113 「シュリー・バーシュヤ」
☆「世界名著大事典」

ラマルク,ジャン・バプチスト
13114 「動物哲学」
『動物哲学』 ラマルク著 小泉丹,山田吉彦訳 岩波書店 1954 359p 16cm(岩波文庫) Ⓝ481
☆「学術辞典叢書 第12巻」,「近代名著解題選集 2」,「自然科学の名著」,「西洋をきずいた書物」,「世界名著解題選 第3巻」,「世界名著大事典」

13115 「無脊つい動物誌」
☆「世界名著大事典」

ラマルティーヌ

13116　「ジョスラン」
☆「世界名著大事典」

13117　「ジロンド派の歴史」
☆「世界名著大事典」

13118　「瞑想詩集」
☆「現代世界の名作」,「世界文学鑑賞辞典 第2」,「世界名著大事典」

ラミュ

13119　「デルボランス」
☆「世界文学あらすじ大事典3(ちか・ふろ)」,「世界名著大事典」

ラ・ミュール

13120　「ムーラン・ルージュ」
☆「世界名著大事典」

ラム,C.

13121　「エリア随筆」
『エリア随筆』　チャールズ・ラム著　平井正穂訳　八潮出版社　1978　206p　19cm　1300円　Ⓝ934
☆「世界の書物」,「世界の名著」,「世界文学あらすじ大事典1(あ・きよう)」,「世界文学鑑賞辞典 第1」,「世界名著大事典」,「たのしく読めるイギリス文学」,「ポケット世界名作事典」

13122　「オデュッセウスの冒険」
☆「世界の海洋文学」

13123　「夢の子供」
☆「世界の幻想文学」

ラムジオ

13124　「航海旅行記大成」
☆「世界名著大事典」

ラム姉弟

13125　「シェークスピア物語」
☆「世界名著大事典」,「名作の研究事典」

13126　「リア王」
☆「世界の名作文学案内」

13127　「レスター先生の学校」
☆「世界名著大事典」

ラムゼイ,デイブ

13128　「金銭的平和」
☆「お金と富の哲学世界の名著50」

ラム・ダス

13129　「ビー・ヒア・ナウ―心の扉をひらく本」
☆「世界のスピリチュアル50の名著」

ラムデン,デューイ

13130　「アラン、海へゆくシリーズ」
☆「世界の海洋文学」

ラムトン

13131　「ペルシアの地主と農民」
☆「世界名著大事典」

ラムネー

13132　「宗教に関する無関心」
☆「世界名著大事典」

13133　「信者のことば」
☆「世界名著大事典」

13134　「大革命の進歩と教会に対する闘争」
☆「世界名著大事典」

13135　「民衆の書」
☆「世界名著大事典」

ラムプレヒト

13136　「歴史とは何ぞや」
☆「近代欧米名著解題 第3巻」

ラ・メトリ

13137　「人間機械論」
☆「古典・名著の読み方」,「社会科学の名著」,「世界の古典名著」,「世界の哲学思想」,「世界名著解題選 第5巻」,「世界名著大事典」,「哲学の世界」,「哲学名著解題」

13138　「霊魂の自然誌」
☆「世界名著大事典」

ラランド

13139　「哲学語彙」
☆「世界名著大事典」

ラルース

13140　「19世紀大辞典」
☆「世界名著大事典」

ラルセン

13141　「ノルウェー史」
☆「世界名著大事典」

ラルボー

13142　「A.O.バルナボート」
☆「世界名著大事典」

ラルボー,ヴァレリー

13143　「罰せられざる悪徳・読書」
☆「教養のためのブックガイド」

ラレータ

13144　「ドン・ラミーロの栄光」
☆「世界名著大事典」

ラロ

13145 「芸術における生の表現」
☆「世界名著大事典」

ラ・ロシュフコー, フランソワ・ド

13146 「ラ・ロシュフコー箴言集」
☆「自己啓発の名著30」,「知っておきたいフランス文学」,「世界の古典名著」,「世界の哲学思想」,「世界文学鑑賞辞典 第2」,「世界名著大事典」,「名作あらすじ事典 西洋文学編」

ラ・ローランシー

13147 「音楽百科事典」
☆「世界名著大事典」

藍 博洲　らん・はくしゅう

13148 「幌馬車の歌」
『幌馬車の歌』 藍博洲著　間ふさ子,塩森由岐子,妹尾加代訳　草風館　2006　280p　19cm　2800円　Ⓘ4-88323-165-8
☆「東アジア論」

ランガー, エレン・J.

13149 「心はマインド…」
『心はマインド…—"やわらかく"生きるために』 エレン・ランガー著　斎藤茂太訳　フォー・ユー,日本実業出版社〔発売〕　1989　254p　19cm　1580円　Ⓘ4-89376-058-0
☆「世界の自己啓発50の名著」

ラングィエ

13150 「暴君に対する自由の擁護」
☆「西洋をきずいた書物」

ランキン

13151 「汽機学」
☆「自然科学の名著100選 中」

13152 「蒸気機関便覧」
☆「自然科学の名著」,「世界名著大事典」

ラング

13153 「サン・ディエゴの十二時間」
☆「世界の冒険小説・総解説」

13154 「神話,祭式,宗教」
☆「世界名著大事典」

13155 「西洋音楽文化史」
☆「世界名著大事典」

13156 「童話集」
☆「世界名著大事典」

ラングラン, ポール

13157 「生涯教育入門」
『生涯教育入門　第2部』 ポール・ラングラン著　波多野完治訳　全日本社会教育連合会　1979　123p　21cm〈著者の肖像あり〉　800円　Ⓝ379
☆「学問がわかる500冊」

ラングランド

13158 「農夫ピアズの幻想」
☆「世界文学あらすじ大事典 3 (ちか・ふろ)」,「世界名著大事典」,「たのしく読めるイギリス文学」

ランクル, ピエール・ド

13159 「堕天使と悪魔共の変節の図」
☆「世界の奇書」

ラングロワ

13160 「歴史学研究入門」
☆「世界名著大事典」

ランゲ, オスカル

13161 「価格伸縮性と雇用」
☆「経済学88物語」,「世界名著大事典」

13162 「社会主義の経済理論」
☆「世界名著大事典」

13163 「民法理論」
☆「世界名著大事典」

ランゲ, フリードリヒ・アルベルト

13164 「唯物論史」
『唯物論史—現代に於けるその意義の批判　上巻　カントに至るまでの唯物論史』 フリードリー・アルバート・ランゲ原著　川合貞一訳補　実業之日本社　1948　369p　22cm　Ⓝ111,111.6
☆「学術辞典叢書 第12巻」,「世界名著解題選 第3巻」,「世界名著解題選 第5巻」,「世界名著大事典」

13165 「労働者問題」
☆「世界名著大事典」

ランケ, レオポルト・フォン

13166 「イギリス史」
☆「世界名著大事典」

13167 「ヴァレンシュタインの歴史」
☆「世界名著大事典」

13168 「強国論」
『強国論』 ランケ著　相原信作訳　岩波書店　1953　97p　15cm（岩波文庫）　Ⓝ230.5
☆「世界名著大事典」

13169 「近世史の諸時期について」
☆「人文科学の名著」,「世界名著大事典」

13170 「近代の歴史家たちへの批判」
☆「西洋をきずいた書物」

13171 「宗教改革時代のドイツ史」
☆「世界名著大事典」

ランケ

13172 「政治問答」
『政治問答—他一篇』 ランケ著 相原信作訳 岩波書店 1953 87p 15cm（岩波文庫） Ⓝ201
☆「世界名著大事典」

13173 「世界史概観」
『世界史概観—近世史の諸時代』 ランケ著 鈴木成高,相原信作訳 改版 岩波書店 1961 301p 15cm（岩波文庫） Ⓝ209
☆「古典・名著の読み方」,「世界の古典名著」,「世界の名著」,「世界の名著早わかり事典」,「世界名著大事典」,「地図とあらすじで読む歴史の名著」,「歴史学の名著30」

13174 「フランス史」
☆「世界名著大事典」

13175 「プロイセン史」
☆「世界名著大事典」

13176 「ローマ教皇史」
☆「世界名著大事典」

13177 「ローマ的・ゲルマン的諸民族の歴史」
☆「世界名著大事典」

ランゲ,K.

13178 「芸術の本質」
☆「世界名著大事典」

ランゲフェルド

13179 「教育の人間学的考察」
『教育の人間学的考察』 ランゲフェルド著 和田修二訳 改訳版 未来社 1973 215p 肖像 19cm 1000円 Ⓝ370.1
☆「名著解題」

13180 「子どもの人間学的研究」
☆「教育名著の愉しみ」

ランサム,アーサー

13181 「海へ出るつもりじゃなかった」
『海へ出るつもりじゃなかった 上』 アーサー・ランサム作 神宮輝夫訳 岩波書店 2013 308p 18cm（岩波少年文庫 182）〈1979年刊の再刊,上下2分冊〉 760円 ①978-4-00-114182-5 Ⓝ933.7
☆「世界名著大事典 補遺（Extra）」

13182 「ツバメ号とアマゾン号」
『ツバメ号とアマゾン号 上』 アーサー・ランサム作 神宮輝夫訳 岩波書店 2010 340p 18cm（岩波少年文庫） 760円 ①978-4-00-114170-2
☆「あらすじで出会う世界と日本の名作55」,「一冊で不朽の名作100冊を読む」（友人社）,「一冊で不朽の名作100冊を読む」（友人社）,「英米児童文学のベストセラー40」,「世界少年少女文学 リアリズム編」,「世界文学あらすじ大事典3（ちか・ふろ）」,「世界文学の名作と主人公」,「世界名著大事典 補遺（Extra）」,「名作の研究事典」

13183 「ツバメ号の伝書バト」
『ツバメ号の伝書バト 上』 アーサー・ランサム作 神宮輝夫訳 岩波書店 2012 326p 18cm（岩波少年文庫） 760円 ①978-4-00-114180-1
☆「世界名著大事典 補遺（Extra）」

13184 「ヤマネコ号の冒険」
『ヤマネコ号の冒険—ランサム・サーガ 上』 アーサー・ランサム作 神宮輝夫訳 岩波書店 2012 334p 18cm（岩波少年文庫） 760円 ①978-4-00-114174-0
☆「世界の海洋文学」

ランシエール

13185 「不和あるいは了解なき了解」
『不和あるいは了解なき了解—政治の哲学は可能か』 ジャック・ランシエール［著］ 松葉祥一,大森秀臣,藤江成夫訳 インスクリプト 2005 260p 20cm 3700円 ①4-900997-09-9 Ⓝ311.1
☆「グローバル政治理論」

ランシング,アルフレッド

13186 「エンデュアランス号漂流」
『エンデュアランス号漂流』 アルフレッド・ランシング著 山本光伸訳 新潮社 2001 466p 15cm（新潮文庫） 781円 ①4-10-222221-9
☆「新・山の本おすすめ50選」

ランスマイヤー,クリストフ

13187 「ラスト・ワールド」
☆「世界の小説大百科」

ランソン

13188 「フランス文学史」
☆「世界名著大事典」

13189 「文学史の方法」
☆「世界名著解題選 第6巻」

ランダウ,L.D.

13190 「一般物理学教程」
☆「世界名著大事典 補遺（Extra）」

ランタン,ジャン・ピエール

13191 「われ思う、故に、われ間違う」
『われ思う、故に、われ間違う—錯誤と創造性』 ジャン・ピエール・ランタン著 丸岡高弘訳 産業図書 1996 346p 19cm 2678円 ①4-7828-0099-1
☆「科学を読む愉しみ」

ランチロット
13192 「日本事情」
☆「アジアの比較文化」

ランデス, デビッド・S.
13193 「「強国」論」
『強国』論—富と覇権の世界史』 デビッド・S.ランデス著 竹中平蔵訳 三笠書房 2000 534p 19cm 2800円 ⓘ4-8379-5580-0
☆「世界の成功哲学50の名著エッセンスを解く」

ランドー
13194 「ゲバー」
☆「世界名著大事典」

13195 「想像的対話」
☆「世界名著大事典」

ランド, アイン
13196 「肩をすくめるアトラス」
『肩をすくめるアトラス』 アイン・ランド著 脇坂あゆみ著 ビジネス社 2004 1270p 21cm 6000円 ⓘ4-8284-1149-6
☆「世界の自己啓発50の名著」

13197 「資本主義」
☆「お金と富の哲学世界の名著50」

ランドバーグ
13198 「社会調査」
『社会調査』 ランドバーグ著 福武直, 安田三郎共訳 東京大学出版会 1952 500p 表 22cm Ⓝ361.7
☆「世界名著大事典」

ランドルフィ
13199 「ゴーゴリの妻」
☆「世界の幻想文学」

ランバート, デビッド
13200 「図説・人類の進化」
☆「学問がわかる500冊 v.2」

ランブレヒト
13201 「近代歴史学」
☆「世界名著大事典」

13202 「中世ドイツの経済生活」
☆「世界名著大事典」

13203 「ドイツ史」
☆「世界の古典名著」, 「世界名著大事典」

13204 「歴史的思考入門」
☆「世界名著大事典」

ランペドゥーザ, トマージ・ディ
13205 「山猫」
☆「映画になった名著」, 「世界の小説大百科」, 「世界文学あらすじ大事典 4(ふん・われ)」

ランベルト
13206 「測光法」
☆「西洋をきずいた書物」

ランボー
13207 「一般史」
☆「世界名著大事典」

13208 「フランス文明史」
☆「世界名著大事典」

ランボー, アルチュール
13209 「イリュミナシオン」
☆「世界名著大事典」

13210 「地獄の季節」
『地獄の季節』 ランボー作 バラエティ・アートワークス企画・漫画 イースト・プレス 2013 190p 15cm(まんがで読破) 552円 ⓘ978-4-7816-0957-7
☆「あらすじで読む世界文学105」, 「教養のためのブックガイド」, 「現代世界の名作」, 「世界の名作100を読む」, 「世界の名著」, 「世界文学鑑賞辞典 第2」, 「世界名著大事典」, 「日本文芸鑑賞事典 第9巻」, 「文学・名著300選の解説 '88年度版」, 「ポケット世界名作事典」

13211 「シーザー」
『シーザー』 ミシェル・ランボー著 寺沢精哲訳 白水社 1964 167p 18cm(文庫クセジュ)〈付：参考文献〉 Ⓝ232.4
☆「伝記・自叙伝の名著」

13212 「酔いどれ船」
『酔いどれ船』 アルチュール・ランボー作 ブルース・ゴフ絵 杉本秀太郎訳 京都 京都書院 1988 79p 31cm〈英語書名：The drunken boat 英文併記 製作：シーグ社出版〉 3800円 ⓘ4-7636-3073-3 Ⓝ726.5
☆「世界文学鑑賞辞典 第2」

13213 「ランボー詩集」
『ランボー詩集』 ランボー著 鈴村和成訳編 思潮社 1998 160p 19cm(海外詩文庫) 1165円 ⓘ4-7837-2511-X
☆「必読書150」

【リ】

李 煜　り・いく
13214 「南唐二主詞」
☆「世界名著大事典」

リー, イーユン

13215　「黄金の少年、エメラルドの少女」
『黄金の少年、エメラルドの少女』 イーユン・リー著　篠森ゆりこ訳　河出書房新社　2012　262p　21cm　1900円　①978-4-309-20599-1
☆「21世紀の世界文学30冊を読む」

李 璟　り・えい

13216　「南唐二主詞」
☆「世界名著大事典」

李 延寿　り・えんじゅ

13217　「晋書天文志」
☆「中国の古典名著」

李 賀　り・が

13218　「李長吉歌詩」
☆「世界名著大事典」

李 家瑞　り・かずい

13219　「北平風俗類徴」
☆「世界名著大事典」

李 学勤　り・がっきん

13220　「疑古の時代を脱する」
☆「東アジア人文書100」

李 瀚　り・かん

13221　「蒙求」
『蒙求—銅鏽袖珍』　李瀚著　茂木房五郎点　停雲館　1881　3冊（上49, 中50, 下51丁）　13cm〈和装〉　Ⓝ280
☆「世界名著大事典」,「中国の古典名著」

李 季　り・き

13222　「王貴と李香香」
☆「世界名著大事典」,「東洋の名著」

李 基白　り・きはく

13223　「韓国史新論」
『韓国史新論』 李基白著　武田幸男他訳　改訂新版　学生社　1979　509p　22cm〈参考文献：p452～486〉　6800円　Ⓝ221
☆「東アジア人文書100」

李 漁　り・ぎょ

13224　「閑情偶寄」
☆「世界名著大事典」

13225　「十二楼」
☆「世界の奇書」,「世界名著大事典」,「東洋の奇書55冊」

13226　「肉蒲団」
☆「中国の古典名著」,「東洋の奇書55冊」

13227　「笠翁十種曲」
☆「世界名著大事典」

李 御寧　り・ぎょねい

13228　「「縮み」志向の日本人」
『「縮み」志向の日本人』 李御寧著　講談社　2007　342p　15cm（講談社学術文庫）　1000円　①978-4-06-159816-4
☆「外国人による日本論の名著」

李 翱　り・こう

13229　「復性書」
☆「世界名著大事典」

李 公佐　り・こうさ

13230　「南柯記」
☆「近代名著解題選集 2」,「世界名著解題選 第3巻」

李 広田　り・こうでん

13231　「引力」
『引力』 李広田著　岡崎俊夫訳　岩波書店　1952　289p　18cm（岩波新書　第92）　Ⓝ923
☆「世界名著大事典」

李 済　り・さい

13232　「安陽発掘報告」
☆「世界名著大事典 補遺(Extra)」

13233　「城子崖」
☆「世界名著大事典 補遺(Extra)」

13234　「小屯3, 殷虚器物甲編」
☆「世界名著大事典 補遺(Extra)」

13235　「西陰村史前的遺存」
☆「世界名著大事典 補遺(Extra)」

李 之藻　り・しそう

13236　「同文算指」
☆「世界名著大事典」

李 時珍　り・じちん

13237　「本草綱目」
『本草綱目—臨床百味』 李時珍著　寺師睦宗訓　名著出版　2001　287p　21cm〈漢方三考塾平成4年刊を原本としたオンデマンド版〉　5800円　①4-626-01653-7　Ⓝ499.5
☆「世界名著大事典」,「中国の古典名著」

リー, シドニー

13238　「イギリス国民伝記辞典」
☆「西洋をきずいた書物」

李 錫瓚　り・しゃくさん

13239　「唐詩三百首」
☆「世界名著大事典」,「中国の古典名著」

李 商隠　り・しょういん
13240　「玉谿生詩集」
　☆「世界名著大事典」

李 鍾元　り・しょうげん
13241　「東アジア冷戦と韓米日関係」
　『東アジア冷戦と韓米日関係』 李鍾元著　東京大学出版会　1996　301,12p　21cm　5562円　ⓘ4-13-036086-8
　☆「歴史家の一冊」

李 清照　り・せいしょう
13242　「漱玉詞」
　☆「世界名著大事典」

李 石　り・せき
13243　「太上感応篇」
　☆「世界名著大事典」,「東洋の名著」

李 亦園　り・せきえん
13244　「中国人の性格―総合科学的検討」
　☆「東アジア人文書100」

李 大釗　り・だいしょう
13245　「わがマルクス主義観」
　☆「世界名著大事典」

李 卓吾　り・たくご
13246　「説書」
　☆「中国の名著」
13247　「蔵書」
　☆「世界名著大事典 補遺（Extra）」,「中国の古典名著」
13248　「続蔵書」
　☆「世界名著大事典 補遺（Extra）」
13249　「続焚書」
　☆「世界名著大事典 補遺（Extra）」
13250　「焚書」
　☆「世界名著大事典」,「世界名著大事典 補遺（Extra）」,「中国の古典名著」,「中国の名著」

李 沢厚　り・たくこう
13251　「美の歴程」
　☆「東アジア人文書100」

リー, タニス
13252　「水先案内とその妻」
　☆「世界名著大事典」
13253　「闇の公子」
　『闇の公子』 タニス・リー著　浅羽莢子訳　早川書房　2008　346p　15cm（ハヤカワ文庫FT）　760円　ⓘ978-4-15-020476-1
　☆「世界のSF文学・総解説」

李 長之　り・ちょうし
13254　「魯迅批判」
　『魯迅批判』 李長之著　〔名古屋〕　采華書林　231p　18cm〈民国24年序上海北新書局刊の影印〉　Ⓝ920.28
　☆「世界名著大事典」

李 禎　り・てい
13255　「剪灯余話」
　☆「世界名著大事典」

李 斗　り・と
13256　「揚州画舫録」
　☆「中国の古典名著」

李 燾　り・とう
13257　「続資治通鑑長編」
　☆「世界名著大事典」

李 白　り・はく
13258　「山中答俗人」
　☆「日本の古典・世界の古典」
13259　「蜀道難」
　☆「中国の名著」
13260　「李太白集」
　☆「学術辞典叢書 第15巻」,「世界名著解題選 第3巻」,「世界名著大事典」

李 伯元　り・はくげん
13261　「官場現形記」
　『官場現形記　第1巻』 李伯元著　岡本武徳訳　拓文堂　1942　423p　19cm　Ⓝ923
　☆「世界名著大事典」,「中国の古典名著」,「ポケット世界名作事典」

リー, ハーパー
13262　「アラバマ物語」
　『アラバマ物語』 ハーパー・リー著　菊池重三郎訳　暮しの手帖社　1964　399p 図版　19cm　Ⓝ933
　☆「世界の小説大百科」,「たのしく読めるアメリカ文学」

李 攀竜　り・はんりゅう
13263　「滄溟先生集」
　☆「世界名著大事典」
13264　「唐詩選」
　☆「学術辞典叢書 第15巻」,「教養のためのブックガイド」,「人文科学の名著」,「世界の書物」,「世界の名著」,「世界の「名著」50」,「世界名作事典」,「世界名著解題選 第3巻」,「世界名著大事典」,「中国の古典名著」,「必読書150」,「ポケット世界名作事典」,「名作の研究事典」

李 復言　り・ふくげん
13265　「杜子春伝」
☆「世界名著大事典」,「東洋の奇書55冊」

李 昉　り・ぼう
13266　「太平御覧」
☆「世界名著大事典」

13267　「太平広記」
☆「世界名著大事典」,「中国の古典名著」

李 宝嘉　り・ほうか
13268　「文明小史」
☆「世界名著大事典」

李 夢陽　り・むよう
13269　「空同子」
☆「世界名著大事典」

李 零　り・れい
13270　「兵は詐を以て立つ―『孫子』を読む」
☆「東アジア人文書100」

リー, ローリー
13271　「ロージーとリンゴ酒」
☆「世界の小説大百科」

リア
13272　「ノンセンスの絵本」
『ノンセンスの絵本　1』エドワード・リア著　高橋康也訳　河出書房新社　1976　95p　18×19cm　880円　Ⓝ931
☆「世界の幻想文学」

リアット
13273　「比較哲学の方法」
☆「世界名著大事典」

リーヴ
13274　「イギリスの老男爵」
『イギリスの老男爵』クレアラ・リーヴ著　井出弘之訳　国書刊行会　1982　179p　22cm（ゴシック叢書　21）〈原著第2版の翻訳〉2000円　Ⓝ933
☆「世界の幻想文学」

リウ, C.L.
13275　「組合わせ数学入門」
☆「数学ブックガイド100」

リヴァーズ
13276　「トダ族」
☆「世界名著大事典」

13277　「メラネシア社会史」
☆「人文科学の名著」,「世界名著大事典」

リヴァロル
13278　「フランス語の世界性について」
☆「世界名著大事典」

リヴィウス
13279　「ローマ建国史」
☆「世界の古典名著」,「世界名著大事典」

リヴィエール
13280　「エチュード」
☆「世界名著大事典」

リヴィングストン
13281　「日記」
☆「世界名著大事典」

13282　「布教旅行と南アフリカの調査」
☆「西洋をきずいた書物」

リーヴス
13283　「平和の解剖」
『平和の解剖』エメリー・リーヴス著　稲垣守克訳　3版　世界連邦期成会出版局　1965　399p　19cm　Ⓝ319.8
☆「世界名著大事典」

リエス, フィリップ
13284　「カルロス・ゴーン 経営を語る」
☆「超売れ筋ビジネス書101冊」

リオ, デル
13285　「魔術探究」
☆「世界の奇書」

リオス, フーリアン
13286　「幼生―真夏の夜のバベルの塔」
☆「世界の小説大百科」

リオタール, ジャン=フランソワ
13287　「ポスト・モダンの条件―知・社会・言語ゲーム」
『ポスト・モダンの条件―知・社会・言語ゲーム』ジャン=フランソワ・リオタール著　小林康夫訳　水声社　1994　232p　22cm（叢書言語の政治　1）〈文献あり〉①4-89176-159-8　Ⓝ104
☆「学問がわかる500冊」,「社会の構造と変動」,「必読書150」

リーガー
13288　「私経済学序説」
☆「世界名著大事典」

リカード, D.
13289　「経済学および課税の原理」
☆「学術辞典叢書 第11巻」,「学問がわかる500冊」,

「近代名著解題選集 2」,「経済学の名著」,「経済学の名著30」,「経済学88物語」,「経済学名著106選」,「古典・名著の読み方」,「社会科学の古典」,「社会科学の名著」,「西洋をきずいた書物」,「世界の古典名著」,「世界の名著早わかり事典」,「世界名著解題選 第1巻」,「世界名著解題選 第4巻」,「世界名著大事典」

13290「穀物の低価格が資本の利潤におよぼす影響についての1論」
☆「世界名著大事典」

13291「地金の高価」
☆「世界名著大事典」

13292「農業保護論」
☆「世界名著大事典」

リーキー, リチャード
13293「ヒトはいつから人間になったか」
『ヒトはいつから人間になったか』 リチャード・リーキー著 馬場悠男訳 草思社 1996 262p 19cm(サイエンス・マスターズ 3) 1800円 ⓘ4-7942-0683-6
☆「学問がわかる500冊 v.2」

リーキー, L.S.B.
13294「アダムの祖先」
☆「世界名著大事典 補遺(Extra)」

13295「オルドワイ谷」
☆「世界名著大事典 補遺(Extra)」

13296「東アフリカの動物」
☆「世界名著大事典 補遺(Extra)」

陸 羽　りく・う
13297「茶経」
『茶経』 陸羽撰 盛田嘉徳訳 京都 河原書店 1948 198p 19cm〈巻末に原文を附す〉
Ⓝ791
☆「世界名著大事典」,「中国の古典名著」

陸 賈　りく・か
13298「新語」
☆「世界名著大事典」,「中国の古典名著」

陸 侃如　りく・かんじょ
13299「中国詩史」
☆「世界名著大事典」

陸 機　りく・き
13300「文賦」
☆「世界名著大事典」

陸 贄　りく・し
13301「陸宣公奏議」
☆「世界名著大事典」

陸 象山　りく・しょうざん
13302「陸象山全集」
☆「学術辞典叢書 第15巻」,「近代名著解題選集 2」,「世界名著解題選 第3巻」,「世界名著大事典」

陸 心源　りく・しんげん
13303「皕宋楼蔵書志」
☆「世界名著大事典」

陸 徳明　りく・とくめい
13304「経典釈文」
☆「世界名著大事典」

陸 培春　りく・ばいしゅん
13305「アジア人が見た8月15日」
『アジア人が見た8月15日』 陸培春著 京都 かもがわ出版 1995 155p 21cm 1400円 ⓘ4-87699-198-7 Ⓝ319.102
☆「学問がわかる500冊」

陸 法言　りく・ほうげん
13306「切韻」
☆「世界名著大事典」,「中国の名著」

陸 游　りく・ゆう
13307「剣南詩藁」
☆「世界名著大事典」

13308「入蜀記」
『入蜀記』 陸游著 岩城秀夫訳 平凡社 1986 240p 17cm(東洋文庫 463) 1800円 ⓘ4-582-80463-2
☆「世界名著大事典」

13309「老学庵筆記」
☆「中国の古典名著」

リクター
13310「大草原」
『大草原』 コンラッド・リクター著 久保文訳 朋文社 1957 191p 18cm(World books) Ⓝ933
☆「世界文学あらすじ大事典 2(きよえ－ちえ)」

リーグル
13311「後期ローマ時代の工芸」
☆「世界名著大事典」

13312「美術様式論―装飾史の基本問題」
『美術様式論』 アロイス・リーグル著 長広敏雄訳 岩崎美術社 1970 435p 22cm(美術名著選書 11)〈巻末:アロイス・リーグル著作目録〉 2800円 Ⓝ757
☆「人文科学の名著」,「世界名著大事典」

13313「ローマにおけるバロック芸術の成立」
『ローマにおけるバロック芸術の成立』 アロイ

リクル

ス・リーグル著　蜷川順子訳　中央公論美術出版　2009　331p　26cm　28000円
①978-4-8055-0596-0
☆「世界名著大事典」

リクール
13314　「諸解釈の葛藤」
☆「思想史の巨人たち」

リクワート, ジョセフ
13315　「アダムの家―建築の原型とその展開」
『アダムの家―建築の原型とその展開』　ジョセフ・リクワート著　黒石いずみ訳　鹿島出版会　1995　284p　21cm（SDライブリー　18）4120円　①4-306-06118-3
☆「建築の書物/都市の書物」

リサ
13316　「音楽美学の諸問題」
☆「世界名著大事典」

リサール
13317　「どん欲」
☆「世界名著大事典」

13318　「われに触れるな」
☆「世界名著大事典」

リシツキー, エル
13319　「革命と建築」
『革命と建築』　エル・リシツキー著　阿部公正訳　彰国社　1983　286p　19cm　2300円
Ⓝ523.38
☆「学問がわかる500冊 v.2」,「建築・都市ブックガイド21世紀」,「建築の書物/都市の書物」

リシュタンベルジェ, アンドレ
13320　「かわいいトロット」
☆「名作の研究事典」

13321　「トロットの妹」
☆「少年少女のための文学案内 1」

リーズ
13322　「中世の音楽」
☆「世界名著大事典」

13323　「ルネサンスの音楽」
☆「世界名著大事典」

リース, ジーン
13324　「サルガッソーの広い海」
☆「世界の小説大百科」

13325　「広い藻の海」
『広い藻の海―ジェイン・エア異聞』　ジーン・リース著　篠田綾子訳　河出書房新社　1973　256p　20cm（今日の海外小説）　800円　Ⓝ933

☆「たのしく読めるイギリス文学」

13326　「真夜中さん、おはよう」
☆「世界の小説大百科」

リース, マーティン
13327　「宇宙を支配する6つの数」
『宇宙を支配する6つの数』　マーティン・リース著　林一訳　草思社　2001　290p　19cm（サイエンス・マスターズ　16）　1900円
①4-7942-1076-0
☆「科学を読む愉しみ」

リース, L.
13328　「世界史の使命」
『世界史の使命』　リース著　坂口昂,安藤俊雄訳　岩波書店　1922　152,114p　18cm（史学叢書 第3編）　Ⓝ201
☆「世界名著大事典」

13329　「日本雑記」
☆「外国人による日本論の名著」

リスター
13330　「複雑骨折,膿瘍等の新治療法―化膿状況からの考察」
☆「西洋をきずいた書物」

リス・デーヴィズ
13331　「仏教」
☆「世界名著大事典」

リスト
13332　「経済学説史」
☆「世界名著大事典」

リスト, フランツ
13333　「ショパン―その生涯と芸術」
☆「伝記・自叙伝の名著」

リスト, フリードリヒ
13334　「アメリカ経済学綱要」
『アメリカ経済学綱要』　フリードリッヒ・リスト著　正木一夫訳　未来社　1966　147p　19cm（社会科学ゼミナール　第39）　320円
Ⓝ331.33
☆「世界名著大事典」

13335　「刑法における目的観念」
☆「世界名著大事典」

13336　「国民経済論」
☆「近代名著解題選集 2」

13337　「政治経済学の国民的体系」
『経済学の国民的体系』　フリードリッヒ・リスト著　小林昇訳　岩波書店　1970　563,19p図　22cm　1400円　Ⓝ331.33

☆「学術辞典叢書 第11巻」,「経済学の名著30」,「経済学88物語」,「経済学名著106選」,「古典・名著の読み方」,「社会科学の名著」,「西洋をきずいた書物」,「世界の古典名著」,「世界名著解題選 第1巻」,「世界名著大事典」

13338 「ドイツ刑法教科書」
☆「世界名著大事典」

13339 「農地制度,零細経営および国外移住」
☆「世界名著大事典」

リスペクトル,クラリセ

13340 「星の時間」
☆「世界の小説大百科」

リスペクトール,クラリッセ

13341 「G・Hの受難」
☆「世界の小説大百科」

リースマン,ディヴィッド

13342 「孤独な群衆」
『孤独な群衆 上』 デイヴィッド・リースマン著 加藤秀俊訳 みすず書房 2013 355,12p 19cm（始まりの本） 3200円 ⓘ978-4-622-08363-4
☆「学問がわかる500冊」,「現代社会学の名著」,「古典・名著の読み方」,「自己・他者・関係」,「社会科学の古典」,「社会学の名著30」,「社会思想の名著」,「世界の古典名著」,「世界の名著早わかり事典」,「世界名著大事典」,「哲学の世界」,「20世紀を震撼させた100冊」,「名著による教育原理」

リーセム,ジョナサン

13343 「あなたはまだ私を愛していない」
☆「21世紀の世界文学30冊を読む」

李太王　りたいおう

13344 「増補文献備考」
☆「世界名著大事典」

リーチ,エドモンド・R.

13345 「高地ビルマの政治体系」
『高地ビルマの政治体系』 エドモンド・R.リーチ著 関本照夫訳 弘文堂 1995 370,17p 21cm（KOBUNDO RENAISSANCE） 5974円 ⓘ4-335-05113-1
☆「文化人類学」,「文化人類学の名著50」

13346 「民俗・神話・伝説辞典」
☆「世界名著大事典」

リーチ,バーナード

13347 「乾山とその伝統」
☆「世界名著大事典 補遺（Extra）」

13348 「陶工の書」
☆「世界名著大事典 補遺（Extra）」

リチェルソン,J.T.

13349 「トップシークレット 20世紀を動かしたスパイ100年正史」
☆「名著で学ぶインテリジェンス」

リチャーズ,アイヴァー

13350 「意味の意味」
『意味の意味』 オグデン,リチャーズ共著　石橋幸太郎訳　ぺりかん社　1967 471p 図版20cm（叢書名著の復興　5）　1600円　Ⓝ801.4
☆「世界名著大事典」

13351 「文芸批評の諸原理」
☆「世界名著大事典」

リチャーズ,アリスン

13352 「科学者の熱い心」
『科学者の熱い心―その知られざる素顔』 ルイス・ウォルパート,アリスン・リチャーズ著　青木薫,近藤修訳　講談社　1999 460p 18cm（ブルーバックス）〈肖像あり〉　1400円　ⓘ4-06-257274-5　Ⓝ402.8
☆「教養のためのブックガイド」

リチャードソン,サミュエル

13353 「クラリッサ」
☆「書き出し「世界文学全集」」,「世界の小説大百科」

13354 「クラリッサ・ハーロー」
☆「世界名著大事典」

13355 「チャールズ・グランディソン卿」
☆「世界名著大事典」

13356 「パミラ」
☆「あらすじで読む世界文学105」,「英米文学の名作を知る本」,「知っておきたいイギリス文学」,「世界の小説大百科」,「世界文学あらすじ大事典 3（ちか‐ふろ）」,「世界文学鑑賞辞典 第1」,「世界名著大事典」,「たのしく読めるイギリス文学」,「日本の古典・世界の古典」,「ポケット世界名作事典」,「名作あらすじ事典 西洋文学編」,「名小説ストーリイ集 世界篇」

リチャードソン,シェリル

13357 「最強のセルフプロデュース術」
『最強のセルフプロデュース術―理想のわたしになる！』 シェリル・リチャードソン著　大山晶子訳　きこ書房　2001 260p 19cm 1400円　ⓘ4-87771-075-2　Ⓝ159
☆「世界の成功哲学50の名著エッセンスを解く」

李朝春秋館　りちょうしゅんじゅうかん

13358 「高麗史節要」
☆「世界名著大事典」

リーツ

13359　「ドイツ国民学校―ドイツ田園教育舎による学校改革論」
☆「教育学の世界名著100選」

リッカート

13360　「経営の行動科学―新しいマネジメントの探求」
☆「世界で最も重要なビジネス書」

リッケルト, ハインリヒ

13361　「近代文化の哲学者としてのカント, 歴史哲学的試論」
☆「哲学名著解題」

13362　「自然科学的概念構成の限界」
☆「世界名著大事典」,「哲学の名著」,「哲学名著解題」

13363　「哲学体系」
☆「学術辞典叢書 第13巻」,「世界名著解題選 第3巻」,「世界名著大事典」,「哲学名著解題」

13364　「認識の対象」
『認識の対象』　リッケルト著　山内得立訳　岩波書店　1927　277p　16cm（岩波文庫）
Ⓝ134.843
☆「学術辞典叢書 第12巻」,「世界名著解題選 第3巻」,「世界名著大事典」,「哲学名著解題」（協同出版）,「哲学名著解題」（春秋社）

13365　「文化科学と自然科学」
☆「学術辞典叢書 第12巻」,「近代名著解題選集 2」,「自然科学の名著」,「世界名著解題選 第3巻」,「世界名著大事典」

リッシュ, ポルト

13366　「過去」
『過去』　ポルト・リッシュ作　岸田国士訳　岩波書店　1935　272p　16cm（岩波文庫　1223-1224）Ⓝ952
☆「世界文学鑑賞辞典 第2」,「世界名著大事典」

リッセ

13367　「大地の揺れるとき」
☆「世界文学鑑賞辞典 第3」

リッター

13368　「一般比較地理学」
☆「自然科学の名著」,「世界名著大事典」

13369　「海上保険法」
☆「世界名著大事典」

13370　「ゲルデラーとドイツの抵抗運動」
☆「世界名著大事典」

13371　「地理学」
☆「世界名著大事典」

13372　「歴史学発展史」
☆「世界名著大事典」

リッチ, マッテオ

13373　「坤輿万国全図」
☆「アジアの比較文化」

13374　「中国キリスト教布教史」
『中国キリスト教布教史 2』　マッテーオ・リッチ, アルヴァーロ・セメード著　岩波書店　1993　544,11p　21cm（大航海時代叢書　2-9）〈第2次発行（第1次発行：83.11.30）〉6500円　Ⓘ4-00-008529-8
☆「アジアの比較文化」

13375　「天主実義」
『天主実義』　マテオ・リッチ著　柴田篤訳注　平凡社　2004　345p　18cm（東洋文庫）2800円　Ⓘ4-582-80728-3
☆「世界名著大事典」

13376　「同文算指」
☆「世界名著大事典」

リッチ, A.

13377　「女から生まれる」
『女から生まれる―アドリエンヌ・リッチ女性論』　アドリエンヌ・リッチ著　高橋茅香子訳　晶文社　1990　504p　19cm　2960円
Ⓘ4-7949-2193-4
☆「フェミニズムの名著50」

13378　「義理の娘のスナップ・ショット」
☆「たのしく読めるアメリカ文学」

13379　「血, パン, 詩。」
☆「近代家族とジェンダー」

リッチュル

13380　「義認と和解」
☆「世界名著大事典」

13381　「共同経済と資本主義的市場経済」
☆「世界名著大事典」

リッツア, G.

13382　「社会のマクドナルド化」
☆「ポピュラー文化」

リッテル

13383　「理化日記」
『理化日記』　ヘルマン・リッテル述　大阪開成学校　1870　24冊　23cm〈和装〉Ⓝ400
☆「世界名著大事典」

リット

13384　「個人と社会」
☆「世界名著大事典」

13385 「歴史的思考の正路と邪路」
☆「世界名著大事典」

13386 「歴史と生」
☆「世界名著大事典」

リップス, テオドル

13387 「心理学原論」
『心理学原論』 テオドール・リップス著　大脇義一訳　岩波書店　1950　540p 図版　15cm（岩波文庫）　Ⓝ140.1
☆「世界名著大事典」

13388 「哲学と現実」
☆「近代欧米名著解題 第7巻」

13389 「美学」
☆「学術辞典叢書 第13巻」,「世界名著解題選 第3巻」,「世界名著解題選 第6巻」,「世界名著大事典」

13390 「倫理学の根本問題」
『倫理学の根本問題』 リップス著　藤井健治郎訳 訂　同文館　1932　517,10p 肖像　22cm〈改訳版〉 Ⓝ150
☆「近代名著解題選集 2」,「世界名著解題選 第3巻」,「世界名著大事典」

13391 「論理学の根本問題」
☆「学術辞典叢書 第12巻」

13392 「論理学の根本問題十講」
☆「哲学名著解題」

リップマン

13393 「公共の哲学」
『公共の哲学』 ウォルター・リップマン著　矢部貞治訳　時事通信社　1957　249p 19cm　Ⓝ311.7
☆「現代人のための名著」

13394 「世論」
☆「大人のための世界の名著50」,「学問がわかる500冊」,「現代政治学の名著」,「世界名著大事典」,「名著から探るグローバル化時代の市民像」,「メディア・情報・消費社会」

13395 「冷たい戦争」
☆「世界名著大事典」

13396 「錬金術の成立と普及」
☆「世界名著大事典」

リーツマン

13397 「初代教会史」
☆「世界名著大事典」

リーツラー

13398 「ベートーヴェン」
『ベートーヴェン』 リーツラー著　篁潤二訳　改訂新版　音楽之友社　1981　446p 22cm〈研究文献目録：p432～435〉　4300円　Ⓘ4-276-22305-9 Ⓝ762.34
☆「世界名著大事典」

リテル, ロバート

13399 「チャーリー・ヘラーの復讐」
『チャーリー・ヘラーの復讐』 ロバート・リテル著　北村太郎訳　新潮社　1983　385p 15cm（新潮文庫）　440円　Ⓘ4-10-220101-7 Ⓝ933
☆「世界の冒険小説・総解説」

リデル・ハート, B.H.

13400 「戦略論」
『戦略論—間接的アプローチ』 B.H.リデル・ハート著　森沢亀鶴訳〔新装版〕　原書房　1986　468p 19cm　2800円　Ⓘ4-562-01812-7
☆「世界名著大事典 補遺（Extra）」,「戦略の名著！最強43冊のエッセンス」,「戦略論の名著」

13401 「第一次世界大戦史」
☆「世界名著大事典 補遺（Extra）」

リード

13402 「自然道徳と社会道徳」
☆「近代欧米名著解題 第5巻」

リード, ウィリアム

13403 「地球空洞説」
☆「世界の奇書」

リード, エドワード・S.

13404 「アフォーダンスの心理学—生態心理学への道」
『アフォーダンスの心理学—生態心理学への道』 エドワード・S.リード著　細田直哉訳　佐々木正人監修　新曜社　2000　445,38p 19cm　4800円　Ⓘ4-7885-0743-9
☆「ブックガイド "心の科学" を読む」

13405 「魂から心へ—心理学の誕生」
『魂から心へ—心理学の誕生』 エドワード・S.リード著　村田純一他訳　青土社　2000　414p 20cm　3400円　Ⓘ4-7917-5838-2 Ⓝ140.2
☆「ブックガイド "心の科学" を読む」

リード, ジョン

13406 「世界をゆるがした十日間」
『世界をゆるがした十日間　上』 ジョン・リード著　原光雄訳　岩波書店　2001　344p 15cm（岩波文庫）　700円　Ⓘ4-00-342021-7
☆「世界文学鑑賞辞典 第1」,「世界名著大事典」

13407 「反乱」
☆「世界の冒険小説・総解説」

リード, チャールズ

13408　「修道院と炉辺」
☆「世界名著大事典」

13409　「常識の原理による人間精神の研究」
☆「世界名著大事典」,「哲学名著解題」

リード, C.

13410　「クーラント」
☆「数学ブックガイド100」

リード, H.

13411　「芸術による教育」
『芸術による教育』ハーバート・リード著　宮脇理, 岩崎清, 直江俊雄訳　フィルムアート社　2001　421p　21cm〈原書第3版〉　5200円　Ⓘ4-8459-0124-2
☆「世界名著大事典」

13412　「芸術の意味」
『芸術の意味』ハーバート・リード著　滝口修造訳　みすず書房　1966　193,16p 図版16枚　18cm　400円　Ⓝ701
☆「人文科学の名著」

13413　「図像と理念」
☆「世界名著大事典」

13414　「平和のための教育」
☆「教育を考えるためにこの48冊」,「教育学の世界名著100選」,「世界名著大事典」

13415　「緑のこども」
『緑のこども』ハーバート・リード著　前川祐一訳　河出書房新社　1975　236p　20cm（モダン・クラシックス）　1200円　Ⓝ933
☆「世界の幻想文学」

13416　「モダン・アートの哲学」
『モダン・アートの哲学』ハーバート・リード著　宇佐見英治, 増村正衛訳　第2版　みすず書房　1980　371,12p　20cm　3000円　Ⓝ701
☆「世界名著大事典」

リトルトン

13417　「会計発達史」
『会計発達史』リトルトン著　片野一郎訳　同文館　1952　561p　22cm　Ⓝ679.02
☆「世界名著大事典」

13418　「会計理論の構造」
☆「世界名著大事典」

13419　「会社会計基準序説」
☆「世界名著大事典」

13420　「土地保有論」
☆「西洋をきずいた書物」

リトレ

13421　「フランス語辞典」
☆「世界名著大事典」

リノウフ

13422　「死者の書」
☆「近代名著解題選集 2」

リビー

13423　「ラジオカーボン年代測定法」
☆「世界名著大事典」

リヒター

13424　「美学入門」
☆「世界名著大事典」

13425　「美術史の諸理念」
☆「世界名著大事典」

リヒター, ハンス・ペーター

13426　「あのころはフリードリヒがいた」
『あのころはフリードリヒがいた』ハンス・ペーター・リヒター作　上田真而子訳　新装版　岩波書店　2003　271p　20cm（岩波世界児童文学集）〈年表あり〉　Ⓘ4-00-115730-6　Ⓝ943.7
☆「一冊で不朽の名作100冊を読む」(友人社),「一冊で不朽の名作100冊を読む」(友人社),「世界少年少女文学 リアリズム編」

リービッヒ

13427　「化学通信」
☆「世界名著大事典」

13428　「生理学および病理学に応用した有機化学」
☆「西洋をきずいた書物」

13429　「農業および生理学に応用する有機化学」
☆「自然科学の名著」,「西洋をきずいた書物」

13430　「農芸化学」
☆「自然科学の名著100選 中」

リヒテル, エアン・パウル

13431　「レヴァーナ」
☆「近代名著解題選集 2」,「世界名著解題選 第3巻」

リヒト, ハンス

13432　「ギリシア風俗史」
☆「世界の奇書」

リヒトホーフェン

13433　「現代地理学の課題と方法」
☆「世界名著大事典」

13434　「支那」

『支那　第5　西南支那』　リヒトホーフェン著　能登志雄訳　岩波書店　1943　511p　図版　表　22cm（東亜研究叢書　第18巻）　Ⓝ292.2
☆「人文科学の名著」

13435　「中国」
☆「世界名著大事典」

リピンコット

13436　「クレムリン戦慄の五日間」
『クレムリン戦慄の五日間』　ディヴィッド・リピンコット著　高見浩訳　東京創元社　1982　488p　15cm（創元推理文庫）　530円　Ⓝ933
☆「世界の冒険小説・総解説」

リフキン, ジェレミー

13437　「エントロピーの法則」
『エントロピーの法則―地球の環境破壊を救う英知』　ジェレミー・リフキン著　竹内均訳　改訂新版　祥伝社　1990　310p　20cm　1500円　Ⓘ4-396-65009-4　Ⓝ304
☆「科学技術をどう読むか」

リープクネヒト

13438　「軍国主義と反軍国主義」
☆「世界名著大事典」

リーブス, ヒューバート

13439　「天空の果実―宇宙の進化を探る」
☆「ブックガイド"宇宙"を読む」

リプセット, S.

13440　「政治のなかの人間」
☆「現代政治学を読む」

リプソン

13441　「イギリス経済史」
☆「世界名著大事典」

13442　「イギリス社会の発展」
☆「世界名著大事典」

13443　「毛織物工業史」
☆「世界名著大事典」

リープマン

13444　「カントとその亜流」
☆「世界名著大事典」

リーフマン, ロベルト

13445　「カルテル、トラスト及び国民経済組織の発展」
☆「学術辞典叢書 第11巻」,「世界名著解題選 第1巻」,「世界名著大事典」

13446　「企業形態論」
『企業形態論』　ロベルト・リーフマン著　増地庸治郎, 槇原覚共訳　3版　同文館　1924　325p　22cm　Ⓝ335.3
☆「世界名著大事典」

13447　「経済学原論」
『経済学原論』　ロベルト・リーフマン著　宮田喜代蔵訳　同文館　1927　365p　19cm　Ⓝ331
☆「学術辞典叢書 第14巻」,「世界名著解題選 第1巻」

13448　「参与及金融会社論」
☆「学術辞典叢書 第14巻」

リベジンスキイ

13449　「一週間」
☆「世界文学鑑賞辞典 第4」,「世界名著大事典」

13450　「コミッサール」
☆「世界文学鑑賞辞典 第4」

リベスキンド, ダニエル

13451　「ブレイキング・グラウンド」
『ブレイキング・グラウンド―人生と建築の冒険』　ダニエル・リベスキンド著　鈴木圭介訳　筑摩書房　2006　339p　21cm　3500円　Ⓘ4-480-85784-2
☆「建築・都市ブックガイド21世紀」

リベラ

13452　「大渦巻」
☆「世界名著大事典」

リペール

13453　「海商法原論」
☆「世界名著大事典」

13454　「フランス民法の実際」
☆「世界名著大事典」

13455　「法をつくる力」
☆「世界名著大事典」

13456　「民事的債権関係における道徳律」
☆「世界名著大事典」

13457　「民主制と近代民法」
☆「世界名著大事典」

リボー

13458　「感情の心理学」
☆「近代欧米名著解題 第5巻」,「世界名著大事典」

13459　「人格の病気」
☆「世界名著大事典」

リボリ, ピエトラ

13460　「あなたのTシャツはどこから来たのか？」
『あなたのTシャツはどこから来たのか？―誰も書かなかったグローバリゼーションの真実』

ピエトラ・リボリ著　雨宮寛, 今井章子訳　東洋経済新報社　2007　331p　20cm　2000円
Ⓘ4-492-44339-8　Ⓝ678
☆「超売れ筋ビジネス書101冊」

リーマン

13461　「音楽史提要」
☆「世界名著大事典」

13462　「音楽理論の歴史」
☆「世界名著大事典」

リーマン, ダグラス

13463　「燃える魚雷艇」
『燃える魚雷艇』　ダグラス・リーマン著　中根悠訳　徳間書店　1988　406p　16cm(徳間文庫)　560円　Ⓘ4-19-598466-1　Ⓝ933
☆「世界の海洋文学」

リーマン, フーゴー

13464　「和声学提案」
☆「世界名著大事典」

リーマン, ベルンハルト

13465　「幾何学の基礎にある仮説について」
☆「西洋をきずいた書物」, 「世界を変えた書物」, 「世界名著大事典」

リムスキー・コルサコフ

13466　「管弦楽法原理」
☆「世界名著大事典」

リヤー, フランツ・ミュラー

13467　「文化の過程」
☆「学術辞典叢書 第14巻」

13468　「文化の段階」
☆「世界名著解題選 第3巻」

リャザノフ

13469　「マルクス=エンゲルス伝」
☆「世界名著大事典」

リャザノフスキー

13470　「蒙古法の基本原理」
『蒙古法の基本原理』　ウェー・リャザノフスキー著　青木富太郎訳　原書房　1975　452p　肖像　22cm(ユーラシア叢書　14)〈昭和18年刊の複製〉　4200円　Ⓝ322.92
☆「世界名著大事典」

リャシコ

13471　「溶鉱炉」
☆「世界名著大事典」

リヤシチェンコ

13472　「ロシア経済史」

☆「世界名著大事典」

柳成竜　りゅう・そんりょん

13473　「懲毖録」
『懲毖録』　柳成竜著　朴鐘鳴訳注　平凡社　1979　324p　18cm(東洋文庫　357)〈『懲毖録』関連略年表：p319～324〉　1200円　Ⓝ221.05
☆「アジアの比較文化」

リューイン, マイクル・Z.

13474　「刑事の誇り」
『刑事の誇り』　マイクル・Z.リューイン著　田口俊樹訳　早川書房　1995　389p　16cm(ハヤカワ・ミステリ文庫)　620円
Ⓘ4-15-078407-8　Ⓝ933
☆「世界の推理小説・総解説」

劉安　りゅう・あん

13475　「淮南子」
☆「学術辞典叢書 第15巻」, 「近代名著解題選集 2」, 「世界名著解題選 第1巻」, 「世界名著大事典」, 「中国の古典名著」

劉禹錫　りゅう・うせき

13476　「劉賓客文集」
☆「世界名著大事典 補遺(Extra)」

柳永　りゅう・えい

13477　「楽章集」
☆「世界名著大事典 補遺(Extra)」

劉鶚　りゅう・がく

13478　「老残遊記」
『老残遊記』　劉鶚著　岡崎俊夫訳　平凡社　1965　299p　18cm(東洋文庫　51)　Ⓝ923
☆「世界名著大事典」, 「中国の古典名著」

劉徽　りゅう・き

13479　「九章算術」
☆「自然科学の名著」, 「自然科学の名著100選 上」, 「世界名著大事典」, 「中国の古典名著」

劉義慶　りゅう・ぎけい

13480　「世説新語」
『世説新語 5』　劉義慶撰　井波律子訳注　平凡社　2014　297p　18cm(東洋文庫)　2800円　Ⓘ978-4-582-80851-3
☆「世界名著大事典」, 「中国の古典名著」, 「東洋の名著」

劉勰　りゅう・きょう

13481　「文心雕竜」
☆「世界名著大事典」

劉向　りゅう・きょう
13482　「新序」
☆「中国の古典名著」

13483　「説苑」
☆「世界名著大事典」,「中国の古典名著」

13484　「戦国策」
『戦国策』　劉向編　常石茂訳　平凡社　1966　3冊　地図　18cm（東洋文庫　64,74,86）各450円　Ⓝ222.037
☆「学術辞典叢書 第15巻」,「世界名著解題選 第2巻」,「世界名著大事典 補遺（Extra）」,「中国古典名著のすべてがわかる本」,「中国の古典名著」,「『論語』から『孫子』まで一気にわかる中国古典超入門」

13485　「楚辞」
☆「世界名著大事典」

13486　「列女伝」
『列女伝 3』　劉向著　中島みどり訳注　平凡社　2001　330p　19cm（東洋文庫）　2800円　①4-582-80689-9
☆「世界名著大事典」,「中国の古典名著」

13487　「列仙伝」
☆「中国の古典名著」,「東洋の奇書55冊」

劉歆　りゅう・きん
13488　「七略」
☆「世界名著大事典」

劉劭　りゅう・しょう
13489　「人物志」
☆「世界名著大事典」

劉少奇　りゅう・しょうき
13490　「国際主義と民族主義」
『国際主義と民族主義』　劉少奇著　浅川謙次訳　国民文庫社　1954　108p　15cm（国民文庫）　Ⓝ363.5
☆「世界名著大事典」

13491　「劉少奇著作集」
☆「私の古典」

柳宗元　りゅう・そうげん
13492　「永州八記」
☆「世界名著大事典」

13493　「河間伝」
☆「中国の名著」,「東洋の奇書55冊」

劉体恕　りゅう・たいじょ
13494　「呂祖全書」
☆「世界名著大事典」

劉知幾　りゅう・ちき
13495　「史通」
『史通』　劉知幾著　増井経夫訳　研文出版　1981　393,25p　22cm　6000円　Ⓝ222.001
☆「教養のためのブックガイド」,「世界名著大事典」,「中国の古典名著」,「歴史学の名著30」

劉侗　りゅう・どう
13496　「帝京景物語」
☆「世界名著大事典」

劉復　りゅう・ふく
13497　「十韻彙編」
☆「世界名著大事典」

劉熙　りゅうき
13498　「釈名」
☆「世界名著大事典」

龍樹　りゅうじゅ
13499　「廻諍論」
☆「世界名著大事典」

13500　「十住毘婆沙論」
☆「世界名著大事典」

13501　「十二門論」
☆「世界名著大事典」

13502　「大智度論」
『大智度論』　梶山雄一,赤松明彦訳　中央公論社　1989　384p　19cm（大乗仏典　中国・日本篇 1）　3910円　①4-12-402621-8
☆「世界名著大事典」,「日本の古典名著」

13503　「中論」
☆「学術辞典叢書 第15巻」,「世界名著解題選 第2巻」,「世界名著大事典」,「東洋の名著」

13504　「宝行王正論」
☆「世界名著大事典」

13505　「菩提資糧論頌」
☆「世界名著大事典」

リュエッグ
13506　「ダンテ以前の彼岸表象」
☆「世界名著大事典」

リュコフロン
13507　「アレクサンドラ」
☆「世界名著大事典」

リュストー
13508　「現代の位置づけ」
☆「世界名著大事典」

リューダー
13509　「統計学および政治学批判ならびに政

治哲学の建設」
☆「世界名著大事典」

リュツェラー
13510 「芸術哲学入門」
☆「世界名著大事典」

13511 「諸民族の芸術」
☆「世界名著大事典」

リュトゲ
13512 「中世初期の農業制度」
☆「世界名著大事典」

13513 「ドイツ社会経済史」
☆「世界名著大事典」

リュートゲン, クルト
13514 「オオカミに冬なし」
☆「一冊で不朽の名作100冊を読む」(友人社)，「一冊で不朽の名作100冊を読む」(友人社)，「名作の研究事典」

13515 「謎の北西航路」
☆「世界の海洋文学」

13516 「南海の航海王」
☆「世界の海洋文学」

リュートゲンス
13517 「世界経済の生産空間」
☆「世界名著大事典」

リュトブフ
13518 「詩編」
☆「世界名著大事典」

13519 「テオフィルの奇跡劇」
☆「世界文学鑑賞辞典 第2」

リュードベリ
13520 「最後のアテナイ人」
☆「世界名著大事典」

13521 「シンゴアラ」
☆「世界名著大事典」

リューネベリ
13522 「旗手ストールの物語」
☆「世界名著大事典」

リュビーモフ
13523 「地代論概説」
☆「経済学名著106選」，「世界名著大事典」

リュベール
13524 「フランス服装史概説」
☆「世界名著大事典」

リューベン
13525 「中低ドイツ語辞典」
☆「世界名著大事典」

リュミエール
13526 「映画撮影機の説明」
☆「西洋をきずいた書物」

リュール
13527 「一般経済地理学入門」
☆「世界名著大事典」

呂 淑湘　りょ・しゅくしょう
13528 「中国文法要略」
☆「世界名著大事典」

呂 新吾　りょ・しんご
13529 「呻吟語」
『呻吟語―新訳：リーダーとしての資質を高める経世済民の書』　呂新吾著　守屋洋訳　PHP研究所　2012　183p　18cm　950円
①978-4-569-80583-2 Ⓝ125.5
☆「世界名著大事典」，「中国古典名著のすべてがわかる本」，「中国の古典名著」

呂 大忠　りょ・だいちゅう
13530 「呂氏郷約」
☆「世界名著大事典」

呂 不韋　りょ・ふい
13531 「呂氏春秋」
『呂氏春秋』　呂不韋編　町田三郎編訳　講談社　1987　290p　20cm（中国の古典）　2600円
①4-06-191424-3 Ⓝ124.7
☆「世界名著大事典」，「中国の古典名著」

梁 啓超　りょう・けいちょう
13532 「新民説」
『新民説』　梁啓超著　高嶋航訳注　平凡社　2014　542p　18cm（東洋文庫）　3300円
①978-4-582-80846-9
☆「世界名著大事典」

13533 「中国歴史研究法」
☆「世界名著大事典」

梁 思成　りょう・しせい
13534 「中国建築史」
☆「東アジア人文書100」

凌 純声　りょう・じゅんせい
13535 「松花江下流のゴールディ族」
☆「世界名著大事典」

梁 漱溟　りょう・そうめい
13536 「郷村建設論文集」

『郷村建設論文集　第1集』　梁漱溟著　訂3版　鄒平　郷村書店　212p　26cm　Ⓝ611.9
☆「世界名著大事典」

13537　「中国文化要義」
☆「東アジア人文書100」

凌　蒙初　りょう・もうしょ

13538　「古今小説」
☆「世界名著大事典」

13539　「三言二拍」
☆「中国の古典名著」

13540　「拍案驚奇」
☆「世界名著大事典」

凌　濛初　りょう・もうしょ

13541　「三言二拍」
☆「中国の古典名著」

リョンロット

13542　「カレワラ」
『カレワラ—フィンランド叙事詩　上』　リョンロット編　小泉保訳　岩波書店　1976　497p　15cm（岩波文庫）　500円　Ⓝ994
☆「世界の海洋文学」、「世界の奇書」、「世界の幻想文学」、「世界文学あらすじ大事典 1（あ‐きよう）」、「世界文学鑑賞辞典 第3」、「世界名作事典」、「世界名著大事典」、「日本の古典・世界の古典」、「ポケット世界名作事典」

リラダン, ヴィリエ・ド

13543　「残酷物語」
『残酷物語』　ヴィリエ・ド・リラダン著　斎藤磯雄訳　筑摩書房　1965　401p　19cm（筑摩叢書）　600円　Ⓝ953
☆「現代世界の名作」、「世界文学鑑賞辞典 第2」

13544　「トリビュラ・ボノメ」
『トリビュラ・ボノメ』　ヴィリエ・ド・リラダン著　渡辺一夫訳　白水社　1951　343p　22cm　Ⓝ953
☆「世界名著大事典」

13545　「未来のイヴ」
『未来のイヴ』　ヴィリエ・ド・リラダン著　斎藤磯雄訳　東京創元社　1996　492p　15cm（創元ライブラリ）　1500円　Ⓘ4-488-07004-3　Ⓝ953
☆「世界のSF文学・総解説」、「世界の幻想文学」、「世界文学あらすじ大事典 4（ふん‐われ）」、「世界文学鑑賞辞典 第2」、「世界名著大事典」、「ポケット世界名作事典」

リリー

13546　「エンディミオン」
☆「世界文学あらすじ大事典 1（あ‐きよう）」

13547　「キャンパスピ」
☆「世界文学あらすじ大事典 1（あ‐きよう）」

13548　「人類と機械の歴史」
☆「世界名著大事典」

13549　「ユーフュイーズ」
☆「世界文学あらすじ大事典 4（ふん‐われ）」、「世界文学鑑賞辞典 第1」、「世界名著大事典」

13550　「ラテン文法大綱」
☆「西洋をきずいた書物」

リーリエンクローン

13551　「詩集」
☆「世界名著大事典」

13552　「ドイツ音楽の記念碑」
☆「世界名著大事典」

13553　「副官騎行」
☆「世界名著大事典」

リリエンソール

13554　「TVA」
『TVA—総合開発の歴史的実験』　D.E.リリエンソール著　和田小六,和田昭允訳　岩波書店　1979　350p　19cm　2700円　Ⓝ601.53
☆「世界名著大事典」

リリエンタール

13555　「飛行術の基礎としての鳥の飛翔」
☆「自然科学の名著」、「世界を変えた書物」

リーリエンフェルト

13556　「将来の社会科学に関する諸考察」
☆「世界名著大事典」

リール

13557　「哲学的批判主義」
☆「世界名著大事典」

13558　「ドイツ社会政策の基礎としての民族の自然史」
☆「世界名著大事典」

リルケ, ライナー・マリア

13559　「ヴォルプスヴェーデ」
☆「世界名著大事典」

13560　「オルフォイスに寄せるソネット」
☆「世界名著大事典」

13561　「果樹園」
『果樹園—詩集』　リルケ著　堀口大学訳　角川書店　1957　180p　15cm（角川文庫）　Ⓝ951
☆「世界名著大事典」

13562　「神さまの話」
『神さまの話』　リルケ著　谷友幸訳　改版　新

潮社　2007　206p　15cm（新潮文庫）
362円　①978-4-10-217504-0
☆「世界名著大事典」

13563　「最後の人々」
☆「世界名著大事典」

13564　「時禱詩集」
『世界名詩集　第9　リルケ』　平凡社　1967
223p（図版共）　23cm　600円　Ⓝ908.1
☆「世界文学鑑賞辞典 第3」、「世界名著大事典」

13565　「新詩集」
☆「世界名著大事典」

13566　「ドゥイノの悲歌」
『ドゥイノの悲歌』　リルケ作　手塚富雄訳　改
版　岩波書店　2010　232p　15cm（岩波文
庫）　600円　①978-4-00-324323-7
☆「教養のためのブックガイド」、「現代世界の名作」、
「世界文学鑑賞辞典 第3」、「世界名著大事典」

13567　「マリアへの告知」
☆「現代世界の名作」

13568　「マルテの手記」
『マルテの手記』　ライナー・マリア・リルケ著
松永美穂訳　光文社　2014　394p　15cm（光
文社古典新訳文庫）　1180円
①978-4-334-75262-0
☆「あらすじで味わう外国文学」、「あらすじで読む
世界文学105」、「一冊で世界の名著100冊を読む」、
「面白いほどよくわかる世界の文学」、「現代世界
の名作」、「知っておきたいドイツ文学」、「図説 5
分でわかる世界の名作」、「世界の小説大百科」、
「世界の書物」、「世界の名作100を読む」、「世界
の名作文学案内」、「世界の名作」、「世界文学
あらすじ大事典 4（ふん‐われ）」、「世界文学鑑賞辞典
第3」、「世界文学の名作と主人公」、「世界名作事
典」、「世界名著大事典」、「世界・名著のあらす
じ」、「千年紀のベスト100作品を選ぶ」、「ドイツ
文学」、「入門名作の世界」、「ハイデガー本45」、
「百年の誤読 海外文学篇」、「文学・名著300選の解
説 '88年度版」、「ポケット世界名作事典」、「名作
あらすじ事典 西洋文学編」、「名小説ストーリィ集
世界篇」、「要約 世界文学全集 1」、「読んでおき
たい世界の名著」

13569　「ロダン」
『ロダン』　リルケ著　原健忠訳　角川書店
1959　118p 図版　15cm（角川文庫）　Ⓝ712.5
☆「世界名著大事典」

13570　「若き詩人への手紙」
『若き詩人への手紙』　リルケ著　佐藤晃一訳
改訂版　角川書店　1968　200p　15cm（角川
文庫）　100円　Ⓝ946
☆「世界の古典名著」、「世界名著大事典」

リルバーン

13571　「イギリス人民の法的基本的自由」

☆「世界名著大事典」

13572　「イギリスの人民の協約」
☆「西洋をきずいた書物」

リロー

13573　「ロンドン商人」
☆「世界名著大事典」

リワノフ

13574　「ロバチェフスキーの世界」
☆「伝記・自叙伝の名著」

リワノワ

13575　「ランダウの素顔―現代物理学の万能
選手」
『ランダウの素顔―現代物理学の万能選手』　ア
ンナ・リワノワ著　松川秀郎訳　東京図書
1986　230p　19cm　1500円
①4-489-00169-X
☆「物理ブックガイド100」

林 熒沢　りん・えいたく

13576　「韓国文学史の論理と体系」
☆「東アジア人文書100」

林 語堂　りん・ごどう

13577　「人生をいかに生きるか」
『人生をいかに生きるか』　林語堂著　阪本勝訳
講談社　1979　2冊　15cm（講談社学術文庫）
各480円　Ⓝ934
☆「自己啓発の名著30」

13578　「北京好日」
『北京好日　上』　林語堂著　佐藤亮一訳　芙蓉
書房出版　1996　590p　19cm　2800円
①4-8295-0163-4
☆「現代世界の名作」、「世界名著大事典 補遺（Extra）」

リン, タオ

13579　「アメリカンアパレルで万引」
☆「21世紀の世界文学30冊を読む」

リンカーン

13580　「ゲティスバーグ式典」
☆「西洋をきずいた書物」

リンザー

13581　「人生の半ば」
☆「ドイツ文学」

臨済　りんさい

13582　「臨済録」
『臨済録』　臨済［著］　朝比奈宗源訳註　一穂社
2004　184,6p　21cm（名著／古典籍文庫）（岩
波文庫復刻版　岩波書店昭和46年刊（第22刷）
を原本としたオンデマンド版　発売：紀伊國

屋書店〉　2900円　Ⓘ4-86181-003-5　Ⓝ188.84
☆「教育の名著80選解題」,「世界名著大事典」,「禅の名著を読む」,「中国の古典名著」,「東洋の名著」,「名作の読解法」

リンスホーテン

13583　「東方案内記」
『東方案内記』　リンスホーテン著　岩波書店　1991　796p　21cm〈大航海時代叢書　第1期8〉〈第4次発行(第1次発行：68.9.20)〉　6600円　Ⓘ4-00-008508-5
☆「アジアの比較文化」,「世界の旅行記101」

リンゼイ

13584　「映画の芸術」
☆「世界名著大事典」

13585　「現代民主国家」
☆「世界名著大事典」

リンゼイ,デヴィッド

13586　「アルクトゥルスへの旅」
☆「世界のSF文学・総解説」

リンゼイ,N.

13587　「まほうのプディング」
☆「世界少年少女文学　ファンタジー編」

リンダール

13588　「貨幣および資本の理論の研究」
☆「世界名著大事典」

リンチ,ケヴィン

13589　「都市のイメージ」
『都市のイメージ』　ケヴィン・リンチ著　丹下健三,富田玲子訳　新装版　岩波書店　2007　286p　21cm　3600円　Ⓘ978-4-00-024138-0
☆「学問がわかる500冊 v.2」,「建築の書物/都市の書物」,「都市的世界」

リンチ,ピーター

13590　「ピーター・リンチの株で勝つ　アマの知恵でプロを出し抜け」
☆「お金と富の哲学世界の名著50」

リンド,H.M.

13591　「ミドルタウン」
☆「アメリカを変えた本」,「世界名著大事典」,「都市的世界」

リンド,R.S.

13592　「ミドルタウン」
☆「アメリカを変えた本」,「世界名著大事典」,「都市的世界」

リンドグレーン,アストリッド

13593　「長くつ下のピッピ」
『長くつ下のピッピ―新訳　[2]　船にのる』　アストリッド・リンドグレーン作　もけお絵　木村由利子訳　KADOKAWA　2014　200p　18cm〈角川つばさ文庫　Eり1-2〉〈前巻までの出版者：アスキー・メディアワークス〉　600円　Ⓘ978-4-04-631370-6　Ⓝ949.83
☆「あらすじで出会う世界と日本の名作55」,「一冊で不朽の名作100冊を読む」(友人社),「一冊で不朽の名作100冊を読む」(友人社),「世界少年少女文学　リアリズム編」,「世界の小説大百科」,「世界のメルヘン30」

13594　「白馬の王子ミオ」
☆「世界名著大事典」

13595　「名探偵カッレくん」
『名探偵カッレくん』　アストリッド・リンドグレーン作　尾崎義訳　新装版　岩波書店　2005　270p　18cm〈岩波少年文庫〉　680円　Ⓘ4-00-114121-3
☆「名作の研究事典」

リンドセイ

13596　「純正哲学の根本問題」
☆「近代欧米名著解題　第8巻」

リントナー

13597　「社会科学の基礎としての社会心理学に関する考察」
☆「世界名著大事典」

リンド夫妻

13598　「変貌下のミドルタウン」
☆「世界名著大事典」

リンドブロム

13599　「政策形成の過程」
『政策形成の過程―民主主義と公共性』　チャールズ・E.リンドブロム,エドワード・J.ウッドハウス著　藪野祐三,案浦明子訳　東京大学出版会　2004　248,5p　21cm〈原書第3版〉　3000円　Ⓘ4-13-032208-7
☆「はじめて学ぶ政治学」

リントン

13600　「人間の研究」
☆「世界名著大事典」

13601　「パーソナリティの文化的背景」
☆「世界名著大事典」

リンドン,D.

13602　「記憶に残る場所」
『記憶に残る場所』　ドンリン・リンドン,チャールズ・W.ムーア共著　有岡孝訳　新装

リンナ

版 鹿島出版会 2009 279p 19cm〈SD選書〉 2400円 ①978-4-306-05252-9
☆「学問がわかる500冊 v.2」

リンナ

13603 「無名戦士」
☆「世界の小説大百科」,「世界名著大事典」

リンナンコスキ

13604 「真紅の花の歌」
☆「世界名著大事典」

リンネ

13605 「自然の体系」
☆「自然科学の名著」,「西洋をきずいた書物」,「世界名著大事典」

リンハム

13606 「バレーの歴史」
☆「世界名著大事典」

【ル】

ルー

13607 「発生機構学の目的と道」
☆「世界名著大事典」

ルーイク

13608 「英語の歴史文法」
☆「世界名著大事典」

ルイス

13609 「神の猿ども」
☆「世界名著大事典」

13610 「ター」
☆「世界名著大事典」

13611 「知識と評価の分析」
☆「世界名著大事典」

13612 「チルダーマス」
☆「世界名著大事典」

13613 「揚子江の少年」
☆「名作の研究事典」

13614 「よき恋の書」
☆「世界名著大事典」

13615 「ルイス,クラーク両大尉指揮下の太平洋への探検の歴史」
☆「アメリカを変えた本」,「西洋をきずいた書物」

13616 「歴史におけるアラブ」
☆「世界名著大事典」

ルイス,ウィンダム

13617 「神の猿」
☆「世界の小説大百科」

13618 「ブルジョワ・ボヘミアンたち」
☆「世界の小説大百科」

ルイス,シンクレア

13619 「アロウスミスの生涯」
『アロウスミスの生涯 上』 シンクレア・ルイス著 鵜飼長寿訳 河出書房 1952 318p 19cm〈二十世紀文学選集〉 Ⓝ933
☆「英米文学の名作を知る本」,「世界文学あらすじ大事典 1(あ‐きよう)」,「世界文学鑑賞辞典 第1」,「世界名作事典」,「世界名著大事典」

13620 「キャス・ティンベレイン」
☆「世界文学あらすじ大事典 1(あ‐きよう)」,「世界名著大事典」

13621 「バビット」
☆「現代世界の名作」,「世界の小説大百科」,「世界文学あらすじ大事典 3(ちか‐ふろ)」,「世界名著大事典」,「ベストセラー世界の文学・20世紀1」

13622 「本町通り」
『本町通り 下』 シンクレア・ルイス作 斎藤忠利訳 岩波書店 1973 371p 15cm〈岩波文庫〉 200円 Ⓝ933
☆「アメリカ文学」,「世界の小説大百科」,「世界文学あらすじ大事典 4(ふん‐われ)」,「世界文学鑑賞辞典 第1」,「世界文学の名作と主人公」,「世界名作事典」,「世界名著大事典」,「たのしく読めるアメリカ文学」,「ポケット世界名作事典」,「名小説ストーリイ集 世界篇」

ルイス,セシル

13623 「ルイス詩集」
☆「世界文学鑑賞辞典 第1」

ルイス,ソーンダーズ

13624 「モニカ」
☆「世界の小説大百科」

ルイス,デビッド

13625 「アイスバート号航海記」
☆「世界の海洋文学」

ルイス,ドン・ミゲル

13626 「四つの約束」
『四つの約束』 ドン・ミゲル・ルイス著 松永太郎訳 コスモス・ライブラリー 1999 118p 19cm〈発売:星雲社〉 1200円 ①4-7952-2371-8 Ⓝ159
☆「世界のスピリチュアル50の名著」

ルイス,ピエール

13627 「アフロディット」

『アフロディット—古代の風俗』 ピエール・ルイス著　小松清訳　白水社　1952　370p 図版　19cm　Ⓝ953
☆「世界文学鑑賞辞典 第2」,「世界名著大事典」

13628　「ビリチスの歌」
『ビリチスの歌』 ピエエル・ルイス著　鈴木信太郎訳　講談社　1994　365p 15cm（講談社文芸文庫　現代日本の翻訳）　1100円　Ⓘ4-06-196277-9
☆「世界の奇書」

ルイス, ヒルダ
13629　「とぶ船」
『とぶ船 上』 ヒルダ・ルイス作　石井桃子訳　新版　岩波書店　2006　232p 18cm（岩波少年文庫）　640円　Ⓘ4-00-114136-1
☆「一冊で不朽の名作100冊を読む」（友人社）,「一冊で不朽の名作100冊を読む」（友人社）,「世界少年少女文学 ファンタジー編」,「名作の研究事典」

ルイス, マシュー・グレゴリー
13630　「修道士」
☆「書き出し「世界文学全集」」,「たのしく読めるイギリス文学」

13631　「修道僧」
☆「世界文学鑑賞辞典 第1」

13632　「マンク」
『マンク』 マシュー・グレゴリー・ルイス著　井上一夫訳　新装版　国書刊行会　2012　642p 19cm　3800円　Ⓘ978-4-336-03747-3
☆「世界の幻想文学」,「世界の小説大百科」,「世界文学あらすじ大事典 4（ふん・われ）」

ルイス, C.S.
13633　「悪魔の手紙」
☆「世界のスピリチュアル50の名著」

13634　「朝びらき丸東の海へ」
☆「世界の海洋文学」

13635　「沈黙の惑星を離れて」
☆「世界のSF文学・総解説」

13636　「ナルニア国物語」
☆「あらすじで出会う世界と日本の名作55」,「イギリス文学」,「知っておきたいイギリス文学」,「世界の幻想文学」,「世界文学あらすじ大事典 3（ちかーふろ）」,「世界文学の名作と主人公」,「たのしく読めるイギリス文学」,「百年の誤読 海外文学篇」,「名作あらすじ事典 西洋文学編」

13637　「ライオンと魔女」
☆「一冊で不朽の名作100冊を読む」（友人社）,「一冊で不朽の名作100冊を読む」（友人社）,「英米児童文学のベストセラー40」,「世界少年少女文学 ファンタジー編」,「名作の研究事典」

ルイス, O.
13638　「貧困の文化」
『貧困の文化—メキシコの"五つの家族"』 オスカー・ルイス著　高山智博,染谷臣道,宮本勝訳　筑摩書房　2003　621p 15cm（ちくま学芸文庫）　1600円　Ⓘ4-480-08766-4
☆「現代社会学の名著」,「都市的世界」,「文化人類学」

ルイス・デ・グラナダ
13639　「ぎやどぺかどる」
『ぎやどぺかどる 上巻』 [ルイス・デ・グラナダ][原著] 雄松堂出版　2006　107,12丁　26cm（キリシタン版精選）〈他言語標題：Gvia do pecador　天理大学附属天理図書館蔵の複製　帙入 箱入　和装〉　35000円　Ⓘ4-8419-0417-4,4-8419-0424-7　Ⓝ198.221
☆「世界名著大事典」

ルイセンコ
13640　「農業生物学」
☆「世界名著大事典」,「二十世紀を騒がせた本」

ルヴァスール
13641　「フランス商業史」
☆「世界名著大事典」

13642　「フランスの労働階級および工業の歴史」
☆「世界名著大事典」

ルーウィン, R.
13643　「人類の起源と進化」
☆「学問がわかる500冊 v.2」

ルウェリン, S.
13644　「栄光のポーツマス」
『栄光のポーツマス』 サム・ルウェリン著　高岬沙世訳　早川書房　1991　437p 19cm（Hayakawa Novels）　2500円　Ⓘ4-15-207721-2
☆「世界の海洋文学」

13645　「魔の帆走」
『魔の帆走』 サム・ルウェリン著　田口俊樹訳　二見書房　1989　365p 15cm（二見文庫 ザ・ミステリ・コレクション）　550円　Ⓘ4-576-89045-X　Ⓝ933
☆「世界の海洋文学」

13646　「わが谷は緑なりき」
『わが谷は緑なりき』 ルウェリン著　中村能三訳　三笠書房　1973　281p 19cm　650円　Ⓝ933
☆「世界文学あらすじ大事典 4（ふん・われ）」

ルーカス

13647　「合理的期待と計量経済学的実践」
　☆「経済学名著106選」

13648　「マクロ経済学のフロンティア」
　『マクロ経済学のフロンティア—景気循環の諸モデル』　ロバート・E.ルーカス,Jr.著　清水啓典訳　東洋経済新報社　1988　149p　19cm　1900円　①4-492-31176-9
　☆「経済学88物語」

ルカス

13649　「スピノザの生涯と精神」
　☆「伝記・自叙伝の名著」

ルカーチ, G.

13650　「実在主義かマルクス主義か」
　☆「世界名著大事典」

13651　「世界文学におけるロシア・リアリズム」
　☆「世界名著大事典」

13652　「ドイツ文学小史」
　☆「世界名著大事典」

13653　「バルザックとフランス・リアリズム」
　☆「世界名著大事典」

13654　「理性の破壊」
　☆「世界名著大事典」,「歴史の名著」

13655　「歴史と階級意識」
　『歴史と階級意識』　ジェルジ・ルカーチ著　城塚登,古田光訳　白水社　1991　564p　19cm（イデー選書）　3200円　①4-560-01895-2
　☆「経済学名著106選」,「社会科学の古典」,「社会思想の名著」,「世界の古典名著」,「世界の名著」,「世界名著大事典」,「哲学の世界」,「ハイデガー本45」,「必読書150」

ルカヌス

13656　「ファルサリア」
　☆「世界名著大事典」

ル・カレ, ジョン

13657　「寒い国から帰ってきたスパイ」
　☆「世界の小説大百科」,「世界の推理小説・総解説」,「百年の誤読 海外文学篇」

13658　「スクールボーイ閣下」
　☆「世界の推理小説・総解説」,「たのしく読めるイギリス文学」

13659　「スマイリーと仲間たち」
　☆「世界の小説大百科」

ルキアノス

13660　「神々の対話」
　☆「世界文学鑑賞辞典 第2」

13661　「悲劇役者ゼウス」
　☆「世界名著大事典」

13662　「ペレグリノスの昇天」
　☆「世界名著大事典」

13663　「本当の話」
　『本当の話—ルキアノス短篇集』　ルキアノス著　呉茂一ほか訳　筑摩書房　1989　472p　15cm（ちくま文庫）　780円　①4-480-02333-X
　☆「世界の幻想文学」,「世界文学あらすじ大事典 4（ふん‐われ）」,「世界名著大事典」

ルグイ

13664　「イギリス文学史」
　☆「世界名著大事典」

ル・グイン, アーシュラ・K.

13665　「ゲド戦記」
　☆「英米児童文学のベストセラー40」,「世界少年少女文学 ファンタジー編」,「世界のSF文学・総解説」,「世界の幻想文学」,「百年の誤読 海外文学篇」

13666　「所有せざる人々」
　☆「世界のSF文学・総解説」,「世界の小説大百科」

13667　「天のろくろ」
　☆「世界のSF文学・総解説」

13668　「闇の左手」
　☆「世界のSF文学・総解説」,「たのしく読めるアメリカ文学」

ルークス

13669　「現代権力論批判」
　『現代権力論批判』　スティーヴン・ルークス著　中島吉弘訳　未来社　1995　145p　19cm　2060円　①4-624-30087-4
　☆「グローバル政治理論」

ルクセンブルグ, ローザ

13670　「国民経済学入門」
　☆「学術辞典叢書 第14巻」,「世界名著解題選 第1巻」

13671　「資本蓄積論」
　『資本蓄積論』　ローザ・ルクセンブルグ著　長谷部文雄訳　績文堂出版　2006　569p　21cm〈青木書店1974年刊（第9刷）を原本としたオンデマンド版〉　6500円　①4-88116-028-1　Ⓝ331.6
　☆「学術辞典叢書 第11巻」,「経済学名著106選」,「社会科学の古典」,「社会科学の名著」,「世界の古典名著」,「世界名著解題選 第2巻」,「世界名著解題選 第4巻」,「世界名著大事典」

13672　「社会改良か革命か」
　☆「革命思想の名著」,「世界名著大事典」

13673　「社会改良主義論」
　☆「学術辞典叢書 第14巻」,「世界名著解題選 第2巻」

13674　「社会民主主義の危機」
☆「学術辞典叢書 第14巻」

13675　「ロシア革命論」
『ロシア革命論』 ローザ・ルクセンブルク著 伊藤成彦,丸山敬一訳　論創社　1985　226p　20cm　2000円　Ⓝ238.07
☆「世界名著大事典」

ル・クレジオ,J.M.G.

13676　「愛する大地」
☆「世界名著大事典 補遺(Extra)」

13677　「調書」
☆「世界名著大事典 補遺(Extra)」,「百年の誤読 海外文学篇」

13678　「テラ・アマータ」
☆「世界名著大事典 補遺(Extra)」

13679　「逃亡の書」
☆「世界名著大事典 補遺(Extra)」

13680　「発熱」
☆「世界名著大事典 補遺(Extra)」

13681　「物質的恍惚」
☆「世界名著大事典 補遺(Extra)」

ルクレティウス

13682　「事物の本性について」
☆「世界を変えた100冊の本」,「哲学名著解題」

13683　「物の本性について」
☆「自然科学の名著」,「自然科学の名著100選 上」,「西洋をきずいた書物」,「世界名著大事典」,「哲学の名著」

ルクレール,G.

13684　「人類学と植民地主義」
☆「現代ビジネス書・経済書総解説」

ルグロ

13685　「ファーブル伝」
『ファーブル伝』 ルグロ著　平岡昇,野沢協訳　講談社　1979　396p　15cm（講談社文庫）〈ファーブルの肖像あり〉　420円　Ⓝ289.3
☆「伝記・自叙伝の名著」

ル・コック

13686　「高昌」
☆「世界名著大事典」

ル・ゴフ

13687　「もうひとつの中世のために」
☆「新・現代歴史学の名著」

ル・コルビュジエ

13688　「ある建築をめざして」
☆「西洋をきずいた書物」

13689　「輝く都市」
☆「学問がわかる500冊 v.2」

13690　「建築へ」
☆「教養のためのブックガイド」

13691　「建築をめざして」
☆「建築・都市ブックガイド21世紀」,「建築の書物/都市の書物」

13692　「都市計画考察法」
☆「世界名著大事典」

13693　「ル・コルビュジェ全作品集」
☆「教養のためのブックガイド」

13694　「ル・コルビュジエの全住宅」
『ル・コルビュジエの全住宅』 東京大学工学部建築学科安藤忠雄研究室編　TOTO出版　2001　415p　23cm〈他言語標題：Le Corbusier houses〉　3333円　①4-88706-198-6　Ⓝ527
☆「教養のためのブックガイド」

ルコント・ド・リール

13695　「夷狄詩集」
☆「世界文学鑑賞辞典 第2」,「世界名著大事典」

13696　「古代詩集」
☆「世界文学鑑賞辞典 第2」,「世界名著大事典」

ルサージュ

13697　「悪魔アスモデ」
☆「世界文学あらすじ大事典 1(あ‐きよう)」

13698　「ジル・ブラース物語」
☆「世界文学あらすじ大事典 2(きよえ‐ちえ)」,「世界文学鑑賞辞典 第2」,「世界名著大事典」,「日本の古典・世界の古典」,「ポケット世界名作事典」

13699　「チュルカレ」
☆「世界文学あらすじ大事典 3(ちか‐ふろ)」,「世界名著大事典」

ルジェウィッチ,タデウシュ

13700　「なんてすてき」
『愛のかたち』 今福竜太ほか編　岩波書店　1996　238p　20cm（世界文学のフロンティア 2）　2472円　①4-00-026142-8　Ⓝ908
☆「教養のためのブックガイド」

ルジャンドル

13701　「幾何学原理」
☆「世界名著大事典」

ルージュモン

13702　「恋愛と西欧」
☆「世界名著大事典」

ルース，アニータ

13703　「殿方はブロンドがお好き」
☆「書き出し「世界文学全集」」

ルース，ベーブ

13704　「ベーブ・ルース自伝」
『ベーブ・ルース自伝―不滅の七一四本塁打への道』ベーブ・ルース著　宮川毅訳　ベースボール・マガジン社　1973　349p　肖像　19cm　1200円　Ⓝ783.7
☆「自伝の名著101」，「伝記・自叙伝の名著」

ルースロ

13705　「実験音声学原論」
☆「世界名著大事典」

ルーセル，レーモン

13706　「アフリカの印象」
『アフリカの印象』レーモン・ルーセル著　岡谷公二訳　平凡社　2007　410p　16×11cm（平凡社ライブラリー）　1500円
①978-4-582-76613-4
☆「世界の幻想文学」，「世界の小説大百科」，「世界文学あらすじ大事典1（あ‐きょう）」

13707　「ロクス・ソルス」
☆「世界の小説大百科」

ルソー，ジャン＝ジャック

13708　「エミール」
『エミール』ルソー原作　バラエティ・アートワークス企画・漫画　イースト・プレス　2012　185p　15cm（まんがで読破）　552円
①978-4-7816-0787-0
☆「学術辞典叢書 第11巻」，「教育を考えるためにこの48冊」，「教育学の世界名著100選」，「教育の名著80選解題」，「教育本44」，「教育名著の愉しみ」，「近代名著解題選集2」，「古典・名著の読み方」，「人文科学の名著」，「図解世界の名著がわかる本」，「世界の古典名著」，「世界の小説大百科」，「世界文学鑑賞辞典 第2」，「世界名著案内7」，「世界名著解題選 第1巻」，「世界名著解題選 第5巻」，「世界名著大事典」，「哲学名著解題」（協同出版），「哲学名著解題」（春秋社），「21世紀の教育基本書」，「名著解題」，「名著による教育原理」

13709　「科学芸術論」
☆「哲学名著解題」

13710　「学問芸術論」
『学問芸術論』ルソー著　前川貞次郎訳　岩波書店　1968　243p　図版　15cm（岩波文庫）　150円
☆「世界名著大事典」

13711　「言語起源論」
『言語起源論―旋律および音楽の模倣を論ず』ジャン＝ジャック・ルソー著　小林善彦訳　現代思潮新社　2007　213p　19cm（古典文庫37）〈オンデマンド版〉　2500円
①978-4-329-02015-4　Ⓝ802
☆「近代哲学の名著」

13712　「告白」
『告白 第3』ルソー著　土居寛之訳　角川書店　1967　342p　15cm（角川文庫）　150円
Ⓝ135.48
☆「あらすじで読む世界文学105」，「学術辞典叢書 第13巻」，「近代名著解題選集2」，「知っておきたいフランス文学」，「自伝の名著101」，「西洋哲学の10冊」，「世界を変えた100冊の本」，「世界の小説大百科」，「世界の書物」，「世界の哲学思想」，「世界の名著」，「世界文学あらすじ大事典2（きよえ‐ちえ）」，「世界文学鑑賞辞典 第2」，「世界名著解題選 第2巻」，「世界名著大事典」，「千年紀のベスト100作品を選ぶ」，「伝記・自叙伝の名著」，「ポケット世界名作事典」，「名作あらすじ事典 西洋文学編」，「要約 世界文学全集7」

13713　「孤独な散歩者の夢想」
『孤独な散歩者の夢想』ジャン＝ジャック・ルソー著　永田千奈訳　光文社　2012　325p　15cm（光文社古典新訳文庫）　990円
①978-4-334-75257-6
☆「『こころ』は本当に名作か」，「50歳からの名著入門」，「世界の古典名著」，「世界の小説大百科」，「世界名著大事典」

13714　「コルシカ憲法草案」
☆「世界名著大事典」

13715　「懺悔録」
☆「世界名作事典」

13716　「社会契約論」
『社会契約論』ルソー作　バラエティ・アートワークス企画・漫画　イースト・プレス　2011　189p　15cm（まんがで読破）　552円
①978-4-7816-0578-4
☆「一冊で哲学の名著を読む」，「いまこそ読みたい哲学の名著」，「大人のための世界の名著50」，「学術辞典叢書 第11巻」，「学問がわかる500冊」，「教養のためのブックガイド」，「近代名著解題選集2」，「現代政治学の名著」，「憲法本41」，「古典・名著の読み方」，「社会科学の古典」，「社会科学の名著」，「社会思想の名著」，「図解世界の名著がわかる本」，「政治哲学」，「西洋をきずいた書物」，「世界の古典名著」，「世界の哲学50の名著」，「世界の名著早わかり事典」，「世界名著解題選 第2巻」，「世界名著解題選 第4巻」，「世界名著大事典」，「超解「哲学名著」事典」，「哲学の世界」，「哲学名著解題」（協同出版），「哲学名著解題」（春秋社），「入門 哲学の名著」，「はじめて学ぶ政治学」，「はじめて学ぶ法哲学・法思想」，「必読書150」，「文学・名著300選の解説 '88年度版」，「文庫1冊で読める 哲学の名著」

13717　「新エロイーズ」
『新エロイーズ 4』ルソー著　安士正夫訳

岩波書店　1961　318p　15cm（岩波文庫）
600円　Ⓘ4-00-336227-6,4-00-201044-9
Ⓝ953.6
☆「世界の小説大百科」,「世界文学あらすじ大事典 2（きよえ‐ちえ）」,「世界文学鑑賞辞典 第2」,「世界名著大事典」,「日本の古典・世界の古典」,「ポケット世界名作事典」

13718　「人間不平等起源論」
『人間不平等起源論』　ジャン＝ジャック・ルソー著　中山元訳　光文社　2008　414p　15cm（光文社古典新訳文庫）　743円
Ⓘ978-4-334-75162-3
☆「英仏文学戦記」,「近代名著解題選集 2」,「古典・名著の読み方」,「世界の古典名著」,「世界の名著」,「世界名著解題選 第3巻」,「世界名著大事典」,「哲学名著解題」,「「名著」の解読学」,「倫理学」

13719　「ポーランド統治論」
☆「世界名著大事典」

ルター

13720　「意志非自由論」
☆「世界名著大事典」

13721　「教会のバビロン捕囚」
☆「世界を変えた100冊の本」,「世界名著大事典」

13722　「キリスト教会の改革についてドイツ国民の貴族に訴う」
☆「西洋をきずいた書物」,「世界名著大事典」

13723　「キリスト教的人間の自由」
☆「教育の名著80選解題」

13724　「キリスト者の自由」
『キリスト者の自由―訳と註解』　マルティン・ルター著　徳善義和訳　教文館　2011　317p　19cm　2800円　Ⓘ978-4-7642-6691-9
☆「図解世界の名著がわかる本」,「世界の古典名著」,「世界の名著」,「世界の名著早わかり事典」,「世界名著大事典」,「哲学の世界」

13725　「現世の主権について」
『現世の主権について―他二篇』　マルティン・ルター著　吉村善夫訳　岩波書店　1954　210p　15cm（岩波文庫）　Ⓝ190.4
☆「世界名著大事典」

13726　「子どもを学校に入学させることについての説教」
☆「世界名著大事典」

13727　「商業・高利貸論」
☆「世界名著大事典」

13728　「善きわざについて」
☆「教育の名著80選解題」

13729　「大信仰問答書」
☆「宗教哲学名著解説」

13730　「ドイツ全都市の市参事会員に対する勧告」
☆「教育学の世界名著100選」

13731　「奴隷的意志」
☆「倫理学」

ルチスキー

13732　「革命直前のフランスにおける農民的土地所有」
☆「世界名著大事典」

ルツァット

13733　「イタリア経済史」
☆「世界名著大事典」

13734　「敬虔者の道」
☆「世界名著大事典」

ルックマン, トーマス

13735　「現実の社会的構成」
『現実の社会的構成―知識社会学論考』　ピーター・L.バーガー, トーマス・ルックマン著　山口節郎訳　新曜社　2003　321,7p　19cm〈『日常世界の構成』新版・改題書〉　2900円
Ⓘ4-7885-0839-7
☆「社会学の名著30」,「文化の社会学」

13736　「見えない宗教―現代宗教社会学入門」
『見えない宗教―現代宗教社会学入門』　トーマス・ルックマン著　赤池憲昭, ヤン・スィンゲドー訳　ヨルダン社　1976　206p　20cm　1300円　Ⓝ161.3
☆「学問がわかる500冊」

ルッジェロ

13737　「ヨーロッパ自由主義史」
☆「世界名著大事典」

ルーデンドルフ

13738　「全体戦争」
☆「世界名著大事典」

13739　「わが大戦回顧録」
☆「世界名著大事典」

ルドゥー

13740　「芸術、風俗、法制との関係の下に考察された建築」
☆「世界を変えた書物」

13741　「C.N.ルドゥーの建築」
☆「世界を変えた書物」

ルードウィッヒ

13742　「クレオパトラ」
『クレオパトラ』　エーミル・ルードウィッヒ著　高津久美子訳　筑摩書房　1963　254p　図版

19cm Ⓝ943
☆「伝記・自叙伝の名著」

13743 「ナポレオン伝」
☆「伝記・自叙伝の名著」

ルートヴィヒ

13744 「一難去ってまた一難」
☆「世界文学鑑賞辞典 第3」

13745 「絵画論」
☆「世界名著大事典」

13746 「世襲山林管理人」
☆「世界文学鑑賞辞典 第3」,「世界名著大事典」

13747 「天と地のあいだ」
☆「世界文学鑑賞辞典 第3」,「世界名著大事典」

ルトウルノー, シヤルル

13748 「婚姻及び家族の進化」
☆「学術辞典叢書 第14巻」,「世界名著解題選 第1巻」

13749 「財産論」
☆「近代欧米名著解題 第1巻」

ルドルフスキー, バーナード

13750 「驚異の工匠たち―知られざる建築の博物誌」
☆「科学技術をどう読むか」

13751 「建築家なしの建築」
『建築家なしの建築』 バーナード・ルドフスキー著 渡辺武信訳 鹿島出版会 1976 137p 26×26cm(都市住宅別冊 集住体モノグラフィ no.2) 1600円 Ⓝ520.1
☆「学問がわかる500冊 v.2」,「建築の書物/都市の書物」

ル・トローヌ

13752 「社会の秩序について」
☆「世界名著大事典」

ルトワック

13753 「戦略」
☆「戦略論の名著」

ルナチャールスキイ

13754 「解放されたドン・キホーテ」
☆「世界文学鑑賞辞典 第4」,「世界名著大事典」

13755 「芸術の社会的基礎」
☆「世界名著解題選 第6巻」

13756 「国民教育の諸問題」
☆「世界名著解題選 第5巻」

13757 「マルクス主義芸術理論」
☆「学術辞典叢書 第14巻」,「世界名著解題選 第3巻」,「世界名著大事典」

ルナール, ジュール

13758 「にんじん」
『にんじん』 ルナール原作 吉尾なつ子著 鶴書房 234p 20cm(少年少女世界名作全集 2 山本和夫, 石森延男編)〈絵:小林与志〉Ⓝ953.6
☆「あらすじで読む世界の名著 no.3」,「現代世界の名作」,「図説 5分でわかる世界の名作」,「世界の名作」,「世界の名作100を読む」,「世界の名著」,「世界のメルヘン30」,「世界文学鑑賞辞典 第2」,「世界文学の名作と主人公」,「世界名作事典」,「世界名著大事典」,「入門名作の世界」,「フランス文学」,「文学・名著300選の解説 '88年度版」,「ポケット世界名作事典」,「名作の研究事典」,「名小説ストーリィ集 世界篇」

13759 「博物誌」
『博物誌』 ジュール・ルナール著 辻昶訳 岩波書店 2009 254p 15cm(岩波文庫) 600円 ①4-00-325534-8
☆「世界名著大事典」

13760 「ぶどう畑のぶどう作り」
☆「世界文学鑑賞辞典 第2」,「世界名著大事典」

13761 「法・秩序・理性」
☆「世界名著大事典」

13762 「水鏡の歌」
☆「世界名著大事典」

ルナン, エルネスト

13763 「イエス伝」
『イエス伝』 ルナン著 津田穣訳 岩波書店 1950 403p 15cm(岩波文庫) Ⓝ192.8
☆「西洋をきずいた書物」,「世界の名著」,「世界名著大事典」,「伝記・自叙伝の名著」

13764 「イスラエル民族史」
☆「世界名著大事典」

13765 「思い出」
『思い出 上 幼年時代』 ルナン著 杉捷夫訳 岩波書店 1994 183p 15cm(岩波文庫)〈第2刷(第1刷:1953年)〉 460円 ①4-00-338102-5 Ⓝ953
☆「自伝の名著101」

13766 「科学の将来」
『科学の将来』 エルネスト・ルナン著 西宮藤朝訳 資文堂 1926 329,10p 肖像 18cm Ⓝ954
☆「世界名著大事典」

13767 「キリスト教起原史」
☆「世界名著大事典」

13768 「フランスの知的・道徳的改革」
☆「世界名著大事典」

13769 「耶蘇伝」

☆「学術辞典叢書 第13巻」,「世界名著解題選 第3巻」

13770 「幼年時代,青年時代の思い出」
☆「世界文学鑑賞辞典 第2」,「世界名著大事典」

ルナン,J.E.
13771 「国民とは何か」
『国民とは何か』 エルネスト・ルナン,ヨハン・ゴットリープ・フィヒテ,ジョエル・ロマン,エチエンヌ・バリバール著 大西雅一郎,細見和之,上野成利訳 鵜飼哲著・訳 インスクリプト,河出書房新社〔発売〕 1997 311p 19cm 3500円 Ⓘ4-309-90186-7
☆「ナショナリズム論の名著50」

ルヌー
13772 「古典インド」
☆「世界名著大事典」

13773 「サンスクリット文典」
☆「世界名著大事典」

ルヌーヴァン
13774 「国際関係史」
☆「世界名著大事典」

ルヌーヴィエ
13775 「批判論」
☆「世界名著大事典」,「哲学名著解題」

ルノーデ
13776 「近代の黎明」
☆「世界名著大事典」

ルノルマン
13777 「時は夢なり」
『時は夢なり』 ルノルマン著 岸田国士訳 春陽堂 1925 91p 18cm(フランス文学の叢書 劇の部 第2編) Ⓝ952
☆「世界名著大事典」

ルビン
13778 「視知覚図形」
☆「世界名著大事典」

ルーファー
13779 「12音による作曲技法」
『12音による作曲技法』 ヨーゼフ・ルーファー著 入野義郎訳 音楽之友社 1957 266p 図版 22cm Ⓝ761.8
☆「世界名著大事典」

ルフェーヴル,アンリ
13780 「都市への権利」
『都市への権利』 アンリ・ルフェーヴル著 森本和夫訳 筑摩書房 2011 247p 15cm(ちくま学芸文庫 ル5-1)〈著作目録あり〉

1200円 Ⓘ978-4-480-09376-9 Ⓝ361.78
☆「建築の書物/都市の書物」

13781 「都市革命」
『都市革命』 アンリ・ルフェーヴル著 今井成美訳 晶文社 1974 275,9p 19cm 1300円 Ⓝ361.48
☆「建築の書物/都市の書物」,「都市的世界」

13782 「日常生活批判序説」
☆「社会学的思考」

13783 「ベルギーにおける農村集落」
☆「世界名著大事典」

13784 「弁証法的唯物論」
☆「世界名著大事典」

13785 「マルクス主義の現実的諸問題」
☆「哲学の世界」

ルフェーヴル,ジョルジュ
13786 「恐怖政治期の土地問題」
☆「世界名著大事典」

13787 「一七八九年—フランス革命序論」
☆「学問がわかる500冊 v.2」,「現代歴史学の名著」

13788 「ナポレオン」
☆「世界名著大事典」

13789 「89年」
☆「世界名著大事典」

13790 「フランス革命」
『フランス革命一八九年』 ルフェーヴル著 鈴木泰平訳 世界書院 1952 317p 図版9枚 19cm Ⓝ235.061
☆「世界名著大事典」

13791 「フランス革命期のノール県の農民」
☆「世界名著大事典」

ル・フォール
13792 「ヴェロニカの聖帛」
☆「世界名著大事典」

13793 「永遠の女性」
☆「世界名著大事典」

ルブラン,モーリス
13794 「怪盗紳士ルパン」
『怪盗紳士ルパン』 モーリス・ルブラン著 平岡敦訳 早川書房 2005 336p 15cm(ハヤカワ・ミステリ文庫) 660円 Ⓘ4-15-175751-1
☆「ベストセラー世界の文学・20世紀 1」,「ポケット世界名作事典」

13795 「怪盗ルパン～悪魔男爵の盗難事件～」
☆「あらすじで出会う世界と日本の名作55」

ルフレ

13796 「奇巌城」
『奇巌城──怪盗ルパン全集』 モーリス・ルブラン原作　南洋一郎文　ポプラ社　2010　329p　15cm（ポプラ文庫クラシック）　580円
①978-4-591-11496-4
☆「世界の書物」,「世界の推理小説・総解説」,「世界の名作文学案内」,「世界文学あらすじ大事典 1（あ‐きよう）」,「私を変えたこの一冊」

13797 「813」
『813』 モーリス・ルブラン著　大友徳明訳　偕成社　2005　376p　19cm（偕成社文庫）　800円　①4-03-652580-8
☆「世界の推理小説・総解説」,「世界文学あらすじ大事典 3（ちか‐ふろ）」

ル・プレー

13798 「ヨーロッパの労働者」
☆「世界名著大事典」

ルベーグ

13799 「積分論」
☆「世界名著大事典」

ル・ボン, ギュスターヴ

13800 「群集心理」
☆「学術辞典叢書 第11巻」,「人文科学の名著」,「世界名著解題選 第1巻」,「世界名著大事典」

13801 「民族進化の心理学的諸法則」
☆「学術辞典叢書 第14巻」,「世界名著解題選 第3巻」,「世界名著大事典」

ルーマン, ニクラス

13802 「社会システム」
☆「現代哲学の名著」,「社会の構造と変動」

13803 「法社会学」
☆「学問がわかる500冊」

ルーミー

13804 「シャムセ・タブリーズ詩集」
☆「世界名著大事典」

13805 「精神的マスナヴィー」
☆「世界名著大事典」

ルーミス

13806 「ケルト神話とアーサー王伝説」
☆「世界名著大事典」

13807 「農村社会体系」
☆「世界名著大事典」

ルミヤンツェフ

13808 「社会主義工業企業経済学」
☆「世界名著大事典」

ルメートル

13809 「演劇の印象」
☆「世界名著大事典」

ル・メルシエ・ド・ラ・リヴィエール

13810 「政治的社会の自然的・本質的秩序」
☆「世界名著大事典」

ルモール

13811 「イタリア研究」
☆「世界名著大事典」

ルリヤ

13812 「偉大な記憶力の物語──ある記録術者の精神生活」
『偉大な記憶力の物語──ある記録術者の精神生活』 アレクサンドル・ロマノヴィチ・ルリヤ著　天野清訳　岩波書店　2010　221p　15cm（岩波現代文庫）　960円
①978-4-00-600242-8
☆「科学技術をどう読むか」

ルルー

13813 「人類について」
☆「世界名著大事典」

ルルー, ガストン

13814 「オペラ座の怪人」
『オペラ座の怪人』 ガストン・ルルー著　平岡敦訳　光文社　2013　570p　15cm（光文社古典新訳文庫）　1314円　①978-4-334-75274-3
☆「世界文学あらすじ大事典 1（あ‐きよう）」

13815 「黄色い部屋の謎」
『黄色い部屋の謎』 ガストン・ルルー著　宮崎嶺雄訳　新版　東京創元社　2008　422p　15cm（創元推理文庫）　880円
①978-4-488-10803-8
☆「世界の推理小説・総解説」,「世界名著大事典」

13816 「恐怖夜話」
☆「世界の幻想文学」

ルルス

13817 「アルス・マグナ・エト・ウルティマ」
☆「世界名著大事典」

ルルフォ, フアン

13818 「ペドロ・パラモ」
『ペドロ・パラモ』 フアン・ルルフォ作　杉山晃,増田義郎訳　岩波書店　1992　223p　15cm（岩波文庫）　460円　①4-00-327911-5
☆「面白いほどよくわかる世界の文学」,「世界文学あらすじ大事典 4（ふん‐われ）」

13819 「燃える平原」
『燃える平原』 フアン・ルルフォ著　杉山晃訳

書肆風の薔薇　1990　221p　20cm（叢書アンデスの風）〈発売：白馬書房〉　2060円
①4-89176-240-3　Ⓝ963
☆「世界の小説大百科」

ルーロー
13820　「理論運動学」
☆「自然科学の名著」,「自然科学の名著100選 中」,「世界名著大事典」

ル・ロワ
13821　「人類の起源と知性の進化」
☆「世界名著大事典」

ルロワ
13822　「サティール・メニペ」
☆「世界名著大事典」

ルロワ・ボーリュー
13823　「近代諸国民による植民について」
☆「世界名著大事典」

ル・ロワ・ラデュリ
13824　「モンタイユー」
☆「学問がわかる500冊 v.2」,「新・現代歴史学の名著」

ルロワール
13825　「服装の辞典」
☆「世界名著大事典」

ルンドベリ
13826　「経済発展理論研究」
☆「世界名著大事典」

【レ】

レアージュ, ポーリーヌ
13827　「オー嬢の物語」
『オー嬢の物語』　ポアリヌ・レアージュ著　清水正二郎訳　浪速書房　1968　383p 図版　20cm〈カラー版〉　490円　Ⓝ953
☆「世界の小説大百科」

レアンダー
13828　「ふしぎなオルガン」
『ふしぎなオルガン』　リヒャルト・レアンダー作　国松孝二訳　岩波書店　2010　264p　18cm（岩波少年文庫）　700円
①978-4-00-114164-1
☆「名作の研究事典」

13829　「フランスの暖炉のほとりで」
☆「世界名著大事典」

レイ, ギド
13830　「アルピニズモ・アクロバチコ」
『アルピニズモ・アクロバチコ―アルプスの高嶺にて』　ギド・レイ著　近藤等訳　講談社　1979　285p　15cm（講談社文庫）　360円
Ⓝ293.45
☆「山の名著30選」

伶玄　れい・げん
13831　「飛燕外伝」
☆「近代名著解題選集 2」

レイ, ジャン
13832　「マルペルチュイ」
☆「世界の幻想文学」

レイ, ジョン
13833　「一般植物誌」
☆「自然科学の名著」,「世界名著大事典」

13834　「四足獣および爬虫類の方法総覧」
☆「世界名著大事典」

黎 靖德　れい・せいとく
13835　「朱子語類」
☆「世界名著大事典」

レイヴ
13836　「状況に埋め込まれた学習」
『状況に埋め込まれた学習―正統的周辺参加』　ジーン・レイヴ, エティエンヌ・ウェンガー著　佐伯胖訳　産業図書　1993　203p　19cm　2472円　①4-7828-0084-3
☆「文化人類学」

レイシイ
13837　「さらばその歩むところに心せよ」
『さらばその歩むところに心せよ』　エド・レイシイ著　野中重雄訳　早川書房　1959　220p　19cm（世界ミステリシリーズ）　Ⓝ933
☆「世界の推理小説・総解説」

レイトナー, バーナード
13838　「ウィトゲンシュタインの建築」
『ウィトゲンシュタインの建築』　バーナード・レイトナー編　磯崎新訳　新版　青土社　2008　182p　21cm　2200円
①978-4-7917-6418-1
☆「学問がわかる500冊 v.2」

レイトン
13839　「ナヴァホの子供」
☆「世界名著大事典」

レイナー, マイケル
13840「イノベーションへの解」
『イノベーションへの解—利益ある成長に向けて』 クレイトン・クリステンセン, マイケル・レイナー著　玉田俊平太監修　櫻井祐子訳　[東京]　翔泳社　2003　373p　20cm〈文献あり〉　2000円　①4-7981-0493-0　Ⓝ336.17
☆「あらすじで読む世界のビジネス名著」

レイナー, D.A.
13841「眼下の敵」
☆「世界の海洋文学」,「世界の冒険小説・総解説」

レイブ
13842「棒きれと骨」
☆「たのしく読めるアメリカ文学」

レイプハルト
13843「多元社会のデモクラシー」
『多元社会のデモクラシー』 アーレンド・レイプハルト著　内山秀夫訳　三一書房　1979　309,15p　20cm〈著者の肖像あり〉　2500円　Ⓝ313.8
☆「はじめて学ぶ政治学」

レイモ, チェット
13844「夜の魂―天文学逍遙」
『夜の魂―天文学逍遙』 チェット・レイモ著　山下知夫訳　工作舎　1988　312p　20cm（Planetary classics）　2000円　Ⓝ440.4
☆「ブックガイド"宇宙"を読む」

レイモント
13845「農民」
『農民　第2-4部』 レイモント著　加藤朝鳥訳　三笠書房　1939　3冊　20cm　Ⓝ989
☆「世界の名著」,「世界文学あらすじ大事典3（ちか・ふろ）」,「世界文学鑑賞辞典 第3」,「世界名著大事典」

レイリー
13846「音響理論」
☆「世界名著大事典」

レイン, エドワード
13847「現代エジプト人の風俗習慣」
☆「アジアの比較文化」,「世界名著大事典」

レイン, R.D.
13848「ひき裂かれた自己」
☆「精神医学の名著50」,「世界の心理学50の名著」

レーウ
13849「芸術と聖なるもの」
『芸術と聖なるもの』 G.ファン・デル・レーウ著　小倉重夫訳　せりか書房　1980　315p　22cm　3500円　Ⓝ701.1
☆「世界名著大事典」

レーヴィ, プリーモ
13850「アウシュヴィッツは終わらない―あるイタリア人生存者の考察」
『アウシュヴィッツは終わらない―あるイタリア人生存者の考察』 プリーモ・レーヴィ著　竹山博英訳　朝日新聞社　1980　264p　19cm（朝日選書 151）　940円　Ⓝ976
☆「世界の小説大百科」

レヴィ=ストロース, クロード
13851「悲しき熱帯」
『悲しき熱帯　2』 レヴィ=ストロース著　川田順造訳　中央公論新社　2001　449p　18cm（中公クラシックス）　1400円　①4-12-160007-X
☆「英仏文学案内」,「学問がわかる500冊 v.2」,「現代人のための名著」,「50歳からの名著入門」,「世界の旅行記101」,「世界名著大事典 補遺（Extra）」,「哲学の世界」,「本の定番」ブックガイド」

13852「構造人類学」
『構造人類学』 クロード・レヴィ=ストロース著　荒川幾男等訳　みすず書房　1972　451,24p 図　22cm〈付：文献〉 Ⓝ389
☆「世界名著大事典 補遺（Extra）」

13853「構造・神話・労働」
『構造・神話・労働―クロード・レヴィ=ストロース日本講演集』 クロード・レヴィ=ストロース著　大橋保夫編　三好郁朗, 松本カヨ子, 大橋寿美子訳　新装版　みすず書房　2008　188p　19cm　2400円　①978-4-622-07430-4
☆「科学技術をどう読むか」

13854「親族の基本構造」
『親族の基本構造』 クロード・レヴィ=ストロース著　福井和美訳　青弓社　2000　844,68p　22cm　14000円　①4-7872-3180-4　Ⓝ389
☆「世界名著大事典 補遺（Extra）」,「文化人類学の名著50」

13855「神話学」
☆「世界名著大事典 補遺（Extra）」

13856「生まのものと料理されたもの」
☆「東洋の奇書55冊」

13857「野生の思考」
『野生の思考』 クロード・レヴィ=ストロース著　大橋保夫訳　みすず書房　1976　366,30p 図　22cm〈巻末：文献〉　3300円　Ⓝ163.2
☆「学問がわかる500冊」,「学問がわかる500冊 v.2」,「古典・名著の読み方」,「世界の古典名著」,

レーヴィット

13858　「ヴェーバーとマルクス」
☆「世界名著大事典」

13859　「キェルケゴールとニーチェ」
☆「世界名著大事典」

13860　「共同存在の現象学」
『共同存在の現象学』　レーヴィット著　熊野純彦訳　岩波書店　2008　508,3p　15cm（岩波文庫）　1100円　Ⓘ978-4-00-336931-9
☆「現代哲学の名著」

13861　「ハイデガー——乏しき時代の思索者」
☆「ハイデガー本45」

13862　「ヘーゲルからニーチェまで」
☆「世界名著大事典」

13863　「ヨーロッパのニヒリズム」
☆「世界名著大事典」

レーヴィット, デイヴィッド

13864　「失われしクレーンの言葉」
☆「世界の小説大百科」

レヴィナス

13865　「全体性と無限」
『全体性と無限　下』　レヴィナス著　熊野純彦訳　岩波書店　2006　353,29p　15cm（岩波文庫）　860円　Ⓘ4-00-336912-2
☆「現代哲学の名著」, 「超解「哲学名著」事典」

13866　「存在の彼方へ」
☆「ハイデガー本45」

レヴィ・ブリュール

13867　「イスラム社会の構造」
☆「世界名著大事典」

13868　「岩に立つ剣」
☆「世界名著大事典」

13869　「キリストはエボリにとどまりぬ」
☆「世界の小説大百科」, 「世界名著大事典」

13870　「原始心」
☆「世界名著大事典」

13871　「原始心性」
☆「世界名著大事典」

13872　「原始心性における超自然と自然」
☆「世界名著大事典」

13873　「原始人における神秘経験と象徴」
☆「世界名著大事典」

13874　「原始神話学」
『原始神話学』　レヴィ＝ブリュル著　古野清人訳　弘文堂　1970　314p　図版　22cm　1300円　Ⓝ162
☆「世界名著大事典」

13875　「高等魔術の教義と儀式」
☆「世界の奇書」

13876　「社会の構造」
☆「世界名著大事典」

13877　「低級社会における心的機能」
☆「社会科学の古典」

13878　「未開社会の思惟」
☆「性の世界的名著から十七篇」, 「世界名著大事典」, 「文化人類学の名著50」

レヴィン, アイラ

13879　「死の接吻」
☆「世界の推理小説・総解説」

レヴィン, クルト

13880　「意図,意志および要求」
☆「世界名著大事典」

13881　「社会科学における場の理論」
『社会科学における場の理論』　クルト・レヴィン著　猪股佐登留訳　誠信書房　1956　316p　22cm〈附：文献 287-300p〉　Ⓝ301
☆「教育学の世界名著100選」, 「社会科学の古典」, 「世界名著大事典」

13882　「人格の力学説」
☆「世界名著大事典」

13883　「トポロジー心理学の原理」
『トポロジー心理学の原理』　レヴィン著　外林大作,松村康平訳　生活社　1942　368,70p　19cm　Ⓝ140,140.1
☆「世界名著大事典」, 「ブックガイド心理学」

レヴィン, サイモン

13884　「持続不可能性」
『持続不可能性—環境保全のための複雑系理論入門』　サイモン・レヴィン著　重定南奈子,高須夫悟訳　文一総合出版　2003　375p　19cm　2800円　Ⓘ4-8299-0069-5
☆「環境と社会」

レヴィーン, L.W.

13885　「ハイブラウ/ロウブラウ」
『ハイブラウ/ロウブラウ—アメリカにおける文化ヒエラルキーの出現』　ローレンス・W.レヴィーン著　常山菜穂子訳　慶應義塾大学出版会　2005　398p　19cm　3200円　Ⓘ4-7664-1159-5

☆「ポピュラー文化」

レーウェンフク
13886 「自然の秘密」
☆「西洋をきずいた書物」

レオー
13887 「キリスト教美術の図像学」
☆「世界名著大事典」

レオトー, ポール
13888 「禁じられた領域」
『禁じられた領域』 ポール・レオトー著 榊原晃三訳 新潮社 1973 347p 肖像 20cm 1300円 Ⓝ955
☆「世界の奇書」

レオナルド
13889 「算盤書」
☆「世界名著大事典」

レオーニ, レオ
13890 「平行植物」
『平行植物』 レオ・レオーニ著 宮本淳訳 新装版 工作舎 2011 299p 22×14cm 2200円 ①978-4-87502-435-4
☆「世界の幻想文学」, 「世界名著大事典」

レオーノフ
13891 「あなぐま」
☆「世界文学鑑賞辞典 第4」, 「世界名著大事典」

13892 「ヴェリコシュームスク占領」
☆「世界名著大事典」

13893 「襲来」
『襲来』 レオニード・レオーノフ著 袋一平訳 早川書房 1953 198p 図版 19cm Ⓝ982
☆「世界名著大事典」

13894 「スクタレーフスキー」
☆「世界文学鑑賞辞典 第4」, 「世界名著大事典」

13895 「大洋への道」
☆「世界名著大事典」

13896 「泥棒」
☆「世界文学鑑賞辞典 第4」, 「世界文学の名作と主人公」, 「ポケット世界名作事典」, 「ロシア文学」

13897 「弁証法的唯物論概要」
☆「世界名著大事典」

13898 「ロシアの森」
☆「世界文学鑑賞辞典 第4」, 「世界名著大事典」

レオパルディ
13899 「イタリアに寄す」
☆「世界文学鑑賞辞典 第2」

13900 「歌集」
☆「教養のためのブックガイド」

13901 「カンティ」
『カンティ』 レオパルディ[著] 脇功, 柱本元彦訳 名古屋大学出版会 2006 620p 22cm 8000円 ①4-8158-0538-5 Ⓝ971
☆「世界名著大事典」

レオポルド
13902 「野生のうたが聞こえる」
『野生のうたが聞こえる』 アルド・レオポルド著 新島義昭訳 講談社 1997 370p 15cm(講談社学術文庫) 980円 ①4-06-159301-3
☆「環境と社会」

レオミュール
13903 「鍛鉄を鋼に変える方法」
☆「世界名著大事典」

レオン, シエサ・デ
13904 「ペルー誌」
☆「世界名著大事典」

レオンチエフ, W.W.
13905 「アメリカ経済の構造」
☆「経済学88物語」, 「経済学名著106選」, 「現代経済学の名著」, 「世界名著大事典」, 「世界名著大事典 補遺(Extra)」

13906 「産業連関分析」
☆「世界名著大事典 補遺(Extra)」

レガメ, F.
13907 「日本素描紀行」
☆「外国人による日本論の名著」

酈 道元 れき・どうげん
13908 「水経注」
『中国古典文学大系 21巻』 平凡社 1974 390p 図 23cm 1700円 Ⓝ928
☆「世界名著大事典」, 「中国の古典名著」

レギオモンタヌス
13909 「推算表」
☆「世界名著大事典」

13910 「プトレマイオスの偉大なる『アルマゲスト』のヨハネス・レギオモンタヌスによる要約」
☆「西洋をきずいた書物」, 「世界を変えた書物」

レクサー
13911 「中高ドイツ語辞典」
☆「世界名著大事典」

レクシス
13912 「一般国民経済学」
☆「世界名著大事典」

13913 「人間社会における大量現象の理論について」
☆「世界名著大事典」

レコード
13914 「才知の練磨」
☆「世界名著大事典」

レシーノス, A.
13915 「ポポル・ヴフ」
☆「世界の奇書」,「世界名著大事典」,「東洋の奇書55冊」

レス
13916 「回想録」
☆「世界名著大事典」

レスコーフ
13917 「僧院の人々」
『僧院の人々 第1,2巻』 レスコーフ著 神西清訳 思索社 1949 2冊 18cm(思索選書 第103,104) Ⓝ983
☆「世界文学あらすじ大事典 2(きよえ‐ちえ)」,「世界名著大事典」

13918 「マクベス夫人」
☆「世界文学鑑賞辞典 第4」

13919 「ムツェンクス郡のマクベス夫人」
☆「世界名著大事典」

レスコーフ, ニコライ・セミョーノヴィチ
13920 「封印された天使」
☆「知っておきたいロシア文学」,「世界文学鑑賞辞典 第4」,「世界名著大事典」,「名作あらすじ事典 西洋文学編」

13921 「魅せられた旅人」
『魅せられた旅人』 レスコーフ著 木村彰一訳 岩波書店 1960 314p 図版 15cm(岩波文庫) Ⓝ983
☆「一冊で世界の名著100冊を読む」,「知っておきたいロシア文学」,「世界の小説大百科」,「世界文学鑑賞辞典 第4」,「世界文学の名作と主人公」,「世界名著大事典」,「ロシア文学」

レスリスバーガー
13922 「管理と労働者」
☆「世界名著大事典」

13923 「経営と勤労意欲」
『経営と勤労意欲』 レスリスバーガー著 野田一夫,川村欣也共訳 ダイヤモンド社 1954 235p 図版 21cm Ⓝ335.95

☆「世界名著大事典」

レセップス
13924 「スエズ地峡の開通」
☆「西洋をきずいた書物」

レーダーマン, レオン
13925 「神がつくった究極の素粒子」
『神がつくった究極の素粒子 上』 レオン・レーダーマン著 高橋健次訳 草思社 1997 331p 19cm 2200円 ①4-7942-0778-6
☆「科学を読む愉しみ」

列子 れっし
13926 「楊朱」
☆「近代名著解題選集 2」

13927 「列子」
☆「学術辞典叢書 第12巻」,「近代名著解題選集 2」,「世界名著解題選 第3巻」,「世界名著大事典」,「世界名著大事典 補遺(Extra)」,「中国の古典名著」

レッジョ・チルドレン
13928 「子どもたちの100の言葉」
『子どもたちの100の言葉―レッジョ・エミリアの幼児教育実践記録』 レッジョ・チルドレン著 ワタリウム美術館企画・編集 田辺敬子,木下龍太郎,辻昌宏,志茂こづえ訳 日東書院本社 2012 349p 22cm〈学研2001年刊の増補改訂版〉 4000円 ①978-4-528-01058-1 Ⓝ376.1237
☆「教育本44」

レッシング, ゴットホールド・エフライム
13929 「エミーリア・ガロッティ」
☆「知っておきたいドイツ文学」,「世界文学あらすじ大事典 1(あ‐きよう)」,「世界名著大事典」,「名作あらすじ事典 西洋文学編」

13930 「エルンストとファルク,フリーメーソン団員のための対話」
☆「哲学名著解題」

13931 「賢者ナータン」
『賢者ナータン』 レッシング作 大庭米治郎譯 岩波書店 2006 205p 16cm(岩波文庫創刊書目復刻)〈原本:岩波書店昭和2年刊〉 ①4-00-355012-9,4-00-201124-0 Ⓝ942.6
☆「学術辞典叢書 第13巻」,「知っておきたいドイツ文学」,「世界の名著」,「世界文学あらすじ大事典 2(きよえ‐ちえ)」,「世界文学鑑賞辞典 第3」,「世界文学の名作と主人公」,「世界名著解題選 第1巻」,「世界名著大事典」,「ドイツ文学」,「日本の古典・世界の古典」,「ポケット世界名作事典」,「名作あらすじ事典 西洋文学編」

13932 「サラ・サンプソン嬢」

☆「世界名著大事典」

13933 「人類の教育」
『人類の教育』 レッシング著 西村貞二訳 創元社 1949 198p 19cm（哲学叢書 第45） Ⓝ191
☆「世界名著大事典」，「哲学名著解題」

13934 「ハンブルグ演劇評論」
☆「学術辞典叢書 第13巻」，「世界名著解題選 第3巻」，「世界名著大事典」

13935 「ミンナ・フォン・バルンヘルム」
『ミンナ・フォン・バルンヘルム』 レッシング作 小宮曠三訳 岩波書店 1962 208p 15cm（岩波文庫） Ⓝ942
☆「世界文学あらすじ大事典 4（ふん-われ）」，「世界文学鑑賞辞典 第3」，「世界名著大事典」

13936 「ラオコーン」
☆「学術辞典叢書 第12巻」，「近代名著解題選集 2」，「西洋をきずいた書物」，「世界名著解題選 第3巻」，「世界名著解題選 第6巻」，「世界名著大事典」

レッシング, ドリス

13937 「黄金のノート」
『黄金のノート―Free women』 ドリス・レッシング著 市川博彬訳 英雄社 1983 664p 20cm〈発売：土曜美術社〉 4800円 Ⓝ933
☆「世界の小説大百科」，「たのしく読めるイギリス文学」

13938 「草は歌っている」
☆「世界の小説大百科」

レッドフィールド

13939 「小地域社会」
☆「世界名著大事典」

13940 「農民社会と文化文明への人類学的アプローチ」
☆「世界名著大事典」，「文化人類学の名著50」

13941 「ユカタンの民族文化」
☆「世界名著大事典」

レッドフィールド, ジェームズ

13942 「聖なる予言」
『聖なる予言』 ジェームズ・レッドフィールド著 山川紘矢, 山川亜希子訳 角川書店 1996 409p 15cm（角川文庫） 760円 Ⓘ4-04-269301-6 Ⓝ147
☆「世界のスピリチュアル50の名著」

レディン

13943 「原始宗教」
☆「世界名著大事典」

13944 「哲学者としての未開人」
☆「世界名著大事典」

13945 「トリクスター」
☆「世界名著大事典」

レーデラー, エミイル

13946 「技術進歩と失業」
☆「世界名著大事典」

13947 「大衆の国家」
『大衆の国家―階級なき社会の脅威』 エミール・レーデラー著 青井和夫, 岩城完之訳 東京創元社 1961 234p 19cm（現代社会科学叢書） Ⓝ361.4
☆「政治・権力・公共性」，「世界名著大事典」

13948 「理論経済学概説」
『理論経済学概説』 エミール・レーデラー著 有沢広巳, 大森義太郎共訳 明善社 1926 338p 22cm Ⓝ331
☆「学術辞典叢書 第14巻」，「世界名著解題選 第3巻」，「世界名著大事典」

レートリヒ

13949 「モンテヴェルディ」
☆「世界名著大事典」

レーナウ

13950 「サヴォナローラ」
☆「世界名著大事典」

13951 「詩集」
☆「世界名著大事典」

レーナク

13952 「アポロ西洋美術史」
☆「世界名著大事典」

13953 「祭儀, 神話, 宗教」
☆「世界名著大事典」

レナード, エルモア

13954 「ゲット・ショーティ」
☆「世界の小説大百科」

レナード, E.

13955 「グリッツ」
☆「世界の推理小説・総解説」

13956 「ラブラバ」
『ラブラバ』 エルモア・レナード著 鷲村達也訳 早川書房 1988 441p 15cm（ハヤカワ・ミステリ文庫） 560円 Ⓘ4-15-076152-3
☆「世界の小説大百科」

レーナル

13957 「両インド史」
『両インド史 東インド篇 下巻』 ギヨーム＝トマ・レーナル著 大津真作訳 法政大学出版局 2011 645,18p 22cm〈索引あり〉

18000円 ⓘ978-4-588-15057-9 Ⓝ230.5
☆「世界名著大事典」

レーナルト

13958　「ド・カモ」
『ド・カモ—メラネシア世界の人格と神話』モーリス・レーナルト著　坂井信三訳　せりか書房　1990　373p　19cm　3914円　ⓘ4-7967-0165-6
☆「宗教学の名著30」

レニエ

13959　「生きている過去」
『生きている過去』　レニエ作　窪田般弥訳　第2刷　岩波書店　2000　404p　15cm（岩波文庫）　700円　ⓘ4-00-325861-4
☆「世界の幻想文学」,「世界文学あらすじ大事典1（あ‐きょう）」

13960　「正午」
☆「人文科学の名著」

13961　「粘土のメダル」
☆「世界名著大事典」

13962　「風刺詩」
☆「世界名著大事典」

13963　「水の都」
☆「世界名著大事典」

13964　「燃え上がる青春」
☆「世界文学鑑賞辞典 第2」

レーニン, ウラジミール・イリイッチ

13965　「1歩前進2歩後退」
☆「世界名著大事典」

13966　「いわゆる市場問題について」
『いわゆる市場問題について—他3篇』　レーニン著　副島種典訳　新訳　大月書店　1971　138,5p　15cm（国民文庫）　130円　Ⓝ331.34
☆「世界名著大事典」

13967　「カール・マルクス」
『カール・マルクス』　レーニン著　伊藤弘訳　一穂社　2005　135p　21cm（名著/古典籍文庫）〈岩波文庫復刻版　岩波書店1936年刊（第2刷）を原本としたオンデマンド版　著作目録あり〉　2600円　ⓘ4-86181-152-X　Ⓝ309.3
☆「科学的社会主義の古典案内」

13968　「共産主義における「左翼」小児病」
『共産主義における「左翼」小児病』　レーニン著　朝野勉訳　大月書店　1978　174p　15cm（国民文庫）　300円　Ⓝ363.5
☆「科学的社会主義の古典案内」,「学術辞典叢書 第14巻」,「世界名著案内 6」,「世界名著解題選 第4巻」,「世界名著大事典」

13969　「協同組合論」
『協同組合論』　レーニン著　岡田進編　大月書店　1974　269p　15cm（国民文庫）〈訳文は『レーニン全集』（第4版・全45巻）,『レーニン10巻選集』を使用〉　300円　Ⓝ335.6
☆「世界名著解題選 第4巻」

13970　「国家と革命」
『国家と革命』　レーニン著　角田安正訳　講談社　2011　289p　15cm（講談社学術文庫）〈原書第二版〉　960円　ⓘ978-4-06-292090-2
☆「科学的社会主義の古典案内」,「学術辞典叢書 第11巻」,「革命思想の名著」,「古典・名著の読み方」,「社会科学の古典」,「社会科学の名著」,「世界の古典名著」,「世界名著解題選 第4巻」,「世界名著大事典」,「20世紀を震撼させた100冊」,「歴史の名著」,「歴史の名著 外国人篇」,「私の古典」

13971　「国家について」
『国家について』　レーニン著　堀江邑一訳　社会主義著作刊行会　1946　33p　15cm（社会主義著作集）　Ⓝ313,313.1
☆「科学的社会主義の古典案内」,「教養のためのブックガイド」

13972　「サヴェート政権当面の任務」
☆「学術辞典叢書 第14巻」

13973　「自決にかんする討論の総括」
☆「科学的社会主義の古典案内」

13974　「社会主義と宗教」
『社会主義と宗教』　レーニン著　早川二郎訳　白揚社　1937　157p　19cm（レーニン重要著作集）　Ⓝ160
☆「世界名著解題選 第5巻」

13975　「社会民主党の農業綱領」
『社会民主党の農業綱領』　レーニン著　レーニン全集刊行会訳　国民文庫社　1956　298,30p　15cm（国民文庫）　Ⓝ611
☆「歴史の名著 外国人篇」

13976　「少数民族の問題または「自治共和国化」の問題によせて」
☆「科学的社会主義の古典案内」

13977　「「人民の友」とは何か」
☆「世界名著解題選 第4巻」,「世界名著大事典」

13978　「青年同盟の任務」
『青年同盟の任務』　レーニン著　高橋勝之訳　青木書店　1973　212p　16cm（青木文庫）　Ⓝ363.5
☆「科学的社会主義の古典案内」

13979　「ソヴェト権力の当面の諸任務」
☆「世界名著大事典」

13980　「潮流に抗して」
☆「学術辞典叢書 第14巻」

13981 「帝国主義論(資本主義の最高の段階としての帝国主義)」
☆「科学的社会主義の古典案内」,「学術辞典叢書 第11巻」,「教養のためのブックガイド」,「経済学名著106選」,「古典・名著の読み方」,「社会科学の名著」,「世界の古典名著」,「世界の名著早わかり事典」,「世界名著解題選 第4巻」,「世界名著大事典」,「文学・名著300選の解説 '88年度版」,「歴史の名著 外国人篇」

13982 「哲学ノート」
『哲学ノート 上巻』 レーニン著 松村一人訳 改訳 岩波書店 1975 298p 15cm(岩波文庫) 210円 Ⓝ138
☆「世界の古典名著」,「世界名著解題選 第5巻」,「世界名著大事典」,「哲学の世界」,「哲学の名著」,「哲学名著解題」

13983 「党の組織と党の文学」
☆「科学的社会主義の古典案内」,「世界名著大事典」

13984 「なにをなすべきか」
☆「科学的社会主義の古典案内」,「学術辞典叢書 第14巻」,「西洋をきずいた書物」,「世界名著解題選 第4巻」,「世界名著大事典」,「「本の定番」ブックガイド」

13985 「農業問題と「マルクス批判家」」
『農業問題と「マルクス批判家」—他一篇』 レーニン著 谷村謙作訳 国民文庫社 1953 254p 15cm(国民文庫 第109) Ⓝ611
☆「世界名著大事典」

13986 「背教者カウツキー」
☆「学術辞典叢書 第14巻」

13987 「貧農に訴う」
『貧農に訴う』 レーニン著 中沢英彦訳 第三書房 1950 125p 19cm(レーニン文庫) Ⓝ363.5
☆「世界名著解題選 第4巻」

13988 「プロレタリア革命と背教者カウツキー」
『プロレタリア革命と背教者カウツキー——他七篇』 レーニン著 平沢三郎訳 国民文庫社 1953 264p 15cm(国民文庫 第107) Ⓝ363.5
☆「世界名著大事典」

13989 「平和についての布告」
☆「科学的社会主義の古典案内」

13990 「マルクス」
☆「世界名著大事典」

13991 「マルクス主義の解説」
☆「世界名著解題選 第5巻」

13992 「マルクス主義の鏡に映じたトルストイ」
☆「世界名著解題選 第6巻」

13993 「マルクス主義の三つの源泉と三つの構成部分」
☆「科学的社会主義の古典案内」,「世界名著解題選 第5巻」

13994 「民主主義革命における社会民主党の二つの戦術」
『民主主義革命における社会民主党の二つの戦術』 レーニン著 新田礼二訳 国民文庫社 1953 194p 15cm(国民文庫 第106) Ⓝ363.5
☆「世界の名著」,「世界名著大事典」

13995 「民族問題について」
『民族問題について』 レーニン著 福島次郎訳 希望閣 1931 192p 19cm Ⓝ316
☆「世界名著解題選 第4巻」

13996 「唯物論と経験批判論」
『唯物論と経験批判論 下』 レーニン著 森宏一訳 新日本出版社 1999 278p 21cm(科学的社会主義の古典選書) 1700円 ①4-406-02662-2
☆「科学的社会主義の古典案内」,「学術辞典叢書 第14巻」,「自然科学の名著」,「自然科学の名著100選 下」,「世界の古典名著」,「世界名著解題選 第5巻」,「世界名著大事典」,「哲学の世界」,「哲学の名著」,「哲学名著解題」,「ブックガイド 文庫で読む科学」

13997 「労働組合論」
『労働組合論—論文演説集』 レーニン著 プログレス出版所 モスクワ プログレス出版 1974 822p 肖像 19cm Ⓝ366.6
☆「世界名著解題選 第4巻」

13998 「ロシアにおける資本主義の発展」
『ロシアにおける資本主義の発展 上』 レーニン著 大山岩雄,西雅雄訳 一穂社 2004 381p 21cm(名著/古典籍文庫)〈岩波文庫復刻版 岩波書店昭和27年刊(改版)を原本としたオンデマンド版 発売:紀伊國屋書店〉 4900円 ①4-86181-043-4 Ⓝ332.38
☆「世界名著解題選 第4巻」,「世界名著大事典」,「歴史の名著 外国人篇」

レノックス, シャーロット

13999 「女キホーテ」
☆「世界の小説大百科」

レーバ

14000 「神及び霊魂不滅の信仰」
☆「近代欧米名著解題 第9巻」

レビー, スティーブン

14001 「暗号化—プライバシーを救った反乱者たち」
『暗号化—プライバシーを救った反乱者たち』

スティーブン・レビー著　斉藤隆央訳　紀伊國屋書店　2002　482p　19cm　2500円
①4-314-00907-1
☆「科学を読む愉しみ」

レビ, S.
14002　「インド演劇史」
☆「世界名著大事典 補遺(Extra)」

レビット, セオドア
14003　「マーケティングの革新」
『マーケティングの革新―未来戦略の新視点』セオドア・レビット著　土岐坤訳　新版　ダイヤモンド社　2006　273p　21cm　2400円
①4-478-50265-X
☆「究極のビジネス書50選」,「世界で最も重要なビジネス書」

レビュファ
14004　「星と嵐」
『星と嵐―6つの北壁登行』ガストン・レビュファ著　近藤等訳　山と溪谷社　2011　253p　15cm(ヤマケイ文庫)　900円
①978-4-635-04733-3
☆「山の名著30選」

レビンソン, D.
14005　「ライフサイクルの心理学」
『ライフサイクルの心理学 下』ダニエル・J.レビンソン著　南博訳　講談社　1992　290p　15cm(講談社学術文庫)　840円
①4-06-159027-8
☆「学問がわかる500冊」

レ・ファニュ, シェリダン
14006　「鏡の中におぼろげに」
☆「世界の小説大百科」

レ・ファニュ, ジョゼフ・シェリダン
14007　「アンクル・サイラス」
☆「世界の小説大百科」,「世界文学あらすじ大事典 1(あ‐きょう)」

14008　「吸血鬼カーミラ」
☆「世界の幻想文学」

14009　「墓地に建つ館」
☆「世界文学あらすじ大事典 4(ふん‐われ)」

レプゴー, アイケ・フォン
14010　「ザクセンシュピーゲル」
☆「世界名著大事典」

レプシウス
14011　「エジプト・エティオピア記念碑」
☆「世界名著大事典」

レブリャーヌ, リビウ
14012　「処刑の森」
☆「世界の小説大百科」

レベルテ, アルトゥーロ・ペレス
14013　「呪のデュマ倶楽部/ナインズ・ゲート」
☆「世界の小説大百科」

レマルク, R.
14014　「愛する時と死する時」
『愛する時と死する時 上巻』レマルク著　山西英一訳　新潮社　1958　290p　16cm(新潮文庫)　Ⓝ943
☆「世界文学鑑賞辞典 第3」

14015　「凱旋門」
『凱旋門 上巻』エリヒ・マリヤ・レマルク著　前田純敬訳　共和出版社　1953　217p　19cm　Ⓝ943
☆「現代世界の名作」,「世界の名作100を読む」,「世界文学鑑賞辞典 第3」,「世界文学の名作と主人公」,「世界名作事典」,「世界名著大事典」,「ドイツ文学」,「2時間でわかる世界の名作」,「文学・名著300選の解説 '88年度版」,「ポケット世界名作事典」,「名小説ストーリイ集 世界篇」

14016　「西部戦線異状なし」
『西部戦線異状なし』レマルク著　秦豊吉訳　改版　新潮社　2007　419p　15cm(新潮文庫)　667円　①978-4-10-212501-4
☆「あらすじで味わう外国文学」,「映画になった名著」,「教養のためのブックガイド」,「世界史読書案内」,「世界の小説大百科」,「世界の名作文学案内」,「世界文学あらすじ大事典 2(きよえ‐ち え)」,「世界文学鑑賞辞典 第3」,「世界名著大事典」,「日本・世界名作「愛の会話」100章」,「百年の誤読」,「ベストセラー世界の文学・20世紀 1」,「ポケット世界名作事典」

レーマン
14017　「一般経営経済学」
☆「世界名著大事典」

14018　「工業原価計算」
☆「世界名著大事典」

レーマン, アーネスト
14019　「大西洋を乗っ取れ」
『大西洋を乗っ取れ』アーネスト・レーマン著　稲葉明雄訳　集英社　1982　2冊　16cm(集英社文庫)　480円,500円　Ⓝ933
☆「世界の冒険小説・総解説」

レミ, ニコラ
14020　「魔神崇拝」
☆「世界の奇書」

レーミゾフ

14021　「十字架の姉妹」
『十字架の姉妹』　レーミゾフ著　斎藤安弘訳　河出書房新社　1975　247p　20cm（エトランジェの文学）　1200円　Ⓝ983
☆「世界名著大事典」

14022　「小悪魔」
☆「世界の幻想文学」

レーム

14023　「ギリシア文学とゲーテ時代」
☆「世界名著大事典」

レム, スタニスワフ

14024　「枯草熱」
『枯草熱』　スタニスワフ・レム著　吉上昭三,沼野充義訳　サンリオ　1979　257p　15cm（サンリオSF文庫）〈レム年譜・著作：p250～257〉　340円　Ⓝ989.8
☆「世界のSF文学・総解説」

14025　「完全な真空」
『完全な真空』　スタニスワフ・レム著　沼野充義ほか訳　国書刊行会　1989　309p　20cm（Contemporary writers　文学の冒険）　2000円　Ⓝ989.8
☆「世界のSF文学・総解説」

14026　「ソラリスの陽のもとに」
『ソラリスの陽のもとに』　スタニスワフ・レム著　飯田規和訳　早川書房　1977　317p　16cm（ハヤカワ文庫　SF）　350円　Ⓝ989.8
☆「一冊で世界の名著100冊を読む」,「世界のSF文学・総解説」,「世界の小説大百科」,「必読書150」,「百年の誤読 海外文学篇」

14027　「星からの帰還」
『星からの帰還』　スタニスワフ・レム著　吉上昭三訳　集英社　1980　309p　20cm〈編集：総合社〉　1300円　Ⓝ989.8
☆「世界のSF文学・総解説」

レーヤー, ジム

14028　「成功と幸せのための4つのエネルギー管理術」
『成功と幸せのための4つのエネルギー管理術——メンタル・タフネス』　ジム・レーヤー, トニー・シュワルツ著　青島淑子訳　阪急コミュニケーションズ　2004　321p　19cm　1700円　①4-484-04120-0
☆「世界の成功哲学50の名著エッセンスを解く」

レヤード, A.H.

14029　「ニネベとその遺跡」
☆「世界名著大事典 補遺（Extra）」

レリス, ミシェル

14030　「成熟の年齢」
『成熟の年齢』　ミシェル・レリス著　松崎芳隆訳　現代思潮社　1969　287p　19cm　750円　Ⓝ954
☆「思想家の自伝を読む」

レルネット＝ホレーニア, アレクサンダー

14031　「白羊宮の火星」
『白羊宮の火星』　アレクサンダー・レルネット・ホレーニア著　前川道介, 平田達治共訳　福武書店　1991　277p　15cm（福武文庫）　520円　①4-8288-3185-1
☆「世界の幻想文学」

14032　「バッゲ男爵」
☆「世界の幻想文学」

レールモントフ, ミハイル・ユーリエヴィチ

14033　「悪魔」
『悪魔——長詩』　レールモントフ著　蔵原惟人訳　改造社　1933　217p　16cm（改造文庫　第2部　第240篇）　Ⓝ981
☆「知っておきたいロシア文学」,「世界文学あらすじ大事典 1（あ‐きよう）」,「世界文学鑑賞辞典 第4」,「世界名著大事典」,「名作あらすじ事典 西洋文学編」

14034　「現代の英雄」
『現代の英雄』　ミハイル・レールモントフ著　北垣信行訳・解説　未知谷　2014　312p　19cm　2800円　①978-4-89642-430-0
☆「一冊で世界の名著100冊を読む」,「現代世界の名作」,「知っておきたいロシア文学」,「世界の小説大百科」,「世界の名作」,「世界の名著」,「世界文学あらすじ大事典 2（きよえ‐ちえ）」,「世界文学鑑賞辞典 第4」,「世界文学の名作と主人公」,「世界名著大事典」,「ポケット世界名作事典」,「名作あらすじ事典 西洋文学編」,「名小説ストーリィ集 世界篇」,「要約 世界文学全集 2」,「ロシア文学」

14035　「シトース」
☆「世界の幻想文学」

14036　「商人カラーシニコフの歌」
☆「世界名著大事典」

14037　「ボロジノ」
☆「世界名著大事典」

14038　「ムツィリ」
☆「世界文学鑑賞辞典 第4」,「世界名著大事典」

レン

14039　「戦争」
『戦争』　ルートヴィッヒ・レン著　佐々木能理男訳　世界社　1930　442p　20cm　Ⓝ943
☆「世界名著大事典」

レンツ, ジークフリート
14040　「国語の時間」
『国語の時間』　ジークフリート・レンツ著　丸山匠訳　新潮社　1971　399p　20cm　1300円　Ⓝ943
☆「世界の小説大百科」，「世界名著大事典 補遺（Extra）」

14041　「なつかしのズライケン」
☆「世界名著大事典 補遺（Extra）」

14042　「パンと競技」
☆「世界名著大事典 補遺（Extra）」

レンツ, J.M.R.
14043　「演劇覚書」
☆「世界名著大事典 補遺（Extra）」

14044　「家庭教師」
☆「世界名著大事典 補遺（Extra）」

レンデル, ルース
14045　「わが目の悪魔」
『わが目の悪魔』　ルース・レンデル著　深町真理子訳　角川書店　1982　301p　15cm（角川文庫）　380円　Ⓝ933
☆「世界の推理小説・総解説」

レントゲン
14046　「新種の輻射線について」
☆「西洋をきずいた書物」，「世界を変えた書物」

レンナー, カール
14047　「私法制度とその社会的機能」
☆「学術辞典叢書 第14巻」，「社会科学の名著」，「世界名著解題選 第3巻」，「世界名著大事典」

14048　「総行程としての経済」
☆「学術辞典叢書 第14巻」，「世界名著解題選 第2巻」

レンナー, G.T.
14049　「地理学」
☆「世界名著大事典」

レンネク
14050　「心臓および肺臓疾患の聴診法」
☆「世界名著大事典」

レンネップ
14051　「われらの祖先」
☆「世界名著大事典」

レンプリエア
14052　「古典辞典」
☆「西洋をきずいた書物」

レンフルー, コリン
14053　「ことばの考古学」
『ことばの考古学』　コリン・レンフルー著　橋本槇矩訳　青土社　1993　428,9p　19cm　3600円　Ⓘ4-7917-5252-X
☆「大学新入生に薦める101冊の本」

レーン＝プール, スタンリー
14054　「バルバリア海賊盛衰記」
☆「世界の海洋文学」

【ロ】

ロー
14055　「古代世界の終滅と中世の開幕」
☆「世界名著大事典」

14056　「民法提要」
☆「世界名著大事典」

ロー, ウィリアム
14057　「敬虔にして神聖なる生への召命」
☆「西洋をきずいた書物」

ロー, ジョン
14058　「貨幣貿易論」
☆「世界名著大事典」

魯迅　ろ・じん
14059　「阿Q正伝」
☆「あらすじで味わう外国文学」，「あらすじで読む世界の名著 no.1」，「一冊で世界の名著100冊を読む」，「面白いほどよくわかる世界の文学」，「教養のためのブックガイド」，「現代世界の名作」，「3行でわかる名作＆ヒット本250」，「人文科学の名著」，「世界史読書案内」，「世界の名作おさらい」，「世界の名作100を読む」，「世界の名作文学案内」，「世界の名著」，「世界文学の名作と主人公」，「世界名作事典」，「世界名作文学館」，「世界名著大事典」，「中国の古典名著」，「東洋の名著」，「2時間でわかる世界の名著」，「20世紀を震撼させた100冊」，「入門名作の世界」，「必読書150」，「文学・名著300選の解説 '88年度版」，「ポケット世界名作事典」，「名作の読解法」，「名小説ストーリィ集 世界篇」，「読んでおきたい世界の名著」

14060　「魏晋の気質および文章と薬および酒との関係」
☆「東洋の名著」

14061　「狂人日記」
『阿Q正伝―他八篇』　魯迅著　増田渉訳　角川書店　1961　202p　15cm（角川文庫）　Ⓝ923
☆「世界史読書案内」，「世界名著大事典」，「中国の古典名著」，「中国の名著」，「百年の誤読 海外文

学篇」，「ポケット世界名作事典」

14062 「故郷」
☆「名作の研究事典」

14063 「故事新編」
『故事新編』 魯迅作 竹内好訳 岩波書店 1995 214p 15cm（岩波文庫） 520円
①4-00-320254-6
☆「世界名著大事典」

14064 「中国小説史略」
『中国小説史略 上』 魯迅著 今村与志雄訳 筑摩書房 1997 437p 15cm（ちくま学芸文庫） 1400円 ①4-480-08369-3 Ⓝ923
☆「世界名著大事典」

14065 「朝花夕拾」
『朝花夕拾』 魯迅著 松枝茂夫訳 岩波書店 1955 130p 15cm（岩波文庫） Ⓝ924
☆「世界名著大事典」

14066 「唐宋伝奇集」
『唐宋伝奇集』 魯迅編 吉川幸次郎訳 弘文堂 1942 184p 15cm（世界文庫） Ⓝ923
☆「世界名著大事典」

14067 「吶喊」
☆「世界名著大事典」

14068 「藤野先生」
『藤野先生』 魯迅著 松枝茂夫訳 改版 全国学校図書館協議会 2007 19p 19cm（集団読書テキスト B47 全国SLA集団読書テキスト委員会編）〈年譜あり〉 165円
①978-4-7933-8092-1 Ⓝ923.7
☆「教養のためのブックガイド」

14069 「彷徨」
『彷徨』 魯迅［著］ 西谷陸紀訳 ［三郷］ ［西谷陸紀］ 2009 299p 20cm Ⓝ923.7
☆「世界名著大事典」

14070 「野草」
『野草』 魯迅作 竹内好改訳 岩波書店 1980 130p 15cm（岩波文庫） 200円 Ⓝ923.7
☆「世界名著大事典」

ロー, テッサ・デ

14071 「アンナとロッテ」
『アンナとロッテ』 テッサ・デ・ロー著 戸谷美保子訳 日本テレビ放送網 2004 535p 19cm 1619円 ①4-8203-9917-9
☆「世界の小説大百科」

ローイ

14072 「原始宗教」
☆「世界名著大事典」

14073 「民俗学説史」
☆「世界名著大事典」

ロイ, アルンダティ

14074 「小さきものたちの神」
☆「世界の小説大百科」

ロイス

14075 「キリスト教の問題」
☆「哲学名著解題」

14076 「コンコルド緊急指令」
『コンコルド緊急指令』 ケネス・ロイス著 羽林泰彦訳 文芸春秋 1980 341p 16cm（文春文庫） 380円 Ⓝ933
☆「世界の冒険小説・総解説」

14077 「世界と個人」
☆「世界名著大事典」，「哲学名著解題」

14078 「忠誠の哲学」
☆「近代欧米名著解題 第4巻」，「世界名著大事典」，「哲学名著解題」

ロイス, ジョシアー

14079 「永世の概念」
☆「近代欧米名著解題 第3巻」

ローイス, ションアー

14080 「自己意識社会意識及自然」
☆「近代欧米名著解題 第3巻」

ロイスリンク, ワルド

14081 「怠け者」
☆「世界の小説大百科」

ロイター

14082 「オレ・カメレン」
☆「世界名著大事典」

14083 「ハンネ・ニューテ」
☆「世界名著大事典」

ロイド

14084 「初期のアナトリア」
☆「世界名著大事典」

14085 「モダン・ダンス」
☆「世界名著大事典」

ロイド・ジョージ

14086 「世界大戦回顧録」
☆「世界名著大事典」

ロイヒリン

14087 「奇跡の言葉」
☆「世界名著大事典」

ロイポルト

14088 「機械論」

☆「自然科学の名著」,「世界名著大事典」

ロイマン
14089　「ラテン文法」
☆「世界名著大事典」

ロイメリ
14090　「政治と法道徳」
☆「近代欧米名著解題 第1巻」

労 榦　ろう・かん
14091　「居延漢簡考釈・釈文之部」
☆「世界名著大事典」

ロウ, コーリン
14092　「コラージュ・シティ」
『コラージュ・シティ』　コーリン・ロウ, フレッド・コッター著　渡辺真理訳　新装版　鹿島出版会　2009　286p　19cm（SD選書）　2200円　①978-4-306-05251-2
☆「建築・都市ブックガイド21世紀」

14093　「マニエリスムと近代建築」
『マニエリスムと近代建築―コーリン・ロウ建築論選集』　コーリン・ロウ著　伊東豊雄, 松永安光訳　彰国社　1981　285p　22cm　3500円　Ⓝ523.06
☆「建築の書物/都市の書物」

ロウ, ジェフ
14094　「アイス・ワールド」
『アイス・ワールド―アイス・クライミングの最新技術と体験』　ジェフ・ロウ著　手塚勲訳　船尾修監修　山と渓谷社　1998　255p　23×19cm　2800円　①4-635-16806-9
☆「新・山の本おすすめ50選」

ロウア
14095　「心臓に関する研究」
☆「西洋をきずいた書物」

ローウィ
14096　「原始社会」
『原始社会』　ロバート・H.ローウィ著　河村只雄, 河村望訳　未来社　1979　471p　22cm　5000円　Ⓝ389
☆「世界名著大事典」

14097　「自由主義の終焉」
☆「現代政治学の名著」

ロウエル, エイミー
14098　「ロウエル詩集」
☆「世界文学鑑賞辞典 第1」

ロウエル, ジョウン
14099　「帆船の少女」
☆「世界の海洋文学」

ローウェル, パーシヴァル
14100　「火星とその運河」
☆「世界名著大事典」

14101　「極東の魂」
『極東の魂』　パーシヴァル・ローエル著　川西瑛子訳　公論社　1989　234p　20cm（公論選書）〈第4刷（初版：昭和52年）〉
①4-7714-7710-8　Ⓝ361.6
☆「外国人による日本論の名著」

ロウエル, ロバート
14102　「ロウエル詩集」
☆「世界文学鑑賞辞典 第1」

ローウェル, ローレンス
14103　「世論と民主政」
☆「世界名著大事典」

ローウェンスタイン, ロジャー
14104　「ビジネスは人なり投資は価値なり」
『ビジネスは人なり投資は価値なり―ウォーレン・バフェット』　ロジャー・ローウェンスタイン著　ビジネスバンク訳　総合法令出版　1998　375p　20cm　1800円　①4-89346-590-2　Ⓝ289.3
☆「世界の成功哲学50の名著エッセンスを解く」

ローウェンソル, M.
14105　「インテリジェンス 秘密から政策へ」
☆「名著で学ぶインテリジェンス」

老子　ろうし
14106　「老子」
『老子』　老子［著］　福永光司訳　筑摩書房　2013　383p　15cm（ちくま学芸文庫　ロ7-1）〈索引あり〉　1200円　①978-4-480-09513-8　Ⓝ124.22
☆「あらすじでわかる中国古典「超」入門」,「学術辞典叢書 第12巻」,「教養のためのブックガイド」,「近代名著解題選集 2」,「50歳からの名著入門」,「図解世界の名著がわかる本」,「世界を変えた100冊の本」,「世界の自己啓発50の名著」,「世界の名著早わかり事典」,「世界名著解題選 第3巻」,「世界名著大事典」,「中国古典名著のすべてがわかる本」,「中国の古典名著」,「東洋の名著」,「『論語』から『孫子』まで一気にわかる中国古典超入門」

老舎　ろうしゃ
14107　「四世同堂」
『四世同堂 第3部』　老舎著　鈴木択郎等訳　角川書店　1958　288p　15cm（角川文庫）

ロウマン

Ⓝ923
☆「一冊で世界の名著100冊を読む」,「現代世界の名作」,「世界の名著」,「世界名著大事典」

14108 「小坡の誕生日」
『小坡の誕生日』 老舎著 興亜書局編輯部訳 興亜書局 1940 337p 19cm(支那名作小説) Ⓝ923
☆「世界名著大事典」

14109 「竜鬚溝」
『竜鬚溝—三幕劇』 老舎著 鳥居久靖,太田辰夫訳註 江南書院 1957 148p 19cm(江南書院訳註双書 第11) Ⓝ827.7
☆「世界名著大事典」

14110 「二馬」
☆「中国の名著」

14111 「駱駝祥子」
『駱駝祥子—らくだのシアンツ』 老舎作 立間祥介訳 岩波書店 2009 407p 15cm(岩波文庫) 860円 Ⓘ4-00-320311-9
☆「あらすじで味わう外国文学」,「面白いほどよくわかる世界の文学」,「世界の小説大百科」,「世界の名作100を読む」,「世界文学あらすじ大事典 4(ふん‐われ)」,「世界名作文学館」,「世界名著大事典」,「中国の古典名著」,「東洋の名著」,「文学・名著300選の解説 '88年度版」,「ポケット世界名作事典」

ロウマン, サネヤ

14112 「クリエイティング・マネー」
『クリエイティング・マネー—光の存在オリンとダベンが語る豊かさへの道』 サネヤ・ロウマン,デュエン・パッカー著 高木悠鼓訳 入間 マホロバアート 1995 387p 20cm 2700円 Ⓘ4-944035-04-7 Ⓝ147
☆「お金と富の哲学世界の名著50」

ロウリー, ウィリアム

14113 「チェインジリング」
『チェインジリング』 ミドルトン,ロウリー著 笹山隆編注 篠崎書林 1961 169p 19cm (Sinozaki English Classics) Ⓝ932
☆「世界文学あらすじ大事典 2(きよえ‐ちえ)」,「世界名著大事典」

ロエブ

14114 「全体としての生物」
☆「自然科学の名著」

ロキタンスキー

14115 「病理解剖学」
☆「世界名著大事典」

ロゲルギスト

14116 「新 物理の散歩道」
『新 物理の散歩道 第5集』 ロゲルギスト著 筑摩書房 2010 246p 15cm(ちくま学芸文庫) 1200円 Ⓘ978-4-480-09235-9
☆「物理ブックガイド100」

ローサ

14117 「ドキュメンタリー・フィルム」
☆「世界名著大事典」

ローザ, ギマランエス

14118 「大いなる奥地」
☆「世界の小説大百科」,「私(わたし)の世界文学案内」

ロサルド

14119 「文化と真実」
『文化と真実—社会分析の再構築』 レナード・ロサルド著 椎名美智訳 日本エディタースクール出版部 1998 408p 19cm 3800円 Ⓘ4-88888-271-1
☆「文化人類学」

ローザンタール

14120 「ロマン主義絵画」
☆「世界名著大事典」

ロシア共和国

14121 「ロシア諸民族の権利宣言」
☆「科学的社会主義の古典案内」

ロジェ

14122 「大博物学者ビュフォン」
『大博物学者ビュフォン—18世紀フランスの変貌する自然観と科学・文化誌』 ジャック・ロジェ著 ベカエール直美訳 工作舎 1992 568p 21cm 6695円 Ⓘ4-87502-196-8
☆「伝記・自叙伝の名著」

ロシェ, アンリー・ピエール

14123 「突然炎のごとく」
☆「映画になった名著」

ロシェル, ドリュ・ラ

14124 「ジル」
『ジル』 ドリュ・ラ・ロシェル著 若林真訳 国書刊行会 1987 2冊 20cm(1945:もうひとつのフランス 1)〈著者の肖像あり〉 各2900円 Ⓝ953
☆「世界名著大事典」,「ポケット世界名作事典」

ロシター, C.

14125 「アメリカの政党と政治」
『アメリカの政党と政治』 クリントン・ロシター著 後藤一郎,内田満共訳 日本外政学会 1964 297p 19cm〈付:参考文献〉 Ⓝ315.53

☆「現代政治学を読む」

ロジャーズ
14126 「イギリスの農業および物価史」
☆「世界名著大事典」

14127 「歴史の経済的解釈」
☆「学術辞典叢書 第14巻」,「世界名著解題選 第3巻」

ロジャーズ, カール
14128 「クライエント中心療法」
☆「心理学の名著12選」,「名著による教育原理」

14129 「クライエント中心療法の最近の発展」
☆「ブックガイド心理学」

14130 「人間尊重の心理学」
『人間尊重の心理学―わが人生と思想を語る』 カール・R.ロジャーズ著 畠瀬直子訳 新版 大阪 創元社 2007 330p 21cm 3500円 ⓘ978-4-422-11389-0
☆「学問がわかる500冊」

14131 「パーソナリティの変化」
☆「教育学の世界名著100選」

14132 「倫理と道徳的寛容」
☆「世界名著大事典」

14133 「ロジャーズが語る自己実現の道」
☆「世界の心理学50の名著」

ロジャーズ, ジェームズ・イー・ソロールド
14134 「英国労働史」
☆「学術辞典叢書 第14巻」,「世界名著解題選 第1巻」

ロジァース, リチャード
14135 「都市 この小さな惑星の」
☆「建築・都市ブックガイド21世紀」

ロシュワルト
14136 「世界の小さな終末」
『世界の小さな終末』 モルデカイ・ロシュワルト著 志摩隆訳 早川書房 1964 254p 19cm（ハヤカワ・ノヴェルズ） ⓝ933
☆「世界のSF文学・総解説」

14137 「レベル・セブン」
『レベル・セブン』 モルデカイ・ロシュワルト著 小野寺健訳 サンリオ 1978 281p 15cm（サンリオSF文庫） 320円 ⓝ933.7
☆「世界のSF文学・総解説」

蘆照鄰　ろしょうりん
14138 「幽憂子集」
☆「世界名著大事典 補遺（Extra）」

ロジンガー
14139 「現代アジアの展望」

☆「世界名著大事典」

ローズ
14140 「アメリカのニグロ」
☆「世界名著大事典」

ロス
14141 「アイルランドの駐在行政官」
☆「世界の小説大百科」

ロス
14142 「南方および南極地域の探検」
☆「世界名著大事典」

ロース, アドルフ
14143 「装飾と罪悪」
『装飾と罪悪―建築・文化論集』 アドルフ・ロース著 伊藤哲夫訳 中央公論美術出版 1987 215p 27×20cm 12000円 ⓘ4-8055-0162-6
☆「建築の書物/都市の書物」,「世界名著大事典 補遺（Extra）」

ロス, エドウォード・オルズウァース
14144 「社会心理学」
☆「近代欧米名著解題 第5巻」

14145 「社会統制」
☆「学術辞典叢書 第14巻」,「世界名著解題選 第2巻」,「世界名著大事典」

ローズ, ジョン・ホランド
14146 「ケンブリジ・イギリス帝国史」
☆「世界名著大事典」

ロス, ジョン・F.
14147 「リスクセンス」
☆「教養のためのブックガイド」

ローズ, ジリアン
14148 「愛の役割」
☆「世界の小説大百科」

ロス, ハル
14149 「ふたりの太平洋」
『ふたりの太平洋―ロス夫妻のヨット周航記』 ハル・ロス著 野本謙作訳 海文堂出版 1974 329,4p 図 19cm〈巻末：文献資料〉 1200円 ⓝ935.9
☆「世界の海洋文学」

14150 「ホーン岬への航海」
『ホーン岬への航海』 ハル・ロス著 野本謙作訳 海文堂出版 1980 271,5p 22cm 1800円 ⓘ4-303-62901-4 ⓝ290.9
☆「世界の海洋文学」

ロス, フィリップ

14151 「狂信者イーライ」
『狂信者イーライ』 フィリップ・ロス著　佐伯彰一, 宮本陽吉訳　集英社　1973　244p　肖像　19cm (現代の世界文学)　690円　Ⓝ933
☆「私(わたし)の世界文学案内」

14152 「さようなら, コロンバス」
☆「アメリカ文学」,「世界の名作文学案内」,「世界文学の名作と主人公」,「たのしく読めるアメリカ文学」,「ポケット世界名作事典」

14153 「乳房になった男」
『乳房になった男』 フィリップ・ロス著　大津栄一郎[ほか]訳　集英社　1978　301p　16cm (集英社文庫)　260円　Ⓝ933
☆「世界の幻想文学」

14154 「ヒューマン・ステイン」
『ヒューマン・ステイン』 フィリップ・ロス著　上岡伸雄訳　集英社　2004　462p　19cm　2200円　④4-08-773395-5
☆「知っておきたいアメリカ文学」,「世界の小説大百科」,「名作あらすじ事典 西洋文学編」

14155 「憤慨」
☆「21世紀の世界文学30冊を読む」

14156 「ポートノイの不満」
『ポートノイの不満』 フィリップ・ロス著　宮本陽吉訳　集英社　1978　306p　16cm (集英社文庫)　260円　Ⓝ933
☆「世界の小説大百科」

ロス, フランク

14157 「デッド・ランナー」
『デッド・ランナー』 フランク・ロス著　菊池光訳　早川書房　1978　330p　16cm (ハヤカワ文庫 NV)　380円　Ⓝ933
☆「世界の冒険小説・総解説」

ロス, ヘンリー

14158 「眠りと呼べ」
☆「世界の小説大百科」

ローズ, リチャード

14159 「原子爆弾の誕生」
『原子爆弾の誕生 上』 リチャード・ローズ著　神沼二真, 渋谷泰一訳　［普及版］　紀伊國屋書店　1995　688,48p　21cm　3800円　①4-314-00710-9
☆「科学の10冊」

14160 「死の病原体プリオン」
『死の病原体プリオン』 リチャード・ローズ著　桃井健司, 網屋慎哉訳　草思社　1998　286p　19cm　1900円　①4-7942-0832-4
☆「科学を読む愉しみ」

ローズ, R.

14161 「現代イギリスの政治」
☆「現代政治学を読む」

ローズヴェルト

14162 「われわれの道」
☆「世界名著大事典」

ローズクランス

14163 「新貿易国家論」
『新貿易国家論』 リチャード・ローズクランス著　土屋政雄訳　中央公論社　1987　307p　20cm　1800円　①4-12-001562-9　Ⓝ678.2
☆「名著に学ぶ国際関係論」

ロスタン

14164 「現代フランス音楽」
『現代フランス音楽』 クロード・ロスタン著　吉田秀和訳　白水社　1953　144p　18cm (文庫クセジュ 第102)　Ⓝ762.5
☆「世界名著大事典」

ロスタン, エドモン

14165 「シラノ・ド・ベルジュラック」
『シラノ・ド・ベルジュラック』 エドモン・ロスタン著　渡辺守章訳　光文社　2008　532p　15cm (光文社古典新訳文庫)　933円　①978-4-334-75171-5
☆「近代名著解題選集 2」,「現代世界の名作」,「知っておきたいフランス文学」,「世界の名作」,「世界文学あらすじ大事典 2(きよえ・ちえ)」,「世界文学鑑賞辞典 第2」,「世界文学の名作と主人公」,「世界名作事典」,「世界名著解題選 第2巻」,「世界名著大事典」,「世界・名著のあらすじ」,「千年紀のベスト100作品を選ぶ」,「フランス文学」,「ポケット世界名作事典」,「名作あらすじ事典 西洋文学編」

ロスタンド

14166 「キラー・エリート」
『キラー・エリート』 ロバート・ロスタンド著　沢川進訳　早川書房　1981　281p　16cm (ハヤカワ文庫 NV)　340円　Ⓝ933
☆「世界の冒険小説・総解説」

ロスチャイルド, ジョン

14167 「ピーター・リンチの株で勝つ アマの知恵でプロを出し抜け」
☆「お金と富の哲学世界の名著50」

ロストウ, W.W.

14168 「経済成長の諸段階」
☆「経済学88物語」,「経済学名著106選」,「現代資本主義の名著」

ロストーノフ

14169 「ソ連から見た日露戦争」
☆「日本陸軍の本・総解説」

ロストフツェフ

14170 「古代世界史」
☆「世界名著大事典」

14171 「ヘレニズム世界社会経済史」
☆「世界の古典名著」,「世界名著大事典」

14172 「南ロシアのイラン人とギリシア人」
☆「世界名著大事典」

14173 「ローマ帝国社会経済史」
☆「世界名著大事典」

14174 「ローマのコロナートゥス制史研究」
☆「世界名著大事典」

ローズノウ, ジェイムズ・N.

14175 「International Politics and Foreign Policy」
☆「学問がわかる500冊」

ロースン

14176 「帽子から飛び出した死」
『帽子から飛び出した死』 クレイトン・ロースン著 西田政治訳 東京創元社 1957 290p 18cm〈世界推理小説全集 46巻〉 Ⓝ933
☆「世界の推理小説・総解説」

ローゼッガー

14177 「最後の男ヤーコブ」
☆「世界名著大事典」

14178 「森の学校教師の手記」
☆「世界名著大事典」

ロセッティ

14179 「シング・ソング」
☆「世界名著大事典」

14180 「手と魂」
☆「世界の幻想文学」

14181 「バラッドとソネット」
☆「世界名著大事典」

ロゼッティ

14182 「小鬼の市」
☆「世界の幻想文学」

14183 「生命の家」
☆「世界文学鑑賞辞典 第1」

ローゼン, R.

14184 「ストライク・スリーで殺される」
『ストライク・スリーで殺される』 リチャード・D.ローゼン著 永井淳訳 早川書房 1987 350p 15cm〈ハヤカワ・ミステリ文庫 NV〉 480円 ①4-15-076301-1
☆「世界の推理小説・総解説」

ローゼンクランツ

14185 「醜の美学」
『醜の美学』 カール・ローゼンクランツ著 鈴木芳子訳・解説 未知谷 2007 404p 19cm 4000円 ①978-4-89642-181-1
☆「世界名著大事典」

ローゼンタール, S.

14186 「ニールス・ボーア」
☆「物理ブックガイド100」

ローゼンバーグ

14187 「市民社会の帝国」
『市民社会の帝国―近代世界システムの解明』 ジャスティン・ローゼンバーグ著 渡辺雅男, 渡辺景子訳 桜井書店 2008 299,24p 21cm 4300円 ①978-4-921190-50-7
☆「グローバル政治理論」

ローゼンフィールド, イスラエル

14188 「記憶とは何か―記憶中枢の謎を追う」
『記憶とは何か―記憶中枢の謎を追う』 イスラエル・ローゼンフィールド著 菅原勇, 平田明隆訳 講談社 1993 228p 18cm〈ブルーバックス〉 760円 ①4-06-132771-2 Ⓝ141.34
☆「ブックガイド"心の科学"を読む」

ローゼンベルク, アルトゥーア

14189 「ヴァイマル共和国の成立と歴史」
『ヴァイマル共和国史』 アルトゥール・ローゼンベルク著 吉田輝夫訳 改訂増補版 東邦出版社 1970 304p 22cm〈初版:思想社1964年刊 巻末:参考文献〉 1200円 Ⓝ234.072
☆「世界名著大事典」

14190 「資本論注解」
『資本論注解 第5 資本論 第3巻 下』 デ・イ・ローゼンベルグ著 エス・エリ・ヴィゴドスキー編 宇高基輔, 副島種典訳 青木書店 1964 231p 19cm Ⓝ331.34
☆「世界名著大事典」

14191 「民主主義と社会主義」
☆「歴史の名著 外国人篇」

ローゼンベルク, アルフレット

14192 「二十世紀の神話」
『二十世紀の神話―現代の心霊的・精神的な価値争闘に対する一つの評価』 アルフレット・ローゼンベルク著 吹田順助, 上村清延共訳 中央公論社 1938 602p 図版 23cm

Ⓝ311.6
　☆「世界の奇書」,「世界名著大事典」

ローゼンベルク, レオ
　14193　「ドイツ民事訴訟法教科書」
　☆「世界名著大事典」

ローゼンベルグ, O.O.
　14194　「仏教哲学の問題」
　☆「世界名著大事典」

ロソフスキー, H.
　14195　「日本の経済成長」
　☆「現代ビジネス書・経済書総解説」

ローソン
　14196　「ウサギのラバット」
　☆「名作の研究事典」

ローダデール
　14197　「公共の富の性質と起原」
　☆「世界名著大事典」

ローターパクト
　14198　「国際法の司法的淵源と類推」
　☆「世界名著大事典」

ローダラー, J.G.
　14199　「音楽の科学―音楽の物理学、精神物理学入門」
　『音楽の科学―音楽の物理学、精神物理学入門』ホアン・G.ローダラー著　高野光司,安藤四一共訳　音楽之友社　1981　245p　22cm〈参考文献：p238〉　2800円　Ⓘ4-276-12372-0　Ⓝ761.14
　☆「物理ブックガイド100」

ロダーリ, ジャンニ
　14200　「チポリーノの冒険」
　☆「一冊で不朽の名作100冊を読む」(友人社),「一冊で不朽の名作100冊を読む」(友人社),「世界少年少女文学 ファンタジー編」,「名作の研究事典」

ロダン
　14201　「フランスの聖堂」
　『フランスの聖堂』ロダン著　新庄嘉章訳　新潮社　1951　307p 図版6枚　17cm (新潮叢書)　Ⓝ704
　☆「世界名著大事典」

　14202　「ロダンの言葉」
　『ロダンの言葉』ロダン [著]　高村光太郎 [訳]　講談社　2007　317p　16cm (講談社文芸文庫　現代日本の翻訳)〈年譜あり　著作目録あり〉　1300円　Ⓘ978-4-06-198477-6　Ⓝ704

　☆「世界名著解題選 第6巻」,「日本文学現代名作事典」,「日本文芸鑑賞事典 第5巻」,「わたしの古典 続」

ロチ, ピエール
　14203　「秋の日本」
　『秋の日本』ピエール・ロチ著　村上菊一郎,吉氷清訳　角川書店　1953　254p 図版15cm (角川文庫)　Ⓝ955
　☆「外国人による日本論の名著」,「日本文化論の名著入門」

　14204　「氷島の漁夫」
　『氷島の漁夫』ピエール・ロチ作　吉氷清訳　岩波書店　2002　304p　15cm (岩波文庫)　660円　Ⓘ4-00-325461-9
　☆「現代世界の名作」,「世界の海洋文学」,「世界文学あらすじ大事典 3 (ちか-ふろ)」,「世界文学鑑賞辞典第2」,「世界名作事典」,「世界名著大事典」

ロック, ジョン
　14205　「貨幣利子論」
　☆「世界名著大事典」

　14206　「寛容書簡」
　☆「現代政治学の名著」,「世界名著大事典」

　14207　「教育論」
　『教育論』ジョン・ロック著　梅崎光生訳　明治図書出版　1960　257p 図版　22cm (世界教育学選集 第4)　Ⓝ371
　☆「教育学の世界名著100選」,「教育の名著80選解題」,「近代名著解題選集 2」,「世界名著大事典」,「21世紀の教育基本書」

　14208　「政府論」
　☆「学術辞典叢書 第11巻」,「現代政治学の名著」,「社会科学の名著」,「世界名著解題選 第2巻」

　14209　「統治二論」
　『統治二論』ジョン・ロック著　加藤節訳　岩波書店　2007　407,7p　21cm　5600円　Ⓘ978-4-00-024140-3
　☆「学問がわかる500冊」,「経済学の名著30」,「憲法本41」,「古典・名著の読み方」,「社会科学の古典」,「社会思想の名著」,「図解世界の名著がわかる本」,「西洋をきずいた書物」,「世界の古典名著」,「世界名著大事典」,「入門 哲学の名著」,「はじめて学ぶ政治学」,「はじめて学ぶ法哲学・法思想」,「名著解題」

　14210　「人間悟性論」
　『人間悟性論』ジョン・ロック著　加藤卯一郎訳　一穂社　2004　364,240p　21cm (名著/古典籍文庫)〈岩波文庫復刻版　岩波書店昭和37年刊 (第14刷) (上巻),昭和38年刊 (第12刷) (下巻) を原本としたオンデマンド版　肖像あり　発売：紀伊國屋書店〉　6900円　Ⓘ4-86181-038-8　Ⓝ133.2

☆「一冊で哲学の名著を読む」,「学術辞典叢書 第12巻」,「教養のためのブックガイド」,「近代哲学の名著」,「近代名著解題選集 2」,「西洋をきずいた書物」,「世界を変えた100冊の本」,「世界の古典名著」,「世界の哲学50の名著」,「世界の哲学思想」,「世界の名著」,「世界の名著早わかり事典」,「世界名著解題選 第3巻」,「世界名著解題選 第5巻」,「世界名著大事典」,「超解「哲学名著」事典」,「哲学の世界」,「哲学の名著」,「哲学名著解題」(協同出版),「哲学名著解題」(春秋社),「入門 哲学の名著」,「文庫1冊で読める 哲学の名著」

ロック, ピーター

14211 「捨て去ること」
☆「21世紀の世界文学30冊を読む」

ロック, H.J.

14212 「家族」
『家族 3 ローマ人の城壁』 オリヴァー・ノースランド作 早美出版社 2014 461p 19cm 1400円 ⓘ978-4-86042-070-3
☆「世界名著大事典」

ロックリッジ夫妻

14213 「湖畔の殺人」
☆「世界の推理小説・総解説」

ロッコ

14214 「商法原理」
☆「世界名著大事典」

ロッシ

14215 「社会学と集合心理学」
☆「世界名著大事典」

ロッシ, アルド

14216 「都市の建築」
☆「学問がわかる500冊 v.2」,「建築の書物/都市の書物」

ロッジ, デイヴィッド

14217 「交換教授」
『交換教授―二つのキャンパスの物語』 デイヴィッド・ロッジ著 高儀進訳 改訳版 白水社 2013 399p 18cm(白水uブックス) 1600円 ⓘ978-4-560-07185-4
☆「百年の誤読 海外文学篇」

14218 「小さな世界」
『小さな世界―アカデミック・ロマンス』 デイヴィット・ロッジ著 高儀進訳 新装復刊 白水社 2001 388p 19cm 2800円 ⓘ4-560-04738-3
☆「たのしく読めるイギリス文学」

ロッシ, P.

14219 「魔術から科学へ―近代思想の成立と科学的認識の形成」
『魔術から科学へ』 パオロ・ロッシ著 前田達郎訳 みすず書房 1999 292p 19cm(みすずライブラリー) 3000円 ⓘ4-622-05039-0 Ⓝ402.3
☆「科学技術をどう読むか」

ロッシャー

14220 「ギリシア・ローマ神話事典」
☆「世界名著大事典」

ロッシャー, ヴィルヘルム・ゲオルグ・フリードリヒ

14221 「経済学の歴史的研究方法」
☆「学術辞典叢書 第11巻」,「世界名著解題選 第1巻」

14222 「国家経済学講義要綱」
☆「世界名著大事典」

14223 「十六世紀及び十七世紀に於ける英国経済学説史」
☆「学術辞典叢書 第14巻」,「世界名著解題選 第2巻」

14224 「独逸国民経済学史」
☆「学術辞典叢書 第14巻」,「世界名著解題選 第3巻」

ロッツェ

14225 「医学的心理学」
☆「世界名著大事典」

14226 「ドイツ美学史」
☆「世界名著大事典」

14227 「論理学」
☆「世界名著大事典」

ロッツェ, ヘルマン

14228 「小宇宙」
☆「学術辞典叢書 第13巻」,「世界名著解題選 第2巻」,「世界名著大事典」

ローデ

14229 「ギリシア小説」
☆「世界名著大事典」

14230 「プシケ」
☆「世界名著大事典」

ロティ

14231 「アンコール詣で」
『アンコール詣で』 ピエール・ロティ著 佐藤輝夫訳 中央公論社 1981 199p 16cm(中公文庫) 320円 Ⓝ955
☆「世界の旅行記101」

14232 「お菊さん」
『お菊さん』 ピエエル・ロティ著 野上豊一郎訳 再版 新潮社 1923 24,3,366p 肖像 16cm Ⓝ953

ローティ, R.

14233 「哲学の脱構築」
『哲学の脱構築―プラグマティズムの帰結』リチャード・ローティ著　室井尚,吉岡洋,加藤哲弘,浜日出夫,庁茂訳　〔新装版〕　御茶の水書房　1994　507,9p　21cm　4738円　①4-275-01558-4
☆「学問がわかる500冊」

14234 「連帯と自由の哲学」
『連帯と自由の哲学―二元論の幻想を越えて』リチャード・ローティ著　冨田恭彦訳　岩波書店　1999　289p　20cm（岩波モダンクラシックス）　3000円　①4-00-026418-4　Ⓝ133.9
☆「政治・権力・公共性」

ロディック, アニータ

14235 「ザ・ボディショップの、みんなが幸せになるビジネス。」
『ザ・ボディショップの、みんなが幸せになるビジネス。』アニータ・ロディック著　ハント・ヴェルク訳　トランスワールドジャパン　2006　254p　19cm〈他言語標題：Business as unusual〉　1600円　①4-925112-54-6　Ⓝ576.7
☆「お金と富の哲学世界の名著50」

ローデンヴァルト

14236 「古代の美術」
☆「世界名著大事典」

ローデンバック, ジョルジュ

14237 「鏡の友」
☆「世界の幻想文学」

14238 「死都ブリュージュ」
☆「世界文学あらすじ大事典 2（きよえ‐ちえ）」

ロート

14239 「サンスクリット語辞典」
☆「世界名著大事典」

ロード

14240 「ブレード街の殺人事件」
☆「世界の推理小説・総解説」

ロート, ヨーゼフ

14241 「教育人間学」
☆「教育学の世界名著100選」

14242 「ファルメライヤー駅長」
☆「知っておきたいドイツ文学」

14243 「ラデツキー行進曲」
『ラデツキー行進曲　上』ヨーゼフ・ロート作　平田達治訳　岩波書店　2014　329p　15cm（岩波文庫）　780円　①978-4-00-324623-8
☆「世界の小説大百科」,「ドイツ文学」

ロートフェルス

14244 「ドイツの反ヒトラー運動」
☆「世界名著大事典」

ロートベルトゥス, ヨハン・カール

14245 「国家経済の現状認識のために」
☆「世界名著大事典」

14246 「資本」
☆「世界名著大事典」

14247 「地代論」
☆「世界名著大事典」

14248 「吾が国家経済状態の認識に就いて」
☆「学術辞典叢書 第11巻」,「近代名著解題選集 2」,「世界名著解題選 第1巻」,「世界名著解題選 第3巻」

ロートマール

14249 「労働契約論」
☆「世界名著大事典」

ロドリゲス

14250 「日本大文典」
『日本大文典』ジョアン・ロドリゲス原著　土井忠生訳註　三省堂出版　1955　859,236p　図版　22cm　Ⓝ815
☆「世界名著大事典」

ロドリゲス・デ・モンタルボ, ガルシ

14251 「ガウラのアマディス」
☆「世界の小説大百科」

ロートレアモン

14252 「マルドロールの歌」
『マルドロールの歌』ロートレアモン著　藤井寛訳　福武書店　1991　301p　15cm（福武文庫）　500円　①4-8288-3220-3
☆「教養のためのブックガイド」,「知っておきたいフランス文学」,「世界の幻想文学」,「世界の小説大百科」,「世界文学鑑賞辞典 第2」,「世界名著大事典」,「名作あらすじ事典 西洋文学編」

ロニー

14253 「吸血美女」
☆「世界の幻想文学」

ローバー, トレヴァー

14254 「ヒトラー最後の日」
☆「世界名著大事典」

ローハス, F.

14255 「ラ・セレスティーナ」
『ラ・セレスティーナ』フェルナンド・デ・

ローハス著　杉浦勉訳　国書刊行会　1996　380p　21cm〈スペイン中世・黄金世紀文学選集　4〉　4800円　①4-336-03554-7
☆「あらすじで読む世界文学105」,「世界の小説大百科」,「世界文学あらすじ大事典 4（ふん・われ）」,「世界名著大事典」

ロバチェフスキー

14256　「幾何学の起源について」
☆「西洋をきずいた書物」,「世界を変えた書物」

14257　「新幾何学入門ならびに平行線の完全な理論」
☆「自然科学の名著」,「自然科学の名著100選 中」,「世界名著大事典」

ロバーツ

14258　「セレンディピティー」
『セレンディピティー——思いがけない発見・発明のドラマ』　ロイストン・M.ロバーツ著　安藤喬志訳　京都　化学同人　1993　356p　19cm　2884円　①4-7598-0249-5
☆「大学新入生に薦める101冊の本」

14259　「ニュー・カントリー」
☆「世界名著大事典」

14260　「ニュー・シグナチャーズ」
☆「世界名著大事典」

14261　「フランス植民政策史」
☆「世界名著大事典」

ロバートソン

14262　「銀行政策と価格水準」
☆「経済学88物語」,「世界名著大事典」

ロバートソン，ドウガル

14263　「荒海からの生還」
『荒海からの生還』　ドゥガル・ロバートソン著　河合伸訳　朝日新聞社　1973　290p　19cm　780円　Ⓝ295.7
☆「世界の海洋文学」

ロバートソン，R.

14264　「グローバリゼーション」
『グローバリゼーション——地球文化の社会理論』　ローランド・ロバートソン著　阿部美哉訳　東京大学出版会　1997　234,25p　20×14cm　3300円　①4-13-050139-9
☆「社会の構造と変動」

ローバトム，S.

14265　「女の意識・男の世界」
『女の意識・男の世界』　シーラ・ローバトム著　三宅義子訳　ドメス出版　1977　212p　20cm〈参考文献：p.201～205〉　1500円　Ⓝ367.8
☆「フェミニズムの名著50」

ロバーノフ・ロフトーフスキー

14266　「ロシアとアジア」
☆「世界名著大事典」

ロビン，ヴィッキー

14267　「お金か、それとも人生か」
☆「お金と富の哲学世界の名著50」

ロビンズ，アンソニー

14268　「あなたはいまの自分と握手できるか」
『あなたはいまの自分と握手できるか——人生成功のキッカケをつくる本！』　アンソニー・ロビンズ著　邱永漢訳　三笠書房　1995　249p　19cm　1100円　①4-8379-5521-5
☆「世界の成功哲学50の名著エッセンスを解く」

14269　「一瞬で自分を変える法」
『一瞬で自分を変える法』　アンソニー・ロビンズ著　本田健訳・解説　三笠書房　2012　314p　15cm〈知的生きかた文庫〉　590円　①978-4-8379-8120-6
☆「マンガでわかるビジネス名著」

14270　「小さな自分で満足するな！」
『小さな自分で満足するな！』　アンソニー・ロビンズ著　邱永漢訳　三笠書房　1997　248p　19cm　1200円　①4-8379-5537-1　Ⓝ159
☆「世界の自己啓発50の名著」

ロビンズ，エイモリー

14271　「ソフトエネルギー・パス」
☆「物理ブックガイド100」

ロビンス，ステファン・P.

14272　「組織行動のマネジメント」
『組織行動のマネジメント——入門から実践へ』　スティーブン・P.ロビンス著　高木晴夫訳　新版　ダイヤモンド社　2009　507p　21cm〈文献あり　索引あり〉　2800円　①978-4-478-00459-3　Ⓝ336.3
☆「あらすじで読む世界のビジネス名著」

ロビンズ，E.

14273　「最期のとき：一三四名の自殺になにがあったのか」
☆「精神医学の名著50」

ロビンズ，H.

14274　「数学とは何か」
『数学とは何か——考え方と方法への初等的接近』　R.クーラント,H.ロビンズ共著　I.スチュアート改訂　森口繁一監訳　原書第2版　岩波書店　2001　599p　22cm〈文献あり〉　5800円

Ⓘ4-00-005523-2 Ⓝ410
☆「数学ブックガイド100」

ロビンズ, L.

14275 「経済学の本質と意義」
『経済学の本質と意義』 ライオネル・ロビンズ著　辻六兵衛訳　東洋経済新報社　1957　238p 図版　19cm〈附：引用文献目録〉Ⓝ331.39
☆「学問がわかる500冊」，「経済学の名著30」，「経済学88物語」，「現代経済学の名著」，「世界名著大事典」

ロビンスン

14276 「タワリング・インフェルノ」
☆「世界の冒険小説・総解説」

ロビンソン, マリリン

14277 「ホーム」
☆「世界の小説大百科」

ロビンソン, E.A.

14278 「空を背にした男」
☆「世界名著大事典 補遺(Extra)」

14279 「トリストラム」
☆「世界名著大事典 補遺(Extra)」

14280 「二度死んだ男」
☆「世界名著大事典 補遺(Extra)」

14281 「夜の子ら」
☆「世界名著大事典 補遺(Extra)」

ロビンソン, J.

14282 「経済学の考え方」
『経済学の考え方』 ジョーン・ロビンソン著　宮崎義一訳　岩波書店　1966　255p 19cm　400円　Ⓝ331
☆「学問がわかる500冊」

14283 「現代経済学」
『現代経済学』 ジョーン・ロビンソン，ジョン・イートウェル著　宇沢弘文訳　岩波書店　1976　451p　22cm　2200円　Ⓝ331
☆「経済学名著106選」，「現代ビジネス書・経済書総解説」

14284 「資本蓄積論」
『資本蓄積論』 ジョーン・ロビンソン著　杉山清訳　みすず書房　1987　485,6p 21cm　5500円　Ⓘ4-622-01709-1
☆「経済学88物語」，「世界の古典名著」，「世界名著大事典」

14285 「不完全競争の経済学」
『不完全競争の経済学』 ジョーン・ロビンソン著　加藤泰男訳　文雅堂書店　1957　454p 22cm（現代経済学名著選集　第1　明治大学経済学研究会編）〈附録：収益逓増と収益逓減　421-454p〉Ⓝ331.39
☆「経済学88物語」，「世界名著大事典」

ローブ

14286 「生命機械説」
☆「世界名著大事典」

14287 「全一体としての生物」
☆「世界名著大事典」

ロブ・グリエ, A.

14288 「新しい小説のために」
☆「世界名著大事典 補遺(Extra)」

14289 「去年マリエンバードで」
☆「世界名著大事典 補遺(Extra)」

14290 「消しゴム」
☆「世界名著大事典 補遺(Extra)」

14291 「嫉妬」
☆「世界の小説大百科」，「世界の名作100を読む」，「世界文学鑑賞辞典 第2」，「世界文学の名作と主人公」，「世界名著大事典 補遺(Extra)」，「必読書150」，「フランス文学」，「文学・名著300選の解説 '88年度版」

14292 「覗く人」
☆「世界名著大事典 補遺(Extra)」

14293 「不滅の女」
☆「世界名著大事典 補遺(Extra)」

14294 「迷路のなかで」
『迷路のなかで』 アラン・ロブ・グリエ著　平岡篤頼訳　講談社　1998　243p　16cm（講談社文芸文庫）〈肖像あり　年譜あり　著作目録あり〉　940円　Ⓘ4-06-197602-8　Ⓝ953.7
☆「ポケット世界名作事典」

ロブサンダンジン

14295 「アルタン・トプチ」
☆「世界名著大事典」

ロープシン

14296 「蒼ざめた馬」
『蒼ざめた馬』 ロープシン著　工藤正広訳　オンデマンド版　晶文社　2007　206p 19cm（晶文社オンデマンド選書）　2300円　Ⓘ978-4-7949-1082-0
☆「世界文学あらすじ大事典 1（あ・きよう）」，「世界文学鑑賞辞典 第2」，「世界名著大事典」

ロブソン, ポール

14297 「ポール・ロブソン自伝—ここに私は立つ」
☆「伝記・自叙伝の名著」

ロフタス, E.F.

14298 「目撃者の証言」
『目撃者の証言』 エリザベス・F.ロフタス著 西本武彦訳 誠信書房 1987 265p 21cm 2800円 ①4-414-30263-3
☆「学問がわかる500冊」

ロフティング, H.J.

14299 「ドリトル先生アフリカゆき」
『ドリトル先生アフリカゆき』 ヒュー・ロフティング作 井伏鱒二訳 新版 岩波書店 2000 252p 18cm（岩波少年文庫） 680円 ①4-00-114021-7
☆「一冊で不朽の名作100冊を読む」（友人社），「一冊で不朽の名作100冊を読む」（友人社），「世界少年少女文学 ファンタジー編」,「名作の研究事典」

14300 「ドリトル先生航海記」
『ドリトル先生航海記』 ヒュー・ロフティング著 福岡伸一訳 新潮社 2014 380p 19cm（新潮モダン・クラシックス） 1600円 ①978-4-10-591001-3
☆「あらすじで出会う世界と日本の名作55」,「世界文学の名作と主人公」

14301 「ドリトル先生物語」
『ドリトル先生物語』 ヒュー・ロフティング作 神鳥統夫文 景山ひとみ絵 ポプラ社 1989 123p 21cm（こども世界名作童話 38） 680円 ①4-591-03308-2
☆「世界文学あらすじ大事典3（ちか－ふろ）」,「世界名著大事典」

ローベック

14302 「地形学」
☆「世界名著大事典」

ロペ・デ・ベーガ

14303 「国王こそは無二の判官」
『上なき判官これ天子―他一篇』 ロペ・デ・ベーガー著 永田寛定訳 日本評論社 1948 224p 15cm（世界古典文庫 第36） Ⓝ962
☆「世界文学あらすじ大事典1（あ－きょう）」,「世界名著大事典」

14304 「新戯曲作法」
☆「世界名著大事典」

14305 「セヴィラの星」
☆「学術辞典叢書 第13巻」,「世界名著解題選 第2巻」,「世界文学鑑賞辞典 第2」

14306 「農場の番犬」
『スペイン黄金世紀演劇集』 牛島信明編訳 名古屋 名古屋大学出版会 2003 502,13p 22cm〈年表あり〉 6000円 ①4-8158-0464-8 Ⓝ962
☆「世界文学あらすじ大事典3（ちか－ふろ）」

14307 「秘密な復讐」
☆「学術辞典叢書 第13巻」,「世界名著解題選 第3巻」

14308 「フエンテ・オベフーナ」
『フエンテオベフーナ』 ロペ・デ・ベーガ［著］ 飯野昭夫訳注 大学書林 1985 197p 19cm〈他言語標題：Fuenteovejuna〉
☆「世界名著大事典」

14309 「ペリバーニェスとオカーニャの騎士団長」
☆「世界名著大事典」

ローベルト

14310 「ギリシア神話」
☆「世界名著大事典」

14311 「考古解釈学」
☆「世界名著大事典」

ロベルト, フェデリコ・デ

14312 「副王家の一族」
☆「世界の小説大百科」

ローマー

14313 「エクソン接収」
『エクソン接収』 リチャード・ローマー著 矢野徹訳 集英社 1978 238p 20cm（Playboy books）〈編集：綜合社〉 1200円 Ⓝ933
☆「世界の冒険小説・総解説」

14314 「多元宇宙の帝国」
『多元宇宙の帝国』 キース・ローマー著 矢野徹訳 早川書房 1978 260p 16cm（ハヤカワ文庫 SF） 300円 Ⓝ933
☆「世界のSF文学・総解説」

ローマ・クラブ

14315 「成長の限界―ローマ・クラブ「人類の危機」レポート」
☆「経済学名著106選」,「20世紀を震撼させた100冊」,「本の定番」ブックガイド」

ロマショーフ

14316 「大いなる力」
☆「世界名著大事典」

14317 「空気まんじゅう」
☆「世界名著大事典」

ローマックス, J.

14318 「ヴァイキングの航海」
『ヴァイキングの航海―「ガイア号」でアメリカ大陸へ』 ジュディ・ローマックス著 仙名紀訳 図書出版社 1994 444p 19cm（海外旅行選書） 3502円 ①4-8099-0715-5
☆「世界の海洋文学」

ロマーニズ
14319「ダーウィン，およびダーウィン以後」
☆「世界名著大事典」

ロマーノフ
14320「日露戦争外交史」
☆「世界名著大事典」

ロマン，ジュール
14321「クノック」
『クノック』ジュール・ロマン著　岩田豊雄訳　新潮社　1953　100p　15cm（新潮文庫　第555）Ⓝ952
☆「世界文学鑑賞辞典 第2」，「世界名著大事典」

14322「善意の人びと」
☆「現代世界の名作」，「世界文学鑑賞辞典 第2」，「世界文学の名作と主人公」，「世界名著大事典」，「フランス文学」，「ポケット世界名作事典」

14323「プシケ」
『プシケ　第3部』ジュール・ロマン著　青柳瑞穂訳　新潮社　1955　238p　16cm（新潮文庫）Ⓝ953
☆「世界文学鑑賞辞典 第2」，「世界名著大事典」

14324「ユナニムな生」
☆「世界名著大事典」

14325「ヨーロッパ」
☆「世界名著大事典」

ロミュー
14326「ブロンテ姉妹の生涯」
☆「伝記・自叙伝の名著」

ロムブローゾ，チェザーレ
14327「天才論」
☆「学術辞典叢書 第12巻」，「世界名著解題選 第3巻」

ローラー，A．
14328「分子生物学入門」
☆「物理ブックガイド100」

ロラン，ロマン
14329「愛と死との戯れ」
『愛と死との戯れ』ロマン・ロラン作　片山敏彦訳　岩波書店　1960　120p　15cm（岩波文庫）Ⓝ952
☆「世界文学鑑賞辞典 第2」

14330「革命劇」
☆「世界名著大事典」

14331「ジャン・クリストフ」
『ジャン・クリストフ　第6』ロマン・ロラン著　村上菊一郎訳　角川書店　1967　390p　15cm（角川文庫）　150円　Ⓝ953

☆「あらすじで味わう外国文学」，「あらすじで味わう名作文学」，「あらすじで読む世界の名著 no.1」，「一冊で世界の名著100冊を読む」，「近代名著解題選集 2」，「現代世界の名作」，「『こころ』は本当に名作か」，「古典・名著の読み方」，「3行でわかる名作&ヒット本250」，「少年少女のための文学案内 1」，「世界の書物」，「世界の長編文学」，「世界の名作」，「世界の名作おさらい」，「世界の名作100を読む」，「世界の名著」，「世界文学あらすじ大事典 2（きよよ‐ちえ）」，「世界文学鑑賞辞典 第2」，「世界文学の名作と主人公」，「世界名作事典」，「世界名作文学館」，「世界名著解題選 第2巻」，「世界名著大事典」，「世界・名著のあらすじ」，「日本文学現代名作事典」，「入門名作の世界」，「百年の誤読 海外文学篇」，「フランス文学」，「文学・名著300選の解説 '88年度版」，「ポケット世界名作事典」，「名作の研究事典」，「名作へのパスポート」

14332「戦いを越えて」
☆「世界名著大事典」

14333「トルストイの生涯」
『トルストイの生涯』ロマン・ロラン著　蛯原徳夫訳　岩波書店　2005　289p　15cm（岩波文庫）〈第22刷〉　700円　Ⓘ4-00-325561-5
☆「伝記・自叙伝の名著」

14334「ピエールとリュース」
『ピエールとリュース』ロマン・ロラン著　宮本正清訳　新装版　みすず書房　2006　124p　19cm　1600円　Ⓘ4-622-07223-8
☆「名作への招待」

14335「フォカス氏」
『フォカス氏』ジャン・ロラン著　篠田知和基訳　月刊ペン社　1981　222p　20cm（妖精文庫　30）1500円　Ⓝ953
☆「世界の幻想文学」

14336「ベートーヴェンの生涯」
『ベートーヴェンの生涯』ロマン・ロラン著　片山敏彦訳　岩波書店　1983　200p　20cm（岩波クラシックス　33）〈文献：p175～190〉1100円　Ⓝ762.34
☆「世界名著大事典」

14337「マハトマ・ガンディ」
☆「世界名著大事典」

14338「ミケランジェロの生涯」
『ミケランジェロの生涯』ロマン・ロラン著　倉田清訳　角川書店　1966　174p　図版　15cm（角川文庫）　100円　Ⓝ702.8
☆「世界名著大事典」

14339「魅せられたる魂」
『魅せられたる魂　1』ロマン・ロラン作　宮本正清訳　〔改版〕岩波書店　1989　479p　15cm（岩波文庫）　670円　Ⓘ4-00-325541-0
☆「世界文学あらすじ大事典 4（ふん‐われ）」，「世界文学鑑賞辞典 第2」，「世界名作事典」，「世界名

著大事典」,「ポケット世界名作事典」,「名小説ス
トーリイ集 世界篇」

14340 「ミレー」
『ミレー』 ロマン・ロラン著 蛯原德夫訳 改
版 岩波書店 1959 171p 図版 15cm〈岩
波文庫〉 Ⓝ723.5
☆「世界名著大事典」

14341 「民衆劇論」
☆「世界名著解題選 第6巻」,「世界名著大事典」

ローランド

14342 「東西の芸術」
☆「世界名著大事典」

ローラント・ホルスト・ファン・デル・スハルク

14343 「新生」
☆「世界名著大事典」

ローリー

14344 「シェークスピア」
☆「世界名著大事典」

14345 「世界史」
☆「西洋をきずいた書物」

ローリア

14346 「社会機構の経済的基礎」
☆「世界名著大事典」

ローリング, ジョアン・キャスリーン

14347 「ハリー・ポッター・シリーズ」
☆「英米児童文学のベストセラー40」,「知っておきたいイギリス文学」,「世界少年少女文学 ファンタジー編」,「百年の誤読」,「名作あらすじ事典 西洋文学編」

ローリングズ, M.K.

14348 「子鹿物語」
『仔鹿物語 上』 ローリングズ著 土屋京子訳
光文社 2012 420p 16cm〈光文社古典新訳
文庫 KAロ3-3〉〈「鹿と少年」(2008年刊)の
改題・改訂〉 895円 Ⓘ978-4-334-75260-6
Ⓝ933.7
☆「一冊で不朽の名作100冊を読む」(友人社),「一冊で不朽の名作100冊を読む」(友人社),「現代世界の名作」,「少年少女のための文学案内 1」,「世界少年少女文学 リアリズム編」,「世界文学鑑賞辞典 第1」,「世界文学の名作と主人公」,「世界名著大事典」,「ポケット世界名作事典」,「名作の研究事典」

ローリンソン, H.C.

14349 「ベヒスタンのペルシア語楔形文字碑文」
☆「世界名著大事典 補遺(Extra)」

ロル

14350 「経済思想史」
☆「世界名著大事典」

ロールズ, ジョン

14351 「人権について」
『人権について—オックスフォード・アムネスティ・レクチャーズ』 ジョン・ロールズほか著 スティーヴン・シュート, スーザン・ハーリー編 中島吉弘, 松田まゆみ訳 みすず書房
1998 304,6p 19cm 2900円
Ⓘ4-622-03667-3
☆「平和を考えるための100冊+α」

14352 「正義論」
『正義論』 ジョン・ロールズ著 川本隆史, 福間聡, 神島裕子訳 改訂版 紀伊國屋書店
2010 813p 21cm〈原書改訂版〉 7500円
Ⓘ978-4-314-01074-0
☆「教養のためのブックガイド」,「経済学の名著30」,「現代政治学の名著」,「政治・権力・公共性」,「政治哲学」,「世界の哲学50の名著」,「超解『哲学名著』事典」,「20世紀を震撼させた100冊」,「はじめて学ぶ政治学」,「はじめて学ぶ法哲学・法思想」

ロルフ, フレデリック

14353 「ハドリアヌス7世」
☆「世界の小説大百科」

ローレン, トーマス

14354 「日本の高校」
『日本の高校—成功と代償』 トーマス・ローレン著 友田泰正訳 サイマル出版会 1988
381p 19cm〈著者の肖像あり〉 2800円
Ⓘ4-377-10777-1 Ⓝ376.2
☆「学問がわかる500冊」

ローレンス, クリストファー

14355 「エジソンに消された男」
『エジソンに消された男—映画発明史の謎を追って』 クリストファー・ローレンス著 鈴木圭介訳 筑摩書房 1992 460,4p 19cm
2900円 Ⓘ4-480-83122-3
☆「伝記・自叙伝の名著」

ローレンス, マーガレット

14356 「占う者たち」
☆「世界の小説大百科」

ロレンス, D.H.

14357 「アポカリプス論」
☆「世界の古典名著」

14358 「馬で去った女」
☆「日本・世界名作「愛の会話」100章」

14359 「海とサルデーニャ」

『海とサルデーニャ―紀行・イタリアの島』デイヴィッド・ハーバート・ロレンス, 武藤浩史訳 オンデマンド版 晶文社 2007 324p 19cm〈晶文社オンデマンド選書〉 3200円 ⓘ978-4-7949-1084-4
☆「世界の海洋文学」

14360 「カンガルー」
☆「世界名著大事典」

14361 「現代人は愛しうるか」
☆「現代人のための名著」

14362 「恋する女たち」
☆「イギリス文学」,「世界の小説大百科」,「世界文学あらすじ大事典 2（きよえ・ちえ）」,「世界文学の名作と主人公」,「世界名著大事典」

14363 「死んだ男」
☆「世界の幻想文学」

14364 「チャタレイ夫人の恋人」
『チャタレイ夫人の恋人―完訳』ロレンス著 伊藤整訳 伊藤礼補訳 新潮社 1996 575p 15cm〈新潮文庫〉 760円 ⓘ4-10-207012-5 Ⓝ933.7
☆「あらすじで味わう外国文学」,「イギリス文学」,「英米文学の名作を知る本」,「3行でわかる名作&ヒット本250」,「新潮文庫20世紀の100冊」,「図説 5分でわかる世界の名作」,「世界の小説大百科」,「世界の書物」,「世界の名作100を読む」,「世界の名作文学が2時間で分かる本」,「世界文学あらすじ大事典 3（ちか・ふろ）」,「世界文学鑑賞辞典 第1」,「世界文学の名作と主人公」,「世界文学必勝法」,「世界名作事典」,「世界名作文学館」,「世界名著大事典」,「大作家"ろくでなし"列伝」,「二十世紀を騒がせた本」,「20世紀を震撼させた100冊」,「百年の誤読 海外文学篇」,「文学・名著300選の解説'88年度版」,「ベストセラー世界の文学・20世紀 1」,「ポケット世界名作事典」,「名作の読解法」,「名作はこのように始まる 2」,「名小説ストーリィ集 世界篇」,「要約 世界文学全集 1」,「読んでおきたい世界の名著」

14365 「翼ある蛇」
☆「世界文学あらすじ大事典 3（ちか・ふろ）」

14366 「無意識の幻想」
☆「世界名著大事典」

14367 「息子と恋人」
『息子と恋人―長篇小説 下巻』ロレンス著 三宅幾三郎, 清野暢一郎訳 三笠書房 1939 408p 19cm Ⓝ933
☆「あらすじで読む世界文学105」,「イギリス文学」,「一冊で世界の名作100冊を読む」,「現代世界の名著」,「知っておきたいイギリス文学」,「世界の小説大百科」,「世界の名作文学案内」,「世界の名著」,「世界文学あらすじ大事典 4（ふん・われ）」,「世界文学鑑賞辞典 第1」,「世界文学の名作と主人公」,「世界名著大事典」,「たのしく読めるイギリス文学」,「入門名作の世界」,「名作あらすじ事典 西洋文学編」,「私（わたし）の世界文学案内」

ロレンス, T.E.

14368 「知恵の七柱」
☆「イギリス文学」,「教養のためのブックガイド」,「世界文学あらすじ大事典 2（きよえ・ちえ）」,「世界名著大事典」,「たのしく読めるイギリス文学」,「歴史家の名著30」,「歴史家の一冊」

ローレンツ, コンラート

14369 「運動物体の電気的、光学的現象に関する試論」
☆「西洋をきずいた書物」,「世界を変えた書物」

14370 「攻撃」
『攻撃―悪の自然誌』コンラート・ローレンツ著 日高敏隆, 久保和彦共訳 みすず書房 1985 385p 20cm〈新装版〉 2200円 ⓘ4-622-01599-4 Ⓝ481.78
☆「科学技術をどう読むか」,「20世紀を震撼させた100冊」

14371 「相対性原理」
☆「世界名著大事典」

14372 「ソロモンの指環」
『ソロモンの指環―動物行動学入門』コンラート・ローレンツ著 日高敏隆訳 新装版 早川書房 2006 275p 19cm 1600円 ⓘ4-15-208738-2
☆「科学の10冊」

14373 「電子論」
『電子論』ローレンツ著 訳・解説：広重徹 東海大学出版会 1973 412p 22cm〈物理科学の古典 6〉 2800円 Ⓝ427.15
☆「自然科学の名著」,「世界名著大事典」

14374 「動物行動学」
『動物行動学 1』コンラート・ローレンツ著 丘直通, 日高敏隆訳 再装版 新思索社 2005 516p 21cm 5000円 ⓘ4-7835-0236-6
☆「世界の古典名著」,「ブックガイド心理学」

14375 「文明化した人間の八つの大罪」
『文明化した人間の八つの大罪』コンラート・ローレンツ著 日高敏隆, 大羽更明訳 新装版 新思索社 1995 166p 19cm 1600円 ⓘ4-7835-0212-9
☆「学問がわかる500冊 v.2」

14376 「マクスウェルの電磁気論とその運動体への応用」
☆「西洋をきずいた書物」

ロワ, ガブリエル

14377 「ブリキのフルート」
☆「世界の小説大百科」

ロワ, X.
14378 「クジラと泳いだ子どもたち」
『クジラと泳いだ子どもたち―白鯨クラブの冒険旅行』 グザヴィエ・ロワ著 ベカエール直美訳 早川書房 1989 293p 19cm 1700円 Ⓘ4-15-203414-9
☆「世界の海洋文学」

ロンギノス
14379 「崇高について」
『崇高について』 ロンギノス, 小田実著 名古屋河合文化教育研究所, 河合出版〔発売〕 1999 319p 19cm 2900円 Ⓘ4-87999-998-9
☆「世界名著大事典」

ロング, H.W.
14380 「正しい性生活」
☆「性の世界的名著から十七篇」

ロングスタッフ
14381 「わが山の生涯」
『わが山の生涯』 トム・ロングスタッフ著 望月達夫訳 第2版 白水社 1979 414,36p 20cm 2500円 Ⓝ290.9
☆「山の名著30選」

ロングフェロー
14382 「エヴァンジェリン」
☆「現代世界の名作」, 「世界文学鑑賞辞典 第1」, 「世界名著大事典」, 「ポケット世界名作事典」

14383 「ハイアワサの歌」
☆「世界文学あらすじ大事典 3（ちか‐ふろ）」

14384 「民謡詩集」
☆「世界名著大事典」

ロンゴス
14385 「ダフニスとクロエー」
『シャガール ダフニスとクロエー』 ロンゴス文 松平千秋訳 マルク・シャガール絵 普及版 岩波書店 2005 151p 28cm 2800円 Ⓘ4-00-008216-7 Ⓝ991.3
☆「『こころ』は本当に名作か」, 「世界文学あらすじ大事典 2（きよえ‐ちえ）」, 「世界名著大事典」, 「日本の古典・世界の古典」

ロンサール
14386 「オード集」
☆「世界文学鑑賞辞典 第2」, 「世界名著大事典」

14387 「ラ・フランシアード」
☆「世界文学鑑賞辞典 第2」

14388 「恋愛詩集」
☆「世界名著大事典」

ローントリー
14389 「貧困」
☆「世界名著大事典」

ロンドン, ジャック
14390 「海の狼」
『海の狼』 ジャック・ロンドン著 関弘訳 トパーズプレス 1996 409p 19cm（シリーズ百年の物語 3） 1400円 Ⓘ4-924815-21-7 Ⓝ933.7
☆「世界の海洋文学」, 「世界文学あらすじ大事典 1（あ‐きょう）」

14391 「ジャック・ロンドン放浪記」
『ジャック・ロンドン放浪記』 ジャック・ロンドン原作 川本三郎訳・解説 小学館 1995 285p 19cm 1500円 Ⓘ4-09-251014-4
☆「世界の旅行記101」

14392 「白い牙」
『白い牙』 ジャック・ロンドン著 深町真理子訳 光文社 2009 504p 15cm（光文社古典新訳文庫） 914円 Ⓘ978-4-334-75178-4
☆「少年少女のための文学案内 1」, 「世界文学鑑賞辞典 第1」, 「世界名著大事典」, 「ポケット世界名作事典」

14393 「星を駆ける者」
☆「世界のSF文学・総解説」

14394 「野生の呼び声」
『野生の呼び声―level 3 (1600-word)』 ジャック・ロンドン著 IBCパブリッシング 2007 137p 18cm（洋販ラダーシリーズ）〈発売：日本洋書販売〉 800円 Ⓘ978-4-89684-498-6
☆「アメリカ文学」, 「一冊で不朽の名作100冊を読む」（友人社）, 「一冊で不朽の名作100冊を読む」（友人社）, 「英米文学の名作を知る本」, 「面白いほどよくわかる世界の文学」, 「書き出し「世界文学全集」」, 「現代世界の名作」, 「世界少年少女文学 リアリズム編」, 「世界の小説大百科」, 「世界文学あらすじ大事典 2（きよえ‐ちえ）」, 「世界文学鑑賞辞典 第1」, 「世界文学の名作と主人公」, 「世界名著大事典」, 「たのしく読めるアメリカ文学」, 「百年の誤読 海外文学篇」, 「名作の研究事典」

ロンブローゾ
14395 「犯罪人論」
☆「西洋をきずいた書物」, 「世界の古典名著」, 「世界名著大事典」

【ワ】

ワイス, P.
14396 「追究」

☆「世界名著大事典 補遺(Extra)」

14397　「抵抗の美学」
☆「世界名著大事典 補遺(Extra)」

14398　「ベトナム討論」
☆「世界名著大事典 補遺(Extra)」

14399　「ヘルダーリン」
☆「世界名著大事典 補遺(Extra)」

14400　「亡命のトロツキー」
☆「世界名著大事典 補遺(Extra)」

14401　「マラー/サド劇」
☆「世界名著大事典 補遺(Extra)」

14402　「ルシタニアの怪物の歌」
☆「世界名著大事典 補遺(Extra)」

ワイズマン, アウグスト

14403　「胚原形質論」
☆「近代名著解題選集 2」,「世界名著解題選 第3巻」

ワイズマン, リチャード

14404　「運のいい人、悪い人」
『運のいい人、悪い人―運を鍛える四つの法則』リチャード・ワイズマン著　矢羽野薫訳　角川書店　2004　259p　19cm　1400円　Ⓘ4-04-791459-2
☆「世界の成功哲学50の名著エッセンスを解く」

ワイゼンバウム

14405　「コンピュータ・パワー―その驚異と脅威」
『コンピュータ・パワー―人工知能と人間の理性』ジョセフ・ワイゼンバウム著　秋葉忠利訳　サイマル出版会　1979　335p　19cm〈出典・参考文献：p329～335〉　2100円
Ⓝ535.54
☆「科学技術をどう読むか」

ワイツゼッカー, エルンスト・U. フォン

14406　「地球環境政策」
『地球環境政策―地球サミットから環境の21世紀へ』エルンスト・ウルリッヒ・フォン・ワイツゼッカー著　宮本憲一, 楠田貢典, 佐々木建監訳　有斐閣　1994　344p　21cm　3090円　Ⓘ4-641-06660-4
☆「学問がわかる500冊 v.2」

14407　「ファクター4―豊かさを二倍に、資源消費を半分に」
『ファクター4―豊かさを2倍に、資源消費を半分に』エルンスト・ウルリッヒ・フォン・ワイツゼッカー, エイモリー・B.ロビンス,L.ハンター・ロビンス著　佐々木建訳　省エネルギーセンター　1998　438,24p　19cm　2600円　Ⓘ4-87973-184-6

☆「学問がわかる500冊 v.2」

ワイニンゲル

14408　「性と性格」
『性と性格』ワイニンゲル著　村上啓夫訳　春秋社　1936　364,9p　18cm〈春秋文庫　第3部 第97〉　Ⓝ491
☆「性の世界的名著から十七篇」,「世界名著大事典」

ワイル, ヘルマン

14409　「空間, 時間, 物質」
☆「世界名著大事典」

14410　「群論と量子力学（復刻版）」
☆「世界名著大事典」,「ブックガイド〈数学〉を読む」

14411　「シンメトリー」
『シンメトリー』ヘルマン・ヴァイル著　遠山啓訳　紀伊國屋書店　1970　165p　22cm　2000円　Ⓘ4-314-00062-7　Ⓝ410.4
☆「ブックガイド〈数学〉を読む」

14412　「数学と自然科学の哲学」
☆「世界名著大事典」

14413　「リーマン面の概念」
☆「世界名著大事典」

ワイルダー

14414　「インガルズ一家の物語」
☆「世界文学の名作と主人公」

14415　「大きな森の小さな家」
『大きな森の小さな家―大草原の小さな家シリーズ』ローラ・インガルス・ワイルダー作　こだまともこ, 渡辺南都子訳　丹地陽子絵　講談社　2012　214p　18cm〈講談社青い鳥文庫〉　600円　Ⓘ978-4-06-285302-6
☆「一冊で不朽の名作100冊を読む」(友人社),「一冊で不朽の名作100冊を読む」(友人社),「英米児童文学のベストセラー40」,「英米文学の名作を知る本」,「世界少年少女文学 リアリズム編」,「たのしく読めるアメリカ文学」

14416　「危機一髪」
『危機一髪』ソーントン・ワイルダー著　水谷八也訳　新樹社　1995　233p　19cm〈ソーントン・ワイルダー戯曲集　2〉　1800円　Ⓘ4-7875-8435-9
☆「世界文学あらすじ大事典1（あ・きよう）」

14417　「サン・ルイス・レイ橋」
『サン・ルイス・レイ橋』ワイルダー著　松村達雄訳　岩波書店　1951　174p　15cm〈岩波文庫〉　Ⓝ933
☆「世界文学あらすじ大事典2（きよえ・ちえ）」,「世界文学鑑賞辞典 第1」,「世界名著大事典」,「ポケット世界名作事典」

14418　「大草原の小さな家」

『大草原の小さな家―大草原の小さな家シリーズ』 ローラ・インガルス・ワイルダー作 こだまともこ,渡辺南都子訳 丹地陽子絵 新装版 講談社 2012 331p 18cm（講談社青い鳥文庫） 720円 ①978-4-06-285315-6
☆「あらすじで出会う世界と日本の名作55」,「世界のメルヘン30」

14419 「長い冬」
『長い冬』 ローラ・インガルス・ワイルダー作 谷口由美子訳 岩波書店 2000 487p 18cm（岩波少年文庫） 800円 ①4-00-114515-4
☆「世界名著大事典」,「名作の研究事典」

ワイルダー,T.

14420 「わが町」
『わが町』 ソーントン・ワイルダー著 額田やえ子訳 新装版 劇書房,構想社〔発売〕 2001 121p 19cm（劇書房ベストプレイシリーズ） 1714円 ①4-87574-595-8
☆「英米文学の名作を知る本」,「世界文学あらすじ大事典 4（ふん‐われ）」,「世界名著大事典」,「たのしく読めるアメリカ文学」

ワイルド,オスカー

14421 「ウィンダミア卿夫人の扇」
『ウィンダミア卿夫人の扇』 ワイルド著 厨川圭子訳 岩波書店 1952 124p 15cm（岩波文庫） Ⓝ932
☆「世界文学あらすじ大事典 1（あ‐きよう）」,「世界名著大事典」

14422 「幸福な王子」
『幸福な王子』 オスカー・ワイルド著 IBCパブリッシング,日本洋書販売〔発売〕 2007 145p 18cm（洋販ラダーシリーズ）〈本文：英文〉 800円 ①978-4-89684-145-9
☆「あらすじで読む世界の名著 no.3」,「一冊で人生論の名著を読む」,「英米文学の名作を知る本」,「世界の名作文学案内」,「世界のメルヘン30」,「世界名作事典」,「世界名著大事典」,「ポケット世界名作事典」,「名作の研究事典」

14423 「獄中記」
『獄中記』 オスカー・ワイルド著 田部重治訳 改訂版 角川書店 1998 117p 15cm（角川文庫） 320円 ①4-04-211902-6 Ⓝ934.6
☆「世界の古典名著」,「世界文学あらすじ大事典 2（きよえ‐ちえ）」

14424 「サロメ」
☆「あらすじで読む世界文学105」,「英米文学の名作を知る本」,「面白いほどよくわかる世界の文学」,「学術辞典叢書 第13巻」,「図説 5分でわかる世界の名作」,「世界の名作」,「世界の名作100を読む」,「世界文学鑑賞辞典 第1巻」,「世界名著解題選 第2巻」,「世界名著大事典」,「たのしめるイギリス文学」,「文学・名著300選の解説 '88年度版」,「名小説ストーリイ集 世界篇」

14425 「デ・プロフンディス」
☆「世界名著大事典」

14426 「ドリアン・グレイの肖像」
『ドリアン・グレイの肖像』 オスカー・ワイルド著 仁木めぐみ訳 光文社 2006 447p 15cm（光文社古典新訳文庫） 743円 ①4-334-75118-0
☆「あらすじで味わう外国文学」,「あらすじで読む世界の名著 no.1」,「イギリス文学」,「一冊で世界の名著100冊を読む」,「書き出し「世界文学全集」」,「聴いてあじわう世界の名著 第1巻」,「近代名著解題選集 1」,「近代名著解題選集 2」,「現代世界の名作」,「知っておきたいイギリス文学」,「世界の幻想文学」,「世界の小説大百科」,「世界の名著」,「世界文学あらすじ大事典 3（ちかーふろ）」,「世界文学鑑賞辞典 第1」,「世界文学の名作と主人公」,「世界名作文学館」,「世界名著解題選 第3巻」,「世界名著大事典」,「世界・名著のあらすじ」,「たのしく読めるイギリス文学」,「日本・世界名作「愛の会話」100章」,「ポケット世界名作事典」,「名作あらすじ事典 西洋文学編」,「要約 世界文学全集 1」

14427 「母国語の歴史的研究」
☆「世界名著大事典」

14428 「まじめが肝心」
☆「世界文学あらすじ大事典 4（ふん‐われ）」

ワイルド,パーシヴァル

14429 「検屍裁判―インクエスト」
『検屍裁判』 パーシヴァル・ワイルド著 黒沼健訳 新潮社 1959 311p 16cm（新潮文庫） Ⓝ933
☆「世界の推理小説・総解説」

ワイルド,H.C.K.

14430 「近代英語口語史」
☆「世界名著大事典」

ワインバーグ,スティーブン

14431 「宇宙創成はじめの三分間」
『宇宙創成はじめの三分間』 スティーヴン・ワインバーグ著 小尾信弥訳 新版 ダイヤモンド社 1995 258p 19cm 1700円 ①4-478-85011-9
☆「科学の10冊」,「物理ブックガイド100」

14432 「電子と原子核の発見」
☆「教養のためのブックガイド」

ワーグナー,オットー

14433 「近代建築」
『近代建築』 オットー・ヴァーグナー著 樋口清,佐久間博訳 特装版 中央公論美術出版

2012　220p　30cm〈原書第3版〉　25000円
①978-4-8055-0680-6
☆「世界名著大事典」

ワグナー，シリアン

14434　「社会福祉施設のとるべき道―英国・ワグナーレポート」
『社会福祉施設のとるべき道―英国・ワグナーレポート』　ジリアン・ワグナー著　山県文治監訳　雄山閣出版　1992　270p　21cm　3800円　①4-639-01102-4
☆「学問がわかる500冊」

ワグナー，リヒャルト

14435　「オペラとドラマ」
☆「世界名著大事典」

14436　「歌劇と演劇」
☆「西洋をきずいた書物」

14437　「芸術と革命」
☆「世界名著大事典」

14438　「現代の建築」
☆「自然科学の名著」

14439　「心の器官としての人間の脳」
☆「世界名著大事典」

14440　「さすらいのオランダ人」
☆「世界文学鑑賞辞典 第3」，「世界名著大事典」

14441　「さまよえるオランダ人」
☆「世界の海洋文学」，「世界の幻想文学」

14442　「タンホイザー」
☆「世界文学鑑賞辞典 第3」，「世界名著大事典」

14443　「トリスタンとイゾルデ」
☆「世界名著大事典」

14444　「ニーベルングの指環」
『ニーベルングの指環　下』　ワーグナー[作]　高辻知義訳　音楽之友社　2002　366p　19cm（オペラ対訳ライブラリー）　2400円　①4-276-35563-X　Ⓝ766.1
☆「世界文学あらすじ大事典 3（ちか・ふろ）」，「世界名著大事典」，「ポケット世界名作事典」

14445　「ニュルンベルクのマイスタージンガー」
☆「世界名著大事典」

14446　「パルシファル」
☆「世界名著大事典」

14447　「3つの歌劇」
☆「西洋をきずいた書物」

14448　「未来の芸術作品」
☆「世界名著大事典」

14449　「ローエングリーン」
☆「世界文学鑑賞辞典 第3」，「世界名著大事典」

ワグナー，A.H.G.

14450　「財政学」
『財政学』　ワグナー著　滝本美夫訳編　同文館　1904　2冊（上・下巻618p）　23cm（世界経済叢書　第4,6冊）　Ⓝ340
☆「経済学名著106選」，「世界名著大事典」

ワーグナー，G.

14451　「海商法提要」
☆「世界名著大事典」

ワグナー，R.E.

14452　「赤字財政の政治経済学」
『赤字財政の政治経済学―ケインズの政治的遺産』　J.M.ブキャナン,R.E.ワグナー著　深沢実,菊池威訳　文真堂　1979　215,8p　22cm　2400円　Ⓝ333
☆「経済学名著106選」

ワーグナー，W.

14453　「中国農業」
☆「世界名著大事典」

14454　「地理学教科書」
☆「世界名著大事典」

ワーグナー

14455　「歴史学」
☆「世界名著大事典」

ワシレーフスカヤ，ワンダ

14456　「いましめられた大地」
☆「世界名著大事典」

14457　「虹」
『虹』　ワシレーフスカヤ著　袋一平訳　角川書店　1961　310p　15cm（角川文庫）　Ⓝ989.8
☆「世界文学鑑賞辞典 第4」，「世界名著大事典」，「名小説ストーリイ集 世界篇」

14458　「水の上の歌」
☆「世界名著大事典」

14459　「夜明け」
『夜明け　上』　ワンダ・ワシレフスカヤ著　原卓也訳　大日本雄弁会講談社　1956　203p　図版　18cm（ミリオン・ブックス）　Ⓝ983
☆「世界文学鑑賞辞典 第4」

ワシントン，ブッカー・T.

14460　「奴隷より立ち上りて」
☆「自伝の名著101」

ワーズワース

14461　「隠者編」
☆「世界名著大事典」

14462　「逍遥」
☆「近代名著解題選集 2」,「世界名著大事典」

14463　「序曲」
☆「世界文学鑑賞辞典 第1」,「世界名著大事典」,「たのしく読めるイギリス文学」

14464　「抒情民謡集」
☆「西洋をきずいた書物」,「世界の名著」,「世界文学鑑賞辞典 第1」,「世界名著大事典」,「たのしく読めるイギリス文学」,「日本の古典・世界の古典」,「ポケット世界名作事典」

14465　「霊魂不滅を思う」
☆「世界名著大事典」

ワッサーマン

14466　「コロンブス―海のドン・キホーテ」
☆「伝記・自叙伝の名著」

ワッツ

14467　「最高の同一性」
☆「世界名著大事典」

ワット

14468　「メッカにおけるマホメット」
☆「世界名著大事典」

ワトキン, デヴィッド

14469　「モラリティと建築―ゴシック・リヴァイヴァルから近代建築運動に至るまでの、建築史学と建築理論における主題の展開」
☆「建築の書物/都市の書物」

ワトスン, イアン

14470　「スロー・バード」
『スロー・バード』 イアン・ワトスン著　大森望ほか訳　早川書房　2007　430p　15cm（ハヤカワ文庫SF）　860円　①978-4-15-011615-6
☆「世界のSF文学・総解説」

ワトソン, ウィニフレッド

14471　「ミス・ペティグルーの多忙な一日」
☆「世界の小説大百科」

ワトソン, ジェームズ・D.

14472　「核酸の分子的構造」
☆「自然科学の名著100選 下」,「世界を変えた書物」

14473　「DNA」
『DNA 上　二重らせんの発見からヒトゲノム計画まで』 ジェームス・D.ワトソン, アンドリュー・ベリー著　青木薫訳　講談社　2005　323p　18cm（ブルーバックス）　1140円
①4-06-257472-1
☆「大学新入生に薦める101冊の本」,「ブックガイド 文庫で読む科学」

14474　「デオキシリボ核酸の構造」
☆「20世紀を震撼させた100冊」

14475　「二重らせん―DNAの構造を発見した科学者の記録」
『二重らせん―DNAの構造を発見した科学者の記録』 ジェームス・D.ワトソン著　江上不二夫, 中村桂子訳　講談社　2012　245p　18cm（ブルーバックス）　900円
①978-4-06-257792-2
☆「大人のための世界の名著50」,「科学技術をどう読むか」,「科学の10冊」,「教養のためのブックガイド」,「世界がわかる理系の名著」,「ブックガイド 文庫で読む科学」,「物理ブックガイド100」

ワトソン, ジョン

14476　「行動主義」
☆「近代欧米名著解題 第8巻」,「心理学の名著12選」,「世界名著大事典」

14477　「行動主義者の立場から見た心理学」
☆「世界名著大事典」,「ブックガイド心理学」

ワトソン, ライアル

14478　「風の博物誌」
『風の博物誌　上』 ライアル・ワトソン著　木幡和枝訳　河出書房新社　1996　332p　15cm（河出文庫）　680円　①4-309-46158-1
☆「読書入門」

14479　「生命潮流」
『生命潮流―来たるべきものの予感』 ライアル・ワトソン著　木幡和枝ほか訳　工作舎　1982　510p　21cm〈参考文献：p465〜510〉　2200円　Ⓝ460
☆「世界の古典名著」

ワトソン・ジュニア, トマス

14480　「IBMを世界的企業にしたワトソンJr.の言葉」
☆「世界で最も重要なビジネス書」

14481　「企業よ信念をもて」
☆「究極のビジネス書50選」

ワトル, ウォレス・D.

14482　「金持ちになるための科学」
☆「世界の成功哲学50の名著エッセンスを解く」

ワールター

14483　「モーパッサンの情熱的生涯」
☆「伝記・自叙伝の名著」

ワルター

14484　「書誌」
☆「世界名著大事典」

ワルダ・セラシエ, ヘルイ

14485 「新世界」
☆「世界の小説大百科」

ワルタリ, ミカ

14486 「エジプト人」
『エジプト人　上巻』ミカ・ワルタリ著　飯島淳秀訳　角川書店　1960　274p　15cm（角川文庫）Ⓝ994
☆「映画になった名著」,「世界文学あらすじ大事典1（あ～きよう）」,「世界名著大事典」,「ポケット世界名作事典」

ワルドー, ドワイト

14487 「行政国家」
☆「世界名著大事典」

ワールドロップ, M.ミッチェル

14488 「複雑系―科学革命の震源地・サンタフェ研究所の天才たち」
『複雑系―科学革命の震源地・サンタフェ研究所の天才たち』M.ミッチェル・ワールドロップ著　田中三彦, 遠山峻征訳　新潮社　2000　683p　15cm（新潮文庫）933円 Ⓘ4-10-217721-3
☆「新潮文庫20世紀の100冊」,「世界で最も重要なビジネス書」,「ブックガイド〈数学〉を読む」

ワルラス

14489 「応用経済学研究」
☆「世界名著大事典」

14490 「社会経済学研究」
☆「世界名著大事典」

14491 「純粋経済学要論」
『純粋経済学要論―社会的富の理論』レオン・ワルラス著　久武雅夫訳　岩波書店　1983　531p　22cm　4800円 Ⓝ331.73
☆「経済学の名著」,「経済学の名著30」,「経済学88物語」,「経済学名著106選」,「世界の古典名著」,「世界名著大事典」

ワルレーゼル

14492 「自我の問題」
☆「近代欧米名著解題 第2巻」

ワロン, H.

14493 「児童における性格の起源」
『児童における性格の起源―人格意識が成立するまで』ワロン著　久保田正人訳　明治図書出版　1965　270p　22cm Ⓝ371.45
☆「教育学の世界名著100選」,「世界名著大事典 補遺（Extra）」,「21世紀の教育基本書」

【 ABC 】

Boeke, Kees

14494 「Cosmic View the Universe in Forty Jumps」
☆「ブックガイド"宇宙"を読む」

DBCピエール

14495 「ヴァーノン・ゴッド・リトル―死をめぐる21世紀の喜劇」
☆「世界の小説大百科」

Hargittai, István

14496 「Candid Science」
☆「教養のためのブックガイド」

H.D.

14497 「アスフォデル」
☆「世界の小説大百科」

P.ローレンス, ウィリアム

14498 「婦人投票権」
☆「西洋をきずいた書物」

P.ローレンス, エメリーン

14499 「婦人投票権」
☆「西洋をきずいた書物」

【 作者不詳 】

14500 「アイスランド・サガ」
『スールの子ギースリのサガ―アイスランドサガ』大塚光子訳　川崎麻生出版　2011　222p　22cm〈「スールの子ギースリの物語」（三省堂1987年刊）の復刊　文献あり〉3800円 Ⓘ978-4-905383-01-7 Ⓝ949.53
☆「世界の海洋文学」

14501 「愛壇」
☆「世界名著大事典 補遺（Extra）」

14502 「アヴェスター経典」
☆「世界を変えた100冊の本」,「世界名著大事典」,「東洋の奇書55冊」

14503 「赤毛のエリクのサガ」
☆「世界名著大事典」

14504 「赤頭巾」
☆「世界名著大事典 補遺（Extra）」

14505 「アクタ・エルディトルム」
☆「世界名著大事典」

14506 「阿含経」
『阿含経』　友松円諦著　大東出版社　1935
340p　20cm（仏教聖典を語る叢書　第2巻）
Ⓝ183.1
☆「学術辞典叢書 第15巻」、「世界名著解題選 第1巻」、「世界名著大事典」、「日本の古典名著」

14507 「アタルヴァ・ヴェーダ」
『アタルヴァ・ヴェーダ　第1』　常磐井尭猷, 岩本裕訳　京都　常磐井研究室　98p　23cm
Ⓝ129
☆「世界の奇書」、「世界名著大事典」、「東洋の奇書55冊」、「東洋の名著」

14508 「アヒルブズニヤ・サンヒター」
☆「世界名著大事典」

14509 「阿弥陀経」
『阿弥陀経―浄土三部経3』　瓜生津隆真著　京都　本願寺出版社　1997　205p　22cm（聖典セミナー）　2200円　Ⓘ4-89416-866-9　Ⓝ183.5
☆「世界名著大事典」

14510 「アーヤーランガ・スッタ」
☆「世界名著大事典」、「東洋の名著」

14511 「嵐」
☆「現代世界の名作」

14512 「アラビアン・ナイト」
『千夜一夜物語―バートン版 1』　バートン［著］　大場正史訳　筑摩書房　2003　635p　15cm（ちくま文庫）　1400円
Ⓘ4-480-03841-8　Ⓝ929.763
☆「学術辞典叢書 第12巻」、「近代名著解題選集 2」、「少年少女のための文学案内 2」、「世界の海洋文学」、「世界の小説大百科」、「世界の書物」、「世界の長編文学」、「世界の名作100を読む」、「世界の名著」、「世界文学あらすじ大事典 2 (きよえ－ちえ)」、「世界文学鑑賞辞典 第2」、「世界文学の名作と主人公」、「世界名作事典」、「世界名著解題選 第2巻」、「世界名著大事典」、「世界・名著のあらすじ」、「千年紀のベスト100作品を選ぶ」、「東洋の奇書55冊」、「東洋の名著」、「日本の古典・世界の古典」、「文学・名著300選の解説 '88年度版」、「ポケット世界名作事典」、「名作の研究事典」、「読んでおきたい世界の名著」

14513 「アングロ・サクソン年代記」
『アングロ・サクソン年代記』　大沢一雄著　朝日出版社　2012　343p　21cm　2800円
Ⓘ978-4-255-00684-0
☆「世界名著大事典」

14514 「晏子春秋」
『晏子春秋』　山田琢著　6版　明徳出版社　2008　209p　19cm（新装版中国古典新書）　2500円　Ⓘ978-4-89619-233-9
☆「中国の古典名著」

14515 「アンタル物語」

☆「世界名著大事典 補遺(Extra)」、「東洋の名著」

14516 「イアーソーンと金羊毛」
☆「世界文学あらすじ大事典 1 (あ - きよう)」

14517 「イェツィラー」
☆「世界名著大事典」

14518 「イーゴリ遠征物語」
『イーゴリ遠征物語』　木村彰一訳　岩波書店　1983　215p　15cm（岩波文庫）　300円
Ⓝ981
☆「一冊で世界の名著100冊を読む」、「知っておきたいロシア文学」、「世界文学あらすじ大事典 1 (あ - きよう)」、「世界文学鑑賞辞典 第4」、「世界名著大事典」

14519 「緯書」
『緯書』　安居香山著　明徳出版社　1969　218p　20cm（中国古典新書）　750円　Ⓝ123
☆「世界名著大事典」

14520 「医宗金鑑」
☆「世界名著大事典」

14521 「板橋三娘子」
☆「東洋の奇書55冊」

14522 「イタリア語―ドイツ語辞典」
☆「西洋をきずいた書物」

14523 「イナーオ」
☆「世界名著大事典」

14524 「韻鏡」
『韻鏡』　三沢諄治郎著　新訂(修補版)　神戸　三沢ゆう　1956　98p　25cm（韻鏡の研究 第5冊）〈謄写版〉　Ⓝ821.1
☆「世界名著大事典」

14525 「因明三十三過本作法」
☆「世界名著大事典」

14526 「ヴァイシェーシカ・スートラ」
『ヴァイシェーシカ・スートラ―古代インドの分析主義的実在論哲学』　カナーダ編　チャンドラーナンダ註　宮元啓一訳註　京都　臨川書店　2009　260p　19cm　2600円
Ⓘ978-4-653-04037-8
☆「世界名著大事典」

14527 「ヴァスデーヴァ・ヒンディ」
☆「東洋の奇書55冊」

14528 「ヴィクトリア朝妖精物語」
『ヴィクトリア朝妖精物語』　風間賢二編　筑摩書房　1990　555p　15cm（ちくま文庫）　980円　Ⓘ4-480-02484-0　Ⓝ933

14529 「ヴィシュヌ・プラーナ」
☆「世界名著大事典」、「東洋の名著」

14530 「ヴェーダ」

『ヴェーダーリーラー・カイヴァッリャ・ヴァーヒニー stream of cosmic sport divine』サティヤ・サイ・ババ著　小栗知加子訳　第2版　サティヤサイ出版協会　2010　67p　19cm　800円　Ⓘ978-4-916138-41-5　Ⓝ168
☆「学術辞典叢書 第15巻」、「近代名著解題選集 2」、「世界の哲学思想」、「世界名著解題選 第3巻」、「世界名著大事典」

14531　「ヴェーターラ・パンチャヴィンシャティカー」
☆「世界名著大事典」

14532　「ウェヌスの夜祭り」
☆「世界名著大事典」

14533　「ウッタラジャーヤー・スッタ」
☆「世界名著大事典」

14534　「ウパニシャッド」
『ウパニシャッド─原典訳』岩本裕編訳　筑摩書房　2013　381p　15cm（ちくま学芸文庫 ウ20-1）　1400円　Ⓘ978-4-480-09519-0　Ⓝ126.3
☆「学術辞典叢書 第15巻」、「近代名著解題選集 2」、「図解世界の名著がわかる本」、「世界を変えた100冊の本」、「世界の哲学思想」、「世界名著解題選 第1巻」、「世界名著大事典」

14535　「ウプネカト」
☆「世界名著大事典」

14536　「易経」
『易経』三浦國雄著　角川学芸出版, 角川グループパブリッシング〔発売〕　2010　250p　15cm（角川ソフィア文庫 ビギナーズ・クラシックス中国の古典）　819円　Ⓘ978-4-04-407215-5
☆「学術辞典叢書 第15巻」、「教養のためのブックガイド」、「世界を変えた100冊の本」、「世界の書物」、「世界名著解題選 第1巻」、「世界名著大事典」、「中国古典名著のすべてがわかる本」、「中国の古典名著」、「『論語』から『孫子』まで一気にわかる中国古典超入門」

14537　「エギルのサガ」
☆「世界名著大事典」

14538　「エッダ」
『エッダ─古代北欧歌謡集』V.G.ネッケル等編　谷口幸男訳　新潮社　1973　310,14p 図　20cm〈参考文献：p.305-310〉　1300円　Ⓝ949.5
☆「世界の奇書」、「世界の幻想文学」、「世界の名著」、「世界文学あらすじ大事典 1（あ‐きょう）」、「世界名著解題選 第1巻」、「世界名著大事典」

14539　「エヌマ・エリシュ」
『筑摩世界文学大系 1　古代オリエント集』筑摩書房　1978　669,18p　23cm　2900円　Ⓝ908

☆「世界の奇書」

14540　「エベルス・パピルス」
☆「世界名著大事典」

14541　「円覚経」
『円覚経』境野黄洋著　東方書院編　東方書院　1934　66p　23cm（日本宗教講座）Ⓝ188.8
☆「世界名著大事典」

14542　「エンサイクロペディア・ブリタニカ」
☆「西洋をきずいた書物」

14543　「エンドルの魔女」
☆「世界の幻想文学」

14544　「王の鏡」
☆「世界名著大事典」

14545　「オーカッサンとニコレット」
『オーカッサンとニコレット─歌物語』川本茂雄訳　岩波書店　1952　95p　15cm（岩波文庫）Ⓝ951
☆「世界文学あらすじ大事典 1（あ‐きょう）」、「世界文学鑑賞辞典 第2」、「世界名著大事典」、「ポケット世界名作事典」

14546　「オーストリア音楽の記念碑」
☆「世界名著大事典」

14547　「オーベロン」
☆「日本の古典・世界の古典」

14548　「オルペウスとエウリュディケ」
☆「世界文学あらすじ大事典 1（あ‐きょう）」

14549　「拐伽経」
☆「世界名著解題選 第3巻」

14550　「カイスとライラ」
☆「世界名著大事典 補遺（Extra）」

14551　「ガウェイン卿と緑の騎士」
『ガウェイン卿と緑の騎士』境田進訳〔境田進〕　1984　95,8p　16×22cm〈製作：秀文インターナショナル 限定版〉　非売品　Ⓝ931
☆「世界文学あらすじ大事典 1（あ‐きょう）」、「たのしく読めるイギリス文学」

14552　「学記」
☆「世界名著大事典」

14553　「カータカ・ウパニシャッド」
☆「世界名著大事典」、「東洋の名著」

14554　「カーダム宝冊」
☆「世界名著大事典」

14555　「カッパ・スッタ」
☆「世界名著大事典」

14556　「カドモス」
☆「世界文学あらすじ大事典 1（あ‐きょう）」

14557　「カバラ」

『カバラーユダヤ神秘思想の系譜』 箱崎総一著
新版 青土社 2007 450,12p 19cm
2800円 ①978-4-7917-6335-1
☆「世界を変えた100冊の本」

14558 「カムイユーカラ」
☆「世界名著大事典」

14559 「歌謡10万」
☆「世界名著大事典」

14560 「観音経」
『観音経』 中野東禅著 講談社 1990 205p
18cm 1000円 ①4-06-180480-4
☆「世界名著大事典」

14561 「観無量寿経」
『観無量寿経』 梯實圓著 京都 本願寺出版社
2003 387p 22cm（聖典セミナー 浄土三部
経 2） 3800円 ①4-89416-105-2 Ⓝ183.5
☆「世界名著大事典」

14562 「鬼子母経」
☆「東洋の奇書55冊」

14563 「狐物語」
『狐物語』 鈴木覚,福本直之,原野昇訳 岩波書
店 2002 345p 15cm（岩波文庫） 660円
①4-00-375014-4
☆「世界文学あらすじ大事典 1（あ‐きよう）」、「世
界文学鑑賞辞典 第2」、「世界文学鑑賞辞典 第3」、
「世界名著大事典」、「日本の古典・世界の古典」、
「名作の研究事典」

14564 「救世主」
☆「日本の古典・世界の古典」

14565 「旧約聖書」
☆「学術辞典叢書 第12巻」、「近代名著解題選 2」、
「図解世界の名著がわかる本」、「世界を変えた100
冊の本」、「世界の「名著」50」、「世界の名著早わ
かり事典」、「世界名著解題選 第1巻」、「哲学の世
界」、「私の古典」

14566 「杏花天」
☆「東洋の奇書55冊」

14567 「玉耶経」
☆「世界名著大事典」

14568 「ギリシア詞華集」
☆「世界名著大事典」

14569 「ギルガメシュ叙事詩」
『ギルガメシュ叙事詩』 矢島文夫訳 筑摩書房
1998 266p 15cm（ちくま学芸文庫）
900円 ①4-480-08409-6
☆「世界の奇書」、「世界の幻想文学」、「世界文学あ
らすじ大事典 2（きよえ‐ちえ）」、「世界文学必勝
法」、「世界名著大事典」

14570 「儀礼」
『儀礼 1』 池田末利訳注 東海大学出版会

1973 2冊（別冊図共） 22cm（東海大学古典
叢書） Ⓝ123.42
☆「世界名著大事典」、「中国の古典名著」

14571 「金七十論」
☆「世界名著大事典」

14572 「孔雀東南飛」
☆「世界名著大事典」

14573 「孔雀明王経」
☆「世界名著大事典」

14574 「クードルーン」
『クードルーン―中世ドイツ英雄叙事詩』 古賀
允洋著 大学書林 1987 286p 21cm
5000円
☆「世界名著大事典」

14575 「クピードーとプシューケー」
☆「世界文学あらすじ大事典 2（きよえ‐ちえ）」

14576 「グラント・サーヒブ」
☆「世界名著大事典」

14577 「グリフヤ・スートラ」
☆「世界名著大事典」

14578 「クレス商業・経済学文庫目録」
☆「世界名著大事典」

14579 「グレティルのサガ」
☆「世界文学あらすじ大事典 2（きよえ‐ちえ）」、
「世界名著大事典」

14580 「クーン・チャーン・クーン・ペーン」
☆「世界名著大事典」

14581 「荊釵記」
☆「世界名著大事典」

14582 「京本通俗小説」
☆「世界名著大事典」、「中国の古典名著」、「東洋の
名著」

14583 「華厳経」
『華厳経―現代意訳』 原田霊道訳著 書肆心水
2010 302p 22cm 5700円
①978-4-902854-79-4 Ⓝ183.4
☆「学術辞典叢書 第15巻」、「世界名著解題選 第1
巻」、「世界名著大事典」、「日本の古典名著」

14584 「解深密経」
☆「世界名著大事典」

14585 「ゲルマン方言文法双書」
☆「世界名著大事典」

14586 「剣俠伝」
☆「世界名著大事典」

14587 「元曲選」
『元曲選―国訳』 塩谷温訳 目黒書店 318p
22cm Ⓝ922
☆「中国の古典名著」

14588 「原始仏教聖典」
☆「東洋の名著」

14589 「現代イタリア幻想短篇集」
『現代イタリア幻想短篇集』 竹山博英編訳 国書刊行会 1995 311p 20cm〈新装版〉 2700円 ①4-336-03746-9 Ⓝ973

14590 「現代高踏詩集」
☆「世界名著大事典」

14591 「元朝秘史」
『元朝秘史 上』 小沢重男訳 岩波書店 1997 317p 15cm(岩波文庫) 600円 ①4-00-334111-2
☆「世界名著大事典」、「地図とあらすじで読む歴史の名著」、「中国の古典名著」、「わたしの古典 続」

14592 「ケンブリジ中世史」
☆「世界名著大事典」

14593 「功過格」
☆「世界名著大事典」

14594 「考工記」
☆「世界名著大事典」

14595 「孔子家語」
『孔子家語』 宇野精一著 古橋紀宏編 明治書院 2004 158p 18cm(新書漢文大系 27) 1000円 ①4-625-66336-9
☆「世界名著大事典」、「中国の古典名著」

14596 「黄帝内経」
☆「中国の古典名著」

14597 「皇明実録」
☆「世界名著大事典」

14598 「古今雑劇三十種」
☆「世界名著大事典」

14599 「国際的危機(国家論)」
☆「近代欧米名著解題 第9巻」

14600 「古詩十九首」
☆「世界名著大事典」

14601 「古代医学」
☆「世界名著大事典」

14602 「五代史平話」
☆「世界名著大事典」

14603 「金剛頂経」
『金剛頂経 上』 宮坂宥勝監修 乾仁志編 三井淳司執筆 四季社 2006 246p 22cm(真言宗教相全書 傍訳解題 第5巻) 16000円 ①4-88405-338-9 Ⓝ183.7
☆「世界名著大事典」

14604 「金剛般若経」
☆「世界名著大事典」

14605 「金光明経」
『金光明経』 壬生台舜著 新装版 [東京] 大蔵出版 2006 390p 19cm(佛典講座 13)〈折り込1枚〉 5800円 ①4-8043-5456-5 Ⓝ183.6
☆「学術辞典叢書 第15巻」、「世界名著解題選 第1巻」、「世界名著大事典」

14606 「サガ」
☆「世界名著大事典」

14607 「サレルノ養生訓」
『サレルノ養生訓―地中海式ダイエットの法則』 佐々木巖著 柴田書店 2001 287p 19cm 1800円 ①4-388-35306-X
☆「西洋をきずいた書物」

14608 「サーンキヤ・スートラ」
☆「世界名著大事典」

14609 「三教源流捜神大全」
☆「世界名著大事典」

14610 「三十六計」
『三十六計―秘本兵法』 和田武司訳 大橋武夫解説 徳間書店 1981 264p 19cm 1500円 Ⓝ399.2
☆「戦略の名著! 最強43冊のエッセンス」、「中国の古典名著」

14611 「三百物語」
☆「日本の古典・世界の古典」

14612 「三略」
『三略』 真鍋呉夫訳 中央公論新社 2004 123p 15cm(中公文庫BIBLIO S) 724円 ①4-12-204371-9
☆「世界名著大事典 補遺(Extra)」、「中国古典名著のすべてがわかる本」、「中国の古典名著」

14613 「シヴェーターシヴァタラ・ウバニシャッド」
☆「世界名著大事典」

14614 「シオンの議定書」
『シオンの議定書―定本』 四王天延孝原訳 天童竺丸補訳・解説 成甲書房 2012 189p 20cm〈他言語標題：THE PROTOCOLS OF THE ELDERS OF ZION〉 1600円 ①978-4-88086-287-3 Ⓝ316.88
☆「世界の奇書」

14615 「死海写本」
☆「世界の奇書」

14616 「死者の書」
『死者の書―古代エジプトの遺産パピルス カラー版』 矢島文夫文 遠藤紀勝写真 社会思想社 1986 183p 25cm〈パピルス見本1枚貼付 付(1枚 パピルス髄14片 袋入)：パピルス製作キット 参考文献：p179〉 5800円

ⓘ4-390-60285-3 Ⓝ242
☆「世界の奇書」,「世界名著解題選 第2巻」,「世界名著大事典」

14617　「詩集」
☆「現代世界の名作」,「日本の古典・世界の古典」

14618　「システム・ド・ラ・ナチール」
☆「近代名著解題選集 2」

14619　「地蔵菩薩本願経」
『地蔵菩薩本願経―和文』　畑田慧順編　皇恩会事務所〔ほか〕　1926　94丁　19cm〈共同刊行：森江佐七　付：西院河原和讃延命地蔵経略懺法　和装〉Ⓝ183
☆「世界名著大事典」

14620　「実語録」
☆「世界名著大事典」

14621　「悉曇字記」
☆「世界名著大事典」

14622　「四分律」
☆「世界名著大事典」

14623　「ジャイナ教」
☆「東洋の名著」

14624　「釈摩訶衍論」
『釈摩訶衍論』　那須政隆編　福田亮成補訂　成田　大本山成田山新勝寺　1992　536p　23cm〈興教大師八五〇年御遠忌紀念 共同刊行：成田山仏教研究所〉Ⓝ183.95
☆「世界名著大事典」

14625　「ジャータカ」
☆「世界名著大事典」,「東洋の名著」

14626　「ジャータカマーラー」
☆「世界名著大事典」

14627　「ジャータカ物語」
『ジャータカ物語―インドの古いおはなし』　辻直四郎, 渡辺照宏訳　新版　岩波書店　2006　231p　19cm（岩波少年文庫）　640円
ⓘ4-00-114139-6
☆「名作の研究事典」

14628　「シャタパタ・ブラーフマナ」
☆「世界名著大事典」,「東洋の名著」

14629　「ジャックと豆の木」
☆「名作の研究事典」

14630　「シャバラ・バーシュヤ」
☆「世界名著大事典」

14631　「シャルルマーニュの巡礼」
☆「世界文学あらすじ大事典 2（きよえ・ちえ）」

14632　「シャーンディリヤ・バクティスートラ」
☆「世界名著大事典」

14633　「周易」
『周易―現代語訳』　高森良人訳　支那哲学叢書刊行会　372p　19cm（支那哲学叢書　第2）Ⓝ123
☆「教養のためのブックガイド」,「東洋の名著」

14634　「十誦律」
☆「世界名著大事典」

14635　「十二遊経」
☆「世界名著大事典」

14636　「十万白竜」
『十万白竜―西蔵古代神話』　寺本婉雅訳　帝国出版協会　1906　110,79p（上・下合本）23cm　Ⓝ160
☆「世界名著大事典」

14637　「シュカ・サプタティ」
☆「世界名著大事典」

14638　「守護国界主陀羅尼経」
☆「世界名著大事典」

14639　「術について」
☆「世界名著大事典」

14640　「首楞厳経」
☆「学術辞典叢書 第15巻」,「世界名著解題選 第2巻」,「世界名著大事典」

14641　「春香伝」
『春香伝』　許南麒訳　岩波書店　2000　190p　15cm（岩波文庫）　460円　ⓘ4-00-320731-9
☆「世界文学あらすじ大事典 2（きよえ・ちえ）」,「世界名著大事典」,「日本の古典・世界の古典」

14642　「春秋」
『春秋　上』　安居香山, 中村璋八編　明徳出版社　1988　214,68p　21cm（重修 緯書集成　巻4上）　8300円
☆「世界名著大事典」,「中国の古典名著」,「『論語』から『孫子』まで一気にわかる中国古典超入門」

14643　「尚書」
『尚書』　孔安国伝　京都　神田喜左衛門　1915　1冊　38cm〈複製　和装〉Ⓝ728
☆「学術辞典叢書 第15巻」

14644　「勝鬘経」
『勝鬘経』　中村瑞隆著　宝文館　1960　232p　20cm（仏教の聖典）Ⓝ183.56
☆「学術辞典叢書 第15巻」,「教育の名著80選解題」,「世界名著解題選 第2巻」,「世界名著大事典」

14645　「書経」
『書経』　野村茂夫著　明徳出版社　1974　247p　20cm（中国古典新書）　1500円　Ⓝ123.2
☆「学術辞典叢書 第15巻」,「近代名著解題選集 2」,「世界名著大事典」,「中国の古典名著」,「『論語』から『孫子』まで一気にわかる中国古典超入門」

14646 「植民の書」
☆「世界名著大事典」

14647 「詩話」
☆「中国の古典名著」

14648 「神農本草経」
『神農本草経』 森立之輯 新刻校補 松本一男校補 昭文堂 1984 8,274,156p 28cm 18000円 Ⓝ499.5
☆「世界名著大事典 補遺(Extra)」

14649 「新百話」
☆「世界名著大事典」

14650 「神病論」
☆「世界名著大事典」

14651 「新約聖書」
『新約聖書』 フランシスコ会聖書研究所訳注 サンパウロ 2012 729p 19cm 1700円
Ⓘ978-4-8056-4014-2
☆「近代名著解題選集 2」,「図解世界の名著がわかる本」,「西洋をきずいた書物」,「世界を変えた100冊の本」,「世界の「名著」50」,「世界の名著早わかり事典」,「世界名著解題選 第2巻」,「哲学の世界」,「私の古典」

14652 「新約全書」
☆「学術辞典叢書 第12巻」

14653 「真理の福音」
☆「世界を変えた100冊の本」

14654 「宿曜経」
『宿曜経―縮刷』 不空訳 名古屋 脇田文紹 1897 41,30p(上・下合本) 19cm Ⓝ183
☆「世界名著大事典」

14655 「スッタニパータ」
『スッタニパータ―仏教最古の世界』 並川孝儀著 岩波書店 2008 201p 20cm(書物誕生 あたらしい古典入門)〈シリーズの編者：内山勝利, 丘山新, 杉山正明 文献あり〉 2100円
Ⓘ978-4-00-028285-7 Ⓝ183
☆「世界名著大事典」

14656 「ステーヤ・シャーストラ」
☆「東洋の奇書55冊」

14657 「ストゥラ」
☆「近代名著解題選集 2」

14658 「スミス・パピルス」
☆「世界名著大事典」

14659 「スーヤガダ」
☆「世界名著大事典」

14660 「スンマ・ペルフェクティオニス」
☆「世界名著大事典」

14661 「世記経」

☆「東洋の奇書55冊」

14662 「西京雑記」
『西京雑記―訳注 独断―訳注』 福井重雅編 東方書店 2000 389p 22cm 6400円
Ⓘ4-497-20007-8 Ⓝ924.4
☆「世界名著大事典」

14663 「聖書」
『聖書』 福万広信著 日本キリスト教団出版局 2013 94p 21cm 800円
Ⓘ978-4-8184-0850-0 Ⓝ193
☆「大人のための世界の名著50」,「教育の名著80選解題」,「教養のためのブックガイド」,「西洋をきずいた書物」,「世界を変えた10冊の本」,「世界の自己啓発50の名著」,「世界の書物」,「世界の哲学思想」,「世界の名著」,「世界名著大事典」,「日本の古典・世界の古典」,「文学・名著300選の解説 '88年度版」,「私の古典」,「わたしの古典」

14664 「聖秋について」
☆「世界名著大事典」

14665 「聖杯物語」
☆「世界名著大事典」

14666 「聖フランチェスコの小さい花」
☆「世界名著大事典」

14667 「聖母奇跡劇」
☆「世界名著大事典」

14668 「寂寞」
☆「東洋の名著」

14669 「切韻指掌図」
☆「世界名著大事典」

14670 「摂生法」
☆「世界名著大事典」

14671 「セビーリャの星」
☆「世界文学あらすじ大事典 2(きよえ・ちえ)」

14672 「善見律毘婆沙」
☆「世界名著大事典」

14673 「宣誓」
☆「世界名著大事典」

14674 「全相平話」
☆「世界名著大事典」

14675 「ゼンダ・アヴェスタ」
☆「近代名著解題選集 2」,「世界名著解題選 第2巻」

14676 「1851年の万国産業大博覧会」
☆「西洋をきずいた書物」

14677 「創世記」
『創世記』 C.B.シンクレア著 小友聡訳 日本キリスト教団出版局 2011 170p 21cm(現代聖書注解スタディ版) 2300円
Ⓘ978-4-8184-0796-1
☆「必読書150」

14678 「宋蔵遺珍」
☆「世界名著大事典」

14679 「蘇悉地経」
☆「世界名著大事典」

14680 「素女経」
☆「性の世界的名著から十七篇」

14681 「ゾーハル」
『ゾーハル―カバラーの聖典』 エルンスト・ミュラー編訳 石丸昭二訳 法政大学出版局 2012 478,5p 19cm（叢書・ウニベルシタス） 5400円 Ⓘ978-4-588-00976-1
☆「世界名著大事典」

14682 「尊前集」
☆「世界名著大事典」

14683 「大越史記全書」
『大越史記全書―校合本 上』 黎僖ほか撰 陳荊和編校 東京大学東洋文化研究所附属東洋学文献センター刊行委員会 1984 511p 21cm（東洋文献センター叢刊 第42輯） Ⓝ223.1
☆「世界名著大事典」

14684 「大学」
『大学』 宇野哲人全訳注 講談社 1983 126p 15cm（講談社学術文庫） 420円 Ⓘ4-06-158594-0 Ⓝ123.81
☆「学術辞典叢書 第12巻」,「近代名著解題選集 2」,「世界名著解題選 第2巻」,「世界名著大事典」,「中国古典名著のすべてがわかる本」,「中国の古典名著」

14685 「大元帥明王儀軌」
☆「東洋の奇書55冊」

14686 「大航海時代叢書」
☆「世界の海洋文学」

14687 「大集経」
☆「世界名著大事典」

14688 「大乗集菩薩学論」
☆「世界名著大事典」

14689 「大乗荘厳経論」
☆「世界名著大事典」

14690 「大乗造像功徳経」
☆「世界名著大事典」

14691 「大乗同性経」
☆「世界名著大事典」

14692 「大乗仏典」
『大乗仏典』 中村元編 筑摩書房 2008 446p 21cm〈第20刷（第1刷1974年）〉 4000円 Ⓘ978-4-480-84075-2
☆「世界の書物」

14693 「大乗密厳経」
☆「世界名著大事典」

14694 「大清歴朝実録」
☆「世界名著大事典」

14695 「大蔵経」
『大蔵経―縮刷』 竹園行潜等校 博文閣 1914 1062p 23cm Ⓝ183
☆「世界名著大事典」

14696 「大唐三蔵取経詩話」
『大唐三蔵取経詩話―大倉文化財団蔵 宋版』 太田辰夫,磯部彰訳 汲古書院 1997 254p 22cm 9000円 Ⓘ4-7629-2614-0 Ⓝ923.5
☆「世界名著大事典」

14697 「大南寔録」
☆「世界名著大事典」

14698 「大日経」
『大日経―住心品』 宮坂宥勝編著 四季社 2004 337p 22cm（真言宗教相全書 傍説解題 第1巻） 16000円 Ⓘ4-88405-284-6 Ⓝ183.7
☆「世界名著大事典」,「日本の古典名著」

14699 「大ニッバーナ経」
☆「世界名著大事典」,「東洋の名著」

14700 「大般涅槃経」
『大般涅槃経―新訳』 原田霊道訳著 大洋社 1937 402p 19cm Ⓝ183
☆「世界名著大事典」

14701 「大般若波羅蜜多経」
☆「世界名著大事典」

14702 「大毘婆沙論」
☆「世界名著大事典」

14703 「大品般若経」
☆「世界名著大事典」

14704 「太平経」
☆「世界名著大事典」

14705 「大明高僧伝」
☆「世界名著大事典 補遺（Extra）」

14706 「タットヴァサマーサ」
☆「世界名著大事典」

14707 「達摩多羅禅経」
☆「世界名著大事典」

14708 「ダニエル書補遺」
☆「世界の奇書」

14709 「達磨大師安心法門」
☆「世界名著大事典」

14710 「タルムード」
『タルムード モエードの巻 メギラー篇』 市川裕訳・監修 岩下賜示訳編 ライブ 1993

239,15p　31cm　Ⓝ199
☆「世界名著大事典」

14711　「壇経」
☆「教養のためのブックガイド」

14712　「ダンマパダ」
『ダンマパダ―ブッダの〈真理の言葉〉日常語訳』　今枝由郎訳　トランスビュー　2013　205p　19cm〈文献あり〉　1200円
Ⓘ978-4-7987-0142-4　Ⓝ183.19
☆「世界を変えた100冊の本」、「世界の自己啓発50の名著」

14713　「痴婆子伝」
『痴婆子伝―邦訳』　風月亭主人訳　太平書屋　1988　195p　19cm〈原文併載　校訂と編集：太平主人　限定版〉　6000円　Ⓝ923.5
☆「東洋の奇書55冊」

14714　「チャーンドーギヤ・ウパニシャッド」
☆「世界名著大事典」

14715　「中国の神話・伝説」
☆「名作の研究事典」

14716　「長老偈」
☆「世界名著大事典」、「東洋の名著」

14717　「長老尼偈」
☆「世界名著大事典」、「東洋の名著」

14718　「ディダケ」
☆「世界名著大事典」

14719　「ディーパヴァンサ」
☆「世界名著大事典」

14720　「テストゥーンと呼ぶある基本貨幣の価値宣言書」
☆「西洋をきずいた書物」

14721　「哲学的諸科学集成第一巻論理学」
☆「近代欧米名著解題　第8巻」

14722　「哲学的諸科学集成第一巻論理学（続篇）」
☆「近代欧米名著解題　第8巻」

14723　「転女身経」
☆「東洋の奇書55冊」

14724　「伝道の書あるいは説教者」
☆「書き出し「世界文学全集」」

14725　「ドイツ語新約聖書」
☆「西洋をきずいた書物」

14726　「ドイツ神学」
『ドイツ神学』　マルティン・ルター編　徳沢得二訳　新教出版社　1949　174p　19cm　Ⓝ191
☆「世界名著大事典」

14727　「稲稈経」
☆「世界名著大事典」

14728　「唐才子伝」
☆「中国の古典名著」

14729　「道蔵」
☆「世界名著大事典」

14730　「唐宋伝奇」
☆「中国の古典名著」

14731　「トゥーティー・ナーメ」
☆「世界名著大事典」

14732　「動物寓意譚」
☆「世界の奇書」

14733　「トマスによるイエスの幼児物語」
☆「世界の奇書」

14734　「内経」
☆「世界名著大事典」

14735　「ナーチャ・シャーストラ」
☆「世界名著大事典」

14736　「仁王護国般若波羅蜜多経」
☆「世界名著大事典　補遺(Extra)」

14737　「仁王般若波羅蜜経」
☆「世界名著大事典　補遺(Extra)」

14738　「ニコデモ福音書」
☆「世界の奇書」

14739　「二十五史」
☆「世界名著大事典」、「中国の古典名著」

14740　「ニーベルンゲンの歌」
『ニーベルンゲンの歌　前編　ジークフリートの暗殺』　石川栄作訳　筑摩書房　2011　372p　15cm（ちくま文庫）　900円
Ⓘ978-4-480-42816-5
☆「あらすじで読む世界文学105」、「一冊で世界の名著100冊を読む」、「世界の書物」、「世界の名著」、「世界文学あらすじ大事典 3（ちか‐ふろ）」、「世界文学鑑賞辞典　第3」、「世界名著大事典」、「ドイツ文学」、「日本の古典・世界の古典」、「ポケット世界名作事典」、「名作の研究事典」

14741　「ニャールのサガ」
『ニャールのサガ』　植田兼義訳　朝日出版社　1978　386p　22cm　3800円　Ⓝ949.5
☆「教養のためのブックガイド」、「世界文学あらすじ大事典 3（ちか‐ふろ）」、「世界名著大事典」

14742　「如意君伝」
☆「東洋の奇書55冊」

14743　「仁王経」
☆「世界名著大事典　補遺(Extra)」

14744　「涅槃経」
『涅槃経―和訳』　高崎直道編著　東京美術

1993 239p 18cm 1600円
①4-8087-0603-2 Ⓝ183.59
☆「学術辞典叢書 第15巻」,「世界名著解題選 第3巻」

14745 「眠りの森の姫」
☆「世界名著大事典 補遺(Extra)」

14746 「拝月亭」
☆「世界名著大事典」

14747 「パウロの黙示録」
☆「世界の奇書」,「世界の幻想文学」

14748 「バーガヴァタ・プラーナ」
『バーガヴァタ・プラーナ―クリシュナ神の物語 全訳 上』 美莉亜訳 名古屋 ブイツーソリューション 2007 527p 図版8p 22cm〈発売:星雲社〉 2800円
①978-4-434-10326-1 Ⓝ929.881
☆「世界名著大事典」

14749 「バガヴァッド・ギーター」
『バガヴァッド・ギーター』 熊澤教眞訳 新日本文芸協会,星雲社〔発売〕 2013 187p 19cm 1429円 ①978-4-434-17743-9
☆「教養のためのブックガイド」,「世界の自己啓発50の名著」,「世界名著大事典」,「東洋の名著」

14750 「白兎記」
☆「世界名著大事典」

14751 「バタヴィア城日誌」
『バタヴィア城日誌 1』 村上直次郎訳註 中村孝志校注 平凡社 1970 350p 図版18cm(東洋文庫 170) 550円 Ⓝ224
☆「世界名著大事典」

14752 「八央経籍志」
☆「世界名著大事典」

14753 「八大人覚経」
☆「世界名著大事典」

14754 「ハックルート双書」
☆「世界名著大事典」

14755 「ハディース」
『ハディース 1 イスラーム伝承集成』 牧野信也訳 中央公論新社 2001 439p 15cm(中公文庫) 1429円 ①4-12-203775-1
☆「教養のためのブックガイド」,「歴史家の一冊」

14756 「パトラン先生の笑劇」
『薔薇の園』 サヂ 高瀬毅訳 京都 西村書店 266p 17cm Ⓝ929,929.31
☆「世界名著大事典」

14757 「薔薇の園」
☆「東洋の名著」

14758 「バルナバスの手紙」
☆「世界名著大事典」

14759 「般舟三昧経」
『般舟三昧経―蔵文和訳』 林純教著 大東出版社 1994 276p 22cm 7500円
①4-500-00611-7 Ⓝ183.58
☆「世界名著大事典」

14760 「般若経」
『般若経』 平井俊榮訳注 筑摩書房 2009 481p 15cm(ちくま学芸文庫 ヒ13-1) 1500円 ①978-4-480-09247-2 Ⓝ183.2
☆「学術辞典叢書 第15巻」,「世界名著解題選 第3巻」,「日本の古典名著」

14761 「般若心経」
『般若心経―読む・聞く・書く』 小松庸祐著 カラー版 西東社 2014 191p 21cm 1200円 ①978-4-7916-2224-5 Ⓝ183.2
☆「50歳からの名著入門」,「世界の「名著」50」,「世界名著大事典」,「日本の古典名著」

14762 「ピエール・パトラン先生」
『ピエール・パトラン先生』 渡辺一夫訳 岩波書店 1995 178p 15cm(岩波文庫) 460円 ①4-00-325051-6
☆「世界文学鑑賞辞典 第2」

14763 「弥沙塞部和醯五分律」
☆「世界名著大事典」

14764 「人みなの道」
☆「現代世界の名作」

14765 「百姓往来」
☆「世界名著大事典」

14766 「ファブリオー」
☆「世界名著大事典」

14767 「ファンタジーへの誘い」

14768 「福音書(新約聖書)」
☆「50歳からの名著入門」

14769 「腹中女聴経」
☆「東洋の奇書55冊」

14770 「武勲詩」
☆「世界名著大事典」

14771 「仏本行集経」
☆「世界名著大事典」

14772 「ブラック・ブック」
☆「西洋をきずいた書物」

14773 「プラーナ」
☆「世界名著大事典」

14774 「ブラフマ・スートラ」
『ブラフマ・スートラ―シャンカラの註釈 上』 [シャンカラ][原著] 湯田豊著 大東出版社 2006 867p 22cm 25000円
①4-500-00708-3 Ⓝ126.6

☆「東洋の名著」

14775 「プラ・ロー」
☆「世界名著大事典」

14776 「ブリハダーラヌヤカ・ウパニシャッド」
☆「世界名著大事典」

14777 「プロセルピナとケレス」
☆「世界文学あらすじ大事典 3（ちか‐ふろ）」

14778 「分別功徳論」
☆「世界名著大事典」

14779 「兵法七書」
☆「中国の古典名著」

14780 「ベーオウルフ」
『ベーオウルフ』 小川和彦著 国分寺 武蔵野書房 1993 247p 20×14cm 1800円
☆「知っておきたいイギリス文学」、「世界文学あらすじ大事典 4（ふん‐われ）」、「世界文学鑑賞辞典 第1」、「世界名著大事典」、「たのしく読めるイギリス文学」、「日本の古典・世界の古典」、「ポケット世界名作事典」

14781 「ヘラクレスと12の難行」
☆「世界文学あらすじ大事典 4（ふん‐われ）」

14782 「ベルと魔物」
『ベルと魔物』 谷俊彦絵 与田準一文 講談社 1963 56p 26cm（講談社の絵本 ゴールド版 113）Ⓝ726.6
☆「世界のメルヘン30」

14783 「ボイニッチ写本」
☆「世界の奇書」

14784 「宝性論」
『宝性論』 高崎直道著 講談社 1989 41,415,61p 20cm（インド古典叢書）〈付：『宝生論』ならびに出典・関連典籍一覧〉 5900円 Ⓘ4-06-143785-2 Ⓝ183.94
☆「世界名著大事典」

14785 「峰相記」
☆「世界名著大事典 補遺（Extra）」

14786 「方便心論」
☆「世界名著大事典」

14787 「法華経」
『法華経─永遠の菩薩道』 菅野博史著 増補新装版 大蔵出版 2012 326p 20cm〈文献あり 索引あり〉 2900円 Ⓘ978-4-8043-3073-0 Ⓝ183.3
☆「学術辞典叢書 第15巻」、「世界の名著」、「世界名著解題選 第3巻」、「世界名著大事典」、「東洋の名著」、「日本の古典名著」

14788 「菩薩瓔珞本業経」
☆「世界名著大事典」

14789 「菩提達磨四行論」

14790 「法句経」
『法句経』 荻原雲来訳註 一穂社 2004 106p 21cm（名著/古典籍文庫）〈岩波文庫復刻版 岩波書店昭和35年刊（第14刷）を原本としたオンデマンド版 発売：紀伊國屋書店〉 1800円 Ⓘ4-86181-001-9 Ⓝ183.19
☆「世界名著大事典」、「東洋の名著」

14791 「ホメロス風賛歌集」
☆「世界名著大事典」

14792 「ポリュカルポス殉教録」
☆「世界名著大事典」

14793 「梵書」
☆「近代名著解題選集 2」

14794 「梵網経」
『梵網経─傍訳』 谷玄昭監修 勝野隆広訳編 四季社 2008 271p 27cm 12000円 Ⓘ978-4-88405-566-0 Ⓝ183.86
☆「世界名著大事典」

14795 「マザー・グース」
『マザー・グース─愛される唄70選』 谷川俊太郎訳 渡辺茂解説 講談社インターナショナル 1996 174p 19cm（バイリンガル・ブックス）〈本文：日英両文〉 1000円 Ⓘ4-7700-2078-3
☆「世界名著大事典」、「名作の研究事典」

14796 「マツヤ・プラーナ」
☆「東洋の奇書55冊」

14797 「マヌ法典」
『マヌ法典』 渡瀬信之訳注 平凡社 2013 526p 18cm（東洋文庫） 3300円 Ⓘ978-4-582-80842-1
☆「東洋の名著」

14798 「マハーヴァストゥ」
☆「世界名著大事典」

14799 「マビノギオン」
『マビノギオン─ケルト神話物語 シャーロット・ゲスト版』 シャーロット・ゲスト著 井辻朱美訳 アラン・リー挿画 原書房 2003 352p 21cm 3200円 Ⓘ4-562-03715-6
☆「世界の幻想文学」、「世界文学あらすじ大事典 4（ふん‐われ）」

14800 「マライ年代記」
☆「世界名著大事典」

14801 「満文老檔」
☆「世界名著大事典」

14802 「眉間尺」
☆「世界名作事典」

14803 「ミリンダ王の問い」

『ミリンダ王の問い 第1 インドとギリシアの対決』 中村元, 早島鏡正訳 平凡社 1963 380p 図版 18cm〈東洋文庫〉 Ⓝ183.95
☆「世界名著大事典」

14804 「弥勒上生経」
☆「世界名著大事典」

14805 「ミンネザング」
『ミンネザング―ドイツ中世恋愛抒情詩撰集』 ヴェルナー・ホフマン, 石井道子, 岸谷敞子, 柳井尚子訳著 大学書林 2001 10,298p 21cm〈本文：日独両文〉 5200円
①4-475-00919-7
☆「世界名著大事典」

14806 「ムアッラカート」
☆「世界名著大事典 補遺(Extra)」

14807 「無常経」
☆「世界名著大事典」

14808 「無量義経」
『無量義経』 寺島智昭写 寺島智昭 1986 43丁 27cm〈電子複写〉 Ⓝ183.3
☆「世界名著大事典」

14809 「無量寿経」
『無量寿経―漢訳五本梵本蔵訳対照』 大田利生編 京都 永田文昌堂 2005 296p 31cm 12000円 ①4-8162-2136-0 Ⓝ183.5
☆「学術辞典叢書 第15巻」,「世界名著解題選 第3巻」,「世界名著大事典」

14810 「木蘭辞」
☆「世界名著大事典」

14811 「目連救母」
☆「世界名著大事典」

14812 「目連変文」
☆「中国の名著」

14813 「モヌメンタ・ゲルマニアエ・ヒストリカ」
☆「西洋をきずいた書物」

14814 「夜想曲」
☆「日本の古典・世界の古典」

14815 「遺教経」
☆「世界名著大事典」

14816 「維摩経」
『維摩経―梵漢和対照・現代語訳』 植木雅俊訳 岩波書店 2011 676p 21cm 5500円
①978-4-00-025413-7
☆「学術辞典叢書 第15巻」,「教育の名著80選解題」,「世界名著解題選 第3巻」,「世界名著大事典」,「日本の古典名著」

14817 「瑜伽師地論」
☆「世界名著大事典」

14818 「ユーカラ」
☆「世界名著大事典」

14819 「揚子法言」
☆「中国の古典名著」

14820 「ヨーガヴァーシシュタ」
☆「世界名著大事典」

14821 「ヨーガ・スートラ」
☆「世界名著大事典」

14822 「ヨーガ・バーシュヤ」
☆「世界名著大事典」

14823 「ヨブ記」
『ヨブ記』 フランシス・I.アンダースン著 清水武夫訳 いのちのことば社 2014 524p 21cm〈ティンデル聖書注解〉 5000円
①978-4-264-02255-8
☆「世界の幻想文学」,「私の古典」

14824 「ライデン・パピルス」
☆「世界名著大事典」

14825 「ラサリーリョ・デ・トルメスの生涯」
『ラサリーリョ・デ・トルメスの生涯』 会田由訳 改訳版 岩波書店 1972 125p 15cm〈岩波文庫〉〈第5刷(第1刷：昭和16年)〉 50円 Ⓝ963
☆「世界の小説大百科」,「世界文学あらすじ大事典 4(ふん‐われ)」,「世界名著大事典」,「日本の古典・世界の古典」

14826 「ラックス谷のサガ」
☆「世界名著大事典」

14827 「ラテン教会著作家全集」
☆「世界名著大事典」

14828 「ラテン語大宝典」
☆「世界名著大事典」

14829 「ラーマ・キエン」
☆「世界名著大事典」

14830 「リグ・ヴェーダ」
☆「世界の奇書」,「世界の名著早わかり事典」,「世界名著大事典」,「東洋の名著」

14831 「六韜」
『六韜』 林富士馬訳 中央公論新社 2005 381p 15cm〈中公文庫〉 952円
①4-12-204494-4
☆「中国古典名著のすべてがわかる本」,「中国の古典名著」

14832 「理趣経」
『理趣経 上』 宮坂宥勝監修 福田亮成編著 四季社 2007 270p 22cm〈真言宗教相全書傍訳解題 第8巻〉 16000円
①978-4-88405-508-0 Ⓝ183.7
☆「世界名著大事典」

14833 「柳毅伝」
☆「中国の古典名著」

14834 「竜図公案」
☆「世界名著大事典」

14835 「楞伽経」
『楞伽経―新訳』 三井晶史著 北斗書院 1936
288p 19cm Ⓝ183,183.6
☆「学術辞典叢書 第15巻」、「世界名著大事典」

14836 「療痔病経」
☆「東洋の奇書55冊」

14837 「リンド・パピルス」
☆「世界名著大事典」

14838 「倫理宗教」
☆「東洋の名著」

14839 「ロシアの年代記」
☆「世界名著大事典」

14840 「ローブ古典双書」
☆「世界名著大事典」

14841 「ローマの不思議」
☆「西洋をきずいた書物」

14842 「ローランの歌」
『ローランの歌―フランスのシャルルマーニュ大帝物語』 鷲田哲夫著 筑摩書房 1990
217p 19cm(世界の英雄伝説 第5巻)
1030円 ①4-480-21105-5
☆「あらすじで読む世界文学105」、「一冊で世界の名著100冊を読む」、「世界文学あらすじ大事典 4(ふん‐われ)」、「世界文学鑑賞辞典 第2」、「世界名著大事典」、「日本の古典・世界の古典」、「ポケット世界名作事典」、「名作の研究事典」

14843 「ロンドン」
☆「日本の古典・世界の古典」

14844 「ロンドン社会科学文献目録」
☆「世界名著大事典」

14845 「わがシッドの歌」
『わがシッドの歌―スペイン武勲詩』 岡村一訳
近代文芸社 1996 215p 19cm 1800円
①4-7733-4894-1
☆「あらすじで読む世界文学105」、「世界文学あらすじ大事典 4(ふん‐われ)」、「世界名著大事典」

14846 「我が秘密の生涯」
『我が秘密の生涯 1』 佐藤晴夫訳 ルー出版
1997 315p 20cm〈他言語標題:My secret life 責任表示:作者不詳〉 2000円
①4-89778-051-9 Ⓝ933.6
☆「世界の奇書」

14847 「和論語」
『和論語』 本社出版部編 京都 仏教図書出版
1900 2冊(第1-10巻合本) 19cm Ⓝ150

☆「世界名著大事典」

作品名索引

作品名索引

【あ】

ああ華やかなりし頃よ（ベケット, サミュエル）.. 10397
アイアコッカ（アイアコッカ, リー）............ 00001
アイアス（ソフォクレス）........................ 06056
アイヴァンホー（スコット, ウォルター）..... 05523
愛への帰還（ウイリアムソン, マリアン）..... 00955
アイガー・サンクション（トレヴェニアン）.. 07541
愛国（エガートン）................................. 01506
愛国（ハクルイト）................................. 08118
愛国王の観念（ボーリングブルック）.......... 11302
愛国心の生物学的研究（スピュレル）.......... 05761
アイザック・ニュートン（ヴァヴィロフ）..... 00740
愛・詩（エリュアール, ポール）................. 01658
愛している（ビーティー）........................ 08907
哀唱（ラフォルグ）................................. 13087
愛書家必携（ブリュネ）........................... 09960
愛書の書（アウンジャーヴィル）................ 00081
愛人 ラマン（デュラス, マルグリット）...... 07044
アイスバート号航海記（ルイス, デビッド）.. 13625
愛すべき時代おくれ（ウイルスン, アンガス）.. 00966
アイスランド語・英語辞典（ヴィグフーソン）.. 00847
アイスランド語・英語辞典（クリースビー）.. 03184
アイスランド語ないし古スカンジナビア語入門（ラスク, ラスムス）............... 12989
アイスランド・サガ（作者不詳）................ 14500
愛する大地（ル・クレジオ, J.M.G.）.......... 13676
愛するということ（フロム, エーリッヒ）..... 10285
愛する時と死する時（レマルク, R.）.......... 14014
愛する二人別れる二人――結婚生活を成功させる七つの原則（ゴットマン, ジョン・M.）.. 03923
アイス・ワールド（ロウ, ジェフ）............. 14094
哀惜（デュ・ベレー）.............................. 07017
アイゼンハウア（デーヴィス, K.）.............. 06894
愛、そして影について（アジェンデ, イサベル）.. 00115
愛壇（作者不詳）.................................... 14501
アイティオピカ（ヘリオドロス）................ 10642
アイデンティティーの証明（ゴイティソロ, フアン）.. 03778
愛と規律の家庭教育（マカレンコ, A.S.）..... 11518
愛と偶然の戯れ（マリヴォー, ピエール・カルレ・ド・シャンブラン・ド）.............. 11775
愛と暗闇の物語（オズ, アモス）................. 01871
愛と困難（ヘモン, アレクサンドル）.......... 10611

愛と死との戯れ（ロラン, ロマン）............. 14329
愛と心理療法（スコット・ペック, M.）....... 05537
愛と笑いの夜（ミラー, ヘンリー）............. 12080
愛に時間を（ハインライン, ロバート・A.）.. 07972
アイヌ英和辞典（バチュラー, J.）.............. 08255
アイヌ人とその説話（バチュラー, J.）........ 08256
アイヌ炉辺物語（バチュラー, J.）.............. 08257
アーイーネ・アクバリー（アブル・ファズル）.. 00235
愛の一家（ザッパー, アグネス）................ 04304
愛の砂漠（モーリヤック, フランソワ）...... 12529
愛の実践（デ・ラウレティス, T.）............. 07075
愛の性質（ハーロウ, ハリー）.................. 08672
愛の旅だち（ペイトン, K.M.）.................. 10356
愛の続き（マキューアン, イアン）............ 11531
愛の手紙（フィニイ, ジャック）................ 09200
愛の風土（モーロワ, アンドレ）................ 12569
愛の役割（ローズ, ジリアン）................... 14148
愛の妖精（サンド, ジョルジュ）................ 04464
愛のわざ（キルケゴール, セーレン）.......... 02809
IBMを世界的企業にしたワトソンJr.の言葉（ワトソン・ジュニア, トマス）........ 14480
あいまいの7つの型（エンプソン）............. 01776
愛欲（サント・ブーヴ）........................... 04475
アイランド（ベンチリー, ピーター）.......... 10862
アイルランドの現状についての短見（スペンサー, エドマンド）...................... 05772
アイルランドの政治的解剖（ペティ, ウィリアム）.. 10528
アイルランドの駐在行政官（サマーヴィル）.. 04341
アイルランドの駐在行政官（ロス）............ 14141
アイロニーの概念（キルケゴール, セーレン）.. 02810
アインシュタイン（クズネツォフ）............ 02926
アインシュタイン――創造と反骨の人（ドゥカス, H.）.. 07209
アインシュタイン――創造と反骨の人（ホフマン, B.）.. 11230
アインシュタインの相対性理論（ボルン, M.）.. 11387
アヴェスター経典（作者不詳）................... 14502
アヴェナリウス及び其単純経験の立脚地（ブッシ）.. 09556
アヴェロイス派に反対する知性統一論（アクィナス, トマス）...................... 00091
アウグスティヌス（ヤンセン）................... 12665
アウグストス功業録（アウグストゥス）....... 00077
アウシュヴィッツは終わらない――あるイタリア人生存者の考察（レーヴィ, プリーモ）.. 13850

アウステルリッツ（ゼーバルト,W.G.）	05950
アウトサイダー（ウィルソン,コリン）	00988
アウトサイダーズ（ベッカー,H.S.）	10461
アウラ（フエンテス,カルロス）	09327
アウリスのイピゲネイア（エウリピデス）...	01479
アウル・クリーク橋の一事件（ビアス,アンブローズ）	08808
アエネーイス（ウェルギリウス）	01144
青いイルカの島（オデル,S.）	01931
青い鳥（メーテルリンク）	12263
青い花（ノヴァーリス）	07816
蒼い氷壁（イネス,ハモンド）	00629
青いひれ（シール,コリン）	05389
青い麦（コレット,シドニー・ガブリエル）...	04126
青い目がほしい（モリスン,トニ）	12519
アオカビ培養の抗菌作用（フレミング,アレクサンダー）	10183
蒼ざめた馬（ロープシン）	14296
青白い炎（ナボコフ,ウラジーミル）	07645
赤い小馬（スタインベック,ジョン）	05553
赤い高粱（莫言）	08088
赤い死の仮面（ポー,エドガー・アラン） ...	10887
赤い収穫（ハメット,ダシール）	08465
赤い手押し車（ウィリアムズ,ウィリアム・カーロス）	00935
赤いネクタイ（ハルコーフ）	08573
紅い花（ガルシン,フセヴォロド・ミハイロヴィチ）	02419
赤い薔薇ソースの伝説（エスキベル,ラウラ）	01517
赤い部屋（ストリンドベリ,ヨハン・アウグスト）	05701
赤い館の騎士（デュマ,ペール）	07028
赤い館の秘密（ミルン,A.A.）	12140
赤い百合（フランス,アナトール）	09832
赤い笑い（アンドレーエフ,レオニード） ...	00530
赤毛布外遊記（トウェイン,マーク）	07190
赤毛のアン（モンゴメリ,ルーシー・モード）	12587
赤毛のエリクのサガ（作者不詳）	14503
赤毛のレドメイン家（フィルポッツ,イーデン）	09248
赤毛連盟（ドイル,アーサー・コナン）	07152
赤字財政の政治経済学（ブキャナン,J.M.）...	09468
赤字財政の政治経済学（ワグナー,R.E.）	14452
赤頭巾（作者不詳）	14504
アガタ（デュラス,マルグリット）	07045
赤ちゃんはプロフェッショナル（エアース,レニー）	01444
アカデミカ（キケロ,マーカス・トゥリウス）	02606
アカデミーの辞典（アカデミー・フランセーズ）	00088
アカデミーへの手紙（フェヌロン）	09290
赤と黒（スタンダール）	05605
アーガトン物語（ヴィーラント）	00931
赤の広場（トーポリー）	07369
赤の広場（ニェズナンスキー）	07669
アガペーとエロス（ニグレン,A.S.）	07671
アガメムノン（アイスキュロス）	00013
明るい岸（パノーヴァ）	08394
明るい部屋―写真についての覚書（バルト,ロラン）	08598
アカルナイの人々（アリストファネス）	00336
空き時間の不動産投資で1000ドルを300万ドルにする方法（ニッカーソン,ウィリアム） ..	07713
秋の四重奏（ピム,バーバラ）	08934
秋の日本（ロチ,ピエール）	14203
秋のホテル（ブルックナー,アニータ）	10036
阿Q正伝（魯迅）	14059
アクセルの城（ウィルソン,エドマンド） ...	00980
アクセント全書（ヘロディアノス）	10836
アクタ・エルディトルム（作者不詳）	14505
悪太郎の一生（バンヤン,ジョン）	08785
悪童日記（クリストフ,アゴタ）	03183
悪党パーカー・シリーズ（スターク,リチャード）	05570
悪党パーカー人狩り（スターク,リチャード）	05571
悪童物語（トーマ,ルードウィヒ）	07372
悪党列伝（ボルヘス,ホルヘ・ルイス）	11372
悪徳の栄え（サド,マルキ・ド）	04308
アグネス・グレイ（ブロンテ,アン）	10298
アグネス・ベルナウアー（ヘッベル,フリードリヒ）	10519
悪の成功学―アジア流お金と人生の法則（チュ,チン・ニン）	06539
悪の華（ボードレール,シャルル）	11157
悪の道（デレッダ,グラツィア）	07110
悪の誘惑（ホッグ,ジェイムズ）	11119
アクバル死没前後のインド（モアランド） ...	12374
アクバル・ナーメ（アブル・ファズル）	00236
アクバルの宮廷（アーザード）	00109
アクバルよりアウランジーブへ（モアランド）	12375
悪魔（レールモントフ,ミハイル・ユーリエヴィチ）	14033
悪魔アスモデ（ルサージュ）	13697
悪魔学（ジェームズ1世）	04624
悪魔憑きと妖術使いたち（ボーダン,ジャン）	11110

悪魔と神(サルトル, ジャン=ポール) ……… 04383
悪魔とプリン嬢(コエーリョ, パウロ) ……… 03824
悪魔の機械(ジーター, K.W.) …………………… 04720
悪魔の恋(カゾット) ……………………………… 02186
悪魔の詩(ラシュディー, サルマン) ………… 12955
悪魔の辞典(ビアス, アンブローズ) ………… 08809
悪魔の将軍(ツックマイヤー) ………………… 06656
悪魔の選択(フォーサイス, フレデリック) ‥ 09374
悪魔の手紙(ルイス, C.S.) …………………… 13633
悪魔の美酒(ホフマン, エルンスト・テオドール・アマデウス) …………………………… 11215
悪魔の陽の下に(ベルナノス) ………………… 10758
悪魔の星(ブリッシュ, ジェイムズ) ………… 09916
悪魔のような女(ナルスジャック, T.) ……… 07659
悪魔のような女(ボアロー, P.) ……………… 10924
悪魔の霊液(ホフマン, エルンスト・テオドール・アマデウス) …………………………… 11216
悪魔の分け前(ケイディン) …………………… 03515
悪魔物語(ブルガーコフ, ミハイル・アファナーシエヴィチ) ……………………………… 09994
悪霊(ドストエフスキー, フョードル・ミハイロヴィチ) …………………………………… 07275
アクロイド殺し(クリスティ, アガサ) ……… 03174
アーケイディア(シドニー, フィリップ) …… 04754
明けの鐘から夕べの鐘まで(ジャム, フランシス) ……………………………………………… 04882
阿含経(作者不詳) ……………………………… 14506
アーサー王宮廷のヤンキー(トウェイン, マーク) ……………………………………………… 07191
アーサー王の死(マロリー, トマス) ………… 11923
アーサー王物語(マロリー, トマス) ………… 11924
朝から夜中まで(カイゼル, ゲオルク) ……… 02076
朝の食卓の独裁者(ホームズ, オリバー・ウェンデル, Sr.) ……………………………………… 11260
朝日の中の黒い鳥(クローデル, ポール) …… 03435
朝びらき丸東の海へ(ルイス, C.S.) ………… 13634
欺かれた女(マン, トーマス) ………………… 11928
アザンデ人の世界(エヴァンズ=プリチャード) ……………………………………………… 01470
アジアを語ることのジレンマ(孫歌) ……… 06130
アジア人が見た8月15日(陸培春) ………… 13305
アジア新植物記(マクシモビチ, K.I.) ……… 11539
アジア短編集(ダウテンダイ) ………………… 06198
アジアにおける主要国の政治(ケヒン) …… 03620
アジアにおけるヘレニズムの盛衰(マイヤー, エドゥアルド) ……………………………… 11479
アジアの近東(ドラポルト) …………………… 07455
アジアの芸能(パワーズ) ……………………… 08696
アジアの孤児(呉濁流) ………………………… 03761
アジアのドラマ(キング, S.) ………………… 02866
アジアのドラマ(ミュルダール, グンナー) ‥ 12062
アジアの脈動(ハンチントン, サミュエル) ‥ 08759
アジア遊牧民族史(グルセ) …………………… 03294
アシジの聖フランチェスコ(チェスタトン, ギルバード・ケイス) ………………………… 06402
アジズ号とわたし(ウォーカー, N.M.) …… 01245
アシスタント(マラマッド, バーナード) …… 11758
葦と泥(ブラスコ・イバーニェス) ………… 09706
味と雰囲気(テレンバッハ, H.) ……………… 07121
あしながおじさん(ウェブスター, ジーン) ‥ 01125
アシモフ自伝(アシモフ, アイザック) …… 00117
アシモフの宇宙三部作(アシモフ, アイザック) ……………………………………………… 00118
啞者の陣営から(コレット, シドニー・ガブリエル) ……………………………………………… 04127
アジャンター石窟寺院の絵画(グリフィス, ジョン) ……………………………………… 03202
アシャンティ(フィゲロア) …………………… 09170
アシーン漂流記(イェイツ, ウィリアム・B.) ……………………………………………… 00560
明日(ハワード, エベネザー) ………………… 08699
明日を越える旅(シェクリイ) ………………… 04580
あずさ弓(ブラッカー, C.) …………………… 09707
アース・デモクラシー(シヴァ, ヴァンダナ) ……………………………………………… 04500
アストラデニ(ファキヌー, エウゲニア) …… 09106
アストレ(デュルフェ, オノレ) ……………… 07061
アストロフェルとステラ(シドニー, フィリップ) ……………………………………………… 04755
アストロポリティーク(ドールマン) ……… 07533
明日の田園都市(ハワード, エベネザー) …… 08700
アスフォデル(H.D.) …………………………… 14497
アスプロモンテの人々(アルヴァーロ) …… 00354
明日への贈物(バロー, ジャン=ルイ) ……… 08669
アスラーレ・フディー(イクバール) ……… 00607
蛙鼠戦役(ホメロス) …………………………… 11263
遊びと人間(カイヨワ, ロジェ) ……………… 02085
遊ぶことと現実(ウィニコット, D.W.) …… 00911
アーダ(ナボコフ, ウラジーミル) …………… 07646
あたしたち死んだ者が目覚めたとき(イプセン, ヘンリック) …………………………… 00641
アダノの鐘(ハーシー) ………………………… 08130
アダム・スミス蔵書目録(ボナー) ………… 11163
アダムの家―建築の原型とその展開(リクワート, ジョセフ) ……………………………… 13315
アダムの祖先(リーキー, L.S.B.) …………… 13294
アダム・ビード(エリオット, ジョージ) …… 01617
アタラ(シャトーブリアン) …………………… 04854
新しい科学的精神(バシュラール, ガストン) ……………………………………………… 08160
新しい型の放射能(ジョリオ・キュリー, イ

レーヌ)	05294	ナ)	01378
新しい型の放射能(ジョリオ・キュリー,フレデリック)	05295	アトムの子ら(シラス)	05375
		アトランティード(ブノア,ピエール)	09586
新しい糧(ジッド,アンドレ)	04728	アドリア海の復讐(ヴェルヌ,ジュール)	01184
新しい岸へ(ラツィス)	13003	アドリエンヌ・ムジュラ(グリーン,ジュリアン)	03256
新しい国(ゲオルゲ,シュテファン)	03529		
新しい経済(ティンバーゲン,ヤン)	06883	アドルフ(コンスタン,バンジャマン)	04169
新しい国家(フォレット,メアリー・パーカー)	09443	穴(ジョヴァンニ,ジョゼ)	05261
		アナーキー・国家・ユートピア(ノージック,R.)	07827
新しい産業国家(ガルブレイス,J.K.)	02457		
新しい児童観(ビネー)	08914	あなぐま(レオーノフ)	13891
新しい社会(カー,E.H.)	02051	あなたが救える命(シンガー,ピーター)	05430
新しい社会(ドラッカー,ピーター・F.)	07439	(あなたがそう思うならば)そのとおり(ピランデルロ,ルイジ)	09004
新しい社会(ラーテナウ)	13048	あなただけの北極星を探して(ベック,マーサ)	10474
新しい自由(ウィルソン,ウッドロウ)	00976		
新しい小説のために(ロブ・グリエ,A.)	14288	あなたといた場所(ムーア,ローリー)	12167
新しい女性の創造(フリーダン,ベティ)	09904	あなたに似た人(ダール,ロアルド)	06303
新しい世界(ボーマン)	11247	あなたにもある見えない力(ベーレン,ジュヌビエーブ)	10812
新しい人間像(胡万春)	03768		
新しい学(ヴィーコ)	00849	あなたのTシャツはどこから来たのか?(リボリ,ピエトラ)	13460
新しいヨーロッパにおけるフランス精神(クルティウス,E.R.)	03300		
		あなたはいまの自分と握手できるか(ロビンズ,アンソニー)	14268
新しき偶像(キュレル)	02785		
アタリー(ラシーヌ,ジャン)	12941	あなたはまだ私を愛していない(リーセム,ジョナサン)	13343
アタルヴァ・ヴェーダ(作者不詳)	14507		
アチェー人(フルフローニエ)	10079	アナトール(シュニッツラー,アルトゥール)	05057
暑い日暑い夜(ハイムズ,チェスター)	07948		
アッシジの聖フランチェスコ(ヨルゲンセン)	12776	アナバシス(クセノフォン)	02933
		アナム・カラーケルトの知恵——価値の研究(オドノヒュウ,ジョン)	01937
アッシジのフランチェスコ(ドーデ,アルフォンス)	07314	アナンガランガ(カルヤーナ・マルラ)	02476
		アニー・ジョン(キンケイド,ジャメイカ)	02874
アッシャー家の崩壊(ポー,エドガー・アラン)	10888	アニセまたはパノラマ(アラゴン,ルイ)	00290
		アヌパーシヤ(ヴァラッパ)	00762
アッシリア・バビロニアの楔形文字(シュラーダー)	05147	あのころはフリードリヒがいた(リヒター,ハンス・ペーター)	13426
アッタ・トロル——夏の夜の夢(ハイネ,ハインリッヒ)	07931		
		アーノルド海上保険法および海損法(チョーリー)	06591
アッタレア・プリンケプス(ガルシン,フセヴォロド・ミハイロヴィチ)	02420		
		アーノルドのはげしい夏(タウンゼンド,J.R.)	06211
アッティカの雄弁術(ブラース)	09702		
あっぱれクライトン(バリ,ジェームス・マチュ)	08505	アバランチ・エクスプレス(フォーブズ,コリン)	09419
		アビダンマ教義綱要(アヌルッダ)	00214
アテナイ人の国家財政(ベック)	10469		
アテナイ人の国制(アリストテレス)	00320	アヒルブズニヤ・サンヒター(作者不詳)	14508
アテネのタイモン(シェイクスピア,ウィリアム)	04513	アファナーシェフ童話集(アファナーシェフ,A.)	00226
アデン・アラビア(ニザン,P.)	07686	アフォーダンスの心理学——生態心理学への道(リード,エドワード・S.)	13404
あどけない顔(サンソム)	04436		
アドニス(マリーノ)	11794	アブサロム、アブサロム(フォークナー,ウィリアム)	09352
アドネイス(シェレー)	04670		
アートマ・タットヴァ・ヴィヴェーカ(ウダヤ			

アブドゥッラー物語（アブドゥッラー）	00229	アミエルの日記（アミエル）	00263
油そう船デルベント（クルイモフ）	03283	阿弥陀経（作者不詳）	14509
脂球（モーパッサン,ギイ・ド）	12444	アミナダブ（ブランショ,モーリス）	09826
アフリカ（ゲスト）	03545	網のなか（マードック,アイリス）	11705
アフリカ（ペトラルカ）	10552	アミーリア（フィールディング,ヘンリー）	09241
アフリカ横断記（カメロン）	02362	アミンタ（タッソー）	06251
アフリカ誌（アフリカヌス,レオ）	00233	アムステルダム（マキューアン,イアン）	11532
アフリカ内陸旅行記（パーク,マンゴ）	08093	雨（モーム,ウィリアム・サマセット）	12458
アフリカの印象（ルーセル,レーモン）	13706	アーメス＝パピルス（アーメス）	00275
アフリカの子——少年時代の自伝的回想（ライエ,カマラ）	12801	雨の王ヘンダーソン（ベロー,ソール）	10827
アフリカの女王（フォレスター,セシル・スコット）	09434	雨のメモワール（グプタ,スネトラ）	02996
アフリカの心臓部にて（シュヴァインフルト）	04951	アメリカ（カフカ,フランツ）	02315
アフリカの先史（アリマン）	00350	アメリカ移民史（ハンドリン）	08779
アフリカの調査（ハイリー）	07953	アメリカ・インディアン（ウィスラー）	00870
アフリカの日々（ディネセン,イサク（ブリクセン,カレン））	06802	アメリカ・インディアン諸言語便覧（ボアズ）	10915
アフリカの緑の丘（ヘミングウェイ,アーネスト）	10598	アメリカ映画の興隆（ジェーコブズ）	04582
アフリカは統一しなければならない（エンクルマ,K.）	01733	アメリカ英語辞典（ウェブスター,ノア）	01126
アフリカ文学史（フロベニウス,L.）	10270	アメリカをみくだすな（アレン,デボラ）	00449
アフリカより（ブリクセン,K.）	09879	アメリカをみくだすな（ラトレッジ,ジョン）	13068
アプロクシマシオン（デュ・ボス）	07020	アメリカ外交50年（ケナン）	03604
アフロディット（ルイス,ピエール）	13627	アメリカ型キリスト教の社会的起源（ニーバー,リチャード）	07724
アフロディテの反乱（ダレル,ロレンス）	06332	アメリカ合衆国関税史（タウシッグ）	06195
アベラールとエロイーズの書簡（アベラール）	00240	アメリカ合衆国憲法注釈（ストーリー）	05697
アベラールとエロイーズの書簡（エロイーズ）	01723	アメリカ合衆国憲法の経済的解釈（ビアード,チャールズ・A.）	08817
アーベルガロア 楕円関数論（アーベル,N.H.）	00246	アメリカ合衆国史（バンクロフト）	08731
アーベルガロア 楕円関数論（ガロア,E.）	02489	アメリカ合衆国史（ビアード,チャールズ・A.）	08818
アーベル全集（アーベル,N.H.）	00247	アメリカ合衆国史（ビアード,メアリー）	08823
アヘン戦争から五・四運動まで（胡縄）	03755	アメリカ合衆国諸憲法の擁護（アダムズ,ジョン）	00153
阿片のみの告白（ド・クインシー）	07264	アメリカ合衆国西部地形誌（フェンネマン）	09330
阿呆船（ブラント）	09863	アメリカ合衆国における現在の経済革命（カーヴァー）	02093
阿呆物語（グリンメルスハウゼン）	03278	アメリカ合衆国における農村生活（テイラー）	06826
アポカリプス論（ロレンス,D.H.）	14357	アメリカ合衆国のトラスト問題（ジョーンズ）	05315
アポコロキュントシス（セネカ,ルキウス・アンナェウス）	05939	アメリカ合衆国史（アダムズ）	00150
アポロ西洋美術史（レーナク）	13952	アメリカ合衆国労働運動史（フォーナー）	09416
アポロ11号任務記録（月着陸交信記録）（アメリカ航空宇宙局）	00278	アメリカ合衆国労働史（コモンズ,ジョン・ロジャーズ）	03987
尼僧ヨアンナ（イヴァシュケヴィッチ）	00558	アメリカ教育の目標（ケンズリ）	03721
アマゾンの博物学者（ベイツ,ヘンリー・ウォルター）	10344	アメリカ共和国論（プライス,リチャード）	09636
アマーロ神父の罪（ケイロース,エッサ・デ）	03518	アメリカ金融寡頭制の構造（メンシコフ,S.M.）	12363
		アメリカ経済学綱要（リスト,フリードリ	

作品名	番号
ヒ)	13334
アメリカ経済史(デーヴィッド)	06898
アメリカ経済史(フォークナー,ハロルド・U.)	09369
アメリカ経済の構造(レオンチエフ,W.W.)	13905
アメリカ経済は何故こうなったか(カレオ,デビッド)	02478
アメリカ考古学の方法と理論(ウィリー)	00933
アメリカ考古学の方法と理論(フィリップス)	09231
アメリカ史(チェスタトン,ギルバード・ケイス)	06403
アメリカ思想の主潮流(パリントン)	08553
アメリカ思想の発達(カーティ)	02245
アメリカ史におけるフロンティアの重要性(ターナー,フレデリック)	06263
アメリカ資本主義の勝利(ハッカー)	08261
アメリカ社会学の起源(バーナード夫妻)	08373
アメリカ人(ジェイムズ,ヘンリー)	04555
アメリカ人の形成(スタイン,ガートルード)	05550
アメリカ人の生活構造(ウォーナー,W.L.)	01280
アメリカ生活史(シュレジンガー)	05187
アメリカ生活史(フォックス,P.R.)	09402
アメリカ政治学(ソミット,A.)	06073
アメリカ政治学(ターネンハウス,J.)	06276
アメリカ精神の歴史(ビアード,チャールズ・A.)	08819
アメリカ精神の歴史(ビアード,メアリー)	08824
アメリカ製造工業史(クラーク)	03054
アメリカ成年期に達す(キャンベル,A.E.)	02755
アメリカ成年期に達す(シーグフリード,A.)	04698
アメリカ大都市の死と生(ジェコブス,ジェーン)	04583
アメリカ知価革命(ディーボルド,ジョン)	06817
アメリカ帝国への報復(ジョンソン,チャルマーズ)	05333
アメリカ独立宣言(ジェファソン,トマス)	04608
アメリカ独立宣言論(ベッカー,C.L.)	10460
アメリカ土着民の言語の構造(オズグッド)	01873
アメリカと日本(ライシャワー,E.O.)	12810
アメリカ・ナウ(カーク,ジョン・G.)	02139
アメリカ・ナウ(ハリス,マービン)	08529
アメリカ・南米紀行(カミュ,アルベール)	02344
アメリカにおける英語(クラップ)	03115
アメリカにおける自由主義の伝統(ハーツ,ルイス)	08258
アメリカのインテリジェンスとソ連の戦略的	

作品名	番号
脅威(フリードマン,L.)	09943
アメリカの鏡・日本(ミアーズ,ヘレン)	11981
アメリカの学者(エマソン,ラルフ・ウォルドー)	01587
アメリカの建築とアーバニズム(スカーリー,ヴィンセント)	05510
アメリカの声(ラヴレニョーフ)	12896
アメリカの産業構造(アダムズ,ウォルター)	00151
アメリカの資本主義(ガルブレイス,J.K.)	02458
アメリカの新経済戦略(ミラー,G.ウイリアム)	12092
アメリカの政治的伝統(ホフスタッター,ダグラス・R.)	11200
アメリカの政党と政治(ロシター,C.)	14125
アメリカの世界政策のための戦略インテリジェンス(ケント,S.)	03727
アメリカの大資本家たち(ジョゼフソン)	05279
アメリカのディレンマ(ミュルダール,グンナー)	12063
アメリカのデモクラシー(ラスキ,H.)	12968
アメリカのニグロ(ローズ)	14140
アメリカの農夫の手紙(クレヴクール)	03351
アメリカの悲劇(ドライサー,セオドア)	07418
アメリカの兵士(スタウファー,S.E.)	05569
アメリカの鱒釣り(ブローディガン,リチャード)	10258
アメリカの民主政治(トクヴィル,アレクシス・ド)	07265
アメリカの息子(ライト,リチャード)	12831
アメリカの夢(メイラー,ノーマン)	12232
アメリカの甦る日(サイモン,W.E.)	04254
アメリカ文明における経済精神(ドーフマン)	07349
アメリカ文明の興隆(ビアード,チャールズ・A.)	08820
アメリカ法注解(ケント,J.)	03726
アメリカンアパレルで万引(リン,タオ)	13579
アメリカン・サイコ(エリス,ブレット・イーストン)	01652
アメリカン・マインドの終焉(ブルーム,アラン)	10084
アモック(ツヴァイク,シュテファン)	06628
アモレス(恋愛歌)(オウィディウス)	01827
アモンティリァドの酒樽(ポー,エドガー・アラン)	10889
アーヤーランガ・スッタ(作者不詳)	14510
粗い石(ブイヨン,フェルナン)	09223
アラーイー知識書(イブン・シーナー)	00661
あら皮(バルザック,オノレ・ド)	08574
嵐(エレンブルグ,イリヤ)	01709

作品名	番号
嵐 (作者不詳)	14511
嵐が丘 (ブロンテ, エミリー)	10300
嵐と風と太陽 (チチェスター, フランシス)	06471
嵐の中に生まれいずるもの (オストロフスキイ, ニコライ)	01900
嵐の前 (フォンターネ)	09451
アラスカ戦線 (マイスナー, ハンス=オットー)	11459
アラディン (エーレンシュレーガー)	01706
曠野の町 (セラフィモーヴィチ)	05966
曠野のリア王 (ツルゲーネフ, イヴァン・セルゲーヴィチ)	06659
アラバマ物語 (リー, ハーパー)	13262
アラビア音楽史 (ファーマー)	09125
アラビア砂漠の旅 (ドーティ)	07324
アラビア人の天幕 (ダンセイニ)	06362
アラビアのロレンス (グレーヴズ, ロバート)	03352
アラビア文学史 (ブロッケルマン)	10251
アラビアン・ナイト (作者不詳)	14512
「アラブ海賊」という神話 (アル・カーシミ, スルタン・M.)	00356
アラブが見た十字軍 (マアルーフ, アミン)	11451
アラブの歴史 (ヒッティ)	08903
アラベスキ (ゴーゴリ, ニコライ・ヴァシーリエヴィチ)	03862
アラムート (バルトル, ウラジーミル)	08631
アラム人 (デュポン・ソメール)	07026
顕れてきた地球村の法 (フォーク)	09349
アラン、海へゆくシリーズ (ラムデン, デューイ)	13130
アリエル (モーロワ, アンドレ)	12570
アリオン (プーシキン, アレクサンドル・セルゲーヴィチ)	09501
アリス・アダムズ (ターキントン, ブース)	06217
蟻塚 (ニーデル, ヨハネ)	07718
アリストテレス (イェーガー, ウェルナー)	00574
アリストテレス索引 (ボーニッツ)	11175
アリストテレスにおける存在者の多義性について (ブレンターノ, フランツ)	10200
アリストファネス喜劇 (アリストファネス)	00337
アリスのような町 (シュート, ネヴィル)	05023
アリス・B・トクラスの自伝 (スタイン, ガートルード)	05551
アーリヤ世界王と救主 (ギュンテルト)	02786
アリランの歌 (ウェールズ, ニム)	01152
アリランの歌 (キム・サン)	02695
アリングトンの小さな家 (トロロープ, アンソニー)	07586
ある田舎の子の思い出 (ビラス, ホセ・ネイラ)	08998
ある英雄の死 (オールディントン)	02008
ある絵の伝記 (シャーン, B.)	04898
ある革命家の手記 (クロポトキン)	03462
アルカディア (サンナザーロ)	04485
アルギミニーズ王と無名戦士 (ダンセイニ)	06363
アルクトゥルスへの旅 (リンゼイ, デヴィッド)	13586
アルケスティス (エウリピデス)	01480
アルケミスト (コエーリョ, パウロ)	03825
ある建築をめざして (ル・コルビュジエ)	13688
アルゴナウティカ (アポロドロス)	00256
アルコール (アポリネール)	00250
アルゴルの城にて (グラック, J.)	03104
ある作家の午後 (ハントケ, ペーター)	08770
アルジャーノンに花束を (キイス, ダニエル)	02600
ある種の人生 (グリーン, グレアム)	03244
ある少年の物語 (ホワイト, エドマンド)	11401
あるスパイへの墓碑銘 (アンブラー, エリック)	00543
アルス・マグナ・エト・ウルティマ (ルルス)	13817
ある遭難者の物語 (ガルシア=マルケス, ガブリエル)	02411
アルタサングラハ (バースカラ, ラウガークシ)	08188
ある魂の履歴 (テレーズ)	07108
アルタミラ洞窟 (カルテラック)	02434
アルタミラ洞窟 (ブルイユ)	09993
アルタメーヌ (スキュデリー)	05520
アルタモーノフ家の事業 (ゴーリキー, マクシム)	03997
アルタン・トプチ (ロブサンダンジン)	14295
アルテミオ・クルスの死 (フエンテス, カルロス)	09328
アルテンブルグのくるみの木 (マルロー, アンドレ)	11895
アルト・ハイデルベルク (マイヤー=フェルスター, ヴィルヘルム)	11503
アルネ (ビョルンソン, ビョルンスチェルネ)	08995
アルバート・ニヤンザ, ナイル河大盆地, ナイルの源流探検 (ベーカー)	10386
アルバニア語研究 (マイヤー, グスタフ)	11487
ある春の日 (コスマッチ, ツィリル)	03887
あるバレーマスターの思い出 (フォーキン, M.)	09348
アルピニズモ・アクロバチコ (レイ, ギド)	13830
アルファフリー (イブン・アッティクタ

カー)	00659
ある婦人の肖像(ジェイムズ, ヘンリー)	04556
アルプス(マルトンヌ)	11884
アルプス・コーカサス登攀記(ママリー)	11745
アルプス登攀記(ウィンパー)	01034
アルプスの少女ハイジ(シュピリ, ヨハンナ)	05078
アルプスの氷河(ティンダル, ジョン)	06881
アルプス旅行記(ソシュール, オラス・ベネディクト・ド)	06049
アルフレッド=クルップ書簡集(クルップ)	03297
アルフレッド・ノーベル伝(ベルイェングレン)	10687
アルベマス(ディック, フィリップ・K.)	06767
アルベルタとヤーコブ(サンデル, コーラ)	04459
アルペン(ハラー, アルブレヒト・フォン)	08475
ある放浪者の半生(ナイポール, V.S.)	07611
アルマゲスト(プトレマイオス)	09576
アルマゲストの訂正(アフラ, ジャービル・イブン)	00230
ある町の歴史(シチェドリン, サルトゥコフ)	04721
アルメニア語文法(ヒュプシュマン)	08973
アールヤバティーヤ(アールヤバタ)	00425
ある遊星の横顔(デュレンマット, フリードリッヒ)	07064
あるヨギの自叙伝(ヨガナンダ, パラマハンサ)	12770
ある夜のクレオパトラ(ゴーティエ, テオフィル)	03937
アルラウネ(エーヴェルス)	01473
ある理想主義者の回想録(マイゼンブーク)	11462
ある旅行者の手記(スタンダール)	05606
ある歴史家の生い立ち─古史弁自序(顧頡剛)	03750
アルンタ(ギレン)	02844
アルンタ(スペンサー)	05770
アレオパジチカ(ミルトン, ジョン)	12127
あれか、これか(キルケゴール, セーレン)	02811
アレキサンダー大王(ウェイゴール)	01037
アレキサンドリア・カルテット(ダレル, ロレンス)	06333
アレクサンダー・フレミングの生涯(モーロワ, アンドレ)	12571
アレクサンドラ(リュコフロン)	13507
アレクサンドリア時代のギリシア文学史(ズーゼミール)	05540
アレクサンドル・デュマ─パリの王様(エンドア)	01771
アレクサンドロス大王(ヴィルケン)	00962
アレクサンドロス大王(ターン)	06345
アレクサンドロスの王冠(エフレーモフ)	01584
荒地(エリオット, T.S.)	01628
荒れ野の40年 ヴァイツゼッカー大統領演説全文─1985年5月8日(ヴァイツゼッカー, リヒャルト・フォン)	00731
アレフ(ボルヘス, ホルヘ・ルイス)	11373
アロイシア・シガエアの対話(ショリエ, ニコラ)	05293
アロウスミスの生涯(ルイス, シンクレア)	13619
アロール島人(デュボワ, E.)	07023
阿波丸事件(フクミツ, ミノル)	09472
あわれ彼女は娼婦(フォード, ジョン)	09409
哀れなハインリヒ(ハルトマン・フォン・アウエ)	08626
哀れなリーザ(カラムジン)	02376
アンガラ水力発電所(エフトゥシェンコ, E.A.)	01575
アンクル・アブナー・シリーズ(ポースト)	11071
アンクル・サイラス(レ・ファニュ, ジョゼフ・シェリダン)	14007
アンクル・トムの小屋(ストウ, ハリエット・ビーチャー)	05680
アングロ・サクソン年代記(作者不詳)	14513
アングロ・サクソンの姿勢(ウイルソン, アンガス)	00967
暗号化─プライバシーを救った反乱者たち(レビー, スティーブン)	14001
暗号戦争 日本暗号はいかに解読されたか(カーン, D.)	02529
暗国王ムッシュー(ダレル, ロレンス)	06334
暗黒を越えて光明へ(カルティニ)	02433
暗黒星雲(ホイル, フレッド)	10966
暗黒星雲のかなたに(アシモフ, アイザック)	00119
暗黒大陸(スタンリー)	05619
暗黒のイギリスとその出口(ブース, チャールズ)	09532
アンコール詣で(ロティ)	14231
暗殺者(ラドラム, ロバート)	13066
暗殺者の女(バジェホ, フェルナンド)	08142
暗殺者のメロディー(モズレー, ニコラス)	12434
アンシクロペディー(ディドロ, ドニ)	06787
晏子春秋(作者不詳)	14514
アンシャン・レジームと革命(トクヴィル, アレクシス・ド)	07266
安息香酸の基についての研究(ヴェーラー, リービッヒ)	01136
アンダー・ザ・スキン(フェイバー, ミッシェル)	09277
アンダマン島人(ラドクリフ=ブラウン)	13055

作品名	番号
アンタル物語（作者不詳）	14515
アンダーワールド（デリーロ，ドン）	07093
アンチ・オイディプス（ガタリ，フェリックス）	02201
アンチ・オイディプス（ドゥルーズ，ジル）	07240
アンチゴーヌ（アヌイ）	00210
アンチ・チャンス―生命、偶然か必然か（スコフェニル）	05539
アンディアナ（サンド，ジョルジュ）	04465
アンティゴネ（ソフォクレス）	06057
アンティゴネ（ハーゼンクレーファー）	08227
アンデルガスト3部作（ヴァッセルマン）	00751
アンデルセン童話集（アンデルセン，ハンス・クリスチャン）	00512
アントアーヌ・ブロアイエ（ニザン，P.）	07687
アントニー（デュマ・ペール）	07029
アントニー・アドヴァース（アレン，ハーヴェイ）	00450
アントニーとクレオパトラ（シェイクスピア，ウィリアム）	04514
アンドラ（フリッシュ，マックス）	09918
アンドリア（テレンティウス）	07113
アンドレーアス（ホーフマンスタール，フーゴー・フォン）	11232
アンドレ・ワルテルの手記（ジッド，アンドレ）	04729
アンドロイド（クーパー，エドマンド）	02987
アンドロイドは電気羊の夢を見るか？（ディック，フィリップ・K.）	06768
アンドロスの女（テレンティウス）	07114
アンドロマケ（エウリピデス）	01481
アンドロマック（ラシーヌ，ジャン）	12942
アンドロメダ星雲（エフレーモフ）	01585
アンドロメダ病原体（クライトン，M.）	03021
アントン・ライザー（モーリッツ，カール・フィリップ）	12525
アンナ・カレーニナ（トルストイ，レフ・ニコラエヴィチ）	07488
アンナ・クリスティ（オニール，ユージン）	01943
アンナ・ソフィー・ヘドヴィー（アベル）	00244
アンナとロッテ（ロー，テッサ・デ）	14071
アンナプルナ（エルゾーグ）	01674
アンネの日記（フランク，アンネ）	09789
アンの青春（モンゴメリ，ルーシー・モード）	12588
アンフィトリオン（クライスト，ハインリッヒ・フォン）	03012
アンフィトリオン38（ジロドゥー）	05399
アンフィトルオ（プラウトゥス）	09654
アンベードカル（キール）	02803
安陽発掘報告（李済）	13232
安楽集（道綽）	07219
アンリ・ブリュラールの生涯（スタンダール）	05607
アンリ4世（マン，ハインリヒ）	11941

【い】

作品名	番号
イアーソーンと金羊毛（作者不詳）	14516
異域録（トゥリシェン（図理琛））	07238
いいなづけ（マンゾーニ）	11952
言いにくいことをうまく伝える会話術（ストーン，ダグラス）	05731
イヴ（ペギー，シャルル）	10388
イヴァンあるいは獅子の騎士（クレチアン・ド・トロワ）	03363
イヴァン・イヴァーノヴィチとイヴァン・ニキフォロヴィチがけんかをした話（ゴーゴリ，ニコライ・ヴァシーリエヴィチ）	03863
EVA（経済付加価値）創造の経営（スチュワート，G.ベネット，Ⅲ）	05630
イヴの隠れた顔（サダーナンダ）	04281
家（巴金）	08072
イエイツ詩集（イェイツ，ウィリアム・B.）	00561
胃液および消化生理学に関する実験と考察（ボーモント，ウィリアム）	11270
イエス（ブッセ）	09560
イエス（ブルトマン，ルドルフ・カール）	10048
イエス・キリストの人格と位置（フォーサイス，ピーター）	09373
イエズス会学事規定（イエズス会）	00576
イエズス会士日本通信（ビレラ，G.）	09055
イェスタ・ベルリング物語（ラーゲルレーヴ，セルマ）	12925
イエス伝（シュトラウス，ダーフィト）	05033
イエス伝（ルナン，エルネスト）	13763
イエス伝研究史（シュヴァイツァー，アルベルト）	04945
イエスとキリスト教の起源（ゴゲル）	03860
イエスの教え（マンソン）	11955
イエスのたとえ話（ユーリヒャー）	12716
イェツィラー（作者不詳）	14517
家なき子（マロー，エクトル・アンリ）	11917
イエナ・プラン（ペーターゼン）	10449
イェマシー族（シムズ，ウィリアム・ギルモア）	04797
イェローミンの子ら（ヴィーヘルト）	00923
イェンニー（ウンセット）	01428
イオーヌイチ（チェーホフ，アントン・パーヴロヴィチ）	06412

イオン(エウリピデス)	01482
医学をきずいた人びと(ヌーランド)	07752
医学・化学・外科学全書(パラケルスス)	08486
医学原論(ブラウン,ジョン)	09675
医学史(ディープゲン)	06805
医学真正論(シュタール,ゲオルク)	05003
医学大系(ラージー)	12937
医学的秤の術(サントリオ)	04483
医学的心理学(クレッチマー,エルンスト)	03369
医学的心理学(ロッツェ)	14225
医学典範(イブン・シーナー)	00662
医学の興隆(ファン・ヘルモント)	09160
医学の自然科学性について(フェルネル)	09313
医学汎論(イブン・ルシュド)	00674
医学論(ケルスス)	03664
医学論(ブールハーヴェ)	10074
医学論集(ケタム)	03563
いかに我々は思考するか(デューイ,ジョン)	06983
イカリア旅行記(カベ)	02331
怒りをこめてふりかえれ(オズボーン,ジョン)	01902
怒りの葡萄(スタインベック,ジョン)	05554
怒りの夜(サラクルー)	04353
イカロスの飛行(クノー,レイモン)	02979
生きていたパスカル(ピランデルロ,ルイジ)	09005
生きている過去(レニエ)	13959
生き残った一人(マクドナルド,ジョン・D.)	11556
生き残った者の掟(ジョヴァンニ,ジョゼ)	05262
息のめぐらし(ツェラーン,P.)	06647
息もつかずに(エレンブルグ,イリヤ)	01710
異境(マルーフ,デイヴィッド)	11889
異教徒反駁論(アルノビウス)	00401
生きよ、そして記憶せよ(ラスプーチン)	12991
イギリス(イング)	00704
イギリス(ディベリウス,W.)	06810
イギリス演劇史(ニコル)	07676
イギリス音楽史(ウォーカー,アーネスト)	01240
イギリス海外帝国の経済発展(ノールズ)	07860
イギリス海賊史(ジョンソン,C.)	05348
イギリス革命(ヒル,クリストファー)	09016
イギリス教会史(ベーダ)	10447
イギリス経済概観(デフォー,ダニエル)	06960
イギリス経済史(ブレンターノ,ルーヨー)	10202
イギリス経済史(リプソン)	13441
イギリス経済史および経済学史序説(アシュリー)	00136
イギリス経済小史(クラパム)	03134
イギリス憲政論(バジョット,ウォルター)	08166
イギリス憲法史(メイトランド,F.W.)	12223
イギリス憲法論(ド・ロルム)	07585
イギリス国民小史(グリーン,ジョン・リチャード)	03262
イギリス国民伝記辞典(スティーヴン,レズリー)	05637
イギリス国民伝記辞典(リー,シドニー)	13238
イギリス国民の教会史(ビード)	08910
イギリス国民の主要な航海,旅行,貿易,発見(ハクルート)	08119
イギリス国家の癌についての1論(マリーン)	11804
イギリス国家論(スミス,トーマス)	05822
イギリス産業革命史(トインビー,アーノルド)	07162
イギリス讃美歌(ウォッツ)	01258
イギリス史(トレヴェリヤン)	07544
イギリス史(ヒューム,デイヴィッド)	08979
イギリス史(フィーリング)	09239
イギリス史(モーロワ,アンドレ)	12572
イギリス史(ランケ,レオポルト・フォン)	13166
イギリス詩人伝(ジョンソン,サミュエル)	05328
イギリス詩史(コータブ)	03895
イギリス社会史(トレヴェリヤン)	07545
イギリス社会主義史(ベーア,マックス)	10326
イギリス社会の発展(リプソン)	13442
イギリス商工業発達史(カニンガム)	02287
イギリス商人(キング)	02857
イギリス植民政策小史(エジャートン)	01516
イギリス諸島(スタンプ,L.D.)	05617
イギリス諸島(ビーヴァー)	08830
イギリス人民の法的基本的自由(リルバーン)	13571
イギリス人の患者(オンダーチェ,マイケル)	02039
イギリス人,フランス人,スペイン人(マダリアーガ)	11645
イギリス政治思想(グーチ)	02938
イギリス村落共同体(シーボーム)	04784
イギリス地質図(スミス,ウィリアム)	05813
イギリス地方政治論(ウェッブ,シドニー)	01082
イギリス地方政治論(ウェッブ,ビアトリス)	01088
イギリスとアメリカ(ウェイクフィールド)	01036
イギリス内乱史(クラレンドン)	03154
イギリスにおける社会主義の歴史的基礎(ハインドマン)	07971
イギリスにおける社会的移動(グラス,デイヴィッド)	03096
イギリスにおける服装(フェアホルト)	09274

イギリスにおける労働者階級の状態(エンゲルス,フリードリヒ)	01736	生きる秘訣は(ギャロウェイ,ジャニス)	02745
イギリスの老男爵(リーヴ)	13274	生きる歓び―イデオロギーとしての近代科学批判(シヴァ,ヴァンダナ)	04501
イギリスの教育(クーベルタン,P.de)	03003	生きる理由(ヘンペル,エイミー)	10876
イギリスの経済組織(アシュリー)	00137	行け、モーセ(フォークナー,ウィリアム)	09353
イギリスの工場・日本の工場(ドーア,ロナルド P.)	07141	生ける神の足跡(フランケ)	09810
イギリスの功利主義者たち(スティーヴン)	05633	生ける屍(トルストイ,レフ・ニコラエヴィチ)	07489
イギリスの国家構造(バジョット,ウォルター)	08167	生ける諸力(アイト)	00031
		夷堅志(洪邁)	03807
イギリスの歳入および貿易(ダヴナント)	06207	行こう！野ウサギ(パーシリンナ,アルト)	08173
イギリスの人民の協約(リルバーン)	13572	異国の神々(ケステン)	03543
イギリスの土地(スタンプ,L.D.)	05618	イーゴリ遠征物語(作者不詳)	14518
イギリスの農業および物価史(ロジャーズ)	14126	イザベラ(キーツ)	02642
		イーサン・フローム(ウォートン,イーディス)	01269
イギリスの法と慣習(ブラクトン)	09698	医師ギオン(カロッサ,ハンス)	02492
イギリスの民間社会福祉活動 その歴史と現状(ジョンソン,ノーマン)	05336	意識と行為に於ける精神生活の統一(オイケン,ルドルフ)	01781
イギリスの隷農制(ヴィノグラドフ)	00914	意識と社会(ヒューズ,スチュアート)	08946
イギリスの労働者の衛生状態に関する調査について救貧法委員会から内務大臣宛報告書(チャドウィック)	06509	石蹴り遊び(コルタサル)	04053
		異次元を覗く家(ホジスン,ウイリアム・H.)	11052
イギリス服装史ハンドブック(カニングトン夫妻)	02291	イシスとオシリス(プルタルコス)	10027
イギリス文学史(カザミアン)	02159	意志と表象としての世界(ショーペンハウアー,アルトゥール)	05283
イギリス文学史(テーヌ,イポリット)	06949	石の女(クッツェー,ジョン・マックスウェル)	02955
イギリス文学史(ルグイ)	13664		
イギリス文明史(バックル)	08288	石の客(プーシキン,アレクサンドル・セルゲーヴィチ)	09502
イギリスへ渡る人々(エーヴェンスムー)	01477		
イギリス封建地代の展開(コスミンスキー,E.A.)	03889	医師の宗教(ブラウン,トマス)	09679
		意志の自由について(ヴィンデルバント)	01024
イギリス法史(ホールズワース)	11330	石の花(バジョフ)	08170
イギリス法史(ポロック)	11394	意志非自由論(ルター)	13720
イギリス法史(メイトランド,F.W.)	12224	意志表示について(サレーユ)	04403
イギリス法釈義(ブラックストン)	09716	イシ―北米最後の野生インディアン(クローバー)	03454
イギリス膨張史論(シーリー)	05385		
イギリス法提要(コーク)	03845	医者の記録(ヴェレサーエフ)	01219
イギリス法とその背景(フィーフット)	09221	イシャーの武器店シリーズ(ヴァン・ヴォークト)	00807
イギリス法入門(ゲルダート)	03677		
イギリス法礼賛論(フォーテスキュー)	09407	イシュタルの船(メリット,エイブラム)	12285
イギリス領アフリカにおける原住民行政(ハイリー)	07954	異種の電導体の単なる接触によって起こる電気について(ヴォルタ)	01312
イギリス領インド史(ミル,ジョン・スチュアート)	12101	緯書(作者不詳)	14519
		遺書(メリエ)	12281
イギリス領インドの土地制度(ポーエル,ベーデン)	11019	衣裳裁断と衣服形成(ティルケ)	06853
		異常心理学概論(マクドゥガル,ウィリアム)	11544
イギリス領マラヤ(スウェッテナム)	05499	異常な夏(フェージン)	09283
イギリス労働運動史(コール,ジョージ・ダグラス・ハワード)	04037	意地悪じいさんたち(エイミス,キングズリー)	01456
生きること(グリーン,ヘンリー)	03267		
生きる思想(イリッチ,イヴァン)	00687		

作品名	番号
異神を追いて（エリオット, T.S.）	01629
椅子（イヨネスコ, E.）	00676
イスター（ヘルダーリン）	10736
イスマエリーリョ（マルティ, J.）	11873
泉のマノン（パニョル, マルセル）	08385
イスラエル（ベーデルセン, J.）	10547
イスラエル史（ノート）	07845
イスラエル史序説（ヴェルハウゼン）	01197
イスラエル・ポッター（メルヴィル, ハーマン）	12301
イスラエル民族史（ルナン, エルネスト）	13764
イスラーム原理主義の「道しるべ」（クトゥブ, サイード）	02970
イスラム辞典（ヒューズ, トーマス）	08948
イスラム社会の構造（レヴィ・ブリュール）	13867
イスラム初期のイラン（シュプラー）	05079
イスラム諸民族および諸国家の歴史（ブロッケルマン）	10252
イスラーム世界と日本におけるイスラームの普及（イブラヒム, アブデュルレシト）	00658
イスラムにおける近代的潮流（ギブ）	02676
イスラムにおける宗教思想の再建（イクバル）	00608
イスラム年代記（カエターニ）	02133
イスラムの遺産（アーノルド, トマス・W.）	00220
イスラムの遺産（ギョーム, アルフレッド）	02796
イスラムの精神（アミール・アリー）	00265
イスラム百科事典（ホウツマ）	11008
為政者論（エリオット, トーマス）	01627
異星の客（ハインライン, ロバート・A.）	07973
イゼルギリばあさん（ゴーリキー, マクシム）	03998
急いで下りろ（ウェイン）	01042
位相幾何学（アレクサンドロフ, P.S.）	00440
位相幾何学（ホップ, H.）	11132
医宗金鑑（作者不詳）	14520
位相と関数解析（シュヴァルツ, L.）	04954
イソップ寓話集（イソップ）	00623
偉大なインドの物語（タルール, シャシ）	06324
偉大な神ブラウン（オニール, ユージン）	01944
偉大な記憶力の物語——ある記録術者の精神生活（ルリヤ）	13812
偉大なる王（バイコフ, ニコライ・A.）	07903
偉大なる会話（ハッチンズ）	08298
偉大なる幻影（ブッツァーティ）	09566
偉大なる人物（オストヴァルト）	01888
偉大なる道（スメドレー, アグネス）	05837
偉大なるM.C.（ハミルトン, ヴァージニア）	08445
委託裁判（メナンドロス）	12271
板橋三娘子（作者不詳）	14521
痛ましい喜劇役者（メレディス, ジョージ）	12339
イタリアおよび南スイス言語・民俗図巻（ヤーベルク）	12650
イタリアおよび南スイス言語・民俗図巻（ユート）	12711
イタリア絵画史（カヴァルカセレ）	02100
イタリア絵画史（クロー）	03398
イタリア絵画史（スタンダール）	05608
イタリア絵画史（マーレ）	11903
イタリア絵画の批評的研究（モレリ）	12563
イタリア紀行（ゲーテ, ヨハン・ヴォルフガング・フォン）	03576
イタリア経済史（ドーレン）	07568
イタリア経済史（ルツァット）	13733
イタリア研究（ルモール）	13811
イタリア古典期美術（ヴェルフリン, ハインリッヒ）	01207
イタリア語—ドイツ語辞典（作者不詳）	14522
イタリア史（グイッチャルディーニ）	02896
イタリア史概説（サルヴァトレリ）	04373
イタリア史概説（バルボ）	08644
イタリア史料集成（ムラトーリ）	12196
イタリア人の告白（ニエヴォ）	07668
イタリア中世古事記（ムラトーリ）	12197
イタリアとドイツ的形式感情（ヴェルフリン, ハインリッヒ）	01208
イタリアにおける自由の歴史（シスモンディ, S.d.）	04715
イタリアに寄す（レオパルディ）	13899
イタリア年代記（スタンダール）	05609
イタリアの惨劇（ラドクリフ, アン）	13052
イタリア美術家列伝（ヴァザーリ）	00744
イタリア美術史（ヴェントゥーリ）	01227
イタリア美術史（トエスカ）	07258
イタリア文学史（デ・サンクティス）	06924
イタリア物語（ゴーリキー, マクシム）	03999
イタリア・ルネサンスの美術史（ドヴォルジャック）	07206
イタリア・ルネサンスの文化（ブルクハルト, ヤコプ）	10000
イタリア・ルネサンス美術（ブルクハルト, ヤコプ）	10001
異端教祖株式会社（アポリネール）	00251
異端駁論（エイレナイオス）	01463
異端者（デリーベス, ミゲル）	07091
一握の塵（ウォー, イヴリン）	01231
一英国人の見たる日本及日本人（ライエル, トマス）	12803
一億五千万（マヤコフスキー）	11747
一音楽家の思い出（チャイコフスキー, ピョートル）	06477
一外交官の見た明治維新（サトウ, アーネス	

ト） ……………………………………… 04311
一次愛と精神分析技法（バリント,M.） …… 08550
一次元的人間（マルクーゼ,H.） …………… 11845
一日の休暇（ジェイムソン,ストーム） …… 04573
1社会民主党員の覚え書（シャイデマン） … 04827
1生物学者の哲学（ホールデーン） ………… 11344
1哲学者の旅日記（カイゼルリング） ……… 02079
一難去ってまた一難（ルートヴィヒ） …… 13744
一俳優の告白（オリヴィエ,ローレンス） … 01991
いちばんここに似合う人（ジュライ,ミランダ） ……………………………………… 05136
一万一千本の鞭（アポリネール） ………… 00252
一角獣・多角獣（スタージョン） ………… 05572
慈む者（アイスキュロス） ………………… 00014
一国社会主義（カー,E.H.） ……………… 02052
一切経音義（慧琳） ………………………… 01443
一週間（リベジンスキイ） ………………… 13449
一瞬で自分を変える法（ロビンズ,アンソニー） ……………………………………… 14269
逸脱と医療化（コンラッド,P.） …………… 04223
逸脱と医療化（シュナイダー,J.W.） ……… 05054
逸脱と統制（コーエン,A.K.） ……………… 03838
五つの講演（ハーバー） …………………… 08400
五つの壺（ジェイムズ,M.R.） …………… 04569
IT（キング,スティーヴン） ……………… 02859
一般化学の基礎（オストヴァルト） ……… 01889
一般教育学（ヘルバルト,ヨハン・フリードリヒ） ……………………………………… 10776
一般均衡分析（アロー,ケネス） ………… 00465
一般均衡分析（ハーン,フランク） ……… 08716
一般経営経済学（メレロヴィチ） ………… 12346
一般経営経済学（レーマン） ……………… 14017
一般経済史（クーノー,H.） ……………… 02984
一般経済地理学入門（リュール） ………… 13527
一般芸術学基礎論（ウティッツ） ………… 01388
一般形態学（ヘッケル,エルンスト・ハイリンヒ） ……………………………………… 10484
一般言語学講義（ソシュール,フェルディナンド） ……………………………………… 06051
一般言語学とフランス言語学（バイイ,シャルル） ……………………………………… 07886
一般国民経済学（レクシス） ……………… 13912
一般国家学（イェリネク,ゲオルグ） …… 00587
一般国家学（ケルゼン,ハンス） ………… 03666
一般国家学（シュミット,カール） ……… 05116
一般国家学（ブルンチュリ,J.C.） ………… 10099
一般算術（ニュートン,アイザック） …… 07730
一般史（ラヴィス） ………………………… 12872
一般史（ランボー） ………………………… 13207
一般システム理論——その基礎・発展・応用（ベルタランフィ,ルートヴィヒ・フォン） …… 10735
一般社会学（ウィーゼ,レオポールド・フォン） ……………………………………… 00872
一般社会学（オッペンハイマー,フランツ） … 01922
一般社会学（スモール,アルビオン・ウッドベリ） ……………………………………… 05843
一般社会学提要（パレート,V.） ………… 08659
一般商業および交通地理学（オトレンバ） … 01939
一般植物誌（レイ,ジョン） ……………… 13833
一般数量学（タルタリア） ………………… 06311
一般精神病理学（ヤスパース） …………… 12634
一般生理学（フェルヴォルン,マックス） … 09306
一般生理学原理（ベイリス） ……………… 10367
一般先史学提要（フュロン） ……………… 09619
一般相対性理論の基礎（アインシュタイン,アルバート） ………………………………… 00044
一般哲学史（ドイッセン） ………………… 07145
一般認識論（シュリック） ………………… 05157
一般農業および工業地理学（オトレンバ） … 01940
一般美学（コーン,J.） ……………………… 04152
一般比較地理学（リッター） ……………… 13368
一般物理学教程（ランダウ,L.D.） ……… 13190
一般史（グロッツ） ………………………… 03426
一般文体論（ザイトラー） ………………… 04244
一般文法および言語哲学の基礎づけのための研究（マルティ,A.M.） …………………… 11872
一般文法の原理（イェルムスレウ） ……… 00596
一般理論経済学（メンガー,カール） …… 12358
一般歴史考（カント,イマヌエル） ……… 02550
1分間マネジャー（ジョンソン,スペンサー） ……………………………………… 05331
1分間マネジャー（ブランチャード,ケネス） ………………………………………… 09853
1歩前進2歩後退（レーニン,ウラジミール・イリイッチ） ………………………………… 13965
偽りの告白（マリヴォー,ピエール・カルレ・ド・シャンブラン・ド） ………………… 11776
イデオロギーと国家のイデオロギー装置（アルチュセール,ルイ） ………………………… 00380
イデオロギーとしての技術と科学（ハーバーマス,ユルゲン） ………………………… 08409
イデオロギーとユートピア（マンハイム,カール） ……………………………………… 11968
イデオロギーの終焉（ベル,ダニエル） … 10665
イデオロギーの崇高な対象（ジジェク,スラヴォイ） ……………………………………… 04711
イデオロギー論（トラシー,デスチュット・ド） ……………………………………… 07438
夷狄を待ちながら（クッツェー,ジョン・マックスウェル） ……………………………… 02956
夷狄詩集（ルコント・ド・リール） ……… 13695

イデーン（フッサール，エドムント）	09549	異邦人（カミュ，アルベール）	02345
遺伝学概説（クロー，ジェームス・F.）	03400	いましめられた大地（ワシレーフスカヤ，ワンダ）	14456
遺伝学と種の起源（ドブジャンスキー）	07340	意味から見た韓国歴史（咸錫憲）	08457
遺伝子工学の現状と未来（アメリカ合衆国議会特別調査）	00277	意味と意味変化（ステルン）	05678
遺伝子説（モーガン，T.H.）	12408	意味と必然性（カルナップ）	02446
遺伝の法則（メンデル，ヨハン・グレゴル）	12365	意味の意味（オグデン）	01852
意図, 意志および要求（レヴィン，クルト）	13880	意味の意味（リチャーズ，アイヴァー）	13350
移動祝祭日（ヘミングウェイ，アーネスト）	10599	意味への意志（フランクル，ヴィクトール・E.）	09805
従妹ベット（バルザック，オノレ・ド）	08575	意味論概説（クロナッサー）	03445
イナーオ（作者不詳）	14523	意味論入門（カルナップ）	02447
田舎医者（カフカ，フランツ）	02316	移民たち（モーベリ）	12456
田舎医者（バルザック，オノレ・ド）	08576	移民の運命（トッド，エマニュエル）	07308
田舎司祭の日記（ベルナノス）	10759	イメージ——視覚とメディア（バージャー，ジョン）	08153
いなかの風習（ホウォートン）	10990	イメージの工場（カニュド）	02286
いにしえより残りしものの跡（ビールーニー）	09045	幻影（イメジ）の時代（ブーアスティン，D.J.）	09117
犬を連れた奥さん（チェーホフ，アントン・パーヴロヴィチ）	06413	いやいやながら医者にされ（モリエール）	12495
犬橇（ジョヴァンニ，ジョゼ）	05263	癒しの旅——ピースフル・ウォリアー（ミルマン，ダン）	12139
犬のキャンプ（ブラックウッド）	09714	いやな気分よ、さようなら（バーンズ，デビッド・D.）	08740
犬の心臓（ブルガーコフ，ミハイル・アファナーシエヴィチ）	09995	嫌なこといろいろ（デイヴィス，リディア）	06706
犬の力（ウィンズロウ，ドン）	01014	イリアス（ホメロス）	11264
犬の年（グラス，ギュンター）	03089	イリオス（シュリーマン，ハインリヒ）	05159
イノセント（マキューアン，イアン）	11533	イリヤ・ゴロヴィーン（ミハルコーフ）	12041
いのちの十字路（シュトラウス，E.）	15036	イリュミナシオン（ランボー，アルチュール）	13209
命の船（デューブ，P.D.）	07015	イルカと、海に還る日（マイヨール，ジャック）	11504
イノック・アーデン（テニスン，アルフレッド）	06946	イルカの島（クラーク，アーサー・C.）	03058
イノニヤ（エセーニン，S.A.）	01531	イルカの夏（アルスライ，カテリーナ）	00378
イノベーション——限界突破の経営戦略（フォスター，リチャード）	09395	イルカの日（メルル，ロベール）	12326
イノベーションと企業家精神（ドラッカー，ピーター・F.）	07440	イルクーツク物語（アルブーゾフ）	00412
イノベーションのジレンマ（クリステンセン，クレイトン）	03181	イールのヴィーナス（メリメ，プロスペル）	12287
イノベーションへの解（クリステンセン，クレイトン）	03182	イルミネータス！（ウィルソン，ロバート・A.）	00992
イノベーションへの解（レイナー，マイケル）	13840	イルミネータス！（シェイ，ロバート）	04510
祈り（ハイラー）	07950	刺青の男（ブラッドベリ，レイ）	09723
いばら姫（グリム兄弟）	03213	岩根をよじて（ペレーダ）	10806
いばり屋の軍人さん（プラウトゥス）	09655	鰯の埋葬（アラバール）	00298
イフ（ダンセイニ）	06364	岩に立つ剣（レヴィ・ブリュール）	13868
イフィジェニー（ラシーヌ，ジャン）	12943	いわゆる市場問題について（レーニン，ウラジミール・イリイッチ）	13966
衣服哲学（カーライル，トマス）	02367	イワン・イリイチの死（トルストイ，レフ・ニコラエヴィチ）	07490
異部宗輪論（世友）	05882	イワン・デニーソヴィチの一日（ソルジェニーツィン，アレクサンドル・イサーエヴィチ）	06084
イプセン主義の精髄（ショー，G.B.）	05226		
イブ・モンタン自伝——頭にいっぱい太陽を（モンタン，イブ）	12596		

作品名	番号
イワンのばか(トルストイ,レフ・ニコラエヴィチ)	07491
印欧共通基語名詞形成の起源(バンヴニスト)	08723
印欧語学史(シュトライトベルク)	05031
印欧語研究(クリロヴィチ)	03239
印欧古代学百科事典(シュラーダー)	05148
印欧古代学百科事典(ネーリング)	07790
印欧語比較研究序説(メイエ,アントゥアヌ)	12206
印欧語比較辞典(ヴァルデ)	00778
印欧語比較辞典(ポコルニー)	11049
印欧語比較文法概要(デルブリュック)	07103
印欧語比較文法概要(ブルークマン)	10008
印欧語比較文法提要(シュライヒャー)	05145
印欧語文法(ヒルト,H.)	09038
印欧語母音原始組織考(ソシュール,フェルディナン・ド)	06052
印欧語民族(ヒルト,H.)	09039
印欧諸言語間の近親関係(シュミット,ヨハネス)	05125
因果的および条件的世界観(フェルヴォルン)	09305
インカの伝説と儀礼(モリーナ)	12526
イングルズ一家の物語(ワイルダー)	14414
イン・カントリー(メイスン,ボビー・アン)	12222
韻鏡(作者不詳)	14524
陰極線(トムソン,J.J.)	07406
殷虚書契考釈(羅振玉)	12790
殷虚卜辞綜述(陳夢家)	06611
イングランド,ウェールズおよびスコットランドの一部の地質図(スミス,ウィリアム)	05814
イングランド,ウェールズの南部諸州をめぐる6週間の旅(ヤング,アーサー)	12655
イングランド王国の福祉についての1論(ヘールズ)	10718
イングランドおよびウェールズにおける刑務所の状態(ハワード,ジョン)	08701
イングランド史(マコーリー)	11602
イングランド社会史(ブリッグズ,エイザ)	09910
イングランドの現状(キング)	02858
隠者の夕暮れ(ペスタロッチ)	10433
隠者編(ワーズワース)	14461
隠秀軒集(鐘惺)	05253
殷周青銅器通論(張維祺)	06546
殷周青銅器通論(容庚)	12754
印象主義(ヴァイスバハ)	00725
印象派(グレーフェ,マイヤー)	03377
印象派の画家たち(デュレ)	07062
飲水集(紅蘭性徳)	03823
隠生代(オールディス,ブライアン)	02004
インターコース(ドウォーキン,A.)	07205
インダス文明(ホイーラー)	10961
インターナショナル・スタイル(ジョンソン,フィリップ)	05337
インターナショナル・スタイル(ヒッチコック,ヘンリー=ラッセル)	08901
インディアスの破壊についての簡潔な報告(ラス・カサス)	12967
インディアン語訳聖書(エリオット,ジョン)	01626
インディゴ(ウォーナー,マリーナ)	01277
インテリジェンス 秘密から政策へ(ローウェンソル,M.)	14105
インドへの道(フォースター,エドワード・モーガン)	09390
インド演劇史(レビ,S.)	14002
インドおよび高地アジア学術踏査報告(シュラーギントヴァイト兄弟)	05146
インドおよびセイロンの美術史(スミス,V.)	05832
インド音楽史(グロッセ)	03424
インド科学の父 ボース(ゲデス,パトリック)	03597
インド教と仏教(ウェーバー,マックス)	01101
インド経済史(ダット)	06253
インド経済論(ジャタール)	04847
インド経済論(ベリ)	10628
インド言語調査(グリアソン)	03162
インド誌(ビールーニー)	09046
インドシナ,インドネシアにおけるインド化した諸国(セデス)	05929
インド人の言語と英知について(シュレーゲル,フリードリヒ)	05185
インド哲学(ラグクリシュナン)	12908
インド哲学史(ダスグプタ)	06245
インドとセイロン(クレーブス)	03380
インドにおける資本制企業の発達(ブキャナン)	09467
インドネシア経済史概説(ホングレイブ)	11431
インドネシアの経済(ブーケ)	09477
インドネシアの民族主義と革命(ケヒン)	03621
インドの驚異(シャハリヤール)	04865
インドの経済発展(アンスティ)	00479
インドの発見(ネルー)	07791
インドの光と影(デサイ,アニタ)	06919
インドの不思議(ブズルグ・イブン・シャフリヤール)	09535
インドの仏教美術(グリュンヴェーデル)	03230
インドの労働階級(ムケルジー)	12179
インド美術の理想(ハヴェル)	08006

インド仏教図像学試論(フーシェ)	09494
インド文献史(ヴィンテルニッツ)	01022
インド民族の歴史と文化(マジュムダール)	11625
インド洋と太平洋の地理(ショット)	05281
インド論(エンゲルス, フリードリヒ)	01737
インド論(マルクス, カール)	11812
陰謀(ニザン, P.)	07688
因明正理門論(ディグナーガ)	06732
因明入正理論(シャンカラスヴァーミン)	04901
因明入正理論疏(窺基)	02602
因明三十三過本作法(作者不詳)	14525
イン・メモリアム(テニスン, アルフレッド)	06947
引力(シュペルヴィエル, ジュール)	05091
引力(李広田)	13231
殷歴譜(董作賓)	07179

【う】

ヴァイキングの航海(ローマックス, J.)	14318
ヴァイキングの世界(シンプソン, J.)	05452
ヴァイキングの末裔(ボイエル, ヨハン)	10934
ヴァイキング文化(オルリク)	02032
ヴァイシェーシカ・スートラ(作者不詳)	14526
ヴァイドゥールヤ・カルポ(サンゲーギャムツォ)	04424
ヴァイマル共和国(アイク)	00003
ヴァイマル共和国の解体(ブラハー)	09771
ヴァイマル共和国の成立と歴史(ローゼンベルク, アルトゥーア)	14189
ヴァーグナー(ヴェステルンハーゲン)	01062
ヴァーグナー伝(グラーゼナップ)	03101
ヴァージニア・ウルフなんかこわくない(オールビー, E.)	02017
ヴァージニア通史(スミス, ジョン)	05819
ヴァージニアン(ウィスター, オーエン)	00868
ヴァジラスーチー(アシュヴァゴーシャ)	00132
ヴァージン(ブランソン, リチャード)	09848
ヴァスコ・ダ・ガマのインド航海記(ヴェリョ)	01139
ヴァスデーヴァ・ヒンディ(作者不詳)	14527
ヴァセック(ベックフォード)	10478
ヴァーノン・ゴッド・リトル—死をめぐる21世紀の喜劇(DBCピエール)	14495
ヴァリエテ(ヴァレリー)	00792
ヴァリス(ディック, フィリップ・K.)	06769
ヴァルデマア氏病症の真相(ポー, エドガー・アラン)	10890
ヴァレンシュタイン(シラー, フリードリッヒ・フォン)	05352
ヴァレンシュタインの歴史(ランケ, レオポルト・フォン)	13167
ヴァンツベックの使者(クラウディウス)	03049
ヴイ(ゴーゴリ, ニコライ・ヴァシーリエヴィチ)	03864
ヴィヴァルディ(パンシェルル)	08733
ヴィクトリア女王(ストレイチー, リットン)	05723
ヴィクトリア朝の著名人たち(ストレイチー, リットン)	05724
ヴィクトリア朝妖精物語(作者不詳)	14528
ヴィクトール・ユゴーの生涯(モーロワ, アンドレ)	12573
ヴィーコ自叙伝(ヴィーコ)	00850
ヴィシュヌ・プラーナ(作者不詳)	14529
ヴィジョン・セミナー(ユング, カール)	12727
ヴィースとラーミーン(ブルガーニ)	09999
ヴィーチャと学校友だち(ノーソフ, N.N.)	07832
ウィチャリー家の女(マクドナルド, ロス)	11561
ウィーツイ・バット(ブロック, フランチェスカ・リア)	10245
ヴィティコー(シュティフター, アーダルベルト)	05008
ウィトゲンシュタイン(マルコム, ノーマン)	11852
ウィトゲンシュタインの愛人(マークソン, デイヴィッド)	11541
ウィトゲンシュタインの甥—最後の古き佳きウィーンびと(ベルンハルト, トーマス)	10799
ウィトゲンシュタインの建築(レイトナー, バーナード)	13838
ヴィーナスとアドニス(シェイクスピア, ウィリアム)	04515
ヴィーナスのためいきヴィーナスの戯れ(ニン, アナイス)	07746
ウィニング 勝利の経営(ウェルチ, ジャック)	01167
ウィニング 勝利の経営(ウェルチ, スージー)	01169
ヴィユ・コロンビエ座の思い出(コポー)	03977
ヴィヨン, その生涯と時代(シャンピオン)	04916
ウィーランド(ブラウン, C.B.)	09688
ウィリアム・ウィルソン(ポー, エドガー・アラン)	10891
ウィリアム・オスラー卿の生涯(クッシング, H.)	02954
ウィリアム・クリソルドの世界(ウェルズ, H.G.)	01153
ウイリアム・テン短編集(テン)	07123
ヴィリネーヤ(セイフーリナ)	05877

ヴィール嬢の幽霊(デフォー,ダニエル)	06961	ヴェルディ(ヴェルフェル)	01200
ウイル船長回想録(ウイル,J.B.)	00961	ヴェルレーヌ詩集(ヴェルレーヌ)	01213
ヴィルヘルム・テル(シラー,フリードリッヒ・フォン)	05353	ヴェローナの二紳士(シェイクスピア,ウィリアム)	04518
ヴィルヘルム・マイスター(ゲーテ,ヨハン・ヴォルフガング・フォン)	03577	ヴェロニカの聖帛(ル・フォール)	13792
ヴィルヘルム1世によるドイツ帝国の建設(ジーベル)	04781	ヴォイツェック(ビューヒナー)	08965
ヴィレット(ブロンテ,シャーロット)	10301	ヴォス(ホワイト,パトリック)	11404
ヴィンケルマンの芸術思想(ヴィンケルマン)	01009	ウォーターシップ・ダウンのうさぎたち(アダムス,リチャード)	00159
ウィンザーの陽気な女房たち(シェイクスピア,ウィリアム)	04516	ウォーターランド(スウィフト,グレアム)	05487
ウィンダミア卿夫人の扇(ワイルド,オスカー)	14421	ウォーターワールド(コリンズ,M.A.)	04034
ウィーンの辻音楽師(グリルパルツァー,フランツ)	03233	ウォーホル―ポッピズム(ウォーホル)	01289
ウインブルドン(ブラッドン)	09732	ウォーホル―ポッピズム(ハケット)	08123
飢え(セミョーノフ)	05955	ウォール街の内幕(ソーベル,ロバート)	06068
飢え(ハムスン,クヌート)	08459	ヴォルガ・ブルガール旅行記(イブン・ファドーラン)	00672
ウェイクフィールドの牧師(ゴールドスミス)	04077	ウォルター・リップマン(ラスキン,ジョン)	12978
ウェーヴァリー(スコット,ウォルター)	05524	ヴォルテール自叙伝(ヴォルテール)	01318
ウェゲナーの生涯(ウェゲナー夫人)	01045	ウォールデン・トゥー(スキナー,B.F.)	05515
ウェストン氏の美酒(ポウイス)	10978	ウォールデン―森の生活(ソロー,ヘンリー・デイヴィッド)	06110
ヴェダ(作者不詳)	14530	ウォルト・ディズニー――創造と冒険の生涯(トマス,ボブ)	07380
ヴェダ神話(ヌクドネル)	07748	ヴォルプスヴェーデ(リルケ,ライナー・マリア)	13559
ヴェダ神話(ヒレブラント)	09054	ヴォルポーネ(ジョンソン,ベン)	05338
ヴェーラーラ・パンチャヴィンシャティカー(作者不詳)	14531	ウォーレン夫人の職業(ショー,G.B.)	05227
飢えたる牧師(ラーベ)	13104	浮かびあがる(アトウッド,マーガレット)	00190
ヴェーダーンタ・サーラ(サダーナンダ)	04282	浮かれ縁日(ジョンソン,ベン)	05339
上と下との間(ヴェルフェル)	01199	雨季来る(ブロムフィールド)	10289
ヴェトナムの歴史と文化(コイ,レー・タニュ)	03777	動きのなかの視覚(モホイ,ナジ)	12457
ヴェトナム亡国史 他(潘佩珠)	09149	動く遺伝子(ケラー,エブリン・フォックス)	03642
ヴェニスに死す(マン,トーマス)	11929	動く植物―植物生理学入門(サイモンズ,P.)	04257
ヴェニスの石(ラスキン,ジョン)	12977	ウサギどんキツネどん(ハリス,J.C.)	08530
ヴェニスの恋人たち(モラス)	12484	兎の夏(ムシュク)	12182
ヴェニスの商人(シェイクスピア,ウィリアム)	04517	ウサギのラバット(ローソン)	14196
ウェヌスの夜祭り(作者不詳)	14532	うさぎ物語(ジャム,フランシス)	04883
ヴェネツィアの14行詩(プラーテン,A.G.v)	09734	ウジェニー・グランデ(バルザック,オノレ・ド)	08577
ヴェノナ アメリカにおけるソ連スパイ工作の解読(クレア,H.)	03328	失われしクレーンの言葉(レーヴィット,デイヴィッド)	13864
ヴェノナ アメリカにおけるソ連スパイ工作の解読(ヘインズ,J.E.)	10380	失われた足跡(カルペンティエール,アレホ)	02465
ヴェーバーとマルクス(レーヴィット)	13858	失われた黄金都市(クライフ)	03022
ヴェリコシュームスク占領(レオーノフ)	13892	失われた心 生かされる心(ムーア,トマス)	12165
ウェルギリウスの死(ブロッホ,ヘルマン)	10455	失われた地平線(ヒルトン,ジェームズ)	09042
		失われた手紙(カラジャーレ)	02375
		失われた時を求めて(プルースト,マルセ	

ル） ………………………………… 10024
失われた虹とバラと（シュート、ネヴィル）… 05024
失われた部屋（オブライエン、フィッツ＝ジェイムズ） ……………………………… 01964
後ろの部屋（ガイテ、カルメン・マルティン） …………………………………… 02082
渦巻（カワード、ノエル） ………………… 02514
ウズ・ルジアダス（カモンイス） ………… 02366
雨窓欹枕集（洪棭） ………………………… 03805
雨窗漫筆（王原祁） ………………………… 01798
嘘つき男（コルネイユ、ピエール） ……… 04096
嘘つきビリー（ウオーターハウス、キース）… 01255
うその力（ボイエル、ヨハン） …………… 10935
歌う白骨（オースチン・フリーマン、R.） … 01877
歌え、飛べない鳥たちよ―マヤ・アンジェロウ自伝（アンジェロウ、マヤ） ………… 00477
疑わしい真実（アラルコン、ルイス・デ）… 00301
疑わしき戦い（スタインベック、ジョン）… 05555
うたかたの日々（ヴィアン、ボリス） …… 00833
唄とソネット（ダン） ……………………… 06347
歌なしの退却（シャフヌール、シャーハン）… 04873
歌の書（アブル・ファラジュ） …………… 00237
歌の本（ハイネ、ハインリッヒ） ………… 07932
内なるヒーロー（ピアソン、キャロル・S.）… 08815
宇宙意識（バック、リチャード・モーリス）… 08272
宇宙へのマインドステップ―ストーンヘンジからETまで（ホーキンズ、ジェラルド・S.） …………………………………… 11031
宇宙を支配する6つの数（リース、マーティン） …………………………………… 13327
宇宙をぼくの手の上に（ブラウン、フレドリック） …………………………………… 09681
宇宙気流（アシモフ、アイザック） ……… 00120
宇宙誌（カズウィーニー） ………………… 02174
宇宙商人（コーンブルース、C.M.） ……… 04203
宇宙商人（ポール、フレデリック） ……… 11314
宇宙進化論と恒星力学の諸問題（ジーンズ） ……………………………………… 05445
宇宙戦争（ウェルズ、H.G.） ……………… 01154
宇宙船地球号操縦マニュアル（フラー、バックミンスター） ……………………… 09620
宇宙船「地球」号―フラー人類の行方を語る（フラー、バックミンスター） ……… 09621
宇宙船ビーグル号（ヴァン・ヴォークト）… 00808
宇宙創成はじめの三分間（ワインバーグ、スティーブン） ……………………………… 14431
宇宙調和論（メルセンヌ、M.） …………… 12322
宇宙哲学大系（フィスク） ………………… 09173
宇宙と踊る（ライトマン、アラン） ……… 12838
宇宙都市シリーズ（ブリッシュ、ジェイムズ） …………………………………… 09917

宇宙における人間の地位（シェーラー、マックス） ……………………………………… 04629
宇宙に法則はあるのか（バロウ、J.D.） …… 08674
宇宙のウイリーズ（ラッセル、バートランド） ……………………………………… 13012
宇宙の小石（アシモフ、アイザック） …… 00121
宇宙の孤児（ハインライン、ロバート・A.）… 07974
宇宙の真正な知的体系（カドワース） …… 02240
宇宙の生成（アレニウス、スヴァンテ） … 00444
宇宙の戦士（ハインライン、ロバート・A.）… 07975
宇宙のたくらみ（バロー、ジョン・D.） … 08670
宇宙の多様性についての対話（フォントネル） ……………………………………… 09459
宇宙の謎（ヘッケル、エルンスト・ハインリヒ） ……………………………………… 10485
宇宙の真の知的体系（カドワース、R.） … 02272
宇宙の眼（ディック、フィリップ・K.） … 06770
宇宙のランデヴー（クラーク、アーサー・C.） ……………………………………… 03059
宇宙兵ブルース（ハリスン、ハリイ） …… 08532
宇宙論（ディオニュシオス） ……………… 06714
美しい野蛮な世界（デーメル） …………… 06972
美しきザイデンマン夫人（シュチピョルスキー、アーンジェイ） ……………………… 05005
美しき惑いの年（カロッサ、ハンス） …… 02493
ヴーツ先生のたのしい生涯（パウル、ジャン） ……………………………………… 08041
ウッタラジャーヤー・スッタ（作者不詳）… 14533
ウッドストック行最終バス（デクスター、コリン） ……………………………………… 06914
尉繚子（尉繚） ……………………………… 01380
ウディ・ガスリー自伝―ギターをとって弦をはれ（ガスリー、ウディ） ……………… 02185
ウデゲ族の最後の者（ファジェーエフ） … 09109
うぬぼれる脳（キーナン） ………………… 02672
ウパスカーラ（シャンカラミシュラ） …… 04902
ウパデーシャ・サーハスリー（シャンカラ）… 04899
ウパニシャッド（作者不詳） ……………… 14534
ウパニシャッドの教えと仏教の初め（オルデンベルク） ………………………………… 02013
ウフストヘーストへの帰還（ウォルケンス、ヤン） ……………………………………… 01308
ウプネカト（作者不詳） …………………… 14535
馬で去った女（ロレンス、D.H.） ………… 14358
海へ出るつもりじゃなかった（ランサム、アーサー） ……………………………………… 13181
海がよぶ（ノーマン、ライリス） ………… 07851
海から来た男（イネス、マイクル） ……… 00636
海燕の歌（ゴーリキー、マクシム） ……… 04000
海とサルデーニャ（ロレンス、D.H.） …… 14359
海と少女（ベンチリー、ピーター） ……… 10863

海と太陽とサメ（クラーク、ユージニ）	03079
海に帰る日（バンヴィル、ジョン）	08722
海に育つ（アームストロング、リチャード）	00270
海に騎り入る者（シング、ジョン・ミリントン）	05435
海に働く人々（ユゴー、ヴィクトル）	12689
海の上のピアニスト（バリッコ、アレッサンドロ）	08538
海の狼（ロンドン、ジャック）	14390
海の男―ホーンブロワー・シリーズ（フォレスター、セシル・スコット）	09435
海の想い出（コンラッド、ジョウゼフ）	04213
海の狐ドルトンの物語（パーキン、ダン）	08075
海の沈黙（ヴェルコール）	01149
海の波・恋の波（グリルパルツァー、フランツ）	03234
海の風雲児―FOXシリーズ（ハーディ、アダム）	08314
海の風景（オールビー、E.）	02018
海の夫人（イプセン、ヘンリック）	00642
海の変化（メイスフィールド、ジョン）	12215
海の真中にて（アグノン、シュムエル・ヨセフ）	00102
海の物語（ケロール、ジャン）	03705
海の勇士―ボライソー・シリーズ（ケント、アレクサンダー）	03724
海の勇者たち（モンサラット、ニコラス）	12589
海の百合（マンディアルグ）	11958
海の鷲（トーマス、ローウェル）	07383
海辺（カーソン、レイチェル）	02188
海辺の墓地（ヴァレリー）	00793
梅村家蔵藁（呉偉業）	03739
埋められた子供（シェパード、S.）	04602
裏切られた革命（トロツキー）	07576
裏切りのノストラダムス（ガードナー、ジョン）	02260
ウラジーミル・イリイチ・レーニン（マヤコフスキー）	11748
占う者たち（ローレンス、マーガレット）	14356
ウラニウムの核分裂における中性子の放出（ハルバン）	08637
ウラノワ―世紀のバレリーナ（シゾワ）	04719
盂蘭盆経（竺法護）	04695
ウリョーアの館（パルド・バサン、エミリ）	08615
ウル発掘（ウーリー、C.L.）	01395
ウルフ・ソレント（ポウィス）	10979
うわさの広まり（グレゴリー夫人）	03356
運化と近代（朴熙秉）	08092
ウンコな議論（フランクフルト、ハリー）	09797
雲中科誠（寇謙之）	03786
ウンディーネ（フーケ、フリードリヒ）	09478
運動物体の電気的、光学的現象に関する試論（ローレンツ、コンラート）	14369
運動物体の電気力学（アインシュタイン、アルバート）	00045
運のいい人、悪い人（ワイズマン、リチャード）	14404
運命（ヴィニー）	00905
運命（エマソン、ラルフ・ウォルドー）	01588
運命（ネグリ、アダ）	07772
運命が好転する実践スピリチュアル・トレーニング（ヒックス、エスター）	08894
運命が好転する実践スピリチュアル・トレーニング（ヒックス、ジェリー）	08895
運命ではなく（ケルテース、イムレ）	03682
運命との会合（ゴールドマン）	04083
運命について（キケロ、マーカス・トゥリウス）	02607
運命の歌（ブローク、アレクサンドル）	10230
運命の卵（ブルガーコフ、ミハイル・アファナーシエヴィチ）	09996
運命論者ジャックとその主人（ディドロ、ドニ）	06788
ウンラート教授 あるいは、一暴君の末路（マン、ハインリヒ）	11942

【え】

エアリアル（プラス、シルヴィア）	09703
永遠なる英知の書（ゾイゼ）	06020
永遠の王（ホワイト、T.H.）	11413
永遠の良人（ドストエフスキー、フョードル・ミハイロヴィチ）	07276
永遠の終り（アシモフ、アイザック）	00122
永遠の傑作（カンドー、S.）	02573
永遠の現在（ギーディオン、ジークフリート）	02662
永遠の女性（ル・フォール）	13793
永遠の他人（ハーセ、ヘラ）	08219
永遠の力（ノアイユ夫人）	07806
永遠のチャンピオン（ムアコック、マイクル）	12174
永遠平和のために（カント、イマヌエル）	02551
永遠論（ヘッケル）	10481
A.O.バルナボート（ラルボー）	13142
瀛涯勝覧（馬歓）	07872
映画演出法の基礎（クレショフ）	03362
映画劇（ミュンスターバーグ）	12070
映画撮影機の説明（リュミエール）	13526

映画の芸術（リンゼイ） ………………… 13584
映画の誕生（ムーシナク） ………………… 12181
映画の文法（スポティスウッド） ………… 05797
映画の弁証法（エイゼンシュテイン，セルゲイ） ………………………………………… 01450
永却の生命（ミュンステルベルヒ） ……… 12073
永久機関（シェーアバルト，パウル） …… 04508
影響力の武器—なぜ，人は動かされるのか（チャルディーニ，ロバート・B.） ……… 06528
栄光のポーツマス（ルウェリン，S.） …… 13644
英語音の歴史（スウィート） ……………… 05483
英語音声学概論（ジョーンズ，ダニエル） 05317
英国議会議事録（英国議会） ……………… 01447
英国恐慌史論（トゥガン・バラノフスキー，M.I.） ………………………………………… 07211
英国協同組合運動（ウェッブ，ビアトリス） 01089
英国国教会祈禱書（英国国教会） ………… 01448
英国人の血（マクルーア，J.） …………… 11585
英国の解体（ネアン，T.） ………………… 07756
英国陸軍の保健，能率，病院管理に及ぼす問題に関する覚書（ナイチンゲール） …… 07607
英国労働史（ロジャーズ，ジェームズ・イー・ソロールド） ……………………………… 14134
英語研究（ストッフェル） ………………… 05686
英語語源学の原理（スキート） …………… 05513
英語史（アイネンケル） …………………… 00032
英語史概説（モセ，F.） …………………… 12435
英語辞典（ジョンソン，サミュエル） …… 05329
英語統語法の史的概観（ケルナー） ……… 03683
英語における外来語の歴史（サージャントソン） ………………………………………… 04277
英語の音声様式（チョムスキー，ノーム） 06584
英語の口語文法（パーマー，ハロルド・E.） 08433
英語の古発音について（エリス） ………… 01646
英語の発音（ドブソン，J.） ……………… 07348
英語の歴史文法（コッホ） ………………… 03928
英語の歴史文法（ルーイク） ……………… 13608
英語文献学（ストルム） …………………… 05720
英語方言文法（ライト） …………………… 12824
エイジ・オブ・イノセンス（ウォートン，イーディス） ………………………………… 01270
永州八記（柳宗元） ………………………… 13492
永世の概念（ロイス，ジョシアー） ……… 14079
永生不滅の近代的信念（スマイス） ……… 05800
エイゼンシテイン文集（エイゼンシュテイン，セルゲイ） ………………………………… 01451
エイゼンシュテイン—自伝のための回想録（エイゼンシュテイン，セルゲイ） …… 01452
永続革命論（トロツキー） ………………… 07577
叡智（ヴェルレーヌ） ……………………… 01214
H・ハッターのすべて（デサニ，G.V.） … 06921

HPウェイ（パッカード，デービッド） … 08264
ABCマネジメント革命（カプラン，R.S.） 02330
ABCマネジメント革命（クーパー，R.） 02993
エイブラハムの胸に（グリーン，ポール） 03270
英文法（メッナー） ………………………… 12260
英訳新約聖書（ティンダル，ウィリアム） 06880
英雄（ラグラン） …………………………… 12918
英雄崇拝（ショー，G.B.） ………………… 05228
英雄崇拝論（カーライル，トマス） ……… 02368
英雄たちと墓（サバト） …………………… 04334
英雄的狂気（ブルーノ，ジョルダノ） …… 10071
栄養雑種（ミチューリン） ………………… 12002
営利企業の理論（ヴェブレン，ソースティン） ………………………………………… 01129
絵入植物の世界（バウヒヌス） …………… 08017
エヴァ・トラウト（ボウエン，エリザベス） 10985
エヴァンジェリン（ロングフェロー） …… 14382
エヴェレスト その人間的記録（ノイス） 07808
エヴェレスト登頂記（ハント） …………… 08769
エヴゲーニイ・オネーギン（プーシキン，アレクサンドル・セルゲーヴィチ） ………… 09503
エウデモス倫理学（アリストテレス） …… 00321
エウヌクース（テレンティウス） ………… 07115
エウノミオス反駁論（グレゴリオス） …… 03355
エヴリーナ（バーニー，ファニー） ……… 08380
易経（作者不詳） …………………………… 14536
液体の平衡及び空気の質量の測定についての論述（パスカル，ブレーズ） …………… 08189
易注（鄭玄） ………………………………… 06683
易伝（程伊川） ……………………………… 06680
エギルのサガ（作者不詳） ………………… 14537
エクウス（シェーファー，P.） …………… 04605
エグザイル帰還（カウリー） ……………… 02127
エクスタシーの湖（エリクソン，スティーヴ） ………………………………………… 01636
エクセレント・カンパニー（ウォーターマン，ロバート） ……………………………… 01256
エクセレント・カンパニー（ピーターズ，トム） ………………………………………… 08887
エクソシスト（プラッティ，ウイリアム・ピーター） ……………………………………… 09719
エクソン接収（ローマー） ………………… 14313
エグモント（ゲーテ，ヨハン・ヴォルフガング・フォン） ………………………………… 03578
エクリ（ラカン，J.） ……………………… 12902
エーゲ文明（グロッツ） …………………… 03427
エゲルの星々（ガールドニ） ……………… 02445
エゴイスト（メレディス，ジョージ） …… 12340
エゴティスムの回想（スタンダール） …… 05610
エゴ・トリック（バジーニ，ジュリアン） 08150
エコフェミニズム（シヴァ，ヴァンダナ） 04502

作品名	番号
エコフェミニズム（ミース，マリア）	11993
エゴール・ブルイチョーフと他の人々（ゴーリキー，マクシム）	04001
エコロジー（ブラムウェル，アンナ）	09777
エコロジー起源とその展開（ブラムウェル，アンナ）	09778
エコロジーと社会（ブクチン，マレイ）	09471
エジソンに消された男（ローレンス，クリストファー）	14355
エジソンの生涯（ジョセフソン）	05278
エジプト（ヴァンディエ）	00820
エジプト（ドリオトン）	07462
エジプト・エティオピア記念碑（レプシウス）	14011
エジプト考古学提要（ヴァンディエ）	00821
エジプト史（ブレステッド）	10146
エジプト誌（アカデミー・フランセーズ）	00089
エジプト誌（マネトン）	11724
エジプト十字架の謎（クイーン，エラリー）	02900
エジプト人（ワルタリ，ミカ）	14486
エジプト人の文学（エルマン）	01690
エジプト・ヌビア記録（シャンポリオン）	04917
エジプトのイサベラ（アルニム）	00394
エジプトの宗教（エルマン）	01691
エジプトのスタンプ（マンデリシュターム）	11965
エジプト美術（ヴォリンゲル，ヴィルヘルム）	01304
エジプト美術史（ビッシング）	08900
SASイスタンブール潜水艦消失（ヴィリエ，ジェラール・ド・）	00956
SOSタイタニック（ウィノカー，ジャック）	00912
エスキモーが氷を買うとき（スポールストラ，ジョン）	05798
エスター・ウォーターズ（ムア，ジョージ）	12159
エステル（ラシーヌ，ジャン）	12944
エスニック集団と境界（バルト，F.）	08614
エスノナショナリズム（コンナー，W.）	04194
エスノメソドロジー（ガーフィンケル，ハロルド）	02314
エズメのために（サリンジャー，J.D.）	04367
エセー（モンテーニュ，ミシェル・ド）	12602
エセックス伯爵（ラウベ）	12891
エチカ（スピノザ，バールーフ・デ）	05754
エチカル・アニマル―危機を超える生命の倫理（ウォディントン，C.H.）	01261
エチュード（リヴィエール）	13280
X線からクォークまで（セグレ，E.）	05909
X線と結晶構造（ブラッグ父子）	09717
Xの悲劇（クイーン，エラリー）	02901
X・Pで幸福を（ミード，シェパード）	12024
エッケハルト（シェッフェル）	04591
エッダ（作者不詳）	14538
閲微草堂筆記（紀昀）	02590
エッフェル塔（バルト，ロラン）	08599
エッフェル塔（マルタン，アンドレ）	11865
エディット・ピアフの生涯―愛の賛歌（ベルト，シモーヌ）	10748
エディポス・コンプレックス（グリユエツク）	03227
エーテルと電気の理論の歴史（ホイッテカー）	10945
A‐10奪還チーム出動せよ（トンプスン，スティーヴン・L.）	07595
エデンの東（スタインベック，ジョン）	05556
エドウィン・ドルードの謎（ディケンズ，チャールズ）	06735
エドウィン・マルハウス（ミルハウザー）	12137
エドガー・アラン・ポー―その生涯と作品（ボードレール，シャルル）	11158
エドガー・ハントリー―夢遊病者の回想録（ブラウン，チャールズ・ブロックデン）	09677
江戸参府紀行（シーボルト）	04786
江戸参府随行記（トゥンベリー）	07254
江戸参府旅行日記（ケンペル）	03730
江戸と北京（フォーチュン）	09399
エトナ山上のエンペドクレス（アーノルド）	00216
エトナ山上映画を思う（エプスタン）	01574
エトルリア学（パロッティーノ）	08683
エドワード二世（マーロウ，C.）	11918
エドワード・ボック自伝（ボック，エドワード）	11117
エドワルトの夢（ブッシュ，ウィルヘルム）	09557
淮南子（劉安）	13475
絵による音楽史（キンスキー）	02876
エヌマ・エリシュ（作者不詳）	14539
エネアデス（プロティノス）	10261
エネルギー（オストヴァルト）	01890
エネルギーと公正（イリッチ，イヴァン）	00688
絵のない絵本（アンデルセン，ハンス・クリスチャン）	00513
エノラ・ゲイ（トマス，ゴードン）	07376
エノラ・ゲイ（モーガン・ウィッツ，マックス）	12409
エバラード・シリーズ（フラートン，A.）	09764
エピグランマ集（マルティアリス）	11875
エピクロス―教説と手紙（エピクロス）	01570
エピクロス哲学集成（ガッサンディ）	02210
エピゴーネン（インマーマン，カール）	00716
エピソード科学史（サトクリッフ，A.）	04315
エピソード科学史（サトクリッフ，A.P.D.）	04316

作品名	番号
エピファーニの水門（プラトーノフ，アンドレイ・プラトーノヴィチ）	09736
エフィ・ブリースト（フォンターネ）	09452
エプタメロン（ナヴァール，マルグリート・ド）	07613
エブリシング・イズ・イルミネイテッド（フォア，ジョナサン・サフラン）	09331
F6登攀（イシャウッド，クリストファー）	00615
F6登攀（オーデン）	01932
エペペ（フェレンツ）	09324
エベルス・パピルス（作者不詳）	14540
エマ（オースティン，ジェイン）	01878
エマソン論文集（エマソン，ラルフ・ウォルドー）	01589
エマニエル夫人（アルサン，エマニエル）	00375
エミーリア・ガロッティ（レッシング，ゴットホールド・エフライム）	13929
エミリー・ディキンソン一行目集（ディキンソン，エミリー）	06722
エミリーへの薔薇（フォークナー，ウィリアム）	09354
エミール（ルソー，ジャン=ジャック）	13708
エーミールと探偵たち（ケストナー，エーリヒ）	03546
MHCが語る人類の起源（クライン，ヤン）	03030
MI5 イギリス保安部の活動1909-1945年（ウェスト，ナイジェル）	01065
エラスムスの勝利と悲劇（ツヴァイク，シュテファン）	06629
エリア随筆（ラム，C.）	13121
エリオット婦人の中年（ウイルソン，アンガス）	00968
エリザベス朝演劇（チェンバーズ，E.K.）	06452
エリザベス1世（ニール，J.E.）	07742
エリック・シプトン—山岳探検家・波瀾の生涯（スティール，ピーター）	05658
エリーネ・フェーレ（クペールス，ルイス）	03002
エリュトゥラー海案内記（イブン・バットゥータ）	00669
LAヴァイス（ピンチョン，トマス）	09072
エルザの眼（アラゴン，ルイ）	00291
エルサレム（ラーゲルレーヴ，セルマ）	12926
エル・シッド（フレッチャー，リチャード）	10153
エルセ（キーラン）	02799
エルツェ親方（シュラーフ）	05150
エルナニ（ユゴー，ヴィクトル）	12690
エルビス（ホプキンズ，ジェリー）	11194
エルフルト綱領解説（カウツキー，カール）	02109
エルフルト綱領草案の批判（エンゲルス，フリードリヒ）	01738
エルマーのぼうけん（ガネット）	02299
エルンストとファルク，フリーメーソン団員のための対話（レッシング，ゴットホールド・エフライム）	13930
エレウシスの密儀（ケレーニイ，カール）	03700
エレガントな宇宙（グリーン，ブライアン）	03266
エレクトラ（エウリピデス）	01483
エレクトラ（ソフォクレス）	06058
エレゲイア（テオグニス）	06902
エレックとエニード（クレチアン・ド・トロワ）	03364
エレノア・ルーズベルト流リーダーシップ術（ガーバー，ロビン）	02303
エレホン（バトラー，サミュエル（小説家））	08348
エレホン再訪（バトラー，サミュエル（小説家））	08349
エレン・ケイ一生命の使徒（ニストレムハミルトン）	07691
エレンブルグ—わが回想（エレンブルグ，イリヤ）	01711
エロス的文明（マルクーゼ，H.）	11846
エロスとアガペ（ニューグレン）	07729
エロティシズム（バタイユ，ジョルジュ）	08236
円覚経（作者不詳）	14541
遠近法（ヴィテロ）	00892
燕京歳時記（敦崇）	02140
演劇覚書（レンツ，J.M.R.）	14043
演劇作法（ドービニャク）	07336
演劇集（ゴルドーニ）	04081
演劇とその分身（アルトー，アントナン）	00389
演劇の印象（ルメートル）	13809
演劇の運命（ブロック，ジャン・リシャール）	10242
演劇論（ディドロ，ドニ）	06789
演劇論（メイエルホリド）	12213
エンゲルス伝（マイヤー，グスタフ）	11488
燕子箋（阮大鋮）	03712
エンサイクロペディア・ブリタニカ（作者不詳）	14542
燕山外史（陳球）	06597
袁氏世範（袁采）	01728
演出家の覚え書（タイーロフ）	06175
円錐曲線解析幾何学（サーモン）	04351
円錐曲線論（アポロニウス）	00258
円錐曲線論（デザルグ）	06923
遠征（ペルス，サン・ジョン）	10720
演説集（ヴィヴェーカーナンダ）	00836
演奏慣習の歴史（ハース）	08175
エンダーのゲーム（カード，オースン・スコット）	02253
エンダビー氏の内側（バージェス，アントニー）	08137

エンチクロペディ(ヘーゲル,ゲオルク・ヴィルヘルム・フリードリヒ) ………… 10405
袁中郎集(袁宏道) ………………………… 01727
エンツォ・フェラーリ—F1の帝王と呼ばれた男。(イェイツ,ブロック) ………………… 00573
園丁(タゴール,ラビンドラナート) ……… 06228
エンディミオン(キーツ) ………………… 02643
エンディミオン(リリー) ………………… 13546
塩鉄論(桓寛) ……………………………… 02520
エンデュアランス号—シャクルトン南極探検の全記録(アレグザンダー,キャロライン) ‥ 00435
エンデュアランス号—シャクルトン南極探検の全記録(ハーレー,フランク) ………… 08652
エンデュアランス号漂流(ランシング,アルフレッド) …………………………………… 13186
エンドルの魔女(作者不詳) ……………… 14543
エントロピー(ピンチョン,トマス) ……… 09073
エントロピーの法則(リフキン,ジェレミー) ……………………………………… 13437
円の測定(アルキメデス) ………………… 00358
艶婦伝(ブラントーム) …………………… 09866
エンペードクレス(ヘルダーリン) ……… 10737
園遊会(マンスフィールド) ……………… 11949
エンリコ・フェルミ伝—原子の火を点じた人(セグレ,E.) ……………………………… 05910

【お】

老い(ボーヴォワール,シモーヌ・ド) …… 10992
オイゲン・デューリング氏の科学の変革(エンゲルス,フリードリヒ) ………………… 01739
オイディプス王(ソフォクレス) ………… 06059
老いの泉(フリーダン,ベティ) ………… 09905
老松常日本行録(宋希璟) ………………… 06022
オイル・クラッシュ(アードマン) ……… 00193
オイル・タンカー炎上す(キャリスン,ブライアン) …………………………………… 02738
オイル・タンカー強奪!(フォーブズ,コリン) ……………………………………… 09420
欧亜旅行記(トゥンベリー) ……………… 07255
オウィディウスの《祭暦》(フレイザー,ジェームズ) …………………………………… 10120
オウエンのために祈りを(アーヴィング,ジョン) ……………………………………… 00060
鶯鶯伝(元稹) ……………………………… 03709
王貴と李香香(李季) ……………………… 13222
王権(ホカート) …………………………… 11024
王権と神々(フランクフォート) ………… 09798
王権と教皇権に関する論考(ジャン・ド・パリ) ……………………………………… 04912

王国経済覚書(シュリー) ………………… 05153
王国10分の1税案(ヴォーバン) ………… 01288
王国の鍵(クローニン,A.J.) ……………… 03446
黄金猿の年(フォーブズ,コリン) ……… 09421
黄金伝説(ヴァラジネ,ヤコポ・ダ) …… 00760
黄金の腕(オルグレン,ネルソン) ……… 01995
黄金の川の王さま(ラスキン,ジョン) … 12979
黄金の子牛(イリフ) ……………………… 00693
黄金の子牛(ペトロフ) …………………… 10562
黄金の少年、エメラルドの少女(リー,イーユン) ……………………………………… 13215
黄金の壺(プラウトゥス) ………………… 09656
黄金の壺(ホフマン,エルンスト・テオドール・アマデウス) ……………………… 11217
黄金のノート(レッシング,ドリス) …… 13937
黄金の牧場(マスウーディー,アル) …… 11627
黄金の羅針盤(プルマン,フィリップ) … 10083
黄金のランデヴー(マクリーン,アリステア) ……………………………………… 11578
黄金の林檎(ウェルティ) ………………… 01171
黄金のろば(アプレイウス,ルキウス) … 00238
王子と乞食(トウェイン,マーク) ……… 07192
欧州文学発達史(フリーチェ,V.M.) …… 09906
王女の園にて(サマン) …………………… 04344
王たちと王冠(フッフ) …………………… 09570
黄鉄鉱—見かけ倒しのもの(ドゥーカ,マロ) ……………………………………… 07208
嘔吐(サルトル,ジャン=ポール) ……… 04384
王道(マルロー,アンドレ) ……………… 11896
王党派サヴォワ人の手紙(メーストル) … 12246
王と王の教育(マリアナ) ………………… 11774
黄土地帯(アンダーソン,J.G.) …………… 00502
黄土と中国農業の起源(何炳棣) ………… 02050
王の鏡(作者不詳) ………………………… 14544
王のしきい(イェイツ,ウィリアム・B.) … 00562
黄檗隠元禅師雲濤集(隠元) ……………… 00707
黄檗禅師扶桑語録(隠元) ………………… 00708
王妃の首飾り(デュマ・ペール) ………… 07030
往復書簡(エンゲルス,フリードリヒ) … 01740
往復書簡(ゲーテ,ヨハン・ヴォルフガング・フォン) ……………………………… 03579
往復書簡(シラー,フリードリッヒ・フォン) ……………………………………… 05354
往復書簡(マルクス,カール) …………… 11813
欧米の現代建築(タウト,ブルーノ) …… 06201
応用音楽美学(メルスマン) ……………… 12319
応用音響学(オルソン) …………………… 02000
応用音響学(マッサ) ……………………… 11686
応用経済学研究(ワルラス) ……………… 14489
欧陽文忠公集(欧陽修) …………………… 01844

作品名	番号
王立協会会報（王立協会）	01847
汚穢と禁忌（ダグラス，メアリー）	06221
大あらし（ヒューズ，リチャード）	08951
大いなる怒り（ヘイベリ）	10357
大いなる遺産（ディケンズ，チャールズ）	06736
大いなる歌（ネルーダ，P.）	07800
大いなる海の覇者（クストー，ジャック・イブ）	02922
大いなる海の覇者（ディオレ，フィリップ）	06717
大いなる奥地（ローザ，ギマランエス）	14118
大いなる自由（グラック，J.）	03105
大いなる力（ロマショーフ）	14316
大いなる眠り（チャンドラー，レイモンド）	06533
大いなる来復（マッケン，アーサー）	11676
大渦巻（リベラ）	13452
大海原の小さな家族（ギラン，クリスチャン）	02800
大海原の小さな家族（ギラン，フランス）	02801
おお開拓者よ！（キャザー，ウィラ）	02707
狼男（ペトロニウス）	10560
狼と駈ける女たち（エステス，クラリッサ・ピンコラ）	01524
オオカミと七匹の子ヤギ（グリム兄弟）	03214
オオカミに冬なし（リュートゲン，クルト）	13514
狼の太陽（マンディアルグ）	11959
狼の弁護（エンツェンスベルガー，H.M.）	01763
大きく考えることの魔術（シュワルツ，ダビッド・J.）	05200
大きな石ぶるい（ストリンドベリ，ヨハン・アウグスト）	05702
大きな森の小さな家（ワイルダー）	14415
大時計（フィアリング，ケネス）	09162
大胯びらき（コクトー，ジャン）	03849
大麦入りのチキンスープ（ウェスカー，A.）	01049
大森介墟古物編（モース，エドワード・S.）	12417
大鰐通り（シュルツ，ブルーノ）	05174
丘（ジオノ）	04689
お菓子と麦酒（モーム，ウィリアム・サマセット）	12459
おかしなデータブック（ハウインク，R.）	07998
おかしな二人（サイモン，N.）	04252
オーカッサンとニコレット（作者不詳）	14545
お金か，それとも人生か（ドミンゲス，ジョー）	07394
お金か，それとも人生か（ロビン，ヴィッキー）	14267
お金持ちになれる1分間の魔法（ハンセン，マーク・ヴィクター）	08751
お金持ちになれる1分間の魔法（アレン，ロバート）	00452
お菊さん（ロティ）	14232
お気に召すまま（シェイクスピア，ウィリアム）	04519
沖の少女（シュペルヴィエル，ジュール）	05092
オーギー・マーチの冒険（ベロー，ソール）	10828
オクスフォード・イギリス史（クラーク，G.）	03081
オクスフォード・インド史（スミス，V.）	05833
オクスフォード英語大辞典（マレー，ジェイムズ）	11906
オクスフォード音楽史（ハドー）	08327
オクスフォード書（スコトゥス，ドゥンス）	05538
オクスフォードの改革者たち（シーボーム）	04785
オクタヴィア（セネカ，ルキウス・アンナェウス）	05940
奥地（マーネイン，ジェラルド）	11722
オクトパス（ノリス）	07857
オクーロフ町（ゴーリキー，マクシム）	04002
桶物語（スウィフト，ジョナサン）	05488
幼い読者へ（謝冰心）	04822
オシアナ共和国（ハリントン）	08552
伯父様の夢（ドストエフスキー，フョードル・ミハイロヴィチ）	07277
オー嬢の物語（レアージュ，ポーリーヌ）	13827
オスカーとルシンダ（ケアリー，ピーター）	03495
オスカー・ワイルドの遺言（アクロイド，ピーター）	00105
オスカー・ワオの短く凄まじい人生（ディアス，ジュノ）	06701
オスク・ウンブリア語方言文法（プランタ）	09849
オストヴァルト精密科学古典双書（オストヴァルト）	01891
オーストリア音楽の記念碑（作者不詳）	14546
オーストリア普通私法大系（ウンガー）	01425
オーストリアは万邦無比（ホルニク）	11363
オスナブリュック史（メーザー）	12243
牡猫ムルの人生観（ホフマン，エルンスト・テオドール・アマデウス）	11218
オズの魔法使い（ボーム，L.フランク）	11257
オスマン（ダンドゥリチ）	06381
おせっかいな潮（ガードナー，アール・スタンレー）	02258
オセロー（シェイクスピア，ウィリアム）	04520
遅い，遅すぎる（ケルマン，ジェイムズ）	03689
遅い目ざめ（ウイルソン，アンガス）	00969
恐るべき親たち（コクトー，ジャン）	03850
恐るべき子供たち（コクトー，ジャン）	03851
怖るべき娘達（マガー，パット）	11514
畏れ慄いて（ノートン，アメリー）	07849
おそれとおののき（キルケゴール，セーレン）	02812

恐ろしき媒(エチェガライ)	01535	おばあさん(ネムツォヴァー)	07788
オタバリの少年探偵たち(デイ・ルイス,C.)	06847	伯母殺人事件(ハル,リチャード)	08561
墜ちてゆく男(デリーロ,ドン)	07094	オババコアック(アチャーガ,ベルナルド)	00168
お月様のジャン(アシャール)	00131	お人よし(ゴールドスミス)	04078
オッド・ジョン(ステープルドン)	05667	お姫さまとゴブリンの物語(マクドナルド)	11548
夫セバスティアン・バッハの回想(バッハ,アンナ・マグダレーナ)	08304	オブザーバーの鏡(バングボーン)	08729
夫ドストエーフスキーの回想(ドストエーフスカヤ)	07274	オプティミストはなぜ成功するか(セリグマン,マーティン)	05973
夫トーマス・マンの思い出(マン,カーチャ)	11927	オブローモフ(ゴンチャローフ,イヴァン・アレクサンドロヴィチ)	04172
乙丙燕行録(洪大容)	03803	オブローモフ主義とは何か(ドブロリューボフ)	07359
オッペンハイマー(グッドチャイルド,P.)	02961	オープン・ボート(クレイン,スティーヴン)	03347
オデッサ・ファイル(フォーサイス,フレデリック)	09375	オペラ座の怪人(ルルー,ガストン)	13814
オデッサ物語(バーベリ)	08430	オペラ小史(グルート)	03303
オデュッセイア(ホメロス)	11265	オペラとドラマ(ワグナー,リヒャルト)	14435
オデュッセウスの冒険(ラム,C.)	13122	オーベルホーフ(インマーマン,カール)	00717
オーデルの春(カザケーヴィチ)	02155	オーベルマン(セナンクール)	05933
オーデン詩集(オーデン,W.H.)	01933	オベル家の人々(バザン)	08129
弟(ノサック)	07824	オペレーションズ・リサーチ序説(チャーチマン)	06496
男同士の絆(セジウィック,E.K.)	05912	オペレーションズ・リサーチの方法(キンボール,G.E.)	02890
男と女(エリス,ハヴェロック)	01648	オペレーションズ・リサーチの方法(モース,P.M.)	12428
男と女(ハーシュフェルド,バート)	08158	オペレッタ(ゴンブロビッチ,W.)	04204
男と女(ブラウニング,ロバート)	09665	オーベロン(作者不詳)	14547
男の首(シムノン,ジョルジュ)	04798	O・ヘンリ短編集(O・ヘンリー)	01973
男の敵(オーフラハティー,リーアム)	01968	オムー(メルヴィル,ハーマン)	12303
男の半分が女(張賢亮)	06531	思い出(ルナン,エルネスト)	13765
男やもめ(シュティフター,アーダルベルト)	05009	思いやり(ガルドス,ベニート・ペレス)	02441
おとし穴と振り子(ポー,エドガー・アラン)	10892	重さについて(ネモラリウス,ヨルダヌス・デ)	07789
オード集(ロンサール)	14386	親がかり(フォンヴィージン)	09448
おとなしいアメリカ人(グリーン,グレアム)	03245	親子ネズミの冒険(ホーバン,ラッセル)	11187
おとなのための童話(シチェドリン,サルトゥコフ)	04722	おやすみ,母さん(ノーマン,M.)	07855
音の世界(ブラッグ,W.H.)	09712	OU科学史(ラッセル,C.A.)	13035
乙女たちの地獄(メルヴィル,ハーマン)	12302	およネとコハル(モラエス,W.)	12483
オトラント城(ウォルポール,ホレス)	01352	オラーヴ・オードゥンソン(ウンセット)	01429
踊れるダンスを探して(ケネディ,A.L.)	03615	オラース(コルネイユ,ピエール)	04097
踊るはつかねずみ(ウィード)	00893	オランウータン;猿と類人猿と人に比較したピグミーの解剖学的構造(タイソン)	06168
驚くべき対数法則の記述(ネイピア)	07761	オランダ絵画序論(クローデル,ポール)	03436
オナシス―七つの海の挑戦者(フライシャワー)	09632	オランダ派フランドル派画家論(ボーデ)	11147
おにごっこ物語(エーメ)	01598	オランダ風説書(オランダ商館長)	01985
おのが名誉の医師(カルデロン・デ・ラ・バルカ)	02435	オランダ・ベルギー絵画紀行(フロマンタン)	10281
オノマスティコン(ポリュデウケス)	11296	オランダ領東インド(ファーニヴァル)	09120
おのれを責めるもの(テレンティウス)	07116	オランダ領東インドの慣習法(フォレンホー	

おらんたり　　　　　　　　作品名索引

フェン) ……………………………… 09445
オランダ領東インドの政策と行政 (アンヘリノ, カット) …………………………… 00548
オランダ領東インド史 (クラーク) ………… 03055
オランダ領東インド史 (スターベル) ……… 05583
オーランドー (ウルフ, ヴァージニア) …… 01403
オランピオ (モーロワ, アンドレ) ………… 12574
オリエンタリズム (サイード, エドワード・W.) ………………………………… 04241
オリエントおよびヨーロッパにおける遠古の文化期 (モンテリウス) ……………… 12606
オリエント急行の殺人 (クリスティ, アガサ) …………………………………… 03175
オリエント考古学提要 (コントノー) ……… 04188
オリジナリティと反復 (クラウス, ロザリンド) ……………………………………… 03046
オリバー・ツイスト (ディケンズ, チャールズ) ………………………………………… 06737
オリュンピアの春 (シュピッテラー) ……… 05076
オリンピック回想録 (クーベルタン, P.de) … 03004
オルカ (ハーツォーク, A.) ………………… 08260
オルガノン (アリストテレス) ……………… 00322
オルタナティヴ メディスン (フラー, ロバート・C.) ………………………………… 09623
オールド・ディック (モース, L.A.) ……… 12427
オールド・フォーチュネイタス (デッカー, トマス) ………………………………… 06928
オルドワイ谷 (リーキー, L.S.B.) ………… 13295
オルトン・ロック (キングスレイ, チャールズ) ……………………………………… 02869
オルノーコ (ベイン) ………………………… 10369
オルフェ (コクトー, ジャン) ……………… 03852
オルフェの墓 (エマニュエル) ……………… 01596
オルフォイスに寄せるソネット (リルケ, ライナー・マリア) ……………………… 13560
オルベウスとエウリュディケ (作者不詳) … 14548
オルメイヤーの阿房宮 (コンラッド, ジョウゼフ) ……………………………………… 04214
オルラ (モーパッサン, ギイ・ド) ………… 12445
オルレアンのうわさ (モラン, エドガール) … 12490
オルレアンの少女 (シラー, フリードリッヒ・フォン) …………………………… 05355
オレ・カメレン (ロイター) ………………… 14082
お歴々 (モーム, ウィリアム・サマセット) … 12460
オレステイア (アイスキュロス) …………… 00015
オレステス (エウリピデス) ………………… 01484
オレステス三段曲 (エスキラス) …………… 01518
俺たちに明日はない (ニューマン, デビッド) …………………………………… 07739
オーレリア (ネルヴァル, ジェラール・ド) … 07794
愚か者同盟 (トゥール, ジョン・ケネディ) … 07239

愚か者の船 (ポーター, キャサリン・アン) … 11101
終りなき戦い (ホールドマン, ジョー) …… 11360
終わりよければすべてよし (シェイクスピア, ウィリアム) ……………………… 04521
音韻論綱要 (トルベツコイ) ………………… 07529
音楽学提要 (ビュッケン) …………………… 08956
音楽学入門 (フェレラー) …………………… 09321
音楽鑑賞の手引き (マルプルク) …………… 11893
音楽基礎論 (アリストクセノス) …………… 00319
音楽五書 (顧炎武) …………………………… 03740
音楽作品における精神と形態 (ビュッケン) ………………………………………… 08957
音楽史 (アインシュタイン, アルフレート) … 00052
音楽史 (アンブロス) ………………………… 00546
音楽史提要 (アドラー, グイド) …………… 00197
音楽史提要 (リーマン) ……………………… 13461
音楽指南 (メーソン, L.W.) ………………… 12252
音楽社会学 (ウェーバー, マックス) ……… 01102
音楽社会学 (ブラウコプ) …………………… 09653
音楽大全 (ファーラービー) ………………… 09132
音楽大全 (プレトリウス) …………………… 10158
音楽通史 (バーニー) ………………………… 08379
音楽通論 (メルスマン) ……………………… 12320
音楽と音楽家 (シューマン, ロベルト) …… 05109
音楽と詩の限界 (アンブロス) ……………… 00547
音楽と舞台装置 (アッピア) ………………… 00177
音楽における象徴 (シェリング, A.) ……… 04659
音楽の科学——音楽の物理学、精神物理学入門 (ローダラー, J.G.) ………………… 14199
音楽の形式 (ライヒテントリット) ………… 12841
音楽の精神からの悲劇の誕生 (ニーチェ, フリードリヒ) ……………………………… 07698
音楽のたのしみ (マニュエル, ロラン) …… 11718
音楽の法則と進化 (コンバリウ, ジュール) … 04200
音楽の理論と実践の歴史 (ホーキンズ) …… 11030
音楽の歴史と思想 (ライヒテントリット) … 12842
音楽美学史概説 (シェフケ) ………………… 04609
音楽美学の主要方向 (ガッツ) ……………… 02232
音楽美学の諸問題 (リサ) …………………… 13316
音楽百科事典 (ラヴィニャク) ……………… 12874
音楽百科事典 (ラ・ローランシー) ………… 13147
音楽美論 (ハンスリック) …………………… 08747
音楽分析序説 (ヤコブソン, R.O.) ………… 12630
音楽理論の歴史 (リーマン) ………………… 13462
音楽論 (アウグスティヌス) ………………… 00070
音楽はどう思想を表現するか (フィンケルシュタイン) ……………………………… 09255
音響学 (クラドニ) …………………………… 03127
音響感覚論 (ヘルムホルツ) ………………… 10788
音響心理学 (シュトゥンプ) ………………… 05029
音響理論 (レイリー) ………………………… 13846

音響理論についての新発見(クラドニ)	03128	改革後のわが社会経済の概要(ダニエリソン)	06265
温公家範(司馬光)	04767	絵画,写真,映画(ナジ,モホイ)	07620
温室(ケッペン,ヴォルフガング)	03574	快活な人(ミルトン,ジョン)	12128
音声学(パイク)	07901	絵画と社会(フランカステル,P.)	09785
音声学概論(グラモン)	03149	絵画論(アルベルティ)	00416
音声学概論(ジーフェルス)	04774	絵画論(チェンニーニ)	06449
音声学教科書(イェスペルセン,オットー)	00577	絵画論(ルートヴィヒ)	13745
音声学初歩(スウィート)	05484	快感原則の彼岸(フロイト,ジークムント)	10213
音声学の根本問題(イェスペルセン,オットー)	00578	回帰(デ・ラ・メア,ウォルター)	07077
音声学便覧(スウィート)	05485	懐疑主義と動物的信仰(哲学の一体系への序説)(サンタヤナ)	04444
音声学要論(フィエトル)	09165	懐疑的化学者(ボイル)	10964
音素(ジョーンズ,ダニエル)	05318	階級社会の芸術(プレハーノフ,ゲオルク)	10163
恩寵と自由意思(ベルナール,V.I.)	10765	階級闘争と教育(メディンスキイ)	12262
オンディーヌ(ジロドゥー)	05400	回教徒のむほん(シェリー,パーシー)	04635
温度についての実験(ファーレンハイト)	09147	懐疑論者の散歩(ディドロ,ドニ)	06790
女学者(モリエール)	12496	海軍将校リチャード・デランシー物語りシリーズ(パーキンソン,C.N.)	08077
女から生まれる(リッチ,A.)	13377	会計(ハトフィールド)	08346
女キホーテ(レノックス,シャーロット)	13999	会計学原理(スティーヴンソン)	05641
女狙撃兵マリュートカ(ラヴレニョーフ)	12897	会計学原理(ペートン)	10564
女と世界(デーメル)	06973	会計の理論と実際(ケスター)	03542
女友だち(ウェルドン)	01176	会計発達史(リトルトン)	13417
女奴隷(フルダ)	10026	会計理論の構造(リトルトン)	13418
女に囲まれて(マクガハン,ジョン)	11537	開元釈教録(智昇)	06470
女について倫理について(ショーペンハウアー,アルトゥール)	05284	外交(キッシンジャー,ヘンリー)	02650
女の意識・男の世界(ローバトム,S.)	14265	外交(ニコルソン,ハロルド)	07679
女の一生(モーパッサン,ギイ・ド)	12446	外交上の序曲(ネーミア)	07786
女の一生(テレーゼ)(シュニッツラー,アルトゥール)	05058	外交談判法(カリエール)	02384
女の議会(アリストファネス)	00338	外国為替の理論(ゴッシェン)	03905
女の勝利(フレッチャー,ジョン)	10150	海国図志(魏源)	02593
女の二十四時間(ツヴァイク,シュテファン)	06630	外国貿易によるイギリスの財宝(マン,トーマス(経済学者))	11940
女の平和(アリストファネス)	00339	芥子園画伝(王概)	01793
女の祭り(アリストファネス)	00340	会社会計基準序説(ペートン)	10565
女の由来(モーガン,エレイン)	12405	会社会計基準序説(リトルトン)	13419
女ひとり大地を行く(スメドレー,アグネス)	05838	解釈としての社会批判(ウォルツァー,M.)	01314
女よ女に心許すな(ミドルトン,トマス)	12029	海上花列伝(韓邦慶)	02526
音変化の経済(マルティネ)	11877	海上権力史論(マハン)	11732
オンリー・イエスタデイ(アレン,F.L.)	00454	海商法原論(リペール)	13453
		海商法提要(パッペンハイム)	08309
【か】		海商法提要(ワーグナー,G.)	14451
		海上保険法(リッター)	13369
外界に関する我々の知識―哲学における科学的方法を適用する場としての(ラッセル,バートランド)	13013	廻諍論(龍樹)	13499
		外人課長が見たニッポン株式会社(ライース,ムハンマド)	12820
拐伽経(作者不詳)	14549	カイスとライラ(作者不詳)	14550
		解析学概論(ラックス,P.)	13006
		解析技法入門(ヴィエート)	00839
		解析教程(コーシー)	03878

かいせきて　作品名索引

解析的方法への入門（ヴィエート）............ 00840
解析力学（ラグランジュ）................... 12919
凱旋門（レマルク,R.）..................... 14015
回想と記録（バーデン、マックス・フォン）.. 08325
回想の自由経済（シュマーレンバハ）........ 05101
回想のブライズヘッド（ウォー、イヴリン）.. 01232
回想のルーズベルト（ガンサー、ジョン）.... 02531
回想録（コミーヌ）........................ 03981
回想録（サン・シモン）.................... 04426
回想録（ジーメンス）...................... 04802
回想録（ビスマルク）...................... 08883
回想録（フーシェ,J.）..................... 09498
回想録（モンリュク）...................... 12617
回想録（レス）............................ 13916
海賊（バイロン,G.）....................... 07957
海賊の社会史（マホウスキ,J.）............. 11743
海賊の世界史（ゴス,F.）................... 03885
開拓者（クーパー、ジェイムズ・フェニモア）..................................... 02988
階段（ビュトール、ミシェル）.............. 08961
階段のところの門（ムーア、ローリー）...... 12168
海中探検家（デューガン、ジェームズ）...... 07005
海中密輸ルートを探れ（カッスラー、クライブ）...................................... 02219
海底考古学（コンドラトフ、アレキサンドル・ミハイロヴ）............................ 04190
海底二万里（ヴェルヌ、ジュール）.......... 01185
海底牧場（クラーク、アーサー・C.）........ 03060
ガイド（ナラヤン,R.K.）................... 07657
外套（ゴーゴリ、ニコライ・ヴァシーリエヴィチ）...................................... 03865
海東高僧伝（覚訓）........................ 02154
海東諸国記（申叔舟）...................... 05416
怪盗紳士ルパン（ルブラン、モーリス）...... 13794
怪盗ルパン〜悪魔男爵の盗難事件〜（ルブラン、モーリス）........................... 13795
怪盗レトン（シムノン、ジョルジュ）........ 04799
海難（ホッファー、ウイリアム）............ 11133
海難（ボールドウィン、ハンソン）.......... 11355
概念形成について（アッハ）................ 00176
概念構成と利益法学（ヘック）.............. 10467
我意の人（メリディス）.................... 12286
開発と援助の構想（ピアソン委員会）........ 08816
外部世界の認識（ラッセル、バートランド）.. 13014
解剖学原理（サンティレール、ジョフロア）.. 04453
解放耕地（オーウィン夫妻）................ 01831
解放されたイェルサレム（タッソー）........ 06252
解放されたドン・キホーテ（ルナチャールスキイ）...................................... 13754
解放されたフランケンシュタイン（オールディス、ブライアン）..................... 02005
解剖によって追求された疾患の発生部位とその原因（モルガーニ）.................. 12544
カイミロア（ビショップ、エリック・ド）.... 08874
解明される意識（デネット、ダニエル・C.）.. 06954
壊滅（ファジェーエフ）.................... 09110
海游録（申維翰）.......................... 05408
海洋（スベルドルップ,H.U.）............... 05768
海洋奇譚集（クロワ、ロベール・ド・ラ）.... 03471
海洋地図（ダッドリー）.................... 06258
海洋の深さ（ヨルト、マレー）.............. 12780
陔余叢考（趙翼）.......................... 06577
快楽（サント・ブーヴ）.................... 04476
快楽（ダヌンツィオ、ガブリエーレ）........ 06273
快楽論（バラ,L.）......................... 08481
海狸の外套（ハウプトマン、ゲルハルト）.... 08024
海竜めざめる（ウィンダム、ジョン）........ 01017
海録（謝清高）............................ 04820
海録（楊炳南）............................ 12765
会話辞典（ブロックハウス）................ 10250
カイン（サラマーゴ、ジョゼ）.............. 04356
カイン家の娘たち（アルバレス・キンテーロ兄弟）.................................... 00405
カヴァレリーア・ルスティカーナ（ヴェルガ）...................................... 01141
ガウェイン卿と緑の騎士（作者不詳）........ 14551
ガウスの生涯（ダニングトン）.............. 06272
カウティルヤ実利論（カウティルヤ）........ 02123
ガウラのアマディス（ロドリゲス・デ・モンタルボ、ガルシ）...................... 14251
カウンセリングの技術（メイ、ロロ）........ 12204
カウント・ダウン96（ライアン,C.）......... 12799
カウントダウン・ヒロシマ（ウォーカー、スティーヴン）.............................. 01242
帰ってきたキャリー（ボーデン,N.）......... 11151
顧みれば―二〇〇〇年から一八八七年を（ベラミー、エドワード）.................. 10624
蛙（アリストファネス）.................... 00341
蛙の王様（グリム兄弟）.................... 03215
カエルの旅行家（ガルシン、フセヴォロド・ミハイロヴィチ）........................ 02421
帰れ、カリガリ博士（バーセルミ、ドナルド）...................................... 08223
顔（ベンソン）............................ 10860
カオス（グリック、ジェイムズ）............ 03189
カオスの出現と消滅―1次元単峰写像を中心として（エックマン,J.P.）.............. 01540
カオスの出現と消滅―1次元単峰写像を中心として（コレ,P.）...................... 04124
カオスはこうして発見された（アブラハム、ラルフ）.................................. 00231

科学エリート―ノーベル賞受賞者の社会学的
　考察(ズッカーマン,H.) ………………… 05632
科学概論(トムソン,J.A.) ………………… 07405
「科学革命」とは何だったのか(シェイピン,ス
　ティーヴン) ……………………………… 04553
科学革命の構造(クーン,トーマス) ……… 03480
化学教科書(ベルセリウス) ……………… 10727
科学芸術論(ルソー,ジャン=ジャック) …… 13709
化学結合論(ポーリング) ………………… 11299
化学工学の原理(ウォーカー,W.H.) ……… 01246
化学史(コップ) …………………………… 03926
化学史(トムソン,T.) ……………………… 07411
科学史(ダンピアー,ウィリアム・セシル) … 06391
科学史序論(サートン) …………………… 04321
科学史と新ヒューマニズム(サートン) …… 04322
科学者と詩人(ポアンカレ,アンリ) ……… 10925
科学者の熱い心(ウォルパート,ルイス) … 01334
科学者の熱い心(リチャーズ,アリスン) … 13352
科学小史(テイラー) ……………………… 06827
価格伸縮性と雇用(ランゲ,オスカル) …… 13161
化学通信(リービッヒ) …………………… 13427
科学的管理法(テイラー,フレデリック・
　W.) ……………………………………… 06831
科学的経営組織とテイラー・システム(エル
　マンスキー) ……………………………… 01694
科学的私経済学の原理と体系(ヴァイエルマ
　ン) ……………………………………… 00721
科学的私経済学の原理と体系(シェーニ
　ッツ) ……………………………………… 04596
科学的視野(ラッセル,バートランド) …… 13015
科学的精神の形成(バシュラール,ガスト
　ン) ……………………………………… 08161
科学的配給管理論(ホワイト) …………… 11399
科学の発見の現象学(ブラニガン,A.) …… 09768
科学の発見のパターン(ハンソン) ……… 08755
科学の発見の論理(ポパー,カール・R.) … 11181
科学の方法の目的と功名(パーシー・ナン) … 08149
科学の唯物論の克服(オストヴァルト) … 01892
科学哲学の形成(ライヘンバハ) ………… 12855
化学哲学の新体系(ドルトン,ジョン) …… 07526
化学哲学要論 第一巻(デーヴィ) ………… 06890
科学と仮説(ポアンカレ,アンリ) ………… 10926
科学と教養(ハックスリー,トマス・ヘン
　リー) ……………………………………… 08284
科学と近代世界(ホワイトヘッド,アルフレッ
　ド・ノース) ……………………………… 11417
科学と健康(グラバー(エディ)) ………… 03133
化学と鉱物学における吹管の使い方について
　(ベルセリウス) ………………………… 10728
科学と正気(コージブスキー) …………… 03879
科学と神学との闘争の歴史(ホワイト,アンド
　リュー・ディクソン) …………………… 11400
価格と生産(ハイエク,F.A.v.) …………… 07889
科学と創造―科学者はどう考えるか(ジャド
　ソン,H.F.) ……………………………… 04852
科学と方法(ポアンカレ,アンリ) ………… 10927
科学と民主主義(チミリャーゼフ) ……… 06475
科学について(ダ・ヴィンチ,レオナルド) … 06191
科学による反革命(ハイエク,F.A.v.) …… 07890
科学・人間・組織(カピッツァ,P.) ……… 02309
科学の価値(ポアンカレ,アンリ) ………… 10928
化学の学校(オストヴァルト) …………… 01893
化学の結婚(アンドレーエ,ヨーハン・ヴァレ
　ンティン) ………………………………… 00529
化学の原理(メンデレーエフ) …………… 12368
科学の社会学(マートン,R.K.) …………… 11713
科学の社会的関係(クラウザー,J.G.) …… 03041
科学の社会的機能(バナール) …………… 08376
科学の将来(ルナン,エルネスト) ………… 13766
科学の入門、科学概論(ピーアスン) …… 08813
科学のプロフィール(コールダー) ……… 04052
科学の文法(ピアソン,カール) …………… 08814
科学の分類(スペンサー,ハーバート) …… 05777
科学の眼(ラッセル,バートランド) ……… 13016
科学・モデル・アナロジー(ヘッセ,M.) … 10508
化学要論(ラヴォアジェ) ………………… 12878
化学療法剤としてのペニシリン(チェー
　ン) ……………………………………… 06448
化学療法剤としてのペニシリン(フロー
　リ) ……………………………………… 10291
化学理論講義(カニッツァーロ) ………… 02283
科学理論の本質(ザイマン,J.) …………… 04247
科学論集(タンヌリー) …………………… 06384
科学論集(ボルツマン) …………………… 11336
科学論文集(パスカル,ブレーズ) ………… 08190
科学論文集(ヘルムホルツ) ……………… 10789
かがし(葉紹鈞) …………………………… 12759
画家ノルテン(メーリケ,エードゥアルト) … 12282
鏡の国のアリス(キャロル,ルイス) ……… 02746
鏡の友(ローデンバック,ジョルジュ) …… 14237
鏡の中におぼろげに(レ・ファニュ,シェリダ
　ン) ……………………………………… 14006
輝かしい道(ドラブル,マーガレット) …… 07453
輝く世界(グリーン,アレクサンドル) …… 03242
輝く都市(ル・コルビュジエ) …………… 13689
可感界並に可想界の形式と原理とについて
　(カント,イマヌエル) …………………… 02552
花間集(趙崇祚) …………………………… 06568
かき(チェーホフ,アントン・パーヴロヴィ
　チ) ……………………………………… 06414
垣根(ウィルソン,オーガスト) …………… 00987

餓鬼―秘密にされた毛沢東中国の飢饉（ベッカー, ジャスパー） …… 10456
蝦球物語（黄谷柳） …… 03787
楽学軌範（成俔） …… 06132
核家族と子どもの社会化（パーソンズ, タルコット） …… 08231
核家族と子どもの社会化（ベールズ） …… 10719
学記（作者不詳） …… 14552
革脚絆物語（クーパー, ジェイムズ・フェニモア） …… 02989
核酸の分子的構造（クリック） …… 03188
核酸の分子的構造（ワトソン, ジェームズ・D.） …… 14472
確実性の根源（フォルケルト, ヨハネス） …… 09428
確実性の探求（デューイ, ジョン） …… 06984
学者ジプシー（アーノルド） …… 00217
学習の心理学（ソーンダイク, E.L.） …… 06136
学習方法論（エラスムス） …… 01604
学術事典（ハリス, ジョン） …… 08520
学術的講義（トリチェリ） …… 07468
楽章集（柳永） …… 13477
革新の政治経済学（シャーマン） …… 04879
学説論文集（ウェーバー, マックス） …… 01103
カクテル・パーティ（エリオット, T.S.） …… 01630
楽堂案内（クレッチマー） …… 03368
獲得的社会（トーニー） …… 07327
核の栄光と挫折―巨大科学の支配者たち（スピーゲルマン, ジェームズ） …… 05752
核の栄光と挫折―巨大科学の支配者たち（プリングル, ピーター） …… 09978
核の反応と生成物の効率増大法（フェルミ, エンリコ） …… 09314
核パニックの五日間（ディモーナ） …… 06822
格物入門（マーティン, W.A.P.） …… 11701
楽邦文類（宗暁） …… 04960
郭沫若自伝（郭沫若） …… 02143
革命議会における教育計画（コンドルセ） …… 04191
革命軍（鄒容） …… 05476
革命劇（ロラン, ロマン） …… 14330
革命時代史（ジーベル） …… 04782
革命直前のフランスにおける農民的土地所有（ルチスキー） …… 13732
革命と建築（リシツキー, エル） …… 13319
革命と反革命（エンゲルス, フリードリヒ） …… 01741
革命と反革命（マルクス, カール） …… 11814
革命の10年（ブリントン） …… 09982
革命の哲学（ナセル, G.A.al） …… 07624
革命の夏（ウォーナー, シルヴィア・タウンゼント） …… 01274
かくも悲しい話を――情熱と受難の物語（フォード, マドックス・フォード） …… 09415

かくも長き不在（デュラス, マルグリット） …… 07046
かくも長き手紙（バー, マリアマ） …… 07878
学問芸術論（ルソー, ジャン＝ジャック） …… 13710
学問のあるロバの話（セギュール夫人） …… 05903
学問の進歩（ベーコン, フランシス） …… 10417
学問論（ヴィーヴェス） …… 00838
学問論（シェリング, フリードリヒ・ヴィルヘルム・ヨゼフ・フォン） …… 04648
学問論（ビーベス, L.） …… 08923
楽律全書（朱載堉） …… 04923
確率の解析的理論（ラプラス） …… 13094
確率論（ケインズ, ジョン・メイナード） …… 03522
確率とその応用（フェラー, W.） …… 09300
確率とその応用（ミーゼス） …… 11997
確率論の基礎概念（コルモゴロフ） …… 04114
学歴社会 新しい文明病（ドーア, ロナルド・P.） …… 07142
かくれた世界―幾何学・4次元・相対性（ラッカー, ルドルフ） …… 13005
かくれんぼ（ソログーブ, フョードル・クジミーチ） …… 06123
画継（鄧椿） …… 07182
火刑台上のジャンヌ・ダルク（クローデル, ポール） …… 03437
家計費（アレン, R.D.G.） …… 00459
家計費（ボウリー, アーサー） …… 11012
影絵（ソログーブ, フョードル・クジミーチ） …… 06124
影をなくした男（シャミッソー, アーデルベルト・フォン） …… 04881
影が行く（キャンベル, ジョン・W.） …… 02753
歌劇と演劇（ワグナー, リヒャルト） …… 14436
花月痕（魏秀仁） …… 02595
影の監視者（ハウスホールド） …… 08013
影の軍隊（ケッセル, ジョゼフ） …… 03568
影のない女（ホーフマンスタール, フーゴー・フォン） …… 11233
影の法廷（ノサック） …… 07825
稼軒長短句（辛棄疾） …… 05410
過去（リッシュ, ポルト） …… 13366
過去と現在（カーライル, トマス） …… 02369
過去と思索（ゲルツェン, アレクサンドル） …… 03678
ガザに盲いて（ハックスリー, オルダス） …… 08275
カザノヴァ回想録（カザノヴァ） …… 02158
カザルスとの対話（コレドール, J.M.） …… 04131
火山を運ぶ男（シュペルヴィエル, ジュール） …… 05093
カザン大学（エフトゥシェンコ, E.A.） …… 01576
火山の下（ラウリー, マルカム） …… 12892
カシオペアのΨ（ド・フォントネー） …… 07339

賢い血（オコナー, フラナリー）	01860
家事大革命―アメリカの住宅、近隣、都市におけるフェミニスト・デザインの歴史（ハイデン, ドロレス）	07927
家事の社会学（オークレー, A.）	01855
カジノ・ロワイヤル（フレミング, イアン）	10184
歌集（レオパルディ）	13900
果樹園（トマス, ディラン）	07378
果樹園（リルケ, ライナー・マリア）	13561
化書（譚峭）	06360
歌章（ホラティウス）	11276
可秤物質の物理学（アヴォガドロ）	00068
華氏四五一度（ブラッドベリ, レイ）	09724
家事労働に賃金を（ダラ・コスタ）	06296
過秦論（賈誼）	02041
カスティリャの野（マチャード）	11647
カースト制度に関する試論（ブーグレ）	09474
数とは何か、何であるべきか（デーデキント）	06936
数について―連続性と数の本質（デーデキント）	06937
数の概念について（クロネッカー）	03453
数の概念について（フッセル）	09561
カスパー（ハントケ, ペーター）	08771
風（シモン, C.）	04810
風（ペルス, サン・ジョン）	10721
火星からの侵入（キャントリル, H.）	02750
火成岩の進化（ボーエン）	11021
火成岩の博物誌（ハーカー, A.）	08064
火星シリーズ（バローズ, エドガー・ライス）	08676
火星人ゴー・ホーム（ブラウン, フレドリック）	09682
火星とその運河（ローウェル, パーシヴァル）	14100
火星年代記（ブラッドベリ, レイ）	09725
火星の砂（クラーク, アーサー・C.）	03061
火星のタイム・スリップ（ディック, フィリップ・K.）	06771
稼ぐ技術（バーナム, P.T.）	08375
風と共に去りぬ（ミッチェル, マーガレット）	12018
風にそよぐ葦（デレッダ, グラツィア）	07111
風に乗って（ウッズ, スチュアート）	01381
風にのってきたメアリー・ポピンズ（トラヴァース, P.L.）	07429
風の博物誌（ワトソン, ライアル）	14478
風のような物語（ヴァン・デル・ポスト）	00823
画禅室随筆（董其昌）	07172
家族（バージェス, E.W.）	08140
家族（ロック, H.J.）	14212

家族時間と産業時間（ハレーブン, T.K.）	08664
家族・私有財産・国家の起源（エンゲルス, フリードリヒ）	01742
家族に介入する社会（ドンズロ, J.）	07593
家族の記録（アクサーコフ）	00100
家族の中の死（エイジー）	01449
カーソン（マクファーソン）	11567
カーソン―生命の棲家（ブルックス, ポール）	10035
霞村にいたとき（丁玲）	06698
課題（クーパー, ウィリアム）	02986
片意地娘（ハイゼ）	07907
肩をすくめるアトラス（ランド, アイン）	13196
カータカ・ウパニシャッド（作者不詳）	14553
カター・サリット・サーガラ（ソーマデーヴァ）	06070
形の生命（フォション, アンリ）	09383
形の全自然学（ホワイト, ランスロット・L.）	11407
形・モデル・構造―現代科学にひそむ美意識と直観（ヴェクスラー, ジュディス）	01043
蝸牛日誌（グラス, ギュンター）	03090
形見の歌（ヴィヨン）	00927
カーダム宝冊（作者不詳）	14554
カタリーナの失われた名誉―言論の暴力はいかなる結果を生むか（ベル, ハインリヒ）	10676
カタリーナ・ブルームの失われた名誉（ベル, ハインリッヒ）	10669
語り古された物語（ホーソーン, ナサニエル）	11089
ガダルカナル日記（トレガスキス）	07549
カタロニア讃歌（オーウェル, ジョージ）	01832
カチアートを追跡して（オブライエン, ティム）	01961
家畜、栽培植物の変異（ダーウィン, チャールズ）	06181
家畜問題（アルキメデス）	00359
価値, 資本および地代（ヴィクセル）	00844
価値と価格と利潤（マルクス, カール）	11815
価値と価格の理論の数学的研究（フィッシャー, アーヴィング）	09176
価値と資本（ヒックス, J.R.）	08896
価値と組織化（ファース, レイモンド）	09114
価値と分配の諸理論（ドッブ, モーリス・H.）	07309
価値の人類学理論に向けて（グレーバー, デヴィッド）	03374
価値の転倒（シェーラー, マックス）	04630
価値の理論（ドブリュー）	07355
価値論（其の性質と法則）（ウルバン）	01401
価値論の意義とマルクス分配論の基本的誤謬	

（ディーチェル, ハインリッヒ） ………… 06760
楽器の精神と生成（ザックス, クルト） …… 04293
楽器の歴史（ザックス, クルト） ………… 04294
かっこう（ウィンダム, ジョン） ………… 01018
学校教育の理論に向けて（ハミルトン, デイヴィッド） ……………………………… 08453
学校幻想とカリキュラム（アップル, M.W.） ………………………………………… 00183
学校殺人事件（ヒルトン, ジェームズ） … 09043
学校集団（ウォーラー） …………………… 01290
学校と社会（デューイ, ジョン） ………… 06985
学校は新しい社会秩序を築くか（カウンツ） ……………………………………… 02128
学校は死んでいる（ライマー, E.） ……… 12859
各国古代および現代衣装（ヴェチェリオ） … 01077
括弧に入れて（ジョーンズ, デイヴィッド） … 05320
カッコーの巣の上で（キージー, ケン） …… 02626
カッサンドラ（ヴォルフ, クリスタ） …… 01337
合衆国およびカナダにおける医学教育（フレクスナー） ……………………………… 10141
合衆国政府助成（1940 - 1945）のもとに行われた原子力の軍事目的利用開発の概要（スマイス, ヘンリー） ……………………… 05801
カッターとボーン（ソーンバーグ, ニュートン） ……………………………………… 06145
カッツ 数学の歴史（カッツ, ヴィクター・J.） ……………………………………… 02233
活動学校（フェリエール） ………………… 09303
カッパ・スッタ（作者不詳） ……………… 14555
活力測定考（カント, イマヌエル） ……… 02553
家庭教師（レンツ, J.M.R.） ……………… 14044
過程と実在（ホワイトヘッド, アルフレッド・ノース） ………………………………… 11418
家庭と世界（タゴール, ラビンドラナート） … 06229
カーディフさして東へ（オニール, ユージン） ……………………………………… 01945
カティリナ（サルスティウス） …………… 04377
仮定論（マイノング, アレクシウス） …… 11473
家庭論（アルベルティ） …………………… 00417
カテゴリー論入門（ポルフュリオス） …… 11371
カテドラル—最も美しい大聖堂のできあがるまで（マコーレイ, デビッド） ……… 11604
カドモス（作者不詳） ……………………… 14556
カトリシズムの本質（アダム, カール） …… 00149
カトリシズムの本質（ハイラー） ………… 07951
カトリックおよびプロテスタントの教会法（ヒンシウス） ……………………………… 09064
カトリック教会音楽史（ウルシュプルング） ……………………………………… 01398
カトリック教会の一致（キプリアヌス） … 02684
カトリック教理神学概説（ユングラス） … 12740

カトリック神学の宗教哲学（プシュヴァラ, エーリッヒ） …………………………… 09530
悲しきカフェーの唄（マッカラーズ, C.） … 11654
悲しき熱帯（レヴィ=ストロース, クロード） ……………………………………… 13851
悲しみの匂い（コスマン, アルフレト） … 03888
悲しみよこんにちは（サガン, フランソワーズ） ……………………………………… 04271
彼方（ユイスマンス） ……………………… 12680
要石：沖縄と憲法9条（ダグラス・ラミス, C.） ……………………………………… 06223
カナリア殺人事件（ヴァン・ダイン, S.S.） … 00815
華南の農村生活（カルプ） ………………… 02455
蟹の小本—不合理な児童教育法（ザルツマン） ……………………………………… 04379
鐘（マードック, アイリス） ……………… 11706
カーネギー自伝（カーネギー, アンドリュー） ……………………………………… 02292
金のないユダヤ人（ゴールド） …………… 04067
金持ち父さんのキャッシュフロー・クワドラント（キヨサキ, ロバート） ……………… 02794
金持ち父さん 貧乏父さん（キヨサキ, ロバート） ……………………………………… 02795
金持ちになるための科学（ワトル, ウォレス・D.） ……………………………………… 14482
金持ちになる方法（デニス, フェリックス） … 06945
可能性を開く（コリアー, ロバート） …… 03996
可能性と現実性（ハルトマン, ニコライ） … 08616
可能性の心理学（マズロー, アブラハム） … 11635
かのようにの哲学（ファイヒンガー） …… 09090
カバラ（作者不詳） ………………………… 14557
カバラの真髄（マット, ダニエル・C.） … 11694
河畔の人々（シュミットボン） …………… 05127
カービヤーダルシャ（ダンディン） ……… 06376
カフカ（ブロード） ………………………… 10269
楽府詩集（郭茂倩） ………………………… 02151
カーブース書（カーウース, カイ） ……… 02106
ガープの世界（アーヴィング, ジョン） … 00061
壁（サルトル, ジャン=ポール） ………… 04385
貨幣および外国為替論（カッセル, グスタフ） ……………………………………… 02226
貨幣および資本の理論の研究（リンダール） ……………………………………… 13588
貨幣および流通手段の理論（ミーゼス） … 11998
貨幣改革論（ケインズ, ジョン・メイナード） ……………………………………… 03523
貨幣言論（エルスター） …………………… 01671
貨幣国定学説（クナップ, ゲオルク） …… 02973
貨幣小論（ペティ, ウィリアム） ………… 10529
貨幣、信用、及び商業（マーシャル, アルフレッド） ……………………………………… 11615

貨幣的均衡論 (ミュルダール, グンナー)	12064
貨幣的経済理論 (デヴィッドソン, ポール)	06899
貨幣と信用 (クニース, カール・グスタフ・アドルフ)	02976
貨幣の安定をめざして (フリードマン, ミルトン)	09935
貨幣の購買力 (フィッシャー, アーヴィング)	09177
貨幣の哲学 (ジンメル, ゲオルク)	05456
貨幣の本質 (ベンディクセン)	10869
貨幣万能 (ヴァンダーリント)	00819
貨幣・物価・為替論 (アフタリオン)	00227
貨幣貿易論 (ロー, ジョン)	14058
貨幣・利子および価格 (パティンキン)	08324
貨幣利子論 (ロック, ジョン)	14205
貨幣論 (ケインズ, ジョン・メイナード)	03524
貨幣論 (ハリス, ジョセフ)	08519
壁の中の扉 (ウェルズ, H.G.)	01155
画法幾何学 (モンジュ)	12591
カマス (ヒューズ, テッド)	08947
カーマスートラ (ヴァーツヤーヤナ)	00756
神への愛 (ベルナール, クロード)	10762
神を愛す (コルベンハイヤー)	04106
神を待ちのぞむ (ヴェイユ, シモーヌ)	01039
神及び霊魂不滅の信仰 (レーバ)	14000
神風 (ミロー, ベルナール)	12146
神がつくった究極の素粒子 (レーダーマン, レオン)	13925
神々自身 (アシモフ, アイザック)	00123
神々の時代 (ドーソン, クリストファー)	07298
神々の対話 (ルキアノス)	13660
神々の沈黙 (ジェインズ, ジュリアン)	04576
神々の復活 (メレジコフスキー)	12333
神々は渇く (フランス, アナトール)	09833
神さまの話 (リルケ, ライナー・マリア)	13562
神様はつらい (ストルガツキー兄弟)	05716
神信仰の生成―宗教の発端に関する研究 (ゼーダーブローム, ナータン)	05921
神, 世界および人間の霊魂, ならびにいっさいの事物一般についての合理的考察 (ヴォルフ, クリスチャン)	01340
かみそりの刃 (モーム, ウィリアム・サマセット)	12461
神と国家 (バクーニン)	08104
神と人間について必要にして役立つ知識を増すための随筆 (ブレー)	10109
神との対話 (ウォルシュ, ニール・ドナルド)	01311
神と自らの認識 (ボシュエ)	11057
神に関する演説 (インガソル)	00703
神に行く精神の道 (ボナヴェントゥーラ)	11167
神・人間及びその幸福に関する短論文 (スピノザ, バールーフ・デ)	05755
神の教え (ラクタンティウス)	12912
神の国 (アウグスティヌス)	00071
神の言の受肉 (アタナシオス)	00148
神の声 (モレッティ)	12560
神の猿 (ルイス, ウィンダム)	13617
神の猿ども (ルイス)	13609
神の支配について (ウィクリフ)	00848
神の人格態と人の人格態 (ラッシュドール)	13011
神の小さな土地 (コールドウェル, アースキン)	04068
神の秩序 (ジュースミルヒ)	04980
神の灯 (クイーン, エラリー)	02902
神の慰めの書 (エックハルト, マイスター)	01538
神の目の小さな塵 (ニーヴン, ラリイ)	07666
神の目の小さな塵 (パーネル, ジェリー)	08393
神の森の木々 (ウスマヌ, サンベーヌ)	01376
神の矢 (アチェベ, チヌア)	00162
髪の掠奪 (ポープ, A.)	11190
神はあなたが金持ちになることを望む (ピルツァー, ポール・ゼイン)	09028
神は知っていた (サラクルー)	04354
カミラ (バーニー, ファニー)	08381
カムイユーカラ (作者不詳)	14558
カムチャッカ誌 (クラシェニンニコフ)	03087
カム・バック (ヴォーゲル, エズラ・F.)	01249
カメラ・オブスキューラ (ヒルデブラント, ベーツ・ニコラス)	09036
カメレオンのための音楽 (カポーティ, トルーマン)	02334
仮面か顔か (アーチャー, ウィリアム)	00164
仮面と香炉 (バティ)	08312
ガモフ全集 (ガモフ, ジョージ)	02363
かもめ (チェーホフ, アントン・パーヴロヴィチ)	06415
かもめのジョナサン (バック, リチャード)	08271
歌謡における諸民族の声 (ヘルダー, ヨハン・ゴットフリート)	10729
歌謡10万 (作者不詳)	14559
唐草怪談集 (ポー, エドガー・アラン)	10893
カラコラム探検記 (フィリッピ)	09225
カラコラム・ヒマラヤの登山と探検 (コンウェイ)	04155
から騒ぎ (シェイクスピア, ウィリアム)	04522
鴉 (ポー, エドガー・アラン)	10894
からすが池の魔女 (スピア, E.G.)	05745
ガラス建築 (シェーアバルト, パウル)	04509
ガラス玉演戯 (ヘッセ, ヘルマン)	10491

ガラスの鍵（ハメット, ダシール）	08466
ガラスの家族（パターソン, キャサリン）	08246
ガラスの動物園（ウィリアムズ, テネシー）	00943
カラスの道路（バンクス, イアン）	08727
硝子の蜂（ユンゲル, エルンスト）	12741
烏の群れ（ベック, ヘンリー・フランシス）	10473
ガラスびんの中のお話（ベック, ベアトリ）	10472
体の贈り物（ブラウン, レベッカ）	09686
からだの知恵（キャノン）	02728
カラーパープル（ウォーカー, アリス）	01241
カラマーゾフの兄弟（ドストエフスキー, フョードル・ミハイロヴィチ）	07278
カラヤン一帝王の光と影（ヴォーン）	01368
ガリア戦記（カエサル）	02130
ガリアの歴史（ジュリアン）	05155
カリオストロ（トルストイ, A.K.）	07514
カリガリからヒトラーへ（クラカウアー, S.）	03052
カリギュラ（カミュ, アルベール）	02346
カリグラム（アポリネール）	00253
カリゴーネ（ヘルダー, ヨハン・ゴットフリート）	10730
借りと貸し（フライターク, グスタフ）	09643
仮特許説明書（マルコーニ）	11850
カリドンにおけるアタランタ（スウィンバーン）	05494
ガリバー旅行記（スウィフト, ジョナサン）	05489
カリフォルニアとオレゴン道（パークマン）	08107
カリブ海の海賊史（ブロン, G.）	10295
カリブ海の海賊たち（ブラック, C.V.）	09709
カリブの悪夢（デ・フェリータ, フランク）	06959
カリブの海賊（エスケメリング, J.）	01520
カリーラとディムナ（ムカッファイ, イブヌ・ル）	12177
ガリラヤのイエス―イエスの民衆運動（安炳茂）	00471
ガリレイとコペルニクス説のための彼の戦い（ヴォールヴィル）	01307
ガリレイの生涯（ブレヒト, ベルトルト）	10174
ガリレオの娘 科学と信仰と愛についての父への手紙（ソベル, デーヴァ）	06067
かるいかるい王女（マクドナルド, ジョージ）	11553
軽い原子とα粒子の衝突（ラザフォード）	12934
カルヴィンの神学（ニーゼル）	07694
ガルガンチュアとパンタグリュエルの物語（ラブレー）	13102
カール大帝伝（アインハルト）	00057
カルダーノ自伝（カルダーノ）	02430
カルテル、トラスト及び国民経済組織の発展（リーフマン, ロベルト）	13445
カルバン伝（ベーズ, T.de）	10428
カルマニョーラ伯爵（マンゾーニ）	11953
カール・マルクス（カー, E.H.）	02053
カール・マルクス（レーニン, ウラジミール・イリイッチ）	13967
カルメル山の石器時代（ガロッド）	02504
カルメン（メリメ, プロスペル）	12288
カルロス・ゴーン 経営を語る（ゴーン, カルロス）	04148
カルロス・ゴーン 経営を語る（リエス, フィリップ）	13284
枯草熱（レム, スタニスワフ）	14024
カレーソーセージをめぐるレーナの物語（ティム, ウーヴェ）	06819
カレーの市民（カイゼル, ゲオルク）	02077
ガレノス全集（ガレノス）	02482
かれら（オーツ）	01911
彼ら自身の黄金の都市（ウェスカー, A.）	11050
彼らの目は神を見ていた（ハーストン）	08216
彼らは祖国のためにたたかった（ショーロホフ, ミハイル）	05301
彼らは廃馬を撃つ（マッコイ, ホレス）	11685
カレワラ（リョンロット）	13542
カレンの日記（ブルーム, ジュディ）	10085
ガロアの生涯（インフェルト, L.）	00713
カロリネルナ（ヘイデンスタム）	10348
カロリング朝時代の経済発展（ドープシュ）	07341
可愛い女（チェーホフ, アントン・パーヴロヴィチ）	06416
かわいいトロット（リシュタンベルジェ, アンドレ）	13320
かわうそタルカ（ウィリアムスン, ヘンリー）	00953
川をはさみて（ジオンゴ, グギ・ワ）	04692
渇きと飢え（イヨネスコ, E.）	00677
渇きの海（クラーク, アーサー・C.）	03062
感化院の少年（ビーアン, ブレンダン）	08826
考えてみると（クレール）	03396
考える葦（ウェスト, レベッカ）	01067
考える技術・書く技術（ミント, バーバラ）	12154
考える物質（コンヌ, アラン）	04195
考える物質（シャンジュー, ジャン＝ピエール）	04904
感覚の分析（マッハ, エルンスト）	11695
勧学篇（張之洞）	06559
感覚論（コンディヤック）	04178
眼下の敵（レイナー, D.A.）	13841
カンガルー（ロレンス, D.H.）	14360

関漢卿（田漢）	07124	監視社会（ライアン,D.）	12800
歓喜の僧院（チャテルジー,B.C.）	06506	ガンジーの真理（エリクソン,E.H.）	01641
観客罵倒（ハントケ,ペーター）	08772	感じやすい植物（シェリー,パーシー）	04636
漢宮秋（馬致遠）	07875	慣習法論（プフタ）	09609
眼球譚（バタイユ,ジョルジュ）	08237	漢書（班固）	08710
環境考古学入門（エヴァンズ）	01466	感情教育（フローベール,ギュスターヴ）	10271
観経四帖疏（善導）	06006	閒情偶寄（李漁）	13224
環境と国家（テイラー,T.G.）	06834	官場現形記（李伯元）	13261
環境保護の原点を考える―科学とテクノロジーの検証（ペッパー,デイヴィッド）	10515	感情と法（ヌスバウム,マーサ）	07751
		環礁の王国（アイブル＝アイベスフェルト）	00039
漢魏六朝詩選（余冠英）	12746	巌上の影（キャザー,ウィラ）	02708
玩具と理性（エリクソン,E.H.）	01640	感情の心理学（リボー）	13458
管弦楽法原理（リムスキー・コルサコフ）	13466	感情の人（マッケンジー,ヘンリー）	11679
還元主義を超えて（ケストラー,アーサー）	03553	韓昌黎集（韓愈）	02527
観光のまなざし（アーリ,J.）	00309	感情論理（チオンピ）	06460
韓国医学史（金斗鐘）	02851	観所縁論（ディグナーガ）	06733
韓国科学史（全相運）	06592	漢書芸文志（班固）	08711
韓国近代文芸批評史研究（金允植）	02846	函数解析の基礎（コルモゴロフ）	04115
韓国経済入門（金日坤）	02692	函数解析の基礎（フォミーン）	09423
韓国現代史（韓洪九）	08718	関数論論文集（ヴァイエルシュトラース）	00720
韓国史新論（李基白）	13223	缶詰工場街（スタインベック,ジョン）	05557
韓国社会史研究―農業技術の発達と社会変動（李泰鎮）	00556	間接聴診法（ラエネク）	12900
		間接費の経済学（クラーク,J.M.）	03082
韓国儒学思想論（尹絲淳）	00702	完全殺人事件（ブッシュ,クリストファ）	09558
韓国人の神話（金烈圭）	02700	完全な商人（サヴァリー）	04263
韓国数学史―数学の窓から見た韓国人の思想と文化（金容雲）	02701	完全な書物の探求（オーカット）	01850
		完全な真空（レム,スタニスワフ）	14025
韓国数学史―数学の窓から見た韓国人の思想と文化（金容国）	02855	完全な人間を目指さなくてもよい理由（サンデル,マイケル）	04460
韓国戦争の勃発と起源（朴明林）	08094	完全なる楽長（マッテゾン）	11693
韓国のキリスト教（柳東植）	12674	完全なる結婚（ヴァン＝デ＝ヴェルデ）	00822
監獄の誕生―監視と処罰（フーコー,ミシェル）	09482	完全なる人間―魂のめざすもの（マズロー,アブラハム）	11636
韓国の労働運動と国家（崔章集）	06397	完全網羅 起業成功マニュアル（カワサキ,ガイ）	02513
韓国美術の歴史―先史時代から朝鮮時代まで（安輝濬）	00472	観相学断章（ラーファター）	13082
		寒村行（ゴールドスミス）	04079
韓国美術の歴史―先史時代から朝鮮時代まで（金元龍）	02848	カンタベリー物語（チョーサー,ジェフリー）	06581
韓国文学史の論理と体系（林熒沢）	13576	ガンダーラのギリシア的仏教美術（フーシェ）	09495
韓国文学通史（趙東一）	06545		
漢語語法論（高名凱）	03808	艦長アダム・ホーン・シリーズ（ヒル,ポーター）	09022
監査（ディクシー）	06730		
贋作展覧会（ナルスジャック,T.）	07660	観察（ヘッセ,ヘルマン）	10492
観察（ヘッセ,ヘルマン）	10492	カンツォニエーレ（ペトラルカ）	10553
監査人の義務と責任（ピクスリー）	08857	カンツォニエーレ（メディチ,ロレンツォ・デ）	12261
ガンサーの内幕（ガンサー,ジョン）	02532	カンティ（レオパルディ）	13901
寒山詩（寒山）	02536	カンディダ（ショー,G.B.）	05229
管子（管仲）	02523	カンディード（ヴォルテール）	01319
韓詩外伝（韓嬰）	02519	カント（ボロウスキー）	11393
顔氏家訓（顔之推）	02522	カント（ヤハマン）	12649
ガンジー自伝（ガンジー）	02537		

観堂集林（王国維） ……………………… 01800
カントからヘーゲルまで（クローナー） ……… 03444
カント純粋理性批判解説（ファイヒンガー） ………………………………………… 09091
カントと形而上学の問題（ハイデッガー、マルティン） ……………………………………… 07914
カントとゲーテ（ジンメル、ゲオルク） ……… 05457
カントとその亜流（リープマン） ……………… 13444
カントとマルクス（フォアレンダー、カール） ………………………………………… 09332
カントとマルクス主義（アドラー、マックス） ………………………………………… 00198
カントの経験理説（コーエン、ヘルマン） …… 03833
カントの美学論（コーエン、ヘルマン） ……… 03834
カント美学研究（バッシュ） …………………… 08294
カントリー・ガール（オブライエン、エドナ） ………………………………………… 01959
観念と物質（ゴドリエ） ………………………… 03952
観念の冒険（ホワイトヘッド、アルフレッド・ノース） …………………………………… 11419
観念奔逸（ビンスワンガー，L.） ……………… 09066
観念力の進化主義（フーイェ） ………………… 09163
観音経（作者不詳） ……………………………… 14560
がんばれヘンリーくん（クリアリー、ベバリイ） ………………………………………… 03165
韓非子（韓非） …………………………………… 02524
ガン病棟（ソルジェニーツィン、アレクサンドル・イサーエヴィチ） …………………… 06085
観物内篇（邵雍） ………………………………… 05258
完璧な初心者（マクルンズ、コリン） ………… 11590
官房学ビブリオグラフィー（フンペルト） …… 10314
完本マイルス・デイビス自叙伝（デイビス、マイルス） …………………………………… 06804
岩脈生成新論（ヴェルナー） …………………… 01177
観無量寿経（作者不詳） ………………………… 14561
簡明中国歴史地図集（譚其驤） ………………… 06351
寒夜（巴金） ……………………………………… 08073
寛容書簡（ロック、ジョン） …………………… 14206
歓楽の家（ウォートン、イーディス） ………… 01271
管理される心（ホックシールド、アーリー） … 11120
管理と労働者（ディクソン） …………………… 06731
管理と労働者（レスリスバーガー） …………… 13922
管理人（ピンター、ハロルド） ………………… 09070
管理の科学（チャーチ） ………………………… 06495
管理の原理（シェルドン） ……………………… 04665
寒柳堂集（陳寅恪） ……………………………… 06594
閑話（ホラティウス） …………………………… 11277

【き】

黄色い犬（シムノン、ジョルジュ） …………… 04800
黄色い部屋の謎（ルルー、ガストン） ………… 13815
黄色の壁紙（ギルマン） ………………………… 02840
キイワード辞典（ウィリアムズ、レイモンド） …………………………………………… 00948
消え失せた密画（ケストナー、エーリヒ） …… 03547
消えた玩具屋（クリスピン、エドマンド） …… 03185
キエルケゴールとニーチェ（レーヴィット） …………………………………………… 13859
消えるヒッチハイカー（ブルンヴァン，H. J.） ………………………………………… 10096
記憶術（イェイツ、フランセス・A.） ………… 00572
記憶とは何か—記憶中枢の謎を追う（ローゼンフィールド、イスラエル） ……………… 14188
記憶について（エビングハウス） ……………… 01572
記憶に残る場所（ムーア，C.W.） ……………… 12170
記憶に残る場所（リンドン，D.） ……………… 13602
記憶の社会的わく（アルブヴァクス） ………… 00408
記憶の場（ノラ） ………………………………… 07856
議会（ジェニングズ） …………………………… 04598
機械および製造業経済論（バベッジ、チャールズ） ………………………………………… 08429
機械化の文化史（ギーディオン、ジークフリート） ………………………………………… 02663
機械製造工業組織論（カーツェンボゲン） …… 02209
議会と革命（マクドナルド、ジェームズ・ラムゼイ） ……………………………………… 11552
機械と神（ホワイト、リン） …………………… 11408
機械の神話（マンフォード、ルイス） ………… 11972
機会の不平等（ブードン，R.） ………………… 09580
機械発明史（アッシャー） ……………………… 00171
機械論（ロイポルト） …………………………… 14088
機械論的生理学的進化学説（ネーゲリ） ……… 07776
幾何学（デカルト、ルネ） ……………………… 06908
幾何学基礎論（ヒルベルト，D.） ……………… 09049
幾何学原理（ルジャンドル） …………………… 13701
幾何学集成（パッポス） ………………………… 08310
幾何学図形の相互依存性の組織的展開（シュタイナー、ルドルフ） …………………… 04986
幾何学著作集（トリチェリ） …………………… 07469
幾何学の起源（デリダ、ジャック） …………… 07085
幾何学の起源（フッサール、エドムント） …… 09550
幾何学の起源について（ロバチェフスキー） …………………………………………… 14256
幾何学の基礎にある仮説について（リーマン、ベルンハルト） …………………………… 13465

作品名	番号
飢餓の世紀（ケイン, ハル）	03521
飢餓の世紀（ブラウン, レスター・R.）	09685
帰還（プラトーノフ, アンドレイ・プラトーノヴィチ）	09737
"機関銃要塞"の少年たち（ウェストール, ロバート）	01070
奇巌城（ルブラン, モーリス）	13796
危機一髪（ワイルダー）	14416
汽機学（ランキン）	13151
危機からの脱出（デミング, W.エドワーズ）	06971
危機に立つデモクラシー（ラスキ, H.）	12969
危機の二十年（カー, E.H.）	02054
気球乗りジャノッツォ（パウル, ジャン）	08042
帰郷（ハーディ, トマス）	08315
企業価値評価（コープランド, トム）	03970
企業価値評価（マッキンゼー・アンド・カンパニー）	11669
企業形態論（リーフマン, ロベルト）	13446
企業国家ITT（サンプソン, A.）	04492
企業・市場・法（コース, ロナルド・H.）	03884
企業生命力（グース, アリー・デ）	02920
企業戦略論（アンゾフ, イゴール）	00484
企業の私経済学（ライトナー）	12837
企業の人間的側面（マグレガー, ダグラス）	11592
企業の理論（ヴェブレン, ソースティン）	01130
企業分析入門（パレプ, クリシュナ・G.）	08663
企業変革力（コッター, ジョン・P.）	03908
企業も信念をもて（ワトソン・ジュニア, トマス）	14481
企業レベル戦略（グールド, マイケル）	03309
企業論（シェーファー）	04603
擬曲（ソフロン）	06066
擬曲（ヘロンダス）	10844
戯曲『クロンクウェル』の序文（ユゴー, ヴィクトル）	12691
戯曲の技巧（フライターク, グスタフ）	09644
戯曲の発達（マシューズ）	11623
帰去来辞（陶淵明）	07166
菊と刀（ベネディクト, ルース）	10579
喜劇, 史劇, そして悲劇（シェイクスピア, ウィリアム）	04523
喜劇集（エピカルモス）	01567
喜劇と格言劇（ミュッセ）	12045
喜劇論（メレディス, ジョージ）	12341
キケロ哲学論集（キケロ, マーカス・トゥリウス）	02608
危険社会（ベック, ウルリッヒ）	10470
危険な関係（ラクロ, ピエール=アンブロワーズ=フランソワ・ショデロ・ド）	12923
危険・不確実性および利潤（ナイト, フラン	

作品名	番号
ク）	07609
起原よりイスラム時代までのイラン（ギルシュマン）	02820
気候因子（ハンチントン, サミュエル）	08760
気候学提要（ケッペン）	03572
気候学読本（ハン）	08705
記号学の原理（バルト, ロラン）	08600
記号, 言語と行動（モリス, ウィリアム）	12507
気候と文明（ハンチントン, サミュエル）	08761
気候の地理学的体系（ケッペン）	03573
記号論理学概論（ライヘンバハ）	12856
帰国子女（グッドマン, ロジャー）	02963
擬古詩集（カルドゥッチ）	02439
疑古の時代を脱する（李学勤）	13220
騎士（アリストファネス）	00342
儀式（シルコウ, レスリー）	05393
鬼子母経（作者不詳）	14562
汽車はいつ出たのか（ボールドウィン, ジェイムズ）	11350
汽車は遅れなかった（ベル, ハインリッヒ）	10670
寄宿生テルレスの混乱（ムージル, ローベルト）	12183
旗手ストールの物語（リューネベリ）	13522
技術・科学・歴史—転回期における技術の諸原理（カードウェル, D.S.L.）	02255
技術史（シンガー, チャールズ）	05427
技術者哲学要綱（カップ, エルンスト）	02241
技術者と価格体制（ヴェブレン, ソースティン）	01131
技術進歩と失業（レーデラー, エミイル）	13946
記述的・分析的心理学についての理念（ディルタイ, ウィルヘルム）	06859
技術と文化（ヴェント）	01226
技術と文明（マンフォード, ルイス）	11973
技術の起原（エスピナス）	01527
技術の馴致（ゾンバルト, ヴェルナー）	06146
技術の哲学（チンマー）	06615
技術の哲学（デッサウアー）	06933
技術の歴史（カールマルシュ）	02471
気象学（アリストテレス）	00323
気象力学（エクスナー, F.M.）	01510
癸巳類稿（兪正燮）	12673
魏志倭人伝（陳寿）	06601
魏晋玄学論稿（湯用彤）	07184
魏晋の気質および文章と薬および酒との関係（魯迅）	14060
鬼神論（ジャッキエ, ニコラ）	04849
絆（ストリンドベリ, ヨハン・アウグスト）	05703
犠牲者（ベロー, ソール）	10829
偽誓農夫（アンツェングルーバー）	00508

作品名	番号
奇跡の家(アマード, ジョルジェ)	00260
奇跡のコース(シュクマン, ヘレン)	04967
奇跡のコース(セットフォード, ウィリアム)	05927
奇跡の言葉(ロイヒリン)	14087
偽善的信者たちの大きな恐れ(ベルナノス)	10760
貴族(ポゴージン)	11047
貴族の巣(ツルゲーネフ, イヴァン・セルゲーヴィチ)	06660
義賊ラッフルズ(ホーナング)	11173
基礎陶冶の理念について(ペスタロッチ)	10434
北アメリカ・インディアンの説話(トンプソン, スティス)	07597
気体運動論講義(ボルツマン)	11337
期待される管理者像(ブレーク, ロバート・R.)	10140
期待される管理者像(マッケーンス, アン・A.)	11681
気体装置(ヘロン(アレクサンドリアの))	10840
気体中の電気伝導(トムソン, J.J.)	07407
気体論講義(ボルツマン)	11338
北へ遷りゆく時(サーリフ, タイブ)	04362
北回帰線(ミラー, ヘンリー)	12081
北風のうしろの国(マクドナルド, ジョージ)	11554
北からきた黒船(ザドルノフ, ニコライ)	04320
ギターと手風琴(フリョーディング)	09968
北と南(ギャスケル, エリザベス)	02715
北へ(ボウエン, エリザベス)	10986
北ホテル(ダビ, E.)	06278
北ヨーロッパ古物案内記(トムセン, クリスチャン)	07397
来たるべき黄金時代(エモット, ビル)	01601
来るべき時代の教育(ブラメルド)	09781
ギーターンジャリ(タゴール, ラビンドラナート)	06230
気違いじみた一日(ボーマルシェ)	11244
キーツ詩集(キーツ)	02644
キッテル熱物理学(キッテル, C.)	02652
きつね狩猟者の回想録(サスーン)	04279
狐になった人妻(ガーネット)	02296
きつねになった令夫人(ガーネット)	02297
狐物語(作者不詳)	14563
基底欠損(バリント, M.)	08551
ギデオンと放火魔(マリック, J.J.)	11790
既得権の体系(ラッサール)	13007
義認と和解(リッチュル)	13380
絹(バリッコ, アレッサンドロ)	08539
ギネー発見征ališ誌(アズララ)	00147
記念の日々(ヨーンゾン, U.)	12783

作品名	番号
帰納科学史(ヒューエル)	08941
帰納の基礎について(ラシュリエ)	12959
昨日の世界(ツヴァイク, シュテファン)	06631
木の十字架(ドルジュレス)	07485
木のぼり男爵(カルヴィーノ, イタロ)	02400
騎馬試合(ポリツィアーノ, A.)	11290
規範とその違反(ビンディング)	09080
貴婦人故郷へ帰る(デュレンマット, フリードリッヒ)	07065
騎兵隊(バーベリ)	08431
希望(マルロー, アンドレ)	11897
希望の回想(ド・ゴール, シャルル)	07270
希望の革命(フロム, エーリッヒ)	10286
希望の子(ザイデル)	04238
規模とデモクラシー(タフティ, E.R.)	06286
規模とデモクラシー(ダール, ロバート・A.)	06307
ギボン自伝(ギボン, エドワード)	02687
キマイラ(バース, ジョン)	08180
気まぐれバス(スタインベック, ジョン)	05558
君が人生の時(サローヤン, W.)	04414
ギミック!(ズワガーマン, ヨースト)	05862
奇妙な孤独(ソレルス, P.)	06099
奇妙な花嫁(ガードナー, アール・スタンレー)	02259
奇妙な幕間狂言(オニール, ユージン)	01946
奇妙な論理(ガードナー, マーティン)	02264
キム・イルソン(ボン)	11430
義務と制裁なき道徳(ギュイヨー, ジャン=マリー)	02760
義務と不安(エリュアール, ポール)	01659
義務について(キケロ, マーカス・トウリウス)	02609
毀滅(朱自清)	04924
肝っ玉おっ母あとその子供たち(ブレヒト, ベルトルト)	10175
キャヴァルケード(カワード, ノエル)	02515
虐殺ゲーム(イヨネスコ, E.)	00678
逆襲するテクノロジー(テナー, エドワード)	06941
客人(ソンニム)(黄晳暎)	09148
キャクストンの伝記と印刷術(ブレイズ, ウィリアム)	10125
逆説のマネジメント(パスカル, リチャード)	08195
客船グラッシー応答なし(セットロウ, R.)	05928
逆まわりの世界(ディック, フィリップ・K.)	06772
逆もどり(ヴァンブルー)	00827
ギャザリング(エンライト, アン)	01779
キャスターブリッジの市長(ハーディ, トマ

キャス・ティンバレイン(ルイス,シンクレア)	13620	旧約聖書(作者不詳)	14565
キャスリーン・ニ・フーリハイ(イェイツ,ウィリアム・B.)	00563	旧約聖書のフォークロア(フレイザー,ジェームズ)	10121
キャスリーン伯爵夫人(イェイツ,ウィリアム・B.)	00564	キュクロプス(エウリピデス)	01485
逆光(ピンチョン,トマス)	09074	ギューゲスと彼の指輪(ヘッベル,フリードリヒ)	10520
キャッチ=22(ヘラー,ジョーゼフ)	10614	キューバ沖のマリーン(ヘミングウェイ,アーネスト)	10600
キャッチワールド(ボイス,クリス)	10939	キューバ革命党の基礎(マルティ,J.)	11874
ぎやどぺかどる(ルイス・デ・グラナダ)	13639	キュービスムの画家たち(アポリネール)	00254
キャトリオナ(スティーヴンスン,ロバート・ルイス)	05643	キュリー夫人伝(キュリー,エーヴ)	02773
キャフタから黄河源流へ(プルジェヴァリスキー)	10013	キュロスの教育(クセノフォン)	02934
キャプテン・クック最後の航海(イネス,ハモンド)	00630	教育(ミル,ジョン・スチュアート)	12102
キャプテン・コンティキ(ヤーコビー,アルノルド)	12626	教育学(カント,イマヌエル)	02554
キャプランとノートンの戦略バランスト・スコアカード(キャプラン,ロバート・S.)	02730	教育学(ソ連邦教育科学アカデミヤ)	06108
キャプランとノートンの戦略バランスト・スコアカード(ノートン,デビット・P.)	07850	教育学(ピンケヴィッチ)	09063
キャントーズ(パウンド,エズラ)	08051	教育学概説(ライン)	12865
キャンパスピ(リリー)	13547	教育学から教育科学へ(ブレツィンカ)	10148
キャンプ・シックス(スマイス,F.S.)	05804	教育学及教授学原理(バルト,ロラン)	08601
キャンベル渓谷の激闘(イネス,ハモンド)	00631	教育学講義(シュライエルマッヘル,フリードリヒ)	05137
QE2を盗め(カニング,V.)	02290	教育学講義綱要(ヘルバルト,ヨハン・フリードリヒ)	10777
九雲夢(金万重)	02852	教育学著作集(シュライエルマッヘル,フリードリヒ)	05138
窮極の言葉(ブランショ,モーリス)	09827	教育学と心理学(ピアジェ,ジャン)	08799
吸血鬼(エーヴェルス)	01474	教育原理(カウンツ)	02129
吸血鬼(ポリドリ,ジョン)	11293	教育原理(チャップマン)	06502
吸血鬼カーミラ(レ・ファニュ,ジョゼフ・シェリダン)	14008	教育史(カバリー)	02306
吸血鬼ドラキュラ(ストーカー,ブラム)	05684	教育史・教育学概論(ディルタイ,ウィルヘルム)	06860
吸血美女(ロニー)	14253	教育史教程(モンロー)	12618
九章算術(劉徽)	13479	教育者アラン(パスカル,G.)	08197
旧信仰と新信仰(シュトラウス,ダーフィト)	05034	教育州(ゲーテ,ヨハン・ヴォルフガング・フォン)	03580
救世主(作者不詳)	14564	教育心理学(ソーンダイク,E.L.)	06137
旧世界考古学の相対編年(エーリヒ)	01655	教育的教授論の基礎(ツィラー)	06621
9990個のチーズ(エルスホット,ヴィレム)	01673	教育的叙事詩(マカレンコ,A.S.)	11519
九短編(サリンジャー,J.D.)	04368	教育的雰囲気(ボルノウ,オットー・フリードリッヒ)	11364
宮廷対話論(アレティーノ)	00442	教育哲学(キルパトリック)	02828
牛痘接種による発疹の原因と効果(ジェンナー)	04685	教育哲学(ホーン)	11428
球と円柱(アルキメデス)	00360	教育と遺伝(ギュイヨー,ジャン=マリー)	02761
九百人のお祖母さん(ラファティ,R.A.)	13083	教育としての遊び(ベンヤミン,ヴァルター)	10879
救貧院長(トロロープ,アンソニー)	07587	教育としての倫理学的原理(デュウェー)	07000
球面および実地天文学教本(ショーヴネ)	05268	教育と社会学(デュルケム,エミール)	07053
球面天文学(エッゲルト)	01541	教育と社会体制(ラッセル,バートランド)	13017
		教育人間学(ロート,ヨーゼフ)	14241
		教育の過程(ブルーナー,J.S.)	10067
		教育の根底を支える精神的心意的な諸力	

（シュタイナー, ルドルフ） ……………… 04987
教育の心理学的原則（ホーン） ……………… 11429
教育の対象としての人間（ウシンスキー, K. D.） ………………………………………… 01371
教育の地域社会的背景（クック） ……………… 02948
教育の哲学（クリーク, エルンスト） ………… 03168
教育の哲学的基礎（シュレーブス） …………… 05195
教育の人間学的考察（ランゲフェルド） ……… 13179
教育の弁明（フレーベル, フリードリッヒ）… 10178
教育の未来（ピアジェ, ジャン） ……………… 08800
教育百科事典（モンロー） ……………………… 12619
教育論（スペンサー, ハーバート） …………… 05778
教育論（ペティ, ウィリアム） ………………… 10530
教育論（ミルトン, ジョン） …………………… 12129
教育論（ラッセル, バートランド） …………… 13018
教育論（ロック, ジョン） ……………………… 14207
教育論文集（フレーベル, フリードリッヒ）… 10179
驚異の工匠たち―知られざる建築の博物誌（ルドルフスキー, バーナード） …………… 13750
驚異のデザイナー―植物の織りなす不思議な世界（パトゥリ, フェリックス） …………… 08338
饗宴（ダンテ・アリギエーリ） ………………… 06370
饗宴（プラトン） ………………………………… 09744
教会音楽論集（ゲルベルト） …………………… 03688
教会改革の必要について（カルヴァン） ……… 02397
教会教義学（バルト, ロラン） ………………… 08602
教会史（エウセビオス） ………………………… 01478
教会史（ソクラテス） …………………………… 06047
教会史（ソゾメノス） …………………………… 06054
教会史（テオドレトス） ………………………… 06904
境界状態と病理的自己愛（カーンバーグ, O. F.） ……………………………………………… 02586
教会史論文集（ホル） …………………………… 11306
教会政治の法について（フッカー） …………… 09542
教会のバビロン捕囚（ルター） ………………… 13721
教会法（ゾーム） ………………………………… 06074
教会法史（ファイネ） …………………………… 09089
杏花天（作者不詳） ……………………………… 14566
共感覚者の驚くべき日常―音を味わう人、色を聴く人（シトーウィック, リチャード・E.） …………………………………………… 04752
共観福音書記者の福音説話批判（バウアー, ブルーノ） …………………………………………… 07988
共観福音書伝承史（ブルトマン, ルドルフ・カール） ……………………………………… 10049
競技祝勝歌集（ピンダロス） …………………… 09071
狂気の愛（ブルトン, アンドレ） ……………… 10057
狂気の山脈にて（ラヴクラフト, H.P.） ……… 12881
教皇権8冊（オッカム, ウィリアム・オブ） … 01913
強国論（ランケ, レオポルト・フォン） ……… 13168
「強国」論（ランデス, デビッド・S.） ………… 13193

共産主義における「左翼」小児病（レーニン, ウラジミール・イリイッチ） …………… 13968
共産主義のABC（ブハーリン） ………………… 09592
共産主義のABC（プレオブラジェンスキー） ………………………………………………… 10138
共産主義者とカトリック教徒（トレーズ） …… 07554
共産党宣言（エンゲルス, フリードリヒ） …… 01743
共産党宣言（マルクス, カール） ……………… 11816
共産党宣言に寄せて（ラブリオラ, アントニオ） …………………………………………… 13097
強者の権利（ボイセ） …………………………… 10944
教授（ブロンテ, シャーロット） ……………… 10302
郷愁のモロッコ（フロイド, エスタ） ………… 10212
教授学（ソ連邦教育科学アカデミヤ） ………… 06109
供述によるとペレイラは（タブッキ, アントニオ） …………………………………………… 06285
教授の家（キャザー, ウィラ） ………………… 02709
教授法原論（キルパトリック） ………………… 02829
教授理論の建設（ブルーナー, J.S.） ………… 10068
教職教養指針（ディースターヴェーク） ……… 06757
教師論（アスカム） ……………………………… 00141
鏡人（ヴェルフェル） …………………………… 01201
狂人日記（ゴーゴリ, ニコライ・ヴァシーリエヴィチ） …………………………………… 03866
狂人日記（魯迅） ………………………………… 14061
狂信者イーライ（ロス, フィリップ） ………… 14151
行政学（サイモン, H.） ………………………… 04248
行政学提要（シュタイン, ローレンツ・フォン） ………………………………………………… 04991
行政学入門（ホワイト, L.D.） ………………… 11412
行政学の諸問題（マルクス, カール） ………… 11817
行政刑法（ゴールトシュミット） ……………… 04073
行政行動論（サイモン, H.） …………………… 04249
行政国家（ワルドー, ドワイト） ……………… 14487
行政裁判論（ラフェリエール） ………………… 13086
行政, 商業および財政学の諸原理（ゾンネンフェルス） ……………………………………… 06144
行政の原理（ウィロビー, W.F.） ……………… 01005
行政法および公法概要（オーリウ） …………… 01987
行政法の一般原理（ジェーズ） ………………… 04585
競争的条件のもとにおける収益法則（スラッファ, ピエロ） …………………………………… 05850
競争の戦略（ポーター, マイケル・E.） ……… 11107
競争優位の戦略（ポーター, マイケル・E.）… 11108
郷村建設論文集（梁漱溟） ……………………… 13536
兄弟（テレンティウス） ………………………… 07117
兄弟（フェージン） ……………………………… 09284
今日という日はいつ来るか？（ドブロリューボフ） ……………………………………………… 07360
協同組合論（レーニン, ウラジミール・イリイッチ） ……………………………………… 13969

共同経済(ミーゼス)	11999	玉耶経(作者不詳)	14567
共同経済と資本主義的市場経済(リッチュル)	13381	虚構の近代(ラトゥール)	13050
		虚構の楽園(ズオン・トゥー・フォン)	05506
共同社会と利益社会(テンニース, フェルディナンド)	07127	馭者のからだの影(ヴァイス)	00722
		居住, 経済, 社会(フォード)	09408
共同社会の法典(デザミー)	06922	巨匠(トビーン, コルム)	07337
共同存在の現象学(レーヴィット)	13860	巨匠とマルガリータ(ブルガーコフ, ミハイル・アファナーシェヴィチ)	09997
郷土中国(費孝通)	08795		
競売ナンバー49の叫び(ピンチョン, トマス)	09075	巨匠の苦悩と偉大(マン, トーマス)	11930
		巨匠の晩年作(ブリンクマン)	09974
強迫現象と精神衰弱(ジャネ, ピエール)	04860	巨人(パウル, ジャン)	08043
恐怖省(グリーン, グレアム)	03246	去勢奴隷(テレンティウス)	07118
恐怖政治期の土地問題(ルフェーヴル, ジョルジュ)	13786	拒絶された原爆展(ハーウィット, マーティン)	07996
教父全集(サン・ピエール修道院)	04490	漁船天佑丸(ヘイエルマンス, ヘルマン)	10335
教父著作全集(ミーニュ)	12037	巨大穀物商社(モーガン, ダン)	12406
恐怖の関門(マクリーン, アリステア)	11579	巨大タンカー(モスタート, ノエル)	12431
恐怖の権力(クリステヴァ, J.)	03180	巨大な部屋(カミングス, E.E.)	02354
恐怖の誕生パーティー(カッツ, ウィリアム)	02234	去年マリエンバードで(ロブ・グリエ, A.)	14289
		漁夫(エーワル)	01726
恐怖の報酬(アルノー, ジョルジュ)	00400	漁夫王(グラック, J.)	03106
恐怖夜話(ルルー, ガストン)	13816	虚無の孔(ジョーゼフ)	05277
興味深い物語(エクイアーノ, オラウーダ)	01508	虚無よりの創造—チェホフ論(シェストフ)	04587
教養と無秩序(アーノルド)	00218	漁洋詩話(王士禎)	01806
教養のための数学の旅(ガダー, スタンリー)	02193	キラー・エリート(ロスタンド)	14166
		キラ・キラリーナ(イストラティ)	00619
享楽主義者マリウス(ペイター)	10342	切られ髪(メナンドロス)	12272
教理史教本(ハルナック, アドルフ・フォン)	08633	霧(ウナムーノ)	01389
		ギリシア案内記(パウサニアス)	08010
教理史要(ゼーベルク)	05951	ギリシア以前の数学(ノイゲバウアー)	07807
共和制度論断片(サン・ジュスト)	04435	ギリシア喜劇作家断片集(マイネケ)	11466
虚栄の市(サッカレイ, ウィリアム・マークピース)	04283	ギリシア考古学提要・彫刻編(ピカール)	08845
		ギリシア語考(ビュデ)	08960
虚栄の篝火(ウルフ, トム)	01414	ギリシア語史概要(メイエ, アントゥアヌ)	12207
居延漢簡考釈・釈文之部(労榦)	14091	ギリシア語史序考(クレッチマー, P.)	03371
炬火おくり(エルヴィユー)	01665	ギリシア古代社会研究(トムソン, ジョージ)	07403
極奥アジア(スタイン)	05546		
玉谿生詩集(李商隠)	13240	ギリシア国家学(ブーゾルト)	09537
極限に挑む(ヒラリー, エドモンド)	09000	ギリシア古典期美術(クルティウス, E.)	03298
玉燭宝典(杜台卿)	07135	ギリシア古文書学(モンフォコン)	12616
玉台新詠(徐陵)	05225	ギリシア祭礼研究(ニルソン)	07743
極大と極小に関する新しい方法(ライブニッツ)	12843	ギリシア史(ヴィルケン)	00963
		ギリシア史(クルティウス, E.)	03299
極地研究の諸問題(アメリカ地理学協会)	00281	ギリシア史(グロッツ)	03428
極東に於ける思潮及び政変(ラインシュ)	12868	ギリシア史(グロート)	03443
極東の魂(ローウェル, パーシヴァル)	14101	ギリシア史(ビュアリー)	08937
極東の遊歩場(ウェストン, ウォルター)	01071	ギリシア史(ブーゾルト)	09538
局部麻酔(グラス, ギュンター)	03091	ギリシア史(ペルフェ)	10781
玉篇(顧野王)	03771	ギリシア史(ベロホ)	10838
極北(ナンセン, フリチョフ)	07661	ギリシア史(ベングトゾン)	10850
極北の秘教(ラクスネス)	12909		

作品名	番号
ギリシア詞華集(作者不詳)	14568
ギリシア詩人研究(サイモンズ)	04255
ギリシア宗教研究序説(ハリソン,ジェーン・E.)	08535
ギリシア宗教発展の5段階(マリー)	11768
ギリシア小説(ローデ)	14229
ギリシア叙事詩作家伝承史(メレンドルフ,ヴィラモヴィツ)	12348
ギリシア叙事詩の起源(マリー)	11769
ギリシア叙情詩作家集(ベルク)	10690
ギリシア叙情詩集(ディール)	06843
ギリシア人の絵画と素描(プール)	09985
ギリシア人の科学(ファリントン)	09136
ギリシア人の国家と社会(メレンドルフ,ヴィラモヴィツ)	12349
ギリシア人の哲学(ツェラー)	06646
ギリシア人よりダーウィンまで(オズボーン,H.F.)	01904
ギリシア神話(アポロドロス)	00257
ギリシア神話(プレラー)	10197
ギリシア神話(ローベルト)	14310
ギリシア数学史(ヒース,T.L.)	08878
ギリシア数学摘要(ヒース,T.L.)	08879
ギリシア政治思想(バーカー)	08057
ギリシア精神の様相(ブチャー)	09540
ギリシア彫刻の諸傑作(フルトヴェングラー)	10045
ギリシア的思惟との比較によるヘブライ的思惟(ボーマン)	11248
ギリシア哲学者列伝(ラエルティオス,ディオゲネス)	12901
ギリシアの景観(フィリップソン)	09235
ギリシアの神話(ケレーニイ,カール)	03701
ギリシア悲劇作家断片集(ナウク)	07614
ギリシア悲劇序説(メレンドルフ,ヴィラモヴィツ)	12350
ギリシア美術家の歴史(ブルン)	10095
ギリシア美術模倣論(ヴィンケルマン)	01010
ギリシア風俗史(リヒト,ハンス)	13432
ギリシア文学とゲーテ時代(レーム)	14023
ギリシア文学史(クロワゼ兄弟)	03472
ギリシア文学史(シューテーリン)	05017
ギリシア文学史(シュミット)	05110
ギリシア文化史(ブルクハルト,ヤコブ)	10002
ギリシア文法(シュヴィーツァー)	04955
ギリシア文法(トラクス,ディオニュシオス)	07431
ギリシア法思想(ヴォルフ,クリスチャン)	01341
ギリシア,ラテン,ペルシアおよびゲルマン諸語との比較におけるサンスクリット語の活用体系について(ボップ)	11128
ギリシア・ローマ神話(ブルフィンチ,トマス)	10077
ギリシア・ローマ神話事典(ロッシャー)	14220
ギリシア・ローマ世界の人口(ベロホ)	10839
ギリシア・ローマ彫刻遺品(ウルリヒス)	01421
ギリシア・ローマ彫刻遺品(フルトヴェングラー)	10046
ギリシア・ローマ著作家双書(トイブナー)	07151
キリシタン関係書誌(シュトライト)	05030
キリシタン文庫(ラウレス)	12894
ギリシャ人の謬説反駁(アクィナス,トマス)	00092
キリスト狂エマーヌエル・クヴィント(ハウプトマン,ゲルハルト)	08025
キリスト教会および集団の社会理論(トレルチ)	07563
キリスト教会の改善についてドイツ国民の貴族に訴う(ルター)	13722
キリスト教界またはヨーロッパ(ノヴァーリス)	07817
キリスト教学習指導要領(ラ・サール)	12936
キリスト教起原史(ルナン,エルネスト)	13767
キリスト教教義学(ゼーベルク)	05952
キリスト教共和国(アンドレアエ)	00526
キリスト教君主教育(エラスムス)	01605
キリスト教考古学提要(カウフマン)	02125
キリスト教綱要(カルヴァン)	02398
キリスト教証験論(ペーリ)	10629
キリスト教信仰(シュライエルマッヘル,フリードリヒ)	05139
キリスト教信仰の解明(ツヴィングリ)	06640
キリスト教精髄(シャトーブリアン)	04855
キリスト教的人間の自由(ルター)	13723
基督教道徳の社会的方面(ブルース)	10018
キリスト教と権力政治(ニーバー,ラインホールド)	07720
キリスト教と社会秩序(テンプル)	07131
キリスト教と文明(ブルンナー,エミール)	10101
キリスト教と歴史(バターフィールド,H.)	08248
キリスト教の起源(カウツキー,カール)	02110
キリスト教の起源と発端(マイヤー,エドゥアルト)	11480
キリスト教の修練(キルケゴール,セーレン)	02813
キリスト教の真理性(グロティウス,フーゴー)	03431
キリスト教の二〇〇〇年(ジョンソン,ポール)	05346
キリスト教の本質(カフタン)	02325
キリスト教の本質(ハルナック,アドルフ・フォン)	08634
キリスト教の本質(フォイエルバッハ,ルード

ヴィヒ) ……………………… 09337	銀河帝国の興亡(アシモフ,アイザック) ……… 00124
キリスト教の問題(ロイス) ……………………… 14075	銀河の世界(ハッブル) ……………………… 08308
キリスト教駁論(ユリアヌス) ……………… 12715	銀河ヒッチハイク・ガイド(アダムズ,ダグラス) ……………………… 00155
キリスト教発展史(ラトゥレット) …………… 13051	緊急深夜版(マッギヴァーン,ウイリアム・P.) ……………………… 11665
キリスト教美術の図像学(レオー) …………… 13887	金銀島探検報告(ビスカイノ) ……………… 08881
キリスト教復興論(セルヴェトゥス) ………… 05978	銀行信用の国民経済的理論(ハーン,アルバート) ……………………… 08708
キリスト、最期のこころみ(カザンザキス,ニコス) ……………………… 02163	銀行政策と価格水準(ロバートソン) ………… 14262
キリスト者の神との交わり(ヘルマン,ウィルヘルム) ……………………… 10785	今古奇観(抱甕老人) ……………………… 10989
キリスト者の完全(ウェスレー,ジョン) …… 01074	金七十論(作者不詳) ……………………… 14571
キリスト者の自由(ルター) ……………… 13724	金枝篇(フレイザー,ジェームズ) …………… 10122
キリスト贖罪論(グロティウス,フーゴー) … 03432	禁書目録(カトリック教会) ……………… 02271
キリスト神話(ドレウス,A.) ……………… 07548	禁じられた王国(スラウエルホフ,J.J.) ………… 05849
キリスト伝(パピーニ) ……………………… 08418	禁じられた領域(レオトー,ポール) …………… 13888
キリストと時(クルマン) ……………………… 03319	禁じられた惑星(シルヴァーバーグ) ………… 05390
キリストと反キリスト(メレジコフスキー) ……………………… 12334	近思録(朱子) ……………………… 04969
キリストと文化(ニーバー,リチャード) …… 07725	近世史における国家理性の理念(マイネッケ,フリードリヒ) ……………………… 11467
キリストにならいて(トマス・ア・ケンピス) ……………………… 07387	近世史の諸時期について(ランケ,レオポルト・フォン) ……………………… 13169
キリストの恩寵と原罪(アウグスティヌス) ……………………… 00072	近世私法史(ヴィーアカー) ……………… 00831
キリストの生涯(パピーニ,ジョヴァンニ) … 08419	近世宗教観念の起源(ギッファト) …………… 02655
キリストはエボリにとどまりぬ(レヴィ・ブリュール) ……………………… 13869	金星シリーズ(バローズ,エドガー・ライス) ……………………… 08677
霧の中(アンドレーエフ,レオニード) ……… 00531	近世哲学史(ヴィンデルバント) …………… 01025
義理の娘のスナップ・ショット(リッチ,A.) ……………………… 13378	近世哲学史(エルトマン,J.E.) ……………… 01680
キリマンジャロの雪(ヘミングウェイ,アーネスト) ……………………… 10601	近世哲学史(フィッシャー,クノー) ………… 09181
ギルガメシュ王ものがたり(ゼーマン,ルドミラ) ……………………… 05954	近世哲学史(フォイエルバッハ,ルードヴィヒ) ……………………… 09338
ギルガメシュ叙事詩(作者不詳) …………… 14569	近世哲学史(ヘフディング) ……………… 10590
キルケゴール著作集6(キルケゴール,セーレン) ……………………… 02814	近世哲学史講義(クーザン) ……………… 02916
キルヒフェルトの牧師(アンツェングルーバー) ……………………… 00509	近世哲学上の美的自律性(クライス) ………… 03010
儀礼(作者不詳) ……………………… 14570	近世哲学と科学における認識問題(カッシーラー,E.) ……………………… 02214
儀礼における美術(巫鴻) ……………… 09082	近世におけるインドの産業発達(ガドギル) ……………………… 02257
儀礼の過程(ターナー,ヴィクター・W.) … 06261	金銭的平和(ラムゼイ,デイブ) ……………… 13128
岐路に立つ教育(マリタン) ……………… 11781	金属貴化秘法大全(ゲーベル) ……………… 03632
岐路に立つ自然科学(ブハーリン) …………… 09593	金属と鉱物について(マグヌス,アルベルトゥス) ……………………… 11565
キーロフわれらとともに(チーホノフ) …… 06474	近代医学発達史(シュライオック) …………… 05143
疑惑をいだいたマカール(プラトーノフ,アンドレイ・プラトーノヴィチ) ……………………… 09738	近代イギリス経済史(クラパム) ……………… 03135
疑惑の海(フォイ,ジョージ) ……………… 09335	近代英語口語史(ワイルド,H.C.K.) ………… 14430
金色の玄関に(トルスタヤ) ……………… 07487	近代英語の成立(マクナイト) ……………… 11564
金色の盃(ジェイムズ,ヘンリー) …………… 04557	近代英語文法(イェスペルセン,オットー) … 00579
銀塊の海(イネス,ハモンド) ……………… 00632	近代英語用法辞典(ファウラー) ……………… 09101
琴学叢書(楊宗稷) ……………………… 12762	近代絵画(オザンファン) ……………… 01867
	近代絵画(ジャンヌレ) ……………… 04915
	近代絵画史(フォション,アンリ) …………… 09384

近代科学とその哲学（フランク）............ 09786
近代科学と無政府主義（クロポトキン）....... 03463
近代科学の形而上学的基礎（バート）......... 08328
近代科学の誕生（バターフィールド,H.）...... 08249
近代画家論（ラスキン, ジョン）............. 12980
近代学校（フェレル,F.）................... 09323
近代家族の形成（ショーター,E.）........... 05280
近代株式会社と私有財産（バーリ）........... 08504
近代株式会社と私有財産（ミーンズ）......... 12149
近代技術史（ダニレーフスキー）............. 06269
近代経営経済学の本質と任務（テンドゥリー）................................. 07126
近代経済史（ハウスヘル）................... 08011
近代経済成立の分析（クズネッツ,S.S.）..... 02927
近代建築（タフーリ, マンフレッド）......... 06287
近代建築（ダル・コ, フランチェスコ）...... 06309
近代建築（ワーグナー, オットー）........... 14433
近代建築およびデザインの源泉（ペブスナー, N.）..................................... 10586
近代建築の系譜（カーティス,W.J.R.）....... 02247
近代国家における教会（フィギス）........... 09167
近代国家における自由（ラスキ,H.）......... 12970
近代国家観（クラッペ, ハー）............... 03120
近代国家論（マッキーヴァー,R.M.）......... 11662
近代産業の興隆（ハモンド夫妻）............. 08472
近代史学史（フューター）................... 09617
近代資本主義（ゾンバルト, ヴェルナー）..... 06147
近代資本主義の起原（セー,J.B.）........... 05864
近代資本主義の発展（ホブソン,J.A.）....... 11209
近代諸国民による植民について（ルロワ・ボーリュー）............................ 13823
近代心理論集（ブールジェ, ポール）......... 10010
近代政府の理論と実践（ファイナー）......... 09088
近代世界観成立史（ボルケナウ）............. 11325
近代世界システム（ウォーラーステイン, I.）.................................... 01298
近代選挙を演出する影の選挙参謀（ニンモー, D.）..................................... 07747
近代中国社会の新陳代謝（陳旭籙）........... 06598
近代ドイツの起原（パラクルー）............. 08485
近代とホロコースト（バウマン, ジークムント）................................... 08034
近代とはいかなる時代か? （ギデンズ, アンソニー）................................. 02669
近代ナショナリズムの史的展開（ヘイズ）.... 10338
近代における科学, 技術, 哲学の歴史（ウルフ, A.）..................................... 01418
近代の哲学的ディスクルス（ハーバーマス, ユルゲン）................................. 08410
近代の黎明（オーゼル）..................... 01909
近代の黎明（ルノーデ）..................... 13776

近代の歴史家たちへの批判（ランケ, レオポルト・フォン）............................ 13170
近代美術史の展開（グレーフェ, マイヤー）.. 03378
近代フランス社会の形成（サニャック, フィリップ）................................... 04325
近代フランスの起原（テーヌ, イポリット）.. 06950
近代文学と都市（パイク,B.）............... 07902
近代文化の葛藤（ジンメル, ゲオルク）....... 05458
近代文化の哲学者としてのカント, 歴史哲学的試論（リッケルト, ハインリヒ）........... 13361
近代民主政治（プライス, リチャード）...... 09637
近代唯物論史（プレハーノフ, ゲオルク）.... 10164
近代ユートピア（ウェルズ,H.G.）.......... 01156
近代ヨーロッパ史（グーチ）................. 02939
近代ヨーロッパ政治文化史（ヘイズ）........ 10339
近代歴史学（ランプレヒト）................. 13201
近代和声学の説明と応用（ハル,A.イーグルフィールド）............................. 08562
琴道（ファン・グリク）..................... 09152
金時計（パンテレーエフ, エル）............. 08767
金とドルの危機（トリフィン,R.）........... 07473
筋肉運動による電気の力（ガルヴァーニ）.... 02395
銀の筐（ゴールズワージー, ジョン）......... 04045
銀のスケート（ドッジ, メリー・メイプス）.. 07305
銀の鳩（ベールイ, アンドレイ）............. 10678
金の星の騎士（ババエフスキー）............. 08403
金髪のエックベルト（ティーク）............. 06727
金瓶梅（笑笑生）........................... 05267
金メッキ時代（ウォーナー,C.D.）.......... 01279
金メッキ時代（トウェイン, マーク）........ 07193
金融街にもぐら一匹（ギルバート, マイケル）................................... 02826
金融資本論（ヒルファーディング, ルドルフ）................................... 09048
金曜日ラビは寝坊した（ケメルマン）........ 03636
金羊毛皮（グリルパルツァー, フランツ）.... 03235
金利生活者の経済学（ブハーリン）........... 09594
勤労学校の理論と実際（アルフレッド）...... 00413
勤労学校の理論と実際（ハン）............... 08706

【く】

グァテマラ伝説集（アストゥリアス）........ 00142
グアラニー（アレンカール）................. 00460
クイーン・メリー号襲撃（フィニイ, ジャック）..................................... 09201
空間, 時間および神性（アレクサンダー, サミュエル）................................. 00437
空間 時間 建築（ギーディオン, ジークフリー

作品名	番号
ト）	02664
空間, 時間, 物質（ワイル, ヘルマン）	14409
空間と時間（ミンコフスキー）	12148
空間の経験―身体から都市へ（トゥアン, イー・フー）	07188
空間の詩学（バシュラール, ガストン）	08162
空気と火に関する化学的研究（シェーレ）	04669
空気と水と場所（ヒポクラテス）	08928
空気に関する実験（キャヴェンディッシュ）	02705
空気の性質（マリオット, エドメ）	11779
空気の弾力性に関する新実験（ボイル）	10965
空気まんじゅう（ロマショーフ）	14317
空虚な楽園（マコーマック）	11601
寓言（サン・シモン）	04427
偶然, 愛, 論理（パース）	08176
偶然と必然（モノー, ジャック）	12443
空想から科学へ（エンゲルス, フリードリヒ）	01744
偶像の黄昏（ニーチェ, フリードリヒ）	07699
空中衝突（ブルース, ジョン）	10021
空同子（李夢陽）	13269
寓話（クルイロフ）	03284
寓話（フォークナー, ウィリアム）	09355
寓話（フロリアン）	10292
寓話（ラ・フォンテーヌ）	13092
クォ ヴァディス（シェンキェヴィチ, ヘンリク）	04676
クォークとジャガー（ゲルマン, マレイ）	03693
クオレ（デ・アミーチス, エドモンド）	06678
句義法綱要（プラシャスタパーダ）	09700
腐ってゆく魔術師（アポリネール）	00255
草の竪琴（カポーティ, トルーマン）	02335
草の葉（ホイットマン, ウォルト）	10949
鎖（ツワイク, シュテファン）	06632
鎖を解かれたプロメテウス（シェリー, パーシー）	04637
草は歌っている（レッシング, ドリス）	13938
9時半の撞球（ベル, ハインリッヒ）	10671
くじゃく石の小箱（バジョーフ）	08171
孔雀東南飛（作者不詳）	14572
孔雀明王経（作者不詳）	14573
愚者の手紙（フッテン, U.von）	09568
倶舎論（世親）	05914
虞初新志（張潮）	06572
クジラと泳いだ子どもたち（ロワ, X.）	14378
グスタフ・マーラーの思い出（バウアー＝レヒナー）	07992
クストー海の百科（クストー, ジャック・イブ）	02923
屑屋の娘（シリトー, アラン）	05387
崩れゆく絆―アフリカの悲劇的叙事詩（アチェベ, チヌア）	00163
癖者ぞろい（ジョンソン, ベン）	05340
くそったれ！ 少年時代（ブコウスキー, チャールズ）	09490
砕かれた四月（カダレ, イスマイル）	02204
駆逐艦キーリング（フォレスター, セシル・スコット）	09436
屈原（郭沫若）	02144
靴下なしの恋（ウェッセル）	01081
屈折光学（ケプラー, ヨハネス）	03623
クッタニー・マタ（ダーモーダラグプタ）	06293
くつ屋の休日（デッカー, トマス）	06929
グーテンベルクの銀河系（マクルーハン, マーシャル）	11586
クードルーン（作者不詳）	14574
苦難なければ栄冠なし（ペン）	10847
国の競争優位（ポーター, マイケル・E.）	11109
国の言葉（エンツェンスベルガー, H.M.）	01764
クヌルプ（ヘッセ, ヘルマン）	10493
苦悩の中を行く（トルストイ, A.K.）	07515
クノック（ロマン, ジュール）	14321
クノッソスのミノス宮殿（エヴァンズ）	01467
首飾り（モーパッサン, ギイ・ド）	12447
軛の下で（ヴァーゾフ, イワン）	00746
クピードーとプシューケー（作者不詳）	14575
クブラ・カーン（コールリッジ）	04117
熊（チェーホフ, アントン・パーヴロヴィチ）	06417
くまのパディントン（ボンド, マイケル）	11440
クマのプーさん（ミルン, A.A.）	12141
組合わせ数学入門（リウ, C.L.）	13275
弘明集（僧祐）	06044
クムビ（ゴール）	04036
雲（アリストファネス）	00343
蜘蛛（トロアイヤ）	07570
蜘蛛女のキス（プイグ, マヌエル）	09169
蜘蛛の家（ボウルズ, ポール）	11014
蜘蛛の巣と岩（ウルフ, トマス）	01411
くもの巣の小道―パルチザンあるいは落伍者たちをめぐる寓話（カルヴィーノ, イタロ）	02401
供養する者（アイスキュロス）	00016
クライエント中心療法（ロジャーズ, カール）	14128
クライエント中心療法の最近の発展（ロジャーズ, カール）	14129
暗い階段（エバハート）	01565
暗い鏡の中に（マクロイ, ヘレン）	11594
暗い並木道（ブーニン, イワン・アレクセーエヴィチ）	09582

暗い春（ミラー、ヘンリー） 12082
クライミング・フリー（チャイルド、グレッグ） 06482
クライミング・フリー（ヒル、リン） 09023
クラウド・アトラス（ミッチェル、デイヴィッド） 12017
グラズゴー講義（スミス、アダム） 05809
クラックストン家の人々（ハックスリー、オルダス） 08276
クラッシュ（バラード、J.G.） 08491
グラッドストン伝（モーリー） 12492
グラティアヌス法令集（グラティアヌス） 03122
グラディーヴァ（イェンゼン、ヴィルヘルム） 00600
グラナダの征服（ドライデン、ジョン） 07425
グラフ理論とネットワーク（サーティ、T.L.） 04307
グラフ理論とネットワーク（バサッカー、R.G.） 08127
グラマタ・セリカ（カールグレン） 02409
グラマトロジーについて（デリダ、ジャック） 07086
グラムシの生涯（グラムシ、アントニオ） 03144
クラリッサ（リチャードソン、サミュエル） 13353
クラリッサ・ハーロー（リチャードソン、サミュエル） 13354
クラリモンド（ゴーティエ、テオフィル） 03938
クラル（ヴァッルヴァル） 00758
クラルテ（バルビュス、アンリ） 08638
クラン・カースト・クラブ（シュー、フランス） 04928
クランクビーユ（フランス、アナトール） 09834
クーラント（リード、C.） 13410
グラント・サーヒブ（作者不詳） 14576
グラント船長の子供たち（ヴェルヌ、ジュール） 01186
グランド・バンクスの幻影（クラーク、アーサー・C.） 03063
グランド・ホテル（バウム、ヴィッキー） 08036
クランフォード（ギャスケル、エリザベス） 02716
グラン・モーヌ（アラン＝フルニエ） 00308
クリー（アナンド、ムルク・ラジ） 00208
クリエイティング・マネー（パッカー、デュエン） 08263
クリエイティング・マネー（ロウマン、サネヤ） 14112
クリオの顔（ノーマン、E.H.） 07852
クリジェス（クレチアン・ド・トロワ） 03365
グリーシャ軍曹をめぐる争い（ツヴァイク、アルノルト） 06627
クリシュナ伝（チャテルジー、B.C.） 06507

クリスタベル（コールリッジ） 04118
クリスターン（サーディー） 04306
クリスタ・Tの追想（ヴォルフ、クリスタ） ... 01338
クリスティアン・イヤー（キーブル） 02686
クリスティアン・ヴァーンシャッフェ（ヴァッセルマン） 00752
クリスティン・ラヴランスダッテル（ウンセット） 01430
クリストファ・コロンブスの書（クローデル、ポール） 03438
クリスマス・オラトリオ（ターンストローム、ヤーン） 06361
クリスマス・キャロル（ディケンズ、チャールズ） 06738
クリスマス・ツリー（バタイユ、ミシェル） .. 08245
グリソストモのやや真剣な手紙（ベルシェ） 10712
クリック・レポート（シティズンシップ諮問委員会） 04748
グリッツ（レナード、E.） 13955
クリトン（プラトン） 09745
グリーブ家のバアバラの話（ハーディ、トマス） 08317
グリフヤ・スートラ（作者不詳） 14577
クリム・サムギンの生涯（ゴーリキー、マクシム） 04003
グリム童話集（グリム兄弟） 03216
グリム童話注解（ボリフカ） 11294
グリム童話注解（ボルテ） 11339
グリーン家殺人事件（ヴァン・ダイン、S.S.） 00816
クリングゾールを探して（ボルピ、ホルヘ） .. 11368
グリーン・ノウのお客さま（ボストン、L.M.） 11077
グリーン・ノウの子どもたち（ボストン、L.M.） 11078
グリーンバーグ批評選集（グリーンバーグ、クレメント） 03276
クルーイストン実験（ウイルヘルム、ケイト） 01001
クルイローフ童話集（クルイロフ、イヴァン） 03285
狂えるオルランド（アリオスト、ルドヴィコ） 00316
狂えるヘラクレス（エウリピデス） 01486
狂おしき群をはなれて（ハーディ、トマス） .. 08318
クルーグマンの良い経済学悪い経済学（クルーグマン、ポール） 03286
クール・クールLSD交感テスト（ウルフ、トム） 01415
クルスカ・アカデミー辞典（クルスカ学会） .. 03292
グルック（アインシュタイン、アルフレー

ト)	00053	黒い塔(ジェイムズ,P.D.)	04570
狂った世界(カロッサ,ハンス)	02494	クロイドン発12時30分(クロフツ,F.W.)	03459
クルディスタン=多国間植民地(ベシクチ,イスマイル)	10426	黒い皮膚・白い仮面(ファノン,フランツ)	09122
クール・デウス・ホモ(アンセルムス)	00480	黒い本(ダレル,ロレンス)	06336
グループ・ダイナミクス(カートライト)	02269	黒い矢(スティーヴンソン,ロバート・ルイス)	05644
グループ・ダイナミクス(ザンダー)	04440	黒い蘭(カプラン,バリー・J.)	02329
車が淵(ガラクティオン)	02374	黒い蘭(メイヤー,ニコラス)	12228
クルミわりとネズミの王さま(ホフマン,エルンスト・テオドール・アマデウス)	11219	黒い笑い(アンダーソン,シャーウッド)	00495
クルミ割り人形(ホフマン,エルンスト・テオドール・アマデウス)	11220	グローヴ音楽辞典(ブロム)	10284
		黒馬物語(シュウエル,アンナ)	04957
くるみ割り人形とねずみの王様(ホフマン,エルンスト・テオドール・アマデウス)	11221	グロスタージャーナル(ライケス)	12809
クレア(ダレル,ロレンス)	06335	クローディアの秘密(カニグズバーグ,E.L.)	02281
グレアム・グリーン語る(グリーン,グレアム)	03247	クロディーヌ(コレット,シドニー・ガブリエル)	04128
グレイ・フラノの屍衣(スレッサー)	05857	クローディーヌの家(コレット)	04125
クレイマー・クレイマー(コーマン,エイヴリー)	03979	グロテスクとアラベスクの物語(ポー,エドガー・アラン)	10895
クレーヴの奥方(ラ・ファイエット夫人)	13081	黒猫(ポー,エドガー・アラン)	10896
クレオパトラ(ルードウィッヒ)	13742	黒の過程(ユルスナール)	12719
グレコ(バレス,モーリス)	08654	グローバリズム出づる処の殺人者より(アディガ,アラヴィンド)	00186
グレゴーリウス(ハルトマン・フォン・アウエ)	08627	グローバリズムという妄想(グレイ,ジョン)	03335
クレス商業・経済学文庫目録(作者不詳)	14578	グローバリゼーション(ロバートソン,R.)	14264
クレストマティア(ベンサム,ジェレミー)	10852	グローバリゼーションと人間の安全保障(セン,アマルティア)	05994
クレタ考古学序論(ペンドルベリー)	10874		
クレダンの堅琴(ペラダン)	10622	グローバル時代のシティズンシップ(デランティ,ジェラード)	07083
グレティルのサガ(作者不詳)	14579	グローバル・シティ(サッセン,サスキア)	04302
クレド(バルト,ロラン)	08603		
グレート・ギャツビー(フィッツジェラルド,フランシス・スコット)	09194	クローム・イエロー(ハックスリー,オルダス)	08277
グレート・ブリテン(スペンダー)	05789	クロムウェル(カーライル,トマス)	02370
クレーの絵本(クレー,パウル)	03325	クロンウェル(ユゴー,ヴィクトル)	12692
クレーの日記(クレー,パウル)	03326	黒ん坊(ライト,リチャード)	12832
クレプシドラ・サナトリウム(シュルツ,B.)	05176	くろんぼのペーター(ヴィーヘルト)	00924
クレムリン戦慄の五日間(リピンコット)	13436	軍艦パラダ号(ゴンチャローフ,イヴァン・アレクサンドロヴィチ)	04173
クレリ(スキュデリー)	05521	群疑論(懐感)	01507
グレンギャリー・グレン・ロス(マメット,D.)	11746	軍国主義と反軍国主義(リープクネヒト)	13438
黒い海の怒り(ジャクソン,バージル)	04839	軍国主義の歴史(ファークツ)	09107
黒い海賊(サルガーリ,エミリオ)	04375	軍事革命とRMAの戦略史(ノックス)	07833
黒い海流(イネス,ハモンド)	00633	軍事革命とRMAの戦略史(マーレー)	11904
黒い蜘蛛(ゴットヘルフ)	03921	軍事著作集(モルトケ)	12553
黒い島の記録(ネルーダ,P.)	07801	軍事目的のための原子力(スマイス,ヘンリー)	05802
クロイツェル・ソナタ(トルストイ,レフ・ニコラエヴィチ)	07492	群集心理(ル・ボン,ギュスターヴ)	13800
黒い手帳(モーリヤック,フランソワ)	12530	群集心理と自我の分析(フロイト,ジークムント)	10214
黒い天使(モーリヤック,フランソワ)	12531	君主神権説(フィギス)	09168

君主政原理（シュタール，フリードリヒ） …… 05004
君主政考（モラス） …………………………… 12485
君主統治論（アクィナス，トマス） …………… 00093
君主論（マキアヴェッリ，ニッコロ） ………… 11524
軍事論（ヴァルトリウス） ……………………… 00789
軍隊生活の服従と偉大（ヴィニー） …………… 00906
クーン・チャーン・クーン・ペーン（作者不詳） …………………………………………… 14580
群盗（シラー，フリードリッヒ・フォン） …… 05356
群論と量子力学（復刻版）（ワイル，ヘルマン） ……………………………………………… 14410

【け】

ケアリング（ノディングズ） …………………… 07843
経営および一般の管理（ファイヨル） ………… 09093
経営管理の諸原理（オルフォード） …………… 02021
経営経済（ニックリッシュ） …………………… 07714
経営経済学（アシュリー） ……………………… 00138
経営経済学原理（グーテンベルク） …………… 02969
経営経済学の対象と考案方法（ジーバー） …… 04766
経営経済学の認識対象（シェーンプルーク） ……………………………………………… 04686
経営行動（サイモン，H.） ……………………… 04250
経営者革命（バーナム，J.） …………………… 08374
経営者の役割（バーナード，チェスター） …… 08372
経営戦略と組織（チャンドラー，アルフレッド・D.,Jr.） ……………………………… 06532
経営と勤労意欲（レスリスバーガー） ………… 13923
経営の行動科学—新しいマネジメントの探求（リッカート） ………………………………… 13360
経営の社会理論（ミューラー，フランツ・H.） ……………………………………………… 12055
経営の適格者（ドラッカー，ピーター・F.） ‥ 07441
芸苑卮言（王世貞） ……………………………… 01810
景観概念（ビュルガー，K.） …………………… 08993
警官嫌い（マクベイン，エド） ………………… 11570
警官と讃美歌（O・ヘンリー） …………………… 01974
倪煥之（葉紹鈞） ………………………………… 12760
景観の形態学（サワー） ………………………… 04417
軽喜劇（メンドーサ，エドゥアルド） ………… 12370
経義考（朱彝尊） ………………………………… 04918
景気循環—資本主義過程の理論的・歴史的・統計的分析（シュンペーター，J.A.） …… 05209
景気循環理論の統計的検証（ティンバーゲン，ヤン） ………………………………………… 06884
景気循環理論（ハロッド，R.F.） ……………… 08684
景気循環理論（ミッチェル，W.C.） …………… 12020
景気循環理論への1寄与（ヒックス，J.R.） …… 08897

景気と信用（ホートリー） ……………………… 11154
景気と不景気（ハーバラー） …………………… 08416
景気変動の長波（コンドラチエフ，N.D.） …… 04189
経験一元論（ボグダーノフ） …………………… 11038
経験経済（ギルモア，J.H.） …………………… 02841
経験経済（パイン，B.J., Ⅱ） …………………… 07967
敬虔者の道（ルツァット） ……………………… 13734
経験的立場からの心理学（ブレンターノ，フランツ） ……………………………………… 10201
経験と思惟（フォルケルト，ヨハネス） ……… 09429
経験と自然（デューイ，ジョン） ……………… 06986
経験としての芸術（デューイ，ジョン） ……… 06987
敬虔なる願望（シュペーナー） ………………… 05088
敬虔にして神聖なる生への召命（ロー，ウィリアム） ……………………………………… 14057
経験の歌（ブレイク，ウィリアム） …………… 10112
経験の形而上学（ホジソン） …………………… 11055
経験の本性（ブレイン，ラッセル） …………… 10132
警告と改訂の書（マスディー） ………………… 11630
経済および交通地理学（ザッパー） …………… 04303
経済および社会地理（ショレー） ……………… 05298
経済学（サムエルソン，ポール・A.） ………… 04347
経済学（サロー，レスター・C.） ……………… 04405
経済学（シイオニア） …………………………… 04498
経済学（セー,J.B.） ……………………………… 05865
経済学（ナッシュ，ウィリアム,Sr.） ………… 07628
経済学（ハイルブローナー，ロバート・L.） … 07956
経済学を越えて（ボールディング,K.E.） …… 11341
経済学および課税の原理（リカード,D.） …… 13289
経済学概論（セー,J.B.） ………………………… 05866
経済学原理（マーシャル，アルフレッド） …… 11616
経済学原理（マルサス，トマス・ロバート） ‥ 11854
経済学原理（ミル，ジョン・スチュアート） … 12103
経済学原論（リーフマン，ロベルト） ………… 13447
経済学綱要（ベンサム，ジェレミー） ………… 10853
経済学史（イングラム，ジョン・ケルズ） …… 00705
経済学純理（ジェヴォンズ，ウイリアム・スタンレイ） …………………………………… 04577
経済学新原理（シスモンディ,S.d.） …………… 04716
経済学説および方法の諸段階（シュンペーター,J.A.） …………………………………… 05210
経済学説史（ジッド，シャルル） ……………… 04745
経済学説史（リスト） …………………………… 13332
経済学説と政治的要素（ミュルダール，グンナー） ………………………………………… 12065
経済学・哲学草稿（マルクス，カール） ……… 11818
経済学における実証的方法（シミアン） ……… 04794
経済学の考え方（ロビンソン,J.） ……………… 14282
経済学の神話（ジョージェスク・レーゲン） ……………………………………………… 05275

作品名索引　けいしゆつ

経済学の性質と論理的方法(ケアンズ,ジョン・イリオット)........................ 03497
経済学の精髄(クラーク,ジョン・ベーツ).. 03072
経済学の方法(メンガー,カール)............ 12359
経済学の本質と意義(ロビンズ,L.)........... 14275
経済学の理論(ジェヴォンズ,ウイリアム・スタンレイ)... 04578
経済学の歴史的研究方法(ロッシャー,ヴィルヘルム・ゲオルグ・フリードリヒ)... 14221
経済学批判(マルクス,カール)............... 11819
経済学批判要綱(マルクス,カール)......... 11820
経済学要綱(ケアンズ,ジョン・イリオット)... 03498
経済恐慌論(ブーニアティアン).............. 09581
経済行政法(フーバー)........................... 09588
経済原論(フィリッポヴィッチ)............. 09237
経済原論(ミル,ジョン・スチュアート).... 12104
経済史(ウェーバー,マックス)................ 01104
経済史(ジーフェキング)........................ 04773
経済思想史(ロル).................................. 14350
経済史の諸問題(ベロー)........................ 10818
経済史の理論(ヒックス,J.R.)................. 08898
経済社会史(ブリンクマン).................... 09975
経済進歩の諸条件(クラーク,C.G.)......... 03080
経済政策(フィリッポヴィッチ).............. 09238
経済政策と完全雇用(ハンセン,A.H.)..... 08753
経済政策の理論(ティンバーゲン,ヤン).. 06885
経済成長と所得分配(パシネッティ,L.)... 08151
経済成長の諸段階(ロストウ,W.W.)...... 14168
経済成長の理論(ドーマー).................... 07371
経済成長—六つの講義(クズネッツ,S.S.).. 02928
経済選集(ハッタ)................................. 08297
経済組織としてのローマの大農地経営(グンメルス).. 03492
経済地理学(フリードリヒ).................... 09944
経済的価値の起源とその主要法則(ヴィーザー)... 00853
経済的財価値の基礎理論(ベーム・バヴェルク)... 10607
経済的諸矛盾の体系(プルードン)........... 10052
経済的調和(バスティア)........................ 08207
経済と科学(ゴットル・オットーリーリエンフェルト).. 03924
経済と社会(ウェーバー,マックス)........ 01105
経済と社会(スメルサー)........................ 05841
経済と社会(パーソンズ,タルコット)..... 08232
経済と法(シュタムラー)........................ 05000
経済の原理(スチュアート,ジェームズ)... 05626
経済発展計画論(ティンバーゲン,ヤン).. 06886
経済発展の理論(シュンペーター,J.A.).. 05211

経済発展理論研究(ルンドベリ)............. 13826
経済表(ケネー,F.)................................ 03609
経済分析の基礎(サムエルソン,ポール・A.)... 04348
経済分析の歴史(シュンペーター,J.A.)... 05212
経済変動の理論(カレツキ,M.)............... 02479
経済理論と低開発地域(ミュルダール,グンナー).. 12066
経済論集(ヒューム,デイヴィッド)......... 08980
荊釵記(作者不詳)................................. 14581
警察署長(ウッズ,スチュアート)............ 01382
計算機械についての論述(ライプニッツ)... 12844
計算図表学(ドカーニュ)........................ 07259
啓示(オコナー,フラナリー).................. 01861
刑事学(ガロファロー)........................... 02506
形式化された言語における真理概念(タルスキー,A.).. 06310
形式と精神(オーデブレヒト).................. 01929
形式学としての一般美学(ツィンメルマン,R.).. 06623
形而上学(アリストテレス).................... 00324
形而上学(バウムガルテン).................... 08037
形而上学綱要(イブン・ルシュド)........... 00675
形而上学叙説(ライプニッツ)................. 12845
形而上学序説(ベルグソン,アンリ)........ 10694
形而上学序論(マリタン)........................ 11782
形而上学対話(マールブランシュ)........... 11890
形而上学注釈(アレクサンドロス(アフロディシアスの)).. 00438
形而上学的国家理論批判(ホップハウス,レオナード)... 11141
形而上学的認識の第一原理新釈(カント,イマヌエル)... 02555
形而上学とはなにか(ハイデッガー,マルティン)... 07915
形而上学日記(マルセル)........................ 11860
形而上学入門(ハイデッガー,マルティン).. 07916
形而上学入門(ベルグソン,アンリ)........ 10695
形而上学の問題及び形而上学的説明の意義(アレキサンデル)................................ 00434
形而上学論議(スアレス)........................ 05473
形而上学・論理学講義(ハミルトン,ウィリアム)... 08446
啓示に面しての哲学的信仰(ヤスパース)... 12635
刑事の誇り(リューイン,マイクル・Z.).. 13474
刑事マルティン・ベック 笑う警官(ヴァールー,ペール)..................................... 00769
刑事マルティン・ベック 笑う警官(シューヴァル,マイ)..................................... 04953
芸術(バン・ローン,H.W.).................... 08789
芸術を愛する1修道僧の心情の吐露(ヴァッケ

読んでおきたい「世界の名著」案内　753

作品名	番号
ンローダー)	00749
芸術学体系(フランクル、ヴィクトール・E.)	09806
芸術学の基礎概念(シュマルゾー)	05098
芸術学の基本問題(フライ、ダゴベルト)	09624
芸術経済論(ラスキン、ジョン)	12981
芸術作品のはじまり(ハイデッガー、マルティン)	07917
芸術作品の本質(グアルディーニ、ロマーノ)	02894
芸術社会学(フリーチェ,V.M.)	09907
芸術心理学(マルロー、アンドレ)	11898
芸術心理学(ミュラー・フライエンフェルス、リチャード)	12061
芸術生理学の課題(ヒルト,H.)	09040
芸術、その本質と法則(ホルツ,A.)	11332
芸術大系(アラン)	00302
芸術哲学(クリスティアンゼン)	03179
芸術哲学(シェリング、フリードリヒ・ヴィルヘルム・ヨゼフ・フォン)	04649
芸術哲学(テーヌ、イポリット)	06951
芸術哲学入門(リュツェラー)	13510
芸術と革命(ワグナー、リヒャルト)	14437
芸術と技術(マンフォード、ルイス)	11974
芸術と幻影(ゴンブリッチ,E.H.)	04202
芸術としての映画(アルンハイム、ルドルフ)	00430
芸術と詩における創造的直観(マリタン)	11783
芸術と社会(ハウゼンシュタイン)	08015
芸術と社会生活(プレハーノフ、ゲオルク)	10165
芸術と聖なるもの(レーウ)	13849
芸術と創造的無意識(ノイマン、エーリッヒ)	07811
芸術とはなにか(トルストイ、レフ・ニコラエヴィチ)	07493
芸術と文明(クラーク、ケネス)	03071
芸術と唯物史観(ハウゼンシュタイン)	08016
芸術における精神的なもの(抽象芸術論)(カンディンスキー)	02547
芸術における生の表現(ラロ)	13145
芸術におけるわが生涯(スタニスラーフスキー)	05579
芸術による教育(リード,H.)	13411
芸術の意味(リード,H.)	13412
芸術の意味と真実(ホスパース)	11079
芸術の起原(ヒルン)	09053
芸術の規則(ブルデュー、ピエール)	10039
芸術の始原(グロッセ)	03425
芸術の社会的基礎(ルナチャールスキイ)	13755
芸術の哲学(テエヌ)	06901
芸術の本質(ランゲ,K.)	13178
芸術、風俗、法制との関係の下に考察された建築(ルドゥー)	13740
芸術論(ヴァレリー)	00794
芸術論(ドラクロワ)	07436
芸術論(パトゥー)	08336
芸術論(プレハーノフ、ゲオルク)	10166
芸術論集(アラン)	00303
芸術論集(ゲーテ、ヨハン・ヴォルフガング・フォン)	03581
芸術論集(フィードラー)	09198
警世鐘(陳天華)	06605
警世通言(馮夢竜)	09260
形成途上の地理学(ライト)	12825
経籍籑詁(阮元)	03708
荊楚歳時記(宗懍)	06035
形態性について(エーレンフェルス)	01708
形態と構造―カタストロフの理論(トム、ルネ)	07395
嵆中散集(嵆康)	03505
K2 嵐の夏(ディームベルガー、クルト)	06820
経典釈文(陸徳明)	13304
景徳伝灯録(道原)	07215
経度発見のための諸手続きに関する記述(ハリソン、ジョン)	08537
刑罰哲学(タルド、ガブリエル)	06313
芸分類聚(欧陽詢)	01846
軽蔑(モラヴィア、アルベルト)	12474
刑法概論(ケニー)	03606
刑法綱要(ガロー)	02487
刑法体系に対する意義より見た行為概念(ラートブルフ、グスタフ)	13060
刑法注釈書(ガルソン)	02427
刑法における目的観念(リスト、フリードリヒ)	13335
刑法論(マイヤー,M.E.)	11501
京本通俗小説(作者不詳)	14582
啓蒙とはなにか(カント、イマヌエル)	02556
啓蒙の弁証法(アドルノ,T.W.)	00205
啓蒙の弁証法(ホルクハイマー,M.)	11323
啓蒙のユートピアと改革(ヴェントゥーリ)	01228
契約原理(ポロック)	11395
契約法原理(アンソン、アール)	00485
ゲイリー・プレイヤー自伝―勝利者への条件(プレイヤー)	10128
ゲイリー・プレイヤー自伝―勝利者への条件(マクドネル)	11563
計量経済学(クライン,L.R.)	03032
計量経済学(ティントナー)	06882
計量経済学教科書(クライン,L.R.)	03033
計量経済学の確率的接近法(ホーヴェル	

モ) …………………………………………… 10984
計量法(デューラー,A.) ………………… 07041
ゲイルズバーグの春を愛す(フィニイ, ジャック) ……………………………………… 09202
ケイレブ・ウィリアムズ(ゴドウィン, ウィリアム) ……………………………………… 03946
ケイン号の叛乱(ウォーク, ハーマン) …… 01248
ケインズ革命(クライン,L.R.) …………… 03034
ケインズ経済学の再生(デヴィッドソン, ポール) ……………………………………… 06900
毛織物工業史(リプソン) ………………… 13443
ゲオルグ・ヘイニッヒに捧げるバラッド(パスコフ, ヴィクトル) ……………………… 08203
外科学(ハイステル) ……………………… 07905
汚れた手(サルトル, ジャン=ポール) …… 04386
毛皮を着たヴィーナス(マゾッホ) ………… 11641
劇芸術と劇文学についての講義(シュレーゲル, アウグスト・ヴィルヘルム) ………… 05184
劇芸術論(クレイグ) ……………………… 03339
劇作法(アーチャー, ウィリアム) ………… 00165
劇場(モーム, ウィリアム・サマセット) … 12462
劇場発達史(ニコル) ……………………… 07677
劇詩論(ドライデン, ジョン) ……………… 07426
劇文学論(ディドロ, ドニ) ………………… 06791
華厳一乗教分記(法蔵) …………………… 11005
華厳経(作者不詳) ………………………… 14583
華厳経金獅子章(法蔵) …………………… 11006
華厳経内章門等雑孔目章(智儼) ………… 06467
華厳法界観門(法順) ……………………… 11004
消された科学史(グルード) ……………… 03304
消された科学史(サックス) ……………… 04289
消された時間(バリンジャー, ビル) ……… 08549
消されない月の話(ピリニャーク,B.A.) … 09010
消しゴム(ロブ・グリエ,A.) ……………… 14290
ゲシタルト心理学(ケーラー) …………… 03637
ケシと記憶(ツェラーン,P.) ……………… 06648
ゲシュタルト心理学の原理(コフカ) …… 03966
ゲシュタルト心理学への寄与(コフカ) … 03967
ゲシュタルト説3論(ヴェルトハイマー) … 01174
ゲシュタルト療法(パールズ, フリッツ) … 08595
解深密経(作者不詳) ……………………… 14584
ケス—鷹と少年(ハインズ, バリー) ……… 07968
ゲスタ・ダノルム(サクソ・グラマティクス) ……………………………………… 04273
ケースワーカー(ジェルジュ, コンラード) … 04663
けちんぼうの書(ジャーヒズ) …………… 04866
血液循環の原理(ハーヴェイ, ウィリアム) … 07999
血液静力学あるいは動物の血液および血管を用いた水力学的・流体静力学的実験報告(ヘールズ, スティーヴン) ……………… 10725

蘖海花(曽樸) ……………………………… 06034
結核の病原学(コッホ, ロベルト) ……… 03931
結合法論(ライプニッツ) ………………… 12846
結婚(ゴンブロビッチ,W.) ……………… 04205
結婚愛(ストープス) ……………………… 05687
結婚式のメンバー(マッカラーズ,C.) …… 11655
結婚について(ブルム, レオン) ………… 10087
結婚の幸福(サンガー, マーガレット) … 04420
結婚の幸福(トルストイ, レフ・ニコラエヴィチ) ……………………………………… 07494
結婚申し込み(チェーホフ, アントン・パーヴロヴィチ) ………………………………… 06418
結婚・友情・幸福(モーロワ, アンドレ) … 12575
結晶世界(バラード,J.G.) ………………… 08492
結晶の構造に関する理論(アユイ) ……… 00289
月世界へ行く(ヴェルヌ, ジュール) …… 01187
月世界最初の人間(ウェルズ,H.G.) ……… 01157
月世界旅行(ヴェルヌ, ジュール) ……… 01188
月長石(コリンズ, ウィルキー) …………… 04025
ゲッツ・フォン・ベルリヒンゲン(ゲーテ, ヨハン・ヴォルフガング・フォン) ……… 03582
決定の本質(アリソン) …………………… 00349
決定版 リアル・オプション(コープランド, トム) ……………………………………… 03971
決闘(クプリーン) ………………………… 02998
決闘(チェーホフ, アントン・パーヴロヴィチ) ……………………………………… 06419
ゲット・ショーティ(レナード, エルモア) … 13954
月曜閑談(サント・ブーヴ) ……………… 04477
月曜物語(ドーデ, アルフォンス) ……… 07315
月令広義(馮応京) ………………………… 09258
ゲーテ(グンドルフ) ……………………… 03485
ゲーテ(シュヴァイツァー, アルベルト) … 04946
ゲーテ(ジンメル, ゲオルク) …………… 05459
ゲティスバーグ式典(リンカーン) ……… 13580
ケティー物語(クーリッジ,S.) …………… 03196
ゲーテ研究(ブランデス, ゲオルク) …… 09856
ゲーテ死後のドイツ文学(ヴァルツェル) … 00775
ゲーテ時代の精神(コルフ) ……………… 04105
ゲーテ—その生涯と作品(ビールショウスキイ) ……………………………………… 09026
ゲーテ伝(ハイネマン) …………………… 07940
ゲーテとある子供との往復書簡(アルニム) ……………………………………… 00395
ゲーテと世界文学(シュトリヒ, フリッツ) … 05041
ゲーテとの対話(エッカーマン) ………… 01537
ゲーテの教育思想(ゲーテ, ヨハン・ヴォルフガング・フォン) ……………………… 03583
ゲーテの世界観(シュプランガー, エドゥアルト) ……………………………………… 05080
ゲーデル、エッシャー、バッハ—あるいは不思

議の環（ホフスタッター, ダグラス・R.） ‥	11201
ゲートキーパー（イーグルトン, テリー） ‥‥	00610
ゲド戦記（ル・グィン, アーシュラ・K.） ‥	13665
けなげなカスペルと美しいアンネの物語（ブレンターノ, クレメンス）	10198
下男ウーリ（ゴットヘルフ）	03922
ケニヤ山のふもと（ケニヤッタ,J.）	03608
ケニルワースの城（スコット, ウォルター） ‥	05525
ケネディ（フェイ, ポール・B.）	09276
ゲノヴェーヴァ（ヘッベル, フリードリヒ）	10521
ゲバ（ランドー）	13194
ゲバラ日記（ゲバラ）	03617
ケープコッド危険水域（ボイヤー, リック） ‥	10959
ケーペニックの大尉（ツックマイヤー）	06657
ゲマインシャフトとゲゼルシャフト（テンニース, フェルディナンド）	07128
ゲームの理論と経済行動（フォン・ノイマン, ジョン）	09462
ゲームの理論と経済行動（モルゲンシュテルン）	12551
煙（ツルゲーネフ, イヴァン・セルゲーヴィチ）	06661
煙の樹（ジョンソン, デニス）	05335
ゲーム理論で勝つ経営（ネイルバフ, バリー）	07765
ゲーム理論で勝つ経営（ブランデンバーガー, アダム）	09861
獣たち（ガスカール,P.）	02175
獣の痕跡（キップリング, ラディヤード） ‥‥	02656
獣・人・神（オッセンドウスキー）	01915
ゲリラ海戦（キャリスン, ブライアン）	02739
ゲリラ戦争（ゲバラ）	03618
ゲルデラーとドイツの抵抗運動（リッター）	13370
ケルト語比較文法（ペーデルセン,H.）	10545
ケルト神話とアーサー王伝説（ルーミス） ‥	13806
ケルト族とイタリック族との最古の言語的関係について（ヴァルデ）	00779
ゲルトルート（ヘッセ, ヘルマン）	10494
ゲルトルート児童教育法（ペスタロッチ） ‥	10435
ゲルマーニア（タキトゥス）	06213
ゲルマニア（ヘルダーリン）	10738
ゲルマン共通基語文法（シュトライトベルク）	05032
ゲルマン語学（ゲツェ）	03566
ゲルマン古代事典（ホープス）	11199
ゲルマン語の子音推移（フルケ）	10009
ゲルマン文献学綱要（パウル, ヘルマン）	08046
ゲルマン方言文法双書（作者不詳）	14585
ケルン共産党訴訟事件の暴露（マルクス, カール）	11821
けれども愛は（デーメル）	06974
ゲーレン自伝—謀報・工作（ゲーレン, ラインハルト）	03704
権威主義的パーソナリティ（ホルクハイマー, M.）	11324
原因、原理および一者（ブルーノ, ジョルダーノ）	10072
「原因」と「結果」の法則（アレン, ジェームズ）	00448
幻影の航海（パワーズ, ティム）	08698
限界を超えて（メドウズ, ドネラ・H.） ‥‥‥	12270
限界効用の新測定法（フリッシュ, ラグナル）	09928
玄界灘（金達寿）	02698
玄界灘は知っている（韓雲史）	07876
原価および原価計算（メレロヴィツ）	12347
幻覚を起こさせるフーコー（ドゥンカー, パトリシア）	07252
原価計算と価格政策（シュマーレンバハ） ‥‥	05102
研究者のための統計的方法（フィッシャー, ロナルド）	09188
研究論文集（キュリー, ピエール）	02774
剣俠伝（作者不詳）	14586
元曲集（臧懋循）	06033
元曲選（作者不詳）	14587
元型論—無意識の構造（ユング, カール）	12728
言語（イェスペルセン, オットー）	00580
言語（ヴァンドリエス）	00825
言語（サピア）	04338
言語（ブルームフィールド）	10088
現行刑法における責任と非難（フロイデンタール）	10210
健康な人格—人間の可能性と七つのモデル（シュルツ,D.）	05178
言語学講義（ミューラー, フリードリヒ・マックス）	12057
言語学史（トムセン, ヴィルヘルム）	07396
言語学と詩学（ヤコブソン,R.O.）	12631
言語学の問題と方法（ヴァルトブルク）	00786
言語起源論（ヘルダー, ヨハン・ゴットフリート）	10731
言語起源論（ルソー, ジャン＝ジャック）	13711
言語教授法一般序説（ラトケ）	13057
言語芸術論（カイザー,W.）	02075
言語行動と言語の理論（カーディナー）	02248
言語史の原理（パウル, ヘルマン）	08047
言語・真理・論理（エイヤー,A.J.）	01461
言語と行為（オースティン,J.L.）	01887
言語の生と成長（ホイットニー,W.D.）	10947
言語の比較と先史（シュラーダー）	05149
言語のレシピ—多様性にひそむ普遍性をもと	

めて(ベイカー, マーク・C.)	10336
言語の牢獄(ジェイムソン, フレドリック)	04574
言語の論理的シンタックス(カルナップ)	02448
言語理論(ビューラー, カール)	08990
言語理論とオートマトン(ウルマン, J.D.)	01419
言語理論とオートマトン(ホップクロフト, J.E.)	11136
言語理論の基礎づけの大要(イェルムスレウ)	00597
言語理論の理論的構造(チョムスキー, ノーム)	06585
現在に生きる遊牧民(ノマド)(メルッチ, A.)	12325
検察官(ゴーゴリ, ニコライ・ヴァシーリエヴィチ)	03867
乾山とその伝統(リーチ, バーナード)	13347
原子(ペラン, ジャン)	10627
原始イスラムにおける宗教的・政治的反対派(ヴェルハウゼン)	01198
原子エネルギーの軍事目的利用方法開発の概説(スマイス, ヘンリー)	05803
原始キリスト教(ヴァイス)	00723
原始キリスト教の歴史によせて(エンゲルス, フリードリヒ)	01745
原始心(レヴィ・ブリュール)	13870
検屍裁判―インクエスト(ワイルド, パーシヴァル)	14429
原始社会(ローウィ)	14096
原始宗教(レディン)	13943
原始宗教(ローイ)	14072
原始心性(レヴィ・ブリュール)	13871
原始心性における超自然と自然(レヴィ・ブリュール)	13872
原始人における神秘経験と象徴(レヴィ・ブリュール)	13873
原始神話学(レヴィ・ブリュール)	13874
元氏長慶集(元稹)	03710
現実科学としての社会学(フライヤー, ハンス)	09650
現実世界(アラゴン, ルイ)	00292
現実に対する芸術の美学的関係(チェルヌイシェフスキイ)	06442
現実の社会的構成(バーガー, ピーター)	08060
現実の社会的構成(ルックマン, トーマス)	13735
原子と斥力(サックレー)	04301
原子と爆弾とエスキモーキス(セグレ, クラウディオ・G.)	05908
原子爆弾の誕生(ローズ, リチャード)	14159
原始仏教聖典(作者不詳)	14588
原子物理学(シュポルスキー, E.)	05096
原始文化(タイラー, エドワード・B.)	06173
原始文明(ゴールデンワイザー)	04066
原始ポリネシア経済(ファース, レイモンド)	09115
賢者ナータン(レッシング, ゴットホールド・エフライム)	13931
賢者の石(ウィルソン, コリン)	00989
賢者の贈り物(O・ヘンリー)	01975
厳重に監視された列車(フラバル, ボフミル)	09774
現象と実在(ブラッドリ)	09730
現象としての人間(テイヤール・ド・シャルダン)	06824
現象と美(クーン, ギルバート)	03478
原子力時代の驕り―「後は野となれ山となれ」でメルトダウン(シュペーマン, ロベルト)	05090
原子力の軍事的・政治的結果(ブラッケット)	09718
原子論と自然の記述(ボーア)	10912
原子論の歴史(ラスヴィッツ)	12960
原人論(宗密)	06042
現世の主権について(ルター)	13725
原潜919浮上(ラヴアリイ)	12871
幻想の未来(フロイト, ジークムント)	10215
元素の高周波スペクトル(モーズリ)	12432
謙遜と傲慢の階梯(ベルナルドゥス)	10766
現代アジアの展望(ロジンガー)	14139
現代イギリス憲法および行政法(グナイスト)	02971
現代イギリスの政治(ローズ, R.)	14161
現代イタリア幻想短篇集(作者不詳)	14589
現代英語便覧(クロイシンハ)	03401
現代エジプト人の風俗習慣(レイン, エドワード)	13847
現代および将来の国民経済学(ヒルデブラント, ブルーノ)	09034
現代会社法原論(ガワー)	02510
現代革命の考察(ラスキ, H.)	12971
現代議会主義の精神史的地位(シュミット, カール)	05117
現代経済学(イートウェル, J.)	00628
現代経済学(ロビンソン, J.)	14283
現代芸術の革命(ゼードルマイヤー, ハンス)	05931
現代建築史(フランプトン, ケネス)	09869
現代権力論批判(ルークス)	13669
現代高踏詩集(作者不詳)	14590
現代呉語の研究(趙元任)	06553
現代史(フランス, アナトール)	09835
現代式結婚(ドライデン, ジョン)	07427
現代史におけるイスラム(スミス, W.C.)	05834

現代史の目撃者（スティール,R.）	05659
現代資本主義の抗争（マンデル,エルネスト）	11966
現代社会とストレス（セリエ）	05968
現代社会と知の創造—モード論とは何か（ギボンズ,M.）	02691
現代社会の神話（バルト,ロラン）	08604
現代宗教と社会倫理—天理教と立正佼成会の福祉活動を中心に（キサラ,ロバート）	02625
現代宗教の変容（ウィルソン,B.R.）	00993
現代人のたましい（ユング,カール）	12729
現代心理学（ジンバルドー,P.G.）	05450
現代人は愛しうるか（ロレンス,D.H.）	14361
現代政治学入門（クリック,バーナード）	03190
現代政治学要論（ウィルソン,ウッドロウ）	00977
現代政治社会詩集（フライリヒラート）	09651
現代精神医学の概念（サリヴァン,H.S.）	04361
現代政党学（サルトーリ,G.）	04382
現代世界で起こったこと（チョムスキー,ノーム）	06586
現代代数学（ファン・デル・ヴェルデン）	09155
現代代数学概論（バーコフ,ガーレット）	08125
現代代数学概論（マックレーン,ソンダース）	11673
現代中国語文法の研究（ドラグノーフ）	07432
現代中国思想の興起（汪暉）	01795
現代地理学の課題と方法（リヒトホーフェン）	13433
現代哲学の諸傾向（ペリ）	10631
現代天文学（ウンゼルト,A.）	01431
現代天文百科（ミットン,S.）	12022
現代における人間の運命（ベルジャーエフ）	10713
現代における美術史の哲学（パッサルゲ,W.）	08293
現代日本の政党と政治（スカラピノ,R.）	05509
現代の位置づけ（リュストー）	13508
現代の英雄（レールモントフ,ミハイル・ユーリエヴィチ）	14034
現代の音楽（ヴェルナー,カール）	01180
現代の課題（オルテガ）	02009
現代の経営（ドラッカー,ピーター・F.）	07442
現代の建築（ワグナー,リヒャルト）	14438
現代の国家理念（クラッペ,ハー）	03121
現代の資本主義（ストレイチー,ジョン）	05721
現代の社会学（ケーニヒ）	03607
現代の宗教的状況（ティリッヒ,パウル）	06840
現代の終末（ベルジャーエフ）	10714
現代の信用および信用組織（トラハテンベルグ）	07452
現代の神話（ダンハム）	06389
現代の精神的状況（ヤスパース）	12636
現代の戦略（グレイ,コリン）	03334
現代の批判（キルケゴール,セーレン）	02815
現代の不満の原因に関する考察（バーク,エドマンド）	08079
現代の文学的相貌（キンデルマン）	02884
現代の冒険（ボニントン）	11177
現代の民俗学（コーレン）	04132
現代の労働組合（ブレンターノ,ルーヨー）	10203
現代ピアノ演奏会（ギーゼキング）	12633
現代ピアノ演奏会（ライマー）	12858
現代物理学の論理（ブリジマン）	09885
現代フランス音楽（ロスタン）	14164
現代フランスの発展（ブローガン）	10229
現代民主国家（リンゼイ）	13585
現代民主主義における政党の社会学（ミヘルス）	12042
現代民法の経済的・社会的変質（サヴァティエ）	04260
現代ヨーロッパ国際法要論（マルテンス）	11882
現代ヨーロッパ政治史（セーニョボス）	05934
現代ローマ法体系（サヴィニー）	04264
ケンタウロス（ブラックヴッド）	09715
建築へ（ル・コルビュジエ）	13690
建築をめざして（ル・コルビュジエ）	13691
建築学講義（ブロンデル）	10306
建築家なしの建築（ルドフスキー,バーナード）	13751
建築形態のダイナミクス（アルンハイム,ルドルフ）	00431
建築講話（ビオレ・ル・デュク,E.E.）	08835
建築史（エッジェル）	01546
建築史（キンボール）	02889
建築史（ショウジー）	05308
建築四書（パラーディオ）	08490
建築十書（アルベルティ）	00418
建築神話の崩壊—資本主義社会の発展と計画の思想（タフーリ,マンフレッド）	06288
建築全史—背景と意味（コストフ,スピロ）	03886
建築造形原理の展開（フランクル,パウル）	09809
建築と断絶（チュミ,ベルナール）	06543
建築について（ウィトルウィウス）	00900
建築の7灯（ラスキン,ジョン）	12982
建築の多様性と対立性（ヴェンチューリ,ロバート）	01224
元朝秘史（作者不詳）	14591
原典アメリカ史（コマジャー）	03978
原道（韓愈）	02528
原道醒世訓（洪秀全）	03789
幻灯だよ！ 摩訶不思議（フォルヌレ）	09433

剣南詩棄(陸游)	13307
剣に生き、剣に斃れ(アルレー、カトリーヌ)	00427
県の記録(シチェドリン、サルトゥコフ)	04723
鍵盤楽器の巨匠たち(アーベル)	00243
原富(厳復)	03714
ケンブリジ・イギリス外交史(ウォード,A.W.)	01265
ケンブリジ・イギリス外交史(グーチ)	02940
ケンブリジ・イギリス帝国史(ローズ、ジョン・ホランド)	14146
ケンブリジ・イギリス文学史(ウォード,A.W.)	01266
ケンブリジ・イギリス文学史(ウォラー)	01291
ケンブリジ・インド史(ラブソン)	13093
ケンブリジ近代史(ウォード,A.W.)	01267
ケンブリジ古代史(ビュアリー)	08938
ケンブリジ中世史(作者不詳)	14592
ケンブリジ中世小史(プレヴィテ・オートン)	10133
ケンブリッジ・クインテット(キャスティ,J.L.)	02720
憲法概要(オーリウ)	01988
憲法学(シュミット、カール)	05118
憲法序説(ダイシー,A.V.)	06164
憲法の発生原理に関する試論(メーストル)	12247
憲法理論(シュミット、カール)	05119
憲法論(テュギー、レオン)	07009
厳密な学としての哲学(フッサール、エドムント)	09551
賢明なる投資家(グレアム、ベンジャミン)	03330
幻滅(バルザック、オノレ・ド)	08578
原理を設想と見るの説(シラー、フリードリッヒ・フォン)	05357
権利のための闘争(イェーリング)	00591
権力(ラッセル、バートランド)	13019
権力と栄光(グリーン、グレアム)	03248
権力と社会(カプラン、エイブラハム)	02327
権力と社会(ラスウェル)	12962
権力と世論(ソーヴィー)	06036
権力と人間(ラスウェル)	12963
権力のネメシス(ホイーラー・ベネット)	10963
権力論(ジュヴネル)	04964
権利論(ドウォーキン、ロナルド)	07201
原理論(オリゲネス)	01993
原論(ユークリッド)	12688
言論の自由(ミルトン、ジョン)	12130

【こ】

古アイルランド語提要(トゥルナイゼン)	07244
小悪魔(ソログープ、フョードル・クジミーチ)	06125
コア・コンピタンス経営(ハメル、ゲーリー)	08470
コア・コンピタンス経営(プラハラード,C.K.)	09773
恋(ハートレー,L.P.)	08362
恋をする躯(ウィンターソン、ジャネット)	01015
恋敵(シェリダン,R.B.)	04645
恋するオルランド(ボイアルド)	10931
恋する女たち(ロレンス,D.H.)	14362
恋ぞすべて(ドライデン、ジョン)	07428
恋について(チェーホフ、アントン・パーヴロヴィチ)	06420
子犬たち(バルガス=リョサ、マリオ)	08565
恋の女(ポルト・リシュ)	11361
恋の技法(オウィディウス)	01828
五位顕訣(洞山)	07217
恋の骨折り損(シェイクスピア、ウィリアム)	04524
恋人たち(ファーマー、フィリップ・ホセ)	09126
恋はひとつ(コングリーヴ)	04159
行為(ブロンデル,M.)	10309
行為哲学(ラッド)	13040
行為と演技(ゴッフマン、アーヴィング)	03927
合意による道徳(ゴティエ)	03936
行為の総合理論をめざして(シルズ,E.A.)	05395
行為の総合理論をめざして(パーソンズ、タルコット)	08233
広韻(陳彭年)	06610
豪雨(オサドチイ、ミハイロ)	01865
公園(ソレルス,P.)	06100
航海(クレイン,H.)	03350
荒海からの生還(ロバートソン、ドウガル)	14263
航海誌(コロンブス)	04145
航海者要訣(デーヴィス、ジョン)	06892
航海術の確かな誤りについて(ライト)	12826
公開答状(ラッサール)	13008
郊外のブッダ(クレイシ、ハニフ)	03344
航海旅行記大成(ラムジオ)	13124
功過格(作者不詳)	14593
光学(エッゲルト)	01542
光学(ニュートン、アイザック)	07731
光学の原理(ウォルフ,E.)	01348

光学の原理(ボルン,M.)	11388	リー)	12546
光学宝典(アル＝ハゼン)	00402	考古学の方法(チャイルド,V.G.)	06484
黄禍論とは何か(ゴルヴィツァー,ハインツ)	04043	考古学の方法と目的(ピトリー)	08912
紅岩(楊益言)	12750	考古学への招待(ディーツ)	06763
紅岩(羅広斌)	12787	考古学100年史(ダニエル)	06266
交換教授(ロッジ,デイヴィッド)	14217	皇国(グリフィス,W.E.)	03203
交換殺人(ブラウン,フレドリック)	09683	広告の記号論(ウィリアムスン,J.)	00954
交換と権力(ブラウ,P.M.)	09652	考古説略(ジーボルト,H.v.)	04791
後期近代英語の文法(ポウツマ)	11009	口語体日本語(ブラウン,S.R.)	09692
康熙字典(張玉書)	06551	甲骨学商史論叢(胡厚宣)	03752
後期資本主義における正統化の諸問題(ハーバーマス,ユルゲン)	08411	鉱山なき国々に金銀を豊富ならしめうる諸原因に関する短論(セラ)	05959
後期資本制社会システム(オッフェ,C.)	01921	江氏音学十書(江有誥)	03810
洪吉童伝(許筠)	02787	航時軍団(ウイリアムスン)	00951
康熙帝伝(ブーヴェ)	09270	孔子家語(作者不詳)	14595
好逑伝(名教中人)	12214	格子振動(コクラン,W.)	03858
孝経(孔子)	03817	高士伝(皇甫謐)	03821
工業家の疾病(ラマツィニ)	13112	公子ホムブルク(クライスト,ハインリッヒ・フォン)	03013
公教育の原理(コンドルセ)	04192	高重合物に関するカロザースの論文集(カロザース)	02491
交響楽(ユルリッヒ)	12721	洪秀全の幻想(ハンバーグ)	08781
交響曲と組曲の歴史(ネフ)	07783	公衆と共和国(デ・グレージア)	06916
工業原価計算(レーマン)	14018	公衆とその諸問題(デューイ,ジョン)	06988
公共性の構造転換(ハーバーマス,ユルゲン)	08412	絞首台からのレポート(フチーク)	09539
公共性の喪失(セネット,R.)	05948	高昌(ル・コック)	13686
公共選択の理論(タロック,ゴードン)	06342	工匠歌集(ザックス,ハンス)	04298
公共選択の理論(ブキャナン,J.M.)	09469	工場管理論(テイラー,フレデリック・W.)	06832
公共の哲学(リップマン)	13393	工場細胞(セミョーノフ)	05956
公共の富の性質と起原(ローダデール)	14197	向上の道! 組織(ニックリッシュ)	07715
公共利益ロビー団体(マクファーランド,A.S.)	11569	考信録(崔述)	04232
工業立地論(ヴェーバー,アルフレート)	01100	香水―ある人殺しの物語(ジュースキント,パトリック)	04979
後期ローマ時代の工芸(リーグル)	13311	高青邱集(高青邱)	03799
航空救難隊(ポール,ジョン)	11312	厚生経済学(ピグー)	08851
航空術論(ケイリー)	03517	恒星構造論序説(チャンドラセカール)	06536
航空流体力学(プラントル,ルートヴィヒ)	09868	恒星大気の物理学(ウンゼルト,A.)	01432
広弘明集(道宣)	07223	恒星統計学教科書(パーレン)	08667
後継者たち(ゴールディング,ウィリアム)	04060	恒星内部構造論(エディントン)	01553
攻撃(ローレンツ,コンラート)	14370	恒星の固有運動の変化についての研究(ベッセル)	10410
公権体系論(イェリネク,ゲオルグ)	00588	恒星表(フラムスティード)	09779
考工記(作者不詳)	14594	構造言語学の方法(ハリス,ゼリグ)	08522
好古家(スコット,ウォルター)	05526	構造主義(ピアジェ,ジャン)	08801
考古解釈学(ローベルト)	14311	構造人類学(レヴィ＝ストロース,クロード)	13852
考古学綱領(アルツィホーフスキー)	00387	構造・神話・労働(レヴィ＝ストロース,クロード)	13853
考古学提要(オットー,W.)	01920	構造的暴力と平和(ガルトゥング,ヨハン)	02440
考古学提要(ブレ)	10108	高僧伝(慧皎)	01513
考古学提要(ヘルビヒ,R.)	10779	構造と感情(ニーダム,R.)	07697
考古学と社会(クラーク,デヴィッド)	03076		
考古学の研究法(モルガン,ルイス・ヘン			

作品名	番号
構造変化と経済成長（パシネッティ,L.）	08152
公孫龍子（公孫龍）	03820
小歌集（ハイネ、ハインリッヒ）	07933
高地の家（コールドウェル、アースキン）	04069
高地ビルマの政治体系（リーチ、エドモンド・R.）	13345
交通地理学（ハッセルト）	08296
皇帝ジョーンズ（オニール、ユージン）	01947
黄帝内経（作者不詳）	14596
皇帝とガラリヤ人（イプセン、ヘンリック）	00643
肯定と否定（アベラール）	00241
皇帝のかぎ煙草入れ（カー、ジョン・ディクスン）	02047
皇帝フョードル・ヨアーノヴィチ（トルストイ,A.K.）	07516
鋼鉄と鋼滓（ポポフ）	11243
鋼鉄都市（アシモフ、アイザック）	00125
鋼鉄のあらし（ユンゲル、エルンスト）	12742
鋼鉄の嵐の中で（ユンガー、エルンスト）	12724
鋼鉄はいかに鍛えられたか（オストロフスキイ、ニコライ）	01901
高等インド史概説（マジュムダール）	11626
行動主義（ワトソン、ジョン）	14476
行動主義者の立場から見た心理学（ワトソン、ジョン）	14477
行動主義について（スキナー,B.F.）	05516
行動の機構（ヘッブ）	10518
行動の基本（ハル、クラーク）	08559
行動の原理（ハル、クラーク）	08560
行動の構造（メルロ＝ポンティ,M.）	12328
高等法院としての議会とその優位性（マキルウェイン）	11536
高等魔術の教義と儀式（レヴィ・ブリュール）	13875
公徳の標準（ハドレー）	08361
抗日遊撃戦争の戦略問題（毛沢東）	12387
幸之助論（コッター、ジョン・P.）	03909
コウノトリと六人の子どもたち（ディヤング,M.）	06825
幸福（パヴレンコ）	08050
幸福（マンスフィールド）	11950
幸福な王子（ワイルド、オスカー）	14422
降伏なき民（ゴルバートフ）	04104
幸福な人生について（セネカ、ルキウス・アンナェウス）	05941
幸福なペーア（ポントピダン）	11441
幸福になる関係、壊れてゆく関係（ハリス、トーマス・A.）	08527
幸福のあとにくるもの（ケッセル、ジョゼフ）	03569
幸福の護符（ボーニ）	11174
幸福の島（アッテルボム）	00175
幸福の錬金術（ガザーリー）	02160
幸福論（アラン）	00304
幸福論（ショーペンハウアー、アルトゥール）	05285
幸福論（ヒルティ、カール）	09029
幸福論（ヘッセ、ヘルマン）	10495
幸福論（ラッセル、バートランド）	13020
鉱物学（マグヌス、アルベルトゥス）	11566
興奮（フランシス、ディック）	09822
衡平法注釈（ストーリー）	05698
衡平法論（メイトランド,F.W.）	12225
公法原理（オーリウ）	01989
公法変遷論（デュギー）	07006
酵母細胞なきアルコール発酵（ブフナー）	09610
仔馬（ショーロホフ、ミハイル）	05302
河間伝（柳宗元）	13493
高慢と偏見（オースティン、ジェイン）	01879
公民教育の概念（ケルシェンシュタイナー）	03661
皇明実録（作者不詳）	14597
広野（チェーホフ、アントン・パーヴロヴィチ）	06421
荒野のおおかみ（ヘッセ、ヘルマン）	10496
荒野風物詩（ドロステ＝ヒュルスホフ、アネッテ・フォン）	07574
高麗史（鄭麟趾）	06697
高麗史節要（李朝春秋館）	13358
功利主義論（ミル、ジョン・スチュアート）	12105
合理的期待と計量経済学の実践（サージェント）	04276
合理的期待と計量経済学の実践（ルーカス）	13647
合理的治療の方法（ハーネマン）	08392
合理的な愚か者（セン、アマルティア）	05995
合理的農業の原理（テーア）	06676
交流現象の理論と計算（スタインメッツ）	05564
荒涼館（ディケンズ、チャールズ）	06739
降霊師ハンスヴァインライト（シャトリアン）	04858
紅楼夢（曹雪芹）	06030
紅楼夢弁（兪平伯）	12676
古英語文法（ジーフェルス）	04775
古英語文法（ブルンナー）	10100
声をかぎりに（マヤコフスキー）	11749
呉越春秋（趙曄）	06489
声とまなざし（トゥレーヌ,A.）	07249
声の文化と文字の文化（オング,W.J.）	02036
個を活かす企業（バートレット、クリストファー・A.）	08363
個を活かす企業（スマントラ、ゴシャール）	05807

氷と雪を越えて（シュトゥーダー）............ 05026
氷の上の魂（クリーバー）..................... 03199
氷のスフィンクス（ヴェルヌ, ジュール）..... 01189
凍れる河を超えて（張仁淑）.................. 06567
古画鑑賞の楽しさ（呉柱錫）.................. 03763
孤客（モリエール）............................ 12497
語学入門（コメニウス, J.A.）................ 03984
コーカサス探検記（フレッシフィールド）... 10149
コーカサスの捕虜（トルストイ, レフ・ニコラエヴィチ）..................................... 07495
コーカサスの捕虜（プーシキン, アレクサンドル・セルゲーヴィチ）...................... 09504
5月（ホルテル）................................ 11343
5月（マーハ）................................... 11725
五月の七日間（ニーベル, フレッチャー）.... 07727
五月の七日間（ベイリー, チャールズ）....... 10361
こがねの牧場（アブール・ハサン・アリー）.. 00234
黄金虫（ポー, エドガー・アラン）............ 10897
古画品録（謝赫）............................... 04818
ゴーガン（モリス, シャルル）................. 12516
後漢書（范曄）.................................. 08719
子狐たち（ヘルマン, リリアン）............... 10787
顧客ロイヤルティのマネジメント（ライクヘルド, フレデリック・F.）.................... 12808
故郷（ズーデルマン, ヘルマン）............... 05673
故郷（パヴェーゼ, チェーザレ）............... 08004
故郷（魯迅）..................................... 14062
五経正義（孔穎達）............................. 03781
五行大義（蕭吉）............................... 05249
護教大全（アクィナス, トマス）.............. 00094
護教論（アテナゴラス）........................ 00189
護教論（テルトゥリアヌス）................... 07100
護教論（ユスティノス）........................ 12709
古今偽書考（姚際恒）.......................... 12757
古今雑劇三十種（作者不詳）................... 14598
古今詩集（ヴィニー）.......................... 00907
古今事物考（王三聘）.......................... 01804
古今小説（馮夢竜）............................. 09261
古今小説（凌蒙初）............................. 13538
黒衣の僧（チェーホフ, アントン・パーヴロヴィチ）..................................... 06422
黒衣の花嫁（ウールリッチ, コーネル）....... 01420
国王および司法官の在位条件について（ミルトン, ジョン）............................... 12131
国王歌集（テニスン, アルフレッド）......... 06948
国王こそは無二の判官（ロペ・デ・ベーガ）. 14303
国語（左丘明）.................................. 04226
国語字典（趙元任）............................. 06554
国語字典（楊聊陞）............................. 12768
「国語」という思想（イヨンスク）............ 00557
国語の時間（レンツ, ジークフリート）...... 14040

国際関係史（ルヌーヴァン）................... 13774
国際関係における犯罪（パール, R.）......... 08563
国際関係における法と平和（ケルゼン, ハンス）.. 03667
国際経済学（ハロッド, R.F.）................. 08685
国際経済関係論（スペロ）..................... 05769
国際経済政策の理論（ミード, ジェイムズ）.. 12023
国際刑法の近代的原則（ドンヌディウ・ド・ヴァーブル）................................ 07594
国際建築（グロピウス）........................ 03457
国際権力政治（シュワルツェンバーガー）.... 05204
国際公法論（フォシーユ）..................... 09382
国際私法原理（バルタン）..................... 08596
国際資本移動論（ヌルクセ, ラグナー）....... 07753
国際社会論（ブル, ヘドリー）................. 09990
国際主義と民族主義（劉少奇）................ 13490
国際政治（シューマン, フレデリック）....... 05106
国際政治経済学入門（ストレンジ, スーザン）.. 05726
国際政治―権力と平和（モーゲンソー, ハンス）.. 12412
国際政治の理論（ウォルツ, ケネス）......... 01313
国際政治の理論（ホルスティ）................ 11329
国際短期資本移動論（キンドルバーガー, チャールズ・P.）............................ 02885
国際秩序と正義（ベイツ, C.）................. 10345
国際通貨外交の内幕（クームズ, チャールズ・A.）.. 03007
国際通貨体制成立史（ガードナー, リチャード・N.）...................................... 02268
国際的危機（国家論）（作者不詳）............ 14599
国際的精神（バットラー）..................... 08302
国際紛争（ナイ, ジョセフ・S., Jr.）......... 07605
国際法（オッペンハイム）..................... 01925
国際法（ブライアリー）........................ 09630
国際貿易と経済発展（ヴァイナー）............ 00736
国際貿易理論（バスタブル）................... 08205
国際貿易理論の研究（ヴァイナー）............ 00737
国際貿易論（ハーバラー）..................... 08417
国際法からみた「従軍慰安婦」問題（国際法律家協会委員会）................................ 03846
国際法講義序論（アンツィロッティ）......... 00507
国際法社会の構造（フェルドロス）............ 09312
国際法の司法的淵源と類推（ローターパクト）.. 14198
国際法論（ヴァッテル）........................ 00754
国際労働者協会創立の辞（マルクス, カール）.. 11822
黒色の文明（ウォーナー, W.L.）.............. 01281
黒人帝国（ナデル）............................. 07630
黒人の歴史―アメリカ史のなかのニグロ人民

（フォスター,ウィリアム・Z.） ……… 09389
獄中記（潘佩珠） ……………………… 09150
獄中記（ペリコ） ………………………… 10644
獄中記（ワイルド,オスカー） ………… 14423
獄中ノート（グラムシ,アントニオ） … 03145
告白（ルソー,ジャン=ジャック） …… 13712
国富論（スミス,アダム） ……………… 05810
国法学の主要問題（ケルゼン,ハンス） 03668
こぐま星座（ムサートフ） …………… 12180
黒魔団（ホイートリ,D.） ……………… 10954
国民教育と民主主義（クループスカヤ） 03316
国民教育の諸問題（ルナチャールスキイ） 13756
国民教育論（トルストイ,レフ・ニコラエヴィチ） ……………………………… 07496
国民教育論（フーイェ） ……………… 09164
国民教育論、あるいは青少年のための学習計画（ラ・シャロッテ） ……… 12953
国民経済および国家経済における交通手段（ザックス,エミール） ………… 04290
国民経済学原理（メンガー,カール） … 12360
国民経済学原論（シュモラー,グスタフ・フォン） ……………………………… 05129
国民経済学講義（ヴィクセル） ……… 00845
国民経済学入門（ルクセンブルグ,ローザ） 13670
国民経済学の基礎（オイケン,W.） …… 01788
国民経済学批判大綱（エンゲルス,フリードリヒ） ……………………………… 01746
国民経済学史（ザリーン） …………… 04363
国民経済,国民経済学およびその方法（シュモラー,グスタフ・フォン） ……… 05130
国民経済の成立（ビューヒャー,カール） 08968
国民経済論（リスト,フリードリヒ） … 13336
国民厚生学原論（アモン,アルフレッド） 00285
国民所得分析の原理（シャウプ） …… 04835
国民進化の人口学的要因（ジーニ） … 04760
国民的精力物語（バレス,モーリス） … 08655
国民的文化と人格的文化（ナトルプ,パウル） ……………………………… 07635
国民と国家（シートン=ワトソン,H.） … 04759
国民とは何か（ルナン,J.E.） ………… 13771
穀物条令論（マルサス,トマス・ロバート） 11855
穀物取引に関する対話（ガリアニ） … 02382
穀物の低価格が資本の利潤におよぼす影響についての1論（リカード,D.） …… 13290
語源研究（セヴィーリャのイシドール） 05884
古高ドイツ語の語彙（グラフ） ……… 03140
古高ドイツ語文法（ブラウネ） ……… 09669
凍える口（金鶴泳） …………………… 02699
ここがホームシックレストラン（タイラー,アン） ……………………………… 06172

ここから下ろして！（ハイランド,M.J.） 07952
ココ・シャネルの秘密（ヘードリッヒ） 10554
心地よく秘密めいたところ（ビーグル,ピーター・S.） ……………………… 08859
ここにバラあらば（ヤコブセン,イェンス・ペーター） …………………………… 12627
ゴーゴリへの手紙（ベリンスキー） … 10655
ゴーゴリの妻（ランドルフィ） ……… 13199
心を開いて豊かになる（ポンダー,キャサリン） ………………………………… 11436
心構えが奇跡を生む（クレメント・ストーン,W.） ……………………………… 03394
心構えが奇跡を生む（ヒル,ナポレオン） 09018
心変わり（ビュトール,ミシェル） …… 08962
心という概念（ライル,G.） …………… 12864
心とことばの起源を探る（トマセロ,マイケル） ……………………………… 07388
心の影（ペンローズ,ロジャー） ……… 10886
心の葛藤（ホーナイ,カレン） ………… 11165
心の器官としての人間の脳（ワグナー,リヒャルト） …………………………… 14439
心の構成（ガードナー,ハワード） …… 02263
心の四季（ゲオルゲ,シュテファン） … 03530
心の静けさ（オスラー） ……………… 01906
心の習慣（ベラー,R.N.） ……………… 10616
心の性的状態（メルツァー,D.） ……… 12323
心の先史時代（ミズン,スティーヴン） 11996
心のパターン—言語の認知科学入門（ジャッケンドフ,レイ） ……………… 04850
心の病気と分子生物学—生物学的精神医学の新展開（バロンデス,サミュエル・H.） 08692
心の分析（ラッセル,バートランド） … 13021
心は孤独な猟人（マッカラーズ,C.） … 11656
心はマインド…（ランガー,エレン・J.） 13149
古今図書集成（陳夢雷） ……………… 06612
誤差を最小にする観測の組み合わせの理論（ガウス） ……………………… 02103
コサック（トルストイ,レフ・ニコラエヴィチ） ……………………………… 07497
五雑組（謝肇淛） ……………………… 04821
孤児（ストールマン,ロバート） ……… 05719
呉子（呉起） …………………………… 03745
子鹿物語（ローリングズ,M.K.） ……… 14348
乞食オペラ（ゲイ,ジョン） …………… 03507
乞食娘（マンロー） …………………… 11977
古詩源（沈徳潜） ……………………… 05418
古詩十九首（作者不詳） ……………… 14600
故事新編（魯迅） ……………………… 14063
胡子知言（胡五峯） …………………… 03753
ゴシックとルネサンス（フライ,ダゴベルト） ……………………………… 09625

ゴシックの形式問題(ヴォリンゲル,ヴィルヘルム) ……01305
ゴシックの精神(シェフラー) ……04592
古史弁(顧頡剛) ……03751
互酬性と女性の地位(ファン・バール) ……09158
故障(デュレンマット,フリードリッヒ) ……07066
呉昌碩伝(王家誠) ……01794
ご冗談でしょう、ファインマンさん(ファインマン,リチャード・P.) ……09094
湖上の美人(スコット,ウォルター) ……05527
古書殺人事件(ペイジ) ……10337
個人主義論考(デュモン) ……07039
個人性問題(ドリーシュ) ……07466
個人と社会(リット) ……13384
個人とその社会(カーディナー) ……02249
悟真篇(張伯端) ……06575
コスミコミケ(カルヴィーノ,イタロ) ……02402
コスモス(ゴンブロビッチ,W.) ……04206
コスモス(セーガン,カール) ……05893
コスモス(フンボルト,アレクサンダー・フォン) ……10315
コスモス・オデッセイ(クラウス,ローレンス・M.) ……03047
個性原理と価値原理(ボーズンキット,B.) ……11083
個性の研究に就て(ラズルスキー) ……12995
呉船録(范成大) ……08713
壺葬論(ブラウン,トマス) ……09680
古尊宿語録(頤蔵主) ……00621
古代医学(作者不詳) ……14601
古代イラン語辞典(バルトロメ) ……08632
古代インド語文法(ヴァッケルナーゲル) ……00747
古代エジプト記録(ブレステッド) ……10147
古代科学(ハイベルク) ……07941
古代学・キリスト教学百科事典(クラウザー) ……03040
古代技術(ディールス,ヘルマン) ……06854
古代教会スラヴ語史(ヴァン・ヴェイク) ……00805
古代教会スラヴ語文法(ディールス,P.) ……06856
古代ギリシアにおける労働(グロッツ) ……03429
古代ギリシアの経済(ミッチェル) ……12015
古代ギリシアの工業(フランコット) ……09817
古代近東の文献(プリッチャード,ジェームズ) ……09929
古代クメル帝国(ブリッグス) ……09909
古代経済(トゥータン) ……07226
古代経済史(ハイヘルハイム) ……07942
古代芸術と祭式(ハリソン,ジェーン・E.) ……08536
古代ケルト人と古代人(ブーシェ・ドゥ・クレーヴクール・ドゥ・ペルト) ……09499
古代史(マイヤー,エドゥアルト) ……11481
古代詩集(ルコント・ド・リール) ……13696

五代史平話(作者不詳) ……14602
古代資本主義(サルヴィオリ) ……04374
古代社会(モルガン,ルイス・ヘンリー) ……12547
古代宗教(ケレーニイ,カール) ……03702
5大頌歌(クローデル,ポール) ……03439
古代シリア(ボッセルト) ……11124
古代人・近代人比較論(ペロー,シャルル) ……10822
古代人・近代人論(フォントネル) ……09460
古代世界史(ロストフツェフ) ……14170
古代世界における社会問題と社会主義の歴史(ペールマン) ……10784
古代世界の終滅と中世の開幕(ロー) ……14055
古代世界の衰退(アルトハイム) ……00391
古代世界没落史(ゼーク) ……05905
古代中国(マスペロ,アンリ) ……11632
古代・中世化学の研究試論(ベルトロ) ……10754
古代東洋史(アヴディエフ) ……00079
古代都市(フュステル・ド・クーランジュ) ……09615
古代奴隷制度衰亡論(チッコッティ) ……06473
古代における農業事情(ウェーバー,マックス) ……01106
固体について(ステノ) ……05664
古代のエジプトとエジプト人の生活(エルマン) ……01692
個体の価値及遇命(ボーズンキット,B.) ……11084
古代の経済発展(マイヤー,エドゥアルト) ……11482
古代の石器(エヴァンズ) ……01468
古代の美術(ローデンヴァルト) ……14236
古代ノルド語またはアイスランド語の起原の研究(ラスク,ラスムス) ……12990
古代美術史(ヴィンケルマン) ……01011
古代美術の考古学(ハイネ) ……07930
古代服装史(ウーゼー) ……01377
固体物理学(ホール,H.E.) ……11321
古代フランス政治制度史(フュステル・ド・クーランジュ) ……09616
古代文化史(オットー) ……01917
古代文化没落の社会的諸原因(ウェーバー,マックス) ……01107
古代への情熱(シュリーマン,ハインリヒ) ……05160
古代法(メーン,H.J.S.) ……12352
古代ホレズム文化の跡を尋ねて(トルストーフ,S.P.) ……07522
古代ユダヤ教(ウェーバー,マックス) ……01108
古代ローマ経済事情調査(フランク,T.) ……09795
古代ローマ船の航跡をたどれ(カッスラー,クライブ) ……02220
古代ローマのうた(マコーリー) ……11603
ゴータ綱領批判(マルクス,カール) ……11823
ゴーダーン(プレーム・チャンド) ……10193
呉稚暉学術論著(呉稚暉) ……03762

こちらはもう朝だ（チャコフスキー）	06490	ゴシック建築実例集（ピュージン，A.C.）	08944
国家（アイケンベリー，G.J.）	00007	骨壺（ベールイ，アンドレイ）	10679
国家（プラトン）	09746	骨董屋（ディケンズ，チャールズ）	06740
国家（ホール，J.A.）	11322	ゴッドファーザー（プーゾ，マリオ）	09536
国家（ラスキ，H.）	12972	コッド岬（ソロー，ヘンリー・デイヴィッド）	06111
黒海北岸地方における古典世界（シェーロフ）	04672	ゴッホ（ノルデンファルク）	07865
国家および文化社会学の諸理論（ウェーバー，マックス）	01109	ゴッホ全集（ガフキー）	02324
国家科学辞典（コンラート）	04224	ゴッホ全集（プール）	09986
国家科学体系（シュタイン，ローレンツ・フォン）	04992	ゴッホの生涯（ペリュショ）	10649
国家科学の復興（ハラー，カール）	08478	ゴッホの手紙（ゴッホ）	03929
国家科学の歴史と文献（モール）	12540	胡適文存（胡適）	03764
国家経済学（ナイムソン）	07643	古典インド（フィリオザ）	09224
国家経済学講義要綱（ロッシャー，ヴィルヘルム・ゲオルク・フリードリヒ）	14222	古典インド（ルヌー）	13772
国家経済の現状認識のために（ロートベルトゥス，ヨハン・カール）	14245	古典建築の失われた意味（ハーシー，ジョージ）	08133
国家経済論（ユスティ，ヨハン・ハインリヒ・ゴットロープ）	12705	古典古代学大事典（ヴィッソヴァ）	00882
国家経費の国民経済的理論（コルム）	04112	古典古代学大事典（パウリー）	08040
国家，公共家計および社会（ゴルトシャイト）	04071	古典古代の文学的散文（ノルデン）	07862
国家公徳論（徐特立）	05223	古典辞典（レンプリエア）	14052
国家収入（ズルタン）	05855	古典バレー（カーステイン）	02181
国家的・社会主義的所有（ヴェネジクトフ）	01098	古典力学（ゴールドスタイン）	04076
国家と革命（レーニン，ウラジミール・イリイッチ）	13970	ゴドヴィ（ブレンターノ，ルーヨー）	10204
国家と市場（ストレンジ，スーザン）	05727	梧桐雨（白樸）	08106
国家に抗する社会（クラストル）	03098	孤島の冒険（ヴヌーコフ，N.）	01391
国家について（レーニン，ウラジミール・イリイッチ）	13971	ゴドーを待ちながら（ベケット，サミュエル）	10398
国家についての6つの書（ボーダン，ジャン）	11111	孤独（ヴィルタ）	00995
国家の形而上学的理論（ホップハウス，レオナード）	11142	孤独な群衆（リースマン，ディヴィッド）	13342
国家の職責―グリーンの国家論（ミュアヘッド）	12044	孤独な散歩者の夢想（ルソー，ジャン=ジャック）	13713
国家発展の新目的（シュツキング）	05006	孤独なスキーヤー（イネス，ハモンド）	00634
国家理性の理念（マイネッケ，フリードリヒ）	11468	孤独な青年（モラヴィア，アルベルト）	12475
国家倫理（ゴーガルテン，フリードリヒ）	03841	孤独なボウリング（パトナム，ロバート・D.）	08343
国家論（オッペンハイマー，フランツ）	01923	孤独な娘（ウェスト，ナサニエル）	01066
国家論（キケロ，マーカス・トウリウス）	02610	孤独なロンドン市民（セルヴォン，サム）	05979
国家論（スピノザ，バールーフ・デ）	05756	孤独の海（マクリーン，アリステア）	11580
国家論（ヘラー，ヘルマン）	10615	孤独の迷宮（パス，オクタビオ）	08179
国家論（ボーダン，ジャン）	11112	ゴート語比較辞典（ファイスト）	09087
国境を超える義務（ホフマン，スタンレー）	11227	ことば（ムンク）	12201
国境のふたり（ヴォルフ，フリードリヒ）	01345	言葉（サルトル，ジャン=ポール）	04387
ゴッケル物語（ブレンターノ，クレメンス）	10199	言葉（プレヴェール，ジャック）	10134
		言葉と建築（フォーティー，エイドリアン）	09403
		言葉と物（フーコー，ミシェル）	09483
		ことばなき恋歌（ヴェルレーヌ）	01215
		ことばなしに（コロレンコ，ヴラジーミル・ガラクチオーノヴィチ）	04136
		ことばの起源（ダンバー，ロビン）	06388
		ことばの剣をもって（ムンク）	12202

ことばの考古学(レンフルー,コリン)	14053	琥珀の魔女(マインホルト,ヴィルヘルム)	11507
言葉の子供(マードック,アイリス)	11707	湖畔の殺人(ロックリッジ夫妻)	14213
ことばの生命(ダルメステル)	06323	五番目の男(デイヴィス,ロバートソン)	06708
ことばは男が支配する(スペンダー,D.)	05793	孤帆は白む(カターエフ,ワレンチ)	02197
子どもを学校に入学させることについての説教(ルター)	13726	小人たちの黄金(スティーヴンズ,ジェイムズ)	05638
子どもその権利と責任(ホルト,ジョン・コールドウェル)	11347	小人の呪(ホワイト,E.L.)	11411
子供たちを愛した男(ステッド,クリスティーナ)	05663	コヒマ(スウィンソン)	05493
子どもたちを真の敬虔とキリスト者にふさわしい賢明にまで導くための教授要義(フランケ)	09811	誤謬論(スタウト)	05565
		コーヒー沸かし(ゴーティエ,テオフィル)	03939
		5部作(ニザーミー・ガンジャヴィー)	07680
		5部作(ホスロウ,ナーセル)	11080
子供たちとの対話―考えてごらん(クリシュナムルティ,J.)	03173	コブザーリ(シェフチェンコ)	04610
		古文観止(呉乗権)	03757
子どもたちの100の言葉(レッジョ・チルドレン)	13928	古文観止(呉大職)	03760
		古文辞類纂(姚鼐)	12763
子供の消えた惑星(オールディス,ブライアン)	02006	古文真宝(黄堅)	03785
		個別経営学における方法問題(シェーンプルーク)	04687
子どもの権利条約(国際連合)	03847		
子供の世界(ウシンスキー,K.D.)	01372	個別経済学の方法論と体系論(ゼルハイム)	05985
〈子供〉の誕生(アリエス,フィリップ)	00311		
子どもの人間学的研究(ランゲフェルド)	13180	コペルニクス―人とその体系(ケストラー,アーサー)	03554
子どもの本(バイアット,アントニア・スーザン)	07883	五方元音(樊騰鳳)	08714
子どもの劣等感(アドラー,アルフレート)	00194	湖北方言調査報告(趙元任)	06555
子どもはもういない(ポストマン,ニール)	11075	コーポレート・ファイナンス(ブリーリー,リチャード)	09969
コトラーの戦略的マーケティング(コトラー,フィリップ)	03949	五本指の怪物(ハーヴェイ,W.F.)	08003
		コーマ―昏睡(クック,ロビン)	02952
コトラーのマーケティング・コンセプト(コトラー,フィリップ)	03950	コーマス(ミルトン,ジョン)	12132
		小間使女の日記(ミラボー)	12093
コトラーのマーケティング・マネジメント(コトラー,フィリップ)	03951	胡麻と百合(ラスキン,ジョン)	12984
		困ります,ファインマンさん(ファインマン,リチャード・P.)	09095
ゴードン・ピムの物語(ポー,エドガー・アラン)	10898		
五人対賭博場(フィニイ,ジャック)	09203	5万年前に人類に何が起きたか?(エドガー,ブレイク)	01560
コネクションズ―意外性の技術史10話(バーク,J.)	08096	5万年前に人類に何が起きたか?(クライン,リチャード・G.)	03031
小鼠ニューヨークを侵略(ウイバーリー)	00922	コミッサール(リベジンスキイ)	13450
小ネズミのピーク(ビアンキ)	08827	コミュニケーション的行為の理論(ハーバーマス,ユルゲン)	08413
コノイドとスフェロイド(アルキメデス)	00361		
この日にも(ラスキン,ジョン)	12983	コミュニズム,ファシズム,デモクラシー(ハイマン)	07944
この日をつかめ(ベロー,ソール)	10830		
この人を見よ(ニーチェ,フリードリヒ)	07700	コミュニティ(マッキーヴァー,R.M.)	11663
この人を見よ(ムアコック,マイクル)	12175	五無論(章炳麟)	05255
この街のどこかに(プロクター)	10233	米と社会政策(ラビット)	13076
この世の王国(カルペンティエール,アレホ)	02466	ゴーメンガースト(ピーク,マーヴィン)	08854
		古文書(マビヨン)	11734
この世の彼方の森(モリス,ウィリアム)	12508	コモン・センス(ペイン,トーマス)	10373
この私,クラウディウス(グレーヴズ,ロバート)	03353	コモン・ロー(ホームズ,オリバー・ウェンデル,Jr.)	11258

コモン・ローの精神（パウンド, ロスコー）	08054
コモン・ロー略史（プラクネット）	09699
小役人の死（チェーホフ, アントン・パーヴロヴィチ）	06423
ゴヤースペインの戦慄（フォイヒトヴァンガー）	09344
雇用と成長（カーン）	02518
雇用, 利子および貨幣の一般理論（ケインズ, ジョン・メイナード）	03525
コラージュ・シティ（コッター, フレッド）	03912
コラージュ・シティ（ロウ, コーリン）	14092
コーラン（マホメット）	11744
コーランの歴史（ネルデケ）	07804
ゴリオ爺さん（バルザック, オノレ・ド）	08579
コリオレイナス（シェイクスピア, ウィリアム）	04525
ゴーリキー・パーク（スミス, マーティン・クルーズ）	05824
孤立国（テューネン, ヨハン・ハインリヒ・フォン）	07014
ゴリューヒノ村の歴史（プーシキン, アレクサンドル・セルゲーヴィチ）	09505
コリント人への手紙（クレメンス）	03390
コリンナ（スタール夫人）	05597
ゴルギアス（プラトン）	09747
コルシカ憲法草案（ルソー, ジャン=ジャック）	13714
コルテスの海（スタインベック, ジョン）	05559
ゴールデン・キール（バグリイ, デズモンド）	08112
ゴールデン・トレジャリー（パルグレーヴ）	08571
ゴールデン・ボーイ（オデッツ, クリフォード）	01927
ゴールド・コーストとスラム（ゾーボー, H.W.）	06069
コルト銃の謎（グルーバー, フランク）	03315
ゴールドフィンガー（フレミング, イアン）	10185
これからの「正義」の話をしよう（サンデル, マイケル）	04461
コレクションズ（フランゼン, ジョナサン）	09845
コレクター（ファウルズ, ジョン）	09102
コレット・ボードーシュ（バレス, モーリス）	08656
これについて（マヤコフスキー）	11750
ゴーレム（マイリンク, グスタフ）	11505
コレラの時代の愛（ガルシア=マルケス, ガブリエル）	02412
コレリ大尉のマンドリン（ド・ベルニエール, ルイ）	07366
ゴロヴリョフ家の人々（シチェドリン, サルトゥコフ）	04724
語録（アラン）	00305
語録（エピクテトス）	01568
語録（ラーマクリシュナ）	13110
コロッサス（ジョーンズ, D.F.）	05322
殺されたものに罪がある（ヴェルフェル）	01202
殺しのデュエット（ウェスト, エリオット）	01064
殺しの標的（ハミルトン, ドナルド）	08454
殺し屋テレマン（ハガード, ウィリアム）	08066
コローの生涯と作品（モロー・ネラートン）	12568
コロノスのオイディプス（ソフォクレス）	06060
コロムナの小さな家（プーシキン, アレクサンドル・セルゲーヴィチ）	09506
コロンバ（メリメ, プロスペル）	12289
コロンブス（ダイソン, J.）	06170
コロンブス以前のインディアン（マーティン, P.S.）	11700
コロンブス―海のドン・キホーテ（ワッサーマン）	14466
コロンブスからカストロまで（ウィリアムズ, エリック）	00937
コロンブス航海記一四九二年（グリューン, R.）	03229
コロンブス四大航海記（マッキー, アレクサンダー）	11658
古論理学書黄金注解（オッカム, ウィリアム・オブ）	01914
こわれがめ（クライスト, ハインリッヒ・フォン）	03014
婚姻及び家族の進化（ルトゥルノー, シャル ル）	13748
婚姻小史（ウェスターマーク）	01057
根拠の本質について（ハイデッガー, マルティン）	07918
ゴンクールの日記（ゴンクール兄弟）	04162
根源の彼方に（デリダ, ジャック）	07087
金剛頂経（作者不詳）	14603
金剛般若経（作者不詳）	14604
金光明経（作者不詳）	14605
コンゴ紀行（ジッド, アンドレ）	04730
コンコルド緊急指令（ロイス）	14076
混宗結婚（アーヴィン, セント・ジョン・グリア）	00058
コンシュエロ（サンド, ジョルジュ）	04466
コンスタンティヌス大帝時代史（ブルクハルト, ヤコプ）	10003
コンスタンティノープル征服（ヴィラルドゥアン）	00930
コンタクト（セーガン, カール）	05894
コン・ティキ号探検記（ヘイエルダール, トール）	10334
コンテナラーメン（シュマーレンバハ）	05103
コンドミニアム（マクドナルド, ジョン・

項目	番号
D.)	11557
コントラスト（ビュージン,A.W.N.）	08945
混沌からの秩序（スタンジェール）	05604
混沌からの秩序（プリゴジン）	09884
困難な時代（スレプツォフ）	05858
今日の女性抑圧（バレット,M.）	08658
コンピテンシー・マネジメントの展開（スペンサー,シグネ・M.）	05776
コンピテンシー・マネジメントの展開（スペンサー,ライル・M.）	05787
コンピュータ・コネクション（ベスター,アルフレッド）	10430
コンピュータには何ができないか—哲学的人工知能批判（トレイファス,ヒューバート・L.）	07539
コンピュータの数学（クヌース）	02978
コンピュータの数学（グラハム）	03137
コンピュータ・パワー—その驚異と脅威（ワイゼンバウム）	14405
根本経験論（ジェームズ,ウィリアム）	04614
坤輿万国全図（リッチ,マッテオ）	13373
婚礼（ヴィスピアニスキ）	00869

【さ】

項目	番号
犀（イヨネスコ,E.）	00679
サイエンス・アドベンチャー（セーガン,カール）	05895
災害の人類学（オリヴァー=スミス,アンソニー）	01990
災害の人類学（ホフマン,スザンナ・M.）	11226
債鬼（ストリンドベリ,ヨハン・アウグスト）	05704
祭儀,神話,宗教（レーナク）	13953
最強組織の法則（センゲ,ピーター・M.）	06005
最強のセルフプロデュース術（リチャードソン,シェリル）	13357
細菌に関する研究（コッホ,ロベルト）	03932
最近の幾何学研究に対する比較的考察（クライン,フェリックス）	03027
歳月（ウルフ,ヴァージニア）	01404
再考（ビオン,W.）	08838
最高の金融帝国（パーロ,V.）	08671
最高の同一性（ワッツ）	14467
最後と最初の人間（ステープルドン）	05668
サイコドラマ（モレノ,J.L.）	12561
最古のアジア史への新しい照明（チャイルド,V.G.）	06485
最後のアテナイ人（リュードベリ）	13520
最後の一葉（O・ヘンリー）	01976
最後の一線（アルツィバーシェフ）	00385
最後の男ヤーコブ（ローゼッガー）	14177
最後の救難信号（ウィーラー,キース）	00929
最後の吟遊詩人の歌（スコット,ウォルター）	05528
最後の公爵 愛新覚羅恒煦（愛新覚羅烏拉熙春）	00009
最後の詩（ラフォルグ）	13088
最後の授業（ドーデ,アルフォンス）	07316
最後の清教徒（サンタヤナ）	04445
最期のとき：一三四名の自殺になにがあったのか（ロビンス,E.）	14273
最後の日本紀行（シーボルト）	04787
最後のバーセット年代記（トロロープ,アンソニー）	07588
最後の人々（リルケ,ライナー・マリア）	13563
最後のユニコーン（ビーグル,ピーター・S.）	08860
菜根譚（洪自誠）	03788
ザイサンからハミを経てチベットおよび黄河上流へ（プルジェヴァリスキー）	10014
財産進化論（ラフォルグ）	13084
財産と契約（イリー）	00685
財産とは何か（プルードン）	10053
財産論（ルトゥルノー,シャルル）	13749
載氏遺書（戴震）	06153
才女気取り（モリエール）	12498
最初の七年間（マラマッド,バーナード）	11759
最初の世界一周航海記（ピガフェッタ）	08842
最初の庭（エベール,アンヌ）	01586
最初のよろこび（フェージン）	09285
最新ヨーロッパ戦時および平時国際法研究（モーザー）	12413
ザイスの弟子たち（ノヴァーリス）	07818
再生（バーカー,パット）	08059
財政学（バスタブル）	08206
財政学（ワグナー,A.H.G.）	14450
財政学教科書（シュタイン,ローレンツ・フォン）	04993
財政学教程（ジェーズ）	04586
財政学全書（ゲルロフ）	03697
再生産（パスロン,ジャン・クロード）	08218
再生産（ブルデュー,ピエール）	10040
再生産論（プレーゲリ）	10143
財政政策と景気循環（ハンセン,A.H.）	08754
財政制度の体系（ユスティ,ヨハン・ハインリヒ・ゴットロープ）	12706
財政理論（マスグレーヴ,R.A.）	11628
財団（フライシュマン,ジョエル・T.）	09633
才知の練磨（レコード）	13914

最適者の起原（コープ）	03963
差異と反復（ドゥルーズ，ジル）	07241
罪人のかしらに恩寵あふる（バンヤン，ジョン）	08786
栽培植物の起原（ド・カンドル）	07260
斉白石自伝（斉白石）	05876
サイバネティックス（ウィーナー，ノーバート）	00901
サイバネティックスはいかにして生れたか（ウィーナー，ノーバート）	00902
裁判官の私知（シュタイン，ローレンツ・フォン）	04994
裁判所構成，管轄および民事訴訟の理論的・応用的概論（グラソン）	03102
裁判所長夫人（クラリン）	03151
細胞（ウィルソン，エドマンド・ビーチャー）	00982
細胞内パンゲン説（ド・フリース）	07353
細胞の分子生物学（アルバート，ブルース）	09404
細胞病理学（フィルヒョー）	09247
斉民要術（賈思勰）	02045
財務会計（メイ，G.O.）	12205
サイモンと樫の木（フレデリクセン，マリアンネ）	10157
災厄の町（クイーン，エラリー）	02903
西遊記（呉承恩）	03756
サイラス・マーナ（エリオット，ジョージ）	01618
サイラス・レイファムの出世（ハウエルズ）	08009
材料より建築へ（ナジ，モホイ）	07621
ザイール（ヴォルテール）	01320
祭暦（オウィディウス）	01829
サイレンス（ケージ，J.）	03539
ザヴィエル伝（シュールハンマー）	05180
サヴェート政権当面の任務（レーニン，ウラジミール・イリイッチ）	13972
サヴォナローラ（レーナウ）	13950
サウンダラナンダ（アシュヴァゴーシャ）	00133
サウンドの力（フリス，S.）	09888
サガ（作者不詳）	14606
さかしま（ユイスマンス）	12681
坂本龍馬と明治維新（ジャンセン，M.B.）	04905
詐欺師フェーリクス・クルルの告白（マン，トーマス）	11931
作者を探す六人の登場人物（ピランデルロ，ルイジ）	09006
作者のざんげ（ゴーゴリ，ニコライ・ヴァシリエヴィチ）	03868
サクセス（ミラー，ヘンリー）	12083
サクセストレンド（アバディーン，パトリシア）	00223
サクセストレンド（ネイスビッツ，ジョン）	07757

ザクセンシュピーゲル（レプゴー，アイケ・フォン）	14010
桜の園（チェーホフ，アントン・パーヴロヴィチ）	06424
錯乱のニューヨーク（コールハース，レム）	04103
さくらんぼの性は（ウィンターソン，ジャネット）	01016
サークルKサイクルズ（ヤマシタ，カレン・テイ）	12651
叫び声（マクファーソン）	11568
叫ぶものの声（ガワー，ジョン）	02511
叫べ，愛する国よ（ペイトン，アラン）	10354
ザ・ゴール（ゴールドラット，エリヤフ）	04087
ザ・シークレット（バーン，ロンダ）	08720
さし迫る南部の危機（ヘルパー）	10775
ザ・ジャパニーズ（ライシャワー，E.O.）	12811
砂洲の謎（チルダース，アースキン）	06593
さすらいのオランダ人（ワグナー，リヒャルト）	14440
さすらいのジェニー（ギャリコ，ポール）	02734
さすらいの天使（ジレジウス，アンゲルス）	05397
坐禅三昧経（鳩摩羅什）	03005
ザ・ソーシャル・アニマル（アロンソン，エリオット）	00469
ザ・チェンジ・マスターズ（カンター，ロザベス・モス）	02544
サチュルニアン詩集（ヴェルレーヌ）	01216
殺意（アイルズ，F.）	00042
殺意の海へ（コーンウェル，バーナード）	04156
作家の仕事（エレンブルグ，イリヤ）	01712
作家の日記（ドストエフスキー，フョードル・ミハイロヴィチ）	07279
作曲の手引き（ヒンデミット）	09081
作曲法講義（ダンディ）	06375
殺狗記（徐畹）	05222
雑種植物の研究（メンデル，ヨハン・グレゴール）	12366
殺人方程式（マクドナルド，グレゴリー）	11550
殺人者の顔（マンケル，ヘニング）	11947
殺人は広告する（セイヤーズ，ドロシー・L.）	05880
サッチモーニューオルリーンズの青春（アームストロング，ルイ）	00271
雑拌伯（兪平伯）	12677
サッフォー（ドーデ，アルフォンス）	07317
ザフォ（グリルパルツァー，フランツ）	03236
冊府元亀（王欽若）	01797
雑録（クレメンス）	03391
ザディーグまたは運命（ヴォルテール）	01321
サティール・メニペ（ルロワ）	13822
サテュリコン（ペトロニウス）	10561

サド―悪魔の聖者(エンドア)	01772
さとりをひらくと人生はシンプルで楽になる(トール, エックハルト)	07478
サートリス(フォークナー, ウィリアム)	09356
悟りへの道(シャーンティデーヴァ)	04910
さなぎ(ウィンダム, ジョン)	01019
サニーブルック農園のレベッカ(ウィギン)	00842
サーニン(アルツィバーシェフ)	00386
裁かれる裁判所(フランク, J.)	09793
砂漠への挑戦(マイ, カール)	11453
裁くのは俺だ(スピレイン, ミッキー)	05762
サハラの翼(バグリイ, デズモンド)	08113
サハリン島(チェーホフ, アントン・パーヴロヴィチ)	06425
サバルタンは語ることができるか(スピヴァク, G.C.)	05747
サハロフ回想録(サハロフ, アンドレイ)	04336
寂しい人々(ハウプトマン, ゲルハルト)	08026
寂しい屋敷(ディケンズ, チャールズ)	06741
さびしさの泉(ホール, ラドクリフ)	11318
莎菲女士の日記(丁玲)	06699
サービスマーケティング原理(ラブロック, クリストファー)	13103
錆つくアメリカ(マイヤー, フィリップ)	11492
ザ・フェデラリスト(ハミルトン, A.)	08456
サブカルチャー(ヘブディジ, D.)	10589
サプタパダールティー(シヴァーディティヤ)	04503
差別を超える成功哲学(グレーブス, アール・G.)	03385
ザ・ボディショップの、みんなが幸せになるビジネス。(ロディック, アニータ)	14235
さまざまの石(シュティフター, アーダルベルト)	05010
サマヤ・マートリカー(クシェーメンドラ)	02919
さまよえるオランダ人(ワグナー, リヒャルト)	14441
さまよえる近代(アパデュライ)	00224
さまよえる人たち(ジョイス, ジェイムズ)	05241
さまよえる湖(ヘディン, スヴェン)	10535
さまよえるユダヤ人(シュー, ウージェーヌ)	04919
さまよえるユダヤ人(フェルメイレン)	09319
サマルカンド年代記(マアルーフ, アミン)	11452
サミュエル・ジョンソン伝(ボズウェル, ジェームズ)	11063
サミュエル・ピープスの日記(ピープス, サミュエル)	08922
寒い国から帰ってきたスパイ(ル・カレ, ジョン)	13657
寒く、心地よき農場(ギボンズ, ステラ)	02689
さむけ(マクドナルド, ロス)	11562
サーム・コック(クラン, プラ)	03155
寒さの中での恋(ミットフォード, ナンシー)	12021
サムラー氏の惑星(ベロー, ソール)	10831
醒めて歌え(オデッツ, クリフォード)	01928
サモアの思春期(ミード, M.)	12025
さゆり(ゴールデン, アーサー)	04065
さようなら、コロンバス(ロス, フィリップ)	14152
さよなら再見(ツァイチェン)(黄春明)	03793
ザ・ライト・スタッフ(ウルフ, トム)	01416
サラヴァンの生活と冒険(デュアメル, ジョルジュ)	06978
サラゴサ写本(ポトツキ)	11153
サラ・サンプソン嬢(レッシング, ゴットホールド・エフライム)	13932
サラージヌ(バルザック, オノレ・ド)	08580
サラセン小史(アミール・アリー)	00266
サラセン人、ギリシャ人、アルメニア人に対する信仰の理由について(アクィナス, トマ)	00095
さらば愛しき女よ(チャンドラー, レイモンド)	06534
さらばその歩むところに心せよ(レイシイ)	13837
サラミスの兵士たち(セルカス, ハビエル)	05980
サラメアの村長(カルデロン・デ・ラ・バルカ)	02436
サランボー(フローベール, ギュスターヴ)	10272
ザ・リパブリック(ビアード, チャールズ・A.)	08821
サリンジャーをつかまえて(ハミルトン, イアン)	08444
さる王子の冒険(デ・ラ・メア, ウォルター)	07078
サルカ・ヴァルカ(ラクスネス)	12910
サルガッソーの広い海(リース, ジーン)	13324
さるからの進化(フートン)	09578
さる、巨人、人(ヴァイデンライヒ)	00732
サルタン王物語(プーシキン, アレクサンドル・セルゲーヴィチ)	09507
ザルツブルク・コネクション(マッキネス)	11666
猿と女とサイボーグ(ハラウェイ, D.)	08484
さると本質(ハックスリー, オルダス)	08278
サルトル自伝―言葉(サルトル, ジャン=ポール)	04388
サルトルの世界観(サルトル, ジャン=ポール)	04389

猿の人間への進化における労働の役割（エンゲルス，フリードリヒ）	01747
猿の惑星（ブール，ピエール）	09989
サレルノ養生訓（作者不詳）	14607
サロメ（ワイルド，オスカー）	14424
ザ・ワーク・オブ・ネーションズ（ライシュ，R.）	12815
散逸構造（ニコリス，G.）	07675
散逸構造（プリゴジューヌ，I.）	09883
賛歌（カビール）	02310
賛歌（トディ，ヤコポーネ・ダ）	07325
賛歌（ペルス，サン・ジョン）	10722
算学啓蒙（朱世傑）	04927
三角帽子（アラルコン，ペドロ・アントニオ・デ）	00300
3角形について（ミュラー）	12051
サンギート・ラトナーカラ（サールンガデーヴァ）	04400
残虐行為展覧会（バラード，J.G.）	08493
サーンキヤ頌（クリシュナ，イシュヴァラ）	03172
サーンキヤ・スートラ（作者不詳）	14608
サーンキヤ哲学（ガルベ）	02464
サーンキヤ・プラヴァチャナ・バーシュヤ（ヴィジニャーナビクシュ）	00858
サンキュー、ジーヴス（ウッドハウス，ペラム・グレンヴィル）	01385
産業（サン・シモン）	04428
産業革命（アシュトン）	00135
産業関係と社会秩序（ムーア，W.E.）	12173
産業経営論（マーシャル，アルフレッド）	11617
産業経済論（マーシャル，アルフレッド）	11618
三教源流捜神大全（作者不詳）	14609
産業構造の国際比較（ベイン，J.S.）	10379
三俠五義（石玉崑）	05900
産業社会における学校と教育（シェルスキー）	04664
産業組織論（スティグラー）	05655
産業体制論（サン・シモン）	04429
三峡ダム―建設の是非をめぐっての論争（戴晴）	06155
産業的及び社会的新世界（フーリエ，シャルル）	09873
産業の機械主義の人間的諸問題（フリードマン，ミルトン）	09936
産業と商業（マーシャル，アルフレッド）	11619
産業と貿易（マーシャル，アルフレッド）	11620
産業ならびに一般の管理（ファヨール，アンリ）	09129
産業文明における人間問題（メイヨー，エルトン）	12231
産業民主主義（ウェッブ，シドニー）	01083
産業民主主義（ウェッブ，ビアトリス）	01090
産業者の教理問答（コント，オーギュスト）	04181
産業者の教理問答（サン・シモン）	04430
産業連関分析（レオンチェフ，W.W.）	13906
サンクチュアリ（フォークナー，ウィリアム）	09357
ざんげ（トルストイ，レフ・ニコラエヴィチ）	07498
懺悔録（ルソー，ジャン＝ジャック）	13715
三言二拍（馮夢竜）	09262
三言二拍（凌濛初）	13539
三言二拍（凌濛初）	13541
三国遺事（一然）	00625
三国志（陳寿）	06602
三国志演義（羅貫中）	12786
三国史記（金富軾）	02854
残酷物語（リラダン，ヴィリエ・ド）	13543
さんご礁養殖とその呪術（マリノフスキー，B.）	11795
さんご礁問題（デーヴィス，W.M.）	06895
さんご島の三少年（バランタイン）	08502
3冊目のアヒム伝（ヨーンゾン，U.）	12784
サン・シモンの教義解説（バザール）	08128
31巻史（マルケリヌス，アンミアヌス）	11849
3週間続ければ一生が変わる（シャーマ，ロビン）	04878
三十九階段（バカン，ジョン）	08070
39カ条の一部に関する私見（ニューマン）	07735
三銃士（デュマ・ペール）	07031
三十六計（作者不詳）	14610
算術（ボエティウス）	11017
算術，幾何，比および比例全書（パチオーリ）	08252
算術入門（ニコマコス）	07672
算術の基礎（フレーゲ）	10142
算術の哲学（フッセル）	09562
山椒魚戦争（チャペック，カレル）	06514
三色すみれ（シュトルム，テオドール）	05043
産褥熱の原因、概念および予防（ゼンメルヴァイス）	06011
産褥熱の伝染について（ホームズ，オリバー・ウェンデル，Sr.）	11261
算数論（ディオファントス）	06716
サンスクリット語辞典（ベートリンク）	10556
サンスクリット語辞典（ロート）	14239
サンスクリット語、ゼンド語、ギリシア語、ラテン語、リトゥアニア語、ゲルマン語比較文法（ボップ）	11129
サンスクリット語動詞組織考（ボップ）	11130
サンスクリット文典（ホイットニー，W.D.）	10948
サンスクリット文典（ルヌー）	13773

残像(ヴァーリイ) 00765
山荘綺談(ジャクスン、シャーリイ) 04838
山賊ニコラ・シュハイ(オルブラフト) 02023
三体詩(周弼) 04939
サンタ・エビータ(マルティネス、トマス・エ
　ロイ) 11878
サンタクロース殺人事件(ヴェリイ) 01137
サンダーボール作戦(フレミング、イアン) .. 10186
山地地理学(ビーティ) 08908
サンチーの遺書(フーシェ) 09496
サンチーの遺跡(マーシャル) 11614
サンチャゴの聖騎士団長(モンテルラン) ... 12607
山中答俗人(李白) 13258
サンチュリー(ノストラダムス) 07829
サン・ディエゴの十二時間(ラング) 13153
参同契(石頭希遷) 05902
山堂肆考(彭大翼) 10975
三頭の寂しい虎(インファンテ、ギリェルモ・
　カブレラ) 00712
サンドカン：モンプラチュムの虎(サルガー
　リ、エミリオ) 04376
サントーム(ラカン、J.) 12903
三度目の結婚(タクトシス、コスタス) 06218
サンドラー迷路(ハインド、ノエル) 07970
サンドリヨン(ペロー、チャールス) 10834
サントール(ゲラン) 03651
3人(シュアレス) 04930
三人姉妹(チェーホフ、アントン・パーヴロ
　ヴィチ) 06426
三人の女(スタイン、ガートルード) 05552
3人の改革者(マリタン) 11784
三人の巨匠—バルザック、ディケンズ、ドス
　トイェフスキイ(ツヴァイク、シュテファ
　ン) 06633
三人の死刑囚(フィリップ、シャルル=ル
　イ) 09226
3人の兵卒(ドス・パソス) 07294
397ばんめの白い客(ギヨ、ルネ) 02791
334(ディッシュ、トマス・M.) 06781
三百物語(作者不詳) 14611
3部書(エックハルト、マイスター) 01539
サンフランシスコから来た紳士(ブーニン、イ
　ワン・アレクセーエヴィチ) 09583
散文詩(ツルゲーネフ、イヴァン・セルゲー
　ヴィチ) 06662
算法統宗(程大位) 06694
三位一体説の誤り(セルベト) 05990
三位一体論(アウグスティヌス) 00073
三位一体論(ノヴァティアヌス) 07815
三位一体論(ヒラリウス) 09001
三民主義(孫文) 06135

三文オペラ(ブレヒト、ベルトルト) 10176
三文三百代言(プラウトゥス) 09657
三文文士(ギッシング、ジョージ) 02648
山谷詩内集注(黄庭堅) 03804
参与及金融会社論(リーフマン、ロベルト) .. 13448
三略(作者不詳) 14612
三里湾(趙樹理) 06561
サン・ルイス・レイ橋(ワイルダー) 14417
三論玄義(吉蔵) 02639

【し】

幸せはいつもちょっと先にある(ギルバート、
　ダニエル) 02824
思惟(ブロンデル、M.) 10310
屍衣を洗う女(マクラウド、フィオナ) 11573
虐げられし人々(ドストエフスキー、フョード
　ル・ミハイロヴィチ) 07280
寺院の殺人(エリオット、T.S.) 01631
シヴァ・ドリシティ(ソーマーナンダ) 06072
シヴェーターシヴァタラ・ウパニシャッド
　(作者不詳) 14613
四運動の理論(フーリエ、シャルル) 09874
シェイクスピア及び戯曲について(トルスト
　イ、レフ・ニコラエヴィチ) 07499
シェイクスピア伝(ウィルソン、イアン) ... 00975
自衛軍(ブルガーコフ、ミハイル・アファナー
　シエヴィチ) 09998
G・Hの受難(リスペクトール、クラリッセ) .. 13341
ジェイン・エア(ブロンテ、シャーロット) .. 10303
シェークスピア(チェンバーズ,E.K.) 06453
シェークスピア(ローリー) 14344
シェークスピアとドイツ精神(グンドル
　フ) 03486
シェークスピアの暗号書(ムーア) 12156
シェークスピアの言語(フランツ、ヴィルヘル
　ム) 09854
シェークスピアの発音(ケカリツ) 03536
シェークスピアの悲劇(ブラッドリー) 09731
シェクスピア名作集(シェイクスピア、ウィリ
　アム) 04526
シェークスピア物語(ラム姉弟) 13125
シェークスピア論(コールリッジ) 04119
シェークスピア論(トルストイ、レフ・ニコラ
　エヴィチ) 07500
ジェゼベルの死(ブランド、クリスチアナ) .. 09864
ジェニイ(ギャリコ、ポール) 02735
ジェニー・ゲルハート(ドライサー、セオド
　ア) 07419

C.N.ルドゥーの建築（ルドゥー）	13741
ジェ・ハバカク・ジェフスンの遺書（ドイル、アーサー・コナン）	07153
ジェファソン（バン・ローン,H.W.）	08790
ジェームズ・キャグニー自伝（キャグニー、ジェームズ）	02706
ジェームス・ディーン物語（ベエイスト）	10385
ジェームズ伝（ペリー）	10633
GMとともに（スローン、アルフレッド・P., Jr.）	05861
シエラの人びと（ピット＝リヴァーズ）	08904
シェリ（コレット、シドニー・ガブリエル）	04129
シェリー詩集（シェリー、パーシー）	04638
シェリング講義（ハイデッガー、マルティン）	07919
シェルタリング・スカイ（ボウルズ、ポール）	11015
ジェルミニー・ラセルトゥー（ゴンクール兄弟）	04163
シェーン（シェーファー、ジャック）	04604
ジェーン・クレッグ（アーヴィン、セント・ジョン・グリア）	00059
ジェンダー（イリッチ、イヴァン）	00689
ジェンダーと科学（ケラー,E.F.）	03648
ジェンダーと権力（コンネル,R.W.）	04196
ジェンダー・トラブル（バトラー、ジュディス）	08351
ジェンダーと歴史学（スコット,J.W.）	05535
シェーンベルクとその楽派（ライボヴィツ）	12857
潮風にふかれて（コルドン,K.）	04093
死を迎える大司教（キャザー、ウィラ）	02710
死を忘れるな（スパーク、ミュリエル）	05741
シオンの議定書（作者不詳）	14614
爾雅（郭璞）	02141
死海写本（作者不詳）	14615
自我関係の心理学（キャントリル）	02749
自我関係の心理学（シェリフ）	04646
詩学（アリストテレス）	00325
視覚芸術の意味（パノフスキー、エルウィン）	08398
視覚言語（ケペシュ）	03629
史学綱要（ドロイゼン）	07571
視覚的人間―映画のドラマツルギー（バラージュ、ベーラ）	08488
詩学の基礎概念（シュタイガー）	04982
視覚の新理論（バークリー、ジョージ）	08109
視覚の文法―ゲシュタルト知覚論（カニッツァ,G.）	02282
歯科外科医（フォシャール）	09381
シカゴ詩集（サンドバーグ）	04474
詞華集（ストベウス、イオアンエス）	05688
自我心理学と適応の問題（ハルトマン、ハインツ）	08625
自我同一性（エリクソン,E.H.）	01642
自我と防衛機制（フロイト、アンナ）	10211
ジカーニカ近郷夜話（ゴーゴリ、ニコライ・ヴァシーリエヴィチ）	03869
地金の高価（リカード,D.）	13291
鹿の園（メイラー、ノーマン）	12233
自我の問題（ワルレーゼル）	14492
自我礼賛（バレス、モーリス）	08657
シガレット（マシューズ、ハリー）	11624
自我論（フロイト、ジークムント）	10216
時間観念の発生（ギュルヴィッチ）	02779
時間衝突（ベイリー、バリントン・J.）	10362
時間と自由意志（ベルグソン、アンリ）	10696
時間との競争―東アジア近現代史論集（閔斗基）	12147
時間に忘れられた国（バローズ、エドガー・ライス）	08678
時間の種子―ポストモダンと冷戦以後のユートピア（ジェイムソン、フレドリック）	04575
止観門論頌（世親）	05915
時間割（ビュトール、ミシェル）	08963
史記（司馬遷）	04770
四季（ウェスカー,A.）	01051
四季（トムソン、ジェイムズ）	07400
四季（パノーヴァ）	08395
色彩について（ウィトゲンシュタイン、ルートヴィヒ）	00896
色彩の芸術（イッテン,J.）	00626
色彩論（ゲーテ、ヨハン・ヴォルフガング・フォン）	03584
屍鬼二十五話（ソーマデーヴァ）	06071
式部官（チャプマン）	06513
持久戦論（毛沢東）	12388
詩経（孔子）	03818
ジーキル博士とハイド氏（スティーヴンソン、ロバート・ルイス）	05645
紫禁城の黄昏（ジョンストン、レジナルド・F.）	05325
ジグ・ジグラーの自分を動かす力（ジグラー、ジグ）	04700
ジグ・ジグラーの積極思考の力（ジグラー、ジグ）	04701
ジークフリート（ジロドゥー）	05401
シークレット・サーヴィス イギリス情報コミュニティの形成（アンドリュー,C.）	00523
シークレット・ヒストリー（タート、ドナ）	06260
私経済学序説（リーガー）	13288
死刑囚（ダーゲルマン）	06227

自決にかんする討論の総括（レーニン，ウラジミール・イリイッチ）	13973
資源サイエンス（ジンマーマン，E.W.）	05454
資源サイエンス（ハンカー）	08724
紙券信用論（ソーントン）	06143
事件の核心（グリーン，グレアム）	03249
四元法講義（ハミルトン，ウィリアム・ローワン）	08449
自己意識社会意識及自然（ローイス，ションアー）	14080
思考機械（フットレル，ジャック）	09569
試行錯誤（バークリー，アントニイ）	08108
思考集成（フーコー，ミシェル）	09484
思考スピードの経営（ゲイツ，ビル）	03514
思考と言語（ヴィゴツキー）	00852
思考と行動における言語（ハヤカワ，サミュエル・I.）	08474
思考の網（フランケ，ヘルバルト・W.）	09813
思考能力に及ぼす習慣の影響（ビラン，メーヌ・ド）	09002
思考の研究（ブルーナー，J.S.）	10069
思考の原理（セーチェノフ）	05923
思考の心理学（ピアジェ，ジャン）	08802
思考は現実化する（ヒル，ナポレオン）	09019
自己を築く（トレーシー，ブライアン）	07552
地獄（バルビュス，アンリ）	08639
地獄の機械（コクトー，ジャン）	03853
地獄の季節（ランボー，アルチュール）	13210
地獄の辞典（プランシー）	09818
自己実現への道（ジェイムズ，ミュリエル）	04568
自己実現への道（ジョングウォード，ドロシー）	05314
自己信頼（エマソン，ラルフ・ウォルドー）	01590
四庫全書（紀昀）	02591
四庫全書総目（乾隆帝）	03734
仕事！（ターケル，スタッズ）	06225
仕事への動機付け（ハーツバーグ，フレデリック）	08306
仕事と日々（ヘシオドス）	10424
仕事の教育（フレネ，セレスタン）	10160
自己との決闘（グロモワ）	03470
自己にそむく違反，男色（ベンサム，ジェレミー）	10854
死後の回想録（シャトーブリアン）	04856
自己の修復（コフート，H.）	03969
死後の世界が教える「人生はなんのためにあるのか」（ニュートン，マイケル）	07733
自己のテクノロジー（フーコー，ミシェル）	09485
自己評価の心理学（ブランデン，ナサニエル）	09860
シーザー（ランボー，アルチュール）	13211
司祭エウリコ（カルヴァリョ，エルクラーノ・デ）	02396
自殺論（デュルケム，エミール）	07054
シーザーとクレオパトラ（ショー，G.B.）	05230
シジェーナス（ジョンソン，ベン）	05341
子思子（子思）	04707
資治通鑑（司馬光）	04768
資治通鑑綱目（朱子）	04970
事実性と妥当性（ハーバーマス，ユルゲン）	08414
自死の日本史（パンゲ，M.）	08732
死者（バタイユ，ジョルジュ）	08238
磁石について（ギルバート，ウィリアム）	02822
磁石の本性とその効果の価値について（テニエ，ジャン）	06944
使者たち（ジェイムズ，ヘンリー）	04558
死者の誘い（デ・ラ・メア，ウォルター）	07079
死者の書（リノウフ）	13422
死者の書（作者不詳）	14616
死者の時（ガスカール，P.）	02176
死者はいつまでも若い（ゼーガース，アンナ）	05888
詩集（アイヒェンドルフ，ヨーゼフ・フォン）	00033
詩集（アウソニウス）	00078
詩集（アナクレオン）	00207
詩集（アルカイオス）	00355
詩集（アルキロコス）	00371
詩集（アルクマン）	00373
詩集（イビュコス）	00640
詩集（エミネスク）	01597
詩集（オーエン，W.）	01848
詩集（カトゥルス）	02256
詩集（カリマコス）	02388
詩集（カロッサ，ハンス）	02495
詩集（キャプレラ）	02731
詩集（ゲーテ，ヨハン・ヴォルフガング・フォン）	03585
詩集（ケルナー）	03684
詩集（コクトー，ジャン）	03854
詩集（コリンナ）	04035
詩集（サッフォー）	04305
詩集（サバ）	04327
詩集（サンドラルス）	04482
詩集（シェニエ）	04595
詩集（シモニデス）	04803
詩集（シュトルム，テオドール）	05044
詩集（シラー，フリードリッヒ・フォン）	05358
詩集（ステシコロス）	05662
詩集（セモニデス）	05958

詩集（ソロン）	06129	ス）	06404
詩集（チュルタイオス）	06544	自叙伝（チェリーニ）	06441
詩集（ティブルス）	06807	自叙伝（ナスミス）	07623
詩集（デイ・ルイス,C.）	06848	自叙伝（ヌレーエフ,R.）	07755
詩集（テオクリトス）	06903	自叙伝（ネルー）	07792
詩集（トゥカーラーム）	07210	自叙伝（ベッセマー）	10509
詩集（トラークル）	07434	自叙伝（ベーベル,アウグスト）	10593
詩集（ドラックマン）	07451	自叙伝（ラヴェット）	12876
詩集（ニーチェ,フリードリヒ）	07701	侍女の物語（アトウッド,マーガレット）	00191
詩集（バッキュリデス）	08265	自助論（スマイルズ,サミュエル）	05805
詩集（ハーフィズ）	08420	詩人と女たち（ブコウスキー,チャールズ）	09491
詩集（ヒッポナクス）	08905	詩人の構想力としての時間（シュタイガー）	04983
詩集（フォーゲルヴァイデ,ヴァルター・フォン・デル）	09371	C神父（バタイユ,ジョルジュ）	08239
詩集（ブルトン,アンドレ）	10058	指数の作成（フィッシャー,アーヴィング）	09178
詩集（プロペルティウス）	10279	静かな曙（ザイツェフ）	04237
詩集（ヘッセ,ヘルマン）	10497	静かな星座（タイルリンク）	06174
詩集（ポチョフ）	11114	静かな力（クーベラス）	03001
詩集（ホーフマンスタール,フーゴー・フォン）	11234	静かなるドン（ショーロホフ,ミハイル）	05303
詩集（マイヤー,C.F.）	11494	静けさとたたかい（ファン・スヘルテマ）	09153
詩集（マラルメ,ステファヌ）	11762	G・スタイナー自伝（スタイナー,ジョージ）	05541
詩集（マレルブ）	11915	シスター・キャリー（ドライサー,セオドア）	07420
詩集（マロ）	11916	システムと進化（ホフマン,L.）	11231
詩集（メーリケ,エードゥアルト）	12283	システム・ド・ラ・ナチュール（作者不詳）	14618
詩集（モント）	12613	沈んだ世界（バラード,J.G.）	08494
詩集（リーリエンクローン）	13551	沈んだ船員（モイーズ,パトリシア）	12376
詩集（レーナウ）	13951	四声猿（徐渭）	05217
詩集（作者不詳）	14617	資政新編（洪仁玕）	03798
四十二章経（迦葉摩騰）	02166	四世同堂（老舎）	14107
シーシュポスの神話（カミュ,アルベール）	02347	自省録（マルクス・アウレリウス）	11844
思春期やせ症の謎（ブルック,H.）	10032	死せる阿Q時代（阿英）	00082
詩章（プリュドム,シュリー）	09957	死せる王妃（モンテルラン）	12608
史上最強のリーダー シャクルトン（キャバレル,ステファニー）	02729	死せる魂（ゴーゴリ,ニコライ・ヴァシーリエヴィチ）	03870
史上最強のリーダー シャクルトン（モレル,マーゴ）	12567	自然界における左と右（ガードナー,マーティン）	02265
市場対国家（スタニスロー,ジョゼフ）	05581	自然科学史（ダンネマン）	06385
市場対国家（ヤーギン,ダニエル）	12622	自然科学的概念構成の限界（リッケルト,ハインリヒ）	13362
師匠たちと弟子たち（カヴェーリン）	02102	自然科学的知識の諸原理に関する一研究（ホワイトヘッド,アルフレッド・ノース）	11420
市場・知識・自由（ハイエク,F.A.v.）	07891	自然科学と政治学（バジョット,ウォルター）	08168
児女英雄伝（費莫文康）	08920	自然科学の形而上学的原理（カント,イマヌエル）	02557
児女英雄伝（文康）	10313	自然科学論集（ゲーテ,ヨハン・ヴォルフガング・フォン）	03586
四書集註（朱子）	04971	自然学（アリストテレス）	00326
四書章句集注（朱子）	04972	自然学（ヒルデガルト）	09032
自叙伝（オーウェン,ロバート）	01837		
自叙伝（シュリーマン,ハインリヒ）	05161		
自叙伝（ゼヴェリング）	05887		
自叙伝（タゴール,ラビンドラナート）	06231		
自叙伝（チェスタトン,ギルバード・ケイ			

自然学書注解 (プリダヌス) ……………… 09903
自然学的医学の5論文 (メイヨー) ………… 12230
自然価値論 (ヴィーザー) …………………… 00854
自然感情の発展 (ビーゼ) …………………… 08884
自然経済, 貨幣経済および信用経済 (ヒルデブラント, ブルーノ) …………………………… 09035
自然権 (ケネー, F.) ………………………… 03610
自然研究についての手紙 (ゲルツェン, アレクサンドル) ……………………………………… 03679
自然現象における単一法則にかかわる自然哲学理論 (ボスコヴィッチ) ………………………… 11067
自然資本の経済 (ホーケン, ポール) ……… 11046
自然社会の擁護 (バーク, エドマンド) …… 08080
自然, 社会, 文化の中のパーソナリティ (クラックホーン, クライド) ……………………… 03109
自然, 社会, 文化の中のパーソナリティ (マリー, ヘンリー・A.) ………………………… 11770
慈善週間, または七大元素 (エルンスト) … 01701
自然宗教と啓示宗教の類比 (バトラー, ジョセフ) ………………………………………… 08354
自然宗教に関する対話 (ヒューム, デイヴィッド) …………………………………………… 08981
自然主義小説 (ブリュンティエール, フェルディナン) ……………………………………… 09964
自然主義の克服 (バール) …………………… 08555
自然主義, 理想主義, 表現主義 (デリ) …… 07084
自然神学あるいは自然現象から集めた神の存在および諸属性の証拠 (ペーリ) …………… 10630
自然創造史 (ヘッケル, エルンスト・ハインリヒ) ………………………………………… 10486
自然そのものについて (ライプニッツ) …… 12847
自然秩序 (メルシェ・ド・ラ・リヴィエール, ポール・ピエール・ル) ……………………… 12318
自然地理学 (カント, イマヌエル) ………… 02558
自然地理学 (マルトンヌ) …………………… 11885
自然地理学概論 (ズーバン) ………………… 05744
自然地理学概論 (ド・マルトンヌ, E.) …… 07390
自然地理学概論 (ブラウン) ………………… 09670
自然地理学入門 (デーヴィス, W.M.) ……… 06896
自然的遺伝 (ゴールトン, フランシス) …… 04089
自然哲学及び機械技術に関する講義 (ヤング, トーマス) …………………………………… 12659
自然哲学教科書 (オーケン) ………………… 01859
自然哲学試論 (シェリング, フリードリヒ・ヴィルヘルム・ヨゼフ・フォン) …………… 04650
自然淘汰の遺伝学説 (フィッシャー, ロナルド) …………………………………………… 09189
自然道徳と社会道徳 (リード) ……………… 13402
自然とギリシア人 (シュレーディンガー) … 05191
自然と社会とに於ける増殖と進化 (カウツキー, カール) ……………………………… 02111
自然と生命 (ホワイトヘッド, アルフレッド・ノース) …………………………………… 11421
自然と遊戯—偶然を支配する自然法則 (アイゲン, M.) …………………………………… 00006
自然と遊戯—偶然を支配する自然法則 (ヴィンクラー, R.) ………………………………… 01008
自然な自明性の喪失 (ブランケンブルク, W.) ………………………………………… 09816
自然における人間の位置 (ハックスリー, トマス・ヘンリー) ……………………………… 08285
自然に於ける美・芸術の一般的意義 (ソロヴィヨフ) ………………………………………… 06114
自然に対する人間の責任 (パスモア, J.) … 08217
自然認識の限界について (デュ・ボア=レーモン) …………………………………………… 07019
自然の鉛筆 (タルボット) …………………… 06317
自然の解釈に関する思索 (ディドロ, ドニ) … 06792
自然の概念 (ホワイトヘッド, アルフレッド・ノース) …………………………………… 11422
自然の観察 (フンボルト, アレクサンダー・フォン) ……………………………………… 10316
自然の観照 (ボネ) …………………………… 11179
自然の区分について (エリウゲナ) ………… 01615
自然の研究 (サン=ピエール, ベルナルダン・ド) ………………………………………… 04488
自然の権利—環境倫理の文明史 (ナッシュ, ロデリック・F.) ……………………………… 07627
自然の書 (スヴァンメルダム) ……………… 05479
自然の書 (メーゲンベルク, コンラート・フォン) ………………………………………… 12242
自然の諸時代 (ビュフォン) ………………… 08970
自然の諸問題 (セネカ, ルキウス・アンナェウス) ………………………………………… 05942
自然の造形と社会の秩序 (ハーケン, ヘルマン) ………………………………………… 08124
自然の体系 (ドルバック) …………………… 07527
自然の体系 (リンネ) ………………………… 13605
自然の中に隠された数字 (スチュアート, イアン) ………………………………………… 05625
自然の能力について (ガレノス) …………… 02483
自然の秘密 (レーウェンフク) ……………… 13886
自然の法典 (モレリー) ……………………… 12565
自然発生説の検討 (パストゥール) ………… 08211
自然弁証法 (エンゲルス, フリードリヒ) … 01748
自然法 (ダントレーヴ) ……………………… 06382
自然法および国際法の基礎 (トマジウス) … 07373
自然法及び国際法論 (プーフェンドルフ, サムエル・フォン) ……………………………… 09608
自然法学方法論 (ヘーゲル, ゲオルク・ヴィルヘルム・フリードリヒ) ……………………… 10406
自然法則の偶然性 (ブートルー) …………… 09574
自然法の基礎 (フィヒテ, ヨハン・ゴットリー

プ）…………………………………	09208
自然法の再生（シャルモン）……………………	04896
自然法論（ヴォルフ, クリスチャン）…………	01342
自然法論と法実証主義（ケルゼン, ハンス）……	03669
自然民族の芸術と宗教（ジドー）……………	04751
自然利子率論（マッシー）……………………	11687
自然論（エマソン, ラルフ・ウォルドー）……	01591
思想および行為としての歴史（クローチェ, ベネデット）……………………………………	03415
思想家としてのマルクス（アドラー, マックス）……………………………………………	00199
思想空間としての現代中国（汪暉）…………	01796
思想と動くもの（ベルグソン, アンリ）………	10697
思想と言語（ブリュノ）…………………………	09961
思想の過渡時代（アームストロング）…………	00268
思想の自由の歴史（ビュアリー）………………	08939
思想の旅（カンドー, S.）………………………	02574
地蔵菩薩本願経（作者不詳）…………………	14619
氏族から帝国へ（ダヴィ）………………………	06177
氏族から帝国へ（モレ）…………………………	12557
四足獣および爬虫類の方法総覧（レイ, ジョン）……………………………………………	13834
四足獣の歴史（トプセル）………………………	07346
持続と同時性（ベルグソン, アンリ）…………	10698
持続不可能性（レヴィン, サイモン）…………	13884
四存編（顔元）……………………………………	02521
時代の書（ホルツ, A.）…………………………	11333
舌を出したアインシュタイン（ヴィトゥコフスキー, ニコラ）…………………………………	00894
舌を出したアインシュタイン（オルトリ, スヴェン）……………………………………………	02015
七王妃物語（ニザーミー・ガンジャヴィー）…	07681
視知覚図形（ルビン）……………………………	13778
七死刑囚物語（アンドレーエフ, レオニード）………………………………………………	00532
七人兄弟（キビー, アレクシス）………………	02675
七破風の屋敷（ホーソーン, ナサニエル）……	11090
司厨小百科（ダグレー）…………………………	06224
シチリアでの会話（ヴィットリーニ）…………	00891
七略（劉歆）………………………………………	13488
史通（劉知幾）……………………………………	13495
失業の理念（ピグー）……………………………	08852
シックスシグマ・ブレイクスルー戦略（シュローダー, リチャード）…………………………	05197
シックスシグマ・ブレイクスルー戦略（ハリー, マイケル）……………………………………	08512
実験医学序説（ベルナール, クロード）………	10763
実験音声学原論（ルースロ）……………………	13705
実験教育学（モイマン）…………………………	12379
実験教育学入門講義（モイマン）………………	12380
実験計画法（フィッシャー, ロナルド）………	09190
実験社会心理学（マーフィ夫妻）………………	11739
実験心理学（ピエロン）…………………………	08832
実験心理学史（ボーリング）……………………	11298
実験美学について（フェヒナー, G.T.）………	09296
実験漂流記（ボンバール, アラン）……………	11446
実験物理学教科書（コールラウシュ）…………	04116
実験物理学双書（ヴィーン）……………………	01007
実験物理学双書（ハルムス）……………………	08646
実験論理学（デューイ, ジョン）………………	06989
実語録（作者不詳）………………………………	14620
実在主義かマルクス主義か（ルカーチ, G.）…	13650
実在的世界の構造：副題 一般的範疇論綱要（ハルトマン, ニコライ）………………………	08617
実在論的美学（キルヒマン）……………………	02834
実証主義要網（コント, オーギュスト）………	04182
実証政治学体系（コント, オーギュスト）……	04183
実証的経済学の方法と展開（フリードマン, ミルトン）……………………………………………	09937
実証的精神論（コント, オーギュスト）………	04184
実証的倫理学（ラフィット）……………………	13085
実証哲学講義（コント, オーギュスト）………	04185
十進メートル法の基本（ドランブル）…………	07459
執政政治と帝政の歴史（ティエール）…………	06710
実践感覚（ブルデュー, ピエール）……………	10041
実践理性批判（カント, イマヌエル）…………	02559
実践論（毛沢東）…………………………………	12389
疾走（スタフスキー）……………………………	05582
失踪当時の服装は（ウォー, ヒラリー）………	01237
実存・空間・建築（ノルベルグ＝シュルツ, クリスチャン）………………………………………	07867
実存主義序説（ムーニエ）………………………	12190
実存哲学（ヤスパース）…………………………	12637
実存哲学と教育学（ボルノウ, オットー・フリードリッヒ）……………………………………	11365
実体概念と機能概念（カッシーラー, E.）……	02215
実体の本性並に交通についての新説物の根本的起源（ライプニッツ）…………………………	12848
シッダールタ（ヘッセ, ヘルマン）……………	10498
悉曇字記（作者不詳）……………………………	14621
シッダーンタシロマニ（バースカラ）…………	08187
実地医学要綱（カレン）…………………………	02486
実定私法における解釈の方法と法源（ジェニー）………………………………………………	04593
実定私法における科学と技術（ジェニー）……	04594
実定法の哲学としての自然法（フーゴー, グスタフ）………………………………………………	09481
嫉妬（ロブ・グリエ, A.）………………………	14291
室内楽（ユルリチ）………………………………	12722
シッピング・ニュース（プルー, E.アニー）…	09992
シップキラー（スコット, ジャスティン）……	05532
疾病の位置と原因について（モルガーニ）……	12545

七宝と浮石彫(ゴーティエ,テオフィル) 03940
実用算術提要(クラヴィウス) 03038
実用服装学(ケーラー) 03638
失楽園(ミルトン,ジョン) 12133
シティー・シスター・シルヴァー(トポル,ヤーヒム) 07370
シティズンシップ教育論(クリック,バーナード) 03191
シティーと世界経済(クラーク,W.H.) 03083
史的一元論(プレハーノフ,ゲオルク) 10167
詩的イメージ(デイ・ルイス,C.) 06849
私的企業と社会的費用(カップ,カール・ウイリアム) 02242
私的経営ならびに公的経営における成果計算(ヴァルブ) 00790
史的言語学と一般言語学(メイエ,アントゥアヌ) 12208
史的言語学における比較方法(メイエ,アントゥアヌ) 12209
史的システムとしての資本主義(ウォーラーステイン,I.) 01299
史的に見たる科学的宇宙観の変遷(アレニウス,スヴァンテ) 00445
史的唯物論(ブハーリン) 09595
史的唯物論とマルクスの経済学(クローチェ,ベネデット) 03416
自伝(ヨセフス) 12771
辞典(スイダス) 05475
辞典あるいはラテン語宝典(エティエンヌ) 01550
自伝—ある芸術の形成(ライト,フランク・ロイド) 12830
死と愛—実存分析入門(フランクル,ヴィクトール・E.) 09807
時禱詩集(リルケ,ライナー・マリア) 13564
指導者とは(ニクソン,リチャード) 07670
自動車と私(ベンツ,カール) 10867
自動的に大金持ちになる方法(バック,デヴィッド) 08266
児童道徳判断の発達(ピアジェ,ジャン) 08803
指導と信徒(カロッサ,ハンス) 02496
児童における性格の起源(ワロン,H.) 14493
児童の言語と思考(ピアジェ,ジャン) 08804
児童の自己中心性(ピアジェ,ジャン) 08805
児童の世紀(ケイ,エレン) 03501
児童の精神分析(クライン,M.) 03035
児童の発達心理学(ハーロック) 08682
使徒王侯年代記(タバリー) 06277
詩と絵画に関する批評的考察(デュボス) 07021
詩と真実(ゲーテ,ヨハン・ヴォルフガング・フォン) 03587

詩と真実42年(エリュアール,ポール) 01660
シトース(レールモントフ,ミハイル・ユーリエヴィチ) 14035
詩と体験(ディルタイ,ウィルヘルム) 06861
使徒的宣教とその発展(ドッド) 07306
死都ブリュージュ(ローデンバック,ジョルジュ) 14238
詩と民謡(スウィンバーン) 05495
死と歴史—西欧中世から現代へ(アリエス,フィリップ) 00312
シートン動物記(シートン) 04757
シートンのおばさん(デ・ラ・メア,ウォルター) 07080
シートン—燃えさかる火のそばで(シートン夫人) 04758
支那(リヒトホーフェン) 13434
シナ・イラン考(ラウファー) 12890
シナ書誌(コルディエ) 04057
支那図説(キルヒャー) 02836
シナリオ・プランニングの技法(シュワルツ,ピーター) 05203
死にいたるまで善良であれ(モーリッツ) 12524
死にいたる病(アップダイク,ジョン) 00179
死に対する権利と生に対する権力(フーコー,ミシェル) 09486
ジニャーネシヴァリー(ジニャーネシヴァラ) 04763
死人はスキーをしない(モイーズ,パトリシア) 12377
死ぬことを考えた黒い女たちのために(シャンゲ,N.) 04903
地主屋敷の物語(ラーゲルレーヴ,セルマ) 12927
死ぬ瞬間(キューブラー=ロス,E.) 02771
「死のアウェアネス理論」と看護(グレイザー,B.G.) 03342
「死のアウェアネス理論」と看護(ストラウス,A.L.) 05689
死の味(ジェイムズ,P.D.) 04571
死の家の記録(ドストエフスキー,フョードル・ミハイロヴィチ) 07281
死の筏(マッキー,アレクサンダー) 11659
詩の危機—詩法(マラルメ,ステファヌ) 11763
死の原理(ポー,エドガー・アラン) 10899
詩の効用と批評の効用(エリオット,T.S.) 01632
死のごとく強し(モーパッサン,ギイ・ド) 12448
死の勝利(ソログープ,フョードル・クジミーチ) 06126
死の勝利(ダンヌツィオ,ガブリエーレ) 06274
死の序曲(マーシュ) 11622
死の世界(ハリスン,ハリイ) 08533
死の接吻(レヴィン,アイラ) 13879

作品名	番号
死の戯れの書 (ベドーズ)	10549
死の床に横たわりて (フォークナー, ウィリアム)	09358
死の配当 (ハリディ)	08540
死のバルト海 (ドブスン)	07345
死の病原体プリオン (ローズ, リチャード)	14160
死の舞踏 (ストリンドベリ, ヨハン・アウグスト)	05705
詩の弁護 (シドニー, フィリップ)	04756
詩の擁護 (シェリー, パーシー)	04639
磁場 (スーポー)	05795
磁場 (ブルトン, アンドレ)	10059
芝居 (ベケット, サミュエル)	10399
支配の社会学 (ウェーバー, マックス)	01110
芝居物語 (スカロン)	05512
自発的隷属論 (ラ・ボエシ)	13108
司馬法 (司馬穰苴)	04769
縛られたプロメテウス (アイスキュロス)	00017
シビル, 2つの国民 (ディズレーリ)	06758
詩品 (鍾嶸)	05246
死父 (バーセルミ, ドナルド)	08224
子不語 (袁枚)	01730
ジプシー (プーシキン, アレクサンドル・セルゲーヴィチ)	09508
ジプシー歌集 (ガルシーア・ロルカ, フェデリコ)	02416
事物紀原 (高承)	03795
事物の本性について (テレジオ)	07107
事物の本性について (ルクレティウス)	13682
シブミ (トレヴェニアン)	07542
ジブラルタルの水夫 (デュラス, マルグリット)	07047
自分を動かす (マルツ, マクスウェル)	11871
自分だけの部屋 (ウルフ, ヴァージニア)	01405
自分の中に奇跡を起こす! (ダイアー, ウエイン)	06158
自分の三つの鏡 (ゴース, ズルフィカール)	03883
四分律 (作者不詳)	14622
自閉症世界の探求 (メルツァー, D.)	12324
自閉症とマインド・ブラインドネス (バロン=コーエン, サイモン)	08691
自閉症の謎を解き明かす (フリス, ウタ)	09886
シベリアへ (プーシキン, アレクサンドル・セルゲーヴィチ)	09509
シベリア地誌 (シュルツ)	05168
シベリアの旅 (チェーホフ, アントン・パーヴロヴィチ)	06427
詩篇 (パウンド, エズラ)	08052
詩編 (ファルグ)	09137
詩編 (リュトブフ)	13518
四辺形, 円の求積法 (アルキメデス)	00362
詩法 (デプレオー, ボワロー)	06967
詩法 (ボアロー, N.)	10919
司法過程の性質 (カルドーゾ, B.N.)	02443
私法史提要 (ブリソー)	09901
私法制度とその社会的機能 (レンナー, カール)	14047
脂肪の塊 (モーパッサン, ギイ・ド)	12449
死亡表に関する自然的および政治的諸観察 (グラント, ジョン)	03158
私法変遷論 (デュギー)	07007
資本 (ロートベルトゥス, ヨハン・カール)	14246
資本主義 (ライト, ダヴィッド・マッカード)	12829
資本主義 (ランド, アイン)	13197
資本主義下の労働者状態史 (クチンスキ)	02945
資本主義・社会主義・民主主義 (シュンペーター, J.A.)	05213
資本主義世界経済 (ウォーラーステイン, I.)	01300
資本主義と自由 (フリードマン, ミルトン)	09938
資本主義の勝利 (ハッカー)	08262
資本主義の端緒 (オーゼル)	01910
資本主義の文化的矛盾 (ベル, ダニエル)	10666
資本主義の法律的基礎 (コモンズ, ジョン・ロジャーズ)	03988
資本主義の未来 (サロー, レスター・C.)	04406
資本主義のレギュラシオン理論—政治経済学の革新 (アグリエッタ, M.)	00103
資本主義発達の社会史的諸階(ピレンヌ, アンリ)	09056
資本主義発達の研究 (ドッブ, モーリス・H.)	07310
資本主義発展の理論 (スウィージー, ポール・M.)	05480
資本制生産に先行する諸形態 (マルクス, カール)	11824
資本蓄積論 (ルクセンブルグ, ローザ)	13671
資本蓄積論 (ロビンソン, J.)	14284
資本と利子 (ベーム・バヴェルク)	10608
資本の純粋理論 (ハイエク, F.A.v.)	07892
資本の蓄積ならびに崩壊の理論 (グロスマン)	03411
資本論 (マルクス, カール)	11825
資本論を読む (アルチュセール, ルイ)	00381
資本論注解 (ローゼンベルク, アルトゥーア)	14190
ジマー駅 (エフトゥシェンコ, E.A.)	01577
四松 (杜甫)	07136
島の農民 (ストリンドベリ, ヨハン・アウグスト)	05706
島の人々 (ザミャーチン, エヴゲーニイ・イ	

ヴァーノヴィチ) 04345
ジミー・ヒギンズ(シンクレア, アプトン) .. 05439
シミュラークルとシミュレーション(ボード
　リヤール, ジャン) 11155
市民社会史(ウィットフォーゲル, K.A.) 00885
市民社会史論(ファーガソン) 09105
市民社会における政治的・宗教的権力の理論
　(ボナルド) 11172
市民社会の帝国(ローゼンバーグ) 14187
市民・政府・NGO(フリードマン, ジョン) .. 09933
市民的自由の本質について(プライス, リ
　チャード) 09638
市民の科学(ホグベン, L.) 11039
市民の反抗(ソロー, ヘンリー・デイヴィッ
　ド) 06112
市民論(ホッブズ, トマス) 11137
指紋(ゴールトン, フランシス) 04090
思問録(王夫之) 01819
子夜(茅盾) 10969
ジャイナ教(作者不詳) 14623
ジャイナ教の教理(シューブリング) 05086
シャイニング(キング, スティーヴン) 02860
シャイヨの狂女(ジロドゥー) 05402
社会運動としてみたアメリカ革命(ジェーム
　ソン) 04626
社会運動の心理学(キャントリル, H.) 02751
社会改造の原理(ラッセル, バートランド) .. 13022
社会解体(ファリス) 09135
社会改良か革命か(ルクセンブルグ, ロー
　ザ) 13672
社会改良主義論(ルクセンブルグ, ローザ) .. 13673
社会科学及び特に経済学の方法に関する研究
　(メンガー, カール) 12361
社会科学研究(シスモンディ, S.d.) 04717
社会科学原理(ケアリー, ヘンリー・チャール
　ズ) 03496
社会科学辞典(イェヒト) 00585
社会科学と社会政策にかかわる認識の「客観
　性」(ウェーバー, マックス) 01111
社会科学との関連における地理学(ボーマ
　ン) 11249
社会科学とは何か(ハロッド, R.F.) 08686
社会科学における場の理論(レヴィン, クル
　ト) 13881
社会科学の基礎(ノイラート) 07814
社会科学の基礎としての社会心理学に関する
　考察(リントナー) 13597
社会科学百科事典(セリグマン, エドウィン・
　ロバート) 05969
社会学(シュパン, オトマル) 05069
社会学(ジンメル, ゲオルク) 05460

社会学(スタッケンバーグ) 05575
社会学(フィアカント, アルフレッド) 09161
社会学への招待(バーガー, ピーター) 08061
社会学概説(パレート, V.) 08660
社会学原理(ギディングズ) 02667
社会学原理(グンプロヴィチ) 03488
社会学原理(スペンサー, ハーバート) 05779
社会学上より見たる芸術(ギュイヨー, ジャン
　＝マリー) 02762
社会革新の理(アダムス, ブルックス) 00157
社会学体系(オッペンハイマー, フランツ) .. 01924
社会学体系(シュパン, オトマル) 05070
社会学的国家概念と法律的国家概念(ケルゼ
　ン, ハンス) 03670
社会学的国家観(クムプロヴィッツ) 03009
社会学的国家観(グンプロヴィチ) 03489
社会学的想像力(ミルズ, C.W.) 12121
社会学的調査における実験計画(チェーピ
　ン) 06411
社会学的認識(ラッツェンホーファー, グスタ
　フ) 13038
社会学的発想の系譜(ニスベット, R.A.) 07693
社会学的方法の規準(デュルケム, エミー
　ル) 07055
社会学としての歴史哲学(バルト, ロラン) .. 08605
社会学と集合心理学(ロッシ) 14215
社会学と人類学(モース, マルセル) 12421
社会学と哲学(デュルケム, エミール) 07056
社会学入門(キュヴィリエ) 02766
社会学入門(グレーフ) 03376
社会学の新しい方法規準(ギデンズ, アンソ
　ニー) 02670
社会学の科学への序説(パーク, R.E.) 08098
社会学の科学への序説(バージェス, E.W.) .. 08141
社会学の起源(スモール, アルビオン・ウッド
　ベリ) 05844
社会学の基礎概念(ウェーバー, マックス) .. 01112
社会学の現代的課題(ギュルヴィッチ) 02780
社会学の根本問題(ジンメル, ゲオルク) 05461
社会学の再生を求めて(グールドナー, A.
　W.) 03313
社会革命論(カウツキー, カール) 02112
社会機構の経済的基礎(ローリア) 14346
社会経済学研究(ワルラス) 14490
社会経済学原理(カッセル, グスタフ) 02227
社会経済の理論(ヴィーザー) 00855
社会形態学(アルプヴァクス) 00409
社会契約論(ルソー, ジャン＝ジャック) 13716
社会構造(マードック, ジョージ・P.) 11711
社会再組織に必要な科学的作業のプラン(コ

ント,オーギュスト)･････････････ 04186
社会システム(ルーマン,ニクラス)･････ 13802
社会思想史(バーンズ)･････････････ 08735
社会思想史(ベッカー,H.S.)･･･････ 10462
社会集団論(モーニエ)･････････････ 12440
社会主義(スウィージー,ポール・M.)･････ 05481
社会主義および共産主義文献目録(シュタム
  ハンマー)･･･････････････････ 04999
社会主義,共産主義および無政府主義(ディー
  ル)････････････････････････ 06844
社会主義経済の機能モデル(ブルス,ウォジミ
  エルシ)･･･････････････････ 10019
社会主義工業企業経済学(ルミヤンツェ
  フ)･･･････････････････････ 13808
社会主義工業企業の組織と計画(カメニツェ
  ル)･･･････････････････････ 02360
社会主義思想の歴史(コール,ジョージ・ダグ
  ラス・ハワード)･･････････････ 04038
社会主義者の認識論の領域への侵入(ディー
  ツゲン,ヨゼフ)･･･････････････ 06778
社会主義世界市場(コールマイ)･･･････ 04108
社会主義対資本主義(ピグー)･･･････ 08853
社会主義通史(ベーア,マックス)･･･････ 10327
社会主義と国家(ケルゼン,ハンス)･･････ 03660
社会主義と実証科学(フェリ,エンリコ)･･ 09320
社会主義と社会運動(ゾンバルト,ヴェル
  ナー)･･････････････････････ 06148
社会主義と宗教(レーニン,ウラジーミル・イ
  リイッチ)･･･････････････････ 13974
社会主義と政治闘争(プレハーノフ,ゲオル
  ク)･･･････････････････････ 10168
社会主義と哲学(ラブリオラ,アントニオ)･･ 13098
社会主義における政治と経済(ブルス,ウォジ
  ミエルシ)･･･････････････････ 10020
社会主義の経済理論(ランゲ,オスカル)･････ 13162
社会主義の原理(コンシデラン)･････････ 04166
社会主義の諸前提と社会民主党の任務(ベル
  ンシュタイン)･･･････････････ 10795
社会主義論(ミル,ジョン・スチュアート)･･ 12106
社会進化と政治理論(ホップハウス,レオナー
  ド)････････････････････････ 11143
社会進化論(キッド,ベンジャミン)･･････ 02654
社会心理(メゾンヌーヴ)････････････ 12254
社会心理学(アッシュ)･･････････････ 00172
社会心理学(オールポート,G.W.)･･････ 02024
社会心理学(ギンズバーグ,モリス)･･････ 02878
社会心理学(クラインバーグ)･･･････ 03037
社会心理学(スプロット)･･･････････ 05764
社会心理学(ニューカム)････････････ 07728
社会心理学(ロス,エドワード・オルズ
  ウァース)･･･････････････････ 14144

社会心理学概論(シェリフ夫妻)････････ 04647
社会心理学概論(マクドゥガル,ウィリア
  ム)･･･････････････････････ 11545
社会心理学入門(マクドゥガル,ウィリア
  ム)･･･････････････････････ 11546
社会心理学の理論と問題(クラッチフィール
  ド)･･･････････････････････ 03113
社会心理学の理論と問題(クレッチ)･････ 03367
社会心理学ハンドブック(ヤング,キンボー
  ル)･･･････････････････････ 12658
社会人類学の基礎(ナデル)･･････････ 07631
社会人類学の二つの理論(デュモン)･････ 07040
社会静学(スペンサー,ハーバート)･･････ 05780
社会生活における合法則性(マイヤー,ゲオル
  ク)･･････････････････････ 11489
社会・政治経済新論(ペクール)････････ 10395
社会組織論(クーリー)･････････････ 03160
社会体系論(パーソンズ,タルコット)･････ 08234
社会体の構造と生活(シェフレ,フリードリ
  ヒ)････････････････････････ 04612
社会態の諸相(ガイガー,テオドール)･････ 02068
社会調査(ランドバーグ)････････････ 13198
社会的学習理論(バンデューラ)･･････････ 08765
社会的教育学(ナトルプ,パウル)･･･････ 07636
社会的教育学(ベルゲマン)･･････････ 10706
社会的形式の領域における意味と表現(マッ
  ケンロート,G.)･････････････ 11683
社会的行為の構造(パーソンズ,タルコッ
  ト)････････････････････････ 08235
社会的宗教教育論(コー)････････････ 03737
社会的状況とパーソナリティ(クラーエ,
  B.)･･･････････････････････ 03051
社会的選択と個人的評価(アロー,ケネス)･･ 00466
社会的費用論(カップ,カール・ウイリア
  ム)･･･････････････････････ 02243
社会的福音の神学(ラウシェンブッシュ)･････ 12884
社会的・文化的動学(ソーロキン)･･････ 06118
社会的分化論(ジンメル,ゲオルク)･･････ 05462
社会的閉鎖の理論(マーフィ,レイモンド)･･ 11736
社会と遺伝(ウェザム)･････････････ 01046
社会統制(ロス,エドワード・オルズウァー
  ス)････････････････････････ 14145
社会闘争の機能(コーザー,L.A.)･････ 03877
社会における知識階級の課題と地位(ガイ
  ガー,テオドール)･･････････････ 02069
社会における身分の区別に関する諸考察(ミ
  ラー)･･････････････････････ 12074
社会の移動性(ソーロキン)･･････････ 06119
社会の運命(コンシデラン)･･････････ 04167
社会の構造(レヴィ・ブリュール)･･････ 13876
社会の諸次元(ドッド)･････････････ 07307

社会の進化(ケラー)	03694
社会の体系(ドルバック)	07528
社会の秩序について(ル・トローヌ)	13752
社会のなぞ(アドラー、アルフレート)	00195
社会の柱(イプセン、ヘンリック)	00644
社会のマクドナルド化(リッツア,G.)	13382
社会発達論(ホップハウス、レオナード)	11144
社会福祉施設のとるべき道―英国・ワグナーレポート(ワグナー、シリアン)	14434
社会・文化・パーソナリティ(ソーロキン)	06120
社会分業論(デュルケム、エミール)	07057
社会変動(オグバーン)	01853
社会防衛と刑法の変遷(プランス)	09831
社会法則(タルド、ガブリエル)	06314
社会法の観念(ギュルヴィッチ)	02781
社会保障および関連サービス(ベヴァリッジ報告)(ベヴァリッジ)	10382
社会民主主義の危機(ルクセンブルグ、ローザ)	13674
社会民主党の農業綱領(レーニン、ウラジミール・イリイッチ)	13975
社会問題入門(ピィボデイ)	08829
社会問題の構築(キッセ、ジョン・I.)	02651
社会問題の構築(スペクター)	05765
社会理想主義(ナトルプ、パウル)	07637
社会理論(コール、ジョージ・ダグラス・ハワード)	04039
社会理論と社会構造(マートン,R.K.)	11714
社会倫理学(ツエンケル)	06651
ジャガーの微笑(ラシュディー、サルマン)	12956
釈氏稽古略(覚岸)	02153
癩者への接吻(モーリヤック、フランソワ)	12532
ジャクソン時代(シュレジンガー、アーサー)	05188
尺には尺(シェイクスピア、ウィリアム)	04527
灼熱(シャーンドル・マーライ)	04914
シャグパットの毛ぞり(メレディス、ジョージ)	12342
釈摩訶衍論(作者不詳)	14624
釈名(劉熙)	13498
シャクンタラー姫(カーリダーサ)	02385
ジャーゲン(キャンベル,J.B.)	02758
謝康楽集(謝霊運)	04825
写字室の中の旅(オースター、ポール)	01874
じゃじゃ馬ならし(シェイクスピア、ウィリアム)	04528
邪宗徒(バイロン,G.)	07958
ジャズ(モリスン、トニ)	12520
ジャスティス艦長物語(フォレスト、アンソニー)	09440
シャタカ(バルトリハリ)	08630
ジャータカ(作者不詳)	14625
ジャータカマーラー(作者不詳)	14626
ジャータカ物語(作者不詳)	14627
シャタパタ・ブラーフマナ(作者不詳)	14628
ジャチンタ(カプアーナ)	02311
ジャッカルの日(フォーサイス、フレデリック)	09376
借金から抜け出し、そのまま二度とお金を借りず、豊かに生きる方法(マンディス、ジェロルド)	11961
ジャック(ドーデ、アルフォンス)	07318
ジャック・ウェルチ わが経営(ウェルチ、ジャック)	01168
ジャック・オブリー・シリーズ(オブライアン、パトリック)	01958
ジャック・デンプシー自伝―拳聖デンプシーの生涯(デンプシー、ジャック)	07130
ジャックと豆の木(作者不詳)	14629
ジャック・ベッソン氏の機械と器具の劇場(ベッソン)	10511
ジャック・ローラー(ショウ,C.R.)	05260
ジャック・ロンドン―馬に乗った水夫(ストーン、アーヴィング)	05730
ジャック・ロンドン放浪記(ロンドン、ジャック)	14391
斜塔(ポーター、キャサリン・アン)	11102
シャドウ・ラインズ―語られなかったインド(ゴーシュ、アミタヴ)	03881
シャドウ・ワーク(イリッチ、イヴァン)	00690
シャドー81(ネイハム、ルシアン)	07760
シャー・ナーメ(フェルドウスィー)	09310
謝肉祭劇(ザックス、ハンス)	04299
ジャニス―ブルースに死す(ドルトン)	07525
シャニダール洞窟の謎(ソレツキ,R.S.)	06094
シャバット―安息日の現代的意味(ヘッシェル、エイブラハム・ジョシュア)	10489
ジャパニーズ・マネジメント(エイソス、アンソニー)	01454
ジャパニーズ・マネジメント(パスカル、リチャード)	08196
シャバラ・バーシュヤ(作者不詳)	14630
ジャパン アズ ナンバーワン(ヴォーゲル、エズラ・F.)	01250
しゃぼん玉の科学(ボイス,C.V.)	10941
ジャマイカの烈風(ヒューズ、リチャード)	08952
シャム王国紀事(スハウテン)	05740
シャムセ・タブリーズ詩集(ルーミー)	13804
沙門不敬王者論(慧遠)	01501
写楽(クルト、ユリウス)	03310
ジャラナスの顔(ハーディ、ロナルド)	08323
シャーリー(ブロンテ、シャーロット)	10304

邪龍ウロボロス(エディスン)	01552
車輪の下(ヘッセ,ヘルマン)	10499
シャルル9世在位年代記(メリメ,プロスペル)	12290
シャルルマーニュの巡礼(作者不詳)	14631
シャルロット・ペリアン自伝(ペリアン,シャルロット)	10638
シャーロック・ホームズ(ドイル,アーサー・コナン)	07154
シャーロック・ホームズ氏の素敵な冒険(メイヤー,ニコラス)	12229
シャーロック・ホームズの冒険(ドイル,アーサー・コナン)	07155
シャーロットのおくりもの(ホワイト,E.B.)	11410
ジャワ史(メース,フロイン)	12245
ジャワ誌(ラッフルズ)	13041
ジャワ島のカーヴィ語について(フンボルト,ヴィルヘルム・フォン)	10318
ジャワ岬(ハーゲスハイマー)	08121
ジャン(プラトーノフ,アンドレイ・プラトーノヴィチ)	09739
ジャン・クリストフ(ロラン,ロマン)	14331
ジャングル(シンクレア,アプトン)	05440
ジャングル・ブック(キップリング,ラディヤード)	02657
ジャン・スボガール(ノディエ,C.)	07841
シャンターのタム(バーンズ,ロバート)	08741
シャーンディリヤ・バクティスートラ(作者不詳)	14632
ジャンヌ・ダルク(カルメット)	02474
ジャンヌ・ダルクの愛徳の神秘(ペギー,シャルル)	10389
ジャンヌ・ダルクの生涯(フランス,アナトール)	09836
上海の長い夜(鄭念)	06696
シャンパヴェール悖徳物語(ボレル)	11391
ジャン・バロワ(マルタン・デュ・ガール,ロジェ)	11867
ジャン・ブルスカの日記(ヴァンバ)	00826
ジャン・モネ 回想録(モネ,ジャン)	12442
自由(ガロディ)	02505
自由(プーシキン,アレクサンドル・セルゲーヴィチ)	09510
自由意志(ハリス,サム)	08517
自由意志論(エドワーズ,ジョナサン)	01562
自由意志論(エラスムス)	01606
自由意志論(バラ,L.)	08482
集韻(丁度)	06695
十韻彙編(劉復)	13497
周易(作者不詳)	14633
周易注(王弼)	01817
自由への挑戦(スキナー,B.F.)	05517
自由への逃亡(バスケイス=フィゲロウァ)	08199
自由への長い道(マンデラ,ネルソン)	11964
自由への道(サルトル,ジャン=ポール)	04390
自由への道(ラッセル,バートランド)	13023
終焉の時代に生きる(ジジェク,スラヴォイ)	04712
十王子物語(ダンディン)	06377
自由王政の真の法(ジェームス1世)	04625
銃を持った人(ポゴージン)	11048
宗教及宗教学の本質(トレルチ)	07564
自由海論(グロティウス,フーゴー)	03433
収穫(ニコラーエヴァ)	07674
収穫と蒔いた種と(グロタンディーク,アレクサンドル)	03414
十月革命への道(スターリン,I.V.)	05585
10月1日では遅すぎる(ホイル,フレッド)	10967
十月の夜(ネルヴァル,ジェラール・ド)	07795
10月はたそがれの国(ブラッドベリ,レイ)	09726
自由からの逃走(フロム,エーリッヒ)	10287
習慣の思惟能力に及ぼす影響(ビラン,メーヌ・ド)	09003
習慣論(メーヌ・ド・ビラン)	12273
習慣論(モリアン,ラヴェソン)	12494
習慣論(ラヴェッソン)	12875
周期的過剰生産恐慌論(アフタリオン)	00228
十牛図(廓庵師遠)	02152
19世紀イギリス国民史(アレヴィ,エリ)	00432
19世紀イギリス史(トレヴェリヤン)	07546
19世紀イギリスの工業および商業革命(ノールズ)	07861
19世紀インド史(シュナーベル)	05056
19世紀大辞典(ラルース)	13140
19世紀ドイツ史(トライチュケ,H.v)	07423
19世紀ドイツ名作集(シュタイガー)	04984
19世紀における革命の一般的理念(プルードン)	10054
19世紀における言語学,方法と成果(ペーデルセン,H.)	10546
19世紀における私法の発展(ヘーデマン)	10543
19世紀における数学の発展についての講義(クライン,フェリックス)	03028
十九世紀の独逸思想界に於ける哲学(ヴィンデルバント)	01026
19世紀の歴史と歴史家(グーチ)	02941
19世紀文学研究(ファゲ)	09108
19世紀ヨーロッパ史(クローチェ,ベネデット)	03417
19世紀ロシア文学史(クリコーフスキー,オフシャニ)	03169

宗教(批評と予想)(ディキンソン)	06719
宗教及倫理学に於ける思想的背景の変化(カー,H.W.)	02061
宗教改革時代のドイツ史(ランケ,レオポルト・フォン)	13171
宗教改革の諸原因(ベロー,シャルル)	10823
宗教学概論(エリアーデ,ミルチア)	01611
宗教史(ムーア,ジョージ・エドワード)	12161
宗教史概論(ゼーダーブローム,ナータン)	05922
宗教史綱要(ティーレ)	06874
宗教史大系(ソーセー,シャントピー・ド・ラ)	06053
宗教史に照らしてみたギリシア・オリエント心説(ケレーニイ,カール)	03703
宗教社会学論文集(ウェーバー,マックス)	01113
宗教心理学(プラット)	09721
宗教生活の原初形態(デュルケム,エミール)	07058
宗教精神病理学入門(シュナイダー,K.)	05055
宗教的経験の諸相(ジェームズ,ウィリアム)	04615
宗教哲学(カント,イマヌエル)	02560
宗教哲学(プライデラー)	09647
宗教哲学概論(サバティエ,A.)	04333
宗教哲学講義(ヘーゲル,ゲオルク・ヴィルヘルム・フリードリヒ)	10407
宗教哲学史(プフライデラー,オットー)	09612
宗教哲学論集(ヒューゲル)	08943
宗教と科学の闘争史(ドレーパー)	07560
宗教と近代国家(ドーソン,クリストファー)	07299
宗教と資本主義の興隆(トーニー)	07328
宗教と人生(オイケン,ルドルフ)	01782
宗教と哲学(シェーラー,マックス)	04631
宗教と文化(マリタン)	11785
宗教に関する無関心(ラムネー)	13132
宗教の起原と発達に関する講話(ミューラー,フリードリヒ・マックス)	12058
宗教の教義(マクタガルト)	11542
宗教の自然史(ヒューム,デイヴィッド)	08982
宗教の真諦(オイケン,ルドルフ)	01783
宗教のダイナミックス─世俗化の宗教社会学(ドベラーレ)	07362
宗教の哲学(ヒック,ジョン)	08892
宗教の復讐(ケペル,ジル)	03633
宗教の発端(カルステン)	02425
宗教の発端(マレット,R.R.)	11910
宗教の本質(ヴォツバーミン)	01259
宗教の本質(フォイエルバッハ,ルードヴィヒ)	09339
宗教の理論(バタイユ,ジョルジュ)	08240
宗教論(シュライエルマッヘル,フリードリヒ)	05140
宗教論(ミル,ジョン・スチュアート)	12107
十九世紀文学の主潮(ブランデス,ゲオルク)	09857
従兄バジーリオ(ケイロース,エッサ・デ)	03519
従兄ポンス(バルザック,オノレ・ド)	08581
自由劇場の思い出(アントワーヌ)	00539
銃撃の森(ゴズリング)	03891
自由・権力・民主的計画(マンハイム,カール)	11969
集合行為論(オルソン,マンサー)	02001
集合行動の理論(スメルサー)	05842
集合的記憶(アルヴァクス,M.)	00353
集合に関する諸論文(カントール)	02577
十五少年漂流記(ヴェルヌ,ジュール)	01190
15世紀印刷書総目録(ハイン)	07965
十五世紀および十六世紀における人間の理解と分析(ディルタイ,ウィルヘルム)	06862
15世紀におけるイギリス貿易の研究(パワー,アイリーン)	08693
15世紀におけるイギリス貿易の研究(ポスタン)	11069
15世紀レメンサ農民史(ビーベス,V.)	08924
十三経索引(葉紹鈞)	12761
集産主義経済計画論(ハイエク,F.A.v.)	07893
集産主義と社会主義(ゲード)	03600
13世紀イングランド農業史研究(コスミンスキー,E.A.)	03890
13世紀イングランド農民(ホーマンズ)	11250
13世紀フランスの宗教美術(マール)	11805
13の時計(サーバー,ジェイムズ)	04329
13番目の女(ソモサ,ホセ・カルロス)	06077
13夜話(ストラパローラ)	05693
十字を書く人々(アンツェングルーバー)	00510
十字架の姉妹(レーミゾフ)	14021
十字軍史(ミショー,H.)	11989
十七史商榷(王鳴盛)	01821
修辞と説明の書(ジャーヒズ)	04867
従士マルコス・デ・オブレゴンの生涯(エスピネル)	01529
自由社会における完全雇用(ベヴァリッジ)	10383
自由社会におけるリーダーシップ(ホワイトヘッド,アルフレッド・ノース)	11423
自由社会のための経済政策(サイモンズ,H.)	04256
十住毘婆沙論(龍樹)	13500
自由主義(ホップハウス,レオナード)	11145
自由主義の終焉(ローウィ)	14097
重商主義(ヘクシャー)	10392

作品名	番号
重商主義とその歴史的意義(シュモラー, グスタフ・フオン)	05131
十誦律(作者不詳)	14634
獣人(ダウテンダイ)	06199
囚人のジレンマ(チャマー, A.M.)	06522
囚人のジレンマ(ラパポート, A.)	13070
修正(ベルンハルト, トーマス)	10800
充足的ヒューマニズム(マリタン)	11786
充足理由律の4つの根拠について(ショーペンハウアー, アルトゥール)	05286
習俗論(サムナー)	04349
住宅問題について(エンゲルス, フリードリヒ)	01749
集団行動の経済学(コモンズ, ジョン・ロジャーズ)	03989
集団主義と教育学(マカレンコ, A.S.)	11520
集団心理学序説(ブロンデル, シャルル)	10307
羞恥心の道化(エリス, ハヴェロック)	01649
終点大宇宙(ヴァン・ヴォークト)	00809
修道院回想録―バルタザルとブリムンダ(サラマーゴ, ジョゼ)	04357
修道院と炉辺(リード, チャールズ)	13408
修道士(ルイス, マシュー・グレゴリー)	13630
修道士ベーコンと修道士バンゲイ(グリーン, ロバート)	03271
修道士ルイス・デ・ソーザ(ガレット, アルメイダ)	02480
修道僧(ルイス, マシュー・グレゴリー)	13631
自由と形式(カッシーラー, E.)	02216
自由と人権(張仏泉)	06576
自由と秩序(ハイマン)	07945
10½章で書かれた世界の歴史(バーンズ, ジュリアン)	08738
自由の顛落(ゴールディング, ウィリアム)	04061
17世紀におけるオランダ東インド会社と日本との関係(ナホッド)	07655
17世紀におけるフランスの社会(クーザン)	02917
自由な法発見と自由法学(エールリッヒ, オイゲン)	01695
十二(ブローク, アレクサンドル)	10231
12音技法に基づく対位法の研究(クルジェネク)	03288
12音による作曲技法(ルーファー)	13779
自由に関する問題(ギブソン)	02680
12皇帝伝(スエトニウス)	05505
十二人の評決(ポストゲート)	11074
12世紀のフランスの宗教美術(マール)	11806
十二世紀ルネサンス(ハスキンズ, チャールズ・ホーマー)	08198
自由について(ミル, ジョン・スチュアート)	12108
十二の椅子(イリフ)	00694
十二の椅子(ペトロフ)	10563
12ポンドの目つき(バリ, ジェームス・マチュ)	08506
十二門論(龍樹)	13501
十二夜(シェイクスピア, ウィリアム)	04529
十二遊経(作者不詳)	14635
十二楼(李漁)	13225
十人十色(ジョンソン, ベン)	05342
自由の限界(ブキャナン, J.M.)	09470
自由の子供(ニイル, A.S.)	07663
自由の条件(ハイエク, F.A.v.)	07894
自由の大地―天国の根(ガリ, ロマン)	02380
自由の民(グラトコフ)	03123
醜の美学(ローゼンクランツ)	14185
自由の法(ウィンスタンリー)	01012
自由の法(ドゥオーキン, ロナルド)	07202
十八番目はチボー先生(モーリヤック, フランソワ)	12533
十八史略(曽先之)	06031
18世紀イギリス思想史(スティーヴン)	05634
18世紀における産業革命(マントゥー)	11967
18世紀日蘭交渉史(カイパー)	02083
18世紀の管弦楽(カース)	02170
18世紀のフランス自由思想(マーティン, K.)	11699
周髀算経(周公旦)	04962
十批判書(郭沫若)	02145
銃, 病原菌, 鉄(ダイアモンド, ジャレド)	06159
自由, 平等, 友愛(スティーヴン)	05635
十不二門(湛然)	06386
自由奔放のマネジメント(ピーターズ, トム)	08888
十万歌(ミラ・レパ)	12098
十万白竜(作者不詳)	14636
収容所群島(ソルジェニーツィン, アレクサンドル・イサーエヴィチ)	06086
収容所惑星(ストルガツキー兄弟)	05717
14カ条(ウィルソン, ウッドロウ)	00978
襲来(レオーノフ)	13893
修理屋(マラマッド, バーナード)	11760
重力が衰えるとき(エフィンジャー)	01573
重力の使命(クレメント, ハル)	03393
重力の虹(ピンチョン, トマス)	09076
16, 17世紀の工業組織(アンウィン)	00473
十六世紀及び十七世紀に於ける英国経済学説史(ロッシャー, ヴィルヘルム・ゲオルグ・フリードリヒ)	14223
16世紀末, 17世紀および18世紀の宗教美術(マール)	11807

16世紀政治思想史（アレン，J.W.）	00458
16世紀における政治哲学の発達（メスナー）	12250
16世紀における農業問題（トーニー）	07329
16世紀フランス詩概観（サント・ブーヴ）	04478
自由論（バーリン，アイザイア）	08546
自由論（ミル，ジョン・スチュアート）	12109
シュカ・サプタティ（作者不詳）	14637
主観的不法要素（メッガー）	12259
授業（イヨネスコ，E.）	00680
儒教と道教（ウェーバー，マックス）	01114
宿駅（ブールジェ，ポール）	10011
祝婚歌（シャルドンヌ）	04895
淑女の化粧室（スウィフト，ジョナサン）	05490
主権と国際法（ケルゼン，ハンス）	03671
主権問題と国際法理論（ケルゼン，ハンス）	03672
守護国界主陀羅尼経（作者不詳）	14638
シュザンヌと太平洋（ジロドゥー）	05403
朱子語類（朱子）	04973
朱子語類（黎靖徳）	13835
呪師に成る――イクストランへの旅（カスタネダ，カルロス）	02178
朱子文集（朱子）	04974
呪術・科学・宗教・神話（マリノフスキー，B.）	11796
呪術と実験科学の歴史（ソーンダイク，L.）	06140
種々のガラスの屈折力と色拡散の測定（フラウンホーファー）	09693
種々の空気についての実験と観察（プリーストリー）	09891
侏儒ペーター（シュピース）	05073
授時暦経（郭守敬）	02137
主人と下男（トルストイ，レフ・ニコラエヴィチ）	07501
ジュスチーヌ（ダレル，ロレンス）	06337
繻子の靴（クローデル，ポール）	03440
守銭奴（モリエール）	12499
種族闘争論（グンプロヴィチ）	03490
種族と国家（グンプロヴィチ）	03491
シュタイナー自伝――わが人生の歩み（シュタイナー，ルドルフ）	04988
シュタンツだより（ペスタロッチ）	10436
出アフリカ記 人類の起源（ストリンガー，クリス）	05700
出アフリカ記 人類の起源（マッキー，ロビン）	11660
述学（汪中）	01812
出三蔵記集（僧祐）	06045
シュッツ（モーザー）	12414
術について（作者不詳）	14639
出版業についての真実（アンウィン）	00474
シュティラー（フリッシュ，マックス）	09919
シュテヒリン湖（フォンターネ，テーオドア）	09456
主としてスコットランド方言による詩集（バーンズ，ロバート）	08742
ジューニアス書簡（フランシス）	09821
ジュネーヴ学院規程（カルヴァン）	02399
ジュネーヴ住民の手紙（サン・シモン）	04431
種の起源（ダーウィン，チャールズ）	06182
ジュノーと孔雀（オケイシー）	01858
主婦の誕生（オークレー，A.）	01856
シューベルト――音楽的肖像（アインシュタイン，アルフレート）	00054
シュベルトの旅籠（ベルゲングリューン）	10707
シュペングラー（コクターネク）	03848
シューマン（ヴェルナー，カール）	01181
シューマンとロマン主義の魂（ブリオン）	09878
樹木（クローデル，ポール）	03441
主要消化腺の動きについての講義（パブロフ，イワン）	08427
主要な遺跡（サイイド）	04234
需要の理論と測定（シュルツ，ヘンリー）	05175
需要分析（ウォルド，ヘルマン）	01331
周礼（周公旦）	04963
ジュライの一族（ゴーディマ，ナディン）	03943
ジュリアス・シーザー（シェイクスピア，ウィリアム）	04530
シュリー・バーシュヤ（ラーマーヌジャ）	13113
シュリーマン自伝――古代への情熱（シュリーマン，ハインリヒ）	05162
首楞厳経（作者不詳）	14640
儒林外史（呉敬梓）	03749
ジュルビン一家（コーチェトフ）	03896
シュルレアリスム宣言・溶ける魚（ブルトン，アンドレ）	10060
シューレス・ジョー（キンセラ，W.P.）	02882
シュレーバー回想録（シュレーバー，D.P.）	05194
シュロック・ホームズの冒険（フィッシュ）	09191
シュロップシァの若者（ハウスマン）	08014
循環的な反射（パインズ，M.）	07969
殉教者伝（フォックス）	09400
殉教者の生涯（デュアメル，ジョルジュ）	06979
殉教者の園（カーシフィー）	02164
殉教の処女（デッカー，トマス）	06930
殉教の処女（マッシンジャー，フィリップ）	11688
春香伝（作者不詳）	14641
荀子（荀子）	05207
春秋（作者不詳）	14642
春秋公羊伝（公羊高）	03822
春秋穀梁伝（穀梁赤）	03859
春秋左氏伝（左丘明）	04227

作品名	番号
春秋鍼膏育（鄭玄）	06684
春秋繁露（董仲舒）	07181
春信（クルト，ユリウス）	03311
舜水遺書（朱舜水）	04925
純粋感情の美学（コーエン，ヘルマン）	03835
純粋経験の批判（アヴェナリウス）	00065
純粋経済学原理（パンタレオーニ）	08758
純粋経済学要論（ワルラス）	14491
純粋行動としての精神の概論（ジェンティーレ）	04682
純粋詩（ブレモン，アンリ）	10195
純粋数学入門（ボヤイ，J.）	11273
純粋認識の論理学（コーエン，ヘルマン）	03836
純粋法学（ケルゼン，ハンス）	03673
純粋理性批判（カント，イマヌエル）	02561
純正哲学の根本問題（リンドセイ）	13596
順正理論（衆賢）	04961
春灯謎（阮大鋮）	03713
純な心（フローベール，ギュスターヴ）	10273
春望（杜甫）	07137
巡洋艦アルテミス（フォレスター，セシル・スコット）	09437
巡礼（ボンテンペッリ）	11438
巡礼と放浪の歳月（ヘイデンスタム）	10349
ジョイ・ラック・クラブ（タン，エイミ）	06350
小悪魔（レーミゾフ）	14022
小アダブ（イブヌル・ムカッファ）	00656
ジョヴァンニの部屋（ボールドウィン，ジェイムズ）	11351
小宇宙（ロッツェ，ヘルマン）	14228
荘園（シンガー，アイザック・バシェヴィス）	05424
荘園の発達（ヴィノグラドフ）	00915
生涯教育（ジェルピ，E.）	04667
生涯教育入門（ラングラン，ポール）	13157
詳解ギリシャ語文法（キューナー）	02769
障害児の治療と教育（セガン）	05892
小学（朱子）	04975
小学考（謝啓昆）	04819
小学唱歌集（メーソン，L.W.）	12253
松花江下流のゴールディ族（凌純声）	13535
頌歌，巡礼，アルガバール（ゲオルゲ，シュテファン）	03531
貞観政要（呉兢）	03747
傷寒論（張仲景）	06571
蒸気機関および今日の内燃機関に代るべき合理的な熱機関の理論および構造（ディーゼル）	06759
蒸気機関発達史（ディキンソン，H.W.）	06725
蒸気機関便覧（ランキン）	13152
商企業経済学（ホフマン，A.）	11229
小鬼の市（ロゼッティ）	14182
正気の社会（フロム，エーリッヒ）	10288
消去（ベルンハルト）	10798
状況化された行為と動機の語彙（ミルズ，C.W.）	12122
商業恐慌論（ジュグラール）	04968
商業経営学（シェーア）	04505
商業経営学と個別経済学（ゴンベルク）	04212
商業・高利貸論（ルター）	13727
商業試論（カンティロン）	02546
商業提要（タッカー）	06247
商業的富（シスモンディ，S.d.）	04718
商業と統治（コンディヤック）	04179
状況に埋め込まれた学習（ウェンガー）	01221
状況に埋め込まれた学習（レイヴ）	13836
商君書（商鞅）	05247
象形寓意図の書（フラメル，ニコラ）	09780
正午（レニエ）	13960
小公子（バーネット，F.H.）	08389
小公女（バーネット，F.H.）	08390
上古音表稿（董同龢）	07183
城子崖（李済）	13233
招魂祭（エセーニン，S.A.）	01532
城砦（クローニン，A.J.）	03447
城砦（サン=テグジュペリ，アントワーヌ・ド）	04454
省察（デカルト，ルネ）	06909
省察集（ヒューム，デイヴィッド）	08983
省察と箴言（ヴォーヴナルグ）	01238
常識の原理による人間精神の研究（リード，チャールズ）	13409
消失（ダビディーン，デイヴィッド）	06280
成実論（ハリヴァルマン）	08514
情事の終り（グリーン，グレアム）	03250
小市民の幸福（ポミヤローフスキイ）	11252
勝宗十句義論（チャンドラマティ）	06537
城主の娘（チャルジー，B.C.）	06525
常春藤（デレッダ，グラツィア）	07112
照準儀（ヘロン（アレクサンドリアの））	10841
尚書（作者不詳）	14643
少女ソフィアの夏（ヤンソン，トーヴェ）	12666
少女ポリアンナ（ポーター，エレナ）	11099
傷心の家（ショー，G.B.）	05231
傷心の河（バカン，ジョン）	08071
少数の法則（ボルトケヴィチ）	11357
少数民族の問題または「自治共和国化」の問題によせて（レーニン，ウラジミール・イリイッチ）	13976
少数論（ステヴィン）	05660
小説家とその作中人物（モーリヤック，フラン	

しようせつ　　　作品名索引

項目	番号
ソワ)	12534
小説閑談(阿英)	00083
小説考(ティボーデ,アルベール)	06811
小説作法(キング,スティーヴン)	02861
小説 恋愛をめぐる24の省察(ド・ボトン,アラン)	07367
小説論―『ドス・パソスに即して』など(サルトル,ジャン=ポール)	04391
ジョウゼフ・アンドルーズ(フィールディング,ヘンリー)	09242
商船テナシチー(ヴィルドラック,シャルル)	00997
肖像画(ゴーゴリ,ニコライ・ヴァシーリエヴィチ)	03871
摂大乗論(アサンガ)	00114
小地域社会(レッドフィールド)	13939
掌中論(ディグナーガ)	06734
〈象徴(シンボル)形式〉としての遠近法(パノフスキー,エルウィン)	08397
象徴としての身体(ダグラス,メアリー)	06222
証道歌(玄覚)	03717
情動と意志(ベイン)	10370
浄土往生論(世親)	05916
浄土往生論註(曇鸞)	07603
衝突する宇宙(ヴェリコフスキー)	01138
浄土論註(曇鸞)	07604
小屯3,殷虚器物甲編(李済)	13234
商人カラーシニコフの歌(レールモントフ,ミハイル・ユーリエヴィチ)	14036
商人ギルド(グロス)	03408
承認の原理(ニューマン)	07736
情熱漢シモン(ジロドゥー)	05404
情熱の書(ハウプトマン,ゲルハルト)	08027
少年キム(キップリング,ラディヤード)	02658
少年キーロン・スミス(ケルマン,ジェイムズ)	03690
少年詩園(スティーヴンソン,ロバート・ルイス)	05646
少年時代(トルストイ,レフ・ニコラエヴィチ)	07502
少年時代の思い出(クリャンガ)	03226
少年十字軍(シュウォッブ)	04958
少年船長の冒険(ヴェルヌ,ジュール)	01191
少年の変転(カロッサ,ハンス)	02497
少年非行(ヒーリー,W.)	09009
情念論(デカルト,ルネ)	06910
小農経済の原理(チャヤーノフ,A.V.)	06523
章の終り(デイ・ルイス,C.)	06850
小坡の誕生日(老舎)	14108
消費関数の理論(フリードマン,ミルトン)	09939
消費組合論(ジッド,シャルル)	04746
消費社会の神話と構造(ボードリヤール,ジャン)	11156
消費文化とポストモダニズム(フェザーストン,M.)	09282
常微分方程式(ポントリヤーギン)	11443
小品集(ケーベル)	03631
小品集(パスカル,ブレーズ)	08191
商品による商品の生産(スラッファ,ピエロ)	05851
笑府(馮夢竜)	09263
浄福の島(エルンスト)	01702
勝負の終わり(ベケット,サミュエル)	10400
商法(ヴィーラント)	00932
商法(テール)	07096
商法および航海法(ギールケ)	02805
商法教科書(ゴールトシュミット)	04074
焼棒杭に火がついて(私生活)(カワード,ノエル)	02516
商法原理(ロッコ)	14214
商法史(ユヴラン)	12686
小宝典(ラティーニ)	13044
情報様式論(ポスター,M.)	11068
商法要論(タレル)	06331
商法論(ヴィヴァンテ)	00835
勝鬘経(作者不詳)	14644
成唯識論(ダルマパーラ)	06320
逍遙(ワーズワース)	14462
逍遙遊(マラルメ,ステファヌ)	11764
剰余価値学説史(マルクス,カール)	11826
将来哲学の根本問題(フォイエルバッハ,ルードヴィヒ)	09340
将来の社会科学に関する諸考察(リーリエンフェルト)	13556
正理一滴論(ダルマキールティ)	06318
勝利者キリスト(アウレン)	00080
勝利者ペレ(ネクセ,アナセン)	07768
蒸溜法九書(ポルタ)	11331
笑林(邯鄲淳)	02545
証類本草(唐慎微)	07180
症例ドミニク(ドルト,F.)	07523
招霊妖術師(シラー,フリードリッヒ・フォン)	05359
鐘楼(メルヴィル,ハーマン)	12304
肇論(僧肇)	06041
諸王朝の知識の旅(マクリージー)	11575
女王陛下のユリシーズ号(マクリーン,アリステア)	11581
死よ驕るなかれ(ガンサー,ジョン)	02533
諸解釈の葛藤(リクール)	13314
徐霞客遊記(徐宏祖)	05220
初学集(銭謙益)	05997

初学書（バゼドー） 08220
諸葛孔明の兵法（諸葛亮） 05270
諸葛亮集（諸葛亮） 05271
書簡（アルキフロン） 00357
書簡（キケロ,マーカス・トゥリウス） 02611
書簡（ホラティウス） 11278
書簡詩集（ボアロー,N.） 10920
書簡集（ゴッホ） 03930
書簡集（セヴィニェ夫人） 05883
書簡集（デファン夫人） 06958
書簡集（バルザック,オノレ・ド） 08582
書簡集（プリニウス,C.S.G.） 09951
書簡集（ベルナール,クロード） 10764
書翰第七（プラトン） 09748
初期ギリシア哲学（バーネット,ジョン） 08387
初期神学論文集（ヘーゲル,ゲオルク・ヴィルヘルム・フリードリヒ） 10408
初期のアナトリア（ロイド） 14084
書経（作者不詳） 14645
序曲（ワーズワース） 14463
蝕（茅盾） 10970
職業軍の建設を！（ド・ゴール,シャルル） 07271
職業としての学問（ウェーバー,マックス） 01115
職業としての政治（ウェーバー,マックス） 01116
贖罪論（デール） 07097
触手ある都会（ヴェルアラン） 11140
蜀道難（李白） 13259
触媒について（オストヴァルト） 01894
触発する言葉（バトラー,ジュディス） 08352
食品百科事典（ウォード,A.） 01264
植物解剖学（グルー） 03279
植物学（カエサルピヌス） 02132
植物学教科書（シュトラスブルガー） 05039
植物学史（ザックス,ユリウス・フォン） 04300
植物鑑定学入門（ユング,カール） 12730
植物原因論（テオフラストス） 06905
植物誌（テオフラストス） 06906
植物誌の注釈（フックス,レオンハルト） 09547
植物静力学を含む静力学に関する小論（ヘールズ,スティーヴン） 10726
植物について（アルベルトゥス・マグヌス） 00419
植物について（チェザルピーノ） 06401
植物の化学的研究（ソシュール,ニコラス・テオドール・ド） 06050
植物の花粉に含まれる粒子の顕微鏡観察についての小論,および有機体,無機体一般における活性分子の存在について（ブラウン,ロバート） 09687
植物の性に関する書簡（カメラリウス） 02361
植物の性に関する2,3の実験と観察の予報（ケールロイター） 03696

植物の園（ダーウィ,E.） 06179
植物発生論（シュライデン） 05144
植物変態の研究（ゲーテ,ヨハン・ヴォルフガング・フォン） 03588
植物名実図考（呉其濬） 03746
植民史（コーレンブランデル） 04133
植民政策（ツィンメルマン,W.） 06625
植民政策とその実践（ファーニヴァル） 09121
植民地 帝国50年の光芒（ピーティー,マーク） 08909
植民の書（作者不詳） 14646
諸芸術の照応（スーリオー） 05852
諸芸術の相互関係（マンロー） 11978
処刑の森（レブリャーヌ,リビウ） 14012
諸元素の性質と原子量との関係について（メンデレーエフ） 12369
曙光（ニーチェ,フリードリヒ） 07702
諸国家の興亡に関する政治論（ベッヒャー） 10516
諸国民とその哲学（ヴント,ヴィルヘルム） 01434
諸国民の習俗と精神に関する試論（ヴォルテール） 01322
諸国民の精神（ブリンクマン） 09976
書誌（ヴァン・ホーセン） 00829
書誌（ワルター） 14484
書誌学（ポラード） 11282
書誌学提要（シュナイダー） 05053
書誌学的記述の原理（パワーズ） 08697
書誌学入門（マケロー） 11599
書誌学の手引き（エスデイル） 01523
女子教育論（フェヌロン） 09291
叙事詩伝説（ペディエ） 10533
叙事詩とロマンス（ケア） 03493
書写人バートルビー（メルヴィル,ハーマン） 12305
諸宗教と宗派の書（イブン・ハズム） 00667
叙情詩（ヘンデルリーン） 10870
叙情詩集（ホラティウス） 11279
叙情小曲集（ベッケル） 10482
叙情的家庭薬局（ケストナー,エーリヒ） 03548
抒情民謡集（コールリッジ） 04120
抒情民謡集（ワーズワース） 14464
処女地（ツルゲーネフ,イヴァン・セルゲーヴィチ） 06663
処女峰アンナプルナ（エルツォーグ） 01676
ジョーズ（ベンチリー,ピーター） 10864
ジョスラン（ラマルティーヌ） 13116
女性・エコロジー（デイリー,M.） 06838
諸世紀（ノストラダムス） 07830
諸世紀の伝説（ユゴー,ヴィクトル） 12693
女性自身の文学（ショウォールター,E.） 05265

作品名	番号
女性とお金(オーマン,スージー)	01980
女性・ネイティヴ・他者(ミンハ,T.T.)	12155
女性の解放(ミル,ジョン・スチュアート)	12110
女性の奇怪な統治に反対するトランペットの第一声(ノックス,ジョン)	07834
女性の権利の擁護(ウルストンクラフト)	01400
女性の騒乱(ベイトマン)	10352
女性の脳(ブリゼンディン,ルーアン)	09900
女性の分別(ティルソ・デ・モリーナ)	06857
女性の隷従(ミル,ジョン・スチュアート)	12111
ジョゼフ・フーシェ(ツヴァイク,シュテファン)	06634
初代教会史(リーツマン)	13397
初代3世紀におけるキリスト教の伝道弘布の歴史(ハルナック,アドルフ・フォン)	08635
女中の子(ストリンドベリ,ヨハン・アウグスト)	05707
織工(ハウプトマン,ゲルハルト)	08028
初等数学史(カジョリ,フロリアン)	02167
初等数学史(トロプケ)	07583
初等統計学(ホーエル,P.G.)	11020
諸道路および諸地方の書(イブン・フルダーズベー)	00673
所得税論(セリグマン,エドウィン・ロバート)	05970
所得,貯蓄,消費者行為の理論(デューゼンベリー)	07010
所得と貯蓄における高所得層の分け前(クズネッツ,S.S.)	02929
ジョナサンと宇宙くじら(ヤング,ロバート・E.)	12662
ジョニーは戦場へ行った(トランボ)	07460
諸蕃志(趙汝适)	06565
ショパン―その生涯と芸術(リスト,フランツ)	13333
ショパン伝(マードック,ウィリアム)	11710
諸病源候論(巣元方)	06026
ショーペンハウアー全集(ショーペンハウアー,アルトゥール)	05287
ショーペンハウアーとニーチェ(ジンメル,ゲオルク)	05463
諸民族の芸術(リュツェラー)	13511
諸民族の定住形態と農業制度(マイツェン)	11463
書目答問(張之洞)	06560
書物(シム)	04796
書物愛護史(クラーク)	03056
書物狂の解剖(ジャクソン,ホルブリック)	04840
書物の精髄(ジャルー)	04890
書物の戦争(スウィフト,ジョナサン)	05491
書物の敵(ブレイズ,ウィリアム)	10126
書物の歴史(イリン,ミハイル)	00695
所有せざる人々(ル・グイン,アーシュラ・K.)	13666
所有の窃盗(プリソ)	09902
書林清話(葉德輝)	12764
ジョルジュ・サンド(モーロワ,アンドレ)	12576
ジョルジュ大公妃(フィッシャー,ロジャー)	09186
ジョン王(シェイクスピア,ウィリアム)	04531
ジョン・ケージ(ケージ,J.)	03540
ジョンソン博士の言葉(ボズウェル,J.)	11064
ジョン・ハリファックス(ミューロック)	12069
ジョン・ブルの歴史(アーバスノット,J.)	00221
ジョン・ボールの夢(モリス,ウィリアム)	12509
ジョン・レノン伝説(ゴールドマン)	04084
白毛女(賀敬之)	02043
白樺(ブーベンノフ)	09614
シラーからニーチェへ(チサルシュ)	06468
刺絡(シュトローブレ)	05052
白く渇いた季節(ブリンク,アンドレ)	09973
シラー伝(ベラーマン)	10623
シラノ・ド・ベルジュラック(ロスタン,エドモン)	14165
白雪姫(グリム兄弟)	03217
知られざる傑作(バルザック,オノレ・ド)	08583
シリア縦断紀行(ベル,ガートルード)	10664
シリウス(ステープルドン)	05669
使琉球録(陳侃)	06596
ジル(ロシェル,ドリュ・ラ)	14124
シルヴァニール(メーレ)	12332
シルヴィ(ネルヴァル,ジェラール・ド)	07796
シルヴィアの恋人たち(ギャスケル,エリザベス)	02717
シルヴェストル・ボナールの罪(フランス,アナトール)	09837
シルトの岸辺(グラック,J.)	03107
ジル・ブラース物語(ルサージュ)	13698
シルベルマン(ラクルテル)	12920
シルマリリオン(トールキン,J.R.R.)	07481
司令官(アンダーソン,ジェシカ)	00494
視霊者の夢.形而上学の夢で説明せられたる(カント,イマヌエル)	02562
シレジアの歌(ベズルチ)	10443
試練―悪魔祓い(ミショー,H.)	11990
試練に立つ文明(トインビー,アーノルド)	07163
城(カフカ,フランツ)	02317
白い嵐(ギーグ,C.)	02605
白い牙(ロンドン,ジャック)	14392
白い蜘蛛(ハラー,ハイリンヒ)	08479
白い黒人(メイラー,ノーマン)	12234

白い国籍のスパイ（ジンメル, ヨハネス・マリオ）	05472
白いジャケツ（メルヴィル, ハーマン）	12306
白い母（ソログーブ, フョードル・クジミーチ）	06127
城への招待（アヌイ）	00211
シローカ・ヴァールティカ（クマーリラ）	03006
白銀公爵（トルストイ,A.K.）	07517
白き処女地（エモン）	01602
白黒年代記（コンパーニ）	04199
詩論（朱光潜）	04922
詩論（ホラティウス）	11280
ジロンド派の歴史（ラマルティーヌ）	13117
詩話（作者不詳）	14647
神愛論（サレジオ,F.）	04401
新アラビアン・ナイト（スティーヴンソン, ロバート・ルイス）	05647
新案旧償却法（マッシンジャー, フィリップ）	11689
神異経（東方朔）	07233
新インナーゲーム（ティモシー・ガルウェイ, W.）	06821
新英語辞典（マレー, ジェイムズ）	11907
新英文法（スウィート）	05486
新エッダ（スノリ・ストゥルルソン）	05738
新エロイーズ（ルソー, ジャン＝ジャック）	13717
深淵（アンドレーエフ, レオニード）	00533
人狼を追え（ガードナー, ジョン）	02261
新音楽（カッチーニ）	02231
新音楽の本質について（エルプ）	01688
臣下（マン, ハインリヒ）	11943
進化（ハクスリー）	08102
深海探検家（ビービ, ウイリアム）	08921
進化遺伝学（スミス, ジョン・メイナード）	05820
深海のYrr（シェッツィング, フランク）	04590
深海の放浪者（イシトヴァーン, チェルカ）	00614
新科学（タルタリア）	06312
新科学原理（ヴィーコ）	00851
人格（タゴール, ラビンドラナート）	06232
仁学（譚嗣同）	06354
人格心理学（オールポート,G.W.）	02025
神学・政治論（スピノザ, バールーフ・デ）	05757
神学大全（アクィナス, トマス）	00096
人格的唯心論（スタート, ヘンリー）	05577
人格の次元（アイゼンク, ハンス）	00024
人格の病気（リボー）	13459
人格の力学説（レヴィン, クルト）	13882
人格論（ケーラス）	03649
神学論集（ベーズ,T.de）	10429
進化生物学（フツイマ, ダグラス・J.）	09541
進化と道徳（モルガン, ルイス・ヘンリー）	12548
進化と倫理（ハックスリー, トマス・ヘンリー）	08286
進化ノ限界（アンダーヒル）	00505
進化のテンポと形式（シンプソン）	05451
進化の倫理的方面（ベネット）	10573
シンガポール・グリップ（ファレル, ジェイムズ・G.）	09143
進化論講義（ヴァイスマン）	00727
進化論と倫理学（ハックスリー, トマス・ヘンリー）	08287
申鑒（荀悦）	05206
神観の起原（シュミット, ヴィルヘルム）	05111
心願の国（イェイツ, ウィリアム・B.）	00565
新幾何学入門ならびに平行線の完全な理論（ロバチェフスキー）	14257
新戯曲作法（ロペ・デ・ベーガ）	14304
新戯曲史（クライゼナハ）	03020
ジンギスカン（アンビス）	00542
新旧東インド誌（ファレンタイン）	09145
新教育（ドモラン）	07413
人境廬詩草（黄遵憲）	03790
神曲（ダンテ・アリギエーリ）	06371
新キリスト教（サン・シモン）	04432
呻吟語（呂新吾）	13529
真空管によって電気振動を直流に変換することについて（フレミング, ジョン）	10188
真空に関する（いわゆる）マグデブルクの新実験（ゲーリッケ）	03654
真空に関する新実験（パスカル, ブレーズ）	08192
シング・ソング（ロセッティ）	14179
真紅の花の歌（リンナンコスキ）	13604
新君主論（グラムシ, アントニオ）	03146
神経系の総積作用（シェリントン）	04661
神経言語プログラミング（アンドレアス, S.）	00528
神経言語プログラミング（フォークナー, C.）	09370
神経症という状態（ダンガレムバ, ツィツィ）	06356
神経症はなおせる（アイゼンク, ハンス）	00025
新月（タゴール, ラビンドラナート）	06233
箴言（ヒポクラテス）	08929
人権宣言論（イェリネク, ゲオルグ）	00589
新建築の10年（ギーディオン, ジークフリート）	02665
人権と自然法（マリタン）	11787
人権について（ロールズ, ジョン）	14351
人権論（ペイン, ロバート）	10377
新語（陸賈）	13298
シンゴアラ（リュードベリ）	13521

信号(ガルシン, フセヴォロド・ミハイロヴィチ)	02422	晋書天文志(房玄齢)	11002
人口および道徳統計の結果について(シュモラー, グスタフ・フォン)	05132	晋書天文志(李延寿)	13217
		信じられない航海(ジョーンズ,T.)	05323
信仰・希望・愛(アウグスティヌス)	00074	信じる人, 不具の人(ブランケット, ジェイムズ)	09814
新構成による力学の諸原理(ヘルツ)	10741	心身関係論(ストロング)	05728
人工知能になぜ哲学が必要か—フレーム問題の発端と展開(マッカーシー,J.)	11653	信心生活入門(サレジオ,F.)	04402
新興天文学の観測器械(ブラーエ)	09695	信心生活の入門(フランソワ・ド・サール)	09847
新行動主義心理学(トールマン)	07530	新人世観の綱領(オイケン, ルドルフ)	01784
信仰と知識の書(サアディア・ベン・ヨセフ)	04229	人心哲学要綱(ステュアート, デュガルド)	05672
人口の自然誌(パール)	08557	鐔津文集(契嵩)	03511
信仰の砦(スピナ, アルフォンスス・デ)	05753	信心銘(僧璨)	06038
人工楽園(ボードレール, シャルル)	11159	信ずる意思(ジェームズ, ウィリアム)	04616
新合理主義(スポールディング)	05799	新生(ダンテ・アリギエーリ)	06372
信仰, 理性, 文明(ラスキ,H.)	12973	新生(ローラント・ホルスト・ファン・デル・スハルク)	14343
人口論(マッケンロート,G.)	11684	人生をいかに生きるか(林語堂)	13577
人口論(マルサス, トマス・ロバート)	11856	人生を変える80対20の法則(コッチ, リチャード)	03913
新・国際金融入門(テュー, ブライアン)	06977	人生を開く心の法則(シン, フローレンス・スコヴェル)	05421
新国家論(メンガー, アントン)	12355	人生を導く5つの目的(ウォレン, リック)	01366
新詩集(ハイネ, ハインリッヒ)	07934	人生をよりよく生きる技術(モーロワ, アンドレ)	12577
新詩集(ミュッセ)	12046	神聖家族(エンゲルス, フリードリヒ)	01750
新詩集(リルケ, ライナー・マリア)	13565	神聖家族(マルクス, カール)	11827
新実在論(ホルト, エドウィン)	11346	人生観—形而上学に関する四章(ジンメル, ゲオルク)	05464
真実の瞬間(カールソン, ヤン)	02428	人生ゲーム入門—人間関係の心理学(バーン, エリック)	08709
紳士の友(ベーカー)	10387	人生行路の諸段階(キルケゴール, セーレン)	02816
新社会観(オーウェン, ロバート)	01838	真正国家(シュパン, オトマル)	05071
信者のことば(ラムネー)	13133	人生使用法(ペレック, ジョルジュ)	10807
新車の中の女(ジャプリゾ)	04876	真正蒸留法(ブルンシュヴィッチ)	10097
真珠(スタインベック, ジョン)	05560	人性と社会組織(クーリー)	03161
神樹(鄭義)	06681	人生と太陽(シランペー,F.E.)	05380
人獣裁判(ヴェルコール)	01150	真正なるキリスト教神学の弁明(バークレイ)	08120
新12音符(シェーンベルク)	04688	人生に奇跡をもたらす7つの法則(チョプラ, ディーパック)	06583
新脩本草(蘇敬)	06014	神性について(キケロ, マーカス・トウリウス)	02612
人種学および人種史(アイクシュテット)	00005	人生の秋に(ホイヴェルス, ヘルマン)	10932
人種, 言語, 文化(ボアズ)	10916	人生の小春日和(ゴールズワージー, ジョン)	04046
人種・国民・階級(ウォーラーステイン,I.)	01301	人生の半ば(リンザー)	13581
人種・国民・階級(バリバール, エティエンヌ)	08543	人生の美と苦悩(シランペー,F.E.)	05381
新種の輻射線について(レントゲン)	14046	人生の短さについて(セネカ, ルキウス・アンナェウス)	05943
人種のるつぼを越えて(グレイザー, ネイサン)	03341	新西洋音楽史(グラウト)	03050
人種のるつぼを越えて(モイニハン, ダニエル)	12378		
人種不平等論(ゴビノー)	03961		
真珠湾への道(ファイズ)	09086		
新書(賈誼)	02042		
新序(劉向)	13482		
新植民地主義(エンクルマ,K.)	01734		

作品	番号
新西洋音楽史（パリスカ）	08531
神聖ローマ帝国（ブライス，リチャード）	09639
人性論（ヒューム，デイヴィッド）	08984
人性論（メチニコフ）	12258
人生論（トルストイ，レフ・ニコラエヴィチ）	07503
人生は隊商宿（エズダマル，エミネ・ゼヴキ）	01522
人生は廻る輪のように（キューブラー＝ロス，E.）	02772
人生は夢（カルデロン・デ・ラ・バルカ）	02437
新世界（ヴェスプッチ）	01073
新世界（ワルダ・セラシエ，ヘルイ）	14485
新世界史（コボ）	03976
親切ずくで殺された女（ヘイウッド）	10332
新戦士立ち上がらん（ザーポトッキー）	04340
震川先生集（帰有光）	02596
神仙伝（葛洪）	02207
心臓および肺臓疾患の聴診法（レンネク）	14050
新増東国輿地勝覧（中宗）	06540
心臓に関する研究（ロウア）	14095
人造人間（チャペック，カレル）	06515
親族の基本構造（レヴィ＝ストロース，クロード）	13854
身体技法（モース，マルセル）	12422
新体詩抄（ショーロホフ，ミハイル）	05304
人体生理学講義摘要（ミューラー，ヨハネス）	12060
人体生理学要綱（ハラー，アルブレヒト・フォン）	08476
身体と精神（マクドゥガル，ウィリアム）	11547
身体と文化（ターナー，B.S.）	06264
人体の形（ヒス）	08876
人体の構造（ヴェサリウス）	01047
人体の構造についての七つの本（ヴェサリウス）	01048
人体の変異（シェルドン）	04666
人体比例新論（ツァイジンク）	06616
清代名人伝略（ハメル）	08469
新大陸自然文化史（アコスタ）	00107
死んだ男（ロレンス，D.H.）	14363
神託史（フォントネル）	09461
神智学（シュタイナー，ルドルフ）	04989
新秩序ドイツにおける議会と政府（ウェーバー，マックス）	01117
新・中国文明起源の探求（蘇秉琦）	06019
心的外傷と回復（ハーマン，J.L.）	08442
神的事物とその啓示（ヤコービ）	12623
人的資本（ベッカー，ゲーリー・S.）	10454
シンデレラ（コックス夫人）	03902
新天文学（ケプラー，ヨハネス）	03624
神童から俗人へ―わが幼時と青春（ウィーナー，ノーバート）	00903
神統記（ヘシオドス）	10425
新道徳世界の書（オーウェン，ロバート）	01839
シンドバッドの海へ（セヴェリン，ティム）	05885
シンドラーズ・リスト―1200人のユダヤ人を救ったドイツ人（キニーリー，トマス）	02674
シンナ（コルネイユ，ピエール）	04098
新ナポレオン奇譚（チェスタトン，ギルバード・ケイス）	06405
神人同契（ギブソン）	02681
神人論（ソロヴィヨフ）	06115
信念と腕力（キルダー，ジョージ）	02821
信念の魔術（ブリストル，クロード・M.）	09898
神農本草経（作者不詳）	14648
真の独立への道（ガンジー）	02538
新馬耕農法（タル）	06301
新発見諸島についての報告（コロンブス）	04146
新発見地（フラカン）	09697
審判（カフカ，フランツ）	02318
新版 現代政治理論（キムリッカ）	02702
審判の幻影（バイロン，G.）	07959
神秘主義聖者列伝（アッタール）	00173
神秘主義と言葉（ブルンナー，エミール）	10102
神秘主義の本質（アンダヒル）	00506
真，美，善について（クザン）	02918
神秘的でないキリスト教（トーランド）	07457
神秘の宇宙（ジーンズ）	05446
神秘の島（ヴェルヌ，ジュール）	01192
新百話（作者不詳）	14649
神病論（作者不詳）	14650
新フェビアン論集（クロスマン）	03410
新婦人論（コロンタイ）	04142
人物志（劉劭）	13489
新 物理の散歩道（ロゲルギスト）	14116
新聞記者（フライターク，グスタフ）	09645
人文地理学（クレブス）	03381
人文地理学（ハッシンガー）	08295
人文地理学（ブリューヌ）	09959
人文地理学（マウル，オットー）	11511
人文地理学原理（ヴィダル・ド・ラ・ブラーシュ）	00879
人文地理学原理（ガロワ）	02507
人文地理学の基礎（ソル）	06082
人文地理学の諸問題（ドマンジョン）	07391
人文地理学の目標（シュリューター）	05164
シンベリン（シェイクスピア，ウィリアム）	04532
新貿易国家論（ローズクランス）	14163
進歩への希望―科学の擁護（メダワー）	12257
進歩主義教育とはなにか（ウォシュバーン，W.W.）	01252

進歩と宗教（ドーソン，クリストファー）	07300
進歩と貧困（ジョージ）	05272
進歩とはなにか（ミハイロフスキー，ニコライ）	12038
進歩の理念（ビュアリー）	08940
進歩・平和共存および知的自由（サハロフ，アンドレイ）	04337
シンボリック相互作用論（ブルーマー，H.G.）	10081
シンボル形式の哲学（カッシーラー，E.）	02217
人本主義（シラー，フリードリッヒ・フォン）	05360
人本主義講話（マッケンジー，J.S.）	11680
親密性の変容（ギデンズ，アンソニー）	02671
新民主主義論（毛沢東）	12390
新民説（梁啓超）	13532
人民内部の矛盾の正しい処理の問題について（毛沢東）	12391
人民の子（トレーズ）	07555
人民の敵（イプセン，ヘンリック）	00645
「人民の友」とは何か（レーニン，ウラジミール・イリイッチ）	13977
人民民主主義独裁論（毛沢東）	12392
シンメトリー（ワイル，ヘルマン）	14411
新約華厳経（澄観）	06579
新約聖書（作者不詳）	14651
新約聖書神学（スタウファー，E.）	05568
新約聖書と神話論（ブルトマン，ルドルフ・カール）	10050
新約聖書の宗教史的理解（グンケル）	03481
新約全書（作者不詳）	14652
深夜特急（ノイズ）	07809
深夜プラス1（ライアル，ギャビン）	12796
信用詐欺師（メルヴィル，ハーマン）	12307
信用論（マクロード）	11596
心理学（ヴント，ヴィルヘルム）	01435
心理学（エンゼル）	01762
心理学（ジェームズ，ウィリアム）	04617
新理学（馮友蘭）	09266
心理学概論（ジャッド）	04851
心理学概論（ヘルバルト，ヨハン・フリードリヒ）	10778
心理学原理（ジェームズ，ウィリアム）	04618
心理学原理（ヴント，ヴィルヘルム）	01436
心理学原論（スタウト）	05566
心理学原論（リップス，テオドル）	13387
心理学的タイプ（ユング，カール）	12731
心理学的ユートピア（スキナー，B.F.）	05518
心理学の様相における社会学（エルウッド）	01668
心理学と犯罪（ミュンスターベルヒ）	12071
心理学と民俗学（マレット，R.R.）	11911
心理学と錬金術（ユング，カール）	12732
心理学における科学と偏見（アイゼンク，ハンス）	00026
心理学における力学観（ケーラー）	03639
心理学の根本問題（ジェームズ，ウィリアム）	04619
心理学の最前線—専門家11人との対話（ミラー，ジョナサン）	12077
心理学類型（ユング，C.G.）	04158
心理学・論理学相互の立脚地論（カスト．ロー）	02184
人力以上（ビョルンソン，ビョルンスチェルネ）	08996
心理的自動性（ジャネ，ピエール）	04861
心理的発達の基礎（コフカ）	03968
真理と方法（ガダマー，ハンス=ゲオルク）	02200
真理について（ハーバーマス，ユルゲン）	08415
真理について（ヤスパース）	12638
真理の意味．プラグマティズム続篇（ジェームズ，ウィリアム）	04620
真理の園（サナーイー）	04323
真理の探究（マールブランシュ）	11891
真理の福音（作者不詳）	14653
真理の本質（ジョアッキム）	05240
診療経験（フーフェランド）	09607
心理療法とは何か—九人の心理療法家にきく（ブライ，A.）	09629
真理論（アクィナス，トマス）	00097
森林（オストロフスキイ，アレクサンドル）	01898
森林資源の世界地理（アメリカ地理学協会）	00282
人倫の形而上学の基礎づけ（カント，イマヌエル）	02563
人倫の形而上学・法論（カント，イマヌエル）	02564
人類学（クローバー）	03455
人類学（マレット，R.R.）	11912
人類学教科書（マルティン，ルドルフ）	11880
人類学と植民地主義（ルクレール，G.）	13684
人類学の地平と針路（ゴドリエ）	03953
人類婚姻史（ウェスターマーク）	01058
人類，自然，摂理についての展望（ウォレス，アルフレッド）	01355
人類史の哲学的考察（ヘルダー，ヨハン・ゴットフリート）	10732
人類社会（トゥルンヴァルト）	07246
人類進化の新学説（キース）	02631
人類地理学（ラッツェル）	13036
人類，月に立つ（チェイキン，アンドルー）	06398

人類と機械の歴史（リリー）	13548
人類とその業績（ハースコヴィツ）	08201
人類と文化（ウィスラー）	00871
人類について（ルルー）	13813
人類の医学史的研究（プリチャード）	09908
人類の起源と進化（ルーウィン,R.）	13643
人類の起源と知性の進化（ル・ロワ）	13821
人類の教育（レッシング,ゴットホールド・エフライム）	13933
人類の自然変異について（ブルーメンバッハ）	10091
人類の聖史（ヘス）	10427
人類の発展（ベル）	10662
人類皆殺し（ディッシュ,トマス・M.）	06782
人類物語（バン・ローン,H.W.）	08791
人類歴史哲学考（ヘルデル,ヨハン・ゴットフリード）	10747
心霊修業（イグナティウス・デ・ロヨラ）	00605
人狼（マリアット,F.）	11772
真臘風土記（周達観）	04937
神話学（レヴィ＝ストロース,クロード）	13855
神話綱要（メランヒトン）	12277
神話,祭式,宗教（ラング）	13154
神話作用（バルト,ロラン）	08606
神話と啓示との哲学（シェリング,フリードリヒ・ヴィルヘルム・ヨゼフ・フォン）	04651
神話の力（キャンベル,ジョーゼフ）	02752
神話の力（モイヤーズ,ビル）	12383
神話の哲学（シェリング,フリードリヒ・ヴィルヘルム・ヨゼフ・フォン）	04652
親和力（ゲーテ,ヨハン・ヴォルフガング・フォン）	03589

【す】

随園食単（袁枚）	01731
酔翁談録（羅燁）	12794
西瓜糖の日々（ブローディガン,リチャード）	10259
水銀の実験（トリチェリ）	07470
水経注（酈道元）	13908
水経注疏（楊守敬）	12758
水滸後伝（陳忱）	06603
水滸伝（施耐庵）	04494
推算表（レギオモンタヌス）	13909
隋志（祖沖之）	06017
水車（羅稲香）	12793
水晶（シュティフター,アーダルベルト）	05011
スイス詩小論（ハラー,アルブレヒト・フォン）	08477
スイス週報（ペスタロッチ）	10437
スイス小史（ボンジュール）	11432
スイスにて（スウォヴァツキ）	05504
スイスの地質（ハイム,A.）	07946
スイスの民俗衣装（ハイエルリ）	07900
スイスのロビンソン（ウィース）	00865
彗星天文学概説（ハレー,エドモンド）	08651
推測と反駁（ポパー,カール・R.）	11182
推測法（ベルヌーイ,ヤコブ）	10771
衰頽論（バルフォア）	08641
水中に溶解した物質の解離について（アレニウス,スヴァンテ）	00446
推定無罪（トゥロー,スコット）	07251
隋唐制度淵源略論稿（陳寅恪）	06595
スイート・ホーム殺人事件（ライス,クレイグ）	12818
水平思考の学習—創造性のテキスト・ブック（デボノ,エドワード）	06968
衰亡記（ウォー,イヴリン）	01233
スイミングプール・ライブラリー（ホリングハースト,アラン）	11300
水雷戦と海中爆破（フルトン）	10051
水理建築術（ベリドール）	10645
推理の心理（ピルスビュリー）	09027
推理の心理学（ビネー）	08915
スウィム・トゥー・バーズにて（オブライエン,フラン）	01966
スウィンバーン詩集（スウィンバーン）	05496
スウェーデンヒエルム家（ベリーマン）	10646
数学をつくった人々（ベル,E.T.）	10677
数学が驚異的によくわかる（ジョンソン,J.）	05349
数学が驚異的によくわかる（スワン,J.）	05863
数学から超数学へ—ゲーデルの証明（ナーゲル,E.）	07618
数学から超数学へ—ゲーデルの証明（ニューマン,J.R.）	07740
数学基礎論（ヒルベルト,D.）	09050
数学基礎論（ベルナイス）	10757
数学原論（ブルバキ,ニコラ）	10075
数学史（スミス,D.E.）	05828
数学史講義（カントール）	02578
数学的心理学（エッジワース,フランシス・イシドロ）	01547
数学の説論と論証（ガリレイ,ガリレオ）	02389
数学的に取扱ったガルヴァーニ電池（オーム）	01981
数学的論理学（クワイン）	03476
数学と自然科学の哲学（ワイル,ヘルマン）	14412
数学とは何か（クーラント,R.）	03159

数学とは何か(ロビンズ,H.) ……………… 14274
数学の教授(ペリー) ………………………… 10634
数学の限界(チャイティン,グレゴリー・J.) ………………………………………… 06478
数学の原理(クーテュラー) ……………… 02967
数学の原理(ホワイトヘッド,アルフレッド・ノース) ……………………………… 11424
数学の原理(ラッセル,バートランド) …… 13024
数学の公式(ペアノ) ……………………… 10329
数学の問題(ヒルベルト,D.) ……………… 09051
数学遊戯(ドゥードニー) ………………… 07230
数学遊戯と随筆(バル) …………………… 08556
数学力 これだけできれば人生リッチ!(ハーシー,ロバート・L.) ………………… 08134
崇高と美の観念の起原(バーク,エドマンド) ……………………………………… 08081
崇高なる信仰(アブラハム・イブン・ダウド) ………………………………………… 00232
崇高について(シラー,フリードリッヒ・フォン) ……………………………………… 05361
崇高について(ロンギノス) ……………… 14379
数書九章(秦九韶) ………………………… 05412
崇有論(裴頠) ……………………………… 07880
数理経済学(アレン,F.L.) ………………… 00455
数理精蘊(康熙帝) ………………………… 03814
数理哲学序説(ラッセル,バートランド) … 13025
スエズ地狭の開通(レセップス) ………… 13924
スエデンボルグ伝(トロブリッヂ) ……… 07584
須恵村(エンブリー) ……………………… 01777
須恵村の女たち(ウィスウェル,エラ・R.) … 00866
須恵村の女たち(スミス,ロバート・J.) … 05825
スカイジャック(ケンリック,トニー) … 03732
スカイラーク・シリーズ(スミス,E.E.) … 05829
図画見聞志(郭若虚) ……………………… 02136
スキズマトリックス蟬の女王(スターリング,ブルース) ………………………… 05596
過ぎたる愛(ヘイウッド,イライザ) …… 10333
スキート・サルマート考古学の諸問題(シェーロフ) ……………………………… 04673
数奇なる奴隷の半生(ダグラス,フレデリック) ……………………………………… 06219
スキュデリー嬢(ホフマン,エルンスト・テオドール・アマデウス) ……………… 11222
宗鏡録(延寿) ……………………………… 01761
救いを求める女たち(アイスキュロス) … 00018
救いを求める女たち(エウリピデス) …… 01487
救われたヴェニス(オトウェイ,トマス) … 01936
スクタレーフスキー(レオーノフ) ……… 13894
宿曜経(作者不詳) ………………………… 14654
すぐり(チェーホフ,アントン・パーヴロヴィチ) ……………………………………… 06428

スクリーン上の絵画美(フリーバーグ) … 09952
スクールボーイ閣下(ル・カレ,ジョン) … 13658
図形の射影的性質について(ポンスレ) … 11433
図形の分割(エッゲルト) ………………… 01543
スケッチ・ブック(アーヴィング,ワシントン) ……………………………………… 00062
スコット最後の探検(スコット,R.F.) …… 05536
スコットランド宗教改革史(ノックス,ジョン) ………………………………………… 07835
スコットランド女王メアリー(アンダスン,マックスウェル) …………………… 00491
スコットランド人の統治権について(ブカナン) ………………………………………… 09465
スコーピオン暗礁(ウィリアムズ,チャールズ) ……………………………………… 00939
スコラ方法史(グラーブマン) …………… 03142
鈴とざくろ(ブラウニング,ロバート) … 09666
スズメバチ(ハントケ,ペーター) ……… 08773
雀横丁年代記(ラーベ) …………………… 13105
図説 死の文化史(アリエス,フィリップ) … 00313
図説・人類の進化(ランバート,デビッド) … 13200
図説 台湾の歴史(周婉窈) ………………… 04933
図説 都市の世界史(ベネヴォロ,レオナルド) ………………………………………… 10571
図像と理念(リード,H.) …………………… 13413
スター(モラン,エドガール) ……………… 12491
スタイルズ荘の怪事件(クリスティ,アガサ) ………………………………………… 03176
スターキング(ハミルトン,エドモンド) … 08450
スタータイド・ライジング(ブリン) …… 09970
スターバック号を奪回せよ(カッスラー,クライブ) ……………………………………… 02221
スターバックス再生物語(ゴードン,ジョアンヌ) ……………………………………… 03955
スターバックス再生物語(シュルツ,ハワード) ……………………………………… 05170
スターバックス成功物語(シュルツ,ハワード) ……………………………………… 05171
スターバックス成功物語(ヤング,ドリー・ジョーンズ) ……………………………… 12661
スターメーカー(ステープルドン) ……… 05670
スターリン伝(ドイッチャー,I.) ………… 07146
スターリンの後継者(エフトゥシェンコ,E.A.) ……………………………………… 01578
スタンス(モレアス) ……………………… 12558
スタンド・バイ・ミー(キング,スティーヴン) ………………………………………… 02862
スタンレー──岩をくだく男(ファーウェル) ………………………………………… 09100
スタンレー・ホフマン国際政治論集(ホフマン,スタンレー) ………………………… 11228

スチュアート朝時代のイギリス（トレヴェリヤン）	07547	スフィンクスの謎（シラー,フリードリッヒ・フォン）	05362
スッタニパータ（作者不詳）	14655	ヅーフ日本回想録（ヅーフ）	05763
ずーっとずっとだいすきだよ（ウィルヘルム,ハンス）	01002	スプレー号世界周航記（スロ−カム,J.）	05859
スティーブ・ジョブズ（アイザックソン,ウォルター）	00008	スプーン・リヴァー詞華集（マスターズ）	11629
スティーブ・ジョブズ驚異のプレゼン（ガロ,カーマイン）	02488	スペイン・アメリカ社会経済史（ビーベス,V.）	08925
素敵で大きいアメリカの赤ちゃん（バドニッツ,ジュディ）	08345	スペイン絵画史（マイヤー）	11478
すてきなおじさん（セレディ）	05991	スペイン経済史提要（ビーベス,V.）	08926
捨て子フランソワ（サンド,ジョルジュ）	04467	スペイン語の起原（ピダル,メネンデス）	08889
捨て去ること（ロック,ピーター）	14211	スペイン史概説（クレベア,アルタミラ・イ）	03386
ステパンチコヴォ村とその住人（ドストエフスキー,フョードル・ミハイロヴィチ）	07282	スペインの庭師（クローニン,A.J.）	03448
ステパン・ラージン（ズロービン）	05860	スペインの悲劇（キッド,トマス）	02653
ステーヤ・シャーストラ（作者不詳）	14656	スペインの短い夏（エンツェンスベルガー,H.M.）	01765
ステロ（ヴィニー）	00908	スペインの迷宮（ブレナン,ジェラルド）	10159
ストウラ（作者不詳）	14657	スペイン人によるモルッカ諸島への航海（ピガフェッタ）	08843
ストーカー（ストルガツキー兄弟）	05718	スペクタクルの社会（ドゥボール,ギー）	07234
ストライク・スリーで殺される（ローゼン,R.）	14184	スペクトルと原子構造の理論（ボーア）	10913
ストラヴィンスキー（ホワイト,エリク）	11402	スペース・コロニー2081（オニール,ジェラード）	01942
ストリート・コーナー・ソサエティ（ホワイト,W.F.）	11414	スペース・シャトル・チャレンジャー号の事故に関する大統領調査委員会報告（合衆国大統領調査委員会）	02213
ストリンドベルイ（ヴィルターネン）	00996	すべて王の臣（ウォレン）	01365
ストーン・ジャンクション（ドッジ,ジム）	07304	すべて上昇するものは一点に集まる（オコナー,フラナリー）	01862
ストーン・ダイアリー（シールズ,キャロル）	05394	すべての美しい馬（マッカーシー,コーマック）	11650
砂（メイン,ウィリアム）	12240	すべての科学と学芸に関する万有百科事典（ハリス,ジョン）	08521
砂男（ホフマン,エルンスト・テオドール・アマデウス）	11223	すべての魂（マリアス,ハビエル）	11771
スナーク狩り（キャロル,ルイス）	02747	すべての実なる代数的数の一性質について（カントール）	02579
スナップ・ショット（クィネル,A.J.）	02898	すべては「単純に！」でうまくいく（キュステンマッハー,ヴェルナー・ティキ）	02768
砂の計算者（アルキメデス）	00363	すべては「単純に！」でうまくいく（ザイヴァート,ローター・J.）	04235
砂の城（マードック,アイリス）	11708	スペードの女王（プーシキン,アレクサンドル・セルゲーヴィチ）	09511
砂の妖精（ネズビット,イーディス）	07779	スペンダー詩集（スペンダー）	05790
ズーノミア（ダーウィン,チャールズ）	06183	スポーツ・権力・文化（ハーグリーヴス,J.）	08117
スハイリ号の孤独な冒険（ノックス＝ジョンストン,R.）	07838	スポーツと現代アメリカ（グットマン,A.）	02964
すばらしい！（マヤコフスキー）	11751	スポーツと文明化（エリアス,ノルベルト）	01609
すばらしい新世界（ハックスリー,オルダス）	08279	スポーツと文明化（ダニング,エリック）	06271
すばらしい墜落（巴金）	08074	ズボンをはいた雲（マヤコフスキー）	11752
スパルタ（ミッチェル）	12016	ズボンをはいたロバ（ボスコ,アンリ）	11066
スパルタカス（ファスト,ハワード）	09118	スマイリーと仲間たち（ル・カレ,ジョン）	13659
スピノザの学説（ヤコビ）	12624	スマトラ史（マースデン）	11631
スピノザの生涯と精神（コレス）	04123		
スピノザの生涯と精神（ルカス）	13649		
スーフィーの道（シャー,イドリース）	04817		

すみかなき人間（ホルトゥーゼン）……… 11356
スミス・パピルス（作者不詳）…………… 14658
隅の老人事件簿（オルツィ，バロネス）…… 02003
スミラの雪の感覚（ホゥ，ペーター）…… 10977
スミルノ博士の日記（ドゥーセ）………… 07221
スモール・イズ・ビューティフル（シューマッハー，E.F.）……………………………… 05097
スーヤガダ（作者不詳）…………………… 14659
スラヴ研究便覧（ストラホフスキー）…… 05694
スラヴ語音声学（ブロク）………………… 10241
スラヴ語語源辞典（ベルネカー）………… 10773
スラヴ古代研究提要（ニーデルレ）……… 07719
スラヴ語比較文法（ヴォンドラーク）…… 01369
スラヴ諸語（ナハティガル）……………… 07642
スラヴ祖語（メイエ，アントゥアヌ）…… 12210
スラヴ祖語文法（ミッコラ）……………… 12009
スラン（ヴァン・ヴォークト）…………… 00810
スリーピー・ホローの伝説（アーヴィング，ワシントン）……………………………… 00063
スールサーガル（スールダース）………… 05854
ズールー族のシャカ（モフォロ，トマス）…… 12455
スローターハウス5（ヴォネガット，カート）……………………………………… 01283
スロー・バード（ワトスン，イアン）…… 14470
スンマ・ペルフェクティオニス（作者不詳）…… 14660

【せ】

ゼア・バット・フォア・ザ（スミス，アリ）… 05812
聖アグネス祭前夜（キーツ）……………… 02645
制圧力と権力（サンタヤナ）……………… 04446
聖アントワーヌの誘惑（フローベール，ギュスターヴ）……………………………… 10274
静庵文集（王国維）………………………… 01801
西陰村史前的遺存（李済）………………… 13235
星雲,星団の新総目録（ドライアー）…… 07417
説苑（劉向）………………………………… 13483
西欧経済の起原（ラトゥーシュ）………… 13049
西欧世界と日本（サンソム，G.B.）……… 04437
西欧哲学史（アレクサンドロフ，ゲオルギー）……………………………………… 00439
西欧の精神（シーグフリード，A.）……… 04699
西欧人の眼に（コンラッド，ジョウゼフ）…… 04215
聖王ルイ伝（ジョワンヴィル）…………… 05309
聖歌（マンゾーニ）………………………… 11954
星界の報告（ガリレイ，ガリレオ）……… 02390
性科学（ヒルシュフェルト）……………… 09024
性科学（フイルシュフイールド）………… 09240
星学（アル・バッターニー）……………… 00403

性格形成論（オーウェン，ロバート）…… 01840
西学東漸記（容閎）………………………… 00555
性格と社会構造（ガース）………………… 02172
性格と社会構造（ミルズ,C.W.）………… 12123
性格の基礎（シャンド）…………………… 04911
性格の要素（シイッソン）………………… 04499
性格論（ラ・ブリュイエール）…………… 13100
生活教育論（シャツキー）………………… 04848
生活形態としての国家（チェレン）……… 06447
生活の河（クプリーン）…………………… 02999
生活の盃（ブーニン，イワン・アレクセーヴィチ）……………………………………… 09584
生活の設計（カワード，ノエル）………… 02517
生活のための闘い（ピーサレフ）………… 08870
清嘉録（顧禄）……………………………… 03773
静観詩集（ユゴー，ヴィクトル）………… 12694
世紀を超える風采と文学―現代小説家20人（王徳威）……………………………… 01816
世紀経（作者不詳）………………………… 14661
世紀児の告白（ミュッセ）………………… 12047
正規スペクトルのエネルギー分散則の理論（プランク）……………………………… 09788
正義と非正戦（ウォルツァー,M.）……… 01315
正義の新法（ウィンスタンリー）………… 01013
世紀の初め（ベールイ，アンドレイ）…… 10680
正義の人々（カミュ，アルベール）……… 02348
正義の四人（ウォーレス，エドガー）…… 01359
正義の領分（ウォルツァー,M.）………… 01316
世紀末ウィーン（ショースキー，カール・E.）………………………………………… 05276
正義論（ロールズ，ジョン）……………… 14352
西京雑記（作者不詳）……………………… 14662
性幻想と不安（ディナースタイン,D.）… 06801
成功した環境政策（イェニッケ，マルティン）……………………………………… 00584
成功した環境政策（ヴァイトナー，ヘルムート）……………………………………… 00733
成功と幸せのための4つのエネルギー管理術（シュワルツ，トニー）…………………… 05201
成功と幸せのための4つのエネルギー管理術（レーヤー，ジム）……………………… 14028
成功のための公式ガイドブック（ホプキンズ，トム）…………………………………… 11195
成功はゴミ箱の中に（アンダーソン，ロバート）……………………………………… 00501
成功はゴミ箱の中に（クロック，レイ）… 03423
成功への秘密の扉（シン，フローレンス・スコヴェル）………………………………… 05422
成功へのマスターキー（ヒル，ナポレオン）…… 09020
政策形成の過程（ウッドハウス，エドワード・J.）……………………………………… 01384

政策形成の過程(リンドブロム)	13599	政治経済学の国民的体系(リスト,フリードリヒ)	13337
製作本能と産業技術の状態(ヴェブレン,ソースティン)	01132	政治経済学の常識(ウイックスティード)	00881
生産および配分の活動分析(クープマンス)	02997	政治経済学の諸文献(マカロック)	11523
生産組織と生産計画の数学的方法(カントロヴィッチ,L.V.)	02582	政治経済学の理論(ジェヴォンズ,ウイリアム・スタンレイ)	04579
生産大学設立案(ベラーズ)	10621	政治経済学批判(マルクス,カール)	11828
生産的思考(ヴェルトハイマー)	01175	政治経済学批判要綱〔草案〕(マルクス,カール)	11829
生産と分配の理論の歴史(キャナン,エドウィン)	02726	政治経済学論文集(エッジワース,フランシス・イシドロ)	01548
政治(ラスウェル)	12964	政治原理の研究(キャトリン)	02725
政治遺訓(フリードリヒ2世)	09947	政治権力(メリアム,C.E.)	12280
政治家(プラトン)	09749	政治行動の分析(ラスウェル)	12965
政治学(アリストテレス)	00327	政治算術(ペティ,ウィリアム)	10531
政治学(ダールマン)	06322	政治社会(デ・グレージア)	06917
政治学(トライチュケ,H.v)	07424	政治書(ニザームル・ムルク)	07685
政治学綱要(ミュラー,アダム)	12053	政治神学(シュミット,カール)	05120
政治学史(ジャネ)	04859	政治,政党,圧力団体(ケイ)	03499
政治学説史(ダンニング)	06383	政治地理学(マウル,オットー)	11512
政治学体系(アルトゥジウス,ヨハンネス)	00390	政治地理学(ラッツェル)	13037
政治学大綱(ラスキ,H.)	12974	政治的義務の諸原理(グリーン,トマス・ヒル)	03263
政治学と政府(ガーナー)	02274		
政治学と比較憲法(バージェス,ジョン・W.)	08139	政治的権威の倫理的基礎(ウィロビー,W.W.)	01006
政治学入門(ラスキ,H.)	12975	政治的国家理論(ボーズンキット,B.)	11085
政治学の新しい視座(メリアム,C.E.)	12279	政治的社会の自然的・本質的秩序(ル・メルシエ・ド・ラ・リヴィエール)	13810
政治学要綱(モスカ)	12429	政治的正義(ゴドウィン,ウィリアム)	03947
政治過程(ベントリー)	10871	政治的なものの概念(シュミット,カール)	05121
政治過程論(トルーマン)	07532	政治的なるものの再興(ムフ,C.)	12193
政治経済学概説(モンクレティアン)	12586	政治的反動(コンスタン,バンジャマン)	04170
政治経済学概論(シーニオア)	04761	政治的文書(ティルピツ)	06873
政治経済学概論(セー,J.B.)	05867	政治という虚構―ハイデガー、芸術そして政治(ラバルト,ラクー)	13073
政治経済学教科書(ソ連邦科学院経済学研究所)	06107	政治と行政(グッドナウ)	02962
政治経済学原理(スチュアート,ジェームズ)	05627	政治と犯罪(エンツェンスベルガー,H.M.)	01766
政治経済学原理(バローネ)	08688	政治と法道徳(グスタフ)	02921
政治経済学原理(マカロック)	11522	政治と法道徳(ロイメリ)	14090
政治経済学原理(マルサス,トマス・ロバート)	11857	政治における合理主義に対する反抗(エリオット,ジョージ)	01619
政治経済学原理(ミル,ジョン・スチュアート)	12112	政治における人間性(ウォーラズ)	01294
政治経済学講義(パレート,V.)	08661	政治のかなたに(ドーソン,クリストファー)	07301
政治経済学綱要(ベンサム,ジェレミー)	10855	政治の経済的基礎(ビアード,チャールズ・A.)	08822
政治経済学綱要(ミル,ジョン・スチュアート)	12113	政治の象徴作用(エーデルマン,マーレー)	01556
政治経済学辞典(パルグレーヴ)	08572	政治のなかの人間(リプセット,S.)	13440
政治経済学提要(パレート,V.)	08662	政治の弁証(クリック,バーナード)	03192
政治経済学と資本主義(ドップ,モーリス・H.)	07311	政治の本質と目的(ラッツェンホーファー,グスタフ)	13039

政治問答（ランケ，レオポルト・フォン） …… 13172	精神測定法（ギルフォード,J.P.） ……………… 02838
聖者（フォガッツァーロ，アントニオ） ……… 09346	精神的存在の問題（ハルトマン，ニコライ） ‥ 08618
聖者（マイヤー，C.F.） ………………………… 11495	精神的マスナヴィー（ルーミー） ……………… 13805
生者と死者（ホワイト，パトリック） ………… 11405	聖人伝集（ウォラギネ，ヤコブス・デ） ……… 01293
聖者ニューヨークに現わる（チャータリス） …………………………………………………… 06494	精神と自然（ベイトソン，グレゴリー） ……… 10350
	精神と情熱に関する八十一章（アラン） ……… 00306
聖者の泉（シング，ジョン・ミリントン） …… 05436	精神について──ハイデッガーと問い（デリダ，ジャック） ……………………………………… 07088
聖者の行進（アシモフ，アイザック） ………… 00126	
成熟の年齢（レリス，ミシェル） ……………… 14030	精神の一般理論（ジェンティーレ） …………… 04683
西儒耳目資（トリゴー） ………………………… 07464	精神の危機（ヴァレリー） ……………………… 00795
聖ジュリアン伝（フローベール，ギュスターヴ） ……………………………………………… 10275	精神の貴族（マン） ……………………………… 11926
	精神の生活（アーレント，ハンナ） …………… 00461
青春（コンラッド，ジョウゼフ） ……………… 04216	精神の生態学（ベイトソン，グレゴリー） …… 10351
青春（ハルベ） …………………………………… 08642	精神の発達（ヴェルナー） ……………………… 01178
青春の証し（ブリテン，ヴェラ） ……………… 09930	精神の分析（ラッセル，バートランド） ……… 13026
青春変転（カロッサ，ハンス） ………………… 02498	精神の学としての哲学（クローチェ，ベネデット） ……………………………………………… 03418
聖書（作者不詳） ………………………………… 14663	
西廂記（王実甫） ………………………………… 01805	成人発達とエイジング（サントロック,J.W.） …………………………………………… 04484
清浄道論（ブッダゴーサ） ……………………… 09565	
清浄の園（ミールフワーンド） ………………… 12138	精神病者の描画（プリンツホルン，H.） ……… 09980
生殖質（ヴァイスマン） ………………………… 00728	精神病理学と政治学（ラスウェル） …………… 12966
聖職者の背任（バンダ，J.） …………………… 08756	精神物理学原論（フェヒナー，G.T.） ………… 09297
聖書考古学提要（バロワ） ……………………… 08690	精神分析訓練における乳児観察に関する覚え書き（ビック,E.） ………………………………… 08893
聖女ジョウン（ショー,G.B.） ………………… 05232	
聖書政治学（ボシュエ） ………………………… 11058	精神分析と女の解放（ミッチェル,J.） ………… 12019
聖書物語（バン・ローン，H.W.） …………… 08792	精神分析における生と死（ラプランシュ，J.） ……………………………………………… 13096
聖ジョン（ショー,G.B.） ……………………… 05233	
政治論（カルフーン） …………………………… 02463	精神分析入門（フロイト，ジークムント） …… 10217
政治論（スピノザ，バールーフ・デ） ………… 05758	精神分析に別れを告げよう（アイゼンク，ハンス） ………………………………………………… 00027
政治論集（ウェーバー，マックス） …………… 01118	
政治論集（ヒューム，デイヴィッド） ………… 08985	精神分析の新しい道（ホーナイ，カレン） …… 11166
精神医学概論（クレペリン） …………………… 03387	精神分析の四基本概念（ラカン,J.） ………… 12904
精神医学教科書（ブロイラー） ………………… 10226	精神分析の方法（ビオン） ……………………… 08837
精神医学における絵画表現（ヤカブ,I.） …… 12620	精神分析の倫理（ラカン,J.） ………………… 12905
精神医学の構造力動的基礎（ヤンツァーリク，W.） …………………………………………… 12671	精神分裂（ビンスワンガー,L.） ……………… 09067
	聖人屋敷（シュテール） ………………………… 05019
精神科学概論（ディルタイ，ウィルヘルム） ‥ 06863	精神力（ベルグソン，アンリ） ………………… 10699
精神科学序説（ディルタイ，ウィルヘルム） ‥ 06864	精神論（エルヴェシウス） ……………………… 01666
精神科学としての文学史（チサルシュ） ……… 06469	精神論（ダイ） …………………………………… 06162
精神学（ベイン） ………………………………… 10371	整数論研究（ガウス） …………………………… 02104
精神現象学（ヘーゲル，ゲオルク・ヴィルヘルム・フリードリヒ） ……………………… 10409	整数論入門（ヴィノグラードフ,I.M.） ……… 00920
	醒世姻縁伝（西周生） …………………………… 05875
精神現象の分析（ミル，ジョン・スチュアート） ……………………………………………… 12114	醒世恒言（馮夢竜） ……………………………… 09264
	生政治の誕生（フーコー，ミシェル） ………… 09487
精神・自我・社会（ミード,M.） ……………… 12026	生成文法の企て（チョムスキー，ノーム） …… 06587
精神指導の規則（デカルト，ルネ） …………… 06911	聖戦志（アル・ワーキディー） ………………… 00429
精神史としての美術史（ドヴォルジャック） ……………………………………………………… 07207	聖像破壊者（マルセル） ………………………… 11861
	生態学的視覚論──ヒトの知覚世界を探る（ギブソン,J.J.） …………………………………… 02683
精神生活の哲学概論（オイケン，ルドルフ） ‥ 01785	
精神生活の統一（オイケン，ルドルフ） ……… 01786	聖体礼儀（クリソストムス,J.） ……………… 03187

星団（シャプリー） ………………………… 04875
聖地回復論（デュボワ, P.） ………………… 07025
聖秩について（作者不詳） ………………… 14664
成長期の手記（ゴンブロビッチ, W.） ……… 04207
成長の儀式（パンシン） …………………… 08734
成長の限界―ローマ・クラブ「人類の危機」
　レポート（ローマ・クラブ） ……………… 14315
成長理論（ソロー, ロバート・M.） ………… 06113
性的精神病質（クラフト・エービング） …… 03141
性的倒錯（エリス, ハヴエロック） ………… 01650
政党社会学（デュヴェルジェ） …………… 07001
政道と治道（牟宗三） ……………………… 10974
正統とは何か（チェスタトン, ギルバード・ケ
　イス） ………………………………………… 06406
青銅の騎士（プーシキン, アレクサンドル・セ
　ルゲーヴィチ） ……………………………… 09512
政党論（デュヴェルジェ） ………………… 07002
政党論（ボーリングブルック） …………… 11303
制度経済学（コモンズ, ジョン・ロジャー
　ズ） ………………………………………… 03990
生と死の生理学的研究（ビシャ） ………… 08872
生と死の分岐点―山の遭難に学ぶ安全と危険
　（シューベルト, ピット） ………………… 05094
性と性格（ワイニンゲル） ………………… 14408
税と正義（ネーゲル, T.） …………………… 07778
税と正義（マーフィー, L.） ………………… 11738
性と生命（スミス, ゴールド） …………… 05817
制度の行動（オールポート, G.W.） ……… 02026
生徒の権利（アメリカ自由人権協会） …… 00279
聖なる戦い（バンヤン, ジョン） …………… 08787
聖なる泉（ジェイムズ, ヘンリー） ………… 04559
聖なる侵入（ディック, フィリップ・K.） … 06773
聖なる生活（オーロビンド） ……………… 02035
聖なる生活の規則と実行（テーラー） …… 07074
聖なる魂のよろこび（アンゲルス・ジレジウ
　ス） ………………………………………… 00475
聖なる天蓋（バーガー, ピーター） ………… 08062
聖なるもの（ヴィンデルバント） ………… 01027
聖なるもの（オットー） …………………… 01918
聖なるものの社会学（カイヨワ, ロジェ） … 02086
聖なる予言（レッドフィールド, ジェーム
　ズ） ………………………………………… 13942
聖ニコラ劇（ボデル） ……………………… 11149
生に対する歴史の利と害（ニーチェ, フリード
　リヒ） ……………………………………… 07703
青年（シュトラウス, ボート） …………… 05035
青年期（ホール, G.S.） ……………………… 11320
青年時代（トルストイ, レフ・ニコラエヴィ
　チ） ………………………………………… 07504
青年同盟の任務（レーニン, ウラジミール・イ
　リイッチ） ………………………………… 13978

青年徳育論（フェルステル） ……………… 09308
青年に訴える（クロポトキン） …………… 03464
青年の教育について（ツヴィングリ） …… 06641
青年の告白（ムア, ジョージ） …………… 12160
青年の心理（シュプランガー, エドゥアル
　ト） ………………………………………… 05081
青年の精神生活（ビューラー, シャルロッ
　テ） ………………………………………… 08991
青年の体操（グーツ・ムーツ） …………… 02965
成年の秘密（カロッサ, ハンス） ………… 02499
青年ルター（エリクソン, E.H.） ………… 01643
生の形式（シュプランガー, エドゥアルト） … 05082
生のさなかにも（ビアス, アンブローズ） … 08810
生の実現（タゴール, ラビンドラナート） … 06234
生の絨毯（ゲオルゲ, シュテファン） …… 03532
生の勝利（ジャム, フランシス） ………… 04884
性の署名（タッカー, パトリシア） ……… 06249
性の署名（マネー, J.） ……………………… 11721
性の心理学研究（エリス, ハヴエロック） … 01651
性の政治学（ミレット, K.） ……………… 12144
生の哲学（ジンメル, ゲオルク） ………… 05465
生の悲劇的感情（ウナムーノ） ………… 01390
性の弁証法（ファイアストーン） ………… 09085
性の歴史（フーコー, ミシェル） ………… 09488
聖杯と剣（アイスラー, リーアン） ……… 00022
聖杯物語（作者不詳） …………………… 14665
聖バルバラの漁民一揆（ゼーガース, アン
　ナ） ………………………………………… 05889
聖貧（シランペー, F.E.） ………………… 05382
聖武記（魏源） …………………………… 02594
征服王コナン（ハワード, ロバート・E.） … 08702
征服されざる人々（フォークナー, ウィリア
　ム） ………………………………………… 09359
征服者（マルロー, アンドレ） …………… 11899
征服の精神（コンスタン, バンジャマン） … 04171
西部戦線異状なし（レマルク, R.） ……… 14016
生物学原理（スペンサー, ハーバート） … 05781
生物学史（シンガー, チャールズ） ……… 05428
生物学史（ノルデンショルド） ………… 07864
生物学説史（ラードル） ………………… 13067
生物学的思考の危機と転回点（マイヤー, E.
　W.） ………………………………………… 11499
生物学の哲学的基礎（ホールデーン） …… 11345
生物から見た世界（ユクスキュル） …… 12687
生物圏（ベルナルドスキー, V.I.） ………… 10767
生物進化とハンディキャップ原理―性選択と
　利他行動の謎を解く（ザハヴィ, アヴィシャ
　グ） ………………………………………… 04330
生物進化とハンディキャップ原理―性選択と
　利他行動の謎を解く（ザハヴィ, アモツ） … 04331

生物進化の主要因（コープ）	03964
生物の大きさとかたち―サイズの生物学（ボナー，J.T.）	11164
生物の大きさとかたち―サイズの生物学（マクマホン，T.A.）	11571
生物の哲学（ドリーシュ）	07467
政府に関する省察（バーカー）	08058
政府の起原と本質（テンプル）	07132
政府の第1原理に関する省察（プリーストリー）	09892
西部放浪記（トウェイン，マーク）	07194
聖フランチェスコの小さい花（作者不詳）	14666
政府論（シドニー，アルジャール）	04753
政府論（マッキーヴァー，R.M.）	11664
政府論（ミル，ジョン・スチュアート）	12115
政府論（ロック，ジョン）	14208
政府論断章（ベンサム，ジェレミー）	10856
清平山堂話本（洪楩）	03806
聖ペテルスブルグ夜話（メーストル）	12248
聖母奇跡劇（作者不詳）	14667
聖魔女術―スパイラル・ダンス（スターホーク）	05584
精密遺伝学原理（ヨハンセン）	12774
精密科学史伝記文献事典（ポッゲンドルフ）	11123
精密科学の論理的基礎（ナトルプ，パウル）	07638
生命ある若者（パゾリーニ，ピエル・パオロ）	08230
生命観の歴史（スミス，C.U.M.）	05827
生命機械説（ローブ）	14286
生命潮流（ワトソン，ライアル）	14479
生命と希望の歌（ダリーオ）	06300
生命とは何か（シュレーディンガー）	05192
生命と非生命のあいだ（アシモフ，アイザック）	00127
生命の家（ロゼッティ）	14183
生命の泉（イブン・ガビロル）	00660
生命の科学（ウェルズ，H.G.）	01158
生命の起源（オパーリン）	01957
生命の起原と進化（オズボーン，H.F.）	01905
生命の多様性（ウィルソン，エドワード・オズボーン）	00983
生命の不可思議（ヘッケル，エルンスト・ハインリヒ）	10487
生命の物理学的基礎（バナール）	08377
生命の未来（ウィルソン，エドワード・オズボーン）	00984
生命保険経済学（ヒューブナー，ソロモン・S.）	08975
生命力について（ライル）	12863
正蒙（張横渠）	06549
誓約論（ダヴィ）	06178
成唯識論（玄奘）	03719
聖諭広訓（雍正帝）	12769
聖ユルゲンにて（シュトルム，テオドール）	05045
西洋印刷文化史（オスワルド）	01907
西洋音楽史（ベッカー，パウル）	10457
西洋音楽文化史（ラング）	13155
西洋古典好色文学入門（ベッカデルリ）	10464
西洋事物起源（ベックマン，ヨハン）	10479
西洋中世政治思想史（カーライル兄弟）	02373
西洋哲学史（ラッセル，バートランド）	13027
西洋の建築（ノルベルグ＝シュルツ，クリスチャン）	07868
西洋の没落（シュペングラー）	05095
西洋美術（フォシヨン，アンリ）	09385
西洋風俗図鑑（ホッテンロート）	11126
西洋文学の日本発見（マイナー，E.）	11465
西洋文化の中国侵略（ヒューズ，E.R.）	08953
西洋論理学史（プラントル，カール・フォン）	09867
性慾異常（エービング，クラフト）	01571
生理学および病理学に応用した有機化学（リービッヒ）	13428
生理学史講義（フォスター，M.）	09396
生理学的心理学綱要（ヴント，ヴィルヘルム）	01437
生理学的美学（アレン，G.）	00457
生理学論（ブルーメンバッハ）	10092
生理光学提要（ヘルムホルツ）	10790
性理大全（胡広）	03861
勢力の法則（ヴィーザー）	00856
聖林（エリオット，ジョージ）	01620
セイル・ホー！（ビセット，J.）	08885
精霊たちの家（アジェンデ，イサベル）	00116
精霊と結婚した男（クラパンザーノ）	03138
聖霊論（バシレイオス）	08174
セヴァストーポリの激戦（ツェンスキー，セルゲーエフ）	06652
セヴァストーポリ物語（トルストイ，レフ・ニコラエヴィチ）	07505
セヴィラの星（ロペ・デ・ベーガ）	14305
セヴィリアの名花（エガ）	01503
ゼウス（クック，A.B.）	02953
セヴン・サーヴァンツ（ビオン，W.）	08839
世界一周旅行（アンソン，ジョージ）	00486
世界映画史（サドゥール）	04314
世界演劇史（マンツィウス）	11957
世界をおれのポケットに（チェイス，ハドリー）	06399
世界を掌握する者（ムカジイ，バーラティ）	12176
世界をゆるがした十日間（リード，ジョン）	13406

世界観の諸類型と形而上学的諸体系における
　その形式（ディルタイ，ウィルヘルム）…… 06865
世界観の心理学（ヤスパース）…………………… 12639
世界観学（ディルタイ，ウィルヘルム）……… 06866
世界教育レポート二〇〇〇―教育権（ユネス
　コ）……………………………………………… 12713
世界経済恐慌史（ヴァルガ，E.）………………… 00770
世界経済恐慌史（ソ連邦科学アカデミヤ世界
　経済・世界政治研究所）……………………… 06106
世界経済と帝国主義（ブハーリン）……………… 09596
世界経済の構造と景気変動（ヴァーゲマ
　ン）……………………………………………… 00742
世界経済の生産空間（リュートゲンス）……… 13517
世界最悪の旅（チェリー＝ガラード）………… 06440
世界史（ヴァルジャヴェク）……………………… 00774
世界史（ケルン）……………………………………… 03698
世界史（ソ連邦科学アカデミヤ）………………… 06105
世界史（ヘルモルト）……………………………… 10793
世界史（ローリー）…………………………………… 14345
世界史概観（ウェルズ，H.G.）…………………… 01159
世界史概観（ランケ，レオポルト・フォン）… 13173
世界史潮（ピレンヌ，アンリ）…………………… 09057
世界システムと女性（ミース，マリア）……… 11994
世界システムの政治経済学（ギルピン）……… 02837
世界システムの動態（モデルスキー）………… 12439
世界史大系（オンケン）…………………………… 02037
世界史的考察（ブルクハルト，ヤコプ）……… 10004
世界史とはなにか，またなんのためにこれを学
　ぶか（シラー，フリードリッヒ・フォン）… 05363
世界史における自然経済と貨幣経済（ドープ
　シュ）…………………………………………… 07342
世界史における日本（サンソム，G.B.）……… 04438
世界史の使命（リース，L.）……………………… 13328
世界資本主義と低開発（フランク，A.G.）…… 09791
世界資本主義とラテンアメリカ（フランク，A.
　G.）……………………………………………… 09792
世界市民主義と国民国家（マイネッケ，フリー
　ドリヒ）………………………………………… 11469
世界宗教史（エリアーデ，ミルチア）………… 01612
世界周航記（クルーゼンシテルン）……………… 03295
世界周航記（ブーガンヴィル）…………………… 09466
世界終末戦争（バルガス＝リョサ，マリオ）… 08566
世界周遊航海における自然地誌的観察（フォ
　ルスター）……………………………………… 09432
世界商業学の体系（ヘラウアー）………………… 10619
世界諸宗教の経済倫理（ウェーバー，マック
　ス）……………………………………………… 01119
世界試論（ボシュエ）……………………………… 11059
世界新周記（ダンピア，ウィリアム）………… 06390
世界図絵（コメニウス，J.A.）…………………… 03985
世界政策（ラインシュ）…………………………… 12869

世界政治論（ダット）……………………………… 06254
世界征服者の歴史（ジュワイニー）……………… 05198
世界大戦回顧録（ロイド・ジョージ）………… 14086
世界大戦に関する考察（ベートマン・ホル
　ヴェーク）……………………………………… 10551
世界大戦の起原（フェイ，シドニー・B.）…… 09275
世界探検史（サイクス，パーシー）……………… 04236
世界地誌（ヴィダル・ド・ラ・ブラーシュ）… 00880
世界地誌（ガロワ）………………………………… 02508
世界地図帳（オルテリウス）……………………… 02012
世界秩序へのアプローチ（コックス，ロバー
　ト）……………………………………………… 03901
世界地理入門（ヴァルトゼーミュラー）……… 00785
世界的規模における資本蓄積（アミン，S.）… 00267
世界でひとつだけの幸せ（セリグマン，マー
　ティン）………………………………………… 05974
世界と個人（ロイス）……………………………… 14077
世界と西欧（トインビー，アーノルド）……… 07164
世界に格差をバラ撒いたグローバリズムを正
　す（スティグリッツ）………………………… 05656
世界の終わり（ボイル，T.コラゲッサン）…… 10968
世界の海底に挑む（クストー，ジャック・イ
　ブ）……………………………………………… 02924
世界の解剖（ダン）………………………………… 06348
世界の危機（チャーチル，ウィンストン）…… 06497
世界の景観地帯（パッサルゲ，S.）……………… 08291
世界の言語（コーアン，マルセル）……………… 03776
世界の言語（メイエ，アントゥアヌ）………… 12211
世界の構造に関する宇宙形体誌的考察（メル
　カトール）……………………………………… 12315
世界の語族と言語圏（シュミット，ヴィルヘル
　ム）……………………………………………… 05112
世界の資源と産業（ジンマーマン，E.W.）…… 05455
世界の諸宗教（バートン，G.A.）………………… 08365
世界の測量―ガウスとフンボルトの物語
　（ケールマン，ダニエル）…………………… 03692
世界の小さな終末（ロシュワルト）…………… 14136
世界の中心で愛を叫んだけもの（エリスン，
　ハーラン）……………………………………… 01653
世界の調律―サウンドスケープとはなにか
　（シェーファー，R.マリー）………………… 04606
世界の調和（ケプラー，ヨハネス）……………… 03625
世界の友（ヴェルフェル）………………………… 01203
世界の中の世界（スペンダー）…………………… 05791
世界のバイテク最前戦はいま―遺伝子工場の
　内幕（ジョン・エルキントン）……………… 05311
世界の霊長類（ネイピア，ジョン）……………… 07763
世界の霊長類（ネイピア，プルー）……………… 07764
世界の論理的構築（カルナップ）………………… 02449
世界はこうなる（ウェルズ，H.G.）……………… 01160
世界美術史（ヴェルマン）………………………… 01212

世界舞踊史(ザックス,クルト)	04295	説書(李卓吾)	13246
世界文学と無産階級(メーリング,フランツ)	12293	摂生法(作者不詳)	14670
		絶対の探求(バルザック,オノレ・ド)	08585
世界文学におけるロシア・リアリズム(ルカーチ,G.)	13651	説得の国で(ソーンダーズ,ジョージ)	06142
		絶望(ナボコフ,ウラジーミル)	07647
世界文学の民話(ツァウネルト)	06617	絶望した男(ブロワ,レオン)	10293
世界文学の民話(ライエン)	12804	絶望のきわみで(シオラン,エミール)	04690
世界文化史大系(ウェルズ,H.G.)	01161	絶望の航海(トマス,ゴードン)	07377
世界文明史物語(ヴァン・ルーン)	00830	絶望の航海(モーガン・ウィッツ,マックス)	12410
世界貿易論(ミシュスチン)	11985		
世界リスク社会論―テロ、戦争、自然破壊(ベック,ウルリッヒ)	10471	絶妙好詞(周密)	04940
		絶命書(陳天華)	06606
セキサス(ミラー,ヘンリー)	12084	説文解字(許慎)	02789
石氏星経(石申)	05901	説文通訓定声(朱駿声)	04926
赤色武勲章(クレイン,スティーヴン)	03348	摂理と運命とわれわれにできること(プロクロス)	10234
責任論(フォーコネ)	09372		
寂寞(作者不詳)	14668	説話集(サケッティ)	04274
積分論(ルベーグ)	13799	説話集(セルカンビ)	05981
石油の世界地理(アメリカ地理学協会)	00283	説話集(バンデロ)	08768
セクシーな数学(チャイティン,グレゴリー・J.)	06479	ゼーノの苦悶(ズヴェーヴォ,イタロ)	05497
		セバスチャン・ナイトの真実の生涯(ナボコフ,ウラジーミル)	07648
セクシャル・ハラスメント・オブ・ワーキング・ウィメン(マッキノン,C.A.)	11667	セビリアの色事師と石の客人(モリーナ,ティルソー・デ)	12527
セクシュアリティ(ウィークス,J.)	00843	セビリアの理髪師(ボーマルシェ)	11245
セザール・ビロトーの栄枯物語(バルザック,オノレ・ド)	08584	セビーリャの星(作者不詳)	14671
		セブンシスターズ(サンプソン,A.)	04493
セザンヌ(ヴォラール)	01302	セポイの反乱(ファレル,ジェイムズ・G.)	09144
セザンヌ(フォール)	09425	狭き門(ジッド,アンドレ)	04731
セザンヌとその周辺(マイアー・グレーフェ)	11454	せむしの小馬(エルショーフ,P.P.)	01670
セザンヌの回想(ベルナール,エミル)	10761	セム族の宗教(スミス,W.R.)	05835
セザンヌの手紙(セザンヌ,ポール)	05911	セムラーイズム(セムラー,リカルド)	05957
世襲山林管理人(ルートヴィヒ)	13746	セメント(グラトコフ)	03124
世説新語(劉義慶)	13480	セメント・ガーデン(マキューアン,イアン)	11534
世俗の凱旋(シェリー,パーシー)	04640	セラフィタ(バルザック,オノレ・ド)	08586
世俗の形成(アサド)	00110	セランプ家(シーヴェルツ)	04504
切韻(陸法言)	13306	セーリス日本渡航記(セーリス)	05975
切韻考(陳澧)	06614	セリンディア(スタイン)	05547
切韻指掌図(作者不詳)	14669	セルギー神父(トルストイ,レフ・ニコラエヴィチ)	07506
石器時代からキリスト教まで(オルブライト)	02022	セールスマンの死(ミラー,アーサー)	12075
石器時代の経済学(サーリンズ,マーシャル)	04372	ゼルトヴィラの人々(ケラー,ゴットフリート)	03643
説教(ヨアンネス・ダマスケヌス)	12747	セルボーンの博物誌(ホワイト,ギルバート)	11403
説教集(タウラー)	06208	セレンディピティー(ロバーツ)	14258
説教集(ボシュエ)	11060	ゼロヴィル(エリクソン,スティーヴ)	01637
積極的考え方の力(ピール,ノーマン・ヴィンセント)	09021	ゼロ・サム社会(サロー,レスター・C.)	04407
積極的心理療法(フロム=ライヒマン,F.)	10290	0・8滑走路(キャッスル,ジョン)	02722
セックスはなぜ楽しいか(ダイアモンド,ジャレド)	06160		

0 - 8 滑走路(ヘイリー, アーサー)	10358
世論(リップマン)	13394
世論と群集(タルド, ガブリエル)	06315
世論とコミュニケーション読本(ジャノヴィッツ)	04862
世論とコミュニケーション読本(ベレルソン, ベルナルド)	10809
世論と宣伝(ドーブ)	07231
世論と民主政(ローウェル, ローレンス)	14103
世論の批判(テンニース, フェルディナンド)	07129
善悪の限界について(善悪の窮極, 至上善, 悪について)(キケロ, マーカス・トゥリウス)	02613
善悪の彼岸(ニーチェ, フリードリヒ)	07704
全異端反駁論(ヒッポリュトス)	08906
全一体としての生物(ローブ)	14287
善意の人びと(ロマン, ジュール)	14322
山海経(伯益)	08100
禅関策進(雲棲袾宏)	01427
戦艦ポチョムキン(エイゼンシュテイン, セルゲイ)	01453
一九〇五年—総括と展望(トロツキー)	07578
1939年9月1日(オーデン,W.H.)	01934
1917年のロシア革命(メドヴェージェフ)	12269
1914年8月(ソルジェニーツィン, アレクサンドル・イサーエヴィチ)	06087
1914年前の帝国主義(ハルガルテン)	08570
一九七〇年代の学生の政治参加(シーガル,J.P.)	04693
一九七〇年代の学生の政治参加(ピケット,R.M.)	08861
一九〇〇年頃のベルリンの幼年時代(ベンヤミン, ヴァルター)	10880
1984年(オーウェル, ジョージ)	01833
1945年のクリスマス日本国憲法に「男女平等」を書いた女性の自伝(ゴードン, ベアテ・シロタ)	03956
1940年8月20日, 下院における演説(チャーチル, ウィンストン)	06498
1848年の革命と第2帝政(セーニョボス)	05935
善きわざについて(ルター)	13728
千金方(孫思邈)	06131
線型計画法と経済分析(ドーフマン)	07350
線型結合代数(パース)	08177
扇形図の書(ナーシル・アル・ディーン・アル・トゥーシー)	07622
線形代数とその応用(ストラング,G.)	05696
禅源諸詮集都序(宗密)	06043
先験的観念論の体系(シェリング, フリードリヒ・ヴィルヘルム・ヨゼフ・フォン)	04653

善見律毘婆沙(作者不詳)	14672
戦後アメリカ経済論(フェルドシュタイン, M.)	09311
戦国策(劉向)	13484
戦後の経済成長(クズネッツ,S.S.)	02930
潜在性胸腔疾患を知る胸部打診の新発見(アウエンブルッガー)	00067
戦史(トゥキディデス)	07214
選史(ハムドゥッラー・ムスタウフィー)	08463
先史時代(モルティエ)	12552
先史時代(ラボック)	13109
先史時代のインド(ピゴット)	08867
先史時代のヨーロッパ(クラーク, グラハム)	03069
選詩集(ヨルゲンセン)	12777
戦死の抱擁(ゴーディマ, ナディン)	03944
戦車に注目せよ(グーデリアン,H.)	02968
全集(アリストテレス)	00328
全集(アルキメデス)	00364
全集(キケロ, マーカス・トゥリウス)	02614
潜書(唐甄)	07175
戦勝牌(エレディア)	01704
全商法綱要(エーレンベルク)	01719
倩女離魂(鄭光祖)	06688
前進あるのみ(マーデン, オリソン・スウェット)	11704
前進する演劇(クレイグ)	03340
宣誓(作者不詳)	14673
占筮について(キケロ, マーカス・トゥリウス)	02615
戦線(コルネイチューク)	04094
戦争(フィンドリー, ティモシー)	09257
戦争(レン)	14039
戦争を考える(アロン, レーモン)	00467
戦争概論(ジョミニ, アントワーヌ・アンリ)	05290
戦争、戦略とインテリジェンス(ハンデル, M.)	08766
戦争中毒—アメリカが軍国主義を抜け出せない本当の理由(アンドレアス)	00527
戦争と社会—われわれにとって韓国戦争は何だったのか?(金東春)	02850
戦争と性(ヒルシュフェルト)	09025
戦争と平和(トルストイ, レフ・ニコラエヴィチ)	07507
戦争と平和(ヘッセ, ヘルマン)	10500
戦争と平和の法(グロティウス, フーゴー)	03434
戦争の犬たち(フォーサイス, フレデリック)	09377
戦争の研究(ライト,Q.)	12834
戦争の原則(ピーコック, ウイリアム・E.)	08866

戦争の権利義務と軍律（アヤラ）	00287
戦争の社会学（シュタインメツ）	04997
戦争の生物学（ニコライ）	07673
戦争の罪を問う（ヤスパース）	12640
戦争のテクノロジー（ダニガン、ジェイムズ・F.）	06268
戦争の変遷（クレフェルト）	03379
戦争の法（ゲンティリス）	03722
全相平話（作者不詳）	14674
戦争、平和及び将来（ケイ、エレン）	03502
戦争論（クラウゼヴィッツ）	03048
先祖の声（ヘイデン、エティエンヌ・ヴァン）	10347
ゼンダ・アヴェスタ（作者不詳）	14675
全体主義の起原（アーレント、ハンナ）	00462
全体性と内蔵秩序（ボーム、デヴィッド）	11255
全体性と無限（レヴィナス）	13865
全体戦争（ルーデンドルフ）	13738
全体としての生物（ロエブ）	14114
選択の自由（フリードマン、ミルトン）	09940
ゼンダ城の虜（ホープ、アンソニー）	11188
全知識学の基礎（フィヒテ、ヨハン・ゴットリープ）	09209
センチメンタル・ジャーニー（スターン、ロレンス）	05601
船長のオデュッセー（ポスト、R.V.d.）	11073
全哲学綱要（マーダヴァ）	11644
全唐詩（康熙帝）	03815
剪灯新話（瞿佑）	02893
剪灯余話（李禎）	13255
禅とオートバイ修理技術―価値の探究（パーシグ、ロバート・M.）	08147
セント・ヘレナの日記（カーズ、ラス）	02173
一七八九年から現代にいたるフランス社会運動史（シュタイン、ローレンツ・フォン）	04995
一七八九年―フランス革命序論（ルフェーヴル、ジョルジュ）	13787
善なるもの一なるもの（プロティノス）	10262
仙女王（スペンサー、エドマンド）	05773
善の意義（ディッキンソン）	06766
腺の位置とその作用とについての解剖学的研究（ボルドゥー）	11348
善の至高性（マードック、アイリス）	11709
善の性質（パーマー、ハロルド・E.）	08434
千の魂（ピーセムスキー）	08886
千のプラトー（ガタリ、フェリックス）	02202
千のプラトー（ドゥルーズ、ジル）	07242
善の弁明（ソロヴィヨフ）	06116
善の本性（アウグスティヌス）	00075
1851年の万国産業大博覧会（作者不詳）	14676
1804年の知識学（フィヒテ、ヨハン・ゴットリープ）	09210
1847年のロシア文学観（ベリンスキー）	10656
1846年のロシア文学観（ベリンスキー）	10657
選ばれた女（コーエン、アルベール）	03828
選ばれた人（マン、トーマス）	11932
潜夫論（王符）	01818
羨望（オレーシャ）	02034
羨望と感謝（クライン、M.）	03036
賎民の暴動げいこ（グラス、ギュンター）	03092
戦友（シーモノフ）	04804
占有意志論（イェーリング）	00592
占有法（サヴィニー）	04265
旋律学（トッホ）	07313
戦略（ルトワック）	13753
「戦略計画」創造的破壊の時代（ミンツバーグ、ヘンリー）	12151
戦略サファリ（ミンツバーグ、ヘンリー）	12152
戦略の原理（マルキデス、コンスタンチノス）	11811
戦略論（リデル・ハート、B.H.）	13400
占領軍の科学技術基礎づくり（ディーズ、ボーエン・C.）	06756
全労働収益権史論（メンガー、アントン）	12356

【そ】

ゾアーナの異教徒（ハウプトマン、ゲルハルト）	08029
ゾーイ（サリンジャー、E.I.）	04366
ソヴィエトの悲劇（メイリア、マーティン）	12239
僧院の人々（レスコーフ）	13917
躁うつ病と対人行動（クラウス、アルフレート）	03043
ソヴェト紀行（ジッド、アンドレ）	04732
ソヴェト共産主義（ウェッブ、シドニー）	01084
ソヴェト共産主義（ウェッブ、ビアトリス）	01091
ソヴェト経済（ベトレーム）	10559
ソヴェト経済史（ドップ、モーリス・H.）	07312
ソヴェト経済制度の発展（バイコフ、A.M.）	07904
ソヴェト憲法草案について（スターリン、I.V.）	05586
ソヴェト権力の当面の諸任務（レーニン、ウラジミール・イリイッチ）	13979
ソヴェト国家法（ヴイシンスキー）	00863
ソヴェトの内幕（ガンサー、ジョン）	02534
ソヴェトの国民所得と生産物（バーグソン）	08103
ソヴェトの政治（シューマン、フレデリック）	05107

ソヴェトの世論（インケルズ）	00706	掃除婦の娘（スティーヴンズ，ジェイムズ）	05639
ソヴェトの哲学（サマヴィル）	04342	蔵書（李卓吾）	13247
ソヴェト法における法廷証拠理論（ヴイシンスキー）	00864	僧正殺人事件（ヴァン・ダイン,S.S.）	00817
ソヴェト法理論（シュレジンガー，ルドルフ）	05189	創傷伝染病の病原学に関する研究（コッホ，ロベルト）	03933
ソヴェト民法教程（ストゥーチカ）	05681	僧上に死来たる（キャザー，ウィラ）	02711
ソヴェト連邦（ライムバハ）	12862	装飾と罪悪（ロース，アドルフ）	14143
ソヴェト連邦共産党史（ポノマリョフ）	11180	装飾美術（モリス，ウィリアム）	12510
ソヴェト連邦における社会主義の経済的諸問題（スターリン,I.V.）	05587	叢書子目書名索引（施廷鏞）	04495
		捜神記（干宝）	02255
ソヴェト連邦における政治権力（タウスター）	06196	挿図本中国文学史（鄭振鐸）	06693
		創世記（作者不詳）	14677
ソヴェト連邦の考古学（ミレル）	12145	造船所（オネッティ，フアン・カルロス）	01954
ソヴェト連邦の自然（ベルグ）	10691	宋蔵遺珍（作者不詳）	14678
ソヴェト連邦領域における始原共同体的構成と太古の諸国家（トレチヤコフ）	07556	創造十年（郭沫若）	02146
		創造するコンピュータAI（人工知能）入門（ジョンストン，ローリー）	05326
ソヴェト連邦領域における始原共同体的構成と太古の諸国家（モンガイト）	12584	創造するコンピュータAI（人工知能）入門（ミッキー，ドナルド）	12006
宋王朝（シーグレーブ，スターリング）	04702	創造性―フローと発見・発明の心理学（チクセントミハイ，ミハイ）	06464
象を撃つ（オーウェル，ジョージ）	01834		
早期幼児自閉症（カナー,L.）	02277	創造的進化（ベルグソン，アンリ）	10700
漱玉詞（李清照）	13242	想像の対話（ランドー）	13195
造形芸術と純粋造形芸術（モンドリアン）	12615	創造的知性（デューイ，ジョン）	06990
造形芸術における形式の問題（ヒルデブラント，アドルフ・フォン）	09033	創造的統一（タゴール，ラビンドラナート）	06235
		創造と発達としての言語（フォスラー）	09397
造形芸術における様式発展史（コーン・ヴィーナー，エルンスト）	04154	創造，人間および救世主（ヴェルゲラン）	01148
		想像の共同体（アンダーソン，ベネディクト）	00500
造形芸術の原理の研究（ヅルフ）	01402		
造形思考（クレー，パウル）	03327	創造の自然史の痕跡（チェンバーズ，R.）	06455
宋元学案（黄宗羲）	03800	創造の政治学（オールマン,J.）	02029
宋元学案（全祖望）	06000	想像力の問題（サルトル，ジャン＝ポール）	04392
草原の子ら（バウマン）	08033	相対性原理（ローレンツ，コンラート）	14371
霜紅龕集（傅山）	09083	相対性理論（アインシュタイン，アルバート）	00046
総合経済学（ムーア,H.L.）	12171		
総合史（ラシード・ウッ・ディーン・ファズル・ウッラー）	12940	相対性理論（パウリ）	08039
		相対性理論講義（シュミット,H.）	05126
宋高僧伝（賛寧）	04486	相対性理論講義（セクル,R.）	05907
総行程としての経済（レンナー，カール）	14048	争闘（ゴールズワージー，ジョン）	04047
綜合哲学体系（スペンサー，ハーバート）	05782	象の王子サマ（ギヨ，ルネ）	02792
装甲列車14・69（イヴァーノフ）	00559	僧の婚礼（マイヤー,C.F.）	11496
倉庫業の経営経済学（マイヤー，レオポルド）	11493	早発性痴呆の心理―ひとつの試み（ユング，カール）	12733
曹子建（曹植）	06029	創発的進化（モーガン,C.L.）	12407
相互扶助論（クロポトキン）	03465	曽文正公家書（曽国藩）	06027
曾子（曾子）	06039	増補 アリラン峠の旅人たち（安宇植）	00470
荘子（荘子）	06040	増補 韓国音楽史（張師勛）	06529
宋詩選注（銭鍾書）	05998	増補文献備考（李太王）	13344
荘子注（郭象）	02138	宋名臣言行録（朱子）	04976
喪失と獲得（ハンフリー，ニコラス）	08784	滄溟先生集（李攀竜）	13263
喪失の響き（デサイ，キラン）	06920		

霜葉は二月の花よりも紅なり(茅盾)	10971
贈与論(モース,マルセル)	12423
ソウル・オブ・マネー(ツイスト,リン)	06619
壮麗なる君主制(フジタニ,T.)	09529
滄浪詩話(厳羽)	03707
続画品(姚最)	12756
続華厳経略疏刊定記(慧苑)	01500
続高僧伝(道宣)	07224
俗語の今昔(パートリジ)	08358
俗語論(ベンボ)	10877
俗語論―詩論として(ダンテ・アリギエーリ)	06373
続資治通鑑長編(李燾)	13257
続精神分析入門(フロイト,ジークムント)	10218
続蔵書(李卓吾)	13248
族父権論(フィルマー,ロバート)	09250
続焚書(李卓吾)	13249
ソクラテス以前の哲学者の断片集(ディールス,ヘルマン)	06855
ソクラテスの思い出(クセノフォン)	02935
ソクラテスの回想(ハーマン,J.G.)	08439
ソクラテスの弁明(プラトン)	09750
測量術(ヘロン(アレクサンドリアの))	10842
祖国なき人々(バング)	08725
楚辞(屈原)	02947
楚辞(劉向)	13485
組織学(ビシャ)	08873
組織学習(アージリス,クリス)	00139
組織学習(ショーン,ドナルド)	05310
組織行動の原理(フォレット,メアリー・パーカー)	09444
組織行動のマネジメント(ロビンス,ステファン・P.)	14272
組織神学(ヴォッバーミン)	01260
組織に活を入れろ(タウンゼント,ロバート)	06210
組織のなかの人間(ホワイト,W.H.)	11415
組織文化とリーダーシップ(シャイン,エドガー・H.)	04831
組織者(サン・シモン)	04433
組織論原理(ノルトジーク)	07866
蘇悉地経(作者不詳)	14679
そして一言も言わなかった(ベル,ハインリッヒ)	10672
そして誰もいなくなった(クリスティ,アガサ)	03177
ソーシャルワークとは何か―その本質と機能(ブトゥリム,ゾフィア・T.)	09572
訴訟狂(ラシーヌ,ジャン)	12945
訴訟研究(ヴィジオズ)	00857
素女経(作者不詳)	14680

租税貢納論(ペティ,ウィリアム)	10532
租税国家の危機(シュンペーター,J.A.)	05214
租税政策の根本原則(シェフレ,アルバート)	04611
租税政策の諸理想(マン,フリッツ・カール)	11945
租税転嫁論(セリグマン,エドウィン・ロバート)	05971
租税論(ミラボー)	12094
俗界における教皇の至高権に関する論考(ベラルミーノ)	10625
卒業(ウェッブ,チャールズ)	01087
即興詩人(アンデルセン,ハンス・クリスチャン)	00514
測光法(ランベルト)	13206
率直な男(ウィッチャリー)	00883
蘇東坡念奴嬌(赤壁懐古)(蘇軾)	06015
ソドムの百二十日(サド,マルキ・ド)	04309
ソーネチカ(ウリツカヤ)	01397
ソネット集(シェイクスピア,ウィリアム)	04533
その男ゾルバ(カザンザキス)	02162
その子を殺すな(カレフ)	02484
その前夜(ツルゲーネフ,イヴァン・セルゲーヴィチ)	06664
その時、その所(トリーフォノフ)	07474
その名にちなんで(ラヒリ,ジュンパ)	13079
ゾーハル(作者不詳)	14681
そは録されてあり(デュレンマット,フリードリッヒ)	07067
祖妣(グリルパルツァー,フランツ)	03237
そびえたつ地獄(スターン,ロレンス)	05602
ソビエト・ロシア史(カー,E.H.)	02055
ソピステス(プラトン)	09751
ソファー(フィス,クレビヨン)	09172
ソフィーの世界(ゴルデル,ヨースタイン)	04064
ソフィーの選択(スタイロン,ウィリアム)	05543
ソフォニスバ(トリッシーノ)	07472
ソフトウェア(ラッカー,ルーディ)	13004
ソフトエネルギー・パス(ロビンズ,エイモリー)	14271
ゾベイーデの結婚(ホーフマンスタール,フーゴー・フォン)	11235
素朴集合論(ハルモス,P.R.)	08649
素朴文学と情感文学について(シラー,フリードリッヒ・フォン)	05364
祖母の物語(サンド,ジョルジュ)	04468
ゾーヤ(アリゲール)	00318
空を背にした男(ロビンソン,E.A.)	14278
空は赤い(ベルト,ジュゼッペ)	10750
空へ―エヴェレストの悲劇はなぜ起きたか(クラカワー,ジョン)	03053

作品名	番号
そらまた歌っている(フリッシュ,マックス)	09920
ソラリスの陽のもとに(レム,スタニスワフ)	14026
素粒子(ウエルベック,ミシェル)	01210
素粒子(フェルミ,エンリコ)	09315
ソリロキア(アウグスティヌス)	00076
ソルフェリノの思い出(デュナン,J.H.)	07013
ソ連から見た日露戦争(ロストーノフ)	14169
ソ連邦史(パンクラートヴァ)	08730
算盤書(レオナルド)	13889
算盤の書(フィボナッチ)	09222
ソロモン王の洞窟(ハガード,ヘンリー・ライダー)	08067
ソロモンの歌(モリスン,トニ)	12521
ソロモンの指環(ローレンツ,コンラート)	14372
ソングライン(チャトウィン,ブルース)	06511
存在と時間(ハイデッガー,マルティン)	07920
存在と諸存在(ブロンデル,M.)	10311
存在と所有(マルセル)	11862
存在と無(サルトル,ジャン=ポール)	04393
存在の大いなる連鎖(ラヴジョイ)	12885
存在の彼方へ(レヴィナス)	13866
存在の神秘(マルセル)	11863
存在の世界(サンタヤナ)	04447
存在の耐えられない軽さ(クンデラ,ミラン)	03482
存在の類比(プシュヴァラ,エーリッヒ)	09531
存在論の基礎づけ(ハルトマン,ニコライ)	08619
孫子(孫武)	06134
尊前集(作者不詳)	14682
ソーンダイク博士の事件簿(フリーマン,リチャード・オースチン)	09954
孫臏兵法(孫臏)	06133
村落から見た文化と権力(王銘銘)	01822
村落と城市(メイトランド,F.W.)	12226

【た】

作品名	番号
ター(ルイス)	13610
大アダブ(イブヌル・ムカッファ)	00657
大医学者(ジーゲリスト)	04704
第一機械時代の理論とデザイン(バンハム,レイナー)	08782
第一圏にて(ソルジェニーツィン,アレクサンドル・イサーエヴィチ)	06088
第一原理(スペンサー,ハーバート)	05783
第一次世界大戦史(リデル・ハート,B.H.)	13401
第一次大戦と革命(ケナン)	03605
第一哲学の改善と実体概念(ライプニッツ)	12849
第1列(ヘルムリーン)	10792
第1感—「最初の2秒」の「なんとなく」が正しい(グラッドウェル,マルコム)	03114
大尉の娘(プーシキン,アレクサンドル・セルゲーヴィチ)	09513
対位法(イェッペセン,クヌート)	00583
太陰運動表(ブラウン,E.W.)	09690
大宇宙の魔女(ムーア,C.L.)	12169
大英社会主義国の構成(ウェッブ,シドニー)	01085
大英社会主義国の構成(ウェッブ,ビアトリス)	01092
大慧語録(宗杲)	06037
大越史記全書(作者不詳)	14683
大会社における経営指導(ゴードン)	03954
大海のほとり(ストリンドベリ,ヨハン・アウグスト)	05708
大学(作者不詳)	14684
大学時代(シュトルム,テオドール)	05046
大学・中庸章句(朱子)	04977
体格と性格(クレッチマー,エルンスト)	03370
大学における研究の方法に関する講義(シェリング,フリードリヒ・ヴィルヘルム・ヨゼフ・フォン)	04654
大学の理念(ニューマン)	07737
大革命の進歩と教会に対する闘争(ラムネー)	13134
大カトー(キケロ,マーカス・トウリウス)	02616
大岩壁の五十年(カシン)	02169
大飢餓(ボーイェル)	10933
大気環流系の構造とその物理学的解釈(パルメン,E.H.)	08648
代議士の誕生(カーチス,J.)	02206
代議制統治論(ミル,ジョン・スチュアート)	12116
大気中に存在する有機微粒子に関する報告(パストゥール)	08212
大恐慌(ガルブレイス,J.K.)	02459
大教授学(コメニウス,J.A.)	03986
太極図説(周濂渓)	04943
第九軍団のワシ(サトクリフ,ローズマリー)	04317
退屈な話(チェーホフ,アントン・パーヴロヴィチ)	06429
第九の波(エレンブルグ,イリヤ)	01713
大君の都(オールコック)	01996
大外科術(ショーリアク)	05292
太玄経(楊雄)	12766
大元帥明王儀軌(作者不詳)	14685

体験と詩作（ディルタイ，ウィルヘルム）	06867
大航海（クリンク，アミール）	03274
大航海時代叢書（作者不詳）	14686
大工業論（ゲヴァーニッツ，シュルツェ）	03527
大洪水（アンドレス）	00536
タイ国史（ウッド）	01383
大国の興亡（ケネディ，ポール）	03613
第五の騎手（コリンズ，ラリー）	04030
第五の騎手（ラピエール，ドミニク）	13075
大コンベヤー（イリン，ミハイル）	00696
第三世界の食料問題（グリッグ，D.）	03194
第三世界の農村開発（チェンバース，ロバート）	06450
第3帝国（メラー・ヴァン・デン・ブルック）	12275
第三の男（グリーン，グレアム）	03251
第三の警官（オブライエン，フラン）	01967
第三の波（トフラー，アルビン）	07351
第三身分とは何か（シェイエス）	04511
第4戒（アンツェングルーバー）	00511
大思想家の人生観（オイケン，ルドルフ）	01787
大使たち（ジェイムズ，ヘンリー）	04560
第七年報（マン，ホレース）	11946
第七の十字架（ゼーガース，アンナ）	05890
第七の年輪（ゲオルゲ，シュテファン）	03533
大集経（作者不詳）	14687
大社会（ウォラス，グレアム）	01295
貸借対照表における時価（マールブルク）	11892
大衆運動（ホッファー，エリック）	11134
大衆国家と独裁（ノイマン，シグマンド）	07812
大衆社会の政治（コーンハウザー，W.）	04198
大衆説得（マートン，R.K.）	11715
大衆哲学（艾思奇）	02063
大衆とその行動（ガイガー，テオドール）	02070
大衆の国民化（モッセ，G.L.）	12437
大衆の国家（レーデラー，エミイル）	13947
大衆の反逆（オルテガ）	02010
大衆文化の神話（スウィンジウッド，A.）	05492
隊商（ハウフ，ヴィルヘルム）	08019
太上感応篇（李石）	13243
大乗義章（慧遠）	01502
大乗起信論（馬鳴）	12274
大乗玄論（吉蔵）	02640
大乗広百論釈論（ダルマパーラ）	06321
大乗集菩薩学論（作者不詳）	14688
大乗掌珍論（バーヴァヴィヴェーカ）	07990
大乗成業論（世親）	05917
大乗荘厳経論（作者不詳）	14689
大乗造像功徳経（作者不詳）	14690
代償的犠牲（ブッシュネル）	09559
大乗同性経（作者不詳）	14691
大乗仏教概論（シチェルバツコイ）	04726
大乗仏典（作者不詳）	14692
大乗法苑義林章（窺基）	02603
大乗密厳経（作者不詳）	14693
対象論（マイノング，アレクシウス）	11474
大清一統志（乾隆帝）	03735
大清会典（張照）	06563
大信仰問答書（ルター）	13729
大人先生伝（阮籍）	03711
対人能力—自己を主張し、他人の言い分を聞き、対立を解消する方法（ボルトン，ロバート）	11362
大審問官—カラマーゾフの兄弟（ドストエフスキー，フョードル・ミハイロヴィチ）	07283
大清歴朝実録（作者不詳）	14694
タイス（フランス，アナトール）	09838
代数学入門（オイラー）	01789
代数規則についての大技術（カルダーノ）	02431
大聖堂（カーヴァー，レイモンド）	02095
大西洋を乗っ取れ（レーマン，アーネスト）	14019
大西洋、謎の艦影（ケント，アレクザンダー）	03725
大西洋漂流七六日（キャラハン，S.）	02733
大西洋ブルーリボン史話（ヒューズ，トム）	08950
大西洋法典（ダ・ヴィンチ，レオナルド）	06192
大堰河（艾青）	02064
大接戦（サロー，レスター・C.）	04408
大戦以前（グーチ）	02942
大戦回顧録（ド・ゴール，シャルル）	07272
大戦前後の世界経済（ナヒムソン）	07644
大戦前夜のヨーロッパ（シューマン，フレデリック）	05108
大戦余韻（ブランデン）	09859
大蔵経（作者不詳）	14695
大蔵経綱目指要録（惟白）	00638
大草原（クーパー，ジェイムズ・フェニモア）	02990
大草原（ブライアント）	09631
大草原（リクター）	13310
大草原の小さな家（ワイルダー）	14418
大祖国戦争におけるソ連邦戦時経済（ヴォズネセンスキー）	01254
タイタス・アローン（ピーク，マーヴィン）	08855
タイタス・アンドロニカス（シェイクスピア，ウィリアム）	04534
タイタス・グローン（ピーク，マーヴィン）	08856
タイタニックを引き揚げろ（カッスラー，クライブ）	02222
タイタニック沈没（エンツェンスベルガー，H.M.）	01767

タイタニックに何かが (サーリング, R.J.)	04364	大日本書誌 (ヴェンクシュテルン)	01223
タイタニック―果てなき命の夢 (フェノリナウ, P.F.)	09293	大脳半球の働きについて―条件反射学 (パブロフ, イワン)	08428
タイタンの妖女 (ヴォネガット, カート)	01284	大博物学者ビュフォン (ロジェ)	14122
大地 (バック, パール)	08267	大般涅槃経 (作者不詳)	14700
大地と人類の進化 (フェーヴル, リュシアン)	09280	大般若波羅蜜多経 (作者不詳)	14701
大智度論 (龍樹)	13502	タイピー (メルヴィル, ハーマン)	12308
大地の形成者としての経済人 (フェルス)	09307	大毘婆沙論 (作者不詳)	14702
大地の揺れるとき (リッセ)	13367	代表的人物 (エマソン, ラルフ・ウォルドー)	01592
大著作 (ベーコン, ロジャー)	10421	大品般若経 (作者不詳)	14703
大地は永遠に (スチュワート, ジョージ・R.)	05628	台風 (コンラッド, ジョウゼフ)	04217
大転換 (ポランニー, カール)	11285	大不況下の世界 一九二九‐一九三九 (キンドルバーガー, チャールズ・P.)	02886
大転落の物語 (ウォー, イヴリン)	01234	大富豪の生き方 (ゲッティ, ジョン・ポール)	03571
大唐西域記 (玄奘)	03720	太平経 (作者不詳)	14704
大唐三蔵取経詩話 (作者不詳)	14696	太平御覧 (李昉)	13266
大同書 (康有為)	03809	太平広記 (李昉)	13267
大盗ジョナサン・ワイルド伝 (フィールディング, ヘンリー)	09243	太平洋 (モーム, ウィリアム・サマセット)	12463
大唐西域求法高僧伝 (義浄)	02629	太平洋暗号戦史 (ホルムズ)	11386
大唐大慈恩寺三蔵法師伝 (慧立)	01662	太平洋航海記 (クック, ジェームズ)	02950
大唐内典録 (道宣)	07225	太平洋地政学 (ハウスホーファー)	08012
大統領閣下 (アストゥリアス)	00143	太平洋の防波堤 (デュラス, マルグリット)	07048
大統領専用機行方を絶つ (サーリング, R.J.)	04365	太平洋漂流四十九日 (イズベスチヤ紙)	00620
大統領に知らせますか？ (アーチャー, ジェフリー)	00166	大ベルリン (ライデン)	12823
大統領誘拐の謎を追え (カッスラー, クライブ)	02223	大暴君と審判 (ベルゲンブリューン)	10708
大統領令嬢を誘拐せよ (シャープ)	04869	大方広華厳経疏 (澄観)	06580
大内乱史 (ガーディナー, サミュエル・ローソン)	02250	タイポグラフィー (バーンズ, A.)	08744
第7戒 (ハイエルマンス)	07897	大明高僧伝 (作者不詳)	14705
ダイナモ (オニール, ユージン)	01948	タイムスケープ (ベンフォード, グレゴリイ)	10875
ダイナモ発電機・特許説明書・特許番号No.297、584 (エジソン, トーマス・アルバ)	01514	タイム・パトロール (アンダースン, ポール)	00487
大南寔録 (作者不詳)	14697	タイム・マシン (ウェルズ, H.G.)	01162
第二次世界大戦 (チャーチル, ウィンストン)	06499	ダイヤモンド (マンディアルグ)	11960
第2次世界大戦後の帝国主義の経済と政治の基本的諸問題 (ヴァルガ, E.)	00771	ダイヤモンドを探せ (コンウェル, ラッセル)	04157
第二次世界大戦におけるイギリスのインテリジェンス (ヒンズリー, H.)	09065	ダイヤモンドのレンズ (オブライエン, フィッツ=ジェイムズ)	01965
第二次世界大戦の起源 (テイラー, A.J.P.)	06833	大洋への道 (レオーノフ)	13895
大日経 (作者不詳)	14698	太陽がいっぱい (ハイスミス, パトリシア)	07906
大ニッパーナ経 (作者不詳)	14699	太陽スペクトルおよび化学元素のスペクトルについての研究 (キルヒホフ)	02833
第2帝政史 (ラ・ゴルス)	12931	太陽通り ゾンネンアレー (ブルスィヒ, トーマス)	10023
第二の顔 (エイメ)	01460	太陽と太陽系の固有運動について (ハーシェル)	08143
第二の性 (ボーヴォワール, シモーヌ・ド)	10993	太陽の誕生と死 (ガモフ, ジョージ)	02364
第二の日 (エレンブルグ, イリヤ)	01714	太陽の都 (カンパネラ)	02587
		太陽は桑乾河を照す (丁玲)	06700

大陸と海洋の起源(ウェゲナー, アルフレッド)	01044
大陸の奥地(ヤングハズバンド)	12664
大陸封鎖とイタリア王国(タルレ)	06325
大陸旅行ハンドブック(マレー, ジョン)	11908
大理石(ブロツキー)	10240
大理石像(アイヒェンドルフ, ヨーゼフ・フォン)	00034
大理石の断崖の上で(ユンガー, エルンスト)	12725
大理石の牧神像(ホーソーン, ナサニエル)	11091
大旅行記(イブン・バットゥータ)	00670
大ローマ帝国の膨張(ホイーラー)	10962
大論理学(ヘーゲル, ゲオルク・ヴィルヘルム・フリードリヒ)	10410
対話(ブーバー, マルティン)	09589
対話集(エラスムス)	01607
対話篇(哲学的論文)(セネカ, ルキウス・アンナェウス)	05944
台湾誌(サルマナザール)	04398
ダーウィニアナ(グレイ, エイサ)	03333
ダーウィニズム(ウォレス, アルフレッド)	01356
ダーウィン, およびダーウィン以後(ロマーニズ)	14319
ダーウィン賛同(ミュラー, フリッツ)	12056
ダーウィン自伝(ダーウィン, チャールズ)	06184
ダーウィンとその学説(チミリャーゼフ)	06476
ダーウィンの生涯と書簡(ダーウィン, フランシス)	06190
ダウスン詩集(ダウスン)	06197
タウリス島のイフィゲーニェ(ゲーテ, ヨハン・ヴォルフガング・フォン)	03590
絶え間なき交信の時代(オークス, M.A.)	01851
絶え間なき交信の時代(カッツ, J.E.)	02238
だ円関数論の新しい基礎(ヤコービ)	12625
タオ自然学(カプラ, フリッチョフ)	02326
タオ・チーの夏休み日記(謝冰心)	04823
タオは笑っている(スマリヤン, R.M.)	05806
ダオメと奴隷貿易(ポランニー, カール)	11286
高い城の男(ディック, フィリップ・K.)	06774
高い立場から見た初等数学(クライン, フェリックス)	03029
高い砦(バグリイ, デズモンド)	08114
高い山はるかな海(アンダーソン, J.R.L.)	00503
高く危険な道(クリアリー, ジョン)	03163
鷹の歌(ゴーリキー, マクシム)	04004
宝さがしの子どもたち(ネズビット, イーディス)	07780
宝島(スティーヴンソン, ロバート・ルイス)	05648
宝のひょうたん(張天翼)	06574

卓越せる数学者の全集(アポロニウス)	00259
ダーク・ジェントリーの全体論的探偵社(アダムズ, ダグラス)	00156
托鉢僧と死(セリモヴィチ, メシャ)	05977
たくらみと恋(シラー, フリードリッヒ・フォン)	05365
ダークレディと呼ばれて(マドックス, ブレンダ)	11712
武林旧事(周密)	04941
ダゲレオタイプ写真術と透視画の方法の歴史と解説(ダゲール, ルイ)	06226
多元宇宙の帝国(ローマー)	14314
多元社会のデモクラシー(レイプハルト)	13843
多元的宇宙(ジェームズ, ウィリアム)	04621
多国籍企業の新展開(バーノン, レイモンド)	08399
多国籍企業論(ハイマー, S.H.)	07943
タゴール詩集(タゴール, ラビンドラナート)	06236
ターザン(バローズ, エドガー・ライス)	08679
多次元(ウィリアムズ, チャールズ)	00940
タシケント―パンの町(ネヴェーロフ)	07767
ダシャ・クマーラ・チャリタ(ダンディン)	06378
多重人格性障害(パトナム, F.W.)	08344
ダスクランド(クッツェー, ジョン・マックスウェル)	02957
戦いを越えて(ロラン, ロマン)	14332
正しい性生活(ロング, H.W.)	14380
正しい戦争と不正な戦争(ウォルツァー, M.)	01317
タタール人の砂漠(ブッツァーティ)	09567
脱「開発」の時代―現代社会を解読するキイワード辞典(イリッチ, イヴァン)	00691
脱学校の社会(イリッチ, イヴァン)	00692
脱工業化社会の到来(ベル, ダニエル)	10667
脱獄と誘拐と(ウォルシュ)	01309
脱出航路(ヒギンズ, ジャック)	08847
脱常識の社会学(コリンズ, ランドル)	04031
タッソー(ゲーテ, ヨハン・ヴォルフガング・フォン)	03591
たったひとつの冴えたやりかた(ティプトリー・ジュニア, ジェイムズ)	06806
たった一人の海(ジェルボー, アラン)	04668
たった一人の海戦(フォレスター, セシル・スコット)	09438
たった二人の大西洋(カーリン, ベン)	02392
タットヴァサマーサ(作者不詳)	14706
タットヴァサングラハ(シャーンタラクシタ)	04908
タットヴァチンターマニ(ガンゲーシャ)	02530
タットヴァールターディガマ・スートラ(ウ

作品名	番号
マースヴァーティ)	01392
竜鬚溝(老舎)	14109
脱皮(フエンテス、カルロス)	09329
達摩多羅禅経(作者不詳)	14707
ダーティー・ハバナ・トリロジー(グティエレス、ペドロ・フアン)	02966
堕天使と悪魔共の変節の図(ランクル、ピエール・ド)	13159
ダニエル書(ドクトロウ、E.L.)	07267
ダニエル書補遺(作者不詳)	14708
ダニエル・デロンダ(エリオット、ジョージ)	01621
ダニッチの怪(ラヴクラフト、H.P.)	12882
谷間(チェーホフ、アントン・パーヴロヴィチ)	06430
谷間の陰(シング、ジョン・ミリントン)	05437
谷間の百合(バルザック、オノレ・ド)	08587
他人をほめる人、けなす人(アルベローニ、フランチェスコ)	00421
他人の血(ボーヴォワール、シモーヌ・ド)	10994
たのしい川べ(グレアム、ケネス)	03329
楽しいすさび(ホーズ)	11062
楽しいぶどう山(ツックマイヤー)	06658
たのしいムーミン一家(ヤンソン、トーヴェ)	12667
楽しき放浪児(アイヒェンドルフ、ヨーゼフ・フォン)	00035
楽しみの社会学(チクセントミハイ、ミハイ)	06465
ダーバヴィル家のテス(ハーディ、トマス)	08319
タバコの害について(チェーホフ、アントン・パーヴロヴィチ)	06431
タバコ・ロード(コールドウェル、アースキン)	04070
旅路での出来事に関する情報の覚書(イブン・ジュバイル)	00664
旅路の果て(バース、ジョン)	08181
旅日記(モンテーニュ、ミシェル・ド)	12603
旅の日のモーツァルト(メーリケ、エードゥアルト)	12284
旅は驢馬をつれて(スティーヴンソン、ロバート・ルイス)	05649
旅人行(ゴールドスミス)	04080
旅人よ、もし至りならばスパ…(ベル、ハインリッヒ)	10673
ダブ号の冒険(グレアム、ロビン・リー)	03331
ダフニスとクロエー(ロンゴス)	14385
ダブリンの市民(ジョイス、ジェイムズ)	05242
Wあるいは子供の頃の思い出(ペレック、ジョルジュ)	10808
多文化時代の市民権(キムリッカ)	02703
多変数解析学(スピヴァック)	05750
卵(アンダーソン、シャーウッド)	00496
卵の勝利(アンダーソン、シャーウッド)	00497
魂から心へ―心理学の誕生(リード、エドワード・S.)	13405
魂との対話―宇宙のしくみ人生のしくみ(ズーカフ、ゲーリー)	05508
魂の重さ(モーロワ、アンドレ)	12578
魂のコード(ヒルマン、ジェイムズ)	09052
魂の対立物としての精神(クラーゲス)	03085
魂の本質について(アルクイン)	00372
ダマスクスへ(ストリンドベリ、ヨハン・アウグスト)	05709
玉ねぎの皮をむきながら(グラス、ギュンター)	03093
賜物(ナボコフ、ウラジーミル)	07649
タムバレイン大王(マーロウ、C.)	11919
多様化世界(ダイソン、フリーマン・J.)	06169
ダライ・ラマ こころの育て方(ダライ・ラマ十四世)	06295
タラス・ブーリバ(ゴーゴリ、ニコライ・ヴァシーリエヴィチ)	03872
タランと角の王(アリグザンダー、ロイド)	00317
ダランベールの夢(ディドロ、ドニ)	06793
タリ家の阿房宮(ウィルソン、L.)	00994
タリスマン(キング、スティーヴン)	02863
タリスマン(ストラウブ)	05691
樽(クロフツ、F.W.)	03460
タルカサングラハ(アンナムバッタ)	00540
タルカジヴァーラー(バヴィヤ)	07997
タルカバーシャー(ケーシャヴァミシュラ)	03541
タルタラン・ド・タラスコンの冒険(ドーデ、アルフォンス)	07319
タルチュフ(モリエール)	12500
達磨大師安心法門(作者不詳)	14709
タルムード(作者不詳)	14710
誰かが見ている(クラーク、メアリー・ヒギンズ)	03078
誰が教育を支配するか(ハーヴィガースト)	07994
だれがこまどりを殺したか(ヘクスト)	10393
誰がために鐘は鳴る(ヘミングウェイ、アーネスト)	10602
だれが残るか(モレノ、J.L.)	12562
だれがロシアに住みよいか(ネクラーソフ)	07769
だれでもの信仰(デューイ、ジョン)	06991
誰の罪か?(ゲルツェン、アレクサンドル)	03680
誰のものでもないバラ(ツェラーン、P.)	06649
タレンシ族の氏族組織の動態(フォーティ	

作品名	番号
ズ）	09405
ダロウェイ夫人（ウルフ，ヴァージニア）	01406
たわむれ（チェーホフ，アントン・パーヴロヴィチ）	06432
戯れに恋はすまじ（ミュッセ）	12048
タワリング・インフェルノ（スコーシア）	05522
タワリング・インフェルノ（ロビンスン）	14276
断崖（ゴンチャローフ，イヴァン・アレクサンドロヴィチ）	04174
タンカレイ氏の後妻（ピネロ）	08918
嘆願書（バース，ジョン）	08182
探究（ペスタロッチ）	10438
探求の論理学（ポパー，カール・R.）	11183
壇経（作者不詳）	14711
タンクリッドとシギスマンダ（トムソン，ジェイムズ）	07401
タンクレード（ファルグ）	09138
談芸録（銭鍾書）	05999
探検家としてのわが生涯（ヘディン，スヴェン）	10536
探玄記（法蔵）	11007
短詩（マリー・ド・フランス）	11791
ダンシアッド（ポープ，A.）	11191
断食芸人（カフカ，フランツ）	02319
単純な生活（ヴィーヘルト）	00925
断章（ノヴァーリス）	07819
単子論（ライプニッツ）	12850
男性と女性（ミード，M.）	12027
断絶の時代（ドラッカー，ピーター・F.）	07443
炭素化合物の構造と変質および炭素の化学的本性（ケクレ）	03537
炭疽病の原因（コッホ，ロベルト）	03934
タンタジールの死（メーテルリンク）	12264
断腸詩集（アラゴン，ルイ）	00293
ダンテ以前の彼岸表象（リュエッグ）	13506
鍛鉄を鋼に変える方法（レオミュール）	13903
断頭台への招待（ナボコフ，ウラジーミル）	07650
タントラへの道―精神の物質主義を断ち切って（トゥルンパ，チョギャム）	07248
ダントンの死（ビュヒナー，ゲオルク）	08966
単なる理性の限界内における宗教（カント，イマヌエル）	02565
短編集（カフカ，フランツ）	02320
短編集（ヘッベル，フリードリヒ）	10522
断片集（ヘラクレイトス）	10620
タンホイザー（ワグナー，リヒャルト）	14442
たんぽぽのお酒（ブラッドベリ，レイ）	09727
ダンマパダ（作者不詳）	14712
譚友夏合集（譚元春）	06353
弾力的統一学校―生活・生産学校（エストライヒ）	01526

【ち】

作品名	番号
地域主義と国際秩序（ハレル，A.）	08666
地域主義と国際秩序（フォーセット，L.）	09398
知育・徳育・体育論（スペンサー，ハーバート）	05784
小さいエヨルフ（イプセン，ヘンリック）	00646
ちいさいおうち（バートン，V.L.）	08369
小さいことにくよくよするな（カールソン，リチャード）	02429
小さい魔女（プロイスラー，オトフリート）	10209
小さき花（テレーズ）	07109
小さき花（フランチェスコ（アッシジの））	09851
小さきものたちの神（ロイ，アルンダティ）	14074
小さな牛追い（ハムスン，マリー）	08462
小さな自分で満足するな！（ロビンズ，アンソニー）	14270
小さな世界（ロッジ，デイヴィッド）	14218
小さな船長と七つの塔（ビーゲル，ポール）	08862
小さな船長の大ぼうけん（ビーゲル，ポール）	08863
小さなドリット（ディケンズ，チャールズ）	06742
小さなバイキング（ヨンソン，ルーネル）	12782
小さな棒による計算術（ネイピア）	07762
小さな町にて（フィリップ，シャルル＝ルイ）	09227
小さなヨハネス（エーデン，フレデリック・ファン）	01558
チェインジリング（ミドルトン，トマス）	12030
チェインジリング（ロウリー，ウィリアム）	14113
チェゲムのサンドロおじさん（イスカンデル）	00618
チェッリーニ自伝（チェッリーニ）	06410
知恵について（シャロン）	04897
知恵の悲しみ（グリボエードフ）	03209
智慧の悲しみ（グリボエードフ）	03210
知恵の木（バローハ）	08689
知恵の七柱（ロレンス，T.E.）	14368
チェーホフ（トリオレ）	07463
チェルカッシ（ゴーリキー，マクシム）	04005
チェンジ・ザ・ルール（ゴールドラット，エリヤフ）	04088
チェンチ家（シェリー，パーシー）	04641
地下街の人びと（ケルアック，ジャック）	03657
知覚の現象学（メルロ＝ポンティ，M.）	12329
知覚の哲学（ハミルトン，ウィリアム）	08447
知覚の扉（ハックスリー，オルダス）	08280

地下室の手記(ドストエフスキー,フョードル・ミハイロヴィチ)	07284
ちがった空(ライアル,ギャビン)	12797
地下鉄のザジ(クノー,レイモン)	02980
力への意志(ニーチェ,フリードリヒ)	07705
力と物質(ビュヒナー,ルートヴィヒ)	08967
力の保存について(ヘルムホルツ)	10791
力の問題(ヘッド,ベッシー)	10512
地球外生命論争 一七五〇—一九〇〇—カントからロウエルまでの世界の複数性をめぐる思想大全(クロウ,マイケル・J.)	03402
地球科学(ベルナルドスキー,V.I.)	10768
地球環境政策(ワイツゼッカー,エルンスト・U.フォン)	14406
地球起源論4講(シュミット,オットー)	05115
地球空洞説(リード,ウィリアム)	13403
地球最後の男(マシスン,リチャード)	11609
地球市場時代の企業戦略(ゴショール,スマントラ)	03882
地球市場時代の企業戦略(バートレット,クリストファー・A.)	08364
地球社会はどこへ行く(ボールディング,K.E.)	11342
地球生命圏—ガイアの科学(ラヴロック)	12898
地球帝国(クラーク,アーサー・C.)	03064
地球の起伏(マハチェク)	11726
地球の脅威(ハインライン,ロバート・A.)	07976
地球の構造(コーバー)	03959
地球の相貌(ジュース)	04978
地球の洞察(キャリコット)	02737
地球の長い午後(オールディス,ブライアン)	02007
地球の日運動のわかりやすい種々の徴候について(フコー)	09480
地球の緑の丘(ハインライン,ロバート・A.)	07977
地球の理論(ハットン)	08303
地球は青かった(ガガーリン)	02134
地球は丸い(サラクルー)	04355
地球人のお荷物(アンダースン,ポール)	00488
逐次解析(ヴァルト)	00783
痴愚神礼賛(エラスムス)	01608
地形学(ローベック)	14302
地形の説明的記載(デーヴィス,W.M.)	06897
地形分析(ペンク)	10848
地誌学(ラウテンザハ)	12888
地誌学原論(ヘットナー)	10513
知識学(フィヒテ,ヨハン・コットリープ)	09211
知識学(ボルツァノ,ベルンハルド)	11334
知識学への第一序論・第二序論(フィヒテ,ヨハン・コットリープ)	09212
知識学の原理より見たる自然法原論(フィヒテ,ヨハン・コットリープ)	09213
知識学の叙述(フィヒテ,ヨハン・コットリープ)	09214
知識形態と社会(シェーレル)	04671
知識構築企業(スチュワート,トマス・A.)	05629
知識社会の衝撃(ベル,ダニエル)	10668
知識と実在(ボーズンキット,B.)	11086
知識と評価の分析(ルイス)	13611
知識の諸形態と社会(シェーラー,マック)	04632
地質学原理(ライエル,チャールズ)	12802
地誌と遺跡の叙述による警告と省察の書(マクリージー)	11576
千島列島黎明記(スノー,H.J.)	05737
「縮み」志向の日本人(李御寧)	13228
縮みゆく人間(マシスン,リチャード)	11610
地上の住い(ネルーダ,P.)	07802
地上の旅人(グリーン,ジュリアン)	03257
地上より永遠に(ジョーンズ,ジェイムズ)	05316
地上楽園(モリス,ウィリアム)	12511
恥辱(クッツェー,ジョン・マックスウェル)	02958
恥辱(コーツィ)	03897
痴人と死(ホーフマンスタール,フーゴー・フォン)	11236
痴人の告白(ストリンドベリ,ヨハン・アウグスト)	05710
地図学概論(ライス)	12816
チーズとうじ虫(ギンズブルグ,カルロ)	02879
チーズはどこへ消えた?(ジョンソン,スペンサー)	05332
知性改善論(スピノザ,バールーフ・デ)	05759
知性と感性(オースティン,ジェイン)	01880
知性と知的対象について(ファーラービー)	09133
知性の将来(モラス)	12486
知性論(テーヌ,イポリット)	06952
地代の性質と発展(マルサス,トマス・ロバート)	11858
地代論(ロートベルトゥス,ヨハン・カール)	14247
地代論概説(リュビーモフ)	13523
父(ストリンドベリ,ヨハン・アウグスト)	05711
チチェローネ(ブルクハルト,ヤコブ)	10005
父が子に語る世界歴史(ネルー)	07793
父と子(ツルゲーネフ,イヴァン・セルゲーヴィチ)	06665
父と子(バーリン,アイザイア)	08547
父と子(ヘイズ,ダニエル)	10340
父と子(ヘイズ,デイヴィッド)	10341

地中海(ブローデル,フェルナン)	10263
地中海地域(フィリップソン)	09236
地中海地域の地理(センプル)	06009
地中海領域の世界史(コルネマン)	04101
地中海領域ロマン諸民族の商業史(シャウペ)	04836
秩序(アルラン)	00426
知ってほしいアフガニスタン(カレッド,レシャード)	02481
チップス先生、さようなら(ヒルトン,ジェームズ)	09044
地底世界シリーズ(バローズ,エドガー・ライス)	08680
地底旅行(ヴェルヌ,ジュール)	01193
知的生活(ハマトン,P.G.)	08438
血と金(アディ)	00185
血と砂(イバーニェス,ブラスコ)	00639
知訥の禅思想(吉熙星)	02804
チトー伝(ヴィンテルハルテル)	01023
地に呪われたる者(ファノン,フランツ)	09123
血の汗(ジューヴ)	04932
知能と意志(モイマン)	12381
知能の実験的研究(ビネー)	08916
知能の心理学(ピアジェ,ジャン)	08806
知能の測定(ソーンダイク,E.L.)	06138
知能は測れるのか(ケイミン,L.)	03516
知能は測れるのか(アイゼンク,ハンス)	00028
地の糧(ジッド,アンドレ)	04733
血の絆(クィネル,A.J.)	02899
「知」の欺瞞(ソーカル,アラン)	06046
「知」の欺瞞(ブリクモン,ジャン)	09881
知の限界(チャイティン,グレゴリー・J.)	06480
知の考古学(フーコー,ミシェル)	09489
血の婚礼(ガルシーア・ロルカ,フェデリコ)	02417
知の挑戦(ウィルソン,エドワード・オズボーン)	00985
知の帝国主義(コーエン,ポール・A.)	03837
地の果てまで(クローニン,A.J.)	03449
痴婆子伝(作者不詳)	14713
血、パン、詩。(リッチ,A.)	13379
ちびくろ・サンボ(バンナーマン)	08780
ちびのツァッヘス(ホフマン,エルンスト・テオドール・アマデウス)	11224
地表面を変革する人間の役割(トマス,W.L.)	07386
地表面の形態(ペンク)	10849
チープサイドの貞淑な乙女(ミドルトン,トマス)	12031
乳房になった男(ロス,フィリップ)	14153
地平線のかなた(オニール,ユージン)	01949
チベット入門(ギャルポ,ペマ)	02743
チベットの生きる魔法(ペマ・チョドロン)	10597
チベットの絵巻軸(トゥッチ)	07229
チベット文法論・30頌と性入(トンミ・サンボータ)	07602
チボー家の人々(マルタン・デュ・ガール,ロジェ)	11868
チボの狂宴(バルガス=リョサ,マリオ)	08567
チボリーノの冒険(ロダーリ,ジャンニ)	14200
血みどろ臓物ハイスクール(アッカー,キャシー)	00169
チムール少年隊(ガイダール)	02080
チャイコフスキー(ニューマーチ)	07734
チャイナタウンの女武者(キングストン)	02867
チャイルド・ハロルドの遍歴(バイロン,G.)	07960
チャイルド44(スミス,トム・ロブ)	05823
茶経(陸羽)	13297
チャダーエフに(プーシキン,アレクサンドル・セルゲーヴィチ)	09514
チャタートン(ヴィニー)	00909
チャタレイ夫人の恋人(ロレンス,D.H.)	14364
チャップリン自伝(チャップリン,チャールズ)	06505
チャーティズム(ラヴェット)	12877
チャトーパーダーエ(チャルジー,B.C.)	06526
チャパーエフ(フールマノフ)	10082
チャラカ本集(チャラカ)	06524
チャーリー・チャンの活躍(ビガーズ)	08840
チャーリー・ヘラーの復讐(リテル,ロバート)	13399
チャリングクロス事件(フレッチャー,J.S.)	10154
チャールズ・グランディソン卿(リチャードソン,サミュエル)	13355
チャールズ・ハミルトン(カーマイケル,S.)	02342
チャレンジ(コリンズ,ワーウィック)	04032
チャンセラー号の筏(ヴェルヌ,ジュール)	01194
チャンディー・マンガル(ムクンダラーム・チャクラヴァルティー)	12178
チャーンドーギヤ・ウパニシャッド(作者不詳)	14714
チャンドス卿の手紙(ホーフマンスタール,フーゴー・フォン)	11237
チャンパ史(マスペロ,アンリ)	11633
中央アジアおよび極東におけるイランの影響(ペリオ)	10639
中央アジア探検紀行全集(ヘディン,スヴェン)	10537
中央アジア踏査記(スタイン)	05548

中央アジアの入り口で(ヘディン,スヴェン)	10538
中央アフリカの湖水地帯(バートン,R.F.)	08366
中央オーストラリアの北部諸種族(ギレン)	02845
中央オーストラリアの北部諸種族(スペンサー)	05771
中央街道(ガーランド)	02379
中央実験室(ジャコブ)	04843
中央水力発電所(シャギニャン)	04837
籌海図編(鄭若曽)	06689
鋳貨および紙幣論考(オーヴァーストン)	01826
中華全国風俗志(胡樸安)	03770
中華帝国国際関係史(モース,H.B.)	12424
中華帝国誌(デュアルド)	06982
中華民族の花果飄零を説く(唐君毅)	07174
中観論疏(吉蔵)	02641
中継ステーション(シマック)	04792
中原音韻(周徳清)	04938
中高ドイツ語辞典(ベネッケ)	10572
中高ドイツ語辞典(レクサー)	13911
中低ドイツ語掌辞典(ボルヒリング)	11370
中高ドイツ語文法(パウル,ヘルマン)	08048
中国(ラティモア夫妻)	13046
中国(リヒトホーフェン)	13435
中国印刷術の発明(カーター,T.F.)	02196
中国音韻学研究(カールグレン)	02410
中国革命戦争の戦略問題(毛沢東)	12393
中国革命と中国共産党(毛沢東)	12394
中国,ききんの国(マロリー)	11922
中国キリスト教布教史(リッチ,マッテオ)	13374
中国近世の宗教倫理と商人精神(余英時)	12743
中国近代史(范文瀾)	08717
中国現代小説史(夏志清)	02046
中国建築史(梁思成)	13534
中国考古学史(衛聚賢)	01445
中国国際関係史(コルディエ)	04058
中国古代史(ヒルト,F.)	09037
中国古代社会研究(郭沫若)	02147
中国古代社会史論(侯外盧)	03782
中国古代の祭礼と歌謡(グラネ)	03131
中国古代服飾研究(沈従文)	05414
中国語法理論(王力)	01824
中国史綱要(翦伯贊)	06002
中国詩史(陸侃如)	13299
中国宗教制度(フロート)	10267
中国小説史略(魯迅)	14064
中国人の性格──総合科学的検討(楊国枢)	12755
中国人の性格──総合科学的検討(李亦園)	13244
中国新文学の源流(周作人)	04935
中国神話研究ABC(玄珠)	03718
中国数学史(銭宝琮)	06003
中国生活誌 黄土高原の衣食住(羅漾明)	12795
中国性史(張競生)	06550
中国政治経済史論 一九四九──一九七六(胡鞍鋼)	03738
中国石器時代の文化(裴文中)	07881
中国総論(ウィリアムズ,ウェルズ)	00936
中国哲学史(馮友蘭)	09267
中国哲学史大綱(胡適)	03765
中国哲学の精神とその発展(方東美)	10976
中国哲学略史(馮友蘭)	09268
中国鉄道大旅行(セロー,ポール)	05993
中国陶磁器(ホブソン,R.L.)	11211
中国の赤い星(スノー,エドガー)	05734
中国農業(ワーグナー,W.)	14453
中国の歌ごえ(スメドレー,アグネス)	05839
中国の科学と文明(ニーダム,J.)	07695
中国の化石人類(ブラック,D.)	09710
中国の近代化と知識人(シュウォルツ)	04959
中国の経済革命(エクスタイン,アレクサンダー)	01509
中国の経済と社会(ウィットフォーゲル,K.A.)	00886
中国の芸術精神(徐復観)	05224
中国の商業と行政(モース,H.B.)	12425
中国の神話・伝説(作者不詳)	14715
中国の青銅時代(張光直)	06557
中国の宗族と社会(フリードマン,モーリス)	09941
中国の村落生活(スミス,H.)	05831
中国の誕生(クリール)	03232
中国の地理的基礎(クレッシー)	03366
中国の土壌地理学(ソープ)	06055
中国の土地利用(バック,ロッシング)	08273
中国の内陸アジア辺境(ラティモア夫妻)	13047
中国の農民生活(費孝通)	08796
中国の法律と中国社会(瞿同祖)	02892
中国美術史(ミュンステルベルク)	12072
中国百科事典(クーリング)	03273
中国文学史(グルーベ)	03318
中国文学史(ジャイルズ)	04830
中国文学史新著(章培恒)	05254
中国文学史新著(駱玉明)	12906
中国文化の展望(殷海光)	00701
中国文化要義(梁漱溟)	13537
中国文法要略(呂叔湘)	13528
中国文明論(グラネ)	03132
中国訪問使節日記(マカートニー,ジョージ)	11517
中国民俗学概論(陶立璠)	07185
中国もう一つの世界(スノー,エドガー)	05735

中国倫理学史（蔡元培）	04231
中国歴史研究法（梁啓超）	13533
中国歴代政治の得失（銭穆）	06004
中国論（エンゲルス，フリードリヒ）	01751
中国論（マルクス，カール）	11830
抽象と感情移入―様式心理学への一つの寄与（ヴォリンゲル，ヴィルヘルム）	01306
忠臣（メイスフィールド，ジョン）	12216
中心の喪失―危機に立つ近代芸術（ゼードルマイヤー，ハンス）	05932
中世一般経済史（ケチュケ）	03564
中世および近世一般経済史（クーリッシャー）	03197
中世および近代初期の科学（クロンビー）	03475
中世および現代における占有法（ブルンス）	10098
中世音楽論集（クースマケル）	02931
中世芸術の構成原理（シュマルゾー）	05099
中世史研究入門（クヴィリン）	02909
中性子衝撃下における重核分裂の物理学的証明（フリッシュ，オットー・ロベルト）	09913
中性子によるウラニウム分裂（フリッシュ，オットー・ロベルト）	09914
中性子によるウラニウム分裂（マイトナー，リーゼ）	11464
中性子の発見と研究（チャドウィック，ジェームス）	06510
中性子の発見と研究（フェルミ，エンリコ）	09316
中世社会経済史（トムソン）	07398
中世初期の農業制度（リュトゲ）	13512
中世盛期の国家（ミッタイス）	12010
中世精神（テイラー）	06828
中世世界の基礎（ダンネンバウアー）	06387
中世的・ゲルマン的教会法の要素としての私有教会（シュトゥッツ）	05028
中世哲学史（ド・リベラ，アラン）	07475
中世哲学史（ジルソン）	05396
中世ドイツ経済史（マイヤー，テオドール）	11491
中世ドイツの経済生活（ランプレヒト）	13202
中世都市（ピレンヌ，アンリ）	09058
中世に生きる人々（パウア，アイリーン）	07985
中世における東邦貿易史（ハイト）	07929
中世における保険契約（ペンサ）	10851
中世の秋（ホイジンガ，ヨハン）	10936
中世の演劇（チェンバーズ，E.K.）	06454
中世の音楽（リーズ）	13322
中世の産業革命（ギャンペル，J.）	02757
忠誠の哲学（ロイス）	14078
中世のドイツ国家（ベロー）	10819
中世の人々（パワー，アイリーン）	08694
中世フランス演劇（コーエン，ギュスターヴ）	03830
中世フランスにおける農民階級と荘園制度（セー，J.B.）	05868
中世フランス文学（パリス）	08516
中世文化論（ドーソン，クリストファー）	07302
中世末期における廃村（アーベル，ヴィルヘルム）	00245
中世末期のフランスの宗教美術（マール）	11808
中世ヨーロッパ社会経済史（ピレンヌ，アンリ）	09059
中世ヨーロッパにおけるローマ法（ヴィノグラドフ）	00916
中世ローマ市史（グレゴロヴィウス）	03361
中世ローマ法史（サヴィニー）	04266
中説（王通）	01814
中石器時代―新石器文化の揺籃期（クラーク，グラハム）	03070
中低ドイツ語辞典（シラー）	05351
中低ドイツ語辞典（リューベン）	13525
中低ドイツ語掌辞典（ラッシュ）	13010
中等学校における数学教育に関する講義（クライン）	03026
中東における社会的諸勢力（フィッシャー）	09175
中東の国家と経済（ボンネ）	11445
中部ヨーロッパ（マルトンヌ）	11886
中部ヨーロッパ地誌（マハチェク）	11727
中部ヨーロッパ論（ナウマン，フリードリヒ）	07617
宙ぶらりんの男（ベロー，ソール）	10832
仲保者（ブルンナー，エミール）	10103
注目すべき人々との出会い（グルジェフ，G.I.）	03289
中庸（子思）	04708
中論（徐幹）	05218
中論（龍樹）	13503
チューリップと煙突（カミングス，E.E.）	02355
チューリヒ史（ブリンガー，H.）	09971
チューリヒのレーニン（ソルジェニーツィン，アレクサンドル・イサーエヴィチ）	06089
チュルカレ（ルサージュ）	13699
懲役船（シャンソン）	04907
超越論的哲学についての試論（マイモン）	11476
超音速漂流（ブロック，トマス）	10243
朝花夕拾（魯迅）	14065
釣魚大全―瞑想する人のレクリエーション（ウォルトン，アイザック）	01332
長距離走者の孤独（シリトー，アラン）	05388
超限集合論（カントール）	02580
長恨歌（白居易）	08084
長恨伝（陳鴻）	06599

趙氏孤児（紀君祥）	02592
丁字と肉桂のガブリエラ（アマード, ジョルジェ）	00261
調書（ル・クレジオ, J.M.G.）	13677
嘲笑の饗宴（ベネリ）	10582
長生殿（洪昇）	03794
挑戦（ソレルス, P.）	06101
朝鮮紀行（バード, イザベラ）	08330
朝鮮事情（ダレ, シャルル）	06328
朝鮮幽囚記（ハメル, ヘンドリック）	08471
朝鮮・琉球航海記（ホール, ベイジル）	11316
超男性（ジャリ, アルフレッド）	04887
超哲学者マンソンジュ氏（ブラッドベリ, マルカム）	09722
町人貴族（モリエール）	12501
町人の幸福（ボミヤローフスキイ）	11253
町人物語（フュルティエール）	09618
超能力エージェント（タッカー, ウィルソン）	06248
懲毖録（柳成龍）	13473
諜報作戦D13峰登頂（ガーヴ, アンドリュウ）	02090
調理指南（エスコフィエ）	01521
調理場（ウェスカー, A.）	01052
潮流に抗して（レーニン, ウラジミール・イリイッチ）	13980
長老偈（作者不詳）	14716
長老尼偈（作者不詳）	14717
調和社会の教育（フーリエ, シャルル）	09875
調和と自由の保障（ヴァイトリング）	00734
直線上の無限点集合について（カントール）	02581
直立猿人（デュボワ, E.）	07024
チョコレート・ウォー（コーミア, R.）	03980
チョコレート工場の秘密（ダール, ロアルド）	06304
著作（ウェルギリウス）	01145
著作（クザーヌス, ニコラウス）	02914
著作（プラトン）	09752
著作（ボニティウス）	11176
著作（ホメロス）	11266
著作（ホラティウス）	11281
著作集（ライプニッツ）	12851
著作と演説集（バーク, エドマンド）	08082
チョーサーの言語と韻律法（ブリンク）	09972
ちょっと見るだけ（ボウルビー, R.）	11016
チョーマの少年時代（ミハイローフスキイ, ガーリン）	12039
著名者列伝（ヒエロニムス）	08831
地理学（ザイトリッツ・クルツバハ）	04246
地理学（ストラボン）	05695
地理学（ヘットナー）	10514
地理学（ホワイト, C.L.）	11409
地理学（リッター）	13371
地理学（レンナー, G.T.）	14049
地理学案内（プトレマイオス）	09577
地理学および民族学研究（ペシェル）	10422
地理学概論（ジェームズ）	04613
地理学教科書（ワーグナー, W.）	14454
地理学事典（バンゼ）	08748
地理学における時流（ヴィゾッキ）	00876
地理学の概念について（グラーフ）	03139
地理学の形成（ディキンソン）	06720
地理学の形成（ホワース）	11427
地理学本質論（ハーツホーン）	08311
地理的環境の諸影響（センプル）	06010
地理的枢軸史論（マッキンダー, ハーフォード・J.）	11670
チリの地震（クライスト, ハインリッヒ・フォン）	03015
治療書（イブン・シーナー）	00663
チルダーマス（ルイス）	13612
地霊（ヴェデキント, フランク）	01095
賃上げと資本主義の危機（グリン, A.）	03272
賃上げと資本主義の危機（サトクリフ, B.）	04319
チンギス・ハン遠征史（ペリオ）	10640
チンギス・ハン伝（ウラジミルツォフ）	01393
賃金の理論（ダグラス, ポール・H.）	06220
沈思の人（ミルトン, ジョン）	12134
沈鐘（ハウプトマン, ゲルハルト）	08030
枕中記（沈既済）	05411
陳伯玉文集（陳子昂）	06604
チンパンジー（ヤーキズ）	12621
沈黙の海（フォイ, ジョージ）	09336
沈黙のことば（ホール, エドワード・T.）	11310
沈黙の時間（マルティン＝サントス, ルイス）	11881
沈黙の世界（クストー, ジャック・イブ）	02925
沈黙の戦艦（タイン, R.）	06176
沈黙の春（カーソン, レイチェル）	02189
沈黙の螺旋理論（ノエル＝ノイマン, E.）	07823
沈黙の惑星を離れて（ルイス, C.S.）	13635
賃労働と資本（マルクス, カール）	11831

【つ】

| ツァラトゥストラはかく語りき（ニーチェ, フリードリヒ） | 07706 |
| ツァールスコエ・セローの思い出（プーシキン, アレクサンドル・セルゲーヴィチ） | 09515 |

ツァン・トゥム・トゥム (マリネッティ)	11792
ツアンポー峡谷の謎 (キングドン・ウォード, F.)	02873
追究 (ワイス, P.)	14396
追考の哲学 (ホジソン)	11056
追従 (ボンヘッファー)	11449
追想 (ゴーリキー, マクシム)	04006
追放された予言者 (ドイッチャー, I.)	07147
追放と王国 (カミュ, アルベール)	02349
通過儀礼 (ジェネップ, アルノルド・ヴァン)	04600
通過儀礼 (ファン・ヘネップ)	09159
通貨原理の研究 (トゥック)	07227
通貨調節論 (フラトン)	09743
通志 (鄭樵)	06691
通書 (周濂渓)	04944
通信の数学的理論 (シャノン, C.E.)	04863
通底器 (ブルトン, アンドレ)	10061
痛風に関する研究 (シデナム)	04749
ツェラン詩集 (ツェラーン, P.)	06650
憑かれた死 (オサリヴァン)	01866
通鑑紀事本末 (袁枢)	01729
月を売った男 (ハインライン, ロバート・A.)	07978
月シリーズ (バローズ, エドガー・ライス)	08681
月とかがり火 (パヴェーゼ, チェーザレ)	08005
月と六ペンス (モーム, ウィリアム・サマセット)	12464
月の運行表 (ハンセン, ヘニー・ハラルド)	08749
月の狂人 (ラウリー, マルカム)	12893
月の出 (グレゴリー夫人)	03357
月は地獄だ (キャンベル, ジョン・W.)	02754
次は火だ (ボールドウィン, ジェイムズ)	11352
月は無慈悲な夜の女王 (ハインライン, ロバート・A.)	07979
創られた伝統 (ホブズボーム, エリック)	11204
作り上げた利害 (ベナベンテ)	10566
辻公園 (デュラス, マルグリット)	07049
つしま (ノヴィコフ・プリボイ)	07821
ツシマ (プリボイ, ノヴィコフ)	09953
続いている公園 (コルタサル)	04054
ツタンカメンの墓 (カーター, ハワード)	02194
土の力 (ウスペンスキイ)	01374
土の恵み (ハムスン, クヌート)	08460
通典 (杜佑)	07140
椿姫 (デュマ・フィス)	07027
翼ある蛇 (ロレンス, D.H.)	14365
翼のはえた地球 (ダウテンダイ)	06200
ツバメ号とアマゾン号 (ランサム, アーサー)	13182
ツバメ号の伝書バト (ランサム, アーサー)	13183
ツバメの大旅行 (秦兆陽)	05417
妻を帽子とまちがえた男 (サックス, オリバー)	04292
妻と娘 (ギャスケル, エリザベス)	02718
妻は知る (バリ, ジェームス・マチュ)	08507
罪と罰 (ドストエフスキー, フョードル・ミハイロヴィチ)	07285
罪なき人々 (ブロッホ, ヘルマン)	10256
罪のない時代 (ホウォートン)	10991
罪また罪 (ストリンドベリ, ヨハン・アウグスト)	05712
冷たい戦争 (リップマン)	13395
艶なるうたげ (ヴェルレーヌ)	01217
つらい世の中 (ディケンズ, チャールズ)	06743
つり合いの原理 (ステヴィン)	05661
剣の刃 (ド・ゴール, シャルル)	07273
ツンベルグ日本紀行 (トゥンベリー)	07256

【て】

テアイテトス (プラトン)	09753
出会いとしての真理 (ブルンナー, エミール)	10104
ディアテッサロン (タティアノス)	06259
定盦文集 (龔自珍)	02793
デイヴィッド・コパフィールド (ディケンズ, チャールズ)	06744
DNA (ベリー, アンドリュー)	10635
DNA (ワトソン, ジェームズ・D.)	14473
DNAの一世紀 (ポーチュガル, F.H.)	11113
DNAに魂はあるか (クリック, フランシス)	03193
DNAの一世紀 (コーエン, J.S.)	03389
帝王 (フォーサイス, フレデリック)	09378
ディオゲネスの提灯 (パンツィーニ)	08763
ディオティーマ (フィッシャー, クノー)	09182
ディオニュシアカ (ノンノス)	07871
低開発社会への経済的衝撃 (フランケル)	09815
低開発諸国の資本形成の諸問題 (ヌルクセ, ラグナー)	07754
低級社会における心的機能 (レヴィ・ブリュール)	13877
帝京景物略 (劉侗)	13496
帝京景物略 (于奕正)	00719
帝京編 (駱賓王)	12914
ディキンスン詩集 (ディキンソン, エミリー)	06723
抵抗の美学 (ワイス, P.)	14397
抵抗の憂鬱 (クラスナホルカイ・ラース	

ロー）……… 03100
〈帝国〉（ネグリ，アントニオ）……… 07773
〈帝国〉（ハート，マイケル）……… 08333
帝国（マン，ハインリヒ）……… 11944
帝国アメリカと日本（ジョンソン，チャルマーズ）……… 05334
帝国建設（ブランデンブルク）……… 09862
帝国主義時代の国際関係（ポクロフスキー）……… 11042
帝国主義時代のヨーロッパ（タルレ）……… 06326
帝国主義と工業化 1415〜1974（オブライエン，パトリック・カール）……… 01963
帝国主義と資本の蓄積（ブハーリン）……… 09597
帝国主義の経済学（ブラウン,M.B.）……… 09691
帝国主義の社会学（シュンペーター,J.A.）……… 05215
帝国主義の終末（ストレイチー，ジョン）……… 05722
帝国主義の倫理（カルマン）……… 02472
帝国主義論（シュテルンベルク）……… 05021
帝国主義論（ホブソン,J.A.）……… 11210
帝国主義論（資本主義の最高の段階としての帝国主義）（レーニン，ウラジミール・イリイチ）……… 13981
ティコ・ブラーエの神への道（ブロート）……… 10268
デイジーを想う（ウィルソン，エドマンド）……… 00981
デイジー・ミラー（ジェイムズ，ヘンリー）……… 04561
亭主学校（モリエール）……… 12502
貞淑な娼婦（デッカー，トマス）……… 06931
貞淑な娼婦（ミドルトン，トマス）……… 12032
廷臣論（カスティリオーネ）……… 02179
ディスコロシ（マキアヴェッリ，ニッコロ）……… 11525
ディスタンクシオン（ブルデュー，ピエール）……… 10042
ディスパッチズーヴェトナム特電（ハー，マイケル）……… 07877
帝政の崩壊と第3共和政の樹立（セーニョボス）……… 05936
帝政論（ダンテ・アリギエーリ）……… 06374
低速中性子によるウランの核分裂（ストラスマン）……… 05692
低速中性子によるウランの核分裂（ハーン）……… 08703
ディダケ（作者不詳）……… 14718
ディダスカリコン（学習論）（サン=ヴィクトルのフーゴー）……… 04419
鄭註尚書（鄭玄）……… 06685
鄭註論語（鄭玄）……… 06686
ティツィアーノ（ヴァルトマン）……… 00788
ティツィアーノ（カヴァルカセレ）……… 02101
ティツィアーノ（クロー）……… 03399
ティツィアンの死（ホーフマンスタール，フーゴー・フォン）……… 11238

停電の夜に（ラヒリ，ジュンパ）……… 13080
ディートリッヒ自伝（ディートリッヒ，マレーネ）……… 06786
ディーバ（デラコルタ）……… 07076
ディーパヴァンサ（作者不詳）……… 14719
ティピカル（パウエル，パジェット）……… 08008
ティファニーで朝食を（カポーティ，トルーマン）……… 02336
ディプノソフィスタイ（アテナイオス）……… 00188
ティマイオス（プラトン）……… 09754
ディミトリオスの棺（アンブラー，エリック）……… 00544
ティモシー・アーチャーの転生（ディック，フィリップ・K.）……… 06775
ティラン・ロ・ブラン（ガルバ，マルティ・ジュアン・ダ）……… 02452
ティラン・ロ・ブラン（マルトゥレイ，ジュアノット）……… 11883
亭林文集（顧炎武）……… 03741
ティル・オイレンシュピーゲル（ボーテ，ヘルマン）……… 11148
ディルバートの法則（アダムス，スコット）……… 00154
ティンカー・クリークのほとりで（ディラード）……… 06837
ティンペ親方（クレッツァー）……… 03372
手を貸す人々（デュレンマット，フリードリヒ）……… 07068
デオキシリボ核酸の構造（クリック,F.H.）……… 03195
デオキシリボ核酸の構造（ワトソン，ジェームズ・D.）……… 14474
テオフィルの奇跡劇（リュトブフ）……… 13519
デカブリストの妻（ネクラーソフ）……… 07770
デカメロン（ボッカチオ）……… 11115
デカルト的省察（フッサール，エドムント）……… 09552
デカルトの哲学原理.附録,形而上学的思想（スピノザ，バールーフ・デ）……… 05760
デカルト派言語学（チョムスキー，ノーム）……… 06588
敵（ゴーリキー，マクシム）……… 04007
テキサコ（シャモワゾー，パトリック）……… 04885
溺死（シュトルム，テオドール）……… 05047
敵の顔（キーン，サム）……… 02849
テクストの快楽（バルト，ロラン）……… 08607
テクノクラートの勃興（アーミティッジ,W.H.G.）……… 00264
弟子（ブールジェ，ポール）……… 10012
手仕事を学校へ（フレネ，セレスタン）……… 10161
手品師が皿を奪った（マハフーズ，ナギーブ）……… 11730
出島商館日記（オランダ商館長）……… 01986
テストゥーンと呼ぶある基本貨幣の価値宣言書（作者不詳）……… 14720

作品名	番号
テスト氏との一夜(ヴァレリー)	00796
テスピス(ガスター)	02177
テスラ自伝(テスラ,ニコラ)	06925
データ対話型理論の発見(グレイザー,B. G.)	03343
データ対話型理論の発見(ストラウス,A. L.)	05690
デタントの成立と変容(スチーブンスン)	05624
哲学(ヤスパース)	12641
哲学概説(ラッセル,バートランド)	13028
哲学概論(ヴィンデルバント)	01028
哲学概論(キュルペ)	02784
哲学教程(デューリング)	07052
哲学研究(ムーア,ジョージ・エドワード)	12162
哲学語彙(ラランド)	13139
哲学綱要(ホッブズ,トマス)	11138
哲学史(シュヴェーグラー)	04956
哲学史(フォアレンダー,カール)	09333
哲学史(ラーダークリシュナン)	13001
哲学史教程(ヴィンデルバント)	01029
哲学史研究(ブゥトルゥ,エチェンヌ・エミイル)	09271
哲学史研究(ブートルー)	09575
哲学史講義(ヘーゲル,ゲオルク・ヴィルヘルム・フリードリヒ)	10411
哲学史綱要(ユーベルヴェーク)	12714
哲学辞典(アイスラー,ルドルフ)	00023
哲学辞典(ヴォルテール)	01323
哲学者キエルケゴール(ヘフディング)	10591
哲学者としての未開人(レディン)	13944
哲学者の不条理(ガザーリー)	02161
哲学者列伝(ディオゲネス・ラエルティオス)	06712
哲学小辞典(ヴォルテール)	01324
哲学書簡(ヴォルテール)	01325
哲学書簡(チャダーエフ)	06492
哲学・心理学事典(ボールドウィン)	11349
哲学体系(ヴント,ヴィルヘルム)	01438
哲学体系(リッケルト,ハイリンヒ)	13363
哲学探究(ウィトゲンシュタイン,ルートヴィヒ)	00897
哲学断想(ディドロ,ドニ)	06794
哲学の急進主義の成長(アレヴィ,エリ)	00433
哲学の国家理論(ボーズンキット,B.)	11087
哲学の思考の小さな学校(ヤスパース)	12642
哲学の諸科学集成概要(ヘーゲル,ゲオルク・ヴィルヘルム・フリードリヒ)	10412
哲学の諸科学集成第一巻論理学(作者不詳)	14721
哲学の諸科学集成第一巻論理学(続篇)(作者不詳)	14722
哲学的人類史(ドリヴェ,ファーブル)	07461
哲学的世界観(シェーラー,マックス)	04633
哲学的断片(キルケゴール,セーレン)	02817
哲学的批判主義(リール)	13557
哲学的病理学(ピネル)	08917
哲学と現実(リップス,テオドル)	13388
哲学と精密科学(カッシーラー,E.)	02218
哲学入門(ヤスパース)	12643
哲学入門(ラッセル,バートランド)	13029
哲学の改造(デューイ,ジョン)	06992
哲学の果実(ディーツゲン,ヨゼフ)	06779
哲学の原理(デカルト,ルネ)	06912
哲学の根本問題(ジェームズ,ウィリアム)	04622
哲学の根本問題(ジンメル,ゲオルク)	05466
哲学の再建(デューイ,ジョン)	06993
哲学の自食症候群(ブーヴレス)	09272
哲学の諸原理(パース)	08178
哲学の諸問題(ラッセル,バートランド)	13030
哲学の脱構築(ローティ,R.)	14233
哲学ノート(レーニン,ウラジミール・イリイッチ)	13982
哲学の慰め(ボエティウス)	11018
哲学の偽問題(カルナップ)	02450
哲学の人間学的原理(チェルヌイシェフスキイ)	06443
哲学の範囲及其関係(シジウィック,ヘンリー)	04709
哲学の光に照らしてみた社会問題(シュタイン,ローレンツ・フォン)	04996
哲学の貧困(マルクス,カール)	11832
哲学の本質(ディルタイ,ウィルヘルム)	06868
哲学の擁護(コーンフォース)	04201
哲学の類型(ホッキング)	11116
哲学の論理学と範疇論(ブハーリン)	09598
哲学の論理学と範疇論(ラスク,エミイル)	12986
哲学論集(セネカ,ルキウス・アンナェウス)	05945
哲学論集(ラッセル,バートランド)	13031
鉄煩鋳造編(フゲーニン)	09479
綴術(祖沖之)	06018
鉄道経済(ラードナー,D.)	13059
デッド・エンド(キングズリー,シドニー)	02868
デッド・ランナー(ロス,フランク)	14157
鉄の流れ(セラフィモーヴィチ)	05967
鉄のハンス(ブライ,ロバート)	09628
鉄の門(ミラー,マーガレット)	12091
鉄の歴史(ベック,ルードウィヒ)	10475
鉄の歴史(ヨハンゼン)	12775
鉄砲をすてた日本人―日本史に学ぶ軍縮(ペリン,ノエル)	10650

鉄冶金学教程(カルステン)	02426	田園・工場・仕事場(クロポトキン)	03466
手と魂(ロセッティ)	14180	田園詩(ウェルギリウス)	01146
テネシー・ウィリアムズ回想録(ウィリアムズ,テネシー)	00944	天演論(厳復)	03715
テーバイ攻めの七将(アイスキュロス)	00019	天界の一般自然史と理論(カント,イマヌエル)	02566
テヒノロギー入門(ベックマン,ヨハン)	10480	天界の構造について(ハーシェル)	08144
デブの国とノッポの国(モーロワ,アンドレ)	12579	天下郡国利病書(顧炎武)	03742
デ・プロフンディス(ワイルド,オスカー)	14425	天翔ける十字軍(アンダースン,ポール)	00489
太白山脈(趙廷來)	06566	天翔る鷹(ホプキンズ,G.M.)	11197
デマの心理学(オールポート,G.W.)	02027	田家行(高啓)	03784
デマの心理学(ポストマン,L.)	11076	てんかん(ヤンツ,D.)	12670
デミアン(ヘッセ,ヘルマン)	10501	電気学の歴史と現状(付、独創的な実験)(プリーストリー)	09893
デモクラシー(ディディオン,ジョーン)	06783	電気50年(フレミング,ジョン)	10189
デモクラシーの政治体制(ヘリング)	10652	伝奇集(ボルヘス,ホルヘ・ルイス)	11374
デモクラシーの本質と価値(ケルゼン,ハンス)	03674	伝記と寓話(イソップ)	00624
デモクリトスとエピクロスとの自然哲学の差異(マルクス,カール)	11833	電気と磁気についての研究(クーロン)	03473
デュッセルタールの洞窟から発掘された人類の遺物(シャーフハウゼン)	04874	電気に関する実験と観察(フランクリン,ベンジャミン)	09799
デュッセルタールの洞窟から発掘された人類の遺物(フールロット)	10093	電気の磁針への接近効果に関する実験(エルステッド)	01672
デュメジルとの対話―言語・神話・叙事詩(エリボン,ディディエ)	01656	電気の実験的研究(ファラデー,マイケル)	09130
デュメジルとの対話―言語・神話・叙事詩(デュメジル,ジョルジュ)	07036	伝記の諸様相(モーロワ,アンドレ)	12580
デューラー遺稿集(デューラー,A.)	07042	伝記の友(フワンダミール)	10312
デューラーとその時代(ヴェーツォルト)	01078	天球の回転について(コペルニクス)	03975
デューン・シリーズ(ハーバート)	08405	電気力学的現象の数学的理論(アンペール)	00549
テラ・アマータ(ル・クレジオ,J.M.G.)	13678	電気力の伝搬に関する研究(ヘルツ)	10742
テラビシアにかける橋(パターソン,キャサリン)	08247	天空の果実―宇宙の進化を探る(リーブス,ヒューバート)	13439
デリケート・バランス(オールビー,E.)	02019	天空の和声(エステルハージ・ペーテル)	01525
デルスー・ウザーラ(アルセーニエフ)	00379	転形期の経済学(ブハーリン)	09599
デルタの結婚式(ウェルティ)	01172	天経或問(游芸)	12683
デルの革命(デル,マイケル)	07098	天工開物(宋応星)	06021
デルボランス(ラミュ)	13119	天国鉄道(ホーソーン,ナサニエル)	11092
テレーズ・デスケイルゥ(モーリヤック,フランソワ)	12535	天国と地獄(スウェーデンボリ)	05500
テレーズ・ラカン(ゾラ,エミール)	06078	天国と地獄の結婚(ブレイク,ウィリアム)	10113
テレパシスト(ブラナー)	09765	天国の発見(ムリシュ,ハリー)	12198
テレビジョンカルチャー(フィスク,J.)	09174	点子ちゃんとアントン(ケストナー,エーリヒ)	03549
テレマックの冒険(フェヌロン)	00292	天乎帝乎(潘佩珠)	09151
デ・レ・メタリカ(アグリコラ)	00104	天才(ドライサー,セオドア)	07421
テロリズム(タウンゼンド,チャールズ)	06209	天才と遺伝(ゴールトン,フランシス)	04091
テロリズムと共産主義(カウツキー,カール)	02113	天才論(ロムブローゾ,チェザーレ)	14327
テロリズムと共産主義(トロツキー)	07579	電磁気学(マックスウェル)	11672
田園(ジョルジュ)	05296	電磁気の熱効果について(ジュール)	05166
田園交響楽(ジッド,アンドレ)	04734	天咫偶聞(震鈞)	05434
		電子と原子核の発見(ワインバーグ,スティーブン)	14432
		天使の反逆(フランス,アナトール)	09839
		天使の法則(パルメン,コニー)	08647

電子帆船ジェットウィンド(ジェイキンズ,
　ジェフリー) 04512
点字法による言葉,音譜の書き方(ブラー
　ユ) 09782
天使も踏むを恐れるところ(フォースター,エ
　ドワード・モーガン) 09391
伝習録(王陽明♪) 01823
天主実義(リッチ,マッテオ) 13375
天正遣欧使節記(サンデ) 04451
天井桟敷の人々(プレヴェール,ジャック) .. 10135
電子,陽子,光子,中性子および宇宙線(ミリ
　カン) 12099
天上も地上も(ベルゲングリューン) 10709
天使よ故郷を見よ(ウルフ,トマス) 01412
転女身経(作者不詳) 14723
電子論(ローレンツ,コンラート) 14373
伝心法要(黄檗) 01843
伝説(ゲメル,デイヴィッド) 03635
伝説的教訓劇(ラフォルグ) 13089
伝説の時代(ブルフィンチ,トマス) 10078
伝染病論(フラカストーロ) 09696
点,線,面(カンディンスキー) 02548
天体運動論(ガウス) 02105
天台四教儀(諦観) 06163
天体と航海術に関する主要な論説(コルテ
　ス) 04063
天体力学(ラプラス) 13095
天体力学の新方法(ポアンカレ,アンリ) ... 10929
天体力学史(グラント) 03157
天体論(アリストテレス) 00329
伝道の書あるいは説教者(作者不詳) 14724
伝道の書に捧げる薔薇(ゼラズニイ,ロ
　ジャー) 05963
天と地のあいだ(ルートヴィヒ) 13747
天然資源の保全(スミス) 05808
天然有機物質の不均等分子に関する研究(バ
　ストゥール) 08213
天皇の逝く国で(フィールド,ノーマ) 09246
天皇ヒロヒト(モズレー) 12433
天の涯に生くるとも(金素雲) 02697
天のろくろ(ル・グイン,アーシュラ・K.) .. 13667
テンペスト(シェイクスピア,ウィリアム) .. 04535
デンマーク民謡集(グルントヴィ) 03324
天文学(ラッセル,バートランド) 13032
天文学史(ツィナー) 06622
天文学の光学的部分を扱うウィテロへの追加
　(ケプラー,ヨハネス) 03626
天文対話(ガリレイ,ガリレオ) 02391
田野の風(蔣光慈) 05251
てんやわんや部落の福ちゃん・ボーカー平の
　追われ者(ハート) 08326

天佑丸(ハイエルマンス) 07898
転落(カミュ,アルベール) 02350
電流の化学作用(デーヴィ) 06891
天路歴程(バンヤン,ジョン) 08788
典論(曹丕) 06032
電話の研究(ベル) 10663

【と】

ドイツ(ディキンソン) 06721
ドイツ・イデオロギー(エンゲルス,フリード
　リヒ) 01752
ドイツ・イデオロギー(マルクス,カール) .. 11834
ドイツ韻律史(ホイスラー) 10942
ドイツ韻律学(ザーラン) 04360
ドイツ英雄伝説(ライエン) 12805
ドイツ音楽の記念碑(リーリエンクロー
　ン) 13552
ドイツ教育史―就学義務制への歩み(シュプ
　ランガー,エドゥアルト) 05083
ドイツ行政法(マイヤー,オットー) 11486
ドイツ行政法綱要(フライナー) 09648
ドイツ経済史(シュテルネック,イナマ) ... 05020
ドイツ経済史(ベヒテル) 10585
ドイツ経済史概要(ケチュケ) 03565
ドイツ経済法要綱(ヘーデマン) 10544
ドイツ刑法教科書(リスト,フリードリヒ) .. 13338
ドイツ劇術史(ドヴリアン) 07236
ドイツ現行普通刑法綱要(フォイエルバッハ,
　ルードヴィヒ) 09341
ドイツ言語図巻(ヴェンカー) 01222
ドイツ言語図巻(ヴレーデ) 01422
ドイツ言語図巻(ミッカ) 12005
ドイツ憲法史(ヴァイツ) 00729
ドイツ考古学(ミュレンホッフ) 12068
ドイツ皇帝時代における支配と農民(ドープ
　シュ) 07343
ドイツ皇帝時代史(ギーゼブレヒト) 02634
ドイツ国法(ラーバント) 13074
ドイツ国法教科書(アンシュッツ,ゲアハル
　ト) 00478
ドイツ国法教科書(マイヤー,ゲオルク) ... 11490
ドイツ国民学校―ドイツ田園教育舎による学
　校改革論(リーツ) 13359
独逸国民経済学史(ロッシャー,ヴィルヘル
　ム・ゲオルグ・フリードリヒ) 14224
ドイツ国民に告ぐ(フィヒテ,ヨハン・コット
　リープ) 09215
ドイツ国民文学双書(キュルシュナー) 02783

項目	番号
ドイツ語語源辞典（クルーゲ）	03287
ドイツ語史（グリム兄弟）	03218
ドイツ語史（ベハーゲル）	10583
ドイツ語史研究（シェーラー）	04627
ドイツ語辞典（グリム兄弟）	03219
ドイツ語辞典（ザンデルス）	04463
ドイツ語新約聖書（作者不詳）	14725
ドイツ国家・法制史（アイヒホルン）	00037
ドイツ古典主義とロマン主義（シュトリヒ, フリッツ）	05042
ドイツ古典文学史批判（ライマン）	12860
ドイツ語の力について（ヴァイスゲルバー）	00724
ドイツ語の内面形式（グリンツ）	03275
ドイツ語発音辞典（フィエトル）	09166
ドイツ3月革命の歴史（ファレンティン）	09146
ドイツ史（ビューラー）	08989
ドイツ史（メーリング, フランツ）	12294
ドイツ史（ランプレヒト）	13203
ドイツ史学史（ベロー）	10820
ドイツ史綱要（ゲープハルト）	03622
ドイツ史の諸時期（ハラー, ヨハンネス）	08480
ドイツ私法（ギールケ）	02806
ドイツ私法綱要（ヒュープナー）	08974
ドイツ私法提要（ホイスラー）	10943
ドイツ社会経済史（リュトゲ）	13513
ドイツ社会政策の基礎としての民族の自然史（リール）	13558
ドイツ社会文化史（メーリング, フランツ）	12295
ドイツ社会民主主義の歴史（メーリング, フランツ）	12296
ドイツ社会民主党史（メーリング, フランツ）	12297
ドイツ宗教改革史（ペツォルト）	10452
ドイツ諸種族と風土との文学史（ナードラー）	07633
ドイツ諸種族の音楽（モーザー）	12415
ドイツ神学（作者不詳）	14726
ドイツ人のあいびきの地で（エリュアール, ポール）	01661
ドイツ神話学（グリム兄弟）	03220
ドイツ精神史研究（ディルタイ, ウィルヘルム）	06869
ドイツ精神史上の大法思想家（ヴォルフ, クリスチャン）	01343
ドイツ政党史（ベルクシュトレッサー）	10693
ドイツ全都市の市参事会員に対する勧告（ルター）	13730
ドイツ大学の自己主張（ハイデッガー, マルティン）	07921
ドイツ大農民戦争（ツィンメルマン, W.）	06626
ドイツ団体法論（ギールケ）	02807
ドイツ地誌（クレープス）	03382
ドイツ中世都市論（プラーニツ）	09769
ドイツ中世農業史（ベロー）	10821
ドイッチュラント号難破（ホプキンズ, G. M.）	11198
ドイツ帝国から共和国へ（ミュラー）	12052
ドイツ帝国主義史研究（クチンスキ）	02946
ドイツ帝国と産業革命（ヴェブレン, ソーステイン）	01133
ドイツ帝国の政策（ビューロー）	08994
ドイツ的形姿（ベルトラム）	10751
ドイツ哲学と政治（デューイ, ジョン）	06994
ドイツ転来語に映じたドイツ文化の発達（ザイラー）	04258
ドイツ統一史（シュルビーク）	05181
ドイツ統語論（ベハーゲル）	10584
ドイツ都市制度史（マウラー）	11509
ドイツとフランス革命（グーチ）	02943
ドイツ農業史（ゴルツ）	04056
ドイツ農民戦争（エンゲルス, フリードリヒ）	01753
ドイツ農民戦争（フランツ, ギュンター）	09855
ドイツの過去の面影（フライターク, グスタフ）	09646
ドイツの宗教と哲学の歴史（ハイネ, ハインリッヒ）	07935
ドイツの先史（コッシナ）	03906
ドイツの反ヒトラー運動（ロートフェルス）	14244
ドイツの悲劇（マイネッケ, フリードリヒ）	11470
ドイツの文学と音楽（ディルタイ, ウィルヘルム）	06870
ドイツ・バロック（ベンツ）	10865
ドイツ美学史（ロッツェ）	14226
ドイツ悲劇の根源（ベンヤミン, ヴァルター）	10881
ドイツ悲劇論（ウィーゼ, レオポルド・フォン）	00873
ドイツ美術史（デヒオ）	06956
ドイツ・ヒューマニズムから現代までの精神と歴史（シュルビーク）	05182
ドイツ標準語（ジープス）	04776
ドイツ普通私法体系（ベーゼラー）	10444
ドイツ冬物語（ハイネ, ハインリッヒ）	07936
ドイツ・プロイセン行政法教科書（ハチェク）	08251
ドイツ文学史（ヴァルツェル）	00776
ドイツ文学史（シェーラー）	04628
ドイツ文学小史（ルカーチ, G.）	13652
ドイツ文学断想（ヘルダー, ヨハン・ゴットフリート）	10733
ドイツ文献学提要（シュタムラー）	05001

作品名	番号
ドイツ文法（ヴィルマンス）	01003
ドイツ文法（グリム兄弟）	03221
ドイツ文法（パウル，ヘルマン）	08049
ドイツ法制史（ブルンナー，H.）	10107
ドイツ法制史（ミッタイス）	12011
ドイツ法律古事典（グリム兄弟）	03222
ドイツ民事訴訟法教科書（ヘルヴィヒ）	10689
ドイツ民事訴訟法教科書（ローゼンベルク，レオ）	14193
ドイツ民事訴訟法提要（ヴァッハ）	00755
ドイツ民俗学綱要（ナウマン，ハンス）	07616
ドイツ民俗芸文草紙（ヘルダー，ヨハン・ゴットフリート）	10734
ドイツ民族の文学史―ドイツ諸種族及び諸風土の作品と作物（ナードラー）	07634
ドイツ民法第1草案による債権総論試論（サレーユ）	04404
ドイツ昔話辞典（ボルテ）	11340
ドイツ昔話辞典（マッケンゼン）	11682
ドイツ俚諺辞典（ヴァンダー）	00814
ドイツ俚諺学（ザイラー）	04259
ドイツ領邦国家論（ゼッケンドルフ）	05925
ドイツ・ロマン主義（ヴァルツェル）	00777
ドイツ論（スタール夫人）	05598
塔（イェイツ，ウィリアム・B.）	00566
塔（ホーフマンスタール，フーゴー・フォン）	11239
ドーヴァー街道（ミルン，A.A.）	12142
東亜儒学九論（陳来）	06613
東亜美術史綱（フェノロサ，E.F.）	09294
ドーヴァー4切断（ポーター，ジョイス）	11105
陶庵夢憶（張岱）	06570
同位元素（アストン，フランシス）	00145
島夷志略（汪大淵）	01811
同一性と実在（メイエルソン）	12212
ドゥイノの悲歌（リルケ，ライナー・マリア）	13566
等韻源流（趙蔭棠）	06547
棠陰比事（桂万栄）	03508
ドウェル教授の首（ベリャーエフ）	10647
陶淵明詩集（陶淵明）	07167
陶淵明集（陶淵明）	07168
竇娥冤（関漢卿）	05899
桃花源記（陶淵明）	07169
桃花扇（孔云亭）	03780
桃花扇（孔尚任）	03796
灯火の歴史（イリン，ミハイル）	00697
トウガラシの文化誌（ナージ，アマール）	07619
東華録（蒋良騏）	05259
稲稈経（作者不詳）	14727
動機と人格（マズロー，アブラハム）	11637
闘牛士（モンテルラン）	12609
東京暮し（サンソム夫人）	04439
東京下町山の手1867-1923（サイデンステッカー，E.）	04240
東京日光散策（ギメ，E.E.）	02704
洞窟の女王（ハガード，ヘンリー・ライダー）	08068
道具とその人類の発展史に対する意義（ノワレ）	07870
統計学および政治学批判ならびに政治哲学の建設（リューダー）	13509
統計学史（ヨーン）	12781
統計学史への寄与（ヴェステルゴード）	01061
統計学と社会学（マイール）	11506
統計学の理論ならびに政治学一般の研究についての理念（シュレーツァー）	05190
統計的中数値論（ジジェク，スラヴォイ）	04713
統計的判定関数論（ヴァルト）	00784
統計の道化鏡（ヴァーゲマン）	00743
東京夢華録（孟元老）	12384
統計力学の原理（ギブズ）	02678
統計理論序説（ユール，ヘンリー）	12717
道化踊り（ハックスリー，オルダス）	08281
道化の意見（ベル，ハインリッヒ）	10674
陶行知教育論文選輯（陶行知）	07177
陶工の書（リーチ，バーナード）	13348
唐五代西北方音（羅常培）	12789
統語論（カーム）	02357
東西交渉史（ユール，ヘンリー）	12718
東西古代世界における音楽の発生（ザックス，クルト）	04296
唐才子伝（作者不詳）	14728
東西哲学についての論文集（ムーア，ジョージ・エドワード）	12163
東西の芸術（ローランド）	14342
東西洋考（張燮）	06569
動作研究（ギルブレス）	02839
骰子一擲（マラルメ，ステファヌ）	11765
唐詩紀事（計有功）	03509
闘士サムソン（ミルトン，ジョン）	12135
唐詩三百首（李錫瓚）	13239
唐詩三百首詳析（喩守真）	12672
唐詩選（李攀竜）	13264
同時代に対するジュネーブ住民の書簡（サン・シモン）	04434
投資と金融（ミンスキー）	12150
登場人物（ブラウニング，ロバート）	09667
唐女郎魚玄機詩（魚玄機）	02788
トゥスクラヌム双談（キケロ，マーカス・トゥリウス）	02617
董西廂（董解元）	07171

作品名	番号
陶靖節集（陶淵明）	07170
統制の経済学（ラーナー）	13069
陶説（朱琰）	04920
道蔵（作者不詳）	14729
唐宋詩醇（乾隆帝）	03736
逃走する馬（ヴァルザー, マルティン）	00772
唐宋伝奇（作者不詳）	14730
唐宋伝奇集（魯迅）	14066
唐宋八家文読本（沈徳潜）	05419
盗賊の兄弟（プーシキン, アレクサンドル・セルゲーヴィチ）	09516
動態経済学序説（ハロッド, R.F.）	08687
唐代経済史（鞠清遠）	02604
唐代経済史（陶希聖）	07173
唐代の長安方言（マスペロ, アンリ）	11634
灯台へ（ウルフ, ヴァージニア）	01407
統治論（ロック, ジョン）	14209
唐朝名画録（朱景玄）	04921
トゥーティー・ナーメ（作者不詳）	14731
動的社会学（ウォード, レスター・フランク）	01263
動的貸借対照表論（シュマーレンバハ）	05104
道徳および立法の諸原理序説（ベンサム, ジェレミー）	10857
道徳科学序説（ジンメル, ゲオルク）	05467
道徳学（ベイン）	10372
道徳感情論（スミス, アダム）	05811
道徳観念の起原と発達（ウェスターマーク）	01059
道徳形而上学原論（カント, イマヌエル）	02567
道徳真経広聖義（杜光庭）	07134
道徳政治文芸論集（ヒューム, デイヴィッド）	08986
道徳的意識の現象学（ハルトマン, ニコライ）	08620
道徳的人間と非道徳的社会（ニーバー, ラインホールド）	07721
道徳的批判と批判的道徳（マルクス, カール）	11835
道徳的理想（ウエッヂウッド, ジュリア）	01080
道徳哲学上の議論としての善悪論（ラシュダル）	12954
道徳哲学体系（ハチソン, フランシス）	08253
道徳と宗教の二源泉（ベルグソン, アンリ）	10701
道徳に於ける経験と思考力（ヂアスラン）	04497
道徳の系譜（ニーチェ, フリードリヒ）	07707
道徳の原理に関する研究（ヒューム, デイヴィッド）	08987
道徳律不滅論（カドワース, R.）	02273
道徳論集（セネカ, ルキウス・アンナェウス）	05946
東南アジア（ドビー, E.H.G.）	07333
東南アジア史（ホール）	11304
東南アジアの華僑（パーセル）	08222
塔の上の旗（マカレンコ, A.S.）	11521
党の活動態度をなおせ（毛沢東）	12395
党の組織と党の文学（レーニン, ウラジミール・イリイッチ）	13983
東坡集（蘇軾）	06016
党派の非行性（シゲーレ）	04706
当百知恵袋（グリーン）	03240
東部アルプスと今日のオーストリア（クレープス）	03383
動物園の老人たち（ウイルソン, アンガス）	00970
動物園物語（オールビー, E.）	02020
動物界（キュヴィエ）	02763
動物界における性（マイゼンハイマー）	11461
動物共同体の類型（エルトン, C.）	01683
動物寓意譚（作者不詳）	14732
動物行動学（ローレンツ, コンラート）	14374
動物誌（アリストテレス）	00330
動物誌（ゲスナー, コンラート）	03559
動物磁気説（メスマー）	12251
動物社会（エスピナス）	01528
動物進化論（モース, エドワード・S.）	12418
動物生態学（エルトン, C.）	01684
動物生態学と進化（エルトン, C.）	01685
動物哲学（ラマルク, ジャン・バプチスト）	13114
動物と植物の構造および成長の一致に関する顕微鏡的研究（シュワン）	05205
動物と人間（カッツ, ダヴィド）	02235
動物と人間における目的行動（トールマン）	07531
動物に心があるか——私的体験の進化的連続性（グリフィン, ドナルド・R.）	03204
動物について（アルベルトゥス・マグヌス）	00420
動物農場（オーウェル, ジョージ）	01835
動物の運動（ボレリ）	11390
動物の解放（シンガー, ピーター）	05431
動物の権利（シンガー, ピーター）	05432
動物の書（ジャーヒズ）	04868
動物の生活（ブレーム）	10191
動物の体制と生活（ドフライン）	07352
動物の体制と生活（ヘッセ）	10490
動物の知能（ソーンダイク, E.L.）	06139
動物発生学について（ベーア, カール・エルンスト・フォン）	10322
動物発生論（アリストテレス）	00331
動物発生論（ハーヴェイ, ウィリアム）	08000
動物部分論（アリストテレス）	00332
動物分類学（キュヴィエ）	02764

ドゥブロフスキー（プーシキン、アレクサンドル・セルゲーヴィチ）	09517
同文算指（リッチ、マッテオ）	13376
同文算指（李之藻）	13236
逃亡（ゴールズワージー、ジョン）	04048
東方案内記（リンスホーテン）	13583
東方からの光（ダイスマン）	06166
逃亡空路（ダンモア）	06393
東方見聞録（ポーロ、マルコ）	11392
東方聖書（ミューラー、フリードリヒ・マックス）	12059
東方伝道史（グスマン）	02932
東方に火をつけろ（ホップカーク、ピーター）	11135
東方の歌（ユゴー、ヴィクトル）	12695
東方の王女（エルンスト）	01703
逃亡の書（ル・クレジオ,J.M.G.）	13679
逃亡飛行（クライブ）	03024
東方旅行記（マンデヴィル）	11962
ドゥームズデー・ブックとそのかなた（メイトランド、F.W.）	12227
透明人間（ウェルズ、H.G.）	01163
冬夜（兪平伯）	12678
陶冶論（ケルシェンシュタイナー）	03662
東洋および西洋における村落共同体（メーン、H.J.S.）	12353
童謡集（デ・ラ・メア、ウォルター）	07081
東洋的社会の理論（ウィットフォーゲル、K.A.）	00887
東洋的専制主義（ウィットフォーゲル、K.A.）	00888
東洋の民族運動の歴史（コーン、H.）	04150
東洋遍歴記（メンデス・ピント、フェルナン）	12364
トゥラエフ暗殺事件（セルジュ、ヴィクトール）	05982
動乱二一〇〇（ハインライン、ロバート・A.）	07980
棟梁ソルネス（イプセン、ヘンリック）	00647
当惑者の指導（マイモン）	11477
童話集（オーノワ夫人）	01956
童話集（トペリウス）	07363
童話集（ペロー、シャルル）	10824
童話集（ボーモン）	11268
童話集（ラング）	13156
トゥンク（ダレル、ロレンス）	06338
遠い声 遠い部屋（カポーティ、トルーマン）	02337
遠い場所の記憶（サイード、エドワード・W.）	04242
遠い山なみの光（イシグロ、カズオ）	00611
遠きかなた（トヴァルドーフスキイ）	07186
ドガ（ヴォラール）	01303
都会と犬ども（バルガス＝リョサ、マリオ）	08568
ドガ・ダンス・デッサン（ヴァレリー）	00797
ド・カモ（レーナルト）	13958
トカラ語文法（ジーク）	04694
時を克えて（ライト、S.ファウラー）	12835
時との戦い（カルペンティエール、アレホ）	02467
時には偉大な観念を（キージー、ケン）	02627
時の音楽（パウエル、アンソニー）	08007
時の仮面（シルヴァーバーグ）	05391
時の声（バラード、J.G.）	08495
時の旅人（アトリー、A.）	00203
時の娘（テイ、ジョセフィン）	06692
時は準宝石の螺旋のように（ディレーニー、サミュエル・R.）	06875
時果つるところ（ハミルトン、エドモンド）	08451
時は夢なり（ルノルマン）	13777
時は夜（ペトルシェフスカヤ）	10557
説きふせられて（オースティン、ジェイン）	01881
ドキュメンタリー・フィルム（ローサ）	14117
時よ進め（カターエフ、ワレンチ）	02198
トクヴィル伝（ジャルダン、アンドレ）	04892
徳王自伝（ドムチョクドンロブ）	07412
徳川イデオロギー（オームス、ヘルマン）	01982
徳川時代の宗教（ベラー、R.N.）	10617
独裁（シュミット、カール）	05122
独裁者カエサルと元首ポンペイウス（マイヤー、エルンスト）	11484
読詞偶得（兪平伯）	12679
読史方輿紀要（顧祖禹）	03759
毒蛇（スタウト）	05567
独秀文存（陳独秀）	06608
特殊潜航艇戦史（ウォーナー、ペギー）	01276
特殊相対性理論（アインシュタイン、アルバート）	00047
読書案内（モーム、ウィリアム・サマセット）	12465
読書と演説（ヒルティ、カール）	09030
読書について（ショーペンハウアー、アルトゥール）	05288
独身者（スパーク、ミュリエル）	05742
瀆神の人（モーニエ）	12441
特性のない男（ムージル、ローベルト）	12184
独占資本（スウィージー、ポール・M.）	05482
独占資本（バラン、ポール・A.）	08501
独占的競争の理論（チェンバリン）	06456
Dr.レイ（ハナ）	08370
独断（蔡邕）	04233
戸口の外で（ボルヒェルト、ヴォルフガング）	11369

読通鑑論(王夫之)	01820	都市の文化(マンフォード,ルイス)	11975
得天居士集(張照)	06564	都市の村人たち(ガンス,H.J.)	02541
ドクトル・ジバゴ(パステルナーク,ボリス・レオニードヴィチ)	08208	都市繁栄の原因(ボテロ,ジオヴァンニ)	11150
ドクトル・ビュルガーの運命(カロッサ,ハンス)	02500	都市問題(カステル,M.)	02182
徳についての研究(シャフツベリ伯)	04870	都城紀勝(耐得翁)	06171
毒にんじんとその後(ウイルソン,アンガス)	00971	土壌保全(ベネット,H.H.)	10578
毒の園(ソログープ,フョードル・クジミーチ)	06128	図書館学提要(ミルカウ)	12119
独白録(シュライエルマッヘル,フリードリヒ)	05141	図書館管理綱要(ブラウン)	09671
特別料理(エリン,スタンリイ)	01663	図書館の回想(エドワーズ,ジョナサン)	01563
毒薬の小壜(アームストロング,シャーロット)	00269	図書事典(キルヒナー)	02832
独立の民(ラクスネス)	12911	都市はツリーではない(アレクザンダー,クリストファー)	00436
独立者の実在論的理説(ペリ)	10632	ドスチガーエフと他の人々(ゴーリキー,マクシム)	04008
ドクロリー・メソッド(ドクロリー)	07269	ドストイェフスキィとニーチェ・悲劇の哲学(シェストフ)	04588
時計じかけのオレンジ(バージェス,アントニー)	08138	ドストエフスキー(カー,E.H.)	02056
杜工部集(杜甫)	07138	ドストエーフスキー(ジッド,アンドレ)	04735
どこにいたのだ,アダム(グル,H.)	03281	ドストエフスキーの詩学(バフチン,M.)	08423
ド・ゴール(ラクチュール)	12913	土台穴(プラトーノフ,アンドレイ・プラトーノヴィチ)	09740
ドサディ実験星(ハーバート)	08406	トダ族(リヴァーズ)	13276
閉された庭(グリーン,ジュリアン)	03258	土地(朴景利)	08087
都市(シマック)	04793	土地への資本投下に関する試論(ウェスト)	01063
都市(ジョルジュ)	05297	土地所有権論(オーグルヴィ)	01854
都市(パーク,R.E.)	08099	土地っ子(ライト,リチャード)	12833
年上の女(ブレイン,ジョン)	10131	土地なき民(グリム兄弟)	03223
都市への権利(ルフェーヴル,アンリ)	13780	土地の精霊(ビュトール,ミシェル)	08964
都市および軍事建築論(マルチーニ,F.di G.)	11870	土地の力(ウスペンスキイ)	01375
都市革命(ルフェーヴル,アンリ)	13781	土地保有論(リトルトン)	13420
都市計画考察法(ル・コルビュジエ)	13692	どちらかを選ぶことはできない(メロイ,マイリー)	12351
都市 この小さな惑星の(グムチジャン,フィリップ)	03008	吶喊(魯迅)	14067
都市 この小さな惑星の(ロジャース,リチャード)	14135	どっこい,おいらは生きている(トラー)	07414
杜子春伝(李復言)	13265	突然炎のごとく(ロシェ,アンリー・ピエール)	14123
都市人類学(サウスホール)	04270	突然変異説(ド・フリース)	07354
都市地域と地方計画(ディキンソン,R.E.)	06726	トップシークレット 20世紀を動かしたスパイ100年正史(リチェルソン,J.T.)	13349
都市と社会的不平等(ハーヴェイ,デヴィッド)	08001	ドデカコルドン(グラレアヌス)	03153
都市と星(クラーク,アーサー・C.)	03065	トーテミズムと外婚(フレイザー,ジェームズ)	10123
都市のイメージ(リンチ,ケヴィン)	13589	トーテムとタブー(フロイト,ジークムント)	10219
都市・農村社会学原理(ジンマーマン,C.)	05453	となりの億万長者(スタンリー,トマス・J.)	05620
都市・農村社会学原理(ソーロキン)	06121	となりの億万長者(ダンコ,ウィリアム・D.)	06358
都市の建築(ロッシ,アルド)	14216	トニオ・クレーゲル(マン,トーマス)	11933
都市の日本人(ドーア,ロナルド・P.)	07143	とにかく,やってみよう!(ジェファーズ,	
都市の恥(ステファンズ)	05665		

スーザン）……………………… 04607	友だち座（プリーストリー, J.B.）…… 09897
ドニャ・バルバラ（ガリェーゴス）…… 02383	友と敵（シーモノフ）………………… 04805
殿方はブロンドがお好き（ルース, アニータ）……………………………… 13703	土曜を逃げろ（ウィリアムズ, チャールズ）… 00941
トーノ・バンゲイ（ウェルズ, H.G.）…… 01164	トラキスの女たち（ソフォクレス）…… 06061
ドーバー（メイスフィールド, ジョン）… 12217	ドラクロワより新印象主義まで（シニャク）………………………………… 04762
賭博者（ドストエフスキー, フョードル・ミハイロヴィチ）…………………… 07286	ドラゴン・シード（バック, パール）…… 08268
トパーズ（パニョル）………………… 08383	トラストD・E（エレンブルグ, イリヤ）… 01715
ドビュッシー（シュアレス）…………… 04931	ドラマ（ソレルス, P.）………………… 06102
ドビュッシーとその時代（ヴァラス）… 00761	虎よ, 虎よ！（ベスター, アルフレッド）… 10431
飛ぶ教室（ケストナー, エーリヒ）…… 03550	トラリーの霧（ボイヤー, ジョー）…… 10958
飛ぶのが怖い（ジョング, エリカ）…… 05313	トランジション―人生の転機（ブリッジズ, ウィリアム）…………………… 09912
とぶ船（ルイス, ヒルダ）……………… 13629	トランジット（ゼーガス, アンナ）…… 05891
飛ぶ夢（ヴィスコチル）……………… 00867	トランスヒマラヤ（ヘディン, スヴェン）… 10539
飛べ！フェニックス（トレーバー, E.）… 07561	トランプ自伝（トランプ, ドナルド）… 07458
トポフィリア（トゥアン, イー・フー）… 07189	鳥（アリストファネス）………………… 00344
トポロジー心理学の原理（レヴィン, クルト）………………………………… 13883	鳥（ヴェースース, タリエイ）………… 01076
トマス逸話集（デローニー, トマス）… 07122	鳥（ペルス, サン・ジョン）…………… 10723
トマスによるイエスの幼児物語（作者不詳）……………………………… 14733	ドリアン・グレイの肖像（ワイルド, オスカー）…………………………… 14426
トマス・モア（サウジー）……………… 04268	トリクスター（レディン）……………… 13945
トマス・モアとそのユートピア（カウツキー, カール）……………………… 02114	トリスタン（マン, トマス）…………… 11934
富（キャナン, エドウィン）…………… 02727	トリスタンとイゾルデ（ゴットフリート・フォン・シュトラースブルク）… 03920
富と貧困の書（ポソシコーフ）……… 11088	トリスタンとイゾルデ（ワグナー, リヒャルト）……………………………… 14443
富に至る道（フランクリン, ベンジャミン）… 09800	トリストラム（ロビンソン, E.A.）…… 14279
ドミニック（フロマンタン）…………… 10282	トリストラム・シャンディ（スターン, ロレンス）……………………………… 05603
富の形成と分配とに関する考察（テュルゴー, アンヌ・ロベール・ジャック）… 07059	トリックスターの起源（デュレンマット, フリードリヒ）……………………… 07072
富の生産についての1論（トレンズ）… 07569	ドリトル先生アフリカゆき（ロフティング, H.J.）……………………… 14299
富の哲学（クラーク, ジョン・ベーツ）… 03073	ドリトル先生航海記（ロフティング, H.J.）… 14300
富の福音（カーネギー, アンドリュー）… 02293	ドリトル先生物語（ロフティング, H.J.）… 14301
富の分配（クラーク, ジョン・ベーツ）… 03074	ドリナの橋（アンドリッチ, イヴォ）… 00520
富の分配および課税の諸源泉に関する1論（ジョーンズ, リチャード）… 05321	鳥になった少年（フェルド）………… 09309
富の分配に関する研究（トンプソン, ウィリアム）……………………………… 07596	トリヌムムス（プラウトゥス）………… 09658
富の理論の数学的原理に関する研究（クールノー, オーギュスタン）…………… 03314	鳥の言葉（アッタール）……………… 00174
トム・ジョーンズ（フィールディング, ヘンリー）……………………………… 09244	鳥の神殿（ブローディガン, リチャード）… 10260
トム・ソーヤーの冒険（トウェイン, マーク）……………………………… 07195	トリビュラ・ボノメ（リラダン, ヴィリエ・ド）……………………………… 13544
トムは真夜中の庭で（ピアス, フィリパ）… 08812	トリフィド時代（ウィンダム, ジョン）… 01020
トム・ブラウンの学校生活（ヒューズ, トマス）……………………………… 08949	トリプル（フォレット, ケン）………… 09441
ともしびをかかげて（サトクリフ, ローズマリー）……………………………… 04318	ドリーム・マシン（プリースト）……… 09890
友達（ウェスカー, A.）………………… 01053	トリュフォンとの対話（ユスティノス）… 12710
	鳥料理レーヌ・ペドーク亭（フランス, アナトール）………………………… 09840
	トリルビー アーガイルの小妖精（ノディエ）……………………………… 07840

トルコと日本の近代化(トゥンジョク,メテ)	07253	ス,A.)	08833
ドルジェル伯の舞踏会(ラディゲ,レイモン)	13042	ドン・イシドロ・パロディ(ボルヘス,ホルヘ・ルイス)	11376
トルストイとドストエフスキイ(その生涯と芸術)(メレジコフスキー)	12335	ドン・カズムーロ(マシャード・デ・アシス)	11612
トルストイの生涯(ロラン,ロマン)	14333	とんがり樅の木の国(ジュエット)	04965
トルディ(アラニュ)	00297	ドン・カルロス(シラー,フリードリッヒ・フォン)	05366
ドルトン案の教育(パーカースト)	08065	ドン・キホーテ(セルバンテス,ミゲル・デ)	05986
ドル不足(キンドルバーガー,チャールズ・P.)	02887	ドン・キホーテと現実の問題(シュッツ,A.)	05007
奴隷制および人身,特にアフリカ人貿易に関する論文(クラークソン)	03084	トンキン・デルタの農民(グルー,ピエール)	03280
奴隷制から解放へ(フランクリン,ベンジャミン)	09801	敦煌石窟(ペリオ)	10641
奴隷制度(スタンプ,ケネス)	05616	頓悟要門(慧海)	01505
奴隷制の鎖(マラー,J.P.)	11755	ドン・ジュアン(バイロン,G.)	07961
奴隷的意志(ルター)	13731	ドン・ジュアン(モリエール)	12503
奴隷貿易廃止について(ウィルバーフォース)	01000	ドン・セグンド・ソンブラ(ギラルデス)	02798
奴隷より立ち上りて(ワシントン,ブッカー・T.)	14460	遁走状態(エヴンソン,ブライアン)	01499
		どん底(ゴーリキー,マクシム)	04009
トレインスポッティング(ウェルシュ,アーヴィン)	01151	トンネル(サバト)	04335
ドレーパー星表(カノン)	02301	ドンビー父子(ディケンズ,チャールズ)	06745
ドレーパー星表(ピカリング)	08844	ドン・フアン・テノーリオ(ソーリーリャ)	06081
トレーン・ウクバル(ボルヘス,ホルヘ・ルイス)	11375	ドン・フアンとファウスト(グラッベ)	03118
トレント最後の事件(ベントリー,E.C.)	10873	とんまの里(トレッセル,ロバート)	07558
トレント宗教会議史(サルピ)	04397	ドン物語(ショーロホフ,ミハイル)	05305
トロイアの女(エウリピデス)	01488	どん欲(リサール)	13317
トロイの馬(ニザン,P.)	07689	ドン・ラミーロの栄光(ラレータ)	13144
トロイの考古学者(シュリーマン,ハインリヒ)	05163		
トロイラスとクレシダ(シェイクスピア,ウィリアム)	04536	**【な】**	
トロットの妹(リシュタンベルジェ,アンドレ)	13321	内経(作者不詳)	14734
トロピスム(サロート,N.)	04411	ナイチンゲール(セーマー)	05953
泥棒(レオーノフ)	13896	内的時間意識現象学講義(フッセル)	09563
泥棒たちの舞踏会(アヌイ)	00212	ナイト・ブック(コッツウィンクル,ウィリアム)	03915
泥棒日記(ジュネ,ジャン)	05066	ナイトランド(ホジスン,ウイリアム・H.)	11053
泥棒は選べない(ブロック,ローレンス)	10249	内面世界の外面世界の内面世界(ハントケ,ペーター)	08774
トロヤ戦争は起こらないだろう(ジロドゥー)	05405	内面への道(ヘッセ,ヘルマン)	10502
トロヤとイリオン(デルプフェルト)	07102	内容分析(ベレルソン,ベルナルド)	10810
トロヤ物語(ブノワ(サント・モールの))	09587	内乱記(カエサル)	02131
トロワ・コント(フローベール,ギュスターヴ)	10276	ナイルの水源を求めて(スピーク)	05751
トワイス・トールド・テールズ(ホーソーン,ナサニエル)	11093	ナイルの世界(エルマン)	01693
ドン・イシドロ・パロディ(ビオイ=カサーレ		ナイン・テイラーズ(セイヤーズ,ドロシー・L.)	05881
		ナヴァホの子供(クラックホーン,クライド)	03110

ナヴァホの子供(レイトン)	13839	名づけえぬもの(ベケット、サミュエル)	10401
ナヴァロンの要塞(マクリーン、アリステア)	11582	なぜ、エグゼクティブはゴルフをするのか?(ムーロ、パコ)	12200
長いお別れ(チャンドラー、レイモンド)	06535	なぜ選ぶたびに後悔するのか(シュワルツ、バリー)	05202
長い暗闇の彼方に(金芝河)	02696	なぜ、この人たちは金持ちになったのか(スタンリー、トマス・J.)	05621
長い旅(イェンセン,J.V.)	00601	なぜ世界の半分が飢えるのか(ジョージ、スーザン)	05273
長い長いお医者さんの話(チャペック、カレル)	06516	なぜ遠くの貧しい人への義務があるのか(ポッゲ、トマス)	11122
長い冬(ワイルダー)	14419	なぜなぜ物語(キップリング、ラディヤード)	02659
長い別れへの短い手紙(ハントケ、ペーター)	08775	ナーセル・ホスローの旅行記(ホスロウ、ナーセル)	11081
長靴をはいた牡猫(ティーク)	06728	なぜ私は生きているか(フロマートカ,J.L.)	10280
長靴をはいた猫(ペロー、シャルル)	10825	謎(デ・ラ・メア、ウォルター)	07082
長くつ下のピッピ(リンドグレーン、アストリッド)	13593	謎の男トマ(ブランショ、モーリス)	09828
中2階のある家(チェーホフ、アントン・パーヴロヴィチ)	06433	謎の北西航路(リュートゲン、クルト)	13515
眺めのいい部屋(フォースター、エドワード・モーガン)	09392	ナーダ(ラフォレート)	13091
流れの背後の市(カザック)	02156	ナダ(ラフォレ、カルメン)	13090
流れのままに(スーポー)	05796	雪崩襲来(キンク)	02856
流れ星(チャペック、カレル)	06517	ナチズムの先駆(ウェイト)	01038
渚にて(シュート、ネヴィル)	05025	ナーチャ・シャーストラ(作者不詳)	14735
殴られるあいつ(アンドレーエフ、レオニード)	00534	なつかしのズライケン(レンツ、ジークフリート)	14041
名指しと必然性(クリプキ、ソール)	03207	夏の陽の罪人たち(フール)	09983
ナザレのイエスの歴史(カイム)	02084	夏の夜の人々(シランペー,F.E.)	05383
ナジェージダ・ニコラーエヴナ(ガルシン、フセヴォロド・ミハイロヴィチ)	02423	夏への扉(ハインライン、ロバート・A.)	07981
ナーシサス号の黒人(コンラッド、ジョゼフ)	04218	ナトルプ報告(ハイデッガー、マルティン)	07922
ナジャ(ブルトン、アンドレ)	10062	七三一部隊の生物兵器とアメリカ(ウィリアムズ、ピーター)	00947
ナショナリストの思想と植民地世界(チャタジー,P.)	06493	七三一部隊の生物兵器とアメリカ(ウォーレス、デヴィド)	01362
ナショナリズム(グリーンフェルド,L.)	03277	七つの海の狼(オーズボーン、ドッド)	01903
ナショナリズム(ケドゥーリ,E.)	03601	七つのゴシック小説(ブリクセン,K.)	09880
ナショナリズム(ケミライネン,A.)	03634	七つのゴシック物語(ディネセン、イサク(ブリクセン、カレン))	06803
ナショナリズム(タゴール、ラビンドラナート)	06237	七つの最高峰(バス、ディック)	08186
ナショナリズムとセクシュアリティ(モッセ,G.L.)	12438	7つの習慣(コヴィー、スティーブン・R.)	03813
ナショナリズムとそれ以後(カー,E.H.)	02057	7つの習慣(スキナー、ジェームス・J.)	05514
ナショナリズムの再構成(ブルベイカー,R.)	10080	7つの伝説(ケラー、ゴットフリート)	03644
ナショナリズムの思想(コーン,H.)	04151	7つの秘跡の主張(ヘンリー八世)	10885
ナショナリティについて(ミラー、デイヴィッド)	12078	7人兄弟(キヴィ)	02601
ナショナル・ギルド(オレージ)	02033	斜めにのびる建築(パラン、クロード)	08500
ナショナル・ギルド(ホブソン,S.G.)	11212	なにをなすべきか(レーニン、ウラジミール・イリイッチ)	13984
ナーシルの倫理(トゥーシー、ナーシル・ウッディーン)	07218	何をなすべきか?(チェルヌイシェフスキイ)	06444
		なにかが首のまわりに(アディーチェ、チママ	

ンダ・ンゴズィ)	00187	汝自らを知れ(ヴァリスコ)	00767
何かが道をやってくる(ブラッドベリ、レイ)	09728	難船者のよろこび(ウンガレッティ)	01426
なにが女性の主要な敵なのか(デルフィ、CH.)	07101	ナンセン伝(ホール,A.G.)	11319
ナパニュマ(ヴァレロ、エレナ)	00802	ナンタケット島出身のアーサー・ゴードン・ピムの物語(ポー、エドガー・アラン)	10900
ナバブ(ドーデ、アルフォンス)	07320	ナンタケット島の夜鳥(エイケン、ジョーン)	01446
ナボコフ自伝──記憶よ、語れ(ナボコフ、ウラジーミル)	07651	ナンダ・デヴィ(シプトン、エリック)	04777
ナポレオン(グラッペ)	03119	なんてすてき(ルジェウィッチ、タデウシュ)	13700
ナポレオン(タルレ)	06327	南唐二主詞(李煜)	13214
ナポレオン(ルフェーヴル、ジョルジュ)	13788	南唐二主詞(李璟)	13216
ナポレオン伝(ルードウィッヒ)	13743	なんにもない空間(ブルック,P.)	10033
ナポレオンの密書(フォレスター、セシル・スコット)	09439	ナンノ(ミムネルモス)	12043
怠け者(ロイスリンク、ワルド)	14081	ナンの悲劇(メイスフィールド、ジョン)	12218
怠け者が金持ちになる方法(カルボ、ジョー)	02469	ナンバーワン企業の法則(ウィアセーマ、F.)	00832
生まのものと料理されたもの(レヴィ=ストロース、クロード)	13856	ナンバーワン企業の法則(トレーシー,M.)	07553
鉛の翼(張潔)	06530	南部(ボルヘス、ホルヘ・ルイス)	11377
鉛の夜(ヤーン、ハンス・ヘニー)	12652	南部の精神(キャッシュ)	02721
波(ウルフ、ヴァージニア)	01408	南部史(クールター)	03296
波と運動(ド・ブロイ)	07356	南部史(スティーヴンソン)	05642
悩ましの愛(フェランテ、エレナ)	09301	南部連合の興亡(デービス,J.)	06957
ならずものがやってくる(イーガン、ジェニファー)	00603	南方および南極地域の探検(ロス)	14142
成り上がり百姓(マリヴォー、ピエール・カルレ・ド・シャンブラン・ド)	11777	南方草木状(嵆含)	03504
成り上がり者(アスエラ)	00140	南方特別留学生 トウキョウ日記(デアシス、L.)	06677
非Aの世界(ヴァン・ヴォークト)	00811	南北アメリカのナチ文学(ボラーニョ、ロベルト)	11283
ナルツィスとゴルトムント(ヘッセ、ヘルマン)	10503		
ナルニア国物語(ルイス,C.S.)	13636	**【に】**	
縄(プラウトゥス)	09659		
南海寄帰内法伝(義浄)	02630	ニエーメン川のほとり(オジェシュコーヴァ)	01870
南海千一夜物語(スティーヴンソン、ロバート・ルイス)	05650	匂いの園(ネフザーウィー)	07784
南海の航海王(リュートゲン、クルト)	13516	仁王護国般若波羅蜜多経(作者不詳)	14736
南海の迷路(バグリィ、デズモンド)	08115	仁王般若波羅蜜経(作者不詳)	14737
南柯記(李公佐)	13230	苦いグラス(ディロン、エイリス)	06878
ナンガ・パルバート単独行(メスナー)	12249	二回目の結婚(バーセルミ,F.)	08226
南極(アムンゼン、ロアルド)	00272	肉親(胡万春)	03769
南極および世界周航記(クック、ジェームズ)	02951	肉体の悪魔(ラディゲ、レイモン)	13043
南極海における2度の探検(ベリンスガウゼン)	10654	肉の影(クロソフスキ)	03413
南極海の死闘(マクロクリン、W.R.D.)	11595	肉蒲団(李漁)	13226
汝の敵を知れ 合同情報委員会は世界をどう見たか(クラドック,P.)	03126	逃げるアヒル(ゴズリング、ポーラ)	03892
汝再び故郷に帰れず(ウルフ、トマス)	01413	逃げる殺し屋(ペリー,T.)	10637
		ニコデモ福音書(作者不詳)	14738
		ニコマコス倫理学(アリストテレス)	00333
		ニコラ氏(プルトンヌ、レチフ・ド・ラ)	10064
		ニコラス・クリミウスの地下世界への旅(ホ	

ルベルグ, ルドヴィク)	11383
ニコラス・ニクルビー(ディケンズ, チャールズ)	06746
ニコラス・ブレーク(デイ・ルイス,C.)	06851
虹(ワシレーフスカヤ, ワンダ)	14457
西アフリカの宗教における「エディプス」と「ヨブ」(フォーテス)	09406
西インド自然・道徳史(アコスタ)	00108
西風に寄せるオード(シェリー, パーシー)	04642
二次元的人間(コーエン, エイブナー)	03829
二次元の世界(アボット)	00249
西太平洋の遠洋航海者(マリノフスキー, B.)	11797
20世紀アメリカ社会史(アレン,F.L.)	00456
20世紀の絵画(ハフトマン)	08425
二十世紀の神話(ローゼンベルク, アルフレット)	14192
20世紀の歴史(ホブズボーム, エリック)	11205
二十世紀初に於ける宗教哲学の現況(トレルチ)	07565
西突厥伝彙纂(シャヴァンヌ)	04832
虹の彼方の殺人(カミンスキー)	02356
西の国の伊達男(シング, ジョン・ミリントン)	05438
西半球の概念(ホイッテカー)	10946
21世紀の経営リーダーシップ(コッター, ジョン・P.)	03910
21世紀潜水艦(ハーバート)	08407
21世紀の難問に備えて(ケネディ, ポール)	03614
二十五史(作者不詳)	14739
二十五時(ゲオルギウ)	03528
23分間の奇跡(クラベル)	03143
二十二史攷異(銭大昕)	06001
二十二史箚記(趙翼)	06578
二十年後(O・ヘンリー)	01977
二十年後(デュマ・ペール)	07032
二十年目睹の怪現状(呉沃堯)	03772
二十の愛の詩と一つの絶望の歌(ネルーダ, P.)	07803
二重らせん—DNAの構造を発見した科学者の記録(ワトソン, ジェームズ・D.)	14475
26人と1人の娘(ゴーリキー, マクシム)	04010
二種の電流の相互作用(アンペール)	00550
二〇世紀の崩壊 日本の再生(タスカ, ピーター)	06243
贋金つくり(ジッド, アンドレ)	04736
偽の家(ディン, リン)	06879
偽のデュー警部(ラヴゼイ, ピーター)	12886
二〇〇一年宇宙の旅(クラーク, アーサー・C.)	03066
2440年(メルシエ, ルイ・セバスチャン)	12316
2666(ボラーニョ, ロベルト)	11284
2代目ルドルフ・ウルスロイの思い出(フーフ, R.)	09601
ニーチェ(ベルトラム)	10752
ニーチェ(ヤスパース)	12644
ニーチェ—美と永遠回帰ヨーロッパのニヒリズム(ハイデッガー, マルティン)	07923
日月食宝典(オッポルツァー)	01926
日月両世界旅行記(シラノ・ド・ベルジュラック)	05376
日常記憶の心理学(コーエン, ジリアン)	03831
日常生活の精神病理学(フロイト, ジークムント)	10220
日常生活批判序説(ルフェーヴル, アンリ)	13782
日常的実践のポイエティーク(セルトー, ミシェル・ド)	05984
日常倫理学(カボー)	02333
日・米・英「諜報機関」の太平洋戦争(オルドリッチ,R.J.)	02016
日米経済紛争の解明(デスラー,I.M.)	06926
日米繊維紛争(デスラー,I.M.)	06927
日曜日の朝(スティーヴンズ, W.)	05640
日曜歴史家(アリエス, フィリップ)	00314
目録(オリオール,V.)	01992
日露戦争外交史(ロマーノフ)	14320
日下旧聞考(英廉)	01464
日記(ウェスレー, ジョン)	01075
日記(カフカ, フランツ)	02321
日記(グルー,J.C.)	03282
日記(コックス, リチャード)	03900
日記(ゴンブロビッチ,W.)	04208
日記(ジッド, アンドレ)	04737
日記(ドラクロワ)	07437
日記(ハリス, タウンゼント)	08523
日記(フォックス, ジョージ)	09401
日記(フリッシュ, マックス)	09921
日記(ヘッベル, フリードリヒ)	10523
日記(リヴィングストン)	13281
日記と評言(エジソン, トーマス・アルバ)	01515
肉桂色の店(シュルツ,B.)	05177
日知録(顧炎武)	03743
入唐求法巡礼記(ライシャワー,E.O.)	12812
ニッポン—ヨーロッパ人の眼で見た(タウト, ブルーノ)	06202
二度死んだ男(ロビンソン,E.A.)	14280
二都物語(ディケンズ, チャールズ)	06747
ニネベとその遺跡(レヤード,A.H.)	14029
二馬(老舎)	14110
ニヒリズム(ティーリケ)	06839
二壜のソース(ダンセイニ)	06365

作品	番号
ニーベルングの指環(ワグナー, リヒャルト)	14444
ニーベルンゲンの歌(作者不詳)	14740
ニーベルンゲンの人々(ヘッベル, フリードリヒ)	10524
日本(シーボルト)	04788
日本―過去と現在(ライシャワー, E.O.)	12813
日本―国のあゆみ(ライシャワー, E.O.)	12814
日本アルプス―登山と探検(ウェストン, ウォルター)	01072
日本イエズス会刊行書志(サトウ, アーネスト)	04312
日本一鑑(鄭舜功)	06690
日本遠征記(ホークス, フランシス・L.)	11037
日本奥地紀行(バード, イザベラ)	08331
日本型資本主義なくしてなんの日本か(ドーア, ロナルド・P.)	07144
日本管窺(周作人)	04936
日本教会史(クラッセ)	03112
日本教会史(ソリエ)	06080
日本キリシタン宗門史(パジェス)	08136
日本キリスト教迫害史(トリゴー)	07465
日本建築の基礎(タウト, ブルーノ)	06203
日本見聞録(ビベロ)	08927
日本権力構造の謎(ウォルフレン, K.v.)	01350
日本口語便覧(チェンバレン, バジル・ホール)	06457
日本国志(黄遵憲)	03791
日本雑記(リース, L.)	13329
日本雑事詩(黄遵憲)	03792
日本史(フロイス, ルイス)	10207
日本誌(ケンペル)	03731
日本誌(モンタヌス)	12594
日本事情(ランチロット)	13192
日本事物誌(チェンバレン, バジル・ホール)	06458
日本宗教の発達(ノックス, G.W.)	07837
日本巡察記(ヴァリニャーノ, アレッサンドロ)	00768
日本植物誌(シーボルト)	04789
日本植物誌(ツッカリニ)	06655
日本植物誌(トゥンベリー)	07257
日本植物目録(サヴァティエ, ポール)	04262
日本植物誌(フランシェ)	09819
日本書誌(コルディエ)	04059
日本振興策(エッゲルト)	01544
日本人と孫逸仙(ジャンセン, M.B.)	04906
日本人の生き方(プラース, D.W.)	09705
日本人はどのように森をつくってきたのか(タットマン, コンラッド)	06257
日本図説(ティチング)	06762
日本聖人鮮血遺書(ヴィリオン)	00958
日本占領革命(コーエン, セオドア)	03832
日本占領下の台湾の政治社会運動史(葉栄鐘)	12749
日本その日その日(モース, エドワード・S.)	12419
日本素描紀行(レガメ, F.)	13907
日本素描集(ビゴー, ジョルジュ)	08864
日本大王国志(カロン)	02509
日本大文典(ロドリゲス)	14250
日本地産論(フェスカ)	09286
日本動物誌(シーボルト)	04790
日本渡航記(ゴンチャロフ, イヴァン・アレクサンドロヴィチ)	04175
日本における外交官の妻(フレイザー夫人)	10124
日本におけるキリシタン世紀(ボクサー)	11032
日本における近代国家の成立(ノーマン, E.H.)	07853
日本農業及北海道殖民論(フェスカ)	09287
日本農民の疲弊及其救治策(マイエット)	11456
日本の家屋と生活(タウト, ブルーノ)	06204
日本の経済成長(ロソフスキー, H.)	14195
日本の高校(ローレン, トーマス)	14354
日本の新中間階級(ヴォーゲル, エズラ・F.)	01251
日本の政治をどう見るか(カーティス, G.L.)	02246
日本の太陽の根元(ピリニャーク, B.A.)	09011
日本の天然資源(アッカーマン)	00170
日本美の再発見(タウト, ブルーノ)	06205
日本文学史(アストン, ウィリアム・ジョージ)	00144
日本文化私観(タウト, ブルーノ)	06206
日本・満州の植物記(マクシモビチ, K.I.)	11540
日本幽囚記(ゴローニン)	04134
日本旅行日記(サトウ, アーネスト)	04313
日本論(戴季陶)	06152
日本は甦るか(タスカ, ピーター)	06244
ニヤーヤコーシャ(ビーマーチャールヤ)	08933
ニヤーヤ・スートラ(ガウタマ)	02108
ニヤーヤの花束(ウダヤナ)	01379
ニヤーヤ・バーシュヤ(ヴァーツヤーヤナ)	00757
ニヤーヤ・マンジャリー(ジャヤンタ)	04886
ニャールのサガ(作者不詳)	14741
ニュー・アトランティス(ベーコン, フランシス)	10418
入竺求法旅行記(法顕)	10999
入蜀記(陸游)	13308
入門 地球環境政治(ブラウン, ジャネット・ウォルシュ)	09673

入門 地球環境政治（ポーター，ガレス）	11100
乳幼児と現代文化（ゲゼル，A.）	03561
乳幼児の心理学（ゲゼル，A.）	03562
乳幼児の心理的誕生（マーラー，M.）	11756
ニューカム家の人々（サッカレイ，ウィリアム・マークピース）	04284
ニュー・カントリー（ロバーツ）	14259
ニューゲイトの花嫁（カー，H.W.）	02062
ニュー・シグナチャーズ（ロバーツ）	14260
ニュース社会学（タックマン，G.）	06250
ニューメガトレンド（ネイスビッツ，ジョン）	07758
ニューヨークのユダヤ人たち（ケイジン，アルフレッド）	03510
ニュルンベルクのマイスタージンガー（ワグナー，リヒャルト）	14445
ニューロマンサー（ギブソン，ウィリアム）	02679
ニューワールド（コリンズ，ワーウィック）	04033
如意君伝（作者不詳）	14742
女房学校（モリエール）	12504
二輪馬車の秘密（ヒューブナー，ファーガス）	08976
ニールス・クリムの地下旅行（ホルベルグ，ルドヴィク）	11384
ニールスのふしぎな旅（ラーゲルレーヴ，セルマ）	12928
ニールス・ボーア（ローゼンタール，S.）	14186
ニールス・リーネ（ヤコブセン，イェンス・ペーター）	12628
楡の木陰の欲望（オニール，ユージン）	01950
ニワトリ号一番のり（メイスフィールド，ジョン）	12219
庭の中の処女（バイアット，アントニア・スーザン）	07884
庭、灰（キシュ，ダニロ）	02628
人形（グヴォヴァツキ）	02910
人形つかいのポーレ（シュトルム，テオドール）	05048
人形の家（イプセン，ヘンリック）	00648
人形の家（ゴッデン，ルーマー）	03918
人魚とビスケット（スコット，J.M.）	05534
人魚姫（アンデルセン，ハンス・クリスチャン）	00515
人間以上（スタージョン）	05573
人間を幸福にしない日本というシステム（ウォルフレン，K.v.）	01351
人間及び動物の表情（ダーウィン，チャールズ）	06185
人間がいっぱい（ハリスン，ハリイ）	08534
人間学（カント，イマヌエル）	02568
人間拡張の原理（マクルーハン，マーシャル）	11587
人間学的に見た教育学（ボルノウ，オットー・フリードリッヒ）	11366
人間がサルやコンピュータと違うホントの理由（トレフィル，ジェームス）	07562
人間が人間をつくる（チャイルド，V.G.）	06486
人間機械論（ウィーナー，ノーバート）	00904
人間機械論（ラ・メトリ）	13137
人間喜劇（サロイヤン，ウィリアム）	04409
人間喜劇（バルザック，オノレ・ド）	08588
人間義務論（マッツィーニ）	11692
人間ぎらい（モリエール）	12505
人間嫌いと後悔（コツェブー，アウグスト・フォン）	03898
人間計測学（ケトレー，アドルフ）	03602
人間行為論（ミーゼス）	12000
人間行動のモデル（サイモン，H.）	04251
人間幸福論（グレイ，ジョン）	03336
人間悟性論（ロック，ジョン）	14210
人間、この未知なるもの（カレル）	02485
人間史素描（ホーム）	11254
人間社会における大量現象の理論について（レクシス）	13913
人間社会の理論の研究（ギディングズ）	02668
人間女性における性行動（キンゼイ，アルフレッド）	02880
人間詞話（王国維）	01802
人間、生活様式、意見および時代の特徴（シャフツベリ伯）	04871
人間精神進歩の歴史（コンドルセ）	04193
人間精神認識序説（ヴォーヴナルグ）	01239
人間精神の継続的進歩の哲学的概観（テュルゴー，アンヌ・ロベール・ジャック）	07060
人間性と行為（デューイ，ジョン）	06995
人間性と自我の修養（杜維明）	07133
人間性の最高価値（マズロー，アブラハム）	11638
人間性の心理学（マズロー，アブラハム）	11639
人間像の運命（ガントナー）	02575
人間―その精神病理学的考察（ゴールドシュタイン，クルト）	04072
人間 それ自らに背くもの（マルセル）	11864
人間尊重の心理学（ロジャーズ，カール）	14130
人間対国家（スペンサー，ハーバート）	05785
人間知識原理論（バークリー，ジョージ）	08110
人間知性研究（ヒューム，デイヴィッド）	08988
人間知性新論（ライプニッツ）	12852
人間知の心理学（アドラー，アルフレート）	00196
人間的言語構造の相違性とその人類の精神的発展に及ぼす影響について（フンボルト，ヴィルヘルム・フォン）	10319
人間的現存在の根本形式と認識（ビンスワン	

ガー,L.) ………………………………	09068
人間的自由の本質(シェリング,フリードリヒ・ヴィルヘルム・ヨゼフ・フォン) ……	04655
人間的な、あまりに人間的なもの(ニーチェ、フリードリヒ) ………………………	07708
人間というこわれやすい種(トマス、ルイス) ………………………………………	07382
人間と空間(ボルノウ、オットー・フリードリッヒ) ………………………………	11367
人間と芸術形態(シュレンマー,O.) ………	05196
人間と自然界(トマス、キース) …………	07374
人間と象徴(ユング、カール) ……………	12734
人間と動物の心についての講義(ヴント、ヴィルヘルム) …………………………	01439
人間における男性の性行為(キンゼイ、アルフレッド) ………………………………	02881
人間について(ケトレー、アドルフ) ………	03603
人間について(ボーヴォワール、シモーヌ・ド) …………………………………………	10995
人間認識起源論(コンディヤック) …………	04180
人間の運命(ショーロホフ、ミハイル) ……	05306
人間の運命(ボンゼルス) …………………	11434
人間の科学と哲学(ゴルドマン、ルシアン)	04086
人間の樹(ホワイト、パトリック) …………	11406
人間の絆(モーム、ウィリアム・サマセット) ………………………………………	12466
人間の教育(フレーベル、フリードリッヒ) ‥	10180
人間の経済(ポランニー、カール) ………	11287
人間の形成について(モンテッソーリ) ……	12600
人間の研究(リントン) ……………………	13600
人間の権利(ペイン、トーマス) …………	10374
人間の交換の法則(ゴッセン) ……………	03907
人間の悟性能力に関する理性的思想(ヴォルフ、クリスチャン) …………………	01344
人間の自然学と道徳の関係(カバニス,P.J.G.) ………………………………………	02305
人間の使命(フィヒテ、ヨハン・コットリープ) ………………………………………	09216
人間の宗教(タゴール、ラビンドラナート) ‥	06238
人間の条件(アーレント、ハンナ) ………	00463
人間の条件(マルロー、アンドレ) ………	11900
人間のしるし(モルガン、ルイス・ヘンリー) ………………………………………	12549
人間の進化と性淘汰(ダーウィン、チャールズ) …………………………………………	06186
人間の頭脳活動の本質(ディーツゲン、ヨゼフ) ………………………………………	06780
人間の尊厳について(ピコ・デラ・ミランドラ) …………………………………………	08868
人間のタイプ(ユング、カール) …………	12735
人間のタイプと適性(マイヤーズ、イザベル・ブリッグス) ………………………	11502
人間の魂の技師(シュクヴォレツキー、ヨゼフ) ………………………………………	04966
人間のための鏡(クラックホーン、クライド) ………………………………………	03111
人間の誕生(ゴーリキー、マクシム) ………	04011
人間の手がまだ触れない(シェクリイ) ……	04581
人間の土地(サン=テグジュペリ、アントワーヌ・ド) ……………………………	04455
人間の友(ミラボー) ………………………	12095
人間の友および有産者諸君に対する提言(バゼドウ) ……………………………	08221
人間の能力(スピアマン) …………………	05746
人間の美的教育について(シラー、フリードリッヒ・フォン) …………………	05367
人間の本性を考える一心は「空白の石版」か(ピンカー、スティーブン) ……………	09062
人間の本性と運命(ニーバー、ラインホールド) ………………………………………	07722
人間の本性とその発展についての哲学的考察(テテンス) ………………………	06940
人間の本性について(ウィルソン、エドワード・オズボーン) ………………………	00986
人間の本分(フィヒテ、ヨハン・コットリープ) ………………………………………	09217
人間の由来と雌雄選択(ダーウィン、チャールズ) …………………………………	06187
人間の歴史(イリン、ミハイル) …………	00698
人間発生史(ヘッケル、エルンスト・ハイリンヒ) ……………………………………	10488
人間はどこまで動物か(ポルトマン、アドルフ) ………………………………………	11359
人間は皮膚を変える(ヤセンスキー) ……	12647
人間不平等起源論(ルソー、ジャン=ジャック) ………………………………………	13718
人間理解からの教育(シュタイナー、ルドルフ) ………………………………………	04990
人間論(ヴォルテール) ……………………	01326
人間論(エルヴェシウス) …………………	01667
人間論(ケネー,F.) …………………………	03611
人間論(ポープ,A.) …………………………	11192
人間はどこまでチンパンジーか?(ダイアモンド、ジャレド) ……………………	06161
認識形而上学綱要(ハルトマン、ニコライ) ‥	08621
認識の泉(ヨアンネス・ダマスケヌス) ……	12748
認識能力の成長(ブルーナー,J.S.) ………	10070
認識の諸段階(マリタン) …………………	11788
認識の対象(リッケルト、ハインリヒ) ……	13364
認識の方法(モンタギュー) ………………	12592
にんじん(ルナール、ジュール) …………	13758
認知(ギャディス、ウィリアム・トマス) ……	02723

認知神経科学（ガザニガ,M.S.） 02157
認知心理学への招待（ベネット,A.） 10577
認知的不調和の理論（フェスティンガー）... 09288
認知療法：精神療法の新しい発展（ベック,A.
　T.） 10477
仁王経（作者不詳） 14743

【ぬ】

ヌアー族（エヴァンズ＝プリチャード） 01471
ヌアー族の宗教（エヴァンズ＝プリチャー
　ド） 01472
ヌエバ・エスパーニャ全史（サアグン） 04228
ヌガラ（ギアツ,クリフォード） 02597
盗まれた空母（ブロック,トマス） 10244
盗まれた手紙（ポー,エドガー・アラン） 10901
盗まれた街（フィニイ,ジャック） 09204
盗まれたメロディー（ノサック） 07826
沼の家の娘（ラーゲルレーヴ,セルマ） 12929
ヌンクアム（ダレル,ロレンス） 06339

【ね】

ねえ、ブルータス（バリ,ジェームス・マ
　チュ） 08508
ネクサス（ミラー,ヘンリー） 12085
ネクスト・ソサエティ（ドラッカー,ピー
　ター・F.） 07444
猫橋（ズーデルマン,ヘルマン） 05674
根こそぎにされた人々（ジッド,アンドレ） .. 04738
猫と鼠（グラス,ギュンター） 03094
猫の王様（ベネイ） 10570
猫のゆりかご（ヴォネガット,カート） 01285
ねじの回転（ジェイムズ,ヘンリー） 04562
ネーションとナショナリズム（ゲルナー,
　E.） 03685
ネーションとナショナリズム 一七八〇年以降
　（ホブズボーム,エリック） 11206
ネーションのエスニックな諸起源（スミス,A.
　D.） 05826
ネーションの語り（バーバ,H.K.） 08402
鼠と竜のゲーム（スミス,コードウェイ
　ナー） 05815
熱学の法則（クラウジウス） 03042
熱河日記（朴趾源） 08090
熱源に関する研究（トムソン,ベンシャミ
　ン） 07404

根っこ（ウェスカー,A.） 01054
熱帯アジアにおける開拓者集落（ペル
　ツァー） 10745
熱帯アフリカの原料生産地域（ヴァイベ
　ル） 00738
熱帯性疾患（マンソン） 11956
熱帯地の植民（アイアランド） 00002
熱帯における白人移住者（プライス,A.G） ... 09641
「ネットワーク経済」の法則（カール、シャピ
　ロ） 02394
「ネットワーク経済」の法則（バリアン、ハル・
　R.） 08513
熱の解析的理論（フーリエ,ジョゼフ） 09877
熱放射論講義（フリードマン） 09931
熱力学講義（フリードマン） 09932
ネーデルラント絵画史（フリードレンダー,
　マックス） 09949
ネーデルラント美術家列伝（ホウブラーケ
　ン） 11010
ネートチカ・ネズヴァーノヴァ（ドストエフ
　スキー,フョードル・ミハイロヴィチ） 07287
涅槃経（作者不詳） 14744
ネフスキー通り（ゴーゴリ,ニコライ・ヴァ
　シーリエヴィチ） 03873
根まわしかきまわしあとまわし（ブレーカー,
　M.） 10139
ねむい（チェーホフ,アントン・パーヴロヴィ
　チ） 06434
眠られぬ夜のために（ヒルティ,カール） ... 09031
眠りと呼べ（ロス,ヘンリー） 14158
眠りながら成功する（マーフィー,ジョセ
　フ） 11735
眠りの森の姫（作者不詳） 14745
眠れぬ夜のグーゴル（デュードニー,A.K.） .. 07012
ネロ（ヴァルテル,ジェラール） 00782
年代記（タキトゥス） 06214
年代記（フロワサール） 10294
年代記または二つの国の歴史（フライジン
　グ） 09634
粘土の機関銃（ペレーヴィン,ヴィクトル） .. 10803
粘土のメダル（レニエ） 13961
年齢階級と男子結社（シュルツ,ハインリ
　ヒ） 05169

【の】

野あそび（フランス,アナトール） 09841
ノア・ノア（ゴーガン） 03844
ノヴァ（ディレーニー,サミュエル・R.） 06876

脳から心へ―心の進化の生物学(エーデルマン,G.M.) 01557
農業および生理学に応用する有機化学(リービッヒ) 13429
農業経営学汎論(エーレボー) 01705
農業経営経済学(ブリンクマン,T.) 09977
農業事情および農業政策(ブッヘンベルガー) 09571
農業社会化論(カウツキー,カール) 02115
農業上の正義(ペイン,トーマス) 10375
農業生物学(ルイセンコ) 13640
農業地理学(フォーシェ) 09379
農業地理学の諸問題(ヴァイベル) 00739
農業哲学(ミラボー) 12096
農業の起源と伝播(サワー) 04418
農業保険論(マイエット) 11457
農業保護論(リカード,D.) 13292
農業問題(カウツキー,カール) 02116
農業問題と「マルクス批判家」(レーニン,ウラジミール・イリイッチ) 13985
農業論(ウァロ) 00803
農業論(カトー) 02252
農業論(コルメラ) 04113
農芸化学(リービッヒ) 13430
農耕詩(ウェルギリウス) 01147
農場の番犬(ロペ・デ・ベーガ) 14306
農政全書(徐光啓) 05219
農村(プーシキン,アレクサンドル・セルゲーヴィチ) 09518
農村騎行(コベット) 03974
農村共同体(サンダソン) 04443
農村共同体の社会的解剖(ガルピン) 02454
農村社会体系(ビーグル) 08858
農村社会体系(ルーミス) 13807
農村労働者(ハモンド夫妻) 08473
農地制度,零細経営および国外移住(リスト,フリードリヒ) 13339
脳の性差―男と女の本当の違い(ジュセル,デビッド) 04981
脳の性差―男と女の本当の違い(モア,ア ン) 12372
脳のなかの幽霊(ブレイクスリー,サンドラ) 10119
脳のなかの幽霊(ラマチャンドラン,V.S.) ... 13111
脳の反射(セーチェノフ) 05924
脳波(アンダースン,ポール) 00490
農夫ピアズの幻想(ラングランド) 13158
農民(レイモント) 13845
農民賛歌(ティンメルマンス,フェリックス) 06887
農民社会と文化文明への人類学的アプローチ(レッドフィールド) 13940
ノーヴム・オルガヌム(ベーコン,フランシス) 10419
能率(エマソン,ラルフ・ウォルドー) 01593
野鴨(イプセン,ヘンリック) 00649
ノーカントリー(マッカーシー,コーマック) 11651
乃木(ウォッシュバーン,スタンレー) 01257
ノーサンガーアベイ(オースティン,ジェイン) 01882
ノーストリリア(スミス,コードウェイナー) 05816
ノストローモ(コンラッド,ジョウゼフ) 04219
覗く人(ロブ・グリエ,A.) 14292
のっぽのサラ(マクラクラン,パトリシア) .. 11574
ノートル・ダム・ド・パリ(ユゴー,ヴィクトル) 12696
ノー・ネーム(コリンズ,ウィルキー) 04026
野ばらの書(アルムクヴィスト) 00423
ノーホエア・マン(ヘモン,アレクサンドル) 10612
昇る太陽(カーミル,M.) 02353
ノーマネー・ノーハネー――ジャカルタの女露店商と売春婦たち(マレー,アリソン) 11905
のらくら者の生涯より(アイヒェンドルフ,ヨーゼフ・フォン) 00036
ノリス氏の処世術(イシャウッド,クリストファー) 00616
ノルウェー史(ラルセン) 13141
ノルウェー民話集(アスビョルンセン) 00146
ノルウェー民話集(モー) 12371
ノルマンディー号を愛した男(スコット,ジャスティン) 05533
ノルマンのイギリス征服史(テイエリー) 06709
呪のデュマ倶楽部ナインズ・ゲート(レベルテ,アルトゥーロ・ペレス) 14013
呪われた極北の島(キャメロン) 02732
呪われた中庭(アンドリッチ,イヴォ) 00521
のろわれた詩人たち(ヴェルレーヌ) 01218
呪われた部分(バタイユ,ジョルジュ) 08241
ノンセンスの絵本(リア) 13272
ノンニの冒険(スウェンソン,ヨーン) 05503

【は】

灰(ジェロムスキ) 04675
灰(ベールイ,アンドレイ) 10681
ハイアシンス・ハルヴィ(グレゴリー夫人) .. 03358
ハイアワサの歌(ロングフェロー) 14383

灰色の栄光（エヴァンス, ジョン）	01469
灰色のノート（マルタン・デュ・ガール, ロジェ）	11869
バイエルンにおける農民階級の発展（ドランジェ）	07456
バイオリン演奏史（モーザー）	12416
背教者カウツキー（レーニン, ウラジミール・イリイッチ）	13986
背教者ユリアヌス（メレジコフスキー）	12336
廃墟の愛（パーシー）	08131
拝金芸術（シンクレア, アプトン）	05441
俳句（ブライス, R.H.）	09642
拝月亭（作者不詳）	14746
胚原形質論（ワイズマン, アウグスト）	14403
ハイゼンベルク回想録——部分と全体（ハイゼンベルク, ヴェルナー）	07911
売炭翁（白居易）	08085
パイデイア（イェーガー, ウェルナー）	00575
ハイデガー——ドイツの生んだ巨匠とその時代（ザフランスキー）	04339
ハイデガーとナチズム（ファリアス）	09134
ハイデガー——乏しき時代の思索者（レーヴィット）	13861
ハイデガーの政治的存在論（ブルデュー, ピエール）	10043
ハイテク過食症（シェンク, デイヴィッド）	04680
梅毒実験科学療法（エールリヒ）	01698
背徳者（ジッド, アンドレ）	04739
梅毒の歴史（ケテル, クロード）	03599
灰とダイヤモンド（アンジェイェフスキー）	00476
パイドロス（プラトン）	09755
ハイドン（ガイリンガー）	02087
パイドン（プラトン）	09756
バイナル・カスライン（マフフーズ, ナギーブ）	11740
ハイヌウェレ（イェンゼン, アドルフ）	00598
灰の水曜日（エリオット, T.S.）	01633
パイの物語（マーテル, ヤン）	11703
胚発生と誘導（シュペーマン）	05089
ハイファに戻って（カナファーニー）	02278
ハイブラウロウブラウ（レヴィーン, L.W.）	13885
佩文韻府（康熙帝）	03816
佩文斎書画譜（王原祁）	01799
ハイベシア（キングスレイ, チャールズ）	02870
ハイペリオン（キーツ）	02646
敗北を抱きしめて（ダワー, ジョン・W.）	06343
排満平議（章炳麟）	05256
俳優芸術（コクラン）	03857
俳優修業（スタニスラーフスキー）	05580
俳優女王（イェイツ, ウィリアム・B.）	00567
俳優諸則（ゲーテ, ヨハン・ヴォルフガング・フォン）	03592
俳優に関する逆説（ディドロ, ドニ）	06795
ハイ・ライズ（バラード, J.G.）	08496
ハイラスとフィロテウスとの三つの対話（バークリー, ジョージ）	08111
ハイルブロンの少女ケートヒェン（クライスト, ハインリッヒ・フォン）	03016
ハインリヒ・ブリューニング回想録。1918～34年（ブリューニング, H.）	09958
ハーヴァード実験科学事例史双書（コナント）	03957
ハーヴァード実験科学事例史双書（ナッシュ）	07625
パーヴェルの手紙（マロン, モニカ）	11925
バウハウスからマイホームまで（ウルフ, トム）	01417
ハウフ童話集（ハウフ, ヴィルヘルム）	08020
パウロ（ヴレーデ, ウィリアム）	01423
パウロ（ダイスマン）	06167
パウロの黙示録（作者不詳）	14747
バウンティ号の反乱（ノードホフ, チャールズ）	07847
バウンティ号の反乱（ホール, ジェームズ・ノーマン）	11311
パウンド詩集（パウンド, エズラ）	08053
蠅（サルトル, ジャン＝ポール）	04394
蠅の王（ゴールディング, ウィリアム）	04062
墓（フォスコロ, ウーゴ）	09387
破壊の要素（スペンダー）	05792
バーガヴァタ・プラーナ（作者不詳）	14748
バガヴァッド・ギーター（作者不詳）	14749
バガヴァッド・ギーターの奥意（ティラク）	06835
バカカイ（ゴンブロビッチ, W.）	04209
葉蔭の劇（アダン・ド・ラ・アル）	00160
はかない人生（オネッティ, フアン・カルロス）	01955
儚い光（マイクルズ, アン）	11458
はかなき願望（ジョンソン）	05327
バーガーの娘（ゴーディマ, ナディン）	03945
パーキンソンの法則（パーキンソン, C.N.）	08078
拍案驚奇（凌濛初）	13540
白衣の女（コリンズ, ウィルキー）	04027
白衣の騎士団（ドイル, アーサー・コナン）	07156
白鯨（メルヴィル, ハーマン）	12309
駁五経異議（鄭玄）	06687
白氏文集（白居易）	08086
伯爵夫人ドローレスの貧困, 富裕, 罪過, 贖罪（アルニム）	00396
パクス・デモクラティア（ラセット, ブルース）	12997
白痴（ドストエフスキー, フョードル・ミハイ

ロヴィチ)	07288	ロ・ホセ)	05960
白鳥の歌(ペスタロッチ)	10439	バス・ストップ(インジ)	00710
白兎記(作者不詳)	14750	パースナリティの変化(ロジャーズ、カール)	14131
白馬の王子ミオ(リンドグレーン、アストリッド)	13594	バスの車掌ハインズ(ケルマン、ジェイムズ)	03691
白馬の騎手(シュトルム、テオドール)	05049	パーセル(ウェストラップ)	01069
白馬物語(ザルテン、フェリックス)	04380	バーゼルの鐘(アラゴン、ルイ)	00294
博物学の画廊(ミシュレ)	11986	パーソナリティ(マレー、H.A.)	11909
博物学の種の成立と概念(ネーゲリ)	07777	パーソナリティの文化的背景(リントン)	13601
博物誌(大プリニウス)	01849	パーソナル・インフルエンス(カッツ、E.)	02236
博物誌(ビュフォン)	08971	パーソナル・インフルエンス(ラザースフェルド、P.F.)	12932
博物誌(ルナール、ジュール)	13759	バソンピエール元帥の体験(ホーフマンスタール、フーゴー・フォン)	11240
博物新編(合信)	11208	バタヴィア城日誌(作者不詳)	14751
白凡逸志(金九)	02847	裸の年(ピリニャーク、B.A.)	09012
白魔(ウェブスター、ジョン)	01123	裸のランチ(バロウズ、ウィリアム)	08675
白魔(マッケン、アーサー)	11677	バタードウーマン—虐待される妻たち(ウォーカー、レノア・E.)	01243
白毛女(丁毅)	06682	ハタヨーガ・プラディーピカー(スヴァートマーラーマ・ヨーギーンドラ)	05478
白羊宮の火星(レルネット=ホレーニア、アレクサンダー)	14031	パターンデザインのためのヒント(モリス、ウィリアム)	12512
ハーグレイヴズの一人二役(O・ヘンリー)	01978	蜂(アリストファネス)	00345
白話文学史(胡適)	03766	813(ルブラン、モーリス)	13797
烈しく攻むる者はこれを奪う(オコナー、フラナリー)	01863	バーチェスター塔(トロロープ、アンソニー)	07589
バケツ一杯の空気(ライバー)	12839	八央経籍志(作者不詳)	14752
禿の女歌手(イヨネスコ、E.)	00681	八大人覚経(作者不詳)	14753
ハケマイト表(アリー・イブン・ユーヌス)	00310	8月の農村(蕭軍)	05250
覇権後の国際政治経済学(コヘイン、ロバート・O.)	03972	八月の光(フォークナー、ウィリアム)	09360
箱に入った男(チェーホフ、アントン・パーヴロヴィチ)	06435	蜂工場(バンクス、イアン)	08728
パサージュ論(ベンヤミン、ヴァルター)	10882	89年(ルフェーヴル、ジョルジュ)	13789
ハザール事典(パヴィチ、ミロラド)	07995	八十日間世界一周(ヴェルヌ、ジュール)	01195
橋(クレイン)	03346	蜂の寓話(マンデヴィル)	11963
恥(ラシュディー、サルマン)	12957	蜂の巣(セラ、カミロ・ホセ)	05961
ハジババの冒険(モーリア)	12493	バツアラ(マラン)	11767
馬氏文通(馬建忠)	07873	ハーツォグ(ベロー、ソール)	10833
はじめの一歩を踏み出そう(ガーバー、マイケル・E.)	02302	ハツカネズミと人間(スタインベック、ジョン)	05561
はじめのコーチング(ウィットモア、ジョン)	00890	バッキュス(コクトー、ジャン)	03855
バジャゼ(ラシーヌ、ジャン)	12946	発狂した宇宙(ブラウン、フレドリック)	09684
バーシャーパリッチェーダ(ヴィシュヴァナータ)	00861	バックミンスター・フラーの宇宙学校(フラー、バックミンスター)	09622
場所の力(ハイデン、ドロレス)	07928	ハックルート双書(作者不詳)	14754
走れウサギ(アップダイク、ジョン)	00180	ハックルベリー・フィンの冒険(トウェイン、マーク)	07196
バスカヴィル家の犬(ドイル、アーサー・コナン)	07157	バッゲ男爵(レルネット=ホレーニア、アレクサンダー)	14032
パスカル(ブランシュヴィク)	09825	初恋(ツルゲーネフ、イヴァン・セルゲーヴィ
パスキエ家年代記(デュアメル、ジョルジュ)	06980		
パスクアル・ドゥアルテの家族(セラ、カミ			

チ) …………………………… 06666	鼻(スタインベック,ジョン) ……… 05562
初恋について(ゴーリキー,マクシム) …… 04012	花咲くユダの木(ポーター,キャサリン・ア
バッコスの信女(エウリピデス) ………… 01489	ン) …………………………… 11103
発生機構学の目的と道(ルー) ……… 13607	話の終わり(デイヴィス,リディア) ……… 06707
発生生理学への道(マンゴルド,O.) …… 11948	バナナ、ビーチと基地(エンロー) ……… 01780
発生論(ヴォルフ,カスパル) ………… 01336	花のノートルダム(ジュネ,ジャン) …… 05067
パッセージ―人生の危機(シーヒィ,ゲイ	花開くニューイングランド(ブルックス,ヴァ
ル) …………………………… 04772	ン・ウィック) ………………… 10034
罰せられざる悪徳・読書(ラルボー,ヴァレ	バーナビー・ラッジ(ディケンズ,チャール
リー) ………………………… 13143	ズ) …………………………… 06749
八千メートルの上と下(ブール,ヘルマン) …… 09991	パナマ地峡遠征記(ドレーク,フランシス) …… 07550
発熱(ル・クレジオ,J.M.G.) ……… 13680	バーニニ文典(バーニニ) …………… 08382
バッハ(シュヴァイツァー,アルベルト) …… 04947	バーニーよ銃をとれ(ケンリック,トニー) …… 03733
バッハ(シュピッタ) ………………… 05074	羽根をなくした妖精(コッコ) ………… 03903
バッハ(ハーメル) …………………… 08468	跳ね蛙(トウェイン,マーク) ………… 07197
ハデイース(作者不詳) ……………… 14755	パネギリコス(イソクラテス) ………… 00622
果てしない戯れ(ウォレス,デイヴィッド・	母(ゴーリキー,マクシム) …………… 04013
フォスター) …………………… 01361	母親業の再生産(チョドロウ,N.J.) …… 06582
果てしない深みへ(ハン,ハンス) …… 08715	母と子(フィリップ,シャルル=ルイ) …… 09228
はてしない物語(エンデ,ミヒャエル) …… 01769	ハーバードで教える人材戦略(スペクター,
果しなき河よ我を誘え(ファーマー,フィリッ	B.) …………………………… 05766
プ・ホセ) …………………… 09127	ハーバードで教える人材戦略(ピアー,M.) …… 08798
果てしなき旅(フォースター,エドワード・	ハーバード流交渉術(フィッシャー,ロ
モーガン) …………………… 09393	ジャー) ……………………… 09187
果てしなき旅路(ヘンダースン,ゼナ) …… 10861	ハバナの男(グリーン,グレアム) ……… 03252
果てしなき探求(ポパー,カール・R.) …… 11184	母なる夜(ヴォネガット,カート) ……… 01286
ハテ・なぜだろうの物理学(ウォーカー,	母の歌と愛撫の歌(フレーベル,フリードリッ
J.) …………………………… 01244	ヒ) …………………………… 10181
バーデン・バーデンの夏(ツィプキン,レオ	バハマ・クライシス(バグリイ,デズモン
ニード) ……………………… 06620	ド) …………………………… 08116
鳩(ズースキント,パトリック) ……… 05848	バーバリの岸辺(メイラー,ノーマン) …… 12235
波動力学形成史―シュレーディンガーの書簡	バビット(ルイス,シンクレア) ……… 13621
と小伝(プルチブラム,K.) ……… 10031	バービー・ヤール(エフトゥシェンコ,E.
波動力学についての四講(シュレーディン	A.) …………………………… 01579
ガー) ………………………… 05193	パピヨン(シャリエール,H.) ………… 04889
ハード・タイムズ(ディケンズ,チャール	バビロニア・アッシリア(マイスナー,ブルー
ズ) …………………………… 06748	ノ) …………………………… 11460
バドティーズ大先生のラブ・コーラス(コッ	バビロニア・アッシリアの宗教(ドルム) …… 07534
ツウィンクル,ウィリアム) ……… 03916	バビロン再訪(フィッツジェラルド,フランシ
鳩の首飾り(イブン・ハズム) ………… 00668	ス・スコット) ………………… 09195
鳩の翼(ジェイムズ,ヘンリー) ……… 04563	バビロンの大富豪(クレイソン,ジョージ・
パドマーヴァト(ジャーイシー) ……… 04826	S.) …………………………… 03345
パトラン先生の笑劇(作者不詳) ……… 14756	バフェットからの手紙(カニンガム,ローレン
ハドリアヌス帝の回想(ユルスナール) …… 12720	ス・A.) ……………………… 02289
ハドリアヌス7世(ロルフ,フレデリック) …… 14353	パフォーマンスロック・クライミング(ゴ
バートルビーと仲間たち(ビラ=マタス,エン	ダード,デイル) ……………… 03894
リーケ) ……………………… 08999	パフォーマンスロック・クライミング(ノイ
バートン将校物語(エバンス,ジョン) …… 01566	マン,ウド) …………………… 07810
バートン夫妻伝―双頭の鷲(ブランチ) …… 09850	ハーフタイム(ヴァルザー,マルティン) …… 00773
鼻(ゴーゴリ,ニコライ・ヴァシーリエヴィ	バフチサライの噴水(プーシキン,アレクサン
チ) …………………………… 03874	ドル・セルゲーヴィチ) ………… 09519

作品名	番号
バブーフのいわゆる平等のための陰謀 (ブオナロッティ)	09417
バーブル・ナーマ (バーブル)	08426
バベッジ―思考のための道具 (ラインゴールド)	12867
バベルと聖書 (デリッチ)	07090
バベル・17 (ディレーニー, サミュエル・R.)	06877
パーマー・エルドリッチの三つの聖痕 (ディック, フィリップ・K.)	06776
ハマースミスのうじ虫 (モール)	12541
ハマータウンの野郎ども (ウィリス, ポール)	00960
はまむぎ (クノー, レイモン)	02981
ハーミストン村のウィーア (スティーヴンソン, ロバート・ルイス)	05651
パミラ (リチャードソン, サミュエル)	13356
ハムレット (シェイクスピア, ウィリアム)	04537
ハムレットとドン・キホーテ (ツルゲーネフ, イヴァン・セルゲーヴィチ)	06667
ハムレット復讐せよ (イネス, マイクル)	00637
ハムレット・マシーン (ミュラー, ハイナー)	12054
ハメット (ゴアズ, ジョー)	03775
破滅の恋 (カステロ・ブランコ)	02183
破滅への道程―原爆と第二次世界大戦 (シャーウィン, M.)	04833
早すぎる自叙伝 (エフトゥシェンコ, E.A.)	01580
薔薇色の十字架 (ミラー, ヘンリー)	12086
パラケルスス (コルベンハイヤー)	04107
パラスによって発見された鉄塊および類似の物体の起原ならびにそれに関連した自然現象について (クラドニ)	03129
バラッドとソネット (ロセッティ)	14181
薔薇と十字架 (ブローク, アレクサンドル)	10232
バラと指輪 (サッカレイ, ウィリアム・マークピース)	04285
薔薇の騎士 (ホーフマンスタール, フーゴー・フォン)	11241
薔薇の奇跡 (ジュネ, ジャン)	05068
薔薇の園 (作者不詳)	14757
薔薇の名前 (エーコ, ウンベルト)	01511
バラバ (ラーゲルクヴィスト)	12924
パラミルム前編 (パラケルスス)	08487
薔薇物語 (ギヨーム・ド・ロリス)	02797
薔薇物語 (ジャン・ド・マン)	04913
バラントレーの若殿 (スティーヴンソン, ロバート・ルイス)	05652
パリ絵図 (メルシエ, ルイ・セバスチャン)	12317
ハリエット・フリーンの生と死 (シンクレア, メイ)	05444
パリを焼く (ヤシエンスキ)	12633
パリ陥落 (エレンブルグ, イリヤ)	01716
パリサイ女 (モーリヤック, フランソワ)	12536
パリ左岸のピアノ工房 (カーハート, T.E.)	02304
パリタァ (ティンメルマンス, フェリックス)	06888
パリ滞在記 (タフターウィー)	06283
パリの家 (ボウエン, エリザベス)	10987
パリの狼男 (エンドラ)	01773
パリの30年 (ドーデ, アルフォンス)	07321
針のない時計 (マッカラーズ, C.)	11657
パリの秘密 (シュー, フランシス)	04929
針の眼 (フォレット, ケン)	09442
パリの憂鬱 (ボードレール, シャルル)	11160
パーリ, 文学と言語 (ガイガー, ヴィルヘルム)	02067
ハリー・ポッター・シリーズ (ローリング, ジョアン・キャスリーン)	14347
パリュード (ジッド, アンドレ)	04740
パリ理科大学に提出した学位論文 (キュリー, マリー)	02776
バリー・リンドン (サッカレイ, ウィリアム・マークピース)	04286
バール (ブレヒト, ベルトルト)	10177
春 (ヴェデキント, フランク)	01094
遙かな海亀の島 (マシーセン, ピーター)	11611
はるかな記憶―人間に刻まれた進化の歩み (セーガン, カール)	05896
はるかな記憶―人間に刻まれた進化の歩み (ドルーヤン, アン)	07535
はるかな国 とおい昔 (ハドソン, W.H.)	08340
はるかなる愛 (遙遠的愛) (郁茹)	00604
バルカン半島 (ツヴィイチ)	06639
バルザック (ツヴァイク, シュテファン)	06635
バルザックとスタンダールとの芸術論争 (スタンダール)	05611
バルザックとスタンダールとの芸術論争 (バルザック, オノレ・ド)	08589
バルザックとフランス・リアリズム (ルカーチ, G.)	13653
ハルシオン島のひみつ (タウンゼンド, J.R.)	06212
パルシファル (ワグナー, リヒャルト)	14446
バルタザール (ダレル, ロレンス)	06340
バルタサル・グラシアンの成功の哲学 (グラシアン, バルタサル)	03086
パルチヴァール (ヴォルフラム・フォン・エッシェンバッハ)	01349
ハルツ紀行 (ハイネ, ハインリッヒ)	07937
パルテノン (コリニョン)	04023
バルトーク (モルー)	12542

作品名	番号
バルト語およびスラヴ語におけるアクセントおよびイントネーションの体系 (ヴァン・ヴェイク)	00806
バルト・スラヴ語辞典 (トラウトマン)	07430
春と園 (アンマン)	00552
パルナッスへの道 (フックス, ヨハン・ヨーゼフ)	09546
春, 夏, 秋, 冬の曲 (バーリェ・インクラン)	08515
バルナバスの手紙 (作者不詳)	14758
春の嵐 (ヘッセ, ヘルマン)	10504
春の園 (ジャーミー)	04880
春の花, 春の霜 (カダレ, イスマイル)	02205
春の水 (ツルゲーネフ, イヴァン・セルゲーヴィチ)	06668
春のめざめ (ヴェデキント, フランク)	01096
ハル・ハウスの二十年 (アダムズ, ジェーン)	00152
パールハーバー トップは情報洪水の中でいかに決断すべきか (ウールステッター, R.)	01399
バルバラ (ヴェルフェル)	01204
バルバリア海賊盛衰記 (レーン=プール, スタンリー)	14054
パール街の少年たち (モルナール, フェレンツ)	12554
バルミー地中海沿岸の都市 (エルナンデス, ハビエル)	01686
バルミー地中海沿岸の都市 (コメス, ピラール)	03983
パルムの僧院 (スタンダール)	05612
パルメニデス (プラトン)	09757
バレエ・シューズ (ストレトフィールド)	05725
バレー・鑑賞のための手引き (ハスケル)	08200
パレストリーナ (フェレラー)	09322
パレー全集 (パレー)	08650
晴れた日にはGMが見える (パトリックライト, J.)	08359
バレーの歴史 (リンハム)	13606
バレーへの招待 (ド・ブアロ, N.)	07332
バレー名作選 (ボーモント, C.)	11272
バレンタインの遺産 (エリン, スタンリイ)	01664
ハロウハウス十一番地 (ブラウン, ジェラルド・A.)	09672
バロック協奏曲 (カルペンティエール, アレホ)	02468
バロック時代の音楽 (プコフツァー)	09492
バロック論 (ドールス, E.)	07486
パロマーの巨人望遠鏡 (ウッドベリー, D.O.)	01387
パロール (プレヴェール, ジャック)	10136
パワー・アンド・マネー (キンドルバーガー, チャールズ・P.)	02888
パワー・エリート (ミルズ, C.W.)	12124
ハワーズ・エンド (フォースター, エドワード・モーガン)	09394
パワーズ オブ テン—宇宙・人間・素粒子をめぐる大きさの旅 (モリソン, フィリップ)	12523
ハワード・ヒューズ (ディートリッヒ)	06785
ハワード・ヒューズ (トマス, ボブ)	07381
パン (トルストイ, A.K.)	07518
晩夏 (シュティフター, アーダルベルト)	05012
反解釈 (ソンタグ, スーザン)	06141
反回想録 (マルロー, アンドレ)	11901
反逆児 (ラクルテル)	12921
板橋雑記 (余懐)	12745
反キリスト (ピョートルとアレクセイ) (メレジコフスキー)	12337
バーング・イー・ダラー (イクバル)	00609
パン屑の仙女 (ノディエ, C.)	07842
反撃 (ガーフィールド, ブライアン)	02312
判決 (カフカ, フランツ)	02322
番犬たち (ニザン, P.)	07690
反抗的人間 (カミュ, アルベール)	02351
反抗の原初形態 (ホブズボーム, エリック)	11207
犯罪者 (シラー, フリードリッヒ・フォン)	05368
犯罪社会学 (フェリ)	09302
犯罪者に関する人類学及び社会学原理 (パームレー)	08464
犯罪と刑罰 (ベッカリーア, チェーザレ)	10466
犯罪人論 (ロンブローゾ)	14395
犯罪の進行 (シモンズ, ジュリアン)	04814
犯罪の理論 (ペーリング)	10653
晩餐会 (モーリヤック, クロード)	12528
判事への花束 (アイリンガム, マージョリイ)	00041
反時代的考察 (ニーチェ, フリードリヒ)	07709
判事と死刑執行人 (デュレンマット, フリードリヒ)	07073
反射光学 (アルキメデス)	00365
般舟三昧経 (作者不詳)	14759
半獣神の午後 (マラルメ, ステファヌ)	11766
ハンス・ケルゼン (メタル)	12256
バーンズ詩集 (バーンズ, ロバート)	08743
ハンス・プファールの冒険 (ポー, エドガー・アラン)	10902
パンセ (パスカル, ブレーズ)	08193
晩清小説史 (阿英)	00084
晩清文学叢鈔 (阿英)	00085
帆船航海記 (デーナー, R.H.)	06942
帆船の少女 (ロウエル, ジョウン)	14099
帆船バウンティ号の反乱 (ダニエルソン, ベント)	06267

樊川文集（杜牧）	07139	万霊祭（ノーテボーム、セース）	07844
バンダースナッチ作戦（ラウデン）	12887	万霊節の夜（ウィリアムズ、チャールズ）	00942
パン・タデウシ（ミツキェヴィチ）	12007	バン・ローンの地理学（バン・ローン,H.W.）	08793
パンダの親指―進化論再考（グールド、スティーヴン・J.）	03306		
判断力批判（カント、イマヌエル）	02569	【ひ】	
判断論（ラスク、エミイル）	12987		
パンチェシッダーンチカー（ヴァラーハミヒラ）	00763	ピアニスト（イェリネク、エルフリーデ）	00586
		美意識（サンタヤナ）	04448
パンチャ・タントラ（ヴィシュヌ・シャルマー）	00862	緋色の研究（ドイル、アーサー・コナン）	07158
パンデクテン教科書（ヴィントシャイト）	01033	ビーイング・デジタル（ネグロポンテ、ニコラス）	07775
パンデクテン教科書（デルンブルク）	07105	飛越（フランシス、ディック）	09823
反デューリング論（エンゲルス、フリードリヒ）	01754	ピエール（メルヴィル、ハーマン）	12310
反デューリング論（マルクス、カール）	11836	ピエールとジャン（モーパッサン、ギイ・ド）	12450
パンと競技（レンツ、ジークフリート）	14042	ピエールとリュース（ロラン、ロマン）	14334
パンドラ（ネルヴァル、ジェラール・ド）	07797	ピエール・パトラン先生（作者不詳）	14762
パンドラの匣（チャステイン、トマス）	06491	飛燕外伝（伶玄）	13831
パンドラの箱（ヴェデキント、フランク）	01097	美学（ヴェロン）	01220
パンドラ抹殺文書（バー＝ゾウハー、マイケル）	08229	美学（クローチェ、ベネデット）	03419
ハンニバル（ハリス、トマス）	08524	美学（ケストリン）	03558
般若経（作者不詳）	14760	美学（バウムガルテン）	08038
般若心経（作者不詳）	14761	美学（ハーマン,J.G.）	08440
万人の道（バトラー、サミュエル（小説家））	08350	美学（ハルトマン、ニコライ）	08622
ハンネ・ニューテ（ロイター）	14083	美学（リップス、テオドル）	13389
ハンネレの昇天（ハウプトマン、ゲルハルト）	08031	比較音楽学概要（ザックス、クルト）	04297
		比較解剖学講義（キュヴィエ）	02765
晩年に想う（アインシュタイン、アルバート）	00048	比較解剖学序論（ゲーテ、ヨハン・ヴォルフガング・フォン）	03593
晩年の思想（ポアンカレ、アンリ）	10930	比較教育（カンデル）	02549
パンのみによるにあらず（ドゥジンツェフ）	07220	美学偽論（フォンダーヌ）	09450
販売管理論（ヘイワード、ウォルター・S.）	10368	比較景観学（パッサルゲ,S.）	08292
バンビ（ザルテン、フェリックス）	04381	比較建築史（フレッチャー、バニスター）	10152
反ファシズム統一戦線（ディミトロフ、ゲオルギ）	06818	美学講義（シュライエルマッヘル、フリードリヒ）	05142
反フィリッポス演説（デモステネス）	06976	美学講義（ゾルガー）	06083
反復―実験心理学の試み（キルケゴール、セーレン）	02818	美学講義（ヘーゲル、ゲオルク・ヴィルヘルム・フリードリヒ）	10413
万物の理論（ウィルバー、ケン）	00999	比較構造論の根本問題（シュティレ）	05016
ハンフリー・クリンカー（スモレット、トバイアス・ジョージ）	05845	美学史（クーン、ギルバート）	03479
		美学史（ボザンケット,B.）	11050
ハンブルグ演劇評論（レッシング、ゴットホールド・エフライム）	13934	比較宗教学（ペイドン、ウィリアム・E.）	10355
パンフレット（クーリエ）	03166	美学体系（フォルケルト、ヨハネス）	09430
反マキァヴェリ論（フリードリヒ2世）	09948	美学体系（モイマン）	12382
万有文庫（ゲスナー、コンラート）	03560	比較地誌学（クレーブス）	03384
反乱（リード、ジョン）	13407	比較地理学の新しい課題（ペシェル）	10423
万里の長城（フリッシュ、マックス）	09922	美学的散歩（メーリング、フランツ）	12298
		比較哲学（マソン・ウルセル）	11643

比較哲学の方法（リアット）	13273	ピクウィック・ペーパーズ（ディケンズ，チャールズ）	06750
美学と一般芸術学（デッソワール）	06934	ピクニック（バーニンガム，ジョン）	08386
美学と歴史（ベレンソン）	10813	ピグマリオン（ショー，G.B.）	05234
美学入門（フェヒナー，G.T.）	09298	ビーグル号航海記（ダーウィン，チャールズ）	06188
美学入門（リヒター）	13424	ビーグル号の艦長（メラーシュ，H.E.L.）	12276
美学の方法（バイエ，レイモン）	07888	悲劇の誕生（ニーチェ，フリードリヒ）	07710
比較美術学の基礎づけ（フライ，ダゴベルト）	09626	悲劇の哲学（シェストフ）	04589
美学史（ギルバート，フェリクス）	02825	悲劇美の美学（フォルケルト，ヨハネス）	09431
美学史（ツィンメルマン，R.）	06624	悲劇役者ゼウス（ルキアノス）	13661
美学への道（ガイガー，M.）	02072	飛行士たちの話（ダール，ロアルド）	06305
美学―又は美の科学（フィッシャー，フリードリヒ）	09183	飛行術の基礎としての鳥の飛翔（リリエンタール）	13555
日陰の歌（サンゴール，L.S.）	04425	飛行の理論（カルマン，V.）	02473
日陰者ジュード（ハーディ，トマス）	08320	鼻行類（シュテンプケ，ハラルト）	05022
東アジア中世史研究（ブレットシュナイダー）	10155	日ざかり（ボウエン，エリザベス）	10988
東アジアの民族主義と共産主義（ボール，マクマホン）	11317	弥沙塞部和醯五分律（作者不詳）	14763
東アジア冷戦と韓米日関係（李鍾元）	13241	ひざまづいて（マクドナルド，アン＝マリー）	11549
東アフリカの先史（コール，S.M.）	04042	ビザンティン古銭概説（コーエン）	03827
東アフリカの動物（リーキー，L.S.B.）	13296	ビザンティン古銭概説（サバティエ）	04332
東インド会社年代記（モース，H.B.）	12426	ビザンティン国家史（オストロゴルスキー，ゲオルク）	01896
東と西の会合（ノースロップ）	07831	ビザンティン財政制度史考（デルガー）	07099
東と西の学者と工匠―中国科学技術史講演集（ニーダム，J.）	07696	ビザンティン史の重要諸問題（ディール，シャルル）	06845
東トルキスタン共和国研究（王柯）	01792	ビザンティン社会経済史研究（プラティアヌ）	09733
東の宗教と西の思想（ラーダークリシュナン）	13002	ビザンティン世界（ブレイエ）	10111
東行きだよーお！（チャップマン，G.）	06503	ビザンティン帝国史（ヴァシリエフ）	00745
ピカソ―芸術の五〇年（アルフレッド・ジュニア）	00414	ビザンティンの美術と考古学（ドールン）	07524
ぴかぴかすりこぎ団の騎士（ボーモント，フランシス）	11271	ビザンティン美術概説（ディール，シャルル）	06846
光，色，およびにじに関する物理・数理学（グリマルディ）	03212	ビザンティン封建制史考（オストロゴルスキー，ゲオルク）	01897
光と色の理論について（ヤング，トーマス）	12660	PCRの誕生（ラビノー）	13077
光と影（ユゴー，ヴィクトル）	12697	ビジネスEQ（ゴールマン，ダニエル）	04110
光と物質のふしぎな理論―私の量子電磁力学（ファインマン，リチャード・P.）	09096	ビジネスは人なり投資は価値なり（ローウェンスタイン，ロジャー）	14104
光についての論考（ホイヘンス，クリスティアン）	10956	ビジネスマン価値逆転の時代（ハンディ，チャールズ）	08764
光の王（ゼラズニイ，ロジャー）	05964	ビジネスマンの父より息子への30通の手紙（ウォード，キングスレイ）	01262
光の子と闇の子（ニーバー，ラインホールド）	07723	眉珠庵憶語（王韜）	01815
光の中に（金史良）	02694	非充足（ヴィトキエヴィチ，スタニスワフ・イグナツィ）	00895
光の六つのしるし（クーパー，S.）	02994	美術・建築・デザイン論考（ペブスナー，N.）	10587
碾臼（ドラブル，マーガレット）	07454	美術考古学発見史（ミハエリス）	12040
ひき裂かれた自己（レイン，R.D.）	13848		
非キリスト教世界におけるキリスト教の使信（クレーマー）	03388		

美術史(フォール)	09426	襞―ライプニッツとバロック(ドゥルーズ,ジル)	07243
美術史(ミシェル)	11983	ピーターラビットのおはなし(ポター,ビアトリクス)	11106
美術史要領(クーグラー)	02913	左ききの女(ハントケ,ペーター)	08776
美術史の基礎概念―近世美術に於ける様式発展の問題(ヴェルフリン,ハインリッヒ)	01209	ピーター・リンチの株で勝つ アマの知恵でプロを出し抜け(リンチ,ピーター)	13590
美術史の諸理念(リヒター)	13425	ピーター・リンチの株で勝つ アマの知恵でプロを出し抜け(ロスチャイルド,ジョン)	14167
美術史の対象(クライス)	03011	ビーチャムの閲歴(メレディス,ジョージ)	12343
美術史方法論(ティーツェ)	06764	ビッグ・ボウの殺人(ザングウィル)	04423
美術ト人格(スタート)	05576	ビックリハウスの迷子(バース,ジョン)	08183
美術批評史(ヴェントゥーリ)	01229	びっこの悪魔(ゲバーラ,ペレス・デ)	03619
美術様式論(ゼンパー)	06008	びっこの公爵(トルストイ,A.N.)	07520
美術様式論―装飾史の基本問題(リーグル)	13312	羊飼の暦(スペンサー,エドマンド)	05774
美術論(ボードレール,シャルル)	11161	羊たちの沈黙(ハリス,トマス)	08525
微笑を誘う愛の物語(クンデラ,ミラン)	03483	ヒッタイト語(フロズニー)	10238
非常に速い電気的振動について(ヘルツ)	10743	ヒッタイト語辞典(フリードリヒ,J.)	09946
非情の海(モンサラット,ニコラス)	12590	ヒッタイト語比較文法(スタートヴァント)	05578
非情の日(ヒギンズ,ジャック)	08848	ヒッタイト語比較文法(ハーン)	08704
美女と野獣(ボーモン)	11269	ヒッタイト人(ガーニー)	02280
ビジョナリーカンパニー(コリンズ,ジェームズ・C.)	04028	ピッチブレントの中に含まれている新種の放射性物質について(キュリー,ピエール)	02775
ビジョナリーカンパニー(ポラス,ジェリー・I.)	11275	ピッチブレントの中に含まれている新種の放射性物質について(キュリー,マリー)	02777
ビジョナリー・カンパニー2(コリンズ,ジェームズ・C.)	04029	ヒッポリュトス(エウリピデス)	01490
非神曲(クラシーニスキ)	03088	否定の哲学(バシュラール,ガストン)	08163
ヒステリー研究(フロイト,ジークムント)	10221	否定弁証法(アドルノ,T.W.)	00206
ヒステリー研究(ブロイアー)	10227	美的価値論の基礎付け(オーデフレヒト,ルドルフ)	01930
ヒストリー・オブ・ラヴ(クラウス,ニコール)	03044	美的現実(ノール)	07859
ビスマルク(アイク)	00004	美的原理(マーシャル,アルフレッド)	11621
非政治的人間の考察(マン,トーマス)	11935	人を動かす(カーネギー,デール)	02294
微生物の狩人(クライフ,ポール・ド)	03025	人食い(ホークス,ジョン)	11034
悲愴歌(ドービニェ)	07335	美徳の不幸(サド,マルキ・ド)	04310
被創造物の歌(フランチェスコ(アッシジの))	09852	火と剣によりて(シェンキェヴィチ,ヘンリク)	04677
ピーター・シンプル(マリアット,F.)	11773	人さまざま(テオプラストス)	06907
ヒタト(マクリージー)	11577	人さまざま(ラ・ブリュイエール)	13101
ピーターの法則(ハル)	08554	美と崇高との感情についての観察(カント,イマヌエル)	02570
ピーターの法則(ピーター,ローレンス・J.)	08890	人それぞれに(シャーシャ,レオナルド)	04844
ピーター・パン(バリ,ジェームス・マチュ)	08509	ひとつではない女の性(イリガライ,L.)	00686
ピーター・パンとウェンディ(バリ,ジェームス・マチュ)	08510	1つの世界(ウィルスキー)	00965
ピーター・ブリューヘル(ティンメルマンス,フェリックス)	06889	1粒の麦もし死なずば(ジッド,アンドレ)	04741
ビーダーマンと放火犯人(フリッシュ,マックス)	09923	美と徳の観念の起原(ハチソン,フランシス)	08254
ピーター・ライス自伝―あるエンジニアの夢みたこと(ライス,ピーター)	12819	人と島(オーベール・ド・ラ・リュ)	01972
		人と超人(ショー,G.B.)	05235

人と山(ブラーシュ)	09701	ダス)	13129
人の心をつかむ(ギブリン,レス)	02685	響きと怒り(フォークナー,ウィリアム)	09361
ヒトはいかにして人となったか—言語と脳の共進化(ディーコン,テレンス・W.)	06754	日々の泡(ヴィアン,ボリス)	00834
		ビヒモス(ノイマン,フランツ)	07813
ヒトはいつから人間になったか(リーキー,リチャード)	13293	批評の解剖(フライ,ノースロップ)	09627
		批評の機能(エリオット,ジョージ)	01622
ヒトーパデーシャ(ナーラーヤナ)	07656	批評の原理(ホーム,ヘンリー)	11256
人はなぜ感じるのか?(ジョンストン,ビクター・S.)	05324	批評の生理学(ティボーデ,アルベール)	06812
		批評論(ポープ,A.)	11193
ヒトはなぜ戦争をするのか?(フロイト,ジークムント)	10222	批評論集(アーノルド)	00219
		皮膚の下の頭蓋骨(ジェイムズ,P.D.)	04572
人はなんで生きるか(トルストイ,レフ・ニコラエヴィチ)	07508	美文体の艦(ダンディン)	06379
		秘法17番(ブルトン,アンドレ)	10063
人々の声が響き合うとき(フィシュキン)	09171	美貌の友(モーパッサン,ギイ・ド)	12451
人々の中で(ゴーリキー,マクシム)	04014	ヒポクラテス全集(ヒポクラテス)	08930
人みなの道(作者不詳)	14764	鼻歩動物(シュタイナー,ゲロルフ)	04985
ひとめぐり(モーム,ウィリアム・サマセット)	12467	ビー・マイ・ゲスト(ヒルトン,コンラッド)	09041
ヒトラー最後の日(ローバー,トレヴァー)	14254	ヒマラヤにおけるたたかい(バウアー,パウル)	07987
ヒトラー伝(マーザー)	11605		
一人だけの軍隊(マレル,D.)	11914	ヒマラヤの旅(フーカー,J.D.)	09464
ひとりは誰でもなく、また十万人(ピランデルロ,ルイジ)	09007	秘密史(プロコピオス)	10235
		秘密諜報部員(モーム,ウィリアム・サマセット)	12468
ビートルズ(デヴィス,ハンター)	06893	秘密道次第論(ツォンカパ)	06653
ヒトはなぜ戦争をするのか?(アインシュタイン,アルバート)	00049	秘密な復讐(ロペ・デ・ベーガ)	14307
		秘密の花園(バーネット,F.H.)	08391
日なたの干しぶどう(ハンズベリ,L.)	08746	微妙な調和(ミストリー,ロヒントン)	11995
非難(テイラー,エリザベス)	06829	美味礼讃(ブリヤ=サヴァラン)	09956
火の記憶(ガレアーノ,エドゥアルド)	02477	ピムさん御通過(ミルン,A.A.)	12143
ピノキオの冒険(コッローディ)	03935	秘められた人間(プラトーノフ,アンドレイ・プラトーノヴィチ)	09741
火の精神分析(バシュラール,ガストン)	08164		
日の出前(ハウプトマン,ゲルハルト)	08032	緋文字(ホーソーン,ナサニエル)	11094
火の動力およびこの動力を発生させるのに適した機関についての考察(カルノ)	02451	101便着艦せよ(ファーガスン)	09104
		百億の星と千億の生命(セーガン,カール)	05897
日の名残り(イシグロ,カズオ)	00612	一一七日間 死の漂流(ベイリー,マラリン)	10363
火の部分(ブランショ,モーリス)	09829	一一七日間 死の漂流(ベイリー,モーリス)	10364
美の分析(ホガース,W.)	11023	百姓往来(作者不詳)	14765
火の娘たち(ネルヴァル,ジェラール・ド)	07798	百丈清規(懐海)	01504
美の遺言(ブリッジェズ)	09911	百年の孤独(ガルシア=マルケス,ガブリエル)	02413
美の歴史(李沢厚)	13251		
日はまた昇る(ヘミングウェイ,アーネスト)	10603	百夫長の旅(プシカリ,エルンスト)	09500
批判的実在論(ドレーク,D.)	07551	百万長者の死(コール,ジョージ・ダグラス・ハワード)	04040
批判的地域主義に向けて—抵抗の建築に関する六つの考察(フランプトン,ケネス)	09870	百万長者の死(コール,M.)	04041
		百万ドルをとり返せ!(アーチャー,ジェフリー)	00167
批判的美学史(シャスラー)	04846		
批判的倫理学に於ける幸福及び人格(バウフ)	08018	百万人の数学(ホグベン,L.)	11040
		白夜(ドストエフスキー,フョードル・ミハイロヴィチ)	07289
批判論(ルヌーヴィエ)	13775		
日々(パリーニ)	08541		
ビー・ヒア・ナウ—心の扉をひらく本(ラム・			

848　　　　　　　　　　　　　　　　　　　　　読んでおきたい「世界の名著」案内

百喩経(サンガセーナ)	04422	ビヨンド・リスク―世界のクライマー17人が語る冒険の思想(オコネル,ニコラス)	01864
百論(アーリヤデーヴァ)	00351	ビラヴド(モリスン,トニ)	12522
百科事典(チェンバーズ,E.)	06451	開かれた社会とその敵(ポパー,カール・R.)	11185
百科全書(ダランベール)	06298	開かれた処女地(ショーロホフ,ミハイル)	05307
百科全書(ディドロ,ドニ)	06796	開かれた小さな扉 ある自閉児をめぐる愛の記録(アクスライン,バージニア・M.)	00101
白虎通義(班固)	08712	ひらけ胡麻(ギルバート,マイケル)	02827
日向丘の少女(ビョルンソン,ビョルンスチェルネ)	08997	ビリチスの歌(ルイス,ピエール)	13628
ヒューディブラス(バトラー,サミュエル(詩人))	08347	ビリー・バッド(メルヴィル,ハーマン)	12311
ビュビュ・ド・モンパルナス(フィリップ,シャルル=ルイ)	09229	ビリー・ホリデイ自伝―奇妙な果実(ホリデイ,ビリー)	11292
ヒュペーリオン(ヘルダーリン)	10739	昼顔(ケッセル)	03567
ヒューマニズム研究(シラー,フリードリッヒ・フォン)	05369	ビル・ゲイツ(ウォレス,ジェームズ)	01360
ヒューマニズム建築の源流(ウィットコウワー,ルドルフ)	00884	ビル・ゲイツ(エリクソン,ジム)	01635
「ヒューマニズム」について(ハイデッガー,マルティン)	07924	ヒルダよ眠れ(ガーヴ,アンドリュウ)	02091
ヒューマノイド(ウイリアムスン)	00952	ヒルダ・レスウェイズの青春(ベネット,アーノルド)	10574
ヒューマン・アクション(ミーゼス)	12001	ヒルティ伝(シュトゥッキ)	05027
ヒューマン・グループ(ホーマンズ,G.C.)	11251	昼となく夜となく(シーモノフ)	04806
ヒューマン・ステイン(ロス,フィリップ)	14154	昼と夜(シモンズ,A.W.)	04815
ピュロン主義哲学の概要(エンペイリコス)	01778	ビルマ史(ハーヴィー,G.E.)	07993
氷河の研究(アガシ)	00087	ビルマの仏伝(ビガンデー)	08846
病原菌による疾病、特に家禽コレラと俗称される病気について(パストゥール)	08214	広い藻の海(リース,ジーン)	13325
氷原の檻(カイル)	02089	広く定義された電気学の主張に関する実験と観察、及びその解釈(ベッカリーア,ジョヴァンニ・バティスタ)	10465
氷山を狙え(カッスラー,クライブ)	02224	ピロクテテス(ソフォクレス)	06062
病床の心理学(ヴァン・デン・ベルク,J.H.)	00824	広く無縁の世界(アレグリア,シロ)	00441
病態意識(ブロンデル,シャルル)	10308	広島、長崎に対する原子爆弾の効果(合衆国戦略爆撃調査団)	02212
標題音楽の歴史(クラウヴェル)	03039	ヒロシマ、私の恋人(デュラス,マルグリット)	07050
表徴の帝国(バルト,ロラン)	08608	琵琶記(高則誠)	03802
氷島奇談(ユゴー,ヴィクトル)	12698	ヒンケマン(トラー)	07415
平等思想(ブーグレ)	09475	貧困(ローントリー)	14389
平等とは何か(ドウォーキン,ロナルド)	07203	貧困の文化(ルイス,O.)	13638
氷島の漁夫(ロチ,ピエール)	14204	品質計画(ジュラン,ジョゼフ・M.)	05152
表面の物理(プルトン,M.)	10038	品詞と語形論(カーム)	02358
病理解剖学(ロキタンスキー)	14115	瀕死の王(イヨネスコ,E.)	00682
漂流五十日(クック、ケネス)	02949	瀕死の戦闘機隊(ガイザー)	02073
被抑圧者の演劇(ボアール,アウグスト)	10918	瀕死の春(ジラヒ)	05377
被抑圧者の教育学(フレイレ,パウロ)	10129	貧者の宝(メーテルリンク)	12265
閩宋楼蔵書志(陸心源)	13303	ヒンズー語について(ジョーンズ,ダニエル)	05319
ピョートル1世史(プーシキン,アレクサンドル・セルゲーヴィチ)	09520	ヒンデンブルク伝(ゲルリツ)	03695
ピョートル大帝の黒奴(プーシキン,アレクサンドル・セルゲーヴィチ)	09521	ヒンドゥ・ジャワ史(クローム)	03469
ピョートル1世(トルストイ,A.N.)	07521	ヒンドゥ・スワラージ(ガンジー)	02539
日和見主義者の性格(ハリファックス)	08545	ヒンドゥー法と慣例について(メイン,ヘンリー・サムナー)	12241

貧農に訴う（レーニン，ウラジミール・イリイッチ）...... 13987
ピンフォールドの試練（ウォー，イヴリン）.. 01235
貧乏に関する報告（オーウェン，ロバート）... 01841
貧民の状態;イギリス労働者階級の歴史（イーデン）...... 00627

【ふ】

ファイアフォックス（トーマス，クレイグ）... 07375
ファインマン物理学（ファインマン，リチャード・P.）...... 09097
ファウスト（ゲーテ，ヨハン・ヴォルフガング・フォン）...... 03594
ファウスト（ツルゲーネフ，イヴァン・セルゲーヴィチ）...... 06669
ファウスト博士（マン，トーマス）...... 11936
ファクター4―豊かさを二倍に，資源消費を半分に（ワイツゼッカー，エルンスト・U.フォン）...... 14407
ファクンド（サルミエント）...... 04399
ファシズムと社会革命（ダット）...... 06255
ファシズムの原理（ムッソリーニ）...... 12188
ファシズム論（ダット，パーム）...... 06256
ファスト&スロー（カーネマン，ダニエル）... 02300
ファースト・フォリオ（シェイクスピア，ウィリアム）...... 04538
ファースト・レーンズ（フィリップス，ジェイン・アン）...... 09232
ファッショ・バクテリア（夏衍）...... 02040
ファド・アレクサンドリノ（アントゥーネス，アントニオ・ロボ）...... 00518
ファニー・ヒル（クレランド）...... 03395
ブアハウスフェア（アップダイク，ジョン）.. 00181
ファービアン（ケストナー，エーリヒ）...... 03551
ファブリオー（作者不詳）...... 14766
ファーブル昆虫記（ファーブル，ジャン・アンリ）...... 09124
ファーブル伝（ルグロ）...... 13685
プア・ホワイト（アンダーソン，シャーウッド）...... 00498
ファラオ（プルス，ボレスワフ）...... 10022
ファルサリア（ルカヌス）...... 13656
ファルメライヤー駅長（ロート，ヨーゼフ）... 14242
ファロスの王国（クールズ）...... 03291
ファンタジーへの誘い（作者不詳）...... 14767
不安定な時間（ジュリー）...... 05154
不安と再建（クレミュー）...... 03389
ファントマ（アラン，マルセル）...... 00307

ファントマ（スーヴェストル，ピエール）...... 05498
不安の概念（キルケゴール，セーレン）...... 02819
不安の時代（オーデン，W.H.）...... 01935
不安の書（ペソア，フェルナンド）...... 10446
ファーン・ヒル（トマス，ディラン）...... 07379
フィエスコの反乱（シラー，フリードリッヒ・フォン）...... 05370
フィガロの結婚（ボーマルシェ）...... 11246
フィクション（ボルヘス，ホルヘ・ルイス）.. 11378
フィジオクラシー（ケネー，F.）...... 03612
フィッシャーを殺せ（フィッツサイモンズ）...... 09192
フィニアス・フィン（トロロープ，アンソニー）...... 07590
フィネガンズ・ウェイク（ジョイス，ジェイムズ）...... 05243
フィリシュタの書（カーシム，ムハンマド）.. 02165
フィリップ・ラティノヴィチの帰還（クルレジャ，ミロスラフ）...... 03322
フィリピン（ヘイデン）...... 10346
フィリピン紀事（モルガ）...... 12543
フィリピン経済における労働問題（クリハラ）...... 03200
フィールディング（ハーバーク，チャド）..... 08404
フィレンチェ史（グイッチャルディーニ）... 02897
フィレンチェ史（ダヴィドゾーン）...... 06180
フィレンチェ史（マキアヴェッリ，ニッコロ）...... 11526
フィロクテテス（ソフォクレス）...... 06063
フィンツィ・コンティーニ家の庭（バッサーニ，ジョルジョ）...... 08290
ブヴァールとペキュシェ（フローベール，ギュスターヴ）...... 10277
封印された天使（レスコーフ，ニコライ・セミョーノヴィチ）...... 13920
風景と心―東洋の絵画と理想郷に対する瞑想（金禹昌）...... 02693
封鎖商業国家論（フィヒテ，ヨハン・ゴットリープ）...... 09218
風刺詩（ペルシウス）...... 10711
風刺詩（ユウェナリス）...... 12684
風刺詩（レニエ）...... 13962
風刺詩集（ボアロー，N.）...... 10921
風車小屋だより（ドーデ，アルフォンス）..... 07322
風俗通義（応劭）...... 01809
風俗の歴史（フックス，エドゥアルト）...... 09544
ふうてん者の悪だくみ（アルフィエーリ）... 00407
風土の日本―自然と文化の通態（ベルク，オギュスタン）...... 10692
風流道と韓国の宗教思想（柳東植）...... 12675
不運な旅人（ナッシュ，トマス）...... 07626

フェキアーレの法と裁判（ズーチ） ………… 05622
賦役の年代記（ボスタン） ……………………… 11070
フェスタス（ベイリー,P.L.） …………………… 10366
フェッセンデンの宇宙（ハミルトン,エドモンド） ………………………………………………… 08452
フェードル（ラシーヌ,ジャン） ……………… 12947
フェードン（メンデルスゾーン） ……………… 12367
フェニキアの女たち（エウリピデス） ………… 01491
ブエノス・アイレスの熱狂（ボルヘス,ホルヘ・ルイス） …………………………………… 11379
フェビアン社会主義論集（ショー,G.B.） …… 05236
フェフと友だち（フォーネス,M.I.） …………… 09418
フェミニズムと表現の自由（マッキノン,C.A.） ………………………………………………… 11668
フェリペ二世時代の地中海と地中海世界（ブローデル,フェルナン） ……………………… 10264
フェルディドゥルケ（ゴンブロビッチ,W.） … 04210
フェルマーの最終定理（シン,サイモン） …… 05413
フェルミの生涯（フェルミ,ローラ） ………… 09317
フェンテ・オベフーナ（ロペ・デ・ベーガ） … 14308
フォイエルバッハ論（エンゲルス,フリードリヒ） ………………………………………………… 01755
フォイエルバハ伝（ラートブルフ,グスタフ） ………………………………………………… 13061
フォカス氏（ロラン,ロマン） ………………… 14335
フォークウェイズ（サムナー） ………………… 04350
フォークロアの理論（ダンテス,アラン） …… 06380
フォーサイト家物語（ゴールズワージー,ジョン） ………………………………………………… 04049
フォースタス博士（マーロウ,C.） …………… 11920
フォックスファイア（オーツ,ジョイス・キャロル） ………………………………………………… 01912
フォトジェニー（デリュック） ………………… 07092
フォード―その栄光と悲劇（ソレンセン,チャールズ・E.） …………………………………… 06104
フォマ・ゴルジェーエフ（ゴーリキー,マクシム） ………………………………………………… 04015
フォルトゥナータとハシンタ（ペレス＝ガルドス） ………………………………………………… 10805
フォルミオ（テレンティウス） ………………… 07119
フォレ（モーリヤック,フランソワ） ………… 12537
フォンタマーラ（シローネ） …………………… 05406
深い川（アルゲダス,ホセ・マリア） ………… 00374
不確実性の時代（ガルブレイス,J.K.） ……… 02460
不可触民バクハの一日（アナンド,ムルク・ラジ） ………………………………………………… 00209
不可知なるがゆえに（サンチェス） …………… 04450
プガチョーフ反乱史（プーシキン,アレクサンドル・セルゲーヴィチ） ……………………… 09522
部下と現場に出よ、生死を共にせよ（フィリップス,ドナルド・T.） ………………………… 09234

不可分量の幾何学（カヴァリエリ） …………… 02097
不完全競争の経済学（ロビンソン,J.） ……… 14285
不完全性定理（ゲーデル,クルト） …………… 03598
武器と人（ショー,G.B.） ……………………… 05237
不気味な建築（ヴィドラー,アンソニー） …… 00899
輔教編（契嵩） …………………………………… 03512
布教旅行と南アフリカの調査（リヴィングストン） ………………………………………………… 13282
武器よさらば（ヘミングウェイ,アーネスト） ………………………………………………… 10604
不謹慎な宝石（ディドロ,ドニ） ……………… 06797
副意識現象（プリンス,モルトン） …………… 09979
福音主義神学入門（バルト,ロラン） ………… 08609
福音書（新約聖書）（作者不詳） ……………… 14768
福音書の様式史（ディベリウス,M.） ………… 06809
福音的神学の宗教哲学（ブルンナー,エミール） ………………………………………………… 10105
福音的信仰と現代の思考（ハイム,K.） ……… 07947
副王家の一族（ロベルト,フェデリコ・デ） … 14312
副官騎行（リーリエンクローン） ……………… 13553
復元と対比（アル・フワーリズミー） ………… 00415
複雑系―科学革命の震源地・サンタフェ研究所の天才たち（ワールドロップ,M.ミッチェル） ………………………………………………… 14488
複雑骨折,膿瘍等の新治療法―化膿状況からの考察（リスター） ………………………………… 13330
福祉国家を越えて（ミュルダール,グンナー） ………………………………………………… 12067
福祉国家の将来（クロスランド） ……………… 03412
復讐者の悲劇（ターナー,シリル） …………… 06262
服従の心理（ミルグラム,スタンレー） ……… 12120
復讐法廷（デンカー,ヘンリー） ……………… 07125
複製技術時代の芸術（ベンヤミン,ヴァルター） ………………………………………………… 10883
復性書（李翱） …………………………………… 13229
服装（アンラール） ……………………………… 00553
服装における流行（ウィルコックス） ………… 00964
服装の辞典（ルロワール） ……………………… 13825
服装の書（ダヴェンポート） …………………… 06194
服装の歴史（ケリー） …………………………… 03652
服装の歴史（シュワーブ） ……………………… 05199
服装の歴史（ハンセン,ヘニー・ハラルド） … 08750
服装の歴史（ラシネ） …………………………… 12951
服装百科全書（ブランシェ） …………………… 09820
腹中女聴経（作者不詳） ………………………… 14769
福の神（アリストファネス） …………………… 00346
副養素の重要性に関する実験（ホプキンス,フレデリック） ……………………………………… 11196
復楽園（ミルトン,ジョン） …………………… 12136
ふくろう党（バルザック,オノレ・ド） ……… 08590
フクロウは本当に賢いか（マグレイン,シャロ

ン・バーチュ) …………………… 11591
ふくろう模様の皿(ガーナー,アラン) ……… 02275
ふくろ小路一番地(ガーネット) …………… 02298
武勲詩(作者不詳) …………………………… 14770
溥傑自伝(愛新覚羅溥傑) …………………… 00012
不幸なアントン(グリゴローヴィチ) ……… 03170
不幸な魂(コパード) ………………………… 03960
フーコーの振り子(エーコ,ウンベルト) … 01512
不在所有者制(ヴェブレン,ソースティン) .. 01134
ふさわしい男性(セート,ヴィクラム) …… 05930
父子関係の心理学(ペダーゼン) …………… 10450
ふしぎなオルガン(レアンダー) …………… 13828
不思議な少年(トウェイン,マーク) ……… 07198
不思議なみずうみの島々(モリス,ウィリア
ム) ……………………………………………… 12513
不思議の国のアリス(キャロル,ルイス) … 02748
不思議の国のトムキンス(ガモフ,ジョー
ジ) ……………………………………………… 02365
プーシキン詩集(プーシキン,アレクサンド
ル・セルゲーヴィチ) ……………………… 09523
プーシキンの作品(ベリンスキー) ………… 10660
プシケ(ローデ) ……………………………… 14230
プシケ(ロマン,ジュール) ………………… 14323
不死鳥を倒せ(ホール,アダム) …………… 11309
藤野先生(魯迅) ……………………………… 14068
不死の人(ボルヘス,ホルヘ・ルイス) …… 11380
腐蝕(茅盾) …………………………………… 10972
侮辱(モラヴィア,アルベルト) …………… 12476
婦人投票権(P.ローレンス,ウィリアム) … 14498
婦人投票権(P.ローレンス,エメリーン) … 14499
婦人のいる群像(ベル,ハインリッヒ) …… 10675
婦人服およびその自然的発達(シュトラッ
ツ) ……………………………………………… 05040
婦人労働者と現代の婦人問題(ツェトキン,
C.) ……………………………………………… 06644
婦人論(ベーベル,アウグスト) …………… 10594
浮生六記(沈復) ……………………………… 05420
武装せる予言者(ドイッチャー,I.) ……… 07148
部隊シリーズ(ハミルトン,ドナルド) …… 08455
浮体論(アルキメデス) ……………………… 00366
二つの革命の間で(ベールイ,アンドレイ) … 10682
二つの自由概念(バーリン,アイザイア) … 08548
二つの世紀の境に(ベールイ,アンドレイ) … 10683
二つの文化と科学革命(スノー,C.P.) …… 05736
二つの夢(バルザック,オノレ・ド) ……… 08591
豚の死なない日(ペック,ロバート・ニュート
ン) ……………………………………………… 10476
2人(デーメル) ……………………………… 06975
二人の女(モラヴィア,アルベルト) ……… 12477
二人の女の物語(ベネット,アーノルド) … 10575

二人の貴公子(シェイクスピア,ウィリア
ム) ……………………………………………… 04539
二人の貴公子(フレッチャー,ジョン) …… 10151
ふたりの太平洋(ロス,ハル) ……………… 14149
二人の妻を持つ男(クエンティン,パトリッ
ク) ……………………………………………… 02911
2人のバッキス(プラウトゥス) …………… 09660
2人の母親をもつ息子(ボンテンペッリ) … 11439
2人のフォスカリ(バイロン,G.) ………… 07962
2人のメナイクムス(プラウトゥス) ……… 09661
ふたりのロッテ(ケストナー,エーリヒ) … 03552
ふたりはともだち(ウィリス,ジーン) …… 00959
プチ・ルイ(ダビ,E.) ……………………… 06279
フッガー家の時代(エーレンベルグ) ……… 01721
物価史(トゥック) …………………………… 07228
物価指数作成論(フィッシャー,アーヴィン
グ) ……………………………………………… 09179
復活(トルストイ,レフ・ニコラエヴィチ) .. 07509
仏教(リス・デーヴィズ) …………………… 13331
仏教史(ションヌーペー) …………………… 05350
仏教史(ターラナータ) ……………………… 06297
仏教史(ブトン) ……………………………… 09579
仏教大綱(ケルン,H.) ……………………… 03699
仏教哲学概論(シチェルバツコイ) ………… 04727
仏教哲学の問題(ローゼンベルグ,O.O.) … 14194
仏教と中国の伝統文化(蘇淵雷) …………… 06013
仏教美術の起原(フーシェ) ………………… 09497
不都合な真実(ゴア,アル) ………………… 03774
仏国記(法顕) ………………………………… 11000
物質的恍惚(ル・クレジオ,J.M.G.) ……… 13681
物質と記憶(ベルグソン,アンリ) ………… 10702
物質と精神(プリーストリー) ……………… 09894
物質と光(ド・ブロイ) ……………………… 07357
物質の新しい一特性(ベクレル) …………… 10396
物質の構造(ギニエ,A.) …………………… 02673
物質の循環(モレスコット) ………………… 12559
物質の分析(ラッセル,バートランド) …… 13033
仏性論(世親) ………………………………… 05918
物騒なフィクション(ベンスラマ,フェ
ティ) …………………………………………… 10859
仏祖統紀(志盤) ……………………………… 04771
仏祖歴代通載(念常) ………………………… 07805
仏陀(オルデンベルク) ……………………… 02014
物体を照明し,加熱するスペクトルの各色の
作用の研究(ハーシェル) ………………… 08145
ブッダチャリタ(アシュヴァゴーシャ) …… 00134
仏陀の福音(ケーラス) ……………………… 03650
ブッチャー・ボーイ(マッケーブ,パトリッ
ク) ……………………………………………… 11675
フッテン最後の日々(マイヤー,C.F.) …… 11497
ブッデンブローク家の人びと(マン,トーマ

ス) ………	11937
仏本行集経(作者不詳) ………	14771
物理学史(カジョリ, フロリアン) ……	02168
物理学史(ホッペ) ………	11146
物理学者たち(デュレンマット, フリードリッヒ)	07069
物理学双書(ガイガー, H.) ………	02071
物理学双書(シェール) ………	04662
物理学的世界像(ヴァイツゼッカー) ………	00730
物理学的認識への道(プランク) ………	09787
物理学と生命の秘密(ヨルダン) ………	12779
物理学はいかに創られたか(インフェルト, L.)	00714
物理学理論(デュエム) ………	07003
物理学はいかに創られたか(アインシュタイン, アルバート)	00050
物理学的および哲学的原子論(フェヒナー, G.T.)	09299
物理的ゲシュタルト(ケーラー) ………	03640
物理的世界の本質(エディントン) ………	01554
物理法則はいかにして発見されたか(ファインマン, リチャード・P.)	09098
プティ・ショーズ(ドーデ, アルフォンス) …	07323
不貞の女(フォンターネ) ………	09453
普照国師広録(隠元) ………	00709
不動産投資のすすめ(エルドレッド, ゲイリー・W.)	01682
不動産投資のすすめ(マクリーン, アンドリュー)	11583
葡萄酒とパン(シローネ) ………	05407
舞踏とバレーについての手紙(ノヴェール)	07822
ぶどう畑のぶどう作り(ルナール, ジュール)	13760
舞踏百科事典(チュジョイ) ………	06541
プドフキン文集(プドフキン) ………	09573
プトレマイオスの偉大なる『アルマゲスト』のヨハネス・レギオモンタヌスによる要約(レギオモンタヌス)	13910
船になりたくなかった船(モウワット, ファーレイ)	12404
腐敗に関する研究(パストゥール) ………	08215
不平等の再検討(セン, アマルティア) ……	05996
プビレーボス(プラトン) ………	09758
不服従(モラヴィア, アルベルト) ………	12478
部分と全体—私の生涯の偉大な出会いと対話(ハイゼンベルク, ヴェルナー)	07912
侮蔑の時代(マルロー, アンドレ) ………	11902
ブーベの恋人(カッソーラ, カルロ) ………	02229
普遍妥当的教育学の可能性について(ディルタイ, ウィルヘルム)	06871
普遍的心理学—批判的方法による(ナトルプ, パウル)	07639
普遍的統一の理論(フーリエ, シャルル) ……	09876
普遍哲学(カンパネラ) ………	02588
不法行為法(サーモンド) ………	04352
不法行為法(ポロック) ………	11396
不滅の女(ロブ・グリエ, A.) ………	14293
不滅の孤島(バルジャベル) ………	08594
不滅の日本芸術(ウォーナー, ラングドン) ‥	01278
不毛の大地(グラスゴー) ………	03097
冬(グリーゼ) ………	03186
冬の夜ひとりの旅人が(カルヴィーノ, イタロ)	02403
冬物語(シェイクスピア, ウィリアム) ……	04540
冬も春近きころ(アンダスン, マックスウェル)	00492
芙蓉鎮(古華) ………	03744
不用な回想録(ゴッツィ) ………	03914
プラ・アパイマーニー(ブー, スントン) ……	09084
ブライズデイル・ロマンス(ホーソーン, ナサニエル)	11095
ブライズヘッドふたたび(ウォー, イヴリン)	01236
無頼船長トラップ(キャリスン, ブライアン)	02740
無頼船長の密謀船(キャリスン, ブライアン)	02741
フライデーあるいは太平洋の冥界(トゥルニエ, ミシェル)	07245
ブライト・ライツ・ビッグ・シティ(マキナニー, ジェイ)	11529
ブライトン・ロック(グリーン, グレアム) ‥	03253
ブラインド・ウォッチメイカー(ドーキンス, リチャード)	07262
ブラウン神父シリーズ(チェスタトン, ギルバード・ケイス)	06407
プラーグの大学生(エーヴェルス) ………	01475
プラグマティズム(ジェームズ, ウィリアム)	04623
プラークリット語文法(ピシェル) ………	08871
ブラジュロンヌ子爵(デュマ・ペール) ……	07033
ブラジル高原地帯の探検(バートン, R.F.) ……	08367
ブラス・クーバスの死後の回想(マシャード・デ・アシス)	11613
ブラスバンドが演奏した公園(ヴェスディク, シモン)	01060
ブラック・アトランティック(ギルロイ, P.)	02842
ブラック・エルクは語る(ナイハルト, ジョン・G.)	07610
ブラックサンデー(ハリス, トマス) ………	08526
ブラック・スワン(タレブ, ナシーム・ニコラ	

ス)	06330
ブラック・ダリア(エルロイ,ジェイムズ)	01699
ブラックパワー(カーマイケル,S.)	02343
ブラックヒルで(チャトウィン,ブルース)	06512
ブラック・ブック(作者不詳)	14772
ブラックボックス(オズ,アモス)	01872
ブラックメール―他人に心をあやつられない方法(フォワード,スーザン)	09446
ブラッシュウッド・ボーイ(キップリング,ラディヤード)	02660
フラット化する世界(フリードマン,トーマス)	09934
ブラッド・ミュージック(ベア,グレッグ)	10324
ブラッド・メリディアン(マッカーシー,コーマック)	11652
プラテーロとわたし(ヒメーネス)	08936
プラトン・クレチェット(コルネイチューク)	04095
プラトン主義(バーネット,ジョン)	08388
プラトンのイデア説(ナトルプ,パウル)	07640
プラトンの神話(スチュワート,J.A.)	05631
プラトンの美学思想(プラトン)	09759
ブラーナ(作者不詳)	14773
フラニーとゾーイー(サリンジャー,J.D.)	04369
プラネタリウム(サロート,N.)	04412
プラの信条(ディアス,ジュノ)	06702
プラハのくり並み木の下で(シーモノフ)	04807
プラハの妖術師(クロフォード)	03458
ブラフマ・スートラ(作者不詳)	14774
ブラフマ・スートラ注解(シャンカラ)	04900
ブラーフマ・スプフタ・シッダーンタ(ブラフマーグプタ)	09775
ブラマーナ・ヴァールッティカ(ダルマキールティ)	06319
ブラームス一生涯と作品(ガイリンガー)	02088
プラ・ロー(作者不詳)	14775
フランク・シナトラ―ヒズ・ウェイ(ケリー,ジーン)	03653
フランク史(グレゴリウス)	03354
フランク法とローマ法(ゾーム)	06075
フランクリン自伝(フランクリン,ベンジャミン)	09802
フランク・ロイド・ライト 建築家への手紙(フェイファー,ブルース・ブルックス)	09278
フランケンシュタイン(シェリー,メアリー)	04643
フランコ・ガリア(オトマン)	01938
ブランコに乗った勇敢な若者(サローヤン,W.)	04415
フランシオン(ソレル,シャルル)	06095
ブランシュとマリーの木(エンクィスト,ペー	

ル・オーロフ)	01732
フランス(ドマンジョン)	07392
フランス(マルトンヌ)	11887
フランス・アルプスの牧畜生活(アルボス)	00422
フランス印象主義(モークレール)	12411
フランス演劇の諸時期(プリュンティエール)	09963
フランスおよびドイツの経済発展(クラパム)	03136
フランスおよびベルギー,スイスにおける歴史哲学史(フリント)	09981
フランス音楽(クーパー,バリー)	02992
フランス音楽(ラヴォワ)	12880
フランス絵画の1世紀(ムーター)	12187
フランス革命(ソブール)	06064
フランス革命(トムソン,J.M.)	07409
フランス革命(マティエ)	11697
フランス革命(ルフェーヴル,ジョルジュ)	13790
フランス革命期のノール県の農民(ルフェーヴル,ジョルジュ)	13791
フランス革命史(カーライル,トマス)	02371
フランス革命史(クロポトキン)	03467
フランス革命史(ジョレス)	05299
フランス革命史(ティエール)	06711
フランス革命史(ブラン)	09783
フランス革命史(ミシュレ)	11987
フランス革命史(ミニェ)	12036
フランス革命時代における階級対立(カウツキー,カール)	02117
フランス革命政治史(オーラール)	01984
フランス革命に関する考察(スタール夫人)	05599
フランス革命の省察(バーク,エドモンド)	08083
フランス革命の知的起原(モルネ)	12556
フランス革命の哲学(ポール)	11308
フランス革命の文化的起源(シャルチエ,ロジェ)	04894
フランス革命の民事立法(サニャク,フィリップ)	04326
フランス革命論(フィヒテ,ヨハン・コットリープ)	09219
フランス紀行(ヤング,アーサー)	12656
フランスぎらいのメンツェル(ベルネ)	10772
フランス組曲(ネミロフスキー,イレーヌ)	07787
フランス軍中尉の女(ファウルズ,ジョン)	09103
フランス経済史(セー,J.B.)	05869
フランス言語図巻(エドモン)	01561
フランス言語図巻(ジリエロン)	05386
フランス建築辞典(ビオレ・ル・デュク,E.E.)	08836
フランス憲法および比較憲法綱要(エスマ	

ン) ······ 01530
フランス国民の真実史(セーニョボス) ······ 05937
フランス語史(ブリュノ) ······ 09962
フランス語辞典(リトレ) ······ 13421
フランス語の韻文(グラモン) ······ 03150
フランス語の世界性について(リヴァロル) ······ 13278
フランス語の擁護と顕揚(デュ・ベレー) ······ 07018
フランス語論評(ヴォージュラ) ······ 01253
フランス財政論(ネッケル,J.) ······ 07781
フランス史(ミシュレ) ······ 11988
フランス史(ラヴィス) ······ 12873
フランス史(ランケ,レオポルト・フォン) ······ 13174
フランス史学史(ジュリアン) ······ 05156
フランス社会経済史要(セー,J.B.) ······ 05870
フランス商業史(ルヴァスール) ······ 13641
フランス詳論(ボアギュベール) ······ 10914
フランス植民政策史(ロバーツ) ······ 14261
フランス大革命と教育(ラヴォアジェ) ······ 12879
フランスにおける階級闘争(マルクス,カール) ······ 11837
『フランスにおける階級闘争』 1895年版への序文(エンゲルス,フリードリヒ) ······ 01756
フランスにおける宗教感情の文学的歴史(ブレモン,アンリ) ······ 10196
フランスにおける重農主義運動(ヴーレルス) ······ 01424
フランスにおける炭鉱労働者の賃金(シミアン) ······ 04795
フランス農業史の基本的性格(ブロック,マルク) ······ 10246
フランスの現代学校(フレネ,セレスタン) ······ 10162
フランスの聖堂(ロダン) ······ 14201
フランスの生の30年(ティボーデ,アルベール) ······ 06813
フランスの暖炉のほとりで(レアンダー) ······ 13829
フランスの知的・道徳的改革(ルナン,エルネスト) ······ 13768
フランスの中央高地とその地中海側周辺部との地形研究(ボーリ) ······ 11288
フランスのディアナ(アラゴン,ルイ) ······ 00295
フランスの内乱(マルクス,カール) ······ 11838
フランスのバラード(フォール) ······ 09427
フランスの労働階級および工業の歴史(ルヴァスール) ······ 13642
フランス秘密情報機関 ファンビル部長の華麗な冒険(ベルネール,P.) ······ 10774
フランス服装史概説(リュベール) ······ 13524
フランス文学史(アザール) ······ 00113
フランス文学史(ティボーデ,アルベール) ······ 06814
フランス文学史(ペディエ) ······ 10534

フランス文学史(ランソン) ······ 13188
フランス文学史提要(ブリュンティエール,フェルディナン) ······ 09965
フランス文学の批判的研究(ブリュンティエール,フェルディナン) ······ 09966
フランス文化論(クルティウス,E.R.) ······ 03301
フランス文体論詳説(バイイ,シャルル) ······ 07887
フランス文法試論(ダムレット) ······ 06292
フランス文法試論(ピション) ······ 08875
フランス文明史(ランボー) ······ 13208
フランス文明史(ギゾー) ······ 02636
フランス法史(マルタン,オリヴィエ) ······ 11866
フランス法制史(グラソン) ······ 03103
フランス北部海岸とその地形発達(ブリケ) ······ 09882
フランス民法概論(プラニオル) ······ 09766
フランス民法講義(カピタン) ······ 02307
フランス民法講義(コラン) ······ 03994
フランス民法説義(トゥリエ) ······ 07237
フランス民法の実際(プラニオル) ······ 09767
フランス民法の実際(リペール) ······ 13454
フランス・モラリスト研究(パラドル,プレヴォ) ······ 08499
フランス敗れたり(モーロワ,アンドレ) ······ 12581
フランス・ロマン主義(ラセール) ······ 12998
フランソワ・ラブレーの作品と中世・ルネサンスの民衆文化(バフチン,M.) ······ 08424
フランダースの犬(ウィーダ) ······ 00877
フランチェスカ・ダ・リミニ(ダンモア) ······ 06394
フランツ・シュテルンバルトのさすらい(ティーク) ······ 06729
フランデレンの獅子(コンシャンス,ヘンドリック) ······ 04168
ブランド(イブセン,ヘンリック) ······ 00650
ブランド・エクイティ戦略(アーカー,デービッド・A.) ······ 00086
フランドルの獅子(コンシェンス) ······ 04165
フランドルへの道(シモン,C.) ······ 04811
腐爛の華(ユイスマンス) ······ 12682
フリウスの世界(プリセ・エチェニケ,アルフレード) ······ 09899
フーリエ解析大全 演習編(ケルナー,T.W.) ······ 03686
フリオ・フレニトの奇妙な遍歴(エレンブルグ,イリヤ) ······ 01717
ブリギッタ(シュティフター,アーダルベルト) ······ 05013
ブリキの太鼓(グラス,ギュンター) ······ 03095
ブリキのフルート(ロワ,ガブリエル) ······ 14377
振子時計(ホイヘンス,クリスティアン) ······ 10957
ブリジンガメンの魔法の宝石(ガーナー,アラ

ン）.. 02276
ふりだしに戻る（フィニィ，ジャック）........ 09205
ブリタニア（カムデン）............................. 02359
ブリタニキュス（ラシーヌ，ジャン）............ 12948
フリーダム（フランゼン，ジョナサン）......... 09846
ブリックソングズとデスカンツ（クーヴァー，
　ロバート）.. 02907
フリティヨフ物語（テグネル）.................... 06915
フリードリヒ大王（グーチ）....................... 02944
フリードリヒ大王伝（カーライル，トマス）.. 02372
フリードリヒ大王伝（コーザー）................ 03876
フリドリーンの歌（カールフェルト）........... 02456
ブリハダーラヌヤカ・ウパニシャッド（作者
　不詳）.. 14776
ブリハティー（プラバーカラ）.................... 09772
ブリハト・カター（グナーディヤ）.............. 02975
ブリハト・サンヒター（ヴァラーハミヒラ）.. 00764
フリーメーソン黒書（フェリエール）........... 09304
プリンキピア（ニュートン，アイザック）..... 07732
プリンキピア・マテマティカ（ホワイトヘッ
　ド，アルフレッド・ノース）.................... 11425
プリンキピア・マテマティカ（ラッセル，バー
　トランド）... 13034
プリンジ・ヌガク（ターンブル）................. 06392
プリンス・マルコ・シリーズ（ヴィリエ，ジェ
　ラール・ド・）..................................... 00957
古い医術について（ヒポクラテス）............. 08931
古い南部の生活と労働（フィリップス，ジェイ
　ン・アン）.. 09233
古クチャ（グリュンヴェーデル）................ 03231
ブルクハルト文化史講演集（ブルクハルト，ヤ
　コプ）.. 10006
プルコヴォ子午線（インベル）................... 00715
ブルジョワ・ボヘミアンたち（ルイス，ウィン
　ダム）.. 13618
ブルスキ（パンフョーロフ）....................... 08783
プルースト伝（モーロワ，アンドレ）........... 12582
プルーストによる人生改善法（ド・ボトン，ア
　ラン）.. 07368
プルターク英雄伝（プルタルコス）............. 10028
ブルターニュの農民諸階級（セー，J.B.）..... 05871
プルトス（アリストファネス）.................... 00347
ブルドッグ・ドラモンド（サパー）............. 04328
ブルーノ（シェリング，フリードリヒ・ヴィル
　ヘルム・ヨゼフ・フォン）..................... 04656
フルハウス—生命の全容（グールド，スティー
　ヴン・J.）... 03307
ブルバキ数学史（ブルバキ，ニコラ）......... 10076
古ホータン（スタイン）............................. 05549
ブルーラリズム（コノリー）....................... 03958
ブレイキング・グラウンド（リベスキンド，ダ

ニエル）... 13451
ブレイク詩集（ブレイク，ウィリアム）........ 10114
譜例による音楽史（シェリング，A.）.......... 04660
プレイヤー・ピアノ（ヴォネガット，カー
　ト）... 01287
プレーグ・コートの殺人（カー，ジョン・ディ
　クスン）... 02048
プレクサス（ミラー，ヘンリー）................ 12087
プレースの一生（ウォラス，グレアム）........ 01296
プレティアーレ・レンクング（シュマーレン
　バハ）.. 05105
プレテクスト（ジッド，アンドレ）.............. 04742
ブレード街の殺人事件（ロード）................ 14240
フレードマンの歌（ベルマン）................... 10783
プレビッシュ報告（プレビッシュ，R.）....... 10173
ブレーメンの音楽隊（グリム兄弟）............. 03224
プレーヤード（ゴビノー）.......................... 03962
プレルーディエン（ヴィンデルバント）....... 01030
ブレンダン航海記（セヴェリン，ティム）..... 05886
フレンチ警部最大の事件（クロフツ，F.W.）.. 03461
フレンチ・コネクション（マクリン，M.）... 11584
フレンチ・コネクション（ムーア，R.）...... 12172
フロー（プラトーノフ，アンドレイ・プラトー
　ノヴィチ）.. 09742
プロイセン王国論（ミラボー）................... 12097
プロイセン史（ランケ，レオポルト・フォ
　ン）... 13175
プロイセン政治史（ドロイゼン）................ 07572
プロイセンの国政史，行政史および経済史の研
　究（シュモラー，グスタフ・フォン）........ 05133
フロイトへの道—精神分析から現存在分析へ
　（ビンスワンガー，L.）.......................... 09069
プロヴァンシアル（田舎の友への手紙）（パス
　カル，ブレーズ）................................... 08194
フロギストンなしの空気，および大気の構成
　について（プリーストリー）................... 09895
付録と補遺（ショーペンハウアー，アルトゥー
　ル）... 05289
プログラム書法（カーニハン，B.W.）......... 02284
プログラム書法（プローガー，P.J.）........... 10228
プロジェクト法（キルパトリック）............. 02830
フロス河の水車場（エリオット，ジョージ）.. 01623
フロスト詩集（フロスト，R.L.）................ 10236
プロスロギオン（アンセルムス）................ 00481
プロセインの古い諸地方における農民解放と
　農業労働者の起原（クナップ，ゲオルク）.. 02974
プロセルピナとケレス（作者不詳）............. 14777
フロー体験 喜びの現象学（チクセントミハイ，
　ミハイ）... 06466
プロタゴラス（プラトン）.......................... 09760
ブロック・ノート（モーリヤック，フランソ

ワ）……………………………………… 12538
ブロディの報告書（ボルヘス, ホルヘ・ルイス）……………………………………… 11381
プロテスタンティズムの倫理と資本主義の精神（ウェーバー, マックス）……… 01120
プロテスタント教会音楽史（ブルーメ）……… 10089
プロテスタント時代（ティリッヒ, パウル）… 06841
プロピュレエン世界史（ゲッツ）……………… 03570
プロフェッショナルの条件（ドラッカー, ピーター・F.）……………………………… 07445
プロフェッショナルマネジャー（ジェニーン, ハロルド・シドニー）…………………… 04597
プロフェッショナルマネジャー（モスコー, アルヴィン）………………………………… 12430
フロベールの鸚鵡（バーンズ, ジュリアン）… 08739
フロベール論（ティボーデ, アルベール）…… 06815
プロメートイスとエピメートイス（シュピッテラー）…………………………………… 05077
プロレゴメナ（カント, イマヌエル）………… 02571
プロレタリア革命と背教者カウツキー（レーニン, ウラジミール・イリイッチ）…… 13988
プロレタリア教育の根本問題（ヘルンレ）…… 10801
プロレタリア社会主義（ゾンバルト, ヴェルナー）………………………………………… 06149
プロレタリアートの独裁（カウツキー, カール）………………………………………… 02118
プロレタリア文学論（コーガン）……………… 03843
フロレンス大公（マッシンジャー, フィリップ）………………………………………… 11690
ブロンテ姉妹の生涯（ロミュー）……………… 14326
不和あるいは了解なき了解（ランシエール）……………………………………… 13185
フワーリズム・シャーの宝（ジュルジャーニー, アル）……………………………… 05167
憤慨（ロス, フィリップ）……………………… 14155
分解された男（ベスター, アルフレッド）…… 10432
文化への不満（フロイト, ジークムント）…… 10223
文化を書く（クリフォード, J.）………………… 03205
文化を書く（マーカス, ジョージ・E.）……… 11515
文化・開発・NGO（ヴェルヘルスト, ティエリ）……………………………………… 01211
文化科学（ズナニエツキ, F.）…………………… 05732
文化科学と自然科学（リッケルト, ハインリヒ）……………………………………… 13365
文学改良芻議（胡適）…………………………… 03767
文学革命論（陳独秀）…………………………… 06609
文学空間（ブランショ, モーリス）…………… 09830
文学作品論（エルマティンガー）……………… 01689
文学史の方法（ランソン）……………………… 13189
文学者の十字軍行（ハーマン, J.G.）………… 08441
文学生活（フランス, アナトール）…………… 09842

文学的回想（ツルゲーネフ, イヴァン・セルゲーヴィチ）…………………………… 06670
文学的回想（パナーエフ）……………………… 08371
文学的空想（ベリンスキー）…………………… 10658
文学的散歩（グールモン）……………………… 03320
文学的自伝（コールリッジ）…………………… 04121
文学的肖像（サント・ブーヴ）………………… 04479
文学と悪（バタイユ, ジョルジュ）…………… 08242
文学と革命（トロツキー）……………………… 07580
文学について（ゴーリキー, マクシム）……… 04016
文学の進展についてのアンケート（ユレ）… 12723
文学の本質（ヌシノフ）………………………… 07749
文学への道―文学論教程（ヴィノグラードフ）……………………………………… 00913
文学論（ゴーリキー, マクシム）……………… 04017
文学論（スタール夫人）………………………… 05600
文化景観の地理学（マウル, オットー）……… 11513
文化史大系（クルーゼ）………………………… 03293
文化史的民族学方法提要（シュミット, ヴィルヘルム）…………………………… 05113
文化史の道（ホイジンガ, ヨハン）…………… 10937
文化社会学としての文化史（ウェーバー, マックス）………………………………………… 01121
文化諸民族の服装（ファルケ）………………… 09140
文化哲学（シュヴァイツァー, アルベルト）… 04948
文化哲学（ジンメル, ゲオルク）……………… 05468
文化と教育（シュプランガー, エドゥアルト）………………………………………… 05084
文化としての他者（スピヴァク, G.C.）……… 05748
文化と社会（ウィリアムズ, レイモンド）…… 00949
文化と真実（ロサルド）………………………… 14119
文化と帝国主義（サイード, エドワード・W.）……………………………………… 04243
文化の解釈（ギアツ, クリフォード）………… 02598
文化の科学的理論（マリノフスキー, B.）…… 11798
文化の型（ベネディクト, ルース）…………… 10580
文化の過程（リヤー, フランツ・ミュラー）… 13467
文化の窮状（クリフォード, J.）………………… 03206
文化の性質（クローバー）……………………… 03456
文化の段階（リヤー, フランツ・ミュラー）… 13468
文化の中の居心地悪さ（フロイト, ジークムント）……………………………………… 10224
文化の波に乗って（トロンペナールス, フォンズ）……………………………………… 07592
文化の変革と教育（キルパトリック）………… 02831
文化の読み方書き方（ギアツ, クリフォード）……………………………………… 02599
文化批判としての人類学（フィッシャー, マイケル・M.J.）…………………………… 09184
文化批判としての人類学（マーカス, ジョージ・E.）…………………………………… 11516

文化病理学（シュプランガー，エドゥアルト）……………………………………… 05085
文化変化の動態（マリノフスキー，B.）……… 11799
文化変容（ハースコヴィツ）……………… 08202
文芸学と文芸史（マールホルツ）…………… 11894
文芸学の発展と批判（シラー，フリードリッヒ・フォン）………………………………… 05371
文芸学の方法（ツェイトリン）…………… 06643
文芸講話（毛沢東）………………………… 12396
文芸批評の諸原理（リチャーズ，アイヴァー）……………………………………… 13351
文芸部門の進化（ブリュンティエール，フェルディナン）……………………………………… 09967
文芸論集（ホーフマンスタール，フーゴー・フォン）………………………………… 11242
文献通考（馬端臨）………………………… 07874
文献と考古学（ホガース）………………… 11022
文語と方言（ヘンツェン）………………… 10868
分子生物学入門（ローラー，A.）………… 14328
分子生物学の夜明け―生命の秘密に挑んだ人たち（ジャドソン，H.F.）……………… 04853
文史通義（章学誠）………………………… 05248
分子の実在（スヴェドベリ）……………… 05502
焚書（李卓吾）……………………………… 13250
文章規範（謝枋得）………………………… 04824
分子量の決定法（アヴォガドロ）………… 00069
分子力学および光の波動論に関するバルティモア講演集（ケルヴィン）……………… 03659
分身（ドストエフスキー，フョードル・ミハイロヴィチ）……………………………… 07290
文心雕竜（劉勰）…………………………… 13481
分析心理学（ユング，カール）…………… 12736
分析的構文論（イェスペルセン，オットー）… 00581
文体研究（シュピッツァー）……………… 05075
文体練習（クノー，レイモン）…………… 02982
文体論（ビュフォン）……………………… 08972
分配論（カーヴァ，トマス・ニクソン）…… 02094
分配論（クラーク，ジョン・ベーツ）…… 03075
分配論（タムソン）………………………… 06291
文賦（陸機）………………………………… 13300
分別功徳論（作者不詳）…………………… 14778
分別と多感（オースティン，ジェイン）…… 01883
文法大全（プリスキアヌス）……………… 09889
文法的人間（キャンベル，J.）…………… 02756
文法の原理（イェスペルセン，オットー）… 00582
文法の構造（チョムスキー，ノーム）…… 06589
文法理論の諸相（チョムスキー，ノーム）… 06590
文明（カーペンター）……………………… 02332
文明（デュアメル，ジョルジュ）………… 06981
文明化した人間の八つの大罪（ローレンツ，コンラート）……………………………… 14375

文明化の過程（エリアス，ノルベルト）… 01610
文明小史（李宝嘉）………………………… 13268
文明と貧窮（ジョージ，ヘンリー）……… 05274
文明の起源（チャイルド，V.G.）………… 06487
文明の衝突（ハンチントン，サミュエル）… 08762
文明の新基礎（パッテン，シモン・ネルソン）……………………………………… 08301
文明の文法（ブローデル，フェルナン）… 10265
分裂せる家（バック，パール）…………… 08269
分裂病の認知神経心理学（フリス，クリストファー）……………………………… 09887
分裂病のはじまり（コンラート，K.）…… 04225
分裂分析的地図作成法（ガタリ，フェリクス）………………………………………… 02203
文論講義（ヴァッケルナーゲル）………… 00748

【ヘ】

平行（カイゼル，ゲオルク）……………… 02078
平行植物（レオーニ，レオ）……………… 13890
米国海軍作戦年誌（アメリカ海軍戦史部）… 00276
閉鎖海論（セルデン）……………………… 05983
兵士シュヴェイクの冒険（ハシェク）…… 08135
兵士の帰還（ウェスト，レベッカ）……… 01068
兵士の給料（フォークナー，ウィリアム）… 09362
兵舎泥棒（ウルフ，トバイアス）………… 01410
兵は詐を以て立つ―『孫子』を読む（李零）… 13270
兵法七書（作者不詳）……………………… 14779
平凡物語（ゴンチャローフ，イヴァン・アレクサンドロヴィチ）……………………… 04176
ヘイムスクリングラ（スノリ・ストゥルルソン）………………………………………… 05739
平面のつりあいについて（アルキメデス）… 00367
平妖伝（馮夢竜）…………………………… 09265
平和（アリストファネス）………………… 00348
平和（ガルボリ）…………………………… 02470
平和と戦争におけるインテリジェンス・パワー（ハーマン，M.）………………… 08443
平和なきヨーロッパ（ニッティ，フランチェスコ）……………………………………… 07716
平和についての布告（レーニン，ウラジミール・イリイッチ）……………………… 13989
平和の解剖（リーヴス）…………………… 13283
平和の条件（カー，E.H.）………………… 02058
平和のための教育（リード，H.）………… 13414
平和の哲学（サマヴィル）………………… 04343
平和の擁護者（パドヴァのマルシリウス）… 08337
ベーオウルフ（作者不詳）………………… 14780
ペガーナの神々（ダンセイニ）…………… 06366

ヘカベ(エウリピデス)	01492	ク・ホエ)	09128
碧巌録(圜悟克勤)	01760	ベートーベンの生涯(エリオ,E.)	01616
碧巌録(雪竇重顕)	05926	ペトロス伯父と「ゴールドバッハの予想」(ドキアディス,アポストロス)	07261
僻地の旧習(シチェドリン,サルトゥコフ)	04725	ペドロ・パラモ(ルルフォ,フアン)	13818
ヘキュラ(テレンティウス)	07120	ペナルティキックの際のゴールキーパーの不安(ハントケ,ペーター)	08777
霹靂(ピネロ)	08919	ベニート・セレーノ(メルヴィル,ハーマン)	12312
北京好日(林語堂)	13578	紅はこべ(オッツィ,バロネス)	01916
北京人(曹禺)	06024	ベニョフスキー航海記(ベニョフスキー)	10569
ヘーゲルからニーチェまで(レーヴィット)	13862	ベネディクトの戒律(ベネディクトゥス)	10581
ヘーゲル哲学における生けるものと死せるもの(クローチェ,ベネデット)	03420	ベネデット・クローチェの哲学と史的唯物論(グラムシ,アントニオ)	03147
ヘーゲル哲学の批判(フォイエルバッハ,ルードヴィヒ)	09342	ペパーミント・ピッグのジョニー(ボーデン,N.)	11152
ヘーゲル哲学論(クローチェ,ベネデット)	03421	ペーパームーン(ブラウン,ジョー・デイヴィッド)	09674
ヘーゲル弁証法の改革(ジェンティーレ)	04684	蛇(スタインベック,ジョン)	05563
ヘーゲル法哲学批判序説(マルクス,カール)	11839	ベヒスタンのペルシア語楔形文字碑文(ローリンソン,H.C.)	14349
ベーコン随想集(ベーコン,フランシス)	10420	ペピータ・ヒメネス(バレーラ)	08665
ヘスサ、君に!(ポリアトウスカ,エレナ)	11289	へび使い座ホットライン(ヴァーリイ)	00766
ペスト(カミュ,アルベール)	02352	ヘビトンボの季節に自殺した五人姉妹(ユージェニデス,ジェフリー)	12701
ペスト(デフォー,ダニエル)	06962	ベーブ・ルース自伝(ルース,ベーブ)	13704
ベスト&ブライテスト(ハルバースタム,D.)	08636	ヘミングウェイ伝—死の猟人(ジンガー)	05423
ペスト王(ポー,エドガー・アラン)	10903	ヘムス島の人々(ストリンドベリ,ヨハン・アウグスト)	05713
ベスト・パートナーになるために(グレイ,ジョン)	03337	部屋住み時代(パウル,ジャン)	08045
ヘスペルスあるいは四十五の犬の郵便日(パウル,ジャン)	08044	ヘラクレイトスの火—自然科学者の回想的文明批判(シャルガフ,E.)	04891
ペーター・カーメンツィント(ヘッセ,ヘルマン)	10505	ヘラクレス(エウリピデス)	01493
ベーダ時代ヒンズー法制史(パール,R.)	08564	ヘラクレスと12の難行(作者不詳)	14781
ベッカー教授の経済学ではこう考える(ベッカー,ギティ・N.)	10453	ヘラクレスの後裔(エウリピデス)	01494
ベッカー教授の経済学ではこう考える(ベッカー,ゲーリー・S.)	10455	ペラスケスとその世紀(ユスティ,カール)	12703
ヘッダ・ガブラー(イプセン,ヘンリック)	00651	べらぼうなペテン!(コー,ジョナサン)	03758
ペテルブルグ(ベールイ,アンドレイ)	10684	ベラミ(モーパッサン,ギイ・ド)	12452
ペテルブルグからモスクワへの旅(ラジーシチェフ)	12939	ベラミ裁判(ハート,フランセス・ノイズ)	08332
ペテン師(シモン,C.)	04812	ベラルーミーとアポローニオ(アヤーラ,ペレス・デ)	00288
ベートーヴェニアーナ(ノッテボーム)	07839	ヘリオーポリス(ユンガー,エルンスト)	12726
ベートーヴェン(ベッカー,パウル)	10458	ペリー艦隊日本遠征記(ペリー,マシュー)	10636
ベートーヴェン(リーツラー)	13398	ペリクリーズ(シェイクスピア,ウィリアム)	04541
ベートーヴェンからベルリオーズまでの管弦楽(カース)	02171	ペリバーニェスとオカーニャの騎士団長(ロペ・デ・ベーガ)	14309
ベートーヴェンの生涯(シントラア)	05449	ベリンスキイの文学評論(ベリンスキー)	10659
ベートーヴェンの生涯(セイヤー)	05878	ペルーおよびクスコ地方征服に関する真実の報告(ヘレス)	10804
ベートーヴェンの生涯(ロラン,ロマン)	14336	ベルギー、オランダおよびルクセンブルク(ド
ベトナム討論(ワイス,P.)	14398	
ベトナムのラスト・エンペラー(ファム,カ		

マンジョン) 07393
ベルギー史(ピレンヌ,アンリ) 09060
ベルギーにおける農村集落(ルフェーヴル,アンリ) 13783
ベルギーの悲しみ(クラウス,ヒューホ) 03045
ペール・ギュント(イプセン,ヘンリック) 00652
ベルギー労働者家族の生活費(エンゲル,C.L.E.) 01735
ベールキン物語(プーシキン,アレクサンドル・セルゲーヴィチ) 09524
ベルグソン哲学(マリタン) 11789
ベルグソン哲学の倫理的内容(セイ) 05874
ベル古譚集(パルマ) 08645
ペルー誌(レオン,シエサ・デ) 13904
ペルシアからの手紙(デッラヴァッレ,ピエトロ) 06935
ペルシア人(アイスキュロス) 00020
ペルシア帝国史(オルムステッド) 02030
ペルシアとその問題(カーゾン,ジョージ) 02187
ペルシアの地主と農民(ラムトン) 13131
ペルシア人の手紙(モンテスキュー,シャルル・ルイ・ド) 12598
ペルシア文学史(ブラウン,E.G.) 09689
ペルシア旅行記(シャルダン,ジャン) 04893
ベル・ジャー(プラス,シルヴィア) 09704
ペルシャ放浪記(ヴァーンベーリ) 00828
ペルシーレスとシヒスムンダの苦難(セルバンテス,ミゲル・デ) 05987
ペルー征服(プレスコット) 10144
ペルセウス伝説(ハートランド) 08355
ベルゼバブの孫への話(グルジェフ,G.I.) 03290
ヘルダーリン(ワイス,P.) 14399
ヘルダーリン詩集(ヘルダーリン) 10740
ベルツの日記(ベルツ,トク) 10744
ヘルデルリーンの詩の解釈(ハイデッガー,マルティン) 07925
ベルと魔物(作者不詳) 14782
ベルナデットの歌(ヴェルフェル) 01205
ベルナール・ケネー(モーロワ,アンドレ) 12583
ベルナルダ・アルバの家(ガルシーア・ロルカ,フェデリコ) 02418
ベルフェゴール(バンダ,J.) 08757
ヘルマスの牧羊者(ヘルマス) 10782
ヘルマンとドロテーア(ゲーテ,ヨハン・ヴォルフガング・フォン) 03595
ベルリオーズ回想録(ベルリオーズ) 10794
ベルリン・アレクサンダー広場(デーブリン) 06966
ベルリンの葬送(デイトン,レン) 06800
ベルリンよさらば(イシャウッド,クリストファー) 00617

ベルンシュタインと社会民主党の綱領(カウツキー,カール) 02119
ベルンハルディ教授(シュニッツラー,アルトゥール) 05059
ペレアスとメリザンド(メーテルリンク) 12266
ペレグリノスの昇天(ルキアノス) 13662
ペレグリン・ピクル(スモレット,トバイアス・ジョージ) 05846
ヘレニカ(クセノフォン) 02936
ヘレネス(ラシーヌ,ジャン) 12949
ヘレニズム史(ドロイゼン) 07573
ヘレニズム世界社会経済史(ロストフツェフ) 14171
ヘレニズム文明(ターン) 06346
ヘレネ(エウリピデス) 01495
ヘロディアスとマリアムネ(ヘッベル,フリードリヒ) 10525
ペロー童話集(ペロー,シャルル) 10826
ベロニカは死ぬことにした(コエーリョ,パウロ) 03826
ヘロン著作集(ヘロン(アレクサンドリアの)) 10843
変革期における人間と社会(マンハイム,カール) 11970
辺境から眺める(モーリス=鈴木,テッサ) 12517
ペンギンの島(フランス,アナトール) 09843
偏見の心理(オールポート,G.W.) 02028
偏見録(メンケン) 12362
変種の多様性に対する種の傾向,自然選択による変種と種の永続性(ウォレス,アルフレッド) 01357
変種の多様性に対する種の傾向,自然選択による変種と種の永続性(ダーウィン,チャールズ) 06189
辺城(沈従文) 05415
弁証法論議(バラ,L.) 08483
弁証法的唯物論(ミーチン) 12004
弁証法的唯物論(ルフェーヴル,アンリ) 13784
弁証法的唯物論概要(レオーノフ) 13897
弁証法的唯物論と史的唯物論(スターリン,I.V.) 05588
弁証法的唯物論の哲学(デボーリン) 06969
弁証法的理性批判(サルトル,ジャン=ポール) 04395
弁証法と自然科学(デボーリン) 06970
変身(カフカ,フランツ) 02323
変身物語(オウィディウス) 01830
弁神論(ライプニッツ) 12853
弁正論(法琳) 11013
ベンソン殺人事件(ヴァン・ダイン,S.S.) 00818
ベンチャー創造の理論と戦略(ティモンズ,

ジェフリー・A.)	06823
ペンテジレア(クライスト,ハインリッヒ・フォン)	03017
ペンデニス(サッカレイ,ウィリアム・マークピース)	04287
ヘンデル(クリザンダー)	03171
編年誌改良新論(スカリゲル)	05511
ベン・ハー(ウォレス,ルー)	01364
変分法(ゲルファント,イ・エム)	03687
変分法(フォーミン,エス・ヴェ)	09424
変貌下のミドルタウン(リンド夫妻)	13598
変貌する産業社会(ドラッカー,ピーター・F.)	07446
変容の象徴―精神分裂病の前駆症状(ユング,カール)	12737
ヘンリー・アダムズの教育(アダムズ,ヘンリー)	00158
ヘンリー・エズモンド(サッカレイ,ウィリアム・マークピース)	04288
ヘンリーフォード自叙伝(フォード,ヘンリー)	09411
ヘンリー・フォード著作集(フォード,ヘンリー)	09412
ヘンリ・ライクロフトの私記(ギッシング,ジョージ)	02649
ヘンリー3世(デュマ・ペール)	07034
ヘンリー四世(シェイクスピア,ウィリアム)	04542
ヘンリー五世(シェイクスピア,ウィリアム)	04543
ヘンリー六世(シェイクスピア,ウィリアム)	04544
ヘンリー八世(シェイクスピア,ウィリアム)	04545
弁論家の教育(クインティリアヌス)	02906

【ほ】

ボアローの詩学(ボアロー,N.)	10922
ポアンカレ予想を解いた数学者(オシア)	01868
〈補遺〉空間の絶対科学(ボヤイ,J.)	11274
ボーイ・スカウト(ベイドン)	10353
ボーイ・スカウト(ポウェル)	10982
ポイズンウッド・バイブル(キングソルヴァー,バーバラ)	02872
ホイッグ主義の犠牲者たち(ラヴレス)	12895
ポイニッサイ(エウリピデス)	01496
ボイニッチ写本(作者不詳)	14783
ボイラーの火を消せ(トラー)	07416
ポイント・オメガ(デリーロ,ドン)	07095
ポイントンの蒐集品(ジェイムズ,ヘンリー)	04564
ボヴァリー夫人(フローベール,ギュスターヴ)	10278
法意(厳復)	03716
貿易新論(チャイルド,ジョサイア)	06483
貿易理論―地際および国際貿易(オリーン,B.G.)	01994
貿易論(ノース)	07828
貿易論(バーボン)	08432
法王庁の抜け穴(ジッド,アンドレ)	04743
法王の身代金(クリアリー,ジョン)	03164
法をつくる力(リペール)	13455
法および憲法(ジェニングズ)	04599
法および国民経済の根本問題(シュモラー,グスタフ・フォン)	05134
法苑珠林(道世)	07222
砲火(バルビュス,アンリ)	08640
崩壊(マラパルテ)	11757
法学限界論(オースティン,ジョン)	01885
法学提要(ガイウス)	02065
法学提要(ユスティニアヌス)	12707
法獲得の問題(ヘック)	10468
法学と法哲学(ベルクボーム)	10705
法学入門(ラートブルフ,グスタフ)	13062
法学無価値論(キルヒマン)	02835
法学要綱(ホッブズ,トマス)	11139
傍観者の時代(ドラッカー,ピーター・F.)	07447
法規範と文化規範(マイヤー,エルンスト)	11485
宝鏡鈔(宥快)	12685
棒きれと骨(レイブ)	13842
暴君に対する抗弁(ブルートゥス,ユニウス)	10047
暴君に対する自由の擁護(ランギュエ)	13150
方言(楊雄)	12767
方言学(ポップ)	11131
封建社会(カルメット)	02475
封建社会(ブロック,マルク)	10247
封建制国家から等族制国家へ(シュパンゲンベルク)	05072
封建制度とはなにか(ガンスホーフ)	02543
封建制の本質と分布(ヒンツェ)	09078
封建的世界像から市民的世界像へ(ボルケナー)	11326
冒険の達人―クリス・ボニントンの登山と人生(カラン,ジム)	02378
封建法と国家権力(ミッタイス)	12012
冒険者たち(ジョヴァンニ,ジョゼ)	05264
彷徨(魯迅)	14069
宝行王正論(龍樹)	13504
帽子から飛び出した死(ロースン)	14176

作品名	番号
法, 自然法および実定法 (カトライン)	02270
法社会学 (ギュルヴィッチ)	02782
法社会学 (ルーマン, ニクラス)	13803
法社会学の基礎理論 (エールリッヒ, オイゲン)	01696
放射性物質の研究 (キュリー, マリー)	02778
放射性変換 (ラザフォード)	12935
放射熱, 赤外線に関する3論文 (ハーシェル)	08146
帽子屋の城 (クローニン, A.J.)	03450
放射物の求積 (アルキメデス)	00368
封神演義 (許仲琳)	02790
法人論 (ミシュー)	11984
宝性論 (作者不詳)	14784
暴走貨物船オーライガ号 (キャリスン, ブライアン)	02742
峰相記 (作者不詳)	14785
法治国家論 (グナイスト)	02972
法・秩序・理性 (ルナール, ジュール)	13761
膨張する宇宙 (エディントン)	01555
法廷対裁判 (セシル)	05913
法哲学 (フェヒナー, E.)	09295
法哲学 (ラスク, エミイル)	12988
法哲学 (ラートブルフ, グスタフ)	13063
法哲学教科書 (コーラー)	03992
法哲学教科書 (シュタムラー)	05002
法哲学講義 (ヴェッキオ)	01079
法哲学綱要 (コイング)	03779
法哲学と普遍法史 (コーラー)	03993
法と現代精神 (フランク, J.)	09794
法と国家 (デュギー)	07008
法と国家の一般理論 (ケルゼン, ハンス)	03675
法と国家の革命的役割 (ストゥーチカ)	05682
法と世論 (ダイシー, A.V.)	06165
法と道徳 (パウンド, ロスコー)	08055
法と立法者たる神 (スアレス)	05474
法における常識 (ヴィノグラドフ)	00917
法における目的 (イェーリング)	00593
法の一般理論とマルクス主義 (パシュカーニス)	08157
法の概念 (ハート, H.L.A.)	08335
法の精神 (モンテスキュー, シャルル・ルイ・ド)	12599
法の力 (デリダ, ジャック)	07089
法の定義 (カントロヴィッツ, ヘルマン)	02583
法の帝国 (ドゥオーキン, ロナルド)	07204
法の哲学 (ヘーゲル, ゲオルク・ヴィルヘルム・フリードリヒ)	10414
法の発展 (カルドーゾ, B.N.)	02444
法の悲劇 (ヘアー, シリル)	10325
法の途 (ホームズ, オリバー・ウェンデル, Jr.)	11259
法の領域と機能 (ストーン)	05729
暴風海域 (ジェンキンズ)	04678
暴風驟雨 (周立波)	04942
報復の海 (イネス, ハモンド)	00635
法, 不法および刑罰の社会倫理的意義 (イェリネク, ゲオルグ)	00590
方便心論 (作者不詳)	14786
方法 (アルキメデス)	00369
方法への挑戦 (ファイヤアーベント)	09092
方法序説 (デカルト, ルネ)	06913
方法としてのフィールドノート (エマーソン, R.M.)	01595
方法と発見 (ウィリアムズ)	00934
抱朴子 (葛洪)	02208
亡命のトロツキー (ワイス, P.)	14400
抱擁 (バイアット, アントニア・スーザン)	07885
法律 (プラトン)	09761
法律学と社会学 (カントロヴィッツ, ヘルマン)	02584
法律学の形而上学的原理 (カント, イマヌエル)	02572
法律学のための戦い (カントロヴィッツ, ヘルマン)	02585
法律行為的国家行為の体系 (コルマン)	04109
法律史観 (パウンド, ロスコー)	08056
法律状態としての訴訟 (ゴールトシュミット)	04075
法律抵触論 (ストーリー)	05699
法律抵触論 (ビール)	09015
法律抵触論 (ラベル)	13106
法律的論理 (エールリッヒ, オイゲン)	01697
法・立法・自由 (ハイエク, F.A.v.)	07895
法律論 (キケロ, マーカス・トゥリウス)	02618
暴力から逃れるための15章 (ディー=ベッカー, ギャヴィン)	06808
暴力と聖なるもの (ジラール, R.)	05378
暴力とゆるし (ヴァニエ, ジャン)	00759
暴力について (アーレント, ハンナ)	00464
暴力批判論 (ベンヤミン, ヴァルター)	10884
暴力論 (ソレル, ジョルジュ)	06096
法理論 (フリードマン, モーリス)	09942
放浪児の手本にして, 悪党のかがみなる, ドン・パブロスと呼ばれる世渡りの名手の生涯 (ケベード)	03630
放浪者メルモス (マチェリン, チャールズ)	11646
放浪惑星 (ライバー)	12840
ボエチウスの三位一体論 (アクィナス, トマス)	00098
吠える (ギンズバーグ, アレン)	02877

吼える氷海（ジョンキンズ,J.）	05312	星と嵐（レビュファ）	14004
ほえろ、シナ！（トレチヤコーフ,セルゲイ）	07557	星の王子さま（サン＝テグジュペリ,アントワーヌ・ド）	04456
ポー川の水車小屋（バッケリ）	08289	星の時間（リスペクトル,クラリセ）	13340
簿記体系と簿記組織（ヒュウグリ）	08942	星のひとみ（トペリウス）	07364
簿記と貸借対照表（シェアー）	04506	星はみている（クローニン,A.J.）	03451
ホーキング、宇宙を語る（ホーキング,スティーヴン・W.）	11027	保守主義的思考（マンハイム,カール）	11971
ホーキング、宇宙と人間を語る（ホーキング,スティーヴン・W.）	11028	補助論（エッゲルト）	01545
ホーキング、未来を語る（ホーキング,スティーヴン・W.）	11029	ポストコロニアル理性批判（スピヴァク,G.C.）	05749
北欧詩集（エーレンシュレーガー）	01707	ポスト資本主義社会（ドラッカー,ピーター・F.）	07448
ぼくをコムニストとみなせ！（エフトゥシェンコ,E.A.）	01581	ポスト社会主義（トゥレーヌ,A.）	07250
ぼくが電話をかけている場所（カーヴァー,レイモンド）	02096	ポスト・マルクス主義と政治（ムフ,C.）	12194
墨子（墨子）	11033	ポスト・マルクス主義と政治（ラクラウ,E.）	12917
ぼく自身の歌（ホイットマン,ウォルト）	10950	ポスト・モダニズムの建築言語（ジェンクス,チャールズ）	04681
ぼく自身のための広告（メイラー,ノーマン）	12236	ポストモダニティの条件（ハーヴェイ,デヴィッド）	08002
ト辞通纂（郭沫若）	02148	ポスト・モダンの条件―知・社会・言語ゲーム（リオタール,ジャン＝フランソワ）	13287
牧神（ハムスン,クヌート）	08461	ボストン（シンクレア,アプトン）	05442
牧人歌と賛歌（ゲオルゲ,シュテファン）	03534	ボストンの北（フロスト,R.L.）	10237
牧人の家（ヴィニー）	00910	ボストンの人々（ジェイムズ,ヘンリー）	04565
北西航路（アムンゼン,ロアルド）	00273	ボスニア物語（アンドリッチ,イヴォ）	00522
穆天子伝（郭璞）	02142	ホスローとシーリーン（ニザーミー・ガンジャヴィー）	07682
北東航路（ノルデンシェルド）	07863	母性という神話（バダンテール,E.）	08250
ぼくはプレミア・ライフ（ホーンビィ）	11447	ポセイドン・アドベンチャー（ギャリコ,ポール）	02736
ぼくはエルサレムのことを話しているのだ（ウェスカー,A.）	01055	菩提資糧論頌（龍樹）	13505
ぼくはシュティーラーではない（フリッシュ,マックス）	09924	菩提達磨四行論（作者不詳）	14789
ぼくはだれだ（ゴンヴィッキ）	04153	菩提道次第論（ツォンカパ）	06654
ぼくはレース場の持ち主だ！（ライトソン,パトリシア）	12836	牡丹亭還魂記（湯顕祖）	07176
北平風俗類徴（李家瑞）	13219	墓地に建つ館（レ・ファニュ,ジョゼフ・シェリダン）	14009
北望園の春（駱賓基）	12907	墓地への侵入者（フォークナー,ウィリアム）	09363
ぼくは怖くない（アンマニーティ,ニコロ）	00551	ホー・チ・ミン（フェン）	09326
法華経（作者不詳）	14787	北海道地質総論（ライマン,B.S.）	12861
保険および冒険貸借論（エメリゴン）	01600	北極（ピアリー）	08825
保険法（エーレンベルク）	01720	北極アメリカを横ぎって（ラスムッセン）	12994
保険論（マーネス）	11723	北極圏ヨットの旅（グールド,ロバート）	03312
母権論（バッハオーフェン,ヨハン・ヤーコプ）	08305	北極潜航（アンダーソン,ウイリアム.R.）	00493
母語（ウシンスキー,K.D.）	01373	北極飛行（ヴォドピヤノフ）	01268
母国語の歴史的研究（ワイルド,オスカー）	14427	法句経（作者不詳）	14790
菩薩瓔珞本業経（作者不詳）	14788	ホックと13人の仲間たち（ホック,エドワード・D.）	11118
星を駆ける者（ロンドン,ジャック）	14393	ホッグ連続殺人（デアンドリア,ウィリアム・L.）	06679
星を継ぐもの（ホーガン,ジェイムズ・P.）	11026		
星からの帰還（レム,スタニスワフ）	14027		

作品名	番号
法華玄義（智顗）	06461
法華文句（智顗）	06462
法顕伝（法顕）	11001
発端への旅（ウィルソン, コリン）	00990
ぼっちゃん（フォンヴィージン）	09449
発智論（カーティヤーヤニープトラ）	02251
ホップスコッチ（ガーフィールド, ブライアン）	02313
北方スカンディナヴィアの初期住民（ニルソン）	07744
北方トゥングースの社会構成（シロコゴロフ）	05398
ボディ・サイレント（マーフィー, ロバート・F.）	11737
ボーデン湖の騎行（ハントケ, ペーター）	08778
ポートノイの不満（ロス, フィリップ）	14156
ボートの三人男（ジェローム）	04674
ボードレールの生涯（ベルトー, シモーヌ）	10749
ポドロ島（ハートリー）	08357
ボナッティ わが生涯の山々（ボナッティ, W.）	11169
ホーニヒベルガー博士の秘密（エリアーデ, ミルチア）	01613
哺乳類卵と人間の発生について（ベーア, カール・エルンスト・フォン）	10323
墓畔の哀歌（グレイ, トマス）	03338
ホビットの冒険（トールキン, J.R.R.）	07482
ボブ・ディラン（スカデュト）	05507
ホフマン（ベルゲングリューン）	10710
ホーボー（アンダーソン, N.）	00504
ポボーク（ドストエフスキー, フョードル・ミハイロヴィチ）	07291
ポポル・ヴフ（レシーノス, A.）	13915
ポマルツォ公の回想（ムヒカ＝ライネス）	12192
ホーム（ロビンソン, マリリン）	14277
ホームズ船長の冒険（ホームズ, H.）	11262
ホメイニ――おいたちとイラン革命（ヌスバウマー, ハインツ）	07750
ホメロス序論（ヴォルフ, フリードリヒ・アウグスト）	01347
ホメロス風賛歌集（作者不詳）	14791
ホモ・サケル（アガンベン）	00090
ポー物語集（ポー, エドガー・アラン）	10904
ホモ・ファーベル（フリッシュ, マックス）	09925
ホモ・ルーデンス（ホイジンガ, ヨハン）	10938
ホラーサンの涙（アンワリー）	00554
ほら男爵冒険譚（ラスペ）	12993
ほらふき男爵の冒険（ビュルガー, ゴットフリート・アウグスト）	08992
ほら吹き兵士（プラウトゥス）	09662
ほらふきヤーコプ（ベッカー, ユーレク）	10459
ポーランド統治論（ルソー, ジャン＝ジャック）	13719
ポリアーキー（ダール, ロバート・A.）	06308
ポリクラティクス（ソールズベリー, ジョン・オブ）	06093
ボリシェヴィキ革命（カー, E.H.）	02059
ボリス・ゴドゥノフ（プーシキン, アレクサンドル・セルゲーヴィチ）	09525
ボリスの冒険（ガイダール）	02081
ポリュカルポス殉教録（作者不詳）	14792
ポリュークト（コルネイユ, ピエール）	04099
ポリュフィルス狂恋夢（コロンナ）	04143
捕虜（プラウトゥス）	09663
堡塁（ドライサー, セオドア）	07422
ボルグの人々の物語（グンナルスソン）	03487
ポルシェの生涯（ベントリー, ジョン）	10872
ポルシェの生涯（ポルシェ）	11328
ポルタヴァ（プーシキン, アレクサンドル・セルゲーヴィチ）	09526
ボルツマン――人間・物理学者・哲学者（ブローダ, E.）	10239
ホルテンシウス（キケロ, マーカス・トゥリウス）	02619
ポールとヴィルジニー（サン＝ピエール, ベルナルダン・ド）	04489
ボルネオの原住民（ホース）	11061
ボルネオの原住民（マクドゥーガル）	11543
ポルノグラフィア（ゴンブロビッチ, W.）	04211
ポール・ロブソン自伝――ここに私は立つ（ロブソン, ポール）	14297
ポール・ロワイヤール史（サント・ブーヴ）	04480
ポール・ロワヤル（モンテルラン）	12610
ぼろ着のディック（アルジャー, ホレイショー）	00377
ポーローグ――飢餓への挑戦（ビッケル）	08899
ボロゴーブはミムジイ（カットナー）	02239
ボロジノ（レールモントフ, ミハイル・ユーリエヴィチ）	14037
幌馬車の歌（藍博洲）	13148
ホロン革命（ケストラー, アーサー）	03555
ホワイトカラー（ミルズ, C.W.）	12125
ホワイト・カラーの犯罪（サザーランド）	04275
ホワイト・ジャズ（エルロイ, ジェイムズ）	01700
ホワイト・ティース（スミス, ゼイディー）	05821
ボワリエ氏の婿（オージエ）	01869
本が死ぬところ暴力が生まれる（サンダース）	04441
ボーン・コレクター（ディーヴァー, ジェフリー）	06703
香港と中西文化の交流（羅香林）	12788
梵書（作者不詳）	14793

本草綱目（李時珍）	13237
本町通り（ルイス，シンクレア）	13622
本当の戦争の話をしよう（オブライエン，ティム）	01962
本当の話（ルキアノス）	13663
ポンペイ（マイウーリ）	11455
ポンペイ（マウ）	11508
ポンペイ最後の日（ブルワー＝リットン）	10094
ホーン岬への航海（ロス，ハル）	14150
本命（フランシス，ディック）	09824
梵網経（作者不詳）	14794
翻訳名義集（法雲）	10981

【ま】

マイケル・K（クッツェー，ジョン・マックスウェル）	02959
マイナスの夜光珠（ビーストン）	08882
毎日を気分よく過ごすために（セイヤー，ロバート・E.）	05879
マイラ（ヴィダール，ゴア）	00878
マインズ・アイ（ホフスタッター，ダグラス・R.）	11202
マインドウォッチング（アイゼンク，ハンス）	00029
マインドウォッチング（アイゼンク，マイケル）	00030
マインドフルの奇跡—今ここにはほほえむ（ナット・ハン，ティク）	07629
マウントオリーブ（ダレル，ロレンス）	06341
摩訶止観（智顗）	06463
マーカム家の海の物語（ウィリアムズ，ジョン）	00938
マカリア王国記（ハートリブ）	08360
マカールの夢（コロレンコ，ヴラジーミル・ガラクチオーノヴィチ）	04137
マキアヴェリよりレーニンまで「近世国家社会学説史」（フォアレンダー，カール）	09334
マギー・街の女（クレイン，スティーヴン）	03349
マキャベリ的知性と心の理論の進化論（バーン，R.）	08721
マキャベリ的知性と心の理論の進化論（ホワイトゥン，A.）	11416
幕間（ウルフ，ヴァージニア）	01409
マクスウェルの電磁気論とその運動体への応用（ローレンツ，コンラート）	14376
マクティーグ—死の谷（ノリス）	07858
マーク・トウェイン自伝（トウェイン，マーク）	07199
マグナ・カルタ（マケクニー）	11598
マグネシア・アルバ，生石灰およびその他のアルカリ物質についての実験（ブラック）	09708
マクベス（シェイクスピア，ウィリアム）	04546
マクベス夫人（レスコーフ）	13918
マクベット（イヨネスコ，E.）	00683
マクロ経済学（グレゴリー・マンキュー，N.）	03360
マクロ経済学の再検討（トービン，J.）	07338
マクロ経済学のフロンティア（ルーカス）	13648
マクロル・エルガビエロの冒険と災難（ムティス，アルバロ）	12189
マーケティングの革新（レビット，セオドア）	14003
マケドニアの征服にいたるパレスティナとシリアの歴史（オルムステッド）	02031
マーゴットと天使（ヘンメレフト，クリスティ）	10878
真なる言葉（ケルソス）	03676
まことのキリスト教（スウェーデンボリ）	05501
真の形而上学（ゲーリンクス）	03655
まことの宗教といつわりの宗教についての注解（ツヴィングリ）	06642
真の人間の物語（ポレヴォイ）	11389
真の人権（スペンス）	05788
マーゴ・フォンテーン（フォンテーン，M.）	09458
マザー・グース（作者不詳）	14795
マザッチオ研究（シュマルゾー）	05100
マザー・テレサ語る（マザー・テレサ）	11606
マサリクの講義録（マサリク）	11607
マージェリー・ケンプの書（ケンプ，マージェリー）	03729
マーシェンカ（ナボコフ，ウラジーミル）	07652
マージネーリア（ポー，エドガー・アラン）	10905
まじめが肝心（ワイルド，オスカー）	14428
魔術—その理論と実践（クロウリー）	03405
魔術から科学へ—近代思想の成立と科学的認識の形成（ロッシ，P.）	14219
魔術師（エスキロス）	01519
魔術師（モーム，ウィリアム・サマセット）	12469
魔術師が多すぎる（ギャレット，ランドル）	02744
魔術師の朝（ベルジュ）	10717
魔術師の朝（ポーヴェル，ルイ）	10983
魔術探究（リオ，デル）	13285
魔女（ミドルトン，トマス）	12033
魔性の女たち（ドールヴィ，バルベー）	07479
魔性の殺人（サンダーズ，ローレンス）	04442
魔女への鉄槌（クラーメル）	03148
魔女への鉄槌（シュプレンゲル，ヤコブ）	05087
魔神崇拝（レミ，ニコラ）	14020
マシンの園—人工生命叙説（エメッカ，クラウ

ス）	01599
マスウード宝典（ビールーニー）	09047
マスキュリニティーズ（コンネル,R.W.）	04197
マスコミが世論を決める（ウィーバー,D. H.）	00921
マス・コミュニケーションの過程と効果（シュラム）	05151
マス・コミュニケーションの実験（ホヴランド）	11011
貧しい罪人の福音書（ヴァイトリング）	00735
貧しいリチャードの暦（フランクリン，ベンジャミン）	09803
貧しき人びと（ドストエフスキー，フョードル・ミハイロヴィチ）	07292
マストロ・ドン・ジェスアルド（ヴェルガ）	01142
マスメディアとしての近代建築—アドルフ・ロースとル・コルビュジェ（コロミーナ，ビアトリス）	04135
マゼラン（ツヴァイク，シュテファン）	06636
またの名をグレイス（アトウッド，マーガレット）	00192
マタ・ハリ（シンガー，カート）	05426
町（フォークナー，ウィリアム）	09364
間違いの喜劇（シェイクスピア，ウィリアム）	04547
町かどのジム（ファージョン，エリナー）	09112
町からきた少女（ヴォロンコーワ）	01367
街の子（シュミットボン）	05128
街の風景（ライス,E.）	12821
マチルダは小さな大天才（ダール，ロアルド）	06306
マーチン・ヒューイット（モリスン，アーサー）	12518
マッカーサー戦記（ウィロビー，チャールズ）	01004
マッキンゼー経営の本質（バウアー，マービン）	07989
マッキンゼー式世界最強の仕事術（ラジエル，イーサン・M.）	12938
マックス・カラドス（ブラマ）	09776
マックス・ハーフェラール（ムルタトゥリ）	12199
マッケルヴァ家の娘（ウェルティ，ユードラ）	01173
まっぷたつの子爵（カルヴィーノ，イタロ）	02404
マツヤ・プラーナ（作者不詳）	14796
マーディ（メルヴィル，ハーマン）	12313
マティガリ（グギ・ワ・ジオンゴ）	02912
マティス 画家のノート（マティス，アンリ）	11698
マディソン郡の橋（ウォラー，ロバート・ジェームズ）	01292
マーティン・チャズルウィット（ディケンズ，チャールズ）	06751
マテオ・ファルコーネ（メリメ，プロスペル）	12291
マテラッシ姉妹（パラッツェスキ）	08489
摩天楼の身代金（ジェサップ，リチャード）	04584
マトヴェイ・コジェミャーキンの生涯（ゴーリキー，マクシム）	04018
マトゥラーの彫刻（フォーヘル）	09422
マトリョーナの家（ソルジェニーツィン，アレクサンドル・イサーエヴィチ）	06090
真夏の夜の夢（シェイクスピア，ウィリアム）	04548
マナリング将校物語（サズレン，ビクター）	04278
マニエリスムと近代建築（ロウ，コーリン）	14093
マニラ・ロープ（メリ，ヴェイヨ）	12278
マヌ法典（作者不詳）	14797
招かれた女（ボーヴォワール，シモーヌ・ド）	10996
マネキン人形殺人事件（ステーマン）	05671
マネー—自殺ノート（エイミス，マーティン）	01458
マネジメント（ドラッカー，ピーター・F.）	07449
マネジメントチーム（ベルビン，メレディス）	10780
マネジャーの仕事（ミンツバーグ，ヘンリー）	12153
マネタリズムの罪過（カルドア）	02438
マネーと常識（ボーグル，ジョン・C.）	11041
マネとその作品の歴史（デュレ）	07063
マネの思い出（プルースト，マルセル）	10025
魔の聖堂（アクロイド，ピーター）	00106
魔の沼（サンド，ジョルジュ）	04469
魔の帆走（ルウェリン,S.）	13645
魔の山（マン，トーマス）	11938
マノン・レスコー（アベ・プレヴォー）	00239
マハーヴァストゥ（作者不詳）	14798
マハーヴァンサ（マハーナーマ）	11729
マハトマ・ガンディ（ロラン，ロマン）	14337
マハーバーラタ（ヴィヤーサ仙）	00926
マハーラージャ殺し（キーティング）	02666
マビノギオン（作者不詳）	14799
真昼の暗黒（ケストラー，アーサー）	03556
真昼の女（フランク，ユリア）	09790
真昼の翳（アンブラー，エリック）	00545
マーフィ（ベケット，サミュエル）	10402
マーフィーの戦い（カトー，マックス）	02254
魔法から科学へ（シンガー，チャールズ）	05429
魔法使いの女（チェスナット）	06409
魔法の玩具店（カーター，アンジェラ）	02191
魔法の国ザンス（アンソニー，ピアズ）	00483
魔法の種（ナイポール,V.S.）	07612

まほうのプディング(リンゼイ,N.)	13587	マリアンヌの気まぐれ(ミュッセ)	12049
魔法のように(ウイルソン,アンガス)	00972	マリアンヌの生涯(マリヴォー,ピエール・カルレ・ド・シャンブラン・ド)	11778
マホガニー(ピリニャーク,B.A.)	09013	マリアンヌの夢(ストー,キャサリン)	05679
マホメット伝(デルマンゲム)	07104	マリウス(パニョル)	08384
夢(まぼろし)(ツルゲーネフ,イヴァン・セルゲーヴィチ)	06671	マリオット・ウェイサービス12の真実(マリオット・ジュニア,J.W.)	11780
幻を追う人(グリーン,ジュリアン)	03259	マリー・グルッベ夫人(ヤコブセン,イェンス・ペーター)	12629
幻の馬 幻の騎手(ポーター,キャサリン・アン)	11104	マリッジ・プロット(ユージェニデス,ジェフリー)	12702
幻の海(イェイツ,ウィリアム・B.)	00568	マリーナ(バッハマン)	08307
幻の女(アイリッシュ,ウィリアム)	00040	マリノフスキー日記(マリノフスキー,B.)	11800
幻の馬車(ラーゲルレーヴ,セルマ)	12930	マリヤのための金(ラスプーチン)	12992
幻のペニー・フェリー(ボイヤー,リック)	10960	マリリン―嘆きのヴィーナス(ホイト)	10952
ママ・グランデの葬儀(ガルシア=マルケス,ガブリエル)	02414	マルキシズムの解消(ソレル,ジョルジュ)	06097
蝮のからみあい(モーリヤック,フランソワ)	12539	マルク,荘園,村落,都市制度および公権力の歴史のための序論(マウラー)	11510
マムロック教授(ヴォルフ,フリードリヒ)	01346	マルクス(レーニン,ウラジミール・イリイッチ)	13990
マヤコフスキー詩集(マヤコフスキー)	11753	マルクス=エンゲルス芸術論(コム・アカデミー文学芸術研究所)	03982
マヤ文明の興亡(トンプソン,J.E.S.)	07601	マルクス=エンゲルス伝(リャザノフ)	13469
迷える人々のための導き(マイモニデス)	11475	マルクス主義芸術理論(ルナチャールスキイ)	13757
迷える夫人(キャザー,ウィラ)	02712	マルクス主義者たち(ミルズ,C.W.)	12126
迷い,もつれ(フォンターネ)	09454	マルクス主義と教育(エンゲルス,フリードリヒ)	01757
真夜中(グリーン,ジュリアン)	03260	マルクス主義と教育(マルクス,カール)	11840
真夜中(茅盾)	10973	マルクス主義と言語学の諸問題(スターリン,I.V.)	05589
真夜中さん、おはよう(リース,ジーン)	13326	マルクス主義と民族問題(スターリン,I.V.)	05590
真夜中の子供たち(ラシュディー,サルマン)	12958	マルクス主義の解説(レーニン,ウラジミール・イリイッチ)	13991
真夜中のニュース(マルカリス,ペトロス)	11809	マルクス主義の鏡に映じたトルストイ(プレハーノフ,ゲオルク)	10169
マライア(ディディオン,ジョーン)	06784	マルクス主義の鏡に映じたトルストイ(レーニン,ウラジミール・イリイッチ)	13992
マライ年代記(作者不詳)	14800	マルクス主義の現実的諸問題(ルフェーヴル,アンリ)	13785
マラヴォリア家の人たち(ヴェルガ)	01143	マルクス主義の国家観(アドラー,マックス)	00200
マラーサド劇(ワイス,P.)	14401	マルクス主義の根本問題(プレハーノフ,ゲオルク)	10170
マラー・ストラナ物語(ネルダ)	07799	マルクス主義の諸問題(アドラー,マックス)	00201
マラソン・マン(ゴールドマン,ウィリアム)	04085	マルクス主義の三つの源泉と三つの構成部分(レーニン,ウラジミール・イリイッチ)	13993
マーラティー・マーダヴァ(バヴァブーティー)	07991	マルクス主義の理論的基礎(トゥガン-バラノフスキー,M.I.)	07212
マラルメの詩(ティボーデ,アルベール)	06816	マルクス体系における価値計算と価格計算	
マリアへのお告げ(クローデル,ポール)	03442		
マリア・シャプドレーヌ(エモン)	01603		
マリア・シュトゥアルト(シラー,フリードリッヒ・フォン)	05372		
マリア・シュトゥアルト(ツヴァイク,シュテファン)	06637		
マリアへの告知(リルケ,ライナー・マリア)	13567		
マリア・マクダレーナ(ヘッベル,フリードリヒ)	10526		
マリー・アントワネット(ツヴァイク,シュテファン)	06638		

（ボルトキェヴィチ） 11358
マルクス体系の終焉（ベーム・バヴェルク）‥ 10609
マルクス伝（メーリング，フランツ） 12299
マルクスの生涯（セレブリャコフ） 05992
マルクスのために（アルチュセール，ルイ） 00382
マルクスの歴史，社会および国家理論（クーノー，H.） 02985
マルクス=レーニン主義的教育学の方法論的基礎（スヴァドコフスキイ） 05477
マルグディに来た虎（ナラヤン，R.K.） 07658
マルコヴァルドさんの四季（カルヴィーノ，イタロ） 02405
マルコムの遍歴（バーディ） 08313
マルコムX自伝（マルコムX） 11853
マルサス氏への書簡（セー，J.B.） 05872
マルーシの巨像（ミラー，ヘンリー） 12088
マルタ島のユダヤ人（マーロウ，C.） 11921
マルタの鷹（ハメット，ダシール） 08467
マルチカルチュラリズム（テイラー，チャールズ） 06830
マルチチュード（ネグリ，アントニオ） 07774
マルチチュード（ハート，マイケル） 08334
マルディキィアン自伝—わが日々は愉し（マルディキィアン） 11876
マルティヌス・スクリブレルス回顧録（アーバスノット，J.） 00222
マルティン・ハイデガー（スタイナー，ジョージ） 05542
マルティン・ハイデガー—伝記への途上で（オット，フーゴ） 01919
マルティン・フィエロ（エルナンデス，ホセ） 01687
マルテの手記（リルケ，ライナー・マリア）‥ 13568
マルテンス教授の旅立ち（クロス，ヤーン）‥ 03409
マルドロールの歌（ロートレアモン） 14252
マルピーギ全集（マルピーギ） 11888
マルベルチュイ（レイ，ジャン） 13832
マレイシア（エマソン，ラルフ・ウォルドー） 01594
マレヴィル（メルル，ロベール） 12327
マレー諸島（ウォレス，アルフレッド） 01358
マローンは死ぬ（ベケット，サミュエル） 10403
マロンブラ（フォガッツァーロ，アントニオ） 09347
マンク（ルイス，マシュー・グレゴリー） 13632
万華鏡（ブラッドベリ，レイ） 09729
マーンズーキヤ頌（ガウダパーダ） 02107
マンスフィールド短編集（マンスフィールド） 11951
マンスフィールド・パーク（オースティン，ジェイン） 01884

満足の文化（ガルブレイス，J.K.） 02461
マンドラーゴラ（マキアヴェッリ，ニッコロ） 11527
マンナン・ヤザウィン（バジード王） 08148
マンハッタン・クライシス（ピッツ，デニス） 08902
マンハッタン特急を探せ（カッスラー，クライブ） 02225
マンハッタンの悪夢（ウォルシュ） 01310
マンハッタン乗換駅（ドス・パソス） 07295
マンハッタン魔の北壁（コフィー） 03965
マン・プラス（ポール，フレデリック） 11315
マンフレッド（バイロン，G.） 07963
満文老檔（作者不詳） 14801
万暦十五年（黄仁宇） 03797

【み】

魅入られた男（トルストイ，A.K.） 07519
見失える前哨（ブレイナード） 10127
見えない宗教—現代宗教社会学入門（ルックマン，トーマス） 13736
見えない都市（カルヴィーノ，イタロ） 02406
見えない人間（エリスン，ラルフ） 01654
見える暗闇—狂気についての回想（スタイロン，ウィリアム） 05544
未開社会における構造と機能（ラドクリフ=ブラウン） 13056
未開社会における犯罪と慣習（マリノフスキー，B.） 11801
未開社会の思惟（レヴィ・ブリュール） 13878
未開人の心性（ボアズ） 10917
未開人の心理と神話（マリノフスキー，B.）‥ 11802
未開人の性生活（マリノフスキー，B.） 11803
未開の秘密結社（ウェブスター，ハットン）‥ 01127
ミカド（ギルバート，ウィリアム・S.） 02823
未完の女（ヘルマン，リリアン） 10786
未完の建築家フランク・ロイド・ライト（ハクスタブル，エイダ・ルイーズ） 08101
未完の生涯（セント・デニス，R.） 06007
右であれ左であれ，わが祖国（オーウェル，ジョージ） 01836
右手の優越—宗教的両極性の研究（エルツ） 01675
ミクログラフィア（フック） 09543
ミクロ経済学（スティグリッツ） 05657
ミクロメガス（ヴォルテール） 01327
ミクロロゴス（ダレッツォ，グイド） 06329
ミケランジェロ（マコースキー） 11600

ミケランジェロ(ユスティ, カール)	12704	道づれ(パノーヴァ)	08396
ミケランジェロの生涯(グリム兄弟)	03225	道ばた(バング)	08726
ミケランジェロの生涯(コンディヴィ)	04177	密告(ヘミングウェイ, アーネスト)	10605
ミケランジェロの生涯(ロラン, ロマン)	14338	密殺の氷海(シャイマー, R.H.)	04828
眉間尺(作者不詳)	14802	3つの歌劇(ワグナー, リヒャルト)	14447
ミザリー(キング, スティーヴン)	02864	3つの経済学(ゾンバルト, ヴェルナー)	06150
ミシェル・フーコー(トレイファス, ヒューバート・L.)	07540	3つの対話(ソロヴィヨフ)	06117
ミシェル・フーコー(ラビノウ, P.)	13078	3つの未開社会における性と気質(ミード, M.)	12028
ミシェル・フーコー伝(エリボン, ディディエ)	01657	密偵(コンラッド, ジョウゼフ)	04220
ミシシッピ氏の結婚(デュレンマット, フリードリッヒ)	07070	ミッドナイト・イグザミナー(コッツウィンクル, ウィリアム)	03917
ミシシッピの生活(トウェイン, マーク)	07200	みつばちの生活(フリッシュ, カール・フォン)	09915
見知らぬ男の肖像(サロート, N.)	04413	みつばちの生活(メーテルリンク)	12267
みずうみ(シュトルム, テオドール)	05050	みつばちマーヤの冒険(ボンゼルス)	11435
水鏡の歌(ルナール, ジュール)	13762	未踏の山河(シプトン, エリック)	04778
水蜘蛛(ベアリュ, マルセル)	10330	ミドランド農民(ホスキンズ)	11065
ミース再考—その今日的意味(スペース, デヴィッド)	05767	緑色ズボンのドン・ヒル(ティルソ・デ・モリーナ)	06858
ミース再考—その今日的意味(フランプトン, ケネス)	09871	緑色の瞳(ベッケル)	10483
水先案内とその妻(リー, タニス)	13252	ミトリダート(ラシーヌ, ジャン)	12950
「水」戦争の世紀(クラーク, トニー)	03077	緑の家(バルガス=リョサ, マリオ)	08569
「水」戦争の世紀(バーロウ, モード)	08673	緑の海、白い氷(マクミラン)	11572
見捨てられたディドーネ(メタスタージオ)	12255	緑のおうむ(シュニッツラー, アルトゥール)	05060
水と原生林のはざまで(シュヴァイツァー, アルベルト)	04949	緑のこども(リード, H.)	13415
水の上(モーパッサン, ギイ・ド)	12453	緑の政治思想(ドブソン, アンドリュー)	07347
水の上の歌(ワシレーフスカヤ, ワンダ)	14458	緑のハインリッヒ(ケラー, ゴットフリート)	03645
水の神(グリオール)	03167	みどりの瞳(オブライエン, エドナ)	01960
水の子(キングスレイ, チャールズ)	02871	緑の帽子(アーレン, マイケル)	00451
水の中の顔(フレーム, ジャネット)	10192	緑の館(ハドソン, W.H.)	08341
水の都(レニエ)	13963	みどりのゆび(ドリュオン)	07476
ミス・ブランディッシの蘭(チェイス, ハドリー)	06400	ミドルタウン(リンド, H.M.)	13591
ミス・ブロウディの青春(スパーク, ミュリエル)	05743	ミドルタウン(リンド, R.S.)	13592
ミス・ペティグルーの多忙な一日(ワトソン, ウィニフレッド)	14471	ミドルマーチ(エリオット, ジョージ)	01624
未成年(ドストエフスキー, フョードル・ミハイロヴィチ)	07293	ミドロジアンの心臓(スコット, ウォルター)	05529
魅せられた旅人(レスコフ, ニコライ・セミョーノヴィチ)	13921	ミトローヒン文書(アンドリュー, C.)	00524
魅せられたる魂(ロラン, ロマン)	14339	ミトローヒン文書(ミトローヒン, V.)	12035
未存在のオントロギーについて(ブロッホ, エルンスト)	10253	皆さま、ガス室へどうぞ(ボロフスキ, タデウシュ)	11397
ミダック通り(マフフーズ, ナギーブ)	11741	港(ソルジャン, アントン)	06092
道(クイン, S.)	02905	南(シャクルトン)	04841
道しるべ(ハマーショルド, ダグ)	08437	南アジアおよび東アジアにおける前期旧石器諸文化(モーヴィアス)	12402
		南アメリカ原住民の神話と伝説(エーレンライヒ)	01722
		南アメリカ旅行記(フンボルト, アレクサンダー・フォン)	10317

南アメリカ旅行記(ボンプラン)	11448
南インド史(ニーラカンタ・シャーストリ)	07741
南回帰線(ミラー、ヘンリー)	12089
南シベリア古代史(キセリョフ)	02635
南チベット(ヘディン、スヴェン)	10540
南ドイツ(グラートマン)	03130
南と北(ブラント委員会)	09865
南の風(グリン)	03241
南半球の発見(ブルトンヌ、レチフ・ド・ラ)	10065
南ロシアのイラン人とギリシア人(ロストフツェフ)	14172
ミニヤコンカ初登頂―ヒマラヤの東・横断山脈の最高峰(バードソル、R.L.)	08339
峰、峠、氷河(ボール)	11307
ミノア・ミュケナイ宗教とそのギリシア宗教における残存(ニルソン)	07745
ミハエル・ウンガー(フーフ、R.)	09602
ミヒャエル・コールハース(クライスト、ハインリッヒ・フォン)	03018
身分制議会の起源と発展(ヒンツェ)	09079
ミーマーンサー・スートラ(ジャイミニ)	04829
みみずく党(バルザック、オノレ・ド)	08592
耳らっぱ(カリントン)	02393
ミメーシス―ヨーロッパ文学における現実描写(アウエルバッハ、エーリッヒ)	00066
ミュケナイ時代(ツンタス)	06675
ミュケナイ時代(マナット)	11717
ミュケナイ文書ギリシア方言論(ヴェントリス)	01230
ミュケナイ文書ギリシア方言論(チャドウィク)	06508
ミューズのおどろき(デニー)	06943
ミュメル人(ウーリー、C.L.)	01396
ミュンヒハウゼン(インマーマン、カール)	00718
ミュンヘン講義(シェリング、フリードリヒ・ヴィルヘルム・ヨゼフ・フォン)	04657
見よ!(フォート、チャールズ)	09410
未来からの手記(アモソフ)	00284
未来史シリーズ(ハインライン、ロバート・A.)	07982
未来のイヴ(リラダン、ヴィリエ・ド)	13545
未来の芸術作品(ワグナー、リヒャルト)	14448
未来の劇場(フックス、エドゥアルト)	09545
未来派絵画と彫刻―造形的ダイナミズム(ボッチョーニ、V.)	11125
未来派建築宣言(サンテリア、アントニオ)	04458
未来派宣言(マリネッティ)	11793
未来は長く続く(アルチュセール、ルイ)	00383
未来への決断(ドラッカー、ピーター・F.)	07450
ミラマール(マハフーズ、ナギーブ)	11731
ミリアム(カポーティ、トルーマン)	02338
ミリオネア・マインド 大金持ちになれる人(エッカー、ハーブ)	01536
ミリーチェ(パスコリ)	08204
ミリンダ王の問い(作者不詳)	14803
ミールゴロド(ゴーゴリ、ニコライ・ヴァシーリエヴィチ)	03875
ミールサイド・スルタンガリエフ―論文・演説・資料(スルタンベコフ、B.F.)	05856
ミールサイド・スルタンガリエフ―論文・演説・資料(タギロフ、I.R.)	06216
ミル自伝(ミル、ジョン・スチュアート)	12117
ミル《政治経済学原理》への評解(チェルヌイシェフスキイ)	06445
ミルトン・エリクソンの心理療法セミナー(エリクソン、ミルトン)	01638
ミレー(ロラン、ロマン)	14340
ミレニアム(アルメスト、フェリペ・フェルナンデス)	00424
ミレニアム(ラーソン、スティーグ)	13000
みれん(シュニッツラー、アルトゥール)	05061
弥勒上生経(作者不詳)	14804
魅惑(ヴァレリー)	00798
民間伝承学(クラッペ)	03117
民間文芸モチーフの索引(トンプソン、スティス)	07598
明史 外国伝(張廷玉)	06573
民事責任の理論と実際(マゾー兄弟)	11640
民事責任論(サヴァティエ)	04261
民事訴訟法注釈(ガウプ)	02124
民事訴訟要論(モレル)	12566
民事訴訟論(デーゲンコルプ)	06918
民事的債権関係における道徳律(リペール)	13456
民衆劇論(ロラン、ロマン)	14341
民衆の書(ラムネー)	13135
民衆の選択(ラザースフェルド、P.F.)	12933
民衆法と法曹法(ベーゼラー)	10445
民主社会主義の政治理論(ダービン)	06282
民主主義革命における社会民主党の二つの戦術(レーニン、ウラジミール・イリイッチ)	13994
民主主義的展望―民主主義文学論(ホイットマン、ウォルト)	10951
民主主義と教育(デューイ、ジョン)	06996
民主主義と社会主義(ローゼンベルク、アルトゥーア)	14191
民主政治と政党組織(オストロゴルスキー)	01895
民主制と近代民法(リペール)	13457
民主政府論(メーン、H.J.S.)	12354
民族解放の教育(陶行知)	07178

民俗学（ヴァン・ジェネプ）	00812
民俗学概説（サンティーヴ）	04452
民俗学概論（バーン）	08707
民俗学教科書（トゥルンヴァルト）	07247
民俗学説史（ローイ）	14073
民俗学的法学提要（ポスト）	11072
民俗学の政治性（エイブラハムズ，ロジャー・D.）	01455
民俗学方法論（クローン）	03474
民族教科書（エンネクツェルス）	01774
民族誌綱要（モース，エドワード・S.）	12420
民族進化の心理学的諸法則（ル・ボン，ギュスターヴ）	13801
民族心理学（ヴント，ヴィルヘルム）	01440
民俗・神話・伝説辞典（リーチ，エドモンド・R.）	13346
民族政策論（スターリン，I.V.）	05591
民族と文化（コッパース，ヴィルヘルム）	03925
民族と文化（シュミット，ヴィルヘルム）	05114
民族と文明（アルファン）	00406
民族と文明（サニャック）	04324
民族の栄光（ダンコース，エレーヌ・カレル）	06359
民族はなぜ殺し合うのか（イグナティエフ，マイケル）	00606
民族問題と社会民主党（バウアー，オットー）	07986
民族問題とレーニン主義（スターリン，I.V.）	05592
民族問題について（レーニン，ウラジミール・イリイッチ）	13995
明朝破邪集（徐昌治）	05221
みんな愚か者（チャップマン，G.）	06504
みんな癖がなおり（ジョンソン，ベン）	05343
みんなチップスつき（ウェスカー，A.）	01056
ミンナ・フォン・バルンヘルム（レッシング，ゴットホールド・エフライム）	13935
ミンネザング（作者不詳）	14805
ミンネザングの春（ハウプト）	08023
ミンネザングの春（ラハマン）	13071
民法講義（フーベル）	09613
民法提要（オーブリー）	01969
民法提要（ロー）	14056
民法典注釈（エルトマン，ポール）	01679
民法典注釈（シュタウディンガー）	04998
民法と無産階級（メンガー，アントン）	12357
民法理論（ランゲ，オスカル）	13163
明末清初の士大夫研究（趙園）	06548
民謡詩集（ロングフェロー）	14384
民話（トンプソン，スティス）	07599

【む】

ムアッラカート（作者不詳）	14806
無意識の幻想（ロレンス，D.H.）	14366
無意識の哲学（ハル，エデュアルト・フォン）	08558
無意識の脳 自己意識の脳（ダマシオ，アントニオ・R.）	06289
無一文の億万長者（オクレリー，コナー）	01857
無益な奉公（モンテルラン）	12611
昔の巨匠たち（フロマンタン）	10283
昔話（ライエン）	12806
昔話の科学（ハートランド）	08356
昔話の世界（ライエン）	12807
昔話比較研究入門（アールネ）	00397
昔話類型一覧（アールネ）	00398
無何有郷見聞記（モリス，ウィリアム）	12514
ムガル帝国誌（ベルニエ）	10769
無関心な人びと（モラヴィア，アルベルト）	12479
無関心な人々の共謀（ヤセンスキー）	12648
無機化学の新見解（ヴェルナー）	01179
ムギと王さま（ファージョン，エリナー）	09113
無給の殺し屋（イヨネスコ，E.）	00684
無垢と経験の歌（ブレイク，ウィリアム）	10115
無垢の時代（ウォートン，イーディス）	01272
夢渓筆談（沈括）	05409
無限宇宙と諸世界について（ブルーノ，ジョルダーノ）	10073
夢幻会社（バラード，J.G.）	08497
無限解析入門（オイラー）	01790
無限小解析の基礎（キースラー，H.J.）	02632
無限の逆説（ボルツァノ，ベルンハルド）	11335
ムサッダス（ハーリー）	08503
虫の生活（チャペック，カレル）	06518
虫の生活（チャペック，ヨゼフ）	06521
矛盾論（毛沢東）	12397
無常経（作者不詳）	14807
無条件降伏博物館（ウグレシィチ，ドゥブラヴカ）	01370
無償の征服者（テレイ）	07106
無神学大全（バタイユ，ジョルジュ）	08243
無心の歌（ブレイク，ウィリアム）	10116
無神論者の非難に対して訴える（フィヒテ，ヨハン・コットリープ）	09220
息子（ハーゼンクレーファー）	08228
息子たち（バック，パール）	08270
息子と恋人（ロレンス，D.H.）	14367

作品名	番号
娘(マテシス,パブロス)	11702
娘時代(ボーヴォワール,シモーヌ・ド)	10997
娘たちと女たちの生活(マンロー,アリス)	11980
娘たちの「はい」(モラティン)	12487
無政府主義(エルツバハー)	01677
無政府主義か社会主義か(スターリン,I.V.)	05593
無政府主義史(ネットラウ)	07782
無政府主義と社会主義(プレハーノフ,ゲオルク)	10171
無生物界の力についての考察(マイヤー,J.R.v)	11500
無制約者の哲学(論文)(ハミルトン,ウィリアム)	08448
無脊つい動物誌(ラマルク,ジャン・バプチスト)	13115
無線通信(マルコーニ)	11851
無線電信電話の原理(フレミング,ジョン)	10190
夢想の秘密(キャンベル,J.B.)	02759
ムー大陸の子孫たち(チャーチワード)	06501
無秩序の活用(セネット,R.)	05949
無知な哲学者(ヴォルテール)	01328
無知の知について(クザーヌス,ニコラウス)	02915
ムツィリ(レールモントフ,ミハイル・ユーリエヴィチ)	14038
ムツェンスク郡のマクベス夫人(レスコーフ)	13919
ムッソリーニ(フェルミ,ローラ)	09318
ムネラ・ブルウェリス(ラスキン,ジョン)	12985
無の国(イェイツ,ウィリアム・B.)	00569
ムハマド・ユヌス自伝(ジョリ,アラン)	05291
ムハマド・ユヌス自伝(ユヌス,ムハマド)	12712
無への跳躍(ベリャーエフ)	10648
夢魔の僧院(ピーコック)	08865
無明の歌(ブレイク,ウィリアム)	10117
ムーミン谷の彗星(ヤンソン,トーヴェ)	12668
ムーミンパパ海へ行く(ヤンソン,トーヴェ)	12669
ムムー(ツルゲーネフ,イヴァン・セルゲーヴィチ)	06672
無名戦士(リンナ)	13603
無名なるイギリス人の日記(グロウスミス,ウィードン)	03403
無名なるイギリス人の日記(グロウスミス,ジョージ)	03404
夢遊の人々(ブロッホ,ヘルマン)	10257
無用者の一生(ゴーリキー,マクシム)	04019
村(フォークナー,ウィリアム)	09365
村(ブーニン,イワン・アレクセーエヴィチ)	09585
村と城の物語(エーブナー・エッシェンバハ)	01582
村の子(エーブナー・エッシェンバハ)	01583
村のひと月(ツルゲーネフ,イヴァン・セルゲーヴィチ)	06673
村のロメオとユリア(ケラー,ゴットフリート)	03646
ムーラン・ルージュ(ラ・ミュール)	13120
ムリッチャ・カティカー(シュードラカ)	05038
無量義経(作者不詳)	14808
無量寿経(作者不詳)	14809
夢梁録(呉自牧)	03754
群れをなす妖精たち(イェイツ,ウィリアム・B.)	00570
ムントゥリュサ通りにて(エリアーデ,ミルチア)	01614
ムーンパレス(オースター,ポール)	01875
ムーンレーカー号の反乱(トルー,アントニー)	07477

【め】

作品名	番号
メアリ・バートン(ギャスケル,エリザベス)	02719
明夷待訪録(黄宗羲)	03801
迷宮課事件簿(ヴィカーズ,ロイ)	00841
迷宮としての世界―マニエリスム美術(ホッケ,グスタフ・ルネ)	11121
名犬ラッシー(ナイト,エリック)	07608
名犬ラッド(ターヒューン,A.P.)	06281
名士小伝(オーブリー,ジョン)	01970
メイジーの知ったこと(ジェイムズ,ヘンリー)	04566
名将伝(ネポス)	07785
瞑想詩集(ラマルティーヌ)	13118
命題集(ペトルス・ロンバルドゥス)	10558
名探偵カッレくん(リンドグレーン,アストリッド)	13595
名探偵ナポレオン(アップフィールド)	00182
メイトリックス博士の驚異の数秘術(ガードナー,マーティン)	02266
メイポート沖の待ち伏せ(デューターマン,P.T.)	07011
盟約の星(ゲオルゲ,シュテファン)	03535
名誉(ズーデルマン,ヘルマン)	05675
名誉領事(グリーン,グレアム)	03254
迷路(ザイデル)	04239
迷路(フォンターネ)	09455
迷路(ボルヘス,ホルヘ・ルイス)	11382

迷路のなかで(ロブ・グリエ,A.) …………… 14294
メインバンク資本主義の危機(シェアード,
　ポール) …………………………………… 04507
メーガ・ドゥータ(カーリダーサ) ………… 02386
メガトレンド(ネイスビッツ,ジョン) …… 07759
メカニカ(ガッダ,カルロ・エミリオ) …… 02230
女神(郭沫若) ……………………………… 02149
メキシコ征服(プレスコット) …………… 10145
メキシコ征服記(カスティリョ,ディアス・デ
　ル) ………………………………………… 02180
メキシコの嵐(ブルックナー,カルル) …… 10037
メグストン計画(ガーヴ,アンドリュウ) … 02092
恵みある北極(ステファンソン) ………… 05666
恵む者(アイスキュロス) ………………… 00021
めくら窓の家(ヴァッスムー,ハルビヨル
　グ) ………………………………………… 00750
めぐりあう時間たち―三人のダロウェイ夫人
　(カニンガム,マイケル) ………………… 02288
めくるめく世界(アレナス,レイナルド) … 00443
目覚め(ショパン,ケイト) ……………… 05282
目覚めたものの子の生きている者(トゥファ
　イル) ……………………………………… 07232
めざめれば魔女(マーヒー,マーガレット) … 11733
メシアス(クロップシュトック) ………… 03430
盲のジェロニモとその兄(シュニッツラー,ア
　ルトゥール) ……………………………… 05062
メジナ・メッカ巡礼記(バートン,R.F.) … 08368
メジャー・リーグのうぬぼれルーキー(ラー
　ドナー,ヤング) ………………………… 13058
メス化する自然(キャドバリー,デボラ) … 02724
牝猫(コレット,シドニー・ガブリエル) … 04130
メソポタミア考古学(パロ) ……………… 08668
メソポタミアの比較考古学(パーキンズ) … 08076
メタマジック・ゲーム(ホフスタッター,ダグ
　ラス・R.) ………………………………… 11203
メダンの夜話(ゾラ,エミール) …………… 06079
メッカにおけるマホメット(ワット) …… 14468
メッカへの道(ムハンマド・アサド) …… 12191
メッシナの花嫁(シラー,フリードリッヒ・
　フォン) …………………………………… 05373
メッテルニヒ(シュルビーク) …………… 05183
滅亡と勝利(ベッヒャー) ………………… 10517
メディア(エウリピデス) ………………… 01497
メディア・イベント(カッツ,E.) ……… 02237
メディア・イベント(ダヤーン,D.) …… 06294
メディアはマッサージである(マクルーハン,
　マーシャル) ……………………………… 11588
メディア論(マクルーハン,マーシャル) … 11589
メデューサの笑い(シクスー,H.) ……… 04697
メドゥーサの髪(オベーセーカラ) ……… 01971
眼と精神(メルロ=ポンティ,M.) ………… 12330

眼と精神―韓国現代美術理論(金福栄) …… 02853
メトセラ時代に帰れ(ショー,G.B.) ……… 05238
メトセラの子ら(ハインライン,ロバート・
　A.) ………………………………………… 07983
目の不自由な人の寓話(ホフマン,ゲアト) … 11225
メノン(プラトン) ………………………… 09762
眩暈(カネッティ) ………………………… 02295
メラネシア社会史(リヴァーズ) ………… 13277
メリトクラシーの法則(ヤング,M.) …… 12663
メールヘン(ヘッセ,ヘルマン) ………… 10506
メルロ=ポンティ・コレクション(メルロ=ポ
　ンティ,M.) ……………………………… 12331
免疫学の要点(フェインバーグ,G.) …… 09279
綿花王国(オームステッド) ……………… 01983
メンデル伝(イルチス) …………………… 00700
メンデルの遺伝原理(ベートソン) ……… 10550
メンデレーエフ伝(スミルノフ) ………… 05836

【も】

モーヴァン(ウォーナー,アラン) ……… 01273
モーウィン(ボウイス) …………………… 10980
盲音楽師(コロレンコ,ヴラジーミル・ガラク
　チオーノヴィチ) ………………………… 04138
猛回頭(陳天華) …………………………… 06607
蒙求(李瀚) ………………………………… 13221
蒙古,アムド,死都カラホト(コズロフ) … 03893
孟浩然集(孟浩然) ………………………… 12385
蒙古源流(サガン・セチェン) …………… 04272
蒙古史(ドーソン,アブラハム・コンスタン
　ティン・ムラジャ) ……………………… 07297
蒙古史(ハワース) ………………………… 08695
蒙古社会制度史(ウラジミルツォフ) …… 01394
蒙古侵寇時代までのトルキスタン(バルトリ
　ド) ………………………………………… 08628
蒙古とタングート人の国(プルジェヴァリス
　キー) ……………………………………… 10015
蒙古法の基本原理(リャザノフスキー) … 13470
孟子(孟子) ………………………………… 12403
孟子字義疏証(戴震) ……………………… 06154
盲信と科学(フォークト) ………………… 09351
盲人に関する手紙(ディドロ,ドニ) …… 06798
毛沢東(ペイン,ロバート) ……………… 10378
毛沢東語録(毛沢東) ……………………… 12398
毛沢東選集(毛沢東) ……………………… 12399
もう一つの国(ボールドウィン,ジェイム
　ズ) ………………………………………… 11353
もうひとつの声(ギリガン,C.) ………… 02802
もうひとつの中世のために(ル・ゴフ) … 13687

もうひとつの肌（ホークス、ジョン）………… 11035
もうひとつ別の生き方（パルッツィ、アルノ）………………………………………… 08597
盲目（グリーン、ヘンリー）………………… 03268
盲目の梟（ヘダーヤト、サーデグ）………… 10451
燃え上がる青春（レニエ）…………………… 13964
燃えつきた人間（グリーン、グレアム）…… 03255
燃えるアッシュ・ロード（サウスオール,I.） 04269
燃える海（デュ・モーリア、ダフネ）……… 07037
燃える魚雷艇（リーマン、ダグラス）……… 13463
燃える世界（バラード,J.G.）……………… 08498
燃える平原（ルルフォ、フアン）…………… 13819
目撃者の証言（ロフタス,E.F.）…………… 14298
黙示録三一七四年（ミラー、ウォルター、Jr.）………………………………………… 12076
木造船（ヤーン、ハンス・ヘニー）………… 12653
目的行為論をめぐって（ヴェルツェル）…… 01170
目的と手段（ハックスリー、オルダス）…… 08282
木馬（フィリップ、シャルル＝ルイ）……… 09230
木曜の男（チェスタトン、ギルバード・ケイス）……………………………………… 06408
木蘭辞（作者不詳）…………………………… 14810
目連救母（作者不詳）………………………… 14811
目連変文（作者不詳）………………………… 14812
モザイク（メリメ、プロスペル）…………… 12292
文字（イェンゼン、アドルフ）……………… 00599
モスクヴァ芸術座の回想（ダンチェンコ、ネミロヴィチ）……………………………… 06369
モスクヴァ、東京、ロンドン（ディルクセン）…………………………………………… 06852
モスクワ（ベールイ、アンドレイ）………… 10685
モスクワを遠くはなれて（アジャーエフ）… 00130
モスクワ気質（ソフローノフ）……………… 06065
モーセ5書の伝承史（ノート）……………… 07846
モーセの律法書の寓意的解釈（フィロン）… 09252
モーセ山の四十日（ヴェルフェル）………… 01206
モダン・アーキテクチュア（フランプトン、ケネス）……………………………………… 09872
モダン・アートの哲学（リード,H.）……… 13416
モダン・ダンス（ロイド）…………………… 14085
モダン・デザインの展開—モリスからグロピウスまで（ペヴスナー、ニコラス）……… 10384
モーツァルト（アーベルト）………………… 00248
モーツァルト（ヴィゼヴァ）………………… 00874
モーツァルト（サン・フォワ）……………… 04491
モーツァルト（シューリヒ）………………… 05158
モーツァルト—その人と作品（アインシュタイン、アルフレート）……………………… 00055
モーツァルトとサリエーリ（プーシキン、アレクサンドル・セルゲーヴィチ）…………… 09527
モーツァルトの手紙（モーツァルト）……… 12436

もっとも危険なゲーム（ライアル、ギャビン）…………………………………………… 12798
モードの体系（バルト、ロラン）…………… 08610
モニカ（ルイス、ソーンダーズ）…………… 13624
喪に服す花嫁（コングリーヴ）……………… 04160
モヌメンタ・ゲルマニアエ・ヒストリカ（作者不詳）……………………………………… 14813
ものをいうカシの木（サンド、ジョルジュ） 04470
物語（プレヴェール、ジャック）…………… 10137
物語集（ポー、エドガー・アラン）………… 10906
もの言わぬ女（ジョンソン、ベン）………… 05344
物とは何か（ブラッグ,W.H.）…………… 09713
物の知覚と魔術（カンパネラ）……………… 02589
物の本性について（ルクレティウス）……… 13683
モノロギオン（アンセルムス）……………… 00482
モーパッサンの情熱的生涯（ワールター）… 14483
モーパン嬢（ゴーティエ、テオフィル）…… 03941
模範小説集（セルバンテス、ミゲル・デ）… 05988
モヒカン族の最後（クーパー、ジェイムズ・フェニモア）…………………………………… 02991
喪服の似合うエレクトラ（オニール、ユージン）…………………………………………… 01951
モーブラ（サンド、ジョルジュ）…………… 04471
模倣の法則（タルド、ガブリエル）………… 06316
モモ（エンデ、ミヒャエル）………………… 01770
モラヴァジーヌの冒険（サンドラール）…… 04481
モラヴィア自伝（エルカン、アラン）……… 01669
モラヴィア自伝（モラヴィア、アルベルト） 12480
モラリストたち（シャフツベリ伯）………… 04872
モラリティと建築—ゴシック・リヴァイヴァルから近代建築運動に至るまでの、建築史学と建築理論における主題の展開（ワトキン、デヴィッド）………………………… 14469
森に住む人たち（ハーディ、トマス）……… 08321
森の学校教師の手記（ローゼッガー）……… 14178
森の小道（シュティフター、アーダルベルト）…………………………………………… 05014
森の新聞（ビアンキ）………………………… 08828
森の道（ハイデッガー、マルティン）……… 07926
森のロマンス（ラドクリフ、アン）………… 13053
森は生きている（マルシャーク）…………… 11859
森はざわめく（コロレンコ、ヴラジーミル・ガラクチオーノヴィチ）……………………… 04139
モルガン—巨大企業の影の支配者（ホイト,E.P.）……………………………………… 10953
モルガンテ（プルチ）………………………… 10030
モルグ、そのほかの詩（ベン）……………… 10846
モルグの女（ラティマー）…………………… 13045
モルグ街の殺人（ポー、エドガー・アラン） 10907
モルトケ（ゼークト）………………………… 05906
モルフィ公爵夫人（ウェブスター、ジョン） 01124

モル・フランダーズ（デフォー,ダニエル）‥	06963	鑢（マクドナルド,フィリップ）………………	11559
モルモンの書（スミス,ジョセフ）……………	05818	野生動物と共存するために（ダスマン,R. F.）………………………………………	06246
モレルの発明（ビオイ＝カサーレス,A.）……	08834	野生のうたが聞こえる（レオポルド）………	13902
モロイ（ベケット,サミュエル）………………	10404	野生の思考（レヴィ＝ストロース,クロード）………………………………………………	13857
モロー博士の島（ウェルズ,H.G.）……………	01165	野性の棕櫚（フォークナー,ウィリアム）……	09367
モンキーズ（マイノット）……………………	11472	野生の情熱（フォークナー,ウィリアム）……	09368
モンキー・ワイフ（コリア）…………………	03995	野生の呼び声（ロンドン,ジャック）………	14394
モンゴルフィエ兄弟の気球体験記（フォジャ＝ド＝サンフォン）………………	09380	夜想（ヤング,エドワード）…………………	12657
モンゴル旅行記（プラノ・カルピニ）………	09770	野草（魯迅）……………………………………	14070
モンスーン・アジア（シオン）………………	04691	夜想曲（作者不詳）……………………………	14814
文選（昭明太子）………………………………	05269	耶蘇伝（ルナン,エルネスト）………………	13769
問題の教師（ニイル,A.S.）……………………	07664	厄介なる主体（ジジェク,スラヴォイ）……	04714
問題の子ども（ニイル,A.S.）………………	07665	宿屋の女将（ゴンドーニ,カルロ）…………	04187
モンタイユー（ル・ロワ・ラデュリ）……	13824	宿屋の女主人（ゴルドーニ）…………………	04082
モンタウク（フリッシュ,マックス）………	09926	矢の家（メイスン,A.E.W.）…………………	12221
モンテヴェルディ（レートリヒ）……………	13949	野蛮人（ゴーリキー,マクシム）……………	04020
モンテ・クリスト伯（デュマ・ペール）……	07035	ヤーマ（クプリーン）…………………………	03000
モンテッソーリ・メソッド（モンテッソーリ）………………………………………………	12601	病は気から（モリエール）……………………	12506
モントゴメリーの監査論（モントゴメリー）………………………………………………	12614	山師トマ（コクトー,ジャン）………………	03856
モントリオル（モーパッサン,ギイ・ド）…	12454	山にのぼりて告げよ（ボールドウィン,ジェイムズ）…………………………………………	11354
モンナ・ワンナ（メーテルリンク）…………	12268	山猫（ランペドゥーザ,トマージ・ディ）…	13205
		ヤマネコ号の冒険（ランサム,アーサー）…	13184
【や】		山のイェッペ（ホルベルグ,ルドヴィク）…	11385
		山の神（ナウマン,ネリー）…………………	07615
夜会服（ハーゲスハイマー）…………………	08122	山の神々（ダンセイニ）………………………	06367
館（フォークナー,ウィリアム）……………	09366	闇を待って,光を待って（クリーマ,イヴァン）………………………………………………	03211
夜間飛行（サン＝テグジュペリ,アントワーヌ・ド）…………………………………………	04457	闇からの声（フィルポッツ,イーデン）……	09249
やぎ少年ジャイルズ（バース,ジョン）……	08184	闇の王国（ドブロリューボフ）………………	07361
野球王タイ・カップ自伝（カップ,タイ）…	02244	闇の奥（コンラッド,ジョウゼフ）…………	04221
ヤクザーンの子ハイー（イブン・トゥファイル）………………………………………………	00666	闇の公子（リー,タニス）……………………	13253
約束の国（ポントピダン）……………………	11442	闇の航路（ヒギンズ,ジャック）……………	08849
約束の地（パーカー,ロバート・B.）………	08063	闇の力（トルストイ,レフ・ニコラエヴィチ）………………………………………………	07510
薬物誌（ディオスコリデス）…………………	06713	闇の中に横たわりて（スタイロン,ウィリアム）………………………………………………	05545
夜警（ボナヴェントゥーラ）…………………	11168	闇の中の声（ホジスン,ウイリアム・H.）…	11054
やけたトタン屋根の上の猫（ウィリアムズ,テネシー）………………………………………	00945	闇の左手（ル・グィン,アーシュラ・K.）…	13668
ヤーコブについての推測（ヨーンゾン,U.）…	12785	闇よ落ちるなかれ（ディ・キャンプ）……	06718
ヤコポ・オルティスの最後の手紙（フォスコロ,ウーゴ）………………………………………	09388	柔かい月（カルヴィーノ,イタロ）…………	02407
屋敷町（バリ,ジェームス・マチュ）………	08511	ヤンキー・シティ・シリーズ（ウォーナー,W. L.）………………………………………………	01282
やし酒飲み（チュツオーラ,エイモス）……	06542	ヤング・ジャパン（ブラッグ,J.R.）………	09711
野獣死すべし（ブレイク,ニコラス）………	10118	両班伝（朴趾源）………………………………	08091
安酒の小瓶 ロサンゼルスを走るタクシードライバーの話（ファンテ,ダン）………………	09154	ヤン夫妻とその末子（ポットヒーテル）……	11127

【ゆ】

作品名	番号
ユア号航海記（アムンゼン，ロアルド）	00274
唯一者とその所有（シュティルナー，マックス）	05015
遺教経（作者不詳）	14815
遺言書（ヴィヨン）	00928
唯識二十論（世親）	05919
唯識三十頌（世親）	05920
唯心論と唯物論（フォイエルバッハ，ルードヴィヒ）	09343
唯物史観（カウツキー，カール）	02120
唯物史観（ブハーリン）	09600
唯物史観（ラブリオラ，アントニオ）	13099
唯物史観に関する書簡（エンゲルス，フリードリヒ）	01758
唯物論史（ランゲ，フリードリヒ・アルベルト）	13164
唯物論と革命（サルトル，ジャン=ポール）	04396
唯物論と経験批判論（レーニン，ウラジミール・イリイッチ）	13996
唯物論の自由討議（プリーストリー）	09896
維摩経（作者不詳）	14816
幽暗意識と民主の伝統（張灝）	06556
憂鬱の解剖（ハンセン，ロバート）	08752
誘拐（ブロンジーニ）	10296
誘拐されて（スティーヴンソン，ロバート・ルイス）	05653
誘拐犯はセミプロ（マクドナルド，グレゴリー）	11551
優雅なハリネズミ（バルベリ，ミュリエル）	08643
有閑階級の理論（ヴェブレン，ソースティン）	01135
ゆうかんな船長（キップリング，ラディヤード）	02661
勇敢な仲間（フィンガー）	09253
有機化学教科書（ケクレ）	03538
有機化学合成（ベルトロ）	10755
有機観貸借対照表（シュミット，フリッツ）	05124
有機体と社会（ヴォルムス）	01354
有機体の行動（スキナー，B.F.）	05519
遊戯の終り（コルタサル）	04055
有極性分子（デバイ）	06955
遊戯論（グロース）	03407
遊撃戦論（毛沢東）	12400
勇者ヤノシュ（ペテーフィ，S.）	10542
憂愁夫人（ズーデルマン，ヘルマン）	05676
友情論（キケロ，マーカス・トゥリウス）	02620
友情論（ボナール）	11171
友人シュヴァリエ宛の遺書（ガロア，E.）	02490
友人ハイン（シュトラウス，E.）	05037
郵政省の改革（ヒューブナー，ローランド）	08977
遊仙窟（張鷟）	06558
有と一（ピコ・デラ・ミランドラ）	08869
有と本質（アクィナス，トマス）	00099
優美と品位について（シラー，フリードリッヒ・フォン）	05374
郵便局（タゴール，ラビンドラナート）	06239
郵便配達は二度ベルを鳴らす（ケイン，ジェームズ・M.）	03520
郵便屋さんの話（チャペック，カレル）	06519
郵便料金特別委員会第3次報告書（ヒューブナー，ローランド）	08978
雄弁家について（キケロ，マーカス・トゥリウス）	02621
雄弁術教程（キンティリアヌス）	02883
幽憂子集（蘆照鄰）	14138
酉陽雑俎（段成式）	06355
幽霊（イプセン，ヘンリック）	00653
幽霊（プラウトゥス）	09664
幽霊船（ミドルトン，トマス）	12034
幽霊潜水艦（ジェンキンズ）	04679
幽霊船の話（ハウフ，ヴィルヘルム）	08021
幽霊ソナタ（ストリンドベリ，ヨハン・アウグスト）	05714
幽霊たち（オースター，ポール）	01876
誘惑者（カプラン，ジャン・マリー）	02328
U.S.A.（ドス・パソス）	07296
愉快な仲間（ブルーム，リチャード）	10086
ゆかいなホーマーくん（マックロスキー，ロバート）	11674
瑜伽師地論（作者不詳）	14817
床下の小人たち（ノートン）	07848
ユカタンの民族文化（レッドフィールド）	13941
ユーカラ（作者不詳）	14818
雪（パムク，オルハン）	08458
雪白姫（バーセルミ，ドナルド）	08225
雪どけ（エレンブルグ，イリヤ）	01718
雪の女王（アンデルセン，ハンス・クリスチャン）	00516
雪は汚れていた（シムノン，ジョルジュ）	04801
ユークリッド（ヒース，T.L.）	08880
ユグルタ戦記（サルスティウス）	04378
ユーゴスラヴィアの手帖（シーモノフ）	04808
ユーザーイリュージョン（ノーレットランダーシュ）	07869
ユージェニックス（ゴールトン，フランシス）	04092
豊かさ（フィルモア，チャールズ）	09251

豊かさをもたらす大いなる法則（ポンダー，キャサリン）	11437
豊かさの法則（プライス，ジョン・ランドルフ）	09635
ゆたかな社会（ガルブレイス，J.K.）	02462
ユダの樹（クローニン，A.J.）	03452
ユダの窓（カー，ジョン・ディクスン）	02049
ユダヤ街（ハイエルマンス）	07899
ユダヤ警官同盟（シェイボン，マイケル）	04554
ユダヤ古代誌（ヨセフス）	12772
ユダヤ・コレクション（マクドナルド，フランク）	11560
ユダヤ人国家（ヘルツル，テオドール）	10746
ユダヤ人ジュース（フォイヒトヴァンガー）	09345
ユダヤ人—その信仰と生活（ウンターマン，アラン）	01433
ユダヤ人と経済生活（ゾンバルト，ヴェルナー）	06191
ユダヤ人のブナの木（ドロステ＝ヒュルスホフ，アネッテ・フォン）	07575
ユダヤ神秘主義—その主潮流（ショーレム）	05300
猶太人問題を論ず（マルクス，カール）	11841
ユダヤ人問題に寄せて（マルクス，カール）	11842
ユダヤ戦争史（ヨセフス）	12773
ユダヤ街（ムーア）	12157
ユダヤ民族の歴史（シューラー，エミール）	05135
ユーディット（ヘッベル，フリードリヒ）	10527
ユートピア（モア，トマス）	12373
ユートピアだより（モリス，ウィリアム）	12515
ユートピアの終焉（マルクーゼ，H.）	11847
ユートピアの精神（ブロッホ，エルンスト）	10254
ユートピアの途（ブーバー，マルティン）	09550
ユードルフォの謎（ラドクリフ，アン）	13054
ユナニムな生（ロマン，ジュール）	14324
ユニヴァーサル野球協会（クーヴァー，ロバート）	02908
ユービック（ディック，フィリップ・K.）	06777
ユビュ王（ジャリ，アルフレッド）	04888
指輪と本（ブラウニング，ロバート）	09668
指輪物語（トールキン，J.R.R.）	07483
ユーフュイーズ（リリー）	13549
Uボート（ブーフハイム，ロータル＝ギュンター）	09611
弓と禅（ヘリゲル，E.）	10643
夢（ケプラー，ヨハネス）	03627
夢がたり（シュニッツラー，アルトゥール）	05063
夢先案内猫（フィニ，レオノール）	09199
夢の丘（マッケン，アーサー）	11678
夢の子供（ラム，C.）	13123
夢の消費革命（ウィリアムズ，ロザリンド・H.）	00950
夢の人生（グリルパルツァー，フランツ）	03238
夢の中のセバスティアン（トラークル）	07435
夢の蛇（マッキンタイア，ヴォンダ・N.）	11671
夢果つる街（トレヴェニアン）	07543
夢判断（フロイト，ジークムント）	10225
夢へのレクイエム（セルビー，ヒューバート，Jr.）	05989
夢みる宝石（スタージョン）	05574
ユリアンの旅（ジッド，アンドレ）	04744
ユーリカ（ポー，エドガー・アラン）	10908
ユリシーズ（ジョイス，ジェイムズ）	05244
ユリシーズの地獄下り（ホメロス）	11267
ユルク・イェーナッチュ（マイヤー，C.F.）	11498
揺れる分断体制（白楽晴）	10391
ユング自伝（ユング，カール）	12738

【よ】

夜明け（ワシレーフスカヤ，ワンダ）	14459
夜明けのヴァンパイア（ライス，アン）	12817
夜明けの約束（ガリ，ロマン）	02381
夜明け前の歌（エロシェンコ，ワシリー）	01724
夜明け前の時（フレムリン，シーリア）	10194
善い社会（ベラー，R.N.）	10618
酔いどれ草の仲買人（バース，ジョン）	08185
酔いどれのモスクワ（エセーニン，S.A.）	01533
酔いどれ船（ランボー，アルチュール）	13212
酔いどれ列車，モスクワ発―ペトゥシキ行（エロフェーエフ，B.）	01725
楊盈川集（楊炯）	12752
溶液と気体のあいだの類推における浸透圧の役割（ファント・ホフ）	09156
楊輝算法（楊輝）	12751
陽光との対話（ガードナー，ジョン）	02262
溶鉱炉（リャシコ）	13471
要塞都市LA（デイヴィス，マイク）	06705
幼児期と社会（エリクソン，E.H.）	01644
幼児の言語，失語症および一般音韻法則（ヤコブソン，R.O.）	12632
揚子法言（作者不詳）	14819
容赦なき戦争（ダワー，ジョン・W.）	06344
楊朱（列子）	13926
揚州画舫録（李斗）	13256
揚州十日記（王秀楚）	01808
妖術使論（ボケ，アンリ）	11045

作品名索引		
洋上都市（ヴェルヌ，ジュール）	01196
妖女サイベルの呼び声（マキリップ，パトリシア・A.）	11535
揚子江の少年（ルイス）	13613
幼生―真夏の夜のバベルの塔（リオス，フーリアン）	13286
妖精たちの王国（ウォーナー，シルヴィア・タウンゼント）	11275
妖精の女王（スペンサー，エドマンド）	05775
妖精のやからに近き者（ダンセイニ）	06368
陽羨鵞籠（呉均）	03748
幼稚園教育学（フレーベル，フリードリッヒ）	10182
幼年期の終り（クラーク，アーサー・C.）	03067
幼年期の構図（ヴォルフ，クリスタ）	01339
幼年詩集（アルフェン）	00411
幼年時代（カロッサ，ハンス）	02501
幼年時代（ゴーリキー，マクシム）	04021
幼年時代（トルストイ，レフ・ニコラエヴィチ）	07511
幼年時代，青年時代の思い出（ルナン，エルネスト）	13770
幼年時代の物語（グラトコフ）	03125
妖魔伝（バルザック，オノレ・ド）	08593
要録（エピクテトス）	01569
ヨーガヴァーシシュタ（作者不詳）	14820
ヨーガシャーストラ（ヘーマチャンドラ）	10596
ヨーガ・スートラ（作者不詳）	14821
ヨーガ・バーシュヤ（作者不詳）	14822
よき恋の書（ルイス）	13614
抑圧と自由（ヴェイユ，シモーヌ）	01040
よくできた女（ピム，バーバラ）	08935
欲望という名の電車（ウィリアムズ，テネシー）	00946
欲望のオブジェ―デザインと社会一七五〇‐一九八〇（フォーティー，エイドリアン）	09404
欲望の現象学（ジラール，R.）	05379
欲望の主体（バトラー，ジュディス）	08353
預言者（ジブラン，カリール）	04779
予言者伝（シブリー・ヌーマーニー）	04780
予言者伝（ナドヴィー，サイイド・スライマーン）	07632
予言の自己成就（マートン，R.K.）	11716
予告殺人（クリスティ，アガサ）	03178
予告された殺人の記録（ガルシア＝マルケス，ガブリエル）	02415
夜ごとのサーカス（カーター，アンジェラ）	02192
よしきた，ジーヴス（ウッドハウス，ペラム・グレンヴィル）	01386
ヨゼフとその兄弟たち（マン，トーマス）	11939
ヨーゼフは自由を求める（ケステン）	03544
予想どおりに不合理（アリエリー，ダン）	00315
他処の場所で（ミショー，H.）	11991
四日間（ガルシン，フセヴォロド・ミハイロヴィチ）	02424
4つの4重奏（エリオット，T.S.）	01634
四つの署名（ドイル，アーサー・コナン）	07159
四つの約束（ルイス，ドン・ミゲル）	13626
ヨットとわが生（ヒース，エドワード）	08877
夜中出あるくものたち（メイスフィールド，ジョン）	12220
4人姉妹（オールコット，ルイーザ・メイ）	01997
世の習い（コングリーヴ）	04161
夜の果てへの旅（セリーヌ，ルイ＝フェルディナン）	05976
ヨハネス・アルトゥジウスと自然法的国家理論の発展（ギールケ）	02808
ヨハネス・ケプラー（ケストラー，アーサー）	03557
ヨハネス少年（エーデン，フレデリック・ファン）	01559
ヨハネ黙示録（デューラー，A.）	07043
ヨハン・クライフ スペクタルがフットボールを変える（サントス，ミゲルアンヘル）	04473
ヨハンナ・マリア号（スヘンデル）	05794
ヨブ記（作者不詳）	14823
よみがえった改心（O・ヘンリー）	01979
甦る神々―新しい多神論（ミラー，デイヴィッド・L.）	12079
甦る旋律（ダール，フレデリック）	06302
よみがえる鳥の歌（フォークス，セバスティアン）	09350
甦るマルクス（アルチュセール，ルイ）	00384
読み書き能力の効用（ホガート，R.）	11025
より大きな希望（アイヒンガー）	00038
ヨリオの娘（ダヌンツィオ，ガブリエーレ）	06275
夜への長い旅路（オニール，ユージン）	01952
夜来たる（アシモフ，アイザック）	00128
ヨルダンの鳩（エセーニン，S.A.）	01534
夜と霧（フランクル，ヴィクトール・E.）	09808
夜と氷のうちで（ナンセン，フリチョフ）	07662
夜とざす（モラン）	12488
夜の終り（マクドナルド，ジョン・D.）	11558
夜のガスパール（ベルトラン，アロイジウス）	10753
夜の軍隊（メイラー，ノーマン）	12237
夜の子ら（ロビンソン，E.A.）	14281
夜の讃歌（ノヴァーリス）	07820
夜の魂―天文学逍遥（レイモ，チェット）	13844
夜の翼（シルヴァーバーグ）	05392
夜の熱気の中で（ボール，ジョン）	11313

夜のパン(ファルクベルゲ) ················· 09139
夜のみだらな鳥(ドノソ, ホセ) ············ 07331
夜の森(バーンズ, ジュナ) ················ 08737
夜ひらく(モラン) ························ 12489
夜夜明け昼(ヴィーゼル) ·················· 00875
夜はやさし(フィッツジェラルド, フランシ
　ス・スコット) ·························· 09196
悦ばしき知識(ニーチェ, フリードリヒ) ···· 07711
よろこびの日(シンガー, I.B.) ············· 05433
ヨーロッパ(シャクルトン) ················ 04842
ヨーロッパ(ロマン, ジュール) ············ 14325
ヨーロッパおよびロシアにおける東洋研究史
　(バルトリド) ·························· 08629
ヨーロッパ外交史(ドビドゥール) ·········· 07334
ヨーロッパ経済史(ヒートン) ·············· 08913
ヨーロッパ経済発展史(コワレフスキー, M.
　M.) ···································· 04147
ヨーロッパ建築史(ペブスナー, N.) ········ 10588
ヨーロッパ恒久平和案(サン・ピエール, シャ
　ルル) ·································· 04487
ヨーロッパ市民とは誰か(バリバール, エティ
　エンヌ) ································ 08544
ヨーロッパ自由主義史(ルッジェロ) ········ 13737
ヨーロッパ自由主義の興起(ラスキ, H.) ··· 12976
ヨーロッパ主要言語の比較小音声学(パ
　シー) ·································· 08132
ヨーロッパ諸学の危機と超越論的現象学
　(フッサール, エドムント) ················ 09553
ヨーロッパ諸国国家学綱要(アッヘンヴァ
　ル) ···································· 00184
ヨーロッパ諸国民への文明の影響(ホー
　ル) ···································· 11305
ヨーロッパ世界史(フライヤー) ············ 09649
ヨーロッパ世界の誕生(ピレンヌ, アンリ) ·· 09061
ヨーロッパとアメリカにおけるポーランド農
　民(ズナニエツキ, F.) ···················· 05733
ヨーロッパとアメリカにおけるポーランド農
　民(トマス, W.I.) ························ 07385
ヨーロッパ都市の初期の歴史(エンネン) ···· 01775
ヨーロッパとフランス革命(ソレル, A.) ···· 06098
ヨーロッパとローマ法(コシャーカー) ······ 03880
ヨーロッパの内幕(ガンサー, ジョン) ······ 02535
ヨーロッパの危機(フッサール, エドムン
　ト) ···································· 09554
ヨーロッパの共産主義(ボルケナウ) ········ 11327
ヨーロッパの経済的発展(コヴァレフス
　キー) ·································· 03812
ヨーロッパの形成(ドーソン, クリスト
　ファー) ································ 07303
ヨーロッパの湖上住居(マンロー) ·········· 11979
ヨーロッパの国家制度とその植民地の歴史

(ヘーレン) ······························ 10811
ヨーロッパの社会地理(ヒューストン) ······ 08954
ヨーロッパの代議政治起原史(ギゾー) ······ 02637
ヨーロッパのニヒリズム(レーヴィット) ···· 13863
ヨーロッパの美術・1855年(ゴーティエ, テオ
　フィル) ································ 03942
ヨーロッパの遊歩場(スティーヴン) ········ 05636
ヨーロッパの歴史—欧州共通教科書(ドルー
　シュ) ·································· 07484
ヨーロッパの労働者(ル・プレー) ·········· 13798
ヨーロッパ文学講義(ナボコフ, ウラジーミ
　ル) ···································· 07653
ヨーロッパ文学とラテン中世(クルティウス,
　E.R.) ·································· 03302
ヨーロッパ文化と日本文化(フロイス, ルイ
　ス) ···································· 10208
ヨーロッパ文化発展の経済的・社会的基礎
　(ドープシュ) ··························· 07344
ヨーロッパ文明(エイル) ·················· 01462
ヨーロッパ文明史(ギゾー) ················ 02638
ヨーン・ガブリエル・ボルクマン(イプセン,
　ヘンリック) ···························· 00654
4講話(ニザーミー・ガンジャヴィー) ······· 07683
40歳の男の日記(ゲーノ) ·················· 03616
4世紀から16世紀にいたる美術史(ダジャン
　クール, セルー) ························ 06241
4世紀のローマ帝国における貨幣と経済(ミッ
　クヴィツ) ······························ 12008
四千万人を殺したインフルエンザ(デイヴィ
　ス, ピート) ····························· 06704
四百論(アーリヤデーヴァ) ················ 00352

【ら】

ラ・アルカリアへの旅(セラ, カミロ・ホ
　セ) ···································· 05962
雷雨(オストロフスキイ, アレクサンド
　ル) ···································· 01899
雷雨(曹禺) ······························ 06025
ライオンと魔女(ルイス, C.S.) ············ 13637
ライオンのめがね(ヴィルドラック, シャル
　ル) ···································· 00998
ライオンは眠れない(ライダー, サミュエ
　ル) ···································· 12822
礼記(戴聖) ······························ 06156
礼記(戴徳) ······························ 06157
ライデン・パピルス(作者不詳) ············ 14824
ライト兄弟の実験(ライト, ウィルバー) ···· 12827
ライト兄弟の実験(ライト, オーヴィル) ···· 12828
ライフサイクル その完結(エリクソン, E.

H.)	01645
ライフサイクルの心理学(レビンソン,D.)	14005
ライフストラテジー(マグロー,フィリップ・C.)	11593
ライプニッツ—その思想と生涯(フィンスター)	09256
ライプニッツ・アルノー往復書簡(ライプニッツ)	12854
ライプニッツ—その思想と生涯(ホイフェ)	10955
ライフ・ヒーリング(ヘイ,ルイーズ)	10331
ライ麦畑でつかまえて(サリンジャー,J.D.)	04370
ライラとマジュヌーン(ニザーミー・ガンジャヴィー)	07684
ライン・オブ・ビューティー愛と欲望の境界線(ホリングハースト,アラン)	11301
ライン河(ユゴー,ヴィクトル)	12699
ラインの家庭の友の宝庫(ヘーベル)	10592
ラインの旅(ベデカー)	10541
ラヴィング(グリーン,ヘンリー)	03269
ラヴクラフト傑作集(ラヴクラフト,H.P.)	12883
ラヴ・メディシン(アードリック,ルイーズ)	00204
ラエフスキー家の姉妹(コヴァレフスカヤ)	03811
ラエリウス(キケロ,マークス・トゥリウス)	02622
ラオコーン(レッシング,ゴットホールド・エフライム)	13936
ラーオ博士のサーカス(フィニイ,チャールズ・G.)	09207
烙印(臧克家)	06028
楽園を求めた男(モンタルバン,M.V.)	12595
楽園にて(ハイゼ)	07908
楽園の泉(クラーク,アーサー・C.)	03068
駱丞集(駱賓王)	12915
ラグタイム(ドクトロウ,E.L.)	07268
駱駝祥子(老舎)	14111
楽天的悲劇(ヴィシネーフスキー)	00859
ラグナとニルス(ヤーン,ハンス・ヘニー)	12654
洛陽伽藍記(楊衒之)	12753
駱臨海集(駱賓王)	12916
ラザフォード—二〇世紀の錬金術師(アンドレード)	00538
ラサリーリョ・デ・トルメスの生涯(作者不詳)	14825
ラザルス計画(ヘモン,アレクサンドル)	10613
ラジオカーボン年代測定法(リビー)	13423
ラシーヌとシェークスピア(スタンダール)	05613
ラージャ・タランギニー(カルハナ)	02453
裸者と死者(メイラー,ノーマン)	12238
羅針盤のない旅行者(モルガン,C.)	12550
ラスコーまたは芸術の誕生(バタイユ,ジョルジュ)	08244
ラスト・エンペラー(ベア,エドワード)	10321
ラスト・タイクーン(フィッツジェラルド,フランシス・スコット)	09197
ラスト・ワールド(ランスマイヤー,クリストフ)	13187
ラスプーチン(ウィルソン,コリン)	00991
ラスベガス(ヴェンチューリ,ロバート)	01225
ラスベガス・71(トンプソン,ハンター・S.)	07600
ラセラス王子物語(ジョンソン,サミュエル)	05330
ラ・セレスティーナ(ローハス,F.)	14255
らせん(アルキメデス)	00370
螺旋階段(ラインハート,メアリー・ロバーツ)	12870
羅祖五部経巻(羅清)	12792
ラダミストとゼノビー(クレビヨン・ペール)	03375
ラッキー・ジム(エイミス,キングズリー)	01457
ラックス谷のサガ(作者不詳)	14826
ラックレント城(エッジワース,マライア)	01549
ラッサール(オンケン)	02038
ラディカルエコロジー—住みよい世界を求めて(マーチャント,キャロリン)	11648
ラティラハスヤ(コーツコーカ)	03904
ラデツキー行進曲(ロート,ヨーゼフ)	14243
ラテン・アメリカ(プラット)	09720
ラテンアメリカにおける従属と発展(カルドーゾ,フェルナンド・エンリケ)	02442
ラテンアメリカにおける従属と発展(ファレット,エンソ)	09141
ラテン・アメリカの国家(アルシニエガス)	00376
ラテン教会著作家全集(作者不詳)	14827
ラテン語語源辞典(ヴァルデ)	00780
ラテン語語源辞典(ホフマン)	11213
ラテン語大宝典(作者不詳)	14828
ラテン語・フランス語辞典(エティエンヌ)	01551
ラテン語文法詳解(キューナー)	02770
ラテン固有名詞史(シュルツェ)	05179
ラテン語論(ウァロ)	00804
ラテン文法(ドナトゥス)	07326
ラテン文法(ホフマン)	11214
ラテン文法(ロイマン)	14089
ラテン文法大綱(リリー)	13550
ラートブルフ自叙伝—心の旅路(ラートブルフ,グスタフ)	13064

ラナーク州への報告(オーウェン, ロバート) 01842
ラナーク一四巻からなる伝記(グレイ, アラスター) 03332
ラニー・バッドの巡礼(シンクレア, アプトン) 05443
ラ・バスヴィリアーナ(モンティ) 12597
ラパチーニの娘(ホーソーン, ナサニエル) .. 11096
ラバノテーション(ハッチンソン) 08299
ラ・プラタの博物学者(ハドソン, W.H.) 08342
ラブラドールの医師(グレンフェル) 03397
ラブラバ(レナード, E.) 13956
ラ・フランシアード(ロンサール) 14387
ラペルーズ世界周航記(ラペルーズ) 13107
ラホールの副領事(デュラス, マルグリット) 07051
ラーマ・キエン(作者不詳) 14829
ラマムアの花嫁(スコット, ウォルター) 05530
ラーマーヤナ(ヴァールミーキ) 00791
ラマルク伝—忘れられた進化論の先駆者(ドゥランジュ) 07235
ラミジ艦長物語(ポープ, ダドリ) 11189
ラーム・チャリト・マーナス(ダース, トゥルシー) 06242
ラモーの甥(ディドロ, ドニ) 06799
ララビアータ(ハイゼ) 07909
ララ・ルク(ムーア, トマス) 12166
ラルース美食事典(ゴトシャルク) 03948
ラルース美食事典(モンタニェ) 12593
ラルフ124C41+(ガーンズバック) 02542
ラ・レヘンタ(クラリン) 03152
ラ・ロシュフコー箴言集(ラ・ロシュフコー, フランソワ・ド) 13146
ランスロ(トロワ, クレティアン・ド) 07591
ランダウの素顔—現代物理学の万能選手(リワノワ) 13575
懶惰の城(トムソン, ジェイムズ) 07402
ラントとヘルシャフト(ブルンナー, オットー) 10106
ラント夫人(ウォルポール, ホレス) 01353
ランベスのライザ(モーム, ウィリアム・サマセット) 12470
ランボー(ボヌフォ) 11178
ランボー詩集(ランボー, アルチュール) 13213

【り】

リア王(シェイクスピア, ウィリアム) 04549
リア王(ラム姉弟) 13126

李娃伝(白行簡) 08089
リヴァイアサン(ホッブズ, トマス) 11140
リーヴェンワース事件(グリーン, アンナ・キャサリン) 03243
李衛公問対(阮逸) 03706
リェビーモフ(シニャフスキー) 04764
リエンジニアリング革命(チャンピー, ジェームズ) 06538
リエンジニアリング革命(ハマー, マイケル) 08436
理学訓蒙(ボイス, ヨハネス) 10940
リカード価値論の批判(ベイリー, サミュエル) 10360
リカードとマルクス(ジーベル) 04783
理化日記(リッテル) 13383
リカルド・レイスの死の年(サラマーゴ, ジョゼ) 04358
力学(オルソン, M.G.) 02002
力学(バージャー, V.D.) 08155
力学系入門(スメール, S.) 05840
力学系入門(ハーシュ, M.W.) 08156
力学の発展—歴史的・批判的考察(マッハ, エルンスト) 11696
力学要論(ダランベール) 06299
リキッド・モダニティ(バウマン, ジークムント) 08035
六一詩話(欧陽修) 01845
リグ・ヴェーダ(作者不詳) 14830
陸宣公奏議(陸贄) 13301
陸象山全集(陸象山) 13302
六書音均表(段玉裁) 06352
六韜(作者不詳) 14831
利己的な遺伝子(ドーキンス, リチャード) .. 07263
リサの哀怨(蔣光慈) 05252
リジイア(ポー, エドガー・アラン) 10909
利子と物価(ヴィクセル) 00846
利子歩合論(フィッシャー, アーヴィング) ... 09180
理趣経(作者不詳) 14832
理趣経秘註(文観) 12585
リシュリューの歴史(アノトー) 00215
リスク 神々への反逆(バーンスタイン, ピーター) 08745
リスクセンス(ロス, ジョン・F.) 14147
リスボン攻防戦の歴史(サラマーゴ, ジョゼ) 04359
リスボン渡航記(フィールディング, ヘンリー) 09245
理性的魂について(シゲルス) 04705
理性と革命(マルクーゼ, H.) 11848
理性と自然(コーエン, M.R.) 03840
理性と実存(ヤスパース) 12645

作品名	番号
理性と天啓（イリングチース）	00699
理性の機能（ホワイトヘッド, アルフレッド・ノース）	11426
理性の時代（ペイン, トーマス）	10376
理性の生活（サンタヤナ）	04449
理性の破壊（ルカーチ, G.）	13654
理性の果て（クルレジャ, ミロスラフ）	03323
理想的風景画（ゲルステンベルク）	03665
理想の自分になれる法（ガワイン, シャクティ）	02512
李太白集（李白）	13260
リタウェン物語（ズーデルマン, ヘルマン）	05677
リーダーシップ（バーンズ, ジェームズ・マグレガー）	08736
リーダーシップの王道（ナナス, バート）	07641
リーダーシップの王道（ベニス, ウォレン）	10567
リーダーシップ論（コッター, ジョン・P.）	03911
離脱・発言・忠誠（ハーシュマン, A.O.）	08159
リーダーになる（ベニス, ウォレン）	10568
利他の義務（マクコンネル）	11538
リチャード・フェヴェレルの試練（メレディス, ジョージ）	12344
リチャード二世（シェイクスピア, ウィリアム）	04550
リチャード三世（シェイクスピア, ウィリアム）	04551
李朝実録（実録庁）	04747
李朝実録（春秋館）	05208
陸橋殺人事件（ノックス, ロナルド・A.）	07836
立教十五論（王重陽）	01813
立憲主義（マルキウェイン）	11810
立憲政治と民主主義（フリードリヒ, カール）	09945
立体化学（ファント・ホフ）	09157
リップ・ヴァン・ウィンクル（アーヴィング, ワシントン）	00064
立法および法学に対する現代の使命（サヴィニー）	04267
立法と嬰児殺し（ペスタロッチ）	10440
立法について（マブリー）	11742
立法論（ベンサム, ジェレミー）	10858
律呂新書（蔡元定）	04230
律呂正義（ペドリーニ）	10555
律呂正義（ペレイラ）	10802
律暦淵源（允祉）	00711
リトゥ・サンハーラ（カーリダーサ）	02387
リトゥルギー（エルテル）	01678
リトル・アメリカ（バード）	08329
リトル・トリー（カーター, フォレスト）	02195
リトル・ドリット（ディケンズ, チャールズ）	06752
リトル・メン（オールコット, ルイーザ・メイ）	01998
李長吉歌詩（李賀）	13218
李家荘の変遷（趙樹理）	06562
リバイアサン（ブレイロック, ジェイムズ・P.）	10130
リビドーの変遷とシンボル（ユング, カール）	12739
リファレンス・ブックス案内（ヴィンチェル）	01021
リフレクシヴ・ソシオロジーへの招待（ヴァカン, ロイック）	00741
リフレクシヴ・ソシオロジーへの招待（ブルデュー, ピエール）	10044
リベラリズムと正義の限界（サンデル, マイケル）	04462
リベラル・ナショナリズム（タミール, Y.）	06290
リーマスじいやの物語（ハリス, ジョエル・チャンドラー）	08518
リーマン空間の幾何学についての講義（カルタン）	02432
リーマン全集（ヴェーバー）	01099
リーマン全集（デーデキント）	06938
リーマン面の概念（ワイル, ヘルマン）	14413
リーメ（コロンナ）	04144
裏面（クービン）	02995
リューヴェルスの少女時代（パステルナーク, ボリス・レオニードヴィチ）	08209
笠翁十種曲（李漁）	13227
竜を駆る種族（ヴァンス, ジャック）	00813
琉球語文典・辞典のための試論（チェンバレン, バジル・ホール）	06459
竜渓語録（王竜渓）	01825
流行（ジンメル, ゲオルク）	05469
流行（ベーン）	10845
流行性産褥熱の病原学的考察（ゼンメルヴァイス）	06012
流行の経済学（ニストロム）	07692
流行病（ヒポクラテス）	08932
柳穀伝（作者不詳）	14833
流砂（ラーセン, ネラ）	12999
流沙墜簡（王国維）	01803
流沙墜簡（羅振玉）	12791
劉少奇著作集（劉少奇）	13491
流体力学（ベルヌーイ, ダニエル）	10770
竜図公案（作者不詳）	14834
理由と人格（パーフィット）	08422
竜の戦士（マキャフリイ, アン）	11530
竜の卵（フォワード, ロバート・L.）	09447
龍の血を浴びて（ハイン, クリストフ）	07966
流氷上の生活（パパーニン）	08408

作品名	番号
劉賓客文集（劉禹錫）	13476
柳文指要（章士剣）	05266
流分論（マクローリン）	11597
リュクサンブールの一夜（グールモン）	03321
リュシアン・ルーヴェン（スタンダール）	05614
リュシス（プラトン）	09763
リュボーヴィ・ヤロヴァーヤ（トレニョーフ）	07559
両イラクの贈り物（ハーカーニー）	08069
両インド史（レーナル）	13957
楞伽経（作者不詳）	14835
両極の博物学者（ラドモーズ・ブラウン）	13065
聊斎志異（蒲松齢）	10911
療痔病経（作者不詳）	14836
両周金文辞大系図録攷釈（郭沫若）	02150
量子力学原理（ディラック）	06836
量子力学の数学的基礎（フォン・ノイマン，ジョン）	09463
量子力学の物理的基礎（ハイゼンベルク，ヴェルナー）	07913
量子論研究（ド・ブロイ）	07358
良心のトランペット（キング，M.L.）	02865
遼代中国社会史（ウィットフォーゲル，K. A.）	00889
遼代中国社会史（馮家昇）	09259
両同書（羅隠）	12866
量の発達心理学（ピアジェ，ジャン）	08807
猟場の悲劇（チェーホフ，アントン・パーヴロヴィチ）	06436
料理事典（ヘーリング）	10651
両惑星物語（ラスヴィッツ）	12961
緑樹の陰で（ハーディ，トマス）	08322
旅行記（イブン・ジュバイル）	00665
旅行記（ホスロウ，ナーセル）	11082
呂氏郷約（呂大忠）	13530
呂氏春秋（呂不韋）	13531
旅順港（スチェパーノフ）	05623
呂祖全書（劉体恕）	13494
邵亭知見伝本書目（莫友芝）	08095
リリオム（モルナール，フェレンツ）	12555
リリス（マクドナルド，ジョージ）	11555
リルケの人間存在に対する解釈（グアルディーニ，ロマーノ）	02895
理論運動学（ルーロー）	13820
理論経済学概説（レーデラー，エミイル）	13948
理論経済学の対象と基礎概念（アモン，アルフレッド）	00286
理論経済学の本質と主要内容（シュンペーター，J.A.）	05216
理論芸術学概論（マーツア）	11649
理論社会経済学（ディーチェル，ハインリッヒ）	06761
理論的国家経済論（ザックス，エミール）	04291
理論的社会経済学（カッセル，グスタフ）	02228
理論天体物理学（アンバルツーミヤン）	00541
理論法律学（オースティン，ジョン）	01886
理惑論（牟子）	11003
リンカーン伝（トーマス，B.P.）	07384
リングワールド（ニーヴン，ラリイ）	07667
林檎の樹（ゴールズワージー，ジョン）	04050
林檎みのる頃（シュトルム，テオドール）	05051
臨済録（臨済）	13582
臨床観察（シデナム）	04750
臨床精神薬理学（ドニケル，P.）	07330
臨床精神薬理学（ドレ，J.）	07536
臨床日記（フェレンツィ，S.）	09325
臨川先生文集（王安石）	01791
リンド・パピルス（作者不詳）	14837
リーンハルトとゲルトルード（ペスタロッチ）	10441
輪舞（シュニッツラー，アルトゥール）	05064
倫理学（アリストテレス）	00334
倫理学（ヴント，ヴィルヘルム）	01441
倫理学（ゲーリンクス）	03656
倫理学（タフツ）	06284
倫理学（デューイ，ジョン）	06997
倫理学（バウフ，ブルーノー）	08022
倫理学（ハルトマン，ニコライ）	08623
倫理学（マッキー，J.L.）	11661
倫理学原理（スペンサー，ハーバート）	05786
倫理学原理（ムーア，ジョージ・エドワード）	12164
倫理学序説（グリーン，トマス・ヒル）	03264
倫理学と道徳学（ブルー）	09984
倫理学に於ける起原論と確実論（マレット，R. R.）	11913
倫理学における形式主義と実質的価値倫理学（シェーラー，マックス）	04634
倫理学の根本問題（ストエルリング）	05683
倫理学の根本問題（リップス，テオドル）	13390
倫理学ノ将来―精神乎遠離乎（ブッセル）	09564
倫理学の心理学的及社会学的基礎（デュプラー）	07016
倫理学の方法（シジウィック，ヘンリー）	04710
倫理学分野論（パーマー，ハロルド・E.）	08435
倫理宗教（ガンジー）	02540
倫理宗教（作者不詳）	14838
倫理書簡集（セネカ，ルキウス・アンナェウス）	05947
倫理と道徳的寛容（ロジャーズ，カール）	14132
倫理と唯物史観（カウツキー，カール）	02121

| 倫理の心理学（アイロンズ） | 00043 |
| 倫理論集（プルタルコス） | 10029 |

【る】

ルイ14世時代（ヴォルテール）	01329
類人猿の知恵試験（ケーラー）	03641
類推の山（ドーマル）	07389
ルイス・カーン 光と空間（ビュッティカー, ウルス）	08959
ルイス, クラーク両大尉指揮下の太平洋への探検の歴史（クラーク）	03057
ルイス, クラーク両大尉指揮下の太平洋への探検の歴史（ルイス）	13615
ルイス詩集（ルイス, セシル）	13623
ルイ・ボアリエ（グラック, J.）	03108
ルイ・ボナパルトのブリュメール一八日（マルクス, カール）	11843
ルカノール伯爵（マヌエル）	11720
ルクレティウスの物の本質についての注釈（ラハマン）	13072
ルコック探偵（ガボリオ, エミール）	02340
ル・コルビュジエ全作品集（ル・コルビュジエ）	13693
ル・コルビュジェの全住宅（ル・コルビュジエ）	13694
ルーシー（キンケイド, ジャメイカ）	02875
ルーシー・ゲイハート（キャザー, ウィラ）	02713
ルシタニアの怪物の歌（ワイス, P.）	14402
ル・シッド（コルネイユ, ピエール）	04100
ルシフェル（フォンデル）	09457
ルージン（ツルゲーネフ, イヴァン・セルゲーヴィチ）	06674
ルスカヤ・プラウダ（ペステリ）	10442
ルスラーンとリュドミーラ（プーシキン, アレクサンドル・セルゲーヴィチ）	09528
ルソーのからっぽの墓（ブルトンヌ, レチフ・ド・ラ）	10066
流謫（ペルス, サン・ジョン）	10724
ルター伝—我ここに立つ（ベイントン）	10381
ルターの国家観（ビリング）	09014
ルターの文語概要（フランケ）	09812
ルター、プロテスタンティズムおよび近代世界（トレルチ）	07566
ルーツ（ヘイリー, アレックス）	10359
ルツィンデ（シュレーゲル, フリードリヒ）	05186
ルツェルン（トルストイ, レフ・ニコラエヴィチ）	07512
るつぼ（ムンク）	12203
ルードウィッヒ・フォイエルバッハとドイツ古典哲学の終結（エンゲルス, フリードリヒ）	01759
ルドゥーからル・コルビュジエまで—自律的建築の起源と展開（カウフマン, エミール）	02126
ルードルフ・ウルスロイの回想（フーフ, R.）	09603
ルードルフ・オイケン氏人生哲学（ギブソン, ボイス）	02682
ルドルフ表（ケプラー, ヨハネス）	03628
ルネ（シャトーブリアン）	04857
ルネサンス（ペイター）	10343
ルネサンス・ヴェネツィア派の画家（ベレンソン）	10814
ルネサンス史研究（ペーター, ウォルター）	10448
ルネサンス・中部イタリア派の画家（ベレンソン）	10815
ルネサンスとバロック（ヴェフリン）	01128
ルネサンスの音楽（リーズ）	13323
ルネサンスの社会学（マルティン, アルフレット・フォン）	11879
ルネサンス・フィレンツェ派の画家（ベレンソン）	10816
ルネサンス・北部イタリア派の画家（ベレンソン）	10817
ルネッサンス 再生への挑戦（ゴーン, カルロス）	04149
ルネ・モーブラン（ゴンクール兄弟）	04164
ルバイヤート（ハイヤーム, オマル）	07949
ルバイヤート（フィッツジェラルド, エドワード）	09193
ル・パラス（シモン, C.）	04813
ルブリンの魔術師（シンガー, アイザック・バシェヴィス）	05425
ルーベンスの回想（ブルクハルト, ヤコプ）	10007
ルーマニア日記（カロッサ, ハンス）	02502
瑠璃色のなかの黄金（ペーレイ, アンドレイ）	10686
ルルージュ事件（ガボリオ, エミール）	02341

【れ】

嶺外代答（周去非）	04934
冷血（カポーティ, トルーマン）	02339
霊魂の自然誌（ラ・メトリ）	13138
霊魂の城—神の住い（アビラの聖女テレサ）	00225
霊魂の進歩（ダン）	06349
霊魂不滅を思う（ワーズワース）	14465
霊魂不滅論（ポンポナッツィ）	11450

霊魂論（アリストテレス）	00335
隷従への道（ハイエク,F.A.v.）	07896
冷笑家用語集（ビアス,アンブローズ）	08811
令嬢ジュリー（ストリンドベリ,ヨハン・アウグスト）	05715
麗書堂筆録（郝懿行）	02135
零度のエクリチュール（バルト,ロラン）	08611
0度の女―死刑囚フィルダス（サーダウィ,ナワル・エル）	04280
霊廟（エンツェンスベルガー,H.M.）	01768
レイプ・踏みにじられた意思（ブラウンミラー,S.）	09694
冷房装置の悪夢（ミラー,ヘンリー）	12090
レイミア（キーツ）	02647
黎明（ベーメ,ヤコブ）	10610
レヴァーナ（リヒテル,エアン・パウル）	13431
レヴィアタン（グリーン,ジュリアン）	03261
レーヴェンフークと彼の《小動物》（ドベル）	07365
レーウェンフック―微生物を追う人々（クライフ）	03023
レオナルド・ダ・ヴィンチ（ヴァルデ,ミュラー）	00781
レオナルド・ダ・ヴィンチ（ザイトリツ）	04245
レオナルド・ダ・ヴィンチ（セアイユ）	05873
レオナルド・ダ・ヴィンチ（ティース）	06755
レオナルド・ダ・ヴィンチ（メレジコフスキー）	12338
レオナルド・ダ・ヴィンチ研究（デュエム）	07004
レオナルド・ダ・ヴィンチの手記（ダ・ヴィンチ,レオナルド）	06193
レオナルド・ダ・ヴィンチ論考（ヴァレリー）	00799
レオナルドの幻想（ガントナー）	02576
レ・オー・ポン（ラクルテル）	12922
暦算全書（梅文鼎）	07882
歴史（タキトゥス）	06215
歴史（ヘロドトス）	10837
歴史（ポリュビオス）	11297
歴史科学としての考古学（トリッガー）	07471
歴史学（ワーグナー）	14455
歴史学研究入門（セーニョボス）	05938
歴史学研究入門（バウアー）	07984
歴史学研究入門（ラングロワ）	13160
歴史学と社会理論（バーク,P.）	08097
歴史学入門（キルン）	02843
歴史学入門（ベルンハイム）	10796
歴史学の構成と課題（カイザー,G.）	02074
歴史学発展史（リッター）	13372
歴史家の課題について（フンボルト,ヴィルヘルム・フォン）	10320
歴史記述の歴史（トムソン）	07399
歴史主義から社会学へ（アントーニ）	00519
歴史主義とその諸問題（トレルチ）	07567
歴史主義の成立（マイネッケ,フリードリヒ）	11471
歴史主義の貧困（ポパー,カール・R.）	11186
歴史序説（イブン・ハルドゥーン）	00671
歴史大辞典（モレリ）	12564
歴史的危機の本質（オルテガ）	02011
歴史的見地より観たる国民経済学（クニース,カール・グスタフ・アドルフ）	02977
歴史的思考入門（ランプレヒト）	13204
歴史的思考の正路と邪路（リット）	13385
歴史的書簡（ラヴロフ）	12899
歴史的世界の構造（ディルタイ,ウィルヘルム）	06872
歴史的知識の哲学（バアカー）	07879
歴史的に見た英語（ペークホルム）	10394
歴史的方法と歴史哲学の教本（ベルンハイム）	10797
歴史哲学（ヴィンデルバント）	01031
歴史哲学（ヴォルテール）	01330
歴史哲学講義（ヘーゲル,ゲオルク・ヴィルヘルム・フリードリヒ）	10415
歴史哲学の諸問題（ジンメル,ゲオルク）	05470
歴史と階級意識（ルカーチ,G.）	13655
歴史と啓蒙（コッカ）	03899
歴史と現代における音楽（ブルーメ）	10090
歴史と自然科学（ヴィンデルバント）	01032
歴史と思想（余英時）	12744
歴史としての冷戦（ハレー,ルイス・J.）	08653
歴史と生（リット）	13386
歴史と政治における国民性（ハーツ,F.）	08259
歴史とは何か（カー,E.H.）	02060
歴史とは何ぞや（ランプレヒト）	13136
歴史におけるアラブ（ルイス）	13616
歴史における科学（バナール）	08378
歴史における経済人（ブレンターノ,ルーヨー）	10205
歴史における法の理念（ミッタイス）	12013
歴史における理性―世界史の哲学への序論（ヘーゲル,ゲオルク・ヴィルヘルム・フリードリヒ）	10416
歴史入門（ブローデル,フェルナン）	10266
歴史のあけぼの（チャイルド,V.G.）	06488
歴史の意味（ベルジャーエフ）	10715
歴史の終わり（フクヤマ,フランシス）	09473
歴史の解釈（ティリッヒ,パウル）	06842
歴史の観念（コリングウッド）	04024
歴史の記述（ケント）	03723
歴史の経済的解釈（ロジャーズ）	14127

歴史之経済的説明(セリグマン,エドウィン・ロバート)	05972	レベル・セブン(ロシュワルト)	14137
歴史の研究(トインビー,アーノルド)	07165	レ・マンダラン(ボーヴォワール,シモーヌ・ド)	10998
歴史の根源と目標(ヤスパース)	12646	レ・ミゼラブル(ユゴー,ヴィクトル)	12700
歴史の精華(ハーフィズ・アブルー)	08421	レーモン・アロン回想録(アロン,レーモン)	00468
歴史のための闘い(フェーヴル,リュシアン)	09281	レリア(サンド,ジョルジュ)	04472
歴史のための弁明(ブロック,マルク)	10248	恋愛三昧(シュニッツラー,アルトゥール)	05065
歴史の都市 明日の都市(マンフォード,ルイス)	11976	恋愛詩集(フーフ,R.)	09604
歴史の理解(ゴットシャルク)	03919	恋愛詩集(ロンサール)	14388
歴史の理論および方法(マイヤー,エドゥアルト)	11483	恋愛対位法(ハックスリー,オルダス)	08283
歴史の理論と歴史(クローチェ,ベネデット)	03422	恋愛と結婚(ケイ,エレン)	03503
歴史・批判的辞典(ベール)	10661	恋愛と西欧(ルージュモン)	13702
歴史への招待(ネヴィンズ)	07766	恋愛とルイシャム氏(ウェルズ,H.G.)	01166
歴史法学概論(ヴィノグラドフ)	00918	恋愛論(スタンダール)	05615
暦象考成(何国宗)	02044	錬金術師(ジョンソン,ベン)	05345
歴史理論(クセノポル)	02937	錬金術の起原(ベルトロ)	10756
歴代三宝紀(費長房)	08797	錬金術の成立と普及(リップマン)	13396
歴代社会風俗事物考(尚秉和)	05257	錬金術の薔薇(イェイツ,ウィリアム・B.)	00571
歴代名画記(張彦遠)	06552	連合主義,社会主義,反神学主義(バクーニン)	08105
レギュラシオン理論(ボワイエ)	11398	連合主義論(プルードン)	10055
レ・コミュニスト(アラゴン,ルイ)	00296	連合政府論(毛沢東)	12401
レジー・フォーチュン(ベイリー,H.C.)	10365	煉獄のなかで(ソルジェニーツィン,アレクサンドル・イサーエヴィチ)	06091
レスター先生の学校(ラム姉弟)	13127	レンズマン・シリーズ(スミス,E.E.)	05830
レスビアンの歴史(フェダマン,L.)	09289	連続群論(ポントリヤーギン)	11444
レソス(エウリピデス)	01498	連続と無理教(デーデキント)	06939
列子(列子)	13927	連帯主義(ブーグレ)	09476
列女伝(劉向)	13486	連帯と自由の哲学(ローティ,R.)	14234
レッシング伝説(メーリング,フランツ)	12300	連隊の子(カターエフ,ワレンチ)	02199
列仙伝(劉向)	13487	連帯論(ブールジョア,レオン)	10017
レッド・オクトーバーを追え(クランシー,トム)	03156	レントゲン線における干渉現象(ラウエ)	12889
レッドバーン(メルヴィル,ハーマン)	12314	レントゲン線により生じたイオンのもつ電荷について(トムソン,J.J.)	07408
レ・ディアボリック(ドールヴィイ,バルベー)	07480	レンブラント(ヴァイスバハ)	00726
レーニン史的唯物論体系(アドラツキー)	00202	レンブラント(ジンメル,ゲオルク)	05471
レーニン主義の基礎(スターリン,I.V.)	05594	レンブラント(バン・ローン,H.W.)	08794
レーニン主義の諸問題に寄せて(スターリン,I.V.)	05595	レンブラントの油絵(プレディウス)	10156
レーニン伝(ドイッチャー,I.)	07149	レンブラントの帽子(マラマッド,バーナード)	11761
レーニン伝(フィッシャー,ルイス)	09185	連邦下院議員(クラップ,C.L.)	03116
レーニンと芸術(ドレイデン)	07538	連邦議会制論(ウィルソン,ウッドロウ)	00979
レーニンとロシア革命(ヒル,クリストファー)	09017	【ろ】	
レーニンの思い出(クループスカヤ)	03317		
レーニンの思い出(ツェトキン,C.)	06645	ロウエル詩集(ロウエル,エイミー)	14098
レベッカ(デュ・モーリア,ダフネ)	07038	ロウエル詩集(ロウエル,ロバート)	14102
レベル3(フィニイ,ジャック)	09206		

老学庵筆記（陸游）	13309	老年について（キケロ，マーカス・トウリウス）	02623
牢獄の門（グレゴリー夫人）	03359	ローウムの狂気（オニオンズ）	01941
老妻物語（ベネット，アーノルド）	10576	老練なる船乗りたち（アマード，ジョルジェ）	00262
労作学校の概念（ケルシェンシュタイナー）	03663	ローエングリーン（ワグナー，リヒャルト）	14449
老残遊記（劉鶚）	13478	ロカルノの女乞食（クライスト，ハインリッヒ・フォン）	03019
老子（老子）	14106	鹿苑日録（景徐）	03506
老松堂日本行録（宋希璟）	06023	六号病室（チェーホフ，アントン・パーヴロヴィチ）	06437
老人と海（ヘミングウェイ，アーネスト）	10606	ロクサーナ（デフォー，ダニエル）	06964
老人と若者（ピランデルロ，ルイジ）	09008	六十種曲（毛晋）	12386
老人ホーム――夜のコメディー（ジョンソン，B.S.）	05347	60年間の仕事の総計（ミチューリン）	12003
老水夫行（コールリッジ）	04122	ロクス・ソルス（ルーセル，レーモン）	13707
蠟燭に照らされた戦争（アラルコン，ダニエル）	00299	6,000万の雇用（ウォレス，ヘンリー・A.）	01363
ロウソクの科学（ファラデー，マイケル）	09131	六祖壇経（慧能）	01564
蠟燭の焰（バシュラール，ガストン）	08165	ロココと古典派の音楽（ビュッケン）	08958
労働運動史（ドレアン）	07537	ローザ・ルクセンブルク（クリフ）	03201
労働階級と危険な階級（シュヴァリエ，ルイ）	04952	ロシア印象記（ブランデス，ゲオルク）	09858
労働価値論研究（ミーク）	11982	ロシア革命史（トロツキー）	07581
労働学校（ブロンスキー）	10297	ロシア革命論（ルクセンブルグ，ローザ）	13675
労働協約論（ジンツハイマー）	05447	ロシアから愛をこめて（フレミング，イアン）	10187
労働組合運動史（ウェッブ，シドニー）	01086	ロシア経済史（クーリッシャー）	03198
労働組合運動史（ウェッブ，ビアトリス）	01093	ロシア経済史（リヤシチェンコ）	13472
労働組合論（レーニン，ウラジミール・イリイッチ）	13997	ロシア語（ヴィノグラドフ）	00919
労働契約論（ロートマール）	14249	ロシア考古学（ウヴァーロフ）	01035
労働者階級と生活水準（アルブヴァクス）	00410	ロシア語語源辞典（ファスマー）	09119
労働者階級の政治的能力について（プルードン）	10056	ロシア語動詞の体の用法（マゾン）	11642
労働者綱領（ラッサール）	13009	ロシア史（ヴェルナドスキー）	01182
労働者問題（ヘルクナー）	10704	ロシア史（シュテーリン）	05018
労働者問題（ランゲ，フリードリヒ・アルベルト）	13165	ロシア史（ペアーズ）	10328
労働とリズム（ビューヒャー，カール）	08969	ロシア史（ポクロフスキー）	11043
労働の条件（ヴェイユ，シモーヌ）	01041	ロシア史講義（クリュチェフスキー）	03228
労働の組織（ブラン，ルイ）	09784	ロシア社会思想史（プレハーノフ，ゲオルク）	10172
労働の不当な取り扱いおよびその救済（プレイ）	10110	ロシア史要説（ポクロフスキー）	11044
労働法原理（アンドルーズ，ジョン・B.）	00525	ロシア諸民族の権利宣言（ロシア共和国）	14121
労働法原理（コモンズ，ジョン・ロジャーズ）	03991	ロシア政治外交史（ヴェルナドスキー）	01183
労働法原理（ジンツハイマー）	05448	ロシア帝国史（カラムジン）	02377
労働法講義（カピタン）	02308	ロシアとアジア（ロバーノフ・ロフトーフスキー）	14266
労働法講義（キュシュ）	02767	ロシアにおける革命思想の発達について（ゲルツェン，アレクサンドル）	03681
労働法講義（ニッペルダイ）	07717	ロシアにおける資本主義の発展（レーニン，ウラジミール・イリイッチ）	13998
労働法講義（ヒュック）	08955	ロシアにおける労働者階級の状態（ベルヴィ）	10688
労働法綱要（ビック）	08891	ロシアの音楽（アサーフィエフ）	00112
労働擁護論（ホジスキン，T.）	11051	ロシアの女たち（ネクラーソフ）	07771
朗読者（シュリンク，ベルンハルト）	05165		

ロシアの技術 (ダニレーフスキー) 06270
ロシアの工場 (トゥガン・バラノフスキー, M. I.) 07213
ロシアの国内状態、民族生活、特に土地制度に関する研究 (ハックスタウゼン) 08274
ロシアの小説 (ウォギュエ) 01247
ロシアの精神 (マサリク) 11608
ロシアの年代記 (作者不詳) 14839
ロシアの人々 (シーモノフ) 04809
ロシアの森 (レオーノフ) 13898
ロシア・フォルマリズム論集 (シクロフスキー, ヴィクトル) 04703
ロシア文学のゴーゴリ時代概観 (チェルヌイシェフスキイ) 06446
ロシア文学の理想と現実 (クロポトキン) ... 03468
ロシア文化史概説 (ミリュコーフ) 12100
ロシア民俗学 (ソコロフ) 06048
ロシア昔話・伝承者別選集 (アザドフスキー) 00111
ロシア, 蒙古, 中国 (バッデリー) 08300
ロシア領トルキスタン地誌 (マハチェク) ... 11728
ロジック (ソレルス, P.) 06103
ロージーとリンゴ酒 (リー, ローリー) 13271
ロジャーズが語る自己実現の道 (ロジャーズ, カール) 14133
路上 (ケルアック, ジャック) 03658
魯迅雑感選集 (瞿秋白) 02891
魯迅批判 (李長之) 13254
ローズヴェルトと日露戦争 (デネット) 06953
ローズヴェルトとホプキンズ (シャーウッド) 04834
ロスキウス弁護論 (キケロ, マーカス・トウリウス) 02624
ロスチャイルド―ヨーロッパ金融界の謎の王国 (ブーヴィエ) 09269
ロスト・シンボル (ブラウン, ダン) 09676
ロスト・ワールド (ドイル, アーサー・コナン) 07160
ロスメルスホルム (イプセン, ヘンリック) ... 00655
ローゼンクランツとギルデンスターンは死んだ (ストッパード, トム) 05685
ローダフレミング (メレディス, ジョージ) ... 12345
ロダン (リルケ, ライナー・マリア) 13569
ロダンの言葉 (ロダン) 14202
六派哲学集 (ハリバドラ) 08542
六派哲学集 (ラージャシェーカラ) 12952
ロデリック・ランダムの冒険 (スモレット, トバイアス・ジョージ) 05847
ロード・ジム (コンラッド, ジョウゼフ) ... 04222
ロバチェフスキーの世界 (リワノフ) 13574
ロバート・アレンの実践！億万長者入門 (アレン, ロバート) 00453
ろば物語 (セギュール夫人) 05904
ロバンとマリオンの劇 (アダン・ド・ラ・アル) 00161
ロビンソン・クルーソー (デフォー, ダニエル) 06965
ロビン・フッドのゆかいな冒険 (パイル, ロバート) 07955
ローブ古典双書 (作者不詳) 14840
ロブ・ノール紀行 (プルジェヴァリスキー) ... 10016
ロブ・ロイ (スコット, ウォルター) 05531
ロベスピエール (トムソン, J.M.) 07410
ロベスピエール (ブュロワゾォ) 09273
ロボット (チャペック, カレル) 06520
ロボット (モラヴィア, アルベルト) 12481
ローマ教皇史 (ランケ, レオポルト・フォン) 13176
ローマ経済史 (フランク, T.) 09796
ローマ刑法 (モムゼン) 12471
ローマ建国史 (リヴィウス) 13279
ローマ考古学提要 (カニャ) 02285
ローマ考古学提要 (シャボ) 04877
ローマ国法 (モムゼン) 12472
ローマ古事誌 (ディオニュシオス) 06715
ローマ史 (アッピアノス) 00178
ローマ史 (アルトハイム) 00392
ローマ史 (カッシウス) 02211
ローマ史 (ケアリー) 03494
ローマ史 (コルネマン) 04102
ローマ史 (ニーブール) 07726
ローマ史 (ピガニオル) 08841
ローマ史 (モムゼン) 12473
ローマ市の給水 (フロンティヌス) 10305
ローマ私法提要 (ゾーム) 06076
ローマ宗教史 (アルトハイム) 00393
ロマ書 (バルト, ロラン) 08612
ロマ書講解 (バルト, ロラン) 08613
ローマ史論 (マキアヴェッリ, ニッコロ) ... 11528
ローマ帝国社会経済史 (ロストフツェフ) ... 14173
ローマ帝国衰亡史 (ギボン, エドワード) ... 02688
ローマ帝国東部諸属州における帝国法と民間法 (ミッタイス) 12014
ローマ帝国の交易路と商業 (チャールズワース) 06527
ローマ帝政時代史 (デッサウ) 06932
ローマ的・ゲルマン的諸民族の歴史 (ランケ, レオポルト・フォン) 13177
ローマにおけるバロック芸術の成立 (リーグル) 13313
ローマに死す (ケッペン, ヴォルフガング) ... 03575
ローマに散る (シャーシャ, レオナルド) ... 04845

作品名	番号
ロマネスク彫刻家の芸術（フォション，アンリ）	09386
ローマ農業史（ウェーバー，マックス）	01122
ローマの女（モラヴィア，アルベルト）	12482
ローマのガリレオ（アルティガス，M.）	00388
ローマのガリレオ（シーア，W.）	04496
ローマのコロナートゥス制（クロージング）	03406
ローマのコロナートゥス制史研究（ロストフツェフ）	14174
ローマの俳優（マッシンジャー，フィリプ）	11691
ローマの不思議（作者不詳）	14841
ローマの防衛（フーフ，R.）	09605
ローマ風俗史（フリードレンダー，L.H.）	09950
ローマ文学史（シャンツ）	04909
ローマ文学史（トイフェル）	07150
ローマ文化史（キーファー）	02677
ローマ法（イェルス）	00595
ローマ法学史（シュルツ，フリッツ）	05172
ローマ法大全（ガイウス）	02066
ローマ法大全（ユスティニアヌス）	12708
ローマ法の原理（シュルツ，フリッツ）	05173
ローマ法の精神（イェーリング）	00594
ロマン（ソローキン）	06122
ロマン語圏の成立（ヴァルトブルク）	00787
ロマン語文献学綱要（グレーバー）	03373
ロマン主義絵画（ローザンタール）	14120
ロマンチック・チャレンジ（チチェスター，フランシス）	06472
ロマンツェーロ（ハイネ，ハインリッヒ）	07938
ロマンティスムの歴史（スーリオー）	05853
ロマン的エーディプス（プラーテン，A.G.v）	09735
ロマン派（ハイネ，ハインリッヒ）	07939
ロマン派（フーフ，R.）	09606
ロマン派以後の近代音楽（メルスマン）	12321
ロマン派芸術論（ボードレール，シャルル）	11162
ロマン派時代の音楽（アインシュタイン，アルフレート）	00056
ロマン派の童話文学（ベンツ）	10866
ロマン派の和声（クルト，エルンスト）	03305
ロミオとジュリエット（シェイクスピア，ウィリアム）	04552
ロムルス大帝（デュレンマット，フリードリッヒ）	07071
ロメオとジャネット（アヌイ）	00213
ロモラ（エリオット，ジョージ）	01625
ローランの歌（作者不詳）	14842
ロリータ（ナボコフ，ウラジーミル）	07654
ローレヌ地方の荘園制の研究（ペラン）	10626
ロレンザッチョ（ミュッセ）	12050
ロンギヌスの悲壮美論翻訳（ボアロー，N.）	10923
論語（孔子）	03819
論衡（王充）	01807
論語義疏（皇侃）	03783
論語は問いかける（フィンガレット）	09254
論集（モンテーニュ，ミシェル・ド）	12604
ロンドン（作者不詳）	14843
ロンドン社会科学文献目録（作者不詳）	14844
ロンドン商人（リロー）	13573
ロンドン塔（エインズワース）	11465
ロンドンの民衆の生活と労働（ブース，チャールズ）	09533
ロンドンの労働と生活の新調査（ブース，チャールズ）	09534
ロンドン・フィールズ（エイミス，マーティン）	01459
ロンドン夜景（シモンズ，A.W.）	04816
ロンバード街（バジョット，ウォルター）	08169
論文集（モンテーニュ，ミシェル・ド）	12605
論文の技法（ベッカー，H.S.）	10463
論文100選（ポリツィアーノ，A.）	11291
ロンメル将軍―砂漠のキツネ（シュミット，ハインツ）	05123
論理学（アルノー）	00399
論理学（ヴント，ヴィルヘルム）	01442
論理学（エルトマン，J.E.）	01681
論理学（ジクヴァルト）	04696
論理学（ニコル）	07678
論理学（ハルトマン，ニコライ）	08624
論理学（ロッツェ）	14227
論理学研究（デューイ，ジョン）	06998
論理学研究（フッサール，エドムント）	09555
論理学体系（ミル，ジョン・スチュアート）	12118
論理学 探究の理論（デューイ，ジョン）	06999
論理学の根本問題（リップス，テオドル）	13391
論理学の根本問題十講（リップス，テオドル）	13392
論理学の方法（クワイン）	03477
論理哲学入門（トゥーゲントハット）	07216
論理哲学論考（ウィトゲンシュタイン，ルートヴィヒ）	00898
論理と確率の数学理論が基づく思考諸法則の研究（ブール，ジョージ）	09987
論理と唯物的歴史観（カウツキー，カール）	02122
論理の数学的分析（ブール，ジョージ）	09988
論理療法―自己説得のサイコセラピイ（エリス，アルバート）	01647
論理療法―自己説得のサイコセラピイ（ハーパー，ロバート・A.）	08401

【わ】

Yの悲劇 (クイーン, エラリー) ……………… 02904
ワイマール文化 (ゲイ) …………………………… 03500
ワイルダー一家の失踪 (グリーン, ハーバート) ……………………………………………… 03265
ワイルド・ギース (カーニー) ……………… 02279
ワイルド・スワン (チアン, ユン) ………… 06395
ワイルド・ターキー (サイモン, R.L.) ……… 04253
ワイルドフェル・ホールの住人 (ブロンテ, アン) ………………………………………………… 10299
ワインズバーグ・オハイオ (アンダーソン, シャーウッド) ……………………………… 00499
和英語林集成 (ヘボン, ジェームズ・カーティス) …………………………………………… 10595
若いグッドマン・ブラウン (ホーソーン, ナサニエル) ……………………………………… 11097
若い芸術家の肖像 (ジョイス, ジェイムズ) ‥ 05245
若いテルレスの惑い (ムージル, ローベルト) ……………………………………………… 12185
若い人たちのために (スティーヴンソン, ロバート・ルイス) ……………………………… 05654
若いロニガン (ファレル) ………………………… 09142
わがエジプト (フサイン, ターハー) ……… 09493
わが思い出と冒険 (ドイル, アーサー・コナン) ……………………………………………… 07161
わが音楽語法 (メシアン) ……………………… 12244
わが音楽の生涯 (コルサコフ, リムスキー) ‥ 04044
若き医師の日 (カロッサ, ハンス) ………… 02503
若きWのあらたな悩み (プレンツドルフ) … 10206
若きウェルテルの悩み (ゲーテ, ヨハン・ヴォルフガング・フォン) ……………………… 03596
若き獅子たち (ショー, G.B.) ………………… 05239
若き詩人への手紙 (リルケ, ライナー・マリア) ………………………………………………… 13570
若き商人への忠告 (フランクリン, ベンジャミン) ………………………………………………… 09804
若き親衛隊 (ファジェーエフ) ……………… 09111
若きパルク (ヴァレリー) ……………………… 00800
若き人々へ (ヘッセ, ヘルマン) …………… 10507
若き人々への言葉 (ニーチェ, フリードリヒ) ………………………………………………… 07712
若き日の信条 (ケインズ, ジョン・メイナード) ………………………………………………… 03526
若き娘たち (モンテルラン) ………………… 12612
若きレナーテ・フックスの物語 (ヴァッセルマン) …………………………………………… 00753
若草物語 (オールコット, ルイーザ・メイ) ‥ 01999

若くして逝く (シランペー, F.E.) …………… 05384
わが苦悩の町2番通り (ムファーレレ, エゼキエル) ………………………………………… 12195
わが心の河 (ディッキー, ジェイムズ) ……… 06765
わが心は高原に (サローヤン, W.) ………… 04416
吾が国家経済状態の認識に就いて (ロートベルトゥス, ヨハン・カール) …………………… 14248
わが師 (ヴィヴェーカーナンダ) …………… 00837
わがシッドの歌 (作者不詳) ………………… 14845
わが生涯 (ダンカン, イサドラ) …………… 06357
わが生涯 (トロツキー) …………………………… 07582
わが生涯の伝説 (ヨルゲンセン) …………… 12778
わが生涯の弁明 (ニューマン) ……………… 07738
わが生涯の物語 (アンデルセン, ハンス・クリスチャン) ………………………………………… 00517
わが信仰の帰結 (トルストイ, レフ・ニコラエヴィチ) …………………………………………… 07513
わが生活と思想より (シュヴァイツァー, アルベルト) ………………………………………… 04950
わが生と愛 (ハリス, フランク) ……………… 08528
わが世界観 (アインシュタイン, アルバート) ………………………………………………… 00051
わが前半生 (愛新覚羅儀) ……………………… 00010
わが大戦回顧録 (ルーデンドルフ) ………… 13739
わが谷は緑なりき (ルウェリン, S.) ………… 13646
わが魂を聖地に埋めよ (ブラウン, ディー) ‥ 09678
わが父マーク・トウェーン (クレメンズ, クララ) ………………………………………………… 03392
わかっていただけますよね (シェパード, ジム) ………………………………………………… 04601
わが同時代人の歴史 (コロレンコ, ヴラジーミル・ガラクチオーノヴィチ) ………………… 04140
わが闘争 (ヒトラー, アドルフ) ……………… 08911
わが友の書 (フランス, アナトール) ……… 09844
わが友ピエロ (クノー, レイモン) ………… 02983
わが76年の生涯 (シャハト) ………………… 04864
我が名はアラム (サロイヤン, ウィリアム) ‥ 04410
わが名はガンテンバイン (フリッシュ, マックス) ………………………………………………… 09927
わが名はコンラッド (ゼラズニイ, ロジャー) ………………………………………………… 05965
わが半生 (愛新覚羅溥儀) ……………………… 00011
わが半生 (チャーチル, ウィンストン) …… 06500
我が秘密の生涯 (作者不詳) ………………… 14846
わがファウスト (ヴァレリー) ……………… 00801
わが町 (ワイルダー, T.) ………………………… 14420
わがマルクス主義観 (李大釗) ……………… 13245
わが目の悪魔 (レンデル, ルース) …………… 14045
わが山の生涯 (ロングスタッフ) …………… 14381
わが山々へ (ボナッティ, W.) ………………… 11170
別れを告げに来た男 (フリーマントル, ブライ

アン) …………………………… 09955
惑星へ(セーガン、カール) …………… 05898
ワクワクする仕事をしていれば、自然とお金はやってくる(シネター、マーシャ) …… 04765
和合(ムージル、ローベルト) …………… 12186
和剤局方(陳師文) …………………………… 06600
和字正濫抄(契沖) …………………………… 03513
ワシブンゴ(イカサ、ホルヘ) …………… 00602
ワショークと仲間たち(オセーエワ) …… 01908
ワシーリイ・チョールキン(トヴァルドーフスキイ) ………………………… 07187
ワシーリイ・フィヴェーイスキイの一生(アンドレーエフ、レオニード) ……… 00535
鷲は舞い降りた(ヒギンズ、ジャック) …… 08850
ワシントン広場(ジェイムズ、ヘンリー) …… 04567
忘られぬ言葉(ハイゼ) …………………… 07910
忘られぬ1919年(ヴィシネーフスキー) …… 00860
忘れ川をこえた子どもたち(グリーペ) …… 03208
忘れられた思想家 安藤昌益のこと(ノーマン、E.H.) ……………………… 07854
和声学(デュボワ、テオドール) ………… 07022
和声学提案(リーマン、フーゴー) ……… 13464
和声組織論(ツァルリーノ) ……………… 06618
私が愛したもの(ハストヴェット、シリ) …… 08210
私が死のために立ちどまれなかったから(ディキンソン、エミリー) ……… 06724
私だったもの(ミショー、H.) …………… 11992
私と客体の世界(ベルジャーエフ) ……… 10716
私のアメリカ発見(マヤコフスキー) …… 11754
私のアントニーア(キャザー、ウィラ) …… 02714
私のウォルマート商法(ウォルトン、サム) …… 01333
私の声はあなたとともに――ミルトン・エリクソンのいやしのストーリー(エリクソン、ミルトン) ……………………… 01639
私の人生と事業(フォード、ヘンリー) …… 09413
私の大学(ゴーリキー、マクシム) ……… 04022
私の哲学体系の叙述(シェリング、フリードリヒ・ヴィルヘルム・ヨゼフ・フォン) …… 04658
私は女ではないのか(フックス、B.) …… 09548
私はどうして販売外交に成功したか(ベトガー、フランク) ……………… 10548
私一人(バコール、ローレン) …………… 08126
わたしを離さないで(イシグロ、カズオ) …… 00613
わたしがそこにいないかのように(ドラクリッチ、スラヴェンカ) ……… 07433
わたしの産児調節運動(サンガー、マーガレット) ………………………… 04421
わたしの生涯(ケラー、ヘレン) ………… 03647
わたしの不幸の物語(アベラール) ……… 00242
わたしは作曲家である(オネゲル) ……… 01953

わたしは誰、どこから来たの――進化にみるヒトの「違い」の物語(カヴァーリ=スフォルツァ、フランチェスコ) …………… 02098
わたしは誰、どこから来たの――進化にみるヒトの「違い」の物語(カヴァーリ=スフォルツァ、ルーカ) ………………… 02099
わたしはロボット(アシモフ、アイザック) …… 00129
ワップショット家の人びと(チーヴァー) …… 06396
ワーナー(バイロン,G.) …………………… 07964
罠(ホークス、ジョン) ……………………… 11036
ワーニカ(チェーホフ、アントン・パーヴロヴィチ) ………………………… 06438
ワーニャ伯父さん(チェーホフ、アントン・パーヴロヴィチ) ……………… 06439
笑い(ベルグソン、アンリ) ……………… 10703
笑い男(サリンジャー,J.D.) ……………… 04371
笑いごとではない(ウイルソン、アンガス) …… 00973
笑いと忘却の書(クンデラ、ミラン) …… 03484
わらの女(アルレー、カトリーヌ) ……… 00428
藁のハンドル(フォード自伝)(フォード、ヘンリー) ………………………… 09414
悪い年の日記(クッツェー、ジョン・マックスウェル) ………………………… 02960
悪い仲間(ウイルソン、アンガス) ……… 00974
悪い仲間(コロレンコ、ヴラジーミル・ガラクチオーノヴィチ) ……………… 04141
悪口学校(シェリダン,R.B.) ……………… 04644
わる者グスマン・デ・アルファラーチェの生涯(アレマン) ……………………… 00447
われ思う、故に、われ間違う(ランタン、ジャン・ピエール) …………………… 13191
われ三一の神を信ず(ゴーガルテン、フリードリヒ) ………………………… 03842
我と汝(ブーバー、マルティン) ………… 09591
われに触れるな(リサール) ……………… 13318
われ発見せり(ユリイカ)――物一的・霊的宇宙をめぐる試論(ポー、エドガー・アラン) …… 10910
われら(ザミャーチン、エヴゲーニイ・イヴァーノヴィチ) ……………………… 04346
われら失いし世界(ラスレット、ピーター) …… 12996
われらをめぐる海(カーソン、レイチェル) …… 02190
我らが共通の友(ディケンズ、チャールズ) …… 06753
吾等がために踊れ(ゴールズワージー、ジョン) ………………………… 04051
われらティコピア人(ファース、レイモンド) ………………………… 09116
われらの社会的遺産(ウォラス、グレアム) …… 01297
われらの祖国(ペギー、シャルル) ……… 10390
われらの祖国愛について(プライス、リチャード) ………………………… 09640
われらの祖先(レンネップ) ……………… 14051

われらはすべてを生き抜く（エーヴェルラン）	01476
われらは女神の僕（マニング, フレデリック）	11719
われらはユートピア（アンドレス）	00537
われわれの祖先（カルヴィーノ, イタロ）	02408
われわれの道（ローズヴェルト）	14162
和論語（作者不詳）	14847
ワンダー・ブック（ホーソーン, ナサニエル）	11098
ワンダフル・ライフーバージェス頁岩と生物進化の物語（グールド, スティーヴン・J.）	03308
わんぱくタイクの大あれ三学期（ケンプ）	03728

【ABC】

Aha！ Gotcha（ガードナー, マーティン）	02267
Candid Science（Hargittai, István）	14496
Cosmic View the Universe in Forty Jumps（Boeke, Kees）	14494
DSM・IV（アメリカ精神医学会）	00280
EQ—こころの知能指数（ゴールマン, ダニエル）	04111
G.（バージャー, ジョン）	08154
International Politics and Foreign Policy（ローズノウ, ジェイムズ・N.）	14175
International Regimes（クラズナー, スティーヴン）	03099
Meta Math！（チャイティン, グレゴリー・J.）	06481
Notes on Introductory Combinatorics（タージャン）	06240
Notes on Introductory Combinatorics（ポリヤ）	11295
Passionate Minds（ウォルパート, ルイス）	01335
Power and Interdependence（コヘイン, ロバート・O.）	03973
Power and Interdependence（ナイ, ジョセフ・S., Jr.）	07606
Six Easy Pieces（ファインマン, リチャード・P.）	09099
The Jews（ベロック）	10835
TVA（リリエンソール）	13554
V.（ピンチョン, トマス）	09077
Watchmen（ギボンズ, デイブ）	02690
Watchmen（ムーア, アラン）	12158
Z（バシリコス, バシリス）	08172

解題書誌一覧

漢譯世界名著一

【あ】

『アジアの比較文化』(岡本さえ編著)　科学書院　2003.3　Ⓘ4-7603-0297-2
『アメリカを変えた本』(ロバート・B.ダウンズ著, 斎藤光, 本間長世ほか訳)　研究社出版　1972
『アメリカ文学』(北山克彦編)　自由国民社　2009.9　Ⓘ978-4-426-10825-0
『「あらすじ」だけで人生の意味が全部わかる世界の古典13』(近藤康太郎著)　講談社　2012.11
　Ⓘ978-4-06-272781-5
『あらすじで味わう外国文学』(井上光晴監修)　廣済堂出版　2004.5　Ⓘ4-331-51037-9
『あらすじで味わう名作文学』(小川和佑監修)　廣済堂出版　2004.3　Ⓘ4-331-51030-1
『あらすじで出会う世界と日本の名作55』(川村たかし監修, 日本児童文芸家協会編)　ポプラ社
　2005.1　Ⓘ4-591-08407-8
『あらすじで読む世界のビジネス名著』(グローバルタスクフォース編著)　総合法令出版　2004.8
　Ⓘ4-89346-857-X
『あらすじで読む世界の名著 no.1』(小川義男編著)　樂書館　2004.3　Ⓘ4-8061-1927-X
『あらすじで読む世界の名著 no.2』(小川義男編著)　樂書館　2004.3　Ⓘ4-8061-1984-9
『あらすじで読む世界の名著 no.3』(小川義男編著)　樂書館　2005.2　Ⓘ4-8061-2158-4
『あらすじで読む世界文学105』(今井夏彦[ほか]著)　玉川大学出版部　2004.9　Ⓘ4-472-40305-6
『あらすじでわかる中国古典「超」入門』(川合章子著)　講談社　2006.3　Ⓘ4-06-272369-7
『イギリス文学 名作と主人公』(加藤光也解説, 立野正裕編)　自由国民社　2009.11
　Ⓘ978-4-426-10824-3
『1日30分 達人と読むビジネス名著』(日本経済新聞社編)　日本経済新聞出版社　2012.12
　Ⓘ978-4-532-31859-8
『一冊で人生論の名著を読む』(本田有明著)　中経出版　2004.6　Ⓘ4-8061-2025-1
『一冊で世界の名著100冊を読む』　友人社　1988.7　Ⓘ4-946447-02-4
『一冊で哲学の名著を読む』(荒木清著)　中経出版　2004.5　Ⓘ4-8061-2009-X
『一冊で不朽の名作100冊を読む』　友人社　1990.4　Ⓘ4-946447-10-5
『一冊で不朽の名作100冊を読む』　友人社　1991.3　Ⓘ4-946447-10-5
『いまこそ読みたい哲学の名著』(長谷川宏著)　光文社　2007.4　Ⓘ978-4-334-74240-9
『今だから知っておきたい戦争の本70』(北影雄幸著)　光人社　1999.5　Ⓘ4-7698-0906-9
『映画になった名著』(木本至著)　マガジンハウス　1991.9　Ⓘ4-8387-0264-7
『英仏文学戦記』(斎藤兆史, 野崎歓著)　東京大学出版会　2010.7　Ⓘ978-4-13-083053-9
『英米児童文学のベストセラー40』(成瀬俊一編著)　ミネルヴァ書房　2009.6
　Ⓘ978-4-623-04772-7
『英米文学の名作を知る本』(渡邊恵子編)　研究社出版　1997.2　Ⓘ4-327-48133-5
『絵で読むあらすじ世界の名著』(藤井組著, 舌霧スズメ絵)　中経出版　2007.4
　Ⓘ978-4-8061-2697-3
『お厚いのがお好き?』(富増章成哲学監修)　扶桑社　2010.3　Ⓘ978-4-594-06152-4
『お金と富の哲学世界の名著50』(T.バトラー=ボードン著, 夏目大訳)　日本実業出版社　2009.11
　Ⓘ978-4-534-04642-0
『大人のための世界の名著50』(木原武一[著])　KADOKAWA　2014.2　Ⓘ978-4-04-409455-3
『面白いほどよくわかるあらすじで読む世界の名作』(小島千晶監修)　日本文芸社　2008.10
　Ⓘ978-4-537-25626-0

『面白いほどよくわかる世界の文学』(世界文学研究会編著)　日本文芸社　2004.3
　①4-537-25197-2

【か】

『外国人による日本論の名著』(佐伯彰一，芳賀徹編)　中央公論社　1987.3　①4-12-100832-4
『科学を読む愉しみ』(池内了著)　洋泉社　2003.1　①4-89691-696-4
『科学技術をどう読むか』(金子務著)　マネジメント社　1987.4　①4-8378-0202-8
『科学的社会主義の古典案内』(関幸夫著)　新日本出版社　1988.4　①4-406-01604-X
『科学の10冊』(池内了編著)　岩波書店　2004.1　①4-00-500456-3
『書き出し「世界文学全集」』(柴田元幸編・訳)　河出書房新社　2013.8　①978-4-309-20630-1
『学術辞典叢書 第11巻』(神田豊穂著)　学術出版会　2011.2　①978-4-284-10257-5
『学術辞典叢書 第12巻』(神田豊穂著)　学術出版会　2011.2　①978-4-284-10258-2
『学術辞典叢書 第13巻』(神田豊穂著)　学術出版会　2011.2　①978-4-284-10259-9
『学術辞典叢書 第14巻』(神田豊穂著)　学術出版会　2011.2　①978-4-284-10260-5
『学術辞典叢書 第15巻』(神田豊穂著)　学術出版会　2011.2　①978-4-284-10261-2
『革命思想の名著』(石堂清倫，菊地昌典編)　学陽書房　1972
『学問がわかる500冊』　朝日新聞社　2000.3　①4-02-222018-X
『学問がわかる500冊 v.2』　朝日新聞社　2000.10　①4-02-222020-1
『環境と社会』(西城戸誠，舩戸修一編)　人文書院　2012.12　①978-4-409-00109-7
『聴いてあじわう世界の名著 第1巻』(小川義男編著)　中経出版　2008.2　①978-4-8061-2953-0
『聴いてあじわう世界の名著 第2巻』(小川義男編著)　中経出版　2008.2　①978-4-8061-2954-7
『聴いてあじわう世界の名著 第3巻』(小川義男編著)　中経出版　2008.2　①978-4-8061-2955-4
『究極のビジネス書50選』(スチュアート・クレイナー，ゲーリー・ハメル原著，橋本光憲監修，斉藤隆央訳)　トッパン　1997.11　①4-8101-7801-3
『教育を考えるためにこの48冊』(朝日新聞社編)　朝日新聞社　1975
『教育学の世界名著100選』(長尾十三二，原野広太郎編著)　学陽書房　1980.6
『教育の名著80選解題』(玉川大学教育学科編)　玉川大学出版部　1983.3
『教育本44』(佐藤学編)　平凡社　2001.10　①4-582-74515-6
『教育名著の愉しみ』(金子茂，三笠乙彦編著)　時事通信社　1991.12　①4-7887-9140-4
『教養のためのブックガイド』(小林康夫，山本泰編)　東京大学出版会　2005.3　①4-13-003323-9
『近代欧米名著解題 第1巻』(中島力造編著)　ゆまに書房　2002.8　①4-8433-0723-8
『近代欧米名著解題 第2巻』(中島力造編著)　ゆまに書房　2002.8　①4-8433-0723-8
『近代欧米名著解題 第3巻』(中島力造編著)　ゆまに書房　2002.8　①4-8433-0723-8
『近代欧米名著解題 第4巻』(中島力造編著)　ゆまに書房　2002.8　①4-8433-0723-8
『近代欧米名著解題 第5巻』(中島力造編著)　ゆまに書房　2002.8　①4-8433-0723-8
『近代欧米名著解題 第6巻』(中島力造編著)　ゆまに書房　2002.8　①4-8433-0723-8
『近代欧米名著解題 第7巻』(中島力造編著)　ゆまに書房　2002.8　①4-8433-0723-8
『近代欧米名著解題 第8巻』(中島力造編著)　ゆまに書房　2002.8　①4-8433-0723-8
『近代欧米名著解題 第9巻』(中島力造編著)　ゆまに書房　2002.8　①4-8433-0723-8
『近代家族とジェンダー』(井上俊，伊藤公雄編)　世界思想社　2010.1　①978-4-7907-1449-1

『近代哲学の名著』(熊野純彦編) 中央公論新社 2011.5 ①978-4-12-102113-7
『近代日本の百冊を選ぶ』(伊東光晴〔ほか〕選) 講談社 1994.4 ①4-06-205625-9
『近代名著解題選集 1』(紀田順一郎編・解説) クレス出版 2006.8 ①4-87733-328-2
『近代名著解題選集 2』(紀田順一郎編・解説) クレス出版 2006.8 ①4-87733-329-0
『近代名著解題選集 3』(紀田順一郎編・解説) クレス出版 2006.8 ①4-87733-330-4
『クライマックス名作案内 1』(齋藤孝著) 亜紀書房 2011.11 ①978-4-7505-5501-0
『クライマックス名作案内 2』(齋藤孝著) 亜紀書房 2011.12 ①978-4-7505-5502-7
『グローバル政治理論』(土佐弘之編) 人文書院 2011.6 ①978-4-409-00104-2
『経済学の名著』(玉野井芳郎, 松浦保編) 学陽書房 1973
『経済学の名著30』(松原隆一郎著) 筑摩書房 2009.5 ①978-4-480-06491-2
『経済学88物語』(根井雅弘編) 新書館 1997.2 ①4-403-25021-1
『経済学名著106選』(大阪経済法科大学経済研究所編) 青木書店 1989.7 ①4-250-89004-X
『経済経営95冊』(横田敏一著) 女性モード社 1995.4
『現代アジア論の名著』(長崎暢子, 山内昌之編) 中央公論社 1992.9 ①4-12-101093-0
『現代を読む』(佐高信著) 岩波書店 1992.10 ①4-00-430243-9
『現代科学論の名著』(村上陽一郎編) 中央公論社 1989.5 ①4-12-100922-3
『現代経済学の名著』(佐和隆光編) 中央公論社 1989.8 ①4-12-100934-7
『現代資本主義の名著』(長洲一二著) 日本経済新聞社 1968
『現代社会学の名著』(杉山光信編) 中央公論社 1989.7 ①4-12-100930-4
『現代人のための名著』(会田雄次等編) 講談社 1968
『現代政治学を読む』(内田満著) 三嶺書房 1984.3
『現代政治学の名著』(佐々木毅編) 中央公論社 1989.4 ①4-12-100918-5
『現代世界の名作』(瀬沼茂樹編) 河出書房 1957
『現代哲学の名著』(熊野純彦編) 中央公論新社 2009.5 ①978-4-12-101999-8
『現代ビジネス書・経済書総解説』(宮崎犀一編著) 自由国民社 1987.5 ①4-426-63101-7
『現代文学鑑賞辞典』(栗坪良樹編) 東京堂出版 2002.3 ①4-490-10594-0
『現代歴史学の名著』(樺山紘一編) 中央公論社 1989.6 ①4-12-100926-6
『建築・都市ブックガイド21世紀』(五十嵐太郎編) 彰国社 2010.4 ①978-4-395-24109-5
『建築の書物/都市の書物』(五十嵐太郎編) INAX出版 1999.10 ①4-87275-090-X
『憲法本41』(長谷部恭男編) 平凡社 2001.7 ①4-582-74512-1
『『こころ』は本当に名作か』(小谷野敦著) 新潮社 2009.4 ①978-4-10-610308-7
『50歳からの名著入門』(齋藤孝著) 海竜社 2014.2 ①978-4-7593-1357-4
『古典の事典』(古典の事典編纂委員会編纂) 河出書房新社 1986.6 ①4-309-90201-4
『古典・名著の読み方』(広川洋一編著) 日本実業出版社 1991.11 ①4-534-01806-1

【さ】

『サイエンス・ブックレヴュー』(猪野修治著) 閏月社 2011.3 ①978-4-904194-81-2
『作品と作者』 朝日新聞社 1956 2版
『作家の訳した世界の文学』(井上健著) 丸善 1992.4 ①4-621-05046-X
『3行でわかる名作&ヒット本250』(G.B.編) 宝島社 2012.4 ①978-4-7966-9798-9

『自己啓発の名著30』（三輪裕範著）　筑摩書房　2011.6　Ⓘ978-4-480-06613-8
『自己・他者・関係』（井上俊，伊藤公雄編）　世界思想社　2008.10　Ⓘ978-4-7907-1362-3
『自然科学の名著』（湯浅光朝編）　毎日新聞社　1971
『自然科学の名著100選 上』（田中実，今野武雄，山崎俊雄編）　新日本出版社　1990.12
　Ⓘ4-406-01908-1
『自然科学の名著100選 中』（田中実，今野武雄，山崎俊雄編）　新日本出版社　1990.12
　Ⓘ4-406-01909-X
『自然科学の名著100選 下』（田中実，今野武雄，山崎俊雄編）　新日本出版社　1990.12
　Ⓘ4-406-01910-3
『思想家の自伝を読む』（上野俊哉著）　平凡社　2010.7　Ⓘ978-4-582-85537-1
『思想史の巨人たち』（新井昭広〔ほか〕共著）　北樹出版　1979.4
『知っておきたいアメリカ文学』（丹治めぐみ，佐々木真理，中谷崇著）　明治書院　2010.9
　Ⓘ978-4-625-68602-3
『知っておきたいイギリス文学』（青木和夫，丹治竜郎，安藤和弘著）　明治書院　2010.9
　Ⓘ978-4-625-68603-0
『知っておきたいドイツ文学』（前野光弘，青木誠之，鈴木克己著）　明治書院　2011.8
　Ⓘ978-4-625-68608-5
『知っておきたいフランス文学』（小野潮著）　明治書院　2010.9　Ⓘ978-4-625-68604-7
『知っておきたいロシア文学』（宇佐見森吉，宇佐見多佳子著）　明治書院　2012.1
　Ⓘ978-4-625-68610-8
『自伝の名著101』（佐伯彰一編）　新書館　2000.11　Ⓘ4-403-25051-3
『社会科学の古典』（阿閉吉男編）　角川書店　1963
『社会科学の名著』（大河内一男編）　毎日新聞社　1955
『社会学的思考』（井上俊，伊藤公雄編）　世界思想社　2011.5　Ⓘ978-4-7907-1525-2
『社会学の名著30』（竹内洋著）　筑摩書房　2008.4　Ⓘ978-4-480-06419-6
『社会思想の名著』（荒川幾男編）　学陽書房　1972
『社会の構造と変動』（井上俊，伊藤公雄編）　世界思想社　2008.7　Ⓘ978-4-7907-1349-4
『宗教学の名著30』（島薗進著）　筑摩書房　2008.9　Ⓘ978-4-480-06442-4
『宗教哲学名著解説』（守屋貫教著）　三笠書房　1940
『少年少女のための文学案内 1』（日本読書指導研究会編）　牧書店　昭和37
『少年少女のための文学案内 2』（日本読書指導研究会編）　牧書店　昭和37
『勝利と成功の法則』（日本経済新聞社編）　日本経済新聞出版社　2013.4　Ⓘ978-4-532-31881-9
『新・現代歴史学の名著』（樺山紘一編著）　中央公論新社　2010.3　Ⓘ978-4-12-102050-5
『身体・セクシュアリティ・スポーツ』（井上俊，伊藤公雄編）　世界思想社　2010.3
　Ⓘ978-4-7907-1456-9
『新潮文庫20世紀の100冊』（関川夏央著）　新潮社　2009.4　Ⓘ978-4-10-610309-4
『人文科学の名著』（淡野安太郎編）　毎日新聞社　1971
『新・山の本おすすめ50選』（福島功夫著）　東京新聞出版局　2004.11　Ⓘ4-8083-0816-9
『心理学の名著12選』（南博編）　学陽書房　1976
『数学ブックガイド100』　培風館　1984.4　Ⓘ4-563-02029-X
『図解世界の名著がわかる本』（久恒啓一，図考スタジオ著）　三笠書房　2007.6
　Ⓘ978-4-8379-2231-5
『図説 5分でわかる世界の名作』（本と読書の会編）　青春出版社　2004.4　Ⓘ4-413-00669-0

『政治・権力・公共性』(井上俊,伊藤公雄編)　世界思想社　2011.3　①978-4-7907-1520-7
『政治哲学』(伊藤恭彦著)　人文書院　2012.1　①978-4-409-00108-0
『精神医学の名著50』(福本修,斎藤環編)　平凡社　2003.2　①4-582-74609-8
『精神分析の名著』(立木康介編著)　中央公論新社　2012.5　①978-4-12-102166-3
『性の世界的名著から十七篇』(自由国民社現代生活のバイブル編集部編)　自由国民社　1954
『西洋をきずいた書物』(J.カーター, P.H.ムーア編, 西洋書誌研究会訳)　雄松堂書店　1977.11
『西洋哲学の10冊』(左近司祥子編著)　岩波書店　2009.1　①978-4-00-500613-7
『世界を変えた経済学の名著』(日本経済新聞社編)　日本経済新聞出版社　2013.5　①978-4-532-19684-4
『世界を変えた10冊の本』(池上彰著)　文藝春秋　2014.2　①978-4-16-790036-6
『世界を変えた書物』(竺覚暁著)　金沢工業大学ライブラリーセンター　1999.3　①4-906122-42-6
『世界を変えた100冊の本』(マーティン・セイモア=スミス著, BEC, 別宮貞徳訳)　共同通信社　2003.12　①4-7641-0529-2
『世界を変えた本』(ロバート・B.ダウンズ〔著〕, 木寺清一訳)　荒地出版社　1975
『世界がわかる理系の名著』(鎌田浩毅著)　文藝春秋　2009.2　①978-4-16-660685-6
『世界史読書案内』(津野田興一著)　岩波書店　2010.5　①978-4-00-500655-7
『世界少年少女文学 ファンタジー編』(定松正編著)　自由国民社　2010.1　①978-4-426-10831-1
『世界少年少女文学 リアリズム編』(定松正編著)　自由国民社　2009.12　①978-4-426-10832-8
『世界で最も重要なビジネス書』([Bloomsbury]〔著〕, ダイヤモンド社編訳)　ダイヤモンド社　2005.3　①4-478-20086-6
『世界のSF文学・総解説』　自由国民社　1992.11　①4-426-61105-9
『世界の海洋文学』(小島敦夫編著)　自由国民社　1998.7　①4-426-61304-3
『世界の奇書』　自由国民社　1998.4　①4-426-62409-6
『世界の幻想文学』　自由国民社　1998.5　①4-426-62707-9
『世界の古典名著』　自由国民社　2001.8　①4-426-60108-8
『世界の自己啓発50の名著』(T.バトラー=ボードン[著], 野田恭子, 森村里美訳)　ディスカヴァー・トゥエンティワン　2005.1　①4-88759-357-0
『世界の小説大百科』(ピーター・ボクスオール編, 別宮貞徳日本語版監修)　柊風舎　2013.10　①978-4-86498-005-0
『世界の書物』(紀田順一郎著)　朝日新聞社　1989.3　①4-02-260541-3
『世界の心理学50の名著』(T.バトラー=ボードン著, 米谷敬一訳)　ディスカヴァー・トゥエンティワン　2008.2　①978-4-88759-616-0
『世界の推理小説・総解説』　自由国民社　1992.11　①4-426-61204-7
『世界のスピリチュアル50の名著』(T.バトラー=ボードン[著], 鈴木尚子訳)　ディスカヴァー・トゥエンティワン　2007.9　①978-4-88759-581-1
『世界の成功哲学50の名著エッセンスを解く』(T.バトラー=ボードン[著], 宮原育子, 牧野千賀子訳)　ディスカヴァー・トゥエンティワン　2005.8　①4-88759-397-X
『世界の長編文学』(土田知則編)　新曜社　2005.8　①4-7885-0959-8
『世界の哲学50の名著』(T.バトラー=ボードン著, 大間知知子訳)　ディスカヴァー・トゥエンティワン　2014.2　①978-4-7993-1462-3
『世界の哲学思想』(串田孫一, 吉村博次共著)　実業之日本社　1951
『世界の冒険小説・総解説』(鎌田三平責任編集)　自由国民社　1992.11　①4-426-61404-X
『世界の名作』(鮎川晶彦編)　愛隆堂　1952

『世界の名作おさらい』(冨士本昌恵著)　自由国民社　2010.3　①978-4-426-10794-9
『世界の名作を読む』(工藤庸子編著)　放送大学教育振興会　2011.3　①978-4-595-31251-9
『世界の名作100を読む』(永塚けさ江編著)　幻冬舎　2005.3　①4-344-40627-3
『世界の名作文学案内』(三木卓監修)　集英社　2003.5　①4-08-288083-6
『世界の名作文学が2時間で分かる本』(藤城真澄編)　ぶんか社　2004.3　①4-8211-0863-1
『世界の名作50選』(金森誠也監修)　PHP研究所　2008.12　①978-4-569-67141-3
『世界の名著』(河野健二編)　中央公論社　1963
『世界の名著』(毎日新聞社編)　毎日新聞社　1976
『世界の名著早わかり事典』　主婦と生活社　1984
『世界の「名著」50』(轡田隆史著)　三笠書房　2008.2　①978-4-8379-2247-6
『世界のメルヘン30』(岡信子編)　講談社　1992.3　①4-06-199022-5
『世界の旅行記101』(樺山紘一編)　新書館　1999.10　①4-403-25039-4
『世界文学あらすじ大事典 1 (あ-きよう)』(横山茂雄, 石堂藍監修)　国書刊行会　2005.7
　①4-336-04698-0
『世界文学あらすじ大事典 2 (きよえ-ちえ)』(横山茂雄, 石堂藍監修)　国書刊行会　2005.12
　①4-336-04699-9
『世界文学あらすじ大事典 3 (ちか-ふろ)』(横山茂雄, 石堂藍監修)　国書刊行会　2006.9
　①4-336-04700-6
『世界文学あらすじ大事典 4 (ふん-われ)』(横山茂雄, 石堂藍監修)　国書刊行会　2007.8
　①978-4-336-04701-4
『世界文学鑑賞辞典 第1』　東京堂　1962
『世界文学鑑賞辞典 第2』　東京堂出版　1967
『世界文学鑑賞辞典 第3』　東京堂　1962
『世界文学鑑賞辞典 第4』　東京堂　1962
『世界文学のすじ書き』(饗庭孝男, 井桁貞義, 亀井俊介, 神品芳夫, 小林章夫監修)　宝島社
　2003.12　①4-7966-3735-4
『世界文学の名作と主人公』　自由国民社　2001.6　①4-426-60608-X
『世界文学必勝法』(清水義範著)　筑摩書房　2008.7　①978-4-480-83906-0
『世界名作事典』(むさし書房編集部編)　むさし書房　1955
『世界名作文学館』　広済堂出版　1991.7　①4-331-00530-5
『世界名著案内 1』(図書文化研究会編)　竹内書店　1972
『世界名著案内 2』(図書文化研究会編)　竹内書店　1972
『世界名著案内 4』(図書文化研究会編)　竹内書店　1973
『世界名著案内 6』(図書文化研究会編)　竹内書店　1973
『世界名著案内 7』(図書文化研究会編)　竹内書店　1973
『世界名著解題選 第1巻』　ゆまに書房　1991.2　①4-89668-386-2
『世界名著解題選 第2巻』　ゆまに書房　1991.2　①4-89668-387-0
『世界名著解題選 第3巻』　ゆまに書房　1991.2　①4-89668-388-9
『世界名著解題選 第4巻』　ゆまに書房　1991.2　①4-89668-389-7
『世界名著解題選 第5巻』　ゆまに書房　1991.2　①4-89668-390-0
『世界名著解題選 第6巻』　ゆまに書房　1991.2　①4-89668-391-9
『世界名著大事典』　平凡社　1987.6　①4-582-11001-0
『世界名著大事典 補遺(Extra)』　平凡社　1989.10　①4-582-11017-7

『世界・名著のあらすじ』（一校舎国語研究会編）　永岡書店　2005.1　①4-522-47562-4
『千年紀のベスト100作品を選ぶ』（丸谷才一，三浦雅士，鹿島茂選）　光文社　2007.10
　①978-4-334-78490-4
『千年の百冊』（鈴木健一編）　小学館　2013.4　①978-4-09-388276-7
『禅の名著を読む』（細川景一著）　佼成出版社　1995.11　①4-333-01773-4
『戦略の名著！　最強43冊のエッセンス』（有坪民雄，守屋淳［著］）　講談社　2009.2
　①978-4-06-281261-0
『戦略論の名著』（野中郁次郎編著）　中央公論新社　2013.4　①978-4-12-102215-8

【た】

『大学新入生に薦める101冊の本』（広島大学101冊の本委員会編）　岩波書店　2009.3
　①978-4-00-023781-9
『大作家"ろくでなし"列伝』（福田和也著）　ワニ・プラス　2009.10　①978-4-8470-6004-5
『たのしく読めるアメリカ文学』（高田賢一，野田研一，笹田直人編著）　ミネルヴァ書房　1994.2
　①4-623-02361-3
『たのしく読めるイギリス文学』（中村邦生，木下卓，大神田丈二編著）　ミネルヴァ書房　1994.2
　①4-623-02360-5
『地図とあらすじで読む歴史の名著』（寺沢精哲監修）　青春出版社　2004.5　①4-413-00674-7
『中国古典がよくわかる本』（守屋洋著）　PHP研究所　1995.7　①4-569-56778-9
『中国古典名著のすべてがわかる本』（守屋洋著）　三笠書房　2007.9　①978-4-8379-7660-8
『中国の古典名著』　自由国民社　2001.6　①4-426-60208-4
『中国の名著』（東京大学文学部中国文学研究室編）　勁草書房　1961
『超売れ筋ビジネス書101冊』（神足裕司監修）　朝日新聞社　2007.12　①978-4-02-330268-6
『超解「哲学名著」事典』（小川仁志著）　PHP研究所　2013.1　①978-4-569-67919-8
『哲学の世界』　学陽書房　1975
『哲学の名著』（古田光編）　学陽書房　1972
『哲学の名著』（久野収編）　毎日新聞社　1964
『哲学名著解題』（隈元忠敬，西川亮編）　協同出版　1986.4　①4-319-20010-1
『哲学名著解題』（春秋社編集部編）　春秋社　1955
『伝記・自叙伝の名著』　自由国民社　1998.5　①4-426-60505-9
『ドイツ文学』（保坂一夫編）　自由国民社　2009.10　①978-4-426-10823-6
『東洋の奇書55冊』　自由国民社　1980.7
『東洋の名著』　毎日新聞社　1956
『読書入門』（齋藤孝著）　新潮社　2007.6　①978-4-10-148922-3
『都市的世界』（井上俊，伊藤公雄編）　世界思想社　2008.12　①978-4-7907-1373-9

【な】

『なおかつお厚いのがお好き？』（富増章成哲学監修）　扶桑社　2010.5　①978-4-594-06190-6
『ナショナリズム』（浅羽通明著）　筑摩書房　2004.5　①4-480-06173-8

なしよなり　　　　　　　　解題書誌一覧

『ナショナリズム論の名著50』(大澤真幸編)　平凡社　2002.1　①4-582-45218-3
『2時間でわかる世界の名著』(夢プロジェクト著)　河出書房新社　2004.4　①4-309-49525-7
『二十世紀を騒がせた本』(紀田順一郎著)　平凡社　1999.6　①4-582-76290-5
『20世紀を震撼させた100冊』(鷲田清一, 野家啓一編)　出窓社　1998.9　①4-931178-16-2
『21世紀の教育基本書』(碓井正久, 村田栄一〔著〕)　自由国民社　1987.10　①4-426-63201-3
『21世紀の世界文学30冊を読む』(都甲幸治編)　新潮社　2012.5　①978-4-10-332321-1
『21世紀の必読書100選』(河上倫逸編)　21世紀の関西を考える会, 星雲社〔発売〕　2000.12
　①4-434-00827-7
『日本海軍の本・総解説』(海軍史研究会編)　自由国民社　1985.12　①4-426-40056-2
『日本近代文学名著事典』(日本近代文学館編)　日本近代文学館　1982.5
『日本経済本38』(橋本寿朗編)　平凡社　2001.6　①4-582-74513-X
『日本思想史』(子安宣邦著)　人文書院　2011.8　①978-4-409-00105-9
『日本人として読んでおきたい保守の名著』(潮匡人著)　PHP研究所　2011.9
　①978-4-569-80007-3
『日本人とは何か』(谷沢永一, 渡部昇一著)　PHP研究所　2008.4　①978-4-569-69486-3
『日本・世界名作「愛の会話」100章』(岩井護著)　講談社　1985.7　①4-06-201753-9
『日本の古典』(北原保雄編)　大修館書店　1986.11　①4-469-22048-5
『日本の古典・世界の古典』(瀬沼茂樹編)　河出書房　1956
『日本の古典名著』　自由国民社　2001.6　①4-426-60308-0
『日本の社会と文化』(井上俊, 伊藤公雄編)　世界思想社　2010.9　①978-4-7907-1486-6
『日本の小説101』(安藤宏編)　新書館　2003.6　①4-403-25070-X
『日本の山の名著・総解説』(近藤信行責任編集)　自由国民社　1985.2　①4-426-40034-1
『日本文学現代名作事典』(成瀬正勝, 木俣修, 太田三郎編著)　矢島書房　1955
『日本文化論の名著入門』(大久保喬樹著)　角川学芸出版　2008.2　①978-4-04-703422-8
『日本文芸鑑賞事典 第5巻』(石本隆一〔ほか〕編纂)　ぎょうせい　1987.8　①4-324-00681-4
『日本文芸鑑賞事典 第9巻』(石本隆一〔ほか〕編纂)　ぎょうせい　1988.1　①4-324-00685-7
『日本名著辞典』(時野谷勝著)　弘文堂　1956
『日本陸軍の本・総解説』(陸軍史研究会編)　自由国民社　1985.12　①4-426-40055-4
『日本歴史「古典籍」総覧』　新人物往来社　1990.4
『入門 哲学の名著』(ナイジェル・ウォーバートン著, 船木亨監訳)　ナカニシヤ出版　2005.1
　①4-88848-903-3
『入門名作の世界』(毎日新聞社編)　毎日新聞社　1971
『人間学の名著を読む』(三井善止編)　玉川大学出版部　2003.4　①4-472-40290-4
『農政経済の名著 明治大正編』(阪本楠彦編)　農山漁村文化協会　1981.12

【は】

『ハイデガー本45』(木田元編)　平凡社　2001.8　①4-582-74514-8
『はじめて学ぶ政治学』(岡崎晴輝, 木村俊道編)　ミネルヴァ書房　2008.3　①978-4-623-05054-3
『はじめて学ぶ法哲学・法思想』(竹下賢, 角田猛之, 市原靖久, 桜井徹編)　ミネルヴァ書房
　2010.4　①978-4-623-05608-8
『東アジア人文書100』(東アジア出版人会議編)　東アジア出版人会議　2011.1

①978-4-622-07574-5
『東アジア論』(丸川哲史著) 人文書院 2010.10 ①978-4-409-00101-1
『必読書150』(柄谷行人〔ほか〕著) 太田出版 2002.4 ①4-87233-656-9
『百年の誤読』(岡野宏文,豊崎由美著) ぴあ 2004.11 ①4-8356-0962-X
『百年の誤読 海外文学篇』(岡野宏文,豊崎由美著) アスペクト 2008.3 ①978-4-7572-1456-9
『フェミニズムの名著50』(江原由美子,金井淑子編) 平凡社 2002.7 ①4-582-47228-1
『ブックガイド "宇宙" を読む』(岩波書店編集部編) 岩波書店 2008.11 ①978-4-00-007492-6
『ブックガイド "心の科学" を読む』(岩波書店編集部編) 岩波書店 2005.5 ①4-00-007445-8
『ブックガイド心理学』(本明寛編) 日本評論社 1998.1 ①4-535-56061-7
『ブックガイド〈数学〉を読む』(岩波書店編集部編) 岩波書店 2005.11 ①4-00-007453-9
『ブックガイド 文庫で読む科学』(岩波書店編集部編) 岩波書店 2007.6 ①978-4-00-007472-8
『物理ブックガイド100』 培風館 1984.5 ①4-563-02027-3
『フランス文学』(加藤民男編) 自由国民社 2009.9 ①978-4-426-10821-2
『文学・名著300選の解説 '88年度版』(永塚恵編) 一ツ橋書店 1987.4 ①4-565-87044-4
『文化人類学』(松村圭一郎著) 人文書院 2011.10 ①978-4-409-00107-3
『文化人類学の名著50』(青柳まちこほか執筆,綾部恒雄編) 平凡社 1994.4 ①4-582-48113-2
『文化の社会学』(井上俊,伊藤公雄編) 世界思想社 2009.7 ①978-4-7907-1423-1
『文庫1冊で読める 哲学の名著』(荒木清著) 中経出版 2008.1 ①978-4-8061-2930-1
『平和を考えるための100冊+α』(日本平和学会編) 法律文化社 2014.1 ①978-4-589-03566-0
『ベストセラー世界の文学・20世紀1』(芳川泰久編) 早美出版社 2006.4 ①4-86042-031-4
『ポケット世界名作事典』(渡辺一民監修) 平凡社 1997.4 ①4-582-12416-X
『ポピュラー文化』(井上俊,伊藤公雄編) 世界思想社 2009.5 ①978-4-7907-1408-8
『「本の定番」ブックガイド』(鷲田小彌太著) 東洋経済新報社 2004.6 ①4-492-09232-3

【ま】

『マンガでわかるビジネス名著』(高橋久編,柊ゆたかマンガ) ローカス 2008.7
　①978-4-89814-933-1
『名作あらすじ事典 西洋文学編』(青木和夫編) 明治書院 2006.7 ①4-625-60307-2
『名作英米小説の読み方・楽しみ方』(平出昌嗣著) 学術出版会,日本図書センター〔発売〕
　2014.2 ①978-4-284-10410-4
『名作への招待』 旺文社 〔19--〕
『名作へのパスポート』(こやま峰子作) 金の星社 1997.4 ①4-323-07001-2
『名作の研究事典』 小峰書店 1960
『名作の読解法』(塚崎幹夫著) 原書房 2003.3 ①4-562-03620-6
『名作はこのように始まる 1』(千葉一幹,芳川泰久編著) ミネルヴァ書房 2008.3
　①978-4-623-04932-5
『名作はこのように始まる 2』(中村邦生,千石英世編著) ミネルヴァ書房 2008.3
　①978-4-623-04999-8
『明治の名著 2』(渡邊澄子編) 自由国民社 2009.10 ①978-4-426-10829-8
『名小説ストーリイ集 世界篇』 自由国民社 1955
『名著解題』(寺崎昌男,古沢常雄,増井三夫編) 協同出版 2009.10 ①978-4-319-11035-3

めいちよか　　　　　　　　解題書誌一覧

『名著から探るグローバル化時代の市民像』(九州大学政治哲学リサーチコア編)　花書院　2007.3
　①978-4-903554-05-1
『名著で学ぶインテリジェンス』(小谷賢編)　日本経済新聞出版社　2008.10　①978-4-532-19466-6
『名著で読む世界史』(渡部昇一著)　育鵬社,扶桑社〔発売〕　2013.11　①978-4-594-06944-5
『名著に学ぶ国際関係論』(花井等,石井貫太郎編)　有斐閣　2009.12　①978-4-641-17365-1
『名著による教育原理』(新堀通也,片岡徳雄編著)　ぎょうせい　1975
『「名著」の解読学』(谷沢永一,中川八洋著)　徳間書店　1998.12　①4-19-860951-9
『メディア・情報・消費社会』(井上俊,伊藤公雄編)　世界思想社　2009.10　①978-4-7907-1443-9

【や】

『山の名著 明治・大正・昭和戦前編』(近藤信行編)　自由国民社　2009.11　①978-4-426-10830-4
『山の名著30選』(福島功夫著)　東京新聞出版局　1998.11　①4-8083-0652-2
『要約 世界文学全集 1』(木原武一著)　新潮社　2004.1　①4-10-133621-0
『要約 世界文学全集 2』(木原武一著)　新潮社　2004.1　①4-10-133622-9
『ヨーロッパを語る13の書物』(戸田吉信編)　勁草書房　1989.4　①4-326-15216-8
『読んでおきたい世界の名著』(三浦朱門編)　PHP研究所　2007.8　①978-4-569-66889-5

【ら】

『倫理学』(小泉義之著)　人文書院　2010.10　①978-4-409-00102-8
『倫理良書を読む』(島薗進著)　弘文堂　2014.2　①978-4-335-15055-5
『歴史学の名著30』(山内昌之著)　筑摩書房　2007.4　①978-4-480-06354-0
『歴史家の一冊』(山内昌之著)　朝日新聞社　1998.4　①4-02-259697-X
『歴史家の読書案内』(石井進編)　吉川弘文館　1998.4　①4-642-07743-X
『歴史の名著 外国人篇』(歴史科学協議会編)　校倉書房　1971
『歴史の名著』(会田雄次編)　至誠堂　1965
『歴史の名著100』　人物往来社　1975.07
『ロシア文学』(水野忠夫編)　自由国民社　2009.12　①978-4-426-10822-9
『『論語』から『孫子』まで一気にわかる中国古典超入門』(山口謠司撰著)　すばる舎　2012.5
　①978-4-7991-0137-7

【わ】

『私の古典』(毎日新聞社エコノミスト編集部編)　毎日新聞社　1967
『私を変えたこの一冊』(集英社文庫編集部編)　集英社　2007.6　①978-4-08-746171-8
『わたしの古典』(日本放送協会編)　日本放送出版協会　1969
『わたしの古典 続』(日本放送協会編)　日本放送出版協会　1970
『私(わたし)の世界文学案内』(渡辺京二著)　筑摩書房　2012.2　①978-4-480-09433-9

読んでおきたい「世界の名著」案内

2014年9月25日　第1刷発行

発　行　者／大高利夫
編集・発行／日外アソシエーツ株式会社
　　　　　　〒143-8550 東京都大田区大森北1-23-8 第3下川ビル
　　　　　　電話 (03)3763-5241(代表)　FAX(03)3764-0845
　　　　　　URL http://www.nichigai.co.jp/
発　売　元／株式会社紀伊國屋書店
　　　　　　〒163-8636 東京都新宿区新宿3-17-7
　　　　　　電話 (03)3354-0131(代表)
　　　　　　ホールセール部(営業)　電話 (03)6910-0519

電算漢字処理／日外アソシエーツ株式会社
印刷・製本／光写真印刷株式会社

不許複製・禁無断転載　　　　《中性紙三菱クリームエレガ使用》
〈落丁・乱丁本はお取り替えいたします〉
ISBN978-4-8169-2500-9　　　Printed in Japan,2014

本書はディジタルデータでご利用いただくことができます。詳細はお問い合わせください。

読んでおきたい名著案内
教科書掲載作品13000〈高校編〉
阿武泉 監修　A5・920頁　定価(本体9,333円+税)　2008.4刊

読んでおきたい名著案内
教科書掲載作品　小・中学校編
A5・700頁　定価(本体9,333円+税)　2008.12刊

1949～2006年の国語教科書に掲載された全作品(小説・詩・戯曲・随筆・評論・古文、高校編では俳句・短歌・漢文も)を収録。作品が掲載された教科書名のほか、作品が収録されている一般図書も一覧できる。

日本近現代文学案内
A5・910頁　定価(本体18,000円+税)　2013.7刊

1989～2012年に刊行された日本近現代文学(明治～現代)に関する研究書の目録。18,948冊の図書を「小説」「戯曲」「詩」「俳句」など各文学ジャンルの下に、「自然主義」「北杜夫」「断腸亭日乗」などテーマ別、作家・作品別に分類。

最新文学賞事典2009-2013
A5・540頁　定価(本体13,800円+税)　2014.4刊

2009～2013年に実施された国内の文学賞431賞を網羅。由来、主催者、選考委員、選考方法、賞・賞金、連絡先などの賞の概要と、受賞者名、受賞作品名を一覧できる。賞名索引、主催者名索引のほか、個人の受賞歴を一覧することができる受賞者名索引を完備。

小川未明新収童話集　全6巻
小埜裕二編　各定価(本体3,000円+税)　2014.1～3刊

明治・大正・昭和の半世紀にわたって活躍し、日本の児童文学に大きな足跡を残した小川未明の既出の全集未収録作品454編を収録した童話集。社会童話、生活童話、大人の童話、戦争童話、戦後のヒューマニズム童話など、今まで知られていなかった小川未明の多彩な世界を知ることができる。

データベースカンパニー
日外アソシエーツ　〒143-8550　東京都大田区大森北1-23-8
TEL.(03)3763-5241　FAX.(03)3764-0845　http://www.nichigai.co.jp/